AUGUST FOURNIER
NAPOLEON I.

NAPOLEON I.

EINE BIOGRAPHIE VON
AUGUST FOURNIER
IN DREI TEILBÄNDEN

ERSTER BAND
VON NAPOLEONS GEBURT BIS ZUR BEGRÜNDUNG
SEINER ALLEINHERRSCHAFT ÜBER FRANKREICH

HERAUSGEGEBEN VON
THEOPHILE SAUVAGEOT

EMIL VOLLMER VERLAG

Herausgegeben von
Theophile Sauvageot

Gesamtherstellung : Millium Media Management
Printed in Germany

ISBN 3-88851-186-0

Inhalt.

Mittel. Neue Institutionen. Die Bank von Frankreich. Neues
Recht. Der „Code civil". Andere Kodifikationen. Das Geltungs-
gebiet des neuen Rechts. Die Revolution und die Schule. Unter-
richtsreformen. Napoleon und die Wissenschaft. Die Ehrenlegion.
Heimkehr der Emigranten. Verschwörungen und Attentate. Repressionen. Die Erneuerung der Vertretungskörper und die Verstärkung
der persönlichen Gewalt. Das Konsulat auf Lebenszeit. Die Monarchie ist begründet. Der Irrtum der Franzosen.

Anhang:

Bild: Napoleon als Consul, nach Appiani.

Vorwort
zur ersten Auflage.

Einem größeren Kreise gebildeter Leser das Werden, Wagen und Wirken eines Mannes von unvergleichlicher historischer Bedeutung kurz und mit schlichten Worten zu erzählen, ist der Zweck der folgenden Blätter. Ich weiß wohl, daß erst unlängst von Kennern dieses Gegenstandes wiederholt versichert worden ist, es sei heute noch nicht an der Zeit eine Geschichte Napoleons I. zu verfassen. Wenn ich es trotzdem unternahm, so geschah es mit der Überzeugung, daß der Historiker, auch wenn er nicht Endgiltiges zu bieten vermag, dennoch die Pflicht hat, über den jeweiligen Stand der erworbenen Kenntnis diejenigen zu unterrichten, die den Werkplätzen der Wissenschaft ferne stehen, so wie Diese das Recht haben, solche Mitteilung von ihm zu fordern. Erz und immer nur Erz zu graben, kann seiner Lebensmühe letztes Ziel nicht sein; die Welt braucht Schmuck und Waffen, und ihre Schmiede dürfen nicht feiern.

So leicht allerdings wird es dem Geschichtsschreiber Napoleons I. nicht, daß er nur die bisherigen Resultate der Forschung einfach zu verzeichnen und in die entsprechende Form zu kleiden hätte. Denn diese Resultate widersprechen gar häufig einander und stehen auch oft nicht fest genug, um ohne weiteres Gemeingut zu werden. Man erwäge nur, welche Wandlung das historische Andenken des gewaltigen Korsen in Frankreich selbst erfahren hat, von den Hymnen Bérangers bis zu den Satiren Barbiers, von Thiers' rühmender Erzählung bis auf Lanfreys vernichtende Kritik. Durch das im Jahre 1867 erschienene Werk des Zuletztgenannten wurde die Legende vom schattenlosen Ruhmesglanze Napoleons endgiltig beseitigt, und seitdem hat sich das allgemeine Urteil über den ersten Kaiser der Franzosen nur noch verschärft. Zwei Momente wirkten dabei vor anderen mit. Einmal, daß seither authentische Aufzeichnungen aus jener Epoche bekannt geworden sind, welche — wie z. B. die Memoiren der Frau von Rémusat

— immer neue Schwächen und Fehler an dem berühmtesten Emporkömmling aller Zeiten zum Vorschein brachten, die historische Schätzung desselben beeinflußten und bewirkten, daß man heute nur zu sehr geneigt ist, über dem kleinen Menschen den großen Mann zu übersehen. Ein zweites ist, daß im Jahre 1870 das Regiment seines Neffen, Napoleons III., das auf der Basis der noch unerschütterten bonapartistischen Tradition begründet worden war, von der Republik abgelöst wurde, d. i. von jener Form des Staatsorganismus, die ehedem der Oheim mit Gewalt und Willkür zerbrochen hatte. Indem sich Frankreich jetzt wieder für sie entschied, kamen ihre historischen Gegner gleichsam von Staatswegen in Mißkredit, indes die Werke und Taten der großen Revolution in ein unverdient günstiges Licht rückten. Erst in den letzten Jahren hat man in den ernsten, dem politischen Parteizwist abgewandten Kreisen der französischen Gelehrten — vielleicht durch die Forschung der Deutschen angeregt — erkannt, daß es nicht bloß eine napoleonische, sondern auch eine revolutionäre Legende gebe, die, wie jene, beseitigt und durch die rückhaltlose Wahrheit ersetzt werden müsse. Dieses Bemühen ist noch nicht zu unbestreitbaren Ergebnissen gelangt und der Klärungsprozeß der letzten hundert Jahre französischer Geschichte noch nicht beendet. Aber schon jetzt kann man sehen, daß aus der giltigeren Auffassung der ersten Republik von 1792—1799 sich auch eine gesichertere Anschauung von der historischen Bedeutung Napoleons I. vorbereitet. Man braucht nur festzuhalten, daß er zugleich das Geschöpf und die Vollendung der Revolution gewesen ist und in ihren Bahnen auch dann noch gewandelt hat, als seine kühne Hand bereits nach dem Diadem von Frankreich griff. Von diesem Gesichtspunkt aus wird sein heutiger Biograph seine Aufgabe zu erfassen haben, und soweit es die durch äußere Umstände eng gesteckten Grenzen meiner Darstellung erlaubten, hab' auch ich im bescheidensten Maße zu ihrer Lösung beizutragen versucht. Von mehr als einem dürftigen Umriß wird allerdings nicht die Rede sein können. Wie viel ich dabei vorangegangenen Werken verdanke, kann ich im einzelnen nicht besonders verzeichnen; fachgeschulten Kennern wird dies von selbst in die Augen fallen. Ab und zu aber bin ich doch auch meinen eigenen Weg geschritten. Ich

hoffe, er hat mich zwischen politischer Befangenheit auf der
einen und bloß moralisierendem Kritteln auf der anderen
Seite hindurchgeführt zu einem, nicht vollständigen und
nicht abgeschlossenen, aber doch vielleicht in seinen Kon-
turen nicht unähnlichen Bilde von dem Wesen und Tun
dieses Mannes, der, wie kein zweiter vor ihm, die Geschicke
einer Welt beeinflußt hat.

Ich habe am Schlusse dieses Bandes literarische Notizen
mitgeteilt. Sie sind selbstverständlich von jeder Vollständig-
keit auch nur des Wichtigsten weit entfernt und sollen,
ebensowenig wie die unter dem Text befindlichen Noten,
meine Darstellung belegen. Sie sind vielmehr nur in der
Absicht dargeboten, jene Leser, die mein Buch zu erweiterter
Lektüre und tiefer gehender Beschäftigung mit dem Gegenstande anzuregen vermag, auf Werke zu verweisen, die ihnen
dabei am zuverlässigsten dienen werden. Nur wenn ihr solche
Anregung gelingt, wird meine Erzählung den Erfolg haben,
den ich ihr wünsche.

W i e n, Ende Dezember 1885.

Vorwort
zur zweiten Auflage.

Vor etwas mehr als zehn Jahren wurde ich von der
Verlagshandlung aufgefordert, eine neue Ausgabe dieses
Buches vorzubereiten. Es hatte nachsichtigen Beifall gefunden, war gelesen und studiert und, was mich nicht wenig
stolz machte, auch in die Sprache jenes Volkes übertragen
worden, dessen Geschichte es entnommen war. Ich hätte
dem Ansinnen gerne Folge geleistet, weil ich wußte, daß
Manches darin unzulänglich dargestellt war, daß es an Mängeln und Verstößen im Einzelnen nicht fehlte und daß der
Stoff hie und da tiefer gehende Arbeit heischte als ich ihm
gewidmet hatte. Dennoch widerstand ich. Denn gerade dazumal hatte in Frankreich ein neues, aus politischen Stimmungen
erwachsenes Interesse an dem Gegenstande eine mächtig an-
schwellende Flut literarischer Darbietungen hervorgerufen,

die wahllos, was nur immer mit Napoleon I. zusammenhing, Wichtiges und Unwichtiges — und das Unwichtige überwog, Historie und Legende — und die Legende überwog, in Menge herantrug, so daß Übersicht und Sichtung fast unmöglich schienen. Auch war es just damals, wo neue Fragen der Auffassung vom Charakter des Imperators und seiner Politik aufgeworfen wurden, zu denen Stellung zu nehmen demjenigen nicht leicht fiel, der ferne von den entscheidenden Quellen sein Urteil zu finden hatte. Ich mußte mich daher entschließen abzuwarten, in der Hoffnung, daß die wilde Strömung endlich auch die ernste Wissenschaft bei den Franzosen veranlassen werde, ihren Bestand zu schützen und durch neues Bauwerk auf tiefer gelegten Fundamenten zu sichern. Die Hoffnung hat mich nicht getäuscht. Das jüngste Jahrzehnt brachte Publikationen von unbestreitbarem Werte hervor. So traten z. B. in den letzten Jahren des vorigen und in den ersten dieses Jahrhunderts tausende bisher unbekannter Briefe Napoleons ans Licht. Aus den reichen Schätzen der Pariser Archive wurden immer neue Dokumente von hoher Geltung veröffentlicht. Die Forschung begann, indem sie den für die Geschichte jener Zeit überaus bedeutsamen ökonomischen Staatsfragen nähertrat, ein weites, bisher so gut wie brach gelegenes Feld zu bebauen. Die Kriegsgeschichte warf ihr chauvinistisches Kleid ab und offenbarte, von ruhiger Kritik diktiert, viel wesentlich neues. Endlich haben sich einige der hervorragendsten unter den Historiographen der Nation des Gegenstandes bemächtigt: die Sorel, Chuquet, Vandal, Aulard u. a. widmen heute ihre rühmlich erprobte Kraft dem Zeitalter des großen Bonaparte. Und da das Interesse an Diesem nicht in die Grenzen Frankreichs gebannt blieb, sondern weit darüber hinausreichte, hat auch an den Quellen der fremden Archive eine fruchtbare Tätigkeit begonnen. Den Deutschen war sie längst vertraut; nun ist sie auch in England, Italien, Rußland und jenseits des Weltmeeres wirksam geworden. Es ist bezeichnend, daß seit einiger Zeit in Rom, der idealen Welthauptstadt, eine „Revue napoléonienne" erscheint, die in allen Kultursprachen und aus allen Erdteilen Beiträge sammelt zur Kunde von dem merkwürdigen Mann und den merkwürdigen Dingen seiner Epoche.

Jetzt durfte auch ich es wagen, mein Buch zum zweiten Mal erscheinen zu lassen. Ich ging mit redlichem Bemühen daran, es zu verbessern, an der Hand neuer Forschungsergebnisse zu bereichern und derart auszustatten, daß es in dem glänzenden Kreise wertvoller Geschichtswerke keine allzu schlechte Figur mache. Ich weiß, daß mir, diese Absicht durchzuführen, nur zum geringsten Teile gelungen ist. Wie viel mag mir von neuen Schriften entgangen sein! Wie viele treffliche Einzelstudien, bei denen ich gerne verweilt hätte, konnte ich nur gleichsam wie im Fluge berühren! Und dazu kam ein anderes Bedenken. Das Buch hat an Umfang nicht unbedeutend zugenommen, und gerade in seiner Kürze hatte vielleicht sein Vorzug bestanden. Und daß ich mich bestimmt sah, die begleitenden Noten zu vermehren, wird das nicht seine Lesbarkeit beeinträchtigen? Am Schlusse wurde den reichlicher mitgeteilten „Literarischen Anmerkungen" eine Anzahl von unedierten Briefen Napoleons beigefügt, was den „gelehrten Apparat" auch noch vergrößerte. Wird man mir das dort zugute halten, wo man gerade die Abwesenheit solchen Beiwerks gerühmt hatte? Es war mir nicht leicht, alle diese Erwägungen zum Schweigen zu bringen, und gelang schließlich nur durch die andere, ich dürfe nichts Wichtiges einer gefälligen Knappheit opfern, oder zu Kontroversen, welche die Forschung ganz besonders beschäftigen, mein Urteil abgeben, ohne es kurz zu begründen. Darum möge man dem kleinen Werke den Zuwachs an berichtender Erzählung und das bißchen Rüstzeug nicht übelnehmen. Hab' ich doch auch dabei mancher Lockung siegreich widerstanden.

Inwieferne neue Arbeit den Inhalt beeinflußt hat, will ich hier nicht auseinandersetzen. Nur Eins kann ich andeutungsweise sagen: es hat sich mir vieles ergeben, das eine Korrektur im Einzelnen nötig machte, im Ganzen genommen aber habe ich keine zwingende Veranlassung gefunden, meine Auffassung von Napoleon und seinem Wirken wesentlich zu ändern. Ich erachte sie heute noch, wie damals, als ich mich zum ersten Mal an den großen Stoff heranwagte, in der Mitte zwischen unbedingt verherrlichender Lobpreisung und vernichtender Verurteilung am sichersten gegründet, ja es scheint mir fast, als ob neuestens die Schwankungen, in denen das historische Bild des Korsen noch vor nicht allzu langer Zeit sich bewegte, bereits weit kürzere Linien beschrieben. Völlig zur Ruhe kommen dürfte es freilich noch lange nicht.

Wien, Ende Dezember 1903.

Vorwort
zur dritten Auflage.

Dem Werk ist auch in seiner neuen Gestalt von nah und fern so viel freundliches Interesse entgegengebracht worden, daß eine dritte Auflage nötig wurde. Ich glaubte diesem Interesse nicht dankbarer gerecht werden zu können, als indem ich möglichst Alles, was in den letzten Jahren an neuen Veröffentlichungen über den Gegenstand erschienen war und auf Beachtung Anspruch machen durfte, sorgfältig verwertete und dadurch das Buch auf der Höhe der Forschung zu erhalten strebte. Auch aus Ergebnissen eigener Arbeit floß Einiges hinzu. Auf die bibliographischen Notizen am Schluß eines jeden Bandes, die sich als nützlich erwiesen haben, meinte ich besondere Aufmerksamkeit verwenden zu sollen. Es geschah u. a. dadurch, daß die massenhaften Literaturerzeugnisse, die in jüngster Zeit von bloßer Erwerbslust um den Namen Napoleon herum aufgehäuft worden sind, keine Berücksichtigung fanden.

Wien, im März 1913.   Der Verfasser.

Erstes Kapitel.

Napoleons Geburt und Lehrjahre.

„Es gibt in Europa noch ein Land, welches der Gesetzgebung fähig ist; das ist die Insel Korsika. Der Mut und die
Standhaftigkeit, mit denen dieses wackere Volk seine Freiheit
wieder zu erlangen und zu verteidigen gewußt hat, verdienten
wohl, daß es irgend ein Weiser lehrte, wie es sie sich sichern
könne. Mir ahnt gewissermaßen, daß diese kleine Insel Europa
eines Tages in Erstaunen setzen wird." So schrieb Jean Jacques
Rousseau in seinem unvergänglichen Buch über den Gesell-
schaftsvertrag. Wenig Jahre später wurde auf der „kleinen
Insel" ein Mann geboren, der durch seine gewaltige weltum-
wälzende Genialität die Ahnung des Denkers zur Wahrheit
machen sollte.

Jean Jacques Rousseau stand damals nicht allein mit
seiner Sympathie für Korsika. Der Befreiungskrieg, den die
kleine patriotische Nation seit 1729 gegen Genua führte, unter
dessen Oberherrschaft sie seit Jahrhunderten geseufzt, hatte
die Augen von ganz Europa auf sie gelenkt. Die besten Geister
des Weltteils beschäftigten sich mit ihrem Schicksal: Friedrich
der Große, Voltaire, Montesquieu reden in ihren Werken
mit Achtung und Teilnahme von dem tatkräftigen Berg-
volk und der imponierenden Persönlichkeit seines Führers
Pasquale Paoli. Dieser hatte, von seinen Landsleuten zum
Regenten des „Königreiches" ausgerufen, die Insel bis auf
die Küstenplätze den Genuesen entrissen, unter sorgsamer
Wahrung der Volksfreiheiten ein weises und fördersames
Regiment begründet und damit in engen Grenzen erreicht,
was zu jener Zeit die Wortführer der politischen Aufklärung
als Ideal hinzustellen nicht müde wurden. Und sicher wäre
es ihm gelungen, den Feind auch noch aus den letzten Positionen zu vertreiben, sein Vaterland gänzlich frei und unabhängig zu machen, hätte sich nicht eine Macht ins Mittel
gelegt, deren überlegene Kräfte schließlich beide Kämpfer aus
dem Wege drängten: Frankreich. Das war während des sieben-

jährigen Krieges, als Genua sich auf die französische Seite
schlug, wofür König Ludwig XV. die Republik gegen Korsika
zu unterstützen versprach. Damals hielten die Franzosen drei
Jahre lang (1756 bis 1759) die Häfen von San Fiorenzo, Calvi
und Ajaccio besetzt und suchten zwischen den Kriegführenden
zu vermitteln. Bald aber griffen sie selbst nach dem wichtigen Eiland im Mittelmeer. Unterhandlungen mit dem Dogen
von Genua führten zunächst im Jahre 1764 einen Vertrag
herbei, der den König von Frankreich gegen den Nachlaß
einer Schuldsumme verpflichtete, vier Jahre hindurch fünf
korsische Küstenplätze für die Republik zu okkupieren.
Als dann dieser Pakt im Jahre 1768 ablief, verständigten sich
die beiden Mächte aufs neue dahin, daß Genua für die Bezahlung
jener Schuld und eine jährliche Subvention Frankreich die
Souveränität über Korsika „pfandweise" einräumte. Trotz
der einschränkenden Klausel erkannte doch alle Welt, daß
es sich hier um eine definitive Annexion handelte. Wer sollte
sie auch hindern? Die Politik der maßgebenden Mächte
ging damals andere Wege, und so hatte Ludwig XV. nur mit
einem einzigen Gegner zu tun: mit den Korsen selbst. Ihre
Unabhängigkeit an Frankreich zu verlieren, galt ihnen keineswegs erträglicher als die genuesische Herrschaft, und Paoli
wagte den ungleichen Kampf. Er unterlag. Nach einigen
glücklichen Gefechten wurde er im Mai 1769 in einer entscheidenden Schlacht am Golofluß besiegt und zur Flucht
genötigt. Im Juni verließ er die Insel, um in England ein
gern gewährtes Asyl zu finden. Nur wenige der getreuesten
Kampfgenossen begleiteten ihn. Andere waren auf den Monte
Rotondo geflohen und boten, von den Franzosen dazu aufgefordert, ihre Unterwerfung an. Desgleichen taten die Seestädte. Frankreich war im Besitze der Insel.

Unter den Wortführern der Deputationen, die dem Sieger
huldigten, nennt man auch Carlo Buonaparte, den Vater
Napoleons. In den Reihen der vornehmen Korsen durfte er
als einer von Paoli's Vertrauten und bei dem Ansehen, in
dem seine Familie in der Stadt Ajaccio stand, nicht fehlen.
Es hat späterhin, als aus dem kleinen Korsen der große Mann
geworden war, an Virtuosen schmeichlerischer Erfindung
nicht gemangelt, die seinen Stammbaum weit hinauf und bis
auf einen byzantinischen Kaiser des Mittelalters zurück-

führen wollten. Mit Sicherheit jedoch läßt er sich nur bis
nach San Miniato und Sarzana im Toskanischen verfolgen,
wo der Name Bona Parte schon im 13. Jahrhundert als der
einer florentinischen Patrizierfamilie nachgewiesen wird und
von wannen ein Franz Bonaparte im sechzehnten Jahrhundert
nach Korsika übersiedelte. Es war ein adliges Geschlecht,
ein dreigeteilter Schild mit zwei Sternen und den Buchstaben B. P. sein Wappen. Zum mindesten säumte der Großherzog von Toskana, Leopold von Österreich, nicht, dem
Großvater Napoleons im Jahre 1757 die Nobilität zu bestätigen.
Das Gleiche geschah 1759 seitens des Florentiner Stamm-
hauses und 1779 durch das französische Heroldsamt. Die
Buonaparte — so schrieben sie sich und so schrieb sich auch
Napoleon bis ins Jahr 1796 — hatten, wie die meisten Bewohner der Küstenstädte, lange zu Genua gehalten, bis auch
sie sich dem patriotischen Aufschwung nicht mehr zu entziehen vermochten. Carlo stellte sich, als es zum Kampfe mit
Frankreich kam, unter das nationale Banner, führte seine
Zinsbauern aus Bastelica und Bocognano gegen den Feind
und ward dafür von Paoli besonders ausgezeichnet. Nach dem
Siege der Franzosen aber wurde er bald ein eifriger Anhänger
des neuen Regiments. Sein Haus in Ajaccio, wo seine schöne
jugendliche Gattin Lätitia (aus der Familie Ramolino, die
gleichfalls italienischen Ursprungs war) die liebenswürdige
Wirtin machte, stand den Fremden jederzeit offen, und der
französische Kommandant Graf Marbeuf verkehrte darin
mit Vorliebe. Carlo war ein Mann von Kenntnissen, jedoch
ohne überraschende Geistesgaben, ehrgeizig, leichten Sinnes
und vergnügungssüchtig, zuweilen sogar verschwenderisch,
nicht frei von Großsprecherei, die sich in eine natürliche
Beredsamkeit kleidete, stets den Kopf voll von Entwürfen
und immer beschäftigt mit allerlei Gesuchen, für die er bei
den Pariser Ämtern eifrig um Gewährung warb. Er war
Advokat seines Berufes und zugleich sein eigener Klient:
keines seiner Geschäfte lag ihm mehr am Herzen als ein Prozeß
um ein einträgliches Besitzstück, das von einem frommen
Anverwandten den Jesuiten legiert worden war. Diese waren
ihm darum verhaßt, wie er denn überhaupt nicht zu den
treugläubigsten Katholiken zählte. Der bei den französischen
Behörden, als Besitznachfolgern der schließlich vertriebenen

Mönche, anhängige Rechtsstreit verschlang Geld und Mühe und führte Carlo wiederholt nach Versailles. Dorthin rief ihn auch sein Mandat als Abgeordneter des korsischen Adelsstandes, eine Würde, zu der ihm seine Kenntnis des Französischen und die Gunst des Gouverneurs verhalfen, für den er einmal gegen den gerechten Vorwurf der Mißwirtschaft in die Schranken getreten war. Als er auf einer solchen Fahrt im Februar 1785 — erst achtunddreißigjährig — in Montpellier starb, hinterließ er den Seinigen, außer der unentschiedenen Rechtsfehde, nur knappe Mittel zu einer notdürftigen Existenz.

Maria Lätitia hatte ihrem Gemahl dreizehn Kinder geboren. Von diesen waren beim Tode des Vaters noch acht, fünf Söhne und drei Töchter, am Leben, das Jüngste (Jèrôme) drei Monate alt. Keine leichte Aufgabe für die Witwe, ihr Hauswesen und eine so zahlreiche Familie in den engen Verhältnissen mit Anstand weiterzuführen. Aber Lätitia löste sie. Das war eine Frau von scharfer Klugheit, rascher Einsicht und jener zähen Energie, die die Sorge überwindet, lebhaft und sinnend, unerschrocken und berechnend zugleich, eine ganze Korsin. Güter höherer geistiger Anlage und Bildung waren ihr versagt geblieben, doch hatte sie viel praktischen Verstand und war nicht ohne eine gewisse hochsinnige Art des Empfindens. Als zur Zeit des Franzosenkrieges Carlo zu Paoli hielt, war sie ihrem Gatten mit der Ergebenheit der korsischen Frau in den Willen des Mannes in die Berge gefolgt und hatte mutig, ein Kind unter dem Herzen, alle Mühsal des Feldzuges ertragen. Jetzt regierte sie mit fester Hand ihr Haus und hielt den geringen Besitz mit Umsicht und Sparsamkeit zu Rate. Freilich hatten Carlo's rückhaltlose Parteinahme für Frankreich und die Freundschaft des Gouverneurs längst auch schon ihre Wirkung getan. Von den Kindern waren zwei, Napoleon und Marianne, in französischen Erziehungsanstalten auf Kosten des Königs untergebracht worden, während der älteste Sohn, Joseph, durch einen Verwandten Marbeufs, den Bischof von Autun, einen Stiftplatz an der Schule dieser Stadt erhalten hatte. Beim Tode des Vaters kehrte Joseph heim und blieb der Mutter zur Seite. Ebenso verließ auch der nächstjüngere, Napoleon, noch im Jahre 1785 die Pariser Militärschule als Leutnant, nicht minder bereit, den Seinigen

nach Kräften zu helfen. Wer ahnte wohl damals, daß in dem
bergenden Schatten dieses kleinen Offiziers dereinst die ganze
Familie zu Hoheit, Macht und Ansehen gelangen sollte?
Napoleon war am 15. August 1769 zu Ajaccio geboren
worden, ein Datum, dessen Richtigkeit zwar schon zu seinen
Lebzeiten und späterhin, aber immer ohne zureichende Gründe,
angefochten wurde. Heute steht es unbedingt fest[1]). Als Kind
soll er seiner Mutter ähnlich gesehen haben, wie er denn auch
in seinem Wesen das Meiste von Lätitias durchgreifender Art
hatte, während die Brüder sich mehr nach dem Vater bildeten.
Eigensinnig und starrköpfig, machte der Knabe seiner Umgebung
viel zu schaffen. „Ich war", erzählte er selbst in seinen letzten
Tagen, „eigenwillig und starrsinnig, nichts imponierte mir, nichts
brachte mich aus der Fassung, ich hatte vor niemandem Furcht.
Den einen schlug ich, den andern kratzte ich, alle fürchteten
mich. Mein Bruder Joseph war es, mit dem ich zumeist zu tun
hatte; er ward geschlagen, gebissen, gescholten, und kaum, daß er
sich erholt hatte, hatte ich ihn auch schon verklagt." Die
Mutter allein vermochte den übermütigen Jungen mit Strenge zu
bändigen, während der Vater ihn häufig in Schutz nahm[2]). Die

---

[1]) M a r c a g g i, La genèse de Napoléon, p. 78 zitiert aus einem von
Karl Bonaparte geführten Ausgaben-Verzeichnis: „Mein Sohn Napoleon,
der in Frankreich in der Militärschule sich befindet, wurde in Ajaccio am
15. August 1769 geboren". S. im Anhang die Literarischen Anmerkungen.
Wenn M a s s o n, Napoléon inconnu I. 17 mein Buch unter anderen als
ein solches anführt, worin 1768 als Geburtsjahr festgehalten wurde, so hat
er meinen an einer späteren Stelle (I. 236 der ersten deutschen, I. 280 der
französischen Ausgabe) begründeten Widerspruch dagegen übersehen.

[2]) M a s s o n, a. a. O. I. 37 legt großes Gewicht auf eine Erzählung
Napoleons, er habe einmal, weil er und Schwester Pauline die Großmutter ver-
spotteten, von seiner Mutter Schläge bekommen, und folgert aus dem Um-
stande, daß Pauline erst nach des Bruders Abgang nach Frankreich geboren
wurde, dieser habe die mütterlichen Prügel erhalten, als er bereits Offizier
war (!). Das ist doch wohl, bei allem Respekt vor Lätitias Energie, zu weit
gegangen. Auf einen Artillerieoffizier, der nebenbei ein frühreifer Mensch
und die Stütze der Mutter ist, macht eine alte Frau nicht mehr den Eindruck
„d'une vieille fée", „die ihm Bonbons bringt", und er ist wohl auch nicht
„besonders stolz, mit den Offizieren zu speisen". Will man die Erzählung
überhaupt verwerten, so muß man bei Napoleon, der sie 1814 auf Elba vortrug, als die Gräfin Walewska mit ihrem sechsjährigen Söhnchen bei ihm
zu Tische war, einen Gedächtnisfehler und an Stelle Paulinens die zweite
Schwester Marianne (geb. 1771, gest. 1776) annehmen, von der Masson selbst
(Napoléon et sa famille, I. 25) zu sagen weiß, daß sie des kleinen Knaben
liebster Umgang gewesen sei.

erste Erziehung mag also, wie man sieht, nicht die sorgfältigste gewesen sein. Mit vier Jahren kam er in die Stadtschule, wo Mädchen und Knaben das Notdürftigste aus ihrer Muttersprache, dem Italienischen, beigebracht wurde. Später lernte er mit Joseph und Onkel Fesch, einem Halbbruder Lätitias, bei einem Abbé Recco lesen, schreiben und rechnen, wobei er zwar, nach dem Zeugnis der Mutter, für die Rechenkunst große Vorliebe hegte, im Ganzen aber schwer vorwärts kam[1]). Mit mehr Empfänglichkeit wird er den vielfachen Erzählungen von Paoli und den Freiheitskämpfen der Korsen gelauscht und begierig die Ideale in sich eingesogen haben, die hier in nächster Nähe vor ihm lagen. Als im Jahre 1774 die Franzosen ein hartes Strafgericht an über hundert aufständischen Bauern und Banditen vollzogen, mögen die heimischen Berichte darüber jenen Haß gegen die Fremden in ihm zum Keimen gebracht haben, den er später mit nach Frankreich nahm.

In dem unbändigen Wesen des Jungen dürfte der Vater eine gewisse Anlage für den militärischen Beruf entdeckt haben. Er bat um einen Freiplatz für ihn in einer der königlichen Anstalten, in denen die Söhne des französischen Adels für die Offiziers-Karriere vorgebildet wurden, und dem Ersuchen ward willfahrt. Mitte Dezember 1778 verließ er mit seinen beiden Ältesten die Heimat, um sie zunächst in das Kollegium von Autun zu bringen, wo Napoleon das nötige Französisch erlernen und dann in die Militärschule nach Brienne übersiedeln, Joseph aber seine lateinischen Studien absolvieren sollte, um Priester zu werden. Nach drei Monaten hatte Jener in der Tat sich einigermaßen in der fremden Sprache ausdrücken gelernt, und am 25. April 1779 ward Napoleone de Buonaparte in die Liste der Zöglinge von Brienne eingetragen. Es war nun entschieden, er wurde Soldat.

Die ersten fünf Jahre, die er hier zubrachte — es gab keine Ferien — waren keine freudvolle Zeit für den jungen

---

[1]) Viele Jahre später, als Napoleon bereits tot war, sagte Lätitia dem Österreicher Prokesch, der sie 1832 in Rom besuchte und ihr vom Herzog von Reichstadt, ihrem Enkel, erzählte: „Auch der Kaiser lernte als Knabe schwer, begriff nur langsam und ließ die Lehrer oft an ihm verzweifeln. Als er dann aber doch einmal ein gutes Zeugnis nach Hause brachte, setzte er sich darauf wie auf eine Triumphsäule". Aus den Tagebüchern des Grafen P r o k e s c h von Osten, 1830—1834, S. 157.

Korsen. Aus dem ewig lachenden Süden in den trüben Norden der Champagne versetzt zu sein, vom Meer weg in das eintönigste Binnenland, aus freier Ungebundenheit in die strenge klösterliche Zucht der von Mönchen geleiteten Anstalt, die keine einzige der kleinen süßen Freuden des Elternhauses kannte, was Wunder, wenn das empfängliche Gemüt des Knaben sich verdüsterte? Und dazu kam vor allem, daß er nicht geartet war, sich an Genossen anzuschließen. Von den Neckereien, die in solchen Schulen keinem neuen Ankömmling erspart bleiben, fühlte er sich in allem Ernste verletzt und erwiderte sie mit kränkender Verachtung. Sein herrisches, trotziges Wesen fand nur zu bald entschiedene Gegner an den Söhnen der vornehmen französischen Adelswelt, die ihm auch ihrerseits hochmütig begegneten und seine korsische Herkunft geringschätzten, was ihn nur noch fester an sein kleines Vaterland knüpfte[1]). Er war unbeliebt und mußte es erfahren, daß seine Mitschüler, als ihm gelegentlich vom Prinzipal die Führung einer der Knabenkompagnien übertragen wurde, ihn dessen feierlich für unwürdig erklärten. Darauf zog er sich im Groll von Allen zurück. Einige der Zöglinge haben hinterher über seinen Aufenthalt in der Militärschule und sein ungeselliges Benehmen glaubwürdige Aufzeichnungen gemacht. „Finster, ja sogar wild,“ erzählt der Eine, „fast immer verschlossen, war er, als wenn er eben aus der Wildnis gekommen wäre und erstaunt und mißtrauisch die ersten Eindrücke von seinen Mitmenschen empfinge. Stets allein für sich, war er ein Feind aller Spiele, überhaupt jedes kindlichen Vergnügens ... In einem ihm zugewiesenen Teil des Gartens, den er möglichst unzugänglich machte, studierte und brütete er unausgesetzt, und wehe dem, der ungerufen herantrat... Eines Abends explodierte bei Gelegenheit eines Feuerwerkes, das die übrigen Knaben angelockt hatte, ein Pulverkästchen. Bestürzt stob die Schar auseinander, und Einzelne flüchteten über Napoleons Zaun und zerstörten dabei seine Garten-

---

[1]) Napoleon war damals nicht der einzige Korse in den königlichen Militärschulen. Durch C h u q u e t s fleißige Forschungen (La jeunesse de Napoléon, I.) sind deren eine ganze Anzahl nachgewiesen worden. Doch er fahren wir nichts von Konflikten mit ihren französischen Mitschülern, in die wir den jungen Buonaparte alsbald verwickelt sehen. Sie wurzelten wohl in dessen unverträglicher Eigenart.

kunst. Da lief er im Zorn herbei und hieb mit einer Hacke
auf die Fliehenden ein." Nur während des Winters wurde er
notgedrungen geselliger. Dann konnte er wohl auch die Anderen
lehren, im tiefen Schnee Festungswerke, wie er sie daheim
gesehen hatte, anzulegen, sie anzugreifen und zu verteidigen.
Der erste Frühlingstag aber sah ihn schon wieder ernst und
einsam in seiner Gartenecke. Natürlich fand er so leicht
keinen Freund unter seinen Schulgenossen — er hat im Leben
wenige besessen[1]). Ja, man ist versucht zu fragen, ob er überhaupt eine Jugend gehabt habe. Denn es will scheinen, als
sei niemals ein Strahl des goldenen Lebenslenzes, der so vielen
Glücklichen lacht, auf den Weg dieses früh verbitterten
Gemütes gefallen. Und doch hat er späterhin der letzten Jahre
des Brienner Aufenthaltes, wo er etwas zugänglicher geworden
war, gerne sich erinnert, und mannigfaltig sind die Gnaden-
akte, die der Kaiser seinen Lehrern und manchen seiner Mitschüler zuteil werden ließ.

Napoleon war anfangs auch hier kein durch Übereifer
oder Kenntnisse besonders hervorstechender Schüler. Er hat
nach fünf Jahren die Schule verlassen, und seine französische
Orthographie war herzlich mangelhaft. Ein völlig tadelloses
Französisch hat er übrigens auch später nicht geschrieben,
und seine Aussprache hat immer einen fremden Ton
behalten. Dagegen bildete sich sein Stil an der Hand einer
reichlichen Lektüre, der er sich in seiner Vereinsamung mit
Eifer hingab, nachdem ihn die Schule mit Werken Boileaus,
Racines und jenes Corneille bekannt gemacht hatte, der sein
Lieblingsdichter fürs ganze Leben bleiben sollte. Im Lateinischen hinwieder — Griechisch wurde nicht gelehrt — machte
er so wenig Fortschritte, daß er in den späteren Jahrgängen

---

[1]) Nur mit Laugier de Bellecour scheint er in Brienne in näherer kame-
radschaftlicher Beziehung gestanden zu haben, die er übrigens selbst später
in der Pariser Schule löste. Von Laugier mögen jene Aufzeichnungen her-
stammen, die in der „Histoire de Bonaparte" (Paris, 1802) I. 15 ff. zitiert
werden. Sie erzählen manches über das Verhältnis der beiden Knaben zu
einander. Einen Brief an seinen Vater aus dem April 1781, worin Napoleon
über seine Zurücksetzung Klage führte und den J u n g (Bonaparte et son
temps I. 84) im Pariser Kriegsarchiv benützt haben will, wo er nicht zu finden
ist, hat die Forschung, an der Hand genauerer Kunde über die Verhältnisse
in Brienne, in seiner Echtheit angezweifelt. S. C h u q u e t, La jeunesse
de Napoléon I. 114.

gar nicht mehr daraus geprüft wurde Er las dann die Klassiker
nur noch in Übersetzungen. Vor allem Plutarch mit der Begeisterung, die damals die junge Welt dem großen Biographen
entgegenbrachte. Oft hat er in der Folge die Bilder verwertet, mit denen der Grieche seine Phantasie gefangen nahm.
Gerne studierte er Geschichte und Geographie und mit besonderer Vorliebe Mathematik, „diese erste der Wissenschaften",
wie er sie im Jahre 1812, n einem Brief an Laplace, genannt
hat. Alle Welt sagte damals ', erzählte er später selbst, „der
Junge ist nur für die Geometrie geschaffen". Gerade dieser
auffallenden Tüchtigkeit in den mathematischen Fächern
wegen wurde er gegen das Ende der Brienner Schulzeit den
besseren Schülern zugezählt, was seine Auswahl mit nur
vier anderen für die Pariser Ecole militaire erkennen läßt.
    Alles in Allem genommen war er ein früh gereifter Kopf.
Die Briefe, die er schrieb, sind durchaus ernst, klar und logisch.
Er wußte zu vergleichen, zu unterscheiden und scharf zu urteilen. Man höre, wie der vierzehnjährige Knabe seinen älteren
Bruder charakterisiert, der plötzlich Lust bekam, statt des
geistlichen den militärischen Beruf zu wählen. „Hierin",
schreibt Napoleon im Juni 1784 an seinen Oheim Paravicini
in Ajaccio, „hat er aus mehreren Gründen Unrecht. 1. Wie
mein Vater meint, fehlt es ihm an der erforderlichen Kühnheit, um den Gefahren einer Schlacht zu trotzen. Seine
schwache Gesundheit gestattet ihm nicht, die Mühsale eines
Feldzuges zu ertragen. Mein Bruder sieht überhaupt den
militärischen Beruf nur vom Standpunkt der Garnison an.
Gewiß wird er ein guter Garnisonsoffizier sein. Regelrecht
gewachsen, mit leichtem Witz begabt und infolgedessen für
frivole Komplimente geeignet, wird er mit diesen Talenten
in einer Gesellschaft sehr gut seinen Mann stellen. Aber in der
Schlacht? Das ist, was der Vater bezweifelt.

> „Was nützt dem Krieger all das lock're Gut,
> was alles Gold, entbehret er den Mut!
> Und wäret Ihr Adonis gleich an Schöne
> und hättet eines Gottes Wort und Töne,
> s'ist Alles eitel ohne tapfres Blut".[1]

---

[1] Die eingelernten Verse sind in äußerst mangelhafter Orthographie
wiedergegeben: Er schreibt: „guerrié", „fucier" (staat „fussiez"), „élocance",
„l'avallance" (statt „la vaillance") u. A.

2. Er ist zum Geistlichen vorgebildet worden; zum Umsatteln
ist es nun sehr spät. Der Herr Bischof von Autun hätte ihm
eine reiche Pfründe gegeben, und er wäre gewiß auch Bischof
geworden. Welche Vorteile für die Familie! Der Bischof von
Autun hat sein Möglichstes getan, ihn zum Ausharren zu
bewegen, und ihm versprochen, daß es ihn nicht gereuen
würde. Umsonst, er bleibt unerschütterlich. Ich würde ihn
loben, wenn es eine ausgesprochene Neigung wäre für einen
Beruf, der unter allen der schönste ist, und wenn der große
Beweger der menschlichen Dinge ihm, wie mir, bei seiner
Erschaffung eine entschiedene Eignung fürs Militär mitgegeben
hätte. 3. Er will, daß man ihn im Soldatenstand unter-
bringe. Das ist recht schön, aber in welcher Waffe? Er will
gewiß unter die Infanterie. Gut, ich begreife, er will den
ganzen Tag müßig sein, den ganzen Tag das Pflaster treten.
Und dann, was ist ein winziger Infanterieoffizier? Während
dreiviertel der Zeit ein Taugenichts. Und das ist, was weder
mein Vater, noch Sie, noch die Mutter, noch der Oheim-Archi-
diakon wollen, da er schon kleine Züge von Leichtsinn und
Verschwendung verraten hat usw.".

Die Muße, die ihm die Studien übrig ließen, füllte er
mit den Träumen seiner lebhaften Phantasie aus. Sie führten
ihn zurück nach dem väterlichen Eiland mit seinen hohen
Bergen und dem ewig klaren Himmel darüber, seiner male-
rischen Küste und dem tiefblauen Meer, zurück in die vergangene glücklichere Zeit seiner Kindheit. In ihnen allein
fand er Erholung und Erquickung, an ihnen wuchs in der
trostlosen Einsamkeit der Fremde sein Heimatsgefühl zum
flammenden Patriotismus auf. Sind nicht, die ihn hier höhnen
und herabsetzen, zugleich auch die feindlichen Bezwinger
seines Vaterlandes? Vor ihm taucht in vollem Glanz die
Heldengestalt Paolis auf, und er erklärt, er wünsche zu werden
wie dieser. „Paoli wird wiederkommen," versicherte er,
„und wenn er unsere Ketten nicht zerbrechen kann, will ich
ihm zu Hilfe eilen, sobald ich nur Kraft genug habe; vielleicht können wir beide dann Korsika von dem schmählichen
Joch befreien, das auf ihm lastet." Ein ander Mal will er
sogar das Werk allein auf seine Schultern nehmen. „Ich hoffe",
rief er aus, „einst in der Lage zu sein, Korsika seine Freiheit
wiederzugeben. Wer weiß? Das Schicksal eines Landes

hängt oft an einem einzigen Mann." Daß er sich dazu auf
Frankreichs Rechnung vorbereitete, kümmerte ihn wenig.
Zunächst drängte es ihn, die Geschichte seines Volkes ganz
zu kennen, und er bittet die Seinigen, ihm Boswell und andere
Bücher darüber zu leihen. Vielleicht faßt er schon jetzt den
Plan, selbst einmal die Historie seiner Heimat zu erzählen.
Kurz, er war durch und durch Korse und den Franzosen
von ganzer Seele abgeneigt. Vor allem aber haßte er diejenigen
unter ihnen, die dünkelhaft auf die Vorrechte ihrer Geburt
und ihres ererbten Reichtums pochten und geringschätzig von
denen dachten, die nicht ihres Standes waren. Und so entwickelte sich in diesem einsam grübelnden Kopfe, getragen
von einer starken subjektiven Empfindung dieselbe revolutionäre Anschauung, wie sie in jenen Tagen ganz Frankreich zu erfüllen begann. Wird er ihr draußen begegnen,
so ist sie ihm nichts Fremdes mehr[1]).

Napoleon war auf den Rat Marbeufs von seinem Vater,
und durch eigene Neigung, für die Marine bestimmt worden,
und auch der Generalinspektor der Schulen, Keralio, hatte
ihn rasch in diese Karriere zu befördern gedacht. Als Dieser
aber von seinem Amt zurücktrat und dessen Nachfolger darauf
bestand, daß Napoleon, seiner Jugend wegen, noch ein Jahr
in Brienne blieb, und als dann auch Lätitia ihre Einwendungen gegen den doppelt gefährlichen Beruf erhob, da entschied man sich kurzweg für die Artillerie, eine der größeren
Arbeit wegen von den Junkern meist gemiedene Waffe. Nach
diesem Entschluß und einer im September 1748 glänzend
bestandenen Prüfung, ward der junge Buonaparte in die
adelige Kadetten-Kompagnie zu Paris aufgenommen, wohin
er im Oktober übersiedelte. An seiner inneren Entwicklung
hat dieser Wechsel nur wenig geändert. Hier wie dort derselbe
Abstand zwischen den Söhnen der vornehmen Geschlechter
und den auf Königs Kosten ernährten Kindern der armen
Edelleute. Dieselbe unausfüllbare Kluft, die ihn dort von den
Cominges und Castries getrennt hatte, schied ihn hier von den

---

[1]) In der oben zitierten „Histoire de Bonaparte", I. 15., werden Laugier
die Worte in den Mund gelegt: „Ich möchte wissen, was aus einem meiner
Mitschüler, namens Bonaparte, geworden ist. Er wird wohl von ganzem
Herzen der Revolution zugetan sein." („Il doit être attaché de cœur à la
révolution.")

Rohan, Montmorency und Puységur und empörte sein maßloses Selbstgefühl von neuem. An den Balgereien zwischen
den beiden sozialen Gruppen nahm er mit Leidenschaft und
mit gänzlicher Verachtung körperlichen Schmerzes teil, so
daß man ihn den „Spartaner" nannte. Die Anstalt war über-
reich ausgestattet und mehr eine Schule für höfische Sitte,
die man jenerzeit vom Offizier verlangte, als für den militärischen Beruf[1]). Der Lehrplan umfaßte ganz dieselben Gegenstände, die in den Provinzschulen gelehrt wurden, nur daß
das Latein wegfiel und dafür Befestigungskunde und ein Kurs
über Staatsrecht dazu kamen; Kriegsgeschichte und Kriegs-
wissenschaft wurden nicht vorgetragen. Wer, wie Napoleon,
das Examen für die Artillerie zu machen hatte, fand gute
Lehrer — Louis Monge war darunter — und in dem vier-
bändigen Lehrbuch Bezouts über angewandte Mathematik
ein vortreffliches Bildungsmittel. Im übrigen herrschte
strenge Zucht, die ebensowenig, wie in Brienne, den Schülern
auch nur den geringsten Urlaub gewährte, und viel äußerliche
Religionsübung, die aber den modernen skeptischen Zug
der Zeit auch hier nicht fernzuhalten vermochte. Napoleon
stand von jetzt ab — und sein Leben hindurch — in dessen
Bann. Als ihm einmal ein Beichtvater Vorstellungen wegen
seines offen geäußerten Widerwillens gegen die französische
Herrschaft auf Korsika machte, wies er den Priester mit
kurzen Worten in seine Schranken und entlief dem Beichtstuhl.
Er war jetzt übrigens nicht mehr so unnahbar, wie ehemals
in Brienne, wenn er auch noch immer gelegentlich, eine Erkrankung vorschützend, sich zwei bis drei Tage lang in sein
Zimmer einschließen und darin lesen und träumen konnte.
An Alexander des Mazis und Peter von Champeaux gewann
er sogar Freunde für längere Zeit. Mit wahrer Liebe aber hing
er vor allem an den Seinigen daheim und beklagte sicher den
Verlust des Vaters, der jetzt starb, aufs innigste. Für ihn
lag in diesem Ereignis ein neuer Sporn zu unermüdlicher
Tätigkeit. Er hegt nun keinen anderen Gedanken als den
der möglichst raschen Beförderung zum Offizier, worauf er

---

[1]) Daß Napoleon als Zögling hierüber eine tadelnde Denkschrift verfaßt und an einen seiner Brienner Lehrer geschickt habe, wird mit Recht
bezweifelt; dagegen steht fest, daß er später die damaligen Zustände an der
Schule mißbilligt hat.

mit seinen sechzehn Jahren, wenn er sonst entsprach, Anspruch erheben durfte. Nach nur einem Jahr der Vorbereitung, während zwei bis drei die Regel waren, bestand er vor keinem Geringeren als Laplace im September 1785 sein Examen und wurde zum Sekondeleutnant beim Artillerieregiment La Fère in Valence ernannt. Ende Oktober reiste er mit dem gleichfalls ausgemusterten Des Mazis dahin ab.

Der Lehrer der Geschichte an der Ecole, L'Esguille, gab über den geschiedenen Zögling das folgende Urteil ab: „Er ist Korse von Nation und Charakter und wird es weit bringen, wenn ihn die Umstände begünstigen"[1]). Das Urteil war richtig. Er war auch in der Pariser Schule leidenschaftlicher Korse geblieben. Hier, wie in Brienne, beseelte ihn dieselbe fanatische Anhänglichkeit an sein Vaterland, derselbe begeisterte Drang, sich in seinem Dienst berühmt zu machen, derselbe Haß gegen die Eroberer, derselbe Enthusiasmus für Paoli, alles nur noch ernster, entschiedener, zu festen Ideen und Absichten geordnet. Es ist nicht immer richtig, daß jeder Charakter der Welt bedürfe, um erst an ihrem Einfluß reif zu werden. Hier bildete sich einer schon in der Stille, aus sich selbst heraus, und war fertig, sobald er in's Leben eintrat. Allerdings tat bei Napoleon die Naturanlage mehr als bei manchem anderen, und die ererbten Eigenschaften seines Volkes bildeten ein solides Fundament seines Wesens. Wenn auf Korsika, wo es weder großen Reichtum noch schroffen Unterschied der Stände, sondern eher republikanisches Wesen gab, der Kleinste sich nicht geringer achtete als irgend Einen und ein starkes Selbstgefühl allen zu eigen war, so hat Napoleon schon als Knabe Proben davon abgelegt, daß er sich durch Name, Rang und Stand nicht im mindesten imponieren ließ. Waren die Korsen mißtrauisch und verschlagen, immer auf sich bedacht, ihre Zwecke oft auf gewundenen Wegen verfolgend und doch mit einem starken Gerechtigkeitssinn begabt, der weder erfahrenes Recht, noch erlittenes Unrecht vergessen konnte, trotzig und selten liebenswürdig, mehr melancholisch als lebensfroh, allzu leicht in

---

[1]) Die Äußerung wird von Las Cases, Mémorial de Sainte-Hélène, I., 134 und Ségur, Histoire et Mémoires, I., 74 bezeugt. Offizielle Noten über Napoleon fehlen in den Registern der 1787 aufgehobenen Pariser Militärschule. Vgl. Masson, I., 100.

ihrem Stolz verletzt, so war er im Grunde ebenso geartet.
Machte ein starkes Interesse an den öffentlichen Dingen die
Korsen zu geborenen Politikern mit beredten Zungen, so
erschien auch dem jungen Napoleon eine Rolle im öffentlichen
Leben, die ihn möglichst hoch im Ansehen der Welt emporhob,
als das wünschenswerteste. Und hatte nicht die ganze Welt
auf Korsika geblickt und das um seine Freiheit kämpfende
Volk mit ihrer Sympathie begleitet? Die Verquickung eines
starken Ehrgeizes mit einer glühenden Phantasie, wie sie zu
der natürlichen Mitgift der meisten Korsen gehörte, ließ
auch ihn das höchste für sich nicht als unerreichbar denken.
Es kam nur darauf an, daß die „Umstände ihn begünstigten".

———————

„Als ich meinen Dienst antrat" — erzählte Napoleon
einmal der Frau von Rémusat — „langweilte ich mich in den
Garnisonen. Ich fing an Romane zu lesen, eine Lektüre, die
mich höchlich interessierte. Ich selbst versuchte, welche zu
schreiben, und diese Beschäftigung ließ meiner Einbildungskraft freien Spielraum. Sie kreuzte sich mit den positiven
Kenntnissen, die ich mir erworben hatte, und es unterhielt
mich oft, zu träumen und dann sofort meinen Traum am
Maßstab meiner Vernunft zu messen. Ich versetzte mich in
Gedanken in eine ideale Welt und untersuchte, worin sie
sich von derjenigen unterschied, die mich umgab." Also
immer noch der alte Träumer! Nicht nur innerhalb der Klausur
der Schule, auch draußen in voller Freiheit und steter Berührung mit dem Tagesleben dieselbe Lust an der Zurückgezogenheit und an einsamem Hinbrüten[1]). Nur eins scheint
in der Mitteilung Napoleons nicht zuzutreffen. Zu den Menschen, die sich langweilen können, hat er nicht gehört. „Selbst
dann," sagte er später über diese Epoche seines Lebens, „wenn
ich nichts zu tun hatte, hatte ich doch immer das unbestimmte
Gefühl, als hätte ich keine Zeit zu verlieren." Ein Gefühl
also, das sonst erst alternde Männer zu erfassen pflegt, nahm
hier Besitz von einem Jüngling und spornte ihn früh zu
geistiger Zucht seiner selbst. Im übrigen gab es auch für ihn
anfänglich der Berufsgeschäfte genug. In Valence angekommen,
muß er vorerst das Handwerk seines Standes erlernen und drei

———————

[1]) R é m u s a t, Mémoires, I., 267.

Monate lang, so will es die Vorschrift, von der Pike auf dienen,
ehe er am 10. Januar 1786 als fertiger Offizier in das königliche
Korps der Artillerie aufgenommen wird. Dann beschäftigen
ihn der theoretische Kurs der Geschützlehre und die Arbeiten
am Polygon. Übermäßig angestrengt freilich waren die Offiziere
des alten Regimes nicht. Von schwierigem Exerzieren, von
Lagerübungen und Manövern war wenig die Rede. Wohl hatten
nach der Schlappe von Roßbach, im Jahre 1757, einige Reform-
freunde danach gerufen, doch wurde nicht viel Zulängliches
geleistet. An Muße fehlte es nicht. Wer aber von den jungen
Militärs sie dazu benützen wollte, seine Zukunft zu überdenken,
der mußte aus sehr vornehmer Familie sein, wenn sich ihm
ein glänzendes Bild zeigen sollte. Denn nur solchen waren
die Stellen der Stabschargen und Generale zugänglich,
während der arme und geringere Adel sich zeitlebens mit
subalternen Positionen zu begnügen hatte. Und nun denke
man sich den Feuerkopf Napoleon mit seinem fieberhaften
Durst nach Geltung vor die dürre Perspektive gestellt, ein
halbes Dutzend Jahre lang auf sein Vorrücken zum Premier-
Leutnant warten zu müssen, mindestens ebenso lange, bis
er Hauptmann wurde, um schließlich als solcher im Ruhe-
stand seine Tage zu endigen, auf dem ganzen Wege treulich
geleitet von Mangel und Einschränkung: wen wundert es
da, daß seine Gedanken andere Bahnen wandelten?

Er hält die Idee der Befreiung seines Vaterlandes, dessen
Geschichte er eifrig studiert, unverrückt fest; ja er sucht sie
sogar rechtlich zu begründen. Es war die Zeit, wo er bereits
im Banne der großen Geister Frankreichs stand, die als Lehrer
und Führer der Nation hervorgetreten waren, um jene Theorien
der Aufklärung zu verbreiten, die die herrschenden Zustände
verurteilten und an ihrer Stelle einen neuen Staat und eine
neue Gesellschaft forderten. Die Schriften Voltaires und
Montesquieus, d'Alemberts und Rousseaus befanden sich in
allen Händen. Namentlich zu Diesem fühlte sich — schon
wegen dessen guter Meinung über Korsika — Napoleon hin-
gezogen, und die Lehren Jean Jacques' sind selten auf frucht-
bareren Boden gefallen. Zunächst begrüßt der junge Zweifler
die antichristliche Richtung des Genfer Philosophen und
verteidigt sie gegen eine Schrift des Abbé Roustan in einer
Abhandlung, in der er die Kirche als schlechte Patriotin und

als ein „die Einheit der Staaten zersetzendes Element" darstellt. Deshalb dürfe man die Priester nur als Diener des Staates
und nur von diesem abhängig gelten lassen[1]). Vorzugsweise
aber fesselte ihn Rousseau's „Contrat social", und namentlich
dort, wo er dessen Sätze auf sein Lieblingsthema anwenden
konnte. Am 26. April 1786 — es war der Geburtstag Paolis
— schreibt er einen Aufsatz in ein Heft, mit dem dargetan
werden soll, daß die Korsen das Recht gehabt hatten, das
Joch Genuas abzuwerfen. „Da hören wir den Schrei des
Vorurteils: die Völker haben Unrecht, sich gegen ihre Herrscher zu empören, die göttlichen Gesetze verbieten es. Was
haben denn aber die göttlichen Gesetze mit einer rein menschlichen Sache zu tun? Begreift Ihr nicht die Absurdität dieses
allgemeinen Verbotes durch die göttlichen Gesetze, niemals
das Joch eines Usurpators abzuschütteln? Danach wäre also
irgend ein Mörder, der sich nur geschickt genug benähme, um
sich, nachdem er den legitimen Fürsten getötet hat, auf dessen
Thron zu schwingen, sofort durch das göttliche Gesetz geschützt,
während er beim Mißlingen der Tat sein verbrecherisches Haupt
auf den Block legen müßte... Der Pakt, mit dem ein Volk die
souveräne Autorität in andere Hände legt, ist kein bindender
Vertrag, das heißt das Volk kann die übertragene Souveränität
stets wieder zurücknehmen ... Wenn es nun durch diese
Natur des „Gesellschaftsvertrags" erwiesen ist, daß, selbst
ohne zureichenden Grund, ein Volkskörper seinen eigenen
Fürsten absetzen kann, um wie viel mehr einen fremden
(privé), der, alle Naturgesetze verletzend, sich gegen die
Regierungseinrichtungen vergeht. Spricht dies nicht für die
Korsen, da die Herrschaft der Genuesen doch nur eine ver-
tragsmäßige war? Deshalb durften sie das genuesische
Joch abschütteln, und deshalb können sie auch mit dem der
Franzosen dasselbe tun. Amen"[2]). Eine etwas weitgehende
Erwägung für einen französischen Offizier, der eben aus der
Schule kam, in der er auf Königs Kosten erzogen worden war.
Zu ihr trat jedoch noch eine andere, mehr materieller Art. Die
800 Franken des Leutnantsgehalts, die sich bei dem absolvierten
Zögling der königlichen Schulen um 200 vermehrten und mit

---

[1]) Abgedruckt bei M a s s o n - B i a g i, Napoléon inconnu, I., 147 ff.
[2]) Ebenda, I., 141 ff.

einer dürftigen Wohnungszulage kaum zwölfhundert ausmachten, bedeuteten für den jungen Mann in der Fremde
eine kärgliche Existenz; er wohnte bei Mademoiselle Bou
für acht Livres zur Miete und aß zeitweilig nur einmal
des Tages. Daheim aber, auf Korsika, konnte er damit dem
engen Haushalt seiner Angehörigen zu Hilfe kommen.
Und dazu war Aussicht vorhanden, denn eine längst ein-
gebürgerte Norm sicherte jedem Offizier nach dem ersten
Dienstjahr, und darauf in jedem zweitfolgenden, einen
halbjährigen Urlaub zu, den das Kriegsministerium in der
Regel noch verlängerte. Davon will er Gebrauch machen,
sobald er darf.

Bis dahin tat er in Valence die ersten Schritte ins gesellige
Leben. Durch den Bischof von Autun, Marbeuf, war er an
Herrn von Tardivon, den quieszierten Generalabt von Saint-
Ruf empfohlen worden, und dieser brachte ihn in den Gesellschaftskreis der Frau von Colombier, der den Adel der Umgebung vereinigte. Frau von Colombier selbst war eine Frau
von Geist, die in dem scheuen und linkischen Korsen, der
jetzt — mit ebensowenig Erfolg wie in der Pariser Anstalt
— Tanzunterricht nahm, eine ungewöhnliche geistige Begabung
erkannte. An ihre Tochter Karoline knüpfte den blutjungen
Leutnant bald eine flüchtige zarte, reine Neigung, deren er
sich noch in späteren Jahren gern entsann[1]). Sein Verhältnis
zu den Kameraden war jetzt ein gutes. Er war bald ein sehr
tüchtiger und geachteter Offizier geworden, dem sie späterhin
gelegentlich einmal die Ausarbeitung des Statuts eines Ehren-
rates (Calotte) übertrugen. Dazu kam die Jugend mit ihren
Hoffnungen und ihrem starken Selbstbewußtsein: man hätte
meinen sollen, Napoleon habe sich da nicht gerade unglücklich
fühlen dürfen. Und doch war er kein froher Mann, wenn wir
jenen melancholischen Gefühlserguß in Betracht ziehen wollen,
den er im Mai 1786 aufs Papier warf: „Immer allein, selbst
mitten unter den Menschen, komme ich nach Hause, um mich
meinen einsamen Träumen und meiner Schwermut hinzugeben.
Nach welcher Seite hat sie sich heute gewendet? Sie sinnt

---

[1]) Siehe C o r r e s p o n d a n c e, IX., 7948, das verbindliche Schreiben
an Karoline von Bressieux, geb. Colombier. Sie wurde später Ehrendame
der Kaiserin-Mutter Lätitia.

den Tod. Und ich stehe doch erst im Morgenrot meiner Tage
und kann hoffen, noch lange zu leben! Seit sechs bis sieben
Jahren bin ich von meinem Vaterland abwesend. Welche
Freude werde ich empfinden, wenn ich meine Landsleute und
Angehörigen wiedersehe! Kann ich nicht aus dem süßen
Gefühl, das die Erinnerung an die Freuden meiner Kindheit stets in mir weckt, schließen, daß mein Glück vollkommen
sein werde? Welche Raserei treibt mich nun an, meine Zerstörung zu wollen? Aber, fürwahr! was soll ich in der Welt?
Da ich doch einmal sterben muß, wär's nicht gleich so gut,
mich jetzt zu töten? Wär' ich ein Sechziger, so würde ich die
Vorurteile meiner Zeitgenossen respektieren und geduldig abwarten, bis die Natur ihren Lauf vollendet hätte. Da ich aber
mein Leben damit beginne, Unglück zu erfahren, da nichts
mir Freude bereitet, weshalb ein solches Leben ertragen?
Wie entfernt sind doch die Menschen von der Natur! Wie
feige, niedrig, kriecherisch sind sie! Was werde ich in meinem
Vaterlande für ein Schauspiel sehen! Meine Landsleute, in
Ketten gelegt, küssen zitternd die Hand, die sie unterjocht.
Das sind nicht mehr die tapferen Korsen, die ein Held mit
seinen Tugenden beseelte, nicht mehr, wie ehedem, die Feinde
der Tyrannen, der Genußsucht, der niedrigen Höflinge...
Franzosen! Nicht zufrieden damit, uns entwendet zu haben,
was uns das Liebste war, habt ihr auch noch unsere Sitten
verdorben. Dieser Zustand meines Vaterlandes und das Un-
vermögen, ihn zu ändern, ist nur ein neuer Grund für mich,
die Erde zu verlassen, wo ich aus Pflicht diejenigen loben
muß, die ich aus Tugend hassen müßte. Was für eine Figur
werd' ich in der Heimat spielen? Welche Sprache soll ich
dort reden? Wenn das Vaterland nicht mehr ist, muß ein
guter Patriot sterben! Gäb' es nur einen Menschen zu zerstören, um meine Landsleute zu befreien, ich eilte sofort,
dem Tyrannen den Stahl in die Brust zu bohren, der das Vaterland und die geschändeten Gesetze rächen soll. Mein Dasein
ist mir zur Last, da ich keinerlei Freude genieße und alles mir
nur Schmerz verursacht; es ist mir zur Last, weil die Menschen,
mit denen ich lebe und voraussichtlich immer leben werde,
so ganz anders geartet sind als ich, ungefähr wie der Glanz
des Mondes sich von dem der Sonne unterscheidet. Ich kann
daher nicht die Lebensweise führen, die allein mir das Dasein

erträglich machen könnte, und daraus folgt ein unendlicher Widerwille gegen Alles"[1]).

Nichts bezeichnender, als dieser Erguß einer verstimmten Seele. Man sieht, wie Goethes Werther, den Napoleon fünfmal gelesen haben will, und Rousseaus schwärmerische Schriften auf ihn ihre Wirkung geübt haben; an mehr als einer Stelle erkennt man ihren Einfluß. Daneben aber steht, fast unvermittelt, ein kräftiger, höchst selbstbewußter Sinn, und man hat sofort die Überzeugung, daß der Schreiber des Tagebuches, dem die Todesgedanken so leicht aus der Feder fließen, ebensowenig die ernste Absicht hat, sie zur Tat zu machen, als achtundzwanzig Jahre später in Fontainebleau der entthronte Kaiser daran denken wird, sich zu töten. Es ist eben immer dieselbe Doppelnatur, die Napoleon in dem angeführten Gespräch mit Frau von Rémusat selbst bezeugt, dieselbe Träumerei, die aber doch stets wieder am Maßstab einer kühlen und methodischen Überlegung gemessen wird, ein Idealismus, den ein hoch ausgebildetes realistisches Verständnis bändigt, berichtigt, beherrscht. Das ist der Grundzug seines Wesens und zugleich der Schlüssel zu dessen Verständnis.

Auch jetzt hat er rasch einen praktischen Entschluß gefaßt. Einmal in Korsika, wird er sich den gewährten Urlaub „aus Gesundheitsrücksichten" verlängern lassen, soweit die Langmut des Kriegsministers nur immer reichen mag. Auf diese Weise kommen nicht nur seine Bezüge den Seinigen zugute, er selbst gewinnt Gelegenheit, seine Kenntnis der heimatlichen Verhältnisse an Ort und Stelle reichlicher zu fördern. Mit dem August 1786 lief sein erstes Dienstjahr ab, und schon Mitte September kam er in Ajaccio an, voll Freude des Wiedersehens und voll neuer Zuversicht.

Es war übrigens hohe Zeit, daß er kam. Die Mutter hatte mehr als sonst mit Sorgen zu kämpfen. Die Pension für den jüngeren Bruder Lucian mußte bezahlt werden. Joseph, der sich neuestens juridischen Studien widmete, um rascher ins Brot zu kommen, war damit noch nicht zu Rande. Manche der Einkünfte, auf die man gerechnet hatte, blieben aus, und wenn auch der endlich entschiedene Erbschaftsprozeß

---

[1]) Wiederholt abgedruckt; zuletzt bei M a s s o n - B i a g i, a. a. O., I., 145, mit einem Facsimile.

das kleine Gut Milleli im Werte von 13.000 Franken einbrachte, so bedurfte man, um es erst nutzbar zu machen,
größerer Barmittel. Zwar half der Großoheim, Archidiacon Lucian, zuweilen nach, aber diese Hilfe war nicht
unversieglich. Unter den Unternehmungen des Vaters war
auch eine Maulbeerbaumschule gewesen, und die königliche
Verwaltung hatte sich, auf Marbeufs Fürsprache, vertragsmäßig zu deren Unterstützung verpflichtet; dieser Vertrag
wurde jetzt gekündigt, und Marbeuf war seit kurzem tot.
Die Trockenlegung einer sumpfigen Salzlache in der Nähe
Ajaccios, worauf Carlo, gleichfalls in der Hoffnung auf Staats-
subvention, manches Stück Geld geopfert hatte, konnte nicht
weiter betrieben werden. All das gab Stoff zu Bittgesuchen
und Vorstellungen, die unberücksichtigt blieben, und Napoleon
mußte sich sogar entschließen nach Paris zu gehen, um dort
selbst nach dem Rechten zu sehen. Er bringt in der Tat den
Herbst 1787 in der Hauptstadt zu, nachdem ihm sein Urlaub
verlängert worden war. Daß aber auch hier seine Bemühungen
um die benötigten Unterstützungen und Aushilfen vergebens
waren, erbitterte ihn aufs Neue gegen die französische Herrschaft, und voll tiefer Abneigung gegen sie kehrte er heim,
wo die Mutter jetzt sogar ohne dienende Hilfe das Haus bestellen mußte. Er bleibt, bis endlich kein weiterer Aufschub
seiner Rückkehr zum Regiment mehr erreichbar ist, das er im
Juni 1788 in Auxonne wiederfindet, wohin es verlegt worden war.

Auxonne war keine günstige Station, das Klima ungesund,
die Gesellschaft null, der Offizier auf den Lehrgang der Artillerieschule, auf seinen Dienst und den Verkehr mit den
Kameraden angewiesen. Aber gerade diese Umstände wurden
für Napoleon bedeutungsvoll. Sie schufen ihm die Muße,
um sich nicht nur in der Wissenschaft seiner Waffe zu ver-
vollkommnen, in Taktik und Strategie das Nötigste zu erlernen,
sondern namentlich um sich an der Hand einer langen Reihe
von Schriftwerken ernsten Gehaltes Kenntnisse aller Art zu
erwerben, die sein starkes Gedächtnis dauernd festhielt.
Schon nach Korsika hatte ihn eine Kiste mit Büchern begleitet,
die er teils für erspartes Geld gekauft, teils entlehnt hatte.
Montesquieus „Geist der Gesetze", Filangieris „Gesetz-

---

[1]) Bei M a s s o n, a. a. O., I., 181.

gebungskunde", Adam Smiths „Nationalwohlstand" waren
darunter, die er dort gemeinsam mit seinem Freunde Pozzo
di Borgo — seinem späteren Todfeinde — eifrig studierte,
daneben die großen französischen Tragödiendichter, deren
Werke er teilweise auswendig wußte. Jetzt, in der neuen Garnison, wo ihn eine Krankheit mit intermittierenden Fiebern
Wochen lang an seine kleine Stube in der Kaserne fesselte,
las er noch eifriger und notierte sorgfältig den wesentlichen
Inhalt des Gelesenen. Zwischendurch übte er seine Feder an
eigenen Konzeptionen: es entsteht eine kleine „englische
Novelle" betitelt: „Graf Essex", eine Erzählung: „Die Maske
des Propheten" in Voltairescher Manier, ein Romankapitel,
dessen Handlung auf Korsika spielt, und der Anfang einer,
zumeist dem Werke Filippinis entlehnten, Geschichte der
Insel unter dem Titel „Briefe über Korsika", die er dem
Minister Necker widmen will und die er vorher an einen seiner
ehemaligen Lehrer nach Brienne sendet, damit er sie etwas
zurechtfeile. Auch Plutarch wird wieder vorgenommen, schon
weil Rousseau versicherte, daß er an ihm seinen Sinn für den
Staat gebildet habe. Denn vor allem wichtig erschien es
Napoleon, sich politische Bildung anzueignen, die er später
im Dienste seines Volkes zu verwerten gedachte. An der Hand
eines Werkes von Barrow studiert er die Geschichte der Engländer, denen seine volle Sympathie gehört; sind sie doch die
mächtigen Feinde der Eroberer Korsikas, hat doch einer von
ihnen, Boswell, die Geschichte der Insel erzählt, findet doch
Paoli bei ihnen Gastfreundschaft. Er ist „Anglomane", wie
ihn die französischen Offiziere auf Korsika bezeichnen. Aber
Frankreich wird darüber nicht vernachlässigt. Aus Mablys
„Betrachtungen über die französische Geschichte" schöpft er
seine Kenntnis von der Zeit der Merovinger und jenes Karls
des Großen, den er später so oft als sein Vorbild zitieren wird.
Daneben vermitteln ihm Bücher von Marigny und Amelot
die Geschichte der Araber und der Republik Venedig, Rollin
die der alten Völker; die Memoiren des Baron Tott belehren
ihn über Egypten und über den ptolemäischen Kanal durch
den Isthmus von Suez, „den man mit leichter Mühe schiffbar
machen könnte". Alle diese Geschichtswerke studiert er unter
dem Gesichtspunkt, aus ihnen möglichst viel über Organisation
und Regierung der Staaten zu erfahren, und ist ungehalten,

wenn er sich in seinen Erwartungen getäuscht sieht. So
notiert er einmal bei der Lektüre Rollins: „Ich finde bei den
Geschichtsschreibern keinerlei Mitteilung im besonderen über
die Gattung der Steuer, die der Souverän einhob, über die
Art sie einzuheben und über das Land zu verteilen. Sie gehen
auch nicht ins einzelne darüber ein, wie der Herrscher den
Untertanen seinen Willen kundtat." Dachte er sich jetzt
schon in die Rolle eines Regenten hinein, wenn auch nur eines
kleinen Insellandes? „Auch ich werde Paoli sein," rief er
gelegentlich aus. Die Geographie der Zeit lehrt ihn Lacroix;
seine Kenntnis des modernen Frankreich schöpft er aus Neckers
Bericht über die Lage der Staatsfinanzen, aus dem „Espion
anglais", aus einem Pamphlet über die Finanzwirtschaft des
Abbé Terray, aus Mirabeaus Schrift über die „Lettres de
cachet" u. a.; über die preußischen Verhältnisse unter dem
großen König unterrichtet ihn die „Vie de Frédéric II" eines
Professors Laveaux, die 1787 in Straßburg erschienen war
und von Irrtümern wimmelte.

Mehr jedoch als diese Werke, und so viele andere, über
die uns seine Notizen nicht genauer unterrichten, scheint
Raynal seine nächste Entwicklung beeinflußt zu haben, dessen
„Philosophische und politische Geschichte der Niederlassungen
und des Handels der Europäer in beiden Indien" zu den
gelesensten Büchern der achtziger Jahre gehörte. Wie Rousseau
hatte auch Raynal ehrende Worte über den Freiheitskampf
der Korsen gefunden und damit Napoleons Herz gewonnen.
Was ihn sonst in dem Werke fesselte, war die revolutionäre
Tendenz. Denn das Buch bot mehr als sein Titel voraussetzen ließ. Es berichtete z. B. nicht allein von den Ver-
fassungszuständen Chinas, sondern verglich sie auch mit
den französischen, und Frankreich hielt den Vergleich nicht
aus. Mit pathetischer Beredsamkeit schilderte es die Verhältnisse im eigenen Lande, die unsinnigen Vorrechte des
Adels und der hohen Geistlichkeit, die tiefe Kluft zwischen
Arm und Reich und die politische Rechtlosigkeit des mittleren
Standes, die entsittlichende Käuflichkeit der Ämter, die
schlechte Finanzwirtschaft, und weissagte den nahen Zusammenbruch, ja noch mehr, es forderte geradezu auf zur
Empörung, denn sie werde unter solchen Umständen zur
Pflicht. All das machte auf Napoleon tiefen Eindruck, weil

es seinen eigenen Wünschen entsprach, fast noch tieferer.
als zuvor die Lehren Rousseaus, denen bald sein kritischer
Geist mit Zweifeln entgegentreten und die er in späteren
Jahren als „Ideologengeschwätz" verwerfen wird. Kurz,
Raynal war durchaus sein Mann; aus ihm sog sein Drang nach
Unabhängigkeit neue Nahrung. Unabhängigkeit namentlich
von dem französischen Regiment, das seine Verträge mit
den Korsen nicht einhält, seine Versprechungen unerfüllt
läßt — der kleine Bruder Louis hatte trotz wiederholten Zusagen
doch keinen Freiplatz bekommen — und für die Bedrängnis
einer Witwe mit acht lebendigen Kindern kein Herz hat[1]).
Unabhängigkeit auch von der königlichen Gewalt; denn die
Korsen, die nie in monarchischen Regierungsformen gelebt
hatten, finden sie nach den Vorstellungen Napoleons unerträglich. Er will eine „Dissertation über das Königtum"
schreiben und bringt am 23. Oktober 1788 deren Grundidee
zu Papier: „Dieses Werk wird mit allgemeinen Gedanken
über die Bezeichnung „König", deren Ursprung und Erstarken
im Geiste der Menschen beginnen. Das militärische System
ist dieser Entwicklung günstig. Dann wird in das Einzelne
der usurpierten Autorität eingegangen, deren sich die Könige
in den zwölf Reichen Europas erfreuen. Es gibt nur sehr
wenig Könige, die nicht schon verdient hätten, entthront
zu werden." Er preist jetzt Algernon Sidney, in dem er „einen
Feind der Monarchien, der Fürsten und der Großen" erblickt,
und fühlt sich ganz und gar nicht als Untertan Ludwigs XVI.
In der Widmung an Necker, die er seinen „Korsischen Briefen"
vorausschickt, heißt es: „Im Namen Ihres Königs", was ihm
sein Brienner Kritiker verweist. Im Jahre 1787 hatte er in
Paris den Satz niedergeschrieben: „Teure Landsleute! wir
waren immer unglücklich. Heute gehören wir zwar einer
großen Monarchie an, aber wir empfinden davon bloß die
Gebrechen ihrer Verfassung und gewahren eine Erleichterung
unserer Leiden nur in der Folge der Zeiten." Und da steht
er nun selbst im Dienste dieser Monarchie, im Dienste dieser

---

[1]) Der Kommandant von Korsika, La Férandière, war anderer Meinung,
als er am 26. Dezember 1789 an den Kriegsminister über Napoleon berichtete:
„Dieser junge Offizier war in der Militärschule, seine Schwester in St. Cyr
erzogen, seine Mutter von der Regierung mit Wohltaten überhäuft worden."
(Chuquet, II., 306.)

Franzosen, die er schon in seiner Kindheit hassen gelernt
hatte, vor deren Türen sein Stolz sich demütigen mußte,
um für die Familie Buonaparte Benefizien und Aushilfen zu
erbetteln, und obendrein ohne Erfolg, der Franzosen, die sein
Vaterland bezwungen hatten, in dessen Befreiung er die
kühnsten Träume seiner Muße verwirklicht sah. Er, dessen
leuchtende Vorbilder die heimischen Helden Sampiero und
Paoli waren, hatte ihren siegreichen Feinden Treue zugeschworen und sich selbst damit Fesseln angelegt, die seine
Ehrsucht lähmten und sein Dasein zur Geringfügigkeit ver-
dammten! Ein Held seines Volkes hatte er werden wollen,
und nur bis zu dessen Gendarm hat er es bringen können!
Es war unerträglich! Und doch kaum zu ändern. Denn unerhörte Dinge mußten geschehen, um die Hindernisse zu beseitigen, die sich vor dem fieberhaft drängenden Willen dieses
Ehrgeizigen türmten. Die Ordnung einer Welt mußte sich verkehren, um dem Fluge dieses eigenartigen Genius Raum
zu geben.

Und sieh', das Unerhörte geschah, die Weltordnung trat
in eine neue Phase.

Zweites Kapitel.

Die Revolution. Napoleons korsische Abenteuer.

Es kann hier nicht unternommen werden, all die Ursachen und Veranlassungen darzulegen, die in Frankreich
die umwälzende Bewegung herbeigeführt haben, von der ein
großer Teil unserer modernen Zustände in Staat und Gesellschaft datiert. Tatsache ist, daß deren Notwendigkeit lange
vor dem entscheidenden Jahr 1789 empfunden worden war.
Schon um die Mitte des Jahrhunderts, als noch König Ludwig XV. lebte, dem seine Maitressen und Niederlagen den
Ruf verschafft haben, dessen er in der Geschichte genießt,
hatte das Wort „Revolution" einen messianischen Klang
gewonnen und wußte sich mit Zähigkeit zu erhalten. — Als

auf Jenen dann sein Enkel Ludwig XVI. folgte und den
besten Willen zeigte, zu bessern und Ungehöriges — unbeschadet seiner persönlichen Machtstellung allerdings —
zu beseitigen, da stellte sich heraus, daß mit gutgemeinten
Reformen der Unzufriedenheit nicht mehr zu steuern war,
die durch die agitatorische Kritik der „Physiokraten" noch
verschärft wurde, und das Übel viel tiefer lag, als daß es die
Wirksamkeit auch des vortrefflichsten Ministers zu heben vermocht hätte. Seit dem siebzehnten Jahrhundert hatte sich
in Frankreich eine despotisch-zentralistische Staatsform ausgebildet, die des Landes Geschicke der Willkür seines Königs
und dem Ermessen einer alle Verhältnisse dominierenden
Bureaukratie anheimgab. Alte Grundrechte des Volkes waren
beiseite geschoben, die Generalstände, d. h. die Vertreter der
nach den drei ständischen Klassen der Geistlichkeit, des Adels
und des Bürgertums geschiedenen Bevölkerung, seit langem
nicht mehr zur Teilnahme an der Gesetzgebung einberufen
worden, und mit den obersten Gerichtshöfen, den Parlamenten,
die allerdings der Unumschränktheit der Regierung Grenzen
zogen, lag diese in steter Fehde. Klerus und Adel hatten sich
in das neue System ihrer politischen Bedeutungslosigkeit
gefunden, und der König hatte mit freigebiger Hand ihre
Loyalität gelohnt: ihnen blieb, wenigstens teilweise, ihre
Steuerfreiheit und allerlei sonstiges Vorrecht gewahrt, womit
ehedem der Staat ihre guten Dienste als Richter und Beschützer
ihrer Untertanen bezahlt hatte. Der dritte Stand dagegen,
der keiner derartigen Privilegien teilhaftig geworden war,
mußte, aller öffentlichen Rechte bar, fast allein das ganze
Gewicht der Staatslasten auf sich nehmen. Das galt weniger
von den Städten, die durch ein jährliches Pauschale ihrer
Grundsteuerpflicht genügten, als vom flachen Land. Der
Landbesitz lag zu zwei Fünfteln in den Händen der zwei
bevorrechteten Stände und war demgemäß lastenfrei, ein
drittes Fünftel gehörte den Stadtbürgern, in den Rest aber
teilte sich eine sehr große Zahl kleiner Eigentümer, die
keineswegs, wie Jene, befugt waren Fronen, Weggelder und
Brückenzölle einzufordern, dafür aber mit ihrem dürftigen
Grundstück selbst zu allerlei Abgaben herangezogen wurden.
Die Bauern vollends auf den Gütern der privilegierten Klassen
hatten dem Staat in reichem Maße, daneben aber auch noch

der Kirche und dem Beamten des Grundherrn zu steuern und
fristeten in großen Teilen des Landes vom Rest ihres Erwerbes
ein kümmerliches Dasein. Dazu waren die Löhne der ländlichen
Arbeiter keineswegs im Verhältnis mit den Preisen der Produkte gestiegen, was auch diesen von Natur konservativen
Volkskreisen die Abneigung gegen die herrschenden Zustände
einpflanzte. Gleicherweise stand in den Städten wenigen
wohlhabenden und bevorzugten Kreisen — das mobile Kapital
war unbesteuert — eine besitzlose Menge gegenüber, die,
ferngehalten von Zünften, Innungen und jedem Gemeinde-
amt, im Interesse Jener von Tag zu Tag ihr Leben neu verdienen mußte. So war der arme Mann in Frankreich der ge-
drückteste zugleich, indes die Vornehmen in Paris oder am
verschwenderischen Königshof zu Versailles in dem Luxus
eines glänzenden Salonlebens die Frucht fremder Mühe ver-
geudeten.

Die Unnatur dieser Verhältnisse hatten die besten Geister
des Landes längst erkannt. In unvergänglichen Werken voll
Glanz und großartiger Einfachheit der Sprache bekämpften
sie die Intoleranz der Kirche, die noch in den sechziger Jahren
die willigen Behörden zu harten Maßregeln gegen die Reformierten bewog, bewiesen sie die Unhaltbarkeit der bestehenden
sozialen Ordnung, suchten sie — auf verschiedenen Wegen —
nach dem Ideal des besten Staates, den man an die Stelle des
gegenwärtigen setzen wollte, wenn dieser zusammenbrach, wie
er es verdiente. Und der Zusammenbruch erfolgte bald genug.
Schlechte Finanzwirtschaft auf der einen, Mißernten und Not
auf der anderen Seite beschleunigten die Krisis. Nachdem
zu Beginn der achtziger Jahre der Finanzminister Necker die
verzweifelte Lage des Staatsschatzes aller Welt kundgetan,
nachdem ein zweiter, der frivole Calonne, selbst schließlich
vergebens daran gearbeitet hatte, den Reichtum der zwei
privilegierten Stände für die Landesbedürfnisse heranzuziehen,
nachdem durch unglückliche Handelsverträge die Lage der
französischen Industrie im Jahre 1788 kritisch geworden
war, dazu immer neue Anlehen den Kredit erschöpft hatten
und der Bankerott unvermeidlich schien, da entschloß sich der
König, dem allgemeinen Verlangen nachzugeben und die
Generalständekammern für den Anfang Mai 1789 nach Versailles einzuberufen.

Die Generalstände des alten Frankreich, wie sie im Jahre 1614 zum letztenmal versammelt worden waren, hatten keinen einheitlichen Beratungskörper, etwa im Sinne des englischen Parlamentes, gebildét. Die Abgeordneten der drei Stände berieten und stimmten gesondert, und die Mehrheit unter diesen drei Standesstimmen — zwei gegen eine — entschied über Annahme oder Ablehnung eines Gesetzes. Unter solchen Umständen hatten die Bürgerlichen, gegenüber dem Klerus und dem Adel, notwendig den Kürzeren ziehen müssen und sich schon damals bitter beklagt. Nun war aber der dritte Stand von 1789 nicht mehr der von 1614. Das Beispiel zweier großer siegreicher Revolutionen, der englischen im siebzehnten und namentlich der amerikanischen im achtzehnten Jahrhundert, war auf ihn nicht ohne Wirkung geblieben. Die Doktrinen der Philosophen und Politiker waren auch in seine Kreise gedrungen, die Überzeugung vom Unrecht des Bestehenden war vorzugsweise die seinige, und der Wunsch, ihr durch die Tat Ausdruck zu geben, ließ ihn jetzt den ersten revolutionären Schritt tun. Entgegen dem verfassungsmäßigen Herkommen und dem Willen Ludwig XVI., gingen die Abgeordneten des dritten Standes — an Zahl denen des Adels und der Geistlichkeit zusammen gleich — von dem bisherigen Verhandlungsmodus ab, erklärten sich selbst als Nationalvertretung und forderten die Deputierten der beiden ersten Stände auf, mit ihnen in gemeinsamen Beratungen und Beschlüssen zusammenzuwirken. (17. Juni 1789.) Der Entschluß fand bei freisinnigen Aristokraten und im niederen Klerus vielfach Anklang, er wurde durchgeführt, und so entstand an Stelle der alten feudalen Ständekammern ein modernes Abgeordnetenhaus, das sich nicht damit begnügte, der willfährige Garant für die Kreditgeschäfte der Regierung zu sein, sondern sich berufen fühlte, das ganze alte Regime zu beseitigen und an seiner Stelle ein neues Frankreich zu konstituieren. Noch im Jahre 1789 wurde der erste Teil der Aufgabe gelöst. In der Nachtsitzung des 4. August sind im Taumel allgemeiner Begeisterung jene denkwürdigen Beschlüsse gefaßt worden, die jedes Standesvorrecht für beseitigt, alle Feudallast des Bauern und den geistlichen Zehent für ablösbar, den bisher gepflogenen Verkauf der Staatsämter für unzulässig erklärten, und kurz nachher ward in

den „allgemeinen Menschenrechten" der Grundsatz aufgestellt,
daß jedes Amt und jede Stelle im Zivil- und Militärdienst
jedem Staatsbürger gleich erreichbar sein solle. Damit war
— allzu hastig allerdings — der morsche Bau des alten Frankreich abgerissen und der Grund freigelegt zu einem neuen
wohnlicheren Haus.

Das war aber keineswegs das Werk ruhiger, ungestörter
Erwägung und Entschließung gewesen. Während die Gesetz-
geber zu Versailles den Kodex der neuen Freiheit entwarfen,
tobte in der nahen Hauptstadt der helle Aufruhr. Seit
Jahrzehnten hatte es in Paris nicht mehr an Aufläufen gefehlt.
Jetzt war es, als hätte sich dort die Revolte in Permanenz
erklärt. Kurz bevor die Nationalversammlung die erwähnten
Beschlüsse faßte, hatte das „souverän" gewordene Volk von
Paris den königlichen Soldaten, die sich nicht als unerschütter-
lich bewährten, auf dem Vendôme-Platz ein glückliches
Gefecht geliefert, den Invalidenpalast gestürmt und am
14. Juli die Bastille der Erde gleich gemacht. Nur mit Mühe
vermochten die neugegründete Nationalgarde und eine neue
Gemeindebehörde der ausschreitenden Menge zu gebieten,
bis der König auf dem Stadthaus die geänderte Ordnung der
Dinge guthieß. Es war eine eigentümlich zusammengesetzte
Gesellschaft, dieses „Volk von Paris": leidlich gebildete,
ehrliche Freiheitsenthusiasten neben vertierten Vagabunden,
die das Elend des flachen Landes zu vielen Tausenden nach der
Stadt getrieben hatte; gedrückte Arbeiter, die um ihr gutes
Recht einer menschenwürdigen Existenz kämpften, neben
schamlosen Glücksrittern und fingerfertigem Gesindel, das
ohne Scheu jeder mobilen Habe den Krieg erklärte; methodische
Köpfe, entschlossen, aus ihren erklügelten Grundsätzen die
letzte Konsequenz zu ziehen, neben Legionen von Unwissenden,
die sich unter dem Druck einer auf der Straße erlauschten
Phrase willenlos fortbewegten — eine imposante Armee der
Anarchie, die bald eine schreckliche Bedeutung gewinnen
sollte. Im Oktober 1789 nötigte sie den König und die Nationalversammlung aus Versailles in die Hauptstadt.

Auf diese allein blieb aber der Aufruhr nicht beschränkt.
Auch die Provinz war bald nach Beginn der politischen Aktion
von der Strömung erfaßt worden: in den Städten mußten,
wie in Paris, die königlichen Behörden autonomen Verwaltungs-

körpern weichen, und auf dem Lande erklärten die Grund-
sassen der Gutsherrschaft den Krieg. Hier usurpierte der
Hunger die exekutive Gewalt. Hunderte von Getreideauf-
läufen sind nur die Einleitung zu weiteren Exzessen. Die
Ernte ist auch dies Jahr im Süden schlecht ausgefallen. In
Mittel- und Nordfrankreich, wo das Ergebnis ausreicht, hat
niemand den Mut, Korn auf den Markt zu bringen. Die hohen
Preise bleiben fest und veranlassen neue Ausschreitungen.
Die Grundbesitzer werden unter Todesdrohungen gezwungen,
ihre Vorräte auszuliefern. Die Bauern ziehen vor die Schlösser
der Adeligen und nötigen sie, ihre Feudalrechte nicht nur,
sondern oft auch ihr Eigentum aufzugeben. Wer sich widersetzt, verliert das Leben. In der östlichen Hälfte von Frankreich, vom äußersten Norden bis zur Provence herab, sind
Bauernaufstände und Besitzstörungen allgemein, Mord und
Todschlag nichts Seltenes. Keine Autorität vermag dem Un-
wesen zu steuern.

Auch die Stadt Auxonne an der Saône blieb von der
Revolution nicht unberührt. Im Juli 1789 war auch hier die
Sturmglocke geläutet, waren auch hier die Zollschranken
zerbrochen und die Einnehmerbureaus zerstört worden. Eine
Abteilung Kanoniere, die die Ordnung herstellen sollte, weigerte
zunächst den Dienst und sah, die Waffe im Arm, dem Auflauf zu. Mehrere Wochen zuvor hatte sich in dem nahen
Seurre das Volk empört und zwei Getreidehändler mißhandelt.
Damals war Sekondeleutnant Buonaparte als Befehlshaber
seiner Kompagnie dahin abgerückt. Es wird erzählt, er habe
der Menge zugerufen, die anständigen Leute möchten sich
zurückziehen, da er nur Befehl habe, auf die Kanaille zu
schießen, worauf alle sich zerstreut hätten. Mag sein. Doch
ebenso erzählt man auch, daß der Rummel in Seurre schon
beendet gewesen sei, als das Militär ankam[1]). Mitte August
meuterten in Auxonne die Kanoniere selbst und zwangen den
Oberst, ihnen die Reservegelder auszuliefern. Napoleon hat
später zugegeben, daß ihm diese Zeichen der Disziplinlosig-
keit der Truppen einen sehr unangenehmen Eindruck gemacht
hätten. Und doch waren sie nur die Begleiterscheinung einer
Bewegung, die er selbst herbeigewünscht hatte.

---

[1]) Vergl. bei C h u q u e t, La jeunesse de Napoléon, I., p. 536 mit p. 359.

Am 23. August 1789 haben die Offiziere der französischen
Armee den von der Nationalversammlung beschlossenen Eid
geschworen: Treue der Nation, dem König und dem Gesetz;
niemals Verwendung der untergebenen Mannschaft außer auf
Verlangen der Behörden. Auch Napoleon schwor. Aber er
war darum noch lange nicht Franzose und sein Geist hielt unverrückt die Richtung auf Korsika fest. Er hat seine „Briefe
über korsische Geschichte" umgearbeitet und will sie jetzt
dem verbannten Paoli widmen. Ein Schreiben vom Juni
1789, mit dem er sich Diesem zu nähern sucht, manifestiert
seinen Haß gegen die französischen Unterdrücker aufs Neue.
Und bald hat er nur noch den einen Gedanken, die Revolution
zu benützen, um in seinem Vaterlande Macht und Ansehen zu
gewinnen und mit seiner eigenen Unabhängigkeit zugleich
auch die seines Volkes zu erkämpfen. Das ist nicht mehr die
Zeit des geschriebenen Wortes. Die „korsischen Briefe", deren
Widmung Paoli abgelehnt hat, bleiben Fragment. Ihr Verfasser sucht sich selbst einen Platz in der Geschichte seiner
Heimat.

Auf Korsika gab es seit der französischen Eroberung
zwei Parteien: die der Fremdenfreunde, die sich mit den neuen
Zuständen versöhnt hatten und sie zu ihrem Vorteil benützten,
und die der Nationalen, die nur mit dem größten Widerwillen
den Druck der neuen Herrschaft erduldeten. Zu Jenen, den
Konservativen, gehörte der geringe Adel und die Geistlichkeit mit ihrem blinden Anhang, desgleichen ein Teil der Bürgerschaft der Küstenstädte, wie denn überhaupt die Küsten-
bewohner, der Gunst oder Ungunst jeder Fregatte preisgegeben,
frühzeitig gelernt hatten, sich der Gewalt fremder Herren zu
fügen, während die Leute in den Bergen des inneren Landes
— den Söhnen Montenegros und Albaniens nicht unähnlich
— ihren unbändigen Freiheitssinn leichter zu bewahren vermochten. Von der Gegnerschaft eines überlasteten, politisch
rechtlosen Bürger- und Bauernstandes wider übermächtige,
durch Privilegien wirtschaftlich bevorzugte Stände, wie
sie Frankreich in Flammen setzte, war auf der Insel, wo
man diese Gegensätze kaum kannte, wenig zu finden. Die
Nationalen unterschieden sich ihrerseits nach zwei Richtungen:

die Einen hofften von einem Zusammengehen mit den Revolutionären in Frankreich die Sicherung ihrer bürgerlichen Freiheit, die Andern wollten von den Franzosen und einem Paktieren mit ihnen überhaupt nichts wissen. Die Konservativen
wählten in die Generalständekammern die offiziellen Kandidaten: General Buttafoco für den Adel und Abbé Peretti
für die Geistlichkeit, die Nationalliberalen in den dritten
Stand Männer der Opposition: den Advokaten Saliceti und
den Kapitän Colonna de Cesari Rocca. Diese beiden Letzteren
wissen die Wünsche ihrer Auftraggeber in der Nationalversammlung geltend zu machen: an Stelle der dem Gouverneur
der Insel zur Seite stehenden Adelskommission einen frei-
gewählten Administrationsrat, korsische Beamte und eine aus
Söhnen des Landes gebildete besoldete Miliz. Entsprang der
Gedanke einer neuen Nationalverwaltung dem Ehrgeiz einer
Anzahl junger Korsen, der Pozzo di Borgo, Peraldi, Cuneo
u. A., die sich bereits als Regenten träumten, so war jene
Volksmiliz ganz nach dem Geschmack des Leutnants Buonaparte in Auxonne, der mit seinem Oheim Fesch über die Vorgänge auf der Insel in lebhaftem Briefwechsel stand und dessen
Familie sich seit Marbeufs Tode und ihren Mißerfolgen bei
den französischen Behörden der Opposition angeschlossen
hatte. Auch er strebte wohl nach der ersten Stelle in der
Heimat. Aber s e i n Ehrgeiz baute sich nicht auf Wahlen und
Debatten und dem schwankenden Boden der Volksgesinnung
auf. Er rechnete damit, daß ihm, dem militärisch Geschulten,
ein hervorragender Posten im Kommando der korsischen
Miliz nicht leicht entgehen konnte, und daß er, einmal im
Besitz einiger Machtmittel — —. Doch dergleichen verfolgt
man nicht aus der Ferne. Er erbittet nochmals einen längeren
Urlaub, den er erhält. Im September 1789 ist er wieder in
Ajaccio.

Gleich bei seiner Ankunft erheben sich Schwierigkeiten.
Der konservative Deputierte Buttafoco hat die Absicht der
Nationalen bei der königlichen Regierung zu hintertreiben
gewußt. Die adelige Zwölferkommission widerriet den Plan
eines Nationalkomitees und einer Nationalgarde für Korsika
als schädlich und zu kostspielig, und von beiden war fürs
erste nicht mehr die Rede. Darob große Verstimmung. Als
Napoleon daheim anlangte, war die Stadt noch in voller

Gärung. Er hat seine Schule in dem revolutionären Sommer
nicht ohne Erfolg durchgemacht, in den französischen Städten
Nationalgarden sich bilden sehen und den Zauber der Kokarde
kennen gelernt; jetzt verwertet er seine Erfahrungen und
entfaltet einen fieberhaften Eifer. Er will die reaktionäre
Behörde stürzen, sich der Bastille von Ajaccio bemächtigen,
die Franzosen verjagen und die „Patrioten" der Stadt, denen
er seine Absichten vorträgt, sind Feuer und Flamme dafür; alsbald entsteht eine Bürgergarde. Ein Biograph erzählt von ihm:
„Seine unermüdliche Tätigkeit brachte alles in Bewegung und
elektrisierte ganz Ajaccio"[1]. Da rückte der Schwiegervater
Buttafocos, Gaffori, der im August mit dem zweiten Oberbefehl
über die militärischen Kräfte Korsikas betraut worden war —
der Oberkommandant war Barrin — mit Verstärkung in die
Stadt, und der ruhige Teil der Bevölkerung erklärte sich für
ihn; die Bürgergarde ward aufgelöst, und die Revolutionäre
mußten sich mit einem von Napoleon verfaßten Protest an
die Pariser Nationalversammlung begnügen, von der sie
Schutz ihrer Freiheit und „die Wiedereinsetzung der Korsen
in jene Rechte, die die Natur jedem Menschen in seinem Lande
verliehen hat", erbitten. (Ende Oktober 1789.)[2] Unterdessen
aber war, auf den Mahnruf Salicetis, der Aufruhr in der Stadt
Bastia, am Sitz des Gouverneurs und der königlichen Behörden,
in Fluß geraten. Sofort eilte Napoleon dahin. Er vermied
jetzt sorgfältig, mit den Offizieren der Garnison zusammenzutreffen, dagegen soll er auch dort die Seele des Putsches
gewesen sein, der damit endete, daß General Barrin der neu-
errichteten Nationalgarde tatsächlich einige hundert Gewehre
auslieferte. Triumphierend berichtet Napoleon nach Ajaccio:
„Die Brüder in Bastia haben ihre Ketten in tausend Stücke
zerbrochen". Infolge dieses Ereignisses, und gestützt auf ein
Schreiben aus Bastia, stellte Saliceti Ende November in der
Pariser Nationalversammlung einen Antrag, der, von enthusiastischen Reden begleitet, zum Beschluß erhoben wurde:

---

[1] N a s i c a, Mémoires sur l'enfance et la jeunesse de Napoléon, I., 75.

[2] Veröffentlicht bei C o s t o n, Biographie des premières années de
Napoléon, II., 94 und M a s s o n, II., 92, mit den Unterschriften Napoleons,
des Podestà der Stadt, der Pozzo di Borgo, Peraldi, Paravicini und mehrerer
Geistlichen des Kapitels, die Archidiakone Lucian Bonaparte und Fesch
darunter.

Korsika, das bisher nur als erobertes Land gegolten hatte,
wird als ein integrierender Bestandteil Frankreichs erklärt,
und seine Bewohner werden nach der französischen Konstitution und den Dekreten der Nationalversammlung regiert.
Jener Vertrag mit Genua vom Jahre 1768, der das Eiland
nur „pfandweise" der Souveränität Frankreichs überantwortet
hatte, ward dabei nicht weiter beachtet. Zu Ende des Jahres
feierte die Insel mit einem Tedeum das große Ereignis.

Am Hause der Buonaparte las man damals: „Es lebe die
Nation, es lebe Paoli, es lebe Mirabeau". Es klang wie eine
Verbrüderung mit dem revolutionären Frankreich, von der
die Royalisten, Offiziere und Beamte, in deren Händen noch
die Gewalt lag, ausgeschlossen blieben. Im Juni 1790 setzt
der neugewählte Gemeinderat, in dem auch Bruder Joseph
eine Stelle gefunden hat, einige dieser royalistischen Beamten
gefangen, und Napoleon verfaßt das Manifest, mit dem das
Vorgehen der Munizipalität gerechtfertigt werden sollte. Dann
wendet er, der Offizier, sich gegen die bewaffnete Macht. Nur
die Wachsamkeit des Stadtkommandanten, La Férandière, hat
seine und seiner Freunde Absicht vereitelt, sich der Zitadelle
zu bemächtigen, in die man einige Kompagnien der neuerstan-
denen Bürgergarde hineinschmuggeln wollte. Die verhaßten
Franzosen blieben, aber nur um Zeugen der Anarchie zu sein,
die zunächst auf der Insel das königliche Regiment ablöste.

Niemandem fiel sie mehr ins Auge als Paoli, der jetzt
heimkehrte. Im April (1790) hatte er in der Pariser Nationalversammlung dem französischen Volke Treue und Gehorsam
geschworen und war dann, wie im Triumph, durch den Süden
Frankreichs gereist: Mitte Juli landete er in Bastia. Die zu
seinen Ehren herbeigeeilten Tausende empfingen ihn mit
frenetischen Ausbrüchen der Freude. Alle Städte hatten
Deputationen gesendet. Der Diktator von ehedem, um dessen
ruhmreiche Gestalt die Erinnerung an die Zeiten des Frei-
heitskampfes und das Märtyrertum seines Exils einen hehren
Schimmer gewoben hatten, genoß unbedingte Verehrung.
Als es im September 1790 zur Wahl der öffentlichen Beamten
kam, wie sie die neuorganisierte Verwaltung Frankreichs in
jedem Departement vorschrieb, wurde er einstimmig zum
Präsidenten des Gouvernementsrates ausgerufen. Die Konservativen waren mundtot, während die Gegnerschaft gegen

das verflossene Regime und die Anerkennung der neuen
Verfassungsgesetze, zu denen sich Paoli hielt, alle „Patrioten"
um ihn vereinigten. Auch die beiden Buonaparte, Joseph und
Napoleon, warben um seine Gunst. Der Erste erreichte, daß
er, ohne volljährig zu sein, zum Präsidenten der Distrikts-
verwaltung von Ajaccio gewählt wurde. Der Zweite, dessen
Urlaub bereits wieder zweimal „aus Gesundheitsrücksichten"
verlängert worden war — obgleich La Férandière schon Ende
1789 über ihn berichtet hatte: „es wäre besser, er wäre bei
seinem Korps, denn er wühlt hier ohne Unterlaß" — verfaßte,
um sich Paoli besonders zu empfehlen, zu Anfang des Jahres
1791 einen „Brief" an Buttafoco, der die Nationalversammlung
offen vor Paolis Ehrgeiz gewarnt hatte. Dieses Sendschreiben
war überflüssig, denn vom Gouvernementsrat waren bereits
zwei Delegierte beordert worden, um in Paris gegen die Äußerungen des adeligen Deputierten zu protestieren. Gleichwohl
ließ sich Napoleon die Gelegenheit nicht entgehen, für Paoli
öffentlich einzutreten, Buttafoco als Volksverräter zu brand-
marken — was er nicht war — und in so starkem Pathos die
Ereignisse seit 1769 zu rekapitulieren, daß Paoli selbst in einem
Brief an Joseph wünschte, die Schrift wäre kürzer und unparteiischer gehalten gewesen. Aber der neugegründete patriotische
Klub in Ajaccio, der dem Pariser Jakobinerklub affiliiert war
und die Buonaparte — auch den sechzehnjährigen Lucian — zu
Mitgliedern zählte, war anderer Ansicht, er fand das Pamphlet
vortrefflich und beschloß dessen Drucklegung[1]). Die Absicht
des jungen Offiziers war klar: er wollte an der Seite Paolis, den
die Wahlmännerversammlung des Departements illegal zum
Oberkommandanten aller Bürgergarden der Insel erwählt hatte
und der im Grunde kein modern geschulter Soldat war, eine
hervorragende Rolle spielen — und Paoli war ein alter Mann.

Zunächst freilich — es war unabwendbar — mußte er
zurück nach Frankreich. Er hätte schon im Oktober 1790
bei seinem Regiment eintreffen sollen. Er entschuldigte sich
mit Attesten des Gemeinderates von Ajaccio, daß seine Abfahrt unmöglich gewesen sei, und langte erst im Februar 1791
wieder in Auxonne an. Es war die Zeit, als eben eine große

---

[1]) Das „Aus meinem Kabinett von Milleli, den 23. Januar des Jahres
Zwei" datierte Sendschreiben, wurde wiederholt gedruckt, auch bei M a s-
s o n - B i a g i, I., 180—193.

Anzahl royalistischer Offiziere emigrierte. Diese suchten auch Napoleon dafür zu gewinnen. Aber aus der Antwort, die er ihnen gab, entstand ein so heftiger Zank, daß er gelegentlich einmal davor stand, in die Saône geworfen zu werden. Dieser starken Auswanderung von Offizieren und der Neuorganisation der Artillerie hatte er es zu verdanken, daß ihm sein Mangel an Pflichtbewußtsein nachgesehen und er am 1. Juni 1791 zum Premierleutnant beim vierten Artillerie-Regiment in Valence befördert wurde. Hier nahm er — die Zeiten waren scheinbar ruhiger geworden — sein altes Leben, wie er es ehedem geführt hatte, wieder auf. Nur daß er jetzt seine ärmliche Wohnung und seine kärgliche Besoldung mit seinem jüngeren Bruder Ludwig, dem späteren König von Holland, teilte. Als dieser zwanzig Jahre nachher dem Kaiser der Franzosen durch eigenmächtige Niederlegung seiner Krone Verlegenheit bereitete, kam Napoleon im Gespräch mit seinem Minister Caulaincourt auf jene Tage zurück. „Wie, mein Bruder mir schaden" — rief er aus — „anstatt mich zu unterstützen?! Jener Ludwig, den ich aus meiner Leutnants-Gage erziehen ließ, Gott weiß um den Preis welcher Entbehrungen? Ja, ich fand die Mittel, für ihn die Pension zu bezahlen. Aber wissen sie auf welchen Wegen? Indem ich niemals den Fuß in ein Café oder in eine Gesellschaft setzte, trocken Brot aß und meine Kleider selbst bürstete, damit sie länger vorhielten. Um nicht von meinen Kameraden abzustechen, lebte ich wie ein Bär, immer allein in meiner kleinen Stube mit meinen Büchern, die damals meine einzigen Freunde waren. Und um mir diese Bücher zu verschaffen, mit welchen harten, am Notwendigsten gemachten Ersparungen erkaufte ich mir das Vergnügen ihres Besitzes! Wenn ich in Folge meiner Enthaltsamkeit zwei Taler zusammengebracht hatte, lenkte ich meine Schritte mit kindlicher Freude einem Buchladen zu, musterte wiederholt mit Neid die Reihen, und meine begehrlichen Blicke forschten lange, bevor mir meine Börse zu kaufen gestattete. Das waren die Freuden und Exzesse meiner Jugend!"[1])

---

[1]) Coston, I., 189. Vgl. dazu Napoleons Äußerung, 1811, einem Leutnant gegenüber, der sich beklagte, keine Pferde halten zu können: „Als ich die Ehre hatte, Unterleutnant zu sein, frühstückte ich trocken Brot und verschloß meine Armut hinter verriegelten Türen, um nicht draußen gegen meine Kameraden abzustechen." (Sor, Napoléon en Belgique et Hollande, I., 319.)

Tatsächlich hat er damals an seiner geistigen Ausbildung
eifrigst weiter gearbeitet. Er las: Duvernets „Geschichte
der Sorbonne", William Coxes „Reise in der Schweiz" — in
Übersetzung natürlich, denn er hat englisch so wenig gelernt
wie deutsch — Dulaures „Geschichte des Adels", Le Nobles
„Geist Gersons", ein Buch, das seit Jahrhunderten der Ver-
teidigung der gallikanischen Kirche gegen den Ultramontanis-
mus zur Grundlage diente, Macchiavellis „Florentinische
Geschichte", Meißners „Alcibiades", Duclos' „Regierung
Ludwig XIV. und Ludwig XV.", Bernardin de S. Pierre's
„Indische Erzählungen", Marmontels „Incas", Ariosts „Rasen-
den Roland", Voltaires „Versuch über die Sitten und den
Geist der Nationen" — stets mit der Feder in der Hand und
Notizen anhäufend. Dazwischen fallen eigene Aufsätze.
Da war ein „Dialog über die Liebe", in die Form eines Ge-
spräches gekleidet, das der Autor mit seinem Freund Des
Mazis führt und womit er den Nachteil nachweisen will, der
aus der leidenschaftlichen Neigung für die Frauen den großen
Menschenpflichten erwächst. „Auch ich" — heißt es da —
„war einstmals verliebt, und es blieb mir davon genug in der
Erinnerung, um der metaphysischen Definitionen zu entraten,
die die Dinge nur verwirren. Ich halte die Liebe für schädlich der Gesellschaft und dem Glück des Einzelnen, ich glaube,
daß sie mehr Übles als Gutes verursacht, und hielte es für eine
Wohltat, wenn die Gottheit uns und die Welt davon befreien
wollte". Mazis verteidigt den entgegengesetzten Standpunkt
und hält die Liebe für einen wertvollen Beweggrund alles
Guten; er wirft dem Freunde vor, daß er nie wahrhaft geliebt
habe. Dieser aber bleibt bei seiner These. Die Leidenschaft
nehme den ganzen Mann für sich in Anspruch. „So lange sie
dauert, werdet Ihr nur für sie allein handeln"[1]). Wenig Wochen
zuvor hat Napoleon allerdings weit milder über die Liebe
geurteilt, als er, aus Korsika mit dem üblichen Heimweh
nach Frankreich zurückkehrend, in ihr seinen Trost fand:
„Ist der Mann in einem fremden Lande, ohne Verwandte,
fern von seinem Heim, sagt, was Ihr wollt, er braucht irgend
ein Band, eine Stütze, ein Gefühl, das ihm Vater, Bruder usw.

---

[1]) Zum ersten Mal vollständig nach Napoleons Manuskript gedruckt
bei Masson-Biagi, II., 277.

ersetzt. Da kommt ihm die Liebe zu Hilfe und bietet ihm ihre
Vorzüge dar... Was ist die Liebe? Das Gefühl seiner Schwäche,
mit dem sich der Mensch in seiner Verlassenheit durchdringt,
seiner Ohnmacht und seiner Unsterblichkeit zugleich: die
Seele wird beklommen, sie verzwiefacht sich, stärkt sich,
die köstlichen Tränen der Wollust fließen, das ist die Liebe!
usw." Atmen diese sentimentalen Zeilen noch ganz den Einfluß des Genfer Philosophen, so ist ihm der kleine Leutnant
auf anderen Wegen bereits entwischt. Seine Notizen über
Rousseaus Abhandlung „Vom Anfang der Ungleichheit unter
den Menschen" enthalten an mehreren Stellen, wo vom Ur-
zustand des Menschengeschlechtes die Rede ist, die positive
Wendung: „Das glaube ich nicht"; sie verraten einen bereits
unabhängigen Blick für soziale Verhältnisse und bereiten eine
neue Schöpfung seiner Feder vor[1]).

Das war jetzt eine Arbeit über die Preisfrage der Lyoner
Akademie: „Welche Wahrheiten und Gefühle sind den
Menschen beizubringen, um sie glücklich zu machen?" Zwölfhundert Franken sind von Raynal für die beste Antwort ausgesetzt worden. Napoleon will sie verdienen, denn er kann
sie gebrauchen. Aber diese Hoffnung wird getäuscht. Die
Preisrichter urteilen nicht günstig. Es sei möglicherweise die
Arbeit eines gefühlvollen Menschen, sagen sie, aber zu wenig
geordnet und zu schlecht geschrieben. Uns aber interessiert
gleichwohl diese Jugendschrift des gewaltigen Kaisers aufs
höchste. Zwar finden sich auch hier wieder die bekannten
Dinge: Liebe zu Korsika, Bewunderung für Paoli, Verehrung
— trotz mancher Abweichung — für Rousseau, Abneigung
gegen die Kirche und die monarchische Herrschergewalt, Vorliebe für die Revolution und selbst auch für jene Franzosen,
die „stumpf geworden unter der Herrschaft der Könige und
ihrer Minister, der Adeligen und ihrer Vorurteile, der Priester
und ihres Trugs, erwacht sind und die Menschenrechte aufgezeichnet haben"; dagegen tritt eine Neigung zu vernünftiger
Mäßigung stärker auf, mit der sich der Verfasser von seinem
früheren Enthusiasmus für Natur und Empfindung entfernt.
„Die Vernunft", heißt es jetzt, „mildert (modifie) auch das
Gefühl für unsere Rechte; indem sie aus der Vergangenheit

---

[1]) Masson-Biagi, II., 214, 285 ff.

Gewinn zieht, sieht sie die Zukunft vorher." Geschichte
und Mathematik schaffen vernünftiges Urteil. An ihrer Hand
will er die gestellte Frage beantworten. Zunächst mit dem
Erfahrungssatz, daß Glück nicht im Reichttum zu suchen
sei. „In der Hütte wie im Palast, gekleidet in Felle oder
in Lyoner Stickereien, an der frugalen Tafel des Cincinnatus
wie an der des Vitellius, kann der Mensch glücklich sein."
„Allerdings", fügt er hinzu, „muß er die Hütte, die Felle und
den frugalen Tisch auch haben." Und damit geht er der
Frage sofort praktisch zu Leibe. Paoli scheine ihm das Problem
auf Korsika gelöst zu haben, indem er Saatland und Weide-
land als Gemeingut alle drei Jahre unter die Einwohner des
Dorfes neu verteilte, die Berggründe aber, die Olive, den
Wein, die Kastanie und sonstige Baumgärten dem Privateigentum überließ.   So wenig wie der Reichtum sei die Ehrsucht die Zuflucht des Glücks, „die Ehrsucht mit dem bleichen
Antlitz, den verstörten Mienen, dem hastigen Gang, den regel-
losen Gesten und dem sardonischen Lächeln. Der Ehrsüchtige
spielt mit dem Verbrechen, die Kabale wird ihm zum Werkzeug, die Lüge, die Verleumdung, die Ohrenbläserei zum
bloßen Argument, zur Redefigur. Gelangt er endlich ans
Ruder der Geschäfte, so ermüdet ihn bald die Huldigung der
Menge." Nur wer im allgemeinen Interesse ehrgeizig sei,
werde die Ehrsucht mit Kraft und Energie zu meistern vermögen, anstatt von ihr gemeistert zu werden, nur wer emporkommen wolle, lediglich um dem Glück der Anderen zu
dienen, werde selbst Glück empfinden. An Alexander, „dem
der Wahnsinn das Hirn verbrannte", und an Richelieu zeige
sich die Hinfälligkeit persönlich ehrgeizigen Strebens. „Sie
haben das Glück gesucht und nur den Ruhm gefunden"[1].
So schrieb damals derjenige, dem in Korsika jedes Mittel zur
Befriedigung seines Ehrgeizes für erlaubt galt und dessen
Streben nach Ruhm dereinst die Welt aus den Angeln heben
wird. Da plötzlich unterbricht der Lärm unerhörter Aufregung,
der ganz Frankreich erfüllt, die Studien und Arbeiten des
jungen Offiziers.

    In den ersten Monaten des Jahres 1791 war endlich
die neue Verfassung des Reichs in einer Reihe von Grund-
gesetzen fertig geworden, die nur noch der Sanktion des Königs

---

[1] Vollständig mitgeteilt bei M a s s o n - B i a g i, II., 292—332.

bedurften, um fürderhin als Recht zu gelten. Da aber diese
Verfassung so ausgefallen war, daß sie die königliche Autorität
bis zur Geringfügigkeit einschränkte, und nebenher radikale
Kirchengesetze das religiöse Gewissen des Monarchen be-
drückten, entschloß sich Ludwig XVI., aus Paris zu entfliehen
und an der Grenze Sicherheit und Wehr für seine Person
und seine Würde zu suchen. Der Plan mißlang kläglich; der
königliche Hof ward unterwegs aufgehalten und nach der
Hauptstadt zurückgebracht. Durch das Land aber ging ein
Sturm der Entrüstung gegen den Herrscher, der sein Volk
aufgab, und die, die ihn dazu verführt hatten. Die Nationalversammlung suspendierte die monarchische Gewalt, und in
allen Städten Frankreichs schwuren Klubisten, Bürgergarden
und Linientruppen unverbrüchliche Treue den Dekreten des
Parlaments und der neuen Verfassung. Nur mit Mühe behielten in Paris die Gemäßigteren die Oberhand über die
Radikalen, die „Feuillants" über die „Jakobiner", und erst
mit der Annahme der Konstitution durch den König war die
Ruhe notdürftig wieder hergestellt.

In diesen Tagen hat auch der Premierleutnant Buonaparte seinen Eid niedergeschrieben:

„Ich schwöre, die in meine Hände gelegten Waffen
zur Verteidigung des Vaterlandes gebrauchen, die von
der Nationalversammlung dekretierte Verfassung gegen
alle inneren und äußeren Feinde aufrecht erhalten, lieber
sterben als die Invasion fremder Truppen dulden und
nur denjenigen Befehlen gehorchen zu wollen, die im
Vollzug der Dekrete der Nationalversammlung gegeben
werden."

Valence, am 6. Juli 1791.

Buonaparte,
Offizier im 4. Artillerie-Regiment[1]).

Er war jetzt, trotz seiner noch immer recht mangelhaften
Orthographie, Sekretär des Klubs der „Verfassungsfreunde"
von Valence, die mit den Jakobinern in Paris in Verbindung
standen, hielt Reden, die beifällig aufgenommen wurden,
und verfaßte eine Zustimmungsadresse an die Nationalversammlung. Bei einem politischen Fest am 14. Juli brachte

---

[1] J u n g , Bonaparte et son temps, II., 85.

er einen Trinkspruch auf die Patrioten in Auxonne aus, wo
ebenfalls ein Klub im Werden war. Aber man würde irren,
wenn man darin etwas von dem vaterländischen Enthusiasmus vermuten wollte, der damals die Franzosen erfüllte und
das Wort „Nation" zu ungeahnter Bedeutung emporhob.
Napoleon blieb inmitten von alledem Korse, nur Korse, und
hielt zähe an den Plänen fest, die seine Zukunft mit seiner
Heimat verknüpften. Sie sollten bald wieder festere Gestalt
gewinnen.

In einer Sitzung am 22. Juli 1791 beschloß die Volksvertretung in Paris die Errichtung von besoldeten Freiwilligen-
bataillonen in der Höhe von über hunderttausend Mann.
Auch im Departement Korsika sollten vier solcher Bataillone
entstehen. Ein Gesetz vom 4. August gestattete den Offizieren
der Linie, Stellen auch in diesen Bataillonen anzunehmen.
Kaum vernahm Napoleon die Nachricht, so war er in Valence
nicht mehr zu halten. Da bot sich denn endlich die so lange
und sehnlich gewünschte Gelegenheit, in der Heimat eine
militärische Rolle zu spielen. Die Fürsprache des Generals
Du Teil, der ihm wohlwollte, erwirkte ihm die außerordentliche Vergünstigung, drei Monate fernbleiben zu dürfen,
und schon im September ist er wieder in Ajaccio. Die drei
Monate verstreichen, ohne daß er zurückkehrt. Er denkt
sogar daran, seine Demission zu geben und sich gänzlich daheim
niederzulassen. „In so schwierigen Zeitläuften", schreibt er
jetzt einmal an den Kriegskommissar Sucy in Valence, „ist
der Platz eines guten Korsen in seinem Lande"[1]. Die Situation der Familie war auch plötzlich eine bessere geworden:
ihr alter Chef, der Großoheim Lucian, der Archidiacon, war
gestorben und hatte ein Stück Geld hinterlassen, von dem
Napoleon, mit Fesch gemeinsan, ein Haus in Ajaccio und ein
Grundstück in der Umgebung kaufte. Der Rest ließ sich anderweitig verwenden. Joseph war zwar bei den Wahlen in
das Abgeordnetenhaus durchgefallen, dem war nicht mehr
zu helfen, aber die Wahl der Offiziere für die Freiwilligen-
bataillone stand noch aus, und dabei konnte man Geld ge-

------

[1] Der Brief bei C o s t o n, II., 178 mit der verbesserten Lesart
C h u q u e t s, II., 243.

brauchen. Darüber verging freilich der 1. Januar 1792, und nachdem Napoleon bei der Revue dieses Tages in Valence gefehlt hatte, ward er aus der Armeeliste gestrichen. Umsomehr mußte er jetzt alles daran setzen, in Korsika durchzudringen. Zum Glück für ihn trat einer der beiden von Paoli begünstigten Kandidaten für die zwei Befehlshaberstellen im Bataillon von Ajaccio und Umgebung zu Gunsten des Andern, Quenzas, eines Waffengefährten des Generals, zurück, und es galt nun, sich sofort mit diesem zu verständigen. Napoleon überließ Quenza die erste Kommandantenstelle und sicherte sich damit dessen Unterstützung für die zweite. Es blieb nur noch übrig, die anderen Bewerber aus dem Felde zu schlagen, unter denen Matthäus Pozzo di Borgo, der Bruder des Abgeordneten und späteren russischen Diplomaten, der gefährlichste war, da der reiche Peraldi für ihn agitierte. Als aber Ende März die bereits gesammelten Freiwilligen zur Wahl ihrer beiden Kommandanten nach Ajaccio kamen, da hielt auch Napoleon mit den ererbten Heckethalern des Archidiacons nicht zurück; er machte ein offenes Haus für die Wähler und bearbeitete sie Mann für Mann zu seinen Gunsten und zum Nachteil der Anderen, die ihm vorwarfen, er habe dabei selbst die Verleumdung nicht gescheut. Doch alle Mühe schien verloren, als einer der drei Wahlkommissare, bei den Peraldi, d. i. im feindlichen Lager, einkehrte und damit die Stimmen für Pozzo zu beeinflussen drohte. Da mußte man rasch handeln. Am Abend vor der Wahl beredete Napoleon einen seiner Parteigänger aus Bocognano, der bereits zum Hauptmann gewählt worden war, mit einigen seiner Leute den Wahlkommissar von den Peraldi weg in sein Haus zu holen. Das geschah — unter gewalttätigen Drohungen allerdings — und am nächsten Morgen konnte Napoleon in Gesellschaft des Entführten beim Wahlakt erscheinen, was seine Wirkung tat. Er und Quenza wurden gewählt, und alle Proteste Pozzos blieben vergebens. Es war sein erster Staatsstreich. (1. April 1792.)

Sein nächstes Ziel war erreicht. Da Quenza's militärische Schulung gering war, lag das Kommando des Bataillons voraussichtlich in den Händen des zweiten Oberstleutnants; er hatte „la forza in mano", wie er sagte. Freilich war das nicht ohne merkliche Nachteile erkauft. Rücksichtslos hatte

er seine bisherigen Freunde Pozzo und Peraldi bekämpft, wo
es sich um seine persönliche Absicht gehandelt hatte. Sie
und die Ihrigen waren fortan seine geschworenen Feinde.
Und daß er unlautere Mittel angewendet, wie sie selbst bei
den anarchischen Zuständen auf der Insel nicht gerade üblich
waren, hatte ihn bei Paoli nicht empfohlen. Wo war da die
sentimentale Deklamation über den Ehrgeiz geblieben, die er
vor wenig Monaten niederschrieb! Die schönklingenden
Sentenzen hatten nicht einmal diese erste Probe bestanden.

     Jetzt flog sein Blick wieder zur Zitadelle von Ajaccio
empor, wo noch immer fremde Offiziere und Soldaten, darunter Artilleristen seines Regiments, die Besatzung hielten.
Dort wollte er sich zunächst festsetzen. Es war ja im Grunde
nichts Unerhörtes, daß die heimische Wehrkraft die zur Verteidigung des Landes aufgeboten wurde, auch in dessen Befestigungen wohnte. Damit wußte er sich auch mit Paoli
und der nationalen Regierung in Corte in Übereinstimmung.
Es galt nur einen günstigen Anlaß abzuwarten. Er fand sich.

     In Ajaccio gab es, wie in anderen korsischen Städten,
ja sogar mehr als anderswo, eine nicht geringe Anzahl frommer
Katholiken, die sich durch die neuen Kirchengesetze der Revolution in ihrem Glauben nicht weniger gekränkt fühlten
als der König von Frankreich. Es war den Priestern,
die nicht auf die bürgerliche Klerus-Verfassung geschworen
hatten, ein Leichtes, diese Elemente in ihrem Haß gegen
die neue Ordnung und ihre Verfechter zu bestärken. Kein
Wunder, daß es dem Jakobinerklub, der mit den Klubisten
von Toulon und Marseille enge Fühlung hatte, und dem Frei-
willigenbataillon, das zumeist aus banditenartigen Elementen
bestand, die den Radikalen anhingen, nicht an erbitterten
Feinden fehlte. Napoleon besonders war verhaßt. Schon
bei dem Auflauf in den Junitagen 1790 waren drohende Aus-
rufe gegen ihn gehört worden. Seither hatte sich diese Stimmung der frommen Bevölkerung nicht beruhigt, und jetzt
trat ein neues Moment hinzu. Die Nationalversammlung in
Paris hatte die Klöster aufgehoben, und dem Gesetz zufolge
waren in Ajaccio die Kapuziner abgeschafft. Eine Abordnung
der munizipalen und judiziellen Behörden Ajaccios zur Departementsregierung nach Corte, um die Wiederherstellung des
beliebten Ordens zu bewirken, blieb erfolglos, was zwischen

den frommen Handwerkern und Matrosen der Stadt und den
„Bauern", wie man die Freiwilligen nannte, zu leidenschaftlicher Feindschaft führte. Diese Umstände benützte Napoleon.
„Um den Dekreten der Nationalversammlung Achtung zu
verschaffen", besetzte er das von den Patres geräumte Kapu-
zinerkloster mit seiner Mannschaft und behielt das ganze
Bataillon in der Stadt, gegen die Aufforderung der Gemeindebehörde, es nach außenhin zu verlegen, wobei er seinen Eid
vom 23. August wenig in Erinnerung hatte. Natürlich kam
es — es war an den Tagen des Osterfestes im April 1792 —
zu Reibungen und schließlich zu einem förmlichen Straßen-
kampf, der einem Leutnant der Freiwilligen das Leben kostete.
Nun begehrte Napoleon von dem Kommandanten der Garnison — Oberst Maillard, der La Férandière abgelöst hatte
— Einlaß in die Zitadelle für seine Leute. Als ihm das abgeschlagen wurde, weil dazu ein königlicher Befehl nötig war,
begingen die Freiwilligen unter seinen Augen unerhörte Dinge:
sie schossen auf friedliche Kirchengänger, töteten und verwundeten Weiber und Kinder, plünderten ringsum und wurden
der Schrecken der Stadt. Jetzt wandten sich die Munizipal-
behörden ihrerseits an den Kommandanten um Unterstützung,
während Napoleon zu gleicher Zeit die Linien-Soldaten gegen
ihre Offiziere einzunehmen suchte, indem er ihnen fraterni-
sierende Briefe und Broschüren zusandte, in denen die Mannschaft zum Abfall aufgereizt wurde. Aber die Soldaten blieben
fest, und es schien als sollte es zu einer regelrechten Straßen-
schlacht zwischen den regulären Truppen und den Freiwilligen
kommen. Da führte Napoleon eine Wendung herbei, indem
er und Quenza an die Munizipalität ein Schreiben richteten,
worin sie sich für das Verbleiben ihrer Leute in der Stadt
auf einen ausdrücklichen Befehl Paolis beriefen und alle Verantwortung für das kommende Blutvergießen den Anderen
zuschoben. Der Befehl Paolis war erdichtet, aber er wirkte. Der
Gemeinderat verstand sich zu Verhandlungen, und die Soldaten rückten in die Zitadelle ab. Inzwischen trafen Abgesandte der Departementsregierung ein; sie forderten Ein-
stellung der Feindseligkeiten und, zum großen Leidwesen
Napoleons, den Abmarsch des Freiwilligenbataillons nach
Corte. Und damit war der Putsch, der eine volle Woche ge-
dauert hatte, schließlich doch mißlungen. Er hatte den jungen

Offizier aufs Neue als völlig skrupellosen Mann der Tat gezeigt,
wo es sich um die Befriedigung seines Ehrgeizes handelte.
Seine Lage war jetzt eine kritische. Mit dem weitaus größten
Teil der Bevölkerung von Ajaccio war er völlig verfeindet,
Paoli verzieh ihm den Mißbrauch nicht, den er mit seinem
Namen getrieben hatte, und die Abgeordneten der Stadt,
Pozzo und Peraldi, seit dem Ereignis des 1. April höchlich gegen
ihn erbittert, wälzten alle Schuld auf ihn allein. Es war,
und dieser Meinung war auch Bruder Joseph, das Beste, er
verließ zunächst Korsika und suchte den verlorenen Platz in
der Armee wieder zu erlangen. Das war nur bei der obersten
Kriegsbehörde in Paris möglich. Am 20. Mai 1792 traf er
dort ein[1]).

Hier war alles in unerhörte Bewegung geraten. Der
Friede zwischen dem Königtum und der Revolution hatte
nicht lange gewährt. Daß Ludwig XVI. den Beschlüssen des
gesetzgebenden Körpers, jene Priester, die den Eid auf die
Kirchengesetze verweigerten, mit Verlust ihrer Pensionen,
und die emigrierten Prinzen und Aristokraten für deren kriegerische Zusammenrottung an der Grenze mit der Konfiskation
ihrer Güter zu bestrafen, seine Sanktion versagte, hat die
Fortschrittsparteien aufs neue gegen ihn erregt. Dazu gingen
über den Zusammenhang des Hofes mit dem Ausland, insbesondere mit dem verwandten österreichischen Regenten-
haus, das die Revolution perhorreszierte, aufregende Gerüchte
umher, und die Opposition überlegte, daß ein siegreicher
Krieg gegen die fremden Mächte nicht nur der revolutionären
Propaganda dienen, sondern zugleich auch ein Triumph
über die absolute Monarchie in Frankreich sein würde.
Deshalb setzen die Jakobiner in der Kammer, namentlich
die Girondisten unter der Führung Brissots, den Kampf

---

[1]) Die Darstellung des Osterputsches bei C h u q u e t, II., 281 ff.,
unterscheidet sich vorteilhaft von der bei M a s s o n, II., 350 ff. und M a r-
c a g g i, La genèse de Napoléon, p. 293 ff., durch die unbefangene Auffassung der Handlungsweise Napoleons, in dem Masson schon jetzt nur noch
den von den „Paolisten" verfolgten Vorkämpfer für Frankreich und die
Revolution erblicken will. Und doch hat Masson selbst Briefe Napoleons
an Joseph veröffentlicht, die das Gegenteil bezeugen. S. unten S. 47.

gegen die ausländischen Fürsten auf ihr Programm und dringen durch. Ein friedliebendes Ministerium fällt, und Ludwig XVI., der selbst nur noch von einem europäischen Konflikt die Wiederkehr der alten Zustände erhofft, ernennt ein Kabinett der kampflustigen Linken. Am 20. April 1792 erklärt er an Österreich den Krieg.

Der Beginn des Waffenganges täuschte jedoch höchlich die Erwartungen. Ein Angriff auf das österreichische Belgien ward mit leichter Mühe abgeschlagen, und die Niederlage erzeugte in Paris eine mächtige Erregung. Alles schrie Verrat und sah in dem eigenen König den Verschwörer gegen sein Volk, umsomehr, als Ludwig gerade jetzt, am 13. Juli 1792, das girondistische Ministerium Dumouriez wieder entließ und sich mit gemäßigt royalistischen Räten umgab. Diese aufs äußerste erbitterte Stimmung benützten die Führer der Linken, indem sie, um abermals ans Ruder zu gelangen, die anarchistischen Elemente der Hauptstadt geradezu gegen das Königtum ausspielten. Am 20. Juni strömte ein mächtiger Haufe bewaffneten Gesindels in die Tuilerien, um die Sanktion zweier Dekrete zu erzwingen, von denen eins die Deportation der eidweigernden Priester aussprach, das andere die Ansammlung von 20.000 Nationalgarden aus der Provinz — „Föderierten" — in einem Lager bei Paris anordnete. Nur die ruhige gefaßte Haltung Ludwigs parierte den Anschlag, der vielleicht nicht seinem Leben galt, seine Autorität aber tief verletzte. Als dann bald darauf die verbündeten Preußen und Österreicher gegen die französische Grenze heranrückten und ihr Befehlshaber, der Herzog von Braunschweig — Ludwig selbst hatte es gewünscht — ein Manifest erließ, das Paris mit Zerstörung bedrohte, wenn die Tuilerien nochmals angegriffen würden, da erfaßte aufs neue eine ungeheuere Aufregung die Bevölkerung. Die Nationalversammlung erklärte durch einen Beschluß, das Vaterland sei in Gefahr, und Tausende Föderierter zogen, des königlichen Vetos nicht achtend, nach der Hauptstadt; denn jenes Manifest hatte dem Verdacht, Ludwig halte es mit dem Ausland, Nahrung gegeben und ihn überallhin verbreitet. Der Feind, war bald der allgemeine Ruf, stehe nicht nur an der Grenze, er wohne inmitten des Reiches. Durch einen revolutionären Handstreich trat in Paris ein neuer radikaler Gemeinderat an die Stelle des gemäßigten

alten, und unter seinem Einfluß erneuerte sich am 10. August
der Sturm auf das Königsschloß. Scharen von Pikenmännern,
Arbeitern der Vorstadt St. Antoine und St. Marcel, Föderierte
aus Marseille und allerlei Pöbel belagern die Tuilerien und
zwingen Ludwig XVI. in der Nationalversammlung Schutz
zu suchen. Hier aber erklärt man ihn, unter dem Terrorismus der Massen, seiner Würde verlustig und das Königtum
für suspendiert. Mit ihm fällt auch das gemäßigte Ministerium
und macht einer republikanisch gesinnten Regierung Platz.

Diese große Wendung der Dinge hat Napoleon in Paris
aufmerksam verfolgt. Er ist Augenzeuge der Vorgänge am
20. Juni und am 10. August gewesen und hat darüber berichtet.
Der Eindruck, den ihm die anarchische Bewegung machte,
war ein höchst ungünstiger. Er hatte vom Staat eine zu hohe
Auffassung, um ihn ruhig von der Menge unter die Füße treten
zu sehen. Er steht jetzt, wie er sagt, nur noch auf der Seite
„aller anständigen Leute", d. i. Lafayettes, der gegen den
Pöbelsturm im Juni vor der Kammer protestiert hatte, der
konstitutionellen Minister, des größten Teiles der Armee gegenüber der Kammermehrheit und den Jakobinern; er bezeichnet
diese als „Narren ohne gesunden Menschenverstand" („des
fous qui n'ont pas le sens commun"). Er ist der Meinung,
daß Ludwig XVI. am 10. August gesiegt haben würde, wenn
er sich zu Pferde dem Volke gezeigt hätte; so aber — erzählte
er später — sei er der „vile canaille" erlegen. „Ich fühlte,
daß, wenn man mich gerufen hätte, ich den König verteidigt
haben würde. Ich war gegen die, die eine Republik mittels
des Pöbels begründen wollten. Und überdies sah ich Leute im
Zivil Männer in Uniform angreifen: cela me choquait."[1]).
Gewiß, das war seine tiefinnerste Empfindung. Sein klarer
Kopf rät ihm aber, sie mitunter zu unterdrücken. Wir werden
ihm bald als ausgemachtem Opportunisten begegnen.

Er hat bei seinem Regiment ein Gesuch um Wiederaufnahme eingereicht und ihm einige Dokumente beigelegt, die
ihn eine günstige Entscheidung hoffen lassen. Freilich standen
diesen Urkunden Berichte aus Korsika gegenüber, die seine
Rolle bei den letzten Tumulten aufs schärfste verurteilten,

---

[1]) Daß er am 20. Juni im Tuileriengarten war und zu Bekannten sagte:
„Wäre ich König, das würde nicht geschehen", bezeugt L a v a u x in Les
campagnes d'un avocat, p. 12 (Feuilles d'histoire, Dez. 1909).

und es vergingen Wochen, ehe die Entscheidung fiel. Für eine so lange erwerbslose Zeit reichten die Mittel des jungen Offiziers nicht hin, und es wird erzählt, daß er Schulden machen, ja sich sogar zeitweilig von seiner Taschenuhr trennen mußte. In einem seiner Briefe an Bruder Joseph erklärt er einmal ein ruhiges Familienleben mit 4 bis 5000 Franken Rente als sein Ideal. In dieser Zeit lesen sich seine Berichte über Frankreich wie die über ein fremdes Land[1]). Sein persönliches Interesse liegt weit davon entfernt; es hängt nach wie vor an den korsischen Dingen. Dort vor Allem will er den verlorenen Boden wiedergewinnen, namentlich, da er hört, daß im Schoße des Parlaments die Frage zur Sprache gebracht wurde, ob es nicht besser wäre, die Insel aufzugeben. Er verkehrt darum eifrig mit den korsischen Abgeordneten und sucht sogar an Pozzo und Peraldi heranzukommen, empfiehlt Joseph, sich ja mit Paoli gut zu stellen, „da es doch wohl zur Unabhängigkeit Korsikas kommen werde", und rät den Seinen, „Alle zu schonen, die unsere Freunde waren oder werden könnten." Für alle Fälle sollen aber fünfundzwanzig Gewehre der Freiwilligen nach Hause geschafft werden, „denn man könnte im gegenwärtigen Augenblick ihrer bedürfen."

Da kam endlich am 8. Juli die Entscheidung des Kriegsministeriums; sie lautete: die beiden Kommandanten des Freiwilligenbataillons, Quenza und Bonaparte, verdienten zwar vor ein Kriegsgericht gestellt zu werden, wenn es sich um eine rein militärische Angelegenheit handelte; da aber eine Zivilsache im Spiele sei, werde der Akt dem Justizministerium abgetreten. Im Übrigen ließ das Kriegsamt den Vorschlag des Regiments gelten, Bonaparte auch weiterhin als Offizier der Armee anzusehen, ja noch mehr, es ernannte ihn zwei Tage darauf, am 10. Juli, zum Kapitän, mit Geltung vom 6. Februar ab, an welchem Tage, bei seinem Verbleiben im Regiment, seine Beförderung ordnungsgemäß erfolgt wäre[2]).

---

[1]) Sie stehen bei M a s s o n , II., 387 ff.

[2]) M a s s o n , II., 400, veröffentlicht den Brief des Kriegsministers Lajard an Napoleon vom 10. Juli 1792, worin ihm seine Wiederaufnahme in die Armee als Kapitän mitgeteilt wird. Damit fällt die bisher geltende Anschauung, er sei erst infolge des politischen Umschwunges, nach dem 10. August und dem Sturze des Königtums, reaktiviert worden. Das Dekret wurde allerdings erst am 30. August von dem Kriegsminister des neuen Kabinetts, Servan, unterzeichnet.

Diesen heutzutage schwer verständlichen Vorgang erklärt auch wieder nur die Not an Offizieren infolge der Emigration der Adeligen. Das vierte Artillerieregiment hatte nahezu die Hälfte verloren. Und so war Napoleon wenigstens seiner nächsten Sorge ledig. Denn daß in der stürmischen Zeit die Verweisung vor die Zivilgerichte keine weiteren Folgen haben werde, konnte als ausgemacht gelten.

Nun sollte man meinen, er habe endlich sein gegen den Feind engagiertes Regiment aufgesucht, um der Pflicht zu genügen, für die er doch zum mindesten bezahlt wurde. „Ich kann Ihnen nicht verhehlen,“ schrieb ihm der Kriegsminister, „daß es wünschenswert wäre, Ihr Dienst in der (freiwilligen) Nationalgarde gestattete Ihnen in diesem Augenblick, wo Ihr Regiment in der größten Aktivität ist, bei ihm Ihre Funktion als Hauptmann zu erfüllen.“ Der Appell war beredt. Auch die Brüder, die auf Korsika alle Aussicht versperrt sahen, rieten zum Kriegsdienst in Frankreich. Aber Napoleon hielt fest an seinen heimatlichen Plänen; er hatte für Frankreichs Schicksal noch immer kein Gefühl, und die letzten Ereignisse waren nicht danach angetan, ihn dafür empfänglicher zu machen. Und hätte ihm auch nicht der Zufall einen Vorwand zur Heimkehr dargeboten, er würde ihn doch gefunden haben. So aber traf es sich, daß am 17. August 1792 die National-versammlung die adeligen Damenstifte aufhob, wodurch auch das Schicksal der Fräulein von S. Cyr unsicher wurde. Marianne Buonaparte befand sich darunter. Wer konnte es dem Bruder wehren, in so aufgeregter Zeit seine Schwester nach Hause zu begleiten? Am 9. September — nachdem das Kapitäns-patent ausgefertigt und Mariannens Reisegeld flüssig geworden war — verlassen die Geschwister Paris und sind Anfang Ok-tober in der Heimat. Napoleon bleibt bis in den Sommer 1793.

Diese Zeit ist entscheidend geworden für sein Leben und damit für das Schicksal einer Welt. Er übernimmt den Befehl über sein Bataillon und beteiligt sich im Februar 1793 an einer Expedition gegen die Insel Sardinien. Es war seine erste Waffentat im Dienste Frankreichs, das nicht daran dachte, Korsika freizugeben. Am 24. Februar hatte er, beauftragt, mit seinen Freiwilligen und drei Geschützen gegen S. Maddalena zu operieren, die feindlichen Befestigungen mit Erfolg beschossen, und alles war zum Sturme vorbereitet, als die Bemannung der Korvette, die die Expedition zu decken hatte, meuterte und die Rückkehr erzwang. In seinem Bericht an das Ministerium sprach der junge Kapitän viel von Feiglingen und von Verrätern und legte einen ins Einzelne gehenden Plan zur Eroberung der Insel vor; doch der Vollzugsausschuß des neuen National-Konvents hatte bereits das Unternehmen gegen Sardinien aufgegeben. Was nun? Seine Situation auf der Insel hatte sich nicht verbessert, und die Spannung zwischen ihm und Paoli wuchs in dieser Zeit rasch, um sich bald zum völligen Bruch auszugestalten. Der Grund lag zum guten Teil im Fortgang der allgemeinen Dinge.

Paoli war mit konstitutioneller Gesinnung aus England zurückgekehrt; er hatte der französischen Verfassung von 1791 willig seine Zustimmung gegeben und sich in ihren Dienst gestellt, weil sie ähnlichen Verhältnissen entsprach, wie er sie auf britischem Boden schätzen gelernt hatte. Jetzt war diese Verfassung in ihren wesentlichsten Grundlagen erschüttert, das Königtum vom Konvent abgeschafft, der König eingekerkert, des Vaterlandsverrats angeklagt, verurteilt und am 21. Januar 1793 hingerichtet worden, der Staat selbst aber in den Händen extremer Parteien, die keinerlei Bestand verbürgten. Überdies brach nach der Exekution Ludwigs XVI. ein Krieg mit der englischen Krone aus, der so bald nicht wieder enden sollte, und Paoli hatte seinerzeit in England Gastfreundschaft genossen. Kein Wunder, wenn er dieser Änderung der Dinge mit Abneigung gegenüberstand. Dennoch kann man gegen ihn nicht den Vorwurf erheben, daß er sich durch sie von Frankreich abwendig machen und zu einer feindseligen Haltung gegen die Republik verleiten ließ, denn er hielt auch jetzt noch die Vereinigung Korsikas mit dieser für seiner Heimat nützlich. Es gab jedoch Leute auf Korsika, die ihn dessen anklagten, und Leute in Frankreich, die es ihnen glaubten. Die Wahlen in den Pariser Konvent waren zwar nicht durchaus zu Gunsten seiner Kandidaten ausgefallen, wohl aber die Neuwahlen in das Direktorium des Departements, in die Gerichts- und Gemeindeämter. Das neue „paolistische" Direktorium der Insel — das „Direktorium der anständigen Leute", wie es sich nannte — zieh nun

das verflossene schlechter Wirtschaft und erhob insbesondere
gegen dessen Syndikus Saliceti, der jetzt Mitglied des Konvents
war, den Vorwurf mangelhafter Rechnungslegung und des
Mißbrauchs der Amtsgewalt zu eigenem Vorteil. Und derselbe Verdacht fiel auf dessen Stellvertreter im Syndikate,
Bartolomeo Arena. Die Beiden rächten sich, indem sie und
ihr Anhang gegen Paoli und die Männer seines Vertrauens, insbesondere den neuen Syndicus Pozzo di Borgo, mit allen Mitteln
der Verleumdung — Saliceti in Paris, Arena in Südfrankreich
— zu Felde zogen. Und mit Erfolg. Bald war man im Schoße
der Konventsregierung der Überzeugung, Paoli strebe nach
unabhängiger Herrschaft und konspiriere mit England, und
man handelte danach. Man hatte ihn kurz vorher, um den
einflußreichen Mann enger an Frankreichs Interessen zu
knüpfen, zum Divisionsgeneral und Kommandeur auf Korsika
ernannt, eine Stelle, die der Achtundsechzigjährige nur mit
Widerstreben angenommen hatte; jetzt teilte man, um ihn
von dort zu entfernen, seine Division der italienischen Armee
zu und forderte ihn auf, nach dem Kontinent zu kommen. Als
der General, sein Alter und Kränklichkeit vorschützend, die
Insel nicht verließ, wurden drei Konventskommissare, Saliceti
darunter, dorthin abgeschickt, „um die Küste zu untersuchen",
in Wahrheit aber, um den Einfluß Paolis in aller Stille zu bekämpfen. Da, während die Drei am Werke waren, traf unversehens aus Paris der vom 2. April 1793 datierte Befehl des
Vollzugsausschusses ein, Paoli zu verhaften, und wurde rasch
bekannt. Die Wirkung dieser ungerechten Maßregel war eine
außerordentliche. Ende Mai erklärte sich eine Versammlung
von über tausend Deputierten des Landes, die neun
Zehnteile der Bevölkerung vertraten, für ihren alten Führer
und verfehmte diejenigen, die den Pariser Jakobinern und
der Partei Saliceti-Arena anhingen, mit allen Gliedern ihrer
Familien.

Unter denen, die so das Volksurteil „zu ewiger Verachtung und Infamie" verurteilte, befanden sich auch die
Bonaparte. Paoli hatte es, wie Joseph dem Bruder nach
Paris schrieb, abgelehnt, „sich mit ihnen gemein zu machen"
(„il ne veut pas s'amalgamer avec nous"). Das hatte jeder
dieser beispiellos Ehrgeizigen zu fühlen bekommen, und jeder
von ihnen hat seine Revanche genommen. Joseph war nicht

mehr ins Direktorium gewählt worden und trug seine Verstimmung ins Lager des Saliceti und der Konventskommissare
nach Bastia, wo er mit ihnen die Maßnahmen gegen den
General überlegte. Lucian hatte sich, auf Napoleons Rat,
darum beworben, Paolis Sekretär zu werden, war aber abgewiesen worden — was er auch sonst darüber in seinen
Memoiren erzählen mag; haßerfüllt ging er, im März 1793,
nach dem Festland hinüber und denunzierte im Toulouer Jakobinerklub Paoli als Hochverräter, der auf die Guillotine gehöre,
eine Rede, die, vom Abgeordneten des Vardepartements im
Konvent vorgebracht, der Anlaß zu jenem Haftbefehl wurde.
Auch gegen Napoleon hatte sich Paoli ablehnend gezeigt,
während er dessen Feind Pozzo an seiner Seite die Vertrauensstellung einnehmen ließ, die Jener einst so heiß für sich erwünschte. Erst kürzlich noch hatte er ihm den Rat erteilt,
zu seinem Regiment zu gehen oder britische Dienste zu nehmen,
und ihm damit gezeigt, wie wenig Gewicht er auf seine Anwesenheit in Korsika lege. Dazu hatte man dem Kapitän in
Ajaccio den Osterputsch vom Vorjahr nicht vergessen; seine
persönlichen Gegner dominierten nunmehr im Rate der Stadt,
wie ehedem seine Verwandten; Peraldi führte das große Wort;
ein eifriger Anhänger des Generals hielt mit seinem Freiwilligen-
bataillon die Zitadelle besetzt — so war ihm alles entglitten,
und so blieb ihm, wenn er auf Korsika noch eine Rolle spielen
wollte, nur die Gegenpartei als Zuflucht übrig: die Saliceti
und Arena und die Radikalen des Pariser Regiments, wie
wenig er sich auch innerlich mit ihnen verwandt fühlte. Er
konspirierte, durch Josephs Vermittlung, eifrig mit den
Konventskommissaren. Nur zu offener Feindseligkeit gegen
Paoli, dessen Anhang er nicht unterschätzte, wollte er es
nicht kommen lassen, denn er konnte ihm und seiner
Familie Verderben bringen. Darum war er auch überaus
peinlich berührt, als das Haftdekret bekannt wurde. Er
entwarf allsogleich eine Adresse an den Konvent, mit der
der Jakobinerklub von Ajaccio den General wider den
Verdacht des Hochverrats an der Republik und gemein-
schädlicher Ehrsucht verteidigen und um Zurücknahme des
ungerechten Ediktes bitten sollte[1]). Ja, er will selbst zu ihm

---

[1]) M a s s o n, II., 427.

nach Corte gehen, um sich und die Seinen gegen die Angriffe
der „Paolisten" sicherzustellen. Aber es war zu spät. Gerade
jetzt war ein aufgefangener Brief Lucians an seine Brüder
in Paolis Hände gelangt, worin der rachsüchtige Jüngling
sich rühmte, dem alten Führer und seinem Pozzo di Borgo
den entscheidenden Schlag versetzt zu haben, und Napoleon
wurde in Bocognano von paolistischen Bauern gefangen
genommen. Nur die persönliche Anhänglichkeit einiger Getreuer verhalf ihm zur Flucht. Er kehrt heimlich nach Ajaccio
zurück, hält sich hier bei Verwandten verborgen, die ihn vor
Paolis Gendarmen verleugnen, bis er das Meer und bei den
Konventskommissaren in S. Fiorenzo Sicherheit gewinnen
kann. „Bereitet Euch vor," schreibt er von dorther an seine
Mutter, „dieses Land ist nicht für uns". Lätitia und die Kinder,
von Fesch und ein paar Freunden begleitet, entkommen im
Dunkel der Nacht; ihr Haus wird, gleich den Häusern einiger
Gesinnungsgenossen, von den Bauern geplündert, ihr Gut verwüstet. Nach tagelangem Umherirren an der Küste finden sie
auf einem der französischen Schiffe Zuflucht, mit denen Napoleon, im Dienste des Konvents und begleitet von dessen
Abgesandten, noch einen Coup wagt, um seine Vaterstadt
zu erobern. Er scheitert, und am 11. Juni 1793 verläßt er mit
den Seinen die Insel, um nach Toulon zu übersiedeln. Eine
Woche zuvor hatte er in einer rasch hingeworfenen Denkschrift
„über die politische und militärische Lage auf Korsika" — im
direkten Gegensatz zu jener Adresse aus dem April — Paoli
aufs heftigste verbrecherischer Pläne angeklagt und damit das
Ideal seiner Jugend mit Verleumdung und Beschimpfung
vernichtet[1]).

Seine Rolle auf Korsika ist ausgespielt. Zwei Motive
hatten ihn bei seinen revolutionären Unternehmungen in
der Heimat geleitet: ein starker Patriotismus, der alles, was

---

[1]) M a s s o n, II., 462, nach einem Druck aus dem J. 1841, der noch
die orthographischen Fehler enthielt, die J u n g, Lucien Bonaparte, 1.,
462 ff. getreu wiedergibt, Masson aber verbessert. Der Titel der Denkschrift
„Position politique et militaire du département de Corse au 1er juin 1793"
ließe vielleicht annehmen, sie sei an demselben Tage verfaßt worden. Aber
der 1. Juni war einer der bewegtesten vor Ajaccio und ließ kaum Zeit zu
schriftstellerischer Arbeit. Eher könnte man vermuten, Napoleon habe den
ersten Tag in Sicherheit in Calvi, den 4. Juni, dazu benützt. C h u q u e t,

außerhalb ihres Bereiches lag, kaum beachtete, und ein un-
bändiger Drang nach Macht und Geltung, mit dem er sich zum
Befreier, wenn nicht zum Beherrscher, seines Volkes berufen
glaubte. Von diesen Motiven ist nun das eine gegenstandslos
geworden. Der Fluch der eigenen Nation hat ihn seines Vaterlandes verlustig erklärt und jedes Gefühl dafür in ihm getötet.
Zwar blieb noch während der beiden nächsten Jahre die Absicht,
die Insel wiederzuerobern, lebendig in ihm, und er hat manches
versucht, sie zur Ausführung zu bringen — aber nicht mehr
aus Patriotismus, sondern eher aus Haß gegen die Patrioten,
vielleicht auch um einem Bedürfnis nach Rache zu genügen,
jedenfalls im Dienst einer fremden Gewalt. Als er später,
im Jahre 1796, Frankreich tatsächlich wieder in den
Besitz von Korsika brachte, war auch diese Regung in
ihm erloschen und die Heimat nicht mehr imstande, sein
Interesse in höherem Grade zu fesseln als etwa Korfu
oder Malta.

Wenn in der sympathischen Empfindung des Einzelnen
für das Wohl und Wehe des Volkes, dem er zugehört, ein
sittliches Moment liegt, so hat Napoleons weiteres Tun und
Leben desselben entbehrt. Er hat aufhören müssen, Korse
zu sein, er hat es nie dahin gebracht, Franzose zu werden.
Mit ihm ist auch sein Ehrgeiz heimatlos geworden; ein Ehrgeiz, den bisher der Küstensaum eines kleinen Eilandes zu
umfangen vermochte, kannte von jetzt ab keine Grenzen
mehr.

II., 280, teilt die Denkschrift mit, wie sie Joseph, der sie nach Paris genommen
hatte, dort in neuer Redaktion dem Vollzugsausschuß des Konvents übergab. Die Unterschiede der beiden Ausfertigungen sind nicht unwesentlich.
In der zweiten fehlt der 1. Juni in der Überschrift und es heißt bloß „im
Monat Juni", was die obige Vermutung unterstützt. Der Druck bei Masson
weist Lücken auf; es sind die gehässigsten Urteile über Pozzo di Borgo,
die fehlen. J u n g, I., 463, hatte sie bereits veröffentlicht: Pozzo wird als
„anrüchig" (taré) und „käuflich" bezeichnet. Diese Stellen sind es, die auch
in Josephs Bearbeitung unterdrückt wurden.

Drittes Kapitel.

Die Belagerung von Toulon und die Verteidigung des Konvents. Josephine.

Der Aufstand auf Korsika war nur ein Glied in einer ganzen Kette von Erhebungen gegen das Jakobinerregiment, das sich nach der Hinrichtung des Königs in Paris entfaltet hatte. Der Kampf, der über dem Grabe Ludwigs XVI. zwischen den beiden republikanischen Parteien des Konvents, den radikalen Pariser „Montagnards" und den gemäßigteren „Girondisten" aus den Departements, entbrannt war, hatte im Sommer 1793 mit der Niederlage der Letzteren geendet. Was sich nicht geflüchtet hatte, wurde eingekerkert und endete zumeist auf dem Schaffot, während die Sieger fortan Frankreich durch den Wohlfahrtsausschuß des Konvents regierten, dessen Mitglieder, Robespierre voran, sich auf den völlig radikal gewordenen Jakobinerklub und seine Zweigvereine stützten. Diese jakobinische Regierung besaß, was ihrer Vorgängerin, der girondistischen, gefehlt hatte und was die außerordentlichen Verhältnisse, in denen sich damals der Staat befand, dringend heischten: eine aus der Furcht geborene Energie ohnegleichen. Die Girondins, sehr ehrenwerte, aber politisch unzulängliche Deklamatoren („des fous extrêmement honnêtes"), hatten Frankreich in einen unabsehbaren Krieg mit fast ganz Europa gestürzt, ohne hinreichende Kenntnisse und Mittel, der heraufbeschworenen Gefahr zu begegnen. Ihre Erben in der Staatsgewalt haben mit diesem Kriege eine Riesenaufgabe auf sich genommen, und sie haben sie gelöst, wenn auch nicht ohne einen unerhörten Aufwand von Rechtlosigkeit, Blut und Grausamkeit. Die Kommissare des Konvents durchzogen das Land, überwachten die zwangweise Rekrutierung der Massen, begleiteten die Armeen und stärkten „im Namen der Volksvertretung" die Autorität der Kriegsgerichte und Revolutionstribunale, die die Widerspenstigen zu züchtigen, die Verdächtigen zu richten hatten. Und da die neuen Machthaber nur durch die unbedingte Hingebung an die niedersten Volksklassen emporgekommen waren und sich nur durch immer weiter gehende Zugeständnisse an sie zu erhalten vermochten, so erzeugte sich in der Hauptstadt, wie in den Städten der

Provinz, eine Tyrannei des Pöbels, die nicht nur die gemäßigtere politische Gesinnung, sondern bald auch Wohlhabenheit und Bildung als des „Verrats am Vaterlande" verdächtigte, bedrohte und verfolgte.

Die Opposition wider dieses furchtbare Regiment konnte nicht ausbleiben. Sie trat nicht allein dort zu Tage, wo die Partisane des alten Königtums und des alten Glaubens die Waffen gegen die Pariser erhoben, wie in der Vendée und Bretagne, sondern auch bei denen, die ursprünglich ebenfalls, und willig, den Weg der Revolution geschritten waren. So war es namentlich in den Städten Südfrankreichs, die sich ehedem mit Freuden an dem Kampfe gegen das alte Regierungssystem beteiligt hatten und sich jetzt — von den entflohenen Girondisten angefeuert — gegen den tyrannischen Radikalismus der Hauptstadt empörten. In Lyon, Marseille, Toulon siegten die gemäßigteren und ruhebedürftigen Elemente der Bevölkerung über die Jakobiner, und in der Provence bildete sich ein Zentralkomitee als selbständige Verwaltungsbehörde, die den bewaffneten Widerstand gegen den Terrorismus des Wohlfahrtsausschusses dekretierte. Schon waren aus dem Süden her die Bataillone der Insurgenten bis Avignon vorgerückt, als der Konvent, dem es vielleicht gelungen wäre, mit einiger Mäßigung die Ruhe rasch und ohne Blutvergießen wieder herzustellen, mit Eifer den Fehdehandschuh aufnahm, die völlige Vertilgung all seiner Gegner im Innern als oberstes Regierungsprogramm verkündete und seinen Kommissar, Dubois Crancé, anwies, Lyon zu unterwerfen und die Vereinigung der aufständischen Streitkräfte zu hindern. Dubois raffte aus Linientruppen und Freiwilligen ein Korps zusammen, das er unter dem Befehl des Generals Carteaux den Aufständischen nach Avignon entgegensandte. Mitte Juli 1793 kampierte es vor der alten Residenz der Päpste, die sich ergab.

Jetzt erhielt Carteaux Sukkurs. Es war zwar nur ein einziger kleiner Artillerieoffizier, aber doch ein Mann, der dem Unternehmen gegen die Südstädte nicht geringe Dienste leisten sollte: Kapitän Buonaparte. Napoleon hatte nach seiner Flucht aus Korsika seine Familie notdürftig in La Valotte bei Toulon untergebracht und endlich sein Regiment aufgesucht, das zur Zeit in dem jüngst eroberten Nizza stationierte.

Seine Denkschrift über Korsika und ein von seinem Freund,
dem Konventskommissar Saliceti, ausgestelltes Zertifikat, daß
seine Anwesenheit auf der Insel in den letzten Monaten dringend
nötig gewesen sei, bewahrten ihn auch jetzt vor Rekriminationen;
er wurde vielmehr zum Hauptmann erster Klasse (capitaine
commandant) befördert und trat am 25. Juni 1793 bei der
Strandbatterie der Riviera seinen Dienst an. Von hier weg
erhielt er durch den Artilleriegeneral Du Teil den Auftrag,
aus Avignon einen Munitionspark herbeizuschaffen. Er
traf dort ein, als die Insurgenten am 26. Juli die Stadt aufgegeben hatten, worauf Carteaux nach der Einnahme von
Beaucaire, Tarascon und Cavaillon gegen Marseille vorrückte.
Die Überlieferung, er habe schon bei Avignon mitgekämpft,
die Kanonen gerichtet und durch sein persönliches Eingreifen
die Flucht des Feindes verursacht, wird heute mit guten Gründen bestritten[1]). Aber mit seiner Feder hat er die Operationen
der Konventstruppen unterstützt — er ist ja jetzt Parteigänger der Pariser Gewalthaber — indem er in einer Flug-
schrift die Marseiller von der Nutzlosigkeit ihres Widerstandes
zu überzeugen suchte. Er nannte sie: „Das Souper von
Beaucaire", wahrscheinlich nach dem Ort, wo er sie schrieb.
Zwei Marseiller Kaufleute, ein Bürger von Nîmes, ein Fabrikant von Montpellier und ein Liniensoldat treffen eines Abends
in Beaucaire zusammen, und der Soldat sucht, unterstützt
von den beiden Anderen, den Marseillern klar zu machen, daß
die Lage ihrer Stadt militärisch unhaltbar, ihre politische
Gesinnung aber verwerflich sei, und ihr Beginnen als Diversion, die einen Teil der Armee absorbiere, nur dem auswärtigen
Feind zugute komme. Historisch interessant ist darin besonders eine Stelle, wo einer der Marseiller die Girondisten
für sich aufruft und der Soldat, unter dem Napoleon sich selbst
versteht, ihm antwortet: „Es genügt mir zu wissen, daß

---

[1]) Sie ist noch festgehalten durch L e M o i n e, Une page de l'histoire
de Napoléon I. Aber die darin (p. 55) zum Beweis angeführte Stelle aus
dem Tagebuch des Avignoner Chambaud ist nicht zureichend. Le Moine
selbst sagt: „Das Tagebuch Chambauds enthält a m R a n d e folgende
Bemerkung zum 26. Juli: „Man hat h i n t e r h e r (ensuite) erfahren, daß,
nachdem die zwei Kanonen unter dem Kommando von N. Bte. (!) einige
Artilleristen von Marseille verwundet hatten, die Gegner den Kampf nicht
mehr fortsetzen wollten." Es ist also ein späterer Zusatz, nachdem sich die
Erzählung bereits gebildet hatte.

die Brissotisten (Girondins), nachdem einmal der „Berg", aus
Rücksicht für das Gemeinwohl und für seine Partei, zu den
äußersten Maßregeln gegen sie gegriffen, sie verurteilt, eingekerkert und, zugegeben, verleumdet hatte, verloren waren
ohne einen Bürgerkrieg, der sie wieder in den Stand setzen
sollte, ihren Feinden Gesetze vorzuschreiben. Verdienten sie
aber wirklich ihren alten Ruf, so hätten sie angesichts der
neuen republikanischen Verfassung die Waffen von sich geworfen und ihr Sonderinteresse dem öffentlichen Wohl geopfert.
Decius zitieren ist allerdings leichter als ihm nachahmen.
Das Blut, das sie auf diese Weise vergossen, hat ihre wahren
Verdienste weggewaschen." Als darauf einer der Marseiller
beteuert, auch er und seine Freunde wollten die Republik,
jedoch mit freien Volksvertretern, auch sie wollten die Freiheit, jedoch gegeben von achtungswerten Deputierten, sie
wollten nur keine Konstitution, die Plünderung und Anarchie
begünstige: da läßt ihn Napoleon durch den Fabrikanten
von Montpellier zurechtweisen, der dem Gebaren der Insurgenten Ungesetzlichkeit und Usurpation vorwirft; der Mittelpunkt sei nun einmal der Konvent, er sei der wahre Souverän,
insbesondere nachdem sich das Volk gespalten habe.

Napoleons Schrift nimmt also die Partei des terroristi-
schen Zentralismus und rät den Marseillern, sich den Tatsachen zu fügen — ungefähr, wie er selbst tat. Da sie aber
auch Paolis und seiner verdammenswerten Gewalttaten gegen
gutgesinnte Familien gedenkt, hatte sie wohl den Neben-
zweck, ihren Verfasser als einen um seiner Anhänglichkeit an
das herrschende System willen Verfolgten zu empfehlen. Sie
war kaum beendigt, als Saliceti und Gasparin, die als Konventskommissare zur Südarmee reisten, mit Napoleon zu-
sammentrafen. Das „Souper" gefiel ihnen und ward alsbald
auf Staatskosten gedruckt, um durch moralische Eroberungen,
die es allenfalls machte, die militärische vorzubereiten. Am
25. August fiel Marseille und war dem Konvente wiedergewonnen. Der „Vaterlandsverrat" der Bewohner wurde mit
allen Schrecken bestraft. Nach kurzem Aufenthalt ging es
weiter gegen Toulon. Die Eroberung dieses Hafens war um
so wichtiger, als die Insurgenten daselbst mit den Engländern
unterhandelt und tatsächlich bereits die dortige Flotte, die
beste Frankreichs, an England ausgeliefert hatten. Bei der

Belagerung dieser Festung nun sollte Napoleon eine entscheidende Rolle spielen.

Der war von Avignon weiter nach Paris gegangen, um
dort den Kriegsminister, vergebens, um seine Zuweisung zur
Rheinarmee zu bitten. Jetzt, Mitte September, ist er wieder
zurück, just zu der Zeit, als Carteaux' Artilleriechef Dommartin verwundet worden war. Saliceti bot ihm die Stelle
an, und er akzeptierte sie, froh, aus seiner Untätigkeit heraus-
zugelangen[1]). Rasch hat er erkannt, was zu tun war. Darüber, daß man den inneren Hafen bedrohen und die britischen Schiffe daraus vertreiben müsse, die den Insurgenten
den stärksten Rückhalt boten, war alles einig. Napoleons
Verdienst aber war, den Punkt sofort mit größter Bestimmtheit angegeben zu haben, von dem aus dieses Ziel zu erreichen war: die Halbinsel Caire im Westen mit dem Fort
Eguilette, das die innere Rhede und zugleich die Rückzugslinie der Flotte dominierte. Es wäre vielleicht möglich gewesen, diese Position durch einen raschen Handstreich zu
gewinnen, wenn Carteaux, ein im trüben Wirbel der revolu-
lutionären Leidenschaften nach oben gelangter Bürger-
general ohne militärische Fähigkeiten, sich den Plan zu eigen
gemacht hätte. Anstatt aber seine Kräfte sofort auf den
einen Punkt zu konzentrieren, verzettelte er sie rund um die
Stadt und erreichte nur, daß die Gegner Zeit gewannen,
sich durch spanische, neapolitanische und sardische Truppen
zu verstärken und entsprechend zu verschanzen. Nun mußten
mehrere Wochen eifriger Belagerungsarbeit vergehen, ehe man
an einen neuen Angriff denken konnte[2]). Napoleon hat unermüdlich, sich mit der größten Kaltblütigkeit exponierend,
an der Herstellung der Batterien gearbeitet und deren
eine, die am meisten bedrohte, die „der Furchtlosen" genannt, um den Ehrgeiz der Soldaten zu stacheln. Am 19. Oktober 1793 wurde er dafür zum Bataillonschef im 2. Artillerie-

---

[1]) Die Erzählung C o s t o n's von seiner Fahrt nach Paris wurde neuestens durch Mitteilungen d'A u b r i v e s' aus den Protokollen des Kriegsministeriums bestätigt, worin sein Aufenthalt in der Hauptstadt im August
1793 und der Inhalt seines Gesuchs vom 28. um eine Oberstleutnantstelle
bei der Artillerie der Rheinarmee verzeichnet stehen. (Feuilles d'histoire,
Janv. 1912.) S c h u e r m a n, Itinéraire p. 17 ignoriert diese Reise.

[2]) Napoleon durfte mit Recht am 14. November 1793 an den Kriegsminister schreiben: „Der Angriffsplan auf Toulon, den ich den Generalen

regiment befördert. Wenig Tage darauf (25. Oktober) wendet
er sich an den Wohlfahrtsausschuß mit einem Memoire, worin
er Klage führt über den vernachlässigten Zustand seiner
Waffe und die Absendung eines Artilleriegenerals vorschlägt,
„der vermöge seines Grades die Achtung erhöhen und einer
Anzahl Unwissender im Generalstab zu imponieren vermöchte, mit denen man unaufhörlich über die Axiome der
Theorie und Erfahrung kapitulieren und dogmatisieren muß".
Schließlich verweigert er den ungereimten Befehlen Carteaux'
völlig den Gehorsam und erreicht es durch die Kommissare
— es waren jetzt auch die Konventsmitglieder Fréron, Barras,
Ricord und der jüngere Robespierre von der italienischen
Armee ins Hauptquartier gekommen und stimmten zu —
daß er durch den tüchtigen und altverdienten Divisionsgeneral Dugommier ersetzt wurde. Der schenkte Napoleon
das größte Vertrauen und überließ ihm auch weiterhin das
Kommando über die Batterien im Westen der Stadt. In
einem Kriegsrat vom 25. November wird ein Operationsplan angenommen, der seinen Vorschlägen entspricht. Bald
stehen seine Geschütze wo er sie placiert wünscht. Ein Ausfall der Gegner wird am 30. November zurückgewiesen, und
nach einem dreimal wiederholten Sturm auf die britischen
Befestigungen — die Redoute Mulgrave — am 17. Dezember ist
das Fort Eguilette und die ganze Halbinsel in der Gewalt der
Konventstruppen. Die feindliche Flotte erkennt die ihr
drohende Gefahr; Engländer und Spanier räumen nach kurzem
Widerstand auch die übrigen Verschanzungen, schiffen ihre
Truppen ein und verlassen, mit flüchtigen Einwohnern an
Bord, den Hafen; am 19. Dezember ziehen die Sieger in die
aufgegebene Stadt ein. Sie halten, wie in Lyon und Marseille
so auch hier, von wahnwitziger Rachsucht verführt, ein
überstrenges Gericht über Kompromittierte und Verdäch-
tige, die in Haufen zu Hunderten zusammen gebracht und

---

und Repräsentanten vorgelegt habe, ist der einzig ausführbare. Hätte man
ihn von Anfang an mit etwas mehr Wärme verfolgt, so wären wir heute
wahrscheinlich in Toulon." Coresp. I., 4. In seiner Schrift „Napoleon,
the first phase" weist Sp. Wilkinson scharfsinnig nach, daß Napoleons
Plan bei der Eroberung Toulons mit dessen Memoire über die Verteidigung
des Hafens von Ajaccio zusammenhing, der mit dem der französischen
Küstenstadt manches — die Zweiteilung und einen beide Hafenteile dominierenden Punkt — gemeinsam hatte.

erschossen werden. Der Absicht des Konventskommissars
Fréron, alle Einwohner niederzumachen, war Dugommier
entgegen, und wir glauben gerne, daß auch Napoleon dieses
allzuharte Strafgericht nicht billigte; jedenfalls nahm er an dem
Rachewerk nicht teil. Unnütze Grausamkeit war ebensowenig
seine Sache als der blutrünstige Fanatismus, dem in jenem
fürchterlichen Jahr ungezählte Opfer geschlachtet wurden.

Seine Rolle in Toulon hat er zwar nicht in hervorragender
Stellung gespielt, er war nur Bataillonschef, nichts weiter,
aber gleichwohl hat er durch seine unermüdliche organisa-
torische Tätigkeit und seine strategischen Ratschläge der
Sache der Regierung den größten Dienst geleistet. Ein Angriff von Norden her hätte zu keinem so raschen Resultat
geführt, und gerade davon hing viel ab in einer Zeit, wo die
verbündeten Gegner Frankreichs anfingen, Toulon mehr Aufmerksamkeit zuzuwenden, wo bereits die Engländer ein nach der
Vendée bestimmtes Expeditionskorps nach Südfrankreich dirigierten und auch der Wiener Hof sich entschloß, Streitkräfte
dahin abzusenden[1]). Es war demnach nur eine wohlverdiente
Anerkennung seiner Leistung, wenn Napoleon jetzt durch ein
provisorisches Dekret der Konventskommissare vom 22. Dezember 1793 — das später der Vollzugsausschuß durch ein
definitives ersetzte — zum Artillerie-Brigadegeneral ernannt
wurde. Du Teil hatte ihn dem Kriegsminister mit den wärmsten
Worten empfohlen: „Ich kann den Ausdruck nicht finden, um
das Verdienst Buonapartes richtig zu zeichnen: viel Wissen,
ebensoviel Umsicht und übermäßige Bravour, das ist eine
schwache Skizze der Vorzüge dieses Offiziers." Und auch
Dugommier hatte dringend zu seinem Avancement geraten,
„denn", schrieb er nach Paris, „wenn man undankbar gegen
ihn wäre, würde dieser Offizier sich selbst befördern[2])".

Als bei dieser Gelegenheit die Behörden Auskunft über
seine Lebensverhältnisse heischten, verleugnete er seine
adelige Herkunft. Sie hätte ihm nur geschadet in den Augen

---

[1]) Von demselben 16. Dezember, an dem der Sturm auf die Touloner
Werke begann, ist eine Depesche Thuguts an den österreichischen Gesandten
in London datiert, worin gesagt wird, es seien, auf Andringen des englischen
Botschafters in Wien, endlich vier Bataillone von Mailand nach Toulon in
Bewegung gesetzt worden. Vivenot-Zeißberg, Quellen zur
Geschichte der deutschen Kaiserpolitik Österreichs, III., 433 und 382.

[2]) Du Teil, Une famille militaire, p. 410. Chuquet, Jeunesse, III., 229.

der Jakobiner, in deren Diensten er sein reiches Talent betätigte. Ob er nunmehr wirklich mit ihnen fühlte, ob er im
Innersten ihrer Sache zustimmte, oder ob er, wie wir annehmen, auch jetzt nur aus Not oder Strebsamkeit nach
oben den Radikalen beifiel, ist damit nicht entschieden.
Einmal — es war kurz nach seiner Beförderung zum General
— hat er, unbekümmert um den herrschenden Radikalismus,
aus lediglich strategischen Gründen den Wiederaufbau der
Marseiller Bastille, des Forts St. Nicolas, beantragt. Sofort
wurde er „verdächtig" und sollte sich vor dem Konvent rechtfertigen. Mit Mühe legte Saliceti die Sache bei. Von da ab
hat er es nicht mehr daran fehlen lassen, sich als eifrigen
Republikaner zu zeigen, wo er konnte. „Buonaparte", erzählt
Fräulein Robespierre in ihren Aufzeichnungen, „war Republikaner, ich möchte fast sagen: Montagnard, wenigstens machte
er mir zu der Zeit, als ich mich in Nizza befand (1794) diesen
Eindruck durch die Art, die Dinge anzusehen. In der Folge
haben ihm seine Siege den Kopf verdreht und ihn nach der
Herrschaft über seine Mitbürger streben lassen. Aber als
General der Artillerie bei der italienischen Armee (Napoleon
war im März 1794 dazu ernannt worden) war er der Partisan
einer weitgehenden Freiheit und wahrhafter Gleichheit."
Der jüngere Bruder des gefürchteten Präsidenten des Wohlfahrtsausschusses empfiehlt ihn im April 1794 als einen Mann
von ungewöhnlichem Wert („d'un mérite transcendant") und
zieht ihn in sein Vertrauen, so daß Eingeweihte ihn den
„geheimen Rat" des Konventskommissars nannten. Doch vergißt dieser nicht, seinem Lobe die Bemerkung hinzuzufügen:
„Er ist Korse und gewährt keine anderen Garantien als die
eines Angehörigen dieser Nation, der den Schmeicheleien Paolis
widerstand und dessen Eigentum durch diesen Verräter verwüstet wurde." Nichtsdestoweniger aber bietet er dem jungen
General die bisher von Henriot versehene Stelle eines Befehlshabers von Paris an, die Napoleon klugerweise ablehnt[1]).

---

[1]) L u c i a n in seinen Memoiren (I., 112) erzählt, Napoleon habe
mit den Brüdern den Antrag besprochen und ihm, der eifrig zuriet, geantwortet: „Ah, das muß überlegt werden. Es ist in Paris nicht so leicht, seinen
Kopf zu salvieren, wie in S. Maximin (wo Lucian durch Saliceti untergebracht
worden war). Der jüngere Robespierre ist liebenswürdig, aber sein Bruder
versteht keinen Spaß. Mein Platz ist bei der Armee. Paris werd' ich später
einmal befehligen . . . Was sollte ich jetzt auf dieser Galeere?"

Den militärischen Ratschlägen Buonapartes vertraute
Robespierre unbedingt und verabredete mit ihm und Ricord
einen geheimen Operationsplan der sogenannten „italienischen
Armee". Dieser Teil der französischen Streitkräfte war an der
Riviera, östlich vom Var, aufgestellt, hatte sein Hauptquartier
in Nizza und lag hier im Kriege mit den verbündeten Sarden
und Österreichern, die die Höhen der Seealpen besetzt
hielten. Der Aufstand in Südfrankreich hatte die Provence
ausgesogen, und die „armée d'Italie" war mit ihrer Versorgung auf die Zufuhr von dem neutralen Genua her verwiesen. Es ergaben sich daraus zwei Aufgaben für die Leitung
dieses Heeresteils: einmal, diese unentbehrliche Zufuhr gegen
die störenden Unternehmungen der Verbündeten, insbesondere
der Sarden, zu sichern, denen die Enclaven Oneglia und
Loano zwischen Nizza und Genua gehörten, und zweitens,
sich durch eine glückliche Offensive über das Gebirge den
Weg in die reiche Ebene von Piemont zu eröffnen. Diesen
Offensivplan arbeitete Buonaparte, an der Hand eifriger
Studien, im Mai 1794 in verschiedener Redaktion aus und
begab sich selbst im Juli in einer vertraulichen Mission nach
Genua, um hier offiziell zwar mit dem Dogen über Straßen-
und Küstenverhältnisse zu verhandeln, insgeheim aber die
Befestigungen von Savona, als eines möglichen Einfallstores, zu
erkunden. Zwei Adjutanten, Marmont und Junot, die späteren
Herzoge von Ragusa und Abrantès, begleiteten ihn[1].

Als er am Ende Juli nach Nizza zurückkehrte, hatte
sich in Frankreich eine entscheidende Wandlung vollzogen.
Der ältere Robespierre, der sich allmählich seiner Nebenbuhler
im Konvent, Dantons, Héberts und ihrer Anhänger, entledigt, dann auch noch die letzten extremen Wortführer des

---

[1] Daß auch die wiederholt gedruckte Denkschrift: „Note sur la position
politique et militaire de nos armées de Piémont et d'Espagne", die der jüngere
Robespierre im Juli 1794 dem Wohlfahrtsausschuß vorlegte und worin der
Krieg gegen Spanien als dem großen Zweck, der Besiegung Deutschlands,
hinderlich, die Offensive gegen die Austrosarden aber als ihn wirksam
unterstützende Diversion dargestellt wird — daß diese Denkschrift gleichfalls auf Bonapartes Rechnung zu setzen ist, wird durch C o l i n, L'éducation militaire de Napoléon, p. 295, 443, gegen K r e b s e t M o r i s, Campagnes dans les Alpes, II., p. 143 und Anhang p. 282, mit guten Gründen
vertreten. Jedenfalls entstammte sie vielfacher gemeinsamer Überlegung
der beiden Freunde.

„Berges", die Würger von Nantes, Lyon und Bordeaux, Tallien und Fouché darunter, mit dem Tode bedroht und immer deutlicher nach der Diktatur gestrebt hatte, war von einer Koalition der radikalen und gemäßigten Elemente des Konvents gestürzt und samt seinem Bruder aufs Schaffot befördert worden. (27. Juli 1794; 9. Thermidor.) Mit ihm fiel das Regiment, dem sich Napoleon zur Verfügung gestellt hatte. Sein Schicksal konnte nicht unberührt von diesem Wechsel bleiben, umsoweniger, als nun jener zwischen ihm und den Robespierre beredete Offensivplan als ein Komplott gedeutet wurde, um der Reaktion den Süden Frankreichs preiszugeben. Die Jakobiner selbst, beim Sturz ihres mächtigen Führers auf ihre eigene Sicherheit bedacht, suchten sich durch Denunziation anderer zu schützen. Und so kam es auch, daß Saliceti, nunmehr Konventskommissar bei der italienischen Armee, seinen Landsmann Buonaparte beim Konvent als „Planmacher" des Diktators angab. Napoleon ward seiner Stelle als General enthoben und am 12. August 1794 im Fort bei Antibes gefangen gesetzt[1]).

Welcher Sturm aufregender Reflexionen mag ihn hier durchtobt haben! Inmitten ehrsüchtiger Hoffnungen sah er sich gelähmt und jählings aus dem Weg geworfen, auf dem schon so mancher in raschem Lauf zu Ansehen und Gewalt gelangt war. Die Armeereform des Jahres 1793 mit ihrem Prinzip der allgemeinen Wehrpflicht und ihren vereinfachten Cadres — ein Werk Carnots und Dubois Crancé's — hatte schon angefangen ihre Früchte zu tragen. Ende 1792 hatte es nicht mehr als hundertzwölftausend Mann regulärer Truppen in Frankreich gegeben, im Sommer 1794 waren es nicht weniger als achtmalhunderttausend, gehoben durch einen fatalistischen Patriotismus, gezügelt durch eine eiserne Dis-

---

[1]) Er mochte dergleichen wohl vorhergesehen haben, denn kurz zuvor schrieb er an Tilly, den französischen Geschäftsträger in Genua, von dem er wußte, daß er nach Paris Meldung tun werde, einen Brief, worin er von seinem Verhältnis zum jüngeren Robespierre mit großer Kühle sprach und hinzufügte: „Ich war etwas ergriffen (un peu affecté) von seiner Katastrophe, denn ich liebte ihn und hielt ihn für makellos. Aber wär's mein Vater gewesen, ich hätte ihn mit eigener Hand erdolcht, wenn er sich zum Tyrannen hätte aufwerfen wollen." (Coston, II., 287.) Napoleon III. hat es für gut befunden, dieses Schreiben nicht in die offizielle Ausgabe der Korrespondenz seines Oheims einzureihen.

ziplin, befehligt von Generalen, deren Begabung sich in der
freien Luft gleichwertigen Bestrebens in unerhörter Raschheit zur Geltung brachte. Da steht an der Spitze der Nordarmee jener Pichegru, der seinerzeit die kleinen Kadetten von
Brienne beaufsichtigt hatte; er vertreibt die Fremden aus Frankreich und erobert das österreichische Belgien. Da ist Jourdan,
einer von den freiwilligen Offizieren des Jahres 1792; er befehligt jetzt die Maas- und Sambrearmee und liefert den
Österreichern die siegreiche Schlacht bei Fleurus (26. Juni
1794), deren Entscheidung ein Altersgenosse Napoleons,
General Marceau, herbeiführt. Ein zweiter, Hoche (geb.
1768), zu Beginn der Revolution noch ein simpler Unteroffizier, hatte schon im Dezember des Vorjahres, in der Stellung
eines Generals en chef, die Österreicher bei Weißenburg
besiegt und aus dem Elsaß getrieben, sich selbst mit Ruhm
und Ehren bedeckt. Und dazu kam eine Reihe anderer:
Saint Cyr, 1792 noch Kapitän bei den Freiwilligen, war jetzt
Divisionsgeneral, Bernadotte, bei Ausbruch der Revolution
Sergeantmajor, befehligte 1794 gleichfalls eine Division,
Kleber, Freiwilliger im Jahre 1792, hatte es schon ein Jahr
später zum gleichen Rang gebracht, Moreau (geb. 1761), 1792
zum Kommandanten eines freiwilligen Bataillons gewählt,
erwirbt sich 1794 im belgischen Feldzug als Divisionsgeneral
hohen Ruhm, Kellermann u. a.[1]). Und er, der Ehrgeizigste
von allen, seiner Begabung und Tüchtigkeit vollbewußt wie
einer, sah sich nun ausgeschlossen aus diesem Kreis, vielleicht
für immer, und überdies bedroht von einer Anklage, die schon
vielen in dieser schrecklichen Zeit das Leben gekostet hatte.

   Verzweifeln war jedoch nicht seine Sache. Günstig war
ja schon, daß man ihn nicht nach Paris schickte. In einem
Schreiben an die Konventskommissare suchte er vor allem
seinen lauteren Patriotismus darzutun. ,,Hab' ich nicht seit
Beginn der Revolution — heißt es darin — an ihren Grundsätzen festgehalten? Hat man mich nicht im Kampfe gesehen
gegen den Feind im Innern, wie als Soldat gegen die Fremden?
Ich habe den Aufenthalt in meinem Departement geopfert,

---

[1]) Die Jahre 1768 und 1769 haben die meisten der berühmten Heer-
führer der Revolutionszeit hervorgebracht; das erste außer Hoche noch
Desaix, Bessières, Mortier, das zweite außer Marceau noch Lannes, Ney,
Soult, Joubert.

mein Hab und Gut verlassen, alles verloren für die Republik.
Soll ich nun mit den Feinden des Vaterlandes zusammen-
geworfen werden? Sollen die Patrioten unüberlegtermaßen
einen General verlieren, der der Republik nicht ohne Nutzen
gewesen ist? Sollen die Repräsentanten die Regierung nötigen,
ungerecht und unpolitisch zu handeln? Höret mich, nehmt
von mir den Druck, der mich belastet, verschafft mir die
Achtung der Patrioten wieder, und eine Stunde später, wenn
die Böswilligen mein Leben wollen, werde ich es ihnen gerne
geben; ich schätze es gering und habe es oft genug verachtet,
ja, nur der einzige Gedanke, daß es noch einmal dem Vaterlande nützen könnte, läßt mich seine Last mit Mut ertragen."
Er hat in der Not gelernt, das Wort „patrie" für Frankreich
zu gebrauchen; sein eigentliches Vaterland ist jetzt für ihn
nur noch ein simples „département".

Das Schreiben tat seine Wirkung. Auch hatte sich Saliceti
überzeugt, daß seine eigene Person nicht mehr gefährdet war,
und trat nun wieder für den Landsmann ein, dessen Papiere
„nichts Verdächtiges enthielten". Das Entscheidende aber
war, daß man im Süden den „Planmacher" notwendig
brauchte. Am 20. August wurde Napoleon seiner Haft entlassen und ein paar Wochen später, am 14. September, auch
wieder in seine Stelle als Artilleriegeneral eingesetzt, nachdem
er für eine neue Offensive der italienischen Armee den Operationsplan entworfen hatte. Man war dazu durch einen Vorstoß der Österreicher genötigt worden. Sie hatten sich in
Alessandria verstärkt und rückten im Tal der Bormida aufwärts, um an der Riviera den Verkehr Frankreichs mit Genua
zu stören. Es gelingt ihnen nicht. Sie werden, während der
linke Flügel der Franzosen die Sarden festhält, in einem
Gefecht bei Dego (21. September 1794) geschlagen und bis
Acqui zurückgedrängt, ein Erfolg, der vom Chefgeneral
Dumerbion in einem Brief an den Konvent auf Rechnung
„der klugen Anordnungen seines Artilleriegenerals" gesetzt
wird. Als Dumerbion dann aber gegen die Piemontesen sich
wenden und deren Zusammenhang mit Österreich zerstören
will, stößt er auf den Widerstand des Konventskommissars
Albitte, der sich von der aus Paris befohlenen Defensive nicht
zu entfernen getraut. Die Armee zieht sich an die Küste
zurück. Man hat mit Recht bemerkt, daß hier, bei Dego, eine

Situation gegeben war, aus der Napoleon nur die Folgerungen zu ziehen brauchte, um sie zu einem neuen, wirksamen Angriffsplan zu verarbeiten[1]). Aber für den Augenblick ließ Carnot die Offensive nicht zu. Er hatte die Armee deshalb an die Küste zurückgezogen, damit sie einer Expedition nach Korsika zur Unterstützung diene; denn diese Insel nicht völlig in die Hände der Engländer fallen zu lassen, war ein Lieblingsgedanke von ihm, den er bereits Robespierres Offensivplänen gegenüber betont hatte. Jetzt kam er darauf zurück. Der Korse Bonaparte sollte dabei die Artillerie kommandieren.

Auf Korsika waren mittlerweile die letzten noch von Franzosen besetzten Plätze den Engländern in die Hände gefallen: San Fiorenzo am 17. Februar 1794, Bastia am 22. Mai, am 11. August endlich auch Calvi. Im Innern des Landes hatten sich schon früher die Briten festgesetzt. Unter englischem Einfluß erklärten die Korsen in einer Volksversammlung zu Corte am 18. Juni 1794 ihre Insel als Königreich unter englischem Schutz und unter Lord Elliot als Vizekönig. Paoli ward von König Georg III. eingeladen, nach Großbritannien zu kommen. Auf die Kunde von diesen Ereignissen unternahm der neue Wohlfahrtsausschuß zu Paris noch einmal den Versuch, das Departement den Feinden zu entreißen. Während aber die dazu bestimmte Division bereits im Spätherbst fertig stand, verzögerten die schlechten Marineverhältnisse die Unternehmung bis in den Februar des nächsten Jahres, und wenn Napoleon in einem Briefe die bevorstehende Eroberung als bloßen „militärischen Spaziergang" dargestellt hatte, so blieb der Erfolg weit hinter dieser Annahme zurück. Denn als im März 1795 endlich die französische Flotte auslief, um die korsischen Gewässer von englischen Fahrzeugen zu säubern, kam es zwischen dem Capo Corso und Livorno zu einer Schlacht, die durchaus zu Ungunsten der Franzosen endigte. Zwei ihrer Schiffe fielen den Gegnern in die Hände, der Rest mußte sich in den Golf von St. Juan zurückziehen. Nach dieser Schlappe stand man von der Expedition gänzlich ab; die bereits eingeschifften Truppen wurden ans Land gesetzt

---

[1]) Napoleon hat sich 1796 zu dem piemontesischen Obersten Costa de Beauregard geäußert, er habe zwei Jahre zuvor, bei der Affaire von Dego, denselben Plan vorgeschlagen, den er jetzt in wenig Tagen zur Ausführung gebracht. (C o s t a, Un homme d'autrefois, p. 335.)

und wieder der italienischen Armee zugeteilt; Korsika blieb
fürs erste verloren. Napoleon aber war ohne Kommando. Da
traf ihn unversehens der Befehl, sich zur Westarmee zu begeben. Er gehorchte zögernd. Erst in den ersten Maitagen
1795 verläßt er mit seinem Adjutanten und seinem Bruder
Ludwig, der in der Artillerieschule zu Châlons unterkommen
soll, Marseille. Etwa am 10. langt er in Paris an. Er hat
nicht die Absicht, diese Stadt so bald wieder zu verlassen[1]).

Nach dem 27. Juli (9. Thermidor) des Jahres 1794
waren die ruhigeren und besonnenen Elemente der Pariser
Bevölkerung wie aus einer dumpfen Ohnmacht zu neuem
Leben erwacht. Als ob mit dem Tode des einen Mannes
aller Schrecken ein Ende hätte, traten sie jetzt furchtlos mit
ihrer Meinung und ihren Forderungen hervor. In Zeitungen
und Flugschriften, die sich nun der Fessel jeder Zensur ledig
fühlten, und in den öffentlichen Lokalen der Hauptstadt
gelangte der Abscheu gegen die Jakobiner zu rückhaltlosem
Ausdruck. Erst jetzt übersah man die Zahl ihrer Opfer. Nur
wenige Familien hatten nicht unter dem eisernen Druck zu
leiden gehabt; viele hatten einzelne Mitglieder, viele ihr Vermögen an den Terrorismus der Massen verloren, die gleichwohl dabei hungerten. Mit der Öffnung der Gefängnisse
brachte jeder neue Tag neue schreckliche Enthüllungen und
mehrte den Zorn der Geschädigten. Im Konvente selbst, wo
vorzugsweise die „Montagnards" den Sturz des Diktators
herbeigeführt hatten, trat ein Teil, die früheren Anhänger
Dantons, von den Jakobinern zurück. „Thermidorianer"
nannten sie sich, da sie das Verdienst der Entscheidung an
jenem Tage für sich in Anspruch nahmen. Ihre Führer,
Merlin und Tallien, Fréron und Barras, suchten mit den

---

[1]) Die Daten dieser Reise stehen nicht genau fest; namentlich das der
Ankunft in Paris schwankt. B r o t o n n e, Dernières lettres inédites, I.,
n. 7, veröffentlicht einen Brief Napoleons an Gassendi aus Marseille vom
30. April, der für die Abreise am 2. oder 3. Mai spricht, und teilt mit, daß in
den Akten des Kriegsarchivs der Morgen des 3. Mai angegeben wird. In
einem früheren Schreiben an Andréossy vom 21. April hieß es: „In
14 Tagen gehe ich zur Westarmee ab". (Feuilles d'histoire, Juli 1911).
M a s s o n (Napoléon et sa famille, I. 106) läßt die Ordre, nach dem
Westen zu gehen, erst am 7. Mai in Marseille eintreffen, was ganz falsch
ist. Ebenso die Abreise am 8. nach S c h u e r m a n s Itinéraire p. 23.

gemäßigten Elementen des Zentrums die in den kritischen Tagen gewonnene Fühlung aufrechtzuhalten. Die geächteten Girondins wurden in den Konvent zurückberufen, und die willigsten Werkzeuge des überwundenen Regimes büßten, nach einem mißlungenen Versuch des Widerstandes, auf dem Schafott. In diesen Tagen nun traf Napoleon in der Hauptstadt ein. Das war wohl kaum der günstigste Augenblick des Hervortretens für einen Mann, der erst vor kurzem als Teilnehmer an den Plänen des tief gehaßten Tyrannen unter peinlicher Anklage gestanden hatte. Er selbst mochte sich den Wechsel der Dinge kaum so radikal gedacht haben. Für seine äußeren Verhältnisse war er überaus ungünstig. Schon jener Auftrag, sich zur Westarmee zu begeben und unter dem gleichalterigen Hoche als einfacher Brigadegeneral zu dienen, war seinem maßlosen Ehrgeiz unerträglich, und dies in einem Kriege gegen Bauern und regelloses Militär, worin seiner Kunst wenig Auszeichnung winkte. Er war entschlossen, dem Befehl nicht zu gehorchen, und meldete sich krank. Er sann vor allem darauf, Zeit zu gewinnen und den Ausgang eines neuen Anschlags der Jakobiner abzuwarten, die bereits einmal, am 1. April, gegen das gemäßigtere Regiment die Massen, allerdings ohne Erfolg, in Bewegung gesetzt hatten. Denn noch gehörte er zu ihnen. Aber auch diese neue Unternehmung gegen den Konvent, die Tat des ersten Prairial (20. Mai 1795), endete mit der Niederlage der Aufständischen und machte die Situation Buonapartes noch schwieriger. Sein Freund Saliceti wurde mit anderen Radikalen (Ricord, Albitte) vor dem Konvent angeklagt und mußte sich verbergen. Ihn selbst finden wir in diesen Tagen beim Vater Marmonts in der Umgebung von Châtillon, dem er einen Besuch abstattet. Bald nachher ward er als Supernumerär der Artillerie zur Infanterie versetzt und erhielt gemessenen Befehl, endlich nach dem Westen abzugehen. Wenn er sich jetzt noch, unter den neuen Verhältnissen, erhalten will, muß er sich von den Radikalen völlig lossagen und mit den Thermidorianern Fühlung zu gewinnen suchen.

Er unternimmt es — vielleicht machte dann der ihm mißgünstige Konservative Aubry im militärischen Komitee des Wohlfahrtsausschusses einem freundlicher gesinnten Manne Platz — und das Unternehmen gelingt. Das Glück hat ihn

niemals ganz verlassen. Denn war es nicht eine glückliche
Fügung, daß gerade die Führer dieser jetzt maßgebenden
Partei damals als Konventskommissare vor Toulon erschienen
und Zeugen gewesen waren, als er sich seine ersten Sporen
verdiente: Fréron und Barras? In ihren Augen konnte doch
Bonaparte, der dazumal einer Regierung gedient hatte, der
sie selbst Geltung zu verschaffen trachteten, kein Tadel treffen.
Sie nahmen ihn denn auch bei sich auf und liehen ihm ihre
Unterstützung. Durch sie fand er, während er selbst unermüdlich
im Anknüpfen nützlicher Bekanntschaften war, neue Gönner.
Der einflußreiche Abgeordnete der gemäßigten Partei, Boissy
d'Anglas, nahm Anteil an ihm und empfahl ihn seinem Kollegen
im Wohlfahrtsausschuß, Doulcet Pontécoulant. Dieser löste
Anfang August Aubry im militärischen Komitee ab und interessierte sich bald für den ,,kleinen, blassen, kränklich aussehenden Italiener'', der ihm ,,durch die Kühnheit seiner
Ansichten und die Festigkeit seiner Sprache'' Eindruck machte,
wie er in seinen Denkwürdigkeiten erzählt.

Napoleons Ansichten und Sprache drehten sich aber um
jenen Plan eines Offensivkrieges in Oberitalien, den er im Vorjahr Robespierre mitgeteilt und seitdem immer wieder überlegt hatte — nur mit einem Unterschiede, wie ihn die allgemeinen politischen Verhältnisse begründeten. Preußen war
aus der Reihe der Feinde Frankreichs geschieden und hatte
am 5. April 1795 seinen Separatfrieden mit der Republik
gemacht. Mit Spanien war man in Unterhandlungen eingetreten, die bald ebenfalls zum Frieden führen werden. Blieb
auf dem Festland nur noch Österreich als hauptsächlichster
Feind übrig, der allerdings, mit Piemont zur Seite, Anstalten
traf, den Krieg mit allen Kräften fortzusetzen. Diese Veränderung in den äußeren Verhältnissen modifizierte die Grundlage des Operationsplanes. Im Vorjahr hatte Napoleon von
einem offensiven Unternehmen der italienischen Armee als
einer Diversion zugunsten des Krieges in Deutschland gesprochen und das Schwergewicht der Aktion auf den
d e u t s c h e n Schauplatz verlegt. Jetzt, wo durch den
Austritt Preußens die Widerstandskräfte auf deutscher Seite
geringer geworden waren, schlägt er vor, den entscheidenden
Schlag gegen Österreich in I t a l i e n zu führen. Zu diesem
Zweck sollten die Machtmittel der italienischen Armee wesent-

lich vermehrt werden, was durch das Heranziehen des im
Frieden mit Spanien freiwerdenden Truppenkorps leicht möglich wäre. Diese verstärkte Armee würde von der Riviera
aus, die man bis Vado wiedergewinnen müßte, nachdem sie
soeben, im Juni 1795, bis hinter Loano an die Gegner verloren worden war, über das Gebirge nach Piemont vordringen,
den König von Sardinien von Österreich trennen und auf die
französische Seite herüberziehen. Einmal in der Ebene, würde
der Krieg den Krieg ernähren. Begänne man die Kampagne
des nächsten Jahres im günstigsten Zeitpunkt, dem Februar,
so könnte im Frühling Mantua erobert und am Ende des ersten
Feldzugs die Armee bis Trient vorgeschoben sein. In einem
zweiten würde sie, durch Tirol mit der Rheinarmee vereinigt,
im Herzen Österreichs den Frieden diktieren[1]).

    Das war der kühne Plan, den er ein Jahr später mit
unerhörtem Geschick zur Ausführung bringen und damit
seinen Ruhm und seine Macht begründen sollte. Ob er ganz
sein eigenstes Werk oder zum Teil die Frucht eingehender
historischer Studien, namentlich des italienischen Feldzuges
Maillebois' im Jahre 1745, war, darüber mag, soweit es
Trennung der Piemontesen von den Österreichern, Nötigung
der ersteren zum Frieden, Zurückdrängung der letzteren an
die Etsch galt, gestritten werden[2]). Jedoch dort, wo es sich
um die Wahl des entscheidenden Angriffspunktes und die
Konzentrierung aller Kräfte auf diesen Punkt handelte, da
war er sicher sein ausschließliches Eigentum. Jedenfalls setzte
er ein Terrain voraus, das er in den letzten Jahren genau
studiert hatte, einen Gegner, der ihm nicht mehr unbekannt
war. Und nun sollte er sich von beiden entfernen, um in
der Vendée eine untergeordnete Rolle zu spielen, während

---

[1]) Correspondance, I., 49, 50, 52, 53. Daß, wie Sorel,
L'Europe et la Révolution francaise, IV., 385, meint, Napoleon schon damals
auch bereits an Indien gedacht habe, ist schwer zu erweisen. Übrigens war
die Idee, England dort zu treffen, wie Sorel selbst dartut, der Konventsregierung nicht ungeläufig.

[2]) Wenn Napoleon davon sprach „que la guerre doit nourrir la guerre",
so drückte er damit keinen neuen Grundsatz aus, denn schon in dem damals
allgemein gebrauchten Handbuch der Taktik von Guibert war auf Cato's
Anregung im römischen Senat, „der Krieg müsse den Krieg ernähren",
verwiesen worden und Colin (L'éducation militaire de Napoléon, p. 17)
konnte gewiß mit Recht geltend machen, daß dem jungen General die Stelle
nicht unbekannt gewesen sein dürfte.

vielleicht ein Anderer seine eigenen Pläne in Italien zur Ausführung brachte? Das vermochte er nicht über sich. Er
wagte jetzt sogar, gestützt auf die Protektion seiner neuen
Freunde, einen Protest gegen jene Verfügung. „Der General
Buonaparte", heißt es darin, „der die Artillerie unter sehr
bedenklichen Umständen kommandiert und zu den hervorragendsten Erfolgen beigetragen hat, erwartet von der Gerechtigkeit der Mitglieder des Wohlfahrtsausschusses, denen
die militärischen Dinge obliegen, daß sie ihn in seine Funktionen wieder einsetzen und ihm den Schmerz ersparen, seinen
Platz von Männern eingenommen zu sehen, die sich stets
abseits gehalten haben, unseren Siegen fremd und der Armee
unbekannt geblieben sind, und die heute hervortreten, um
die Früchte der Siege an sich zu reißen, deren Gefahren sie
zu meiden wußten"[1]). Auf diese Beschwerde erwartete er um
so gewisser eine günstige Antwort, als Doulcet sein Kriegs-
programm angenommen, es den Befehlshabern der italienischen
Armee zur Begutachtung übersendet, ihn selbst aber provisorisch
der Kommission für Armeedirektion und Kriegspläne zugeteilt
hatte. Er ist voll freudiger Zuversicht. „Man hat", schrieb er
jetzt an Joseph, „meine Offensivpläne genehmigt; wir werden
bald ernsthafte Dinge in der Lombardei erleben". Wenn nichts
besseres, so glaubte er für sich doch wenigstens eine Mission
nach Konstantinopel erreichen zu können, um des Großherrn
Artillerie zu reformieren, „mit einem guten Gehalt und dem
schmeichelhaften Titel eines Gesandten". „Es ist jedoch
möglich," schreibt er am 9. August, „daß ich wieder nach
Nizza zurückkehre, wie zuvor". Und am 8. September:
„Ich sehe nur Angenehmes in der Zukunft, und wenn es auch
anders sein sollte, so muß man eben von der Gegenwart leben.
Der Mutige verachtet die Zukunft"[2]).

---

[1]) J u n g, III., 52 und Feuilles d'histoire, August 1911.
[2]) Die Briefe an Joseph stehen in dessen Memoiren, Bd. I, in der „Correspondance" I. und in Feuilles d'histoire, Juli und August 1911. Ob es
ihm freilich mit dem Gesuch um die Entsendung in den Orient (C o r r e s-
p o n d a n c e, I. 60, vom 30. August 1795) so durchaus ernst war, könnte
bezweifelt werden. Vielleicht war es nur ein Mittel, seine Verdienste in
Frankreich ausgiebiger anerkannt zu sehen. Die Note, mit der Doulcet
und Jean Debry das Schriftstück begleiteten, ist in der Tat sehr schmeichelhaft
ausgefallen: „Der Wohlfahrtsausschuß soll es ablehnen, in diesem Augenblick
einen so ausgezeichneten Offizier aus der Republik ziehen zu lassen."

Es kam „anders", und sein Mut hatte bald eine neue harte Probe zu bestehen. Es war ihm nun einmal beschieden, sich seinen Weg durch einen unaufhörlichen Wechsel von Glück und Mißgeschick zu bahnen. Auch Doulcet Pontécoulant verließ, dem gesetzlichen Turnus entsprechend, seinen Posten im Wohlfahrtsausschuß, noch bevor der Protest des jungen Generals erledigt war, und damit ging diesem der stärkste Rückhalt verloren. An persönlichen Gegnern fehlte es ihm auch nicht. Gleich der Nachfolger Doulcets, Letourneur, war nicht sein Freund. Und als es zur Entscheidung kam, ward seine Beschwerde von der Kriegsverwaltung verworfen, er selbst aber, wegen ungehorsamer Weigerung, sich zur Westarmee zu begeben — sein Krankheitsurlaub war längst abgelaufen — aufs neue aus der Liste der französischen Generale gestrichen (Dekret vom 15. September 1795).

Da war er nun wieder aus allen Himmeln seiner Hoffnungen gefallen. Ohne Stellung in einer Zeit, die mit ihrer Unsicherheit schon Tausende von Existenzen erbarmungslos vernichtet hatte, ohne Geld, da er, wie Marmont erzählt, „das bißchen Assignaten, das er von der Armee zurückgebracht", gar bald in unglücklichen Spekulationen eingebüßt hatte, ohne Einkommen in einer Kreditkrise, die Ende Juli 1795 die Papierwertzeichen zum Vierzigfachen der Valuta emporschnellen ließ, unfähig selbst, seinen Angehörigen zu helfen, die durch die veränderten politischen Verhältnisse neuerdings in Not gekommen waren: er hatte sich getäuscht, man kann nicht immer „von der Gegenwart leben". Und was seine Lage noch düsterer erscheinen ließ, war, daß auch die nächste Zukunft eine neue große Gefahr barg: die Royalisten und die Liberalen von 89 und 91 bedrohten den verhaßten Konvent, in dem seine Freunde saßen. Wenn jene siegten, war er mit diesen verloren.

Die letzten Aufstände der Jakobiner hatten die Zentrumsparteien des Konvents, die Thermidorianer und die Independenten, mehr — modern gesprochen — nach rechts gedrückt. Die neue Verfassung, die im Sommer 1795 entworfen wurde, sollte eine gemäßigte Richtung zum Ausdruck bringen und die Rückkehr zu den Zuständen der letzten Jahre für immer unmöglich machen. Vor allen Dingen wurde die Vereinigung von gesetzgebender und regierender Gewalt in den Händen der Nationalvertretung aufgehoben. Die Legislative sollte ihres Amtes in zwei Körperschaften anstatt einer, einem Rate der „Fünfhundert" und einem Rate der (250) „Alten", zu walten haben, und die Exekutive in den Händen eines Direktoriums von fünf Männern im Alter von mindestens vierzig Jahren liegen. Aus beiden Räten mußte in jedem Jahr ein Drittel der Mitglieder ausscheiden und durch Neuwahlen ersetzt werden, die an einen Zensus gebunden waren. Aus der vollziehenden Regierung, in deren Kompetenz es allerdings nicht lag, Gesetzesanträge zu stellen oder Kammerbeschlüssen die Ausführung zu weigern, hatte alljährlich einer der Direktoren auszutreten, der dann während der nächsten fünf Jahre nicht wieder wählbar war. Diese Direktoren, denen die Ressortminister untergeordnet wurden, gingen aus einer von den „Fünfhundert" entworfenen Kandidatenliste durch Wahl der „Alten" hervor und waren mit der Sorge für die auswärtige Politik, die Finanzen, den Krieg, die Justiz und die innere Administration betraut; sie schlagen Krieg vor, den die beiden Räte erklären, schließen Frieden, den sie ratifizieren. Die Verfassung gestattete Preßfreiheit, Religions-, Handels- und Gewerbefreiheit, sie schützte Hausrecht und Eigentum, aber sie verbot die Klubs und erlaubte nur politische Vereine ohne öffentliche Sitzungen und ohne Verbindung untereinander; jede Massenpetition, jede Rottierung war untersagt; den Emigranten blieb die Rückkehr in die Heimat, den Jakobinern diejenige in ihren Klub verwehrt; aus den „allgemeinen Menschenrechten" wurde der Satz gestrichen, der seit 1789 so viel gewichtige Folgen gehabt hatte: „Die Menschen werden frei und gleich geboren und bleiben es in ihren Rechten."

Das waren die Grundzüge der Verfassung vom Jahre III (1795). Den Wünschen der Jakobiner entsprach sie so wenig wie denen der Royalisten. Aber die Mäßigung der dominierenden Parteien verführte diese zu dem Glauben, es sei nun ihre Zeit gekommen. Schon war die Rede, die Monarchie wieder an die Stelle des Freistaates zu setzen und Ludwig, den Sohn Ludwig XVI., als siebzehnten seines Namens zum konstitutionellen Monarchen zu erheben, als der Knabe, durch die elende Behandlung während der letzten Jahre körperlich zerrüttet, starb. Darauf wandten sich die Parteigänger der Bourbons Ludwig XVIII., dem emigrierten Bruder des letzten

Königs, zu, der von Verona aus Frankreich mit seinen un-
geschickten Agenten überschwemmte. Diese Agitation war
von Ausschreitungen der Royalisten in den südlichen Provinzen begleitet, die nur wenig hinter den Greueln der
Schreckenszeit zurückblieben, und auch in der Vendée loderte
der kaum erst von Hoche gedämpfte Bürgerkrieg von neuem
auf. Auf die republikanischen Elemente des Parlaments
machten diese Vorgänge tiefen Eindruck. Sie sahen mit ihrer
Macht auch ihre Existenz gefährdet, schlossen sich wieder
zusammen und dekretierten am 22. und 30. August, daß der
neue gesetzgebende Körper zunächst zu zwei Dritteln aus den
Mitgliedern des Konvents zu entnehmen und nur der Rest in
freier Wahl zu erwählen sei; über diese Übergangsdekrete
sowohl als über die Verfassung selbst sollte das Volk von
Frankreich abstimmen. Indem sie sich auf solche Weise die
Majorität auch in der künftigen Nationalvertretung vor-
behielten, glaubten sie den Bestand der neuen Ordnung am
besten gesichert und der Rückkehr des alten monarchischen
Regimes wirksam vorgebeugt zu haben. Gegen diese Dekrete
nun erhob sich allenthalben starke Opposition. Die stärkste
wohl in Paris, wo sich die Bürgerschaft zwar für die Verfassung, aber ganz offen gegen jede Fortdauer des Konvents
aussprach, dem man all die finanzielle Not und den Niederbruch des Volkswohlstandes zur Last legte und in dessen
offensiver Politik ein Hindernis des ersehnten Friedens erblickt
wurde. Um dieser feindseligen Haltung der Hauptstadt zu
begegnen, verbanden sich im Konvent die Thermidorianer
noch enger mit den Resten der jakobinischen Partei, zogen
ein paar tausend Mann Linientruppen heran und errichteten
ein „Patriotenbataillon" aus jenen banditenhaften Elementen,
auf deren Piken seinerzeit der Schrecken seinen Thron erbaut
hatte.

Diese letztere Vorkehrung namentlich vermehrte den Zorn
der antikonventionellen Pariser ins Maßlose und ließ sie, aus
Angst vor der Wiederkehr des Terrorismus der Massen, zu den
Waffen greifen. Es sammelten sich an 25 bis 30.000 Nationalgarden, denen der bedrängte Konvent kaum mehr als 5000
Mann entgegenzusetzen hatte und gar keine Geschütze, die
übrigens auch auf der Gegenseite fehlten. Angesichts einer
so kritischen Situation erklärte sich die Volksvertretung in

Permanenz und wählte aus den Regierungskommissionen ein
Komitee von fünf Mitgliedern zur Aufrechterhaltung der
Ordnung. Dieses designierte, nachdem am 4. Oktober eine
der aufständischen Sektionen der inneren Stadt dem Kommandanten der Konventstruppen, Menou, siegreich widerstanden hatte und dieser unter dem Verdacht des Verrats
abgesetzt worden war, eines seiner Mitglieder, Barras, zum
Befehlshaber der Armee des Innern und zum Chefgeneral der
Pariser Streitmacht. Dieser Mann, der schon im Thermidor
eine militärische Rolle gespielt hatte, besaß zwar den Mut,
aber nicht die Umsicht, die der Augenblick erforderte, und
scheute vor außerordentlichen Anstrengungen zurück, denen
er seine Fähigkeiten nicht gewachsen fühlte. Zu seiner Unterstützung rief er noch in der Nacht zum 5. Oktober (13. Vendémiaire) den befreundeten Buonaparte an seine Seite, der damit
wieder in die Armee aufgenommen wurde. Er hatte dem
Oberkommandanten als eine Art Generalstabschef zu dienen.

Napoleon selbst erzählte über diese entscheidende Epoche
seines Lebens später einmal folgendes der Frau von Rémusat:
„Eines Abends befand ich mich im Theater, es war der
12. Vendémiaire (4. Oktober 1795). Ich hörte sagen, daß man
für den nächsten Tag einen „Zug" erwarte. Sie wissen, daß
dies die gewöhnliche Bezeichnung der Pariser für die verschiedenen Umwandlungen in der Regierung war, die sie mit
Gleichmut mit ansahen, seitdem sie nicht mehr ihre Geschäfte,
ihre Vergnügungen, ja nicht einmal ihre Mahlzeiten störten.
Nach der Schreckenszeit war man ja mit allem zufrieden, was
leben ließ. Man erzählte vor mir, daß die Nationalvertretung
in Permanenz sei; ich eilte dahin; ich sah nur Verwirrung und
Zaghaftigkeit. Aus der Tiefe des Saales erhob sich eine Stimme,
die plötzlich rief: „Wenn jemand die Adresse des Generals
Bonaparte weiß, so ist er gebeten, zu ihm zu gehen und ihm
zu sagen, man erwarte ihn im Komitee." Ich habe es immer
geliebt, den Zufall zu würdigen, der sich in gewisse Ereignisse
mischt; dieser hier bestimmte mich; ich ging zum Komitee.
Dort traf ich mehrere Deputierte ganz verstört, unter anderen
Cambacérès[1]). Sie erwarteten einen Sturm für den kommenden
Tag und konnten zu keinem Beschluß gelangen. Man fragte

---

[1]) Einer der Führer der Gemäßigten, die Napoleons Genie zu schätzen
wußten.

mich um Rat; ich antwortete mit dem Verlangen nach
Kanonen. Dieser Vorschlag entsetzte sie. Die Nacht verging
ohne daß etwas entschieden wurde. Des Morgens kamen sehr
schlechte Nachrichten. Da betraute man mich mit der ganzen
Sache. Und doch wurde sogleich wieder überlegt, ob man
wohl auch das Recht habe, Gewalt mit Gewalt zurückzuweisen. „Erwartet ihr vielleicht," sagte ich ihnen, „daß
das Volk euch die Erlaubnis geben soll, auf das Volk zu
schießen? Ich bin nun kompromittiert, da ihr mich ernannt
habt; es ist nur gerecht, mich gewähren zu lassen." Leider
sind wir gegenüber Berichten Napoleons über Ereignisse aus
seinem Leben zum größten Mißtrauen genötigt. Er hat es
mit der Wahrheit nicht immer sehr genau genommen, und
namentlich dort nicht, wo es ihm galt, sein ehrgeiziges Streben
hinter der Rolle des Unbefangenen und Uneigennützigen zu
verbergen. Soll man es dem Intimen der Barras und Fréron
glauben, daß er erst in der entscheidenden Nacht als harm-
loser Theaterbesucher Kenntnis von der Permanenz der
Kammer erhalten habe? Man wird es ebensowenig tun, als
man es glauben wird, wenn er auf St. Helena später seiner
Umgebung erzählt, ihm sei am 13. Vendémiaire das Kommando anvertraut gewesen. Das war nicht der Fall, auch
nicht an zweiter Stelle. Nichtsdestoweniger war die Rolle,
die er als Barras' Adlatus spielte, eine wichtige und wirksame.

Daß er bei diesem auf energische Vorkehrungen drang,
ist nur natürlich. Sein Schicksal hing ja an dem des Konvents.
Als guter Artillerist kannte er die Gewalt seiner Waffe. Die
Nationalgarden besaßen, wie erwähnt, keine Kanonen. Alles
kam darauf an, einen außerhalb der Stadt lagernden Artilleriepark nach den Tuilerien zu schaffen. Ein Reiteroffizier, Murat,
der spätere Schwager Napoleons, bringt ihn herbei, indem er
den Gegnern zuvorkommt. Als dann in den Nachmittags-
stunden des 5. Oktober die Bürgergarden heranrückten, waren
die Zugänge zu den Tuilerien, wo der Konvent tagte, bereits
von Napoleon mit Geschützen besetzt, hinter denen er Fußvolk und Reiterei postiert hatte. Nun machte der Befehlshaber
der Nationalgarden, der ganz unfähige General Danican, den
Vorschlag, sich auf Grundlage der Entlassung des Patrioten-
bataillons zu vergleichen, aber die Abgeordneten lehnten den
Antrag ab und es kam zum Kampfe. Man wird kaum je

entscheiden können, ob der erste Schuß von den Angreifern oder den Verteidigern, vielleicht gar auf Napoleons geheime Anordnung, erfolgte. Die Polizeirapporte über die Vorgänge an diesem Tage fehlen in den Pariser Archiven[1]). Tatsache aber ist, daß jetzt das rechte Seineufer sofort durch Kartätschensalven gereinigt, die Gassen nach der Straße St. Horoné mit Erfolg von Kanonen bestrichen und die Garden noch in der Nacht des 5. Oktober weit zurückgedrängt wurden. Am folgenden Tage konnten sie durch einzelne Detachements der Linientruppen leicht überwältigt werden.

Napoleon hatte ohne Zweifel durch seine Verteidigungsmaßregeln den Konvent gerettet, und der Konvent erwies sich dankbar. In der Sitzung vom 10. Oktober ernannte er ihn auf Frérons und Barras' Antrag, die um die Wette seine „dispositions savantes" an jenen kritischen Tagen priesen, zum Sekonde-Kommandanten der Armee des Innern. Aber Napoleon begnügte sich damit nicht. Er wußte das heiße Eisen zu schmieden: er erbat für sich das Patent eines Divisionsgenerals, das er am 16. Oktober auch erhielt. Noch mehr. Als Barras am Schluß der Konventssession in die neue Regierung eintrat, wurde er an dessen Stelle, am 26. Oktober, zum Oberkommandanten der Armee des Innern ernannt.

Vor wenig Wochen noch ohne Stellung und mit recht zweifelhaften Aussichten, Supplikant um eine Mission nach Konstantinopel, ist er jetzt zu einem hohen militärischen Posten in Frankreich emporgelangt. Er hatte Recht gehabt, am Tage nach dem 13. Vendémiaire an Joseph zu schreiben: „Das Glück ist mit mir." Wenn es wahr ist, daß das Schicksal Menschen zu Fatalisten zu erziehen vermag, so hat es mit seiner jäh wechselnden Gunst in Napoleon einen Mann herangebildet, der fortan fest auf seinen Stern vertrauend durchs Leben schreiten wird. „Au destin" hieß jetzt sein Wahlspruch, den er der Lebensgefährtin, die er sich erkor, in den Brautring schrieb. Aber dieses Vertrauen auf sein Geschick war nicht

---

[1]) Ein unverfänglicher Zeuge, Thibaudeau, damals Konventsmitglied, erzählte später in seiner „Geschichte Napoleons", dieser selbst habe zugegeben, der ominöse Schuß sei auf seine Veranlassung gefallen. Damit hängt die Äußerung des Kaisers auf St. Helena zusammen, er habe alle Mühe gehabt, Barras „den Befehl zum Feuern zu entreißen". (Gourgaud, Journal inédit, I., 466.)

blind. Wo immer es ins Schwanken geraten mochte, hatte er
gelernt, seine eigene rücksichtslose Entschlußkraft, sein über-
reiches Talent und — das Erbteil seiner Nation — seinen
verschlagenen Scharfsinn voll hinzu zu setzen. Das Glück
beherrschte ihn nicht; er verstand es zu meistern. Gewiß,
die Wege waren — wenn man sie bloß vom Standpunkt
des Sittenrichters aus betrachten will — nicht immer die
geradesten, auf denen er ruhelos der Macht zustrebte, gewiß,
die Mittel, die er anwandte, um an seine Ziele zu gelangen,
waren mitunter recht zweideutig und verwerflich, und hätte
die Geschichtsschreibung nur darüber ihr Urteil zu sprechen,
wie dergleichen expansive Individualitäten zur Gewalt über
andere gelangen, sie fände für das Gebaren dieses Mannes
nicht harter Worte genug. Aber die weitaus wichtigere Frage
bleibt doch immer: Wie wurde die erlangte Macht genützt
und verwertet? Und erst in der Antwort hierauf liegt auch
das Maß für die geschichtliche Bedeutung Napoleon Bonapartes.

Der Sturz Robespierres und seiner Gehilfen hatte nicht
allein einen politischen Umschwung herbeigeführt. Die
Wendung war zugleich auch eine eminent soziale. Es handelte
sich nicht nur um die Ablösung der gesetzgebenden Parteien
in der Herrschaft. Die bisher vom Schreck gelähmte Bevölkerung selbst trat hervor, heischte und eroberte die lang-
entbehrte Freiheit der Bewegung. Alles freute sich des geretteten Daseins und brachte seine Freude schrankenlos zum
Ausdruck. Die Theater füllten sich wieder, und unter beispiel-
losem Beifall geißelten dichterische Enthusiasten des Friedens
und der Ordnung das überwundene Regiment grausamer Willkür. Aus der ängstlichen Zurückgezogenheit in Haus und
Stube eilten die Erlösten auf die Straße hinaus, und auf den
Plätzen, wo bisher die Guillotine ihr düsteres Geschäft geübt
hatte, traten Tausende vergnügter Paare zum wirbelnden
Tanze an. In den Salons der Vornehmen fand sich eine
gemischte Gesellschaft von Emporkömmlingen beiderlei Geschlechtes zusammen, die den guten Ton des „ancien régime"
affektierte. Überall herrschte Lust und Jubel, Galanterie und
Leichtsinn, Korruption und unverhüllte Genußsucht. Das
eiserne System des Schreckens hatte auch die Frauen um
ihren herrschenden Einfluß auf das andere Geschlecht gebracht.

Jetzt, nach dessen Sturz, schwangen sie von neuem das Scepter, das ihre Reize ihnen in die Hand drückten. Als ob es gälte, die verlorenen Jahre ihrer Macht zurückzugewinnen, boten sie nun alle Künste verführerischer Schönheit, verräterischer Kleidung, leichtfertig animierter Konversation auf, die Männer zu fesseln. Wer Geist besaß, wie Frau von Staël, legte auch diesen in die Wagschale. Die anderen weiblichen Größen der neuen Gesellschaft, die „unvergleichliche" Frau Tallien, die schöne Récamier, die liebenswürdige Beauharnais, die „Merveilleuse" Hamelin u. a. bildeten den geselligen Mittelpunkt der Kreise, die sich um die Sieger vom Thermidor gruppierten. Barras, der Held des Tages, war zugleich der umbuhlte Heros dieser Frauenklique, ohne gerade der einzige Gegenstand ihrer Neigung zu sein.

Dem Reize dieses zu leichtsinniger Lust erwachten Lebens konnten sich auch die eckigsten Sonderlinge nicht entziehen. Zu ihnen gehörte der junge General Buonaparte, der Verfasser des „Dialogs über die Liebe", der Verächter ihrer Allgewalt. Wir wissen, daß die Rücksicht auf seine Karriere auch ihn bei Barras und Tallien eingeführt hatte. Freilich, als besonders liebenswürdiger Gesellschafter brachte er sich hier nicht zur Geltung, wenn er auch über kleine gesellige Talente verfügte, aus den Linien der Hand weissagte u. dgl. Etwas nachlässig und vernachlässigt in seinem Äußern, keineswegs von anziehenden Mienen und Manieren, fiel er durch sein sonderbares Wesen auf. Die Frau seines Freundes Bourrienne erzählt von ihm, er sei vor den Vendémiairetagen schlecht gekleidet und wenig gepflegt gewesen, sein Charakter kalt und finster, sein Lächeln gemacht und oft übel angebracht. Er habe es allerdings verstanden, Anekdoten aus den Feldzügen mit unwiderstehlichem Reiz, wenn auch nicht ohne Cynismus, zu erzählen, dagegen nicht selten eine rohe Heiterkeit geäußert, die wehe tat und abstieß[1]). Im Theater habe er oft mitten unter den Lachenden kühl und ohne eine Miene zu verziehen dasitzen

---

[1]) Später erzählten seine Sekretäre, er habe nur selten gelacht und, wenn er es tat, überlaut (il poussait des éclats), mehr um den Spott zu schärfen als vom Herzen. „Übrigens ist kaum je der Ausdruck eines Gesichtes leichter coolischen Eindrücken gefolgt als der des seinigen; mit demselben Blick, der soeben noch geschmeichelt hatte, schoß er plötzlich Blitze". (F a i n, Mémoires, p. 287). „Im vertraulichen Gespräch hatte er nur lautes und spöttisches Lachen" (M é n e v a l, Mémoires, I. 120).

können, oder düster schmollend und vor sich hinbrütend, als ob, was um ihn her vorging, ihn selbst keineswegs berührte[1]). Und doch wissen wir von ihm selbst, daß auch auf ihn die ungebundene Geselligkeit dieses neuen Lebens, umgeben von Pracht und Schönheit, einen tiefen Eindruck gemacht hat. Seine Briefe zeugen dafür. „Der Luxus, das Vergnügen, die Künste, nehmen hier in erstaunlicher Weise zu", schreibt er im Juli 1795 aus Paris an seinen Bruder Joseph. „Die Equipagen, die Stutzer erscheinen wieder und erinnern sich nur wie nach einem langen Traum, daß sie je einmal zu glänzen aufgehört hatten. Alles ist hierzulande aufgehäuft, was zerstreuen und das Leben angenehm machen kann. Man reißt sich von trüben Betrachtungen los, und wo könnte man auch schwarz sehen in diesem Aufwand an Geist und diesem lebhaften Treiben? Die Frauen sind überall, im Theater, auf den Promenaden, in den Bibliotheken. In der Studierstube des Gelehrten sieht man die hübschesten Persönchen. Hier allein, von allen Orten der Erde, verdienen sie das Steuer zu führen. Die Männer sind auch ganz vernarrt in sie, denken nur an sie und leben nur für sie. Eine Frau braucht lediglich sechs Monate in Paris gewesen zu sein, um zu erkennen, was ihr gebührt und wie groß das Gebiet ihrer Herrschaft ist." Einige Zeit später: „Dieses große Volk überläßt sich ganz dem Vergnügen; Bälle, Schauspiele und die Weiber, die hier die schönsten sind von der Welt, bilden die Hauptsache." Am 9. August: „Man lebt hier gut und voll Lust, man könnte sagen, jeder suche sich für die vergangene Zeit des Leidens schadlos zu halten, und die Unsicherheit der Zukunft läßt zur Stunde keine Sparsamkeit im Vergnügen aufkommen. Lebwohl, mein Freund, sei ganz getrost über das Künftige, zufrieden mit der Gegenwart, sei froh und lerne dich vergnügen"[2]).

Welche Wandlung in dieser solitären Natur! Er, der bisher, meist auf sich zurückgezogen, der Geselligkeit wenig Reiz abgewinnen konnte, war jetzt ihr Gefangener. Und mehr noch: auch ihn zwang das zur Herrschaft gelangte weibliche Element in seinen Heerbann; er dachte allen Ernstes

---

[1]) Die gleichzeitigen Schilderungen aus dem Frühjahr 1795 bei S t e n d h a l, „Vie de Napoléon", p. 74, entsprechen durchaus diesem Bilde.
[2]) D u   C a s s e, Mémoires du roi Joseph, I., 133, 137, 140 ff.

daran, sich ein Hauswesen zu gründen, ein Weib zu nehmen.
Es war die Zeit, da er im Zentralkomitee arbeitete, voll
Hoffnung und Aussichten in die Zukunft. Bruder Joseph
hatte ein Jahr zuvor die Tochter Julie des reichen Marseiller Seidenhändlers Clary geheiratet; Napoleon faßte deren
Schwester Désirée ins Auge. Jener sollte die Angelegenheit
vermitteln, denn er hätte nun einmal die tolle Idee, ein eigen
Heim zu besitzen. Das Absetzungsdekret vom 15. September
scheint diese Pläne gestört zu haben, und der Erfolg des
13. Vendémiaire lenkte die Blicke des Brautwerbers nach
anderer Richtung[1]). Warum sollte er jetzt, in seiner Stellung,
nicht unter den glänzenden Frauen wählen, die in der Hauptstadt den Ton angaben und Einfluß und Geltung besaßen. Da
war z. B. die Witwe Permon, von uraltem Geschlecht, auf
Korsika bekannt, schon seinem Vater befreundet, weit älter
allerdings als er, aber reich und angesehen. Wir erfahren,
daß er sich ihr genähert und — einen Korb erhalten hat[2]).
Bald nachher ward er von wirklicher Leidenschaft für eine
zweite Frau ergriffen, von einer wahren, echten Leidenschaft,
soweit sie seine Seele nur immer zu empfinden vermochte.
Deren Gegenstand war Josephine, die Witwe des Generals
von Beauharnais.

Josephine war als die älteste von drei Töchtern Joseph
Kaspar Taschers de la Pagerie am 23. Juni 1763 auf der
Insel Martinique geboren worden, wo der Vater als Offizier
der Küstenartillerie gegen die Engländer focht und nebenher
seine sehr schmalen Güter bewirtschaftete. Die Familie war
von altem französischen Adel und stammte aus dem Orléannais.
Im Kloster der Schwestern zu Fort de France (damals Fort
Royal) erzogen, kam Josephine im Jahre 1779 nach Paris und

---

[1]) Désirée heiratete drei Jahre später den General Bernadotte und
gelangte nach weiteren zwanzig Jahren, als die Gemahlin Karls XIV., auf
den schwedischen Thron. Aus ihren Erinnerungen an ihre Jugendzeit ist
Einiges in H o c h s c h i l d, „Désirée, reine de Suède et de Norvège" zu Tage
getreten. Die dort mitgeteilten Briefe beweisen, daß Napoleon es war, der
einen Vorwand vom Zaune brach, um das Verhältnis zu lösen. Dieses sein
Unrecht hat späterhin Bernadotte viel Vorteil und Nachsicht von seiner
Seite eingebracht.

[2]) Diese Brautwerbung muß in die zweite Hälfte Oktober 1795, unmittelbar nach dem Tode Permons, den Napoleon am 20. Oktober seinem
Bruder Joseph meldet, gefallen sein.

wurde hier mit dem zwei Jahre älteren Vicomte Alexander
von Beauharnais vermählt, dem Sohne des ehemaligen Gouverneurs von Martinique, der der Familie Tascher seit Langem
bekannt und befreundet war. Die erste Frucht dieser Ehe
war ein Sohn, Eugène (geb. 3. September 1781). Die Verbindung aber blieb keine glückliche. Beauharnais vernach-
lässigte seine Frau, die er im Grunde nur geheiratet hatte,
um Herr seines Vermögens zu werden, ging nach den Antillen,
um dort gegen die Briten zu dienen, verliebte sich in eine
Kreolin und betrieb seine Scheidung von seiner Gattin. Unterdessen gebar diese 1783 eine Tochter, die „Königin Hortense"
der Geschichte. Als die Revolution ausbrach, wurde Beauharnais, der wieder heimgekehrt war, Deputierter des Adelsstandes und gehörte mit mehreren anderen Adeligen moderner
Richtung zu den entschiedensten Wortführern der neuen Verfassung; in der berühmten Nacht des 4. August 1789 hat er
besonders eifrig gegen das alte Regime Partei genommen. Er
emigrierte auch nicht, sondern blieb Offizier, als die Republik
die Monarchie ablöste, wurde General und bekam ein selbständiges Kommando bei der Rheinarmee, dem seine Fähigkeiten übrigens nicht gewachsen waren. Die ihm angebotene
Leitung des Kriegsministeriums hat er abgelehnt. Nach der
Wiedereroberung von Mainz durch die Preußen, ein Verlust,
den man ihm zur Last legte, nahm er, 1793, seinen Abschied.
Während der Schreckenszeit ward er, wie so mancher andere
unglückliche Heerführer, des Vaterlandsverrats angeklagt und
— vier Tage vor dem Sturz Robespierres — hingerichtet.

Im Kerker hatte er Josephine wiedergefunden, der man
ihre Beziehungen zu girondistischen Ministern und ihre Verwendung für adelige Familien zum Vorwurf machte, obgleich
sie alles getan hatte, um sich als fortgeschrittenste Repu-
blikanerin, als „sans-culotte montagnarde", wie sie sich nannte,
zu erweisen. Sie überlebte den Fall des Diktators und wurde
durch Talliens Bemühung, der Beauharnais befreundet gewesen
war, befreit. Für ihren Gatten hatte sie seit Jahren nicht mehr
Sympathie genug empfunden, um ihn jetzt lange zu betrauern.
Dem frohgemuten Treiben, das sich in den Salons der „nouvelles couches" von 1795 vor ihr auftat, den Rücken zu kehren,
war ihr bewegliches, schwaches und genußfrohes Naturell
nicht angetan, obwohl ihr die Revolution und der Krieg mit

England wenig Vermögen übrig gelassen hatten, so daß sie in
Schulden und dadurch in eine etwas abenteuerliche Situation
geriet. Sie schloß sich jetzt enge an Frau von Fontenay,
geborne Cabarrus, die Freundin und bald die Gemahlin Talliens,
an und gehörte zu den bekanntesten Erscheinungen der neuen
Pariser Gesellschaft und zu den Intimen Barras'. Für eine
spröde Schönheit hat sie damals nicht gegolten[1]). Was ihr
Äußeres angeht, so sind alle Zeugnisse darin einig, daß ihr
Wesen von bestechender Anmut war. Selbst Napoleons Bruder
Lucian, der ihr nicht gewogen ist, muß das zugeben. Er entwirft in seinen Denkwürdigkeiten folgendes Bild von ihr:
„Inmitten dieses zahlreichen Kreises hübscher Frauen, die
allgemein für galant galten, hatte die Exvicomtesse von Beau-
harnais nichts von dem, was man Schönheit nennen könnte,
aber doch gewisse kreolische Anklänge in den geschmeidigen
Bewegungen ihrer kaum mittelgroßen Gestalt, ein Gesicht ohne
natürliche Frische, dem aber die Kunstgriffe der Toilette beim
Glanz der Kronleuchter zu Hilfe kamen, kurz ihre Person war
nicht ohne einige Reste der anziehenden Anmut ihrer Jugend."
Gerechter wird ihr Arnault in seinen „Erinnerungen eines
Sechzigjährigen": „Die Gleichmäßigkeit ihrer Stimmung, die
Gutmütigkeit ihres Charakters, das Wohlwollen, das ihren
Blick beseelte und nicht nur in ihren Reden, sondern auch
im Ton ihrer Stimme zum Ausdruck kam, eine gewisse Indolenz,
die den Kreolen eignet, die sich in ihrer Haltung, ihren Bewegungen verriet und sie selbst dann nicht verließ, wenn sie
sich beeilte gefällig zu sein, all das verlieh ihrem Wesen einen
Reiz, der die blendende Schönheit ihrer beiden Rivalinnen
(der Récamier und der Tallien) aufwog." Am besten zeichnet
sie wohl Frau von Rémusat, die sie seit 1793 kannte: „Ohne
gerade hübsch zu sein, hatte ihre ganze Person doch einen
besondern Reiz. In ihren Zügen war Feinheit und Harmonie,
ihr Blick war sanft, ihr sehr kleiner Mund wußte schadhafte
Zähne geschickt zu verbergen, ihre etwas bräunliche Gesichts-

---

[1]) R é m u s a t, Mémoires, I., 138: „Ihr Ruf war stark kompromittiert."
V i e l - C a s t e l, Mémoires, II., 16: „Mein Vater war Kämmerer bei der
Kaiserin Josephine, deren Geliebter er vor ihrer Heirat mit Napoleon gewesen war." Ähnliches bei D u f o r t d e C h é v e r n y, Mémoires, p. 349,
430, T h i é b a u l t, Mémoires, III., 364 usw. B a r r a s' Memoiren enthüllen offen ihr intimes Verhältnis zu ihm und zu Hoche.

farbe milderte sich unter der roten und weißen Schminke, die
sie mit Talent verwendete, ihr Wuchs war tadellos, all ihre
Gliedmaßen edel und zart, die geringste ihrer Bewegungen
leicht und elegant. Sie war keine Frau von allzuviel Geist.
Sie war Kreolin, sehr kokett und ihre Bildung recht vernachlässigt. Aber sie wußte was ihr abging und kompromittierte
nicht ihre Konversation. Sie besaß einen feinen Takt und
verstand es gut, den Leuten angenehme Dinge zu sagen. Leider
fehlte es ihr an Ernst der Empfindung und wahrer Seelen-
größe."

Eine warme Herzensneigung zu dem jungen General
Bonaparte hat sie jenerzeit nicht gefaßt. Napoleon war auch
nichts weniger als ein schöner Mann. Die kleine Gestalt,
wenig über fünf Fuß hoch, mit dem stark entwickelten Ober-
körper und den im Verhältnis zu kurzen Extremitäten, machte
gerade keinen unwiderstehlichen Eindruck. Dazu war er
damals mager, die eckigen Linien des Gesichtes traten scharf
hervor, die gelbe Hautfarbe gab ihm ein kränkliches Aussehen, der Blick zweier von Entschiedenheit und Willens-
kraft sprühender grauer Augen war frank und gerade, aber
nicht ohne Wildheit, nur der Mund hatte eine anmutige Linie.
Eine nervöse Disposition, die sich schon im Knaben aufs
deutlichste verraten hatte, war unter dem Druck der heftigen
Gemütsbewegungen in den letzten Jahren, wie sie der stete
Glückswechsel in seiner Karriere, die wiederholte Bedrängnis
seines maßlosen Ehrgeizes, mit sich gebracht hatten, zu krank-
hafter Entwicklung gediehen. Ein Zeitgenosse erzählt aus
jenen Tagen, er habe nur noch drei Stunden geschlafen und
sei entschieden leidend gewesen. Später traten zuweilen
Gesichtsneuralgien, unwillkürliches Zucken des Mundes und
der rechten Schulter und Weinkrämpfe hinzu. Man geht wohl
nicht irre, wenn man einen Teil seiner Reizbarkeit, die keinen
Widerspruch ertrug, seines Mißtrauens gegen jedermann und
die exaltative Form, die sein Benehmen gelegentlich annahm,
auf Rechnung dieser gesteigerten Nervosität setzt. Dagegen
war die Zuversicht, mit der er auftrat, imponierend für alle,
und unwillkürlich interessierte man sich für den Mann. Auch
Josephinen war er dadurch interessant geworden, wenn auch
nicht mehr, so deutlich sie ihn auch ihrer Neigung versicherte.
Er hatte, erzählte er auf St. Helena, ihrem Sohn Eugen auf

dessen Bitte erlaubt, den Säbel seines Vaters behalten zu dürfen, als nach dem Aufstand alle Waffen abgeliefert werden mußten; die Mutter kam, um sich dafür zu bedanken. Er schickte ihr seinen Adjutanten, dann seine Karte und wurde mit einigen Gästen zu Tisch geladen. „Sie behandelte mich ausgezeichnet, setzte mich an ihre Seite, neckte mich; es war eine liebenswürdige Frau, aber sehr verschlagen (intrigante). Ich lud sie meinerseits, mit Barras, zum Diner. Endlich kam es so weit, daß wir uns ineinander verliebten. Barras hat mir einen Dienst geleistet, als er mir riet, sie zu heiraten; sie gehöre zur Gesellschaft des alten und zugleich des neuen Regimes, sagte er, das würde mir Rückhalt geben, meinen Beinamen des Korsen verwischen, mich vollständig französisch machen, da ihr Haus das beste von Paris sei. Und ich wollte absolut Franzose sein; unter allen Beschimpfungen, die damals gegen mich geschleudert wurden, war mir die des „Korsen" die empfindlichste"[1]). Wer das vor drei Jahren gesagt hätte!

Barras' Rat fiel auf fruchtbaren Boden. Napoleon war der Mann, seine Leidenschaft zu unterdrücken, wenn sie dem Interesse seines Ehrgeizes widersprach. Und wenn er ihr jetzt nachgab, so geschah es, weil er eben in der Verbindung mit der aristokratischen Frau, der einflußreichen Freundin des Direktoriums, zugleich seine soziale Stellung befestigt und den Vorteil seiner Karriere gewahrt sah. Er fühlte sich gehoben durch diese Ehe, die es ihm ermöglichte, aus seinem

---

[1]) Gourgaud, Journal inédit, II., 170, 329. Barras in seinen Memoiren (I., 264) erklärt die Erzählung von dem Degen Beauharnais' als eine Erfindung Napoleons. Wenn nur Barras nicht selbst so verlogen wäre. Auch im Mémorial von Las Cases findet sich die Mitteilung Napoleons über seine Annäherung an Josephine: „Ich war nicht unempfänglich gegen die Reize der Frauen. Aber bis dahin hatten sie mir nichts angehabt, mein Charakter ließ mich schüchtern werden in ihrer Nähe. Erst Frau von Beauharnais gab mir meine Sicherheit. Sie sprach sich eines Tages, als ich neben ihr zu sitzen kam, mit schmeichelhaften Worten über meine militärischen Talente aus, und dieses Lob berauschte mich. Ich wandte mich fortwährend an sie, folgte ihr überall hin, verliebte mich endlich leidenschaftlich, und unsere Gesellschaft wußte es bereits, als ich noch keineswegs wagte, es ihr zu gestehen. Als die Sache ruchbar wurde, sprach Barras mit mir darüber. Ich hatte keinen Grund zu leugnen. In diesem Falle, sagte er, sollten Sie Frau von Beauharnais heiraten. Sie können Ihren Rang und Ihr Talent geltend machen, aber Sie stehen allein, ohne Vermögen und ohne Beziehungen. Sie müssen sich vermählen, das verschafft festen Rückhalt."

Plebejertum heraus eine höhere Stufe in der gesellschaftlichen
Rangordnung zu ersteigen und seine Vergangenheit in Vergessenheit zu bringen. Eine gewisse Empfänglichkeit für
adeliges Wesen, gegenüber den rohen Instinkten der Menge,
hatte er auch in den Tagen seines „Jakobinismus" nicht ganz
zu verleugnen vermocht und an den gefälligen Lebensformen
der Aristokratie um so mehr Geschmack gefunden, als es ihm
selbst an Talenten dafür gebrach. Und dazu kam ein anderes.
Barras schätzte die Genialität Napoleons in ihrem vollen Umfang, und sein etwas träges Wesen drängte ihn, sich einen
Mann zu verpflichten, den sein Ehrgeiz und seine Begabung
noch einmal an die Macht bringen konnten. Wir erfahren,
daß er ihm die Stelle des Kriegsministers verschaffen wollte,
aber gegen seine Kollegen damit nicht durchdrang. Jetzt
übernimmt er es, Josephine für ihn zu gewinnen, wie ihn
für sie. Denn im Grunde war sie es nicht minder, die in einer
neuen Heirat nach einem gesellschaftlichen Rückhalt strebte.
Und wo traf sich so leicht die Gelegenheit, einen Mann zu
finden für eine Frau mit zwei Kindern und ohne Vermögen?
Denn das bißchen Luxus, das sie trieb, hing an Barras' ver-
gänglicher Zuneigung. Darum läßt sie den kleinen Korsen
glauben, daß sie ihn liebe. Als er einige Tage im Oktober 1795
— es war eben Frau von Permon Witwe geworden — nicht
zu ihr kam, schrieb sie ihm am 28. einen Brief, der eine förmliche Erklärung enthielt: „Sie besuchen gar nicht mehr eine
Freundin, die Sie liebt? Haben Sie sie ganz aufgegeben? Sie
tun Unrecht daran, denn sie ist Ihnen herzlich zugetan.
Kommen Sie morgen, am Septidi, zum Frühstück zu mir;
ich muß Sie sehen und mit Ihnen von Ihren Angelegenheiten
(intérêts) reden. Guten Abend, mein Freund, ich umarme
Sie." Liebe, unterstützt von dem persönlichsten Interesse,
wer mochte da so leicht widerstehen? Napoleon kam und —
war gefangen[1]).

---

[1]) Es ist nicht ohne Interesse, von demselben Manne, der noch vor
wenig Jahren so harte Worte für die Liebe fand, einen Liebesbrief in bester
Form kennen zu lernen: „Ich erwarte Dich und bin erfüllt von Dir; Dein
Bildnis und der berauschende gestrige Abend ließen meine Sinne nicht Ruhe
finden. Süße, unvergleichliche Josephine, welch seltsamen Eindruck üben
Sie auf mein Herz aus! Sind Sie mir böse? Seh' ich Sie traurig? Sind Sie
unruhig? Meine Seele ist zerbrochen vor Schmerz, und Ihr Freund findet
keinen Frieden. Aber find' ich ihn denn dann, wenn ich mich dem tiefen

Am 9. März 1796 fand die bürgerliche Trauung statt. Barras und Tallien fungierten als Zeugen. Der Genius der Wahrheit aber verhüllte sein Antlitz, als die beiden Brautleute dem Beamten des 2. Arrondissements ihre gefälschten Taufscheine vorwiesen. Napoleon wollte am 5. Februar 1768, Josephine, die tatsächlich sechs Jahre älter war als ihr Bräutigam, am 23. Juni 1767 geboren sein — eine kleine Lüge der weiblichen Eitelkeit, auf die Jener bereitwillig einging. Man nahm es damals mit dergleichen Dingen, wie mit der Ehe überhaupt, nicht allzu genau, und Napoleon war der letzte, der Wahrheit ein Opfer zu bringen. Auch Joseph und Lucian haben bei ihren Vermählungen falsche Angaben gemacht. Ein komischer Zufall wollte nun, daß die drei Brüder verschiedene Tage d e s s e l b e n Jahres 1768 als die Daten ihrer Geburt angaben. An sittlicher Tiefe fehlte es eben der ganzen Familie.

Zwei Tage vor der Trauung hatte das Direktorium, auf Carnots Vorschlag, Napoleons (vom 2. März datiertes) Ernennungsdekret zum Chefgeneral der italienischen Armee ausgefertigt[1]). Am 12. verließ er seine Frau, um seinen Posten aufzusuchen. Wie viel war für ihn erreicht! Ein selbständiges Kommando, und mit ihm die Gelegenheit, der Welt zu zeigen,

---

Gefühl hingebe, das mich bemeistert, und an Ihren Lippen, an Ihrem Herzen die Flamme aufsauge, die mich verbrennt? Ah! in dieser Nacht bin ich es gewahr geworden, daß Ihr Bildnis nicht Sie selbst sind. Du reisest um Mittag; ich sehe Dich in drei Stunden; bis dahin, mio dolce amor, tausend Küsse. Du aber gib mir keine, sie versengen mir das Blut!" Auf St. Helena sagte er später: „Ich habe nie von Herzen geliebt, Josephine etwa ausgenommen, und auch die nur, weil ich 27 Jahre zählte, als ich sie kennen lernte." G o u r g a u d, Journal inédit II., 8.

[1]) Man sprach damals viel davon, dieses Kommando sei die Mitgift gewesen, die Barras seiner Geliebten in die Ehe gab. Wir finden das Gerücht in zahlreichen Memoiren, auch in denen des Bruders Lucian, verzeichnet. Dagegen stehen aber die Zeugnisse zweier Direktoren, Carnots und Larevellières, die übereinstimmend berichten, der Antrag sei nicht von Barras ausgegangen, sondern von Carnot, und der Beschluß einmütig nach dem Verdienste Bonapartes gefaßt worden. Nun, das Entscheidende war doch, daß man jetzt den Offensivkrieg in Italien, und so bald als möglich, wollte, daß Scherer, der verdiente, aber allzu methodische Oberkommandant der italienischen Armee, diese Absicht mit den Mitteln, die ihm zu Gebote standen, in der geforderten Zeit für unausführbar erklärte, während Napoleon, der täglich Gelegenheit hatte, mit den Direktoren zu verkehren, nicht müde wurde, ihnen die Ausführbarkeit seines Planes darzutun, endlich daß sie,

was er vermochte, die allgemeine Bewunderung von dem
unerbittlich siegreichen Hoche ab und auf sich zu lenken und
nebenbei auch noch in anderer Richtung sein Glück zu machen.
Gewiß, auch die Stellung als Befehlshaber der Armee des
Innern war schon eine hohe und wichtige gewesen; rasch hatte
er einen nicht unbedeutenden Anhang von Leuten gewonnen,
die von dem einflußreich gewordenen General manches für
ihre eigene Zukunft erhofften. Andererseits aber war er der
Bevölkerung von Paris seit dem 13. Vendémiaire verhaßt und
überdies vom Neide derjenigen umgeben, die ihm das rasche
Avancement nicht verzeihen konnten und mit systematischer
Sorgfalt all seine Schwächen und Mängel, von seinen korsischen
Abenteuern und seinem Robespierrismus bis zu seinem fremden
Akzent und seinen unkorrekten Manieren, an den Tag brachten
und gegen ihn benützten. Und bei dem verfassungsmäßig
bestimmten Wechsel in den höchsten Stellen der Staatsgewalt,
wer bürgte ihm dafür, daß hier nicht bald Elemente empor-
kamen, die ihn einfach beiseite schoben? In Paris, als General
der innern Armee, war er immer nur der Mann einer Partei,
und die Siege in den Straßen der Hauptstadt sicherten ihm
nicht mehr als den Dank einer Fraktion. Im Kampfe gegen
das Ausland jedoch, auf einem Kriegsschauplatz, den er selbst
als den wichtigsten bezeichnet hatte, waren Ruhm und Ehre
in den Augen der ganzen Nation zu erwerben, der er sich jetzt
durch seine Heirat mit einer Französin aus altem Geschlecht
fester verbunden hatte. Das stimmte viel mehr zu den extra-
vaganten Zukunftsplänen, die seine erfindungsreiche Phantasie
ausspann und die nicht enge genug gefaßt waren, um mit dem
Steigen oder Sinken einer politischen Koterie zu stehen oder
zu fallen. Seine Partei war die Macht, und sein Ziel ihr Besitz.

---

und hier mag Barras' Einfluß immerhin nützlich gewesen sein, seinen Versicherungen vertrauten. Tatsache ist, daß Napoleon seine Ehe erst aufbieten
ließ (7. Februar), nachdem ein Ultimatum an Scherer am 22. Januar (bei
F a b r y , Histoire de l'armée d'Italie 1796/97, II., 418) gestellt und von
ihm abgelehnt worden war. Daß übrigens Barras für Napoleons militärische
Karriere von bestimmendem Einfluß war, hat dieser selbst am 18. Brumaire 1799, als er Barras stürzte, anerkannt. Denn in dem Briefe, den er
ihm damals durch Talleyrand zur Unterschrift vorlegen ließ, hieß es: ,,Die
Glorie, die die Heimkehr des illustren Kriegers begleitet, d e m i c h d e n
W e g z u m R u h m e z u e r ö f f n e n das Glück hatte usw.''
(R o e d e r e r , Oeuvres III., 80). S. unten S. 212.

Nach Josephinens Vorleben wird es nicht überraschen zu hören, daß sie nicht moralische Stärke genug hatte, um nach ihrer Pflicht dem Mann, dem sie nunmehr angehörte, die Treue zu bewahren, und daß sie ihre galante Gefallsucht gegenüber Männern, die sich ihr näherten, auch in den ersten Jahren der neuen Ehe nicht aufgegeben hat. Einige Wochen nach der Trennung von der jungen Gattin bittet sie Napoleon in einem Schreiben voll verlangender Sehnsucht, ihm nach Italien zu folgen. Sie läßt zwei Monate verstreichen — just bis die Pariser Saison zu Ende war — bevor sie sich dazu entschließt. „Ich bin in Verzweiflung," schrieb Jener damals an Carnot, „meine Frau kommt nicht, sie hat sicher einen Geliebten, der sie in Paris zurückhält; Fluch über alle Weiber." Schließlich kommt sie — m i t dem Geliebten, einem jungen Offizier namens Charles, in ihrer Begleitung. Den Sommer und Herbst, während Napoleon seine unsterblichen Triumphe erringt, bringt sie in Mailand, Bologna, Genua zu. Zwei Jahre später, als er im Frühling 1798 seine Expedition nach Ägypten unternahm, blieb sie in Frankreich zurück, wo ihr Wandel dem entfernten Gatten, der von allen Vorgängen unterrichtet wurde, schwere Sorgen verursachte. Von dort her wandte er sich einmal an seinen Bruder Joseph in resignierten Worten: „Ich habe viel häuslichen Kummer, denn der Schleier ist endlich ganz gelüftet. Du allein bleibst mir noch auf Erden. Deine Freundschaft ist mir teuer, und es fehlte nur, daß ich auch sie verlöre und daß auch Du mich betrögest, um vollständig Misanthrop zu werden. Das ist eine traurige Lage, alle Gefühle für eine und dieselbe Person in einem einzigen Herzen beherbergen zu müssen. Du verstehst mich. Sieh zu, daß ich bei meiner Rückkehr ein Landhaus habe, bei Paris oder in Burgund, wohin ich mich zurückziehen und den Winter zubringen kann. Ich bin angewidert von der menschlichen Natur. Ich brauche Einsamkeit und Abschließung, die Größe langweilt mich, mein Empfinden ist verdorrt." Bald darauf denkt er an Scheidung und wendet seine Neigung ganz offenkundig einer Madame Fourès zu, der jungen Gattin eines Offiziers, den er durch eine Mission nach Europa entfernt. Josephine hinwieder hört in Paris, er sei in Ägypten umgekommen, und äußert nichts weniger als Trauer darüber, nur darauf bedacht, ihren Schatz an Diamanten, den er ihr aus der italienischen Beute

zu Füßen gelegt hatte, vor den Brüdern Bonaparte in Sicherheit zu bringen. Nach seiner Rückkehr aber hat sie ihn durch
ihre Tränen doch wieder für sich gewonnen und erreicht, daß
er ihr verzieh.

Seitdem, und als nach dem Staatsstreich Napoleon der
gewaltige Machthaber Frankreichs geworden war, da — es
war auch eben die Zeit gekommen, wo ihre Reize für andere
Männer unverfänglich zu werden begannen — hing Josephine
sich mit dauerhafter Zärtlichkeit an ihn und konnte vor Eifersucht vergehen, wenn er, wenn auch nur vorübergehend, sein
Herz anderweitig beschäftigte. Lange hat ihn diese Hingebung
und der Glaube, daß sie mit seinem Glück zusammenhänge,
abgehalten, sich von ihr zu trennen. Endlich aber trug die
Politik auch über dieses letzte Bedenken seines Gemütes den
Sieg davon.

Viertes Kapitel.

Die italienischen Feldzüge und der Friede von Campo Formio.

Es ist schon beiläufig erwähnt worden, daß im Jahre 1795
Preußen und Spanien aus der großen Koalition austraten, die
sich zwei Jahre zuvor gegen das revolutionäre Frankreich
gebildet hatte. Vor jenen noch hatte sich Toskana zu einem
Sondervertrag mit der großen Republik verstanden, um bei
deren Vordringen nach Oberitalien gesichert zu sein. Auch
Holland, das von Pichegru im Winter erobert worden war,
mußte sich als „batavischer Freistaat" zu untertäniger Bundesgenossenschaft mit Frankreich verschreiben, während Belgien
von diesem festgehalten wurde, was dem Krieg mit Großbritannien einen fast unversöhnlichen Charakter verlieh und
ihn in den Mittelpunkt der europäischen Politik rückte. Denn
Englands Minister Pitt hatte es längst erklärt, daß man die
Einverleibung Belgiens in Frankreich, als dem wesentlichsten
kommerziellen Interesse des britischen Reiches widerstrebend,
bis zu den letzten Kräften hindern werde. Auf dem Festland
widerstanden der nach territorialer Erweiterung strebenden
Republik vor allen Österreich und Rußland. Von Österreich

erzählte damals das Gerücht, es unterhandle heimlicherweise
in Paris. Das Gerücht war unwahr; Kaiser Franz II. blieb
jeder Absicht eines Separatfriedens fern. Ein solcher wäre,
angesichts der Siege des Feindes im abgelaufenen Jahr, nur
mit Verlusten für Österreich möglich gewesen. Und Thugut,
der leitende Minister des Kaisers, plante Gewinn. Seitdem
man Schlesien verloren hatte, wodurch Preußen zur europäischen Großmacht emporgestiegen war, suchte der Wiener
Hof nach allen Seiten hin Ersatz zu finden: in Polen, in der
Türkei, in Deutschland, wo er Bayern ins Auge faßte, in
Italien, wo er Venedig zu gewinnen trachtete, um die Verbindung zwischen den Erbländern und der Lombardei herzustellen. Für alle diese Pläne hatte Thugut am 3. Januar 1795,
neben einem Stück Polen, insgeheim die Unterstützung Rußlands zugesichert erhalten, die er aber nur als Gegner Frankreichs genießen sollte. Daher unterblieb jede Verhandlung mit
der Republik. Thugut schloß vielmehr mit dem englischen
Premier am 20. Mai 1795 einen Allianz- und Garantievertrag
ab, dessen geheime Bestimmungen dahin gingen, auch die
Zarin zu einer t ä t i g e n Gegnerschaft wider Frankreich zu
bewegen, worauf wirklich noch am 28. September desselben
Jahres der Beitritt Katharinas II. erfolgte, die sich zur Stellung
eines Hilfskorps verpflichtete. Auch die Mehrzahl der deutschen
Reichsstände, die Preußens Friedensvermittlung unter dem
Druck des österreichischen Übergewichtes auf dem Regens-
burger Reichstag ablehnten, dann Sardinien, Portugal und
Neapel gesellten sich hinzu. Von Frieden war da keine Rede.

Eine friedliche Abkunft wäre vielleicht denkbar gewesen,
wenn die Republik ihre letzten Eroberungen aufgegeben und
an die Donaumacht zurückgestellt hätte. Die inneren Zustände
in den letzten Zeiten des Konvents waren trostlos genug,
um einer versöhnlichen Anschauung das Wort zu reden. Es
herrschte eine Zerrüttung ohne Beispiel. Die Revolution hatte
den morschen Bau des Feudalstaates mit überstürztem Eifer
abgebrochen und noch nichts Dauerbares an seine Stelle setzen
können. Hatte man unter dem Schlagwort der „Freiheit"
die politischen Institutionen zerstört, so hatte die immer mehr
zu tyrannischer Herrschaft ausgeartete Idee der „Gleichheit"
die sozialen Fundamente erschüttert. Eherecht und Erbrecht
waren im Sinne der revolutionären Tendenzen umgestaltet und

damit zunächst nur erreicht worden, daß das Institut der
Familie an Achtung und Geltung verlor. Man hatte die
Kirchengüter und das Eigentum der meist willkürlich pro-
skribierten Emigranten eingezogen und den Staatskredit darauf
gegründet, ohne zu erwägen, daß der Wert des liegenden
Gutes mit der Sicherheit der Rechtsverhältnisse abnehmen
und dort, wo diese fehlte, zur bloßen Fiktion werden mußte.
Die Folge war eine Hochflut von Papiergeld ohne Geltung,
ein Sinken des immobilen Besitzes auf ein Viertel oder Fünftel
des Wertes, die Verarmung der soliden Geschäftselemente,
das Emporkommen von Spielern und Spekulanten, die Agiotage
an Stelle des Handels, Korruption und Gewissenlosigkeit allerorten. Dazu kam die Verwirrung in den kirchlichen Angelegenheiten und die Unzulänglichkeit des neuen Unterrichtswesens,
das allgemeine Schulpflicht verkündete, ohne sie durchführen
zu können.

Die Revolution hatte allerdings die früher nach Ständen
und Korporationen geteilten Kräfte der Nation geeint und
zusammengeballt, aber sie noch nicht in die Form gefesteter
Ordnung zu bringen vermocht; es hat an guten modernen
Anordnungen nicht gefehlt, aber sie waren mit solchen von
absoluter Schädlichkeit so fest verquickt, daß daraus chaotische
Zustände resultierten. Das Bild, das jetzt der Marquis von
Poterat, ein dunkler Charakter mit hellem Kopf, in einer
Denkschrift an die Regierung von der Lage Frankreichs entwarf, war in vielen Punkten treu und richtig: „Betrachtet
die Gefahren Eurer Stellung; sie sind wahrhaft erschreckend.
Preußen ausgenommen, habt Ihr alle großen Mächte Europas
zu erklärten Feinden; in Schlachten und Spitälern habt Ihr
den größten Teil der Jugend des Landes verloren; bald werden
die Rekrutierungen unmöglich werden. Die Bodenkultur ist
aus Mangel an tätigen Armen, an Pferden und Dünger verkommen, Euer Handel, im Innern wie nach Außen, vernichtet,
die Arbeiter der Fabriken haben entweder das Leben oder
doch den Verstand verloren. Es fehlt auch an Vorräten und
Kriegsbedarf für Eure Schiffe, ebenso an allen Artikeln, die
aus der Fremde kommen; Kredit habt Ihr weder im Lande
noch außerhalb. Der Geschäftsverkehr ist überlastet mit einer
unendlichen Menge von Papiergeld ohne Wert. Eure innere
Verwaltung geht nicht vorwärts, da sie zu viele schlecht

gewählte Fächer und Abteilungen hat. Endlich habt Ihr gar keine Regierung. Wann werdet Ihr eine haben? Werdet Ihr überhaupt jemals eine haben? Und wird es dann nicht zu spät sein?" (Juli 1795.)[1])

Es war in der Tat aller Anlaß vorhanden, an Frieden und innere Kräftigung zu denken. Und wirklich gab es im Konvent eine Partei, die eine allgemeine Pazifikation wünschte, und wäre es auch um den Preis, sich mit den alten französischen Grenzen begnügen zu müssen. Der hervorragendste Diplomat, über den Frankreich damals verfügte, Barthélemy, gehörte zu ihr, und Frau von Staël lieh ihren Überzeugungen ihre Feder. Diese konstitutionell-monarchischen Elemente verloren aber jede Geltung im Konvent, als der Prätendent Ludwig im August 1795 ein Manifest erließ, das den Absolutismus des alten Regimes auf sein Programm setzte. Da auch die alten Grenzen zum System des alten Regimes gehörten, mit dem sich eine revolutionäre Regierung nicht identifizieren durfte, so wollten jetzt deren Wortführer den Frieden nur dann schließen, wenn mit ihm die Eroberungen des letzten Jahres Frankreich gesichert blieben und der Staat in der Rheinlinie seine „natürliche" Grenze erhielt. Schon Rousseau hatte ja, wie seine Theorie von Recht und Sitte, so auch die der Landesgrenzen der Natur abgelauscht. Nun war aber das Ruhebedürfnis im Lande, insbesondere in Paris, ein sehr tief empfundenes, und man begreift, daß die konservative Richtung den Beifall der Bevölkerung fand, während die Fortschrittsleute sich in einen schreienden Widerspruch mit ihr setzten und der Konvent schließlich in jene kritische Lage geriet, aus der ihn das strategische Talent Napoleons am 5. Oktober 1795 befreite. Vier Tage zuvor hatte die Majorität des Parlaments den Antrag der Regierungskommission auf Einverleibung Belgiens mit Lüttich, Limburg und Luxemburg in Frankreich angenommen und damit ein Programm der Eroberung sanktioniert, das von nun ab zwanzig Jahre hindurch das System von Frankreich bleiben sollte. Schon damals überlegte man in Paris alle Kampfmittel, die im Streit mit dem modernen „Karthago" — den Vergleich diktierten die klassischen Allüren der

---

[1]) A. S o r e l, Le comité de salut publique en 1795 (Revue hist. XVIII., 294). Vergl. auch das Schreiben Merlin's von Douai an Merlin von Thionville 15. Mai 1795, Rev. hist. XVII., 272.

Revolution — wirksam gedacht wurden: die Ausschließung Englands vom Mittelmeer, eine Landung an dessen Küste, eine Diversion in Indien, die Absperrung des Kontinents und die gewaltsame Zusammenfassung seiner Kräfte unter Frankreichs Vorantritt, und es ist vom größten Interesse, all diesen Hauptmomenten der späteren napoleonischen Politik schon in der Republik von 1795 zu begegnen. Als das Direktorium die Erbschaft des Konvents antrat und die fünf Männer, die jetzt an der Spitze von Frankreich standen: Barras, Rewbell, Carnot, Letourneur und Larevellière-Lépaux, sämtlich der herrschenden Partei angehörten, war an eine Änderung des Systems nicht leicht zu denken. Sie waren zwar bereit, durch die Zerrüttung im Innern dazu gedrängt, Frieden zu machen, aber doch immer nur auf der Grundlage jener natürlichen Grenzen, auf die hin er nicht zu haben war. Dazu machte ihnen ihre enge Verbindung mit den republikanischen Thermidorianern (unter Tallien) und den Jakobinern (unter Sieyès) den Kampf mit den Monarchien zur Pflicht, dessen Abschluß leicht auch das Ende der Revolution und der Geltung ihrer ehrgeizigen Führer bedeuten konnte. Deshalb sollten Deutschland, Holland, die Schweiz und Italien durch eine systematische Propaganda insurgiert und in den Machtbereich der französischen Revolution einbezogen werden. Es wurde schließlich ein Programm universaler Ausdehnung, das freilich bald nicht so sehr auf Rechnung des Direktoriums zu setzen war, als daß es durch General Bonaparte seinen wirksamsten Vorschub fand[1]).

---

[1]) In einem Edikt des Wohlfahrtsausschusses an den Geschäftsträger Barthélemy vom 26. Juni 1795 wird gefragt: „Wozu hätte uns denn der furchtbare Krieg und diese lange Revolution gedient, wenn alles wieder werden sollte wie es war? Und glauben Sie wirklich, daß sich die Republik dann noch erhalten könnte?" Die Frage wird von Rewbell, dem späteren Leiter der auswärtigen Politik des Direktoriums, einem Diplomaten gegenüber folgendermaßen erörtert: Man müsse wenig vertraut mit den wahren Interessen der Republik oder von Österreich und England bestochen sein, wenn man des Friedens wegen die Rückkehr in die alten Grenzen vorschlage. Ein solcher Friede würde Frankreich nicht nur mit Schande bedecken, sondern auch die Zerstörung der Republik herbeiführen. Denn die Armeen, heimgekehrt in ein Land, das sie nicht bezahlen kann, würden bald den Rest der Nationalgüter aufgezehrt haben und unzufrieden werden, sie würden sich an den politischen und religiösen Streitigkeiten beteiligen und die Folge würde ein Bürgerkrieg sein, der den übrigen Staaten das Signal gäbe, Frankreich das Schicksal von Polen zu bereiten. Dagegen gebe es in Belgien allein

Die militärische Ausführung blieb fürs erste freilich hinter der politischen Konzeption zurück. Die Generale Jourdan und Pichegru, die zum Angriff den Rhein überschritten hatten, dort aber ihre Vereinigung unterließen, wurden von den österreichischen Feldherren Clerfayt und Wurmser wieder über den Strom zurückgeworfen und schlossen mit ihnen Waffenstillstand. Und auch im Süden, bei der italienischen Armee, gingen die Dinge nicht vorwärts. Man hatte diesen Heeresteil allerdings durch aus Spanien herbeigezogene Truppen vermehrt und dem Befehl General Scherers unterstellt, der bisher in den Pyrenäen mit Erfolg tätig gewesen war. Aber wenn man Diesen von Paris aus angewiesen hatte, durch die Apenninpässe in die Ebene vorzudringen und die Armee der verbündeten Austrosarden zu trennen, so war mit dem siegreichen Gefecht

---

für 3 Milliarden Nationalgüter, in den übrigen okkupierten Ländern noch mehr, was die einzige Möglichkeit biete, die Assignaten zu tilgen. Tallien wurde nicht müde, den Grundsatz von 1792 zu wiederholen, man müsse Frankreich mit einem Kranz von abhängigen Tochterrepubliken umgeben, und Sieyès hatte sogar schon ein Projekt der Säkularisation der geistlichen Fürstentümer Deutschlands entworfen, um die weltlichen zu entschädigen, die auf dem linken Rheinufer ihr Land an Frankreich verlieren sollten, ganz ähnlich dem, das dann im Jahre 1803 zur Ausführung kam. Mallet du Pan, der scharfblickende Korrespondent des Wiener Kabinetts, schreibt in einem Briefe vom 23. August 1795: „Die Monarchisten und viele Deputierte des Konvents würden gern alle Eroberungen opfern, um den Frieden zu beschleunigen. Aber die fanatischen Girondisten und das Komitee Sieyès bestehen auf dem System der Ausdehnung. Aus drei Beweggründen: 1. um mit dem Territorium auch das Machtgebiet ihrer Nation zu vergrößern; 2. um allmählich Europa mit der französischen Republik in ein Föderativsystem zu bringen; 3. einen Krieg zu verlängern, der seinerseits die außerordentlichen Gewalten und die revolutionären Machtmittel aufrecht erhält." Gegen die von A. Sorel in seinem Werk „L'Europe et la Révolution française" III., p. 243, 261, 271, 344, 473 ff., IV., p. 176, 267, 389, 392, V., p. 2 ff. vertretene Ansicht, schon der Konvent und das Directoire hätten das friedlose System allseitiger Ausdehnung verfolgt, wollen neuere archivalische Forschungen in Paris dargetan haben, daß nur der Drang nach den natürlichen Grenzen, insbesondere dem Rhein, beiden zur Last zu legen sei und erst Napoleons eigenmächtiges Vorgehen in Italien die französische Politik darüber hinaus ins Ungemessene verlockt und damit fortdauernde Kriege herbeigeführt habe. S. Raymond Guyot, Le Directoire et la paix de l'Europe (Paris 1911) die Kapitel III, VI und IX, und desselben Verfassers Aufsatz „Le Directoire et Bonaparte" in der „Revue des Etudes napoléoniennes", Mai, 1912. S. weiter unten und in den literar. Anmerkungen.

von Loano (23. u. 24. November 1795) doch nur die Einleitung
dazu getroffen und eine Situation geschaffen worden, wie sie im
Vorjahr bei Dego bestanden hatte. Scherer hatte sie nicht
ausgenützt, sondern sich an die Riviera. zurückgezogen, weil
seine Armee an allem, voraus an Transportmitteln, Mangel
litt, was er in wiederholten klagenden Rapporten dem Direktorium vor Augen hielt, und weil die rauhe Jahreszeit die
Aktion erschwerte. Ein Glück noch, daß Österreich dem
italienischen Kriege keine größere Bedeutung einräumte.
Einen Augenblick lang hatte man wohl in Wien gemeint,
das Hauptkriegstheater vom Rhein weg nach Italien zu verlegen, denn die Berichte, die Mallet du Pan im Februar 1796
einschickte, versicherten, daß man französischerseits die feste
Absicht habe, in Piemont und ins Mailändische einzudringen
,,coûte que coûte". Dennoch unterblieb jede entscheidende
Maßregel. Die Engländer wußten durch ihre Subsidien die
österreichischen Streitkräfte in Deutschland festzuhalten, was
ihren eigenen Interessen besser entsprach; der Großherzog von
Toskana weigerte den neapolitanischen Hilfstruppen den Durchzug durch sein Gebiet; Thugut selbst fürchtete preußische Übergriffe, wollte in Böhmen gerüstet sein und unterließ deshalb —
bis auf wenige Bataillone — jede Verstärkung der Armee in
Italien. Tatsächlich legte man ja auch in Paris der italienischen
Offensive noch immer nur den Charakter einer Diversion bei
und das Hauptgewicht nach wie vor auf die Vorgänge in
Deutschland, wo nach Carnots Feldzugsplan vom Februar 1796
zwei große Armeen unter Jourdan und Moreau, der Pichegru
ablöste, jede einzelne viel größer als die italienische, jenseits
des Rheins vordringen sollten. So wirkte alles zusammen, um
Österreich zu bestimmen, ein Kriegsgebiet zu vernachlässigen,
auf dem sich bald Ereignisse von der größten Tragweite ab-
spielen sollten.

　　Der Untätigkeit der Armee Scherers entgegen, war in
Bonapartes Kriegsplan von der Möglichkeit, ja von der Notwendigkeit die Rede, im Süden die Offensive schon im Februar
beginnen zu lassen. Gegen Scherers Klagen über Mangel und
Not seiner Truppen, denen die armen Staatsfinanzen doch
nicht abzuhelfen vermochten, verwies er auf die Reichtümer
der lombardischen Ebene und versprach, den Krieg in Feindesland zu ernähren. Am 19. Februar 1796 wurde sein Feldzugsplan

definitiv angenommen und am 22. dem Oberkommandanten
der italienischen Armee aufgetragen, danach zu handeln.
Scherer weigerte sich dessen. Dergleichen Projekte, meinte er,
möge nur derjenige selbst ausführen, der sie auszuhecken verstand, und bat am 4. Februar um seine Entlassung. Das
Gesuch kam erwünscht. Am 13. Vendémiaire hatte der kleine
General den Männern, die in Paris das Ruder führten, ihre
Existenz gerettet; jetzt zeigte er den Weg, wie ihre Politik zu
retten war. Wo jedes Mißgeschick im Felde das Direktorium
erschüttern, die Opposition dagegen nähren mußte, versprach er Triumphe, die das Vorgehen der Regierung rechtfertigen und ihre Stellung befestigen konnten. Scherer
wurde des Oberbefehls enthoben und Napoleon trat an
seine Stelle. Am 27. März übernahm er in Nizza das Chef-
Kommando.

Der neue Befehlshaber fand seine Truppen in einer kläglichen Lage vor. Von dem Effektivstand der 62.000 Mann
waren nur vier Divisionen, bei 41.000, als Operationsarmee
zum Schlagen bereit. Später, in seinen Memoiren, hat er die
Stärke seiner Truppen mit 30.000, die des Gegners mit 80.000
angegeben, was von der Wahrheit ebenso weit entfernt war,
wie sein Brief an das Direktorium, worin er mit 38.000 Mann
einem feindlichen Heer von 100.000 gegenüberstehen wollte.
Nein, die Kräfte standen nahezu gleich. Die Franzosen waren
kampfgeübte und abgehärtete Naturen; nur litten sie unter
dem Mangel an genügender Verpflegung und dürftigster Ausrüstung, denn der Abhang des Apennin mit seinen armen
Dörfern hatte nicht viel zu bieten, und die Staatskassen von
Frankreich waren leer. Tausende marschierten barfuß; Tausenden fehlten noch die Gewehre; die Offiziere trugen ihre
Tornister selbst; nicht jeder General war beritten; Sold
hatten die Truppen seit Monaten nicht gesehen, und
wenn, so waren es wertlose Assignaten gewesen. Da klang
es wie eine erlösende Botschaft, als Napoleon sie folgendermaßen anredete: „Ihr habt nun genug Unglück und
Entbehrung erduldet; ich will dem ein Ende machen.
Dort, jenseits der Berge, gibt es Brot, Magazine, Kleider,
Geschütze, Pferde und Geld für die Lohnung. Weg daher
mit allem, was uns vom Feinde trennt" — und damit
ließ er die Verschanzungen niederreißen — „und mit

dem Bajonett ihm auf den Leib!"[1]) Diese Sprache war
der ungeschminkte Ausdruck der ganzen Politik der Verlegenheit, zu der sich Frankreich seit geraumer Zeit verurteilt
sah. Schon der Konvent hatte den Armeen, die über den
Rhein gingen, den Grundsatz mit auf den Weg gegeben,
die Truppen müßten auf Feindeskosten leben und ihre Führer
sollten alles anwenden, um sich die nötigen Subsistenzmittel
von den Gegnern zu verschaffen. Das Direktorium änderte
nichts an dieser Maxime, es bildete sie nur noch mehr aus. Die
Worte sind aber auch bezeichnend für den Mann, der sie
sprach: er kannte trotz seiner Jugend — Napoleon war jünger
als alle seine Generale — die Menschen zu genau, um zu
Armen und Dürftigen nicht von Gold und Brot zu reden.
Es war ein kühnes Versprechen; kühner aber noch die Taten,
die es in Erfüllung brachten. Zum Glück gelang es Saliceti,
der jetzt als Regierungskommissar die italienische Armee
begleitete, in Genua einige hunderttausend Franken auf-
zutreiben und für ein gekapertes Schiff eine Million zu lösen,
so daß die schreiendste Not für den Augenblick gestillt werden
konnte.

Wir erinnern uns, daß Napoleon vor zwei Jahren Robespierre gegenüber die Wichtigkeit einer Forcierung der Apenninpässe von Savona aus betont und sich selbst damals im geheimen Auftrag des Diktators genaue Kenntnis von dem
Terrain und den Befestigungen des Feindes verschafft hatte.
Ein Jahr später hat er es wiederholt, daß der Angriff an diesem
Punkte einsetzen müsse. Jetzt weiß er jene Erkundung und

---

[1]) Später erst ist die berühmte Proklamation entstanden: „Soldaten!
Ihr seid unbekleidet, schlecht genährt, die Regierung schuldet Euch viel,
aber sie kann Euch nichts geben; Eure Geduld und Euer Mut inmitten dieser
Felsen sind bewunderungswürdig, aber sie verschaffen Euch keinen Ruhm,
und kein Strahl seines Glanzes fällt auf Euch. Ich will Euch in die frucht-
barsten Ebenen der Welt führen; blühende Provinzen, große Städte werden
zu Eurer Verfügung sein; dort werdet Ihr Ehre, Ruhm und Reichtum finden:
Soldaten von Italien, solltet Ihr es da an Mut und Ausdauer fehlen lassen?"
(C o r r e s p., I., 91.) Zu Frau von Rémusat sagte Napoleon im Jahre 1803:
„Ich versprach damals meinen Soldaten, daß Ruhm und Glück uns jenseits
der Alpen erwarten; ich hielt Wort, und seit jener Zeit würde mir die Armee
bis ans Ende der Welt folgen. (Mémoires, I., 271.)

seine seither gewonnene Erfahrung im Gebirgskrieg zu nutzen, und zwar nach denselben taktischen Grundsätzen, die er ebenfalls schon im Jahre 1794 dem Gewalthaber in Paris mitgeteilt hatte. „Es ist um die Systeme der Kriegführung — äußerte er sich dazumal — genau dieselbe Sache, wie um die Belagerung fester Plätze. Man muß sein Feuer gegen einen einzigen Punkt vereinigen. Ist einmal Bresche geschossen, dann ist das Gleichgewicht ins Schwanken gebracht, aller Widerstand ist fruchtlos, der Platz ist genommen. Man muß seine Angriffe nicht zerstreuen, sondern konzentrieren, sich zerteilen, um zu leben, sich vereinigen, um zu schlagen. Die Einheit des Kommandos ist notwendig, um den Sieg zu sichern. Die Zeit ist alles"[1]).

Die Straße, die von Savona nach Norden über den Kamm des Apennin zieht, teilt sich jenseits, bei Carcare, in zwei Arme, von denen der eine westwärts über Millesimo und Ceva nach Turin, der andere nordostwärts über Cairo, Dego und Acqui nach Alessandria und Mailand führt. Jenen hielten die Piemontesen, diesen die Österreicher, beide in nicht allzu starker Fühlung miteinander, besetzt. Hier galt es zwischen durch zu dringen. Napoleons erste Absicht war, die Piemontesen anzugreifen, indem er ihren linken Flügel umfaßte, sie zurückzuschlagen, solange noch die Österreicher in den Winterquartieren lagen, und sich dann (im Verein mit der von Kellermann kommandierten Alpenarmee) gegen diese zu wenden; er mißbilligte es darum höchlich, daß noch vor seiner Ankunft eine französische Division unter Laharpe, zur Unterstützung von Salicetis Geldforderungen, bis Voltri vorgedrungen war und dadurch die Österreicher „aufgeweckt" hatte[2]). Ein (schlecht überlegter) Plan des österreichischen Feldherrn Beaulieu, diese Division von den Bergen herab anzugreifen, um dadurch die wichtige Verbindung der Franzosen mit Genua zu zerreißen, indes sein Untergeneral Argenteau den beherrschenden Punkt von Montenotte (nördlich von Savona) gewinnen

---

[1]) Krebs et Moris, II., 242.

[2]) In seinem Schreiben vom 6. April 1796 an das Direktorium hat Napoleon diese Bewegung nach Osten, „die den Gegner aufgeweckt hat", verurteilt (Corr., I., 121). Auf St. Helena aber, in seinen nachträglichen „Observations sur les campagnes de 1796 et 1797" (Corr., XXIX., 85), will er durch sie den Feind absichtlich hervorgelockt haben. Diese kriegsgeschichtliche Legende ist heute zerstört.

sollte, nötigte Bonaparte sogar noch vor dem Eintreffen
der erwarteten Armeelieferungen, und nun zunächst gegen die
Österreicher, loszuschlagen. Laharpe wich nach Savona zurück,
Argenteau aber, der seine Kräfte zerstreut hatte, wurde am
12. April 1796 von einer doppelten Übermacht unter Augereau
und Massena bei Montenotte mit großen Verlusten besiegt.
Tags darauf ward eine zweite österreichische Abteilung, die
dem piemontesischen General Colli zugeteilt war, von Augereau
bei Cosseria auf der Straße nach Millesimo auseinandergejagt.
Und sofort wandte sich Napoleon selbst wieder nördlich gegen
die Reste des Argenteauschen Korps, die er am 14. bei Dego
aufrieb. Eine zur Unterstützung bestimmte österreichische
Abteilung (unter dem tapferen Vukassovich) kam, irrtümlich
beschieden, erst am nächsten Tag ins Gefecht und wurde,
nach hartem Kampfe allerdings, zurückgeschlagen. Beaulieu
zog sich am 16. aus den Bergen in die Ebene nach Acqui zurück, und somit war Napoleon sein erster Schachzug gelungen:
er hatte seine Armee zwischen die Verbündeten eingeschoben,
die Österreicher weggedrängt und die Piemontesen, die nur die
Deckung ihres Landes im Auge gehabt hatten, bei Ceva isoliert.
Diese räumten darauf, unter heftigen Kämpfen, gleichfalls ihre
vorgeschobene Position, nicht ohne auf dem Rückzug bei
Mondovi am 21. April noch eine empfindliche Niederlage zu
erleiden.

Da lag nun die verheißene Ebene vor den Franzosen
offen, deren Vortruppen sich denn auch bald plündernd bis
nach Cherasco und Alba ausdehnten. Napoleon hatte seinen
Soldaten sein Versprechen voll gehalten. Von nun ab hingen
sie ihm mit blindem Vertrauen an. Neben Österreichern und
Piemontesen hatte sein Genie auch noch einen dritten Gegner
überwunden: das Mißtrauen und den Neid seiner Unterfeldherren, die den „politischen" General, das Protektionskind
der Regierung, mit wenig Enthusiasmus empfangen hatten.
Sie sind ihm von jetzt an treu ergeben. Dem Direktorium
in Paris aber hat er Achtung abgenötigt, indem er vorerst
Colli besiegte, ehe er Beaulieu nachrückte, und mit seinen
schlagenden Gründen — keinen Feind im Rücken dulden
zu können — Recht behielt. Auch daß er jetzt Millionen
an Kriegskontributionen verhieß, erhöhte in Paris sein
Ansehen.

Das Verhalten des Königs Viktor Amadeus von Sardinien entsprach vollkommen seinen Voraussetzungen. Von Österreich unzulänglich unterstützt, im Lande selbst von einer revolutionären Strömung bedroht, ohne Mittel, sich zu verstärken, wandte er sich den Franzosen zu und begehrte einen Waffenstillstand als Einleitung zum Frieden. Bonaparte bewilligte ihn, doch nur gegen Einräumung von drei Festungen als Pfand und freien Verkehr durch ganz Piemont. Am 28. April ward der Vertrag zu Cherasco geschlossen, mit dem sich Frankreich des sardischen Gegners entledigte. Napoleon eilte dem österreichischen nach. Dieser war aus Piemont fort ins Lombardische gezogen und erwartete zunächst den Feind in einer festen Stellung in der Lomellina, denn Napoleon hatte sich — um Beaulieu zu täuschen — im Waffenstillstand mit Colli den Übergang bei Valenza vorbehalten. Nun aber erschien er nicht, wo ihn Beaulieu erwartete. Er war vielmehr den Po abwärts marschiert, um ihn erst bei Piacenza zu passieren, was gelingt. Ein hier detachiertes österreichisches Korps (Liptay) läßt die französische Vorhut ohne Widerstand das andere Ufer gewinnen, und bald folgt die ganze Armee nach. Als Beaulieu davon erfuhr, konnte er nur noch mit der größten Anstrengung, und unter Aufgabung von Mailand, bei Lodi hinter die Adda zurückgehen. Aber auch diese Linie ließ sich nicht halten. Am 10. Mai langten die französischen Kolonnen dort an und forcierten mit unerhörter Bravour den Übergang, teils über die Brücke unter Napoleons eigener kühner Führung, teils durch den seichten Fluß. Die österreichische Nachhut flüchtete, und erst hinter dem Mincio und unter den Mauern von Mantua sammelte sich die retirierende Armee. Die Lombardei war erobert. Napoleon hielt am 16. Mai unter viel Jubel, der ihn empfing, seinen feierlichen Einzug in Mailand, wo die österreichische Herrschaft durch eine „Lombardische Republik" abgelöst wurde. Er selbst hat von dem Kampf an der Brücke bei Lodi, der übrigens nur gegen einen Teil der österreichischen Armee geführt wurde und von vornherein den sicheren Sieg bedeutete, eine Wandlung in seinem inneren Wesen datiert. „Weder der Erfolg im Vendémiaire", sagte er auf St. Helena, „noch der bei Montenotte bestimmten mich, mich für etwas Besonderes zu halten. Erst nach Lodi kam mir der Gedanke, ich könnte immerhin einmal eine entscheidende Rolle auf der

politischen Bühne spielen." Und damit war nicht nur für ihn
selbst, sondern auch für die ganze Welt ein kritischer Moment
gekommen. Denn wenn ihm der Erfolg bei Lodi das volle
Bewußtsein seiner überlegenen Genialität gab, so zeigte ihm
seine reiche Einbildungskraft von nun ab hochragende Ziele
für seinen Ehrgeiz. Als ihn der Jubel der Mailänder um-
tobte, faßte er den Entschluß, die Rolle des Befreiers
festzuhalten und sie in Italien weiter zu spielen, wenn sie
auch mit den Absichten des Direktoriums nicht übereinstimmen
sollte, das bereit war, die Lombardei den Österreichern für den
Frieden mit der Rheingrenze zurückzugeben. Es ist der Prozeß
seiner inneren Loslösung aus dem Untertanenverband, der hier
beginnt und damit enden wird, daß der große Soldat, dem alle
Begabung fehlte subaltern zu sein, zur Höhe des Herrschers
emporsteigt.   *untergeordnet*

Am Sitze der französischen Regierung hatte man den
unerhörten Siegeszug des ehrgeizigen Generals bald nicht ohne
einige Bedenklichkeit verfolgt. Die Direktoren ratifizierten
den Vertrag mit Piemont und schlossen noch im Mai Frieden
mit dem König. Nun aber meinten sie doch, den eigenmächtigen Gelüsten des Generals für die Zukunft vorbauen zu
sollen und beorderten Kellermann, den Chefkommandanten der
Alpenarmee, mit seinem kleinen Heer das italienische zu verstärken und sich mit Bonaparte in die Streitkräfte und deren
Oberbefehl derart zu teilen, daß Napoleon gegen Toskana, Rom
und Neapel zog, um die leeren Kassen der Regierung zu füllen,
während Kellermann den Krieg gegen die Österreicher weiter-
führte; alle diplomatischen Geschäfte sollten dem Regierungskommissar Saliceti vorbehalten bleiben. Das entsprechende
Dekret erreichte Napoleon nach dem Sieg bei Lodi und traf
ihn hart. Wenn er auch früher selbst an ein Zusammenwirken
mit der Alpenarmee gedacht hatte, jetzt, nach seinen raschen
Erfolgen, erschien es ihm unerträglich, seinen Ruhm und die
Machtstellung, die er sich erkämpfen wollte, einem anderen
einzuräumen. Sein Ehrgeiz diktierte ihm einen Brief, den
seine Einsicht taktvoll und bestimmt zugleich zu fassen verstand: „Wenn Ihr mir Hindernisse aller Art in den Weg
legt," schrieb er am 14. Mai 1796, auf dem Wege nach Mailand,
an das Direktorium, „wenn ich meine Schritte von dem Urteil
der Regierungskommissare abhängig machen soll, wenn diese

das Recht haben, meine Bewegungen abzuändern, mir Truppen
zu schicken oder wegzunehmen, dann erwartet nichts Gutes
mehr von mir ... Bei der gegenwärtigen Lage der Dinge in
Italien ist es unerläßlich, daß Ihr einen Feldherrn habt, der
Euer ganzes Vertrauen besitzt. Bin ich es nicht, so werde ich
mich darüber nicht beklagen, ich werde dann meinen Eifer
verdoppeln, um Eure Achtung auf jedem anderen Posten zu
gewinnen, den Ihr mir anvertrauet. Jeder hat seine Art Krieg
zu führen. General Kellermann hat mehr Erfahrung und wird
ihn besser führen als ich[1]). Aber wir beide gemeinsam werden
es schlecht machen." Und an Carnot, den Direktor in Kriegssachen: „Ich kann Euch nur dann von Nutzen sein, wenn Ihr
mir dieselbe Achtung zuteil werden lasset, die Ihr mir in
Paris bezeugtet. Ob ich hier oder dort Krieg führe, ist mir
gleichgültig; dem Vaterlande dienen, bei der Nachwelt ein
Blatt in unserer Geschichte erwerben, der Regierung Beweise
meiner Anhänglichkeit und Ergebenheit geben, das ist mein
Ehrgeiz"[2]). Nein, nein, es war ihm nicht gleichgültig, wo er
kämpfte. Von der ganzen Beteuerung war nur der Appell an
die Nachwelt aufrichtig gemeint, an deren Urteil er fortwährend
denkt und das er noch in seinen letzten Stunden durch ein
weitläufiges Gewebe von Erfindungen und Beschönigungen zu
beeinflussen suchen wird. „Der menschliche Ehrgeiz", sagte
er einmal als Konsul zu Frau von Rémusat, „erschafft sich
sein Publikum, wie er es in jener idealen Welt wünscht, die
er die Nachwelt nennt. Gelangt er dahin, sich vorzustellen,
daß in hundert Jahren ein Dichter an eine große Tat erinnern,
ein kunstvolles Gemälde ihrem Andenken huldigen werde, so
wächst die Einbildungskraft, das Schlachtfeld hat keine Gefahren mehr, die Kanone grollt vergeblich, und ihr Brüllen
ist nichts weiter als der Klang, der nach einem Jahrtausend
noch unseren Enkeln den Namen eines Braven verkünden
soll."

Aber gleichviel ob aufrichtig oder unaufrichtig, genug, das
Direktorium gab nach. Die Geltung Kellermanns war gering
und Bonaparte mit seinem Requisitionstalent, das er glänzend
bewies, für die Finanzen Frankreichs kaum zu entbehren.

---

[1]) Kellermann hatte im Vorjahr als Kommandant der italienischen
Armee Voltri räumen müssen, das Scherer später wieder eroberte.

[2]) C o r r e s p., I., 420., 421.

Auch nahm jetzt eben der Krieg am Rhein wieder seinen Anfang, und man scheute gewiß in diesem Augenblick eine Veränderung im Oberbefehl. Die Ordre wurde zurückgenommen und nur der Wunsch ausgesprochen, eine Expedition über Livorno nach Rom und Neapel dem Marsche nach Norden voraufgehen zu lassen. Von da ab hatte er in Italien freie Hand zu handeln wie ihm beliebte. „Die Kommissare des Direktoriums", sagte er zu einem Vertrauten, „haben sich nicht in meine Politik zu mischen, ich tue was ich will"[1]. Doch wahrte er klug die Form, um an der Seine nicht noch mehr Mißtrauen zu erwecken. Nun galt es ihm vor allem, Beaulieu völlig unschädlich zu machen. Ein Aufstand der Landleute um Pavia, die mit den Bewohnern dieser Stadt die französische Besatzung zur Ergebung gezwungen hatten, hält ihn ein paar Tage auf; er läßt den Ort im Sturm nehmen, verhängt blutige Strafurteile und eine sechsunddreißigstündige Plünderung über die Bevölkerung; der französische Kommandant wird sofort auf seinen Befehl kriegsrechtlich erschossen. Er mußte unbedroht im Rücken vorwärts gehen können, und wo es nötig schien, da konnte er auch grausam sein.

Das Gebiet der Stadt Venedig reichte damals noch weit nach Westen bis an den Comosee zurück, und Brescia und Bergamo bildeten venezianische Provinzen. In diese Landschaften ließ Napoleon einen Teil seiner Armee einrücken; dann wurde bei Borghetto der Übergang über den Mincio erzwungen (30. Mai), ein Teil von Beaulieus Streitkraft in die österreichische Festung Mantua, der andere an die Etsch zurück und nach Tirol gedrängt. Mit Ausnahme der 13.000 Mann, die Mantua besetzt hielten, gab es nunmehr kein österreichisches Korps auf italienischem Boden, und Bonaparte war der Durchführung seines alten Planes wesentlich näher gerückt, durch Tirol nach Bayern vorzudringen, sich dort mit Moreau, wenn er vom Rhein herkam, zu vereinigen und gemeinsam dem Kaiser den Frieden zu diktieren. Er war damals noch der Mann gewesen, den Erfolg mit einem Zweiten zu teilen; das wird sich nun bald ändern. Vorläufig ist aber Moreau noch gar nicht über den Rhein gegangen; dagegen

---

[1] M i o t v. M e l i t o, Mémoires, I., 86.

verlautet, daß der Gegner sich zu neuen Kämpfen rüste.
Napoleon hat nur noch Zeit, nach der Ordre des Direktoriums
die Anhänger der Österreicher seinem Willen zu unterwerfen
oder doch nach Möglichkeit zu brandschatzen. „Führt aus
Italien alles weg, was sich fortbewegen läßt und uns irgend
nützlich sein kann", hatte man aus Paris an ihn geschrieben,
und er kam diesem Auftrag pünktlich nach. Am 9. Mai schon
hatte er mit dem Herzog von Parma, am 17. mit dem von
Modena einen Waffenstillstand für den Preis von über fünfzehn Millionen Franken in Geld-, Natural- und Kunst-
lieferungen aller Art abgeschlossen, denn die Gemälde der
alten Meister standen ebenso wie Ochsen und Getreide auf
den Listen seiner Forderungen. Nach dem Sieg am Mincio
zwang er auch den Vertreter Neapels zu einem Vertrag, der
diesem Staate Neutralität gebot und die Verpflichtung auferlegte, seine Truppen vom österreichischen Heer wie seine
Schiffe von der englischen Flotte zu trennen. Zur selben
Zeit empfing er den Abgesandten der Republik San Marco,
den er für die Übergabe Peschieras an die Österreicher verantwortlich machte, obgleich er genau wußte — ein Brief an
das Direktorium bezeugt es — daß Beaulieu die Venezianer
getäuscht hatte. Er habe aber, schreibt er, damit nur einen
kleinen Zank hervorgerufen, um den reichen Kaufherren 6 bis
7 Millionen abzunehmen, und er könne ihn auch noch weiter
spinnen, wenn das Direktorium noch weitergehende Wünsche
habe. Das Direktorium wünschte zwölf Millionen, und sie
wurden in der Form eines „Anlehens" geschafft. Damit hatten
die Venezianer aber nicht verhindert, daß Napoleon nun
seinerseits Peschiera, Verona und Legnago besetzte. Bald
nachher mußte auch die päpstliche Regierung, die die Heim-
suchung der ewigen Stadt durch die gottlosen Republikaner
fürchtete, am 23. Juni von Napoleon sich Waffenruhe erkaufen, indem sie die Legationen Ferrara und Bologna und
den wichtigen Hafen Ancona den Franzosen bis zum Friedensschluß einräumte, die englischen Schiffe von der Küste des
Kirchenstaates fernzuhalten und den Siegern, neben $15^1/_2$
Millionen Franken Geldes, für andere Millionen allerlei Waren
und eine große Anzahl von Kunstwerken und Handschriften
zu überliefern versprach. Es soll bei diesen Unterhandlungen
der Verkehr mit dem jungen Oberbefehlshaber, der immer in

Bewegung und Erregung war, kein allzu leichter gewesen sein.
„Sie machen sich von dem Dünkel und Hochmut, mit denen
er mich empfing, keinen Begriff," schreibt der Spanier Azara,
der für Rom die Verhandlungen führte und ein Franzosenfreund war; „er verschwor sich hoch und teuer, aufs Kapitol
ziehen zu wollen, und zerriß dabei mit den Zähnen im Zorn
ein Dokument, das er in der Hand hielt. Die Regierungskommissare hatten Mühe, ihn zu beruhigen"[1]). Von Bologna
weg, wo der Vertrag abgeschlossen worden war, ging dann
Napoleon über den Apennin und suchte den Handelshafen von
Livorno mit maßlosen Requisitionen englischer Waren heim, worauf er in Florenz dem Großherzog einen Besuch abstattete, dem
Sohne jenes Leopold, der seinem Vater den Adel bestätigte, damit er in den königlichen Militärschulen seinen Freiplatz erhielt.

Zu einem friedlichen Genuß dieser Erfolge sollte es aber
noch lange nicht kommen. Österreich, dessen Interesse an
seinem Besitz und Einfluß in Italien wir kennen, setzte alles
daran, die verlorene Position wieder zu erobern. Vom Rheine
weg wurde der Obergeneral Wurmser, der sich dort hervorgetan hatte, nach Tirol beordert, um an Stelle Beaulieus den
Oberbefehl zu übernehmen und mit neuen Streitkräften Mantua
zu entsetzen. Napoleon wußte sehr wohl, daß ihm ein harter
Kampf bevorstand, von dessen Ausgang es abhing, ob er seine
persönliche Geltung aufrecht zu erhalten vermochte oder nicht,
und er traf seine Dispositionen. Was der junge Feldherr hier
während der nächsten Monate im Kampfe gegen vier einander
ablösende Armeen geleistet hat, gehört zu dem Bewunderungs-
würdigsten der Kriegsgeschichte, geleistet freilich mit der Überlegenheit seines unerschöpflich reichen Talentes, mit seinem
Scharfblick für Gunst und Ungunst des Terrains, für Schwäche
und Stärke, Vorzüge und Fehler des Feindes, mit seiner all-
gegenwärtigen Umsicht, die alle Punkte und alle Momente der

---

[1]) Nach C a r i n i s „Nuovi Documenti per la storia del trattato di
Tolentino" zitiert von d u T e i l , „Rome, Naples et le Directoire", p. 147.
M i o t v o n M e l i t o, der ihn in jenen Tagen sah, sagt von ihm u. a.: „In
raschen und hastigen Bewegungen äußerte sich ein feuriges Wesen (une
âme ardente); eine breite und sorgende Stirne verriet den tiefen Denker.
Seine Sprechweise war kurz und, zu jener Zeit, sehr unrichtig; so z. B. ver-
wechselte er fast immer während der Konversation das Wort „amnistie"
mit „armistice" usw." (Mémoires, I., 84.) Über seine Sprechfehler in späterer
Zeit s. C h a p t a l, Souvenirs, p. 225.

Aktion zugleich in Aug' und Sinn behielt, und mit der vollen Schätzung des Augenblicks. Und dazu kam noch ein Zweites. Die Generale, die ihm auf den italienischen Feldern gegenüberstanden, waren in den Grundsätzen der sogenannten „methodischen" Strategik gebildet und erfahren und, wie alle die Feldherren der alten Staaten, mit ihrem teuren Söldnermaterial zu dessen möglichster Schonung verpflichtet: ihnen galt noch das unblutige Manöver als die Hauptsache. Die Generale der Revolution dagegen mit ihren rücksichtslos requirierten Volksheeren und dem Fanatismus der Befreiung und Eroberung, der sie beseelte, mit ihren Rekruten, die nichts kosteten, und ihren Kriegen zu Lasten der fremden Völker, konnten sich über den Grundsatz der strategischen Ökonomie leichter hinwegsetzen: ihr Zweck war die blutige Entscheidung, falle was da wolle. Auch Friedrich der Große, dessen Schriften Napoleon sehr eifrig studiert hatte, hatte schon häufig die Schlacht dem Manöver vorgezogen; die Not und das Andrängen verbündeter und überlegener Gegner hatten ihn dazu gezwungen. Nur unterschied sich auch seine Kriegführung von der Bonapartes — wie einmal sehr richtig bemerkt worden ist — in dem wesentlichen Punkte, „daß er nicht, wie dieser, monatlich 10.000 Menschen zu verzehren hatte". Die Armeeverhältnisse der Revolution organisiert zu haben, ist das Verdienst Dubois Crancé's und Carnots. Das Prinzip der taktischen Offensive aber, wie sie sich aus dem Wesen der revolutionären Heere herausbildete und in Schützenschwärmen und Sturmkolonnen der bisherigen Linientaktik gegenüberstellte, dieses Prinzip in genialster Weise zur Geltung gebracht zu haben, bleibt das Werk Napoleons. Der Kontrast zwischen dem 27jährigen General der Republik, der rücksichtslos und verwegen nur noch den Geboten seiner eigenen Eingebung gehorchte, und dem 79jährigen österreichischen Feldherrn mit seiner Abhängigkeit von Kaiser, Minister und Hofkriegsrat prägte sich in dem ganzen Gang des nächsten Feldzugs nur zu deutlich aus[1]).

---

[1]) „Leider schoint es, daß die Kunst der Fabius, Barkas, Turenne, Montecuccoli, Eugen und Traun zu unserer Zeit verloren gegangen ist," klagt der österreichische Generalstabsoffizier Baron Wimpffen in seinom Tagebuch des italienischen Feldzugs. (Streffleurs Öst. milit. Zeitschrift 1889, 3, 190.)

Ende Juli — viel zu spät — drangen die Österreicher,
in zwei Heere geteilt, mit Ungestüm aus Tirol hervor: das
eine unter Quosdanovich im Westen des Gardasees, den Chiese
entlang, das andere, stärkere, unter Wurmser, dem Laufe der
Etsch folgend. Ihre Streitkräfte waren den französischen, die
im Präsenzstande, die Belagerungsdivision von Mantua mit
eingerechnet, nur 42.000 Mann betrugen, um etwa 5000 Mann
überlegen. Gelang der Plan, in einer gemeinsam und gleichzeitig durchgeführten Aktion die Operationsarmee Napoleons
zu umarmen, so war deren Schicksal besiegelt, um so mehr,
als die österreichische Mannschaft sich gleich bei den ersten
Gefechten als überaus standhaft und mutig bewies. Im Westen
wurden die Franzosen aus Brescia verjagt und bis Desenzano
zurückgedrängt, im Osten mußte das Gros unter Massena unter
großen Verlusten hinter den Mincio zurückweichen (29. und
30. Juli). Napoleon erkannte die Gefahr in ihrer ganzen Größe
und dachte schon an Rückzug hinter die Adda, ließ sich aber
doch von seines Untergenerals Augereau prahlerischer Zuversicht fortreißen und wagte, mit der steten Sorge, zwischen zwei
Feuer zu geraten, den Kampf. Und das kühne Wagnis gelang.
Mit allen verfügbaren Truppen — die Belagerung von Mantua
wurde aufgehoben, wobei der ganze Geschützpark verloren
ging — warf er sich zunächst auf Quosdanovich, besiegte
ihn nach heftigem Ringen bei Lonato (3. August) und zwang
ihn zur Rückkehr nach Tirol. Dann wandte er sich gegen
Wurmser, der, um den Feind sicherer zu umfassen, erst bei
Goito den Mincio überschritten und dadurch die Möglichkeit
verloren hatte, Quosdanovich rechtzeitig zu unterstützen; er
büßte diese Exkursion mit einer eklatanten Niederlage bei
Castiglione (5. August); auch ihm blieb nur der Weg ins
Gebirge frei. Er sammelte seine Scharen bei Trient. Mantua
wurde aufs neue von den Franzosen eingeschlossen.

Eine endgültige Entscheidung hatten freilich diese Siege
nicht gebracht. Napoleon hätte sie nach wie vor in seiner Vereinigung mit einer Rheinarmee durch Tirol sehen können, aber
dieser Gedanke war ihm schon unangenehm geworden, da er
die Ungebundenheit seiner Aktion dabei in Gefahr sah. Darum
schreibt er jetzt, am 14. August 1796, an das Direktorium, er
werde, wenn es der Rheinarmee gelingen sollte, bis Innsbruck
vorzudringen, Triest wegnehmen und auf dem Weg über diese

Stadt, „deren immense Hilfsquellen man ausbeuten könnte“, nach Wien vordringen[1]). Doch dazu kommt es nicht. Vor allem hat er die österreichischen Nachschübe aus Deutschland zum Stillstand zu bringen. Dabei mußte er Wurmser aus dem Wege schaffen, und das war in der Tat seine nächste Absicht. Hat sich erst seine Armee, die in den letzten Kämpfen stark gelitten hatte, völlig erholt, dann will er nach Trient gelangen, dort den Österreicher besiegen und den Weg bis Innsbruck frei machen. Dieser Zusammenstoß mußte um so eher erfolgen, als man österreichischerseits den Besitz von Mantua sehr hoch bewertete, an dem der der italienischen Landschaften hing, und Kaiser Franz schon am 19. August einen strikten Befehl an Wurmser erließ, nochmals gegen die Festung vorzurücken. Dieser tat dies Anfang September mit einem Teil seiner Armee durch das Tal der Brenta, während der zweite, unter Davidovich, die Position im Etschtal halten und die Franzosen beschäftigen sollte. Wenn dann Wurmser von Bassano aus nach Westen rückte, konnte es ihm, nach dem Entsatz von Mantua, gelingen, dem Gegner seine Verbindungen abzuschneiden. Dieser Plan wurde jedoch bald nach Beginn der Aktion zu Schanden, indem Napoleon, der davon erfuhr, mit seiner ganzen Hauptmacht in Tirol eindrang, Davidovich weit hinter Trient zurückdrängte, hier das Brentatal gewann, in unerhörten Eilmärschen (zwölf deutsche Meilen in zwei Tagen) hinter Wurmser herjagte und ihn in der Schlacht bei Bassano aufs Haupt schlug (8. September 1796)[2]). Die Trümmer der geschlagenen Armee erreichten mit ihrem alten Feldmarschall nur unter großen Anstrengungen und neuen Kämpfen über Legnago die deckenden Mauern Mantuas. Wurmsers Absicht, sich außerhalb der Mauern zu halten, wurde ihm durch ein Gefecht bei St. Giorgio am 15. September vereitelt. Eine seiner

---

[1]) Correspondance, I., 889. In einem späteren Schreiben vom 6. September (n. 968) heißt es: „Ihr wißt ohne Zeifel besser als ich, welche Wirkung die Wegnahme von Triest in Konstantinopel, in Ungarn und ganz Italien ausüben würde.“ Dazu vergl. man einen Brief Berthiers, des Generalstabschefs, an Clarke bei Derrécagaix, Le maréchal Berthier, I., 154.

[2]) Daß Napoleon Wurmsers Absicht durchschaut und danach seine Operationen eingeleitet habe, behauptet er zwar selbst in seiner eigenen, auf St. Helena verfaßten Darstellung; in den gleichzeitigen Berichten aber findet sich nichts davon, und es ist wahrscheinlich, daß er erst auf dem Marsch nach Trient den Plan Wurmsers in Erfahrung brachte.

Abteilungen ist nach Osten hinter den Isonzo zurückgewichen.
Das Unternehmen hatte Österreich über 100 Geschütze, das
gesamte Material und über 11.000 Mann gekostet.

Das war ein weitaus größerer kriegerischer Erfolg für
Napoleon gewesen als die Kämpfe um Castiglione ihn eingebracht hatten. Und er gewann besonderes Gewicht dadurch,
daß er zu einer Zeit errungen wurde, in der die Vorteile, die
die Armeen Moreaus und Jourdans in Deutschland davongetragen hatten, wieder verloren gegangen waren. Dort war
durch die Abgabe von Truppen für die italienische Operation
die österreichische Armee schwächer geworden, so daß der
junge Erzherzog Karl, der auf dem niederländischen Schauplatz Talent verraten und dann an Wurmsers Stelle das
Oberkommando übernommen hatte, den Gegner weitaus
überschätzend, wieder über den Rhein zurückgegangen
war. Dadurch war Moreau mit seinem Heeresteil zum Übergang über den Strom eingeladen worden. Er schlug den
Prinzen und drückte ihn bis hinter die Donau zurück. Auch
Jourdan konnte gegen die zweite österreichische Heeresabteilung unter Wartensleben vor- und bis nach Franken
dringen. Württemberg und Baden schlossen Frieden mit
Frankreich, Sachsen rief seine Truppen ab und erklärte sich
neutral, und es wollte scheinen, als sollte sich die geplante
Vereinigung der republikanischen Armeen zum Vormarsch auf
Wien wirklich vollziehen. Da, es war Anfang September,
gelang es dem Erzherzog, Jourdan bei Würzburg aufs Haupt
zu schlagen und dadurch auch Moreau wieder aus Süddeutschland hinaus an den Rhein zu nötigen. Österreichs Waffenehre
war glänzend hergestellt, und seine Siege fielen ins Gewicht.
Eine Niederlage der Franzosen in Italien zur gleichen Zeit
hätte zu großen Veränderungen führen können. So kam
wieder alles auf Mantua an. Und jetzt nicht nur für Österreich, sondern auch für Bonaparte, von dessen Kooperation
mit der Armee in Deutschland fortan lange keine Rede mehr
sein konnte. Er selbst gewann zwar dadurch an Selbständigkeit, seine Person an Geltung, aber nur wenn er imstande
war, der Kraft des Donaustaates, die jetzt in ihm allein ihren
wesentlichen Feind erblickte, zu widerstehen. „In Italien",
schreiben ihm die Direktoren, als die Aussicht auf die Rheingrenze unsicher wurde, „müssen wir uns für die Niederlagen

in Deutschland schadlos halten; dort müssen wir den Kaiser zum Frieden nötigen. Die Eroberung Italiens wiegt mit jedem Tage schwerer für unsere Interessen; sie hängt an Mantua."

Bonaparte hatte nach seinen letzten Siegen die oberitalienischen Völkerschaften zum Aufstand gegen die angestammte Herrschaft und zur Bildung nationaler Legionen aufgerufen, die denn auch wirklich in Mailand und Bologna errichtet wurden. Es geschah, wie er die Direktoren belehrte, um sich Rücken und Flanken zu decken, indem er sich die Italiener zu Freunden machte. Er kündigt jetzt den Waffenstillstand mit Modena; der Herzog muß fliehen, und in Bologna wird von Vertretern der Landschaften Modena, Bologna und Ferrara Mitte Oktober die „Transpadanische Republik" gegründet. Sie erhält, wie die „lombardische", eine eigene Administration. Der Herzog von Modena war mit Österreich verwandt; das österreichische Prestige stand auf dem Spiele. Neue Anstrengungen wurden gemacht, es zu wahren. Ausgedehnte Rüstungen, namentlich in Kroatien und der Militärgrenze, das Aufgebot der tirolischen Landesschützen, vermehrten die kaiserlichen Streitkräfte, so daß bald Davidovich in Tirol über 18.000, Quosdanovich in Friaul über 30.000 Mann verfügte. Der bejahrte Feldzeugmeister Alvinczy, ein sehr wackerer, aber ebenfalls in einer ergrauten Methodik eingerosteter Soldat, erhielt den Oberbefehl. Es war just, als ob das Schicksal diesem jungen energischen Genius gerade die ältesten, sklavisch am Hergebrachten hängenden Gegner in den Weg gestellt hätte, um seine Siege auch äußerlich als den Triumph einer neuen Zeit erscheinen zu lassen[1]).

---

[1]) Bonaparte soll sich einmal, 1797, folgendermaßen über den Feind geäußert haben: „Meine militärischen Erfolge sind groß; aber wie ist auch der Kaiser bedient! Seine Soldaten sind gut und tapfer, wenn auch etwas schwerfällig und wenig aktiv im Vergleich zu den meinigen. Aber welche Offiziere! Sie sind abscheulich (détestables). Die Generale, die man mir entgegenstellte, waren untauglich: ein Beaulieu, der von den Örtlichkeiten Italiens keine Ahnung hatte, ein Wurmser, taub und langsam ohne Ende, Alvinczy ganz unfähig. Man hat sie beschuldigt, mir davon gewonnen zu sein; das ist unrichtig, ich dachte nicht daran. Aber ich kann es erhärten, daß diese drei Generale nicht einen einzigen Generalstab hatten, von dem nicht mehrere der obersten Offiziere mir ergeben und verkauft gewesen wären. Daher hatte ich Kenntnis nicht allein von ihren beschlossenen Plänen, sondern auch von ihren Entwürfen, und zerstörte sie, ehe sie noch zu Ende beraten waren." (J u n g, Bonaparte III., 154.) Dieses harte Urteil war in solcher

Die Österreicher waren weit in der Überzahl, als mit
dem 1. November Alvinczy von der Piave her nach Westen,
Davidovich in der Richtung auf Verona nach Süden den
Vormarsch begannen. Nur bestand die Armee zumeist aus
jungen Rekruten, die zwar Vorzüge im Angriff, in ihrem
Mangel an nachhaltiger Zähigkeit aber einen bald fühlbaren
Nachteil aufwiesen. Wirklich war auch der Beginn der Aktion
für Napoleon durchaus ungünstig, so daß einen Augenblick
lange dieselbe Gefahr wie vor Castiglione bestand, von beiden
feindlichen Heeresteilen zu gleicher Zeit erfaßt zu werden.
Nachdem seine Absicht, das Friauler Korps weit genug nach
Osten zurückzutreiben, um sich durch die Val Sugana gegen
Davidovich wenden zu können, durch den nachhaltigen Widerstand der Österreicher vereitelt worden war, mußte er umkehren; in einem Treffen bei Caldiero, das ihm an 3000
Mann kostete, wurden die Divisionen Augereaus und Massenas
besiegt und nach Verona zurückgeworfen (11. und 12. November). Da war jene Gefahr in die Nähe gerückt, und
Napoleon muß sich entschließen, auch diese Stadt zu räumen.
Er ist in überaus gedrückter Stimmung, hat aber gleichwohl
nicht die Absicht, an den Mincio zurückzugehen, sondern entwirft einen neuen genialen Plan, der ihn in Flanke und Rücken
Alvinczys bringen soll. Mit unglaublicher Kühnheit reduziert
er die Streitkräfte in Verona und vor Mantua auf ein Minimum,
zieht mit allen übrigen Truppen, etwa 20.000 Mann, zunächst
von Verona weg gegen Westen, dann aber urplötzlich, des
Nachts, die Etsch abwärts, um bei Ronco wieder auf das
östliche Ufer zu gehen, dem Feinde bei Villanova einen

Ausdehnung sicher nicht gerechtfertigt, wenngleich man nicht leugnen
kann, daß Unordnung im österreichischen Offizierskorps auch sonst bezeugt
wird. So läßt z. B. der Österreicher Wimpffen in seiner gleichzeitigen Erzählung des Feldzuges die Frage offen, „ob der Feind durch Kundschaft
oder Verräterei" von Wurmsers Absichten unterrichtet war (S t r e f f-
l e u r s Öst. milit. Zeitschrift, 1889, 3., 191). T h i é b a u l t (Mémoires,
II., 31) entscheidet sich für das erstere, was Alvinczys Stärke und Marsch-
routen betraf. Über diesen Feldherrn hat sich sonst Napoleon mit großer
Anerkennung geäußert und ihn als den tüchtigsten seiner Gegner gerühmt.
(Vgl. C h a p t a l, Souvenirs, p. 301, B r a y's Erinnerungen, S. 159.) In
einem Gespräch mit dem preußischen Gesandten am Wiener Hofe, Lucchesini,
hat er sich im Februar 1797 zu Bologna lobend über die „sehr schönen und
sehr guten" österreichischen Truppen ausgesprochen. (B a i l l e u in der
„Revue napoléonienne", 1902, p. 49.)

Artilleriepark wegzunehmen und ihm den Rückzug abzu-
schneiden. Das sollte allerdings nicht gelingen. An dem
Flüßchen Alpone, bei Arcole, stellten sich ihm ein paar
Bataillone Kroaten und Siebenbürger Wallachen entgegen,
die unter ihrem Oberst Brigido die dortige Brücke zu halten
suchten, bis Verstärkungen kamen. Alles lag daran, den
Übergang zu forcieren, ehe sie eintrafen, und das dominierende
Dorf zu nehmen. Doch das mörderische Feuer der Gegner aus
gedeckter Stellung schlug jeden Sturm der Franzosen ab.
Napoleon selbst ergriff eine Bataillonsfahne und stürmte mit
seiner Suite auf die Brücke hinaus, ein Adjutant (Muiron)
fiel vor ihm, mehrere Offiziere wurden verwundet, es war
umsonst, ein Angriff der Österreicher brachte alles in Verwirrung und den General, der, von seinen fliehenden Soldaten
nach rückwärts gerissen, mit seinem Pferd in einen Sumpf
fiel, in Gefahr gefangen zu werden. Nur mit Mühe gelang es
seinen Adjutanten Marmont und Belliard mit den Grenadieren,
die Österreicher über die Brücke zurückzutreiben, indes ein
paar Unteroffiziere — man kennt ihre Namen — den General
aus dem Morast zogen. Erst die Dunkelheit ließ die Franzosen
ihre Stellung an der Etsch wieder gewinnen. Das geschah am
15. November. Da unterdessen die gesamte Streitmacht
Alvinczys sich um Arcole herum konzentriert hatte, kam es
am folgenden und zweitfolgenden Tage bei diesem Dorf zu
neuem blutigen, lange unentschiedenen Ringen, bis die stahlharten Soldaten Napoleons schließlich durch ihre physische
Ausdauer den Sieg über die braven österreichischen Rekruten
errangen. Die dreitägige Schlacht von Arcole (15.—17. November 1796) war für Frankreich gewonnen. Der säumige
Davidovich, der erst am 17. losschlug und eine französische
Division bei Rivoli und Peschiera hart bedrängte, wurde
sogleich nach dem Kampf am Alpone ebenfalls angegriffen
und nach Tirol zurückgeworfen, Wurmser, der zu spät ausfiel, nach Mantua. Damit war auch der dritte Versuch zur
Befreiung der Festung gescheitert.

Aber noch einen vierten wagte Österreich, das seine vorgeschobene Position in Italien nur mit seiner letzten Kraft aufgeben wollte. Noch einmal rückte Alvinczy, Anfang 1797, jetzt
aus Tirol, gegen den Feind vor. Ihn zu besiegen hatte er selbst
keinerlei Hoffnung und gehorchte lediglich dem Befehl des

Kaisers. Und doch hat es auf dem Plateau von Rivoli, am Mittag des 14. Januar, einen Augenblick gegeben, der, wirksam benutzt, den Österreichern einen entscheidenden Erfolg eingebracht hätte. Aber hier versagte die Mannschaft, die, bereits siegreich vordringend, vor einer unbedeutenden Kavallerie-Attacke in Verwirrung geriet und in haltloser Flucht zurückeilte. Die Schlacht endete mit der völligen Auflösung des österreichischen Heeres. Denn hier war auch das Schicksal einer Kolonne unter Provera entschieden worden, die von der Brenta her Wurmser die Befreiung bringen sollte. Die Division erlag den von Rivoli heranstürmenden Soldaten Massenas, und damit war auch der letzte Rettungsversuch mißglückt. Am 3. Februar fiel die Festung Mantua. Österreichs Vorherrschaft in Italien war zu Ende.

Thugut, ein Mann von ernstem Willen und hoher politischer Begabung, vermochte kaum daran zu glauben. Erst vor zwei Jahren noch, als Österreich mit Rußland den Rest von Polen aufteilte, hatte er, wie ehedem Kaunitz und Joseph II., die politische Unterstützung des nordischen Nachbars für weitere Erwerbungen in Italien zu erlangen gewußt. Aber im November 1796, just nachdem die russischen Hilfsvölker aufgeboten worden waren, starb Katharina II., und ihr Nachfolger, Zar Paul I., ein Schwärmer für Preußen, wollte von einer effektiven Hilfeleistung zum Zweck der Vergrößerung Österreichs nichts wissen. Als dann England, der andere Bundesgenosse, Korsika aufgab, seine Flotte aus dem Mittelmeer herauszog und dadurch die Operationen der Franzosen in Oberitalien erleichterte, war die Sache noch schwieriger geworden. Und nun hatte der Streit im Felde mit einer ganz entschiedenen Niederlage geendet. Aber trotzdem meinte Thugut, den Krieg nicht aufgeben zu sollen: „Noch haben wir Mittel; nur müssen wir uns zusammennehmen."

Versuche, zu Verhandlungen wegen des Friedens zu gelangen, waren die Zeit her den Kämpfen zur Seite gegangen, und noch zu Beginn des Jahres 1797 hatte das Pariser Direktorium — in sich uneins über die auswärtige Politik und von der öffentlichen Stimmung zum Frieden gedrängt — durch den jungen General Clarke von Österreich einen Waffenstillstand begehren und ihm einen Frieden anbieten lassen, der für Belgien und den Rhein anfänglich Bayern, später die Rückgabe oberitalienischen Landes in Aussicht stellte. Da aber Clarke angewiesen war, sich vorerst mit Bonaparte zu verständigen, der seine Rolle als Befreier Italiens festhalten wollte, namentlich aber, da Thugut auch jetzt — selbst nach dem Falle Mantuas — noch nichts von Frieden wissen wollte, so kam es wieder nicht zum Abschluß der Feindseligkeiten.[1]) Thugut will vielmehr die Aktion vom Rheine weg gänzlich nach Italien verlegen. Der Erzherzog Karl, der Sieger im Vorjahr, soll den Oberbefehl über die durch die Divisionen des Rheinheeres verstärkte italienische Armee übernehmen und aus Tirol einen Vorstoß nach Süden machen, um Bonaparte den Weg durch dieses Land und den durch Innerösterreich auf Wien zu verstellen. Das alles mußte freilich so bald als tunlich ins Werk gesetzt werden. Es kam aber anders. Der Kaiser, von seiner Gemahlin, einer Tochter der Königin von Neapel, in deren Auftrag um Frieden bestürmt, von einer hochtorystischen Partei gegen den emporgekommenen Minister eingenommen, schwankte wochenlang, bevor er den Entschluß zur Fortführung des Krieges faßte, und als es endlich dazu kam, da war es nicht Tirol, wo man die Hauptmacht konzentrierte, sondern Friaul, wohin sich die Reste der Alvinczyschen Armee nach dem Tage von Rivoli zurückgezogen hatten und wo sie, der leichteren Verpflegung wegen, stationiert geblieben waren. Fatal war nur, daß dadurch die Verstärkungen vom Rhein her um einige Wochen länger benötigten, bevor sie am Ort ihrer Bestimmung anlangten, da der Feind unterdessen die Kommunikation zwischen Friaul und Tirol durch die Val Sugana unmöglich machte. Sie waren in der Tat noch unterwegs, als die Franzosen bereits ihre Lücken ausgefüllt hatten und in der ersten Hälfte des März 1797 die Operationen wieder begannen.

Auch Bonaparte war nicht sogleich nach dem Fall von Mantua imstande gewesen, den Krieg gegen Österreich fortzusetzen. Auch seine Armee hatte schwer gelitten und mußte

---

[1]) In den Pourparlers, die zwischen Clarke und dem österreichischen Gesandten Gherardini in Turin stattfanden, bot der Franzose noch im März 1797 für Belgien und die linksrheinischen Länder der Donaumacht Bayern an, das nur die Pfalz behalten würde, und die Rückgabe der Lombardei, wobei er sich freilich recht weit von seinen Instruktionen entfernte. Gherardini lehnte gleichwohl ab und sprach seinerseits auch noch von den päpstlichen Legationen für Österreich. S. Guyot, p. 354.

durch bedeutende Verstärkungen vom Rhein und von der
Sambre her zu neuen gewagten Unternehmungen tüchtig gemacht werden. Die Zwischenzeit wurde von ihm zu einem
Zuge gegen Rom benutzt. Pius VI. hatte sich geweigert, auf
einen Friedensvorschlag des Direktoriums einzugehen, weil er
in den kirchlichen Bereich übergriff, Anerkennung der Zivil-
verfassung des Klerus in Frankreich, Aufhebung der römischen Inquisition u. dgl. m. verlangte. Er hatte sich mit Österreich verständigt und die im Juni zugestandenen Millionen
nicht bezahlt. Mit dem Falle Mantuas aber hatte auch der
heilige Vater sein Spiel verloren; Napoleon kündigte den
Waffenstillstand und eröffnete am 1. Februar 1797 den Krieg
gegen ihn. Mit einer geringfügigen Streitmacht — es war eine
einzige kleine Division — trieb er die unsäglich feigen päpstlichen Truppen vor sich her und bahnte sich den Weg durch
die Romagna und das Herzogtum Urbino bis nach Ancona.
Es wird unvergessen bleiben, wie hier sein General Lannes,
der die Vorhut des Expeditionskorps befehligte, mit den geringsten Opfern Tausende der Gegner zur Ergebung zwang
und einige hundert päpstliche Reiter, denen er, nur von wenig
Offizieren begleitet, begegnete, durch das Kommando, abzu-
sitzen, verblüffte und entwaffnete. Die Gefangenen versicherte
Napoleon seines Wohlwollens und sandte sie nach Hause, was
zur Folge hatte, daß ihm die Städte von Faenza bis Fano ihre
Tore öffneten. Vergebens, daß die Mönche der Schlüsselarmee
Kampf und Ausdauer predigten, vergebens, daß allerorten
Madonnenbilder im Gram über die Feinde die Augen ver-
drehten, die Krieger des Papstes wurden dadurch nicht mutiger,
und der Fall von Rom stand in nächster Aussicht. Aber Napo-
leon ging nicht so weit. Eine Bedrohung der Hauptstadt hätte
Pius zur Flucht genötigt und das Ende eines Krieges in die
Ferne gerückt, den der General nur als Episode in dem größeren
Kampf auffaßte und möglichst bald mit Vorteil zu beendigen
wünschte. „Denn", sagte er später einmal zu seinem Minister
Chaptal, „die Einnahme Roms in jenem Feldzug hätte mir
20 Tage gekostet, die der Erzherzog gewonnen haben würde."
Aber abgesehen hievon, war auch seine politische Einsicht
weit davon entfernt, das staatliche Moment der Kirche zu
unterschätzen, wie die Pariser Direktoren taten. Anstatt den
Katholizismus im Keime zu treffen, wie jene es gelegentlich

wünschten, ließ er dem Papst in allen geistlichen Dingen
freie Hand, die ewige Stadt unbedroht, und brachte damit am
19. Februar 1797 zu Tolentino einen Frieden zuwege, der
materiell und politisch durchaus vorteilhaft war: Pius ent-
sagte jedem antifranzösischen Bündnis, verschloß seine Häfen
den Engländern, trat die Legationen von Bologna, Ferrara und
Romagna, sowie den wichtigen Hafen Ancona, an Frankreich
ab und zahlte zu den noch schuldigen sechzehn Millionen
weitere vierzehn. Bonaparte hatte noch mehr verlangt, u. a.
die Verbannung der Familie des Kardinals Albani, der als der
Führer der antifranzösischen Partei galt; aber da war ihm der
Unterhändler, Kardinal Mattei, zu Füßen gefallen und hatte
damit die Zurücknahme der erniedrigenden Bedingung erreicht. Welche Nahrung für das ohnehin maßlose Selbstgefühl
des jungen Siegers, der hier den Vertreter des heiligen Vaters
vor sich im Staube liegen sah! Kurz zuvor hatte er von dem
Direktor Carnot einen Brief erhalten, in dem zu lesen stand:
„Ihr Ruhm ist der der ganzen Nation; Sie sind der Held von ganz
Frankreich." Wahrlich, sie haben redlich daran mitgearbeitet,
den Ehrgeiz dieses Mannes weit über sie hinaus zu heben.

Wieder einmal hatte er hier seine eigenste Absicht walten
lassen, so wie dort, wo er, entgegen dem Programm des Direktoriums, die norditalienischen Staaten gründete. Er hatte
offenbar mit Italien andere Pläne als die Herren in der Hauptstadt. Und welche? Wir sehen ihn einmal sich gegen den Vorwurf verteidigen, als wollte er sich zum Herzog von Mailand
oder zum König aufwerfen. Vielleicht hat er wirklich daran
gedacht und deshalb einen Modus vivendi mit dem Papst
gesucht. Wahrscheinlich aber faßte er schon jetzt klar und
sicher die Möglichkeit ins Auge, selbst einmal an der Seine
zu herrschen und dann seinem Zepter mehr Fundament und
ein weiteres Terrain zu schaffen als es den Direktoren gelungen
war. Er war genau davon unterrichtet, daß in Frankreich der
Katholizismus wieder stark in Aufnahme kam, und danach
benahm er sich. Carnot argwohnte in ihm „einen zweiten
Cäsar, der nicht säumen werde, über den Rubicon zu gehen,
wenn man ihm die Gelegenheit dazu biete". Tatsache ist auch,
daß von dem Reichtum italienischer Kontributionen zwar viel,
aber doch nicht alles zur Disposition der Regierung und zur
Unterstützung der anderen Armeen gelangte, und daß Napoleon

es nicht ungern sah, wenn seine Generale an der Beute ihren
Anteil suchten, um sich ihrer Abhängigkeit zu versichern. Sie
bargen ihre Schätze heimlich in der Schweiz. Er erzählte
später auf St. Helena, er selbst habe damals viel Geld aus
Italien fortgenommen[1]).

Als Bonaparte in Ancona anlangte, machte die Nähe der
Türkei tiefen Eindruck auf ihn. „In vierundzwanzig Stunden —
schrieb er nach Paris — kann man von hier nach Mazedonien
hinüberkommen; der Punkt ist unschätzbar für unseren Einfluß auf die Geschicke des osmanischen Reiches." Da mochte
die Gestalt Alexanders des Großen vor sein inneres Auge getreten sein und dem ehrgeizigen Mann den Prospekt auf eine
orientalische Weltherrschaft eröffnet haben. In ihrem Bann
ist er später nach Ägypten gegangen, und erst als er von dort
nach Frankreich zurückkehrte, um hier sein Regiment zu begründen, ward in seinen Vorstellungen der gewaltige Mazedonier als Vorbild zeitweilig von Karl dem Großen abgelöst.
Denn darin eben unterschied er sich von seinen unmittelbaren
Vorgängern im System der revolutionären Welteroberung, von
den doktrinären Girondisten mit ihren idealen Plänen einer
allgemeinen Völkerbefreiung und von den Direktoren mit ihrer
Planlosigkeit, daß er seine ehrgeizigen Entwürfe auf dem realen
Boden der Geschichte und einer zielbewußten Politik auf-
baute. Nur daß auch er sich nicht aus dem Bannkreis der
extensiven Revolution zu entfernen vermochte, hat ihn schließlich scheitern lassen[2]).

---

[1]) Gourgaud, Journal inédit I. 468.

[2]) Gerade zu der Zeit, als er in rasch drängender Folge seine Siege
in Italien errang, schrieb Mallet du Pan an den Wiener Hof die
denkwürdigen Worte: „Jene, die meinen, die ‚unvergängliche' Republik
werde doch eines Tages zu Ende gehen, haben gewiß recht. Wenn sie aber
darunter verstehen, daß dann das übrige Europa sicher sein und daß sich
sofort Schwarz zu Weiß verwandeln werde, täuschen sie sich. Denn auf
die gegenwärtige Republik kann eine monarchische
oder eine diktatorische Republik folgen, oder was
weiß ich? In zwanzig Jahren vermag ein aufstän-
disches Volk für seine Revolution hundert verschiedene Formen zu finden." Mallet du Pan ahnte dabei
freilich nicht, daß der „revolutionäre Monarch" derselbe Mann sein würde,
von dem er jetzt wegwerfend sagte: „Dieser Bonaparte, dieser Knirps mit
dem zerrauften Haar, den die Rhetoren der Kammer den ‚jungen Helden',
den ‚Eroberer Italiens' nennen, er wird seinen Marktschreierruhm, seine

Napoleons Ruhm als Feldherr war mit dem Feldzug von 1796 fest begründet; er hatte sogar den des bewunderten Hoche verdunkelt. Aber er wußte auch sehr gut, daß das französische Volk jetzt weniger für neue Siege als für den Frieden gestimmt und das Direktorium, weil es ihn nicht schaffen konnte, verhaßt und angefeindet war. Die Wahlen des neuen Drittels vom Rat der Fünfhundert standen vor der Tür; niemand zweifelte, daß sie im konservativen und friedlichen Sinne ausfallen und eine Majorität gegen die Direktoren ergeben werden. Wenn es ihm jetzt gelang, Österreich zu einem für Frankreich günstigen Frieden zu nötigen, so stimmte er damit nicht nur die Bevölkerung, selbst jene, die den 13. Vendémiaire noch nicht vergessen hatte, zu seinen Gunsten, sondern verpflichtete sich auch die Fünfmänner, die mit diesem Frieden in der Hand den Neuwahlen ruhiger entgegensehen konnten. Er wußte aber zugleich auch, welch hohen Wert Österreich auf seine Stellung in Italien legte und daß es sich nicht ohne weiteres auf einen Streich von der Halbinsel verdrängen lassen würde, und er wußte wohl auch, so gut wie man es in Paris wußte, daß die Donaumacht längst Absichten auf Venedig hatte[1]). Er faßte

schlechte Aufführung, seine Diebstähle, seine Füsilladen, seine unverschämten Pasquille zu büßen haben; denn die Erklärungen, die das Direktorium zu seinem Ruhme drucken ließ, sind nicht ernst zu nehmen. Einzelne Stimmen waren sogar dafür, den ‚jungen Helden‘ auf den Revolutionsplatz zu schicken, damit er dort fünfundzwanzig Kugeln ins Gehirn bekomme. Aber als Freund Barras’ entging er der Züchtigung seines tollen Benehmens." (C o r r e-s p o n d a n c e   i n é d i t e (éd. Panckoucke) etc., II. 86, 129.) Der Versuch G u y o t s (Le Directoire et la paix de l'Europe), die Politik des Direktoriums als eine durchaus systematische und planvolle hinzustellen, die n u r durch die Schuld anderer gestört und geändert wurde, scheint mir nicht in allen Punkten geglückt. Die von ihm zitierten Quellen widersprechen dieser These doch zu oft, und schon die Uneinigkeit der Regenten ließ keine konsequente Haltung zu. Eins allerdings geht aus seiner Studie sehr deutlich hervor: daß das Direktorium vorwiegend nach der Rheinlinie und den natürlichen Grenzen strebte, während Bonaparte, über diese hinaus und jene wenig achtend, in Italien festen Fuß fassen wollte und dies auch durchsetzte. Schon daß er die Pariser Regierung verhältnismäßig leicht dazu bekehrte, spricht nicht für die Festigkeit ihres Systems.

[1]) S o r e l, V. 144, sagt mit Recht, daß man diese Annahme nicht beweisen könne. Da jedoch der Minister des Äußern, Delacroix, um den österreichischen Wunsch nach dem Besitz Veneziens wußte, und Clarke, der doch im Einvernehmen mit dem kommandierenden General vorzugehen hatte, in den Verhandlungen zu Turin auch das venezianische Kroatien anbot, so ist es wahrscheinlich, daß auch Bonaparte ihn gekannt hat. War

daher den Gedanken, dem Kaiser Franz bei der ersten Gelegenheit das Landgebiet von San Marco samt seinen Dependenzen
in Istrien und Dalmatien für die Lombardei und Belgien anzubieten. Daß es sich dabei um die Vernichtung eines selbständigen neutralen Staates handelte, war für den rücksichtslos vorwärts drängenden Mann kein Hindernis. Hatten denn
die Staaten der legitimen Gewalt mit Polen nicht ebenso gehandelt? Von diesem Plan war er offenbar schon erfüllt, als
er 1797 den neuen Feldzug begann, und es galt ihm nur, Österreich möglichst bald, ehe noch der Sukkurs aus Deutschland
eingetroffen war, in eine Situation zu bringen, die das Angebot
annehmbar erscheinen ließ. Alles mußte geschehen sein, ehe die
Heere am Rhein unter Hoche und Moreau ihm seine Lorbeeren
streitig machen konnten.

Während die österreichischen Verstärkungen noch weit
entfernt waren, langten Anfang März die französischen, unter
Bernadotte, beim Heere an, und sofort nahm Napoleon die
Feindseligkeiten wieder auf. Drei schwache Divisionen unter
General Joubert, 20.000 Mann, wurden nach Tirol kommandiert, wo 15.000 Österreicher standen, um deren Verbindung
mit Friaul zu stören und die Flanke zu decken. Mit vier anderen,
über 40.000 Mann, unternahm er selbst den Zug nach dem
Frieden. Am 10. März warf er den österreichischen Vortrab
an der Piave zur Seite und eilte an den Tagliamento, hinter
den Erzherzog Karl seine Armee zurückgezogen hatte. Vor
der Übermacht retirierte das Gros der Österreicher, nicht,
wie anzunehmen war, nordwärts auf Pontebba, sondern nach
Osten hinter den Isonzo, wo sie die rheinischen Truppen erwarten wollten. Napoleon vermutete hinter dem Zurückweichen des Gegners in dieser Richtung einen geheimen Plan
und fürchtete, daß etwa die österreichische Rheinarmee durch
eine kräftige Diversion durch Tirol ihm in den Rücken fallen

---

vielleicht der rätselhafte Bote, der dem Erzherzog Karl Mitte Februar
nach Conegliano einen Zettel mit für Österreich günstigen Friedensbedingungen überbrachte und mit ihm ein mehrstündiges Gespräch ohne Zeugen
hatte (L u c k w a l d t, Der Friede von Campo Formio, S. CXXXVIII) von
Napoleon an den bekanntlich friedliebenden Prinzen gesandt worden? War
vielleicht in dem Gespräch das Wort Venezien gefallen? Der Erzherzog
war bald nachher nach Wien gefahren und hat dort gewiß dem Kaiser von
der Sache gesprochen, ohne aber gegen Thugut durchdringen zu können.

könnte; er beschwor jetzt sogar selbst das Direktorium, Hoche
und Moreau in Bewegung zu setzen. Aber seine Besorgnis war
unbegründet. Die Österreicher konnten die Position am Isonzo
nicht halten. Nach ungenügender Verteidigung des Pontebba-
Passes fielen Tarvis und Villach in die Hände Massenas
(23. März), und damit war auch die Verbindung mit dem
Pustertal abgeschnitten, durch das die ersehnten österreichischen Verstärkungen herankommen sollten. Die Absicht Karls,
die im Fellatale getrennt avancierenden Abteilungen Massenas
und Guieus nacheinander bei Tarvis zu schlagen und dann
Bonaparte den Rückweg zu verlegen, war an der Energie
Massenas gescheitert, an ernsten Widerstand fürs erste nicht
mehr zu denken. In den wenigen Tagen waren die Verluste
der Österreicher, namentlich an Gefangenen, geradezu außerordentlich gewesen und, was der Erzherzog noch zur Verfügung hatte, nicht mehr als 15.000 Mann, die er in Klagenfurt
sammelte und auf der Wiener Straße gegen Norden führte.

Da schien Bonaparte der Augenblick gekommen, mit
dem Ansinnen des Friedens hervorzutreten. Er war aus Görz
über den Predil gegangen und schrieb am 31. März aus Klagenfurt einen Brief an den Prinzen, den er selbst als „philo-
sophisch" bezeichnet hat. Er wies darin auf einen Versuch des
Direktoriums hin, Frieden mit Österreich zu machen, der, wie
er sagte, durch England vereitelt worden sei. „Gibt es also
keine Hoffnung, uns zu verständigen und müssen wir wirklich
fortfahren, uns nur für die Interessen und Leidenschaften
einer dem Kriegsübel selbst fernbleibenden Nation zu er-
würgen? Sie, Herr Chefgeneral, der Sie durch Ihre Geburt dem
Thron so nahe stehen und erhaben sind über die kleinen
Schwächen der Minister und Regierungen, sind Sie entschlossen,
sich den Titel des Wohltäters der Menschheit, des wahren Er-
retters von Deutschland, zu verdienen? Was mich betrifft,
ich würde, wenn die Eröffnung, die ich Ihnen hiermit zu machen
die Ehre habe, das Leben auch nur eines einzigen Menschen
retten könnte, stolzer sein auf die damit erworbene Bürgerkrone als auf den traurigen Ruhm, der aus kriegerischen Erfolgen erwächst." Um diesen Worten den gehörigen Nachdruck zu verleihen, hieß er Massena die Pässe von Neumarkt
nehmen, wobei allerdings viel mehr als „das Leben eines einzigen Menschen" zugrunde ging, und so weit im Murtal

vorrücken, bis er bei St. Michael und Leoben dem Gegner die
letzten Kommunikationen mit dem Westen unterbinden konnte.
Am 7. April war diese Aufgabe gelöst; Massena rückte in Leoben
ein. Noch weiter vorzugehen, war nicht rätlich. Napoleon
weiß, daß in seinem Rücken die Venezianer Bauern aufstehen
— er hatte selbst das Seinige dazu getan — daß der Papst
neuerdings schwierig wurde, daß die frommen Deutschtiroler
sich zusammenrotten und seinen Truppen beschwerlich fallen
können und daß er, isoliert, ohne Zuzug von Frankreich her,
im Herzen einer doch immerhin lebensstarken feindlichen
Monarchie steht. Einen Waffenstillstand aber schließen, wie
die Österreicher wünschten, wollte er nicht, um nicht deren
Kräfte zur Entwicklung kommen zu lassen und am Ende das
Prestige des Friedensstifters zu verlieren. Deshalb Frieden
und die Sache rasch zum Abschluß gebracht. Er macht dem
Direktorium gegenüber Moreau dafür verantwortlich, der noch
immer nicht den Rhein passiert hat, wozu sich übrigens, wie
er weiß, Hoche eben anschickt. Aber die Bedingungen des
Friedens würden, beruhigte er, immer noch bessere sein, als
man sie im Winter durch Clarke erreicht hätte[1]).

Erzherzog Karl hatte den Brief Napoleons sofort in Wien
mitgeteilt. Auch hier wollte man nicht ohne militärischen
Rückhalt in die Unterhandlungen mit einem Feldherrn eintreten, der sich vielleicht schon allzu weit vorgewagt hatte.
Freiwillige wurden zu Tausenden angeworben, die ungarische
Insurrektion aufgeboten, Anstalten zur Verteidigung Wiens getroffen, als der Kaiser seine Vertrauensmänner nach Leoben
sandte. Hier und auf dem nahen Schloß zu Göß, Napoleons
Hauptquartier, kam es dann zwischen General Merveldt und
dem Neapolitaner Marchese Gallo als Vertreter Österreichs
einerseits und Napoleon anderseits zu Besprechungen, in
denen dieser sich auf das Zuvorkommendste benahm und alsbald seinen Haupttrumpf, das Festland von Venedig gegen

---

[1]) Siehe besonders den Brief an das Direktorium vom 30. April 1797,
Correspondance, III. 1756: Der große Plan, durch Bayern und
Salzburg nach Wien zu marschieren, sei durch Moreaus Untätigkeit zerstört
worden. Da nur Hoche in Bewegung gesetzt werden könne, habe er den
Feldzug für verloren gehalten und gefürchtet, es könnten beide Heere, eins
nach dem andern, besiegt werden. Daher der Friede, der in Deutschland
das Gleichgewicht der Waffen wiederherstelle und den Völkern Ungarns
und Österreichs den Vorwand nehme, sich zu erheben.

Mailand und Belgien, ausspielte. Das Anerbieten machte in
Wien tiefen Eindruck. Inmitten der zum Frieden drängenden
Adels- und Hofparteien, von Rußland nicht unterstützt, von
England vergebens auf das Erscheinen einer Flotte in der Adria
und auf reichere Subsidien vertröstet, von Preußens Ver-
größerungsabsichten überzeugt, nahm Thugut zögernd den
Vorschlag Bonapartes an. Die Erwerbung des längst ersehnten
Landes erschien ihm immerhin als Entschädigung für die Verluste; man hatte doch noch festen Fuß auf italienischem Boden
und konnte, bei günstiger Gelegenheit, das verlorene Übergewicht wiedergewinnen. Nur wollte er wissen, auf welche
Weise man in den Besitz des versprochenen Gebietes gelangen
werde, worauf sich Napoleon bereit erklärte, einen Zwist mit
der Republik zu benutzen, um deren Land zu besetzen und
es dann dem Kaiser zu übergeben[1]). Schwieriger wurden die
Verhandlungen, als Napoleon die Abtretung Modenas forderte.
Es ward klar, er wollte dem Einfluß Franz II. auf Mittelitalien
mit der Ogliolinie oder, wenn es gelang, mit der Etsch eine
definitive Grenze ziehen und die Verbindung Österreichs mit
Toskana hindern. Gerade deshalb aber suchte Thugut Modena
seinem Fürsten und dem Hause Habsburg zu erhalten und
durch eine Linie, die vom Iseosee den Oglio entlang an den
Po und das Enzatal aufwärts bis an die Küste von Massa und
Carrara reichte, den politischen Machtbereich Frankreichs
gegen die Halbinsel abzustecken. Der diplomatische Kampf
entschied gegen Österreich: Modena wurde und blieb republikanisch, der Herzog ward auf eine spätere Entschädigung verwiesen. Im übrigen aber gab Bonaparte den österreichischen
Forderungen auffallend rasch nach, und am 18. April 1797
ward der Friede im Eggenwaldschen Garten zu Leoben unterzeichnet. Es war lediglich ein Präliminarvertrag — Thugut
hatte es so verlangt und Napoleon war darauf eingegangen —

---

[1]) „Bieten sie" — heißt es in Thuguts Instruktion vom 15. April —
„wie angedeutet wurde, Teile des venezianischen Gebietes, so muß man
ihnen vorstellen, daß der Kaiser Entschädigungen dieser Art unmöglich
annehmen könne, ehe sie wirklich Frankreich gehören." (H ü f f e r, „Diplomatische Verhandlungen", I. 245.) Napoleon hatte demnach Unrecht, in
einem Brief an das Direktorium vom 16. die Österreicher als die Begehrenden
zu bezeichnen, die für Mailand ein Stück venezianischen Landes verlangten.
C o r r e s p o n d a n c e, II. 1735. Er bot, die anderen nahmen an. Gut
stand der häßliche Handel keinem von beiden.

der zwar die Grundlagen der Vereinigung enthielt, bei weiteren
Verhandlungen jedoch immerhin in einzelnen Punkten verändert werden konnte. Wie er jetzt lautete, setzte er neben
der Abtretung des österreichischen Gebietes von Mailand und
des Herzogtums Modena an die oberitalienischen Freistaaten,
der Überlassung Belgiens an Frankreich und der Anerkennung
von dessen sogenannten „konstitutionellen" Grenzen, wie sie
die Verfassung von 1795 normierte — nicht der Rheingrenze,
denn die Integrität des Deutschen Reiches wurde als Grundsatz erklärt — den Anfall des venezianischen Festlandes bis
zum Oglio samt den Dependenzen am Ostufer der Adria, Istrien
und Dalmatien, an Österreich und die Entschädigung der
Markusrepublik durch die drei ehedem päpstlichen Legationen
Bologna, Ferrara und Romagna in geheimen Artikeln fest.
Während eines sechsmonatigen Waffenstillstandes sollte auf
einem Kongreß zu Bern über den Definitivfrieden verhandelt
und dieser binnen drei Monaten abgeschlossen werden.

Eben als Napoleon seinen Namen unter das Schriftstück
setzte, das den Waffen Ruhe gebot, errang Hoche am Rhein
einen bedeutenden Vorteil über die Österreicher und drang weit
ins deutsche Land hinein vor. Aber diese Siege kamen zu spät.
Bonaparte hatte sie überflüssig gemacht, vorausgesetzt, daß
die Direktoren ihre Zustimmung zu einem Vertrag gaben, den
abzuschließen er im Grunde gar keine Vollmacht gehabt hatte.
Er hat sich deshalb in einem ausführlichen Schreiben (vom
19. April) rechtfertigen zu müssen geglaubt. Er habe, heißt
es darin, sobald er den Ernst der Unterhandlungen wahrnahm,
einen Kurier an den General Clarke, den diplomatischen Bevollmächtigten des Direktoriums, nach Turin geschickt. Da
dieser aber nach zehn Tagen noch nicht angekommen war und
der günstige Augenblick vorüberzugehen drohte, habe er jeden
Skrupel beiseite setzen müssen und selbst unterzeichnet. Habe
man ihm doch Vollmacht in allen militärischen Angelegenheiten
erteilt, und wie die Dinge lagen, seien auch die Friedenspräli-
minarien mit dem Kaiser nur eine militärische Operation geworden[1]).

---

[1]) Correspondance, II. 1745. In dieser Stelle: „Vous m'avez
donné plein pouvoir sur toutes les opérations diplomatiques; et,
dans la position des choses, les préliminaires de la paix, même avec l'Empereur, sont devenus une opération militaire", muß es wohl statt „diplomatiques", „militaires" heißen, sonst hätte der Satz ebensowenig einen
Sinn als der „Skrupel" und die Sendung nach Clarke eine Berechtigung.

Übrigens, versichert er in einem späteren Briefe (vom 22. April), seien die Präliminarien eigentlich nur eine erste Aussprache zwischen den beiden Mächten und beim definitiven Frieden jede Änderung möglich, die das Direktorium wünschen würde. Damit wollte er die Regierung über den Inhalt des Abkommens, der ihr — der nicht erreichten Rheingrenze wegen — unzulänglich erscheinen mußte, beruhigen. Und das war notwendig, denn die herrschende Mehrheit im Direktorium, das Triumvirat Barras, Rewbell und Larevellière war außer sich. Nur wagten sie keine Bemerkung, da Bonaparte zugleich um seine Enthebung gebeten hatte: er wolle nach Frankreich gehen und sich der politischen Carriere widmen. Das fehlte gerade noch. Die Wahlen waren am 10. April durchaus oppositionell ausgefallen; sie boten einem ruhmreichen populären General, der den Frieden heimbrachte, eine unvergleichliche Handhabe. Nein, Bonaparte durfte nicht ins andere Lager getrieben werden. Die Regierung ratifizierte seinen Frieden und stellte nur die eine bestimmte Forderung an ihn: er solle, da das Vorgehen gegen Venedig dem Grundsatz der Selbstbestimmung zuwiderlaufe, weitere Unternehmungen gegen den Freistaat unterlassen; der Kaiser sei stark genug, sich selbst in den Besitz des Landes zu setzen. Die Mahnung kam zu spät. Eine Woche vorher (2. Mai) hatte Napoleon dem Senat der Lagunenstadt den Krieg erklärt. Freilich, das hatte er dem Direktorium verschwiegen, daß er es in Leoben auf sich genommen hatte, den Österreichern das venezianische Land zu schaffen und, zu diesem Zwecke, sogleich nach dem Abschluß des Vertrages in offener Feindseligkeit gegen die Markus-Republik vorzugehen.

Den Anlaß dazu hatte er selbst von langer Hand vorbereitet. Man irrt nicht, wenn man, trotz seiner eigenen anders lautenden Mitteilung, annimmt, daß er, bevor er noch nach Innerösterreich eindrang, die demokratische Revolution in

---

Wenn H ü f f e r, „Diplomatische Verhandlungen", I., 255 übersetzt: „Sie haben mir s o g a r für alle diplomatischen Geschäfte Vollmacht gegeben", so ist diese Lesart durch den französischen Text nicht geboten. Hüffer selbst zitiert S. 244 den Bericht Merveldts vom 15. April, wonach Bonaparte „keine genügende Vollmacht" besaß. Neuestens hat G u y o t, Le Directoire et la paix de l'Europe, p. 356, die Richtigkeit meiner Annahme aus dem Original des Bonaparteschen Briefes bestätigt.

den venezianischen Städten gegen das aristokratische Staatsregiment ins Werk gerichtet hat. Derlei Absicht hatte schon
zu Robespierres Zeit bestanden und war ihm sicher nicht unbekannt geblieben[1]). In der Tat, die „Patrioten" erhoben sich.
Nun war die Folge, daß sich die regierungsfreundliche Landbevölkerung gegen die Aufständischen wandte und daß mehrfach französische Soldaten, die an der Empörung offen teil-
nahmen, getötet wurden. So kam es in Verona in den Oster-
tagen 1797 zu einer Gegenrevolution, die Demokraten und
Franzosen das Leben kostete und nur durch die kräftige Intervention der französischen Garnison unterdrückt wurde. Später
ereignete sich im Hafen von Venedig ein Kampf zwischen den
Mannschaften eines französischen und eines venezianischen
Kriegsschiffes, wobei der Kapitän des ersteren erschossen
wurde. Darauf erfolgte dann Napoleons Kriegserklärung an
den Dogen. Eine von dem französischen Geschäftsträger
offen unterstützte demokratische Bewegung in der Lagunenstadt tat das ihrige dazu. Am 15. Mai mußte der „große Rat"
abdanken, und von den „Patrioten" wurde eine provisorische
Regierung eingesetzt, die die noch zur Verfügung stehenden
Truppen sofort entließ und mit Napoleon ein Abkommen traf,
wonach dieser für sechs Millionen Franken, eine Anzahl von
Kriegsschiffen, Gemälden und wertvollen Handschriften, sich
zu beruhigen und der Republik den Schutz seiner Waffen versprach (16. Mai 1797). Wie wenig ernst er es aber mit dieser
Beschützerrolle meinte, beweist der Umstand, daß er kurz
nachher dem Marchese Gallo, der von Thugut zur Unterhandlung des Definitivfriedens nach Mailand geschickt worden war
— den Kongreß in Bern ließ man beiderseits fallen — auch

---

[1]) Ein nach Paris entsandter Bote Venedigs berichtete nach einer
Unterredung mit Robespierre am 6. Juni 1794 nach Hause: „Man wird
Venedig nicht direkt angreifen, aber ihr Projekt scheint zu sein, Wirren
zu erzeugen, die ihnen den Vorwand zur Einmischung liefern sollen."
R o m a n i n, Storia documentata di Venezia IX. 521. Das Direktorium
hat dann anfänglich die Idee gehabt, sich mit den Venezianern zu alliieren,
und ihnen Trient und Brixen in Aussicht gestellt, was aber von der Signorie
abgelehnt wurde. Bonaparte unterstützte die Aufstandsbewegung zunächst
in Bergamo und Brescia, was, entgegen seiner Meldung nach Paris (C o r r e-
s p o n d a n c e, II. 1629), in der er seinen Anteil in Abrede stellte, nunmehr erwiesen ist. S. P e r l, Napoleon in Venezien, S. 45 und G u y o t,
a. a. O. 351.

noch die S t a d t Venedig anbot, wenn er die österreichische
Grenze vom Oglio an die Etsch zurückziehen wollte. (24. Mai
1797.[1]) Um die Venezianer sicher zu machen, schrieb er zwei
Tage später an die neue Munizipalität: „Jedenfalls werde ich
alles tun, was in meiner Macht steht, um Euch zu beweisen,
wie sehr ich die Erstarkung Eurer Freiheit wünsche und wie
gerne ich das arme Italien wieder ruhmbedeckt, frei und jeglichen fremden Einflusses ledig, auf der Weltbühne erscheinen
und unter den großen Nationen den Rang einnehmen sehen
möchte, zu dem es durch seine Natur, seine Lage und seine
Bestimmung berufen ist." Dagegen hieß es in einem Bericht
an das Direktorium vom Tage darauf: „Venedig, das seit der
Entdeckung des Kaps der guten Hoffnung und des Emporkommens von Triest und Ancona im Niedergang begriffen ist,
wird wohl schwerlich die Schläge überdauern, die wir ihm beigebracht haben. Diese elende, feige, keineswegs für die Freiheit
gemachte Bevölkerung ohne Land und ohne Wasser — es erscheint nur natürlich, daß wir sie denen überlassen, denen
wir ihr Festlandsgebiet übergaben. Wir werden alle Schiffe
fortnehmen, das Arsenal ausräumen, die Kanonen wegführen,
ihre Bank zugrunde richten. Auch Korfu und Ancona behalten
wir für uns"[2]). Die stolze Stadt mußte erst verbluten, bevor
man den Kadaver an Österreich überlieferte.

Es war fraglich, ob die Wiener Regierung, die namentlich
auch nach den drei päpstlichen Legationen verlangte, sich mit
der neuen Proposition Napoleons begnügte. Denn es begannen
sich in Paris Dinge abzuspielen, die alle Aufmerksamkeit verdienten.

————————

Die Neuwahlen in Frankreich hatten im April 1797, wie
vorhergesehen worden war, ein dem Direktorium durchaus un-
günstiges Resultat und alsbald im Rat der Fünfhundert und

---

[1]) S o r e l, V. 157, sagt, Gallo habe in diesen Besprechungen durch-
blicken lassen („insinue"), der Kaiser würde für die Abtretung auch der
S t a d t Venedig Frankreichs Vergrößerung in Deutschland zustimmen.
Aber soweit man sehen kann, ist die Initiative Österreichs in dieser
Frage ebensowenig zu erweisen, wie die Napolens in der ganzen Sache
der Aufteilung Venetiens zweifelhaft.

[2]) C o r r e s p o n d a n c e, III., 1832, 1836.

im Rat der Alten eine gemäßigte Majorität ergeben. Zur selben
Zeit hatte ein neuer Direktor einzutreten gehabt. Das Los
war auf Barthélemy gefallen, der nun im Verein mit dem
ähnlich gesinnten Carnot den Barras, Rewbell und Larevellière
gegenüber eine konservative Minderheit bildete. Es dominierte
demnach im Direktorium das jakobinisch-demokratische Element, das um die natürlichen Grenzen Frankreichs bereit war,
einen Krieg ohne Ende zu führen, in den Kammern dagegen
das konservativ-royalistische, die Friedenspartei der „alten
Grenzen", gemäßigte Republikaner, die nur das Direktorium
verändern wollten, liberale Monarchisten, die den heimkehrenden König an eine Konstitution zu binden gedachten,
endlich Reaktionäre des alten Regimes. Der Gegensatz verschärfte sich mit jedem Tag. Ein Konflikt war unvermeidlich.
Heute griff die oppositionelle Majorität die jämmerliche Finanzpolitik der Regierung an, die trotz einem zweifachen Bankrott
sich mühselig fortfristete, morgen bekämpfte sie ihr Verhalten
gegen Priester und Emigranten, dann ihre Kolonialverwaltung,
ihre Handelspolitik, vor allem aber die auswärtige Politik, die
immer mehr den Charakter der revolutionären Propaganda enthüllte. Offen klagte man das Direktorium an, den grenzenlosen
Krieg zu verfolgen, weil es die Truppen daheim nicht ernähren
könne. Der Selbstmord einiger Seeoffiziere, die sich aus Hunger
töteten, machte tiefen Eindruck. Namentlich das Vorgehen in
Italien wurde hart getadelt, und besonders dasjenige gegen
Venedig. Es ward dem Direktorium von der oppositionellen
Rechten vorgeworfen, daß es Kriegserklärungen erlasse, ohne
die verfassungsmäßige Zustimmung der Kammern einzuholen,
sich ebenso verfassungswidrig in die inneren Angelegenheiten
fremder Staaten einmische und auf solche Art systematisch
den definitiven Frieden hintertreibe.

Bonaparte, der sich hiedurch persönlich getroffen fühlte[1]),
erwartete von einem Sieg des angestammten Königtums, dem
etwa Pichegru die Wege zur Heimkehr ebnete, für sich und
seine Pläne ebensowenig Förderung, als von dem der Partei
der „alten Grenzen", der seine italienischen Gründungen in
Frage stellte und seiner souveränen Statthalterschaft in Italien

---

[1]) Zwei Abgeordnete, Dumolard und Doulcet, hatten geradezu eine
Untersuchung seines Vorgehens verlangt. Es war in der Sitzung vom
29. Juni gewesen.

sicher ein Ende bereitete. Er nahm sich schließlich, nachdem
er vorher doch auch mit Carnot und Barthélemy Fühlung gehalten hatte, der Mehrheit des Direktoriums gegen die
Majorität der Kammern an[1]). Am 14. Juli, dem Gedächtnis
des Bastillesturmes zu Ehren, erließ er ein Manifest an seine
Armee, das eine förmliche Fehdeerklärung an die Parteigegner
enthielt. „Soldaten," — hieß es darin — „ich weiß, daß Ihr
tief ergriffen seid von dem Unglück, das dem Vaterlande droht.
Aber das Vaterland kann keine ernste Gefahr laufen. Die
Männer, die ihm zum Triumph über das vereinte Europa verholfen haben, sind zur Stelle. Die Berge, die uns von Frankreich trennen, Ihr würdet sie mit dem Flug des Adlers über-
steigen, wenn es gälte, die Verfassung aufrecht zu erhalten,
die Freiheit zu verteidigen, die Regierung und die Republikaner
zu beschützen. Soldaten, die Regierung wacht über den Gesetzen, die ihrem Walten anvertraut sind. Sobald die Royalisten sich nur zeigen, haben sie ihr Leben verwirkt. Seid ohne
Sorge und laßt uns bei den Manen der Helden, die an unserer
Seite für die Freiheit fielen, laßt uns auf unsere neuen Fahnen
schwören: unversöhnlichen Krieg den Feinden der Republik
und denen der Verfassung des Jahres III!" Der Aufruf fand
ein Echo in allen Garnisonen der Armee, wo die einzelnen
Abteilungen in Adressen an das Direktorium ihre treue republikanische Gesinnung aussprachen. Auch vergißt Bonaparte
nicht, in einem Schreiben an den Finanzminister (vom 3. September) daran zu erinnern, daß das italienische Heer der Republik 40 bis 50 Millionen Franken verschafft habe, ohne den
eigenen Unterhalt zu rechnen. Außerdem verfaßte er eine
Anzahl Denkschriften, die, ebenso meisterhaft als unwahr,
seine Politik gegen Venedig rechtfertigen sollten. „Ich prophe-
zeie Euch", ruft er darin den oppositionellen Kammerrednern
zu, „und ich spreche im Namen von 80.000 Mann: die Zeit, da
feige Advokaten und elende Schwätzer die Soldaten guilloti-
nieren ließen, ist vorbei! Zwingt Ihr sie dazu, dann werden
die Soldaten von Italien mit ihrem General an der Barrière

---

[1]) „Ich für meinen Teil", sagte er zu Miot von Melito, „will bestimmt
die Rolle Monks nicht spielen, aber ich will auch nicht, daß sie von anderen
gespielt werde." (M i o t, Mémoires, I. 184.) Daß er es für klug gehalten
hatte, auch mit Carnot und Barthélemy nicht ohne Fühlung zu bleiben,
zeigt G u y o t, a. a. O. p. 505.

von Clichy erscheinen, und dann wehe Euch!"[1]) Und Bonaparte
war nicht der Mann, der sich's bei Worten genügen ließ. Er
sandte seinen General Augereau, den Draufgänger, mit den
Adressen der Divisionen nach Paris und stellte ihn Barras und
seinen beiden Kollegen für ihre Verteidigung zur Verfügung.
Auch Bernadotte ging mit einer Anzahl erbeuteter Fahnen
nach der Hauptstadt ab, um der Regierung die Huldigung der
italienischen Armee auszudrücken. Augereau wurde dort zum
Befehlshaber der Armee des Innern ernannt.

Überdies leistete Napoleon den drei Direktoren noch einen
Dienst. In Triest war ein Hauptagent der Bourbons, Graf
d'Antraigues, den Franzosen in die Hände gefallen. Er wurde
ins Hauptquartier nach Mailand geschickt, und dort fand sich
in seinem Portefeuille ein von ihm niedergeschriebenes Gespräch
mit einem andern Agenten (Montgaillard), das Andeutungen
über Beziehungen Pichegrus zu dem Bourbonenprinzen von
Condé im Jahre 1795 enthielt, Enthüllungen, die jetzt um so
wertvoller erschienen, als Pichegru einer der Führer der Majorität und Präsident der „Fünfhundert" geworden war. Napoleon brachte d'Antraigues — durch Versprechungen oder
Drohungen — dazu, diese Mitteilungen aufs neue zu redigieren,
und bald wanderte das Schriftstück nach Paris, wo es den
drei Direktoren als wichtige Handhabe und entscheidender

---

[1]) In der Straße von Clichy in Paris hielt der royalistische Klub seine
Sitzungen. Von einer Denkschrift unter dem Titel „Note über die Venezianer
Ereignisse" ist im Pariser Nationalarchiv ein von Napoleon geschriebener
Entwurf vorhanden, der in der Correspondance, III. 1971 ab-
gedruckt erscheint. Er ist nicht datiert und dürfte aus derselben Zeit, Ende
Juni 1797, stammen, da Bonaparte ein Schreiben an den Präsidenten des
Direktoriums verfaßte, worin er Klage über die Rede des Abgeordneten
Dumolard führt und worin es heißt: „Ich wiederhole, Bürger, mein Gesuch
um meine Entlassung. Ich benötige Ruhe, vorausgesetzt, daß die Dolche
von Clichy mich am Leben lassen." (Correspondance, III. 1970.)
Am 15. Juli schreibt er an die Direktoren: „Ich kann nicht unempfindlich
bleiben gegenüber den Schmähungen und Verleumdungen, die täglich und
bei jeder Gelegenheit 80 Zeitungen verbreiten, ohne daß eine einzige sie
widerlegt ... Ich sehe, der Klub von Clichy will über meine Leiche hinweg
zur Zerstörung der Republik schreiten. Gibt es denn keine Republikaner
mehr in Frankreich? ... Ihr könnt mit einem einzigen Schlag die Republik
retten und binnen 24 Stunden den Frieden abschließen. Lasset die
Emigranten verhaften, zerstört den Einfluß der Fremden, und wenn Ihr
Gewalt benötigt, ruft die Armeen. Zerbrecht die Pressen der an England
verkauften Blätter." (Correspondance, III. 2014.)

Vorwand zu einem Staatsstreich diente, mit dem sie sich, von
Augereau tatkräftig unterstützt, am 4. September 1797
(18. Fructidor) zunächst ihrer beiden Kollegen Carnot und
Barthélemy und überdies einer beträchtlichen Anzahl kon-
servativer Deputierter entledigten. Carnot entkam, Barthélemy
wurde verhaftet, mit ihm fünfundfünfzig Abgeordnete und,
wie es Bonaparte gewünscht hatte, zahlreiche Journalisten.
In die offenen Direktorenstellen traten zwei entschieden
demokratisch gesinnte Männer, Merlin aus Douay und François
von Neufchâteau, ein. Der Coup war vollständig geglückt.
Um ihn zu rechtfertigen, wurden Pichegrus Verrätereien öffentlich mitgeteilt. Der eigentliche Sieger des 18. Fructidor aber
war Bonaparte, sowie er der des 13. Vendémiaire gewesen
war. In einem Bulletin vom 22. September, dem Jahrestag
des Beginnes der Republik, nahm er den Triumph offen für
sich und sein Heer in Anspruch. „Soldaten," — lautet darin
eine Stelle — „man hatte Ketten für Euch vorbereitet; ihr
habt es gewußt; ihr habt gesprochen; das Volk hat sich er-
mannt; es hat die Verräter festgenommen; schon sind sie in
Fesseln geschlagen."

Sein Ansehen bei der Regierung stand höher denn je.
Augereau, der sich bei dem Staatsstreich für die leitende Hand
gehalten hatte, während er doch nur Werkzeug gewesen war,
wurde durch die Verleihung des Oberbefehls über die Rheinarmee belohnt und damit vom politischen Schauplatz entfernt.
Hoche, der einzige nennenswerte Rivale des Korsen, starb in
dieser Zeit an einem akuten Lungenübel. Pichegru war beseitigt. Moreau, der von dessen Beziehungen zu den Bourbons
ebenfalls Kenntnis gehabt, sie aber bis nach dem Staatsstreich
für sich behalten hatte, galt für verdächtig und verlor deshalb
sein Kommando. Die Royalisten waren besiegt, die gemäßigten
Konstitutionellen zur Untätigkeit verurteilt, das neue Direktorium, dem General zu Dank verpflichtet, vermied es, ihm
nachhaltig entgegenzutreten. „Man hat mir vorgeworfen, den
Staatsstreich vom 18. Fructidor begünstigt zu haben"
äußerte er einige Jahre später im Gespräch zu Frau von
Rémusat — „das ist gerade so, als ob man mir vorwürfe, die
Revolution überhaupt unterstützt zu haben. Man mußte eben
die Revolution ausnützen und Vorteil aus dem Blute ziehen,
das sie vergossen hatte. Wie? sich freiwillig und unbedingt

den Bourbons überliefern, die uns unser Mißgeschick seit
ihrem Abgang fortwährend an den Kopf geworfen und uns
mit der Notwendigkeit ihrer Rückkehr den Mund geschlossen
haben würden? unsere siegreiche Fahne mit der weißen vertauschen, die sich nicht gescheut hat, sich unter die Feld-
zeichen der Feinde zu mischen? und endlich, ich selbst mich
mit ein paar Millionen und mit dem Herzogstitel begnügen?[1])
Fürwahr, die Rolle eines Monk ist nicht schwer zu spielen, sie
hätte mir weniger Mühe gemacht als der ägyptische Feldzug
und selbst als der 18. Brumaire; gewiß, ich hätte im Notfall
die Bourbons auch ein zweites Mal zu depossedieren gewußt,
und der beste Rat, den man ihnen hätte geben können, war, sich
meiner zu entledigen." Wie genau stimmt zu diesem Bekenntnis, was schon in demselben Jahre aufmerksame Beobachter über ihn zu sagen wissen. Einer seiner alten Freunde,
der Kriegskommissar Sucy, schreibt im August 1797: er kenne
bei Bonaparte kein Halten, es wäre denn auf dem Thron oder
auf dem Schaffot. Und der erwähnte Graf d'Antraigues sagt
in einem Bericht aus dem September: „Dieser Mann will
Frankreich unterjochen und durch Frankreich Europa. Gäbe
es einen König in Frankreich, und er selbst wäre dieser König
nicht, so wollte er ihn doch eingesetzt haben, wollte dessen
Rechte auf der Spitze seines Degens balancieren, diesen Degen
niemals weglegen, um ihn dem Monarchen in den Leib zu
stoßen, wenn er einen Augenblick aufhörte, ihm untertänig zu
sein." Sie hatten Recht. Einem andern Willen untertan zu
sein, hatte er gar kein Talent. Es wird ihm daher kaum etwas
anderes übrig bleiben, als selbst Regent zu werden. Jetzt, in
Mailand, wo alle Fäden der Verwaltung in seiner Hand zusammenliefen und wo er von sich sagen konnte, er sei das
Direktorium der cisalpinischen Republik, da machte er seinen
ersten Kursus in der Staatenregierung durch. Er selbst verbarg
es nicht allzu sorgfältig, daß sein Sinn nun, wo er ohne Nebenbuhler war, nach sehr hohen Zielen stand.

---

[1]) Wie Pichegru, war auch Bonaparte von den bourbonischen Agenten
umworben worden. Im Dezember 1796 hatte man ihm, im Falle daß er
sich für die angestammte Monarchie erklärte, das Herzogtum Mailand und
den Marschallsstab von Frankreich versprochen. Die Kurzsichtigen hatten
freilich keine Ahnung, daß, was sie hier boten, schon aufgehört hatte, seinen
Ehrgeiz zu fesseln.

Schon die äußere Art seines Auftretens trug den Stempel unabhängiger Gewalt. Auf Schloß Mombello hielt er Hof gleich einem Fürsten. Gleich einem solchen empfing er die Gesandten Österreichs, Neapels, Piemonts. Ja selbst seine Mahlzeiten nahm er, mit wenigen Auserwählten, öffentlich, einem neugierigen Publikum zur Schau, ein, wie ein Monarch. Hier war seine Gattin bei ihm, desgleichen seine Familie mit den meisten ihrer Glieder. Die schweren, an Entbehrung reichen Tage von Marseille lagen weit hinter ihnen. Kaum war Napoleon nach dem Vendémiaire zu einer einflußreichen Stellung gelangt, so hatte er auch schon reichlich für die Seinen gesorgt; jetzt sind sie Zeugen und Teilhaber an seiner Macht und dem Glanze, der ihn umgibt. Da ist Mutter Lätitia mit ihren drei Töchtern: jener Marianne, die in St. Cyr Elisa genannt worden war, Pauline und der fünfzehnjährigen Karoline, ehedem Annunziata geheißen. Lätitia brachte der Schwiegertochter eine unbesiegbare Abneigung entgegen, die namentlich Elisa und die Brüder teilten; es war der Beginn einer Familienfeindseligkeit zwischen den Beauharnais und den Bonaparte, die jahrelang fortdauern und auch auf die politischen Ereignisse nicht ohne Wirkung bleiben wird. Elisa, wenig hübsch, findet in dem unbedeutenden Kapitän Felix Bacciocchi einen Freier, der sie sofort erhält. Pauline, damals siebzehnjährig, schön von Gesicht und von tadellosem Wuchs, den später der Meißel Canovas verewigte, war in Marseille von Fréron umworben worden; jetzt soll sie von ihrer nicht ganz harmlosen Neigung für ihn durch eine Ehe mit Leclerc, einem tüchtigen Offizier aus dem Generalstab Napoleons, geheilt werden. Bruder Joseph war eben von einer Sendung nach Paris zurückgekehrt, ein liebenswürdiger, sacht auftretender Mann, der seinen Ehrgeiz zumeist in sich verschloß; den Ruhm Napoleons wußte er in der Hauptstadt übrigens auch für sich zu nützen: das Direktorium hat ihn zum Botschafter in Rom ernannt. Lucian, der unbändige, den wir von seinen antipaolistischen Intriguen her kennen, ist als Kriegskommissar auf Korsika abwesend, wo er, was von der Habe des Hauses übrig war, in Sicherheit zu bringen hatte. Ludwig hat neben Napoleon den Feldzug tapfer mitgemacht, sich aber auch ein Leiden zugezogen, das ihn zeitlebens mit trüber Gemütsstimmung verfolgen sollte. Jérôme (geb. 1784) zählte noch

nicht mit. Auch Onkel Fesch war in der Nähe; er war ausschließlich mit einträglichen Armeelieferungen beschäftigt, die
ihm Napoleon zuwandte; seines geistlichen Berufs von ehedem
hat er vorläufig vergessen. Außer den Verwandten finden wir
in der nächsten Umgebung des Generals: Berthier als Chef
des Generalstabs, Monge und andere Gelehrte, Marmont und
Junot als Adjutanten, Bourrienne als Sekretär, und oft auch
Regnault de St. Jean d'Angély, ehedem Mitglied der Konstituante, jetzt Herausgeber eines gut geschriebenen französischen Blattes, das in Mailand erschien, als eine Art Preß-
herold des Feldherrn. Zu den Intimen gesellte sich eine große
Anzahl von Generalen und Offizieren, von Mitgliedern der vornehmen Familien des lombardischen Landes und Würden-
trägern der neuen Republik, die in Bonaparte ihr Haupt erblickten.

Miot von Melito, ein Diplomat, der in Florenz, Rom und
Turin mit Mäßigung Frankreich vertrat, erzählt in seinen
Memoiren ein interessantes Gespräch, das er und der Mailänder
Fürst Melzi mit Napoleon hatten, wobei dieser mit überraschender Offenheit ihnen seine Pläne enthüllte: „Was ich
bisher geleistet habe, ist noch nichts; ich stehe erst am Anfang
meiner Laufbahn. Glauben Sie, ich hätte in Italien nur deshalb
gesiegt, um den Advokaten im Direktorium, den Barras und
Carnot — das Gespräch fand vor dem Fructidor statt — zu
besonderer Größe zu verhelfen? Oder glauben Sie, es geschah,
um eine Republik fester zu begründen? Welcher Gedanke!
Eine Republik von 30 Millionen Menschen! mit unseren Sitten,
unseren Lastern! wie wäre das möglich? Das ist eine Chimäre,
in die die Franzosen selbst verrannt sind, die aber vorübergehen
wird wie vieles andere. Was sie brauchen, das ist Ruhm, Befriedigung ihrer Eitelkeit; aber Freiheit? davon verstehen sie
nichts. Sehen Sie sich die Armee an. Dem französischen Soldaten haben unsere Siege bereits den wahren Charakter verliehen: ich bin für ihn alles, und wenn das Direktorium mir
das Kommando nehmen wollte, würde es sehen, ob es der Herr
ist. Ebenso bedarf die Nation eines Chefs, eines Oberhauptes,
dem der Ruhm Glanz verleiht, nicht aber Staatsrechtstheorien,
Phrasen und Gerede von Ideologen, wovon die Franzosen
nichts begreifen. Spielzeug muß man ihnen geben, das genügt
ihnen, das unterhält sie, und sie lassen sich willig leiten, voraus-

gesetzt, daß man ihnen geschickt verbirgt, wohin man sie führt... Ich möchte Italien nur verlassen, um in Frankreich eine ähnliche Rolle zu spielen wie hier; dazu ist aber der Augenblick noch nicht gekommen, die Frucht ist noch nicht reif („La poire n'est pas mûre"). Bis es dahin kommt, muß man mit den Republikanern gehen. Den Frieden (mit Österreich), der nötig ist, um die Wünsche unserer Pariser Gaffer zu befriedigen, will ich selber machen. Ließe ich einem andern das Verdienst, so würde ihn diese Gefälligkeit weit höher in der öffentlichen Meinung emporbringen als mich alle meine Siege"[1]).

Kurz, an die Spitze Frankreichs gedenkt er sich dereinst zu schwingen, und er bedauert es vielleicht schon, daß Augereau sich in Paris den revolutionären Direktoren so unbedingt zur Verfügung gestellt und ihnen ihre Position so sicher gemacht hat[2]). Vorläufig wünscht er in Italien uneingeschränkt in seiner Stellung seitens der Pariser Regierung zu bleiben. Diese versuchte es zwar, nach ihrem Sieg im Fructidor ganz jakobinisch geworden und von allerlei italienischen Abordnungen beeinflußt, ihm bei seinen Verhandlungen über den Definitivfrieden ihren demokratischen Doktrinarismus zur Richtschnur anzuweisen: Italien völlig zu revolutionieren und den Kaiser gänzlich oder doch bis an den Isonzo, daraus zu verdrängen. Aber er wies dieses Ansinnen als unpraktisch mit solcher Entschiedenheit und unter steter Androhung seiner Demission zurück, daß auch jetzt dem Direktorium nichts übrig blieb, als seinem Willen freien Lauf zu lassen. In einem seiner Schreiben an Talleyrand, den neuen Minister des Äußern, heißt es: „Ihr kennt diese italienischen Völkerschaften sehr wenig. Sie verdienen nicht, daß man für ihre Unabhängigkeit 40.000 Franzosen opfere. Ich ersehe aus Euern Briefen, daß Ihr von einer falschen Annahme ausgeht: Ihr bildet Euch ein, die Freiheit sei imstande, ein weichliches, abergläubisches, hanswurstiges (pantalon), feiges Volk zu großen Dingen anzuregen. Da verlangt Ihr Wunder von mir, die ich nicht wirken kann. Ich habe, seitdem ich in Italien bin, nicht die Liebe der Völker zu

---

[1]) Einer der österreichischen Diplomaten in Mailand und Udine, Baron Degelmann, den Napoleon als „phlegmatisch" bezeichnete, sieht in ihm den Mann, „der die Geschicke Europas in seinen Händen hält", und denkt dabei an Cäsar und Cromwell. Hüffer-Luckwaldt, Quellen, I. S. 326.
[2]) S. Barante, Souvenirs, I. 45, die Erzählung Regnaults.

Freiheit und Gleichheit als Unterstützung gehabt, oder es war
wenigstens eine sehr schwache Unterstützung. Die gute
Disziplin der Soldaten, unsere Achtung vor der Religion, die
wir bis zur Schmeichelei gegenüber ihren Dienern übertrieben,
Gerechtigkeit, und vor allem rasches Handeln bei der Unter-
drückung und Bestrafung der Übelgesinnten, die sich gegen
uns erklärten, das war die wahre Unterstützung, die die Armee
fand. Das ist das Historische; alles, was sich sonst recht schön
in den gedruckten Proklamationen und Reden liest, sind Romane... Der eigentümliche Charakterzug unserer Nation ist,
daß sie im Glück viel zu hitzig vorgeht. Legen wir allen unseren
Handlungen die wahre Politik zu Grunde, die nichts anderes
ist als die Berechnung der Umstände und Möglichkeiten („le
calcul des combinaisons et chances"), so werden wir auf lange
hinaus die große Nation und der Schiedsrichter Europas sein.
Ich sage mehr: wir halten die Wage des Weltteils in unseren
Händen, wir werden sie steigen oder sinken lassen nach unserem
Belieben, und ich sehe, wenn das Geschick es will, keine Unmöglichkeit darin, daß man in wenig Jahren zu den großen
Ergebnissen gelangt, die bereits heute eine erhitzte und begeisterte Phantasie in unsicheren Umrissen erblickt, die aber
nur ein äußerst kalter, beharrlicher und berechnender Mann
wirklich erreichen wird." Der kaltberechnende Mann mit der
heißen Phantasie, war das nicht er selbst? Sein Übergewicht und seine überlegene Haltung bekam bald auch der
Wiener Hof zu fühlen.

Thugut hatte sich bereit erklärt, von den Präliminarien
des Aprilvertrages abzuweichen, allerdings in der Absicht, um
das Machtgebiet Österreichs in Italien noch durch die Legationen zu vergrößern. Damit hatte er gefehlt. Napoleon
freilich war willig darauf eingegangen, den vorläufigen Frieden
zu verändern, aber nur, um Österreichs Einfluß noch mehr
zu schwächen. Daher sein Anerbieten der Stadt Venedig und
der Etschgrenze im Mai. Thugut hatte dann wohl dieses
Ansinnen weit von sich weggewiesen und den General monatelang hingehalten, nebenbei auch durch eine direkte Sendung
nach Paris zu wirken gesucht, stets in der Hoffnung, ein
Sieg der Friedenspartei werde in der auswärtigen Politik
Frankreichs eine größere Mäßigung herbeiführen. Aber diese
Hoffnung ward durch den Staatsstreich vom Fructidor

getäuscht. Das Direktorium wurde noch hochmütiger, es brach
Verhandlungen, die damals in Lille mit England gepflogen
wurden, ab, wich von Rußland, dem es sich genähert hatte,
zurück, und hatte für Österreich nur noch unannehmbare
Bedingungen. Die Aussichten waren höchst ungünstige,
als Kaiser Franz seinen besten Diplomaten, den Grafen
Ludwig Cobenzl, im September zu Verhandlungen nach
Udine schickte, nachdem die in Mombello kein Ergebnis
gehabt hatten.

Hier war es nun allerdings von der größten Bedeutung
und Wichtigkeit, daß der Kompaziszent in seiner Persönlichkeit eine selbständige Macht repräsentierte, die es auf sich
nehmen durfte, von der feindseligen Instruktion der Pariser
Regenten abzuweichen. Die Schwierigkeit lag nur darin, daß
Napoleon selbst, der jetzt, nachdem Clarke, des Einverständ-
nisses mit Carnot verdächtig, entfernt worden war, allein für
Frankreich die Unterhandlung führte, mit sich und seinen
persönlichen Interessen nicht immer völlig im klaren war.
Seine Herrscherstellung in Italien wollte er nicht aufgeben;
sie hatte aber ihr Ende, sobald der Krieg das seinige fand.
Andererseits wußte er, daß alles in Frankreich den endgültigen
Frieden ersehnte, den er, und nur er, dem Lande verschaffen
mußte, wollte er seine hohe Geltung festhalten. Diese Alternative bereitete ihm schwere Sorgen und Aufregungen und
machte die Verhandlung mit ihm nicht leicht, umsoweniger,
als das Direktorium mit seinem Verlangen nach der Republikanisierung ganz Oberitaliens zu Frankreichs Diensten in den
letzten Septembertagen wieder dringender an ihn herantrat.
Um es zu beruhigen, forderte er von dem Österreicher die förmliche und unbedingte Anerkennung der Rheingrenze anstatt
des bloßen Versprechens, Frankreichs Ausdehnung bis dahin
nicht hindern zu wollen, und versicherte nebenbei etwas unhöflich, daß er „sich höher als alle Könige halte". Bei der
Weigerung Cobenzls bekam er einen förmlichen Wutanfall,
warf ein Porzellangefäß zu Boden, stürzte mit Fluchen und
Schreien aus dem Sitzungssaal und konnte von seiner Begleitung nur mühsam beruhigt werden, eine Szene, ähnlich
denen, die er in späteren Jahren wiederholt, und oft nicht unvorbereitet, den Gesandten fremder Mächte gegenüber gespielt
hat. Erst als der Österreicher zugegeben hatte, daß die

Franzosen die italienischen Landschaften erst dann zu räumen brauchten, wenn ihnen der Besitz von Mainz sicher war, nahmen die Verhandlungen einen ruhigeren Verlauf. Nach wiederholten Schwankungen wurde am 17. Oktober 1797 in Passariano bei Udine der (aus Campo Formio datierte) definitive Friede unterzeichnet. Belgien, die ionischen Inseln und die venezianischen Niederlassungen an der albanischen Küste kamen an Frankreich, an Österreich die Stadt Venedig, die Terra Ferma der Republik bis zur Etsch und südlich von dieser das Gebiet zwischen dem Canal bianco und dem Hauptarme des Po, überdies Istrien, Dalmatien, die Bocche von Cattaro und die venezianischen Inseln der Adria. Aus den Territorien von Mantua und Mailand, Bergamo und Brescia, Modena und den drei Legationen wurde der „Cisalpinische Freistaat" gebildet, der Herzog von Modena mit dem österreichischen Breisgau entschädigt. Für diesen Verlust, sowie für die gleichfalls abgetretene Grafschaft Falkenstein und das Fricktal im Argau, sollte Kaiser Franz durch das Erzbistum Salzburg und bayrisches Gebiet rechts vom Inn schadlos gehalten werden, wofür sich Frankreich beim Reichsfrieden verwenden wollte; dagegen versprach Österreich in geheimen Artikeln seine guten Dienste, damit Frankreich den Rhein bis Andernach und die Nette als Grenze erhalte, von deren Quellen bis Venloo das deutsche Land französisch werden sollte. Diese Reichsangelegenheiten wollte man auf einem besonderen Kongreß in Rastatt ordnen. Weigern sich dort die Reichsfürsten, dann wird Franz II. seine Truppen bis auf das Reichskontingent zurückziehen. Um seinen guten Willen zu beweisen, räumt er alsbald die wichtige Festung Mainz den Franzosen ein.

In Wien, am Hofe und in der Bevölkerung, herrschte Jubel bei der Nachricht von dem erfolgten Friedensabschluß. Nur wenige weiter blickende Staatsmänner, Thugut vor allen, beklagten dessen Bedingungen als ein Unglück für die Monarchie und glaubten nicht an die Dauerbarkeit der durch sie geschaffenen Zustände. Der deutsche Kaiser hatte zur Einschränkung des Reichsgebietes seine Zustimmung gegeben, hatte sich selbst bereit erklärt, das Gut eines geistlichen Fürsten zu annektieren, wo doch gerade an diesen geistlichen Reichsständen das Kaisertum der Habsburger seinen stärksten Rückhalt fand. Und wenn wenigstens der österreichische Staat

dafür die gewünschte Machtausdehnung erlangt hätte; aber
man war unerbittlich nach Osten zurückgedrängt worden.
Thugut konnte sich nur damit trösten, daß das linksrheinische
Preußen nicht den Franzosen zufiel und der Berliner Hof daher
keinen Anspruch auf weitgehende Entschädigungen erhielt;
überdies rechnete er mit den Schwierigkeiten, die das Abkommen auf dem Kongreß finden werde, und mit allerlei glücklichen Zufällen, wie sie die gewonnene Zeit herbeiführen konnte.
Dagegen hatte Napoleon allen Grund, zufrieden auf sein ge-
lungenes Werk zu blicken. Wir hören, daß er am Tag der
Unterzeichnung seiner Freude rückhaltlos Ausdruck gab und
den österreichischen Gesandten gegenüber eine gewinnende
Freundlichkeit offenbarte, über die sein reiches schauspiele-
risches Talent ebenso souverän gebot wie über Zorn und Ungestüm. Dem Direktorium machte er den Vertrag, der ja noch
immer nicht die volle Rheingrenze einbrachte, in einer langen
Reihe von Argumenten plausibel, unter denen der Wunsch des
Landes, „und selbst der Armee", nach Ruhe eines der wirksamsten war. Diese Armee war nach seinen Angaben jetzt
plötzlich nur noch 50.000 Mann stark, während ihr gegenüber
Österreich über 150.000 verfügte, was an die Fortsetzung des
Krieges nicht habe denken lassen. Für ihn persönlich hätte
freilich das Scheitern der Unterhandlungen die unerwünschte
Mühsal eines Winterfeldzuges in den unwirtlichen Alpen-
gegenden herbeigeführt, während ihr glücklicher Abschluß ihm
seine Popularität sicherte und ihn in den Stand setzte, die
weittragenden Entwürfe zu verfolgen, die er den Sommer über
bei sich zur Reife gebracht hatte, Entwürfe, wie sie nur selten
in gleich weltumfassendem Umfang und in ähnlich zielbewußter
Klarheit von einem Manne erdacht worden sind.

Fünftes Kapitel.
Ägypten.

Als Napoleon unter dem Schein des hilfsbereiten Bundesgenossen den Vertrag mit der Regierung von Venedig abschloß,
war es keineswegs bloß seine Absicht, ein Kompensationsobjekt in die Hand zu bekommen, das er den Österreichern
auszuliefern gedachte. Er reservierte Frankreich einen Teil der

venezianischen Erbschaft: die orientalische Machtstellung der
alten Republik sollte auf die Franzosen übergehen. Mit venezianischen Schiffen ließ er noch im Mai 1797 den französischen
General Gentili die ionischen Inseln okkupieren, wo die Bevölkerung den Abgesandten des gefeierten Generals als Befreier von der lästigen Herrschaft des Löwen von San Marco
sympathisch aufnahm. Er hatte damit einen wichtigen Schritt
nach dem Osten hin getan, wo er ein weites Feld für den französischen Einfluß und für seinen Ehrgeiz erblickte — vorausgesetzt, daß sich beide deckten. Schon im Mai hatte er darauf
hingewiesen, daß Frankreich Korfu notwendig behalten müsse.
„Korfu, Zante und Kephaloniae", schrieb er später an die
Direktoren, „sind für uns von größerem Interesse als ganz
Italien", und am selben Tage (16. August 1797) an Talleyrand:
„Korfu und Zante machen uns zu Herren zugleich des Adriatischen Meeres und des Orients. Vergeblich ist es, das türkische
Reich erhalten zu wollen; wir werden seinen Untergang noch
erleben; die Besetzung der vier ionischen Inseln wird die Möglichkeit in unsere Hand geben, es entweder zu unterstützen
oder uns unser Teil daran zu sichern." Es war nur im Sinne
dieses Programms, wenn er, von den ionischen Inseln aus, sich
mit den griechischen Mainoten, den Paschas von Janina,
Skutari und Bosnien durch Agenten in Beziehung setzte. Und
schon hatte sein weitblickendes Auge neue Objekte erfaßt. Es
gehörte längst zu Frankreichs Plänen, die Engländer von
ihrem Verbindungsweg mit Indien auszuschließen und deshalb
soviel Stützpunkte als möglich im Mittelländischen Meer zu
gewinnen. Darum hat auch Napoleon nach dem Abzug der
britischen Flotte im Jahre 1796 Korsika wiedererobern lassen[1]),
darum ging er im Frühling 1797 gegen Genua ähnlich vor wie
gegen Venedig, und ein Vertrag vom 5. Juni stellte Frankreich
die „Ligurische Republik" mit einer neuen, der letzten französischen nachgebildeten, demokratischen Verfassung zur unbedingten Verfügung. Endlich am 16. August 1797 schrieb er
an das Direktorium: „Die Zeit ist nicht mehr ferne, wo wir
fühlen werden, daß wir uns Ägyptens bemächtigen müssen,

---

[1]) Napoleon gewährte den Korsen Amnestie. Aber die Häupter jener
Familien nahm er aus, die sich damals als Paolisten gegen ihn gewendet
hatten, namentlich die Pozzo di Borgo, Peraldi, Bertolacci u. a. Karl
Pozzo di Borgo blieb denn auch sein Feind und unermüdlicher Widersacher.

um England gründlich zu zerstören. Das weitgedehnte türkische Reich, das mit jedem Tage mehr zerfällt, legt uns die Pflicht auf, beizeiten an die Erhaltung unseres Orienthandels zu denken." Nicht vergebens hatte er in den „Ruinen" seines Freundes Volney gelesen, Frankreich müsse beim Zusammenbruch der Türkei Ägypten zu erwerben trachten: „durch Ägypten berühren wir Indien; wir werden den alten Weg über Suez wieder eröffnen und den über das Kap der guten Hoffnung veröden lassen". Rasch durchmaßen seine Gedanken den Weg nach dem Lande der Pharaonen. „Warum" — fragte er Talleyrand am 13. September — „sollten wir uns nicht Maltas versichern? Admiral Brueys könnte sehr leicht dort anlegen und sich der Insel bemächtigen. Vierhundert Ritter und ein Regiment von höchstens 500 Mann bilden die ganze Besatzung von Lavalette. Das Volk, mehr als 100.000 Einwohner, ist uns geneigt und mag die Ritter nicht, die nichts zu verzehren haben und im Hunger verkommen. Ich habe ihnen mit Absicht ihre Güter in Italien konfiszieren lassen. Im Besitz der Insel S. Pietro, die uns der König von Sardinien abtrat, mit Malta, Korfu usw., werden wir die Herren des Mittelmeeres sein. Wenn es nötig würde, im Frieden mit England das Kap der guten Hoffnung auszuliefern, müßten wir uns Ägypten nehmen. Man könnte die Expedition mit 25.000 Mann und acht bis zehn Linienschiffen oder venezianischen Fregatten wagen. Ägypten gehört nicht dem Sultan. Ich wünschte, daß Ihr in Paris in Erfahrung brächtet, welchen Eindruck unsere ägyptische Expedition auf die Pforte machen möchte."

Talleyrand ging mit dem größten Eifer auf die Entwürfe des Generals ein, in dessen rücksichtsloser Überlegenheit sein durchdringender Geist den künftigen Machthaber erkannt haben mochte. Bei ihm trafen die Gedanken Napoleons auf verwandte Vorstellungen und Entwürfe. Schon vorher hatte er selbst in einem Aufsatz „Über die Gründung neuer Kolonien", den er im Juli 1797 den Mitgliedern des Nationalinstituts vorlas, auf Ägypten hingewiesen und das Verdienst Choiseuls um die gleiche Idee hervorgehoben[1]). Überdies hatte der

---

[1]) Die Idee war älter. Schon Leibniz hatte sie, um den Rhein den Franzosen aus dem Kopfe zu bringen, Ludwig XIV. nahegelegt. Im Jahre 1738 nahm d'Argenson, der spätere Minister Frankreichs, den Gedanken auf und erwog die Durchstechung der Suezenge. Später verfolgten Choiseul

französische Konsul Magallon in Kairo seit einem Jahr in seinen
Berichten immer von den Vorteilen einer ägyptischen Expedition geredet. Deshalb kam jetzt der Minister Bonaparten
entgegen, indem er auch seinerseits dem Direktorium gegenüber in einer eingehenden Denkschrift aus dem Februar 1798
die Wichtigkeit der französischen Herrschaft im Mittelmeer,
insbesondere aber am Nil, betonte. Ja, er hat sich einmal dem
preußischen Gesandten gegenüber gerühmt, selbst der Anreger
des Projektes gewesen zu sein, was er dann, ein Jahr später,
1799, allerdings öffentlich in Abrede stellte[1]).

Ob freilich Napoleon jetzt schon sich selbst zum Führer
der ägyptischen Expedition bestimmte? Es paßte schlecht
zu seinen ehrsüchtigen Entwürfen, sich mit 25.000 Mann auf
ein entlegenes Abenteuer einzulassen, seinen rasch und voll
erworbenen Ruhm in unberechenbaren Aktionen aufs Spiel zu
setzen, seine Machtstellung in Frankreich aufzugeben und das
Direktorium von der Sorge seines ehrgeizigen Strebens so
leichten Kaufes zu befreien. Er hat später die Expedition geleitet, ja, aber doch nur gezwungen durch Umstände, mit denen
er im Herbste 1797 noch nicht rechnete. Denn Ägyptens Eroberung war nur ein einziges Glied in der Kette der Entwürfe,
deren letztes Ziel er in einer Proklamation an die Flotte verkündete: „Kameraden, nachdem wir auf dem Festland den
Frieden begründet haben, werden wir uns vereinigen, um die
Freiheit der Meere zu erobern. Ohne Euch vermögen wir den
Ruhm des französischen Namens nur in einen kleinen Winkel
des Kontinents zu tragen, mit Euch werden wir die Ozeane
durchschiffen, und der nationale Ruhm wird die entferntesten
Lande erfüllen." Und am Tag nach dem Abschluß des Friedens

und Lauzun den Gedanken einer Erwerbung des Landes durch Frankreich.
Im Jahre 1780 traf der gelehrte Reisende Sonnini einen französischen Offizier
in Kairo an, der die Mission hatte, die Möglichkeit einer Eroberung Ägyptens
zu studieren und von dort nach Indien zu gehen. Fünf Jahre später erwog
man das Unternehmen aufs neue, da Kaiser Josef II. daran dachte, bei der
Teilung der von ihm und Rußland befehdeten Türkei das alliierte Frankreich auf das Nilland zu verweisen. Die Revolution machte diesen Plänen
zunächst ein Ende. Dann nahm sie sie selbst wieder auf, und 1793 wird
in Kairo ein französischer Konsul bestellt.

[1]) S. B a i l l e u , Preußen und Frankreich, 1795—1807, I. 173;
P a l l a i n , Le ministère de Talleyrand sous le Directoire, p. 124; La
J o n q u i è r e, L'expédition d'Egypte, I. 191; neuestens R o u x, Les
origines de l'expédition d'Egypte.

mit Österreich bezeichnete er in einem Brief an Talleyrand den gegenwärtigen Augenblick als besonders günstig zur Bekämpfung Großbritanniens: „Vereinigen wir all unsere Tätigkeit auf die Hebung unserer Marine und zerstören wir England, dann liegt Europa zu unseren Füßen!" Schon ehevor hatte man am Sitz der revolutionären Regierung eine Landung an der britischen Küste ins Auge gefaßt und Vorbereitungen dazu getroffen; jetzt kommt das Direktorium mit Eifer darauf zurück, denn hier war Gelegenheit, den gefürchteten General von seiner italienischen Herrscherposition zu entheben und ihn zugleich von Paris fernzuhalten. Man gewann damit auch den Vorteil, daß die durch die Landung bedrohten Briten ihre Flotte an der heimischen Küste verwenden und eine Expedition nach Ägypten nicht hindern würden, die als eine Art Diversion in dem großen Krieg gegen „Karthago" gedacht war[1]). Bonaparte erhält am 2. November mit der Bestätigung des Friedens zugleich seine Ernennung zum Chefgeneral der Armée d'Angleterre. Er durchschaute die Absicht der Regenten. Zu Miot sagte er damals: „Ich weiß, sie sind eifersüchtig auf mich; bei allem Weihrauch, den sie mir unter die Nase halten, laß ich mich nicht betören. Sie haben sich beeilt, mich zum General der englischen Armee zu ernennen, um mich aus Italien wegzubringen, wo ich der Herr und mehr Souverän als Feldherr bin. Sie werden schon sehen, wie die Dinge gehen, wenn ich nicht mehr da bin. Ich lasse Berthier zurück, der nicht imstande ist als Chefgeneral zu kommandieren; er wird nur Dummheiten machen." Natürlich nimmt er den Oberbefehl über die englische Armee an, dirigiert aber einundzwanzig Halbbrigaden der italienischen Armee (über 40.000 Mann), ungefähr die

---

[1]) In dem Berichte Talleyrands an das Direktorium über das ägyptische Projekt vom 14. Februar 1798 heißt es: „Die Eroberung Ägyptens, um es zu verheeren und dann aufzugeben, bedarf nur 12.000 bis 15.000 Mann; will man es aber behalten, so braucht man 20.000 bis 25.000. England ist dabei nicht zu fürchten. Unser Krieg mit dieser Macht schafft die günstigsten Umstände für die Invasion in Ägypten. Von einer bevorstehenden Landung an seinen Inseln bedroht, wird es seine Küsten nicht entblößen, um unser Unternehmen zu hindern, das übrigens geheim bleiben muß. Dieses gewährt uns überdies die Möglichkeit, die Engländer aus Indien zu verjagen, indem man von Kairo über Suez 15.000 Mann dahin sendet. Dann müßten allerdings, statt 20.000 oder 25.000 Mann, 35.000 in Alexandrien landen." La Jonquière, L'expédition d'Egypte, I., 161 ff.

Hälfte, an den Ozean und läßt Kanonen englischen Kalibers gießen, „damit man sich in Feindesland der englischen Projektile bedienen könne." Aber viel mehr noch als diese kriegerischen Vorsätze lag ihm die andere Sache am Herzen. Nur der militärische Diener des Direktoriums zu sein, hatte er längst verlernt. Es entsprach seinem ganzen Wesen, sich womöglich selbst eine leitende Stelle zu erobern und seine Macht, mit der er bisher im Auslande gewaltet, wenn es anging, in den Mittelpunkt Frankreichs, in die Regierung zu verlegen. In demselben Gespräche mit Miot sagte er: „Ich erkläre Ihnen, ich kann nicht mehr gehorchen. Ich habe am Befehlen Geschmack gewonnen und kann darauf nicht mehr verzichten. Ich habe mich denn auch entschieden: kann ich nicht der Herr sein, dann verlasse ich Frankreich."

Am 16. November 1797 hob er sein Hauptquartier in Mailand auf, um sich zunächst nach Rastatt zu begeben, wo er die Ratifikationen des Friedens von Campo Formio austauschen und dessen Ausführung in den geheimen Artikeln überwachen, dann, als erster Bevollmächtigter Frankreichs, mit den Gesandten des Kaisers den Frieden mit dem Deutschen Reich unterhandeln sollte. Doch nur kurze Zeit weilte er in der badischen Stadt — in denselben Gemächern, die bei einem früheren Kongreß Villars bewohnt hatte — nur so lange, bis Cobenzl angekommen war und er mit ihm den Vertrag über die Auslieferung von Mainz unterzeichnet hatte (1. Dezember 1797). Dann reiste er noch in derselben Nacht nach Paris weiter, wohin ihn Larevellière als Chef des Direktoriums zu einem Ausflug („voyage momentané") eingeladen hatte und wohin ihn das Verlangen trieb, seinen Ruhm zu nutzen. Denn dort war in den beiden Kammern sein Friede — une paix à la Bonaparte, wie ihn Talleyrand nannte — mit Enthusiasmus angenommen worden. „Alle Hüte flogen in die Luft," heißt es in einem Bericht, „und alles erhob sich von den Sitzen." Der Name des glücklichen Unterhändlers ging von Mund zu Mund. Ein Abgeordneter verglich ihn mit Julius Caesar, der da kam, sah und siegte. Es war ein Vergleich, den sicher er selbst schon gewagt hatte, und der ruhmreiche Imperator Roms, auf dessen Boden er seine ersten Siege errang, wird ihm ebensowenig mehr aus dem Sinne gehen, wie der Mazedonier, den sie den Großen nannten. Denn

historische Größe war, wie schon gesagt, nicht das letzte
seiner Ziele, und die drängende Absicht dahin wird manche
seiner Taten miterklären.

Das Direktorium kam ihm äußerlich auf das liebens-
würdigste entgegen; nur die zwei radikalen Mitglieder, Merlin
und François, verhielten sich reserviert; seine Haltung Rom
gegenüber mag sie mißtrauisch gemacht haben. Man gab ihm
Feste im Luxemburg-Palast, im Louvre, dessen Wände die
italienischen Beutestücke zierten, Vorstellungen im Theater
u. dgl. Auch die Bevölkerung schien den Mann des 13. Vendémiaire über dem berühmten Kriegshelden vergessen zu haben
und äußerte allenthalben hier Sympathie und Bewunderung,
dort Interesse und Neugier. In den Schauspielhäusern verlangte das Publikum, das seine Anwesenheit erfuhr, stürmisch
ihn zu sehen; kaum daß er sich den Ovationen entziehen
konnte. Das National-Institut erwählte ihn an Carnots Stelle
zu seinem lebenslänglichen Mitglied, und seitdem zeigte er sich
nur noch im Ehrenkleide des Gelehrten, um seinen bürgerlichen Sinn zu beweisen. Er trug überhaupt eine schlichte
Einfachheit des Wesens und des Benehmens zur Schau, bewohnte das bescheidene Haus seiner Frau in der Rue Chante-
reine, die man ihm zu Ehren in Rue de la Victoire umtaufte,
begegnete den vielfachen Aufmerksamkeiten mit berechneter
Zurückhaltung und zeigte sich nur selten öffentlich. Seinem
Freunde Bourrienne sagte er darüber: ,,In Paris behält man
nichts im Gedächtnis. Bleibe ich lange untätig, so bin ich verloren. In diesem Babel drängt eine Berümtheit die andere.
Hat man mich dreimal nur im Theater gesehen, so wird man
mich nicht weiter beachten, darum geh' ich so selten dahin.''
Und als ihm jener bemerkte, es müßte ihm doch schmeicheln,
die Menge sich derart nach ihm drängen zu sehen, antwortete
er: ,,Bah, das Volk würde sich ebenso herzu drängen, wenn
ich zum Schaffot ginge!''

Im Mittelpunkt aller offiziellen Feierlichkeiten stand das
prächtige Fest, das ihm am 10. Dezember 1797 vom Direktorium veranstaltet wurde, um aus seinen Händen die vom
Kaiser Franz ratifizierte Urkunde des Friedens von Campo
Formio entgegen zu nehmen. Alles, was Paris an hervorragenden und hochgestellten Persönlichkeiten zählte, war an diesem
Tag in dem prächtig dekoriertem Hofraum des großen Luxem-

burg-Palastes versammelt, wo sich ein „Altar des Vaterlandes"
erhob. Minister Talleyrand hielt die Festrede, in der er vor
allem Napoleons antiken Sinn für Einfachheit, seine Vorliebe
für die Wissenschaften, seine Verachtung alles eitlen Glanzes
pries und darin die Gewähr dafür erblickte, daß sein Ehrgeiz
ihn niemals fortreißen werde. Unter allgemeiner Spannung
gab dann dieser in ziemlich ausdrucksloser Weise, denn er
war bei aller Geläufigkeit seiner Konversation kein guter
Redner, folgendes zur Antwort: „Das französische Volk mußte,
um frei zu sein, die Könige bekämpfen. Um eine auf Vernunft
gegründete Verfassung zu erlangen, hatte es achtzehn Jahrhunderte der Vorurteile zu besiegen. Die Verfassung des Jahres
III und Ihr selbst habt über alle diese Hindernisse triumphiert.
Religion, Feudalität, Königtum haben seit zwanzig Jahrhunderten nacheinander Europa beherrscht; aber von dem
Frieden, den Ihr soeben abgeschlossen habt, datiert die Ära der
Repräsentativverfassungen. Ihr habt es erreicht, die große
Nation so zu organisieren, daß ihr Gebiet von den Grenzen
umschrieben wird, die die Natur selbst gesteckt hat. Ihr habt
aber noch mehr getan: die beiden schönsten Länder Europas,
einst so berühmt durch Wissenschaften, Künste und hervorragende Männer, deren Wiege sie waren, sehen, von Hoffnung
erfüllt, den Genius der Freiheit aus den Grüften ihrer Vor-
eltern emporsteigen. Das sind zwei Piedestale, auf die durch
die Geschicke zwei mächtige Nationen emporgehoben werden.
Ich habe die Ehre, Euch den unterzeichneten und vom Kaiser
ratifizierten Vertrag von Campo Formio zu übergeben. Wenn
einmal das Glück des französischen Volkes auf die besten
organischen Gesetze gegründet sein wird, dann wird auch ganz
Europa frei werden."

Dunkel war der Rede Sinn. Namentlich der letzte Satz
gab ein Rätsel auf, dessen Lösung nur einzelne ahnten, indes
sich die übrigen in Vermutungen erschöpften. Also war
Frankreich mit der gepriesenen Verfassung des Jahres III
noch nicht „auf die besten organischen Gesetze gegründet"?
Nach Bonapartes innerster Überzeugung keineswegs. Vor
kurzem hatte er, in einem Brief vom 19. September 1797 über
die Verfassung Cisalpiniens, Talleyrand im Vertrauen darüber
folgendes geschrieben: „Die Organisation des französischen
Volkes ist erst im Entwurf begonnen (ébauchée). Trotz unserer

hohen Meinung von uns selbst, trotz den 1001 Flugschriften, unseren endlosen und geschwätzigen Reden, sind wir noch sehr unwissend in der politischen Wissenschaft. Wir haben noch gar nicht festgestellt, was man unter ausübender, gesetzgebender, richterlicher Gewalt zu verstehen habe. Montesquieu hat unrichtige Definitionen davon gegeben. Nicht etwa, daß dieser berühmte Mann dazu nicht imstande gewesen wäre, aber sein Werk ist, wie er selbst zugibt, nur eine Art analytischer Betrachtung dessen, was ist und war, eine Zusammenfassung von Reisenotizen und Lesefrüchten; die Begriffsbestimmung von Legislative, Exekutive und Richtergewalt hat er mit besonderer Rücksicht auf England gemacht. Weshalb, in der Tat, betrachtet man die Rechte, Krieg zu erklären, Frieden zu schließen, Steuern zu bewilligen, als Attribute der g e s e t zg e b e n d e n Gewalt? Die (englische) Verfassung hat allerdings vernünftigerweise dem Hause der Gemeinen eines dieser Attribute erteilt, und sie hat wohl daran getan, da diese Verfassung nun einmal nur aus Privilegien zusammengesetzt ist, ein schwarzer Plafond von Gold eingefaßt. Und weil da das Haus der Gemeinen einzig und allein, schlecht und recht, die Nation repräsentiert, so ist es nur billig, daß es sie auch besteuere; dies war der einzige Damm, den man dort dem Despotismus und der Unverschämtheit der Höflinge entgegenzusetzen hatte. Aber in einem Staat, wo alle Gewalt vom Volke ausgeht, wo das Volk selbst der Souverän ist, warum legt man da der Gesetzgebung Befugnisse bei, die ihrem Wesen im Grunde fremd sind? Hier müßte die R e g i e r u n s g e w a l t in dem ganzen Umfang, den ich ihr einräume, als der wahre Vertreter der Nation betrachtet werden, der nach den Bestimmungen der Verfassungsurkunde und der organischen Gesetze herrscht. Diese Regierungsgewalt hätte sich in zwei wohlunterschiedene Behörden zu teilen, von denen eine lediglich überwacht und nicht handelt und der die zweite, d. i. was wir heute Exekutive nennen, ihre Maßnahmen gleichsam zur Legalisierung vorzulegen hätte. Jene erste Behörde wäre in Wahrheit der große Rat der Nation; ihm hätte alles zuzufallen, was heute noch an Verwaltung und Gesetzausführung der Legislative verfassungsmäßig vorbehalten ist. Auf diese Weise würde die Regierung aus zwei Behörden bestehen, die beide vom Volk ernannt würden, von denen in die eine, sehr zahlreiche, nur solche

Männer zugelassen werden könnten, die bereits ein Amt bekleidet und sich dadurch eine gewisse Reife in Regierungssachen erworben hätten. Die gesetzgebende Gewalt hätte dann nur die organischen Gesetze zu machen oder abzuändern, wenn auch nicht in zwei oder drei Tagen, wie man jetzt tut; denn ein zur Ausführung gelangtes organisches Gesetz kann man, meiner Meinung nach, nicht vor vier oder fünf Monaten Beratung verändern. Dieser gesetzgebende Körper, ohne Rang in der Republik, ohne Leidenschaft, ohne Augen und Ohren für das, was ihn umgibt, hätte keinen Ehrgeiz mehr, würde uns nicht mehr mit tausend Gelegenheitsverordnungen überschwemmen, die sich durch ihre Absurdität immer selbst wieder aufheben, und uns nicht bei all unseren dreihundert Gesetzesfolianten zu einer Nation ohne Gesetze machen."

Diese Ausführungen — Napoleon nennt sie seinen „Code complet de politique" — sind vom höchsten Interesse. Sie beweisen nicht nur seine Unzufriedenheit mit den herrschenden Verhältnissen, man bemerkt auch, daß über die Beschaffenheit der eigentlichen Exekutive kein Wort verloren ist: das war und blieb vorerst sein eigenstes Geheimnis. Der Brief ist, wie gesagt, an Talleyrand gerichtet, der ihn im Vertrauen Sieyès, dem großen Doktrinär und Verfassungsdichter, zeigen soll. Beide waren ebensowenig Anhänger der gegenwärtigen Konstitution wie der 29jährige Bonaparte, den namentlich der Artikel 134 — Direktoren müssen vierzig Jahre alt sein — zu ihrem Feinde machte. Sie umzustürzen, kam alles nur auf günstige Umstände an. Fanden sie sich im Winter 1797 auf 1798 vor, dann war Napoleon jetzt schon bereit, den Staatsstreich gegen Direktorium und Verfassung auszuführen. Als mitten in der Feierlichkeit des 10. Dezember ein Neugieriger vom Dach des Palastes zu Boden stürzte, deutete man das traurige Ereignis auf den kommenden Fall der Regierung.

Diese tat jedoch alles, um das gute Einvernehmen mit Bonaparte möglichst aufrecht zu erhalten. Die Direktoren bestehen nicht darauf, daß er nach Rastatt zurückkehre, sie ziehen ihn vielmehr zu den entscheidenden Beratungen über die auswärtigen Verhältnisse heran und geben seinen Winken mehr oder weniger bereitwillig Raum. „Ohne ihn", heißt es in Barras' eigenhändigen Notizen nicht ohne Ironie, „kann das Direktorium nichts mehr tun." Es geschah, um den Ruhm

des Generals für sich auszunützen und ihn nicht sich selbst
zu überlassen, was nicht ungefährlich schien[1]). Napoleon
hinwieder ging gerne darauf ein, um sich in der Nähe des
Steuerruders zu halten. Er nimmt Einfluß in Personenfragen:
so z. B. wird Augereau auf seine Vorstellung hin vom Rhein
weg nach den Pyrenäen versetzt; Bernadotte bekommt den
Posten eines Gesandten in Wien anstatt des Kommandos in
Italien, weil Bonaparte den ehrgeizigen Soldaten in der diplomatischen Karriere lieber sieht als in der militärischen und
in den italienischen Dingen seine Hand behalten will. Und
auch an den großen politischen Geschäften hat er seinen Anteil. Als im Kirchenstaat Ende Dezember 1797 die demokratischen Elemente der Bevölkerung unter französischem
Schutz einen Tumult wagten, den die päpstlichen Truppen
mit Gewalt unterdrückten, und als bei dieser Gelegenheit der
zufällig anwesende General Duphot erschossen wurde, verließ
der französische Gesandte, Joseph Bonaparte, die ewige Stadt,
und das Direktorium ergriff die Gelegenheit, gegen die kirchliche Herrschaft vorzugehen. Berthier erhielt in einer von
Napoleon verfaßten Instruktion den Befehl, in Rom einzurücken, wo Pius VI. seiner Regierung verlustig erklärt
und ein republikanisches Regiment eingeführt wurde (15. Februar 1798). Ob freilich Napoleon bis zur Absetzung des
Papstes gehen wollte, wird mit Recht bezweifelt. Hier dürfte
die Strömung im Direktorium überwogen haben, der er sich
aus persönlichen Gründen nicht widersetzte. Unangenehm
war es ihm sicher, daß Pius VI., krank und alt, nicht die Flucht
ergriff, wie es in der Instruktion vorausgesetzt war, sondern
seine Abdankung verweigerte und sich eher gefangen nehmen
ließ. Rom ward gebrandschatzt, wobei namentlich Massena,
Berthiers Nachfolger, durch raublustige Habgier seinen Namen
schändete. Eine Verfassung mit fünf Direktoren, die hier

---

[1]) Frau von S t a ë l, Considérations, II., 194, erzählt von ihm, er
habe damals den Plan, das Direktorium zu stürzen und sich an dessen
Stelle zu setzen, mit sich herumgetragen. Vergl. auch B a r r a s, Mémoires,
III., 160; B o u r r i e n n e, Mémoires. V., 46. Bourrienne will im Jahre 1802
zu Josephinen die Äußerung getan haben: „Kaum zwei Jahre nach Ihrer
Verheiratung sagte mir Ihr Mann, der eben aus Italien zurückkam, er trachte
nach dem Königtum, gab mir aber, auf meine Vorstellungen, freundschaftlich
zu, daß das Unternehmen zu gewagt sei."

Konsuln hießen, mit Senatoren und Tribunen wurde den
Römern oktroyiert, die überdies aufs neue 23 Millionen Franken
zahlen und die Armee ernähren mußten[1]). Als die födera-
listisch gesinnte Regierung der Batavischen Republik sich den
Lasten an Geld und Schiffen, die das Bündnis mit Frankreich
ihr auferlegte, nicht mehr gewachsen fühlte, und der französische Gesandte offen für die demokratischen Zentralisten
eintrat, die durch einen Staatsstreich, ähnlich dem des 18. Fructidor, im Haag ans Ruder gelangten (22. Januar 1798), da
erhielt General Joubert, ein Günstling Bonapartes, den Oberbefehl über die niederländischen Truppen, und am 17. März
1798 bekam auch Holland eine neue Verfassung mit einem
Direktorium, das sich den französischen Machthabern unbedingt zur Verfügung stellte. Zuweilen allerdings vermochte
Napoleon den Direktoren gegenüber seine Vorschläge nicht
durchzusetzen, und dann kam es zu heftigen Disputen. Da
war es einmal im März, wo er wieder, wie schon öfter, mit
seiner Demission drohte und Rewbell ihm eine Feder hinhielt,
damit er sie niederschreibe. Daß er dies unterließ, tat seiner
Geltung einigen Eintrag.

Immerhin aber behielt er noch genug davon übrig, um
bei der Ausführung einer Idee wesentlich mitzuwirken, die
sich ihm längst aufgedrängt hatte und mit der Einbeziehung
der Schweiz in den Machtbereich der Revolution zusammenhing. Noch in Italien hatte er das Veltlin, Bormio und Chia-
venna von Graubündten losgelöst — „da nach dem Völker-
rechte der neuen Freiheit kein Volk der Untertan eines andern
sein könne" — und zur cisalpinischen Republik geschlagen,
die zwar eine demokratische Direktorialverfassung hatte, aber
von den französischen Kommissaren Brune, Fouché, Joubert
wie eine Provinz beherrscht wurde. Napoleons Wunsch ging
nun nach einer strategischen Straße durch Wallis, die Frank-

---

[1]) Ehe noch die Republik erklärt war, hatte sich der König von Neapel —
Gallo war jetzt dessen Minister — in Paris um Teile römischen Gebietes
bemüht und Talleyrand sich dem Gesandten gegenüber gegen zwei Millionen Francs „für sich und seine unmittelbaren Mitarbeiter" zu Diensten
in dieser Richtung angeboten. Der Handel kam nicht zustande. Ob Bonaparte, dem damals einige im Direktorium seine genaue Beziehung zu Talleyrand verargten, daran Teil haben sollte, ist nicht zu erweisen. Guyot,
a. a. O. p. 620 nach Maresca, „Ruffo (Neapels Gesandter) a Parigi",
p. 136, 151.

reich auf dem kürzesten Wege, über den Simplon, mit der Lombardei verband. Das war aber bei der Weigerung der Walliser und der Eidgenossen, insbesondere des hochkonservativen Kantons Bern, nur erreichbar, wenn es gelang, die Schweiz, gleich Batavien und Cisalpinien, in den Kreis abhängiger Republiken einzufügen, mit denen sich Frankreich umgab. Schon auf der Reise von Mailand nach Rastatt hat er in Genf und im Waadt mit den demokratischen Elementen verkehrt und ihnen gegen das aristokratische Patrizierregiment französische Unterstützung in Aussicht gestellt, nachdem die Berner seinen Rat, aus eigenem Entschluß einen Kanton Waadt zu gründen, hochmütig zurückgewiesen hatten[1]). Jetzt dringt er in Paris auf die Revolutionierung der Schweiz. Die Berner waren reich und konnten die Mittel für eine Expedition liefern, wenn es dazu kommen sollte. Es ist dieselbe Politik, die sich in Holland und Venedig, in Rom und Mailand und Genua so wirksam gezeigt hatte. Sie war auch hier von den Direktoren ursprünglich nicht beabsichtigt gewesen; hier waren es insbesondere die Ereignisse in Oberitalien, die sie nach sich zogen.

Als nun die Waadtländer Demokraten den ihnen versprochenen französischen Schutz gegen die Berner Regierung anriefen, kam ihnen das Direktorium bereitwillig entgegen und beauftragte seine diplomatischen Agenten in den Hauptstädten der Schweiz, die aufständische Bewegung nach Kräften zu schüren. Mit dem Führer der demokratischen Zentralisten, Ochs von Basel, hat Bonaparte in Paris einen förmlichen Revolutionsplan und die militärische Intervention Frankreichs verabredet; der Waadtländer Laharpe — bekannt als Erzieher des Zaren Alexander — lieferte das Rechtsmaterial[2]), und schon Ende Dezember 1797 beschloß das Direktorium, Bern, dessen Einverständnis mit Engländern und Emigranten

---

[1]) B a i l l e u, Preußen und Frankreich, I., 178.

[2]) Das Waadtland sei von Savoyen im sechzehnten Jahrhundert an Bern pfandweise und unter der Bedingung überlassen worden, daß den Bewohnern ihre Freiheiten und Rechte gewährleistet würden, wofür Frankreich garantierte. Diese Verträge habe Bern so wenig geachtet wie das königliche Frankreich. So Laharpe. Er übersah dabei, wohl mit Absicht, daß in einem späteren Vertrag das Waadtland den Bernern von Frankreichs König o h n e jene Bedingungen bestätigt worden war und niemand seither danach gefragt hatte. S. S y b e l, Revolutionszeit, V., 58.

in Paris kein Geheimnis war, für die Behandlung des Waadt
zur Rechenschaft zu ziehen. Dieser Beschluß hat dann allenthalben die Schweizer Demokraten zum Aufruhr bestimmt.
Ihnen zum Schutz rückte General Brune ins Land; er trennte
unter der Maske des Befreiers die Gegner, um schließlich am
5. März 1798 sich Berns zu bemächtigen und den „Berner
Schatz", 25 Millionen Franken — gegen acht Millionen
bar und achtzehn Millionen in fremden Schuldtiteln —,
reiche Vorräte und Kriegsmittel dem Direktorium auszuliefern. Bald war die westliche Hälfte des Landes in seiner
Gewalt und die Revolution durchgeführt. Die Berner
Schuldscheine wurden zwar, gegen hohe Bestechungssummen,
zurückerstattet, aber zugleich der neuen „Helvetischen Republik" eine zentralistische Direktorialverfassung und später
ein drückendes Bündnis mit der französischen auferlegt
(21. August 1798). Die Schweiz war ein Klientelstaat Frankreichs geworden, das überdies die Gebiete von Genf und Mühlhausen sich einverleibte. Von dem erbeuteten Gelde flossen
drei Millionen in Napoleons Kriegskasse, um dem Unternehmen
gegen Ägypten zu dienen[1]).

Aber so groß das Entgegenkommen auch war, mit dem
die Direktoren dem siegreichen General Einfluß auf die Geschäfte einräumten, eine feste, leitende Stelle, die dieser Ein-
wirkung auf den Gang der Dinge entsprochen hätte, war damit
nicht verbunden. Bourrienne weiß zu erzählen, Napoleon habe
damals, trotz der Verfassung, Aufnahme ins Direktorium

---

[1]) Die S t a ë l in ihren „Considérations" (II. 207) sagt: „Es war kein
Geld da, um eine Armee nach Ägypten zu schaffen, und das Verwerflichste,
das Bonaparte tat, war, daß er das Direktorium zur Invasion in die Schweiz
aufreizte, um sich dort des Berner Schatzes zu bemächtigen." J o n -
q u i è r e, „L'expédition d'Egypte", I., 88, macht dagegen geltend, daß
die Schweizer Intervention mehrere Wochen, bevor von der ägyptischen
Expedition die Rede war, entschieden wurde. Das ist insoferne richtig,
als das Dekret des Direktoriums zur Unterstützung der Waadtländer vom
28. Dezember 1797, der Beschluß wegen Ägyptens erst aus dem Anfang
März 1798 stammt. Aber wenn das Direktorium am 6. dieses Monats den
Entschluß bezüglich der Unternehmung in den Orient faßte, so geschah dies
sicher erst, nachdem es sich über die Mittel zur Bestreitung der Kosten
klar geworden war. Auf den Berner Schatz ist es im September 1797 durch
Laharpe aufmerksam gemacht worden. (G u y o t, Directoire, p. 630.) Von
der Expedition nach Ägypten aber war bereits in Talleyrands Antwort
an Napoleon vom 23. August die Rede. (S. P a l l a i n a. a. O.)

geheischt, sie aber nicht erlangen können. Das ist richtig. Er verbindet sich mit Tallien und Talleyrand und eröffnet sich schließlich Barras, um als fünfter Direktor aufgenommen zu werden. Schon zur Zeit des letzten Staatsstreiches hatte er erwartet, daß ihn Barras ins Direktorium aufnehmen und für ihn von dem „gereinigten" Parlament ein Ausnahmedekret er- wirken werde, das ihm die fehlenden Jahre nachsah[1]). Damals war nichts aus der Sache geworden. Jetzt rechnet er darauf Ja auch Rewbells Unterstützung scheint er ins Auge gefaßn zu haben, denn wir hören von einem Eheprojekt, das den Soht. des Direktors mit der Stieftochter Bonapartes, Hortense, vereinigen sollte, hören aber auch, daß Rewbell für die Ehre gedankt habe[2]). In politischen Kreisen verbreitete sich sogar das Gerücht, das englische Agenten, der Publizist Mallet du Pan u. a., in ihren Berichten verzeichnen, Barras habe Bona- parte die Diktatur verschaffen wollen, worüber es im Direk- torium zu unerquicklichen Szenen gekommen sei. Aber dieses Gerücht war falsch. Napoleon fand mit seinem Verlangen nach einer Direktorstelle jetzt auch bei Barras kein Entgegen- kommen, der ihn auf die Verfassung verwiesen haben will, die die gesetzgebenden Körperschaften mit einem Ausnahms- gesetz verletzen würden, während das Direktorium ein solches Gesetz zurückweisen müßte. So erzählt Barras selbst[3]). In das Einzelne dieser Intriguen kann man heute noch nicht ge- nauen Einblick gewinnen. Tatsache ist, daß Napoleon nicht in die Regierung aufgenommen wurde und daß er gut daran tat, sich nach einem andern Wirkungskreis umzusehen. Mallet du Pan schrieb schon zu Anfang 1798 an den Wiener Hof, sein Stern sei im Verbleichen, er selbst ein toter Mann, wenn ihn nicht ein neues Kriegstheater wieder auf die Szene bringe; und der preußische Gesandte weiß Mitte Februar zu berichten, das leichtfertige Volk der Pariser habe bereits die Frage auf- geworfen, was der General so lange in der Hauptstadt mache und warum er sich nicht gegen England einschiffe. So lief er

---

[1]) So erzählt B a r a n t e in seinen „Souvenirs" (I., 45 n.) nach einer Mitteilung R e g n a u l t de S. J e a n d'A n g é l y s, wodurch B a r r a s' Angabe in seinen Memoiren (III., 154) bestätigt wird. S. auch B a i l l e u. I., 156.

[2]) B a r r a s a. a. O., III., 141. Vergl. B a i l l e u, I., 178.

[3]) Mémoires, III., 184.

auch noch Gefahr, die Glorie seiner Triumphe in Alltäglichkeit
verfließen zu sehen und seine Popularität einzubüßen, wenn
er noch länger untätig blieb. Von einem erfolgreichen Staatsstreich konnte da nicht die Rede sein, das sah er ein. Waren
auch die Direktoren verhaßt beim Volk, so war er selbst doch
noch lange nicht so beliebt, um zu einem Kampf mit ihnen
Boden genug zu finden[1]). Er mußte vor allem bedacht sein,
„seinen Ruhm warm zu halten", wie er selbst sagte. Dazu
erschien ihm aber die Landung in England, so erwünscht sie
auch war, bei den unzulänglichen Marineverhältnissen Frankreichs doch als ein allzu gefährliches Unternehmen. Er ist ihr
auch später, im Jahre 1805, gern aus dem Weg gegangen, als
sich ein anderer Schauplatz zur Entfaltung seiner Macht darbot.
Viel lieber kam er auf seine orientalischen Pläne zurück. „Ich
will nicht hier bleiben," sagte er zu Bourrienne, „es gibt hier
nichts zu tun. Ich sehe, wenn ich bleibe, bin ich binnen kurzem
verloren. Alles nutzt sich hier ab; schon habe ich meinen
Ruhm eingebüßt. Dieses kleine Europa bietet auch zu wenig
davon. In den Orient muß man gehen; dort ist der Ursprung
aller Macht und Größe[2]). Ich will übrigens eine Inspektionsreise
an die Nordküste machen, um mich zu überzeugen, was man
wagen kann. Erscheint mir der Erfolg einer Landung in England zweifelhaft, wie ich fürchte, so wird die englische Armee
zur orientalischen gemacht, und ich gehe nach Ägypten."
    Die beabsichtigte Reise an die Küste wurde am 8. Februar
1798 angetreten. Sie war bald beendet. Bonaparte überzeugte
sich leicht von der momentanen Unausführbarkeit des Unternehmens und suchte nach seiner Rückkehr auch dem Direktorium die gleiche Überzeugung beizubringen. Es geschah in
zwei Denkschriften vom 23. Februar, von denen die erste
dartat, daß eine Landung in England, ohne Herr des Meeres
zu sein, zu den kühnsten und schwierigsten Wagnissen gehöre und, wenn überhaupt, dann nur durch Überraschung in

---

[1]) „Er sah, daß sie nicht beliebt waren, aber auch, daß zurzeit noch
ein allgemeines republikanisches Gefühl es einem General verwehrte, sich
an die Stelle der bürgerlichen Behörden zu setzen." S t a ë l, Considérations,
II., 205.
    [2]) Noch in Italien soll er ähnlich zu Bourrienne gesprochen haben:
„Europa ist nur ein Maulwurfshaufen; es hat stets nur im Orient große
Reiche und mächtige Revolutionen gegeben, dort, wo 600 Millionen Menschen
leben."

langen Nächten und nicht vor dem nächsten Jahr bewerkstelligt werden könne. Nur unter der Voraussetzung des Zu-
sammenwirkens aller vorhandenen maritimen Kräfte — heißt
es in dem zweiten Memoire — wäre das Unternehmen möglich.
Freilich lasse der Zustand der Marine an dieser Voraussetzung
zweifeln, und man müsse andere Unternehmungen gegen England ins Auge fassen: so die Eroberung Hannovers und Hamburgs oder die Expedition nach Ägypten, das Landungsprojekt
aber tatsächlich aufgeben und nur dem Anscheine nach noch
daran festhalten. Wäre nichts von alledem durchzuführen,
so bliebe nur noch der Friede mit dem britischen Reich übrig,
der es allerdings gestatten würde, in Rastatt mit höheren
Forderungen aufzutreten. Neue Berichte seiner Generale
Kleber und Desaix von der Küste her bestätigten die skep-
tische Ansicht des Generals, und wenig Tage später empfiehlt
er dem Direktorium geradezu die Expedition nach Malta und
Ägypten, er selbst wolle sie leiten.

Dieser sein Entschluß war wohl von allen Argumenten,
die er für das Unternehmen ins Treffen führte, das wirksamste,
denn es befreite die Pariser Regierung von dem ehrgeizigen
Mann mit seinen herrschsüchtigen Plänen. Obgleich keineswegs alle Direktoren mit dem Projekt einverstanden waren,
beschlossen sie doch am 5. März die Gründung einer ,,Kom-
mission zur Beaufsichtigung der mittelländischen Küsten",
die in Toulon und Marseille, in Genua, Civita-Vecchia und auf
Korsika entsprechende Streitkräfte sammeln soll, und stellten
am 12. April dem General Bonaparte seine von ihm selbst
redigierte Ernennung als Chefgeneral der Orientarmee zu.
Er erhielt Vollmacht und Auftrag, sich Maltas und Ägyptens
zu bemächtigen — des ersten, weil dort der Johanniterorden
im Jahre 1793 (!) sich gegen die französische Republik erklärt
habe, des zweiten, weil die Mameluckenbeys sich mit den
Briten verständigten und die ,,schrecklichsten Grausamkeiten
gegen die Franzosen verüben, die sie täglich quälen, plündern,
morden", wovon die Konsularberichte allerdings nichts gemeldet hatten — dann die Engländer aus ihren Niederlassungen
im Osten, soweit er sie erreichen mochte, insbesondere aus
dem Roten Meer, zu vertreiben und endlich den Isthmus
von Suez zu durchstechen, um den Franzosen den Besitz dieses
Seeweges zu sichern. In dem Befehl über die direkt gegen

England bestimmten Streitkräfte sollte er bis zu seiner Rückkehr substituiert werden. Denn daß er nach der Beendigung
der ägyptischen Expedition wieder in das Oberkommando der
gesamten wider England gerichteten Streitkräfte zurücktrat,
war selbstverständlich. Vom 13. April ist eine geheime Denkschrift aus seiner Feder datiert, worin er nochmals auf das
Landungsprojekt zurückkam. Man müsse während des Sommers trachten, das Geschwader von Brest auf 35 Linienschiffe
zu bringen und auszurüsten. Zu den 200 Schaluppen an der
Nordküste bei Boulogne und Dünkirchen müßten weitere 200
gefertigt werden. Beides könnte bis Ende September bewerkstelligt sein. „Nach Beendigung der Expedition ins Mittelmeer" würden weitere 14 französische Linienschiffe gleichfalls
von dorther zur Eskadre von Brest stoßen und diese so im
Oktober und November — bis dahin glaubte er also die ägyptische Unternehmung zu Ende geführt — auf fünfzig Kriegsschiffe gebracht sein. „Dann wäre es möglich, 40.000 Mann
nach einem Punkt der englischen Küste zu bringen, während
andere 40.000 Mann sich einzuschiffen bereit wären und die
holländische Flotte mit 10.000 Mann Schottland bedrohen
könnte." Auf solche Weise wäre die Invasion in England im
November oder Dezember „nahezu sicher", da durch die
Expedition in den Orient die Engländer genötigt würden, von
ihrer Flotte im Kanal Teile nach Indien und ins Rote Meer zu
detachieren. Wer anders sollte dann wohl diese Landung ausführen als er? Noch von Toulon aus apostrophiert er die
Expeditionstruppen mit den Worten: „Ihr seid ein Flügel
der England-Armee!" und nennt sich in seinen General-
befehlen „Chefgeneral der England-Armee"[1]).

Mit einem Eifer, wie ihn seine Umgebung noch niemals
an ihm bemerkt hatte, traf er seine Vorbereitungen, und in
einem Maßstab, der den Erfolg verbürgte und den Ruhm des
Feldherrn nicht in Zweifel geraten ließ. Jetzt ist es nicht mehr
die einfache Expedition, die 25.000 Mann auf wenigen Fregatten
leicht durchzuführen vermochten. Mit einer Armee von 38.000
der besten Krieger auf der größten Flotte, über die Frankreich
damals verfügte und die das Übergewicht der Republik im
Mittelmeer feststellen sollte, wurde die Orientfahrt unter-

---

[1]) Siehe C o r r e s p., IV., 2594.

nommen. Später sollte Talleyrand nach Konstantinopel gehen,
um in direkten Verhandlungen mit der Pforte den Sultan zu
überzeugen, daß der Feldzug nicht ihm, sondern nur den
Mamelucken gelte, die, seiner Oberherrlichkeit spottend,
Ägypten wie selbständige Fürsten regierten. Ein Stab von
über hundert Gelehrten, Mechanikern, Ingenieuren, Archi-
tekten, Schriftstellern und Dolmetschen, darunter der Mathe-
matiker Monge und der Chemiker Berthollet, begleiteten den
Feldherrn, um das ferne Land wissenschaftlich auszubeuten,
die beabsichtigte Kolonisation anzubahnen und die erforderlichen Wasserwege zu eröffnen. Auch eine Bibliothek wurde
ausgewählt. Ossian und Tassos „befreites Jerusalem", Homer
und Virgil, Rousseaus „Heloise" und Goethes „Werther"
fehlten darin nicht. Interessant und bezeichnend ist, daß die
Bibel, der Koran und die indischen Vedas zusammen mit
Montesquieus Werken unter der Rubrik „Politik" eingestellt
wurden. Besonders reichhaltig war die Geschichte vertreten.
Natürlich sind Plutarchs Biographien darunter, ebenso Arrians
Alexanderzüge und Raynals „Philosophische Geschichte der
beiden Indien". Wir wissen, welch tiefen und nachhaltigen
Eindruck dieses Werk seinerzeit auf Napoleon gemacht hat;
die Stelle über Ägypten gewiß nicht zuletzt. Sie lautet: „Beim
Anblick dieses Landes, das zwischen zwei Meeren gelegen ist,
von denen das eine die Pforte zum Orient, das andere die
Pforte zum Okzident bildet, faßte Alexander den Plan, den
Hauptsitz seines Reiches nach Ägypten zu verlegen und dieses
Land zum Mittelpunkt des Welthandels zu machen. Dieser
Fürst, der aufgeklärteste aller Eroberer, begriff, daß, wenn es
ein Mittel gebe, alle Erwerbungen, die er bereits gemacht oder
noch zu machen vor hatte, zu einem Staatswesen zu vereinigen,
dies jenes Ägypten sei, das sozusagen von der Natur dazu
bestimmt ist, Afrika und Asien mit Europa zu verbinden."
        Daß diese großen Entwürfe des Mazedoniers Napoleon
jetzt besonders lebhaft beschäftigten und zur Nachahmung,
zur Überbietung reizten, ist wohl anzunehmen. Seine
Phantasie ging ins unermeßlich Weite. Aber wir wissen,
wie er sie zügelte. „Ich habe stets zwei Sehnen auf meinem
Bogen," pflegte er zu sagen. Und so übersieht er auch jetzt,
bei aller Größe seiner Konzeptionen, nicht das Naheliegende
und Erreichbare. Als er von Bourrienne gefragt wurde, wie

lange er in Ägypten zu verweilen gedenke, antwortete er:
„Wenig Monate oder sechs Jahre; alles hängt von den Ereignissen ab." Und in der Tat, wie die Dinge lagen, war es nicht
unmöglich, daß binnen „wenig Monaten" schon ein neuer
Krieg auf dem Festland Europas entbrannte, der der öffentlichen Meinung seinen Namen notwendig ins Gedächtnis
zurückführen mußte. Denn durch die Fortschritte der Revolution in Italien, durch die Republikanisierung des Kirchenstaates war man Toskana und Neapel drohend in die Nähe
gerückt, und es war nur zu wahrscheinlich, daß Österreich
darauf bedacht sein würde, die verwandten Fürsten und mit
ihnen sein eigenes Interesse zu schützen. Die Einmischung in
die orientalische Frage mußte Rußland gegen Frankreich auf-
bringen, dessen Herrscher bereits durch die republikanische
Propaganda aus seiner Zurückhaltung aufgerüttelt worden
war. Schon spannen sich Fäden zwischen Wien und Petersburg, und das geängstigte England fand sich sicher als Dritter
im Bunde ein[1]). Gewiß, man irrt, wenn man diese Politik der
revolutionären Expansion Bonaparte allein zur Last legt;
Frankreich hat sie bereits seit 1792 verfolgt[2]). Aber es ist
sicher, daß er sie jetzt ganz besonders befürwortete, mit der
egoistischen Rücksicht darauf, daß die aus einem neuen Koalitionskrieg dem Direktorium erwachsenden Verlegenheiten
dieses völlig in Mißkredit bringen, seine Rückkehr geboten
erscheinen lassen und sein Ansehen in Frankreich endlich
doch bis zu jener Stufe erhöhen würden, auf der er selbst nach
der Herrschaft greifen durfte. Frankreich sollte in Europa geschlagen werden, während er im Orient um seinen Namen

---

[1]) Am 21. April wurde in der Sitzung des Direktoriums ein Bericht
Talleyrands besprochen, wonach Bernadotte, der neue Gesandte, aus Wien
gemeldet hatte, der englische Gesandte habe dem Kaiser eine neue Koalition
mit England, Rußland und Dänemark vorgeschlagen. S. J o n q u i è r e,
L'expédition d'Egypte, I., 385 und H ü f f e r, Rastatter Kongreß, I. 249.

[2]) Am 25. Mai 1796 schrieb der scharfsichtige Mallet du Pan nach
Wien: „In allen Ländern, die man nicht behalten mag, wird man den Republi-
kanismus säen, sich als Alliierten jedes Staates erkennen, der Frankreichs
Beispiel nachahmen will, diese Nachahmung mit allen Mitteln hervorrufen,
und man schmeichelt sich; auf solche Weise in kurzer Zeit zu erreichen, was
seit 1792 einer der ersten und wichtigsten Zwecke des Krieges war." Das
stimmte damals nicht, wo das neue Direktorium gerne Frieden gemacht
und sich mit den natürlichen Grenzen begnügt hätte. Aber Bonapartes
Erfolge in Oberitalien brachten das alte System nur zu bald wieder aufs Tapet.

frischen Lorbeer wand; das war das Programm seines vater-
landslosen Ehrgeizes. Darum der Eifer, mit dem er das Unternehmen betrieb, darum auch die Wegführung der besten Soldaten und Generale. „Ich gehe in den Orient — sagte er zu
seinem Bruder Joseph — mit allen Mitteln, die den Erfolg verbürgen. Wenn Frankreich meiner bedarf, wenn die Zahl derjenigen, die wie Talleyrand, Sieyès, Röderer denken, wächst,
wenn der Krieg entbrennt u n d u n g l ü c k l i c h g e f ü h r t
w i r d, dann kehr' ich wieder und bin der öffentlichen Meinung
sicherer als jetzt. Ist dagegen die Republik im Kriege glücklich,
erhebt sich ein neuer Feldherr wie ich, der auf sich die Hoffnungen des Volkes lenkt, gut, dann werd' ich im Orient der
Welt vielleicht doch noch mehr Dienste leisten als er"[1]).
Der Welt, nicht Frankreich.

Noch während er in Paris weilte, traten die ersten Anzeichen der neuen Verwicklung auf dem Kontinent hervor.
In Rastatt war der österreichische Bevollmächtigte der Forderung des Direktoriums nach dem ganzen linken Rheinufer
entgegengetreten, und in Wien hatte Bernadotte die Bevölkerung zu einem Auflauf gereizt, der seine Abreise zur Folge
hatte. Am 23. April kam die Nachricht nach Paris. Die Lage
schien ernst. Der Krieg drohte. Napoleon zauderte und ver-
schob seine Abreise. Wir hören, daß er es unangenehm empfunden habe, als er hörte, der zurückkehrende Bernadotte
sei in Rastatt in den für ihn bestimmten Räumen abgestiegen.
Sollte diesem die Kriegführung vorbehalten sein? Nun ist
er gegen den Kampf, der sein Friedenswerk in Frage stellte,
und will nach Rastatt gehen, um es zu sichern. Das Direktorium selbst war damit einverstanden und gab ihm weitgehende Vollmachten. Als man aber hörte, daß Thugut
eine Genugtuung für den jüngsten Vorfall versprach, ging die
Regierung um so lieber auf eine Verständigung ein, als damit
die Verwendung des Generals überflüssig wurde. Der Direktor
François begab sich zu Konferenzen nach Selz, die den Frieden
aufs neue befestigen sollten, und Napoleon war wieder auf
die ägyptische Expedition verwiesen. Hatte er jetzt wirklich,
wie Miot es ihm in seinen Memoiren nachsagt, nur nach Rastatt
gestrebt, um dort in Verhandlungen, die Krieg und Frieden

---

[1]) D u C a s s e, Mémoires du roi Joseph, I., 71.

in seine Hände legten, seinem Ehrgeiz zu dienen? Dachte
er wirklich, wie Matthieu Dumas in seinen Erinnerungen
berichtet, einen Augenblick wieder an Staatsstreich und
Diktatur? Die historische Forschung hat bisher nichts davon
nachzuweisen vermocht. In der Nacht vom 3. auf den 4. Mai
verließ er Paris, um in Toulon sich einzuschiffen.

Im Hafen von Toulon waren die Zurüstungen mit dem
größten Eifer betrieben worden. Ihre eigentliche Bestimmung
kannten nur sehr wenig Personen. Zwar war von Ägypten
mehrfach die Rede gewesen, auch in den Blättern hatten
Notizen darüber gestanden, aber gerade deshalb glaubte man
umsoweniger an den Ernst eines Wagnisses, das den besten
General Frankreichs in kritischer Zeit in die Ferne trieb.
Und doch war es so. Am 19. Mai 1798 lichtete die Flotte mit
einem Teil der Expeditionsarmee und dem Chefgeneral an
Bord des Admiralschiffes „Orient" die Anker. Gleichzeitig
liefen aus Genua, Ajaccio und Civita-Vecchia die Divisionen
Baraguay d'Hilliers, Vaubois und Desaix aus und vereinigten sich mit dem Touloner Geschwader zu einer imposanten
Streitmacht von fünfzehn Linienschiffen, (darunter dreizehn
Schlachtschiffe), ebensoviel Fregatten, acht Korvetten und
einer Anzahl kleinerer Kriegsfahrzeuge mit zusammen an
zweitausend Geschützen als Bedeckung der dreihundert
Transportschiffe mit den Expeditionstruppen an Bord. Unter
den Divisionären, die den Feldzug mitmachten, finden wir
außer Berthier, dem Generalstabschef, und den früher
genannten, noch Kleber, Menou, Reynier, Dugua, unter den
Brigadegeneralen die später so stolz klingenden Namen eines
Lannes, Davout, Murat, Andréossy u. a.; den Oberstenrang
bekleideten damals noch Marmont, Junot, Lefebvre und
Bessières.

Die größte Gefahr drohte dem Unternehmen von den
Engländern, die zwar früher zur eigenen Sicherheit gegen die
mit Frankreich verbündeten Spanier und Holländer, und aus
Besorgnis vor der französischen Landung, ihre Flotte aus dem
Mittelmeer weggezogen hatten, dann aber doch auf die Tou-
loner Schiffe aufmerksam geworden waren. Sie hatten sich
eben entschlossen, sie durch ein Geschwader unter Admiral
Nelson beobachten zu lassen. Napoleon hatte von dieser

Absicht keine Ahnung. Zu seinem Glück war, wenig Tage
bevor er auslief, Nelson durch ein Unwetter aus seinem Hinter-
halt vertrieben worden und erst wieder auf seinen Posten
zurückgekehrt, als die Franzosen bereits davongefahren
waren. Unsicher, wohin sie sich gewandt hatten, suchte er
sie in Sizilien und Neapel, während sie sich der ersten wichtigen
Etappe auf ihrem Zuge bemächtigten: Maltas.

Schon seit einem Jahre waren einzelne von den Rittern
des Johanniterordens, in dessen Besitz die Insel seit Karl V.
sich befand, durch französisches Geld gewonnen worden. In
der Bevölkerung regten sich revolutionäre Absichten. Der
Großmeister, Herr von Hompesch, war ein unfähiger, kurzsichtiger Mann, der völlig den Kopf verlor, als er unter den
Ordensleuten Verrat und bei den Soldaten wenig Kampfeslust
bemerkte; er leistete Bonaparte fast keinen Widerstand
und übergab am 13. Juni 1798 die mächtigen Bastionen von
Lavalette, ohne auch nur den Versuch zu wagen, sie bis zum
Einlangen eines englischen Entsatzes zu halten. Es war
eine wenig ehrenvolle Kapitulation — ein Wort, das Napoleon
übrigens in der Urkunde vermied, um, wie er sarkastisch
meinte, nicht eine Bezeichnung zu gebrauchen, die in den
Ohren eines einst so kriegsberühmten Ordens übel klingen
würde[1]). Die Güter der Johanniter wurden mit Beschlag
belegt, die Ritter zogen, mit kärglichen Pensionen bedacht,
von dannen, mehrere unter ihnen in der Armee des Siegers,
dessen Name durch diese Eroberung in Frankreich eine neue
Glorie erhielt. Nun müsse, schrieb Talleyrand an den Geschäftsträger in Konstantinopel, der Handel des Mittelmeeres gänzlich in französische Hände gelangen.

Von Malta, wo eine entsprechende Besatzung zurückblieb, nach Osten segelnd, erhielt Napoleon auf der Höhe von
Candia die erste Nachricht, daß er durch ein starkes englisches
Geschwader verfolgt werde. Das paßte schlecht zu seinen
Entwürfen. Denn nicht nur die ägyptische Expedition, sondern
auch die für später geplante Landung in England beruhten
auf der Voraussetzung, daß die französische Flotte Herrin
des Mittelmeeres bleiben werde, wenigstens so lange,
um den Besieger der Mamelucken wieder zurückzubringen.

---

[1] „Par ménagement pour l'honneur chevaleresque." (D o u b l e t,
Mémoires, p. 207.

Jetzt galt es vor allem, mit den Hunderten von Transportschiffen dem Feinde zu entkommen und .Alexandrien zu erreichen. Bonaparte bewies hier, daß er, wenn er seiner Neigung
gemäß seinerzeit zur Marine kommandiert worden wäre,
Frankreich einen sehr tüchtigen Admiral geliefert hätte. Er
wußte dadurch, daß er an der Südküste von Candia hinfuhr,
der nahen Gefahr zu entrinnen. Nelson hatte ihn im Golf
von Neapel nicht vorgefunden und beschlossen, nach Ägypten
zu steuern. Er tat dies an der Nordküste Afrikas und eilte
in seinem Eifer, den Feind zu treffen, so sehr, daß er die Franzosen überholte und noch vor ihnen an der Rhede von Alexandrien anlangte — nur um sie, als er sie leer fand, sogleich wieder
zu verlassen und nach Syrien zu fahren. Unmittelbar hinter
ihm traf am 1. Juli die französische Flotte in Ägypten ein und
fand Zeit, die Expeditionsarmee auszuschiffen.

Noch auf hoher See, am 22. Juni, hatte der Chefgeneral
in einem Armeebefehl seine Soldaten auf die Aufgabe vorbereitet, die ihrer harrte: „Soldaten! Ihr steht im Begriff
eine Eroberung zu machen, deren Folgen für die menschliche
Kultur und den Handel der Welt unberechenbar sind. Ihr
bringet England den sichersten und empfindlichsten Schlag
bei, bis Ihr ihm endlich den Todesstoß versetzen werdet. Wir
werden einige ermüdende Märsche machen, mehrere Gefechte
liefern, wir werden siegen, das Geschick ist für uns." Er ermahnt sie, die Religion der Mohammedaner und ihre Muftis
zu respektieren. „Die Völker, mit denen wir zusammentreffen
werden, behandeln die Frauen anders als wir; gleichwohl
ist, wer ihnen Gewalt antut, überall ein Scheusal. Plünderung
bereichert nur wenige, entehrt alle, zerstört die Hilfsquellen
und macht uns denen verhaßt, die zu Freunden zu haben unser
Interesse erfordert. Die erste Stadt auf unserm Weg hat
Alexander erbaut. Bei jedem Schritt werden wir Erinnerungen
großer Taten begegnen, würdig von Franzosen nachgeahmt
zu werden." Für manchen mochte aber deutlicher geklungen
haben, was er noch in Toulon verhieß: greifbare Erfolge,
wie in Italien, und sechs Acker Grundes überdies[1]).

---

[1]) Nach dem Zeugnis seines Adjutanten Sulkowski. S. J o n q u i è r e,
I. 464 und V i g o R o u s s i l l o n, Mémoires militaires, Revue des deux
mondes, 100, 582.

Auch an die Eingeborenen des Landes wandte sich Bona-
parte, nachdem er am 2. Juli Alexandrien genommen hatte.
Eine arabische Proklamation schildert ihn als Freund des
Sultans, gekommen, um dessen Feinde, die Mamelucken, zu
vernichten und das ägyptische Volk aus ihrer Tyrannei zu
erlösen. Er verkündete die Gleichheit aller Menschen vor
Gott, den er auch im Alkoran anerkenne, erklärte sich und
seine Armee als „wahre Muselmanen" und erzählte, um mehr
Vertrauen zu erwecken, wie er den Papst besiegt und die
Malteser-Ritter vernichtet habe. Ob diese Worte auf das
stumpfe Volk der Fellahs viel Eindruck gemacht haben
werden? Wohl kaum. Sie fügten sich eben der neuen Invasion wie jeder anderen Herrschaft, wenn auch nicht ganz
willig. Wichtiger und wirksamer war, daß die Ankömmlinge
sich als Freunde des Sultans gaben, was ihnen eine Zeit hindurch bei der moslemischen Bevölkerung der größeren Städte
zustatten kam. Zum Unglück ward eine der Gesandtschaften,
die der General mit aller Zuvorkommenheit empfangen hatte,
als sie ihn verließ, aus Versehen niedergeschossen, was das
Zutrauen zu den „Befreiern" nicht eben erhöhte. Bonapartes
eigentlicher Feind aber, die bewaffnete Macht des Landes, war
das Reitervolk der Mamelucken. Ursprünglich, im 12. Jahrhundert, die aus erkauften Sklaven gebildete Leibwache der
Khalifen, hatten sich die Mamelucken bald selbst der Herrschaft über Ägypten bemächtigt, bis sie im 16. Jahrhundert
von den Osmanen besiegt wurden und Sultan Selim I. die
Verwaltung des Landes als einer türkischen Provinz vierundzwanzig ihrer Häuptlinge übertrug. Als dann wieder die
osmanische Macht abnahm, wurde auch die Stellung der Beys,
von denen jeder über ein ansehnliches Reitergefolge verfügte,
mehr und mehr unabhängig, und die Oberhoheit des Sultans
schrumpfte auf den bloßen Namen ein. Zur Zeit, als Bonaparte
den Kampf gegen sie aufnahm, geboten ihre beiden Feldherrn,
Ibrahim und Murad Bey, über 8000 bis 10.000 Mann vortrefflich
gerüsteter und geübter Reiter, die mit Säbel, Wurfspieß und
Feuergewehr virtuos zu hantieren wußten, aber auch sonst
über keinerlei reguläre Truppen; die Infanterie waren schlecht
bewaffnete Fellahhorden, Artillerie fehlte fast gänzlich, nur
die kleine Nilflottille hatte einige Kanonen. Schwärme von
Arabern, die den Türken ebenso feindlich gesinnt waren wie

den Franzosen, wurden zumeist nur den Kurieren und den Maro-
deuren gefährlich. Das waren Verhältnisse, die, bei der vier-
fachen Übermacht der Franzosen, deren Sieg nicht zweifelhaft
erscheinen ließen. Was ihn erschwerte, waren andere Momente.

Vor allem eine entmutigende Enttäuschung. Gleich
Alexandrien, jetzt nur noch ein Zwölftel jener Metropole der
Kultur, der der mazedonische Held den Namen gab, der
Rest in Schutt und Schmutz versunken, blieb weit unter jeder
Erwartung. Als dann Napoleon am 7. Juli nach Kairo aufbrach und anstatt des etwas längeren bequemeren Weges über
Rosette und den Nil entlang, den kürzeren durch die Wüste
wählte, waren die Strapazen durch Durst, Hunger und Hitze
so ungeheure, daß die künstlich genährten Vorstellungen
von dem Paradies im Osten jäh zusammenbrachen. Die Soldaten murrten, drohten mit Umkehr, machten den Feldherrn
für ihre Leiden verantwortlich und verhöhnten die Gelehrten,
denen sie an der Enttäuschung Schuld gaben. In den Fellah-
dörfern fand sich keinerlei Kultur, Getreide in Fülle, aber
weder Mühlen noch Backöfen, als Getränk höchstens schlam-
miges Zisternenwasser. Nicht wenige starben vor Durst, andere,
vom Heimweh gefoltert, töteten sich selbst. Bis in die Reihen
der höheren Offiziere reichte die Entmutigung hinauf. Als
man bei Ramanieh den Nil erreichte, bekam man mit dem
Feinde zu tun, der in einzelnen Trupps die Divisionen um-
schwärmte, so daß nur in geschlossenem Viereck, die Artillerie,
den Train und die geringe Reiterei in der Mitte, marschiert
werden konnte, was auf dem welligen und sandigen Boden
überaus beschwerlich war. Bei Schebrachit traf man am
13. Juli auf das Gros der Armee Murad Beys, der sich aber nach
einem Kampf der beiden Nilflotillen ohne Gefecht zurückzog[1]).

---

[1]) Es soll hier an einem Beispiel für sehr viele andere gezeigt werden,
in welchem Maße die Taten der Orientarmee sich vergrößerten, bis sie in den
Berichten Bonapartes an das Direktorium Paris erreichten. M a r m o n t
in seinen Memoiren erwähnt bei Schebrachit nur 4 oder 5 Mamelucken, die
in wahnwitzigem Ungestüm an ein Karree heranstürmten und niedergemacht
wurden. In einem Brief an den in Alexandrien zurückgebliebenen Menou
vom 15. Juli beziffert Napoleon den Verlust des Feindes mit 50 Toten und
Verwundeten. In seinem Bericht an das Direktorium aber, vom 24. Juli 1798,
ist sogar von einer „Schlacht bei Schebrachit" die Rede, wobei der Feind
300 Mann verlor. Er hat es später offen ausgesprochen, daß ein Staatsmann
perfekt lügen können müsse. Und der Unterhändler von Udine und Passariano war ein Staatsmann.

Erst bei den Pyramiden, die man am 19. Juli bei Omm
Dinar, drei Meilen vor Kairo, erblickte, sollte es zu
einer ernsten Aktion kommen. Unter Mühsal und Beschwerden, von 2 Uhr morgens an marschierend, waren
die Franzosen an den Punkt gelangt, wo sich Murad bei
Embabeh verschanzt hatte und nun, am 21. Juli, mit etwas
mehr als 5000 Reitern und einem Haufen bewaffneter Fuß-
knechte der geordneten Übermacht entgegentrat. Es war
nicht erst nötig, den Mut der republikanischen Armee mit den
Worten: „Soldaten! Bedenkt, daß vierzig Jahrhunderte auf
Euch herabsehen!" anzufachen. Schon die numerische Überlegenheit ließ den Sieg leicht erscheinen, und die Sehnsucht,
der Wüste zu entrinnen, steigerte von selbst die Kampflust.
Der Ausgang war, wie er nicht anders sein konnte. Von den
fünf Divisionen Bonapartes, die alsbald in Karrees von 6 Mann
Tiefe formiert waren, die Kanonen an den Ecken, Stab und
Bagage im Innern, wurde zuerst die des Generals Desaix von
Murad mit Ungestüm attaquiert. Hier zurückgewiesen,
wiederholte der Mamelucke den Angriff auf die Divisionen
Reynier und Dugna (bei der sich Bonaparte befand), mit dem
gleichen Mißerfolg. Dann sprengte er von dannen. Sein
Lager bei Embabeh fiel nach kurzer Wehr mit reicher Beute
den Siegern in die Hände. Ibrahim, der mit einem Teil der
Mameluckenarmee jenseits des Nils bei Bulak gestanden hatte,
gab seine Stellung auf und zog ostwärts an den Rand der
syrischen Wüste. Die Schlacht bei den Pyramiden hatte die
Feinde getrennt und Kairo in die Hände der Sieger geliefert.
Am 22. Juli besetzten die Franzosen die Stadt, und am 24.
bezog Napoleon den Palast Mohammed-Beys am Esbekieh-
Platze als Hauptquartier.

Wenn er bisher, den Klagen der Truppen zu begegnen,
Kairo mit seiner Pracht und seinen Schätzen als Trost in
Aussicht gestellt hatte, so brachte, was man in der Stadt mit
ihren 300.000 Einwohnern vorfand, nur wieder eine neue
Ernüchterung. Man fand zwar für Geld seine Nahrung, aber
von dem erhofften Wohlleben war nicht die Spur vorhanden;
alles, bis auf das verlassene Mameluckenviertel, starrte in
Armut und Unsauberkeit. Der Verdruß in der Armee stieg.
Die zahlreichen Briefe, die Soldaten und Offiziere in ihrem
Unmut nach Hause schrieben und die von den Engländern

aufgefangen und veröffentlicht wurden, bezeugen den Geist
der Unzufriedenheit, der sich geltend machte. Bonaparte
hatte vollauf zu tun, um zu strafen, zu beschwichtigen, zu versprechen, daneben die tausend Geschäfte der Organisation
der Verwaltung zu besorgen, die Bekämpfung des Feindes
anzuordnen, der sich nur zurückgezogen hatte, um sich zu
neuen Schlägen zu sammeln. Und dabei kam keine Nachricht
aus Europa. Dagegen aus Alexandrien eine Botschaft von
niederschmetterndem Gewicht: am 1. August war die englische
Flotte unter Nelson wieder an der ägyptischen Küste erschienen und hatte auf der Rhede von Abukir die französische
vernichtet.

Bonaparte hatte gewünscht, die Eskadre unter Admiral
Brueys in den alten Hafen von Alexandrien gebracht zu sehen,
ließ aber, woferne dies nicht zu bewerkstelligen wäre, die
Frage offen, ob sie nicht auf der Rhede von Abukir eine sichere
Verteidigungsstellung nehmen könnte; wäre beides nicht
möglich, so sollte der Admiral unter Zurücklassung einiger
Fregatten und der leichten Kriegsfahrzeuge nach Korfu segeln[1]).
Brueys entschied sich, da der Eingang des Hafens nicht für
alle Schiffe passierbar war, für die offene Rhede, wo er die
Flotte verankerte und seine Position für fest genug erklärte,
um den Feind zu erwarten, da er nach einer Seite durch die
Küste geschützt sei und kein feindliches Schiff zwischen den
seinigen und dem Lande Stellung nehmen könne. Verhäng-
nisvoller Irrtum. Am 1. August erschien Nelson, der in Hast
und Aufregung bisher vergebens die Spur des Feindes gesucht
hatte, mit seinem Geschwader und stürzte sich alsbald auf
die französischen Fahrzeuge, von deren Bemannung ein Teil
gar nicht zur Stelle war. Nun zeigte sich, daß Brueys Position
sehr wohl angreifbar gewesen war und daß die englischen
Linienschiffe, obgleich geringer an Zahl, mit Geschick und
verwegener Kühnheit geführt, sich doch zwischen den Feind
und die Küste zu drängen vermochten. Und einmal unter

---

[1]) Corresp., IV. 2728. Der Brief ist nur in Abschrift vorhanden.
Das ist aber kein Grund, ihn für hinterher angefertigt zu halten (Vgl.
Guyot, p. 842, Wilson in „Cambridge modern history", VIII. 624).
Auch scheint mir die Annahme nicht zutreffend, daß er zu Napoleons Ent-
lastung verfertigt worden sei. S. die übrigen damit zu vergleichenden Zeug-
nisse unten in der nächsten Anmerkung.

zwei Feuer gebracht, erlag eines der republikanischen Fahrzeuge nach dem andern. Aller Heldenmut konnte nicht mehr
helfen. Brueys büßte seinen Irrtum mit dem Tode; der
„Orient" flog mit ihm und der Bemannung in die Luft; unter
dem Rufe „Vive la République!" starben die tapferen Kämpfer.
Es war ein Sieg, wie bis dahin noch nie einer zur See errungen
wurde. Nur zwei Linienschiffe und zwei Fregatten rettete
der Kontreadmiral Villeneuve in die Flucht. Einige andere
Fregatten waren vorher in den Hafen bugsiert worden. Alles
übrige war vernichtet oder in des Feindes Händen[1]).

Bonaparte erhielt die Nachricht auf der Rückkehr von
einem Zuge gegen Ibrahim nach Osten, während er zu gleicher
Zeit, allerdings erfolglos, mit Murad unterhandeln ließ. Anfangs nahm er die Botschaft mit vollkommener Fassung
entgegen, ja er fing sofort an — es war in Marmonts Zelt —

---

[1]) Wenn Napoleon in seinen Berichten über die Niederlage der Flotte
an das Direktorium und in seiner Darstellung auf St. Helena die Schuld
allein auf Brueys wälzte, so war dies, wie an der Hand seiner eigenen Briefe
und der jüngst veröffentlichten Dokumente erwiesen werden kann, unrichtig.
Es ist unrichtig, wenn er nach Paris schreibt: „Als ich von Alexandrien weg-
ging, befahl ich dem Admiral, binnen 24 Stunden in den Hafen einzufahren
oder, wenn dies nicht möglich wäre, nach Korfu zu segeln", denn er selbst
hatte daneben die Alternative der Rhede von Abukir aufgestellt. (S. oben.)
Es ist vielmehr sicher, daß er noch in Alexandrien sich mit Brueys über die
Position auf der Rhede geeinigt hatte. Denn er schrieb am 7. Juli von dort
an Kleber: „Das Geschwader wird bei Abukir ankern, und zwar so, daß es
durch die Batterien, die wir errichten, gedeckt ist." Daß eine Unterredung
mit Brueys vorausgegangen war, bezeugt der Schiffsfähnrich Lachadenède
in seinen gleichzeitigen Aufzeichnungen: „Der Admiral kam an Land, um
die Befehle des Chefgenerals entgegenzunehmen. In dieser Unterredung
wurde vereinbart, daß, wenn man nicht nach Alexandrien einfahren könne,
die Flotte sich bei Abukir vor Anker legen solle." (Jonquière, II. 91.)
Später kamen dem Admiral Zweifel. Am 13. Juli schreibt er an Bonaparte:
„Diese Rhede liegt doch zu sehr offen, als daß ein Geschwader einem überlegenen Feinde gegenüber eine militärische Position nehmen könnte. Die
Piloten hoffen, in den alten Hafen endlich eine Passage gefunden zu haben."
(Jonquière, II., 248.) Am 27. und 30. Juli erwidert ihm der Chefgeneral
aus Kairo: da nach allem, was er höre, eine Einfahrtstelle gefunden sei,
nehme er an, daß die Flotte sich im alten Hafen befinde. Die Briefe kamen
zu spät. Brueys war vom Nahen Nelsons unterrichtet worden und wollte
von ihm nicht während der Einfahrt überrascht werden. Auch war er von
Lebensmitteln so entblößt, daß er zunächst vor Anker liegen bleiben mußte.
S. seinen Brief an Menou vom 24. Juli bei Guitry, L'armée de Bonaparte
en Egypte, p. 119. In Paris aber nahm man wirklich an, er habe Napoleons
Befehlen zuwidergehandelt.

ihre Tragweite zu schätzen. Man sei nun auf Ägypten allein
angewiesen, sagte er; aber dieses Land habe früher ein ganzes
mächtiges Königreich gebildet; jedenfalls sei es ein Stützpunkt
für Eroberungen beim Zusammenbruch der türkischen Herrschaft, eine Offensivposition gegen England. „Vielleicht
sind wir bestimmt," rief er Marmont zu, der in seinen Memoiren darüber berichtet, „das Aussehen des Orients zu
verändern und unsere Namen denjenigen zur Seite zu stellen,
die die alte und die mittelalterliche Geschichte mit der größten
Auszeichnung unserm Gedächtnis einprägt." Man müsse nur
den Kopf oben behalten, in solchen Augenblicken bewähre
sich der überlegene Charakter. Das waren mutige Worte,
die ihre Wirkung auch nicht verfehlten. Den ganzen Eindruck aber, den die Kunde auf den Feldherrn übte, sprachen
sie nicht aus. Der Verlust der Flotte hatte ihn weit härter
getroffen, als er merken ließ. Nach seinen Plänen, die wir
kennen, hatte er Ägypten zu erobern und dessen Besitz zu
sichern gedacht, dann aber heimkehren wollen, wenn unterdes
der neue Krieg auf dem Kontinent und dessen Wechselfälle
seinen Degen im Preise gehoben hatten. Bourrienne versichert: „Nach dem, was mir Bonaparte vor der Nachricht des
1. August mitgeteilt hat, wollte er, wenn einmal der Besitz
Ägyptens sichergestellt war, mit der Flotte, die nunmehr
hier nichts nützen konnte („devenue désormais inutile"), nach
Toulon zurückkehren. Von dorther wollte er Verstärkungen
und Proviant nach Ägypten senden, die Flotte aber mit den
Streitkräften vereinigen, die die Regierung bis dahin gegen
England gesammelt haben würde, dessen Marine er dann überlegen zu sein hoffte. Der Verlust seiner Schiffe zerbrach
diese Kombinationen"[1]). Aber er tat noch weit mehr. Er
brachte auch für die Stellung in Ägypten ernste Gefahren.

---

[1]) M é m o i r e s. II., 133. Bourrienne so wenig, wie Napoleon, konnte
damals schon wissen, daß das Direktorium von dem Plan einer Landung
im nächsten Herbst bereits zurückgekommen war und die in den Nord-
häfen stationierten Schiffe den Irländern zu Hilfe geschickt hatte, die sich
Ende Mai 1798 gegen England erhoben. Diese Hilfsaktion hatte nur Verluste im Gefolge. In einzelnen Expeditionen verzettelt, teils verloren, teils
verschlagen waren die maritimen Streitkräfte, und von einer neuen Konzentration französischer Kriegsschiffe im Norden fürs erste nicht mehr die
Rede.

Napoleon hatte gehofft, den Sultan über die Natur seiner Expedition täuschen oder hinhalten zu können. Das hatte Talleyrand als außerordentlicher Gesandter besorgen sollen. Dieser jedoch wagte es nicht mehr, seitdem die Engländer im Mittelmeer aufgetaucht waren — vorausgesetzt, daß es überhaupt je seine Absicht gewesen war — und überließ das Geschäft dem Geschäftsträger Ruffin in Konstantinopel[1]). Der Großherr, der schon durch Napoleons Zettelungen mit dem Pascha von Janina und den Griechen mißtrauisch geworden war, schwankte lange Zeit zwischen der Freundschaft mit der Republik und einer Allianz mit Rußland, die ihm von Zar Paul I. nahe gelegt wurde, dessen politische Kreise durch Frankreichs Übergreifen in den Orient und die Wegnahme Maltas gleichfalls gestört worden waren. Da drang die Kunde von der Vernichtung der französischen Flotte an den Bosporus und entschied gegen das Direktorium. Was man für unmöglich gehalten hatte, wurde zur Tat: Rußland riß die von England bearbeitete Türkei mit sich fort, damit sie ihre Souveränitätsrechte über die ionischen Insel und Ägypten gegen die Eindringlinge verteidige. Am 1. September erklärte die Pforte den Krieg an Frankreich, setzte den französischen Geschäftsträger gefangen und bemächtigte sich mit Rußlands Hilfe der Inseln im ionischen Meer.

---

[1]) Talleyrands Haltung in dieser Sache ist nicht klar. M i o t (Mémoires I. 221.) meint, er habe sowohl Bonaparte als dem Direktorium gegenüber unaufrichtig gehandelt. Es scheint nun, daß er wohl den Gesandtenposten ins Auge gefaßt hatte, als er im Mai 1798 seine Stellung als Minister erschüttert sah, und Napoleon dieser seiner Absicht bei dessen Abreise versicherte, denn er sagte zu dem preußischen Gesandten in jener Zeit: „Ich werde wahrscheinlich abgesetzt werden von einem Posten, auf dem ich nur Verdruß hatte. Vielleicht werde ich zum Gesandten in Konstantinopel ernannt, was ich wünsche und annehmen werde." (B a i l l e u, I. 208.) Als er aber, kurz nachher, wieder fester im Sattel saß, dachte er nicht mehr daran, an den Bosporus zu gehen, sondern schlug einen andern (Descorches) für die Stelle vor. Bonaparte wußte von diesem Entschluß des befreundeten Ministers nichts. Er schrieb am 22. August 1798 an den Großvezier, das Direktorium habe Talleyrand zum Gesandten ernannt, er dürfte bereits in Konstantinopel eingetroffen sein, und am 7. Oktober an das Direktorium, „es sei sehr wichtig, daß ein Gesandter über Wien nach Konstantinopel geschickt werde, Talleyrand solle sich hinbegeben und sein Wort halten". Am 11. Dezember schreibt or an diesen selbst — nach Konstantinopel. (C o r r., IV. 3076, V. 3439, 3748.) Die Annahme, daß Talleyrand deshalb, weil er nicht mehr für sein Portefeuille zu fürchten brauchte, nicht mehr nach Konstantinopel ging, ist durch G u y o t, p. 848 aus den Akten als zutreffend erwiesen worden.

Bonaparte erfuhr nicht sogleich von dieser Wendung der Dinge. Aber er ahnte sie bald. Allsogleich nach seiner Landung in Ägypten hatte er dem Großvezier und dem Statthalter von Syrien, Achmed Pascha — seiner Grausamkeit wegen Djessar (Schlächter) genannt — seine Freundschaft entbieten lassen und wie sein Zweck kein anderer sei, als die Interessen des französischen Handels gegen die Mamelucken zu schützen. Auf diese Briefe war keine Antwort erfolgt. Dagegen vernahm er Anfang Oktober, die Pforte habe allenthalben die französischen Konsuln verhaften lassen. Aber noch hatte er keine Gewißheit über die Haltung der Türkei. Lautete sie ungünstig, dann ward ihm die doppelte Aufgabe, die Position, die er hier erkämpft hatte, nicht nur gegen die Abneigung der arabischen Bevölkerung und gegen die Streitmacht der Mamelucken, sondern auch gegen den rechtmäßigen Herrn des Landes, den Sultan, zu verteidigen. Nach der Niederlage seiner Flotte bei Abukir, die in der Heimat gewiß einen schlechten Eindruck machte, bedurfte er neuer Triumphe, um ihn rasch zu verwischen; die Lorbeeren, die er in der Schlacht bei den Pyramiden gepflückt — und wenn er die Verlustziffer des Feindes verzehnfachte — reichten für seine persönliche Geltung nicht mehr aus. Und er war doch nach Ägypten gegangen, um seinen Ruhm zu stärken. Am 8. September schrieb er dem Direktorium: „Ich erwarte Nachrichten aus Konstantinopel. Ich kann nicht, wie ich Euch versprach, im Oktober in Paris sein, wohl aber um einige Monate später."

Während dieses bangen Harrens fand Napoleon Gelegenheit, sich zu überzeugen, daß das Volk von Ägypten die Fremdherrschaft nur mit dem größten Widerwillen ertrug und daß ihm hier seine Sympathien für den Islam nicht viel halfen. Sogleich nach seinem Einzug in Kairo hatte er für die Administration des Landes rasch sehr wertvolle Vorkehrungen getroffen. In der Hauptstadt selbst hatte ein Divan von neun Mitgliedern (durchwegs Scheikhs) die Regierung zu führen, zwei Polizeibeamte, ein Komitee für die Approvisionierung der Stadt, eines für die Beerdigung der Toten zu ernennen und jeden Tag zusammenzutreten. Eine türkische Polizeiwache wurde dem französischen Kommandanten untergeordnet. Gleiche Einrichtungen galten für die Provinzen, wo die Divans

sieben Mitglieder zählten, die alle Beschwerden an Bonaparte
gelangen lassen, für den Frieden unter den Dörfern sorgen
und das Volk aufklären sollten. Ein Janitscharenaga, der
sich mit dem französischen Kommandanten zu verständigen
hatte, ward mit seiner Garde für die Erhaltung der öffentlichen
Ruhe verantwortlich gemacht; ein Intendant hatte mit seinen
Beamten die Steuern in der Höhe einzuheben, in der sie bisher
an die Mamelucken geleistet worden waren. Alles Eigentum
blieb seinen Besitzern, die frommen Stiftungen den Moscheen.
Das Recht wurde, wie bisher, gehandhabt. Diesen Zugeständnissen stand freilich eine empfindliche Strenge zur Seite.
„Die Türken", schreibt Bonaparte am 31. Juli an Menou,
„können nur durch die größte Strenge regiert werden. Ich
lasse täglich 5 bis 6 Köpfe in den Straßen von Kairo ab-
schneiden. Wir mußten sie bisher schonen, um den Ruf des
Schreckens zu zerstören, der uns voranging; heute aber muß
man den Ton anstimmen, auf den diese Völker gehorchen,
und sie gehorchen nur, wenn sie fürchten." Anfänglich hatte
er bloß die Mameluckengüter konfisziert und die andere
Bevölkerung mit Kontributionen verschont. Jetzt, nach
der Schlacht bei Abukir, wo die Armee von allem Zuschuß
abgeschnitten war und empfindlicher Geldmangel eintrat,
änderte er dieses System einigermaßen. Jetzt wurden auch
die Religionsgüter besteuert und eine neue Häusersteuer
eingeführt, die man als drückend empfand. Dann versuchte
es Napoleon mit Lotterie und Papiergeld, das letztere in
Appoints zu 50 Franken, die der Direktor der Münze denjenigen
auszustellen hatte, die ihr Silberzeug oder ihren Goldschmuck
gegen Geld vertauschen wollten. Es entstand eine förmliche
Suche nach derlei Schätzen und man wird an Mephistos
Finanzkunst erinnert. Diese Maßregeln beeinträchtigten
einigermaßen das volkstümliche Ansehen „Ali Bounaberdis",
wie die Einheimischen den Chefgeneral nannten, nachdem er
im Burnus der Nilfeier beigewohnt, ungefähr wie auch
Alexander der Große in Asien persische Gewänder getragen
hatte. Überdies waren, seit der Wendung in der Politik der
Pforte, türkische Agenten von Syrien her nach Ägypten gekommen und wiegelten das Volk auf. Fermane des Sultans,
die Bonaparte die Absicht zuschrieben, er wolle den Islam
zerstören, wurden in den Moscheen verlesen und reizten zum

Widerstand. Nebenher hatte das Gerücht, der Sultan habe
Frankreich den Krieg erklärt, Djezzar sei aus Syrien im Anmarsch, die Franzosen müßten abziehen, wollten jedoch
vorher die Stadt verbrennen, die Gemüter maßlos erhitzt.
Im Oktober kam es zum offenen Aufstand. Der Pöbel stürmte
gegen die Häuser der Fremden und ermordete eine Anzahl
Franzosen, darunter fünfundzwanzig kranke Soldaten; auch
der Stadtkommandant wurde getötet; die Massen ergriffen
die Waffen und organisierten die Revolution. Napoleon ließ
das aufständische Stadtviertel einschließen und die große
Moschee darin bombardieren. Bald war die Bewegung völlig
niedergeschlagen. Um sich gegen eine Wiederholung zu sichern,
befahl er sogleich, eine Anzahl Gefangener zu köpfen, und in
den folgenden Nächten je dreißig. Das werde ihnen eine gute
Lehre sein, meinte er in Briefen an die Generale. Er habe
geglaubt, mit Milde wirken zu können, aber hier sei nur Ein-
schüchterung von Erfolg[1]).

Die Zeit der Ruhe, die auf das Strafgericht folgte, wurde
zur weiteren Ausbildung der inneren Organisation und zur
Förderung wissenschaftlicher Arbeiten verwendet. Die mitgebrachten Gelehrten Frankreichs hatten ein „Institut"
gebildet, das sich in vier Klassen teilte, mit Forschungsarbeiten
und Vorträgen über das Wesen und die Kultivierung des
Landes. Die Berichte über die Sitzungen erschienen in einer
Zeitschrift: „La décade égyptienne", die Arbeiten in besonderen Bänden, Nachrichten politischer und lokaler Art im
„Courrier d'Egypte". Die Eröffnung des Institutes hatte
am 23. August 1798 stattgefunden, Monge war zum Präsidenten, Bonaparte zum Vizepräsidenten, der Physiker Fourier
zum Sekretär erwählt worden. In den Sitzungen der Sektionen
— an jedem fünften Tag — fanden Fragen, die der Feldherr
den Gelehrten wegen der Verbesserung von Einrichtungen
für die raschere Verpflegung der Armee u. dergl. vorlegte,
ihre Beantwortung. Er fragte aber auch nach dem Stande
der Jurisprudenz und des Unterrichtswesens und nach möglichen Reformen auf diesen Gebieten. Endlich wurde hier

---

[1]) Die Anzahl der Hingerichteten ist von royalistischen Schriftstellern
bis auf 60.000 übertrieben worden. Napoleon gibt 2000 bis 2500 an. Corr.,
V., 3538, 3539. Andere Berichte nehmen auch diese Zahl als zu hoch gegriffen an. (S. Jonquière, III. 284.)

das reiche Material für jenes großartige wissenschaftliche Sammelwerk geschafft, das zehn Jahre später als „Beschreibung Ägyptens" zu erscheinen begann und den Grund zur Kenntnis des Landes nach jeder Richtung legte. Ein französischer Offizier fand zu Rosette den dreisprachigen Denkstein, der dann Champollion zur Entzifferung der Hieroglyphen führte. In einer dieser gelehrten Sitzungen soll Bonaparte — erzählt ein Offizier der Expedition — mit Berthollet in Streit geraten und, was ihm oft passierte, heftig geworden sein. Da habe der große Chemiker ruhig bemerkt: „Du hast Unrecht, Freund, denn du wirst grob." Als dabei der Chefarzt Desgenettes sich auf die Seite des Naturforschers stellte, brach Napoleon los: „Ich sehe schon, daß hier alles zusammenhält. Die Chemie ist die Küche der Medizin und diese die Wissenschaft der Meuchelmörder." Worauf Desgenettes kalt zurückgab: „Und wie würden Sie, Bürger General, die Kunst der Eroberer definieren?"

Die Nachricht von der Kriegserklärung der Türkei, die im Oktober die Kairoten aufgeregt hatte, war richtig gewesen, diejenige vom Anmarsch Djezzars nur verfrüht. Ende Dezember 1798, als Bonaparte nach Suez gegangen war, um den Spuren des alten Kanals nachzuforschen, der einst den Nil mit dem Roten Meer verband und in der Zukunft den Verkehr mit Indien ermöglichen konnte, und um nebenbei die Wunder Mosis zu erproben, erhielt er die Botschaft, Truppen Achmed Paschas wären in Ägypten eingebrochen und hätten sich im Grenzfort El Arisch festgesetzt. Sofort traf er seine Anordnungen für einen Offensivzug nach Syrien. Hier ergab sich die Gelegenheit zu neuen Siegen, und er ergriff sie mit Eifer. Zu seiner innersten Beruhigung hatten zwei Franzosen, Hamelin und Livron, die auf einem Ragusaner Frachtschiff Ende Januar 1799 nach Alexandrien gekommen waren, gemeldet, daß noch immer auf dem Kongreß in Rastatt verhandelt werde und daß nur Neapel allein mit Frankreich in Krieg geraten sei. Das war, was Napoleon wünschte: die Sicherheit, daß der große Kampf auf dem Kontinent noch nicht entbrannt war, und doch zugleich die Wahrscheinlichkeit, daß er, entzündet an dem Streitfall mit Neapel, nicht lange werde auf sich warten lassen. Daß es dann seine Absicht war, nach Hause zurückzukehren, hatte er bereits im Oktober dem Direktorium eröffnet; er tat es jetzt in einem Brief vom 10. Februar 1799, bevor er nach Syrien aufbrach, aufs neue[1]).

In demselben Schreiben tat er seinen Plan kund, den er mit dem Marsch nach Syrien verfolgte: er wolle nicht nur die Invasion zurückwerfen und durch Befestigung der Grenze jenseits der Wüste jedes Zusammenwirken der syrischen Armee mit einer zweiten, die voraussichtlich im Delta landen werde, verhindern, sondern auch, einmal im Besitz von Syrien, den Bemühungen um die Türkei mehr Nachdruck geben und überdies der englischen Eskadre die dortigen Nahrungsquellen nehmen. Der Zug nach Syrien sollte also ersetzen, was an politischem Gewicht durch die Zerstörung der Flotte verloren gegangen war. Ob er noch weitere Pläne hatte? Am 25. Januar hatte er Tippu Sahib, den Sultan von Maissur, den geschworenen Feind Englands, zu Verhandlungen aufgefordert, an den schon der Konvent gedacht und für den auch das Direktorium ihm Briefe mitgegeben hatte. Auch mit dem Schah von Persien hat er angeknüpft; es war wegen der nötigen Etappen auf einem Zug nach Indien. Fünf Jahre später erzählte er der Frau von Rémusat: „In Ägypten fühlte ich mich frei vom Zügel einer beengenden Zivilisation. Ich träumte von allem Möglichen und sah die Mittel, meine Träume wahr zu machen. Ich sah mich auf dem Weg nach Asien, nachdem ich zuvor eine neue Religion gestiftet hatte, auf einem Elefanten reitend, den Turban auf dem Kopf, einen neuen Alkoran in der Hand,

---

[1] „Wenn im Laufe des Monats März sich die von Hamelin erhaltenen Berichte bestätigen, und wenn Frankreich mit den Königen in Kampf gerät, kehre ich nach Frankreich zurück." (C o r r. V. 3952.) Dasselbe sagte er an demselben Tage, es war der des Aufbruches nach Osten, zu Bourrienne (Mémoires, II. 201). In dem Briefe vom 7. Oktober 1798 (C o r r., V. 3439) hieß es: „Weiß ich einmal, welche Partei die Türkei ergreifen wird, und ist das Land hier besser geordnet, sind die Befestigungen weiter fortgeschritten, so werde ich mich entschließen, nach Europa zu kommen, insbesondere, wenn mich neue Nachrichten annehmen lassen, daß der Kontinent noch nicht zur Ruhe gekommen sei." Seit der Schlacht bei Abukir und bei dem fortwährenden Kreuzen der englischen Schiffe war der Verkehr mit der Heimat außerordentlich erschwert; namentlich als, nach der Kriegserklärung der Türkei, auch die Barbareskenstaaten eine feindselige Haltung annahmen und die Verbindung zwischen Tripolis und Ägypten ganz unsicher geworden war. Hamelins Bericht über seine Begegnung mit Bonaparte ist im Pariser Kriegsarchiv erhalten und von G u l t r y, L'armée de Bonaparte en Egypte, p. 350, abgedruckt worden.

den ich nach meinem Ermessen zusammenstellte. Die Erfahrung zweier Welten wollte ich in meinen Unternehmungen vereinigen, die Domäne der Geschichte mir dienstbar machen, die englische Macht in Indien angreifen und durch diese Eroberung meine Verbindungen mit Europa wieder anknüpfen." Aber man darf diesen Entwürfen in der historischen Darstellung nicht allzu viel Gewicht beilegen. Denn auch hier war die kalte Vernunft sofort zur Stelle. Nur wenn Ägypten gesichert wäre, vertraute er Bourrienne, wenn er 15.000 Mann da zurücklassen und mit weiteren 30.000 den Marsch antreten könnte, wollte er den Zug nach Indien wagen. Da diese Voraussetzungen fehlten, blieb es beim syrischen Feldzug. „Er fühlte es selbst zu gut" — bemerkt jener in seinen Memoiren — „wie wenig all diese Projekte mit unseren geringen Kräften, mit der Schwäche der Regierung und mit dem Abscheu der Soldaten gegen die Wüste vereinbar waren."

Ernster vielleicht war es ihm jetzt mit einem andern Gedanken. „Er sprach", erzählt Talleyrand in seinen Memoiren, „einige Mal davon, nach Europa über Konstantinopel zurückkehren zu wollen, was nicht so ganz der Weg nach Indien war, und es gehörte kein großer Scharfsinn dazu, um zu erkennen, daß er nach einem siegreichen Einzug in Stambul weder den Thron Selims aufrechterhalten noch aber an Stelle des ottomanischen Reiches eine „einige und unteilbare Republik" gründen würde"[1]. Nun, vorläufig begab er sich auf den Weg dahin.

Mit vier Divisionen unter Kleber, Reynier, Lannes und Bon (etwa 13.000 Mann) wurde die Eroberung des heiligen Landes unternommen. Desaix stand gegen Murat in Oberägypten. Dugua und Marmont blieben im Delta zurück. Am 20. Februar gelang es, nachdem ein türkisches Hilfskorps geschlagen worden war, die Besatzung von El Arisch gegen Zusicherung freien Abzuges zur Kapitulation zu bringen, und am 24. langte der Vortrab in Palästina an, wo die durch Hitze und Durst zur Verzweiflung gebrachten Truppen neue Kräfte sammelten. Bald ist Gaza, von ein paar tausend Feinden ohne Widerstand geräumt, in den Händen der Franzosen, und

---

[1] Talleyrand, Mémoires, I. 262. Das Direktorium hatte sich die Idee Napoleons gemerkt und schlug ihm später, als der Krieg in Europa ausbrach, selbst die Diversion gegen Konstantinopel vor. (S. unten.)

am 4. März das befestigte Jaffa von ihnen eingeschlossen. Hier beginnt nachhaltigere Gegenwehr. Der türkische Befehlshaber des Platzes läßt den französischen Parlamentär köpfen, und stachelt dadurch die Kampflust der Expeditionstruppen zur rücksichtslosen Wut auf. Am 7. März haben die Batterien — leichte Geschütze nur — Bresche gelegt, und alsbald ist die Festung im Sturm genommen. Nun wird in den Straßen niedergemacht, was den Siegern unter die Hände gerät. Von der 4500 Mann starken Garnison sind 2000 bereits getötet. Der Rest hat sich fechtend in Moscheen, Karawansereis und in eine kleine Zitadelle zurückgezogen. Als sich tags darauf zwei Adjutanten Bonapartes zeigen, bieten ihnen die Eingeschlossenen, gegen Zusicherung ihres Lebens, ihre Ergebung an, und die Offiziere gehen, ohne weitere Ordre zu holen, darauf ein, zum nicht geringen Verdruß des Oberfeldherrn, dem die große Zahl der Gefangenen arge Verlegenheit schafft. Sie nach Ägypten schicken, war der Eskorte wegen unmöglich, die man nicht entbehren kann; sie entlassen, hieß den Feind verstärken; sie einteilen und ernähren, schien nicht minder bedenklich; einige Generale, mit denen der Oberfeldherr sich besprach, waren dafür, dem Kriegsrecht seinen Lauf zu lassen, das bei Erstürmung einer Festung den Verteidigern das Leben absprach. Bonaparte befiehlt denn auch, die Gefangenen, bis auf 300 Ägypter, zu töten; sie werden ans Meer geführt und teils niedergemetzelt, teils in die Fluten gejagt, wo sie umkommen[1]).

---

[1]) Die Geschichtschreibung hat diesen grausamen Akt zumeist verurteilt; militärische Schriftsteller haben ihn — insbesondere als Abschreckungsmittel, als das er gedacht war — für gerechtfertigt erklärt. Aber auch nur insoweit, als es sich dabei bloß um die Garnison von Jaffa handelte. Diese soll es jedoch nicht allein gewesen sein, die über die Klinge springen mußte. Ein Stabsoffizier der Expeditionsarmee erzählt: „Die Gefangenen von El Arisch waren gegen die Kapitulationsbedingungen mitgeschleppt worden. Bonaparte fürchtete, sie möchten statt nach Bagdad nach Jaffa oder Akka gehen und seine Feinde verstärken. Nach der Erstürmung Jaffas begannen die Milizen unruhig zu werden und zu murren. Sie meinten, jetzt habe Bonaparte ohnehin nicht mehr zu befürchten, daß sie sich nach Jaffa wenden, er möge sie, der Kapitulation gemäß, nach Bagdad marschieren lassen. Bonaparte konnte sich nicht dazu entschließen und da er ohnehin beschlossen hatte, sich der bei (!) Jaffa gemachten Gefangenen zu entledigen, ließ er heimlich die Gefangenen von El Arisch unter jene mengen und alle zusammen am 10. März (es war der 9.) ermorden." (Jahrbücher f. d. deutsche Armee und Marine, XXXVI. 141.) Ist diese Nachricht

Am 19. März lagerte Bonaparte vor Akka (St. Jean d'Acre). Der Anblick, den die Festung bot, war kaum verschieden von dem der bisher verhältnismäßig leicht eroberten El Arisch und Jaffa. Eine oberflächliche Rekognoszierung der Werke ergab einen ähnlichen Eindruck, und da das von Alexandrien herbeorderte schwere Geschütz noch nicht angelangt war — vorausgesetzt, daß es den englischen Kreuzern überhaupt entkam — begann der Chefgeneral die Belagerung mit denselben Mitteln, die in den früheren Fällen ausgereicht hatten. Aber hier lag die Sache doch anders. Die Werke waren widerstandsfähiger, da der Platz hinter der äußeren Umwallung eine Kontreeskarpe hatte. Überdies stand der englische Kontreadmiral Sidney Smith mit mehreren Schiffen auf der Rhede, versorgte die Festung mit Proviant und Verteidigungsmitteln und sandte Djezzar einen tüchtigen Genieoffizier zu, der die

---

wahr, dann hätte man es hier mit einer Scheußlichkeit ohnegleichen zu tun, die keine Kriegsraison zu entschuldigen vermöchte. Und sie wird auch von anderer Seite gemeldet. Ein zweiter Augenzeuge, Vigo R o u s s i l l o n, erzählt nämlich gleichfalls, die gefangene Garnison von Jaffa habe, „zusammen mit der von El Arisch, die wir hinter uns hergeführt hatten, den Tod erlitten". (Revue d. d. mondes, v. 100, p. 604.) Die offizielle Geschichtschreibung, wie wir sie von Napoleon, Berthier usw. vertreten sehen, stellt die Sache so dar, als wären die freigelassenen Milizen von El Arisch nicht nach Bagdad weiter, sondern wirklich nach Jaffa gezogen, hätten hier, ihrem Versprechen entgegen, an der Verteidigung teilgenommen und gerechterweise das Schicksal der übrigen geteilt. R o s e, Life of Napoleon, I. 204, will dieser Darstellung mit einem Brief Djezzars an Sidney Smith vom 1. März zu Hilfe kommen, worin es heißt, daß diejenigen seiner Truppen, die El Arisch nicht hatten halten können und auch Gaza aufgeben mußten, in großer Angst vor den Franzosen in Jaffa stünden. Hier sind aber sicher nicht die Türken gemeint, die El Arisch verteidigt hatten, sondern die, denen der Entsatz der Festung aufgetragen, aber nicht gelungen war. Andere vertrauenswürdige Augenzeugen, wie z. B. der Genieoffizier D e t r o y e, aus dessen Tagebuch W a a s in der Hist. Vierteljahrschrift, 1903, Mitteilung machte, erwähnten nichts von den Gefangenen von El Arisch. M a l u s in seiner Agenda (p. 123) sagt, man habe sich ihnen gegenüber zwar perfid benommen, indem man sie, gegen die Zusage, nicht freigab, sie seien aber sämtlich bei guter Gelegenheit entwischt. Und so dürfte es wohl gewesen sein. Daß sie dann doch die Garnison in Jaffa verstärkten, hält übrigens ein Brief General Bertrands aus späterer Zeit (1829) fest, in dem es heißt: „Einer der Beweggründe für die blutige Exekution der Gefangenen von Jaffa war die Besorgnis, sie später in Akka wiederzufinden, um sie ein drittesmal bekämpfen zu müssen, nachdem man sie bereits in El Arisch und in Jaffa zur Waffenstreckung gezwungen hatte. („Feuilles d'histoire", 1909, p. 73.)

Verteidigung leitete. Eigentümlicher Zufall! Es war Picard de
Phélipeaux, ein Mitschüler Bonapartes auf der Pariser Ecole
militaire. Da standen sich, die auf der Schulbank nebeneinander gesessen hatten, in einem welthistorischen Augenblick
gegenüber: der Korse im Dienste Frankreichs, der Franzose
als Werkzeug der Engländer.

Bonaparte war sehr viel an der raschen Eroberung dieses
Platzes gelegen. Denn der Krieg war nun wirklich auch auf
dem Kontinent ausgebrochen. Im März erhielt er eine Depesche
des Direktoriums vom 4. November 1798, die ihm bestätigte,
daß die neapolitanischen Truppen im Begriffe seien, ins Feld
zu ziehen, daß sie unter österreichischen Feldherren (Mack und
Sachsen) stehen, was gleichsam den Beginn auch der österreichischen Feindseligkeiten bedeute, daß eine österreichische
Abteilung in Graubündten eingedrungen sei und damit die
Neutralität der verbündeten Schweiz verletzt habe. Angesichts
dieser Verwicklungen habe das Direktorium die Aushebung
von 200.000 Mann angeordnet, General Jourdan das Kommando
der Rheinarmee, Joubert dasjenige in Italien, wo voraussichtlich die entscheidenden Schläge fallen werden, übertragen.
Was ihn, Bonaparte, betreffe, so möge er selbst nach den Umständen und seiner Einsicht sich benehmen. Da das Direktorium nicht in der Lage sei, ihn zu unterstützen, werde es ihm
auch keine Befehle oder Instruktionen erteilen. „Nachdem die
Rückkehr nach Frankreich im Augenblick so schwer zu bewerkstelligen ist,“ hieß es am Schluß, „scheint es, daß Sie
zwischen drei Wegen zu wählen haben: in Ägypten bleiben
und sich so einrichten, um gegen jeden Angriff der Türken
gedeckt zu sein, wobei Sie allerdigs wissen werden, daß es
Jahreszeiten gibt, die dort den Fremden verderblich werden
können; oder nach Indien vordringen, wo, sind Sie erst einmal
dort angelangt, zweifellos Viele sich zur Vernichtung der englischen Herrschaft anschließen werden; oder endlich nach
Konstantinopel dem drohenden Feind entgegen gehen.“
Diesen Brief begleiteten Zeitungen bis in den Februar, die der
Konsul von Genua dem Kurier mitgegeben hatte und die nicht
nur vom Krieg mit Neapel und Sardinien, sondern auch vom
Anmarsch der Russen erzählten. Da war sie nun, die Bestätigung
der Mitteilung, die Bonaparte zu seinem Brief an die Pariser
Regierung vom 10. Februar veranlaßt hatte, worin er seine Heim-

kehr in Aussicht stellte. Sofort zog er den General Dommartin
ins Vertrauen, dem er sagte, er beabsichtige mit einer Anzahl
Generale nach Frankreich zurückzukehren[1]). Freilich wünschte
ihn das Direktorium, wie aus seinem Briefe sprach, nicht gerade
in Europa, es ging aber doch auch nicht von Siegeszuversicht
erfüllt in den Krieg. Jetzt nur noch diesen Steinhaufen, das
alte Ptolemaïs, erobert, und dann, bedeckt mit dem Ruhm,
die Taten der Kreuzfahrer verdunkelt zu haben, allein zurück
nach Europa. Ende März befahl er eiligst, und den Widerspruch
Klebers nicht achtend, den Sturm auf die feste Stadt.

Aber Akka widerstand. Der Sturm wurde abgeschlagen,
und der Erfolg hob das Selbstvertrauen der Belagerten. Gute
Geschütze, von englischen Kanonieren bedient, brachten den
Franzosen viel Schaden; albanische Schützen bedrohten die
geringste Unvorsichtigkeit mit sicherem Tode; der tüchtige
Ingenieurgeneral Caffarelli starb an einer in den Tranchéen
erhaltenen Wunde; häufige Ausfälle hielten die Belagerer unausgesetzt in Atem. Wenn die Schreckenstat von Jaffa weiteren
Widerstand hatte lähmen sollen, so hatte sie das gerade Gegenteil erreicht und nur den Kampfesmut der Feinde aufs höchste
befeuert. Dazu hatte sich bei Damaskus ein Entsatzheer gebildet und den Jordan überschritten. Die Division Kleber,
die ihm nach Nazareth zur Beobachtung entgegengeschickt
wurde, war bald von vielfacher Übermacht umringt und, trotz
ihrem Heldenmut, in äußerst bedrohter Lage. Napoleon mußte
Hilfe bringen und zerstreute am 16. April 1799 mit einer überaus glänzenden Waffentat, indem er die Division Bon dem
Feinde unbemerkt in die Flanke brachte, am Fuß des Berges
Tabor die gegnerischen Scharen. Murat warf dann den Rest
über den Jordan zurück.

---

[1]) R i c h a r d o t, einer der Offiziere im Stabe Dommartins, des
Artilleriegenerals, schreibt in seinen Erinnerungen: „Vor Akka machte
General Bonaparte dem General Dommartin Mitteilung von den üblen Nachrichten, die er aus Frankreich erhalten habe, und von der Absicht, die er
im Augenblick faßte, mit einer Anzahl Generale dahin zurückzukehren,
unter denen sich auch Dommartin befinden würde. Dieser nahm, wie man
leicht denken kann, an. Ich kann dies bezeugen, da ich selbst, wenig Tage
später, vom General Dommartin ins Vertrauen gezogen wurde, der mir
sagte, ich würde in diesem Fall unter den Offizieren sein, die mit ihm heimkehren sollten." (Nouveaux mémoires, p. 188.) Dommartin fiel noch vor
Napoleons Abreise.

Unterdessen war die Belagerung fortgeschritten. Man
hatte Minen gelegt, sie hatten wenig Erfolg gehabt. Man hatte
den Angriff wiederholt erneuert, immer vergeblich. Man
änderte endlich den Angriffspunkt, ohne mehr zu erreichen
als zuvor. Phélipeaux hatte innerhalb der Festung eine zweite
Verteidigungslinie anlegen lassen und überdies die Straßen
verbarrikadiert. Ein mit unerhörter Bravour unternommener
Sturm am 8. Mai 1799 brach sich an dieser vielfachen Wehr,
und nur ein paar hundert der tollkühnsten Grenadiere gelangten
ins Innere der Stadt, wo sie sich schließlich den Engländern
ergaben. Bald breitete sich die Pest im Lager der Franzosen
aus, die Munition wurde spärlich, und, wie um Napoleon die
Aussicht auf Erfolg gänzlich zu benehmen, landete ein türkisches Geschwader Verstärkungen. Als am 16. Mai der letzte
entscheidende Angriff auf die arg zerschossene Stadt erfolgte,
mißlang er wie die früheren. Ein weiteres Verweilen war nun
nutzlos und verderblich. Verderblich namentlich auch der
persönlichen Geltung Bonapartes bei seinen Truppen, die er
ohne Wahl opferte. Hatten doch die zwei Tage des 7. und 8. Mai
allein den Franzosen an 3000 Mann und zwei Generale gekostet. Die Armee fing zu murren an, verglich den menschen-
freundlichen Kleber mit dem rücksichtslosen Oberfeldherrn,
und einzelne wünschten sogar jenem das Oberkommando
übertragen. Napoleon beschloß den Rückzug nach Ägypten.
Je unwahrscheinlicher die Eroberung Akkas geworden war,
desto mehr hatte er sich über seine weitaussehenden Pläne
verbreitet für den Fall als sie gelang. Wo seine Taten ihm
den erstrebten Glanz versagten, mußten seine Ideen helfen.
Mit den in der Festung erbeuteten Waffen hatte er die unzufriedenen Völker Syriens ausrüsten, auf Damaskus und
Aleppo marschieren, das Ende der Paschatyrannei verkündigen
und mit den Scharen, die sein Heer vermehrten, vor Konstantinopel ziehen wollen. „Dann stürze ich das türkische Reich,“
sagte er zu Bourrienne, „gründe im Orient ein neues großes
Kaisertum, das meinen Platz bei der Nachwelt sichern soll,
und kehre vielleicht über Adrianopel und Wien zurück, nachdem ich das Haus Österreich vernichtet habe.“ Da er aber
schon die Gewißheit erlangt hatte, es werde eine türkische
Armee unter Mustapha Pascha, die bereits bei Rhodos gesehen
worden war, im Nildelta ans Land gehen, und ihm klar war,

daß diese besiegt werden müsse, wenn nicht alles verloren sein sollte, so verflüchtigten sich von selbst alle Träumereien seiner Phantasie vor der eisernen Gewalt der nächstliegenden Notwendigkeit. In dem erwähnten Gespräch mit Frau von Rémusat erklärte er später, seine Einbildungskraft sei „vor Akka gestorben". Mag sein. Jedenfalls wissen wir aus seinen eigenen Briefen, die er von dort aus im April nach Ägypten schrieb, daß er — die Festung mochte fallen oder nicht — nach Kairo zurückstrebte[1]). Und ein Kaiserreich gab es vielleicht auch noch anderwärts zu gründen.

Am 20. Mai wurde die Belagerung aufgehoben und der Rückzug angetreten. Entsetzlich sind die Beschreibungen davon in den Aufzeichnungen der Zeitgenossen. Der Marsch von Akka nach Jaffa wird uns geschildert wie folgt: „Ein verzehrender Durst, gänzlicher Wassermangel, eine unmäßige Hitze, ein ermüdender Marsch in den glühenden Dünen demoralisierten die Leute und setzten an die Stelle edler Gefühle die grausamste Selbstsucht oder betrübende Gleichgültigkeit. Ich sah, wie man verwundete Offiziere, deren Fortbringung befohlen war und die ihre Träger bezahlt hatten, mit den Bahren im Stiche ließ. Amputierte und Blessierte wurden, gleich den Pestkranken, oder denen, die man dafür hielt, zurückgelassen. Unserem Marsche leuchteten als Fackeln die kleinen Städte, Dörfer, Weiler und die reiche Ernte der Felder, die man angezündet hatte. Die ganze Gegend war im Feuer. Sterbende, Plünderer, Brandleger umgaben uns. Am Rand der Straße lagen Halbtote, die mit schwacher Stimme versicherten, sie seien nicht pestkrank, sondern nur verwundet, und, um zu überzeugen, den Verband aufrissen. Niemand glaubte ihnen. Die Sonne selbst, so klar und glänzend unter diesem Himmelsstrich, war verfinstert durch den Rauch unserer unaufhörlichen Brandstiftungen. Das Meer zur Rechten, die Wüstenei, die wir selbst erzeugt, zur Linken, vor uns der Mangel und die Mühsal, die uns erwarteten: das war unsere Lage." Dabei ringsum schwärmende Nablusen, von denen

---

[1]) An Marmont, 14. April 1799: „Im Verlauf des Mai werde ich in Ägypten sein." An Dugua, 19. April: „Akka wird am 6. Floreal (25. April) fallen, und ich werde sofort nach Kairo abgehen ... Ich antworte nicht im Einzelnen, da ich bald zurück sein werde u. a." Corr., V., 4091, 4100, 4101, 4102, 4103.

einer einmal auf Bonaparte geschossen haben soll, der während
des Marsches auf seinem Pferde eingeschlafen war. Am 24. Mai
langte man in Jaffa an. Hier blieb Napoleon fünf Tage lang,
um den weiteren Rückzug zu ordnen, die Festungswerke zu
sprengen und für die Fortbringung der Verwundeten und
Kranken Sorge zu tragen. Sie werden zum großen Teil auf
Schiffen, zum andern zu Lande transportiert. Auch hier hatte
die Seuche um sich gegriffen. Napoleon eilte selbst durch die
Hallen des Pestspitals, indem er den Kranken mitteilte, die
Mauern seien zerstört, er müsse nach Ägypten zurück, um
dort gegen den Feind zu kämpfen, der kommen werde. „In
wenig Stunden werden die Türken hier sein. Was die Kraft hat,
sich zu erheben, folge uns; man wird auf Bahren und Pferden
fortgebracht werden"[1]). Was aber die Kraft nicht mehr hatte?
Es sollen an dreißig Pestkranke gewesen sein, die zurückblieben. Man hat späterhin Bonaparte ein Verbrechen daraus
gemacht, daß er daran dachte, sie durch ein sanft tötendes
Narkotikum der Wut des nachfolgenden Feindes zu entziehen.
Er hat es nie geleugnet. Es wäre, meinte er auf St. Helena
einem Arzt gegenüber, das Vernünftigste gewesen, und er hätte
unter jenen Umständen die gleiche Behandlung für sich selbst
begehrt[2]).

---

[1]) B o u r r i e n n e, II., 250, 257. Die Mitteilung, auch Verwundete
seien zurückgelassen worden, die sich ebenso bei V i g o R o u s s i l l o n
findet, erfährt eine Widerlegung durch einen Brief des Chefchirurgen Larrey
bei T r i a i r e, Dominique Larrey, p. 256.

[2]) S. die Briefe des Dr. Warden bei H é r i s s o n, Le cabinet noir,
p. 233. D e s g e n e t t e s erzählt in seiner „Histoire médicale de l'armée
d'Orient" (2. Ausgabe von 1830), p. 245, er habe das Ansinnen Napoleons
abgelehnt, dieser aber andere für die Ausführung gewonnen, und so sei 25
bis 30 Kranken das Gift gereicht worden. Bei einigen hätte es nicht tödlich
gewirkt, sie hätten sich erbrochen und wären dann mit dem Leben davon-
gekommen, das Sidney Smith, der mit den Türken einmarschierte, geschont
habe. L a r r e y bei Triaire, p. 258, widerspricht dem, weil gar kein Opium
vorhanden gewesen sei. Jedenfalls blieben aber Kranke in Jaffa zurück,
denn Sidney Smith fand ihrer sieben noch am Leben. (S. auch R o s e, I., 212.)
Der von Gros' Pinsel verherrlichte Besuch des Generals im Pestspital zu
Jaffa fand nicht erst auf dem Rückmarsch, sondern schon am 11. März,
fünf Tage nach der Eroberung, statt und trug nach den Zeugnissen des
Chefarztes Desgenettes (a. a. O.) und des Intendanten Daure (in A. B., Bourrienne et ses erreurs, II., 44) einen geradezu heroischen Charakter, da der
Feldherr, um seinen Soldaten die Furcht zu benehmen, selbst zugriff und
einen an der Pest Verstorbenen forttragen half.

An Askalon und Gaza vorüber und dann neun Tage lang
durch den glühenden Wüstensand[1]) schleppte sich das kläglich
reduzierte Korps — ein Zug, kleiner in den Maßen, doch ähnlich
jener schaurigen Retraite aus dem unerbittlichen Eise Rußlands heraus, die dreizehn Jahre später das Ende der „Fortune"
des Franzosenkaisers einleitete. Fünftausend Mann hatte man
eingebüßt und der Pforte nicht im geringsten imponiert. Und
um ein türkisches Heer auseinander zu treiben, hätte man
nicht erst den Schmerzensweg bis an den Berg Tabor zu gehen
brauchen[2]). Am wenigsten war dem Ehrgeiz des Führers genügt. Aber nur jetzt der Wahrheit kein Zugeständnis! Noch
vor Akka, am 10. Mai 1799, hatte er dem Direktorium gemeldet:
sein Zweck sei erreicht, die Jahreszeit werde ungünstig, Ägypten
rufe ihn, er werde, nachdem er die Veste in Trümmer geschossen
habe, durch die Wüste zurückkehren. In einem andern Bericht
vom 27. Mai hieß es dann, er hätte die Stadt besetzen können,
es aber der Pest wegen nicht getan, die, wie seine Spione
meldeten, aufs fürchterlichste darin hause. (Nur schade, daß
die Spione das Übel so spät entdeckten.) Dem Divan von Kairo,
seiner Schöpfung, verkündigte er in einem Siegesbulletin vom
16. Mai, er bringe viele Gefangene und Fahnen mit, habe den
Palast Djezzars rasiert, desgleichen die Wälle von Akka, und
die Stadt bombardiert, so daß kein Stein auf dem andern blieb,
die Einwohner seien aufs Meer geflüchtet, Djezzar habe sich,
verwundet, mit seinen Leuten in ein Fort zurückgezogen. Ja
sogar seine eigenen Soldaten tröstete er mit der dreist ausgesprochenen Unwahrheit, sie hätten in wenig Tagen schon
hoffen können, sich des Paschas von Syrien in seinem Palast
zu bemächtigen, aber in dieser Jahreszeit, wo die Landung der
Türken in Ägypten möglich werde, wiege die Wegnahme Akkas
den Zeitverlust nicht auf[3]). Als sein Sekretär gegen diese Ver-
drehungen des wirklichen Sachverhaltes Einwendungen machte,

---

[1]) In der Wüste zwischen Syrien und dem Nil erreichte die Luft 34°,
der Boden 42° Réaumur.

[2]) J o m i n i urteilt, es wäre weiser und militärischer gewesen, die
Werke an der Grenze zu verstärken, bei El Arisch ein verschanztes Lager
anzulegen und dort die feindliche Armee zu erwarten, mit der die tapferen
und ausgeruhten Truppen leichtes Spiel gehabt hätten. (Histoire critique
et militaire des guerres de la Révolution, III., 190.)

[3]) C o r r., V., 4124, 4136, 4138, 4156.

wies er ihn mit der Bemerkung zurecht, er sei ein einfältiger
Kleinigkeitskrämer und verstehe nichts von solchen Dingen[1]).

Mitte Juni hielt die syrische Armee, allerdings nur noch
8000 Mann stark, im Triumph in der Hauptstadt Ägyptens
ihren Einzug. Einige Wochen nachher bekam Bonaparte von
Marmont aus Alexandrien die Nachricht, es seien hundert
türkische Schiffe unter Bedeckung Sidney Smiths am 11. Juli
auf der Rhede von Abukir erschienen und hätten an 18.000 Mann
gelandet[2]). Dieselbe Botschaft wurde offenbar auch Ibrahim
und Murad bekannt, die Desaix bisher in respektvoller Entfernung gehalten hatte, denn jetzt tauchte der erste wieder
an der syrischen Grenzlinie auf, und der zweite suchte mit
einigen hundert Mamelucken den Norden zu gewinnen, beide
in der Absicht, mit den gelandeten Türken zu kooperieren.
Diese hatten sich, da Alexandrien durch die Franzosen befestigt
worden war, zunächst auf der Landzunge von Abukir verschanzt. Hier beschloß Napoleon, sie zu treffen, und so bald
als möglich. Murad ward rasch nach Süden zurückgetrieben,
Ibrahim beobachtet, Oberägypten zur bessern Konzentration
der Kräfte durch Desaix geräumt, während der Chefgeneral
alle sonst verfügbaren Truppen — an 6000 Mann und 2000 Mann
Reserven unter Kleber — gegen den Feind führte. Es war
ein schnell konzipierter Plan, der in der Landschlacht bei Abukir
am 25. Juli 1799 zur glänzenden Durchführung kam. Durchaus napoleonisch nach dem Grundsatz, vor der Schlacht sich
zu vereinigen, alles zur Aktion zu verwenden und die Vernichtung des Gegners anzustreben, wurde sein Gelingen erleichtert durch die schlechte Aufstellung der Türken. Der
Erfolg war vollständig. Nachdem der linke Flügel des Feindes
umarmt und ins Meer gedrückt worden war, traf den rechten
das gleiche Schicksal. Dann gelang es Lannes' Truppen, sich
mit unvergleichlicher Bravour einer dominierenden Schanze

---

[1]) Als er auf St. Helena seine ägyptischen Proklamationen durchsah,
rief er aus: „Das ist etwas schwindelhaft" („C'est un peu charlatan").
G o u r g a u d, Journal, 1., 168.

[2]) Die Zahl schwankt nach englischen und französischen Angaben
zwischen 8000 und 18.000. Doch ist jene Ziffer sicher zu niedrig, diese, im
Vergleich mit der Anzahl der Transportschiffe, zu hoch gegriffen. Mehr als
15.000 Mann waren wohl kaum auf hundert türkischen Fahrzeugen zu ver-
frachten, eine Zahl, die wir auch in Briefen Napoleons finden und die da sicher
nicht zu gering angegeben ist.

zu bemächtigen, die Murat mit seinen Reitern tollkühn umgangen hatte und die die Stärke des feindlichen Zentrums aus-
machte. Damit war auch dieses gesprengt, und nur wenig
Reste retteten sich in das Fort an der äußersten Spitze der
kleinen Halbinsel. Sie wurden ausgehungert und kapitulierten nach einer Woche. Jetzt war es die Wahrheit,
wenn Napoleon nach Kairo schrieb: „Der Generalstab wird
Sie von dem Ergebnis der Schlacht bei Abukir in Kenntnis
gesetzt haben; eine der schönsten, die ich gesehen habe;
von der feindlichen gelandeten Armee ist nicht ein Mann
entkommen."

Nach diesem Triumph fehlte ihm für seine eigensüchtigen
Absichten nur noch die Bestätigung, daß auch seine zweite
Voraussetzung eine richtige war, als er nach Ägypten ging,
d. i. daß der inzwischen in Europa entbrannte Krieg zu Frankreichs Nachteil geführt wurde und daß dadurch nicht nur
seine Persönlichkeit im Wert gestiegen, sondern auch die Pariser
Regierung diskreditiert war, so daß einem entschlossenen
Soldaten, der jetzt zu siegen verstand, leicht die Staatsgewalt
in die Hände fiel. Und auch diese Gewißheit verschaffte
er sich.

Seit jener Botschaft, die ihn vor Akka ereilte, war keine
mehr vom Direktorium an ihn gelangt. Er konnte nicht wissen,
daß Ende Mai 1799 der französische Admiral Bruix Befehl erhalten hatte, sein Geschwader mit der spanischen Flotte zu
vereinigen, die Engländer im Mittelmeer zu schlagen und die
Expeditionsarmee aus Ägypten heim zu holen — ein Unternehmen, das an der Weigerung des spanischen Befehlshabers
scheiterte. Auch ein Brief, den am 26. Mai das Direktorium
an ihn absandte, um ihm die Sendung Bruix, anzuzeigen und
ihn nach Europa zu rufen, war ihm nicht zugekommen[1]). Aber
er erfuhr doch, was er zu wissen brauchte. Es ist fast gewiß,
daß er durch die ihm ergebenen Konsuln von Genua und
Ancona die eine und andere Nachricht von seinen Brüdern

---

[1]) Eine Stelle des von drei Direktoren unterzeichneten Briefes lautet:
„Die außergewöhnlichen Anstrengungen Österreichs und Rußlands, die
ernste und nahezu allarmierende Wendung, die der Krieg genommen hat,
verlangen, daß die Republik ihre Kräfte zusammenhalte. Das Direktorium
befahl daher dem Admiral Bruix, alles anzuwenden, um Herr des Mittelmeeres zu werden und die von Ihnen kommandierte Armee aus Ägypten

über Tunis erhielt. Und dann kam ihm auch hier der Zufall
zu Hilfe. Sidney Smith, der jetzt vor Alexandrien lag und
mit ihm in Unterhandlungen über Auslieferung der Kriegsgefangenen eintrat, machte sich ein Vergnügen daraus, von den
inzwischen erfolgten Niederlagen der Franzosen in Italien zu
erzählen, wo in der Tat im April Scherer geschlagen und die
cisalpinische Republik aufgelöst worden war, und schickte,
wie um die Wahrheit seiner Mitteilungen zu erhärten, ein Paket
jüngster Zeitungen an Bonaparte. Zum Überfluß fügte er
noch hinzu, er habe die Aufgabe, die vom Direktorium gewünschte Rückkehr der Expeditionsarmee zu hindern. Mehr
bedurfte es nicht, um Napoleons längst gefaßte Absicht sofort
zur Tat zu machen. In den Worten, mit denen er sie jetzt
Marmont, wie damals Dommartin, ankündigte, liegt der ganze
Plan seiner nächsten Zukunft: „Ich bin entschlossen, nach
Frankreich zurückzugehen, und ich denke Sie mitzunehmen.
Der Stand der Dinge in Europa nötigt mich, diesen großen
Entschluß zu fassen. Unsere Armeen sind im Nachteil, und
Gott weiß bis wohin die Feinde nicht schon gedrungen sind.
Italien ist verloren, und der Lohn so vieler Anstrengungen, so
vielen vergossenen Blutes ist dahin. Aber was vermögen auch
diese Unfähigen, die an der Spitze der Geschäfte stehen?
Alles ist Unwissenheit, Unverstand oder Korruption bei ihnen.
Ich, ich allein habe die Last getragen und durch fortwährende
Erfolge dieser Regierung Bestand verliehen, die, ohne mich,
sich niemals emporgebracht und behauptet hätte. Als ich mich
entfernte, mußte alles zusammenstürzen. Warten wir nicht
ab, bis die Zerstörung vollendet ist. Man wird in Frankreich
die Kunde von meiner Heimkehr zugleich mit der Nachricht
von der Vernichtung der türkischen Armee bei Abukir erhalten.
Meine Gegenwart wird die Geister erheben, den Truppen das
verlorene Selbstvertrauen und den gutgesinnten Bürgern die
Hoffnung auf eine glückliche Zukunft wiedergeben". Die

---

zurückzubringen. Sie werden entscheiden, ob Sie einen Teil ihrer Streitkräfte in Sicherheit zurücklassen können, in welchem Fall das Direktorium
Sie bevollmächtigt, mit dem Befehl über diese Truppen zu betrauen, wen
immer Sie für geeignet halten. Sie selbst würde das Direktorium mit Vergnügen an der Spitze der republikanischen Armeen erblicken, die Sie
bisher so ruhmreich befehligt haben." (B o u l a y d e l a M e u r t h e,
p. 126.)

Absicht wird nur einigen Vertrauten mitgeteilt, den meisten Generalen verheimlicht. In aller Heimlichkeit auch werden zwei im Hafen von Alexandrien ankernde Fregatten zur Fahrt gerüstet, und kaum hatte Sidney Smith, der sich offenbar nicht denken konnte, daß der Oberfeldherr ohne sein Heer zurückkehren werde, auf kurze Zeit die Rhede verlassen, um in Cypern Wasser einzunehmen, als Napoleon auch schon diese neue Gunst des Zufalls benutzte und in der Nacht vom 21. zum 22. August mit wenigen ergebenen Begleitern: Berthier, Lannes, Marmont, Murat, Andréossy, Bessières, Duroc, Gantheaume, Monge, Berthollet, Bourrienne, Denon und ein paar hundert Garden, in See ging. Der wackere, aber durch seine rücksichtslose Offenheit Napoleon unangenehme Kleber erhielt mit schriftlicher Weisung den Oberbefehl über die zurückbleibende Armee übertragen.

Daß es eine Ehrenpflicht gewesen wäre, bei den Truppen auszuharren, die seiner Führung anvertraut worden waren und seinen eigensten Plänen mit Blut und Mut gedient hatten, kam Napoleon nicht in den Sinn. Und doch wird man kaum von der Preisgebung der Armee oder gar — wie es geschehen ist — von Desertion sprechen dürfen[1]). Seine Stellung dem Direktorium gegenüber war ohne Zweifel eine ausnahmsweise. Als er nach Ägypten ging, war seine Rückkehr für den Herbst 1798 in Aussicht genommen, damit er dann den Befehl über die England-Armee wieder übernehme. Nicht so die Wiederkehr des ganzen Expeditionskorps, da man doch eine Kolonie zu gründen und Kulturen anzulegen beabsichtigte, die stetig geschützt werden mußten. Der erwähnte Brief der Pariser Staatsbehörde vom 4. November 1798, den er vor Akka empfing, ließ ihm die volle Freiheit seiner Entschließungen. Er selbst hatte

---

[1]) T h i é b a u l t , der diese Meinung in seinen Memoiren, III., 59 ff. vertritt, machte ihm hauptsächlich zum Vorwurf, daß er die Generale mitgenommen habe, die nur auf eine Ordre der Regierung ihren Posten verlassen durften. Auch L a r e v e l l i è r e - L é p a u x in seinen Memoiren, II., 349, gebraucht das Wort „Desertion". Bonaparte sei aus eigenem Antrieb zurückgekommen „und ohne daß man es ihm erlaubt, geschweige denn befohlen habe; es müßte denn nach der Erneuerung des Direktoriums Mitte Prairial gewesen sein." Das ist unrichtig. Denn der Brief des Direktoriums, der Bonaparte zurückrief, war vom 26. Mai datiert und der Wechsel im Direktorium im Prairial fand am 18. Juni statt. (S. unten.)

wiederholt seine baldige Rückkehr nach Frankreich offen angekündigt, was er doch gewiß nicht getan hätte, wenn es
geradezu gesetzwidrig war. Daß er sich dabei von Rücksichten
seines persönlichen Ehrgeizes und Interesses leiten ließ, ist
sicher. Für beide war in Ägypten eben nichts mehr zu holen,
wohl aber alles zu verlieren. Die Lage der Expeditionsarmee
mußte immer kritischer werden. Wenn er auch verkündete,
er lasse sie mit einem Erfolg im Felde zurück, der sie für lange
Zeit gegen Belästigungen schütze, so entsprach das nicht ganz
der Wirklichkeit. Er verschwieg eben, was er später auf
St. Helena ausgeplaudert hat: daß er schon nach dem Verlust
der Flotte bei Abukir überzeugt gewesen sei, die Sache werde
mit einer Katastrophe enden, weil jedes Korps, das sich nicht
zu rekrutieren vermöge, kapitulieren müsse. Er verschwieg
auch weislich, was der ehrliche Kleber in einem Brief an Talleyrand verriet: daß die Armee, auf die Hälfte reduziert, Mangel
an Munition und Kleidung litt, die Bevölkerung Ägyptens,
vom Sultan gegen die Christen aufgehetzt, jeden Augenblick
zur Empörung bereit war, daß der Anmarsch neuer türkischer
Streitkräfte drohte, daß Alexandrien fast wehrlos lag, seitdem
das schwere Geschütz bei der syrischen Expedition zugrunde
ging und der Rest zur Armierung von Napoleons zwei Fregatten
verwendet worden war, und daß diese bedrängte Situation durch
einen empfindlichen Geldmangel verschärft wurde, da sich der
rückständige Sold auf vier Millionen belief und Bonaparte nur
Schulden und keinen Sous in den Kassen zurückgelassen
hatte[1]. Wenn aber die Lage der Expeditionsarmee eine so
schwierige war, wenn die Fortdauer der französischen Herrschaft in Ägypten mit ihr auf dem Spiele stand, dann hätte
hier Napoleons Verbleiben nicht viel helfen können; denn

---

[1] Dieser Bericht fiel den Engländern in die Hände; er wurde später
veröffentlicht und von Bonaparte zu widerlegen versucht — ein Versuch,
der angesichts der Nachrichten, die wir heute besitzen, als nicht gelungen
angesehen werden muß. (Vgl. u. a. den Brief Duguas an Napoleon, 26. August 1799 bei G u i t r y, L'armée de Bonaparte en Egypte, der seine Abreise als „Flucht" bezeichnet.) Wenn z. B. Napoleon die Verlustziffern der
Armee, die Kleber angibt, bemängelt und durch die Zahl der später wieder-
kehrenden Truppen berichtigen will, so übersieht er, daß es dem genialen
Kleber gelungen war, die Lücken der Divisionen teilweise durch Einheimische
zu ergänzen.

Hilfe konnte nur noch von Frankreich kommen, und so war seine Heimkehr auch aus diesem Gesichtspunkt entschuldbar. Wir werden hören, daß er von dorther seine orientalische Gründung nicht im Stiche ließ.

Man hat viel von dem Mut gesprochen, sich der Gefahr einer Fahrt in dem von Feinden bevölkerten Mittelmeer auszusetzen. Aber man könnte darüber streiten, ob es nicht mehr Mut erfordert hätte, unter so verzweifelten Verhältnissen zu bleiben. Er würde Napoleon nicht gefehlt haben, wenn seine ehrgeizigen Pläne ihn nicht nach der Macht über Frankreich hätten streben lassen, Pläne, deren Grundzüge längst feststanden, denen es an ergebenen Anhängern nicht fehlte und die schon vor der Expedition in den Orient ihrer Verwirklichung durch einen Gewaltstreich nahe gewesen waren. Daß die Orientarmee in ihrer weit überwiegenden Mehrheit streng republikanisch gesinnt war, mag es ihm nicht allzu schwer gemacht haben, sich jetzt von ihr zu trennen, ja es war ihm vielleicht sogar erwünscht, sie bei seinen nächsten Absichten fern von Frankreich zu wissen[1]). Schon auf seinem italienischen Feldzug hatte Bonaparte sich nach seinen eigensten Entschlüssen benommen, als Souverän sich in dem eroberten Lande gefühlt und wie ein solcher die Verträge von Leoben und Campo Formio verhandelt und abgeschlossen, die Frankreich verpflichteten. Jetzt, in Ägypten, wo er noch mehr als sein eigener Herr schaltete, hatte seine Herrschsucht neue Nahrung gewonnen und der sehnsüchtige Gedanke an ein selbständiges Regiment noch tiefere Wurzeln geschlagen. Er konnte sich kaum mehr ohne Krone denken. Nur schien es ihm offenbar leichter, sie von dem verdorrten Maibaum der Revolution zu pflücken, als aus dem unendlichen Sand der Wüste auszugraben.

----

[1]) Der Offizier Vertray erzählt: „Die große Mehrheit der Armee war gründlich republikanisch. Kurz vor der Abreise Bonapartes sagte der Oberst Boyer von der 18. Halbbrigade: „Bonaparte als General der Republik wird in mir stets einen Mann finden, der ihm überallhin folgt; aber wenn ich vermuten würde, daß er jemals ein Cäsar werden wollte, er würde in mir den ersten Brutus finden, der ihm den Dolch ins Herz stieße." (Galli. p. 142.)

Sechstes Kapitel.

Staatsstreich und Konsulat.

Eine Fahrt nach oder von Ägypten war dazumal, als noch
Wind und Wetter allein den Kurs vorschrieben, eine Frage der
Jahreszeit. Vom Beginn des Frühlings bis zum Herbst gelangte
man, von einem konstanten Nordwest getrieben, leicht von
Toulon nach Alexandrien, aber um so schwerer von dort zurück.
Es war daher kein günstiger Zeitpunkt für eine Reise nach
Frankreich, als die beiden Fregatten „Muiron" und „Carrère"
— auf der ersten befand sich Bonaparte — den ägyptischen
Hafen verließen. Nur um dem spähenden Auge Sidney Smiths
zu entkommen, war man schon im August ausgelaufen. Der
widrige Wind zwang die beiden Schiffe den Kurs auf Toulon
aufzugeben und an der Nordküste Afrikas hin zu segeln. Es
war kaum ein Vorwärtskommen. An manchen Tagen wurde
man um zehn Meilen zurückgetrieben, und nur der nächtliche
Landwind stellte das Gleichgewicht wieder her. So brauchten
die Ungeduldigen nicht weniger als drei Wochen, ehe sie die
Höhe des karthagischen Vorgebirges erreichten, immer in
Angst und Sorge, vom Feind im Rücken erfaßt zu werden.
Als endlich der Wind sich drehte und den Heimstrebenden
dienstbar wurde, da begann erst recht die Gefahr. Die Enge
zwischen Tunis und Sizilien mußte passiert werden. Sie war
von einem englischen Kreuzer bewacht, der zur Flotte Nelsons
gehörte, die vor Syrakus ankerte. Wurden die Fregatten von
ihm entdeckt, dann war ihnen binnen kürzester Zeit der gefürchtete Admiral auf der Spur. Glücklicherweise kamen sie
bei Nacht ohne Lichter an dem Kundschafter vorbei und
steuerten nun nach Norden, an der Westküste Sardiniens
entlang, bis Korsika. Hier hielt sie Anfang Oktober ein neuerlicher Nordwest mehrere Tage fest, zum Verdruß Napoleons,
der in Ajaccio von Vettern, Basen, Paten und allen, die es
gerne sein mochten, überlaufen wurde. Nur das Wiedersehen
seiner alten Amme, die ihn herzhaft mit „Caro figlio" anrief,
bewegte ihn. Er zeigte seinen Begleitern nicht ohne einigen
Stolz den ehemaligen Grundbesitz der Bonaparte und jagte
mit ihnen in der Wildnis der Umgebung. Es war das letztemal,
daß er seine Heimat sah.

Als ob sich sein Programm Punkt für Punkt erfüllen sollte, vernahm er in Ajaccio, daß die französischen Armeen neuerdings Verluste erlitten hatten, daß am 19. Juni eine Schlacht an der Trebbia, am 15. August eine zweite bei Novi verloren und Joubert getötet worden sei. Aber er erfuhr noch mehr: daß das Direktorium in einem Streit mit den gesetzgebenden Körpern unterlegen war und neue Männer, darunter Sieyès, hatte aufnehmen müssen. Wir wissen, daß er auf Sieyès viel Vertrauen setzte und daß ihn daher all diese Nachrichten nur befriedigen konnten. Sie haben auch sein Reiseziel verändert. Denn wenn es ursprünglich seine Absicht gewesen war, geradezu auf den italienischen Kriegsschauplatz zu eilen, dort das Oberkommando zu übernehmen, sich dem Volk von Frankreich durch neue Siege als Retter in der Not zu empfehlen und dann dem Direktorium mit dem ganzen Gewicht seines Ruhmes entgegenzutreten, so kam er jetzt von diesem Plan zurück. Er strebte direkt nach der Hauptstadt. Der Umweg über das Schlachtfeld erschien ihm offenbar zeitraubend.

Nur mußte allerdings zuvor die Küste von Frankreich erreicht sein, und das sollte sich schwieriger erweisen, als man so nahe dem Ziel und nach so viel überstandenen Gefahren voraussetzte. Mit gutem Wind hatte man Korsika endlich verlassen und war, in der Richtung auf Toulon segelnd, am 8. Oktober bereits der hyerischen Inseln ansichtig geworden, als plötzlich, bei Sonnenuntergang, ein englisches Geschwader signalisiert wurde, das im Kurs heranfuhr. Da war die kritische Stunde gekommen. Denn auch die Engländer hatten die Fregatten bemerkt und begannen Jagd auf sie zu machen. Schon wollte Bonapartes Admiral nach Korsika zurückkehren. Aber Napoleon befahl, nordwärts zu drehen und weiter zu fahren. Im Notfall war er entschlossen, sich in eine mitgenommene Schaluppe zu werfen und allein ans Land zu flüchten. Und wieder belohnte das Glück den Mutigen. Die Engländer täuschten sich aus der Entfernung über die Segelstellung der Franzosen, indem sie sie in ihrem Kurs nach Nordost steuernd wähnten, und fuhren eiligst vorwärts. Der Einbruch der Nacht hinderte sie, ihren Irrtum so bald gewahr zu werden. Die Bedrängten entkamen und waren am nächsten Morgen, den 9. Oktober, auf der Rhede von Fréjus geborgen.

Wie im Nu verbreitete sich in der Stadt die Nachricht
von der Wiederkehr Bonapartes. Alsbald bevölkerte sich
das Meer mit Barken, die, der Pestgefahr nicht achtend,
den gefeierten General ans Land geleiteten. Von Quaran-
taine wollte man hier so wenig wie in Ajaccio etwas wissen
— kein geringer Zeitgewinn für Napoleon. Und was ihm
noch wertvoller sein mußte, das war die Überzeugung,
die er aus dem enthusiastischen Empfang abnehmen konnte:
daß sich die öffentliche Meinung gar sehr zu seinen
Gunsten verändert hatte. Kam ihm doch — wie Marmont erzählt — ein Klubredner offen mit den Worten
entgegen: „Schlagen Sie den Feind und vertreiben Sie ihn,
General, und dann machen wir Sie zum König, wenn Sie es
wollen!"

Nach kurzer Rast fuhr er noch am selben Tage weiter,
um erst in Aix anzuhalten und dem Direktorium seine Ankunft zu melden. Das war ein Brief voll Berechnung. Er enthielt zunächst die Mitteilung, daß der General das Schreiben
der Regierung vom 4. November des Vorjahres erhalten und
daraus auf den ausbrechenden Kontinentalkrieg geschlossen
habe. Wenn er sich nicht sofort dafür zur Verfügung stellte,
so müsse der Türkeneinfall dies rechtfertigen, der erst
bewältigt werden mußte, ehe er an Rückkehr denken
durfte. Die Heimfahrt hätte er unter allen Umständen
gewagt, und wäre sie auch nur in einem Boote, „in einen
Mantel gehüllt", möglich gewesen. Natürlich stand auch in
dem Brief, daß er Ägypten aufs beste organisiert zurückgelassen habe. Desgleichen war dafür gesorgt, daß der
Kurier nicht viel früher als der Schreiber selbst in der
Hauptstadt eintraf.

Von Aix ging es rasch weiter. Es war ein förmlicher
Triumphzug. Die Begleiter Napoleons wissen den be-
geisterten Empfang auf der Fahrt über Lyon nach Paris
gar nicht genug zu schildern. Eine Stadt überbot die andere an Zeichen der Huldigung dem Manne gegenüber, in
dem man nicht so sehr den Sieger über den äußern
Feind, als vielmehr den Retter in der Not des innern
Haders, den Erlöser aus dem Dilemma „hie Bourbon,
hie Anarchie" und aus dem dumpfen Siechtum erblickte,
dem alles öffentliche Leben in Frankreich verfallen

war[1]). Und das war nicht bloß die Stimmung in der Provinz. Auch in der Hauptstadt wirkte die Nachricht von seiner Rückkehr in gleicher Weise. Als man sie erfuhr, geriet alles in jubelnden Aufruhr. Seit dem Beginn der Revolution hatte sich das allgemeine Hoffen nicht so eng an einen Namen gekettet wie jetzt, wo man ihr Ende mit tausend Wünschen ersehnte. Und doch hatte dasselbe Volk denselben Mann erst vor anderthalb Jahren ohne allzu tiefes Bedauern scheiden und einem gefährlichen Abenteuer entgegengehen sehen! Was hatte die öffentliche Stimmung so rasch und gründlich verändert und Napoleons Hoffnung wahr gemacht, die er darauf baute? Die Antwort auf diese Frage liegt in den Geschehnissen in Frankreich während seiner Abwesenheit. Wir müssen sie näher kennen lernen.

––––––––

Nach dem Staatsstreich des 18. Fructidor hatte sich das Direktorium gegen die Wiederkehr der Gefahr, durch die konservativen Elemente der Bevölkerung verdrängt zu werden, sicherzustellen gesucht und zu derselben Maßregel gegriffen, durch die schon einmal die Herrschaft der radikalen Minorität über Frankreich ermöglicht worden war: zu einer Diktatur, die der anders gestimmten Presse den Mund verschloß, Adel und Priester proskribierte, mehr als hunderttausend Besitzende zur Auswanderung nötigte, die offenen politischen Gegner in die Kolonien deportierte und dadurch jene Elemente wieder hervorlockte, die durch die Ereignisse am 9. Thermidor verscheucht worden waren. Diese Gewaltherrschaft sollte den Direktoren den Fortbestand ihrer Macht verbürgen. Um sich und ihre Politik am Ruder zu erhalten, drückten die Barras, Rewbell, Larevellière Millionen in angstvolle Abhängigkeit hinab, ruinierten sie das Vermögen des Landes.

––––––––

[1]) B a r a n t e erzählt in seinen Memoiren (I. 44): „Ich begegnete auf der Landstraße dem Wagen Bonapartes, der aus Ägypten zurückkehrte. Es ist schwer, sich einen Begriff von der Begeisterung zu machen, die seine Rückkunft erweckte ... Ohne zu wissen, was er tun wolle, ohne vorherzusehen, was kommen werde, h a t t e j e d e r, und z w a r in a l l e n K l a s s e n, d i e Ü b e r z e u g u n g, er w e r d e d e r A g o n i e e i n E n d e b e r e i t e n, in d e r F r a n k r e i c h z u g r u n d e g i n g. Man umarmte sich auf den Straßen, man drängte sich auf seinen Weg und suchte ihn zu sehen."

Bald jedoch mußte das Direktorium einsehen, daß ihm
seine radikalen Alliierten vom 18. Fructidor, die man als
„Jakobiner" bezeichnete, ebenso gefährlich werden konnten
wie die Konservativen und die Monarchisten. Die ruhigeren
und friedlicheren Elemente waren zwar besiegt, aber die Parteigänger des Terrorismus traten nur um so dreister in den Vorder-
grund. Obwohl verboten, bildeten und verbündeten sich zahlreiche Klubs, die das Schlagwort der politischen Tugend gegenüber der korrupten Genußsucht der Barras und Konsorten
ausgaben und, als die Regierung mit einschränkenden Maßregeln gegen sie vorging, Anhang gewannen, so daß bei den
Ergänzungswahlen im April 1798 die Anhänger des Direktoriums
in der Minderheit blieben. So war dessen Regiment jetzt durch
ein Überwiegen der Enragierten in der Legislative ebenso bedroht und gefährdet wie im Vorjahr durch das der Konservativen. Aber man kannte das Mittel, das hier helfen konnte,
das im letzten Sommer geholfen hatte und das nun wieder
helfen sollte: die Verletzung der Verfassung von Regierungs-
wegen. Anstatt die terroristisch, daher ungesetzlich voll-
zogenen Wahlen ungültig zu erklären und Neuwahlen aus-
zuschreiben, ließen die Direktoren durch die „Fünfhundert" die
Mandate der ihnen ergebenen sezessionistischen Minoritäten
bestätigen und sechzig radikale Abgeordnete nicht verifizieren
(11. Mai 1798; 22. Floréal). Doch was war damit erreicht?
Daß von den zwei großen Parteien im Lande von jetzt ab gar
keine mehr die Regierung stützte. Die Konservativen haßten
sie und waren seit dem 18. Fructidor ihre geschworenen Feinde;
die Jakobiner sind es seit dem 22. Floréal gleichfalls. Ihr Bestand war nur so lange gesichert, als die Armee ihr noch zu
Diensten blieb. Da aber auch unter den Heerführern die Partei-
spaltung eintrat, so daß z. B. Moreau den Konservativen bei-
gezählt wurde, Jourdan den Jakobinern zugehörte, und bei
Offizieren und Mannschaft die Abneigung gegen die Advokaten-
herrschaft immer festeren Fuß faßte, so konnte die Situation
bedenklich werden, wenn nicht bald der Krieg auf dem Festland
ausbrach und der Aufmerksamkeit all dieser unzufriedenen
Elemente eine andere Richtung gab.

Es war dafür gesorgt, daß er nicht ausblieb. War doch
am 18. Fructidor die Friedenspartei ebenso besiegt worden wie
früher am 13. Vendémiaire. Der jähe Abbruch der Verhand-

lungen mit England, wo Pitt zu Zugeständnissen bereit gewesen
wäre, die Unarten und brüsken Ansprüche der Gesandten
in Rastatt, die herausfordernde Haltung Bernadottes in Wien,
die Aufwiegelungen gegen die legitimen Gewalten in Italien,
der Umsturz in der Schweiz, das Übergreifen in den Orient:
all das konnte nicht anders als aufs neue einen gewaltigen
Brand in Europa erzeugen, wenn auch vielleicht die Direktoren
nicht gerade darauf aus waren, ihn anzufachen, einen Krieg,
der der Kraft Frankreichs zu schaffen gab und seinen Regenten
die Herrschaft fristete. Zunächst erstand in Rußland ein erbitterter Feind. Denn die offene Begünstigung der Polen
durch die Republik und insbesondere durch Bonaparte, in
dessen Armee ein polnisches Freikorps gedient hatte, die Besetzung der ionischen Inseln, die geheimen Verbindungen mit
den unruhigen Elementen auf der Balkanhalbinsel, die Expedition nach dem Osten und insbesondere die Wegnahme
Maltas, wo der Ritterorden kurz zuvor den Zar zum Protektor
gewählt hatte, machten Paul I. zum Gegner Frankreichs und
zum Anwalt der von der Republik und ihren Agenten bedrohten
und bekämpften Legitimität.

Die Nachricht von der Vernichtung der französischen
Mittelmeerflotte und von der Blockierung Bonapartes in
Ägypten beschleunigte die Bildung einer Koalition. Paul I.
schloß mit England und der Türkei Bündnisverträge ab und
drängte jetzt selbst zum Angriff. England seinerseits — oder
richtiger: Nelson — bewog sogar den Hof von Neapel, der
sehr kriegslustig geworden war, schon im November 1798 die
Feindseligkeiten gegen die Franzosen zu eröffnen, die den
Kirchenstaat besetzt hielten, ein verfrühtes Wagnis, das
Thugut vergeblich widerraten hatte und das denn auch kläglich
mißlang. Der französische General Championnet räumte zwar
Rom, aber nur um schon nach wenig Tagen, am 4. Dezember
1798, die von dem Österreicher Mack geführten neapolitanischen Truppen auseinanderzujagen, nach Neapel vorzudringen
und dort, nachdem der König sich zur Flucht nach Sizilien
gewandt hatte, die „Parthenopäische Republik" mit einer Verfassung, ähnlich der französischen, zu begründen. Das war
nun ein neuer erobernder Eingriff in den Bereich angestammter
Königsherrschaft, ein neuer Schritt zur völligen Beherrschung
Italiens, von dem niemand mehr betroffen wurde als der ver-

wandte Wiener Hof. Die seit der Abreise Bernadottes gestörten
Beziehungen zwischen Österreich und Frankreich hatten die
Konferenzen zwischen Cobenzl und dem ausgetretenen Direktor
François de Neufchâteau zu Selz nicht wieder anzubahnen
vermocht. Das österreichische Begehren nach Kompensationen
in Italien — man dachte immer an die römischen Legationen —
war von den Franzosen weit weggewiesen worden, die Verhandlungen endeten resultatlos. Darauf war die Republikanisierung der Halbinsel immer weiter gediehen. Zur selben
Zeit, Dezember 1798, als Neapel der französischen Klientel
einverleibt wurde, ward auch Piemont so nachdrücklich insurgiert, daß der König auf das Land verzichtete und sich auf
die Insel Sardinien zurückzog. Österreich aber wurde auch
noch anderwärts in seinen Interessen getroffen. In Deutschland ward die revolutionäre Propaganda eifrig betrieben. Ein
französischer Gesandter am Regensburger Reichstag und die
Unterhändler in Rastatt hatten den Auftrag, die kleineren
deutschen Fürsten gegen den Kaiser aufzureizen; ein Emissär
in München, wo sich mit dem Kurfürsten Max Joseph und
seinem Minister Montgelas ein franzosenfreundliches Regiment
etabliert hatte, und ein anderer in Stuttgart, arbeiteten an
einem süddeutschen Fürstenbund wider Österreich und nährten
nebstbei die republikanische Stimmung der schwäbischen Welt-
bürgerschaft; es war als ob das italienische Experiment an
Deutschland wiederholt werden sollte. Die vertragswidrige
Besetzung der Festung Ehrenbreitstein nach deren Kapitulation im Januar 1799 gab schließlich den Ausschlag. Der Losbruch
der Feindseligkeiten war nur noch eine Frage von Wochen,
da sich nunmehr auch der Wiener Hof mit Rußland verständigte und ein russisches Hilfskorps in Galizien einrückte. Als
dann Frankreich die Zurückziehung der nordischen Truppen
forderte und die Nichterfüllung seines Begehrens als Kriegsfall
bezeichnete, war jede Aussicht auf Erhaltung des Friedens
geschwunden. Die Russen marschierten weiter, und Thugut
ignorierte die französische Drohung. Anfang März gingen die
Franzosen über den Rhein, die Österreicher unter Erzherzog
Karl über den Lech, und am 12. erklärte Frankreich der Donaumacht den Krieg, der alsbald im Gange war. Zu allem Überfluß nahm auch der Rastatter Kongreß ein entsetzliches Ende,
als am 28. April die französischen Gesandten Bonnier, Roberjot

und Debry, deren Zusammenhang mit der politischen Wühlarbeit in Deutschland außer Frage stand und deren Papiere Aufklärung versprachen, bei ihrer Abreise von österreichischen Husaren überfallen und bis auf einen (Debry) niedergemacht wurden. Standen dieser aus einem Mißverständnis hervorgegangenen Untat auch die leitenden Kreise der Wiener Politik ebenso fern wie der kommandierende Erzherzog, so hat sie doch den Grad der Feindseligkeit wesentlich erhöhen müssen[1]).

Man sollte nun meinen, das Direktorium, das doch mit seiner Politik den Krieg geradezu provoziert hatte, wäre aufs stärkste gerüstet gewesen, um aller Gefahr vollkommen gewachsen zu sein. Aber hier trat es so recht zutage, wie verderblich das System der Machthaber auf die öffentlichen Verhältnisse zurückwirkte. Die Finanzen waren unter dem elenden Regime

---

[1]) Die wertvollen Beiträge „Zur Geschichte des Rastatter Gesandtenmordes" des österreichischen Hauptmannes C r i s t e in den „Mitteilungen des k. u. k. Kriegsarchivs" von 1899 haben die bisher festgehaltene Annahme, daß die Täter Székler Husaren gewesen seien, n icht zu entkräften vermocht. Es finden sich im Gegenteil Dokumente beigebracht, die ihr neue Unterstützung verleihen. So schreibt z. B. Erzherzog Karl am 1. Mai an den Korpskommandanten FML. Kospoth: „Aus dem vom Herrn FML. eingeschickten Berichte nebst den Rapporten des Herrn Oberst Barbáczy habe ich ersehen, daß die französischen Gesandten außerhalb Rastatt von diesseitigen Truppen überfallen und zusammengehauen wurden." (Criste, S. 215.) In dem Bericht des Obersten wird als Beweggrund der Tat das „Mißverständnis" angenommen, „daß es laut dem hier allgemein zu hören gewesenen Gerüchte Franzosen seien, die uns zu attackieren das Vorhaben hätten." (Criste, S. 194.) Am 18. Mai bittet der Erzherzog seinen kaiserlichen Bruder um Nachsicht für seinen Generalstabschef Schmidt, der während der zweitägigen Erkrankung des Chefgenerals die Geschäfte des Hauptquartiers geführt und in einem Privatschreiben an Kospoths Generalstäbler Mayer seinem Haß gegen die spionierenden französischen Gesandten in Andeutungen Ausdruck gegeben habe, die der Adressat mißverstand. „Mayer gab dem Inhalt dieses Privatschreibens eine ganz eigene Deutung, und so wurde die Sache immer schlimmer, da sie in den unteren Stufen mehrere Zusätze erhalten, wo dann endlich das unglückliche Ereignis daraus folgte." (H ü f f e r , Der Rastatter Gesandtenmord, S. 94 und bei Criste.) Am 2. September schrieb dann der Prinz dem Kaiser, es seien, nachdem der Reichstag, dem die Untersuchung anvertraut worden war, sie dem Reichsoberhaupt überlassen habe, „nur zwei Wege übrig, wie diese Sache beendet werden kann: 1. entweder dieselbe in ihrer w a h r e n Gestalt der Publizität vorzulegen, oder 2. der Sache eine solche Wendung zu geben, daß nicht die Székler Husaren, sondern Fremde als Urheber der Mordtat erscheinen. Sobald der erste Weg gewählt wird, so muß der Satisfaktionspunkt auf de m Fuße folgen. Die Husaren kann an und für sich keine Strafe treffen, weil sie im Gefolge

endlich ganz in Unordnung geraten, und die Kontributionen
bei den Nachbarn halfen ihnen nur ungenügend auf. Man
führte wieder indirekte Steuern ein, verdoppelte z. B. die Tür-
und Fenstersteuer, während es Grundstücke genug gab, die
seit zehn Jahren gar keine Abgabe mehr geleistet hatten. Dem
Heer, dessen Reihen dem französischen Staatsgedanken die
letzte Zuflucht boten, fehlte die energisch sorgende Hand des
verbannten Carnot, und sein bester Feldherr weilte fern im
Osten. Es war zwar mit einem Wehrgesetz vom 5. September
1798 die Militärkonskription eingeführt worden, wonach jeder
unverehelichte Franzose vom 20. bis 25. Jahr verzeichnet wurde
und in Altersklassen, die das Los festsetzte, bei den Fahnen
dienen sollte, und daraufhin hatte man die Aushebung von
200.000 Mann angeordnet. Aber das Gesetz blieb ohne das

---

einer Ordre gehandelt haben. Die Satisfaktion würde nur in den Veranlassern
statt haben können." Als solche bezeichnet Karl den General Schmidt,
Oberstleutnant Mayer, die Brigadegenerale Graf Merveldt und Görger, rät
aber von diesem Wege ab, weil dadurch das Ansehen des Hofes und des
Dienstes kompromittiert werden könnte. (Criste, S. 382.) Die Annahme
Cristes, der Erzherzog sei in der Sache nicht genügend informiert gewesen,
hält nicht Stich, weil der Wortlaut des letzterwähnten Schreibens auch
beim Kaiser die Kenntnis der „wahren Gestalt" der Sache, also die gleiche
Information voraussetzt. Dadurch und durch die ursprünglichen Berichte
der Offiziere vom 29. April (Criste, S. 187, 193), die die Tat zugestehen,
büßt das auf Seite 233—343 nach einer Abschrift auf dem Wiener Staatsarchiv mitgeteilte Protokoll der Villinger Untersuchungskommission vom
Mai 1799, vor der Offiziere und Soldaten ihre Schuldlosigkeit zu erhärten
suchten, an Beweiskraft ein. Jedenfalls scheint es für den Erzherzog, der
es sicher genau kannte, von keiner zwingenden Bedeutung gewesen zu sein,
sonst hätte er nicht noch im September dem Kaiser von dem Anteil der
Husaren reden können. Man vergleiche überdies B r a y, „Aus dem Leben
eines Diplomaten der alten Schule", (1901), S. 35—52. und die Äußerung
von Gentz in P r o k e s c h' Tagebüchern, 1830—1834, S. 34, wo er von
seinem Aufsatz im „Historischen Journal" zur Verteidigung der Österreicher in der Gesandtenmordfrage spricht und hinzufügt: „Fünfzehn Jahre
später erfuhr ich das Gegenteil". Die maßlosen Ausschreitungen der öffentlichen Meinung in Frankreich gegen Kaiser Franz und seine Regierung,
die beide völlig unschuldig waren, und der Krieg selbst überhoben übrigens
den Wiener Hof jeder Genugtuung. Eine solche wurde auch später nicht
mehr begehrt, da man in Paris den Unfall dem Direktorium auf sein Schuld-
konto setzte. Man wird übrigens gut tun, heute geltende Anschauungen
und Empfindungen nicht als Maßstab für jene Zeit zu verwenden, und vergleiche nur beispielsweise die Schilderung der Husaren von 1857 in W a t t-
m a n n s „Dreiundfünfzig Jahre aus einem bewegten Leben" (1903), S. 87,
mit modernen Verhältnissen.

erhoffte Ergebnis; viele der jungen Leute verheirateten sich, um nicht dienen zu müssen, noch vor dem zwanzigsten Jahr; andere entzogen sich durch Desertion der Wehrpflicht; Tausende wurden beurlaubt; eine Anzahl Departements (16) verweigerte gänzlich die Stellung von Rekruten[1]). In Oberitalien konnte man den Feinden nicht mehr als 56.000 Mann entgegenstellen, in Süddeutschland kaum 40.000; der Rest wurde an Massena in die Schweiz (30.000), an Brune und Bernadotte nach Norddeutschland und Holland (23.000), an Macdonald, der den mißliebig gewordenen ehrgeizigen Championnet ersetzt hatte, nach Rom und Süditalien (34.000) verteilt, mit den kleinen Garnisonen zusammen beiläufig 180.000 Mann, die einer europäischen Koalition gegenüber die revolutionäre Politik französischer Übergriffe verfechten sollten. Die Ausrüstung war mangelhaft, die Verpflegung in den Händen von Spekulanten, die der Regierung an Gewissenlosigkeit nichts nachgaben. Dabei herrschte Meinungsverschiedenheit im Direktorium über die Befehlshaber. Von diesen hatten sich einige mit den geldgierigen Regierungskommissaren, die die Armeen begleiteten, überworfen. Es kam dahin, daß man dem alten Scherer das wichtige Oberkommando in Italien überweisen mußte.

Viel stärker gewappnet traten die Gegner auf die Bahn. Österreich allein hatte auf den drei Schauplätzen: Schwaben, Schweiz und Oberitalien die Übermacht, in Erzherzog Karl einen tüchtigen Führer und in den Russen unter dem gewaltigen Suworow einen starken Sukkurs. Man beziffert die Streitkräfte der Verbündeten auf über 280.000 Mann. Die Dinge kamen, wie sie mußten. Jourdan, der an die Donau gerückt war, wurde noch im März 1799 von dem kaiserlichen Prinzen bei Osterach und Stockach geschlagen und an den Rhein zurückgedrängt, der aus der Schweiz anfangs siegreich nach Osten vordringende Massena bei Feldkirch aufgehalten, Scherer von dem Österreicher Kray bei Magnano im Cisalpinischen getroffen und hinter den Mincio zurückgeworfen. Und was Scherer gegen die Österreicher allein nicht vermochte, das konnte sein Nachfolger Moreau noch viel weniger gegen die vereinigten Austro-Russen unter Suworow und

---

[1]) V a n d a l, L'avènement de Bonaparte, I. 49 Anm. S. unten S. 223.

Melas. Er erlitt bei Cassano an der Adda am 27. April 1799 eine entscheidende Schlappe, die dem nordischen Sieger die Tore von Mailand und Turin öffnete und die Cisalpinische Republik verschwinden machte. Österreich trat wieder in den Besitz der Lombardei ein, unterstützt von einer konservativen Strömung in der Bevölkerung, die die Demokraten überall aus ihren Positionen trieb. Nur die Festungen verblieben in den Händen der Franzosen. Bald darauf hinderte ein neuer Sieg des Erzherzogs über Massena bei Zürich am 4. Juni die Verbindung des letzteren mit Moreau und lieferte ein Drittel der Schweiz den Österreichern in die Hände. Diese Ereignisse machten den Abmarsch Macdonalds aus Neapel nach Norden notwendig und bereiteten zugleich der Parthenopäischen Republik ein grausames Ende, da der zurückgekehrte Hof (auf Nelsons Anregung?) an seinen abtrünnigen Untertanen bittere Rache nahm. Aber nur wenn es Macdonald gelang, seine Streitkräfte mit denen, die Moreau an die genuesische Riviera gerettet hatte, zu vereinigen und zu siegen, war noch Hoffnung, das Verlorene wiederzugewinnen. Auch das sollte nicht gelingen. Noch bevor die geplante Vereinigung bewerkstelligt war, wurde der Franzose von den eilig losstürmenden Russen an der Trebbia in einer dreitägigen Junischlacht (17.—19.) besiegt und mit schweren Verlusten über den Apennin zurückgetrieben. Nach sechs Wochen wird auch Mantua kapitulieren, um das vor zwei Jahren so viel Blut geflossen war.

Aus diesen Verlusten im Felde ergab sich, daß das Direktorium im Innern schließlich jede Geltung verlieren mußte. Der Krieg hatte allerdings auch im Jahre 1797 einer durchaus mißliebigen Regierung die Herrschaft gesichert. Damals aber war es eine Reihe von Siegen gewesen, errungen von einem Feldherrn, der das politische System der Ausdehnung und Eroberung verkörpert hatte, während jetzt Niederlage auf Niederlage das Ansehen der Armee verkleinerte, deren Führer durchaus nicht Parteigänger der Machthaber waren. Darum kann es nicht überraschen, wenn wir hören, daß Diese bei den Neuwahlen im Frühling 1799 eine neue Schlappe erlitten. Es war ja schon ein Zeichen offenen Mißtrauens gewesen, daß bei der vorgeschriebenen Auslosung eines Direktors an Stelle Rewbells ein Mann in die Regierung gewählt

wurde, von dem es bekannt war, daß er sich noch im Konvent
ablehnend gegen die Verfassung des Jahres III geäußert und
den Ehrgeiz hatte, Frankreich eine bessere Konstitution zu
geben: der Abbé Sieyès, derselbe, den Napoleon bei seinen
Verfassungsplänen durch Talleyrand ins Vertrauen ziehen
ließ und der, wie er, für eine Stärkung der Regierungsgewalt
gestimmt war. Da sich der charakterlose Barras sofort dem
populären Manne anschloß, so ergab sich, daß zunächst wieder,
wie 1797, einer oppositionellen Majorität in der Kammer
eine Minorität im Direktorium (Sieyès und Barras gegen
Treilhard, Larevellière, Merlin) entsprach, woraus neue Kämpfe
entstanden. Jetzt, bei den Nachteilen von außen her, konnte
die regierende Mehrheit der Direktoren nicht mehr, wie damals,
an einen Staatsstreich denken, sondern mußte sich im Parlament den Gegnern stellen, die alsbald in der entsetzlichen
Finanzverwirrung, von der radikalen Linken kurzweg als
„Diebstahl" bezeichnet, den geeigneten Hebel fanden, um
die verhaßten Drei zu stürzen[1]). Als erstes Opfer fiel Treilhard, dem man — allerdings etwas spät — nachwies, daß seine
Wahl zum Direktor der konstitutionellen Voraussetzungen
entbehrt habe. Treilhard ging, und damit war das „Triumvirat" gesprengt. Am 18. Juni 1799 (30. Prairial) traten
auch Larevellière und Merlin, bedrängt und bedroht, von
ihrem Amt zurück. Treilhard war sofort durch Gohier, den
Präsidenten des Kassationshofes, ersetzt worden; an die
Stelle Larevellières trat ein unbedeutender und völlig un-
gefährlicher General, der kürzlich die Westarmee kommandiert hatte: Moulin; der Nachfolger Merlins wurde Roger
Ducos. Dieser war ein Anhänger Sieyès', während die beiden
anderen sich den „Jakobinern" zuwandten. Die Staats-
arbeit, zu der diese Regierung wenig fähig war, lag in den
Händen der Minister: des girondistischen Diplomaten Reinhard, der Talleyrand ersetzen sollte, dessen schmutzige Habsucht man von dem neuen Regiment der „reinen Hände"
fern halten wollte, Cambacérès' als Justizministers, des
Jakobiners Lindet als Finanzministers und Bernadottes, der
Kriegsminister wurde, jedoch sein Portefeuille bald wieder

---

[1]) Nach der Verfassung bedurfte es zu einer gültigen Regierungshandlung
der Übereinstimmung mindestens dreier Direktoren.

abgeben mußte, da die Jakobiner immer dreister hervor-
traten, die auf ihn ihre Hoffnung für einen Staatsstreich
setzten. Der Sturz der alten Regierung war das Werk einer
Koalition der beiden großen Parteien bei den „Fünfhundert"
gewesen: der Radikalen einerseits und der gemäßigten Republikaner anderseits, die von Boulay de la Meurthe geführt
wurden und zu denen auch die Brüder Napoleons, Lucian
und Joseph, zählten. Bald nach ihrem Sieg zerfiel diese
Verbindung. Da die Gemäßigteren durch die Majorität in
der Regierung (Sieyès, Ducos, Barras) herrschten, gingen
die Jakobiner in die Opposition. Sie fanden anfangs soviel
Anhang unter den Neutralen in der Kammer, daß sie ein
Zwangsanlehen auf die Reichen und ein Gesetz gegen die
Adeligen, die sie in den Departements mit royalistischer
Bewegung als Geiseln reklamierten, durchsetzen konnten.
Als sie aber, auf diese Erfolge pochend, widerrechtlich ihren
Pariser Klub eröffneten und in der Provinz Filialen gründeten
wie ehedem, als sie ein radikales Programm mit gemein-
samer Kindererziehung, öffentlichen Werkstätten für die
Armen aufstellten, bei den „Fünfhundert" einen unsäglich
rohen Ton einbürgerten und die offizielle Erklärung, das
Vaterland sei in Gefahr, verlangten, um damit allenfalls ein
Regiment, wie das von 1793, einzuleiten — da verloren sie
ihren Anhang. Ihr Appell an das Volk fand bei den Arbeitern
und den kleinen Leuten der Hauptstadt keinen Widerhall,
die sich der Not und des Elends erinnerten, in die sie der
Freiheitstaumel vor wenig Jahren erst verführt hatte, und
die durch das Zwangsanlehen in Form einer Einkommensteuer
auf die Vermögenden, wegen deren eingeschränkter Lebensführung, vielfach ihr Brot verloren. In den Departements
erzeugte ihre Agitation nur neue unerträgliche Zwietracht.
Der öffentlichen Meinung folgend, schloß Sieyès ihren Klub
der „Freiheits- und Gleichheitsfreunde" in der Reitschule
nächst den Tuilerien, und das ehemalige Konventsmitglied
Fouché konnte als Polizeiminister ein System sorgfältiger
Überwachung organisieren.

Es kam nun darauf an, ob sich Sieyès auch durch die
Armee festen Rückhalt werde verschaffen können, und es
mußte seine nächste Sorge sein, mit einem entscheidenden

Erfolg im Felde den Bestand seiner Geltung zu sichern. So wurde denn im Juli 1799 nach Kräften gerüstet und dem jungen General Joubert — mit Moreau an zweiter Stelle — das Kommando in Italien übertragen. Siegte er, dann konnte er möglicherweise im Wechsel der inneren Verhältnisse, den man erwartete, ein brauchbares Werkzeug bilden. Aber auch Sieyès sollte nicht glücklicher sein als seine Vorgänger. Was Joubert in den ersten Augusttagen an neuen Truppen an die Riviera brachte, war doch zu wenig, um den vereinigten Russen und Österreichern die Wage zu halten. Die Rechnung, daß man die Letzteren durch die Belagerung Mantuas aufhalten würde, wodurch den Franzosen die Übermacht über Suworow gesichert bliebe, erwies sich als unrichtig, denn die Festung kapitulierte bereits Ende Juli, und die Österreicher rückten in Eilmärschen heran. In der überaus blutigen Schlacht bei Novi an der Bormida (15. August 1799) verlor die Republik 10.000 Mann, Joubert das Leben, Sieyès sein Prestige.

Wer dabei gewann, das war einzig und allein der Mann, dessen man sich — wie er richtig vorhergesehen hatte — erinnern mußte, als die französischen Waffen gegen die fremden den Kürzeren zogen. Wo war, fragte man, der Sieger von ehemals? Warum war er nicht zur Stelle? Wo waren die Tausende, die er fortgeführt hat? War es denn für das Staatsinteresse wirksamer, wenn die Söhne des Landes im fernen Wüstensand verbluteten, indes daheim, auf den Schauplätzen früherer Triumphe, der Ruhm der Nation zu Schanden ging? Man klagte die vergangene Regierung an, den General „deportiert" zu haben; die radikale Opposition forderte sogar, daß man die ehemaligen Direktoren deshalb vor Gericht ziehe, und eiferte gegen die gegenwärtigen, die die Expedition im Stiche ließen[1]). Minister Reinhard schrieb daher im Auftrag der Regierenden am 18. September einen Brief, der den General „und die Tapferen mit ihm" zurückrief. Zugleich wandte man sich nochmals an Spanien, damit es mit der Türkei über die Rückkehr des Expeditionskorps unterhandle; nötigenfalls war man bereit, Ägypten dafür aufzugeben, alles, um der Stimme der öffentlichen Meinung zu entsprechen.

---

[1]) Lucian und Joseph taten das Ihrige in der Verbreitung der Meinung, das Direktorium habe sich durch das ägyptische Unternehmen Napoleons entledigen wollen.

Früher, 1798, als man Napoleon noch mit dem gehaßten
Direktorium zusammenwarf, hatte er, trotz seinen Siegen,
nur geteilte Sympathien gewinnen können; jetzt, wo man
sich ihn im Gegensatz zur Regierung, gleichsam als ein Opfer
ihrer selbstsüchtigen Politik, dachte, da wurde er der Lieb-
ling des Volkes, das Ideal der parteilosen Millionen, die Ruhe
und Ordnung und ein starkes Regiment ersehnten, das dem
ewigen Schwanken der Staatsgrundsätze und der entsetzlichen Konfusion in der Verwaltung ein Ende machen, dem
Lande den Frieden verschaffen und den Bürger die gesunden
Früchte der Revolution genießen lassen sollte. Ihnen war
Napoleon nicht bloß der erprobte Sieger, der die Feinde
schlagen, sondern auch der Mann von Energie, der nötigenfalls — und die Not war groß genug — die Anarchie bewältigen
konnte. Darum begrüßte ihn bei seiner Heimkehr allerwegen
die rückhaltloseste Begeisterung, darum büßte seine populäre
Geltung auch nichts ein, als bekannt wurde, daß Massena
Ende September die Russen und Österreicher in der Schweiz,
Brune in den ersten Oktobertagen die Engländer in Holland
besiegt habe, daß die Koalition geborsten und jede Gefahr
von außen für Frankreich geschwunden sei. Jetzt bedurfte
er neuer Triumphe im Felde gar nicht erst, um als gefeierter
Günstling des Volkes das Äußerste zu wagen. Er hatte Recht
gehabt, wenn er vor seiner Abreise seinem Bruder gegenüber die Überzeugung aussprach, er werde, wenn er wieder-
kehre, der öffentlichen Meinung sicherer sein. Sie hatte ihm
vor anderthalb Jahren gefehlt, als er an einen Staatsstreich
dachte; jetzt war sie sein, und nun sollte ihn auch nichts
mehr abhalten, seinen Ehrgeiz zum Ziele zu führen[1]).

---

[1]) V a n d a l, L'avènement de Bonaparte, I., 217 u. a. a. O. meint,
die Zeugnisse seien selten, daß damals Napoleon nicht nur als der sieghafte
Held, sondern auch als der „kommende Mann" gefeiert wurde. Aber sie
fehlen durchaus nicht. Die Stimme des Klubisten von Fréjus, der ihm die
Krone in Aussicht stellte, entstammte schließlich derselben Empfindung,
die Barante (s. oben S. 193) wahrnahm und die jenem Baudin (des Ardennes)
vor Freude über seine Rückkehr den Tod brachte. Sie würde sich durch die
Begeisterung für den Kriegsmann allein — der ja schließlich auch vor Akka
hatte umkehren müssen — nicht zureichend erklären lassen, namentlich
nachdem die Gefahr einer Invasion vorüber war. Freilich wünschte Baudin
in Bonaparte keineswegs den künftigen Monarchen zu sehen, obwohl auch
Vandal eine verbreitete Neigung für ein persönliches Regiment zu jener Zeit in

Als Napoleon im Jahre 1803 der Frau von Rémusat von seiner Vergangenheit erzählte und auf die Zeit nach der ägyptischen Expedition zu sprechen kam, sagte er: „Das Direktorium zitterte vor meiner Rückkehr. Ich achtete sehr auf mich. Es ist die Zeit meines Lebens, wo ich mich am geschicktesten benahm. Ich besuchte Sieyès und versprach ihm die Durchführung seines wortreichen Verfassungsentwurfs; ich empfing die Führer der Jakobiner und die Agenten der Bourbons, ich verweigerte niemandem meinen Rat, aber ich gab ihn nur im Interesse meiner eigenen Pläne. Ich verbarg mich dem Volke, denn ich wußte, daß es dann im geeigneten Augenblick aus Neugierde meinen Spuren folgen werde. Jeder lief mir in's Garn, und als ich das Oberhaupt des Staates wurde, gab es keine Partei, die nicht irgend eine Hoffnung auf mich baute".

Bonaparte spielte in der Tat den Unparteiischen und erreichte es, daß beide große Fraktionen in den Vertretungskörpern, die Gemäßigten und die Jakobiner, ihm zunächst mit der gleichen Begeisterung begegneten, ihn für sich reklamierten. In Wirklichkeit aber verfolgte er mit seinem komplizierten System von Verstellung und Intrigue einen ganz bestimmten Weg. Er wollte zur Macht gelangen, das stand fest. Nur das Wie? konnte in Frage kommen. Das Nächstliegende wäre gewesen, sich ins Direktorium aufnehmen zu lassen. Aber als er dessen Vorsitzenden, Gohier, einen ehrlichen, gesinnungstreuen Jakobiner von jener politischen Borniertheit, die einmal die Stärke dieser Partei ausgemacht hatte,

---

Frankreich nicht in Abrede stellt (p. 217 ff.), wohl aber „le régénérateur de la République". (Ebenda p. 233.) Und in einer andern Gestalt wollte ja auch Napoleon zunächst nicht auftreten. Siehe unten S. 222 den Bericht Brinckmanns und die Erzählung Hyde de Neuvilles. Nachweislich taucht das Wort „Bonapartismus" schon in jenen Tagen auf (Feuilles d'histoire, Juni 1911), und es war offenbar nur ein Reflex von Frankreich hinüber, wenn der Deutsche S t e f f e n s in seinen Erinnerungen („Was ich erlebte", IV. 57) sagt: „Er war in Ägypten, aber alle erwarteten von ihm die Wiederherstellung der Ordnung, als hätte die Zeit ihre Hoffnung an einen mächtigen Mann geknüpft". Das war, als G o e t h e im ersten Gesang der „Achilleïs" die Verse niederschrieb:
„Ein fürstlicher Mann ist so nötig auf Erden,
Daß die jüngere Wut, des wilden Zerstörens Begierde
Sich als mächtiger Sinn, als schaffender, endlich beweise,
Der die Ordnung bestimmt, nach welcher sich Tausende richten."

zum Schein sondierte, hielt ihm dieser die Verfassung entgegen, die Männer unter vierzig Jahren vom Direktorium
ausschloß. Bonaparte kannte diese Bestimmung nur zu
genau. Sie hatte sich ihm schon einmal hemmend in den Weg
gelegt, und schon längst war deshalb der Gedanke an einen
Umsturz der unbequemen Konstitution in ihm zur Reife
gekommen. Nichts natürlicher, als daß er sich jetzt denen
anschloß, die, gleich ihm, einen solchen Umsturz planten.
Auch Barras, sein Duzfreund und ehedem sein Protektor,
stand dem Gedanken einer Veränderung, etwa im Sinne der
amerikanischen Republik mit einem Präsidenten an der
Spitze, nicht fern. Als ihn aber einmal Bonaparte darüber
ausholte und er als künftigen Chef von Frankreich einen
ganz unzulänglichen Namen, um den seinigen zu verbergen —
den des Generals Hédouville — nannte, während er Napoleon
mit den Lorbeeren eines neuen Feldzugs in Italien abspeisen
wollte, da hatte er für diesen jede Geltung verloren. Es half
ihm nichts mehr, daß er am nächsten Tag in die Rue de la
Victoire eilte, versicherte, er habe gefunden, nur Bonaparte
sei für die Präsidentenstelle geeignet, und sich zur Verfügung
stellte: Napoleon mißtraute ihm fortan gründlich. Übrigens
war auch das Zusammengehen mit dem durch seine schmutzigen
Geschäfte tief diskreditierten Mann nicht ohne Gefahr, und
endlich war es zu spät, denn Napoleon war von Barras weg
sogleich zu Sieyès gegangen, um mit diesem zu paktieren.

Sieyès hatte sich, nachdem 1795 sein Verfassungsplan
abgelehnt worden war, ostentativ von der Regierung ferngehalten und erst 1799 eine leitende Stellung übernommen,
als er den Zeitpunkt gekommen glaubte, der allgemeinen
Unzufriedenheit mit den vorhandenen Zuständen durch seine
Entwürfe abzuhelfen und sich so als Retter des Staates zu
erweisen. Und die Übergriffe der Jakobiner schienen die
Verwirklichung des Planes beschleunigen zu sollen. Er fand
die heimliche Unterstützung einer großen Anzahl von gemäßigten Republikanern in beiden Kammern und einigte
sich mit einigen von ihnen und den Brüdern Bonaparte über
folgende Punkte: Es sollten zur Stärkung der Zentralgewalt
an die Stelle der wechselnden fünf Direktoren zwei oder drei
auf die Dauer von zehn Jahren gewählte Konsuln treten,
daneben ein Senat auf Lebenszeit und ein nach allgemeinem

Wahlrecht erkorenes Abgeordnetenhaus. Um diese Verfassung durchzusetzen, sollte der für die Reform in seiner Mehrheit gewonnene Rat der Alten die Verlegung der beiden Kammern außerhalb der Hauptstadt beschließen, damit die jakobinischen Gegner im Rat der Fünfhundert von der Umgebung der Pariser Vorstädte entfernt würden, die man noch immer fürchtete. Hierzu war die erste Kammer durch die Konstitution vom Jahr III ermächtigt. Einmal draußen, wollte man die Sieyès'sche Vorlage durch die „Alten" den „Fünfhundert" empfehlen, die neutralen Elemente unter diesen dafür gewinnen und schließlich die neue Verfassung durch ein Plebiszit sanktionieren lassen. Dabei entstand nur das eine Bedenken, ob der Rat der Fünfhundert auch wohl dem Antrag der „Alten" beifallen würde. Und seine Weigerung konnte gefährlich werden; um so gefährlicher, als die Generale Jourdan, Augereau, Bernadotte zu den radikalen Politikern zählten und auch ihrerseits an eine Änderung in der Regierung dachten. Man bedurfte eines renommierten Soldaten, dem man die Durchführung der Maßregel anvertrauen konnte. Sieyès hatte nach Jouberts Tod an Macdonald gedacht, der aber ablehnte, und dann an Moreau, der ihm das richtige Werkzeug schien, da er nur militärischen und keinerlei politischen Ehrgeiz besaß. Aber zur selben Zeit, als Moreau in Paris anlangte, traf auch Bonaparte in Frankreich ein, jener in aller Stille, dieser umdröhnt vom Zuruf der Millionen, jener besiegt, dieser als Sieger, und Sieyès konnte nicht schwanken, welchem von beiden Degen er sein Projekt überantworten sollte. Er mußte Napoleon wählen, auf die Gefahr von ihm überflügelt zu werden.

Dieser war gleich nach seiner Ankunft von Lucian in den Reformplan eingeweiht worden und erklärte sich damit einverstanden. Er brauchte ja eine neue Verfassung, um zur Macht zu gelangen, und Sieyès bedurfte der Macht, um seine Verfassung durchzusetzen. Das war der Angelpunkt, um den sich damals die Geschicke Frankreichs drehten. Am 1. November trafen sich die Beiden insgeheim in der Wohnung Lucians, der, dem Bruder zu Ehren, zum Präsidenten der „Fünfhundert" erwählt worden war. Bonaparte wünschte die neue Konstitution nicht sofort, wie sie Sieyès im Sinn hatte, den Kammern vorzulegen, sondern eine Abgeordneten-Kom-

mission vorerst mit deren Beratung zu betrauen, unterdessen
aber dahin zu wirken, daß eine provisorische Regierung eingesetzt werde; diese sollte aus ihm, Sieyès und Roger Ducos
gebildet sein. Sieyès mußte wohl oder übel zustimmen. Er
sah wohl ein, daß seine Rolle als rettender Genius ausgespielt
war, sobald seine Verfassung erst durch ein Komitee lief,
und daß er in der provisorischen Regierung neben einem
Bonaparte nicht die erste Stelle behaupten würde, war ihm
nicht minder klar. Aber er konnte nicht mehr zurück[1]).
Napoleon benahm sich indes auch weiterhin ,,sehr geschickt".
Er verbarg seine Absichten aufs sorgfältigste vor den anderen
Direktoren, vor Gohier, der Josephinen den Hof machte,
täglich ins Haus kam und sich als dessen Freund fühlte, und
vor Barras, der sich in seinem Selbstbewußtsein für unentbehrlich hielt. Die von Diesem zumeist abhängige Beamtenschaft des Pariser Departements gewann man, indem man
vorgab, er sei mit im Vertrauen; ebenso die Kommandanten
der Garden des Parlaments und des Direktoriums, die nicht
zu den Linientruppen gehörten.

Am 6. November, nach einem Bankett, das die Kammer
den beiden Generalen Moreau und Bonaparte zu Ehren gab,
und wobei dieser einen Trinkspruch ,,auf die Einigkeit aller
Franzosen" ausbrachte, traf er wieder mit Sieyès zusammen,
um die letzten Anordnungen zu besprechen. Man erkannte, daß
die Sache eile, da die ,,Fünfhundert" in ihrer Majorität Miene
machten, die ihnen in der öffentlichen Meinung verderblich gewordenen Gesetze, insbesondere dasjenige über das Zwangsanlehen, zu widerrufen. Damit wäre dem geplanten Staatsstreich
ein wesentlicher Teil seiner Voraussetzung genommen worden.
Deshalb wurden schon der 18. und 19. Brumaire (9. und 10. November) für die Ausführung bestimmt, der erste für die Aktion
der ,,Alten", der zweite für die Beschlüsse in Saint-Cloud,
wohin die gesetzgebenden Körper verlegt werden sollten.

---

[1]) Nach einem Diner, bei dem Sieyès mit Joseph Bonaparte und dem
eingeweihten Abgeordneten Cabanis zusammentraf, sagte er zu ihnen: ,,Ich
will mit dem General Bonaparte gehen, weil er von allen Soldaten noch der
bürgerlichste ist. Aber ich weiß, was mich erwartet. Nach dem Gelingen
des Unternehmens wird er es mit seinen beiden Kollegen so machen ..."
und darauf trat er rasch zwischen Joseph und Cabanis, warf sie mit einer
kräftigen Bewegung seiner Arme an den Kamin zurück und stand allein
in der Mitte des Zimmers. Als Joseph seinem Bruder davon erzählte, lachte
Dieser und rief aus: ,,Es leben die geistreichen Leute! Ich ahne Gutes."

An den nächsten Tagen versicherte sich Bonaparte der
Generale und Offiziere. Von der Pariser Garnison hatten einige
Regimenter ehedem unter ihm in der italienischen Armee
gefochten; von den Offiziersstellen der Nationalgarde hatte
er selbst nach dem 13. Vendémiaire als General des Innern
die meisten vergeben; Neigung und Disziplin sicherten ihm
die Treue der Truppen, die den „kleinen Korporal" abgöttisch
verehrten. Von den Generalen kam Augereau, ein grundsatz-
loser Polterer, wenig in Betracht. Mit Jourdan hatte Bonaparte ein interessantes Gespräch, wobei sich auch dieser
Jakobiner für Änderungen in der Verfassung — „unbeschadet
allerdings der großen revolutionären Prinzipien" — und mit
einer stärkeren Regierung einverstanden erklärte. Napoleon
warf ihm die radikalen Anträge seiner Partei und das Zusammengehen mit erniedrigenden Elementen vor, beruhigte
ihn aber über die Zukunft der Republik. Bernadotte, der,
wie er im Jahre 1804 an Lucian schrieb, leicht die Vorstädte
hätte in Bewegung setzen können, gab den Bitten Josephs
nach, dessen Schwager er vor kurzem geworden war, dem
Unternehmen nicht entgegenzuwirken. Moreau wird, sowie
der Stadtkommandant Lefebvre, einfach dem Höchstkommandierenden gehorchen. Die anderen half ein geschickt
gewähltes Argument gewinnen: „Was können Generale",
sagte Bonaparte wiederholt zu ihnen, „von einem Advokaten-
regiment erhoffen? Sie brauchen einen Chef, der sie zu
schätzen, zu verwenden, zu unterstützen weiß[1])". Unterdessen
tat Sieyès mit seinen Vertrauten die letzten Schritte, um sich
des Rates der Alten völlig zu versichern. Ein drohender Handstreich der Jakobiner wurde als Schreckgespenst gebraucht,
um die Schwankenden zu gewinnen. Die Unzuverlässigen
hielt man von der entscheidenden Sitzung fern, indem man
sie durch die eingeweihten Saalinspektoren teils zur unrichtigen
Stunde, teils gar nicht einladen ließ.

Am 9. November (18. Brumaire) morgens, nach 7 Uhr,
traten die „Alten" zusammen. Sofort ergriff Reynier, einer
der Vertrauten, das Wort, um folgenden Antrag zu stellen:
„Gemäß den Artikeln 102, 103 und 104 der Verfassung dekretiert der Rat der Alten: 1) Die Legislative ist nach Saint-

---

[1]) T h i é b a u l t, Mémoires, III., 64.

Cloud verlegt, wo beide Räte im Schloß tagen werden. 2) Sie
werden am 19. Brumaire (10. November) Mittag dort zu-
sammenkommen, bis wohin jede Sitzung untersagt ist. 3) General Bonaparte ist mit der Durchführung des Dekretes betraut
und erhält, um für die Sicherheit der Kammern Sorge tragen
zu können, den Befehl über die Garde des Gesetzgebenden
Körpers, über die Nationalgarden und die Garnisonen von
Paris. Jeder Bürger hat ihm auf sein Verlangen Beistand zu
leisten. 4) Er hat vor dem Rat der Alten zu erscheinen, um
sein Dekret in Empfang zu nehmen und den Eid zu schwören.
5) Der Beschluß wird den „Fünfhundert" und dem Direktorium mitgeteilt und durch den Druck öffentlich bekannt
gemacht[1]". Der Antrag wurde angenommen und desgleichen
ein Manifest an die Nation beschlossen, worin erklärt ward,
der Rat der Alten habe diese Maßregel dekretiert, um die
Faktionen, die die Volksvertretung unterjochen wollen, zu
bändigen und den inneren Frieden zu sichern.

　　Während dies bei den „Alten" vor sich ging, harrte
Bonaparte in seinem Hause, umgeben von Generalen und
Offizieren, die dahin beordert worden waren, seiner Ernen-
nung. Als sie eingetroffen war, stieg er mit einer zahlreichen
Suite zu Pferde und begab sich über die Boulevards und die
Place de la Concorde, wo just das brüchig gewordene Stand-
bild der Freiheit ausgebessert wurde, nach den Tuilerien.
Sieyès, der kurz zuvor reiten gelernt hatte, war gleichfalls zu

---

[1] Die Artikel der Verfassung von 1795, auf die sich die „Alten" beriefen,
lauteten: „Art. 102: Der Rat der Alten kann den Sitzungsort des Gesetzgebenden Körpers verlegen; er nominiert in diesem Fall einen neuen Ort
und bestimmt die Zeit, bis zu welcher die beiden Räte gehalten sind, sich
dort einzufinden. Das betreffende Dekret des Rates der Alten ist unwiderruflich."
　　„Art. 103: Am Tag dieser Verfügung darf weder der eine noch der
andere der Räte an dem bisherigen Sitzungsort Beratungen pflegen. Diejenigen Mitglieder, die gleichwohl ihre Funktionen nicht unterbrechen wollten,
würden sich des Angriffs auf die Sicherheit der Republik schuldig machen."
　　„Art. 104: Die Mitglieder des Direktoriums, die die Besiegelung, Verkündigung und Verschickung des Dekretes verweigern oder verzögern,
machen sich des gleichen Verbrechens schuldig."
　　Von dem Recht, einen General mit der Durchführung oder mit dem
Schutz der Verfügung zu betrauen, stand nichts in den Artikeln. Es war
die erste Ungesetzlichkeit, die die Unternehmer des Staatsstreiches
geschickt der Volksvertretung auf die Schultern schoben.

Pferde, von zwei Adjutanten begleitet, durch den Louvre
herbeigekommen. Auch Roger Ducos fand sich ein. Barras,
Gohier und Moulin blieben im Luxemburg-Palais zurück und
waren erstaunt darüber, daß die Direktorialgarde abgezogen
war. Vor dem Palast der Könige von Frankreich angelangt,
ging Napoleon sofort in den Sitzungssaal des Rates der Alten,
um dort den von ihm geforderten Eid zu leisten. Hier hielt
er eine kurze Ansprache in seinem angewohnten Kommando-
stil, die mit folgenden Sätzen schloß: „Eure Weisheit hat
diese Verfügung getroffen, die das öffentliche Wohl sichert;
unsere Arme werden sie auszuführen wissen. Wir wollen eine
Republik, die sich auf eine wahre Freiheit, auf die bürgerliche
Freiheit, auf die Nationalvertretung gründet. Wir werden
sie haben, ich schwöre es in meinem und im Namen meiner
Waffengefährten". „Wir schwören es", sekundierten die
Offiziere. Von Aufrechthaltung der Verfassung sprach er kein
Wort; dagegen ließ jede Silbe eine Veränderung der öffentlichen Verhältnisse durchblicken. Die Galerien und viele
Mitglieder des Rates applaudierten gleichwohl dem General,
und die Sitzung ward geschlossen, um erst am nächsten Tag
in Saint-Cloud wieder eröffnet zu werden. Als kurz darauf
der Rat der Fünfhundert zusammenkam, fand er das Dekret
der ersten Kammer bereits vor, und Lucian Bonaparte vertagte alsbald gleichfalls die Sitzung. Die Legislative hatte
ihre Tätigkeit unterbrochen.

Von den „Alten" weg begab sich Napoleon in den Garten
der Tuilerien, wo die aufgestellten Truppen der Garnison
Revue passierten, denen er, in wenig sicherer Rede, verhieß,
er hoffe, sie bald wieder zum Siege zu führen; vorerst aber
müßten „die Aufwiegler entwaffnet werden". Außerdem erließ
er zwei Proklamationen an die Nationalgarde und an die
Armee. „Die Republik ist seit zwei Jahren schlecht verwaltet", ruft er darin den Soldaten zu; „Ihr habt gehofft, daß
meine Rückkehr dem Übel ein Ende setzen werde; Ihr habt
sie mit einer Einträchtigkeit gefeiert, die mir Verpflichtungen
auferlegt; ich werde sie erfüllen, wie Ihr Eure Schuldigkeit
tun werdet, wenn Ihr Eurem General mit derselben Energie,
derselben Festigkeit, demselben Vertrauen zur Seite steht,
die ich stets bei Euch gefunden habe. Die Freiheit, der Sieg,
der Friede werden der Republik ihren alten Rang in Europa

wieder verschaffen, den ihr nur Unfähigkeit oder Verrat rauben
lassen konnte". Der Anklage folgte die Exekution. Sieyès
und Ducos hatten, wie verabredet war, ihr Amt als Direktoren
niedergelegt. Es galt nur noch, Barras dazu zu bewegen,
dann fehlte die zur Giltigkeit jeder Regierungsmaßregel notwendige Dreiheit und die Regierungsmaschine hatte zu funktionieren aufgehört. Bis auf diesen Tag hatte Napoleon seinen
früheren Freund und Gönner über seine wahren Absichten
getäuscht und Sieyès gleichsam durch ihn in Schach gehalten.
Jetzt setzte er jede Rücksicht beiseite und sandte die Vertrauten Talleyrand und Bruix zu ihm, die ihn auffordern
sollten zu resignieren. Inzwischen war Barras' Geheimsekretär, Botot, im Tuileriengarten erschienen und suchte sich
Napoleon zu nähern. Dieser hatte ihn kaum erspäht, als er
ihn heranzog und laut und vernehmlich für alle, die ihn umgaben, anherrschte: „Was habt Ihr aus dem Frankreich
gemacht, das ich Euch so glänzend hinterließ? Ich hinterließ
den Frieden und finde Krieg! Ich ließ Euch Siege und finde
Niederlagen! Ich ließ Euch die Millionen Italiens und finde
allenthalben Plünderung und Elend! Was habt Ihr aus den
100.000 Franzosen gemacht, die meine Ruhmesgenossen
waren? Sie sind tot! Dieser Zustand kann nicht länger
währen. Er würde uns in drei Jahren zum Despotismus führen.
Wir aber wollen die Republik, gegründet auf die Gleichheit,
auf die Moral, auf die bürgerliche Freiheit und auf die politische Toleranz. Bei einer guten Verwaltung werden alle die
Faktionen bald vergessen sein, in die man die Bürger hinein-
zwang, und sie werden wieder Franzosen sein dürfen. Die
Verteidiger des Vaterlandes aber werden wieder jenes Vertrauen genießen, auf das sie ein so gutes Recht erworben haben".
Kaum war aber Botot mit dieser Erklärung und der ihm leise
mitgeteilten Versicherung Bonapartes, daß dessen persönliche Gefühle für Barras dieselben blieben, nach dem Luxemburg-Palast zurückgekehrt, als dort auch schon Talleyrand
und Bruix bei dem Direktor eintraten und ihm ein Schreiben
an die gesetzgebenden Körper zur Unterschrift vorlegten,
worin er seinen Rücktritt anzeigte. Barras erkannte, daß
seine Zeit um sei, und fügte sich. Ein großes Geldgeschenk
soll ihm den Abschied von der Macht erleichtert haben. Er
verließ sofort unter Eskorte die Stadt.

Mit dem Ausscheiden Barras' hatten Gohier und Moulin den Boden verloren. Den ersten hatte Josephine mit seiner Frau für 8 Uhr morgens zum Frühstück geladen. Wollte sich Bonaparte seiner versichern? ihn schließlich doch noch umstimmen? Gohier kam nicht. Er erfuhr dann durch seine Gattin, was geschehen war, und eilte nun mit Moulin zu Napoleon, um ihm Vorstellungen zu machen. Natürlich umsonst. Die beiden Direktoren kehrten unverrichteter Sache in ihr Palais zurück. Moreau erhielt Befehl, sie dort zu bewachen[1]).

Die Exekutive war destituiert. Es kam nun nur noch darauf an, die beiden Kammern in Saint-Cloud die Staatsveränderung gutheißen zu lassen und sie zur Annahme der provisorischen Konsular-Regierung und zur Wahl der Verfassungs-Kommission zu bewegen. Sieyès hatte geraten, etwa dreißig oder vierzig der entschiedensten Radikalen vom Rat der Fünfhundert, namentlich Jourdan und Augereau, fern zu halten. Das hatte aber Bonaparte abgelehnt; man solle nicht sagen, daß er sich vor den beiden fürchte. Nebenbei wollte er sich durchaus vom Hergebrachten der letzten Jahre unterscheiden. Darum die Linientore der Stadt nicht geschlossen, keine Verhaftungen, nichts von dem revolutionären Werkzeug des verhaßten Direktoriums. „Im ganzen" — äußerte er des Abends heiter zu Bourrienne — „gings heute nicht schlecht; wir wollen morgen weiter sehen." Zur Vorsicht lud er aber doch seine Pistolen, bevor er zu Bette ging.

Am nächsten Tag, den 10. November, hatten sich um die festgesetzte Mittagsstunde die Abgeordneten beider Kammern in Saint-Cloud eingefunden. Die Revolution hatte das Schloß sequestriert und die Möbel verkauft; jetzt stand es leer und mußte für die Zwecke der beiden Vertretungskörper in Eile notdürftig eingerichtet werden. Den „Alten" war ein Saal im ersten Stockwerk, den „Fünfhundert" die Orangerie im Gartentrakt angewiesen. Vor der Sitzung trafen sich die Deputierten im Park und besprachen mit Eifer das

---

[1]) Später, im Exil, hat Moreau die unschöne Rolle, die er hier spielte und die ihn selbst zum Gefangenen machte, damit erklären wollen, daß er damals der Überzeugung gewesen sei, Bonaparte werde nach sechs Wochen wieder gestürzt sein. S. B o u l a y d e l a M e u r t h e, Les dernières années du duc d'Enghien, p. 293. H y d e d e N e u v i l l e, Mémoires, I., 255.

Ereignis des Tages. Die am Vortag ausgeschlossen gewesenen
Mitglieder der „Alten" heischten Aufklärung; andere begannen im Gespräch mit Abgeordneten der „Fünfhundert",
die nach Gründen für die Verlegung fragten, einzusehen, daß
ihnen das entscheidende Dekret unter einer Vorspiegelung
abgelockt worden war, um einem Staatsstreich zu dienen;
wieder andere verloren den Mut und wollten nur noch höchstens
einen Wechsel in der Regierung, aber nicht einen Umsturz
der Verfassung unterstützen; die Gemüter erhitzten sich
an dem Anblick der Truppen, die den Platz vor dem Schloßhof füllten, in dem die Parlamentsgrenadiere Aufstellung
genommen hatten. Erst nach ein Uhr begannen die Sitzungen.
Napoleon hatte sich mit den Generalen in das erste Stockwerk begeben und mit Sieyès und Ducos in ein besonderes
Zimmer zurückgezogen. Hier ließ er sich von dem Gang der
Verhandlungen fortlaufenden Bericht erstatten. Was er hörte
war nicht gerade tröstlich. Im Rat der Fünfhundert hatte
einer der Vertrauten (Gaudin) das Wort genommen, war aber
sofort von den Radikalen unterbrochen worden, die „Keine
Diktatur!" „Nieder mit den Diktatoren!" riefen und den
Antrag durchsetzten, daß jedes Mitglied bei Namensaufruf
den Eid auf die bestehende Verfassung abzulegen habe. Es
hatte Napoleon also nichts geholfen, daß er durch seinen
Landsmann Saliceti mit den jakobinischen Abgeordneten
Fühlung genommen und sie versichert hatte, die Republik
habe nichts zu fürchten. Sie hatten der Botschaft nicht
vertraut. Er war doch am Vortag zu sehr als militärischer
Gebieter erschienen, was sicher nicht in seiner Absicht gelegen
hatte; denn wenn er auch einen Staatsstreich plante, so sollte
es doch kein Gewaltstreich sein, vielmehr eine durch die
öffentliche Meinung diktierte und von der Volksvertretung
durchgeführte Reformaktion. Jetzt gewannen die Jakobiner
auch die Unentschlossenen bei den „Fünfhundert" für sich,
und mit ihnen die Mehrheit. Zum Glück war der Eid auf die
Verfassung ein langwieriger Vorgang, der ein paar Stunden
ausfüllte, die benützt werden konnten, um die „Alten" zu
einem entscheidenden Beschluß zu bewegen. Denn wenn
man die gegnerische Stimmung anwachsen und schließlich
auch die Truppen ergreifen ließ, war alles verloren. „Man
muß ein Ende machen", sagte Napoleon in Erregung

zu den Offizieren seiner Suite, und ging in den Rat der Alten[1]).

Hier, wo man förmlich und gemessen zu beraten pflegte, hatte man zunächst mit der Opposition der am Vortag nicht Verständigten zu tun, denen die Ordner vorlogen, es seien alle Einladungen regelrecht ergangen; dann beschloß man, die Nachricht von der Konstituierung der „Fünfhundert" abzuwarten und zugleich das Direktorium zu verständigen; dann traf die Nachricht ein, die Direktoren hätten bis auf einen abgedankt, was zu weitläufigen Erwägungen Anlaß gab: kurz, man hatte Stunden hingebracht, ohne den Mut zu gewinnen, die Verfassung ernstlich anzugreifen. Den glaubte ihnen Napoleon einflößen zu sollen. Die Sitzung war eben unterbrochen, als er, begleitet von Bourrienne, Berthier, seinem Bruder Joseph und den Adjutanten, eintrat. Man lud ihn in aller Form ein, an den Beratungen teilzunehmen, und er ergriff sofort das Wort. Was er in improvisierter Rede vorbrachte, machte durchaus den Eindruck des Unzusammenhängenden, Abgerissenen. Man stehe auf einem Vulkan, sagte er. Er und seine Waffengenossen seien dem Ruf der Kammer gern gefolgt, und nun werde er dafür verleumdet, die Rolle eines Cäsar oder Cromwell zu spielen. Wenn er die Freiheit des Landes hätte unterdrücken wollen, hätte er wiederholt Gelegenheit dazu gehabt. Dann sprach er im allgemeinen von den Gefahren, die die Republik bedrohen, die keine Regierung mehr habe. Nur der Rat der Alten sei jetzt berufen zu handeln. Er möge es rasch tun, möge sprechen, es gelte die Freiheit und Gleichheit zu retten. „Und was ist's mit der Verfassung?" rief eine Stimme. Da war Napoleon an seiner wundesten Stelle getroffen und gab zurück: „Die Verfassung! Ihr habt sie verletzt am 18. Fructidor, am 22. Floréal, am 30. Prairial. Von allen Parteien wird sie angerufen, und alle haben sie geschädigt. Sie kann

---

[1]) Eigentlich hätte Sieyès die beiden Räte haranguieren sollen, doch dieser hat, wie es heißt, mutlos gezögert, und darum Bonaparte sich kurzweg entschlossen. „Ich werde es in meinen Memoiren erzählen, auf welche Weise und durch wen er zu diesem Schritt bestimmt wurde", sagt B o u l a y d e l a M e u r t h e bei A. B., „Bourrienne et ses erreurs", II. 43. Sieyès hat dann, als die Sache kritisch wurde, einen Wagen am Schloßgitter bereit halten lassen, um sich für den Notfall unter dem Schutz der Truppen auf die Flucht zu begeben.

uns nicht zum Heil gereichen, denn niemand achtet sie mehr.
Suchen wir das Mittel, jedermann die Freiheit zu sichern,
die ihm zukommt und die ihm die Direktorial-Konstitution
nicht zu garantieren wußte." Als einige Mitglieder Aufklärung
über die drohenden Gefahren verlangten und Napoleon damit
in die Enge brachten, log er, Barras und Moulin hätten ihm
Umsturzpläne anvertraut. Und als dann der Präsident
Lemercier an ihn die Aufforderung richtete, das Komplott
zu enthüllen, wiederholte er, der gar nichts Positives vorzu-
bringen wußte, nur, was er schon gesagt hatte, erklärte die
Verfassung für unbrauchbar und wandte sich schließlich in
einem unbeholfenen Affekt an die draußen an der Tür stehenden
Grenadiere, die ihn gar nicht hören konnten, apostrophierte
sie mit Schmeicheleien und drückte ihnen sein Vertrauen aus,
daß sie ihn schützen würden, wenn irgend ein „vom Ausland
bezahlter" Redner ihn in die Acht erklären wollte. Man
möge dessen eingedenk sein, sagte er mit einer Phrase, die
ihm von Ägypten her geläufig geworden war, daß ihn der
Gott des Krieges und des Glücks begleite. Damit hatte er
vollständig die Herrschaft über seine Worte verloren. Bourrienne, der mit Berthier an seiner Seite stand, flüsterte ihm
zu: „General, Sie wissen nicht mehr, was sie sprechen", und
bewog ihn, sich zurückzuziehen. Die Sitzung wurde aufs
neue unterbrochen.

Hier war nichts erreicht. Aber das Schwierigere stand
noch bevor. Napoleon ging, rasch entschlossen, hinab zu den
„Fünfhundert". Diese hatten unterdessen Mann für Mann den
Eid auf die Verfassung geleistet und warteten ihrerseits auf
eine Eröffnung der andern Kammer über die Motive der Verlegung des gesetzgebenden Körpers. Diese Mitteilung blieb
aus, was gerade nicht zur Beruhigung der Gemüter beitrug.
Dagegen traf der Brief Barras' ein, worin er erklärte, vor
demjenigen zurückzutreten, den der eigene Ruhm und das
Vertrauen der Nationalvertretung in gleich hervorstechender
Weise ausgezeichnet hätten. Die Jakobiner verlangten zu
wissen, welche Umstände den Direktor zum Rücktritt bewogen
haben konnten. Da erschien plötzlich, ohne angemeldet zu
sein, Bonaparte, gefolgt von seinen Offizieren und vier Grenadieren, in der Saaltür, ließ seine Begleitung zurück und trat
beherzt gegen den Präsidentensitz vor. Was wollte er hier?

War es seine Absicht, einen Tumult hervorzurufen und damit
einen Anlaß zum Einschreiten zu gewinnen? Wenn er dies
wollte, dann gelang es über Erwarten. Ohne Zweifel war sein
Erscheinen eine schreiende Verletzung aller schuldigen Rücksicht. Im Augenblick erhob sich denn auch ein ungeheures
Tosen der Entrüstung gegen ihn. „Bewaffnete im Saal!"
riefen die Jakobiner, und eine Gruppe von Radikalen warf
sich in namenloser Aufregung dem Eindringling entgegen.
Er wurde hart angefaßt, gestoßen und nach dem Ausgang
zu gedrückt. Der Tumult benahm ihm für einen Augenblick
die Besinnung. Er sank den Grenadieren in die Arme, die
ihn ins Freie führten. Hinter ihm drein aber scholl, in krei-
schender Wut ausgestoßen, der Ruf, der vor wenig Jahren
noch den sichern Tod bedeutet hatte: „Hors la loi!" „In die
Acht mit ihm!"

Wer weiß, was geschehen wäre, wenn die Jakobiner
Napoleon ruhig angehört hätten. Ein feiner Beobachter, der
Schwede Brinckmann, der damals in Paris weilte, spricht in
seinen Briefen ein richtiges Urteil aus, wenn er sagt: „Man
mußte den General entweder auf der Stelle töten, oder man
mußte ihn reden lassen und sich selbst in den Grenzen der
Verfassung und der Klugheit halten, um alles Unrecht auf den
Angreifer zu wälzen." Gewiß, was die Jakobiner taten, brachte
sie in Nachteil, wenn es geschickt benützt wurde. Niemand
bemerkte ihren Fehler rascher als Präsident Lucian, gegen
den sich jetzt ihr Angriff richtete: er solle sofort über die
Achtserklärung seines Bruders abstimmen lassen, verlangten die
Aufgeregtesten; ein anderer wollte, man solle erklären, daß
Bonaparte nicht der Chef der Truppen sei, da der Rat der
Alten gar nicht befugt war, ihn dazu zu ernennen; wieder
andere wollten sich korporativ den Truppen zeigen; ein Abgeordneter haranguierte die Parlamentsgrenadiere vor dem
Saaleingang. Es wurden sogar bestimmte Anträge gestellt:
die gesetzgebenden Körper erklären sich in Permanenz, sie
kehren nach Paris zurück, die Truppen von Saint-Cloud
stehen zu ihrem Befehl. Aber all das ging in dem Tumult
unter. Das Bureau in der Mitte des Saales wurde von Inter-
pellanten umdrängt. Inmitten des Aufruhrs überläßt Lucian
den Vorsitz dem Vizepräsidenten, um von der Tribüne zu
Gunsten seines Bruders zu sprechen. Seine Stimme vermag

aber nicht durch den Sturm zu dringen. Man macht ihm den
Vorwurf der Obstruktion und wiederholt den Ruf nach der
Acht über Napoleon. Da raunt er einem vertrauten Ordner
eine Botschaft für diesen zu: die Sitzung müsse binnen zehn
Minuten unterbrochen werden, sonst stehe er für nichts.

Napoleon hatte sich inzwischen von seinem Schwäche-
anfall erholt, und als er vernahm, daß man über seine Achtserklärung abstimme, er also unter Umständen um sein Leben
kämpfe, appellierte er an die Truppen. „Ins Gewehr!" rief
er beim Fenster hinaus, und „Ins Gewehr!" pflanzte sich der
Ruf fort durch die Scharen der Bewaffneten. Dann stieg er,
nicht ohne daß der erste Versuch mißlang, zu Pferde und
ritt durch die Parlamentswache hindurch zu den Linientruppen, die er durch ebenso heftige, als unwahre Anklagen
gegen die „Fünfhundert" aufreizte: es seien vom Ausland
bestochene Landesverräter, die ihn ermorden wollten. Er
hatte sich in der Aufregung im Gesicht blutig gekratzt, was
die Wirkung seiner Worte nur erhöhte. Da traf ihn Lucians
Botschaft. Sofort läßt er den bedrängten Präsidenten durch
ein Pikett Grenadiere ins Freie holen. Eine Anzahl Abgeordneter kommt mit ihm. Die andern bleiben im Saal
zurück. Damit schien nun die Sache des Staatsstreiches bei
den Räten so gut wie verloren. Blieb noch die Truppe. Von
ihrer Haltung hing jetzt das Schicksal des Tages ab, und
zunächst von der der Parlamentsgarde. Das begriff Lucian
sofort, schwang sich auf ein Pferd und hielt eine Ansprache
an das Bataillon, in der er ebenfalls den Tumult der jakobinischen Minorität bis zum Attentat auf Napoleon übertrieb.
„Franzosen!" rief er, „der Präsident des Rates der Fünfhundert
erklärt Euch, daß die weitaus größte Mehrheit dieser Versammlung im Augenblick von einem Häuflein Abgeordneter
terrorisiert wird, die mit Dolchen bewaffnet sind, die Tribüne
belagern, ihre Kollegen mit dem Tod bedrohen und ihnen die
abscheulichsten Beschlüsse zumuten. Ich erkläre, daß diese
verwegenen Verbrecher, ohne Zweifel von der englischen
Regierung bezahlt, gegen den Rat der Alten revoltieren, indem sie die Ächtung des Generals fordern, der mit der Ausführung des Dekretes dieses Rates beauftragt ist. Ich erkläre,
daß diese kleine Zahl von Wütenden sich selbst durch ihre
Angriffe auf die Freiheit dieser Versammlung außerhalb des

Gesetzes gestellt hat. Ich übertrage den Kriegern die Sorge, die Majorität der Volksvertreter zu befreien, damit wir, von den Bajonetten gegen die Dolche geschützt, im Frieden die Interessen der Republik beraten können. Ihr werdet als Deputierte Frankreichs nur diejenigen anerkennen, die sich mit ihrem Präsidenten in Eure Mitte begaben. Diejenigen, die in der Orangerie zurückblieben, um die Ächtung zu votieren, jagt hinaus! Diese Räuber sind nicht mehr die Vertreter des Volkes, sondern die des Dolches." „Und wer Widerstand leistet," fiel Napoleon ein, „den tötet. Mir folget, denn ich bin der Gott des Tages"... Und er wäre in diesem Tone fortgefahren, wenn ihm Lucian nicht zugeflüstert hätte, um alles in der Welt zu schweigen. „Vive Bonaparte!" riefen die Soldaten. Aber sie rührten sich nicht. Es war auch kein Geringes, gegen die Nationalrepräsentanz das Bajonett zu fällen, die sie zu beschützen hatten. Erst als Lucian, der das verderbliche Zögern wahrnahm, einen Degen gegen die Brust des Bruders zückte und schwor, ihn niederzustoßen, wenn er je die Freiheit der Franzosen gefährden wollte, da waren die Grenadiere gewonnen, und als vollends von außen her Trommelschlag den Entschluß der Regimenter verriet, unter Umständen ohne die Garden vorzugehen, ließen sich diese auf einen Wink Napoleons von Murat und anderen Offizieren in den Saal führen. Die radikalen Abgeordneten gehorchten nicht sogleich der Aufforderung, sich zu entfernen; da avancierten die Grenadiere und drängten sie aus dem Saal hinaus. Das erschreckte Publikum der Tribüne ergriff durch die Fenster die Flucht.

Es ist wahr, zu Verleumdung und Erfindung hatten die Bonaparte greifen müssen, um die Gewalt gegen das Recht in Bewegung zu setzen; die Anspielung auf den englischen Einfluß in der Rede Lucians entbehrte durchaus der Wahrheit, die „Dolche" der Abgeordneten hatte niemand gesehen, eine persönliche Gefahr für den Kammerpräsidenten hatte so wenig bestanden wie für seinen Bruder, und der gegen Napoleon gezückte Degen war eine Harlequinade wie keine zweite. Aber daß solche Mittel verfingen und ausreichten, um die Geschicke eines großen Volkes zu entscheiden, zeigte, bis zu welchem Grade die Zersetzung vorgeschritten war. Und dieses Volk selbst? Ein Teil drängte sich zwar neugierig herzu,

der weitaus größere aber ging gleichgültig seinen Geschäften
nach. Zur Stunde, da draußen in Saint-Cloud die Entscheidung
über das Schicksal des Landes fiel — um 5 Uhr — füllten sich
in Paris die Theater. Auch in den Arbeitervierteln blieb alles
ruhig, weil dort die Radikalen, seitdem ihr Zwangsanlehen
nur Not erzeugt hatte, keinen nennenswerten Anhang mehr
fanden. Was noch vor wenig Jahren jede Fiber zucken machte
und wofür Hunderttausende im Fanatismus der Freiheit ihr
Leben in die Schanze schlugen, das schien jetzt kaum mehr
einer flüchtigen Erregung wert.

Nachdem die Gewalt gesprochen hatte, war alles übrige
bald in Ordnung gebracht. Jetzt konnte Lucian dem Rat
der Alten die Ereignisse bei den Fünfhundert ebenso par-
teiisch schildern wie er sie den Truppen erzählt hatte, und
ihn auffordern, Beschluß zu fassen, „damit die Rutenbündel
der Konsuln, dieses ruhmreiche Zeichen der republikanischen
Freiheit der alten Welt, erhoben werden, um unsere Ver-
leumder zu entwaffnen und das französische Volk zu beruhigen, dessen allgemeine Zustimmung Eure Arbeit heiligen
wird". Und der Rat verstand sich allsogleich zur Vertagung
der beiden Kammern, zur Ernennung einer provisorischen
Regierung von drei Konsuln und zur Wahl einer Kommission
zur Beratung der neuen Verfassung. Und das Gleiche tat
noch in derselben Nacht ein nicht ohne Mühe zusammen-
gelesenes Häuflein von Mitgliedern der „Fünfhundert" — die
Angaben schwanken zwischen 30 und 120[1]). Lucian präsidierte ihnen, wie er der vollen Versammlung vorgesessen
hatte, damit wenigstens ein Schein von Gesetzlichkeit gewahrt
blieb. Auch die Tribünen füllten sich wieder mit Neugierigen.
Die Vorlagen der Verfassungsänderung wurden eingebracht
und einem Ausschuß übergeben, in dessen Namen Boulay
de la Meurthe sie dann in längerer Rede rechtfertigte, indem
er die Konstitution vom Jahre III und die Politik des vergangenen Direktoriums verurteilte. Darauf faßte das Rumpfparlament in einer Reihe von 16 Artikeln die folgenden ent-

---

[1]) Die letztere (zu hohe Ziffer) nennt Brinckmann nach der Versicherung
unparteiischer Augenzeugen. (L é o u z o n - L e d u c, Correspondance diplomatique, p. 338.) Bourrienne dagegen spricht nur von dreißig Abgeordneten,
was wohl zu niedrig gegriffen ist. Thiébault erwähnt gleichfalls das Witzwort
vom „conseil des Trente", hält aber fünfzig für die richtige Zahl.

scheidenden Beschlüsse: Es gibt kein Direktorium mehr. Ein Komitee von drei Konsuln: Sieyès, Ducos und Bonaparte übernimmt provisorisch die Regierung. Sie sind mit aller direktorialen Macht bekleidet und beauftragt, die Ordnung in der Verwaltung, die Ruhe im Innern und einen ehrenvollen und dauerhaften Frieden nach außen herzustellen. Der gesetzgebende Körper vertagt sich bis zum 20. Februar 1800, nachdem er 61 namentlich aufgeführte Abgeordnete ihres Mandates verlustig erklärt und eine Kommission von 25 Mitgliedern erwählt haben wird, die mit der des Rates der Alten und den Konsuln gemeinschaftlich die dringenden Geschäfte der Polizei- und Finanzgesetzgebung erledigen, eine neue Repräsentativ-Verfassung und ein neues Zivilgesetzbuch ausarbeiten soll. Darauf wurde die Kommission gewählt und das Dekret den „Alten" übersendet, die, um der Form zu entsprechen, ihre früheren Beschlüsse annulliert hatten und jetzt die der „Fünfhundert" bestätigten. Zum Schlusse leisteten die drei Konsuln in beiden Versammlungen einen Eid unverbrüchlicher Treue der Souveränität des Volks, der französischen Republik, der Freiheit und Gleichheit und dem Repräsentativ-System. Erst gegen Morgen trennte man sich, nachdem Bonaparte noch rasch eine Proklamation an das Volk redigiert hatte: Im Rat der Fünfhundert seien zwanzig Mörder „bewaffnet mit Dolchen" auf ihn losgestürzt und hätten nach seiner Brust gezielt; ebenso hätten sie den eigenen Präsidenten mit den Waffen in der Hand bedroht. Er habe diesen ihrer Wut entrissen, worauf die Grenadiere den Saal räumten. „Die Verschwörer, eingeschüchtert, zerstreuten sich, die Mehrheit aber, vor ihren Anschlägen nunmehr sicher, kehrte frei und ruhig zurück; sie vernimmt die Vorschläge, die ihr im öffentlichen Interesse gemacht werden, und berät und beschließt das heilsame Gesetz, das für die Republik gelten soll. Die Ideen des Bestandes, der Sicherheit, und der Freiheit („conservatrices, tutélaires, libérales") sind wieder in ihre Rechte getreten". Und das war ja wohl auch die ehrliche Meinung der Meisten, die an der Wendung teilgenommen hatten. Auch die Grenadiere kehrten heim, indem sie das „Ça ira", das alte Befreiungslied, sangen, als hätten sie die Grundsätze der Revolution gegen einen dreisten Anschlag siegreich verteidigt. Der Staatsstreich war zu Ende.

Wie richtig Napoleon gerechnet hatte, als er am 19.
Brumaire das Äußerste wagte, lehrten sogleich die nächsten
Tage. Es war unzweifelhaft: Frankreich war mit dem Staatsstreich zufrieden. „Jede der früheren Revolutionen", schrieb
am 13. November der preußische Gesandte Sandoz-Rollin
nach Hause, „hat Mißtrauen und Furcht eingeflößt. Diese
hingegen — und ich habe mich selbst davon überzeugt — hat
die Geister aufgerichtet und die lebhaftesten Hoffnungen
erweckt." „Die neue Regierung", erzählt Barante in seinen
Erinnerungen, „begann sich zu konstituieren und zu äußern,
zur großen Freude von Frankreich, und vor allem der Jugend,
die nun eine schöne Zukunft vor sich sah". Und die Motivierung gab Brinckmann in einem bemerkenswerten Brief
vom 18. November: „Vielleicht niemals hat ein legitimer
Monarch ein seinem Willen ergeberenes Volk vorgefunden,
als Bonaparte, und es wäre unverzeihlich, wenn dieser geschickte General dies nicht benutzen wollte, um eine bessere
Regierung auf sicherer Basis zu begründen. Es ist buchstäb-
lich wahr, Frankreich wird das Unmögliche tun, dazu beizutragen; denn das Volk — die verächtliche Horde der Anarchisten ausgenommen — ist so müde, so angewidert von den
revolutionären Greueln und Torheiten, daß man überzeugt
ist, bei jeder Veränderung nur gewinnen zu können. Alle
Klassen der Gesellschaft spotten über den Heroismus der
Demagogen, und von allen Seiten fordert man viel mehr ihre
Vertreibung als die Realisierung ihrer idealen Träume. Sogar
die Royalisten jeder Schattierung sind Bonaparte aufrichtig
ergeben, denn sie muten ihm die Absicht zu, allmählich die
alte Ordnung der Dinge zurückzuführen. Die Indifferenten
hängen an ihm als demjenigen, der am meisten geeignet ist,
Frankreich den Frieden zu verschaffen, und die aufgeklärten
Republikaner, wenn sie auch für ihre Staatsform zittern,
sehen doch lieber einen einzigen Mann von Talent als einen
Klub von Intriguanten sich der öffentlichen Gewalt bemächtigen." Der Royalist Hyde de Neuville erzählt: „Alles vereinigte sich, um ihm das gigantische Unternehmen zu erleichtern: Frankreich aus den Ruinen zu erheben und einen in
seinen Tiefen wankenden Grund zu befestigen. Alle Hände
streckten sich nach einem Befreier aus, wie er auch sein mochte,
und waren bereit, ihm bei dem großen Heilswerk zu helfen".

Wenn man auch erfuhr, daß die Anklage gegen Barras und Moulin eine Verleumdung, die vorgebliche Verschwörung und die Dolche der Abgeordneten Erfindungen waren, so war der Haß gegen die Jakobiner und die Sehnsucht, in sozial geordnete Verhältnisse einzukehren, doch so groß, daß man die Unmoral der Mittel über dem Zweck vergaß.

Dennoch überrascht es in den gleichzeitigen Berichten, daß fast immer und allein nur von Bonaparte und nur sehr selten und ganz nebenbei von Sieyès oder Ducos die Rede ist. Und doch waren alle drei formell gleichwertig mit der provisorischen Regierung betraut und haben sich auch anfangs mit peinlicher Beobachtung dieser Gleichwertigkeit in die Geschäfte geteilt. Das ihm von Ducos angebotene Präsidium in den Sitzungen der Konsuln hat Napoleon geschickt abgelehnt und den Vorsitz nach der alphabetischen Reihenfolge der Namen vorgeschlagen. Gleichwohl ward sein Name fast ausschließlich in den Zeitungen genannt, er ertönte auf den Bühnen der Theater, er war der Ruf auf den Straßen. Diese Prädilection der öffentlichen Meinung für Bonaparte war wohl schon darin begründet, daß Sieyès und Ducos als ehemalige Direktoren kein allgemeines Interesse fesselten. Dann gab es auch wirklich nur einen unter den dreien, der in Staatsgeschäften einige praktische Erfahrung, jedenfalls einen klaren Blick hatte, das war Napoleon, der Regent von Italien 1797, der Organisator von Ägypten im Jahre 1798. Und endlich hatte nur er allein jene unerschütterliche Arbeitslust und jene erstaunliche Arbeitskraft, die dazu gehörten, um in die tausendfältige Zerrüttung Sicherheit und Ordnung zu bringen. Ducos zog sich, seine Unzulänglichkeit einsehend, bald ganz zurück, und Sieyès, der seine Absicht, als einziger Helfer in der Not zu erscheinen, gescheitert sah, begnügte sich, mit den beiden Ausschüssen in endloser Beratung die neue Verfassung zu überlegen und das sorgenreiche Geschäft des Regierens dem eifrigen Kollegen zu überlassen. Napoleon tat übrigens nicht wenig, um auch seinerseits durch sein Auftreten die für ihn günstige Stimmung zu nähren. In geschickten Interviews mit Journalisten nahm er seine kriegerischen Phrasen vom 18. und 19. Brumaire als unbedacht zurück; er kleidete sich nur in den bürgerlichen Rock, mit einem runden Hut auf dem Haupt; er nahm an einer

Sitzung des Nationalinstituts teil, besuchte einen kranken
Gelehrten und begab sich selbst in das Staatsgefängnis im
Temple, um, nach der raschen Beseitigung des Geiselgesetzes,
den Gefangenen ihre Freiheit zu verkünden. Dieses Verhalten war um so klüger, als die Stärke der neuen Regierung
vorerst nur in der öffentlichen Meinung lag, die sie willkommen hieß, weil sie in ihr eine Bürgschaft für Frieden
und Ordnung erblickte. Darum mußte der soldatische Zug,
der ihrer Entstehung anhaftete, möglichst verwischt werden.
Die Ansicht durfte nicht platzgreifen, als handle es sich hier
um eine Militärdiktatur. Diese Ansicht wäre auch durchaus
unrichtig gewesen. Für eine Diktatur waren schon die bewaffneten Kräfte in Paris: drei Halbbrigaden Infanterie, zwei
Kavallerieregimenter und die Konsulargarde, die sich aus
den Grenadieren der Kammern und der Garde des ehemaligen
Direktoriums zusammensetzte, 9000 Mann etwa, nicht ausreichend. Nein, die drei Konsuln hatten lediglich die fünf
Direktoren abgelöst und deren Erbschaft angetreten, allerdings mit einem starken Plus an politischer Macht, denn sie
besaßen nach dem Verfassungsentwurf die Initiative der
Gesetzgebung und hatten sich gegenüber nur ein auf ein
Zehntel der Mitglieder eingeschrumpftes Rumpfparlament
ohne Opposition. Insoferne war die Bahn für nützliche
Reformen frei, und die Konsuln wählten ihre Minister. Cambacérès behielt das Justizportefeuille, Bourdon zeitweilig
das der Marine, Reinhard, als Platzhalter für Talleyrand, das
des Auswärtigen, Fouché, auf Bonapartes Betreiben, die
Polizei; Laplace, der große Naturforscher, bekam, das Institut
zu ehren, das warm für die Verfassungsänderung eingetreten
war, das Portefeuille des Innern, um es bald, jeder Begabung
für die Praxis bar, an Lucian Bonaparte abzugeben, den sein
Bruder lieber innerhalb der Regierung sah als außerhalb;
Berthier, der geschickte Regisseur der napoleonischen Armeeführung, wurde Kriegsminister, Gaudin, ein erfahrener Finanz-
beamter, der unter dem Direktorium das Finanzportefeuille
ausgeschlagen hatte, nahm es jetzt an und begab sich allsogleich ans Werk.

Es gab kaum ein schwierigeres. Die Kassen des Direktoriums waren so gut wie leer und für das mit dem September
begonnene Finanzjahr stand ein Defizit von mindestens

300 Millionen Franken in Aussicht. Die Lage war verzweifelt.
Da half auch hier zunächst das wiedererwachende Vertrauen.
Und es war ein Maßstab des Vertrauens, das der neuen Regierung entgegengebracht wurde, daß nach dem Staatsstreich die
fünfprozentige Rente von 11 auf 13 und in wenig Wochen auf
17 stieg. Nach der Beseitigung des verderblichen Zwangsanlehens
wurden auch die Geldleute etwas zutraulicher. Sie liehen einige
Millionen und garantierten eine Staatslotterie. Auf die Grund-
und die Personalsteuer ward ein Kriegszuschlag von fünfundzwanzig vom Hundert gelegt und, um ihren Ertrag zu
sichern, ein früher schon debattiertes Projekt einer Neuordnung
in der Erhebung der ungleich verteilten direkten Steuern
durchgeführt. Bisher war sie Sache der lokalen Behörden
gewesen, weil die Revolution die Steuerbemessung und Steuer-
einhebung den Staatsbürgern selbst überlassen zu sollen
glaubte. Die Folge war gewesen, daß die Steuerrollen gar
nicht oder höchst unzulänglich aufgestellt wurden und die
Gelder zum großen Teil ausblieben. Jetzt durfte es das Konsulat wagen, das Steuerwesen wieder an den Staat zu bringen
und in jedem Departement eine Steuerdirektion mit Inspektoren und Kontrolloren zu errichten, die die Abgaben vorschrieben; bald wird auch der staatliche Steuereinnehmer,
der zehn Jahre lang verpönt gewesen war, seines Amtes wieder
walten. Das wichtigste freilich war aber doch, daß das allgemein wachsende Vertrauen die Steuerleistung erleichterte.
Nur war das alles nicht Hilfe für den Tag. Um sofort Geld
zu schaffen, verpflichtete man in jedem Departement die
Generaleinnehmer, Kautionen zu legen, durch welche Geld-
beträge man wenigstens der schreiendsten Not abhalf. Später
wurden die Kautionen auch anderen Staatsbeamten, ja selbst
den Notaren, abverlangt. Eine Wehrgesetznovelle nötigte
jeden, der zum Militärdienst untauglich oder davon beurlaubt
war, entweder einen Ersatzmann zu stellen oder 300 Franken
zu steuern. Die Deserteure, die das Gesetz enterbte, konnten,
wenn sie 1500 Franken zahlten und ihren Dienst antraten,
ihr Erbrecht wieder erlangen. Es ergab sich, daß durch die
früheren Behörden aus (entlohnter) Gefälligkeit an 40.000
diensttaugliche Franzosen beurlaubt worden waren, die jetzt
der Staatskasse 12 Millionen Franken zubrachten. Auch an
reuigen Deserteuren fehlte es nicht. All diese Mittel waren

nicht einwandfrei, aber sie sorgten für den Augenblick; und
darauf kam es an. Überdies ergab sich, daß das Staatserfor-
dernis eingeschränkt werden konnte, einmal durch den Entschluß, die Ausgaben für die Marine bis nach dem Frieden
zu verschieben, und dann, weil die Armeen nach den letzten
Siegen teilweise wieder auf Feindeskosten leben konnten. So
rettete man den Staat vor dem drohenden Ruin. Nun galt es,
ihn auf definitive Grundlagen zu stellen.

Sieyès hatte den beiden Kommissionen seine Verfassungs-
pläne nicht in Artikel gefaßt, sondern nur gesprächsweise
mitgeteilt[1]). Sie beruhten darauf, daß die einzelnen politischen
Gewalten sich gegenseitig die Wage hielten. Dem Volke, dem
Träger des Ganzen, werden Souveränität und allgemeines
Wahlrecht zuerkannt. Aber das Volk wählt nicht mehr seine
Vertreter, sondern nur Kandidaten, aus denen dann erst die
Gesetzgeber e r n a n n t werden. Von wem, das wurde erst
später gesagt. Die ungefähr fünf Millionen großjähriger
Urwähler von ganz Frankreich erwählen aus ihrer Mitte —
je 10 einen — 500.000 Männer, die die Kommunalnotabilität
bilden und gesetzlich zu Gemeindeämtern geeignet erscheinen;
diese 500.000 wählen auf dieselbe Weise aus sich 50.000 Departe-
mental-Notablen, d. h. Kandidaten für die Departements-
ämter; diese dann endlich 5000 National-Notablen, d. h.
Kandidaten für die gesetzgebenden Körper und für die Zentral-
staatsbehörden bis zum Minister hinauf. In diese letzte Liste
der National-Notablen sollten überdies auch alle jene aufgenommen werden, die seit zehn Jahren Abgeordnete oder
höhere Staatsbeamte gewesen waren, und alle Listen — die
Listen mußten bis 1802 fertiggestellt sein — weitere zehn Jahre
Gültigkeit haben. Aus den obersten Notablen würden die
Mitglieder zweier Kammern erkoren werden, von denen die
eine, das „Tribunat", die von der Regierung oder aus der
eigenen Initiative entstammenden Gesetzesvorlagen bespricht
ohne abzustimmen, die andere, der „Gesetzgebende Körper",
abstimmt ohne zu debattieren. An der Spitze des Staates würde
ein Präsident, „Großwähler" (Grand-Electeur) genannt, stehen,
der, mit reichen Einkünften ausgestattet, die Republik zu

---

[1]) Der „Moniteur" vom 1. Dezember 1799 brachte einen offenbar
von ihm beeinflußten Artikel über die neue Konstitution.

repräsentieren, die Gesetze und Staatsverträge zu unterzeichnen und die zwei höchsten Beamten, Konsuln, zu ernennen oder zu entlassen, sich aber sonst um nichts zu be-
kümmern hätte. Von den Konsuln hätte einer das Kriegs-
ressort (Armee und Auswärtiges), der andere das Friedens-
ressort (die Ämter der inneren Verwaltung) zu leiten und die
betreffenden Staatsräte, Minister und Beamten zu ernennen.
Außerhalb der Regierung, zu deren Kontrolle und zur Bewachung der Verfassung, sollte eine „konstitutionelle Jury"
bestehen, die achtzig auf Lebenszeit ernannte Mitglieder in sich
zu fassen und sich selbst zu ergänzen hätte. Sie war es, die
aus den Nationalnotablen den Großwähler und die Abgeordneten der beiden Kammern erlesen und verfassungswidrige
Gesetze beseitigen sollte. Wollte der Großwähler oder ein
anderer höherer Beamter seine Befugnisse mißbrauchen, so
konnte die Jury ihn zu ihrem Mitglied ernennen, „absor-
bieren", wodurch er die Möglichkeit einbüßte, eine zweite
Stelle zu bekleiden, d. h. abgesetzt war.

Das waren die Grundzüge der spitzfindig ausgeklügelten
Konstitution Sieyès': die Rechte des souveränen Volkes wurden
durch die Jury, die Funktionen der ersten Kammer durch die
zweite, die Macht der Konsuln wechselseitig und durch den
Großwähler, die des Großwählers wieder durch die Jury
paralysiert. Es war ein System für einen toten Staat, nimmermehr für einen lebendigen Organismus. Am wenigsten konnte
sich ein Mann wie Bonaparte, mit seinen vor der Verwirklichung
angelangten Herrscherträumen, mit dem wackeligen Mecha-
nismus befreunden. Er verspottete den Entwurf, bezeichnete
ihn Joseph gegenüber als viel zu „metaphysisch" und lehnte,
als ihm Sieyès durch den vertrauten Roederer die Stelle des
Großwählers anbieten ließ, ab, „weil er sich nicht lächerlich
machen wolle"[1]. Da fand Boulay de la Meurthe, der Mitglied
des einen Verfassungsausschusses war, einen Ausweg darin,
daß er an Stelle des Großwählers einen Premierkonsul vorschlug,
der aber nicht untätig bleiben, sondern mit den beiden andern
Konsuln gemeinsam die Geschäfte beraten und durch seine
Stimme für oder wider den Ausschlag geben sollte. Man

---

[1] In den Zeitungen hieß es dann, er sei gegen Sieyès' monarchische
Tendenz für die Demokratie eingetreten, was ihm sehr nützlich war.
V a n d a l, L'avènement de Bonaparte, I., 508.

beschloß, die beiden Kommissionen hierüber entscheiden zu
lassen, in denen Sieyès die Mehrheit zu finden hoffte. Doch
diese war bereits durch Bonaparte's Vertraute, Talleyrand,
Roederer, Boulay u. a. bearbeitet worden und neigte sich auf
dessen Seite. Napoleon lud die Mitglieder, vom 2. Dezember
ab, zu täglichen Konferenzen in seine Wohnung im Luxemburg-
Palast ein, wo, teils im Plenum, teils in einem kleinen vertrauten Komitee, in seinem Sinne an dem Projekt Sieyès'
einschneidende Änderungen vorgenommen wurden. Der unnütze Großwähler, dieser „königliche Müßiggänger, dieses
Mastschwein", wie ihn Napoleon nannte, wurde sofort gestrichen. An seine Stelle trat der Premierkonsul Boulay's
als Haupt der Regierung und Vollzieher der Gesetze, vom Senat
auf zehn Jahre erwählt und wieder wählbar. Er ernannte und
entließ die Minister, die Gesandten, die Verwaltungsbeamten
(Präfekten, Unterpräfekten und Gemeindevorsteher), alle
Land- und Seeoffiziere, desgleichen alle Richter mit Ausnahme der Mitglieder des Kassationshofes und der Friedens-
richter. Sein Wille erhielt, wenn er unter dem Titel einer
Verwaltungsverordnung kundgegeben wurde, Gesetzeskraft.
Er leitete die Diplomatie und war oberster Kriegsherr. Er
unterzeichnete die Verträge und Gesetze, wenn sie von dem
Gesetzgebenden Körper angenommen waren. Er ernannte
auch die Mitglieder eines Staatsrates, der zur Exekutive gehörte und mit seinen Vorschlägen die Regierung zu unterstützen hatte. Dem Ersten Konsul zur Seite standen die zwei
anderen, deren Kompetenz aber nicht entfernt an die seinige
heranreichte. Sie erhielten lediglich beratende Stimmen; die
Entscheidung lag allein bei jenem („la décision du premier
Consul suffit"). Fast schien es, als wären sie nur da, um dessen
Allgewalt zu maskieren[1]).

Dieser Regierung gegenüber war an eine starke Gesetzgebung nicht zu denken. Bonaparte ließ darum gerne den
Wahlmodus mit den Kandidatenlisten unangefochten und
nahm auch auf die Auswahl der Vertreter wenig Einfluß, die
er zumeist Sieyès anheimgab, um ihn über seine Niederlage in

---

[1]) „Die Umstände erforderten damals noch, die ausschließliche
Gewalt des Oberhauptes zu verbergen", sagte Napoleon später in seiner
Darstellung jener Vorgänge. (Corresp., XXX. 345.)

der Verfassungsfrage zu trösten. Die legislative Gewalt des Volkes sollte sich in drei Organen äußern. Die „konstitutionelle Jury" Sieyès' wurde in einen lebenslänglichen „Senat" (Sénat conservateur) verwandelt, dessen achtzig Mitglieder — mindestens vierzig Jahre alt — aus den Nationalnotablen entnommen werden sollten. Von wem, wird man weiter unten hören. Der Senat erwählte aus denselben Listen den „Gesetzgebenden Körper" (300 Mitglieder) und das „Tribunat" (100 Mitglieder). Keine dieser Körperschaften hatte das Recht, Gesetzanträge zu stellen. Die Vorlagen brachte nur die Regierung im Tribunat ein, das sie in seinen Sitzungen debattierte, jedoch nur darüber abstimmte, ob seine dazu designierten Mitglieder vor dem Gesetzgebenden Körper für oder wider die Vorlage sprechen sollten. Die Mitglieder des Gesetzgebenden Körpers hinwieder debattierten nicht, sondern stimmten bloß, nach Anhörung der Tribunen und der Regierungsvertreter, einfach ab. Napoleon hatte einmal in einem früher mitgeteilten Brief an Talleyrand von einem Gesetzgebenden Körper „ohne Leidenschaft, ohne Augen und Ohren für das was ihn umgibt" gesprochen; er war gefunden. Auch der neue Staatsrat, der die Gesetze vorzubereiten hatte, als die eine von zwei Behörden der Exekutive, war schon dort vorgedacht. Wer die zweite, eigentliche Regierungsbehörde bilden sollte, kam jetzt zutage: er selbst und er ganz allein[1]).

Die übrigen Bestimmungen der Verfassung betrafen judizielle und finanzielle Einrichtungen, voran den Kassationshof, dessen Mitglieder ebenfalls der Senat ernannte, sowie die Räte eines Obersten Rechnungshofes. Ferner wurden die Bezüge der Würdenträger normiert: der Jahresgehalt des Ersten Konsuls sollte 500.000 Franken, der der beiden andern je 150.000 Franken betragen, alle drei sollten Staatswohnungen in den Tuilerien angewiesen erhalten. Die Senatoren bekamen 25.000, die Tribunen 15.000, die Gesetzgeber 10.000 Franken jährlich an Diätengeldern. Nun galt es noch die Wahl der drei obersten Regierungsmänner, deren Namen in der Verfassung des Jahres VIII platzfinden sollten. Man einigte sich natürlich auf Napoleon als Ersten Konsul. Die Auswahl der beiden andern traf, nach Sieyès' Ablehnung, Cambacérès und Lebrun;

---

[1]) Siehe oben, Seite 146.

jener, ein ehemaliges Konventsmitglied, ein „Königsmörder",
dabei ein ausgezeichneter Jurist mit guten Formen neben etwas
Prachtliebe und einem entschiedenen Hang zum Wohlleben,
Napoleons Protektor vor dem 13. Vendémiaire, Lebrun, ein
ebenso vortrefflicher Finanzmann, der noch unter dem Königtum als Sekretär des Kanzlers Maupeou seine Schule durchgemacht hatte und eine reiche Erfahrung in das neue Regime
herübertrug, Beide Repräsentanten zweier Zeitalter, die sich
in Bonaparte berührten und vereinigten. Er pflegte zu sagen:
„Der eine deckt meine Rechte, der andere meine Linke".
Sieyès erhielt die Stelle eines Präsidenten des Senats mit
reichem Einkommen und ein Landgut als Nationalgeschenk
obendrein, ein Preis, den Napoleon gerne zahlte, um ihn loszuwerden. Ducos wurde Senator.

　　All das war festgestellt worden und wurde am Abend
des 13. Dezember den Mitgliedern der vereinigten Kommission
mit dem Winke vorgelegt, sich ohne weitere Debatte dafür zu
entscheiden. Es gab noch manches, das in der Verfassung
hätte Platz finden sollen, über manche Fragen standen sich die
Meinungen der Kommissionen uneins gegenüber, aber Napoleon hatte Eile, und niemand wagte zu widersprechen, namentlich als er durchblicken ließ, mit dem Entwurf allenfalls auch
allein an das Volk appellieren zu wollen. Außerdem wird ein
neues Regiment, das viele und gut dotierte Stellen zu vergeben
hat, unter den Strebsamen, Ehrgeizigen, Habsüchtigen immer
viel Anhang finden — ein Moment, das Napoleon zur Begründung und Befestigung seiner Herrschaft wohl zu nützen
wußte. Die neuen Machthaber wurden denn auch mit Akklamation gewählt und die Verfassung, wie sie eben war, angenommen. Und nun ernannten Sieyès und Ducos, im Verein
mit Cambacérès und Lebrun, neunundzwanzig Senatoren nach
ihrem Gutdünken, die sich dann auf die vorläufige Anzahl
von sechzig ergänzten. Damit war der Senat gebildet und
konnte zur Wahl der Tribunen, und der Gesetzgeber schreiten,
indes Napoleon seine Minister: Talleyrand für Reinhard,
Lucian für Laplace, Abrial für Cambacérès, Forfait für die
Marine, und die Mitglieder des Staatsrats ernannte. Dieser
hielt dann am 25. Dezember seine erste Sitzung ab, an welchem
Tage die neue Regierung in Kraft trat. Allerdings fehlte noch
die Sanktion der neuen Ordnung durch den Souverän, d. i.,

wie es die Verfassung deutlich ausdrückte, das französische Volk. An dieser war jedoch nicht zu zweifeln, und tatsächlich haben im Laufe des Januar über drei Millionen für und nur fünfzehnhundert gegen die Konstitution gestimmt. Napoleon hatte dreist wagen können, dieses Votum nicht erst abzuwarten. Das Manifest, das am 15. Dezember 1799 der französischen Nation die Konsularverfassung empfahl, schloß mit den Worten: „Bürger! Die Revolution ist zu den Grundsätzen zurückgekehrt, von denen sie ausging; s i e   i s t   z u   E n d e‟.

Das war die Frage.

Siebentes Kapitel.

Krieg und Frieden.

Nein, die Revolution war nicht zu Ende. Napoleon konnte eine diktatorische Gewalt ohne Grenzen über Frankreich gewinnen, er konnte aus den Nationalvertretungen seinen Wünschen willenlos zustimmende Organe machen, er konnte die Republik schließlich zerstören und sein Selbstherrschertum, zu dem die neue Verfassung den Keim gelegt hatte, an ihre Stelle setzen — die Revolution war doch nicht zu Ende. Sie wird noch anderthalb Jahrzehnte währen[1]). Sie hatte nur die Form verändert, war eine Metamorphose eingegangen, die Chemie würde es einen allotropen Zustand der Revolution nennen, was sich aus dem versiechenden Direktorium herausgebildet hat. Denn zwei ihrer allerwesentlichsten Eigenschaften sind von dem Konsulat festgehalten worden: das Prinzip der Gleichheit im Innern und der Grundsatz allseitiger Ausdehnung nach außen. Die bürgerliche und soziale Ungleichheit, die trennenden Scheidemauern zwischen Klassen und Koterien, waren durch die Revolution beseitigt worden, und das Konsulat hat sie nicht wieder aufgerichtet. Die „Freiheit‟ hatte das Volk selbst in den zehn Jahren seiner Herrschaft viel zu oft mißbraucht, um sie jetzt nicht gering zu schätzen; die „Brüderlichkeit‟ hatte durch tausendfältige Gewalttat einen viel zu ge-

---

[1]) Ende 1814 sagte Talleyrand auf dem Wiener Kongreß: „Der Zweck des Kongresses ist die Revolution zu schließen‟.

hässigen Klang erhalten: die „Gleichheit" allein hatte noch
Gewicht und Napoleon recht, wenn er wiederholt versicherte,
was zu sehen die Bourbons zu blind gewesen waren, daß die
Franzosen sich aus der politischen Freiheit viel weniger machten
als aus der Gleichheit. „Ihr wißt ja kaum irgend etwas ernst
zu nehmen, ausgenommen die Gleichheit", sagte er zu Frau
von Rémusat. „Die Freiheit ist nur ein Vorwand; die Gleichheit, das ist Euer Steckenpferd"[1]. Es war freilich nur die
Gleichheit aller unter einem, aber es war doch auch nur einer.
Dieser selbst hatte sie schätzen gelernt, dort, wo sie dem
kleinen Leutnant ohne Zukunft die Bahn zu hohen Zielen
eröffnete, dort, wo sie dem Mann von unbedeutender Herkunft
die Hand einer Frau aus hochadeliger Familie in die seinige
legte, dort, wo kein anderer Titel als der des Verdienstes ihm
zur gebietenden Macht über ein großes und angesehenes Volk
verhalf.

Das zweite revolutionäre Prinzip, das vom Konsulat
konserviert wurde, war das der Eroberung. Man hat vielfach
das Streben nach der Universalherrschaft als eine Sache
lediglich des napoleonischen Ehrgeizes hingestellt. Sowohl
Schriftsteller, die darin die ruhmwürdige Größe Bonapartes
erkennen wollten, als andere, die damit seine verwerfliche
Unersättlichkeit verurteilten, hielten dafür, daß dieser Drang
nach Weltherrschaft ihm eigentümlich war und nur auf seine
Rechnung allein zu setzen sei. Diese Anschauung trifft aber
wohl kaum das Richtige. Denn schon seit dem Jahre 1792
waren die revolutionären Gewalthaber in Frankreich auf die
Bahn nach der Weltherrschaft geraten. Allerdings sollte es
zunächst nur die Weltherrschaft der revolutionären Ideen, der
Menschenrechte, die man die „allgemeinen" nannte, sein. Als
man dabei dem materiellen Widerstand der alten Staaten begegnete, bewältigte man ihn mit Heeren von Hunderttausenden
von Enthusiasten für diese Grundsätze und drang weit in fremdes Gebiet vor, zur Freiheit aufrufend und zur Opposition wider
die angestammte Gewalt. Wie Mohammed mit dem Schwert
seinen Glauben in die Welt trug, wie die Religiösen des sechzehnten Jahrhunderts für ihr Bekenntnis die Waffen erhoben,
so stürmten die Gläubigen der neuen politischen Satzungen

---

[1] Mémoires, I. 273, 292.

in die Nachbarländer, um zu bekehren, indem sie eroberten. Als dann aber die Frage auftauchte, ob das im Krieg Eroberte auch im Frieden zu behalten wäre, da wurde sie nicht mehr durch ideale Erwägungen, sondern durch das materiellste Bedürfnis entschieden: man konnte der finanziellen Not im eigenen Land nur noch dann Herr zu werden hoffen, wenn man die Steuerkraft der Nachbarn heranzog, sei es, daß man sie einfach annektierte, sei es, daß man einen Kranz abhängiger Republiken an Frankreichs Grenzen schuf, auf die man einen Teil der Staatslast überwälzte. Wir haben gesehen, wie dieses Moment der Selbsterhaltung die Männer der revolutionären Regierung im Jahre 1795 dazu bestimmte, Belgien einzuverleiben und die Rheingrenze anzustreben. So war die völkerbefreiende Theorie der Revolution zur völkererobernden Praxis geworden. Nun eroberte man nicht mehr, um zu befreien: man befreite nur noch, um zu erobern. „Wenn der Wohlfahrtsausschuß Frieden anbietet", schreibt Mallet du Pan im Oktober 1795, „so heißt das stets Unterwerfung. Sein unveränderliches Ziel ist, alle Staaten, die vor ihm die Waffen niederlegen, zu zwingen, seine „Alliierten" zu werden, d. h. seine Zinspflichtigen. Jene Fürsten zweiten Ranges, die durch Verträge oder Kapitulationen diesem Schicksal zu entgehen hoffen, verkennen aufs höchste den Charakter dieser Revolution." Es ist dasselbe System, das wir Napoleon bis ins Jahr 1812 verfolgen sehen werden.

Der größte Widersacher der Ausdehnung Frankreichs war, wie zur Zeit Ludwigs XIV., so auch jetzt wieder England. Beharrte jenes auf seiner Politik, zu der es durch den idealen Zweck der Revolution gedrängt und bei der es durch die materielle Notwendigkeit festgehalten worden war, so mußte auch Großbritannien, dessen Staatsleitung es nicht ertrug, die kontinentalen Küsten, die Seemacht Hollands und Spaniens, die Industrie Belgiens, die Häfen des Mittelmeeres und am Ende den ganzen europäischen Markt einer andern Macht überantwortet zu sehen, um schließlich seine Alleinherrschaft zur See einzubüßen, bei seinem System des Widerstandes beharren, im Ozean die Franzosen durch seine Schiffe, auf dem Festland durch seine Alliierten zu bekämpfen. Darum war auch in Frankreich, nach Berichten aus jener Zeit, schon im Sommer 1795 nicht nur die Absicht, auf den britischen Inseln mit einem Heer zu landen, sondern

auch die zweite, England zu vernichten, indem man seinen
Waren die europäischen Häfen verschloß, deutlich hervorgetreten; die Kontinentalsperre der napoleonischen Zeit war
gleichfalls hier schon vorgebildet. Aber auch Bonapartes orientalische Pläne hatten die Pariser Mächtigen schon vorgedacht.
Zur selben Zeit, als man die Landung in England plante, weit
eher als jener sich an Alexander erinnerte, beschäftigte man
sich im Direktorium auch mit der Quelle des britischen Reichtums, mit Ostindien, und in einem Bericht Mallet du Pans vom
3. Juli 1796 heißt es: „Die Aktivität des Direktoriums kennt
keine Grenzen mehr. Es wiegelt Persien auf, bearbeitet Konstantinopel und bevölkert Indien mit seinen Emissären". Und
ebenso finden wir die Politik gegen Deutschland schon in den
Neunzigerjahren Punkt für Punkt festgestellt, wie sie Napoleon
später befolgt hat. Der Idee einer Säkularisation der deutschen
Kirchenfürstentümer begegnen wir bereits beim Konvent, und
in jenem Elaborate Sieyès' vom Jahre 1795 ist ein Plan der Entschädigung und Vergrößerung der weltlichen Reichsstände auf
Kosten der geistlichen geoffenbart, wie er, nur mit wenig Änderungen, im Jahre 1803 wirklich durchgeführt wurde. Ja, auch der
Gedanke eines Bundes rheinischer Fürsten unter französischem
Schutz, der 1806 praktisch werden sollte, begegnet uns in der
Diplomatie des Wohlfahrtsausschusses und des Direktoriums,
und desgleichen die Absicht, Preußen und Österreich soweit als
möglich nach Osten zurückzudrängen, mit dem Zweck, die
Mündungen der Weser und Elbe unter Frankreichs Einfluß zu
bringen und sie dem englischen zu entziehen. „Dieser mächtigen
Abzugskanäle beraubt" — heißt es in der Instruktion für den
Gesandten im Haag im August 1795 — „kommt England mit
seinen asiatischen und kolonialen Produkten in Verlegenheit.
Diese Waren fallen, da sie unverkäuflich sind, tief im Preis, und
die Engländer werden durch den Überfluß überwältigt, wie sie
die Franzosen durch den Mangel überwältigen wollten." Sieyès
nennt in einem seiner Berichte an das Direktorium aus Berlin .
vom Juli 1798 die deutsche Nordseeküste geradezu „den für
Frankreich wichtigsten Teil des Erdballs, wenn man bedenkt,
daß dann das Direktorium dem englischen Handel alle Märkte
und alle Häfen des Kontinents verschließen könnte von Gibraltar
bis Holstein, oder selbst bis zum Nordkap"[1]).

---

[1]) Vergleiche unten, Band III., Kapitel 1.

Man sieht, schon die Revolution hatte ihrem Einfluß und ihrer Geltung die letzten Grenzen des Kontinents als Ziel gesetzt. Das war freilich ohne System und Methode — so wie sich auch in der innern Gesetzgebung ein Dekret regellos zum andern fügte — und es bedurfte eines Kopfes von überlegener Klarheit und praktischer Einsicht, um beides hineinzubringen. Da hat nun Bonaparte einen bestimmenden Anteil an der äußeren Politik der Revolution schon dort genommen, wo er durch seine befreienden Staatengründungen in Italien das Programm des Direktoriums verrückte und in das ursprüngliche ihrer offensiven Propaganda zurücklenkte. Er ist ihr Schüler und ihr Anwalt gewesen, soweit sein persönliches Interesse — und ein anderes kannte er nicht — sich mit ihr deckte. Sie hatte keine Grenzen, sein Ehrgeiz ebensowenig. Um diesem zu genügen, wird er nunmehr, da er in Frankreich das Heft in die Hand bekommen hat, den Dingen, wie sie sich bisher gestaltet haben, einfach ihren Lauf lassen, und vor ihm wird sich der Prospekt auf eine Weltherrschaft öffnen, wie sie noch kaum eine Gewalt der Erde begründet hat. Er ist wie ein Schwimmer, dessen Ziel an der Mündung des Flusses liegt: er braucht sich nur in den Strom zu werfen, um es zu erreichen. Schon damals, als er mit Robespierre dem Jüngern den Offensivplan gegen Italien überlegte, hat er sein Reis in den aufgewühlten Grund der revolutionären Angriffspolitik gepflanzt, und es war darin zum stattlichen Baume gediehen. Er konnte diesen Boden nicht mehr verlassen, ohne sich selbst mit den Wurzeln seiner Macht loszureißen[1]).

Es gibt in der Geschichte Herrscher, deren Leben eine rührende Tragik einschließt. Aber es gibt auch tragische Völker, die an den Folgen einer einzigen großen Sünde jahrhundertelang kranken und siechen und deren Qual darum nicht geringer ist, weil sie sich auf Millionen verbreitet. Das Beispiel eines solchen Volkes liefert Frankreich. Es kann nichts Ergreifenderes geben als diese Nation, so voll von Enthusiasmus für echt

---

[1]) Auf St. Helena sagte er später: „Ich hatte gut das Steuer führen, die Wogen waren doch immer stärker als meine Hand. Ich war niemals so eigentlich mein eigener Herr; ich wurde stets von den Umständen beherrscht. Ein Mensch ist eben nur ein Mensch; seine Kräfte sind nichts, wenn Umstände und allgemeine Stimmung ihn nicht begünstigen; die öffentliche Meinung dominiert alles." G o u r g a u d, Journal, II., 78.

humane Güter, nach wenig Jahren schon bei dem grellen
Widerspiel aller Humanität ankommen zu sehen, nach Frieden
lechzend und zu dezennienlangem, opfervollem Kriege verurteilt. Gleich als Robespierres schreckliches Regiment zu-
sammengebrochen war, hatte die Bevölkerung den Ruf nach
Ruhe von außen her erhoben; sie hat ihn wiederholt, als das
Direktorium den Konvent ablöste; als später Sieyès in die Regierung Aufnahme fand, heftete sich dieselbe Hoffnung an
seinen Namen; und jetzt, da Bonaparte ans Ruder trat, wandten
auf ihn die Vielgetäuschten ihren Blick. Sollte es wieder vergebens sein?

Es ist behauptet worden, Napoleon hätte unter gewissen
einschränkenden Bedingungen sogleich im Jahre 1800 Frieden
schließen können. Wohl kaum. Denn seitdem das Direktorium
sich gewöhnt hatte, einen Teil der Staatslasten auf die „befreiten" Nachbarn umzulegen und die Kontributionen im Lande
des Feindes gleichsam als stehende Posten im Budget aufzu-
führen, war es dem mühseligen und langwierigen Geschäft der
Ordnung des Staatshaushaltes träge aus dem Weg gegangen.
Jetzt hatte zwar Napoleon mit festem Willen auch hierin bessere
Ordnung zu schaffen gesucht. Aber mehr als die ersten Schritte
dazu konnten in den wenig Monaten seiner Regierung nicht geschehen sein. Noch hielt das Kapital zurück, noch war der Zinsfuß ein sehr hoher, noch waren die Steuereingänge nicht in
voller Ordnung, und man mußte, wie wir sahen, zu mancher
bedenklichen Maßregel die Zuflucht nehmen, um Geld zu beschaffen. Man war also, wenn der Staat überhaupt existieren
wollte, vorläufig noch immer auf die Zuschüsse der Alliierten,
auf die Brandschatzung im Feindesland verwiesen. Ein Friede
aber hätte jetzt nichts anderes bedeutet, als das reiche Holland,
die Schweiz, die eroberten deutschen Gebiete am Rhein, Oberitalien und die Riviera, Malta, Ägypten und vor allem die Hoffnung auf die Kontributionen aufgeben und sich in die eingeengten
Grenzen eines Landes zurückziehen, dessen Hilfsquellen zum
guten Teil verschüttet oder noch unaufgeschlossen lagen, wo
die entlassenen Heere nur das darbende Proletariat vermehrt
hätten, und wo sich vielleicht an dem Abstand zwischen der
Not der Geringen und dem aus der Verlegenheit des Staates
gesogenen Überfluß gewissenloser Emporkömmlinge der soziale

Krieg erzeugt haben würde[1]). Dazu kam, daß nicht alle Franzosen, die nach Frieden riefen, darunter den Frieden um jeden Preis verstanden, sondern einen Frieden, den nicht die Mißerfolge des letzten Jahres, wohl aber neue glänzende Siege diktierten, die der Name Bonaparte allein schon verbürgte; einen „ehrenvollen, dauernden Frieden" forderte die Resolution des Rumpfparlaments am 19. Brumaire von den Konsuln. Es kam auch hinzu, daß namentlich die Armee nach Krieg und Sieg verlangte, um ihr Ansehen wieder zu gewinnen, und nach mancherlei fremdem Gut, woran das letzte Jahr sehr wenig ergiebig gewesen war. Und endlich, er selbst, und das war mit das Wesentlichste, bedurfte des Krieges zur Erhaltung und Befestigung seiner kühn eroberten Machtstellung, um seiner Person neuen Glanz und Ruhm zu verschaffen und das Geflüster über das Mißgeschick von Akka und die ganze nutzlose Expedition in den Orient zum Schweigen zu bringen.[2]) Diese seine Machtstellung wurzelte zum guten Teil in dem Ansehen, das er sich vor zwei Jahren erwarb, als er nach glänzenden Triumphen den Frieden heimbrachte. Durfte er da heute, ohne seine Geltung einzubüßen, hinter die Linie von Campo Formio zurückgehen ?

---

[1]) Siehe unten, Seite 280 und a. a. O. Im Mai 1801, drei Monate nach dem Friedensschluß von Lunéville, schrieb Cobenzl aus Paris nach Wien: „Die französische Regierung wäre ohne alle Mittel gewesen, wenn man den Krieg hätte auf ihr Territorium tragen können, woraus sich ergibt, daß sie stets die Neigung haben wird, jede Gelegenheit zu ergreifen, um ihre Truppen auf fremde Kosten zu ernähren." (W. St. A.) Im Juli 1801 schreibt der preußische Gesandte Lucchesini: „Bonaparte ist viel zu viel Eroberer, um Frankreich und Europa einen dauerhaften Frieden zu geben. Dabei wirkt mit seinem herrschsüchtigen Charakter noch eine zweite Ursache auf sein politisches Verhalten ein: die Unzulänglichkeit der französischen Einnahmen für den Unterhalt der Soldaten und die Habsucht seiner Generale. Wenn die 120.000 Franzosen, die heute von Schweizern, Italienern, Holländern, Spaniern und Portugiesen erhalten werden, heimkehrten, ihre Besoldung würde die Verlegenheit des Staatsschatzes aufs äußerste vermehren..." B a i l l e u, II. 51.

[2]) „Die ägyptische Expedition, die später so sehr die Phantasie beschäftigt hat, erschien damals kaum anders denn als eine verrückte Unternehmung. Die Zerstörung der Flotte vor Abukir durch Nelson, die Belagerung eines Nestes wie Akka, die man hatte aufheben müssen, und die Berichte, die über England kamen, hatten den Eindruck der Bulletins der Orientarmee stark beeinträchtigt, in denen man viel mehr Prahlerei als Aufrichtigkeit zu sehen glaubte; der Abenteurer schien den großen Feldherrn verdrängt zu haben". P a s q u i e r, Mémoires, I. 141.

Und war der Vertrag von 1797 nicht ein Denkmal der französischen Offensivpolitik gewesen, mit den „natürlichen Grenzen" und einer Machtsphäre weit darüber hinaus? Wer wollte annehmen, daß die Feinde Frankreichs nach einem Jahr voll Siegen ohne Kampf ihre vorgeschobene Position räumen würden?[1]

Es war darum wohl auch kaum mehr als ein kluger Zug persönlicher Politik, wenn Bonaparte am 26. Dezember 1799 an den König von England und an Kaiser Franz Briefe abgehen ließ, die, ohne jeden sachlichen Gedanken, bloß seine Friedensliebe ausdrückten. England hielt Malta und Ägypten blockiert, und der Fall dieser beiden französischen Positionen war nur eine Frage der Zeit, beider Erwerbung aber für das britische Interesse zu wichtig, als daß Pitt davon abgehen konnte. Es war vorauszusehen, daß er ablehnte.[2] Er tat es schon auch deshalb, weil englisches Geld seit geraumer Zeit in Frankreich eine ganze Armee royalistischer Parteigänger unterstützte, die nur auf einen neuen Erfolg der Koalition warteten, um ihrerseits im Bürgerkrieg Ludwig XVIII. den Thron zu erkämpfen. Und in der Rückkehr der angestammten Dynastie — was sagen wollte: in den alten Grenzen Frankreichs — erblickte, wie es in Pitts brüsker Antwort hieß, England die beste Garantie für den Frieden, gewiß nicht aber in der Person desjenigen, der im

---

[1] Auf St. Helena erzählte er später (C o r r e s p., XXX., p. 493) ganz zutreffend: „Napoleon bedurfte damals des Krieges ... Alle Chancen des Feldzuges von 1800 waren günstig: die russischen Armeen hatten den Kriegsschauplatz verlassen, die zur Ruhe gebrachte Vendée machte eine Armee disponibel, die Parteien im Innern waren besiegt, das Vertrauen in das Staatsoberhaupt war vollkommen. Die Republik durfte nicht eher Frieden schließen, bevor sie nicht in Italien das Gleichgewicht hergestellt hatte, und konnte keinen Vertrag unterzeichnen, der weniger günstig war als der von Campo Formio, ohne ihr Geschick zu kompromittieren ... Ein Friedensvertrag, der dem von Campo Formio entgegen gewesen wäre und alle seine italienischen Schöpfungen beseitigt hätte, würde die öffentliche Stimmung beleidigt und Napoleon geraubt haben, was er zur Beendigung der Revolution benötigte und zur Begründung eines definitiven und dauernden Systems." An Lucian schrieb er, nach dessen Ernennung zum Minister des Innern: „Wenn ich nicht den Krieg brauchte („si la guerre ne m'était pas nécessaire"), würde ich die Wohlfahrt Frankreichs mit den Gemeinden zu begründen beginnen." (C o r r e s p., VI. 4474).

[2] „Die Eröffnungen", sagte Napoleon damals zu Lucian, „die wir heute England machen, werden kein ernstes Ergebnis liefern." (L u c i a n, Mémoires, I. 377.)

Sommer 1797, indem er die Pariser Kriegspartei unterstützte, die Verhandlungen mit dem Inselreich zum Scheitern gebracht, Italien und die Schweiz, dieses Schoßkind Englands, von Frankreich abhängig gemacht, Österreich zum Verlust der Niederlande gezwungen und schließlich in Ägypten und in Asien an Britanniens Weltstellung gerührt hatte.

Auf der andern Seite hatte sich Österreich allerdings mit dem Zar entzweit. Nach den Siegen der Koalition in Italien hat Franz II. nicht allein die alten lombardischen Gebiete, sondern auch die drei päpstlichen Legationen und dazu, wenn möglich, Piemont zu gewinnen gestrebt, eine Absicht, die dem russischen Nachbar verdächtig wurde. Das drohende Zerwürfnis ward zunächst noch durch einen von England vorgeschlagenen Kriegsplan hintangehalten. Danach zog Suworow aus Italien weg in die Schweiz, um dieses Land zu erobern, während der dort stationierende Erzherzog Karl, gegen dessen bessere Überzeugung, nach Süddeutschland befohlen wurde, um gegen den Mittelrhein zu operieren und ein englisch-russisches Heer in Holland zu unterstützen, wobei Belgien wiedergewonnen werden konnte. Während dieser Dislokationsmärsche war es nun Massena gelungen, seinen Sieg über ein russisches Korps bei Zürich zu erfechten und die Schweiz wieder zu besetzen. Als dann, im November 1799, bei der gemeinsamen Eroberung Anconas durch Russen und Österreicher neue Mißhelligkeiten ausgebrochen waren, zog Suworow vollends nach Hause. So war in Oberitalien Österreich, bis auf die französischen Reste um Genua, alleiniger Herr der Situation geworden und hoffte es zu bleiben, umsomehr, als seine Truppen am 4. November Championnet bei Genola zurückgedrängt und am 14. Dezember Cuneo, den letzten festen Platz in den Alpen, gewonnen hatten. Überdies gab es in der Provence royalistische Elemente genug, die einer Invasion in Frankreich den Boden bereiteten. Daher antwortete, als der Brief Napoleons nach Wien gelangte, auch Thugut nicht zustimmend. Er verlangte vorerst Sicherheit darüber, ,,ob der Erste Konsul bis auf die wahren Ursachen des Krieges zurückgehen, ob er ihre Quelle für die Zukunft verstopfen und jenes Moment beseitigen wolle, womit eine falsche, für Frankreich selbst verderbliche Politik die Existenz der anderen Mächte bedroht hatte, ob ein Unterschied bestehe zwischen den Eröffnungen der neuen Regierung und denen der früheren, und ob

der General Bonaparte die Geister in Frankreich zur Anerkennung der allgemeinen Grundsätze des Völkerrechts bestimmen
würde, das allein die Nationen verbinde und sie wechselseitig
ihren Frieden und ihre Unabhängigkeit achten lehre." Damit
war die ganze große, für die Welt entscheidende Frage gestellt.
Am 28. Februar beantwortete sie Talleyrand mit dem Vorschlag,
auf der Basis des Vertrages von Campo Formio zu verhandeln,
und die Welt wußte, woran sie war. Alle weiteren Bemühungen
um ein Einverständnis waren nur noch Schein.

Wie wenig ernst es Napoleon mit seinen Friedensworten
gewesen war, zeigt auch der Umstand, daß er an demselben Tag,
von dem jene Briefe datiert sind, die Soldaten Frankreichs mit
den Worten ansprach: „Ihr habt Holland, den Rhein, Italien erobert und unter den Mauern des erschreckten Wien den Frieden
diktiert. Jetzt gilt es nicht mehr Eure Grenzen zu verteidigen,
es gilt, sich der feindlichen Staaten zu bemächtigen". Und an
die italienische Armee an der Riviera, die er neuestens dem Oberbefehl Massenas überantwortet hatte, erging eine Proklamation,
die die darbenden Krieger, ebenso wie die des Jahres 1796, auf
die nächsten Siege vertröstete[1]). Kurz, der Krieg war von allem
Anfang bei Bonaparte beschlossene Sache, und alles, was er mit
jenen beiden Schreiben an die Souveräne erreichen wollte, war,
den Franzosen einen Beweis zu verschaffen, daß er es sei, der
den Frieden wolle, und daß die Gegner es seien, die zum Kampfe
drängen[2]). Er konnte getrost die Unterhandlung mit Thugut
fortspinnen und noch am 7. April durch Talleyrand sogar italie

---

[1]) In diesem zweiten Manifest tritt so recht das unvergleichliche
Geschick zutage, mit dem Bonaparte den gemeinen Mann zu behandeln
verstand. Eine Halbbrigade war mutlos geworden. „Sind sie denn alle
tot — fragte er — die Tapferen von Castiglione, Rivoli und Neumarkt?
Sie wären lieber zugrunde gegangen, als ihren Fahnen untreu geworden,
und hätten ihre jüngeren Kameraden mitgerissen zu Ehre und Pflicht.
Soldaten! Eure Rationen seien euch nicht regelmäßig ausgeteilt worden,
sagt Ihr? Was hättet Ihr wohl getan, wenn Ihr euch, wie Nr. 4 und 22
von der leichten Infanterie und 18 und 32 von der Linie, inmitten der
Wüste befunden hättet, ohne Brot, ohne Wasser, nichts zu essen als Pferdefleisch und Maultierbraten? „Der Sieg wird uns Brot geben", sagten jene,
und Ihr, Ihr verlaßt Eure Fahnen! usw.."

[2]) In einer wertvollen Abhandlung über „Die englisch-französische
Friedensverhandlung (Dez. 1799 bis Jan. 1800)" hat H. M. B o w m a n
zu zeigen unternommen, daß zwar Bonaparte die Wahrscheinlichkeit
einer Zurückweisung seiner beiden Anerbieten vorausgesehen, dieser

nisches Land anbieten lassen; er war sicher, daß das Anerbieten abgelehnt werden würde, wie es geschah. Er hat darum auch eifrigst an der Besserung der Armeeverhältnisse gearbeitet, überall um Geld sich umgetan und, um den Krieg populärer zu machen, nicht nur den Briefwechsel mit den Souveränen drucken, sondern auch ein Gesetz votieren lassen, das für einzelne Bevölkerungsklassen die Stellvertretung zuließ. Die Konsulargarde erhielt ein neues Statut. Für die Tapferkeit wurden Ehrenpreise und Lohnerhöhung in Aussicht gestellt.

Aber um gegen den äußern Feind vorgehen zu können, mußte man vorerst den innern besiegt haben. Noch war die Vendée im Aufstand. Da machte der glücklich vollendete Feldzug in Holland ein stattliches Korps von 30.000 Mann frei, aus dem Napoleon die Westarmee verstärkte, um einem Manifest Nachdruck zu geben, das die Insurgenten zur Niederlegung der Waffen bei völliger Amnestie aufforderte, die Widerwilligen aber mit Vernichtung bedrohte. Da die Aufforderung von einigen Dekreten begleitet war, die in der Vendée guten Eindruck machten (Freigebung der Kirchen für den katholischen Kultus, Zulassung der Verwandten von Emigranten zu öffentlichen Ämtern), so war der Erfolg ein sehr guter. Schon im Januar nehmen die Royalisten der Vendée den Frieden an, Mitte Februar die der Bretagne, die in Bonaparte den Wiederhersteller der Monarchie erblickten. Von allen Banden wagten nur drei Widerstand und wurden zur Kapitulation gezwungen. Der leidenschaftlichste ihrer Anführer, Frotté, ward — verräter-

---

Wahrscheinlichkeit bei der Abfassung seiner Briefe auch Rechnung getragen und sich dadurch einer möglichst großen Wirkung im französischen Volke versichert habe, daß ihm aber diese Zurückweisung nicht erwünscht war, weil es ihm mit dem Frieden ernst gewesen sei. (S. 20.) Aber auf St. Helena hat Napoleon selbst zugestanden, „die Antwort Englands habe ihn mit heimlicher Genugtuung erfüllt", und in einem Exposé seines Ministers Talleyrand vom Anfang 1800 heißt es: „Man versetzt sich immer in eine gute Position, wenn man sich zu Beginn eines Feldzuges vom Wunsch nach Frieden beseelt zeigt und von der Absicht, ihn wieder herzustellen. Ist der Feldzug ein glücklicher, dann hat man das Recht gewonnen, Strenge zu zeigen, ist er nachteilig, so ist man wenigstens von dem Vorwurfe frei, ihn herbeigeführt zu haben." (Bailleu, I. 522.) Kürzlich (1912) ist auch A. Herrmann in seinem Buch „Der Aufstieg Napoleons", S. 21 ff. zu dem Schluß gekommen, es habe sich hier nur um eine „geschickte Komödie" gehandelt, mit ganz denselben Argumenten.

rischerweise — festgenommen und von einem Kriegsgericht zum
Tod verurteilt. Damit war die Ruhe im Lande soweit hergestellt,
daß ein Teil der Westarmee eine neue Bestimmung erhalten
konnte.

Was die übrigen französischen Streitkräfte betraf, so waren
zwar die 120.000 Mann unter Moreau in der Schweiz an Zahl den
österreichischen in Schwaben gleich, die unter dem tapfern, aber
sonst wenig hervorragenden Kray standen — Erzherzog Karl
hatte sich, krank und gekränkt durch Thuguts eigenwillige
Ordres, vom Oberbefehl zurückgezogen — in Italien dagegen
hatte Massena nur 30.000 Mann den 80.000 Österreichern unter
dem alten, ehrenhaften, aber kränklichen und unentschlossenen
Melas entgegenzusetzen. Um das Gleichgewicht der Kräfte herzustellen, forderte der Erste Konsul am 25. Januar 1800 in aller
Heimlichkeit den Kriegsminister Berthier auf, ein Reserveheer
von 50.000—60.000 Mann um Dijon herum zusammenzubringen,
dessen Grundstock die erwähnte Westarmee abgeben sollte.

Was die Bestimmung dieser Reservearmee betraf, die anfänglich Napoleon selbst kommandieren wollte, über die er aber
später — einmal aus Rücksicht auf die Verfassung, die den
Konsuln die Kriegführung untersagte, dann, um im Fall einer
Niederlage nicht persönlich kompromittiert zu sein — den Oberbefehl Berthier übertrug, so wechselten seine Absichten. Zunächst will er, daß Moreau bei Schaffhausen über den Rhein
die Offensive ergreife, während die Reserve, mit einem seiner
Korps vereinigt, ihn unterstützen und dann über den Splügen
oder den Gotthard nach der Lombardei ziehen solle, um durch
eine Diversion im Rücken der Österreicher Massenas Situation
zu erleichtern. Da aber Moreau bei Straßburg übergehen will,
was Napoleon schließlich zugesteht, gibt er die Absicht einer Kooperation mit dessen Armee auf und will nun die Reservearmee
bei Genf eine Mittelstellung nehmen lassen, um sie entweder
nach Schwaben oder nach Italien zu dirigieren. Gelingt es der
Rheinarmee, die Österreicher nach Bayern zurückzudrängen
und ihnen die Verbindung durch Tirol mit Italien zu verlegen,
so rückt die Reservearmee, verstärkt durch ein Korps Moreaus
unter Moncey, das die Schweiz zu halten hatte, über den Gotthard nach Oberitalien. Hier wird sie mit Massena zusammenwirken, die Verbindungen der Österreicher bedrohen, sie zurück
nötigen und überwältigen. Über diesen Plan einigen sich Moreau

und Berthier im April 1800 in Basel. Jener überschreitet den
Rhein, und dieser übernimmt in Dijon das Kommando; an seiner
Stelle wird Carnot Kriegsminister.

Da kommen Anfang Mai aus Italien böse Nachrichten.
Die Österreicher haben die Riviera bis Nizza besetzt, Massena
nach Genua hineingeworfen, wo er von ihnen zu Lande, von den
Engländern zur See blockiert wird, und ein Hilfskorps unter
Suchet bis an den Var zurückgetrieben. Nun erscheint die größte
Eile geboten. Ohne erst Moreaus Erfolge abzuwarten, wird die
Reservearmee, von der noch nicht 45.000 Mann beisammen sind,
nach Genf in Bewegung gesetzt, um von dort auf dem kürzesten
Wege, d. i. über den Großen St. Bernhard, nach Italien weiter
zu marschieren. Diesen verwegenen Entschluß durchzuführen,
begibt sich Napoleon selbst am 6. Mai, so schnell ihn schnelle
Pferde befördern können, nach Dijon; er wird fortan, wenn auch
nicht als nomineller Oberfeldherr, die Operationen leiten. In
Pariser Kreisen verbreitet man, er sei nur auf kurze Zeit verreist.
Das Glück ist mit ihm. Denn eben im Begriff, die Hauptstadt zu
verlassen, hört er, daß Moreau bei Stockach gesiegt habe, und
bald wird er erfahren, daß, nach neuen Erfolgen bei Engen
und Möskirch, die Österreicher bis Ulm zurückgedrängt wurden.
Moreau kann also jetzt das Hilfskorps an die Reservearmee abgeben, die damit auf nahezu 60.000 Mann anwachsen wird.
Und ein Glücksfall war es auch, daß Melas erst so spät — im
April — gegen die Riviera vorgegangen war, um die Eroberung
Italiens zu vollenden. Er war zwar schon im Februar bereit
gewesen, loszuschlagen, wie man es ihm von Wien aus befohlen
hatte, was einen wertvollen Zeitgewinn eingebracht hätte, hatte
sich aber durch Einflüsse seiner Umgebung, die einen Schnee-
fall in den Bergen und die noch nicht gefüllten Magazine geltend
machte, bestimmen lassen, das Unternehmen zu verschieben.
Damit hatte er Massena Muße gegönnt, sich genug Mittel des
Widerstandes zu verschaffen, um die Österreicher bis in den
Juni vor Genua festzuhalten, just so lange bis Napoleon seinen
Alpenübergang vollzogen hat. So lag, als Melas in den ersten
Maitagen von Berthiers Absicht vernahm, in Piemont einzubrechen, der Hauptteil seiner Armee unter Ott vor Genua, ein
anderer stand am Var, und nur etwa 17.000 Mann, in kleinen
Detachements verzettelt, hielten die Zugänge im Norden besetzt,
viel zu schwach, um einem kompakt heranrückenden Heer

ernsten Widerstand zu leisten. Günstiger konnte Napoleon die
Umstände nicht antreffen.

Am 14. Mai 1800 stiegen die ersten Bataillone den steilen
Alpenpaß hinan, den schon vor zwei Jahren französische Kolonnen in derselben Stärke, aber ohne Geschütze, überschritten
hatten[1]). Jetzt werden die Kanonen in Trögen oder Etuis von
ausgehöhlten Baumstämmen von Bauern und Soldaten gezogen,
und es fehlt nicht an Schwierigkeiten. Aber das Manöver ist
begünstigt vom Wetter und vollzieht sich ohne ernsten Unfall.
Am 22. Mai war die letzte Abteilung über der Höhe, die Napoleon
am 20., auf einem Maultier reitend, das ein Bauer führte, mit der
Garde passiert hatte. Die Schutzvorkehrungen der Österreicher,
die hier am wenigsten den Einbruch einer ganzen Armee vermuteten, waren unzulänglich. Nur das kleine Fort Bard im Tal
von Aosta bildete ein ernstes Hindernis. „Da", erzählt einer
der Grenadiere, Coignet, in seinen Heften, „nahm der Konsul
gar manche Prise und hatte viel zu tun mit seinem ganzen großen
Genie". Tatsache war, daß der österreichische Hauptmann
Bärnkopf mit fünfhundert Mann Berthier zwang, Infanterie
und Reiterei auf steilen Steigen über die Berge zu führen, und
den Weitertransport der Artillerie eine Woche lang aufhielt. Es
gelang nur, sechs Kanonen, mit Stroh umwickelt, auf der mit
Mist belegten Straße, nächtlicher Weile unter dem Fort ohne
große Verluste vorbeizubringen[2]). Sie werden unter drei Divisionen verteilt. Der Rest der Artillerie wurde erst durch die
Kapitulation des Forts am 2. Juni frei. Aber auch fast ohne
Geschütze gelang es dem Vortrab unter Lannes sich Jvreas zu
bemächtigen und bis Chivasso vorzustoßen, um Melas über die
Bewegung der Armee zu täuschen, die nach Mailand marschiert,
wo Napoleon am 2. Juni einzieht. Hier erfolgt die Vereinigung
mit dem Korps Monceys (11.000 Mann), und die Armee ist dadurch zehn Divisionen (etwa 60.000 Mann) stark geworden. Fünf

---

[1]) Daß Hannibal nicht, wie man vermutet hat, denselben Weg gegangen war, ist durch M o m m s e n (Hermes, V.), F. B e r g e r, Die
Heerstraßen des römischen Reiches, II. und W i l k i n s o n, Hannibals
march (1911), sichergestellt. Eine französische Division rückte über
den Kleinen St. Bernhard.

[2]) Napoleon hat in dem Berichte Berthiers über das Manöver, der
von Toten und Verwundeten spricht, die Toten ausgestrichen, so daß im
„Moniteur" nur von wenigen Verwundeten die Rede war. C u g n a c,
Campagne de l'armée de réserve, I. 519.

davon werden an den Po geschoben; sie sollen ihn zwischen Pavia und Piacenza überschreiten, um dem Feinde den Rückweg zu verstellen. Drei andere sollen am Ticino und in Piemont ein Ausweichen Melas' nach Norden verhindern, während zwei die Adda und das linke Poufer beobachten. Melas kennt die Gefahr, die ihm droht. Er ist jetzt über die Bewegung des Gegners, die er anfänglich unterschätzt hatte, gut unterrichtet und läßt sich auch durch Lannes nicht täuschen. Er weiß, daß er so rasch als möglich seinerseits Piacenza und den Rückweg über den Po nach Mantua gewinnen muß, um sich aus seiner „traurigen Lage" zu befreien. Aber es ist zu spät geworden. Massena hat sich mit Zähigkeit bis zum 4. Juni in Genua gehalten, und am Tage, da er endlich mit allen Ehren kapitulierte, standen die Franzosen bereits am Po, um ihn demnächst zu passieren. Der vom Var zurückkommandierte Heeresteil hat sie nicht aufzuhalten vermocht; er war, schlecht geführt, allzulang in den Alpen umhergeirrt und hatte ohne Kampf die Hälfte der Mannschaft verloren. Nun wendet sich allerdings Ott mit seinen freigewordenen Truppen über Novi nach Norden, aber schon ist der Feind über den Fluß, und das Korps Lannes' mit einer Division vom Korps Victors greifen ihn hinter Montebello bei Casteggio am 9. Juni heftig an. Ott läßt sich durch die Kampflust seiner Offiziere in ein Gefecht verwickeln, das ihm mehrere tausend Mann kostet; er muß mit aufgelösten Bataillonen zurück an die Scrivia.

Melas, der seine Streitkräfte bei Alessandria gesammelt hat, sieht jetzt nur noch zwei Wege vor sich; entweder sich zur Schlacht zu stellen und die Barriere zu durchbrechen, die ihm die Straße nach der Heimat verlegt, oder sie durch einen Marsch nach Norden über den Po bei Casale und Valenza zu umgehen und über Mailand die Verbindung mit Mantua wieder zu gewinnen. Er entschied sich zunächst für das letztere — sein Generalstabschef Zach entwarf bereits die Dispositionen dafür — kam aber schon am andern Tag davon ab, als er erfuhr, daß das jenseitige Poufer von den Franzosen stark bewacht werde — es waren nur ein paar Tausend Mann — und Valenza von ihnen bedroht sei, wodurch die Bewegung den überraschenden Charakter verlieren müßte. So blieb, nach seinem und seiner Generale Ermessen, nur noch die Schlacht übrig gegen den Feind, den man von Nordost herankommend wähnt und den man durch eine Umfassung vom Süden her in die Flanke treffen will.

Die Flüsse Scrivia und Bormida laufen parallel nach Norden dem Po zu; an jener liegt Tortona, an dieser, einige Meilen westlich davon, die Festung Alessandria. Beide Städte verbindet die große Straße, die von Turin über Asti nach Piacenza und weiter nach Osten führt; zwischen beiden liegt, näher an Alessandria, das Dorf Marengo. Von Tortona nach Süden, von Alessandria 'nach Südosten, bei Novi sich verknüpfend, geht der Weg nach Genua. Bis Tortona waren am 12. Juni die Korps von Lannes, Viktor und Desaix vorgedrungen. (Dieser war kürzlich aus Ägypten heimgekehrt und hatte zwei Divisionen unter Monnier und Boudet zugewiesen erhalten.) Als Lannes und Victor am nächsten Tag (dem 13.) über die Scrivia rückten, fanden sie das Terrain leer, denn Ott hatte es geräumt und war gegen die Bormida hin retiriert. Erst bei Marengo trafen die Franzosen auf österreichische Truppen, die sich übrigens nach kurzem Gefecht über den genannten Fluß zurückzogen. Da bemächtigte sich Napoleons die Vorstellung, Melas wolle ihm ausweichen und entweder nordwärts über Valenza nach Pavia rücken, um ihm den Rückweg nach Frankreich zu verlegen, oder im Süden Genua zu gewinnen trachten; an die Möglichkeit einer Schlacht auf dem Boden, den der Feind eben erst geräumt hatte, dachte er nicht[1]). Er entsandte deshalb am Mittag des 13. eine Division unter Lapoype nach Norden, um gegen den Po hin aufzuklären, und eine zweite unter Desaix — es war die Division Boudet — nach Süden, in der Richtung gegen Novi hin. Und als dann auch noch in den Morgenstunden des 14. bis 9 Uhr alles ruhig blieb, bestärkte ihn dies in seiner Annahme so sehr, daß er aus seinem Hauptquartier in Torre di Garrofoli

---

[1]) Der Gedanke, nach Genua auszuweichen und von dort über Bobbio nach Osten zu streben, war tatsächlich vorübergehend im österreichischen Lager aufgetaucht. Feldmarschall-Leutnant Prinz Hohenzollern, der mit einigen Tausend Mann in Genua zurückgeblieben war, erzählt in seinen Bemerkungen zum Feldzug von 1800: „Mittlerweile erhielt ich (am 8. Juni) Befehl, Genua immer mehr zu approvisionieren und selbst für die Armee, falls sie über Genua nach Bobbio marschierte, Lebensmittel in Bereitschaft zu halten." In seinem Schreiben an Melas vom 9. Juni heißt es von Genua, es sei eine Festung, „die dermalen E. Exz. die einzige Kommunikation mit unseren Ländern verschafft." H ü f f e r, Quellen, II. 163, 286.

Desaix eine neue Ordre zuschickte, seinen Marsch ja fortzusetzen. Da ward ihm kurz nachher, etwa gegen 10 Uhr, gemeldet, der Feind habe in überlegener Zahl die Offensive über die Bormida ergriffen. Er war zuerst nicht geneigt, der Kunde Glauben zu schenken, bis er sich überzeugte, daß in der Tat die Divisionen Victors und Lannes' bereits in heftigem Kampf mit den Österreichern standen, die, von starker Artillerie unterstützt, Marengo in die Gewalt zu bekommen trachteten. Das gelingt ihnen auch nach mehrstündigem Ringen, und die Franzosen müssen das Dorf räumen. Da war nun endlich Napoleon sicher geworden, daß es sich hier um die entscheidende Aktion handle und daß er einen groben Fehler begangen hatte, zwei Divisionen zu detachieren. Er schickte sofort — es war um Mittag — an beide Generale Eilboten aus; insbesondere Desaix bittet er ,,um Gottes Willen" schleunigst umzukehren. Und das war nötig, denn die Franzosen, die nur wenig Geschütze hatten, wichen vor dem österreichischen Zentrum immer weiter zurück; auch die Konsulargarde hielt nicht Stand[1]), und am Nachmittag war die ganze französische Armee in vollem Rückzug. Am Rand der Heerstraße saß Bonaparte und peitschte in nervöser Erregung mit der Reitgerte den Staub, durch den seine geschlagenen Truppen an ihm vorbeimarschierten. Vergebens rief er sie an, stehen zu bleiben und auszuharren, da die Reserven kämen. Er selbst will sich, mitten im Getümmel, an die Spitze einer Halbbrigade, der 72., stellen, um sie wieder vorzuführen, und wird nur mühsam von dem aussichtslosen Beginnen abgebracht. Kein Zweifel mehr, die Österreicher hatten die Schlacht gewonnen. Des Sieges froh, mit geschulterten Gewehren —teilweise in bereits aufgelösten Kolonnen und die Reiterei im Schritt nebenher — marschierten sie hinter den Franzosen drein auf dem Wege, den ihnen ihre Tapferkeit gebahnt hat. Melas selbst hatte den Oberbefehl schon an Zach abgegeben und war nach Alessandria zurückgeritten, da er die Sache für beendet hielt. An nachhaltige Verfolgung, insbesondere durch Kavallerie, dachte niemand.

Da kommt, gegen den Abend zu, Desaix mit seiner Division bei San Giuliano an, bis wohin die Österreicher vorgedrungen waren. Er war, Hochwassers wegen, noch nicht weit nach Süden

---

[1]) Die Garden zählten damals, nach dem neuen Statut Napoleons, 1200 Mann, von denen jeder vier Feldzüge hinter sich haben mußte.

gelangt, hatte den Befehl vom Morgen, der ihn vorwärts trieb,
spät erhalten, so daß ihn die Kontreordre noch bei Zeiten antraf.
Jetzt empfing ihn Napoleon mit dem Ausruf: „Welch heillose
Verwirrung!" „Wir sind ganz frisch", antwortete der General,
„und, wenn es sein muß, bereit zu sterben". Dann fand, im
Bereich der feindlichen Geschützkugeln, eine kurze Beratung
statt, die den Plan für das Gefecht feststellte, mit dem Desaix
den Rückzug der Armee decken sollte. Die Division nahm ihre
Aufstellung, vermehrte ihren geringen Vorrat an Kanonen, erhielt die Reiterbrigade Kellermanns, die bisher den weichenden
linken Flügel geschützt hatte, zur Unterstützung und begann den
Kampf. Das unerwartete Artilleriefeuer, mit dem die Aktion
anhob, machte die Österreicher stutzig. Doch Zach sammelte
rasch ein Regiment Infanterie und einige Grenadierbataillone,
die dem neuen Ansturm, vor dem das Regiment zurückwich,
standhielten und vorrückten. Die Franzosen retirierten. Da
wirft sich Kellermann mit seinen 500 Dragonern in einer heftigen
Attacke auf die linke Flanke der österreichischen Kolonne; er
bringt die Grenadiere in Unordnung, und vor ihm machen zwei
Abteilungen eines Kavallerieregimentes Kehrt, ohne den Angriff
erst abzuwarten. Sie erzeugen dadurch in den eigenen Reihen
eine Panik ohnegleichen: die Infanterie ergibt sich zu Tausenden
den feindlichen Reitern, Zach wird gefangen, und alles übrige
wendet sich in kopfloser Bestürzung zur Flucht über Marengo
zurück an die Bormida. Dort, an den beiden Brücken stauen
sich die Massen; viele suchen sich durch den Fluß zu retten;
erst unter den schützenden Mauern von Alessandria kommen
die Flüchtigen zum Stehen. Die Schlacht, die um fünf Uhr für
die Franzosen verloren war, ist drei Stunden später gewonnen.
Verloren hatte sie Bonaparte, und kein echtes Urteil wird je
anders lauten können; gewonnen ward sie durch Desaix, der
mutvoll ein neues erfolgreiches Ringen eröffnete, und Kellermann,
der in einem kritischen Augenblick tapfer losschlug. Desaix
streckte bald nach Beginn seines rettenden Eingreifens eine
feindliche Kugel nieder; der Lorbeer des Tages wand sich um
eine kalte Stirn.

Napoleon hat es lange nicht verwinden können, daß er
bei Marengo überrascht und der denkwürdige Sieg nahezu ohne
sein Zutun errungen worden war. Wenigstens die Welt sollte
es nicht erfahren. Wiederholt, und noch im Jahre 1805, ließ er

offizielle Berichte über den Tag bei Marengo zusammenstellen, bis endlich die echten Verdienste der beiden Generale gegen die erlogenen des Höchstkommandierenden zurücktraten: man sollte meinen, der Rückzug der Armee sei nur eine Finte gewesen und Kellermann habe auf seinen Befehl gehandelt. Und er fand Glauben damit, bis die übereinstimmenden Berichte beteiligter Augenzeugen die Fälschung erkennen lehrten. Als beglaubigte Tatsache wird berichtet, daß er bereits den Rückzug nach Pavia vorgesehen hatte und wirklich Truppenteile der Divisionen Victors und Lannes' bis in die Nacht auf den 15. hinein ostwärts marschierten. Österreichische Offiziere, die an der Schlacht in hervorragender Stellung teilgenommen hatten, meinen sogar, man hätte ihr noch am Abend eine neue Wendung geben können, wenn der starke linke Flügel unter Ott, der tagsüber kaum gelitten hatte, dem Feind in die Flanke gefallen wäre, was nicht geschah, „da ohnehin alles verloren sei", oder wenn man nur eine frische Kavallerieabteilung von 2000 Mann, die untätig in der Nähe auf der Straße nach Acqui stand, herbeigerufen hätte, woran niemand dachte. So hob nicht immer das eigene Genie, sondern nur zu oft die Unzulänglichkeit der Gegner Napoleon zur stolzen Höhe seiner überragenden Macht empor. Die Panik der Österreicher am Abend des 14. Juni und der Kleinmut ihrer Generale am folgenden Tag, wo sie, gegen sein Erwarten, den Kampf nicht erneuerten, haben nicht wenig dazu getan, ihn seine Feinde geringschätzen zu lehren, denen daraufhin seine Politik alles bieten zu können glaubte.

Aber wenn auch der Sieg bei Marengo nicht sein Werk gewesen war, so war es doch der ganze kühne Feldzug, der den überlegenen Gegner in eine so ernste Lage brachte, und die Folgen der Affaire kamen mit Recht ihm zugute. Die Österreicher hatten in der Schlacht von ihren 30.000 Mann mehr als 9000 verloren. Diese Einbuße, und namentlich der starke Verlust an Offizieren, der eine Herstellung der Ordnung erschwerte, wurde von Melas in einem Kriegsrat am Morgen des 15. geltend gemacht, und dieser sprach sich mit einem einhelligen Beschluß für die Einleitung von Verhandlungen über eine Waffenruhe aus, um — was Napoleon auf St. Helena lobte — die Armee für den Staat zu retten. Man muß es in den gleichzeitigen Auf-

zeichnungen nachlesen, mit welchem Geschick Bonaparte diese
Annäherung des Feindes ausnützte, ihm sofort seine Bedingungen diktierte, Berthier zu Melas schickte, und wie dann noch
am 15. abends eine Konvention unterzeichnet wurde, durch die
erst die Schlacht des Vortages zu dem großen welthistorischen
Ereignis gestempelt wurde, das so merkwürdig in die Geschicke
eines Weltteils eingriff. Melas erhielt zwar darin den gewünschten
Waffenstillstand und den freien Abzug, aber nur unter der Bedingung gewährt, daß er sich mit seinen Truppen bis hinter den
Mincio zurückbegab und alles Land westlich vom Chiese Napoleon überlieferte. Die Frucht der Siege des Jahres 1799 war an
einem Tag verloren gegangen; nur Toskana und Ancona behielten vorläufig noch österreichische Besatzung. Aber vielleicht
noch wichtiger als die Wandlung in Italien war, daß der große
Hauptschlag der Koalition, auf den die royalistischen Söldner
Englands gerechnet hatten, um ihrerseits in Frankreich hervorzutreten, nunmehr ausblieb: in London empfand man die Konvention von Alessandria wie eine eigene Niederlage.

Napoleon hatte nach der Schlacht Massena den Oberbefehl
übertragen und war nach Mailand gegangen, um den Kriegs-
erfolg, der bei den Franzosen hohe Begeisterung hervorrief, zunächst in klingende Münze zu wechseln. Die Cisalpinische Republik, die aufs Neue organisiert werden sollte, wurde mit einer
Monatssteuer von 2 Millionen, Piemont mit einer solchen von
$1^1/_2$ Millionen Franken bedacht, Domänen und Kirchengüter
wurden eingezogen und versilbert, die Ernährung des Heeres
verstand sich von selbst. Zugleich erging an Moreau, der unterdes noch weiter in Deutschland vorgedrungen war und München
besetzt hatte, Befehl, auch seinerseits zu brandschatzen, und
Süddeutschland mußte ebenfalls die feindliche Armee erhalten
und überdies 40 Millionen bezahlen. Hoch über diesen finanziellen
Erfolgen aber stand für Napoleon ein zweiter, der persönliche.
Seine Stellung in Frankreich war jetzt dauernd befestigt. Daß sie
es vorher noch nicht so ganz gewesen war, erfahren wir
aus gleichzeitigen Briefen und Aufzeichnungen. Die Frage,
was geschehen sollte, wenn er etwa in Italien das Leben
oder vielleicht auch nur den Sieg verlor, eine Frage, auf
die falsche Gerüchte dringend eine Antwort heischten, hatte
in Auteuil bei Talleyrand eine Gesellschaft teils unzufriedener
teils besorgter Politiker zusammen geführt, die sie ins-

geheim diskutierte[1]). Sieyès, Carnot, Lafayette, Fouché u. a. nahmen teil. Man schwankte noch zwischen Carnot und Lafayette als künftigem Ersten Konsul, als die Nachricht vom Sieg bei Marengo eintraf und die Beratung störte. Bonaparte wußte von ihr, und diese Kenntnis hat wohl auch dazu beigetragen, daß er noch im Juni den Kriegsschauplatz verließ und Anfang Juli wieder in Paris war, mit der festen Absicht, die Hauptstadt nicht sobald wieder zu verlassen, sondern vielmehr den Erfolg von Marengo zu einem raschen Frieden auszunützen.

Er hatte ihn bereits dem Kaiser Franz in einem Schreiben aus Mailand nahegelegt und darin wieder — und nun war es ihm tiefer Ernst mit seinem Anerbieten — von den Bedingungen von Campo Formio gesprochen. Aber noch immer glaubte man in Wien nicht so weit zu sein, um auf solcher Grundlage verhandeln zu müssen. Überdies hatte man sich kurz vorher (20. Juni) der britischen Regierung für eine namhafte Geldunterstützung verpflichtet, bis zum Februar des nächsten Jahres keinen Separatvertrag mit Frankreich zu schließen, es wäre denn, Bonaparte ginge von seinen Bedingungen ab und machte Vorschläge, für die sich auch England gewinnen ließe. In diesem Sinne wurde die kaiserliche Antwort an den Ersten Konsul abgefaßt, die der österreichische General Graf Joseph Saint-Julien, der eben aus Italien angekommen war und den Brief Napoleons mitgebracht hatte, ihm zurückbringen sollte. Er traf den Konsul nicht mehr in Mailand an und folgte ihm, begleitet von dem jungen Grafen Neipperg, demselben, der später einmal der Gemahl Marie Louisens, der Witwe des Kaisers, werden wird, nach Paris. Hier machte nun Napoleon den Sendboten zum Gegenstand einer besonderen Intrige. Talleyrand mußte ihm einreden, daß er zu Friedensunterhandlungen ausreichende Vollmacht habe und daß, wenn er sie nicht benütze, der Krieg sofort wieder ausbrechen würde. Und wirklich, ehe eine Woche verging, hatte Saint-Julien, obwohl er von Thugut ausdrücklich angewiesen war, sich in keinerlei Unterhandlungen einzulassen und nur so

---

[1]) Das bloße Gerücht, Napoleon wäre beinahe an den Abhängen des St. Bernhard einem österreichischen Detachement in die Hände gefallen, hatte am 8. Juni die Rente von 33 auf 30 herabgedrückt. S. B o u l a y de la M e u r t h e, „Correspondance de Talleyrand avec le Premier Consul pendant la campagne de Marengo", Rev. d'hist. diplom., 1892, p. 284.

viel als möglich Zeit zu gewinnen, mit der Friedensneigung seines
Kaisers rechnend, Präliminarien unterzeichnet, die, dessen Brief
entgegen, die Bedingungen von Campo Formio zur Grundlage
nahmen, von den Engländern nicht nur gar nichts wissen wollten,
sondern ihnen vielmehr alle österreichischen Küsten verschlossen[1]).

Kaum war der Vertrag unterschrieben, so suchte ihn auch
schon Napoleon zu nützen, ohne erst dessen Ratifikation abzuwarten, ja, vielleicht auch ohne sie gerade zu erwarten.
Nicht einen Augenblick hatte er den großen Feind des Landes,
Großbritannien, außer acht gelassen. Wenn Friede werden
sollte, wie es das französische Volk so heiß verlangte, dann mußte
Friede werden nicht nur auf dem Kontinent, wo man jetzt
Sieger war und voraussichtlich Sieger blieb, sondern Friede
auch zur See, um dem darniederliegenden Handel aufzuhelfen,
in die verödeten französischen Häfen neues Leben zu bringen,
namentlich aber, und das war der nächste Zweck, die Position im
Orient zu halten, die der meerbeherrschende Nachbar blockierte.
Darum beauftragte der Erste Konsul einen französischen Diplomaten in London, Otto, der dort des Austausches von Gefangenen
wegen unterhandelte, mit der Mission, zunächst einen Waffenstillstand zuwege zu bringen, gleichsam als Entgelt für die Waffenruhe, die Frankreich den Alliierten Englands auf dem Kontinent
gewährte, wo auch Moreau am 15. Juli zu Parsdorf eine solche
mit Kray abgeschlossen hatte. Otto hatte besonders darauf
hinzuweisen, wie jetzt — nach dem Friedensschluß mit Österreich — der Inselstaat isoliert sei und nun selbst den Frieden
wünschen müsse, wozu eben ein Waffenstillstand, der auch für
Spanien und Holland zu gelten hätte, den Weg bahne[2]). Aller-

---

[1]) Meine Abhandlung über die Mission Saint-Juliens in den ,,Histo-
rischen Studien und Skizzen", 1. Band, wird durch die in H ü f f e r, Quellen,
II. veröffentlichten Aufzeichnungen Neippergs ergänzt, wo (S. 134) die
kurze Instruktion Thuguts für Saint - Julien teilweise im Wortlaut angeführt ist.

[2]) Es gewinnt fast den Anschein, als wäre die ganze Unterhandlung
mit Österreich und die Intrigue mit Saint-Julien nur ins Werk gesetzt
worden, um mit dem Frieden mit Österreich ein Pressionsmittel gegen England
in die Hand zu bekommen. Charakteristisch ist, daß Bonapartes Generaladjutant Duroc, der mit Saint-Julien nach Wien geschickt wurde, dort die
Ratifikation abwarten, dann aber mit neuen Forderungen hervortreten
sollte: Schleifung der Festungen Mantua und Peschiera, Versetzung des
Großherzogs von Toskana in die Legationen, was St. Julien in Paris abgelehnt hatte. (S. dessen Instruktion in meinen ,,Studien", S. 208.)

dings müsse hiebei den Franzosen gestattet sein, ihre blockierten
Plätze, insbesondere Malta und Alexandrien, mit Mund- und
Kriegsvorrat zu versehen; auch in dem Parsdorfer Vertrag sei
die Verproviantierung der deutschen Festungen Ulm, Philippsburg und Ingolstadt zugestanden worden[1]). Dieser Unterhandlung wurde nun freilich ein wesentlicher Teil ihrer Voraussetzung entzogen, als man in Wien, schon aus Rücksicht für
das verbündete England, die Präliminarien abwies und einen
Kongreß in Schlettstadt oder Lunéville unter Beiziehung eines
Vertreters der britischen Interessen in Vorschlag brachte. Obwohl entrüstet, daß das Spiel mit Saint-Julien und die Rechnung
auf die Friedensliebe des Kaisers Franz fehlgeschlagen hatten,
nahm doch Bonaparte auch dieses Anerbieten an, wenn man
nur in London seinen Waffenstillstand zur See mit seinen Bedingungen genehmigen wollte. Die Unterhandlungen ergaben
aber kein Resultat[2]). Als das englische Kabinett endlich um
den Preis, daß sein Vertreter beim Friedensschluß mitberiet, auf
die Waffenruhe eingehen und eine Approvisionierung Maltas
und Alexandriens von vierzehn zu vierzehn Tagen zulassen
wollte — ähnlich, wie dies für jene drei Festungen galt — da
forderte Napoleon, dem es bei Ägypten weniger auf Nahrungsmittel, als auf Vermehrung der Streitkräfte ankam, darüber
hinaus, daß sechs französische Fregatten anstandslos von Toulon
nach Alexandrien und zurück segeln sollten. Inzwischen aber
fiel Malta am 5. September, und nun brach er die Verhandlungen über den Waffenstillstand rundweg ab. Nur noch einen
Separatfrieden wollte er mit Britannien schließen, obgleich er
wissen mußte, daß diese Macht, aus Rücksicht für das alliierte
Österreich, ebensowenig darauf eingehen werde, wie der Wiener
Hof Saint-Juliens Präliminarien hatte ratifizieren dürfen. Der
Krieg gegen beide Mächte nahm daher seinen Fortgang.

Was Österreich betraf, so hatte man dort in der Zwischenzeit nach Kräften gerüstet. Neue Truppen wurden ausgehoben.
Kray, der sich nicht bewährt hatte und im Juli bis zum Inn
zurückgewichen war, wurde im September durch den blutjungen Erzherzog Johann ersetzt, der in seinen (handschrift-

---

[1]) Siehe im Anhang die Note für Talleyrand im Zusammenhang mit
B o w m a n s „Preliminary stages of the Peace of Amiens", p. 49 ff.
[2]) Siehe im Anhang die Note an Talleyrand vom 2. September 1800.

lichen) Memoiren erzählt, er habe erst kurz zuvor ein Pferd be-
packen lernen, und der blindlings den Anordnungen seines
Generalstäblers Lauer zu folgen und dessen haarsträubende
Fehler mit seinem unschuldigen Namen zu decken hatte. In
Italien wich Melas dem nicht viel fähigeren Bellegarde. Durch
diese Veränderungen hatte sich der Zustand der Armee aber
so wenig gebessert, daß Kaiser Franz am 20. September 1800
eine Verlängerung des im Juli mit Moreau geschlossenen Waffenstillstandes nachsuchen und mit der Räumung der drei Festungen
(Philippsburg, Ulm und Ingolstadt) und dem Rückzug hinter
den Inn bezahlen mußte. Diese Eroberungen ohne Kampf, die
er noch durch die vertragswidrige Okkupation Toskanas vermehrte, ließen Napoleon zustimmen, daß ein österreichischer
Diplomat nach Frankreich kam, um hier neue Grundlagen der
Pazifikation zu beraten. Es war Cobenzl, der Unterhändler
von Passariano. Damals, im Jahre 1797, hatte er geschickt
genug für Österreich gehandelt. Jetzt, in Paris, wohin ihn Napoleon einlud, verdarb er die Sache gründlich. Er ließ sich durch
die Friedensneigungen Talleyrands und Joseph Bonapartes bewegen, bei Forderungen stehen zu bleiben, die dem tatsächlichen
Verhältnis der Kräfte nicht mehr entsprachen, und ging erst
dann von ihnen ab, als Napoleon schon wieder zur Fortsetzung
des Krieges entschlossen war. Vor allem forderte er die Beiziehung eines britischen Diplomaten zur Verhandlung. Der
Minister und der Bruder des Ersten Konsuls rieten diesem,
um des Friedens willen darauf einzugehen; stelle dann England auf dem Kongreß zu hohe Forderungen, so würde dies
Österreich die Trennung von dem Verbündeten erleichtern.
Napoleon aber wies den Vorschlag ab, „da die Situation der
beiden Heere den Sieg wahrscheinlich mache"; er läugnete in
Wien seine Waffenstillstandsverhandlung mit England ab, und
drang auf eine Separatabkunft mit Österreich, um jenes
zu isolieren. Cobenzl war nicht ganz abgeneigt, aber doch nur,
wenn Frankreich einen hohen Preis, und insbesondere in Italien,
zahlte. Die Eroberungspolitik des alten Österreichs und die
des neuen Frankreich trafen da nochmals aufeinander und
schlossen sich aus wie ehevor; denn was Frankreich bot: den
Chiese, später den Oglio, als Grenze, Ferrara als Zuwachs, Bologna und Romagna als Entschädigung für Toskana, das schien
dem Österreicher zu wenig, und er blieb hinter der Forderung

einer Teilnahme Englands am Kongreß verschanzt. Mehr aber bot Napoleon nicht, und so war eine Lösung nur bei völliger Überwindung des einen Teils möglich. Der Erste Konsul war bereits entschlossen, sie herbeizuführen. Er kündigte Mitte November 1800 den Waffenstillstand. Wenn auch Cobenzl jetzt noch die Unterhandlungen mit Joseph Bonaparte in Lunéville an der französischen Grenze fortsetzte, die Entscheidung fiel nicht hier, sondern anderwärts.

Als die Feindseligkeiten wieder begannen, standen die Franzosen an der Isar. Die Österreicher hingegen hielten hinter dem breiten Inn in vorteilhafter Position. Wer diese geschickt zu benutzen wußte, konnte immerhin den Gegner länger beschäftigen als dem Machthaber an der Seine lieb war. Eben rüstete sich Moreau zu dem schwierigen Werk, einen Übergang zu suchen, als am 1. Dezember auf dem Wege nach dem Inn plötzlich sein linker Flügel angegriffen und zurück- gedrängt wurde. Es schien unglaublich, daß der Gegner seine starke Stellung aufgegeben haben sollte, und doch war es so. Sofort ergriff Moreau den unerwartet dargebotenen Vorteil, zog den linken Flügel mit dem Zentrum nach Hohenlinden zurück und erwartete nun seinerseits den Feind in starker Position. Die Österreicher kommen, denn sie glauben den Gegner im Rückmarsch nach der Isar. Sie werden in der Front empfangen, indes es zwei französischen Divisionen gelingt, sich zwischen ihre Hauptkolonne und den abseits marschierenden linken Flügel, der die Fühlung verloren hat, durchzuschieben und dem Zentrum in Flanke und Rücken zu fallen. Überrascht flieht das österreichische Heer gegen Norden; es überläßt dem Feinde seine Artillerie und Tausende von Gefangenen; kaum vermag der Erzherzog sich zu retten. Die Schlacht bei Hohenlinden (3. Dezember 1800) ist für Frankreich gewonnen, die Straße nach Wien frei. Am 25. Dezember schließt Moreau in Steyr einen Waffen- stillstand ab, der den Frieden einleitet. Am 26. rückt im Süden der französische General Brune, der Nachfolger Mas- senas im Oberbefehl, über den Mincio und wenig Tage später über die Etsch. Österreich samt seiner ausgreifenden Politik ist überwältigt.

In Lunéville hatten sich die Fortschritte der französischen Waffen rasch fühlbar gemacht. Cobenzl war endlich doch

auf den Separatfrieden eingegangen, wollte ihn sogar für das
Deutsche Reich mit unterzeichnen, wollte sich auch zu einer
Teilung Ober-Italiens mit Frankreich verstehen, die Joseph
Bonaparte vorgeschlagen hatte, aber die Ereignisse im Felde
überholten all diese Verabredungen. Wie dort das Heer,
so wurde hier die Diplomatie Österreichs unaufhaltsam zurück-
gedrängt. Im November hatte Cobenzl noch am Oglio als
Grenze des österreichischen Gebietes in Italien gehalten, im
Dezember war er bereits an den Mincio zurückgewichen, im
Januar konnte er nur noch die Etsch behaupten. Als dann
endlich am 9. Februar 1801 der definitive Friede unterzeichnet
wurde, enthielt er für Österreich Bedingungen, die nicht nur
dessen Eroberungspläne zunichte machten, sondern auch seiner
Großmachtstellung Eintrag taten, während der Vertrag für
Frankreich die Stabilierung des revolutionären Ausdehnungs-
systems bedeutete. Der Traktat von Campo Formio wurde
darin bestätigt und überdies verschärft. Denn in Italien verlor nun auch der mit dem Wiener Hof verwandte Großherzog
von Toskana sein Land und sollte, so wie der Herzog von
Modena durch den Breisgau, nur noch durch deutsches Gebiet
entschädigt werden. Damit war Österreich sein letzter Stützpunkt in Mittelitalien entzogen und die Halbinsel vollständig
dem Einfluß der Franzosen überantwortet. Aber auch in
Deutschland trat dieser jetzt hervor. Wie es in Rastatt festgestellt worden war, sollte nunmehr der Rhein i n s e i n e m
g a n z e n L a u f die Grenze Frankreichs bilden und jeder
weltliche Fürst, der auf dem linken Ufer des Stromes Land
verlor, auf dem rechten durch geistliches Gebiet Entschädigung finden. So war der alte Plan der Säkularisation wieder
aufs Tapet gebracht und von Österreich, dessen Machtstellung
in Deutschland doch gerade auf den geistlichen Fürsten beruht
hatte, notgedrungen sanktioniert worden. Napoleon aber
hatte durch den Vertrag das Recht erworben, über dessen
Ausführung zu wachen, so daß die französische Einmischung
in Deutschland vom Reichsoberhaupte selbst zugestanden war.
An Schadloshaltung der Donaumacht durch bayrisches Gebiet
bis zum Inn, wie sie der Vertrag von Campo Formio noch
vorgesehen hatte, wurde jetzt nicht mehr gedacht. So war
Österreich in Italien besiegt, in Deutschland bedroht, und von
staatlicher Ausdehnung im Sinne Josephs II. nicht mehr die

Rede. Der Vertreter seines ausgreifenden Systems, Minister Thugut, fiel; Napoleon hatte ihn für ein Hindernis der Verständigung erklärt. Der deutsche Reichstag bestätigte am 6. März 1801 den Reichsfrieden.

War dieser Friede, der Frankreichs Übergewicht auf dem Kontinent feststellte, voraus ein Erfolg der Waffen gewesen, so errang zur selben Zeit der Erste Konsul auch auf diplomatischem Wege namhafte Vorteile: England gegenüber. Er suchte den Kriegszustand, in dem sich noch das Direktorium mit den nordamerikanischen Freistaaten befunden hatte, zu beenden und schloß am 30. September 1800 mit deren Vertreter zu Mortfontaine einen Vertrag ab, worin er die völlige Unabhängigkeit der neutralen Flagge anerkannte. Nebenher lief seine Bemühung, den Riß in der Koalition zu erweitern, Rußland nicht nur völlig von Österreich, sondern auch von Großbritannien zu trennen und für sich zu stimmen; Preußen, um dessen Allianz er warb, wie das Direktorium um sie geworben hatte, sollte diese Annäherung vermitteln. Dazu hatte sich Friedrich Wilhelm III. bereit gefunden, ohne aber mit seiner Bemühung in Petersburg Erfolg zu haben; sich selbst versagte er dem Gewaltigen an der Seine. Darauf ging dieser selbständig vor. Noch vor der letzten Kampagne hatte er dem Zaren die Freilassung der in den Schlachten bei Zürich und in Holland zu Gefangenen gemachten — etwa 7000 Mann, die er neu kleiden und ausrüsten ließ — und überdies die Rückgabe der Insel Malta angeboten. Dann kam der Sieg in Italien. Paul, der in dem starken General den Bezwinger der verhaßten Revolution zu sehen glaubte, war von dessen neuen Triumphen entzückt und jetzt persönlich ebenso sehr für ihn eingenommen wie kurz vorher gegen das Direktorium. Er nimmt Napoleons Anerbieten an. Der hatte den Erfolg des Schrittes wohl berechnet. Malta konnte gegen die blockierenden Engländer wohl nur noch kurze Zeit gehalten werden. Kam es zur Übergabe, dann hatte er mit seinem Angebot den Erisapfel zwischen die zwei Verbündeten geworfen. Und so war es auch. Als im September 1800 die französische Besatzung von Lavalette kapitulierte und die Engländer, ohne Rücksicht auf die Rechte des Großmeisters, Besitz von der Insel nahmen, da trennte sich der Zar von seinem

Alliierten und bemächtigte sich aller britischen Schiffe in den russischen Häfen. Ja, er schloß sogar mit Schweden und Dänemark Mitte Dezember einen „Bund bewaffneter Neutralität" gegen die Willkürlichkeiten Englands zur See ab, zu dem Frankreich schon im Jahre 1795 gedrängt hatte und dem sich jetzt auch Preußen anschloß, das nach Marengo zugänglicher geworden war; es näherte sich, gleichsam auf dem Umweg über Rußland, der französischen Politik. Ja, Friedrich Wilhelm III. ließ sich dann sogar dazu bestimmen, den Engländern die Elbe zu sperren und im April 1801 ihr Kurfürstentum Hannover zu besetzen, wobei die Eifersucht auf Österreichs allfällige Erwerbungen in Deutschland das ihrige tat. Es war wie eine Koalition gegen Britannien, die das französische Übergewicht auf dem Kontinent bestätigte, das sich jetzt in dem einen Mann verkörperte. Damals war es, wo die Königin von Spanien Lucian Bonaparte die Schönheit ihrer Tochter Isabella rühmte, und dieser daraus abnahm, man habe eine Verbindung mit demjenigen im Auge, den man in Madrid nur noch als den „Herrn Europas" ansah[1]).

Napoleon nützte seine diplomatischen Erfolge dahin aus, daß er alsbald den Kreis des französischen Machtgebietes umschrieb. Zunächst hielt er Batavien und Helvetien militärisch besetzt; desgleichen Italien, dessen Küste er den Engländern möglichst unzugänglich zu machen strebte. Hier waren zwar die Cisalpinische und die Ligurische Republik aufs neue in ihrer Unabhängigkeit anerkannt und garantiert worden, und die erstere hatte sogar durch Modena und die Legationen einen erheblichen Zuwachs erhalten; in beiden aber lagen französische Truppen und beide waren nur noch steuerpflichtige Dependenzen Frankreichs; der Wille des Ersten Konsuls herrschte hier wie dort. Über das Schicksal Piemonts war, bis auf das in Frankreich einverleibte Savoyen, mit Rücksicht auf den Zar, der die Rückerstattung an den König wünschte, noch nichts Endgültiges entschieden, aber niemand war in

---

[1]) „Man sieht Sie hier, namentlich seit der Verbindung mit Rußland, wie den Herrn von Europa an . . ., und in jeder Konferenz sprechen die Minister des Königs mit mir über die Universalmonarchie." (Lucian an Napoleon, 4. April 1801, Mémoires, II. 68.) „Ihre (der Konsuln) Absicht ist, uns in Verlegenheit zu bringen und Europa zu unterjochen." (Kolytschews Bericht vom 9. März 1801 bei M a r t e n s, Recueil, XIII. 254.)

diesem Punkt im Zweifel; es wurde zunächst eine französische Militärdivision mit Jourdan als Generaladministrator.

Die Erwerbung Toskanas diente Napoleon dazu, sich Spanien zu verpflichten und dessen Politik unter Frankreichs Direktion zu nehmen. Er hatte es nach der Schlacht bei Marengo dahin gebracht, daß ein französenfeindliches Ministerium in Madrid fiel, der herrschsüchtige Geliebte der Königin, der Frankreich freundliche „Friedensfürst" Godoy, wieder vollen Einfluß gewann und Präliminarien zu Ildefonso am 1. Oktober 1800 zustande kamen, die, gegen Überlassung des überseeischen Louisiana, der mit dem bourbonischen Prinzen von Parma vermählten Tochter der Königin italienisches Land als Königreich in Aussicht stellten[1]). Nach dem Lünéviller Frieden wurde die Sache perfekt. Nachdem Napoleon dem jungen Paar Toskana als „Königreich Etrurien" zugesprochen und auf Lucca und „vielleicht eines Tages" auf Neapel Hoffnungen erweckt hatte, erklärte sich Spanien seinerseits am 21. März 1801 bereit, auch Parma und das ehedem toskanische Elba neben Louisiana an Frankreich abzutreten. Schon früher (29. Jänner) hatte es sich verpflichtet, — und darauf kam es Napoleon zumeist an — das mit England verbündete Portugal zum Abfall von seinem Alliierten und zur Fernhaltung aller englischen Schiffe von seinen Häfen zu nötigen. Ein spanisches Heer dringt über die portugiesische Grenze, und Ende Mai ist ein großer Teil des Landes in spanischen Händen.

Nun blieben von den okzidentalischen Küsten Europas nur noch die Neapels und des Kirchenstaates den Briten zugänglich. Auch sie sollten ihnen verschlossen werden. Das Direktorium hatte seinerzeit in beiden Staaten Republiken errichtet. Sollte es wieder dazu kommen? Napoleon folgte zwar dem Zuge der Entwicklung, die Frankreich genommen hatte, aber doch unter Wahrung seiner Individualität und

---

[1]) Man dachte anfänglich an die Lombardei, und Napoleon hätte in diesem Fall auf die Wiederherstellung der Cisalpinischen Republik verzichtet. Als aber das Verhältnis zu Rußland ein immer freundlicheres wurde und Paul I. seiner Abneigung gegen Österreich bestimmten Ausdruck lieh, da glaubte der Premierkonsul auf Toskana greifen zu dürfen. Die Schlacht bei Hohenlinden gab vollends den Ausschlag. (Bericht Cobenzls, 4. März 1801, aus Paris. Wiener Staatsarchiv.)

ihrer Entschließungen. Er war viel zu praktisch, um lediglich nach Grundsätzen der „Ideologen", über die er offen spottete, zu handeln. Und daß ihm, dem autokratischen Herrscher, an der Erhaltung der republikanischen Staatsform nicht viel gelegen sein konnte, ist klar genug. Er erreichte seinen Zweck auch ohne dies. Für Neapel trat überdies Rußland ganz besonders warm ein, und der Erste Konsul mußte, mit Rücksicht auf den neugewonnenen Freund, das Königshaus der beiden Sizilien schonen. Am 28. März 1801 schloß er mit Ferdinand IV. den Frieden zu Florenz ab. Darin sagte der König die Räumung des im Kriege von neapolitanischen Truppen besetzten Kirchenstaates zu, trat seinen Anteil an der Insel Elba und das Fürstentum Piombino an Frankreich ab und verpflichtete sich, nicht nur die englischen Schiffe von seinen Häfen auszuschließen, sondern auch ein französisches Armeekorps in und um Tarent auf eigene Kosten zu verpflegen, das die Bestimmung hatte, nach Ägypten dirigiert zu werden.

Auch der von den Neapolitanern verlassene Kirchenstaat kam nicht wieder unter französische Administratoren. Hier unterschied sich Napoleon am wesentlichsten von seinen Vorgängern in der Staatsgewalt. Er war nicht religiös, vielmehr von allem positiven Glauben weit entfernt und höchstens einem unklaren Deismus zugänglich („Wer hat das alles gemacht?"), wenn man ihn auch, nach dem Zeugnis seines Kabinettssekretärs Méneval, in kritischen Momenten ganz unwillkürlich das Zeichen des Kreuzes machen sah[1]). „Ich war gläubig gewesen," erzählte er auf St. Helena, „aber sobald ich anfing zu wissen und zu urteilen, erlitt mein Glaube einen Stoß und wurde unsicher. Und das geschah ziemlich bald, mit dreizehn Jahren"[2]). Unter seinen Jugendschriften findet sich eine (wahrscheinlich nach Voltaires Muster abgefaßte) „Parallele zwischen Apollonius von Tyana und Jesus Christus", die er zu Gunsten des griechischen Weisen entschied[3]). Eben-

---

[1]) M é n e v a l, Souvenirs. III. 114.

[2]) L a s C a s e s, Mémorial de Ste. Hélène, V. 323.

[3]) Als ihn später, im Jahre 1802, Lucian an die Abhandlung erinnerte, gebot er ihm, nicht davon zu sprechen, sie könnte, wenn sie bekannt würde, sein ganzes Friedenswerk mit der römischen Kirche zerstören. Unter den von Napoleon selbst verbrannten Schriftwerken aus seiner Jugendzeit war sie nicht. Fréron hatte sie entlehnt und nicht wieder zurückgegeben. (L u c i e n, Mémoires, II. 114.)

falls auf St. Helena sagte er zu seiner Umgebung: „Wäre ich
gezwungen, eine Religion zu haben, so würde ich die Sonne
anbeten, denn sie ist die Quelle alles Lebens, der wahre Erden-
gott"[1]). Aber die politische Bedeutung des Papsttums hat
er darum doch nicht unterschätzt. Wir wissen, daß er im
Jahre 1797 den Kirchenstaat hauptsächlich deshalb bestehen
ließ, weil schon ein Jahr zuvor die weitaus größte Mehrzahl
der französischen Bevölkerung sich wieder offen zum katholischen Kirchenglauben bekannt hatte. „Man ist in Frankreich wieder römisch-katholisch geworden," hatte ihm im
Dezember 1796 General Clarke mitgeteilt, „und vielleicht
stehen wir auf dem Punkte, des Papstes selbst zu bedürfen,
um die Revolution durch die Priester und das Landvolk, das
sie wieder beherrschen, zu schützen. Ihn jetzt stürzen, hieße
das nicht, von unserer Regierung auf immer eine Menge von
Franzosen trennen, die man sich doch erhalten könnte?"[2])
Napoleon war überzeugt von der Richtigkeit dieser Bemerkungen und hat schon damals, nach dem Frieden vom Februar
1797, den Papst dafür zu gewinnen gesucht, daß er die Geistlichen zum Gehorsam gegen die Staatsgesetze ermahne. Der
18. Fructidor störte diese Pläne. Jetzt, im Jahre 1800, lag
das Motiv seiner Haltung Rom gegenüber gleichfalls in den
inneren Zuständen Frankreichs, wo allenthalben, in Paris
und in der Provinz, die Kirchen der Priester, die den Eid auf
die Staatsgesetze geweigert hatten, voll besucht waren,
während die der staatstreuen Geistlichkeit leer blieben. Napoleon würdigte diese Erscheinung nach Gebühr. Ein guter
Teil des allgemeinen Hasses wider die Direktoren hatte in
deren Abneigung gegen das Religionsbedürfnis des Volkes
gewurzelt, das in der Reaktion gegen die einseitige Vernunft-
richtung der Aufklärung und die Greuel der letztvergangenen
Zeit aufs neue erwacht war. Ihn sollte dieser Haß nicht treffen.
„Wir", sagte er zu einem der royalistischen Führer, die er zu
gewinnen suchte, „haben ja nicht viel Religion, aber das Volk
braucht sie". Indem er dieses Bedürfnis breiter Massen zu
befriedigen trachtet, hofft er sie noch fester an sich zu schließen.
„Ich stelle die Religion wieder her," äußerte er bei derselben

---

[1]) G o u r g a u d, Journal inédit, I. 434. S. unten Bd. III, Kap. VI.
[2]) C o r r e s p o n d a n c e i n é d i t e, II. 430.

Gelegenheit, „nicht für Euch, sondern für mich". Und damit
verband sich noch ein anderer Gedanke, den er später, im Jahre
1806, folgendermaßen ausdrückte: „Was mich anbelangt,
so sehe ich in der Religion nicht das Geheimnis der Mensch-
werdung, wohl aber das Geheimnis der sozialen Ordnung;
sie knüpft an den Himmel eine Gleichheitsidee, die verhindert,
daß der Reiche durch den Armen erschlagen werde". Schon
im Jahre 1800 hat er gemeint: „Die Menschheit kann ohne
Ungleichheit des Eigentums nicht bestehen, und die Ungleichheit des Eigentums nicht ohne Religion". Er war daher
überzeugt, daß er bei der Neuordnung und Festigung der
aus den Fugen geratenen Gesellschaftsverhältnisse in Frankreich mit der Religion rechnen müsse. Aber er wollte mit ihr
nicht rechnen als ihr Diener, sondern als ihr Herr. „Das
Volk braucht Religion, und diese Religion muß in den Händen
der Regierung sein"[1]).

Dazu sollte ihm der neue, in Venedig am 13. März 1800
gewählte Papst Pius VII. verhelfen. Wenn im Jahre 1795
der Bankrott der Revolution zur Trennung der Kirche vom
Staate geführt hatte, weil man die Geistlichkeit, der man den
Grundbesitz genommen, nicht besolden konnte, so durfte
man jetzt, nachdem sich die Finanzen gebessert hatten, daran
denken, für deren Unterhalt wieder zu sorgen, wofür sie allerdings — wie sie es ehedem unter den Königen getan — der
Regierung Treue schwören und, von ihr ernannt, gleichsam
in ihrem Dienste stehen sollte. Das ging freilich nur, wenn
sich der Staat mit dem Papst verständigte, in dem die weitaus größte Mehrzahl der katholischen Priester Frankreichs,
seitdem man sie durch die Sequestrierung ihres Gutes gleichsam vom Boden des Landes losgetrennt hatte, voraus ihren
Hort erblickte. Eine solche Verständigung war nicht ohne
politische Vorteile. Erkannte Pius das neue Regiment in
Frankreich an, dann mochte dem bourbonischen Prätendenten
Ludwig viel von seinem Anhang im französischen Klerus und
durch diesen im französischen Volke verloren gehen, und
der Bürgerkrieg in der Vendée, wo es noch immer wetter-
leuchtete, kam definitiv zu Ende. Freilich mußte sich dann

---

[1]) **T h i b a u d e a u**, Mémoires, p. 152.   S. bei **T a i n e**, **Le régime
moderne**, II. 8, 19. die Zitate.

der Papst auch dazu verstehen, das ehemalige Kirchengut, das bereits in zahllose Privathände gelangt war, aufzugeben. Tat er es, dann erst fühlten sich die neuen Eigentümer sicher in ihren Besitztümern, faßten Zutrauen zur Regierung und drückten es in williger Steuerleistung aus. Bald nach dem Tage von Marengo ließ Napoleon durch den Kardinal Martiniana, den Bischof von Vercelli, Pius die Fortexistenz des Kirchenstaates zusichern, wenn der heilige Vater zu einem annehmbaren Frieden zwischen Staat und Kirche die Hand bieten wollte. Pius ging angesichts der gedrückten Lage, in der sich damals alles kirchliche Wesen befand, und in einem Augenblick, wo er auch in Österreich seinen Gegner erkennen mußte, gerne darauf ein, sandte einen Unterhändler (Spina), dann seinen Staatssekretär, Kardinal Consalvi, nach Paris, und dort kam am 15. Juli 1801 ein Konkordat zustande, worin die Kirchengesetze von 1790 abgeschafft, die katholische Religion als die der Mehrheit der Franzosen erklärt, der Papst als Oberhaupt der Kirche anerkannt wurde, während er seinerseits dem Verlust der Kirchengüter zustimmte und zugestand, daß die geistlichen Würdenträger, gleich staatlichen Beamten, von der Regierung ernannt und besoldet werden sollten; nur ihre kanonische Institution behielt sich die Kurie vor. (Daß die Institution an keinen Termin gebunden war, hat später zu sehr ernsten Konflikten geführt.) Auch wurde päpstlicherseits eingeräumt, daß die Ernennung der Pfarrer durch die Bischöfe von der Genehmigung der Regierung allein abhängen, eine Neueinteilung und — aus finanziellen Gründen — eine Reduktion der Diözesen im Einvernehmen stattfinden solle.

Für den Ersten Konsul bedurfte es keines geringen Mutes, seinen Namen unter das Dokument zu setzen, denn alles, was ihn umgab, wenige vertraute Räte ausgenommen, war dagegen, und insbesondere in der Armee herrschte eine starke Abneigung gegen jeden Pakt mit der Kirche — wohl auch deshalb, weil Napoleon die Seminaristen und die geistlichen Mitglieder der lehrenden Kongregationen von der Militärkonskription ausnahm. Er ließ sich übrigens durch diesen Widerstand nicht beirren, ja, er trug seinerseits dem neuen Verhältnis sorgfältig Rechnung, indem er allsonntäglich der Messe beiwohnte und oft in Gesprächen zu Gunsten von

Glauben und Bekenntnis ein Wort fallen ließ, das man später
irrtümlich als Zeugnis für seine eigene Religiosität gedeutet
hat. Das Konkordat wurde in den gesetzgebenden Körpern
angenommen, nicht aber ohne ein umfangreiches Ausführungs-
gesetz (Articles organiques) als Anhang, mit dem der Vertrag
gleichzeitig, im April 1802, veröffentlicht wurde. Die „Organischen Artikel" gingen in manchen Punkten wesentlich
über die Vereinbarung vom 15. Juli hinaus, so daß die Kurie
dagegen Protest einlegte. Da sie aber dadurch nichts erreichte, Pius hinwieder das Abkommen mit Frankreich sehr
hoch einschätzte und neue Hoffnungen darauf gründete,
blieb es zunächst bei dem bloßen Widerspruch. Auch kam
dazu, daß, bei Napoleons Allgewalt in Italien, der Papst
als weltlicher Fürst in Abhängigkeit von ihm geraten mußte,
der somit erreichte, was Kaunitz, Joseph II. und Thugut
mit ihren Ausdehnungsplänen auf der apenninischen Halbinsel vergeblich angestrebt hatten. Auf St. Helena sprach er
einmal über seine Haltung Rom gegenüber in dieser Zeit
die merkwürdigen Worte: „Der Katholizismus erhielt mir
den Papst, und bei meinem Einfluß und meiner Gewalt in
Italien gab ich die Hoffnung nicht auf, diesen Papst früher
oder später nach meinem Willen zu lenken. Und welcher
Einfluß dann erst! Welche Handhabe gegen das übrige
Europa!"[1])

So hatte Napoleon nach dem Lünéviller Frieden seine
dominierende Stellung im Westen Europas begründet. Aus
Holland, Portugal und Italien flossen die Zuschüsse zu den
französischen Finanzauslagen; allenthalben wurden französische Truppen bis weit nach Deutschland hinein, auf
Kosten der abhängigen Nachbarn ernährt; von Holland bis
nach Sizilien war die Küste dem gewaltigen Feinde jenseits
des Kanals und seiner Industriepolitik verschlossen; desgleichen die Häfen der nordischen Reiche. Die verbündeten
Dänen, Schweden und Russen rüsteten wider England, und
Zar Paul, in seinen phantastischen Ideengängen, projektierte
sogar einen Landmarsch über Orenburg und Khiwa nach
Indien, um dort den gemeinsamen Gegner auf den Tod zu
treffen. Schon war ein Kosakenheer unter Orlow Ende

---

[1]) L a s C a s e s, Mémorial de Ste. Hélène. V. 326.

Februar 1801 über die Wolga gegangen[1]). Es war ein Augenblick, da die Pläne der Weltherrschaft wieder deutlicher vor Napoleons Seele traten. Denn noch standen die Franzosen in Ägypten, noch konnten sie einen Schlag gegen die Pendschabländer unterstützen und ausbeuten. „Die Orientarmee", hatte er am 15. Jänner an Menou geschrieben, „am Roten Meer, in Syrien und Afrika, erweckt alle Hoffnungen".
Aber es war doch nur ein Augenblick.

In der Nacht vom 23. auf den 24. März fiel der Zar, dessen despotischer Dünkel zu unerträglicher Härte gegen seine nächste Umgebung ausgeartet war, einer Palastrevolution zum Opfer, und sein Sohn gelangte als Alexander I. auf den Thron der Russen. Es wird erzählt, Napoleon sei bei dieser Nachricht in heller Verzweiflung und Talleyrand keines anderen Gedankens fähig gewesen[2]). Mit den grandiosen Projekten war es nun fürs erste vorbei, denn alsbald vernahm man in Paris, daß Alexander die weggenommenen Schiffe der

---

[1]) Siehe die Briefe Pauls an Orlow bei M i l j u t i n, Geschichte des Krieges von 1799 (deutsche Ausgabe, V. 451 ff.) und S c h i l d e r, Paul I., S. 417 ff. Ob Napoleon diesen Zug russischer Truppen angeregt hat, wie M o n t g e l a s in seinen Memoiren (S. 51) erzählt, ist nicht zu erweisen. Ebensowenig finden sich gültige Belege dafür, daß das Projekt einer kombinierten Expedition, wie es in Denkschriften des französischen Agenten Guttin erscheint, der lange Zeit in Rußland gelebt hatte und nicht müde wurde, die Allianz mit dieser Macht in Frankreich zu empfehlen, den Gegenstand einer intimen Korrespondenz zwischen dem Premierkonsul und dem Zaren gebildet habe. (Vgl. B u c h h o l z in den Preuß. Jahrb. 1896.) Ja, die Spuren einer solchen, die u. a. Thibaudeau als „täglichen" Briefwechsel bezeichnet, sind überhaupt nicht nachzuweisen, etwa die Stücke ausgenommen, die sich in der von T r a t s c h e w s k y im Sbornik der historischen Gesellschaft, 70. Band, mitgeteilten offiziellen Aktensammlung (S. 24 und 38) finden und nichts von jenem Projekt enthalten, das über ein unsicheres Stadium vager Planmacherei gar nicht hinausgediehen zu sein scheint. (Vgl. von E. P a u l in der „Deutschen Revue" 1888 veröffentlichten Entwurf mit der Notiz bei R o s e, Napoleon I., 262., über einen anderen im Londoner Archiv.) M a r t e n s, Recueil, XIII., tut der Sache keine Erwähnung. Dagegen ist sicher, daß der russische Gesandte Kolytschew von den Franzosen die Räumung Ägyptens zu fordern hatte, was schlecht zu einem gemeinsamen Unternehmen nach Osten stimmte. Im Januar 1807, als Napoleon mit Persien Beziehungen angeknüpft und seine Absicht gegen Britisch-Indien dadurch festere Gestalt gewonnen hatte, schrieb er an Marmont: „W a s   e i n s t   C h i m ä r e   w a r, ist in diesem Augenblick ziemlich einfach." (C o r r e s p., XIV. 11734.)

[2]) Bericht Cobenzls vom 19. April 1801. W. St.-A.

Engländer freigegeben und auf die Großmeisterwürde des
Johanniterordens, d. h. auf den Anspruch auf Malta, verzichtet habe. So war mit einem Mal ein Ziel, das die Freundschaft eines allerdings halb Gestörten so nahe hatte erscheinen
lassen, wieder ins Weite gerückt, und Napoleon mußte darauf
bedacht sein, sich einstweilen mit einer bescheideneren Summe
von Vorteilen zu begnügen.

Da traf es sich, daß, noch vor dem unvorhergesehenen
Ende des Zaren, Pitt aus Gründen der inneren Politik am
14. März 1801 von der Leitung der britischen Regierung zurück-
getreten war und der friedliebende Addington das Minister-
präsidium übernommen hatte. Dieser bot jetzt, nachdem der
Bundesgenosse auf dem Kontinent matt gesetzt war und jede
Aussicht, den Franzosen Belgien zu entreißen, zerrann, die
Hand zum Vergleich. Sollte Napoleon ablehnen? Mit jedem
Tag wurde in Frankreich der Ruf nach Frieden lauter und
konnte nicht mehr überhört werden. Das englische Erbieten
wurde den Franzosen bekannt, und der Erste Konsul war
nicht mehr, wie im Vorjahr, imstande, seine Kriegspolitik
mit dem Widerwillen Großbritanniens gegen jede Abkunft
zu motivieren. Er ging auf Englands Vorschlag ein, wenn
auch nur in der Absicht, die kampfesmüde Stimmung des
Gegners nach Kräften auszunützen. Die Engländer hatten
in dem langen Seekrieg wertvolle Eroberungen gemacht,
die Antillen mit Ausnahme von Guadeloupe, die Niederlassungen zu Pondichery und Chandernagor in Indien den
Franzosen, Ceylon und das Kap der guten Hoffnung den
Holländern, Trinidad den Spaniern abgenommen, im Mittelländischen Meer hatten sie Malta und Minorca in Händen,
und Ägypten gelangte voraussichtlich bald in ihre Gewalt.
Napoleon hielt sich, gestützt auf die Freundschaft der „Neutralen", für stark genug, ihnen all das abzuhandeln. Da kam
aber, fast zugleich mit der Nachricht aus Petersburg, der Zar
sei tot, die andere, eine englische Flotte habe die Dänen besiegt
und damit den Bund der Neutralen zerrissen; dazu die Botschaft aus Ägypten, General Menou, der an Stelle des inzwischen ermordeten Kleber die Franzosen kommandierte,
sei von einem britischen Heer bei Alexandrien geschlagen
und in die Stadt geworfen worden. Nun zeigten wieder die
Engländer ihrerseits wenig Neigung, unter Opfern zum Frieden

zu gelangen. Die Unterhandlungen wurden unterbrochen,
und beide Teile trachteten durch kriegerische und diplomatische
Erfolge einander überlegen zu werden. England betrieb seine
Versöhnung mit dem neuen Zar und sandte neue Truppen
nach Ägypten, die dort vereint mit den Türken die Franzosen
zur Kapitulation zwingen sollten. Napoleon hinwieder trieb
Spanien zur Eroberung von ganz Portugal an, um damit ein
Kompensationsobjekt in die Hand zu bekommen, das er für
einen möglichst günstigen Frieden zu verwerten gedachte,
ähnlich wie er 1797 mit Venedig verfahren war. Überdies
war auch er bemüht, Alexander I. durch seinen bewährten
Adjutanten Duroc in das französische Interesse zu ziehen.

England reüssierte: in Ägypten wurde Kairo im Juni
übergeben, und die Kapitulation Alexandriens war damit
gewiß geworden. Frankreich scheiterte: denn die Spanier
vermittelten mit Portugal am 6. Juni 1801 den Frieden zu
Badajoz, der dem Prinzregenten Johann gegen das Versprechen, seine Häfen den Engländern zu verschließen und
15 Millionen Franken an Frankreich zu zahlen, sein Land
sicherstellte. Napoleon war außer sich, seinen Plan derart
durchkreuzt zu sehen; er verweigerte dem Vertrag die Ratifikation, und schickte ein Armeekorps unter Leclerc nach
Portugal, um das Land zu besetzen. Erst als Johann sich auch
noch zur Abtretung eines Teils von Guyana an Frankreich
verpflichtete, die Kriegsentschädigung auf 20 Millionen erhöhte und den französischen Textilwaren die Meistbegünsti-
gung zugestand, beruhigte man sich in Paris (29. September 1801). Danach, und da bisher auch der Zar sich gegen eine
Allianz mit Frankreich ablehnend und nahezu feindselig verhalten hatte, schlug Napoleon in London die Wiederaufnahme
der Unterhandlungen vor. Sie waren von erbitterten Kämpfen
begleitet, die nicht immer zu Gunsten Englands ausfielen.
So hatte ein britisches Geschwader schon im Juli bei dem spanischen Algeciras wiederholt Niederlagen erfahren, und auch
Nelson konnte die bei Boulogne aufgestellte Flotille von
Landungsbooten nicht, wie er wünschte, vernichten, sondern
wurde abgewiesen. Das, und der Wunsch, endlich in Ruhe
seine erschütterten Finanzen zu ordnen, die schwer drückende
Last der Einkommensteuer zu erleichtern und möglicherweise
auch zu einem günstigen Handelsvertrag mit Frankreich zu

gelangen, brachte die englische Regierung dahin, schließlich auf Malta zu verzichten, womit das Haupthindernis beseitigt war. Am 1. Oktober 1801 wurden in London Präliminarien unterzeichnet, denen zufolge die Engländer von ihren Eroberungen nur das spanische Trinidad und das holländische Ceylon behalten, die Inseln und Häfen im Mittelmeer räumen und Malta an den Johanniterorden zurückstellen sollten, während die Franzosen sich verpflichteten, Ägypten an die Türkei zurückzugeben, die Integrität Portugals und die Unabhängigkeit der ionischen Inseln zu garantieren und ihre Truppen aus dem Kirchenstaat und dem Königreich Neapel herauszuziehen.

Vielleicht wären die Bedingungen günstiger für England ausgefallen, wenn man mit der Unterzeichnung des Vertrages noch gewartet hätte. Denn kurz nachher traf die Kunde in Europa ein, Menou habe Alexandrien den vereinigten Engländern und Türken überliefern müssen. Mit dieser Kapitulation war Ägypten für Frankreich verloren und ein stolzer Traum Napoleons fürs erste zu Ende. Aber war es für ihn nicht schon unendlich viel, England, den Staat, der seit einem Jahrhundert jeden Übergriff der französischen Macht auf dem Kontinent als eine offene Verletzung seiner Interessen mit aller Kraft bekämpft hatte, jetzt, wo er den Ehrgeiz Ludwigs XIV. weit überholte, zur Zustimmung oder doch zum Stillschweigen bewogen zu haben?

Der Friede mit England brachte in Paris auch die Verhandlungen mit Markow, dem neuen Vertreter Alexanders I., zum Abschluß. Am 8. Oktober 1801 wurde zwischen Frankreich und Rußland ein Friedenstraktat und am 10. ein geheimer Vertrag unterzeichnet. Im ersten Übereinkommen war das Wesentliche, daß sich die beiden Mächte gegenseitig versicherten, die feindseligen Bestrebungen der Emigranten gegen den heimischen Staat nicht dulden zu wollen — Artikel 3 — womit Alexander die Bourbons, Bonaparte die Polen fallen ließ, wie es schon Paul I. von ihm verlangt hatte. Im zweiten Vertrag, dessen Bestimmungen die nächste Zukunft Europas einschlossen, einigte man sich darüber, die Entschädigungen der deutschen Fürsten in Gemeinschaft verteilen und ebenso die italienische Frage gemeinsam lösen zu wollen, soweit sie nicht durch die Friedensschlüsse mit

Rom, Österreich und Neapel bereits erledigt war. Die Rückgabe Piemonts an den König von Sardinien, die Alexander I.
gefordert hatte, lehnte Napoleon mit dem Hinweis darauf ab,
daß auch im Vertrag mit England davon nicht die Rede sei.
Als dann der Russe Europas Widerstand gegen eine Annexion
des Landes in Aussicht stellte, gab er ihm zurück: „Nun, dann
mag Europa kommen und es sich holen[1]).“ Zur selbigen Zeit
wurde, am 9. Oktober 1801, auch mit der Türkei ein Abkommen
getroffen, das alle früheren Verträge dieser Macht mit Frankreich wieder in Kraft setzte, d. h. den französischen Waren die
Vorteile der meistbegünstigten Nationen einräumte. Endlich
war vorher, am 24. August, mit Bayern ein für den Kurfürsten, der sich, wie Napoleon sagte, „in Rastatt so gut
benommen hatte", vielverheißender Vertrag geschlossen und
damit die letzte kriegführende Macht beruhigt worden.

So scholl es Friede! von allen Seiten. Die Völker jubelten
über das Ende des unerträglich gewordenen Kampfes. Napoleon hatte sich zu dem Ruhm des Kriegshelden aufs neue
den des Friedenstifters erworben und genoß in Frankreich
wie außerhalb ein Ansehen ohnegleichen — in Frankreich,
wo man die Hoffnung, die man bei seiner Rückkehr auf ihn
gesetzt hatte, erfüllt sah, und im Ausland, wo die Regierungen
der alten Staaten in ihm den Bezwinger der Revolution begrüßten und die Erwartung hegten, er werde, mit dem Erreichten zufrieden, durch seine Macht die Ruhe Europas verbürgen. „Das ist kein gewöhnlicher Friedensschluß" —
äußerte der englische Premierminister Addington — „das ist
eine wahrhaftige Versöhnung der beiden ersten Nationen der
Welt". Und der britische Staatsmann Fox, der in Paris
Napoleon sah, kehrte voll Enthusiamus für den großen Mann
heim. Aber es fehlte doch auch schon damals nicht an schärfer
blickenden Politikern, die nicht die gleiche vertrauensvolle
Zuversicht hegten. Voraus in England. Man gewahrte die
Lücken in dem Friedensinstrument, wo für Piemont, Holland,
die Schweiz nichts vorgesehen war, und auch nichts für die
kommerziellen Beziehungen der beiden Staaten; denn zu dem
Handelsvertrag, der dem Fleiß der hochentwickelten britischen
Industrie den französischen Markt wieder erschließen sollte,

---

[1]) **M a r t e n s**, Recueil, XIII. n. 488—490.

war es nicht gekommen. Dennoch brachte das Ministerium
im Parlament den Widerspruch mit dem Argument zum
Schweigen, daß doch mit Ceylon und Trinidad viel gewonnen
und im Augenblick eine neue Koalition ganz unmöglich wäre.
Wenn es auch richtig sei, daß Frankreich sich vergrößert
habe, so seien doch darin die Ostmächte bei der Teilung Polens
vorausgegangen. Und das war eine Formel, die sich Napoleon
rasch aneignete. Wie oft hat er später den alten Staaten das
Beispiel Polens zurückgegeben, als sie dem französischen
Machtzuwachs widerstrebten! Vorläufig aber behielt Addington Recht. Es blieb beim Frieden. Das Parlament nahm den
Vorvertrag an. Nur als am 26. März 1802 im Frieden zu
Amiens die Präliminarien des französisch-englischen Traktats
vom Oktober des Vorjahres definitiv unterzeichnet wurden,
da riefen die Männer der Opposition im Londoner Unterhaus
mitten in den Jubel der Befriedigung hinein die warnenden
Worte: „Wir haben Frankreich den Besitz Italiens und zugleich die Herrschaft über den Kontinent bestätigt", und
bezeichneten den Frieden als unsicheren und trügerischen
Waffenstillstand. Und sie trafen damit das Richtige. Die
erwarteten geschäftlichen Vorteile für England blieben aus,
und Napoleon verdeckte nur wenig seine ehrsüchtigen Absichten. Schon ein paar Wochen nach der Entscheidungsschlacht bei Marengo hatte er in Paris dem preußischen
Gesandten bedeutet: „Ich wünsche den Frieden, um die gegenwärtige Regierung in Frankreich fester zu gründen und die
Welt aus dem Chaos zu erwecken." Das Wort war mehr als
eine inhaltlose Deklamation gewesen. Was es eigentlich besagen wollte, erfahren wir aus einer offiziösen Broschüre
„Vom Zustande Frankreichs am Ende des Jahres VIII",
die noch 1800 erschienen war und Hauterive, einen trefflichen
Beamten des Ministeriums des Äußern, die rechte Hand
Talleyrands, zum Verfasser hatte. Sie verfocht die folgenden
Grundsätze: Als die Revolution ausbrach, sei das politische
System von Europa lange schon erschüttert und nicht mehr
wert gewesen, aufrecht erhalten zu bleiben, der Krieg Frankreichs mit den übrigen Staaten nur eine Folge dieser Zerrüttung. Sieger in diesem Streit, habe es Frankreich unternommen, und zum Teil schon ausgeführt, e i n n e u e s B u n -
d e s s y s t e m an die Stelle jenes erstorbenen Systems des

Gleichgewichts der Mächte zu setzen. Durch seine militärischen und finanziellen Kräfte wie durch die Grundsätze
seiner Regierung sei gerade Frankreich zum Bürgen für Ruhe
und Wohlfahrt, zum Führer dieses neuen Staatenbundes
von Europa bestimmt, und es liege im Interesse jeder der
übrigen Mächte, sich vertrauensvoll seiner Leitung zu überlassen.

Da war das Programm der Politik des neuen Frankreich
unumwunden ausgesprochen. Es war im Grunde nur dasselbe
der früheren revolutionären Regierungen. Aber wenn der Konvent an eine Föderation von Republiken in Europa unter
französischer Führung gedacht hatte, so war es Napoleon
jetzt um die Befreiung der Völker viel weniger zu tun als um
die Unterwerfung ihrer Fürsten unter die Hegemonie des von
ihm regierten Staates. Es war daher durchaus zutreffend, was
der geniale Publizist Gentz in seiner Beurteilung der Hauterive-
schen Schrift den Staatsmännern des alten Systems schon
1801 zur Beherzigung empfahl: „Es ist nicht genug, zu sagen,
daß Frankreich durch seine Eroberungen auf allen Seiten
seine Grenze erweitert, die alte Unverletzlichkeit seines Gebietes mit neuen Bollwerken verstärkt und seinen Einfluß
auf alle benachbarten Staaten in furchtbaren Proportionen
vergrößert hat. Die Wahrheit ist, daß Frankreich in seiner
jetzigen Lage eigentlich g a r   k e i n e   G r e n z e n   m e h r
k e n n t, daß alles, was Frankreich umgibt, entweder schon
jetzt, wenngleich nicht dem Namen nach, doch in jeder wesentlichen Rücksicht, sein Gebiet und sein Eigentum ist, oder bei
der ersten schicklichen Veranlassung, bei der ersten Willens-
äußerung seiner Machthaber, in sein Gebiet verwandelt werden
kann.“ Kein Zweifel, der Friede, der jetzt sich über Europa
breitete, war keine Versöhnung der Völker, wie ihn die Selbst-
täuschung kurzsichtiger Minister nannte, er war nur eine
Etappe auf dem Weg nach der Universalherrschaft, auf dem
Napoleon, gedrängt und selbstwillig zugleich, unaufhaltsam
vorwärts strebte.

Wenn es aber bei ihm beschlossen war, die revolutionäre
Politik nach außen festzuhalten, so entsteht hier die Frage,
die für den Geschichtsschreiber dieser Zeit vielleicht die
wichtigste ist: Inwieferne konnte und mußte diese Politik
auf die staatlichen und sozialen Verhältnisse der übrigen

Länder und Völker Europas Einfluß nehmen, die in ihrer
inneren Struktur so verschieden waren von dem neuen Frankreich? Was die Revolutionsheere der Neunzigerjahre in
die Fremde getragen hatten, war wenig sonst gewesen als
Aufruhr und Unordnung, denn daheim gab es nur diese beiden.
Werden auch Napoleons Armeen nichts anderes zu verbreiten
haben? Das hing davon ab, ob es ihm wirklich gelang, im
Innern dauerhafte Ordnung zu schaffen, aus dem Chaos
der revolutionären Gesetzgebung die guten Früchte zu recht-
lichem Genuß auszulesen und damit die zweite große Hoffnung zu erfüllen, die Frankreich bei seiner Wiederkehr auf
ihn gesetzt hatte. Er hat sich dieser Aufgabe unterzogen,
und er hat sie gelöst — nicht, um die Franzosen glücklich zu
machen, dazu hat er sie nie genug geliebt, sondern um dem
Gebäude seiner weitausgreifenden Herrschaft ein sicheres
Fundament zu geben. Deshalb, und nur deshalb sollte Frankreich in sich stark, kräftig und reich werden, denn nur dann
war es imstande, seiner Politik die Opfer zu bringen, die sie
heischte. Daß sich diese Opfer zum Zweck eines welthistorischen Experimentes schließlich auf mehr als eine Million
Menschenleben beziffern und doch nicht zum Ziele führen
würden, das hat allerdings bei der Gründung der revolutionären
Monarchie Napoleons weder er noch Frankreich geahnt.
Freilich hatten auch seine Vorgänger in der Gewalt, Konvent
und Direktorium, eine fast ebenso große Anzahl Franzosen
in den Tod geschickt und dafür nicht einmal den Preis innerer
Ordnung und Wohlfahrt bezahlt. Den wenigstens hat er voll
entrichtet.

Achtes Kapitel.

Das neue Frankreich und sein Monarch.

An einem schönen Februartage, dem 19. des Jahres 1800,
war das Konsulat aus dem Luxemburg-Palast in die Tuilerien
übersiedelt, wo neben Napoleon auch Lebrun — vorübergehend — Wohnung nahm, während Cambacérès ein eigenes
Palais den unbequemen Räumen vorzog. Am Abend sagte
der Erste Konsul zu seinem Geheimsekretär: „Bourrienne,
es ist nicht genug, in den Tuilerien zu sein, man muß auch

darin bleiben". Und er blieb. Hier, im Haus der französischen Könige, hat er sofort selbst wie ein König geschaltet[1]). Hier hat er das große Werk der Neugestaltung Frankreichs mit der Unterstützung einer größeren Anzahl talentvoller und geübter Helfer durchgeführt, die teils im Staatsrat die neuen Maßregeln überlegten und zu Verordnungen und Gesetzen formulierten, teils als Minister und Generaldirektoren diese Gesetze, nachdem sie die Kammern passiert hatten, pünktlich vollzogen. Der Staatsrat, der sich bis auf unsere Tage in Frankreich erhalten hat, lieferte dem Ersten Konsul das richtige Bild der Situation, in der sich das Innere des Landes befand. Er war seine Schule in der Staatsverwaltung eines großen Reiches; er gab ihm die reiche Erfahrung an die Hand, die sich begabte Männer nicht nur in den zehn bewegten Jahren der Revolution, sondern auch schon vorher, in den Ämtern des Königtums, erworben hatten; er machte ihm das praktische Verständnis derjenigen dienstbar, deren Anlagen für den innern Staatsdienst in der freien Luft der Revolution zu ebenso kräftiger Entwicklung gediehen waren wie das Feldherrngenie der Hoche und Bonaparte. Diese ersten Staatsräte sind es — die Boulay de la Meurthe, Roederer, Chaptal, Berlier, Duchâtel, Defermon, Dufresne, Fourcroy, Crétet, Barbé-Marbois, Regnault de Saint Jean d'Angély u. a. — auf die die endliche Regelung der französischen Finanzen, die Reform der inneren Verwaltung, die Abfassung systematischer Gesetzbücher, die Herstellung fester Einrichtungen in Kultus und Unterricht, kurz all die nützlichen Werkstücke zurückzuführen sind, aus denen unter den Augen des Meisters der wohnliche Bau des modernen Frankreich erstand. Nach ihrer politischen Vergangenheit waren sie durchaus ungleich. Es gab unter ihnen Royalisten (Dufresne), Girondisten (Defermon), radikale Konventsmitglieder (Fourcroy, Berlier), Gemäßigte der Direktorialzeit (Regnault, Thibaudeau, Roederer), Verbannte des 18. Fructidor (Portalis, Barbé-Marbois). So hatte sie Napoleon mit Absicht aus verschiedenen Lagern gewählt, damit sein Reformwerk ja nicht als Parteisache

---

[1]) Ludwig Cobenzl berichtet über eine Audienz des diplomatischen Korps im März 1801: „So hält der kleine korsische Edelmann, der tatsächlich König von Frankreich geworden ist, Hof, glänzender vielleicht als der unglückliche Ludwig XVI." (W. St.-A.)

erscheine. Sie waren in Kommissionen der Finanzen, der Justiz, des Krieges, der Marine, des Innern eingeteilt und berieten täglich in einem Saal der Tuilerien, meist unter dem Vorsitz des Premierkonsuls, der mit seinem starken Geist bis ins Einzelne der Geschäfte eindrang und doch sich nicht darin verlor, sondern in jedem Augenblick in der Lage war, vom Standpunkt des Herrschers die Summe zu ziehen. Einzelne der Staatsräte bereisten in besonderer Mission die Departements und berichteten ihm ihre Wahrnehmungen, eine überaus wertvolle Kontrolle der Verwaltung und häufig die Anregung zu nützlichen Reformen. Kein Wunder, daß der Staatsrat hoch im Ansehen stand, namentlich, da er jenerzeit auch eine Art schiedsgerichtlicher Befugnis in Sachen der Administration besaß[1]).

Die zweite Aufgabe der öffentlichen Verwaltung, die Ausführung der vom Staatsrat entworfenen Gesetze und Konsularverordnungen, oblag den Ministern, deren Maßnahmen ebenso unter der Aufsicht des Ersten Konsuls standen wie die Erwägungen und Beschlüsse des Conseil d'Etat. Wir kennen bereits die Männer, denen er die bei seinem Regierungsantritt vorhandenen sieben Portefeuilles anvertraute — sie sind oben genannt — auch hier, wie im Staatsrat mit derselben Berücksichtigung verschiedener Parteien. Einmal sagte er zu seinem Bruder Joseph: „Welcher Revolutionär hätte nicht Vertrauen zu einer Ordnung der Dinge, wo Fouché Polizeiminister ist? Und welcher Edelmann würde nicht hoffen, leben zu können unter dem ehemaligen Bischof von Autun? Der eine hält zu meiner Rechten, der andere zu meiner Linken. Ich öffne eine breite Gasse, in der Alle Platz finden". Einzelnen Ministerien wurden sogenannte „Generaldirektionen" zugeordnet, eine Einrichtung, die gleichfalls im heutigen Verwaltungsorganismus Frankreichs noch erscheint, und zwar: für Brücken und Straßen, für öffentlichen Unterricht, für Kultus, für Kredit und Zahlungswesen (Trésor), Zölle, Domänen, Staatsschuldentilgung u. a., von denen einige bald selbständige Ministerien wurden.

---

[1]) Der Artikel 52 der Verfassung bestimmte: „Der Staatsrat beschäftigt sich, unter der Leitung der Konsuln, mit der Abfassung der Entwürfe von Gesetzen und Verordnungen der öffentlichen Verwaltung und mit der Lösung der Schwierigkeiten, die sich in Verwaltungssachen ergeben."

Den Amtsverkehr zwischen dem Ersten Konsul und den Ministern vermittelte das Staatssekretariat, an dessen Spitze seit dem Brumaire der treue und geschickte Maret stand, der, wie kein zweiter, die rasch hingeworfenen Gedanken Napoleons im Augenblick zu redigieren und seinen hastigen Diktaten ebenso prompt zu folgen verstand wie Bourrienne. Hugo Bernhard Maret war eine Art Kabinettsminister — den Titel „Minister" erhielt er allerdings erst im Jahre 1804 — den aber die allseitige Überlegenheit des Regenten auf dem Niveau eines Sekretärs zu halten wußte. In seinem Bureau liefen alle Vorträge der Ressortministerien zusammen, über die er täglich dem Ersten Konsul zu referieren hatte, um dessen Entscheidung und Unterschrift zu erlangen. Aus dem Staatssekretariat ging dann der Wille des Staatsoberhauptes hinaus in alle Fächer der öffentlichen Verwaltung. Häufig fertigte und zeichnete Maret selbst „im Auftrage" Briefe und Weisungen Bonapartes; an allen Sitzungen des Ministerrates nahm er teil; im „Finanzrate" (Conseil des finances), wo außer den Konsuln und den Ministern eine Anzahl von Staatsräten allmonatlich einmal die notwendigen Maßregeln überlegte, führte er das Protokoll; er war ein Mann von unermüdlicher Arbeitskraft, wie Napoleon selbst.

Die von den Ministerien zur Ausführung übernommenen Gesetze und Verordnungen wurden von diesen durch neugegründete Unterbehörden in die Departements geleitet. Am 17. Februar 1800 erschien das Gesetz, das bis auf den heutigen Tag die Grundlage des französischen Verwaltungsapparates bildet. Danach steht an der Spitze der Administration jedes Departements ein Präfekt, jedes Arrondissement ein Unter-Präfekt, jeder Gemeinde ein Maire — alle drei Kategorien vom Chef der Regierung ernannt und dem Minister des Innern unterstellt. Während der Revolution hatte die Verwaltung der Provinz in den Händen g e w ä h l t e r Kollegien gelegen, was nicht nur zu Parteilichkeit und mannigfacher Unzukömmlichkeit, sondern gar bald zu ausgesprochenem Ungehorsam gegenüber der Zentralgewalt geführt hatte, so daß die Direktorialverfassung von 1795 die autonomen Gemeinde-munizipalitäten ganz aufhob. Jetzt stellte Napoleon die Kommunalbehörden wieder her, jedoch o h n e die Wählbarkeit ihrer Funktionäre und in Abhängigkeit vom Staate, der sie

bevormundete, ihr Budget kontrollierte, ihre öffentlichen
Arbeiten gestattete oder verbot. Der Maire ist der vom Staat
besoldete und bestellte Gemeindevorsteher, dem ein vom Präfekten aus den Listen ernannter Gemeinderat mit bloß beraten-
der Stimme zur Seite steht. In gleicher Weise hat der Unter-
präfekt einen Distriktsrat, der Präfekt die Generalräte neben
sich, die vom Ersten Konsul ernannt werden, um die direkten
Steuern des Departements zu verteilen, dessen Ausgaben
zu votieren und dessen Bedürfnisse und Interessen der Regierung namhaft zu machen. Dagegen entfielen zahlreiche
Beamtenposten, deren Inhaber, ehedem aus den tiefsten
Schichten der Bevölkerung hervorgegangen, nichts Wesentliches zu leisten vermocht hatten. „Was bisher", erzählt
Pasquier in seinen Erinnerungen, „seit 1789 der kollektiven
Beratung unterlegen hatte, ward jetzt der Entscheidung
eines Einzigen überantwortet; die Verwaltung des Departements und des Arrondissements wurde zur Verwaltung des
Präfekten und des Unterpräfekten. Die Folgen dieser Veränderung waren sehr erhebliche. Das Prinzip der Einheit
in der Aktion mit der entsprechenden Verantwortung brachte
rasch Ordnung in die Administration". Es war somit, im
Gegensatz zu den dezentralisierenden Grundsätzen der ersten
Revolutionsjahre, ein streng zentralistisches System, eine
Hierarchie — wie Napoleon selbst sagte — von lauter „Premier-
konsuln im Kleinen", eine Bürokratie, ähnlich derjenigen,
die unter Richelieu und Ludwig XIV. eingeführt worden war,
nur mit dem entscheidenden Unterschied, daß ihr Mechanis-
mus jetzt weder durch die Vorrechte und Zollschranken der
Provinzen, noch durch die Ausnahmestellung privilegierter
Stände und Korporationen gehemmt und behindert wurde
und daß sie nicht ein Volk regierte, das die Freiheit mit einer
theoretischen Sehnsucht begehrte, sondern eines, das ihrer
bereits recht praktisch überdrüssig geworden war.

Anfang März 1800 wurden die ersten Präfekten ernannt,
ohne daß Napoleon dabei sehr viel persönlichen Einfluß genommen hätte. Man fand zwar auch da noch den royalistischen Grafen Larochefoucauld neben dem Girondisten
Doulcet Pontécoulant und dem Erzjakobiner Jean Debry;
aber Debry, der übrigens ein gerechter und unparteiischer
Beamter war, gehörte doch zu den Ausnahmen. Die Regel

waren Männer aus der ehemaligen Gironde, weniger Gemaß-
regelte des Fructidor. Ihre Auswahl überließ Bonaparte dem
Konsul Lebrun und dem Minister des Innern, seinem Bruder
Lucian, der übrigens bald sein Portefeuille an den gelehrten
Chaptal abgab und als Gesandter nach Madrid ging. (Die
radikaleren Elemente, die gleichfalls befriedigt sein wollten,
brachte Cambacérès vielfach in Richterstellen unter, wo sie
der Politik der konsularen Autorität weniger hinderlich
waren.) An Arbeit mangelte es keinem der neuen Präfekten.
Noch im Jahre 1800 gehen wenig Steuern ein, und man
kennt noch kaum die Pflichtsumme des Departements. Den
niedersten Beamten schuldet der Staat den Gehalt eines
halben Jahres; einige von ihnen sterben Hungers. Auf dem
flachen Lande herrscht eine Unsicherheit ohnegleichen. Man
zählt durchschnittlich über 3000 Bettler in jedem Departement. Die Landstraßen, in Verfall, sind der Tummel-
platz zahlreicher Räuberbanden, die bis in die Nähe von
Paris vordringen und deren Untaten die Rapporte der
Beamten füllen. In einem einzigen Departement (Vaucluse)
werden noch 1801 nicht weniger als 90 Raubmorde gezählt.
Aus Furcht halten es viele Gemeinden mit den Briganten
und gewähren ihnen Zuflucht. Und um nichts besser als
auf dem Lande ist es in den Städten. „Keine Polizei,"
— schreibt ein Staatsrat über Toulon — „keine Straßen-
laternen, jede Nacht erbrochene Läden, kein Pflaster, keine
Reinlichkeit, kein Brot in den Spitälern". Nur mit Mühe
kann die neue Regierung ihrer wichtigsten Pflicht, Person
und Eigentum der Staatsbürger zu schützen, genügen. Aus-
nahmegerichte, die man im Februar 1801 errichtete und denen
die Armee ihren Arm lieh, und die bessere Ordnung der schon
vom Direktorium reformierten Gendarmerie, deren Pflicht-
eifer Napoleon dadurch hob, daß er einen verdienten General
mit ihrem Kommando betraute, säubern endlich, unterstützt
von den Bauern, die Zutrauen zu dem neuen Regiment gewinnen, das Land von dem verbrecherischen Gesindel. Schon
1802 hört man nur noch selten von Mord oder Straßenraub.
Für die Sicherheit in den Städten sorgte das Gesetz vom
17. Februar 1800, das in den Kommunen mit über 5000 Einwohnern Polizeikommissariate, in denen mit über 100.000
Polizeidirektionen errichtete. Paris hatte durch eine Verord-

nung vom 1. Juli 1800 einen eigenen Polizeipräfekten erhalten
dessen Wirkungskreis die Staats-, Sicherheits- und Gemeinde-
polizei zugleich umfaßte. Die Spitäler werden durch Chaptal
menschenwürdiger eingerichtet als sie es bisher gewesen
waren, die barmherzigen Schwestern wieder zur Kranken-
pflege herangezogen; eine Hebammenschule entsteht. Die
Stadt wird durch den Ausbau der Quais am linken Seineufer,
die Anlage neuer Straßenzüge (Rue de Rivoli) und die Restauration des Louvre verschönert; sie erhält reichlich Trink-
wasser und große Getreidedepots, um künftiger Not leichter
steuern zu können.

Der War auf solche Art für Leben und Gut der Bevölkerung
Sorge getragen, so galt es daneben ihre Wohlfahrt zu fördern,
oder vielmehr zu begründen, denn sie war fast ganz dahin.
Die finanziellen Gewaltmaßregeln der revolutionären Regierungen, der Krieg, der den Export verhinderte, die Papier-
geldwirtschaft ohne Boden, sie hatten Industrie und Handel
untergraben. Ein Fabrikant, der vorher in Paris 60 bis 80
Arbeiter beschäftigt hatte, begnügte sich jetzt mit deren zehn.
Die ehedem blühende Spitzenindustrie im Norden, die Leinen-
industrie in der Bretagne, die berühmte Papierfabrikation
im Departement Charente waren so gut wie vernichtet; die
Lyoner Seidenerzeugung war auf die Hälfte der Gewerke
eingeschrumpft, da die antikisierende Mode schmiegsamen
Stoffen die Alleinherrschaft verliehen hatte, die fast nur
England mit seiner fortgeschrittenen, von neuerfundenen
Maschinen unterstützten Produktionsweise herzustellen verstand. In Marseille bezifferte sich der Umsatz in Monaten
nicht so hoch wie zu Beginn der Revolution in Wochen. Die
Häfen, namentlich am Ozean, waren versandet, ihre Schutzwerke verfallen, ihre Bevölkerung verkommen. Was noch
Handel trieb, trieb ihn an der Börse, wo die riesige und stets
wechselnde Differenz der wirklichen und eingebildeten Werte
zum Spiel herausforderte, oder wagte sich in Spekulationen
für die Armeen, wobei sich die Unternehmer und die bestoche-
nen Offiziere bereicherten, natürlich auf Kosten des gemeinen
Mannes, den die gewissenlose Staatspolitik in Not und Tod
verführte. Der Zinsfuß für geliehenes Geld, der unter dem
Direktorium 60 Prozent und darüber betragen hatte, stand
1800 noch immer auf 36.

Die neue Verwaltung suchte zunächst durch den Ausbau von Kanälen und — im Einvernehmen mit den Gemeinden — durch die Herstellung guter Straßen den Verkehr zu beleben. Dann erfuhr die Industrie besondere Berücksichtigung. Napoleon ließ englische Mechaniker nach Paris kommen, und in einem Jahre waren fünfzig Textilfabriken mit neuen Maschinen ausgestattet. Französische Ingenieure bemächtigten sich der neuen Erfindungen, verbesserten sie und machten dadurch die heimische Produktion konkurrenzfähig. Chaptal ließ keine Woche vergehen, ohne ein gewerbliches Etablissement zu besuchen, gründete eine „Gesellschaft für Industrieförderung", die allmonatlich einen belehrenden Bericht veröffentlichte, rief eine Produktionsstatistik ins Leben, die der Regierung als Richtschnur für ihr unterstützendes Wirken diente, schrieb Preise aus für eine neue Maschine in der Wollwarentechnik, dekretierte, daß nur französische Fabrikate bei festlichen Veranstaltungen der Behörden zur Verwendung kommen sollen u. a. Textilwaren mußten die Fabriksmarke tragen, die geschützt wurde. Auch die Mode nahm Napoleon zu Hilfe. Sie wurde jetzt dezenter und Josephinens Beispiel depossedierte die leichten fremden Stoffe zu Gunsten von Seide und Samt, die im Inland erzeugt wurden; die Besetzung und später die Annexion des piemontesischen Landes hielt den dort gewonnenen Rohstoff zur vorwiegenden Verfügung der Lyoner Fabrikation. So blühte die französische Industrie rasch empor, deren Erzeugnissen die auswärtige Politik den Weg in die Nachbarländer bahnte — zum nicht geringen Verdruß der Engländer[1]).

Freilich war dies alles nur möglich, wenn es der Regierung gelang, durch eine völlige Umwälzung in der Finanzverwaltung den Unternehmern billiges Geld, dem Staatskredit Ansehen und sich selbst die Mittel zu verschaffen, die Lage des soliden Teiles der Bevölkerung radikal zu bessern. Es ist ein überaus

---

[1]) Als ein Beispiel für Napoleons Achtsamkeit in diesen Dingen mag hier eine Stelle aus einem Brief an Talleyrand vom 13. Februar 1801 gelten: „Linons und Battiste zahlen in Spanien keinen Zoll, aber beide tragen mitunter einen Besatz von buntem Kattun und werden dann von einzelnen Zollämtern des Nachbarreiches sehr hoch besteuert, während andere sie passieren lassen ... Der König soll für sie eine neue Ausnahmsbestimmung treffen." C o r r e s p., VII. 5365.

interessantes historisches Thema, wie sich Frankreich, das
unter der harten Herrschaft des Konvents und des Direktoriums
in einem Meere wertlosen Papiergeldes unterzugehen drohte,
doch wieder in kurzer Zeit zu geordneten Wirtschaftszu-
ständen und einer geregelten Valuta emporgearbeitet hat. Hier
sei ein Rückblick gestattet. Die Revolution hatte gesucht,
dem durch die königliche Regierung in zahllosen Schuldtiteln
erschöpften Staatskredit dadurch aufzuhelfen, daß sie die
Kirchengüter und die liegenden Besitzungen der ausgewanderten Aristokraten als Staatsgut erklärte und Anweisungen
darauf als Wertzeichen in Umlauf setzte. Aber die liegenden
Güter blieben anfänglich, in der allgemeinen Unsicherheit,
vielfach unverkäuflich, und vielfach auch ging der Kaufschilling
nicht ein. Der Krieg, den man im Taumel einer unerprobten
Freiheit an ganz Europa erklärt hatte, verschlang Un-
summen, desgleichen die sehr kostspielige Ernährung des
Pöbels von Paris, während die Steuern unbezahlt blieben,
so daß jene Staatsnoten (Assignaten), da man sie immer wieder
vermehrte, wertlos wurden. Man vermehrte sie aber, weil
der Staat seiner regelmäßigen Einkünfte entbehrte. „Man
kann nicht leugnen", erklärte ein Abgeordneter der Fünfhundert im J. 1796, „daß seit einigen Jahren die Gewohnheit
beliebt geworden ist, keine Steuern mehr zu zahlen", und
Gaudin stellte fünf Jahre später fest, der Staat habe, obgleich
er seine Renten nur in Assignaten verzinste, an einem per-
manenten Defizit von mehr als 200 Millionen gelitten[1]). Im
Jahre 1795 stieg der Louisdor von 24 Franken auf 1800, im
Februar 1796 einmal auf 8137 Franken in Scheinen, so daß
ein Livre Gold mit fast 340 Livres Papier bezahlt wurde.
Das Direktorium half sich mit Gewaltschritten. Die 24 Milliarden Assignaten, die sich in Umlauf befanden, wurden im
März 1796 eingezogen, und die Besitzer erhielten nur für das
Dreißigstel sogenannte Territorial-Mandate, die aber auch
wieder nichts weiter waren als Anweisungen auf die Staats-
güter; denn der Zwangskurs, den man ihnen mit auf den Weg
gab, hielt sie nicht ab, schon in wenig Wochen nach ihrem
Erscheinen auf ein Zwanzigstel, im nächsten Jahr auf ein

---

[1]) S t o u r m, Les finances de l'ancien régime et de la révolution,
I. 168 ff.

Hundertstel ihres Nennwertes zu fallen. Als endlich die Regierung den Zwangskurs aufzuheben genötigt war, verschwanden sie aus dem Verkehr. Sie hatten nur einer Anzahl Spieler dazu gedient, dem Direktorium im Laufe eines Jahres den größten Teil der Nationalgüter abzukaufen und sie weiter zu veräußern, so daß der Staat die meisten Domänen eingebüßt und kaum ein Hundertteil ihres Wertes an Geld in Händen hatte. Schmutzige Wucherer und leichtfertige Spekulanten neben zahlreichen großen Unternehmern in den Städten, und namentlich kleinen auf dem Lande, hatten auf diese Weise den Grundbesitz der Klöster und der alten Standesfamilien an sich gebracht — man zählte an 1,200.000 solcher neuer Eigentümer — ein Besitzwechsel, so rasch und durchgreifend, wie er weder vorher, noch selbst in dem zu ähnlichen Erscheinungen neigenden 19. Jahrhundert wieder vorgekommen ist. Es gab fortan einen grundbesitzenden Mittelstand in Frankreich.

Hatte man ursprünglich die Absicht gehabt, mit den Werten der Staatsgüter die französischen Schulden zu zahlen, so war davon unter solchen Verhältnissen natürlich nicht mehr die Rede. Schon im Jahre 1793 mußte der Konvent beschließen, die Staatsschuld als unkündbare 5%ige Rentenschuld in das „große Buch der öffentlichen Schuld" einzutragen. Die Zinsenrente war im Jahre 1797 auf über 250 Millionen Franken gestiegen, von denen freilich nur ein Viertel in barem Geld, der Rest in Bons auf die Nationalgüter, die sich durch die belgischen Klöster vermehrt hatten, gezahlt wurde. Gleichwohl war die Last noch viel zu drückend, und das Direktorium machte sich dadurch Luft, daß es nur ein Drittel der ganzen Staatsschuld im „großen Buch" behielt, „konsolidierte", die übrigen zwei Drittel aber den Gläubigern in Bons auf die Staatsgüter zurückzahlte, „mobilisierte". Da jedoch diese Bons, dem Kredit der Regierung entsprechend, noch im Jahre 1798 auf $1\frac{1}{2}\%$ ihres Nennwertes fielen, so war die Abschreibung der Staatsschuld ein einfacher Bankrott gewesen, der den Gläubigern Frankreichs zwei Drittel ihrer Ansprüche raubte. Aber auch das dritte sogenannte „konsolidierte" Drittel wurde nicht in Metall, sondern wieder nur in Anweisungen verzinst. Unter solchen Umständen mußte jegliches Vertrauen der soliden Geschäftswelt zum Staate

schwinden. Ein großer Teil der Bevölkerung — voraus die:
bäuerliche — beharrte in der Verweigerung der Steuerzahlung.
Im Jahre 1800 gab es Rückstände, die sich auf über 600,
nach andern auf über 1000 Millionen beliefen.

In diese Verhältnisse Ordnung zu bringen, erforderte
einen eisernen Willen. Wir haben schon von den ersten
Schritten des neuen Finanzministers Gaudin gehört. Um
ein Jahr lang überhaupt nur leben zu können, ging er nebenher noch den alten Weg teurer Anlehen und Erpressungen
bei den Nachbarn[1]) und machte Operationen, die einem Bank-
bruch ähnlich sahen wie ein Ei dem andern. Zunächst verbot er die Annahme der vom Direktorium den Lieferanten
ausgefolgten Anweisungen (Delegationen) bei den Steuer-
kassen schlechtweg. Die Inhaber wurden auf die Zeit nach
dem Krieg verwiesen. Wollten sie sofort bezahlt sein — es
handelte sich um 65 Millionen — so wurden sie es, aber nur,
wenn sie den gleichen Betrag sofort dem Staat als Darlehen
zur Verfügung stellten. Nicht minder willkürlich verfuhr
man mit 110 Millionen schwebender Schulden, von denen
neunzig aus den Jahren 1797, 98 und 99, zwanzig aus dem
Jahre 1799 auf 1800 datierten. Man zahlte jetzt, aber allerdings nur in Rente, und auch nur die Schuld des letzten Jahres
in 5%iger Rente, die damals (Anfang 1801) mit fünfzig
gehandelt wurde; die früheren Schuldscheine honorierte man
nur mit 3 vom Hundert, d. h. man rechnete die 90 Millionen
3%iger auf 54 Millionen 5%iger Rente um, gab neue Renten-
titres aus, und tilgte auf diese Weise 90 Millionen, die der
Staat schuldete, mit 27 Millionen — ein Verfahren, das selbst
die Zwangslage der neuen Regierung kaum zu entschuldigen
vermochte. Dasselbe Gesetz sorgte auch für die Liquidierung
der „nichtkonsolidierten" Staatsschuld, jener zwei Drittel,
deren Kurs jetzt 2% bis 3 stand. Gaudin bot 5 Franken für
100, freilich nicht effektiv, sondern nur die 5% Zinsen, d. i.
für hundert Franken Nominal $1/_4\%$, so daß 400 Millionen „mo-
bilisierter" Staatsschuld mit einer Million im Budget standen.

---

[1]) Die Hamburger z. B. sollten sich den Schutz Frankreichs gegen
Preußens vorgebliche Annexionsgelüste mit einem „Darlehen" von 4 bis.
6 Millionen erkaufen. (Napoleon an Talleyrand, 13. Jan. 1800. C o r r.,
VI. 4520.) Holland zahlt 1801 5 Millionen Gulden dafür, daß die französische-
Garnison im Lande reduziert wird, u. dgl. m.

Aber während man sich mit derlei Mitteln half, wurden doch auch nützliche Maßregeln getroffen, die die Wiederkehr solcher Zustände unmöglich machten. Schon am 24. November 1799 hatte man „Direktionen der direkten Abgaben" in jedem Departement gegründet, wie sie heutzutage noch bestehen. Dann war die Steuerverteilung, die bisher alljährlich geschwankt hatte, auf sichere Grundlagen gestellt worden. „Sicherheit des Eigentums", sagte Napoleon, „gibt es nur dort, wo die Steuerquote nicht in jedem Jahr veränderlich ist". Er faßte aufs neue die Katastralvermessung des Landes ins Auge, wie sie schon vor zehn Jahren geplant worden war. Im September 1801 wurden die Generaldirektionen der Zölle und des Grundbuches gegründet, und die neugeordnete Administration der Waldungen hob das Erträgnis auf nahezu das Doppelte des bisherigen. Und wie die Einnahmen und die Privatwirtschaft des Staates, die dem Finanzminister anvertraut waren, so wurden auch die Ausgaben und das Schuldenwesen durchaus reformiert und im September 1801 einem besondern „Schatzministerium" überantwortet, an dessen Spitze der Staatsrat Barbé-Marbois trat[1]). Diesem Ministerium ward die Generaldirektion einer neuen Staatsschuldentilgungskasse (Caisse d'amortissement) unterstellt, die aus den Kautionen der Steuerbeamten gegründet worden war und die seit Juli 1801 der tüchtige Mollien verwaltete — ein Institut, das zur Hebung des Staatskredites wohl auch manches beigetragen hat, was schließlich seine Hauptaufgabe war; denn zu „amortisieren" hatte es eigentlich gar nichts, sondern nur, wie sein Direktor sagte, „den Agioteuren das Spiel zu verderben", was freilich nicht immer gelang. An Staatsgütern hatte das Direktorium noch einen unverkauften Rest im Wert von 300 Millionen dem Konsulat hinterlassen. Anstatt sie, gleich seinen Vorgängern, zu verschleudern, wies Napoleon siebzig Millionen davon der Amortisationskasse zu, die sie allmählich zu veräußern und den Erlös zum Rückkauf von Staatsrenten zu verwenden hatte, um den Kurs in der Höhe von 50 und darüber zu erhalten, zu der er

---

[1]) Diese Teilung der Finanzverwaltung unter zwei Ministerien hat sich bis 1815 erhalten. Napoleon hat sie zu rechtfertigen gesucht, indem er sagte, daß ihm ein einziger Minister nicht die Garantie biete, die er in der Kontrolle des einen durch den anderen finde.

nach dem Frieden von Lünéville emporgelangt war. Weitere
120 Millionen der Nationalgüter wurden mit ihrem Ertägnis
der Unterrichtsverwaltung, 40 Millionen der Invalidenver-
sorgung gewidmet und auf solche Weise das Budget entlastet.
Bald konnte man die Zinsen der Staatsschuld in klingender
Münze bezahlen, was das Vertrauen in die Regierung in weiten
Kreisen außerordentlich hob und die Popularität Napoleons
nur noch vermehrte. Der Erfolg zeigte sich in unerwartet
hohen Steuereingängen, namentlich nach dem Friedensschluß
von Amiens, der die neuen Eigentümer von Emigrantengütern ebenso in ihrem Besitze sicherte, wie das Konkordat
diejenigen beruhigte, die Kirchengut an sich gebracht hatten.
Das Finanzjahr 1802 schloß mit einem Überschuß ab.

    Napoleon hütete sich wohl, diese seine Geltung etwa
durch neue indirekte Abgaben, die ihm Gaudin anriet, aufs
Spiel zu setzen[1]). Nicht, daß er sie im Prinzip verurteilte,
im Gegenteil. Er wußte sehr wohl, daß sie den Vorteil des
englischen Staates ausmachten und überdies sich dadurch
empfahlen, daß dabei „die Hand des Steuereinnehmers un-
sichtbar blieb"; sie hatten sich bisher auch im französischen
Budget bewährt. Aber er hat sich doch erst gegen Ende des
Konsulats zu einer Getränkesteuer als Konsumsteuer entschlossen. Um die Industrie und den Handel zu unterstützen,
ward am 18. Januar 1800 nach dem Muster einer Privatbank
die „Bank von Frankreich" mit einem Kapital von 30 Millionen
gegründet, an dem der Staat mit 5 Millionen partizipierte,
die er den Kautionen der Finanzbeamten entnahm. Napoleon
selbst zeichnete dreißig Aktien zu 1000 Franken und veranlaßte auch seine Umgebung zur Beteiligung. Die Bank hatte
Wechsel zu eskomptieren, Depots zu verwalten, mit Effekten
zu handeln, Vorschüsse zu leisten und erhielt 1803 das alleinige
Recht Noten auszugeben. Von da ab ermäßigte sich der
Diskont bis auf 6 Prozent, was den Geldverkehr sehr wesent-

---

[1]) Damit sollten Einnahmen von 600 Millionen Franken anstatt der
präliminierten 480 für das Finanzjahr 1801—1802 erzielt werden. Napoleon
erklärte aber, mit der letzteren Summe auslangen zu wollen, weil ihm das
„das Volk näher bringen werde", wie er zu Cobenzl sagte. Tatsächlich
hoben sich die Einnahmen auf 500 Millionen, während die Ausgaben sich
allein bei der Finanzgebarung um 15 Millionen ermäßigten. Vergl. S t o u r m,
p. 292, und Cobenzls Bericht vom 26. März 1801. W. St.-A.

lich hob, der Industrie und dem Handel und schließlich auch
den Staatsfinanzen zugute kam. Dazu traten dann Verordnungen über die Börse, die Wiederherstellung der durch die
Revolution beseitigten Handelskammern, häufigere Landes-
ausstellungen u. dgl. m. Und da der Staat seine Schuldigkeit
nach Kräften tat, blieb auch das Volk nicht mehr dahinter.
Die finanziellen Unternehmungen der Regierung begegneten
wieder der Beteiligung der soliden Geschäftswelt.

Aber dieser ganze Organismus wäre ohne dauerbaren
Wert gewesen, wenn nicht zugleich die Rechte und Pflichten
der Einzelnen untereinander endgültig fixiert und männiglich
bekannt geworden wären. Die Forderung eines Gesetzbuches,
das den durch die Revolution völlig veränderten Rechts-
zustand klar und sicher aussprach, war unabweislich. Bis
zum Jahre 1789 hatte es in Frankreich kein einheitliches
Recht gegeben: im Norden herrschte meist das seit dem 16.
Jahrhundert redigierte Gewohnheitsrecht (coutumes), im
Süden mehr das römische Recht (droit écrit) vor, daneben gab
es zahlreiche Lokalrechte. Noch vor der Revolution hatte der
Kanzler Maupeou auf die Notwendigkeit einer Justizreform
und einer Sammlung und Vereinfachung dieser vielfältigen
Rechtssätze hingewiesen. Da kam aber der Umsturz und
machte mit seinem obersten Grundsatz: „Gleiches Recht für
Alle" der Mannigfaltigkeit des französischen Rechtslebens
von selbst ein Ende. Die Verfassung vom Jahre 1791 versprach dann ein neues allgemeines Zivilgesetzbuch; im Jahre
1793 wurde das Versprechen wiederholt und auf ein ebenso
allgemeines Kriminalgesetzbuch ausgedehnt; aber noch im
Jahre 1799 war es weder zu dem einen, noch zu dem andern
gekommen, und in der Nachtsitzung des 10. November, in
der Napoleon die Staatsgewalt überkam, wurde den beiden
Kommissionen wiederum die Abfassung eines Gesetzbuches
aufgetragen. Jetzt endlich setzte der starke Wille eines Einzelnen durch, was die Absicht Vieler nicht zu erreichen vermocht hatte. Am 12. August 1800 ernannte Napoleon ein
Komitee von vier hervorragenden Juristen: Tronchet, Bigot
de Préameneu und Portalis (ehemalige „Alte") mit Malle-
ville als Sekretär, um den Zivilkodex zusammenzustellen.
Sie verteilten die Arbeit in Partien unter sich, nahmen einen
Entwurf Cambacérès' zur Grundlage, den dieser seiner-

zeit dem Konvent vorgelegt hatte, und waren schon nach
vier Monaten mit ihrer Arbeit zu Rande. Dann wurde, nachdem das Appellationsgericht und der Kassationshof ihre Gutachten abgegeben hatten, die Vorlage im Staatsrat beraten, wo
die Juristen Boulay de la Meurthe, Berlier, Abrial, die Konsuln
Cambacérès und Lebrun sie revidierten und Napoleon selbst
nicht selten das Wort nahm und die Entscheidung herbeiführte. Zeugen wissen von seinen scharfsinnigen Bemerkungen und klaren Ansichten zu reden, unter die sich freilich
auch manchmal eine recht unjuristische Auffassung mischte[1]).
Da aber die beiden Kammern einzelne Titel verwarfen, kam
der Code civil erst nach Veränderungen in deren Zusammen-
setzung (siehe unten) im Jahre 1804 zustande. Manches darin
war den alten „Coutumes", weit mehr aber noch dem „droit
écrit" entnommen. Das revolutionäre Freiheits- und Gleich-
heitsprinzip, das die Entwürfe aus den Revolutionsjahren
konsequent durchgeführt hatten, indem sie z. B. dem Willen
des Hausvaters der Gattin und den Kindern gegenüber
gewisse Schranken setzten, die Scheidungsgründe möglichst
weit faßten, den unehelichen Kindern unter gewissen Voraussetzungen gleiche Successionsrechte mit den ehelichen
einräumten, mußte jetzt nicht selten dem Autoritätsprinzip
des römischen Rechtes Platz machen, das namentlich an
Napoleon einen warmen Anhänger fand. Wie er die Regierungsgewalt im Staat uneingeschränkt wünschte, so sollte
auch in der Familie der Wille des Vaters und des Gatten
ohne Fessel walten; wir hören, daß auf seinen Einfluß hin
namentlich die Einschränkung der ehelichen Scheidungsgründe zu Ungunsten der Gattin erfolgte u. dgl. m. Im ganzen
aber war es doch ein überaus achtungswertes Werk des Aus-
gleiches zwischen neuen Grundanschauungen und alten bewährten Rechtsformen, das hier zustande kam. Die Revolution
hatte den Erbadel abgeschafft, der Code civil hat ihn nicht
erneuert; sie hatte im Erbrecht die Gleichberechtigung unter
Kindern verschiedenen Alters und Geschlechts zum Gesetz
erhoben, und der Code civil hat dies anerkannt; sie hatte —

---

[1]) Was man in den gedruckten Protokollen als seine Reden zu lesen
bekam, entsprach sehr häufig in Wort und Sinn nicht dem, was er wirklich
gesagt hatte. Der Staatsrat Thibaudeau hat in seinen „Mémoires
sur le Consulat" (p. 426 ff.) eine Reihe solcher Beispiele zusammengestellt.

allerdings nicht ohne Zögern — den Juden das volle Bürger-
recht erteilt, und der Code civil hat es rückhaltslos bestätigt;
sie hatte die für alle Klassen und Konfessionen gleichen Zivil-
standsregister und die Zivilehe eingeführt, und der Code civil
hat beides beibehalten; sie hatte die Ehe als auflösbar
erklärt, und der Code civil hat dies ebenfalls getan. So war
Frankreich endlich zu einem alle bürgerlichen Verhältnisse
umfassenden Rechtssystem gelangt. Das bleibt das unbe-
streitbare Verdienst des Ersten Konsuls von Frankreich,
und darum führt das französische Zivilgesetzbuch mit Recht
den Namen „Code Napoléon".

Und ebenso kam man auch auf den Gebieten des Kri-
minalrechts, des Prozesses und des Handelsrechts zu abschließenden Kodifikationen[1]), Werke, auf deren Inhalt hier
nicht einmal andeutungsweise eingegangen werden kann, von
deren Wert aber der weite Umkreis ihrer Geltung zeugt. Denn
nicht Frankreich allein sollten diese Gesetzbücher dienen:
überall, wohin die Macht Napoleons gelangte, trug sie das
neue Recht mit sich, und als später eine Zeit kam, in der
das französische Volk wieder auf seine alten Grenzen eingeschränkt wurde, blieben seine Gesetze als dauernde Zeichen
seiner ehemaligen Größe zurück. Bis nahe an den heutigen
Tag galt der Code Napoleon in Rheinpreußen, Rheinbayern,
Rheinhessen und mit geringer Abweichung im Großherzogtum Baden, in Holland, Belgien, Italien usw. Bis auf unsere
Tage herab hatte sich der französische Strafprozeß mit seinem
öffentlichen und mündlichen Verfahren und seinen Geschwore-

---

[1]) Die Beratungen über das Strafgesetz (Code pénal) und den Strafprozeß (Code d'instruction criminelle) begannen zwar auch schon im März
1801, waren aber erst im Jahre 1810 vollendet. Der Grund lag in Napoleons
Abneigung gegen die Geschworenengerichte, in denen er eine Beschränkung
der Regierungsautorität und zu wenig Schutz gegenüber den Attentaten
auf seine Person erblickte. Er würde sie, obgleich sie im Artikel 62 der Verfassung gewährleistet waren, am liebsten ganz unterdrückt haben. Da er
dies aber weder bei den gesetzgebenden Körpern, noch selbst im Staatsrat
durchzusetzen vermochte, sistierte er 1804 die Beratung über das Strafgesetz
gänzlich, die erst 1808 wieder aufgenommen wurde. Die Jury ward zwar
dann auch noch beibehalten, aber durch ständige Spezialgerichtshöfe in
ihrer Wirksamkeit wesentlich eingeschränkt. Die Zivilprozeßordnung (Code
de procédure civile) kam 1802 zum Entwurf, 1806 vor den Gesetzgebenden
Körper, und trat 1807 in Wirksamkeit. Das Handelsgesetzbuch (Code de
commerce) wurde von 1801 bis 1807 beraten und war von 1808 ab gültig.

nen in den rheinischen Landen erhalten. Noch heute gilt
der Code de commerce mit wenig Abänderungen in verschiedenen Ländern Europas und hat fast überall, wo Handels-
gesetze entstanden, als Muster gedient. Und mit den Gesetzbüchern gingen auch die Grundsätze der Gleichheit in die
Fremde, auf denen sie basierten, und es vollzog sich ein Prozeß
von Kulturübertragung, der in kurzer Zeit, und trotz aller
Reaktion dagegen, das Aussehen einer Welt verändern sollte.
Wer möchte den Mann klein nennen, dessen kräftige Faust
hier den Hebel regierte?

Von Recht und Wohlfahrt der gegenwärtigen Generation wandte Napoleon sich der Bildung und Erziehung des
kommenden Geschlechtes zu. Wie auf allen Gebieten, so hatte
auch auf dem des öffentlichen Unterrichts die Revolution
zwar Unbrauchbares zu beseitigen, wertvolle Prinzipien
aufzustellen, Großes zu entwerfen, aber nur wenig Festes
und Dauerbares zu schaffen gewußt. Ihr Axiom der Gleichheit war schon durch die Verfassung des Jahres 1791 auch
auf die Schulbildung angewendet worden: „Es wird ein öffentlicher Unterricht organisiert werden, gleich zugänglich für
jedermann und unentgeltlich für die allen Menschen unentbehrlichen Disziplinen". Doch trotz trefflichen Elaboraten
Talleyrands und Condorcets kam es lange nicht zu einem
umfassenden Gesetz, und unterdessen ging das öffentliche
Schulwesen nahezu zugrunde. Erst im Oktober 1795 erschien
eine neue Unterrichtsordnung mit Primärschulen für die
Gemeinden, Zentralschulen für die Departements und Fachschulen nach zehn verschiedenen Berufsrichtungen. Nur
fehlte es damals diesem großangelegten Werke an der nötigen
Ruhe und Ordnung im Innern, um zu gedeihen, und wohl
auch mitunter am guten Willen der Gemeinden, die an
Kosten sparen wollten. Noch im Jahre 1800 waren die
Primärschulen sehr selten, desgleichen Schüler und Lehrer
an ihnen, und der berichtende Staatsrat schlug geradezu
vor, die Leitung den Pfarrern zu übergeben, da man den
mangelnden Religionsunterricht vielfach als die Ursache der
Verödung der Volksschulen ansah. Die Schulgebäude —
auch in Paris — waren in einem kläglichen Zustande. An
den Zentralschulen, wo es weder Prüfungen noch Diplome gab,
wurden vorzüglich — das lag im brüsken Charakter der Zeit —

— nur die mathematischen und technischen Fächer gepflegt die anderen fanden keine Zuhörer. Und ähnlich war es mit den Fachschulen. Die wichtigen Schöpfungen des Konvents aus dem Jahre 1794 konnten in der aufgeregten Zeit nicht Leben und Wirkung gewinnen. Die ausgezeichnete „Polytechnische Schule" hatte nur wenig Schüler, die „Normalschule" zur Vorbildung fürs Lehrfach bestand kein Jahr lang, die Medizinischen Schulen (Écoles de santé) mit praktischen Kursen harrten entsprechenden Zuspruchs, das „Gewerbemuseum" (Conservatoire des arts et métiers), das dem Anschauungsunterricht für die Arbeiter dienen sollte — ein Gedanke des Philosophen Descartes im 17. Jahrhundert — befand sich bis auf die letzte Zeit des Direktoriums in verwahrlostem Zustande. So blieb auch hier die Durchführung Sache des Konsulats.

Noch im Dezember 1799 wurde eine besondere Sektion für „Wissenschaften und Künste" im Ministerium des Innern eingerichtet, die sich zwei Jahre später zur „Generaldirektion des öffentlichen Unterrichtes" ausgestaltete. Am 1. Mai 1802 erschien dann ein neues Schulgesetz: Primärschulen in jeder Landgemeinde unter Aufsicht des Unterpräfekten, deren Lehrer vom Maire ernannt wurden; die Gemeinden hatten für ihre Unterkunft zu sorgen; ein mäßiges Schulgeld sollte ihnen den Unterhalt sichern. Mehr als Lesen, Schreiben, Rechnen und der Katechismus wurde nicht gelehrt. In den Städten wurden Sekundärschulen unter Aufsicht des Präfekten errichtet, die frei von Privaten nach dem Gutachten der Regierung gegründet und gehalten werden konnten. Daneben gab es 32 staatliche Lyzeen mit klassischem (ohne Griechisch) und realem Unterricht als Internate, wohin die besseren Schüler der Sekundärschulen aufstiegen und von wo nach Ablauf der Studienzeit ein Fünftel in die Spezialhochschulen übertrat[1]). Zur Überwachung des ganzen

---

[1]) Solcher Fachschulen kannte das Gesetz vom 1. Mai 1802 neun: 1. Jura, 2. Medizin, 3. Naturwissenschaften, 4. mechanische und chemische Technologie, 5. höhere Mathematik, 6. Geographie, Geschichte und politische Ökonomie, 7. Zeichnende Künste, 8. Astronomie, 9. Musik und Kompositionslehre. Die juridischen Fakultäten werden auf neun gebracht; die medizinischen treten an die Stelle der „Heillehranstalten" (Écoles de santé) des Konvents. Später kommt es auch zur Gründung von elf theologischen Fakultäten im Lande, neun katholischen und zwei protestantischen.

Unterrichtswesens wurden Inspektoren ernannt, und, um die neue Ordnung rascher Leben gewinnen zu lassen, verlieh die Regierung an nicht weniger als 6400 Schüler Freiplätze, darunter an 2400 Söhne verdienter Beamten und Militärs. Sehr besprochen wurde, daß der Premierkonsul die lehrenden Brüder (frères ignorantins) wieder zum Unterricht zuließ, obgleich nach dem Konkordat alle Kongregationen aufgehoben waren. Es entstanden geistliche Privatschulen minderer und höherer Gattung. Auch der Mädchenunterricht, der, wie überhaupt alles Weibliche im Staat, an Napoleon keinen großen Gönner fand, wurde Klosterfrauen überlassen. Von besonderer Wichtigkeit dagegen war die Neubelebung der großen Schöpfungen der jüngsten Zeit auf dem Gebiete des technischen Unterrichts: die „École polytechnique" erhielt eine bessere Organisation; in den östlichen Departements entstanden Bergschulen; die „École des ponts et chaussées" bekam ein neues Statut; das „Conservatoire des arts et métiers" ward gänzlich als Lehranstalt eingerichtet; in Compiègne entstand eine gute Werkmeisterschule. So trat die Schule in den Dienst der Volkswohlfahrt und beförderte den wirtschaftlichen Aufschwung.

Mit diesen Anordnungen hatte allerdings Napoleon weniger die Pflege des Wissens im Auge, als vielmehr die Absicht, sich praktisch unterrichtete und gut gehorsame Untertanen zu erziehen, deren Bildung just nicht bis zur unbefangenen Kritik seiner Regierungshandlungen emporzureichen brauchte. Als Fourcroy, der Generaldirektor des öffentlichen Unterrichtes, ihm 1802 einen mehrfältig gegliederten Mittelschulplan überreichte, da wies er ihn als viel zu umfassend zurück und bemerkte: „Ein bißchen Latein und Mathematik, mehr braucht man nicht." Doch hat er anderseits der exakten Gelehrsamkeit und ihren Vertretern seinen Respekt nie versagt. Er liebte es vielmehr, wie mit den Größen der Kunst, so mit denen der Wissenschaft zu verkehren und hat nicht aufgehört, durch Ehren und Würden Männer auszuzeichnen, die sich seine Achtung durch ihr Talent und ihre Kenntnisse erworben hatten — ausgenommen diejenigen, die er „Ideologen" zu nennen pflegte und zu denen er namentlich die Mitglieder der „moral-politischen" Klasse des Instituts rechnete. Als er am 19. Mai 1802, um das Verdienst um den Staat, sei's im Militär, sei's im Zivil, anzuerkennen, die „Ehrenlegion"

schuf, machte er den Naturforscher Lacépède zum Groß-
kanzler des neuen Ordens[1]).

Zu diesem System der Zusammenfassung aller Staats-
kräfte paßte es schlecht, daß noch immer ein Teil der Franzosen durch das Gesetz von der Heimat ferngehalten wurde.
Es waren dies teils jene Emigranten, die schon am Beginn
der Revolution freiwillig Frankreich verlassen, teils solche,
die später vor den Schreckensmaßregeln und Drohungen der
radikalen Gewalten die Flucht ergriffen hatten. Noch unter
dem Direktorium war das Gesetz erneuert worden, das ihre
Heimkehr mit dem Tode bestrafte. Napoleon, um keinem
Zweifel an der Stärke seines neuen Regiments Raum zu
geben, kam davon zurück. Er wollte auch hier seine Unabhängigkeit von jeder Partei dartun. Die Verfassung hatte
zwar, um die neuen Eigentümer von Emigrantengütern, die
der Staat konfisziert und verkauft hatte, sicher zu machen,
die Rückkehr der Ausgewanderten verboten und für die
Zukunft jede Ausnahme für ausgeschlossen erklärt, aber
Napoleon achtete sie wenig und führte sein Vorhaben schritt-
weise durch. Da erschienen schon im Februar und März 1800
Verordnungen, die die Emigrantenlisten für geschlossen erklärten und die Gesuche um Streichung der Namen rascher

[1]) Nach dem Gesetz vom Jahre 1802 hatten die Mitglieder der Legion
bei ihrem Eintritt unter anderem auf ihre Ehre zu schwören, daß sie jeden
Versuch, das feudale Regiment mit seinen Attributen und Titeln wiederherzustellen, bekämpfen wollten. Die Abzeichen und Dotationen der Legionäre waren den treuen Republikanern ein Dorn im Auge. Sie erblickten
darin eine Abweichung vom Prinzip der Gleichheit, einen neuen Adel, die
Rückkehr zu monarchischen Staatsbehelfen, und Napoleon bekam Vorstellungen darüber zu hören. „Ich bezweifle — antwortete er — daß es
jemals Republiken gab ohne derlei Distinktionen. Man nennt das ein ‚Kinderspielzeug' (hochets), jawohl, aber mit Kinderspielzeug lenkt man die
Männer." Es war übrigens nicht nur Spielzeug, sondern auch klingendes
Geld, das dabei mitwirkte, denn von den Ordensmitgliedern erhielten die
hundert Großoffiziere je 5000 Franken jährlich, die Kommandeure 2000,
die Offiziere 1000, die Legionäre 200; jede der fünfzehn Kohorten bekam
Staatsgüter im Werte von 200.000 Franken Rente überwiesen. Hier, wie
bei den Stipendien an den Mittelschulen und in anderen Fällen, war es
Napoleons Absicht, sich in der Armee und in der Beamtenschaft möglichst
viel persönlichen Rückhalt zu verschaffen, schon um die ungünstige Wirkung
des Konkordats auf diese Weise zu paralysieren. (S. R e m a c l e, Relations
secrètes des agents de Louis XVIII. sous le Consulat, p. 50; T h i b a u d e a u,
Mémoires, p. 130.)

zu erledigen befahlen. Im Oktober wurde Frauen und Kindern, auch bestimmten Erwerbsklassen und den Tausenden von Priestern, die seinerzeit das Gesetz aus der Heimat vertrieben hatte, die Rückkehr gestattet. Endlich ward, sofort nach der Publikation des Friedensinstrumentes von Amiens, im April 1802, eine allgemeine Amnestie gewährt, die nur den Vorbehalt machte, daß die Heimkehrenden sich verpflichteten, nichts gegen die Republik zu unternehmen und keinerlei Verbindung mit deren Feinden zu unterhalten. Das war der entscheidende Schritt. Kaum war dieses Gesetz erlassen, so kamen bei 40.000 Familien (mit etwa 140.000 Gliedern) nach Frankreich zurück. Was von ihren Landgütern noch nicht veräußert war, erhielten sie wieder, bis auf die Waldungen, die man, wie es hieß, willkürlicher Devastation nicht aussetzen wollte. Damit, und mit der Beilegung des heimischen Schismas durch das Konkordat, war die Neuorganisation Frankreichs im wesentlichen beendet.

Nicht ohne namhaften Widerspruch war das Werk durchgeführt worden. Das immer deutlicher hervortretende Selbstherrschertum Napoleons — schon sagte man ihm nach, daß er sich mit Karl dem Großen vergleiche und für sich an ein „Kaiserreich der Gallier" denke — fand innerhalb der beiden Kammern und außerhalb seine Gegner. Das waren zunächst die liberalen Konstitutionellen, die, geführt von Benjamin Constant, dem intimen Freunde der Staël, im Tribunat wie in der Gesellschaft, der absolutistischen Tendenz des Ersten Konsuls entgegentraten und ihn, da sie auch seine nützlichen und notwendigen Schöpfungen, wie die finanziellen und judiziellen Gesetze, angriffen, nur auf dem eingeschlagenen Wege noch weiter trieben. Daneben die erbitterten Jakobiner und „Anarchisten", die in geheimen Zusammenkünften, von denen Fouché durch seine Agenten erfuhr, auch vor der Idee, Bonaparte zu töten, nicht zurückscheuten; ihre Entwürfe, die im Oktober und November der Ausführung nahe waren, konnten noch rechtzeitig unschädlich gemacht werden. Endlich die starren Royalisten, die nach wie vor treu zu

Ludwig XVIII. hielten und Napoleon als ein Hindernis ihrer Pläne haßten, seitdem er auf zwei Briefe des Prätendenten, die ihn der auszeichnenden Gnade des heimkehrenden Königs versicherten, mit den Worten erwidert hatte: „Sie dürfen Ihre Rückkehr nach Frankreich nicht wünschen; Ihr Weg würde Sie über 500.000 Leichen führen; opfern Sie Ihr Interesse der Ruhe und dem Glücke Frankreichs; die Geschichte wird es Ihnen hoch anrechnen". Diese Unversöhnlichen führten aus, was die Jakobiner nur geplant hatten. Als am Abend des 24. Dezember 1800 der Erste Konsul zur Oper fuhr, wurde er in der kleinen Straße St. Nicaise, die damals noch zwischen den Tuilerien und dem Louvre lag, von einer Höllenmaschine (einem mit Pulver, Kugeln und Feuerwerkskörpern angefüllten Faß) bedroht, die hinter seinem Wagen explodierte mehreren Passanten das Leben raubte, ihn selbst aber unver, sehrt ließ. Man hielt anfangs die Untat ebenfalls für das Werk der Radikalen, und Napoleon ließ, mit Zustimmung von Senat und Staatsrat — Tribunat und Gesetzgebender Körper verweigerten ihre Mitwirkung — durch ein Regierungsdekret ihrer hundertdreißig zu martervoller Deportation verurteilen. Erst später kam man den wirklichen Tätern auf die Spur, von denen aber die Mehrzahl bereits entkommen war und nur zwei hingerichtet werden konnten. Sie hatten im Komplott mit dem in England weilenden Führer der royalistischen Chouans, Georges Cadoudal, das Mordwerk unternommen. Die Terroristen jedoch blieben gleichwohl deportiert, „denn", wie Fouché sagte, „es handle sich nicht bloß darum, das Vergangene zu strafen, sondern vor allem die gesellschaftliche Ordnung zu erhalten." Sie gingen in Guyana und auf den Sechellen fast sämtlich zugrunde. Dieselbe Staatsraison schaffte überdies unter einem noch eine Anzahl determinierter Demokraten aus dem Seine-Departement als „Septembermänner und Anarchisten" ab und brachte andere vor ein Ausnahmegericht, ohne daß völlig zureichende Beweise gegen sie vorgelegen hätten. Im Staatsrat meinte dann Napoleon, man müsse von der Gelegenheit profitieren, um die Republik zu säubern. An seinen Bruder Joseph schrieb er darüber einige Jahre später folgendes: „Ich hatte nicht eher Ruhe in Frankreich und nicht eher den Gutgesinnten Vertrauen eingeflößt, bevor ich nicht zweihundert Aufwiegler festnehmen und in

die Kolonien schicken ließ. Von da ab war die Stimmung
in der Hauptstadt mit einem Schlag geändert[1])."

Damit war Napoleon, überaus nervös gemacht durch
die stete Besorgnis um sein Leben, eine von England besoldete Spionage und eine heimliche Fronde in seiner Umgebung, die fortwährend mit seinem Ende rechnete und der
auch sein Minister Talleyrand, ja sogar seine Brüder, nicht
ganz ferne standen, bei der Willkür angelangt. Willkür war es
schon gewesen, als er im Januar 1800 von dreiundsiebzig
politischen Zeitungen nicht weniger als sechzig unterdrückte
und jede Neugründung eines Journals verbot[2]). Und Willkür
war es wieder, womit er sich im Jahre 1802 der Opposition
im Tribunat erwehrte. Als diese Körperschaft, die schon
das Gesetz gegen die Anarchisten verworfen hatte, nun auch,
wie bereits erwähnt, den Code civil in jenen Teilen ablehnte,
an denen er selbst durch Mitarbeit beteiligt war, dachte er, da
die Regierung nicht das Recht hatte, die Kammern aufzulösen,
anfänglich geradezu an einen neuen Gewaltstreich, ließ sich
aber — wie es heißt: von Cambacérès — zu einem konstitu-

---

[1]) Mémoires du roi Joseph ed. D u C a s s e, Bd. V. Der Brief figuriert
in einer Reihe von Aufforderungen an den Bruder aus dem Januar 1809,
in Madrid eifriger mit Hinrichtungen vorzugehen. „Die Canaille liebt und
achtet nur diejenigen, die sie fürchtet, und nur die Furcht der Canaille macht
Euch bei der Nation beliebt und geachtet." Die Briefe fehlen natürlich in
der offiziellen „Correspondance de Napoléon I.". L e c e s t r e hat sie in
seiner Sammlung „Lettres inédites de Napoléon I." mitgeteilt.

[2]) Dieses Dekret war ein übler Dank, den Napoleon jenen Zeitungen
abstattete, die er erst noch vor vier Jahren, als er in den italienischen Krieg
zog, aufgefordert hatte, „über ihn und nur über ihn zu schreiben", die er
später so reichlich für sich in Anspruch genommen und die in der Tat zu
seinem Ruhm das ihrige beigetragen hatten. Es war aber nur der erste
Schritt auf dem Wege, der ihn schon wenig Jahre nachher zur völligen
Wiederherstellung der Zensur geführt hat. Eine Verordnung vom 27. September 1803 lautete: „Um die Freiheit der Presse zu sichern (!), wird hinfür keine
Buchhandlung mehr irgend ein Werk verkaufen, ohne es vorher einer Re-
visionskommission unterbreitet zu haben, die es zurückstellen wird, sofern
kein Grund zur Zensur vorliegt." Und ähnliches war schon 1800 wegen der
neu aufzuführenden Theaterstücke befohlen worden. Was den Ersten Konsul
in seinem Vorgehen gegen die Journale ermutigte, war, daß das für den inneren
Frieden besorgte Publikum selbst die Maßregelung der meist streitsüchtigen
und vielfach korrupten Presse nicht gerade ungerne sah. S. W e l s c h i n g e r,
La Presse sous le Consulat et l'Empire, p. 17, und den Bericht Portalis' über
die Presse vom November 1802 (in „La Révolution française", 1897).

tionell scheinenden Umweg bereden. Der Artikel 38 der
Verfassung des Jahres VIII bestimmte, daß von 1802 ab alljährlich ein Fünftel der Mitglieder des Tribunats und des
Gesetzgebenden Körpers erneuert werde. Dieser Zeitpunkt
war jetzt gekommen. Da die Verfassung aber nichts Näheres
festsetzte, w i e die Erneuerung vor sich zu gehen habe,
so ließ man nicht das Los über diejenigen entscheiden, die
auszutreten hatten, wie es in der Ordnung gewesen wäre,
sondern gewann den Senat dafür, mittels einer Neuwahl nicht
nur das neue Fünftel zu ernennen, sondern auch die Aus-
scheidenden zu bestimmen. Der Senat, von der gefürchteten
Ungnade Napoleons bedroht, gehorchte, und Tribunat und
Gesetzgebender Körper waren von den mißliebigen Leuten,
den Benjamin Constant, Chénier, Chazal, Daunou u. a. gereinigt
(Januar 1810). In ihre Stellen traten weit gefügigere Elemente
ein, die manchem der bisher heftig bekämpften Gesetzent-
würfe und anderen, die noch gar nicht vorgelegt worden waren,
wie der Verfügung über die Emigranten, dem Konkordat,
der Ehrenlegion, von vornherein zustimmten. Als bei dieser
Gelegenheit der Premierkonsul von seinen Brüdern auf die
Notwendigkeit einer Opposition aufmerksam gemacht und
auf Englands Beispiel hiefür hingewiesen wurde, erwiderte er:
„Ich habe die Vorteile irgendwelcher Opposition noch nicht
begriffen. Wie immer sie beschaffen sein mag, sie dient doch
nur dazu, die Regierungsgewalt in den Augen des Volkes
herabzusetzen. Soll ein anderer an meiner Stelle regieren,
und wenn er nicht, wie ich, den Schwätzern Schweigen ge-
bietet, wird er sehen, wie es ihm geht. Ich sage Euch, zum
Regieren bedarf man absoluter Einheit der Gewalt[1]).“ Diese
sollten ihm die neuen Kammern zusprechen.

Daß er der Konstitution gemäß nur auf zehn Jahre erwählt war, stimmte wenig zu seinen weitreichenden Plänen.
Darum war er auch der Verfassung des Jahres 1799 nicht hold,
wie er, aus einem ähnlichen Grunde, die des Jahres 1795
gehaßt hatte. Herrschen wollte er über Frankreich, herrschen
wie die anderen Souveräne über ihre Staaten herrschten,
nicht eingeschränkt und gedemütigt von einem winzigen Para-
graph, der seinem stolzen Wahn ein Ziel setzte, das sich auf die
Minute berechnen ließ. Je leidenschaftlicher er aber diese

---

[1]) L u c i e n, Mémoires, II., 408.

Absicht hegte, um so sorgfältiger verbarg er sie, bis es Ende
März 1802 zum Abschluß des Definitivfriedens mit England
gekommen war und er, gestützt auf seine nun noch gesteigerte
Popularität, etwas davon durchblicken lassen konnte. Cambacérès übernahm es, zunächst das Tribunat für eine „Belohnung" Napoleons zu gewinnen. Als aber die Tribunen bloß
von einer Ehrung im Namen der Nation sprachen, wandte
jener sich an den Senat, bei dem er mehr Verständnis voraussetzte. Doch auch die Mehrheit des Senats verstand ihn
schlecht, wenn sie gegen den Antrag des Mitgliedes Lespi-
nasse, der das Konsulat auf Lebenszeit vorschlug, lediglich
beschloß, dem Chef der Regierung, „als Zeichen der Anerkennung seiner großen Verdienste um den Staat", das Premier-
Konsulat um weitere zehn Jahre zu verlängern. Napoleon war
entrüstet. Er wollte heftig werden und ablehnen, als Cambacérès — nach anderen Lucian — auch hier einen Ausweg fand:
den Appell an die Nation. Er antwortete daher den Senatoren,
er dürfe ihr Anerbieten nicht annehmen, ehe er das Volk
befragt, das ihn seinerzeit mit der höchsten Gewalt
ausgestattet habe. Nur war die Frage, die er an das Volk
richtete, von dem Votum des Senats gewaltig unterschieden,
denn sie lautete: „Soll Napoleon Bonaparte Konsul a u f
L e b e n s z e i t sein?" Und wieder stimmte seine Rechnung. Vierthalb Millionen Ja — einigen Tausend Nein gegenüber — tönten als Antwort zurück. Nun wußte der Senat,
woran er war. Er beeilte sich, in einem Beschluß vom 2. August
1802 den Auserwählten des Volkes, für den jetzt auch zum
großen Teil die heimgekehrten Emigranten, dankbar für die
Amnestie, gestimmt hatten, zum lebenslänglichen Machthaber
zu proklamieren, ihm den Dank der Nation zu überbringen und
zwei Tage später, in einem von Napoleon selbst diktierten
Senatskonsult vom 4. August, den Gewaltenkreis des Ersten
Konsuls weit auszudehnen. Damit usurpierte der Senat
freilich ein Recht der Gesetzgebung, über die hinweg er gleichsam eine neue Verfassung schuf. Er war sich dessen gar wohl
bewußt. Aber warum waren auch just an dem Tag, da er den
fertigen Entwurf mit dem Bedeuten zugestellt erhielt, ihn
ohne lange Debatte zu beschließen, der Hof, die Zugänge und
Vorräume des Luxemburg-Palastes, worin er tagte, mit Grenadieren angefüllt?

Nach dem neuen Staatsgrundgesetz hatte Napoleon das Recht, seinen Nachfolger zu bestimmen, indem er dem Senat einen Namen vorschlug, einen zweiten und einen dritten, wenn er ablehnte; der dritte aber mußte angenommen werden. Auf dieselbe Weise lag es in der Hand des Ersten Konsuls, seine Amtskollegen zu nominieren, die nunmehr ihre bedeutungslosen Posten gleichfalls auf Lebenszeit inne hatten. Er gewann auch das Recht, dem Senat Kandidaten für die Richterstellen am Kassationshof zu empfehlen, Verbrecher zu begnadigen, die Verträge mit den fremden Mächten zu ratifizieren und — Senatoren zu ernennen. Und was namentlich die letzte Befugnis besagen wollte, das wird klar, wenn man vernimmt, zu welcher Bedeutung der Senat selbst emporstieg: er konnte in eigenen Beschlüssen (Senatskonsulten) die Konstitution interpretieren, sie verbessern oder für einzelne Departements ganz suspendieren, die beiden Kammern auflösen, die Geschworenengerichte zeitweilig aufheben, Richtersprüche kassieren, wenn sie die Sicherheit des Staates gefährdeten — und alles das auf Anregung der Regierung, d. i. auf den Wink desjenigen, der jetzt uneingeschränkt Frankreich beherrschte. Man machte zwar der Staatsbürgerschaft das Zugeständnis, daß sie in Bezirks- und Departementswahlkörpern, deren Mitglieder auf Lebenszeit gewählt wurden, je zwei Kandidaten für Senat und Gesetzgebung vorschlagen konnte. Aber was wollte dieser klägliche Rest von Volkssouveränität dem übermächtigen Gewicht persönlicher Regierung gegenüber bedeuten, wenn es im Artikel 63 hieß: „Der Erste Konsul kann, o h n e an die P r ä s e n t a t i o n d e r D e p a r t e m e n t s w a h l k o l l e g i e n gebunden zu s e i n, Bürger, die durch Dienste und Talent ausgezeichnet sind, in den Senat ernennen, wenn sie das erforderliche Alter haben und die Zahl der Senatoren dadurch nicht über 120 steigt"? Nein, die Monarchie war perfekt. „Von nun ab", sagte Napoleon, „steh ich auf der gleichen Höhe mit den anderen Souveränen, denn im Grunde sind sie es ja auch nur auf Lebenszeit. Es ist nicht gut, daß die Autorität eines Mannes, der die Politik von ganz Europa lenkt, schwankend sei oder es auch nur scheine[1]."

---

[1] T h i b a u d e a u, Mémoires, p. 263. Man hat übrigens sich nicht gescheut, das Wort „monarchisch" jetzt schon geradezu auszusprechen: „Republikanische Monarchie" nennt das halboffizielle „Journal de Paris" Roederers die neue Herrschaft zu Beginn des Jahres 1803.

Wenn er sich nach weiteren zwei Jahren die Kaiserkrone
von Frankreich aufs Haupt setzen wird, ist sie nur das
äußere Zeichen einer Macht, über die er schon jetzt verfügt.

Was den entscheidenden Schritt Bonapartes zur Alleinherrschaft begünstigt hat, das war sein heimlicher Bundesgenosse vom 18. Brumaire: die parteilose öffentliche Meinung.
All ihre Sympathien gehörten dem Manne, der die Anarchie
getötet, Ordnung und Wohlstand gestiftet und mit aller Welt
Frieden gemacht hatte. Und ganz besonders das letzte Moment
gab den Ausschlag. Ein Artikel des organischen Statuts vom
2. August 1802 lautete: „Eine Bildsäule des Friedens, in einer
Hand den Siegeslorbeer, in der andern das Senatsdekret, soll der
Nachwelt die Erkenntlichkeit der Nation bezeugen." Aber
wie wenig kannten die Franzosen den, dessen schrankenloser
Gewalt sie das Schicksal ihres Landes anheimstellten! Er war
kein Mann des Friedens. Gewiß, er hat mit eisernem Fleiß
und einer Energie ohnegleichen Frankreich wieder tüchtig
und stark gemacht, aber nicht für die Ruhe, sondern für den
Kampf um den Preis einer Herrschaft weit über dessen Grenzen
hinaus, für einen Kampf, den zu vermeiden er auch gar nicht
mehr imstande gewesen wäre, selbst wenn er gewollt hätte.
Denn die Strömung, der er sein Fahrzeug anvertraute, hat
ihm in den uferlosen Ozean getrieben, aus dem er erst nach einer
Reihe sturmerfüllter Jahre in den Hafen einkehren wird —
fernab von Frankreich.

Anhang.

I.
Literarische Anmerkungen.

Zum ersten Kapitel. Von den älteren Quellenschriften über die Jugend Napoleons sind besonders drei bemerkenswert: C o s t o n, Biographie des premières années de Napoléon Bonaparte jusqu'à l'époque de son commandement en chef de l'armée d'Italie (1840; 2. Ausg. 1858; auch deutsch), L i b r i, Souvenir de la jeunesse de Napoléon (1842), N a s i c a, Mémoires sur l'enfance et la jeunesse de Napoléon I. jusqu'à l'âge de 23 ans (1852), alle drei in ihrer Darstellung nicht ohne Voreingenommenheit für ihren Helden. Aus neuerer Zeit stammt das grundlegende Werk von M a s s o n e t B i a g i, Napoléon inconnu, Paris. 1895, in 2 Bänden, durch das frühere Publikationen vielfach berichtigt und ergänzt erscheinen. Von besonderem Wert darin sind, nebst einer Anzahl bisher unedierter Briefe Napoleons, dessen Jugendschriften, die sich seinerzeit im Besitze von Fesch befunden hatten. Bei des Kardinals Tode bemächtigte sich dessen Vikar, Abbé Lyonnet, der Papiere und überließ sie dem bekannten Bibliomanen Libri für 7 bis 8000 Franken und die vorgespiegelte Aussicht auf ein Bistum. Libri veröffentlichte einige Bruchstücke in den vierziger Jahren in der „Revue des deux mondes" und der „Illustration" und verkaufte dann den ganzen Schatz an Lord Ashburnham, dessen Sohn die reiche Sammlung des Vaters unter den Hammer brachte. Bei dieser Gelegenheit erwarb die italienische Regierung die napoleonischen Manuskripte, die heute in der Laurentiana zu Florenz aufbewahrt werden und der Massonschen Publikation zugrunde liegen. Auf ihr und umfassenden archivalischen Studien fußend veröffentlichte C h u q u e t sein dreibändiges Werk: „La jeunesse de Napoléon", Paris, 1897, 1898, 1899 (bis zur Einnahme von Toulon reichend). Weitläufig angelegt und vor der Massonschen Darstellung durch größere Unbefangenheit und Wissenschaftlichkeit ausgezeichnet, ist es zunächst abschließend für die Jugendgeschichte Napoleons. M a r c a g g i, La genèse de Napoléon (Par. 1902 bis zur Flucht aus Korsika) fügt Einzelnes aus korsischen Archiven hinzu. Durch Masson und Chuquet erscheinen die Werke B ö h t l i n g k's, Napoleon Bonaparte, seine Jugend und sein Emporkommen bis zum 13. Vendémiaire, Jena 1877, und J u n g's, Bonaparte et son temps (1769—99) d'après les documents inédits, Paris 1810—81, überholt, von denen das letztere durch unrichtige Verweisungen mancherlei Irrtum verbreitet hat.

Über die Abstammung der Bonaparte: P a s s e r i n i, Della origine della famiglia Bonaparte dimostrata con documenti. Firenze 1856 (Archivio storico ital. III., IV.); S t e f a n i, L'antichità dei Bonaparte, Venezia 1857; R e u m o n t, Beiträge zur italienischen Geschichte, IV.; C o l l e, Genealogia della famiglia Bonaparte, Firenze, 1898; C o l o n n a d-

C e s a r i R o c c a, La vérité sur les Bonaparte avant Napoléon, Paris 1899.
Über Napoleons Kinderjahre finden sich bei L a r r e y, Madame Mère,
(Paris 1892) im Anhang Diktate Lätitias. Vgl. Napoleons eigene Ausführungen in L a s C a s e s', M o n t h o l o n s und G o u r g a u d s Aufzeichnungen auf St. Helena, in den Mémoiren J o s e p h s (éd. Ducasse),
bei Mme. de R é m u s a t, (Mémoires, I. 267 ff.), bei A n t o m m a r c h i,
Les derniers moments de Napoléon (neue Ausgabe 1895). Vgl. auch M a s -
s o n, Napoléon et sa famille, I. (Par. 1897, mit Vorsicht zu benützen);
C o l o n n a d e C e s a r i R o c c a, Le nid de l'aigle, Par. 1905; O. B r o w -
n i n g, The boyhood and youth of Napoleon, Lond. 1903.

		Was insbesondere den G e b u r t s t a g N a p o l e o n s betrifft,
so ist noch bei dessen Lebzeiten die Meinung aufgetaucht, er habe sich um
ein Jahr jünger gemacht. (Vergl. den Artikel „Bonaparte" in Michaud's
„Biographie universelle".) Neuere Schriftsteller haben sie wiederholt,
ohne zureichende Gründe. Erst J u n g, I. 42, brachte wichtigere Einwendungen gegen den 15. August 1769 vor. Er produzierte nämlich einen
Auszug aus den Standesregistern von Corte, wonach ein „Nabulione
Buonaparte" am 8. Januar 1768 getauft worden war. Dasselbe Dokument
erscheint dann fast unverändert, nur mit dem wenig italienisch klingenden
Namen „Joseph" vor Nabulione, als Taufschein des Bruders im Archiv
von Ajaccio. Endlich machte Jung den Trauungsschein Napoleons geltend,
worin der 5. Februar 1768 als Geburtstag des Bräutigams angeführt wird.
Mit diesen Belegen an der Hand, suchte er wahrscheinlich zu machen, daß
Napoleon der älteste, 1768 geborene Sohn Carlos sei, und daß der Vater
seinen Taufschein mit dem Josephs vertauscht habe, um für jenen das
zur Aufnahme in die Schule von Brienne erforderliche Alter — nicht mehr
als zehn Jahre — nachweisen zu können. Dagegen läßt sich jedoch folgendes
einwenden: 1. Liegt im Pariser Archiv des Kriegsministeriums ein am
21. Juli 1771 verfaßter Taufextrakt, nach dem an diesem Tage ein „am
15. August 1769" geborener Sohn Carlo Buonapartes „Napoleone" getauft
wurde. 2. Hat Carlo im Juli 1776 für seine beiden ältesten Söhne um Freiplätze in königlichen Militärschulen gebeten. Er mußte damals das Alter
der Knaben genau angeben und Auszüge der Taufscheine beilegen; und in
der Tat findet sich im Kriegsarchiv ein am 23. Juni 1776 beglaubigter Taufextrakt für den „am 15. August 1769" geborenen Napoleone. Die Erledi-
gung der Gesuche dehnte sich jahrelang hinaus; die Kriegsbehörde zog
Erkundigungen ein, verlangte den Adelsnachweis u. dgl. Darüber kam das
Jahr 1779 heran, wo dann, den Statuten gemäß, nur noch einer der
Knaben, d. i. der 1769 geborene, Aufnahme finden konnte. Wo und wie
sollte nun der Vater, während sein Gesuch mit den Beilagen bei der
Behörde lag, Gelegenheit gefunden haben, den Taufschein Napoleons
für den Josephs einzuschieben, d. h. die beiden Dokumente zu fälschen?
Vorher aber, im Jahre 1776, war für einen solchen Tausch gar kein zwingender
Grund vorhanden. Man entschied dann endlich in Paris nach den vorliegenden
Taufextrakten, wählte den einzig berechtigten jüngeren Knaben aus und
behielt dessen Geburtsdokument zurück. Dieser war eben Napoleon, und
darum befindet sich dessen Taufextrakt heute noch bei den Akten. 3. Hat
C h u q u e t I. 66, mit Recht das „Nabulione" im Taufschein Josephs
dahin aufgeklärt, daß Karl — früherem Vorgang folgend — den zweiten

und dritten Knaben Napoleone, deren es mehrere angesehene in der Vergangenheit der Familie gab, und Lucian nennen wollte. Nun starb aber der Erstgeborene Joseph (geb. 1765), als der Zweitgeborene schon Nabulione getauft worden war; man schrieb daher den Namen Joseph nachträglich in den Taufschein des späteren Königs von Neapel und Spanien, und der „Napoleon" fiel dem im Jahre darauf, 1769, geborenen Sohn zu. Vergl. auch oben Seite 5 des Vaters eigene Aufzeichnung. Über den Aufenthalt in Autun: H a r o l d d e F o n t e n a y, Napoléon, Joseph et Lucien Bonaparte au Collège d'Autun (Autun 1869); über den in Brienne: A s s i e r, Napoléon I. à l'école de Brienne (Par. 1874). Beide sind durch Chuquet überholt. Außerdem die Aufzeichnungen von Mitschülern: C. H., Some account of the early years of Buonaparte at the military school of Brienne. 1797. (Französisch von Bourgoing, „Quelques notices sur les premières années de Buonaparte" Paris an VI., aufs neue veröffentlicht in der „Revue napoléonienne", 1902.) Dazu „Traits caractéristiques de la jeunesse de Bonaparte" (Leipzig, 1802; auch deutsch), und „Histoire de Bonaparte, premier Consul", Paris, an X. Vgl. auch C a s t r e s d e V a u x: Souvenirs de Brienne, 1780—1784 (in der Revue de Paris, 1905). B o u r r i e n n e, Mémoires I. (neue Ausgabe, Paris 1911) sind mit großer Vorsicht aufzunehmen. Über den Aufenthalt in der Pariser Schule: H e n n e t, Les compagnies de cadets-gentilshommes et les écoles militaires (Par. 1889), S é g u r, Histoires et mémoires, I., M o n t z e y, Institutions d'éducation militaire jusqu'en 1789. Über die Zeit Napoleons in den Garnisonen, neben den erwähnten Werken von Masson und Chuquet: D u T e i l, Une famille militaire au 18. siècle (Par. 1896), L. H a r t m a n n, Les officiers de l'armée royale à la veille de la révolution (Revue historique, 1909), (D e R o m a i n), Souvenirs d'un officier royaliste, J o u r n a l d'un bourgeois de Valence. L é t y, Bonaparte à Valence (Tournon 1898), A. M. F r a n c k, Valence en 1785 et le lieutenant Bonaparte, 1897, und B o i s, Nap. Bonaparte, lieutenant d'artillerie à Auxonne (Par. 1898) enthalten nichts wesentlich Neues. Vergl. allenfalls C o r n e r a u, La chambre de Bonaparte (à Auxonne), Dijon, 1904. M. L e n z, Napoleon (3. Auflage, 1913).

Zum zweiten Kapitel. Über die Revolution: T o c q u e v i l l e, L'ancien régime et la Révolution, Par. 1856 (auch deutsch); W a h l, Vorgeschichte der französ. Revolution, 2 Bde., 1905—1907; G l a g a u, Reformversuche und Sturz des Absolutismus, 1908; S a g n a c, Les origines de la Révolution (Revue d'hist. moderne, 1910); G o m e l, Les causes financières de la révolution française, Par. 1892—93, Ch. S c h m i d t, La crise industrielle de 1788 (Rev. hist. 1908), S y b e l, Geschichte der Revolutionszeit, I.; S o r e l, L'Europe et la révolution française II.; T a i n e, Les origines de la France contemporaine I. A u l a r d, Histoire politique de la Révolution Par. 1901; C h é r e s t, La chute de l'ancien régime, 2 Bde.; S c i o u t, La constitution civile du clergé, 4 Bde.; B i r é, Le clergé de France pendant la révolution, Lyon, 1901, neben zahlreichen Einzelwerken, die in L a v i s s e und R a m b a u d's Histoire générale VIII, in G. K o c h, Beiträge z. Geschichte der politischen Ideen, II, und in C a m b r i d g e Modern History, VIII, verzeichnet sind. Die Gesamtdarstellungen von T h i e r s, M i g n e t, M i c h e l e t, H a m e l u. a. über die Umsturzbewegung sind überholt. Über die korsischen Dinge: außer C h u q u e t

und M a r c a g g i noch: L e t t e r o n, Pièces et documents pour servir
à l'histoire de la Corse pendant la révolution française, R e n u c c i, Storia
di Corsica, A r r i g h i, Histoire de Pascal Paoli (Par. 1843, 2 Bde.), T o m-
m a s e o, Pasquale Paoli, B a r t o l i, Histoire de P. Paoli (Neue Ausgabe,
Bastia 1891), B i a n c h i, Lettere di Paoli (Firenze 1846), Lettere inedite
di P. Paoli (1790—95) in der Rassegna settimanale, 1881, M a g g i o l o,
Pozzo di Borgo, Par. 1891. (Die kurze Autobiographie Pozzo di Borgos
im Russ. hist. Sbornik, II. 158 ff. ist nahezu wertlos.) Dann R o s s i, Osser-
vazione storiche sopra la Corsica (im Bulletin des sciences hist. de la Corse
1881 ff.), J o l l i v e t, La Révolution française en Corse (Par. 1892), G r o s-
j e a n, La mission de Sémonville à Constantinople (Par. 1887), die Memoiren
M a s s e r i a s (mir unzugänglich), J o s e p h s und L u c i a n s (letztere
sind nicht immer zuverlässig). Chuquet, II. 377, bietet ein Verzeichnis der
bisher bekannt gewordenen authentischen Briefe und Schriften Napoleons
bis zum Mai 1792, das im 3. Bande, p. 324 bis Ende 1793 fortgeführt wird. Ein
Nachtrag findet sich in den von Chuquet herausgegebenen Feuilles d'histoire,
1910. Über die Freiwilligen: C a r o n, La question des volontairs (Rev.
d'hist. moderne, 1909). Über die Expedition nach Sardinien: C h u q u e t III.
M o r t i m e r - T e r n a u x, Histoire de la Terreur, VI., E s p é r a n d i e u.
Expédition de Sardaigne et campagne de Corse, Par. 1895, und L e t t e r o n,
Pièces et documents. Die korsische Periode im Leben Napoleons wurde
zu seiner Zeit am liebsten ganz totgeschwiegen. In der im Text erwähnten,
1802 erschienenen und wahrscheinlich inspirierten „Histoire de Bonaparte"
heißt es z. B. p. 20: „Tout le temps qui s'écoula depuis l'aurore de la révolution jusqu'à l'époque fameuse du siège de Toulon, en décembre 1793,
fut consacré par Bonaparte à s'instruire dans la tactique militaire qu'il cul-
tivait en paix et dans l'obscurité; car jusqu'au siège de Toulon il vécut pour
ainsi dire inconnu." Vergl. auch E. D é p r e z, Les origines républicaines
de Bonaparte (Rev. Hist. 1908).

    Zum dritten Kapitel. Die unter den Auspizien Napoleons III. heraus-
gegebene „C o r r e s p o n d a n c e d e N a p o l é o n I." tritt hier als
Quelle ein. Sie beginnt mit Briefen aus dem Herbst des Jahres 1793, vor
der Eroberung von Toulon. Man weiß, daß die Korrespondenz Napoleons
vor ihrer Veröffentlichung einer eingehenden Sichtung unterzogen wurde und
viele Tausende von Briefen unediert blieben. Sie sind nachträglich teilweise
veröffentlicht worden durch D u C a s s e, Supplément à la Correspondance de
Napoléon I. (Par. 1887), L e c e s t r e, Lettres inédites, 2 Bände (Par. 1897),
B r o t o n n e, Lettres inédites (Par. 1898) und Dernières Lettres inédites,
2 Bde. (Par 1903), C h u q u e t in den Feuilles d'histoire von 1910 ff. Vergl.
auch F i s h e r, in der Englisch hist. review., 1903. Die Lücken der Sammlung lassen sich übrigens zum Teil aus den Memoiren J o s e p h B o n a-
p a r t e s (herausgegeb. von D u C a s s e) und nach den Mitteilungen
C o s t o n s und J u n g s ergänzen. Zu einer wissenschaftlichen und kritischen Gesamtausgabe von Napoleons Briefen dürfte es wohl noch lange
nicht kommen, so erwünscht und nötig sie wäre. Vergl. darüber meine
Schrift „Zur Textkritik der Korrespondenz Napoleons I." (Wien, 1903).
Dazu S c h u e r m a n s, Itinéraire général de Napoléon, Par. 1908 (eine
fleißige Zusammenstellung nicht immer ganz verläßlicher Daten). Die
Schriften Napoleons aus dieser Zeit, insbesondere auch das „Souper von

Beaucaire", bei M a s s o n - B i a g i, Napoléon inconnu II. Dazu C h a r v e t,
Le souper de Beaucaire, Bulletin archéol. de Vaucluze 1880. Als Quellen
gehören überdies hierher: die Denkwürdigkeiten der Schwester R o b e s -
p i e r r e s (neue Ausgabe 1912), diejenigen M a r m o n t s (wo I.,
120 Dugommiers Bericht über Toulon abgedruckt ist), die „Souvenirs" D o u l c e t
P o n t é c o u l a n t s, die Memoiren der Herzogin von A b r a n t è s (Gemahlin
Junots), die B a r r a s', der häufig die Wahrheit gehässig entstellt, D o p p e t's,
des Generals T h i é b a u l t I. Band. Für die Abwandlung der französischen
Parteipolitik: H é l i e, Les constitutions de la France; A u l a r d s Recueil
des actes du comité de salut public, Bd. V bis VIII, d e s s e l b e n Histoire
politique de la révolution française, Par. 1901 und La société des Jacobins,
6 Bde. Dazu: G. K o c h, Der jakobinische Staat von 1794, Berl. 1904,
und H. T a i n e, Les origines de la France contemporaine, IV. Über die
Verhältnisse der großen Politik: S y b e l s Geschichte der Revolutionszeit,
M o r t i m e r - T e r n a u x, Histoire de la Terreur, VI, S o r e l, L'Europe
et la révolution française, III. und IV., W a h l, Geschichte des europ.
Staatensystems im Zeitalter der französischen Revolution und der Freiheitskriege (1789—1815), München 1912, ein knapper aber sicherer Führer.
Für das Verhältnis zu Österreich vergl.: L u c k w a l d t, Österreich und
Frankreich im ersten Koalitionskrieg (Sonderabdr. a. „Der Friede v. Campoformio", Innsbr. 1907), zu England: J. H. R o s e, Documents relating to
the rupture with France in 1793 (English hist. review., 1912). Für die Belagerung von Toulon: außer C h u q u e t, Jeunesse, III, d e s s e l b e n Dugommier, dazu P i n e a u, Le général Dugommier, Par., 1902, C o t t i n, Toulon
et les Anglais en 1793 (Par. 1898), J. C o l i n, L'éducation militaire de
de Napoléon (Par. 1900), K r e b s e t M o r i s, Les campagnes dans les
Alpes pendant la révolution, 2 Bde., Spenser W i l k i n s o n, Napoleon,
the first phase, in Owen's College historical essays, Lond. 1902; C. J. F o x,
Nap. Bonaparte and the siege of Toulon, Washington 1902 (Heidelberger
Dissertation), R o s e, The life of Napoleon I. Bd., D u T e i l, Nap. Bonaparte et les généraux Du Teil. Über Napoleon als Artilleriegeneral der
italienischen Armee: außer C o l i n auch B o u v i e r, Un amour de Napoléon (Mme. Turreau i. J. 1794) in „Souvenirs et Mémoires" 1900, H a m e l,
Histoire de Robespierre, III. Über den 13. Vendémiaire: Z i v y, La journée
du 13 vendémiaire (Par. 1898, in der „Bibliothéque de la faculté des lettres
de l'Université de Paris"), die Memoiren von T h i b a u d e a u, L a r e -
v e l l i è r e - L é p a u x, B a r r a s, T h i é b a u l t. Über die folgende
Zeit: B o u r r i e n n e s und J o s e p h B o n a p a r t e s Memoiren, A r -
n a u l t s Souvenirs d'un Sexagénaire, die „Mémoires sur C a r n o t"
(herausgegeben von seinem Sohne, neue Ausgabe 1893), C h a r a v a y,
Correspondance générale de Carnot, Par. 1892 ff.; T i s s o t über Carnot,
F a i n, Manuscrit de l'an III., die Mémoiren S é g u r s und O u v r a r d s,
A u l a r d, Paris pendant la réaction thermidorienne et sous le Directoire,
I. Par. 1898, G o u r g a u d's Journal inédit de 1815 à 1818. Par. 1900.
Die von A n d r é M i c h e l veröffentlichte „Correspondance de M a l l e t
d u P a n avec la Cour de Vienne, 1794—1798" (2. Bde.) weiß aus den Vendé-
mlalretagen über Bonaparte nicht mehr zu sagen, als daß er ein „Corse ter-
roriste" war. Es scheint danach sein Name doch erst durch den italienischen
Feldzug in weitere Kreise gedrungen zu sein.

Über die gesellschaftlichen Verhältnisse und Zirkel: G o n c o u r t, Histoire de la société française sous le Directoire, B a b e a u, La France et Paris sous le Directoire (Par. 1888, Briefe e. reisenden Engländers), M a r- q u i s e t, Une merveilleuse (Mad. Hamelin), Par. 1909, und die grundlegen- den Werke: „Tableaux de la révolution française" und „Pariser Zustände während der Revolutionszeit" des deutschen Gelehrten A d o l p h S c h m i d t; dann Frau v. S t a ë l, Considérations sur la révolution fran- çaise I. Über Josephine: Napoléon I. et Joséphine. Lettres authentiques, 2 Bde. Par. 1833; neue Ausgabe 1896. (Englisch, London 1901, deutsch, Leipzig 1901.) Das Hauptwerk ist M a s s o n, Joséphine de Beauharnais, 1763—96. Par. 1899. Daneben: T u r q u a n, La générale Bonaparte (neue Ausgabe 1911) und M a s s o n, Napoléon et les femmes, d e r s e l b e, Napoléon et sa famille I., die Memoiren D u f o r t d e C h e v e r n y s, der Frau v. R é m u s a t, dann die „Mémoires sur Joséphine et ses contem- porains" des Fräuleins D u c r e s t, die aber aus den vorgeblichen „Mémoires historiques et secrets de l'Impératrice Joséphine" der L e N o r m a n d (Par. 1820 und 1827) vieles aufgenommen hat. Auch C o s t o n ist im 3. Bande seiner Biographie des premières années de Napoléon Bonaparte teilweise dieser Quelle gefolgt. Vgl. Al. S c h u l t e, Napoleon I. als Braut- werber um Josephinens Hand. (Deutsche Revue, 1901.) Die Briefe, in denen sich Napoleon über Josephinens Untreue beklagt, fehlen in der Cor- respondance. Der im Text zitierte an Joseph ist nur teilweise von C o s t o n und in den Mémoires du Roi Joseph, vollständig erst von P e r t z in den Abhandlungen der Berliner Akademie, 1861, S. 221, und dann von D u C a s s e, Les rois frères de Napoléon, p. 8. veröffentlicht worden. Über die Episode mit Desirée Clary handelt H o c h s c h i l d, Désirée reine de Suède (1889). Vergl. auch P i n g a u d, Bernadotte, Napoléon et les Bourbons, Par. 1901.

Zum vierten Kapitel. Für die Geschichte der Feldzüge von 1796/97 und die diplomatischen Verhandlungen, die sie begleiteten, ist die Korre- spondenz Napoleons Hauptquelle, jedoch mit Vorsicht zu benützen. Daneben die „C o r r e s p o n d a n c e i n é d i t e, officielle et confidentielle de Napoléon Bon." (1819), worin die Briefe des Direktoriums, u. a. Bd. 1—4 und 7. Eine wertvolle Nachlese bietet H ü f f e r, Ungedruckte Briefe Napoleons aus dem Jahre 1796 und 1797 (Archiv für österreichische Ge- schichte, Bd. 49). Auch B r o t o n n e's Sammlungen liefern Nachträge. Die Dokumente des Direktoriums erfahren jetzt eine Herausgabe durch D e b i d o u r, Recueil des Actes du Directoire exécutif, I. (Par. 1910); dazu K a u l e k, Papiers de Barthélemy, 6 vols. Par. 1886 ff. Vorher schon ist aus H. H ü f f e r s reichem Nachlaß, durch neue Forschungen F. L u c k w a l d t s ergänzt, von diesem unter dem Titel „Der Friede von Campoformio" (Innsbr. 1907) ein überaus wertvolles Material veröffent- licht worden (auch u. d. Gesamttitel „Quellen z. Geschichte d. Zeitalters. d. franz. Revolution II.") Früher schon aus den österreichischen Archiven: von V i v e n o t, Quellen zur Gesch. der deutschen Kaiserpolitik 1790—1801, Wien 1874 ff.; von d e m s e l b e n, Thugut u. s. politisches System (Archiv f. österr. Gesch. Bd. 42, 43) und „Vertrauliche Briefe des Freiherrn v. Thugut", Wien 1872, 2 Bde. Für die Beziehungen des Direktoriums zu England sind Hauptquellen: Neben dem Annual Register, State papers,

1796 u. 1797: „F o r t e s c u e manuscripts preserved at Dropmore" London, 1892—1905, 4 vols. (Enthält die Papiere Windham-Grenvilles, der 1791 bis 1805 Staatssekretär des Äußern war) und die Diaries and correspondance of M a l m e s b u r y (Lond. 1844, 4. v.). Andere einschlägige Dokumentenwerke verzeichnet R. G u y o t in seinem unten angeführten Buche. Eine ausführliche Bibliographie über den italienischen Feldzug bei B o u v i e r, Bonaparte en Italie 1796 (Par. 1899, 2. Ausgabe 1902) und bei K u h l, Bonapartes erster Feldzug 1796, der Ausgangspunkt moderner Kriegführung (Berl., 1902). Das letztere Buch enthält eine sehr ansprechende Einleitung über das französische Kriegswesen jener Zeit und Napoleons Operationspläne. Beide reichen nur bis zur Einschließung Mantuas. S. auch V i v e n o t, Thugut, Clerfayt und Wurmser (Wien, 1869), E c k s t o r f f, Studien zur ersten Phase des Feldzuges von 1796 (Berl., 1901), H o r t i g, Bonaparte vor Mantua (Rost. 1903) und H o n i g, Die Kämpfe um Mantua, August u. September 1796. Wien, 1908. F a b r y, Histoire de l'armée d'Italie, 1796 et 1797, ist erst mit dem 3. Bande (1901) bis zur Übernahme des Oberbefehls durch Napoleon gediehen. Dann: C o l i n, Etudes sur la campagne de 1796—97 en Italie (Par. 1898), neben den älteren Darstellungen von K o c h, Mémoires de Masséna (Par. 1848), J o m i n i, S c h e l s (Öst. milit. Zeitschrift 1828—32), C l a u s e w i t z, R ü s t o w, S c h u l z. Hierzu: H. D e l b r ü c k, Über den Unterschied der Strategie Friedrichs d. Gr. und Napoleons (Hist. und pol. Aufsätze, 1887), D i c k h u t h, Friedrich d. Gr. u. Napoleon in ihren ersten Feldzügen (Deutsche Rundschau, 1911) und auch die kleine Schrift von M a l a c h o w s k i, Über die Entwicklung der leitenden Gedanken zur ersten Kampagne Bonapartes. Vortrag, Berl. 1884. Dazu ferner neuestens: F r e y t a g - L o r i n g h o v e n, Die Heerführung Napoleons, Berl. 1910, C a m o n, La guerre napoléonienne, Par. 1911, 2 vols, wodurch das tüchtige und brauchbare Werk Y o r c k s v. W a r t e n b u r g, Napoleon als Feldherr, 2 Bde., 1885 ff. vielfach berichtigt erscheint. Eine umfassende, auf gründlicher Durchforschung des Materials im Wiener Kriegsarchiv beruhende Darstellung der Kriegsereignisse dieser Jahre steht noch aus. Über die Abhängigkeit Napoleons von kriegsgeschichtlichen Werken: P i e r r o n, Comment s'est formé le génie de Napoléon (Journal des sciences militaires 1888), darauf eine Gegenschrift von X., Paris, 1889; M o n t g e l a s, Bonaparte und Maillebois (Beiheft zum Militärwochenblatt, 1894); K u h l a. a. O. im Anhang. Von Memoirenwerken gehören hierher: die M i o t v o n M e l i t o's, die M a r m o n t's, M a s s e n a's, St. C y r's, T h i é b a u l t's (2. Bd.), P e l l e p o r t's (Par. 1857), R o q u e t's (1862), des Piemontesen C o s t a d e B e a u r e g a r d (Par. 1877), S t e n d h a l's Souvenirs de Milan de 1796 (Rev. d. d. mondes 1855), L a n d r i e u x' Mémoires publ. par Grasilier (Par. 1893). Von Biographien: T u e t e y, Sérurier (1889), C h e v r i e r, Le général Joubert, R o s e, The despatches of colonel Thomas Graham on the Italian campain of 1796/97 (Englisch hist. review, 1899), S t ö c k l, Feldzeugmeister Gf. Beaulieu im Feldzug in Italien (Organ der militär.-wissensch. Vereine, 1900), A n g e l i, Erzherzog Karl, I. (Wien, 1896), C r i s t e, Erzherzog Karl, I. (Wien, 1912), S o r e l, Bonaparte et Hoche (Par. 1897), G a c h o t, Bonaparte et Kellermann (La nouvelle Revue 1901).

Für die Vorgänge in der Hauptstadt im Zusammenhang mit denen im Felde vergl. man die Memoiren über C a r n o t (neue Ausgabe), die L a r e v e l l i è r e - L é p a u x', die Denkwürdigkeiten sowie die Korrespondenz M a l l e t d u P a n's, die Memoiren B o u r r i e n n e's, M a t h i e u D u m a s', H y d e d e N e u v i l l e's, D u f o r t d e C h e v e r n y's, B a r a n t e's, L a c r e t e l l e's Dix ans d'épreuves, B a r b é - M a r b o i s' Journal d'un déporté, C r e u z e - L a t o u c h e's Brief über die Vorgänge vor dem 18. Fructidor (Nouv. revue rétrospective, 1903), B a r t h é l e m y's Aufzeichnungen über „Les préliminaires du 18. Fructidor" (Revue bleue, 1909), R. G u y o t, Documents biographiques sur Reubell, Tours, 1911, die Berichte Sandoz' und Bayard's in B a i l l e u, Preußen und Frankreich 1795—1807, I., die Denkschriften B r a y's in „Aus dem Leben eines Diplomaten der alten Schule" (Leipzig 1903) namentlich über die öffentliche Korruption, dazu die Journale „M o n i t e u r" und „R é d a c t e u r" (das Organ des Direktoriums). Von wissenschaftlichen Darstellungen der politischen Geschichte grundlegend: S y b e l, Gesch. d. Revolutionszeit IV., mehrfach korrigiert durch H ü f f e r, Diplomatische Verhandlungen a. d. Zeit d. franz. Revolution, I. (Bonn, 1868); dann S o r e l, L'Europe et la révolution franç. IV. u. V., dazu d e s s e l b e n Aufsätze in der „Revue historique", vornehmlich im 17., 18. und 20. Band, S c i o u t. Le Directoire, 4 Bde. (Par. 1897). Darüber hinausreichend und Sorel viel-fach berichtigend: G u y o t et M u r e t, Etude critique sur Bonaparte et le Directoire par Alb. Sorel (Revue d'hist. moderne, V.), L u c k w a l d t, Österreich u. Frankreich im ersten Koalitionskrieg (als Einleitung zum „Frieden v. Campoformio", s. oben), G u y o t, Le Directoire et la paix de l'Europe, 1795—1799 (Paris, 1911) und die daraus entnommene Studie „Le Directoire et Bonaparte" in Revue des Etudes Napoléoniennes, 1912. Guyot vertritt die These, das Direktorium habe ein bestimmtes, auf die natürlichen Grenzen, insbesondere den Rhein, gerichtetes Programm gehabt, sei aber durch Bonapartes Siege und Gründungen in Italien zur Extension auf der Halbinsel und damit aus einer begrenzten Absicht ins Unbegrenzte verleitet worden, woraus sich immer wieder Kriege ergaben. Dagegen könnte allenfalls eingewendet werden, daß schon die „natürlichen" Grenzen dem alten Europa wenig erträglich waren, wenn sich auch zeitweilig Zugeständnisse in dieser Richtung wahrnehmen lassen. Daß Napoleons Übergriffe in Italien die politische Situation wesentlich verschärften, ist unzweifelhaft. Über Einzel-heiten: P a l l a i n, Le ministère de Talleyrand sous le Directoire, Par. 1894; G r o s j e a n, La France et la Russie pendant le Directoire, Par. 1896; L e g r a n d, La révolution française en Hollande. La République Batave, Par. 1895, C o l e n b r a n d e r, De Bataafsche Republiek, Amst. 1908, S é c h é, Les origines du concordat, I., P. 1894, C a r i n i, Nuovi documenti per la storia del trattato di Tolentino im „Spicilegio Vaticano" I., Rom 1890, R i c h e m o n t, Bonaparte et Caleppi à Tolentino (Cor-respondant, 1897), M e l z i, Memorie etc. (Mil. 1865), G a l l a v r e s i, L'in-vasione francese in Milano, 1796 (Mil. 1903), M a r e s c a, La pace del 1796 tra le Due Sicile e la Francia (Napoli 1887), D u T e i l, Rome, Naples et le Directoire 1796/97 (Par. 1902), E. D. A d a m s, The Influence of Grenville on Pitt's foreign policy, Washington, 1904, B a l l o t, Les négociations de Lille (dazu G u y o t, Le Directoire etc.), E. D a u d e t, La conjuration de Pichegru et les complots royalistes (Par. 1901), C a u d r i l l i e r, La trahison de Pichegru, Par. 1908, P i n g a u d, Un agent secret sous la Révolution et l'Empire (Par. 1894; es handelt sich um Antraigues), P i e r r e, Le 18 fructidor (Par. 1894), G a f f a r e l, Napoléon et les républiques italiennes (1797 bis 1799), Par. 1894, D u f o u r c q, Le régime jacobin en Italie, Par. 1900, R o d o c a n a c h i, Bonaparte et les îles Joniennes (1797—1816), Par. 1899, B e l l o c, Bonaparte et les Grecs (Par. 1889), U n g a r e l l i, Il gen. Bonaparte in Bologna, Bol. 1911, B o u v i e r, Bonaparte, Cacault et la papauté (Rev. d'hist. dipl. 1907), P e l l e t, Bonaparte en Toscane, 1796 (Revue bleue, 1887), S a n e s i, Il generalissimo Buonaparte a Firenze, 1796 (Archivio stor. it. 1890), M o n t e c a t i n i, De rebus in Lucensi regione a Bonaparte gestis anno 1796. Relazione inedita. Cagliari 1903, „D e r V o r f r i e d e v o n L e o b e n", Gedenk-blatt, Leoben 1897. Bezüglich Italiens im allgemeinen vor allem B o t t i, Storia d'Italia dall'anno 1794 all'anno 1814, 4 vols (in der neuen Ausgabe von Toccagni) und L e m m i, Le origini del Risorgimento Italiano, Mailand 1908. Über Venedig insbes.: R o m a n i n, Storia documentata di Venezia 10. vols. Mail. 1853 ff., D a r u, Hist. de Venise, 9. vols Turin, 1873 ff., B o n n a l, La chute d'une République, Par. 1885, P e r l, Napoleon in Venezien, Leipzig 1901, K o w a l e w s k i, La fin d'une aristocratie, Turin, 1902, B o n n e f o n s, La chute de la République de Venise, Par. 1908. Über Genua: P e l l e t, La révolution de Gênes en 1797, Par. 1894.

Zum fünften Kapitel. Über die Anfänge der ägyptischen Frage: R o u x, Les origines de l'Expédition d'Egypte, Par. 1912, B u l w e r, Talleyrand, L a c o m b e, La vie privée de Talleyrand, R a u e r o i x, Un mémoire de Magallon annoté par Bonaparte (Feuilles d'histoire, 1911). Über Napoleons Haltung im Winter 1797 auf 1798 bis zur Abreise nach Toulon sind wir leider noch immer nicht ausreichend unterrichtet. B a r r a s' Memoiren sind ohne Zweifel ein hervorragendes Quellenwerk, das mehrfache Auf-klärungen gibt, seinen Wert aber durch eine maßlose Gehässigkeit gegen Napoleon beeinträchtigt und es mit der Wahrheit nicht immer genau nimmt; L a r e v e l l i è r e - L é p a u x' Erinnerungen sind vielfach unzu-verlässig (enthalten aber im 3. Band wertvolle Dokumente über die Geschehnisse in Italien). Ein späteres Gespräch Napoleons mit Rewbell a. d. Jahre 1802, das auch die Vorgänge dieser Zeit streift, wurde in der Nouvelle revue rétrospective, 1904, veröffentlicht. Die Aufzeichnungen T a l l e y r a n d s sind von enttäuschender Leerheit. Manches verdanken wir den Aufzeichnungen J o s e p h B o n a p a r t e s, mit den Briefen Napoleons bei D u C a s s e, Les Frères de Napoléon, denjenigen L u c i a n s, den von P. B a i l l e u veröffentlichten Berichten des preußischen Gesandten S a n d o z - R o l l i n aus Paris, der erwähnten Korrespondenz M a l l e t d u P a n s nach Wien, den Briefen Talleyrands bei P a l l a i n a. a. O., den Memoiren M i o t v o n M e l i t o s, T h i b a u d e a u s, den „Consi-dérations" der F r a u v. S t a ë l (2. Band), den Memoiren T h i é b a u l t s, M a r m o n t s, L a v a l e t t e s, B o u r i e n n e s. Die Lücken, die diese und andere Quellen offen ließen, haben die wissenschaftlichen Werke von S y b e l, S o r e l, H ü f f e r's „Rastatter Kongreß", I., S c i o u t s „Direc-toire", A u l a r d s „Histoire politique" und neuestens insbesondere R. G u y o t's „Le Directoire et la paix de l'Europe" auszufüllen getrachtet.

Vergl. dazu die Materialiensammlung von A u l a r d, Paris pendant la
réaction thermidorienne et sous le Directoire, Par. 1898—1902 und
M a r e s c a, Ruffo a Parigi.

Über die Eroberungszüge in Italien s. die Literatur bei G a f f a r e l
und D u f o u r c q; dazu im ällgemeinen: T i v a r o n i, Storia crit. del
Risorgimento, Torino 1889, 3 v., L e m m i, Le origini del Risorgimento
italiano und G r e p p i, La Rivoluzione francese nel carteggio di un
osservatore italiano, 3 v., Mailand 1900—1904; nach Holland: L e g r a n d
und C o l e n b r a n d e r (s. oben); in die Schweiz: S t r i c k l e r, Amtliche Sammlung der Akten aus der Zeit der helvetischen Republik, I.,
Bern 1886, D u n a n t, Relations diplomatiques de la France et de la
République hélvétique (1798—1803), (Quellen zur Schweizer Geschichte,
XIX., 1902, eine Ergänzung zu Stricklers Sammlung.), B r u n e's Korrespondenz im „Archiv für Schweizer Geschichte", XII. u. XIV., O e c h s l i,
Geschichte der Schweiz im 19. Jahrh. (Leipz. 1903), d e r s e l b e, Die
Schweiz in den Jahren 1798 u. 1799, A l f r. S t e r n, Le club des patriotes
suisses à Paris, B a r t h, Untersuchungen z. polit. Tätigkeit von Peter
Ochs (Jahrb. f. Schweizer Geschichte, 1901), C o u v r e u, Laharpe et les
députés bernois à Paris (Revue hist. vandoise 1898), S e i g n e u x, Précis
hist. de la révolution de Vaud, Laus. 1831, L a h a r p e, Correspondance
inédite, Genf 1883, E r l a c h, Zur Bernischen Kriegsgeschichte d. J. 1798,
Bern 1881, T i l l i e r, Geschichte d. helvetischen Republik, I. (1846).

Für den Krieg gegen England und die ägyptische Expedition sind
vor allem die „C o r r e s p o n d a n c e d e N a p o l é o n I." im 4. und
5. Bde., die „C o r r e s p o n d a n c e i n é d i t e officielle et confidentielle
de Napoléon Bonaparte", die „Letters of Napoleon I." (1794—1807), heraus-
geg. v. H. A. L. F i s h e r in der English hist. rev. 1903, und die „L e t t e r s
f r o m t h e A r m y o f B o n a p a r t e i n E g y p t", Lond. 1798—1799,
wichtig. Die Darstellung Napoleons in dessen auf St. Helena von Bertrand
niedergeschriebenen Memoiren (C o r r. XXIX. und XXX.) ist meist unrichtig; ebenso die offizielle Erzählung B e r t h i e r s, Relations des campagnes du gén. Bonaparte en Egypte, Par. 1800. (Zweite Ausgabe 1826.)
Als zeitgenössische Quellen sind außerdem anzusehen: die Memoiren von
B o u r r i e n n e (nicht ohne zu vergleichen die Aufzeichnungen D'Aures
in A. B[elliard], Bourrienne et ses erreurs), M a r m o n t, S a v a r y
(neue Ausgabe, Par. 1900), L a v a l e t t e, B e a u h a r n a i s (Napoleons
Stiefsohn, der den Feldzug mitmachte), J. M i o t, Mémoires pour servir à
l'histoire des expéditions en Egypte et en Syrie (Par. 1814), D e s v e r-
n o i s (mit guten Anmerkungen des Herausgebers Dufourcq, Par. 1898),
dann die Aufzeichnungen des Kapitäns V e r t r a y in G a l l i, L'armée
française en Egypte, Par. 1883, R i c h a r d o t's Nouveaux mémoires sur
l'armée française en Egypte et en Syrie (Par. 1848), P e l l e p o r t's „Souvenirs", I., N i e l l o - S a r g y, Mémoires secrets sur l'expédition d'Egypte,
Par. 1825, L a c o r r e, Journal inédit d'un commissaire aux vivres, Bord.
1852, M a l u s, Agenda, Souvenirs de l'expéd. d'Egypte, Par. 1892, Journal du cap. F r a n ç o i s d i t l e D r o m a d a i r e d'Egypte, 1792—1830,
publ. par. Grolleau, I. Par. 1903, V i g o - R o u s s i l l o n, L'expédition
d'Egypte; fragment des mémoires militaires du colonel V. R. (in Revue des
deux mondes 1890, Bd. 100), die Aufzeichnungen eines Stabsoffiziers in

den „Jahrbüchern für die deutsche Armee und Marine", 1880, herausgegeben von Gopčevič; G a r d i o l l e, Quatre lettres sur l'expédition d'Egypte (Par. 1880), V i l l i e r s d u T e r r a g e, Journal et Souvenirs, Par. 1899, Geoffroy S a i n t - H i l a i r e, Lettres écrites aux professeurs du Museum, T h u r m a n (capitaine de génie), Souvenirs publ. par le Comte Fleury, Par. 1902, Le chasseur Pierre M i l l e t, Souvenirs de la campagne d'Egypte, Par. 1903; Le canonier B r i c a r d, Journal (in L. Larchey, Mémoires de soldats, 4. Bd.), Comm. D u r r i e u s Briefe an seinen Bruder in Carne, hist. III., Journal d'un dragon d'Egypte, Notes, Par. 1899, Cap. K r e t t l y Souvenirs historiques, Par. 1838, D e n o n, Voyage dans la basse et la haute Egypte pendant les campagnes du général Bonaparte, Par. 1802, N o r r y, architecte, Relation de l'expéd. d'Egypte, Par. 1799, Bonaparte au Caire, par un des savants embarqués sur la flotte française, Par. 1799; D e s g e n e t t e s, Histoire médicale de l'armée d'Orient (2. Ausg., Par. 1830, L a r r e y, Relation historique et chirurgicale, Par. 1803. Von arabischen Aufzeichnungen sind das Tagebuch D j a b a r t i s (französisch, Paris 1838, neue Ausgabe 1884 ff.) und die „Geschichte der französischen Invasion" von N a k u l e l T u r k (franz., Par. 1840) zu nennen. Von englischen Quellen sind die von N i c o l a s publizierten „Dispatches and letters" von N e l s o n (Lond. 1844 ff., später von L a u g h t o n, Lond. 1886) die wichtigste. Malta betreffend: die „Correspondance secrète d'un chevalier de Malte", Par. 1802, D o u b l e t, Mémoires historiques sur l'invasion et l'occupation de Malte en 1798, Par. 1883, und die Papiere des B r a y'schen Nachlasses in: „Aus dem Leben eines Diplomaten" (Leipzig 1903). Dazu: T o u l g o ë t, Les responsabilités de la capitulation de Malte en 1798 (Rev. des quest. hist. 1900) und H a r d m a n, A history of Malta during the period of the french and british occupation, Lond. 1909. Das Pariser Kriegsarchiv beherbergt, außer bereits veröffentlichten, noch eine Anzahl unedierter Aufzeichnungen über die Expedition: Tagebücher der Generale Dugua und Belliard, des Kavallerieoffiziers Savary und des Genieoffiziers Détroye, Notizen des Genieobersten Théviotte und des Intendanten D'Aure, Briefe der Generale Morand, Dupuis, Berthier, Dugua, Caffarelli, Desaix u. a. J o n q u i è r e, L'expédition d'Egypte, und G u i t r y, L'armée de Bonaparte en Egypte, haben daraus Auszüge mitgeteilt.

Von historischen Darstellungen sind heute außer einigen älteren überholten Werken, wie z. B. „Histoire scientifique et militaire de l'expédition française en Egypte", Bd. III—VIII, Par. 1830 ff., T h i e r s, Bonaparte en Egypte et en Syrie (Schulausgabe von Mart. Hartmann, Leipzig 1890, mit guten Anmerkungen), M. D u m a s, Krieg der Franzosen in Ägypten (Hamb. 1800), M a r t i n, Histoire de l'expédition en Egypte, Par. 1815, W i l s o n, History of the British Expedition to Egypt (London 1803, vielfach nach Erzählungen kriegsgefangener französischer Offiziere; häufig unrichtig), und neben den bereits erwähnten von L a n f r e y, S y b e l und H ü f f e r vor allem zu nennen: d e l a J o n q u i è r e, L'expédition d'Egypte, 1798—1801, Par. 1900 f., Bd. I—V, auf amtlichen Quellen beruhendes Hauptwerk mit nicht ganz lückenloser Darstellung. Für die politische Geschichte der Expedition: B o u l a y d e l a M e u r t h e, Le Directoire et l'expédition d'Egypte, 1885. L a c r o i x , Bonaparte en Egypte, Par. 1899, ist einseitig bonapartistisch und kritiklos, B r é h i e r,

L'Egypte, 1789—1900, Par. 1900, beruht hauptsächlich nur auf dem nicht
immer zuverlässigen Vigo Roussillon und auf Villiers du Terrage; Holland
R o s e, The Life of Napoleon, I. Bd., steuert einzelnes aus englischen Ar-
chiven bei. Ein kritischer Aufsatz von W a a s in der Histor. Vierteljahr-
schrift 1903: „Bonaparte in Jaffa", behandelt die historische Überlieferung der
Erschießung der 2500 Türken und bietet gute Bemerkungen über einzelne
Quellen. Was die Frage der Landung in England betrifft: D e s b r i è r e,
Projets et tentatives de débarquement aux Iles britanniques, I. Über die
Unternehmungen zur See überhaupt: G u é r i n, Histoire de la marine
contemporaine III., C h e v a l i e r, Hist. de la marine franc., IV., M a h a n,
Influence of Sea Power upon the french Revolution and Empire, vol. I.
(deutsch 1899), J u r i e n d e l a G r a v i è r e, Guerres maritimes I.
und M a h a n, Life of Nelson. 2. Ausgabe, 1899. Über Abukir und Brueys:
L o i r, La bataille d'Aboukir, Par. 1895, d e r s e l b e, Brueys à Aboukir,
ler août 1798. (Revue maritime, 1900). Über Phélipeaux: C h u q u e t,
La jeunesse de Bonaparte, I. und ein Aufsatz in der „Révolution fran-
çaise", 1899. Über Kleber: die Biographien von P a j o l, E r n o u f und
K l a e b e r, Leben u. Taten d. Gen. Kleber, Dresden 1900. Über Dom-
martin: B e s a n c e n e t, Le géneral D. Über Larrey: T r i a i r e, Dom.
Larrey et les campagnes de la Révol. et de l'Empire, Tours 1902. Über Monge:
J o m a r d, Souvenirs sur Gaspard Monge et ses rapports avec Napoléon,
Par. 1853, und P o n g e r v i l l e, G. Monge et l'expédition d'Egypte,
1860. Über Berthollet: J o m a r d, Notice sur la vie de B. 1844.
Die wissenschaftlichen Resultate der Expedition sind in dem bänderreichen
Werke „La description d'Egypte" (2. Ausg. 1821—30) niedergelegt. Über
das Institut: „Bonaparte à l'Inst. d'Egypte" in Feuilles d'hist. 1912.
Von der Zeitschrift des Instituts „La décade égyptienne" und von
dem alle vier Tage erscheinenden „Courrier d'Egypte" war schon im Text
die Rede.

    Zum sechsten Kapitel. Über die französische Politik von 1799:
S y b e l, Geschichte der Revolutionszeit, V., S o r e l, L'Europe et la
Révolution française, V., S c i o u t, Le Directoire III., B o u l a y d e
l a M e u r t h e, Le Directoire et l'expédition d'Egypte, H e i g e l, Deutsche
Geschichte (1786—1806) II., H ü f f e r, Der Rastatter Kongreß II.;
K o e c h l i n, La politique française au congrès de Rastatt (Annales de
l'Ecole Politique 1886—88), V i v e n o t, Zur Geschichte des Rastatter
Kongresses, die Depeschen S a n d o z - R o l l i n s bei P. B a i l l e u,
Preußen und Frankreich von 1795—1807, I., V i v e n o t, Thuguts vertrauliche Briefe; die Briefe des schwedischen Gesandten Brinckmann
bei L é o u z o n - L e d u c, Correspondance diplomatique du Baron de
Staël-Holstein et du Baron Brinckmann (Par. 1881); P i n g a u d, Jean
de Bry, Par. 1909; H ü f f e r, Die neapolitanische Republik (Raumers
hist. Taschenbuch, 6. Folge III.), G i g l i o l i, Naples in 1799 (London,
1903), G u t t e r i d g e, Documents relat. to the suppression of the jacobin
revol. at Naples, Lond. 1903, H e l f e r t Königin Maria Karoline v. Neapel,
d e r s e l b e, Fabrizio Ruffo, C r o c e, Relazioni dei patrioti napoletani,
Neapel 1902, F r a n c h e t t i, Storia d'Italia (bis zum Einzug Champion-
nets), N e l s o n, Dispatches and Letters III., R o u s s e l i n d e S a i n t -
A l b i n, Championnet. Über den Rastatter Gesandtenmord gibt es eine

reiche Literatur. Die ältere ist bei H e l f e r t, Der Rastatter Gesandtenmord, Wien 1874, verzeichnet. Seitdem sind Untersuchungen S y b e l s
in der „Deutschen Rundschau" von 1876 und in der „Historischen Zeitschrift", N. F. 39 erschienen, der übrigens in dem Verdachte gegen Lehr-
bach eine falsche Spur verfolgte. Einen richtigeren Weg schlug H ü f f e r
in seinem „Rastatter Kongreß", namentlich aber in seiner Schrift „Der
Rastatter Gesandtenmord", Bonn 1896, ein. Die von ihm beigebrachten
Dokumente wurden in sehr dankenswerter Weise aus den Wiener Archiven
noch ergänzt durch O. C r i s t e, Beiträge zur Geschichte des Rastatter
Gesandtenmordes (Mitteilungen des k. u. k. Kriegsarchivs, N. F. Bd. XI.,
Wien, 1899) und d e r s e l b e, Nachträge zum Rastatter Gesandtenmord
(ebenda, 1903). Diese Werke Cristes verfolgen eine apologetische Tendenz,
sowie H e l f e r t s gesammelte Aufsätze „Zur Lösung der Rastatter Gesandtenmordfrage", Stuttgart u. Wien, 1900. Besondere Beachtung verdient
die „Deposition" B r a y s in „Aus dem Leben eines Diplomaten" (Leipzig,
1903). Außerdem vergl. O b s e r, Polit. Korrespondenz Karl Friedrichs von
Baden, III., Heidelberg 1893, D u M o u l i n - E c k a r t, Bayern unter
dem Ministerium Montgelas, I., München 1895, W e r t h e i m e r, Erzherzog Karl und die zweite Koalition (Archiv f. österr. Gesch., Bd. 47),
C r i s t e, Erzherzog Karl, H e i g e l, Zur Gesch. des Rastatter Gesandtenmordes (Hist. Vierteljahrschrift, 1900), S p a h n, Österreich u. d. Rastatter
Gesandtenmord, Deutsche Rundschau 1909. O b s e r, Bonaparte, Debry
und der Rastatter Gesandtenmord (Zeitschr. f. d. Gesch. d. Oberrheins,
Bd. 9) wendet sich gegen B ö h t l i n g k s Hypothese — vorgetragen in
dessen „Napoleon Bonaparte, seine Jugend und sein Emporkommen",
2. Ausg., Jena 1883 — Napoleon habe als der wahre Urheber des Krieges
von 1799 auch beim Gesandtenmord seine alles verwirrende Hand im Spiele
gehabt. Vergl. hiezu auch: W e g e l e in der „Historischen Zeitschrift",
1881, und H ü f f e r im Nachwort der oben zitierten Schrift über die Rastatter Untat. — Über die Kriegsereignisse des Jahres 1799 vergl. außer den
oben genannten allgemein geschichtlichen Werken die kriegsgeschichtlichen
von M a t h i e u D u m a s, Précis des événements militaires 1799—1814,
J o m i n i, Histoire critique et militaire des guerres de la révolution,
(S c h u l z - S c h ü t z), Gesch. der Kriege in Europa seit 1792, V.
C l a u s e w i t z, Die Feldzüge 1799 in Italien und der Schweiz, E r z-
h e r z o g K a r l, Der Feldzug v. 1799 in Deutschland u. d. Schweiz,
Wien 1819, M i l j u t i n, Geschichte des Krieges von Rußland mit Frankreich, 1799 (deutsch von Smitt), G a c h o t, Les campagnes de 1799, Sou-
vorow en Italie, Par. 1903, M., Etude sur la campagne de 1799 (Revue d'histoire
rédigée à l'Etat major 1903). Von besonderem Werte sind H ü f f e r s
Quellen zur Geschichte des Zeitalters der französischen Revolution, 1799
bis 1800, Bd. I.: Quellen zur Geschichte des Krieges von 1799, Leipzig
1900, und d e s s e l b e n „Zug Suworows durch die Schweiz" (Mitt. d. Inst.
f. österr. Geschichtsforschung, 1900), wodurch die Werke des russischen
Militärschriftstellers O r l o w über Suworow überholt sind. Vergl. auch
O e c h s l i, Gesch. d. Schweiz, I. Dazu die Memoiren M a c d o n a l d s,
T h i é b a u l t s II., C o s t a d e B e a u r e g a r d s (Un homme d'autrefois), M a s s é n a s von Koch und F a u r e, Souvenirs du gén. Championnet, Par. 1904.

Über die inneren Zustände Frankreichs: T a i n e, Les origines de la France contemporaine V., F e l i x R o c q u a i n, L'état de la France au 18 brumaire, (Par. 1874), vor allem aber Albert V a n d a l, L'avènement de Bonaparte Par. 1902, I. Bd. (La genèse du consulat; Brumaire; La constitution de l'an VIII), worin nicht nur die gedruckte Quellenliteratur, sondern auch Unediertes von großem Wert benützt wurde: Aufzeichnungen von Cambacérès, Mortier, Grouvelle, Daunou, Briefe von Barante u. a. Dazu P i e r r e, La terreur sous le Directoire; A u l a r d, Paris pendant la réaction thermidorienne V.; d e s s e l b e n Aufsätze im 2. Bande seiner „Etudes sur la Révolution française" (Les causes du 18 brumaire), d e s s e l b e n „Etat de la France en l'an VIII et en l'an IX"; M a d e l i n, Fouché I., M o n t i e r, Robert Lindet, N é t o n, Sieyès. Gleichzeitige oder zeitgenössische Aufzeichnungen enthalten: S c h m i d t, Tableaux de la Révolution III., L e s c u r e, Mémoires sur les journées révolutionnaires 1789—99, II., das Mémorial de N o r v i n s, M a l l e t d u P a n, La révolution française vue de l'étranger, die Mémoiren von N a p o l e o n (in C o r r e s p. XXX.), D u f o r t d e C h é v e r n y, C h a t e a u b r i a n d (Mémoires d'outre-tombe), L a f a y e t t e, L a r e v e l l i è r e - L é p a u x, T h i b a u d e a u, R o e d e r e r (in dessen Oeuvres III. und dessen „Journal" her. v. Vitrac, Par. 1909), J o s e p h B o n a p a r t e, L u c i a n B o n a p a r t e, B o u r r i e n n e, B a r a n t e I., B a r r a s III., Frau v. C h a s t e n e y, G o h i e r, P a s q u i e r I., Frau v. R é m u s a t, Frau v. S t a ë l (Considérations) und eine Schrift d e r s e l b e n „Des circonstances actuelles", 1798 (in der Rev. d. d. m. Nov. 1899), Frau R e i n - h a r d, Briefe an ihren Vater, 1900, M u s n i e r - D e s c l o z e a u x' Memoiren (verfaßt von R é a l), S é g u r s (Ausgabe von 1894), T h i é - b a u l t s, M a r m o n t s, M. D u m a s', L a v a l e t t e s. Von Zeitungen kommen hauptsächlich in Betracht: der „Moniteur universel", der „Publiciste", der „Surveillant" und die „Gazette de France". Dazu: B o u r g e o i s, Le général Bonaparte et la presse de son époque, Par. 1906. Über Napoleon als Mitglied des Instituts: M a i n d r o n, L'académie des Sciences. Neuestens: G u y o t, Du Directoire au Consulat (Revue hist. 1912).

Über den Staatsstreich: außer V a n d a l, der in den Anmerkungen eine unterrichtende Note über wichtige Quellenschriften bietet, A u l a r d, Histoire politique de la révolution, d e s s e l b e n, Bonaparte et les poignards des 500 in den „Etudes" II, d e s s e l b e n, L'établissement du Consulat. Von gleichzeitigen Quellen ist zu den früher genannten Memoirenwerken noch zu nennen: J o u r d a n, Notice sur le 18 brumaire (im Carnet historique 1901), „Un témoignage contemporain sur la journée du 19 brumaire" (ebenda 1899), „Mémoires historiques sur le 18 brumaire" (Par. an VIII), S é b a s t i a n i s Äußerungen in V a t o u t, Histoire du Palais de S. Cloud, A r n a u l t, Souvenirs d'un sexagénaire, die „Cahiers du capitaine C o i g n e t", S a v a r y, Mon examen de conscience sur le 18 brumaire; dazu die Rechenschaftsberichte des „Alten" F a u r e und des Abgeordneten S a i n t - G e r v a i s, beide Par. 1799, und die Briefe Brinckmanns bei L é o u z o n - L e d u c (s. oben zum 6. Kapitel). Neuestens: H a u s s o n v i l l e, Madame de Staël et M. Necker d'après leur correspondance inédite. II. A la veille et au lendemain du 18 brumaire. (Revue d. d. mondes, 1913).

Über die Zeit der provisorischen Regierung: V a n d a l, L'avènement de Bonaparte II. (ohne weite Ausbreitung über Finanz-, Industrie- und Verwaltungsfragen), A u l a r d, Le lendemain du 18 brumaire, in den „Etudes" II, d e s s e l b e n Régistre des déliberations du Consulat provisoire, Paris 1894, d e s s e l b e n Paris sous le Consulat, Par. 1903 ff., S t o u r m, Les finances du Consulat, Par. 1902, P o i n s a r d, Le crédit public et les emprunts sous le Consulat (Annales de l'Ecole des sciences politiques, 1890), (S. unten die Literatur zum 8. Kapitel). B o u l a y d e l a M e u r t h e, Théorie constitutionelle de Sieyès, Par. 1836, T a i l l a n d i e r, Documents biographiques (über Daunou), T h i b a u- d e a u, Le Consulat et l'Empire I., T h i e r s, Histoire du Consulat et de l'Empire I. Zu den früher genannten Memoiren: die von G a u d i n, M i o t v. M e l i t o, S t a n i s l a s G i r a r d i n und die von L a l a n n e herausgegebenen, dem gelehrten Fauriel zugeschriebenen Aufzeichnungen „Les derniers jours du Consulat", Par. 1886. (Erste Abteilung: „Esquisse historique des pronostics de la destruction de la République à dater du 18 brumaire".) L e b r u n, Opinions, rapports et écrits, publiés par son fils, Par. 1829. Zu Ende 1799 wird der „Moniteur universel" offizielles Organ des Konsulats; als Geschichtsquelle dient insbes. das „Journal des débats", seit 1800 unter Bertin's Redaktion. Der Text der Verfassung vom Jahre VIII bei H é l i e, Les constitutions de la France. (Eine deutsche Wiedergabe bei P ö l i t z, die Staatsverfassungen Europas, 2. Bd.)

Zum siebenten Kapitel. Über das Friedensanerbieten Napoleons: Die „C o r r e s p o n d a n c e" VI., D u C a s s e, Histoire des négociations diplomatiques relatives aux traités de Mortfontaine etc. II., Par. 1855, V i v e n o t, Vertrauliche Briefe des Freih. v. T h u g u t, II., Wien 1872, die „Parliamentary History" 34. Bd., S y b e l V., B i g n o n, Histoire de France depuis le 18 brumaire jusqu'à la paix de Tilsit, I (befangen), L e- f e b v r e, Histoire des cabinets de l'Europe, 1800 bis 1815, I., B o w- m a n, Preliminary stages of the peace of Amiens (vermehrte Wiedergabe der im Texte zitierten Leipziger Dissertation), Toronto 1899. Dazu vergl. A d a m s, The Influence of Grenville on Pitts foreign policy.

Über den Krieg von 1800 in Italien: die „C o r r e s p o n d a n c e", VI. Bd.; N a p o l e o n s Aufzeichnungen von S. Helena im 30. Bande der Sammlung; B o u r r i e n n e s Memoiren und die der Generale K e l l e r- m a n n, V i c t o r, M a r m o n t, S o u l t, M a s s e n a, S a v a r y, T h i é b a u l t, die „Mémoires militaires" C r o s s a r d s, die Aufzeichnungen eines Soldaten in „Les cahiers du capitaine C o i g n e t". Alle diese Quellen sind heute an Wert gar weit überboten durch die Veröffentlichungen der Dokumente des französischen und des österreichischen Kriegsarchivs; jene brachte Capitaine C u g n a c, Campagne de l'armée de reserve, 1800, Par. 1900, 1901, 2 Bde., von einer völlig unparteiischen Kritik begleitet, zur Publikation (Cugnac hat danach auch eine mehr erzählende „Campagne de Marengo" veröffentlicht), diese H ü f f e r im 2. Bande seiner „Quellen zur Geschichte der Kriege von 1799 und 1800". Leipzig 1901. Beide Werke enthalten überdies wichtige Aufzeichnungen von Augenzeugen der einzelnen Vorfälle. Durch sie ist G a c h o t, La deuxième campagne d'Italie (1800), Par. 1899, außer Kurs gesetzt. Vergl.

aber die älteren Werke von Mathieu D u m a s, J o m i n i, B ü l o w und
die Darstellung von M r a s in der Österr. milit. Zeitschrift von 1822—23,
neben K o c h's „Masséna". Über Genua: T h i é b a u l t, Journal des
opérations militaires de siège et blocus de Gênes. Par. 1847, 2. Aufl.,
G a c h o t, Le siège de Gênes (1800), Par. 1908, und B i o v è s, Le siège
de Gênes en 1800 in Feuilles d'hist. 1912. (Übertragung der Aufzeichnungen des Schweden G r a b e r g über die Blockade von Genua
ins Französische.) Über Berthier: D e r r é c a g a i x, Berthier, Par. 1904.
Über den Zug über den St. Bernhard: C a g l i a n i, Il passagio di
Bonaparte per il grande San-Bernardo, Tor. 1892, R o l a n d o, Il
passagio del esercito di Napoleone I., Tor. 1898. Über Bard: B e c k h-
W i d m a n n s t e t t e r, Stockmar v. Bärnkopf, Wien 1900. Über Marengo
enthält Hüffer's Einleitung zum zweiten Band der „Quellen" eine orien-
tierende Studie, namentlich über die Entwicklung der legendenhaften Darstellung unter Napoleons Mitwirkung. Siehe darüber übrigens auch den
Aufsatz „Zum 80. Jahrestage der Schlacht bei M." in den Jahrbüchern f.
d. deutsche Armee und Marine 36. Band. Auf den Hüfferschen Materialien
ist die gute Studie A. H e r r m a n n s „Marengo" (1903) aufgebaut. Ein
zweites kürzlich unter dem etwas zuviel sagenden Titel „Der Aufstieg Napoleons" (Berl. 1912) erschienenes größeres Werk d e s s e l b e n Verfassers
behandelt ebenfalls die Geschichte des Jahres 1800, in den Kriegssachen sehr
eingehend, aber ohne gerade viel wesentlich Neues zu bieten. Im „Centenario
della battaglia di Marengo", 2 Bde., Alessandria 1900 (P i t t a l u g a,
La battaglia di Marengo) sind italienische Quellen zusammengetragen,
die einzelnes Neue liefern. Von älteren Darstellungen sind die K e l l e r-
m a n n zugeschriebene Broschüre „Réfutation du Duc de Rovigo. La vérité
sur la bataille de Marengo" (1828) und K e l l e r m a n n s „Campagne de
1800" besonders zu erwähnen; daneben die Zusammenstellung der französischen offiziellen Berichte im Mémorial du dépôt de la guerre, V, von 1828.
Sie werfen auch ein entsprechendes Licht auf die französischen Kriegsbulle-
tins, über die, wie Thibaudeau in seinen Erinnerungen erzählt, damals schon
der Pariser Witz das Wort erfand: „Er lügt wie ein Bulletin." Dazu G r u y e r,
Récit de la bataille de Marengo par Grouchy (in Carnet historique 1898).
M. B e c k e r, „Etude sur le général Desaix", ist vielfach zu korrigieren.
     Über die Politik im Sommer: B o u l a y d e l a M e u r t h e, Cor-
respondance de Talleyrand avec le Premier Consul pendant la campagne
de Marengo (Revue d'hist. dipl. 1892), V i v e n o t, Vertrauliche Briefe
Thuguts, II., D u C a s s e, Histoire des négociations diplomatiques 1800
bis 1802, II., F o u r n i e r, Die Mission des Grafen S. Julien im Jahre
1800, in „Historische Studien und Skizzen", I., wo auf die ältere Literatur
Bezug genommen wird; dazu in H ü f f e r, Quellen, II., S. 125 ff., die
Aufzeichnung Neippergs über diese Sendung.
     Über den Feldzug von 1800 auf 1801 in Deutschland: N a p o l e o n s
Mémoiren (in C o r r e s p o n d a n c e XXX.) wider Moreau; dagegen:
J o m i n i in seiner Histoire des guerres, C a r r i o n - N i s a s, La
campagne des Français en Allemagne, 1800 (im Mémorial du dépôt de la
guerre V.), dafür: P i c a r d, Bonaparte et Moreau, Par. 1905, K r a y s,
des österreichischen Feldherrn, Briefe an s. Bruder wurden in den Mitteilungen d. k. u. k. Kriegsarchivs, 1909, veröffentlicht, R i c h e p a n c e,

La bataille de Hohenlinden, (im Spectateur militaire, 1836), T e s s i e r, Hohenlinden et les premiers démêlés de Bonaparte et de Moreau (in der Revue historique IX. nach den Erinnerungen des beteiligten Generals Decaen), S c h l e i f e r, Die Schlacht bei Hohenlinden am 3. Dezember 1800 und die vorausgegangenen Heeresbewegungen, Erding 1885, C h u q u e t, „Hohenlinden" in Feuilles d'hist. 1912. Dazu: C r i s t e, Joh. Fürst v. Liechtenstein, Wien, 1905. Eine Darstellung nach den österreichischen Kriegsakten findet sich in der Österr. milit. Zeitschrift von 1836. Nach den französischen ist neuestens P i c a r d und A z a n, La campagne de 1800, 3 vol., Par. 1907 ff., das Hauptwerk (teilweise in der Revue d'histoire des franz. Generalstabs, 1909, veröffentlicht). Andere wichtige Beiträge, insbesondere aus Wiener und Münchner Archiven, bei H ü f f e r, Quellen II, wonach H e r r m a n n, Aufstieg Napoleons.

Zur Geschichte der Diplomatie und der Friedensschlüsse ist Hauptquellenwerk: D u C a s s e, Histoire des négociations diplomatiques relatives aux traités de Mortfontaine, de Lunéville et Amiens. Dann die „C o r r e s p o n d a n c e de Napoléon I." die Bände VI. und VII., L e c e s t r e, Lettres inédites de Napoléon I. (Par. 1897), Bd. I.; B r o t o n n e, Lettres inédites de Napoléon I. (Par. 1898), d e s s e l b e n Dernières lettres de N. I. (Par. 1903), Bd. I., F o u r n i e r, Zur Textkritik der Korrespondenz Napoleons I. (Archiv f. österr. Gesch., Bd. 93), V i v e n o t, Vertrauliche Briefe Thuguts, II., B e r t r a n d, Lettres inédites de Talleyrand à Napoléon, 1800—1809, Par. 1889, B a i l l e u, Preußen und Frankreich II. Die Staatsverträge bei D e C l e r c q, Recueil des traités de la France, I. und M a r t e n s, Recueil manuel et pratique des traités et conventions, Leipzig 1866 ff. Dazu die Darstellungen bei L e f e b v r e, Histoire des cabinets de l'Europe pendant le Consulat et l'Empire, I., S y b e l V., S o r e l VI., T h i b a u d e a u, Histoire de la France et de Napoléon Bonaparte, I., T h i e r s II. und III., B i g n o n, Hist. diplomatique de la France depuis le 18 brumaire (verfaßt auf Anordnung Napoleons) I. Über Einzelnes: T a t i s t s c h e f f, Paul I. et Bonaparte (Nouv. Revue 1887), T r a t s c h e w s k i, L'empereur Paul et Bonaparte (Revue d'hist. dipl. 1889), T r a t s c h e w s k i, Relations diplomatiques entre la Russie et la France à l'époque de Napoléon I., 1800—1802 (im Sbornik der russ. hist. Gesellschaft, 70. Band), S c h i e m a n n, Die Ermordung Pauls I. und die Thronbesteigung Nikolaus' I. (Berlin, 1902), T a t i s t s c h e f f, Alexander I. et Napoléon, Par. 1891, B e r n h a r d i, Geschichte Rußlands im 19. Jahrh., II., B r ü c k n e r, Materialien zur Geschichte Panins, W a s s i l t s c h i k o w, Les Razoumowski, Halle, 1893, M a r t e n s, Recueil des traités conclus par la Russie, XIII., E. P a u l, Ein Expeditionsprojekt Rußlands und Frankreichs nach Indien, im Jahre 1800 (in der Deutschen Revue 1888), B u c h h o l z, Die napoleonische Weltpolitik u. d. franz.-russ. Bund (Preuß. Jahrb. 1896), G a f f a r e l, Napoléon I, et ses projets sur l'Hindoustan (Revue de Géographie, 1894), D r i a u l t. La politique extérieure du Premier Consul, 1800—1803, Par. 1910, E, D a u d e t, Les Bourbons et l'émigration pendant le Consulat (Rev. d. d. m. 1885), d e r s e l b e, Bonaparte et les Bourbons, Par. 1906, B a u m g a r t e n, Geschichte Spaniens vom Ausbruch der französischen Revolution, I., G r a n d m a i s o n, L'ambassade française en Espagne

1789—1804, L u c i e n, Mémoires, éd. Jung II., M a r m o t t a n, Le
royaume d'Etrurie, Par. 1896, B o w m a n, Preliminary stages of the
peace of Amiens (Toronto, 1900), P h i l i p p s o n, La paix d'Amiens
et la politique générale de Napoléon I. (Revue historique, 75, 1901;
2. deutsche Ausgabe, Leipzig 1913), R o b e r t s, The negociations preceding
the peace of Luneville (Transactions of the Royal historical society, 1901),
S t a n h o p e, Life of Pitt II., B u c k i n g h a m, Memoirs of Court and
Cabinets of George III., 3. Bd. (H a n s a r d), Parliamentary history,
Bd. 35, P e l l e w, Life and correspondance of Addington (Lond. 1847),
I., M a l m e s b u r y, Diaries and Correspondance (Lond. 1844), III.,
Life and lettres of the first Earl of M i n t o (Lond. 1874), II., N o o r d e n,
Der Rücktritt des Ministeriums Pitt, 1901, in Hist. Zeitschrift. 40. Bd.,
H e i g e l, Deutsche Geschichte II., R a n k e, Hardenberg und Preußen,
1793—1813 (Sämtl. Werke 47. Bd.), M a s s e n b a c h, Memoiren zur
Gesch. des preuß. Staates, U l m a n n, Die preußische Politik in der Frage
der bewaffneten Meeresneutralität und bei der Besitznahme Hannovers,
1801 (in d. D. Zeitschrift f. Geschichtswissenschaft 1897), L a r s s o n,
Sveriges deltagande in den väpnade neutralitäten 1800—1801 (Lund 1889).
B e e r, Zehn Jahre österr. Politik, F o u r n i e r, Gentz und Cobenzl,
Geschichte der österr. Diplomatie in den Jahren 1801—1805, W e r t-
h e i m e r, Geschichte Österreichs und Ungarns, 1797—1809, I.

Über das Konkordat von 1801 ist Hauptquellenwerk: B o u l a y d e
l a M e u r t h e, Documents sur la négociation du Concordat et sur les
autres rapports de la France avec le Saint-Siège en 1800 et 1801, 5 Bde.
Par. 1891 ff. Dazu vergl. H a u s s o n v i l l e, L'église romaine et le premier
Empire, I., T h e i n e r, Histoire des deux concordats, 1801 et 1803, C r é-
t i n e a u - J o l y, Les mémoires du Cardinal Consalvi, Par. 1864, d e r-
s e l b e, Bonaparte, le concordat de 1801 et le Card. Consalvi, Par. 1869,
C h a m p e a u x, Le droit civil écclésiastique français ancien et moderne,
II. (gute Materiensammlung), P o r t a l i s, Discours, rapports et travaux
inédits sur le Concordat (Par. 1845), D e b i d o u r, Histoire des rapports
de l'Eglise et de l'Etat en France de 1789 à 1870 (Par. 1898), T a i n e, Les
origines de la France contemporaine. Le régime moderne. II. Eine zusammenfassende Darstellung mit neuen archivalischen Beiträgen aus römischen
Quellen bietet M a t h i e u, Le Concordat, Par. 1903.

   Zum achten Kapitel. Über die Staatsreform im ganzen: Die Protokolle
der Sitzungen der Konsuln und die des Senats sind noch nicht veröffentlicht;
dagegen sind die des Tribunats in 59, des Gesetzgebenden Körpers aus dieser
Zeit in 25 Bänden gedruckt. Vergl. M a d i v a l e t L a u r e n t, Archives
parlementaires, 2. Serie v. 1799 ab, dann D u v e r g i e r, Histoire du
gouvernement parlementaire, Par. 1857 ff., P e l e t d e l a L o z è r e,
Opinions de Napoléon (im Staatsrat), Par. 1833, M a r c o d e S a i n t -
H i l a i r e, Napoléon au Conseil d'Etat. Dazu die C o r r e s p o n d a n c e
de Napoléon I., Bd. VI. u. VII., mit den Ergänzungen von L e c e s t r e
und B r o t o n n e; der „Almanach national" von VIII—X; der „Moniteur"
als offizielles, der „Publiciste" als offiziöses Journal, das „Journal des
débats" und Roederers „Journal de Paris"; Felix R o c q u a i n, L'état
de France au 18 Brumaire (mit den Berichten der Staatsräte aus den
Jahren 1800 und 1801); R e m a c l e, Bonaparte et les Bourbons.

Relations secrètes des agents de Louis XVIII. à Paris, 1802—1803, Par. 1899; die Memoiren von T h i b a u d e a u, B a r a n t e, P a s q u i e r, C h a p t a l, L a f a y e t t e, B o u r r i e n n e R o e d e r e r (Oeuvres III. Bd.), L u c i a n B o n a p a r t e (éd. Jung), C a r n o t, S a v a r y, L a v a l e t t e, S t a ë l, Dix ans d'exil. (Dazu: G a u t i e r, Mad. de Staël et Napoléon.) Die Memoiren F o u c h é s (Par. 1828) sind zwar nicht sein Werk, aber doch nicht ohne seine Einflußnahme entstanden. F o r n e r o n, Histoire générale des émigrés, II. Von Darstellungen: T h i e r s, Histoire du Consulat et de l'Empire, Bd. 3. (Dazu B a r n i, Napoléon et son historien, M. Thiers, auch in deutscher Übersetzung, Leipzig, 1870); L a n f r e y, Napoléon I., insbesondere T a i n e, Les origines de la France contemporaine. Le Régime moderne, I. II., Par. 1891, 1894 (leider unvollendet); V a n d a l, L'avènement de Bonaparte, II., Par. 1907. A u l a r d, Paris sous le Consulat, I—III. (1907), d e s s e l b e n, L'établissement du Consulat à vie („Révolution française", 1895); d e s-s e l b e n, Histoire politique de la révolution française, Par. 1901, L a n z a c d e L a b o r i e, Paris sous Napoléon I., I.: Consulat provisoire et Consulat à temps. Par. 1904. Vergl. auch den entsprechenden Abschnitt in L a v i s s e u n d R a m b a u d, Histoire générale, IX. Napoléon; A u l a r d, L'Etat de la France en l'an VIII. et en l'an IX., Par. 1897; M a d e l i n, Fouché, I.; G. S t e n g e r, La société française pendant de Consulat, Par. 1903 ff. (nichts Neues), A. E. B l a n c, Napoléon et ses institutions civiles et administratives, Par. 1880 (einseitig und pane-gyrisch, im Tatsächlichen aber übersichtlich), K u s c i n s k i, Les Con-ventionnels fonctionnaires après le 18 brumaire („Révol. fr.", 27. Bd.), H é l i e, Les constitutions de la France, J a u r è s, Histoire socialiste, VI., L e v a s s e u r, Histoire des classes ouvrières et de l'industrie en France depuis 1789 (2. Aufl. 1903), C h a p t a l, De l'industrie française, 2 vols, Par. 1819.

Über die Verwaltungsorganisation: A u c o c, Le Conseil d'Etat avant et depuis 1789. (Zur Vergleichung mit den späteren Verhältnissen: A u c o c, Conférences sur l'administration et le droit administratif, Par. 1896, B e r t r a n d, L'organisation française, Par. 1882 u. a.), insbesondere A u l a r d, La centralisation napoléonienne (La révol. franç. 1911). R é g n i e r, Les préfets du Consulat et de l'Empire (La nouvelle Revue, 1907 ist unzuläng-lich. Ferner: D é j e a n, Un préfet du Consulat (Beugnot) Paris, 1907, P i n g a u d, Jean de Bry, S t. Y v e s e t F o u r n i e r, L'évolution du système administratif de Napoléon I. (Bouches du Rhône), Par. 1900, D a r m s t a e d t e r, Die Verwaltung des Unterelsaß, 1799—1813 (Zeit-schrift f. d. Gesch. d. Oberrheins, 1903), M o n n e t, Histoire de l'ad-ministration en France, Par. 1885, P a s s y, Frochot, Par. 1867. Eine Geschichte der französischen Industrie unter dem Konsulat ist leider noch ebensowenig geschrieben wie eine Geschichte der napoleonischen Zollpolitik. Hier liegt noch ein weites Feld brach.

Über die Finanzreform: D'I v e r n o i s, Tableau des finances de la France pendant l'année 1796. Par. 1796; R a m e l, Des finances de la répu-blique franç. en l'an IX; M i n z è s, Die Nationalgüterveräußerung während der franz. Revolution, Jena 1892; M a r i o n, La vente des biens nationaux pendant la révolution, Par. 1908; B o u r n i s s i e n, Conséquences écono-

miques et sociales de la vente des biens nationaux (Rev. d. quest. hist. 1910);
G a u d i n, Mémoires, und d e s s e l b e n Notice historique sur les finances
de la France, 1800—1814; M o l l i e n, Mémoires d'un ministre du trésor
public (neue Ausgabe, 1898); L e b r u n, Opinions, rapports et écrits (publ.
par son fils), Par. 1829; R a m e l, Les finances de la République, Par.
1801; N e c k e r, Dernières vues de politique et de finances, Par. 1802;
S t o u r m, Les finances du Consulat, Par. 1902; S a l v a n d y, M. Mollien,
Par. 1851; P o i n s a r d, Le crédit public et les emprunts sous le Consulat
(Annales de l'Ecole des sciences pol. 1890); C o u r t o i s, Histoire des
Banques en France, Par. 1881; Z a b l e t, La Banque de France (in Revue
bleue, 1899, XI.); L a n z a c d e L a b o r i e, Les débuts de la Banque
de France (Rev. d. quest. hist., 1910). (Das Archiv der Bank ist unzugänglich).
N i c o l a s, Les Budgets de la France depuis le commencement du 19.
siècle. (Die Protokolle des Finanz-Conseils sind noch ungedruckt.)

Über die Justizreform: Gesetzsammlung von D u v e r g i e r, Collection complète des lois etc. 1789—1804, Par. 1824, 14 Bde. Hauptwerk:
L o c r é, La législation civile, commerciale et criminelle de la France, 1827,
31 Bde.; d e r s e l b e, Esprit du Code Napoléon, Par. 1805 ff.; F e n e t,
Recueil complet des travaux préparatoires du Code civil, Par. 1836; P o r-
t a l i s, Discours, rapports et travaux inédits sur le Code civil (publ. par
son fils.), Par. 1844; S é v i n, Etude sur les origines révolutionnaires des
Codes Napoléon (nouv. éd. Par. 1879); T r o p l o n g, De l'esprit démocra-
tique dans le Code civil (Auszüge daraus bei Sévin). Vor allem jetzt: S a g-
n a c, La législation civile de la révolution française, Par. 1898 (mit Bibliographie) und L e r o y, Le centenaire du Code civil. (Revue de Paris, 1903.)
Über Napoleons Anteil: M a d e l i n, Le premier consul législateur, Par.
1865; P é r o u s e, Napoléon I. et les lois civiles du Consulat et de l'Empire, Lyon 1866 (beide panegyrisch); J a c, Bonaparte et le code civil,
Par. 1898; B r e s s o l l e s, Etudes sur les rédacteurs du Code Napoléon
(Revue de législation, 1852); S c h ä f f n e r, Geschichte der Rechtsver-
fassung in Frankreich; Z a c h a r i a e, Das französische bürgerliche Recht;
P e s l o ü a n, La juridiction administrative sous la Révolution et sous
l'Empire, Par. 1907; C r u p p i, Napoléon et le jury, Par. 1896.

Über die Unterrichtsreform: B e a u c h a m p, Recueil des lois et
réglements sur l'enseignement supérieur; D u r u y, L'Institution publique
et la Révolution; L i a r d, L'enseignement supérieur en France (depuis
1789), I., Par. 1888; H a h n, Das Unterrichtswesen in Frankreich mit e.
Geschichte der Pariser Universität, 1. Bd., Breslau 1848; G a u t i e r, La
réforme de l'enseignement secondaire sous le Consulat (Revue universitaire
1898); A u l a r d, Napoléon I. et le monopole universitaire (die Einleitung),
Par. 1911; G r i m a u d, Histoire de la liberté d'enseignement en France
depuis la chute de l'ancien régime. Par. 1898; B o u r g e o i s, La liberté
d'enseignement (La Grande Revue, 1902); D u p u y, L'école normale
(Revue intern. de l'enseignement supérieure 1883). Über die Ehrenlegion:
M a z a s, La légion d'honneur.

Über die Bewältigung der parlamentarischen Opposition: die Memoiren
von T h i b a u d e a u, B a r a n t e, P a s q u i e r, C a m i l l e J o r d a n,
Le consulat à vie, S t e. B e u v e, Camille Jordan (in Lundis XII.), die
„Considérations" der S t a ë l, L a b o u l a y e, Benjamin Constant. Über

Literarische Anmerkungen. 319

die Zensur: W e l s c h i n g e r, La Censure sous le premier Empire, Par. 1882; Le P o i t t e v i n, La liberté de la presse depuis la Révolution (1789—1815), Par. 1901. F. A. A. Un rapport de Portalis sur la presse en l'an XI. (La Rév. fr. 1897). Über die Verschwörungen: F e s c o u r t, Histoire de la double conspiration de 1800, Par. 1819; H u e, Un complot de police sous le Consulat, Par. 1909; D e s m a r e s t, Témoignages historiques; quinze ans de haute police sous Napoléon, Par. 1833; D e s t r e m, Les déportations du Consulat et de l'Empire, Par. 1885; E. D a u d e t, La police et les chouans sous le Consulat et l'Empire, Par. 1893; M a d e l i n, Fouché I.; G u i l l o n, Les conspirations militaires sous le Consulat; et l'Empire, Par. 1894; L a l a n n e, Les derniers jours du Consulat, A u g u s t i n - T h i e r r y, Conspirateurs et gens de police. Le complot des libelles. 1802 (Rev. d. d. m. 1902).

Beilagen.

II.

Briefe Napoleons an Talleyrand[1]).

1.

28 frimaire an VIII.
(19. Dezember 1799.[2])

Note pour le citoyen Talleyrand.

Nous sommes interessés à ce que Vandergraff, directeur général du commerce de la Compagnie Batave aux Indes et désigné gouverneur de Batavia, s'y rende le plutôt possible. Connaître quelles sont les vues du gouvernement batave sur cet objet.

Il nous serait nécessaire d'obtenir du gouvernement batave 200.000 piastres de crédit sur Batavia et autant des Espagnols sur les Manille.

Bonaparte.

2.

Paris le 10 nivôse an VIII.
(31. Dezember 1799.[3])

J'ai la certitude, Citoyen Ministre, que M. Morelet, consul danois à Gênes, est notre ennemi déclaré. Je vous prie de me proposer un moyen de le faire rappeler de ce poste. Je vous salue. Bonaparte.

3.

s. d.
(Dezember 1799.[4])

Note pour le Citoyen Talleyrand.

Donner au C. Bacher des instructions pour qu'il provoque, sans trop s'avancer, des ouvertures de la part de l' Electeur de Bavière. Il peut dire à des personnes qui lui seraient attachées que, pendant mon séjour à Rastatt, j'ai été fort content de la manière dont cet électeur s'est conduit, étant alors Duc de Deux-Ponts[5]).

---

[1]) Die folgenden Briefe sind einer Sammlung im Wiener Haus-Hof- und Staatsarchiv entnommen, über die ich in meiner Abhandlung „Zur Textkritik der Korrespondenz Napoleons I." in den Schriften der Wiener Akademie der Wissenschaften (Archiv f. öst. Gesch., Bd. 93) Bericht erstattet habe. Sie fehlen in der Correspondance de Napoléon I.

[2]) Kopie. Der Ausstellungsort fehlt; es ist Paris.

[3]) Kopie. Morellet war noch im Juli 1800 dänischer Konsul in Genua. Ein zweiter Brief an Talleyrand vom 27. Juli 1800 (Correspondance VI. 5033) fordert aufs neue seine Ausweisung.

[4]) Kopie. Für das Datum s. die folgende Anmerkung.

[5]) Daß Bacher, der Vertreter Frankreichs am Regensburger Reichstag, damals in Frankfurt, in der Tat den Auftrag erhielt, ergibt sich aus einem Bericht des preußischen Gesandten Heymann in München vom 6. Jänner 1800: „On a même donné l'ordre à l'agent de la République à Francfort d'accueillir avec intérêt et amitié tous ceux de l'Electeur qu'il y rencontrera". Daß er den erhaltenen Befehl ausgeführt hat, lehrt ein zweiter Bericht Heymanns vom 19. Jänner. (Siehe hierüber Du Moulin-Eckart, Montgelas, I. 222.)

Faire mettre dans le „Moniteur" un article propre à frapper les cabinets étrangers et qui fera connaître la différence de la marche diplomatique des Consuls et de celle de l'ancien Directoire, les appuyant sur l'éxécution donnée au traité fait avec le Grandmaître de Malte et sur la stricte exécution du cartel fait avec les Anglais et en conséquence duquel les Consuls ont fait mettre en liberté Sir Robert Barclay.[1]

Sur la levée de l'embargo sur les vaisseaux danois et les deux consuls danois reçus.

Dire aussi, quoique plus légèrement, que le caractère des envoyés nouveaux nommés pour les pays étrangers, tels que Bourgeois (sic![2]) Beurnonville,[3] Alquier[4]) etc., est une garantie des instructions qu'ils doivent avoir de suivre les formes reçues dans les pays, en observant tout ce qui peut dépendre d'eux pour maintenir l'harmonie et la paix.   Bonaparte.

4.

Paris, le 12 nivôse an VIII.
(2. Jänner 1800.[5])

Pour le Ministre des Relations Extérieures.

Le Ministre des Relations Extérieures fera connaître au Ministre plénipotentiaire de la République Hélvétique[6]) que je ne reçois les ministres étrangers que dans les jours où ils me sont présentés par lui.
                                    Bonaparte.

5.

Paris, le 14 floréal an VIII.
(4. Mai 1800.[7])

Au Ministre des Relations Extérieures.

Vous trouverez ci-joint, Citoyen Ministre, copie d'une lettre que j'écris au général Augereau. Je vous prie d'écrire dans le même sens au C. Sémonville[8]) et de lui dire qu'il fasse connaître au gouvernement batave

---

[1]) Das Übereinkommen wegen der Kriegsgefangenen war am 13. September 1798 abgeschlossen worden (D e C l e r c q, Recueil des traités de la France, I. 368.) Ein Konsularedikt im „Moniteur" vom 9. Nivôse VIII (30. Dezember 1799) beruft sich darauf. Dazu einige Zeilen Kommentar im angedeuteten Sinne.

[2]) Es ist wahrscheinlich, daß hier Bourgoing gemeint ist, der im Dezember nach Kopenhagen ernannt wurde.

[3]) Beurnonville erhält im Dezember 1799 seine Instruktionen für Berlin, über die sich der preußische Gesandte Sandoz in Paris in einem Bericht vom 19. Dezember folgendermaßen äußert: „Les instructions de Beurnonville sont différentes de celles de ses prédécesseurs . . . il doit parler uniquement des intérêts qui lient les deux puissances, et des grands avantages que retirerait la Prusse d'interposer une médiation énergique et armée pour donner la paix à l'Europe. Du temps des gouvernants avocats tous les fonctionnaires publics étaient devenus en France des discoureurs . . . (B a i l l e u, I. 350 und 515).

[4]) Alquier ging im Dezember 1799 nach Madrid.

[5]) Kopie.

[6]) Jenner.

[7]) Kopie. Der Brief an Augereau, damals Chefgeneral der französischen Armee in Holland, vom 27. April 1800, ist in der C o r r e s p. VI. 4734 mitgeteilt.

[8]) Gesandter der Republik im Haag. Talleyrand führte den Auftrag am folgenden Tag (5. Mai) aus. S. B o u l a y d e l a M e u r t h e, Correspondance de Talleyrand pendant la campagne de Marengo. (Rev. d'hist. dipl. 1892) p. 251.

combien je suis mécontent du peu d'empressement qu'il met à monter la cavallerie et équiper les troupes françaises qui sont à son service. Je vous salue.[1]
Bonaparte.

6.
Paris, le 21 messidor an VIII.
(10. Juli 1800.[2])

Vous trouverez ci-joint, Citoyen Ministre, différentes lettres des ministres du gouvernement à Turin et à Milan. Faites-leur connaître, aussi qu'à celui qui est à Gênes, qu'ils doivent correspondre avec vous.

Ecrivez-leur qu'ils doivent faire tous leurs efforts pour procurer au général Masséna les subsistances pour son armée.

Le Piémont pourrait-il procurer 2 millions par mois à la caisse de l'armée?

Quelles ressources peut offrir Gênes? Cette République avait autrefois 4 ou 5 mille hommes de troupes soldées; n'est-il pas juste qu'une partie équivalente de troupes françaises soient habillées, nourries et soldées?
Bonaparte.

7.
Paris, le 27 messidor an VIII.
(16. Juli 1800.[3])

Vous trouverez ci-joint, Citoyen Ministre, deux lettres du général Masséna que vous me renverrez.

Vous écrirez au général Dupont[4]) combien il est indispensable qu'il fournisse 1,500.000 fr. par mois pour la subsistance de l'armée. Il est nécessaire que les 1,500.000 fr. pour messidor soient soldés avant la fin de la première décade de thermidor.

Vous ferez sentir au C. Petiet[5]) que j'espérais que les 2 millions pour le mois de messidor, qui cependant j'apprends qu'ils n'ont point encore été versés, qu'ainsi il n'a pas nous été payé pour la solde, vous lui ferez sentir qu'il prenne des mesures pour que ces 2 millions rentrent exactement. Car enfin le plus essentiel est de nourrir l'armée, tant pour l'Italie que pour la France.
Bonaparte.

8.
Paris, le 7 thermidor an VIII.
(26. Juli 1800.[6])

Vous donnerez l'ordre, Citoyen Ministre, au C. Bourgoing par un courrier extraordinaire de se rendre en Danemarc.[7]) Le C. Fréville se rendra à Altona comme chargé d'affaires.
Bonaparte.

---

[1]) Der Gruß am Schlusse und die Adresse „Au Ministre …", die in dieser Zeit stereotyp sind, werden in den folgenden Briefen weggelassen.

[2]) Kopie. Vergleiche den Brief an Masséna, Chefgeneral der italienischen Armee, vom 25. Juni 1800 in Corresp, VI. 4951.

[3]) Kopie.

[4]) Kommandierender General in Piemont.

[5]) Französischer Gesandter in Mailand.

[6]) Kopie.

[7]) Bourgoing hatte sich bisher in Hamburg aufgehalten und ging nun erst — in der zweiten Augusthälfte — nach dem Orte seiner Bestimmung (Kopenhagen) ab.

9.

Paris, le 7 thermidor an VIII.
(26. Juli 1800.[1])

Je vous prie, Citoyen Ministre, de me remettre un projet de note en réponse à celle de M. Haugwitz; on y dirait 1° que depuis la mission de Duroc nous voulions marcher avec la Prusse et suivre le même système, mais que, tout en disant „oui", la Prusse a toujours marché dans le sens contraire; 2° que, contre l'esprit du traité de Bâle, on nous a même fait sentir que l'on nous ferait des difficultés pour la rive gauche du Rhin; 3° que cela n'avait pas empêché le Ier Consul, qui compte toujours sur le caractère personnel de Sa Majesté, de continuer de mettre sa confiance en lui, l'ayant spécialement prié d'interposer ses bons offices envers l'Empereur de Russie pour rétablir la bonne harmonie entre lui et la République; que depuis 4 ou 5 mois que cette affaire était commencée, il n'avait pas obtenu une première réponse.   Bonaparte.

10.

Paris, le 9 thermidor an VIII.
(28. Juli 1800.[2])

Je vous prie, Citoyen Ministre, de me faire connaître quand vous me présenterez le travail pour l'exécution du réglement sur les Relations Extérieures.   Bonaparte.

11.

s. d.
(August 1800.[3])

Note pour le Ministre des Relations Extérieures.

Le Ministre des Relations Extérieures enverra au C. Otto la note et le projet ci-joints d'armistice. Ces deux pièces contiennent deux choses: 1° le désir réel du gouvernement français d'arriver à la paix générale, 2° d'en accélérer l'époque en mettant de côté le dégoût naturel que devait avoir le gouvernement à faire la première démarche, en considérant l'avantage que trouve la République à ravitailler Malte, Brest et Alexandrie. 3° Tout armistice qui n'aurait point ce but serait inutile et dès lors inacceptable. 4° Le gouvernement anglais trouve un avantage inappréciable puisque cet armistice le conduit à la paix, et, dans la position actuelle de l'Europe, l'Autriche ayant signé les préliminaires, il n'y a aucune espèce de doute que

---

[1] Kopie. Wiederholt aus „Zur Textkritik etc.", wo S. 12 der Brief dem in einzelnen Sätzen gleichlautenden vom selben Tage (C o r r e s p. VI. 5029) gegenübergestellt wurde. Stellen daraus sind von L é v y, Napoléon et la paix, p. 27, mitgeteilt worden, der den Brief im Pariser Kriegsarchiv gefunden haben will. Das dürfte wohl das Original desselben sein, womit meine Bemerkung, das Schreiben sei möglicherweise gar nicht abgesandt worden, gegenstandslos würde. Talleyrand erhielt eben am selben Tage zwei Briefe in der gleichen Angelegenheit, die sich jedoch nach der persönlichen Disposition des Ersten Konsuls unterschieden.

[2] Kopie. Vergl. M a s s o n, Le département des affaires étrangères pendant la Révolution, p. 450.

[3] Kopie, undatiert, wohl aus der ersten Hälfte des August 1800, da auf die mit Saint-Julien in Paris abgeschlossenen Präliminarien verwiesen wird, die am 28. Juli unterzeichnet worden waren, und die Beilage vom 11. August datiert ist. Die Unterschrift fehlt. S. oben S. 252 und unten n. 13.

la paix ne soit toute à l'avantage de l'Angleterre. Avant donc de rien écrire
et d'envoyer la note ci-jointe, il paraît nécessaire que le C. Otto se procure
une entrevue avec le Duc de Portland[1]) et lui fasse connaître que le gouvernement français désire un armistice qui puisse permettre de traiter la paix
et garantir le plutôt possible aux deux [nations][2]) puissances les bienfaits
d'une cessation d'hostilités et tout de suite fasse donner le tems de répondre.
Le C. Otto fera remarquer que cet armistice est avantageux à l'Angleterre
puisqu'il la mène à la paix dans un moment où elle est abandonnée de ses
alliés, que la France, de son côté, retirera de cet armistice l'avantage de ra-
fraîchir Malte et d'approvisionner Malte et Alexandrie à moins de frais. Si
M. Portland observe que, par cette même raison, l'armistice est défavorable
à l'Angleterre, le C. Otto répondra que, si l'on veut la paix, on doit regarder
cela comme rien. La preuve en est que dans l'armistice avec Sa Majesté
Impériale les garnisons d'Ingolstadt, d'Ulm et de Philippsburg reçoivent
des approvisionnemens[3]); que, cependant, on pourrait stipuler que Malte
ne pourrait point recevoir de renforts d'hommes. La note ci-jointe ne serait
remise que lorsque le C. Otto saurait que ces bases conviennent. Cet armistice
serait commun à l'Espagne et à la Batavie.

A. Projet d'armistice.

23 thermidor.
(11. August.)

    1. Il y aura armistice entre la République française et S. M. le Roi
de la Grande-Bretagne et d'Irlande.
    2. L'armistice commencera au Ier fructidor[4]) et ne cessera qu'un mois
après la notification qui en sera faite par une puissance à l'autre.
    3. La navigation sera libre et les bâtimens des deux puissances se
considéreront comme s'ils étaient en paix.
    4. La liberté de navigation s'étendra également aux places qui seraient
bloquées, telles que Brest, Malte et Alexandrie.
    5. Les ordres de l'amirauté aux escadres de la Méditerranée et de l'Océan
seraient portés directement par des officiers anglais qui traverseront la France.
    6. Ledit armistice devant être un acheminement à la paix entre les
deux nations, le gouvernement français autorisera l'exportation de 100.000
quintaux de blé pour l'Angleterre.

B. Note pour Otto.

    Le soussigné, spécialement autorisé par son gouvernement, a l'honneur
de faire connaître à M. le Duc de Portland que le Premier Consul de la République, désirant étendre le bienfait de l'armistice, qui a lieu entre la République française et S. M. Impériale, aux états de la République française
et de S. M. le Roi de la Grande-Bretagne, me charge de proposer un armistice général entre la République française (et la Grande-Bretagne[5])
tant sur mer que sur terre, pour se mettre à même de commencer les négociations et de terminer la guerre qui désole les deux états.

---

    [1]) Der Herzog von Portland war Staatssekretär des Innern.
    [2]) Das Wort „nations" ist durchstrichen.
    [3]) Nach dem Parsdorfer Waffenstillstand vom 15. Juli 1800 wurden die drei Festungen
alle 10 Tage mit Nahrungsmitteln versehen.
    [4]) 19. August 1800.
    [5]) „et la Grande-Bretagne" fehlt.

12.

Paris, le 25 thermidor an VIII.
(13. August 1800.[1])

Le général Alexandre Berthier est muni des pleins pouvoirs nécessaires pour négocier, conclure et signer une convention entre la République française et le Roi d'Espagne, relative à un accroissement d'états à donner en Italie au Duc de Parme. Bonaparte.

13.

Paris, le 15 fructidor an VIII.
(2. September 1800.[2])

Je désire, Citoyen Ministre, que vous expédiez un courrier extraordinaire en Espagne pour faire part de l'état de nos négociations avec l'Angleterre. Bonaparte.

Le Lord Minto[3] a communiqué à la cour de Vienne l'intention de son gouvernement de s'unir à l'Autriche pour entrer en négociation avec la République.

La cour de Vienne a fait déclarer à la France qu'elle ne pourrait traiter que de concert avec l'Angleterre; elle a proposé que la négociation générale fut établie à Schelestadt ou à Lunéville.

Le 1er Consul a accepté Lunéville; mais il a fait annoncer, en même tems, que, l'Empereur exigeant l'admission de l'Angleterre dans les négociations sans avoir exigé préalablement que l'Angleterre accedât à l'armistice existant, cet armistice serait rompu.

D'un autre côté le Ier Consul a fait demander au gouvernement britannique, par l'intermédiaire du C. Otto, des éclaircissemens sur la démarche de Lord Minto et sur l'efficacité des dispositions qu'elle annonçait, et en même tems a fait proposer à l'Angleterre de conclure sur-le-champ un armistice maritime général qui comprendrait les alliés de la France, comme ceux de l'Angleterre, et qui serait l'équivalent de l'armistice continental.

Lord Grenville a répondu que S. M. Britannique approuvait ce qu'avait écrit Lord Minto, qu'Elle enverrait son plénipotentiaire à Lunéville, mais qu'Elle ne pouvait consentir à l'armistice. Le Ier Consul a chargé le C. Otto d'insister sur l'armistice, ne pouvant consentir qu'à ce prix que les hostilités ne fussent point reprises contre l'Autriche et que la négociation s'ouvrît en commun pour la paix générale.

On attend les réponses de Vienne et de Londres. Bonaparte.

14.

Paris, le 28 fructidor an VIII.
(15. September 1800.[2])

Je vous prie, Citoyen Ministre, d'écrire au C. Sémonville que j'ai été très fâché d'apprendre que les 7. et 22. régiments de chasseurs manquaient des objets les plus indispensables; qu'il fasse auprès du gouvernement batave toutes les démarches nécessaires pour que ces deux régiments soient, dans le plus court délai, mis en état d'entrer en campagne. Bonaparte.

---

[1] Kopie. Vgl. C o r r e s p. VI. 5010, 5034 und 5070. Berthier schloß am 1. Oktober 1800 mit dem spanischen Minister Urquijo den Vertrag zu Ildefonso ab.

[2] Kopie.

[3] Minto war englischer Gesandter in Wien.

15.

Paris, le 2 vendémiaire an IX.
(24. September 1800.[1])

Je vous prie, Citoyen Ministre, 1° de réclamer dans[2]) votre seconde lettre à Thugut, avec instance, les Italiens détenus pour opinions publiques, comme l'avait promis M. de Mélas, et spécialement Caprara et Moscati[3]).

2° que, pour que la Toscane continue à jouir de l'armistice, il est indispensable qu'il n'y ait pas de levée en masse et que les habitans restent chez eux.

3° que la convention de Marengo soit exécutée; il y est stipulé que S. M. I. ne doit conserver à la rive droite du Po que la seule forteresse de Ferrare.

4° que les Napolitains et les troupes impériales évacuent entièrement Rome et l'état du Pape, hormis la ville et la forteresse d'Ancône, à défaut de quoi les troupes françaises se trouveraient obligées d'entrer aussi dans les états du Pape.   Bonaparte.

16.

Paris, le 6 vendémiaire an IX.
(28. September 1800.[1])

Vous trouverez ci-joint une lettre de l'Archévêque de Milan et vous me présenterez un projet de sauf-conduit conforme à sa demande avec une lettre d'envoi.   Bonaparte.

17.

Paris, le 9 frimaire an IX.
(30. November 1800.[1])

Je vous prie, Citoyen Ministre, de me présenter un projet d'arrêté pour nommer le C. Larochefoucauld, préfet de Seine et Marne, chargé d'affaires à une cour d'Allemagne.[4])

Je vous prie de me faire connaître les places dont je puis disposer, soit dans les commissariats de commerce, soit dans les chargés d'affaires ou ministres près des différentes puissances.   Bonaparte.

18.

Paris, le 19 frimaire an IX.
(10. Dezember 1800.[1])

Je désire, Citoyen Ministre, qu'en causant avec Schimmelpenningk[5]) vous lui demandiez quelques renseignemens sur les cent mille florins dont on paraît toujours poursuivre à la Haye le remboursement.

Bonaparte.

---

[1]) Kopie.

[2]) In der Kopie: „à".

[3]) Das Schicksal der beiden italienischen Staatsgefangenen, die bereits vor der Schlacht bei Marengo außerhalb Italiens interniert worden waren, bildete einen Gegenstand der Verhandlungen zwischen Joseph Bonaparte und Cobenzl in Lunéville. Der Letztere gestand deren Freilassung in dem Protokoll der Konferenz vom 25. Januar 1801 zu. Sie wurden aber erst im Juli dieses Jahres freigegeben. Vgl. Du Casse, Négociations diplomatiques. II. 269, 360, 405, 417.

[4]) Larochefoucauld wurde nach Dresden ernannt, von wo er später als Nachfolger Champagnys nach Wien kam.

[5]) Holländischer Gesandter in Paris. S. unten No. 20.

19.

Paris, le 24 frimaire an IX.
(15. Dezember 1800.[1])

Je vous prie, Citoyen Ministre, de donner l'ordre aux Citoyens Belleville et Déjean de faire partir dans le courant de nivôse 3 bâtimens de Gênes
et 3 de Livourne pour Alexandrie en Egypte.[2]) Ces bâtimens partiront à
6 jours de distance l'un de l'autre. Ils seront montés par des équipages français et liguriens. On prendra, ou des vaisseaux appartenans aux Français,
ou des bâtimens qui avaient été confisqués, ou, s'il est nécessaire, de bons
voiliers que l'on achetera.

Il sera embarqué sur chacun de ces bâtimens: 500 fusils avec leurs
bayonettes, 250 sabres, 250 paires de pistolets, 3000 boulets de 4, 3000
boulets de 8, 3000 boulets de 12, 300 obus de 6 pouces, une caisse de graines
d'Europe, une caisse de médicamens contenant 29 livres de quina et en pro-
portion des mouches cantharides, de l'ipecacuane, de l'émétique.

Les Cs. Belleville et Déjean se concerteront avec les commandans
militaires et les autorités de ces deux places pour se procurer ce qui ne se
trouverait pas dans les magasins de l'armée. Ils compteront directement
avec vous pour toutes les dépenses qu'occasionneraient ces expéditions.

Vous écrirez aux généraux Brune et Marmont pour les engager à
faciliter de tous leurs moyens l'expédition de ces bâtimens.

Bonaparte.[3])

20.

Paris, le 16 nivôse an IX.
(6. Januar 1801.[4])

Le Ministre des Relations Extérieures fera connaître au C. Sémonville que je n'approuve pas les démarches qu'il a faites dans cette circonstance. Le gouvernement français n'est pas à 100.000 f. près, et je suis très-
mécontent qu'on l'ait mis en jeu pour si peu de chose. Il fallait demander
ouvertement une chose juste. Puisque cette demi-brigade avait perdu ses
effets, il était d'autant plus raisonnable que le gouvernement batave vînt
à son secours, qu'il est bien loin d'avoir dépassé ce qu'il doit. Ces petites
intrigues ne sont pas dignes du gouvernement.

Le Ier Consul

Bonaparte.

---

[1]) Kopie.

[2]) Belleville und Déjean sind Handelsagenten (Konsuln) der französischen Regierung
(Commissaires généraux des relations commerciales) in Florenz und Genua. Den ersten finden
wir 1802 in der gleichen Eigenschaft in Madrid, der zweite kam 1801 in den Staatsrat.

[3]) Eine Woche später ging ein ähnlicher Auftrag an Lucian Bonaparte nach Madrid.
Lecestre, Lettres inédites de Napoléon I. I. n. 29 Darin heißt es: „Quoique l'on agisse
du côté de l'Italie, en même temps que du côté de l'Espagne, vous ne devez pas moins vous
considérer comme si vous étiez le seul qui expédiassiez des bâtiments en Egypte".

[4]) Kopie. Sémonville schrieb an Talleyrand aus dem Haag, 14. Dezember 1800, er
habe von der batav. Regierung unter einem Vorwand 100.000 Flor. geliehen, um der 27. Halbbrigade, die ihre Bagage eingebüßt hatte und sich bereits aufzulehnen begann, wieder dazu zu
verhelfen. Die Resolution des Ersten Konsuls ist an die Seite von Sémonvilles Bericht
geschrieben.

21.

Paris, le 21 nivôse an IX.
(11. Januar 1801.[1])

Le Parlement impérial se réunit le 22 janvier; il faudrait que ceci parût dans 4 ou 5 jours, afin que cela pût arriver à Londres pour l'ouverture du Parlement.[2])

22.

Paris, le 23 nivôse an IX.
(13. Januar 1801.[3])

Le Viceadmiral Bruix se rend, Citoyen Ministre, à La Haye pour s'entendre avec le Directoire éxécutif batave sur un plan de campagne maritime. Je vous prie de lui remettre une lettre pour le C. Sémonville afin qu'il soit appuyé dans toutes les circonstances où il en aurait besoin.

Bonaparte.

23.

Paris, le 28 pluviôse an IX.
(17. Februar 1801.[3])

Vous donnerez l'ordre, Citoyen Ministre, au résident de la République à Parme[4]) de se rendre à son poste et de partir de Paris sous 48 heures.

Bonaparte.

24.

Paris, le 9 ventôse an IX.
(28. Februar 1801.[3])

Donnez l'ordre, Citoyen Ministre, au C. Alquier de se rendre au quartier général du général Murat[5]) avec les pouvoirs nécessaires pour conclure la paix avec le plénipotentiaire du Roi des Deux Siciles. Il serait nécessaire que le C. Alquier partît le 11 ventôse.

Bonaparte.

25.

Paris, le 27 ventôse an IX.
(18. März 1801.[6])

Je vous prie, Citoyen Ministre, de m'envoyer copie des instructions que vous avez données au Ministre plénipotentiaire de la République pour l'échange des ratifications sur la convention à signer ou à convenir avant la signature du procès-verbal de l'échange des ratifications.

Bonaparte.

---

[1]) Kopie. Die Unterschrift fehlt.
[2]) Der Moniteur vom 15. und 16. Januar enthält zumeist nur Mitteilungen aus englischen Blättern, keinen der Weisung entsprechenden Artikel.
[3]) Kopie.
[4]) Moreau Saint-Méry.
[5]) Murat kommandierte das Observationskorps in Süditalien und hatte am 19. Februar 1801 einen Waffenstillstand mit Neapel abgeschlossen.
[6]) Kopie. Hier dürfte es sich um das Abkommen mit Spanien handeln, das am 21. März perfekt wurde.

26.

Paris, le 8 germinal an IX.
(29. März 1801.[1])

J'ai rappelé au Conseil d'Etat, Citoyen Ministre, les Citoyens Petiet et Déjean. Faites-moi un rapport sur les individus que vous croirez propres à les remplacer. Le général Dessolles me paraîtrait convenir à Gênes. Le général Masséna paraît désirer rester à Paris. Faites-moi connaître par qui on pourrait faire occuper le poste de Copenhague[2]).

Bonaparte.

27.

Paris, le 22 floréal an IX.
(12. Mai 1801.[1])

Le Ier Consul envoie au Ministre des Relations Extérieures la copie d'une lettre de Mr. de Tamara au général Murat et un projet de réponse à y faire.

28.

Paris, le 12 messidor an IX.
(1. Juli 1801.[1])

Le C. Alquier, Citoyen Ministre, ambassadeur de la République à Naples, demande un chiffre. Je vous prie de lui en faire passer un.

Bonaparte.

29.

Paris, le 18 messidor an IX.
(7. Juli 1801.[1])

Je vous prie, Citoyen Ministre, de m'envoyer le traité conclu à Badajoz entre la République et le Portugal, et celui conclu au même lieu entre le Portugal et l'Espagne.   Bonaparte.

30.

Paris, le 17 thermidor an IX.
(5. August 1801.[1])

J'ai lu la note à l'ambassadeur d'Espagne, elle me paraît convenable. Je désire que vous la remettiez en invitant l'ambassadeur à expédier un courrier extraordinaire à Madrid.[3])   Bonaparte.

31.

Paris, le 26 thermidor an IX.
(14. August 1801.[1])

Je vous envoie quelques idées qui seraient à rédiger en notes pour l'Espagne.[4])

Je vous prie de me faire connaître dans la journée qui est-ce qui a réglé qu'il y aura en Hollande 25.000 Français et qu'ils y resteront jusqu'à deux ans après la paix générale. Je n'en vois point de traces dans le traité de la Haye.[5])   Bonaparte.

---

[1]) Kopie.
[2]) Bourgoing war nach Stockholm dirigiert worden.
[3]) Vgl. Corresp. VII. u. 5665. Der spanische Gesandte ist der Chevalier von Azara.
[4]) Vgl. Corresp. VII. n. 5690.
[5]) Vgl. die Militärkonventionen vom 27. Juli 1795, vom 2. April 1798 und vom 29. August 1801 bei De Clercq, I. 249, 355, 452.

32.

Paris, le 4 fructidor an IX.
(22. August 1801.[1])

Je vous renvoie, Citoyen Ministre, le projet de traité entre la République
et l'Ecteur de Bavière. Je ne vois pas d'inconvénient à ce que ce traité
soit signé.[2]

Bonaparte.

33.

Paris, le 9 vendémiaire an X.
(1. Oktober 1801.[1])

Je vous prie, Citoyen Ministre, d'envoyer au Ministre du Trésor Publique la copie des articles de la convention faite avec la Batavie qui concer-
nent son ministère.[3]

Bonaparte.

34.

Paris, le 10 vendémiaire an X.
(2. Oktober 1801.[1])

Je vous prie, Citoyen Ministre, de me renvoyer la pièce relative au
Prince de la Paix, en marge de laquelle j'ai mis une apostille qui ferait connaître mon opinion sur le Prince.[4]

Bonaparte.

35.

Paris, le 26 pluviôse an X.
(15. Februar 1802.[1])

Je vous prie, Citoyen Ministre, de faire connaître au C. Felix Des-
portes que mon intention est qu'il ne se mêle en rien des affaires de la maison
Iranda.[5]

Bonaparte.

36.

Paris, le 26 prairial an X.
(15. Juni 1802.[1])

Je vous prie, Citoyen Ministre, de me faire remettre le traité avec
l'Espagne, relativement à la Louisiane, et les mémoires que vous pourriez
avoir sur cette colonie.

Bonaparte.

---

[1] Kopie.

[2] Der Vertrag wurde zwei Tage darauf unterzeichnet. De Clercq, I. 449.

[3] Barbé-Marbois war kurz zuvor zum Schatzminister ernannt worden. Es sind die
Artikel 15 und 16 des Vertrags vom 29. August 1801, der Holland zur Zahlung von 5 Millionen
Franken verpflichtete. De Clercq, I. 452.

[4] Über die Meinung, die damals der Erste Konsul vom Friedensfürsten hegte, vgl.
Corresp. VII. n. 5630, 5691.

[5] Vgl. Lecestre, Lettres inédites I. n. 42, 47.

37.

Paris, le 16 thermidor an X.
(4. August 1802.[1])

Je vous prie, Citoyen Ministre, d'écrire au C. Champagny[2]) et de parler ici à M. de Cobenzl, pour que M. de la Fare, ancien évêque de Nancy, qui fomente des intrigues dans son ancien diocèse, soit arrêté ou, au moins, relégué en Hongrie.

Je vous prie de faire faire la même démarche dans les états de Baden et à Munic, où il y a plusieurs évêques qui ne cessent de nous inquiéter en France, pour que, s'ils entretiennent en France des correspondances tendantes à troubler le concordat, on les fasse arrêter[3]).

Bonaparte.

38.

Paris, le 21 thermidor an X.
(9. August 1802.[1])

Je vous prie, Citoyen Ministre, de me faire un rapport sur notre situation à Corfou, et de me faire connaître s'il a été fait des notifications à notre agent sur la garantie du traité d'Amiens et sur les événemens qui ont eu lieu depuis, et dans quelle situation il se trouve dans ce pays.

Il me paraît que les Hollandais veulent prendre à leur solde un corps de 5000 h. composé d'émigrés bataves qui étaient à la solde de l'Angleterre. Cette conduite me paraît devoir fixer notre attention. Je vous prie de me faire un rapport sur cela.

Bonaparte.[4])

39.

St. Cloud, le 13 vendémiaire an XI.
(5. Oktober 1802.[1])

Mon intention, Citoyen Ministre, est d'écrire à Gênes que je désire avoir pour ambassadeur ici l'ancien sénateur Spinola, qui a été gouverneur de S. Remo, ou Ferrari d'Alexis. Je ne recevrai aucunes lettres de créance. Si elles avaient été envoyées, vous ne les feriez pas présenter jusqu'à la réponse du Doge. Les présens à faire pour le traité pour Gênes ne doivent pas passer 24.000 frcs. Je vous prie de me faire connaître quelles espèces de présens il serait convenable de donner pour ne pas dépenser une somme plus considérable.

Bonaparte.

---

[1]) Kopie.

[2]) Champagny war von 1801 bis 1804 Gesandter in Wien.

[3]) In der Beilage die Abschrift eines Hirtenbriefes des emigrierten Bischofs de la Farre von Nancy, datiert aus Wien, Pfingsten 1802, und an Abbé Jacquemin am 1. Juli übersendet, worin es heißt: „Il faut que les principes essentiels soient en sûreté, que les droits de l'Episcopat, que nous voulons et que nous devons défendre, demeurent sans atteinte, et que notre juridiction, pour laquelle nous faisons toutes réserves nécessaires, persévère dans nos mains". Klerus und Gläubige mögen sich „provisoirement" dem vom Papste bevollmächtigten Oberhirten anvertrauen.

[4]) Bemerkung auf dem Briefe: „Le ministre invite le C. Durant à lui représenter toutes les lettres du C. Marivaux relatives au dernier paragraphe de la lettre du premier Consul".

AUGUST FOURNIER
NAPOLEON I.

NAPOLEON I.

EINE BIOGRAPHIE VON
AUGUST FOURNIER
IN DREI TEILBÄNDEN

ZWEITER BAND
DER KAMPF UM DIE WELTHERRSCHAFT

HERAUSGEGEBEN VON
THEOPHILE SAUVAGEOT

EMIL VOLLMER VERLAG

Inhalt.

Die letzten Jahre des Konsulats. Der Kaiser.

Der allgemeine Friede des Jahres 1802 brachte Frankreich Glück und Ansehen. Zahllose Fremde — zumeist Engländer — pilgerten nach Paris, um die zu unsterblicher Bedeutung gelangten Stätten der Revolution zu besuchen und den großen Mann zu sehen, der den empörten Wogen Ruhe geboten hatte. Der Mittelpunkt der Welt schien an die Seine verlegt, wo sich nun ein geordnetes Leben in Arbeit und geselliger Freude entfaltete. Das war nicht mehr der tolle Rausch, wie in der ersten Zeit des Direktoriums, wo jeder, froh des überstandenen Schreckens, doch unsicher noch, dem kommenden Tag entgegensah, sondern maßvoll friedlicher Genuß, nicht mehr das dreiste Spiel um unsauberen Gewinn, sondern geordnete Werktätigkeit und ehrenwerter Erwerb. Das gemäßigte bürgerliche Element, das Napoleon im Vendémiaire so erbarmungslos zusammenkartätscht hatte, daß ihm die düsteren Bilder, wie er versicherte, noch fortwährend seine Träume störten, fühlte sich jetzt unter seinem Regimente sicherer als je zuvor, und die ungerechten Deportationen jakobinischer Parteigänger hatten — wie sie sollten — die Überzeugung verbreitet, daß der Mann, der seit dem Brumaire das Steuer führte, mit dem Konventgeneral von 1795 nichts mehr gemein habe. Die Einen wünschten seine persönliche Macht, um gegen die Ausschreitungen der Revolution, die Andern, um gegen die Wiederkehr der Bourbons gesichert zu sein, Alle, um ungestört zu arbeiten und zu genießen. Was wollte es diesen mächtigen materiellen Kräften und Interessen gegenüber sagen, wenn eine Anzahl treu gesinnter Republikaner den Verlust ihrer uneingeschränkten politischen Selbstbestimmung beklagte, oder wenn die adelsstolzen Kreise des Faubourg Saint-Germain lieber einem legitimen König als einem Emporkömmling mit schlechten Manieren untertan sein wollten? Der großen Menge des Volkes war die Politik zur Last geworden, und sie ertrug

willig den Zwang der neuen Regierung, die Ordnung schuf
und verbürgte. Ihr unbedingtes Vertrauen in den Sieger nach
außen und innen charakterisiert die Periode des Konsulats.
Da waren zunächst die Bauern, die, unter dem Königtum von
Abgaben und Lasten fast erdrückt, jetzt frei und mäßig
besteuert, einem Regime willig anhingen, das ihnen den
ruhigen Besitz ihres Bodens, das ungestörte Bekenntnis ihres
Glaubens gewährleistete, sie vor der Wiederkehr von Zehnten
und Frohnden bewahrte und es ihnen ermöglichte, ihre Ernte
auf guten Wegen zu Markt und den Erlös ungefährdet nach
Hause zu bringen. Da waren dann die Kaufleute und die
Industriellen; sie vertrauten auf Napoleon, seitdem sie sein
aufrichtiges Bemühen wahrnahmen, ihre Tätigkeit auf allen
Bahnen zu fördern; und wenn auch der Kurs der Staatsrente
sich nicht über ein gewisses Niveau erhob, so war es nur,
weil es eben bloß dieses eine, oft bedrohte Menschenleben
war, an das sich die neue Ordnung knüpfte. Da waren die
sogenannten „neuen Reichen", die sich durch Agiotage und
Spekulation zu Herren weitläufiger Staatsgüter gemacht
hatten; sie wurden allmählich sicher, je weiter sie Napoleon
von der Rolle eines Monk sich entfernen sahen. Da waren
aber auch die Besitzlosen, die Arbeiter, denen er wieder Verdienst verschafft hatte und deren Lebensführung er erleichterte, indem er die Erhöhung indirekter Abgaben ablehnte.
Da waren die Kreise der studierenden Jugend, die er sich
schon im März 1800 durch Begünstigungen im Kriegsdienst
verpflichtet hatte. „Wir sind keine Spartaner", sagte er jetzt,
„und müssen an Kunst, Wissenschaft und Industrie denken."
Bald wird er auch die einzigen Söhne der Witwen und geal-
terter Väter, die Brüder bereits im Dienste stehender Soldaten und verwaister Geschwister von der Militärpflicht befreien und sich durch solche Nachsicht viele Mutterherzen
gewinnen. Er wird sie später wieder verlieren, ja, aber jetzt
waren sie sein, und manche dankbare Träne half seine Autorität fester kitten. Und sollte nicht das junge Frankreich
insgesamt an ihm hängen, dessen Talenten er jede Laufbahn
offen hielt, ohne daß, wie vorher so oft, parteiische Mißgunst
sie zu verlegen imstande war? So war die absolute Gewalt des
Einen jetzt ebenso populär wie „Freiheit, Gleichheit und
Brüderilchkeit" Aller ehevor. Der neue Monarch von Frank-

reich konnte daraufhin viel, sehr viel wagen. Nur daß er
schließlich zu viel gewagt, hat ihn vor seinem Ende vernichtet.

Wer Paris zu Beginn des Konsulats verlassen hatte und
nach ein paar Jahren wiederkehrte, wie zum Beispiel der
Staatsrat Miot von Melito, staunte über die inzwischen eingetretenen Veränderungen. Er fand allenthalben die letzten
Reste der revolutionären Zeit getilgt. An die Stelle der bür-
gerlich-militärischen Kleidung der Männer, die am Schluß
des Jahrhunderts Mode gewesen war, war vielfach die Tracht
des alten Regimes getreten, statt des Säbels trug man wieder
den Paradedegen, statt der Stiefel Strümpfe und Schnallen-
schuhe. Nur die heimgekehrten Aristokraten behielten —
um ihre Verarmung auffällig zu machen — die egalitäre
Gewandung mit Frack und Pantalons bei. Auch die Frauen-
tracht war mit Samt und Seide vornehmer und prächtiger
geworden. Man sah nun auch schon häufiger galonnierte
Lakaien, in die Farben der Häuser gekleidet, in denen sie
dienten. Man sprach sich nicht mehr mit „Bürger", sondern
mit „Herr" an, ja, der offizielle Almanach von 1803 schrieb
den Titel „Madame" statt „Citoyenne" geradezu vor. War
auch noch der revolutionäre Kalender im Gebrauch, so war
doch schon statt des Dekadi der alte Sonntag wieder zu seinem
Recht gelangt, und man säumte nicht, an diesem Tag der
Messe beizuwohnen. Die Straßen hatten ihre republikanischen
Namen gegen die früheren vertauscht, das Palais d'Egalité
hieß wieder Palais Royal, die Place de la Révolution wieder
Place Louis XV. In der Modeliteratur wurden die hervorragendsten Vertreter des aufgeklärten Frankreichs, Voltaire
und Rousseau, verleugnet, weil man in ihnen die geistigen
Urheber des Umsturzes erblickte, und Chateaubriand fand in
der aus alten und neuen sozialen Schichten gemengten Gesellschaft ungemeinen Beifall.

Am größten aber erschien der Unterschied gegen zuvor
in der nächsten Umgebung Napoleons. Die Tuilerien waren
wieder das Hoflager eines Souveräns geworden. In den
ersten Monaten hatten ihre Tore noch für jedermann weit
offen gestanden; dann aber hatten sie sich eines Tages
plötzlich geschlossen, und niemand durfte sie unangemeldet
passieren. Drinnen aber fand man jetzt eine strenge Etikette,
einen disziplinierten Hofstaat. Die Frauen, denen die Demo-

kratie keinerlei politische Geltung eingeräumt hatte, erhielten
nun eine solche: Josephine hatte seit dem März 1802 ihre
Audienztage wie ihr Gemahl. Sie lagen ja jetzt, wo der Erste
Konsul ein Jahrgehalt von sechs Millionen Franken und
andere hohe Summen „zu geheimen Zwecken" bezog, weit
hinter ihr, die Zeiten, da sie, wie man ihr nachsagte, Geschenke
aus allen Händen annahm, um ihren Toilettenaufwand zu
bestreiten[1]). Alles bis auf die Namen „Konsul" und „Republik" war monarchisch, persönlich, auf eine einzige herrschende Individualität konzentriert. Freilich war an diesem
Hofe, wo man — auf Kommando — die Sitten des alten
Königtums wieder einführte und mit Vorliebe weltgewandte
Aristokraten als Palastbeamte anstellte, gar vieles, das an
das brüske Emporkommen des Herrn erinnerte. Da gab es
Leute, die der spöttische Talleyrand mit der Bemerkung
charakterisierte, sie verstünden nicht, auf Parkett einherzu-
gehen: linkische Offiziersfrauen von unbedeutender Herkunft
und ohne alles Ansehen, Generale, mehr dressiert als erzogen,
scheu und untertänig dem aus Nervosität und Berechnung
gemischten Eigenwillen eines Mannes gehorchend, der es zu
seinem Grundsatz machte, den Eifer durch die Furcht zu
spornen. Napoleon selbst war nicht ohne persönliche Liebenswürdigkeit, die aber rasch mit ihrem Gegenteil wechselte;
seine Herrschsucht duldete selten Widerspruch; nur im Staatsrat, wo er von der Erfahrung der Anderen Gewinn zog, war er
ihm zugänglich. Manchmal schien es, als ob sein Wesen überhaupt keine Schranken kannte, selbst die nicht, denen alle
Welt sich fügte. „Ich bin nicht ein Mensch wie ein andrer,"
sagte er, „und die Gesetze der Moral und Sitte gelten nicht
für mich." Soll er doch die Mißachtung dessen, was andern

---

[1]) Noch am 11. April 1801 hatte Ludwig Cobenzl nach Wien geschrieben:
„Madame Bonaparte, die Frau des Ersten Konsuls, nimmt hier Geld aus
allen Händen (prend ici de toutes mains), denn nur so, und indem sie ihre
Schulden nicht bezahlt, kann sie den übermäßigen Aufwand für ihren Putz
bestreiten, der den weit übersteigt, den man der unglücklichen Königin
zur Last legte. Das ist eine ganz bekannte Sache. Joseph Bonaparte selbst
hat sie mir erzählt und hinzugefügt, das sei der einzige Vorwurf, den der
Erste Konsul gegen seine Gemahlin erhebe und der oft ihr Einvernehmen
störe. Talleyrand versichert, der Erste Konsul lasse nur noch solche Geschenke für seine Frau zu, die anderwärts nicht zu beschaffen seien; eine
kürzlich ihr angebotene Diamantagraffe habe er zurückgewiesen." (W. St. A.)

heilig war, so weit getrieben haben, daß ihn die eigene Gattin im Zorn der Eifersucht der Blutschande mit seinen Schwestern zeihen durfte[1]). Seine Erfolge hatten aus dem Träumer von ehedem keinen frohen Mann gemacht. Durch sein Wesen ging häufig ein Zug der Schwermut, der in späteren Jahren einem herben Mißmut weichen sollte. „Ich bin nicht geschaffen zum Vergnügen“, pflegte er zu sagen, und was wir von seinen Zerstreuungen hören, würde seine Worte beweisen. „Man sah ihn“ — erzählt Frau von Rémusat, die seit 1802 bei Josephinen die Stelle einer Palastdame bekleidete — „am Rauschen des Windes sich begeistern, hörte ihn mit Enthusiasmus vom Brüllen des Meeres reden, ja, er war sogar manchmal versucht, nächtlichen Geistererscheinungen nicht alle Glaubwürdigkeit abzusprechen, und neigte zum Aberglauben. Wenn er des Abends sein Arbeitszimmer verließ und in den Salon seiner Gattin eintrat, ließ er nicht selten die Kerzen mit weißen Schleiern umhüllen, gebot Schweigen und gefiel sich dann im Erzählen oder Anhören von Gespenstergeschichten, oder ließ sich langsam und leise tönende Musik von italienischen Sängern vortragen, die nur wenige, kaum berührte Saiteninstrumente begleiteten. Da sah man ihn in träumerisches Brüten versinken, während jedermann still auf seinem Platze blieb. Aus diesem Zustand, der ihm eine Art Erleichterung zu gewähren schien, erwachte er dann in der Regel heiterer und gesprächig.“ Wir wissen aber doch auch, daß, insbesondere in den ersten Jahren des Konsulats, solche Momente der Heiterkeit nicht selten waren. In Malmaison,

---

[1]) R é m u s a t, Mémoires, I., 204, 206. Auch über Beziehungen Napoleons zu ihrer Tochter Hortense soll sich Josephine später einmal, nach ihrer Scheidung, ausgesprochen haben. S. M o u n i e r, Souvenirs intimes (éd. Hérisson), p. 305. Man muß ihren Äußerungen gegenüber vorsichtig sein. Sie pflegte ihre Worte nicht zu wägen. Einmal beschuldigte sie Lucian, seine erste Frau vergiftet zu haben. (P i n g a u d, Un agent secret, p. 267.) Eine ihrer Vertrauten sagt: „Man fühlt sich gefoppt, wenn man sieht, daß sie gar nicht empfindet, wie stark das ist, was sie sagt.“ (P i n g a u d, a. a. O.) Den Verkehr mit den Schwestern erwähnt übrigens auch, neben Mounier, T h i é b a u l t (Mémoires V. 305), und in einer Geheimkorrespondenz von Paris nach Wien, zu Anfang 1810, ist davon die Rede. S. meinen Aufsatz: „Zur Heirat Napoleons I. mit Marie Louise“, in Histor. Studien und Skizzen, III., 93. Anm. Vergl. auch P e l l e t in der „Révolution française“, 1904, nach Beugnotschen Papieren, wogegen M a s s o n in der „Revue des études napoléoniennes“, Jan. 1913.

wo man die Sommerszeit von 1801 und 1802 verbrachte und
wo unter Talmas, des berühmten Mimen, Anleitung von den
Intimen Lustspiele aufgeführt wurden, pflegte Napoleon häufig
das Ballspiel und tanzte sogar zuweilen, mit viel Eifer und
sehr wenig Anmut, den „Monaco"[1]).

Seit den Attentaten hatte sich Bonaparte von der Außenwelt immer mehr abgeschlossen. Nur bei der sonntäglichen
Musterung der Truppen im Hof der Tuilerien war es möglich,
sich ihm zu nähern und Bittschriften zu überreichen. Diese
Paraden waren nicht nur eine prächtige Schaustellung, zu
der sich namentlich die Fremden herzudrängten, sondern
sehr eingehende, mehrere Stunden andauernde Revuen über
5- bis 6000 Mann, wobei der Konsul wiederholt vom Pferde
stieg, durch die Reihen schritt, einzelne Soldaten ansprach,
ihre Bitten oder Beschwerden anhörte, Anzug und Ausrüstung
prüfte, hier lobte, dort tadelte, und auf diese Weise mit der
Armee in unmittelbarer Fühlung blieb. Sonst fuhr er stets
nur unter starker Bedeckung berittener Leibgendarmen durch
die Stadt, und sein Besuch im Theater, das er liebte und wo
er namentlich gerne den tiefsinnigen Versen Corneilles und
Racines mit Andacht lauschte, erheischte einen besonderen
Überwachungsapparat, in den sogar die ersten Kulissen, denen
er gegenüber saß, einbezogen wurden; sie waren mit Gar-
disten besetzt. Draußen in Malmaison oder Saint-Cloud —
das letztere Schloß bewohnte er seit dem Herbst 1802 mit
Vorliebe — durchschritten starke Patrouillen die Alleen, und
niemals kehrte der Konsul nach Paris zurück, ohne daß die
Polizei vorher die Straßen, die er passieren mußte, durch-
forscht hatte. Ein tiefes Mißtrauen erfüllte ihn gegen jedermann. Zuweilen wurde er selbst für Talleyrand wochenlang
unzugänglich, dem dann ein Adjutant seine Befehle zu über
bringen hatte. Da er selbst jede seiner Handlungen wohl

---

[1]) Daß er von Talma in dieser Zeit Unterricht in würdevollen Attitüden
und Gebärden erhalten habe, ist — mit mancherlei anderen Dingen —
eine britische Erfindung aus dem Jahre 1814. Vergl. auch D e s c l o z e a u x,
Indiscrétions, p. 179, wo Talma versichert, er habe dem Kaiser niemals
Unterricht in der Deklamation gegeben, vielmehr selbst mit Erfolg einzelne
seiner Posen verwendet und von ihm gute Ratschläge für seine Kunst
empfangen.

berechnete, spürte er auch bei andern stets nach Zweck und Kalkül ihres Benehmens. Nichts leuchtete ihm so sehr ein als Macchiavells Sentenz, man müsse mit seinen Freunden immer in dem Gedanken leben, daß sie unsere Feinde werden könnten. Edle Motive setzte er bei niemandem voraus. Als einmal seinem Sekretär Bourrienne die verlorene Taschenuhr wieder gebracht wurde, war er von diesem Akt der Ehrlichkeit so überrascht, daß er den Finder vom Militärdienst befreite und für dessen Familie sorgte. Und nicht anders als mit der Redlichkeit hielt er es mit der Wahrheit, die zu sagen, nach seiner Meinung, nicht immer zuträglich sei. So verließ er sich auch durchaus nicht auf die offizielle Polizei allein, sondern hatte neben dieser, insbesondere als Fouché 1802 seines Ministerpostens verlustig ging, noch verschiedene geheime Polizeibureaus, die von ergebenen Generalen: Duroc, Savary, Davout, Moncey, Junot u. a. geleitet wurden und sich gegenseitig überwachten.

Am Hofe Bonapartes war es Josephine, die Aristokratin von Geburt, die den französischen Adel mit der Konsularregierung verband. Durch sie und ihre früheren Beziehungen wurde jetzt mancher alte Name mit der Gegenwart versöhnt und mit seinen Interessen an die neue Staatsgewalt geknüpft. Dagegen markierten die Brüder Joseph und Lucian gewisse republikanische Neigungen, die aber nicht tief genug wurzelten, um nicht schließlich von dem energischen Willen des Cäsars überwunden zu werden. So war es wenigstens bei Joseph, der aus seiner Erstgeburt eine Art Anrecht auf die Herrscherstellung ableitete, die sich Napoleon errungen hatte, und zum Beispiel sehr verstimmt darüber war, daß die Verfassung von 1802 nur das Adoptionsrecht des Ersten Konsuls, nicht aber die Erblichkeit des Konsulats aussprach. Wir wissen übrigens auch, daß er sich bereits allerlei Verbindung mit den Freisinnigen und Friedsamen für den Fall zur Verfügung hielt, wenn Napoleon auf irgendwelche Weise ums Leben oder um die Herrschaft kam; sein Schwager Bernadotte mochte dann für den nötigen militärischen Rückhalt sorgen. Ja, er soll sogar um ein Komplott gewußt haben, das einige mit dem Konkordat unzufriedene Generale — Bernadotte war darunter — zettelten, um Napoleon am Festtag der Restauration des katholischen Kultus (Ostern 1802) aus der

Kirche Notre-Dame zu entführen[1]). Der Anschlag blieb
nicht verborgen, und ein starkes Aufgebot sicherer Truppen,
von denen einige Bataillone sogar im Innern der Kirche
postiert wurden, machte ihn zunichte. Die Sache hatte aber
noch ein Nachspiel. Bernadottes Generalstabschef Simon von
der Westarmee ließ in Rennes Proklamationen drucken,
wonach einzelne unzufriedene Halbbrigaden nach Paris rücken
sollten, „um die Republik gegen den Tyrannen Bonaparte zu
verteidigen". Auch diese Sache wurde den Behörden bekannt.
Man verhaftete mehrere Offiziere; die Truppen sandte man
in die Kolonien. Von Bernadotte sagte Napoleon zu General
Rapp, er habe verdient, erschossen zu werden. Aber Bernadotte
wurde nicht erschossen. Man sollte in der Öffentlichkeit nicht
erfahren, daß es in der Armee Frankreichs Unzufriedene und
Renitente gab. Gleichwohl sprach sich die Sache heimlich
herum, und übertriebene Berichte trugen sie ins Ausland, wo
man dann allen Ernstes an eine kommende Militärrevolution
glaubte — eine Vorstellung, die später im Krieg von 1805
nicht ohne Wirkung war[2]). Lucian, der sich als Gesandter
am Madrider Hofe ein großes Vermögen erworben hatte, über-
warf sich mit Napoleon, weil er, anstatt der 1803 verwitweten
Königin von Etrurien die Hand zu reichen, eine bürgerliche
Ehe einging und sie, trotz allem Einspruch des Bruders,
nicht lösen wollte, was ihm schließlich die Verbannung aus
Frankreich eintrug. Es gefiel ihm hinterher, sich mit seiner
demokratischen Gesinnung zu drapieren. Der dritte Bruder,
Ludwig, hatte, auf Josephinens Betreiben, deren schöne

---

[1]) M a s s o n, Napoléon et sa famille, II., 112 f. spricht sich sehr
bestimmt für die Mitwissenschaft Josephs aus. Ist aber dessen bloße Weigerung, in der Kirche unmittelbar neben seinem Bruder zu stehen, schon ein
zulänglicher Beweis?

[2]) Über die militärischen Verschwörungen sind in den Memoiren
P a s q u i e r s (I., 157 ff.) und T h i é b a u l t s (III., 335 ff.) — von M a r -
b o t (I., 154 ff.), der wenig Glauben verdient, nicht zu reden — neue Auf-
klärungen gegeben worden, die Einzelnes in der Studie G a f f a r e l s,
L'opposition militaire sous le Consulat, richtigstellen. C h a p t a l erzählt
(Souvenirs, p. 219, 250), Napoleon habe ihm von der Absicht einiger (12)
Generale gesprochen, Frankreich in zwölf Provinzen unter sich aufzuteilen.
„Mir überließen sie großmütig Paris samt Bannmeile. Der Vertrag wurde
in Rueil unterzeichnet und Massena sollte mir ihn überbringen. Der weigerte
sich aber, indem er sagte, er würde sofort beim Verlassen der Tuilerien von
der Garde erschossen werden."

Tochter, Hortense Beauharnais, geheiratet. Die Verbindung, von beiden Seiten widerwillig eingegangen, war keine glückliche und zeigte deutlich die Feindseligkeit, die zwischen den beiden Familienparteien, den Bonaparte und den Beauharnais, herrschte. Die Ursache dieses Zwistes lag mit in Josephinens Unfruchtbarkeit, da sie, bei dem Adoptionsrecht Napoleons, dessen Stiefkindern eine Bedeutung einräumte, die den Bonaparte unbequem war. Tatsache ist, daß die Geschwister des Konsuls, Lucian voran, schon jetzt von Scheidung sprachen, und daß Josephine in ihrer Besorgnis sogar die Fürsprecherin der Bourbons wurde. Napoleons jüngster Bruder, Jérôme, lebte zu dieser Zeit in Nordamerika ein ziemlich leichtes Leben und heiratete dort die schöne Elisa Patterson in Baltimore, die er später in Europa, auf höheren Befehl, wieder verließ. Er war zu einer großen Stellung in der Marine bestimmt, sollte es aber noch weiter bringen.

Von den Schwestern des allgewaltigen Konsuls war jetzt die älteste, Elisa, die Gemahlin Felix Bacciocchis, dem im Jahre 1803 das Kommando des Forts St. Jean in Marseille übertragen wurde, eine Frau von schöngeistigen Neigungen. Sie versammelte mit Lucian in Paris einen Kreis angesehener Literaten um sich, von denen sie Fontanes und Chateaubriand bei Napoleon empfahl und emporbrachte. Die schöne, aber leichtfertige Pauline ging mit ihrem Gatten, dem General Leclerc, nach St. Domingo, wo er mit Tausenden seiner Landsleute dem gelben Fieber erlag. Als sie dann Anfang 1803 von dort nach Frankreich heimkehrte, fand sich alsbald in dem Fürsten Borghese ein neuer Freier. Die ehrgeizige Karoline, seit 1800 die Gattin des Reitergenerals Murat, den sie geistig weit überragte, war eine der eifrigsten Intrigantinnen gegen die Beauharnais. Murat, der Sohn eines Gastwirtes in La Bastide bei Cahors, vor der Revolution Student der Theologie, hatte reichlich für seine Tasche zu sorgen gewußt, namentlich als er in der oberitalienischen Republik die französischen Truppen kommandierte und sich in jeder Stadt mit Geldgeschenken regalieren ließ. Auch er hatte, wie die Schwäger, seinen Palast in Paris und ein Schloß in der Umgebung; der beste Koch der Hauptstadt stand in seinen Diensten; man aß bei Murats nur auf Gold. Natürlich lebte jetzt auch Mutter Lätitia in ihrem eigenen Palais in der Haupt-

stadt, sonnte sich im Glanze ihres Sohnes, ohne aber als
erfahrene Frau seinem Glück so unbedingt zu vertrauen,
daß sie nicht die Gunst der Verhältnisse zur Erwerbung reicher
Fonds für mögliche schlimmere Tage ausgenutzt hätte. Sie
war sich völlig gleich geblieben. Auch ihren korsischen Dialekt
hatte sie beibehalten, was Napoleon ihr ernstlich übelnahm,
denn er wollte durch nichts an seine fremde Herkunft erinnern. Nützlicher erwies sich ihm Onkel Fesch, der ehemalige Abbé und Magazinverwalter der italienischen Armee.
Ein geistliches Mitglied in der Familie war dem Konsul, nachdem er seinen Frieden mit der Kirche gemacht hatte, von
nicht geringem Wert. Fesch mußte die weggeworfene Soutane
wieder aufnehmen und wurde bald nach Abschluß des Konkordats Erzbischof von Lyon und Kardinal. Wer wußte denn
auch jetzt noch, daß er seinerzeit mit italienischen Kirchen-
gemälden einen schwunghaften Handel betrieben hatte?

Das war der Hof des Mannes, der — wie er sagte —
die Politik von ganz Europa lenkte. Und darin lag keine
Übertreibung. Er lenkte sie in der Tat, bereit, wo immer sich
ein Widerstand zeigen würde, ihn sofort mit den Waffen niederzuschlagen. Er hatte den allgemeinen Frieden geschlossen,
weil die öffentliche Meinung in Frankreich und der Wunsch
des französischen Volkes dazu drängten und er ihn deshalb
für seine persönliche Geltung benötigte; ihn dauernd zu
erhalten, lag weder in dem revolutionären System, das er
zu dem seinigen gemacht hatte, noch in seiner eigensten
Neigung. Es ist uns von vertrauenswürdiger Seite ein Gespräch
überliefert, das er mit einem Staatsrat führte, kurz bevor
er die konsularische Gewalt auf Lebenszeit übertragen erhielt.
Der Staatsrat vertrat die Meinung, für Frankreichs Wohl sei
die Erhaltung der Ruhe in Europa vor allem andern erfor-
derlich, worauf ihm der Konsul mit der Frage entgegnete,
ob er denn nicht an die Feindschaft der Mächte glaube, die
jetzt den Frieden unterzeichnet hätten. Und als Jener zugeben
mußte, daß England, Österreich u. a. auch weiterhin Frankreichs Gegner bleiben würden, sagte Napoleon: „Nun gut,
ziehen Sie daraus die Konsequenzen. Wenn diese Staaten stets
den Krieg in petto haben, um ihn eines Tages zu erneuern,
dann ist es besser, es kommt früher oder später dazu. Denn
mit jedem Tag verblaßt ihre Erinnerung an ihre letzten

Niederlagen, während das Prestige unserer Siege mit jedem Tage sich verringert. Aller Vorteil ist also auf ihrer Seite[1]). Ich habe auch im Krieg bewiesen, daß ich nichts vernachlässige, was die öffentlichen Einrichtungen und die staatliche Ordnung im Innern betrifft, und ich werde nicht stehen bleiben, denn es gibt noch viel zu tun. Aber sind denn nicht auch militärische Erfolge nötig, um dieses Innere zu verblüffen und zusammenzuhalten („pour éblouir et contenir cet intérieur")? Halten Sie doch nur fest, daß ein Premierkonsul in nichts diesen Königen von Gottes Gnaden gleicht, die ihre Reiche wie ein ererbtes Gut betrachten. Ihnen kommt das Herkommen zugute, während es bei uns ein Hindernis ist. Von seinen Nachbarn gehaßt, gezwungen, in seinem Innern verschiedene Klassen Übelwollender im Zaum zu halten und zugleich so vielen äußeren Feinden zu imponieren, bedarf der französische Staat glänzender Taten, und deshalb des Krieges. Er muß von allen Staaten der erste sein oder zugrunde gehen. Ich werde den Frieden ertragen, solange ihn die Nachbarn zu bewahren wissen, aber ich werde einen Vorteil darin sehen, wenn sie mich zwingen, zu den Waffen zu greifen, ehe sie durch Nachgiebigkeit und Untätigkeit stumpf geworden sind. Zwischen alten Monarchien und einer neuen Republik wird stets ein kriegerischer Geist herrschen. In unserer Lage seh' ich jeden Friedensschluß nur als kurzen Waffenstillstand an und halte mich während meiner Amtszeit für bestimmt, fast ohne Unterbrechung zu kämpfen. Dabei werd' ich nicht die Rolle des Angreifers spielen, denn ich habe zu viel Interesse daran, den anderen die Initiative zu überlassen. Und ich kenne sie genau genug; sie werden gewiß zuerst zu den Waffen greifen oder mir doch gerechten Grund geben, dies zu tun"[2]).

[1]) Wie richtig dieser Gedanke war, ersehen wir aus einer Depesche des englischen Gesandten Whitworth vom 1. Dezember 1802. „Jedes neue Friedensjahr", heißt es da, „wird, während es die Konsularregierung schwächt, Kraft und Mut denen verleihen, deren Zweck und Interesse es ist, sie zu stürzen. Tatsächlich unterhalten wir mittels des Friedens einen Kriegszustand gegen diese Regierung, entschiedener und ihr gefährlicher als offene Feindseligkeit." (B r o w n i n g, England and Napoleon in 1803, p. 18.)

[2]) T h i b a u d e a u, Mémoires, p. 391 ff. Vergl. die von Talleyrand erzählte Anekdote über seinen Unmut, als ihm der Abschluß des Friedens von Amiens gemeldet wurde, bei P a s q u i e r, Mémoires I., 161. Eine zweite Version bei H é r i s s o n, Le cabinet noir, p. 192.

Wer diese Sätze aus dem Sommer 1802 aufmerksam liest
— sie mögen nun wirklich mit solchen Worten gesprochen
worden sein oder nicht — der wird daraus entnehmen, daß
Napoleon das im Jahre 1800 durch Hauterive verkündete
Programm der Vorherrschaft Frankreichs mit bewaffneter
Hand durchführen wollte. Aber war dies wirklich sein einziger Zweck? Handelte es sich ihm wirklich nur, wie er sagte,
darum, dem französischen Staat die Hegemonie zu verschaffen? Oder lag seine Absicht tiefer, als daß er sie bereits
zur Stunde einem Mitglied des französischen Staatsrates
offenbaren durfte? Vielleicht hat er schon jetzt den heimlichen Gedanken gefaßt, den er zwei Jahre später in einem
vertrauten Kreis — es waren einige Generale dabei — aussprach: „Es wird nicht eher Ruhe in Europa eintreten, als
bis es unter einem e i n z i g e n Oberhaupte steht, unter einem
Kaiser, der Könige zu seinen Beamten zählt, der seinen Generalen Königreiche zuweist, den einen zum König von Italien,
den andern zum König von Bayern, diesen zum Landammann
der Schweiz, jenen zum Erbstatthalter von Holland macht,
und ihnen sämtlich zugleich kaiserliche Hofämter als Oberst-
mundschenken, Obersthofmarschällen, Oberstjägermeistern,
Oberstküchenmeistern usw. verleiht. Man wird vielleicht
sagen, daß dieser Plan nur eine Nachahmung der alten
deutschen Reichsverfassung und keineswegs neu sei. Aber es
gibt nichts absolut Neues. Die politischen Einrichtungen
drehen sich im Kreise, und oft muß man zu Vergangenem
zurückkehren"[1]). Man sieht, so sehr er es gerade während
des Konsulats liebte, sich als Franzosen zu geben, er war es
nicht. Wäre er Franzose gewesen, er hätte sich begnügt,
Frankreich die erste leitende Stelle unter den Mächten verschafft zu haben. Aber das war es eben, daß er keinen französischen Patriotismus und keinen französischen Ehrgeiz besaß, daß er, seitdem er sein kleines Vaterland verloren hatte,
keine nationalen Schranken für sein Streben mehr kannte, das
allerdings riesengroß war, weil es die Welt umfaßte, und doch
wieder unendlich klein, weil es nur der engen Ehrsucht eines
Einzelnen diente[2]).

---

[1]) M i o t, Mémoires, II., 214.

[2]) Daß Napoleon wirklich schon 1802 Europa nicht so sehr für Frankreich als für sich allein zu erobern gedachte, deutet Lucian in seinen Memoiren

Gewiß, er wird den offenen Kampf vermeiden, solange es ihm nur immer gelingt, ohne Schwertstreich die „verblüffenden" Erfolge zu erringen, deren er, wie er meinte, zur Befestigung seiner Herrscherstellung und der inneren Ordnung Frankreichs bedurfte, und solange sich die anderen Staaten das Diktat seines gebietenden Willens gefallen ließen. Empörten sie sich aber dagegen — und er selbst hat gelegentlich diesen Ausdruck von einer europäischen Großmacht gebraucht — dann mochten die Waffen entscheiden; sie waren ihm willkommen. Das Odium des Friedensbruches fiel auf die Anderen. In der Tat haben Napoleons Eroberungen im Frieden den Krieg stets aufs wirksamste vorbereitet und ihn schließlich auch immer wieder herbeigeführt[1]).

(Edition Jung, II., 165) zu dem genannten Jahre an: „Ich gehöre nicht zu denen, die da glauben, mein Bruder habe auch nur ein einziges Mal wider Willen Krieg geführt. Ich wußte in dieser Beziehung zu genau, was er im Grunde dachte, und insbesondere in der Zeit, von der ich spreche. Es war ein Gedanke, viel mehr ehrgeizig als patriotisch, der ihm den Krieg zum persönlichen Bedürfnis machte." Ähnlich sprach sich damals Joseph Miot gegenüber aus: „Glauben Sie mir, er ist noch lange nicht am Ziel, das er sich gesteckt hat. Die Tiefe, der Umfang, die Kühnheit seiner Entwürfe verblüffen mich jeden Tag aufs neue." (M i o t, Mémoires, II., 49.)

[1]) Am 20. August 1804 schreibt er an Talleyrand: „Es wäre nicht nur Torheit, wenn Österreich die Fahne der Empörung (l'étendard de la rébellion) aufpflanzen wollte, es ist ihm dies auch ganz unmöglich, selbst im Verein mit Rußland." (C o r r e s p., IX., 7946. F o u r n i e r, Zur Textkritik n. 16.) „Ich kann die Fürsten Europas", sagte er etwa um dieselbe Zeit zu seinem Minister des Innern, „nur dadurch daran gewöhnen, mich als ihresgleichen anzusehen, daß ich sie im Joch halte (en les tenant sous le joug)." (C h a p t a l, Souvenirs, p. 217.) Zuweilen hörte ihn sein Geheimsekretär Méneval, der Bourrienne 1802 abgelöst hatte, vor sich hinsummen: „Wer die Welt beherrschen (asservir) will, muß mit dem Vaterland beginnen." (Mémoires I., 426.) Als er 1815 von Elba zurückkehrte, gestand er in seinen Kundgebungen zu Grenoble und Lyon die erobernde Tendenz seiner vorherigen Politik offen ein, die er fortan durch eine friedliche ersetzen wolle. (T h i e r s, XIX. 91.) Auf St. Helena äußerte er sich, er wäre ganz gerne eine Art gekrönter Washington geworden, „aber ich konnte vernünftigerweise nur auf dem Weg einer universalen Diktatur dazu gelangen, und ich habe sie beansprucht (je l'ai prétendue)." In Napoleon, wie versucht wurde, einen an sich friedliebenden, ruhefrohen Mann zu sehen, der nur durch die anderen Mächte zu immer neuen Kriegen, Siegen und Eroberungen gezwungen wurde (vergl. L é v y, Napoléon et la paix, u. A.), ist ein krauser Einfall, der aller zureichenden Gründe entbehrt. Man ver-

Schon im Herbst des Jahres 1801, nachdem die mit England abgeschlossenen Präliminarien und der Vertrag mit Rußland den allgemeinen Frieden zustande gebracht hatten, war Bonaparte rastlos tätig gewesen, aus dem Ruhebedürfnis der Völker Nutzen zu ziehen und Erwerbungen zu machen, die sein System bedingte. Denn das war das Ergebnis des letzten Ringens, daß die zeitweilige Erschöpfung der europäischen Staaten die Störung des Gleichgewichtes zugunsten des Siegers zuließ. Vor allem war es ihm darum zu tun, die innerhalb des französischen Machtzirkels gelogenen Länder durch ihre innere Organisation seiner Gewalt noch unmittelbarer zu Gebot zu stellen. Denn die meisten hatten noch streng republikanische, der Direktorialkonstitution Frankreichs nachgeformte Verfassungen und bildeten mit ihren stets schwankenden Parteiregierungen keine ganz zuverlässigen Werkzeuge. Darum galt es, diese Verfassungen, der neuen französischen Konstitution von 1799 entsprechend, umzugestalten, d. h. die von Frankreich abhängigen Regierungen gegenüber der Volksrepräsentanz möglichst zu stärken.

So geschah es zunächst in Holland. Im Einvernehmen mit dem Gesandten der batavischen Republik ward in Paris ein neues Staatsgrundgesetz ausgearbeitet, das die fünf Direktoren beseitigte und eine Exekutive (Staatsbevind) von zwölf Regenten festsetzte, die alle drei Monate einen anderen Vorsitzenden wählten. Die beiden Kammern wurden durch einen gesetzgebenden Körper von Abgeordneten mit eingeschränkter Kompetenz ersetzt. Dieses neue Statut ward dem Lande durch drei von Frankreich gewonnene und von französischen Truppen aufs kräftigste unterstützte Direktoren aufgenötigt, die von dem Widerspruch der Kammern an das Volk appellierten (16. Oktober 1801). Bei dem Plebiszit stimmten von 400.000 Wahlberechtigten nur 17.000 dafür, 52.000 dagegen, der Rest schwieg. Dieses Schweigen wurde von Napoleon

---

wechselt dabei nur zu oft Krieg mit Eroberung und das Verlangen nach dieser mit dem Drang nach Macht und Herrschaft, von dem Napoleon allerdings erfüllt war, weil er die erhöhte Machtstellung, die er mit jedem nachgiebigen Schritt zu gefährden fürchtete, für seine Geltung in Welt und Geschichte für unentbehrlich hielt. Darum würde man auch, wenn man sein „System" nur unter dem Gesichtspunkt des Interessenkampfes zwischen Frankreich und England auffassen wollte, das Aktionsgebiet dieses Genius zu eng umschreiben. Dazu war seine Politik auch gar nicht national genug.

als Zustimmung und die neue Konstitution als ein Willensakt
des batavischen Volkes ausgegeben — nur um der Form zu
genügen, denn es stand im Artikel 11 des Friedens von Lünéville: „daß die kontrahierenden Mächte sich gegenseitig die
Unabhängigkeit der batavischen, ligurischen, helvetischen und
cisalpinischen Republik garantieren und den betreffenden
Völkern die Freiheit zusichern, sich jene Regierungsform
zu geben, die ihnen gutdünkt". Napoleon hätte schon jetzt
nur einen einzigen Chef der Regierung gewünscht, wollte
aber seinen Willen, eben jenes Artikels wegen, nicht allzu
offenkundig durchsetzen und wartete ab, bis 1805 der Moment
zu einer neuen Verfassungsänderung in solchem Sinn gekommen war. Bis dahin hielt er das Land mit 11.000 Mann
besetzt, die es zwar, dem Vertrag vom 29. August 1801 gemäß,
nach dem allgemeinen Friedensschluß zu räumen gehabt
hätten, aber gleichwohl, unter der Angabe, sie seien für
Louisiana bestimmt, geblieben waren. „Er wolle dort keinerlei
politische Bewegung", ließ er im Oktober 1802 seinem Gesandten im Haag schreiben.

Was in Holland noch nicht durchführbar war, gelang in
Cisalpinien. Auch hier gab es noch eine republikanische
Direktorialverfassung, auch hier sollte sie verändert werden,
indem die Staatsgewalt aus den beratenden Körperschaften
völlig auf eine einheitliche Exekutive überging, die dann viel
leichter von Paris aus zu lenken war als die flüssige Masse der
Parteien in den Kammern. Schon im September 1801 hatte
Napoleon mit dem Gesandten der Republik, Marescalchi,
sich besprochen, dann von Maret, nach seinen Angaben, eine
Konstitution ausarbeiten und von einigen lombardischen Ver-
trauensmännern prüfen lassen. Sie ward darauf nach Mailand
geschickt, damit sie dort insgeheim von der provisorischen
Consulta, die er nach der Schlacht von Marengo eingesetzt
hatte, durchberaten werde. Danach sollte ein einzelner Präsident mit monarchischer Gewalt an die Spitze der Regierung
treten, erwählt von einem Staatsrat, der die auswärtigen Angelegenheiten beriet und die Gesetze vorbereitete. Diese gelangten an einen „Gesetzgebenden Körper" ohne Initiative,
der aus den drei verfassungsmäßigen Volksklassen: der Grundbesitzer, der Gelehrten und der Kaufleute (possidenti, dotti,
commercianti) durch Wahl hervorging und ohne Debatte

votierte. Die Mailänder Consulta stimmte dieser Verfassung
zu und bat sogar — man hatte es ihr nahegelegt — Napoleon
möge selbst auch die geeigneten Personen für die Staatsämter bestimmen. „Um sich zu orientieren", lud der Erste
Konsul etwa 500 lombardische Notablen nach Lyon ein, wo
dann, im Januar 1802, im Einvernehmen mit ihnen die hohen
Stellen besetzt wurden — mit Ausnahme einer einzigen, der
des Präsidenten. Diese hatte Napoleon für sich selbst im
Auge. Talleyrand mußte die Sache besorgen. Der kluge
Minister bewog, nachdem aus einer Probewahl durch ein engeres
Komitee Melzi hervorgegangen war, Diesen zur Verzichtleistung, worauf man sich, auf seinen Wink hin, für Bonaparte
entschied. Dann benützte Talleyrand den Anlaß einer Revue
über die heimgekehrten ägyptischen Truppen, die den größten
Teil der Fremden an sich lockte, um den in der Stadt ver-
bliebenen Rest der Abgeordneten, ungefähr ein Drittel, dazu
zu bestimmen, daß sie Napoleon die Präsidentschaft in aller
Form anboten; Melzi sollte Vizepräsident werden. Am 26. Januar 1802 erklärte sich der Erste Konsul von Frankreich zur
Annahme bereit. Die Rede, die er bei dieser Gelegenheit in
nicht ganz fehlerfreiem Italienisch hielt, klang gerade nicht
erbaulich in den Ohren der Lombarden, denn er sagte ihnen
auf den Kopf zu, er übernehme die Präsidentschaft nur, weil
er keinen unter ihnen gefunden habe, der genug Ansehen,
Eignung und Verdienste besitze. Er machte aber das hoch-
mütige Wort sogleich durch ein anderes wieder gut, indem er
den bisherigen Staatsnamen in „I t a l i e n i s c h e Republik"
veränderte — ein sehr geschickter Zug, denn schon hatte das
Wort Alfieris von der „Italia virtuosa, magnanima, libera ed
una" zahllose Herzen begeistert. Es konnte scheinen, als läge
in dem erwählten Namen ein ganzes Programm nationaler
Einheit und Unabhängigkeit. Und wer hatte mehr die Macht,
es durchzuführen, als der Sieger von Marengo?

   Aber damit war es doch nichts weiter als bloßer Schein.
Das bewies das Schicksal Piemonts aufs deutlichste. Dieses
Land lag vor den Toren Frankreichs und bildete gleichsam
die Brücke zur lombardischen Republik. Seit dem Sieg über
die Österreicher hatten es die Franzosen besetzt gehalten und
auch nach dem Frieden von Lunéville nicht geräumt. Vielmehr hatte Napoleon den General Jourdan — den Jakobiner

vom 18. Brumaire, der nun dem neuen Monarchen gefügig
diente — beauftragt, den Piemontesen zu verkünden, daß ihr
Land eine französische Militärdivision bilde und in sechs
Präfekturen eingeteilt werde. Geradeso hatte ehevor der Konvent die Annexion der deutschen Rheinländer eingeleitet. Mit
der formellen Einverleibung zögerte der Premierkonsul nur
noch, bis der definitive Friede mit England geschlossen war.
Während der Verhandlungen über diesen gab er seinem Bevollmächtigten die bestimmte Instruktion, keinerlei Einmischung der britischen Macht in die kontinentalen Fragen
zu dulden, und in der Tat, der Vertrag von Amiens enthielt
kein Wort zugunsten des Königs von Sardinien. Kaum hatte
sich so Napoleon nach dieser Seite gesichert, so schritt er auch
schon zur förmlichen Besitznahme. Am 4. September 1802 erklärte ein Pariser Senatskonsult Piemont als französische Provinz mit sechs Departements, von denen eins den stolzen
Namen Marengo führte.

Am Wiener Hofe herrschte die tiefste Bestürzung über
das rasche Ausgreifen der französischen Staatsgewalt in
Italien. „Wie soll" — schreibt der österreichische Minister des
Äußern, Graf Ludwig Cobenzl, der Nachfolger Thuguts, an
den Botschafter in Paris — „wie soll, was in Italien noch nicht
zu Frankreich gehört, seiner Herrschaft entrinnen? Wo wird
endlich dieser reißende Strom, d e r i m F r i e d e n n o c h
b e h e n d e r u n d v e r w ü s t e n d e r d a h i n e i l t a l s
i m K r i e g e, Halt machen?" Der „reißende Strom" sollte
noch lange nicht anhalten. Da war im Süden von Piemont
die Ligurische Republik, das Landgebiet der alten Dogenstadt.
Auch ihre Verfassung war unzeitgemäß geworden, und am
26. Juni 1802 überbrachte ein außerordentlicher französischer
Gesandter einen in Paris verfertigten Konstitutionsentwurf,
den die Regierung Genuas dankbar entgegennahm, während
sie den Genuesen erklärte: „Dem, der Europa den Frieden gab,
kam es zu, auch unserer Republik eine neue Gestalt zu geben."
Und dazu das leitende Haupt. Denn Napoleon ernannte den
ersten Dogen, Durazzo, einen ihm ergebenen Mann. Ebenso
hatte die kleine Republik Lucca schon vorher, im Dezember
1801, von den Tuilerien ihre Verfassung erhalten, mit einem
Gonfaloniere an der Spitze, der rasch wechseln mußte, um
nicht zu nachhaltiger Geltung zu gelangen, indes der eigent-

liche Regent der politische Agent Frankreichs war. Und
nicht minder abhängig von Frankreich war das Königreich
Toskana-Etrurien, wo Napoleon durch seine Generale Clarke
und Murat den jungen unfähigen König und nach dessen Tod
die Königin bevormunden ließ und selbst das Detail der
Armeeverwaltung festsetzte. Er betrachtete es völlig wie
seinen eigenen Besitz. Schon im Mai 1801 hatte er Cobenzl
versichert, er werde Toskana nie zurückgeben, denn das hieße,
Livorno den Engländern ausliefern. Ganz Unteritalien geriet
dadurch in seinen Machtbereich, und der Österreicher hatte
recht, ihm zu erwidern: „Das heißt, Sie wollen Rom und
Neapel in völliger Abhängigkeit erhalten"[1]. Endlich wurde
im August 1802 das von Toskana abgetretene Elba zur französischen Provinz erklärt, nachdem die Engländer die Insel
verlassen hatten. Um auch hier den Schein zu wahren, als
handelte er durchaus im Sinne der Bevölkerung, ließ der
Konsul eine Deputation von Portoferrajo nach Paris kommen,
sie durch den Minister des Innern bewirten, jedem einzelnen
ein paar tausend Franken verehren, worauf die Sendboten in
einer präparierten Rede das Glück ihrer Mitbürger über die
Vereinigung mit Frankreich ausdrückten.

So stand im Hochsommer 1802 fast ganz Oberitalien bis
auf das österreichische Venezien, teils direkt, teils mittelbar,
unter dem Zepter Frankreichs. Um eine möglichst ungestörte
und zureichende Verbindung mit diesen Territorien herzustellen, genügte Piemont allein nicht. Napoleon hatte schon
nach seinem ersten italienischen Feldzug eine strategische
Straße über den Simplon angestrebt[2]) und im letzten die
Kommunikation über die Schweizer Alpen aufs neue schätzen
gelernt. Nun gedachte er, da er doch stets mit der Erneuerung
der Feindseligkeiten rechnete, sich sie dauernd zu sichern[3]).
Er verlangte deshalb von der Helvetischen Republik geradezu
die Abtretung des Walliser Gebietes, durch das der Weg über

---

[1]) W. St. A.
[2]) S. Bd. I., S. 158 f.
[3]) Zwei Monate nach dem Abschluß des Friedens von Lunéville hatte
er Berthier den Auftrag erteilt, gute Karten von Italien herstellen zu lassen,
namentlich des Gebietes zwischen Po, Etsch und Adda, „das voraussichtlich
der Schauplatz der neuen Kriege sein werde". Diese Karte sollte im Laufe
des Jahres X (bis September 1802) sicher fertig sein. (C o r r e s p., VII.,
5501.)

den Simplon führt, gegen Überlassung des Fricktales, das
Kaiser Franz im Lunéviller Frieden neuerdings abgetreten
hatte. Aber die Walliser, die der französische General Turreau
aufs härteste bedrückte, um sie nachgiebig zu machen, wollten
von einer Einverleibung in Frankreich nichts wissen, und
Napoleon war klug genug, nicht darauf zu bestehen. Er
pflegte nie einen Umweg zu scheuen, wenn etwas auf gerader
Straße nicht zu erreichen war. So begnügte er sich auch jetzt
damit, daß Wallis von der Schweiz losgetrennt wurde und eine
besondere Republik unter einem eigenen Präsidenten bildete,
wie es ehedem schon der Plan des Direktoriums gewesen war
(30. August 1802). Von wirklicher Unabhängigkeit war hier
nicht die Rede, denn gleich der zweite Artikel der Konstitution stellte den ganzen Freistaat unter den „Schutz" nicht
nur der helvetischen, sondern auch der französischen und
italienischen Republik, während ihn der Artikel 7 der Mühe
überhob, seine Pässe selbst zu überwachen, und Artikel 9 den
Wallisern geradezu verbot, irgend eine nach außen führende
Straße ohne Frankreichs Zustimmung zu eröffnen. Artikel 8
gab es in die Hand der Franzosen, „alle notwendigen Einrichtungen im Lande so zu treffen, daß ihre Truppenmärsche
keine Schwierigkeiten erleiden"[1]). Wallis wird von einem
Staatsrat von drei Mitgliedern regiert. Eins derselben führt
den Titel Grand-Baillif und hat ungefähr die Befugnisse des
Ersten Konsuls in Frankreich. Die Gesetzgebung (ohne
Initiative) liegt bei einem Landrat, jedoch bedürfen die Gesetze zur Gültigkeit der Besiegelung und Promulgation durch
den Grand-Baillif, der natürlich ganz in der Hand Frankreichs war.

Aber auch die übrige Schweiz ward nicht minder abhängig von dem westlichen Nachbar. Schon das Direktorium
hatte Helvetien als Mittelglied zwischen seiner italienischen
und seiner rheinischen Position nicht entbehren können, und
Napoleon durfte, wenn er die Offensivstellung der Revolution
behaupten wollte — und er konnte nicht anders — nicht
darauf verzichten, das Bergland zu dominieren. Darum war

---

[1]) Dieser Artikel war aus einem Vertrag mit Frankreich vom
28. August 1802 herübergenommen, der dem jungen Freistaat gebot, nur
Vertreter Frankreichs, Italiens und der Schweiz bei sich zu dulden (De
Clercq, I., 603).

es auch zur Zeit des Konsulats ziemlich die allgemeine Ansicht
in Europa, er werde sich, wie in der Lombardei, so auch hier
an die Spitze der Regierung stellen, und man erzählt, es habe
dies wirklich eine Zeitlang in seinem Sinn gelegen. Dem
stand aber einmal der Vertrag von Lunéville entgegen, der die
formelle Unabhängigkeit der Schweiz garantierte, und zweitens
die Mahnung Rußlands, der Konsul möge die Selbständigkeit
seiner Nachbarn respektieren und damit die Befürchtungen
Europas zerstreuen. In der Tat gab Napoleon seine Absicht,
die schweizerische Präsidentschaft zu erwerben, auf, sicherte
sich aber seinen Machteinfluß dadurch, daß er den Zwiespalt
zwischen den aristokratisch-patriarchalischen Föderalisten
und den freigesinnten Zentralisten („Unitariern"), den er seit
Jahren lebendig erhalten hatte, durch die Entfernung seiner
Truppen bis zum offenen Kampf anwachsen ließ, um dann
als Interessent und bewaffneter Vermittler aufzutreten. Sein
Agent Verninac meinte zu einem Schweizer, das gehöre so zu
dem großen Narrenspiel, das der Erste Konsul mit den
Mächten treibe[1]). Schon hatten die Altföderalisten bei England und Österreich Sukkurs erbeten, schon war ein englischer
Agent (Moore) in Konstanz angelangt, um hier im altschweize-
rischen Sinne zu wirken, als Napoleon plötzlich dazwischen-
fuhr. Er nötigte die helvetische Regierung, von ihm, „da sie
allein des Aufruhrs nicht Herr werden könne," militärische
·Unterstützung zu heischen, nahm dann, in einem Manifest
vom Ende September 1802 an die Kantone, seinen Entschluß,
sich in ihre Angelegenheiten nicht zu mengen, offen zurück,
ließ aufs neue 30 Bataillone unter General Ney einmarschieren
und entbot eine Abordnung von etwa 60 Vertretern des
Schweizerlandes zu sich nach Paris. Hier unterbreitete er ihnen,
unter heftigen Ausfällen wider England, eine Mediationsakte'
gegen die er nur wenig Einwendungen zuließ. „Die Schweiz
muß", sagte er in einer Anrede am 10. Dezember, „französisch sein, soweit Frankreich ins Spiel kommt, ebenso wie alle
an Frankreich grenzenden Länder. Die Geschichte beweist,
daß die Schweiz stets durch den Einfluß Frankreichs regiert
wurde." Und später: „Ganz Europa erwartet, daß Frankreich
die Geschäfte der Schweiz in Ordnung bringe; es anerkennt,

---

[1]) Zitiert von O e c h s l i, Geschichte der Schweiz im 19. Jahrhundert.
I., S. 376.

daß Italien und Holland Frankreich ebenso zur Verfügung
stehen wie die Schweiz[1])." Die neue Verfassung trug beiden
Parteien Rechnung: den Föderalisten, indem sie jedem Kanton
seine eigene Verfassung gab, den Fortschrittsmännern, indem
sie das Prinzip der Gleichheit aller Staatsbürger und ebenso
der Stadt- und Landkantone aufrecht erhielt. Nur ein Wahl-
zensus und indirekte Wahlen schränkten die allgemeine Gleichberechtigung ein und gaben der städtischen Bevölkerung ein
Übergewicht über die ländliche. Eine von den Kantonen
beschickte Tagsatzung mit einem Landammann als Vorsteher
hatte die Geschäfte des Bundesstaates nach außen zu führen
(19. Februar 1803[2])). Mit diesem klugen Schachzug erreichte
der Konsul, der eine staunenswerte Vertrautheit mit den
Schweizer Verhältnissen bekundete, daß die Schweiz während
der ganzen Zeit seiner Regierung Frankreichs im Innern ruhig,
jedem fremden Bemühen unzugänglich und tatsächlich nur dem
französischen Einfluß unbedingt ergeben blieb.

So sehen wir Napoleon über die eine der natürlichen
Grenzen Frankreichs, die Alpen, weit hinausschreiten. Wird
er die zweite, den Rhein, respektieren?

In Deutschland war, wie nach dem Frieden von Campo
Formio, so auch nach dem von Lunéville, die Frage der Entschädigung jener Fürsten, die auf dem linken Rheinufer ihr
Gebiet entweder ganz oder teilweise an Frankreich verloren
hatten, unentschieden geblieben. Damals hatte sie der Rastatter Kongreß zu lösen gehabt, dessen Abmachungen aber
der erneuerte Krieg außer Kraft setzte. Jetzt kam man wieder
darauf zurück. In Rastatt war bestimmt worden, daß die be-
schädigten weltlichen Fürsten durch geistliches Territorium
auf dem rechten Ufer schadlos gehalten werden sollten. Der
Lunéviller Friede bestätigte dies. Die Absicht, die Napoleon
dabei befolgte, war durchaus die der Revolution, die die politische
Geltung der toten Hand in Frankreich vernichtet hatte und
den Grundsatz allgemeiner Säkularisation von Kirchengut
über die Grenze trug. Dort, in Deutschland, gab es geistliche,
also undynastische Fürsten, die kein Familieninteresse bewog, gleich den weltlichen Reichsständen nach möglichster

---

[1]) C o r r e s p., VIII., 6483, 6560.
[2]) Die Mediationsakte wurde mit dem ganzen Wortlaut und allen Unterschriften im „Moniteur" vom 20. Februar publiziert.

Unabhängigkeit und Souveränität ihres Hauses zu streben. Sie waren deshalb stets feste Stützen des feudalen Kaisertums gewesen, und ihr katholischer Charakter hatte sie auf der Seite Österreichs und seines Herrschergeschlechtes fest-gehalten. Wurden nun diese Fürstentümer unter den welt-lichen, das ist dynastischen, Reichsständen aufgeteilt, so erlitt die alte Reichsverfassung eine Erschütterung, das Kaisertum verlor seine unbedingten Anhänger, die trennende Tendenz überwog, und an die Stelle eines Reiches trat als Resultat dieser Umwälzung im besten Fall ein Staatenbund. Dann allein konnte die Reichskonstitution zur Not aufrecht erhalten werden, wenn eben nur so viel kirchliches Staatsgut verwelt-licht wurde als zur Entschädigung der zu Schaden Gekom-menen nötig war und nicht mehr; sie mußte aber fallen, wenn s ä m t l i c h e geistlichen Fürstentümer säkularisiert und mit deren Gut die Widerstandskräfte der weltlichen gegen die Zentralgewalt vermehrt wurden. Die revolutionären Re-gierungen Frankreichs hatten grundsätzlich den letzteren Stand-punkt eingenommen. Im Jahre 1795, als man in Paris einen Augenblick lang an einen allgemeinen Friedensschluß dachte, ist er — wie wir wissen — im Wohlfahrtsausschuß des Kon-vents von Sieyès vertreten worden, dessen Projekt der völligen Aufteilung deutscher geistlicher Fürstentümer unter die welt-lichen später ohne Zweifel Napoleon und seinen Ministern vorgelegen hat[1]). Damals hatte der berühmte Abbé den Grund-satz geltend gemacht, die deutschen Hauptmächte, Österreich und Preußen, seien so weit als möglich vom Rhein zu ent-fernen und hier nur kleinere Staaten zu dulden, die gegen die Übergriffe Jener bei Frankreich, dem sie treu anhängen würden, Schutz fänden. Hierzu aber seien die geistlichen Fürstentümer, meinte Sieyès, nicht geeignet, da sie, als Wahl-fürstentümer ohne Hausinteresse, keine dauernde Anhäng-lichkeit verbürgten. Deshalb müßten sie verweltlicht werden, wie man schon im Westfälischen Frieden einen Teil säkula-risiert habe.

War dies der französische Gesichtspunkt, so war der der beiden deutschen Hauptmächte ihm nicht geradezu ent-

---

[1]) Es wird einmal des näheren dargetan werden müssen, wieviel von der auswärtigen Politik des Konsulats und des Empire gerade auf Sieyès zurückzuführen ist.

gegengesetzt. Was Preußen betraf, so hatte gerade die Säkularisation des Westfälischen Friedens die Macht Brandenburgs wesentlich verstärkt; die Vergangenheit dieses Staates beruhte also auf demselben Prinzip, das nunmehr die Revolution verkündete. Und überdies hatte Preußen jetzt neben der Aussicht, reichlich bedacht zu werden — Napoleon dachte den Rivalen Österreichs möglichst zu kräftigen — ein verwandtschaftliches Interesse: den depossedierten Erbstatthalter von Holland auf deutschem Boden zu entschädigen. Was hinwieder Österreich anging, so hatte es schon im Frieden von Campo Formio ein geistliches Fürstentum — das Erzbistum Salzburg — für sich gefordert und Frankreich geradezu die Befugnis eingeräumt, ihm dazu zu verhelfen[1]). Im Vertrag von Lunéville ward dann festgesetzt, daß auch der Großherzog von Toskana in Deutschland seine Entschädigung finden solle, wozu aufs neue Salzburg und Berchtesgaden bestimmt wurden. Es überwog eben in Wien das österreichische Staatsinteresse über das deutsche Reichsinteresse, wie schon früher einmal, unter Joseph II., der Gedanke einer allgemeinen Säkularisation der geistlichen Fürstenmacht Deutschlands aufgetaucht war. So traf bei keiner der deutschen Großmächte das Problem auf prinzipiellen Widerstand, und das war ein entscheidendes Moment. Ein zweites lag darin, daß die Angelegenheit gar keine rein deutsche mehr war. Dadurch, daß man nichtdeutsche Fürsten — Toskana und Holland — auf deutsches Gebiet verwies und sich hierüber in internationalen Verträgen einigte, machte man das deutsche Entschädigungsgeschäft zu einer allgemein europäischen Frage. Es ist deshalb nicht zu verwundern, daß die französische Macht, die sich den ersten Platz im Völkerkonzert erobert hatte, darauf den wesentlichen Einfluß nahm und die Sache nicht auf dem Regensburger Reichstag, sondern in den Tuilerien entschieden wurde. Die einzelnen deutschen Dynastien drängten sich zu direkten Verhandlungen mit dem Ersten Konsul. Das war ein Buhlen und Werben um das Wohlwollen Talleyrands und seiner Beamten, ein Bieten und Kaufen um Gunst und Gewähr, ein schimpflicher Handel,

---

[1]) Geheimartikel 5: „Die französische Republik wird ihre guten Dienste verwenden, damit der Kaiser in Deutschland das Erzbistum Salzburg usw. erlange." S. Band I. S. 136.

in dem für ein paar Fetzen Landes des Reiches Würde und
das Ansehen der Nation dahingegeben wurden. Da ward
zuerst am 20. Mai 1802 ein Separatvertrag zwischen Frankreich und Württemberg abgeschlossen, der diesem Staat eine
bedeutende Vergrößerung durch geistliches Gebiet in Aussicht
stellte, womit — da das württembergische dem russischen
Herrscherhaus verwandt war — Alexander I. für die Sache
gewonnen werden sollte. Am 23. Mai folgte ein ebensolcher
Vertrag mit Preußen, der Friedrich Wilhelm III. gleichfalls
eine sehr weitreichende „Entschädigung" mit geistlichen Gütern
zusprach[1]). An demselben Tage wurde ein Traktat mit Bayern
unterzeichnet, und bald nachher folgten Abmachungen mit
den Rußland gleichfalls verschwägerten Fürstenhäusern von
Baden und Hessen-Darmstadt. Auf Grund dieser Übereinkommen entstand dann in Paris der umfassende Entwurf
einer allgemeinen Säkularisation, der nur das nach Regensburg verlegte Erzbistum Mainz, mit Dalberg als Kurerzkanzler,
noch bestehen ließ, und am 3. Juni 1802 erwarb Napoleon
Rußlands Zustimmung und Zusage, diesem Entwurf auf dem
Regensburger Reichstag mit Frankreich gemeinsam zur Annahme verhelfen zu wollen.

Österreich hatte man absichtlich im Dunkeln gelassen.
Sein Gesandter erfuhr die Tatsache der Verständigung mit
Rußland und den Entschädigungsplan erst aus dem „Moni-
aeur". Kaiser Franz widersetzte sich. Er tat es nicht, weil er
tn der Spitze des Reiches stand und dessen Verfassung und
Ansehen gegen fremde Einmischung zu wahren hatte, sondern
weil der preußische Gewinstanteil zu groß, der österreichische
zu klein bemessen worden war. Aber es half doch nichts,
daß seine Truppen das Bistumsgebiet von Passau besetzten,
das Bayern erhalten sollte. Die deutschen Fürsten hatten
nun einmal gemeinsame Sache mit Frankreich gemacht, und
Napoleons kategorische Aufforderung zwang den Wiener Hof
zum Rückzug. Er mußte sich bequemen, zu Salzburg und

---

[1]) Von den in diesem Vertrag namhaft gemachten geistlichen Territorien finden sich Hildesheim, Paderborn, Eichsfeld, Essen, Werden, Quedlinburg schon in dem Sieyèsschen Entwurf von 1795 als preußischer Anteil.
Preußen, das jenseits des Rheins kaum 50 Quadratmeilen mit 130.000 Einwohnern verlor, gewann diesseits mehr als 230 Quadratmeilen mit einer
halben Million Seelen.

Berchtesgaden für Toskana noch Brixen und Trient und ein
Stück des Bistums Eichstädt in Empfang zu nehmen, dafür
aber in einem Vertrag mit Frankreich vom 26. Dezember 1802
alle die in Oberitalien getroffenen Veränderungen gutzu-
heißen. Unterdessen gelangte in Regensburg der französisch-
russische Entschädigungsentwurf zur Annahme und am
25. Februar 1803 in einem Hauptrezeß des großen Ausschusses
(Reichsdeputation) zum Abschluß. Die weltliche Gewalt der
geistlichen Fürsten Deutschlands hörte auf zu existieren;
die alte Reichsverfassung war in ihren Grundfesten erschüttert.

So hatte Napoleon auch die Völker jenseits des Rheins
sein politisches Gewicht fühlen lassen und die kleinen deutschen Nachbarstaaten, insbesondere des Südens, in eine gewisse Abhängigkeit von seinem System gebracht. In dem
diplomatischen Feldzug, den er gegen Österreich geführt
hatte, war er durchaus Sieger geblieben: der Donaustaat war
vollständig isoliert, und der Dezembervertrag von 1802 bezeichnete seine entschiedene Niederlage. Wenn Jener jetzt in
seiner Verfolgung der besiegten Macht innehielt, so war es
nur, weil er durch eine neue Verwicklung nach anderer Seite
abgelenkt wurde.

Der Friede von Amiens mit England hatte allerdings
einen Zustand geschaffen, der es gestattete, die Waffen für
eine Frist beiseite zu legen, aber er hatte keine dauernde Ruhe
verbürgt. Wir kennen die Stimmen, die sich gegen ihn im
britischen Parlament erhoben und nachdrücklich betonten,
daß man Napoleon Italien und damit die Herrschaft über
den Kontinent eingeräumt habe[1]). Während das englische Volk,
erschöpft von dem langen, kostspieligen Krieg, den Präliminarfrieden vom Oktober 1801 mit Jubel begrüßt hatte,
begegneten die geschäftlichen Kreise dem definitiven Abschluß
im März 1802 bereits mit weit weniger Enthusiasmus. Aus
guten Gründen. Denn die Hoffnung der Engländer, die
Kampfesruhe für ihren Handel ausnützen zu können, erwies sich schon nach wenig Monaten als Täuschung. Na-
polcon war zwar anfangs auf die gewünschten Verhandlungen
eingegangen, sie scheiterten aber gleich an seiner ersten For-

---

[1]) S. Band I., S. 269.

derung: der Ausfuhr französischer Waren nach England im
gleichen Wert des britischen Imports nach Frankreich[1]). Dazu
kam der Ärger in London wegen der Vorgänge in der Schweiz
und die Erregung der Presse darüber, so daß sich das kommerzielle Geschäft zerschlug und Napoleon auch weiterhin, auf
die Hebung der französischen Industrie bedacht, die britischen
Waren von den Häfen Frankreichs und der von diesem abhängigen Staaten, Hollands und Italiens, durch hohe Zölle
fernhielt und sofort unnachsichtig gegen britische Kauffahrer
vorging, die der Küste auch nur in die Nähe kamen. So war
eingetroffen, was scharfblickende Politiker lange vorher ge-
weissagt hatten, und so kam es, daß Fabrikanten und Kaufleute jenseits des Kanals sich den Krieg wünschten, der ihren
Interessen doch noch immer förderlicher gewesen war als
dieser Friede, der sie ruinierte. Und wie sollte das erst werden,
wenn es dem Ersten Konsul gelang, das Föderativsystem
Frankreichs noch weiter zu erstrecken und damit das Markt-
gebiet Englands auf dem Kontinent immer mehr einzuschränken? Wie, wenn er die französischen Kolonien, die
man zurückerstattet hatte, wieder ertragsfähig und ihren
Produkten auch die von Frankreich abhängigen Länder zugänglich machte? Es erschien als eine Lebensfrage für den
Inselstaat, das Ausgreifen des Rivalen nicht zu dulden und
sein Übergewicht nach Kräften zu vermindern[2]).

---

[1]) S. D r i a u l t, La politique extérieure du Premier Consul, 1800—1803,
p. 342 über die Sendung Coqueberts nach London mit dem Auftrag, dort
zu erklären: „Die französische Regierung würde den Import aller englischen
Waren in Frankreich zulassen, doch nur unter der Bedingung der sofortigen
Ausfuhr französischer Waren des gleichen Wertes." Die Mission Coqueberts
würde eine eingehendere Schilderung verdienen, da die Weigerung des
englischen Ministers Hawkesbury und dessen Verlangen nach einer wenigstens zeitweiligen Rückkehr zum Handelsvertrag von 1786, der Frankreich
ungünstig gewesen war, die Schwierigkeiten einleiteten, die dann zum
Bruche führten.

[2]) Schon nach dem Abschluß der Präliminarien hatte ein erfahrener
Staatsmann, Eduard Cook, ein Sendschreiben an Castlereagh veröffentlicht,
in dem es hieß: „Wir gestatten dem durch Belgien vergrößerten Frankreich,
ein handelspolitisches System mit Holland, Spanien, der Schweiz und
Italien zu begründen, wir geben ihm seinen Verkehr mit den Antillen zurück,
und damit verschwinden siebzig Millionen Pfund. Wir hatten mit all diesen
Ländern Handelsverträge; wir haben nur noch einen, mit Neapel. Den
Kommerz, der uns entgeht, wird Frankreich monopolisieren; es wird unsere
Industrie ruinieren. Der Krieg dagegen würde uns unser Handelsmonopol,

Napoleon seinerseits war von der Wahrscheinlichkeit
eines Bruches mit England überzeugt, wenigstens hat er schon
im Mai 1802 zu dem österreichischen Gesandten in diesem
Sinn gesprochen, aber er hielt das Friedensbedürfnis des
englischen Volkes, da es sich beim Vertragsabschluß weder der
Holländer noch der Italiener angenommen hatte, für ein so
intensives, daß er doch auf einige Zeit der Ruhe — etwa bis
ans Ende des Jahres XII (September 1804) — von dieser
Seite rechnete[1]). Auch sehen wir ihn einen umfassenden
ökonomischen Plan ins Werk richten, der nur unter solcher
Voraussetzung gelingen konnte. Er bestand in einer ziemlich
ausgedehnten Kolonialpolitik, die sich einerseits auf St.
Domingo (Haiti), dessen spanische Hälfte im Jahre 1795
erworben worden war, anderseits auf die Kleinen Antillen
und das kürzlich von Spanien abgetretene amerikanische
Territorium von Louisiana stützen sollte. Daneben wollte
er mit einer Expedition in die ostindischen Gewässer die
Inseln Ile de France (Mauritius) und Réunion, die Kontors
von Pondichéry und Chandernagor dem französischen Handel
wieder dienstbar machen, Madagaskar kolonisieren, die englische Herrschaft in den Pendschabländern scharf im Auge
behalten und mit den einheimischen Fürsten Beziehungen
eröffnen. Sollte es einmal zu einer Unternehmung gegen
Indien kommen, so wollte man dafür eine Art Operations-
basis gewonnen haben. Hielt doch Bonaparte auch den Gedanken auf Ägypten unverrückt fest. Doch hier wie dort
ergaben sich Schwierigkeiten[2]).

unsere Oberhoheit in den Kolonien und unserer Produktion weite Absatz-
gebiete erhalten." Zitiert bei S o r e l, VI., 168. In einem Brief aus dem
Jahre 1806 heißt es über die Kriegsursache: Der Kaiser glaubt nicht, daß
irgend ein Artikel des Vertrages von Amiens den neuen Krieg verursacht
hat. Er ist vielmehr überzeugt, daß die wahre Ursache in seiner Weigerung
lag, einen der Industrie seines Landes nachteiligen Handelsvertrag zu
schließen." Zitiert v. H e y m a n n, Napoleon und die großen Mächte,
1806. (1910.) S. 32.

    [1]) C o r r e s p., VII., 5968. Dem österreichischen Gesandten sagte
er im Mai 1802, er befürchte schon in wenig Jahren (,,dans peu d'années")
die Erneuerung des Krieges. Bericht Philipp Cobenzls vom 1. Juni 1802
(W. St. A.).

    [2]) Hier sei auch nebenbei erwähnt, daß schon 1800 eine Expedition
bis in die australischen Gewässer entsendet worden war, um die Südküste
des Kontinents und Van Diemensland zu erforschen und möglicherweise

Zur Zeit des letzten Krieges hatte auf St. Domingo ein begabter Neger, Toussaint Louverture, als General der Schwarzen sich hervorgetan und den Engländern so entschiedenen Widerstand geleistet, daß sie abziehen mußten, hatte dann selbst die Herrschaft an sich gebracht und ein straffes, aber tüchtiges Regiment begründet. Nach der Verfassung, die er der Insel gab, sollte Frankreichs Oberherrlichkeit nur rein formell erhalten bleiben, während er selbst — man sieht, Napoleon machte bereits Schule — als Präsident zeitlebens unabhängig regieren wollte. St. Domingo erblühte unter ihm. Die von der Sklaverei befreiten farbigen Einwohner hielt seine Autorität zur Arbeit an; die Freigebung des Handels brachte dem Lande reichlichen Gewinn. Dies alles stimmte aber mit Napoleons Kolonialplänen wenig überein. Er verwarf deshalb die Verfassung und sandte seinen Schwager Leclerc mit einer Armee von 25.000 Mann hinüber, um die kommerzielle Abhängigkeit der Insel von Frankreich wieder herzustellen. Diese Armee, der er den entfernten Wirkungskreis unter einem verderblichen Klima anwies, war wohl nicht so ganz ohne jede Absicht aus Truppenkörpern erwählt worden, die im letzten Krieg unter Moreaus Oberbefehl gestanden hatten und zu dessen und des republikanischen Systems treuesten Anhängern gehörten, oder die im Frühjahr 1802 verdächtig geworden waren; auch die aus Ägypten heimgekehrten Halbbrigaden befanden sich dabei, „weil sie mit unkultivierten Volksstämmen umzugehen wußten"[1]. Da

für Frankreich zu erwerben. Der Seekrieg brachte das Unternehmen um den Erfolg. Nur auf einer Karte Australiens vom Jahre 1807 liest man an Stelle des heutigen „Golf Spencer": „Golf Bonaparte", die „Känguruinsel" heißt „Ile Decrès" usw., Namen die bald wieder verschwanden. R o s e, I., 379 ff.

[1] Vergl. Bd. I, S. 188. Einzelne Generale, wie T h i é b a u l t (Mémoires, III., 305), meinten sogar, der g a n z e Zweck der Expedition nach Westindien sei gewesen, sich der unsicheren Truppen zu entledigen, eine Ansicht, die in einer Äußerung Napoleons auf St. Helena Unterstützung zu finden scheint. Dort sagte er einmal zu seiner Umgebung: „Die Bourbons könnten sich in Frankreich nur durch den Terrorismus erhalten. Sie müßten 100.000 Soldaten der alten Armee nach St. Domingo schicken und sie dort durch das Klima und die Schwarzen zugrunde gehen lassen, um sich ihrer auf diese Weise zu entledigen und zugleich eine wertvolle Kolonie wieder zu gewinnen." (G o u r g a u d, Journal inédit, I., 351, 403.) Man wird die Stelle gewiß nicht für seine damalige Absicht ent-

Leclerc, gleich dem nach Guadeloupe entsandten Richepanse, auch die Aufgabe hatte, die Sklaverei der Schwarzen wieder einzuführen, widersetzte sich Toussaint mit seinen Negern und konnte nur mit großer Mühe von den Franzosen, die hier Wunder an Mut und Ausdauer verrichteten, gegen das Versprechen einer Amnestie zur Ergebung genötigt werden. Aber die Expedition — Napoleon hat sie später, auf St. Helena, bitter beklagt — mißlang dennoch. An jedem Tage wurden Hunderte der Tapferen vom gelben Fieber hinweggerafft, so daß Leclerc im Juli 1802, nach sieben Monaten Aufenthaltes, nur noch 8000 Mann besaß. Er fürchtete nun einen Anschlag Toussaints, der seinen Generalsrang behalten hatte, bemächtigte sich, einem Auftrag Napoleons entsprechend, durch List seiner Person und schickte ihn nach Frankreich, wo er Ende März 1803 im Fort Joux als ein Opfer des rauhen Himmels und einer schonungslosen Behandlung sein Ende fand. Aber auch Leclerc starb jenseits des Ozeans am Fieber dahin, und sein Nachfolger konnte, trotz bedeutenden Verstärkungen und großen Geldopfern, die Gewalt Frankreichs nicht befestigen; noch im Jahre 1803 haben die Franzosen die Insel gänzlich verlassen müssen.

Und ebenso kam auch die zweite Stütze der napoleonischen Kolonialpolitik ins Schwanken. Die Expedition nach Louisiana hatte noch gar nicht befördert werden können, da kam schon im Januar des genannten Jahres die Botschaft nach Paris, die Vereinigten Staaten von Nordamerika legten gegen die Ausbreitung der Franzosen am Mississipi ein drohendes Veto ein. Und auch auf Guadeloupe und Martinique konnte Bonapartes Absicht, die Kolonien dem französischen Handel allein zur Verfügung zu halten, nicht durchgeführt werden. Man mußte dort, um durch die Amerikaner Lebensmittel zu bekommen, diesen den Kommerz mit Kolonialwaren mit einräumen, wodurch der Hauptzweck verfehlt wurde. Was die Expedition nach Ostindien betraf, so war sie zu Anfang 1803 noch gar nicht ausgelaufen, da es überall an Transportschiffen fehlte, und konnte ihren Bestimmungsort erst

---

scheiden lassen, dennoch aber die Vermutung nicht gänzlich verwerfen dürfen, er habe die unzuverlässigen Truppen für die Zeit des Friedens von Frankreich fernzuhalten getrachtet. Freilich fanden sie, wie vorauszusehen war, massenweise den Tod.

erreichen, als sich das Verhältnis zu England bereits wieder feindseliger gestaltet hatte. War es nicht, um an der ganzen Kolonialpolitik den Geschmack zu verlieren? Konnte man denn, bei den schlechten Marineverhältnissen und der kurzen Frist, die der Erste Konsul selbst dem Frieden setzte, noch daran denken, sie erfolgreich durchzuführen? Und der Friede trübte sich noch rascher, als Napoleon vorausgesetzt hatte, und raubte seinen Plänen die allerwesentlichste Grundlage, die sichere Kauffahrt auf dem Ozean.

Während der Expedition nach St. Domingo, im Laufe des Jahres 1802, hatte die öffentliche Meinung in England immer entschiedener gegen Frankreich Stellung genommen, so zwar, das sich schließlich auch das friedliebende Ministerium Addington ihrem Druck nicht mehr entziehen konnte. Noch waren die Bestimmungen des Vertrages von Amiens nicht alle erfüllt, noch lag ein wichtiges Pfand in den Händen der Briten: die Insel Malta, die wertvolle Etappe auf dem Weg nach Indien. Angesichts der Übergriffe Frankreichs auf dem Kontinent säumte man, das Eiland — wie versprochen war — dem Johanniterorden zurückzustellen, und sah vielmehr eine erwünschte Kompensation für Napoleons Ausbreitung in dessen Besitz. Was den Fall noch schwieriger machte, war, daß englische Journale in beißenden Ausfällen die Person des französischen Machthabers angriffen und die Londoner Regierung dessen Forderung, diese journalistische Hetze nicht zu dulden, mit dem Hinweis auf die gesetzliche Freiheit der Presse in England ablehnte. Es war eine feindselige Spannung, die mit jedem Tage wuchs. Napoleon ist rasch entschlossen. Er wird zunächst drohen. Ließ sich die fremde Macht von dem Terrorismus, der seiner auswärtigen Politik die Signatur gab, einschüchtern, so erreichte er damit, daß sein Prestige in Frankreich und Europa nur um so höher stieg; wollten aber die Engländer den Krieg, dann freilich mußte das Kolonialprogramm fallen gelassen werden, aber dann winkte doch auch — da Großbritannien nicht ohne Bundesgenossen bleiben würde — die Aussicht auf einen vorteilhaften Landkrieg, an den, wie wir sahen, der Premierkonsul fortwährend dachte[1]). Über all das mußte Klarheit gewonnen werden.

---

[1]) Schon im Mai 1802 hatte er dem österreichischen Gesandten angekündigt, daß ein Bruch mit England notwendig ("nécessairement")

Ein Anlaß fand sich, als England im Herbste 1802 wegen
der durch Ney verletzten Neutralität der Schweiz Beschwerde
führte und Frankreichs Geschäftsträger Otto seinerseits in
London Aufklärungen heischte, warum die Räumung Maltas
verschoben und ein Agent nach Bern entsandt worden sei.
Er erhielt zur Antwort, daß England, so sehr es den Krieg
verabscheue, ihn doch immerhin einem erniedrigenden Frieden
vorziehen würde, nachdem Frankreich nicht nur Piemont sich
angeeignet habe, sondern auch über das Schicksal von Deutschland, Holland und der Schweiz verfüge; denn der Vertrag
von Amiens sei auf ein System der Kompensationen gegründet.
Damit hatte Otto erfahren, daß England zunächst nicht an
die Herausgabe von Malta dachte.

Da gab Napoleon seinem Minister des Auswärtigen eine
Instruktion für den Gesandten in die Hand, die seine ganze
künftige Politik im Keime zeigt. Mit der Schweiz sei es beschlossene Sache. Er werde nicht dulden, daß sich in den
Alpen britische Söldlinge festsetzen. Drohe man jenseits des
Kanals mit Krieg, so entstehe die Frage, von welcher Art
er sein würde. Ein bloßer Seekrieg hätte für England, der
geringen Beute wegen, wenig Wert. Es würde allerdings die
französischen Häfen blockieren, aber zugleich auch selbst
blockiert werden, da sogleich nach Ausbruch der Feindseligkeiten alle Küsten von Hannover bis Tarent von französischen Truppen bewacht würden. Und wie, wenn der Erste
Konsul die Flachschiffe aus Flandern und Holland herbei-
zöge und Transportmittel für hunderttausend Mann herstellte,
um England in steter Angst vor einer immerhin möglichen,
ja wahrscheinlichen Invasion zu erhalten? Wollte anderseits
das Londoner Kabinett den Kontinentalkrieg wieder entzünden, dann würde es nur Napoleon zwingen, Europa zu
erobern. „Der Premierkonsul ist erst dreiunddreißig Jahre
alt," heißt es am Schluß, „er hat vorerst nur Staaten zweiten
Ranges vernichtet. Wer weiß, in wie kurzer Zeit er, einmal
dazu gedrängt, das Antlitz Europas zu verändern und das
abendländische Kaiserreich wieder zu erwecken imstande
wäre[1]?" Der Gesandte brachte von all dem nur die Essenz,
einen Krieg auf dem Kontinent mit sich bringen würde. Bericht Cobonzls
vom 1. Juni 1802 (W. St. A.).

[1] Der Text („Substance") des Briefes bei T h i e r s, IV., 187, dem
ich hier folge, scheint ein erstes Diktat Napoleons zur Orientierung seines

wie sie ihm der Minister vorgeschrieben hatte, als Forderung
Frankreichs zum Ausdruck: „Den Vertrag von Amiens und
nur diesen", worauf der Engländer erwiderte: „Den Zustand
Europas von dazumal und nur diesen", und damit war die
große Diskussion eröffnet[1]). Der Friede blieb fürs erste noch
erhalten. Talleyrand, die Brüder Napoleons und der neue Gesandte in London, Andréossy, waren durchaus für die Vermeidung des offenen Kampfes. Nur der Konsul ließ sich durch
die fortwährende Weigerung Englands, Malta zu räumen,
und den herausfordernden Ton der englischen Blätter zu nicht
minder herausfordernden Schritten bewegen. Er ließ einen
Bericht seines Obersten Sebastiani, den er in geheimer Mission
nach Ägypten geschickt hatte, Ende Januar im „Moniteur"
abdrucken, worin gesagt war, daß die Engländer auch Alexandrien noch nicht geräumt hätten, daß aber bei den Feindseligkeiten zwischen Türken und Mamelucken, die jetzt dort

---

Ministers vorzustellen, der dann allerdings in seiner Weisung an Otto vom
23. Oktober 1802 manches daran änderte. So ist darin z. B. von einer
„Blockade Englands" ebensowenig die Rede wie von „Tarent", dagegen
wird die Landung an der britischen Küste im Kriegsfall nicht nur als wahrscheinlich, sondern als ganz sicher in Aussicht gestellt („descente qu'immanquablement on tenterait"). Der Erste Konsul, heißt es darin weiter, wünsche
den Frieden, weil er die Vorteile, die Frankreich durch seinen Handel erlangen könne, für ebenso groß halte wie die, die es in einer Ausdehnung
seines Landgebietes zu finden vermöchte, werde aber, wenn man ihm den
Kampf aufnötige, die Schweiz und Holland, die italienische und die ligurische
Republik annektieren und Hannover und Portugal dem englischen Einfluß
entziehen. Er wolle nur den Frieden von Amiens und nichts als diesen.
(Den vollständigen Text der Note findet man bei O e c h s l i, Geschichte
der Schweiz im 19. Jahrhundert, I., 768.) Daß Talleyrand sich nicht selten
Änderungen an schriftlichen oder mündlichen Informationen Napoleons
gestattete, die Dieser dann zumeist guthieß, habe ich in meiner Schrift
„Zur Textkritik der Korrespondenz Napoleons I." nachzuweisen gesucht.
Was S o r e l (VI., 259) mitteilt, „après une conversation avec le premier
consul", stimmt bis auf einzelne Abweichungen mit der ausgefertigten Note
Talleyrands bei Oechsli überein und dürfte das Konzept des Ministers
vorstellen.

[1]) S o r e l a. a. O. irrt, wenn er annimmt, Otto habe dem englischen
Minister, Hawkesbury, „cette terrible note" mitgeteilt. In dessen Bericht
vom 29. Oktober heißt es (bei O e c h s l i, I., 777): „Ich habe ihm ein Résumé
Ihrer Depesche gegeben, indem ich sagte: den ganzen Vertrag von Amiens
usw." So referiert auch Talleyrand an Napoleon am 3. November über das
Schicksal „der Depesche, die ich ihm auf Ihren Befehl zugeschickt habe"·
(B e r t r a n d, Lettres inédites de Talleyrand à Napoléon, p. 24.)

herrschten, und den Sympathien der Letzteren für Frankreich, 6000 Franzosen hinreichen würden, das Land aufs neue zu gewinnen. Auch die Bevölkerung der Ionischen Inseln erwarte nur einen günstigen Augenblick, um sich für Frankreich zu erklären. Wenn dieser Bericht veröffentlicht worden war, um England zu reizen, so hat er vollkommen seinen Zweck erreicht[1]). Der Gedanke, die Straße nach Indien aufs neue gefährdet zu sehen, während möglicherweise die „Republik der Ionischen Inseln" und das Kap in Abhängigkeit von Frankreich gerieten, war den Briten unerträglich, und an eine Herausgabe Maltas ihrerseits nun erst recht nicht zu denken. Freilich luden sie damit das Odium des Vertragsbruches auf sich, und gerade das entsprach Napoleons Absichten. Er ging aber noch weiter. In dem Jahresbericht, den er am 20. Februar 1803 dem Gesetzgebenden Körper vorlegte, war vom Kampf der beiden englischen Parteien, der friedlichen gegen die franzosenfeindliche, die Rede, und wie Frankreich auf den Sieg der zweiten mit einer halben Million Streiter vorbereitet sein müsse. England würde dann allerdings keinen Alliierten finden und sei allein Frankreich nicht gewachsen[2]).

[1]) Daß dies die Absicht war, bezeugt Sebastiani selbst, indem er später erzählte, der Konsul habe, nachdem er ihm den Rapport vorgelesen, ausgerufen: „Nun, das wird hoffentlich genug sein, um John Bull zum Krieg zu treiben. Ich für meinen Teil fürchte ihn nicht." So L u c i a n in seinen Memoiren, II., 165. Was aber Sebastiani vorgelesen hatte, war nicht mehr sein eigener Bericht gewesen, sondern eine dessen Inhalt wesentlich verändernde Redaktion, die Napoleon selbst vorgenommen hatte. Das geht aus der Äußerung eines der Begleiter Sebastianis hervor: die Mission sei durchaus nicht freundlich von der ägyptischen Bevölkerung empfangen, sondern vielmehr in Kairo von der zusammengerotteten Menge zur Flucht genötigt worden. (Markow an Woronzow, 4. Februar 1803, in S b o r n i k , 77, 31.) Es ist nicht anzunehmen, daß Sebastiani dem Ersten Konsul das Gegenteil gemeldet haben wird. Auch hat der General dem britischen Gesandten, Lord Whitworth, gegenüber von dem in Alexandrien kommandierenden General Stuart mit hoher Achtung gesprochen, während ihn der gedruckte Bericht des Mordversuches an den Franzosen bezichtigte. (R o s e , I., 413.) Die Diplomaten in Paris konnten sich Bonapartes Verhalten nicht erklären, da doch der Seekrieg nicht in Frankreichs Interesse lag, und sprachen von Torheit. Er erfuhr es. Man nenne ihn verrückt, sagte er zu dem Vertreter Rußlands, aber da er des Friedens nicht sicher sei, müsse er sich auf den Krieg vorbereiten und könne seine Franzosen nur durch solche Mittel in Atem halten. (S b o r n i k, 77. Bd., S. 212.)

[2]) C o r r e s p., VIII., 6591.

Meinte Napoleon durch diesen drohenden Hinweis auf die Vereinsamung des Inselreiches der Friedenspartei in London ein neues Argument zu liefern, dann hatte er den britischen Volksgeist zu niedrig bewertet. Es half nicht, daß er zwei Tage vorher im Gespräch mit dem englischen Gesandten dasselbe Thema berührt und seine Friedensliebe zu erhärten gesucht hatte, indem er auf die persönlichen Gefahren hinwies, denen er bei einer Invasion in England ausgesetzt sein und denen er nur gezwungen entgegengehen würde: in London las man aus jenem Jahresbericht nur eine neue Geringschätzung heraus, durch die sich der britische Nationalstolz aufs tiefste gekränkt fühlte, und die Kriegspartei, die nicht müde wurde, auf die vertragswidrige Okkupation Hollands hinzuweisen, die dem Lunéviller Frieden widersprach — und Holland war der verwundbarste Punkt der britischen Politik — unterstützt durch die Geschäftswelt, erlangte jetzt das Übergewicht. Georg III. berief unter dem Vorwand französischer Rüstungen in den holländischen Häfen die Milizen ein, und selbst der Franzosenfreund Fox ließ ein Wort von „verletzter Nationalehre" fallen. In Paris aber rief Napoleon dem Vertreter Großbritanniens in offener Audienz zu, die Nichtachtung der Verträge mache die Engländer vor ganz Europa für den Krieg verantwortlich, denn die Ehre Frankreichs könne derlei nicht widerstandslos hinnehmen.

Nur will er noch lange nicht den offenen Kampf, da die ostindische Eskadre eben erst, am 6. März, ausgelaufen war. Er spinnt die Verhandlungen mit Whitworth weiter und schickt einen eigenen Boten nach Petersburg, um den Zar zur Intervention aufzufordern. Unterdessen aber entschließt er sich — am 30. April 1803 wird in Paris der Vertrag unterzeichnet — den Nordamerikanern Louisiana für achzig Millionen Franken zu überlassen. Und da nun auch die ostindische Expedition ihrem Ziele nahe ist, ändert er seine Haltung. Er scheut jetzt den Krieg nicht mehr, „denn früher oder später", sagte er kurz darauf zu einigen Staatsräten, „müßte es ja doch dazu kommen". „Heute können uns die Engländer höchstens ein paar Fregatten und ein paar Kolonien wegnehmen" — er hatte, wie man sieht, für seine Kolonialpolitik wenig Enthusiasmus mehr übrig — „ich aber werde den Kriegsschrecken nach London tragen. Zwei Monate lang hab' ich ihren Über-

mut erduldet. Sie hielten es für Schwäche. Aber ich kann im
Notfall über zwei Millionen Mann verfügen, und wenn der
erste Krieg Frankreich Belgien und Piemont eingebracht hat,
so wird der zweite unser Föderativsystem noch fester begründen"[1]). Talleyrand erhält noch an demselben Tag (1. Mai)
den Auftrag, sich mit dem Briten nicht mehr in lange Gespräche einzulassen, sondern „kalt, stolz, ja selbst ein wenig
hochmütig" ein schriftliches Ultimatum zu begehren, denn ein
solches müsse man haben, um endlich zu wissen, woran man
sei. Dem Gesandten wäre zu bedeuten, daß ein solches Ultimatum den Krieg zur Folge haben könne. Übrigens solle der
Minister ihn von einem jähen Abbruch der Verhandlungen
zurückhalten und ihm vorschlagen, Malta einer der Garantie-
mächte, am ehesten Rußland zu überantworten. Aber England forderte entweder Malta für immer, oder für zehn Jahre
dann, wenn ihm nachher die sizilische Insel Lampedusa zugesichert würde; auch sollte Frankreich Holland und die
Schweiz räumen und den König von Sardinien für Piemont
entschädigen; dafür wolle man die italienischen Republiken
und den König von Etrurien anerkennen. Dieses Ultimatum
wurde in Paris verworfen. Man wolle Holland erst räumen,
wenn die Engländer mit Malta das Gleiche tun. Darauf ermäßigte Whitworth seine Vorschläge: England werde Malta
nur so lange behalten, bis man Lampedusa militärisch instand
gesetzt habe, wenn nur die Franzosen Holland binnen einem
Monat verlassen wollten, ja, in London versicherte man Andréossy, Malta werde in dem Augenblick geräumt sein, da die
Truppen Frankreichs über die holländische Grenze zurückgehen. Aber auch dieses Angebot fand keine Zustimmung in
Paris und der Gesandte reiste ab. Wenn ihm Napoleon, um
Frankreich seinen guten Willen zu dokumentieren, den Vorschlag nachschickte: Malta zehn Jahre lang den Engländern,
Tarent und Otranto dafür ebensolange den Franzosen, so war
er wohl sicher, daß er bei den guten Beziehungen der Engländer zu Neapel und da die Räumung Hollands nicht zugestanden war, abgelehnt wurde[2]). Das Parlament wies ihn

---

[1]) T h i b a u d e a u, Mémoires, p. 405 f.
[2]) „Malta und Holland!" hatte G. Canning schon im Januar in einem
Briefe an Malmesbury als die zwei Punkte bezeichnet, „um die sich Sein
und Können drehten". (M a l m e s b u r y, Diaries, IV., 166). Welches

auch mit einer wuchtigen Mehrheit an Stimmen zurück. Am
16. Mai verkündete der König den Gemeinen, die Verhandlungen seien abgebrochen. Der Krieg war entschieden[1]).

Sofort machte England auf alle französischen Kauffahrer,
die des Friedens froh ausgelaufen waren, Jagd, und Napoleon
antwortete darauf mit der Verhaftung aller Engländer, die
sich in Frankreich aufhielten. Bald nachher blockierten britische Geschwader die französischen Häfen, und nun begann
der Konsul sein Kampfprogramm, wie er es in jener Instruktion für Otto aufgestellt hatte, Punkt für Punkt auszuführen.
Es bestand, wie wir wissen, vornehmlich aus drei Aktionen:
einmal seinerseits England zu blockieren, indem man dessen
Schiffen die Kontinentalküste „von Hannover bis Tarent‘
durch die französische Wacht unzugänglich machte; zweitens
durch die Ansammlung eines Expeditionsheeres am Kanal
mit einer Invasion zu drohen; drittens, falls es der britischen
Macht gelingen sollte, einen Koalitionskrieg auf dem Festland zu entzünden, das Festland sich dienstbar zu machen,
soweit die Waffen reichten. Dieses Programm ward noch
besonders dadurch illustriert, daß der Konsul jetzt den Festtag der Jungfrau von Orleans wieder aufleben ließ, um den
Chauvinismus gegen den alten Feind zu nähren.

Noch im Mai rückte ein Armeekorps unter Mortier in das
zu Englands Staatsgebiet gehörige Hannover ein, wo die kurfürstlichen Truppen sich ohne viel Widerstand zu einer Kapitulation bequemten, und im Juni verboten Napoleons Dekrete
alle Einfuhr aus England und seinen Kolonien in die Häfen
Frankreichs und seiner Aliierten. Kurz darauf wurden den
feindlichen Schiffen auch die Mündungen der Weser und Elbe
versperrt und dem britischen Handel damit die wichtigste
Verbindung mit Norddeutschland genommen. Bald äußerten
sich die Folgen. „Sie haben" — schreibt Napoleon am 11. Juli
an General Mortier — „England einen herben Schlag versetzt; schon haben viele Häuser falliert." Er ermahnt ihn,
persönlich darüber zu wachen, daß keine britische Waren-

Gewicht England namentlich auf die Räumung Hollands legte, ist durch
C o q u e l l e, Napoléon et l'Angleterre, p. 69 ff. dargetan worden.
    [1]) Man hat die Schuld hier England, dort Napoleon zugeschrieben.
(S. unten die „Literarischen Anmerkungen.") Ich möchte wünschen,
meine Darstellung hätte klargelegt, daß sie auf beiden Seiten war.

sendung Durchgang finde. Im Juni war ein anderes Armeekorps
unter St. Cyr ins Königreich Neapel eingerückt und hatte
— traktatwidrig — die Häfen von Tarent, Brindisi und
Otranto aufs neue besetzt, die nach dem Friedensschluß geräumt worden waren.

Damit waren die beiden Endpunkte des Kordons fixiert,
und nun ward, was dazwischen lag, eng und fest an Frankreichs Politik gebunden. Zunächst die Batavische Republik.
Sie wurde vertragsweise genötigt, eine französische Truppe
von 18.000 Mann zu ernähren und eine eigene von 16.000 Mann
beizustellen, außerdem noch fünf Linienschiffe, fünf Fregatten,
hundert Kanonenschaluppen für den Seekrieg, zahlreiche
Transport- und Flachschiffe für die Landung in England.
Dafür garantierte ihr Napoleon die Integrität und stellte ihr
den Wiedergewinn aller Kolonien, die im Krieg verloren gehen
sollten, und unter günstigen Umständen auch den von Ceylon,
in Aussicht (25. Juni 1803). Dann wurde die Schweiz zu
Frankreichs Vorteil verpflichtet. Eine „Defensivallianz" und
eine Militärkonvention mit dem mächtigen Nachbar legten
ihr die Steuer einer Armee von 16.000 Mann auf, die, wenn
Frankreich angegriffen würde, bis auf 24.000 Mann erhöht
werden sollte, d. h. ein großer Teil der Wehrkraft des Landes
wurde einem durchaus fremden Interesse dienstbar, während
man sich überdies verpflichten mußte, den Feinden Frankreichs
mit bewaffneter Hand jeden Durchmarsch zu wehren (27. September 1803). Endlich wurden auch Spanien und Portugal
herangezogen. Mit jenem war es zu einer nicht unbedeutenden
Differenz gekommen. Der spanische Hof hatte sich das Vorrecht der Wiedererwerbung Louisianas in seinen Verträgen mit
Frankreich vorbehalten und Napoleon dieses Vorrecht bei
seinem Handel mit den Amerikanern in keiner Weise geachtet; das erzeugte in Madrid so tiefe Aufregung, daß selbst
der Friedensfürst Godoy an Widerstand gegen den Nachbar
dachte, namentlich als der Konsul jetzt, statt der seit 1796
vereinbarten fünfundzwanzig Schiffe und 28.000 Mann, die
man im Kriegsfall für Frankreich bereit zu halten hatte, hohe
Geldsubsidien, 6 Millionen Franken den Monat, drei Häfen
als Zuflucht für seine Schiffe und zollfreie Durchfuhr für französische Waren nach Portugal verlangte und diese Forderung
durch ein bei Bordeaux gesammeltes Heer unterstützte. Aber

Bonaparte ließ sich keinen Widerspruch bieten. Er verklagte
in einem Schreiben vom 18. September 1803 den Friedensfürsten
bei seinem König und vermied sogar nicht, auf dessen an-
stößiges Verhältnis zur Königin hinzudeuten. Das Mittel
half. Der Minister, der von dem Inhalt dieses Briefes Kenntnis
erhielt, bevor er Karl IV. übergeben wurde, demütigte sich,
und am 19. Oktober 1803 kam der Vertrag nach Napoleons
Wunsch zustande. Damit war Spanien, obwohl noch neutral,
in die Reihe von Englands Feinden eingetreten und mußte
es erfahren, daß eine britische Eskadre ihm im Oktober 1804
eine Silberflotte wegnahm. Hierauf erklärte der Madrider
Hof an England offen den Krieg und schloß am 4. Januar 1805
mit Frankreich eine Allianz ab. Natürlich konnte Portugal
von alledem nicht unberührt bleiben. Es wurde genötigt,
sich von Frankreich seine Neutralität für sechzehn Millionen
Franken und die freie Einfuhr französischer Exportartikel
zu erkaufen (19. Dezember 1803). Im Februar 1804 ward
auch Genua die Verpflichtung auferlegt, dem gewaltigen
Nachbar für dessen Kriegszwecke 4000 Matrosen zu steuern[1]).
    Während der Konsul auf diese Weise die „Blockade"
Englands ins Werk richtete, sammelte er an den Gestaden des
Kanals bei Boulogne eine imposante Armee, die er vortrefflich ausrüstete und für den Übergang nach England exer-
zierte; flache Transportboote wurden in großer Anzahl gebaut
die Feldsoldaten im Matrosendienst geübt. Es war ein ko-
lossaler Apparat, der hier zum Schrecken John Bulls entfaltet
wurde. Aber er sollte fürs erste noch nicht in Aktion treten.
Es ergaben sich vielfach Schwierigkeiten, und der äußere
Feind war auch nicht der einzige, gegen den Napoleon zu
kämpfen hatte. Im Innern von Frankreich erstand ihm ein
anderer, der mit Armeen und Flotten nicht zu bekriegen war.
Wider ihn wendet er sich jetzt. Er wird ihn bezwingen und
mit seinem Genie des Emporkommens den niedergeworfenen
Gegner als Piedestal zu neuer Größe benützen.

———

    Nachdem die Partei der Jakobiner durch die Ächtungs-
dekrete von 1801 auf den Tod getroffen worden war, gab es nur

---

[1]) Siehe die betreffenden Verträge bei De Clercq II, 69, 76, 82,
84, 86.

noch zwei politische Gruppen, die das herrschende System persönlicher Regierung und den, der es vertrat, mit unversöhnlicher
Feindschaft verfolgten: erstens die gemäßigten Republikaner,
die Bourgeois vom 13. Vendémiaire, die den General Moreau
zu den Ihrigen zählten und ihn, im Gegensatz zu dem herrschsüchtigen Bonaparte, sehr hochhielten, und zweitens die ins
Ausland entwichenen Ultra-Royalisten, die in der Vendéer
Kapitulation von 1800 nur einen Waffenstillstand erblickten,
den sie bei der ersten günstigen Gelegenheit zu brechen entschlossen waren. Die Letzteren hatten in England ihr Hauptquartier, in Karl von Artois, dem Bruder des hingerichteten
Ludwig XVI., ihren obersten Chef, in Pichegru, der nach
dem 18. Fructidor deportiert worden und von Cayenne entflohen war, Dumouriez u. a. ihre aktivsten Agenten. Diese
beiden Parteien waren während des Friedens ruhig verblieben.
Jetzt, als der Krieg wieder in Sicht trat, schöpften sie neue
Hoffnung. Napoleon hatte längst versucht, sie dadurch unschädlich zu machen, daß er einerseits Moreau für sich zu gewinnen, anderseits Ludwig XVIII. zu einem Verzicht auf
den Thron von Frankreich zu bestimmen trachtete. Moreau
war unnahbar; er hatte die ihm angebotene Hand der Hortense
Beauharnais ausgeschlagen und sich seitdem, und in dem Maß
als Napoleon höher stieg, in seiner Gesinnung immer feindseliger gezeigt. Was den Bourbon anging, so hatte sich Napoleon zu Anfang 1803 im tiefsten Geheimnis dem König von
Preußen, in dessen Staaten Ludwig wohnte, eröffnet und ihn
um seine Vermittlung in der Sache angegangen. Aber die Bemühung Friedrich Wilhelms III. in Warschau blieb erfolglos.
Ludwig wies das Ansinnen, für eine Entschädigung seine
königlichen Rechte preiszugeben, in einem an alle Höfe gerichteten Brief aus dem März 1803 stolz und feierlich ab und
hob damit nur noch den Eifer seiner unbedingten Getreuen[1]).
Nun bildete sich eine wenn auch nur äußerliche Verbindung
zwischen den beiden Gruppen: Pichegru kam im Januar 1804

---

[1]) Siehe hierüber B a i l l e u, Napoleons Verhandlungen mit den
Bourbonen, 1803 (Histor. Zeitschrift, 74, 130) und d e s s e l b e n, Briefwechsel Friedrich Wilhelms III. mit Alexander I., S. 26 f. Auch H ü f f e r,
Die Kabinettsregierung in Preußen, S. 185. Für Hardenbergs Angabe
(Memoiren, I., 85), Napoleon habe Ludwig Louisiana überlassen wollen,
fehlt jeder weitere Anhaltspunkt.

nach Paris und näherte sich Moreau. Diesem, der nicht zu
umgehen war, sollte zu einer vorübergehenden Machtstellung
verholfen werden, damit er dann die Rolle Monks spiele und
den Bourbons den Weg zur Heimkehr bahne. Durch ihn
gedachte Pichegru die anderen mit Bonaparte unzufriedenen
Generale, Macdonald, Reynier, Dessolles, vielleicht auch
Bernadotte u. a. zu gewinnen. Das Komplott gründete sich
auf die Voraussetzung, daß es möglich sein werde, Napoleon
zu beseitigen. Die Royalisten wollten ihn jetzt sicherer treffen
als an jenem Weihnachtsabend in der Rue St. Nicaise, wo
die Höllenmaschine ihr Ziel verfehlte. Zu diesem Ende war
schon lange vor Pichegru, im August 1803, Georges Cadoudal
insgeheim nach Frankreich gekommen, um hier mit vertrauten Parteigängern, die der langjährige Bürgerkrieg zu
wahren Banditen der Politik herangebildet hatte, das Attentat
vorzubereiten. Sie wollten in hinreichender Anzahl den Premierkonsul, wenn er, von seinen Garden umgeben, aus der
Stadt nach Malmaison fuhr, offen anfallen, ihn festnehmen —
der „Moniteur" versicherte: töten — und mit ihm sein Regiment stürzen. Einzelne englische Minister waren in den Plan
eingeweiht und billigten ihn, wenigstens soweit es galt, den
verhaßten Feind zu Fall zu bringen[1]). Napoleon war gewarnt.
Seine Londoner Agenten hatten ihm den Anschlag verraten,
ehe noch einer der Verschworenen französischen Boden betreten hatte. Aber es waren doch wieder bange Wochen voll
Aufregung und Gefahr für ihn, bis die damals nicht sehr
glücklich geleitete Staatspolizei sie einzeln verhaftet und
— nicht ohne Anwendung zwingender Mittel, wie es heißt —

---

[1]) In einer Studie P o t r e l s über „Rußland und den Bruch des
Friedens von Amiens" (Annales de l'École libre des sciences politiques,
1897, p. 98) finden sich zwei Billets des russischen Gesandten in London,
Grafen Simon Woronzows an Hawkesbury und seinen Sekretär aus dem
September 1803, die für den Zusammenhang des Kabinetts mit Pichegru
und Dumouriez sicheres Zeugnis geben. Auch heißt es in M a l m e s b u r y s
Diaries (Bd. IV., p. 287) vom Beginne des Februar 1804: „Um diese Zeit
vertraute man mir die durch Pichegru, Moreau usw. vereinbarten Maßregeln an; sie wurden als unfehlbar bezeichnet... Pichegru verließ England
um die Mitte Januar... Nach einem erfolgreichen Schritt („as soon as
anything like a successful step had taken place") sollte Lord Hertford in
Frankreich in der doppelten Eigenschaft als Friedensstifter und Hersteller
der alten Dynastie auftreten."

den ganzen Umfang der Verschwörung erfahren hatte. Auch Moreau ward festgenommen. Nach einem langwährenden Prozeß wurde Cadoudal mit zwölf seiner Helfer hingerichtet; Pichegru fand man in seinem Gefängnis erwürgt; Moreau, dessen Einverständnis zwar mit diesem, aber nicht mit Cadoudal erwiesen werden konnte, ward zu zwei Jahren Gefängnis verurteilt und später von Napoleon zur Verbannung nach Amerika begnadigt[1]). Das Entscheidende war, daß die bourbonische Sache kompromittiert erschien und daß Moreau, der einzige gefährliche Rivale des Ersten Konsuls, durch seine wenn auch noch so lose Verbindung mit den Verschwörern seine Geltung in der Armee verlor, während Napoleons Popularität durch die Gefahr, die ihm gedroht hatte, bei der parteilosen Bevölkerung nur noch erhöht wurde.

Aber er selbst vernichtete einen Teil dieses günstigen Eindrucks durch eine Tat, die jeder Rechtfertigung spottet. Cadoudal hatte, wie im Verhör zutage kam, seinen Vertrauten angedeutet, ein königlicher Prinz von Frankreich wisse um den Anschlag und wolle nach dessen Ausführung herbeikommen. Er hatte damit den Herzog von Berry, den jüngeren Sohn des Grafen von Artois, gemeint, dessen Erscheinen in Paris in der Tat in Aussicht gestellt worden war. Daraus ging

---

[1]) Die Frage, ob Pichegru sich selbst erwürgte — es war ein gleicher Fall von Selbstmord bereits vorgekommen — oder gewaltsam ums Leben gebracht wurde, ist zwar noch nicht endgültig, aber doch mit annähernder Sicherheit zu beantworten. P a s q u i e r in seinen wertvollen Memoiren (I., 171) hat für den Selbstmord seine späteren Erkundigungen in der Polizeipräfektur und daneben das Argument geltend gemacht, Pichegru sei der Einzige gewesen, der Moreau zu belasten vermochte; deshalb habe Napoleon seinen Tod nicht wünschen können. Dagegen ließe sich allenfalls bemerken, daß er auch der Einzige war, dessen Zeugnis Moreau entlasten konnte. Der getreue G o u r g a u d glaubte an die Ermordung, die er so wenig guthieß wie die des Prinzen von Enghien (Journal, I., 63). Nach derselben Quelle aber (I., 558) hat Napoleon seiner Umgebung auf St. Helena versichert, es sei seine Absicht gewesen, Pichegru zu begnadigen, wie andere Teilnehmer am Komplott (Rivière, Polignac), Pichegru sei ihm zuvorgekommen. „Nur die Dummen töten sich selbst." Und diese Äußerung wird durch Réal (bei M u s n i e r - D e s c l o z e a u x , p. 75) bestätigt. Man empfängt den Eindruck, als habe es mit dem Selbstmord seine Richtigkeit, und dieser Anschauung hat seither R i g a u l t d e R o c h e f o r t in seiner Studie über den Prozeß Moreau (Revue de Paris, 1906) neue und gute Argumente zugeführt.

allerdings hervor, daß einzelne Mitglieder des Hauses Bourbon
mitschuldig an dem Attentate waren. Aber nicht alle, nicht
z. B. die Condé, die stets derlei Verschwörungen mißbilligt
und jede Beteiligung abgelehnt hatten. Zu diesem Zweig
des bourbonischen Stammes zählte als letzter Sproß der
junge Prinz von Enghien. Den hatte die Liebe zu seiner
Base Charlotte von Rohan-Roquefort in das badische Ettenheim geführt, das noch zu dem Sprengel des Kardinals Rohan
gehörte und diesem Kirchenfürsten und seiner Nichte seit
der Revolution als Wohnort diente; hier soll er sich mit der
Geliebten seines Herzens heimlich vermählt haben. Der
Prinz lebte von einer englischen Pension, für die er jetzt,
wo der Krieg entbrannte, entweder jenseits des Kanals zu
fechten oder auf dem Kontinent in der Weise nützlich zu
sein wünschte, daß er aus den unzufriedenen Elementen,
die sich immerhin im Elsaß und in den dortigen Garnisonen
zeigten, ein Freikorps bildete. Das Anerbieten ward von der
britischen Regierung abgelehnt, und Enghien mußte sich in
seinem Exil mit Untätigkeit bescheiden. Da traf es sich, daß
England, wie in der Schweiz, so auch in Süddeutschland,
durch geheime Agenten gegen Frankreich wühlen ließ,
worüber in Paris übertriebene Berichte einliefen. Eine solche
Nachricht nun brachte den jungen Condé in Beziehung zu
diesen Emissären, unter denen man u. a. den gefürchteten
Emigranten Dumouriez entdeckt haben wollte. Daraus schloß
Napoleon, daß auch Enghien dem Komplott gegen seine
Person nicht fernestehen könne, und faßte den Gedanken,
sich — da er jenes andern Prinzen nicht habhaft werden
konnte — seiner zu bemächtigen. Daß er zu diesem Behuf
in einen fremden Staat einbrechen und die Gesetze des Völkerrechts verletzen mußte, galt ihm wenig. Am 15. März 1804
ging General Ordener mit ein paar hundert Dragonern über
den Rhein, nahm den Prinzen fest und brachte ihn nach
Straßburg, von wo man seine Papiere nach Paris schickte.
Dann wurde er selbst dahin eskortiert.

Unterdes war dort in einem engen Rat das schließliche
Schicksal des Gefangenen erwogen worden. Napoleon äußerte
die Absicht, ihn vor ein Kriegsgericht zu stellen, Cambacérès
mahnte hievon ab, Lebrun äußerte sich ausweichend, Talleyrand aber riet dringend zu, und so blieb der Konsul dabei,

obgleich er sich aus den Papieren des Prinzen überzeugen konnte, daß er zu den Verschwörern in keinerlei Beziehung stand und der verhaßte „Dumouriez" sich in einen nebensächlichen „Thumery" verwandelte; er blieb dabei, lediglich in der Absicht, einen Bourbon zu opfern, um die übrigen von weiteren Angriffen abzuschrecken. Noch am Abend der Ankunft Enghiens in Vincennes wurden die aus den Obersten der Pariser Garnison ausgewählten Beisitzer eines Militärgerichts dahin berufen. Der Angeklagte ward von dem bereits instruierten Vorsitzenden, General Hulin, einem Verhör unterzogen, wobei er jeden Zusammenhang mit Pichegru und den Anderen in Abrede stellte, dagegen aber, stolz auf der Wahrheit bestehend, erklärte, er habe allerdings seit dem Wiederbeginn des Krieges englische Dienste nachgesucht, um gegen die Regierung des Konsuls offen zu streiten, und daß er früher gegen Frankreich gekämpft habe, sei männiglich bekannt; ein Condé könne nur mit den Waffen in der Hand zurückkehren. Dies genügte den Richtern, um einen Spruch zu fällen, von dem sie wußten, daß er ihrem Herrn gefallen würde — nicht ganz ohne einen Schein von Recht, da die Revolution in jeder ihrer Phasen den offenen Kampf eines Franzosen gegen sein Vaterland mit dem Tod bedroht hatte und das betreffende Gesetz noch in Kraft bestand. Im Zusammenhang damit war es wohl auch, wenn Napoleon jenerzeit gegen seine Umgebung betonte: „Ich bin der Mann des Staates, ich bin die französische Revolution, und ich werde sie aufrecht erhalten", und die Bitten seiner Gattin um Milde für den Gefangenen mit der Berufung auf die Notwendigkeiten der Politik zurückwies[1]). Kaum hatten die Obersten des Kriegsgerichts das Urteil unterzeichnet, so ward noch im Dunkel derselben Nacht — es war der 20. auf den 21. März 1804 — der Prinz in den Schloßgraben hinabgeführt, dort vor ein zubereitetes Grab gestellt und von einem Peloton Gendarmen

---

[1]) Dabei soll er sich, wie Josephine einer ihrer Vertrauten erzählte, recht brutal benommen und nach ihr, die vor ihm auf den Knien lag, mit dem Fuße losgestoßen haben. (P i n g a u d, Un agent secret, p. 279.) Aber was erzählte Josephine nicht alles! Frau von R é m u s a t (s. deren Memoiren, I., 315) empfing von ihr ebenfalls einen Bericht über ihre Unterredung mit ihrem Gemahl, in dem jenes Detail fehlt.

erschossen. Nach allen authentischen Berichten starb der letzte Condé, zweiunddreißigjährig, als ein wahrer Held[1]).

Stummes Entsetzen folgte der Untat. Ein Glied der Familie, die Jahrhunderte lang über Frankreich geherrscht hatte, war in Frankreichs Hauptstadt auf den Wink eines Fremdlings verurteilt und hingerichtet worden. Also waren die Blutgerichte der Schreckenszeit auch jetzt, unter diesem Regiment, das doch sonst so vortreffliche Gesetzbücher ab-zufassen wußte, noch nicht zu Ende? Und wenn noch der Prinz wirklich mit den Verschwörern gegen das Staatsober-haupt im Bund gestanden hätte, man würde sein Los be-griffen haben. Aber das war nicht der Fall. Man hatte ihn erst rauben müssen, um ihn zu töten. Und auch nicht etwa in der Hitze blind leidenschaftlicher Empörung über die ver-brecherischen Anschläge war die Tat befohlen worden, sondern nach langsam ruhiger Erwägung, wie ein Staatsakt. Mit dem Worte: „Meine Politik" glaubte Napoleon jeden Einwand gegen seine Strenge zurückzwingen zu können und kenn-zeichnete diese Politik, indem er sagte: „Wenigstens sollen sie sehen, wessen wir fähig sind, und werden uns künftig in Ruhe lassen." Aber es gelang ihm nicht, irgendwen zu überzeugen. Selbst diejenigen Kreise, die die Rücksicht auf materielle Vor-teile eng an ihn band, blieben nicht unempfindlich. An der Börse fiel die Rente um ein Beträchtliches, und er mußte Millionen aufwenden, um den Kurs zu stützen und das Auf-sehen zu verringern. Man hatte ihm bisher, neben der Achtung für sein Genie, noch mannigfache Sympathie entgegen-gebracht. Diese entzog man ihm jetzt und ertrug fortan sein Regiment lediglich aus Berechnung. Er konnte nur noch auf Gehorsam, nicht mehr auf Neigung zählen, und auch darauf nur so lange, als die Franzosen ihre Interessen durch

---

[1]) Einen Augenblick vor seinem Ende hatte er mit seinem letzten Gruß einen Ring und eine Haarlocke dem kommandierenden Offizier für die Prinzessin eingehändigt. Man hat diesen Wunsch des Verurteilten ebenso unerfüllt gelassen wie den nach einer Zusammenkunft mit Napoleon und das Verlangen nach einem Priester. Die Reliquien blieben im Pariser Polizeiarchiv bei den Akten des Prozesses liegen, bis diese in den fünfziger Jahren auf Befehl Napoleons III. an die kaiserliche Kanzlei übergeben wurden. Seitdem sind die Faszikel verschollen. (L a l a n n e, Les derniers jours du Consulat, p. XII.)

ihn noch immer am besten gewahrt glaubten. Diesen Glauben
allerdings hat die Bluttat von Vincennes nicht zu tilgen vermocht. „Der Prozeß Moreau und vor allem der Tod Enghiens
brachten die Gefühle in Aufruhr, aber sie erschütterten nicht
die Meinungen", erzählt die Rémusat in ihren Memoiren, und
der preußische Gesandte am Pariser Hof, Lucchesini, sagt
in einem Bericht über diese Vorgänge: „Wenn der französische Nationalcharakter nicht zu allen Zeiten seinen Handlungen mehr den Stempel der Lebhaftigkeit als den der Beständigkeit aufgedrückt hätte, man könnte meinen, der
Erste Konsul habe durch den Gewaltakt gegen den Herzog
von Enghien ein großes und wichtiges Stück von dem Vertrauen, dem Enthusiasmus, der Ergebenheit und Neigung eingebüßt, auf denen seine gegenwärtige Autorität beruht und
auf die seine künftige Würde sich gründen soll. Aber vielleicht
kennt er die Franzosen besser, als sie selbst sich kennen; vielleicht hat ihn das Beispiel des Kardinals Richelieu — der
einen Montmorency hinrichten ließ — gelehrt, daß in Frankreich gerade die kühnsten Staatsstreiche die oberste Gewalt
eher befestigen als erschüttern"[1]).

Die Vermutung des Diplomaten war keine ganz unrichtige.
Wir kennen Napoleons Streben nach der Monarchie in jeder
seiner Phasen. Vor zwei Jahren hatte er sich noch mit dem
Konsulat auf Lebenszeit begnügt. Aber es war nicht seine
Meinung gewesen, dabei stehen zu bleiben. Schon im Mai 1802
wußte der österreichische Gesandte nach Hause zu berichten,
es solle ihm die höchste Gewalt für die Dauer seines Lebens
als einem „Kaiser der Gallier" übertragen werden, und genau
zur selben Zeit meldete der Geschäftsträger Preußens, der
Konsul habe nicht nur die Absicht, seinen Titel zu ändern,
sondern auch die souveräne Gewalt in seiner Familie erblich
zu machen. Im März 1803 notierte der Engländer Jackson
Ähnliches in sein Tagebuch, und von da ab tauchte die Idee
des „Empire des Gaules" nicht mehr unter. Napoleon, der in
diesem Jahr auf einer Reise nach Belgien mit Zeichen ser-
vilster Huldigung überschüttet und dadurch in seinem Streben
nach dem Diadem nur noch sicherer gemacht worden war,
spielte hier die gleiche Rolle wie bei den früheren Gelegen-

---

[1]) B a i l l e u, Preußen und Frankreich, II., 252.

heiten. Er wollte auch jetzt wieder gesucht sein. Und auch
jetzt wieder fand sich ein geeigneter Vermittler. Fouché, der
den Verlust des einträglichen und einflußreichen Polizei-
ministeriums noch nicht verschmerzt hatte, hoffte es zurück-
zuerhalten, wenn er den geheimen Wunsch des Premierkonsuls
in Erfüllung brachte. Er war damals in Ungnade gefallen,
weil er sich gegen das Konsulat auf Lebenszeit erklärt hatte.
Was lag näher, als sich durch eine gegenteilige Haltung wieder
in Gunst zu setzen? Die Konspiration gegen Napoleon und
den in seiner Person bedrohten inneren Frieden lieferte die
passende Handhabe. Aus den Provinzen, von Korporationen
usw. waren zahllose Glückwunschschreiben eingetroffen, und
Fouché, der Senator geworden war, einigte sich auf Grund
dieser Kundgebungen mit einer Anzahl anderer Senatoren
über eine Adresse, die dem Ersten Konsul den Gedanken
einer neuen Verfassungsänderung nahelegte; sie herbeizuführen hatte der Senat seit 1802 bekanntlich das Recht. Auf
diese Körperschaft hatte die Gefahr, von der der Konsul bedroht gewesen war, den tiefsten Eindruck gemacht. Ein Umsturz hätte die Senatoren offenbar um ihre einträglichen
Stellen gebracht, da er sie der korrumpierenden Freigebigkeit
Napoleons beraubte. Und zu dieser eigensüchtigen Erwägung
gesellte sich eine zweite. Es war nicht zu leugnen: ein Staatsstreich und der damit verbundene Unfriede im Innern waren
viel leichter möglich, solange das herrschende System nur
auf zwei Augen stand und es nur eine einzige Person aus dem
Weg zu räumen galt. Anders wurde die Sache, wenn man es
erblich machte, so daß sogleich ein legitimer Nachfolger in
die Stelle Napoleons eintreten und dessen Maximen weiterführen konnte, denn dann verbürgte diese Erblichkeit allein
schon eine größere Stabilität, indem sie weitere Attentate
als erfolglos und unfruchtbar verhinderte. Die Vererbung
der revolutionär-monarchischen Gewalt war also ebenso eine
Forderung des allgemeinen Interesses wie des besonderen
Vorteils der Senatoren, und darum wurde ihre Gesetzwerdung
auch durch die Untat von Vincennes nicht verhindert, darum
stand, kaum acht Tage nach dem unseligen Vorgang, eine
Senatsdeputation vor dem Ersten Konsul, die ihm einen
Staatsgerichtshof für Hochverrat zu errichten empfahl und
deren Sprecher dann fortfuhr: „Es ist aber nicht genug, das

Verbrechen zu strafen, das die Ruhe des Staates bedrohte,
man muß auch allen denen die Hoffnung benehmen, die ein
solches Beispiel nachzuahmen wagen wollten, zumindest
derlei Missetat unfruchtbar machen. Sie haben eine neue
Ära gegründet, Sie müssen sie verewigen. Der Erfolg ist
nichts ohne die Dauer. Wir können nicht zweifeln, daß auch
Sie bereits diese große Idee beschäftigt hat, denn Ihr schöpfe-
risches Genie umfaßt alles und übersieht nichts. Aber zögern
Sie nicht länger. Die Zeitumstände und die Ereignisse, die
Verschwörer und die Ehrsüchtigen, die Unruhe, die alle Franzosen bewegt, drängen Sie dazu. Sie können Zeit und Umstände meistern, die Ehrsüchtigen entwaffnen, ganz Frankreich beruhigen, wenn Sie Einrichtungen schaffen, die Ihr
Gebäude festigen und den Söhnen erhalten, was Sie den
Vätern gegeben haben. Das Staatsschiff darf nicht Gefahr
laufen, seinen Piloten zu verlieren, ohne durch einen Anker
gegen Schiffbruch gesichert zu sein. Seien sie überzeugt, daß
der Senat hier im Namen aller Staatsbürger spricht."[1]

Die Senatoren hatten Recht. Als ihr Vorgehen bekannt
wurde, fand es viel mehr Beifall als Widerspruch. Namentlich
die neuen Eigentümer hatte die drohende Gefahr, die für
ihren Besitz in einem Anschlag zugunsten des alten Königtums lag, dem neuen Herrn und seinen Wünschen noch näher
gebracht. „Nicht, daß irgend ein Affekt von Neigung die neue
Erhöhung Napoleons und seiner Familie begünstigt hätte,"
sagt Miot von Melito, „nein, er war zu keiner Zeit weniger
geliebt als jetzt. Aber das Bedürfnis nach innerer Ruhe und
Beständigkeit war so dringend, die Zukunft so beunruhigend,
die Furcht vor dem Terrorismus so groß, die Rückkehr der
Bourbons, die so viel zu rächen hatten, so drohend, daß man
gierig alles ergriff, was diese Gefahren beschwören konnte,
gegen die man auf andere Weise sich nicht zu schützen
wußte[2]."

---

[1] Vergl. die Texte bei M i o t, II., 156 und M i g n e t, Histoire de
la Révolution, II., 241, die sich ergänzen.

[2] Miot (Mémoires, II., 158) begegnet sich hierin mit anderen Zeugen.
„Man erwartet allgemein dieses Ereignis," schreibt der preußische Gesandte
nach Hause, „und so ansehnlich auch die Zahl der Unzufriedenen mit diesem
Unternehmen sein mag, welches den Wünschen der Royallsten ebenso ent-
gegen ist wie den Grundsätzen der Republikaner, so werden doch Paris und
Frankreich in diesem Falle kaum ihre wahren Gefühle äußern. Man will

Aber Napoleon war nicht damit zufrieden, daß ihm die neue Würde vom Senat übertragen wurde. Dafür war die Abhängigkeit dieser Körperschaft von der Regierung viel zu offenkundig. Er wollte sie von denen angeboten erhalten, die ehedem die Monarchie bekämpft hatten. Sein Kalkül war ohne Zweifel der, hiermit jeder Opposition von vornherein vorzubeugen und zugleich eine Verwechslung seines Herrschertums mit dem der Könige von Frankreich unmöglich zu machen. Denn er konnte doch nicht gut heute einen der Bourbons töten, um morgen selbst als Usurpator ihres Erbes aufzutreten. Vom Tribunat sollte die Sache ausgehen. Er versprach den Senatoren nur, die Sache zu überlegen. Inzwischen aber verbreitete man unter der Hand, die Armee beabsichtige den Ersten Konsul zum Kaiser auszurufen, was dann die Erwägung mit sich brachte, daß es angezeigt sei, ihr zuvorzukommen, da sonst ein ausgesprochenes Militärregiment zu gewärtigen wäre. Dann gewann Cambacérès ein Mitglied des Tribunats, Curée, dem man Aussicht auf einen der reich dotierten Plätze im Senat eröffnete, um folgenden Antrag zu stellen: 1. Napoleon Bonaparte werde als Kaiser mit der Regierung der französischen Republik betraut; 2. die Kaiserwürde werde in seiner Familie erblich erklärt. Ein zweiter Tribun, der ehedem am 18. Fruktidor exiliert worden war, hatte darüber Bericht zu erstatten. In der Sitzung vom 30. April 1804 wurde Curées Antrag debattiert, und es fand sich nur ein einziger Mann, der dawider sprach: Carnot; alle anderen stimmten dafür. Auch vom Gesetzgebenden Körper, der damals nicht versammelt war, wurden in aller Eile eine Anzahl Mitglieder zu einer außerordentlichen Session vereinigt und gaben ein gleiches Votum ab. Der Senat hatte sich bereits mit wenig Ausnahmen (Sieyès, Volney, Grégoire, und zwei anderen) dafür erklärt. Darauf ward ein Senatskonsult in einem Regierungskomitee, worin neben den Konsuln auch Talleyrand und Fouché saßen, unter der Direktion Napoleons entworfen, im Staatsrat durchgesprochen und endlich dem Senat zur Beschlußfassung übermittelt. Mit allen

---

allenthalben Ruhe haben, man wünscht Garantien für die gegenwärtigen Besitzverhältnisse, die Aussicht auf eine ungestörte Zukunft. Die neue Ordnung der Dinge läßt sie hoffen." (Bailleu, II., 259.)

gegen fünf Stimmen — Sieyès hatte sich absentiert — nahm
dieser in feierlicher Sitzung am 18. Mai 1804 die Vorlage an,
„da das Interesse des französischen Volkes diesen Schritt erheische", und überbrachte die jüngste Verfassung Frankreichs
dem Ersten Konsul — „ventre à terre", wie der Volkswitz
spottete — nach Saint Cloud, wo sie noch an demselben Tag
als Staatsgrundgesetz verkündigt wurde. Die Republik
hatte einen Kaiser.

Die Konstitution vom Jahre XII war keine, die der
monarchischen Gewalt Schranken zog. Das war auch bei ihrer
Abfassung gar nicht beabsichtigt gewesen oder doch nur
überaus schüchtern im Schoße des Senats vorgebracht worden.
Das Hauptgewicht lag eben auf der Erblichkeit der obersten
Staatsgewalt. Napoleon hätte gerne dem Imperator, wie es
zur Zeit der Römer der Fall gewesen war, das uneingeschränkte
Recht vorbehalten, seinen Nachfolger durch Adoption zu bestimmen. Aber die Brüder, Joseph und Ludwig, erklärten sich
so entschieden dagegen und für ihre Familienrechte, daß er
davon zurückkam. Auch die von Josephine begünstigte Absicht, sogleich mit diesem Gesetz den kleinen Sohn Ludwigs
und der Hortense als seinen Nachfolger zu erklären, scheiterte
an dem Widerstand des Vaters, und so wurde dem Kaiser,
solange er selbst keine Kinder hatte, nur im allgemeinen
das Recht eingeräumt, Kinder oder Enkel seiner Brüder an
Kindesstatt anzunehmen, auf die dann die Herrschaft überging. Falls es an legitimen oder adoptierten Söhnen Napoleons
mangeln sollte, hatten ihm seine Brüder Joseph und Ludwig
und deren Deszendenten in der Kaiserwürde zu folgen, denen
aber kein Adoptionsrecht mehr zustand. Sie wurden als
französische Prinzen erklärt[1]). Die Zivilliste des Imperators
blieb in der Höhe der königlichen Verfassung von 1791, d. i.
mit jährlich 25 Millionen Franken, bemessen. Den kaiserlichen
Thron umgaben sechs Großwürdenträger, die, ähnlich den
Prinzen, mit „Hoheit" und „Monseigneur" angesprochen
werden sollten: der Großwahlherr (Grand électeur), als höchster
Repräsentant in allen Angelegenheiten der Wahlkollegien
und der vier Körperschaften: Senat, Staatsrat, Gesetzgebender
Körper und Tribunat, dann der Reichserzkanzler (Archi-

---

[1]) Lucian und Jérôme wurden ihrer standeswidrigen Ehen wegen,
der Erste für immer, der Zweite zeitweilig, von der Succession ausgeschlossen.

chancelier d'Empire) für die gesamten Justizangelegenheiten
und die Gerichtshöfe, der Staatserzkanzler (Archichancelier
d'Etat) für den Verkehr mit dem Ausland, der Erzschatzmeister (Architrésorier) für alles Geldwesen, der Konnetable
für die Armee und der Großadmiral für die Marineangelegen-
heiten. Daran schlossen sich die Großoffiziere des Kaiserreichs, d. i. sechzehn Marschälle und acht Generaloberste,
dazu eine Anzahl Zivilgroßbeamter. Die großjährigen (d. i.
mindestens achtzehnjährigen) Prinzen und die sechs Großwürdenträger waren von Verfassungs wegen Mitglieder des
Senats. Die übrigen Senatoren ernannte der Kaiser teils (80)
aus den Wahllisten, teils in freier Entscheidung, ohne dabei
mehr an eine bestimmte Zahl gebunden zu sein. Damit waren
gewisse Befugnisse reichlich aufgewogen, die die Konstitution
dem Senat einräumte: er bildete zwei Kommissionen, eine zur
Wahrung der Preßfreiheit und eine zweite zum Schutz der
persönlichen Freiheit; überdies war er, wenn die Minister angeklagt wurden, sich gegen diese Freiheiten vergangen zu
haben, der zuständige Gerichtshof. Ja, es war ihm sogar eine
Art legislativen Vetos eingeräumt, denn er konnte gegen die
Promulgierung eines Gesetzes Einwand erheben, wenn es
ihm von einem Senator als verfassungswidrig angezeigt worden
war. Das sah ganz liberal aus — aber nur aus der Entfernung.
Bei näherer Betrachtung fand man, daß sich die Preßfreiheit
nicht auch auf solche Schriften erstreckte, „die im Abonne-
ment gedruckt und periodisch ausgeteilt wurden", daß die
Artikel über den Schutz der persönlichen Freiheit ziemlich
wirkungslose Bestimmungen enthielten und daß der Artikel 72
dem Kaiser das Recht einräumte, das Veto des Senats durch
den Staatsrat prüfen und dann das Gesetz gleichwohl veröffentlichen zu lassen. Eine Nationalrepräsentanz vollends war
der Senat nicht[1]). Neben dem Herrenhaus blieben noch der
Gesetzgebende Körper und das Tribunat bestehen. Ja, der
Erstere erhielt sogar die verlorene Sprache wieder, von der er
aber nur als Generalkommission, d. h. bei verschlossenen
Türen, Gebrauch machen durfte. Das Tribunat wurde in

---

[1]) „Der Senat irrt," sagte Napoleon im Staatsrat, „wenn er sich einen
nationalen oder repräsentativen Charakter beimißt. Er ist lediglich eine
Behörde (autorité constituée), die von der Regierung ausgeht, wie jede
andere". (Pelet de la Lozère, p. 63.)

drei Sektionen (eine juridische, administrative und finanzielle) aufgeteilt, die auch nur geheim zu verhandeln hatten. Das Volk vernahm von alledem keinen Laut. Übrigens war die Tätigkeit der beiden legislativen Körperschaften nur noch eine sehr geringe, da fast alles mit Senatskonsulten oder kaiserlichen Dekreten verordnet wurde.

Kurz nach der Verkündigung der Verfassung erfolgten die Ernennungen. Die beiden Konsuln Cambacérès und Lebrun wurden Großwürdenträger, und zwar der Erste Reichserzkanzler, der Andere Erzschatzmeister. Bruder Joseph ward zum Großwahlherrn, Ludwig zum Konnetable, Eugen Beauharnais zum Staatserzkanzler, Murat zum Großadmiral erhoben. Talleyrand, der am Zustandekommen des neuen Statuts einen hervorragenden Anteil genommen, hatte sich gleichfalls auf eines der Erzämter Hoffnung gemacht, schon weil damit eine Drittelmillion Franken jährlichen Gehalts verbunden war; aber er täuschte sich; er blieb Minister des Äußern, und eine Ministerstelle war mit einem Erzamt unvereinbar; er brachte es nur zu einem Hofamt. Verübelte ihm Napoleon bereits sein eifriges Zuraten in der Affaire Enghien, das der Minister sofort überallhin zu leugnen suchte? Fouché dagegen ward belohnt, wie er es gewünscht hatte: er wurde wieder Polizeiminister und stand fortan unter den Räten des Kaisers in erster Reihe. Vierzehn Generale wurden zu Marschällen von Frankreich ernannt: Jourdan für seinen Sieg bei Fleurus 1794, Berthier für seine Leistungen als Generalstabschef, Massena für Rivoli, Zürich und Genua, Lannes und Ney für unterschiedliche Aktionen, Augereau für Castiglione, Brune für den Sieg in Holland (am Helder 1799), Murat für seine Direktion der Kavallerie, Bessières für sein Kommando der Garden, Davout für seine Taten in Ägypten, ferner Bernadotte, Soult, Moncey und Mortier. Vier erhielten bloß don Titel eines Marschalls: Kellermann, Sérurier, Lefebvre und Pérignon.

Und wie der Staat, so wurde auch der Hof des neuen Kaisers mit hohem Glanz ausgestattet. Es war im ganzen der des alten Königshauses, nur ohne gewisse entwürdigende persönliche Dienste, wie die des Hemdwechsels, des Handkusses u. dergl., und auch ohne dessen beispiellose Verschwendung. Hatte Ludwig XVI. für seinen Hofhalt, an dem 15 000

Personen beteiligt gewesen waren, 45 Millionen Franken ausgegeben, so erübrigte Napoleon noch von seiner Zivilliste
alljährlich ein Erkleckliches. Nur die neue Kaiserin fand mit
den ihr zugewiesenen drei Millionen nie ihr Auslangen. Es
gab jetzt auch wieder einen Großalmosenier (Fesch), dem zwei
Almoseniers zur Seite standen; er hatte bei hohen Festlichkeiten den Hof zur Messe zu geleiten, den Majestäten die
Gebetbücher zu reichen, an der Tafel ihnen die Speisen zu
segnen, wie dies einst am Hofe Karls des Großen der Hof-
kaplan getan hatte, und ihnen die Beichte abzuhören. Doch
dazu kam es nicht. Einmal, es war im Jahre 1809, sagte
Napoleon am Schluß einer langen Rede gegen die Übergriffe
des Klerus zu seinen Staatsräten: „Ihr werdet sehen, wohin
Ihr kommt, wenn Ihr einmal einen Kaiser habt, der zur Beichte
geht." Erst kurz vor seinem Ende hat er sich dazu bereit
finden lassen. Als zweite Hofcharge fungierte ein Obersthofmarschall (Duroc), der für die Verköstigung zu sorgen, an der
Festtafel dem Kaiser die Serviette zu reichen und den Wein
einzuschenken hatte. Die Palastpräfekten und die Reise-
marschälle unterstanden seiner Aufsicht, wie das Pagenkorps
und die Kuriere dem Oberststallmeister (Caulaincourt), dem
die Sorge für den Marstall oblag. Die Pagen, vierzehn- bis
achtzehnjährige Söhne hoher Militärs oder Amtspersonen, eröffneten den Kirchengang, garnierten den Galawagen und
besorgten den kaiserlichen Briefdienst. Vor dem Überbringer
eines kaiserlichen Schreibens öffneten sich, wie es nur vor hoch-
stehenden Personen der Fall war, beide Flügeltüren. Der
Oberstkämmerer (Talleyrand) überwachte und ordnete die
Empfänge bei Hof; ihm unterstanden die Theater, die Hof-
musik, die Bibliothek und die Garderobe. Dann gab es noch
einen Oberstjägermeister (Berthier), der für sein Ressort, das
unter den Königen alljährlich 7 Millionen verbraucht hatte,
mit 400.000 Franken auslangte. Freilich war Napoleon kein
großer Jäger vor dem Herrn und trieb das edle Waidwerk
nur als eine Art Leibesübung. Auch war die kostspielige
Falkenjagd aufgegeben worden. Endlich hatte ein Oberst-
zeremonienmeister für die Inszenierung der Hoffeste zu sorgen.

Für eine schier endlose Schar von Palastpräfekten, Hof-
damen und niederen Hofchargen suchte Napoleon mit der
größten Vorliebe Namen von altem Klang zu gewinnen. Und

mit Erfolg. Sprossen edler Familien drängten sich herzu, wie sich
vor tausend Jahren die fränkischen Edelinge an den Hof des
Karolingers gedrängt hatten — nicht alle gerade als Enthusiasten der neuen Ordnung, sondern zumeist nur als Anhänger des
Thrones an sich, den ja einmal auch ein Anderer innehaben
konnte; war dieser Andere dann der legitime König, so traf
er bereits die seiner Würde entsprechende Umgebung an. Man
findet einen Salm, einen Aremberg, einen Larochefoucauld,
einen Montesquiou am Hofe des kleinen Kadetten von Brienne,
der ehemals die Zielscheibe des hochadeligen Spottes gewesen
war. Nun hat er ihnen verziehen, freilich erst, nachdem er
ihr unumschränkter Herr geworden war. Besondere Wichtigkeit
unter den obersten Hofämtern gewann das des Zeremonien-
meisters, namentlich als Napoleon in den nächsten Jahren an
dem Pomp der Hoffeste immer mehr Geschmack gewann; er
verlieh es gleichfalls einem bekehrten Emigranten, dem Herrn
v. Ségur, der früher Ludwig XVI. am russischen Hof vertreten hatte. Ségur, mit seinen Erfahrungen aus dem alten
Hofleben, war bald eine der gesuchtesten und geplagtesten
Persönlichkeiten. Denn die Etikette wurde jetzt ein förmliches
Studium in den Tuilerien. Man schlug gewaltige Bände über
das Zeremoniell unter Ludwig XIV. nach, machte Auszüge
daraus und veranstaltete Generalproben mit Puppen, die der
Maler Isabey, der in der Zeit des Konsulats das beste Porträt
Napoleons gefertigt hatte, nach Ségurs Anweisung aufstellte.
Madame Campan, ehedem Kammerfrau der Marie Antoinette,
jetzt Vorsteherin eines Mädcheninstituts, wurde zu Hof ge-
holt und zu Rat gezogen. Auch Talleyrand ward nach früheren
Bräuchen viel befragt[1]). Zum Glanz, in dem sich das Kaiserreich nach außen präsentierte, trug der militärische Hofstaat
(la maison de l'empereur) nicht wenig bei. Er bestand aus
den vier Generalobersten der Garde (Davout, Soult, Bessières,
Mortier), die im gleichen Rang mit den obersten Hofchargen
standen und mit ihren Suiten den Kaiser bei militärischen
Festlichkeiten umgaben, dann aus den Adjutanten, die — es
sind zwölf — täglich wechselten und von denen immer einer

---

[1]) Die Hofetikette wurde zunächst mit einer Flut von kaiserlichen
Dekreten geregelt, später ward das Ganze in einem besonderen, mehrere
hundert Paragraphen umfassenden Codex gesammelt. (S. Literar. Anmerkungen.)

in der Nähe des kaiserlichen Schlafgemachs die Nacht ver
brachte. Malerisch bei Aufzügen und Revuen wirkten in
ihrer heimischen Tracht die Mamelucken des Kaisers, von denen
einer, Roustan, in seinem unmittelbaren Dienste stand und sich
treu bewährte.

Abseits von dem Getriebe des Hoflagers lag die Werk-
stätte des Kaisers, das Kabinett, in dem bis 1802 Bourrienne,
dann der getreue Méneval, späterhin Mounier und Fain, als
Geheimsekretäre mit fliegender Feder den rasch hinge-
sprochenen Gedanken und Befehlen des Herrschers folgten.
Hier diktierte er die Briefe an die Souveräne, an seine Minister
und Gesandten, hier entwarf er die Noten, die Talleyrand in
ein diplomatisches Gewand zu kleiden hatte und die ebenso
viel Etappen der Geschichte Europas bedeuteten, von hier
gingen die unzähligen Dekrete hinaus, die die innere Verwaltung
des Staats betrafen, neben den zahlreichen Schreiben an die
Mitglieder seiner Familie, während nebenan, im „topographi-
schen Kabinett", die wichtigsten Karten und die monatlich
eingelieferten Standestabellen der Kriegsmacht Frankreichs
aufbewahrt, die unzähligen Weisungen an Berthier und die
anderen Generale erteilt wurden und nach sorgfältigen Studien
die Kriegspläne entstanden, mit denen eine Welt erobert
werden sollte. Der persönliche Verkehr mit den Ministern
und dem Generalstabschef, der als solcher auch in Friedenszeiten unausgesetzt Zutritt hatte — Napoleon hörte keinen
Augenblick auf, General zu sein — fand in einem anstoßenden
Salon statt[1]). Nicht selten nahm der Kaiser bei seiner Arbeit
die Nacht zu Hilfe, und seine Sekretäre mußten zu jeder
Stunde seines Rufes gewärtig sein. Denn es war ein beispiel-
loser Tätigkeitsdrang in ihm, dem eine ebenso erstaunliche
Leistungsfähigkeit zur Seite ging[2]). Der Wechsel im Titel

---

[1]) Man darf es nicht aus dem Auge verlieren, daß Napoleon, so sehr
er auch Kaiser war, doch niemals seine Gewohnheiten als Chefgeneral aufgab,
der er auch immer, mehr oder weniger, blieb." F a i n , Mémoires, p. 111.

[2]) „Unmittelbar nach der Abreise des englischen Gesandten arbeitete
er drei Tage und Nächte hintereinander mit drei oder vier Sekretären zugleich.
Am Abend des vierten Tages nahm er ein warmes Bad, um seine Erregung
zu meistern, und blieb darin sechs Stunden lang, während welcher Zeit
er wichtige Depeschen diktierte. Schließlich legte er sich zu Bett und gab
Befehl, ihn gegen drei Uhr morgens zu wecken, um vier oder fünf Kuriere
zu empfangen, die er erwartete. So pflegt er die Geschäfte zu erledigen."

des Machthabers von Frankreich hat in seiner Arbeitsgewohn-
heit und Lebensweise keine Änderung hervorgebracht. Nach
wie vor war er in der Regel schon um sieben Uhr des Morgens,
noch vor der Toilette, mit dem Durchlesen der eingelangten
Schriftstücke und der nur ihm allein übermittelten Briefe der
Minister, Diplomaten und anderer markanter Persönlichkeiten
beschäftigt, die der Generaldirektor des Postwesens auf seinen
Wink geöffnet hatte, ohne auf das Briefgeheimnis viel Rücksicht
zu nehmen — eine Einrichtung, die zwar nicht erst aus dieser
Zeit stammte, die aber unter dem ersten Bonaparte eine sehr
starke Ausdehnung gewann und auch im Ausland fast überall
sich einbürgerte[1]). Während der Toilette empfing er seinen
Leibarzt und ließ sich vom Geheimsekretär die Zeitungen vorlesen. Nachher, beim Lever, etwa um neun Uhr, nahm er,
in die Uniform der Kaisergarde gekleidet, die Cour der Herren

---

R e m a c l e, Relations secrètes des agents de Louis XVIII (1802, 1803),
p. 328. Die Schilderung gewinnt an Wahrscheinlichkeit, wenn man erwägt,
daß Bonaparte im Feldzug von 1796, während der mehrtägigen Affaire bei
Castiglione, die ganze Zeit über nicht zur Ruhe kam. Übrigens besaß er
die Fähigkeit zu schlafen, wann er wollte. Er selbst sagte über seine Tätigkeit, sie sei eine sehr geordnete, da jeder Gegenstand in seinem Kopfe, wie
in einem Schrank, sein eigenes Fach habe. ,,Will ich eine Sache unterbrechen,
so schließe ich deren Schubfach und öffne ein anderes. So vermischen sich
die Geschäfte niemals, stören und ermüden auch nicht. Will ich schlafen,
so schließ' ich alle Fächer zu und bin auch schon entschlummert.'' (M é -
n e v a l, Mémoires, I., 423.) Mehr Einzelheiten hierüber liest man bei
F a i n a. a. O.

[1]) Napoleon hat sich auf St. Helena ziemlich eingehend über diese
dunkle Partie seiner Regierung ausgesprochen. Er erklärte das Inter-
zeptionsverfahren für eine Erfindung Ludwigs XIV. und sagte u. a.: ,,Man
erbrach die Briefe derjenigen Personen, die ich namhaft machte, insbesondere
der Minister, die mich umgaben. Fouché und Talleyrand schrieben zwar
nicht, aber ihre Freunde und ihre Leute taten es, und man konnte so durch
ein Schreiben Dieser erfahren, was Jene dachten. Die fremden Gesandten,
die wußten, daß ihre Pakete mir ausgeliefert wurden, schrieben oft ihre
Briefe mit der Rücksicht darauf, daß ich sie las. Die Lektüre der Briefe
auf der Post erfordert ein eigenes Bureau, dessen Angestellte einander unbekannt bleiben. Darunter ist auch ein Graveur, der alle Sorten von Petschaften
bereit hält. Die chiffrierten Briefe werden, in welcher Sprache sie auch
geschrieben sein mögen, entziffert; mit vierzig Zeilen chiffrierten Textes
ist jede Chiffre festzustellen. Mir kostete die Sache 600.000 Franken jährlich.''
(G o u r g a u d, Journal, I., 398 ff.) Vergleiche auch über das ,,schwarze
Kabinett'': B a r a n t e, Souvenirs, I., 400 und mein Buch ,,Die Geheimpolizei auf dem Wiener Kongreß'', S. 6.

vom Dienst entgegen und verzehrte dann sein Frühstück
meist allein und hastig, um sofort an die Arbeit zu gehen.
Zuweilen empfing er jedoch dabei auch Personen von Namen
in Kunst und Wissenschaft, die Gelehrten Berthollet und
Monge, den Schauspieler Talma, begünstigte Schriftsteller, wie
Fontanes, u. a. Einmal die Woche hatte ihm sein Bibliothekar
Barbier Bericht über eingelaufene Bücher zu erstatten, die er
durchflog und von denen er, die ihm interessant erschienen,
zu eingehender Lektüre zurückbehielt. Am Nachmittag präsi-
dierte er im Staatsrat und empfing Maret; jeden Mittwoch
war Ministerrat unter seinem Vorsitz. Oft dehnten sich die
Staatsratssitzungen bis in die Nacht hinein aus, so daß das
Diner, das er gewöhnlich mit Josephinen und wenig anderen
Personen einnahm, häufig kurz abgebrochen wurde und der
Abend in den Salons der Kaiserin ohne ihn hinging.

In der Hauptstadt fehlte es nicht an verstohlenem Spott
und allerlei Witzeleien über das neue Kaisertum des Emporkömmlings. Man sagte sich u. a.: die Freiheit sei in Paris
nur flüchtig erschienen, bei der Barrière de l'Enfer herein-
gekommen und bei der Barrière du Trône wieder entwischt.
Ein Sarkast ersann eine Karikatur, eine stadtbekannte
Frauensperson darstellend, die für den Diebstahl eines Diadems
verurteilt worden war; jetzt appelliert sie an den neuen Kaiser
mit der Frage, ob ein solches Verbrechen auch wirklich Strafe
verdiene, und bittet ihn um Revision ihres Prozesses[1]). Aber
das waren vereinzelte Stimmen, die wenig Widerhall fanden.
Als man dem französischen Volk die Frage vorlegte, nicht ob
Napoleon Kaiser sein — das schien sich von selbst zu verstehen — sondern ob die kaiserliche Würde in seiner Familie
forterben sollte, antworteten nur dritthalbtausend Stimmen
mit Nein gegen vierthalb Millionen mit Ja[2]).

So hatte sich Frankreich für die Erblichkeit und Dauer
der revolutionären Monarchie mit allen ihren Konsequenzen
erklärt. Nun, die wichtigste dieser Konsequenzen war der
Krieg. In der Verfassung des Jahres 1804 fällt ganz besonders
der Unterschied zwischen „Empire" und „Etat", „Reich" und

---

[1]) Aus einem Briefe Brinkmanns an Stadion vom 11. Juli 1804 (W. St.A.).
[2]) So der „Moniteur". Vergl. dazu A u l a r d, Histoire politique de la
Révolution, p. 774 n. 5. Ein nicht uninteressantes Detail ist, daß von zweihundert Pariser Advokaten nur drei mit „Ja" votierten.

„Staat", ins Auge. Die Verfassung schrieb dem Kaiser einen
Eid vor, die Integrität des R e i c h s gebietes zu behaupten
und Frankreich nicht nur in Hinsicht auf das Interesse und
das Glück, sondern auch auf den Ruhm des französischen
Volkes zu regieren. Nun, was der französische Staat war,
das wußte man; seine Grenzen hatte die Revolution mit Alpen,
Rhein und Pyrenäen umschrieben. Aber wie groß war das
Napoleonische Reich? wo lagen dessen Grenzen? und hatte
es überhaupt welche[1])? Diese Unbestimmtheit verbürgte den
Krieg statt des sehnlich begehrten Friedens. Solange das
Kaiserreich währen wird, wird es kämpfen, und wenn es nicht
mehr siegt, wird es verschwinden. Als das neue Staatssiegel
angefertigt werden sollte und man nach einem Wappentier
dafür suchte, wurde von der betreffenden Kommission „ein
ruhender Löwe" in Vorschlag gebracht. Napoleon strich die
Worte dick durch und schrieb mit seiner hastigen Hand
darüber: „ein Adler im Flug!"[2])

Z w e i t e s   K a p i t e l.

Der Krieg von 1805.

Wenig Wochen nach seiner Erhöhung zum Kaiser begab
sich Napoleon ins Lager von Boulogne, um hier an Offiziere
und Soldaten, die sich in den letzten Kriegen hervorgetan
hatten, Kreuze der Ehrenlegion zu verteilen. Er schmückte
den gemeinen Mann wie den, der ihn kommandierte, mit demselben Ordenszeichen, eine überaus geschickte Maßregel, die

---

[1]) In einem Brief an Joseph vom 27. Januar 1806 heißt es: „Ich sagte
Ihnen schon, daß es meine Absicht ist, das Königreich Neapel in meine
Familie aufzunehmen (mettro dans ma famille). Das macht mit Italien,
der Schweiz, Holland und den drei deutschen Königreichen meine Föderativ-
staaten, in Wahrheit das ‚Empire français' aus." (C o r r e s p., XI., 9713.)
Später, in einer Rede nach dem Feldzug von 1813, sagte Napoleon: „das
Empire könne Holland nicht entbehren, es brauche die Mündungen seiner
Flüsse, s o n s t   w ü r d e   e s   w i e d e r   z u r   M o n a r c h i e   h e r a b-
s i n k e n". (M o l é, Aufzeichnungen in der Revue de la Révolution, 1888.)
So hatte sich einst der Staat der Römer in das Imperium Romanum gewandelt. „Die absolute Monarchie, die Cäsar aufrichtete, war nicht mehr
der römische Staat, sondern das Weltreich." (Ed. Meyer in der Hist. Zeitschr.
91, 406.)

[2]) F. R o c q u a i n, Notes sur Napoléon I. (Revue de France, 1880.)

das revolutionäre Moment der Gleichheit wahrte und zugleich
dem Ehrgeiz auch des Geringsten schmeichelte. Man muß es
in den Heften des Kapitäns Coignet, der als Troupier das
Kreuz erhielt, nachlesen, welchen Stolz die populäre, von der
gesamten Bevölkerung respektierte Dekoration erzeugte.
Dieser Stolz drängte fortan in der Armee jede andere Empfindung zurück, nachdem einmal Schmerz und Unmut über die
Härte der Konskription verwunden waren. An die Stelle des
Freiheitsenthusiasmus, der die Soldaten der Revolutionsjahre
belebt hatte, traten nunmehr die Ruhmesliebe und das Streben,
sich auszuzeichnen und ausgezeichnet zu werden. Und wie
den Mann in Reih' und Glied, so heftete Napoleon auch die
Befehlshaber an seinen Willen. Jetzt war es, wo er zu ihnen
zum erstenmal vom „Kaisertum Europa" sprach, in dem die
einzelnen Länder seinen Generalen als Lehen zufallen sollten,
mit einer glorreichen Perspektive auf Pracht und Reichtum.
Nur auf sie kam es an, ob sie ihm und sich dazu verhelfen
wollten. Und sie wollten. Auf solche Weise ist die republikanische Armee kaiserlich geworden, und treu kaiserlich wird
sie bleiben, solange dem „kleinen Korporal" noch ein Strahl
seiner Ruhmessonne leuchtet. „Dieser große Apparat von
Kräften", sagte in diesen Tagen Joseph Bonaparte zu dem
preußischen Gesandten, „stets in der Hoffnung auf neue
Lorbeeren und Reichtümer erhalten, das ist es, was die wahre
Macht und Sicherheit meines Bruders ausmacht"[1]. Man hat
sich übrigens damals wohl gehütet — und wohl nicht zuletzt
mit Rücksicht auf das Heer — das Wort „Republik" sofort
zu unterdrücken. Noch im September 1804 wird das Fest ihrer
Begründung feierlich begangen, noch bis ins Jahr 1807 nennt
sich Napoleon „Kaiser nach den Verfassungen der Republik",
und erst Ende 1808 verschwindet von den Münzen die Legende
„République française". Dann erst, als schließlich in der stets
siegreichen Armee alles freistaatliche Gefühl erloschen war,
ward auch der Name dafür beseitigt.

Die Nordarmee war eine der schönsten und besten, und
dazu die größte, die Napoleon je zur Verfügung stand. Sie
stand unter den Marschällen Ney (um Montreuil), Soult (um
Boulogne), Davout (um Brügge), neben Augereau, der in Brest,

---

[1] B a i l l e u, II., 302.

Marmont, der in Holland kommandierte, und Bernadotte, der Hannover besetzt hielt. Die Infanterie an der Küste wurde fortwährend auf den Flachbooten für den Seedienst eingeübt, und alles schien darauf hinzudeuten, daß England, das seit Wiederbeginn der Feindseligkeiten die französische und holländische Handelsmarine und die Kolonien schwer getroffen hatte, nun dafür im eigenen Land gezüchtigt werden sollte. Es gab Stimmen im Heer, die das Unternehmen als überaus gewagt bezeichneten — darunter die Berthiers. Andere dagegen, und, wie Marmont meint, die meisten, hielten es für ausführbar. Die entscheidende Frage war aber doch die, ob Napoleon selbst im Ernst den Übergang nach Britannien plante, wie er es wiederholt seiner Umgebung kundtat, oder ob er, wie es in jener Weisung an Talleyrand für Otto im Oktober 1802 hieß, England nur „in steter Angst" vor einer Invasion erhalten wollte. Die letztere Annahme ist nicht ohne starke Stütze. Wir wissen, wie gerne er im Jahre 1798 diesem Unternehmen, seiner unendlichen Schwierigkeiten halber, aus dem Weg gegangen war. Er hatte diese Schwierigkeiten gewiß auch jetzt vor Augen. Einmal äußerte er sich zu seinem Bruder Joseph, er selbst denke gar nicht daran, die Landung zu unternehmen, sondern wolle Ney damit betrauen, und ihn auch nicht nach Alt-England, sondern nach Irland schicken und diese Insel erobern lassen, um sie im Frieden gegen Malta zu vertauschen[1]). Nicht weniger als dreimal hat der Gedanke, an der grünen Insel zu landen, den andern des direkten Angriffs in seinen Bestimmungen für den Marineminister abgelöst. In seinen Briefen herrscht über die Zeit, die der Übergang in Anspruch nehmen würde, die größte Unsicherheit[2]).

---

[1]) M i o t, Mémoires, II., 121.

[2]) In dem einen Jahr 1805 beziffert er sie: mit 3 Tagen (An Villeneuve 8. Mai, C o r r e s p., X., 8700); mit 6 Stunden (An Decrès, 9. Juni. C o r r e s p., XI., 8870); mit 4 oder 5 Tagen (An Villeneuve, 19. Juli, C o r r e s p., XI., 8985); mit 3 Tagen (An Gantoaume, 20. Juli, C o r r e s p., XI., 8998); mit 12 Stunden (An Decrès, 4. August, C o r r e s p., XI. 9043); mit 24 Stunden (An Villeneuve, 13. August, C o r r e s p., XI., 9073); mit 14 Tagen (An Decrès, 13. September, C o r r e s p., XI., 9209), nachdem das Unternehmen bereits unausführbar geworden war. Der Marineminister Decrès und Admiral Ganteaume hatten stets die letztere Frist als unbedingt nötig erklärt. S. D e s b r i è r e, Projets et tentatives de débarquement aux Iles Britanniques, IV., 641.

Endlich hat er selbst in späteren Tagen versichert, es sei mit
der Landung niemals ernst gemeint gewesen, und in den Aufzeichnungen scharfsichtiger Zeitgenossen — Metternichs, der
Rémusat, Miots, des Generals Hulot, des Diplomaten Lucchesini u. a. — findet sich mehr als ein Zeugnis des Zweifels,
daß der mit rhetorischem Pomp angekündigte und mit aller
Sorgfalt vorbereitete Plan wirklich zur Durchführung bestimmt war. Dennoch aber scheint es, als habe Napoleon im
Sommer 1803 und später ernsthaft an die Landung gedacht.
Zunächst sollte sie, wie es in seinem Gutachten vor der ägyptischen Expedition geheißen hatte, in langen, dunklen und
nebeligen Winternächten mit der Transportflottille allein, also
gleichsam di⁾ Engländer täuschend, unternommen werden. So
befahl es eine Instruktion aus.dem Juli 1803. Aber daraus
wurde nichts. Von der Armee waren erst Mitte Januar 1804
70.000 Mann an der Küste versammelt; die zur Aufnahme der
Flottille bestimmten Häfen von Boulogne, Ambleteuse u. a.
erwiesen sich als ungeeignet und mußten erst erweitert werden;
die Schiffsbauten befanden sich im Rückstand, und die Konzentrierung der Flachboote traf auf Hindernisse. So erwies
sich dieser Plan als unausführbar. Insbesondere auch deshalb,
weil sich während des ganzen Winters keine einzige Woche
fortlaufend günstigen Wetters ergeben hatte. Und vom Wetter
unabhängig vermochte man sich jenerzeit noch nicht zu
machen. Zwar hatte Fulton im Sommer 1803 sein Projekt,
Schiffe mit Dampf zu betreiben — eine Idee, die seit Jahren
auch schon von Anderen verfolgt wurde — in Paris praktisch
auszuführen gesucht; aber die Versuche auf der Seine
scheiterten, und die Sache kam für den großen Krieg noch auf
keinen Fall in Betracht. Auch sein dem Konsul angebotenes
Unterseeboot mit Torpedoladung erwies sich nicht als ver-
wendbar, so daß ihn Napoleon geradezu einen Charlatan genannt haben soll[1]). Die Expedition an die englische Küste

---

[1]) S. hierüber R o s e, I., 483 (nach C o l d e n s, Life of Fulton), D e s-
b r i è r e, III., 308 ff. und P a s c a l, Napoléon I. contre les torpilleurs
(Revue bleue, Febr. 1904, nach D e l p e u c h, La navigation sous-marine).
Der bei Desbrière mitgeteilte Brief Napoleons kann weder am 21. Juli 1803
noch am gleichen Tag des nächsten Jahres an Champagny gerichtet gewesen
sein. Dieser kam erst später von Wien nach Paris. Einen Brief Fultons
an Napoleon vom 6. September 1801 veröffentlichte D u b o c in der Revue
des Revues, September 1896.

wurde nun in den Sommer 1804 verschoben. Da freilich, in
den kurzen hellen Nächten, konnte sie nicht mehr als ein von
den Engländern unbemerktes Manöver gedacht werden, das
man der Flottille allein überließ, man mußte auf den Kampf
mit dem Feind gefaßt sein, der von der Kriegsflotte aufzunehmen war, um den Kanal für den Übergang frei zu halten.
Aber war dies überhaupt möglich mit den französischen See-
kräften, von denen Napoleon selbst einmal im Jahre 1802
gesagt hatte: „Zu glauben, daß Frankreich vor zehn Jahren
eine der englischen gleiche Marine haben könne, ist eine
Chimäre?"[1]) Nun, man versuchte es eben. Ein französisches
Geschwader, das vor Brest lag, sollte die englische Kanalflotte
beschäftigen; indes würden sich andere an den Ozeanküsten
Frankreichs und Spaniens zusammenfinden, um dann im Kanal
die Transportflottille zu schützen, die bei Boulogne zu konzentrieren wäre. Diese Konzentration kommt jedoch auch
jetzt noch nicht zustande; dagegen überzeugt sich Napoleon
persönlich im August 1804, daß auf der Reede von Boulogne
mehrere hundert Schiffe gar nicht zu versammeln seien,
ohne sie bei einem jähen Wetterwechsel dem sicheren Verderben preiszugeben. Und da auch die Kriegsflotte nicht dazu
gelangte, sich zu vereinigen, ging der Sommer vorüber. Diese
schier unüberwindlichen Schwierigkeiten, und überdies der
Tod des Admirals Latouche-Tréville, mit dem er bisher alle
Entwürfe überlegt hatte, veranlaßten Napoleon, nochmals
seinen Plan zu ändern. Jetzt ist es, wo er an eine Expedition
des Korps und der Eskadre von Brest nach Irland denkt.
Doch auch diese Absicht wird aufgegeben, da das Entgegenkommen der irischen Revolutionspartei nicht feststeht, und
bald darauf insgeheim das ganze Landungsprojekt fallen gelassen; die Kriegsgeschwader sollen in den Antillen die britischen Kolonien beunruhigen, die Flottille wird reduziert[2]).
    Nun ist aber für den Kaiser die Verlegenheit nicht gering.
Seit mehr als Jahresfrist war an die „Descente" sehr viel Geld
gewendet worden, und noch immer war es zu nichts gekommen.
Dazu hatte die Armee zum größten Teil im eigenen Land

---

[1]) An den Marineminister, 19. Februar 1802, C o r r e s p., VII., 5968.
    [2]) Darüber, daß im Herbst 1804 das Projekt aufgegeben wurde, lassen
wohl die Forschungen D e s b r i è r e s, Projets et tentatives, IV., keinen
Zweifel zu.

verpflegt werden müssen, was die Finanzen auch nicht gut vertrugen. Die Eitelkeit der Franzosen hatte die Vorstellung bereits lieb gewonnen, die Engländer auf ihrer stolzen Insel zu demütigen, und nun sollte man eingestehen, daß dies nicht möglich sei? Begierig spähte Napoleon nach einem Ausweg aus dieser peinlichen Situation. Es gab nur einen: es war der Landkrieg gegen die Kontinentalmächte, den er ja immer schon als Konsequenz des Waffenstreits mit Britannien angenommen hatte[1]). Nur konnte er ihn nicht willkürlich hervorrufen, ohne das Odium des Friedensstörers auf sich zu laden und all die Vorwürfe der Unersättlichkeit zu rechtfertigen, mit denen ihn Europa überhäufte. Europa selbst mußte ihm dabei entgegenkommen. Und in der Tat schienen sich die allgemeinen Verhältnisse dazu anzulassen, die er freilich mit aller Sorgfalt daraufhin präparierte.

Gleich die ersten politischen Schritte Napoleons, nachdem der Zwist mit England entbrannt war, waren offensiver Natur gewesen. Die Besetzung des deutschen Kurfürstentums Hannover bedeutete im Grunde den Friedensbruch mit dem Deutschen Reich, und wäre dieses Reich nicht in der Auflösung begriffen gewesen, es hätte schon dieserhalb zum offenen Kampfe kommen müssen. So aber war Deutschlands Oberhaupt gegen solche Angriffe, die nicht Österreich unmittelbar berührten, unempfindlich geworden. In Preußen, wo man sich bisher als Schutzmacht für ganz Norddeutschland gefühlt hatte, hatte wohl Minister Haugwitz geraten, den Franzosen in der Okkupation zuvorzukommen, aber die anderen Räte des Kabinetts waren dawider gewesen, und Friedrich Wilhelm III. selbst erklärte, nicht eher aus seiner bisher so lukrativen Neutralität herauszugehen, bis nicht ein preußischer Untertan auf preußischem Boden getötet würde. „Seine Majestät," schrieb der französische Gesandte aus Berlin über ihn, „ist furchtsam und von furchtsamen Leuten umgeben." Es gab zwar noch ein Deutsches Reich, aber längst keine deutsche Politik mehr.

---

[1]) Siehe oben S. 30 Anmerkung. Lucchesini schrieb schon im Mai 1804 nach Hause: „Ich kann es nicht oft genug wiederholen: unter den gegenwärtigen Umständen ist der Kontinentalkrieg der geheime Wunsch des Ersten Konsuls; er entbindet seine in der mit allzuviel Lärm verkündeten Landung kompromittierte Ehre." (B a i l l e u, II., 264.)

Die Besetzung Hannovers hatte aber auch nach anderer Seite hin Bedenken erregt. Sie berührte Rußland. Alexander war schon seit geraumer Zeit — seitdem sich Napoleon als lebenslänglicher Konsul in die Reihe der Monarchen gestellt hatte und die Erfüllung der russischen Wünsche in Italien verweigerte — nicht mehr, wie ehedem, dessen persönlicher Anhänger. Seine Minister, der Staatskanzler Woronzow voran, waren es nie gewesen. Sie sahen den Vorteil Rußlands längst nur in einem Zusammengehen mit England, dem Hauptabnehmer für die Naturprodukte des weiten Zarenreichs, mit dem nun Frankreich in Krieg geraten war, und im Verkehr mit den Hansestädten, deren Handel der Vormarsch der Franzosen an die Wesermündung lahmgelegt hatte. Es waren sehr wesentliche Interessen, die da ins Spiel kamen. Napoleons Feind wurde Alexander übrigens auch noch aus anderen Beweggründen. Die neuerliche französische Okkupation neapolitanischen Landes störte gleichfalls die russischen Kreise, und zwar in mehrfacher Hinsicht. Einmal hatte sich der Erste Konsul in dem Geheimvertrag vom 11. Oktober 1801 verpflichtet, das Reich der Königin Karoline unangetastet zu lassen, wenn einmal die ägyptische Frage gelöst war, und diese Bestimmung hatte er nun verletzt. Ein Zweites war, daß die Besetzung von Tarent nicht nur den Engländern sondern auch den Russen auf Korfu Schach bot, wo deren Truppen seit dem Krieg von 1799 mit kurzer Unterbrechung — allerdings wider die Bestimmung des oben erwähnten Vertrags, der die Unabhängigkeit der Ionischen Inseln verbürgte — stationierten. Die Mission Sebastianis dahin und jener Bericht über sie hatten auch in Rußland Aufregung erzeugt. Jetzt vermehrte man, unter dem Protest der Franzosen, die den Geheimtraktat anriefen, die dortige Besatzung[1]). Zum Dritten hatte die französische Position an der Adria noch dadurch eine besondere Tragweite, daß sie Napoleons orientalische Pläne unterstützte, die denen des Zarenreiches geradezu entgegenliefen.

---

[1]) Woronzows Gehilfe und Nachfolger Czartoryski bezeichnete im September 1804 im Gespräch mit dem französischen Geschäftsträger ausdrücklich die Okkupation Neapels als Ursache der Vermehrung russischer Truppen auf Korfu. (S b o r n i k, 77, S. 742.)

Auch hier ist es wieder nur die Fortsetzung seiner Politik von ehedem, deren geheime Verbindungen mit den aufrührerischen Elementen auf der türkischen Halbinsel den letzten Krieg mit Rußland herbeiführen halfen. Auch jetzt wissen die Diplomaten von Absichten Napoleons auf Morea zu melden, und das war nicht unrichtig, denn wir kennen z. B. seinen Brief an den Marineminister Decrès vom 21. Februar 1803, worin er Auftrag gibt, ein Schiff mit Waffen und Munition für die aufständischen Sulioten und andere mit den Türken in Fehde liegende Bewohner des Peloponnes auszurüsten. In Ragusa, dessen Senat schon seit den italienischen Kriegen Bonapartes zu Diesem gestanden hatte und ihm ergeben war, erhielt der französische Konsul Bruyère Befehl, den Bischof von Montenegro für eine gewisse Summe zu gewinnen, damit er die Berge und die Bocche von Cattaro in die Hände der Franzosen liefere, ein Plan, der im Juni 1803 von Österreich entdeckt und nach Rußland berichtet wurde[1]). Dort hatte Alexander die Politik Katharinens wieder aufgenommen, die über die Eroberung Konstantinopels hinaus auch auf eine dominierende Stellung im Mittelmeer gerichtet gewesen war, und fühlte sich nun von Napoleons Umtrieben empfindlich getroffen[2]). Napoleon, der diese Wirkung auf Rußland vorhergesehen haben mußte, trachtete dem Zaren, mit dem er zunächst nicht brechen mochte, von vornherein eine neutrale Haltung zuzuweisen. Er wählte ihn in seinem Streit mit England zum Schiedsrichter und erklärte sich bereit, sich seinem Spruch wegen Maltas zu unterwerfen, wobei er allerdings im Gespräch mit Markow — und Talleyrand in der Instruktion für den Gesandten in Petersburg — die Erwartung ausdrückte, die Gerechtigkeitsliebe des Zaren werde nimmermehr die Insel den Briten zusprechen[3]). Der Zar nahm die ihm zugedachte Rolle an. Da aber England nur dann darauf eingehen wollte, wenn sich Alexanders Schiedsspruch, über

---

[1]) Ein Ragusaner, Namens Bratchevich, befand sich als türkischer Dolmetsch in Napoleons Diensten und stand in steter Korrespondenz mit dem Senate seiner Vaterstadt. (Geheimer Bericht des Agramer Domherrn Vlatkovich, August 1805, Wiener Archiv des Minist. d. Innern.)

[2]) Siehe hiefür F o u r n i e r, „Gentz und Cobenzl", S. 79 ff.; dazu M e y n e r t, K. Franz, I., S. 82 ff.

[3]) S b o r n i k, 77, 212, 220.

Malta hinaus, auch auf alle anderen Streitpunkte (Holland, Schweiz, Ober- und Unteritalien usw.) erstreckte, und da Napoleon seinerseits höchstens Lampedusa den Engländern gewähren und seine Truppen aus Holland und der Schweiz nur herausziehen wollte, wenn Britannien die Helvetik anerkannte, trat der Zar von seinem Schiedsrichteramte zurück. Er erklärte, fortan nur noch als Vermittler zwischen den beiden Feinden wirken zu wollen, und unterbreitete im August 1803 in Paris und London Friedensbedingungen, die bereits deutlich seine Entfernung von Frankreich anzeigten. Er verlangte darin zwar die Räumung Maltas und der batavischen Kolonien durch die Engländer — das erstere wollte Rußland zehn Jahre lang in Verwahrung nehmen — wofür sie die Insel Lampedusa bekommen würden, begehrte zugleich aber auch als Vorbedingung des Vertrages die Räumung Hannovers, Hollands, der Schweiz, Ober- und Unteritaliens durch die Franzosen, die zwar Piemont behalten, dafür jedoch den früheren König endlich entschädigen sollten. Jene Länder, und ebenso die Türkei, sollten durchaus neutral erklärt werden. Das war ein Programm offenbaren Widerstandes gegen die Übergriffe Napoleons und ebenso offenbarer Parteinahme für Englands Handelsinteressen. Napoleon verweigerte denn auch die Annahme der Bedingungen, was zur Folge hatte, daß der russische Gesandte Markow im Dezember Paris verließ, wo nur ein Geschäftsträger (Oubril) zurückblieb. Der Bruch zwischen den beiden Mächten schien unvermeidlich[1]).

Schon bei der ersten Trübung des Verhältnisses zu Frankreich hatte Rußland Schritte getan, um Österreich und Preußen für sich zu gewinnen. Zunächst ohne Erfolg. Preußen blieb

---

[1]) In den Memoiren des Fürsten Adam C z a r t o r y s k i, der im Jahre 1804 russischer Minister des Auswärtigen wurde, findet sich ein Aktenstück, worin das damalige orientalische Programm Rußlands deutlich gemacht erscheint: „Die türkischen Länder in Europa werden aufgeteilt in kleine Staaten, die untereinander einen Bund bilden, auf den der Zar unter dem Titel Kaiser oder Protektor der Slawen oder des Orients einen entscheidenden Einfluß hat. Bedürfte man Österreichs Zustimmung hierzu, so wäre sie durch Turkisch-Kroatien, einen Teil von Bosnien und der Walachei, Belgrad und Ragusa zu erkaufen. Rußland selbst erhielte die Moldau, C a t t a r o, C o r f u, vor allem aber Konstantinopel und die Dardanellen samt den naheliegenden Häfen, die uns dort die Herrschaft sichern." (II., 64.)

aus den bekannten Ursachen neutral und erklärte sich erst
im folgenden Jahre (24. Mai 1804) zu einem Defensivbündnis
mit dem Zaren bereit, aber nur für den Fall, wenn Napoleon
seine Truppen in Deutschland bedrohlich verstärken und über
Hannover hinaus rechts von der Weser vorgehen sollte. Daß
beides nicht geschah, suchte Friedrich Wilhelm in Paris zu
erreichen, indem er am gleichen Tage (24.) dorthin versicherte,
er werde, wenn Napoleon in Deutschland nicht weiter gehe,
jeden Durchmarsch russischer Truppen durch preußisches Land
verhindern. Österreich hinwieder war durch die letzten Kriege
zu sehr geschwächt, um so bald an neue Kämpfe zu denken.
Man begrüßte zwar in Wien die Wendung in der russischen
Politik mit Freuden, war aber durchaus nicht gewillt, sich zu
einer offensiven Haltung gegen Frankreich verleiten zu lassen,
sondern tat vielmehr ein übriges an Nachgiebigkeit und Entgegenkommen gegen Napoleon, um ihm gewiß jeden Vorwand zu einer feindseligen Aktion zu benehmen. Gleich bei
Beginn des anglo-französischen Krieges hatte Franz II. seine
Häfen den Schiffen beider Staaten verschlossen und damit
ganz besonders die Engländer getroffen. Frau v. Staël,
die Feindin Napoleons, wurde der Aufenthalt in Österreich
verweigert. Desgleichen dem Prinzen von Enghien, der im
Winter 1803 auf 1804 über Wien nach England reisen wollte[1]).
Man verbot Bücher, die den Herrscher von Frankreich angriffen. Man untersagte den französischen Emigranten das
Tragen bourbonischer Orden und verwehrte ihnen, sich auf
weniger als fünfzig Meilen der französischen und der Schweizer
Grenze zu nähern. Als die süddeutschen Fürsten gegen die
Reichsritterschaft vorgingen, diese Schutz bei Österreich
suchte und wirklich eine Verstärkung der kaiserlichen Truppen
in den Vorlanden erlangte, forderte Frankreich kategorisch
die Sistierung dieser Maßregel, und das Wiener Kabinett gab
augenblicklich nach. Als bei der Gefangennahme Enghiens das
deutsche Reichsgebiet verletzt wurde, tat Kaiser Franz erst
auf Rußlands Betreiben einen lahmen Schritt, und als dann
der Prinz hingerichtet ward, fand man in Wien nur, daß es
in der Politik „harte Notwendigkeiten" gebe, und erklärte die

---

[1]) S. hierüber die in „Gentz und Cobenzl", S. 91 f. zitierte Korrespondenz
zwischen Cobenzl und Colloredo.

Angelegenheit als eine intern französische. Auch der Kaisertitel Napoleons wurde willig anerkannt, allerdings unter der
Bedingung, daß er seinerseits ein neugeschaffenes „Kaisertum
Österreich" (11. August 1804) gutheißen, dessen Gleichstellung
mit Frankreich aussprechen und dem Kaiser Franz II. als
Oberhaupt des Deutschen Reichs in der politischen Rangordnung den Vortritt lassen sollte. Nach einigem Zögern fügte
sich Napoleon. Er wußte selbst am besten, wie kurze Zeit
dem deutschen Kaisertum noch zu existieren vergönnt war,
und, wie um zu zeigen, welch geringen Wert dieses formale
Zugeständnis habe, ging er damals — es war im September 1804
— über Belgien nach Aachen, um hier, in der alten Pfalz
Karls des Großen, unter seinen deutschen Untertanen Hof
zu halten und deren Huldigung zu empfangen. Klang es nicht
wie eine Insulte gegen Österreich, von dem Monarchen, der
jetzt noch die Krone des Karolingers auf dem Haupte trug, zu
verlangen, daß er sein Anerkennungsschreiben gerade hierher
schicke? Aber Österreich brachte dem Frieden auch dieses
Opfer. Sein Abgesandter fand sich pünktlich in Aachen ein.

Solcher Gefügigkeit gegenüber war alles Drängen der
Russen und Engländer ohne Erfolg. Vergebens wies jetzt
Friedrich Gentz nochmals auf den revolutionären, erobernden
Charakter der französischen Politik hin und daß auch das
Empire wieder nur die Revolution in anderer Form bedeute.
Denn nicht im Gegensatz zu den Umsturzgewalten habe
Napoleon seine neue Würde erlangt, sondern durch sie allein.
Er habe sich nicht von der Armee zum Kaiser proklamieren
lassen, sondern seine Erhebung auf die revolutionäre Volks-
souveränität gegründet, so daß es geradezu die Revolution
sanktionieren heiße, wenn man das neue Kaisertum anerkenne. Dagegen sei der äußerste Widerstand und vor allem
ein enges Zusammengehen Österreichs und Preußens geboten.
Aber zu solcher Anschauung der Dinge raffte man sich in Wien
fürs erste noch nicht auf, und wenn es auch hier, wie in Berlin,
Einsichtige gab, die eine Vereinigung, sei es für den Frieden
oder für den Krieg, als das Nützlichste erkannten, so fehlte
es anderseits nicht an trennenden Momenten des Mißtrauens
aus kurz vergangener Zeit, die jede Annäherung hinderten.
In Wien wollte man es zufrieden sein, wenn nur Frankreich
nicht spezifisch österreichische Interessen verletzte. Die Be-

setzung Hannovers mochte immerhin Preußen Verlegenheiten
bereiten; man gönnte sie dem alten Widersacher. Und wenn
Rußlands orientalische Pläne gestört wurden, so war das am
Ende auch Österreichs Nachteil nicht. Als man schließlich
doch an Preußen herantrat, fand man taube Ohren.

Aber dieser neutrale Friede sollte dem Wiener Hofe nur
noch kurze Zeit erhalten bleiben. Bald nach seiner Erhebung
zum Kaiser berührte Napoleon den österreichischen Inter-
essenbereich unmittelbar, und zwar dort, wo die Donaumacht
seit jeher am empfindlichsten war: in Italien. Noch besaß
Österreich Land im Norden der Halbinsel, und jeder neue
Übergriff Frankreichs bedrohte diesen Besitz. Nun war
folgendes geschehen. Noch im Mai 1804 hatte der neue Imperator der Franzosen zu dem Geschäftsträger des italienischen
Freistaates gesagt, er könne fortan füglich nicht gut zugleich
Kaiser und Präsident einer Republik sein, wenn er auch fortfahren wolle, dieser Republik die Wohltat seiner Regierung
zu erhalten, die Consulta in Mailand möge sich die Sache überlegen und ihm ihre Vorschläge senden. Diese Nachricht hatte
Melzi in Mailand dem österreichischen Gesandten mitgeteilt,
und nun fragte man sich in Wien, was Napoleon wohl mit
Italien vorhabe. Man war bald im klaren, daß es sich auch
hier um die Gründung einer Erbmonarchie handle, durch die
der italienische Staat fester noch und dauerbarer an Frankreich gekettet werden sollte. Das war durchaus gegen die
Politik Österreichs, das keineswegs für alle Zukunft auf den
Wiedergewinn seiner Geltung auf der Halbinsel verzichten
wollte. Es hatte allerdings in jenem Vertrag mit Frankreich
vom 26. Dezember 1802 die lebenslängliche Präsidentschaft
Napoleons anerkannt[1]); dabei konnten seine Zukunftspläne
noch bestehen; die Gründung einer Dynastie Bonaparte in
Italien aber mußte sie vernichten. So sehr war man in Wien
von der Sache berührt, daß Minister Cobenzl das weitere
Schicksal der Republik geradezu als den Probierstein bezeichnete,
woran man Napoleons Absichten erkennen werde: zerstöre er
die Unabhängigkeit des lombardischen Staatswesens, dann
werde er sich auch ganz Italien unterwerfen — und in der Tat

---

[1]) Art. 2: „Alle seit dem Vertrag von Lunéville getroffenen Veränderungen in Italien sind anerkannt.“ De Clercq, I., 612.

verriet Talleyrand dem preußischen Gesandten im August 1804, man wäre bereit, einer Abrundung Österreichs in Bosnien und Serbien zuzustimmen, wenn es Venezien an Italien abtreten wollte — werde auf Nord- und Süddeutschland greifen — und in der Tat erschien Napoleon im September 1804 in Mainz und gebärdete sich da bereits wie der Protektor der deutschen Fürsten, die sich schon zwei Jahre später unter seinem Joche krümmten — werde Morea und Ägypten erlangen wollen. Diese Sorge war es, die jetzt Österreich aus seiner Ruhe aufscheuchte und näher an Rußland herantrieb, dessen Unterstützung man im Falle der Not nicht entraten wollte und dessen Verhältnis zu Frankreich sich nach der Hinrichtung des Herzogs von Enghien, gegen die Alexander protestierte, zum offenen Bruch ausgestaltet hatte; im Oktober 1804 waren auch die beiderseitigen Geschäftsträger zurückgenommen worden. Am 6. November 1804 schlossen die beiden Ostmächte einen Vertrag ab, der zwar einen durchaus defensiven Charakter trug und nur dann in Kraft treten sollte, wenn sich Frankreich noch weitere Übergriffe, sei es in Deutschland, in Italien oder im Orient, erlaubte, der aber, im Fall eines gemeinsamen Sieges, Österreichs Ausdehnung bis zur Adda, die Rückkehr der Erzherzoge nach Toskana und Modena und die Restauration des Königreichs Piemont feststellte; das ehedem so strittige Objekt der päpstlichen Legationen war dem Übereinkommen der beiden Kontrahenten anheimgegeben. Um gegen einen Überfall sicher zu sein, wurden, unter dem Vorwand eines Sanitätskordons, die österreichischen Garnisonen in Tirol und im Venezianischen verstärkt.

War das der Krieg? Nein. Österreich hatte durchaus nicht die Absicht, aus der Defensive herauszutreten, wozu es sich viel zu schwach fühlte, und Napoleon recht, wenn er im August an Talleyrand schrieb, es sei, selbst im Bunde mit Rußland, außerstande, „sich aufzulehnen"[1]. Da aber gerade jetzt das Landungsprojekt ins Schwanken geriet, so faßte er wohl den Kontinentalkrieg ernster als bisher ins Auge. Jedenfalls wird er Österreich auf seine Disposition dafür prüfen. Zunächst jedoch beschäftigte er die Franzosen mit einem Schauspiel, das ihrer Eitelkeit nicht weniger schmeichelte als ferne Triumphe.

---

[1] Siehe oben S. 14.

Während sich die Ostmächte gegen Frankreichs weiteres
Ausschreiten rüsteten, schickte sich in Rom Papst Pius VII.
an, zur Krönung Napoleons nach Paris zu reisen. Diese Feierlichkeit hatte dem Kaiser notwendig geschienen, um seiner
selbstgefügten Hoheit in den Augen der Welt Glanz und
Herrlichkeit zu verleihen und sie an Weihe nicht hinter den alten
Monarchien zurückstehen zu lassen. Nur widerstrebend und
nach längerem Verhandeln über die Eidesformel hatte sich der
Statthalter Christi zu der beschwerlichen Winterfahrt entschlossen, um denjenigen zu salben, der noch vor kurzem eines
blutigen Frevels beschuldigt worden war und eben jetzt seine
Macht den Jesuitenorden fühlen ließ[1]). Was Pius bestimmte,
war wohl Furcht und Hoffnung zugleich: die Furcht, durch
eine Weigerung den Gewaltigen zu erzürnen, der über Italien
gebot, und am Ende des Kirchenstaates verlustig zu gehen,
und die Hoffnung, neuen Erwerb zu finden, vielleicht die
längst gewünschten Legationen zurückzubekommen, und
Europa zu zeigen, wie der mächtigste unter seinen Herrschern,
der Koranheld von 1798, vor dem römischen Bischof das
Knie bog. Auch die Mehrheit des Kardinalkollegiums, der
geniale Staatssekretär Consalvi mit ihr, war für die Reise
gewesen, und noch im November 1804 traf der Papst in Paris
ein. Hier machte er allerdings sofort die Wahrnehmung, daß
Napoleon jedes geringste Zeichen von Unterordnung ängstlich
vermied[2]). Nur in einem Punkte fügte er sich. Josephine, die
sich schon längst vor der Scheidung fürchtete, hatte dem
heiligen Vater mitgeteilt, daß sie mit Napoleon bloß durch eine
Zivilehe verbunden sei, und von ihm die Zusage erlangt, er
werde ihre Krönung an die Bedingung der vorausgegangenen

---

[1]) Am 7. Oktober beauftragt der Kaiser Talleyrand, von Spanien
Sicherheit zu verlangen, daß es die Mönche nicht wieder zulasse, desgleichen
von der Königin von Etrurien. „Ich werde sie niemals in Frankreich oder
in der Republik Italien dulden." C o r r e s p., X., 8103.

[2]) S a v a r y erzählt in seinen Memoiren, der Kaiser habe sogar bei
der Fahrt mit dem Papst von Fontainebleau nach der Hauptstadt, den
rechten Platz im Wagen eingenommen, und L a n f r e y hat dies für seine
Biographie akzeptiert. Andere Quellen aber erzählen das Gegenteil. C o n-
s a l v i in seinen Denkwürdigkeiten spricht nur allgemein von „kleinen
Rücksichtslosigkeiten" Napoleons gegen seinen Gast, die diesem jede Illusion
einer überragenden Stellung benehmen sollten. M é n e v a l weiß auch
von diesen nichts.

kirchlichen Trauung knüpfen. Die Kaiserin hoffte auf diese
Weise ihren Gemahl unauflöslich an sich zu ketten, eine
Hoffnung, die sich späterhin als trügerisch erweisen sollte.
Für den Augenblick aber hatte sie erreicht, daß wirklich der
Ehebund am Tage vor der großen Zeremonie von Fesch ins-
geheim eingesegnet wurde. Am 2. Dezember fand dann die
Krönung des Kaiserpaares im Dome von Notre-Dame statt.
Es wurde bemerkt, daß Napoleon den Papst auf sein Er-
scheinen warten und sich dann nicht von ihm mit der goldenen
Lorbeerkrone schmücken ließ, sondern daß er sie selbst, ehe
Pius danach langen konnte, ergriff und auf sein Haupt drückte.
Auch in dieser Äußerlichkeit gönnte er niemandem Raum über
sich. Nur die Salbung überließ er dem heiligen Vater. Dieser
sah sich in seinen Erwartungen getäuscht. Die Rolle, die er
in Paris spielte, tat seinem Ansehen eher Eintrag, als daß sie
es förderte. Er erreichte zwar, daß die französischen Bischöfe,
die den Eid auf die Zivilkonstitution des Klerus geleistet
hatten und darum als Häretiker galten, unter den römischen
Primat zurückkehrten; aber von seinen übrigen Forderungen
wurde nur eine ganz nebensächliche, die Wiedereinführung des
gregorianischen Kalenders, gewährt und bestimmt, daß vom
1. Januar 1806 ab die revolutionäre Tagesbezeichnung auf-
zuhören habe. Die christlichen Heiligen und ihre Feste traten
in Frankreich wieder in Geltung. Napoleon hatte nichts
dagegen. War doch auch sein Vorbild, Karl der Große, unter
ihnen.

Jetzt, nachdem der päpstliche Segen das Kaiserreich ver-
vollständigt und Napoleons Geltung, zumindest bei den
Franzosen, noch mehr erhöht hatte, konnte Dieser, darauf
gestützt, leichteren Herzens an die Lösung der großen Fragen
gehen, die das nächste Schicksal des Weltteils in sich schlossen.
Die Verhandlungen Englands, wo ein Ministerium Pitt das
Kabinett Addington abgelöst hatte, mit den Kontinental-
mächten waren ihm nicht verborgen geblieben. Großbritannien
machte gar kein Hehl daraus. Als er am 2. Januar 1805 ein
Schreiben an Georg III. richtete, das zum Frieden mahnte
und in Inhalt und Absicht demjenigen glich, das dem Kriege
von 1800 vorhergegangen war, da lautete die Antwort, ebenso
unhöflich wie damals, England müsse sich erst mit den Festlandsstaaten verständigen, namentlich mit Alexander I., „der

für die Unversehrtheit und Unabhängigkeit Europas immer ein warmes Interesse betätigt habe". Damit war der Gedanke einer neuen Koalition der europäischen Mächte deutlich enthüllt, zu der bereits im Mai 1804 von Rußland der Anstoß gegeben worden war. Damals hatte es in London einen Subsidientraktat in Vorschlag gebracht und Pitt im Juni mit dem Wunsch geantwortet, Rußland, England, Schweden und Österreich, vielleicht auch Preußen, verbunden zu sehen[1]). Es schien, als ob jetzt Napoleon selbst diesem Wunsch entgegenkommen wollte, wobei er allerdings Preußen ausnahm, dessen König von ihm ein Schreiben voll Schmeichelei empfing[2]). Kurz nach diesem Brief ging nämlich ein anderer an den Kaiser Franz ab, der eine Nachricht enthielt, die in Wien tief verstimmen mußte. Die Lombarden hatten sich für die bonapartische Erbmonarchie ausgesprochen, wenn das Land von Frankreich getrennt bliebe, jeder Tribut an dieses wenn möglich ganz wegfiele, vom Staatsgebiete nichts entfremdet und die französische Beamtenschaft durch eine einheimische ersetzt würde. Das war von Napoleon genehmigt und das neue „Königreich Italien" dem Bruder Joseph angeboten worden, der es zunächst annahm. Das berichtete der Kaiser nach Wien mit der Versicherung, daß die beiden Kronen niemals vereinigt werden sollten; er vergaß aber nicht, mit Rücksicht auf die Truppenverstärkungen in Tirol und Friaul zum Frieden zu mahnen und vor dessen Bruch zu warnen[3]). Fiel die Antwort des Habsburgers auf diesen Neujahrsgruß ebenso feindselig aus wie die Georgs III., dann trat der Kontinentalkrieg in Sicht, und Napoleon konnte seine Nordarmee, die inzwischen auf 150.000 Mann angewachsen war, zu neuen Siegen nach Osten führen. Er scheint in der Tat damit gerechnet zu haben, denn in einer Staatsratssitzung am 17. Januar 1805, wo das Finanzgesetz zur Besprechung kam, rechtfertigte er die großen Kosten für das Landungsprojekt, indem er es geradezu verleugnete und als eine Finte erklärte. „Seit zwei Jahren", sagte er, „hat Frankreich die größten Opfer gebracht. Ein allgemeiner Krieg auf dem Kontinent würde

---

[1]) S. U l m a n n, Russisch-preußische Politik, S. 143 und R o s e, Life of Napoleon, II., 5.
[2]) C o r r e s p., X., 8240.
[3]) C o r r e s p., X., 8250.

keine größeren erheischen. Ich habe aber jetzt auch die stärkste Armee, eine vollendete Militärorganisation, und befinde mich zur Stunde bereits in der Verfassung, in die ich mich sonst im Kriegsfall erst zu versetzen hätte. Um nun in Friedenszeiten so viele Kräfte ansammeln zu können — 20.000 Artilleriepferde und vollständige Trains — bedurfte es eines Vorwandes, der gestattete, all dies herbeizuschaffen und zu vereinigen, ohne daß die übrigen Kontinentalmächte Verdacht schöpften. Diesen Vorwand nun lieferte das Projekt der Landung in England. Vor zwei Jahren konnte ich noch nicht so zu Ihnen sprechen, aber es war doch immer mein einziger Zweck. Ich weiß wohl, daß es dreißig Millionen beim Fenster hinauswerfen heißt, wenn man so viel Bespannung in Friedenszeiten unterhält. Aber dafür hab' ich nun auch zwanzig Tage vor allen meinen Feinden voraus und werde einen Monat früher im Felde stehen, ehe Österreich auch nur seine Artillerie gerüstet haben wird. Sehe ich, daß die Ereignisse in Italien es in Bewegung bringen, so erkläre ich ihm den Krieg, wenn es eben erst aufzukaufen beginnt"[1]. Wenig Tage später erteilte er nach Italien den Befehl, Vorbereitungen für den Unterhalt von 60.000 Mann zu treffen und die Festungen zu verprovantieren.

Aber so hart man in Wien die Gründung der bonapartischen Secundogenitur in Italien empfand, „in Bewegung" setzen ließ man sich doch nicht so leicht. Am 23. Januar beantwortete Kaiser Franz jenes Schreiben nichts weniger als offensiv; im Gegenteil, sein Brief mußte Napoleon, wenn er nicht geradezu als Friedensstörer auftreten wollte, über die Absicht Österreichs, in neutraler Ruhe zu verharren, völlig beruhigen. Da nahm jedoch die italienische Frage eine neue Wendung. Joseph will auf seine Rechte auf Frankreich nicht verzichten, wie von ihm gefordert worden war, und lehnt die Krone der Lombarden ab. Napoleon kann diese Weigerung des Bruders nicht besiegen und will jetzt seinen kleinen Neffen,

---

[1] M i o t v. M e l i t o, der die Rede mit angehört hat, zitiert sie unter Anführung des Tagesdatums in seinen Memoiren (II., 245) und bemerkt zu dem letzten Satz, der Kaiser habe dabei auf das in Bildung begriffene Königreich Italien angespielt. Es liegt kein Anlaß vor, hier eine Unwahrheit anzunehmen. Vergl. auch U l m a n n, Zur Würdigung der napoleonischen Frage. Deutsche Revue, 1900.

das Söhnchen Ludwigs und der Hortense, das leichtfertiger
Klatsch als sein Kind bezeichnete, adoptieren, ihm die italienische Krone überweisen, sich aber einstweilen die Herrschaft
zuerkennen[1]). Und da er auch hier auf Widerstand stößt —
der Vater verweigert seine Zustimmung — so macht er noch
einen weiteren Schritt vorwärts und erklärt, beide Kronen
nunmehr selbst tragen zu wollen. „Zeitweilig" nur, wie er an
Franz II. schreibt, und nur so lange, bis Malta und Korfu
von Engländern und Russen geräumt sein werden; der Kaiser
von Österreich möge sich bemühen, daß dies bald der Fall
werde[2]). Das war nun allen früher gegebenen Versicherungen
entgegen, und es entstand die Frage, ob auch dadurch Österreich nicht aus dem Gleichgewicht kam. Noch immer nicht.
Noch überwog in Wien die friedliche Stimmung, deren Wortführer, Erzherzog Karl, dringend riet, den Krieg um jeden
Preis zu vermeiden. Auch jetzt ist die Antwort des österreichischen Monarchen, vom 16. April, eine durchaus entgegenkommende, und Napoleon wird noch stärker beschwören
müssen, wenn es seine Absicht ist, eine verwendbare Handhabe zur Entwicklung eines Kontinentalzwistes zu gewinnen.

In der Zwischenzeit hatte sich aber für Napoleon nicht
nur aus Österreichs friedlicher Zurückhaltung, sondern auch
in Berichten aus Spanien der Anlaß ergeben, das Landungsprojekt doch noch einmal ernsthaft ins Auge zu fassen. Spanien,
vernahm er, beabsichtige in den Krieg gegen England mit
stärkeren Kräften zur See einzutreten, als man bisher in Paris
angenommen hatte; der französische Gesandte sprach von
31 Kriegsschiffen. Es war für das Prestige Frankreichs unerläßlich, diesen maritimen Sukkurs unter seine Direktion zu
nehmen. Und so entwickelte sich ein neuer Plan: die Flottille
bei Boulogne wird vollständig ausgerüstet und durch ein
neues (achtes) Geschwader vermehrt werden; Admiral Villeneuve, der Nachfolger Latouche-Trévilles, soll mit einer aus
französischen und spanischen Schiffen kombinierten Flotte nach

---

[1]) In dem darüber abgefaßten Dokumente heißt es: „Der Kaiser
Napoleon ist König von Italien. Er adoptiert den Prinzen Louis, Sohn
seines Bruders, des Prinzen Ludwig Bonaparte, tritt ihm alle Rechte auf
das Königreich ab und behält sich nur die Regentschaft bis zu dessen Groß-
jährigkeit vor." M a s s o n, Napoléon et sa famille, III., 18.

[2]) C o r r e s p., X., 8445.

Westindien und von dort nach einer entsprechenden Zeit
zurück nach Europa segeln, um hier die Engländer von den
Häfen, die sie blockieren, zu verscheuchen, die dadurch befreiten Eskadres an sich zu ziehen und, so verstärkt, sei es
unbemerkt vom Feind auf dem Umweg über Irland, sei es
nach dessen Besiegung in offener Schlacht, in den Kanal zu
gelangen, wo er den Übergang der Flottille nach England
sichern wird. Es war ein sehr kompliziertes und gefährliches
Unternehmen, da man mit der Möglichkeit rechnen mußte,
daß Nelson mit seiner Flotte dem Franzosen auf die Spur
geriet, ihn entweder noch bei den Antillen zur Schlacht zwang
oder ihm später in Europa zuvorkam, wo dann das Mißverhältnis im Schlagwert der französischen und der britischen
Schiffe ins Gewicht fiel[1]). Diese Bedenken, und andere, legte
der Marineminister Decrès in eindringlichen Worten dem Kaiser
vor, nachdem er aus englischen Zeitungen erfahren hatte,
daß man in London das Fahrtziel der verbündeten Flotte
kannte, und daraus schloß, Nelson werde ihr nun sicher folgen;
er erhielt aber zur Antwort, er besitze für eine große Sache
nicht den entsprechenden Geist („pas l'esprit assez exclusif
pour une grande opération")[2]). Entsprach diese herbe Zurechtweisung des Ministers wirklich Napoleons Vorstellungen?
War er wirklich so fest von der Durchführbarkeit seines Planes
überzeugt? Wußte er nicht etwa ebenso gut, daß seine Marine
weit weniger wert war als die des Gegners und daß von den
Schiffen der Spanier mehr als die Hälfte zum erstenmal,
schlecht bemannt und unter unerfahrenen Kapitänen, in See
gestochen war? Und wenn er wußte, wie schwer ausführbar
mit solchen Mitteln seine „große Operation" war — und die
Erfahrungen mit der Flottille im letzten Sommer konnten
doch auch für ihn nicht verloren gewesen sein, sonst hätte
er den Landungsplan nicht im Herbst aufgegeben — durfte
er mit seinem überlegenen, alles erwägenden Scharfblick seine
ganze Politik und seine hohe Geltung auf diese eine unsichere
Karte setzen — ganz abgesehen von den Schicksalen, die

---

[1]) Dieses Verhältnis wurde in französischen Marinekreisen wie 4 zu 3,
wenn spanische Schiffe mitwirkten, wie 3 zu 2 angesehen. Vergl. Desbrière passim.

[2]) Corresp., X., 8847. Die Denkschrift Decrès vom 1. Juni 1805
bei Desbrière, IV., 596.

nach der gelungenen Überfahrt der Expedition in England
harrten? Wer ihm das zutraute, würde ihn tief unter seinem
Werte schätzen. Richtiger, wer voraussetzt, daß er auch jetzt,
nach seinem bewährten Rezept, eine zweite Sehne auf dem
Bogen hatte.

Der Brief an Decrès ist aus Mailand datiert. Im April
war Napoleon nach Oberitalien gereist, um sich seinen neuen
Untertanen als König zu zeigen. Sie hatten ihm, als sie seine
letzte Absicht erfuhren, am 5. März 1805 die Herrschaft in
aller Form angeboten, und er hatte am Tage darauf dem Senat
erklärt, daß er sie annehme. Jetzt war er ins Land gekommen,
und am 26. Mai krönte er sich selbst im Dom zu Mailand mit
der eisernen Krone der Lombarden zum „König von Italien".
Er soll mit auffallend drohender Stimme die alte Formel
gesprochen haben: „Gott gibt sie mir, weh dem, der dran
rührt." Da war nun geschehen, was man in Wien so sehr gefürchtet, obgleich man an Gefügigkeit das äußerste geleistet
hatte? Oder war es vielleicht gerade deshalb geschehen?
Konnte man nun noch an die Möglichkeit der Trennung der
beiden Kronen glauben, wo der Kaiser der Franzosen beide
mit so viel Ostentation übereinander auf sein Haupt gesetzt
hatte? Und auch darüber bestand kein Zweifel, daß Napoleon
den Namen „Italien" viel weiter faßte, als die cisalpinischen
Grenzen reichten. Schon hatte er das Fürstentum Piombino,
das 1801 von Neapel abgetreten worden war, seiner Schwester
Elisa als ein französisches Reichslehen (!) verliehen und bald
darauf dessen Grenzen auf Kosten Etruriens erweitert; im
Juni vereinigte er damit das Gebiet der Republik Lucca.
Die Fürsten von Piombino sind „Untertanen" des Kaisers
und haben ihm als Lehnsherr bei der Investitur den Treueid
zu leisten[1]). In Parma und Piacenza führte er das französische Gesetzbuch ein, und hob endlich — was die größte
Wirkung in Europa tat — die Selbständigkeit der Ligurischen
Republik auf, indem er Stadt und Land Genua kurzweg in
Frankreich einverleibte, obgleich er erst am 18. März feierlich
im Senat erklärt hatte, „es werde nunmehr keine neue Provinz
in Frankreich inkorporiert werden"[2]). Das alles war dem Ver-

---

[1]) Über die neuen Grenzen vergl. den Brief an Talleyrand vom
23. Mai 1805 im Anhang.

[2]) Corresp., X., 8449.

trag· vom 26. Dezember 1802, zu dem sich Österreich hatte
bequemen müssen, durchaus entgegen; die Verbindung des
Königreichs Italien mit Frankreich und die Aufnahme Genuas
in dessen Staatsgebiet waren überdies schwere Verletzungen des
Friedenstraktates von Lunéville, der den italienischen Republiken ihre Unabhängigkeit garantiert und damit bestimmt
hatte, daß die österreichischen und französischen Territorien
durch Zwischenstaaten getrennt bleiben sollten. Nun begann
Franz II. nicht mehr bloß für seine künftige Geltung in Italien,
sondern für den Rest seines gegenwärtigen Besitzes, für Venedig,
zu fürchten. Und wirklich trafen Nachrichten aus Mailand
ein, Napoleon plane auch die Erwerbung dieses Landes und
wolle die Donaumacht zur Entschädigung auf die Balkanländer
verweisen. Das Wappenschild des neuen Königreichs Italien
wies — Napoleon selbst hatte diese Wahl getroffen — den
venezianer Löwen auf; er zierte den Knauf des königlichen
Zepters[1]). Als Antwort auf den österreichischen Sanitäts-
kordon wurden bei Verona und bei Alessandria je 30.000
Franzosen angesammelt, die auf den Schlachtfeldern von
Castiglione und Marengo vor dem Kaiser manövrierten. Als
Napoleon dann das Terrain an der Etsch besichtigte und fand,
daß es mit Forts zu befestigen sei, erklärte er seiner Umgebung, dazu fehle allerdings die nötige Zeit und es wäre viel
kürzer, die Österreicher von dieser Grenze ganz zu entfernen[2]).

Während so Napoleon Österreich in Italien herausforderte,
wohl in der Absicht, die Donaumacht zu Rüstungen zu nötigen
und, wenn sie dann auf sein Geheiß nicht abrüstete, sich die
Chance des Kontinentalkrieges offen zu halten, waren auf der
anderen Seite Russen und Engländer aufs eifrigste bemüht,
Kaiser Franz in den Krieg zu drängen. England hatte sich
im letzten Dezember mit Schweden zusammengefunden, wo
in Gustav IV. einer der erbittertsten Feinde Napoleons regierte, und kurz nachher mit Rußland in einem Vertrag vom
11. April 1805 ein Offensivbündnis geschlossen, das eine allgemeine Erhebung der Kontinentalstaaten gegen das Imperium des Korsen zur Basis hatte. Dieses sollte aus Holland,
der Schweiz und Italien in die französischen Grenzen zurückgenötigt und von sicheren Bollwerken umgeben werden;

---

[1]) Bericht Lucchesinis vom 12. Mai 1805. B a i l l e u, II., 345.
[2]) R é m u s a t, Mémoires, II., 147.

Österreich und Preußen aber würde man zum Beitritt bewegen. Der Versuch mit Preußen mißlang: Friedrich Wilhelm hielt den Frieden in Norddeutschland durch den Defensivvertrag vom 24. Mai des Vorjahres hinlänglich gesichert, einen Angriff auf Frankreich lehnte er ab, ja, er ließ sich sogar, durch Hardenberg verleitet, in Verhandlungen mit Napoleon eine die die Erwerbung Hannovers zum Zweck hatten, ohne daß dabei Preußens Neutralität gefährdet werden sollte. Mit Österreich dagegen gelang die Absicht. Allerdings war es auch für diese Macht eine harte Zumutung, ihre bisherige Defensivstellung mit der Offensive gegen Napoleon zu vertauschen. Denn die österreichische Armee zählte damals kaum mehr als 40.000 Mann unter den Waffen — alles andere war beurlaubt oder entlassen — und keine einzige vollständig bespannte Batterie, von den schlechten Finanzen ganz zu schweigen[1]). Aber die fortwährenden Übergriffe Frankreichs brachten den Erzherzog Karl schließlich um seinen Einfluß auf den Bruder, während England und Rußland alle Bedenken zu beschwichtigen wußten, England, indem es dem an finanziellen Mitteln armen Staate reiche Geldunterstützung anbot, Rußland, indem es durch seine Armee die österreichischen Streitkräfte zu verstärken und Preußen, wenn es sein mußte auch wider dessen Willen, fortzureißen versprach. Beide jedoch kamen erst zum Ziel, als Pitt erklärte, die englischen Subsidien stünden nur für einen Krieg zur Verfügung, der binnen vier Monaten oder doch noch im Jahre 1805 eröffnet würde, und als Alexander I. drohte, sich gänzlich zurückzuziehen, wenn man noch länger zögerte. Es war wie ein diplomatischer Überfall, der das Wiener Kabinett vor die Alternative stellte, entweder mit Hilfe eines großen Mächtebundes seine italienischen Positionen, vielleicht sogar bayrisches Land und, wenn Preußen sich dauernd widersetzte, am Ende auch Schlesien zu gewinnen — oder diesen starken Rückhalt zu verlieren und Napoleons weiteren Übergriffen und Angriffen isoliert ausgesetzt zu sein. In dieser Zwangslage entschied sich Kaiser Franz II. am 7. Juli 1805 für den Beitritt zur Koalition und

---

[1]) Vergl. „Gentz und Cobenzl", S. 154. A n g e l i, Erzherzog Karl, III., 10, beziffert die Beurlaubten zu Anfang 1805 mit mehr als 97.000 Mann, die unberittenen Kavalleristen mit 37.000, Daten, die bei der Beurteilung der politischen Dinge in Betracht gezogen werden müssen.

gab Befehl, mobil zu machen[1]). General Mack, der für ein
organisatorisches Genie galt und sich, im Gegensatz zu Erzherzog Karl, unterwunden hatte, Österreichs Armee binnen
der entsprechenden Zeit schlagfertig herzustellen, erhielt den
Auftrag dazu. So war der Kampf auf dem Festland beschlossene Sache. England hatte den Krieg, der ihm die
Sorge vor der französischen Invasion abnahm, Rußland hatte
den Krieg, der Napoleons Absichten vom Orient ablenkte —
nur Österreich hatte nichts als seine sanguinischen Hoffnungen
auf Sieg und Ländergewinn.

Und Frankreich? Napoleon hatte durch die Gefälligkeit
des preußischen Kabinettsrates Lombard bestätigt erhalten,
daß Rußland an einer Koalition wider Frankreich arbeitete,
und verfolgte dann sorgfältig die feindlichen Truppenbewe-
gungen in Tirol und Friaul durch ausgesandte Kundschafter,
bis er die Sicherheit gewann, daß Österreich endlich wirklich
„in Bewegung" geraten sei[2]). Darauf verließ er heimlich
Italien, begab sich in größter Eile nach Paris, wo er vor Mitte
Juli anlangte und bis Ende des Monats blieb. Er glaubt
zwar nicht, daß die Donaumacht noch im laufenden Jahr
den Krieg eröffnen werde, sondern hält dies erst für den
nächsten Frühling für wahrscheinlich; er sieht demnach Zeit
genug vor sich, um das Landungsprojekt, wenn es sich überhaupt als ausführbar erwies, ins Werk zu richten. Ergaben
sich aber jene Schwierigkeiten, die sein Marineminister, und
wohl auch er selbst, voraussah, dann hatte er es jetzt in der
Hand, den Kontinentalkrieg ehestens hervorzurufen, seine
bereits kampfbereite Armee von Boulogne nach Osten zu
dirigieren und damit den unzulänglich gerüsteten Mächten

---

[1]) Man hatte sich zwar im Vertrag von 1802 mit den Veränderungen,
die bis dahin in Italien getroffen worden waren, einverstanden erklärt,
während nun die Koalition alle diese Fragen wieder aufrollte. Da aber
Napoleon selbst sich über geschriebene Verträge so leichthin hinwegsetzte,
brachte man in Wien dieses Bedenken zum Schweigen.

[2]) Um zu wissen, wie eilig es allenfalls die österreichische Regierung
habe, ließ er einen Ordenstausch anbieten. „Nimmt man an," schrieb er
am 6. Juni an Talleyrand, „so sind das drei bis vier gewonnene Monate."
In Wien lehnte man unter einem Vorwand ab, was Larochefoucauld am
18. Juni berichtete. (S. F o u r n i e r , „Zur Textkritik der Korrespondenz
Napoleons I.," S. 54, W e r t h e i m e r, Geschichte Österreichs und Ungarns,
I., 247.)

im Feld zuvorzukommen, ohne als Friedensbrecher zu erscheinen. Er brauchte nur Österreich aufzufordern, abzurüsten,
und war sicher, daß es jetzt einem solchen Ansinnen nicht
mehr Folge leisten würde; denn er wußte schon längst, wie
sehr Erzherzog Karl bei seinem Bruder alle Geltung verloren
hatte und daß in Wien eine andere Strömung vorherrschte.
So konnte er erreichen, daß der Krieg begann, wann es i h m
vorteilhaft schien, und der Vorwurf, ihn herbeigeführt zu
haben, dennoch auf die Gegner fiel. Waren sie es denn nicht,
die gegen ihn gerüstet hatten, als er im Begriffe war, England
anzugreifen? Und wer wollte es ihm wohl verargen, daß er sich
gegen einen solchen Anschlag zur Wehr setzte?

In Paris erfährt er, daß Nelson wirklich nach Westindien
gesegelt, daß aber Villeneuve ihm dort entkommen und vor
ihm nach Europa zurückgekehrt war. Er befiehlt Diesem nun
in einem Schreiben vom 16. Juli, er solle, nachdem er die
Eskadre von Ferrol deblockiert haben werde, auch die von
Rochefort und die stark belagerte von Brest an sich ziehen,
mit beiden entweder direkt in den Kanal oder mit jener allein,
wenn Brest sich als unzugänglich erweisen sollte, um Irland
und Schottland herum nach dem Texel fahren, um dann mit
den holländischen Schiffen nach Calais zu kommen. Dieser
Brief nun enthielt einen sehr bemerkenswerten Zusatz: Der
Admiral möge, falls seine Situation sich durch unvorher-
gesehene Zufälle verschlechtert haben sollte, lieber nach
Cadix zurückgehen[1]). Das war ein Satz, der einen gewissenhaften Kommandanten, wenn er just keine Heldennatur war,
zur Vorsicht mahnte, und man wird schwer den Eindruck los,
daß sich hier der Kaiser selbst einen Ausweg offen halten wollte.

---

[1]) Die Stelle lautet wörtlich: „Wenn infolge von bestandenen Gefechten,
von wichtigen Teilungen der Kräfte oder anderen Zufällen, die wir nicht
vorhersehen können, Ihre Situation wesentlich verändert ist... in diesem
Falle, der mit Gottes Hilfe nicht eintreten wird, wünschen wir, daß Sie nach
Deblockierung des Geschwaders von Rochefort und Ferrol lieber im Hafen
von Cadix vor Anker gehen." C o r r e s p., XI., 8985. In dem begleitenden
ausführlichen Schreiben des Ministers an den Admiral steht: „Der Kaiser
hat den Fall vorgesehen, daß durch Ereignisse, die man nicht in Rechnung
ziehen kann, die Situation der Flotte es Ihnen nicht ermöglichte, die Projekte
auszuführen, die auf die Weltschicksale einen so großen Einfluß nehmen
würden, und will dann, aber auch nur dann, in Cadix starke Kräfte vereinigen (une masse de forces imposantes). D e s b r i è r e, IV., 646.

Noch bevor er von Villeneuves weiteren Schritten Kunde erhalten haben konnte, erteilte er, am 31. Juli, Talleyrand Befehl, eine Note an die österreichische Regierung zu verfassen, die, nach seiner Anweisung, die Mahnung enthielt, die mobilisierten Truppen auf den Friedensstand zurückzuversetzen. Und damit begann er den Krieg mit der Donaumacht systematisch zu forcieren. Schon am 2. August meldet der preußische Gesandte Lucchesini, daß die französischen Zeitungen gegen Österreich und Rußland mit Schimpf losziehen und daß der Kaiser — wie er längst vermutet habe — den Festlandskrieg zu provozieren scheine. Napoleon langte am nächsten Tag in Boulogne an, „weniger um seine Flottille zu besichtigen — wie Frau von Rémusat schreibt, die damals genaue Beziehungen zu Talleyrand hatte — als die große Nordarmee Revue passieren zu lassen, die er demnächst in Marsch setzen will"[1]). Einen Tag später ließ er durch seinen Gesandten in Wien die Forderung stellen, Franz II. solle die nach Venedig und Tirol vorgeschobenen Truppen „unverzüglich" (immédiatement) in ihre Kantonnements nach Böhmen und Ungarn zurückziehen, sonst werde er nicht glauben, daß man mit Frankreich in Frieden bleiben wolle. Dieses Ansinnen ward einige Tage später in stärkerem, am 13. August aber in den stärksten Ausdrücken wiederholt. Er verlange, hieß es nun, nicht nur, daß die Regimenter aus Deutsch- und Welschtirol zurückgenommen, die Streitkräfte in den übrigen Westländern der Monarchie reduziert und die Befestigungsarbeiten eingestellt werden, sondern auch, daß man England gegenüber erkläre, in strengster Neutralität verharren zu wollen. An demselben 13. August schrieb er an Talleyrand, er sei entschlossen, Österreich anzugreifen und vor dem November in Wien zu sein, um den Russen entgegenzutreten, sobald sie einträfen, es wäre denn, daß die Wiener Regierung, wider Erwarten, seiner Forderung, abzurüsten, genüge. „Die Auseinandersetzung, die Herr v. Larochefoucauld (der französische Gesandte) in Wien hatte, und meine erste Note (vom 5.) haben die Frage in Fluß gebracht, die Note, die ich Ihnen kürzlich schickte (am 7., datiert vom 13.), hat sie fortgesetzt, und diese, die ich Ihnen heute sende (am 13.,

---

[1]) Mémoires, II., 173. Die Rémusat war der festen Ansicht, das Landungsprojekt sei vom Kaiser noch in Paris fallen gelassen worden.

datiert vom 16.), wird sie zum Abschluß bringen. Sie wissen.
daß es zu meinen Grundsätzen gehört, denselben Weg einzuhalten, den die Dichter gehen, um zu einer dramatischen
Lösung zu gelangen. Hätte man die Note, die ich heute
schicke, gleich anfangs überreicht, man hätte in Wien geglaubt, ich wolle den Krieg, und ich will ihn doch nur unter
einer Bedingung." Aber war diese Bedingung nicht schon
gegeben? Glaubt er denn noch an die Ausführbarkeit seiner
maritimen Pläne? Nach seinen Briefen an den Marineminister
und an Villeneuve aus dem August müßte man es vermuten.
Aber konnte er wohl andere schreiben, ohne sich des Irrtums
zu zeihen, solange die Situation nicht geklärt und von Villeneuve keine Nachricht da war? Und konnte er, der seine Marine
und die Gewissenhaftigkeit des Admirals kannte, sich über sie
täuschen? Durfte er sonst Österreich mit solcher Schärfe herausfordern? Villeneuves Antwort mußte binnen kurzem eintreffen. In zwei Wochen, heißt es in dem Brief an Talleyrand
vom 13., müsse er über die Entscheidung Österreichs Sicherheit haben, sonst werde der Kaiser Franz das Weihnachtsfest nicht in Wien feiern[1]).

---

[1]) C o r r e s p., XI., 9032, 9038, 9055, 9070. Die Entwürfe Napoleons
zu den drei von Talleyrand redigierten Noten (später veröffentlicht im
Moniteur vom 26. September 1805) habe ich in meiner Abhandlung „Zur
Textkritik der Korrespondenz Napoleons I.", S. 62—87, mitgeteilt. Die
darin betonte Steigerung seiner Mahnung spricht wohl dafür, daß sein
Entschluß für den Kontinentalkrieg nicht erst, wie S o r e l VI., 451, meint,
am 12. August in Boulogne, sondern früher, noch in Paris, gefaßt worden
sei. Holland R o s e hat kürzlich in einer in seinem Buch „Pitt and Napoleon"
(1912) veröffentlichten Abhandlung „Did Napoleon intend to invade England?" gegen die heute am schärfsten von D r i a u l t, „Austerlitz" (1912)
vertretene Anschauung polemisiert, der Kaiser habe freiwillig auf die Landung
verzichtet und der Krieg mit Österreich sei ihm eine willkommene und
durch ihn selbst herbeigeführte Auskunft gewesen, da er für ihn in Boulogne
ein wohlgerüstetes Heer bereit hatte. („En vérité, il ramassait toute sa
force à Boulogne pour fondre d'un essor irrésistible sur le Danube, au coeur
du continent. Ce fut sa conception politique et stratégique la plus géniale",
p. 220). Auch ich war dieser Ansicht und glaube heute noch, daß man ihr
beipflichten muß. Nur wird man sie dahin modifizieren dürfen, daß man
für das Jahr 1805 die Absicht Napoleons gelten läßt, die Landung unter
besonders günstigen maritimen Verhältnissen und wenn Österreich, aller
Provokation ungeachtet, gefügig blieb, zu wagen. Daß die erste Voraussetzung zutraf, war schwer zu erhoffen; sie war durch Nelsons Rückkehr
nach Europa, die Napoleon noch in Paris erfahren haben wird, hinfällig
geworden; die zweite war es nach der Krisis in der Wiener Kriegsleitung im

An demselben Tag, an dem die dritte Note von Paris
nach Wien abging — es war der 16. August — erhielt in Paris
der Minister des Äußern den Auftrag, die Vertragsverhand-
lungen mit Bayern, die schon nach der Rückkehr Napoleons
aus Italien eingeleitet worden waren, zum Abschluß zu bringen,
was dann auch in München am 24. August geschah. Der Vertrag verpflichtete Bayern für den Kriegsfall zur Stellung von
20.000 Mann unter französischem Oberkommando. Sollte der
Kurfürst dabei vorübergehend sein Land verlieren, so wird
Frankreich durch eine Subvention für seine Truppen sorgen.
Ein Eheprojekt zwischen Eugen Beauharnais, den Napoleon
zum Vizekönig von Italien ernannt hatte, und einer bayrischen
Prinzessin sollte zur Ausführung gelangen. Es bestand kein
Zweifel, daß der Vertrag mit Bayern auch die Fürstenhäuser
von Württemberg und Baden, trotz deren Verwandtschaft mit

März zu Ungunsten des Erzherzogs Karl, von der er rasch Nachricht
erhalten hatte, ebenfalls, und der Kaiser wußte, daß hier seine Abrüstungs-
forderungen auf harten Boden fielen. Konnte da noch viel von jener Absicht
übrig bleiben? Daß sie nicht erst durch Villeneuves Rückzug nach Cadix
vereitelt wurde, ist durch D e s b r i è r e s Veröffentlichungen mehr als
wahrscheinlich gemacht worden. Auch Desbrière, wohl der genaueste
Kenner der französischen Marineverhältnisse jener Jahre, kommt am Schluß
seines umfassenden Werkes über die Landungspläne nur zu folgendem
Urteil: „Schrecken für England und der politische Vorteil, eine große
Armee nach Innen und nach Außen jederzeit zur Verfügung zu haben, das
war vielleicht Alles, was Napoleon wirklich wollte." (IV., 830.) „Vielleicht",
allerdings. Aber wer Napoleon nicht als einen blinden Fatalisten auffaßt,
der unbedingt alles für möglich hielt, was er wollte und weil e r es wollte,
der wird hier die sorgfältige Vorbereitung der zweiten Chance nicht übersehen dürfen. Und wenn Rose meint, er habe die italienischen Übergriffe
nur gewagt, weil er erst kürzlich (April 1805) der österreichischen Langmut
versichert worden war, so steht dem entgegen, daß Napoleon schon weit
früher, schon 1803, vom Krieg mit der Donaumacht als der kommenden
Kontinentalaktion gesprochen hatte, daß 1804 seine Kundschafter die
österreichischen Länder durchzogen, daß er schon im Oktober dieses Jahres
in Mainz Vorkehrungen zu einem Rheinübergang traf und daß er doch gewiß
der Wiener Politik nicht so unbedingt vertraute, um just in dem Augenblick, da er das größte Unternehmen seines Lebens — die Invasion Englands — wagen wollte, die gewiß nicht dringenden Akquisitionen in Italien
machte, von denen er sicher war, daß sie in Wien tief verstimmen mußten
und ihm — und mit dieser Möglichkeit hatte er unbedingt zu rechnen —
zu dem russischen auch noch den österreichischen Feind auf dem Kontinent
erwecken konnten

Rußland, dem Kaiser der Franzosen zuführen werde, was
dann tatsächlich bald der Fall war[1]). Nur Hessen-Darmstadt widerstand dem Allianzanerbieten Napoleons im Vertrauen auf preußische Hilfe.

Und auch nach Berlin wandte sich Napoleon. Im tiefsten
Geheimnis reiste Duroc dahin. Er hatte ein fertiges Schutz-
und Trutzbündnis in der Tasche, wonach Hannover an Preußen
fallen, das rechtsrheinische Cleve aber für Frankreichs Interesse gesichert werden sollte, „um Preußen von den französischen Grenzen zu entfernen und immer Herr der wichtigen
Festung Wesel zu bleiben", wie Napoleon an Talleyrand
schrieb. Das Ländchen konnte dabei immerhin einem deutschen
Fürsten übertragen werden, der natürlich von Frankreich abhängig blieb[2]). Preußen widerstand. Man ging in Berlin auf
die kriegerische Zumutung des Kaisers ebensowenig ein als
man sich durch Rußland aus seiner Neutralität herauslocken
ließ, brach jedoch die Verhandlungen weder nach der einen
noch nach der anderen Seite ab. Es war jenes unglückselige
System profitgieriger Untätigkeit auf Kosten Anderer, das
gerechterweise einmal zur Katastrophe führen mußte.

Mit den diplomatischen Rüstungen gingen seit Mitte
August in Frankreich militärische Anordnungen einher. Aus
dem Innern wurden drei Regimenter nach dem Elsaß dirigiert,
und Berthier ließ die Rheinfestungen stärker armieren; auch
wurden in aller Stille 4000 Mann aus Oberitalien ins Neapolitanische gesandt. All das sah nicht mehr nach Landung in
England aus. In Regierungskreisen nahm man sie längst nicht
mehr als ausführbar an. Schon am 2. August hatte Talleyrand an den Kaiser nach Boulogne geschrieben, die Seekräfte
der Briten seien, nach der Rückkehr ihres Admirals, im Ozean
auf 54 oder 55 Schiffe gestiegen und die Landung dadurch

---

[1]) De Clercq, II., 123, 126.
[2]) Corresp., XI., 9127. Es ist interessant, aus dem Konzept des
Briefes an Talleyrand zu entnehmen, daß Napoleon ursprünglich die Idee
hatte, das kleine Land nur dem Bewerber um die Hand einer französischen
Prinzessin anzuvertrauen. „J'en ferai la dot d'une princesse de ma famille",
hieß es darin. Deutsches Land als Mitgift für französische Prinzessinnen! So viel
Hohn glaubte selbst ein Napoleon noch nicht wagen zu dürfen und strich die
Stelle durch. Vergl. „Zur Textkritik der Korrespondenz Napoleons I.",
S. 94 (mit dem Faksimile des Briefes).

zweifellos für jetzt unmöglich geworden[1]). Und das Verhalten Villeneuves entsprach gleichfalls dieser Auffassung. Er hatte am 22. Juli vor Ferrol mit vierzehn feindlichen Fahrzeugen zu kämpfen gehabt, ehe er den Hafen deblockieren konnte, war dann aber, da er auf der langen Fahrt durch Stürme gelitten und seine Schiffe sich wenig bewährt hatten, gestützt auf jene Ordre vom 16., nach Cadix gesteuert. Hatte sich doch in der Tat seine Lage durch das Auftauchen Nelsons in Europa wesentlich verschlechtert. Und der Marineminister würdigte auch vollkommen seine Handlungsweise. Er pries geradezu in einem Schreiben an Napoleon den Rückzug nach Cadix als einen Glücksfall, weil durch ihn Frankreichs Flotte für spätere Operationen geschont werde, während ihr die Weiterfahrt nach Norden nur Unglück hätte bringen müssen[2]). Und das war ja wohl auch alles Napoleons innerste Überzeugung. Jetzt, am 23. August, befahl er Talleyrand, „da der Wiener Hof doch nur mit Ausflüchten antworten werde", sein Kriegsmanifest wider Österreich vorzubereiten, wies Bernadotte an, sein Korps bei Göttingen zu sammeln, und Marmont, sich nach Mainz zu begeben. Am 24. werden die Kavalleriedivisionen von St. Omer nach Straßburg dirigiert, am 25. wird Murat auf Kundschaft bis nach Eger ausgesandt, am 26. erhält Berthier Befehl, die Marschordres fertigzustellen, am 27. ist die gesamte Armee nach dem Rhein in Bewegung und das Lager von Boulogne aufgehoben. Der Krieg auf dem Festland hatte begonnen.

Wenn Napoleon ein paar Wochen später den höchsten Zorn über das Fernbleiben Villeneuves vom Kanal zum Ausdruck brachte und dem Admiral das Scheitern seines großen Landungsprojektes zur Last legte, so lag wohl nur wenig innerlicher Ernst diesen Ausbrüchen zugrunde, denn in Wahrheit konnte ihn Villeneuves Handlungsweise weder überraschen noch beirren, sondern nur befriedigen. Und wenn man bis auf die jüngste Zeit herab, nach den Mitteilungen des Generalintendanten Daru, erzählt und geglaubt hat, Napoleon habe erst nach dem Eintreffen der Villeneuveschen Meldung den Gedanken des Kontinentalkrieges gefaßt und den

---

[1]) B e r t r a n d, Lettres inédites de Talleyrand, p. 121.
[2]) D e s b r i è r e, IV., 814.

Plan des Feldzuges wie in einer plötzlichen Inspiration als Extempore in einem Zug diktiert, so gehört das auch mit zur Legende[1]). Lange war der Kampf vorhergesehen und der Zeitpunkt sowohl wie die Durchführung gewiß reiflich erwogen und festgestellt worden. „Der Krieg ist eine große Sache," schrieb der Kaiser am 25. August an Talleyrand, „man soll nicht auf den Gedanken kommen, daß ich ihn gerne unternommen habe, weil ich des Erfolges sicher war." Deshalb möge der Minister eine an den Regensburger Reichstag zu richtende Note, die alle Anklagen wider Österreich zusammenfaßte, möglichst im Tone mildern und damit noch zuwarten[2]). Und er ist tatsächlich seines Erfolges sicher. „Österreich kann mir nicht Widerstand leisten", heißt es in seinem Brief an Friedrich Wilhelm III. Namentlich, wenn er jetzt schon einem Angriff, den er erst im nächsten Frühjahr für möglich hält, zuvorkommt, handelt er ungefähr „wie seinerzeit Friedrich der Große vor dem ersten Feldzug". Das schreibt er an Duroc, und Duroc soll es dem Könige sagen[3]).

Napoleons Voraussicht und Berechnung ist auch in diesem Falle staunenswert. Denn er sollte recht behalten: der November 1805 hat ihn wirklich im Herzen Österreichs angetroffen und Kaiser Franz in der Tat das Weihnachtsfest nicht in seiner Residenzstadt gefeiert. Es hat wohl kaum jemals einen Mann gegeben, der seine Kräfte an denen der übrigen Welt mit so viel Präzision zu messen verstand. Man hat hierin etwas Dämonisches zu erblicken gemeint. Doch nein, Napoleon bildete keine Ausnahme vom Menschlichen. In ihm waren nur gewisse menschliche Eigenschaften zu einer ungewöhnlichen Potenz entwickelt, was seiner Persönlichkeit etwas Überragendes, Gigantisches verlieh. Er konnte noch sehen, wo anderen längst der Blick sich trübte, und was der Menge als ein Chaos dünkte, das stellte seinen Augen sich in deutlicher Entwirrung dar. General Rapp erzählt in seinen Denkwürdigkeiten folgende, auch von anderen überlieferte, sehr bezeichnende Geschichte: Eines Tages wollte Kardinal

---

[1]) S. u. a. M é n e v a l, Mémoires, I., 408 (der letzten Ausgabe).
[2]) „La guerre est une grande affaire; il ne faut pas que l'on pense que j'ai aimé à la faire, sûr du succès." Siehe das Postscript zu dem Briefe C o r r e s p., XI., 9136, das hier ausfiel, in „Zur Textkritik usw.", S. 100.
[3]) C o r r e s p., XI., 9116, 9126.

Fesch dem Kaiser Vorstellungen über seine Politik machen.
Aber er hatte kaum ein paar Worte gesprochen, so führte
ihn Napoleon ans Fenster und fragte ihn: „Sehen Sie diesen
Stern?" Es war am hellen Mittag. „Nein", antwortete Jener.
„Gut denn, solange ich der einzige bin, der ihn erblickt, werd'
ich meinen Weg gehen und keinerlei Bemerkungen dulden."
So zog er fest und sicher, meist unentdeckt und unbeirrt,
seine Linien in die Zukunft[1]).

Während die französische Armee — sie führt jetzt den
Namen „Große Armee" — in möglichster Stille und in Gewaltmärschen, die selbst unter Napoleons Führung bisher unerhört waren, an den Rhein zog, bereitete sich auch Österreich
zum Waffengange vor und trat am 3. September 1805 mit
einer kriegerischen Erklärung gegen Frankreich auf. An
diesem Tag bedeutete Minister Cobenzl dem französischen
Gesandten, man sammle seine Kräfte, „um einen Zustand in
Europa herstellen zu helfen, der den Verträgen entspreche,
die Frankreich völkerrechtswidrig gebrochen habe". Am 8. September gingen die Truppen des Kaisers Franz über den Inn.
Man sollte nun meinen, Österreich hätte die Stärke der
Armee von Boulogne genau gekannt und erwogen, daß diese
den kürzesten Weg einschlagen und daher Deutschland der
Hauptschauplatz des Krieges sein werde. Statt dessen hat
man in Wien, auch militärisch genommen, nur Italien vor
allem im Auge. Noch im Juli war für die Führung der österreichischen Streitkräfte ein von Erzherzog Karl entworfener
Kriegsplan angenommen worden, wonach man drei Armeen
(in Italien, in Tirol und am Inn) aufstellen und die Operationen

[1]) Frau von Clermont sagte ihm selbst einmal, und er gab es zu: er
baue seine Pläne hinter einer Holzwand, die er erst abreiße, wenn sie fertig
sind. (B o u r r i e n n e, Mémoires, III., 114.) Und ähnlich heißt es in einem
Vortrag M e t t e r n i c h s für Kaiser Franz aus dem Jahre 1811: „In ihrem
Entstehen und ihrer ersten Ausbildung geheim, sind und bleiben die Pläne
des französischen Monarchen sein ausschließliches Eigentum, bis ihre Anwendung endlich die allgemeine Aufmerksamkeit erregt und ihr nicht mehr
entzogen werden kann. Dann hat er aber bereits ausgeführt, was der Menge
stets erst im Entstehen schien." (Nachgelassene Papiere, XI., 247.) Das
Bild der Clermont auf die Vorgänge von 1805 angewendet, könnte man sagen,
Napoleon habe am 23. August die Holzwand abgerissen.

mit der stärksten, der italienischen, beginnen wollte[1]). Diese,
94.000 Mann stark und von Karl selbst befehligt, sollte sich
in der Lombardei festsetzen, während die deutsche, etwa
60.000 Mann, mit den Russen vereint in Süddeutschland, die
dritte, 40.000, unter Erzherzog Johann, aus Tirol durch die
Schweiz vorzugehen hätte, um Burgund zu bedrohen. Im besonderen beschloß man, so rasch als möglich durch Bayern
bis über die Iller hinaus zu dringen, um den Krieg in fremdes
Land zu tragen und sich der Truppen des franzosenfreund-
lichen Kurfürsten Max Joseph zu versichern, im übrigen aber
keine Affaire zu wagen, ehe die Russen herangekommen waren,
und sich in solchem Fall eher wieder hinter den Inn zurückzuziehen. Die Russen sollten einer Militärkonvention zufolge in drei verschiedenen Armeen nach Österreich aufbrechen, und zwar in der Weise, daß die Tête der ersten in
der Stärke von über 50.000 Mann am 16. Oktober den Inn
erreichen konnte. So war an dem entscheidenden Punkt die
Disposition der Kräfte schon durch deren Trennung eine un-
genügende. „Österreich" — sagt Erzherzog Johann, der an
den Beratungen teilgenommen hatte, in seinen Denkwürdigkeiten — „rechnete auf die in Marsch befindlichen russischen
Hilfstruppen, und wohl wissend, bis wann dieselben an dem
Inn sein konnten, beachtete es nicht diese Zeit, während
welcher der rastlos tätige Gegner mit seinen beweglichen, gut
gerüsteten Streitkräften erscheinen konnte"[2]). War dies ein
Hauptfehler, so war es ein zweiter, daß nicht der Feldherr,
der bereits wiederholt auf deutschem Boden Siege über die
Franzosen errungen hatte, die deutsche Armee kommandierte,
sondern daß Erzherzog Karl nach Italien ging, während hier
Mack als Generalquartiermeister des Kaisers die Operationen
leiten sollte. Der junge Erzherzog Ferdinand von Modena-
Breisgau war dabei lediglich der Repräsentant Franz II. und
hatte sich den Anordnungen Macks unbedingt zu fügen. Napoleon kannte diesen fahrigen, von Selbstüberschätzung strotzen-

---

[1]) In Italien und Tirol die Truppen auf 40 bis 50.000 Mann zu bringen,
hatte Erzherzog Karl schon am 20. Mai seinem Bruder geraten, da, wie er
sagte, der Feind im Italienischen immerhin so stark sei, um sich Judicariens
und Trients bemeistern und dann durch die Val Sugana „die Absichten,
die er auf Venedig haben dürfte," ausführen zu können (W. St. A.).
[2]) Handschriftlich. Archiv des Grafen Meran in Graz.

den Mann, der sich in maßloser Verblendung jedem Gegner
überlegen glaubte und jetzt, seines organisatorischen Ge-
schickes halber, das unbedingte Vertrauen seines Monarchen
besaß; er hatte ihn nach dem neapolitanischen Feldzug von
1799 als Kriegsgefangenen in Paris kennen gelernt und sich
über ihn zu Bourienne geäußert: „Mack ist einer der mittel-
mäßigsten Menschen, die ich in meinem Leben gesehen habe.
Voll Eigendünkel und voll Eitelkeit hält er sich zu allem
fähig. Es wäre zu wünschen, daß er eines Tages gegen einen
unserer guten Generale geschickt würde; er würde schöne
Dinge sehen. Er ist übermütig, und das sagt alles. Gewiß,
er ist einer der untauglichsten Menschen, die es gibt. Und
dazu kommt noch, daß er Unglück hat." Nun stand der Geringfügige dem Gewaltigen selbst gegenüber.

Mack ging von der Voraussetzung aus, die Franzosen
würden ein starkes Heer an der Küste des Kanals zurücklassen, um gegen eine Landung der Engländer geschützt zu
sein, während eine andere Armee in Frankreich selbst verbleiben müßte, um einer drohenden revolutionären Bewegung
vorzubeugen, Napoleon würde daher in Deutschland nicht
stark auftreten und auch nicht vor Ankunft der Russen auf
dem Schauplatz erscheinen können[1]). Auf diese Schlüsse
bauend, eilte er mit rasch zusammengescharten, halb kompletten, schlecht ausgerüsteten Truppen vorwärts, um vielleicht
noch vor dem Aufmarsch des Feindes in Frankreich einfallen
zu können. Er hatte nach Napoleons Beispiel beschlossen,
die Armeen durch Requisitionen zu ernähren, was von vornherein eine ungeheure Verwirrung erzeugte, und wenn das
Vorrücken über den Inn, hinter welchem Fluß man am besten
stehen geblieben wäre, um die Ankunft der Russen abzuwarten,

---

[1]) Die Engländer planten in der Tat eine Landung in Quiberon und
baten sich den österreichischen General Radetzky als Generalstabschef
aus. Die unzutreffende Nachricht von einer Gärung in Frankreich gegen
Napoleon war längst durch ihre Agenten verbreitet worden. Nach Radetzkys
Memoiren soll sie Macks übereiltes Vordringen mit veranlaßt haben. Mitteilungen des k. u. k. Kriegsarchivs, 1887. Die Ansicht über die Schwäche
der französischen Streitkräfte war allgemein. Erzherzog Karl spricht in
einem Brief an den Herzog von Sachsen Teschen von „der kläglichen
Situation Napoleons und den wenigen Mitteln, die er hat, 60.000 Mann".
Die 60.000 Mann Franzosen waren richtig, nur standen sie in Oberitalien,
während in Deutschland 200.000 in den Kampf traten.

in der Absicht geplant war, die bayrische Hilfe zu erwerben,
so erwies sich dies als Täuschung. Kurfürst Max Joseph, bereits an Frankreich gebunden, führte die Österreicher, was
seine politische Haltung betraf, in die Irre und machte es
dadurch möglich, daß seine Truppen unbehelligt nordwärts
ausweichen konnten, wo sie Bernadotte, der nach Würzburg
herangekommen war, aufnahm. Damit war der Plan Österreichs
in seinem ersten Teil gescheitert. Dennoch aber drängte Mack
vorwärts, um die Illerlinie zu gewinnen und sie zu befestigen,
da er annahm, der Feind würde durch den Schwarzwald avancieren und er ihn auf dem Marsche treffen können, wobei ihn
Ulm, das beide Donauufer beherrschte, als Stützpunkt ganz
unschätzbar dünkte. Der Platz war ja vornehmlich auf sein
Andringen im Jahre 1796 neu befestigt worden[1]. Als Erzherzog Ferdinand am 19. September den Oberbefehl übernahm, fand er das Gros seines Heeres zwischen dem Inn und
München auf dem Marsch, während ihm sichere Nachrichten
meldeten, Napoleon sei mit der g a n z e n Küstenarmee,
150.000 Mann stark, von Boulogne abgegangen und könne am
10. Oktober an der Iller anlangen. Das war nun alles ganz
anders als Mack vorausgesetzt hatte. Unter solchen Umständen durften die Österreicher nicht weiter vorgehen, sonst
trennten sie sich noch mehr von den nachrückenden Alliierten
und wurden in ihrer Vereinzelung überwältigt. Das erkannte
der Erzherzog sehr wohl und ließ die Armee Halt machen.
Mack jedoch erwirkte von Kaiser Franz, der für kurze Zeit bei
den Truppen erschien, daß der Haltbefehl zurückgenommen
wurde, und in der letzten Septemberwoche hatte er wirklich
seine Hauptmacht an der Iller vereinigt. Daß die in Hannover
stationierten Franzosen schon, wenn sie nur nach Süden marschierten, seine Rückzugslinie bedrohen mußten, kam ihm
nicht in den Sinn.

Zu derselben Zeit, als die Österreicher sich an der Iller
sammelten, ging die Hauptmasse der Truppen Napoleons zwischen Kehl und Mannheim über den Rhein. Fast lautlos marschierten sie auch in den Nächten. Von ihren Bewegungen
Nachricht zu geben, ward den Journalen strengstens verboten.
Es waren außer der Kaisergarde (8—9000 Mann) sieben Ka-

---

[1] Bericht Lehrbachs aus Ulm, 28. Juli 1799. (W. St. A.)

valleriedivisionen als „Kavalleriereserve", die Murat befehligte,
dann vier Armeekorps, die von Ney, Lannes, Soult und Davout kommandiert wurden. Zwei andere, unter Marmont und
Bernadotte, kamen von Norden her nach Würzburg. Ein
siebentes Korps unter Augereau, dasselbe, das in Brest gestanden hatte, bildete die Reserve im Elsaß[1]). Süddeutsche
Hilfstruppen vermehrten dann das Heer um mehr als 30.000
Mann. Im ganzen standen Napoleon über 200.000 Krieger zu
Gebote, eine glänzende Armee, die er sich nicht genug zu
loben wußte. Die Korpsführer waren meist so jung wie er,
Davout ein Jahr jünger, Marmont sogar erst einunddreißig
Jahre alt, doch alle kriegserfahren und dem Manne, der sie
führte, durchaus ergeben. Von der „Großen Armee" getrennt,
sollte die „italienische" unter Massenas Kommando selbständig
operieren. Napoleon selbst war am 4. September nach Paris
gekommen und mit Absicht dort geblieben, um auch dadurch
das Geheimnis seines Aufmarsches zu unterstützen. Hier hat
er durch den Telegraphen und gute Spione erfahren, daß Mack
auf Ulm losgehe, während die Russen noch bei weitem nicht
den Inn erreicht hätten, und entwirft daraufhin seinen
Operationsplan. Er wird sich links vom Schwarzwald vorbei-
ziehen, die Donau unterhalb Ulms überschreiten, sich so zwischen die Österreicher und ihre Verbündeten legen und beide
einzeln schlagen. Murat mit der Kavalleriereserve hatte vorwärts Straßburg zu operieren, was die Täuschung Macks zu
unterstützen vermochte, als kämen alle Franzosen von daher.
Dann ging der Kaiser selbst nach Straßburg. Hier soll er,
ehe er sich von Josephinen verabschiedete, von den ungeheuren Aufregungen und Anstrengungen der letzten Wochen
in seinem Innersten erschüttert, einen Anfall von Nerven-
krämpfen erfahren haben, der jedoch rasch vorüberging[2]).

---

[1]) Napoleon hatte die „Halbbrigaden" abgeschafft und dafür wieder
die alte Bezeichnung „Regiment" eingeführt. Auch bildeten die Divisionen
keine Einheit mehr, sondern waren, gewöhnlich zwei bis drei mit einer Kavalleriedivision, zu Korps zusammengelegt worden. Jedes Korps hatte seinen
eigenen Generalstab. An der Spitze des Generalstabs der Armee stand
wieder Berthier, der im Namen des Kaisers an die Korpsführer die Ordres
erteilte.

[2]) Die R é m u s a t erzählt, er habe in Paris unausgesetzt gearbeitet,
höchstens bei Tage ein paar Stunden geschlafen und des Mitternachts
gewöhnlich schon wieder sein Tagewerk begonnen. (Mémoires, II., 195.)

Anfang Oktober ist er bei der Armee angelangt. Diese hat unterdessen mit der größten Präzision die befohlenen Manöver durchgeführt. Am 1. Oktober sind die Korps von Davout, Soult, Lannes und Ney vom Neckar aufgebrochen, am 7. sind sie schon an der Donau bei Höchst und Donauwörth angelangt und auch schon bei dieser Stadt über den Strom gegangen. Sie stehen damit im Rücken der feindlichen Armee. Bernadotte hat von Würzburg weg, rücksichtslos und auf Preußens Friedensneigung bauend, den geraden Weg durch das preußische Fürstentum Ansbach genommen und ist auf Ingolstadt im Marsch, Marmont westlich davon auf Neuburg zu. Zwei Tage später ist fast die ganze Armee über die Donau gerückt — Soult ist bis Augsburg gelangt — und marschiert nun von Osten her gegen Ulm. Nur Bernadotte und Davout bleiben zur Beobachtung der Russen, die übrigens noch nicht in Sicht sind, zurück. Auf daß der Feind nicht nach Tirol entwische, hat Soult Memmingen wegzunehmen.

Diese Bewegungen sind Mack nicht unbekannt geblieben. Durch den Doppelspion Schulmeister, der in den Napoleonskriegen eine gewisse Berühmtheit erlangt hat, ward er davon in Kenntnis gesetzt. Anstatt nun aber anzunehmen, daß die französische Armee aus sei, ihn zu fangen, wiegte er sich, durch ein in Stuttgart verbreitetes Gerücht verführt, in dem „kompletten Traume", wie er selbst später die verrückte Vor-

---

Die Szene in Straßburg schildert T a l l e y r a n d folgendermaßen: Der Kaiser habe ihn am Tag seiner Abreise nach dem Abendessen bei der Kaiserin zu sich in sein Zimmer gerufen, wo er plötzlich zu Boden fiel. „Er hatte nur Zeit, mich aufzufordern, die Türe zu schließen. Ich riß ihm die Krawatte ab, denn er schien ersticken zu wollen. Er erbrach sich nicht, aber er seufzte und gab Speichel von sich (bavait). Herr v. Rémusat, der erste Kammerherr (der mit ins Zimmer getreten war), reichte ihm Wasser, ich überschüttete ihn mit Eau de Cologne. Er hatte eine Art Krämpfe, die übrigens nach einer Viertelstunde aufhörten; wir setzten ihn in einen Lehnstuhl; er begann zu sprechen, kleidete sich wieder an, empfahl uns strengstes Geheimnis und war, eine halbe Stunde später, auf dem Weg nach Karlsruhe." (M é m o i r e s, I., 295.) Frau v. Rémusat (M é m o i r e s, III., 60) erzählt dieselbe Szene, verlegt sie aber nach Mainz und in das Jahr 1806. Man hat auf die Schilderung dieses Vorfalles allein hin von Epilepsie gesprochen, was doch wohl zu gewagt erscheint. Frau v. C h a s t e n a y sagt in ihren Memoiren (II., 244): „Ich kann nicht glauben, daß er epileptisch war, wenigstens hat er öffentlich nie einen Anfall gehabt." Vergl. O p p e n h e i m, Nervenkrankheiten, II., 1220 ff. über nervöse Krämpfe, die nichts mit der Fallsucht zu tun haben.

stellung nannte, Napoleon sei auf dem Rückzug nach Frankreich begriffen, wohin ihn die Revolutionsgefahr und die Besorgnis vor der Landung der Engländer abriefen[1]). Die österreichischen Truppen, meinte er, könnten unter solchen Umständen nichts Besseres tun, als in Ulm konzentriert stehen
bleiben und die vorbeieilenden Franzosen in der Flanke belästigen und verfolgen. Napoleon verfolgen! ein Mack! und
mit einer Armee, die seine Hast das Wichtigste entbehren ließ,
die durch forcierte Hin- und Widermärsche fast alle Resistenz-
fähigkeit eingebüßt hatte, die nur eine geringfügige Reserve-
artillerie mit ganz ungenügender Munition besaß und von
deren Regimentern einzelne durchgängig barfuß marschierten
und bloß über ihre Taschenpatronen verfügten! Es half nichts,
daß Erzherzog Ferdinand, der Not und Gefahr zu würdigen
wußte, wider diesen dünkelhaften Einfall sprach, nichts, daß
alle Untergenerale sich dagegen verwahrten: Mack blieb hartnäckig dabei, die französische Armee sei auf dem Rückzug.
Wie die Finger einer greifenden Hand krampften sich unterdes die einzelnen napoleonischen Korps um den Feind, jede
vorgeschobene Abteilung mit großen Verlusten auf Ulm zu-
rückwerfend und schließlich die Stadt beschießend und zur
Übergabe auffordernd. Dabei waren namentlich die für die
Österreicher verlustreichen Gefechte bei Wertingen und
Günzburg am 8. und 9., der Widerstand Duponts bei Haslach
am 11. und der Sieg Neys bei Elchingen am 14. Oktober entscheidend. Kaum daß es noch dem Erzherzog gelang, sich

---

[1]) Die oft wiederholte Ansicht, Schulmeister habe Mack zu der Annahme
vom Rückzug des Feindes nach Frankreich verleitet, ist als falsch erwiesen.
Die Unzufriedenheit der Franzosen mit Napoleon war in österreichischen
Regierungskreisen eine fixe Idee von politischem Gewicht. (Cobenzl an
Kutusow, 12. Oktober 1805, bei A n g e l i, Ulm und Austerlitz, Milit. Z.
1878, 302.) Schulmeisters Berichte waren gut. Erst als ihn Mack nach Stutt-
gart sandte, „um über die Revolution der Franzosen gegen ihren Kaiser
Erkundigungen einzuziehen," gab der schlaue Mann die österreichische
Partie verloren und diente fortan dem Gegner allein. Wenn Paul M ü l l e r,
L'espionnage militaire sous Napoléon I., die Meinung vertritt, Schulmeister
habe zwar Mack richtig informiert, ihn aber durch einen zweiten vertrauten
Spion im Glauben an den Rückzug der Franzosen erhalten lassen, so sind
dafür keinerlei Beweise vorhanden. Vielmehr beginnen die Berichte Schulmeisters an Savary, die er mitteilt, erst am 17. Oktober. Auch A l o m b e r t
in der Revue d'histoire, 1902, p. 1331 ff., Oktober bis Dezember, gibt eine
der hier gebotenen gleiche Darstellung der Sache.

auf eigene Faust mit zwei Bataillonen und elf Eskadronen, an die sich dann noch vier anschlossen, über Göppingen nach Nördlingen und weiter nach Böhmen durchzuschlagen. Nun erst erwachte Mack aus seinem Traume. Am 16. Oktober erklärte er sich zu Unterhandlungen bereit, und am 17. waren sie abgeschlossen. Wenn binnen einer Woche — lauteten die Bedingungen — kein Entsatz kommt, ist die Armee von Ulm kriegsgefangen mit Ausnahme ihrer Offiziere, die auf Ehrenwort frei ausgehen; ein Tor wird den Franzosen geöffnet, damit sie eine Brigade in die Festung legen. Aber als ob es der Verwerflichkeit noch nicht genug wäre, ließ sich Mack in einer Besprechung mit Napoleon auch noch dahin bringen, daß die Kapitulation schon am 20. Oktober perfekt wurde. An diesem Tage legten drei österreichische Korps, jetzt allerdings nur noch 25.000 Mann, vor dem Feind die Waffen nieder, der in den bisherigen Einzelgefechten ebensoviel Gefangene gemacht hatte. ,,Die Schande, die uns erdrückt,‘‘ — schrieb der österreichische Hauptmann de l'Ort in sein Journal — ,,der Kot, der uns bedeckt, ist unauslöschbar. Während die Bataillone die Waffen strecken, unterhält sich Napoleon in der einfachsten Kleidung in der Mitte seiner gestickten Marschälle mit Mack und mehreren unserer Generale, die er, nachdem sie defilierten, zu sich berufen hat. Der Kaiser in der Uniform eines gemeinen Soldaten, mit einem grauen, an den Ellbogen und an den Schößen verbrannten Mantel, einen eingedrückten Hut ohne Unterscheidungszeichen auf dem Kopf, die Arme auf dem Rücken gekreuzt und an einem Lagerfeuer sich wärmend, sprach mit Lebhaftigkeit und gab sich ein gutmütiges Aussehen.‘‘ Er hatte einen fast unblutigen Sieg errungen. ,,Ich habe meinen Zweck erreicht,‘‘ schrieb er tags vorher an Josephine, ,,ich habe die österreichische Armee durch bloße Märsche zerstört.‘‘ In der Tat, außer einem Korps unter Kienmayer, das von Mack getrennt worden war und an den Inn zurückmarschierte, außer den Verstärkungen, die aus Tirol herangerückt waren und nun wieder dahin zurückwichen, und der Reiterschar, mit der der Erzherzog entflohen war — die zwei Bataillone wurden gefangen — hatte Österreich auf diesem Schauplatz alles verloren[1]).

---

[1]) Mack hat sich später zu rechtfertigen gesucht: das Verhalten des Erzherzogs, das seiner Generale, die Verletzung des ansbachischen Gebietes

Natürlich wirkte die Katastrophe von Ulm auf die anderen Armeeteile zurück. Erzherzog Karl sah sich genötigt, seine feste Stellung hinter der Etsch aufzugeben, um seine Truppen möglichst intakt aus Italien wegzubringen. Ein glücklicher Schlag gegen Massena bei Caldiero, am 30. und 31. Oktober, gestattete ihm, den Rückzug in aller Ordnung, wenn auch nicht ohne erhebliche Verluste, auszuführen und sich dann bei Marburg mit dem Erzherzog Johann, dessen Verbleiben in Tirol ebenfalls unmöglich geworden war, am 20. November zu vereinigen. So hatte das Schicksal Macks den ganzen österreichischen Kriegsplan umgeworfen: aus der Offensive ward Kaiser Franz in die Defensive gedrängt, und all seine Hoffnung beruhte zunächst nur noch auf den Russen, da Erzherzog Karl dreimal so weit von der Hauptstadt entfernt war als der Feind und sich seiner Subsistenz wegen der ungarischen Grenze zuwenden mußte. Es war ein hartes Schicksal, sich mit fremden Truppen verteidigen zu müssen. Und sehr innig war der Bund mit Rußland schon deshalb nicht, weil Alexander das Streben der Österreicher nach der Beherrschung Italiens im Grunde perhorreszierte, wie es Paul I. verurteilt hatte, und sich schon damals durch seinen wankelmütigen Charakter namhaft gemacht hatte. Doch hielt jetzt die gemeinsame Gefahr die Alliierten noch aneinander fest.

Fast zur selben Zeit aber, wo die Koalition gegen Frankreich auf dem Kontinent einen so harten Stoß erlitt, errang sie auf dem Meer einen ewig denkwürdigen Sieg. Villeneuve war seit August mit der vereinigten französisch-spanischen Flotte in Cadix stehen geblieben, unablässig von Napoleons

seitens der Franzosen trügen die Schuld. Aber die Untersuchung hat bald die Hinfälligkeit dieser Ausflüchte und in ihm allein den Schuldigen erkannt. Er verlor Rang und Ehren und für zwei Jahre die Freiheit. Die Geschichtsschreibung hat dieses verdammende Urteil voll bestätigt. Nur die unerwartete Verletzung der preußischen Neutralität wurde auch in Regierungskreisen als eine der Ursachen des Mißgeschickes der Armee festgehalten. Wenigstens machte sie Kaiser Franz in einem Brief an Friedrich Wilhelm III. vom 25. Oktober 1805 geltend: „Die Verletzung des Gebietes Eurer Majestät, die sich Kaiser Napoleon erlaubte, indem er 100.000 Mann(!) seiner Truppen durch das Markgrafentum Anspach marschieren ließ, kostet mir fast meine ganze deutsche Armee. Ich sowohl, wie meine Generale, mußten mit einer so sehr respektierten Neutralität, wie diejenige Eurer Majestät, rechnen und es als unmöglich ansehen, daß Frankreich einen so mächtigen Fürsten derart herausfordern könnte." (W. St. A.)

Ungnade verfolgt. „Villeneuve", hatte dieser in ungerechtem
und wohl auch nicht ganz echtem Zorn an den Marineminister
geschrieben, nachdem er von Boulogne bereits aufgebrochen
war, „ist ein Elender, den man mit Schande fortjagen sollte;
ohne Kombinationsgabe, ohne Mut, ohne Interesse für das
Allgemeine, würde er alles opfern, um nur seine Haut zu
retten." Jetzt befahl er dem Admiral, den er doch hätte absetzen müssen, wenn dessen Schuld wirklich so groß gewesen
wäre, aus Cadix auszufahren, zur Unterstützung Saint-Cyrs
nach Neapel zu steuern und auf dem Weg die Engländer in
jedem Fall, wo er ihrer Schiffszahl überlegen war, anzugreifen. Eine neuerliche Vorstellung Villeneuves, daß sich
seine Eskadre im schlechtesten Zustand befinde, daß namentlich die spanischen Schiffe zum großen Teil von Matrosen bedient seien, die nie ein Seemanöver mitgemacht hätten, und
daß daher die Chancen im Gefecht die unglücklichsten wären,
hatte keinen Erfolg. Er mußte auslaufen und sich alsbald zur
Schlacht bereiten, da er sofort auf Nelson stieß, der seinen
dreiunddreißig Linienschiffen momentan nur siebenundzwanzig entgegenstellte, nachdem er sechs von seinen dreiunddreißig detachiert hatte, um Proviant zu holen. Das waren
nun vortrefflich gerüstete Fahrzeuge, mit erfahrenen Leuten
bemannt, die dem Kommando des genialsten Admirals der
ersten seefahrenden Nation unterstanden, während die verbündete Flotte, namentlich in den letzten Tagen, viel durch
Desertion von Matrosen an Manövrierfähigkeit eingebüßt
hatte. Der Ausgang war nicht zweifelhaft. Nelson änderte die
hergebrachte Taktik des Angriffs, indem er seine Flotte in
zwei Angriffskolonnen formierte, um damit an zwei Stellen die
lange Linie des Feindes in drei Teile zu spalten und diese einzeln zu überwältigen. Villeneuve hatte diese Absicht zwar bemerkt, konnte sie aber mit seinem schlechten Material nicht
parieren, und so ging die Seeschlacht beim Kap Trafalgar am
21. Oktober 1805 für Napoleon verloren. Von den französischen Schiffen gerieten achtzehn in die Hände des Feindes,
darunter das Admiralschiff mit Villeneuve, elf flüchteten nach
Cadix zurück, die anderen suchten das Weite, um schließlich
ebenfalls gefangen zu werden. An siebentausend Mann, zu
zwei Dritteln Franzosen, waren in dem furchtbaren Kampfe
gefallen, die Engländer hatten kaum das Viertel an Mann-

schaft verloren, darunter aber freilich einen Mann, der mehr als eine Flotte aufwog: Nelson selbst. Villeneuve sollte ihm bald nachfolgen. Von der Wut seines Monarchen gepeinigt und vor ein Kriegsgericht berufen, gab er sich — kaum aus der Gefangenschaft heimgekehrt — den Tod. Wir hören, daß der Kaiser an den 21. Oktober nie erinnert sein wollte und daß die Opfer dieses Kampfes bei ihm nur ein ungnädiges Gedächtnis fanden. Freilich war bei Trafalgar auch mehr entschieden worden als eine Schlacht. Das Geschick eines ganzen Weltteils hing davon ab, daß die Engländer nunmehr endgültig ihre unbedingte Herrschaft zur See behaupteten und von einem direkten Angriff auf ihr Land kaum je wieder die Rede sein konnte.

Dadurch war der Erfolg von Ulm getrübt. Es bedurfte neuer Siege, um den Glanz des Empire wieder herzustellen. Napoleon, der noch nichts von der Niederlage seiner Flotte wußte, zog jetzt eilig den Russen nach, die zwar am Inn angekommen waren und sich hier mit dem Kienmayerschen Korps vereinigt, bei der Nachricht vom Schicksale Macks aber sofort den Rückzug angetreten hatten. Er hoffte, der Feind werde sich ihm an der Traun oder an der Enns stellen; da wollte er ihn schlagen, dann im Triumph auf die Hauptstadt losgehen und dort den Frieden diktieren. Kutusow jedoch, der Führer der Russen, den Kaiser Franz zum Oberbefehlshaber ernannt hatte, trachtete in erster Linie danach, sich auf die heranrückende zweite russische Armee unter Buxhoewden zurückzuziehen; er ließ sich nicht erreichen und wich schließlich über die Brücke bei Krems auf das linke Donauufer aus, um von hier nordöstlich über Znaim nach Brünn zu gehen. Murat war mit der Kavallerie dem Gegner am nächsten geblieben, von seinem Schwager unablässig zur Eile getrieben. Daß er nun dem Feinde nicht aufs andere Ufer folgte, sondern nach Wien weitereilte, zog ihm bittere Vorwürfe zu. Vom Stifte Melk aus schrieb ihm Napoleon am 11. November: „Sie haben die Ordre empfangen, den Russen auf der Ferse zu bleiben. Ich suche mir vergebens Ihr Verhalten zu erklären. Sie haben mich um zwei Tage gebracht und nur an den Ruhm gedacht, in Wien einzuziehen. Aber es gibt keinen Ruhm, wo es keine Gefahr gibt." Der Kaiser sah zugleich eine jenseits des Stromes ungedeckt marschierende

Division unter Mortier gefährdet, die in der Tat noch am selben Tag bei Dürrnstein von den Russen nahezu aufgerieben wurde. Daß zur gleichen Zeit ein österreichisches Korps unter Merveldt, das sich bei Steyr von Kutusow getrennt hatte, um die Alpeneingänge zu decken, von Davout nördlich von Leoben getroffen und in einem fluchtartigen Rückzug nach Graz gejagt wurde, war kein Ersatz.

Aber Napoleon wußte die neue Situation dennoch zu nützen. War Murat nun einmal im Marsch auf Wien, dann sollte er sich dort des Donauüberganges versichern und, von zwei Armeekorps gefolgt, nordwestlich nach Znaim rücken, um Kutusow so den Weg nach Mährens Hauptstadt zu versperren. Da Eile not tat, war viel daran gelegen, zu verhindern, daß die Wiener die Taborbrücke abbrachen. Dieser Aufgabe zeigte sich Murat durchaus gewachsen. Am 13. rückte er in die Stadt ein und marschierte alsbald durch sie hindurch nach der Brücke, die in drei Absätzen die Arme des Stromes überspannte. Die Garnison, 13.000 Mann, war unter dem Kommando eines Fürsten Auersperg aufs andere Ufer gezogen. Sie hatte die Weisung, beim ersten Herannahen der Franzosen die mit Brandstoff belegten Joche sofort in Flammen zu setzen. Nun wußte aber Murat dem Befehlshaber vorzuspiegeln, es seien Waffenstillstandsunterhandlungen zum Abschluß gelangt und der Friede sei in nächster Aussicht, und Auersperg und seine Offiziere, Kienmayer ausgenommen, glaubten den Versicherungen des Feindes um so mehr, als General Bertrand sein Ehrenwort dafür in die Schanze schlug. Die Brücke wurde nicht abgebrannt, die Franzosen überschritten sie, und nur mit Mühe rettete der österreichische General für seine Truppen die Möglichkeit, auf der Brünner Straße fortzumarschieren.

Die Angaben Murats waren bloß eine Kriegslist gewesen. Zwar hatte Kaiser Franz, einer durch Mack überbrachten Anregung Napoleons folgend, am 3. November einen General zu ihm gesandt, der seine Bedingungen für Waffenstillstand und Frieden erfahren sollte; aber sie waren viel zu hoch: Abtrennung Venetiens, Tirols und Vorderösterreichs, und wurden abgelehnt. So beruhte die Hoffnung der Österreicher wieder nur darauf, daß Kutusow seine Vereinigung mit der zweiten russischen Kolonne bewerkstelligen und dann durch einen entscheidenden Schlag den Feind zum Nachgeben zwingen möchte.

Für Napoleon dagegen, der am 13. November triumphierend in Wien eingezogen war, kam alles darauf an, den Russen, dem eine französische Heeresabteilung folgte, indes Murat mit dem Korps von Davout und Lannes gegen seine rechte Flanke operierte, zwischen zwei Feuer zu bringen. Das schien gelingen zu sollen, und man glaubte schon vor der Entscheidung zu stehen. Kutusow, der seine Lage deutlich erkannt hatte, war in Gewaltmärschen weitergegangen, und seine Truppen bedurften infolgedessen notwendig ein paar Ruhetage. Er hatte allerdings vor den nachrückenden Franzosen einen bedeutenden Vorsprung gewonnen, dagegen stand vom Süden her die Gefahr in unmittelbarer Nähe. Diese mußte beschworen werden. Er sandte seinen Unterfeldherrn Bagration mit einigen tausend Mann auf die Straße, die Murat heranzog, um ihn aufzuhalten und so die Rast und den Weitermarsch der Hauptarmee zu decken. Nördlich von Ober-Hollabrunn traf Murat, der augenblicklich nur einen Teil des Lannes'schen Korps bei sich hatte, auf den Gegner, glaubte die feindliche Hauptmacht vor sich zu sehen und wollte nicht angreifen, ohne sich verstärkt zu haben. Um die hierzu nötige Zeit zu gewinnen, schlug er zum Schein einen Waffenstillstand vor, auf welchen Antrag Kutusow, dem nichts gelegener kam, nach absichtlichem Zögern einging. Es ward in der Tat ein Dokument verfaßt, worin sich der Russe — ebenso zum Schein — verpflichtete, aus Österreich abzumarschieren, sobald Napoleon den Vertrag ratifiziert haben würde; er hatte seine Rasttage gewonnen. Als Napoleon dann in Schönbrunn, wo er residierte, die Sache erfuhr, war er außer sich über die gelungene List des Feindes, der jetzt unter Zurücklassung Bagrations bereits nach Norden entkommen war, um sich bei Pohrlitz vor Brünn mit der Wiener Garnison und bei Wischau mit der zweiten russischen Armeekolonne zu vereinigen. Was half es nun, daß Bagration von Murat am 16. November mit großer Übermacht besiegt und zum Rückzug gezwungen ward? Nein, der Name Hollabrunn sollte nicht auf dem Pariser Arc de triomphe stehen.

Napoleon hatte seine Aufgabe nicht gelöst. Kutusow war entwischt und konnte nun unter den Kanonen von

Olmütz noch weitere Verstärkungen abwarten, die General
Essen schon nahe herangebracht hatte, während eine Abteilung von 45.000 Mann unter General Bennigsen auf Breslau
im Anmarsch war. In Böhmen hatte Erzherzog Ferdinand
ein Korps gesammelt, das gleichsam den rechten Flügel der
russisch-österreichischen Aufstellung bildete. Erzherzog Karl
marschierte von Marburg über Körmend nach Raab, um von
da nach Wien zu gelangen. Außerdem hatte sich auch die
politische Stellung der Verbündeten wesentlich gebessert.
Preußen schien endlich doch noch gewonnen. Der rücksichtslose Durchzug der Franzosen durch das Ansbacher Gebiet
hatte plötzlich die Gesinnung Friedrich Wilhelms III. geändert. Man hatte seine Neutralität verletzt und ihn damit
in dem Meisterwerk seiner Politik — dafür hielt er sie —
gekränkt. Er gab jetzt dem Andringen Rußlands, das für
seine Truppen Passage begehrte, nach und ließ sich vom
Kaiser Alexander, der Ende Oktober nach Berlin kam, zwar
nicht zur augenblicklichen Teilnahme am Krieg, wohl aber
zu einem Abkommen auf der Grundlage bewaffneter Vermittlung bereden. Darin ward Preußen die Aufgabe, von Napoleon
die Freiheit Neapels, Hollands, der Schweiz, die Trennung
der italienischen von der französischen Krone, die Entschädigung des Königs von Sardinien, kurz die Einschränkung des
französischen Expansivsystems zu fordern und im Fall der
Ablehnung mit 180.000 Mann der Koalition beizutreten, wofür es, nach einer geheimen Bestimmung, englische Subsidien
und, gegen Tausch oder Entschädigung, Hannover erhalten
sollte; Rußland und Österreich würden sich dahin verwenden
(3. November 1805). Graf Haugwitz wurde zu Napoleon geschickt, um die Sache anzubringen. Bis Mitte Dezember
konnte sie entschieden sein und die dann kriegsgerüstete
preußische Armee einschreiten. Für die kämpfenden Russen
hatte dieser Vertrag den großen Vorteil, daß sie sich, wenn
sie in Mähren geschlagen wurden, nach Schlesien ziehen und
dort von etwa 50.000 Mann aufgenommen werden konnten.

Man sieht, die Lage Napoleons war nicht günstig. Er
hatte in Wien den Frieden zu diktieren gehofft und nun seine
Operationslinie weit über seine Absicht verlängern und, um
seine Flanken zu decken, viel von seinen Truppen detachieren
müssen: Ney war nach Tirol, Marmont nach Steiermark,

Davout an die ungarische Grenze, Bernadotte gegen Böhmen
marschiert, und nur die Korps von Murat, Lannes und Soult
standen zu seiner momentanen Verfügung. In dieser Situation, die er voll würdigte, erfuhr er von der Schwenkung
Preußens und von der verlorenen Schlacht bei Trafalgar und
mußte nun ernstlich darauf bedacht sein, durch Teilung der
feindlichen Kräfte sich Erleichterung zu verschaffen. Trotz
der Weigerung Franz II., Frieden unter den früher erwähnten
Bedingungen zu schließen, hatte er doch nicht alle Beziehungen zu der Wiener Regierung abgebrochen, nach der Einnahme Wiens sich sogar aufs neue an den Kaiser von Österreich gewandt, und jetzt mit dem Erfolg, daß der österreichische Diplomat Stadion sich mit dem General Gyulai in sein
Hauptquartier nach Brünn begab, um dort einen Vertrag zu
bereden. Sie hatten die Aufgabe, mit dem preußischen Unterhändler Haugwitz zusammenzuwirken, der jetzt mit beabsich-
tigter Langsamkeit herankam, denn in Berlin war die kriegerische Wallung wegen der Ereignisse in Süddeutschland schon
wieder verflogen. Da ist es nun vom höchsten Interesse, zu
sehen, wie Napoleon diese Kooperation zu stören weiß. Er
sendet zuerst die österreichischen Abgesandten zu Talleyrand
nach Wien, unter dem Vorgeben, er selbst werde dahin kommen;
unterdes läßt er Haugwitz in Iglau aufhalten; und zu derselben Zeit schickt er seinen Generaladjutanten Savary zu
Alexander I., der bei seiner Armee angelangt war, um Waffenstillstand und eine Unterredung zu verlangen, in der er — wie
er dem Adjutanten des Zaren andeutete — Rußland die
Türkei preisgeben wollte. Ging Alexander darauf ein und
machte er Frieden, dann konnte Österreich aufs äußerste bedrückt werden, wenn nicht, dann mußte man allerdings mit
dieser Macht auf neuer Basis unterhandeln. Das letztere geschah, denn der Zar blieb fest, und am 30. November erklärte
Napoleon in einem Schreiben an Talleyrand, er solle — die
Kriegslage hatte sich inzwischen geändert — von Österreich
nicht mehr ganz Venetien und Tirol, sondern nur die Kreise
von Legnago und Verona mit der Klause für das Königreich
Italien, die Reichsstadt Augsburg, das Fürstentum Eichstädt,
den Breisgau und die Ortenau für die süddeutschen Alliierten
fordern, das übrige Venetien würde dann freilich nicht bei
Österreich bleiben, sondern, etwa als Königreich, an den Kuri

fürsten von Salzburg kommen, dessen Land an den Donaustaat überginge[1]). Aber auch Stadion blieb fest; wenigstens
wollte er nicht ohne Haugwitz' Mitwirkung unterhandeln.
Dieser hinwieder, dem — wie er selbst später dem französischen Gesandten Laforêt erzählte — von seinem König der
mündliche Auftrag erteilt worden war, unter allen Umständen den Frieden zwischen Frankreich und Preußen zu
erhalten, und der in Brünn Vorbereitungen zu einem Zusammenstoß bemerkt hatte, wollte offenbar erst dessen Ausfall kennen und ging nicht aus sich heraus. Er begnügte sich
damit, insgeheim zu verbreiten, Preußen werde der Freund
Frankreichs bleiben, selbst wenn dieses alle seine Bedingungen
ablehnen sollte, und in einem Gespräch mit Talleyrand am
1. Dezember die Friedensliebe seines Monarchen zu beteuern
und wie es dessen Wunsch sei, zur Beilegung der Streitigkeiten das Seinige beizutragen[2]).

Das war immerhin ein günstiges Moment, besserte aber
noch keineswegs Napoleons Stellung. Da half ihm der Feind

---

[1]) Nach einer Kopie des Briefes im Wiener Staatsarchiv lautet der
entscheidende Satz, zum Unterschied von dem Text in C o r r e s p., XI.,
9532: „Die österreichischen Truppen würden das venezianische Land nicht
betreten dürfen, und der Kurfürst befände sich in der größten Abhängigkeit
(dépendance statt indépendance); das könnte sich dann, wenn man will,
‚Königreich Venedig‘ nennen." Abhängigkeit natürlich von Frankreich.
Siehe „Zur Textkritik der Korrespondenz Napoleons".

[2]) S. B e r t r a n d, p. 287, und den Brief Stadions an Metternich in
den Beilagen. Es wird vielfach (von H ü f f e r, K i e s e r i t z k y, U l m a n n,
S. 285 u. a.) bezweifelt, daß der König wirklich jene, dem Abkommen vom
3. November widersprechende Äußerung zu Haugwitz getan habe, wie sie
Laforêt selbst aus des Letzteren Mund erfahren haben will (An Talleyrand,
5. Januar 1806, bei B a i l l e u, II., 354). Max L e h m a n n in seinem
„Scharnhorst", I., 354 und dann wieder in seinem „Stein," I., 392, hält es
dagegen für wahrscheinlich. Es scheint seine Auffassung zu unterstützen,
wenn Stein in einem Brief vom 30. Januar 1806 an Vincke (zit. Lehmann,
I., 396) einen resignierten Ton bezüglich des Schönbrunner Vertrages an-
schlägt und, während er vorher nur Haugwitz dafür aufs bitterste beschuldigt
hatte, jetzt „das Fehlen einer großen moralischen und intellektuellen Kraft
in der Leitung des Staates", d. i. den König selbst verantwortlich macht.
Nur hat noch später, in einer Denkschrift vom April 1806 (bei R a n k e,
Hardenberg, V., 369 ff.), Stein Haugwitz mit Bestimmtheit als „schamlosen Lügner" bezeichnet. Auch Lügner Laforêt gegenüber? S o r e l,
VI., 488, hat Unrecht, in Haugwitz' Verhalten vor Austerlitz Arglist zu
suchen. Es war nur Furcht; „pusillanimité qui explique tout" nanate es
Talleyrand. (B e r t r a n d, p. 205.)

selbst aus der Verlegenheit. Er hatte es mit seinen eingeschränkten Kräften nicht gewagt, den Russen über Brünn
hinaus zu folgen und sie in ihrer sicheren, durch einen festen
Platz gedeckten Position anzugreifen. Aber die Russen taten,
worauf er nimmer gehofft hätte: sie kamen zu ihm. Zu ihrem
Unheil hatte sich der Zar an die Spitze des Heeres gestellt.
Der junge Fürst — „er ist noch recht jung", hatte der Österreicher Stutterheim im Oktober von ihm geschrieben —
brannte vor Ehrgeiz und drängte nach dem Ruhm, einen
Bonaparte im Feld besiegt zu haben. Er wünschte die Offensive zu ergreifen, während doch das einzig Richtige darin lag,
die Defensive so lange zu behaupten, bis die Verstärkungen
herankamen, die Erzherzoge näherrückten, Preußen in Aktion
trat. Es fehlte zwar nicht an abmahnenden Stimmen im
Hauptquartier der Verbündeten, aber doch auch wieder nicht
an solchen, die zurieten. Kutusow war für weiteres Zaudern,
jedoch zu viel Hofmann, um dem Wunsch seines Herrn entschieden entgegenzutreten; froh, die Verantwortung los zu
sein, fügte er sich. Unter denen, die Alexanders Absicht unterstützten, war insbesondere auch der als Generalstabschef ihm
zugeteilte österreichische Oberst Weyrother, der ehedem Suworow in derselben Eigenschaft gedient hatte. Seine Meinung
war, gegen den Feind vorzugehen, dessen rechte Flanke zu
gewinnen und ihm die Verbindung mit Wien abzuschneiden.
Im heimlichen Verständnis mit Alexander — Kaiser Franz,
der sich auch beim Heer befand, damals aber erkrankt war,
soll erst später davon erfahren haben — entwarf er hierzu
den Plan, den der Zar am 28. November nach Berlin meldete.

Auf der andern Seite konnte Napoleon kein wichtigeres
Interesse haben, als die Verbündeten möglichst bald zu
schlagen, ehe die russischen Nachschübe ankamen, ehe Erzherzog Karl noch weiter nach Norden rückte und Preußen
sich, wie nun auch er befürchtete, zur Tat entschloß[1]). Mit

---

[1]) „Bonapartes Interesse erheischte, keine Zeit zu verlieren, das unsrige,
Zeit zu gewinnen. Er hatte alle Gründe, eine Entscheidungsschlacht zu
wagen, wir, eine solche zu vermeiden. Ew. Majestät wird sich erinnern, daß
ich damals in diesem Sinne wiederholt Vorstellungen machte und sie auch
jedem mitteilte, der mich hören wollte. Man mußte den Feind durch kleine
Kämpfe ermüden, das Gros der Armee außer seinem Bereiche halten, Ungarn
gewinnen und sich mit dem Erzherzog in Verbindung setzen." (Czartoryski

um so größerem Staunen vernahm er, daß der Feind seinen
Wünschen entgegenkam. Als er am 28. November durch einen
Deserteur von dessen Vormarsch hörte, wollte er vorerst gar
nicht daran glauben. „Berthier" — erzählt Ségur in seinen
Memoiren — „hielt dies für so unwahrscheinlich, daß er den
Boten festzunehmen befahl, bis eine Ordonanz von Soult
die Nachricht bestätigte." Das Überraschende des Manövers
und die den Franzosen momentan überlegenen Kräfte der
Verbündeten (86.000 Mann gegen 75.000) boten diesen immerhin einen Vorteil, den sie durch rasches Vorstoßen vielleicht
hätten ausnützen können. Weyrother scheint damit gerechnet
zu haben. Aber dazu waren die Truppen und ihre Führung
zu schwerfällig. Sie ließen Napoleon Zeit genug, seine Avantgarde zurückzunehmen und die detachierten Abteilungen
Davouts und Bernadottes herzu zu kommandieren. Am 1. Dezember langten diese, 23.000 Mann stark, zwischen Brünn
und Austerlitz an, wo der Kaiser, zu beiden Seiten der Straße
und südlich bis Sokolnitz und Telnitz, seine Aufstellung genommen hatte[1]). Um die nötige Frist zu gewinnen, hauptsächlich aber auch um sich über den Feind zu orientieren,
hatte er Savary, der an der Spitze des Kundschafterwesens
stand, nochmals zu Alexander gesandt und ihn um eine Unterredung ersucht, worauf der Zar ihm seinen Adjutanten Dolgo-
rucky schickte, der die übertriebensten Friedensbedingungen,
darunter auch die Herausgabe von Belgien, vorbrachte.
„Gut," antwortete der Kaiser, „so werden wir uns schlagen."
Dann entwarf auch er den Plan zur Schlacht[2]). Die Bewegung

---

an Kaiser Alexander im April 1806.) Nach der verlorenen Schlacht log
Alexander dem König von Preußen vor, der Hunger habe ihn zur Offensive
gezwungen. (B a i l l e u, Briefwechsel, S. 88.)

[1]) „Wenn Sie eine Schlacht liefern wollen," — äußerte der Kaiser
einmal um diese Zeit — „dann sammeln Sie alle ihre Kräfte; vernachlässigen
Sie nicht eine einzige; ein einziges Bataillon entscheidet manchmal den Tag."

[2]) Wenn L e t t o w - V o r b e c k, Der Krieg von 1806 und 1807, S. 9,
nicht nur die zweite Sendung Savarys, sondern auch die oben erwähnten
ermäßigten Bedingungen für Österreich im Brief an Talleyrand vom
30. November mit dem Avancieren der Russen in Verbindung bringt und
beides als Zeichen von Napoleons bedrängter Situation deutet, so dürfte
dies schwer zu beweisen sein. Die Wahl Savarys ist doch zu bezeichnend,
und für den Verlauf der Schlacht, die Napoleon und Talleyrand schon für
den folgenden Tag erwarteten, kam der Abschluß der Verhandlungen mit
Stadion gar nicht mehr in Rechnung. Talleyrand entwirft am 1. Dezember

des Feindes gegen seinen rechten Flügel war ihm nicht lange
verborgen geblieben; auf sie baute er sein Kampfprojekt.
Keine gewöhnliche Schlacht (bataille ordinaire) wollte er gewinnen, wie er seinen Generalen sagte, sondern eine entscheidende Aktion sollte es werden, die dem Gegner nicht
gestattete, sich zurückzuziehen und aufs neue zu sammeln;
denn jeder geordnete kampffähige Rückzug der Russen konnte
ihm, da er seine Situation nicht besserte, verderblich werden.
Er wird deshalb nicht die gesicherte Position auf dem Plateau
von Pratze einnehmen, die sich ihm darbietet, sondern sie
dem Feind überlassen, wird in der Aktion sogar seinen rechten
Flügel zurücknehmen, damit Alexander in seiner Absicht, ihn
zu umgehen, bewogen werde, weit auszugreifen und dementsprechend sein Zentrum zu schwächen; dann wird er mit
bereit gehaltenen überlegenen Kräften dieses dünne Zentrum
durchbrechen und den Kampf damit entscheiden. Mit unendlicher Befriedigung sieht er denn auch am 1. Dezember die
Russen zu dem Umgehungsmanöver Anstalten treffen. „Das
ist ein jämmerliches Vorgehen!" ruft er vor Freude zitternd
und in die Hände klatschend seiner Umgebung zu. „Sie gehen
in die Falle! Sie liefern sich aus! Vor morgen Abend ist diese
Armee mein!" Und in der Tat, am 2. Dezember 1805 sah
noch die „Sonne von Austerlitz" die Vernichtung des alliierten
Heeres. Die Truppen des rechten Flügels waren fechtend
zurückgewichen, was den erwarteten Erfolg hatte, worauf
schon um halb neun der Vorstoß gegen das feindliche Zentrum,
das von aller Kavallerie entblößt worden war, von Soult mit
großer Kraft unternommen wurde. Bereits um 11 Uhr Vormittag war er vollständig gelungen: die Höhen von Pratze
waren genommen, die feindliche Linie war zerrissen, der linke
Flügel ganz abgetrennt und in Deroute; der rechte mit den
Österreichern wich dann nach dem tapfersten Widerstand
und in leidlicher Ordnung auf Austerlitz zurück. Die Russen
hatten an 20.000, das österreichische Korps unter Liechtenstein, der an Auerspergs Stelle gerückt war, an 6000 Mann

---

auf der vom Kaiser ihm empfohlenen Basis einen Vertrag und sendet ihn
vorerst noch zur Genehmigung nach Brünn. (S. Bertrand, Lettres
inédites de Talleyrand, p. 201 f.) Es lag Napoleon, nachdem Haugwitz am
28. eingetroffen war, nur daran, das Zustandekommen des Dreibundes zu
verhindern.

eingebüßt. Jene, von den Österreichern und ihrer Rückzugslinie nach Olmütz abgeschnitten, aller Artillerie, Munition
und Bagage verlustig, bewegten sich in regelloser Flucht auf
der Straße nach Göding und Holitsch. „Es gab weder Regimenter noch Armeekorps mehr beim Heer der Verbündeten,"
berichtete Czartoryski, „sondern nur noch Horden, die ohne
Ordnung marodierend davongingen. Auf dem Wege nach
Holitsch hörte man in den Dörfern nur wüstes Schreien der
Leute, die im Wein ihr Mißgeschick zu vergessen suchten."
Alexander selbst, der in Gefahr geraten war, gefangen zu
werden, konnte sich nur durch eine Notlüge daraus befreien[1]).

Eine der glänzendsten Schlachten war für Frankreich gewonnen[2]). „Soldaten!" — wandte sich der Sieger an seine
Truppen — „ich bin mit Euch zufrieden! Ihr habt am Tag
von Austerlitz alles gerechtfertigt, was ich von Eurer Un-

---

[1]) Siehe das Billet, in dem der Zar erklärt, es sei ein Waffenstillstand
bereits geschlossen, der doch erst verabredet werden sollte, bei M é n e v a l,
Mémoires, I., 455, 227.

[2]) Militärische Schriftsteller datieren seit Austerlitz eine neue Epoche
in der Geschichte der Schlachtenkämpfe. J o m i n i sagte, die großen Feldschlachten unserer Tage schrieben sich von 1805 her, und ein neuerer Er-
zähler der Napoleonkriege führt den Gedanken folgendermaßen aus: „In
dieser ersten napoleonischen Schlacht erkennt man sogleich alle jene Merkmale, welche die neueren Schlachten von denjenigen des fridericianischen
Zeitabschnittes unterscheiden. In den Letzteren wurde die gesamte Armee
einheitlich in Bewegung gesetzt, sie konnte und mußte während des ganzen
Verlaufes der Schlacht manövrierfähig in der Hand des Führers bleiben.
Wurde ihr festes Gefüge an einer Stelle gebrochen, so war sie geschlagen.
In der neueren Schlacht kann das Zentrum durchbrochen werden, während
die umfassenden Flügel den Sieg erringen, kann ein Flügel vernichtet werden,
während der andere den Feind erdrückt, ja, in einer gut geleiteten Schlacht
wird man immer auf einem Teile des Schlachtfeldes dem Gegner einen solchen
Erfolg einräumen, um dafür auf dem zur Entscheidung gewählten Punkte
mit Übermacht auftreten zu können." (Y o r c k, I., 241.) Doch ist auch
über diese Schlacht in den Bulletins des Siegers viel Legendenhaftes verbreitet worden. Am längsten erhielt sich die Fabel von den 20.000 Russen,
die in den Teichen von Satschan und Mönitz ihren Tod fanden. (C o r r e s p.,
XI., 9541, 30. Bulletin.) Deutsche und österreichische Kriegsschriftsteller
haben die Sache nie geglaubt. Heute kennen wir die Protokolle, die bald nach
der Schlacht aufgenommen wurden. Man hat in dem einen Teich nur zwei
erschossene Russen gefunden, die vom Rande hineingefallen waren, in dem
andern gar keine Menschenleichen. (S. S l o v a k - J a n e t s c h e k, Die
Schlacht bei Austerlitz, S. 98 ff., nach den Dokumenten der Chirlitzer Gutsherrschaft und anderen gleichzeitigen Aufzeichnungen.)

erschrockenheit erwartete, und habt Eure Adler mit unvergänglichem Ruhm geschmückt. Als das französische Volk mir die Kaiserkrone aufs Haupt setzte, da vertraute ich auf Euch, damit ihr für immerdar die Glorie erhalten bleibt, die ihr in meinen Augen einzig Wert verleiht. Wenn hier alles, was unseres Vaterlandes Glück und Wohlfahrt heischt, erreicht sein wird, will ich Euch nach Frankreich zurückführen. Dort sollt Ihr der Gegenstand meiner zärtlichsten Fürsorge sein. Mein Volk wird Euch mit tausend Freuden wiedersehen, und falls nur einer von Euch sagt: „Ich bin bei Austerlitz dabei gewesen," wird jeder sofort erwidern: „Hier steht ein tapferer Mann."

Napoleon hatte Recht. Der Sieg vom 2. Dezember war kein „gewöhnlicher", er bedeutete den Frieden. Wir sahen, wie er kurz zuvor, seiner gefährlichen Position entsprechend, die Friedensbedingungen herabgemindert hatte: jetzt war die Lage der Dinge gänzlich verändert. Am 3. Dezember schon schreibt er an Talleyrand nach Wien: „Alle Unterhandlungen sind null und nichtig, da sie offenbar nur eine Kriegslist waren, um mich einzuschläfern. Sagen Sie Herrn von Stadion, daß ich mich durch diese List nicht habe täuschen lassen und daß jetzt, wo die Schlacht verloren ging, auch die Bedingungen nicht mehr dieselben sein können."

Im Hauptquartier der Alliierten einigte man sich dahin, daß Kaiser Franz vom Sieger eine Unterredung begehren und Waffenstillstand fordern solle. Dem Ansinnen wurde willfahrt, und am 4. Dezember fand bei Nasiedlowitz, auf der Straße zwischen Austerlitz, wo jetzt der Franzosenkaiser residierte, und Holitsch, wohin sich die verbündeten Monarchen zurückgezogen hatten, die Besprechung wirklich statt. Viel Unrichtiges ist über sie verbreitet worden[1]). Der Franzosenkaiser benahm sich durchaus nicht, wie erzählt ward, brüsk und unhöflich, sondern sehr artig und zuvorkommend. Er war bereit, die verlangte Waffenruhe zu bewilligen, wenn die Russen, deren Armee er umstellt habe, sofort in ihre Heimat zurückkehren wollten. Auch über den Frieden sprach

---

[1]) Namentlich durch Napoleons Bulletin, so daß Kaiser Franz den Grafen Stadion beauftragte, die ihm dort in den Mund gelegten Äußerungen als unwahr zu kennzeichnen, was dann in einem Schreiben nach Berlin geschah. (S. W e r t h e i m e r, Geschichte Österreichs und Ungarns, I., 332.)

man. Wollte ihn auch Rußland jetzt gleich mit abschließen
— allerdings unter der Bedingung, daß es den Engländern
sein Gebiet versperrte — so sollte Österreich jede Land-
abtretung erlassen werden, wenn nicht, so würde ein Separat-
abkommen der Donaumacht den Verlust Venedigs an das
Königreich Italien und Tirols an Bayern auferlegen. Die
letztere Bedingung — bezüglich Tirols — ließ Napoleon auf
Franzens Andringen fallen, der ihm damals, wie Napoleon
später wiederholt erinnerte, versprochen haben soll, niemals
mehr einen Krieg gegen ihn zu beginnen. Von der Entrevue
heimgekehrt, verständigte der Kaiser von Österreich alsbald
seinen Verbündeten von den Forderungen des Siegers, aber
auch davon, daß er bereit sei, weiter zu kämpfen, wenn ihm
Rußland zur Seite bleiben wolle. Dazu jedoch war Alexander
durchaus nicht zu bewegen. So leichtsinnig er die Gefahr
herausgefordert hatte, so wenig war er darnach geartet, sie
in ihren Folgen zu bestehen. Er sprach nur davon, den Schauplatz seines Mißgeschicks verlassen zu wollen. Auf den Frieden
unter der angegebenen Bedingung wollte er nicht eingehen,
da die englische Zufuhr für Rußland eine Lebensfrage bedeutete
und die Engländer seinerzeit eine ähnliche Maßregel Pauls I.
durch wirksamen Haß gegen ihn vergolten hatten. So blieb
denn nur noch übrig, daß er die Trümmer seiner Armee in
Sicherheit brachte. Er ließ dem Kaiser Franz antworten,
er möge nicht mehr auf ihn rechnen, und reiste am 6. Dezember ab. Noch an demselben Tag wurde der Waffenstillstand zwischen Frankreich und Österreich unterzeichnet[1]).

---

[1]) Noch in neueren Darstellungen findet man die Angabe, Österreich
habe sich alsbald nach der Schlacht von Rußland getrennt, während doch
der Zar es war, der seinen Alliierten im Stiche ließ. Dies bezeugen selbst
Quellen, die aus dem russischen Lager stammen, wie J. de M a i s t r e s
Correspondance, éd. Blanc, p. 267 und C z a r t o r y s k i s Mémoires, I.,
411, II., 126—129. Czartoryski sagte es dem Zaren ins Gesicht. Außerdem
heißt es in einem Briefe Stadions an Metternich, der Rückmarsch der Russen
sei zwar von Alexander nicht gerade offen begehrt, wohl aber eifrigst angestrebt worden (der Brief wird unten im Anhang mitgeteilt). In dem Schreiben
an Talleyrand vom 4. Dezember (C o r r e s p., XI., 9542) erzählt Napoleon,
Franz habe auch für die Russen einen Waffenstillstand verlangt und auf
die Bedingung ihres sofortigen Abmarsches geantwortet, „das sei ohnedies
die Absicht des Kaisers Alexander". Siehe auch bei W e r t h e i m e r,
a. a. O. die Zitate aus einem orientierenden Schreiben des Erzherzogs Joseph
an Erzherzog Karl. Schon in einer Denkschrift vom 3. März 1805 hatte

In den Unterhandlungen über den Separatfrieden, zu dem sich Franz durch den Rückzug der Russen bemüßigt sah, hatte Österreich jetzt außer seinen eigenen Kräften nur noch den guten Willen Preußens in Rechnung zu bringen. Aber auch dieser sollte ihm entgehen. Vorsorglich hatte Napoleon in den Vertrag über den Waffenstillstand die Bedingung aufgenommen, daß während seiner Dauer fremde Truppen den österreichischen Boden nicht betreten dürften, und dann sofort die Unterhandlungen mit Haugwitz allein in Wien aufgenommen, nachdem Talleyrand in Brünn mit Liechtenstein und Gyulai — Cobenzl, der aus Wien geflüchtet war, tauchte erst jetzt wieder in Holitsch auf — am 12. Dezember nicht zum Abschluß gekommen war. Dabei unterstützte ihn wesentlich die etwas unbegreifliche Forderung der Österreicher, den Erzherzog Ferdinand für das an Bayern verlorene Salzburg mit

Dieser unter seinen Argumenten wider den Krieg die Unzuverlässigkeit der Russen angeführt und, mit dem Hinweis auf die Erfahrungen vom Jahre 1799, die Frage aufgeworfen „ob Rußland unter allen denkbaren und möglichen Fällen und Umständen auch ausharren wird?" (A n g e l i, Erzherzog Karl, III., 214.) In einem Vortrag vom 28. November 1811 warnt M e t t e r n i c h den Kaiser vor dem „furchtsamen Rußland, das bereits zweimal seine Alliierten ihrem eigenen traurigen Schicksal überließ." (Nachgelassene Papiere, II., 430.) Am 30. Januar 1814 schreibt derselbe Minister an Schwarzenberg: „Gott behüte Sie vor einer großen Niederlage, denn Kaiser Alexander läuft dann ohne aufzuhalten nach Petersburg." (K l i n k o w s t r ö m, Österreichs Teilnahme an den Befreiungskriegen, S. 805.) Dem dreisten Vorwurf, den die Russen später ganz offiziell gegen die Österreicher erhoben, sie hätten sich bei Austerlitz nicht gut geschlagen, ist Napoleon im „Moniteur" mit beißender Ironie entgegengetreten. „Die das Schlachtfeld gesehen haben" — hieß es darin — „werden bezeugen, daß es dort, wo der Hauptstoß stattfand, mit Österreichern bedeckt war, während anderorten nur russische Tornister lagen." (C o r r e s p., XII., 10032.) Was der „junge" Zar seiner Gemahlin erzählt haben mag, um seine rasche Rückkehr zu beschönigen, erfährt man aus einem Brief der Kaiserin an die Markgräfin von Baden vom 23. Dezember 1805, worin sie die Österreicher als ein „feiges, verräterisches, dummes, mit den häßlichsten Eigenschaften ausgestattetes Volk" denunziert, mit dem Wink, diese Dinge gütigst zu verbreiten. (O b s e r, Karl Friedrich, V., 420.) Nach Berlin vollends wurde nicht nur Dolgoruky, sondern auch Bruder Konstantin entsendet, um auch dort Alexander in ein möglich günstiges Licht und die Österreicher in den tiefsten Schatten zu stellen. Mit Erfolg. Man glaubte in Berlin wirklich, wie aus dem von B a i l l e u, Briefwechsel, S. 93, mitgeteilten Konzept eines Schreibens des Königs an den Zar vom 7. Januar 1806 hervorgeht, Dieser habe sich in dem Augenblick bewundernswürdig benommen, „wo der Alliierte seinen Mut nicht zu teilen wußte".

Hannover zu entschädigen[1]). Er brauchte diesen Passus in
dem Berichte Talleyrands nur Haugwitz mitzuteilen, und
Preußens Politik war an ihrer empfindlichsten Stelle getroffen.
Daraufhin konnte er es auch unternehmen, die Neutralität
Preußens gar nicht mehr gelten zu lassen, sondern ein enges
Schutz- und Trutzbündnis mit dieser Macht zu fordern,
demzufolge Friedrich Wilhelm das Fürstentum Neufchâtel an
Frankreich, die Markgrafschaft Ansbach an Bayern, das
Herzogtum Cleve einem von Napoleon zu bezeichnenden
deutschen Fürsten überlassen, das bereits okkupierte Han-
nover dafür aber behalten und das neue „Königreich" Bayern
in dem Umfang anerkennen sollte, den es durch österreichische
Abtretungen erreichen würde. Natürlich hatte es auch die
„Staaten Frankreichs mit allen Vermehrungen in Italien" zu
garantieren. Das unterschrieb Haugwitz am 15. Dezember
1805, obgleich sich in Preußen bereits eine Viertelmillion
Streiter versammelt hatte, Österreich noch die Armee Karls
zur Verfügung stand, Alexander zwar in Berlin zu einem
„Arrangement" mit Frankreich geraten, seinem königlichen
Freunde aber doch für alle Fälle zwei Armeekorps zur Verfügung gestellt hatte, so daß Napoleon solcher Übermacht
kaum gewachsen gewesen wäre. Es war, wie Bismarck später
darüber geurteilt hat: „eine ausgezeichnete Dummheit"[2]).
Durch sie hat damals Österreich auch den preußischen Rückhalt verloren und war nun isoliert dem Willen des Siegers
preisgegeben.

Da war es denn die Frage: ob Napoleon selbst jetzt den
Frieden herbeiführen oder ob er, die Gunst der Verhältnisse
nützend, Österreich weiter noch bekriegen, weiter noch besiegen und dessen Macht für immer lahmlegen wollte. In seiner
militärischen Umgebung fanden sich Stimmen genug —
namentlich die des eigennützigen Murat — die der zweiten Ansicht das Wort redeten. Talleyrand dagegen war durchaus
anderer Meinung. Und da dem gewinngierigen Mann bei einem
Übereinkommen reicher Geldertrag sicher war, suchte er
den Kaiser zur Beendigung des Krieges und möglichst milder
Behandlung Österreichs zu überreden. „Sie erniedrigen sich,"

---

[1]) Talleyrand an Napoleon, 13. Dezember 1805 bei B e r t r a n d,
p. 214, 216.

[2]) Zitiert von U l m a n n, S. 302.

— so sprach er zu Napoleon — „wenn Sie nicht anders denken als Ihre Generale. Sie sind zu groß, um nur Soldat zu sein." Das verfing. Und war es im Grunde nicht auch das Richtige, die durch den Vertrag mit Preußen geschaffene Situation zu verwerten, ehe man vielleicht in Berlin anderen Sinnes wurde? Napoleon erklärte sich bereit, Frieden zu schließen, und die Unterhandlungen nahmen ihren Fortgang. Nur von milden Bedingungen wollte er nichts wissen. „Friede allein ist ein leeres Wort," hatte er am 13. Dezember an Josephine geschrieben, „wir brauchen einen g l o r r e i c h e n Frieden." Nun hatte Talleyrand nicht mehr bloß, wie ehedem in Wien, das italienische Gebiet von Venedig, sondern Venedig in derselben Ausdehnung, wie es 1797 an Österreich gekommen war, d. h. samt Istrien und Dalmatien zu verlangen. Bald nachher schlug Napoleon das Versprechen in den Wind, das er Franz II. auf der Austerlitzer Landstraße gegeben hatte, und begehrte Tirol für Bayern. Kurz darauf heischte er auch das Innviertel und Österreichs Zustimmung zur Vertreibung des Königshauses aus Neapel. Vor der großen Schlacht hätte er sich mit 5 Millionen Gulden Kriegsentschädigung begnügt, jetzt forderte er 50 Millionen Franken, von denen er sich nur mit Mühe zehn Millionen abmarkten ließ. Talleyrand hatte recht, wenn er den Österreichern riet, rasch abzuschließen, denn bei Napoleon komme der Appetit mit dem Essen. „Jede Stunde", schreibt Liechtenstein aus Preßburg, wohin am 20. Dezember die Unterhandlungen verlegt worden waren, „bringt neue Forderungen." Bei Kaiser Franz in Holitsch herrschten Verwirrung und Kleinmut. In der Verzweiflung dachte man sogar daran, nochmals die Waffen zu ergreifen[1]). Aber Erz-

---

[1]) So schreibt Stadion an Metternich, 27. Dezember, aus Holitsch: „Noch ist der Friede nicht unterzeichnet und Napoleon könnte noch weitere Opfer fordern, die unser Herr nicht zugestehen dürfte." Für diesen Fall wäre Hilfe oder doch eine Demonstration von preußischer Seite erwünscht (S. Anhang). Napoleon hat später im Gespräch mit dem bayrischen Minister Montgelas erklärt, „daß seine Armee, durch ihre Siege geschwächt, sich zwischen der Festung Olmütz, deren Belagerung zur Winterszeit und bei der Nähe der feindlichen Truppen kaum zu unternehmen war, und der volkreichen, übelgesinnten, schwer zu beherrschenden Hauptstadt Wien in einer sehr unvorteilhaften Lage befand, daß sohin deren Stellungen unsicher und schlecht unterstützt erschienen, um so mehr als Rußland, noch immer feindlich gesinnt, seine Streitkräfte jeden Augenblick wieder vorrücken lassen konnte, daß endlich auch Preußen zwar einen Vertrag unterzeichnet

herzog Karl, der sogleich nach Ulm der Meinung gewesen
war, Österreich könne nur noch mit der Feder Erfolge erringen, riet aufs dringendste davon ab, und Franz fiel ihm
bei. Minister Cobenzl, den die öffentliche Meinung als das
Hindernis der Verständigung bezeichnete, mußte demis-
sionieren, und Graf Stadion trat an seine Stelle. In der Nacht
vom 26. auf den 27. Dezember ward in Preßburg der Friede
unterzeichnet[1]). Ehe er ratifiziert wurde, sollte Erzherzog
Karl in einer persönlichen Begegnung mit Napoleon mäßigere
Bedingungen erwirken. Die Entrevue fand statt, aber sie
ergab kein Resultat, und am Neujahrstag 1806 setzte Österreichs Monarch seinen Namen unter einen der drückendsten
Verträge, die diese Macht je geschlossen hat. Kaiser Franz
gab heraus, was er im Frieden von Campo Formio als vene-
zianisches Staatsland mit allen Dependenzen erhalten hatte:
Venedig, Istrien, Dalmatien und Cattaro wurden mit dem
Königreich Italien vereinigt. Nur widerwillig hatte ihm
Napoleon Triest übrig gelassen, das er, wie Joseph wissen
wollte und wie schon aus Briefen vom Jahre 1797 hervorging, sich als Stützpunkt einer neuen Unternehmung gegen
Ägypten und Indien dachte. Österreich stimmte all den Veränderungen und Anstalten in Piemont, Genua, Parma, Lucca
und Piombino zu; es erkannte die Kurfürsten von Bayern
und Württemberg als Könige an, wozu sie durch Napoleons
Gnade aufgerückt waren, und überließ dem Ersten Tirol mit
Vorarlberg, Brixen und Trient, Passau und Eichstädt, Burgau
und Lindau und kleinere Grafschaften und Besitzungen, dem
Zweiten fünf Donaustädte mit ihren Gebieten, die Grafschaften

---

aber noch nicht ratifiziert hatte und durch seine Verbindung mit den beiden
Kaisern die größten Verlegenheiten hätte bereiten können, so daß man bei
richtiger Erwägung der Verhältnisse sich habe Glück wünschen müssen, daß
der Wiener Hof so wenig beharrlichen Widerstand geleistet und so begierig
nach Beendigung des Krieges getrachtet habe." (M o n t g e l a s, Denkwürdigkeiten, S. 124.) Daß es damals wirklich in Wien gärte, berichtet
auch R a d e t z k y in seinen Erinnerungen a. a. O.

[1]) Zur Charakteristik Napoleons diene folgende Stelle aus seinem
Brief vom 25. Dezember 1805 an Talleyrand, worin der Minister angewiesen
wird, am folgenden Tag abzuschließen. „Ist dies nicht möglich, so warten
Sie und unterzeichnen erst am Neujahrstag. Denn ich habe meine Vorurteile und möchte gerne, daß der Friede von der Erneuerung des gregorianischen Kalenders datiere, von dem ich hoffe, daß er mir ebensoviel Glück
bringen werde wie der bisherige." (C o r r e s p., XI., 9613.)

Hohenberg und Nellenburg und einen Teil des Breisgaues. An Baden, dessen Kurfürst vorerst noch seinen Titel behielt' kam ein anderer Teil des Breisgaues, die Ortenau, die Stadt Konstanz und die Mainau. Der König von Bayern sollte Würzburg an den Kurfürst-Erzherzog von Salzburg abtreten, der sein Land an Österreich weiter zu geben hatte. Dieses zahlte vierzig Millionen Franken Kriegssteuer[1]).

So war die Donaumacht aus Italien und Deutschland hinausgedrängt, während sich Frankreichs Machtgebiet im Süden bis an die Länder des Balkangebietes erstreckte; sie verlor über 1100 Quadratmeilen an Territorium, über dritthalb Millionen Seelen, an 14 Millionen Gulden jährlicher Einnahmen. Und für diesen ungeheuren Verlust empfing sie so gut wie keine Entschädigung. In diesem Punkt war nun allerdings Talleyrand nicht eines Sinnes mit seinem Herrn gewesen. Er hatte der Schonung Österreichs das Wort geredet und schon bei Beginn des Feldzugs an Napoleon geschrieben: „Heutzutage sind die Türken nicht mehr furchtbar für Europa. Sie haben vielmehr alles für sich selbst zu fürchten. Aber an ihre Stelle sind die Russen getreten. Österreich ist immer noch das sicherste Bollwerk, das Europa ihnen entgegenzusetzen hat, und gegen sie muß man es jetzt kräftigen." Er brachte schon damals und später, während der Friedensunterhandlungen, die Moldau, die Walachei, Bessarabien und das nördliche Bulgarien zur Schadloshaltung des Wiener Hofes in Vorschlag[2]). Aber er drang nicht durch, nicht bei den Österreichern, die darin richtig nur den Anstoß zu Streit und Hader mit Rußland erblickten und auf ihre mitteleuropäische Großmachtstellung doch noch nicht endgültig verzichten wollten, und vor allem nicht bei Napoleon, zu dessen Plänen es vielleicht jetzt schon gehörte, dereinst den ganzen Orient unter seinen Willen zu beugen. Denn das war eben

---

[1]) De Clercq, II., 145 ff. Daß die Kriegssteuer nicht höher bemessen wurde, war Talleyrand zu danken, der für diesen Dienst, wie ihm Napoleon später vorwarf, sich hatte von Österreich bezahlen lassen. Der Kaiser nannte im Jahre 1809 den Frieden einen „infamen Vertrag", ein ‚Werk der Korruption" und Talleyrand einen „Dieb". (Metternich Nachgelassene Papiere, II., 275, Pasquier, Mémoires, I., 358.) Talleyrand selbst rühmte sich später, Österreich bessere Bedingungen verschafft zu haben.

[2]) Bertrand, p. 161, 211.

die weite Kluft, die ihn von Talleyrand wie von allen patriotischen Franzosen trennte, daß Diese zwar ein starkes, nationales, vorherrschendes Frankreich wünschten, daneben aber
doch noch ein System gegengewichtiger Mächte zuließen,
während er in ganz Europa nur noch seine eigenste Domäne
erblickte. In Frankreich war die Revolution erloschen, und
für ihre erobernden Tendenzen gab es dort keine Sympathien
mehr; in Europa aber lebte sie fort; allerdings nur in einer
einzigen Person; diese jedoch vermaß sich mit starken Kräften
der Herrschaft über den ganzen Erdteil.

Drittes Kapitel.

Napoleonische Gründungen. Zwist mit Preußen.

Die Schlacht am 2. Dezember 1805 ist eine der vier Ba-
taillen, die für das Herrscherleben Napoleons vor den übrigen
von Entscheidung waren. Hatte ihm der Tag von Marengo die
Gewalt über Frankreich gesichert, so befestigte der von
Austerlitz sein Übergewicht in Europa; dieses sollte er erst
wieder bei Leipzig, jene bei Waterloo endgültig verlieren.
In Mähren hatte einen Augenblick lang sein ganzes System
einer persönlichen Weltregierung auf dem Spiel gestanden.
Denn was die gelungenen Rückzugsmanöver der Russen in
Frage gestellt hatten, war vor allem sein Ansehen bei der
Armee gewesen, mit der allein er seinen Traum verwirklichen
konnte. Das geniale Manöver von Ulm, die Überrumpelung
von Wien und die Wegnahme der Donaubrücken waren doch
nur Prämissen gewesen, zu denen der Schluß noch fehlte,
und schon hatten sich im Heere kritische Stimmen
hörbar gemacht. Da kam der Sieg, den unvergeßliche Torheit
dem Korsen aufnötigte, und beseitigte alle Gefahr, die seiner
Geltung gedroht hatte. Und nicht bloß bei den Truppen,
auch bei der französischen Nation daheim hat der Triumph
über den Feind die öffentliche Meinung aufs neue dem Kaiser
gewonnen. Dort, in Frankreich, war kein Krieg unpopulärer
gewesen als dieser. Mit schlecht verhehltem Verdruß hatte
man bei dessen Beginn die harte Durchführung der Militärkonskription ertragen; bald darauf waren durch eine ernste
Finanzkalamität, die nicht ohne Mitschuld der Regierung ent-

standen war und zahlreiche Bankerotte im Gefolge hatte,
die kaum entschlafenen Zweifel wiedererweckt worden, ob das
herrschende System und der Mann, der es repräsentierte, auch
wirklich dauerhaften Schutz der realen Interessen verbürgten;
man begann sich des Unternehmens gegen St. Domingo wie
eines Abenteuers zu entsinnen, das 50.000 Mann und 60 Millionen Franken gekostet hatte; man erwog den Verlust, den
der Orienthandel durch den Seekrieg erlitt, und berechnete
den Ausfall der französischen Bilanz, der sich aus der raschen
Okkupation der Kolonien durch die Engländer ergab; ja selbst
den eifrigsten Wortführern der durch Napoleon geschaffenen
Ordnung wurde eine Regierung Josephs, wenn Jener im Feld
sein Ende finden sollte, ein nicht ganz unsympathischer Gedanke. Aber alle diese Bedenken kamen zum Schweigen, als
man von den schnellen Schlägen und dem wirklich „glorreichen" Frieden hörte. Das französische Volk besaß zu viel
Stolz und Eitelkeit, um sich nicht des Mannes als des Seinigen
zu freuen, der Königen gebot, Könige schuf und Könige vernichtete, und der den Namen Frankreichs höher hob, als dies
bisher irgend einem seiner Herrscher gelungen war. „Die Franzosen," — erzählt ein Augenzeuge, der ebenso gewissenhaft
über die Unzufriedenheit berichtet hatte — „fortgerissen von
der Kunde solcher Siege, die, da sie den Krieg beendeten,
nichts zu wünschen übrig ließen, fühlten ihre Begeisterung
aufs neue erwachen, und man hatte nicht nötig, die öffentliche Freude anzuordnen. Die Nation fühlte sich eins mit
den Erfolgen ihrer Krieger, und die Mehrheit des Volkes
adoptierte die Taten seines Monarchen[1]." Die Staatskörper-
schaften priesen Napoleon mit den überschwänglichsten Worten:
sein Ruhm habe alle anderen unsterblichen Namen verdunkelt,
die Bewunderung müsse schamrot werden über ihre bisherigen
Objekte, usw.

Als so das französische Volk dem Sieger entgegenjubelte,
war es in einem zwiefachen Irrtum befangen. Einmal ahnte
es nicht, daß der Kaiser längst den Krieg auf dem Kontinent
ins Auge gefaßt, den Feldzug reiflich überdacht, den Kampf
selbst herbeigeführt hatte, sondern glaubte wirklich, was dessen
gehorsame Organe verkündeten, daß er der Bedrohte, er der
Angegriffene gewesen sei, just zu der Zeit, da er das große

[1] M i o t, Mémoires, II., 292.

Werk der Landung seiner Ausführung so nahe gebracht hatte,
und bewunderte die rasche Kunst, mit der er sich des europäischen Komplottes zu erwehren wußte. Der zweite Irrtum
war, daß die Franzosen Napoleon noch für i h r e n Kaiser
hielten, der den Feind F r a n k r e i c h s schlug, um dem
Lande links vom Rhein Ehre, Vorteil und Ruhe zu sichern,
während er Frankreichs Kaiser längst nicht mehr war. Wer
Napoleons geheime Absichten vor dem Feldzug kennt, den
wird es nicht überraschen, zu hören, daß er aus seinen Siegen
noch ganz anderen Gewinn schlug als bloß den, die Macht des
französischen Staates zu erhöhen und diejenige Österreichs
einzuschränken, einen Gewinn, der sich nur unter dem Gesichtspunkt eines Kaiserreichs erfassen läßt, das sich nicht an die
gallischen Grenzen gebunden hielt.

In den Unterhandlungen mit den Geschäftsträgern der
Donaumacht war wiederholt von einem Thronwechsel in
Neapel die Rede gewesen. Im Friedensvertrag aber wurde
dieser Gegenstand nicht mehr berührt. Napoleon hielt sich
jetzt für stark genug, auch ohne die Zustimmung des Wiener
Hofes seine Absichten auf ganz Italien weiter zu verfolgen.
Und kaum war in Preßburg der Friede unterzeichnet, so verkündete auch schon am nächsten Tag ein einfacher Armeebefehl — wie bezeichnend! — daß die Dynastie Bourbon im
Königreich Neapel aufgehört habe zu regieren. Zu diesem
Vorgehen hatte allerdings der neapolitanische Hof selbst die
Handhabe dargeboten. Von Engländern und Russen gedrängt,
hatte Königin Karoline sich entschlossen, alles an alles zu
wenden, ihr Frankreich im August gegebenes Versprechen,
neutral bleiben zu wollen, beiseite zu setzen und russischen
und britischen Truppen den Hafen ihrer Hauptstadt zu öffnen.
Das war mitten im Krieg geschehen, und Napoleon konnte
immerhin das Kriegsrecht für sich aufrufen, wenn er jetzt
Massena mit starken Kräften über die neapolitanische Grenze
sandte. Das Entscheidende war, daß der Sieg von Austerlitz
auch hier sein Gewicht fühlbar machte. Denn der Zar, noch
immer unter dem Eindruck seiner Niederlage, rief seine Truppen
aus Neapel nach Korfu zurück, und seinem Beispiel folgend,
räumten auch die Engländer den Hafen, um nach Sizilien zu
steuern; sie überließen diejenigen, die vertrauensvoll ihr Geschick in ihre Hände gelegt hatten, dem Belieben des erbitterten

Gegners. Ein Schreiben, worin sich die Königin dem Kaiser unterwarf und seiner Gnade empfahl, erfuhr keine Antwort, und Mitte Februar 1806 ergriff Joseph Bonaparte, der sich beim Heere eingefunden hatte, zunächst als kaiserlicher Statthalter Besitz von der Residenz, aus der die legitime Herrscherfamilie kurz zuvor nach Palermo geflüchtet war. Wenig Wochen später, noch im März, waren die bourbonischen Truppen, die auf der Halbinsel Widerstand leisteten, besiegt und nur Sizilien noch in der Gewalt Karolinens und der Engländer. Am 30. März 1806 tat Napoleon dem Pariser Senate schriftlich seinen Entschluß kund, seinen Bruder Joseph zum Monarchen von Neapel und Sizilien zu erheben. Daß dies die Einbeziehung des Landes in den napoleonischen Machtkreis bedeutete, ging aus dem Schriftstück hervor, das die Bestimmung enthielt, der neue König beider Sizilien solle französischer Großwürdenträger bleiben. Was wollte dem gegenüber das Versprechen sagen, daß die beiden Kronen, die französische und die neapolitanische, nie auf einem Haupt zusammentreffen würden? „Ich benötige Neapel", hieß es in einem Brief an den Bruder vom 31. Januar 1806[1]).

Zugleich mit diesem Dekret erhielt der Senat noch einige andere zugestellt, die italienische Territorien betrafen. Eins handelte von der Einverleibung des venezianischen Landes in das Königreich Italien. Ein zweites hatte die Zuweisung des Fürstentums Guastalla an die Fürstin Borghese und ihren Gatten zum Gegenstand. Das von Preußen abgetretene Fürstentum Neufchâtel erhielt Berthier, das neapolitanische Benevent Talleyrand, Ponte-Corvo Bernadotte vom „Reiche" zu Lehen mit mehr oder minder ausgedehnten Souveränitätsrechten in legaler Erbfolge, jedoch mit der Verpflichtung des

---

[1]) Auch als jetzt Bruder Ludwig und Schwager Murat europäische Monarchen wurden, behielten sie gleichwohl ihre französische Großwürde bei, d. h. sie blieben Untertanen desjenigen, der da Kaiser der Franzosen hieß. Ein Hausgesetz vom 31. März 1806 hielt die kaiserlichen Prinzen, die Herrscher außerhalb Frankreichs wurden, aufs engste an den Chef der Familie geknüpft. Ihre Kinder männlichen Geschlechts müssen vom siebenten Jahr ab dem Kaiser zur Erziehung übergeben werden, der sich das Recht vorbehält, die Umgebung der Familienglieder zu kontrollieren und im Notfall über Einzelne Strafen, Verbannung, ja, nachdem die Meinung eines Familienrates eingeholt war, sogar Staatsgefängnis bis zu zwei Jahren zu verhängen. (Siehe hierüber M a s s o n , Napoléon et sa famille, III., 191 ff.)

Erben, dem Kaiser den Treueid zu leisten „als guter und loyaler Untertan". Damit verwandt waren noch zwei andere Entschließungen des Staatsoberhauptes. Napoleon gründete nämlich im Bereich der neu eroberten venezianischen Länder zwölf Titularherzogtümer: Dalmatien, Istrien, Friaul, Cadore, Belluno, Conegliano, Treviso, Feltre, Bassano, Vicenza, Padua und Rovigo, desgleichen im Königreich Neapel vier: Gaëta, Otranto, Tarent und Reggio, im Fürstentum Lucca eins, in Parma und Piacenza drei. Zur Dotation dieser Titellehen (Titres) sollte ein Fünfzehntel der Staatseinnahmen jener Landschaften dienen. Außerdem reservierte sich Napoleon dreißig Millionen Franken venezianischer und vier Millionen lucchesischer Domänen, zwölfhunderttausend Franken Rente, die ihm das Königreich Italien, und eine Million Rente, die ihm Neapel zu steuern hatte. Diese Titellehen und diese Fonds waren dazu bestimmt, hervorragende Dienstleistungen zu belohnen. Wer mit jenen begabt wurde — wir werden die Namen noch kennen lernen — erhielt damit zwar keinerlei Herrscher- oder Standesvorrechte übertragen, wohl aber ward ihm Erblichkeit von Titel und Einkommen im Mannsstamm seiner Nachkommenschaft zugesichert. Dieses neue Lehensystem hatte mit dem alten, überwundenen kaum mehr als den Namen gemein, und man würde Unrecht tun, es damit zu verwechseln. Wichtig jedoch war das internationale Moment, das darin zutage trat, daß nämlich Angehörige eines Staates mit ihren Ansprüchen in einen anderen versetzt werden, daß französische Marschälle und Beamte einen Rechtsanteil an italienischen — und bald auch an polnischen und deutschen — Staatseinkünften erwerben konnten, ein neuer Beweis dafür, daß die Idee des Empire längst den Boden Frankreichs verlassen hatte. „Unser Land", schreibt die Rémusat an derselben Stelle, wo sie von dem neuen Adel spricht, „erschien Napoleon nur mehr als eine große Provinz des Reichs, das er seiner Gewalt zu unterwerfen entschlossen war[1]."

---

[1] Mémoires, II., 275. Am 27. Januar 1806 schreibt der Kaiser an Joseph: „Ich habe Ihnen, wie ich glaube, schon gesagt, daß ich das Königreich Neapel in meine Familie einbeziehen will, so daß es so wie Italien, die Schweiz, Holland und die drei deutschen Königreiche zu meinen Föderativstaaten, oder in Wahrheit zum französischen Kaiserreich gehören wird (mes états fédératifs, ou véritablement l'Empire français). C o r r e s p., XI., 9713.

Nirgend aber trat der Reichsgedanke deutlicher zutage als in dem Verhalten gegen den Papst. Nach der Vertreibung des legitimen Königshauses aus Neapel war das ganze italienische Festland dem Willen des Eroberers untertan, bis auf den Kirchenstaat. Aber es fehlte bald nicht an Anzeichen, daß auch mit diesem keine Ausnahme gemacht werden würde; schon die Verfügung über die neapolitanischen Fürstentümer Ponte Corvo und Benevent, ohne alle Rücksicht auf des Papstes Oberlehnsherrschaft darüber, ließ auf derlei schließen. Nun fragte es sich, ob sich Pius in die Rolle eines napoleonischen Lehenskönigs, wie Bruder Joseph, finden werde oder nicht. Im ersteren Fall war ein Fortbestehen der weltlichen Souveränität des Papstes noch denkbar, im letzteren fiel sie voraussichtlich dem Weltsystem des Stärkeren zum Opfer. Schon daß im jüngsten Kriege Pius unbedingte Neutralität für sich beansprucht und, als die Franzosen, ihrer nicht achtend, im Vorbeimarsch nach Neapel Ancona besetzten, hiergegen Protest erhoben hatte, bewies, daß er sich nicht als gefügiges Werkzeug des Franzosenkaisers wollte finden lassen. Er machte vielmehr geltend, daß die politische Unparteilichkeit ihm, als dem Vater aller Gläubigen, zur Pflicht werde. Dazu kam, daß Napoleon vom Papst die kirchliche Auflösung der Ehe seines jüngsten Bruders Jérôme mit jener Amerikanerin Patterson verlangt und Pius sich dessen, mit dem Hinweis auf das Trienter Konzil, geweigert hatte (Juni 1805). Auch der Einführung der Zivilehe in Italien hatte sich der Papst widersetzt.

All dieser Widerspruch des Kirchenfürsten, dem er, ungleich seinen republikanischen Vorgängern, genug weit entgegengekommen zu sein glaubte, reizte den Kaiser. Nach seinem Sieg über die Koalition ließ er in Rom erklären: er habe Ancona besetzt, weil die militärischen Kräfte des römischen Stuhls nicht ausgereicht hätten, es gegen Engländer oder Türken — Protestanten und Ungläubige waren damit bezeichnet — zu halten, und weil er, Napoleon, sich als den Schutzherrn der Kirche betrachte. Als dann Pius noch immer nicht verstehen wollte, sondern mit salbungsvoller Milde in den Worten die päpstlichen Legationen für seine guten Dienste bei der Krönung ansprach, wurde er noch deutlicher. In einem Schreiben vom 13. Februar 1806 sagte er: „Ganz Italien wird meinem Gesetze untertan sein. Ich werde an die Unab-

hängigkeit des heiligen Stuhls nicht rühren, aber nur unter
der Bedingung, daß Ew. Heiligkeit mir in weltlichen Dingen
die gleichen Rücksichten zollt, wie ich ihr in geistlichen. Ew.
Heiligkeit ist allerdings der Souverän von Rom, aber ich bin
dessen Kaiser." Und an Fesch, der seinen Willen bei der
Kurie zu vertreten hatte, läßt er die Weisung ergehen, er solle
die Austreibung aller Angehörigen Englands, Rußlands,
Schwedens und Sardiniens und die Schließung der römischen
Häfen für die Schiffe dieser Mächte fordern; Joseph sei angewiesen, ihn mit Waffengewalt zu unterstützen; der römische
Stuhl solle sich überhaupt gar nicht mehr mit Politik befassen,
er werde ihn gegen alle Welt beschützen. „Sagen Sie ihnen,"
heißt es weiter, „daß ich die Augen offen halte und mich
nur so weit betören lasse, als es mir gefällt; sagen Sie, daß
ich Karl der Große bin, das Schwert der Kirche, ihr Kaiser,
und daß ich als solcher behandelt sein will[1])." Miot von Melito,
der sich zu jener Zeit in der Umgebung Josephs befand, erzählt, Napoleon sei in seiner Korrespondenz mit dem Bruder
über seine wahren Zwecke aus sich herausgegangen. Er habe
an eine Romfahrt gedacht, um sich zum Kaiser des Abendlandes krönen zu lassen, wobei der Papst seine weltliche Herrschaft völlig einbüßen, nur die oberste geistliche Gewalt behalten und mit ein paar Millionen Franken jährlicher Rente
abgefunden werden sollte. Das sei vertraulich in Rom mitgeteilt worden; die Kardinäle aber hätten sich dagegen erklärt und beschlossen, eher zu sterben als unter solchen Bedingungen zu leben. All das blieb streng geheim. Nur auf
jenen Brief antwortete Pius, Napoleon wäre zwar Kaiser von
Frankreich, aber nicht römischer Kaiser, und eine so enge
Verbindung mit ihm, wie er sie heische, würde dem römischen
Stuhl in anderen Ländern den Gehorsam rauben. Nur daß er
seinen Staatssekretär Consalvi, den Jener als die Seele des
Widerstandes bezeichnet hatte, fallen ließ, war ein Zugeständnis, das der Papst dem Bedränger machte. Die Spannung
blieb und hat später zum Bruch geführt. Vorläufig ließ sich
der Imperator den Ausbau seines Systems nach anderer
Richtung angelegener sein.

Da war Holland. Dieser Staat hatte, einmal unter französischen Einfluß geraten, dieselben Veränderungen in seiner

---

[1]) Correspondance, XII., 9805.

inneren Konstitution durchzumachen gehabt wie Frankreich selbst. Schließlich war die Batavische Republik bei einer Art konsularischer Verfassung mit einem Großpensionär an der Spitze angekommen. Im Kriege stand sie schon seit Juni 1803 an Frankreichs Seite. Zwei Jahre später, als die Hauptarmee unter Napoleon im Osten focht, erhielt dessen Bruder Ludwig die Aufgabe, das Land gegen Engländer und Schweden zu verteidigen. Es kam nicht zur Aktion. Die Schlacht von Austerlitz machte sie überflüssig, und Ludwig kehrte nach Paris zurück — nicht zur Zufriedenheit des kaiserlichen Bruders, der auch für ihn einen Thron, und just den holländischen, im Auge hatte. Schon im Januar 1806 war im Haag das Gerücht verbreitet gewesen, der französische Kaiser habe die Absicht, in Holland die Monarchie wieder einzuführen. Diesem Gerücht hatte Ludwig, der hier so wenig wie in Italien König zu werden Lust empfand, durch sein Bleiben keine Nahrung geben wollen. Napoleon aber ließ derlei Widerreden seiner Brüder jetzt nicht mehr gelten. Das Exil Lucians stand als ein warnendes Exempel vor ihren Augen; zwischen ihm und dem unbedingten Gehorsam hatten sie zu wählen. Ludwig wählte, wie Joseph, schließlich den Gehorsam und erklärte sich zur Übernahme der holländischen Krone bereit. Und die Holländer? Mit denen ging man kurzer Hand zu Werke. Wer sich über Recht und Verträge erhaben genug fühlt, um sie zu verachten, der hat sich nur noch mit Schein und Vorwand abzufinden[1]). Der Großpensionär Schimmelpenninck hatte erfahren, was man in Paris plante, und eine Deputation holländischer Notabeln — den Admiral Ver Huell an der Spitze — dorthin gesandt, um die Gefahr abzuwenden. Am 14. März 1806 schrieb Napoleon darüber an Talleyrand: „Ich sah diesen Abend Ver Huell. Um es kurz zu sagen, ich habe die Frage folgendermaßen umschrieben: Holland ist ohne Exekutivgewalt, es muß eine solche bekommen, ich werde ihm den Prinzen Ludwig geben; man wird einen Vertrag machen, durch den die Religion des Landes respektiert er-

---

[1]) Bezeichnend hiefür, daß er es den preußischen Diplomaten einige Wochen später ins Gesicht sagte, er würde, wenn er Preußens nicht sicher sein könnte, Mittel finden, um sich selbst an die feierlichsten Verträge nicht halten zu müssen. R a n k e, Hardenberg, V., 346, zitiert von H e y m a n n, Napoleon und die großen Mächte 1806, S. 58.

scheint, der Prinz behält die seinige, jeder Landesteil desgleichen; die gegenwärtige Konstitution bleibt aufrecht, nur
daß an die Stelle des Großpensionärs ein König tritt; ich würde
auch keine Schwierigkeit erheben, ihm den Titel eines Erb-
statthalters zu geben... Alle Staatsgeschäfte nach außen und
im Innern werden im Namen des Königs geführt. Machen
Sie mir einen Entwurf und lassen Sie die Sache im Haag
durch eine geschickte Person betreiben. Das ist bei mir beschlossene Sache — dies oder die Einverleibung in Frankreich.
Geschieht es nicht, so werde ich ihnen beim Friedensschluß
keine der an England verlorenen Kolonien zurückstellen lassen,
im anderen Falle aber außer den Kolonien auch noch Fries-
land zuwenden. Kein Augenblick ist zu verlieren[1]." Was
konnte es da den Abgesandten helfen, wenn sie den Traktat
vom 16. Mai 1795 geltend machten, dessen erster Artikel
lautete: „Die französische Republik erkennt die Republik der
Generalstaaten als freie und unabhängige Macht an und
garantiert ihr diese Freiheit und Unabhängigkeit"? Napoleon blieb bei seinem Willen; er drohte, als man im Haag
durchaus nichts von der Monarchie wissen wollte und die
Verhandlungen sich zu dehnen anfingen, mit ernsteren Maßregeln, bis die Holländer nachgaben. Dasselbe Volk, das vor
Zeiten sein Land zur Wüste gemacht hatte, um es vor der
Gier Ludwigs XIV. zu retten, fügte sich jetzt ohne Widerstand. Der holländische Staatsrat autorisierte den Großpensionär zu einem Vertrag mit Frankreich, der Ludwig die
Krone Hollands übertrug (24. Mai 1806), und am 5. Juni
erklärte eine Deputation in den Tuilerien, man habe „nach
reifer Überlegung" erkannt, daß in Hinkunft dem Land eine
konstitutionelle Monarchie am nützlichsten sein werde, und
bitte, der Prinz möge sie begründen. Der Kaiser erwiderte
die feierliche Ansprache mit ebenso feierlichen zustimmenden
Worten, und die Welt war wieder um einen König von Napoleons Gnaden reicher. Nach der Audienz allerdings warf
Napoleon die Maske ab und ließ seinen kleinen Neffen, Ludwigs

---

[1] Corresp., XII. 9970. Nach späteren Mitteilungen Savarys soll
sich Talleyrand zur Abfassung der Constitution Esménards, des talentvollen
Fälschers von 1810 (s. unten Bd. 3), bedient haben, der sich dann aber
auch den Holländern für ihre Einrede zur Verfügung stellte. (Schlitter,
Kaiser Franz I. und die Napoleoniden, S. 208.)

Sohn, vor der Kaiserin und ihren Damen die Fabel „Von den Fröschen, die einen König haben wollten" hersagen. Was verdienten diese Völker auch besseres, als den Hohn dieses solitären Emporkömmlings, der keinem von ihnen zugehörte und sie doch alle bezwang[1])?

Auch den Deutschen blieb die Schmach nicht erspart, in der Reihe der dienstbaren Völkerschaften des Korsen zu stehen. In dessen Briefwechsel mit dem Papst ist viel von Deutschland die Rede, und man empfängt den Eindruck, der Schreiber habe sich nicht anders denn als Herrn auch dieser Nation gefühlt. In jenem Brief vom 13. Februar 1806 z. B. macht er den Ratgebern des Kirchenoberhauptes den Vorwurf, sie seien schuld, daß Deutschland in der religiösen Anarchie verharre. „Wenn sich Ew. Heiligkeit dessen entsinnen wollte," heißt es darin, „was ich in Paris zu ihr sagte, so wäre heute die Religion in Deutschland organisiert und nicht in dem schlechten Zustand, in dem sie sich befindet." Es war derselbe Brief, worin Napoleon sich als Kaiser von Rom bezeichnete, als Kaiser des Abendlandes, als Karl der Große, der doch auch über fränkische, italienische und deutsche Lande sein Zepter geschwungen hatte. Aber war es denn anders? Wie untertänige Gefolgschaften waren im Jahre 1805 die süddeutschen Fürsten in den Heerbann des Fürsten eingetreten, der ihnen Schutz und Vorteil in Aussicht stellte und sie gegen das eigene Reichsoberhaupt führte, das solchen Schutz nicht mehr zu leisten imstande war. Als dann Friede wurde, lohnte Napoleon seine deutschen Anhänger mit Vergrößerung ihrer Länder, Erhöhung ihrer Fürstenwürde und mit Verleihung der „Souveränität". Da stand es im 14. Artikel des Preßburger Vertrages zu lesen: „Ihre Majestäten die Könige von Bayern und Württemberg und Seine Hoheit der Kurfürst von Baden werden auf den ihnen zuerteilten Territorien, wie in ihren alten Staaten, volle Souveränität und alle daraus entstehenden und ihnen vom Kaiser der Franzosen gewährleisteten Rechte genießen, genau so wie der Kaiser von Deutschland und Österreich und der König von Preußen in ihren

---

[1]) Übrigens heißt es bereits in Blumauers travestierter Aeneïs, III., 14 (1788):

„Dort bittet ein Holländertroß
als Frösch um einen König".

deutschen Ländern. Seine Majestät der Kaiser von Deutschland und Österreich wird der Ausführung ihrer folgegemäßen
Willensakte weder als Oberhaupt noch als Mitstand des
Deutschen Reiches irgendwelches Hindernis bereiten[1])." Gewiß,
von dieser Seite waren sie nun sicher. Aber um so drückender
ließ sich bald das Gewicht des dominierenden Einflusses von
Westen her verspüren. Als der König von Bayern einmal —
es war im Februar 1806 — bescheidene Einwendungen dagegen
wagte, daß seine Truppen außer Deutschlands ziehen und der
französischen Armee in Italien zugeteilt werden sollten, mußte
er sich die beschämende Zurechtweisung gefallen lassen: er
möge sich doch nicht einbilden, daß Bayern aus Rücksicht
für ihn zum Königreich erhoben worden sei, diese Erhebung
sei lediglich ein Ausfluß des französischen Systems[2]). So war,
was nach der einen Seite als Souveränität bezeichnet wurde,
nach der anderen hin nichts weiter als Vasallentum.

Um aber diesen Zustand permanent zu erhalten und sich
des Anhangs seiner deutschen Gefolgsleute dauernd zu versichern, wählte Napoleon zwei Mittel. Das erste bestand darin,
daß er die Familien der süddeutschen Fürsten mit der seinigen
verknüpfte. Er hatte schon im Jahre 1804, bald nach seiner
Erhöhung zum Kaiser, an eine Verbindung mit den alten
deutschen Regentenhäusern gedacht und schon damals die Ver-
ehelichung seines Stiefsohnes Eugen mit der bayrischen
Prinzessin Auguste am kurfürstlichen Hof in Vorschlag gebracht. Ja, wir erfahren aus den Denkwürdigkeiten des
bayrischen Ministers Montgelas, daß er schon zu jener Zeit in
München ein Schutz- und Trutzbündnis angetragen und Max
Joseph die Königswürde in Aussicht gestellt habe, wenn diese
Verbindung — offenbar ein Herzenswunsch Josephinens —
zustande kam. Damals ging man bayrischerseits nicht darauf
ein, lehnte aber auch nicht ab, sondern vertagte die Angelegenheit. Noch vor dem Kriege, wie erwähnt, und dann
sogleich nach Austerlitz lenkte Napoleon darauf zurück. Nun
konnte man in München zwar noch zögern, aber sich nicht
mehr verweigern, und am 14. Januar 1806 fand die Vermählung
des Vizekönigs statt. Um dieselbe Prinzessin hatte sich früher

---

[1]) De Clercq, II., 148.
[2]) Woltmanns Bericht vom 25. Februar 1806 bei Baader, Streiflichter auf die Erniedrigung Deutschlands, S. 117.

der Erbprinz von Baden beworben; der erhielt jetzt die Hand
von Josephinens Nichte Stephanie zugesagt, die, gleich ihm,
diese Ehe nur ungern einging und sich schwer von Paris trennte,
wo das Gerücht sie dem Herzen des Kaisers nahe stellte[1]). Und
auch mit dem dritten süddeutschen Hofe ward schon seit
Oktober 1805 eine Familienallianz ins Auge gefaßt und verabredet: Jérôme solle Katharina, die einzige Tochter des Königs
Friedrich von Württemberg, zur Ehe nehmen, ein Projekt,
das dann im Jahre 1807, als der junge Bonaparte selbst König
geworden war, zur Ausführung gelangte.

Der zweite Behelf, das westliche Deutschland dauernd an
seinen Willen zu knüpfen, war Napoleon durch die Entwürfe
früherer Regierungen an die Hand gegeben. Er bestand darin,
die süd- und mitteldeutschen Staaten in einem besonderen, von
Preußen und Österreich unabhängigen Bunde zu vereinigen
und diesen vertragsmäßig Frankreichs Führung unterzu-
ordnen. Das war eine alte französische Idee, die schon im
17. Jahrhundert Gestalt gewonnen hatte; die Revolution
machte sie dann zu der ihrigen. Im Jahre 1789 ist in der
Korrespondenz zwischen Talleyrand und Sieyès wiederholt von
einem solchen dritten, von Frankreich geleiteten Deutschland,
das zu organisieren wäre, die Rede. Als später Napoleon das
deutsche Kirchengut nach seinem Belieben verteilte, kam er
mit Talleyrand wieder darauf zurück. Beide hatten im Oktober 1804 in Mainz Besprechungen mit dem einzigen der geistlichen Kurfürsten, der sich aus der allgemeinen Säkularisation
gerettet hatte, mit dem Erzbischof Dalberg, der selbst jetzt
im Einverständnis mit Kurhessen die Sache aufs Tapet gebracht hatte. „Sie haben ihm dargelegt," schreibt der badische
Minister Edelsheim an den russischen Botschafter in Wien, „wie,
da Frankreich es nicht dulden könne, daß Österreich und
Preußen die anderen deutschen Fürsten und Staaten in jedem
Augenblick an ihrem Besitze schädigten, es von der größten
Notwendigkeit sei, einen festen und imponierenden Bund
gegen dergleichen Unternehmungen zu gründen, einen Bund,
den, mit Ausschluß der beiden genannten Mächte, die übrigen
Reichsstände zu bilden hätten und der nötigenfalls 150.000

---

[1]) Hat sich doch bis auf die neueste Zeit unter anderen gewagten
Vermutungen auch die erhalten, Kaspar Hauser, der rätselhafte Findling,
sei ihr und Napoleons Sohn gewesen.

Mann stellen könnte, um deren Kommando sich bereits der
Kurfürst von Hessen bewirbt. Sollten die Fürsten blind genug
für ihr eigenes Interesse sein und sich nicht über die Sache
verständigen können, so würde Napoleon das ganze Land
zwischen dem Rhein und Österreich dem Kurfürsten von
Bayern übertragen, da er lieber mit drei Mächten zu tun haben
wolle, als mit diesen kleinen, unnützen und durch ihre Uneinigkeit ohnmächtigen Staaten."[1])

Nun, man kann den verschiedenen „kleinen, unnützen
Staaten" manchen Vorwurf machen, nur den nicht, daß ihre
Fürsten „für ihr Interesse blind" gewesen seien. Als daher
später der Sieger von Austerlitz sein Ansinnen erneuerte, war
nicht nur Kurhessen, sondern ganz Kleindeutschland bereit,
sich finden zu lassen. Ja, es kam auch jetzt wieder entgegen.
Im April 1806 richtete Dalberg ein Schreiben an Napoleon,
das uns des Kaisers Andeutungen in seinen Briefen an Pius VII.
besser verstehen lehrt. „Die achtungswerte deutsche Nation",
heißt es darin, „seufzt in dem Elend der politischen und
religiösen Anarchie; seien Sie der Wiederhersteller ihrer Verfassung!" Und wie dachte sich dies Dalberg? Die Beseitigung der religiösen Anarchie erblickte er in einer deutschen
Nationalkirche unter seinem Oberhirtentum und brachte
Napoleon wirklich dahin, daß er an Fesch nach Rom schrieb,
man werde, wenn der Papst nicht nachgebe, die kirchlichen
Verhältnisse Deutschlands mit Dalberg als Primas ordnen.
Und die weltlichen? Da wünschte der Kurerzkanzler, wie er
dem französischen Gesandten Hédouville mitteilte, „daß das
occidentalische Weltreich wieder auflebe im Kaiser Napoleon,
so wie es war unter Karl dem Großen, zusammengesetzt aus
Italien, Frankreich und Deutschland". Nun, mehr wollte
vorläufig auch Napoleon nicht. Er ließ durch Talleyrand und
Labesnardière den Entwurf einer Bundesverfassung ausarbeiten
und am 12. Juli 1806 durch die Gesandten der einzelnen
deutschen Staaten, die beitraten, unterzeichnen.

---

[1]) W. St. A. (Beilage zu einem Briefe L. Cobenzls an Colloredo vom
3. November 1804.) Vergl. über die Anregung von Seiten Kurhessens, dessen
Kurfürst schon 1803 und dann wieder zu Beginn des folgenden Jahres in
Paris einen Fürstenbund am Rhein unter französischem und russischem
Protektorat vorgeschlagen hatte, und Dalbergs, der die Idee übernahm und
in Mainz vortrug: O b s e r in der „Zeitschrift f. Gesch. des Oberrheins".
XIV., 611 ff. B a i l l e u, II., 320.

Wie vor vier Jahren, so buhlten auch jetzt wieder deutsche Sendlinge in Paris um des Ministers Gunst und Rücksicht und boten mit vollen Händen Geld für eine Frist politischen Daseins, das der Ehre entbehrte. Nicht alle mit Erfolg. Denn als die Urkunde unterschrieben war, fand sich, daß eine lange Reihe bisher reichsunmittelbarer Fürstentümer und Grafschaften in den Gebieten der Bundesfürsten aufgegangen, mittelbar gemacht, „mediatisiert" worden war, d. h. ein fremder Herrscher hatte, ohne jeglichen Rechtstitel, bloß nach seinem Belieben, in Deutschland eine Anzahl politischer Existenzen vernichtet, zugunsten anderer, deren Abhängigkeit von seinem Willen er damit erkaufte. Es liege in der Natur der tatsächlichen Verhältnisse, meinte Napoleon, diese kleinen Fürstentümer untergehen zu lassen, womit allerdings etwas Richtiges gesagt war. Unter den Bevorzugtesten waren Bayern, Württemberg und der neue „Großherzog" von Baden, dessen Abgesandter in Paris allen Ernstes, aber natürlich ohne Erfolg, die ganze Schweiz begehrt hatte, waren Nassau, Hessen-Darmstadt — dieses ebenfalls als Großherzogtum — und Dalberg, der nunmehrige „Fürst-Primas", dem Stadt und Gebiet von Frankfurt am Main in den Schoß fielen. Außer diesen umfing der Bund noch einige kleinere Fürstentümer, die sich durch Bestechung oder sonst erreichte Gnade vor der Mediation bewahrt hatten: Aremberg, Liechtenstein, Salm, Hohenzollern, Isenburg, v. d. Leyen. Andere, wie die Fürstenberg, büßten ihre Hinneigung zu Österreich mit dem Verlust ihrer staatlichen Selbständigkeit. Der Kurfürst von Hessen blieb außerhalb der Vereinigung. Er hatte sich jüngst sehr selbständig gegeben. „Man wird sehen, welches in Zukunft die Politik Hessen-Kassels sein wird", schrieb Napoleon am letzten Mai an Talleyrand. Ebenso die norddeutschen Territorien von Braunschweig, Sachsen, Oldenburg, Mecklenburg und die kleinsten, um Preußen, das sich ehedem an der Spitze Norddeutschlands gefühlt hatte, nicht allzu schwer zu verletzen und das (nicht ernst gemeinte) Anerbieten, Friedrich Wilhelm III. möge einen norddeutschen Bund gründen, plausibel erscheinen zu lassen. Dafür trat in den neuen Bund ein neuer Souverän ein: der Herzog, oder jetzt vielmehr Großherzog von Cleve und Berg, d. i. jener von Preußen und Bayern im Vorjahr abgetretenen Länderstriche, die Napoleon

im März 1806 seinem Schwager Murat übertragen hatte. Diese
Fürsten erklärten nun sämtlich in den beiden ersten Artikeln der
Bundesakte, daß sie sich mithin für immer vom Gebiet des
Römischen Reiches deutscher Nation trennen, als „Rheinische
Bundesstaaten" eine besondere Konföderation bilden und der
alten Reichsgewalt keinen Anspruch mehr auf sich einräumen
wollten; sie seien unabhängig von fremden Mächten, nur
Frankreich ausgenommen, dessen Kaiser als Protektor des
Bundes die Aufnahme neuer Mitglieder zu bestimmen, den
Fürst-Primas zu ernennen und die Rüstung der Bundes-
truppen anzubefehlen habe[1]). Jeder Bundesfürst hatte ein
bestimmtes Kontingent zu stellen: Bayern 30.000, Württemberg
12.000, Baden 8000, Darmstadt 4000, Berg 5000, Nassau
mit den kleineren zusammen 4000 Mann, eine Streitkraft,
über die Napoleon fortan in seinen Kriegen unbedingt verfügte,
denn der 35. Artikel der Bundesurkunde bestimmte, daß
zwischen dem französischen Kaiserreich und den Staaten des
Rheinbundes eine Allianz aufgerichtet sei, wonach „jeder
Kontinentalkrieg, den eine der Vertragsmächte zu bestehen
habe, allen anderen gemeinsam ist".

So hatte sich die militärische Stärke des Eroberers um
eine Armee von 63.000 Mann, sein politisches Machtgebiet
um ein Terrain von dritthalbtausend Geviertmeilen und acht
Millionen Seelen vermehrt. Am 1. August 1806 erfolgte
vom Rheinbund und seinem Protektor auf dem Reichs-

---

[1]) Hatte Napoleon wirklich daran gedacht, sich zum „Deutschen
Kaiser" zu erheben, wie er „König von Italien" geworden war? Man hat
in Paris davon gesprochen. „Die deutsche Kaiserkrone," schreibt dort der
österreichische Geschäftsträger Floret zum 7. Mai 1806 in sein Tagebuch,
„wenn auch von Dornen umgeben, ist der heimliche Wunsch Napoleons.
Einer der Eingeweihten äußerte sich: „Wollte Österreich zustimmen, so
könnte es viel von uns bekommen; man würde ihm sogar Tirol zurückgeben.
So erzählten mir zwei gut unterrichtete vertrauenswürdige Personen."
(S. Anhang.) „Er will Oberhaupt der deutschen Fürsten werden, wie er es
von Italien ist", schreibt Dalberg an Edelsheim, 24. Mai 1806. (O b s e r,
Karl Friedrich von Baden, V., 648.) In Wien war man diesen Zuflüsterungen
gegenüber taub. Napoleon selbst ließ erklären, er beabsichtige derlei nicht,
war aber doch in der nächsten Zeit gegen die Wiener Regierung aufs äußerste
erbittert und zu einem neuen Krieg bereit, wofür sich sonst in den politischen
Verhältnissen kein genügender Anlaß fand. S. Hardenbergs Bericht vom
13. August 1806 bei W e r t h e i m e r, Gesch. Österr., II., 132.

tag in Regensburg die Mitteilung der Bundesurkunde und die Erklärung, daß man das römische Reich deutscher Nation als nicht mehr bestehend ansehe.

————

Es entstand nun die Frage, welche Stellung die beiden deutschen Großmächte zu dieser neuen Gestaltung der Dinge nehmen würden. Noch war Österreichs Herrscher zugleich auch Kaiser von Deutschland und die Auflösung des Reichs ohne sein Vorwissen beschlossen worden. Allerdings hatte man in Wien auf die tonlose Würde längst kein Gewicht mehr gelegt, seitdem im Jahre 1802 fremder Einfluß in deutschen Dingen geltend und, mit deutscher Hilfe, dem kaiserlichen überlegen geworden war, und so eifrig man den Krieg um Italiens willen betrieben hatte, Deutschlands wegen hätte man sich nicht so leicht zu Kampf und Streit verstanden. Dazu war im Preßburger Frieden, insbesondere in dem zitierten Artikel 14, indirekt schon die Abdankung des deutschen Kaisers ausgesprochen worden, und wenn der Wiener Hof noch immer damit zögerte, so war es, weil er sich den Verzicht auf die Reichskrone durch irgendwelche Kompensation abkaufen lassen wollte. Aber Napoleon wollte nicht kaufen, er forderte vielmehr kategorisch von dem österreichischen Gesandten Vincent in Paris, daß sein Herr ohne weiters resigniere und den Rheinbund anerkenne. Und ehe noch der Delegierte des Wiener Kabinetts, der darüber zu unterhandeln hatte, in Paris anlangte, war hier die Bundesakte schon unterzeichnet und somit die österreichische Politik vor ein fait accompli gestellt. Franz II. konnte nicht anders als durch seinen Gesandten in Regensburg eine vom 6. August 1806 datierte Note übergeben lassen, des Inhalts, daß er die Bande, die ihn bisher mit dem Deutschen Reich verknüpften, als gelöst betrachte und seine Krone niederlege. Das alte deutsche Reich war nicht mehr.

In dem erwähnten Gespräch mit Vincent hatte Napoleon einen scharfen und drohenden Ton angeschlagen: sein Heer stehe bereit, um augenblicks seinen Forderungen Nachdruck zu geben und Österreich zu überschwemmen. Und diese Worte waren nicht leerer Schall. Denn die siegreiche Armee war nach dem Feldzug keineswegs nach Frankreich zurückgekehrt. Sie hatte nicht einmal Österreich völlig geräumt, sondern hielt

noch immer die Grenzfestung Braunau stark besetzt. Das
letztere aus einem Grunde, der in den großen allgemeinen
europäischen Verhältnissen beruhte. Wir wissen, wie sehr Rußland durch die französischen Intriguen im Adriatischen und
Ionischen Meer, die die seinigen störten, gegen Napoleon
aufgebracht worden war. Daß Dieser sich im Preßburger
Frieden neben Istrien auch noch Dalmatien und Cattaro zusprechen ließ, nährte am Zarenhof die Besorgnis vor seinen
Absichten im Orient, und wenn jetzt die Russen Neapel verließen, so taten sie es nur, um Korfu desto fester zu bewahren
und den französischen Einfluß von der Balkanhalbinsel fern
zu halten[1]). Dem gleichen Zwecke diente es, wenn ein in
der Adria kreuzendes russisches Geschwader Befehl erhielt,
die Bocche von Cattaro zu besetzen. Der Termin für deren
Übergabe an die Franzosen sei verstrichen, hieß es, man
müsse nunmehr diese Küste nicht mehr für österreichisch,
sondern für französisch, d. i. feindlich ansehen, und der österreichische Befehlshaber übergab den Platz an die Russen.
Napoleon war außer sich hierüber, hielt sich an seinen Vertrag mit dem Wiener Hof und forderte von diesem, daß er
den Feind vertreibe, um ihm die Bucht zu überliefern; erst
wenn dies geschehen sein würde, wolle er Braunau räumen
und seine Truppen aus Deutschland entfernen. Was auch
Österreich an Worten aufwandte, um Rußland zum Verlassen
der Bocche zu bewegen, es fruchtete nichts, und nur leere
Ausflüchte tönten aus Petersburg zurück. Napoleon aber
hielt unterdessen tatsächlich Süddeutschland besetzt, was die
Durchführung des Rheinbundprojektes nicht wenig beschleunigte.

Das Wichtigste an dieser militärischen Okkupation Süd-
deutschlands war, daß durch sie nicht Österreich allein, sondern auch die zweite deutsche Großmacht, der Staat der
Hohenzollern, im Schach gehalten wurde. Wir haben Preußen
dort verlassen, wo Haugwitz, der engherzigen Friedensliebe

---

[1]) Der russische Minister Czartoryski beklagte es in einem Memoire,
daß Napoleon durch den Erwerb von Dalmatien und Cattaro der Ausführung seiner lang gehegten Absichten auf das ottomanische Reich, die bisher
durch die Entfernung gestört waren, wesentlich näher gekommen sei.
S b o r n i k der hist. Gesellschaft, Bd. 82, S. 280, zit. von H e y m a n n,
Napoleon und die großen Mächte, 1806, S. 46.

seines Herrn zu dienen und den durch die Schlacht von Austerlitz geschaffenen Verhältnissen entsprechend, den Schönbrunner Allianzvertrag vom 15. Dezember 1805 abschloß.
Diese Abkunft hatte ihre schlimmen Seiten. Einmal erschien
Preußen, indem es sich Napoleon „zu Schutz und Trutz" verpflichtete, allzusehr als Parteigänger Frankreichs, was ohne
Zweifel seiner europäischen Stellung Eintrag tat und es Rußland gegenüber in ein schiefes Licht setzte; dann aber mußten
aus der sofortigen Übernahme Hannovers in die preußische
Verwaltung notwendigerweise Verwicklungen mit England entstehen. Um diese Schwierigkeiten zu beseitigen, und nachdem
von allen Seiten, insbesondere durch den Minister Hardenberg, Einwendungen gegen den Traktat erhoben worden waren,
schlug Haugwitz selbst nach seiner Heimkehr dem König vor,
ihn nicht dem vollen Wortlaut nach, sondern verändert zu
ratifizieren, wonach das „Offensiv- und Defensivbündnis"
in eine einfache „Allianz" verwandelt werden und Hannover
erst nach dem Frieden Frankreichs mit England an Preußen
übergehen, inzwischen aber von diesem nur okkupiert bleiben
sollte. Man wollte sich auf diese Weise die Erwerbung des
welfischen Kurstaates sichern, ohne deshalb in einen europäischen Krieg verwickelt zu werden. Alexander I. versicherte
man, die Verbindung mit Frankreich sei kein Hindernis für
vertrauliche Beziehungen zu Rußland in allen allgemeinen
europäischen Angelegenheiten. Dann ging Haugwitz mit dem
modifizierten Bündnisvertrag nach Paris ab, und daheim
zweifelte Hardenberg um so weniger an dessen Annahme
durch Napoleon, als gerade in diesen Tagen — es war die
zweite Hälfte Januar 1806 — ein Brief Talleyrands an den
französischen Gesandten Laforêt in Berlin eintraf, der von
der Bereitwilligkeit des Kaisers sprach, sich mit Preußen zu
verständigen. Ja, er stimmte sogar zu, daß abgerüstet werde,
was auch wirklich noch in demselben Monat mit einem großen
Teil des preußischen Heeres geschah[1]). In Paris aber gingen
die Dinge doch anders als man erwartet hatte. Napoleon
war weit davon entfernt, auf die Berliner Modifikationen einzugehen, sondern beabsichtigte, Preußen nun völlig an seine
Seite zu ziehen, um das Gewicht dieser Macht beim künftigen

---

[1]) Vgl. M a x D u n c k e r, Abhandlungen aus der neueren Geschichte,
S. 178 ff.

Friedensschluß mit England in die Wage zu legen[1]). Darum weist er nicht nur den veränderten Vertrag zurück, sondern erklärt nun auch das Abkommen vom 15. Dezember, da es nicht binnen der gesetzten Frist ratifiziert worden sei, für null und nichtig und nötigt anstatt dessen dem Unterhändler eine andere Urkunde auf, die zwar nicht mehr die Worte „Schutz- und Trutzbündnis", wohl aber viel härtere Bedingungen enthielt als der Schönbrunner Traktat: Preußen sollte jetzt zu Cleve und Neufchâtel auch noch Valengin abtreten, auf jede Schadloshaltung für das an Bayern überlassene Ansbach verzichten, nach wie vor die Integrität der Türkei anerkennen und verteidigen, sofort Hannover als sein eigen betrachten und überdies die Nordseehäfen und Flußmündungen, auch den Hafen von Lübeck, den Engländern verschließen. Das war ein gefährliches Dokument, denn wenn die Vertei-

---

[1]) Ich kann mich der Ansicht H e y m a n n s a. a. O., S. 17 ff. nicht anbequemen, der in der Verhandlung mit England über den Frieden (s. unten) und der mit Preußen über einen möglichst engen Anschluß einander ausschließende Aktionen annimmt. Napoleon sagt in einem Brief an Talleyrand vom 4. Februar 1806, auf den sich Heymann stützt, den er aber erst im Text korrigieren muß, um sich ihn dienstbar zu machen, er verfolge zwei Zwecke (deux buts), einmal den, die Freiheit zu haben, seinen Frieden mit England zu machen, wenn sich neue Nachrichten bewahrheiten, und dann den, mit Preußen einen Vertrag auf einer breiteren Basis zu schließen. Jene neuen Nachrichten trafen dann zu, „wenn wirklich Fox an der Spitze der auswärtigen Geschäfte Englands steht". Dann würde man Hannover nur noch an Preußen überlassen können, „indem man ein großes System verfolge, das die Furcht vor der Fortsetzung der Feindseligkeiten zu bannen vermöchte". Nun, wenn der Kaiser durch die Zession Hannovers Preußen gewann, so schwand für England — nachdem Österreich für lange Zeit besiegt war — die Aussicht auf einen neuen entlastenden Kontinentalkrieg. Ein solcher zwischen Frankreich und Rußland war ohne die Betätigung der Mittelmächte schwer zu bewerkstelligen. Und wie, wenn Napoleon auch Rußland pazifizierte, am Ende gar mit ihm ebenfalls eine Allianz schloß? Dann fiel vollends jede Hoffnung Britanniens, die Waffen Frankreichs nach dem Festland abgelenkt zu sehen, zusammen, und dieses „große System" der Pazifikation des Kontinents trotz Frankreichs Präponderanz konnte ein Frankreich freundlicher Minister, wie Fox, immerhin als eine Nötigung auffassen, auch seinerseits, und wäre es mit einem kontinentalen Opfer, den Frieden zu suchen. Dieser Gedankengang Napoleons, den Vertrag mit Preußen in England ins Gewicht fallen zu lassen, schon weil er einen Kontinentalkrieg in die Ferne schob, würde, meine ich, eher den Umständen entsprechen, ohne daß man ihnen und den Dokumenten Gewalt anzutun brauchte.

digung der Türkei unendlich leicht einen Zwist mit Rußland herbeiführen konnte, so bedeutete die Hafensperre unwiderruflich den Krieg mit England, vorausgesetzt, daß dieses nicht Frieden mit Napoleon machte, wozu er es durch solche Hemmungen seines Handelsverkehrs offenbar eher zu bestimmen meinte. Gleichwohl unterzeichnete Haugwitz diesen Vertrag am 15. Februar 1806, und Friedrich Wilhelm III. weigerte sich nicht, ihn anzunehmen. Mit seinen Truppen auf dem Friedensfuß, angesichts des in Süddeutschland angesammelten französischen Heeres, blieb ihm kein anderer Ausweg übrig[1]).

Was geschehen mußte, geschah. In England, wo man früher die Besetzung Hannovers durch Preußen ohne Zeichen der Feindschaft hingenommen hatte, erzeugte jetzt die Schließung der Häfen in der Elbe, Weser und Ems eine ungeheure Erregung. Ohne förmliche Kriegserklärung ließen die britischen Minister, der Zustimmung des Parlamentes von vornherein sicher, gleich in den ersten Apriltagen 1806 alle preußischen Kauffahrer — es waren an dreihundert — in den Häfen mit Beschlag belegen oder eröffneten die Jagd darauf auf offener See. Dies allein war schon ein Schaden von vielen Millionen für Preußen, von dem weit empfindlicheren Verlust abgesehen, den der schlesische Handel durch die Sperrung der nordischen Seeplätze unfehlbar erleiden mußte. Später erklärte Britannien die Mündungen der Elbe, Weser, Ems und Trave in

---

[1]) Ein österreichischer Offizier, der damals in geheimer Mission in Süddeutschland reiste, schreibt am 31. März 1806 aus München: „Übrigens scheint die musterhafte Stellung der französischen Armee gegen Preußen nicht genug bemerkt worden zu sein. Bonaparte zog, indem die beiden Endpunkte der Armee zwischen Austerlitz und Bregenz standen, sich in seitwärts marschierenden Kolonnen aus Österreich zurück. Durch die Bewegungen Augereaus (auf Frankfurt) erhielt die Armee auf einmal die drohende Stellung, die Frankfurt zum Mittelpunkt und die Oberpfalz und die Weser zu Endpunkten hatte und im Besitz aller Flüsse und Höhen gegen Preußen war. Es war berechnet, in zehn Märschen in Berlin zu sein, und sie zählten bloß zwischen Württemberg und Breslau auf eine Schlacht. Preußen, das während dieser Märsche mit Unterhandlungen hingehalten wurde, fühlte zu spät seine Lage und war genötigt, alle Bedingungen zu unterschreiben. Ein sehr geschickter hiesiger Offizier, der im Bureau des Marschalls Berthier arbeitet, hat diesen Plan sehr hübsch in einer kurzen Darstellung entwickelt, und ich werde ihn, wenn es nur immer möglich ist, zu erhalten suchen." Siehe meine „Historischen Studien und Skizzen", I., S. 269.

Blockadezustand und Preußen in aller Form den Krieg. Es
half nichts, daß der König in Paris vorstellen ließ, wie die
Schließung des Hafens von Lübeck unfehlbar Repressionen
Englands im Baltischen Meer hervorrufen und Rußland und
Dänemark ebenfalls zu Preußens Feinden machen müsse[1]).
Dazu geriet auch Schweden, von England dazu angeeifert,
in Krieg mit Preußen. Und all diesen Nachteil um Hannovers
willen, dessen Besitz doch noch nicht so sicher stand, wie die
Franzosenfreunde in Berlin annahmen. Wie, wenn sich z. B.
England und Frankreich miteinander verglichen? Sollte
dann die Rücksicht auf Preußen Napoleon abhalten, den Kur-
staat wieder zurückzugeben, wenn der Friede daran hing und
mit ihm die Anerkennung seiner präponderanten Stellung
in Europa durch seinen gefährlichsten Feind[2])? Und es hatte
den Anschein, als ob es zu einem solchen Vergleich kommen
würde.

Die Siege des Imperators hatten begreiflicherweise in
London eine tiefe Verstimmung erzeugt. Pitt sah mit wahrem
Herzenskummer den Frieden mit Österreich, die Heimkehr der
Russen, den Zerfall der Koalition, die im Grunde sein Werk

---

[1]) Unter den Talleyrandschen Papieren im Wiener Staatsarchiv befindet sich die Abschrift eines Briefes Friedrich Wilhelms III. an seinen
Gesandten Lucchesini in Paris, von Berlin, den 19. Mai 1806 datiert, worin
diese Beschwerde Ausdruck findet. Am Schluß der Auftrag: „Geben Sie
bei jeder Gelegenheit die stärkste und feierlichste Versicherung ab, daß
Frankreich in allen Bestimmungen (des Vertrages vom 15. Februar), die
sein wahres Interesse betreffen, in mir stets den treuesten Freund, den
pünktlichsten Beobachter meiner Verpflichtungen finden werde; bringen
Sie aber auch erforderlichenfalls meine innerste Überzeugung zum Ausdruck,
daß es unmöglich wird, nebensächlichen Dingen einen Sinn beilegen zu wollen,
die in letzter Linie zu unserem gemeinsamen Nachteil gedeihen müßten.“
(S. Anhang.) Derselbe Gedanke findet sich in der Denkschrift Haugwitz'
an den König vom gleichen Tage: Napoleon sollte sich — und es wäre gut,
ihm das begreiflich zu machen — damit begnügen, sein großes Ziel erreicht
zu haben, d. i. auf die Verbindung mit Preußen in allem Wichtigen rechnen
zu können, dafür aber in Fragen, die für ihn untergeordneten Wert haben,
von denen aber gleichwohl das Glück vieler Einzelner, auch französischer
Handelsleute, abhängt, sich nachgiebig erweisen. R a n k e , Hardenberg,
V., 348.

[2]) In jenem Brief an Talleyrand über den künftigen Rheinbund, 31. Mai
1806, hatte es u. a. geheißen: „Man muß für Preußen etwas übrig lassen für
den Fall, daß es genötigt wäre, Hannover den Engländern zurückzugeben.“
C o r r e s p o n d a n c e , XII., p. 416 cf.

gewesen war, und sein kranker Körper erlag völlig unter den unerwarteten Schlägen; am 23. Januar 1806 ist er verschieden. Als kurz vor seinem Ende sein Blick auf die Karte von Europa fiel, befahl er sie aufzurollen, denn man werde sie vor Ablauf der nächsten zehn Jahre nicht wieder gebrauchen können. Wie ein Seher ging der geniale Mann von dannen. Das Ministerium Grenville, das auf ihn folgte, erhielt in James Fox als Leiter der auswärtigen Angelegenheiten ein franzosenfreundliches Element. Wir haben diesen Staatsmann als Enthusiasten für den Helden des 18. Brumaire kennen gelernt. Jetzt näherte er sich der Pariser Regierung, indem er sie auf ein gegen das Leben des Kaisers geplantes Attentat aufmerksam machte. Napoleon ließ Fox verbindlich antworten, und aus dem Briefwechsel der beiderseitigen Minister entwickelten sich Pourparlers, bis einige Wochen später Lord Seymour, Graf von Yarmouth, einer der in Frankreich bei Beginn des Krieges festgehaltenen Engländer, von dem Londoner Kabinett den Auftrag erhielt, in Verhandlungen mit Talleyrand einzutreten. Dazu kam es im Juni 1806. Dem Sieger von Trafalgar war, wenn man von ihm die Rückgabe seiner Eroberungen forderte, Malta nicht mehr gut vorzuenthalten, und Napoleons Minister bot es denn auch dem Engländer geradezu an, und obendrein — als ob es nie einen preußisch-französischen Allianztraktat gegeben hätte — die Rückkehr Hannovers unter die angestammte Herrschaft. Auch Sizilien sollte seinem bourbonischen König bleiben, wenn England Josephs Regiment in Neapel und überhaupt alle Staatengründungen Napoleons anerkennen wollte. So versicherte Talleyrand.

Von alledem erhielt man in Berlin fürs erste keine Kunde. Dennoch konnte der König sein Mißtrauen gegen das „alliierte" Frankreich nicht unterdrücken, das ihm so harte Bedingungen gestellt hatte. Er suchte Halt und Unterstützung bei Rußland. Herzog Karl von Braunschweig ward in geheimer Mission nach Petersburg geschickt, um dort vor allem zu begehren, daß Alexander I. die Integrität der Türkei zu achten versprach, damit man nicht am Ende gegen ihn kämpfen müsse. Eine solche Zusicherung war zwar nicht zu gewinnen, aber man näherte sich doch so weit, daß die beiden Souveräne Erklärungen tauschten, nach denen sich der Zar verbindlich machte, alle seine Kräfte für die Behauptung der Unab-

hängigkeit und Unverletzlichkeit des preußischen Staates zu
gebrauchen, während Friedrich Wilhelm versprach, gegen
Rußland nicht Krieg zu führen, wenn ein solcher etwa
aus einem Angriff Frankreichs auf die Türkei entstehen sollte
(1. und 12. Juli 1806). Es war eine neue Allianz, deren Zweck
der preußische König in der allmählichen gemeinsamen Kräftigung gegen „den ebenso gewaltigen als gefährlichen Feind"
erblickte, um sich „mit allen Mitteln auf den möglichst
achtunggebietenden Fuß zu setzen", und die zunächst den
Erfolg hatte, daß Rußland zwischen Schweden und Preußen
vermittelte[1]).

Die sicherste Garantie für Preußens Ruhe hätte allerdings in einem Frieden zwischen Frankreich und Rußland gelegen. Und es schien wirklich, als ob es dazu kommen sollte.
Denn Alexander hatte von Verhandlungen Napoleons mit
England gehört und wollte nicht, wenn sich die Beiden vertrugen, isoliert im Kriege gegen den Gewaltigen übrig bleiben.
Darum ging der russische Geschäftsträger Oubril nach Paris,
um zur Stelle zu sein, und schloß dort sogar am 20. Juli 1806
einen Separatvertrag ab, der, seinen Instruktionen entgegen,
den Russen auferlegte, Cattaro zu verlassen und sich auf
die Ionischen Inseln zurückzuziehen, deren Unabhängigkeit
anerkannt wurde, wogegen Frankreich binnen drei Monaten
Deutschland räumen und auch die jüngst okkupierte Republik Ragusa wieder freigeben wollte. Beide Teile erkannten
die Unabhängigkeit und Integrität der Pforte an. König
Ferdinand sollte für Neapel u n d S i z i l i e n durch die
Balearen entschädigt werden. Dieser Vertrag, der an denjenigen erinnert, zu dem einst der Graf St. Julien beredet
worden war, bedurfte allerdings noch der Ratifikation des
Zaren. Kaum war das Dokument in Paris unterzeichnet, so
änderte Napoleon seine entgegenkommende Haltung England
gegenüber insofern, als er nun auch von der britischen Macht
die Anerkennung Josephs als Königs von Sizilien und die
mit Rußland vereinbarte Entschädigung für die Bourbons
forderte. Fox war willig und Ende Juli wurde in Paris an
der Hand der bisherigen Besprechungen ein Pakt entworfen,
der diese Punkte festsetzte, dafür Georg III. Malta und das

[1]) Friedrich Wilhelm an Alexander, 23. Juni 1806, in B a i l l e u,
Briefwechsel, S. 109.

Kap beließ und ihm sein Land Hannover als „Königreich"
zurückgab; Preußen sollte eine Territorialentschädigung mit
400.000 Seelen erhalten. Der Entwurf enthielt manches, das
in London Bedenken erregte, und anderes, das Napoleon
daran bemängelte[1]). Immerhin aber schickte England einen
in aller Form beglaubigten Unterhändler, Lord Lauderdale,
nach Paris. Nur hatte schon die Separatverhandlung Napoleons mit Rußland Fox stutzig gemacht, und als vollends
die Rheinbundsakte zutage trat, die dem französischen Übergewicht auf dem Kontinent und mit ihm der französischen
Konkurrenz ein neues Terrain überantwortete, da wurde auch
er schwierig; er schlug das Prinzip des „Uti possidetis" als
Basis der Verhandlungen vor, Hannover ausgenommen, das
auf alle Fälle an England zurückkommen müsse, verwarf
die Balearen als Entschädigung Ferdinands IV. als ungenügend und wünschte in dem neuen Vertrag Englands Handelsinteressen zu wahren, worauf aber Napoleon jetzt ebensowenig einging wie 1802[2]). Er zog die Besprechungen hin, bis
Alexander den Julivertrag ratifiziert haben würde. Darauf
gab man in England die Friedensidee auf, und die Unterhandlungen begannen zu stocken. Bald nachher starb Fox,
und mit ihm so ziemlich der einzige versöhnliche Mann, auf
den Napoleon jenseits des Kanals noch rechnen konnte, und
dieser selbst hatte kurz vor seinem Ende zum Krieg wider
ihn geraten. In ganz Britannien fand er so bald keinen mehr.
Für die schließliche Haltung dieses Staates war es bestimmend,
daß — vielleicht durch seinen Einfluß — auch in Rußland
die Kriegspartei wieder die Oberhand gewann. Kaiser Alex-

---

[1]) Der Entwurf, wie er aus einem von dem englischen Geschäftsträger
Goddard nach London gesandten Exemplar in der Corresp., XIII.,
10604, mitgeteilt wurde, stammt sicher nicht, wie Coquelle, Napoléon
et l'Angleterre, p. 118 meint, von Yarmouth, oder wie Sorel, VII., 85,
annimmt, von Yarmouth und dem französischen Unterhändler Clarke her,
sondern — das geht aus den begleitenden englischen Noten Goddards hervor
— von den Franzosen allein. Der Brief Clarkes — nicht Champagnys, wie
Coquelle angibt — vom 31. Juli, der den Entwurf dem Kaiser unterbreitet,
enthält nur die Bemerkung, daß er „gestern Gegenstand der Besprechung
war" („le projet de traité de paix qui était hier sur le tapis"). Pariser Archives nat. A. F. IV. 1673.

[2]) Floret schreibt in sein Tagebuch: „Die Artikel über den Handel,
Sizilien und das Kap der guten Hoffnung bilden die Steine des Anstoßes.
Frankreich hatte am Kap einen Freihafen verlangt."

ander, der zwar die Franzosen gerne aus Deutschland sich
entfernen gesehen und ebenso gerne Frieden mit Frankreich
geschlossen hätte, gab frankreichfeindlichen Stimmen Raum
und verweigerte dem von Oubril unterzeichneten Vertrag
die Sanktion[1]). Er tat es um so mehr, als er durch jene Erklärung Preußens sicher geworden war, daß diese Macht nicht
Frankreich anhängen werde. Auch hatte auf ihn die Kunde
von der Sprengung der deutschen Reichsverfassung, als deren
Garant er gerne galt, Eindruck gemacht. Er ließ in Paris
erklären, nur dann Frieden schließen zu wollen, wenn Frankreich auf den Besitz von Dalmatien und Albanien verzichten,
dem König Ferdinand Sizilien lassen, den von Sardinien für
den Verlust Piemonts endlich entschädigen wolle. Er wußte
sehr gut, daß Napoleon hierauf nicht eingehen werde, und
gab gleichzeitig Befehl zu mobilisieren und die Armee an die
preußische Grenze zu schieben.

---

[1]) Es klingt nicht unwahrscheinlich, wenn der österreichische Gesandte
in Petersburg, Merveldt, berichtet, Oubril habe sich mündliche Weisungen
seines Herrn zur Richtschnur genommen und daraufhin abgeschlossen. (B e e r,
Zehn Jahre österreichischer Politik, S. 226, Anm.) Man vergleiche damit,
was im März 1807 der Österreicher Vincent in Warschau zu Talleyrand sagte:
„Das Verbleiben der französischen Armee in Deutschland nach dem Frieden
von Preßburg war der Hauptgegenstand der Sorge aller Mächte... Wenn
der von Oubril unterzeichnete Vertrag in Rußland viele Anhänger fand,
K a i s e r A l e x a n d e r s e l b s t i h n r a t i f i z i e r e n w o l l t e, Österreich
wünschte, daß er ratifiziert werde, und eine mächtige englische Intrige
nötig wurde, um ihn zu verhindern, so war es lediglich, weil darin die Räumung
Deutschlands stipuliert worden war." (Talleyrand an Napoleon, 12. März 1807
bei B e r t r a n d, Lettres inédites de Talleyrand, p. 345.) Damit erklärt sich
auch, warum die russische Antwort bis zum 3. September auf sich warten
ließ und wieso anfänglich die Nachricht nach Paris gelangen konnte, der
Vertrag vom 20. Juli sei in Petersburg ratifiziert worden, was Napoleon dann
als preußisches Manöver auslegte. (Siehe die „Notes sur la situation actuelle
de mes affaires" nach der Wiener Lesart in „Zur Textkritik der Korrespondenz Napoleons I.", S. 111, die Zeugnisse Schladens bei R a n k e,
Hardenberg, II., 213 Anm., und die Czartoryskis bei S c h i e m a n n,
Nikolaus I. I., 274.) Für die hier dargelegte Ansicht, daß Oubril nur im
mündlichen Auftrag des Zaren gehandelt habe, als er in Paris den Vertrag
unterzeichnete, ist neuerdings aus den kürzlich veröffentlichten Stroganow-
Papieren ein entscheidendes Argument beigebracht worden. Oubril selbst
hat, wie Czartoryski an den russischen Gesandten Stroganow schrieb,
ausgesprochen, er habe so gehandelt, „weil Alexander in einem Tête-à-tête
unter vier Augen ihm aufgetragen habe, in Paris um jeden Preis Frieden zu
schließen". Zitiert von H e y m a n n, Napoleon u. d. großen Mächte, 1806,
S. 75 Anm.

Während sich in den politischen Verhältnissen der großen
Mächte diese Wandlungen vollzogen, hatte Preußen in Leid
und Sorge das Gewicht seiner Allianz mit Frankreich getragen.
In den Augen des Königs wollte man seit ihrem Abschluß
wiederholt Tränen bemerkt haben. Hatte man denn nicht
sicheren Besitz für unsichern dahin gegeben? Die abgetretenen
Landschaften waren von den Franzosen besetzt worden, und
doch schien sich der Verbündete noch nicht begnügen zu
wollen. Da lagen in der unmittelbaren Nähe des neuen
Herzogtums Berg drei Abteien (Essen, Werden und Elten) mit
reichen Kohlengründen; sie waren im Jahre 1802 Preußen
zugefallen und gehörten nur bezüglich der landständischen
Vertretung noch zu Cleve. Dennoch ließ Joachim I. von Berg
— so hieß nun Murat — diese Landschaften einfach besetzen und
räumte sie erst auf entschiedene Reklamation der preußischen
Regierung, oder vielmehr auf des Kaisers Mahnung, mit
Preußen sachte zu verkehren. Übrigens hatte Napoleon schon
im März sein Auge auf Werden und Essen geworfen[1]). Durch
Essen war die brandenburgische Grafschaft Mark mit Cleve
verbunden, und auf die Erwerbung dieser Grafschaft zielte
gleichfalls Napoleons Politik ab, dem es daran lag, den Staat
Murats zu kräftigen, um auch im nördlichen Deutschland,
wie im Süden, festen Fuß zu fassen. Darum wurde der französische Botschafter in Berlin geradezu angewiesen, Preußen
zum offenen Kampf gegen Schweden zu reizen, damit es ihm
Pommern abnehme, seinerseits aber die Mark an Berg über-
lasse. Nur mit Mühe erwehrte man sich dort dieser Zumutungen. Dazu kam, daß Napoleon die zu Cleve gehörige
Festung Wesel auf dem rechten Rheinufer, um einen militärischen Stützpunkt auch im Norden zu gewinnen, nicht
seinem Schwager überließ, sondern mit seinen eigenen Truppen
besetzte. An den Kriegsminister Dejean, der den in München
residierenden Berthier vertrat, schrieb er am 7. Mai: „Wesel
ist die richtige und wünschenswerte Stellung, um Belgien zu
flankieren und die Nordgrenzen zu sichern. Es ist im Offen-
sivfall die passendste Position, um einer gegen Preußen kämpfenden Armee Rückhalt zu gewähren[2]).“

---

[1]) An Talleyrand, 14. März 1806 (Corresp., XII., 9969).
[2]) Corresp., XII., 10210. Miscell. Napoleonica, VI., 84, 93.

Bei dieser Haltung Frankreichs machte sich in Berlin die
Befürchtung geltend, Napoleon suche nach einem Vorwand,
um einen Friedensbruch herbeizuführen und seine Macht
über Preußens Grenzen hinaus auszudehnen. Schon Anfang
Juli wurde der Gedanke erwogen, ob man sich nicht für diesen
Fall militärisch instand setzen sollte. Aufregende Nachrichten,
die aus Süddeutschland eintrafen, schienen einem solchen
Entschluß das Wort zu reden. Napoleon selbst zeigte in
Berlin die Gründung des Rheinbundes an und suchte nur den
Eindruck, den die Nachricht machen mußte, dadurch abzuschwächen, daß er Friedrich Wilhelm III. aufforderte, nun auch
seinerseits im Norden einen solchen Bund zu gründen. Kaum
aber war man in Berlin auf diese Idee eingegangen, als sie
sich auch schon als hinfällig erwies; denn in der letzten Juli-
woche meldete Lucchesini aus Paris, Lord Yarmouth habe
ihm anvertraut, daß der Kaiser den Engländern Hannover
zurückgeben wolle — Hannover, ohne das Preußen eine
bedeutende Stellung in Norddeutschland nicht beanspruchen
durfte, für dessen Besitz es so große Opfer an Land, Gut und
Ansehen gebracht und von dem Napoleon noch kürzlich beteuert hatte, er denke nicht daran, es ihm abzusprechen! Wo
war da noch Sicherheit? Und dazu erfuhr man, daß er Kurhessen mit Verheißungen dem Rheinbund zu gewinnen trachte,
die Preußen Nachteil brachten[1]). Auch sonst von überallher
kamen beängstigende Rapporte. Da meldete General Blücher
aus Westfalen, die Franzosen verstärkten sich in Wesel und
an der Lippe, was nur den Zweck haben könne, Preußen die
Mark und Westfalen für Murat abzunehmen; auch wolle Napoleon wieder Hannover besetzen lassen. Er verlangte drin-

---

[1]) Namentlich ein Brief des Kurfürsten Wilhelm an den König, der
französische Gesandte habe ihm für seinen Beitritt zum Rheinbund west-
fälisches Land angeboten, soll in Berlin sehr verstimmt haben. (F l o r e t,
Journal zum 31. August.) Vgl. dazu das Schreiben Friedrich Wilhelms III.
an Alexander vom 6. September über die „tentatives perfides pour détacher
la Hesse" bei B a i l l e u, Briefwechsel, S. 121, den Bericht Wittgensteins
bei B a i l l e u, Preußen und Frankreich, II., 492, und das Schreiben des
Kurfürsten vom 27. Juli, bei S t r i p p e l m a n n, Beiträge zur Geschichte
Hessen-Kassels, II., 92. Der Kurfürst hatte falsch berichtet. Er war es,
der in den Rheinbund wollte, und der Gesandte Napoleons in Cassel, Bignon,
hat später entschieden bestritten, derartige Anträge vorgebracht zu haben.
Vgl. H e y m a n n, „Napoleon u. d. großen Mächte", 1806, S. 126, 131.

gend vom König die Offensive gegen Frankreich. Aus Regensburg und München erfuhr man, französische Truppen hätten
Würzburg okkupiert, und allgemein ward erzählt, sie seien
gegen Sachsen im Vormarsch. War das alles nun falsch oder
wahr — und warum sollte es nicht wahr sein? — man fühlte
sich dieser recht- und rücksichtslos vorwärts dringenden Macht
gegenüber in seiner Schwäche völlig preisgegeben und drängte
wie im Fieber, aus diesem hilflosen Zustand herauszukommen[1]).
Auch Haugwitz riet jetzt — wie er schon 1803 getan hatte —
zur Rüstung und Kriegsbereitschaft, und nun gab der König,
der sich von Frankreich gekränkt und getäuscht fühlte, nach.
Am 6. August war Lucchesinis Depesche in Berlin angelangt,
und schon zwei Tage später schrieb Friedrich Wilhelm an den
Zar, Napoleon habe den Engländern Hannover ohne Äquivalent[2]) angeboten, das heiße so viel als er wolle Preußen vernichten. Denn wenn er diesem Staate wirklich jenes Land
entfremde, müsse er darauf gefaßt sein, ihn beim nächsten
Krieg an der Spitze seiner Feinde zu erblicken, und um dieser
Gefahr vorzubeugen, wolle er ihn jetzt, bei so günstiger Gelegenheit, wo Rußland mit ihm Frieden geschlossen habe,
Österreich völlig erschöpft und England durch sein Interesse
mit ihm gegen Preußen verbunden sei, allein verderben.
Würde Rußland das ruhig mit ansehen? Am 9. August ward
in Berlin die Mobilisierungsordre ausgegeben und dem französischen Gesandten gesagt, man rüste, weil man Napoleons

---

[1]) In einer späteren Note vom Ende September 1806 hat der französische Gesandte in Wien, Larochefoucauld, dem Minister Stadion mitgeteilt, die eigentliche Ursache des Krieges zwischen Frankreich und Preußen
sei Sachsen, das Napoleon, um es dem Berliner Einfluß zu entziehen, unabhängig stellen und seinen Kurfürsten zum König und Oberhaupt über die
anderen wettinischen Linien erheben wollte, was Preußen nicht duldete.
Zu ernsten Verhandlungen ist es hierüber nicht gekommen. Wohl aber
ließ Napoleon dem sächsischen Premierminister nahelegen, daß er, auch
wenn sein Land isoliert bleiben und sein Kurfürst einen höheren Titel annehmen sollte, immer das Interesse Sachsens wahrnehmen wolle. H e y m a n n,
a. a. O., S. 125.

[2]) Das war nicht ganz richtig, wie wir wissen, denn in dem Vertragsentwurf Clarkes war von einer Entschädigung Preußens durch deutsches
Land mit 400.000 Einwohnern die Rede (s. oben S. 141). Dafür sollte es
allerdings auf Cleve, Ansbach und Neufchâtel verzichten. Auch wünschte
Napoleon, es möge davon im Vertrag keine Erwähnung geschehen. C o r -
r e s p., XIII., 10.604.

unterschiedliche Maßnahmen als gegen Preußen gerichtet
ansehen müsse; denn auch wenn es nur Demonstrationen
wären, hielte man sich gleichwohl zu Gegenanstalten verpflichtet, um nicht, wie schon einmal — im Februar — unter
dem Zwang solcher Demonstrationen zu leiden.

Waren nun Preußens Befürchtungen begründet? Wollte
Napoleon wirklich den Krieg? Ja und nein. Er wollte ihn,
weil er in sein System gehörte. Schon seit dem Direktorium
war die revolutionäre Politik darauf gerichtet, dereinst Preußen,
sowie Österreich, so weit als möglich nach Osten zu drängen.
Von Napoleon insbesondere wird erzählt, er sei Friedrich
Wilhelm III. seit dessen zweideutiger Haltung im Vorjahr
gram geworden und habe schon im Februar 1806 dem König
von Bayern Hoffnungen auf Bayreuth gemacht, von dem
doch sicher war, daß es Preußen ebensowenig ohne Kampf
aufgeben würde, wie Hannover. Eine andere Frage aber ist,
ob Napoleon j e t z t, im Sommer 1806, den Krieg gegen die
norddeutsche Großmacht plante. Und das ist doch sehr
zweifelhaft. Es mag sein, wie Talleyrand in seinen Memoiren
erzählt: „Der Friede zwischen England und Frankreich war
ohne Rückstellung Hannovers unmöglich. Da sagte sich
Napoleon: „Preußen, das Hannover aus Furcht genommen
hat, wird es auch aus Furcht wieder herausgeben; ich werde
es dafür mit Versprechungen entschädigen, die der Selbst-
liebe der Regierung genügen werden und mit denen sich das
Land zufrieden geben muß." Allerdings hatte seine Armee in
Deutschland eine Angriffsposition auch gegen Preußen inne,
ihre Anwesenheit galt aber doch hauptsächlich — von dem
finanziellen Moment der Truppenernährung auf fremde Kosten
abgesehen — Österreich. „Wenn der Kaiser von Deutschland," heißt es in seinem Brief vom 16. Juli an Berthier,
„auch nur die kleinste Schwierigkeit gegen meine Maßregeln
in Deutschland erhebt, ist es meine Absicht, meine ganze
Armee zwischen dem Inn und Linz vorzuschieben." Als dann
aber die Zustimmung Franz' I. zur Stiftung des Rheinbundes
erfolgt und der Vertrag mit Oubril abgeschlossen war, der
die Räumung Deutschlands durch die Franzosen unter seinen
Bedingungen enthielt, traf Napoleon wirklich Anstalten, seine
Soldaten zurückzuziehen. Am 17. August schrieb er darüber
an Talleyrand und Berthier und wies diesen an, die öster-

reichischen Kriegsgefangenen heimzuschicken. Als er in diesen
Tagen von der preußischen Mobilisierung hörte, verlachte er
sie als den Ausdruck einer ungerechtfertigten Angst. Am 23.
erhielt sein Gesandter in Berlin die Weisung, den König mit
der kleinen Lüge zu beruhigen, man sei in Paris, um Preußen
Hannover zu erhalten, eben im Begriff gewesen, die Verhandlungen mit England abzubrechen, als man dort zu rüsten begann. Noch am 26. August wandte sich Napoleon an Berthier:
„Das Berliner Kabinett ist von einem panischen Schreck erfaßt. Es bildet sich ein, in unserem Vertrag mit Rußland
stünden Klauseln, die ihm mehrere Provinzen entfremden.
(Das war von Lucchesini in der Tat unrichtigerweise gemeldet
worden.) Dem sind seine lächerlichen Rüstungen zuzuschreiben,
denen man keine Aufmerksamkeit zu schenken hat, da es
wirklich meine Absicht ist, die Truppen nach Frankreich heimkehren zu lassen.‟ Er schenkte ihnen aber doch etwas Aufmerksamkeit, denn der Marschall sollte zwar verbreiten, daß alle
Streitkräfte nach Frankreich zurückkehrten, nur nichts davon
über den Rhein gehen lassen. Eine Woche später jedoch stand
die Sache schon ganz anders. Da war die Nachricht aus
Petersburg eingetroffen, daß der Zar den Vertrag vom
20. Juli nicht akzeptiere, und nun gewannen plötzlich jene
Rüstungen in Napoleons Augen eine besondere Bedeutung.
Aus dem Zusammenfallen der beiden Tatsachen schloß er
auf ein Einverständnis zwischen Rußland und Preußen — sein
Vertrauensmann in Petersburg, Generalkonsul Lesseps, hatte
schon vor Wochen darauf hingedeutet — namentlich als
zu gleicher Zeit mit dem russischen Kurier auch General
Knobelsdorff aus Berlin einlangte und im Namen seines Königs
die Räumung Deutschlands begehrte. Knobelsdorff hatte
Lucchesini zu ersetzen, dessen Entfernung von Napoleon gewünscht worden war, und war im Grunde nur noch, um Zeit
zu gewinnen, nach Paris geschickt worden. Nahm man hinzu,
daß auch England nicht mehr an Frieden mit Frankreich
dachte, so ist es nicht zu verwundern, wenn Napoleon das
Vorhandensein einer neuen Koalition annahm, ähnlich der
des Vorjahres, nur daß Österreich durch Preußen ersetzt war.
In dieser — übrigens irrigen — Voraussetzung widerrief er
sofort den Marschbefehl der deutschen Armee, erkundigte
sich bei Berthier nach der Beschaffenheit der Elbe und Saale,

ließ Karten anschaffen und weigerte sich Knobelsdorff gegenüber, das Verlangen Friedrich Wilhelms III. zu erfüllen, solange das preußische Heer auf dem Kriegsfuß bleibe. Preußen
sollte zuerst abrüsten, dann sei auch er dazu bereit; ja, er
machte sich noch Mitte September anheischig, jeden entscheidenden Schritt bis zur Rückkehr eines Kuriers aus Berlin
zu verschieben, wenn die preußischen Gesandten — Lucchesini befand sich noch in Paris — ihn schriftlich darum ersuchen wollten[1]).

Mit seinem kalten klaren Blick überschaute der Franzosenkaiser die Lage. Er sah nur zwei Möglichkeiten vor sich,
die er in einem Brief vom 12. September 1806 seinem Gesandten in Berlin vor Augen legen ließ. „Entweder hat
Preußen,“ heißt es da, „nur aus Furcht gerüstet; in diesem Falle
müßte es, da zur Bewaffnung kein Motiv mehr vorhanden ist,
die Rüstungen einstellen, um so mehr, als sie ihm viel Kosten
verursachen. Oder es wollte sich für den Moment instand
setzen, wo seine mit Rußland, England und Schweden getroffenen oder noch zu treffenden Vereinbarungen ruchbar
würden: dann erfordert es die Politik des Kaisers, von der
guten Jahreszeit zu profitieren, um vor den Schweden und
Russen in Berlin zu sein, die Feinde vor ihrer Vereinigung
anzugreifen und vereinzelt zu schlagen. Auf diese beiden
Fälle schränkt sich die ganze Frage ein, es gibt kein Drittes.
„Möglichkeiten“, „Wahrscheinlichkeiten“, „innerste Überzeugungen“, sind in den Augen Seiner Majestät nur leere
Chimären, durch die sie sich nicht täuschen läßt. Wenn allenfalls noch eine andere Hypothese, als die beiden erwähnten,
denkbar wäre, so könnte es nur die sein, daß die Vorsehung,
die den Kaiser bisher leitete, Berlin dazu ausersehen hat,
am Jahrestag seines Einzuges in Wien in seine Hände zu
fallen.“ In diesen Tagen war es, wo er dem englischen Unterhändler vorschlagen ließ, er wolle nicht Krieg gegen Preußen
führen, wenn Britannien auf den Vertragsentwurf vom Ende
Juli einginge, d. h. Sizilien zugestehe. Lauderdale wäre vielleicht dazu bereit gewesen, wagte aber doch nicht ohne neue
Weisung aus London zu unterzeichnen. Diese lautete ab-

---

[1]) S. „Notes sur la situation actuelle de mes affaires“ vom 12. September 1806 bei L e c e s t r e, Lettres inédites, I., 124. Dazu „Zur Textkritik der Korrespondenz Napoleons I.“, S. 109.

lehnend, und damit waren die Verhandlungen mit England
so gut wie beendet[1]). Die Antwort hatte Napoleon erwartet.
Das letzte Anerbieten war offenbar nur eine Probe darauf gewesen, ob wirklich, wie er meinte, eine neue Koalition im
Werden war. Dazu kamen geheime Kundschaften aus Berlin
nach Paris, die den Krieg höchst wahrscheinlich machten.
„Alle deuten auf Krieg," schrieb Talleyrand am 19. September an Laforêt, „alle kündigen ihn an, so daß es unmöglich ist, nicht daran zu glauben, Preußen sei dieses Mal
die Avantgarde einer Koalition. Der Kaiser hat sich auf alles
vorbereiten müssen. Er hat jetzt die Garde abziehen lassen
und die Versammlung der Armee an den Grenzen von Berg,
Hessen und Sachsen in Deutschland befohlen[2])."

Alles kam nun darauf an, ob Preußens König auf des
Kaisers Ansinnen einging. Er hatte wirklich aus „Furcht" gerüstet, aber dieselbe Furcht hielt ihn jetzt ab, zu demobili-
sieren. Und wenn es diese Furcht nicht allein war, so war es
außerdem die Rücksicht auf die Machtstellung des Staates,
die in dem neu erworbenen Hannover bedroht schien, auf
Ehr' und Majestät des Thrones und schließlich auf ein volks-
tümliches Element des Widerstandes gegen Frankreich, das
jetzt zum erstenmal deutlicher hervortrat. Denn es ließ sich
nicht leugnen, im deutschen Volk war eine nationale Reaktion gegen das internationale Eroberungssystem Napoleons
im Werden. Durch die souveräne Willkür, mit der er sich
den republikanischen Formen der Revolution entzog, hatte
er sich jene deutschen Demokraten zu Gegnern gemacht, die

---

[1]) Über dieses letzte Stadium der englisch-französischen Unterhandlung vgl. man C o q u e l l e, a. a. O., S. 136 ff., immer in der irrigen Meinung,
der für Frankreich so günstige Vertragsentwurf sei ein Werk der Engländer
und Napoleon unklug gewesen, darauf nicht einzugehen, wodurch das
ganze Bild verschoben wird. Schon Fox hatte auf seinem Krankenlager
gesagt, an die Unterhandlung sei nicht mehr zu denken (A d a i r, Geschichtliche Denkschrift, S. 416). Die Weigerung Englands ist später von französischer Seite publizistisch verwertet worden, allerdings nicht ohne daß
Napoleon sich an der Zurechtlegung des Stoffes stark beteiligt hätte. (S.
C o r r e s p., XXI., 17178 u. 17197, den Bericht Champagnys vom Dezember
1810 über die Verhandlungen Frankreichs mit England, Anmerkung.) Man
bedauert es hier wieder, wie so oft, daß die Briefe Napoleons keine wissenschaftliche Herausgabe erfahren haben. Sie hätte hier ersichtlich gemacht,
was an Champagnys Rapport von Napoleon für den Druck geändert wurde.

[2]) B a i l l e n, Preußen und Frankreich, II., 571.

noch zur Zeit des Direktoriums voll von Enthusiasmus für
Frankreichs „befreiende" Politik gewesen waren; durch seine
grenzenlose Herrschsucht hatte er diejenigen gegen sich aufgebracht, die der Selbständigkeit ihres Volkstums Wert bei-
maßen, an ihren angestammten Dynastien hingen und deren
Verkleinerung mit Widerwillen ansahen. Freilich gab es daneben Millionen, die, jeder politischen Empfindung bar, nur
dem materiellen Erwerb und Genuß lebten und deshalb die
sklavische Ruhe unter der Faust des gewaltigen Fremden
dem Kampf um Unabhängigkeit und freie Selbstbestimmung
vorzogen, daneben wieder ernste Geister, denen das Gleich-
heitsprinzip Frankreich sympathisch gemacht hatte, die in
der weltbürgerlichen Vereinigung der Völker — mochte sie
wie immer zustande kommen — ihr Ideal erblickten und deshalb auch Napoleon als Werkzeug dieser Idee nicht widerstrebten, und wieder andere, die ihn selbst als Behelf nationaler Einigung auffassen zu können glaubten und im Rheinbund, dem „dritten Deutschland", die Ansätze zu einem
festeren deutschen Staatsgebilde erblickten, dessen Konso-
lidierung die Rivalität von Österreich und Preußen mit ihren
außerdeutschen Interessen bisher gehindert hatte. Aber gegen
alle diese Nachgiebigen traten jetzt, in der ersten Hälfte des
Jahres 1806, einige der Tüchtigsten des Volkes auf: Schleiermacher mit seinen Predigten vom Wert der Nationalität,
Fichte mit seinen Reden an die deutschen Krieger, Ernst
Moritz Arndt mit seinem Buch vom „Geist der Zeit" und
dem vernichtenden Verdikt über Napoleons universale Herrschsucht. So im Norden. Im Süden entstanden Broschüren und
Flugschriften, die der Klage über die unwürdige Stellung der
Nation unter dem fremden Kommando unverblümt Ausdruck gaben. Denn daß Napoleon nach geschlossenem Frieden
seine Armee, als ob sich das von selbst verstünde, auf deutschem
Boden schalten und sich erhalten ließ, empfand man als
Schmach und Schande. Der Franzosenkaiser hatte Kenntnis
von dieser neuen populären Bewegung und unterschätzte sie
nicht; aber er hoffte sie mit einem Schlag, durch Beispiele
unerbittlicher Strenge, zurückscheuchen zu können. Darum
befahl er Berthier, gegen die Verleger und Verbreiter jener
politischen Libelle nach Kriegsrecht einzuschreiten, d. h. sie
vor ein Militärgericht zu stellen und nach 24 Stunden erschießen

zu lassen. Die Motivierung des Urteils sollte dahin lauten, daß, „da der Befehlshaber einer Armee für deren Sicherheit zu sorgen hat, jene Individuen, die die Bevölkerung gegen diese Armee aufreizen, dem Tode verfallen sind" (5. August 1806[1]). Das hätte noch allenfalls einen Sinn gehabt im Kriege und in Feindesland, hier aber, im Frieden und in verbündeten Ländern, war eine solche Maßregel nur die nackte Grausamkeit. Ein Opfer sollte sich alsbald finden. Eine dieser Broschüren: „Deutschland in seiner tiefen Erniedrigung" des Konsistorialrates Yelin (?) berichtete Empörendes von den fremden Truppen. Der Nürnberger Buchhändler Palm hatte sie verbreitet. Er ward verhaftet und, da er zu flüchten vermied, in Braunau am 25. August 1806 füsiliert. Ein Sturm von Entrüstung und Verzweiflung ging durch ganz Deutschland. Was die Hinrichtung Enghiens für die Fürsten gewesen war, das wurde die Ermordung Palms für das Volk. Mehr als an irgendeinem anderen Ereignis hat sich der deutsche Franzosenhaß an diesem genährt, und Friedrich Gentz konnte aus Sachsen an den österreichischen Diplomaten Starhemberg schreiben: „Der Krieg wird ein Nationalkrieg sein in der vollen Bedeutung des Wortes; binnen kurzem wird er ganz Deutschland erfüllen. Die letzten Attentate der Franzosen, vor allem jenes, dessen Kunde soeben alle Gemüter entsetzt hat, haben die Nation in einer Weise aufgeregt, daß allenthalben sizilianische Vespern den ersten Erfolg der Preußen begleiten werden[2]."

Dieser populären Strömung konnten sich auch die leitenden Kreise Berlins nicht verschließen. Dort stand übrigens schon seit ein paar Jahren der „französischen" — wie man die friedliebenden Anhänger der Neutralitätspolitik nannte — eine „Kriegspartei" gegenüber, die 1804 zu einem engen Widerstandsbund mit Österreich geraten hatte, im Jahre darauf unbedingt für den Anschluß an die Koalition gewesen war und jetzt endlich ihre Zeit gekommen sah. Zu ihr gehörten: der Finanzminister vom Stein, die Generale Blücher, Rüchel und Phull, die Gelehrten Johannes von Müller und Alexander

---

[1] Corresp., XIII., 10597.
[2] Thürheim, Ludwig Fürst Starhemberg, S. 355. Über die nationale Bewegung und die Wirkung der Hinrichtung Palms siehe auch Montgelas, S. 132.

von Humboldt u. a. Ja, selbst am Hofe, in der unmittelbarsten Nähe des Königs, zählte sie ihre Anhänger: die Königin
Luise, die Prinzessinnen Wilhelm und Radziwill, die Prinzen
Louis Ferdinand, Wilhelm, Heinrich und Oranien, alle bekannten sich zu ihr und redeten dem kriegerischen Aufschwung
des Staates statt dessen friedsamer Hinfälligkeit das Wort.
Was aber auf den ruheliebenden König den meisten Eindruck
machte, war, daß namentlich in der Armee, teils in ernster
Besonnenheit, teils in dünkelhaftem Übermut, ein durchaus
antifranzösischer Geist zutage trat; das Korps der Offiziere
begehrte stürmisch Haugwitzens Entlassung, huldigte Hardenberg, der sich Napoleon verhaßt gemacht hatte, und manche
setzten sich sogar über die Disziplin hinweg. Das war bisher
unerhört im preußischen Heer und so überraschend für Friedrich Wilhelm, daß er einen Augenblick an Abdankung dachte.
Von Abrüstung, wie sie Napoleon forderte, konnte da nicht
die Rede sein. Am 18. September schrieb Haugwitz an den
Herzog von Braunschweig, der in Thüringen die Armee versammelte: „Was immer kommen mag, der König hat über
seine Haltung einen unwiderruflichen Entschluß gefaßt: es
wird ein Ultimatum nach Paris gesendet werden und seine
Ablehnung den Bruch entscheiden." Da man über die Antwort nicht im Zweifel sei, werde das Schriftstück, um Zeit
für die Kriegsvorbereitungen zu gewinnen, aus dem Hauptquartier abgehen. Darin wurde das Begehren Napoleons abgewiesen und nochmals die Forderung auf Zurückziehung der
französischen Armee gestellt. Längstens bis 8. Oktober wollte
man die entscheidende Antwort haben[1]).
　　Nur widerstrebend und gerechter Sorge voll hatte sich

---

[1]) Das Schreiben Haugwitz' bei B a i l l e u, II., 570. Ob freilich
Friedrich Wilhelm nicht doch darauf rechnete, daß Napoleon ein friedliches
Abkommen ermögliche, läßt sich nicht endgültig beantworten. Knobelsdorff scheint er — sowie Haugwitz im Vorjahr — im verträglichen Sinne
instruiert zu haben. S. den Bericht Laforêts vom 26. August ebenda, II.,
540. Und wenn noch gegen Ende September, aus dem thüringischen Hauptquartier heraus, Scharnhorst (bei L e h m a n n, I., 424) schreibt: „Es
kommt mir vor, als wenn man noch etwas von dem von Paris zurück-
kommenden Kurier, der den 8. bis 10. Oktober eintreffen kann, erwartete,
wodurch die Sache beigelegt werden könnte", so ist diese Äußerung sicher
nicht ohne bestimmte Anhaltspunkte gemacht worden. Vgl. auch D e l-
b r ü c k, Gneisenau, I., 58.

der König dazu bestimmen lassen. Er durfte allerdings auf
Rußland zählen, seitdem es den Frieden mit Frankreich verworfen hatte, aber die Unterstützung des Zaren, der ihn beschwor, Napoleons Ansinnen abzulehnen und gerüstet zu
bleiben, konnte im besten Falle nicht vor Ende November
auf dem Kriegsschauplatz eintreffen. Mit England mußte erst
der herrschende Zwist beigelegt werden, um die unentbehrlichen Subsidien zu erhalten. Man hatte nur Sachsen zum
Verbündeten, das allzu langsam rüstete, indes der Kurfürst
von Hessen sich aus Eigensucht neutral hielt; im übrigen war
man auf die eigenen Kräfte angewiesen. Friedrich Wilhelm
überschätzte sie nicht[1]). In den Friedensjahren waren die
Mängel in der Kriegsverwaltung völlig eingerostet; die Armee
hatte so gut wie keinen Führer, denn der einzig Berufene, der
Herzog von Braunschweig, war unschlüssig und altersschwach
und — wie ihn ein Zeitgenosse richtig zeichnete — „mehr geeignet, Befehle anzunehmen als zu erteilen". Unter solchen
Verhältnissen war es freilich eine ungeheure Verwegenheit,
sich dem sieggewohnten Eroberer entgegenzustellen. Dieser
selbst mochte auch lange nicht daran glauben und erklärte das
Beginnen Preußens schlechtweg als verrückt. „Sagen Sie" —
so schreibt er noch am 10. September an Berthier —„insgeheim
dem König von Bayern, daß er Bayreuth erhalten soll, wenn
ich mich mit Preußen verfeinde; ich glaube jedoch noch nicht
daran, daß es diese Torheit begehen wird." Im Innersten
aber war er doch recht besorgt, daß Friedrich Wilhelm am
Ende noch abrüsten und ihm so die günstige Gelegenheit
rauben könnte, ihn allein zu überwältigen. Die preußische
Armee genoß in Europa — insbesondere ihre Kavallerie —
einen vorzüglichen Ruf, von dem sie namentlich selbst zumeist
erfüllt war, und Napoleon teilte die allgemeine Ansicht und

---

[1]) M o n t g e l a s erzählt: „Den König selbst machten sein Charakter
und seine Grundsätze jeder kriegerischen Unternehmung abgeneigt, und
er folgte mehr äußeren Antrieben als einem eigenen festen Entschluß. Er
fürchtete Napoleons überwiegendes Genie und hatte wenig Vertrauen
auf seine eigenen Streitkräfte, die ihm nicht in der Verfassung zu sein schienen,
mit Erfolg Krieg zu führen. Es ist ziemlich zweifellos, daß er sich mit dem
Gedanken zur Armee begab, er werde eine Schlacht verlieren und hieraus
den Vorwand zum Abschluß des Friedens entnehmen können, indem hier-
nach auch die Ungläubigsten von der Unmöglichkeit des Widerstandes
überzeugt sein würden." Memoiren, S. 146.

war nicht ohne Unruhe. Um so mehr mußte er darauf bedacht
sein, dieses Heer isoliert zu lassen und zu vernichten. Darum
wird der preußische Gesandte in Paris ohne Erklärung hingehalten, der französiche in Berlin angewiesen, sich zu
keinerlei Abrede bewegen zu lassen und, im äußersten F a l l e ,
lieber krank zu werden, darum sind in aller Stille schon seit
Wochen die verfügbaren Streitkräfte an den Rhein und nach
Aschaffenburg unterwegs, um mit 100.000 Mann neuaus-
gehobener Truppen das Heer in Deutschland zu verstärken,
darum verläßt der Kaiser selbst am 25. September plötzlich,
ohne dem Senat Mitteilung zu machen, Paris und reist eilig
nach Mainz, wo er die entscheidenden Anordnungen trifft.
Der Krieg hatte begonnen.

V i e r t e s K a p i t e l.

Von Jena nach Tilsit.

Die gute Meinung, die Napoleon von der preußischen
Armee hegte, ließ ihn jetzt mit noch größerer Vorsicht zu
Werke gehen als im Vorjahr gegen die Österreicher. War
sie doch die Schöpfung des großen Friedrich, den er so hoch
stellte, und ihre Generale konnten, wenn sie achtsam gewesen
waren, aus den Feldzügen von 1800 und 1805 seine strategischen Manöver kennen gelernt und sich zu deren Abwehr
vorbereitet haben. „Ich glaube,“ sagte er, „daß wir mehr
zu tun haben werden als mit den Österreichern,“ und an
Soult schrieb er, er habe seine Kräfte denen des Feindes
überlegen gemacht, weil er nichts dem Zufall überlassen und
den Gegner, wo er standhalte, mit doppelten Kräften angreifen wolle[1]). Mit acht Korps (einschließlich der Garde)
unter den bewährten Führern, mit einer starken Kavalleriereserve unter Murat und einem bayrischen Hilfskontigent,
in Summe mit über 170.000 Mann, will er Preußen angreifen,
und zwar von Süddeutschland her auf der Linie Bamberg-
Berlin, die er schon seit Wochen von französischen Offizieren
hat bereisen lassen. Er denkt diesen Vorstoß zwischen dem
Thüringerwald und dem Fichtelgebirge so rasch und wuchtig

---

[1]) C o r r e s p., XIII., 10941.

zu führen und das Herz der preußischen Monarchie so ernstlich zu bedrohen, daß voraussichtlich der Gegner, den er in
Thüringen vermutet, sich auf Magdeburg zurückzog, um von
dort zum Schutz der Hauptstadt fortzueilen. So schreibt
er noch aus Straßburg an den König von Holland. Seine
Rückzugslinie war an die Donau, wenn ihm der Feind früher
entgegentrat; wurde sie ihm durch einen Vormarsch des
Gegners nach Süddeutschland verlegt, so ging er über ihn
hinweg auf der Linie Leipzig—Frankfurt an den Rhein, welchen
Fluß Bruder Ludwig von Wesel her und ein besonderes Korps
unter Mortier bei Mainz zu verteidigen hatten; suchte der
Gegner seinen linken Flügel zu umgehen, was er für wahrscheinlich hielt, dann wird er ihn gegen den Strom drücken[1]).
So auf alle Fälle vorbereitet, konnte er seine ganze Armee
nach Osten vorschieben, ohne den Raum zwischen Rhein und
Franken besetzt zu halten. Denn das war ihm das Wesentliche — und er hatte im Vorjahr Erfahrungen gemacht —
daß er das Heer gänzlich in der Hand behielt „wie ein Major
sein Bataillon". Am 5. Oktober 1806 erteilt er den Korps
seine Befehle: sie hatten von Bamberg und Bayreuth weg,
wo sie konzentriert standen, zunächst in drei Kolonnen nach
Koburg, Lobenstein und Hof zu marschieren, von wo er sie
über Saalfeld und Schleiz auf Gera dirigieren will. Unterdessen
mußten Stellung und Absicht des Feindes völlig klar werden.

Wenn sie es dem Feinde nur selber wurden! Aber im
preußischen Hauptquartier sah es nicht nach zielbewußtem
Willen aus. Im Vorjahr hatte man noch ein Heer von
250.000 Mann aufgebracht, jetzt betrug die Streiterzahl kaum
die Hälfte, jedenfalls stand sie der des Gegners weit nach,
da es nicht gelungen war, alle die norddeutschen Streitkräfte
zu gewinnen. Der König hatte den Oberbefehl dem Herzog
von Braunschweig, demselben, der in den Jahren 1792 und
1793 das deutsche Heer kommandierte, übertragen, war aber
dann — um sich nicht vom Feld der Ehre fernzuhalten —
selbst zur Armee gekommen. Das hatte seine schlimmen
Folgen. Seine militärische Umgebung beeinflußte ihn wider die
Anordnungen des Generalissimus, so daß man bei den schwachen
Charaktereigenschaften des nachgiebigen Herzogs bald nicht
mehr wußte, „ob man das Hauptquartier königlich oder her-

---

[1]) Corresp., XIII., 10920.

zoglich nennen solle," wie einer der beteiligten Offiziere am
6. Oktober schrieb. Dieser Offizier war der Oberst Scharnhorst, Generalstabschef des Herzogs. Er hatte schon vor
Wochen einen Kriegsplan für den Angriff ausgearbeitet,
dessen hohen Wert spätere Kritik zu schätzen gewußt hat:
mit der ganzen Armee über den Thüringerwald zu gehen und
für die treffliche Kavallerie die Ebene zu gewinnen. Danach
wäre man im Aufmarsch dem Gegner um vierzehn Tage
voraus gewesen, was einen vollen Erfolg versprach. Damit
stimmte Braunschweigs eigene Meinung überein, die ganze
Armee bei Naumburg zu versammeln und für den Fall der
Offensive ins Bayreuthsche nach Bamberg, Würzburg, Ansbach zu rücken. Dafür wurde es aber zu spät. Einmal, weil
einzelne Armeeteile noch lange nicht zur Stelle waren, dann
weil das verbündete Sachsen erst in der letzten Septemberwoche mobilisierte, und weil überdies der König doch noch
so sehr am Frieden hing, daß er um alles nicht als dessen
Störer erscheinen mochte. Er wollte vielmehr jenen 8. Oktober abwarten, bis zu welchem Tag er in seinem Ultimatum
Frankreichs Antwort zu erhalten wünschte. Die Antwort
blieb aus. Anstatt ihrer kamen die Franzosen selbst und
machten die Ausführung jenes Planes unmöglich. Er war
inzwischen am 25. September durch einen andern ersetzt
worden. Die Armee ward unter drei selbständige Kommandos
verteilt, schon mit Rücksicht auf den „regierenden" Fürsten
Hohenlohe, der, wie man meinte, nicht gut unter dem Herzog
von Braunschweig dienen konnte. Der Armeeteil auf dem
rechten Flügel, General Rüchel, sollte am 7. Oktober von
Eisenach weg an die Fulda rücken, um den Anschluß der
Hessen zu erleichtern — der nicht erfolgte — und Blücher
aus dem Norden aufzunehmen. Die beiden anderen, d. i. die
Hauptarmee unter Braunschweig und Hohenlohe auf dem
linken Flügel, sollten nebeneinander über den Thüringer
Wald an die Werra rücken. Aber auch daraus wurde nichts.
Das Vorgehen der Franzosen im Osten, von dem man erfuhr, machte jeden Offensivplan zunichte und drängte die
Preußen in die Defensive, wofür die Aufstellung — das Zen-
trum unter Braunschweig bei Gotha und Erfurt, der rechte
Flügel unter Rüchel bei Eisenach, der linke unter Hohenlohe
bei Rudolstadt — durchaus ungünstig war. Nach langen

Debatten am 6. Oktober war der Marsch über den Thüringer Wald aufgegeben und Hohenlohe an die Saale vorgeschickt, worauf seine Truppen noch am 6. bei Schleiz mit der mittleren und am 10. bei Saalfeld mit der westlichen französischen Kolonne ins Gefecht kamen. Hier, bei Saalfeld, war es, wo Prinz Louis Ferdinand, der die Vorhut kommandierte, den Tod fand, ein Ereignis, erschütternder in seiner Wirkung auf die Armee als die verlorene Affaire. Mehrere Generale verlangten kategorisch die Absetzung des Oberkommandanten, dem sie die Verkehrtheiten der Leitung zur Last legten, während ihn doch nur der Vorwurf treffen konnte, fügsam gehorcht zu haben, wo er zu befehlen hatte.

Indes sich die Dinge bei den Preußen so ungünstig als möglich gestalteten, hatte sich Napoleon bei seinem Vormarsch auf Gera, wo er noch am 10. den Feind vereinigt glaubte, über dessen Stellung besser orientiert. Er vermutete tags darauf dessen Hauptkraft bei Erfurt, was auch ungefähr zutraf; in Wahrheit befanden sich die Preußen zwischen Erfurt und Jena. Sogleich erkannte er die Möglichkeit, sie zu umgehen. Am 12. Oktober befiehlt er, daß die ganze Armee die Direktion nach Norden verlasse und links gegen die Saale einschwenke — dasselbe Manöver, das er vor einem Jahre nach seinem Übergang über die Donau und 1800 jenseits des Po ausgeführt hatte — und noch am selben Tage langen Murat mit seinen Reitern und Davout mit seiner Avantgarde von Gera her in Naumburg an. Als man im preußischen Hauptquartier davon hörte, war die Bestürzung ungemein, denn man hatte es an sorgfältiger Erkundung über den Feind nahezu völlig fehlen lassen. (Sie fehlte übrigens auch im französischen Heer.) Will Braunschweig jetzt der Umarmung durch den Feind ausweichen, so muß noch in derselben Nacht der Befehl zum Aufbruch nach Norden erteilt werden. Aber als ob das Selbstverständliche sich nicht von selbst verstünde, wurde auch dieser Gedanke erst am nächsten Morgen kostbare Stunden lang durchgesprochen, ehe man ihn ausführte[1]). So geschah es, daß Davout, der von Naumburg her über

---

[1]) Wie vieles andere, so hätte das preußische Hauptquartier von Napoleon auch lernen können, im Kriege sehr früh zu Bett zu gehen und nach Mitternacht, nachdem alle Nachrichten vom Abend eingelaufen waren, das neue Tagewerk zu beginnen.

Apolda dem bei Weimar stehenden Feind in den Rücken
fallen sollte, bei Auerstedt die Hauptarmee unter Braunschweig
im Marsch antraf und Napoleon mit dem Gros seiner Truppen,
von Gera herankommend, bei Jena Hohenlohe noch erreichte,
der die Arrieregarde zu bilden und den Abzug nach Norden
zu decken hatte.

An beiden Orten kam es am 14. Oktober zur Schlacht.
Napoleon hatte sie schon seit mehreren Tagen herbeigesehnt.
Jetzt glaubte er sich bei Jena der feindlichen Hauptmacht
gegenüber, zog alle verfügbaren Korps herbei und griff Hohenlohe anfangs mit etwa gleichen Kräften, später mit großer
Überlegenheit an. Am Frühmorgen, noch im Nachtdunkel,
ritt er an die Truppen des Marschalls Lannes heran, die schon
bei Saalfeld gefochten hatten und nun zuerst ins Feuer kommen
sollten, und erinnerte sie an die Siege des Vorjahres und wie
die Sache jetzt ebenso läge wie dazumal, als sie Mack fingen.
Dieses Korps hat dann im Verein mit der Avantgarde Neys
auf dem Landgrafenberg dem Vorstoß des feindlichen Zentrums so herzhaft widerstanden, daß der Kaiser die Garde
als Reserve sparen konnte, bis neue Kräfte anlangten[1]).
Dann war der Feind bald überwunden. Viel hatte dazu beigetragen, daß Hohenlohe auf seinem rechten Flügel den
glücklich begonnenen Angriff auf das Dorf Vierzehnheiligen
— die Franzosen mußten von da und aus dem nahen Isserstedt
weichen, und Napoleon führte persönlich die letzten Truppen
Lannes' in den Kampf — nicht energisch durchführte. Zögernd
setzte er seine Linien dem Feuer der Tiralleure Augereaus
aus, dem und den immer stärker werdenden Kanonensalven
sie nicht auf die Länge standhielten, während auf der anderen
Seite eine durch das Rautal vordringende französische Division
vom Korps Soults eine preußische zurückwarf. Hohenlohe
hatte gezögert, weil er Verstärkungen erwartete, die ihm von
Rüchel in Aussicht gestellt worden waren. Rüchel kam wohl,
aber erst, als die preußischen Bataillone bereits geworfen
waren; anstatt sie nun aufzunehmen, opferte er den größten

---

[1]) Hier war es, wo aus einem Glied der Gardelinie plötzlich hinter
Napoleon der angstbewegte Ruf „Vorwärts!" erscholl und der Kaiser den
vorlauten Sprecher mit den Worten zurechtwies, er möge warten, bis er
in zwanzig Schlachten werde kommandiert haben, ehe er es wage, ihm zu
raten. C o r r e s p., XIII., 11009, 5. Bulletin.

Teil seiner eigenen Truppen in einer nunmehr fruchtlosen Attacke; auch er mußte zurück[1]). Da stürzte sich dann Murats Kavallerie auf die Weichenden, und in wilder Hast, zum Teil in voller Auflösung, floh die Armee der Preußen gegen Erfurt. Während dies bei Jena geschah, wo 53.000 Preußen 96.000 Franzosen (in den entscheidenden Stunden jedoch nur 54.000) gegenübergestanden hatten, war Braunschweig bei Auerstedt mit Davout ins Schlagen gekommen. Und trotz der fast doppelten Übermacht, über die die Preußen hier verfügten — es standen ihrer 50.000 gegen 27.000 Franzosen — ging ihnen doch auch diese Schlacht verloren. Anfangs, nach einem übereilten Kavallerieangriff Blüchers, im Vorteil, hätten sie den Sieg erringen müssen, wenn sie nicht der dichte Nebel stundenlang an einer richtigen Schätzung des Gegners und einer kräftigen Aktion gehindert hätte — derselbe Nebel, der allerdings die Franzosen nicht abhielt, das strittige Dorf Hassenhausen gegen drei nacheinander eintreffende, schwerfällig agierende preußische Divisionen siegreich zu verteidigen und allmählich ihre Streitkräfte zu versammeln — und wenn General Kalckreuth seine Reserven (18.000 Mann) ins Feuer geführt hätte. Dieser tat es nicht, weil er keinen Befehl dazu erhielt, und einen Befehl konnte er nicht erhalten, weil der Oberfeldherr, zu Tode verwundet, nicht mehr zu kommandieren vermochte und jede einheitliche Leitung aufhörte[2]). So wurde es unmöglich, sich die Straße über Naumburg freizumachen, und der König, der jetzt das Oberkommando an sich nahm, befahl den Rückzug auf Weimar,

---

[1]) Über die Ursache der Säumnis Rüchels vergleiche man die Stelle im Bericht Friedrich Wilhelms III. über die Schlacht bei Auerstedt, wo der König Rücheln mitteilen ließ, er würde es „gerne sehen", „wenn er nach Möglichkeit, und wenn er keinen Feind vor sich hätte, uns zum Soutien heranrücken möchte". (B a i l l e u, Deutsche Rundschau, Dezember 1899, S. 394.) Das Schwanken Rüchels zwischen dem Entschluß, nach Jena oder nach Auerstedt zu gehen, mag Zeit gekostet haben.

[2]) „Sowie der Herzog blessiert war," schreibt der König in seinem Berichte, „hörte die eigentliche Führung des Ganzen auf, weil Niemand sich des Kommandos anzunehmen imstande war, oder vielmehr, weil ein jeder der Hauptanführer bereits den Kopf verloren hatte." Auch daß „die Infanterie wenig Routine im Richtigschießen" hatte, daß „die Reserven gar nicht aufzufinden waren", und „der gänzliche Mangel an guten Spezialkarten von diesen Gegenden" werden von Friedrich Wilhelm als Ursachen der Niederlage angeführt. (B a i l l e u, a. a. O.)

wo er noch Rüchels und Hohenlohes Scharen intakt zu finden
hoffte. Aber statt auf die Genossen traf er auf den triumphie-
renden Feind — ein Augenblick grausamster Enttäuschung
und ernster persönlicher Gefahr zugleich. Bald war das Hauptquartier mit den Resten der Armee in haltloser Flucht vor
den nachrückenden Franzosen. Anstatt sich zu sammeln, löste
sich nun das Heer fast völlig auf, die Desertion ward allgemein,
die Disziplin ging dahin. Von 120.000 Soldaten waren bald
nur noch 10.000 Mann regulärer Truppen übrig, die Hohenlohe in großem Bogen über Nordhausen, Magdeburg, Neu-
Ruppin nach dem ukermärkischen Prenzlau führte, um dort
vor Murat zu kapitulieren. Der hatte ihm versichert, das Korps
sei von 100.000 Franzosen umgeben, was ebensowenig der
Wahrheit entsprach, als im Vorjahr das Märchen vom abgeschlossenen Frieden, wo es die Erhaltung der Wiener Donaubrücken galt. Andere kleinere Abteilungen ergaben sich ebenfalls, die von Blücher geführte nicht ohne heldenhafte Gegenwehr — eine Ausnahme. Dazu öffneten sich die wichtigsten
Festungen dem Feind, und die Hast, mit der sie es taten, war
ein Schimpf ohnegleichen. So Erfurt, so Magdeburg, wohin
sich eine bei Halle geschlagene Reservearmee geflüchtet hatte,
so Stettin und Küstrin. „Das waren Greuel!" schreibt der
Hauptmann von Gneisenau an eine Freundin, „tausendmal
lieber sterben als dies wieder erleben. Das wird wunderbare
Zeilen in der Geschichte geben."

Da ihm nichts mehr den Weg verlegte, ritt Napoleon
am 27. Oktober 1806, umgeben von Prunk und Pracht und
— man glaubt es schwer — vom Zuruf des Volkes begrüßt,
in Berlin ein. „Der Kaiser war stolz," erzählt Coignet, „in
seiner bescheidenen Kleidung, mit seinem kleinen Hut und
der Kokarde für einen Sou. Sein Stab dagegen trug die große
Uniform, und für die Fremden war es kurios, in dem schlechtest
Gekleideten den Herrn einer so schönen Armee zu erblicken."
Am Tag vorher hatte er in Potsdam am Sarge Friedrichs II.
gestanden. Nur stimmte es schlecht zu der Bewunderung,
die er dem großen Toten zollte, daß er dessen Degen und
Schärpe von dort wegnehmen ließ und den Pariser Invaliden
zum Geschenk machte. In Berlin zog er die Summe seiner
bisherigen Erfolge. Schon am Tag nach Jena hatte er seinen
Sieg hoch bewertet. In einem Dekret vom 15. Oktober, das

den deutschen Nordstaaten harte Kontributionen auferlegte, heißt es: „Das Ergebnis der gestrigen Schlacht ist die Eroberung aller dem König von Preußen gehörigen Länder bis zur Weichsel." Und nun verkündete er am 12. November, von der Residenz der Hohenzollern aus, der Welt: „Die g a n z e preußische Monarchie ist in meiner Gewalt." Es kam nur darauf an, ob sie es blieb. Zwar die preußischen Waffen konnten den Zusammensturz des heimischen Staates nicht mehr aufhalten; denn bis auf ein Häuflein von 15.000 Mann und einige Festungen in Schlesien und an der Ostsee war die Wehrkraft des Landes zerrieben und zerstoben. Aber Napoleon hatte noch andere Feinde. Einer von diesen hatte sich bereits zu Preußens Freund und Helfer erklärt: Rußland, ein anderer konnte es in jedem Augenblicke werden: England. Denn das ergab sich aus Napoleons System, daß er mit seiner Politik stets das Ganze des Weltteils umfassen mußte und darum eigentlich nie einen vereinzelten Gegner hatte.

Am zweiten Tage nach der Schlacht vom 14. Oktober war ein Flügeladjutant des besiegten Königs im französischen Hauptquartier zu Weimar mit dem Verlangen nach Waffenstillstand und Frieden eingetroffen. Napoleon lehnte ab: seine errungenen Vorteile seien zu groß, um sie nicht bis Berlin zu verfolgen, dort werde sich der Friede leichter ergeben. Friedrich Wilhelm schickte dann Lucchesini dorthin mit der Vollmacht, Präliminarien zu unterzeichnen: Hannover, Bayreuth und das Land westlich von der Weser, auch ein gut Stück Geld als Kriegsentschädigung wollte man sich's kosten lassen. Aber des Feindes Bedingungen waren von den preußischen unendlich weit entfernt; er forderte alles Land links von der Elbe bis auf Magdeburg und die Altmark, 100 Millionen Franken Kriegssteuer und überdies Preußens Zustimmung dazu, daß Sachsen und die deutschen Länder jenseits des Elbflusses mit dem Rheinbund vereinigt würden, d. h. den Verzicht auf den norddeutschen Bund und jede Beziehung zu anderen deutschen Staaten. Schon verstanden sich Lucchesini und Minister Zastrow hierzu, um so mehr, als das Gerücht verlautete, der Kaiser wolle das alte Polen wiederherstellen, von dem Preußen weite Strecken mit Warschau und Posen besaß, und deren Bewohner hätten sich auch bereits an den Mächtigen gewendet. Aber nun wurde Napoleon aufs neue schwierig.

Hohenlohe und Blücher hatten unterdessen kapituliert,
Magdeburg, Stettin und Küstrin waren gefallen und die französischen Kolonnen streiften bis an die Weichsel. Konnte
dieser reiche Erfolg nicht besser ausgenutzt werden als zu einem
Separatfrieden mit Preußen? Ließen sich diese Erfolge nicht
für eine allgemeine Pazifikation verwerten? Napoleon sprach
es in seinem 30. Bulletin vom 10. November offen aus: „Die
französische Armee wird nicht eher Berlin verlassen, bis nicht
die spanischen, holländischen und französischen Kolonien zurückgegeben sind und der allgemeine Friede geschlossen ist."
Darum steigerte er jetzt seine Forderungen und kam endlich
vom Separatfrieden ganz ab; nur einen Waffenstillstand wollte
er vorläufig bewilligen, und diesen nur unter den drückendsten
Bedingungen: bis zum Bug sollten die Franzosen das Land
okkupieren, acht Festungen — Danzig, Kolberg, Glogau,
Thorn, Graudenz darunter — sollten ihnen überliefert, die
Russen, die bereits auf neuostpreußischem Boden standen, vom
König aus dem Land gewiesen werden[1]). Und selbst diesen
Vertrag unterzeichneten die Abgesandten am 16. November,
und schon am nächsten Tag übergab ihn Napoleon in einem
Armeebulletin der Öffentlichkeit, um möglichst rasch seine
politischen Erfolge der Welt kundzutun und zwischen Preußen
und Rußland Zwietracht zu säen, damit dann das Erstere
ohne Rückhalt, ein brauchbares Kompensationsobjekt, seinem
Belieben überantwortet blieb. Aber der König verwarf den
erniedrigenden Pakt. Er sah, daß in diesen Bedingungen nur
die völlige Entwaffnung seines Landes und die Trennung der
Höfe von Berlin und Petersburg beabsichtigt waren. Im Vertrauen auf Rußlands Hilfe wagte er es, dem Mächtigen zu
widerstehen. Als Napoleon von der Weigerung Friedrich
Wilhelms hörte — vielleicht auch schon vorher — entwarf er
eine Proklamation, die für das Haus Brandenburg denselben
tödlichen Sinn barg, wie jenes Schönbrunner Dekret für den
Hof von Neapel: es sollte aufgehört haben zu regieren. Nur
hatten damals, Ende Dezember 1805, die Dinge doch noch
anders gelegen als jetzt. Dort war der entscheidende Sieg
schon errungen; hier war er — da der König sich versagte
und Rußland hinter sich hatte — doch erst noch zu er-

---

[1]) Corresp., XIII., 11277.

kämpfen. Die Proklamation wurde fürs erste nicht verkündigt[1]).

Alles kam nun für Napoleon darauf an, die heranrückenden
Russen zu bewältigen, die am 23. Oktober, über 50.000 Mann
stark, die Grenze Preußisch-Polens (Neuostpreußens) überschritten hatten. Er überließ diese Arbeit nicht allein seiner
Armee. Zunächst suchte er die Polen gegen das Zarenreich
auszuspielen. Unter seiner Protektion entstand in Warschau
ein Insurrektionskomitee, und eine Deputation Hochadeliger
aus Posen, die am 19. November in Berlin erschien, erhielt
von ihm die Versicherung, Frankreich habe niemals die Teilung
Polens anerkannt und er selbst, als Kaiser der Franzosen,
werde mit dem größten Interesse den nationalen Thron sich
wieder erheben sehen; die Polen könnten stets auf seinen all-
mächtigen Schutz zählen. Allerdings sagte er auch: er selbst
könne ihnen die Wiederherstellung ihrer Unabhängigkeit nicht
verschaffen, die hinge von ihnen allein ab, ungefähr, wie er
es schon am 3. November formuliert hatte: „Ich will sehen,
ob Ihr verdient, eine Nation zu sein." Am 27. November kam
er selbst nach Posen, um die Insurrektion noch kräftiger zu
betreiben. Zahlreiche Huldigungen begrüßten ihn als Befreier des Vaterlandes, und er ließ es so lange an ermutigenden
Reden nicht fehlen, bis eine freiwillige Truppenaushebung
in Warschau im Gange war, die Tausende von Nationalgarden
lieferte. Und das war ihm die Hauptsache. Als ihm hier aufs
neue eine Adelsdeputation die Kräfte des Landes zur Verfügung stellte, antwortete er: „Wenn Ihr erst eine Armee von
40.000 Mann habt, werdet Ihr würdig sein, eine Nation zu
heißen; dann (!) werdet Ihr alles Recht auf meinen Schutz
haben[2])." Seinem Schwager Murat trug er auf: „Fahren Sie
fort, die gleiche Sprache zu führen: daß ich die Unabhängigkeit
der Polen nicht früher proklamieren werde, als bis ich er-
kenne, daß sie sie auch wahrhaftig wollen und verteidigen

---

[1]) Sie ist bei B a i l l e u , Preußen und Frankreich, II., 581, abgedruckt, bis auf den entscheidenden Satz, der Preußens Schicksal aussprechen
sollte. Er blieb unausgesprochen. Auf St. Helena sagte Napoleon, es sei
damals sein größter Fehler gewesen, daß er Preußen habe bestehen lassen.
„Ich hätte den König vom Throne stoßen können und bin sicher, Alexander
hätte keinen Widerstand geleistet, vorausgesetzt, daß ich das Land nicht
für mich behielt."

[2]) T a l l e y r a n d, Mémoires, I., 310.

können, d. h. bis ich sehe, daß sie 30.000 bis 40.000 Mann unter
den Waffen haben"[1]). Kurz, den idealen Zweck dieser Nation
zu fördern, war nicht seine Absicht; für derlei hatte er längst
keine Empfindung und bald auch, wie wir in Spanien sehen
werden, kein Verständnis mehr. Er sah in Polen nur ein brauchbares Werkzeug seiner Politik, welches ihm jetzt gegen
Preußen und Rußland dienen sollte, das er aber augenblicks
aus der Hand zu legen entschlossen war, sobald es ihm nicht
mehr nützte. Er hatte, um seine Zwecke bei dessen Landsleuten zu fördern, Kosciuszko aus Paris nach Osten berufen.
Der wollte aber erst kommen, wenn er die Überzeugung erlangt haben würde, daß der Kaiser Polen wirklich wieder herstellen wolle. „Glaube doch nicht," sagte er später zu einem
Freund, „daß er Polen herstellen will; der denkt nur an sich,
verabscheut jede starke Nation und noch mehr jeden Geist
der Unabhängigkeit. Er ist ein Tyrann, dessen einziger Zweck
die Befriedigung seines Ehrgeizes ist"[2]). Wie eine Probe auf
dieses Urteil klingt die Stelle im 36. Bulletin vom 1. Dezember
1806: „Wird der Thron Polens sich wiederherstellen und die
große Nation ihre Existenz und ihre Unabhängigkeit wieder
gewinnen? Wird sie vom Grabe zum Leben auferstehen?
Gott allein, der in seinen Händen alle Gestaltung der Dinge
hält, wird dieses große politische Problem entscheiden." So
mußte sich selbst der liebe Gott bemühen, wenn es die Politik
dieses Mannes für nützlich fand.

Diese Zurückhaltung Napoleons in der Frage der polnischen Unabhängigkeit erklärt sich teilweise auch daraus, daß
Österreich, das gleich anderen Staaten ausgedehnte polnische
Territorien in sich faßte — damals nordwärts bis an den Bug
— von einer nationalen Bewegung an seinen Grenzen not-

---

[1]) Corresp., XIV., 11399, Brief vom 6. Dezember 1806. Wenn
er daher schon am 1. Dezember an Sebastiani nach Konstantinopel schreibt,
es stünden bereits 60.000 Polen unter den Waffen, so war das eine Übertreibung, die am Goldenen Horn ihre Wirkung üben sollte (s. unten). Am
selben Tage wird übrigens auch Cambacérès in Paris — wie so oft! — belogen,
die Polen würden bald 60.000 Mann auf den Beinen haben. Cambacérès,
der in Paris den Rest von Regierungsgeschäften besorgte, den ihm der Kaiser
übrig ließ, erfuhr in der Regel nur, was Napoleon nicht geheim gehalten
wissen wollte.

[2]) Chlapowski, Mémoires (franz. Ausgabe, 1908), I., 30, zitiert
von Handelsman, Napoléon et la Pologne, 1806, 1807, p. 30.

wendig berührt werden mußte, während Napoleon jetzt allen
Grund hatte, mit der Donaumacht sich möglichst zu verhalten,
um in seiner Flanke unbedroht zu bleiben. Er hatte schon
vor dem Beginn des Feldzuges in Wien Annäherungsversuche
gemacht und sie nach der Schlacht bei Jena wiederholt.
Aber Stadion war nicht darauf eingegangen. Jetzt ließ er
durch seinen Gesandten, den General Andréossy, den Gedanken anregen, Österreich solle seine polnischen Provinzen
gegen Preußisch-Schlesien vertauschen. Doch der Wiener Hof,
um den sich zur selben Zeit auch ein russischer Sendbote,
Napoleons Landsmann Pozzo di Borgo, bemühte, verweigerte
sich nach der einen wie nach der anderen Seite und blieb
neutral; nur ein Beobachtungskorps von 40.000 Mann ward
von ihm allmählich gegen die preußische Grenze vorgeschoben,
teils um eine Erhebung in Galizien zu verhüten, teils um den
weiteren Ereignissen im Norden nicht ganz ungerüstet zu-
zusehen.

Und noch einen zweiten Trumpf spielte Napoleon gegen
Rußland aus: in der orientalischen Frage. Daß er die Absicht
hatte, auch die Türkei in sein System europäischer Universalherrschaft einzufügen, ist schon wiederholt angedeutet worden;
hat sie doch im letzten Grunde die Feindseligkeiten mit Rußland heraufbeschworen. Nun war es nur natürlich gewesen,
daß er nach dem siegreichen Feldzug von 1805 diesen Plan
weiter verfolgte[1]. Schon im Jänner 1806 hörte man von den
Generalen seiner Suite die Vermutung, er beschäftige sich
mit einer türkischen Expedition, und im Mai darauf konnte
der preußische Gesandte berichten, der Kaiser plane Verbindungen mit der Pforte, mit der Republik Ragusa — die
dann von den Franzosen besetzt wurde — auch mit Persien,
und General Sebastiani habe ihm die Ansicht Napoleons mitgeteilt, Rußland müsse hinter eine vom Baltischen zum
Schwarzen Meer gezogene Barriere zurückgedrängt werden.
Derselbe Sebastiani ging bald darauf in einer besonderen

---

[1] Am 11. März 1806 schrieb der österreichische Minister Graf Stadion
an Starhemberg in London, der Besitz von Dalmatien lasse den Umsturz
des ottomanischen Reiches und eine bemerkenswerte Ausdehnung der
Monarchie Napoleons im Süden und im Orient vorhersehen. (Wertheimer,
II., 105.)

Mission nach Konstantinopel. Er hatte, wenn Rußlands Herrscher den Frieden mit Frankreich ablehnte, die Pforte gegen ihn aufzureizen, und erreichte wirklich, daß Sultan Selim III., gegen den Buchstaben eines früheren Vertrages, die russisch gesinnten Wojwoden der Moldau und der Walachei absetzte, worauf der Zar, dem es längst um einen Anlaß zu tun war, eine Armee nach Süden dirigierte. Dem erschrockenen Großherrn schrieb Napoleon sofort ermutigende Briefe. Aus Berlin: ganz Preußen sei ihm untertan und er verfolge mit 300.000 Mann seine Vorteile; das Schicksal verbürge die Fortdauer des türkischen Reiches und habe ihn ausersehen, es zu retten; jetzt sei der Augenblick, mit einem osmanischen Heer an den Dniester zu rücken, indes er selbst von der Weichsel her gegen Rußland operiere (11. November 1806). Und drei Wochen später aus Posen: Preußen, der Verbündete Rußlands, sei verschwunden, die französischen Armeen stünden an der Weichsel, Warschau sei in seiner Gewalt; das preußische und das russische Polen erhöben sich, um ihre Unabhängigkeit wiederzugewinnen; das sei auch für den Sultan der Augenblick, die seinige zu erkämpfen; eine längere Nachgiebigkeit gegen Rußland wäre der Untergang seines Reiches[1]. Natürlich war Napoleons Absicht lediglich die, die russischen Streitkräfte zu teilen, so daß sie nicht allesamt ihm gegenüberstanden, und zugleich Österreichs Politik an der Donau festzuhalten, da man in Wien einem Übergreifen des Nachbars ins türkische Gebiet nicht gleichgültig zusehen konnte. Beides wurde erreicht. Alexander I. ließ seine Armee über den Dniester gehen, und die Türkei mußte ihm dafür noch im Dezember 1806 den Krieg erklären. Österreich aber blieb durch die Fortschritte der russischen Truppen an der unteren Donau in der Tat abgehalten, mit der nordischen Macht sich gegen Napoleon enge zu verbinden. War in Wien die Lockung mit Schlesien mißglückt, so glückte dagegen die Drohung mit Rußland[2].

Aber nun mußte es auch der mächtigste Feind der napoleonischen Politik, Großbritannien, empfinden, daß sein

---

[1] Corresp., XIV., 11230, 11232, 11338.

[2] Stadion äußerte sich damals, im Dezember 1806, sehr ungehalten zu Pozzo di Borgo über den Bruch Rußlands mit der Pforte, „denn er verwickle Rußland in ein System von Österreich nachteiligen Eroberungen". Vandal, Napoléon et Alexandre I., I., 21.

gewaltiger Gegner auf dem Festland einen Staat zertrümmert
hatte. Am 21. November 1806 ging von Berlin ein Dekret in
die Welt, das England in Blockadezustand erklärte und ihm
den Kontinent — soweit er in den Kreis des französischen
Übergewichtes fiel — versperrte. Wir wissen, wie bestimmt
Bonaparte schon im Jahre 1802, bei den ersten Anzeichen
neuer Feindseligkeit, dieses Programm entworfen hatte. „Will
England den Krieg auf dem Kontinent entzünden, so wird es
den Ersten Konsul zwingen, Europa zu erobern", hieß es in
jenem Brief für Otto[1]). Nun ist der Kaiser auf dem besten
Weg dazu. Mußte nicht der Brite die Folgen tragen? „Die
britischen Inseln", sagt das Berliner Dekret, „sind von nun
ab in Blockadezustand; jeder Handelsverkehr mit ihnen ist
untersagt; Briefe und Pakete, die eine englische Adresse
tragen, sind der Konfiskation verfallen; desgleichen jede englische Niederlage auf dem Kontinent, soweit Frankreich und
die Territorien seiner Verbündeten reichen; desgleichen jedes
Stück englischer Ware; alle englischen Schiffe sowie jene, die
aus englischen Kolonien und Stapelorten nach dem Kontinent kommen, werden von den europäischen Häfen ferngehalten; jeder englische Untertan ist kriegsgefangen"[2]). Dem
Dekret ging die Motivierung voraus, der Kaiser habe beschlossen, da die Engländer das Kriegsrecht zur See willkürlich auch auf Privateigentum ausdehnten, ihnen zu Lande mit
derselben Münze heimzuzahlen. Klar stand ihm, dem Grenzenlosen, sein Zweck vor Augen: sich Europa dienstbar zu machen,
um es gegen England zu verschließen. Dann mußten Britanniens Handel und Industrie verderben und versumpfen.
Und gelang es endlich auch noch vom Lande her ihm die
Reichtümer Indiens zu entfremden, dann war das stolze
Inselreich besiegt und unterwarf sich dem, der allein noch
über Erd' und Meer sein Zepter schwang[3]). Allerdings lag

---

[1]) Siehe oben S. 32.

[2]) Corresp., XIV., 11283. Lumbroso, Il blocco continentale,
p. 103 ff.

[3]) Daß der Kaiser fortwährend an Indien dachte, bezeugte damals
sein Bruder Joseph dem preußischen Gesandten (Bailleu, II., 409),
und Napoleon selbst hat auf St. Helena dem Arzte O'Meara erzählt, er habe
bald nach dem österreichischen Krieg, bereits im Jahre 1806, eine Expedition dahin ins Auge gefaßt. In demselben Jahre gingen drei französische
Agenten nach Persien.

dieses letzte Ziel noch fern, und auf dem Schachbrett von
Europa mußten erst noch die Figuren mit Kunst und List
gerückt werden, bis der letzte König mattgesetzt war; aber
es schien nicht unerrreichbar, und voll von diesen Entwürfen
zog Napoleon jetzt den Russen entgegen. Waren es nicht dieselben, die er vor einem Jahr mit leichter Mühe überwunden
hatte? Und seitdem war das Selbstgefühl seiner Truppen
durch neue Triumphe über die gefürchtete preußische Armee
nur noch höher gestiegen. Wenn irgend einer, dann konnte
er jetzt die Empfindung haben, daß das Schicksal einer Welt
in seiner geballten Faust lag.

An demselben Tag, an dem Napoleon in Posen eintraf,
am 27. November 1806, stieß die Avantgarde von Murats
Kavallerie bei Blonje, im Westen von Warschau, auf russische
Truppen. Vor dem in starken Märschen heranrückenden
französischen Heere zog sich General Bennigsen, der die
vorderste Armee kommandierte — eine zweite unter Buxhöwden war im Anzug — auf Warschau und endlich über die
Weichsel und den Narew nach Ostrolenka zurück. Erst wenn
die zweite Kolonne in die Nähe gelangt war, wollte er wieder
avancieren. Das geschah in der ersten Dezemberhälfte, wo
er seine Soldaten bis Pultusk und an die Wkra vorschob. Das
russische Heer wurde durch ein ostpreußisches Korps unter
L'Estocq, 13.000 Mann stark, ergänzt, das östlich von Thorn
stand, gleichsam als rechter Flügel der Aufstellung. Das
Ganze kommandierte General Kamenskoi als Oberbefehlshaber, der aber bald in Irrsinn verfiel, worauf das Kommando
zwischen den beiden anderen Generalen geteilt blieb. Die
Franzosen hatten Warschau und Thorn besetzt und rückten
auf dieser Linie über die Weichsel: die Korps von Bessières,
Ney und Bernadotte von Thorn her gegen Osten, Murat,
Davout und Lannes von Warschau gegen Norden; dazwischen
gingen Augereau und Soult gegen die Wkra vor, die sie unter
Napoleons Augen, der über Warschau herangekommen war,
im Kampf überschritten. Der Kaiser, der jetzt die Hauptmacht des Feindes bei Golymin, westlich von Pultusk, vermutet,
will sie hier in der Front mit zwei Korps angreifen, indes Lannes
mit dem seinigen rechts auf Pultusk marschieren soll, um den

Russen den Rückweg über den Narew zu verlegen, Soult und
Bernadotte aber links vorbei auf Makow dirigiert werden,
um ihnen auch die Straße nach Ostrolenka abzuschneiden.
Dieser Plan, der, wie jeder bisherige Entwurf Napoleons, die
Vernichtung des Gegners im Auge hatte, mißglückte völlig. Das
Gros der Russen stand nicht in Golymin, sondern in Pultusk,
wo es am 26. Dezember gegen Lannes eine für diesen ungünstige Schlacht bestand, die den Rückzug über den Fluß
ermöglichte, und was Napoleon bei Golymin am selben Tag zu
fassen bekam, war nur die Nachhut des feindlichen Heeres,
die zwar geschlagen wurde, sich aber, ohne verfolgt zu werden,
nach Norden ziehen konnte. Die Umgehung durch Soult ward
bei dieser Stellung des Feindes ganz gegenstandslos[1]). So
hatten sich die Russen der Umarmung durch die Franzosen
entzogen, ohne daß diese einen anderen Gewinn als den von ein
paar Geviertmeilen wüsten Landes verzeichnen konnten.

Wie ganz anders klingt das neben der Erzählung von
den Siegen der letzten Monate! Hatten sie Napoleon unvorsichtig gemacht? Denn es war unvorsichtig, den Feind schlagen
zu wollen, ohne — wie bisher — die Armee zusammenzuhalten, unvorsichtig, ein doppeltes Umgehungsmanöver auf
eine Voraussetzung zu gründen, die nicht ganz sicher war.
Und dazu kamen Schwierigkeiten, die der Kaiser wohl auch
kaum vorher voll gewürdigt hatte. Schon die Flußübergänge
hatten viel Zeit gekostet. Das Land, in dem man sie schlug,
war kurz vorher von den Russen besetzt gewesen. Diese hatten
bei ihrem Abzug alles mit fortgenommen, was nicht niet- und
nagelfest war, das übrige verwüstet, so daß die nachrückenden
Franzosen nur auf öde Plätze trafen und keinerlei Zehrung
fanden. Nun stellte sich der Hunger ein. Das Requisitionssystem mußte aufgegeben, Magazine mußten angelegt werden,
und es wird mehrfach durch Augenzeugen bestätigt, daß hier
nur der Spekulationsgeist der Juden die Armee vor dem Verkommen rettete. Und dazu kam, daß das sumpfige, von einem
plötzlichen Tauwetter aufgeweichte Terrain die Rekognoszierung erschwerte und die Aktionstüchtigkeit der Truppen
hemmte. Die ganze Gegend glich einem Kotmeer, worin die

---

[1]) Beide Teile schrieben sich den Sieg zu: die Russen, weil sie sich
des französischen Angriffs erwehrt und Lannes zurückgeschlagen hatten,
die Franzosen, weil die Russen zurückgegangen waren.

wackeren Soldaten bis über die Knie wateten und sich,
vom Hunger entkräftet, mühselig vorwärts schleppten, indes
die Geschütze im Morast stecken blieben und untauglich
wurden. Auf dem Marsch gegen Pultusk kam es zu Ausbrüchen hellster Verzweiflung, und mancher wackere Krieger,
der noch kurz zuvor dem Tode mutig entgegengetreten war,
nahm sich jetzt das Leben. Auf der grundlosen Straße konnte
auch der Wagen des Kaisers nicht mehr weiter; man mußte
ein Pferd an den Schlag heranführen, damit er nach Pultusk
reiten konnte, wo wenige Tage zuvor die Soldaten Lannes',
bis an die Schenkel im Schlamm, acht Stunden lang dem
feindlichen Feuer getrotzt hatten. Das ganze Elend seiner
Truppen sah der Imperator auf diesem Weg an sich vorüber-
ziehen und hörte, wie selbst seine Getreuesten, die Garden,
im Widerwillen murrten[1]). Das machte tiefen Eindruck auf
ihn. Ein Jahr zuvor — es war am Tag vor der Austerlitzer
Schlacht — hatte er im Kreise seiner Generale von seinen
früheren orientalischen Plänen gesprochen. Als da einer meinte,
man könne sie vielleicht eben jetzt wieder aufnehmen, da man
sich doch einmal auf dem Weg nach Konstantinopel befinde,
wies der Kaiser den Sprecher ab. „Ich kenne meine Franzosen," sagte er. „Weite Expeditionen sind mit ihnen nicht
leicht auszuführen. Frankreich ist zu schön. Sie entfernen
sich nicht gern davon und trennen sich nur widerwillig auf
längere Zeit von der Heimat." Und nun vollends unter so
verzweifelten Verhältnissen, wie sie hier jedes Manöver
hinderten und aller Kriegskunst Hohn sprachen[2]). Am 2. Dezember hatte er die Truppen in einem Tagesbefehl an den
Sieg in Mähren erinnert. „Soldaten!" — hieß es darin — „wir
werden die Waffen nicht niederlegen, ehe der allgemeine Friede
die Macht unserer Alliierten gefestigt und unserm Handel

---

[1]) Wer nach Savarys und Rapps Versicherungen annehmen wollte,
daß es sich bei den Vorwürfen, die die Truppen den Kaiser vernehmen
ließen, nur um soldatische Scherze gehandelt habe, der wäre im Irrtum.
Die Sache war ernst. Der Unteroffizier C o i g n e t z. B. erzählt, die Garden
hätten bei der Rückkehr in die Winterquartiere herbe Zurechtweisungen
darüber erfahren, daß sie in der Widerwärtigkeit nicht mutiger ausharrten.
[2]) S é g u r, Mémoires, II., 459. Der Herzog von F é z e n s a c erwähnt in seinen Erinnerungen wiederholt die Unmöglichkeit, ausreichende
Kundschaft einzuziehen, und schildert die außerordentlichen Beschwerden
des Ordonnanzdienstes.

seine Freiheit und seine Kolonien wiedergegeben hat. An der Elbe und an der Oder haben wir Pondichéry, unsere indischen Unternehmungen, das Kap der Guten Hoffnung und die spanischen Kolonien gewonnen. Wer gibt den Russen das Recht, in die Weltgeschichte einzugreifen und so gerechte Ansprüche zu vernichten? Sie und wir, sind beide nicht mehr die Soldaten von Austerlitz?" Aber was waren den Tapferen in den Sümpfen Polens Pondichéry und die spanischen Kolonien! War etwa Frankreich in Gefahr? Oder auch nur sein Ruhm und seine Größe? Und dann, schien es nicht, als ob die Russen von Pultusk wirklich nicht mehr die von Austerlitz wären? Hatten sie nicht am 26. Dezember ebenso tapfer gestritten und gelitten, wie die Soldaten des Kaisers? Nein, Napoleon wußte wohl, daß er den Bogen, der seine einzige Wehr bildete, nicht überspannen durfte. Er folgte dem retirierenden Feinde nicht, sondern ließ die Armee Winterquartiere beziehen. Die Weichsel entlang, von Elbing bis Warschau, wurden die Depots der einzelnen Korps eingerichtet; diese selbst blieben jenseits des Stromes vorgeschoben bis zu einer Linie, die man mit den Punkten Frisches Haff-Willenberg-Ostrolenka-Brok am Bug markieren kann. Die schwierige Verpflegung machte eine größere Ausbreitung notwendig.

Die Ruhe sollte aber nicht lange währen. Die Russen hatten sich in zwei Kolonnen in der Richtung auf Grodno und Bjelostok zurückgezogen, sich dann aber unter Bennigsens Oberbefehl — Buxhöwden war abberufen worden — Mitte Januar bei Bialla vereinigt. Die Preußen unter L'Estocq waren durch die Rückwärtsbewegung ihrer Alliierten gleichfalls nach Osten bis in die Gegend von Angerburg genötigt worden, so daß die Verbindung mit Danzig ganz unterbrochen war, ja sogar die Straße nach Königsberg einem französischen Handstreich offen lag. Ein solcher ist denn auch wirklich geplant worden. Ney, dessen Korps von Thorn bis Wittenberg hin kampierte und bitteren Mangel litt, brach in der ersten Hälfte Januar 1807 auf eigene Faust nach Norden auf, um seine Truppen in bessere Kantonnements zu bringen und, wenn möglich, Königsberg wegzunehmen — zum großen Verdruß Napoleons, der ihn scharf zurechtwies und zurückkommandierte. Nicht ohne Grund. Denn der Marschall war auf seiner Exkursion mit dem preußischen Korps zusammengeraten, was

die Folge hatte, daß Bennigsen sich mit der ganzen Armee
erhob, um Ney in seiner exponierten Stellung auf dem Marsche
zu vernichten, Bernadotte, der von Elbing her stand, über die
Weichsel zu drängen und die Verbindung mit Danzig wiederherzustellen. Dann wollte er, die Festungen schützend und
sich auf sie stützend, eine feste Position gewinnen. Das gelang
nicht. Ney entkam, einer Warnung Bernadottes folgend, der
geplanten Umarmung. Das Unternehmen hatte aber doch
noch weitere Folgen.

Den Kaiser traf die Nachricht von der Offensivbewegung
des Feindes in Warschau, wohin er sich von Pultusk begeben
hatte, um auch sich Ruhe zu gönnen. Die Hauptstadt des
alten Polens tat alles, um ihm zu schmeicheln und zu gefallen, die Frauen nicht zuletzt, und wir hören, daß Napoleon
nicht spröde blieb[1]). Auf die Meldung von Bennigsens Vorgehen aber riß er sich sofort los und faßte seinerseits einen
Plan zur Offensive. Er will mit der kompakten Masse seines
Heeres nordwärts rücken, die lange Marschlinie des Feindes,
noch ehe dieser seine Abteilungen zum Kampf vereinigen kann,
durchbrechen und dessen einzelne Korps auseinandertreiben.
Ein gütiges Geschick ließ Bennigsen diesen Plan aus einem
aufgefangenen Brief des Hauptquartiers an Bernadotte erfahren. Er ist bis über Allenstein hinausgelangt; nun zieht er
(bei Jonkendorf) eiligst seine Detachements an sich und beabsichtigt zunächst sich den Franzosen zu stellen. Das Preußenkorps, das er bei seinem Vormarsch in großem Bogen bis nach
Freistadt (westlich von Osterode) dirigiert hatte, muß eilends
nach Norden streben, um den Franzosen zu entkommen und
sich mit der Hauptarmee vereinigen zu können. Napoleons
Absicht war hiermit schon vereitelt. Er konnte nun zwar den
Feind ereilen, aber ihn nicht mehr überraschen, er konnte ihn
schlagen, aber ihn nicht mehr vernichten. Mit fünf Korps
drang er über Willenberg hinaus; ein sechstes blieb zur Beobachtung am Narew zurück; ein siebentes, unter Bernadotte,
der keinen Befehl erhalten hatte, konnte erst weit dahinter

---

[1]) Hier knüpfte sich auch, durch die schlechtesten Mittel der Verführung angebahnt, jene Beziehung zur Gräfin Walewska, der ein Sohn,
der spätere Minister Napoleons III., entstammte und die der Kaiser bis
zu seinem Sturze pflegte. (Näheres bei M a s s o n, Napoléon et les femmes,
p. 189 ff.)

folgen. Am 3. Februar trifft der Kaiser bei Allenstein auf den
Feind, und es kommt zu einleitenden Kämpfen, die ihn für den
nächsten Tag eine Schlacht erwarten lassen. Da ändert aber
der Russe seinen Plan. Da das preußische Korps noch nicht
eingelangt ist, will er nach Norden ausweichen, um es dort
an sich zu ziehen, und marschiert noch an demselben Abend
ab. Napoleon folgt ihm auf den Fersen und detachiert Davout
nach rechts, um ein Ausbiegen des Gegners nach Osten zu verhindern. Erst bei Preußisch-Eylau, am 7. Februar, wird
Bennigsen erreicht, der sich jetzt — überraschender Weise —
zur Schlacht stellt und noch an demselben Tag die vordersten
Abteilungen der Franzosen unter Murat und Soult zurück-
wirft. Unterdes aber langte die französische Hauptmacht an,
Ney ausgenommen, der hinter dem L'Estocqschen Korps her
war, um dessen Vereinigung mit Bennigsen zu hindern. Am
Morgen des 8. Februar standen sich die feindlichen Heere
zum Kampf gegenüber, 67.000 Franzosen gegen 76.000 Russen,
die auch an Geschütz überlegen sind. Der Schnee, den der
eisige Nordwind dahertrug, deckte noch nicht die Opfer des
vergangenen Tages, und schon kam es wieder zum Ringen,
blutiger als je gestritten wurde. Nach einem langen Artillerie-
kampf schritt Napoleon zum Angriff. Er will seinen linken
Flügel eher vernachlässigen, um mit dem rechten desto entschiedener zu siegen. Hier ging Augereau, der die Verbindung
zwischen dem Zentrum und Davout bildete, gegen die russische
Mitte vor, etwa wie Soult bei Austerlitz. Aber wie anders war
der Erfolg hier als dort! Dort wich der Feind, hier hielt er
stand und trieb den Angreifer mit blutigem Kopfe zurück. Ein
Hagel von Kartätschen fuhr in das mühsam gegen den Schneesturm avancierende Korps, und als es kehrt machte, vernichtete
die russische Kavallerie die Hälfte der Braven. Geradezu auf
den Standort Napoleons am Friedhof von Eylau stürmten die
feindlichen Reiter heran, so daß die Suite bereits nach den
Pferden rief, um das Hauptquartier in Sicherheit zu bringen.
Der Kaiser aber soll ungeduldig abgewinkt und sich damit
begnügt haben, eine Abteilung Garden vormarschieren zu
lassen, worauf die atemlos gewordene Reiterschar zurückkehrte. Nun gelang es ihm aber doch nur mit größter Mühe,
und nur hinter einem Vorhang von 80 Schwadronen, die Murat
zu einer mächtigen Attacke vereinigte, die Lücke in seiner

Aufstellung zu füllen. Da trat Davout in Aktion und drang
gegen den linken Flügel der Russen vor; er bog ihn nordwärts
und bemächtigte sich der feindlichen Rückzugslinie. Die Armee
Bennigsens schien verloren, als plötzlich Scharnhorst mit
einigen tausend von L'Estocqs Preußen — die anderen waren
im Kampfe mit Ney zurückgeblieben — auf dem Plane eintraf, sich unverzüglich gegen Davout wandte und ihn weit
zurückschlug. Als dann Ney, der erst zu Mittag die Ordre
zur Schlacht erhalten hatte, auf dem linken Flügel anlangte,
konnte er nicht mehr entscheidend in den Kampf eingreifen.
Bald darauf hat die Dunkelheit dem gräßlichen Morden Einhalt getan.

Die Verluste zählten nach Zehntausenden[1]). Noch nach
Wochen lagen Hügel von Toten unbeerdigt, wanden sich
unzählige Verwundete in Hunger und Schmerz in den ent-
blößten Häusern von Eylau oder in den verlassenen Munitionskarren. Augereaus Korps mußte seiner Einbuße wegen ganz
aufgelöst werden. Und all diese Opfer umsonst! Denn die
Schlacht war ohne Entscheidung geblieben. Napoleon hatte —
es war zum ersten Male — nicht gesiegt. In den ersten Stunden
des folgenden Tages dachte er sogar an Rückzug und schrieb
an Duroc, es werde bald nötig werden, daß das Hauptquartier
sich in Thorn versammele, und man möge in Küstrin und
Posen die Geldsendungen zurückhalten, weil es möglich
sei, daß er, „um vor den Kosaken und den vielen leichten
Truppen Ruhe zu bekommen", auf das linke Ufer der Weichsel
zurückgehe[2]). Davout war schon — er erzählte es später selbst
— im Begriff, den Rückmarsch anzutreten. Bennigsen aber
entschied es anders. Durch Neys Erscheinen mit frischen
Kräften besorgt gemacht, brach er um Mitternacht mit seinen

---

[1]) Fast 30.000 Franzosen und etwa 26.000 Russen.
    [2]) Corresp., XIV., 11789. Der Brief ist wohl am frühen Morgen
diktiert worden. Etwa um dieselbe Zeit ein anderer an Talleyrand, der
an Duroc gewiesen wird: dieser „werde ihm Nachrichten geben". (Corresp., XIV., 11786.) Später, im Laufe des Tages, ist dessen Text geändert
worden in: „der ihm Nachricht von dem über die Russen errungenen Siege
geben werde". Siehe meine Abhandlung „Zur Textkritik der Korrespondenz
Napoleons I.", S. 114. Da das Schreiben an Duroc nach dem Konzept
veröffentlicht worden ist, ist die Annahme gestattet, daß es ebenfalls nachträgliche Korrekturen bei der Ausfertigung erfahren habe. Jedenfalls
sind die Zeugnisse für eine anfänglich recht trübe Stimmung des Kaisers
nach der Schlacht unanfechtbar. (Siehe unten.)

Russen auf, und am Morgen des 9. Februar fanden die Franzosen das Feld vor sich leer. Hieß das nicht, ihnen den Sieg einräumen? Scharnhorst nannte es „Sünd' und Schande". Napoleon nahm aber den dargebotenen Lorbeer allsogleich für sich in Anspruch; sein Bulletin, das den Hergang der Affaire entstellend erzählte, verkündete aller Welt seinen Triumph, und, mehr um ihn zu bestätigen als ihn zu nutzen, schickte er Murat dem abmarschierenden Feinde ein paar Tagreisen weit nach[1]). Dann aber zog er die ganze Armee hinter die Passarge zurück und ließ sie dort aufs neue Quartiere beziehen, da er sich zu schwach fühlte, dem Gegner zu folgen. Denn nicht allein die Verluste der Schlacht hatten die Kräfte seines Heeres reduziert. Viele Tausende waren von Hunger und Mangel getrieben aus den Reihen gelaufen und strichen marodierend durch das Land, der armseligen Bevölkerung mit List oder Gewalt ihr Restchen Habe abdrückend. Und dieses Beispiel der Kontribution auf eigene Faust wirkte ansteckend, so daß einer der Generale die Zahl der Marodeurs auf nahezu 60.000 schätzen wollte[2]). Andere mochte die todesmutige Bravour der Russen eingeschüchtert haben, die bei Eylau auch Napoleon bewunderte. Wieder andere Stimmen gab es in der Armee — und der Freiherr von Gagern will sie gehört haben — die sich wider das abscheuliche Gemetzel erhoben, das doch nur dem wilden Ehrgeiz eines Einzigen diene[3]). Unter solchen Umständen beschloß der Kaiser, eine feste Stellung

---

[1]) Wir erkennen den alten Bonaparte sofort wieder, wenn schon um 5 Uhr abends der Kaiser an Cambacérès schreibt, er möge in den „Moniteur" setzen, die russische Armee sei in voller Auflösung (C o r r e s p., XIV., 11791) oder wenn es im 61. Bulletin heißt, Königsberg könne sich Glück wünschen, daß es nicht in seinem Plane lag, die Russen zu forcieren, oder wenn er in Briefen an Cambacérès, Daru und Andere die Verlustziffer mit 6000 Toten und Verwundeten angibt; die Wahrheit war das Fünffache.

[2]) So F é z e n s a c in seinen Souvenirs militaires, p. 163. Wie arg der Mangel gewesen war, lernt man hieraus und aus C o i g n e t s Aufzeichnungen kennen. Der Kaiser selbst schrieb an Talleyrand davon und an Joseph: „Wir leben hier mitten in Schnee und Kot, ohne Wein, ohne Branntwein, ohne Brot!" (1. März 1807, C o r r e s p., XIV., 11911.) Freilich in Frankreich brauchte man davon nichts zu erfahren, und darum hieß es auch in einem seiner Briefe an Fouché, „die Armee befinde sich vortrefflich, habe Nahrungsmittel für ein ganzes Jahr, und es sei widersinnig, zu meinen, daß man in einem Lande, wie Polen, an Brot, Fleisch und Wein Not leiden könnte". (F é z e n s a c, a. a. O.)

[3]) G a g e r n, Mein Anteil an der Politik, I., 417.

in Gegenden zu gewinnen, in denen es leichter war, die Truppen
zu verpflegen und Verstärkungen heranzuziehen, um dem
Feinde, wenn der böse Winter wich, mit überlegenen Kräften
entgegenzutreten. Am liebsten wäre er wohl, wie seine Generale
und selbst der gefügige Berthier rieten, über die Weichsel
zurückgegangen. Aber das hätte wie Rückzug vor den Russen
ausgesehen, deren Oberfeldherr auch nicht versäumt hatte,
sich als Sieger von Eylau zu erklären. Deshalb kein Zugeständnis weiter. Die Armee blieb zwischen Weichsel und
Passarge stehen, die Front gegen Osten, das Korps von Ney
als Vorhut bis an die Alle bei Allenstein vorgeschoben, ein
anderes unter Massena noch immer unbeweglich am Narew. Die
Position hatte den Vorteil, und das war der ganze Gewinn der
letzten Aktion, daß den Russen der Weg nach Danzig verlegt
blieb, welche Festung jetzt mit allem Eifer belagert wurde.

Napoleon schlug sein Hauptquartier in Osterode auf.
Auch hier herrschte wochenlang just kein Überfluß, und er
und seine Offiziere lebten nicht selten von dem, was die Soldaten
aufspürten und herbeischleppten. Anfänglich mußte er sich
mit einer Scheune als Wohnung begnügen, bis eine passende
ausfindig gemacht war. Erst als er Anfang April ins Schloß
von Finckenstein übersiedelte, wurde seine Lage annehm-
licher. Gleichwohl hatte er das Elend des harten Winters,
seinen Offizieren zum Exempel, mit leichtem Sinn ertragen,
so wie auch sein Körper unter den Strapazen des Feldzuges
eher gedieh; er schrieb an Joseph, sich niemals wohler gefühlt
zu haben. In Osterode wie in Finckenstein herrschte bewegtes
Leben. Ungezählte Boten kamen und gingen. Denn der
Kaiser entfaltete hier eine unglaublich rege Tätigkeit, und es
ist auch wohl etwas Richtiges daran, wenn Savary in seinen Aufzeichnungen meint, er hätte in einer großen Stadt wenigstens
drei Monate zu den Geschäften benötigt, die er in dem Loch
zu Osterode, wo er alles unter der Hand hatte und im Augenblick in Bewegung setzen konnte, in weniger als einem verrichtete. Was hat hier nicht alles seine Aufmerksamkeit und
seine Fürsorge gefunden! Wie unendlich vielfältig ist hier die
Beschäftigung dieses unermüdlich tätigen Mannes! Die Angelegenheiten der Pariser Theater, neue Schulen, insbesondere
eine Art Hochschule für Geschichte, wo die Lehre bis in die
Tage der Gegenwart vorschreiten müßte — „denn unsere

Jugend hat mehr Gelegenheit die Punischen Kriege kennen zu lernen als den Krieg mit Amerika im Jahre 1783" — ein neues Heilmittel, Frau von Staël, die aus Frankreich ferngehalten werden muß, die kleinsten Leiden der Glieder seiner Familie: alles beschäftigte ihn, und es wäre nichts unrichtiger als sich diesen Mann verloren nur in seine politischen und militärischen Entwürfe vorzustellen. Und doch gaben sie allein schon Veranlassung zu rastloser Arbeit. Denn die politische Lage Napoleons entsprach seiner militärischen: sie war um nichts günstiger. Der Türkei war es nicht gelungen, die Russen zu besiegen und sie zu einem größeren Kraftaufwand an der unteren Donau zu nötigen, im Gegenteil, aller Vorteil lag dort auf Seiten der nordischen Macht, so daß der Zar daran denken konnte, die Hälfte des Expeditionskorps auf den nördlichen Kriegsschauplatz zu dirigieren. Aus Österreich, dessen man unsicher geblieben war, kam die Kunde von Rüstungen, die der Gesandte Andréossy in seinen Berichten bis zur Kriegsbereitschaft übertrieb. Günstig war nur, daß man durch die Eroberung einiger schlesischer Festungen (Glogau, Breslau, Brieg, Schweidnitz) etwas Schutz für die Flanke gewonnen hatte. Die Schweden hatten sich gegen Stralsund gewendet, und man mußte darauf bedacht sein, ihren Angriff abzuwehren oder zu entkräften. Die Engländer verkündeten es aller Welt, daß sie im Begriffe ständen, ein Expeditionskorps an die Nordseeküste des Kontinents zu werfen, und nötigten Frankreich, eine eigene Armee unter Brune an die bedrohten Punkte zu stellen. Sogar das bisher so untertänige Spanien schien schwierig werden zu wollen; Napoleon hielt Beweise davon in Händen. Dazu fiel in Paris auf die Nachricht von dem Rückmarsch an die Passarge die Rente und mit ihr der Kurs des Kaisers. Kein Zweifel, er hatte vollauf zu tun, wenn er seine Situation verbessern oder doch nur erreichen wollte, daß er in den nächsten Wochen, die er zu seiner Verstärkung brauchte, nicht angegriffen wurde.

Jetzt war es, wo sich ihm der Gedanke aufdrängte, sich mit Rußland zu vergleichen. „Ich bin immerhin der Meinung," schreibt er am 14. März 1807 an Talleyrand nach Warschau, „daß eine Allianz mit Rußland sehr vorteilhaft wäre." Aber er fährt fort: „wäre das nur nicht eine gar so phantastische Sache und auf den russischen Hof irgendwie Einfluß zu gewinnen." So gibt er dem Gedanken vorläufig nicht weiter Raum. Auch ein Bündnis mit Österreich erschien ihm nützlich, „es sicherte wenigstens einige Zeit der Ruhe"; er wollte dafür gern einige Opfer bringen[1]). Aber das Nächstliegende war ihm doch, es wieder mit Friedrich Wilhelm zu versuchen. Sogleich nach der Schlacht bei Eylau — just als ob Scharnhorsts Tat den Staat wieder lebendig gemacht hätte — bekam Preußen neue Geltung in den Augen des Eroberers, und noch von der Wahlstatt weg schrieb er an Talleyrand nach Warschau, er solle die Beziehungen zu den Hohenzollern wieder aufnehmen. Ja, so eilig hatte er es damit, daß ihm der Umweg über Polen zu weit schien und er einige Tage später seinen Generaladjutanten Bertrand direkt an den König nach Memel sandte, um ihm die Rückgabe seines Landes bis zur Elbe anzubieten, wenn er einen Separatfrieden schließen wollte. Bertrand sprach auch von der Rückgabe der polnischen Ländereien, die Napoleon im Januar unter eine besondere Regierung gestellt hatte, denn der Kaiser habe sich überzeugt, daß die Polen nicht fähig seien, einen Staat zu bilden. Aber Friedrich Wilhelm hielt an seinem Bundesgenossen fest und ließ dies dem Gegner durch einen besonderen Boten kundtun, worauf Napoleon sich sogar zu einer allgemeinen Friedensunterhandlung auf einem Kongreß bereit erklärte, wenn man nur — und das war ihm das Wesentlichste — auf einen Waffenstillstand eingehen wollte, der die Franzosen hinter die Weichsel die Russen aber hinter den Niemen verwies. Doch auch das ward nicht erreicht. Preußen und Rußland verbanden sich vielmehr noch enger miteinander in einem Vertrag, der von russischen und preußischen Bevollmächtigten am 26. April 1807 zu Bartenstein, dem Hauptquartier Bennigsens, unterzeichnet wurde: England, Schweden, Österreich und Dänemark sollten angegangen werden, sich mit den Beiden noch einmal zu einer großen Befreiungskoalition zu vereinigen und die Verdrängung Napoleons aus Deutschland und Italien zu erstreben. Dieses sollte nicht mehr mit Frankreich unter einer Herrschaft stehen, jenes eine neue festere Gestaltung als ehevor gewinnen. Zwischen Österreich und Preußen sollte, unter dem Ausschluß jeglicher Eifersucht, eine rege Union platzgreifen.

---

[1]) Corresp., XIV., 12028.

Auf keinen Fall aber durfte Rußland oder Preußen einen Separatfrieden mit Frankreich schließen[1]).

Von Preußen zurückgewiesen, wandte sich Napoleon zu Österreich. Er beauftragte Andréossy, von der Donaumacht endlich eine bestimmte Erklärung zu verlangen: er sei immer zu einer Allianz bereit und willig, dafür Schlesien, das seine Truppen — es waren die rheinbündischen — fast ganz erobert hatten, dahinzugeben, nötigenfalls selbst auf Dalmatien gegen ein entsprechendes Tauschobjekt zu verzichten. Aber Österreich blieb auch jetzt gegen diese Anträge taub. Der Antrag, Schlesien, soweit es noch nicht in französischen Händen war, in Besitz zu nehmen, gelangte auch von preußischer Seite nach Wien und wurde ebensowenig genehmigt. Nur zu einer Vermittlung war man in Wien, wo vor allen Erzherzog Karl — wie immer — gegen die Teilnahme am Kriege sprach, bereit und produzierte als Basis: eine Neuordnung der deutschen Verhältnisse, die Integrität der Türkei, Polen aufgeteilt wie bisher, England zu den Unterhandlungen beigezogen (3. April 1807). Und selbst hierauf wollte Napoleon eingehen, wenn auch nur, um von österreichischer Seite während der nächsten Wochen nichts befürchten zu müssen; er forderte lediglich, daß es eine unbewaffnete Mediation sein solle, „etwa wie die Vergleichsaktion eines Friedensrichters, mit dem weißen Stab in der Hand". Als er dann seine militärische Lage gebessert sah, gab er der Sache keine Folge weiter. Rußland und Preußen hinwieder beantworteten zwar den Vermittlungsantrag des Wiener Hofes, auf den England eingegangen war, zustimmend, jedoch zugleich mit der dringenden Einladung, der Bartensteiner Konvention beizutreten, wozu sich wiederum Kaiser Franz nicht entschließen konnte. Das war ein großer Vorteil für Frankreich, daß Österreich neutral blieb. „Jedenfalls", schreibt Montgelas in seinen Memoiren, „war dies der größte Dienst, der Napoleon jemals geleistet worden ist, denn er hätte unmöglich einem Angriff von seiten Österreichs widerstehen können." Der Franzosenkaiser konnte selbst kaum daran glauben und fühlte sich in seiner rechten Flanke keineswegs sicher.

Aber auch in der linken nicht, wo die starke Festung Danzig noch immer widerstand und nur zu leicht einer Lan-

---

[1]) M a r t e n s, Traités conclus par la Russie, VI., 406 f.

dung englischer oder schwedischer Truppen als Stützpunkt
dienen konnte, während Diversionen an der Elbemündung
oder bei Stralsund, wie Napoleon selbst zugab, zum Verlust
von Berlin führen mußten. Zum Glück war aber England
zu starken Kriegsopfern nicht geneigt. Das Kabinett Grenville hatte sich mit einer Demonstration vor Konstantinopel
begnügt, die kläglich endete, nachdem die Stadt durch Sebastiani im Nu befestigt worden war, und als es sich dann
gegen Ägypten wandte, hatte das ebensowenig Erfolg. Aber
auch das neue Ministerium Portland mit den Franzosen-
feinden Canning und Castlereagh, das Anfang April 1807 in
Wirksamkeit trat, begnügte sich, in fernen Zonen Kolonien
wegzunehmen, und ließ die französischen und deutschen
Küsten unberührt. Nur die Schweden wagten einen Vorstoß
über die Peene, wurden aber am 16. April von Mortier zurückgeworfen und durch einen Waffenstillstand zur Ruhe verurteilt. Erst vier Wochen später landeten 10.000 Mann Russen
bei Weichselmünde, die von einer einzigen französischen
Division unter Oudinot mit leichter Mühe besiegt wurden;
sie kamen nicht weiter in Betracht. Die Belagerung Danzigs
ward nun nicht mehr gestört, und Napoleon konnte unbehelligt neue Truppen aus Frankreich nach Osten ziehen.

Unterdessen war er eifrig darauf bedacht gewesen, die
Kräfte der Türkei zu beleben und im Orient eine große Koalition gegen Alexander zu stiften. Er suchte einen Vergleich
zwischen der Pforte und Persien herbeizuführen, damit auch
dieses sich wider Rußland wende. „Man muß auch Persien
in Bewegung setzen" — läßt er jetzt an Sebastiani schreiben
— „damit es seine Kräfte gegen Georgien richte. Die Pforte
soll dem Pascha von Erzerum Ordre geben, mit aller Macht
dahin zu marschieren. Unterhalten Sie den guten Willen des
Fürsten der Abchasen und bestimmen Sie ihn, an der großen
Diversion gegen den gemeinsamen Feind teilzunehmen." Nicht
genug daran. Mit einem Sendboten des Schahs, der Ende
April auf Finckenstein eintraf, schloß er einen Vertrag ab,
worin er sich verpflichtete, Rußland zur Räumung von Georgien zu zwingen und dem König der Könige Kanonen und
Artilleristen zu schicken. Dafür mußte Dieser sich anheischig
machen, seine Beziehungen mit England abzubrechen, alle
britischen Waren zu konfiszieren, alle britischen Schiffe

zurückzuweisen, die Afghanen und die Völker von Kandahar wider England aufzureizen und ein Heer gegen Indien zu schicken. Zugleich ward ein Handelsvertrag in Aussicht genommen, der den Produkten der französischen Industrien auch diese Fernen erschließen sollte. Und noch eins. „Wenn" — heißt es im Artikel 12 — „der Kaiser der Franzosen zu Land eine Armee gegen die englischen Besitzungen in Indien senden wollte, so würde der Schah von Persien ihr freien Durchzug gewähren und in einer besonderen Konvention über deren Marschroute die Mittel zu ihrer Erhaltung und Beförderung und über die zu stellenden Hilfstruppen mit der französischen Regierung übereinkommen"[1]. Ist es nicht ein denkwürdiges Schauspiel, diesen Mann mitten in seiner verlegenheitsvollen Lage, wo der Vorstoß eines einzigen österreichischen Armeekorps ihm eine Katastrophe bereiten konnte, mit einem Großfürsten des Orients ein Abkommen treffen zu sehen, das die weitesten Ziele seiner Politik markiert? Das eben macht die historische Größe aus, daß sie selbst in der Bedrängnis ihre letzten Zwecke nicht vergißt und über das nahe Ungemach weit hinweg in die Zukunft schauen kann.

Das Wichtigste war für ihn aber doch, sich so bald als möglich mit frischen Truppen zu verstärken, um dem Gegner, der jetzt gleichfalls rüstete, überlegen zu werden und es im nächsten Waffengang zu bleiben. Deshalb zog er aus Frankreich und Italien, was an militärischen Kräften disponibel war, heran und ersetzte es dort durch 80.000 Mann des Aufgebots von 1808, nachdem er erst im letzten Herbst dasjenige von 1807 vom Senat gefordert hatte. Von Spanien verlangte er Hilfsvölker, schon um dem unzuverlässig gewordenen Bundesgenossen seine Waffen abzunehmen. Auch der Rheinbund ward aufs neue in Anspruch genommen. Auf diese Weise konnte er eine Reservearmee in Deutschland zur Beobachtung Österreichs aufstellen, konnte das Belagerungskorps von Danzig vermehren und seine Hauptmacht auf 160.000 bis 170.000 Mann bringen, während die Russen weit hinter dieser Zahl zurückblieben. Als dann am 26. Mai die stolze Ostseefestung fiel, wurde auch noch das dort beschäftigte

---

[1] De Clercq., II., 201 ff. Über die Verhandlungen hat Driault, La politique orientale de Napoléon, p. 170 ff., eingehend gehandelt.

Detachement frei und vermehrte die Kampfmittel an der Passarge, so daß 180.000 Mann für den Kampf bereit standen, während weiter zurück die Streitkräfte in zweiter Linie sich auf 100.000 Mann erhöht hatten.

Und während so die französische Armee zu neuen Kräften kam, entwich der Winter. Er war ihr ein schlimmer Feind gewesen, ihren Gegnern hinwieder ein sicherer Bundesgenosse, nur daß sie seinen Wert nicht genug zu schätzen wußten. Während der kalten Wochen hatte Bennigsen das Restaurationswerk des Feindes durch keinen einzigen ernsten Schritt gestört. Man hatte ihm geraten, die Franzosen, denen er noch im Februar nachgerückt war, nun auch anzugreifen, um sie über die Weichsel zurückzuwerfen, oder wenigstens Danzig zu schützen, indem er dem Gegner die Frische Nehrung streitig machte. Er unterließ all das und begnügte sich, Offensivpläne bald gegen den vorgeschobenen Ney, bald auf Elbing zu entwerfen, die er aber alle wieder beiseite legte, so daß Scharnhorst den Eindruck gewann, der Russe wolle seinen Ruf, von einem Napoleon nicht besiegt worden zu sein, nicht aufs Spiel setzen. Erst als Danzig gefallen war und der Feind ihm mächtiger als je gegenüber stand — er selbst verfügte über kaum mehr als 100.000 Mann — als die gute Jahreszeit die Wege geebnet, die Verpflegung erleichtert, das Terrain für sichere Kundschaft und rasche Manöver wieder tauglich gemacht, als Napoleon selbst schon einen Angriffsplan entworfen hatte, kurz, als es zu spät geworden war, begann Bennigsen sich zu rühren. Jetzt wollte er die Avantgarde unter Ney anfallen, sie vernichten und sich dann an die Hauptarmee machen. Aber der „unerschrockene" Marschall erkämpfte sich am 5. Juni aufs ruhmwürdigste seinen Rückzug auf das Gros des Heeres, mit dem der Kaiser jetzt von der oberen Passarge weg seinerseits vorrückte, indem er sich zwischen Bennigsen und das preußische Korps schob und beide vor sich herdrängte. Es war wieder wie vor Eylau.

Napoleons Absicht ging jetzt dahin, den Feind von der linken Seite her zu überflügeln, indes er ihn in der Front festhielt, und nach einem Sieg gegen die russische Grenze zu drücken. Dieser Plan hatte das Auffallende — und er ist von militärischen Kritikern deshalb verurteilt worden — daß er dem Gegner einen Ausweg nach Osten offen ließ, während,

wenn die Umgehung vom rechten Flügel aus stattgefunden
hätte, den Russen nur die Straße nach Königsberg übrig
blieb, wo sie von der Übermacht vernichtet werden konnten.
Oder wollte Napoleon das Heer Alexanders nicht vernichten?
Lebte jetzt jener Gedanke eines Vergleiches mit dem Zaren
wieder in ihm auf? Das ist nicht unwahrscheinlich. Denn
gerade in diesen Tagen — es waren die ersten des Juni 1807 —
sollten Napoleons Absichten auf die Türkei völlig scheitern.
Sultan Selim III. hatte das Anerbieten eines französischen
Hilfskorps von 25.000 Mann unter Marmont aus nicht unge-
rechtfertigtem Mißtrauen abgelehnt, sein Feldherr den Krieg
gegen Rußland nur lässig geführt und den Feind nicht gehindert, bis nach Orsowa vorzudringen. War es unter solchen
Umständen nicht geraten, vorläufig die türkischen Pläne,
anstatt sie g e g e n Rußland durchzuführen, m i t Rußland zu teilen, d. h. sich mit dem Zaren auf Kosten der un-
dankbaren Moslim, die sich so schlecht in die Rolle eines
dienstwilligen Werkzeuges der französischen Politik zu finden
wußten, zu vergleichen? Und durfte man wohl, wenn man
dies beabsichtigte, auf die Vernichtung des russischen Heeres
ausgehen? Dem türkischen Abgesandten hat es damals der
Kaiser offen gesagt: er fühle sich zwar mit dem Sultan Selim
verbunden wie die rechte Hand mit der linken, sollte sich
aber die Türkei nicht zur gehörigen Zeit erklären, so würde
er mit Rußland Frieden schließen, ohne die Pforte. Von
anderer Seite machte man geltend, daß sich für die linke
Umfassung der mögliche Gewinn einer Trennung der preußischen von den russischen Truppen, und damit der preußischen von der russischen Politik geltend machen ließe.

Doch dem sei, wie ihm wolle. Das Wahrscheinlichere ist,
daß Napoleon sich hier nur von strategischen Rücksichten
leiten ließ. Jedenfalls ist es Tatsache, daß er einen Teil seiner
Armee links nach Norden zur Umgehung ausschickte, eine
andere Abteilung unter Viktor gegen die Preußen sandte,
Ney und die Garden die Nachhut bilden ließ, während er selbst
mit drei Korps (Lannes, Soult und Murat) Bennigsen zu erreichen suchte. Das gelang ihm zwar am Abend des 10. Juni
bei Heilsberg, aber hier hatte sich der Feind gut verschanzt
und warf die anrückenden Franzosen, die von ihren 50.000 Kämpfern nicht weniger als 10.000 einbüßten. Nur die Furcht vor

der Umgehung im Norden zwang den Russen dann doch am
rechten Ufer der Alle über Bartenstein weiter zurückzugehen,
während Napoleon, vorsichtig gemacht, vorerst Ney und die
Garden heranzog, ehe er auf dem linken Ufer nach Preußisch-
Eylau marschierte, in der Meinung, der Gegner werde von
Bartenstein nordwestwärts über Domnau die Verbindung mit
L'Estocq suchen, die er stören will. Diese Meinung war irrig.
Bennigsen strebte über Schippenbeil und Friedland, durch
die Alle nach Westen gedeckt, dem Pregel zu, um vor allem
seine russischen Verstärkungen heranzuziehen. Als er nach
Friedland kommt, trifft er am 13. Juni auf Reiterei Lannes',
der entsendet worden war, um sich der dortigen Magazine
zu bemächtigen, und wirft sie zurück. Um dann Lannes in
der Vereinzelung zu schlagen, zieht er hier fast alles, was er
an Streitkräften bei sich hat, 46.000 Mann, auf das linke Ufer
der Alle und beginnt am Morgen des 14. Juni den Kampf.
Lannes nimmt ihn auf und weiß ihn, obgleich im Nachteil,
weiter zu führen, bis Napoleon selbst mit den Korps von Ney,
Viktor, Mortier und der Garde von Preußisch-Eylau her
eintrifft. Der Russe, der hier mit Erfolg gegen einen minder
mächtigen Gegner zu fechten hoffte, mußte nun die Schlacht
gegen die Übermacht (87.000 Franzosen) annehmen und verliert sie. Nicht ohne tapfere Gegenwehr. Denn Ney, der um
5 Uhr Nachmittag mit seinen Leuten gegen den linken Flügel
des Feindes avancierte, ward zurückgewiesen, und erst als
Napoleon, die Gefahr erkennend, das Korps Victor vorsandte
und mit einer Division (Dupont) durch die Fliehenden hindurch
den Angriff aufs neue wagte, hatte er Erfolg. Ein heftiges
Geschützfeuer bringt dann auf dieser Seite die Russen zum
Weichen und Ney, der unterdes wieder vorgerückt war, in
den Besitz der Brücken im Süden der Stadt. Das zwingt
Bennigsen, auch das Zentrum und den rechten Flügel durch
Friedland über die Alle zurückzukommandieren. Nun aber
dringen allerwärts die Franzosen nach, so daß der Flußübergang nur unvollständig bewerkstelligt werden kann und
eine Abteilung russischer Truppen diesseits der Vernichtung
durch des Feindes Kanonen preisgegeben bleibt. An demselben
Tage erlitt auch das Preußenkorps vereinzelt eine Niederlage
gegen die französische Umgehungsarmee; es ward bis unter
die Tore von Königsberg gedrängt und konnte sich nur mit

Mühe, nahezu aufgelöst, nach Tilsit an den Niemen flüchten,
wo am 18. Juni der retirierende Bennigsen anlangte. Dieser
rückte dann über den Fluß und brach die Brücken ab.

―――――――

Am Tag nach der siegreichen Schlacht bei Friedland
schrieb Napoleon an Josephine: „Meine Kinder haben den
Jahrestag von Marengo würdig begangen: die ganze russische
Armee in Deroute, achtzig Kanonen verloren, 30.000 Mann
tot oder gefangen, fünfundzwanzig ihrer Generale getötet,
verwundet oder in unseren Händen, die russische Garde vernichtet. Das ist eine würdige Schwester von Marengo, Austerlitz und Jena!" Das war ein wenig übertrieben. Zwar hatte
sich die Armee Bennigsens nach der Affaire in Auflösung befunden, und auch dem Minister des Äußeren, Budberg, ging
eine Meldung zu, daß sie zerstreut sei, aber schon bei Allen-
burg war es ihr gelungen, sich zu sammeln und in leidlicher
Ordnung weiter zu ziehen. Allerdings waren ihre Verluste so
groß, daß ihr Feldherr dem Zaren vorschlug, Friedensunterhandlungen zu eröffnen, die sich schon zu dem Zweck empfahlen, um Zeit zur Verstärkung zu gewinnen. Denn einmal
war man sicher, jenseits der Memel die Preußen L'Estocqs und
russischen Nachschub unter Lobanow zu finden, und dann
war ja die Armee nicht von ihrer Linie abgedrängt worden,
so daß sich Napoleon immerhin noch der Möglichkeit einer
neuen Schlacht versehen konnte, zu der er auch westlich von
Tilsit Vorkehrungen traf. Nur war es diese Erwägung nicht
allein, die Bennigsen an die Diplomaten appellieren ließ: das
Entscheidende lag in der durchaus unlustigen Stimmung der
russischen Truppen, insbesondere der Offiziere, die fast aus-
nahmslos — auch Bennigsen — der von dem Großfürsten
Konstantin geführten Partei zugehörten, die den „Kampf für
fremde Interessen" verurteilte. Diese Stimmung äußerte sich
mit einer Offenheit, die jeder Disziplin spottete. Der Großfürst
selbst mahnte sogar den Bruder, noch vor der Niederlage bei
Friedland, an das Schicksal des Vaters. Und das war ein Thema,
das, wie es scheint, in der Armee ohne sonderliche Scheu erörtert wurde[1]. Auch die Freunde von ehedem, Czartoryski

―――――――

[1] Vergl. die von M. L e n z in den Forschungen zur brandenburgischen
und preußischen Geschichte, VI., 191, Anm. 1, zitierte Notiz Rüchels aus

und Nowosilzow, hatten sich bereits für die Beendigung des
Krieges erklärt, und da kam die Unglücksbotschaft mit der
Bitte um Frieden nach Tilsit. Jetzt ward auch Alexander
dafür gewonnen. Er schickte am 16. Juni — der König von
Preußen befand sich in Memel — den Fürsten Lobanow zu
Bennigsen, damit Dieser ihn weiter an Napoleon sende, um
in seinem (Bennigsens) Namen einen Waffenstillstand zu begehren. Lobanow bekam überdies vom Kaiser die heimliche
Ordre mit, wenn bei dieser Gelegenheit die Franzosen den
Wunsch nach Frieden äußern sollten, zu erklären, daß auch
der Zar ihn hege, und seine von ihm unterzeichnete Vollmacht
vorzuweisen[1]). Am 19. Juni kam Lobanow mit Berthier im
französischen Hauptquartier zusammen. Er erfuhr von dem
Marschall das freundlichste Entgegenkommen, und noch an
demselben Abend ging Duroc ins russische Lager, um zu verhandeln. Hier stellte er als Bedingung für die Waffenruhe die
Auslieferung der noch nicht gefallenen preußischen Festungen
Kolberg, Pillau und Graudenz. Darüber mußte an den Zar
berichtet werden. Der lehnt sie ab, schickt aber Lobanow aufs
neue mit einer Vollmacht zu Pourparlers über den Frieden
ins französische Lager zurück. Da zeigte sich nun Napoleon
die Möglichkeit, sein Problem eines Bündnisses mit Rußland
auszuführen, das ihm immer neue und ungünstigere Nachrichten aus der Türkei nur noch näher an die Hand rückten.
Er läßt die störende Bedingung fallen, und es kommt am
21. Juni ein Waffenstillstand auf die Dauer von einem Monat
zustande, der den Niemen als Demarkationsgrenze bezeichnet.
Ein besonderer Artikel (V.) bestimmt aber auch, es sollten
binnen kürzester Zeit Bevollmächtigte Rußlands und Frankreichs zusammentreten, um Frieden zu schließen[2]).

Das war zwar freilich gegen den Wortlaut des Bartensteiner Vertrages vom 26. April und im Grunde Verrat an
Preußen. Aber darüber setzte sich Alexander hinweg. War

Memel für Hardenberg: „Unter uns gesagt, im Notfalle gibt es nur eine
Stimme: Pahlen!" Pahlen war der Anstifter der Ermordung Pauls I. gewesen.
    [1]) Die Sache ist in dem Schreiben Alexanders an den König von
Preußen von demselben Tage verschwiegen; nur die Forderung eines Waffenstillstandes wurde ihm in einer Abschrift des Auftrags an Bennigsen mitgeteilt. B a i l l e u, Briefwechsel, S. 157.
    [2]) D e C l e r c q, II., 205, M a r t e n s, XIII., 309.

denn nicht jener Vertrag ein frommer Wunsch geblieben?
konnte er fragen. Wenn er jetzt, wie im Jahre 1805, den Plan
gefaßt hatte, gleichsam an der Spitze des legitimen Europas
gegen den Usurpator zu marschieren, um ihn von seiner Höhe
herunter zu zwingen, mußte er nicht sehen, daß Europa nicht
hinter ihm stand? England hatte viel zu lässig und unvollkommen gerüstet, um in den Kampf tätig einzugreifen, und
wurde nun auch im Geldpunkt schwierig, denn als Rußland
sechs Millionen Pfund unentbehrlicher Subsidien forderte,
erfolgte zunächst eine abschlägige Antwort, dann, vor kurzem
erst, das Angebot von nur $2^1/_5$ Millionen, die man obenein
mit Preußen und Österreich teilen sollte. Dagegen lastete
das Gewicht der britischen Oberherrlichkeit zur See auch
auf den russischen Schiffen und machte sich mitunter sehr
empfindlich geltend; Gründe genug, den Zar England abhold
werden zu lassen. Und wenn dieser Staat dem Bartensteiner
Vertrage nur bedingungsweise beigetreten war, so war ihm
die Donaumacht, wie wir wissen, ganz ausgewichen. Erst
als man in Wien die Möglichkeit eines russisch-französischen
Separatfriedens ins Auge faßte, ward ein Abgesandter zu
Alexander geschickt, der dort die Hoffnung auf Österreichs
Mitwirkung wiederbeleben sollte; er kam zu spät. Angesichts
der Neutralität des Wiener Hofes hatte schon im April Gentz
in einer Denkschrift Alexander I. geraten, mit Napoleon
Frieden zu schließen und seine Kräfte, die jetzt ohne Österreichs Beteiligung nur nutzlos vergeudet würden, für die Zukunft zu sparen; man wollte wissen, daß diese Vorstellungen
damals großen Eindruck auf den jungen Monarchen gemacht
hätten[1]). Und auch mit Schweden gab es ein Hindernis.
Dieser Staat hatte sich allerdings dem Krieg gegen Napoleon

---

[1]) M a r t e n s, Recueil, VI., 416. Gentz riet damals dem Zaren, Österreich dadurch zum Krieg zu bewegen, daß er in Wien erklären ließ, er werde
sonst mit Frankreich sich in dasjenige teilen, was niemand mit Rußland
verteidigen wolle. Es scheint, daß Alexander die Mahnung beherzigte.
Wenigstens läßt er Mitte Mai in Wien durch Pozzo die Möglichkeit in Aussicht
stellen, sich ohne Österreich mit dem Feinde zu vergleichen, „worauf die
Donaumacht ausgeschlossen bliebe von einem System, das aus Umständen
entstehen würde, die sie selbst so ungünstig gestaltet hat". (V a n d a l,
Alexandre I. et Napoléon, p. 39.) Hier müßte der Zar gegen die Meinung
seines Ministers Budberg gehandelt haben, der Gentzens Rat zu befolgen
widerriet. (M a r t e n s, VI., 419.)

beigesellt. Aber Finnland war noch schwedische Provinz, und
Finnland lag auf dem Weg der „natürlichen Ausdehnung"
Rußlands. Denn das war eben der große Zwiespalt, worin
sich jenerzeit die russische Staatskunst mit sich selbst befand, daß sie, indem sie für die alte Ordnung in Europa
kämpfte, für eine Sache eintrat, die sie doch wieder im eigenen
Interesse schädigen mußte, und wem heute der Charakter
Alexanders schwankend und unzuverlässig erscheint, der
möge dafür nicht nur ihn allein, sondern auch die expansive
russische Politik mit verantwortlich machen. Er für seine
Person stand jetzt überdies unter dem Druck jener Partei,
die nach Frieden verlangte, und es kann uns unter all diesen
Umständen nicht überraschen, wenn wir ihn auf den Friedensvorschlag des Feindes eingehen sehen. Was aber überraschen
muß, das war, daß er auch Napoleons Antrag, ein B ü n d -
n i s zu schließen, nicht ablehnte, sondern, in plötzlicher
Wendung, begeistert zustimmte. Wie war das gekommen?
    Nach dem Eintreffen der unglücklichen Nachrichten vom
Kriegsschauplatz war er tief gebeugt gewesen, voll Kummers
über das Schicksal Preußens, für das er mit den Waffen
eingetreten war, aber auch nicht ohne Besorgnis für das eigene
Staatsgebiet. Dieses — lauteten die ersten Instruktionen für
Lobanow — müsse, was sich von selbst verstehe, intakt erhalten werden; im übrigen sei dem Vertreter Preußens bei
den Verhandlungen in allem, was diesen Staat anbelange, volle
Unterstützung zu leisten. Da kamen aber Berichte Lobanows
zurück, die dem Zaren das Gemüt erleichterten. Sein Vertreter hatte nicht nur den besten Empfang gefunden, der
große Sieger hatte sogar in schäumendem Champagner auf
des Zaren Gesundheit getrunken; von einer gemeinsamen Verhandlung mit Preußen hatte er zwar nichts wissen wollen,
sondern nur von einem Sonderabkommen mit Rußland, aber
dafür bot er auch nicht weniger als die Weichselgrenze an
— also reichen Gewinn anstatt des gefürchteten Verlustes —
und überdies ein enges Bündnis. Das wollte nun freilich alles
überlegt sein. Man hatte bereits mit Friedrich Wilhelm und
Hardenberg, der bei den Verhandlungen das Wort führen
sollte, besprochen, wie man sich dort stets für dessen Vorschläge einsetzen wolle — und die Weichselgrenze ging auf
Kosten des Freundes, die Allianz vollends bedeutete Krieg

mit England mit allen seinen schlimmen Folgen für Rußlands
Handel. Es waren kritische Stunden, in denen Alexander mit
seinem Minister Budberg in Szawl, wohin er zurückgegangen
war, die lockenden Anträge Napoleons durchsprach. Was den
Separatfrieden betraf, so war man dazu rasch entschlossen
und auch bald über die Bedingungen klar: Entschädigung für
die Könige von Neapel und Sardinien, die Wiedereinsetzung
des Herzogs von Mecklenburg, der Rußlands wegen sein Land
verloren hatte, vor allem aber die Wiederherstellung Preußens
wollte man verlangen; dafür war man bereit, unter Frankreichs Vermittlung, die alten Verträge mit der Türkei zu erneuern, ja selbst auf die Durchfahrt der Kriegsschiffe durch
die Dardanellen zu verzichten. Freilich war es die Frage, ob
man für Preußen vollen Wiedergewinn des Landes durchsetzen werde. Nun, wenn schon nicht die volle Unversehrtheit zu erlangen war, dann wollte man wenigstens dafür eintreten, daß dem Verbündeten die Elbe als Grenze im Westen
gesichert blieb. Und im Osten? Der Sieger schlug die Weichsel
vor. Durfte man so viel preußischen Gebietes annehmen?
Sicher nur gegen zureichende Entschädigung des Alliierten
— etwa durch Böhmen, damit Österreich für seine „Doppel-
züngigkeit" gestraft werde. Sollte es aber nicht zur Weichselgrenze kommen, dann will man doch die Gelegenheit nutzen
und wenigstens den ostpreußischen Distrikt bis zur Memel
gewinnen — natürlich auch nur gegen Entgelt; man hatte
ja noch das von Katharina II. in die Ehe gebrachte ost-
friesische Jever in Händen, das sich ohnedies nicht halten
ließ[1]).

So viel für den Frieden. Auf das „Bündnis" freilich wird
man zunächst noch nicht eingehen. Man wird es aber Napoleon für die Zukunft in Aussicht stellen. Seinem Wunsch nach
einer Ausschließung der britischen Schiffe von den russischen
Häfen wird man nur mit der Bereitwilligkeit begegnen, sich
vorerst mit Dänemark und Schweden zu einer überlegenen
Seemacht zu vereinigen und durch sie England zum Nachgeben zu bewegen. Anders wäre es freilich, wenn Jener sich
über die Türkei deutlicher aussprechen wollte; dahin müsse
getrachtet werden; denn dann könnte das Gespräch auch auf
„die Wiederherstellung der beiden alten Kaiserreiche des

---

[1]) Sbornik, 89., p. 37.

Orients und des Occidents" und auf die Frage gebracht werden,
was dann die Grenzen zwischen den beiden Weltgebieten
bilden sollte[1]).

Man sieht, Alexander ist unter dem Eindruck der Be-
richte seines Vertreters unternehmend geworden. Er strebt
jetzt nicht weniger an, als sich mit dem gefeierten Imperator
des Westens, dem unerbittlich Siegreichen, in die Herrschaft
der Welt zu teilen, er, der Geschlagene von Austerlitz und
Friedland! Wenn ihm das gelang, welch ein Meisterstück der
Politik! Da verlohnte es sich wohl, vertragsbrüchig zu werden.
Und es hatte allen Anschein, daß es gelang. Als nach der
Unterzeichnung des Waffenstillstandes Lobanow selbst das
Dokument seinem Herrn überbrachte, muß sein mündlicher
Bericht so zufriedenstellend gelautet haben, daß Alexander
jedes Bedenken vor der Allianz fallen ließ. Wir kennen diesen
Bericht nicht. Aber es läßt sich vermuten, daß er den
„springenden Punkt" in der Gedankenfolge des Zaren berührte: die Türkei. Noch im Mai war Selim durch einen Aufstand der Janitscharen vom Thron gestoßen worden, und von
seinem Nachfolger Mustapha verlautete, daß er ein Franzosen-
feind sei. War auch Napoleon vielleicht noch nicht von alledem in Kenntnis, so wußte er doch sicher schon genau genug,
wie es in Konstantinopel stand, um sich dem russischen Sachwalter gegenüber über die Zukunft des Osmanenreiches „deutlich" auszusprechen. Davon mag Lobanow erzählt haben. Jedenfalls ist die Instruktion, die er jetzt mit sich nach Tilsit nimmt,
wohin Napoleon vormarschiert war, von jener ersten durchaus verschieden: „Sie werden dem Kaiser Napoleon — bisher war er amtlich nur schlechtweg Bonaparte genannt
worden — ausdrücken, wie sehr gerührt ich von allem bin,

---

[1]) Ich folge hier der im 89. Bande des S b o r n i k, S. 35, veröffentlichten Aufzeichnung, in der ich mit M. L e n z (Forschungen zur brandenburgischen und preußischen Geschichte, VI., 220 ff.) eine spätere Etappe
in den russischen Erwägungen annehme, als sie in dem von M a r t e n s, VI.,
421, und T a t i s t s c h e f f, p. 145 ff., im Auszug mitgeteilten Instruktions-
entwurf zum Ausdruck gelangte, wo der Allianz noch mit keinem Wort
Erwähnung geschieht und der Abgesandte den preußischen Vertreter bei
den Verhandlungen in allem unterstützen sollte. Das letztere Moment namentlich erscheint mir für die Zeitfolge der beiden Dokumente als das entscheidende. D r i a u l t in einem jüngst erschienenen Aufsatz „Tilsit"
(Revue des études napol. 1913 Sept.) folgt der russischen Darstellung.

was er mir durch Sie mitteilen ließ, und wie sehr ich wünsche, daß eine enge Verbindung zwischen den beiden Nationen alles vergangene Unheil wieder gutmache. Ein neues System soll das bisherige ablösen, und eine Aussprache ohne Mittelspersonen wird leicht eine Verständigung herbeiführen."

Am 25. Juni fand diese Begegnung der beiden Herrscher in Tilsit statt, zu der Napoleon selbst die Anregung gegeben hatte und zu der er am Tag vorher den Zaren in aller Form durch Duroc hatte einladen lassen[1]). In der Mitte des Niemen ward auf einem Floß ein prächtiges Zelt aufgerichtet, in dem sie sich ohne Zeugen sprechen sollten. Sie kamen beide in Nachen herzugefahren, unter den Zurufen ihrer Garden, die die Ufer belebten. Nahe an zwei Stunden währte ihre Unterredung, indes das Gefolge außerhalb des Zeltes harrte, und in dieser Zeit ward das Aussehen der Welt verändert. Was hiebei von dem einen und dem andern vorgebracht wurde, ist nicht direkt überliefert. Nur den Anfang des Gespräches will man erlauscht haben. Danach hätte Alexander angehoben: „Ich hasse die Engländer, wie Sie selbst sie hassen, und werde in allem, was Sie gegen sie unternehmen, Ihnen zur Seite stehen," und Napoleon erwidert: „In diesem Fall läßt sich alles begleichen, und der Friede ist gemacht." Richtig,

---

[1]) Daß die Anregung von Napoleon ausging, ist wohl kaum mehr zu bezweifeln. In demselben Bericht Lobanows vom 21. Juni (M a r t e n s, XIII., 298), worin er das Allianzanerbieten meldete, ist auch gesagt, Berthier habe hinzugefügt, „daß, wenn die zwei Souveräne die Möglichkeit hätten, sich auszusprechen, der Friede binnen der kürzesten Zeit geschlossen sein könnte." Nach Bennigsens Memoiren (bei T a t i s t s c h e f f, p. 127) hätte Diesem Duroc die gleiche Versicherung gegeben: Napoleon wünsche eine persönliche Annäherung. Napoleon freilich stellt in einem Schreiben an Talleyrand vom 24. Juni (C o r r e s p., XV., 12813) die Sache anders dar: „Der Kaiser von Rußland hat sich bis auf neun Meilen von hier genähert und man versichert mir, daß er eine Begegnung wünscht. Daran liegt mir nun nicht viel, aber ich versage sie nicht." Doch das klingt gekünstelt und stimmt nicht zu allem andern — wir wissen, daß Talleyrand kein Freund Rußlands war. An demselben Tage sagte Lobanow zu Duroc: „Die persönlichen Auseinandersetzungen der beiden Herrscher würden die Verhandlungen wesentlich erleichtern" (M a r t e n s, XIII., 299), was darauf hindeutet, daß die Sache bereits zur Sprache gekommen war. Auch wäre Alexander sicher nicht über Tauroggon bis Puktopoehnen, wo ihn Duroc antraf, herbeigekommen, wenn er etwa ein Refus hätte gewärtigen müssen. Daß er die Andeutung Napoleons mit dem größten Eifer ergriff, ist gleichfalls sicher.

denn wozu weiter noch der Krieg, wenn er jetzt von Rußland friedlich erreichte, wozu er es hatte zwingen wollen,
d. i. den Beitritt zur Kontinentalsperre, falls England die vorgeschriebenen Bedingungen nicht annahm. Unter dieser Voraussetzung ist vielleicht jetzt auch schon der Marsch nach
Indien in Aussicht genommen worden, der Napoleon in letzter
Zeit wieder lebhaft beschäftigte und für den seinerzeit schon
der Vater Alexanders sich hatte bereit finden lassen. Kam nun
noch hinzu, daß der Korse die Integrität der Türkei — den
Punkt, der im Juli 1806 die Mächte getrennt hatte — opfern
zu wollen erklärte, von der Idee einer Herstellung des alten
Polens als eines unabhängigen Staates abkam, vielmehr
Rußlands polnische Pläne zu unterstützen schien und den
Zar nebstbei auf Finnland verwies, wofür dieser hinwieder
sich mit den Änderungen, die Napoleon in Deutschland und
in Italien vorgenommen hatte, einverstanden erklärte, so
lieferte all das die Basis für einen Vergleich, mit dem beiden
Teilen für den Augenblick ein Genügen geschah. Daß dabei auch
das Schicksal Preußens einen wichtigen Gegenstand der Beratung abgab, lag auf der Hand. Ob freilich alle diese Fragen
gleich in der ersten Unterredung zur Sprache kamen, ist
zweifelhaft, sicher aber ist, daß sie während des nun folgenden,
fast ununterbrochenen vertrauten Verkehrs der beiden Monarchen eifrig diskutiert wurden. Auch Friedrich Wilhelm,
der an demselben Tage Waffenstillstand mit Frankreich geschlossen hatte, traf dann mit Napoleon am 26. Juni zusammen, wenn auch nur noch in der Rolle eines Schützlings
des Zaren und nicht mehr als gleichwertiger Souverän, der
seine eigene Sache vertritt[1]).

Zwei Wochen lang blieb man in Tilsit beisammen, bis der
Friede aufgezeichnet war. Napoleon entfaltete seine ganze
Liebenswürdigkeit, um den Zar für sich einzunehmen, und es
konnte auf den eitlen Fürsten nicht ohne gewinnenden Ein-

---

[1]) Vergl. hierüber die von B a i l l e u in der „Deutschen Rundschau"
von 1902 (Bd. 110) veröffentlichten Briefe Friedrich Wilhelms III. an
Königin Luise. In dem ersten Gespräch, dem der Zar beiwohnte, verblüffte
es den König, Napoleon sagen zu hören, er habe nie eine kriegerische Absicht
gegen Preußen gehegt, vielmehr mit ihm dereinst gegen Rußland marschieren
wollen. S. 210. „Die Unterhandlung wird (zwischen den beiden Kaisern)
mündlich geführt und dauert oft drei bis vier Stunden in einem Zug bis tief
in die Nacht." S. 206.

druck bleiben, daß der Sieger ihm, dem Besiegten, die Huldigung seiner Freundschaft darbrachte. Einige Monate später erzählte er dem Gesandten Napoleons, Savary, er sei ehedem gegen den Kaiser überaus voreingenommen gewesen, doch hätten sich bei der ersten Begegnung, in den ersten drei Viertelstunden, wo er mit ihm sprach, alle Vorurteile verflüchtigt, so sehr richtig sei gewesen, was er vorbrachte. Wir wissen übrigens heute, daß er dem Zauber des neuen Alliierten keineswegs erlag, sondern die Augen weit offen hielt. Umgekehrt machte auch der Zar auf Napoleon den Eindruck eines „hübschen jungen Mannes von mehr Geist als man ihm gewöhnlich zumutet". Und noch spät, als bereits alles vorüber war, auf St. Helena, erinnerte sich der Kaiser der Tilsiter Tage als der Zeit, in der er sich vielleicht am glücklichsten gefühlt habe: „Ich hatte mit Widerwärtigkeit und Sorge zu kämpfen gehabt, unter anderem nach Eylau, und nun war ich Sieger, nun diktierte ich, und Kaiser und Könige machten mir den Hof[1]." Diese persönlichen Stimmungen der beiden maßgebenden Männer mögen das Verständigungswerk gefördert haben, denn sie erleichterten die Zugeständnisse, die von beiden Seiten zu machen waren und die dann allerdings den Keim zu späterem Zwiste bildeten. Zunächst wollte Napoleon nicht, daß die polnischen Gebiete, in denen sich bereits unter seiner Ägide eine nationale Verwaltung etabliert hatte, wieder an Preußen zurückfielen. An wen sonst? Wir hören, daß er sie geradezu Alexander als „König von Polen" anbot, der sie ja schon vor zwei Jahren, als ihn noch Czartoryski beriet, für sich ersehnt hatte. Jetzt lehnte der Zar ab[2]. Er war klug genug, den geschickten Schachzug zu durchschauen, der Rußland in unaufhörlichen Streit mit seinen nächsten Nachbarn bringen und dadurch für Napoleons Pläne mit der Türkei unschädlich machen mußte. Überdies wäre es der

---

[1] G o u r g a u d, Journal inédit, II., 55.

[2] Das Anerbieten Napoleons ist durch den bei S c h i l d e r, Alexander I., I., 199, und S c h i e m a n n Nikolaus I., 98, zitierten Brief des Fürsten Kurakin an die Kaiserin-Mutter vom 30. Juni 1807 erwiesen, worin bestimmt gesagt ist, daß es vom Kaiser Alexander abgehangen habe, alle polnischen Provinzen Preußens und mit ihnen den Titel eines Königs von Polen zu gewinnen. „Beides schlug ihm Napoleon vor, er aber war großmütig genug, es abzulehnen."

Preis gewesen für des Zaren Zustimmung, daß Napoleons
Bruder Jérôme das preußische Schlesien, vielleicht auch
Brandenburg und Pommern erhielt, und so weit durfte Alexander, aus Gründen einfachsten Anstandes, den verbündeten Freund nicht berauben lassen, geschweige denn unter
eigener Mitwirkung[1]). Dann tauchte der Gedanke auf, das
preußisch-polnische Land, mit Sachsen zu einem Königreich
vereinigt, Jérôme zu übertragen, woran Napoleon den anderen
knüpfte, ihn mit der Tochter des sächsischen „Königs" zu vermählen. Aber auch hier zeigte sich Widerstand. Napoleon
sah ein, daß für diese unvermittelte Art, mit seiner Macht
bis an die Weichsel vorzurücken, noch nicht die Zeit gekommen
sei, und stand davon ab. Er tat es in aller Form in einer Note
vom 4. Juli, die er Alexandern übergab. Darin hieß es: „Den
Prinzen Jérôme auf den Thron von Sachsen und Warschau
berufen, hieße fast alle unsere Beziehungen im Nu umstoßen."
Jeder kleine Nachbarzwist der beiden Staaten würde von ihm
empfunden werden und so dieser politische Fehler nur zu bald
den Freundschaftsbund zerreißen. Er sei deshalb bereit, in
einem geheimen Artikel zu erklären, daß jene Heirat, an die
er gedacht haben soll, nicht in seiner Politik liege. Diese
Politik bestehe darin, daß sein unmittelbarer Einfluß nicht
über die Elbe hinausgehe. „Die Länder zwischen diesem Fluß
und dem Niemen sollen die Barriere bilden, die die beiden
großen Reiche trennt und all die Nadelstiche unschädlich
macht, die unter den Nationen den Kanonenschüssen voraus-

---

[1]) Zu dem preußischen Diplomaten Goltz sagte Napoleon (nach
S c h l a d e n s Aufzeichnungen im Tagebuch von 1806 und 1807, S. 261),
als die Verhandlungen geschlossen waren, er habe seinen Bruder Jérôme zum
König von Preußen machen wollen. Eingeschränkter erscheint das Projekt
bei B r a y (Aus dem Leben eines Diplomaten, S. 256): „Was Schlesien
betrifft, so wollte es Napoleon dem Prinzen Jérôme geben, indem er zur
Gegenleistung (revanche) dem Kaiser Alexander die Anerkennung als König
von Polen anbot." Ebenso spricht Friedrich Wilhelm in einem Brief an seine
Gemahlin vom 30. Juni nur von Schlesien, das „Bonaparte" an Jérôme
hatte geben wollen. Jedenfalls ging der Franzosenkaiser anfänglich mit
dem Gedanken um, Preußen nicht mehr, oder doch nicht mehr in nennens.
wertem Umfang weiter bestehen zu lassen, während Alexander in dessen
Fortexistenz sein eigenes Interesse erblickte. Das führte dann Napoleon
zu der Frage, warum ihn eigentlich Preußen so sehr interessiere. (B a i l l e n,
a. a. O., S. 39.)

zugehen pflegen[1]." Aus diesem Schriftstück ging aber auch
hervor, daß von der Weichselgrenze für Rußland — wenn
Napoleon je im Ernst damit die Scheidelinie zwischen den
großen Reichen des Westens und Ostens angedeutet hatte —
nicht mehr die Rede war: „Der Schutz des Kaisers von Rußland läßt Preußen wieder in den Besitz der Länder zwischen
den beiden Haff und hinauf zu den Quellen der Oder eintreten." Und weiter ging daraus hervor, daß Preußen in der
Tat, wie schon Alexander angenommen hatte, alles Land im
Westen bis zur Elbe verlor. Seine polnischen Territorien
einigte man sich nun — und hierzu soll der Zar den Vorschlag
gemacht haben — als „Herzogtum Warschau" zu organisieren
und dem neuen König von Sachsen, Friedrich August I.,
mit einer besonderen Verfassung und Verwaltung zu überantworten[2]. Dachte sich der Beherrscher Rußlands seinen

---

[1] C o r r e s p., XV., 12849. Bei M a r t e n s, XIII., 301, ist die Not,
ohne Rücksicht auf den französischen Abdruck mitgeteilt, während T a -
t i s t s c h e f f, p. 164, unrichtig nach der „Correspondance" zitiert.

[2] Von S c h i e m a n n, I., 99, zitierte Forschungen S c h i l d e r s
wollen es wahrscheinlich machen, daß Alexander, als er seine eigene Kandi-
datur für Polen ablehnte, die Gründung des Herzogtums Warschau in
Vorschlag brachte. Vergl. auch die Äußerung Napoleons zu dem russischen
Gesandten im Jahre 1810: „Warum hat der Kaiser Alexander in Tilsit
den ersten Plan, den ich ihm vorschlug, zurückgewiesen? Er hätte sich die
Sorgen, die ihm das Herzogtum Warschau bereitet, erspart." Dem stellt
H a n d e l s m a n, „Napoléon et la Pologne", p. 130, zunächst jenes Zeugnis
Brays vom Angebot der Anerkennung Alexanders als König von Polen,
und dann eine Briefstelle Friedrich Wilhelms entgegen, Napoleon habe,
„als er auf Schlesien für Jérôme verzichtete", Südpreußen und Neu-
Ostpreußen, d. i. das preußische Polen, für Sachsen begehrt. (B a i l l e u,
Verhandlungen, a. a. O., S. 206.) Daß er damit ein Ganzes im Auge hatte,
geht allerdings aus einer andern Stelle dieser Korrespondenz hervor, wonach der Franzosenkaiser dem König, auf dessen Frage nach dem Schicksal seines Polens, geantwortet habe, „man müsse es Jemandem geben, der
weder bei Rußland noch bei Österreich Eifersucht errege." (E b e n d a,
S. 210.) Danach aber schon in Napoleon allein den Gründer des Herzogtums Warschau zu sehen, ist kaum zulässig. Schließlich entstand es
doch nur aus der notgedrungenen Weigerung Alexanders, dieses Stück
Polen zu annektieren und den Königstitel anzunehmen. Für die Annahme
Schilders, daß der Zar selbst das Herzogtum dem Rheinbundkönig von
Sachsen zugewiesen haben soll, fehlt ein entscheidender Anhaltspunkt. Er
hat wenigstens in den ersten Instruktionen für Lobanow sehr energisch
sich dagegen verwahrt, daß Preußen in den Rheinbund aufgenommen
werde, „vû que la Prusse, quoique nominativement rétablie, deviendrait
alors nécessairement vassale de Bonaparte".

Einfluß auf Polen leichter möglich, wenn das Land in den
schwachen Händen eines kleinen Fürsten lag? Mag sein.
Da Sachsen aber seit dem Dezember des Vorjahres zum Rheinbund gehörte, so blieb auch Warschau Napoleons Machtsphäre nicht entrückt, die damit tatsächlich über die Elbe
hinausreichte. Er bewies das auch sofort, indem er polnische
Domänen im Wert von siebenundzwanzig Millionen Franken
für sich behielt, um später damit seine Generale zu belohnen,
Alexandern dagegen, für seinen Verzicht auf den Memeler
Distrikt, den Bialystoker Kreis vom Gebiet des Herzogtums
Warschau zuwies, wenn auch erst, nachdem er vom Zaren
an seine Zusage, ihm eine bessere Grenze gegen Polen verschaffen zu wollen, erinnert worden war[1]). Für Jérôme fand
sich in den preußischen Ländern links von der Elbe, die man
mit kurhessischen und braunschweigischen Territorien zu
einem „Königreich Westfalen" verband, ein Ersatz[2]).

Napoleons Angebot Polens für den Kaiser Alexander
hatte durchschimmern lassen, daß er die Türkei noch keineswegs aufzugeben gesonnen sei. Er sprach zwar fortwährend
von der Notwendigkeit, den Osmanen ihr europäisches Gebiet zu entziehen, unterließ es aber, Rußland einen bestimmten
Teil davon zuzusprechen. Als der Zar, der auf Konstantinopel
gerechnet hatte, einmal dieses Verlangen äußerte, traf er auf
entschiedenen Widerstand. „Nein, Konstantinopel niemals!"
rief Napoleon dagegen; „das wäre ja die Weltherrschaft[3])!"

---

[1]) Siehe Alexanders Antwort vom 6. Juli auf Napoleons Note vom 4.
bei T a t i s t s c h e f f, p. 166. Wenn darin der Zar für Preußen noch
linkselbische Gebiete: Magdeburg, die Altmark und Halberstadt begehrt,
so hatte er, nach seiner oben zitierten Denkschrift zu urteilen, wohl kaum
viel Hoffnung, bei Napoleon durchzudringen. Vergl. darüber Friedrich
Wilhelm an Luise, vom 4. Juli bei B a i l l e u, Verhandlungen usw., S. 216.

[2]) Westfalen hatte zu bestehen aus den Staaten von Braunschweig-
Wolfenbüttel, der Altmark und dem Gebiet von Magdeburg links von der
Elbe, den Gebieten von Halle, von Hildesheim und der Stadt Goslar, dem
Ländchen Halberstadt und Hohenstein, dem Gebiet von Quedlinburg, der
Grafschaft Mansfeld, dem Eichsfeld, den Städten Mühlhausen und Nordhausen, der Grafschaft Stolberg, den Staaten von Hessen-Kassel, den ehemals hannoverschen Fürstentümern Göttingen und Grubenhagen mit Hohenstein und Elbingerode, den Bistümern Osnabrück und Paderborn, Minden
und Ravensberg und der Grafschaft Rittberg-Kaunitz.

[3]) Nach M é n e v a l s Zeugnis, der der Szene beigewohnt hatte
(Mémoires, II., 105). Vergl. auch T h i e r s, Konsulat und Kaiserreich,
VII., 521, dem sie Méneval erzählt hatte, und B a i l l e u, Briefwechsel,

Und die gönnte er schließlich nur sich selbst. So war es in Tilsit, bei aller Freundlichkeit im Benehmen der beiden Fürsten, gegen die Friedrich Wilhelms morose Miene die Folie bildete, nicht ganz ohne Differenz abgegangen, für die dann Napoleon in einem „mezzo termine", wie er es nannte, nach seinem Belieben die Lösung fand. Endlich, am 7. Juli 1807, war man so weit gekommen, daß die Diplomaten — Talleyrand und Kurakin — die Urkunden unterzeichnen konnten.

Es waren deren zwei: ein Friedenstraktat und ein Schutz und Trutzbündnis. In jenen waren alle Bedingungen, die Preußen betrafen, aufgenommen und darin ausgesprochen worden, daß „aus Rücksicht für den Zar und als ein Beweis von Freundschaft und Vertrauen" Friedrich Wilhelm seine Länder östlich der Elbe zurückgestellt erhalten solle, ohne den Kottbuser Kreis, der an Sachsen kam, und ohne die polnischen Provinzen Südpreußen und Neuostpreußen, wovon der Bialystoker Kreis an Rußland fiel, während das übrige das „Herzogtum Warschau" bildete[1]). Der Zar erkennt Joseph als König von Neapel an und wird ihn auch als Herrn von Sizilien anerkennen, sobald für den legitimen Fürsten eine Entschädigung gefunden ist. Auch Ludwig als König von Holland, Jérôme als König von Westfalen und der Rheinbund erhalten Rußlands Zustimmung. Sollte beim Friedensschluß mit England Hannover an Westfalen gelangen, so gibt dieses ein Territorium links der Elbe mit etwa 3 bis 400.000 Seelen an Preußen ab. Napoleon empfängt Cattaro und die Ionischen Inseln, wofür er Coburg, Mecklenburg und Oldenburg zurückstellt, Danzig freigibt und nur die mecklenburgischen und oldenburgischen Häfen besetzt hält. Er wird zwischen Rußland und der Türkei, Alexander zwischen Frankreich und England vermitteln. Die Russen räumen die Donaufürstentümer, die bis zum Frieden auch nicht von Truppen des Sultans besetzt werden sollen.

Soweit die Friedensurkunde. Sie ließ die Frage offen, was zu geschehen habe, wenn England und die Türkei auf die

---

S. 158. D r i a u l t s („Tilsit", p. 201) Einwendung dagegen, daß Napoleon den Ausspruch im Gespräch mit Alexander getan habe, ist unbegründet.

[1]) Das Herzogtum — nicht Großherzogtum, wie es in zahlreichen historischen Werken irrig heißt — maß eine Bodenfläche von etwas über 1800 Geviertmeilen und hatte etwa 2,300.000 Einwohner.

Bedingungen der vermittelnden Mächte nicht eingingen. Darauf gab das zweite Instrument, der geheime Bundesvertrag, die Antwort. Darin verpflichtete man sich gegenseitig zu Schutz und Trutz zunächst wider Großbritannien, wenn es nicht bis 1. November 1807 die russischen Friedensvorschläge angenommen haben würde, die von dem englischen Hof verlangten, daß er all seine seit 1805 gemachten Eroberungen an Frankreich und dessen Alliierte wieder zurückstelle und allen Flaggen volle Unabhängigkeit auf dem Meer einräume, wofür er Hannover zurückerhalte — und wider die Pforte, wenn die Vermittlung Frankreichs zu keinem Ergebnis geführt haben sollte. In dem ersten Falle verband sich Rußland, dem System der Kontinentalsperre beizutreten, seine Beziehungen zu England abzubrechen und in Gemeinschaft mit Frankreich auch Dänemark, Schweden, Portugal und Österreich zum Handelskrieg gegen Großbritannien zu zwingen — in dem zweiten vereinigten sich Frankreich und Alexander, den Türken ihre europäischen Besitzungen, bis auf Konstantinopel und Rumelien, zu entreißen. Sollten Dänemark, Portugal oder Schweden dem Ansinnen der Verbündeten Widerstand leisten, so würden sie von Beiden mit Krieg überzogen; sollte Schweden allein sich weigern, so würde es durch Dänemark befehdet werden[1]).

Zwei Tage später, am 9. Juli 1807, ward auch mit Preußen der Friede unterzeichnet. Vergebens, daß die junge schöne Königin Luise, der Beleidigungen nicht achtend, die ihr durch Napoleons Bulletins wiederholt zugefügt worden waren, aus Memel herbeigeeilt und vor dem Gewaltigen erschienen war, um ein besseres Los ihres Landes zu erbitten oder doch wenigstens Magdeburg zu retten. Sie sollte nichts erreichen als galante Höflichkeiten und vage Versprechungen, die der Kaiser am nächsten Morgen nicht mehr achtete. „Großmut in der Politik ist Dummheit", hat er einmal zu einer Abordnung der Stadt Lübeck gesagt. Auch jetzt hielt er sich an den Satz. Seine Bedingungen blieben dieselben, die er mit Alexander für Preußen verabredet hatte. Daß dieses sich verpflichten mußte, gegen England verschlossen zu bleiben und. wenn John Bull nicht Frieden machte, sich mit Frankreich

---

[1]) Ich folge hier dem authentischen Wortlaut des Bündnisvertrages der unter den Beilagen dieses Bandes mitgeteilt wird.

und Rußland zum Krieg gegen ihn zu verbünden, verstand sich nahezu von selbst.

Dies waren im wesentlichen die Tilsiter Abmachungen. Man hat in ihnen eine Teilung der Herrschaft über Europa in dem Sinn erblicken wollen, daß Napoleon dem Zaren die östliche Hälfte des Weltteils überließ und sich dafür den ungestörten Dominat über das Abendland ausbedang. Wir wissen, daß Alexander von ähnlichem geträumt hatte[1]). Aber so standen die Dinge nicht. Man erkennt doch 'in den Urkunden den Sieger und den Besiegten mit Deutlichkeit. Napoleon zieht sich von der Türkei keineswegs zurück, und seine Verbindung mit Persien hält ihn im Orient fest. Er wird zwar — so war es festgestellt worden — unter Umständen in Gemeinschaft mit den Russen den Türken ihre europäischen Provinzen abnehmen, aber es wird doch wesentlich von ihm abhängen, ob diese Umstände eintraten und wie dann die Beute verteilt wurde. Wo die „Grenze zwischen den Machtgebieten des Orients und des Occidents" verlaufen sollte, darüber schwieg der Vertrag. Nur das eine sagte er deutlich: daß Rußland die stolze Hoffnung von Generationen, das griechische Kreuz auf der Aja Sophia aufzurichten, aufgeben müsse[2]). Und war

---

[1]) Friedrich Wilhelm schreibt seiner Frau, Alexander mache mit zu viel Liebenswürdigkeit gute Miene zum bösen Spiel, welches Spiel aber gar nicht so übel für Rußland sei, „denn es erwarte sich ein immenses Stück Türkei, eine Absicht, die durch die letzte Revolution in Konstantinopel noch genährt wurde". (3. Juli 1807, B a i l l e u, a. a. O., S. 215.)

[2]) T h i e r s, Histoire du Consulat et de l'Empire, VII., 517, erwähnt eines Teilungsprojektes, das unter den beiden Monarchen zur Sprache gekommen sei und wonach Rußland Bessarabien, die Moldau, die Walachei und Bulgarien bis zum Balkan erhalten sollte. Nun ist zwar sicher, daß auf Napoleons Anregung mehrfach Gespräche über das Teilungsthema gepflogen wurden, und wahrscheinlich, daß Alexander mit einem von Hardenberg entworfenen Plan (R a n k e, Denkwürdigkeiten des Fürsten Hardenberg, III., 460 f., B a i l l e u, Briefwechsel, p. 145) herausgerückt sein wird, dessen Bestimmungen den von Thiers zitierten ungefähr entsprachen, worauf gewiß Napoleon mit Eifer einging, schon um seinen neuen Alliierten sicher zu machen; auch deutet der Artikel XXII des Vertrages in seinen Bestimmungen über die Donaufürstentümer an, daß diese dem Zaren mögen zugesagt worden sein; aber zu verbindlichen schriftlichen Festsetzungen ist es hierüber nicht gekommen. Welcher Wert der von M a r t e n s, III., 60, angeführten Instruktion für Alopäus vom 31. März 1810 zukommt, worin gesagt wird, Napoleon habe „seit dem Winter 1807" dem Zaren fortwährend die Teilung der Türkei angeboten, Dieser aber sie als mit den russischen Interessen unvereinbar abgelehnt, braucht wohl nicht erst gesagt zu werden.

nicht auch in der zweiten großen Frage der russischen Politik, der polnischen, der Zar unterlegen? War das Herzogtum Warschau unter einem Rheinbundfürsten nicht eine Karte, die Napoleon gegen Rußland ausspielen konnte, wann es ihm beliebte? Und war dieses Rußland selbst nicht von Frankreich, wenn auch nur von dessen Industrie, erobert in dem Augenblick, da es den Handelskrieg mit England begann? Nein, in den Verträgen vom 7. Juli 1807 stand nichts, was nach Verzicht oder Umkehr von seiten Napoleons aussah. Sie bedeuteten mit ihren Zugeständnissen an Rußland nur eine Rast auf dem Weg nach der Universalherrschaft. Schon als im Jahre 1803 der Krieg mit England unvermeidlich geworden war, wollte man in Wien wissen, der Premierkonsul habe sich Alexander I. zu nähern gesucht und ihm Vorschläge gemacht, die auf eine Teilung der Herrschaft über Europa abzielten. Damals äußerte sich der österreichische Minister Cobenzl über diese Bemühungen folgendermaßen: „Noch nie hat sich jemand mehr dem Verdacht ausgesetzt, nach der Weltherrschaft zu trachten, als Bonaparte. Man muß es nur so anfangen, daß man zunächst zu Zweien ist, um schließlich allein übrig zu bleiben[1]."

<hr />

Fünftes Kapitel.

Französische Zustände. Bayonne und Erfurt.

Man würde aber doch irren und Napoleons Scharfblick nicht gerecht werden, wenn man annähme, er habe sich im Jahre 1807 nur aus Gründen der großen Politik zum Frieden mit Rußland bestimmen lassen. Nein, was seinen Entschluß, am Niemen Halt zu machen, zur Reife brachte, das war mit die Rücksicht auf Frankreich, dessen Gunst und guten Willen er nicht verscherzen durfte. Denn schon war er auf dem besten Weg dazu. Die Franzosen, die bereits dem Krieg von 1805 ihre Sympathie versagt hatten und nur durch die

---

[1] Siehe hierüber „Gentz und Cobenzl", S. 73. Das Gerücht hatte der österreichische Diplomat Saurau von Panin gehört. Wahrscheinlich war damit die Annäherung Napoleons an Rußland vom Ende des Jahres 1802 gemeint gewesen, mit ihm der Pforte gegenüber gemeinsame Sache zu machen. S. Sbornik, 70, 485, und 77, 21. Auch Tatistscheff, p. 44.

unerhörten Siege des Kaisers und manchen klingenden Ertrag für den Staatssäckel damit versöhnt werden konnten,
begannen, als im Jahre darauf das wüste Kämpfen wieder
anhob, einzusehen, daß ihre Soldaten gar nicht mehr für die
Interessen ihrer Heimat, sondern nur noch für die maßlose
Herrschsucht dieses Fremdlings stritten, gegen dessen Joch
sich die Regierungen Europas immer aufs neue empören
mußten, und an dem Franzosentum der kaiserlichen Politik
zu zweifeln. Und nun waren auch die wunderbarsten Erfolge
nicht mehr imstande, diesen Zweifel zu zerstreuen. Der Sieg
von Jena, erzählt ein Zeitgenosse, habe in Paris gar keinen
Eindruck gemacht. Man konnte allerdings, als dann die Nachrichten vom Zusammenbruch des preußischen Staates, vom
Einmarsch in Berlin, vom Verschwinden der feindlichen
Armee, einlangten, seine Bewunderung dem großen Manne
nicht versagen, dem so gar nichts unmöglich schien, nichts —
bis eben auf eins: den ersehnten, dauerhaften, allgemeinen
Frieden, den gerade derlei unerhörte Erfolge immer wieder
aufs Spiel setzten. Aus solcher Erwägung wuchs zunächst
nur in engen, dann aber in immer weiteren Kreisen heimlich
die Unzufriedenheit mit dem Empire empor. Und wenn sie
sich auch noch so ängstlich vor den zahllosen Späheraugen
verbarg, Napoleon erfuhr dennoch davon: hier war es ein vor-
lauter Boulevardspaß, dort ein beißendes Witzwort aus dem
Faubourg Saint-Germain, oder ein unvorsichtig redigierter
Journalartikel, der ihm bekannt wurde, kurz, er war unterrichtet. Und selbst wenn es ihm an bestimmten Mitteilungen
gefehlt hätte, er hätte es doch gewußt, daß das französische
Volk, dem er seine Söhne für seine Schlachten abforderte,
dieses Opfer nicht mehr mit der Überzeugung darbrachte, es
geschehe zu seinem Heil, sondern daß es sich innerlich von
ihm abzuwenden drohte. Er war zu klug, um dieses Symptom
gering zu schätzen. Wenn er sich gleich mit einer starken
Armee, die er an seine Person geheftet hatte, jeder Volks-
bewegung gewachsen fühlte, so hatte er doch zuviel von der
Revolution gelernt, um populäre Strömungen im Lande nicht als
vollwichtige politische Faktoren gelten zu lassen. Was sollte
auch aus ihm werden, wenn Frankreich am Ende aufhörte,
seine Wechsel auf die Zukunft zu honorieren? Nein, das
durfte nicht geschehen. Und weil er das Bedürfnis des franzö-

sischen Volkes nach dem Frieden kannte und seinen Abscheu
vor dem ewigen Krieg, so vertrug er sich mit Rußland und
ließ noch von Tilsit aus daheim eifrig die Nachricht verbreiten, daß man nahe am Ende des Blockadekrieges
stehe. Dann kehrte er nach Paris zurück, um sich hier als
sorgender Regent zu erweisen und den Eroberer in Vergessenheit zu bringen.

Es war äußerlich dieselbe Festesstimmung wie vor einem
Jahr, die ihn hier begrüßte: Illuminationen und Zurufe und
Adressen und Ansprachen, nur noch etwas bombastischer als
die, zu denen man sich schon damals aufgeschwungen hatte.
Napoleon gehöre nun gar nicht mehr der Menschengeschichte
an, sondern dem Zeitalter der Heroen, sagte ihm zum Beispiel der Präsident des Appellhofes ins Gesicht, und er hörte
es mit ernster Miene an, und ernst war es ihm ohne Zweifel
auch mit der Verachtung solcher Kreatur. Bei der Eröffnung
des Gesetzgebenden Körpers verlas er eine Thronrede, die
den Franzosen den Stolz und die Zufriedenheit ihres Monarchen aussprach, und im Staatsrat ward ein Bericht über
die innere Lage verfaßt, der die Segnungen des kaiserlichen
Regiments darstellen sollte. Solche Rechenschaftsberichte
waren bisher unter dem Kaiserreich wiederholt erstattet
worden, Ende 1804 ein erster und im März 1806, nach dem
Krieg, ein zweiter, beide mit dem Grundton: Napoleon sei
unermüdlich darauf bedacht, für das Wohl seines Volkes zu
sorgen, werde jedoch stets aufs neue von außen her in diesem
Werk gestört. Der Erfolg war gewesen, daß sich Frankreich
mit Wut gegen die Feinde wandte und dem zujubelte, der
sie rasch und glänzend besiegte. So war es noch 1805 gewesen. Jetzt stand die Sache anders. Wenn jetzt der Minister
des Innern mit der Versicherung, der Kaiser plane keine
Eroberungen mehr und verlange nicht mehr nach dem blutigen Lorbeer, den man ihn zu pflücken zwinge, Glauben
finden wollte, so mußte das Grundmotiv seiner öffentlichen Erklärungen durchaus geändert werden. Das geschah denn auch,
und nun lautete es: wenngleich das böse Europa dem Kaiser
den Krieg aufgenötigt habe, so sei er doch dadurch keineswegs in der Erfüllung seiner Regentenpflichten beirrt gewesen,
um so weniger, als der Kampf selbst nur im Interesse Frankreichs, d. i. seiner industriellen Geltung, geführt wurde. Diesen

Text variierte der Minister in seinem Exposé von 1807, indem er von seinem Herrn erzählte: „Während er im Schnee Litauens den Soldaten in seinem Zelt aufsuchte, wachte sein Blick in Frankreich über der Hütte des Armen, der Werkstatt des Handwerkers, und nur wenn wir aus der Ferne von seinen Erfolgen hörten, wurden wir seine Abwesenheit inne." Zwar hätten einige Zweige des Handels gelitten. Aber dies sei ein vorübergehender Übelstand, denn der Krieg, der geführt werde, sei ein kommerzieller Unabhängigkeitskrieg, und jede Eroberung, die der Kaiser gemacht habe, ein künftiger schätzbarer Gewinn für den gesamten französischen Handelsstand. Auch sei es ein nicht geringes Verdienst des Monarchen, den Schauplatz des Ringens so weit weg verlegt zu haben, „daß Frankreich, während im übrigen Europa der Kampf wütete, ruhig und sicher der Zukunft entgegenblicken konnte, den Frieden wünschend, ohne durch den Streit ermüdet zu sein, gewärtig der hohen Bestimmung, die ihm derjenige bereitete, dem es sein Vertrauen, seinen Ruhm und seine Liebe dargebracht hat. Diese Erwartung eines großen Volkes ist erfüllt, seine Hoffnungen sind übertroffen worden. Der Augenblick des Glückes ist gekommen, wer wollte es wagen, sein Ende abzusehen?"

An diesen im Grunde gleißnerischen Versicherungen war dennoch zweierlei richtig: einmal, daß Napoleon den Handelskrieg gegen England wirklich für eine der französischen Wohlfahrt dienliche Sache hielt, und zweitens, daß er in der Tat auch während des Krieges die Sorge um die Verwaltung Frankreichs nicht von seinen Schultern gelegt hatte. Denn die Vertretung durch Cambacérès war nur eine formelle gewesen, und in Paris hatte man selbst mit geringfügigen Anfragen den Kurier nach Warschau, Osterode oder Finckenstein beladen[1]). Dort konnte aber doch nur wenig Eingreifendes

---

[1]) P a s q u i e r allerdings (Mémoires, I., 299) sieht in der Beschäftigung Napoleons mit den kleinsten Dingen der inneren Verwaltung inmitten der großen politischen und kriegerischen Ereignisse etwas Affektiertes, einen „Charlatanismus", um durch die vielen Dekrete über Nebensächliches, die dann pünktlich im „Moniteur" erschienen, seine außerordentliche Aufmerksamkeit auf alles zu beweisen. Das mag sein, es war aber doch auch ein gutes Mittel, die Administration, die sich derart überwacht sah, in Atem und Pflicht zu halten. Die beiden Monarchen in Tilsit verblüffte er durch seine Kenntnis der französischen Administration und durch seine genialen

geschehen, und erst jetzt ward den inneren Zuständen die volle
Aufmerksamkeit des Monarchen zuteil. Napoleon wußte, wie
wenig mit den schönen Worten seines Ministers getan war:
durch Taten mußte Frankreich überzeugt werden, daß nur
s e i n e Herrschaft ihm Wohlfahrt und Ansehen verbürge.

Sogleich nach seiner Ankunft verlangte er die letzten
Import- und Exportziffern des französischen Handels zu
kennen und zu wissen, wie Italien und der Rheinbund dafür nutzbar gemacht werden könnten. Das neue Handelsgesetzbuch ward
veröffentlicht. Die Bank mußte den Zinsfuß herabsetzen.
Um der Verarmung zu steuern und den Vera mten zu helfen,
sollten in allen Departements Arbeitshäuser errichtet werden,
damit der Bettel aufhöre. Napoleon legte auf dieses Projekt
großes Gewicht. Er empfahl es seinem Minister des Innern
mit warmen Worten und mit dem Appell an die Zukunft:
,,Man soll nicht über diese Erde gehen, ohne Spuren zu hinterlassen, die unser Andenken der Nachwelt empfehlen.'' Aus
gleichen Gründen wünscht er die öffentlichen Bauten gefördert,
die nach dem siegreichen Feldzug von 1805 in Aussicht genommen und begonnen worden waren: Straßen über den Simplon und den Mont Cenis, neue Kanäle, neue Telegraphen-
linien zur Beschleunigung der Korrespondenz, die Restauration der Grabkirche von Saint Denis, die von der Revolution
zerstört worden war, die Gründung einer neuen Stadt in der
Vendée, die Errichtung monumentaler Triumphbogen in Paris,
den Fortbau der Kais an den Ufern der Seine, die Verschö-
nerung der Hauptstadt durch eine breite Straße von den
Tuilerien zu den Boulevards (Rue de la Paix), den Ausbau
des Louvre, den der Rivolistraße, den Bau des Pont des Arts,
einer Austerlitz- und einer Jenabrücke, die Aufrichtung einer
Triumphsäule auf dem Vendômeplatz u. dgl. mehr. All das
ward unternommen, schaffte vielen Händen Arbeit und hielt
im ganzen die Not fern, so daß der Bettel wirklich verboten
werden konnte[1]).

Eine besondere Erscheinung in den öffentlichen Miß-

_____

Gedanken darüber. (B a i l l e u, Verhandlungen in Tilsit, Deutsche Rundschau, 110, S. 210 u. 213.)

[1]) S. C o r r e s p., XVI., 13358, und besonders den Brief vom 14. November 1807 im ,,Amateur d'autographes'' (15. Juni 1903), wo von weitaussehenden Kanalprojekten die Rede ist.

ständen, die schon vor dem Krieg mit Preußen die Aufmerksamkeit Napoleons gefesselt hatte, war das stetige Elend der
Landbevölkerung in den östlichen Departements, deren Ursache man endlich in der Ausbeutung durch den Wucher der
Juden erkannte. Seitdem nämlich die Nationalversammlung
im Jahre 1791 den Israeliten die gleichen bürgerlichen Rechte
mit allen übrigen Franzosen eingeräumt hatte, waren von
Osten her aus der Fremde jüdische Händler herbeigeströmt,
die sich in den Rheindepartements niederließen und hier meist
wucherische Geldgeschäfte betrieben. Insbesondere nach der
Herstellung der inneren Sicherheit durch Bonaparte häuften
sie sich in den deutschen Provinzen an. Nach einem offiziellen
Bericht, den der Minister des Innern im April 1807 an Napoleon erstattete, betrugen allein im elsässischen Departement
Oberrhein die Schuldsummen, die sie seit 1799 auf Hypo-
theken zu fordern hatten, bei 23 bis 30 Millionen Franken,
und Marschall Kellermann bezeichnete mit mehr als 70 Prozent den von ihnen gewöhnlich verlangten Zins, so daß alljährlich für anderthalb Millionen Franken zwangweise Ver-
steigerungen von Bauerngut vorgenommen wurden. Vom
Militärdienst wußten sich die meisten freizumachen. Napoleon
hatte anfänglich daran gedacht, alle wucherischen Hypo-
thekarschulden für null und nichtig zu erklären, ließ sich aber
dann zu einer milderen Maßregel herbei. Am 30. Mai 1806
erschien ein Dekret, das alle Zwangsverkäufe für ein Jahr aussetzte, wenn es sich dabei um Grundschulden an Juden handelte. Zugleich ward angeordnet, daß eine Versammlung
jüdischer Rabbis und Notablen der Regierung auf verschiedene
Fragen Rede stehe. Nachdem diese Vertrauensmänner den
Wucher als strafwürdig erklärt hatten, ward — um auch die
höchste Autorität in Glaubenssachen einen bestimmenden Einfluß gewinnen zu lassen — der große Sanhedrin der jüdischen
Nationalgeschichte, der seit Jahrhunderten nicht mehr zu-
sammengetreten war, nach Paris einberufen, wo er im Februar
und März 1807 in einer Reihe von Beschlüssen den Glaubens-
genossen den Wucherzins als sündhaft untersagte, die Jugend zur
Handworksarbeit ermunterte, den Juden die Erwerbung von
Grundbesitz statt des Geldhandels empfahl und sie aufforderte,
sich als Franzosen zu betrachten und danach zu verhalten.
Nur die von der Regierung vorgelegte Bestimmung, daß jede

dritte Judenehe eine gemischte, d. h. eine Verbindung mit
einer christlichen Person sein müsse, lehnte die große Versammlung ab. So stand die Sache, als der Kaiser vom Feldzug heimkehrte. Ihm boten diese Beschlüsse doch zu wenig
Garantie, und er ließ, wie es Champagnys, des Ministers des
Innern, Meinung gewesen war, ein Ausnahmegesetz für die
jüdische Bevölkerung ausarbeiten, dessen wesentlichste Bestimmungen folgende waren: ein Zins von über 5 Prozent soll
behördlich reduziert, ein solcher von über 10 Prozent als
wucherisch erklärt und die Schuld annulliert werden; kein
Jude darf ohne behördlichen Erlaubnisschein Geschäfte machen,
keiner ohne notariellen Akt auf Faustpfänder leihen; Juden,
die zur Stunde, da das Dekret gesetzeskräftig wird — es wurde
am 17. März 1808 verkündet — noch nicht im Elsaß ansässig
sind, dürfen sich dort nicht niederlassen, und in den anderen
Departements nur dann, wenn sie Grund und Boden erwerben;
jeder Jude unterliegt der Wehrpflicht und entbehrt des
Rechtes, einen Stellvertreter zu stellen. Kein Zweifel, das
Gesetz war der Verfassung und dem Code Napoléon entgegen.
Aber es tat seine Wirkung. Die Berichte aus dem Osten, wo
von den 77.000 Juden Frankreichs über 60.000 ihren Sitz
hatten, lauteten schon nach ein paar Jahren günstiger, und
Napoleon konnte in immer größerem Umfang Ausnahmen eintreten lassen, bis der Zustand der vollen Rechtsgleichheit
wieder erreicht war[1]).

Des Kaisers Bemühung um die materielle Wohlfahrt
der Franzosen berührte sich enge mit seiner Finanzpolitik.
Er hatte bisher seine Kriege geführt, ohne die Steuern wesentlich zu erhöhen und ohne Anlehen aufzunehmen. „So lange ich
lebe" — hatte er am 18. Mai 1805 an Marbois geschrieben —
„werde ich kein Papier emittieren." Es schien ihm kein Mittel
erfolgreicher, die Abneigung des Volkes gegen seine Kriege
zu mildern, als wenn er ihm bewies, daß sie keine großen pe-
kuniären Opfer heischten. Das Requisitionssystem in fremden
Landen hatte diese Politik bisher unterstützt, und daß der
größte Teil des stehenden Heeres zumeist auch im Frieden
außer Landes blieb, war gleichfalls eine Entlastung. Damit

---

[1]) Für Paris und das Seinedepartement ward das Märzdekret noch im
Jahre 1808 wieder außer Kraft gesetzt. S. S a g n a c, Les Juifs et Napoléon,
Revue d'hist. mod., III., 476.

war aber noch lange nicht alles getan. Denn gerade 1805 hatte
man eine traurige Erfahrung gemacht. Da man die Steuern
beim Kriegsbeginn nicht erhöhte, dennoch aber Geld benötigte,
nahm man es damals aus den baren Vorschüssen, mit denen
ein Konsortium von Geldleuten, der Bankier Ouvrard an der
Spitze, die Anweisungen der Steuereinnehmer auf die während
des nächsten Jahres einlaufenden Steuergelder zu eskomptieren
pflegte. Dieselbe Kompagnie besorgte nebenbei auch die Geschäfte der spanischen Krone, indem sie die Subsidien, die
Spanien an Frankreich zu leisten hatte, vorstreckte, um sich
nach dem Einlangen der amerikanischen Silberflotte wieder
mit hohem Zins bezahlt zu machen. Nun unterbrach aber der
von Spanien an England erklärte Krieg den Transport der
Barren, woraus für das Konsortium eine Verlegenheit erwuchs,
aus der es nur durch die Bank von Frankreich gerissen wurde,
die deshalb ihren Barfonds erschöpfte. Alsbald trat eine Krise
ein; es erfolgten bedeutende Fallimente; alle Kapitalisten gerieten in Unruhe. Es war just die Zeit, da Napoleon im Dezember 1805 den Frieden mit Österreich unterhandelte. Seine
Anwesenheit in Frankreich wurde unerläßlich, und er soll
später — so erzählt Montgelas[1]) — versichert haben, daß
dieses Moment ihn vor anderen zum Abschluß des Preßburger
Vertrages gedrängt habe und von den Österreichern leicht zu
Zögerungen hätte benützt werden können, die ihm sehr unangenehm geworden wären. Derlei durfte nicht mehr vor-
kommen. Damals hatten der Friede, das neu gefestigte Vertrauen der Bevölkerung und die vierzig Millionen österreichischer Kriegsentschädigung dem Übel gesteuert. Jetzt, nach
dem zweiten siegreichen Feldzug, wurde mit den aus Preußen,
Polen, Westfalen gezogenen Millionen neben einem Kriegsschatz auch eine „Dienstkasse" (Caisse de service) dotiert,
die in Hinkunft die Hilfe der Bankiers überflüssig machen und
selbst den Vorschuß auf die Steuergelder leisten sollte. Daneben
ward zur Kontrolle der Finanzgebarung ein oberster Rechnungshof gegründet[2]).

---

[1]) Denkwürdigkeiten, S. 124. Siehe oben.

[2]) Ganz ohne neue Abgaben ist es übrigens nicht abgegangen· die
Getränkesteuer, die man im Juli 1804 als Produktionssteuer eingeführt hatte,
ist im April 1806 durch Verkaufstaxen erhöht worden; ebenso die Abgabe
auf Tabak; auch das Salz wurde im März dieses Jahres — wenn auch nur

So gelangte der Kaiser dahin, seinen Franzosen zu demonstrieren, daß seine Kriege nicht nur keine neuen Opfer
von ihnen forderten, sondern daß sie sogar mit ihren Erfolgen dem Staatshaushalt dienstbar werden konnten. Und
die materielle Situation des Landes besserte sich wirklich.
Wenn auch der Handel durch die Blockade litt, wenn auch
die Teuerung von Zucker und Kaffee die weitesten Kreise
hart berührte, so diente doch der Ausschluß der englischen
Manufakturen den französischen Fabriken. Die Hoffnung auf
den allgemeinen Frieden und der konsolidierte Staatskredit
ließen im Jahre 1807 die fünfprozentige Rente mit 99 einen
Kurs erreichen, zu dem sie sich während des Kaiserreichs
nicht wieder erheben sollte[1]).

Aber Napoleon wußte nur zu gut, daß ein Volk von dem
hohen Kulturgrad der Franzosen nicht bloß nach materiellem
Wohlsein verlangte, sondern daß es außerdem noch Bedürfnisse hatte, die sich nicht mit Geld und Brot befriedigen
ließen. Er glaubte sie genau zu kennen. Als er im Jahre 1797,
nach dem italienischen Krieg, zum erstenmal daran dachte
und den Vorsatz faßte, Frankreichs Herr zu werden, hatte
er nur die Befriedigung der Ruhmsucht und Eitelkeit der
Franzosen als das notwendige Requisit zur Herrschaft über
sie bezeichnet, und seitdem war er dieser Anschauung treu
geblieben. Von allen Schlachtfeldern hatte er ihnen die Glorie
ihrer Waffen heimgebracht und damit ihrem nationalen Stolz
genügt. Jetzt wollte er auch für ihre persönliche Geltung
sorgen. Am 12. August 1807 erläßt er ein merkwürdiges Hand-
schreiben an Cambacérès: „Weil in der menschlichen Natur
der Wunsch begründet ist, seinen Kindern neben einem zureichenden Vermögen auch ein Denkzeichen des Ansehens
zu hinterlassen, das man genossen hat", behalte er sich das
Recht vor, ebenso wie die im vorigen Jahr gegründeten Titularherzogtümer, auch noch andere Adelstitel an solche zu
verleihen, die dem Staat Dienste geleistet haben. Die Minister,
Senatoren, Staatsräte, Präsidenten des Gesetzgebenden Körpers — auch die Erzbischöfe — sollten das Recht auf den

---

in bescheidenem Maß — aufs neue Gegenstand der Besteuerung. Die direkten
Abgaben wurden allerdings nicht erhöht.

    [1]) E d m. B l a n c, Napoléon I. ses institutions civiles et admini-
stratives, p. 324.

Grafentitel erhalten, den sie als Majorat vererben konnten, wenn sie daran eine Rente von dreißigtausend Franken knüpften; die lebenslänglichen Präsidenten der Wahlkollegien und der Gerichtshöfe, die Generalprokuratoren und Bürgermeister der bedeutendsten Städte des Landes sollten Barone werden und gleichfalls Anspruch auf ein Majorat haben, wenn sie es mit jährlich fünfzehntausend Franken dotierten; die Mitglieder der Ehrenlegion sollten ihre Ritterwürde mit dreitausend Franken Rente, die Großwürdenträger aber ihren Fürstentitel mit einer Rente von zweihunderttausend Franken ihren Nachkommen hinterlassen dürfen[1]). Das war nun alles den erbrechtlichen Bestimmungen des Code Napoléon geradezu entgegen. Der Kaiser aber suchte dem Senat die Sache mit dem bestimmten Hinweis darauf mundgerecht zu machen, daß mit diesen Erbtitulaturen, wie mit den neufeudalen Herzogtümern, nirgend ein politisches Vorrecht verbunden sei und das Grundgesetz der Gleichheit durchaus gewahrt bleibe. Die Senatoren, durch den Grafentitel gelockt, nickten, und im März 1808 wurde das Gesetz perfekt[2]).

Diese Auszeichnungen des Civiles waren aber geringfügig gegenüber denen, die Napoleon seinen Feldgenossen zuerkannte. Jetzt begann die Verleihung der italienischen Titellehen an die Marschälle: Soult wurde Herzog von Dalmatien, Mortier

---

[1]) Corresp., XV., 13020.

[2]) Kurz nachdem das Dekret über den neuen Adel erlassen war, sagte Napoleon zur Rémusat ungefähr folgendes: „Die Freiheit ist nur das Bedürfnis einer wenig zahlreichen Klasse, die von der Natur mit höheren Fähigkeiten ausgestattet wurde als der Durchschnitt. Man kann sie also ungestraft einschränken. Die Menge dagegen liebt die Gleichheit. Ich verletze sie nicht, wenn ich Titel austeile ohne die abgebrauchte Frage nach der Geburt zu stellen. Meine Titel sind eine Art Bürgerkrone, die man durch seine Werke erreichen kann. Geschickte Menschen geben denen, die sie regieren, die gleiche Bewegung wie sich selbst. Nun, meine Bewegung ist nach aufwärts, darum muß auch etwas die Nation in gleicher Richtung bewegen... Nicht, daß ich nicht sähe, wie diese Adeligen, die Herzoge vor allem, die ich da mache und die ich so außerordentlich dotiere, ein wenig unabhängiger von mir werden würden. Ausgezeichnet und reich, werden sie trachten, mir zu entwischen und auf das, was sio „Standesgeist" nennen, zu pochen. Jedoch sie werden nicht so rasch laufen, daß ich sie nicht alsbald wieder erreichte." (Mémoires, III., 153.) Später, nach seinem Sturz, hat er es aber doch als einen Fehler bezeichnet, seine Werkzeuge durch Reichtum unabhängig gemacht zu haben.

Herzog von Treviso, Savary Herzog von Rovigo, Bessières
Herzog von Istrien, Duroc Herzog von Friaul, Victor Herzog
von Belluno, Moncey Herzog von Conegliano, Clarke Herzog
von Feltre, Caulaincourt Herzog von Vicenza, Massena Herzog
von Rivoli, Lannes Herzog von Montebello, Marmont Herzog
von Ragusa, Oudinot Herzog von Reggio, Macdonald Herzog
von Tarent, Augereau Herzog von Castiglione, Bernadotte
Fürst von Ponte Corvo. Davout, Ney und Lefebvre hatten
sich deutsche Herzogstitel erworben: von Auerstedt, Elchingen
und Danzig, und Berthier das Fürstentum Neufchâtel für
sich erobert[1]). Mit diesen Titeln waren reiche Ländereien,
die ihnen von den Domänen in Polen, Italien und Deutschland als Majorate überlassen wurden, verbunden. Vorläufig
verteilte der Kaiser elf Millionen, zur Hälfte in Barem, zur
anderen Hälfte in Rententiteln. Davon erhielt Berthier eine
Million, Ney, Davout, Soult und Bessières bekamen jeder
600.000, Massena, Augereau, Bernadotte, Mortier und Victor
je 400.000, die übrigen 200.000 Franken[2]). Außerdem wurde
die ganze siegreiche Armee bedacht. Von den achtzehn Millionen
die zu diesem Zweck aufgewendet wurden, fielen zwölf
an die Mannschaft, und zwar so, daß die Blessierten die dreifache Belohnung erhielten, sechs an die Offiziere. Den Soldaten, die ein Glied im Feldzug verloren hatten, wurden
ständige Bezüge von 500 Franken, Unter- und Oberoffizieren,
die sich besonders hervorgetan hatten, Renten bis zu
10.000 Franken zugewiesen. Natürlich hatte dies alles nur

---

[1]) Neben diesen militärischen Herzogen gab es auch welche aus dem
Civile: Cambacérès (Parma), Maret (Bassano), Lebrun (Piacenza), Fouché
(Otranto), Champagny (Cadore), Gaudin (Gaëta). Später wurden Herzoge:
Junot (Abrantès), Suchet (Albufera), Arrighi (Padua), Reynier (Massa),
Kellermann (Valmy), der junge Dalberg und Decrès.

[2]) Die Einkünfte der Marschälle wurden in späteren Jahren noch
bedeutend vermehrt, so daß z. B. Berthier, Fürst v. Neufchâtel, Vizeconne-
table, Marschall und Oberstjägermeister jährlich 1,355.000, Davout, Herzog
v. Auerstedt, Fürst v. Eckmühl 910.000, Ney, Herzog v. Elchingen, nach
1812 Fürst von der Moskwa, 728.000, Massena, Herzog v. Rivoli, nach 1809
Fürst von Eßling, 683.000 Franken bezogen. Übrigens betrug auch das
Ministergehalt in der Kaiserzeit im allgemeinen nicht weniger als 200.000
Franken, das des Ministers des Äußern sogar mehr. Gesandte, die in fremden
Ländern die Macht des Kaisers aufs prächtigste zu repräsentieren hatten,
bezogen ein mehr als entsprechendes Salair, so z. B. Caulaincourt, der jetzt
nach Rußland ging, 7—800.000 Franken.

den Zweck, sich der Armee um so mehr zu versichern, je unsicherer der Kaiser der Sympathien der übrigen Bevölkerung
wurde. War es doch längst sein Bestreben, das Heer möglichst
zu entnationalisieren, damit es nicht aufhöre, seinen internationalen Plänen zu dienen[1]). Darum auch — und nicht
aus finanziellen und hochpolitischen Gründen allein — ließ
er die große Armee in Deutschland und Polen stehen. Nur
die Garde war nach Frankreich heimgekehrt, wo sie den gemessenen Befehl erhielt, sich möglichst von dem Civile fernzuhalten.

Indem Napoleon für das materielle Interesse, für Ruhmsucht und Ehrgeiz der Franzosen sorgte, glaubte er genug
getan zu haben für dieses Frankreich, das er einmal cynisch
seine Maitresse nannte, die so treu an ihm hänge, daß sie ihm
ihre Schätze und ihr Blut darbringe[2]). Er blieb fest bei seiner
Meinung, daß die Freiheit kein Volksbedürfnis sei, sondern
nur die Prätension derjenigen, die er wegwerfend „Ideologen"
nannte, denen er die Anarchie der Revolution zur Last legte
und deren Einfluß auf die öffentliche Meinung er mit aller
Kraft bekämpfte. Daher seine Maßregeln gegen die Presse,
gegen Journale und Bücher, die sich im Lauf der Jahre immer
mehr verschärften, daher seine Bemühungen, die Debatten
über seine Gesetze der Öffentlichkeit gänzlich zu entziehen,
daher seine Attentate auf die Unabhängigkeit des Richter-
standes, der den Gegnern seines Systems gewaltsamer Be-
glückung Zuflucht gewähren konnte, daher sein Plan, die
heranwachsende Generation durch eine korrekte und unifor-
mierte Instruktionsmethode vor allen Anfechtungen einer
freieren Geistesregung zu bewahren: eine unermüdliche Tätigkeit, die in einem historischen Bilde nicht übergangen
werden darf.

Wir kennen bereits Napoleons Abneigung gegen Frau
von Staël, die Frankreich verlassen mußte, „weil sie" — wie
er sich vernehmen ließ — „imstande war, Leuten das Denken
beizubringen, die es nicht konnten oder es verlernt hatten".
Aus Finckenstein schrieb er an Fouché, er freue sich, daß man

---

[1]) Vergl. Band I., S. 134.
[2]) „Wenn ich 500.000 Menschen brauche, so gibt sie sie mir." (R o e d e -
r e r, Oeuvres, III., 539.)

von ihr nichts höre[1]). Chateaubriand, der seinen „Genius
des Christentums" im Jahre 1802 „dem Wiederhersteller der
Religion" gewidmet, hatte sich durch eine abfällige Kritik
der Affaire Enghien die Ungnade des Kaisers zugezogen und
mußte bald ebenfalls ins Weite ziehen, weil sein Einfluß in
den oppositionellen Salons von Paris gefährlich erschien. Ein
Artikel über Spanien, den er kurz vor Napoleons Rückkehr
1807 in seinem „Mercure de France" erscheinen ließ und der
Anspielungen enthielt, die nicht mißverstanden werden
konnten, brachte ihn dann auch um sein Vermögen, da das
Blatt unterdrückt wurde[2]). Vor härterem Schicksal bewahrte
ihn nur die Freundschaft Fontanes', der, wie mancher Andere,
sein Talent willig in den Dienst des Allgewaltigen gestellt
hatte. Jakob Delille, der Dichter des „Landmannes", der
„Imagination", der Übersetzer der „Äneide", blieb nur seines
hohen Ansehens und der Unverfänglichkeit seiner Stoffe wegen
ungekränkt. Seinem Beispiel folgte eine Anzahl Poeten, die
jedem politischen und sozialen Problem sorgfältig aus dem
Weg gingen und sich an gleichgültige oder untergeordnete
Gegenstände hielten, die sie — wie zum Ersatz — in voll-
endeter Form behandelten, und man wird vielleicht nicht
irren, wenn man die hohe Geltung, die die Kunst gefälliger
Sprache und perfekter Darlegung für sich allein schon in
Frankreich genießt, zum Teil auch von jener Zeit behördlich
eingeschränkten Denkens und gehemmter Phantasie datiert.
Auf den Bühnen, denen der Kaiser besondere Aufmerksam-

---

[1]) Corresp., XV., 12397. Das Schicksal der Staël teilten auch
die Récamier, die längst durch ihre Beziehungen zu Moreau und Bernadotte
verdächtig geworden war, und Frau von Chevreuse. Diese durfte selbst
dann nicht nach Paris zurückkehren, als sie, auf den Tod erkrankt, ihren
Arzt konsultieren wollte; sie starb im Exil.

[2]) In dem Artikel, der Besprechung eines Reisewerkes von Laborde,
hieß es: „Wenn alles vor dem Tyrannen zittert und es gleich gefährlich ist,
seiner Gunst wie seiner Ungnade zu begegnen, dann erscheint der Geschichtsschreiber als Rächer der Nationen. Umsonst vertraut Nero seinem Glück,
Tacitus ist bereits geboren; unbekannt wächst er bei der Asche des Ger-
manicus heran, und schon hat die Vorsehung einem unbekannten Kinde
den Ruhm des Herrn der Welt ausgeliefert." Als dem Kaiser die Zeilen zu
Gesichte kamen, rief er im Zorn aus: „Hält mich Chateaubriand für einen
Dummkopf, der nicht versteht?" (Ségur, Mémoires, II.) Seitdem pflegte
er gerne mit Gelehrten das Gespräch auf Tacitus zu bringen, um gegen
dessen Parteilichkeit sich zu erklären.

keit widmete, wollte er keine Stoffe vorgeführt sehen, „die
aus uns naheliegenden Zeiten" gewählt wurden; jedenfalls
mußten sie vor Heinrich IV. liegen, dessen populäre Gestalt
ihm Eifersucht und Abneigung einflößte. „Ich höre," schrieb
er an Fouché, „daß man ein Drama „Heinrich IV." aufführen will. Diese Epoche liegt nicht fern genug, um nicht
Leidenschaften zu erwecken; die Bühne bedarf vielmehr des
Altertümlichen." Als dann Legouvé ein Stück: „Der Tod
Heinrichs IV." eingereicht hatte, ließ es zwar der Kaiser
passieren, tadelte aber daran, daß der Dichter dem König die
Worte in den Mund legte: „Ich zittere". Ein König könne
zwar zittern, denn er sei auch nur ein Mensch, aber er dürfe
es nicht sagen. Seitdem „schauderte" Heinrich nur noch.
Mozarts „Don Juan" mußte ihm erst als ungefährlich für den
Esprit public geschildert werden, bevor er ihn aufführen ließ.
Schauspiele und Lustspiele mit modernen Vorwürfen gelangten
ebenfalls nicht zur Darstellung, „denn" — versichert die
Rémusat — „man scheute sich, die Fehler und Schwächen
der einzelnen Gesellschaftsklassen zur Anschauung zu bringen,
wo doch die ganze Gesellschaft von Bonaparte erneuert worden
war, dessen Werk man respektieren sollte". Die klassischen
Dramen Racines und Corneilles wurden strenge zensuriert
und kamen selten ohne Striche auf die Bretter. Wenn es
zum Beispiel in Corneilles „Heraklius" hieß:

> „Denn wer, wie ich, ein Sprosse dunkler Herkunft,
> durch Aufruhr sich den Weg zur Macht gebahnt,
> vom Kriegsmann sich zum Kaiser aufgeschwungen,
> hat anders nicht als durch ein schwer Verbrechen
> den Thron erobert".....,

so glaubte man den Anlaß zu Anspielungen am wirksamsten
zu vermeiden, wenn man die Stelle einfach wegließ. Anderes
„verbesserte" man wohl auch. Im übrigen wurden die Theater
in Paris im Jahre 1807 auf neun eingeschränkt[1]).

Wenn dies der schönen Literatur Schicksal war, so wird
man über das der Tagespresse nicht zweifelhaft sein. Wir
kennen die Anfänge der Zeitungszensur unter dem Konsulat.
Unter dem Empire gab es bald nur noch vier unabhängige

---

[1]) Andere Beispiele hat man in „Napoleon und das Theater" in meinen
„Histor. Studien und Skizzen", II. Bd. Seitdem ist das Thema mehrfach
breiter behandelt worden.

Blätter in Paris: den „Citoyen français", den „Mercure de
France", das „Journal des Débats" und den „Publiciste".
Schon die Namen mißfielen dem Kaiser, er wollte nichts von
Citoyens und Debatten wissen; in der Tat mußte der „Citoyen"
in „Courrier français", das „Journal des Débats" in „Journal
de l'Empire" umgetauft werden. Diese Blätter standen in
steter Gefahr, unterdrückt zu werden, was dem „Mercure"
dann auch, wie erwähnt, widerfuhr. Als sie im Jahre 1805
einmal eine Bemerkung über den Luxus des Hofes gemacht
hatten, bekamen ihre Redakteure zu hören, „daß die Zeiten
der Revolution vorüber seien, daß es in Frankreich nur noch
e i n e Partei gebe und daß der Kaiser es nicht dulden würde,
wenn die Zeitungen irgend etwas gegen sein Interesse vor-
brächten". Ein Jahr später schrieb Napoleon an Talleyrand:
„Meine Absicht ist, daß die politischen Artikel dem „Moniteur" vom auswärtigen Amt zugesendet werden sollen. Wenn
ich während eines Monats gesehen haben werde, wie sie gemacht sind, werde ich den anderen Zeitungen verbieten, anders
über Politik zu reden, als indem sie den „Moniteur" kopieren"[1].
Als dann aber der Inhalt der Pariser Blätter nichtssagend
wurde, war das auch nicht nach dem Sinn des Monarchen.
Gepriesen wollte er sein.

Und wie er in der Literatur und den öffentlichen Blättern
jede kritische Diskussion seiner Regierung hintanhielt, so
wünschte er sie auch dort zum Schweigen zu bringen, wo
ihr die Verfassung noch einen letzten Zufluchtsort eingeräumt
hatte: im Tribunat. Selbst hinter geschlossenen Türen sollte
sie unmöglich werden. Deshalb wurde dem Gesetzgebenden
Körper in der letzten Dezembersitzung des Jahres 1807 ein
Senatskonsult vorgelegt, das die Auflösung des Tribunats
aussprach, dessen Mitglieder in den Corps législatif, den
Präsidenten aber in den Senat berief und überdies die Mit-
gliedschaft im Gesetzgebenden Körper an ein Alter von vierzig
Jahren knüpfte. Napoleon, der damals erst achtunddreißig
zählte, wußte sehr wohl, wie eilig es oft die Jugend mit
politischen Entwürfen hatte, und wollte nur gesetzte, ruhe-
liebende Männer in dieser Körperschaft sehen, die bloß zum

---

[1] C o r r e s p., XII., 9933. Ich folge dem etwas abweichenden Text
des Briefes (vom 5., nicht vom 6. März 1806) nach einer Kopie auf dem
Wiener Staatsarchiv.

Schein noch den Namen der „gesetzgebenden" führte. Sein
Wille allein gab Frankreich Gesetze, alles übrige war nur wesen-
lose Form. Deshalb konnte er jetzt auch ein Dekret erlassen,
das die von der Verfassung gewährleistete Unabsetzbarkeit
der Gerichtspersonen in Frage stellte, und zwar in der Weise,
daß jeder Richter eine Probezeit von fünf Jahren zu absolvieren hatte, ehe er als definitiv unabsetzbar anerkannt wurde,
worüber eine vom Kaiser ernannte Kommission von zehn
Senatoren entschied; deshalb konnte auch das Institut der
Staatsgefängnisse für politische Verbrecher wieder erstehen.
Und überall wirkte der Senat — wenige liberale Männer,
wie Garat, Lanjuinais u. a., ausgenommen — mit untertäniger Beflissenheit mit, unbekümmert um den verhohlenen
Widerwillen unbefangener Köpfe gegen seine grenzenlose
Servilität, in der er mit den Hofleuten des Kaisers wetteiferte.
Was schadete es ihm auch, wenn man über ihn urteilte, wie
zum Beispiel Josef Chéniers „Tiberius" über diese Käm-
merlinge:

> „Sie suchen ihre Überzeugung nur
> in meinem Wink. Sie schmeicheln, wenn sie reden,
> sie schmeicheln, wenn sie schweigen. Denn von Furcht
> gelähmt sind ihnen Zunge, Hirn und Arm.
> Ich muß für sie erröten, da sie selbst
> dazu den Mut nicht finden."

Chénier ließ ja das Stück in seinem Pulte wohl verschlossen
liegen, indes sein „Cyrus" für den Imperator in die Posaune
stieß. Was wollte es sagen, daß man sich die Worte „Despotismus" und „Tyrannei" zuflüsterte? Man flüsterte sie eben
nur. Als eines Tages Suard, einer der angesehensten Publi-
zisten, Napoleon gegenüber Tacitus lobte und seine Schilderungen der römischen Kaiser, ward ihm erwidert: „Ganz gut.
Aber er hätte uns auch erklären müssen, warum das römische
Volk diese schlechten Kaiser duldete, ja sogar liebte. Das
wäre der Nachwelt vor allem wichtig zu wissen." Damit berührte er die Grundbedingungen seiner eigenen Herrschaft, denn
er wußte wohl, daß der Augenblick noch nicht gekommen war,
wo ihn Frankreich entbehren konnte[1]). Als jetzt einmal

---

[1]) Ein paar Jahre später sagte er einmal zu Narbonne: „Täuschen
Sie sich nicht, ich bin ein römischer Kaiser, bin von der besten Art der
Cäsaren, von denen, die begründen. Sind Sie nicht selbst von der Ähnlichkeit

Frau von Rémusat Talleyrand ihren Schmerz darüber ausdrückte, daß sie dem Kaiser seiner üblen Eigenschaften wegen
— denn er bringe Zwist unter Freunde und Eheleute und
beute die Schwächen seiner Diener aus, um sie alle um so
sicherer getrennt zu beherrschen — gram sein müsse, wo doch
ihr Dasein an seinen Hof gebunden sei, antwortete Jener, der
Napoleon auch nicht im geringsten liebte: „Sie brauchen
Ihr gutes Herz nicht durch eine Empfindung für diesen Mann
zu kompromittieren, aber Sie können es sicher glauben, er
ist trotz all seinen Fehlern heute noch für Frankreich, das
er zusammenhält, sehr notwendig, und jeder von uns muß
sein Möglichstes dazu tun[1])." Das war das Geheimnis des
Imperators.

Hatte Napoleon auf solche Weise vorgesorgt, daß auch
nicht der Hauch eines abfälligen Urteils Ansehen und Geltung seines Regiments bei der Masse des französischen Volkes
störe — „die öffentliche Meinung macht und vernichtet die
Souveräne", sagte er einmal[2]) — so war es daneben längst
seine Idee gewesen, die künftige Generation von vornherein
gegen derlei Anfechtungen sicherzustellen, indem er sie zum
Imperialismus erzog, ungefähr wie die Jesuitenschulen den
Ultramontanismus herangebildet hatten. Die Anfänge dieser
Bemühungen fallen schon in die Zeit des Konsulats und sind
bereits erwähnt worden; jetzt werden sie durch das Institut
der „Universität" vollendet. Ein besonderer Umstand wirkte
dabei mit. Im Jahre 1804 waren, in Übereinstimmung mit
dem Konkordat, die großen bischöflichen Seminare gegründet
worden. Bald darauf hatte der Klerus sogenannte „kleine
Seminare" damit verbunden, die gleich den staatlichen Gym-
nasien für das höhere Berufsstudium vorbereiteten. Diese
geistlichen Schulen standen, wie jene, jedermann offen und
fanden um so mehr Zuspruch, als ihre Lehrer die Unterrichtsmethode an den kaiserlichen Anstalten und ihren sittlichen

---

meiner Regierung mit der des Diokletian überzeugt? Von dem Netz, das
ich so weit spanne, von den Augen des Kaisers, die überall sind, von jener
Civilautorität, die ich in einem durchaus kriegerischen Reich allmählich
zu befestigen gewußt habe?" (V i l l e m a i n, Souvenirs contemporains,
I., 128.)

[1]) R é m u s a t, Mémoires, III., 268.
[2]) S é g u r, Histoire et mémoires, IV., 58.

Geist zu tadeln wußten. Tadel aber konnte Napoleon, der
nun einmal den ganzen Verwaltungsorganismus als sein Werk
angesehen wissen wollte, nicht ertragen, und es reifte in ihm
der Plan, sich dieser Konkurrenz in der Erziehung seiner Franzosen baldigst zu entledigen. Er sieht in der Gründung einer
großen einheitlichen Lehrkörperschaft „das geeignetste Mittel,
die politischen und moralischen Meinungen zu lenken", wie
er sich im März 1806 im Staatsrat äußerte, und schon wenig
Wochen später, am 10. Mai 1806, ließ er zum Gesetz erklären,
daß unter dem Namen „Kaiserliche Universität" eine Korporation gebildet werden solle, der ausschließlich der öffentliche Unterricht und das Bildungswesen zu übertragen seien.
„Seine Majestät" — hieß es in dem Bericht, den Fourcroy,
der Direktor der Unterrichtssektion, erstattete — „will eine
Korporation, deren Lehre nicht jedem Fieber der Mode ausgesetzt ist, die vorschreitet, wenn die Regierung feiert, und
deren Verwaltung und Statuten so national werden sollen,
daß man nie leichtsinnig die Hand daran wird legen dürfen.
Wenn diese Hoffnung sich erfüllt, so glaubt Seine Majestät
in dieser Korporation eine Gewähr gegen die verderblichen
Theorien der allgemeinen Umwälzung zu finden. Seine Majestät wollte in einem Staate von 40 Millionen ausführen, was
Sparta und Athen besessen und was die religiösen Orden versucht, aber nur unvollkommen erreicht haben. Welcher Vorteil,
wenn die als die beste anerkannte Unterrichtsmethode zugleich
die allgemein gültige ist für das ganze Reich, indem sie allen,
die in derselben Gesellschaft leben, die gleichen Kenntnisse,
die gleichen Grundsätze vermittelt, damit e i n Geist herrsche
und volle Übereinstimmung der Gefühle und Bestrebungen
dem Ganzen zugute komme"[1]). Eine Übergangszeit von vier
Jahren war in Aussicht genommen. Aber der Kaiser drängte,
und schon am 17. März 1808 war das Statut ausgearbeitet
und wurde — ohne die Autorisation der Legislative — dekretiert. Danach umfaßte die Universität den gesamten Unterricht, alle Lehranstalten, öffentliche und private, von den
Primärschulen bis hinauf zu den Fakultäten. Die öffentlichen
Schulen wurden von der Universität gegründet und verwaltet,

---

[1]) T a i n e , Le régime moderne, II., 157, nach B e a u c h a m p s,
Recueil des lois et règlements sur l'enseignement supérieur.

die Privatanstalten von ihr bevollmächtigt und überwacht[1]).
Sie hatte ihr eigenes, mit 400 Millionen Franken Rente fun-
diertes Budget, das vom Staatsbudget getrennt ward, „damit
der Unterricht nicht unter den vorübergehenden Bedräng-
nissen der Reichsfinanzen leide". An der Spitze der aus den
Lehrern und Professoren Frankreichs gebildeten Korporation
stand ein vom Kaiser ernannter Großmeister, daneben ein
Kanzler und ein Schatzmeister, und diesen zur Seite ein
Universitätsrat von dreißig Räten, von denen zehn der Kaiser
auf Lebenszeit, zwanzig der Großmeister auf ein Jahr ernannte. Dieses Ratskollegium hatte die Schulreglements
abzufassen, die Lehrbücher auszuarbeiten und besaß eine
Disziplinargewalt über die Mitglieder der Universität, d. i. den
gesamten Lehrerstand Frankreichs, von dem sich ein Teil —
zum Beispiel die Professoren an den Lyceen — zur Ehe-
losigkeit verpflichten mußte. Alle waren vom Militärdienst
frei. Die Lehrer an den Gelehrtenschulen wurden in der
„Ecole normale" auf ihren Beruf vorbereitet. Wer sich besonders auszeichnete, erhielt — vom Avancement abgesehen —
vom Großmeister Ehrentitel zuerkannt, er wurde Titular-
offizier der Universität. Der ganze Unterrichtsbereich des
Landes ward in Unterrichtsprovinzen, „Akademien", eingeteilt, die je unter einem Rektor und einem Akademierat
standen, wie die Universität unter dem Großmeister und dem
Kollegium[2]).

So streng zentralisiert und absolut regiert war fortan das
Erziehungswesen Frankreichs wie der ganze Staat. Man hat
seither die Institution gepriesen, und man hat sie streng verurteilt. Eins ist sicher, die jungen Leute in den Lyzeen lernten
mehr als die Söhne der aristokratischen Familien, die zu Hause

---

[1]) Nur einige höhere Fachschulen, wie die militärisch organisierte
École polytechnique, das naturwissenschaftliche Museum, das Collège de
France, die Bau- und Handwerksschulen sowie die großen geistlichen Semi-
narien waren nicht darin begriffen.

[2]) Bei der Einrichtung der Universität hatte Napoleon nur den Knaben-
unterricht im Auge. Von öffentlichen Mädchenschulen wollte er nichts
wissen. „Junge Mädchen" — antwortete er auf eine betreffende Vorstellung
— „werden am besten durch ihre Mütter erzogen. Ein öffentlicher Unterricht
paßt nicht für sie, da sie nicht zum öffentlichen Leben berufen sind." (B l a n c,
Napoléon I., ses institutions etc., p. 223.) Man sah, die Staël lag ihm in
allen Gliedern.

unterrichtet wurden. Nur ließ die Uniformität der Vorschriften, dem eigenen Intellekt des Lehrers allzu wenig Spielraum übrig, und wenn in der Entwicklung und geistigen Ernährung individueller Talente eine Hauptaufgabe der Schule liegt, damit sie dereinst dem allgemeinen Besten die größtmöglichen Dienste leisten, so wurde hier das Gegenteil erreicht und wohl auch beabsichtigt. Denn in Wahrheit sollte doch auch diese Einrichtung nur dem persönlichen System des Kaisers dienen. Wenngleich die Staatsverwaltung die Direktion der Studien an die Korporation abgetreten und sich auf solche Weise entlastet hatte, so behielt sie doch Aufsicht und Kontrolle fest in Händen. Die Entschließungen des Großmeisters mußten vorerst das Urteil des Staatsrates passieren, der sie annulieren konnte, und in den Departements wurden die Schulen von den Präfekten untersucht, die darüber an den Minister des Innern berichteten. Gleich das erste Lehrbuch ward der Universität von dem Ministerium mit auf den Weg gegeben: der Katechismus, der im Jahre 1806 im Einvernehmen mit dem gefügigen Kardinallegaten Caprara, dem Napoleon wiederholt aus seiner Geldklemme geholfen hatte, zustande gekommen war. In diesem Katechismus war das politische Glaubensbekenntnis der heranreifenden Franzosen in folgende Sätze gekleidet: „Wir schulden unserem Kaiser Napoleon I. Liebe, Achtung, Gehorsam, Treue, den Kriegsdienst und die zur Aufrechterhaltung und Verteidigung seines Thrones gebotenen Tribute; wir schulden ihm auch heiße Gebete für sein Heil und für die geistige und materielle Wohlfahrt des Staates. Wir schulden ihm dies vor allem deshalb, weil ihn Gott, der die Reiche gründet und nach seinem Wohlgefallen verteilt, in Krieg und Frieden mit seinen Gaben überhäuft, ihn zu unserem Souverän, zum Werkzeug seiner Gewalt, zu seinem Abbild auf Erden gemacht hat; außerdem aber, weil er es ist, den der Höchste in schwierigen Zeitläuften erweckt hat, um den öffentlichen Kultus der heiligen Religion unserer Väter wiederherzustellen und zu schützen, er, der durch seine tiefe und tätige Weisheit die Staatsordnung wieder herbeigeführt und aufrecht erhalten hat, der den Staat mit seinem kräftigen Arm verteidigt, und weil er der Gesalbte des Herrn ist infolge der Weihe durch den Papst, das Oberhaupt der allgemeinen Kirche." Auf die Frage, was man von jenen zu halten hätte, die ihrer Pflicht gegen den Kaiser untreu würden, lautete die Antwort: „Nach dem Wort des heiligen Apostel Paulus würden sie wider Gottes eigene Anordnungen sündigen und der ewigen Verdammnis schuldig werden"[1]).

Das war viel Erfolg für den hungernden Leutnant von Valence, sich von dem ersten Kulturvolk der Welt als das „Abbild Gottes auf Erden" verehrt zu sehen. Und doch wie wenig für sein maßloses Verlangen! So wie die Grenzen dieses Staates ihm längst nicht mehr genügten, so war auch, als bloßes Abbild der Gottheit auf Erden zu wandeln, im Grunde nicht nach seinem Sinn. Am Tag seiner Krönung zum Kaiser, im Dezember 1804, hatte er zum Minister Decrès gesagt, er sei zu spät auf die Welt gekommen, auf der es jetzt nichts Großes mehr zu erreichen gebe, und, als jener darauf remonstrierte, hinzugefügt: „Ich gebe zu, meine Karriere ist glänzend und ich habe einen schönen Weg gemacht. Aber welcher Unterschied gegen die alten Zeiten! Nehmen Sie nur Alexander den Großen. Nachdem er Asien erobert hat, erklärt er sich zum Sohne Jupiters, und der ganze Orient — seine Mutter Olympia, Aristoteles und einige athenische Pedanten ausgenommen — glaubt, daß er es sei. Nun, wenn ich mich heute so zum Sohn des ewigen Vaters erklären würde, es gäbe kein Fischweib, das mich nicht auspfiffe. Nein, die Völker sind zu sehr aufgeklärt; es bleibt nichts Großes mehr zu tun"[2]). Kurz, er war nicht zufrieden.

Niemand bekam dies deutlicher zu erfahren als Napoleons nächste Umgebung. Von der Kaiserin bis zum letzten Lakaien herab hatte der ganze Hof unter dem Ungenügen des Herrschers zu leiden. Josephine, die sich sehr wohl daran erinnerte, wie seinerzeit der junge General die Verbindung mit ihr als einen Glücksfall schätzte, war tief unter ihn herabgesunken und zitterte vor der Scheidung, von der ihr bald Napoleon die ersten Andeutungen machen wird. Nicht daß er die Trennung von der Lebensgefährtin, an die er gewöhnt war, herbeiwünschte; nur die Rücksicht auf die Vererbung seiner Krone

---

[1]) **L a n f r e y**, III., 457. **H a u s s o n v i l l e**, L'Église romaine et le premier Empire, II., 257 ff.

[2]) **M a r m o n t**, Mémoires, II., 242.

legte ihm den Gedanken näher als zuvor. Denn Ludwigs
Sohn, der kleine Napoleon, den der Kaiser einst zu adoptieren
gedachte, war während des Krieges gestorben, sein Brüderchen
nur ein Kind von zwei Jahren und von sehr zarter Konstitution[1]). Kurz zuvor hatte ihn die Geburt eines natürlichen
Sohnes davon überzeugt, daß die Kinderlosigkeit seiner Ehe
nicht ihm zur Last falle[2]), und außerdem hatte das Bündnis
mit Rußland ihm den Gedanken einer „standesgemäßen"
Verbindung, vielleicht mit dem Zarenhause selbst, nahe
gelegt. Seine Auffassung von der Familie und den starken
Banden der Verwandtschaft ließ ihn vermuten, daß er die
nordische Macht noch fester an seinen Willen knüpfen würde,
wenn es ihm gelänge, sich mit ihrem Hofe zu vereinen, und die
beiden Schwestern Alexanders I. gewannen vor den übrigen
mannbaren Prinzessinnen der europäischen Fürstenhöfe, die
er jetzt ins Auge zu fassen begann, den Vorzug. Diese Idee,
seine Macht einem Sohn zu hinterlassen, fand in dem Polizeiminister Fouché einen besonders warmen Vertreter. Der „reich-
gewordene Jakobiner", wie ihn Napoleon nannte, war jüngst
dem Kaiser, weil er ihm eine republikanische Verschwörung
des Generals Malet zu spät zur Kenntnis gebracht hatte, verdächtig geworden und trachtete nun mit allen Mitteln, den
üblen Eindruck zu verwischen und sich in seiner Stellung zu
erhalten. Als ein solches erschien ihm, einer neuen Ehe das
Wort zu reden. Es kümmerte ihn dabei wenig, daß er ehedem, als die Brüder Bonaparte unter dem Konsulat zur Scheidung drängten, warm für Josephine eingetreten war. Jetzt
fand er selbst für den Scheidungsgedanken mehr als ein Argument zur Begründung. Nur wenn der Kaiser das Empire
einem Sohn vererbe, werde die Wiederkehr des verderblichen
Regiments der Bourbons — verderblich namentlich für „reich-
gewordene Jakobiner" — illusorisch gemacht und England
zum Frieden bewogen werden, während sonst die Engländer
in ihrem Widerstand durch die Annahme bestärkt würden,

---

[1]) Der dritte Sohn der Königin Hortense, der spätere Kaiser
Napoleon III., war 1807 noch nicht geboren.

[2]) Am 13. Dezember 1806 hatte ihm Eleonore Revel, die geschiedene
Frau eines entlassenen Hauptmannes, eine Jugendfreundin seiner Schwester
Karoline, einen Knaben geboren, der auf den Namen Léon getauft wurde.
M a s s o n , Napoléon et les femmes, p. 169.

mit dem Imperator werde auch das Imperium verschwinden[1]). Unter solchen Umständen war es für Josephine nicht leicht, ihre Stellung zu behaupten. Sie war nun ganz Untertänigkeit und fügsame Ergebenheit, sprach den Kaiser, selbst im vertraulichen Beisammensein, nur mit „Majestät" an, duzte ihn seit langem nicht mehr, mied ängstlich jeden Anlaß, dem Gewaltigen unbequem zu werden, und blieb immer gleich graziös, gleich liebenswürdig, gleich unbedeutend. Sie gab dem ganzen Hof das Beispiel ängstlicher Beklommenheit, und charakteristisch ist es, wie sie sich vor der Heimkehr des Siegers fürchtete, „denn er werde wohl vieles zu tadeln wissen".

Und in der Tat, die Signatur des ganzen Hofes war Angst und Ehrfurcht. Seit dem Krieg von 1805 war Napoleon insofern ein anderer geworden, als er jetzt sorglich jede Familiarität mit irgendwem vermied, sich mit großem Zeremoniell umgab und, wenn er sich je zu einem vertraulichen Ton verleiten ließ, sofort durch ein paar dürre Worte von oben herab dessen Eindruck verwischte. Keiner der Brüder durfte sich in seiner Gegenwart setzen, keiner unangesprochen das Wort an ihn richten, keiner duzte ihn mehr. Oft beim Cercle waren weit über hundert Personen versammelt, von denen niemand zu sprechen wagte, sondern jeder stumm das Erscheinen der Majestät erharrte. War dann der Kaiser in übler Stimmung über die bösen englischen Blätter, die den „General Bonaparte" unsanft genug berührten, so bekam das der Hofstaat reichlich zu spüren. Er konnte da recht unmanierlich werden, z. B. einer Dame, die ihm ihren Namen genannt hatte, sagen: „Guter Gott, man hat mir doch erzählt, Sie seien hübsch", oder einem alten Herrn: „Sie haben ja im Grunde nicht mehr lange zu leben", u. dergl. m.[2]). So trat an die Stelle seiner melancholischen Träumerei in der Zeit des Konsulats jetzt fast durchwegs nur schlechte Laune, und es ward immer schwieriger, ihm zu dienen. Es war, als wollte er, gerade in dieser Zeit seiner größten Erfolge, mit seiner Miß-

---

[1]) M a d e l i n, Fouché, II., 60. Siehe unten S. 265 Napoleons Äußerung in Erfurt.

[2]) C h a p t a l, Souvenirs, p. 321 f. In Tilsit hatte er im Verkehr mit den beiden Monarchen seine beste Art herausgekehrt. Dennoch schrieb Friedrich Wilhelm III. über ihn: „Seine Haltung hat nichts Imposantes, es ist etwas stark Ignobles darin." (Il y a quelque chose de fort ignoble dans son maintien.) B a i l l e u, Verhandlungen, S. 41.

stimmung jeder Zumutung die Spitze abbrechen, sich mit der errungenen hohen Stellung, die er bereits in der Welt einnahm, zu bescheiden, dem Frieden allenfalls ein Opfer zu bringen und sich und der Nation Ruhe zu gewähren. „Er trug", erzählt Pasquier, „gewöhnlich nach großen Erfolgen eine sorgenvolle Miene zur Schau, als wollte er damit sagen, seine größten Pläne seien ja doch noch keineswegs ausgeführt und man möge ja nicht glauben, daß nichts mehr zu tun sei. Diese Wahrnehmung wurde stets von Jenen gemacht, die in seiner Nähe waren und ihn niemals weniger zugänglich fanden als dann, wo man hätte voraussetzen müssen, daß das Glück seine Seele den Empfindungen größerer Güte zugänglich gemacht habe"[1]). Als ihn einer seiner Minister zu dem Vertrag von Tilsit, der ihn zum Herrn von Europa mache, beglückwünschte, fuhr er ihn an: „Ihr seid auch wie der große Haufe. Herr werd' ich erst sein, wenn ich den Vertrag von Konstantinopel unterzeichnet haben werde, und der jetzige entfernt mich davon um ein Jahr"[2]). So wachte er eifersüchtig über dem letzten Ziel seines Ehrgeizes: die Ruhmesgröße eines Alexander zu gewinnen — worin im Grunde doch die Haupttriebfeder all seines Tuns bestand[3]).

Napoleon führte jetzt keineswegs eine regelmäßige Lebensweise. Manchmal behielt er die Räte einer Sitzung bis tief in den Abend hinein bei sich, ohne selbst im geringsten zu ermüden. Dann wieder kam es häufig vor, daß er sich des Nachts erhob, um entweder seinen Sekretären zu diktieren oder um stundenlang warme Bäder zu nehmen, an die ihn sein Leibarzt Corvisart gewöhnt hatte, in der Meinung, sie beruhigten ihn. Davon war aber kaum die Rede. Seine nervöse Reizbarkeit wuchs vielmehr stetig. Derselbe, der sich in den Mühsalen des Feldzuges wohl fühlte und in der Schlacht,

---

[1]) Mémoires, I., 308. Vergl. B a r a n t e, Souvenirs, I., 217: „Der Kaiser war immer nur milde und für jedermann entgegenkommend, wenn die Geschäfte schlecht gingen," mit der Äußerung Josephinens (bei R é m u s a t, Mémoires, III., 170): „Der Kaiser ist so glücklich, daß er gewiß viel zanken wird."

[2]) C h a p t a l, Souvenirs, p. 350.

[3]) Siehe die Aufzeichnungen M o l é s, eines der Lieblinge des Kaisers, in der „Revue de la Révolution", 1888, und Napoleons Unterredung mit B a r a n t e, 1812, in dessen Memoiren, I., 372. (Zitiert von B a i l l e u) Zur Geschichte Napoleons I., II., Hist. Zeitschr. N. F. Bd. 45, S. 59, 68.,

selbst in den kritischesten Augenblicken, nicht mit der
Wimper zuckte, konnte daheim über die kleinste Unbequem-
lichkeit außer sich geraten. Voll Ungeduld zerriß er so manches
Kleidungsstück, das ihn nur im mindesten beengte, und es
war eine besondere Verständigung unter den Dienern nötig,
ihm die Staatsgewänder an den Leib zu passen. Oft sah er
deshalb auch etwas salopp aus und machte jetzt, wo er seit
ein paar Jahren dick geworden war, in Gang und Haltung
keinen sehr majestätischen Eindruck.

Um so prächtiger entfaltete sich sein Hofstaat. Er hatte
bei seiner Heimkehr Fouché unter anderem darüber Vorwürfe
gemacht, daß er die aristokratischen Salons im Faubourg
Saint-Germain mit ihren oppositionellen Gesprächen und
Witzeleien nicht besser zu überwachen wisse. Fouché erklärte
darauf den Hochadeligen, sie könnten den Zorn des Mächtigen nur durch ihr Entgegenkommen entwaffnen, und in der
Tat ließ sich eine ganze Reihe von Trägern alter Namen, die
seit der Hinrichtung des jungen Condé frondiert hatten, bei
Hofe vorstellen, was diesem neuen Glanz verlieh. Und Napoleon hatte Geschmack daran gefunden, den Prunk seiner
Würde in festlichen Schaustellungen auszulegen. Es kamen
jetzt auch mehrere der Rheinbundfürsten nach Paris, sei es
um ihrem neuen Herrn persönlich zu huldigen oder um von
ihm eine neue Gunst zu erbetteln. Einer der beiden Mecklen-
burger meinte dies am sichersten zu erreichen, wenn er der
Kaiserin auffallend den Hof machte. Andere, wie der Kronprinz von Bayern und der Erbprinz von Baden, wohnten
regelmäßig den Staatsratssitzungen bei, wenn der Kaiser
präsidierte. Auch Dalberg kam, um die Ehe Jérômes mit
Katharina von Württemberg am 23. August 1807 einzusegnen
und für den Rheinbund eine Verfassung und ein Konkordat
mit Rom zu erlangen. Die letzteren Zwecke wurden nicht
erreicht. Für Napoleon bedeutete der Rheinbund nur eine
militärische Hilfskraft, und an ein Konkordat war bei der
Verwicklung mit Rom nicht zu denken. Dalberg soll vor den
übrigen deutschen Souveränen dadurch hervorgestochen haben,
daß man mit ihm ein anregendes Gespräch führen konnte.
Auch die Siegeshelfer des Kaisers, die Marschälle, waren der
Mehrzahl nach bei Hofe, hier aber nicht in Uniform, sondern
in Staatskleidern, nicht als Krieger, sondern als Kämmerlinge,

weil es Napoleon nicht liebte, an Stunden vertrauteren Verkehrs im Feld und an manches Opfer, das ihm dort gebracht worden war, erinnert zu werden. Er sprach auch mitunter nicht gerade rühmend von ihnen. Davout meinte er, „könnte er noch so viel Ruhm geben, er würde ihn doch nie zu tragen wissen", Ney habe „eine Anlage zu Undank und Aufruhr", Bessières, Oudinot, Victor galten ihm für „mittelmäßig". Außer Lannes fand nur noch Soult den Mut, ihm über militärische Dinge eine abweichende Meinung zu sagen. Die meisten anderen standen im Bann seiner mächtigen Persönlichkeit. Der brutale Vandamme gestand einmal, er fange zu zittern an, wenn er „diesem Teufel von einem Menschen" in die Nähe komme, Napoleon könne ihn durch ein Nadelöhr ins Feuer treiben.

Im Spätsommer 1807 war der Hof in Fontainebleau. Da gab es Theatervorstellungen der ersten Kräfte der Comédie française, Konzerte der besten italienischen Sänger, Bälle, Parforcejagden u. dergl. m. Aber viel Vergnügen war nicht dabei. Napoleon war auch hier, wie immer, von Geschäften erfüllt und meist recht schlecht gelaunt. „Wie bedauere ich Sie," sagte Talleyrand zu dem ersten Kammerherrn Rémusat, „denn Sie haben die Aufgabe, den Unamüsierbaren zu unterhalten." Und darunter litt der ganze Hofstaat. Die steifen, schweigsamen Cercles und die ewigen Tragödien — denn das Lustspiel war verpönt — erzeugten Langeweile und Ermüdung. Der Kaiser, dem das nicht entging, fragte seinen berühmten Diplomaten, was hiervon wohl der Grund sei, worauf Talleyrand zur Antwort gegeben haben will: „Das rührt daher, weil sich das Vergnügen nicht nach der Trommel bewegt und Sie aussehen, als wollten Sie zu jedem einzelnen sagen, wie Sie es bei der Armee tun: „Vorwärts, meine Herren und Damen, marsch!" Auch Talleyrand durfte übrigens nicht mehr wagen als Andere. Napoleon behauptete zwar, er sei der einzige Mensch, mit dem er reden könne, nur wünschte er um alles nicht, daß er für unentbehrlich gelte oder sich dafür hielte, denn es war ihm schließlich unangenehm geworden, daß man seinem Minister und nicht ihm selbst eine Anzahl seiner Erfolge anrechnete. Dazu kam, daß Talleyrand, dessen politische Überzeugung, die wir von 1805 her kennen, viel weniger für als gegen Rußland gestimmt war, jetzt, unter dem neuen Kurs, nicht gut eine offizielle Stellung

im Ministerium bekleiden konnte. Darum erfüllte Napoleon
nach dem Kriege gern seinen alten Wunsch nach einem Groß-
würdenamt, ernannte ihn zum Vizegroßwähler mit einem
reichen Einkommen, entzog ihm aber dafür das Portefeuille
des Äußern, das an Champagny, den bisherigen Minister des
Innern, fiel. Die Wahl dieses gefügigen Beamten sollte der
Welt zeigen, wie sehr der Kaiser sein eigener Minister war.
Damit hatte Talleyrand viel von seinem Einfluß und alle
Initiative eingebüßt: aber da Napoleon keineswegs auf die
Meinung des erfahrenen Mannes völlig verzichten wollte,
konnte man Diesen in Fontainebleau noch immer jeden Abend
mit seinem Klumpfuß in des Kaisers Kabinett hinken sehen,
wo er stundenlang verweilte.

Allerdings, die Zeit lieferte Stoff genug für ihre Er-
örterungen.

Mitten in die Feste von Fontainebleau hinein fiel eine
Nachricht, die alle Welt entsetzte und für Napoleon und seine
Pläne von ganz besonderer Wichtigkeit war: die Engländer
hatten das neutrale Dänemark mit einer Flotte und einem
Expeditionskorps überfallen, Kopenhagen drei Tage hindurch,
vom 2. bis 5. September 1807, bombardiert und fünfunddreißig
dänische Kriegsschiffe weggenommen. Solch einer brüsken und
raschen Tat hatte sich niemand von dem stets zögernden
Britannien versehen, auch Napoleon nicht. Allerdings ergab
sich, daß die englische Regierung aus Tilsit durch eine Indis-
kretion ungenaue Kenntnis erlangt hatte, man wolle Dänemark
in den Kontinentalbund nötigen und durch dessen Flotte die
britischen Schiffe von der Ostsee und vom Baltischen Meer
fernhalten. Diesem Schlag wollte nun das Ministerium in
London mit der Untat von Kopenhagen zuvorkommen. Denn
wenn jetzt auch der energische dänische Prinz-Regent Friedrich
(für den unfähig gewordenen Christian VII.) eine Allianz mit
Frankreich schloß — am 30. Oktober 1807 — so war doch die
Flotte dahin und die Passage durch den Sund den Briten
nicht mehr zu wehren.

Mit diesem Verhalten Englands war die eine große Frage,
die das Tilsiter Bündnis offen gelassen hatte, nahezu gelöst:
von einer friedlichen Verständigung zwischen Großbritannien

und dem von Napoleon beeinflußten Kontinent war nun kaum mehr die Rede. Rußland mußte auch bald nachher seine Mission, den Frieden zu vermitteln, als gescheitert erkennen, da das Torykabinett nur mit dem Wunsch geantwortet hatte, gerechtere und annehmbarere Bedingungen Frankreichs kennen zu lernen, und, dem Allianzvertrag gemäß, England den Krieg erklären. Das geschah am 7. November 1807. Nicht eben leichten Herzens hat sich der Zar dazu entschlossen, denn für sein Reich war der Verkehr mit dem Inselstaat, wie schon erwähnt wurde, eine Notwendigkeit. Der Ertrag Rußlands lag im Export der Erzeugnisse seiner reichen Felder und Wälder, den die Engländer vermittelten und auch am leichtesten und billigsten vermitteln konnten, während anderseits der Mangel an heimischer Industrie den russischen Konsum voraus an die britischen Fabrikate wies. Die zunächst betroffenen Kreise der Bevölkerung, in erster Linie der grundbesitzende Adel, dann die Kaufmannschaft, die Finanzleute, sahen sich wiederum, wie im Jahre 1801, von den größten Verlusten bedroht; die Armee, die früher selbst den Frieden gewünscht hatte, wollte doch nicht für den Ruin des Landes geblutet haben: kurz, die Opposition gegen die Einführung der Kontinentalsperre war eine fast allgemeine und äußerte sich hie und da mit bedenklicher Offenheit. Sie sollte späterhin nicht wenig zum Bruch mit Napoleon beitragen. Für jetzt allerdings hielt Alexander, der der Überzeugung lebte, es werde noch lange kein erfolgreicher Kampf mit dem Übermächtigen gewagt werden können, seinen absoluten Willen aufrecht, so wenig persönliches Zutrauen er auch innerlich dem großen Verbündeten entgegentrug[1]). Das Wesentlichste war ja doch für ihn, daß er in dieser Allianz das Mittel sah, in den Besitz der türkischen Donaufürstentümer Moldau und Walachei und des schwedischen Finnland zu gelangen. Erreichte er beides — und Napoleon hatte es ihm, wenn auch nur mündlich, zugesagt — dann konnte er mit diesen Erfolgen der Opposition immerhin wirksam begegnen.

Jedoch gerade hier gingen die Alliierten bald auseinander, nicht offenkundig wohl, aber insgeheim. Napoleon war durch

---

[1]) Im November 1807 hat er, als der preußische Gesandte Schoeler ihn vor allzu großem Vertrauen warnte, geantwortet, von Vertrauen zu Napoleon könne gar nicht die Rede sein.

seinen Gesandten Savary, den im Dezember 1807 der „Großbotschafter" Caulaincourt in Petersburg ablöste, und durch
Soult und Davout, die mit ihren Korps in Preußen und Polen
stehen geblieben waren, von der oppositionellen Strömung
in Rußland genau unterrichtet. Er wußte auch, und wußte
es aus eigener Erfahrung, wie plötzlich der Zar sich in eine
entgegengesetzte politische Richtung drängen ließ. Er durfte
also die Möglichkeit eines Systemwechsels an der Newa nicht
aus den Augen lassen. Wir kennen seinen Grundsatz, wonach
er seine Freunde stets so behandelte, als ob sie in jedem Augenblick seine Feinde werden könnten. Wie leicht konnte sich
nicht Rußland unter den vorwaltenden Umständen wieder
in einen Gegner verwandeln! Sollte er einem solchen Verbündeten zu größerer Macht verhelfen? Sollte er dem Zaren
wirklich die Donaufürstentümer verschaffen und ihm damit
den unmittelbarsten Einfluß auf die orientalischen Verhältnisse
einräumen, die er doch selbst und allein zu dirigieren wünschte
und im Interesse des französischen Nationalwohlstandes zu
dirigieren wünschen mußte[1])? Nein. Er hielt es sogar für
unerläßlich — auch wenn ihn nicht andere Gründe dazu bewogen hätten — seine Armee beobachtend an der russischen
Grenze stehen zu lassen und die Räumung Preußens durch
unerschwingliche Forderungen an diesen Staat hinauszuzögern[2]).
Und dazu kam noch ein anderes.

---

[1]) Ende Januar 1807 hatte Talleyrand an Hauterive geschrieben:
Frankreich wolle die Türkei ungeteilt, „damit Andere sich nicht aus ihren
Teilen verstärken und um dem französischen Handel im Süden die vor-
züglichste, ja einzige Quelle seines Wohlstandes zu sichern". (D r i a u l t,
La politique orientale de Napoléon I., p. 384). Es wäre interessant, näher
zu erfahren, ob und welchen Eindruck das von Driault a. a. O., p. 378, mitgeteilte Memoire des ehemaligen türkischen Gesandtschaftssekretärs Codrika
aus dem Jahre 1806 auf Napoleon gemacht habe, worin die europäische
Türkei einem französischen oder süddeutschen Prinzen unter Napoleons
Garantie und Schutz zugeteilt werden, der Sultan als Beherrscher der
asiatischen Türkei und Khalife in Bagdad seinen Sitz nehmen, Ägypten,
„der Stapelplatz alles Handels zwischen Asien und Europa", an Frankreich
gebracht werden sollte.

[2]) In einer Konvention vom 12. Juli 1807 hatte sich der preußische
Unterhändler General Kalckreuth von dem französischen die Übereinkunft
abgewinnen lassen, daß Preußen zwar in gewissen Terminen und Etappen
geräumt werden solle, jedoch nur dann, wenn es die Kriegsschuld voll
bezahlt oder deren Bezahlung genügend garantiert haben würde. Da nun
diese Schuld im Auftrag Napoleons willkürlich mit über 150 Millionen

In der Türkei herrschte zwar jetzt, wie wir sahen, eine antifranzösische Stimmung vor; aber die Pforte hütete sich doch sorgfältig, mit Frankreich zu brechen, um nicht das gefürchtete Schicksal der Teilung selbst heraufzubeschwören. Freilich, wenn man offen gegen sie auftrat, dann blieb ihr wohl nichts anderes übrig, als sich mit England zu vergleichen, und dann öffnete sich dem britischen Handel, der doch von ganz Europa ferngehalten werden sollte, ein breiter Zugang, während sich für Napoleon das Ausfallstor nach Osten verschloß. Das durfte nicht geschehen; die Balkanhalbinsel mußte gänzlich unter seinen Einfluß kommen. Darum hatte er ja Korfu verlangt und ließ es jetzt in Eile befestigen, darum befahl er, sogleich nachdem die russische Kriegserklärung an England bekannt geworden war, seinem Marineminister, eine Flotte zusammenzustellen, mit der er nochmals Malta und Sizilien zu erobern gedachte, indes im Westen ein Angriff auf Gibraltar die Briten vom Mittelmeer gänzlich ausschließen sollte, darum erbat er vom Sultan Durchzug für seine Truppen von Dalmatien durch Albanien, darum auch vermehrte er das dalmatinische Korps: aber noch mehr der Türkei zuzumuten, war nicht möglich, ohne sie ins englische Lager zu treiben. Die Aufforderung, die Donaufürstentümer an den Erbfeind auszuliefern, hätte dies ohne Zweifel bewirkt. Deshalb kein Wort davon. Mochte Napoleon auch immerhin, wie Alexander später versicherte, in Tilsit selbst zuerst von den Donaufürstentümern zu reden begonnen haben, es war ja doch nur geschehen, um den Zar für sein antibritisches System zu gewinnen. Da mit dessen Kriegserklärung an Georg III. der Zweck erreicht war, wurde das Versprechen nicht weiter geachtet. Allerdings hatte sich Napoleon, dem Tilsiter Vertrage gemäß, auch um den Frieden zwischen Rußland und der Türkei bemüht, und schon am 29. August 1807 war unter seiner Vermittlung zu Slobosia ein Waffenstillstand unterzeichnet worden, aber von einer Abtretung der beiden Fürstentümer stand nichts darin, sondern nur, daß beide Teile, Russen und Türken, ihre Truppen daraus zurückziehen sollten. Die Folge war, daß Alexander seine Unterschrift verweigerte, seine Soldaten in den Fürstentümern stehen ließ und in Napoleon

Franken beziffert wurde, so war wenig Aussicht vorhanden, daß Friedrich Wilhelm III. jene Bedingung jemals erfüllen konnte.

drang, seine Zusage zu erfüllen. Da machte dieser zwei Züge
auf dem großen Schachbrett, die Rußland im Orient matt
setzen sollten.

Der erste bestand darin, daß er sich — natürlich unter
fortwährenden Beteuerungen seiner Freundschaft für den Zar
— zwar bereit erklärte, Rußland die Donauländer zu verschaffen, aber nur, wenn es ihm gestattete, das preußische
Schlesien zu annektieren; dann wäre er auch sofort bereit,
Preußen zu räumen. Wenn sonst aber der Zar seine Truppen
nicht aus der Walachei zurückzöge, würde auch er die seinigen
nicht aus Deutschland ziehen. Es war eine vortreffliche Posi-
sition, die sich da Napoleon ausgewählt hatte. Schlesien trennte
das bis zur Vernichtung reduzierte Preußen von Österreich,
dominierte Beide, überdies auch Warschau, und verschaffte so
Frankreich ein starkes Übergewicht in den osteuropäischen
Angelegenheiten und zugleich eine vortreffliche Angriffs-
stellung gegen Rußlands Flanke, wenn dieses je einmal seiner
Habsucht nach Süden folgen sollte. Napoleon hatte natürlich
nicht angenommen, daß Alexander hierauf eingehen werde,
denn Dieser konnte, da er eben erst in Paris durch seinen Gesandten Tolstoi die Forderung hatte stellen lassen, endlich
dem Preußenkönig sein Land zurückzugeben, nicht gut in
demselben Augenblick den Freund und Schützling um sein
Eigen bringen helfen. Der Zar lehnte ab und ließ seine Divisionen an der Donau stehen, worauf Napoleon in Konstantinopel auf seine guten Dienste und auf die bösen Russen verweisen konnte, die den Frieden nicht wollten, und damit erreichte, daß die Türken den Engländern wirklich ihre Häfen
verschlossen hielten. Die französischen Divisionen blieben nun
in Preußen stehen, und da Rußland dies als andauernde Bedrohung empfand, wurde Tolstoi nicht müde, seine Forderung
zu wiederholen und zugleich die Garantie der Donaufürstentümer für den Zaren zu verlangen; Frankreich könnte sich ja,
meinte man in Petersburg, seine Kompensation ebenfalls
auf türkischem Boden nehmen, etwa in Albanien. Aber darauf
ging nun wieder Napoleon nicht ein, denn das wäre ja der
Beginn der Teilung gewesen, mit der er doch nur den Zar
hinzuhalten gedachte, wenigstens so lange, bis der Krieg mit
England beendet war.

Der zweite Schachzug gegen Alexander war der folgende.

Gustav IV. von Schweden war teils aus Furcht, das Schicksal Dänemarks zu erfahren, teils aus persönlicher Abneigung gegen Bonaparte und sein System, bei seinem Bündnis mit England verblieben, worauf Napoleon an jenen Artikel der Allianz erinnerte, der diesen Fall vorgesehen hatte, und in Alexander drang, seinem Schwager — das war der König von Schweden — den Krieg zu erklären und sich die Provinz Finnland zu erobern; Bernadotte mit einem Armeekorps in Holstein sei schon dazu bestimmt, dabei mitzuwirken. Ja, in einem Briefe vom 2. Februar 1808 ermutigte er sogar den Zar, die russische Grenze gegen Schweden hin so weit zu stecken, als es ihm immer beliebe; er werde ihm dabei alle nur mögliche Unterstützung bieten, da ihn „der Wunsch nach Rußlands Ruhm, Glück und Größe (extension) beseele". Der Zar, dem allerdings die Donaufürstentümer näher am Herzen lagen als Finnland, ging, schon um auf einen Erfolg des neuen Systems verweisen zu können, dennoch darauf ein, und während sein Minister noch in Petersburg den Gesandten Schwedens in Sicherheit wiegte, überschritten plötzlich seine Truppen in der letzten Februarwoche 1808 die finnische Grenze. Er hatte sich offenbar, und namentlich im Hinblick auf den versprochenen Beistand Frankreichs, die Expedition sehr leicht gedacht und seine Truppen an der Donau nicht reduziert. Es kam aber anders. Die Schweden, unterstützt von den Engländern, leisteten erfolgreichen Widerstand, das Unternehmen erwies sich schwierig, der Zar mußte das Expeditionsheer vermehren, und da er Polen — wegen der Franzosen in Preußen — nicht von Soldaten entblößen durfte, sah er sich genötigt, die Verstärkungen nun doch aus den Donaufürstentümern heranzuziehen, d. h. auf deren Eroberung fürs erste zu verzichten. Das wäre freilich nicht nötig gewesen, wenn Bernadotte wirklich eingegriffen hätte. Aber er tat es nicht. Denn es war eben Napoleons Absicht, Alexander so tief in das finnische Unternehmen zu verwickeln, daß er das türkische vernachlässigen mußte. „Frankreich" — beklagte sich der Zar Caulaincourt gegenüber — „hat sich doch verpflichtet, die Anstrengungen Rußlands gegen Schweden wirksam zu unterstützen. Warum hat Marschall Bernadotte plötzlich in seinem Vormarsch innegehalten?" Der Botschafter erwiderte mit dem Hinweis auf die Schwierigkeiten, über den Belt nach

Schonen zu gelangen. Das war nicht die wahre Antwort.
Diese hätte der Zar in einem Brief Napoleons an Talleyrand
vom 25. April 1808 lesen können, wo es heißt: „Ich konnte
doch meine Soldaten nicht so leichthin nach Schweden
werfen; das ist nicht der Ort, wo es etwas für mich zu holen
gibt", oder in einem Schreiben an Caulaincourt, der harte
Vorwürfe zu hören bekommt, weil er dem Zaren gute militärische Ratschläge für den Krieg mit Schweden gegeben
hatte[1]). Dagegen wurden in Polen und in Preußen die französischen Divisionen konzentriert und bei Modlin der strategische Punkt des Einflusses des Bug in die Weichsel stark befestigt — für alle Fälle, denn die Unzufriedenheit im Lande
des Alliierten stieg mit jedem Tag, und wer weiß, was
geschah.

Dieses Verhalten Napoleons gegen Rußland muß man
im Auge behalten, wenn man sich sein gleichzeitiges Vorgehen
gegen die übrigen Staaten Europas richtig vergegenwärtigen
will. Daß unter solchen Umständen Preußen und Österreich
nicht dem Bannkreis seiner Macht entfliehen konnten, ist nur
selbstverständlich, denn die ewige Okkupation Nordostdeutsch-
lands hielt ja nicht nur Rußland im Schach, sondern bedrohte
und beengte auch die Politik der Mittelmächte. Kaum hatte
Alexander I. sein Manifest gegen England erlassen, so mußte
auch der preußische Hof in Memel am 29. November 1807
seinen Gesandten aus Rußland abberufen. Im Februar 1808
aber erklärte Napoleon in Paris dem Bruder Friedrich Wilhelms,
der dort einen Nachlaß der Kontribution erwirken sollte,
gerade heraus: die Frage der Räumung Preußens habe ihren
Platz unter den großen Kombinationen der allgemeinen Politik,
sie sei gar keine Geldfrage — was so viel bedeutete, als daß der
König, selbst wenn er alle französischen Forderungen erfüllte,
die französische Invasion doch nicht los würde. Sehr richtig
hieß es in den Berichten des preußischen Geschäftsträgers
Brockhausen, er vermute, daß der französische Hof zu der
Fortdauer seines Einflusses in Rußland kein unbedingtes Vertrauen habe, die Furcht hege, die gegnerischen Parteien
könnten in Petersburg einen Systemwechsel herbeiführen,

---

[1]) Correspondance, XVII., 13778. V a n d a l, Napoléon et Alexandre I., I. 331.

und deshalb dahin trachte, die Okkupation Preußens zu verlängern[1]).

Mit Österreich ging Napoleon etwas weniger hurtig zu Werke. Dieser Staat hatte in den letzten zwei Jahren an der Reform seines Heeres gearbeitet und es, trotz der schlechten Finanzen, nicht verringert. Man mußte deshalb größere Rücksicht auf ihn nehmen. Es war darum auch mehr als eine bloße Formsache, wenn Napoleon dem Wiener Hof nahelegte, er solle in England den Frieden zu vermitteln suchen, die Rückgabe der dänischen Flotte fordern und, wenn dies verweigert würde, seinen Gesandten abberufen. Im Grunde war es ein Befehl, dem sich die Donaumacht, von einer franko-russischen Allianz bedrängt und von einer französischen Armee im Norden bedroht, nicht entziehen konnte. Graf Starhemberg brachte denn auch im November 1807 in London sein Anliegen vor, worauf sich die Engländer zu Unterhandlungen bereit erklärten, wenn Napoleon eine entsprechende Grundlage dafür vorschlagen wollte. Aber es kam nicht dazu. Am 11. November hatte die britische Regierung das Blockadedekret Napoleons damit beantwortet, daß sie alle nicht französischen Schiffe verhielt, sich in London oder Malta die Erlaubnis zum Anlaufen blockierter Häfen zu erkaufen. Darauf bedrohte Napoleon alle Fahrzeuge, die sich dieser Maßregel fügten, mit der Konfiskation in französischen Seeplätzen (23. November) und erklärte auch die, die sich einer britischen Visitation unterwerfen würden, als gute Prise (17. Dezember 1807). Alle aus England einlangenden Briefe hatte er schon früher zur Vernichtung verurteilt. Das war nicht die Atmosphäre, in der der Friede gedieh. Und als am 1. Januar Starhemberg forderte, man solle Unterhändler nach Paris schicken, weigerte man sich in London dessen, wünschte einen anderen Verhandlungsort und die Mitteilung einer Basis. Kurz vorher hatte der König die Kriegserklärung Rußlands mit einer Botschaft erwidert, die Napoleons Härte gegen Preußen scharf verurteilte, was dann wieder einen journalistischen Ausfall des Franzosenkaisers im „Moniteur" zur Folge hatte, wo die englische Nation der Schwäche und ihre Minister feiger Freibeuterei beschuldigt wurden. Kurz, die Vermittlung Österreichs scheiterte, wie sie mußte. Starhemberg verlangte seine Pässe, und nur im

---

[1]) H a s s e l, Preuß. Politik, 1807—1815, I., 450 u. 110.

tiefsten Geheimnis vertraute er der Regierung Georgs III. an,
daß man ihr in Wien trotzdem ergeben bleibe. Napoleon aber
trug den Vorteil davon, daß er die Donaumacht von England
getrennt hatte, ohne dessen Subsidien der arme Staat wenig
Kraft zu entfalten vermochte. Ein Glück noch, daß die
Franzosen sich im Oktober herbeigelassen hatten, endlich
Braunau zu räumen, wofür sie dann freilich bei der Grenzregulierung gegen Italien sehr zum Nachteil Österreichs ver-
fuhren[1]). Wenn man neben alledem von französischen Eröffnungen in Wien über eine Teilung der Türkei hört, an der
Österreich sich beteiligen sollte, hört, wie Erzherzog Karl
und der Minister Stadion auch wirklich schon auf Napoleons
Anregung ein recht großes Stück mit Bosnien, Serbien, etwas
Bulgarien und eine Verbindung nach Salonichi ins Auge faßten,
und damit Napoleons Haltung gegen Rußland vergleicht, so
kann man sich kaum eines Lächelns erwehren, wie doch
immer wieder die lockenden Manöver des Korsen gläubige
Gemüter gefunden haben. Es hätten ganz merkwürdige Ereignisse eintreten müssen, die ihn gezwungen hätten, doch
mit Rußland zu teilen; für diesen Fall allerdings mag es ihm
ernst damit gewesen sein, Österreich einiges zu überlassen,
damit die nordische Macht nicht allzu stark werde[2]). Jetzt
hatte das türkische Projekt für die Donaumacht nur den
praktischen Wert, daß sie unter einem geeigneten Vorwand
rüsten konnte — für alle Fälle.

Wie im Osten, so waren auch im Westen und im Süden
die Konsequenzen des Blockadedekrets und des Tilsiter Abkommens gezogen worden. Wie man mit Portugal verfuhr,
und wie mit Spanien, wird später erzählt werden. Hier sei
nur vorweg erwähnt, daß auch auf der ganzen Iberischen
Halbinsel Ende 1807 der Kaiser der Franzosen die Politik

---

[1]) Siehe den Vertrag hierüber bei De Clercq, II., 228 f.

[2]) Siehe das die Teilung widerratende Memoire Hauterives bei Driault,
p. 386, wo namentlich der Ton auf folgendem liegt: „Durch die Teilung
der Türkei wird Rußland notwendigerweise zur Seemacht; es bekommt
Flotten, eine ausgedehnte Küste, Seestädte, Häfen, Rheden und etwa
150.000 geborene Matrosen." Die Rückwirkung auf den französischen Handel
ergäbe sich dann von selbst. Müßte man aber teilen, so wäre Österreich
hinzuzuziehen, um einen Damm nach Osten abzugeben. Im ganzen aber wäre
die Teilung nur als Problem festzuhalten, ein Akt der Drohung England
gegenüber, um es zum Frieden zu bewegen.

dominierte. Konnte aber Napoleon den Großmächten seinen Willen derart auferlegen, wie viel entschiedener und rücksichtsloser den kleineren Staaten, die an Widerstand nicht denken durften. Zunächst in Italien. Hier hatten die englischen Waren im toskanischen Hafen von Livorno einen Zufluchtsort gefunden. Sie kamen unter amerikanischer Flagge an, wurden aufgestapelt und mitunter nordwärts bis nach Leipzig verhandelt. Die Königin-Witwe von Etrurien, die — unklug genug — sich mit antifranzösischen Elementen umgab, erklärte, die neutrale Flagge nicht abweisen zu können. Darauf ließ Napoleon Ende August 1807 6000 Mann unter dem General Miollis dort einrücken und alle englischen Waren im Lande konfiszieren, der Fürstin aber bald darauf ankündigen, daß sie ihr Land an Frankreich abzutreten habe und dafür anderwärts eine mit Spanien bereits verabredete Entschädigung finden werde[1]). Im Dezember besetzten die Franzosen Florenz. Am 30. Mai 1808 ward Toskana — gleich Korsika, Piemont und Elba — als Bestandteil Frankreichs erklärt und in drei Departements aufgeteilt.

Jetzt gab es in Italien nur noch einen einzigen kleinen Staat, der noch dem System Napoleons trotzte: es war der des Papstes. Er lag an zwei Meeren und konnte, wenn das Kontinentalsystem durchgeführt werden sollte, davon nicht ausgenommen bleiben. Wir kennen bereits die Spannung zwischen Papst und Kaiser vor dem letzten Krieg. Während dessen hatte sich dann der französische Gesandte Alquier eifrig bemüht, den Heiligen Vater zur Anerkennung Josephs als König von Neapel und zum Eintritt in das, was man die „italienische Föderation" nannte, unter Napoleons Oberhoheit, zu bewegen. Jedoch ohne Erfolg. Der Papst wollte Joseph nur unter der Bedingung seiner eigenen Unabhängigkeit und Neutralität anerkennen, d. h. in die England feindliche Liga nicht eintreten. Auf diese Weigerung hin hat dann Napoleon von Dresden aus am 22. Juli 1807 an Eugen Beauharnais einen Brief geschrieben, der Pius VII. vorgelegt werden sollte. „Der gegenwärtige Papst", hieß es darin auf echt napoleonisch, „ist zu mächtig. Die Priester sind nicht gemacht, um zu regieren. Warum will er dem Kaiser nicht geben, was des Kaisers ist?... Wenn man nicht aufhört, meine Staaten

---

[1]) Siehe unten.

zu beunruhigen, ist vielleicht die Zeit nicht mehr fern, wo ich
den Papst nur noch als Bischof von Rom und als gleichgestellt
mit den übrigen Bischöfen meiner Staaten anerkennen werde.
Ich werde mich dann nicht scheuen, die Kirchen von Gallien,
Deutschland, Italien und Polen in einem Konzil zu versammeln
und mich ohne Papst zu behelfen"[1]). Von praktischerer Bedeutung war eine Instruktion, die an demselben Tag an den
Gesandten in Rom gerichtet wurde: er solle vom Heiligen
Vater die Aufnahme von vierundzwanzig Franzosen ins
Kardinalkollegium fordern und für Caprara in Paris Vollmacht zu einem Vertrag über die schwebenden Streitfragen.
Beides wurde abgelehnt. Dagegen sandte die Kurie den gleichfalls von Frankreich nominierten Kardinal Bayanne zu Napoleon, um den Gewaltigen zu beschwichtigen und allenfalls
zuzugestehen, was man vor Jahresfrist verweigert hatte:
die Krönung zum Kaiser des Abendlandes, jedoch keineswegs
die Vermehrung der Kardinäle und den Eintritt in die Föderation. Und doch war es Napoleon, dessen Mittelmeerpläne
wir kennen, gerade darum zu tun. „Was dem Kaiser der
Franzosen vor allem wichtig ist" — heißt es in einem Brief
des Ministers Champagny an Caprara, dem man das Diktat
Napoleons von weitem anmerkt — „das ist, daß der weltliche
Souverän von Rom mit Frankreich gehe, seinen Interessen
und seiner Politik nicht fremd bleibe. Das Interesse der
Humanität, die Stimme von sechzig Millionen Menschen
ruft ihm zu: Zwing England, im Frieden mit uns zu leben,
uns unsere Häfen, unsere Küsten, unsere Schiffe, unsere
maritimen und kommerziellen Verbindungen wiederzugeben.
Wenn nun der Papst allein auf dem Kontinent den Engländern
anhängen wollte, wäre es da nicht die Pflicht des Reichsober-
hauptes (chef de l'empire), diese Gruppe seiner Krongüter
(cette partie de ses domaines), die sich durch seine Politik
vom Reich entfernte, unverzüglich wieder damit zu vereinigen
und die Schenkung Karls des Großen zurückzunehmen, die
man als Waffe gegen seinen Nachfolger gebraucht? Doch
würde sich der Kaiser auch dann damit begnügen, nur die
drei päpstlichen Legationen von Urbino, Macerata und Ancona
seinem Reich einzuverleiben, die ihm unentbehrlich sind, um
Oberitalien mit Neapel zu verbinden." Und an diese Haupt-

---

[1]) Corresp., XV., 12942.

forderung schlossen sich weitere: Abschaffung der Mönche aus
Italien, Vermehrung der französischen Kardinäle, Einbeziehung
Venezians in das italienische Konkordat[1]).

All das machte in Rom den peinlichsten Eindruck. Hatte
doch Pius vor drei Jahren den weiten Weg nach Paris zurückgelegt und sich dort in den Augen der katholischen Welt
sogar ein bißchen diskreditiert, um die früher eingebüßten
Territorien von Bologna, Ferrara und Romagna wiederzu-
erlangen, und nun sollte abermals Gebiet verloren gehen und
gerade der an Erträgnis reichste Teil des Staates. Trotzdem
drangen die Kardinäle — es waren dieselben, die aus Rücksicht auf ihre Einkünfte ehedem zur Krönungsreise geraten
hatten — jetzt aus dem gleichen Grunde in Pius, nachzugeben,
und er tat es wirklich und erklärte sich bereit, mit Frankreich
gemeinsame Sache gegen England zu machen und französische Garnisonen in Ancona und Civita vecchia aufzunehmen. Aber Napoleon mochte solche Nachgiebigkeit besorgt haben. Er kam ihr zuvor. Ohne die Entscheidung der
Kurie erst abzuwarten, befahl er dem General Lemarrois
Ende Dezember 1807, unverweilt in die genannten drei Gebiete einzurücken, indes er in Paris den Kardinal Bayanne
bewog, einen Vertrag zu unterzeichnen, worin alle seine Forderungen, unter anderen auch die, daß in Hinkunft das Kar-
dinalskollegium zu einem Drittel aus Franzosen bestehen
sollte, gutgeheißen wurden. Die Absicht dabei war, den Papst
aus der Willfährigkeit in den Widerstand zu treiben, um den
g a n z e n Kirchenstaat zu erlangen. Sie ward erreicht. Pius,
durch die rücksichtslose Okkupation seiner Ostprovinzen
aufs tiefste verletzt, verweigerte nicht nur die Ratifikation
jenes Vertrags, sondern wollte nun auch von einem Eintritt
in die Föderation gegen England nichts mehr wissen. Da war
Napoleon am Ziel. Er konnte jetzt mit einem Schein von
Recht den Papst der Welt als den Störer des großen Friedens-
werkes denunzieren, Grund genug, daß Charlemagne der
Zweite die Donation des Ersten zurücknahm. General Miollis
erhielt noch im Januar 1808 Befehl, Rom zu besetzen, und
marschierte am 2. Februar dort ein. Er wird alle nichtrömi-
schen Prälaten des Landes verweisen, die päpstlichen Bataillone
unter die französischen einreihen, die Nobelgarde des Heiligen

[1]) L e f e b v r e, Cabinets de l'Europe, IV., 276.

Vaters auflösen, die Verwaltung des Landes übernehmen. All das ist im April 1808 vollzogen und der Kirchenstaat so gut wie eine französische Provinz.

An demselben 2. Februar, an dem seine Truppen in der ewigen Stadt einmarschierten, richtete Napoleon an seinen Verbündeten im Osten, an Alexander I., jenen Brief, worin er ihn auf den Krieg mit Schweden verwies. Die Haltung Englands den letzten Ereignissen gegenüber hatte ihn dazu veranlaßt. Denn die Zusammenfassung des Widerstandes aller Kontinentalmächte wider Britannien hatte in London keineswegs den Eindruck hervorgerufen, den der Kaiser erwartet haben mochte, und wenn er gemeint hatte, das britische Kabinett werde sich dadurch und durch seine Dekrete zu Verhandlungen über den Frieden gezwungen sehen, so war das nicht der Fall gewesen. Im Gegenteil. Als im Januar 1808 das Parlament von England zusammentrat, ward es mit einer Thronrede begrüßt, die den festen Entschluß ausdrückte, den Kampf weiter zu führen. Man mochte in London nur zu gut unterrichtet sein von der oppositionellen Stimmung in Rußland, von dem Geiste der Empörung, der in Preußen, in Österreich immer mehr um sich griff, und davon, daß Schweden sogar bereit war, den Kampf mit Frankreich aufzunehmen. Aus diesem Auftreten Englands ergab sich aber für Napoleon die Notwendigkeit, den Zar nur noch fester an sich zu binden. Daher der Brief vom 2. Februar.

Er enthielt außer jener Aufforderung, sich schwedischen Staatsgebietes zu bemächtigen, noch andere weitausschauende Gedanken, in hochtönenden Worten vorgetragen, die auf den Schüler des Idealisten La Harpe Eindruck machen sollten. Die Engländer, hieß es darin, wollten den Krieg bis zum äußersten — was nebenbei ganz unrichtig war. Man könne also nur durch neue, groß angelegte Maßnahmen zum Frieden gelangen. „Eine Armee von 50.000 Mann, Franzosen, Russen, vielleicht auch etwas Österreicher, werden sich über Konstantinopel nach Asien werfen, und sind sie nur erst am Euphrat angelangt, so wird England dem Kontinent zu Füßen sinken. Ich stehe gerüstet in Dalmatien, Eure Majestät sind es an der Donau. Einen Monat, nachdem wir uns verständigt haben, kann die Armee am Bosporus versammelt sein; die Aktion wird sich bis Indien fühlbar machen, und England ist unter-

worfen. Ich versage mich keiner der vorläufigen Festsetzungen,
die zu so großem Zwecke nötig erscheinen, wofern das wechselseitige Interesse unserer Staaten damit ins Gleichgewicht
gesetzt ist. Das kann allerdings nur in einer persönlichen Begegnung mit Eurer Majestät geschehen oder nach unum-
wundenen Auseinandersetzungen zwischen Rumjantzow —
dem russischen Kanzler — und Caulaincourt und der Sendung
eines unserem System ergebenen Mannes nach Paris...
Alles kann vor Mitte März verbrieft und entschieden sein,
und am 1. Mai stehen unsere Truppen in Asien, die Ihrigen
in Stockholm. Dann bricht England, in Indien bedroht und
aus dem Orient verjagt, zusammen unter dem Gewicht von
Ereignissen, die alle Lüfte erfüllen. Eure Majestät und ich
hätten es freilich vorgezogen, den Frieden inmitten unserer
weiten Reiche zu genießen, nur beflissen, sie durch tüchtige
und wohltätige Verwaltung zu beleben und glücklich zu machen.
Die Feinde der Welt wollen es aber nicht, und so müssen wir
denn über unsere Absichten hinauswachsen. Klug und politisch
ist es immer, zu tun, was das Geschick befiehlt, und dorthin
zu gehen, wohin der unwiderstehliche Zug der Ereignisse uns
führt. Dann wird dieser Haufe von Pygmäen sich beugen,
der nicht sieht, daß man das Gleichnis der Gegenwart in der
fernen Geschichte suchen muß und nicht in den Zeitungs-
artikeln des verflossenen Jahrhunderts; er wird unseren
Winken folgen, und Rußlands Völker werden sich des Ruhmes,
des Reichtums und des Glückes freuen, die diese großen Begebenheiten für sie zur Folge haben. In diesen wenigen Zeilen
bringe ich Eurer Majestät meine ganze Seele zum Ausdruck. Das Werk von Tilsit wird die Geschicke der Welt bestimmen..."[1]).

Möglich, daß auf Alexander, dessen Wesen sich so merkwürdig aus hochsinnigem Idealismus und realistischer Berechnung, aus Tatendurst und Kleinmut zusammensetzte,
diese schwungvollen Sätze eine Wirkung übten. Jedenfalls
waren die Worte „Konstantinopel" und „Bosporus", die er
seit Tilsit nicht vernommen hatte, die geeignetsten dazu.
Damals hatte der große Sieger den Gedanken einer Besitzergreifung Stambuls weit weggewiesen, jetzt brachte er ihn
selbst aufs Tapet! Welcher Erfolg, wenn es dem Enkel Katha-

---

[1] Corresp., XVI., p. 498.

rinens gelang, den Traum der großen Kaiserin zu verwirklichen! Wie mußte dann alle Gegnerschaft verstummen,
und wie groß war dann der Zar! Alexander blieb an Napoleons
Seite, und insofern hatte Dieser seinen Zweck erreicht. Im
übrigen aber war es ihm mit all den schönen Worten wenig
ernst gewesen, und es macht auf den zeitlich entfernten Beobachter den Eindruck, als habe er jene kriegerische Absage
Englands, wenn nicht geradezu hervorgerufen, so doch als er-
wünschten Vorwand ergriffen, um sich des Zaren aufs neue
zu versichern. Freilich, sein Gesandter in Petersburg wird
jetzt in Besprechungen über das Ende der Türkei eintreten,
aber Endgültiges abmachen darf er nicht; das war der Entrevue
vorbehalten. Wann wird sie stattfinden? Wird sie es überhaupt? Und wenn, wird dann wirklich die Türkei geteilt
werden? In den Tagen, da in Petersburg der franzosenfreund-
liche Minister Rumjantzow und Caulaincourt beisammen
saßen, erhielt der französische Gesandte aus Paris die Weisung,
der Kaiser, der den Frieden auf dem Kontinent aufrechterhalten wolle, werde alles aufbieten, um den Wiederausbruch
des Kampfes zwischen Rußland und der Türkei zu verhindern[1]).
Und jetzt war es auch, wo Napoleon zu dem österreichischen
Bevollmächtigten in Paris, dem Grafen Metternich, sagte:
von der Teilung der Türkei sei noch keine Rede, sollte es aber
einmal dazu kommen, dann werde Österreich sicher die Vergrößerung Rußlands nicht gleichgültig mitansehen und der
Unterstützung Frankreichs bedürfen, dessen Interesse es sei,
in Österreich ein Gegengewicht gegen die russische Übermacht
im Orient zu erblicken[2]).

     Und war es mit dem indischen Projekt diesmal ernst?
Um Rußlands Kräfte, wenn möglich, in ein weit entlegenes
Abenteuer zu verwickeln und für die türkische Frage außer
Kurs zu setzen, dafür war die Sache gut, und es scheint auch,
als sei ihr Napoleon aus diesem Grunde jetzt näher getreten
als ehedem. Wir kennen seine Abmachung von Finckenstein
mit Persien, in der ein Artikel von Indien sprach. Auch in
den Instruktionen für Caulaincourt aus dem November 1807
war davon die Rede. „Man wird jetzt" — d. h. wo ganz
Europa gegen England steht — „an eine Expedition nach

---

[1]) **D r i a u l t**, La politique orientale de Napoléon I., p. 250.

[2]) **M e t t e r n i c h**, Nachgelassene Papiere, II., 159.

Indien denken können (on pourra songer); je mehr sie als
Chimäre erscheint, um so mehr wird sie, wirklich unter-
nommen — und was könnten Rußland und Frankreich nicht
unternehmen! — die Engländer in Angst versetzen. Vierzig-
tausend Franzosen, denen die Pforte den Durchmarsch durch
Konstantinopel gestatten würde, in Verbindung mit vierzigtausend Russen, die über den Kaukasus (also nicht über den
Bosporus?) herankommen, würden genügen, um in Asien
Schrecken zu verbreiten und es zu erobern. Unter den gleichen
Gesichtspunkten hat der Kaiser seinen Gesandten — es war
General Gardane — nach Persien geschickt"[1]. In den letzten
Januartagen hatte er einen Bruder des Generals Decaen, der
die Isle de France besetzt hatte, bei sich empfangen, und es
mag sein, daß dessen Mitteilungen, die das indische Unternehmen, namentlich zur See, als nicht schwierig darstellten,
ihn in seinen Vorstellungen bestärkten. Wir hören, daß er
dem Offizier, der des Kaisers Einwendungen mit Eifer be-
richtigte, wiederholt mit beiden Händen das Antlitz liebkoste
und dabei helle Freude verriet[2]. Auch Absichten auf Algier
und Tunis entwickelte er jetzt. Er hatte damals, als Ägypten
verloren ging, diese Länder als Ersatz ins Auge gefaßt[3].
Daß er aber auch jetzt noch an die Wiedereroberung Ägyptens
dachte, die stets im Zusammenhang mit den Plänen auf
Indien gestanden hatte, war wenigstens für den aufmerksamen
Metternich nicht zweifelhaft: „Ägypten", schreibt er am
18. Jänner 1808 nach Hause, „ist für Napoleon ein alter
Lehrsatz, den er zu verteidigen hat"[4]. Und so war es auch.
Der Kaiser dachte in der Tat an eine Expedition nach Abukir
mit 6000 Mann. Nur müsse man, meinte er, vorher in Toulon
vierzehn Kriegsschiffe beisammen und die Engländer durch
Bedrohung Irlands und unterschiedliche maritime Unter-
nehmungen, die von der Ozeanküste auszugehen hätten, aus dem
Mittelmeer möglichst hinausgenötigt haben. Das könnte etwa
Mitte September geschehen sein und dann die Sache gewagt
werden. So schrieb Napoleon am 26. Mai an den Marineminister.

---

[1] V a n d a l, Napoléon I. et Alexandre I., 512.

[2] S. P r e n t o u t, L'île de France sous Decaen, p. 466 ff.

[3] An Decrès, 18. April 1808. C o r r e s p., XVII., 13.760. Vergl. dazu
M é n e v a l, Mémoires, I., 196.

[4] M e t t e r n i c h, Nachgelassene Papiere, II., 153.

Als er diese Pläne entwickelte, befand sich der Kaiser in Bayonne. Was ihn dorthin geführt hatte, war ein politisches Geschäft von der einschneidendsten welthistorischen Bedeutung, das vorläufig alle anderen Entwürfe — sie mochten mit mehr oder weniger Ernst konzipiert worden sein — in den Hintergrund schob. Es betraf Spanien. In diesem Land hatten König Karl IV. in seiner Unfähigkeit, die Königin in ihrer Schande, das Volk in Mangel und Bedrängnis dahingelebt, regiert von dem Friedensfürsten, der sich der Hegemonie des Nachbarstaates willig unterordnete. Auf das Geheiß Napoleons war man mit England in den Krieg geraten, hatte seine Schiffe, seinen Handel, zum Teil seine Kolonien verloren, um seine Existenz zu retten, die sonst von Frankreich her gefährdet war und die man durch hohe Tribute an Geld und Truppen immer neu erkaufen mußte. Freilich, als Napoleon 1806 den Krieg gegen Preußen begann, da hatte es geschienen, als ob es der Madrider Hof an gewohnter Unterwürfigkeit fehlen lassen wollte. Damals bemühte sich der Gesandte Rußlands, Spanien für die Koalition zu gewinnen, drohten die Engländer, in die südamerikanischen Vasallenstaaten den Aufruhr zu tragen, wirkte das Beispiel des bourbonischen Ferdinand IV. von Neapel, der des spanischen Königs Bruder war, mit, die Scheu vor Napoleon zu erhöhen, und als man Diesen in den Kampf gegen die berühmte preußische Armee ziehen sah, begann man in Madrid, in der Hoffnung auf seine Niederlage, zu rüsten; ein voreiliges Manifest vom 5. Oktober sprach in dunkeln Worten von notwendig gewordenem Streit. Aber diese Urkunde war zur Unzeit in die Welt gegangen: wenig Tage nachher gewann Napoleon die Schlacht bei Jena, und die Kunde von dem glänzenden Sieg warf das ganze Widerstandsprojekt über den Haufen. Die Mobilisierung, die man dem französischen Gesandten als gegen Portugal gerichtet geschildert hatte, wurde unterbrochen, und der Mund des Friedensfürsten floß wieder über von Beteuerungen seiner Ergebenheit gegen Frankreich[1]).

Dem Geschäftsträger Napoleons war der wahre Sinn

---

[1]) In einer von ihm inspirierten Broschüre aus dem Jahre 1808 wollte Napoleon geltend machen, daß Spanien auch schon 1805 versucht habe gegen Frankreich zu intrigieren, doch ist hiervon keine andere Spur nachweislich. (Siehe unten die Beilagen S. 374.)

und Hergang der Dinge nicht zweifelhaft geblieben. Er berichtete darüber, und der Kaiser las die Depesche und das famose Manifest in Berlin just in einem Augenblick, wo er sich seinem Ziel, der Herrschaft seines Willens über den Kontinent, wesentlich näher gebracht hatte und eben im Begriffe stand, die letzten Schritte nach Osten zu tun, um es zu erreichen. Er soll, wie Augenzeugen wissen wollen, vor Erregung blaß geworden sein. Doch wußte er sie zu bekämpfen. Er ließ Spanien nichts davon merken, daß ihm — namentlich auch aus aufgefangenen Berichten des preußischen Gesandten in Madrid — der geplante Systemwechsel bekannt geworden sei, sondern nahm die erneuerten Versicherungen der Ergebenheit als bare Münze hin, die er bald hoch in Kurs setzte. Er forderte, daß von den ausgerüsteten Truppen ein Kontingent von etwa 14.000 Mann an die Elbemündung rücken solle, um gegen England zu fechten, forderte, daß das Blockadedekret durchgeführt, die spanische Flotte mit der französischen in Toulon vereinigt werde, und halste dem Madrider Hofe 25.000 gefangene Preußen zur Verpflegung auf. Hätte nun an der Spitze Spaniens eine starke und volkstümliche Regierung gestanden, sie hätte in diesem Augenblick England seine Häfen öffnen, sich gegen Frankreich erklären können. Die folgenden Jahre haben gezeigt, daß es gerade im Lande Karls IV. nicht an Widerstandskräften fehlte, und wer weiß, was nach den Ereignissen von Eylau die Wirkung eines solchen Abfalls gewesen wäre. Aber Spaniens Regierung war schwach und schlecht und nichts weniger als beliebt; Godoy und die sündhafte Königin waren geradezu verhaßt, und nur der Kronprinz Ferdinand erfreute sich der Sympathien des Volkes, schon weil Jene darauf sannen, ihn von der Thronfolge auszuschließen. Auf diese Differenzen zwischen Regierung und Bevölkerung und der Regierenden untereinander gründete Napoleon seine Absicht, Spanien fester an seine Gewalt zu knüpfen, einesteils, um, wenn er seine weitreichenden Unternehmungen nach Osten wirklich wagte, im Rücken Frankreichs völlig sicher zu sein, andernteils, um für sie auf Spaniens Mithilfe unbedingter rechnen zu können, als dies bisher möglich gewesen war. Nur die Frage des „Wie?" heischte Erwägung. Unter den verschiedenen Antworten darauf erschien Napoleon die radikalste als die richtigste. Seitdem er jenes

Manifest Godoys zu Gesicht bekommen hatte, mochte sein
Entschluß feststehen, auch hier den Bourbons den Thron zu
entziehen und ihn einem Mitglied s e i n e r Familie zu übergeben, ein Entschluß, den Talleyrand mit dem Hinweis auf
Ludwig XIV., der ebenfalls Spanien einen König seines Hauses
gegeben habe, vollends zur Reife gebracht haben mag[1]). Es
war ein krummer Weg, auf dem der Kaiser dieses Ziel erreichte.
Er führte zunächst über Portugal.

In Tilsit hatte man sich, was den Lissaboner Hof betraf,
dahin geeinigt, daß er zur Kriegserklärung gegen England
aufgefordert und, im Falle seiner Weigerung, als Feind behandelt werden solle. Hierzu nun sollte Spanien mitwirken.
Das hieß nicht wenig verlangt, denn der Kronprinz Johann
von Portugal, der für seine geisteskranke Mutter die Regierung führte, war der Schwiegersohn Karls IV.; dennoch
schloß sich der spanische Gesandte in Lissabon dem französischen an, als dieser dort die Schließung der Häfen, die Ausweisung des britischen Gesandten, ja sogar die Verhaftung
aller Engländer in Portugal und die Konfiskation ihrer Güter
verlangte. In der Antwort, die der portugiesische Minister —
im heimlichen Einvernehmen mit England — gab, ging er
zwar auf die Schließung der Häfen, nicht aber auf die Beschlagnahme der Waren und die Verhaftung der Fremden ein,
denen man übrigens unter der Hand den Wink gab, sich zu
entfernen. Damit unzufrieden, schritt Napoleon, der die
übertriebene Forderung nur gestellt hatte, um Opposition zu
erfahren, zur Tat. Am 30. September 1807 verließen die beiden
Gesandten, der französische mit dem spanischen, Lissabon,
am 18. Oktober rückten 20.000 Franzosen unter Junot über
die Grenze, um nach Portugal zu marschieren, und am 27. Oktober wurde zwischen Frankreich und Spanien in Fontainebleau ein geheimer Vertrag abgeschlossen über folgende
Punkte: Portugal wird erobert und in drei Teile aufgeteilt,

---

[1]) P a s q u i e r (Mémoires, I., 329) ist ein kaum anfechtbarer Zeuge
dafür, daß Talleyrand Napoleon in diesem Sinn beeinflußte. Er soll ihm
schon in Polen davon gesprochen haben. Daß der Gegenstand in Fontainebleau zwischen den beiden zur Sprache gekommen sein wird, ist wohl anzunehmen; Talleyrand mochte hoffen, durch neue Nahrung, die er dem Ehrgeiz seines Herrn lieferte, seine Stellung wieder zu befestigen. Er hat auch
dann wirklich die Stellvertretung des Vizekönigs Eugen als Staatserzkanzler
übertragen erhalten.

und zwar soll der nördliche, zwischen Duero und Minho gelegene, als Königreich Nordlusitanien der Königin von Etrurien
als Entschädigung für Toskana zufallen, der südliche, die
Provinzen Alemtejo und Algarbien, unter dem Titel eines
Fürstentums Algarbien an Godoy kommen, der mittlere bis
zum allgemeinen Frieden in Frankreichs Händen verbleiben.
Die portugiesischen Kolonien wollte man gleichfalls teilen, und
der König von Spanien sollte den Titel „Kaiser von Amerika"
erhalten. Bei diesem Vertrag, dessen Grundzüge Napoleon
bereits auf der Rückreise von Tilsit entworfen hatte, war der
Minister des Äußern, Champagny, absichtlich beiseite gelassen und Duroc zur Unterzeichnung befohlen worden;
auch Talleyrand erfuhr zunächst nichts davon. Daß der Vertrag
in Madrid ratifiziert wurde, dafür bürgte die Beteiligung
des Friedensfürsten, der den Gedanken seiner Versorgung auf
Portugals Kosten schon vor dem letzten Krieg einmal in Paris
vergeblich angeregt hatte. An demselben Tag, an dem dieser
Vertrag unterzeichnet wurde, ward auch der militärische Teil
des Unternehmens in einer besonderen Konvention geregelt:
Frankreich sollte mit 28.000 Mann, verstärkt durch 11.000
Spanier, durch Spanien gegen Lissabon rücken, indes 16.000
Mann spanischer Truppen Nord- und Südportugal besetzten.
Ein besonderer Artikel räumte Frankreich das Recht ein,
noch weitere 40.000 Mann bei Bayonne zu sammeln, die aber
erst, wenn die Engländer in Portugal landen sollten, und nachdem man sich aufs neue verständigt haben würde, einzugreifen
hätten[1]).

Prinz Johann hatte angesichts dieser Feindseligkeiten
einen Augenblick geschwankt, ob er nicht doch sich ganz und
gar Napoleon unterordnen sollte; da kam ihm aber der „Moniteur" vom 13. November 1807 zuvor, worin zu lesen stand:
„Der Regent von Portugal verliert den Thron. Der Fall des
Hauses Braganza ist ein neuer Beweis für den unvermeidlichen
Untergang derjenigen, die sich an England anschließen." Nun
war für Jenen kein Ausweg mehr als die Flucht, da das kleine
Land allein gegen Spanien und Frankreich nicht kämpfen
konnte. Die königliche Familie begab sich am 27. November
1807 zu Schiff, um nach Brasilien zu übersiedeln. Wenig Tage
später kam Junot mit einer Handvoll abgehetzter Truppen,

---

[1]) De Clercq, II., 235 f.

meist Rekruten, in der herrenlosen Stadt an, die an Widerstand nicht dachte, und bald nachher, im Dezember, fiel vom Kastell der Stadt das portugiesische Banner, um der Trikolore Platz zu machen.

Die geschichtliche Bedeutung des Vertrages von Fontainebleau liegt nicht so sehr in den politischen als in den militärischen Abmachungen. Die Truppen Spaniens werden nach Westen dirigiert, das heißt so viel als ein französisches Heer kann dann, ohne viel Widerstand zu finden, nach Madrid gelangen. Und das war in der Tat die Absicht Napoleons[1]). Daß er sie ausführte, lag zum Teil an den Verhältnissen am Madrider Hofe. Denn jetzt erreichten dort die inneren Zerwürfnisse den höchsten Grad. Der Kronprinz Ferdinand konspirierte gegen Godoy und seine Mutter, um sich an die Regierung zu bringen. Das Komplott wurde entdeckt und vom König ein Manifest über den Hochverrat seines Sohnes verkündet. Beide Parteien wandten sich an Napoleon, und der Prinz von Asturien unterstützte seine Bitte um Schutz gegen die Übergriffe des Günstlings seiner Eltern durch Werbung um die Hand einer bonapartischen Prinzessin. Nun hielt Napoleon den Moment für günstig, in Aktion zu treten. Er ermahnte Karl IV., die wichtige Expedition gegen Portugal doch nicht durch Palaststreitigkeiten aufzuhalten, und gab zugleich dem Überbringer seines Briefes geheime Instruktion, sich über die Stimmung im Lande, die Stärke der spanischen Festungen, die Streitkräfte und ihre Dislokation sorgfältig zu orientieren (13. November 1807[2])). Kurz nachher (6. Dezember) erhielt auch der General Dupont, der das zweite französische Expeditionskorps von 40.000 Mann kommandierte, Befehl, über die spanische Grenze bis Vittoria und Burgos vorzugehen, obgleich von einer Landung der Engländer noch keine Spur sich zeigte. Damals hielt sich Napoleon in Oberitalien auf. Dort, in Venedig, traf er in den ersten Dezembertagen mit seinem Bruder Joseph zusammen, dem er die

---

[1]) In der Marschordre vom 17. Oktober erhielt Junot den Auftrag, genaue Beschreibungen über alle Provinzen, die er passieren wird, über Beschaffenheit der Straßen und des Terrains zu liefern und durch die Genieoffiziere Croquis verfertigen zu lassen, denn es sei wichtig, diese Dinge zu haben. Corresp., XVI., 13267.

[2]) Corresp., XVI., 13354, 13355.

spanische Krone, allerdings nicht ohne die Einbuße des Landes nördlich vom Ebro, antrug. Joseph lehnte ab, und nun mag Napoleon dem Gedanken einer Familienverbindung mit Spanien nähergetreten sein[1]). Er wandte sich in Mantua an Lucian, an den er eine Annäherung suchte, und machte ihm die Eröffnung, unter Umständen seine älteste Tochter Charlotte aus erster Ehe dem Prinzen von Asturien zu vermählen, wenn er sich nur entschließen könnte, sich von seiner Gattin zu trennen; in diesem Fall würde er ihm das Königreich Portugal, ja, wenn er wolle, Spanien selbst anbieten. „Sehet Ihr es denn nicht in meine hohle Hand fallen, dank den Torheiten Eurer geliebten Bourbons und der Albernheit Eures Freundes, des Friedensfürsten?" Auch Lucian ging auf das letztere Ansinnen nicht ein, und nun erfolgte in Madrid, zugleich mit der Zustimmung zu dem Eheprojekt, das übrigens geheim bleiben sollte, der Vorschlag, spanisches Land bis zum Ebro an Frankreich abzutreten und dafür ganz Portugal zu nehmen.

Aber all das war doch nur ganz vag und episodisch. Das

---

[1]) Die Memoiren M i o t s von Melito, des Vertrauten Josephs, geben den Tag der Zusammenkunft der Brüder (2. Dezember) und den der Abreise Josephs von Neapel genau an. Nur irrt Miot, wenn er schon jetzt den König von Neapel das Anerbieten des Bruders annehmen läßt. M a s s o n will (Napoléon et sa famille, IV., 216) nicht in Abrede stellen, daß hier der Kaiser dem Bruder zwar von seinen Absichten gesprochen habe, meint aber, ein Anerbieten der Krone sei nicht erfolgt, ein solches habe erst im Februar stattgefunden. Napoleon habe damals nur eine Verheiratung seiner Nichte, der Tochter Lucians, mit Ferdinand von Spanien im Auge gehabt, wie die Mantuaner Zusammenkunft mit Lucian beweise. Diese Entrevue fand aber erst am 12. Dezember, zehn Tage nach der Venezianer statt, und es wäre denkbar, daß Napoleon erst durch Josephs Weigerung auf sie verfiel. Wenn er hier wirklich Lucian, wie dieser in seinen Memoiren (II., 113) erzählt, Spanien antrug, so hätte er dies sicher nicht getan, ohne vorerst an den älteren, vollberechtigten Bruder herangetreten zu sein, und wenn er Lucian gegenüber über Joseph ungünstig urteilte, so mögen eben dessen Einwendungen die Veranlassung dazu gewesen sein. S i e mögen auch die Absicht, die Bourbons zu entthronen, einstweilen in den Hintergrund gedrängt haben, nicht aber, wie R o l o f f (Preuß. Jahrb., 68. Bd., S. 493) gemeint hat, die Rücksicht auf England, das man nicht durch provozierende Schritte vom Frieden abbringen wollte. Die Okkupation Lissabons, die Einverleibung Livornos und Anconas, die neuen Blockadedekrete waren der provozierenden Schritte gerade genug. Und vollends die starken Truppennachschübe nach Spanien schon im November. Vergl. auch C o q u e l l e, Napoléon et l'Angleterre, p. 185 ff., über das Scheitern der österreichischen Vermittlung in London.

tatsächlich Wichtige war, daß vom November bis Januar an
50.000 Mann Franzosen in Spanien einrückten und bei Valladolid und Burgos Stellung nahmen. Im Februar erhielt Murat
den Oberbefehl mit der Weisung, sich der spanischen Festungen
im Norden nötigenfalls mit Gewalt zu bemächtigen. Niemand
wußte, was die fremden Truppen im Lande wollten; und auch
Murat wußte es nicht. Das spanische Volk nahm an, sie kämen,
um den Kronprinzen auf den Thron zu erheben und die verhaßte Regierung Godoys zu stürzen, und begrüßte sie deshalb
mit Freuden. Und Ferdinand selbst war dieser Meinung,
schon weil der französische Gesandte Beauharnais mit seiner
Partei Fühlung genommen hatte. Karl IV. hingegen erbat
sich in einem ängstlichen Brief Aufklärungen. Er wünschte,
daß der Vertrag wegen Portugals vom 27. Oktober und die
Absicht einer Familienverbindung veröffentlicht würden.
Napoleons Antwort log, die Truppen seien bestimmt, eine
Landung der Engländer zu verhüten und deshalb nach Cadix
zu marschieren; für die Verlautbarung jener Konvention
sei aber die Zeit noch nicht gekommen; auch nicht für die der
Heirat des Prinzen. Man sieht, alles wurde mit Absicht
in der Schwebe gehalten und der Geschichtschreiber ist in
Verlegenheit, die einzelnen Phasen dieser großen Intrigue klar
darzustellen. Einer war übrigens, der den Plan durchschaute:
Godoy; er riet zur Flucht nach Süden. Aber als man Anstalten dazu traf, glaubte das Volk, Godoy wolle damit den
von Napoleon beabsichtigten Systemwechsel unmöglich
machen, zog nach Aranjuez, wo der Hof weilte, demolierte
den Palast des Günstlings und nahm ihn gefangen. Der
König sah sich genötigt, seinen Minister zu entlassen und selbst
zu Gunsten seines Sohnes abzudanken, dessen Anhänger dem
Tumult nahegestanden hatten und von denen er sein Leben
bedroht glaubte. (17., 18. März 1808.)

		Das kam dem Kaiser nicht gelegen. Er hatte gehofft,
die königliche Familie werde sich, wie die portugiesische,
wirklich auf die Flucht begeben, was er dann — wie dort —
als Hinneigung zu England dargestellt haben würde. Nun
aber langte unmittelbar nachdem Murat in Madrid eingerückt
war, am 23. März 1808, unter dem Jubel des Volkes auch der
neue König Ferdinand VII. dort an, und für weitere Bevöl-
kerungskreise hatte es jetzt erst recht den Anschein, als ob

wirklich die Franzosen dem jungen Fürsten den Weg dahin
gebahnt hätten. Es gab kein Ende mit Hochrufen auf den
Gesandten. Das war fatal für Napoleons eigentliche Absicht,
die durch Murats ermunternde Berichte — das Land hänge dem
Kaiser durchaus an und stehe zu seiner Verfügung — nur noch
gefestigt worden war. Er sann jetzt darauf, wie er den jungen
Monarchen, den er übrigens noch nicht anerkannt hatte, von
seinem Volke trennen könnte. Zu diesem Zweck ward Savary
nach Madrid geschickt. Er hatte Ferdinand vorzustellen, daß
der Kaiser selbst nach Spanien kommen wolle und daß es
sich empfehlen würde, ihm entgegenzureisen und seine Anerkennung zu erbitten. Der junge König begab sich wirklich
zunächst nach Burgos, dann nach Vittoria, allerdings ohne
den Kaiser anzutreffen. Dagegen empfing er hier ein Schreiben
Napoleons, des Inhalts, Dieser müsse, bevor er seine Thronbesteigung gutheiße, zuerst in einer Besprechung mit ihm
ergründen, ob Karl IV. wirklich freiwillig oder nur gezwungen
abgedankt habe; diese Besprechung solle in Bayonne stattfinden. Als Lockmittel stand der Satz darin: „Die Heirat
einer französischen Prinzessin mit Eurer königlichen Hoheit
halte ich für die Interessen meiner Völker durchaus entsprechend und betrachte sie als eine Angelegenheit, die mich
aufs neue mit einem Herrscherhaus verbinden würde, mit
dem ich, seitdem ich den Thron bestieg, nur zufrieden sein
konnte"[1]. Manche warnende Stimme aus der Umgebung des
jungen Fürsten sprach gegen die Reise nach Frankreich; die
Bevölkerung von Vittoria wollte ihn gar nicht über die Grenze

---

[1] Corresp., XVII., 13750. Der Brief ist vom 16. April. Ein paar
Wochen vorher, am 27. März, hatte Napoleon bereits an seinen Bruder
Ludwig nach Holland geschrieben: „Überzeugt, daß ich mit England nur
dann zu einem festen Frieden gelange, wenn ich den Kontinent kräftig
belebe (en donnant un grand mouvement au continent), bin ich entschlossen,
einen französischen Prinzen auf den spanischen Thron zu setzen... Wenn
ich Sie nun zum König von Spanien machen würde, würden Sie annehmen?"
(Rocquain, Napoléon et le Roi Louis, p. 165.) Ludwig lehnte mit der
Motivierung ab, er habe nun einmal den Holländern seinen Eid geschworen.
Was Napoleon veranlaßt hatte, ihm Spanien anzubieten, war, daß nach
Paris die Kunde von dem ausgedehnten Schmuggel gedrungen war, den die
Engländer unter amerikanischer Flagge in Holland betrieben, so daß dem
Kaiser schon jetzt der Wunsch nahelag, dieses Land gänzlich Frankreich
einzuverleiben. (Siehe den Brief an den Finanzminister Gaudin vom
29. März 1808, Corresp., XVI., 13697.)

ziehen lassen. Aber was war zu tun? Ringsum lagerten
Franzosen, und die Einladung war ein Befehl. „In Vittoria",
erzählte später Savary, „glaubte ich einen Augenblick, mein
Gefangener werde mir entwischen; aber ich schaffte Ordnung,
indem ich ihn einschüchterte"[1]). Am 20. April langte Ferdinand
— in der Tat ein Gefangener — in Bayonne an, wohin der
Kaiser auch das Elternpaar und Godoy geladen hatte.

Wen wird es nun überraschen, zu hören, daß der Prinz
hier nicht fand, was er suchte? Napoleon versagte ihm nicht
nur seine Anerkennung, sondern forderte geradezu von ihm,
er möge die Krone seinem Vater zurückgeben, sicher, daß
Karl IV. — er hatte es wiederholt Murat zugeschworen —
nicht mehr Lust hatte, in ein Land zurückzukehren, das sein
Regiment verwünschte und wo ihn und den Friedensfürsten
die größten Widerwärtigkeiten erwarteten. Ferdinand versuchte es zuerst mit Weigern; als aber am 5. Mai die Kunde
von einem Aufstand in Madrid nach Bayonne drang, den
man auf seine Veranstaltung zurückführte, und als ihm Napoleon drohte, ihn als Rebellen zu behandeln, fügte er sich:
er erkannte Karl IV. als rechtmäßigen König an, und Dieser
legte sofort die Krone vertrauensvoll in des Kaisers Hände,
aus denen sie am 6. Juni 1808 Bruder Joseph entgegennahm[2]).

---

[1]) R é m u s a t, Mémoires, III., 381. Vergl. den Brief Napoleons an
Bessières (C o r r e s p., XVII., 13756): „Wenn der Prinz von Asturien
nach Bayonne kommt, gut; geht er nach Burgos zurück, so werden Sie ihn
verhaften lassen und nach Bayonne bringen."

[2]) Daß Joseph nicht ununterbrochen auf Napoleons Programm gestanden hatte, lag einmal an dessen erster Weigerung, dann auch an einer
persönlichen Verstimmung Napoleons gegen ihn, da er sich eine kleine
Abweichung von einem Befehl des Bruders erlaubt hatte, worauf ihn Dieser
am 25. März in den herbsten Ausdrücken zurechtwies. (D u C a s s e,
Supplément à la Correspondance de Napoléon I., p. 100.) Zwei Tage darauf
war das Anerbieten an Ludwig erfolgt. Nach M a s s o n s leider unkontrollier-
baren Versicherungen (Napoléon et sa famille, IV., 216) hätte ein anderes
Anerbieten an Joseph — nach seiner Meinung das erste — am 20. Februar
stattgefunden, das von ihm aus dem Grund abgelehnt worden sei, weil auch
er Nordspanien bis zum Ebro hätte abtreten und wegen der Kolonien Zugeständnisse machen sollen. Klar wird man in diesen Dingen erst sehen,
wenn die Familienkorrespondenz dieser Zeit allgemeiner bekannt geworden
sein wird, was Masson in Aussicht stellt. Siehe die Verträge vom 5. Mai
(Zession Karl IV. zugunsten Napoleons), vom 10. Mai (Verzicht Ferdinands
auf seine Thronansprüche), vom 5. Juli (Verzicht Napoleons zugunsten
Josephs) bei D e C l e r c q, II., 246 ff. Das kaiserliche Dekret vom 6. Juni

Napoleon war — mit listiger Tücke und brutaler Gewalt allerdings — ans Ziel gekommen; die Pyrenäische Halbinsel stand mittelbar unter seinem Zepter.

Es kam nur darauf an, ob sie es blieb. War dies der Fall, dann hatte sich wirklich der Ring gegen England geschlossen, und von den Säulen des Herkules bis an die Weichsel gehorchte der Kontinent seinen mehr oder minder kategorischen Befehlen, dann wagte vielleicht auch der Koloß im Osten nicht mehr, sich von ihm zu trennen, um seine eigene Bahn zu gehen, und die Zeit konnte kommen, da sich ein russisches Heer wirklich auf seinen Wink über die Grenzen des Weltteils hinaus bewegte, um fern in Asien für ihn den Untergang seines einzigen Feindes zu erstreiten[1]).

Das Schreiben an den Marineminister vom 26. Mai war unter dem Eindruck geschrieben, daß man der Iberischen Halbinsel völlig sicher sei. Und nun geht aus dem Schloß Maracq bei Bayonne Brief auf Brief an dieselbe Adresse, und jeder baut weiter an dem großen Plan, das Mittelmeer Frankreich zu unterwerfen und Rußland nach Asien zu verweisen. Es mochte ein Gefühl hoher Befriedigung über Napoleon kommen, das die eigenen Zweifel an der Moral seines Handelns weit zurückdrängte, wenn er die Erfolge des letzten Jahres übersah. Wie aber, wenn diese Erfolge sich nicht dauerbar erwiesen? wenn sich in seine Rechnung ein Faktor mengte, den er übersehen hatte? ein Moment, das er nicht schätzen und nicht wägen konnte, weil ihm das Maß dafür

---

(Proklamation Josephs zum König von Spanien) steht im „Moniteur". Es garantiert die Integrität der spanischen Länder. Siehe auch M u r a t, „Murat en Espagne", p. 409.

[1]) Unter den inspirierten Broschüren, die im Jahre 1808 erschienen, war eine, die den Titel führte: „Der Marsch der Franzosen nach Indien". Darin ist von der Expedition bereits als einer fest beschlossenen Sache die Rede: 30000 Russen und 30000 Franzosen seien bestimmt, von Persien unterstützt, von den unzufriedenen Nabobs begrüßt, die englische Herrschaft in Ostindien zu brechen. Ja, der Verfasser will sogar wissen, daß auch ein preußisches Kontingent sich beteiligen sollte. All das war allgemein bekannt oder sollte doch allgemein geglaubt werden und geglaubt auch, wenn es hieß, der heißbegehrte Weltfriede sei nur im siegreichen Kampf mit England zu gewinnen. Es war ein titanischer Gedanke, die mit der Weltherrschaft Napoleons unzufriedenen Elemente Europas in Asien zu beschäftigen, um unterdes den europäischen Völkern zu demonstrieren, daß dies für sie unumgänglich notwendig sei!

fehlte? Hätte er doch im Jahre 1795 das Kommando in der
Vendée angenommen! Er hätte dort den Kampfesmut eines
verletzten, getäuschten, zur Verzweiflung gebrachten Volkes
aus eigener Anschauung kennen gelernt und vielleicht nicht
den Fehler begangen, den er beging, als er in Spanien die
Stimmung der Nation mißachtete, indem er sie betrog; er hätte
dann vielleicht doch den jungen populären König an seine
Familie und an sein Interesse gefesselt, anstatt ihn vom Thron
zu stoßen[1]). Gewiß, Ferdinand war ein unwürdiger Charakter,
und Napoleons Absicht, Spaniens Ansehen und Kultur zu
heben, ein achtungswertes Problem; .aber das Entscheidende
war doch, daß der Wille eines Volkes von unberechenbarer
Kraft sich widersetzte. Der Kaiser, den man über diesen
Volkswillen lange Zeit schlecht unterrichtet hatte, sollte es
bald genug zu seinem Nachteil erfahren[2]).

Im Juli 1808 zog Joseph in Madrid ein. Neapel fiel an
Murat. Karl IV. ging mit Gattin und Günstling zunächst
nach Compiègne, dann nach Italien. Der junge Prinz, dem
Schloß und Gut von Navarra nebst einer Jahresrente zugesprochen worden waren, blieb vorläufig in Frankreich interniert; Talleyrand hatte ihn auf seinem Schloß Valençay
zu beherbergen. Der neue König brachte nach Spanien eine
neue Konstitution mit, die in Bayonne von Vertretern der
drei Stände beraten worden war, er brachte tüchtige Minister
mit und den vortrefflichsten Willen, das herabgekommene
Reich zu neuer Kraft und neuem Glanz zu erhöhen. Aber er
fand das Land im Aufruhr. Wenn es in Spanien auch kluge

---

[1]) Auf St. Helena sagte er später: „Ich habe mit dem Krieg gegen
Spanien einen großen Fehler gemacht. Ich hätte nur ein junges Mädchen
zu adoptieren und es Ferdinand zu geben brauchen, der mich immer aufs
neue darum anging." G o u r g a u d , Journal, I., 198.

[2]) Ein vielleicht auf St. Helena verfertigter Brief des Kaisers an Murat
vom 29. März 1808 (C o r r e s p., XVI., 13696) sucht diesem die Verantwortung für das spanische Unternehmen aufzuladen. Er beginnt mit den
Worten: „Ich fürchte, Sie haben mich über die Lage in Spanien getäuscht
und haben sich selbst getäuscht." An der Unechtheit des Dokuments ist
kein Zweifel, wenigstens soweit das Jahr 1808 in Frage kommt. Siehe
M u r a t , „Murat en Espagne", p. 141 ff. Nur ist Murat durchaus nicht über
den Verdacht erhaben, dem Kaiser die Lage absichtlich rosiger geschildert
zu haben, schon weil er das Königtum für sich selbst im Auge hatte. Seine
Briefe wiederholen immer wieder das: „Eure Majestät kann frei über das
Land verfügen" in Briefen voll untertänigster Schmeichelei.

Staatsmänner gab, die den Vorteil eines neuen geordneten
Regierungswesens für ihr Vaterland anerkannten und bereit
gewesen wären, ihm zu dienen, so stand ihrer Erwägung gebieterisch die gekränkte Leidenschaft von Millionen gegenüber, die die Überrumpelung durch die Fremden als eine
nationale Schmach empfanden, die gerächt werden müsse. Und
dazu kam, daß bei dem Volke, das die ungläubigen Mauren
und die ketzerische Reformation besiegt hatte, der religiöse
Stolz mit zum Patriotismus gehörte und daß der fremde
Machthaber derselbe war, der dem Papst den Thron geraubt
hatte. Kurz, die Nation „verweigerte den Verträgen von
Bayonne die Ratifikation", wie dies Napoleon selbst später
einmal aussprach, und griff zu den Waffen. Und mit Erfolg.
In Asturien hatte der Aufruhr begonnen und noch im Mai
mit rasender Schnelligkeit sich verbreitet. Boten gingen nach
England um Beistand und fanden williges Gehör. Überall
bildeten sich, meist unter der Führung der Mönche, Banden,
in vielen Städten entstanden Junten, d. i. Regierungsbehörden,
für Ferdinand VII., den man allein als König nannte und erkannte. Zwar drangen anfangs die französischen Truppen
durch, bald aber fanden sie Widerstand von seiten der „Banditen". Heldenhaft kämpfte die Bevölkerung Saragossas gegen
die Belagerer und zwang sie zur Rückkehr; in Valencia geschah dasselbe; und wenn auch Bessières bei Medina de Rio-
secco am 14. Juli in der Ebene siegte, so ging dafür in den
Bergen das ganze Korps Duponts, 17.000 Mann, verloren, da
es am 23. Juli bei Baylen sich ergeben mußte. Die Nachricht
von diesem Ereignis zog vollends ganz Spanien in die Insurrektion, so daß selbst der Ministerrat Josephs davon ergriffen wurde. Dieser auch fühlte sich in seiner Residenz
nicht mehr sicher und wandte sich Ende Juli nach Norden,
die ganze französische Armee hinter den Ebro zurückziehend.
Unterdessen war die verlangte englische Unterstützung unter
Wellesley in Portugal ans Land gegangen, wo am 30. August
Junot mit 9000 Mann bei Cintra — wenn auch aufs ehren-
vollste — kapitulierte. Und zu allem Überfluß fielen, auf die
Nachricht von der großen Revolution, auch die spanischen
Soldaten, die auf Fünen, Langeland und Jütland standen,
von ihrem französischen Führer ab und waren bald auf engli-
schen Schiffen auf dem Weg nach der Heimat.

Diese Nachrichten trafen Napoleon, der sich im Juli von Bayonne wegbegeben und nicht daran gezweifelt hatte, daß der Aufstand rasch bewältigt sein werde, aufs tiefste; die von Duponts Kapitulation brachte ihn außer sich vor Wut[1]), die Botschaft von Cintra dagegen schien ihn niederzudrücken, denn hier war geschehen, was ihn am meisten schmerzte: die Engländer waren wieder Herren von Portugal, der Kordon war zerrissen. Sollte dieser Schaden ausgebessert werden, so mußten stärkere Kräfte als bisher in Spanien zur Wirksamkeit gelangen, mußte die „Große Armee" — wenn nicht ganz, so doch zum Teil — aus Deutschland herbeigezogen werden. Das hieß aber so viel als nicht nur alle die hochfliegenden Orientpläne, sondern auch die dominierende Position aufgeben, durch die ein Jahr hindurch drei Großmächte, Rußland, Preußen und Österreich, im Schach gehalten worden waren. Und das war um so fataler, als sich gerade in diesem Augenblick in den beiden deutschen Staaten Elemente des Widerstandes offenbarten, die nur zu leicht zum Streit entflammt werden konnten, wenn jener Druck einmal fehlte.

Schon den Vorgängen in Italien, der Inkorporation Toskanas, der Verdrängung des Papstes aus seiner weltlichen Herrschaft, war man in Wien mit Unruhe gefolgt. Dann kam auch noch das Ereignis von Bayonne und machte den gewaltigsten Eindruck. Es nützt also nichts — sagte man sich — gefügig und lenksam zu tun, was dem Übermächtigen gut dünkte, nichts, mit ihm verbündet zu sein; man war doch seiner Tücke verfallen. Alle alten Dynastien Europas sah man vom gleichen Schicksal bedroht, und Österreich war voraus ein dynastischer Staat, da seine ungleichartigen Teile in erster

---

[1]) Die Werke von C l e r c q über die Kapitulation (1903) und von T i t e u x über Dupont (1903) tun dar, daß den Letzteren keinerlei Schuld traf, die ihm der Zorn des Kaisers zuzumessen nicht müde wurde, daß vielmehr Diesem selbst der Vorwurf der Achtlosigkeit nicht erspart werden könne, weil er den General ohne die nötigen Verstärkungen ließ. Der Engländer O m a n in seinem gründlichen und gewissenhaften Werk „History of the Peninsular war" (1902 ff.) spricht Dupont keineswegs ganz frei, noch weniger aber seinen Divisionär Vedel, der, wie mit Absicht, zum Gefecht zu spät kam und später ebenfalls kapitulierte, obgleich er mit seinen Truppen hätte entkommen können. Beide kamen ins Gefängnis, das Dupont erst 1814, Vedel ein paar Jahre früher verließ.

Linie im Herrscherhaus ihren Zusammenhang fanden. Darum wurde hier ganz besonders die Gefahr, die der Dynastie drohte, als Staatsgefahr empfunden, und Österreich rüstete unter dem bereits erwähnten Vorwand, für die Ausführung des von Frankreich angeregten türkischen Projektes imstande zu sein. Im Mai und Juni 1808 wurden eine moderne Reserve und eine Landwehr errichtet, und das Volk drängte sich in die rasch formierten Bataillone[1]). Napoleon forderte kategorische Aufklärungen und drohte mit Krieg; allenthalben ward an seinen nahen Ausbruch geglaubt. Da kamen aber die Hiobs-botschaften aus Spanien und machten dieser Absicht vorläufig ein Ende. Die Korps von Ney und Victor wurden über den Rhein gezogen. Nur daß Davout aus Polen nach Schlesien herabrückte und das Korps Mortiers in den fränkischen Landen stehenblieb, ward zur Überwachung Österreichs vor-gekehrt, mit dem Napoleon bald in einem weit milderen Tone sprach und dessen Besorgnisse er zu zerstreuen suchte. „Wissen Sie," sagte er am 25. August in Saint-Cloud zu Metternich, „warum ich in Spanien jene Änderungen veranstaltete? Weil ich in meinem Rücken vollkommen sicher sein mußte. Dort war der Thron von Bourbons okkupiert, und sie und ich können nicht zu gleicher Zeit in Europa herrschen. Für die anderen Dynastien gilt dies nicht, und ich mache einen großen Unterschied zwischen den Häusern Lothringen und Bour-bon[2])." Daraufhin sagte Metternich zu, daß alle Kriegsmacht auf den früheren Stand zurückgebracht und die neuen Könige anerkannt werden sollten.

Und wie in Österreich, so gärte es auch in Preußen, aller-dings nur insgeheim und gedämpft durch die Anwesenheit der Franzosen und derjenigen, die ihnen anhingen oder doch ihr Joch, um noch härtere Schicksale zu vermeiden, widerstands-

---

[1]) Am 10. August 1808 schrieb der französische Gesandte Andréossy nach Hause: „Nach dem, was ich sehe und von allerwärts höre, hatte Österreich noch niemals ein so militärisches Aussehen wie derzeit, und niemals gab die Regierung so viel Impuls wie jetzt dem Adel und allen Bürgerklassen. Das „Moriamur" der Ungarn unter Maria Theresia hat sicherlich im Verhältnis nicht so rasch so viele eingeübte Streiter beigestellt als jetzt die Aufrufe der Regierungskommissäre und die Inskription für die Landwehr sie liefern." (Pariser Archiv des Auswärtigen.)

[2]) Metternich, Nachgelassene Papiere, II., 214 ff.

los zu ertragen rieten. Schon im Vorjahr, nach der Eylauer
Schlacht, war eine Verschwörung, von ehemaligen preußischen
und hessischen Offizieren geleitet, im Werden gewesen, um,
wenn die Engländer im Norden Deutschlands landen sollten,
das Gebiet zwischen Weser und Elbe in Aufruhr zu bringen.
Seit dem Frieden von Tilsit, unter dem Druck des französischen Militärs, war die Volkserbitterung nur gewachsen.
Gleichsam unter den Augen der Fremden gab es geheime Kon-
ventikel, die sich in Haß und Kampfeslust bestärkten. Im
April 1808 ward dann der Königsberger Tugendbund gegründet, der, an sich harmlos, später für alles franzosenfeindliche Geheimwesen seinen Namen hergeben sollte, und
die Fäden zogen sich nach Westfalen und Hessen hinüber, ja
bis nach Sachsen hinein. Daneben arbeitete die Regierung
— namentlich Stein und Scharnhorst im Bunde mit Oberst
Gneisenau, dem heldenmütigen Verteidiger Kolbergs — an
der Regeneration des Staates und seiner Armee, um beide
für den nahen Streit zu kräftigen und die Nation zum unvermeidlichen Kampf um die Unabhängigkeit durch eine
freiere Konstitution zu stärken. Alle drei Männer einigten sich
unter dem Eindruck, den die Niederlagen der Franzosen in
Spanien machten, in der Überzeugung, man könne die im
Imperator verkörperte Revolution nur durch Mittel ähnlicher
Art bekämpfen, wie sie Frankreich zu so drückender Übermacht verholfen hatten. All das konnte schließlich Napoleon
nicht entgehen, und wenn es ihm entgangen wäre, ein aufgefangener Brief des Ministers Stein an den Fürsten Wittgenstein vom 15. August 1808 hätte es ihm geoffenbart, wo es
deutlich zu lesen stand, man müsse die nationale Erbitterung
Deutschlands nähren und, wenn Napoleon die preußischen Vorschläge ablehne, die Pläne vom Frühling des Vorjahres (Bartenstein) erneuern. War das noch das Preußen, das er in jenen
Thüringer Schlachten vernichtet zu haben glaubte und dessen
Existenz er gleichsam nur aus Gefälligkeit zugestand? Er benützte seine Entdeckung, um den Prinzen Wilhelm am 8. September 1808 zur Unterzeichnung eines Vertrags zu nötigen,
worin die Bedingungen, unter denen er das preußische Land
bis auf die Oderfestungen räumen wollte, überaus drückend
gefaßt waren: Preußen hatte 140 Millionen zu zahlen, im Fall
eines Krieges mit Österreich ein Hilfskorps zu stellen und die

Ziffer seiner Armee unter 42.000 Mann zu halten; es durfte
daneben keine Milizen errichten[1]).

Und nicht bloß in Deutschland, auch dort, wo Napoleon
die größte diplomatische Klugheit aufgewandt hatte, schienen
die Resultate seines Bemühens ihm entgehen zu sollen. In
der Türkei war kürzlich wieder eine Revolte ausgebrochen,
Mustafa IV. vom Throne gestoßen und dessen Bruder als
Mahmud II. am 28. Juli 1808 zum Sultan erhoben worden.
Bei dessen Regierung nun fand Frankreich gar keinen gefügigen
Willen mehr. Der Gesandte mußte Vorwürfe über den Wankel-
mut der französischen Politik anhören und gewann den Eindruck, als ob es den Türken viel eher noch um einen Separatfrieden mit Rußland als um die Freundschaft Napoleons zu
tun wäre. Sah es da nicht aus, als ob das ganze Gebäude
der napoleonischen Herrschaft über den Kontinent, so nahe
seiner Vollendung, ins Wanken käme? Der Kaiser erkannte
sofort das Bedenkliche der Situation, aber auch zugleich das
Mittel, sie zu bessern. Die einzige Macht, die imstande war,
Preußen und Österreich in Ruhe zu erhalten, bis er Spanien
zur Ordnung gebracht, war Rußland. Er mußte also dieses
dafür zu gewinnen suchen. Freilich hatte er sich zweideutig
genug benommen: die Konferenzen der Staatsmänner über
die Teilung der Türkei hatten kein greifbares Ergebnis geliefert, und Frankreichs Verhalten in dem schwedisch-russi-
schen Konflikt mußte in Petersburg die leitenden Kreise bedenklich gemacht haben. Aber der üble Eindruck ließ sich
wohl tilgen. Schon die Räumung Preußens war ja ein Zugeständnis an Alexander, und durch ein zweites, größeres,
hoffte Napoleon zum Ziel zu kommen. Bisher hatte er den
Zar, was die beiden Donaufürstentümer anging, auf eine mündliche Besprechung vertröstet, die immer wieder verschoben
worden war. Jetzt sollte sie stattfinden. Kaum war die Nachricht von der Flucht Josephs aus Madrid nach Paris gelangt,
so wurde sogleich ein Eilbote nach Petersburg geschickt, der
die Einladung zur Entrevue in Erfurt — Alexander selbst

---

[1]) De Clercq, II., 270. Es überrascht, Napoleon in der ungünstigen
Lage, in der er sich befand, Preußen so harte Bedingungen stellen zu sehen.
Die Sache erklärt sich aber durch die Annahme, er habe damit nur ein Mittel
gewinnen wollen, um sich später durch die Ermäßigung einzelner Bestimmungen dem Zaren gefällig erweisen zu können.

hatte diesen Ort vorgeschlagen — überbringen, den Abzug
der Truppen aus Preußen anzeigen und die Bitte stellen sollte,
in Wien gegen die Fortsetzung der Rüstungen zu protestieren.
Alles kam darauf an, wie sich der Zar entschied. Denn auch
Österreich hatte sich ihm genähert und England bei ihm an-
geklopft und Preußens König in vertrauten Briefen durchblicken lassen, daß es zu seiner Rettung genötigt sein könnte,
mit dem Wiener Hof gemeinsame Sache zu machen[1]). Alles
wußte, daß Alexander nicht mit dem Herzen bei dem französischen Bündnis war, und wenn er nun die Hand geboten
hätte, so würde vielleicht schon jetzt geschehen sein, was
fünf Jahre später eintrat.

Aber der Zar ließ sich von den Nachbarn nicht gewinnen.
Er wußte genau, daß Napoleon seiner bedurfte und daß er
ihn deshalb in seinen orientalischen Plänen — wenn auch
widerwillig — gewähren lassen würde. Der Krieg gegen
Schweden hatte eine bessere Wendung genommen und Rußland gegen Süden wieder freiere Hand. Jetzt davon wiederum
ablassen, um mit Preußen und Österreich gegen Frankreich
Front zu machen, hätte das heißersehnte Ziel — den Besitz
der Donaufürstentümer und vielleicht auch Konstantinopels —
in unendliche Weite gerückt. Auch wollte der eitle Fürst der
Opposition im Lande, die er durch die finnische Beute nur vorübergehend zur Ruhe gebracht hatte, durch einen neuen,
stärkeren Erfolg beweisen, daß er zu Rußlands Größe den
rechten Weg gewählt, als er sich in Tilsit an den Franzosenkaiser angeschlossen hatte. Hieß ein Abfall von ihm nicht
eingestehen, daß er im Irrtum gewesen war? Und je länger
Jener in Spanien beschäftigt blieb, um so eher konnte er
hoffen, seinen Zweck im Osten zu erreichen. Darum durfte
nichts geschehen, was Napoleon in seinem Unternehmen auf
der Iberischen Halbinsel störte, darum mußten Österreich
und Preußen zur Ruhe gebracht werden, weil ein Krieg, den
sie eröffneten, die Franzosen nach Osten rief und Rußlands
Kräfte nach Westen steuerte, anstatt sie im Süden den leicht
erreichbaren Lorbeer pflücken zu lassen. So vereinigte sich
gerade jetzt Alexanders Interesse mit dem Napoleons in dem
Punkt, die Schwerter der mitteleuropäischen Mächte, solange
die spanische Expedition währte, in den Scheiden zu halten.

---

[1]) B a i l l e u, Briefwechsel, S. 162.

Wir sehen daher den Zar, seinen Freund Friedrich Wilhelm III.
von jeder kriegerischen Aktion an der Seite Österreichs eifrig ab-
mahnen und ihn bereden, die drückende Septemberkonvention
zu ratifizieren; er wolle sich in Erfurt für günstigere Zahlungs-
bedingungen verwenden, als sie dort stipuliert waren. Auf die
preußischen Patrioten, Stein zunächst, machte er in Gesprächen den Eindruck, als wolle er nur Zeit für eine spätere
antifranzösische Aktion gewinnen. Daß der Krieg zwischen
Österreich und Frankreich unterbleiben müsse, motivierte
er ihnen gegenüber damit, daß Frankreich sonst den spanischen
Krieg aussetzen und Österreich mit allen Kräften anfallen
würde, ein Argument, das Jene günstig für ihre Absichten
auslegten[1]). In Wien hinwieder mahnte er zur Ruhe, damit
ihm, wie er sagte, die traurige Notwendigkeit erspart bleibe,
die Gegenpartei zu ergreifen. Dann reiste er nach Erfurt.

Hier reihte sich vom 27. September ab Fest auf Fest.
Daß das Leben des Korsen von preußischen Verschwörern bedroht war, ist erst nach der Hand bekannt geworden. Mit
Pomp und Pracht machte Napoleon seinem kaiserlichen Gast
die Honneurs, wie er sie ihm in Tilsit gemacht hatte. Seine
Generale und Grenadiere bildeten die militärische Dekoration,
die Fürsten der deutschen Vasallenstaaten die politische. Vor
einem „Parterre von Königen" spielten die Schauspieler der
Comédie française die Meisterwerke der französischen Tragödie, und es ereignete sich einmal, daß bei den von Talma
gesprochenen Worten des Voltaireschen „Oedipus":

„Die Freundschaft eines großen Mannes ist
Geschenk der Götter!"

der Zar sich erhob und Napoleons Hand ergriff, worauf sich
die beiden Monarchen unter dem Beifall des Saales umarmten.
Nun lag nichts den Beiden ferner als eine sympathische Empfindung füreinander, und was als die Äußerung einer solchen

---

[1]) L e h m a n n, Stein, II., 566. Daß Stein richtig riet, beweist ein
Brief Alexanders an seine Mutter, die ihm den Besuch in Erfurt vorwarf:
„Welches andere Mittel hätte Rußland, die (unabweisbare, ihm nötige)
Allianz mit dem fürchterlichen Koloß aufrecht zu erhalten, als indem es
für einige Zeit auf seine Ideen eingeht und ihm zeigt, daß er seine Pläne ohne
Mißtrauen verfolgen könne. Dahin müssen alle unsere Anstrengungen gerichtet sein, um eine Zeit hindurch frei atmen und im tiefsten Geheimnis
an der Vermehrung unserer Kräfte arbeiten zu können." M a r t e n s, XIII.,
306.

erscheinen mochte, war lediglich Berechnung. Alexander war
keineswegs innerlich für Napoleon gewonnen, dessen Übergriffe er vielmehr als ein elementares Übel auffaßte; man
müsse den Bergstrom vorüberrauschen lassen, sagte er einmal.
Ähnlich stand es bei Napoleon. Beide Teile aber sahen ihren
Vorteil darin, vor Europa einig und verbunden zu erscheinen,
und regelten danach ihr Benehmen.

Über die politischen Gespräche der zwei Herrscher liegt
nicht dasselbe tiefe Dunkel gebreitet wie über ihre Tilsiter
Unterredungen. Die Gegenstände sind uns nicht unbekannt
geblieben, über die sie an den Nachmittagen, ohne Zeugen
allerdings, berieten, und auch die Haltung kennen wir, die
sie zu jedem einzelnen eingenommen haben. Napoleon, der noch
in Paris einen Vertrag hatte ausarbeiten lassen, legte ihn dem
Zaren vor, von dem er, nach den ersten Zusammenkünften,
den Eindruck empfangen haben wollte, „er sei geneigt, alles
zu tun, was man von ihm verlangen werde". So sagte er
selbst zu Talleyrand, der die Reise mitmachte. Aber dieser
Eindruck war eine Täuschung. Zwar war man über einzelnes
Wichtige, das in dem Entwurfe stand, den übrigens Napoleon
noch selbst überarbeitet hatte, bald (am 12. Oktober) einig
geworden: Alexander erklärte sich einverstanden, daß die
Frage der völligen Aufteilung der Türkei verschoben werde,
nachdem ihm Napoleon die Donaufürstentümer überantwortet
und sich bereit erklärt hatte, das Herzogtum Warschau zu
räumen; auch war man rasch zu dem Beschluß gekommen,
gemeinsam an England mit einem Friedensantrag heranzutreten. Aber gerade in der Sache, die Napoleon als die wichtigste für sein Interesse erschien, fand er unerwarteten Widerstand, so daß es gelegentlich zu einem so deutlichen Ausbruch
seines Ärgers dem Verbündeten gegenüber kam — er warf im
Zorn seinen Hut zu Boden und trat darauf — daß Alexander
ihm mit seiner Abreise drohte. Die Sache betraf die Haltung
Österreichs. Noch in Paris hatte der Kaiser zu Talleyrand
gesagt: „Wir gehen nach Erfurt. Ich will, wenn ich von dort
zurückkehre, in Spanien freie Hand haben, und sicher sein,
daß Österreich im Zaum gehalten werde." Dieses hatte nämlich, trotz den Versicherungen Metternichs, noch immer nicht
abgerüstet und auch die neuen Könige von Napoleons Gnaden
noch nicht anerkannt. Dazu sollte es nun mit Rußlands

Hilfe gezwungen werden, und wenn wir den Memoiren Talleyrands glauben dürfen, dem der Zar den betreffenden Vertrags-
artikel gezeigt haben soll, so forderte Napoleon, Alexander
möge, unter einem Vorwand, ein Armeekorps nahe der österreichischen Grenze aufstellen. Damit ward nicht nur Österreich „im Zaum gehalten", sondern auch Rußland mit seinen
deutschen Nachbarn in Streit verwickelt und von der Durchführung seiner Pläne gegen die Türkei ferngehalten. Aber
diese Forderung fand kein Gehör. Der Zar verstand sich nur
dazu, in dem Fall, daß die Donaumacht Frankreich den
Krieg erklären sollte, dem Verbündeten seine Unterstützung
zu leihen, während er dem österreichischen Delegierten, Herrn
von Vincent, seine Überzeugung aussprach, niemand sei berechtigt, sich in die Maßnahmen eines Souveräns zu mengen.

Napoleon klagte darüber, daß sich Alexander seit Tilsit
verändert habe, und schob dies auf die Wirkung der Ereignisse
in Spanien; man müsse ihn zu beruhigen trachten. Und dann
äußerte er noch einen anderen Gedanken. „Wissen Sie," sagte
er eines Tages zu Talleyrand, „warum niemand offen mit
mir geht? Weil ich keine Kinder habe und man dieses Frankreich nur an meine Lebenszeit geknüpft glaubt. Das ist das
Geheimnis von allem, was sich hier begibt. Mein Schicksal
fordert demnach die Ehescheidung, denn ich habe keinen
Nachfolger, und Joseph zählt für nichts, da er nur Töchter
hat. Ich muß also eine Dynastie gründen und kann das nur,
indem ich eine Prinzessin aus einem der alten Regentenhäuser
Europas heirate[1]). Talleyrand solle nach der russischen Seite
hin Fühlung suchen. Er könne für den Fall, daß eine Heirat
mit einer der beiden Schwestern des Zaren zustande komme,
Diesem alle möglichen Zusicherungen in der orientalischen
Frage machen. Der Diplomat versprach, bei Alexander selbst
anzuklopfen. Talleyrand war nun freilich nicht mehr der
treue Sachwalter von ehedem. Auch er hatte sich in den letzten
Wochen innerlich von Napoleon völlig abgewandt, als er
sah, daß die Vorgänge in Spanien die Stimmung in Frankreich
sehr ungünstig für den Kaiser beeinflußt, an den Höfen des
Auslandes aber geradezu erschütternd gewirkt hatten. Er,
der doch so eifrig dazu geraten hatte, log nun, er habe den
Kaiser vergeblich von dem Abenteuer abzubringen gesucht,

---

[1]) Siehe oben S. 131 die Äußerung Fouchés.

und trachtete sich nach außen hin durch ein heimlich fron-
dierendes Wesen zu empfehlen. Dazu ersah er hier, in Erfurt,
die günstigste Gelegenheit. Bei den täglichen Zusammenkünften mit Kaiser Alexander in dem Gesellschaftskreis der
Fürstin Thurn-Taxis war er es, der ihn im Widerstand gegen
Napoleons antiösterreichische Forderungen mit Argumenten
unterstützte, wobei er dessen ausgreifende Politik vom Standpunkt des patriotischen Franzosen mißbilligte. „Der Rhein,
die Alpen, die Pyrenäen, das sind die Eroberungen Frankreichs,‟
sagte er, „alles übrige ist die Eroberung des Kaisers, an der
Frankreich nichts gelegen ist.‟ Und da auch Caulaincourt
diesen Standpunkt teilte, so war Alexander nur zu leicht zum
Widerstand gegen den Imperator geneigt. Als die Frage einer
neuen ehelichen Verbindung schließlich auch zwischen den
beiden Souveränen selbst zur Sprache kam, gab er keine
unverbindliche zwar, aber doch nur eine aufschiebende Antwort: an seiner Zustimmung liege es nicht allein, sondern
an der seiner Mutter vor allem, worauf Napoleon es ebenfalls
vermied, sich bestimmter auszusprechen. So war auch hier
nichts Festes gewonnen[1]). Was endlich am 12. Oktober 1808
in Erfurt zustande kam, war ein neuer Allianzvertrag, der
„mindestens zehn Jahre lang‟ geheim bleiben sollte. Darin
ward zunächst ein neuerliches gemeinsames Friedensanerbieten an England beschlossen, und zwar jetzt auf der Grundlage des bestehenden Besitzes (Uti possidetis) — aussichtslos,
da ja England gerade das herrschende Übergewicht Frankreichs auf dem Kontinent bekämpfte und nicht zu erwarten
war, daß es die Erwerbung Finnlands und der Donaugrenze
durch Rußland ohne weiteres zugestehen würde. Die Verbündeten versprachen sich auch, den Krieg gegen Britannien,
wenn es ablehnen sollte, mit aller Kraft weiter zu führen.
Im 8. Artikel anerkannte dann Napoleon die Ausdehnung
der russischen Grenze über die Moldau und Walachei bis an
die Donau, erklärte, nicht vermitteln und, wenn der Krieg
zwischen dem Sultan und dem Zaren entbrennen würde, nicht
daran teilnehmen zu wollen, es wäre denn, daß Österreich
das Vorgehen Rußlands stören oder die Türkei unterstützen
sollte; dagegen würde Rußland mit Frankreich gemeinsame
Sache machen, wenn Österreich gegen dieses den Krieg wagen

---

[1]) Talleyrand, Mémoires, I., 407 ff.

wollte[1]). Für Preußen erreichte Alexander, daß in der Tat
einzelne Härten des Septembervertrages gemildert wurden;
die Schuld ward auf 120 Millionen ermäßigt und die Zahlungs-
frist auf 35 Monate erstreckt. Napoleon verfehlte nicht, in
einem Brief an seinen Verbündeten diese Zugeständnisse als
Akte der Freundschaft für ihn zu erklären. Dagegen wurde
die Bestimmung des Tilsiter Traktats annulliert, die dem
König von Preußen ein Gebiet von 400.000 Seelen für den
Fall in Aussicht gestellt hatte, daß Jérôme Hannover an sich
brächte.

Da stand es nun verbrieft, wogegen Napoleon sich so
lange heimlich gewehrt hatte: Rußland sollte die Donaufürstentümer erhalten. Für ihn selbst war nur das eine erreicht
— und dazu hätte es der Entrevue nicht erst bedurft — daß
er wirklich in Spanien Ordnung schaffen konnte, ohne gerade
in der allernächsten Zeit vom Osten her bedroht zu werden.
Unbedingte Sicherheit lag auch darin nicht. Im ganzen war
es doch eine politische Niederlage, die er erlitt, deren Einzel-
heiten wir heute aus den Erinnerungen Talleyrands und den
österreichischen Berichten entnehmen[2]). Möglich, daß eine
Anzahl von Taktlosigkeiten, die von der Geschichte aufbewahrt werden, seiner Verstimmung hierüber entstammen.
Da war es einmal, daß er den Prinzen Wilhelm von Preußen,
der im Namen seines Bruders erschienen war, zu einer Hasen-
jagd auf dem Schlachtfeld von Jena einlud, ein andermal,
daß er sich in Gegenwart Alexanders von durchmarschierenden
Soldaten ihre Heldentaten gegen Rußland erzählen ließ und
sie dafür mit dem Orden der Ehrenlegion belohnte. Einem
seiner Rheinbundfürsten soll er gelegentlich zugerufen haben:
„Schweigen Sie, König von Bayern!"[3]) Talleyrand fand für

---

[1]) De Clercq, II., 284.
[2]) Ich kann mich der Schlußfolgerung Driaults (La politique
orientale de Napoléon, p. 352) nicht durchwegs anschließen, der darin
einen Erfolg des Franzosenkaisers sieht, daß Alexander vorläufig auf die
Teilung der Türkei verzichtete und sich mit den Donaufürstentümern begnügte. Es lag in deren Preisgebung doch ein schwerwiegendes Zugeständnis,
das schließlich die Türkei den Engländern in die Arme trieb und damit
Frankreichs dominierende kommerzielle Position im Orient erschütterte.
[3]) Der von Moriolles (Mémoires, p. 156) erzählte Vorfall dürfte
diesem, wie vieles andere, von dem Großfürsten Konstantin, der Zeuge war,
mitgeteilt worden sein.

dieses Benehmen ein Wort, indem er zu Montgelas sagte:
„Wir Franzosen sind zivilisierter als unser Monarch; er hat
nur die Zivilisation der römischen Geschichte an sich."

Während aber Napoleon den Souveränen durchaus nicht
immer mit gewählter Art begegnete, zeichnete er die großen
Männer Deutschlands, die er während seines Aufenthaltes bei
sich sah, besonders aus. Am 2. Oktober wurde der Dichter
des „Faust" in Erfurt in einer Audienz von ihm empfangen.
Goethe selbst hat darüber berichtet, wie ihn Jener mit den
Worten „Ihr seid ein Mann!" begrüßte, mit ihm über „Wer-
thers Leiden", die dramatische Kunst und die Schicksals-
tragödie sprach, die er in eine dunklere Zeit verwies, da in
der Gegenwart die Politik das Schicksal bilde. Nach einigen
Fragen Napoleons über des Dichters Beziehungen zum Wei-
marer Herzogshof, und über diesen selbst, war die Unterredung zu Ende. Einige Tage später, am 6., auf einem Hof-
ball in Weimar, wohin die Monarchen einer Einladung des
Herzogs Karl August gefolgt waren, fand noch eine zweite
statt. Napoleons Schauspieler hatten vorher Voltaires „Mort
de César" aufgeführt. Darüber und über das Trauerspiel überhaupt verbreitete sich das Gespräch. Der Kaiser schlug dem
Dichter vor, doch den Tod Cäsars würdiger und großartiger
zur Anschauung zu bringen, als dies Voltairen gelungen sei.
„Man müßte der Welt zeigen" — sagte er, und man bemerkt
sein Ziel — „wie Cäsar sie beglückt haben würde, wie alles
ganz anders geworden wäre, wenn man ihm nur genug Zeit
gelassen hätte, seine hochsinnigen Pläne auszuführen." Solch
ein Trauerspiel sollte, nach seiner Meinung, Könige und Völker
belehren. Diese Auffassung Cäsars stimmte nun ganz zu einer
längst gehegten Überzeugung Goethes, die ihm schon in der
Straßburger Zeit den Plan zu einer derartigen Tragödie ein-
gegeben hatte. Er war denn auch davon und von Napoleons
treffenden Bemerkungen über den „Werther" ganz gefangen
genommen. Und als vollends der Kaiser ihm zurief: „Kommen
Sie nach Paris! Ich verlange es geradezu von Ihnen. Dort
gibt es eine größere Weltanschauung und überreichen Stoff
für Ihre Dichtungen!", da war der Eindruck auf Goethe ein
so nachhaltiger, daß er in der Tat allen Ernstes einen zeitweiligen Aufenthalt an der Seine ins Auge faßte. Er stand
schließlich, mancher Unbequemlichkeiten wegen, davon ab;

der Größe des Imperators aber hat er nie aufgehört seine Anerkennung zu zollen[1]).

Und wie Napoleon Goethe aufforderte, gut von Cäsar,
d. h. von ihm selbst, zu denken, so wünschte er auch Wieland,
mit dem er gleichfalls in Weimar ins Gespräch kam, eine
bessere Meinung als die geläufige über die römischen Kaiser
beizubringen. Es war dasselbe Kapitel über Tacitus, das er
schon wiederholt mit Suard, Johannes von Müller u. a. erörtert hatte, immer in der Vorstellung, man könnte ihn am
Ende mit den Nachfolgern des Augustus vergleichen. Auch
das Christentum brachte er mit Wieland zur Sprache und
nannte es „ein unübertreffliches philosophisches System, weil
dadurch der Mensch mit sich selbst versöhnt und zugleich die
öffentliche Ordnung und die Ruhe des Staates ebenso stark
verbürgt würden wie Glück und Hoffnung der Individuen."
Es lag eine deutliche Absichtlichkeit darin, wenn Napoleon
in Erfurt und Weimar den deutschen Dichterfürsten weit
größere Aufmerksamkeit bewies als den unterschiedlichen
Landesherren: die Welt sollte es nur sehen, daß er, trotz
Krone und Zepter, sich dem Genius des Geistes näher verwandt fühlte als dem simplen Durchschnitt der Höchst-
geborenen.

Sechstes Kapitel.

Feldzüge in Spanien und Österreich.
Marie Luise.

Napoleon hatte in Erfurt eine Frist erworben zu seinem
Kampfe gegen Spanien. Wie lange diese Frist dauern würde,
war freilich unbestimmt, und er mußte darauf bedacht sein,
mit einem möglichst raschen und kräftigen Schlag die aufständische Bewegung zu unterdrücken und seinem Bruder
den verlorenen Thron wieder zu verschaffen. Und dies nicht
bloß um seiner Macht, sondern auch um seiner Geltung willen.
Die Welt sollte nicht annehmen dürfen, daß er einen Fehler
begangen habe, als er den Spaniern ihren einheimischen König

---

[1]) Vergl. über andere Einzelheiten der Begegnung meine Studie „Goethe
und Napoleon" im 2. Band der „Historischen Studien und Skizzen".

raubte, ja, daß er überhaupt je einen Fehler begehen könne;
denn so sicher fühlte er sich doch nicht, und so hoch stand
auch seine Seele nicht, um einen Irrtum zu bekennen, ohne
Furcht, sich damit zu schaden. Dieses doppelten Zieles wegen
beabsichtigte er, mit weit überlegener Streitmacht selbst über
die Pyrenäen zu gehen und vor Europa den Beweis zu führen,
daß ein Widerstand gegen ihn unmöglich sei. Was in Spanien
besiegt worden war, war zumeist nur junges ungeübtes Kriegsvolk gewesen; jetzt zieht er die Sieger von Ulm und Austerlitz, von Jena und Friedland heran. Mit Ansprachen voll Feuer
und Verheißung schmeichelt er den Truppen, denen es keine
geringe Überwindung kostet, die Heimat, die sie seit drei
Jahren nicht betreten hatten, nur eben zu durchschreiten,
und heimlich läßt er den Munizipien der Städte befehlen, sie
auf ihrem Marsch mit Festen und Gelagen und vertrauens-
vollen Reden und Liedern zu feiern, damit es bei den Kriegern
den Schein erwecke, als hinge wirklich Frankreichs Wunsch
und Hoffnung an ihrem neuen Waffenzug[1]). Und mit den

---

[1]) Überaus bezeichnend für Napoleon sind zwei seiner Dekrete an den
Minister des Innern aus dem September 1808. „Ich wünsche," — heißt es
in dem einen — „daß Sie die Präfekten der Departements, die an der Marschlinie liegen, auffordern, besondere Fürsorge für die Truppen zu treffen und
mit allen Mitteln den guten Geist, der sie beseelt, und ihre Ruhmesliebe zu
nähren. Festreden, Liedervorträge, Freitheater, Gastmähler, das ist, was
ich von den Bürgern zu Ehren der heimkehrenden Sieger erwarte."
Ein paar Wochen später: „Die Truppen sind in Metz, Nancy, Reims be-
wirtet worden. Ich wünsche, daß sie es auch in Paris, Melun, Sens, Saumur,
Tours, Bourges und Bordeaux werden; d. h. dieselben Truppen dreimal.
Sie werden mir berechnen, was dies per Mann kostet. Lassen Sie in Paris
Lieder verfertigen, um sie in die verschiedenen Städte zu schicken. Diese
Lieder sollen von dem Ruhme sprechen, den die Armee sich erworben hat,
und von dem, den sie sich noch erkämpfen wird, und von der Freiheit der
Meere, dem Ergebnis ihrer künftigen Siege. Diese Lieder sollen bei den Gast-
mählern gesungen werden. Sie müssen aber drei verschiedene Gattungen
davon machen lassen, damit der Soldat nicht zweimal das Gleiche zu hören
bekomme." (C o r r e s p., XVII., 14291, 14331.) Die Befehle wurden
pünktlich ausgeführt. F é z e n s a c z. B. weiß in seinen Denkwürdigkeiten
(p. 199) zu berichten: „Der Marsch der verschiedenen Korps durch Frankreich war ein Triumphzug. Die Behörden aller Städte wetteiferten, sie
zu empfangen. Überall wurden militärische Feste veranstaltet, Gastmähler
gegeben, in Beglückwünschungen, Festreden, Kriegsliedern die errungenen
Siege der Großen Armee gefeiert und neue vorhergesagt." Daß dies alles
der Kaiser heimlich angeordnet und aus seiner Tasche bezahlt hatte, erfuhr
niemand.

Truppen gingen auch ihre bewährten Führer nach Spanien:
Lannes und Soult, Ney und Lefebvre und Victor, Berthier
als Chef des Generalstabes. Im ganzen sind es außer den
Garden und der Reservekavallerie acht Armeekorps, die den
Kampf mit dem ungefügen Volk aufzunehmen haben — denn
auch Junot, der Besiegte von Cintra, wird mit 20.000 Mann
wieder in den Kampf eintreten — ein Heer von über 200.000
Streitern unter dem genialsten Feldherrn.

Was wir gegenüber diesen Anstrengungen Napoleons, sein
in Spanien verlorenes Prestige wieder zu finden, von den
Maßregeln der Gegner hören, ist von unendlicher Geringfügigkeit. Statt die Siege bei Baylen und an den anderen
Orten aufs eifrigste zu nützen und zu verfolgen, die Franzosen
gänzlich aus dem Land zu treiben und dessen Verteidigung
vorzukehren, hatten sich die Spanier einem Freudentaumel
hingegeben, der sie aller künftigen Gefahr vergessen und ihr
Werk der nationalen Befreiung als beendet träumen ließ.
Man überschätzte die verfügbaren Streitkräfte, die Kapazität
der Generale, den Mut der Truppen, für die nichts verderblicher wurde als die voreilige Hingebung an den errungenen
Triumph; die einzelnen Junten arbeiteten in Eifersucht widereinander, die einzelnen Feldherren desgleichen; das plötzlich
herrenlos gewordene Volk, das bisher an das unbedingteste
Regiment gewöhnt gewesen war, verfiel in Ratlosigkeit und
Anarchie. Die Franzosen mochten immerhin ins Land rücken,
man wird sie rechts und links umgehen und allesamt gefangen
nehmen — so lautete, nicht etwa die Ansicht untergeordneter
Leute, sondern der Beschluß eines im September abgehaltenen
Kriegsrates. Ja, ernste Blätter sprachen sogar davon, „die Rache
auf die andere Seite der Pyrenäen zu tragen". Dabei aber
ließ man das Heer — das prahlerisch auf 300.000 bis 400.000
Mann angeschlagen wurde, während es nicht viel über 100.000
betrug — ohne genügende Kavallerie, die Truppen ohne
taktische Übung, ohne zureichende Bekleidung und Nahrung.
Und anstatt sie unter das Kommando eines Oberfeldherrn zu
stellen, ward ein Kriegskomitee mit der militärischen Leitung
betraut, das von Aranjuez aus die Operationen dirigieren
sollte. Die Enttäuschung konnte nicht ausbleiben, der Kampf
war allzu ungleich.

Napoleon hätte gewünscht, daß die Spanier ihre Absicht

wahr machten und wirklich zur Umarmung der französischen
Armee ausholten. Noch aus Erfurt befiehlt er, den linken
Flügel der Gegner, über 30.000 Mann unter General Blake,
möglichst weit nach Biscaya und Navarra vordringen zu
lassen, um ihn dann durch starke Massen, die zwischen ihm
und dem spanischen Zentrum durchgeschoben wurden, im
Rücken zu fassen. Aber ein Ende Oktober voreilig einge-
gangener Kampf Lefebvres zwang den Feind zum Rückzug
von Durango auf Valmaseda und vereitelte damit die Absicht
des Kaisers. Als Dieser dann am 5. November 1808 in Vittoria
beim Hauptquartier eintraf, ward Lefebvre, der übrigens, von
dem Nachbarkorps Victors nicht unterstützt, wieder hatte
zurückgehen müssen, hart zurechtgewiesen, im übrigen aber
der Plan einer Durchbrechung der weit ausgedehnten
feindlichen Linie nicht aufgegeben. Ihr Zentrum hielt
Castaños mit etwa 25.000 Mann zwischen Calahorra und
Tudela am Ebro, den rechten Flügel Palafox bei Saragossa.
Zwischen Castaños nun und Blake, in der Richtung auf
Burgos, ward die Hauptmacht der Franzosen dirigiert, während
zwei Korps Blake auf dem Fuße zu folgen hatten. Die Eroberung von Burgos gelingt nach der Überwältigung einer
geringfügigen Reservearmee der Spanier am 10. November,
und zur selben Zeit wird Blake bei Espinosa in eine Schlacht
verwickelt, die er am 11. verliert. Er ist von seiner Rückzugslinie abgeschnitten und kann sich nur durch Hinterlassung
seiner ganzen Bagage davor bewahren, daß ihn Soult fängt.
Er flüchtet nach Astorga, wo ein kleines spanisches Korps
unter Romana die Trümmer des seinigen aufnimmt. Er gibt
den Befehl an Romana ab, der sich nach Asturien wendet.

Die zweite Aufgabe, die sich Napoleon stellte, war die,
nun auch Castaños, der sich inzwischen mit Palafox vereinigt
hat, zu zermalmen. Zu diesem Zweck entsendet er Ney mit
seinem Korps und einigen Verstärkungen von Burgos südöstlich auf Soria, damit er von hier aus den Feind im Rücken
fasse oder ihm den Rückzug abschneide, während ihn Lannes
von Navarra her in der Front angreift. Der Frontangriff erfolgt und gelingt. Lannes gewinnt am 23. November die
Schlacht bei Tudela; Palafox muß sich nach Saragossa zurückziehen; Castaños flüchtet nach Süden. Und sicher wäre Dieser
von Ney gefangen worden, wenn der nicht, durch übertriebene

Tudela und Somosierra. 265

Nachrichten über des Feindes Stärke getäuscht und unschlüssig gemacht, in Soria stehengeblieben wäre. Aber immerhin, beide spanische Armeen waren zum mindesten zersprengt.

Blieb noch das britische Expeditionskorps in Portugal, vor dem damals Junot kapituliert hatte und das jetzt unter John Moore über Salamanca heranrückte, indes 13.000 Mann Engländer unter Baird von Coruña her im Anzuge waren. Von dieser Bewegung wußte Napoleon so wenig wie Moore von den Niederlagen der Spanier. Der Kaiser, der über Burgos nach Aranda vorgegangen war, vermutete vielmehr, die Briten würden von Lissabon im Tale des Tajo auf Madrid marschieren, und suchte sich vor allem in den Besitz der Hauptstadt zu bringen. Nachdem er Moncey die Einschließung Saragossas aufgetragen hatte, avancierte er gegen die Sierra de Guadarrama, die die Ebene von Madrid gegen Norden schützt und abschließt, während der Hauptmacht zur Rechten Lefebvre über Valladolid auf Segovia, ihr zur Linken Ney in der Richtung auf Guadalaxara vorgehen. Die Paßhöhe von Somosierra ward von 12.000 Spaniern verteidigt, die, mit Artillerie versehen, den Franzosen zu schaffen machen konnten. Sie hielten die Abhänge und die einzige steil aufsteigende Straße mit sechzehn Kanonen besetzt, hinter denen sich starke Abteilungen von Infanterie bargen. Am 30. November, vor Tagesanbruch, ließ Napoleon zunächst seine Tirailleure die Höhen emporklimmen, was ihnen, vom Nebel begünstigt, gelang; darauf ward die Straße durch die polnische Gardekavallerie gesäubert, die dem fürchterlichen Feuer in Karriere entgegenritt, die Kanoniere niederhieb und auch die Fußtruppen des Feindes zurückwarf. Alles floh regellos. Der Weg nach Madrid war frei.

Hier hat der Kontrast zwischen dem bisher bekundeten prahlerischen Selbstbewußtsein der Regierung und der Tatsache, die Franzosen vor den Toren zu sehen, eine ungeheure Aufregung erzeugt und Greuel der Verzweiflung mit sich geführt, die nur dem Gegner zustatten kamen. Er konnte als Hersteller der Ordnung auftreten und durch die Strenge, mit der er der Anarchie imponierte, einen nicht geringen Teil der Bevölkerung beruhigen, ja sogar für sich gewinnen. Am 4. Dezember übergibt sich die von den spanischen Truppen geräumte Stadt dem Kaiser, und noch am selben Tag erläßt

Dieser vier Dekrete, die einen völligen Umsturz in den öffentlichen Verhältnissen Spaniens bedeuteten: die Inquisition ist
abgeschafft und ihre Güter werden als Staatsdomänen erklärt;
alle Feudalrechte hören auf zu gelten; die Provinzialzoll-
schranken fallen; die Klöster werden auf ein Drittel ihrer Anzahl eingeschränkt, und die Mönche, die freiwillig in den Stand
der Weltgeistlichkeit übertreten, sollen Staatspensionen erhalten. Joseph, der dem siegreichen Heer des Bruders folgte,
beklagte sich zwar, daß Dieser in seine Regentenrechte ein-
greife, und wollte resignieren; aber das ward ihm verwehrt.
Napoleon erklärte ihm, wie den Madridern, er käme als Eroberer, da die spanische Rebellion die Akte von Bayonne
annulliert habe, und sein Recht sei das des Siegers. Schwer
legte sich seine Hand auf die Bezwungenen. Schon in Burgos
hatte er ein Proskriptionsdekret erlassen, und die Geächteten
konnten froh sein, mit der Abführung nach Frankreich davon-
zukommen; ihre Habe ward konfisziert. Wie in allem, was
Napoleon tat, so lag auch in dieser Härte Absicht, es war
die, das Regiment seines milden Bruders erwünscht erscheinen
zu lassen. In einer Proklamation vom 7. Dezember wies er
die Spanier an ihn und seine gemäßigte, konstitutionelle Regierung: „Es hängt nur von euch ab, daß diese Konstitution
fortan euer Gesetz sei. Sind aber alle meine Bemühungen
vergebens und rechtfertigt ihr nicht mein Vertrauen, dann
bleibt mir nur übrig, euch auch fortan als eroberte Provinz
zu behandeln und meinem Bruder einen anderen Thron zu
verschaffen. Dann werde ich selbst die Krone von Spanien
auf mein Haupt setzen und die Böswilligen Respekt vor ihr
lehren, denn Gott hat mir hinreichend Kraft und Willen verliehen, um alle Hindernisse zu besiegen." Die Wirkung blieb
nicht aus. In Madrid schworen Bürger, Beamte und selbst
Geistliche König Joseph den Treueid, und auch aus den
Provinzen, freilich nur soweit die Franzosen vorgedrungen
waren, langten die von Napoleon geforderten Juramente ein.
Sein Gedanke war, ein Volk, das durch seinen Glauben zur
höchsten Energie des Widerstandes entflammt werden konnte,
durch eben diesen Glauben, auf den sich der Treuschwur
gründete, zur Untertänigkeit zu verpflichten.

Während er so in Madrid waltete, war Moore mit seinen
Engländern längst bis nach Salamanca vorgedrungen, hier

aber bei der Nachricht von den verschiedenen Niederlagen der
Spanier stehengeblieben. Der Kaiser erfuhr auch jetzt
nichts hiervon und glaubte noch immer, die Briten würden
direkt auf die Hauptstadt losgehen. Noch am 14. Dezember
dirigierte er Victor und Bessières nach Talavera und darüber
hinaus, während er Ney, der einen Teil seiner Truppen wider
die Trümmer des Castañosschen Korps zurücklassen soll,
mit den übrigen nach Madrid herankommandierte. Erst ein
paar Tage später vernahm er den richtigen Sachverhalt durch
Soult, der in einer Stellung bei Valladolid die Verbindung
zwischen der Hauptarmee und Frankreich aufrecht erhielt.
Das Manöver der Engländer erschien ihm zunächst sonderbar;
sofort aber erkannte er auch, wie verderblich es ihnen werden
konnte. Soult, den er noch kurz zuvor angewiesen hatte, nach
Gallicien zu marschieren, erhält jetzt nebst Verstärkungen
die Ordre, Moore möglichst weit nach Osten zu locken, indes
er selbst mit 40.000 Mann Madrid in nordwestlicher Richtung
verlassen will, um jenseits des Gebirges, in Altkastilien, dem
Gegner in den Rücken zu fallen.

Der Plan war gut, aber er sollte nur teilweise gelingen.
Moore hatte jenen früheren Befehl Napoleons an Soult, nach
Gallicien zu gehen, in die Hände bekommen und war daraufhin zunächst nicht nach Valladolid weitergezogen, sondern
nordwärts abgeschwenkt, um sich zunächst mit der Kolonne,
die von Coruña im Anmarsch war, zu vereinigen, ehe er den
Angriff auf Soult wagte. Das entfernte ihn von Napoleon.
Dieser hinwieder mochte sich den Marsch durch den Gua-
darrama-Paß und die altkastilische Ebene leichter gedacht
haben. Er fand mannigfache Schwierigkeiten vor. In den
Bergen hatten seine Truppen von Schneesturm und Glatteis
zu leiden. Er mußte seine Gardereiter absitzen und, die Pferde
führend, Weg bahnen lassen, er selbst zu Fuß in ihrer Mitte.
Das war am 22. Dezember, als man über den Paß von Espinar
zog. Am Tage darauf trat Tauwetter ein, und die reißend gewordenen Flüsse, die zu durchwaten waren, da alle Brücken
fehlten, waren eine neue Beschwerde. All das hemmte und
hinderte, und nur mit Mühe kam man bis Astorga. Unterdes
hatte Moore von dem wahren Stand der Dinge Kenntnis erhalten und wandte sich nach Coruña. Der Vorsprung, den
er hatte, begünstigte sein Entrinnen aus der Gefahr, zwischen

den Heeren von Soult und Napoleon zerrieben zu werden,
und es blieb den Franzosen nur noch übrig, ihn hart zu verfolgen, was der Kaiser Soult allein überließ, während er selbst
von Astorga nach Benavente und dann nach Valladolid zurückkehrte. Hätte er ahnen können, daß die Engländer, als
sie in Coruña anlangten, die Transportflotte noch nicht vorfinden — sie kam erst am nächsten Tage an — und genötigt
sein würden, sich zur Schlacht zu stellen, und daß Soult mit
seinen 16.000 Mann, trotz heftigen Kämpfen, nicht imstande
sein würde, ihre Einschiffung zu hindern, er hätte sich wahrscheinlich selbst an die Spitze der Verfolgung gesetzt. All
das aber sah er nicht voraus, hielt vielmehr seine persönliche
Aufgabe für beendet und verließ, nachdem er Soult befohlen
hatte, Portugal zu besetzen, am 17. Januar das Land, um
nach Paris zu eilen.

Von der zwiefachen Absicht, die er mit dem Feldzug in
Spanien verfolgt hatte, war nur eine erreicht: er hatte mit
ein paar raschen Schlägen die Sieger von Baylen besiegt und
den N mbus seiner Unüberwindlichkeit wieder hergestellt.
Die zweite aber war nicht erfüllt. Spaniens Widerstand war
nicht gebrochen. Schlachten waren gewonnen, Armeen geschlagen, zersprengt, vertrieben worden, aber das Land war
nicht erobert, das Volk nicht unterworfen. Noch konnten
sich im Süden die Trümmer der besiegten Heere sammeln
und zu neuen Kämpfen stärken, die Engländer mit ihrer
Flotte in Portugal oder anderwärts ans Land gehen. Es hätte
— urteilt der große Kriegskritiker Jomini — eines syste-
matischen Feldzuges von der Dauer zweier Jahre bedurft und
der Ausgabe von 300 bis 400 Millionen, die man zur Ernährung
der Armee benötigte, um die Unterjochung durchzusetzen.
Aber wir wissen, wie gedrängt Napoleon in der Zeit war, auf
welch schwankender Basis sein europäisches Übergewicht beruhte. Denn es war eine der Folgen seiner weltumfassenden
Politik, daß sie ihm neue Aufgaben zuwies, noch ehe er die
alten zu lösen imstande war.

Lange Zeit galt die Erzählung, Napoleon habe am 2. Januar 1809 in Astorga Briefe erhalten, deren Inhalt ihn besonders
nachdenklich gemacht und schließlich dazu bestimmt habe,

mit der Garde umzukehren; in diesen Briefen sollen Nachrichten von neuen energischen Rüstungen der Österreicher
und von geheimen Verabredungen der alten Feinde Talleyrand und Fouché gestanden haben, die den Imperator davon
abhielten, sich in die Berge des Westens zu verlieren. Lanfrey
und andere Historiker haben dies als napoleonische Geschichts-
macherei bezeichnet und gemeint, der Kaiser wollte nur
— wie im Jahre 1805 an der englischen Küste — einen Vorwand finden, um der Situation in Spanien zu entrinnen und
mit neuen Schlägen gegen Österreich seinen Kriegsruhm
mächtiger zu beleben. Diese Ansicht trifft jedoch nicht das
Richtige. Denn es hat sich aus neueren historischen Quellen,
z. B. aus den Aufzeichnungen Pasquiers und Marets und aus
Dokumenten Metternichs ergeben, daß die Intrigue Talleyrands, Fouchés und anderer, die jetzt das spanische Unternehmen, wie die ganze Weltpolitik des Kaisers, als für Frankreich nachteilig erklärten, und deren Anfänge wir bereits
in Erfurt kennen lernten, durchaus nicht bedeutungslos war.
Freilich, wenn Metternich in der Intrigue bereits eine Verschwörung und in einer Schar von Malkontenten schon eine
politische Umsturzpartei erblickte, mit der man zu rechnen
habe, und seinem Hofe dies so darstellte, so war das weit übertrieben und nur geeignet, in Wien denselben Irrtum hervorzurufen, der im Jahre 1805 Mack bis an die Iller vorgehen
ließ[1]). Aber immerhin war doch so viel an der Sache, daß
die beiden Staatsmänner die Möglichkeit, Napoleon könne
jenseits der Pyrenäen ums Leben kommen, sehr ernst und
Murat bereits als dessen Nachfolger ins Auge faßten. Dieser
und seine Gemahlin Karoline, noch immer erzürnt darüber,
daß ihnen anstatt Spaniens nur Neapel gereicht worden war,
versagten sich dem Plane nicht, der durch Josephine, Lätitia
oder Eugen — darüber gehen die Nachrichten auseinander —

---

[1]) „Wir sind also endlich an einer Epoche angelangt" — heißt es in
einer Denkschrift des österreichischen Gesandten vom 4. Dezember 1808 —
„wo sich im Innern des französischen Kaiserreichs selbst Alliierte anzubieten
scheinen, und nicht etwa niedrige Intriguanten, sondern Männer, die imstande
sind, die Nation zu vertreten, verlangen unsere Unterstützung; diese Unterstützung ist unser eigenstes Interesse und zugleich das der Nachwelt."
(Metternich, Nachgel. Papiere, II., 255, 264, 317.)

verraten wurde[1]). Die Nachricht von alledem mußte auf den mißtrauischen Kaiser Eindruck machen und ihn ebenso nach Frankreich zurückrufen, wie ihn im Jahre 1800 eine Mitteilung ähnlichen Inhalts nach der Schlacht bei Marengo zur Heimkehr bestimmt hat. Er verläßt am 16. Januar Valladolid und ist m 24. in Paris.

Wichtiger aber noch als dies eine Moment war für Napoleon das zweite: Österreich hatte nicht nur die von Rußland und Frankreich gemeinsam ihm nahegelegte Anerkennung Josephs als Königs von Spanien abgelehnt, sondern auch, während der Kaiser in Spanien focht, eifrig weitergerüstet und schien zum Krieg entschlossen. Ahnte man, daß in der Umgebung Napoleons der Gedanke aufgetaucht war, das föderative System des Empire dadurch fester zu begründen, daß man Österreich zerstückelte? Wenigstens erklärte Stadion dem Kaiser Franz im Oktober 1808, „er sehe kein anderes Mittel, die Monarchie zu retten und ihre zukünftige Existenz zu sichern, als beizeiten der Gefahr zuvorzukommen und, ohne den Ausbruch der feindseligen Pläne Napoleons abzuwarten, die gespannten politischen Verhältnisse gegen Frank-

---

[1]) Das Wahrscheinlichste berichtet hierüber P a s q u i e r, Mémoires, I., 354 ff. Nach ihm wäre durch den Vizekönig ein nach Neape gesandter Brief aufgefangen und dem Kaiser nach Spanien gesendet worden. Eugen sei durch Lavalette, den Generalpostmeister, aufgefordert worden, auf der Hut zu sein. Da Karoline sich damals in Paris befand, so scheint es ein Schreiben von ihr an den Gatten gewesen zu sein, um das es sich handelte. Napoleon nahm die Sache von seinen Verwandten hin, ohne weiter davon zu sprechen, auch Fouché war ihm zu wichtig und zu gefährlich, um ihn im Augenblick einer europäischen Verwicklung, die ihn möglicherweise wieder von Paris entfernte, zu beseitigen. Nur Talleyrand trug eine Standrede voll heftigen und beleidigenden Zornes davon: „Sie sind ein Dieb, ein Niederträchtiger, für den es nichts Heiliges gibt. Sie würden Ihren Vater verkaufen. Ich habe Sie mit Gütern überhäuft, und es gibt nichts, dessen Sie nicht gegen mich fähig wären. Seit Monaten, wo Sie annehmen, daß meine Sache in Spanien schlecht steht, sagen Sie jedem, der es hören will, Sie hätten das Unternehmen stets getadelt, während Sie es waren, der mir den ersten Gedanken dazu eingab und mich fortgesetzt dahin trieb. Und wer anders als Sie hat mir den Aufenthalt jenes Unglücklichen (Enghiens) verraten? Wer ermunterte mich zur Strenge gegen ihn? Ich könnte Sie jetzt wie Glas zerbrechen, ich habe die Gewalt dazu, aber ich verachte Sie zu sehr, um mir dazu die Mühe zu nehmen." (Siehe oben S. 44.) Diese Vorwürfe waren verdient, denn erst kurz zuvor, am 8. Dezember, hatte Talleyrand dem Kaiser einen Brief voll Schmeicheleien nach Madrid geschrieben, der ihn in seinen spanischen Plänen nur bestärken mußte. (B e r t r a n d, p. 478.)

reich schnell und auf immer zur Entscheidung zu bringen[1])."
Dazu schien jetzt der Augenblick gekommen. Schon daß
Jener an Spanien gefesselt war, war eine Gunst der Verhält-
nisse. Metternich, der eigens nach Wien kam, um nach seinen
Erfahrungen Rat zu geben, schilderte die französischen Streit-
kräfte als durchaus nicht weit überlegen und meinte, der
spanische Krieg halte so viel davon fest, „daß die Macht
Österreichs, so viel geringer als die Frankreichs vor der spanischen Erhebung, ihr jetzt, in den ersten Augenblicken eines
Kriegs, zum mindesten gleich sein würde". Er berechnete
in einer seiner Denkschriften (vom 4. Dezember 1808), daß
Napoleon nur etwas über 200.000 Mann gegen den Osten zur
Verfügung habe, und Minister Stadion trug dem Kaiser an
demselben Tage seine Überzeugung vor: es sei nunmehr an
der Zeit, „die seit Anfang des Jahres mit so glücklicher Beharrlichkeit aktivierten Kräfte des österreichischen Staates
in unmittelbare Anwendung zu bringen". Dazu schrieb
Stadions Bruder Friedrich aus München am 15. Januar, es
wäre alles von Bayern zu haben, wenn Österreich energisch
vorgehen und mit einer imponierenden Macht einrücken
wollte[2]), und Wessenberg aus Berlin, es herrsche dort nur
die eine Besorgnis, Österreich könnte den Krieg nicht wirklich
beginnen[3]). Auch die finanzielle Not drängte zur Aktion.
Denn nur bis zum Frühling konnte man den Hochstand der
Armee noch fristen; dann mußte etwas geschehen; auf englische Subsidien, um die man sich schon seit Wochen bewarb,
war erst nach Ausbruch des Krieges zu zählen. Und dann,
gab es denn für Österreich nicht auch noch andere Hilfe als
die spanische Diversion und Englands materielle Unterstützung? Mit dem Ministerium Stein in Preußen, das eine
national-deutsche Erhebung im Sinne gehabt hatte, war freilich nicht mehr zu rechnen; Stein war, auf Napoleons Andringen, gefallen und kam als ein Geächteter nach Österreich.
Aber sein Sturz hatte am Königsberger Hofe doch keinen
eigentlichen Systemwechsel mit sich gebracht. Und war es
nicht ein deutliches Zeichen der Verständigung, wenn der

---

[1]) W e r t h e i m e r, Geschichte Österreichs und Ungarns, II , 251
[2]) M e t t e r n i c h, Nachgel. Papiere, II., 259; B i n d e r - K r i e g l-
s t e i n, Regensburg, S. 5.
[3]) A r n e t h, Wessenberg, I., 105.

preußische Minister Graf Goltz dem österreichischen Gesandten Anfang Dezember die Konvention mit Frankreich
vom 8. September offen mitteilte und versicherte, der König
werde, wenn er sich auch nicht gleich zu Beginn seiner Verpflichtung entziehen könne, doch die erste günstige Gelegenheit ergreifen, um an Österreichs Seite zu treten? Jedenfalls
zog man diese Versicherung in Wien in Rechnung[1]. Man
konnte ja nicht wissen, daß Ansicht und Absicht des Königs
durchaus nicht immer durch dessen Minister repräsentiert
waren. Als Alexander I. von Erfurt über Königsberg nach
Hause gereist war, hatte er Friedrich Wilhelm eingeladen,
ihn in Petersburg zu besuchen. Sein Zweck war, den Freund
von seiner kriegslustigen Umgebung zu entfernen und zum
Festhalten an dem Vertrag vom September zu bewegen. Das
gelang. Der König, der Mitte Februar 1809 in sein Land
zurückkehrte, wollte fortan von einer Teilnahme am Kampfe
nichts mehr wissen; er ermahnte Österreich, den Frieden zu
bewahren und sich höchstens darauf zu beschränken, einen
Angriff Napoleons abzuwehren, er selbst wolle sich nicht von
Rußland trennen und müsse mit seinen Verpflichtungen gegen
Frankreich rechnen. Nun beruhte aber Stadions Programm
gerade darauf, dem Feind der alten Staatenordnung nicht
so lange Zeit zu lassen, bis er aufs neue mit überlegener Macht
den Donaustaat anfallen durfte, sondern in einem Augenblick loszuschlagen, wo die spanische Verlegenheit noch an-
dauerte und des Gegners Kräfte band.

Die Erklärung Friedrich Wilhelms machte aber nicht
bloß die Hoffnung auf Preußen zunichte. Auch ein zweiter
Faktor in der Rechnung Österreichs erwies sich dadurch als
unrichtig. Aus den Denkschriften Metternichs war hervorgegangen, welche Haltung Talleyrand gegen Alexander von
Rußland eingenommen hatte; und daß in Erfurt nicht alles
ganz glatt zwischen den beiden Kaisern abgelaufen war, bezeugte auch der heimgekehrte Diplomat Vincent, dem dort
der Wink gegeben worden war, der Zar sehe Österreichs

---

[1] B e e r, Zehn Jahre österreichischer Politik, S. 361, zitiert den
Brief von Goltz an seinen Vetter, der die Stelle dem österreichischen Bevollmächtigten Wessenberg mitteile. G a e d e, Preußens Stellung 1809,
S. 43, bezweifelt, daß Goltz vom König zu solchen Erklärungen autorisiert
gewesen war, was S. 54 erhärtet wird.

Rüstungen nicht ohne Beifall. Man zweifelte darum an der
Echtheit der russisch-französischen Freundschaft, trotz ihrer
Ostentation, und hoffte, der Zar werde, wenn nicht gerade
sein System ändern, so doch in einem französisch-österreichischen Krieg neutral bleiben. Da erklärte aber Alexander,
dem Napoleon durch Caulaincourt für wirksame militärische
Hilfe das halbe Galizien in Aussicht stellen ließ, dem österreichischen Abgesandten an seinem Hofe, Fürsten Schwarzenberg — immer in der Absicht, was ihm mit Preußen gelang,
auch mit Österreich zu versuchen — rundweg, er werde seinen
Verpflichtungen gegen den französischen Kaiser nachkommen
müssen, da ohne Zweifel der Wiener Hof der angreifende Teil
sei und für diesen Fall der Erfurter Vertrag seine militärische
Unterstützung für Frankreich fordere (2. März). Erst später,
als er bemerkte, daß sich Österreich trotzdem nicht vom
Krieg abhalten ließ, gab er, da es ihm doch nur um möglichst
viel Spielraum im Orient, nicht aber darum zu tun war, Napoleons Weltherrschaft zu fördern, die heimliche Erklärung
ab, er werde es nach Möglichkeit vermeiden, Österreich harte
Schläge zu versetzen (15. April); seine Truppen hätten Befehl, jeder feindlichen Aktion, soweit es an ihnen liege, auszuweichen (20. April[1]).

Aber wenn auch Zar und König dem Kampf mit Frankreich widerstrebten, gab es nicht dennoch in ihren Ländern
Elemente, die anders dachten und so stark waren, daß man
mit ihnen rechnen konnte? Das welthistorisch Wichtige war,
daß weder Alexander noch Friedrich Wilhelm in diesem
Augenblick die Stimmung und den Willen ihrer Völker vertraten. So wie in Österreich seit dem Bayonner Attentat die
öffentliche Meinung zum Kriege drängte[2]), so war auch in
Norddeutschland und Rußland die Feindschaft gegen Napoleon eine nationale Empfindung geworden, die sich immer bestimmter geltend machte. „Wenn der König" — hieß es in
Preußen — „noch länger zaudert, einen der öffentlichen
Meinung, die sich laut für Krieg gegen Frankreich erklärt,

---

[1]) B e e r, Zehn Jahre österreichischer Politik, S. 351.
[2]) Am 18. März 1809 schrieb der französische Geschäftsträger Dodun
aus Wien nach Hause: „Im Jahre 1805 wollte bloß die Regierung den Krieg,
weder die Armee noch das Volk; 1809 wollen ihn Regierung, Armee und
Volk." (Pariser Archiv des Auswärtigen.)

entsprechenden Entschluß zu fassen, so wird unfehlbar eine
Revolution ausbrechen!" Der dies schrieb, war Goltz, der
preußische Minister des Äußern, und die Adresse war die
Königin[1]). Prinz August drang in seinen Vetter, die Dinge
nicht bis dahin kommen zu lassen, daß die Nation ohne ihn
handle. Selbst persönliche Gegner Steins, wie Minister Beyme,
beschworen Friedrich Wilhelm, sich von Rußland zu trennen
und die Huldigung seiner alten Provinzen jenseits der Elbe
entgegenzunehmen. Andere wieder wiesen ihm die Gefahr,
die darin lag, daß das Haus Österreich, wenn es allein in
diesem Befreiungskriege siegen sollte, sich auch in Norddeutschland festsetzen könnte, da schon jetzt Schlesien nach
der österreichischen Herrschaft zurückverlange. Ernst Moritz
Arndt rief es ja offen in die Welt hinaus: „Freiheit und
Österreich! soll unser Feldgeschrei sein; das Haus Habsburg
soll herrschen!" Ein Sturm von Enthusiasmus ging durch
Deutschland und tat in Wien seine Wirkung, trotz der abmahnenden Warnung des Preußenkönigs, der jetzt wieder,
wie vor Jena schon einmal, unter dem Einfluß einer grundlosen Denunziation an Abdankung dachte. War es soweit
geirrt, wenn Stadion, diesen Eindrücken folgend, mehr das
deutsche Volk als dessen Fürsten in seinen Kalkül aufnahm
und endlich auch den kaltherzigen Kaiser Franz zu der Entschließung fortriß, Napoleon, „wie man zu sagen pflegt, das
Messer an die Kehle zu setzen"[2]) ? Stadion war — und darin

---

[1]) Man vergleiche damit einen von F e d o r o w i c z, Campagne de
Pologne, 1809, p. 321 s. veröffentlichten Brief Stadions an Erzherzog Franz
Ferdinand von Este, den Bruder der Kaiserin, aus dem April 1809, worin
erzählt wird, wie der König von Preußen zu Beginn des Winters in Wien
seine Unterstützung versprochen, seit seiner Rückkehr aus Petersburg aber
sein System völlig geändert habe. „Ich muß beifügen, daß, welches immer
die Entschließungen des Königs sein mögen, Armee und Volk für unsere
Sache sind, und daß, wenn der Königsberger Hof sich im gegenteiligen
Sinn erklären wollte, dies sehr unheilvolle Folgen für Seine preußische
Majestät haben könnte."

[2]) Resolution auf einen Vortrag Stadions vom 4. Februar 1809. (Wiener
Staatsarchiv.) Auch der Einfluß der Kaiserin Maria Ludovica, die durchaus
napoleonfeindlich gesinnt war, wie ihr ganzes Haus, mag dabei mitgewirkt
haben. Napoleon, der diesen Einfluß kannte, hat es später wiederholt be-
reut, daß er im Jahre 1807 des Kaisers Ehe mit einer sächsischen Prinzessin
gehindert hatte. (G o u r g a u d, Journal, I., 202, 328.) Franz hatte damals
auch nach Katharina von Rußland, der Schwester Alexanders, ausgeschaut,

unterschied er sich von Metternich — kein Preußenfreund,
wohl aber — und hierin eines Sinnes mit Stein — voll tiefen
Gefühls für die Zusammenfassung aller deutschen Volkskraft
zum Kampf um die Unabhängigkeit. Es mochte ihm, dem
mediatisierten Reichsgrafen, ein sympathischer Gedanke sein,
daß dieser Kampf von Österreich, der Stammacht der Kaiser,
durchgerungen werde, während der König von Preußen
zauderte und schwankte, wo dann im Fall des Gelingens die
österreichische Vorherrschaft in der Nation für alle Zeit gelten
mußte. Was Österreich sonst vom Krieg erhoffte, war, wie
es in einer Instruktion für den zur Unterhandlung mit England bevollmächtigten Grafen Wallmoden vom 29. Januar
heißt, „sich wieder auf den Punkt von innerer Stärke und
Konsistenz zu schwingen, auf welchem man nach den letzten
Friedensschlüssen vor dem Preßburger Frieden gestanden
hatte... mit der Bemerkung jedoch, daß man sich noch einzelne kleine Arrangements zur Verbesserung unserer Grenze
und unserer Lage gegen Deutschland bei vorteilhaften Umständen vorbehalten wolle, um so mehr, als zwei jüngere
Branchen des Erzhauses ihrer rechtmäßigen Besitzungen in
dem Laufe der Revolutionskriege beraubt worden sind und
entweder in Deutschland oder in Italien ihre Wiedereinsetzung
in das angeerbte Territorium oder eine Entschädigung finden
müssen.“ Dann weiter: „Österreichs Wunsch ist, wenn es ihm
gelingen sollte, das Tributärsystem Napoleons zu zerstören,
jeden rechtmäßigen Eigentümer wieder in dem Besitz der ihm
vor der Zeit der Usurpationen Napoleons zugehörigen Lande
zu sehen. Dieser Grundsatz hat vor allem auf Spanien, dann
in Italien auf den König von Neapel, den Papst, den König
von Sardinien, in Deutschland auf den König von Preußen,
den Kurfürsten von Hessen, den Herzog von Braunschweig,
den König von England in betreff Hannovers, dann auf das
gegenwärtige Herzogtum Warschau zugunsten Preußens Bezug. Der Wiener Hof dehnt ihn auch auf diejenigen deutschen
Fürsten aus, welche er bei dem bevorstehenden Kriege als
Feinde zu behandeln im Falle wäre und deren Rückkehr in
ihre angeerbten Lande nach geendigtem Kriege, wenngleich

die, so wenig wie ihre Mutter, der Verbindung abgeneigt war. Da war der
Bruder dagegen gewesen, der über Franz die abfälligsten Briefe schrieb.
Vergl. Correspondance de l'Emp. Alexandre avec sa soeur Catherine.

mit einigen Bedingungen nach Maßgabe des von ihnen ein-
gehaltenen Betragens, er im voraus zu versichern bereit ist[1]."

Wie weit Napoleon von diesen Absichten der Donaumacht
unterrichtet war, als er in Spanien Halt machte, läßt sich
freilich nicht bestimmt sagen. Nur, daß ihm — in der Regel
über München — manche Nachricht über deren Rüstungen,
über österreichische Wühlereien in Tirol, heimliche Verstän-
digungen zwischen dem tirolischen Adel und der Wiener Regierung und manches andere auf Feindseligkeit deutende
Zeichen zuging, ist erwiesen. Er hatte während des Feldzugs
Österreich nicht aus dem Auge verloren, und wenn auch die
Rheinarmee und ein Grenadierkorps, die er in Deutschland
unter Davout und Oudinot zurückgelassen hatte, kaum
100.000 Kombattanten zählten, so hoffte er doch, sie bald
wesentlich verstärken zu können. Er forderte vom Senat die
Konskription für 1810 — 80.000 Mann blutjunges Volk von
kaum achtzehn Jahren — und ließ sie unter die Rheinarmee
aufteilen. Außerdem errichtete er fünfte Bataillons bei jedem
Regiment, zog zwei Divisionen und die Garde aus Spanien
und ließ zwei weitere Divisionen, die sich bereits auf dem
Marsch dahin befanden, nach Deutschland umkehren, so daß
er hier zu der Zeit, da er den Beginn des Krieges annahm,
Mitte oder Ende April 1809, über etwa 200.000 Mann gebieten

---

[1] W. St.-A. Vergl. meine Studie über „Österreichs Kriegsziele im
Jahre 1809", Beiträge zur neueren Geschichte Österreichs, Dez. 1908. Man
war sogar bereit, „dem Könige von Sardinien eine hinreichende Vergrößerung seiner ehemaligen Lande zu gönnen, damit er nicht bei jedem
Kriege gezwungen werde, sich unter den Fahnen Frankreichs zu schützen
und der französischen Macht als Avantgarde zu dienen." Es ist also mindestens übertrieben, wenn auf Grund dieses Aktenstückes „die Doppel-
herrschaft über Italien und Deutschland" als das Ziel Österreichs 1809
bezeichnet wurde. (Oncken, Zeitalter der Revolution, II., 439.) Bestimmter werden die ins Auge gefaßten österreichischen Grenzen in Italien
in einem andern „Instruktionen für den Leutnant Wagner (General Wallmoden)" benannten Dokument gezogen. Man wird verlangen: die Rückkehr Istriens und Dalmatiens, die Polinie von der südlichsten Mündung
an, die der Chiesa mit den Festungen am Mincio. Auch Tirol und Vorarlberg werden begehrt. Dann heißt es allerdings noch: „Die Grenze, die Österreich in Italien für sich begehrt, und die dem König von Sardinien einge-
räumte, lassen in Norditalien einige Länder ohne Bestimmung, über deren
Verfügung man sich durch Kombination der Rechte ihrer alten Besitzer
mit den Interessen der Alliierten verständigen wird." Fedorowitsch,
Campagne de Pologne, p. 67 ff.

konnte, die italienische Armee nicht eingerechnet. In Paris und nach außen ward verkündet, daß die spanische Affaire beendet, das Land unterworfen sei. Er war fest zum neuen Kampf entschlossen, wenn Österreich sich nicht fügte, und bereitete ihn aufs sorgsamste vor. Auch hier galt es ihm, die Unantastbarkeit seiner Hoheit zu demonstrieren: niemand sollte fürder die Hoffnung hegen dürfen, ungestraft gegen ihn agitieren zu können, während er anderwärts beschäftigt war. Und hierzu gesellte sich noch ein anderer Beweggrund.

Während die früheren Kriege sich selbst ernährt und überdies reichen Geldgewinn abgeworfen hatten, hatte der spanische Feldzug nicht nur keine Kriegsentschädigung eingebracht, sondern im Gegenteil sehr viel Kosten verursacht. Dadurch verschlechterten sich die Finanzen und heischten Aufbesserung. Es ergab sich ein starkes Defizit. Die Rente fiel bis auf den Kurs von 78 und konnte nur mühsam gestützt werden. „Er braucht Geld,“ sagte der russische Kanzler Rumjanzow Mitte Februar zu Metternich über Napoleon, „er hat es mir nicht verschwiegen; er will den Krieg gegen Österreich, um es sich zu verschaffen[1]).“ In Wien hinwieder rief der ehemalige Leiter der Finanzen und nunmehrige Konferenzminister Zichy, ein ebenso unfähiger als vom Kaiser bevorzugter Staatsmann, gleichfalls: „Krieg, da die Situation der Geschäfte ihn erfordert!“ So berührten sich die hohen Ziele der Weltbeherrschung auf der einen, der Weltbefreiung auf der andern Seite aufs engste mit der materiellen Notdurft des staatlichen Lebens. Der Waffenstreit war unvermeidlich, da schließlich beide Teile ihn wollten. Nur war es für Napoleon, wie ehedem so oft, jetzt doppelt wichtig, Österreich als Angreifer hinzustellen — was ja im Grunde auch der Wahrheit entsprach — nicht allein, um von Rußland die versprochene Hilfe heischen zu können, sondern auch um vor den Franzosen wieder als derjenige zu erscheinen, der vom Ausland zu immer neuen Kämpfen verleitet wird. Außerdem brauchte er noch Zeit zu seinen Rüstungen, die nur langsam vonstatten gingen. Die Rekruten waren erst Mitte Februar versammelt und mußten vorerst eingeübt werden.

---

[1] Metternich, Nachgel. Papiere, II., 281. Der russische Gesandte hatte noch hinzugesetzt: „Und wenn er damit zu Ende ist, wird er es wohl bei uns suchen.‘

Erst Anfang März gibt er Befehl zur Konzentrierung der
Streitkräfte in Süddeutschland, und erst in den letzten Tagen
dieses Monats ordnet er den strategischen Aufmarsch an, den
der Generalstab bis zum 15. April fertigzustellen hat. Früher,
hofft er, würden die Feindseligkeiten nicht beginnen, eher
später, etwa Ende April oder Anfang Mai, wie er am
27. März an Eugen Beauharnais schreibt[1]). Dann sollten die
200.000 Mann der deutschen Armee um Regensburg, wo er
sein Ziel sieht und sein Hauptquartier aufschlagen will,
gruppiert sein und nur, wenn die Österreicher wider Erwarten früher losschlügen, die Lechlinie mit Donauwörth
als Stützpunkt besetzen. Gelänge es, in die Regensburger
Aufstellung zu gelangen — Davout bei Nürnberg, Massena,
der die nachgeschobenen Truppen befehligt, bei Augsburg,
Oudinot und die Bayern bei Regensburg — so könnte der
Feind, dessen Hauptmacht Napoleon in Böhmen weiß, entweder bei Cham in Bayern einbrechen und auf Regensburg
losgehen, wo ihn dann die rasch vereinigten französischen
Abteilungen im Tal des Regen aufhalten würden, oder auf
Nürnberg oder Bamberg marschieren, wo er Gefahr liefe, von
Böhmen abgeschnitten zu werden, oder er könnte nördlich
gegen Dresden debouchieren, wo man dann in Böhmen einfallen und ihm nach Deutschland folgen würde. Wollten sich
die Österreicher rechts und links an die beiden Flügel machen,
so müßte man den Kampf im Zentrum annehmen, da dann
immer noch der Rückzug an den Lech und die Versammlung
bei Augsburg freiblieben[2]). Alles hing nun davon ab, wann
die Österreicher den Krieg eröffneten — denn der erste Schritt
mußte ihnen eingeräumt bleiben — und in welcher Richtung
sie ihn taten.

In den Bureaus des österreichischen Generalquartier-
meisterstabes hatte man den neuen Feldzug gegen Frankreich
längst überlegt. Schon im Oktober 1808 war ein Plan entstanden, wornach Davout in Sachsen angegriffen und die
norddeutschen Fürsten und Völker gegen Napoleon fort-

) **D u C a s s e**, Mémoires du Pce Eugène, I. Berthier schrieb am
21. März an Massena, die Österreicher würden vor Ende April nicht losschlagen. **S a s k i**, Campagne de 1809, I., 328.
²) Instruktion für den Generalstab, 30. März 1809. **C o r r e s p.**,
XVIII., 14975.

gerissen werden sollten. Die Ungarn hatten auf dem Landtag im September über die nationale „Insurrektion" hinaus 20.000 Rekruten für die Linie bewilligt und damit das Machtgefühl der Regierung gesteigert. Dann war es aber doch wieder zu mannigfachen Schwankungen gekommen, wie es überhaupt in der nächsten Umgebung des Kaisers Franz zwei Strömungen gab, deren eine — Stadion — für möglichst rasche Offensive, die andere — Erzherzog Karl, dessen Armeereform noch nicht gänzlich durchgeführt war, jedenfalls sich keineswegs schon eingelebt hatte — nur für ausgiebige Rüstungen zum Zweck der Verteidigung, wenn man endlich angegriffen würde, stimmte. Der ganze Januar verging noch in dieser Unentschlossenheit. Man hatte nur die eine Gewißheit gewonnen, daß man mit den Rüstungen vor Ende März nicht fertig sein würde. Ende Januar entschied sich der Kaiser für den Offensivkampf[1]) nach allen Seiten. Da ward dann ein neuer Operationsplan entworfen, demzufolge ein Korps unter Erzherzog Ferdinand gegen Warschau und weiter marschieren, eine andere Heeresabteilung unter Erzherzog Johann Tirol insurgieren und in Italien eindringen, eine dritte unter Hiller am Inn Aufstellung nehmen, das Gros aber unter Erzherzog Karl in Böhmen konzentriert werden sollte, um von hier aus, je nach der Stellung, die die feindliche Hauptmacht einnehmen würde, zu operieren (8. Februar). Während sich nun die einzelnen Korps in Böhmen endlich zu sammeln begannen, vernahm man von dem Vorrücken der Franzosen in Schwaben, von Befestigungen bei Ingolstadt und Augsburg, vom Marsch Davouts nach Würzburg, kurz von der Konzentrierung der feindlichen Armee in der Donauebene, und Einzelne befürchteten, sie könnte am rechten Donauufer vordringen, mit ihren überlegenen Kräften das vereinzelte Korps Hillers werfen und auf die Hauptstadt losgehen, indes die Hauptmacht, wenn sie aus Böhmen an die Donau marschierte, dort einen schwierigen Übergang finden und zu

---

[1]) In den Instruktionen für den „Leutnant Wagner" nach England (s. oben) heißt es am 28. Januar: „Österreich wird diesen Krieg mit einer kräftigen Offensive eröffnen. Die ersten Schläge dürften in Deutschland und Italien fallen." Hier wird die Mitwirkung Preußens als etwas Positives angenommen.

spät kommen dürfte[1]). Andere empfahlen wieder den kühnen
Vormarsch aus Böhmen heraus. Lange schwankte man über
den zu wählenden Plan. Da übrigens die Aussicht auf eine
Unterstützung von Preußen her unsicher geworden war, entschied man sich um die Mitte März dafür, mit vier von den
in Böhmen gesammelten Korps nicht geradezu auf die Franzosen loszurücken, sondern sich erst auf dem Umweg über
Linz mit der Hillerschen Abteilung zu vereinigen und so
die Offensive, statt durch den Böhmerwald, über den Inn
hinaus zu ergreifen. Nur zwei Armeekorps, die man zurück-
ließ, sollten unter Bellegarde und Kollowrat, 49.000 Mann,
den direkten Weg einschlagen und auf Regensburg marschieren, mit denen man sich dann vor der Entscheidung
zu verbinden gedachte. Die Folge dieses Entschlusses
war, daß man mindestens eine Woche Zeit verlor. Endlich
am 9. April standen die Österreicher, etwa 120.000 Mann
stark, am Inn zum Übergang bereit, als der Erzherzog
Karl, der nicht eben mit großer Lust den Oberbefehl übernommen hatte, den Krieg erklärte.

Wenig Tage vorher hatte sich der Prinz in einem Armeebefehl an sein Heer gewandt und ihm die Mission der Befreiung des Weltteils übertragen: „Die Freiheit Europas hat
sich unter eure Fahnen geflüchtet, eure Siege werden ihre
Fesseln lösen, und eure deutschen Brüder, jetzt noch in feindlichen Reihen, harren auf ihre Erlösung.“ Der deutschen
Nation ward zugerufen, „daß Österreich nicht bloß für seine
Selbständigkeit, sondern für Deutschlands Unabhängigkeit
und Nationalehre das Schwert ergreife“. Der ganzen Welt
wurde ·durch ein Manifest aus Gentzens Feder erklärt, daß

---

[1]) Diese Gründe will der österreichische Oberst Stutterheim von
‚wohl Unterrichteten“ vernommen haben. Hierüber war es zu Differenzen
zwischen dem Generalquartiermeister Mayer von Heldensfeld einerseits
und dem Erzherzog Karl und seinem Adlatus Grünne anderseits gekommen.
Mayer hatte ursprünglich den Kriegsplan vom Oktober verfaßt und war
auch später der festen Meinung geblieben, man solle aus Böhmen geradezu
vordringen, eine Meinung, die der Erzherzog nicht teilte. Der etwas unge-
stüme Eifer, mit dem Mayer seine Ansicht verfocht, hat dann, auf des Erzherzogs Verlangen, seine Entfernung (21. Februar) veranlaßt; er wurde
nach der Militärgrenze versetzt und ist erst nach Wagram in den Kriegsrat
der Armee zurückgekehrt. (Siehe meine Bemerkungen zu K r o n e s’
„Zur Geschichte Österreichs im Zeitalter der französischen Kriege“, in der
Histor. Zeitschr., Bd. LVIII., S. 554.)

man nicht Frankreich, sondern nur das System stetiger Ausdehnung bekämpfte, das die herrschende Verwirrung aller
Verhältnisse herbeigeführt habe. So war es denn kein Krieg
von Staat gegen Staat, der im April 1809 seinen Anfang nahm,
kein Kampf, der um die größere oder geringere Ausdehnung
eines politischen Machtgebietes gekämpft wurde, vielmehr ein
Streiten für die Selbständigkeit der Völker wider eine Gewalt,
die längst die Schranken staatlicher Grenzen nicht mehr
anerkannte, sondern sie möglichst zu verwischen und das
revolutionäre System zentralisierter Gleichheit auch auf die
Nationen zu übertragen strebte.

Noch ehe die feindlichen Armeen in Bayern aufeinander-
trafen, war der Krieg bereits anderwärts loh emporgebrannt.
Zunächst in Tirol. Hier hatte die Aufteilung des Landes in
drei Kreise, die Beseitigung des Landesnamens, die Aufhebung der Landstände, die Anordnung der Militärkonskription, insbesondere aber die kirchliche Reform tiefen Haß,
namentlich unter der bäuerlichen Bevölkerung, gegen das
bayrische Regiment erzeugt, das nur in dem liberalen Bürger-
tum der größeren Städte einigen Anhang fand. Versprechungen
österreichischer Emissäre und der Wiener Regierungskreise
nährten die Erbitterung, und als der offene Krieg nicht mehr
zweifelhaft war, erhob sich das Landvolk Tirols, lieferte den
bayrischen Truppen glückliche Gefechte, zwang sie zu Kapitulationen und wurde Herr der Hauptstadt, wo bald darauf
die Österreicher, von Jubel und Freude begrüßt, einzogen.
Zur gleichen Zeit hatte auch die Armee des Erzherzogs Johann,
aus Kärnten vordringend, die Franzosen unter Beauharnais
bei Pordenone und in der Schlacht bei Sacile oder Fontana
Fredda am 16. April 1809 geschlagen und bis an die Piave
und Etsch zurückgeworfen. Und ebenso war das Korps des
Erzherzogs Ferdinand in Polen weithin vorgerückt, so daß
es am 20. April in Warschau einmarschieren konnte. Das
waren Erfolge, um so wertvoller, als Napoleon, trotz der
Verzögerung, die der österreichische Vormarsch durch die
Änderung des Kriegsplans erfuhr, noch immer überrascht
wurde, da er ja den Angriff erst um Wochen später erwartet
hatte. Nun kam viel darauf an, ob die österreichische Haupt-

armee die Gunst der Verhältnisse durch rasch entscheidende
Operationen zu nützen wußte.

Berthier hatte das Oberkommando über die „deutsche
Armee" zu führen, bis der Kaiser selbst herankam. Er war
aber seiner Aufgabe keineswegs gewachsen. Anstatt den
klaren Befehl Napoleons zu befolgen, entweder Davout an
den Lech zurückzuziehen und hier das Heer zu sammeln
oder es weiter voran, am Regen, zu vereinigen, ließ er Jenen
bei Regensburg stehen und hoffte, indem er Massena und
Oudinot am Lech festhielt, für alle Fälle vorgesorgt zu haben;
er hielt sich an den Satz der Instruktion, der für Davouts
Truppen Regensburg als Ziel bezeichnete, und übersah, daß
diese Bestimmung nur für einen bestimmten Fall getroffen
war, der nicht zutraf[1]). Daraus ergab sich, daß die Armee,
die jetzt mit Bayern und Württembergern etwas über
160.000 Mann zählte, mehrere Tage hindurch, anstatt konzentriert, in zwei Teile gespalten blieb, die durch das gesammelt
vordringende österreichische Heer nacheinander überwältigt
werden konnten. Die Österreicher aber versäumten diese
günstige Gelegenheit. Sechs Tage, vom 10. bis zum 16. April,
brauchten sie, um vom Inn zur Isar zu gelangen, eine Strecke,

---

[1]) Wenn neuere Darstellungen des Krieges von 1809 den Kaiser selbst
und dessen Briefe vom 10. April für Berthiers Maßnahmen verantwortlich
machen, so halte ich dies nicht für gerechtfertigt. Es ist in einem dieser Briefe
kurz gesagt: „Wenn der Feind vor dem 15. angegriffen hat", solle Berthier
die Truppen (les troupes) um Augsburg und Donauwörth konzentrieren
und marschbereit machen. In einem zweiten heißt es dann, Davout, der
sein Hauptquartier in Nürnberg haben dürfte, möge verständigt werden,
daß, wenn die Österreicher vor dem 15. angreifen sollten, sich alles auf den
Lech zurückziehe. „Wenn der Feind keine Bewegung macht", heißt
es darin weiter, gehen gleichwohl Massena nach Augsburg, die Württem-
berger nach Augsburg und Raim, die leichte Kavallerie auf Landshut oder
Freising zu, „je nach den Umständen" (selon les événements). Davout
wird (dann) sein Hauptquartier in Regensburg haben und seine Armee
wird sich eine Tagreise um diese Stadt herum lagern, „dies unter allen
Umständen" (et cela dans tous les événements). Der letzte Satz gilt also
nicht allgemein, wie man annimmt, sondern immer nur für den Fall, daß
die Österreicher keine Bewegung machen. Sie haben sie nun gemacht,
und dementsprechend hieß es in einem Brief vom 12., nachdem Napoleon
davon erfahren hatte, er erwarte, daß die ganze Armee zusammengezogen
am Lech stehe. („Je suppose que vous êtes à Augsbourg et que vous avez
centralisé toute mon armée sur le Lech.") Corresp.
XVIII., 15047, 15048, 15059.

die kurz nachher die Franzosen in zwei Tagemärschen zu-
rückgelegt haben, und als der Erzherzog am 17. morgens von
Landshut nordwärts gegen Regensburg aufbrach, um die
Offensive wider Davout zu ergreifen, da war auch schon Na-
poleon an der Donau angelangt und brachte seinem Heer die
Rettung aus dieser ernsten Gefahr.

Der Kaiser hatte am 12. abends in Paris durch den opti-
schen Telegraphen die Nachricht vom Innübergang der Österreicher und von ihrer Kriegserklärung erhalten, die er so
bald noch nicht erwartet hatte, und war allsogleich abgereist[1]).
Vier Tage und Nächte reiste er mit kurzer Unterbrechung
und langte am 16. in Ludwigsburg an, wo er Berthiers Berichte über seine Maßnahmen erhielt, die er sämtlich verurteilte. Bei Augsburg und Ingolstadt hätte man sich versammeln und das gerade Gegenteil von dem tun sollen, was
geschehen war. Wie nun, wenn die Österreicher aus Tirol
hervorbrächen? Er befiehlt zunächst die Konzentrierung der
Korps ohne Davout zwischen München und Augsburg. Dann
fährt er nach Donauwörth weiter, wo er am 17. eintrifft.
Hier bemerkt er sofort den Fehler, den die Österreicher durch
ihre Langsamkeit begangen hatten, und so sehr ihn die Konfusion, die Berthier angerichtet hatte, erbost, so sehr be-
schwichtigt ihn doch wieder die Haltung des Gegners, über
die er sich am nächsten Tage nach Möglichkeit orientiert.
Es wird berichtet, er habe es anfangs nicht glauben wollen, daß
der Erzherzog von der Isar nach Norden abgeschwenkt sei,
und man habe ihm die Richtigkeit der Nachricht wiederholt
versichern müssen. „Da war es," sagt Monthion, einer der
vertrauten Offiziere Berthiers, „als ob er wüchse, seine Augen
begannen zu glänzen, und mit einer Freude, die sein Blick,
seine Stimme, seine Bewegungen verrieten, rief er aus: „Dann
hab' ich sie! Das ist eine verlorene Armee! In einem Monat
sind wir in Wien!"

---

[1]) Nicht ohne persönliches Interesse ist es, wenn wir hören, daß Maret,
der die Depesche in Empfang nahm, den bereits schlafenden Kaiser um
10 Uhr weckte, worauf Dieser seine Abreise sofort auf Mitternacht festsetzte und sich nicht ohne Mühe bestimmen ließ, die Abfahrt bis 4 Uhr
morgens zu verschieben. Noch in der Nacht fand ein Ministerrat statt.
Auch charakterisiert es Josephine, daß sie, nur von einer Kammerfrau
begleitet, die Reise mitmachte. (Florets Journal vom 13. April, s.
Anhang.)

Der Kaiser irrte. Er brauchte um eine Woche weniger dazu[1]).

Man hat Napoleons Kriegführung in diesen Tagen bisher immer zu seinen größten Taten gezählt und erst in der allerletzten Zeit begonnen, sie kritisch zu prüfen. Sie im einzelnen darzulegen, soll hier unversucht bleiben. Nur in ihrer Wirkung muß an sie erinnert werden. Die Österreicher hätten auch jetzt noch, da die Luftlinie von Landshut nach Regensburg nur sieben, die von Augsburg dahin aber sechzehn Meilen beträgt, die beiden französischen Armeen getrennt besiegen können, und man hat mit Recht darauf hingewiesen, daß Napoleon ehemals noch weniger Zeit und Raum für sich hatte, als er im ersten italienischen Feldzug die österreichischen Entsatzarmeen vor Mantua gesondert schlug. Aber ihr Tempo blieb immer das gleich bedächtige, und überdies wurden ihre Streitkräfte, da man nicht sicher war, ob sich Davout wirklich noch in Regensburg befand oder schon nach Westen aufgebrochen war, geteilt, so daß eine Kolonne der Hauptarmee geradezu nach Norden, zwei andere auf Abensberg und Rohr marschierten, um den Marschall hier in der Bewegung anzugreifen. Feldmarschalleutnant Hiller und Erzherzog Ludwig wurden mit zwei Korps westwärts detachiert, um seine Vereinigung mit den Bayern zu hindern[2]). Unterdessen hatte Napoleon, der über den Feind doch nicht so genau unterrichtet war, als er es gewünscht hätte, schon am 17. seine Befehle gegeben: Davout sollte von Regensburg am rechten Donauufer nach Ingolstadt zurückgehen und sich mit den Bayern unter Lefebvre an der Abens zur linken Hand in Verbindung setzen, indes Massena vom Lech nach Osten an die Ilm und später, nachdem er einen Teil seiner Truppen unter Oudinot nordwärts an das Zentrum abgegeben hatte,

---

[1]) Die Erzählung S é g u r s (Histoire et mémoires, III., 321), der Kaiser habe diese Äußerung gleich beim Verlassen der Kutsche am Frühmorgen des 17. getan, ist unhaltbar, weil Monthion bei der Ankunft des Kaisers ebensowenig anwesend war wie Berthier, an den Napoleon an diesem Tage u. a. schreibt, er hätte gewünscht, daß er Monthion zurückgelassen haben würde. (C o r r e s p., XVIII., 15073.)

[2]) Radetzky, der am Feldzug teilnahm und am 16. bei Landshut ein unentschiedenes Gefecht bestanden hatte, bezeichnet diese Teilung der Kräfte als den zweiten großen Fehler der Österreicher, den Marsch über Linz als den ersten.

an die Isar vorrückte. Besonders ihn trieb der Kaiser zu
möglichster Raschheit an, da er schließlich den Plan faßte,
durch die Zurückziehung des linken Flügels und die Vor-
schiebung des rechten nicht allein die Armee zu vereinigen,
sondern auch — sein bekanntes Manöver — den Feind in
seiner Rückzugslinie auf Landshut zu bedrohen. „Activité,
activité, vitesse!" ruft er Massena zu, und die Truppen leisten
das Übermögliche; sie legen — es sind 50.000 Mann — in
48 Stunden 100 Kilometer zurück. Die befohlenen Bewegungen gelingen unter glücklichen Gefechten mit den österreichischen Flügelkolonnen, so gewagt auch der Flanken-
marsch war, den Napoleon Davout zumutete. Dieser wird
zwar am 19. von weit überlegenen Kräften bedroht; die
Österreicher aber — wie Napoleon schlecht unterrichtet —
sind zu spät aufgebrochen, um noch das ganze Korps Davouts
im Marsch vor sich zu finden und zu schlagen. Dadurch geschah es, daß keineswegs alle Armeeteile des Erzherzogs in
den Kampf eintraten, die Ostkolonne in größter Nähe
nach Norden vorbeimarschierte, als ob sie das alles nichts
anginge, und Davout sogar siegreich das Feld behauptete.
Er ermöglicht es dadurch dem Kaiser, die anderen Korps
unterdessen bei Abensberg zu versammeln, wo am Tag darauf
ein Gefecht stattfindet, das der Erzherzog ebenfalls verliert.
Er verliert es, weil die Brigade Thierry des Zentrums, gegen
die sich Napoleons Angriff richtete, von dem zunächst stehenden linken Flügel, insbesondere von dem herbeikommandierten Korps des Erzherzogs Ludwig, ungenügend unterstützt und der Generalissimus selbst durch einen jener bösen
Nervenkrämpfe, an denen er litt, abgehalten wird, nach dem
Rechten zu sehen. Der rechte Flügel blieb ganz außer Aktion,
da er sich durch Davout für gebunden hielt. Die Folge war,
daß sich Napoleon mit dem Gros seiner Armee zwischen Karl
und dessen linken Flügel drängte und diesen — die Korps
von Hiller und Erzherzog Ludwig — bis nach Landshut vor
sich hertrieb, wo er ihn, nach einem am 21. leicht errungenen
Sieg, über die Isar zurückwarf[1]).

---

[1]) Die Niederlage bei Abensberg am 20. April ist im österreichischen
Hauptquartier dem jungen Erzherzog Ludwig allein zur Last gelegt worden.
Stadion, der sich beim Kaiser in Schärding befand, schrieb von dort am
23. an seine Frau: „Diese Affaire des Erzherzogs Ludwig stört gewaltig

Diese Bewegung war erfolgt, ohne daß die Franzosen in ihrer linken Flanke belästigt worden wären, so daß Napoleon immerhin meinen konnte, der Erzherzog strebe mit der Hauptmacht auf einem anderen Wege Landshut zu. Das war ein schwerer Irrtum, der dem gegen Karl zurückgelassenen und nur durch die Bayern unter Lefebvre verstärkten Davout am 21. leicht hätte verderblich werden können. Denn der Erzherzog, der erst spät davon erfuhr, daß ihm sein linker Flügel abgetrennt worden sei, war nicht nach Süden gegangen, sondern hatte sich mit einem der aus Böhmen heranrückenden Korps über Regensburg in Verbindung gesetzt, wodurch er Davout weit überlegen wurde. Doch da Dieser trotzdem herzhaft angriff, Karl über Napoleons Marsch nach Süden nicht orientiert war, sich der Hauptarmee gegenüber glaubte und deshalb in der Defensive verharrte, blieb der Tag für die Franzosen ohne nachteilige Folgen. Und als der Erzherzog am nächsten (22.) erst gegen Mittag angriff, wo Davout bereits von Süden her Sukkurs erhalten hatte, war alles wieder zugunsten des Feindes gewendet. Napoleon war, nachdem er seinen Irrtum eingesehen und Davout Verstärkungen (Vandamme und Lannes) zugesandt hatte, selbst mit dem größten Teil seiner Truppen nordwärts aufgebrochen, die Verfolgung Hillers über Neumarkt hinaus geringeren Kräften überlassend. Er kam eben im rechten Augenblick an, um am Nachmittag des 22. die Schlacht bei Eggmühl zu seinem Vorteil zu entscheiden. Ein Korps unter Rosenberg wurde von Vandamme besiegt, der rechte Flügel von Davout zurückgedrängt, der linke von Lannes durch eine Umgehung bedroht. Trotz der außerordentlichsten Tapferkeit vermochten die Österreicher, von denen übrigens nur etwa die Hälfte ins Gefecht kam, doch nicht zu widerstehen; eine französische Kavallerieattacke, die sie nicht genügend zu parieren wußten, gab den Ausschlag. Sie wichen zum Teil aufgelöst nach Regensburg, wo es am 23. zu einem neuen, hauptsächlich von der Reiterei ausgefochtenen Treffen kam, dessen Verlust den Erzherzog in seinem schon am Vortag gefaßten Beschluß bestärkte, über die Donau zu

---

den Gang unserer Dinge. Jetzt ist es absolut notwendig, daß der Erzherzog Karl die Franzosen schlage; aber ich stehe nicht dafür, daß er es kann, nachdem er nun zwei Korps weniger (d. i. das 5. und 6.) zu seiner Disposition hat." (Handschriftlich.)

gehen, um durch Böhmen nach der Hauptstadt zu ziehen. Napoleon aber befahl, ohne dem Prinzen zu folgen, den er nur beobachten ließ, den Vormarsch nach Wien.

Er hat es später im Exil wiederholt beteuert, die größten und geschicktesten militärischen Manöver hätte er in der Schlacht bei Abensberg, dann bei Landshut, endlich bei Eggmühl vollführt; besonders das Treffen bei dem zuletzt genannten Orte nannte er zuhöchst. Darin wird vielleicht die militärische Kritik mit ihm nicht durchaus übereinstimmen; wenigstens die ersten beiden Affairen stellten an sein Genie gerade nicht die größten Anforderungen, und Eggmühl war nur die allerdings glänzende Korrektur eines Irrtums[1]). Aber freilich, wenn man bedenkt, daß er kaum eine Woche zuvor eine zerrissene Armee einem konzentrierten Feind gegenüber vorgefunden und binnen wenig Tagen diese Armee zu vereinigen, die des Gegners zu trennen und dann getrennt zu besiegen verstanden hat, wer möchte ihm da den Preis versagen? Und wenn es neben dieser Genialität des Feldherrn noch etwas zu bewundern gab, so war es die rastlose Energie der Gedankenarbeit, die sich nicht Schlaf, kaum Nahrung gönnte, bis das Ziel erreicht war. „Die Arbeit ist mein Element," hat der Gefangene von St. Helena gesagt, „ich bin geboren und geschaffen für die Arbeit. Ich habe zwar die Grenzen meiner Beine, die meiner Augen kennen gelernt, aber niemals die meiner Tätigkeit."

Die Siege in Bayern hatten jedoch nicht bloß die Bedeutung glänzender militärischer Erfolge. Sie waren die entscheidendste Aktion des ganzen Kriegs, der durch sie völlig seinen ursprünglichen Charakter verlor. Österreich hatte ihn offensiv zu führen gedacht und in diesem Sinn eröffnet, jetzt war es auf die Defensive zurückgeworfen und nicht mehr imstande, die Offensive außerhalb der Grenzen zu ergreifen. Vor fünf Tagen der Vorkämpfer Europas, war jetzt sein Heer nur noch der Verteidiger des eigenen Staates. Denn auch die Erzherzoge Johann und Ferdinand hatte das Mißgeschick Karls genötigt, das in Italien und Polen gewonnene Terrain wieder aufzugeben. Ein Versuch, aus Tirol nach Norden vor-

---

[1]) Ähnlich, wie nach Marengo, hat auch hier Napoleon hinterher seinen Irrtum zu verbergen versucht und Davouts Bloßstellung als ein vorbedachtes Manöver bezeichnet.

zubrechen, mußte notwendigerweise scheitern, und das betreffende Korps (unter Chasteler) erlitt am 13. Mai bei Wörgl
eine Niederlage. Im österreichischen Hauptquartier herrschte
denn auch die größte Niedergeschlagenheit. Aus Cham, wohin
sich Erzherzog Karl zurückgezogen hatte, schrieb er an Kaiser
Franz: „Wenn noch so eine Affaire ist, so hab' ich keine
Armee mehr. Ich erwarte die Friedensverhandlungen." Aber
trotz den großen Verlusten in diesem fünftägigen Feldzug
— man berechnete sie, zu hoch, auf über 50.000 Mann —
war es doch nicht die Meinung des Monarchen, schon jetzt
sich zu beugen. Franz war in diesen Tagen noch immer von
Stadion beeinflußt, der die Hoffnung auf Rettung keineswegs
aufgab. „Es ist noch nicht alles verloren," schreibt der Minister an seine Frau, „wenn es uns nur gelingt, den Erzherzog
aufzurichten und desgleichen die Armee, die nach der Art,
wie man sie geopfert, allen Grund hat, entmutigt zu sein[1]."
Der Bruder des Premiers, Graf Friedrich, wurde in dieser
Absicht ins Hauptquartier gesandt, und wirklich klang die
Sprache des Generalissimus bald wieder zuversichtlicher. Er
bietet zwar in einem Schreiben an Napoleon, das nie eine
Antwort erhalten sollte, Unterhandlungen an, hofft aber
doch auch, es werde ihm gelingen, sich zwischen Budweis
und Linz mit den zwei Korps unter Hiller — Erzherzog
Ludwig hatte das Kommando verloren — die vor Napoleon
den Inn gewonnen haben und donauabwärts marschieren, zu
vereinigen und den Feind durch eine Bedrohung in Flanke
und Rücken zum Rückzug zu zwingen. (Karl an Franz,
28. April 1809, aus Neumarkt.) Aber Hiller, der die Linzer
Brücke zerstörte, um sich über die bei Mauthausen auf das
andre Ufer zu begeben, kann diese Absicht nicht ausführen,
da inzwischen die zweite Übergangsstelle durch treibende
Schiffe beschädigt worden war, und sah es nun für seine
nächste Aufgabe an, seine Truppen hinter der Traun zu versammeln und das Vorrücken des Feindes möglichst zu erschweren[2]. Das gelang ihm aber nur unvollkommen. Nach

[1] Handschriftlich.
[2] Daß er nicht bei Linz übergegangen war, ist ihm später vom Erzherzog zum Vorwurf gemacht worden, der vom Schicksal der Mauthausener
Brücke nichts gewußt zu haben scheint. „Dieser letzte Schlag", schreibt
der Prinz an den Herzog Albert von Sachsen-Teschen am 4. Mai, „macht
mich untröstlich, wenn ich sehe, daß alles wieder gutgemacht hätte werden

heroischen Kämpfen bei Ebelsberg muß er die Traunlinie preisgeben, um dann bei Krems das jenseitige Donauufer zu gewinnen, wo er dann, im Angesicht der vom Feind besetzten Hauptstadt, den Erzherzog erwartet, der über Zwettl und Meissau heranrückt. Um die Mitte Mai sind die beiden Heeresteile an den Ostabhängen des Bisamberges vereinigt.

Napoleon hat es später im Gespräch mit dem österreichischen General Bubna als einen militärischen Fehler bezeichnet, dem Erzherzog nicht nach Böhmen nachgerückt zu sein; er habe, sagte er, lange in Regensburg geschwankt und nur mit Rücksicht auf die allgemeine Lage Europas, d. i. um die unruhigen Elemente des Nordens von einem Anschluß an Österreich abzuhalten, den Vormarsch auf Wien beschlossen. Es sollte sich bald zeigen, wie richtig dieser politische Kalkül war. Am 13. Mai war er Herr der Stadt, die sich nach dreitägiger Gegenwehr ergab, und schlug, wie 1805, sein Hoflager wieder in Schönbrunn auf, was in die Ferne den größten Eindruck machte. Militärisch genommen war damit freilich noch nicht alles erreicht. Denn der Besitz der feindlichen Residenz gewann doch erst dann volle Bedeutung, wenn auch das feindliche Heer, das ihr gegenüber auf dem anderen Donauufer lagerte, geschlagen ward. Wollte Napoleon die Offensive beibehalten, so mußte dies gewagt werden, obgleich seine Armee durch Detachements (Lefebvre mit den Bayern gegen Tirol, Bernadotte in Linz) geschwächt und Davout erst im Anmarsch auf Wien begriffen war.

Er wählte, um an den Gegner zu gelangen, zunächst den Übergang im Nordwesten der Stadt, bei Nußdorf, der aber, mit ungenügenden Kräften unternommen, am 13. Mai scheiterte. Dann entschied er sich für einen Punkt im Südosten, bei Kaiser-Ebersdorf. Dort ließ er am Nachmittag und in der Nacht des 20. Mai leichte Reiterei, die Korps von Massena und Lannes und hinter ihnen einen Teil der Garde zunächst nach der geräumigen Insel Lobau und teilweise noch

---

können und daß dieses alles durch den Fehler eines einzigen Menschen unmöglich sein wird." (W e r t h e i m e r, Gesch. Österreichs, II., 313.) Der Vorwurf entbehrte des zureichenden Grundes. Hillers Fehler war keineswegs so groß, wenn die zweite Brücke hielt. Es war vielmehr das Logischere, die erste zu verbrennen und die zweite zu überschreiten. Auch hatte ihm der Erzherzog die Wahl zwischen Linz und Mauthausen freigestellt. (Ebenda, II., 312.)

am selben Abend von da auf das Nordufer hinüberrücken,
ohne von dem Feinde darin ernstlich gestört zu werden.
Erzherzog Karl hatte zunächst die Meinung, die Franzosen
würden den Versuch eines Brückenschlages bei Nußdorf
wiederholen, und das Manöver bei Ebersdorf sei nur eine
Diversion, die über die Hauptabsicht täuschen sollte. Er
erwartete sie daher in einer an den Bisamberg gelehnten
Stellung, und entschloß sich erst, nachdem sichere Anzeichen
meldeten, daß Napoleon unterhalb Wiens herübergekommen
war und am Morgen des 21. bereits Aspern und Eßling besetzt
hatte, ihm entgegenzugehen und ihn mit Übermacht anzugreifen. Um auch in der Übermacht zu bleiben, wollte er die
Brücke über den Hauptstrom bei Ebersdorf durch herab-
rinnende Steinschiffe zerstören, damit der Feind keinen
weiteren Zuzug erhielt. Die Absicht glückte. Der mit der
Durchführung betraute Hauptmann Magdeburg vom General-
quartiermeisterstab hatte schon am Vortag die Ebersdorfer
Brücke für mehrere Stunden unbrauchbar gemacht; er wiederholte jetzt den Versuch, und mit Erfolg, so daß Napoleon
nicht viel mehr als 30.000 Mann auf das linke Ufer gebracht
hatte, als der Erzherzog um 3 Uhr Nachmittag zum Angriff
überging. Das geschah allerdings nur allmählich und partien-
weise, so daß die dreifache Überlegenheit der Österreicher
nicht zur vollen Geltung kam. Aber ungemein erbittert waren
die Kämpfe, die sich um die genannten Dörfer entwickelten.
Als sich Napoleon auf seinem rechten Flügel durch neue
Kräfte bedroht sah, wagte er eine gewaltige Reiterattacke
gegen das feindliche Zentrum, um es zu durchbrechen. Das
gelang zwar nicht, Aspern ging zum größten Teil an die Österreicher verloren. In Eßling aber hatten die Franzosen unter
Lannes ihre Position heldenhaft behauptet, als die Nacht anbrach.

Der Kaiser hatte inzwischen auf der unterdes reparierten
Brücke Verstärkungen — es waren bei 40.000 Mann — erhalten,
und unternahm nun seinerseits bereits um 3 Uhr morgens
den Angriff, zunächst auf Aspern. Das Dorf ward den Österreichern von Massena nach wiederholtem Anstürmen
abgenommen. Und dann drängte Lannes den Feind auch
von Eßling weg. Diese Erfolge auf den beiden Flügeln und
nicht minder das mörderische Feuer der österreichischen
Artillerie aus dem Zentrum, zwischen den beiden Dörfern,

heraus brachten Napoleon dazu, nochmals den Durchbruch
der feindlichen Mitte zu versuchen. Als er, etwa um 7 Uhr
die Meldung erhielt, die am Spätabend vorher aufs neue zerstörte Brücke sei wiederhergestellt und auch Davouts Truppen
(15.000 Mann) stünden jenseits bereit, sie zu passieren, erteilte er Lannes Befehl, mit drei Divisionen und entsprechender
Kavallerie die österreichische Aufstellung in der Mitte zu zerreißen. Schon war Lannes mit ungeheurer Wucht vorgedrungen, schon bog sich die österreichische Linie weit nach
rückwärts aus, so daß nur mit größter Mühe, dadurch, daß
Hiller erfolgreich um Aspern kämpfte und der Erzherzog, sich
selbst exponierend, alle Reserven vorschob, eine Katastrophe
verhütet wurde: da brach im Rücken der Franzosen nochmals die
große Brücke, die Truppen Davouts wurden jenseits des Stromes
aufgehalten, und Lannes, der von der Lobau her nicht mehr
unterstützt werden konnte, mußte zurückgehen. Da nun die
Österreicher ihrerseits mit unerschüttertem Mute vorrückten, war
Napoleon wiederum in die Defensive gedrängt, und die Schlacht
gewann denselben Charakter, den sie am Vortag getragen hatte.
Nach neuen kritischen Momenten beim Sturm der österreichischen Regimenter wider die feindlichen Positionen, die,
vorübergehend, am Nachmittag, zu einem panikartigen Zurückweichen des linken österreichischen Flügels führten und
selbst den Erzherzog einen Augenblick an den Rückzug der
Armee denken ließen, mußten die Franzosen endlich Aspern
und Eßling aufgeben und in die Lobau zurückkehren, eine
Bewegung, die Massenas Truppen deckten und die sich, nachdem die völlig erschöpften Heere einander losgelassen hatten,
ungestört vom Feind vollzog, der erst am Morgen des nächsten
Tages den ganzen Umfang seines Erfolges wahrnahm[1]).

---

[1]) Die Entscheidung auf österreichischer Seite soll der Reitorgeneral
Fürst Johann Liechtenstein herbeigeführt haben, wie der Erzherzog selbst
am nächsten Tag dem Kaiser Franz vor der ganzen Armee erklärte. Stadion,
der den Monarchen begleitete, schreibt am 23. Mai an seine Frau: „Le
prince Jean non seulement a combattu comme toujours, mais c'est lui qui,
à ce que l'archiduc a déclaré à l'Empereur devant toute l'armée, a décidé
cette journée brillante, et il mériterait une triple grande croix de Marie
Thérèse" (Handschriftlich). War das nur die Anerkennung überaus tapferer
Kampfführung? Oder vielleicht ein Zeichen des Dankes dafür, daß der
Fürst den Generalissimus in jenem kritischen Augenblick bestimmt hatte,
die Disposition für den Rückzug zu verwerfen? Sie blieb unausgeführt,
und nur ein Vermerk in den Repertorien der Kriegsakten deutet auf sie hin

Der Tag war für Napoleon verloren. Er hatte am Abend
vorher, so erzählte er auf St. Helena, daran gedacht, sich
zurückzuziehen, bei dem Gewühl aber, das auf der einzigen
Brücke herrschte, den Gedanken wieder aufgegeben[1]). Hätte
er ihn ausgeführt, so konnte der Nachmittagskampf am
Pfingstsonntag mit den geringen Kräften immerhin als ein
starkes Rekognoszierungsgefecht ausgegeben werden. Jetzt
aber, nach dem zweiten Kampftag, war es eine verlorene
Schlacht. Seine Generale hatten sich mit Ruhm bedeckt,
der Feldherr aber war besiegt. Bei stürmischem Wetter und
hohem Stromgang auf einem Kahn nach Ebersdorf gelangt,
soll er dort allein, unbeweglich, stumm und starren Blickes
vor seinem improvisierten Abendbrot gesessen haben, bis
seine Augen Tränen füllten[2]). Weinte er über Lannes, der zu
Tode getroffen lag? über die Tausende gefallener Veteranen?
Oder war es ein anderer Verlust, der ihm Tränen erpreßte?
Denn das konnte er sich nicht verhehlen, daß der Ruf seiner
Unwiderstehlichkeit dahin war. Und wer wird es ihm glauben,
wenn er der Welt in seinem Bulletin verkündet: ,,Der Feind
zog sich in seine Stellungen zurück, und wir blieben Herren
des Schlachtfeldes"? Niemand.

Kurz zuvor hatte er sich mit seinen Marschällen in der
Lobau beraten. Sie hatten ihn mutig und zuversichtlich gesehen, wie immer. Auf ihren Vorschlag, die Insel zu räumen,
war er nicht eingegangen; er will sie halten und befestigen.
Er muß es zunächst tun, denn die kaum hergestellte Brücke
war bereits wieder durch Magdeburgs Zerstörer zerbrochen
worden und konnte nicht sofort repariert werden. Diese
Gunst der Verhältnisse wurde von österreichischer Seite nicht
ausgenützt. Es ist zwar in der Nacht vom 23. auf den 24. Mai
mit zwei Brigaden der Versuch gewagt worden, die Lobau
anzugreifen; er erwies sich aber — ,,da das Wasser sehr zunahm" — als unausführbar[3]). Ob es mit größerem Kraft-

---

[1]) G o u r g a u d, Journal, II., 113.
[2]) S é g u r, Histoire et mémoires, III., 359 f.
[3]) So meldet am 24. der Erzherzog seinem kaiserlichen Bruder. Sehr
ernst scheint es ihm mit der Verfolgung des Feindes nicht gewesen zu sein,
denn als sich Fürst Liechtenstein nochmals zu dem Unternehmen erbot,
soll er es mit der Erklärung abgelehnt haben, es sei nun genug Blut geflossen. Im übrigen war der Erzherzog noch am 24. über die wahre Sachlage
nicht völlig aufgeklärt, denn in dem erwähnten Brief an Kaiser Franz heißt

aufwand und mehr Energie nicht dennoch möglich gewesen
wäre, steht freilich dahin. Marmont erzählt, daß in der französischen Armee, die drei Tage lang in der Au biwakieren
mußte, bis die Brücke wieder passierbar war, arge Konfusion
herrschte, wie sie einem feindlichen Handstreich nicht günstiger
sein konnte. Der Erzherzog begnügte sich aber damit, auf
dem Marchfeld eine möglichst gute Position zu suchen und eine
abwartende Haltung einzunehmen. Er hatte in Bayern im
waldigen Gelände mit den neuen Reglements sehr üble Erfahrungen gemacht und scheute sich wohl auch deshalb,
und da man doch noch stark in der Lineartaktik steckte,
die nur im offenen Feld Erfolge verhieß, tiefer in die Donau-
auen einzudringen. Nach seiner Meinung sollte man den Sieg
eher diplomatisch als militärisch auszunützen trachten, d. h.
um einen möglichst vorteilhaften Frieden zu erlangen.
Er war ohne Zuversicht auf einen zweiten Erfolg im Felde.
„Die Schlacht bei Aspern", schrieb er während der nächsten
Woche einmal an seinen Ohm, den Herzog Albert von
Sachsen-Teschen, „hat Napoleon milde gstimmt. Man sollte
doch von diesem Glück, welches wir kaum ein zweites Mal
erfahren werden, Gewinn ziehen."

   Die Wechselfälle des Kampfes, wie wir sie bisher verfolgten, hatten auf das übrige Europa ebenso wechselnde
Eindrücke hervorgebracht. Die Gegner des Imperators, namentlich im Norden Deutschlands, waren von den ersten Erfolgen
der österreichischen Truppen in Italien, besonders aber vom
Gelingen des tirolischen Aufstandes, begeistert. Alle Räte
Friedrich Wilhelms III. rieten jetzt dringend zum Anschluß

---

es: „Die feindliche Armee soll bei Laa (d. i. jenseits der Donau) stehen,
Napoleon bei Erbreichsdorf, vielleicht in der Idee, daß wir gleich übergehen
werden, und mit dem Plan, uns während oder nach dem Übergang zu attak-
kieren." (W. St. A.) In einer Denkschrift seines Generalstabschefs Wimpffen
vom 29. hieß es dagegen: „Der Sieg konnte nicht benutzt werden, da die
feste Stellung des Feindes jede Verfolgung unmöglich machte; auch konnte
die Donau nicht wohl übersetzt werden, solange der Feind diesseits des
Hauptstromes in der Lobau einen beträchtlichen Teil seiner Armee unterhält." Wenn W e r t h e i m e r, II., 327, Anm. 5, aus den Aufzeichnungen
Karls zitiert, es habe völlig an Schiffen und Pontons gefehlt, so muß hier
ein Irrtum vorliegen, denn eine der beiden Kolonnen, die am Abend des 23.
gegen die Lobau vorrücken sollten, hatte 20 Pontons, genug, um über jenen
Arm zwei Brücken zu schlagen. (M a y e r h o f f e r, Österreichs Krieg mit
Napoleon 1809, S. 89.)

an Österreich. Dieses selbst rechnete sicher darauf. Aber
umsonst. Der König widerstrebte seinen Ratgebern, verurteilte
mit seiner eingeschränkt preußischen Gesinnung den national-
kriegerischen Aufschwung im Lande als „frevelhafte Unruhe"
— insbesondere als Schill, unter dem Jauchzen der Bevölkerung, sein Bataillon eigenmächtig aus Berlin führte, um
den Dörnbergschen Aufstand in Westfalen zu unterstützen —
und erst als aus Petersburg die Nachricht eintraf, Kaiser
Alexander beabsichtige keine ernsten Feindseligkeiten gegen
Österreich, gab er widerwillig seine Zustimmung zu geheimen
Verhandlungen mit Kaiser Franz und ließ die Zahlungen an
Frankreich einstellen[1]). Das war ein erster Schritt, dem notwendig ein zweiter folgen mußte, wenn er nicht widersinnig
sein sollte. Dieser zweite Schritt blieb aus. Die österreichischen Niederlagen in Bayern, namentlich aber die rasche Einnahme Wiens, die sie bestätigte, taten ihre Wirkung, und
der König beharrte bei seiner Anschauung, der Franzosenkaiser würde auch über ein vereinigtes preußisch-österreichi-
sches Heer siegen, während es durchaus nicht ausgemacht sei,
daß, wie die Minister meinten, sein Triumph über die Donaumacht notwendig die Vernichtung Preußens nach sich ziehen
müsse, höchstens dessen weitere Reduktion, und da sei es
immer noch besser, hinter der Oder als gar nicht mehr König
von Preußen zu sein. Die Schlacht bei Aspern änderte nichts
hieran; denn daß sie nicht ausgenützt wurde, war nur ein
neues Argument, das Friedrich Wilhelm seinen Räten, von
denen jetzt übrigens auch Goltz zurückhaltender wurde, ent-
gegenhielt. Zu alledem beging die österreichische Regierung

---

[1]) Daß er nicht mit dem Herzen bei der Sache war, geht u. a. auch
aus einer Randbemerkung hervor, die er dem Goltzschen Entwurf eines
Abkommens mit Österreich beifügte. Goltz hatte erklärt, Preußen werde
acht Wochen nach Abschluß des Vertrags die Feindseligkeiten eröffnen.
Friedrich Wilhelm meinte aber: „Den Termin genau auszudrücken, ist nicht
geraten." G a e d e, Preußens Stellung zur Kriegsfrage, S. 102. Die Vermutung Gaedes, der König habe sich durch ein paar rücksichtslose Worte
Alexanders I., die ihn an der Unterstützung durch Rußland zweifeln ließen,
zur offenen Feindschaft gegen Frankreich bestimmen lassen, ist schwer
mit der Tatsache zu vereinbaren, daß er sich erst durch die Nachricht,
Alexander wolle den Krieg an der Seite Napoleons nur zum Scheine führen,
zu einer offensiven Haltung bestimmt fühlte. Vergl. auch B a i l l e u in der
Histor. Zeitschr., Bd. 84, S. 452.

den großen Fehler, daß sie, anstatt die Bedingungen, die
Preußen für ein Abkommen stellte, glatt anzunehmen, nur
ganz allgemeine Versicherungen gab und es mit seinem Verlangen nach Waffen und Geld an England wies. Der Prinz
von Oranien, der in den letzten Maiwochen im österreichischen
Hauptquartier erschienen war, hatte wohl hier den Entschluß
seines Schwagers, des Königs, mitgeteilt, an Österreichs Seite
zu treten; aber er wurde desavouiert. Als Mitte Juni, in Erwiderung dieser Sendung, der österreichische Oberst Steigentesch, allzu ostentativ, in Königsberg erschien, um dort eine
Militärkonvention abzuschließen, verfehlte er sein Ziel und
mußte unverrichteter Dinge abziehen. Friedrich Wilhelm hatte
ihm rund heraus erklärt, es sei fürs erste nicht auf ihn zu
zählen. Der König war nun entschlossen, den Ausfall der
nächsten Schlacht abzuwarten, um so mehr, als er annahm, daß
dann auch der Zar seine etwas schwankende Haltung aufgeben
und eine bestimmte Partei zu Preußens Vorteil ergreifen werde.
Er ist, trotz 1806, noch immer derselbe, der er 1805 gewesen
war. Nur sein Volk hatte sich verändert. Mit Begeisterung
vernahm es die Nachrichten, daß Tirol — von Bayern und
Franzosen nach dem Abzug der Österreicher besetzt — sich
unter Andreas Hofer, dem heldenmütigen Wirt aus dem Pas-
seiertal, nochmals erhoben und in der Bauernschlacht am
Berge Isel am 29. Mai aufs neue gesiegt habe, daß eine Abteilung österreichischer Truppen, mit einer vom Herzog Friedrich Wilhelm von Braunschweig geworbenen Freischar vereinigt, in Sachsen und Franken vorgedrungen sei, daß die
Engländer endlich Miene machten, an den Mündungen der
Elbe und Weser zu landen. Schien nicht jetzt der Augenblick gekommen, loszuschlagen? Das war wenigstens die
Meinung Scharnhorsts und Gneisenaus, die gemeinsam dem
König den Entschluß nahelegten, „den die Notwendigkeit
und Sicherheit und die Ehre der Krone gleich laut fordern", war
die Meinung der Minister, die in der Fortfristung des Daseins
in Abhängigkeit und in der „partiellen Erhaltung" Preußens
ein schmachvolles Schicksal erblickten, während sie in der
Verbindung mit Österreich Ehre, Achtung von seiten der
Feinde und Teilnahme der Freunde gesichert sahen, war die
Meinung der Generale Blücher und Bülow, die in Pommern
kommandierten und sich kurzweg zu einem Militäraufstand

gegen Napoleon entschlossen zeigten. Da traf aber eine Botschaft ein, die die Begeisterung der patriotischen Männer
arg herabstimmte.

Bei Wien hatten nach den Tagen von Aspern die beiden
Armeen untätig einander gegenüber gelegen. Das österreichische Heer ergriff die Offensive schon deshalb nicht,
um die Wirkung des Sieges vom 22. in die Ferne „nicht durch
die Zufälle einer nachteiligen Schlacht aufs Spiel zu setzen",
wie ein Eingeweihter versichert. In einem Brief vom 1. Juni
schrieb Erzherzog Karl an den Herzog von Sachsen-Teschen:
„Napoleon und ich, wir beobachten uns, wer wohl den ersten
Fehler begehen wird, den der Andere benutzen kann, und
ergänzen unterdes unsere Verluste." Und eine Woche später
rief er das Beispiel des zaudernden Fabius für sich auf, der
Hannibal besiegt habe, und fuhr fort: „Ich werde nichts
riskieren, denn die Kräfte, über die ich verfüge, sind die
letzten des Staates, aber ich werde mit der größten Energie
jede Gelegenheit ergreifen, die sich mir bietet, um einen entscheidenden Schlag zu führen"[1]). Nun, Napoleon beging in
diesem Feldzug keinen Fehler mehr. Er tat vielmehr alles,
um die Folgen des begangenen wieder gründlich zu verwischen. Was nur irgend an Truppen disponibel war, zog er
jetzt zum Entscheidungskampf herbei: Eugen, der dem Erzherzog Johann gefolgt war, kam mit über 40.000 Mann über
Kärnten heran und war Ende Mai schon über dem Semme-
ring, Marmont wurde mit 10.000 Mann aus Dalmatien herzu-
befohlen, Lefebvre aus Tirol nach Linz kommandiert, um
dort die Divisionen Bernadottes und Vandammes freizumachen, die in die Nähe der Hauptstadt rückten. Und um
diese Kräfte möglichst zu schützen, ward die Lobau, wo das
Korps Massena zurückgeblieben war, befestigt, die große
Brücke über die Donau mit einer Brustwehr von Estakaden
gesichert und von einer Ruderflottille bewacht. Bis ins ein-

---

[1]) Ich zitiere diese Briefstellen, sowie früher und später mitgeteilte,
aus der französisch geführten Korrespondenz des Erzherzogs mit Herzog
Albert nach einem umfänglichen handschriftlichen Werke Kleyles, des lang-
jährigen Vertrauten Karls, dem die Schreiben als Beilagen angefügt sind.
W e r t h e i m e r hat seit dem Erscheinen der ersten Ausgabe dieses
Buches deren Authentizität an der Hand der Originale im 2. Bande seiner
„Geschichte Österreichs" erhärten können.

zelnste ging des Kaisers Sorge für seinen nächsten Sieg[1]).
Jenseits hat sich auch der Erzherzog verstärkt und ein ent-
ferntes Korps unter Kolowrat herangezogen, indes sich sein
Bruder Johann durch Ungarn, wo sich ihm die ungarische
Insurrektion anschloß, näherte. Das ging nicht ohne Unfall ab. Denn Napoleon sandte, um die Vereinigung des Prinzen
mit der Hauptarmee zu stören, den Vizekönig gegen ihn aus,
den er vor Wien, wo alles ruhig blieb, entbehren konnte,
und Eugen rächte am 14. Juni bei Raab seine Niederlage
bei Fontana Fredda. Johann war dadurch zunächst zum Rückzug nach Osten genötigt, und erst über der Donau und mit
stark reduzierten Kräften, etwa 20.000 Mann, gelang es ihm,
Preßburg zu erreichen und mit Karl Fühlung zu gewinnen.
Das alles hat Diesen natürlich nicht kriegslustiger gemacht.
„Ich sage dem Kaier," schrieb er am 23. an den Oheim, „daß
ich Napoleon angreifen werde, wenn er es befiehlt, aber ich
glaube, daß ich geschlagen werde, und er und seine Minister
werden teuer ihre Zuversicht und ihre Ungeduld bezahlen."
Es werde „das Spiel eines Spielers sein, der seinen letzten
Heller auf eine Karte setzt".

In den ersten Julitagen ist Napoleon mit seinen Zurüstungen zu Rande und kann dem Feind, der auf dem Marchfeld nur an 136.000 Mann zur Verfügung hat, über 170.000
und ein reiches Geschützmaterial entgegenstellen, vollends
wenn es ihm gelingt, zu schlagen, ehe Johann mit seinem
Korps von Preßburg heran war. Nachdem er den Gegner
durch Bewegungen auf Aspern hin zu täuschen versucht
hatte, was ihm übrigens nicht gelang, ging er in der Nacht
vom 4. auf den 5. Juli mit seiner ganzen Armee — ein Wunder
an Präzision — von der Lobau wieder auf das nördliche Ufer.
Er wird darin nicht wesentlich gestört und kann sich auch
im Lauf des folgenden Tages, ohne maßgebenden Widerstand
zu finden, dem Erzherzog Karl gegenüber aufstellen, der sich
teils, d. i. drei Korps unter Kolowrat, an die Höhen von
Stammersdorf, teils, d. i. das Gros unter seiner eigenen
Führung, hinter den das Marchfeld durchquerenden Ruß-

---

[1] Am 21. Mai hatte er z. B. in der Lobau, auf einer Strickleiter hän-
gend, den Gang der Schlacht verfolgt; jetzt ließ er eine der großen Schieb-
leitern, wie sie in Schönbrunn zu Gartenzwecken dienen, auf die Insel
schaffen, um sich ein bequemeres Observatorium zu sichern.

bach, zwischen Deutsch-Wagram und Markgraf-Neusiedl und
rechts davon, in Defensivposition zurückgezogen hat. Der
Prinz will, wenn der feindliche Hauptangriff gegen Stammersdorf zu erfolgen sollte, mit seinen Korps gegen die rechte
Flanke des Gegners operieren; wendet sich aber Napoleon
gegen ihn selbst, dann hätte Kolowrat gegen dessen linken
Flügel das Gleiche zu tun. Napoleon entscheidet sich für
das zweite Manöver mit der Absicht, links von Wagram, wo
die beiden österreichischen Heeresteile zusammenstoßen,
durchzubrechen. Er hat tagsüber im Kampf mit den Vortruppen des Erzherzogs seine Korps in einem von Leopolds-
dorf bis Kagran sich erstreckenden Bogen — besser in einem
von Glinzendorf, Aderklaa und Hirschstetten umgrenzten
Raum — an den Feind gebracht, bis auf eine Abteilung leichter
Mannschaft, die er in der Richtung gegen die March zur Rekognoszierung detachiert, um zu erkunden, ob Johann nicht
etwa im Anmarsch sei. Als dann von dieser Seite eine be-
ruhigende Nachricht eintraf, beschloß er, noch am Abend
die Österreicher anzugreifen. Der Versuch, mit den vier
Korps von Davout, Bernadotte, Oudinot, Beauharnais und
der Gardeartillerie unternommen, mißlang. Die Österreicher
erwehrten sich des Angriffs und warfen die Franzosen in ihre
Stellungen zurück. Durch den Erfolg des Tages zuversichtlicher gemacht, faßt der Erzherzog seinerseits den Plan zur
Offensive. Er hat die Schwäche des Feindes erspäht und
seinem rechten Flügel Befehl gegeben, an der Donau vorzugehen, während zu gleicher Zeit auch sein Zentrum aus
Wagram und ein Korps unter Rosenberg, das den linken Flügel
bei Markgraf-Neusiedl bildete — alles um 4 Uhr morgens —
avancieren sollen. Es war gedacht, die Franzosen zu über-
raschen und, wenn möglich, von ihren Verbindungen mit
Wien abzudrängen. Der gleichzeitige Angriff sollte verhindern, daß Napoleon seine Kräfte an einem Punkt massierte.
Aber in der Ausführung gestaltete sich das alles anders. Das
Kommando des rechten Flügels, dem der entscheidende Teil
der Aufgabe zufiel, gelangte zu spät in die Kenntnis der
Disposition, und so kam es, daß er erst um 8 Uhr an den
Feind geriet, während Rosenberg schon zur angegebenen
Frühstunde losgeschlagen hatte. Das hatte zur Folge gehabt,
daß Napoleon Davout, der gegen Rosenberg focht, reichlich

verstärken und ihm überlegen machen konnte, so daß der
Österreicher nicht nur in seine Defensivstellung bei Neusiedl
mit starken Verlusten zurückgehen mußte, sondern hier auch
noch vom Feinde hart bedrängt wurde. Von Davout weg
hatte sich dann der Kaiser gegen das feindliche Zentrum gewandt, das um 6 Uhr avanciert war, und es gelang ihm, dem
mutigen Vordringen der Gegner durch den Mund von hundert
Geschützen, die er aufstellen konnte, Halt zu gebieten. Dagegen hatten sich auf seinem linken Flügel die Dinge allerdings recht bedenklich gestaltet. Die Österreicher hatten
ihn binnen wenig Stunden gänzlich umgebogen und waren
über Aspern bis Eßling hinausgelangt. Eilends entsendet
er Massena aus der Mitte dahin, dem es, verstärkt durch die
Truppen Bernadottes, nur nach schweren Verlusten, die er
auf diesem Marsch erlitt, und nach erbitterten Kämpfen gelingt, den Feind wieder nach Aspern zurückzuschieben. Von
Entscheidung war, daß Davout jetzt Rosenberg aus Markgraf-Neusiedl verdrängte und das schlecht unterstützte Korps
zum Rückzug nach Norden nötigte. Dadurch, daß Johann
noch immer nicht zu sehen war, konnten Streitkräfte, die
zu dessen Empfang bestimmt sein mochten, zur Umgehung
dieses Heeresteiles benützt werden. Damit war Napoleon
seines Erfolges so sicher geworden, daß er mitten in der
Schlacht von seinem getreuen Rustan ein Bärenfell auf den
Boden breiten ließ und sich zwanzig Minuten tiefen Schlafes
gönnte. Wenn dann auch die kolossale Attacke, die Macdonald
mit sechs Divisionen und der Garde gegen die feindliche Mitte
unternahm, an der ewig denkwürdigen Tapferkeit der österreichischen Truppen an diesem Tage scheiterte und erst nach
wiederholtem Ansturm den Gewinn einer Ortschaft (Süßen-
brunn) ergab, so schien doch für den Gegner, nach den Ereignissen auf dem linken Flügel, die Situation nicht mehr
haltbar. Und als jetzt, um 2 Uhr, im österreichischen Hauptquartier die Nachricht eintraf, Erzherzog Johann könne erst
drei Stunden später auf dem Schlachtfeld anlangen, zu spät,
um noch irgendwelche Unterstützung zu bringen oder Erleichterung zu bewirken, da gab Karl den Befehl zum Abbruch der Schlacht. Sie war für die Österreicher verloren.
Weit hinter den Rußbach, bis an die Abhänge des Bisamberges und die Brünner Straße müssen sie zurückweichen,

wenn auch in der besten Ordnung und ohne völlig geschlagen
zu sein. Napoleon hat so viele Verluste erlitten, daß er keinen
neuen Angriff mehr wagt[1]). Seine nächste Absicht ist übrigens
erreicht. Er hat die feindliche Hauptarmee besiegt und die
Verbindung mit dem Erzherzog Johann unmöglich gemacht.
Denn als dieser am Nachmittag auf dem Marchfeld eintraf,
fand das Korps nichts mehr zu tun. Man hat versucht, darzulegen, daß Johann, der am Frühmorgen des 5. Juli schon im
Besitz der Ordre seines Bruders war, nicht rascher von Preßburg aufbrechen und marschieren konnte, und daß selbst,
wenn er zur Zeit eingetroffen wäre, intakte französische Streitkräfte seine Aktion gehemmt haben würden. Das Zweite
bedürfte erst noch eines eingehenden Beweises, dem ersteren
gegenüber aber ist man unwillkürlich zu der Frage geneigt:
ob wohl ein französischer General unter den ganz gleichen
Umständen ebensolange gebraucht haben würde, um einen
Befehl Napoleons auszuführen? Und wer die Geschichte
dieser Kriege kennt, wird die Frage verneinen müssen. Offen
bleibt dabei immer noch die andere, warum Johann nicht
um einen Tag früher aufs Marchfeld kommandiert worden
war, nachdem man dort von dem bevorstehenden Angriff der
Franzosen schon am 2. Juli überzeugt gewesen sein mußte.

Auch der Tag von Wagram hatte noch nicht die Entscheidung des Feldzugs gebracht. Österreich war noch keineswegs überwunden. Der Erzherzog verfügte noch immer über
eine schlagfertige Armee, die er nun bei Znaim zusammenzog,
wohin ihm Napoleon nicht mit seinem ganzen Heere folgen
konnte, da er Eugen mit der italienischen Armee, die am
6. Juli den Ausschlag gegeben hatte, zur Beobachtung Wiens
und Johanns zurücklassen mußte. Da geschah es, daß am
11. Juli — Massena und Marmont waren eben mit den Österreichern ins Gefecht gekommen, und es bereitete sich eine
neue Schlacht vor — ein Parlamentär Karls Anerbietungen
eines Waffenstillstandes in das Hauptquartier Napoleons
brachte. Sollte er ablehnen oder annehmen? Seine Generale
rieten zu jenem, er entschied sich für dieses. Aus unterschiedlichen Gründen. Einmal sah er, daß die neue Geschütztaktik,
die allmählich an die Stelle der Bajonettaktik getreten war

---

[1]) Er verlor 20.000 Mann (so viel wie bei Aspern), die Österreicher
ungefähr die gleiche Anzahl.

und bei Wagram vorgeherrscht hatte, die Schlachten blutiger, aber nicht entscheidender machte, so daß sein Glaube an die Unfehlbarkeit der Bataille als Mittel des Erfolges wankend zu werden begann. „Eine Schlacht soll man nur liefern," — schreibt er in der nächsten Zeit einmal, am 21. August 1809, an Clarke — „wenn man keine neue Glückswendung mehr zu erhoffen hat. da ihrer Natur nach das Geschick einer Schlacht immer zweifelhaft ist[1])." Dann hatte er jüngst mit seinen Truppen trübe Erfahrungen gemacht: am 6. war das Korps Bernadottes, ohne Widerstand zu leisten, zurückgegangen und mußte aufgelöst werden, und in der Nacht darauf hatte die Kunde vom Herannnahen Johanns eine Panik erzeugt, die Tausende in die Flucht gegen die Donau trieb. Auch war in der letzten Aktion mancher tüchtige General gefallen, der sich exponieren mußte, um widerstrebende Krieger fortzureißen, Massena in Todesgefahr gewesen. Dagegen hatten sich die Österreicher als durchaus ebenbürtige Gegner erwiesen, die zu siegen wußten und die man nur mit Gefahr und viel Mühe geschlagen hatte, wo man in der Übermacht war. Endlich kam noch eins hinzu: Napoleon hat mit den Volkskräften rechnen gelernt. Die österreichische Landwehr hatte sich tüchtig bewährt, und die Bevölkerung hing mit Liebe an ihrem Fürsten. Was hatten die Tiroler Bauern nicht alles vermocht! Und die Ungarn, die er durch Agenten bearbeitet und durch eine Proklamation vom 15. Mai zur Unabhängigkeit aufgerufen hatte, waren gegen seine Lockungen taub geblieben[2]). Wer weiß, welchen elementaren Widerstand er weckte, wenn er nicht vom Kampfe abließ? Nein, der Gedanke an den Krieg war ihm verleidet. Er nimmt den Waffenstillstand an, bewilligt ihn aber allerdings nur für den Preis eines Terrains von 3775 Quadratmeilen, das er zu seiner Verfügung vorbehält, und der Räumung Tirols und Vorarlbergs, Bedingungen, die Kaiser Franz erst nach langem Weigern und mit dem heimlichen Entschluß, den Kampf fortzuführen,

---

[1]) In einem Gespräch mit dem österreichischen General Bubna hat er später die übermäßige Anwendung der Kanonen damit erklärt, daß er fragte: „Was sollte ich sonst tun? Meine beste Infanterie steht in Spanien."

[2]) So berichtet General Montbrun bei Du Casse, Mémoires et correspondance du Prince Eugène, V., 318. Die Proklamation in Coresp., XIX., 15215.

ratifiziert[1]). Da der Erzherzog diesem Entschluß nicht bei-
pflichtet, nimmt der Kaiser selbst den Oberbefehl an sich,
worauf Karl von der Führung ganz zurücktritt.

Man sieht, die Waffenruhe von Znaim bedeutete noch
lange nicht den Frieden. Österreich hoffte noch immer auf
Preußen, und jetzt schien es wirklich, als ob dessen König
zu einem energischeren Schritt entschlossen wäre als zuvor.
Er schickte einen besonderen Boten an das österreichische
Hoflager, der zu Verhandlungen Vollmacht hatte. Die Besorgnis, die Donaumacht, deren Niederlage man in Berlin
nicht für entscheidend hielt, während man Napoleons Lage
als nicht allzu günstig auffaßte, könnte sich mit Frankreich
auf Preußens Kosten vergleichen, hatte die Annäherung zuwege gebracht. Österreich hoffte auch auf England, das ein
neues Heer unter Wellesley in Spanien gelandet hatte und
eine zweite Expedition nach Holland oder Norddeutschland
ausrüstete, es hoffte auf Rußland, das sich nicht eben als
übereifriger Partisan des Korsen bewährt hatte, auf die Türkei
und, nicht zuletzt, auf die eigenen Streitkräfte, die man auf
200.000 Mann zu bringen und unter den Befehl Liechten-
steins zu stellen gedachte. Um diese Hoffnungen und Anstalten
möglichst zu verbergen, ließ Franz bei Napoleon um Frieden
ansuchen. Dieser hinwieder wünschte aufrichtig den Frieden,
schon aus denselben Gründen, die den Gegner zum Widerstand
ermutigten, aber auch er verhüllte seinerseits diesen Wunsch
ebenso sorgfältig wie Österreich seine kriegerische Tendenz,
um aus den Unterhandlungen einen möglichst hohen Gewinn
zu ziehen. Er lehnte zuerst Liechtenstein gegenüber, den
man sondierend zu ihm gesandt hatte, das Anerbieten brüsk
ab, sprach von einer Teilung Österreichs, von der Abdankung
seines Kaisers, die er fordern würde, und gab erst einem noch-
maligen Ansuchen Folge[2]). Dann traten, am 18. August, in

---

[1]) Siehe den Waffenstillstandsvertrag in Corresp., XIX., 15517.
Er wurde auf die Dauer von vier Wochen mit einer Aufkündigungsfrist
von vierzehn Tagen geschlossen.

[2]) Metternich, der aus Paris zurückgekehrt und gegen französische
Gefangene ausgetauscht worden war, erklärt in einem Brief an Hudelist
(Jablunka, den 13. Juli 1809) diese Eröffnungen folgendermaßen: „Vor
meinem Abgang von Wien" — es war noch vor der Schlacht bei Wagram
gewesen — „machte man mir (französischerseits) mehrere friedliche Andeutungen. An diesem Faden hielt Seine Majestät für gut, wenn nicht eine

Altenburg die beiderseitigen Bevollmächtigten — Champagny
und Metternich — zusammen. Aber ihre Unterhandlungen
glichen mehr einer großartigen Intrigue als einem ernsten
Geschäft. Napoleon, der sich Rußlands durch den Antrag
einer Teilung Galiziens zu versichern gesucht hatte, verlangte
von Österreich nicht nur diese Provinz, sondern auch alles
sonst von ihm besetzte Land — etwa ein Drittel der Monarchie mit 9 Millionen Einwohnern — worauf die Österreicher
nicht eingingen sondern formulierte Bedingungen verlangten
und den Gegner hinhielten, bis endlich entscheidende Wendungen der allgemeinen Lage Ernst in die Sache brachten.

In Spanien hatten die Engländer Vorteile errungen.
Wellesley hatte den Marschall Soult zum Rückzug aus Portugal gezwungen und dann in Spanien Victor bei Talavera am
27. und 28. Juli 1809 geschlagen. Um dieselbe Zeit war eine
englische Armee von 40.000 Mann auf der holländischen Insel
Walcheren gelandet, hatte sich am 16. August der Festung
Vlissingen bemächtigt und lagerte nun vor Antwerpen, dem
von Napoleon überaus geschätzten Kriegshafen der französischen Flotte. Jener Sendbote Preußens, Oberst Knesebeck,
hatte, im tiefsten Vertrauen, seines Königs Beistand in Aussicht gestellt. All das — und namentlich Napoleons allzu weitgehende Forderungen — vermehrten am Hoflager des Kaisers
Franz in Ungarn die Kriegslust. Napoleons Vorschlag, den
Waffenstillstand zu verlängern, ward verworfen, Stadion, der
sich, mit den Unterhandlungen nicht einverstanden, entfernt
hatte, kehrte am 4. September zurück, und zwei Tage später
ging der Generaladjutant Graf Bubna mit einem Brief des
Kaisers Franz nach Schönbrunn, worin die französischen Bedingungen kategorisch als unannehmbar abgelehnt wurden.
Nun gab Napoleon nach. Zwar das englische Unternehmen
in Holland schlug er nicht hoch an; das Fieber und Über-

Unterhandlung, so doch eine Sondierung (une sonde) anzuknüpfen, die
Napoleons Absichten und deren Gewicht aufhellen konnte. Fürst Liechtenstein bot sich an, in das Hauptquartier dieses Souveräns zu gehen. Er
tat es mit der Mission, zu erfahren: Will Napoleon Frieden? und was versteht er unter Frieden? Der Kaiser der Franzosen wird entweder nicht
antworten oder uns in seiner Antwort, wie es wahrscheinlich ist, die Mittel
an die Hand geben, der Nation und der Armee zu beweisen, daß es nun
die Existenz zu verteidigen gelte. Seine Majestät wird sich in Ungarn an
die Spitze der Armee stellen." (W. St. A.)

schwemmungen, schrieb er am 9. August an seinen Kriegsminister, würden allein schon die Briten zu Paaren treiben.
Auch in Spanien war Wellington durch eine Bewegung Soults
in seiner linken Flanke an die portugiesische Grenze, nach
Badajoz, zurückgenötigt worden, und Sebastiani hatte am
11. August eine der von Napoleon zersprengten Armeen des
Feindes geschlagen. Aber in Frankreich, wohin Bernadotte zu-
rückgeschickt worden war, um die Verteidigung Hollands ins
Werk zu richten, gab es wieder allerlei Machenschaften, die
sich mit dem stets malkontenten Marschall verknüpften und
in der allgemeinen Bestürzung über die britische Expedition
Boden fanden. Auch Fouché war wieder rührig. Er hatte
nicht nur, wie vom Kaiser angeordnet worden war, in den
nördlichen, zunächst bedrohten Departements die Nationalgarden ausgehoben, sondern auch in den erregten Provinzen
des Südens die Einleitungen dazu getroffen, was zum mindesten unnütz Unzufriedenheit weckte[1]).

Napoleon mochte fühlen, daß seine Anwesenheit daheim
dringend nötig sei. Deshalb äußerte er nun selbst unumwunden
seine Neigung für den Frieden und ermäßigte seine Bedingungen. „Ich wünsche aufrichtig den Frieden,“ sagte er zu
Bubna; „bis jetzt habe ich die Unterstützung Rußlands gehabt, und der Kaiser Alexander hält auch — gegen den Wunsch
seiner Nation — die Verbindung mit mir aufrecht, was ich
an ihm lobe, denn ein Souverän soll sich nicht um die Meinung seiner Untertanen kümmern. (Niemand kümmerte sich
mehr darum als Napoleon.) Aber wer bürgt mir dafür, daß
es so bleiben wird? Von Preußen weiß ich, daß es seit lange
zwischen euch und mir schwankt.“ Die österreichische Armee
lobte er, sie wäre, wenn er sie kommandierte, ebenso gut wie
die französische und jeder anderen überlegen. Dann ging er
von den Altenburger Forderungen, die er als einen Privat-
spaß Champagnys hinstellte, ab, verlangte aber doch die
Abtretung von vierthalb Millionen Seelen, 1,600.000 im Westen
und Süden, wo es ihm namentlich um die Verbindung Dalmatiens mit Italien und um einen ungehinderten Weg nach

---

[1]) Siehe die Briefe Napoleons an Fouché in C o r r e s p., XIX., 15787
und bei L e c e s t r e, I., 523, 526 vom 12. und 18. September. Anderes
bei T h i e r s, Consulat et Empire, XI., 466 ff.

der Türkei zu tun war[1]), und 2 Millionen in Galizien, um sie zwischen Rußland und Warschau zu teilen, wozu Alexander I. seine Zustimmung gegeben hatte. Das schrieb Napoleon dem Kaiser von Österreich, dem er dafür die Aussicht auf eine Allianz eröffnete[2]), und das gab er auch seinem Minister nach Altenburg als Basis der Verhandlungen an die Hand, mit dem Winke, diese mit allen Kräften zu beschleunigen. Als man dann auf dem Totiser Schloß, der Residenz des österreichischen Hofes, diese Forderungen noch immer zu hart fand, erklärte er sie als sein Ultimatum, von dem er nur dann abgehen und die Monarchie ungeschmälert lassen würde, wenn Franz I. zugunsten des Großherzogs von Würzburg abdanken wollte — ein einfaches Pressionsmittel, mit dem es ihm nicht ernst war, da er ja dann auch auf die wertvolle Passage nach dem Balkan hätte verzichten müssen. Nun war es an Österreich, über Krieg und Frieden zu entscheiden.

Franzens kriegerische Stimmung, in der er bereits Proklamationen für den Wiederbeginn der Feindseligkeiten entworfen hatte, war unter dem Eindruck der festen Haltung Napoleons und aus sonstigen guten Gründen verraucht. Das englische Unternehmen in Holland, wohin die Briten ihr Egoismus geführt hatte, war gescheitert; Antwerpen hatte widerstanden, die Truppen waren wirklich zum großen Teil dem Sumpffieber erlegen und mußten am 11. September wieder eingeschifft werden. Friedrich Wilhelm III. konnte sich, trotz den getroffenen Einleitungen und selbst auf die Nachricht hin, daß Österreich weiterhin zum Krieg bereit sei, doch nicht entschließen, gegen Napoleon mobil zu machen. Er hatte bald erfahren, daß eine Verständigung zwischen Österreich und Frankreich, die seinem Staate Nachteil bringen könnte, nicht zu fürchten war, und zog sich wieder zurück, namentlich nachdem Alexander sein Ansinnen, mit Preußen gemeinsam Österreich zu Hilfe zu kommen, abgelehnt hatte. Der Zar, von Napoleon bereits auf Galizien lüstern gemacht, ließ nunmehr auch den Kaiser von Österreich wissen, daß

[1]) Siehe den Brief an Champagny vom 13. September 1809, Corresp., XIX., 15800.

[2]) Corresp., XIX., 15823 (15. September 1809): „Ist der Friede zwischen uns hergestellt, dann wird es nur von Eurer Majestät abhängen, das Band zwischen unseren Staaten enger zu knüpfen", eine Stelle, die festgehalten zu werden verdient.

er nicht auf Rußland zu zählen habe und sich mit Frankreich vergleichen solle. So wesentlich anders und für die
Donaumacht ungünstiger lagen jetzt, in der zweiten Sep-
temberhälfte, die Dinge als kurz zuvor. Das Entscheidenste
aber war, daß Österreich auch seinen eigenen Kräften nicht
mehr vertrauen konnte, da eine böse Krankheit in seiner Armee
zu wüten begann, die bereits über 50.000 Mann dahingerafft
hatte, und da namentlich ein tauglicher Feldherr fehlte, denn
Liechtenstein war es, bei aller persönlichen Tüchtigkeit, nicht
und ein Kriegsrat, an den man dachte, ein allzu unsicheres
Werkzeug. Allen diesen Gründen trug man zu Totis Rechnung.
Stadion trat definitiv zurück, Metternich, der zu Unterhandlungen geraten hatte, übernahm dessen Amt, und Kaiser
Franz sandte Liechtenstein mit Vollmachten direkt nach
Schönbrunn. Die Altenburger Verhandlungen wurden abgebrochen. In Wien nützte Napoleon die neue Gunst der
Verhältnisse sofort dahin aus, daß er seinen Forderungen eine
Kriegskostenrechnung von 100 Millionen Franken hinzufügte, die die Verhandlungen noch in diesem Stadium beinahe zum Scheitern und Österreich einem verzweiflungsvollen
Entschluß letzter Kraftanstrengung nahe brachte. Doch so
schlimm stand es schließlich um das vereinsamte Donaureich,
daß Liechtenstein in der Nacht vor dem 14. Oktober auch
diese für den verarmten Staat allzu harte Bedingung nach
einiger Ermäßigung unterschrieb, wenn auch nur unter dem
Vorbehalt der kaiserlichen Zustimmung. Napoleon aber
wartete sie nicht erst ab, sondern ließ gleich am Morgen des
genannten Tages den Wienern durch seine Kanonen den ersehnten Frieden ankündigen. Konnte ihn Franz I. nun noch
verweigern?

Der neue Vertrag nahm dem Kaiser von Österreich mehr
als 2000 Geviertmeilen Landes ab: Salzburg, Berchtesgaden
und das Innviertel fielen an Bayern, d. i. an den Rheinbund,
West- oder Neu-Galizien an das Herzogtum Warschau, desgleichen ein Bezirk um die Stadt Krakau und der ganze
Zamoscer Kreis Ost-Galiziens. Überdies kam ein Strich ost-
galizischen Landes mit 400.000 Seelen an Rußland. An Napoleon selbst wurden Görz, Monfalcone und das von ihm
längst begehrte Triest, außerdem Krain, der Villacher Kreis
Kärntens und alles kroatische Land rechts von der Save ab-

getreten, Gebiete, aus denen ein eigenes „Gouvernement
Illyrien" entstehen sollte. Was von Österreich übrig blieb,
garantierte der Kaiser der Franzosen, während Franz I. alle
Veränderungen anerkannte, die von Jenem in Spanien, Portugal und Italien getroffen worden waren oder noch getroffen
werden konnten. Daß Österreich England die Freundschaft
wieder kündigen und in das Blockadesystem eintreten mußte,
verstand sich von selbst. Insgeheim wurde dann noch bestimmt, daß Franz I. seine Armee auf 150.000 Mann herabsetzen, alle aus Frankreich, Piemont und Venezien gebürtigen
Offiziere und Beamten auf Verlangen ausweisen und eine
Kriegsschuld zahlen solle, die Napoleon auf 75 Millionen
herabgesetzt. Champagnys Wohldienerei schließlich aber
wieder auf 85 Millionen emporgeschraubt hatte[1]).

Schon in der Nacht vom 15. auf den 16. Oktober verließ
Napoleon Schönbrunn. Ein Zwischenfall mahnte ihn zur
Eile. Drei Tage zuvor hatte sich bei der Revue in Schönbrunn
ein junger Mann an ihn heranzudrängen gesucht, den man
mit einem langen Messer bewehrt fand und der nicht mit
der Auskunft zurückhielt, er habe den Kaiser ermorden
wollen. Der Jüngling, fast noch ein Kind, hieß Friedrich
Staps und war der Sohn eines protestantischen Predigers zu
Naumburg. Von Natur ruhig und milde, hatte ihn die Not
des Vaterlandes mit einem unsäglichen Haß gegen den Unterdrücker erfüllt, den er ums Leben zu bringen beschloß. Napoleon mochte anfangs an Irrsinn glauben und ließ sich nur
widerwillig von Staps selbst überzeugen, wie tief die Erbitterung in Deutschland wurzle und welche Kreise sie bereits
gegen ihn bewaffnet habe. Auf die Frage, die er an ihn richtete:
„Würden Sie es mir danken, wenn ich Sie begnadigte?"
antwortete der Attentäter mit ruhigem Blut: „Ich würde Sie
doch zu töten suchen." Er ward in aller Stille erschossen.
Die Sache sollte verschwiegen bleiben.

Wieder einmal kehrte Napoleon im Triumph nach Paris
zurück. Freilich, wie schwer ihm jetzt der Sieg geworden war,

---

[1]) De Clercq, VI., 293 ff. Die geheimen Artikel zum ersten Male
dem vollen Wortlaute nach bei Demelitsch, Metternich, I., 70 ff.,
nach dem Wiener Original.

drang kaum in die Öffentlichkeit. Und wenn auch, war nicht
der Friedensvertrag da, mit seinen Österreich demütigenden
Bedingungen, um für das Gegenteil zu zeugen? Aber das französische Volk sah doch nichts weiter darin als einen neuen
siegreichen Feldzug, der zwar mit seinem Blut, aber kaum
zu seinem Vorteil geführt worden war. Wir kennen schon
die ersten Keime innerlicher Abneigung gegen den Imperator, dem Frankreich nicht genügte. Was war all das, was
er tat, um die Eitelkeit der Franzosen zufriedenzustellen,
was war all der Ruhm und Glanz, den er ihnen heimbrachte,
gegen die eine unleugbare Tatsache, daß sein Ehrgeiz mit dem
französischen Thron sich nicht zufriedengab? Dieses nations-
lose Streben nach immer weiteren Zielen mußte ihn endlich
um ihre Gunst bringen. Denn alles kann ein Volk seinem
Herrscher verzeihen, nur das eine nicht, daß er kein Patriot
ist. Daneben freilich gab es noch genug, das zur Opposition
herausforderte. Das Versprechen vom Vorjahr, der Krieg mit
England werde bald beendet sein, war nicht gehalten worden;
er dauerte ungeschwächt fort und hemmte jede weiter aus-
schauende Spekulation. Hafenstädte, die bereits wieder in
größter Blüte gestanden hatten, verarmten und verfielen aufs
neue, und man begann sich zu fragen, ob denn wirklich das
Blockadesystem des Kaisers der richtige Weg sei, die britische
Macht zum Nachgeben zu bringen, und ob nicht eine geschickt
eingeleitete Verhandlung das Kabinett von London eher zum
Frieden bewegen könnte. Der Offensivkrieg gegen Spanien
war ebensowenig zu Ende, und die Unterbrechung des ehedem
so gewinnreichen Handelsverkehrs der beiden Staaten brachte
dem Süden Frankreichs außerordentliche Verluste. Dazu kam,
daß der Kaiser jetzt begann, dem Mittelstand eine Geringschätzung zu beweisen, die tief empfunden wurde. Nur die
Söhne gewisser privilegierter Kreise fanden Aufnahme in die
Stelle der Auditeurs, aus denen allein der Weg zu den oberen
Ämtern und Rängen führte, während alle übrigen sich nur
dem niedrigen Bureaudienste widmen   konnten. Und doch
waren gerade diejenigen, die sich der Kaiser durch diesen
Vorzug am festesten verbunden glaubte, es am wenigsten.
Auch sie hielten, wie draußen die großen Mächte, sein Regiment für etwas mit seiner Person Vergängliches und richteten
sich auf den Augenblick ein, da er nicht mehr war. Die An-

hängerschaft seiner Brüder, die ebenfalls ihre Throne über diesen kritischen Moment hinaus zu erhalten wünschten, nahm immer mehr zu, und es wurde ihm immer klarer, daß er einen Fehler begangen hatte, sein „System" der europäischen Föderation auf den Zusammenhang der Familienbande zu gründen, solange er selbst ohne direkte Nachkommenschaft war. Und auch in die Armee drang etwas von dem allgemeinen Ungenügen ein. „Die Generale" — erzählt ein aufmerksamer Zeitgenosse — „hatten infolge ihrer reichen Dotationen ein von dem des Monarchen ganz verschiedenes Interesse, nämlich das Erworbene zu bewahren, und leisteten deshalb nur mehr mit Widerwillen die unausgesetzten und anstrengenden Dienste, die von ihnen gefordert wurden. Indem der Kaiser mit zu großer Vorliebe Geistliche und Emigrierte an sich zog, hatte er nur laue und zweideutige Anhänger gewonnen, dagegen aber den Schein erweckt, als verkenne er die Grundbedingung seiner Macht, die Revolution, aus der er hervorgegangen war. Die Personen des alten Adels, mit denen er sich gerne umgab, nahmen zwar die angebotenen Ehrenstellen an, verrieten aber seine Geheimnisse, so oft sie sich davon Kenntnis verschaffen konnten, schmeichelten ihm auf unwürdige Weise ins Gesicht, und beklagten hinter seinem Rücken ihr trauriges Schicksal, einem Emporkömmling zu dienen. Der Klerus trieb wohl in seinen Katechesen die Wohldienerei bis zum Unsinn und lehrte den unbedingten Gehorsam, den jede Hierarchie begünstigt, betrauerte aber anderseits das Schicksal des Papstes[1]." Und dieses letztere Moment war von der wesentlichsten Bedeutung, denn das Schicksal Pius' VII. war in der Tat hart genug. Nachdem am 17. Mai 1809 ein einfaches Dekret den Kirchenstaat dem Empire einverleibt hatte, war wenig später, gerade zu derselben Zeit, als die Franzosen bei Wagram kämpften, auf des Kaisers indirekten Befehl der heilige Vater aus Rom entfernt worden. Millionen gläubiger Gemüter wurden dadurch gegen Napoleon erregt.

Unter solchen Umständen mußte er darauf bedacht sein, dem französischen Volk irgendwie entgegenzukommen, um es günstiger für sich zu stimmen. Nun war es seit Jahren ein vielfach gehegter Wunsch, der auch in die nächste Nähe

---

[1] Montgelas, Memoiren, S. 216.

des Kaisers drang, er möchte durch eine neue Ehe einen Thronerben gewinnen. Die Meinung war, die Segnungen einer
eigenen Familie würden ihm auch den Staat wertvoller
machen und ihn von dem maßlosen Ausgreifen seiner Macht
zurückbringen. Dieser Wunsch wurde um so mehr gehegt, als
die gute Sitte am Kaiserhof nicht eben unbedingt herrschte,
wo Josephine längst nicht mehr die ausschließliche Neigung
ihres Gemahls besaß und dessen anderweitige Phantasien eher
unterstützte als störte, nur um ihre Stellung zu behalten[1]).
Auch von den Brüdern des Kaisers gingen skandalöse Gerüchte
um, und man dachte nun, all das würde verschwinden, wenn
ein geordnetes Familienleben bei Hof einzöge. Außerdem
hoffte man, eine Ehe mit einer Fürstentochter Europas würde
ein Unterpfand des Friedens werden und zugleich ein Damm
all den weltherrschaftlichen Gelüsten. Diesem Wunsche kam
nun Napoleon seinerseits entgegen. Er hatte mit Josephinen
schon im März 1808 offen von Scheidung gesprochen; damals
hatte sie ihn mit rührenden Bitten davon abgebracht. Jetzt
wollte er stärker sein. Am 30. November teilte er seiner
Gattin den nunmehr unwiderruflichen Entschluß mit, sich von
ihr zu trennen. Josephine verfiel in Krämpfe, und auch in
seinen Augen will man Tränen bemerkt haben. Einige Tage
später, als die Kaiserin ruhiger geworden war, ließ er ihr durch
ihren Sohn Eugen, der sich willfährig dazu bereit fand, die
Notwendigkeit des von der Politik diktierten Opfers darlegen,
und sie fügte sich. Am 15. Dezember berief der Kaiser in die
Tuilerien einen Familienrat und erklärte seine bestimmte Absicht, eine andere Verbindung einzugehen. „Die Politik meiner
Monarchie," sagte er, „das Interesse und das Bedürfnis meiner
Völker, die mich stets in meinen Handlungen leiteten, verlangen, daß ich den Thron, auf den die Vorsehung mich erhoben hat, Kindern hinterlasse, die die Erben meiner Liebe
zu meinen Völkern sein sollen." Da ihm die Ehe mit seiner

---

[1]) B r o g l i e erzählt in seinen Erinnerungen, er habe die Kaiserin
vor dem Krieg des Jahres 1809 gesehen, „und ihr zur Seite die glänzende
Schar von Ehren-, Hof- und Palastdamen und den Cortège von Vorlese-
rinnen, die den Harem unseres Sultans bildeten und ihm halfen, noch einige
Zeit das geschminkte Alter der ehemaligen Sultanin zu ertragen." (I., 57.)
An dieser Mitteilung ist nur zu korrigieren, daß Napoleon innerlich doch
noch immer fester an Josephinen hing, als es nach außen den Anschein
haben mochte. Die Trennung von ihr ist ihm nicht allzu leicht geworden.

vielgeliebten Gattin Josephine die Hoffnung darauf nicht gestatte, müsse er die zärtlichsten Neigungen seines Herzens dem Staatswohl opfern und dieses Band lösen. Erst vierzig Jahre alt, hoffe er, Nachkommen, die ihm beschert sein würden, in seinem Geist und in seinen Ideen erziehen zu können. Die Kaiserin, die er selbst gekrönt habe, solle ihren Titel und Rang behalten, nie an seinen Gefühlen zweifeln und ihn stets für ihren besten und treuesten Freund halten. Josephine brachte unter Schluchzen ihren Verzicht auf den französischen Thron vor, und am nächsten Tag erklärte ein Senatskonsult die kaiserliche Ehe „in beiderseitigem Einvernehmen" für gelöst. Eine Schwierigkeit lag nur darin, den gläubigen Katholiken die Sache mundgerecht zu machen, denn es war, wie wir wissen, am Tage vor der Kaiserkrönung eine kirchliche Einsegnung erfolgt. Napoleon ließ jedoch durch seinen Anwalt frischweg erklären, er habe damals sein Jawort unter einem moralischen Druck und auch nicht, wie es das Kirchengesetz vorschrieb, vor Trauzeugen und vor dem Pfarrer des Bezirks abgegeben, was dann als Argument für die Nullität der kirchlichen Sakramentshandlung verwertet wurde, die das bischöfliche Offizialat in Paris im Januar 1810 bescheinigte[1]). Nur daß die Zivilehe des Generals Bonaparte im Jahre 1796 eine gültige gewesen war, gültig auch für die kirchlichen Behörden, ließ das Offizialat — sei es absichtlich oder unabsichtlich — außer acht[2]).

Nach der Scheidung zog sich Josephine nach Malmaison zurück. Wo aber war die neue Gemahlin? Kein Zweifel, die Politik hatte das alte Band zerschnitten, die Politik mußte

---

[1]) Einer dieser Gründe war sicher nicht stichhaltig, denn Fesch war als Großalmosenier der befugte Pfarrer des kaiserlichen Hofes, ein zweiter, den moralischen Zwang betreffend, wird in seiner Gültigkeit bestritten werden können, und was die Zeugen betraf, so hatte Pius VII. damals, 1804, den Kardinal Fesch immerhin von diesem Erfordernis dispensieren können. Die Kurie hat sich auf den Standpunkt gestellt und ihn auch nach dem Sturze des Kaisers noch eingenommen, das Offizialat sei nicht die kompetente Behörde gewesen, da die Lösung der Fürstenehen lediglich in den Wirkungskreis der Päpste fiele. Auf dem Wiener Kongreß wappnete sich Kardinal Consalvi gegen Österreich mit der Absicht, nötigenfalls die Frage der Gültigkeit der zweiten Ehe Napoleons aufzuwerfen. S. R i n i e r i, Consalvi e Pacca nel tempo del congresso di Vienna. I., 111 ff.

[2]) S. S c h n i t z e r, Katholisches Eherecht, S. 669 f.

ein neues knüpfen. Keine andere Rücksicht kam dabei zur
Geltung, es wäre denn die auf den Ehrgeiz des Emporkömmlings, sich den alten Thronen Europas enge zu verbinden. Die
angesehensten waren die von Österreich und Rußland. Das
herrschende System verwies den Kaiser an den letzteren. Wir
wissen, wie sehr nahe in den Tagen von Erfurt Napoleon der
Gedanke gelegen hatte, eine Verbindung mit dem Zarenhaus
zu suchen, wissen, daß er ihn zum Ausdruck brachte und sich
damit einigermaßen die Hände band, wissen aber auch, wie
Alexander auswich und sich hinter der erforderlichen Zustimmung seiner Mutter verschanzte. Eine seiner Schwestern,
die ältere, Katharina, war bald darauf an Georg von Oldenburg verheiratet worden. Aber Anna, die jüngere, war noch
frei. Da entstand die Frage: wie stellte sich jetzt die Politik
zu dieser Absicht?

Seit den Erfurter Tagen war manches geschehen, was
das Einverständnis der beiden Staaten stören konnte. Es
kam der Krieg mit Österreich, den der Zar so gerne verhütet
hätte, um ungeschwächt gegen Schweden und Türken kämpfen
zu können, und es kamen die Siege der Franzosen, die in Petersburg tiefe Besorgnis erregten. Zwar gelang es Alexander, die
Schweden endlich im Frieden von Friedrichshamm (19. September 1809) zur Abtretung Finnlands zu vermögen; die
Türkei aber hatte er noch keineswegs bezwungen, und die
russischen Truppen mußten im Herbst des Jahres sogar aufs
neue über die Donau zurückgehen. Was ihn jedoch am meisten
verstimmte, das war Napoleons Beziehung zu den Polen
während des Krieges. Als Dieser nämlich sah, wie berechnet
lässig Rußland den Kampf gegen den Erzherzog Ferdinand
führte, wandte er sich an die nationalen Kräfte des Herzogtums Warschau unter Poniatowski, rief die West-Galizier zur
Unabhängigkeit auf, und erreichte so durch die Polen, was
ihm die Russen versagt hatten. Die Vermehrung des Herzogtums Warschau durch $1\frac{1}{2}$ Millionen Galizier, während Rußland nur 400.000 bekam, war der Dank des Kaisers, der längst
an seinem Alliierten von Tilsit und Erfurt ebenso irre geworden war wie dieser an ihm. So hatte Alexander die Aufteilung Galiziens nicht verstanden, als er ihr zustimmte.
Er hatte es vielmehr Caulaincourt nicht verschwiegen, daß er
für sich das größere Stück erwarte, während Warschau nur

das kleinere zu bekommen hätte[1]). Und da das Gegenteil
zur Tat geworden war, empfand er, bei der starken anti-
polnischen Stimmung der Russen, den Friedensvertrag wie
eine Niederlage. Nun wäre es aber doch für Napoleon sehr
störend gewesen, wenn Rußland aus diesem Grunde jetzt die
Allianz verlassen und etwa Preußen, das auch noch polnisches
Land besaß, zu einer feindseligen Haltung bestimmt hätte,
nachdem er kaum das isolierte Österreich zu bezwingen imstande gewesen war. Deshalb ging wenig Tage nach dem
Schönbrunner Friedensschluß, am 20. Oktober 1809, eine
Depesche nach Petersburg ab, die zu erklären hatte, wie der
Kaiser unmöglich die West-Galizier, die sich einmütig für
ihn erhoben hatten, unter die österreichische Herrschaft zurückkehren lassen konnte, wie er aber dennoch weit davon
entfernt war, den Gedanken an die Herstellung Polens damit
zu erwecken, sondern im Gegenteil — wie es in Petersburg
gewünscht wurde — mit Rußland im Verein den Namen
,,Polen'' aus der Geschichte verschwinden machen wolle. (Er
ahnte wohl nicht, Alexander werde erfahren, daß er zu derselben Zeit in Paris durch Duroc die Polen versichern ließ,
mit jener Erklärung sei es ihm durchaus nicht ernst gewesen.)
Der russische Gesandte, Kurakin, wurde mit Aufmerksamkeiten überhäuft, der Wunsch nach einer russischen Anleihe
auf dem Pariser Markt offen unterstützt, ja, als Alexander
von Caulaincourt einen Garantievertrag heischte, daß Polen
niemals hergestellt werden solle, bekam der Gesandte den
Auftrag, darauf einzugehen, denn der Kaiser ,,wolle alles tun,
was Rußland beruhigen könne''. Zugleich ward er ermächtigt, mit dem Zaren auf das in Erfurt berührte Heiratsprojekt
zurückzukommen und ihn zu fragen, ob sein Herr, für den
Fall seiner Scheidung von Josephinen, auf die Hand der
Großfürstin Anna rechnen dürfe (22. November 1809). Hatte
diese Werbung auch nur den Zweck, Rußland ein Zeichen
seiner Bündnistreue zu geben? Oder war es Napoleon, wie
in Erfurt, auch jetzt noch ernst damit? Das ist nicht leicht
zu entscheiden. Man ist versucht, das erstere anzunehmen,

---

[1]) Er schrieb es damals dem Fürsten Galitzyn, wie sehr und aus
welchen Gründen er gegen jede Vergrößerung Warschaus durch Galizien
war. Natürlich hing das mit seinen eigenen Absichten auf das polnische
Land zusammen. Vergl. S c h i e m a n n, Nikolaus I., I., 105.

wenn man erfährt, daß der Kaiser, noch ehe er von Caulaincourt eine Antwort erhielt, durch verschiedene Mittelspersonen mit Österreich in Fühlung trat, wo jetzt Graf Metternich den Plan eines guten Verhältnisses mit Frankreich eifrig verfolgte, um für den tieferschütterten Staat Ruhe zu gewinnen. Auf Napoleon hatten die Widerstandskraft des österreichischen Heeres und die Begeisterung, mit der dort das Volk, trotz den Niederlagen und dem nachteiligen Frieden, den heimkehrenden Herrscher empfing, tiefen Eindruck gemacht, den er nicht verschwieg[1]). Auch mochte er hoffen, die Feindseligkeit des starken Anhangs, den Österreich in Deutschland und Italien hatte, am wirksamsten durch eine Verbindung mit der Donaumacht entkräften zu können.

Wir hören, daß schon im November der französische Minister des Äußern sich bei dem österreichischen Botschaftsrat Floret, der den neuen Gesandten, Fürsten Schwarzenberg, nach Paris begleitete, eifrig nach der Erzherzogin Marie Luise, erkundigte, die damals achtzehn Jahre alt war, aus einem Hause stammte, das, wie man wußte, die Nachkommenschaft nahezu verbürgte, und deren katholisches Bekenntnis den französischen Verhältnissen mehr entsprach als das Griechentum der Zarentochter. Hatte sie doch schon während der Schönbrunner Verhandlungen das Gerücht als künftige Gemahlin Napoleons bezeichnet[2]). Um den Jahreswechsel empfing Napoleon die Gräfin Metternich, die Paris nicht verlassen hatte, in auszeichnender Weise, und kurz nachher näherten sich ihr, offenbar in des Kaisers Auftrag, die Beauharnais: Hortense teilte ihr mit, daß ihr Bruder Eugen seinem Stiefvater zur Erzherzogin Luise geraten habe, und Josephine sagte ihr, der Kaiser habe ihr zwar anvertraut, daß er noch keine Wahl getroffen habe, sie sei aber sicher, er würde in Österreich wählen, wenn er gewiß wäre, dort angenommen zu werden[3]).

---

[1]) S. unten S. 326.

[2]) „Gerücht, Napoleon werde die ganze Monarchie zurückgeben, die Erzherzogin Luise zur Ehe für sich und den Kronprinzen (Ferdinand) für eine französische Prinzessin begehren." Florets Journal zum 8. Oktober 1809. (W. St. A.)

[3]) S. in Metternichs nachgelassenen Papieren, II., 320, die Briefe der Gräfin vom 3. Januar 1810 mit dort ungedruckten Nachträgen in meiner Schrift „Zur Heirat Napoleons I. mit Marie Luise". (Historische Studien und Skizzen, III.)

Schon vorher, am 25. Dezember, waren von Wien aus an Schwarzenberg Instruktionen für den Fall gesendet worden, daß die Heiratsfrage an ihn herantrat: er möge ihr Raum geben und sich Eröffnungen nicht verschließen. Damit war die Sache in die Bahn geleitet — und noch immer war keine Nachricht aus Petersburg eingetroffen. Brachte sie nun, wie Napoleon annehmen mochte, statt einer definitiven Entscheidung wieder nur freundliche Ausflüchte, so konnte man das als Ablehnung auffassen und, der Zustimmung Österreichs sicher, die Werbung in Wien anbringen[1]).

Auch da mag, neben dem Wunsch nach einem Thronerben, für dessen Erfüllung die Ehe mit der österreichischen Prinzessin mehr Gewähr zu bieten schien als die mit der eben erst fünfzehn Jahre alt gewordenen Großfürstin, eine politische Erwägung mitgesprochen haben. Seit dem Verhalten Rußlands im letzten Sommer mußte es Napoleon klar geworden sein, daß die Allianz mit dieser Macht, die mit immer stärkeren Prätensionen auftrat, um ihren Herrscher gegen die Opposition im Innern sicherzustellen, in nicht allzu ferner Zeit ihr Ende finden und ein erbitterter Krieg um die Herrschaft auf dem Kontinent — „um schließlich allein übrig zu bleiben" — entbrennen würde. Dann durften die deutschen Mittelmächte, dann durfte zum mindesten Österreich nicht unter russischem Einfluß stehen. Um nun das Haus Österreich, wenn es der Heirat widerstrebte, gefügiger zu stimmen, ward das russische Eheprojekt mit ziemlicher Ostentation behandelt, damit in Wien der Schreck vor der russisch-französischen Intimität der Werbung den Boden ebne, oder vielleicht sogar eine Eröffnung hervorrufe. In jener Unterredung Josephinens mit der Gräfin Metternich hatte es die Exkaiserin nicht unterlassen, ihren Mitteilungen hinzuzufügen: „Man muß Ihrem Kaiser vorstellen, daß sein und seines Landes Untergang sicher sei, wenn er nicht zustimmt, und daß in seiner Zustimmung auch das einzige Mittel liege, den Kaiser Napoleon von einem Schisma mit dem Papst zurückzuhalten." Ob nun

---

[1]) Es ist schwer denkbar, daß Napoleon über die Stimmung, die in der russischen Kaiserfamilie über ihn herrschte, und insbesondere über die Abneigung der Kaiserin-Mutter, nicht wenigstens annähernd unterrichtet gewesen sein soll. Caulaincourt hatte ihm doch in einem Brief vom 4. Februar 1809 (V a n d a l, II., 180) gemeldet, daß jede Brautwerbung in Petersburg unbedingt bei Maria Feodorowna anzubringen sei.

in dieser ganzen Sache von österreichischer oder französischer
Seite das erste Wort fiel, ob der Graf Laborde, der Vertrauensmann Napoleons, der bei den Friedensunterhandlungen tätig
gewesen und dann noch einige Zeit in Wien geblieben war,
bei Metternich oder dieser bei ihm zuerst anklopfte, ist noch
nicht völlig klargestellt[1]). Jedenfalls erblickten Kaiser Franz
und sein jetziger Minister des Äußern in einer Familienverbindung mit Napoleon eine gewisse Sicherheit für den Staat,
eine Gewährleistung seiner Existenz, und um diesen Preis
beschwichtigte man seine Abneigung gegen den Brautwerber.
Darum erhielt Schwarzenberg den Auftrag, die Idee zu verfolgen
und sich den Eröffnungen, die man ihm machen werde, nicht
zu versagen.

---

[1]) Nach einer von W e r t h e i m e r, Der Herzog von Reichstadt,
S. 16 zitierten Aufzeichnung des Erzherzogs Rainer soll Napoleon schon
im Juli während des Krieges „dunkel" von der Idee einer Verbindung mit
der Erzherzogin gesprochen haben. Siehe oben S. 313 den Brief Napoleons
an Franz I. vom 15. September. Metternich sagt in seiner Depesche an
Schwarzenberg vom 25. Dezember 1809, Alexander von Laborde, der ehedem in österreichischen Diensten gestanden und viele Verbindungen in
Wien, insbesondere mit Schwarzenberg u. a. gewonnen hatte, habe ihn vor
seiner Abreise über die Möglichkeit einer Familienallianz sondiert, indem
er die Ehe des österreichischen Kronprinzen Ferdinand mit einer Tochter
Lucians, oder die Napoleons mit der Erzherzogin Luise aufs Tapet brachte.
Den ersten Vorschlag habe er sofort zurückgewiesen, nicht so den zweiten.
Demgegenüber behauptete Laborde in einem Memoire, das er Mitte Dezember, kurz nach seiner Rückkehr nach Paris, für den Kaiser verfaßte,
Metternich habe ihn zu einer Verzögerung seiner Abreise von Wien beredet
und ihm in einer Besprechung über die Mittel, das Verhältnis Frankreichs
zu Österreich besser zu gestalten, geradezu eine Heirat Napoleons mit
einer österreichischen Erzherzogin als solches genannt, wenn der Kaiser
mit der Scheidung Ernst mache. Diese Idee, habe der Minister hinzugefügt,
käme von ihm allein, die Intentionen seines Souveräns kenne er nicht,
zweifle aber nicht, daß sie dem Projekte günstig sein würden. (V a n d a l,
II., 203, 543.) Später, in einem Brief an Jakobi-Klöst vom 11. September 1811, hat Metternich selbst sich in der Tat als denjenigen bezeichnet, der die Ehe in Vorschlag gebracht habe (M. D u n c k e r, Aus
der Zeit Friedrich des Großen und Friedrich Wilhelms III., S. 325), was
mit einer Äußerung Napoleons aus dem Jahre 1814 zu dem österreichischen
Freiherrn von Wessenberg übereinstimmt: „Kann Metternich vergessen,
daß meine Heirat mit einer österreichischen Erzherzogin sein Werk ist?"
(A r n e t h, Wessenberg, I., 189.) In seinen Memoiren hat dies Metternich freilich wieder geleugnet und Napoleon die Initiative zugeschoben.
So viel geht aus den Quellen hervor, daß die Bereitwilligkeit auf beiden
Seiten war.

Nach den ersten geheimen Pourparlers, die Laborde im Auftrag Napoleons mit dem Gesandten Österreichs führte — Dieser bezeichnete sie in einem Bericht vom 13. Januar als „halboffiziell" — und nachdem die kirchliche Entscheidung gefallen war, die man in Wien als notwendige Voraussetzung erklärt hatte[1]), hielt Napoleon, mehr zum Schein, am 28. Januar einen Ministerrat ab, dem er die Frage seiner Wiederverheiratung vorlegte. Eugen Beauharnais, Maret, Champagny, die im Vertrauen waren, Fesch und noch Einzelne plaidierten für Österreich, andere, wie Cambacérès und Murat, für Rußland. Als auch Lacuée, der Minister der Kriegsverwaltung, die gleiche Ansicht vortrug und im Eifer wider die österreichische Verbindung bemerkte, der Donaustaat sei keine Großmacht mehr, unterbrach ihn der Kaiser: „Man sieht, daß Sie bei Wagram nicht dabei waren[2])." Wenn er auch keinen Entschluß kundgab, so dürfte es doch keinem der Teilnehmer unklar geblieben sein, wohin er neigte. Als dann am 5. Februar Berichte von Caulaincourt eintrafen und auch wieder nur, wie frühere, von Aufschub redeten, hielt sich der Kaiser dem Zaren gegenüber nicht mehr für gebunden. „Aufschieben heißt verweigern," sagte er, „übrigens will ich in meinem Palast keine fremden Priester zwischen mir und meiner Frau haben." In höflichster Form ward an der Newa mitgeteilt, daß man von der Verbindung abstehe. Der Minister mußte an Caulaincourt schreiben, daß das Moment des Religionsunterschiedes nach der Auffassung der Bevölkerung störend wirke und daß die letzten Nachrichten, die einen Aufschub melden, den Kaiser zu anderer Entscheidung bewegten. „Die Zeit drängt, und der Kaiser ist ungeduldig, den Wunsch Frankreichs zu erfüllen. Er erinnert sich wohl, daß man ihm in Erfurt von der Großfürstin Anna gesprochen habe, aber die Versäumnis eines Monats, ehe man Ihnen antwortete, genügt, um den Kaiser jeder Verpflichtung, die übrigens nicht besteht, aber auch jeder Höflichkeitsrücksicht (toute obligation de politesse) zu entbinden, die ihm seine Freundschaft auferlegt[3])." Wenn sich auch der Zar darob

---

[1]) Schon am 22. Dezember hatte Cambacérès den geistlichen Richtern versichert, der Kaiser beabsichtige eine katholische Prinzessin zu ehelichen.

[2]) B e u g n o t, Mémoires, II., 359.

[3]) Champagny an Caulaincourt bei B e r t r a n d, Projet de mariage de Napoléon I. (Correspondant, 1890, p. 860). Auf Napoleons Geheiß vom

verletzt fühlte — und wir hören, daß dies der Fall war oder
daß er doch so tat — so hatte das nunmehr, nachdem man
Österreichs sicher geworden war, für Napoleon keine bedrohliche Bedeutung mehr. Der politische Zweck seines
Doppelspiels war erreicht. Wenig Tage nach der Weisung an
Caulaincourt, sein Herr sei von der geplanten Ehe zurück-
getreten, ging ein zweiter Auftrag an ihn ab: er hatte mitzuteilen, daß ein Vertrag bezüglich Polens, den er am 4. Januar 1810 unterzeichnet und den der Zar bereits ratifiziert
hatte, vom Kaiser in der vereinbarten Form nicht angenommen
werden könne.

    Inzwischen hatte noch am 6. Februar Napoleon Eugen
Beauharnais zu Schwarzenberg gesandt, um Diesen für die
sofortige Unterzeichnung eines Ehevertrags zu gewinnen. Der
Gesandte, der angewiesen war, vorerst zu berichten, mußte
dies unterlassen und unterschrieb am nächsten Tag den Pakt,
nachdem der Kaiser seinen Ministern seine Entscheidung
kundgetan hatte, sich mit der Österreicherin zu verbinden[1]).
Nun reiste Berthier als „Großbotschafter" nach Wien, um in
aller Form für Napoleon zu werben, worauf dort am 11. März
in der Augustinerkirche die feierliche Einsegnung stattfand.
Erzherzog Karl vertrat dabei seinen großen Gegner. Dann
ging es in Eile nach Frankreich, wo der Kaiser am 27. bei
Compiègne mit seiner neuen Gemahlin zusammentraf und

---

6. Februar (C o r r e s p., XX., 16210) mußte der Minister den Brief so
abfassen, als wäre Caulaincourts Depesche während des Konzepts eingetroffen, und ihn vom 5. datieren.

    [1]) Überrascht wurde Schwarzenberg durch Napoleons Forderung
keineswegs. Er hatte zwar anfänglich im Zwiegespräch mit Laborde ein
Wort von einer Gegenleistung Frankreichs für die Hand der Prinzessin
fallen lassen, worauf auf französischer Seite alles still wurde. Dann aber
bekam er Einblick in einen vertrauten Brief Metternichs an seine Frau,
der Österreichs bedingungslose Zustimmung und auch die der Erzherzogin
meldete. Nur daß die Gräfin dieses Schreiben heimlich — wahrscheinlich
durch den jüngeren Dalberg — Napoleon in die Hände spielte, erfuhr
Schwarzenberg nicht. Immerhin konnte er, als er etwas plötzlich um den
Heiratsvertrag angegangen wurde, sicher sein, daß er ihn unterzeichnen
dürfe. Und auch auf diese Plötzlichkeit war er vorbereitet worden. Denn
Laborde hatte der Gräfin schon vor Wochen, Anfang Januar, gesagt, er
fürchte, Schwarzenberg werde zu langsam sein, wenn man ihm einmal ein
offizielles Anerbieten machen wird; „er müßte dann sofort in positiver Weise
erwidern können". Das wird die Gräfin nicht für sich behalten haben.
S. Zur Heirat Napoleons, a. a. O., S. 91 u. 97.

sofort — er mochte sich an König Heinrich IV. erinnert haben — von ihr Besitz nahm. Am 1. April ward in St. Cloud die Zivilehe geschlossen, am Tag darauf in der Kapelle des Louvre nochmals die kirchliche Trauung vollzogen. Man bemerkte, daß das Zeremoniell genau dasselbe wie bei der Hochzeit Ludwig XVI. mit Marie Antoinette war und daß auch die Ehepakten jenen wörtlich gleich abgefaßt wurden.

Marie Luise gefiel den Parisern nicht sonderlich. Sie bot zwar mit ihren achtzehn Jahren eine frische, gesunde Erscheinung, sah aus ihren schönen blauen Augen hell in die Welt, aber man fand sie, trotz ihrem reinen Teint und ihren vollen roten Backen, häßlich und vor allem schlecht gekleidet. Den Hofleuten fiel ihre grenzenlose Verlegenheit auf. Doch gewann sie bald Würde und eine gewisse Festigkeit, namentlich als ihr Napoleon, dem sie alles in Unterwürfigkeit ergeben sah, mit großer Achtung ermunternd begegnete. Sie hatte ihn bis vor kurzer Zeit als den bittersten Feind Österreichs gehaßt — soweit eben ein Kind des leidenschaftslosesten Monarchen einer leidenschaftlichen Empfindung fähig war — und ihre Briefe an eine Freundin aus jener Zeit zeigen, welch Opfer sie der Politik darbrachte. Am 23. Januar schrieb sie z. B. aus Ofen: „Seit der Scheidung Napoleons von seiner Gattin öffne ich die Frankfurter Zeitung immer mit der Idee, den Namen seiner neuen Gemahlin zu finden, und ich gestehe, daß die Zögerung mir Unruhe verursacht. Ich lege mein Schicksal in die Hände der göttlichen Vorsehung, die ja allein weiß, was uns frommt. Sollte aber das Unglück es wollen, so bin ich bereit, mein persönliches Wohlergehen dem Staate zu opfern, überzeugt, daß man wahre Freudigkeit nur in der Erfüllung seiner Pflichten findet." Sie fügte aber doch hinzu: „Beten Sie, daß es nicht geschehe[1]." Und nun geschah es doch.

Aber wenn man auch in Paris an der äußeren Erscheinung der neuen Kaiserin manches zu kritteln fand, so begrüßte man das Ereignis dennoch im allgemeinen mit großer Genugtuung. Zwar die Unversöhnlichen des Faubourg St. Germain waren entrüstet über diese Allianz zwischen der Legitimität und der Revolution, und die radikalen Republikaner desgleichen über die Stütze, die sich hier dem Regiment ihres Unterdrückers darbot: die große Masse jedoch war befriedigt.

---

[1] Correspondance de M. Louise, p. 80.

Selbst bei den Soldaten der alten Garde herrschte die Meinung,
die fremde Gemahlin werde den allgemeinen Frieden bringen.
Der Kurs der Rente war gestiegen, als man am 9. Februar
von dem abgeschlossenen Vertrag gehört hatte. Napoleon
nützte sofort diese Stimmung, um sein altes Lied wieder er-
tönen zu lassen. Er befahl Champagny, ein Rundschreiben
an alle Gesandten im Ausland zu richten, das seine Friedensliebe kund tun sollte: „Sie werden darin sagen, daß eines
der Hauptmittel, deren sich die Engländer bedienten, um den
kontinentalen Krieg zu entflammen, darin bestand, daß sie
glauben machten, es läge in meiner Absicht, die Dynastien
zu vernichten. Indem mich nun die Umstände in die Lage
versetzten, eine Gemahlin zu wählen, wollte ich ihnen den unseligen Vorwand benehmen, unter dem sie die Nationen auf-
wiegelten und einen Zwist erregten, der Europa mit Blut
überschwemmte." Sollte die Welt diesen Versicherungen
trauen? Am Wiener Hof fragte man sich, erzählt Metternich,
welchen Kalkül Napoleon wohl mit seiner Heirat angestellt
haben konnte: ob er den Degen in die Scheide zu stecken
und die Zukunft Frankreichs und seiner Familien wirklich
auf die Prinzipien der Ordnung und des Friedens zu gründen
oder ob er nur Österreichs Kräfte in den Dienst seiner Herrscher-
politik zu ziehen gedachte. Und das war in der Tat die entscheidende Frage. Sie blieb nicht lange unbeantwortet. Als
am 20. März 1811 dem ängstlich aufhorchenden Volk von
Paris die Kanonen der Invaliden die Geburt eines Prinzen
verkündeten, da zeigte sich den Eingeweihten der Horizont
Europas schon wieder dicht umwölkt, und sie waren sich nicht
unklar darüber, von wannen das Gewitter heranzog. Und barg
es denn nicht auch einen tiefen Sinn, daß der Imperator dem
Neugebornen den Titel eines „Königs von Rom" beilegte?
Nur der Name der alten Weltbezwingerin schien ihm eben
noch gut genug, den Erben seiner Macht damit zu schmücken.

Anhang.

I.

Literarische Anmerkungen.

Zum ersten Kapitel. Für die inneren Verhältnisse Frankreichs:
a) Berichte von Reisenden: K. B. Hase, Briefe von der Wanderung und
aus Paris, geschrieben in den Jahren 1802 und 1803, Hamburg 1805;
A. v. Kotzebue, Erinnerungen aus Paris im Jahre 1804, Berlin 1804;
J. G. Rists Lebenserinnerungen (herausgegeben von G. Poel), Gotha
1880; F. J. L. Meyer, Briefe aus der Hauptstadt und dem Innern Frankreichs, 1801, 2 Teile, Tübingen 1802; Miß Berry, Journals and correspondance (Lond. 1865, ein Auszug im „Correspondant", 1904, das Jahr 1802
betreffend); (Schlabrendorf), N. Bonaparte und das französische Volk
unter seinem Konsulate, Germanien 1804; Bray, Aus dem Leben eines
Diplomaten, Leipzig 1901. Über anderes vergl. Holzhausen, Der Erste
Konsul und seine deutschen Besucher, Bonn 1900; Remacle, Bonaparte
et les Bourbons. Relations secrètes des agents de Louis XVIII à Paris,
1802, 1803, Par. 1899 (die Sammlung war Thiers nicht unbekannt); Peltier,
Paris pendant 1799 à 1802, Londres; Pingaud, Un agent secret (2. éd.);
Alger, Napoleons british visitors and captives, Lond. 1904; Babeau, Les
Anglais en France après la paix d'Amiens, Par. 1899 (Aufzeichnungen John
Carrs); Holzhausen, Bonaparte, Byron und die Briten, Frankf. 1904.
b) Einheimische Quellen: Der „Moniteur" (offizielles Organ); die „Cor-
respondance" de Napoléon I. VII. und ihre Ergänzungen; die Memoiren
Fauriels (herausgegeben von Lalanne, 1886), Bourriennes (bis 1802
noch von einer relativen Brauchbarkeit); Lucians (in der leider ganz
unwissenschaftlichen Ausgabe Jungs) Band II.; Thibaudeaus (das vor-
züglichste Quellenwerk in dieser Reihe); der Rémusat, der Chastenay
II. Band, Marets (in Ernoufs Biographie Marets), Pasquiers I., Norvins
I., Chaptals „Souvenirs", (Henning, die Erinnerungen Chaptals an
Napoleon. 1907); die „Considérations" der Staël, die Erinnerungen der
Herzogin von Abrantès, P. L. Couriers Briefe a. d. J. 1804 in dessen
gesammelten Werken. Dazu: Forneron, Histoire générale des émigrés III.,
Par. 1889; Gaffarel, L'opposition militaire sous le Consulat (La Révol.
franç. VI.), Guillon, Les complots militaires sous le Consulat et l'Empire.
Par. 1894; Madelin, Fouché, I., A. Thierry, Conspirateurs et gens de
police (Rev. d. d. mondes, 1902); dazu die Memoiren von Thiébault III.
und Macdonald, die Korrespondenz Davouts (her. v. Mazade); Debidour,
Le général Fabvier („Annales de l'Est", 1887ff., nach dessen Briefen);
L'opposition littéraire sous le Consulat („Nouv. Revue", 1889, nach Nodiers
und Estournels Erinnerungen); Picavet, Les Idéologues, Par. 1891;
Thiers, Consulat et Empire, IV; Thibaudeau, Le Consulat et l'Empire II;

Jaurès, Histoire socialiste. VI. Consulat et Empire; Chaptal, De l'industrie française, 2 vols, Par. 1819; Bertin, La Société du Consulat; Stenger, La société française pendant le Consulat; Levasseur, Histoire des classes ouvrières et de l'industrie en France. I. Neue Aufl. Paris 1903; Schoor, La presse sous le Consulat et l'Empire, Brux. 1899; Poittevin, La liberté de la presse depuis la Révolution (1789—1815), Par. 1901; Lanzac de Laborie, Paris sous le Consulat, 5 vols; Welschinger, La Censure sous le premier Empire.

Für die auswärtigen Beziehungen: a) im allgemeinen: Außer der „Correspondance" Napoleons, den Nachträgen dazu von Bro-tonne und Lecestre, den Briefen Talleyrands bei Bertrand und den Verträgen bei De Clercq, die einschlägigen Kapitel bei Thibaudeau und Thiers und vor allem: Lefebvre, Histoire des cabinets de l'Europe; dazu Sorel, L'Europe et la révolution française VI.; Driault, La politique ex-térieure du Premier Consul (1800—1803), Par. 1910. b) Im besonderen be-züglich Italiens: Botta, Storia d'Italia dal 1798 al 1814, 3 Bände; Tivaroni, L'Italia durante il dominio francese, 1889 (2. Teil der Storia del risargimento italiano); Castro, Storia politica moderna d'Italia dal 1799—1814, Mil. 1881; Bianchi, Storia della monarchia piemontese, III.; Driault, Napoléon en Italie, Par. 1906; Francesco Melzi d'Eril, Memorie, documenti e lettere inedite di Napoleone I. e Beauarnais, ed. Giov. Melzi, 2 vols 1865; Bonacossi, Bourrienne et ses erreurs; G. Koch, die Entstehung der italienischen Re-publik, 1801—1802 (Hist. Z., Bd. 84); Roberti, Les Cisalpins à Lyon („Minerva", 1902); Malvezzi, P. Berti alla consulta di Lione (Revue na-poléonienne, 1902); Zanolini, Aldini et i suoi tempi, Firenze 1864; Dejob, Mme de Staël et l'Italie, Par. 1890 (mit einer Bibliographie über den fran-zösischen Einfluß auf Italien); Bonnefons, Marie Caroline, Reine de Naples, Par. 1905; — bezüglich der Schweiz: Strickler, Amtliche Sammlung der Akten aus der Zeit der helvetischen Republik, Bd. VIII; Derselbe, Das Ende der Helvetik, 1801—1802 (Polit. Jahrbuch d. schweiz. Eidgenossen-schaft, 1902); Dunant, Relations diplomatiques de la France et de la République hélvétique, Basle 1901; Neys Memoiren (1833); Oechsli, Geschichte der Schweiz im 19. Jahrhundert, I; Gaillon, Napoléon et la Suisse (1803—1815) Par. 1910 (kurz); Muralt, Hans v. Reinhard, Zürich 1839; Jahn, Bonaparte, Talleyrand und Stapfer, Zürich 1869; Luginbühl, F. A. Stapfer, 2. Aufl., Basel 1902; Derselbe, Aus Stapfers Briefwechsel, Basel 1901; — bezüglich Deutschlands: Häusser, Deutsche Geschichte II. (Gaspari), der französisch-russische Entschädigungsplan, Regensburg 1802; Derselbe, Der Deputations-Rezeß mit historischen, geographischen und statistischen Erläuterungen, 2 Teile, Hamburg 1803; Stetten-Buchenbach, Beiträge zum Ende der Reichsritterschaft (Preuß. Jahrb., 1903); Servières, L'Allemagne française sous Napoléon I; Ranke, Hardenberg und der preußische Staat II.; Bailleu, Preußen und Frankreich von 1795—1807, II.; Martens, Recueil des traités conclus par la Russie II. (Österreich), VI. (Preußen); Ulmann, Russisch-preußische Politik unter Alexander I. und Friedrich Wilhelm III. bis 1806, Leipzig 1899; Hüffer, Die Kabinetts-regierung in Preußen, Leipzig 1891; Fisher, Studies in Napoleonic States-manship in Germany, Oxford 1903; Fournier, Gentz und Cobenzl, Ge-schichte der österreichischen Diplomatie von 1801—1805; Wertheimer,

Geschichte Österreichs und Ungarns 1801—1810 I.; Paget, Papers, 2 vols; — bezüglich Hollands: De Bosch-Kemper, Staatskundige Geschiedenis van Nederland (1795—1814), Amst. 1867; Vreede, Geschiedenis der Dipl. v. d. Bataafsche Republiek, 1863ff.; Colenbrander, De Bataafsche Republiek, Amst. 1808; Derselbe hat in seinen „Gedenkstuken" (11 Bände) ein reiches historisches Material von 1795 bis 1813 veröffentlicht; Leyrand, La révolution française en Hollande. La République Batave, 1795—1806, Par. 1894; — bezüglich Rußlands: Tratschewsky, Frankreich und Rußland, im Sbornik der historischen Gesellschaft, Band 77; Tatistscheff, Alexandre et Napoléon I. (1801—1812), Par. 1891; Schilder, Alexander I. (russ.); Wassiltschikow, Les Razoumowski, französ. Ausg., Halle 1893; Schiemann, Gesch. Rußlands unter Nikolaus I., 1. Bd.; Martens, Recueil, XIII; Bernhardi, Geschichte Rußlands im 19. Jahrhundert, II.; Großf. Nikolai Michailovitsch, Graf Paul Strogonoff, 3 Bde. (russ.). franz. Übers., Par. 1905; — bezüglich Spaniens und Portugals: Baumgarten, Geschichte Spaniens seit dem Ausbruch der französischen Revolution, I.; Bernhardi, Napoleon I. und Spanien (Historische Zeitschrift, Bd. 40); Grandmaison, L'ambassade française en Espagne, 1789 bis 1804; Lucians Memoiren II.; L. Coelho, Historia de Portugal desde os finos do 18. seculo ate 1814, Lissab. 1886ff.; — bezüglich der Verfassungen der italienischen Staaten, Hollands und der Schweiz: De Clercq, Traités, II., den „Moniteur" und Pölitz, Europäische Verfassungen, 3 Bände.

Für die Kolonialpolitik Napoleons: G. Roloff, Die Kolonialpolitik Napoleons I., München 1899; Adams, Napoléon et S. Domingue (Rev. Hist. XXIV.); Laujon, Précis historique de la première expéd. de St Domingue; Mosbach, Der französische Feldzug auf S. D.; Saint-Domingue sous le Consulat, Fragment des souvenirs de la générale Lallemand (Nouv. revue retrospective, 1902); Schoelcher, Vie de Toussaint Louverture, Par. 1889; Gauthier-Villars, Toussaint Louverture au fort de Jorx (Rev. hebdomadaire 1901); Beunier, La mort de Toussaint Louverture (La Quinzaine, 1902), s. auch Urkundliches in der Revue de l'Agenais, 1884. Ferner die Memoiren von La Croix; Prentout, L'Ile de France sous Decaen, Par. 1901; die Memoiren des Kapitäns Bonnefons, Par. 1900; Tarbell, Beziehungen Frankreichs zu Nordamerika 1800—1803 (Mc Lure's Magazine 1895) war mir nicht erhältlich; Barbé-Marbois, Histoire de la Louisiane; Poyen, La guerre aux Antilles. Für die Verwicklung mit England: neben der Correspondance VIII. und dem „Moniteur" von 1802 und 1803: Browning, England and Napoleon in 1803. London 1887 (die Depeschen Whitworth's); Russel, Memorials and corresp. of Ch. Fox, 3. Bd.; Malmesbury, Diaries and corresp. IV.; Letters and dispatches of Lord Castlereagh, 5. Bd.; Stanhope, Life of Pitt, IV; Life and letters of the first Earl of Minto. III. Pellew, Life of Visc. Sidmouth II. Das „Annual register or a view of the history etc. for the year 1803"; Gill, The relations between England and France, 1802 (English hist. review, 1909); Martens, Recueil XI; Tratschewsky im Sbornik, 77 Bd.; Ashton, English caricature and satire on Napoleon I; London 1885; Dorman, A history of the British Empire in the 19. Century. I (1793—1805); Rose, Napoleon I.; Derselbe, Napoleon and English commerce, (Engl. hist. review, 1893); Derselbe, The French East Indian Expedition (ebenda, 1900\

Oechsli, Geschichte der Schweiz, I. (Dokumente im Anhang); Coquelle, La mission de Sebastiani à Constantinople, 1801 (Rev. d'hist. dipl. 1908); Ekedahl, The principal causes of the renewal of the war in 1803 (Translations of the royal hist. soc. 1895) ist nur das erste Kapitel einer umfangreichen Studie „Bidrag till tredje Koalitionens bildningshistoria", Lund 1902; Rose, dann Duncker, Die Landung in England in dessen „Abhandlungen aus der neueren Geschichte", Philippson, La paix d'Amiens et la politique générale de Napoléon (Rev. hist. 1891) (wurde neuestens in erweiterter Gestalt deutsch herausgegeben u. d. T.: „Die äußere Politik Napoleons I.; Der Friede von Amiens 1802, Leipzig 1913); Ulmann, Zur Würdigung der napoleonischen Frage (Deutsche Revue, 1900), Coquelle, Napoléon et l'Angleterre, 1803—1813, Par. 1907, messen die Schuld an der Erneuerung des Krieges Napoleon bei, während G. Roloff, Über Napoleons Landungspläne, 1803—1805 (Preuß. Jahrb. Bd. 93), Derselbe, Zur napoleonischen Politik 1803—1805 (Historische Vierteljahresschrift, 1902), Lévy, Napoléon et la paix, und Potrel, La Russie et la rupture de la paix d'Amiens (Annales de l'école libre des sciences politiques, 1897) England dafür verantwortlich machen. Die Okkupation Hannovers betreffend: Ompteda, Die Überwältigung Hannovers durch die Franzosen, Hannover 1866; Thimme, Die inneren Zustände des Kurfürstentums Hannover, I. Über die Flottille im Kanal ist das Hauptwerk: Desbrière, Projets et tentatives de débarquement aux îles britanniques, 1793—1805; II. III.; dazu: Jurien de la Gravière, Guerres maritimes, II. (auch deutsch); Chevalier, Histoire de la marine française sous le Consulat et l'Empire. Bezügl. Spaniens vergl. auch: Gentz, Authentische Darstellung des Verhältnisses zwischen England und Spanien vor und bei dem Ausbruch des Krieges zwischen beiden Mächten. Petersburg 1806.

Über die Verschwörung von Georges und Genossen ist das Aktenmaterial gesammelt zu finden in „Procès instruit par la Cour de justice criminelle contre Georges, Pichegru, Moreau etc. 8 volumes. Par. 1804, dazu die gründliche Arbeit an der Hand neuer Archivalien von Caudrillier, Le complot de l'an XII (Rev. hist. 1900—1901). Auch vergleiche man Bailleu, Napoleons Verhandlungen mit den Bourbons 1803 (Historische Zeitschrift, 74. Bd.); Maricourt, Dans l'intimité de Louis XVIII. (La Revue, 1903); Picard, Bonaparte et Moreau, Par. 1905ff.; Pingaud, Les dernières années de Moreau (Revue de Paris, 1899); E. Daudet, Exil et mort de Moreau, Par. 1908; Desmarest (einer der Polizeidirektoren) Quinze ans de haute police sous Napoléon; Madelin, Fouché I.; Hauterive, La Police secrète du Premier Empire. Bulletins quotidiens adressés par Fouché à l'Empereur; 1804, 1805. Par 1908f; Martel, La conspiration de Georges; Cadoudal, Georges Cadoudal et la Chouannerie, Par. 1887 (die beiden letzten Kapitel); Rigault de Rochefort.

Über die Affaire Enghien: Boulay de la Meurthe, Correspondance du Duc d'Enghien et documents sur son enlèvement et sa mort, Par. 1904ff.; Derselbe, Les dernières années du Duc d'Enghien, Par. 1886 (dazu meine Notiz in der Revue historique, Oct. 1887); Nougarède de Fayet, Recherches hist. sur le procès du Duc d'Enghien, gegen Broglie, Le procès et l'exécution du Duc d'Enghien, Par. 1888, der Talleyrands Mitschuld in Abrede stellen will. Ferner Welschinger, Le Duc d'Enghien,

1888; Derselbe, L'Europe et l'exécution du Duc d'Enghien 1890; De
la Faye, La Princesse de Rohan et le Duc d'Enghien, Par. 1904. Sorel
in „Lectures historiques"; Pernot, L'arrestation du Duc d'Enghien (Revue
d'Alsace, 46. Bd.); Fay, The Execution of the Duc d'Enghien (American
hist. review, 1898); Obser, Politische Korrespondenz K. Friedrichs v.
Baden 1783—1806, V. (dazu „Aus dem Nachlaß des Herzogs von Dalberg"
in „Vom Rhein" Juni 1901); dann die Memoiren Pasquiers, Hyde de
Neuvilles, Fauriels, der Rémusat, Ménevals (in der Ausgabe von
1894), die Aufzeichnungen Roederers (in der Ausgabe von 1909) u. a.
Über die Gründung des Empire: Der Senatskonsult vom 18. Mai 1804 bei
Hélie, Les constitutions de la France. (Deutsch bei Pölitz, Europäische
Verfassungen.) Vergl. Lanfrey, III.; Rocquain, Notices sur Napoléon I
(Revue de France, 1880); Thibaudeau, Empire I.; Aulard, Histoire
politique de la révol. franç.; Pelet de la Lozère, Opinions de Napoléon;
Welschinger, Tribuns, députés, sénateurs, 1804—1810 (Revue hebdo-
madaire, 1898); Thiers, V.; Masson, Napoléon et sa famille, II.; Napoleons
Gespräche auf St. Helena in Gourgauds Journal und die mit dem Arzt
des Northumberland in Hérisson, Le cabinet noir 1886; die Depeschen
Lucchesinis in Bailleu, Preußen und Frankreich, II., die Dalbergs bei
Obser, K. Friedrich v. Baden, V., die des russischen Geschäftsträgers im
Sbornik 77; dazu Fournier, Gentz und Cobenzl. Über den neuen Kaiser-
hof: Die Memoiren Fains, Ménevals, der Rémusat, Josephs, Miots,
Baussets, Lucians, Ségurs, das Journal von Roederer (1909); dann:
Masson, Napoléon chez lui; Derselbe, Josephine impératrice et reine;
Maze-Sencier, Les fournisseurs de Napoléon et des deux impératrices,
Par. 1893; Candidats chambellans de Napoléon (in Nouv. Revue rétrospect.
1902). Masson, Napoléon et sa famille, II.; Über die Arbeitsweise Napoleons: Fains und Ménevals Memoiren und das Journal Roederers
(éd. 1909), Gazier, Napoléon au Conseil d'Etat (d'après les Procès-verbaux
inédits du Baron Locré. (Revue de Paris, 1893 und die einschlägige Literatur
zum 8. Kapitel des 1. Bandes.) Den Katalog der Handbibliothek des Kaisers
veröffentlicht Guillois, Napoléon, l'homme, le politique, l'orateur, Par.
1889 im Anhang zum 2. Bande. — Über die Frauen des Hofes u. A.:
D'Arjuzon, Mme Louis Bonaparte, Par. 1901; Marmottan, Elisa Bonaparte, Par. 1898; Larrey, Madame Mère, und meine Skizze „Napoleon
und sein Hof" in Pflugk-Harttung, Napoleon I. II. Band. Die von
Chéramy veröffentlichten Memoiren der Schauspielerin Georges (Par.
1908) sind mit größter Vorsicht zu benützen. Stenger, La société franç.
pend. le consulat. Par. 1903 ff. (Nichts Neues). Lanzac de Laborie,
Paris sous Napoléon, 5 v., Par. 1909. (Wenig Neues.)

    Zum zweiten Kapitel. Über das napoleonische Heer: Blaze, La
vie militaire sous le premier Empire, überholt von Morvan, Le soldat
impérial (1800—1814), 2 vols, Par. 1904, 1905. Dazu Jähns, Das französische Heer von der großen Revolution bis zur Gegenwart; Lettow-Vorbeck, Die französische Konskription unter Napoleon I. (Beiheft zum Milit.
Wochbl. 1902); Philip, Le service de l'État-Major pend. les guerres du
premier Empire. Par. 1900; Fallou, La garde impériale (1804—15), Par.
1906; Schmeisser, Die Refractärregimenter unter Napoleon I. (Beiheft
zum Militär-Wochenbl., 1890); „Zur Geschichte des militärischen Lebens in

den Armeen Napoleons I." (ebenda 1899); Coignet, Cahiers; Les uni-
formes du premier Empire, Par. 1911; Bonneville de Marsangy, La
légion d'honneur, Par. 1904. — Über Papst Pius in Paris: Die Memoiren
Consalvis (éd. Crétineau-Joly); Haussonville, L'église romaine et le
premier Empire, I. II.; Lanzac de Laborie, Les débuts du régime con-
cordataire (Rev. d. quest. hist. 1907); „Paris zur Zeit der Kaiserkrönung",
Briefe eines Augenzeugen, Köln 1805; Aulard, Les préparatifs du couronnement de N. I (Révolut. fr. 1897); Rodocanachi, Pie VII à Paris (Souvenirs et mémoires, 1900; Relationen des Abbé Cancellieri); Masson,
Napoléon et sa famille, II, und die zum früheren Kapitel genannten Me-
moiren; auch Fontaine et Percier, Le sacre de Napoléon I; Thiard,
Souvenirs (éd. Lex. Par. 1900); Plancy, Mémoires. Neuestens: Masson,
Le sacre et le couronnement de Napoléon I, Par. 1908; Welschinger,
Les négociations du sacre de Napoléon (La Nouvelle Revue, 1908); Fleisch-
mann, L'Epopée du sacre, Par. 1908. — Über die Vorgeschichte des Krieges
von 1805: Die Correspondance, VIII—X. Bd., dazu die Sammlungen von
Lecestre und Brotonne und meine Abhandlung „Zur Textkritik der
Korrespondenz Napoleons I.; dann die Staatsverträge bei De Clercq,
Martens, L. Neumann, Recueil des traités conclus par l'Autriche, die
Korrespondenz Markows und Oubrils im Sbornik, Bd. 77 und 82, und
im Archiv der Woronzow, ebenda Band 13 und 14; die Adam Czartoryskis
mit Alexander I. (herausgegeben von Mazade); die Memoiren Czartoryskis,
1887, (dazu Ulmann, Über die Memoiren des Fürsten Ad. Czartoryski im
Vorlesungsverzeichnis der Universität Greifswald, 1898); die Aufzeichnungen
Razoumowskys in dessen Biographie von Wassiltschikow 1887;
Maistre, Mémoires et correspondance; Schilder, Alexander I., I. II.
(russ.); Großfürst Nikolai Michailowitsch, Graf Strogonow (in franz.
Übersetzung, s. oben); Schiemann, Nikolaus I., I.; Bailleu, Briefwechsel
Friedr. Wilhelm III. und der Königin Louise mit Kaiser Alexander, Leipzig
1900; Hardenbergs Memoiren (herausgegeben von Ranke); Lucchesinis
Berichte (bei Bailleu, Preußen und Frankreich II.); Ranke, Hardenberg
(dazu der kritische Aufsatz von Max Duncker, „Graf Haugwitz und Frh.
v. Hardenberg" in den „Abhandlungen aus der neueren Geschichte" und
desselben Rezension von Rankes Werk in den „Mitteilungen a. d. histor.
Lit. VI."); Hüffer, Die Kabinettsregierung in Preußen; Hansing, Hardenberg und die dritte Koalition, Berlin 1899; Noak, Hardenberg und
das geheime Kabinett; insbesondere aber Ulmann, Russisch-preußische
Politik unter Alexander I. und Friedr. Wilhelm III.; Rose, The third
coalition against France, Cambridge, 1904, Despatches relating to the
third coalition from the Foreign office correspondance (Roy. hist. Soc.).
Auriol, La France, l'Angleterre et Naples, 2 vols, Par. 1905. — Über die
süddeutschen Staaten: Perthes, Politische Zustände und Personen in
Deutschland zur Zeit der französischen Herrschaft, 2. Bd.; Rambaud,
La domination française en Allemagne, II.; Obser, Karl Friedrich v. Baden,
V.; Derselbe, Hessen-Darmstadt vor Ausbruch des Krieges von 1805;
Strippelmann, Beiträge zur Geschichte Hessen-Kassels, Heft I., 1877;
J. Baader, Streiflichter; die Reichsstadt Nürnberg, 1801—1806; Arneth,
Wessenberg I.; Bitterauf, Gesch. des Rheinbundes I. England betreffend
vergl. zu den im vorigen Absatz notierten Werken: Cobbett, Parliamentary

debates; **Paget**, Papers II.; **Jackson**, Diaries I. 1872. Österreich betreffend: **Fournier**, Gentz und Cobenzl; **Wertheimer**, Geschichte Österreichs und Ungarns, I.; **Beer**, Zehn Jahre österreichischer Politik (1801—1810); **Derselbe**, Österreich und Rußland, 1804—1805 (Archiv für österr. Geschichte, Band 53); **Gentz**, Tagebücher I. Vergl. auch: **Montgelas**, Denkwürdigkeiten; **Thiard**, Souvenirs (éd. Lex.); **Beaulieu-Marconnay**, Dalberg II.; **Obser**, Ein Tagebuch über die Zusammenkunft Karl Friedrichs von Baden mit Napoleon I. in Mainz (Zeitschr. f. d. Gesch. d. Oberrheins XIV.). Über die Vorgänge in Italien zu den früher genannten Werken: **Marmottan**, Bonaparte et la République de Lucques, Par. 1896; **Derselbe**, Le royaume d'Etrurie; dann: Raccolta dei fatti, documenti e ceremonie, il tutto relativo al cambiamento della Repubbl. ital. in Regno d'Italia, Mil. 1805.

Über den Seekrieg und das Landungsprojekt: Die „Correspondance" und **Desbrière**, Band IV. (ein Auszug von **Loir**, La campagne maritime in der Revue d'histoire, 1901), und desselben La campagne maritime de 1805, Par. 1907, dazu **Mahan**, Influence of Sea Power, 1783—1812 (deutsch von Batsch, Berlin 1897), **Derselbe**, The Life of Nelson; **Gravière**, Guerres maritimes; **Rose**, The french plans of invasion of England 1801-1803 (Revue napol. 1902), seitdem ein neuer Aufsatz: „Did Napoleon intend to invade England?" (in dem Sammelwerk „Pitt and Napoleon", Lond. 1912); **Broadley**, Napoleon and the invasion of England; **Broadley** u. **Rose**, Dumouriez and the defense of England against Napoleon, Lond. 1908. Dazu die oben S. 332f. zitierten Schriften von **Duncker**, **Ulmann**, **Roloff** und **Coquelle** und das Buch **Driaults**, Napoléon et l'Europe (II., Austerlitz. La fin du St Empire), Par. 1902. (Vergl. über die Kontroverse oben den Text.) — Über Trafalgar besonders: **Ferrer de Couto**, Historia del combate naval de Trafalgar, Madr. 1881; La bataille de T., Journal du commissaire de la marine à bord du Bucentaure (Nouv. revue retrospective, 1902); **Rose**, The true significance of Trafalgar (Pitt and Napoleon, 1912); **Newolt**, The Year of Trafalgar, Lond. 1905. — Über den Landkrieg von 1805: neben der „Correspondance" die Memoiren von **Marmont**, **Rapp**, **Thiard**, **Ségur**, **Savary**, **Fézensac**, **Pion des Loches**, **Laugiers**, des Kapitäns **Coignet**, die Korrespondenz **Davouts** (herausgegeben von Mazade, 1885, 4 Bde. und der Marquise Blocqueville, 1887, 4 Bände); die Memoiren **Czartoryskis** und dessen Exposé aus dem April 1806 in seiner Korrespondenz mit Alexander; die Korrespondenz **De Maistre's** (herausgegeben von Blanc, Paris 1806, vergl. Sybel in der Histor. Zeitschr. 1859); **Hulots** Erinnerungen (im Spectateur militaire, 1883), **Langeron's** Memoiren (Fragmente in der „Revue d'hist. diplom." 1895 und in der „Nouvelle revue rétrospective", 1895); **Radetzkys** Erinnerungen in den „Mitteilungen des k. u. k. Kriegsarchivs, 1887; Denkwürdigkeiten des Generals **Toll** (v. Bernhardi), 2. Aufl., Leipzig 1865; Einzelnes aus Papieren des Erzherzogs Karl bei **Wertheimer**, Geschichte Österreichs und Ungarns, I.; **Criste**, Erzh. Karl; **Prokesch**, Schwarzenberg; **Kerchnawe-Veltzé**, Schwarzenberg (Wien 1912); **Macks** Rechtfertigungsschrift in Raumers Historischem Taschenbuch, 1873. **Gentz'** Briefe aus den Jahren 1805—1808 (mitgeteilt von A. Stern in Mitteilungen des Instituts für österreichische Geschichtsforschung, XXI): **Gentz'** Briefe an Starhemberg 1805 und 1806 in Thürheims Biographie Starhembergs, Graz, 1889. Darstellungen der militärischen Vorgänge. *a*) von französischer Seite: **M a t h. D u m a s**, Précis des événements militaires; **A l o m b e r t e t C o l i n**, La campagne de 1805 en Allemagne, I. II. 1903 (bis Ulm), **A l o m b e r t**, Le corps d'armée du maréchal Mortier; — von österreichischer: **A n g e l i**, Ulm und Austerlitz (Streffleurs militär. Zeitschrift, 1877—1879); **D e r s e l b e**, Erzherzog Karl als Feldherr und Heeresorganisator, III.; **S c h ö n h a l s**, Der Krieg von 1805 in Deutschland, Wien 1874; **K e s s l e r**, Beiträge z. Beginn des Kriegs v. 1805 u. d. Aufmarsch a. d. Donau. Freib. 1907; **K r a u s s**, Der Feldzug v. Ulm, Wien 1912. **V e l t z é**, Das Treffen bei Dürnstein (Monatsbl. d. Ver. f. Landeskunde v. Niederösterreich, 1906); — von russischer: **M i c h a i l o w s k i D a n i l e w s k i**, La campagne de 1805. Dazu **R ü s t o w**, Der Feldzug von 1805; **Y o r c k**, Napoleon als Feldherr, I.; **F r e y t a g - L o r i n g h o v e n**, Die Heerführung Napoleons; **G u e r r i n i**, La campania napoleon. del 1805, 1909; **C r i s t e**, Joh. Fürst Liechtenstein, Wien 1905; **L e t t o w - V o r b e c k**, Der Krieg von 1806 und 1807, 1. Band; **B u r k e**, Campaign of 1805. Über Schulmeister: „Bruchstücke a. d. Leben des Charles Schulmeister", Leipzig 1817; **D i e f f e n b a c h**, K. L. Schulmeister, der Hauptspion, Parteigänger usw. Napoleons I., 1879; **P. M ü l l e r**, L'espionnage militaire sous N. I., Par. 1896; **L. E h r h a r d**, Charles Schulmeister, Straßburg 1898. Über Austerlitz: Matériaux pour servir à l'histoire de la bataille d'Austerlitz, recueillis par un militaire, 1806; **S t u t t e r h e i m**, La bataille d'Austerlitz, par un militaire, témoin de la journée du 2 décembre 1805, Hamb. 1806; Die Schlacht bei Austerlitz (Streffleurs Zeitschrift, 1890); **J a n e t s c h e k**, Die Schlacht bei A., Brünn, 1898. **G a l l i n a**, Der Feldzug von Austerlitz (Streffleurs Zeitschrift 1881). Die 1901 in Paris veröffentlichte „Relation officielle de la bataille d'Austerlitz, présentée à l'Empereur Alexandre le 26 janvier 1806" ist nur ein Abdruck aus dem „Moniteur" vom April 1806; sie steht auch in der „Correspondance", XII., 10032. Über die Haltung Preußens: (**L o m b a r d**) Matériaux pour servir à l'hist. de 1805 à 1807, Frankfurt 1818; Die preußischen Kriegsvorbereitungen und Operationspläne in „Kriegsgeschichtlichen Einzelschriften", I., Berlin 1883; **B i n d e r - K r i e g l s t e i n**, Ein Bericht Crennevilles vom 18. November 1805 (über den preuß.-österr. Kriegsplan in **S t r e f f l e u r s Z.**, 37. Bd.); Metternichs Berichte aus Berlin in dessen „Nachgelassenen Papieren" II.; **B a i l l e u**, Briefwechsel Fr. Wilhelm III. mit Alexander I.; **F o u r n i e r**, Österreich und Preußen im 19. Jahrh. Wien, 1907 (enthält im Anhang den Briefwechsel Friedrich Wilhelms III. und Franz' II. während des Feldzugs); **R a n k e**, Hardenberg; **M. L e h m a n n**, Scharnhorst I; **D e r s e l b e**, Stein I; **B a i l l e u**, Prinz Louis Ferdinand (Deutsche Rundschau, 1883); **D e r s e l b e**, Preußen und Frankreich II.; **D e r s e l b e**, Der Berliner Hof im Herbst und Winter 1805 (Deutsche Rundschau, 1905); **D e r s e l b e**, Königin Louise; **H ü f f e r**, Kabinettsregierung; **U l m a n n**, Russisch-preußische Politik; **K i e s e r i t z k y**, Die Sendung Haugwitz' nach Wien, Göttingen 1896 (dazu **M. L e h m a n n** in den Göttinger gelehrten Anzeigen, 1896). Die Geschichte des Friedensschlusses von Preßburg ist noch nicht geschrieben; maßgebend dafür sind die „Correspondance" XI. und die Briefe **T a l l e y r a n d s** (bei Bertrand). Einzelnes aus österreichischen Papieren findet sich bei **W e r t h e i m e r** a. a. O., das Instrument bei **D e C l e r c q** II.

    Zum dritten Kapitel. Über die Stimmung in Frankreich 1805 und 1806:

Lucchesinis Berichte und Hauterives Briefe an Talleyrand bei Bailleu, Preußen und Frankreich, 2. Bd.; die Berichte russischer Agenten bei Tratschewsky (im Sbornik, 82); die Memoiren Molliens, der Rémusat, Pasquiers, Barantes, dazu Mot de Fiévée, Correspondance et relations avec Bonaparte (1802—1813) (einer der geheimen Berichterstatter Napoleons, wie Frau v. Genlis u. a.); Faber, Notices sur l'intérieur de la France, écrites en 1806. Par. 1807. P. des Essars, Une crise financière en 1805 (Bulletin des sciences écon. et sociales, 1898); Broc, La vie en France sous le premier Empire. Par. 1894, Bondois, Napoléon et la société de son temps, Par. 1895. Über Frankreich und Neapel: Helfert, Königin Karoline von Neapel, Bonnefons, Marie Karoline; Driault, Napoléon en Italie; Auriol, La France, l'Angleterre et Naples de 1803 à 1806; Coletta, Geschichte des Königreichs Neapel, 3 Bde. (Deutsche Ausgabe 1855), die Memoiren des Königs Joseph (herausgegeben von Du Casse) und Miots v. Melito. Über das Verhalten gegen den Papst: neben der Correspondance de Napoléon I. die Memoiren Consalvis, Haussonville, L'église romaine et le premier Empire, Artaud, Histoire du Pape Pie VII, Fischer, „Consalvi". Eine eingehende wissenschaftliche Biographie des großen Kardinals fehlt noch. Über die Gründung des Königreichs Holland: Documents historiques et réfléxions sur le gouvernement de la Hollande, Paris 1820; dazu Alb. Réville, La Hollande et le Roi Louis (Revue des deux mondes, 1870) und Felix Rocquain, Napoléon I. et le Roi Louis. Über den Rheinbund: Häusser, Deutsche Geschichte, 2. Bd.; Perthes, Politische Zustände und Personen zur Zeit der französischen Herrschaft, 2. Bd.; J. G. v. Pohl, Denkwürdigkeiten aus meinem Leben und aus meiner Zeit, 1840; Montgelas' Memoiren; die Briefe eines geheimen österreichischen Agenten vom Jahre 1806 in meinen „Historischen Studien und Skizzen" I.; Schloßberger, Briefwechsel der Königin Katharina und des Königs Jérôme I., Stuttgart 1886; Derselbe, Politische und militärische Korrespondenz Karl Friedrichs von Württemberg mit Kaiser Napoleon I., 1889 (vielfache Wiederholung aus dem Vorhergehenden und aus der Correspondance de N. I); Lucchesini, Historische Entwicklung der Ursachen und Wirkungen des Rheinbundes. Leipzig 1822 (unzuverlässig); Bitterauf, Gesch. des Rheinbundes, I.; Du Moulin-Eckart, München am Vorabend des Rheinbundes (Forsch. zur Gesch. Bayerns) X, XI; Kupke, Eine Audienz (des Monsignore Arezzo) bei Napoleon I., November 1806 (Zeitschrift für Kirchengeschichte XXI); Obser, Karl Friedrich von Baden V; Fisher, Studies; Thimme, Die inneren Zustände Hannovers, I.; Usinger, Napoleon, der rheinische und der nordische Bund (Preußische Jahrbücher, 1865); Witzleben, Die Verhandlungen über den norddeutschen Bund (Archiv für sächsische Geschichte VI.); K. Beck, Zur Verfassungsgeschichte des Rheinbundes, Mainz 1890; Ch. Schmidt, Le Grandduché de Berg, Par. 1905; Goecke, Das Großherzogtum Berg unter Joachim Murat, 1877; Beaulieu-Marconnay, K. F. v. Dalberg; W. Wohlwill, Die Hansestädte beim Untergang des alten deutschen Reichs (Histor. Aufsätze F. Waitz, 1886). Siehe auch Bailleu, Fürstenbriefe an Napoleon I. in der „Historischen Zeitschrift" 1887; Strippelmann, Beiträge zur Geschichte Hessen-Kassels, 2. Heft, Marburg 1878; Baader, Streiflichter auf die Zeit der tiefsten Erniedrigung Deutschlands, oder die Reichsstadt Nürnberg von 1801 bis 1806

(1878); Sauzey, Les Allemands sous les aigles français. Essais sur les
troupes de la Confédération du Rhin, 1806—14, 5 vols, Par. 1902—9; Mejer
Zur Geschichte der römisch-deutschen Frage; König, Pius VII., Die Säkularisation und das Reichskonkordat. Innsbr. 1904. Über die französische
Armee in Süddeutschland auch die Souvenirs militaires von Fézensac
und die Correspondance de Napoléon I. — Über die Verhandlung mit
England: Thiers VI; Lefebvre III; Sorel VII; Russels Biographie
von Fox (1859), Cobbett, Parliamentary debates, VIII; Jackson, Diaries
and lettres I; Talleyrands Briefe an Napoleon (herausgegeben von Bertrand)
und seine Memoiren I; Adair, Geschichtliche Denkschrift einer Sendung
an den Wiener Hof, 1806 (a. dem Englischen, 1846), Coquelle, Napoléon I
et l'Angleterre, bes. aber: Heymann, Napoleon und die großen Mächte
1806. Berlin 1910 (dazu vergl. Bailleu i. d. Revue f. osteurop. Geschichte,
1910). — Über die Verhandlungen mit Rußland: Bignon, Thiers, Bernhardi und Martens' Recueil des traités conclus par la Russie, VI, XI,
XIII; Tratschewsky im „Sbornik", 82. Bd.; Großfürst Nikolaus,
Strogonow; Schiemann, Nikolaus I., 1. Band; Wassiltschikow, Les
Razoumowski, II.; das in den Achtzigerjahren veröffentlichte Woronzow-
Archiv in mehreren Bänden; die Stedingkschen Memoiren. — Über die
Entstehung des preußisch-französischen Krieges ist man heute noch immer
nicht ganz genügend unterrichtet, da Haugwitz die betreffenden Akten verbrannte. Aber das Wesentlichste an Dokumenten ist doch im zweiten Band
von Bailleus: Preußen und Frankreich von 1795—1807 zutage gekommen.
Andere Hauptquellen sind: neben der Correspondance und Briefen Na-
poleons bei Lecestre der Briefwechsel zwischen Friedr. Wilhelm III. und
Alexander, herausgegeben von Bailleu; die Memoiren Hardenbergs in
der Ausgabe von Ranke (dazu die kritischen Bemerkungen M. Lehmanns
in der Historischen Zeitschrift Neue Folge, Bd. III); Lombard, Matériaux
pour servir à l'histoire des années 1805, 1806 et 1807; Gentz' Briefe an
Starhemberg bei Thürheim, Starhemberg. Vergleiche außerdem Ranke,
Hardenberg und der preußische Staat; Häusser, Deutsche Geschichte II;
Hüffer, Die Kabinettsregierung in Preußen; Strippelmanns Beiträge
zur Geschichte Hessen-Kassels (Die Berichte Malsburgs); Baader, Streiflichter; G. Schulz, Z. Verständnis der Politik des Kurf. Wilhelm v. H.-
Kassel 1806 (Diss.), Greifsw. 1908; Granier, Zwölf Blücherbriefe (Forschungen zur brandenburgischen und preußischen Geschichte, 1901, XIII).
M. Lehmann, Scharnhorst I und Stein I; Bailleu, Prinz Louis Ferdinand
in der „Deutschen Rundschau" 1883. Über Palm findet man die Literatur
zusammengestellt im „Börsenblatt" f. d. deutschen Buchhandel, 1906:
J. Ph. Palm, ein Beitrag zur Geschichte des letzten Jahrzehnts, Nürnberg
1814; Eine Biographie von Palms Sohn, 1842; Du Moulin Eckart, München
am Vorabend des Rheinbundes, IV (Forsch. zur Gesch. Bayerns, XI nach
Berichten Ottos), Bitterauf, D. Verfasser der Schrift „Deutschland in
s. tiefen Erniedrigung" (Börsenblatt v. 1909), Der Prozeß gegen Palm
und Konsorten (Hist. Vierteljahresschrift 1906); Gachot, Napoléon et
les pamphlétaires allemands en 1806. L'éxécution du libraire Palm
d'après des doc. inédits (Le Correspondant, I., 224.). Dazu: Johann
Meyer, Buchhändler Pecht, ein Opfer Napoleons (Schriften des Ver.
für Gesch. des Bodensees, XVIII).

Zum vierten Kapitel. Über den Feldzug in Thüringen: Die Correspondance de Napoléon I. vor Allem und dazu, neben den wiederholt erwähnten Ergänzungswerken, die von M a s s o n in Lombrosos „Miscellanea Napoleonica", 1899, veröffentlichten 183 Briefe des Kaisers aus dem Jahre 1806; dann die kriegsgeschichtlichen Werke von C l a u s e w i t z, L o s s a u, Charakteristik der Kriege Napoleon I., 2. Bd. (Augenzeuge bei Auerstedt); M a t h. D u m a s, Précis des événements militaires, 18. Bd.; H ö p f n e r, Geschichte des Krieges von 1806 und 1807; M. P. F o u c a r t, La campagne de Prusse en 1806, Paris 1887—1890; L e t t o w - V o r b e c k, Der Krieg von 1806 und 1807 (4 Bde., 2. Aufl., 1891 ff.); C. v. d. G o l t z, Roßbach und Jena, 1883 (2. Ausg. 1906); Y o r c k, Napoleon als Feldherr, I. 1. Bd. Ferner: R ü h l e v o n L i l i e n s t e r n, Bericht eines Augenzeugen vom Feldzuge 1806 (unter dem Einfluß Massenbachs, des konfusen Generalstäblers der Armee Hohenlohes); M a s s e n b a c h, Geschichtliche Denkwürdigkeiten (verwirrt und unzuverlässig); M ü f f l i n g, Der Operationsplan der preußisch-sächsischen Armee 1806, Weimar 1807; M ü f f l i n g, Aus meinem Leben, 1851 (unzuverlässig); M a r w i t z, Aus d. Nachlaß, 12 Bde., Bresl. 1852; L e d e b u r, Erlebnisse aus den Kriegsjahren 1806 und 1807, Berlin 1855; G e n t z' Tagebuch im preuß. Hauptquartier (deutsche Ausgabe in dessen gesammelten Schriften, herausg. von Schlesier, dazu: Doerries, Fr. v. Gentz' „Journal de ce qui m'est arrivé etc.' als Quelle preuß. Geschichte. Diss. Greifswald, 1906); T i e d e m a n n, Denkwürdigkeiten; G e n t z u n d M a y e r u. H e l d e n s - f e l d, Berichte über die Schlacht bei Jena (Mitt. des k. u. k. Kriegsarchivs, 1881); L u c k, Briefe an Joh. v. Müller (Beiträge zur vaterländischen Geschichte, 1894); Kriegstagebuch d. Prinzen Louis Ferdinand 1806 (Hohenzollern-Jahrbuch, 1905); v. G r., Einige Briefe, geschrieben vor und nach der Schlacht bei Jena und Auerstedt, 1807; Fragmente aus dem Tagebuch eines preußischen Regimentsschreibers über die Begebenheiten des 14. Oktober 1806, 1807; B u r c k h a r d t, Aus den Tagen der Schlacht bei Jena (Neues Archiv für sächsische Geschichte, IV.); V i e t i n g h o f f, Kriegstagebücher 1806, 1807 (Baltische Monatsschrift, 1899); B o y e n s Erinnerungen (schlecht herausgegeben von Nippold); R e i t z e n s t e i n, Erlebnisse eines Gefangenen von Jena, Berl. 1887; die Relationen von Ebra u. E b e r s t e i n über die Schlacht von Auerstedt bei T r e u e n f e l d v. Jahr 1813, Beil. 16.; B a i l l e u, Die Schlacht bei Auerstedt (Deutsche Rundschau, 1899, der Bericht des Königs); der Bericht D a v o u t s in der „Revue de Paris", 1896 (auch selbständig erschienen unter dem Titel „Les opérations du 3ème corps, 1806—1807", neue Ausg. 1904), siehe auch desselben Korrespondenz und M o n t é g u t über ihn, die Memoiren von Ségur III, Fézensac, Grouchy, B e r t h e z è n e, Szymanowski (französische Übersetzung, Par. 1900), P o u g e t, P i o n d e s L o c h e s, B o u l a r t, C o i g n e t, S a i n t - C h a m a n s (Paris 1896), C h l a p o w s k i (Par. 1908) und das Tagebuch des Chefchirurgen P e r c y (éd. Longin, Par. 1904). An Darstellungen vergl. man noch P e r t z - D e l b r ü c k, Gneisenau I; L e h m a n n, Scharnhorst I.; S t a v e n h a g e n, Der Operationsentwurf Napoleons und die Versammlung seiner Armee, September und Oktober 1806 (Jahrbücher für die deutsche Armee und Marine, 1893); F r e y t a g - L o r i n g h o v e n, Marschanordnungen und Marschleistungen unter Napoleon I. (Beiheft zum Militär. Wochenblatt, 1893); L e w a l, La veillée de Jéna, Paris 1899; B o n n a l, La campagne de Jéna,

Paris 1903 (weit früher verfaßt); Mayerhoffer, D. Feldzug v. Jena u
Auerstedt, Wien 1898; Petre, Napoleons conquest of Prussia, Lond. 1907.
Maude, The Jena campaign, 1806, Lond. 1909; Marin, La guerra moderna.
Campaña de Prusia, Madr. 1906. (Kleine historische Beiträge verzeichne,
Dahlmann-Waitz, Quellenkunde deutscher Geschichte); Leydolph, Die
Schlacht bei Jena, 2. Aufl., 1901; Keil, Goethe, Weimar und Jena, 1806.
„1806", Das preuß. Offizierskorps in der Untersuchung d. Kriegsereignisse.
Herausg. v. Gr. Generalstab, Berl. 1906; Mäusel, Nachträge z. Marwitz
Berichten an d. Immediatkommission über d. Schlacht b. Jena u. d. Kapi-
tulation v. Prenzlau. (Forsch. z. brandb. usw. XX); Schönaich, Rüchel
i. d. Schlacht b. Jena (Beih. z. Milit. Wochenblatt, 1907); v. d. Goltz,
V. Jena bis Preußisch-Eylau, Berl. 1906. Über Napoleon in Berlin: Brays
Denkwürdigkeiten, Leipzig, 1901; Streckfuß, Berlin im 19. Jahrhunderte,
I.; „Die Franzosen in Berlin in den Jahren 1806—1808"; „Napoleon in Berlin"
(Allg. Mil. Zeitung 1893); Holzhausen, D. Franzosen in Berlin. (Voss.
Zeitung, 1906); Granier, Die Franzosen in Berlin, 1806—1808 (Hohenzoll.
Jahrb. 1905); siehe auch Lévy, Napoléon et la paix. Über den Krieg in
Polen und Ostpreußen außer den erwähnten Werken noch: Foucart,
La campagne de Pologne, Paris 1882; Rob. Wilson, Briefs remarks of the
campaigns in Poland (ohne viel Wert); Petre, Campaign in Poland,
1806—1807, London 1903; Michailowski-Danilewski, Der zweite
Krieg Kaiser Alexanders mit Napoleon, 1806—1807, Petersburg 1846;
Leer, Übersicht der Kriege Rußlands seit Peter dem Großen, Petersburg
1885 (russisch); Grauert, Die Operationen an der Weichsel, November und
Dezember 1806 (Beiheft zum Militärwochenblatt, 1890); die Memoiren von
Barente, Eugen v. Württemberg, Bennigsen (französ. Ausgabe in
3 Bänden, Par. 1906—1908) von Saint-Chamans (Par. 1896) und Paulin
(Par. 1895). Siehe auch: Grolman, Tagebuch des Erbgroßherzogs von
Baden, 1887; v. Plotho, Tagebuch, Berlin 1811 (aus dem russischen Lager);
v. Both, Relation der Schlacht bei Preußisch-Eylau; Schachtmeyer,
Die Schlacht bei Preußisch-Eylau, Berlin 1857 (Augenzeuge); Dérode,
Nouvelle Relation de la bataille de Friedland; Grenier, Etude sur 1807.
Manoeuvres d'Eylau et de Friedland, Paris 1901.

    Über die Politik Napoleons während des Krieges: neben seiner Korre-
spondenz in den verschiedenen Ausgaben die zusammenfassenden Darstellungen von Lefebvre, Histoire des Cabinets de l'Europe, III. Bd.
der 2. Ausgabe (eine ausgezeichnete Darlegung dieser schwierigen Verhältnisse und nur im Einzelnen zu berichtigen); Sorel, VII; Thiers, VII., Das
Material für das Verhältnis zu Preußen bei Bailleu, Preußen und Frankreich
II, und in Rankes Ausgabe von Hardenbergs Memoiren (insbesondere
Bd. V mit den Aktenstücken). Vgl. M. Lehmann, Scharnhorst I, und Stein
I; Ranke, Hardenberg und Preußen III; Bassewitz, Die Kurmark Brandenburg; (Schladen) Tagebuch: Preußen 1806 und 1807, 1844; Gräfin Voss,
Neunundsechzig Jahre am preußischen Hofe (leider sehr lücken- und
fehlerhafte Ausgabe); Bailleu, Königin Luise im Kriege 1806 (D. Rundschau,
129). Über das Blockadedekret: Alb. Lumbroso, Napoleone e l'Inghilterra. Rom 1897 (mit einer Bibliographie über die Kontinentalsperre im
Anhang). Über die Abmachung mit Sachsen: Schiemann, Zur Geschichte
des Posener Friedens (Hist. Zeitschr. N. F. 24. Bd.); Bonnefons, Un allié

de Napoléon: Frédéric Auguste, premier roi de Saxe, grand duc de Varsovie, Par. 1902. Über die Beziehungen zu den Polen: Czartoryskis Memoiren und Korrespondenz, Oginski, Mémoires sur la Pologne, 1788—1815, Paris 1826, 2. Bd.; Angeberg, Recueil des traités concernant la Pologne, Par. 1862; die Memoiren der Rémusat, Ernoufs „Maret", Ménevals Memoiren, die der Gräfin Potocka; Masson, Napoléon et les femmes; Prümers, Napoleon in Posen (Zeitschrift der historischen Gesellschaft in Posen, 1896; nach der südpreußischen Zeitung von 1806); Rüther, Napoleon I. und Polen 1806 und 1807, Hamburg 1901; (war lange Zeit die einzige verdienstvolle Darstellung dieser Verhältnisse und ist erst heute teilweise überholt von) M. Handelsman, Napoléon et la Pologne, 1806 u. 1807, Par. 1910; Loreta, Von Jena nach Tilsit (polnisch, in Askenazys „Monografie", 2. Bd., Warschau 1902; deutscher Auszug von Kaindl in den Göttinger gelehrten Anzeigen 1903, 3.); Schiemann, Nikolaus I., 1. Bd. Das Verhältnis zu Rußland ist heute durch die Publikationen im Sbornik 88. und 89. Band., durch Tatistscheff, Alexandre I et Napoléon 1801—1812, Par. 1891, im Zusammenhang mit dem 6. Bd. von Martens, Traités conclus par la Russie klarer gestellt. Der 13. Bd. dieses Werkes hat arg enttäuscht, da er fast nichts Neues bringt. Dazu Bernhardi, Geschichte Rußlands II. Schilder, Alexander I., 2. Bd. (russisch); Bernhardi, Denkwürdigkeiten Tolls; Bennigsens; Savarys Memoiren (die hier vertrauenswürdiger sind als sonst); Schottmüller, Der Polenaufstand 1806 und 1807. Lissa 1906. Über die Beziehungen zum Orient: E. Joachim, Napoleon in Finckenstein, Leipz. 1906; Dohna, Napoleon im Frühjahr 1807. Leipz. 1907; Driault, La politique orientale de Napoléon 1806—1808, Par. 1904 (namentlich über die Sendung Sebastianis nach Konstantinopel und die Finckensteiner Unterhandlungen); Schlechta, Die Revolutionen in Konstantinopel 1807 und 1808; Ghika, La France et les principautés danubiennes, 1789—1815; (Annales de l'Ecole libre des sciences politiques, 1896); Boppe, La mission de l'adjudant-commandant Mériage à Widdin 1807—1809 (Ebenda 1886). Über das Verhältnis zum Schah Feth-Ali: Gardane, La mission du général Gardane en Perse, sous le premier Empire, Par. 1865; Froidevaux, La politique coloniale de Napoléon (Rev. d. quest. hist. 1901); Gaffarel in der Revue pol. et litéraire, 1878; Méneval, Mémoires I. Über den Bartensteiner Vertrag eine Abhandlung von Plew im Programm des Bartensteiner Gymnasiums, 1894; Sommerfeldt, Preuß.-österr. Politik d. J. 1807 bis z. Entsendung Stutterheims nach Tilsit (Forsch. z. brandb. u. preuß. Gesch., Bd. 18). Über die Verhandlungen in Tilsit: Vandal, Napoléon et Alexandre I, 1. Bd. bietet ganz Unzulängliches; etwas besser ist Sorel, VII; sehr eingehend M. Lenz in einer Studie „Tilsit" (Forschungen zur brandenburger und preußischen Geschichte, 6. Bd., 1893), fortgeführt v. H. Delbrück „Die Frage der polnischen Krone und die Vernichtung Preußens in Tilsit". (In d. Lenz-Festschrift, Berl. 1907). Als neue wesentliche Quelle trat hinzu die Korrespondenz Fr. Wilhelms III. mit Königin Luise, von Bailleu u. d. T. „Die Verhandlungen in Tilsit 1807" (Deutsche Rundschau, Bd. 110) herausgegeben. Hierzu die Tolstoischen Papiere im 89. Bd. des Sbornik als Ergänzung zu den Briefen Napoleons und Talleyrands. Vergl. auch Bailleu, Briefwechsel Friedrich Wilhelm III. mit Alexander. Über die Königin Louise in Tilsit: Bailleu im Hohenzollern-Jahrbuch von

1899 und dessen Biographie der Königin. Dazu die Erzählungen Napoleons auf St. Helena bei Gourgaud, Journal inédit, II, 55. Vergl. auch Rose, Canning and the secret intelligence from Tilsit (Rev. Nap. 1908). Der von Alf. Stern veröffentlichte Bericht Binders an Stadion über die Zusammenkunft in Tilsit (Rev. Napol. 1902) bietet wenig Neues. Die Verträge findet man jetzt vollständig bei Martens XIII. S. unten S. 384, Anm.

Zum fünften Kapitel. Über die innneren Verhältnisse Frankreichs vergleiche man die Literatur zum letzten Kapitel des ersten Bandes. Außerdem Thiers, VI—VIII (dazu Barni, Napoleon I. und sein Geschichtschreiber Thiers), Lanfrey, III., IV., insbesondere Taine, Le régime moderne, den „Moniteur" der Zeit, die Correspondance mit den Zusatzwerken, die Memoiren Ménevals, der Rémusat, Beugnots, Chaptals, Pasquiers I., der Herzogin von Abrantès, die Korrespondenz Le Coz', Erzbischofs von Besançon (her. v. Roussel) Bd. II; Broglies Souvenirs I., die „Considérations" der Staël II, Vérons Mémoires d'un bourgeois de Paris, I, die Memoiren der Avrillon (Kammerfrau Josephinens) 2 Bde.; die Depeschen Metternichs im 2. und dessen „Charakteristische Beiträge zum Porträt Napoleons" im 1. Bande der „Nachgelassenen Papiere", die Berichte Tolstois im „Sbornik", 89. Bd.; die „Liste des membres de la Noblesse impériale" in „La Révolution française", 1888; ferner Pelet de la Lozère, Opinions de Napoléon au Conseil d'Etat, dazu die Notiz in Vitrolles, Mémoires, II, p. 443ff. über Maret und das Staatssekretariat; Faber, Notices sur l'intérieur de la France; Niemeyer, Beobachtungen auf einer Reise nach Frankreich im Jahre 1807; Nemnich, Tagebuch einer der Kultur und Industrie gewidmeten Reise (Tüb. 1809), Bd. 5f.; Gaudin, Mémoires; Chaptal, De l'industrie française, Par. 1810; Darmstaedter, Studien z. napol. Wirtschaftsgesch. (Vierteljahrschr. für Sozial- und Wirtschaftsgesch., 1904). Über Napoleons Haltung gegenüber den literarischen Kreisen: Gauthier, Mad. de Staël et Napoléon, Par. 1893, Charles Schmidt, La réforme de l'Université, Par. 1905; Welschinger, La Censure sous Napoléon I; Locré, Discussions sur la liberté de la presse, la censure etc. pendant les ans 1808—1811, Par. 1819; Grouchy, La presse sous le premier Empire d'après un manuscrit de la bibliothèque de l'Opéra, Par. 1896; Boissonnade, La critique litéraire sous le premier Empire; Jullien, Histoire de la poésie française à l'époque impériale; Sainte-Beuve, Chateaubriand et son groupe litéraire, 2 Bde.; Merlet, Tableau de la littérature française, 1800—1815 (3 Bde. 1877); Des Granges, Geoffroy et la critique dramatique sous le Consulat et l'Empire, Par. 1897; Brunetière, Etudes critiques sur l'histoire de la litérature française; vgl. auch meinen Aufsatz über „Napoleon I. und das Theater" in „Bühne und Welt" 1901. Über die Universität: Beauchamps, Recueil des lois et règlements sur l'enseignement supérieur, 4 Bde.; Fabry, Mémoires pour servir à l'histoire de l'instruction publique depuis 1789, I—III. Ambr. Rendu, Essai sur l'instruction publique, 4 Bde., 1819; Eug. Rendu, Ambr. Rendu et l'Université de France, 1861. Die Protokolle des Universitätsrates sind ungedruckt, konnten aber von Taine, Régime moderne II. benutzt werden; Ch. Schmidt, s. oben. Über die Judenfrage: Fauchille, La question juive sous le premier Empire, Par. 1886; Lémann, Napoléon I. et les Israélites, Par. 1894; Lemoine, Napoléon et les juifs, Par. 1900; Ph. Sagnac, Les juifs et Napoléon, 1806—1808 (in der Revue d'histoire moderne, II, 1901, 1902, erschöpfend); dazu namentlich Pasquiers Memoiren.

Über die auswärtigen Beziehungen im allgemeinen: Lefebvre, Histoire des Cabinets III. der zweiten Pariser Ausgabe; Sorel, VII.; Großfürst Nikolaus Michailowitsch, Les Relations diplomatique de la Russie et de la France, d'après les rapports des ambassadeurs, 5 v., Par. 1905—7 (teilweise im „Sbornik", 83 u. 89). Im besonderen a) zu Rußland: Vandal, Napoléon I et Alexandre I; Derselbe, Documents relatifs au partage de l'Orient, janvier—juin 1808 (Revue d'hist. dipl. 1890); Derselbe, Lettres inédites de Napoléon I au duc de Vicence, 1808, 1809 (Rev. pol. et litér., 1895); Tatistscheff, Alexandre I et Napoléon; b) zum Rheinbund: Winkopp, Der Rheinische Bund; Obser, Sendung Buschheims n. Paris 1807 u. s. Unterredung m. Napoleon (Zeitschr. f. d. Gesch. d. Oberrheins, N. F., Bd. 23); Lucchesini, Hist. Entwicklung der Ursachen und Wirkungen des Rheinbundes; Bockenheimer, Dalberg in Paris, 1807, 1808 (Revue Napol., 1902), c) zu Preußen: Hassel, Geschichte der preußischen Politik, 1807 bis 1815, I.; Duncker, Preußen während der französischen Okkupation, (in „Aus der Zeit Friedrichs des Großen und Friedrich Wilhelm III."); Briefwechsel Friedrich Wilhelm III. mit Alexander I. (herausgegeben von Bailleu), d) zu Österreich: Beer, Zehn Jahre österreichischer Politik; Wertheimer, Geschichte Österreichs und Ungarns, II; die Denkschriften Metternichs im 2. Bande der „Nachgelassenen Papiere"; e) zum Orient: Driault, La politique orientale de Napoléon I.; Coquelle, Sébastiani à Constantinople, 1806—1808 (Rev. d'hist. dipl. 1904); Zinkeisen, Geschichte des osmanischen Reiches, VII.; Petrof, Geschichte des russischtürkischen Krieges 1806—1812, Petersburg 1885 (russisch); Schlechta, Die Revolutionen in Konstantinopel, 1807 und 1808; Pisani, La Dalmatie de 1797 à 1815; Rodocanachi, Bonaparte et les îles ioniennes, Par. 1898; Roloff, Napoleons Plan eines Feldzuges nach Indien (Preußische Jahrbücher, 68. Bd.); Ghika, La France et les principautés danubiennes (Annales de l'Ecole des ss. pol., 1896); f) zum Kirchenstaat: Haussonville und die früher angeführte Literatur, g) zu Spanien und Portugal: Lafuente, Historia general de España, neue Ausgabe 1877; Geoffroy de Grandmaison, L'Espagne et Napoléon, 1804—1809, Par. 1908; Rehfues, Spanien nach eigener Ansicht im Jahre 1808; Cevallos, Authentische Darstellung der Begebenheiten in Spanien, Germ. 1808. Escoiquiz, Wahrhaftige Darstellungen der Gründe, welche K. Ferdinand VII. im April 1808 zur Reise nach Bayonne bewogen (deutsch 1814); Schlitter, Briefe Murats an Savary, 1808 (Mitteilungen des Instituts für österreichische Geschichtsforschung, 1889), Laforêts Correspondance, her. v. Grandmaison, I. II., Par. 1908; Lumbroso, Correspondance de J. Murat (1791—1818), Par. 1899; Baumgarten, Geschichte Spaniens, I. (wo die spanische Memoirenliteratur verzeichnet ist); Bernhardi, Napoleon I. Politik in Spanien (Historische Zeitschrift, 40. Bd.); Ducéré, Napoléon à Bayonne, Bayonne 1897; Thiers, VIII, dazu Masson, Napoléon et sa famille, IV; Geoffroy de Grandmaison, Talleyrand et les affaires d'Espagne en 1808 (Rev. des quest. hist. 1900); Murat, Murat, lieutenant de l'Empereur en Espagne, 1808, Par. 1897; Chavanon et Saint Yves, J. Murat, Par. 1905; Grandmaison, Savary en Espagne, 1808 (Rev. des quest. hist. 1900); Conard, La constitution de Bayonne 1808, Lyon, 1909; Derselbe, Napoléon et la Catalogne, 1808 à 1814, I. Par. 1910 (mit Bibliographie); Grandmaison, Les princes d'Espagne à Valençay (Correspondant, 1900); Urriés, Memorias del Marqués de Ayerbe sobra la estancia de don Fernando VII. en Valençay, Saragossa 1896, dazu die Memoiren Godoys (französische Ausgabe von 1836), König Josephs, Miots v. Melito, Pasquiers, Talleyrands, I (die reiche Literatur zur Kritik der letzteren ist in Kircheisens, Bibliographie Napoleons, S. 165, verzeichnet); Latino-Coelho, Historia politica e militar de Portugal desde os finos do 18. seculo ate 1814, Lissab. 1886; Accursio das Neves, Historia da Invasão dos Franceses em Portugal, 5 Bde., Lissab. 1870; Ebeling, Guerre d'Espagne, La capitulation de Baylen, Par. 1903; Clerc, Die Kapitulation von Baylen oder Konvention von Andujar, 24. Juli 1808 (Jahrbuch für die deutsche Armee und Marine, 1878); Titeux, Le gén. Dupont (apologetisch bezüglich der Kapitulation von Baylen); Sèze, Baylen et la politique de Napoléon (Par. 1904, bestätigt Titeux' Urteil zugunsten Duponts). Anderes zum nächsten Kapitel.

Über die Begegnung in Erfurt außer den bereits erwähnten Werken über die Geschichte der auswärtigen Politik, insbesondere Vandal, I, Sorel, VII und Talleyrands Memoiren: Bittard des Portes, Les préliminaires de l'entrevue d'Erfurt (Rev. d'hist. dipl., 1890), Häusser, Deutsche Geschichte, III; die Erinnerungen der Deutschen Müffling, des Kanzlers v. Müller, Steffens, „Was ich erlebte", Metternichs Denkschriften von 1808, namentlich über die Haltung Talleyrands im 2. Bd. der „Nachgelassenen Papiere", dazu: Beer, Zehn Jahre österr. Politik. Außerdem Ménevals, Baussets und Montgelas' Denkwürdigkeiten, Ernoufs „Maret", Cesse Choiseul-Gouffier, Reminiscences sur Napoléon et Alexandre I, Gabriac, Souvenirs de l'entrevue d'Erfurt par un page de Napoléon I (Correspondant, 63. Bd.); Lucas, Erfurt in den Tagen vom 27. September bis 14. Oktober 1808, Rheine, 1896, Jacobi, Weimar in den Tagen d. Erfurter Kongresses (Grenzboten, 1908), Description des fêtes données à LL. MM. par le Duc de Weimar. Über des Kaisers Unterredungen mit Goethe und Wieland: zunächst Goethes Denkwürdigkeiten und Briefe; dann Sklower, Entrevue de Napoléon I et de Goethe, 2. éd., Lille 1853; Suphan, Napoleons Unterhaltung mit Goethe und Wieland (Goethe-Jahrbuch, XV); Biedermann, Goethe und Napoleon in der Leipziger Zeitung (Beilage), 1895; Menge, Goethe und Wieland vor Napoleon in Erfurt und Weimar (Zeitschrift für den deutschen Unterricht, V, lediglich nach Talleyrand); Brünnert, Napoleons Aufenthalt in Erfurt, 1808, Erf. 1899; A. Fischer, Goethe und Napoleon, 2. Aufl., 1900 (wenig über den äußeren Hergang), Fournier, Goethe und Napoleon (Jahrbuch des Wiener Goethevereines, 1896) und Hist. Studien u. Skizzen, II.

Zum sechsten Kapitel. Über den spanischen Feldzug: Die Correspondance XVII., XVIII.; Lecestre, Lettres inédites, Du Casse, Les rois frères de Napoléon; Toreno, Aufstand, Krieg und Revolution in Spanien (deutsche Ausgabe in 5 Bänden, Leipzig 36—38); Napier, History of the war in the Peninsula, 1828 (ins Französische übersetzt, 10 Bände, 1818—1838); Jomini, Guerre d'Espagne, 1808—1814. Extraits des souvenirs inédits; dann: Foy, Histoire de la guerre de la Péninsule sous Napoléon, 4 Bände (auch deutsch, Stuttgart, 1827); Oman, History of the

Peninsular war, vols I, II, III, Oxford 1902, 1904, 1908, und dessen kürzere Skizze in Cambridge modern history, IX (mit Bibliographie); **Balagny**, La Campagne de Napoléon en Espagne I., II., 1902; dazu die Korrespondenz **Davouts**, die Memoiren **Suchets**, **Jourdans**, **Fézensacs**, **Gonnevilles**, **Ségurs**, **Thiébaults**, **Lejeunes**, **Coignets**; **Pouzerewsky**, La charge de cavalerie de Somo-Sierra, Par. 1855. Über den Zug gegen James Moore: A narrative of the campaign of the british army in Spain commanded by sir John **Moore**, Lond. 1809; Diary of Sir J. **Moore**, Lond. 1904; **Delagrave**, La Campagne de Portugal, Par. 1902; **Robinson**, Wellingtons campaigns. Moore's campaign of Coruña, 1808—10, Lond. 1904. Über die Stimmung in Frankreich: **Thiers**, der hier die Memoiren Cambacérès' benutzte; **Pasquiers** und **Molliens** Mémoiren; **Metternichs** Berichte; **Madelin**, Fouché, II.

Über den Ursprung des Krieges gegen Österreich: **Metternichs** Nachgelassene Papiere, II. (vgl. **Bailleu**, Die Memoiren Metternichs in der „Historischen Zeitschrift", Neue Folge, Bd. VIII), **Friedr. Stadions** Berichte aus Bayern, 1807—1809 (Archiv für österreichische Geschichte, Bd. LXIII), **Beer**, Zehn Jahre; **Wertheimer** II; **Thiers**, Bignon, **Thibaudeau** VII, Sorel VII. Über Rußlands Haltung: **Vandal** II.; **Tatistscheff**; Schilder, Geschichte Alexanders I., II.; **Bernhardi**, Gesch. Rußlands II.; **Mazade**, Alexandre I et le Prince Czartoryski (des Letzteren Korrespondenz im 2. Band der Memoiren); die Denkwürdigkeiten **Maistres**; **Danielson**, Finska kriget och Finlands Krigare (1808 bis 1809), Stockholm 1898. Über Preußens Haltung: **Hassel**, Geschichte der preußischen Politik seit 1807, I., **Max Dunckers** Abhandlungen „Preußen während der französischen Okkupation" und „Eine Milliarde Kriegsentschädigung, welche Preußen an Frankreich gezahlt hat" in „Aus der Zeit Friedrich des Großen und Friedrich Wilhelm III."; **Derselbe**, „Friedrich Wilhelm III. im Jahre 1809" in dessen „Abhandlungen aus der neueren Geschichte"; dazu **Hinneberg**, Eine ungedruckte Replik Rankes (Forschungen zur brandenburgischen und preußischen Geschichte, V.); **Ranke**, Hardenberg und die Geschichte des preußischen Staates von 1793—1813; A. **Stern**, Abhandlungen und Aktenstücke zur Geschichte der preußischen Reformzeit (I. Sturz des Freiherrn vom Stein und der Tugendbund; II. Aktenstücke zur Geschichte des Jahres 1809; III. Die Mission des Obersten von Steigentesch nach Königsberg). **Derselbe**, L'origine du décret de proscription de N. contre Stein (R. hist. 1896); **Cavaignac**, La saisie de la lettre de Stein (ebenda); **Treitschke**, Deutsche Geschichte im 19. Jahrhundert, I.; **Cavaignac**, La formation de la Prusse contemporaine; **Fournier**, Studien und Skizzen I (Zur Geschichte des Tugendbundes) u. III. (Stein u. Gruner in Österreich); **Pertz**, Leben Steins; **Delbrück**, Gneisenau; M. **Lehmann**, Scharnhorst, Bd. II; desselben Stein, II., Briefwechsel Friedrich Wilhelm III. (herausgegeben v. **Bailleu**); **Arneth**, Wessenberg I.; **Thimme**, Zu den Erhebungsplänen der preußischen Patrioten im Sommer 1808 (Historische Zeitschrift, Bd. LXXXVI); **Boyen**, Erinnerungen I.; **Meinecke**, Leben Boyens I.; **Derselbe**, Im Zeitalter der deutschen Erhebung, 1795—1815, Bielef. 1906; **Derselbe**, Weltbürgertum und Nationalstaat, München 1908; **Gaede**, Preußens Stellung zur Kriegsfrage im Jahre 1809, Berlin 1897 (dazu **Bailleu**, in der Historischen Zeitschrift, Bd. LXXXIV); A. Pick, Aus der Zeit der Not, 1806—1815, Berlin 1900; Fr. Schulze, Die Franzosenzeit in deutschen Landen, 1806—1815. In Wort u. Bild der Mitlebenden. 2 Bde. Leipz. 1908; Der Aufstand in Hessen unter Dörnberg (Jahrbuch für die deutsche Armee und Marine, 1885); Scherer, Z. Geschichte d. Dörnbergschen Aufstandes (Hist. Z., Bd. 84); Haken, Schill, 2 Bde., 1824; Bärsch, Schill, 1860; Binder-Krieglstein, Schill, 1902 (Anderes in Dahlmanns Quellenkunde, 8. A.); A. Stern, Gneisenaus Reise nach London 1809. (Historische Zeitschrift, Bd. LXXXV); Derselbe, Einige Aktenstücke zur Geschichte Preußens, 1809—1812 (Forschungen zur Brandenburg. Geschichte, XIII); Martens, Recueil des traités conclus par la Russie, Bd. VI; Heinrich v. Kleists Politische Schriften und andere Nachträge zu seinen Werken, von R. Köpke, 1862.

Über den Feldzug in Bayern und Österreich, außer den mehrfach erwähnten kriegsgeschichtlichen Werken: a) französische Quellen: die Correspondance de Napoléon I. mit ihren Ergänzungen; Davout, Correspondance (herausgegeben von Mazade); Koch, Mémoires de Masséna, Bd. VI; Lejeune, Mémoires, Par. 1895; Castellane, Journal, Par. 1895; Lasalle, Correspondance (herausgegeben von Robinet de Cléry), Par. 1891; Oudinot, Souvenirs (herausgegeben von Stiegler, 1894); Loewenstern, Mémoires (publ. p. Weil) Par. 1903, I. Cisternes, Journal de marche du grenadier Pils, Par. 1895. Math. Dumas, Souvenirs; Eugen Beauharnais, Mémoires et correspondance (herausgegeben von Du Casse) IV; Ségur, Histoire et mémoires III; Marmont, mémoires III; Rogniat, Considérations sur l'art de guerre, Par. 1816 (Rogniat war Geniechef Lannes'); Macdonald, Mémoires (herausgegeben von Rousset, 1892); Gen. Poulin, Souvenirs, Par. 1895; Rapp, Mémoires; Comeau, Souvenirs, Par. 1900 (über die raschen Märsche und die sofortige Kampfesdisposition der Franzosen, im übrigen mit Vorsicht zu benützen); Chlapowski (nunmehr Ordonnanzoffizier Napoleons), Memoiren; Espinchal, Souvenirs militaires (herausgegeben von Masson), 2 Bände, Par. 1901. Dann Pelet, Mémoires sur la guerre de 1809 en Allemagne, 4 Bde., 1824ff.; Cadet de Gassicourt, Voyage en Autriche fait à la suite de l'armée française pendant la camp. de 1809, Par. 1818; Bonnal, La manœuvre de Landshut, Par. 1905. Von Darstellungen: Saski, Campagne de 1809 en Allemagne et en Autriche, Par. 1899ff., bisher 3 Bd. (bis zur Schlacht von Aspern reichend); Buat, Etude critique d'hist. mil. 1809. De Ratisbonne à Znaim, 2 v., Par. 1909; Ferry, La marche sur Vienne, Par. 1909; Chélard, Les armées françaises jugées par les habitants d'Autriche, Par. 1893; die Bücher von Thoumas und Montebello über Lannes, Par. 1891 und 1900; b) österreichische Quellenschriften: Briefe des Erzherzogs Karl habe ich in der Historischen Zeitschrift N. F. 22. Band mitgeteilt, andere Wertheimer in seiner Geschichte Österreichs und Ungarns II; (Stutterheim), Der Krieg von 1809 zwischen Österreich und Frankreich (bis zur Schlacht von Aspern, und dies nur in der französischen Ausgabe, die deutsche umfaßt lediglich die Zeit des bayrischen Feldzuges), daneben: „Der Feldzug des Jahres 1809 in Süddeutschland" in Streffleurs österreichisch-militärischer Zeitschrift, 1862. An Stutterheim schließt sich an: Welden, Der Krieg von 1809 zwischen Österreich und Frankreich vom Anfang Mai bis zum Friedensschluß, 1872;

Rühle von Lilienstern, Reise mit der Armee, 1809; Helfert, D. Kriegsjahr 1809, in der „Heimat" 1877 (m. Erinnerungen des Grafen Eugen
Czernin); Binder von Krieglstein, Der Krieg Napoleons gegen Öster-
reich, 2 Bde., 1902—1906; Bremen Die Tage von Regensburg (Beiheft
zum Militär-Wochenblatt 1871, 2. A., 1906); Mayerhoffer, Österreichs
Krieg mit Napoleon I., 1809, Wien 1904 (gute gedrängte Übersicht). Das
Hauptwerk ist: „Krieg 1809". (Nach den öst. Feldakten), Bd. I., Regens-
burg, Bd. II. Italien, III. Neumarkt—Ebelsberg—Wien, IV. Aspern (von
Mayerhoffer, Hoen, Veltzé, Kerchnawe u. A.); Mayerhoffer,
D. Aufmarsch d. Heeres Napoleons I. 1809 (Organ d. milit.-wiss. Vereine 67);
Kerchnawe, D. Machtaufgebot Österreichs 1809 (Streffleurs, mil. Z. 1909).
Speziell über die Schlacht bei Aspern: Mayer von Heldensfeld in den
„Europ. Annalen", 1810; Schels, Die Schlacht bei Aspern am 21. und
22. Mai 1809 (in Streffleurs Zeitschrift, 1843); Reinländer, Taktische
Beurteilung von größeren Schlachten, Wien 1872; Strobl, Aspern und
Wagram, Wien 1897; Smekal, Die Schlacht bei Aspern und Eßlingen,
Wien 1899; Pfalz, Die Marchfeldschlachten von Aspern und Deutsch-
Wagram, 2. Aufl., Korneuburg 1900; Menge, Die Schlacht bei Aspern, Berlin
1901. Die Relationen der Korpskommandanten hat Kirchhammer im
„Fremdenblatt" 1902 n. 148ff. veröffentlicht. (Vgl. die Notiz oben S. 299);
(Grünne), Relation von der Schlacht bei Aspern auf dem Marchfelde;
Fournier, D. Schlacht v. Aspern (Vossische Zeitung, 21. Mai 1909); Erzh.
Johann, Feldzugserzählung (Mitt. d. Kriegsarchivs, 1908). Über die späteren
Ereignisse: Angeli, Wagram, Novelle zur Geschichte des Krieges von 1809
(Mitteilungen des k. k. Kriegsarchivs, 1881); Varnhagen, Die Schlacht bei
Wagram, in dessen Denkwürdigkeiten; Zwiedineck, Deutsche Geschichte
seit 1806, I; Derselbe, Erzherzog Johann von Österreich im Feldzuge
1809, Leipz. 1892 (dazu vergl. Simon, Die Verspätung des Erzherzogs
Johann bei Wagram, Diss., Berlin 1899); Holzheimer, Erzh. Karl bei
Wagram, D. Berl. Diss. 1904; Werlhof, Bernadotte bei Wagram (Beiheft
z. Milit. Wochenblatt, 1911); A. v. P., Die Lobau im Jahre 1809. (Streffleurs
militärische Zeitschrift, II); (Erzherzog Johann), Das Heer von Innerösterreich; Friedr. v. Gentz', Tagebücher, 1. Bd.; Criste, F. Joh. Liechtenstein; Radetzkys Erinnerungen (Mitteilungen des k. k. Kriegsarchivs,
1887); Derselbe, Denkschrift über die österreichische Armee nach der
Schlacht bei Wagram (ebenda, Jahrgang 1884), ferner der wertvolle Bericht
eines österreichischen Offiziers über „die Armee Napoleons I. im Jahre 1809
mit vergleichenden Rückblicken auf das österreichische Heer" (ebenda,
Jahrgang 1881). Aus den hinterlassenen Papieren des Erzherzogs Johann
hat Krones, „Zur Geschichte Österreichs im Zeitalter der französischen
Kriege", interessante Details mitgeteilt (Vergl. meine Besprechung in der
„Historischen Zeitschrift" 1887); Boguth, Die Okkupation Wiens u. Nieder-
österr. durch die Franzosen 1809 (Jahrb. f. d. Landeskunde v. Nieder-
österr., 1909). Über die Tiroler Bewegung: Egger, Geschichte Tirols III;
Rapp, Tirol 1809; d. Hauptwerk ist nunmehr: J. Hirn, Tirols Erhebung
i. J. 1809, 2. A., Innsbr. 1908; daneben: Voltelini, Forschungen u. Beiträge
z. Gesch. d. Tiroler Aufstandes 1809, Gotha 1908; Schmölzer, Andreas
Hofer und seine Kampfgenossen, Innsbr. 1900; Heigel, Andreas Hofer
(Neue historische Vorträge und Aufsätze, München 1883); Heilmann,

Der Feldzug in Tirol, im Salzburgischen und an der bayrischen Südgrenze. (Jahrbuch für die deutsche Armee und Marine 1888, 1893.) E. Richter, Der Krieg in Tirol 1809 (Zeitschrift des deutschen und österreichischen Alpenvereines, 1875); Maretich, Die zweite und dritte Iselschlacht, 1895. Über den Feldzug in Polen: Soltyk, Relation des opérations de l'armée aux ordres du P^{ce} Poniatowski pendant la campagne de 1809 en Pologne, Par. 1841; Fedorowicz, La campagne de Pologne depuis le commencement jusqu'à l'occupation de Varsovie, vol. I., Par. 1911 (enthält nur — vielfach schon publizierte — Dokumente versch. Wertes); Just, Politik oder Strategie? (Streffleurs Zeitschrift 1908). Über den Zug des Herzogs von Braunschweig u. a.: Kortzfleisch, Des Herzogs von Braunschweig Zug durch Norddeutschland, 1809 (Beiheft zum Militär-Wochenblatt, 1894).

Über die Friedensverhandlungen: Außer der Correspondance XIX und Lecestre I., der von Wessenberg verfaßte „Précis de la marche des négociations qui ont amené le traité de Vienne" in Klinkowström, „Aus der alten Registratur der Staatskanzlei"; Gentz, Tagebücher, I; dessen Briefe an Bubna und Kolowrat bei Fournier, Gentz und der Friede von Schönbrunn (Historische Studien und Skizzen, II. III.); Krones, Zur Geschichte Österreichs usw. und meine Besprechung in der „Historischen Zeitschrift"; Metternichs nachgelassene Papiere II (die Memoiren im 1. Bande sind ganz unzuverlässig, vergl. Bailleu in der Historischen Zeitschrift Bd. LVIII). Die Privatkorrespondenz des Fürsten Johann Liechtenstein ist größtenteils verbrannt worden. Einzelnes in Cristes Biographie. Thiers XI und Bignon VIII hatten die Aufzeichnungen Champagnys vorgelegen. Vergl. auch Beer, Zehn Jahre österreichischer Politik; Wertheimer, Geschichte Österreichs und Ungarns II; Demelitsch, Metternich, I; Arneth, Wessenberg I.; Sorel VII; Vandal, Napoléon et Alexandre I, II; Duncker, Abhandlungen aus der neueren Geschichte; A. Stern, Abhandlungen und Aktenstücke zur Geschichte der preußischen Reformzeit; Thimme, Innere Zustände des Kurfürstentums Hannover 1806—1813; Bailleu, Briefwechsel Friedrich Wilhelm III. mit Alexander; A. Stern, Briefe Blüchers, 1809 (Deutsche Rundschau, 1900); Gaede, Preußens Stellung zur Kriegsfrage 1809. Die Protokolle der Altenburger Konferenzen sind von Welschinger veröffentlicht worden. Das noch ungedruckte Journal Florets hat Demelitsch (s. oben) benutzt. Siehe auch: Wimpfen, Über den Waffenstillstand von Znaim (anonym 1809); Sauerhering, Die Entstehung des Friedens zu Schönbrunn (Diss.); Funk, Bericht über eine Audienz bei Napoleon in Wien 1809 (Archiv für sächsische Geschichte N. F. Bd. IV. Napoleon sprach dabei von der Abtrennung der nordböhmischen Kreise für Sachsen); Wertheimer, Zur Geschichte Wiens 1809 (Archiv für österreichische Geschichte, 74. Bd.). Über Stapsens Attentat: Fr. Staps, erschossen zu Schönbrunn bei Wien auf Napoleons Befehl im Oktober 1809, eine Biographie aus den hinterlassenen Papieren seines Vaters; dazu: Borkowsky, Das Schönbrunner Attentat, 1809 (Grenzboten 1898); außerdem die Memoiren Rapps und die Notes de Sismondi in der Revue historique IX, wo sich die unglaubwürdige Nachricht findet, Staps sei begnadigt und gefangen gehalten worden. Die Verträge bei De Clercq II, mit den Nachträgen bei Demelitsch I. Über Napoleon und die Ungarn: Die Memoiren Eugen Beauharnais', Broglies I und Villemain, Souvenirs (nach Erinnerungen Narbonnes), ferner Wertheimer, Beziehungen Napoleons zu Ungarn (Ungarische Revue, 1883), A. Becker, Napoleon und Ungarn 1809 (Progr. 1899).

Über die Beziehungen Napoleons zu Rußland und Österreich nach dem Frieden ist Vandal II das grundlegende Werk, obgleich man dessen Anschauung, daß es dem Kaiser mit der russischen Heirat völlig Ernst gewesen sei, nicht zu teilen braucht. Auch er spricht übrigens von einem „double jeu". Dazu P. Bertrand, Projet de mariage de Napoléon I avec la grande-duchesse de Russie (die Korrespondenz Champagnys mit Caulaincourt in Le Correspondant, 1890) und Sorel VII. Über die Ehescheidung gibt es eine reiche Literatur, aus der hervorzuheben sind: Welschinger, Le divorce de Napoléon; Masson, Josephine répudiée; Duhr, Ehescheidung und zweite Heirat Napoleons (Zeitschrift für katholische Theologie, 1888); Derselbe, Napoleons Ehescheidung im Lichte der neuesten Aktenstücke (Stimmen aus Maria Laach, 38. Bd.); Sehling, Die Ehescheidung Napoleons I. (Zeitschrift für Kirchenrecht, Bd. XX); Fleiner, Die Ehescheidung Napoleons, Leipz. 1893; Schnitzer, Katholisches Eherecht, 5. Auflage, 1898 (im Anhang). Dazu die Memoiren von Bausset, Méneval II, Pasquier I, Beugnot, Pacca, Consalvi; Lyonnet, Le cardinal Fesch, II; D'Haussonville, L'église romaine et le Premier Empire III; Heigel, „Die Ehescheidung Napoleons und Josephinens" in dessen „Geschichtlichen Bildern und Skizzen", 1897. In der „Revue napoléonienne" der Jahrgänge 1902 und 1903 hat sich zwischen Welschinger und P. Dodun über die Untrennbarkeit der Ehe von 1796, über die Rechtmäßigkeit oder Unrechtmäßigkeit des Verfahrens von 1810 und die Haltung des Kardinals Fesch eine Kontroverse entwickelt, die sich lange fortspann. Über die österreichische Heirat: Helfert, Maria Luise; Correspondance de M. Louise 1799—1847, Lettres intimes, Wien, 1887 (es sind Briefe an die Gräfinnen Colloredo und Crenneville); Metternichs nachgelassene Papiere II; Desselben Briefe an befreundete Diplomaten in Hormayrs Lebensbildern aus dem Befreiungskriege; Ernouf, Maret; Montgelas' Denkwürdigkeiten; Vandal, Lettres de Berthier sur le mariage de Nap. avec M. Louise (Carnet hist. 1898); Wertheimer, Die Heirat der Erzherzogin M. Luise (Archiv für österreichische Geschichte, 64. Band; Derselbe, Der Herzog von Reichstadt; A. Becker, Der Plan der zweiten Heirat Napoleons (Mitteilungen des Instituts für österreichische Geschichtsforschung, 19. Band); Fournier, Zur Heirat Napoleons mit M. Louise. Neue Dokumente (Hist. Studien und Skizzen, III.); Demelitsch, Metternich I; Percier et Fontaine, Description des cérémonies et des fêtes qui ont eu lieu pour le mariage de S. M. l'Empereur avec S. A. J. madame l'Archiduchesse Marie Louise, Par. 1810; Les fêtes du mariage de Napoléon et de M. Louise im „Carnet historique" 1902. Äußerungen Napoleons über Josephine und Marie Louise in Gourgauds Journal inédit an verschiedenen Stellen.

Exkurs. Memoiren als Geschichtsquelle.

Bei der Beurteilung des ersten Bandes dieses Werkes in dessen zweiter Ausgabe wurde von gewisser Seite die Meinung ausgesprochen, ich hätte darin (und wohl auch in den folgenden Bänden) den Memoirenwerken

zu viel Vertrauen geschenkt. Denn sie seien — und man nannte besonders
die der Rémusat, Bourriennes, Miots, Talleyrands, Lucians — „unzuverlässig" und „unglaubwürdig". Demgegenüber bemerkte ich, und wiederhole ich auch heute, daß ich mich zu einer solchen verwerfenden Sentenz
nicht verstehen könne. Und das ist nicht bloß meine Meinung. Ein sehr
genauer Kenner dieser Epoche, Paul B a i l l e u, hat gerade über einige
dieser Memoirenwerke im 45. Bande der „Historischen Zeitschrift" (N. F.)
ein ihren Wert vielfach anerkennendes Urteil gefällt und auch der vor-
sichtige H ü f f e r nicht angestanden, selbst die gewiß nicht unverdächtigen
Denkwürdigkeiten Larevellières, Bourriennes, Barras' und Lucians heranzuziehen. Nein, die Memoiren, weil an einzelnen einzelnes nachweisbar unrichtig ist, in Bausch und Bogen zu verwerfen und sich etwa nur an die
heute übers Maß geschätzten behördlichen Dokumente zu halten, wäre zwar
bequemer für die Forscher, ergäbe jedoch einen schweren Nachteil für die
Geschichtschreibung. Ich wüßte z. B. nicht, wie man die Geschichte des
Konsulats darstellen wollte ohne Thibaudeaus Aufzeichnungen. Wer sie
ignorierte, wäre versucht, die Vorgänge im Conseil d'Etat und Napoleons
Reden darin nach dem „Moniteur" zu erzählen, und würde nie erfahren,
daß diese offiziellen Berichte unwahr sind. Miot von Melito mag ja in
nicht ganz seltenen Fällen unrichtiges gemeldet haben, aber ihm deshalb
g a r n i c h t s zu glauben, wäre nicht zu rechtfertigen. Wir selbst würden
uns doch wohl schönstens bedanken, wenn man aus einzelnen Fehlern und
Verstößen in unseren Werken, wie sie dem Besten passieren können, sofort
den Schluß auf Wert und Geltung des Ganzen zöge. Und diese Gerechtigkeit sind wir auch den Memoirenschreibern schuldig. Wir dürfen
daher von ihren Mitteilungen nicht schon von vornherein verwerfen, was
nicht an sich unhaltbar oder durch andere maßgebendere Zeugnisse als
unwahrscheinlich oder unwahr erwiesen ist.

Die strenge Gelehrsamkeit hat daher unrecht, wenn sie, wie sie in
jüngster Zeit häufiger tut, die Memoiren der Zeitgenossen geringer bewertet, als es bisher der Fall gewesen war. Allerdings wird man auf sie
allein sich nicht stützen dürfen, wenn man Geschichte schreiben will. Aber
ebensowenig liegt nur in den Archiven und ihren Staatsurkunden das
Heil des Historikers, und wer sich etwa dabei bescheiden wollte, bloß aus
behördlichen Akten seine Kenntnis vergangener Zeiten zu schöpfen, würde
wohl das Beste und Reizvollste entbehren. Denn das warme, pulsierende
Leben mit seinen Hoffnungen und Wünschen, seinen Wagnissen und
Kämpfen, seinen Siegen und Enttäuschungen, bucht doch nur der Einzelne,
der die Welt, die ihn umgibt, sei es als Akteur oder als Zuschauer, auf
sich wirken läßt und sich und Anderen von dieser Wirkung Rechenschaft
gibt. Das Menschlichste am Gedächtnis verflossener Geschlechter lernen
wir nur von Menschen, nicht von Ämtern kennen, und darum werden die
Aufzeichnungen von Personen, die ihre Zeit literarisch festhielten, jedem
stets willkommen sein, der noch nicht dazu gelangt ist, in der Weltgeschichte bloß zu Hauf getragene Aktionen eines instinktiven Massen-
willens wahrzunehmen und die Individualität lediglich als Arabeske auf-
zufassen. Man wende nicht ein, daß derlei persönliche Aufzeichnungen viel
Unrichtiges, von der Eitelkeit und dem Bestreben des Verfassers, seine
Rolle in der Welt möglichst bedeutsam erscheinen zu lassen, Diktiertes in

die Geschichte einzuschmuggeln vermögen. Das mag sein und ist auch schon oft genug dagewesen. Aber die historische Kritik, deren Fortschritte wir doch nicht leugnen wollen, ist in den allermeisten Fällen imstande, derartige Versuche abzuwehren. Es ist Metternich, Hardenberg, Napoleon nicht gelungen, der Welt die Meinung aufzudrängen, die sie durch ihre „Denkwürdigkeiten" über sich und ihren Anteil an den großen Dingen in Kurs setzen wollten. Man hat den einen durch seine Depeschen, den andern durch sein Tagebuch, den dritten durch seine Briefe widerlegt. Gleichwohl enthalten ihre autobiographischen Mitteilungen vieles, das dem prüfenden Urteil standhält und worauf wir nicht verzichten möchten. Immer aber gab es auch noch Andere, die, weniger darauf aus, die Geschichte nur als Rahmen für ihre eigene Geltung zu benützen, es ernst mit der Wahrheit nahmen, treu berichteten, was ihnen merkwürdig erschien, und ihrem Ehrgeiz mit der Hoffnung Genüge taten, dereinst als sichere Boten aus vergangenen Tagen willkommen zu sein. Und so haben — um nur die neuere Zeit ins Auge zu fassen — die Thibaudeau, Malmesbury, Pasquier, Barante u. a. die historische Wissenschaft zu reichem Dank verpflichtet, die übrigens auch an denen nicht vorbeigehen wird, die, wie Barras, ihre Feder in Galle tauchten.

II.

Beilagen.

1. Briefe Napoleons an Talleyrand.

(Fortsetzung.[1])

40.

Saint-Cloud, le 26 nivôse an XI.
(16. Januar 1803.[2])

Je vous prie, Citoyen Ministre, de donner ordre au souscommissaire des relations extérieures à Jersey de correspondre directement avec le Grand-juge pour les objets relatifs à la police et à la sûreté intérieure de l'Etat.

Donnez le même ordre aux commissaires des relations extérieures en Angleterre, en leur recommandant de ne rien écrire par la poste, mais par des occasions sûres, et de tenir un journal de tout ce qui viendrait à leur connaissance pouvant intéresser la police.

Bonaparte.

41.

Paris, le 29 pluviôse an XI.
(18. Februar 1803.[3])

Je vous envoie, Citoyen Ministre, l'acte de médiation relatif aux Suisses. Comme il sera communiqué demain aux députés, je vous prie de le transmettre par un courrier extraordinaire au général Ney.

Bonaparte.

42.

Saint-Cloud, le 23 floréal an XI.
(13. Mai 1803.[4])

Le Premier Consul désire, Citoyen Ministre, que vous fassiez continuer par l'imprimerie de la République l'impression de la négociation avec l'Angleterre jusqu'à sa note de ce jour inclusivement. Il pense qu'il convient de joindre à ce recueil les ratifications des Empereurs d'Allemagne et de Russie relatives aux arrangemens de Malte.　　Hugues Maret.

Voulez-vous, Citoyen Ministre, que je vous envoie la copie de la dernière note, ou que je la transmette directement à l'imprimerie?

---

[1]) Die Briefe vom 19. September 1799 bis zum 5. Oktober 1802 (Nr. 1—39) wurden im Anhang zum 1. Band veröffentlicht.

[2]) Kopie. Amtlicher Vermerk: „Le 29 nivôse écrit à l'ambassadeur en Angleterre.

[3]) Kopie. Der Brief trug einen Registraturvermerk: 2. D, 763. 4. Vent., der gleichfalls kopiert wurde.

[4]) Kopie.

43.

Paris, le 24 floréal an XI.
(14. Mai 1803.[1])

Le Premier Consul désire, Citoyen Ministre, que vous donniez sur-le-champ l'ordre au général Vial de se retirer de Malte, si déjà cet ordre n'a pas été donné par vous. Hugues Maret.

44.

Saint-Cloud, le 2 prairial an XI.
(22. Mai 1803.[2])

Le Ministre des Relations Extérieures chargera l'ambassadeur de la République à La Haye de faire connaître au gouvernement batave le mécontentement qu'éprouve le Premier Consul de ce que l'embargo n'a pas encore été mis sur les vaisseaux anglais dans les ports de Batavie.

Hugues Maret.

45.

Bruxelles, le 8 thermidor an XI.
(27. Juli 1803.[3])

Je désire, Citoyen Ministre, que vous écriviez à M. de Gallo, en lui faisant parvenir les lettres ci-jointes pour le Roi et la Reine de Naples)[4] pour leur être remises en mains propres, que j'ai donné ordre que la solde, l'habillement, les remontes, et généralement tout, fût fourni à l'armée française, hormis le logement, le chauffage, les vivres et fourages qu'il est nécessaire que S. M. fasse fournir, sauf à en régler un compte définitif.

Ecrivez au Citoyen Marescalchi qu'il fasse connaître au vice-président qu'il doit faire passer au corps de troupes italiennes, qui est dans le royaume de Naples, l'habillement, la solde et la remonte, le Roi de Naples ne devant rien fournir. — Ecrivez dans le même sens au ministre ligurien pour les deux bataillons liguriens.

Ecrivez aux ministres Dejean et Berthier pour faire faire la solde au corps de troupes françaises qui est à Tarente, le Roi de Naples ne devant fournir que le logement, la nourriture et le chauffage.

46.

Saint-Cloud, le 18 fructidor an XI.
(5. September 1803.[5])

Je vous renvoie, Citoyen Ministre, les numéros de la correspondance d'Espagne. J'imagine que les trois derniers courriers n'étaient pas encore arrivés. Envoyez-moi une note séparée des renseignemens qu'il y a sur la force de l'armée espagnole. Bonaparte.

---

[1]) Kopie. General Vial war im Mai 1802 zum Vertreter Frankreichs beim Malteserorden ernannt worden.

[2]) Kopie. Amtlicher Vermerk: „Extrait des registres des délibérations du gouvernement de la République."

[3]) Kopie. Amtlicher Vermerk: „fait le 9". Die Unterschrift des Ersten Konsuls fehlt.

[4]) Vgl. die Briefe in der Corresp. VIII. 6950, 6951; den Brief an Dejean vom 26. Juli ebenda 6943.

[5]) Kopie.

47.

Malmaison, le 28 ventôse an XII.
(19. März 1804.[1])

Je vous envoie, Citoyen Ministre, le rapport de l'officier de gendarmerie qui a été envoyé à Carlsruhe[2]). Il y a dans ce rapport des chosses que j'entends répéter depuis quinze jours, que le baron d'Edelsheim n'est pas notre ami. Proposez-moi l'envoi d'un agent à Bade sur lequel nous puissions compter et le rappel de celui qui y est.   Bonaparte.

48.

Saint-Cloud, le 10 prairial an XII.
(30. Mai 1804.[3])

S. M. l'Empereur désire savoir si M. Talleyrand a vu l'ambassadeur turc. Il désire aussi que M. Talleyrand fasse faire pour le „Moniteur" une note sur les affaires d'Amérique, contre la neutralité armée[4]).

---

[1]) Original. Schrift Ménevals. Der Brief erscheint in der C o r r e s p. IX. 7630, als erster Absatz eines längeren Schreibens vom 18. März. Der Text ist mit Ausnahme der Worte „que j'entends répéter depuis quinze jours", für dit dort „qui me font penser" steht, derselbe.

[2]) Die Beilage ist der Bericht des Kapitäns Berckheim, der auf Caulaincourts Befehl einen Brief Talleyrands vom 11. März an den badischen Minister Edelsheim (gedruckt bei O b s e r , Karl Friedrich von Baden, V. 5), zu überbringen hatte. Der eigenhändig geschriebene Bericht lautet:

„D'après les ordres du gén. Caulaincourt je me rendis à Carlsruhe et fus de suite chez l'envoyé de France, le C. Massias, et lui remis la dépêche dont j'étais porteur. Comme il était malade, il me témoigna le regret qu'il avait de ne pouvoir aller lui-même chez le Ministre d'Edelsheim et m'engagea à la lui porter moi-même. Ayant fait avertir le Ministre d'Edelsheim que j'avais une lettre de M. de Talleyrand à lui remettre, il me reçut. Après avoir lu la lettre du Ministre Talleyrand et m'avoir dit qu'il avait déjà envoyé la première de ce Ministre à S. A. E., il me demanda si le Duc d'Enghien était déjà arrêté? Je lui répondis que je l'ignorais, et là-dessus il ajouta qu'il étoit même déjà à Strasbourg. Il me fit part de l'indignation générale qu'avait produit à la cour le complot que l'on avait ourdi contre le Premier Consul; que S. A. E. avait souffert que le Duc d'Enghien restait dans ses Etats, y étant déjà depuis longtemps très tranquil et le gouvernement français n'ayant jamais fait mention de lui; qu'au reste S. A. E. s'était toujours refusé de recevoir chez elle des émigrés qui pouvaient déplaire à la France.

D'après les renseignemens que je pris sur l'effet qu'avait produit le passage de nos troupes sur le territoire de Baden, je vis que l'on ignorait partout qu'elles eussent repassé le Rhin dès que l'expédition fut finie et qu'au contraire on les croyait encore sur la rive droite. A la cour l'on ne se communiqua cette nouvelle qu'en secret quoique personne ne l'ignorât. J'appris aussi que M. d'Edelsheim était entièrement prononcé contre la France et conduit par sa femme qui abhorrait tout ce qui est français, lui, à son tour, conduit l'Electeur, vieillard généralement estimé et respecté, mais affaibli par son grand âge. Le Bon de Geling (Gayling), Premier Ministre par son ancienneté, paraît être attaché davantage à la France, mais n'est point en crédit comme le Ministre d'Edelsheim. L'estaffette annonçant les arrestations d'Offenbourg et Ettenheim était arrivée une heure avant moi.   Sigismond Berckheim
capte au 2e Rég. de carabiniers."

Vergleiche hierzu den Bericht des französischen Gesandten in Karlsruhe, Massias, vom 16. März (O b s e r , Karl Friedrich V., 13), der namentlich Frau v. Edelsheim „qui dirige son mari et les affaires de l'Electorat," als Franzosen feindin bezeichnet. Massias, bei dem Berckheim am 16. März vorsprach, war wohl dessen Quelle.

[3]) Kopie. Die Unterschrift fehlt.

[4]) Der Artikel erschien im „Moniteur" vom 14 prairial (3. Juni) unter „Baltimore, 25 Janvier".

49.

Saint-Cloud, le 5 brumaire an XIII.
(27. Oktober 1804.[1])

Monsieur Talleyrand, Ministre des Relations Extérieures, je vous envoie des passeports qu'un agent prussien a donnés à des matelots français. Voulant conserver tous les procédés avec la Prusse et lui donner constamment des marques d'égards, vous vous bornerez à demander le rappel de cet agent et son remplacement.

Napoléon.

50.

Paris, le 21 frimaire an XIII.
(12. Dezember 1804.[2])

S. M. l'Empereur désire que Monsieur le Ministre des Relations Extérieures remette à Monsieur le Maréchal Lannes la lettre ci-jointe adressée à S. A. R. le Prince-Régent de Portugal[3]).

51.

Paris, ce 2 pluviôse an XIII.
(22. Januar 1805.[4])

Monsieur Talleyrand, mon Ministre des Relations Extérieures, mon intention est que vous passiez dans la journée une note à M. de Lima[5]) pour lui faire connaître que le subside que devait payer le Portugal devait l'être à telle époque; que cette inexactitude dans l'éxécution des traités n'est honorable pour aucune puissance, et qu'on désire savoir cathégoriquement quelle est l'intention du Portugal sur cet objet[6]).

Napoléon.

P. S. Venez ce soir à 8 heures pour concerter l'envoi d'un ministre et faire des démarches nécessaires pour faire décider cette puissance.

52.

Paris, le 15 ventôse an XIII.
(6. März 1805.[7])

Monsieur Talleyrand, mon intention est que M. François Beauharnais, mon ministre à Florence, parte pour s'y rendre avant lundi prochain[8]).

Napoléon.

---

[1]) Original von der Hand Ménevals, wieder abgedruckt aus „Zur Textkritik der Korrespondenz Napoleons I. S. 40. Vgl. Corresp. X. 8143.
[2]) Original von der Hand Ménevals. Ohne Unterschrift.
[3]) Der Brief an den Prinzregenten in der Corresp. X. 8208.
[4]) Original von der Hand Ménevals.
[5]) Portugals Gesandter.
[6]) Vgl. den Subsidientraktat vom 19. März 1804 bei De Clercq II., 86.
[7]) Original von der Hand Ménevals. Registraturvermerk: „2 D. 496, 5 germinal".
[8]) Franz Beauharnais, der Schwager Josephinens, war am 25. Februar zum Gesandten in Florenz ernannt worden, reiste jedoch nicht am 11., wie es der Kaiser gewünscht hatte, dahin ab (vgl. Brotonne, Lettres inédites. n. 84) und kam erst am 10. April an seinem Bestimmungsort an (Marmottan, Le Royaume d'Etrurie, p. 147).

53.

M. de Talleyrand fera connaître à S. M. le Roi d'Etrurie[2]) et aux ambassadeurs de ce prince qui sont à Milan que mon intention est de rectifier les limites de la Principauté de Piombino, qui m'est importante à cause de la Corse et de l'Isle d'Elbe; que la protection que je dois à ma sœur me fait une loi d'intervenir dans ses affaires et de les terminer d'une manière nette, telle enfin que les usurpations de la Toscane, en divers tems, soient restituées à la Principauté de Piombino. Mon but est de mettre, en même temps, la Toscane hors d'inquiétude pour l'avenir et d'éloigner tout germe de défiance sur l'extension que je voudrai donner à la Principauté de Piombino, jugeant convenable que les limites doivent être fixées comme ci-dessous et ne jamais dépasser les bornes indiquées par cette fixation. M. de Talleyrand fera connaître, en même tems, à S. M. Etrurienne et à ses ambassadeurs que toute prétention ou privilège de haut domaine que la Toscane pourrait vouloir s'arroger à l'avenir sur la Principauté de Piombino doivent cesser et que, pour l'avantage des deux états, un traité de commerce, qui sera négocié ultérieurement, fixera les rapports commerciaux et de douane entr'eux sur des bases d'égalité et de justice. S. M. le Roi d'Etrurie sentira, sans doute, l'importance pour elle d'être juste et équitable dans cette occasion et de ne point m'obliger, en qualité d'Empereur des Français, Roi d'Italie, à agir d'une manière contraire au commerce de Livourne, en accordant toute espèce de faveur à celui de Gênes[3]).

Limites de la Principauté de Piombino. Elles partent de l'embouchure de l'Ombrone dans la mer, comprennent Castiglione della Pescaïa, le port et le lac de ce nom, ainsi que Grosseto, suivent le milieu du cours de l'Ombrone jusqu'à l'embouchure du ruisseau ou torrent qui prend son origine vers Succiano; elles suivent le milieu du cours de ce ruisseau et passent ensuite sur la cime des montagnes qu'elles suivent de manière à envelopper la totalité du versant des eaux qui coulent vers la Méditerrannée. Elles comprennent ainsi Rocca Fédérigi, la ville de Massa et Prata, se dirigent vers Cecina Taverna qu'elles renferment s'il est du côté du versant des eaux vers la Méditerranée par la Principauté de Piombino, reviennent, toujours en suivant le sommet des montagnes, sur Badiola après avoir enveloppé Monte Rotondo et les sources de la Cornia. Elles descendent, ensuite, en ligne droite sur Pietra Rossa, puis suivent les cours du ruisseau qui prend son origine vers Pietra Rossa et va droit à la mer, où elles se terminent. (Voyez la carte de Dalbe.) — Au moyen des conditions ci-dessus mentionnées et de la limite qui vient d'être tracée, je consentirai volontiers à céder les Présides et tous mes droits sur ce pays d'une manière absolue et irrévocable à S. M. le Roi

---

[1]) Original, nicht von der Hand Ménevals, sondern eines Schreibers von dem noch andere Originale erhalten sind. Vgl. meine Abhandlung: „Zur Textkritik der Korrespondenz Napoleons I., S. 92.

[2]) Ludwig II., für den seit 1803 die Königin-Mutter die Regentschaft führte.

[3]) Über die gespannten Beziehungen zwischen Napoleon und der Königin vgl. M a r m o t t a n, Le royaume d'Etrurie, p. 144 ff., der aber die hier vorliegende Grenzregulierung nicht zu kennen scheint. Vgl. C o r r e s p. X., 8777.

d'Etrurie. Je ne me refuserai même pas à rectifier une partie des frontières de mon Royaume d'Italie vers la Toscane, si cela convient au Roi d'Etrurie pour quelque échange et à l'avantage des deux pays.

Napoléon.

54.

Milan, ce lundi, 14 prairial an XIII.
(3. Juni 1805.[1])

S. M. l'Empereur désire savoir si Monsieur de Talleyrand a quelque mémoire sur une partie du territoire de Parme appellée Bardi, et une carte où ce point serait tracé[2]. Sa Majesté désirerait que Monsieur de Talleyrand pût lui apporter cela ce soir.

55.

Au camp de Boulogne, le 16 thermidor an XIII.
(4. August 1805.[3])

Monsieur Talleyrand, je désire que vous fassiez notifier à la diète helvétique que le premier régiment suisse est organisé conformément au traité, qu'il n'est point complet en soldats, que je demande que les cantons le complètent. Vous ferez connaître également que, dans le reste de l'année, j'organiserai le second régiment.

Napoléon.

56.

Au camp de Boulogne, le 18 thermidor.
(6. August 1805.[4])

Monsieur Talleyrand, cette note, ainsi corrigée, est bonne; expédiez-la sur-le-champ.

Napoléon.

57.

De mon camp impérial de Boulogne,
le 1er fructidor an XIII.
(19. August 1805.[5])

Monsieur Talleyrand, j'ai donné l'ordre au 18e régiment de ligne et au 1er régiment d'hussards, dont l'un est à Paris et l'autre à Versailles, de se rendre à Strasbourg. Ce mouvement de troupes, quelque peu con-

---

[1] Original von der Hand Ménevals, ohne Unterschrift.
[2] Gemeint ist Schloß Bardi bei Piacenza.
[3] Original von der Hand Ménevals.
[4] Original von der Hand Ménevals. Der Brief bezieht sich auf ein Rundschreiben bezüglich der angebotenen und später unterbliebenen Vermittlung Rußlands. S. Corresp. XI. 9039 und Bertrand, Lettres de Talleyrand, p. 122.
[5] Original von der Hand Ménevals. Wertheimer hat in der „Neuen Freien Presse" vom 12. Juli 1883 eine in einzelnen Punkten abweichende deutsche Übersetzung mitgeteilt, die wahrscheinlich nach dem Konzept verfaßt wurde, da sie das Datum „18. August" trägt.

sidérable qu'il soit, ne laissera pas de faire beaucoup de bruit. Je désire qu'en causant vous fassiez connaître que je n'ai ordonné aucun mouvement dans mes camps; que ce qu'on pourrait dire là-dessus est faux; que j'attends une explication claire et nette de la Cour de Vienne. Il me tarde beaucoup de recevoir cette déclaration et de savoir à quoi m'en tenir. Je verrai avec plaisir la copie de la circulaire que vous avez écrite à mes agens. Il est réellement convenable de savoir sur quoi je puis compter avec les Princes de Bade et de Wirtemberg, je ne parle point de celui de Bavière, puisque c'est une affaire terminée, et quel nombre de troupes ils peuvent me fournir. Il faudrait que l'Electeur de Bade me fournît 9000 hommes. Quant à l'Electeur de Wirtemberg, si le père prend une mauvaise direction contre nous, il me semble que le plus simple serait de le chasser et de mettre son fils à sa place. Il faudrait sonder ce jeune prince et savoir s'il voudrait prendre parti avec nous; on pourrait lui donner un régiment. S'il était assez animé contre son père pour le détrôner, ce serait le plus sûr; car il n'y a pas de doute qu'en entrant à Stuttgard, et y installant ce prince, toutes les troupes de l'Electeur ne désertassent. Enfin, faites faire une nomenclature de tous les princes de la rive droite, depuis le Danube jusqu'au Tyrol, afin de savoir ceux que nous pouvons considérer comme amis ou comme ennemis. J'ai besoin dans ce moment d'un ministre en Suisse. Si M. Vial peut y retourner dans 24 heures, à la bonne heure; sans cela j'en nommerai un autre et je donnerai à M. Vial une des places que j'aurai de disponibles. Il me faut en ce moment un homme sûr en Suisse. Voici quel est mon plan, en cas de guerre. Je veux nommer sur-le-champ les colonels des régimens suisses, fournir l'argent nécessaire pour leur armement et leur recrutement, charger ces régimens de garder la Suisse sous les ordres d'un général en chef qui sera celui auquel je destine le commandement des régimens suisses. Ces corps garderaient d'abord la Suisse et viendraient en suite me joindre en Allemagne. Vous sentez que par là je décide les Suisses pour nous par leur intérêt, que j'en fais un foyer de recrutement pour notre parti qui empêchera le recrutement des Anglais. J'ai pour cela besoin d'un homme habile à Berne. Je vous ai écrit pour la levée d'un bataillon de Valaisans. Pressez la conclusion de ce traité[1]. Mon intention est d'envoyer ce bataillon à Gênes pour l'employer à la police de cette ville.

Napoléon.

58.

De mon camp impérial de Boulogne,
le 4 fructidor an XIII.
(22. August 1805.[2])

Monsieur de Talleyrand. Il est convenable de faire à Monsieur l'ambassadeur d'Espagne près de ma personne le présent d'usage tel que celui que j'ai fait à l'ambassadeur de Prusse pour la remise des cordons.

Napoléon.

---

[1] Die Konvention wurde am 8. Oktober 1805 geschlossen. S. De Clerq II., 128.

[2] Original, nicht von Ménevals Hand. S. oben n. 53.

59.

Louisbourg, le 11 vendémiaire an XIV.
(3. Oktober 1805[1]).

Monsieur de Talleyrand, je vous envoie ci-joint une lettre de M. Otto[2]. Je lui ai fait répondre par le ministre de la guerre qu'il eût à annoncer au M[al] Bernadotte que je me suis proposé d'agir comme si la dernière ligne de neutralité existait[3]. D'ailleurs les troupes bavaroises ont déjà, pour exécuter leur retraite, traversé les possessions prussiennes en Franconie, et un corps d'Autrichiens, qui s'est montré sur la Rednitz, en a usé de la même manière. Le M[al] Bernadotte les traversera à son tour le plus rapidement possible et sans y séjourner.

60.

De mon camp impérial d'Augsbourg,
ce 1er brumaire an XIV.
(23. Oktober 1805.[4])

Monsieur Talleyrand, rendez-vous à Stuttgard, passez-y une demi-journée pour y voir l'Electeur. De là rendez-vous en droite ligne à Augsbourg, en passant par Heilbronn,. MM. Talleyrand et Pregode (!) peuvent également partir pour venir me joindre.

Napoléon.

61.

Haag, le 6 brumaire an XIV.
(28. Oktober 1805[5]).

Monseigneur, j'ai l'honneur de vous envoyer un bulletin[6] que l'Empereur désire que vous communiquiez à S. M. l'Impératrice, au Prince Joseph, pour être imprimé dans le „Moniteur", et au Prince Eugène qui le communiquera au Maréchal Masséna, en lui ajoutant que le Maréchal Bernadotte couchera demain soir probablement à Salzbourg.

Méneval.

62.

s. l. e. d.
(Dezember 1805.[7])

L'empereur désire que M. de Talleyrand lui envoie l'article que M. de Hardenberg a fait mettre dans la gazette de Berlin; il n'était pas joint à la dépêche de M. de Laforêt.

---

[1]) Kopie. Nachschrift: „Sa Majesté l'Empereur est sortie sans signer la présente que j'envoie à S. Exc. M. de Talleyrand comme simple avis afin de ne pas retarder le courier. Mille respects. Clarke.

[2]) Französischer Gesandter in München.

[3]) d. i. die Demarkationslinie der letzten Kriege, die Ansbach noch nicht umfaßte. Vgl. den Brief an Otto in der Corresp. XI. 9319.

[4]) Kopie.

[5]) Kopie. Amtlicher Vermerk: „fait le 7".

[6]) Es ist das 13. Bulletin vom gleichen Datum, Corresp. XI. 9436. Vgl. auch den Brief Napoleons an Talleyrand, vom 30. Oktober, ebenda 9440.

[7]) Kopie, ohne Unterschrift. Vgl. Laforêts Bericht vom 28. Dezember bei Hardenberg, Denkwürdigkeiten V. 213 über die Berliner Zeitungen.

63.

s. l. e. d.

(Dezember 1805[1]).

M. de Laforêt ne doit point conférer avec M. de Hardenberg, ni en[2]) chez lui, ni en société; s'il lui indique un repas le décliner sous prétexte de maladie; dire à M. d'Haugwitz qu'on a toujours supposé que M. de Hardenberg ne retournerait. Dans toutes les suppositions il a insulté la France, que ce fût en guerre ou en paix. Le droit d'être en guerre appartient à chaque couronne. On n'est point insulté par la guerre. Mais il y a de la lâcheté à refuser des audiences à un ministre d'un grand prince. Ni vous ni aucun homme de la légation, ni aucun français, ne doit avoir de communication avec M. de Hardenberg comme ennemi de la France.

Vous mettrez assez de mesure pour que cela n'oblige pas le Roi de Prusse à lui être utile.

64.

Munich, le 14 janvier 1806[3]).

Monsieur Talleyrand, donnez ordre à M. Salicetti de se rendre au quartier général de l'armée de Naples, où il sera à la disposition du Prince, Joseph pour être employé comme il le jugera à propos.

Napoléon.

65.

Paris, le 3 février 1806[4]).

Monsieur Talleyrand, faites connaître à mon ministre à Stuttgard que j'ai donné les cordons que le Roi de Wurtemberg a mis à ma disposition à M. d'Harville, premier écuyer de l'Impératrice, au général Marmont, colonel-général des chasseurs, à M. Fouché, ministre de la police, et au

---

[1]) Kopie, ohne Unterschrift. Es handelte sich darum, daß Hardenberg sich geweigert hatte, den französischen Gesandten Laforêt zu empfangen, was ihm Napoleon nie verziehen hat. Die Zeitbestimmung ist durch einen Brief Talleyrands an Laforêt vom 20. Dezember bei B a i l l e u II. 426 im Zusammenhang mit einem Schreiben Talleyrands an Napoleon vom 17. Dezember bei B e r t r a n d, p. 226 an die Hand gegeben. In jenem ist fast wörtlich die hier erhaltene Weisung wiederholt: „Le droit de faire la guerre appartient à chaque couronne. La puissance à qui on la fait, n'est pour cela insultée, mais il y a de la lâcheté à refuser des audiences au ministre d'un grand prince. Ni vous ni personne de votre légation, ni aucun français ne doivent avoir de communication avec ce ministre, qui s'est montré l'ennemi de la France. Vous ne devez pas paraître avec lui, même en société, et s'il vous indiquait un rendez-vous, il faudrait décliner sa proposition sous prétexte de maladie etc." An den Kaiser schrieb der Minister am 17. Dezember, er empfange soeben dessen Brief von gestern, werde die Antwort an Laforêt auf dem Wege von Brünn nach Wien entwerfen und sie am nächsten Donnerstag (d. i. den 19.) in Schönbrunn zur Genehmigung vorlegen. Den Brief „von gestern" s. C o r r e s p., X., 9582, zu dem sich der hier mitgeteilte als ein Nachtrag darstellt, der dem Minister möglicherweise erst in Schönbrunn zugestellt wurde. Daß Laforêt den Befehl ausführte, berichtet M e t t e r n i c h, Nachgelassene Papiere II. 100: „M. de Laforêt ne voit que M. de Haugwitz".

[2]) Hier fehlt „tête-à-tête" oder ein ähnliches Wort.

[3]) Kopie. Vgl. C o r r e s p. XI. 9668 den Brief an Joseph von demselben Tag.

[4]) Kopie.

maréchal Kellermann. Faites également connaître à mon ministre à Carlsruhe que j'ai donné les cordons de Bade à M. Hédouville, mon chambellan
et sénateur, à M. Champagny, ministre de l'intérieur, et aux généraux
Savary et Bertrand, mes aides de camp.

Napoléon.

66.

Paris, le 18 février 1806[1]).

Monsieur Talleyrand, je ne sais si je vous ai écrit que j'approuvais
que tous les officiers français du corps du M^{er} Bernadotte et Ney, auxquels
le Roi de Bavière voulait donner l'ordre du lyon, l'obtiennent.

Napoléon.

67.

Paris, le 8 mars 1806[1]).

Monsieur Talleyrand, la demande de Bade me paraît juste; ordonnez
aux douanes de payer la dépense qu'elle a faite pour le passage des troupes.

Napoléon.

68.

Paris, le 9 mars 1806[1]).

Monsieur de Talleyrand, je nomme le général Beaumont, aide de
camp du P^{ce} Murat, mon commissaire pour prendre possession du Duché
de Clèves. Donnez-lui tous les pouvoirs nécessaires[2]).

Napoléon.

69.

Paris, le 10 mars 1806[3]).

Monsieur Talleyrand, vous remettrez les lettres ci-jointes au général
Rapp qui les prendra aujourd'hui à midi; joignez-y copie de la convention
passée entre M. d'Haugwitz et le général Duroc et une lettre de vous au
général prussien commandant en Hanovre, qui accrédit le général Barbou
comme commissaire pour l'éxécution du traité.

Napoléon.

70.

Ce lundi, 24 mars 1806[4]).

L'Empereur désire que Monsieur de Talleyrand lui apporte à deux
heures de l'après-midi aujourd'hui le travail sur la démarcation des limites
des Etats de Bavière, de Wurtemberg et de Bade et un projet de décret
pour terminer enfin toutes les difficultés.

---

[1]) Kopie.
[2]) Vgl. den Brief Napoleons an Murat: C o r r e s p. XII. 9948, vom 9. März,
worin Beaumont allerdings nur als „commissaire pour prendre possession de
la place de Wesel" erscheint.
[3]) Kopie. Es handelt sich um den Vertrag über die Räumung Hannovers
vom 9. März bei H a r d e n b e r g, Denkwürdigkeiten II. 517. Vgl. in der
C o r r e s p. XII. 0040 und 0050 die Briefe an Rapp und Barbou und T h i m m e,
Die inneren Zustände des Kurfürstentums Hannovers, S. 140 f.
[4]) Kopie. Ohne Unterschrift. Talleyrand überreichte hierauf ein Projekt
Ottos, das Napoleon am 10. April 1806, C o r r e s p. XII. 10071, ablehnte.
Vgl. O b s e r, Karl Friedrich von Baden, L. und 540.

71.

Paris, le 1er avril 1806[1]).

Monsieur Talleyrand, il est urgent que vous me fassiez connaître ce que M. de Vincent[2]) vous a dit. Vous ne manquerez pas de faire sentir à ce général que son silence et ses hésitations feront que je n'évacuerai pas Braunau; que cela est très malheureux pour l'Autriche et pour moi; qu'il me faut les Bouches de Cattaro, et qu'il ait enfin à traiter quelque chose.

Napoléon.

72.

Malmaison, ce mercredi 2 avril[3]).

L'Empereur désire que des extraits des dépêches que renfermait le portefeuille d'hier le mardi soient mis dans le ,,Moniteur".

73.

Malmaison, le 10 avril 1806[4]).

Monsieur Talleyrand, je vous renvoie ces dépêches; c'est à vous à correspondre sur ces objets de détail avec le Cardinal Fesch.

Napoléon.

74.

Saint-Cloud, le 3 juin 1806[5]).

Monsieur Talleyrand, je vous envoie des dépêches de M. Larochefoucauld que m'envoie le Maréchal Berthier. Je désire que vous me les rapportiez ce soir à cinq heures et demie avec toutes celles que vous avez érites à M. Larochefoucauld depuis le dernier mois.

Napoléon.

75.

Saint-Cloud, le 10 août 1806[5]).

M. le Prince de Bénévent, faites connaître au ministre d'Espagne que le général Ferrand[6]), commandant mes troupes à S. Domingo, a envoyé, sur la demande du général espagnol, capitaine général de la côte ferme, 500 Français à la côte ferme pour lui donner appui contre Miranda.

Napoléon.

---

[1]) Kopie. Der Brief ist teilweise mitgeteilt bei Wertheimer, Geschichte Österreichs und Ungarns II. 115. Vgl. Corresp. XII. 9968.

[2]) Vincent, außerordentlicher Gesandter Österreichs. Vgl. Corresp. XII. 9988.

[3]) Kopie. Ohne Unterschrift.

[4]) Kopie. Vgl. Haussonville, L'église romaine et le premier Empire II. 125 ff.

[5]) Kopie.

[6]) Ferand war Generalkapitän von Santo Domingo, dem ehemals spanischen Teil von Haiti. Der Kreole Miranda hatte im Mai 1806 mit englischer Unterstützung einen Zug gegen die spanische Kolonie Venezuela unternommen. Er wurde von den Spaniern, denen Frankreich Hilfe sandte, besiegt.

76.

Rambouillet, le 26 août 1806[1]).

M. le Prince de Bénévent, je désire que vous me fassiez tracer sur une carte les limites de la Confédération du Rhin, et que vous preniez des mesures pour qu'aux limites des états de chaque prince confédéré il soit planté des poteaux portant d'un côté les armes du prince et de l'autre „Confédération du Rhin"[2]).

Napoléon.

77.

Saint-Cloud, le 31 août 1806[1]).

M. le Prince de Bénévent, le Roi de Naples prendrait volontiers en sa solde trois régimens allemands recrutés dans le territoire de la Confédération du Rhin. Il faudrait savoir si Hesse-Darmstadt, Bavière, Wurtemberg et Bade voudraient donner l'autorisation de recruter, pour le compte du Roi de Naples, dans leurs états.

Napoléon.

78.

Saint-Cloud, le 21 septembre 1806[1]).

M. le Prince de Bénévent, vous m'enverrez un état militaire de Hesse-Cassel avec les noms des régimens, leur composition, leur force, leurs cantonnemens et leurs positions actuelles.

Napoléon.

79.

Liebstadt, le 21 février 1807[1]).

M. le Prince de Bénévent, je vous envoie une lettre de M. de Ségur. Je vous prie de me faire connaître votre opinion.

Napoléon.

80.

Osterode, le 2 mars 1807[1]).

M. le Prince de Bénévent, indépendamment du corps du général Dobrowsky, mon intention est de réunir à Neidenburg un corps polonais. Le maréchal Berthier écrit au Prince Poniatowski pour cet objet. Veillez à ce que tous les bataillons polonais qui sont à Varsovie à Nieporent et à Sierock, et qui sont habillés et armés, partent sur-le-champ pour Neidenburg[3]).

Napoléon.

81.

Osterode, le 3 mars 1807[1]).

M. le Prince de Bénévent, faites toutes les instances auprès du gouvernement et du gouverneur pour qu'on rétablisse le pont de Praga; il est ridicule que cela n'était pas déjà fait. L'idée de prendre des bateaux de ce pont

---

[1]) Kopie.
[2]) Vgl. den Brief vom selben Tage an Berthier: C o r r e s p. XIII. 10.696.
[3]) Vgl. Napoleon an Berthier, 1. März 1807: C o r r e s p. XIV. 11.909.

pour transporter des vivres à Thorn est une idée folle s'il en fût jamais. J'espère qu'elle n'aura eu aucune exécution. Si Lemarois est encore à Varsovie, qu'il y reste pour faire marcher les dépôts.

Napoléon.

82.

Osterode, le 22 mars 1807[1]).

M. le Prince de Bénévent, j'ai donné l'ordre à l'Intendant général de verser 200 000 fr. dans la caisse de la division bavaroise du Prince Royal pour un mois de solde. Mais comme cet ordre n'arrivera que dans 5 ou 6 jours, puisqu'il doit passer par Thorn, vous pouvez dire au payeur, qui est à Varsovie, de faire l'avance de cette somme et qu'il recevra sous peu de jours de son supérieur l'ordre de la verser. J'ai accordé 6000 paires de souliers à la même division; il va en arriver à Varsovie. Il est bien entendu que je ne veux pas qu'on touche aux 3 ou 4 mille paires qui sont restées à Varsovie à la disposition du général Lemarois pour donner aux hommes sortant des hopitaux.

Napoléon.

83.

Osterode, le 26 mars 1807[2]).

M. le Prince de Bénévent, vous trouverez ci-joint le rapport du commandant de Sierock[3]). Vous lui donnerez l'ordre de se rendre à Varsovie, où vous le ferez interroger, en votre présence, par le général Lemarois. Si cet homme m'a menti, comme tout me porte à le penser, c'est un brouillon que je veux punir sévèrement. Vous instruirez de cela M. de Vincent. Vous avez très bien fait de faire donner de l'argent aux boulangers et ouvriers. Mais écrivez à M. Daru pour qu'il fournisse à tous ces besoins.

Napoléon.

84.

Osterode, le 26 mars 1807[3]).

M. le Prince de Bénévent, je vous envoie le rapport de M. Daru sur vos propositions relatives aux approvisionnemens que le gouvernement polonais peut fournir à l'armée par le moyen des achâts. D'après cela je ne vois pas d'inconvénient à ce que vous autorisiez le commissaire ordonnateur Pradel à faire un marché.

Napoléon.

85.

Finkenstein, le 3 avril 1807[2]).

M. le Prince de Bénévent, je ne sais pas si je vous ai déjà écrit de notifier la naissance de la Princesse Josephine, fille du Viceroi d'Italie; si vous ne l'avez pas fait, écrivez à Paris pour qu'on expédie toutes les lettres de chancellerie.

Napoléon.

---

[1]) Kopie. Vgl. den Brief an den Kronprinzen von Bayern vom selben Tage: Corresp. XIV. 12.118.
[2]) Kopie.
[3]) Vgl. Talleyrands Antwort bei Bertrand, p. 39

86.

Au château de Finkenstein, le 9 avril 1807[1]).

L'Empereur dicte: „M.[2]) a dû vous envoyer la liste des nominations que j'ai faites pour les chevaux-légers polonais de la garde". Je savais fort bien que vous étiez Vice-Roi de Pologne, mon cher Prince, mais comme je savais aussi que cela ne vous amusait pas beaucoup, je n'ai pas été très-soigneux de vos attributions et j'ai envoyé la liste à votre directeur de la guerre. Au reste la voici, et je répare mon omission aussitôt qu'on me l'a fait remarquer et autant qu'elle est réparable. Recevez mes excuses et mes hommages.

Hugues Maret.

87.

Finkenstein, le 11 avril 1807[1]).

M. le Prince de Bénévent, on me dit que le génie manque d'argent pour les travaux de Sierock. S'il en est ainsi, faites en sorte d'y pourvoir, afin qu'il n'y ait aucune interruption dans les travaux.

Napoléon.

88.

Finkenstein, le 24 avril 1807[1]).

M. le Prince de Bénévent, le Prince Jérôme vient d'avoir un nouveaux succès en Silésie. Les 80000 £ votés par le parlement anglais avaient donné le moyen à la garnison de Glatz de se recruter de beaucoup de monde; ils se sont portés sur Frankenstein; ils ont perdu dans la journée du 17 trois pièces de canon et 600 hommes, et ils ont été poursuivis jusques sous les glacis de la place[3]).

Napoléon.

89.

Finkenstein, le 25 avril 1807[1]).

M. le Prince de Bénévent, je vous envoie une lettre de Vienne qui arrive par Breslau.

Napoléon.

90.

Tilsit, le 21 juin 1807[1]).

M. le Prince de Bénévent, je reçois votre lettre du 17. Je vous ai écrit hier[4]) de vous rendre à Königsberg. Je suppose que vous êtes parti pour y aller.

Napoléon.

---

[1]) Kopie.
[2]) Vgl. den Brief an Talleyrand vom gleichen Tage (C o r r e s p. XV. 12.333). „M. Maret vous aura transmis le décret des nominations que j'ai faites dans ce corps (des chevaux-légers polonais)". Es handelt sich um die Errichtung eines polnischen Reiterregiments, das in die Kaisergarde aufgenommen werden sollte.
[3]) Vgl. das 72. Bulletin: C o r r e s p. XV. 12.459.
[4]) Vgl. C o r r e s p. XV. 12.782 und B e r t r a n d, p. 472.

91.

Tilsit, le 8 juillet 1807[1]).

M. le Prince de Bénévent, donnez l'ordre à M. de Lesseps[2]) de se rendre sans délai à S. Pétersbourg pour y reprendre la fonction de consul général.

Napoléon.

---

2. Briefe Napoleons an Champagny[3]).

1.

Saint-Cloud, le 12 août 1807[1]).

M. Champagny, un grand nombre de députés des états du Roi de Westphalie arrivent tous les jours à Paris. Il est convenable que vous les connaissiez et que vous m'en remettiez les noms avec des notes qui m'instruisent du degré de considération dont ils jouiraient. Cela me servira de règle pour la manière dont je veux les recevoir et pour ce que je devrais en faire.

Napoléon.

2.

Paris, le 16 août 1807[1]).

M. Champagny, écrivez à mon ministre à Florence[4]) que, lorsque une colonne de 6000 h. que j'envoie d'Italie à Livourne aura dépassé Florence, il ait à déclarer que cette colonne est destinée à tenir garnison à Livourne et empêcher tout commerce des Anglais. Lorsque cette colonne sera arrivée à Livourne, il déclarera que j'ai ordonné la confiscation de toutes les marchandises anglaises provenant soit des fabriques soit du commerce anglais. Vous lui ferez connaître qu'il doit garder tout cela secret jusqu'à ce que cette colonne soit arrivée[5]).

Napoléon.

3.

Paris, le 19 août 1807[1]).

M. de Champagny, faites mettre dans le „Moniteur" à l'article „Copenhague" un détail de ce que fait l'escadre anglaise, sans restriction[6]).

Napoléon.

---

[1]) Kopie.

[2]) Französischer Konsul in Petersburg, war im Februar nach Warschau gekommen. Vgl. B e r t r a n d, p. 299.

[3]) Champagny, bisher Minister des Innern, trat am 10. August 1807, nach Talleyrands Rücktritt, das Amt eines Ministers des Äußern an.

[4]) Beauharnais.

[5]) Vgl. den Brief an Eugen vom selben Tage: C o r r e s p. XV. 13.039,

[6]) Der Artikel erschien im „Moniteur" des 21. August unter „C openhague le 8 août".

4.

Saint-Cloud, le 3 septembre 1807[1]).

M. de Champagny, je vous renvoie vos deux porte-feuilles. Faites mettre dans le „Moniteur" tout ce qui est relatif aux mesures prises en Hollande contre le commerce anglais[2]).

Napoléon.

Ci-joint une lettre pour la Reine d'Etrurie.

5.

Rambouillet, ce 14 septembre 1807[1]).

M. de Champagny écrivez au Vice-Roi pour vous plaindre de l'article des journaux de Milan, relatif aux affaires de Toscane. Ecrivez au ministre d'Espagne que la mesure qui a été prise à Livourne n'est que provisoire et est dirigée contre le commerce anglais, qui se fait avec la plus grande impudence dans ce pays et qui nuit à tout le reste de l'Italie; que, si la Reine d'Etrurie avait mis plus de fermeté avec ses ministres et eut poursuivi l'exécution des mesures prohibitives adoptées, cela ne fût pas arrivé; que je suis du reste décidé à ne laisser à Livourne que la garnison nécessaire pour empêcher le commerce avec l'Angleterre et à retirer tout le reste des troupes, et que j'ai ordonné que le journaliste de Milan qui s'est permis un article douteux soit recherché et puni. Présentez-moi un projet de réponse à la Reine[3]). — Je ne connais pas bien ce que c'est que ce M. Bentinck qui a un port; probablement qu'il sera compris dans le rapport que vous me ferez sur les petits ports qu'il est question d'interdire à l'Angleterre.

Napoléon.

6.

Saint-Cloud, ce 17 septembre 1807,
à 11h du soir[1]).

M. de Champagny, je vous prie de venir demain au lever et de m'apporter la note que vous avez passée au cardinal légat qui paraît avoir porté la cour de Rome à changer d'opinion. Vous m'apporterez également ce que vous avez rédigé en conséquence de ce que je vous ai dicté ce matin.

Napoléon.

7.

Fontainebleau, le 19 octobre 1807[1]).

M. Champagny, je vous envoie un mémoire dont la communication n'est que pour vous seul. Je désire que vous me remettiez une note des discussions qui peuvent exister sur la délimitation des frontières entre la France et l'Espagne, telles que le Port de Passage et autres de cette nature.

Napoléon.

P. S. Remettez-moi également une statistique du Portugal.

---

[1]) Kopie.
[2]) Der Artikel erschien im „Moniteur" vom 5. September unter: Royaume de Hollande, Amsterdam, le 31 août".
[3]) S. den Brief an die Königin: Corresp. XV. 13.168.

8.

Fontainebleau, le 21 octobre 1807[1]).

M. de Champagny, je ne vois pas dans ces affaires de Rome qu'il soit question du tiers des cardinaux. Je vous prie de m'apporter aujourd'hui la lettre que vous avez écrite au Cardinal Bayanne et la note que vous avez envoyée à M. Alquier.

Napoléon.

9.

Fontainebleau, ce 23 octobre 1807[1]).

M. de Champagny, M. Didelot[2]) ne sait pas l'A. B. C. de son métier. Ce n'est pas en communiquant le traité qu'on lui envoie qu'un ministre négocie. Ce traité doit être regardé comme une instruction.

Napoléon.

10.

Fontainebleau, ce 27 octobre 1807[2]).

M. de Champagny, je vous envoie une lettre du Maréchal Soult dont vous lui accuserez la réception. Vous enverrez à M. Bourgoin à Varsovie la convention pour que le Roi de Saxe la ratifie, et il l'enverra après aux plénipotentiaires. Vous ferez connaître au Maréchal Soult qu'il n'y avait pas d'inconvénient à admettre les Saxons à la signature, puisque l'on a senti le besoin de faire ratifier la convention par le Roi de Saxe. — Quant à la seconde lettre du Maréchal Soult vous m'en ferez un rapport.

Napoléon.

11.

Fontainebleau, le 31 octobre 1807[1]).

M. de Champagny, il faut répondre au ministre de Prusse que les troupes françaises n'évacueront que lorsque toutes les conditions de la convention faite avec le Maréchal Kalckreuth seront remplies[4]); que déjà elles auraient évacué si, par une inertie qu'on a peine à concevoir, la cour de Memel n'avait été deux mois entiers sans répondre; qu'il ne doit donc laisser concevoir aucune fausse espérance. — Écrivez à mon consul général à Madrid que mes consuls à Porto et dans les autres ports du Portugal doivent quitter la résidence sitôt que les troupes françaises ou espagnoles y seront entrées.

Napoléon.

---

[1]) Kopie.
[2]) Gesandter in Dänemark. Vgl. C o r r e s p. XVI. 13.215. Es handelt sich um den Allianzvertrag, der am 31. Oktober abgeschlossen wurde. D e C l e r c q, II. 237.
[3]) Kopie. Es handelt sich um den Elbinger Vertrag zwischen Frankreich und Preußen vom 13. Oktober 1807 bezüglich einer Etappenstraße, die Sachsen mit dem Herzogtum Warschau verband. D e C l e r c q, II. 229.
[4]) D e C l e r c q, II. 223, der Vertrag von Königsberg, 12. Juli 1807.

12.

s. d.
(Oktober 1807[1]).

N o t e pour servir aux rapports du Ministre des Relations Extérieures.

Les Anglais méconnaissent la souveraineté de toutes les nations. Toutes les nations doivent donc ce mettre en état de guerre contre les Anglais. Elles le doivent au sentiment de leur dignité, elles le doivent pour soutenir l'honneur de leurs peuples et l'indépendance de leurs couronnes; elles le doivent aussi pour remplir toutes les obligations qui lient les souverains de l'Europe.

Les Anglais méconnaissent la souveraineté de toutes les puissances lorsqu'ils obligent les bâtimens naviguant sous le pavillon d'une nation à recevoir la visite des vaisseaux anglais, à se détourner de la route où les conduit leur commerce et de la destination autorisée par leur souverain, lorsque ces bâtimens sont entrainés dans les ports de l'Angleterre et que, sans égard pour les expéditions dont ils sont munis et pour le pavillon qu'ils portent, les Anglais les traitent comme s'ils étaient sans aveu et sans garantie. Par les règles de blocus, établies par les Anglais, ils ont insulté à l'indépendance de tous les pavillons, ils ont violé le droit public de tous les temps qui établit qu'une place n'est en état de blocus que lorsqu'elle est bloquée par terre et par mer et en prévention d'être prise. Le droit de blocus préscrit alors que la place ne puisse recevoir aucune espèce de secours et avoir aucune sorte de communication. Mais en l'étendant à des ports non bloqués, à des empires entiers, à des côtes immenses sur lesquelles ils avaient à peine quelques bricks, quelques frégates, les Anglais ont violé le droit des puissances et attaqué non seulement leurs ennemis mais toutes les nations neutres.

Cependant, il n'est aucun souverain en Europe qui ne reconnaisse que, si son territoire venait d'être violé au détriment de Votre Majesté, il n'en fût responsable. Si un vaisseau français était saisi dans le port de Trieste ou dans celui de Lisbonne, le gouvernement de Lisbonne et le souverain à qui Trieste appartient regarderaient cette violence et ce dommage causé à des sujets de Votre Majesté comme un outrage personnel et n'hésiteraient point à contraindre, par la force, l'Angleterre à respecter leurs ports et leurs territoires. S'ils tenaient une conduite contraire, ils se constitueraient complices du tout fait par l'Angleterre à vos sujets et en état de guerre avec Votre Majesté. Au reste, quand le gouvernement portugais a souffert que les bâtimens fussent visités par les vaisseaux anglais, son indépendance a été violée, de son consentement, par l'outrage fait à son pavillon, comme elle l'aurait été si l'Angleterre avait violé son territoire. Votre Majesté s'était alors trouvé en droit, ou de lui proposer de faire cause commune avec Elle, en déclarant la guerre à l'Angleterre, ou de le considérer comme étant complice du mal, qui résulterait pour les intérêts de Votre Majesté, et comme s'étant mis en état de guerre avec Elle.

Le gouvernement portugais s'est refusé à confisquer les marchandises

---

[1] Kopie. Das Dokument ist wahrscheinlich nur zu dem Zweck vom Kaiser diktiert worden, um mit Argumenten für das Vorgehen gegen Portugal vor der Öffentlichkeit, oder doch vor dem Senat, zu erscheinen und die Sache, die längst von ihm eingeleitet war, so darzustellen, als wäre sie ihm eben erst nahegelegt worden.

anglaises et à arrêter les Anglais voyageant en Portugal, comme une juste compensation des Français enlevés par les Anglais sur des bâtimens portugais et du sort que l'Angleterre, au moyen de cette lâche condescendance, a fait au commerce français. Je propose donc à Votre Majesté d'éxiger que le Portugal se mette en état de guerre avec l'Angleterre, unisse ses forces aux Vôtres et arrête les Anglais qui se trouvent sur son territoire, si non, de traiter le Portugal comme une puissance qui a renoncé à son indépendance, qui a laissé violer les intérêts de la France et l'honneur de son pavillon.

Sire, l'Europe a besoin de paix, le peuple anglais la désire, tandisque, profitant des circonstances où cette nation est sans souverain, un club d'olygarques furibonds, dirigés par les plus viles passions, proclame les principes d'une guerre éternelle. C'est en vain que dans des occasions si multipliées Votre Majesté a proposé des conditions honorables à l'Angleterre; c'est en vain qu'Elle a accepté la médiation de l'Empereur Alexandre; l'Angleterre a rejetté toutes ces offres; elle n'a répondu à des propositions pacifiques que par ce cris affreux de guerre éternelle. Il ne reste plus à la France qu'un seul parti à prendre, c'est de proclamer une guerre générale contre l'Angleterre. Les furieux qui ont élevés ce cri atroce de guerre éternelle se sont placés hors du code des nations civilisées. Ils ne peuvent alimenter cette guerre sans terme qu'au moyen d'affronts faits au commerce de toutes les nations. Il faut donc que toutes les nations déclarent la guerre à l'Angleterre; il faut donc qu'à l'exemple de la France, de l'Espagne, de la Russie, du Danemarc, toutes les puissances du continent se constituent en état d'hostilité avec le gouvernement britannique, si elles ne veulent pas que Votre Majesté, usant du droit qui lui serait acquis, les considère comme attendant des chances de cette guerre perpétuelle l'occasion de se déclarer Vos ennemis et comme déjà liés secrètement avec l'Angleterre.

Votre Majesté a 800,000 hommes sur pied. Aucun de ses ministres n'osera jamais lui conseiller de désarmer tant que l'Angleterre sera gouvernée par les hommes qui se sont faits une ressource et un système de la guerre perpétuelle. La prudence exige même davantage, et tous les jours Votre Majesté augmente la force de ses armées. Le continent ne cesse donc point d'être dans un véritable état de crise; ceux qui lui causent tous les maux qui naissent de cette situation sont donc les ennemis du continent. Votre Majesté doit engager tous les souverains à ne plus écouter les agens de l'Angleterre, et à faire cause commune pour obliger les Anglais à consentir à une paix nécessaire au bonheur des nations. Puisque l'Angleterre refuse d'adhérer à des conditions équitables, la guerre de tout le continent contre l'Angleterre est l'intérêt du continent et le besoin de la génération présente. Votre Majesté, réunie à la Russie et à ses alliés, a le droit et le pouvoir d'exiger tout ce que peut vouloir la justice jointe à la puissance. L'Europe offrira donc le spectacle inoui dans l'histoire d'un peuple honni de tous les peuples et chassé de toutes les nations. Ce n'est pas cependant que ce peuple ne soit estimable, qu'il ne se soit présenté avec avantage dans toutes les carrières qui honorent l'esprit humain; ce n'est pas que ses souverains ne soient des hommes justes et généreux; mais, dominée par une faction turbulente, la voix du souverain ne peut se faire entendre, et la nation languit, opprimée sous des charges sans exemple et sous un système aussi violent qu'il est injuste.

Ces idées doivent fournir la matière de deux rapports distincts. L'un, sur le Portugal, serait envoyé au Sénat le 5 novembre. On s'étudierait à poser les principes applicables à l'Autriche et aux autres puissances. L'autre serait envoyé au Sénat le 15 novembre, lorsqu'on se serait assuré que l'Autriche ne veut pas s'en tenir à des demi-mesures.

13.

Fontainebleau, le 3 novembre 1807[1]).

M. de Champagny, faites connaître au Sieur Bourrienne[2]) que je ne conçois pas ce qu'il dit de Lubeck; que la Trave et les autres rivières doivent être également fermées; que son autorité s'étend aussi sur Brême et Lubeck, et qu'il doit même correspondre avec le Sieur Didelot pour que les mêmes mesures soient exécutées en Danemarc.

Napoléon.

14.

Paris, le 27. janvier 1808[3]).

M. de Champagny, envoyez un courrier extraordinaire en Espagne pour porter l'ordre au Sieur Beauharnais[4]) de demander que le vaisseau de 120 canons „Le Prince des Asturies" et le vaisseau „Le Montanez" me soyent cédés, et qu'en place je céderai le vaisseau „L'Atlas" qui est à Vigo, de sorte que j'aie à Cadiz 8 vaisseaux, en comprenant ces 2 vaisseaux et le „San Justo" que le Roi d'Espagne a mis à ma disposition. — Faites également demander que des mesures efficaces soient prises pour faire armer à Cadiz 4 vaisseaux espagnols pour être prêts à se joindre à mon escadre et la porter à 12 vaisseaux. — Faites réitérer aussi la demande que l'escadre de Carthagène se rende à Toulon.

Napoléon.

15.

Paris, ce 30. janvier 1808[5]).

M. de Champagny, il est convenable que vous envoyiez aux journaux de Francfort, pour que cela parte de là, tous les détails relatifs à la reception qu'on a faite à mon ambassadeur Caulaincourt à S. Pétersbourg. Il n'est pas hors de propos que tous ces petits détails qui font connaître la considération qu'on a pour cet ambassadeur se répandent en Europe. — Il faut aussi faire insérer fréquemment dans ces journaux des nouvelles de Jassy, de Bukarest, et même de Constantinople, qui fassent légèrement connaître que les Russes occupent toujours les deux provinces au grand déplaisir des Turcs.

Napoléon.

---

[1]) Kopie.
[2]) Französischer Gesandter bei den Hansestädten. Vgl. Lecestre, Lettres inédites. I. n. 191.
[3]) Kopie. Vgl. den Brief an Champagny vom nächsten Tag (Corresp. XVI. 13.495), der sich auf diesen bezieht und den an Decrès vom 27. (Corresp. XVI. 13.493).
[4]) Französischer Gesandter in Madrid seit Oktober 1807.
[5]) Kopie. Der Brief wurde in deutscher Übersetzung von Wertheimer veröffentlicht im „Neuen Wiener Tagblatt" vom 2. April 1889.

16.

Paris, le 8 mars 1808[1]).

Le narré qui précède les pièces relatives à l'affaire du Prince des Asturies est bon comme introduction. Mais il faut y joindre toutes les pièces officielles, comme édits du Roi, lettres du Prince, sentences, ordres d'exil, imprimés et fragmens de bulletins auxquels cette affaire a donné lieu et qui peuvent y jeter du jour.

Il faut finir par dire en résultat que les cris de la nation, le calme et la fermeté des principaux accusés, l'énergie de quelques juges ont constaté l'innocence du Prince des Asturies; qu'on l'a innocenté par une grâce, et que dès lors la Reine et le Prince de la Paix, qui ont pour but de perdre ce jeune prince, paraissent avoir gagné la moitié de leur procès. Comment placer en effet sur le trône un prince déshonoré qui n'a échappé à l'échafaud que par la grâce que lui a accordée son père? qu'il y a donc une incertitude, qui intéresse les Espagnoles et leurs amis, sur les suites nécessaires de l'hérédité du trône.

Si le Prince est coupable, pourquoi ne l'a-t-on pas traduit aux Cortès? S'il est innocent, pourquoi ne pas le déclarer et punir ses calomniateurs? Voilà ce que demandent les Espagnols de sens. Qui dénouera ce noeud gordien et éclaircira cet horizon nébuleux qui plane sur l'Espagne?

Il faut appuyer sur les dilapidations du Prince de la Paix, sur ses immenses richesses, sur son origine, parler en détail de ses intrigues crimi- nelles avec la Reine, d'abord de son métier de favori en titre, ensuite de favori servant les gouts honteux de cette princesse, de Malo et autres amans qu'il a donnés à la Reine; (il faut parler de tout cela avec décence, mais cependant de manière à ce que cela soit senti); de ses liaisons avec tous les hommes d'affaires, de la part d'intérêt qu'il prend dans toutes les affaires du Roi, de sa vénalité et de sa corruption, de l'éloignement des grands d'Espagne, de la décadence de ce royaume, de la nullité dont il est pour la cause commune, de l'emploi de l'argent qui est appliqué à toute autre chose qu'à entretenir l'armée et la marine.

Ce mémoire doit être triple de ce qu'il est, il doit paraître l'ouvrage, non d'un Français, mais d'un Espagnol.

Il faut citer le grand nombre d'Espagnols exilés par la seule raison qu'ils avaient de la probité et des lumières, faire sentir le ridicule du sy- stème politique, dire que l'on a commencé par laisser la France faire seule la guerre à l'Angleterre, comme s'il n'était pas évident que, dès que les Anglais auraient rassemblé leurs vaisseaux, ils tomberaient sur les Espagnols; que par cette fausse mesure on a exposé 4 frégates chargées d'or à être prises;

---

[1]) Original. Durchaus von der Hand Ménevals. An dem Diktat Napoleons ist nicht zu zweifeln. Schon die Frage nach dem Alexander, der den gordischen Knoten zerhauen wird, und der Unmut darüber, daß zu wenig Geld für Armee und Flotte verausgabt wurde, würden ihn verraten. Er hatte Champagny beauftragt, eine Broschüre in der spanischen Angelegenheit verfassen zu lassen, deren Entwurf er hier kritisiert und zum Zweck einer Umarbeitung unter den angegebenen Gesichtspunkten zurückschickt. Die Umarbeitung ist dann erfolgt und die Broschüre gedruckt, jedoch nicht publiziert worden. Nach einer Mit- teilung M a s s o n s, dem sie vorlag und der einzelne Stellen daraus mitteilt, lautet der Titel „Précis sur les derniers événements de la Cour de Madrid par un patriote espagnol". (Napoléon et sa famille, IV. 208.)

qu'aucun secours ni avis n'a été envoyé aux colonies. Il faut parler de la honte pour l'Espagne de n'être pas maîtresse de Gibraltar, autrefois maîtresse de l'Europe, des mauvais procédés de l'Espagne envers la France, d'abord en laissant entrer une armée française pour faire la guerre en Portugal et en faisant brusquement la paix; 2. en entrant à l'époque de la 3ème coalition dans des intrigues qui furent déjouées par les événemens d'Ulm, mais qui n'en furent pas moins alors à la connaissance de tout le monde; 3. par la fameuse proclamation et en faisant une levée de bouclier déconcertée par le succès inattendu d'Jéna[1]). Il faut attribuer à ces trois causes la précaution qu'a prise l'Empereur Napoléon de faire appuyer son armée de Portugal par trois corps d'armées qui la misent à l'abri de la mauvaise foi de l'homme qui dirige les affaires d'Espagne.

Il faut prendre la Reine telle qu'elle est, le Roi tel qu'il est, comme un bon homme, mais sans caractère ni lumières, mettre du pathos et des sentimens patriotiques espagnoles, invoquant les mânes des conquérans du Mexique, du Cid, les beaux tems de la monarchie espagnole de Charles V.

Lorsque ce pamphlet sera approuvé on le fera traduire par un bon traducteur en deux jours, et on le fera répandre en Espagne.

(Am Rande:) Renvoyé à Monsieur de Champagny. Il est nécessaire que j'aie cette petite brochure le 10.

Napoléon.

16.

Bayonne, le 26 avril 1808[2]).

M. de Champagny, écrivez à M. de Caulaincourt que je désapprouve qu'il ait pris sur lui d'écrire au M^{al} Victor; il doit me rendre compte et se borner là. Il n'a point d'ordre à donner à mes généraux, ni de correspondance à tenir avec aucun.

Napoléon.

17.

Paris, ce 9 mars 1808[2]).

M. de Champagny, je vous envoie un projet de lettre tel que M. Alopéus[3]) pourrait l'écrire; faites le mettre au net et rapportez-le moi demain, afin que je prenne un parti définitif là-dessus.

Napoléon.

18.

Saint-Cloud, le 26 mars 1808[2]).

M. de Champagny, je suppose que vous avez envoyé au Sr Daru la copie de la convention que vous avez passée avec les députés polonais, nafi qu'il y fasse les observations qu'il jugerait convenable.

Napoléon.

---

[1]) S. oben S. 245.
[2]) Kopie.
[3]) Russischer Gesandter in London.

19.

Saint-Cloud, le 29 mars 1808[1]).

M. de Champagny, il faut consulter l'article du traité de Tilsit relatif à la pension du duc de Brunswick et répondre à M. de Tolstoy que cet article sera exécuté sans délai[2]).

Napoléon.

20.

Bayonne, le 14 mai 1808[1]).

M. de Champagny, je ne vois pas d'inconvénient à ce que vous autorisiez M. de Labrador à şe rendre à Florence.

Napoléon.

21.

Marac, le 19 mai 1808[1]).

M. de Champagny, je vous envoie des dépêches que je reçois de Madrid; voyez ce que c'est et chargez-vous de les faire partir par les trois bricks que je vais expédier. N'envoyez que ce qui est nécessaire et gardez des exemplaires, s'il en reste, pour les frégates que je veux faire partir demain soir. Le petit brick peut être expédié pour l'Amérique méridionale. S'il pouvait partir dans trois jours, il faudrait l'expédier. Voyez le commissaire de la marine et faites le marché nécessaire.

Napoléon.

22.

Bayonne, le 21 mai 1808[1]).

M. de Champagny, envoyez à l'intendant général de la Grande armée[3]) l'état que vous a remis le Sʳ Serra[4]) et faites voir s'ils sont d'accord.

Napoléon.

23.

Bayonne, le 21 mai 1808[1]).

M. de Champagny, si le corsaire qui est arrivé hier était sans le cas de partir bientôt, on pourrait l'expédier pour la Guadeloupe et le chargerait d'un duplicata des dépêches espagnoles.

Napoléon.

24.

Bayonne, le 28 mai 1808[1]).

M. de Champagny, un bâtiment américain, chargé de denrées coloniales, escorté par les Anglais, est entré à Trieste. Ecrivez-en à Andréossy[5]) et à mon consul, et faites porter les plus grandes plaintes sur cette affaire.

Napoléon.

---

[1]) Kopie.
[2]) Es ist der 6. geheime Separatartikel des Friedensvertrages. (M a r t e n s XIII. 320.) Tolstoi war russischer Gesandter in Paris.
[3]) Daru.
[4]) Französischer Gesandter in Stuttgart.
[5]) Französischer Gesandter in Wien. Vgl. die Briefe an Champagny vom 26. Mai und 11. Juli (C o r r e s p. XVII. 13.992, 14.177).

25.

Bayonne, le 9 juin 1808[1]).

M. de Champagny, je désire que vous me fassiez un rapport sur la proposition contenue dans la dépêche du Sr Larochefoucauld de réunir à la France les pays hollandais jusqu'à la Meuse, et de donner une indemnité au Roi de Hollande[2]).

Napoléon.

26.

Bayonne, le 7 juillet 1808[1]).

M. de Champagny, je ne me souviens pas de ce que c'est que les 600.000 frcs que le Roi de Saxe a fait verser aux termes de la convention du 10 mai[3]) dans les mains de l'agent envoyé par le Sr Labouillerie[4]). Donnez-moi des explications là-dessus.

Napoléon.

27.

s. d.

(Juli 1808[5]).

M. de Champagny, je désire que vous écriviez à Monsieur de Metternich une lettre confidentielle dans laquelle vous lui direz à peu près ceci: „Quel esprit de vertige s'est emparé des esprits à Vienne? Vous avertissez partout de se tenir prêts à marcher pour la défense de la patrie; quel ennemi la menace? Vous mettez toute la population sous les armes, vos princes parcourent les champs comme des chevaliers errans. Que direz vous si vos voisins en font autant? Vous provoquez donc une crise? Assurés, comme nous le sommes, que vous n'avez aucune liaison avec la Russie, le secours de l'Angleterre ne vous serait d'aucune utilité. L'Empereur a peine à concevoir ce que vous voulez; il n'a donné jusqu'ici aucun ordre à ses troupes. Pouvez-vous me dire confidentiellement ce que tout cela veut dire, et le moyen d'empêcher que ceci ne tourne en crise? Par ces armemens extraordinaires vous indiquez à vos voisins le besoin d'armer. Jusqu' à ce moment l'Empereur a tout retenu et a écrit que, ne pouvant croire à une telle folie, il fallait attendre ce que l'on voulait. Les lettres de votre commerce, de vos négocians disent que votre cour est tournée à la guerre, que tout ce qu'elle fait ressemble à ce que fesait la Prusse en 1806, que l'alarme est grande chez vous, et, dans le fait, si vous ne voulez rien,

---

[1]) Kopie.
[2]) Larochefoucauld war französischer Gesandter im Haag. Vgl. R o c q u a i n. Napoléon et le roi Louis, p. 178.
[3]) S. den Vertrag bei D e C l e r c q, II. 250.
[4]) Zahlmeister der Großen Armee.
[5]) Kopie. Ohne Unterschrift. Die annähernde Datierung ergibt sich aus dem Schreiben, das Champagny am 27. Juli 1808 an Metternich richtete und das später, mit anderen, als Anhang zu dem Vortrag des Ministers vom 12. April 1809 im „Moniteur" vom 24. April veröffentlicht wurde. Die Vergleichung lehrt, daß einzelne Stellen wörtlich mit der kaiserlichen Anweisung übereinstimmen. Z. B.: „Vos princes parcourent vos provinces" ... „Toute la population est mise sous les armes" ... „aucun concours à attendre de la Russie, l'Angleterre ne peut lui être que médiocrement utile" ... „une puissance qui prend une attitude hostile et menaçante" usw.

pourquoi perdre tant d'argent, alarmer votre peuple et détériorer votre
change? Vous entendez bien que, si vous persistez dans vos armemens,
l'Empereur prendra un parti; il armera aussi, mais, certainement, s'il vous
laisse faire sans témoigner aucune inquiétude, vous vous ôtez tout moyen
de négocier sur les affaires à venir de l'Europe, car l'Empereur ne s'entendra
jamais avec une puissance qui, se présentant avec une attitude hostile et
menaçante pour négocier, s'en interdit par là le pouvoir. Cette lettre est
toute confidentielle, mais jettez quelques regards sur les affaires de chez
vous. Après de grandes crises, votre patrie est en bonne situation. Voulez-
vous perdre tout cela? L'Empereur veut encore ignorer vos armemens.
Je vous écris confidentiellement. Faites qu'on licencie cette garde nationale
qu'on lève chez vous; laissez en repos vos cultivateurs, vos soldats; menagez
votre argent et ne menacez personne." Il faut que cette lettre soit douce,
mesurée, dans la forme confidentielle, mais qu'elle laisse cependant entre-
voir ce qui arrivera.

28.

Saint-Cloud, le 6 septembre 1808[1]).

M. de Champagny, je désire que vous présentiez demain à ma signature
une circulaire aux Rois de Bavière, de Saxe, de Westphalie, de Wurtemberg,
aux Grands Ducs de Bade, de Hesse-Darmstadt, de Wurtzbourg et au
Prince Primat, rédigée selon le projet ci-joint[2]).

29.

Saint-Cloud, le 14 septembre 1808[3]).

M. de Champagny, expédiez un courrier extraordinaire pour porter
les lettres ci-jointes à Carlsruhe, à Stuttgard et à Munich[4]). Vous écrirez
par ce courrier au Sr Otto de le renvoyer sur Francfort avec les nouvelles
qu'il aurait. Ce courrier devra être rendu le 23 à Francfort où il m'attendra.

Napoléon.

30.

Erfurt, le 10 octobre 1808[5]).

M. de Champagny, vous répondrez à M. de Dreyer[5]) que j'accorde
au Danemarc la quantité de poudre qu'il demande et que je donne des ordres
en conséquence au Pce de Neufchâtel, auquel il peut s'adresser.

Napoléon.

31.

Erfurt, le 12 octobre 1808[1]).

Renvoyé à M. de Champagny pour faire faire des copies de cette
lettre et les transmettre aux Princes de la Confédération avec la lettre que
je leur écris et dont la minute est ci-jointe[6]).

Napoléon.

---

[1]) Kopie. Unterschrift fehlt.
[2]) Die Beilage fehlt. Vgl. C o r r e s p. XVII. 14.294.
[3]) Kopie.
[4]) Die Einladungen nach Erfurt. Vgl. S c h l o ß b e r g e r, Korrespondenz
Friedrichs I., S. 107.
[5]) Dänischer Gesandter in Paris.
[6]) Die Beilage in C o r r e s p. XVII. 14.382.

32.

Saint-Cloud, le 24 octobre 1808[1]).

M. de Champagny, écrivez au Sr Hédouville[2]) de se rendre sans délai à Bayonne et de faire en sorte d'y être le 5 novembre.

Napoléon.

33.

Burgos, le 17 novembre 1808[1]).

M. de Champagny, j'approuve les croix que le Roi de Saxe veut donner au général Suchet et au Sr de Montesquiou.

Napoléon.

34.

Burgos, le 19 novembre 1808[1]).

M. de Champagny, écrivez à mes consuls à Naples et à Trieste pour savoir si ce qu'on m'assure est vrai que le Roi de Naples a permis le commerce dans ses états avec les Anglais, de manière que les lois du blocus ne sont plus observées, et que les denrées coloniales sont reçues dans ses ports. — Donnez des ordres à mon ambassadeur pour que tous les biens appartenant aux Espagnols dans le Royaume de Naples soient confisqués. La moitié de ce Royaume appartient aux grands d'Espagne. Ces biens me sont nécessaires pour indemniser les Français qui ont été pillés en Espagne. Il faut que les revenus soient versés dans une caisse particulière à Naples. Préscrivez la même chose pour le Royaume d'Italie, et parlez-en à Marescalchi.

Napoléon.

35.

Burgos, le 20 novembre 1808[1]).

M. de Champagny, je vous ai envoyé hier ma réponse à la note anglaise et une lettre pour M. de Romanzow[3]). Je suppose que vous avez envoyé un courrier au général Caulaincourt pour lui faire connaître les événemens d'Espagne, afin qu'il les communique à l'Empereur, et pour lui porter les derniers „Moniteurs". Vous avez vu, par le dernier bulletin, notre entrée à S. Ander et notre marche sur Madrid.

Napoléon.

36.

Aranda de Duero, le 28 novembre 1808[1]).

M. de Champagny, mettez la lettre ci-jointe dans vos premiers paquets pour S. Pétersbourg. Les différens bulletins vous auront fait voir que les choses vont ici au mieux. Il ne peut y avoir que du bien que, de Flessingue à Calais, on donne des „Moniteurs", où il y a des bulletins, aux pêcheurs, pour qu'ils les portent aux Anglais.

Napoléon.

---

[1]) Kopie.
[2]) Vertreter Frankreichs bei König Joseph (Vgl. Corresp. XVII. 14.099).
[3]) S. Corresp. XVIII. 14.488 und 14.491.

37.

Aranda, le 29 novembre 1808[1]).

M. de Champagny, je reçois votre lettre du 20. Je crois vous avoir mandé d'expédier sous les huit ou dix jours un courrier à S. Pétersbourg, surtout lorsqu'il y a des bulletins marquants.

Napoléon.

38.

Madrid, le 12 décembre 1808[1]).

M. de Champagny, j'ai reçu votre lettre du 1er relative aux affaires de Bade. Je suppose que, conformément aux ordres que j'ai donnés, vous avez fait arrêter les individus impliqués dans cette intrigue. Mon intention est qu'ils soyent traduits devant une commission du Conseil d'Etat. — Faites faire les démarches convenables pour que les Français ne soyent pas chicanés pour les prises. Je ne puis pas prescrire les mesures de détail, je vous en charge.

P. S. Remettez la lettre ci-jointe à M. de Romanzoff.

Napoléon.

39.

Madrid, le 22 décembre 1808[1]).

M. de Champagny, l'estaffette partie de Paris le 12 a été prise. Heureusement ce n'est pas celle qui portait la réponse de l'Angleterre et le courrier de Russie. Vous sentez l'importance de mettre en chiffre les choses qui en valent la peine, en vous servant du chiffre du Sr Laforêt, en attendant que vous m'en ayez envoyé un, quoique cependant de nouvelles précautions ont été prises pour la sûreté des estaffettes.

Napoléon.

----

3. Stadion an Metternich.

Hollitsch, le 27 décembre 1805[2]).

Une des suites de la malheureuse bataille d'Austerlitz a été la dispersion des personnes que S. M. consulte et employe dans ses affaires. Les routes très gâtées, et les communications interrompues par les troupes françaises, n'ont pas permis de remédier dans les premiers moments à cet inconvénient. Mr le Cte de Cobenzl n'a pu arriver ici que le 13 avec quelques personnes de la chancellerie d'état. D'autres ne sont venues nous joindre qu'il y a deux jours. Les embarras multipliés qui ont résulté du déplacement continuel des bureaux, les affaires pressantes qui se succédoient

----

[1]) Kopie.
[2]) W. St. A. Weisungen nach Berlin. „Par le valet de chambre Beck“. Die „Au Comte de Metternich“ in Berlin adressierte Depesche ist Kopie und nicht unterzeichnet. B e e r, Zehn Jahre, S. 205, zitiert eine Stelle daraus, ohne den Schreiber anzudeuten. Es konnte wohl nur Stadion sein, der damals den Gesandten Weisungen erteilte. Am 24. Dezember hatte Cobenzl die erbetene Entlassung erhalten und Erzherzog Karl an den Herzog Albert v. Sachsen geschrieben: „Stadion ersetzt den Cobenzl“. W e r t h e i m e r I. 369.

et devoient être espédiées au moment même, enfin l'incertitude que la versatilité du gouvernement français a mise dans la négociation de la paix, qui s'est traitée d'abord à Vienne, puis à Brünn et enfin à Presbourg, voilà les raisons qui ont occasionné le retard des informations que vous deviez recevoir. Entretemps sont arrivés les rapports que vous avez adressés le 7, 11, 13 et 16 décembre à Mr le Cte de Cobenzl. Leur contenu ne peut que donner de nouveaux regrets à l'Empereur, notre Maître, de l'étendue des malheurs de la guerre qui ont encore rendu inutiles les ressources que ces démonstrations de bonne volonté de la cour de Berlin nous auraient offertes, si la bataille du 2 et l'armistice qui l'a suivie ne nous avoit mis dans une position à laquelle les secours étrangers ne peuvent plus porter de remèdes.

Mr le général de Stutterheim vous a appris, Mr le Comte, les détails de tout ce qui a rapport à cette journée du 2. L'armistice qui a été conclu vous est également connu et vous pouvez donc juger, vous même, de l'état pénible dans lequel nous nous trouvons. L'ennemi est dans la possession des provinces italiennes et de la très grande partie des pays allemands de S. M. J., il occupe la ligne de Trieste jusqu'à la frontière de la Silésie. Depuis la signature de l'armistice il écrase les sujets de notre maître de requisitions, de contributions, d'impôts de guerre de tout genre qu'il met au taux le plus exorbitant. Il n'y a point de vexations qu'il ne se permette pour obtenir ce qu'il demande du paysan, du bourgeois et de toutes les classes des habitans; il tâche en même temps d'opérer par tous les moyens de séduction sur leur esprit, et si l'attachement inviolable qu'ils témoignent à leur auguste souverain a empêché jusqu'ici l'effet qu'il s'en promettoit, ces pauvres habitans sont les victimes et se voient traités avec d'autant plus de haine et d'acharnement par une armée qui paroît être constituée sur un système de spoliation et de rapine; enfin on ne voit que trop clairement que Napoléon a l'intention très préméditée d'épuiser les provinces qu'il rendra par la paix, et de ne les remettre à S. M. que dans le dernier état d'épuisement et de foiblesse.

Pour nous opposer à l'arrogance de cet ennemi victorieux, il ne nous reste que des moyens bien incomplets et qu'il seroit très hazardeux de mettre en activité, puisqu'elles composent pour le moment les dernières ressources de la Monarchie. La retraite entière des Russes, qui a été, sinon demandée, du moins provoquée avec sollicitude par l'Empereur Alexandre après la bataille, nous a privés d'un secours bien nécessaire dans le moment où nous devions traiter de la paix. S. M. l'Empereur François a fait faire un essai auprès du général Kutusoff pour l'engager à ralentir du moins sa marche, à ne pas presser la sortie des Russes des frontières de l'Hongrie et à laisser de cette façon du moins un simulacre de secours que nous aurions pu faire valoir vis-à-vis des Français. Mais, malgré sa profession de bonne volonté, il a dû se refuser à cette demande d'après les ordres qu'il avoit reçus de son souverain. Il n'y a donc que l'armée de Mgr l'Archiduc-Charles, belle et bien conservée à la vérité, mais ne passant guère les 60.000 hommes, le corps sous les ordres de Mgr l'Archiduc Ferdinand et les débris de celui qui a assisté à la journée du 2, que nous pourrions présenter au combat. Si nous dussions encore succomber, il n'y auroit plus aucun moyen de défense, et la dissolution totale de la Monarchie en seroit la suite la plus vraisemblable.

Sans doute, si le débarquement des troupes angloises et russes à
Naples s'étoit effectué plutôt, ou d'une manière plus utile aux opérations
communes, si les secours de la Prusse avoient pu se porter en avant au
moment où nos troupes et les armées russes se réunissoient en Moravie
enfin, si la bataille d'Austerlitz n'avoit pas été donnée, notre position, malgré
nos premiers malheurs, auroit encore eu de puissans remèdes. Mais telle
que nous voyons la situation des affaires, il n'y en a aucun, et la paix est
devenue si nécessaire pour le bonheur, et je dirai même pour l'existence
des peuples soumis à S. M. J., qu'Elle a cru devoir se résoudre aux plus grands
sacrifices pour y parvenir.

Il seroit impossible de vous donner une idée, Mr le Comte, de la conduite que la France tient dans une négociation qu'on devroit plutôt nommer
une capitulation dont les conditions seroient dictées par l'ennemi le plus
acharné à la ruine de son antagoniste. Je vous confie les principaux points
qui ont déjà été accordés, et qui cependant n'ont pas pu mener encore
à une signature, qui est demandée à genoux à notre Maître par des millions
de sujets que chaque jour de retard rend plus malheureux; et je vous fais
passer dans l'annexe un court résumé de ce qui forme jusqu' à présent les
demandes du cabinet françois et les concessions de notre Souverain. Vous
voudrez bien n'en faire d'autre usage que de préparer le ministère, auprès
duquel vous résidez, sur les objets qui pourroient le plus exciter son ressen-
timent ou sa critique, et pour réfuter, si l'occasion se présente, les différents
faux bruits que nos ennemis s'empresseront peut-être de faire courir à ce
sujet. Vous pouvez être assuré, Mr le Comte, que S. M. J. n'a rien négligé
pour obtenir de meilleures conditions, mais l'Empereur des Francais, par
une habitude contraire à celle observée dans les négociations ordinaires,
au lieu d'en diminuer la dureté, les a augmentées à chaque conférence de
Mr Talleyrand avec nos plénipotentiaires. Pour essayer enfin tous les moyens
de conciliation qui peuvent promettre une issue plus supportable, S. A. R.
Mgr l'Archiduc Charles a pris la généreuse résolution de demander une entrevue avec l'Empereur des Français, pour laquelle elle est partie hier, et qui
doit avoir lieu aujourd'hui dans la journée près de Stammersdorff[1]).

J'ai cru, Mr le Comte, ne pouvoir mieux vous indiquer les principes
de la conduite que vous aurez à tenir dans la position embarrassante dans
laquelle, sans doute, vous vous trouverez à la suite des derniers événemens,
qu'en vous mettant d'abord au fait de tout le détail de notre situation, ainsi
que de ce qui s'est passé en dernier lieu entre nous et la France.

Sans doute la cour de Berlin trouvera des raisons de se plaindre amère-
ment et de nous accuser de l'avoir abandonnée et fortement compromise
vis-à-vis de Napoléon. Malheureusement vous ne pourrez citer pour notre
justification que la nécessité urgente, le dénuement de moyens de résistance
dans lequel nous nous trouvons, et la bonne volonté que nous avons té-
moignée à soutenir la cause de nos alliés jusqu' à l'instant où les derniers
revers et le départ des troupes russes nous ont privés de la faculté physique
de nous y sacrifier plus longtemps. Au reste, je dois avoir l'honneur de vous
prévenir que, dans la négociation qui a eue lieu à Vienne, les conditions

---

[1]) Die Zusammenkunft fand in der Tat am 27. statt. Den Tag hatte
Napoleon selbst bestimmt, vielleicht nur, um den in der Nacht vorher in Preßburg abgeschlossenen Frieden als fait accompli geltend machen zu können.

déjà fixées avec M̂ de Talleyrand étoient fort différentes, et surtout celles
concernant les alliés tout à leur avantage, mais que la journée du 2 et ses
suites y ont causé le changement le plus funeste.

En examinant la conduite de la Prusse depuis la signature des décla-
rations du 3 novembre, il y auroit certainement bien des reproches fondés
à lui faire sur la lenteur qu'elle a mise à ses mouvemens, sur le peu de zèle
qu'elle a témoigné à presser ses secours, sur l'état d'incertitude où elle nous
a laissé à ce sujet et enfin sur le choix du ministre qu'elle a député vers
l'Empereur Napoléon et qui seul suffisoit pour faire naître des doutes sur
la sincérité de ses intentions. Je dois à cet égard vous assurer, M̂ le Comte,
que M̂ de Haugwitz, pendant son séjour à Vienne, a tout fait pour persuader
le public, ainsi que moi, et je suppose de même le gouvernement français,
que sa cour étoit et resteroit amie de la France quand même elle se refuseroit
à toutes les conditions de paix qu'il avoit à lui proposer, et lesquelles, ce que
je vous prie de remarquer, il n'a jamais articulées pendant tout le tems
que je me trouvois avec lui à notre capitale, quoique je l'en eusse sommé
à plusieurs reprises. Je vous joins ici, pour vous mettre dans le cas d'ap-
précier au juste sa conduite, le dernier rapport que j'ai expédié à son sujet
à M̂ le Cᵗ de Cobenzl, au moment où je quittois Vienne[1]).

Si je parle des griefs que nous pourrions reprocher au cabinet de Berlin,
je crois nécessaire d'ajouter que l'intention de S. M. notre Maître n'est point
du tout que vous en fassiez usage pour récriminer dans le cas qu'on se plaigne
de nous. Dans la position, où nous allons nous trouver, l'amitié et la bonne
volonté des principales puissances de l'Europe aura trop de valeur pour
nous, pour que je ne doive pas vous engager à conserver de toute manière
celle de la cour où vous résidez. C'est à ce but que vous voudrez bien employer tous vos soins, en y mettant ce zèle eclairé par lequel vous avez
déjà rendu tant de services importans à notre auguste Souverain. Vous
saurez au reste, sans que ce soit à moi de vous l'indiquer, tirer de ce que
j'ai eu l'honneur de vous marquer des résultats lesquels, s'ils ne sont pas
suffisans pour écarter toutes les plaintes, justifieront du moins notre sincérité et notre loyauté envers nos alliés. Je vous prie, à cette occasion,
d'observer que c'est dans le moment présent qu'il est du plus grand intérêt
de nous tenir vis-à-vis de la Prusse dans les meilleures relations que les
circonstances peuvent permettre, puisque la paix n'est pas signée encore,
qu'il n'est pas impossible que Napoléon exige outre ce qu'il a déjà demandé
des sacrifices ultérieurs que notre auguste Maître ne pourroit point accorder,
et qu'alors les secours de la cour de Berlin, ou du moins ses démonstrations,
nous deviendroient absolument nécessaires pour soutenir les nouveaux et
derniers efforts qu'alors nous serions dans le cas de faire[2]).

Il deviendroit, sans doute, après ce qui s'est passé en dernier lieu,
fort difficile d'obtenir dans un tel cas extrême la promesse d'une coopération
quelconque d'un cabinet timide, qui déjà ne s'est laissé engager qu'avec
peine aux stipulations que vous lui avez arrachées lors du séjour de l'Em-

---

[1]) Abgedruckt bei K i e s e r i t z k y, Die Sendung von Haugwitz nach
Wien, 1805, S. 50 ff.
[2]) In Holitsch erhielt man erst im Laufe des Tages die Nachricht vom abgeschlossenen Frieden.

pereur Alexandre à Potsdam[1]), et qui très vraisemblablement s'en est fortement repenti depuis qu'il connaît toute l'étendue de nos malheurs. Cependant,
le danger imminent qui résulteroit pour la Prusse elle-même de la destruction totale de la Monarchie Autrichienne, la probabilité, si non la certitude, que Napoléon tourneroit alors ses vues ambitieuses de son côté,
les notions enfin qui doivent être parvenues à Berlin des moyens que la France
a déjà rassemblés et en quelque façon organisés pour rétablir, dans le cas
de la continuation de la guerre, l'ancien royaume de la Pologne, vous pourroient fournir, M[r] le Comte, des argumens assez décisifs pour démontrer
le grand intérêt qu'auroit le roi alors de se joindre à nous et de nous porter
de puissans secours, pour prévenir notre ruine totale, laquelle en peu de
tems entraineroit la sienne.

La situation de nos affaires ne me permet, M[r] le Comte, que de vous
transmettre des indications générales, dont vous voudrez faire l'usage
qu'exigeront les circonstances. Dès que je pourrai vous faire parvenir des
notions plus positives, je m'empresserai de vous les communiquer et de
vous faire savoir les ordres ultérieurs de S. M.

Annexe[2]).

Les principaux points de la négociation se réduisent:

1°, aux cessions.

S. M. a consenti à céder tout le pays vénitien avec l'Istrie et la
Dalmatie au royaume d'Italie, le Tirol à l'Electeur de Bavière, le Vorarlberg
avec toutes les possessions de la maison d'Autriche en Souabe aux trois
Electeurs. Par contre elle obtiendrait pour elle le pays de Salzbourg et de
Berchtoldsgaden et pour Mgr. l'Electeur de Salzbourg le pays de Wirzbourg; en outre on promet pour Mgr. l'archiduc Antoine un établissement
quelconque pris de l'ordre teutonique et de Malte. S. M. met cependant
toujours un grand intérêt 1° à garder l'Istrie vénitienne, 2do à conserver
le Tirol à sa maison tel que ç'avait été proposé et convenu à Brünn, 3° dans
le cas que cela ne pût avoir lieu, de réunir pour son auguste frère le pays
de Bamberg à celui de Wirzbourg. Il est essentiel que le droit de reversion
soit assuré à la Maison pour tout établissement que S. A. Electorale de
Salzbourg obtiendra pour le pays de Salzbourg. Il est convenu que les
dettes passeront avec les pays cédés.

2°, aux concessiones et engagemens réciproques.

a) Napoléon ne veut renoncer à la couronne d'Italie qu'à la paix
générale sous la condition que l'Isle de Corfou et celle de Malte fussent
évacuées par les troupes étrangères, et S. M. notre Maître in casu pessimo
y consent.

b) Napoléon promet et garantit l'indépendance de la Suisse et de
la Hollande.

---

[1]) S. Metternichs Nachgelassene Papiere, II. n. 76 ff. über den Abschluß des Potsdamer Vertrages.

[2]) Eigenhändige Niederschrift Stadions. Amtlicher Vermerk am Rande:
„Remis par S. Exc. à Son Altesse Royale Monseigneur l'Archiduc Charles,
le 26. Décembre 1805." Es handelt sich um eine Unterweisung des Erzherzogs
für die Unterredung mit Napoleon, die am nächsten Tage stattfinden sollte,
über den augenblicklichen Stand des Friedensgeschäftes. In tergo findet sich
der Vermerk: „Annexe à l'expédition au Comte Metternich de Hollitsch, le
27. Décembre 1805."

c) Notre Souverain donne son aveu à ce que les Electeurs de Bavière et de Wirttemberg prennent le titre de roi, et ait (!) les mêmes privilèges en Allemagne que la Prusse.

d) Il insiste à ce que, à la suite des cessions et concessions susdites, ils renoncent à toute prétention contre la Cour de Vienne, ce qui fait un article d'engagement réciproque.

3°, aux prestations en argent.

Napoléon demande 50 millions de francs en numéraire. On met de la part de S. M. l'Empereur François la plus grande fermeté à les refuser, mais, cependant, est résolu de céder à la dernière extrémité avec des tempéramens qui allégeroient du moins le mode de payement. S. M. met le plus grand intérêt à diminuer, autant que possible, le fardeau qui de cet article résulterait pour ses sujets.

4°, aux exigences françaises:

1°, d'abandonner, au moins tacitement, le royaume des deux Siciles à la vengeance française. — L'honneur de S. M. notre Maître gagnerait infiniment si on pouvait obtenir quelqu'article en faveur de LL. MM. Siciliennes.

2°, d'abandonner l'Allemagne à la rapacité des Electeurs, ses alliés. — Jusqu'ici on ne sait pas qu'il y ait un article proposé à cet effet. Mais il serait bien à désirer qu'on pût mettre des bornes à ce système de spoliation en faveur de l'ordre teutonique de Malte et de l'ordre équestre de l'Empire.

5°, au terme de l'évacuation des Etats héréditaires par les troupes françaises, qui ne pourra pas être trop court d'après ce qui sera possible de statuer à ce sujet.

———

4. Friedrich Wilhelm III. an Lucchesini[1]).

Berlin, 19. Mai 1806.

(Chiffriert.) La dernière poste m'a apporté votre dépêche du 9. Il importe que vous soyez au fait de ma manière d'envisager l'affaire de la clôture des ports au commerce anglais, et je crois devoir tarder d'autant moins de vous en instruire que vous aurez à vous diriger, en conséquence, dans vos entretiens avec le ministre Talleyrand. On a mis, dans mes Etats, plus d'empressement qu'il n'eut été à désirer dans les mesures relatives à cette clôture, et surtout dans la proclamation publiée à ce sujet. Il en est résulté un très grand mal par l'embargo ordonné dans les ports anglais contre mes vaisseaux, qui a mis entre les mains et à la merci de l'Angleterre une partie très considérable des fortunes des sujets prussiens. Certainement, la France n'a pas d'intérêt à leur ruine, et, certainement aussi, l'intention de l'Empereur n'a jamais été d'y donner lieu. Vous aurez vu d'ailleurs que, suivant le traité de Paris, la clôture des ports n'est stipulée

———

[1]) W. St. A. Kopie aus der Sammlung der von Napoleon an Talleyrand gerichteten Briefe. Das Stück war offenbar durch das „Schwarze Kabinett" gegangen, wo man es, bis auf einzelne Wörter, entziffert hat. Es trägt den Vermerk: „Le Roi de Prusse à Lucchesine Nr. 1. Chiffre". Vgl. Haugwitz' Denkschrift vom 19. Mai (bei R a n k e, Denkwürdigkeiten Hardenbergs, V. 347 f.) und dessen Schreiben an Lucchesini vom 26. Mai 1806 (bei B a i l l e u, Preußen und Frankreich, II. 464), über die hier berührten Fragen. S. oben S. 138 Anm.

que de la même manière qu'elle avait lieu du temps de l'occupation française. Elle existait pour les principales rivières qui se jettent dans la mer du Nord, et 3532 399ation de cette mesure exposera dans tous les cas le commerce prussien à des pertes très considérables, mais le port de Lubeck n'a jamais été fermé, et je n'ai pas la moindre obligation d'aller plus loin que les Français à cet égard. La clôture de ce port attirerait immanquablement une escadre anglaise dans la Baltique pour bloquer 3107. Dès lors c'en sera fait du commerce de mes sujets dans cette mer, qui est pour eux du premier intérêt; c'en sera fait aussi de celui qu'ils font avec la France et qui dépend tout entier de la libre navigation de la Baltique. La Russie, le Danemarc même, qui ne peuvent souffrir qu'elle soit troublée, seront entraînés dès lors à faire cause commune avec l'Angleterre contre moi.

Je dois, à tout prix, éviter un tel état des choses, en m'abstenant de la fermeture du port de Lubeck, et je suis bien assuré aussi que l'Empereur est loin de prétendre donner à mes engagemens envers lui une extension si contraire même à la lettre du traité, et qui anéantirait gratuitement le commerce prussien et, par contrecoup, une grande partie de celui de la France. Donnez, en toute occasion, l'assurance la plus forte et la plus solennelle que, pour toutes les stipulations qui intéressent véritablement cette puissance, elle trouvera toujours en moi l'ami le plus fidèle, l'observateur le plus religieux de mes engagemens; mais, si le cas l'exige, exprimez aussi ma conviction intime qu'elle ne peut vouloir y attacher, sur des objets simplement accessoires, un sens qui évidemment tournerait en dernier ressort à notre préjudice commun. Je fais mention ci-dessus en clair de la note du Sr Laforêt et de ma réponse sur l'avènement du Roi de Naples. C'est à dessin qu'on a mis quelque délai à cette réponse, en faisant entendre au ministre de France que j'avais eu d'abord quelques peines à témoigner, par un nouvel acte, combien je prens part à l'agrandissement des personnes de la famille impériale, au moment même où un Prince de cette maison[1] cherche à s'attribuer des territoires incontestablement non compris dans la cession que je lui ai faite 1995 toute fois, dont je m'étais désisté dans la conviction que ce différend était, ou allait être, incessamment applani. Je m'en remets à vous de 4819 un mot d'observation pareille au Ministre Talleyrand.

L'évacuation de Cattaro par les Russes se confirme de plus en plus. Suivant mes lettres de Vienne du dix le Comte Razoumowsky l'avait annoncée par une note officielle. L'ambassadeur de France, très satisfait de ce résultat, venait de reexpédier un général français, arrivé peu avant, afin de prévenir l'exécution de quelques mesures hostiles contre l'Autriche. Cependant, rien n'annonce la moindre disposition de la grande armée française à quitter l'Allemagne. On me mande de Munich, en date du huit, que le gén. Léopold Berthier venait d'arriver de Paris avec des dépêches que le ministre de la guerre a sur-le-champ expédiées à Vienne par un de ses aides de camp. Les suppositions inserées dans ma précédente deviennent donc toujours plus vraisemblables. Cependant, le Sr de la Rochefoucauld doit avoir dit que, d'après la facilité et la bonne grâce que la cour de Russie avait mis au redressement des derniers griefs, il fallait croire qu'elle désirerait

---

[1] Murat.

un rapprochement avec la France et la paix générale. Il ne reste qu'à désirer que l'Empereur Napoléon envisage la chose de même. Il paraît par mes lettres directes que l'Empereur de Russie conserve en effet les dispositions les plus modérées[1]).

Le Sr de Malsbourg[2]) va recevoir l'ordre de déclarer au ministre Talleyrand que l'Electeur, son maître, était prêt à entrer dans la proposition d'une alliance avec l'Empire français, de manière, cependant, qu'il n'eût besoin que d'accéder au traité qui subsiste déjà entre cet Empire et la Prusse[3]). L'Electeur désire en conséquence, et c'est mon intention expresse, que vous appuyiez de vos bons offices la négociation que le Sr de Malsbourg va entamer dans ce sens et dont le succès ne peut que me faire grand plaisir par l'accession d'un Prince, avec lequel je me trouve déjà dans des relations si étroites, au système d'union avec la France que j'ai embrassé.

Il me reste à vous faire part en peu de mots, simplement pour votre instruction particulière, de la position incertaine où je me trouve vis-à-vis du Roi de Suède. J'ai épuisé la modération envers lui, (lui) écrivant par un de mes officiers pour l'inviter à retirer les mesures hostiles que, sans aucun sujet, il avait adopté contre le commerce de mes sujets. Sa réponse n'étant rien moins que satisfaisante, j'allais poursuivre les mesures sérieuses auxquelles il paraissait vouloir m'obliger en retour, lorsque la mission russe à Berlin, connaissant à cet égard les intentions de l'Empereur de Russie, me pria de vouloir les suspendre encore, 3366 à se réunir au ministre de Russie à Stralsund pour amener le Roi de Suède à d'autres principes, ce que j'acceptai sous condition que l'embargo contre les sujets prussiens serait levé 4993, moyennant quoi je ferais de même de celui qu'on a ordonné par respective dans plusieurs de mes ports. J'attends le résultat de cette intervention. Dans l'interval le roi m'a écrit une nouvelle lettre qui toutefois ne répond pas encore entièrement à mon attente, puisqu'il paraît vouloir s'immiscer dans mes discussions avec l'Angleterre et que je ne veux pas entrer avec lui en explication sur d'autres objets que ceux qui touchent directement ses intérêts. Je lui ai répondu, en conséquence, en écartant toutefois sa proposition d'explication sur des objets qui ne le regardent pas, et lui ai fourni, du reste, les renseignemens qu'il pourrait désirer relativement à 2983 du commerce de la Baltique. Il s'agira donc de voir encore comment l'affaire se développera.

(Nicht chiffriert.) Vous trouverez à la suite de celle-ci, pour votre information, copie de la note que le ministre de France a remise, et de la réponse que je me suis plu à lui faire relativement à l'avènement du Prince Joseph au trône de Naples.

---

[1]) Vgl. den Brief Alexanders an Friedrich Wilhelm vom 12. Mai bei B a i l l e u, II. 103, worin der Zar seine Absicht zum Ausdruck bringt, alles zu vermeiden, was die Ruhe Europas stören könnte.

[2]) Kurhessischer Gesandter in Paris.

[3]) Die Instruktion für Malsburg am 16. Mai, auf der Basis des preußisch-französischen Vertrages zu verhandeln, bei S t r i p p e l m a n n, Beiträge zur Geschichte Hessen-Kassels. II. 65.

5. Aus Florets Journal, 1806[1]).

Le 30 a v r i l. Gravenreuth[2]) ne veut plus retourner à Vienne; il est venu proposer à Cetto[3]) un échange, mais sa proposition n'a pas été acceptée. C'est à présent le Chev. de Bray, ministre à Berlin, que Gravenreuth nous destine pour son successeur. Comme M. de Bray est absolument de la même trempe que les deux autres, il est à espérer que notre cour pourra à temps faire des démarches contre ce choix. Des personnes, qui ont tant contribué à nos malheurs, ne sont pas faites pour rétablir les liens d'amitié et les rapports de bon voisinage entre nous et la Bavière.

La députation hollandaise, qui est depuis cinq jours ici, n'a pas encore été admise à l'audience de l'Empereur. Le message dont elle est chargée ne répond pas à l'attente de Napoléon. Les Bataves veulent parler de conditions, ils osent exprimer le désir qu'on les laisse maîtres de se choisir eux-mêmes une constitution. Avec de pareilles propositions ils ne pouvaient pas être bien venus là, où on s'attendait à une soumission entière. Ils ont expédié bien vite un courrier à La Haye pour demander de nouvelles instructions, et on ne doute pas qu'il ne revienne porteur du vœu soi-disant spontané qu'on désire. Avant le retour de ce courrier les pauvres députés ne verront pas l'Empereur.

Le 6 m a i. Il est toujours question d'un voyage de l'Empereur, et on croit que ce sera en Dalmatie qu'il ira. La difficulté de trouver dans le commerce des effets sur Constantinople porte à croire que des remises très considérables ont été faites sur cette place, d'où on conclut que le gouvernement a des vues sérieuses sur ce pays.

Le 7 m a i. Le courrier envoyé en Hollande par les députés de ce pays est de retour; il porte, dit-on, soumission entière aux volontés de 'Empereur. Les députés se flattent d'être admis dimanche prochain à l'audience. On dit que le Prince Louis, et plus encore la Princesse, ont toujours de la répugnance d'accepter cet établissement. On ajoute que le Prince Murat pourrait bien être substitué, et que les duchés de Clève et de Berg, qu'il serait obligé de rendre, seraient donnés en dot à Melle Tascher, autre parente de l'Impératrice, qu'on destinerait à un Prince d'Allemagne, dont on ne m'a pas encore pu dire le nom[4]). Nous verrons sous peu ce qu'il en est de cet „on dit".

Je sais qu'on a agité plus d'une fois la question: si on pouvait se dispenser de demander l'assentiment de notre cour à une chose qui va peut-être sous peu lui être proposée. L'opinion paraît à la vérité être pour la nécessité de cette démarche, mais une personne employée dans les affaires

---

[1]) W. St. A. Frankreich. Varia. Der österreichische Legationsrat Floret in Paris führte ein Tagebuch, das dazu bestimmt war, dem später dort eintreffenden ordentlichen Gesandten, Grafen Metternich, vorgelegt zu werden. Es beginnt Ende April 1806. Im Druck ist Unwesentliches weggelassen.

[2]) Baron Gravenreuth war Gesandter in Wien gewesen und bei Beginn des Krieges von 1805 an die Spitze der Zivilverwaltung des bayrischen Staates gestellt worden.

[3]) Bayrischer Gesandter in Paris.

[4]) Ein Gedanke, der schon im Vorjahr aufgetaucht war. S. Napoleon an Talleyrand, 24. August 1805, in „Zur Textkritik der Korrespondenz Napoleons I.", S. 93 und oben S. 87.

a dit: „Si la cour de Vienne fait des difficultés, on n'a pas besoin d'elle, puisque par le traité de Presbourg elle a déjà consenti à tous les changements qui doivent être faits en Allemagne." La demande que je ne fais qu'indiquer ici, parcequ'elle est connue[1]), pourrait bien tôt ou tard être suivie d'une autre plus importante: la couronne impériale d'Allemagne, quoiqu'entourée de tant d'épines, ne laisse que de faire un objet des vœux secrets de Napoléon. Quelqu'un de très initié dans le secret du cabinet a dit: „Si l'Autriche voulait céder la couronne impériale d'Allemagne, elle pourrait avoir beaucoup de nous, on pourrait même lui rendre le Tirol." Cette anecdote m'a été recontée par deux personnes parfaitement instruites et dignes de foi...

La nouvelle de l'occupation de Basle par les Français, répandue par quelques maisons de commerce d'ici, a été prématurée. Mais celle des arrestations s'est pleinement confirmée. Les craintes de voir quelques parties de la Suisse détachée, pour être ajoutée à la dot de la Pᶜᵉᵉˢˢᵉ de Bade, ne sont pas encore entièrement dissipées[2]).

Le 12 mai. L'audience diplomatique, qu'a eu lieu hier, n'a offert aucunes de ces scènes qu'on n'est que trop habitué de voir à ces réunions. La seule chose qui mérite d'être rapportée est la demande de l'Empereur à Lucchesini, si le Roi de Prusse avait déclaré la guerre à l'Angleterre. Cette demande fut accompagnée d'un certain sourire...

Les députés de la Hollande se flattaient d'avoir ce jour-là leur audience de l'Empereur. Mais jusqu'ici ils n'ont pas encore été reçus, et dans ce moment le sort de leur pays n'est pas encore décidé. On m'assure que le Prince Louis, malgré ses infirmités, sera obligé à se soumettre aux volontés de son frère, quoique l'ambitieuse sœur Caroline n'ait pas encore abandonné tout espoir sur ce trône. Les députés Verhuel et Six[3]) ont souvent des conférences avec M. de Talleyrand, et on croit que c'est d'un projet d'organisation qu'ils s'occupent...[4])

Le 11 juin. L'affaire de la Hollande étant terminée, il paraît que l'Allemagne est à l'ordre du jour et que dans dix jours il paraîtra une décision définitive sur le dernier plan proposé par les ministres de Bade, Bavière et Wurtemberg, et qui d'abord avait été ajourné à un temps indéterminé. On prétend qu'on ne laissera intact que les cercles de la haute et basse Saxe; tout le reste obtiendra une organisation nouvelle, conforme à l'esprit et aux intérêts de ce gouvernement-ci. On laissera aux petits états quelqu'ombre de souveraineté, mais on les dépouillera de leurs prérogatives les plus essentielles. C'est surtout pour la conscription militaire qu'on veut les rendre

---

[1]) Niederlegung der römischen Kaiserkrone.

[2]) Der badische Abgesandte Reitzenstein hatte u. a. auf die rechtsrheinische Schweiz als wünschenswertes Objekt zur Vergrößerung Badens hingewiesen (O b s e r, Karl Friedrich, V. 585), später das ganze Land verlangt (ebenda S. 602). In den ersten Maitagen hatte Reitzenstein das Anliegen bei Napoleon vorgebracht, der sich ausweichend darüber äußerte, während Talleyrand es — allerdings ganz unverbindlich — als ausführbar bezeichnete, was Reitzenstein zufriedenstellte (ebenda, S. 631). Natürlich wurde nichts daraus. Siehe oben S. 132.

[3]) W. Six war einer der fünf Abgesandten, die den Vertrag mit Frankreich verhandelten und unterzeichneten.

[4]) Lücke im Manuskript, 4 Bogen fehlen.

dépendants de leurs voisins plus grands. L'Empereur veut de grandes
masses, dans lesquelles les petits contingents soient fondus, afin d'avoir
par le moyen des puissances nouvelles qu'il a créées, et qui sont dans la
dépendance la plus entière, les forces de la majeure partie d'Allemagne à
sa disposition.

Les princes allemands, qui se trouvent ici, surtout ceux de la Souabe,
flottent entre la crainte et l'espérance, tiennent depuis plusieurs jours des
conférences chez le ministre des Villes Anséatiques Abel, où ils délibèrent
sur leurs intérêts. Le résultat de ces conférences est un mémoire raisonné
à l'Empereur qu'ils veulent présenter aujourd'hui à Talleyrand. Dans ce
mémoire ils proposent, comme un moyen compatible avec les vues de l'Empereur, d'être maintenus en masse, savoir comme une association fédéra-
tive ayant pour chef l'Electeur Archichancelier; elle aurait une organisation
commune, une force militaire stable, des ministres aux cours étrangères,
enfin tous les caractères d'un petit état fédératif en Allemagne, sans cesser
d'être membres du grand corps politique de l'Empire[1]). Le Prince Schwarzenberg et la Princesse de Hohenzollern-Siegmaringen ont refusé de signer
ce mémoire. Cette dernière, amie de jeunesse de l'Impératrice et bien en
cour chez Talleyrand, croit plus convenable de séparer sa cause de celle de
ses cointeressés.

L e 1 2 j u i n. Le Roi et la Reine d'Hollande, qui doivent partir
aujourd'hui pour prendre possession de leur pays et revenir en six semaines
à Paris, ne montrent pas une grande joie de leur élévation. Le P[ce] Louis
a fait à son frère les instances les plus vives pour qu'il le dispense du fardeau
de cette couronne, que le climat d'Hollande était contraire à sa santé et ne
pouvait qu'avancer son trépas. On prétend que l'Empereur a répondu:
„Vous mourrez glorieusement." On dit que ce prince se trouve effectivement
dans le plus triste état; ses deux mains sont tellement desséchées qu'il n'en
peut faire aucun usage; le mal fait des progrès aux pieds et commence même
à se manifester à l'épine du dos.

Les députés bataves se vantent d'avoir fait une excellente affaire
pour leur pays; ils prétendent avoir stipulé: 1. que le nombre de troupes
françaises qui pèsent depuis si longtemps sur la pauvre Hollande sera di-
minué; 2. la langue du pays conservée dans les affaires; 3. la religion do-
minante maintenue; 4. les places dans l'administration, et même dans le
conseil de la régence après la mort du roi, ne seraient occupées que par
des nationaux; 5. que la liste civile serait de 8 millions de florins, dont
200.000 seraient assignés à la reine-régente après la mort du roi[2]). Il y
a malheureusement un revers de la médaille dont ces messieurs ne se vantent
pas. On prétend que ce pauvre pays, qui est sucé jusqu'à la moëlle des os,
sera obligé de donner 16 millions de livres pour former l'établissement de
la nouvelle cour, et que les places auprès de la personne du roi et de la reine
ne seront données qu'à des Français. Le plus grand sujet de crainte est
la perte d'environ 30 millions de florins de rentes que les capitalistes hollandais
tirent annuellement de la banque d'Angleterre et que ce gouvernement

---

[1]) Siehe über die Note der schwäbischen Fürsten und Stände vom 11. Juni
1806: B i t t e r a u f, Gesch. d. Rheinbundes, I. 325 f.
[2]) Vgl. den Vertrag und die Konstitution bei R o c q u a i n, Napoléon
et le roi Louis, p. 302 ff.

a continué jusqu'ici de payer. Un voyageur qui arrive de la Hollande a remarqué peu de contentement, et encore moins à Düsseldorf, où le nouveau souverain a commencé son règne par l'organisation du sistème des impositions sur le pied français: le timbre, droit d'enregistrement, la taxe aux fenêtres et toute la séquence sont introduits.

La nouvelle création d'un roi de Hollande, et de Naples, d'un duc de Clèves et Berg, d'un Prince de Bénévent etc. ne laisse pas que d'embarrasser beaucoup les membres du corps diplomatique qui n'ont pas encore reçu des instructions de leurs cours relativement à l'étiquette...

Le 24 juillet. Ayant été par ordre de M. le gén. de Vincent[1]) chez Milord Yarmouth, qu'il n'avait pu rejoindre lui-même, pour lui faire part des nouvelles exigences de la France au sujet de titre d',,Empereur d'Allemagne", je lui dis que c'était un nouveau sacrifice qu'on exigeait de nous, comme une suite des arrangements qui venaient d'avoir lieu en Allemagne, que, comme entre alliés tout devait être commun, l'Angleterre pourrait tirer de ce sacrifice un argument pour stipuler quelque chose en notre faveur. Il me répondit: ,,Votre allié, la Russie, vous a abandonné." ,,Mais l'Angleterre", répliquai-je, ,,ne fera pas de même, et je me flatte, Milord, que vous obtiendrez un résultat plus satisfaisant". ,,Je dois l'espérer, mais peut-être n'en obtiendrai-je pas du tout." Je fis semblant de m'étonner que dans le traité avec la Russie il n'y avait aucune stipulation en notre faveur. ,,J'ai lu tout le traité", dit Milord, ,,vous pouvez me croire; on mit une grande importance à faire évacuer l'Allemagne par les troupes françaises, on offre sa médiation pour la paix avec l'Angleterre, on garantit la Poméranie à la Suède, voilà tout." ,,Mais, il y a des articles secrets," répondis-je. ,,Je les connais tous", reprit il, ,,ils sont encore bien plus à l'avantage de la France. Mr Adair les connaît aussi[2])."

A l'audience de congé que le Landgrave de Furstenberg a eu aujourd'hui, l'Empereur à témoigné la même mauvaise humeur contre nous que le général de Vincent a eu le désagrément d'observer avant-hier. Il a parlé de certains propos qui doivent avoir été tenus à Vienne contre le Cardinal Fesch dont il se trouve extrêmement blessé; il est instruit de tout ce qui se passe et qui se dit chez nous. Il paraît qu'il y a des personnes qui se font un plaisir malin de rapporter tout, et il est facile d'envenimer le mot le plus innocent. Au Landgrave il a témoigné qu'il était fâché de ce qu'il n'avait pu faire quelque chose pour lui; ,,mais", dit-il, ,,vous tenez trop à l'Autriche, et je n'ai pu rien laisser dans la ligue de la confédération qui est attaché à cette maison."

Le 26 juillet. Les négociations entre Milord Yarmouth et le général Clarke se continuent avec une grande activité, et on croit qu'avant le mois de septembre la paix avec l'Angleterre sera signée. Celle de la Russie a bien fait hausser les fonds, mais elle n'a pas produit une sensation bien vive dans le public, parcequ'elle n'inspire pas la confiance d'un repos durable et tant désiré. On est étonné de la hâte avec laquelle on a procédé, et on ne peut concevoir comment M. d'Oubril peut avoir eu des pouvoirs assez étendus pour conclure, malgré les nouveaux incidents de la plus haute

---

[1]) Österreichs zeitweiliger Vertreter in außerordentlicher Mission.
[2]) S. Adair, Geschichtl. Denkschrift einer Sendung an den Wiener Hof. Anhang S. 276 ff. Der Oubril'sche Vertrag bei De Clercq II. 180 ff.

importance survenus depuis son départ de Pétersbourg; il y a des personnes qui prétendent que M. d'Oubril s'est laissé terrorifier. On cite une anecdote curieuse qui prouve combien les Français avaient de la supériorité dans cette négociation. Il y avait un article sur lequel les deux négociateurs ne pouvaient pas s'arranger. Clarke en fit part à l'Empereur, en lui observant qu'il ne croyait pas qu'Oubril cedât jamais sur cet article en question. L'Empereur répondit: „Je vais monter une couple d'heures à cheval; quand je reviendrai, il faut que cette affaire soit finie, ou bien M. d'Oubril n'a qu'à s'en aller sur-le-champ." Cette menace eut l'effet qu'on désirait...

On dit que l'Electeur Archichancelier, depuis le retour de M. de Waricourt[1]), qui lui a porté la nouvelle des changements arrêtés pour l'Allemagne, est dans le plus grand désespoir; il doit avoir déclaré qu'il n'acceptera pas le rôle qu'on veut le faire jouer dans la nouvelle confédération. Il faut voir s'il persiste dans son refus.

L'Empereur commence déjà à être mécontent de son frère Louis parcequ'il se montre plus hollandais que français. Le nouveau ministre nommé pour Paris n'est pas encore arrivé. On dit que l'Empereur n'en veut pas et que M. Brantzen restera ici jusqu'à ce que les deux frères soient d'accord sur ce point.

L e 12 a o û t. On dit que Lord Lauderdale a cru trouver, en arrivant le 3 août à Paris, les négociations plus avancées qu'elles ne l'étaient; on croit que les rapports de Lord Yarmouth ont présenté la chose trop facile. Peu de jours après son arrivée, à la suite d'une conférence fort chaude, dans laquelle M. de Champagny avait été ajouté au général Clarke, Milord Lauderdale demanda des passeports pour s'en retourner. Sa demande répétée à plusieurs reprises sans qu'il obtint une réponse de M. de Talleyrand, hier ce ministre lui fit une communication à la suite de laquelle Basilico fut expédié à Londres. Il fut suivi aujourd'hui par un second courrier également envoyé par le négociateur anglais. Les conférences sont, sinon rompues, au moins suspendues. Les voitures de Lauderdale sont chargées.

L e 16 a o û t. L'Empereur n'est pas content de la conduite de son frère Louis. Le ministre de France à la Haye, le général Dupont-Chaumont, qui se trouve par congé à Paris, a dit à l'autre jour en pleine audience à l'Empereur qui demandait des nouvelles de son frère: „Il est déjà devenu tout à fait hollandais, et il ferait bien de passer une quinzaine de jours à Paris pour se rappeler qu'il était français." „Eh bien", répondit l'Empereur „il faudra lui faire la guerre un jour." Il est également mécontent du Duc de Clèves, qui commence déjà à se quereller avec tous ses voisins, même avec les Hollandais.

L e 18 a o û t. Le Prince Primat vient d'envoyer son projet de statut pour l'organisation de la nouvelle confédération. Cette pièce, dit-on, n'a pas rencontré l'approbation de ce gouvernement.

L e 21 a o û t. (Unterredung mit Lauderdale). Milord commença par exprimer ses regrets de n'avoir pas encore fait la connaissance de Votre Excellence[2]), puis il me demanda si M. l'ambassadeur n'enverrait pas bientôt un courrier à Vienne; qu'il était bien fâché de n'avoir pas vu plutôt la lettre que M. Adair avait écrite à L. Yarmouth en accompagnement de la dépêche

---

[1]) Varicourt war Kammerherr des Kurerzkanzlers D a l b e r g.

[2]) Metternich befand sich seit 4. August in Paris.

à M. Fox[1]), que Yarmouth lui avait remis cette dépêche hier, mais qu'i
ne lui avait communiqué la lettre reçue de M. Adair que ce matin comme
une chose indifférente. M. Adair, dit-il, mandait qu'à Vienne on croyait
que l'Empereur Alexandre ne ratifierait pas le traité conclu par M. d'Oubril,
que M. de Strogonoff à Londres pensait de même, que lui, Lauderdale, croyait
aussi comme une chose très probable que la ratification ne suivrait pas,
parceque l'Empereur Alexandre avait de nouveau et formellement assuré
à L. Grenville, qui était parti le 24 juillet de Pétersbourg, qu'il ne ferait
rien sans l'Angleterre, que le gouvernement anglais avait trouvé moyen
de se procurer le traité russe et de le faire passer à son ministre à Pétersbourg, et que, d'après le calcul tiré du jour que le courrier anglais avait
passé Helsingör, il croyait qu'il pourrait être arrivé deux jours avant
M. d'Oubril à Pétersbourg. Si la ratification, comme il le croyait, était refusée,
il lui paraissait important d'instruire M. Adair de l'état de ses négociations,
afin qu'on ne se laissât pas induire en erreur là-dessus à Vienne... Milord
parla encore longuement sur la paix de la Russie, sur la honte de l'article
où il est stipulé „de pourvoir à l'existence du roi de Naples" par une pension[2],
sur la conduite inconcevable de M. d'Oubril qui, dans plusieurs lettres
particulières écrites à M. de Razoumoffsky et à Strogonoff, et dont-il me
montra des extraits, s'exprima ainsi: „Je sais que j'ai outrepassé les ordres
de l'Empereur et je dois penser à travailler à ma justification. Je pars
pour Pétersbourg pour présenter mon ouvrage, et ma tête si j'ai mal fait.'

Le 21 (l) a o û t. Le secrétaire russe, que M. d'Oubril a laissé ici,
attend vers le commencement du mois prochain des nouvelles de Pétersbourg. Il dit être persuadé que le traité sera ratifié parceque les raisons
qui ont engagé M. d'Oubril de signer étaient trop majeures. „Si nous ne
faisions pas la paix", dit-il, „on s'en serait vengé sur d'autres, ce qu'il nous
importe d'éviter."

La note que le cabinet de Berlin à remise à Laforêt au sujet des
armements qui se font en Prusse[3]) fait une grande sensation ici, et surtout
parmi les confédérés qui craignent déjà de se voir sommés à faire marcher
leurs contingents. Dans cette note écrite avec beaucoup de modération
on proteste qu'on n'a aucune vue hostile dirigée contre qui que ce soit, mais
depuis que les armées françaises s'étendent en Allemagne, tandisque tout
est arrangé et terminé dans ce pays, et que surtout elles s'approchent de
différents côtés vers les états de Prusse, il est du devoir du roi de rassembler
également des troupes pour ne pas être pris au dépourvu. On s'imagine
que la Prusse n'aurait jamais eu le courage de montrer cette contenance,
si elle n'était entendue avec la Russie, et quoique M. de Lucchesini assure
que, d'après des lettres de Krusemark, on ne saurait douter de la ratification
du traité conclu avec la France, on n'est pas tout à fait rassuré sur cet article.

Le 25 a o û t. On assure que l'Empereur incline beaucoup à se rendre
à Francfort pour voir venir les princes confédérés lui rendre hommage en

---

[1]) Wahrscheinlich ist der Brief vom 4. August bei A d a i r, „Geschichtliche Denkschrift", S. 95, gemeint.
[2]) Vgl. bei C o q u e l l e, Napoléon I. et l'Angleterre, p. 113, die Instruktion
für Lauderdale.
[3]) Vgl. B a i l l e u, Preußen und Frankreich, II. 520 und C o r r e s p.
XIII, 10.633.

personne et présider ensuite à la diète. Des personnes de l'intérieur disent que sa tête est tellement échauffée par le travail, les veilles et le trop grand usage du caffé, qu'on a trouvé nécessaire de l'engager de passer quelques jours à Rambouillet pour se reposer et se distraire.

Le 27 août. Hier, le 26, l'Empereur revint de Rambouillet, où il avait passé 10 jours[1]). Talleyrand fut appelé aussitôt à St. Cloud et y travailla jusqu'en bien tard du soir. Le ministre de l'Intérieur y fut appelé la nuit. Talleyrand y passa encore la plus grande partie de la journée du lendemain. Cette grande activité du cabinet est supposée avoir rapport au courrier anglais arrivé le 25[2]).

On parla beaucoup d'un voyage très-prochain de l'Empereur, sur le but duquel les opinions varient. On nomme l'Italie, Bruxelles, Mayence, Francfort, Boulogne et Fontainebleau. Ces différentes versions établissent une grande probabilité qu'il est sérieusement question d'un voyage. On nomme toujours beaucoup d'endroits pour ne pas être deviné, et on sait rarement où l'Empereur va que quand il monte en voiture...

Le 29 août... Quoique les conférences entre les négociateurs anglais et le ministère français soient fréquentes, et que les premiers dînent très souvent chez M. de Champagny, l'ouvrage de la pacification n'est guères plus avancé qu'il ne le fût le premier jour de l'arrivée de L. Lauderdale L'article du commerce, la Sicile, et le cap de Bonne Espérance font les principales pierres d'achoppement. Le premier article a été, à ce qu'on assure, débattu hier au conseil d'état qui doit avoir opiné qu'il était impossible d'accorder à l'Angleterre ce qu'elle prétend à cet égard.

Il doit y avoir cet automne trois camps dans les environs de Paris...

Le 31 août. (Admiral Vincent mit englischen Truppen in Lissabon.) On croit que le Prince-Régent[3]), instruit des dangers qu'on lui prépare, a demandé des secours à l'Angleterre, non pour défendre son pays, mais pour l'embarquer avec sa famille, ses plus fidéles serviteurs et ses trésors et le conduire au Brésil avec des forces suffisantes pour se venger de l'Espagne dans l'Amérique méridionale.

(Ausbleiben jeder Nachricht aus Petersburg. Befürchtung wegen des Friedensvertrages.) On veut trouver aussi dans les mouvements des Prussiens une probabilité qu'à Berlin on soit sûr de la Russie. Mais les personnes bien instruites assurent que ces mouvements sont uniquement causés par la certitude qu'on a acquise à Berlin des desseins de la France contre la Prusse. On apprit à Berlin par M. de Jacobi qu'au même moment, où le cabinet des Thuilleries avait rassuré la cour de Berlin sur le Hanovre, il consentit sans difficulté à la restitution de ce pays à l'Angleterre. Le ministère anglais avait communiqué à M. de Jacobi le rapport de Yarmouth relatif à cet objet. Un autre motif desdits mouvements fut une lettre de l'Electeur de Hesse dans laquelle il fit part au roi que le ministre français Bignon avait cherché à l'enrôler pour la Confédération du Rhin, en lui promettant pour prix de son accession quelqu' accroissement en Westphalie au dépens de la Prusse[4]). Ces deux causes réunies ont fait juger au cabinet

---

[1]) Vom 17. bis 26. August.
[2]) Vgl. Coquelle, Napoléon I. et l'Angleterre, p. 133.
[3]) Von Portugal.
[4]) S. oben S. 140.

de Berlin qu'il était urgent de se mettre en mesure. Il est douloureux de voir qu'il fallait tant pour convaincre cette cour de ce que l'Europe a à attendre de la France.

L e 18 s e p t e m b r e. (Reisevorbereitungen des Kaisers und Talleyrands.)

L e 20 s e p t e m b r e. Les grenadiers de la garde, partis aujourd'hui, vont à pied jusqu' à deux postes d'ici, où ils trouveront des voitures qui les transporteront en quatre jours à Mayence. On dit que les chevaux de poste coutent au gouvernement 120.000 Frcs.

L e 21 s e p t e m b r e. On a vu partir encore aujourd'hui des gardes, l'artillerie volante et l'ambulance de campagnes. Les dragons montent la garde au château des Thuilleries et aux autres postes occupés d'ordinaire par les gardes. On emballe aujourd'hui l'argenterie à la cour. Le camp de Meudon est levé. On y tient enfermé depuis des nouveaux conscrits pour les dresser au metier des armes. Ils n'osent sortir du camp, n'y même y voir leurs parents. Le magazin du marchand-géographe Piquet ne désemplit pas de généraux et d'officiers qui demandent des cartes de la Prusse, Saxe, Hesse etc. Tout ce qu'on avait tiré d'Artaria de Mannheim est déjà vendu; on attend un second envoi pour satisfaire aux demandes. Un domestique du grand-écuyer Caulincourt présenta une longue liste de cartes à fournir sur-le-champ à son maître. C'était la Prusse par Sozmann, la Marche de Brandenbourg, les postes de Hanovre, la Poméranie suédoise et prussienne, la Saxe, le Mecklenbourg, la Silésie, la Pologne, la Russie, la Hongrie[1]).

L e 24 s e p t e m b r e. (Murat ist angekommen und, nach einer langen Unterredung mit Napoleon, um 5 Uhr morgens nach Düsseldorf abgereist.)

L e 25 s e p t e m b r e... On dit que pendant le court séjour qu'a fait ici le duc de Clèves il y a eu une scène des plus violentes entre lui et l'Empereur. Le duc avait eu l'imprudence de s'opposer à l'occupation de Wesel, que c'était la seule forteresse qu'il avait c o n t r e l a F r a n c e, qu'il ne la pouvait donc pas abandonner. On dit que l'Empereur dans sa fureur l'a menacé de le chasser de son pays et de lui assigner une autre forteresse qui lui suffirait.

L e 27 s e p t e m b r e. Un plaisant, voyant l'exposition des objets d'industrie aux portiques sur la Place des Invalides, dit: „L'on voit bien ici les suites de la guerre car l'industrie nationale est aux invalides.“

L e 29 s e p t e m b r e. L'Empereur a pris avec lui deux chambellans non militaires, le Cte de Mercy et M. de Tournon; ils sont désignés fesant le service d'officiers d'ordonnance auprès de la personne de l'Empereur, et ils portent l'uniforme de la garde impériale... Le secrétaire d'état pour le Royaume d'Italie, M. Aldini... trouva l'Empereur de très mauvaise humeur... Il parla de la guerre, exprima quelque méfiance sur l'Autriche et qu'il ferait rassembler un corps d'observation en Italie. Lorsqu'avant le départ de l'Empereur Aldini fut une seconde fois chez lui, il le trouva très gai et content. Il doit lui avoir dit qu'il espérait que l'affaire avec la Prusse

---

[1]) Ungarn war damals von einer ganzen Anzahl französischer Emissäre besucht, die dort mit einzelnen Familien (Grassalkovich, Pálffy u. a.) Fühlung nahmen, aber wenig Einfluß auf das von der Geistlichkeit für die Dynastie gestimmte Volk gewannen.

s'arrangerait, mais que, si la guerre avait lieu, il était déjà sûr qu'il la finirait comme celle de l'année dernière, que tout était déjà préparé.

Le 1er octobre. Un aide de camp de l'Empereur a dit que les ordres étaient donnés qu'au premier mouvement de l'Autriche propre à donner de l'ombrage, l'armée de Naples forte de 60.000 h., et celle de la Dalmatie de 30.000 h., evacueraient ces pays et se rassembleraient en Italie pour tenir l'Autriche en respect. „Je (les) reprendrai", dit l'Empereur, „quand je voudrai, et que les Napolitains prennent garde à eux, s'ils ne se tiennent pas tranquilles je les punirai d'une manière qu'ils s'en souviendront."

Le 6 octobre. On commence ici à avoir l'œil sur l'Espagne. Un militaire y a été envoyé pour observer les mouvements qui ont eu lieu dans ce pays; le sénateur Beauharnais qui devait y aller comme ambassadeur a eu l'ordre de différer son départ. L'empereur est très mécontent de ce que l'Espagne n'a pas encore reconnu le nouveau roi de Naples. On prétend qu'il a dit: „Si le roi ne veut pas le reconnaître ce sera son successeur qui le reconnaîtra."

Le 20 décembre. (Aufregung über die Kontinentalsperre in England.) On a vu circuler des adresses où on proposait spontanément de mettre la moitié des biens de la nation anglaise à la disposition du roi, pour continuer la guerre à toute extrémité, parcequ'on devait être convaincu que la paix n'était pas dans les vœux de l'Empereur Napoléon et qu'il ne poserait les armes que lorsque l'une des deux, ou la France, ou l'Angleterre, serait perdue. Sur les théatres des fauxbourgs on joue des farces relatives au décret français. „Le blocus de l'Angleterre sans vaisseaux" a, entre autres, le plus grand succés à Sailors Wells. (Man rechnet auf Erleichterungen, da Frankreich nicht das Schicksal von 27.000 Kriegsgefangenen in England aufs Spiel setzen werde, während in Frankreich sich nur 4000 Engländer aufhalten.)

6. Der Tilsiter Allianzvertrag[1]).

S. M. l'Empereur des Français, Roi d'Italie, Protecteur de la Confédération du Rhin, et S. M. l'Empereur de toutes les Russies, ayant spécialement à cœur de rétablir la paix générale en Europe sur des bases solides et, s'il se peut, inébranlables, ont à cet effet résolu de conclure une alliance offensive et défensive et nommé pour leurs Plénipotentiaires savoir:

S. M. l'Empereur des Français, Roi d'Italie, Protecteur de la Confédération du Rhin: M. Charles Maurice Talleyrand, Prince de Bénévent,

---

[1]) Als ich im Jahre 1888 den zweiten Band dieses Werkes zum ersten Male veröffentlichte, konnte ich die wichtige Urkunde, deren Text damals noch unbekannt war, Dank der Güte des Chefs im Archiv des Pariser Auswärtigen Amtes, Girard de Rialle, nach der französischen Ausfertigung mitteilen. Seitdem ist sie wiederholt (nach derselben Quelle von T a t i s t s c h e f f, Alexandre et Napoléon I, p. 615, und von V a n d a l, Napoléon et Alexandre I. I. 505 f., nach dem russischen Instrument im S b o r n i k, 89, 60 und von M a r t e n s XIII. 322 ff.) abgedruckt worden. Die Bemerkung S c h i e m a n n s in der Histor. Zeitschr 91, 520, daß eine Stelle aus der russischen Ausfertigung bei mir fehle, beruht auf einem Irrtum. Es handelt sich dabei um die Separatartikel des F r i e d e n s vertrages die ich gar nicht zum Abdruck bringen wollte.

son Grand-Chambellan et Ministre des Relations Extérieures, grand-cordon de la Légion d'honneur, chevalier grand' croix des ordres de l'Aigle-Noir et de l'Aigle-Rouge de Prusse et de St Hubert;

Et S. M. l'Empereur de toutes les Russies: M. le Prince Alexandre Kourakin, son Conseiller privé actuel, membre du Conseil d'Etat, Sénateur, Chancelier de tous les ordres de l'Empire, Chambellan actuel, Ambassadeur Extraordinaire et Ministre Plénipotentiaire de S. M. l'Empereur de toutes les Russies près S. M. l'Empereur d'Autriche, et chevalier des ordres de Russie: de St André, de St Alexandre, de Ste Anne de la première classe et de St Wolodimir de la première classe, de l'Aigle-Noir et de l'Aigle-Rouge de Prusse, de St Hubert de Bavière, du Danebrog et de l'Union parfaite de Danemarck, et bailli-grand' croix de l'ordre souverain de St Jean de Jérusalem,

et M. le Prince Dmitri Labanoff de Rostow, Lieutenant Général des armées de S. M. l'Empereur de toutes les Russies, chevalier des ordres de Ste Anne de la première classe, de l'ordre militaire de St Georges et de l'ordre de St Wolodimir de la troisième classe.

Lesquels, après avoir échangé leurs pleins pouvoirs respectifs, sont convenus des articles suivants:

Article Premier:

S. M. l'Empereur des Français, Roi d'Italie et S. M. l'Empereur de toutes les Russies s'engagent à faire cause commune, soit par terre, soit par mer, soit enfin par terre et par mer, dans toute guerre que la France ou la Russie serait dans la nécessité d'entreprendre ou de soutenir contre toute Puissance Européenne.

Article Second:

Le cas de l'alliance survenant, et chaque fois qu'il surviendra, les Hautes Parties Contractantes régleront, par une convention spéciale, les forces que chacune d'elles devra employer contre l'ennemi commun, et les points où ces forces devront agir; mais dès à présent elles s'engagent à employer, si les circonstances l'exigent, la totalité de leurs forces de terre et de mer.

Article Troisième:

Toutes les opérations des guerres communes seront faites de concert, et ni l'une ni l'autre des Parties Contractantes ne pourra, dans aucun cas, traiter de la paix sans le concours ou le consentement de l'autre Partie.

Article Quatrième:

Si l'Angleterre n'accepte pas la médiation de la Russie ou si, l'ayant acceptée, elle n'a point au premier Novembre prochain consenti à conclure la paix, en reconnaissant que les pavillons de toutes les Puissances doivent jouir d'une égale et parfaite indépendance sur les mers et en restituant les conquêtes par elle faites sur la France et ses Alliés depuis l'année dix huit cent cinq, où la Russie a fait cause commune avec elle, une note sera dans le courant dudit mois de Novembre remise au Cabinet de St James par l'Ambassadeur de S. M. l'Empereur de toutes les Russies. Cette note, exprimant l'intérêt que Sadite Majesté Impériale prend au repos du monde et l'intention où elle est d'employer toutes les forces de son Empire pour procurer à l'humanité le bienfait de la paix, contiendra la déclaration positive et explicite que, sur le refus de l'Angleterre de conclure la paix aux conditions susdites, S. M. l'Empereur de toutes les Russies fera cause commune avec la France, et pour le cas où le Cabinet de St James n'aurait pas donné au 1er Décembre prochain une réponse catégorique et satisfaisante, l'Ambassadeur de Russie recevra l'ordre éventuel de demander ses passeports ledit jour et de quitter immédiatement l'Angleterre.

Article Cinquième:

Arrivant le cas prévu par l'article précédent, les Hautes Parties Contractantes feront de concert et au même moment sommer les trois Cours de Copenhague, de Stockholm et de Lisbonne, de fermer leurs ports aux Anglais, de rappeler de Londres leurs Ambassadeurs et de déclarer la guerre à l'Angleterre. Celle des trois Cours qui s'y refusera, sera traitée comme ennemie par les deux Hautes Parties Contractantes, et la Suède s'y refusant, le Danemarck sera contraint de lui déclarer la guerre.

Article Sixième:

Les deux Hautes Parties Contractantes agiront pareillement de concert et insisteront avec force auprès de la Cour de Vienne pour qu'elle adopte les principes exposés dans l'article quatre ci-dessus, qu'elle ferme ses ports aux Anglais, rappelle de Londres son Ambassadeur et déclare la guerre à l'Angleterre.

Article Septième:

Si, au contraire, l'Angleterre, dans le délai spécifié ci-dessus, fait la paix aux conditions susdites (et S. M. l'Empereur de toutes les Russies emploiera toute son influence pour l'y amener), le Hanovre sera restitué au Roi d'Angleterre en compensation des colonies françaises, espagnoles et hollandaises.

Article Huitième:

Pareillement, si par une suite des changements qui viennent de se faire à Constantinople, la Porte n'acceptait point la médiation de la France, ou si, après qu'elle l'aura acceptée, il arrivait que, dans le délai de trois mois après l'ouverture des négociations, elles n'eussent pas conduit à un résultat satisfaisant, la France fera cause commune avec la Russie contre la Porte Ottomane, et les deux Hautes Parties Contractantes s'entendront pour soustraire toutes les provinces de l'Empire Ottoman en Europe, la ville de Constantinople et la Province de Roumélie exceptées, au joug et aux vexations des Turcs.

Article Neuvième:

Le présent traité restera secret et ne pourra être rendu public ni communiqué à aucun Cabinet par l'une des Parties Contractantes sans le consentement de l'autre.

Il sera ratifié et les ratifications en seront échangées à Tilsit dans le délai de quatre jours.

Fait à Tilsit, le sept Juillet 1807 (vingt cinq juin mil huit cent sept.)

Signé: Ch. Maurice Talleyrand, Pce de Bénévent. L. S.

Signé: Le Prince Alexandre Kourakin. L. S.

Signé: Le Prince Dmitri Labanoff de Rostow. L. S.

AUGUST FOURNIER
NAPOLEON I.

NAPOLEONE

NAPOLEON I.

EINE BIOGRAPHIE VON
AUGUST FOURNIER
IN DREI TEILBÄNDEN

DRITTER BAND
DIE ERHEBUNG DER NATIONEN UND
NAPOLEONS ENDE

HERAUSGEGEBEN VON
THEOPHILE SAUVAGEOT

EMIL VOLLMER VERLAG

Inhalt.

vinismus der Russen. Kutusow. Die Schlacht bei Borodino.
Nach Moskau. — Der Einzug der Franzosen. Der Brand und
seine Urhèber. Napoleon erwartet Friedensanträge. Die Russen
verstärken sich und der Zar bleibt fest. Gründe für dessen
Haltung. Napoleons Entwürfe sind gescheitert. — Rückzugs-
pläne. Der Auszug aus Moskau. Die Affäre bei Malo-Jaros-
lawetz. Die Entscheidung für die alte Straße. Die Retraite.
Gefecht bei Wjasma. Hunger und Kälte. In Smolensk ist ein
Verweilen unmöglich. Gefechte bei Krasnoi. Die „Isolierten".
Trostlose Situation des Heeres. An der Beresina. Der Brückenschlag bei Studjenka. Der Übergang am 27. November. Kämpfe
am 28. November. Der Abmarsch der Nachhut. Grauenhafte
Szenen. — Die Maletsche Verschwörung. Das 29. Bulletin.
Napoleon verläßt die Armee. Wieder in Paris.

Politische Konjunkturen. Die Anfänge einer neuen
Koalition gegen Napoleon. Sein Appell an die Staatsbeamten.
Neue Rüstungen. Die Stimmung der Bevölkerung. Yorcks
Abfall. Dessen Tragweite. Napoleons Appell an die Nation.
Das Konkordat von Fontainebleau. Finanzoperationen. Der
Kaiser und die Volksvertretung. Die Thronrede vom 14. Februar
1813. Das System bleibt ungeändert. — Napoleon ruft den
Rheinbund auf und appelliert an die Verbündeten. Friedrich
Wilhelm III. und die Konvention von Tauroggen. Drohende
Werbung des Zaren. Dessen polnische Pläne. Österreichs
Friedenspolitik. Franz I. lehnt die Forderungen Napoleons ab
und schließt mit Rußland einen Waffenstillstand. Friedrich
Wilhelm verläßt Berlin. Preußen mobilisiert. Territoriale Poli-
tik und nationaler Enthusiasmus. Der russisch-preußische
Allianzvertrag. Preußen erklärt den Krieg an Frankreich.
Sachsen. England und Schweden. Metternichs erfolglose
Friedenswerbung. Österreich als bewaffneter Vermittler. — Der
Kaiser bei der Armee. Mängel des neuen Heeres. Die Schlacht
bei Lützen. Der König von Sachsen. Österreich und die Ver-
bündeten. Napoleon droht in Wien. Er wünscht einen Separat-
frieden mit Rußland. Die Schlacht bei Bautzen. Unzureichende
Kriegsergebnisse. Der Waffenstillstand von Pläswitz. —
Franz I. in Böhmen. Der Reichenbacher Vertrag. Metternich in
Dresden. Die Verlängerung des Waffenstillstandes. Napoleon
nimmt Österreichs Vermittlung an. Der Prager Kongreß.
Österreichs Schwenkung zum Kriege. Napoleon lehnt Metternichs Ultimatum ab. Franz I. erklärt ihm den Krieg. — Streitkräfte Frankreichs und der Verbündeten. Kriegspläne hüben
und drüben. Napoleon gegen Blücher. Die böhmische Armee
gegen Dresden. Die Kämpfe um Dresden. Rückzug der Verbündeten. „Annaberg" oder „Altenberg"? Französische
Niederlagen bei Großbeeren und an der Katzbach. Napoleons
Erwägungen der Kriegslage. Kulm. Ein neuer Operationsplan.

Neys Niederlage bei Dennewitz. Das „System des Hin und
Her". Notlage der Armee. Die Teplitzer Verträge. Blüchers
Rechtsabmarsch und seine Folgen. Napoleon in Düben. Nach
Leipzig! Die Schlacht bei Wachau und das Gefecht bei Möckern.
Die Sendung Merveldts. Der 18. Oktober. Die Schlacht bei
Leipzig geht für Napoleon verloren. Der Rückzug durch Leipzig.
Verfall der französischen Armee. Das Gefecht bei Hanau.
Napoleon in Mainz.

Völker und Fürsten. Die Franzosen. Unzulängliche
Geldmittel und unzulängliche Streitkräfte. Ferdinand von
Spanien und Pius VII. Die Auflösung des Empire. Die Mission
St. Aignans. Napoleon denkt nicht an Frieden. Das Manifest
der Verbündeten. Volksstimmung in Frankreich. Lainés
Adressenentwurf. Schließung des Gesetzgebenden Körpers.
Operationspläne der Verbündeten. Durch die Schweiz und über
den Rhein nach Frankreich. Die Ministerkonferenz in Langres.
Das Gefecht bei Brienne und die Schlacht bei La Rothière.
Napoleon in Troyes. Nachgiebige Instruktionen. Beginn und
Abbruch der Verhandlungen in Châtillon. Das Anerbieten
Caulaincourts. Krisis im Lager der Verbündeten. Napoleons
Siege über Blücher. Er wendet sich gegen Schwarzenberg.
Wiederaufnahme der Verhandlungen in Châtillon. Der Rechts-
abmarsch Blüchers und die Dreiteilung der verbündeten Streit-
kräfte. Das Gefecht bei Bar-sur-Aube. Craonne und Laon.
Napoleon in Reims. Der Vertrag von Chaumont. Bemühungen
Metternichs und Caulaincourts um den Frieden. Napoleons
Hartnäckigkeit. Ihre weltgeschichtliche Begründung. Ein
neuer Operationsplan. Die Schlacht bei Arcis-sur-Aube. Auf-
gefangene Depeschen. Neues Manifest an die Franzosen. —
Napoleon in S. Dizier. Er eilt nach Paris. Zu spät! Einzug der Ver-
bündeten. Der Senat dekretiert die Absetzung des Kaisers.
Die Haltung der Marschälle bestimmt ihn zur Abdankung zu
gunsten seines Sohnes. Marmont fällt ab. Waffenruhe. Be-
dingungslose Abdankung. Der Vertrag mit Europa. Die letzten
Tage in Fontainebleau. Abschied und Abreise nach Elba. —
Neue Tätigkeit auf Elba. Das Idyll von Marciana. Marie
Luise bleibt fern. Napoleon und die Italiener. Mißstimmung in
Frankreich. Ihre Ursachen. Die Armee bonapartistisch.
Talleyrand und Mariotti. Zwiespalt der Mächte auf dem Wiener
Kongreß. Napoleons Kalkül. Abfahrt von Portoferrajo. Lan-
dung bei Cannes. Das Zusammentreffen bei Laffray. Die Armee
erklärt sich für Napoleon. Napoleon in Grenoble. Die Bekennt-
nisse des Eroberers. In Lyon. Ludwig XVIII. flieht aus Paris.
Napoleon in den Tuilerien.

„Friede und Freiheit". Das neue Ministerium. Napoleon und Benjamin Constant. Krieg statt Frieden. Europa

Im Zenith.

Es bildet ein entscheidendes Moment im Herrscherleben Napoleons I., daß ihm in dem Augenblick, da er die Regierungen Europas niedergeworfen und seinen Plänen unschädlich gemacht zu haben glaubte, in den Regierten ein noch unbezwungener Feind entgegentrat. Diese nachträgliche Opposition der Völker hatte er offenbar nicht vorausgesehen, als er den Staaten den Krieg erklärte, und damit denselben Fehler begangen, dessen sich seine Vorgänger im revolutionären Regiment von Frankreich schuldig machten. Denn so wenig wie diese — Konvent und Direktorium — sich darum gesorgt hatten, ob die Nationen Europas auch wirklich durch sie von ihren Fürsten befreit und unter die Führung der Frankenrepublik versammelt sein wollten, so wenig fragte der Imperator danach, ob sie auch wirklich seiner Oberleitung untergeordnet und mit seinen Gesetzen beschenkt zu sein wünschten, von denen er annahm, daß ihre zeitgemäßen Vorzüge das Opfer der Unabhängigkeit erträglich machen würden. Er meinte für seine ehrsüchtigen Zwecke genug getan zu haben, wenn er die einzelnen Länder in Verfassungen und unter Gouvernements brachte, die ihm taugten, weil sie von ihm abhingen; für nationale Instinkte hatte er nur sehr wenig Verständnis, so wenig, daß er sie auch bei den Franzosen übersah, die er für ewig mit Holländern, Deutschen, Italienern und Spaniern in ein Reich zusammenzukleben hoffte. Natürlich. Was er in seiner Jugend besessen und frühzeitig eingebüßt hatte, war ein bloßes Völkerschaftsbewußtsein gewesen, das Italiener gegen Italiener, Korsen gegen Genuesen, den Dialekt gegen den Dialekt bewaffnete. Den gewaltigen Patriotismus, der um alle Angehörige eines mächtigen Stammes von gleicher Sitte und Sprache sein festes Band schlingt, den kannte er nicht. Dazu war er auch ein zu eifriger Jünger der kosmopolitischen Aufklärung des 18. Jahrhunderts gewesen, die den Unterschied der Stämme ebensowenig wie den der Stände gelten ließ und in einem freien Weltbürgertum ohne Sonderart

ihr Ideal erblickte. Ihr hatte er gehuldigt, bis er nur noch
den einen Traum träumte, die nivellierte Menschheit dereinst
insgesamt unter sich zu sehen. Darum gab es für ihn auch
nur Bevölkerungen, keine Nationen, und jene glaubte er bezwungen zu haben, wenn er ihre zum Teil landfremden Armeen
geschlagen und ihre Regierungen gedemütigt hatte. Da
geschah es aber, daß, als er sich an ein Volk wagte, bei dem
die nationalen Empfindungen in hohem Maß entwickelt waren
— es war das spanische — dieses Volk, von Zorn entflammt,
die seinen Herrschern entfallene Wehr aufgriff und, zum
Äußersten entschlossen, den Kampf fortsetzte. Und derselbe
volkstümliche Geist des Widerstandes wider den Grenzenlosen regte sich bald überall, und es kennzeichnet die genialsten
unter den Gegnern des Franzosenkaisers, daß sie, diese Bewegung würdigend, in der Volksbewaffnung das wirksamste
Mittel der Abwehr erkannten. So hatte Pitt in England schon
vor Jahren sein Freiwilligenheer auf die Beine gestellt, so
Stadion in Österreich auf die Errichtung einer Landwehr
gedrungen, so forderte Scharnhorst in Preußen unablässig die
allgemeine Wehrpflicht. Es barg einen tiefen Sinn, wenn der
österreichische Minister dem russischen Bevollmächtigten vor
dem letzten Kriege sagte: „Wir haben uns als Nation kon-
stituiert[1]."

Und welche Energie war mit diesem volkstümlichen
Element in den Kampf gekommen! In Spanien, das Napoleon
mit einem Spaziergang seines Schwagers Murat nach Madrid
gewonnen zu haben glaubte, gelangte der entfachte Brand
nicht mehr zum Verlöschen, und Österreich, obgleich am Rand
des Ruins, wußte 1809 Kräfte in den Streit zu führen, die
dem großen General mehr zu schaffen machten als die
Kabinettsarmeen des Wiener Hofes je zuvor. Dazu war der
Aufstand in Tirol und Norddeutschland in vereinzelten
Flammen aufgelodert, und in Rußland hatte eine populäre
Strömung das Schwert des Zaren gegen Österreichs Truppen

---

[1] M a r t e n s, Recueil des traités conclus par la Russie, III., 32.
Schon im Juni 1806 — noch vor Palm und Jena — hatte Schleiermacher
geschrieben, es stehe früher oder später ein allgemeiner Kampf bevor, „dessen
Gegenstand unsere Gesinnung, unsere Religion, unsere Geistesbildung nicht
weniger sein wird als unsere äußere Freiheit und äußeren Güter, ein
Kampf, den die Könige mit ihren gedungenen Heeren nicht kämpfen können,
sondern die Völker mit ihren Königen gemeinsam kämpfen werden".

in Ruhe gehalten. Schien es nicht verhängnisvoll für Napoleon
daß just zu derselben Zeit, als in Europa der nationale Haß
die Völker bewaffnete sich auch unter den Franzosen eine
patriotische Tendenz gegen den heimatlosen Ehrgeiz ihres
Herschers regte und der nationale Staat wider das inter-
natinale Empire in eine heimliche, aber zielbewußte Opposition trat? Eben als im Frühling 1808 der spanische Aufstand ausbrach, kam in Paris die Polizei einer republikanischen
Verschwörung auf die Spur, die Malet, ein entlassener General,
mit Kameraden seiner Gesinnung angezettelt hatte und der
auch einige Senatoren — Garat neben anderen — nicht ganz
fremd gewesen sein sollen[1]).

Diesem volkstümlichen Widerstand der Nationen gegen
des Kaisers Politik hatte sich im Jahre 1809 auch der heilige
Vater hinzugesellt. Nicht mit den Waffen seines Weltfürsten-
tums trat er in den Kampf ein; die waren ihm von Napoleon
zerbrochen worden; sein Land war okkupiert, die Verwaltung
fremden Bevollmächtigten übertragen, und nur der formelle
Akt fehlte noch, um das Erbe St. Peters als das zu bezeichnen,
was es seit dem April 1808 tatsächlich war, eine Provinz des
Empire. Nein, mit der Gewalt seiner geistlichen Autorität,
die ja ebenfalls auf einer breiten, popularen Grundlage beruhte, rüstete er sich gegen den Imperator. Kaum hatten die
Spanier losgeschlagen, so protestierte er, mitten aus den französischen Besatzungstruppen heraus, wider seine Vergewal-
tigung und verbot den Bischöfen in den dem Kirchenstaat
entrissenen Legationen, dem neuen Herrn den Eid zu leisten.
Als dann der Kaiser, nach den Siegen in Bayern, aus Wien
mit zwei Dekreten vom 17. Mai 1809 antwortete, die „die
Schenkung Karls des Großen zurücknahmen", den Papst
seiner weltlichen Herrschaft — mit der Berufung auf Christi
Wort, sein Reich sei nicht von dieser Welt — völlig ent-
kleideten und das Patrimonium des Apostelfürsten als Ge-
bietteil des französischen Reiches erklärten, da veröffentlichte
Pius VII. seinerseits, unter dem Eindruck des Tages von
Aspern, eine seit Monaten vorbereitete Exkommunikations-
bulle gegen seinen Bedränger. Damit war die ganze große

---

[1]) Siehe M a d e l i n , Fouché II. 47. 50, wo auch noch ein zweites,
von Servan, dem girondistischen Kriegsminister des Jahres 1792, ange-
stiftetes Komplott erwähnt wird.

mehrhundertjährige Frage des Konflikts zwischen Kaisertum
und Papsttum aufs neue aufgerollt und Napoleon mußte eine
Lösung suchen. Er wählte diejenige, die seinem offensiven
Wesen und dem universalen System der Revolution, das er
vertrat, am meisten entsprach. Kaum hatte er in Schönbrunn
vernommen, daß der hl. Vater die Bannbulle an den Kirchen-
türen von Rom habe anschlagen lassen, so sandte er dem
König von Neapel, der in seine Absichten eingeweiht war
und das römische Unternehmen unter seine Oberleitung genommen hatte, die heimliche Weisung, man müsse den Papst,
wenn er Empörung predige, verhaften; derlei sei nicht unerhört, Philipp der Schöne und Karl V. hätten ähnlich gehandelt (19. Juni). Murat, der bald darauf vom Kaiser ein
zweites Billett erhielt, in dem über Pius zu lesen war: „Keine
Schonung mehr! Das ist ein wütender Narr, den man ein-
sperren muß,“ Murat nahm den Wink für das, was er war,
ein Befehl, und am 6. Juli, just als bei Wagram die Würfel
zu Frankreichs Gunsten fielen, ward der Papst im Quirinal
festgenommen und aus Rom fortgebracht — zunächst nach
Grenoble und von dort, auf eine besondere Ordre des Kaisers,
nach Savona an der Riviera, immer im strengsten Gewahrsam[1]).
Etwas später, noch vor dem Abschluß des Wiener Friedens,
befahl Napoleon die Übersiedlung der Kardinäle und Ordens-
generale, der päpstlichen Kanzlei und der Archive nach Paris,
wohin er auch den hl. Vater zu berufen gedachte, um ihn,
als Werkzeug seines uneingeschränkten Willens, unmittelbar
zur Hand zu haben. Nur auf Fouchés Widerraten blieb Pius
in Savona, von wo er erst im Juni 1812 nach Fontainebleau
überführt werden sollte. Und wenn er nun sich der geforderten
Dienste weigerte? Auch für diesen Fall suchte man vorzukehren. Nach seiner Rückkehr aus dem Feldzug, und nachdem
er sein Eheprojekt mit der österreichischen Prinzessin ins Reine

---

[1]) Siehe die Briefe an Murat in C o r r e s p. XIX. 15.384 und bei
L e c e s t r e, I. n. 459. Hinterher erklärte der Kaiser die Verhaftung,
die er noch selbst insgeheim angeordnet hatte, in einem Brief an Fouché,
der ihn nicht gerade geheim zu halten brauchte, für Narretei; den Staatssekretär Pacca nur hätte man festnehmen, den Papst aber ruhig in Rom
lassen sollen; nun sei freilich an der Tatsache nichts mehr zu ändern.
(C o r r e s p. XIX. 15.555). Auf St. Helena hat er dann seine Mitschuld
eifrig abgeleugnet.

gebracht und damit dem Papst den letzten Rückhalt an einer aufrechten katholischen Macht genommen hatte, ließ Napoleon durch ein Senatskonsult vom 17. Februar 1810 offen die Einverleibung des Kirchenstaates in Frankreich, dessen Zerlegung in zwei Departements und die Erhebung Roms zur zweiten Stadt des Kaiserreiches als Staatsgesetz erklären. Dem hl. Vater wurde eine jährliche Rente von zwei Millionen Franken zugesprochen, während seine Nachfolger sich bei ihrer jeweiligen Stuhlbesteigung auf die vier Artikel der gallikanischen Kirche von 1682 verpflichten sollten, in denen die Freiheit der Krone Frankreichs von einer auswärtigen geistlichen Macht, die Fehlbarkeit des Papstes in Glaubenssachen und dessen Abhängigkeit von den Beschlüssen der Konzilien, wie sie das von Konstanz ausgesprochen hatte, festgestellt worden waren. Die Absicht, die der Kaiser hierbei verfolgte, lag auf der Hand: die widerstrebende Kurie durch ein gefügiges Konzil zu meistern und sich untertänig zu machen. Hatte er doch schon im Juli 1807 an Eugen geschrieben, er werde sich nicht scheuen, die Kirchen von Gallien, Deutschland, Italien und Polen in einem Konsistorium zu versammeln und sich ohne Papst zu behelfen[1]).

Und der Papst widerstrebte wirklich. Er verweigerte nicht nur seine Bestätigung, als das erzbischöfliche Offizialat in Paris die Ehescheidung Napoleons von Josephinen aussprach, was zur Folge hatte, daß dreizehn italienische Kardinäle — man nannte sie die „schwarzen" — ihre Teilnahme an der darauffolgenden Vermählungsfeier versagten, er verweigerte auch den vom Kaiser ernannten Bischöfen die kirchliche Investitur, die ihm das Konkordat vorbehalten hatte. Es half nichts, daß man ihm seine Ratgeber entzog, um den milde angelegten Mann, der in kanonischen Fragen nicht eben die genauesten Kenntnisse besaß, leichter zu gewinnen, nichts, daß sich Österreich um die Beilegung des Streites bemühte, und nichts auch, daß Napoleon gegen Ende des Jahres 1810 strengere Maßregeln gegen seinen Gefangenen vorschrieb, ihn seines Sekretärs, seiner Papiere und jeder Möglichkeit eines brieflichen Verkehrs, ja sogar seines Schreibzeuges berauben ließ: Pius blieb fest. Wenn er auch hie und da zu Konzessionen

---

[1]) Siehe Band II, S. 238.

geneigt geschienen hatte, als: Krönung Napoleons zum Kaiser
des Abendlandes, spätere Verständigung über die weltliche
Herrschaft, Aufnahme fremder Mitglieder in das hl. Kollegium
bis zur Hälfte, so hatte doch Napoleons Strenge gegen die
schwarzen Kardinäle, die, ihrer Einkünfte beraubt, in den
Osten Frankreichs verbannt wurden, gegen diejenigen, die
in Rom zurückgeblieben waren, gegen die italienischen Klöster,
schließlich gegen ihn selbst, ihn immer wieder davon zurückgebracht. „Der Kaiser ist ein Mann," hatte er zu dem österreichischen Unterhändler, v. Lebzeltern, gesagt, „der nie das
will, was er vorgibt zu wollen; seine eigentlichen Absichten
verrät er nie. Wo ist die Garantie, daß er nicht alles, was er
heute vereinbart hat, morgen wieder umstößt?" Eher wollte
Pius das Schisma als die Unterordnung der Statthalterschaft
Christi unter einen weltlichen Herrn[1]).

Unter solchen Umständen — die kirchlichen Verhältnisse
Frankreichs und Italiens gerieten in Unordnung — mußte
Napoleon, wenn er erreichen wollte, was er zu erreichen
wünschte, einen entscheidenden Schritt vorwärts tun. Das
ursprünglich geplante allgemeine Konzil war ihm von seinem
Kirchenrat widerraten worden, der sich eher für ein Nationalkonzil aussprach. Doch schon in diesem Conseil ecclésiastique,
der einmal, am 16. März 1811, unter seinem Vorsitz und in
Gegenwart Cambacérès' und Talleyrands beriet, bekam er von
dem gelehrten Abbé Emery den Einwand zu hören, daß ja doch
auch der französische Katechismus den Papst als „das sicht-
bare Oberhaupt der Kirche" erkläre, „dem alle Christen Gehorsam schuldig seien", daß die Kirche sich dieses Oberhauptes
nicht entäußern dürfe, ohne sich zu gefährden, und daß auch
Bossuet, den Napoleon als Gegner des Ultramontanismus so
gern im Munde führte, es ausgesprochen habe, der hl. Vater
bedürfe zur Ausübung seiner kirchlichen Funktionen der
völligen Unabhängigkeit von irgendwelcher weltlichen Macht

---

[1]) Nach Äußerungen der Pariser Prälaten hätte Pius' erste Weigerung,
die von Napoleon ernannten Bischöfe zu bestätigen, ihren Grund darin
gehabt, daß der Kaiser sein Versprechen, die „Organischen Artikel" des
Jahres 1802, die vielfach über den Inhalt des Konkordats hinausgingen,
zu beseitigen, nicht gehalten und, dem sogenannten „italienischen Konkordat" von 1803 entgegen, in Italien Klöster aufgehoben, im Venezianischen
Bischöfe ernannt hatte. W e l s c h i n g e r, Le Pape et l'Empereur, p. 215.

— worauf dann der Kaiser allerdings glattweg erwiderte, das möge zu Bossuets Zeiten, im 17. Jahrhundert, zutreffend gewesen sein, als es in Europa eine ganze Anzahl anerkannter weltlicher Herren gab und keiner dem andern die staatliche Superiorität über den Papst gönnte, jetzt aber, wo Europa nur ihn als einzigen Gebieter anerkenne, falle diese Rücksicht weg[1]). Nebenher ließ er sich gegen die Nachfolger Petri vernehmen, „die fortwährend die Christenheit für die Interessen des kleinen römischen Staates, nicht größer als ein Herzogtum, in Zwiespalt brachten". Als dann ein neuer Versuch dem Kaiser ergebener Bischöfe in Savona zu keinem bindenden Zugeständnis des Papstes geführt hatte und im Juni 1811 die Prälaten Frankreichs und Italiens in der Notre-Dame-kirche zum Nationalkonzil sich versammelten, zeigte sich auch hier ein unerwarteter Widerstand. Gleich ihre erste Kundgebung war eine Treuebezeigung gegen Pius VII., dessen Zustimmung sie zuvor einholen wollten, ehe sie die vom Kaiser geforderten Bestimmungen wegen der Investitur trafen, während Dieser doch, gerade umgekehrt, mit den Beschlüssen der Versammlung auf den Papst einen Druck auszuüben gedachte. Erst nachdem die Beratungen suspendiert, drei widerstrebende Prälaten eingekerkert, andere bedroht worden waren, ward das wiedereröffnete Konzil dahin gebracht, ein von Napoleon diktiertes Dekret zu dem seinigen zu machen: daß, wenn der Papst über sechs Monate mit der Institution eines vom Kaiser ernannten Bischofs säume, dieser vom Metropoliten des betreffenden Sprengels instituiert werden könne (5. August 1811)[2]). Es wurde schließlich erreicht, daß Pius in

---

[1]) Diese von der stolzesten Herrschsucht diktierten Worte blieben von Emery nicht unerwidert. Auch der gegenwärtige Zustand, sagte er, könne einmal ein Ende nehmen und die Voraussetzung Bossuets wieder eintreffen. Die Prälaten, entsetzt über die Kühnheit ihres Genossen, wollten ihn beim Kaiser entschuldigen, doch Dieser antwortete: „Sie irren, meine Herren, ich bin gar nicht aufgebracht gegen ihn. Er hat gesprochen wie Einer, der seine Sache weiß und beherrscht. Und so will ich, daß man mit mir rede." Talleyrand meinte freilich beim Weggehen: „Das ist der einzige Mensch, der es fertig bringt, dem Kaiser die Wahrheit zu sagen, ohne ihm höchlich zu mißfallen." E b e n d a, p. 168 ff. nach P a c c a s Memoiren und der „Vie de M. Emery" von G o s s e l i n.

[2]) Die Institution durch die Erzbischöfe war in Frankreich nichts unerhörtes; sie war zur Zeit Heinrichs IV. erfolgt, ehe dieser König seinen Frieden mit der Kirche machte.

Savona hierzu seine Zustimmung gab, aber nur soweit die Bischöfe Frankreichs und des Königreiches Italien in Betracht kamen; die des Kirchenstaates nahm er aus, um nicht indirekt der widerrechtlichen Okkupation dieses Landes zuzustimmen, und forderte seine Räte zurück. Damit war der Streit nicht beendet. Der Papst blieb des Kaisers Gefangener.

Noch war es unbestimmt, ob Pius in diesem Kampf unterliegen würde. Aber wer die allgemeine Lage überblickte, konnte derartiges wohl vermuten. Die üble Behandlung, die das Oberhaupt des Katholizismus erfuhr, und dessen Appell an die Gläubigen machten auf diese nicht den tiefen, zur Tat aufreizenden Eindruck, wie es etwa in früheren Jahrhunderten der Fall gewesen wäre. Die Welt war erstaunlich weltlich geworden. Sogar der Wiener Hof hatte sich über die Bannbulle des Papstes hinweggesetzt, als er die Erzherzogin nach Frankreich ziehen ließ. ,,Nicht eine einzige schützende Stimme erscholl von den katholischen Thronen herab'', schreibt Kardinal Pacca in seinen Memoiren. Und dazu kam, daß ein großer Teil der Gegner des Kaisers: Engländer, Russen, Preußen als Andersgläubige gar nicht in den Bereich der päpstlichen Autorität gehörten, während hinwieder strengkatholische Völker, wie die Polen, gerade in der festesten Verbindung mit Napoleon ihre Rechnung zu finden hofften. Ja, sogar die eigenen Untertanen des hl. Vaters äußerten dem neuen Herrn gegenüber zwar einiges Widerstreben, ließen sich aber schließlich die militärisch-zweckmäßige Administration, die Reform des Justizwesens, die Hebung des Unterrichts, die Regulierung von Flüssen und Straßen, die Trockenlegung der Sümpfe und andere wertvolle Neuerungen des gottlosen Regimes grollend gefallen[1]).

Nur auf eine Nation — wenn man etwa von den Bauern Tirols absieht — übte das Schicksal Pius' VII. eine ihre politische Haltung mitbestimmende Wirkung: das waren die Spanier. Ihre Priester ermüdeten nicht, ihren Mut gegen den zu stählen, der, wie sie sagten, die Altäre ebenso bedrohe wie die Throne[2]). Noch in den letzten Tagen des Jahres 1808

---

[1]) Hierüber jetzt M a d e l i n, La domination française à Rome 1809—1814 (Revue d. d. mondes, 1905 Bd. 28, S. 646 ff.).

[2]) In einem der von spanischen Geistlichen zu Kriegszwecken verfaßten Katechismen wird Napoleon neben der menschlichen eine teuflische

hatte die revolutionäre Zentraljunta, die für den exilierten König Ferdinand die Regierung führte, die Nation zum Guerillakrieg aufgerufen, d. i. zur Bildung von Banden unter Führung eines Mönches oder eines gedienten Offiziers mit der Aufgabe, kleinere französische Detachements zu überfallen, Kuriere abzufangen, Waffen- und Munitionstransporte wegzunehmen u. dgl. Und die Mahnung hatte augenblicks Folge gefunden. Die Guerillas waren überall und nirgends, sie ließen sich zwar vertreiben und verfolgen, aber nicht vernichten, und bildeten eine Kriegsplage ohnegleichen. Bald nach jenem Aufruf verkündete ein Manifest den Völkern Europas, daß es sich in Spanien um die Freiheit a l l e r Nationen handle, und forderte zur Unterstützung auf. Und nicht vergeblich. Die Engländer, die bisher lediglich als Feinde Napoleons auf der Halbinsel erschienen waren, traten jetzt in ein offenes Freundschaftsbündnis mit den spanischen Insurgenten und verpflichteten sich zum äußersten Kraftaufwand. Und wenn sie auch diese Zusage nicht voll einlösten — es standen kaum je mehr als 30.000 Briten an der Seite der Spanier — so war es doch ein genialer Mann, der die englischen Hilfstruppen befehligte: Wellesley, Lord Wellington, wie er seit der Schlacht von Talavera hieß. „Wenn der Krieg auf der spanischen Halbinsel andauert, ist Europa gerettet", pflegte er zu sagen, und danach handelte er. Klug berechnend, mehr defensiv als in gewagten Unternehmungen seine schmalen Kräfte riskierend, hielt er den überlegenen Gegner hin und erreichte seinen Zweck: die Wunde am Leib des Empire blieb offen. Trotz den 200.000 Mann, die ihnen Napoleon zurückgelassen hatte, waren seine Marschälle nicht imstande, das Land zu pazifizieren. Untereinander uneins, des aufreizenden Kampfes, der wenig Gewinn versprach, unlustig, und oft unsicher, ob sie den Befehlen aus Paris oder denen aus Madrid zu folgen hätten, brachten sie es nur zu unbedeutenden Erfolgen, und als der Kaiser von Schönbrunn nach Paris zurückkehrte, lauteten die Berichte aus dem Süden nicht allzu günstig.

Nun erwartete Jedermann, Napoleon werde selbst wieder nach Spanien gehen, die ungefügen Generale zur Ordnung

Natur beigelegt, die Ermordung eines Franzosen als ein verdienstliches Werk, die Unterlassung des Kampfes als todeswürdige Infamie bezeichnet.

bringen und mit der überlegenen Kraft seines Genies den
entscheidenden letzten Sieg erzwingen. Er hatte daran gedacht und in Briefen an Clarke und Berthier wiederholt davon
gesprochen, aber er ging doch nicht nach Spanien. Von denen,
die ihn genauer kannten, sagten die Einen, er habe in dem
von Fanatismus durchtobten Lande sein Leben nicht aufs
Spiel setzen wollen, die Andern, er sei durch seine Ehescheidung
und Wiedervermählung abgehalten worden, was wahrscheinlicher klingt. Nicht unmöglich auch, daß ihn jetzt dasselbe
Motiv, das am Anfang des Jahres 1809 seine Rückkehr nach
Frankreich beschleunigt hatte, hier zurückhielt: das Mißtrauen gegen Talleyrand und Fouché, die er, während seines
Feldzuges in Österreich, in geheimen Beziehungen mit Murat,
dann mit dem heimgeschickten Bernadotte bemerkt hatte.
Jedenfalls äußerte er sich bald sehr geringschätzig über die
spanische Affaire — wohl um sich selbst nicht zu widersprechen,
da er doch schon vor Monaten behauptet hatte, sie sei durch
ihn endgültig beseitigt worden — und begnügte sich, die
Aktionen seiner Generale von Paris aus zu leiten.

Und anfangs schien es auch wirklich, als sollte dies hinreichen. Am 19. November 1809 hatten die Franzosen bei
Ocaña über die letzten regulären Truppen Spaniens gesiegt,
deren geschlagene Reste nach Cadix geworfen und damit die
Provinz Andalusien fast gänzlich in König Josephs Hände
gebracht. Nun blieben nur die Guerillas und das englische
Hilfskorps in Portugal übrig. Die Ersten achtete der Kaiser
wenig. Von ihrer grauenvollen Bedeutung hatte er keine Vorstellung und glaubte es wohl auch nicht, wenn er hörte, der
Krieg mit ihnen sei noch weit entsetzlicher als seinerzeit der
in der Vendée. Besser dachte er von den Engländern. „Nur
die Engländer sind das einzig Gefährliche in Spanien", läßt
er Ende Januar 1810 und später wiederholt durch Berthier
an Joseph schreiben. Aber sollte man der paar tausend Briten
nicht Herr werden können, auch ohne ihn, namentlich wenn er,
wie er nun tat, die Streitkräfte auf der Halbinsel bedeutend
erhöhte und Massena, den tüchtigsten seiner Marschälle, mit
Schmeicheleien und Versprechungen für das Unternehmen
gewann, Portugal Wellington abzujagen? Ney und Junot
sollten unter Massena kommandieren, Soult, der an der Spitze
der Armee in Andalusien stand, ihm von dort nach Portugal

zu Hilfe kommen. So sicher war Napoleon des Erfolges, daß er am 8. Februar 1810 ein Dekret erließ, das die nördlich vom Ebro gelegenen Provinzen Biscaya, Navarra, Arragon und Katalonien der spanischen Staatsverwaltung entzog, sie in vier französische Militärgouvernements verwandelte und vier Generale: Suchet, Dufour (später Reille), Augereau und Thouvenot mit der höchsten bürgerlichen und militärischen Gewalt über sie ausstattete. Sie sollten für die ihnen unterstehenden Truppen aus den Einkünften dieser Provinzen sorgen, da die Regierung Josephs nicht imstande sei, die Hilfsquellen des Landes so energisch auszubeuten, daß sie die Armeekosten bestreiten könne; nur von Paris hätten sie fortan Befehle zu empfangen. An die Stelle der spanischen Farben trat in diesen Gebieten die Trikolore. Ein begleitender Brief an Berthier von demselben Tage sprach noch allgemeiner die Absicht des Kaisers aus, die Verwaltung alles von seinen Generalen eroberten spanischen Landes in deren Hände zu legen; auch die Steuererhebung wurde ihnen eingeräumt. Und wenn nun die Eroberung weiter fortschritt? Wenn Suchet von Katalonien immer tiefer nach Süden vordrang, und Massena wirklich Portugal den Engländern abgewann? Dann fiel wohl schließlich ganz Spanien unter französische Verwaltung. Und war das am Ende nicht besser als Hunderttausende französischer Soldaten und Hunderte von Millionen französischen Geldes bloß für die Selbstherrlichkeit eines ehrgeizigen Bruders zu opfern, der aus eigener Kraft seinen Thron doch nie verteidigen könnte? Man will aus gewissen Anzeichen vermuten, der Kaiser habe damals — im Frühjahre 1810 — vorübergehend wieder daran gedacht, den jungen Bourbon Ferdinand VII., nachdem er ihn mit seiner Nichte, der Tochter Lucians, vermählt und zur Abtretung der annektierten Landesteile genötigt haben würde, nach Spanien zurückzusenden. Aber die Sache ist zu schlecht verbürgt, um sie unbedingt gelten zu lassen[1]). Bestimmt wissen wir nur, daß Joseph, den

---

[1]) M a s s o n, Napoléon et sa famille, VI. 118 stellt diese Hypothese auf und S o r e l, VII. 435 nimmt sie an. So lange sie aber nur auf schlecht überlieferten Angaben in L u c i a n s Memoiren (III. 155) beruht, wird ihr kaum eine ernstere Bedeutung einzuräumen sein. Die Anwesenheit der fünfzehnjährigen Lolotte in Paris, vom Jänner bis in den Juni 1810, könnte auch mit der stets von der „Familie" gewünschten Versöhnung

die Abtrennung der vier Provinzen um das bißchen Kredit
brachte, das er sich durch seine Mäßigung bei den Liberalen
des Landes erworben hatte, seinen Minister Azanza nach
Paris sandte, um dort die Zurücknahme des Februar-Ediktes
zu erwirken, und Dieser nach langem Warten schließlich die
Aufklärung erhielt, der Kaiser habe die Einverleibung ganz
Spaniens in Frankreich, „dessen natürliche Fortsetzung es
bilde", beschlossen, sein König solle abdanken und damit
nur so lange noch warten, bis die Engländer von der Halbinsel vertrieben seien[1]).

Alles kam nun auf Massena an, und ob sein Zug gelang.
Er sollte nicht gelingen. Die Festungen, die den Weg nach
Portugal verlegten, kapitulierten erst nach langer und hart-
näckiger Gegenwehr, was Wellington eine Frist gab, die er
dazu benützte, bei seinem methodischen Rückzug alle Hilfsquellen zu vernichten und im Norden von Lissabon einen dreifachen Fortsgürtel vom Meer bis zum Tajo zu ziehen. An
dieser starken Stellung bei Torres vedras brach sich schließlich,

---

der beiden Brüder allein in Verbindung gestanden haben. Hatte doch
Mutter Lätitia zu diesem Zweck sogar die Verheiratung Napoleons mit
ihr im Auge gehabt.

[1]) Der bestürzte Diplomat bekam sogar die betreffenden Dokumente
— die Verzichturkunde Josephs und ein Manifest Napoleons an die Spanier
— fix und fertig in die Hand gedrückt. In der Kundgebung hieß es: „Mein
Bruder hat mir freiwillig die Krone zurückgegeben, die ich ihm abtrat,
und mich angefleht, den Untergang seiner Untertanen nicht zuzulassen.
Er kennt Eure Angelegenheiten, er rief meinen Schutz an und bestand darauf, daß ich Euch in mein Reich aufnehme." Ein starkes Stück an Ver-
drehung der Tatsachen! Das Gegenteil war die Wahrheit. Azanza hatte
in Paris die Zwiste und Diebereien der französischen Generale und die
Exzesse der Soldaten als die Hauptursache des allgemeinen Aufruhrs, die
Mäßigung Josephs als das einzige Mittel, das Land zu beschwichtigen,
bezeichnet und gebeten, den König nur noch ein Jahr lang wirksam zu unterstützen ohne die Integrität Spaniens zu verletzen. Jene Aktenstücke gelangten übrigens nicht nach Madrid. Sie fielen einer Guerilla in die Hände
und standen bald darauf in spanischen Insurgentenblättern und im „Courrier
de Londres" abgedruckt (P e r t z, Die polit. Bedeutung des Jahres 1810,
in den Abhandlungen der Berliner Akademie der Wissenschaften von 1861,
S. 196 ff.). Joseph, der stets mit seiner Abdankung gedroht hatte, solange
der Kaiser noch an dem Familiensystem festhielt, konnte jetzt, trotz solchen
demütigenden Zumutungen, dazu den Entschluß nicht finden. Er blieb,
wie er es nannte, „der Türhüter der Spitäler, Zeug- und Invalidenhäuser
von Madrid".

trotz einem wichtigen Erfolg bei Busaco im September 1810, die Kraft des Franzosenheeres, dem die Entbehrungen des Vormarsches sehr hart zugesetzt hatten und das weder aus Frankreich noch von Soult her die nötige Unterstützung erhielt, so daß Massena im Frühling 1811 nach Spanien zurückkehren mußte. Nach einer neuen Schlappe, die er Anfang Mai bei Fuentes de Oñoro erlitt, verlor er das Oberkommando, das der erzürnte Kaiser Marmont übertrug.

So war Portugal nicht erobert, England vom Festland nicht vertrieben, vielmehr der Brite durch seinen Sieg über den trefflichsten Marschall des Kaiserreiches in seiner Geltung wesentlich erhöht. Dagegen litten die einzelnen französischen Heeresteile und ihre gezwungenen Alliierten unsäglich. Ungezählte Menschenleben verschlangen Krankheit, Hunger und die heimliche Tücke des Gegners. „Dies ist ein grausamer Krieg," schreibt ein Offizier der rheinbündischen Truppen über den unaufhörlichen Kampf mit den Guerillas, „hier gilt nichts als Sieg oder Tod und am Ende — doch der Tod[1]." Das Regiment der sächsischen Fürstentümer zum Beispiel, das im Frühjahr 1810 2300 Mann stark in Spanien angekommen war, hatte bereits im September 1000 Mann verloren und über 1200 in den Spitälern liegen. Im Oktober waren davon nur noch 27 Mann dienstfähig. Von den Truppenkörpern, die der Kaiser über die Grenze sandte, langte immer nur ein Bruchteil, und kein großer, am Bestimmungsort an. Die Entmutigung der Krieger wuchs fortwährend, und nur die eine Hoffnung hielt sie bis ins Jahr 1812 aufrecht: der große Schlachtenkaiser werde sicher noch kommen, um die Kampfesnot ruhmreich zu endigen.

Aber er kam auch jetzt nicht, wenn sich gleich die Lage immer schwieriger gestaltete. Und das hatte wieder seinen ganz bestimmten Grund. Er kam nicht, weil er in dem Krieg auf der Halbinsel nur eine nebensächliche Episode der gewaltigen Fehde erblickte, die er an allen Ecken des Kontinents gegen Großbritannien führte, ein sekundäres Moment, das sofort jede Bedeutung verlieren mußte, sobald anderwärts der große Streit siegreich zu Ende geführt war. Und da dieser

---

[1] B e r n a y s, Die Schicksale des Großherzogtums Frankfurt und seiner Truppen, S. 120.

Streit seine volle Tätigkeit in Anspruch nahm, so durfte er
— dies war offenbar sein Erwägen — sich nicht persönlich in
die untergeordnete Einzelheit des peninsularen Gefechtes ein-
lassen, das ihn vom Zentrum seiner Politik und deren nächsten
Zielen allzuweit entfernte. Kurz gesagt, der Handelskrieg war
ihm die Hauptsache, er bildete den wesentlichsten Teil seines
Systems. Als er ihn im Jahre 1810, zur Zeit, da er Massena
gegen Lissabon aussandte, mit erhöhtem Eifer wieder aufnahm, war es seine Überzeugung, England sei durch die
Blockade bereits so sehr finanziell geschwächt, daß nur noch
ein paar Jahre Ausdauer hinreichen würden, um seine Macht
völlig zu erschöpfen. Und es fehlte in der Tat nicht an
Symptomen, die die Ansicht unterstützten. Der englische Staatsschatz hatte durch die ewigen Subsidien an die Kontinentalmächte und die kostspieligen Expeditionen nach Spanien
und Holland stark gelitten; die Noten der englischen Bank
hatten bereits über zwanzig Prozent an Agio eingebüßt; auf
dem Festland nahm man das Pfund Sterling, das gemeiniglich
mit 25 Franken gewechselt worden war, nur noch zu 17 Franken
an. Seit dem Jahre 1807 war die Wollindustrie in York und
Wiltshire ebenso notleidend geworden wie die Baumwoll-
manufakturen in Manchester und Glasgow und die Eisenwerke
von Sheffield und Birmingham. Die indirekten Abgaben, mit
denen der Staat seine Bedürfnisse zu decken suchte, lasteten
schwer auf den Fabrikanten und — schwerer noch — auf den
Arbeitern[1]). Eine Handelskrise war die selbstverständliche
Folge, und die Bankbrüche häuften sich. Schon eiferte im
Parlament eine respektable Opposition gegen die Fortführung

---

[1]) Die Kosten für die Lebenshaltung einer Londoner Familie des Mittel-
standes hatte sich von 540 Lst. vor den Franzosenkriegen auf 900 während
derselben erhöht, um nach dem Friedensschluß in den zwanziger Jahren
auf 750 Lst. zu fallen. Die Ausgaben einer Landarbeiterfamilie waren von
1792 bis 1813 von 27 Lst. auf 48 gestiegen und betrugen 1823 wieder 32 Lst.
(Siehe R o s e's Auszug aus L o w e, ,,The Present State of England in
regard to Agriculture, Trades and Finance", 1823 bei L u m b r o s o,
Napoleone e l'Inghilterra, p. 430.) Natürlich stellten sich die Budgets
der von der Konkurrenz der Maschine bedrängten gewerblichen Arbeiter
noch sehr viel ungünstiger: die Weberlöhne waren in der Zeit von 1795
bis 1810 von 39 auf 15 Shilling per Stück gefallen. (Nach G a s k e l l,
,,Artisans and Machinery", 1836, cit. von R o s e, Napoleonic studies,
p. 195.)

des Krieges. Und die Kontinentalsperre war bisher noch nicht einmal in ihrem vollen Umfang durchgeführt worden. Geschah dies erst, so meinte Napoleon sicher zu sein, daß England sich beugte, um Frieden bat und auf seine Alleinherrschaft zur See verzichtete. Dann war natürlich auch der Kampf in Spanien zu Ende. War es unter solchen Umständen — so mochte er rechnen — nicht widersinnig, selbst über die Pyrenäen zu gehen, anstatt von Paris aus alles zur schärfsten Anwendung des Blockadesystems vorzukehren? Aus Spanien wäre dies, schon des schlechten Verkehrs wegen, unmöglich gewesen. Nein, nein, Wellington war nicht bloß auf der Iberischen Halbinsel zu besiegen. Denn nicht die physische Kraft des einen oder anderen britischen Expeditionskorps war der wesentliche Gegner, sondern die materielle Kraft des britischen Reichtums, der diese Expeditionen ausrüstete, Koalitionen warb und Aufstände zettelte. Dieser mußte vernichtet werden, und dieser vor jedem andern.

So drängte alles nach der einen Frage hin: ob sich die Kontinentalsperre wirklich in der vollen, dem britischen Nationalvermögen so verderblichen Strenge durchführen ließ, wie Napoleon es für möglich hielt? In ihrer Beantwortung lag die Entscheidung über das Schicksal der Welt.

Es ist in dieser Lebensgeschichte wiederholt angedeutet worden, daß der Gedanke, den seit hundert Jahren währenden Krieg mit England fortzuführen, indem man den britischen Industrieartikeln und Kolonialwaren den kontinentalen Markt entzog, nicht in Napoleons Kopf entsprungen, sondern früheren Datums war. Tatsächlich ist er im Schoß der revolutionären Regierung von Frankreich schon zu einer Zeit entstanden, als der junge General Bonaparte eben erst in Italien seine Lorbeeren zu pflücken begann[1]). Die Machthaber der Republik

---

[1]) In einem Brief vom 22. Juli 1796 schrieb Mallet du Pan an Thugut: „Der Haß gegen England hat neue Kraft gewonnen; die Vorbereitungen zu einer Landung daselbst werden fortgesetzt, und es ist ein Plan gefaßt und zum Teil auch schon durchgeführt, England die Häfen des Kontinents zu verschließen." Eine Woche später: „Man wird England, soweit man es vermag, den Markt des Kontinents versperren, damit seine Einkünfte, seine Fabriken, kurz, seine wichtigsten Hilfsquellen angreifen, hierdurch den Widerspruch der britischen Nation hervorrufen und auf

waren von der Richtigkeit der Idee durchdrungen, und der
Kaiser ist ihr treu geblieben. Unablässig hat er im Verkehr
mit den einzelnen Staaten darauf hingearbeitet, bis er, Sieger
über Österreich und Preußen, im November 1806 von Berlin
aus jenes Blockadedekret erließ, das alle Schiffe, die unmittelbar
aus England und dessen Kolonien kamen, von den Küsten
des Kontinents fernhielt. Durch die Edikte der Engländer
vom 11. und 25. November und die Dekrete Napoleons vom
23. November und 17. Dezember 1807 war dann auch der
Seehandel der Angehörigen neutraler Mächte unendlich
schwieriger geworden, so sehr, daß die Regierung der Vereinigten Staaten von Amerika ihren Bürgern geradezu den Verkehr mit Europa untersagte, ihnen ihre Baumwolle, anstatt
sie nach Frankreich oder England auszuführen, selbst zu verarbeiten riet, dafür aber auch französischen und britischen
Schiffen die Konfiskation in den amerikanischen Häfen an-
drohte. Nur fand sie nicht viel Gehorsam für ihr Verbot.
Amerikanische Reeder nahmen gleichwohl englische Kolonial-
und Manufakturwaren an Bord und handelten damit unter

---

solche Weise die Regierung zwingen, um Frieden zu bitten." (Correspondance inédite, II. 118. 120.) Ein Artikel des offiziellen „R e d a k t e u r"
vom 29. Oktober desselben Jahres enthält den Satz: „Unsere Politik muß
sich darauf beschränken, den Handel Englands und damit seine Macht
zu ruinieren, indem man es vom Kontinent ausschließt." Zwei Tage später
verbot das Gesetz vom 10. Brumaire V (31. Oktober 1796) die Einfuhr
aller englischen Produkte und Handelswaren und überdies aller Artikel,
die vorzugsweise in England erzeugt wurden, wie Baumwollensamte, Musse-
line, Wirkwaren, Shawls, Kristallwaren, Zuckerraffinade usw. (Aus dem
„Recueil des lois concernant les douanes", Par. 1876 abgedruckt bei
L u m b r o s o, p. 49 ff.) Der Motivenbericht dazu erklärte es als eines
der wirksamsten Mittel, die heimischen Manufakturen wieder empor-
zubringen, „den Verkauf und den Konsum englischer Waren in der ganzen
Ausdehnung der Republik zu verhindern". (Siehe M o n i t e u r vom
29. Vendémiaire V) Die Einfuhr englischer Artikel nach Frankreich hatte
übrigens auch schon der Konvent — in Dekreten vom 1. März und 9. Oktober 1793 — streng verboten. Wenn M. D u n a n in einer literarischen
Studie „Le système continental" (Revues études napol. 1913) den
Engländer Rose als denjenigen nennt, der es im Jahre 1893 zuerst aussprach, Napoleon habe in der Sache der Kontinentalsperre nur das ausgeführt, was bereits vor ihm die Revolution beabsichtigt und zum Teil
begonnen hatte, so ist dies unrichtig. Die Sache steht bereits in der ersten,
1889 erschienenen Ausgabe dieses Werkes, so wie sie hier steht. Einiges wurde
darüber schon vorher von Sybel in seiner Geschichte der Revolutionszeit gesagt.

falschen Angaben über deren Herkunft nach Holland, den Hansestädten, den preußischen und russischen Häfen. Im Mittelmeer deckte die neutrale türkische Flagge auf Schiffen griechischer Kaufleute die britische Fracht, die nach Triest, Venedig, Genua etc. eingeführt wurde. Dieser ausgedehnte Zwischenhandel störte nun freilich die Absicht Napoleons aufs empfindlichste, und er war darauf bedacht, ihn ebenso lahm zu legen wie den direkten Kommerz mit England. Er erließ im März 1810 ein Edikt, das sich geradezu gegen die Neutralen kehrte, indem es die griechischen Schiffe im Süden genauester Durchforschung nach der Provenienz ihrer Ladung unterwarf, die Amerikaner dagegen — und hier kam ihm jenes Verbot der Regierung von Washington trefflich zu statten — in allen französischen und Frankreichs Waffen erreichbaren, d. i. okkupierten Häfen mit Beschlagnahme bedrohte. Erst als die Vereinigten Staaten das Embargo gegen die französischen Kauffahrer aufhoben, erklärte sich Napoleon bereit, amerikanische Schiffe in den französischen Häfen zuzulassen, wenn auch nur solche, die ihre Ladung direkt über den Ozean nach Frankreich brachten. Solche, die vorher englische Häfen berührt hatten, und jene, die in der Ostsee Handel trieben, wurden nach wie vor feindlich behandelt[1]).

Der Handel der Neutralen war es jedoch nicht allein, der Napoleons Politik wider England beirrte. Ihm zur Seite hatte sich ein immenser Schleichhandel entwickelt, der, trotz allen Dekreten und Verordnungen, den Kontinent fortwährend mit den verfemten englischen Kolonialwaren und Webeartikeln versah; allerdings zu hohen Preisen, während in den Londoner Lagerhäusern die Entwertung der heimischen Produkte immer größere Fortschritte machte. Die Differenz, d. i. die Prämie für den Schmuggel, belief sich 1810 durchschnittlich auf ungefähr fünfzig Prozent. Um nun diesem Pascherwesen ein

---

[1]) T h i e r s, XII. 32 ff. C o r r e s p. XX. 16.348. XXI. 16.743.17.206. Auch die Maßregel gegen die Neutralen ist schon vom Direktorium vorgedacht gewesen: Anfang Januar 1798 empfahl es den gesetzgebenden Körperschaften, alle neutralen Schiffe, die englische Ware führten, wer immer die Eigentümer wären, in Beschlag zu nehmen und jedem neutralen Fahrzeug, das in England angelegt habe, die französischen Häfen zu verschließen. (S y b e l, Geschichte der Revolutionszeit, V. 36.) Der Zweck war, wie man angab, die Freiheit der Meere zu schirmen (M a l l e t d u P a n, II. 390).

Ende zu machen und zugleich den durch den spanischen Krieg
und die stetig sinkenden Zolleinnahmen verschlechterten
Staatsfinanzen aufzuhelfen, erließ der Kaiser am 5. August
des genannten Jahres zu Trianon ein Edikt, das von Baumwolle, Zucker und anderen Kolonialwaren — „die ja sämtlich
englischen Ursprungs seien" — einen Einfuhrzoll von fünfzig
Prozent des Wertes und darüber forderte und Depots solcher
Waren, die, unverzollt, innerhalb vier Meilen jenseits der französischen Grenze lagen, zu konfiszieren befahl. Damit wollte
er den Schmugglern gleichsam das Geschäft abjagen und
seiner Schatzkasse, der „außerordentlichen Domäne" („domaine extraordinaire"), die ihm ein Senatskonsult vom
30. Januar 1810, unabhängig vom Haushalt des Staates und
seiner Kontrolle, eingeräumt hatte und in die, neben den
reichen Erträgen der Kriegszüge und den Renten von den
fremden Staatsgütern, auch der Zoll floß, einen erheblichen
Zuschuß sichern[1]). Ein späteres Dekret, vom 18. Oktober aus
Fontainebleau datiert, bestimmte, daß englische Manufaktur-
artikel in Frankreich sowohl wie in den verbündeten Ländern,
wo immer man ihrer habhaft würde, dem Feuer zu überliefern
seien. In der Tat sah man während der nächsten Wochen
allenthalben französische Soldaten über die Grenze gehen,
im Verein mit den Zöllnern Magazine erbrechen, den Fleiß
britischer Arbeit zu Haufen tragen und in Asche verwandeln,

---

[1]) „Geben wir dem Staatsschatz den Gewinn, dessen sich sonst der
Schmuggel bemächtigen würde, gewähren wir Erleichterungen für die Ein-
fuhr der Kolonialwaren und erhöhen wir die Abgaben dafür", hatte der
Zolldirektor Collin an den Kaiser geschrieben. (D a r m s t ä d t e r, Das
Großherzogtum Frankfurt, S. 308, wo auch die Ziffern der Zolleinnahmen
Frankreichs: 1807: 60, 1809: 11 Millionen verzeichnet sind.) Das Senatskonsult vom 30. Jänner 1810 schuf nichts neues, sondern regelte nur die
Verwaltung des Kriegsschatzes, den Napoleon nach dem Feldzug von 1805
mit einem Teil der österreichischen Kriegsbeute gegründet und seither
mit den klingenden Ergebnissen seiner siegreichen Waffengänge reich
dotiert hatte. Die „außerordentliche Domäne" sollte, wenigstens teilweise,
„die Auslagen für die Armee, für Belohnungen von Militär- und Zivilpersonen,
für Errichtung von Monumenten, Herstellung öffentlicher Bauten und
Arbeiten, Ermunterung der Künste und Vermehrung des Glanzes des
Kaiserreiches bestreiten". Bis Anfang 1810 sollen die Fonds des Domaine
extraordinaire zwei Milliarden betragen haben. (Vgl. R u p e l l e, Les
Finances de la Guerre de 1796 à 1815. Annales de l'école polit., 1892,
p. 656.)

Zucker und Kaffee aber auf Munitionswagen laden und nach Antwerpen, Mainz, Frankfurt, Mailand führen, wo sie öffentlich versteigert wurden. Dabei waren Prämien auf den Eifer gesetzt, während Pascher und Hehler den drakonischen Strafen eines im November 1810 eigens zu diesem Zweck eingesetzten Gerichtshofes verfielen. Zu solcher Härte hatte sich das Kontinentalsystem ausgebildet. Sie wurde nur in Frankreich dadurch gemildert, daß hier einzelne Reeder für gutes Geld — das gleichfalls in den kaiserlichen Tresor floß — die Erlaubnis erhielten, gewisse Gattungen englischer Produkte, namentlich unentbehrliche Material- und Farbwaren, zu importieren und französische Weine und Kornfrüchte nach England auszuführen. Und damit die Industrie dabei nicht zu kurz komme, war diese Erlaubnis an die Verpflichtung gebunden, mit den Agrarprodukten zugleich auch Fabriksware zu exportieren, was dann zur Erzeugung minderwertiger Massenartikel, namentlich in Seide, führte, an denen nicht allzu viel gelegen war, wenn sie von den Engländern, die nur Naturprodukte aufnahmen, zurückgewiesen und „ad usum delphinorum“, wie man sagte, ins Meer versenkt wurden. Das Geschäft blieb dennoch ein sehr vorteilhaftes, und mancher Spekulant ließ sich die „Lizenz“ ein gutes Stück Geld kosten.

Es konnte nun freilich nicht geleugnet werden: das System der Lizenzen durchbrach den großen Plan, den der Kaiser mit der Kontinentalsperre verfolgte. Es bewahrte nicht nur die Engländer, die damals, 1810, nach Mißernten von Hunger und Not bedroht waren, vor einem bösen Schicksal, sondern gab auch außerhalb Frankreichs, wo Napoleon unnachsichtig auf der Sperre bestand, Anlaß zu arger Mißstimmung[1]). Was ihn zu einer solchen, seiner ganzen Politik widersprechenden Haltung bewogen haben mochte, erfährt nur, wer einen Blick auf die wirtschaftliche Lage seines Reiches in jener Zeit wirft.

Das Blockadesystem hatte ohne Zweifel einzelnen Zweigen der französischen Industrie einen mächtigen Anstoß gegeben und die Ausdehnung des Empire durch die siegreichen Feldzüge deren Absatzgebiet vergrößert. Das war namentlich bei der Baumwoll- und Seidenindustrie, in der Woll- und Luxus-

---

[1]) Daß auch das Direktorium schon „Lizenzen“ verkaufte, erfährt man aus einem Briefe Mallet du Pans vom 28. Jänner 1798. (Correspondance inédite, II. 398.)

branche und bei den Eisengewerken der Fall. Andere — die
Leinenmanufaktur z. B. — hatten zwar mit den Kolonien
einen wichtigen Markt verloren, dann aber doch in dem vermehrten Export nach den kontinentalen Nachbarländern zureichenden Ersatz gefunden. So war, trotz dem Verfall des
Seehandels, im ganzen während der ersten fünf Jahre des
Kaiserreiches die Lage der gewerblichen Produktion Frankreichs eine durchaus befriedigende[1]). Sie schuf dem Landmann
kaufkräftige Konsumenten, dem Staate willige Steuerträger,
dem Kaiser eine treue und ergebene Anhängerschaft im Volke.
Und das war stets Napoleons vornehmster Gesichtspunkt gewesen. Deshalb hatte er das Empire schon 1806 gegen j e d e n
fremden Import der wichtigsten Artikel (Webewaren, Seifen
usw.) verschlossen[2]), deshalb der Ausfuhr heimischer Industrie-
erzeugnisse mit den Waffen einen Weg über Frankreichs
Grenzen weit hinaus in die seinem politischen Einfluß unterworfenen Länder gebahnt. Denn das darf man nicht meinen,
daß er je daran gedacht habe, aus dem gegen Großbritannien
abgeschlossenen Kontinent ein einheitliches Wirtschaftsgebiet
mit freiem Handelsverkehr zu machen. Nein, er war, wie
Konvent und Direktorium vor ihm, Hochschutzzöllner und
ein so entschiedener Gegner des Freihandels, daß er z. B. von
Jean Baptist Says Lehrbuch der politischen Ökonomie, das
1803 erschienen und für die Beseitigung der Zölle eingetreten
war, keine neuen Auflagen zuließ. Und dabei sperrte er nicht
nur Frankreich gegen jede Einfuhr — selbst die italienische
und die deutsche von jenseits des Rheins — ab, sondern hinderte
auch den Verkehr der anderen Länder untereinander, wo er
konnte. So, wenn er z. B. durch ein Edikt aus dem Oktober
1810 das Königreich Italien nur für die Ein- und Durchfuhr
französischer Waren offenhielt, womit den österreichischen
Tuchen, den Schweizer Baumwollzeugen und denen vom Rhein

---

[1]) Das Erstarken der französischen Industrie zur Zeit Napoleons
drückt sich am deutlichsten darin aus, daß der Import an Rohstoffen und
Halbfabrikaten in dem Zeitraum zwischen den Jahren vor der Revolution
und denen nach dem Kaiserreich um ein Drittel zunahm, während der
an Industrieprodukten auf die Hälfte sank. S. R o c k e, Die Kontinentalsperre und ihre Einwirkungen auf die französische Industrie, S. 40 nach
M o r e a u d e J o n n è s, Le commerce au 19. siècle. (Par. 1825.) S. 186.
[2]) Ch. S c h m i d t, Le Grand-Duché de Berg (Paris 1905), p. 333 ff.
hat auf die Bedeutung des Tarifs vom 30. April 1806 treffend hingewiesen.

ein wertvolles Absatzgebiet verloren ging; so, wenn er durch
ein Dekret aus derselben Zeit die italienische Rohseide mittels
hoher Ausfuhrzölle der Schweiz und dem bergischen Lande
vorenthielt, damit sie ausschließlich den Lyoner Fabrikanten
zugute käme, die dann mit ihrer mächtigen Konkurrenz das
lombardische Gewerbe erdrückten[1]).

So hat er immer nur der französischen Industrie zu dienen
gesucht, deren Interessen ein im Juni 1810 ins Leben gerufener
„Fabriks- und Gewerberat" wahrzunehmen hatte, und er hat
es getan, um sie seinem Regime gutgesinnt und opferwillig
zu erhalten. Er spricht das in einem Briefe vom 23. August
1810 an den Vizekönig Eugen, der gegen jene Verfügung
Vorstellungen erhob, deutlich aus: „Ich kann Ihre Bemerkungen nicht billigen. Mein Grundsatz ist: Frankreich vor
Allem. Sie dürfen nicht außer acht lassen, daß, wenn der
englische Handel das Meer beherrscht, dies deshalb der Fall
ist, weil die Engländer zur See am mächtigsten sind; es ist
daher nur in der Ordnung, daß der Handel Frankreichs, des
mächtigsten Staates zu Lande, ebenso auf dem Kontinent
triumphiere, sonst wäre alles verloren. Besser für Italien, es
kommt in einem so wichtigen Falle, wie in diesem, Frankreich
zu Hilfe, anstatt sich mit Zollämtern zu bedecken. Verlöre
ich einmal eine große Schlacht, so würden aus dem alten Frankreich eine, zwei Millionen Menschen unter meine Fahnen
eilen und alle Börsen mir offen stehen, Italien dagegen würde
sich beiseite drücken[2])." Solcher Opfermut, der ihm seine
persönliche Machtstellung in Europa sicherstellte, wollte belohnt sein: darum die Schutzzölle für die französische Industrie
auf Kosten der Produktion in den anderen Staaten, darum

---

[1]) S. die nächste Note.

[2]) Corresp. XXI. 16.824. Am 26. August schreibt er an seinen
Stiefsohn: „Die italienischen Zollstätten müssen genau auf demselben Fuß,
wie die französischen, funktionieren; denn sonst, ich verberge es
Ihnen nicht, werde ich Italien mit Frankreich vereinigen. Italien ist z. B. überschwemmt mit Schweizer Waren; alle
bedruckten Zeuge und Cotonnaden kommen aus der Schweiz, während
Frankreich von solchen Waren strotzt. Meine Absicht ist, daß die bedruckten Zeuge aus Deutschland und der Schweiz in Italien nicht mehr
zugelassen werden und nur noch aus Frankreich dahin gelangen." Corresp. XXI. 16.829. Schon im Juni 1806 war der Zutritt von „englischen",
d. i. Baumwollwaren nach Italien nur aus Frankreich zugestanden worden.

die Begünstigung ihres Exports in die abhängigen Länder, die
sich den guten englischen Artikeln verschließen mußten, um
minder gute und oft auch teurere französische Fabrikate aufzunehmen und obendrein — wie im Großherzogtum Berg —
die eigene Produktion durch die fremde lahmgelegt zu sehen.
Es war eine ökonomische Tyrannei, die der politischen zur
Seite ging und ohne Zweifel zur Erregung der Nationen das
Ihrige beigetragen hat.

Aber alle Sorgfalt konnte die französische Industrie
nicht davor bewahren, daß auch sie die Nachteile des politischen Systems, das ihr nützen wollte, zu fühlen bekam
und in den Jahren 1810 und 1811 eine Krisis erfuhr, die allen
Kredit — und auch den des Kaisers — tief erschüttern sollte.
Die Vorteile, die die Schutzzollkonjunktur bot, hatten immer
neue Etablissements ins Leben gerufen, die bald über den
inländischen Bedarf weit hinaus produzierten. Damit war die
Sorge für den Export wichtigste Regierungspflicht geworden,
und Napoleon hat sicher, wie es ihm mit Deutschland und
Italien gelungen war, so auch bei Spanien, als er das Land für
sein Haus gewann, die Absicht verfolgt, es der französischen
Industrie noch zugänglicher und der britischen Konkurrenz
noch unzugänglicher zu machen, als das bis dahin der Fall
gewesen war[1]). Da bewirkte aber der durch die Expedition des Jahres 1808 hervorgerufene Aufstand des spanischen
Volkes das gerade Gegenteil: die mit nahezu siebzig Millionen
bewertete Ausfuhr nach der pyrenäischen Halbinsel sank in
dem einen Jahr auf die Hälfte und dann nur noch immer
tiefer, da einerseits der andauernde Krieg die Konsumtions-
fähigkeit der Bevölkerung verminderte, anderseits die englische Hilfsaktion dem britischen Import den Zugang über
Portugal offen hielt. Und dazu kam, daß auch Holland, durch
den Verlust seines Handels herabgebracht, weniger aufnahms-

---

[1]) „Während Spanien im einzelnen Frankreich und seinen Handel
(durch seine Zölle) bekämpfte, standen seine Häfen, und insbesondere die
im Biskayischen Golf, dem Handel Englands offen, und die in Spanien,
wie in Frankreich, verkündeten Blockadegesetze halfen nur den Schmuggel
der Engländer begünstigen, deren Waren sich von Spanien aus über Europa
verbreiteten." So heißt es in dem von Napoleon selbst verfaßten Bericht
seines Ministers des Äußern vom 24. April 1808. C o r r e s p. XVII. 13.776.
Siehe die vorige Note über eine allfällige Annexion des Königreiches Italien
aus den gleichen Beweggründen.

fähig geworden war, und ebenso die deutschen Länder, durch
die Kriege in Armut geraten, die Hoffnungen der französischen Exporteure nicht mehr erfüllten.

Da stellte sich die Notwendigkeit ein, der französischen
Industrie wenigstens daheim zureichenden Absatz zu sichern,
d. h. vor allem die landwirtschaftlichen Kreise kaufkräftig zu
erhalten. Das sollte geschehen, indem man diesen den englischen Markt zugänglich machte — denn Wein und Korn
nahm man dort gerne auf. Daher die Lizenzen, die ein grober
politischer Fehler waren, da sie in England den hoch gestiegenen
Kornpreis ermäßigten und damit den Briten ihr Dasein erleichterten[1]). Aber ihre Wirkung war auch verschwindend
gering gegenüber dem Nachteil im großen, der dem gewerblichen
Leben Frankreichs schließlich aus seiner auswärtigen Politik
erwuchs und den Napoleons Zolledikt von Trianon, da es den
Preis der Rohstoffe noch höher hob, nur noch verschärfte.
Dieses Edikt hatte überdies den Nachteil, daß es den Handel
mit Kolonialwaren zur wüsten Spekulation ausarten ließ, was
den Geldmarkt aufs ungünstigste beeinflußte. Als nun die
Industrie, die ihre zahlreichen, auf die frühere günstige Kon-
junktur kalkulierten Neugründungen häufig mit erborgten
Kapitalien vorgenommen hatte, der verminderten Ausfuhr
wegen die Zinsen dafür nicht mehr voll aufbrachte, kam es zum
Zusammenbruch großer Bankhäuser, der weite Kreise ins Mitleid zog. Nun wurden den Fabrikanten allenthalben die
Kredite gekündigt, was wieder den Sturz vieler Industrie-
etablissements, in anderen die Einschränkung des Betriebes
und die Brotlosigkeit Tausender von Arbeitern zur Folge hatte.
Dadurch sah sich dann auch noch die Landwirtschaft in ihren
Einkünften, und damit in ihrer Kaufkraft, geschmälert, und
so ward die Krisis schließlich allgemein. Es war ein Zirkel
der verhängnisvollsten Art, wenn Napoleon durch die Un-
summen, die er dem Ausland für die Erhaltung seiner Armeen
und für seinen Kriegsschatz abnahm, den Markt, den er der

---

[1]) Erst 1811 wurde die Ausfuhr von Getreide nach England verboten, worauf sich dort der Getreidepreis bis zur Unerträglichkeit hob,
um erst nach Napoleons Mißgeschick in Rußland im Jahre darauf und
durch die erhöhte Zufuhr aus den Ländern am Baltischen Meer im
Jahre 1813 dauernd zu sinken. R o s e , Napoleon's studies, 211 ff. gibt
die Weizenpreise der verschiedenen Jahre an.

heimischen Industrie zu erobern gedachte, selbst wieder entwertete. Was wollte es da sagen, wenn er jetzt 18 Millionen zur Unterstützung einzelner Unternehmer hergab, damit sie ihre Werke in Tätigkeit erhalten konnten, neue Nutzbauten aufführen ließ, um die feiernden Arbeitskräfte zu beschäftigen, Erfinder, wie Jacquard, reich belohnte, Millionenpreise für die Entdeckung neuer Verfahren ausschrieb, den Anbau von Baumwolle in Südfrankreich und Italien förderte und die Seidenindustrie dadurch heben wollte, daß er seine Paläste mit Möbeln und Tapisserien aus Lyoner Stoffen ausstatten ließ? Das waren sehr schöne Zeugnisse für die Energie seiner Verwaltung, aber doch wieder nur Notbehelfe, die das einmal erschütterte Vertrauen in den Segen seiner ruhmreichen Staatsführung nicht wieder völlig herzustellen vermochten[1]).

.   Das wäre nun doch wohl der Moment gewesen, den definitiven Frieden mit England ernster als bisher ins Auge zu fassen. Aber der Weg dahin war gerade jetzt, als die Krisis in ihrer vollen Schärfe auftrat, ungangbar geworden. Der Kaiser hatte es allerdings zu Beginn des Jahres 1810 versucht, seine letzten kriegerischen Erfolge auch in London zu verwerten. Es war ja möglich, daß man dort, durch das Mißlingen der Expedition nach Antwerpen nachgiebig gemacht, einem Frieden zustimmte, wie er ihn wünschte. Um hierüber Sicherheit zu gewinnen, hatte er Holland vorgeschoben. Dieser Staat war bereits daran, dem Kontinentalsystem zum Opfer zu fallen. Nur durch ihre Schiffahrt, ihre Kolonien, ihren Handel waren die Generalstaaten zu Geltung und Reichtum gelangt, darauf allein waren sie angewiesen, und wenn Napoleons Gesetze, die allen Kommerz zur See unmöglich machten, zu strenger Durchführung kamen, war ihr Verderben unausbleiblich. Das wußte der Kaiser sehr genau. „Holland wird seinem Ruin nicht entgehen können," hatte er schon im März 1808 an seinen Bruder Ludwig geschrieben, als er ihm die spanische Krone antrug, in der Absicht, das Nieder-

---

[1]) Über die Intensität der Krisis im Zusammenhang mit der verminderten Aufnahmsfähigkeit des auswärtigen Marktes belehrt u. a. das Sinken des Exports an Seidenwaren nach Deutschland von 45 Millionen Franken auf 16 in der Zeit von 1810 auf 1811. S. Darmstädters vortreffliche „Studien zur napoleonischen Wirtschaftspolitik" in der Vierteljahrschrift für Sozial- und Wirtschaftsgeschichte, II. 600.

land mit Frankreich zu vereinigen[1]). Ebenso war ihm bekannt, daß die Holländer die Schiffe der Amerikaner und ihre britische Fracht mit offenen Armen bei sich aufnahmen und die Waren weiter ins Innere des Erdteils verschickten, um so wenigstens einen Bruchteil ihres ehedem so großartigen Speditionshandels zu retten. Damals hatte Ludwig Spanien abgelehnt und auch Napoleon den Annexionsplan fürs erste beiseite gelegt. Nach dem österreichischen Kriege aber war er sofort darauf zurückgekommen. Er nahm jetzt zum Vorwand, daß die Holländer nicht imstande gewesen seien, der englischen Invasion im Jahre 1809 mit genügenden Kräften zu begegnen. Und tatsächlich waren ja die Briten auch mehr durch das Sumpffieber als durch die Truppen des Königs von Antwerpen fort und zur schleunigen Rückkehr nach der Insel Walcheren genötigt worden, wo sich eine Abteilung allerdings noch ein paar Monate lang behauptete. Als dann Ludwig nach Paris eilte, um sich und sein Land gegen den Vorwurf des „Verrates an Frankreich" zu verteidigen, teilte ihm Napoleon offen seine Absicht mit, Holland dem Empire einzuverleiben, ihn selber aber mit einem deutschen Fürstentum auszustatten. Ja, am Tag darauf, 3. Dezember 1809, vernahm es auch der Gesetzgebende Körper aus seinem Munde: „Holland, das zwischen Frankreich und England liegt, ist das Mündungsgebiet der wichtigsten Arterien meines Reiches. Es werden Veränderungen notwendig; die Sicherheit meiner Grenzen und das wohlverstandene Interesse beider Länder verlangen sie gebieterisch." Und zehn Tage später hieß es schon in einem offiziellen Bericht, Holland sei nur „ein Teil von Frankreich". Nur das eine Zugeständnis erhielt der König, daß ein holländischer Vertrauensmann vorerst nach England gehen durfte, um dort insgeheim die Zurücknahme der Dekrete von 1807 zu verlangen und dafür die Räumung Hollands und der Hansestädte durch die Franzosen, im Falle der Ablehnung aber deren Reunion mit Frankreich in Aussicht zu stellen. Diese Mission, bei der es Napoleon offenbar nur darum zu tun war, England durch eine Drohung zur Nachgiebigkeit zu bewegen oder, wenn dies fehlschlug, ihm die Schuld für die Annexion Hollands aufzuladen

---

[1]) Siehe den in Band II. S. 253 zitierten Brief bei R o c q u a i n, Napoléon et le Roi Louis, p. 165 und C o r r e s p. XVI. p. 500.

scheiterte. Ludwig schickte zwar den Amsterdamer Bankier Labouchère, einen Schwiegersohn Barings in London, zu Wellesley, dem englischen Minister des Äußern, damit er ihm in bewegten Worten vorstelle, wie es um die Unabhängigkeit seines Vaterlandes geschehen sei, wenn England jene Edikte nicht zurückziehe, der Bote erhielt aber nur zur Antwort, Holland habe jetzt für England lange nicht mehr die Bedeutung wie zuvor, viel größere habe Spanien, wo ja der Krieg fortdauere, jene Edikte seien nur Verteidigungsmittel gegen Napoleons Blockadedekret, auf die man nicht verzichten könne, solange dieses aufrecht bleibe. Und keinen besseren Bescheid erhielt ein Agent Fouchés, den der immer geschäftige Polizeiminister, um Napoleons Intentionen zu dienen, ohne dessen Vorwissen, aber unter dem Schein seiner Mitwissenschaft nach London entsandt hatte. Man könnte, sagte man ihm, in des Kaisers Maßnahmen — Napoleon hatte am 20. Januar 1810 die militärische Besetzung Hollands zwischen Maas und Schelde angeordnet — kein friedliches Symptom erblicken, sei übrigens bereit, o f f e n e Vorschläge entgegenzunehmen.

Als dieses Mittel in London seine Wirkung verfehlt hatte, variierte Napoleon sein Thema. Er nahm zwar Holland noch immer nicht ganz für Frankreich in Anspruch, denn für einen solchen Gewaltstreich war der Augenblick, wo alle Welt von seiner Vermählung mit der „Tochter der Cäsaren" Frieden und Ruhe erhoffte, allzu ungeeignet, aber er nötigte Ludwig einen Vertrag auf, der alles niederländische Gebiet auf dem linken Rheinufer, d. i. Seeland, Brabant und das linkswaalische Geldern an Frankreich überließ, die Bewachung der ganzen holländischen Küste einem französischen Okkupationskorps von 6000 Mann und französischen Zollwächtern anheimgab und überdies den König zur Ausrüstung von fünfzehn großen Kriegsschiffen verpflichtete, wogegen der Kaiser den seit Jahren gehemmten Handel Hollands mit Frankreich freizugeben versprach (16. März 1810)[1]). Und nun, nachdem die französische Aufsicht jeden Zugang sperrte, sollte der Unterhändler Hollands nochmals in England sein Glück versuchen; vielleicht vermochte die Tat sein Begehren zu unterstützen. Aber auch jetzt mußte Labouchère vernehmen, daß der

---

[1]) De Clercq, II. 328.

König und die Mehrheit des Ministeriums gegen die Aufhebung
der Edikte seien, die der britischen Industrie manchen Vorteil
gebracht hätten, und daß die Unabhängigkeit Hollands
allein noch keine Gewähr für den Frieden böte, da das Haupthindernis in Spanien läge[1]). Da gab Napoleon den Gedanken,
England durch Holland zum Frieden zu bewegen, auf. Als
er durch seinen Bruder von dem heimlichen Treiben Fouchés
verständigt worden war, verlor Dieser sein Portefeuille, und
der „Moniteur" mußte jede Nachricht von Verhandlungen
mit Großbritannien als „unsinnige Verleumdung" demen-
tieren, was wieder in London, wo man die Eröffnungen des
Polizeiministers als authentisch angesehen hatte, die Stimmung stark verbitterte[2]). Von einer Annäherung der beiden
Gegner war nun auf lange Zeit nicht mehr die Rede. Napoleon
dachte nur noch daran, England durch den Schlag, den Massena
in Portugal zu führen hatte, mürbe zu machen, und lehnte
selbst eine ihm günstige Auswechslung der Kriegsgefangenen
ab, um dem Feinde auf der Halbinsel keinerlei Sukkurs zu
gewähren. Gegen Holland aber fiel jetzt jede Rücksicht weg.
Die Vertragsbestimmungen blieben unerfüllt, die Zollschranken
aufrecht; das französische Okkupationskorps ward auf das
Vierfache der festgesetzten Truppenzahl vermehrt und übte
im Verein mit den fremden Zöllnern unerträgliche Akte der
Willkür; auf Beschwerden tönten aus Paris nur Beleidigungen
zurück. Da hielt es Ludwig mit seiner königlichen Ehre
nicht mehr vereinbar, die Krone auf dem Haupte zu behalten;
er legte sie am 1. Juli 1810 zugunsten seines jüngeren Sohnes
— der ältere war im März 1809 Großherzog von Berg ge-

---

[1]) Ein von Metternich, der mit Maria Louise nach Paris gereist war,
von dort aus heimlich, jedoch mit Wissen Napoleons, im April in England
unternommener Versuch, zum Frieden zu reden, blieb unter diesen Umständen natürlich auch ohne Erfolg; er hatte wohl nur der Absicht gedient, sich dem Kaiser gefällig zu zeigen, um für Österreich einen Nachlaß
der schweren Bedingungen des Friedensvertrags von 1809 zu erlangen.
Gegner des Ministers haben ihm später diese Dienstfertigkeit zur Schuld
angerechnet. Siehe D e m e l i t s c h, Metternich, I. 178 f., und mein Buch:
„Die Geheimpolizei auf dem Wiener Kongreß; eine Auswahl aus ihren
Papieren", passim.

[2]) Es war dabei von einer Teilung der amerikanischen Kolonien
zwischen Frankreich und England und der Ausstattung Ferdinands VII.
mit Mexiko gesprochen worden. S. C o q u e l l e, Napoléon et l'Angleterre, p. 245 ff.

worden — nieder und begab sich heimlich nach Österreich.
Napoleon war von diesem eigenmächtigen Schritt seines
Bruders immerhin überrascht und sprach in herben Worten
über dessen Undank[1]). Und im Grunde war es ja auch eine
Verlegenheit für ihn, so vor aller Welt im Zwiespalt mit seinen
nächsten Anverwandten zu erscheinen. In der Sache freilich
ward dadurch nichts geändert. Denn noch ehe die Kunde von
Ludwigs Rücktritt in Paris anlangte, lag dort schon ein Dekret
fertig, dessen erste Bestimmung lautete: „Holland ist mit
dem Reiche vereinigt." Nun ward es kundgemacht (9. Juli
1810). Lebrun, der ehemalige Kollege Napoleons im Konsulat,
ging als dessen Statthalter in die neue Provinz.

Man beobachte die Methode, die in diesen Usurpationen
liegt. In Holland wie in Spanien täuschen die Brüder die
Hoffnungen des Kaisers, da weder Joseph noch Ludwig sich
den starken nationalen Impulsen und Interessen entziehen
können. Anstatt nun diese Impulse und Interessen zu würdigen und zu achten, hält Napoleon bloß seine Brüder für zu
schwach, zu ehrgeizig, zu eigenwillig, um ihm zu dienen. Sein
tiefes Mißtrauen erstreckt sich fortan auch auf sie, und er
bricht mit dem Familiensystem, um, sozusagen, Europa in
eigene Regie zu nehmen[2]). In Holland wie in Spanien geht
er in gleicher Weise vor. Dort annektiert er im März 1810
das Land bis zur Waal, hier im Februar das Land bis zum
Ebro, und dabei waren, hier wie dort, die Urkunden bereits
vorbereitet, die die gänzliche Einverleibung beider Königreiche in das Kaiserreich auszusprechen hatten. Nur daß in
Spanien die nötige Voraussetzung, d. i. die Vertreibung der
Engländer, noch fehlte. Aber es sollte bei diesen Annexionen
nicht bleiben.

„Die Beschlüsse des britischen Konseils von 1806 und

---

[1]) Siehe Band I. S. 35 das Gespräch mit Berthier. Es ist interessant
damit ein anderes zu vergleichen, worin der Kaiser kurz nachher dem schwedischen Gesandten mitteilte, er habe seinen Bruder, den er liebe und dessen
Erziehung sein Werk gewesen sei, vom Throne gejagt (!), weil er machtlos
den holländischen Schmuggel geduldet habe. (L e f e b v r e, V. 73.)

[2]) Im September 1810 sagte er u. a. zu Metternich: „Da gibt es Verwandte, Vettern, Basen; all das taugt nichts. Ich hätte auch meinen Brüdern
die Throne nicht überlassen dürfen. Aber man wird eben nur mit der Zeit
klug. Ich hätte bloß Statthalter und Vizekönige ernennen sollen." (M e t-
t e r n i c h, Nachgelassene Papiere, II. 398.)

1807 haben das öffentliche Recht Europas zerrissen. Eine neue
Ordnung der Dinge lenkt das Universum." Mit diesen Worten
empfahl Napoleon dem Senat, die Vereinigung Hollands mit
Frankreich zum verfassungsmäßigen Gesetz zu erklären. Aber
nicht davon allein war in dem Reskript die Rede, nicht bloß
die Mündungen der Schelde, der Maas und des Rheins forderte
er als „neue Bürgschaften" gegen England, auch die der Weser
und der Elbe verlangte er, und die gehorsamen Senatoren erklärten wirklich in einem Konsult vom 13. Dezember 1810
außer Holland auch noch die gesamte deutsche Nordseeküste,
d. h. die Gebiete von Oldenburg, Lauenburg, die drei Hansestädte Bremen, Hamburg und Lübeck, die Fürstentümer Aremberg und Salm, mit Teilen von Hannover, das erst im Januar
1810 an Jérôme gefallen war, von Westfalen und von Berg,
das von Paris aus verwaltet wurde, kurz über 600 Geviertmeilen, als Bestandteile des Empire. Es geschah, „um, was ein
Hauptzweck seiner Politik sei, den deutschen Geist noch mehr
zu entwurzeln", wie Napoleon einmal an Ludwig geschrieben
hatte[1]). Die neuen Territorien sollten drei Departements mit
den Hauptorten Osnabrück, Bremen und Hamburg bilden.
Und dafür nicht der geringste Rechtstitel, keinerlei Rechts-
grund, auch nicht einmal zum Schein, sondern bloße Willkür!
Und mit derselben Willkür hatte Napoleon im November 1810
die schweizerische Republik Wallis inkorporiert, „da man das
Interesse Italiens und Frankreichs nicht dieser armseligen Bevölkerung opfern könne", und den Kanton Tessin mit der
unverhohlenen Absicht, ihn dem Italienischen Königreich einzuverleiben, militärisch besetzen lassen. „Die Reunionen sind
durch die Umstände geboten", sagte der Minister des Kaisers
in seinem Bericht an den Senat. Aber was war dann nicht
alles durch die Umstände geboten? Durch die Umstände war
die Zahl der Departements des Empire Français bereits auf

---

[1]) Am 20. Mai 1810, bei R o c q u a i n, Napoléon et le Roi Louis,
p. 273 (L e c e s t r e, II. n. 615): „J'aurais considéré le trône de Hollande
comme un piédestal sur lequel j'aurais étendu Hambourg, Osnabruck et
une partie du nord de l'Allemagne, puisque ç'eût été un noyau de peuples
qui eût dépaysé davantage l'esprit allemand, ce qui est le premier
but de ma politique." Es ist derselbe Brief, der mit den grausamen Worten schloß: „Man regiert die Staaten mit Vernunft und Politik,
aber nicht mit einer verseuchten Lymphe."

130 gestiegen, war Napoleon nicht nur Kaiser dieses Reichs,
das sich im Osten bis an die Save erstreckte, sondern auch
König von Italien, Mediator der Schweiz, Protektor des Rheinbundes geworden, waren seine Brüder und sein Schwager
auf Throne gelangt, die nur so lange aufrechtstanden, als es
dem Herrn in Paris beliebte. Durch die Umstände konnte
er ebensogut die Vereinigung von ganz Europa unter seinem
Zepter rechtfertigen, wenn er die Macht dazu besaß. Und dahin
gingen in der Tat seine Gedanken.

Übrigens war auch hierin Napoleon nicht originell, denn
mit dem Blockadesystem wider England war auch die Reunion
der deutschen Nordseeküste bereits von den Direktoren ins
Auge gefaßt worden, und schon vor zwölf Jahren hatte Sieyès
diese Gebiete als den „für Frankreich wichtigsten Teil des
Erdballs" bezeichnet: besitze man sie, dann könne man die
Engländer von Gibraltar bis nach Holstein, ja bis zum Nordkap
von allen Festlandshäfen ausschließen[1]). Dieses Programm
schien sich jetzt erfüllen zu sollen. Denn auch Dänemark, das
derzeit sein Staatsgebiet noch über Norwegen ausdehnte, hatte
sich der Aufforderung Napoleons, die Waren der neutralen
Schiffe zu proskribieren, allsogleich gefügt. Der seit dem
Bombardement Kopenhagens im Jahre 1807 ins Maßlose gesteigerte Haß gegen die Engländer ließ Friedrich VI. den
empfindlichen Nachteil übersehen, der daraus notwendig für
sein Land entstand, und außerdem bewegte den Dänenkönig
noch die Hoffnung, mit Hilfe Frankreichs vielleicht dereinst
auf den schwedischen Thron zu gelangen, der bald zur Er-
ledigung kommen mußte. Diese Erwartung freilich sollte sich
nicht erfüllen. Denn in Schwedens politischer Haltung war
gleichfalls eine Wendung eingetreten. Noch während des
Krieges gegen die russisch-französische Allianz, der den
Russen Finnland, den Franzosen Schwedisch-Pommern mit
Stralsund und Rügen in die Hände lieferte, war dort Gustav IV.
im März 1809 vom Thron entfernt und durch seinen Oheim
Karl XIII. ersetzt worden. Man warf ihm vor, daß seine
unkluge Feindseligkeit gegen Napoleon und sein starres Festhalten an dem unzuverlässigen England den Staat in so üble
Lage gebracht hätten. Dann hatten die Schweden mit Ruß-

---

[1]) Siehe Bd. I, S. 233.

land und (im Januar 1810) mit Frankreich einen Frieden
geschlossen, der ihnen zwar Pommern wieder zurückgab, sie
jedoch zur strengsten Beobachtung der Kontinentalsperre verpflichtete. Ja, sogar zur Kriegserklärung an England ließ sich
Karl XIII. im November 1810 herbei, nachdem er kurz zuvor
— er war alt und kinderlos — Bernadotte, der sich durch seine
Leutseligkeit in Schwedisch-Pommern Sympathien erworben,
als Kronprinzen angenommen hatte, freilich kaum ahnend,
daß er damit just keinen Freund des Franzosenkaisers an seine
Seite berief. Napoleon, dessen Wohlmeinung schwedischer-
seits eingeholt worden war, hätte allerdings am liebstenFriedrich
den Dänen auch auf Schwedens Thron gesehen, da ihm eine
starke skandinavische Macht als Gegengewicht gegen Rußlands Ausdehnung wünschenswert erschien, hatte aber, als die
Schweden hierfür wenig Neigung zeigten, den Gedanken aufgegeben. Dann war er an seinen Stiefsohn Beauharnais herangetreten, der ablehnte, weil seine Gattin eine Nichte des verbannten Schwedenkönigs und überdies als strenge Katholikin
nicht geneigt war, Protestantin zu werden. Und als dann auch
noch Berthier sich weigerte, Frankreich für die Krone
Schwedens zu verlassen, und eine kleine Partei in diesem Land
sich mit großem Geschick für Bernadotte einsetzte und um
des Kaisers Zustimmung zu dessen Kandidatur bat, da sagte
Napoleon nicht mehr nein, ließ sich aber von seinem Marschall
das Wort geben, daß Schweden an England den Krieg erklären werde, was dann auch wirklich geschah.

Und wie Napoleon den höchsten Norden des Weltteils
seinem Hauptfeind streitig zu machen suchte, so trachtete
er auch im äußersten Süden Herr zu werden. Dort saßen die
Briten fest auf Sizilien, wo sie die bourbonische Königsfamilie
unter dem Druck steter Einmischung und Bevormundung
hielten. Von hier aus hatten sie im Jahre 1809 eine Expedition
gegen Neapel unternommen, allerdings mit demselben kläglichen Erfolg, wie die gegen Antwerpen im Norden. Darauf
hatte dann Napoleon geantwortet, indem er seinen Schwager,
den König Joachim von Neapel, ermächtigte, Sizilien den
Engländern abzujagen oder doch ihre Truppen dort eingeschlossen zu halten, damit sie nicht Verstärkungen nach
Spanien und Portugal senden konnten. Dieser Versuch Murats
gegen Sizilien scheiterte im Jahre 1810. Im folgenden Sommer

sollte er, unterstützt von der Touloner Flotte, wiederholt
werden. Da jedoch die Schiffe nicht auszulaufen vermochten,
wurde das Unternehmen verschoben. Im Grunde bildete es,
wie die Eroberung Spaniens und Portugals, gleichfalls nur
ein sekundäres Moment, und Messina konnte, wie Lissabon,
auf anderen Wegen gewonnen werden[1]).

Eins ergibt sich mit Deutlichkeit, wenn man die unendliche Geschäftigkeit Napoleons in dieser Zeit überblickt:
daß sich alle diejenigen gar sehr getäuscht sehen mußten, die

---

[1]) Interessant ist, was man damals wissen wollte und worüber der
englische Bevollmächtigte, Lord Bentinck, nach Haus berichtete, daß
nämlich Königin Karoline, seitdem ihre Enkelin Marie Luise Napoleon geheiratet hatte, eine Verständigung mit den Napoleoniden wider England
suchte, dessen Druck sie nur mit dem größten Widerwillen ertrug. Der
Plan soll gewesen sein, daß ihre Truppen 1811 die Engländer auf der Insel
angriffen, während Murat Messina forcierte. Dann sollte Sizilien gegen eine
entsprechende Entschädigung an Diesen oder an Napoleon gegeben werden,
der Bourbonenprinz Leopold aber eine Nichte des Korsen zur Frau nehmen.
(B r o w n i n g, Caroline of Naples in der English hist. review, 1887, p. 492 ff.
nach Bentincks Depeschen.) Ein vollgültiger Beweis für diese Dinge ist
nicht erbracht. Jedenfalls ist Napoleon auf derlei Anmutungen, die Karoline
übrigens stets in Abrede gestellt hat, nicht eingegangen. Er soll lediglich
der Königin seine Heirat mit Marie Luise angezeigt und dabei — wie man
wissen wollte — von außeritalienischen Entschädigungen für Neapel gesprochen haben. (D e m e l i t s c h, Metternich, I. 504.) Doch auch das ist
schlecht verbürgt. Glaubhafter ist, was man sich in Wien erzählte, Karoline
habe, als sie von der Vermählung ihrer Enkelin hörte, ausgerufen: „Das
fehlte noch zu all meinem Unglück, daß ich des Teufels Großmutter wurde."
(M o n t e t, Souvenirs, p. 111.) Im Jahre 1811 war auch viel von einer Einverleibung Neapels in das Empire und von der Ungnade Murats die Rede. In
den Tagebüchern der Königin Katharine von Westfalen liest man darüber.
Die Ungnade wäre verdient gewesen, denn Murat, der von der neuen Verwandtschaft Napoleons mit dem sizilischen Hof Schlimmes befürchtete,
war gesonnen, sich möglichst unabhängig zu stellen, und hat vielleicht schon
jetzt an eine nationale Herrschaft über ganz Italien gedacht. Im Sommer
1811 erließ er Dekrete, durch die alle Franzosen, die in Neapel dienten,
zur Naturalisation verhalten wurden, und schon vorher hatte er, um seine
finanziellen Kräfte zu stärken, die Ausfuhr von Baumwollsamen und den
Import französischer Tücher mit starken Zöllen belegt. Das mußte dann
freilich alles widerrufen werden, wenn er sein Königreich behalten wollte.
Und er behielt es. Napoleon hatte zwar Metternich bereits im September
1810 gestanden, daß er es bereue, seinen Schwager auf den Thron Neapels
gesetzt zu haben; aber er mochte den offenen Widerstand des furchtlosen
Soldaten und damit eine neue Verlegenheit scheuen; auch war Schwester
Karoline nicht ohne Einfluß in Paris.

von seiner Verbindung mit einem alten Herrscherhaus seine
Versöhnung mit dem System der alten Staaten erhofft hatten.
Und ebenso gingen in die Irre, die ein Jahr später in der
Geburt seines Sohnes ein Unterpfand des Friedens erblickten.
Denn gerade jetzt, im Frühling 1811, nahmen seine Pläne den
höchsten Flug: Spanien und Portugal werden früher oder
später, sei es durch Eroberung — noch stand Massena vor
Lissabon — sei es durch den Gang der größeren Ereignisse,
an Frankreich fallen; von der Südspitze des italienischen Festlandes bis dort oben hinauf, wo der Kontinent ins Eismeer
taucht, standen bereits die Regierungen, wie es schien willenlos,
unter seinem Einfluß, und nur mit dem slawischen Koloß des
Ostens mußte die Rechnung erst noch bereinigt werden. Wozu
hätte man denn auch den halben Erdteil zur Heeresfolge verpflichtet, wenn nicht, um endlich Herr über den ganzen zu
werden?

Und was an neuen Nachrichten aus England kam, war
nur angetan, den Kaiser auf dem eingeschlagenen Wege festzuhalten. Dort gestalteten sich die ökonomischen Verhältnisse
infolge der Reunionen der Küstenstaaten mit Frankreich,
und bevor sich der Handel neue Wege im Osten bahnen konnte,
immer bedenklicher. Zwar hatte Britannien die meisten Kolonien Europas jenseits des Ozeans (darunter die französischen
Bourbon, Isle de France und Cayenne) in seine Gewalt bekommen, aber die Hoffnung auf einen gewinnreichen Export
von Manufakturartikeln dahin war unerfüllt geblieben, da man
Kolonialwaren dafür in Tausch nehmen mußte, denen Napoleon
den europäischen Markt immer dichter verschloß. Überdies
war es im geeinten Königreich selbst durch die Anwendung
von Maschinen zu einer Überproduktion gekommen, die, fast
nur noch auf den Schleichhandel angewiesen, nicht rentierte.
Das britische Parlament mußte den bedrängten Fabrikanten
einen Staatskredit eröffnen. Allerdings hatte auch die französische Industrie die Krise noch keineswegs überwunden, aber
da war die Hilfe, wie der Kaiser meinte, nur eine Frage kurzer
Zeit. Als er, wenig Tage nach der Geburt seines Kindes, die
Glückwünsche einer Deputation der Handels- und Gewerbe-
kammern entgegennahm, sprach er mit der größten Zuversicht
von seinem schließlichen Siege. Den Gedanken an Frieden
wies er jetzt offen weit von sich. „Sie sehen," sagte er, „wie

weit herunter heute England ist. Ludwig XIV. und Ludwig XV. waren seinerzeit genötigt, Frieden zu schließen, und auch ich hätte ihn längst suchen müssen, wenn ich, wie jene, das alte Frankreich regierte; aber ich bin nicht der Nachfolger der französischen Könige, sondern derjenige Karls des Großen, und mein Reich ist eine Fortsetzung des Kaiserreichs der Franken. In vier Jahren werd' ich eine Marine haben. Sind meine Geschwader erst drei oder vier Jahre zur See, dann können wir uns mit den Engländern messen. Ich weiß, daß ich drei oder vier Seeschlachten verlieren kann[1]); gut, ich werde sie verlieren; aber wir sind mutig, stets gestiefelt und gespornt, und wir werden durchdringen. Ehe zehn Jahre vergehen, werd' ich England unterworfen haben. Kein Staat Europas wird mehr mit ihm verkehren. Meine Zollschranken sind es, die den Engländern das größte Übel zufügen. Hat es doch mit seiner Blockade sich selbst am meisten geschadet, indem es uns lehrte, wie wir seine Produkte, seinen Zucker, seinen Indigo entbehren können. Nur noch einige Jahre und wir werden daran gewöhnt sein. Bald werd' ich Rübenzucker genug haben, um ganz Europa damit zu versorgen. Für Ihre Fabrikate steht Ihnen in Frankreich, Italien, Neapel, Deutschland ein weites Feld offen." Dann kam der Kaiser auf den französischen Staatshaushalt zu sprechen und sagte u. a.: „Ich nehme jährlich 900 Millionen lediglich von meinem eigenen Land ein und habe 300 Millionen in den Tuilerien liegen; die Bank von Frankreich ist mit Silber gefüllt, während die englische keinen blanken Sou besitzt. Seit 1806 hab' ich mehr als eine Milliarde an Kontributionen heimgebracht. Ich allein habe Geld. Österreich hat bereits Bankerott gemacht, Rußland wird ihn machen, und England nicht minder[2])."

Die letzteren, Frankreichs Finanzen betreffenden Bemerkungen des Kaisers bedürfen ein Wort näherer Beleuchtung. Allerdings gewann auch Metternich, als er sich 1810 längere

[1]) „Drei oder vier Flotten", nach einer andern Lesart.

[2]) Die Rede ist hier — als Bruchstück — in ihrer ursprünglichen Fassung mitgeteilt, wie sie aus zwei von einander unabhängigen Quellen in der Revue critique des Jahres 1880 veröffentlicht wurde. Die Version, die man bei Thiers (XIII. 22—27) findet, repräsentiert offenbar eine nachträglich redigierte Form, in der die Worte des Kaisers den Diplomaten, den deutschen Zeitungen u. dgl. zugingen. In Miots Memoiren (III. 19) erscheint eine dritte Lesart.

Zeit in Paris aufhielt — die Geschäftskrisis war damals freilich
noch nicht in ihrer vollen Stärke aufgetreten — die Ansicht:
„Frankreich ist unstreitig der reichste Staat des Kontinents
und kann in finanzieller Hinsicht jedem anderen Trotz bieten."
Aber er setzt doch einschränkend hinzu: „Die Kassen des
Staates sind leer, die des Monarchen sind gefüllt." Und das
kam der Wahrheit nahe, denn den 900 Millionen Einnahmen
des Jahres 1810, von denen Napoleon sprach, standen 954
Millionen Ausgaben gegenüber, und wenn man auch annehmen
durfte, daß die Annexionen von Rom, Illyrien, Holland, der
hanseatischen Departements und der neue Tarif von Trianon
zur Erhöhung der Einkünfte beitragen würden, so waren doch
daneben die Ziffern des Heeresetats rapid gewachsen. Nach
dem Staatsvoranschlag für das nächste Jahr forderte das
Kriegsministerium 506 Millionen (1810: 389), das Marine-
ministerium 157 Millionen (1810: 120), bezifferten sich die
Einnahmen mit 1056, die Ausgaben mit 1103 Millionen[1]).
Um dieser Lage gerecht zu werden, hat Napoleon in einem
Elaborat vom Dezember 1810 anstatt jedes Anlehens, das er
als „unmoralisch, weil künftige Geschlechter belastend" bezeichnete, nur Erhöhung der indirekten Steuern (droits réunis)
in Aussicht gestellt, denen er als neue Auflage das Tabaks-
monopol hinzufügte. (Er rechnete für dieses auf ein Erträgnis
von 80 Millionen Franken.) Das Präliminare erwies sich als
irrig. Die Krisis des Vorjahres hielt an und wurde noch durch
eine schlechte Ernte verschärft. 1811 war zwar ein Weinjahr,
aber kein günstiges für das Getreide. Die Dürre, die die
Reben zu denkwürdiger Süße ausreifen ließ, verbrannte die
Ähren; die Mehlpreise stiegen auf nahezu das Doppelte; der
Konsum schränkte sich dementsprechend ein, und mit ihm
verminderte sich der Steuerertrag. Die Zölle, die am 1. Oktober
1811 140 Millionen hätten ergeben sollen, lieferten nur 56,
die indirekten Steuern statt 122 nur 60 Millionen Franken[2]).
So schloß das Jahr mit einem beträchtlichen Defizit ab.
Freilich war es richtig, wenn Napoleon seinen Schatz mit
300 Millionen bezifferte — Mollien gibt sogar 100 Millionen

---

[1]) Ich folge hier den von M o l l i e n, Mémoires III. 110, mitgeteilten
Ziffern des Voranschlages.

[2]) D a r m s t ä d t e r, a. a. O. S. 583.

mehr an — aber davon lagen nicht mehr als etwa die Hälfte
bar vor; der Rest bestand in Schuldforderungen an Staaten
und Private auf lange Sicht. Man sieht, so glänzend, wie der
Kaiser das Bild der Finanzen Frankreichs darstellte, war
es nicht, namentlich wenn man die ungeheure Geldlast des
spanischen Krieges im Auge behält, die abzuschütteln noch
immer nicht gelungen war und die bereits eine tiefe Bresche
in die „außerordentliche Domäne" gelegt hatte. Man ermißt
daran, wie schwer es ihn traf, daß, wie wir noch hören werden,
Rußland sein Gebiet dem französischen Export verschloß,
gerade jetzt, wo die Annexion Hollands und Nordwestdeutsch-
lands keineswegs die großen Hoffnungen, die der Schatzminister auf sie gesetzt hatte, rechtfertigten und der Kaiser
danach streben mußte, die Einnahmsquellen und damit die
Steuerkraft der Franzosen zu vermehren, indem er ihren Produkten auch im Osten neue Märkte eroberte. So hat ihm wohl,
wie 1809, auch drei Jahre später mit die Rücksicht auf die
Finanzen den Krieg als geboten erscheinen lassen[1]).

Wer mit jener Anrede des Kaisers an die Industriellen
seine Befehle an den Marineminister aus demselben Monat
März 1811 zusammenhält, der findet da seinen ganzen großen
Weltherrschaftsplan in den gewagtesten Entwürfen angedeutet.
Nicht mehr das Reich Karls des Großen, nicht den Kontinent von Europa, nein, das ganze Erdenrund forderte er jetzt
unter sein eisernes Zepter. Zwei gewaltige Flotten, eine
ozeanische und eine für das Mittelmeer bestimmte, will er in
den nächsten drei Jahren hergestellt wissen; für die eine faßt
er Sizilien und Ägypten, für die andere zunächst Irland ins
Auge. Und ließen sich die Dinge in Spanien und Portugal
gut an, so sollten noch im Jahre 1812 Expeditionen ans Kap
der Guten Hoffnung, nach Surinam, Martinique u. a. entsendet

---

[1]) Vgl. Band II. 285. Es wird bezeugt, daß der Minister Mollien dem
Kaiser vom Kriege mit Rußland abriet, weil die Finanzen des Staates der
Ruhe bedürfen, worauf er zur Antwort erhielt: „Im Gegenteil, sie geraten
in Verwirrung und bedürfen deshalb des Krieges." (S é g u r, Histoire et
Mémoires, IV. 67.) Ähnlich hatte sich Napoleon schon früher einmal zu
Mollien geäußert: „Die Finanzen sind schlecht; die Bank ist in Verlegenheit;
h i e r kann ich diese Dinge nicht in Ordnung bringen." Das war in der-
selben Nacht gewesen, in der er, 1805, Paris verließ, um in den Krieg gegen
Österreich zu ziehen, aus dem er die ersten Fonds für den Kriegsschatz heimbrachte. (M o l l i e n, I. 410.)

und 60.000 bis 80.000 Mann, „die feindlichen Kreuzer ver-
meidend", über beide Hemisphären verteilt werden[1]). Zur
gleichen Zeit ist aber auch schon der letzte entscheidende
Festlandskrieg wider Rußland in Vorbereitung, um den Zar,
wenn er sich etwa nicht unbedingt in das Föderativsystem
unter napoleonischer Hoheit einfügen wollte, zu bezwingen
und auf den Weg nach Asien zu verweisen.

Mit einem einzigen gierigen Blick umfaßte der Kaiser der
Franzosen die ganze Welt, und so völlig beherrschte ihn der
Gedanke seiner künftigen Allherrlichkeit, daß er ihn gar nicht
mehr zu verheimlichen suchte. „Man will wissen, wohin wir
gehen," sagte er. „Wir werden mit Europa ein Ende machen
und uns sodann wie Räuber auf weniger kühne Räuber als wir
sind werfen und uns Indiens, zu dessen Herren sie sich gemacht haben, bemächtigen[2])." Als der bayrische General
Wrede, der sich im Frühsommer 1811 in Paris aufhielt, dort
gelegentlich ein Wort zum Frieden sprach, erwiderte ihm der
Imperator mit Härte in Ton und Mienen: „Noch drei Jahre
und ich bin Herr des Universums[3])."

———————

Je fester Napoleon auf den schließlichen Erfolg seiner
Kontinentalpolitik wider England baute, um so mehr mußte
ihm darum zu tun sein, den britischen Waren auch die letzte
Zuflucht zu rauben: die russischen Häfen. Er hatte sich also
vor allem mit Rußland auseinanderzusetzen, um es für den
Anschluß an seine Maßregeln gegen die neutrale Flagge, an
seinen Zolltarif zur Abwehr der Kolonialwaren und an sein
Vernichtungsdekret wider die Depots englischer Manufakturen
zu gewinnen. Das war nun entweder auf gütlichem Wege,
wenn der Zar sich fügte, oder mit Gewalt denkbar, wenn er
widerstrebte. Wie die Dinge lagen, war das Zweite das wahrscheinliche.

———————

[1]) C o r r e s p. XXI. 17.434. 17.435.
[2]) G o h i e r, Mémoires II. 108.
[3]) H e i l m a n n, Wrede S. 187. Dieses Zeitausmaß war jedoch nur
ein beiläufiges. Im November 1811 soll er zu De Pradt gesagt haben: „In
fünf Jahren bin ich der Herr der Welt. Es gibt nur noch Rußland, und das
werde ich zermalmen." (D e P r a d t, Histoire de l'ambassade dans le Grand-
duché de Varsovie en 1812, p. 23.)

Wir kennen schon die ersten Anfänge einer ernsten Verstimmung unter den beiden Alliierten. Sie datiert vom Krieg
des Jahres 1809 her, wo es Rußland an Eifer der Unterstützung gegen Österreich fehlen ließ, worauf dann Napoleon
das Herzogtum Warschau durch galizisches Land vergrößerte.
Die Vermählung des Kaisers mit einer österreichischen Erzherzogin konnte bereits als ein Schachzug gegen die Macht
des Zaren dargestellt und erzählt werden, daß genau an demselben Tage, an dem Napoleon den Fürsten Schwarzenberg
in Paris zur Unterzeichnung des Heiratskontraktes auffordern
ließ — d. i. am 6. Februar 1810 — dem Gesandten in Petersburg geschrieben wurde, ein von ihm am 4. Januar unter-
zeichneter Vertrag könne die Ratifikation nicht erhalten.
Dieser Vertrag betraf Polen. Alexander I., voll Sorge, das
Herzogtum Warschau könnte sich einmal unter dem Protektorat
des Franzosenkaisers über das ganze Gebiet des alten National-
reiches erstrecken, hatte von Frankreich Garantien hierüber
gewünscht, und Caulaincourt, dem noch immer seine Instruktion vor Augen lag, Rußland zu beruhigen, war darauf
eingegangen und hatte in aller Form versprochen, daß das
Königreich Polen niemals wiederhergestellt, ja der Name
„Polen" in öffentlichen Dokumenten von Niemandem gebraucht werden solle. Dies unterschreiben hieß aber für
Napoleon eine der wertvollsten Waffen gegen Rußland aus
der Hand legen, an der er in den Jahren 1806 und 1809 emsig
geschmiedet hatte, und überdies mit seiner Kraft dafür ein-
stehen, daß der Versuch zu einer Herstellung Polens auch von
keiner anderen Seite mit Erfolg gewagt wurde. Und wenn jetzt
noch eine Nötigung vorhanden gewesen wäre, dem Zaren
dieses Zugeständnis zu machen. Aber eine solche lag, seitdem
die österreichische Heirat den Kaiser Franz an Frankreichs
Seite gebracht hatte, nicht mehr vor. Kurz, Napoleon ratifizierte nicht, und nur um den Alliierten nicht zu brüskieren,
ließ er in Petersburg ein Gegenprojekt in Vorschlag bringen,
mit dem er sich lediglich verpflichten wollte, keine Unternehmung, die auf die Restauration des alten Jagellonenreichs
abzielte, zu unterstützen und seinerseits die Bezeichnung
„Polen" zu vermeiden. Das sollte in einem geheimen Vertrag
verbrieft werden. Damit war aber Alexander nicht zufrieden.
Er wünschte einen o f f e n k u n d i g e n Traktat, der den

Franzosenkaiser vor aller Welt verpflichtete, d. h. ihm die
Polen entfremdete; er blieb bei seinem ursprünglichen Verlangen und berief sich auf die Zusagen, die er kurz nach dem
Abschluß des Schönbrunner Friedens erhalten hatte[1]). „Der
Kaiser", sagte er zum französischen Gesandten, „hat mir doch
die positivste Sicherheit versprochen und damals auch geben
wollen; warum nun nicht mehr?" Die Antwort hätte der
Wahrheit gemäß lauten müssen: Weil der Kaiser der Franzosen, der sich jetzt schon für den „einzigen Herrn Europas"
hält, den Bruch mit Rußland bereits fest ins Auge gefaßt hat
und nur den Vorteil gewinnen will, ihn dann in Szene zu setzen,
wann es ihm taugen wird.

In einem Vortrag Champagnys vom 16. März 1810 wird
es als unabwendbar angenommen, daß die wirtschaftliche Lage
des Zarenreiches dieses, namentlich nach der Vernichtung
des holländischen Zwischenhandels, früher oder später Großbritannien zutreiben werde. An einen definitiven ehrenvollen
Frieden Frankreichs mit dieser Macht sei nun aber nicht
zu denken, da sie die Veränderungen in Spanien, Neapel,
Holland und Westfalen (Hannover) nie gutheißen und die
Kolonien nicht zurückgeben, alles andere aber nur einen
kurzen Waffenstillstand bedeuten und die französischen Ge-
schäftsleute zu falschen Hoffnungen verleiten würde. „Ohne
deshalb die Mittel zu verschmähen, mit denen der Zweibund,
dessen Grundlage nun zusammenbricht, noch forterhalten
werden kann und ohne auch auf jede Aussicht zu verzichten,
in einer Unterhandlung mit dem britischen Kabinett einige
Sicherheit zu gewinnen, müssen wir doch von vornherein
Rußland als den natürlichen Verbündeten Englands betrachten und auf dem Kontinent die möglichen Resultate der
Annäherung dieser beiden Mächte bekämpfen, solange dies
noch in unserer Macht steht... Indem Eure Majestät den
Frieden zwischen Rußland einerseits und England und der
Türkei andererseits hintanhält, sichert sie sich die Möglichkeit,
die spanische Affaire zu beendigen, die Briten aus Portugal zu
verjagen und ihre Herrschaft im Westen und im Süden zu
befestigen." Das wichtigste Mittel, sich für den Systemwechsel Rußlands zu rüsten, sei, sich der Polen völlig zu ver-

---

[1]) Siehe Band II. S. 322, für das Frühere S. 327.

sichern, entweder indem man Preußen — das überhaupt aufzuteilen wäre — Schlesien abnimmt und so die Verbindung
Warschaus mit Sachsen herstellt, oder indem man alle ehedem
polnischen Lande vereinigt und Österreich für Galizien durch
Schlesien und Glatz entschädigt. „Der Nachteil, der darin
läge, Österreichs Macht in Deutschland vermehrt zu haben,
würde durch zahllose Vorteile dieses Planes aufgewogen, der
unwiderruflich die Geschicke Europas in die Hände Eurer
Majestät legte. Es wäre dann tatsächlich das Reich Karls
des Großen wiederhergestellt, vermehrt und gestärkt durch die
Erfahrungen eines Jahrtausends, denn dann wäre Rußland
von dem zivilisierten Europa, England vom Kontinent getrennt[1].“ Napoleon war durchdrungen von der Richtigkeit
dieser Sätze. Er lehnte denn auch den von Alexander gewünschten offenen Vertrag wegen Polens endgültig ab, „da
er sich nicht verpflichten könne, unter Umständen die Waffen
gegen ein Volk zu ergreifen, das ihm nur gute Dienste erwiesen
habe; er müßte das wie eine Schande für Frankreich empfinden,“ und als ihm Fürst Kurakin, der Bruder des Gesandten,
die etwas verspäteten Glückwünsche des Zaren zu seiner
Heirat überbrachte, sprach er bereits von Krieg, den er zwar
nicht wolle, den er aber in dem Augenblick erklären würde,
wo Rußland sich England näherte[2]. Alles, wozu er sich herbeiließ, war, daß er die Polen zur Ruhe mahnte, um des Zaren
Verdacht nicht zu wecken.

    Der russische Monarch wußte längst, woran er war. Schon
im März und April 1810 hatte er in Unterredungen mit Czartoryski den alten Gedanken einer nationalen Einigung Polens

---

[1] Das geheime Exposé Champagnys steht bei S c h i l d e r, Ale-
xander I., III. 471 ff. Es ist als Interzept aus dem Jahre 1812 bezeichnet.
Wahrscheinlich wurde es aber schon 1810 in Paris von Nesselrode erworben.
S. dessen Briefe an Speranski in seinen „Lettres et papiers“, III. p. 249 ff.
Wir wissen, daß Napoleon an solchen Denkschriften mitunter selbst mit-
arbeitete. Ob das hier der Fall war, läßt sich nicht feststellen. Der Gedanke
an eine Fälschung, wie wir einer solchen in einem späteren Memoire über
Preußen begegnen, kann hier nicht Raum gewinnen, da jeder innere Anhalts-
punkt dafür fehlt.

    [2] V a n d a l, II. 420. Im Dezember 1810 sagte Napoleon zu General
Foy, er habe 20.000 Mann ausgehoben, denn sobald Rußland sich England
nähern würde, müßte er ihm den Krieg erklären. Nach G i r a u d d e
l’A i n, Le général Foy, zitiert von S o r e l, VII. 521.

unter seinem Zepter zur Sprache gebracht und dem Jugend-
freund versichert, es sei dem Franzosenkaiser viel weniger um
die Wohlfahrt Polens als darum zu tun, „sich dieses Landes
wie eines Instruments in dem Zeitpunkt zu bedienen, wenn
er einmal Rußland den Krieg machen will." Das war zu derselben Zeit, da er in Paris auf die Vertilgung des Namens
„Polen" drang. Als Czartoryski, der hiervon unterrichtet war,
auf den Widerspruch hinwies, log ihm der Zar vor, nicht er,
sondern Champagny hätte die Streichung des Wortes verlangt.
Ja, später, als Napoleon schon endgültig abgelehnt hatte,
ließ er noch heimlich in Warschau verbreiten, in Paris sei der
Vertrag, der die Vernichtung der Nation aussprach, angenommen worden und der Kaiser habe sich damit ihrer Sympathie für allezeit unwürdig gemacht. So gewinnt die ganze
von Alexander eingeleitete Verhandlung in der polnischen
Frage den Charakter einer großen Intrige, um den französischen Einfluß in Warschau aus dem Feld zu schlagen.
Sie repräsentiert eins der Mittel, mit denen auch der Zar sich
auf den bevorstehenden Bruch rüstete. Aber während Napoleon
ihm gegenüber noch bei Drohungen blieb, hat er bereits im
Januar 1810 sich militärisch in Stand zu setzen begonnen[1]), so
daß er zu Anfang des nächsten Jahres Czartoryski gegenüber
bereits — allerdings arg übertreibend — auf eine Wehrkraft
von über 300.000 Mann, die in den Donaufürstentümern nicht
gerechnet, hinweisen und ihm den Gedanken nahe legen kann,
die polnische Armee möge sich ihm anschließen, damit er,
von Preußen unterstützt, mit 100.000 Mann seiner Truppen
sofort bis an die Oder vorrücken könne[2]). Und auch in Wien
hatte Alexander um Unterstützung geworben, wo es noch
immer eine starke franzosenfeindliche, dem leitenden Minister
abgeneigte Partei gab, deren Einfluß Metternich aber, nachdem
er aus Paris zurückgekehrt war, ohne große Mühe zu entkräften vermochte. Damals — im Oktober 1810 — hatte er
dem Kaiser Franz I. seine dort gewonnene Überzeugung also
vorgetragen: „Im Jahre 1811 wird der materielle Friede auf
dem europäischen Kontinent durch eine neue Schilderhebung

---

[1]) Im Jänner 1810 wird Miloradowitsch zum Oberkommandanten
einer neuen Armee von zunächst 45.000 Mann ernannt. (R u s s. G e n e r a l -
s t a b s w e r k ü b e r 1812, I. 23.)

[2]) C z a r t o r y s k i, Mémoires, II, 228.271 ff. V a n d a l, II. 433.

Frankreichs nicht gestört werden. Im Verlaufe dieses Jahres
wird Napoleon mit verstärkten eigenen Streitkräften seine
Bundesgenossen zu einem gegen Rußland gerichteten Hauptschlag sammeln. Den Feldzug wird Napoleon im Frühjahr 1812 beginnen.''

Blieb der Franzosenkaiser ununterrichtet von jener Intrigue seines Alliierten und dessen Rüstungen? Das kann man
schwer annehmen, und wir wissen auch, daß er von Warschau
her über militärische Bewegungen jenseits der russischen
Grenze Andeutungen erhielt. Waren sie nur eine Folge seiner
Drohungen? oder stand der Krieg doch näher als er sich ihn
gedacht hatte? und mußte er mit der Möglichkeit rechnen,
daß er ausbrach, noch bevor es ihm gelungen war, ,,die spanische
Affaire zu beendigen''? Darin hätte keine geringe Gefahr
gelegen, denn seine besten Truppen standen jenseits der
Pyrenäen, und was in deutschen Territorien stationiert war,
war verhältnismäßig wenig. Er mußte nun ernstlich an die
Vermehrung seiner Streitkräfte denken. Inzwischen mochte die
Diplomatie ihre Schuldigkeit tun. Die Differenz in der
polnischen Frage bildete übrigens nur ein einziges Glied in
einer ganzen Kette von Zwistigkeiten, die sich im Lauf der
beiden Jahre 1810 und 1811 zwischen den Alliierten von
Tilsit ergaben. Ein nicht minder trennender Umstand lag
dort, wo Napoleon Rußland heimlich stets aufs eifrigste bekämpft hatte: in der Türkei. Die Russen waren siegreich
über die untere Donau gegangen und hatten so entschiedene
Erfolge errungen, daß der Friede mit der Pforte in nahe Aussicht rückte. Napoleon war davon aufs unangenehmste berührt, denn er mußte die fortdauernde Beschäftigung russischer
Streitkräfte im Süden wünschen, wenn er einmal im Norden
zugriff. Um dies durchzusetzen, suchte er, da er nicht offen
gegen den Alliierten auftreten wollte, Österreich vorzuschieben.
Er riet Metternich, Serbien zu okkupieren, das Rußland für
sich forderte, und versprach, ruhiger Zuschauer zu bleiben,
wenn der Wiener Hof dem Zaren die Donaufürstentümer
streitig machte. Kaiser Franz ging hierauf ebensowenig ein,
als er den lockenden Versprechungen des Zaren nachgab.
Napoleon hatte aber doch erreicht, daß die Türkei, von dem
Interesse, das Frankreich und Österreich an ihrem Schicksal
nahmen, unterrichtet, in ihrem Widerstand gegen die

russischen Forderungen beharrte und der Krieg seinen Fortgang nahm.

Das waren jedoch untergeordnete Dinge im Vergleich mit
der Hauptangelegenheit, d. i. der Haltung Rußlands in Sachen
der Kontinentalsperre. Sie war es, die der Entfremdung von
Anfang an zugrunde lag, weil sie Rußlands Lebensinteressen
am empfindlichsten berührte, und die auch schließlich den
offenen Bruch herbeiführen sollte. Wir sahen, we richtig
man in Paris dieses Moment einschätzte. Kein geeigneteres
gab es, um die wahren Absichten der Petersburger Regierung
kennen zu lernen. Ging hier der Zar auf die Zumutungen
Frankreichs ein, dann stand der Krieg noch nicht in unmittelbarer Nähe und Napoleon konnte hoffen, mit den Spaniern
fertig zu werden, ehe er seine ganze Kraft für den unvermeidlichen Kampf um den Kontinent verwendete, weigerte
Alexander sich aber, dann konnte der weit ungünstigere Fall
eintreten, daß er nach zwei Seiten hin kämpfen mußte. Man
wollte sehen.

Mitte Oktober 1810 hatte Napoleon den Zar auffordern
lassen, die Schiffe neutraler Flagge, „die ja doch nur englische
Waren führen", an seiner Küste mit Beschlag zu belegen, wie
es seit dem Mai in den französischen und den Frankreich
zugewandten Häfen der Fall war. „Nimmt sie Rußland in
Beschlag," heißt es in der betreffenden Depesche an den Gesandten, „so versetzt es England den Gnadenstoß und endet
mit einem Mal den Krieg." Und an Alexander selbst schrieb
der Kaiser: „Es hängt nur von Ew. Majestät ab, den Krieg
andauern zu lassen oder den allgemeinen Frieden herbeizuführen." Zugleich ward der Zar ersucht, auf Schweden einzuwirken, daß es die Massen englischer Handelswaren in seinen
Gothenburger Lagerhäusern vernichte. Um Alexander Zutrauen einzuflößen, ging der Franzosenkaiser dem jungen
Grafen Tschernischeff, Alexanders vertrautem Adjutanten
gegenüber weit aus sich heraus und gab sogar das Geheimnis
preis, daß Metternich ihm zur Zurücknahme der Erfurter Zusagen geraten habe. Alles umsonst. Der Zar lehnte ab. Er
konnte nicht anders. Seit dem Abbruch der direkten Handels-
verbindung mit England im Jahre 1807, als sich der Export
russischer Naturalien seines wichtigsten Debits begab, hatten
sich die ökonomischen Verhältnisse des Landes in steigendem

Maße verschlechtert. Schon drei Jahre später erhob sich das
Defizit zur Höhe der Staatseinkünfte, und das Papiergeld
sank auf ein Viertel seines Nennwertes. Wahrlich, wenn Napoleon im März 1811 der Pariser Handelskammer mit so großer
Zuversicht den Bankerott des nordischen Reiches in Aussicht
stellte, so wußte er wohl schon lange vorher, worin die finanzielle Bedrängnis des Alliierten ihren Ursprung hatte. Barg
es nicht den Wunsch, sie noch zu vermehren und die Katastrophe zu beschleunigen, wenn er in Petersburg auch noch auf
eine Abweisung der Neutralen drang? Nein, der Zar durfte
hierauf nicht eingehen. Wo sollte er denn, einem künftigen
Angriff Napoleons gegenüber, noch wirksame Unterstützung
in der Welt finden, wenn er selbst jetzt England ruinieren
half? Er erwiderte das Ansinnen Frankreichs mit der Erklärung: er wolle gern nach wie vor an dem antibritischen
System des Tilsiter Vertrages festhalten und jedes Schiff,
das nicht den untrüglichen Beweis seiner Herkunft liefern
könne, wegnehmen, dürfe sich aber nicht entschließen, darüber
hinauszugehen, da Rußland die Kolonialprodukte nicht entbehren könne und auf die Zufuhr der Neutralen angewiesen
sei. Daß alle Neutralen lediglich britische Waren führten,
stehe nicht außer Zweifel. Dagegen erkläre er sich bereit, auf
Schweden den von Napoleon gewünschten Druck auszuüben,
und lasse zu diesem Zweck Tschernischeff seinen Rückweg
nach Paris über Stockholm nehmen. Der Franzosenkaiser
erfuhr es ja nicht, daß hier der Sendling des Zaren einen ganz
anderen Auftrag auszurichten hatte. Er hatte Bernadotte zu
versichern, daß sich Rußland niemals zu einer Zwangsmaßregel
gegen Schweden bestimmen lassen werde, worauf der „Kronprinz" von Beteuerungen seiner Ergebenheit für den Zar und
seiner Abneigung gegen Napoleon überfloß[1]. Mit der Weigerung
des Zaren war die Politik Napoleons an ihrer empfindlichsten
Stelle getroffen. Denn sobald Rußland die neutrale Flagge
in seinen Häfen duldete, blieb der Kontinent dem britischen
Export offen, und England konnte daraus neue Hoffnung und
Kraft zum Widerstand schöpfen. Wenn noch irgend etwas

---

[1] Unter anderem versicherte er, er sei von Napoleon, aus Eifersucht,
im Felde stets so postiert worden, daß er leicht hätte fallen können. (R e v u e
h i s t. XXXVII. 74: S b o r n i k, XXI. 24.) Man vergesse nicht, Bernadotte war ein Gascogner.

zur Überzeugung des Imperators fehlte, daß er Rußland vorerst bekämpfen müsse, um England zu Grund zu richten und der Welt Herr zu werden, so fand er es in einer Maßregel Alexanders, die einen geradezu feindseligen Charakter gegen Frankreich trug, obgleich auch sie durch das wirtschaftliche Interesse des russischen Staates entschuldigt werden konnte. Ende Dezember 1810 erschien ein Ukas, der einerseits neutralen Schiffen den Zugang zu den russischen Häfen erleichterte, so daß fortan Kolonial- und Industriewaren unter jedem Vorwand ausgeladen und südwärts über Brody und auf anderen Wegen nach den Binnenländern verhandelt werden konnten, anderseits aber die Einfuhr von gewissen Luxusartikeln, von Seidenwaren und Weinen, teils verbot, teils durch hohe Zölle bis zur Unmöglichkeit erschwerte[1]). Nun gehörten Seidenwaren, Weine und Luxusartikel unter die Haupterzeugnisse Frankreichs und bildeten die wesentlichsten Gegenstände seines Exports. Da mußte denn gerade jetzt, wo die französische Industrie unter einer Krisis litt und die Ausfuhr nach Rußland dringender als je benötigt hätte, das Edikt Alexanders doppelt schwer empfunden werden. Dazu kamen neue Nachrichten von russischen Rüstungen, von Festungsbauten am Dnjepr und an der Dwina, und aus Spanien noch immer keine Siegesbotschaft, sondern das Verlangen Massenas nach Verstärkungen, da er sich sonst der britischen Verteidigungswerke vor Lissabon nicht bemächtigen könne: es waren keine erfreulichen Aussichten, unter denen das Jahr 1811 begann.

Aber war nicht Napoleon selbst mit einem Willkürakt vorangegangen, der Rußland empfindlich treffen mußte? Unter den norddeutschen Strandländern, deren Einverleibung in Frankreich im Dezember, kurz nach dem Eintreffen der russischen Absage, Gesetz wurde, befand sich, wie erwähnt, auch Oldenburg, dessen Fürst mit dem russischen Herrscherhause nahe verwandt war[2]). Napoleon hatte anfänglich dem Herzog die Wahl gelassen, ob er sein Land für eine Entschädigung durch Erfurt dahingeben oder französische Truppen

---

[1]) Der Ukas steht in französischer Übertragung im „Moniteur" vom 31. Jänner 1811.

[2]) Herzog Peter, der für seinen geisteskranken Vetter Wilhelm die Regierung führte, gehörte, wie der Zar, dem Hause Holstein-Gottorp an; sein jüngerer Sohn Georg war dessen Schwager.

und Zollwächter darin aufnehmen wolle. Aber als der bedrängte Regent erst nach einigem Säumen auf die zweite
Zumutung einging, ward ihm — das alte Spiel — bedeutet,
es sei nun zu spät und sein Land bereits einverleibt. Am
22. Januar — die Nachricht vom Ukas des Sylvestertages
war eben in Paris eingelangt — unterzeichnete Napoleon das
Dekret, das die Besitzergreifung Oldenburgs anordnete und
die herzogliche Familie mit ihren Rechten an Erfurt wies,
das, ehevor kurmainzisch, dann preußisch, seit 1806 zur Disposition der französischen Verwaltung stand. Es war nicht
unrichtig, wenn der Zar dem französischen Botschafter erklärte, die Tat sei ein Faustschlag, ihm vor ganz Europa ins
Gesicht versetzt, und zugleich eine flagrante Verletzung des
Tilsiter Friedensvertrags, mit dem Napoleon die Integrität
Oldenburgs feierlich garantiert hatte. Er wandte sich in einem
Rundschreiben an die europäischen Mächte, worin er Verwahrung einlegte gegen die Kränkung der Rechte des Hauses
Holstein-Gottorp auf das Herzogtum. „Welchen Wert" —
hieß es darin — „können Allianzen haben, wenn die Verträge,
auf denen sie beruhen, den ihrigen nicht behalten?" Also war
dies der Bruch? Noch nicht. Der Schluß des Protestes lautete
einlenkend und die Fortdauer der Allianz trotz alledem be-
tonend. Aber das waren Worte. Die Handlungen der russischen Politik ließen eine Verständigung nur schwer zu. Der
Zar wies nicht nur das Ansinnen Napoleons, den Ukas vom
31. Dezember zu widerrufen, zurück, indem er erklärte, das
sei eine durch die üble Finanzlage des Landes diktierte, rein interne
Angelegenheit, sondern schob auch zu gleicher Zeit seine
Truppen an die Grenze vor, um, wie er es schon Czartoryski
mitgeteilt hatte und nun auch dem preußischen Gesandten
erklärte, in das Herzogtum Warschau einzurücken, die Polen
an sich zu ziehen, an die Oder vorzudringen und so den Krieg
zu einer Zeit zu beginnen, wo Napoleon in Spanien vollauf
beschäftigt, in Deutschland noch nicht hinreichend wider-
standsfähig war. Der Kalkül war nicht ganz richtig, denn einmal war es durchaus nicht sicher, ob die Polen sich nicht
ernstlich widersetzten, und zweitens konnten auch die deutschen
Mittelmächte, zum mindesten Österreich, den starken Machtzuwachs Rußlands nicht gleichgültig mitansehen, geschweige
denn unterstützen. Und da die Rüstungen des Zaren nicht

völlig verborgen blieben, so brachten sie — wenn es nicht
zur Offensive kam — nur den Nachteil, Napoleon zu um so
größeren Anstrengungen bewogen zu haben, der jetzt mit
allen Mitteln danach trachten mußte, einem Zusammenstoß
in Deutschland gewachsen zu sein. Er hatte freilich schon im
Oktober 1810 für diesen Zweck Anordnungen getroffen — die
Streitkräfte sollten dort auf 180.000 Mann und 400 Geschütze
gebracht, in Polen neue Befestigungen angelegt werden[1]);
mit Eifer zu rüsten hatte er aber doch erst nach dem Eintreffen
der Nachricht von Alexanders Dezember-Ukas begonnen. Da
erhielt Massena den Bescheid, er müsse sich ohne Nachschübe
behelfen, und Davout, der mit einer Armee an der Elbe stand,
die Nachricht, seine Streitkräfte würden auf 80.000 Mann
gebracht werden. Mit diesen hätte er — so hieß es in einem
späteren Befehl aus dem März 1811 — „wenn es sich darum
handeln sollte, gegen Rußland zu operieren", im Flug nach
Danzig zu eilen und die 90.000 Mann, über die er dann dort
verfügen würde, durch 50.000 Polen und Sachsen zu verstärken[2]). Es war eine wertvolle Unterstützung für Napoleon,
daß die Polen sich, wie Czartoryski seinem kaiserlichen Freunde
nicht verschwieg, den Lockungen Alexanders versagten und
damit dem russischen Offensivplan seine wesentlichste Voraussetzung raubten. Der Zar kam denn auch davon zurück und
wollte nun nur noch einen Verteidigungskrieg innerhalb der
Grenzen seines Reiches führen[3]). Napoleon aber behielt Zeit

---

[1]) C o r r e s p. XXI, 17.000: An den Kriegsminister Clarke vom
6. Oktober 1810, mit der Bemerkung: „Nehmen Sie in Betracht, daß die
Truppen in Spanien noch lange dort zu bleiben haben."

[2]) C o r r e s p. XXI. 17.514. In einem zweiten Brief von demselben
Tag (24. März 1811) erklärte der Kaiser, daß er, woferne ihn die Russen nicht
angreifen sollten — was er, solange sie mit den Türken handgemein sind,
wohl annehme — seinerseits keine Angriffsbewegung während des Jahres
1811 machen, sondern nur rüsten wolle, bis er durch Unterhandlungen Zeit
gewonnen haben würde, eine offensive Position zu erlangen.(C o r r e s p. XXI.
17.516.) Im Dezember 1811 gab er dem preußischen Gesandten Krusemarck
zu, daß er seit dem Erscheinen des russischen Ukas sich im Stillen für den
Krieg bereitet habe.

[3]) Alexander erklärte dies später, indem er darauf hinwies, wie während
der früheren Kriege in der Ferne der Adel stets unmutig darüber geklagt
habe, daß man ihm für entlegene Zwecke seine Bauern rekrutiere, und die
Regierung beschuldigte, den Streit leichtfertig hervorgerufen zu haben.
Darum sollte es jetzt ein Verteidigungskrieg im eigenen Lande, ein nationaler
Krieg sein. (C. S c h i l d e r, Alexander I. III. 501.)

und Gelegenheit genug, sich militärisch in Stand zu setzen.
Beide Kaiserreiche sind fortan zum Kampf entschlossen, aber
beide sorgsam auch darauf bedacht, es weder sich gegenseitig
noch die Welt merken zu lassen. Eines Jeden Bemühung ging
dahin, sich Bundesgenossen und Hilfskräfte zu schaffen und
nebenher bis zum letzten Augenblick seine Friedensliebe und
Bundestreue zu beteuern. Dabei war kein kleiner Aufwand
an Künsten und Finessen der Politik nötig, für die Napoleon
in Champagny nicht mehr den richtigen Mann sah; er enthob
ihn im April 1811 seines Amtes als Minister des Äußern und vertraute das Portefeuille Maret an, der sich weit rascher und
geschmeidiger seinen Winken zu fügen verstand. Auch Caulaincourt, der den schönen Worten, mit denen Alexander seine
Absichten verbarg, zu viel Glauben geschenkt hatte, ward
aus Petersburg abberufen und durch Lauriston, einen Mann
ohne eigenes Urteil, ersetzt. Wir kennen heute den Inhalt
des sieben Stunden währenden Gesprächs, das Napoleon mit
dem heimkehrenden Botschafter führte, der dabei mit großer
Offenheit erklärte, man müsse Rußlands ökonomische Lage
in Rechnung ziehen und ihm deshalb den Handel mit den
Neutralen gewähren, habe doch der Kaiser selbst die Blockadegesetze mit seinen Lizenzen durchbrochen; worauf Napoleon
nicht viel anderes zu erwidern wußte als er wolle keinen Frieden,
der, wie jener von Amiens, seinen Handel ruiniere — was nicht
richtig war — er wolle eine Allianz, die ihm nütze; diese
sei dazu nicht mehr imstande, seitdem man die Neutralen zulasse, sie sei ihm überhaupt nie förderlich gewesen. Da ging
dann Caulaincourt so weit, ihm es auf den Kopf zuzusagen,
man wisse in Europa nur zu gut, daß er die Länder mehr für
sich als für deren eigenes Interesse in Anspruch nehme[1]).
     Das war am 5. Juni 1811 gewesen. Am 16. — einen Tag
vor Eröffnung des Nationalkonzils — hielt der Kaiser vor dem
Gesetzgebenden Körper eine Thronrede, die sein System allseitiger Ausdehnung auf seiner vollen Höhe zeigen sollte. Er
habe den Kirchenstaat mit dem Kaiserreich vereinigt und den
Päpsten in Paris und Rom Paläste angewiesen. „Sie werden,
wenn ihnen sonst die Interessen der Religion am Herzen liegen,
oft ihren Aufenthalt im Mittelpunkt der Christenheit nehmen,

---

[1]) V a n d a l III. 175 ff. nach unedierten Dokumenten.

so wie einst der hl. Petrus Rom dem Aufenthalt im heiligen
Lande vorgezogen hat." Er habe Holland dem Reiche einverleibt, das ohne dieses Gebiet nicht vollständig wäre, habe
die deutschen Küsten annektiert, um eine innere Verbindung
mit der Ostsee zu gewinnen und seine maritimen Hilfskräfte
zu vermehren; die Erwerbung von Wallis sei seit der Mediation
vorgesehen gewesen und entspreche den Interessen der Schweiz
und denen Frankreichs und Italiens; mit den deutschen Rheinbundfürsten sei er zufrieden. In Spanien habe England selbst
sich als Kämpfer eingestellt. „Hat es dort erst seine Kräfte
erschöpft, hat es erst all die Übel an sich selbst erfahren,
die es seit zwanzig Jahren über den Kontinent ausgießt, ist
erst die Hälfte seiner Familien in Trauer gehüllt, dann wird
ein Donnerschlag den Krieg auf der Halbinsel beenden, Britanniens Armeen vollends vernichten und Europa und Asien
mit diesem Abschluß des zweiten punischen Krieges rächen[1])."

„Und Asien!" Man sieht, sein Blick wich nicht von
Indien, diesem stolzen Ziel seines Ehrgeizes. Es zu erreichen,
führte ein Weg über Ägypten, und wir wissen, wie er gerade
jetzt wieder eine Expedition dahin in seine Entwürfe aufnahm, sich allerdings nicht verbergend, daß dazu eine Seemacht
nötig sei, über die er noch lange nicht verfügte. Es gab aber
noch einen andern Weg dahin, der über Rußland führte und
durch Landsiege zu erkämpfen war. Wollte man solche Siege,
dann bedurfte es, sie vorzubereiten, nur noch tüchtiger
Rüstungen während einiger Monate. Diese Zeit zu gewinnen,
war fortan Napoleons wesentlichstes Bestreben, um so mehr,
als gerade jetzt der Rückzug seines besten Marschalls aus
Portugal die Hoffnung auf ein Freiwerden der auf der Halbinsel kämpfenden Armeen stark herabgestimmt hatte. Er
spann deshalb die Oldenburger Angelegenheit in Verhandlungen
mit Alexander weiter, indem er den Zar, nachdem Erfurt abgelehnt worden war, aufforderte, ein anderes Entschädigungs-
objekt zu nennen. Als da aber, kaum angedeutet, der Wunsch
nach einem Stück des Warschauer Gebietes zum Vorschein
kam, erklärte Napoleon dem Botschafter Kurakin in offener
Audienz am 15. August 1811: man möge sich nicht einbilden,
daß er dem Herzog von Oldenburg jemals, und selbst wenn die

---

[1]) Corresp. XXII. 17.813.

russische Armee auf dem Montmartre lagern sollte, auch nur einen Zoll breit warschauischen Landes abtreten würde, dessen Integrität er garantiert habe. Es sei zwar nicht gerade sein Geschmack, im Norden Krieg zu führen, er werde ihm aber, wenn man ihn dazu zwinge, nicht ausweichen und Rußland, das keine Alliierten finden werde, seine polnischen Provinzen abnehmen[1]). Das war dieselbe Sprache, der wir bereits 1803 vor dem Krieg gegen England begegnet sind; hier ist sie dazu bestimmt, die Polen für sich zu stimmen. Alexander leugnete natürlich jede Absicht auf polnisches Land ab, machte aber auch keinen anderen Ersatzanspruch geltend, sondern benutzte vielmehr das ihm mit Oldenburg angetane Unrecht als Handhabe für um so größere Nachgiebigkeit gegen den neutralen Handel. Und damit verschärfte sich der Gegensatz noch mehr; denn hier lag ja die Entscheidung. „Ich sage es Ihnen noch einmal,“ schrieb Maret im November 1811 an Lauriston, „und Ihnen allein: die Affaire Oldenburg bedeutet für Rußland und für uns sehr wenig, das Kontinentalsystem ist alles. Nur dürfen Sie diese Frage nicht berühren und aus der Linie nicht heraustreten, die Ihnen vorgezeichnet ist.“ Das heißt, der Gesandte darf mit keinem Wort über den eigentlichsten Gegenstand der Entfremdung sprechen, um nicht am Ende den Bruch vor der Zeit herbeizuführen, die der Kaiser für den Beginn der Feindseligkeiten bereits bei sich festgesetzt hatte. Es war der Juni 1812[2]). Bis zu diesem Termin, den er gewählt hat, weil er dann erst mit seinen Vorbereitungen zu Rande zu sein und in Rußland gewisse für die

---

[1]) V a n d a l III. 212 ff. hat die Unterredung, die fast nur in einem Monolog Napoleons bestand, nach Berichten des Gesandten und anderer Zeugen rekonstruiert.

[2]) Siehe das gemeinsam mit Maret am 16. August 1811 — am Tage nach der Ansprache an Kurakin — ausgearbeitete Memoire bei V a n d a l, III. 224 f., worin es u. A. heißt: „Seine Majestät befahl Unterhandlungen mit Österreich und Preußen anzuknüpfen, damit sie, wenn Rußland nach 6 Monaten noch in seiner Politik des Sichbeklagens und Nichterklärens beharren sollte, ein neues System von Allianzen feststellen könne, dessen Verträge am Ende dieses Zeitraumes zu unterzeichnen wären. Sie befahl, daß die Armeen von jetzt ab auf Kriegsfuß gesetzt würden, damit sie im nächsten Juni, einer Jahreszeit, die für die militärischen Operationen in dem Lande die günstigste ist, in das sie ihre Waffen tragen wird, wenn sie zum Krieg gezwungen ist, im Stande seien, Vertragsbruch zu rächen, das Herzogtum Warschau zu verteidigen, es zu vergrößern und zu stärken.“

Ernährung und Beförderung seiner Armee notwendige Bedingungen anzutreffen hoffte, bis dahin wird er immer aufs Neue in den Zar dringen, sich über ein Verständigungsmittel zu äußern, und wenn Alexander darauf nicht einging, dessen Schweigen der Welt gegenüber als feindselige Streitlust denunzieren, ihn als den eigentlichen Urheber des Krieges hinstellen. Und so ist es auch tatsächlich in weiteren Kreisen Überzeugung geworden[1]).

Noch vor Ende 1811 sagte Napoleon zu dem Gesandten Preußens, man meine in Rußland, er sei in Spanien zu sehr beschäftigt, um nach anderer Seite hin eine furchtbare Macht aufzustelllen. Das sei ein Irrtum. Er könne ganz gut die Engländer auf der Halbinsel dulden, sie würden seine Armeen doch nicht vertreiben. Zunächst müsse er freilich nun den Krieg im Norden zu Ende führen, dann erst könne er sich wieder nach Süden wenden[2]). Und das stimmte zu den Tatsachen.

---

[1]) Die Urheberschaft des Krieges von 1812 ist vielfach, namentlich durch Vandal, Rußland zuerkannt worden. Und das ist insoferne richtig, als der Zar schon 1810 militärisch und diplomatisch gerüstet und im Jahr darauf eine Zeitlang sogar Lust zur Offensive gezeigt hat. Er würde aber nach dem Refus der Polen, und wenn man ihn wirtschaftlich nicht bedrängt hätte, den Krieg sicher gerne vermieden haben. (Siehe unten S. 77 die Mission Karl Augusts von Weimar in Dresden.) Anders stand die Sache bei Napoleon. Auch er war schon früh im Jahre 1810 (siehe oben das März-memoire) von der Notwendigkeit des Bruches überzeugt, da er als sicher annahm, daß Rußland sich nicht freiwillig dem Kontinentalsystem einfügen werde. Nur daß er damals den Krieg noch nicht in solcher Nähe sah, in der ihm dann ihn die russischen Rüstungen zeigten. Sie haben auch die seinigen beschleunigt und die längst gefaßte Absicht, Alexander unter Umständen mit Gewalt in seinen wirtschaftlichen Heerbann gegen England zu zwingen, früher zur Tat werden lassen, als er ursprünglich geplant hatte. Auch er hätte am Ende auf den Waffengang in den nordischen Einöden nicht eben ungerne verzichtet, aber doch nur um den Preis völliger Unterwerfung des Zaren unter seinen Willen, die er für ausgeschlossen halten mußte. So war auch dieser Krieg nur die Folge seiner herrischen Diktate, gegen die sich jetzt die letzte aufrechte Macht des Kontinents empörte, wie früher andere sich empört hatten, und insoferne wird man in ihm, und in ihm allein, den Urheber auch der russischen Fehde erkennen müssen. Damit stimmt, was Metternich schon im Oktober 1810 an Nachrichten aus Paris mitbrachte (siehe oben) und was er später, im Mai 1813, an Bubna schrieb: „Wir haben das Unmögliche getan, um zu beweisen, daß Rußland den Frieden störte." (O n c k e n, Österreich und Preußen im Befreiungskriege, II. 378.)

[2]) R a n k e, Hardenberg, III. 217.

Denn als das Jahr, unter steten Beteuerungen seiner Friedensliebe, zu Ende gegangen war, hatte er nicht nur Davouts
Armee bis auf 100.000 Mann gebracht, aus Danzig und Magdeburg mit je 25.000 Mann Waffenplätze ersten Ranges gemacht,
den deutschen Rheinbund zur Aufstellung von 120.000 Streitern
vermocht, sondern auch zwei neue französische Armeekorps,
90.000 Mann, unter Oudinot und Ney am Nieder- und Mittelrhein errichtet und durch Eugen eine italienische Armee von
80.000 Mann sammeln lassen, abgesehen von der Garde und
den Reserven und ganz unabhängig von den in Spanien
fechtenden Streitkräften. Und alles das war fast unmerklich
disponiert worden, so daß Rußland kaum eine genügende Vorstellung davon erhalten hätte, wenn es nicht Tschernischeff,
der in Paris geblieben war, gelungen wäre, sich durch Bestechung die wichtigsten Standesziffern zu verschaffen. Sie
raubten dem Zaren vollends alle Lust, hinter dem Niemen
hervorzutreten, aber sie nahmen ihm doch nicht, wie Napoleon
gemeint haben mochte, den Mut, den unvermeidlichen Kampf
zu bestehen. Wenn auch manche Stimme in seiner Umgebung
— die seiner Mutter, seines Bruders Konstantin, seines Kanzlers
Rumjantzow — für den Frieden sprach, so gab es doch auch
andere, die zur Ausdauer rieten, namentlich die der französischen und preußischen Emigranten. Der Sieg über die
Türken an der Donau und die Aussicht, seine dort stationierte
Armee bald an sich ziehen zu können, festigte die Zuversicht
des Zaren. Darum, und wohl auch, weil er seine Streitkräfte
weit überschätzen mochte, denn sie standen großenteils nur
auf dem Papier, schwieg er fortan auf Napoleons weitere Eröffnungen und Wünsche, sich über ein Verständigungsmittel
zu äußern, die er richtig als dilatorische Behelfe erkannte,
und ließ es ohne Gegenzug geschehen, daß der Franzosenkaiser immer neue Kriegerscharen auf die Beine brachte und
nach Deutschland vorschob.

Es war ein riesiges Heer, das der Imperator ins Feld zu
stellen gedachte. Viermalhunderttausend Mann versicherte er
dem preußischen, eine halbe Million dem österreichischen Gesandten, und selbst diese Ziffer sollte schließlich noch hinter
der Wahrheit zurückbleiben. Solche Massen hatte seinerzeit

auch die Republik gegen ihre Feinde aufgeboten, doch mit dem Unterschied, daß damals der Enthusiasmus der jungen Freiheit und die Not des Vaterlandes die Volkskraft Frankreichs bewehrten, während jetzt nur der eiserne Wille des Herrschers die Widerstrebenden unter die Waffen rief. Immer schwerer lastete seit seinem letzten Kriegszug sein Regiment auf den Franzosen. In den Städten wurde das geringste Zeichen der Unzufriedenheit, das sich hervorwagte, der Anlaß zu Mißtrauen, Verfolgung und Strafen, und seit 1811 stieg die Zahl der eingezogenen Staatsverbrecher auf dritthalbtausend. Sie sind auf den bloßen Befehl des Kaisers oder seines neuen Polizeiministers Savary hin arretiert worden und werden — eine Neuauflage der alten „Lettres de cachet" — ohne Prozeß gefangen gehalten, hier Einer, „weil er Napoleon haßt", dort Einer, „weil er seit 1811 in Briefen an seinen Bruder regierungsfeindliche Ansichten äußert", ein Dritter wegen „religiöser Anschauungen" etc. Geschworene, die nicht im Sinne der Regierung votiert haben, gelangen selbst vor die Gerichte. Seit dem Februar 1810 gibt es eine besondere Zensurbehörde in Paris mit einem Generaldirektor, mehreren Auditoren und an fünfzehn bis zwanzig Zensoren, damit die Zensur, wie der Kaiser will, nicht der Polizei überantwortet bleibe. Buchdrucker und Buchhändler werden in Eid und Pflicht genommen. Mit der größten Dienstwilligkeit wird nun verboten oder verändert, was nur den Schein der Unzufriedenheit des Gewaltigen erwecken konnte. Da muß z. B. aus einem Buch eine anerkennende Stelle über die englische Verfassung entfernt werden, ein anderes muß seinen Titel „Geschichte Bonapartes", weil dies zu wenig submiß klingt, in „Denkwürdigkeiten zur Geschichte der Feldzüge Napoleons des Großen" umwandeln. Und bis an die fernen Grenzen des Empire reicht die emsige Fürsorge der Zensur. Seitdem die Hansestädte französisch sind, dürfen Schillers „Räuber", „Maria Stuart", „Wilhelm Tell", Goethes „Faust" dort nicht mehr aufgeführt werden. Und vollends die Zeitungen! Von den ehedem unabhängigen Pariser Blättern sind zwei, der „Publiciste" und der „Mercure de France", ganz unterdrückt, die anderen verlieren ihre Fonds und werden völlig von der Regierung abhängig. Ende 1811 gibt es nur noch vier Zeitungen: den „Moniteur", das „Journal de l'Empire", die

„Gazette de France" und das „Journal de Paris". Ein eigenes
Amt (Bureau de l'Esprit public) versorgt sie mit Siegesberichten
aus Spanien oder mit Artikeln über italienische und französische Musik, um — während Hunderttausende zum blutigen
Kampfe sich rüsten — die Aufmerksamkeit der gelangweilten
Hauptstadt von der Politik abzulenken. Freilich sucht Napoleon diese Härte gegen die Presse auf der anderen Seite
durch Auszeichnungen für Gelehrte und Künstler wettzumachen. Er schmückt sie mit dem Kreuz der Ehrenlegion,
stattet sie mit Pensionen aus, macht die Gros, Gérard, Guérin
zu Baronen, die Lagrange, Monge, Laplace zu Grafen und beklagt es, daß Corneille nicht mehr lebe, den er zum Fürsten
hätte erheben wollen. Er kommt sogar, auf das Fürwort der
Frau von Rémusat, seinem Gegner Chateaubriand zu Hilfe
und äußert gelegentlich sein Befremden, daß dessen „Genius
des Christentums" vom Institut noch nicht mit einem der
„Zehnjahrespreise" (Prix décennaux) bedacht wurde, die er
1804 zu dem Zweck gegründet hatte, um Frankreich seinen
Vorrang in der literarischen Welt behaupten zu helfen. Savary
bemühte sich sogar darum, daß der gefeierte Dichter nach
Chéniers Tod, 1811, in die „Akademie", oder wie sie damals
hieß, die zweite Klasse des Instituts, gewählt werde. Nur daß
Napoleon vorher dessen Antrittsrede durchlas und wegstrich,
was ihm nicht gefiel, worauf sie ganz unterblieb[1]. Im übrigen
trug er Sorge, daß die Universitätsschulen, namentlich die
Lyzeen, nicht durch die sehr stark gewordene Konkurrenz der
geistlichen Schulen zurückgedrängt würden. Er erließ zu diesem
Zweck im Jahre 1811 ein Dekret, das die von Priestern geleiteten Anstalten auf eine in jedem Departement einschränkte,
die nur in einer Stadt errichtet werden durfte, in der es bereits
ein Staatslyzeum gab, worüber die Präfekten zu wachen
hatten[2].

Und wie in den Städten, so mußte bald auch auf dem
flachen Land die Regierung ihre Autorität mit harten Maßregeln stützen. Der französische Bauer hatte sich bisher als
der zuverlässigste Anhänger des Kaisers erwiesen. Wohl zum

---

[1] S. B a r a n t e, Souvenirs I. 341 ff.
[2] Siehe die unterrichtende Studie C h a r l e s S c h m i d t s: „La
réforme de l'Université impériale en 1811" (Paris, 1905), p. 33 ff.

Teil deshalb, weil er, schwerer beweglich als der Bürger, bei
einer ergriffenen Partei länger beharrte und der Ordnung
schaffende General nun einmal sein Mann gewesen war; dann
aber wohl auch, weil im französischen Landvolk eine gewisse
Neigung für den Militärdienst vorherrschte, der immerhin eine
Anzahl Männer ernährte und — wenn der Tapfere nur notdürftig sich zu bilden verstand — in ansehnliche Stellungen
brachte. Napoleon konnte dreist sagen, wie er es tat: „Was
kümmert mich die Ansicht der Salons und der Schwätzer!
Ich höre nicht darauf. Ich kenne nur eine Meinung: die der
Bauern. Das Übrige hat keine Bedeutung." Aber auch diese
Zuneigung der Landleute fand ihre Grenzen, als man auf
den Dörfern immer häufiger von den zahllosen Opfern hörte,
die der fürchterliche Krieg jenseits der Pyrenäen verschlang,
und daß nun ein zweiter beginnen solle, in fernen Landen,
von deren Schrecknissen die Braven von 1807 genug zu erzählen gewußt hatten. Kein Wunder, daß der Konskription
der Altersklasse von 1811, die dem Kaiser 120.000 Mann zuführen sollte, keinerlei Begeisterung entgegenkam. Bis an
8000 Franken zahlten die Bemittelten für einen Stellvertreter,
und von den Armen entflohen viele Tausende. Für die Aus-
reißer — es waren teils solche, die sich der Stellung entzogen
hatten, teils solche, die nachher desertiert waren — wurden
dann die Familien, die Gemeinden, ja der ganze Kanton
haftbar gemacht und dieses neue „Geiselgesetz" mit größter
Strenge durch fliegende Kolonnen (Colonnes mobiles) durchgeführt. Sie brachten von den 60.000 Flüchtlingen nur 30.000
ein; der Rest versteckte sich in Wäldern und unzugänglichen
Gebirgsgegenden. Dieser Erfahrung entsprechend ward die
Aushebung von 120.000 Mann der Altersklasse von 1812 zu
Beginn dieses Jahres mit der größten Strenge bewerkstelligt.
All diese Rekruten wurden nach Deutschland dirigiert, während
im Reich über 100.000 Mann Nationalgarden aus den Jahrgängen von 1809 bis 1812 bis Lübeck hin die Garnisonen bezogen. Die weite Entfernung von den Heimatsorten empfanden
sie schwer, und nur die Not der letzten Mißernte machte vielen
das Soldatenlos erträglicher.

Und nicht minder hart, ja noch viel härter als auf Frankreich, drückte die Faust des „Protektors" auf die Lande des
deutschen Rheinbundes, dessen Fürsten im April 1811 die

Ordre erhalten hatten, ihre Kontingente bereitzustellen.
Westfalen, durch die Verschwendungssucht seines Königs
Jérôme finanziell aufs Äußerste herabgekommen, so daß Steuer-
erhöhungen und Zwangsanleihen den Bankerott nicht mehr
aufhielten, mußte gleichwohl seine Armee auf 30.000 Mann
erhöhen und überdies 20.000 Franzosen mit ihren Pferden
ernähren, wodurch die Vorteile der einheitlichen und zielsicheren
Administration, die vorbildlich für manchen anderen Rhein-
bundstaat geworden war und ihre guten Früchte getragen hatte,
fast gänzlich aufgewogen wurden. Als Jérôme Vorstellungen
machte, hieß es zurück, es stände ganz in seinem Belieben,
von seinem Thron herunterzusteigen. Ähnlich war es in
Bayern, das zwar nach dem Krieg von 1809 mit dem Gebiet
des Dalbergischen Bistums Regensburg belohnt worden war,
dafür aber Südtirol an Italien und Illyrien, Ulm und andere
kleinere Territorien an Württemberg abtreten, hohe Schuldsummen für den Schatz des Kaisers auf sich nehmen und an
30.000 Mann für den Krieg stellen mußte. Das besser an-
geschriebene Württemberg tauschte 40.000 Seelen, die es an
Baden abtrat, gegen 140.000, die es von Bayern erhielt. Baden
mußte für seinen Zuschuß Hessen-Darmstadt vergrößern.
Wie Spreu schüttelte der Korse die deutschen Regierungen
und Untertanen durcheinander! Der Staat des Fürstprimas
ward für den Entgang von Regensburg durch Fulda und Hanau
vergrößert und zum „Großherzogtum Frankfurt" erhoben,
freilich mit dem willkürlichen Vorbehalt, daß nach Dalbergs
Tode der Vizekönig Eugen, der durch die Neuvermählung des
Kaisers seine Aussichten auf den italienischen Thron einbüßte,
diese Souveränität antreten solle, „da die weltliche Herrschaft
von Priestern seinen Grundsätzen entgegen sei", wie Napoleon
sagte. Dalberg mochte fürchten, der ungeduldige Machthaber
jenseits des Rheins könnte diesen Grundsätzen am Ende
noch vor dem festgesetzten Termine Rechnung tragen, und
empfahl sich durch die servilste Gefügigkeit, indes sein Volk
unter den drückendsten Auflagen seufzte und seine Truppen
für den spanischen Krieg in weit größerem Maß herangezogen
wurden als der Bundesvertrag heischte. Er arbeitete im
Jahre 1811 einen wohl für Napoleon berechneten „Überblick
über den Rheinbund und seine Organisation" aus, mit dem er
dessen Erweiterung zu einem die ganze Nation umfassenden

Deutschen Bund unter Napoleon als Erbmonarchen befür-
wortete[1]). „Der Wille des Kaisers", sagte sein Staatssekretär
Eberstein, „ist bei uns oberstes Gesetz." Allen voran aber
rüstete Sachsen wie im Fieber, namentlich im Herzogtum
Warschau, wo Napoleon ungeheure Vorräte an Kriegsmaterial
aufhäufte. Alle Streitpflichtigen wurden einberufen, eine
Nationalgarde ward errichtet. So standen die Regierungen des
Rheinbundes mit ihren Truppen dem Kaiser unbedingt zur
Verfügung. Weh' ihnen, wenn sie sich lässig erwiesen. „Wenn
die Bundesfürsten", schrieb Napoleon im April 1811 an
Friedrich von Württemberg, „über ihre Neigung zur gemein-
samen Abwehr auch nur den leisesten Zweifel in mir entstehen
lassen, sind sie, ich gestehe es frei, verloren. Denn ich ziehe
Feinde unsicheren Freunden vor[2])."

Da waren denn nur noch die deutschen Mittelmächte,
Preußen und Österreich, die Besiegten von Jena und Wagram,
in Pflicht zu nehmen. Was Preußen betraf, so hatte es
Napoleon nicht vergessen, daß er das Land schon einmal erobert
und nur aus Rücksicht für dasselbe Rußland aus den Händen
gelassen hatte, gegen das er sich jetzt zum Streit erhob, und
auch nicht vergessen, daß er schon einmal als Sieger am
Niemen kampiert hatte. Diese Position wieder und damit
die Möglichkeit für eine wirksame Offensive zu gewinnen,
ehe es zum offenen Bruch kam, war jetzt sein Streben.
Konnte das nicht etwa gelingen, indem er Preußen, wie
Holland zuvor, unmittelbar in seine Gewalt brachte? Derlei
scheint ihm wirklich einen Augenblick lang im Sinn gelegen
zu haben. Jenes offizielle Memorandum aus dem März 1810
hatte bereits die Selbständigkeit dieses Staates in Frage gestellt. Ein von Esménard[3]) gefälschter Rapport Champagnys
vom November desselben Jahres, worin der Minister dem
Kaiser die Aufteilung Preußens zugunsten von Sachsen und
Westfalen anrät, soll auf guten Informationen des Fälschers

---

[1]) Siehe die Mitteilung v. H e y l s im Augustheft 1903 der Zeitschrift
„Vom Rhein".

[2]) C o r r e s p. XXI. 17.558. Daß man dies für keine leere Drohung
hielt, geht aus einer Tagebuchnotiz der Königin von Westfalen hervor, die
am 11. Jänner 1811 in ihr Journal schrieb: „Der Kaiser ist mit dem Großherzog von Baden sehr unzufrieden, er scheint unter den Fürsten zu sein,
die verschwinden werden." (Revue historique, XXXVIII. 95.)

[3]) Siehe Band II. S. 126 und oben S. 41.

beruhen. Anfang 1811 verzeichnet Königin Katharina von
Westfalen gleichfalls die Notiz von der bevorstehenden Zer-
stückelung des Hohenzollernstaates in ihrem Tagebuch. Und
um dieselbe Zeit geht ein Gerücht durch die spanischen Blätter,
der Rest von Preußen solle an Berthier gegeben werden[1]).
Der Gedanke ward aber bald wieder aufgegeben. Es war
doch vielleicht möglich, daß die Vernichtung Preußens ebensowenig ohne Widerstand der Bevölkerung ablief, wie die
Spaniens, so groß auch der Unterschied zwischen den heiß-
blütigen Südländern und den „vernünftigen, kalten, toleranten
und jedem Exzeß abholden" Norddeutschen — so charakterisierte sie Napoleon — sein mochte. Gerade das Beispiel der
Spanier konnte verführerisch auf alle unzufriedenen Elemente
in der „schlechten Nation, die er gar nicht liebte und in deren
Geistern eine starke Widerstandskraft lebte", wirken. Und
über das geheime Treiben des „Tugendbundes", wie man die
Gesamtheit der deutschen Franzosenfeinde nun einmal zu bezeichnen pflegte, trafen die übertriebensten Berichte in Paris
ein. Nein, kein Gewaltstreich! Politischer schien es, die
fremden Kräfte durch ein Bündnis sich dienstbar zu machen[2]).
Mußte denn nicht auch Preußen nach dem Sieg über Rußland
dem Beherrscher Europas als reife Frucht in den Schoß fallen?
Viel klüger, die noch immer nicht ganz unansehnlichen Hilfskräfte Friedrich Wilhelms III. auf friedlichem Wege sich
zu verpflichten und sich so die Stellung am Niemen zu
sichern. Das war schließlich der Plan Napoleons. Und er
gelang. Gelang, einmal der unseligen Lage wegen, in der sich
Preußen befand, dessen einzelne Landesteile einerseits von
Davout, anderseits von Warschau her und endlich durch die
rasch vermehrten französischen Besatzungen in Stettin,
Küstrin, Glogau und Danzig fortwährend bedroht waren, und
zweitens, weil auch jetzt wieder, wie 1805 und 1809, den Absichten des Eroberers in Friedrich Wilhelm mit seinem Mißtrauen gegen sein Volk und seiner felsenfesten Überzeugung
von des Imperators Unüberwindlichkeit ein Helfer wider
Willen zur Seite stand.

---

[1]) Siehe meinen Aufsatz über „Stein und Gruner in Österreich" im
III. Band meiner „Historischen Studien und Skizzen", S. 126.

[2]) S. oben S. 52. Anm. 2.

Um dem Staat die bedrohte Existenz zu retten, hatte Hardenberg, der im Vorjahr als Staatskanzler ans Ruder getreten war, im Mai 1811 Bündnisanträge in Paris gestellt. Darauf war die Antwort ausgeblieben. Napoleon, der den Krieg mit Rußland damals noch nicht wünschte, wollte sein äußerlich friedliches Verhältnis zu dieser Macht nicht durch einen Schritt seiner Diplomatie vorschnell kompromittieren; auch wollte er vorerst in Deutschland hinlänglich gerüstet sein, ehe er Preußens Vorschläge erwiderte. Sein Schweigen vermehrte aber in Berlin die Sorge derart, daß sich Hardenberg der von Scharnhorst geführten Patriotenpartei näherte und auch den König zu Rüstungen bestimmte, die im Sommer, so verdeckt wie möglich, zu einer Verstärkung der Machtmittel auf nahezu das Doppelte der mit Napoleon vereinbarten 42.000 Mann führten. Der König wandte sich nun, obgleich der Zar auf frühere Briefe nicht befriedigend geantwortet hatte, nochmals an Alexander und sandte Scharnhorst im tiefsten Geheimnis nach Petersburg, damit er dort eine Militärkonvention verabrede. Nach England wurde ein Begehren um Subsidien adressiert. Beides war nicht ganz ohne Erfolg. Der Zar hatte zwar seinen Offensivplan aufgegeben und sich mit dem Gedanken einer hinhaltenden Verteidigung im eigenen Reich vertraut gemacht; nun aber erklärte er sich doch — wenn auch nur „im allgemeinen" — bereit, seine Armee im Kriegsfall „so schnell als möglich" in Marsch zu setzen und, „wenn es sein kann", bis an die Weichsel, ja, nach besonders günstigen Zufällen, „auf die man jedoch nicht rechnen dürfe", noch darüber hinaus vorzuschieben, während Preußen inzwischen das Vordringen des Feindes gegen diesen Fluß auf jede Art zu hindern hätte. So stand es in der Konvention, die Scharnhorst am 17. Oktober an der Newa abschloß[1]). Und auch England gestand die gewünschten Subsidien zu und sandte Kriegsmaterial nach Kolberg. Aber ehe noch diese Ergebnisse in Berlin bekannt wurden, war Friedrich Wilhelm III., der nicht viel Hoffnung auf Rußland setzte, schon wieder anderen Sinnes geworden. Noch im August hatte er, durch Napoleons Rüstungen mit neuer Angst erfüllt, doch wieder in Paris anklopfen lassen. Sollte man denn,

---

[1]) M a r t e n s, VII. 32 (§ 14).

so mochte er fragen, die Existenz des Staates einem unsicheren
Wagnis anvertrauen, ohne sich wenigstens die Möglichkeit
eines rettenden Vergleichs offen zu halten? Hardenberg
widersprach nicht. Und nun blieb auch Napoleon nicht mehr
stumm. Natürlich. Denn jetzt waren seine Verstärkungen in den
Oderfestungen, in Westfalen und Polen soweit gediehen, daß er
mit Preußen wieder in dem Ton reden konnte, den er dem
Berliner Hof gegenüber anzuschlagen gewohnt war. Er forderte
vor jeder weiteren Unterhandlung die Unterbrechung der
preußischen Rüstungen. Das ward zugestanden; die Rüstungen
wurden eingestellt; ja, Blücher, der beim Franzosenkaiser
tief in Mißgunst stand, verlor sein Kommando. Und nun
begehrte Napoleon weiter kategorisch: entweder Eintritt
Preußens in den Rheinbund, oder Schutz- und Trutzbündnis
mit Frankreich unter Beistellung von 20.000 Mann und drei
Kriegsfahrzeugen für den Fall des Konflikts mit Rußland
und von Kaperschiffen wider England mit der Verpflichtung,
die Küstensperre aufs strengste durchzuführen. Das waren
harte Bedingungen, und es entstand die Frage: mußte man sie
ohne jeden Widerstand hinnehmen? Man hatte ja jetzt,
Ende Oktober, die Konvention mit Rußland und konnte
auf englisches Geld rechnen. Noch einmal bäumte sich Hardenberg auf und riet dem König, Berlin zu verlassen und mit
dem Zaren und England gemeinsame Sache zu machen. Aber
Friedrich Wilhelm, von den Gegnern der ,,Patrioten", den
Ancillon, Albrecht, Grawert u. A. beraten, widerstand. Er
hatte 1809 die Erfahrung gemacht, daß diejenigen Unrecht
behalten hatten, die damals den Zusammenbruch des Staates
weissagten, wenn man sich nicht Napoleon entgegenstelle.
War es jetzt anders? Er sah mit seinem nüchternen Blick
die Scharnhorstsche Konvention mißtrauisch an und gewahrte
in den verschiedenen Klauseln, die sie enthielt, nur das Eine,
,,daß ein hoher Grad von Tätigkeit seitens der russischen
Armeen kaum zu erwarten stehe, die sich offenbar bald dabei
begnügen würden, auf ihren ersten Kriegsplan zurückzukommen, den man nur mit Widerstreben und nur darum verlassen habe, um sich unser zu versichern[1])." So nachteilig

---

[1]) D u n c k e r, Aus der Zeit Friedrichs des Großen und Friedrich
Wilhelms III., S. 415.

auch ihm die französischen Bedingungen erschienen, sie ließen
doch den Staat am Leben, während gegen Frankreich zu
fechten, so lange das Genie seines Kaisers überwiegende Kräfte
in den Kampf führte, den „unabweislichen oder doch gewiß höchst
wahrscheinlichen Untergang" bedeutete. Ein Verlassen Berlins
würde, meinte er, „weit mehr Verderben als Nutzen bringen,
und zwar in jeder Hinsicht". Nur eins gab er Hardenberg
zu, bevor er die Petersburger Konvention verwarf: daß man
Österreich sondiere. Denn nur wenn auch dieses sich mit
Rußland und Preußen kräftig verbände, wäre Aussicht auf
einigen Erfolg vorhanden, den er freilich vor Allem in der Erhaltung des Friedens sehen wollte. Im übrigen aber sollten die
Verhandlungen mit Frankreich nicht unterbrochen werden.

Nun ging Scharnhorst heimlich nach Wien. Aber was er
dort erfuhr, war nicht danach angetan, das Abkommen mit
dem Gewaltigen aufzuhalten, und so kam es, von Napoleon
selbst bis zu dem Augenblick verzögert, wo er Preußen endlich
ganz umzingelt hatte, am 24. Februar 1812 als Offensiv- und
Defensivallianz zustande. Darin waren die Bedingungen Napoleons keineswegs ermäßigt, eher noch verschärft. Vor Jahresfrist, als Hardenberg dem Kaiser ein Bündnis und preußische
Hilfe anbot, war es unter Vorbehalten geschehen, die nicht
nur die Integrität des Landes verbürgen, sondern auch die
Erhöhung der preußischen Kriegsmacht bewirken, die Festung
Glogau zurückbringen und bestimmte Terrainerwerbungen
sicherstellen sollten. Jetzt war von alledem nicht mehr die
Rede, und der Februarvertrag wurde für Preußen eine De-
mütigung ohnegleichen. Nur in Spanien, Italien und der
Türkei — hieß es darin — hat Preußen Frankreich keine
Heeresfolge zu leisten, sonst überall in Europa. Gegen Rußland stellt es 20.000 Mann und 60 Geschütze unter den Befehl
Napoleons, etwa die Hälfte der ihm überhaupt zugestandenen
Armee; die andere Hälfte hat in den schlesischen Festungen,
in Potsdam, vorzüglich aber in Kolberg und Graudenz zu
garnisonieren, wo die Kommandanten ihre Befehle vom französischen Generalstab erhalten. Die Franzosen marschieren
ungehindert durch den ganzen preußischen Staat, einen Teil
Schlesiens ausgenommen; ihre Generale requirieren, beschaffen
die Lieferungen für die Armee und sorgen für Ordnung und
Sicherheit in deren Interesse. Diese Armeelieferungen, die

Preußen im größten Maßstab zu leisten hat, werden von der alten Kriegsschuld in Abrechnung gebracht. Wider England verspricht Friedrich Wilhelm die schärfsten Absperrungsmaßregeln und die geforderten drei Kriegsschiffe[1]). So hatte der patriotische Aufschwung des Jahres 1811, der vielleicht im Frühling, da Rußland den Angriffskrieg plante und Napoleon noch unzulänglich gerüstet war, zu Erfolgen hätte führen können, mit Untertänigkeit geendet, für die der König nichts gewann als vage Versprechungen von Entschädigung durch Gebietszuwachs im Falle des Sieges — Versprechungen von Napoleon, der seit 1807 immer bedauernd wiederholte: „Wie konnte ich diesem Mann nur so viel Land übriglassen[2])!"

Zu dem Entschluß des Preußenkönigs, sich in dem bevorstehenden Kriege Frankreich anzuschließen, mag das ihrige immerhin auch die Haltung Österreichs beigetragen haben. Scharnhorst hatte im Dezember 1811 in Wien nur erfahren, daß Kaiser Franz augenblicks nicht imstande sei, irgend Hilfe zu gewähren. Die Wahrheit war: Österreich stand auf französischer Seite. Aus den Schriftstücken, mit denen jenerzeit Metternich seinen Herrn beriet, geht hervor, daß die Wiener Politik entschieden wider den Zar Stellung nahm. Schon die Aktion Rußlands gegen die Türkei in den Donaufürstentümern trennte die beiden Mächte. Dann hatte Alexanders Plan, Polen wiederherzustellen und es als einiges Reich unter russischer Hoheit konstitutionell zu regieren, in Wien gleichfalls arg verstimmt, denn er beanspruchte von Österreich die Aufgebung Galiziens, wofür Rußland zwar Serbien und einen Teil der Donaufürstentümer bot, die man aber doch erst wieder hätte erobern müssen, woran in einem Krieg wider

---

[1]) Vergl. den aus vier Instrumenten bestehenden Vertrag bei D e C l e r c q, II. 354 ff. Es ist von hohem Interesse zu sehen, wie sicher Napoleon schon in jenem mit Maret gemeinsam ausgearbeiteten Memoire vom 16. August 1811 (siehe oben S. 52) den Termin für den Abschluß der Allianzen mit Preußen und Österreich — „nach sechs Monaten" — festsetzte.

[2]) Damit soll die Haltung Friedrich Wilhelms III. keineswegs abfällig beurteilt werden. Die Erhebung zu jener Zeit wäre ein höchst unsicheres Wagnis gewesen, wenn man erwägt, welche Massen von Streitkräften Napoleon, unbeschadet der Kriegsaktion in Spanien, gegen Rußland ins Feld führte, wie rasch er später, nach deren Untergang, ein neues Heer auf die Beine stellte und wie er selbst dann noch über die verbündeten Preußen und Russen zu siegen wußte.

Napoleon nicht zu denken war[1]). Gewiß, auch wenn man sich an den Franzosenkaiser anschloß, konnte Galizien für den Donaustaat verloren gehen, da der Imperator, wie man annahm, sofort das einige Polen gegen Rußland ausspielte, und es war auch schon im Sommer 1810 in Paris zwischen Napoleon und Metternich davon die Rede gewesen; aber einmal bot Jener dem seit den letzten Kämpfen gänzlich verarmten Donaustaat das wichtige Illyrien mit der Seeküste als Äquivalent für das polnische Land und überdies noch, als Preis für Österreichs Mitwirkung am Kriege, weiteren Gewinn, den der Wiener Hof mit der Inngrenze gegen Bayern und dem preußischen Schlesien — „eine uns nicht nur bequem gelegene, sondern im Fall der Wiederherstellung des Königreiches. Polen fast unumgänglich nötige Provinz" — in Vorschlag brachte. Denn daß Preußens Auflösung — es mochte Partei nehmen, welche es wollte — unfehlbar erfolgen müsse, war für Metternich eine ebenso ausgemachte Sache wie der Sieg der französischen Waffen im Feldstreit mit Rußland[2]). Dann war allerdings die völlige Abhängigkeit auch der Wiener Politik von der napoleonischen unvermeidlich. Aber selbst in dieser abhängigen Stellung wollte Metternich die Konjunkturen nutzen und wenigstens das untertänige Österreich stärken, wenn schon ein freies nicht mehr möglich war. Und Napoleon setzte sich den Wünschen seines Schwiegervaters nicht entgegen. „Die schlesische Frage ist beim kleinsten Fehler, den

---

[1]) In einem Vortrag vom 28. November 1811 — kurz bevor Scharnhorst eintraf — zählte Metternich alle Sünden Rußlands auf, „welches bereits zweimal seine Alliierten ihrem eigenen traurigen Schicksal überließ", und das „unter der schwachen Regierung Alexanders I. wahrscheinlich wieder in die Steppen Asiens zurückgedrängt werden wird." (Nachgelassene Papiere, II. 429.)

[2]) „Preußen ist nicht mehr in die Reihe der Mächte zu rechnen", versicherte er dem Kaiser Franz Anfang 1811, und in einem Vortrag vom 28. November desselben Jahres: „Preußen befindet sich in der hoffnungslosen Lage, in jeder zu ergreifenden Partei seine nur zu wahrscheinliche Auflösung besorgen zu müssen." In demselben Schriftstück heißt es aber auch: „Nach vorhinein zu berechnenden, auf frühere Erfahrungen, besonders auf jene der letzten Zeit, gestützte Probabilitäten, spricht aller Anschein unleugbar für französische Siege." (Nachgelassene Papiere, II. 427. 435. 437.) Damals schätzte Metternich die französische Armee auf 200.000 bis 230.000 Mann. Wie mußte es ihn in seiner Politik bestärken, als er später von der doppelten Anzahl hörte!

sich Preußen zuschulden kommen läßt, entschieden," erklärt
er dem österreichischen Botschafter im Dezember 1811; ja
selbst, wenn sich Preußen nicht von der vorgeschriebenen
Linie entfernte, könnte er in einem glücklichen Krieg über
Schlesien zu Österreichs Gunsten verfügen, da es dann an
Kompensationsobjekten nicht fehlen würde und dem König
Friedrich Wilhelm jede andere Provinz passen müßte, während
Schlesien die einzige wäre, die Österreich abzurunden ver-
möchte[1]).

So war man in Wien dazu gekommen, sich in eine enge
tätige Allianz mit Frankreich zu begeben, die bestimmte Vorteile in Aussicht stellte. Dieser Entschluß war bereits gefaßt und auch schon Schwarzenberg, der von Paris aus warm
dafür eingetreten war, angekündigt, als Scharnhorst nach
Wien kam. Man begreift nun leicht, daß seine Mission scheitern
mußte, ja, man begreift sogar — wenn man es auch gewiß
nicht entschuldigen wird — daß Metternich dem Sendboten
des in seinen Augen verlorenen Staates zum Anschluß an Rußland riet, d. h. zu eben jenem „Fehler", der die schlesische
Frage sofort zugunsten Österreichs lösen mußte[2]). Und als
ob der bloße Name Schlesiens die Zeit der großen Kaiserin
wieder in Erinnerung gebracht hätte, die um die entrissene
Provinz drei Kriege gewagt hatte, so suchte man jetzt den
französisch-österreichischen Allianzvertrag vom Jahre 1756
hervor, um das neue Schutz- und Trutzbündnis mit Frankreich nach seinen Bestimmungen, ja teilweise nach seinem

---

[1]) **Metternichs** Nachgelassene Papiere, II. 442. Maret brachte
in Vorschlag, Preußen für Schlesien mit den baltischen Provinzen Rußlands zu entschädigen.

[2]) Am 17. Dezember hatte Schwarzenberg in Paris die entscheidende
Audienz. Den Bericht darüber wird Metternich nicht vor dem 25. erhalten
haben. Bis dahin blieb Scharnhorst ohne definitiven Bescheid. Am 26.
empfing er ihn mit der Erklärung, Österreich sei außer Stande zu helfen,
und mit dem Wink, Preußen werde in jeder anderen Partei als der russischen
noch unglücklicher sein. (Siehe **Metternich**, Nachgelassene Papiere,
II. 442 und **Lehmann**, Scharnhorst II. 434.) Wenn bei **Duncker**,
Aus der Zeit Friedrichs des Großen und Friedrich Wilhelms III. S. 422,
Metternich dem Abgesandten gegenüber auch noch die Äußerung in den
Mund gelegt wird, Österreich werde Frankreichs Partei nicht nehmen,
sondern neutral bleiben, so ist davon, wie ich Professor Lehmanns freundlicher Mitteilung verdanke, in Scharnhorsts Berichten nichts enthalten.

Wortlaut, abzufassen[1]). Am 14. März 1812 unterzeichnete Schwarzenberg in Paris die Vertragsurkunde. Österreich, das sich aufs neue zur Kontinentalsperre verpflichtete, stellte für den Krieg gegen Rußland 30.000 Mann zu Frankreichs Unterstützung, die jedoch — ungleich den preußischen Hilfstruppen — ungeteilt unter österreichischer Führung stehen, von keinem französischen General Befehle annehmen und nur den Weisungen Napoleons gehorchen sollten. Bei der Wiederherstellung Polens wird Österreich Galizien behalten, und nur wenn es freiwillig einen Teil davon dazu hergeben wollte, dafür durch Illyrien entschädigt werden. Die Integrität der Türkei bleibt garantiert, d. h. Rußland wird nichts davon für sich gewinnen; die Erfurter Zusage ist zurückgenommen. Und zum Schluß heißt es: „Im Fall eines glücklichen Ausgangs des Krieges verpflichtet sich der Kaiser der Franzosen, dem Kaiser von Österreich Kriegsentschädigungen und Gebietsvergrößerungen zuzuwenden, welche nicht allein die dargebrachten Kriegsopfer aufwiegen, sondern auch ein Denkmal bilden sollen der engen und dauerhaften Verbindung, die zwischen beiden Souveränen besteht." Da von Illyrien bereits die Rede war, bleibt hier nur noch an Schlesien zu denken übrig, denn es war ja „die einzige Provinz, die Österreich abrunden konnte"[2]).

---

[1]) „Die Grundsätze — schreibt Metternich am 8. Juni 1812 an den Gouverneur von Galizien, Grafen Goëß — nach welchen der Kaiser allein in ein näheres Verhältnis mit Frankreich zu treten sich je bereit finden lassen würde, fanden sich in dem Allianztraktat mit Frankreich vom Jahre 1756. Auf dieselbe Basis, und insofern selbe noch auf die allgemeinen Verhältnisse Europas anwendbar waren, wurde der neue Traktat gegründet. Der Vergleich des einen Vertrages mit dem anderen beweist diese Wahrheit unleugbar, die Worte sogar sind fast dieselben, und dieser Umstand ist nicht einer der minder wesentlich herauszuhebenden." (W. St. A.) Gewiß, die Worte waren fast dieselben, und der Art. 3 von 1812 ist mit den Artikeln V und VI von 1756 ganz gleichlautend. Aber die Machtverhältnisse waren himmelweit verschieden, so daß, was dazumal als freie politische Entschließung einer Großmacht galt, jetzt nur noch notgedrungene Fügsamkeit eines bankrotten Staates war, dessen Minister die letzte Weisheit in der Allianz mit einem Souverän erblickte, von dem er selbst zugeben mußte, daß „sein monströser Zweck die Alleinherrschaft war und ist".

[2]) Der Vertrag steht bei De Clercq, II. 369 ff. und bei Neumann, Recueil des traités conclus par l'Autriche, II. 358. Es ist anzunehmen, daß Napoleon Österreich Schlesien viel lieber zugewendet als auf Illyrien verzichtet hätte. Einem Manne, der ihm dazu riet, dieses sofort gegen Galizien zu vertauschen, antwortete er: „Ich sehe, daß Sie von der

So hatte sich Napoleon auch der deutschen Mittelmächte
versichert, und von der Südspitze Kalabriens bis zur Memel,
vom Kap Finisterre bis in die Bukowina gehorchte der Kontinent seinem Wink. Freilich hätte er gern auch Schweden
und die Türkei, die alten Feinde Rußlands, in sein System
aufgenommen — oder vielmehr: darin festgehalten — damit
sie von Norden und Süden her den Gegner angriffen, wenn er
ihm im Zentrum den entscheidenden Stoß versetzte. Doch
hier zog er den Kürzeren. Als sich in Stockholm die Abgesandten Frankreichs und Rußlands den Rang abzulaufen
suchten, hielt Bernadotte den Augenblick für günstig, sich
dem Lande seines künftigen Regiments durch eine große Erwerbung zu empfehlen. Er bot seine Allianz demjenigen an,
der ihm zur Gewinnung Norwegens verhelfen würde. Aller
Beteuerungen, mit denen er im Dezember 1810 Tschernischeff
überhäuft hatte, vergessend, klopfte er zunächst bei Napoleon
an, weil in Schweden die öffentliche Meinung noch immer an
ihm hing; die Kronprinzessin, die Désirée Napoleons vom
Jahre 1795, war in Paris für ein Bündnis tätig. Aber der
Franzosenkaiser wollte von einer Annexion Norwegens nichts
wissen, da Dänemark treu zu ihm hielt und ein Truppenkorps
zur Deckung der Nord- und Ostseeküste zu stellen bereit war.
Er seinerseits brachte die Wiedergewinnung Finnlands nach
dem Sieg über Rußland in Vorschlag, wenn Schweden mit
40.000 Mann gegen Alexander marschieren und zugleich den
Krieg wider England energisch betreiben wollte. Aber gerade
dieses doppelte Engagement gegen Rußland und das britische
Reich erschien der schwedischen Regierung nach den früher
gemachten Erfahrungen unmöglich. „Man verbarg sioh nicht,"
— heißt es in einem nachträglichen Bericht des schwedischen
Ministeriums an Karl XIII. vom 7. Jänner 1813 — „daß ein
Krieg mit Rußland, der notwendig auch Feindseligkeiten mit
England herbeiführen mußte, die Kräfte Schwedens über-
stieg, daß eine englische Flotte im Baltischen Meere während
des Sommers alle Unternehmungen Schwedens gegen Rußland hindern könnte, daß die Küsten Schwedens inzwischen
der Rache Englands preisgegeben wären, daß der Handel

Wichtigkeit dieser Provinzen keine Idee haben. Sie sehen nicht, daß ich,
sobald ich sie zum Stützpunkt wähle, einen Fuß in Rom, den andern in
Konstantinopel habe." P a s q u i e r, Mémoires, II. 76.

ebenso wie die Küstenfahrt einstweilen ganz aufhören und
daraus eine allgemeine Not entstehen müßte, daß vielmehr
Schwedens großer Bedarf an Getreide eben mit diesen beiden
Mächten, England und Rußland, ein fortgesetztes friedliches
Verhältnis heische usw." Da traf es sich, daß die in diesem
Zeitpunkt höchst unkluge Besetzung Pommerns durch die
Franzosen, angeblich um den Schleichhandel zu stören, Napoleon die Sympathien der Schweden raubte, und nun konnte
Bernadotte es wagen, gegen den Franzosenkaiser so vorzugehen,
wie es der langjährigen persönlichen Spannung zwischen den
beiden Männern entsprach. Schweden erklärte sich zunächst
neutral, wodurch es aus dem Kriegszustand wider England
heraustrat — und das war das Wesentliche — dann lehnte
es den französischen Antrag ab und näherte sich Rußland,
dem es seine Unterstützung für den Fall zusagte, daß Alexander
der Eroberung Norwegens nicht nur zustimme, sondern
auch durch ein Hilfskorps dazu mitwirke; man wolle dann
gemeinsam im Norden Deutschlands landen und Napoleons
linke Flanke bedrohen; Dänemark würde man durch deutsches
Gebiet entschädigen. Der Zar ging darauf ein, und am 5. April
1812 kam ein jenen Vorschlägen entsprechendes Abkommen
zwischen Schweden und Rußland zustande, das später, bei
einer Zusammenkunft Bernadottes mit Alexander im August
zu Åbo, eine neue Bekräftigung erfahren sollte.

In der Türkei, wo Sultan Mahmud ganz gern die ihm
in den ersten Monaten des Jahres 1812 dargebotene
Hand Napoleons angenommen hätte, lagen die Verhältnisse
doch so, daß selbst der Großherr seiner Absicht nicht folgen
konnte. Noch im letzten Herbst hatten ja die Russen Erfolge
errungen und darauf den Frieden unter relativ günstigen Bedingungen angeboten, nur um den Krieg an der Donau zu
beenden, bevor das große Streiten gegen die Franzosen begann: sie forderten nicht mehr beide Fürstentümer — Moldau
und Walachei — für sich, sondern waren sogar bereit, sie bis
auf Bessarabien und die Serethgrenze zurückzugeben. Das
geschah in einem Augenblick, wo die türkische Staatskasse
leer, der Zustand der Armee ein kläglicher, der Wunsch der
Bevölkerung nach Frieden und Erholung ein allgemeiner geworden war. Nur die zügellosen Janitscharen riefen noch
nach Krieg. Was halfen da die Versprechungen Napoleons:

die Krim, die Tatarei, alles Land, das die Pforte in den letzten
vierzig Jahren verloren hatte, wenn man die Kosten für die
100.000 Mann nicht aufbrachte, die er als Hilfsheer forderte?
Auch dürfte der Kaiser der Franzosen aus seinen alten Absichten auf Morea und Kandia doch etwas zu wenig Hehl
gemacht haben[1]). Und dazu drohte England, es werde, wenn
der Sultan das französische System annehme, die Dardanellen
forcieren und Stambul verbrennen. Der Divan, den Mahmud
befragte, erklärte sich für den Frieden mit dem Zaren, der
dann auch Ende Mai 1812, unter der Bedingung, daß fortan
der Pruth die Grenze bilde, in Bukarest unterzeichnet wurde.

Das waren nun freilich sehr empfindliche diplomatische
Niederlagen, die Napoleon in Stockholm und am Bosporus
erlitt. Insbesondere, daß er sein Prestige in Konstantinopel
eingebüßt hatte, war ihm peinlich, wo gerade die Türkei
einen der wichtigsten Faktoren in seinen Zukunftsplänen darstellte. Aber der Sieg über Rußland schien ihm auch ohne
die Diversion der Türken möglich, und dieser Sieg im Norden
mußte ohne Zweifel auch den Süden der Macht desjenigen
erschließen, der Süd und Nord, wie Ost und West, seinem
Willen zu beugen wünschte[2]). Es war die Zeit, im März 1812,

---

[1]) In dem Vortrag Champagnys vom März 1810 (siehe oben S. 39)
lautet eine bemerkenswerte Stelle: „Der zweite Gegenstand" — der erste
war, für die Fortdauer des Krieges zwischen Türken und Russen zu sorgen —
„wäre, die Pforte unauffällig dahin zu bringen, daß sie Ew. Majestät Morea
und Kandia abträte für die Unterstützung, die sie erhalten würde, um sich
der kleinen Tatarei und der Krim zu bemächtigen, Länder, die ihr für die
Versorgung Konstantinopels viel wichtiger sein müssen. Es ist hier nicht
der Ort, sich über dieses alte Projekt auszulassen, das aber, im Fall eines
Bruches mit dem russischen Hof, besonders diskutiert zu werden verdient."
(S c h i l d e r, Alexander I. III. 475.)

[2]) Eine Hofdame der Zarin, Gräfin E d l i n g, will es später, auf dem
Wiener Kongreß, von Eugen Beauharnais, erfahren haben, daß es Napoleons
Absicht gewesen sei, nach der Bezwingung Rußlands sich gegen Konstantinopel zu wenden. (Mémoires p. 196.) Das stimmt durchaus damit überein,
daß er vor dem Feldzug auch mit den aufständischen Serben anknüpfte,
um dort den russischen Einfluß aus dem Felde zu schlagen und sich zugleich
einen Sukkurs gegen die Pforte zu erwerben. „Nach Eurem Untergang",
sagte der Großvezier zu dem russischen Unterhändler, „würden wir an die
Reihe kommen." (B o p p e, La France et les Principautés danubiennes,
Annales de l'Ecole politique, 1896. p. 346.) Vgl. auch Bernadottes Äußerung
zu dem russischen Gesandten Suchtelen: „Man (Désirée?) meldet mir, Napoleon wolle in zwei Monaten mit Rußland fertig sein, um dann nach Kon-

wo er seinem Generaladjutanten Narbonne gegenüber die
Idee aussprach, über das niedergeworfene Zarenreich hinweg
nach Indien zu ziehen und dort die Herrschaft der Briten zu
zerstören[1]). Jedenfalls gebot er über eine überwältigende
Macht, als er den letzten Schritt zur Beherrschung des Kontinents hin tat. So fest entschlossen er hierzu war, so bestimmt
verharrte auf der anderen Seite Kaiser Alexander I. bei seinem
Widerstand gegen die napoleonische Diktatur, die gar so dreist
in die materiellen Interessen Rußlands eingriff. Der Bruch
war unvermeidlich. Alles Zögern beruhte nur noch auf militärischen Rücksichten. Am 30. April 1812 übergab endlich
der russische Botschafter in Paris das vom 8. datierte Ultimatum des Zaren: er wolle nur dann über einen Vergleich mit
Frankreich unterhandeln — wobei er allerdings auf den Verkehr mit den Schiffen der Neutralen nicht verzichten könnte
— wenn die Franzosen vorher Preußen und Schwedisch-
Pommern geräumt haben würden. Um noch etwas Zeit zu
gewinnen, antwortete Napoleon nicht sogleich hierauf, sondern
sandte vielmehr Narbonne zu Alexander mit einem Brief und
einer Note, die man — obzwar am 3. Mai abgesendet — auf
den 25. April zurückdatiert hatte, um den Anschein zu erwecken, als hätte man das russische Ultimatum noch nicht
gekannt[2]). Darin hieß es, der Kaiser habe noch einen letzten
Versuch gemacht, England zum Frieden zu bewegen und
damit allen Zwist aus der Welt zu schaffen. Und daran war
so viel richtig, daß in der Tat Maret am 17. April an den britischen Minister des Äußern, Lord Castlereagh, geschrieben
hatte, man sei bereit, Portugal dem Hause Braganza zurückzugeben, wenn England Murat und Joseph anerkennen und
die Pyrenäische Halbinsel sowie Sizilien räumen wolle. Dann
wolle man auch die eigenen Truppen aus Spanien heraus-

---

stantinopel zu gehen" (S b o r n i k, XXI, 445). Die Meinung war auch
in der Armee verbreitet. Ein Offizier schreibt, nachdem Moskau erobert
war, er hätte Petersburg vorgezogen, man dürfe sich aber nicht so weit von
den türkischen Provinzen entfernen, „denn nach einer guten Allianz mit
Alexander, der, er wolle oder nicht, wie die Anderen in unserem Gefolge
marschieren wird, müssen wir im nächsten Jahr nach Konstantinopel und
von da nach Indien gehen." (Zitiert von S o r e l, VII, 588.)

[1]) V i l l e m a i n, Souvenirs, p. 176. Siehe unten.

[2]) E r n o u f, Maret, Duc de Bassano, S. 354.

ziehen[1]). Es war das alte Spiel, das Talleyrand schon vor
zwölf Jahren so treffend gekennzeichnet hatte[2]). Denn daß
England Joseph nicht anerkennen würde, lag auf der Hand
und wurde auch alsbald in London erklärt. Geschah aber doch
das Unwahrscheinliche, dann standen Napoleon für den
Kontinentalkrieg noch weitere 200.000 Mann erfahrener
Truppen zur Verfügung, die in Spanien frei wurden und für
den Kampf der Waffen wie für allfällige Unterhandlungen
schwer ins Gewicht fielen. Die Sendung Narbonnes zum
Zaren hatte tatsächlich nur, wie es in dessen Instruktionen
hieß, den einen Zweck, sich unter guten Vorwänden möglichst
viele Kenntnisse über die militärischen Dispositionen des
Gegners zu verschaffen.

Während dieser Bote nach Wilna eilte und Maret den
Fürsten Kurakin in Paris mit Redensarten hinhielt, verließ
Napoleon am 9. Mai mit einem großen Teil seines Hofstaates
die Stadt. Er fuhr nach Dresden, um dort gleichsam seine
Macht drohend auszulegen, und wir glauben es, daß er sich
davon nochmals eine einschüchternde Wirkung auf den Zar
versprach.

In Dresden versammelten sich huldigend die Fürsten des
Rheinbundes, über die der Korse unbedingter gebot als seit
langer Zeit ein römischer Kaiser deutscher Nation. Auch der
letzte von diesen, Franz von Österreich, fand sich ein. Hatte
Napoleon die Zusammenkunft mit seinem Schwiegervater gewünscht, um seine Verwandtschaft mit der ältesten Dynastie
der Welt als Relief für seine unerhörte Geltung zu benützen?
Er hat damals Franz I. aufgefordert, ihn auf seinem Kriegszug zu begleiten[3]). Dazu ist es allerdings nicht gekommen.
Im übrigen aber trat der Kaiser von Österreich, trotz allem
vertraulichen Verkehr mit dem Eidam, ebenso gehorsam wie
der König von Preußen und die kleineren „Souveräne" in
den Schatten des gewaltigen Parvenüs, der die Grenzen
zwischen den romanischen und germanischen Elementen
Europas verwischt und deren Kräfte zum Entscheidungskampf über das Schicksal des Weltteils vereinigt hatte. Gewiß,.

[1]) Corresp. XXIII. 18.652. Coquelle, p. 287.
[2]) Siehe Band I, Seite 241.
[3]) So schrieb M. Ludovica an ihre Mutter. S. Guglia, Kaiserin
Maria Ludovica, S. 140.

es war die Triebfeder persönlichsten Ehrgeizes und unendlicher Herrschsucht, die diese Massen in Bewegung setzte, ein schier unerträglicher Zwang, der sie kittete, aber wen der Genius auf Höhen geführt, wo ihm über dem weiten Horizont des Ganzen das Einzelne sich entrückte, der konnte hier einen Bund europäischer Kulturpotenzen zu erblicken meinen, gerüstet, um unter der Führung des größten Feldherrn die Zivilisation des Westens erobernd nach Osten zu verbreiten und den Völkerhader zur Einheit auszugleichen, der konnte versucht sein, mit Goethe von Napoleon zu sagen:

> „Worüber trüb Jahrhunderte gesonnen,
> Er übersieht's in hellstem Geisteslicht,
> Das Kleinliche ist alles weggeronnen,
> Nur Meer und Erde haben hier Gewicht.
> Ist jenem erst das Ufer abgewonnen,
> Daß sich daran die stolze Woge bricht,
> So tritt durch weisen Schluß, durch Machtgefechte,
> Das feste Land in alle seine Rechte."

Oder waren diese an Marie Luise gerichteten Worte nur huldigende Konvenienz, mit denen jetzt, wo der Kaiser die höchste Stufe seiner Macht erklommen hat, der große Humanist des Jahrhunderts ihm Beifall spendet? Nein, für Goethe stand Napoleons Größe außer Zweifel. Er hat genau herausempfunden, was dessen historische Bedeutung ausmacht: sein gleichsam instinktives Handeln im Dienste des Idealen. „Napoleon," sagte er, „der ganz in der Idee lebte, konnte sie doch im Bewußtsein nicht erfassen; er leugnet alles Ideelle durchaus und spricht ihm jede Wirklichkeit ab, indessen er eifrig es zu verwirklichen trachtet." Den Aufwand des Imperators an niedriger Hantierung und Gemeinheit eigennützigen Strebens übersah der Dichter souverän. Mochten Andere von den Greueln des Krieges und dem drückenden Zwange der Übermacht reden, er behielt nur das letzte Ziel im Auge: die Vereinigung der Völker in höherer Gesittung. Und von diesem Standpunkt aus hatte Goethe recht, Napoleon den führenden Männern der Geschichte beizuzählen. Denn sie Alle waren es nur, weil sie im Banne großer Ideen gehandelt hatten, gleichviel welches ihre eigensten Zwecke gewesen sein mochten. Wohl drängte der mazedonische Alexander aus der Enge seines kleinen Staates hinaus nach der Beherrschung der Welt und

grub seinen Namen durch Taten ohnegleichen in das Gedächtnis
der Jahrtausende ein, aber was ihn auf den Weg dahin gebracht
hatte, war doch nur die gewaltige Expansivkraft der helle-
nischen Kultur gewesen, in deren Dienst er den Zug nach
Osten unternahm. Wohl begründete Karolus Magnus mit
den Waffen ein Weltreich, aber doch nur als ergebenes Werkzeug der Moralideen des Christentums, das sich die jungen
Völker des Nordens eroberte. Und wenn wir jetzt Napoleon
auf der gleichen Bahn finden, wenn wir auch ihn begierig
sehen, seine Person zu höchst zu stellen und alle Welt unter
seinem Willen zu versammeln, so ist dieser Wille doch zum
guten Teil sein eigener nicht, sondern das Organ jener Zivilisation der Humanität, an der die Geisteskräfte von Jahrhunderten sich gemüht hatten, ehe sie Gemeingut des Erdkreises werden sollte. Unter Strömen von Blut, allerdings.
Aber die Gesetzbücher der Menschheit sind nun einmal mit
Blut geschrieben, ob es der Einzelne am Kreuze vergieße
oder Millionen sterbend dafür zeugen. Überall, wo der Franzosenkaiser gesiegt hatte, erblicken wir den Anlauf zu einer
höheren sozialen Ordnung: am Manzanares wie am Tiber,
am Rhein und an der Elbe, in Neapel und in Polen, in Preußen
und in Österreich, hier unmittelbar unter dem Druck der Eroberung, dort mittelbar, weil ein Widerstand gegen den
Mächtigen forthin nur möglich schien, wenn man sich mit
seinen eigenen Waffen bewehrte. Hat doch, um nur an Eins
zu erinnern, der verlorene Schlachttag von Jena allein das
ganze innere Wesen des preußischen Staates verändert[1]). So

---

[1]) Vgl. E. Meier, Die Reform der Verwaltungsorganisation unter
Stein und Hardenberg, S. 133. Der Verfasser ist in einem späteren Werk:
„Französische Einflüsse auf die Staats- und Rechtsentwicklung Preußens im
19. Jahrhundert" mit der Meinung hervorgetreten, nur die Entschluß-
losigkeit des Königs trage die Schuld, daß es vor 1806 nicht zu Reformen
kam. Mit Unrecht. Die Schuld trug das genügsame Wohlbefinden Aller
bei Zuständen, die sich erst 1806 als verderblich und deshalb unhaltbar
erwiesen haben. Man vergl. auch den Brief Gneisenaus vom Jahre 1807
mit der Stelle: „Wollten die übrigen Staaten das Gleichgewicht wieder herstellen, dann müßten sie sich dieselben Hilfsquellen eröffnen und sie benutzen"
bei Pertz, Gneisenau, I. S. 302, zitiert von Koser, Die preußische
Reformgesetzgebung in ihrem Verhältnis zur französischen Revolution
(Hist. Zeitschr. 73. 199). Koser liefert übrigens den Nachweis, daß die Neugestaltung des preußischen Staates zwar auf den Anstoß der Kriegsereignisse
hin, aber nicht gerade nach französischen Mustern erfolgte. Über preußi-

war es ein Kulturprozeß von größter Bedeutung, der im Jahre 1812 die letzten Grenzen europäischer Gesittung aufsuchte. Daß der Anwalt, der ihn mit seinem Degen führte, für sich als Entgelt die Herrschaft der Welt begehrte, erscheint geringfügig daneben.

Aber die Völker Europas standen nicht auf dieser Höhe der Anschauung. Sie forschten in Napoleon nicht nach der idealen Mission, die er unbewußt vollführte, und konnten sich demnach auch nicht mit ihr darüber trösten, daß er im offenkundigen Drang seiner persönlichen Absichten ihre Unabhängigkeit bedrohte, ihre Söhne auf die Schlachtfelder zwang, ihnen Handel und Erwerb beschränkte und die Autoritäten ihres Glaubens befehdete. Sie haßten ihn bitter. Am stärksten trat diese feindselige Gesinnung bei jenen beiden Völkern hervor, die der Kultur des revolutionären Humanismus am fernsten standen und in denen sich die ursprünglichen Instinkte des Nationalgefühls und der Religiosität am reinsten erhalten hatten: bei den Spaniern und den Russen. Die Ersten waren noch nicht bezwungen. Ob es wohl mit den Zweiten gelang?

Zweites Kapitel.

Moskau.

Während Napoleon in Dresden den Staat seiner Herrlichkeit zur Schau stellte, marschierten seine Kolonnen an die Weichsel. Es war ein Heer, wie es bis dahin die Welt nicht gesehen hatte. Nahe an fünfthalbhunderttausend Streiter waren auf dem Weg nach Rußland, und was an Reserven nachträglich nach Osten gezogen wurde, brachte die Armee des nordischen Feldzugs auf über 600.000 Mann. Lange und eifrig, den Gegner bis zum letzten Augenblick mit Unterhandlungen hinhaltend, hatte sich der Kaiser gewappnet und unerhörte Anstrengungen den Völkern zugemutet, bis er endlich hoffte,

---

sche Reformbestrebungen, die vor 1806 nicht zur Tat werden konnten, hat Hintze in der „Histor. Zeitschr.", 76. Bd. gehandelt und Thimme in den „Forschungen zur brandenburgischen und preußischen Geschichte", 18. Bd., Friedrich Wilhelms persönlichen Anteil daran festzustellen gesucht.

mit sicherer Überlegenheit des Feindes Herr zu werden. Allerdings nicht ohne eigene Zweifel. Ségur erzählt in seinen Aufzeichnungen, daß er in Paris zur Zeit dieser gewaltigen Rüstungen zuweilen in größter Aufregung aus seinen Gedanken auffahrend ausgerufen habe, er sei für einen so entfernten Krieg noch nicht genug vorbereitet und bedürfe weiterer drei Jahre. Barante berichtet nach dem Zeugnis Mouniers, des neuen Kabinettsekretärs, er habe sogar körperlich unter seinen Skrupeln gelitten. „Er brachte einen großen Teil der Nächte schlaflos zu, konnte stundenlang auf einem Kanapee liegend seinen Betrachtungen nachhängen, bis er in einen unruhigen Schlummer verfiel. Ohne gerade krank zu sein, war er doch nicht gesund. Geschäfte, die nicht nach Wunsch gingen, erregten ihn jetzt nicht mehr wie ehedem, sondern langweilten ihn eher und schienen ihn sogar zu entmutigen[1].“ So las er die ewig trostlosen Berichte aus Spanien gar nicht mehr selbst, sondern ließ sich vom Chef seines Militärkabinetts, Oberst d'Albe, über sie referieren. Dennoch aber war er Warnungen und Einwendungen, die Einzelne aus seiner Umgebung wagten, unzugänglich geblieben und hatte sie mit allem Eifer zu widerlegen gesucht. Unter den Mahnern hatte Caulaincourt obenan gestanden. Der kannte Rußland und kannte den Nationalstolz des russischen Volkes; dieses würde, meinte er, nicht an Frieden denken, solange noch ein Feind auf vaterländischem Boden stünde; er wies auf die Unsicherheit der gezwungenen Alliierten hin, auf den Haß der deutschen Völkerschaften, der unter dem Beutesystem der Franzosen emporgewachsen war, auf das unwirtliche Kriegstheater, dessen Schrecken aus dem Feldzug von 1807 bekannt genug wären, und zitierte Alexanders eigene Worte, er wollte sich eher nach Kamtschatka zurückziehen, bevor er Provinzen abtrete oder in seiner vom Feind eroberten Hauptstadt einen Frieden unterzeichnete, der doch nur ein Waffenstillstand wäre. „Wir werden unsere Kräfte nicht aufs Spiel setzen,“ hätte der Zar gesagt, „wir haben Raum genug hinter uns, halten unsere Armee wohlorganisiert beisammen und lassen unser Klima und unsern Winter für uns Krieg führen. Die Franzosen sind tapfer, aber nicht so ausdauernd wie die Unsrigen, sie werden leichter mut-

---

[1] B a r a n t e, Souvenirs, I. 331 f.

los. Wunder wirken sie nur, wo ihr Kaiser dabei ist; der kann
aber nicht überall sein. Es ist wahrscheinlich, daß er uns
schlagen wird, wenn wir die Schlacht annehmen. Doch das
wird ihm noch immer nicht den Frieden verschaffen. Die
Spanier sind oft geschlagen worden, aber darum noch lange
nicht besiegt oder unterworfen[1]." Dann kam Poniatowski aus
Warschau nach Paris und schilderte das wüste, unwegsame
Litthauen, schilderte dessen Adel, der bereits halb russisch
geworden sei, das Volk kühl und wenig empfänglich, und versicherte, man dürfe sich von dessen Befreiung keine allzu
großen Erfolge versprechen. Darauf lenkte der ältere Ségur
die Blicke des Kaisers auf Frankreich zurück, das nach dem
Feldzug aufhören müßte, Frankreich zu sein, sobald es zu
Europa erweitert würde; das Ende wäre dann, daß an die
Stelle der Monarchen des Weltteils·die Generale des Empire
als Statthalter träten, die, ehrgeiziger als die Offiziere Alexanders des Großen, vielleicht nicht erst den Tod ihres Herrn
abwarten würden, um selbst zu herrschen. Und ähnlich sprach
Duroc. Aber Alle hatten vergeblich geredet. Von seinen
Alliierten, erwiderte Napoleon, besorge er nichts: Preußen sei
an jeder Bewegung gehindert, mit den süddeutschen Höfen
und mit Österreich verknüpfe ihn das Band der Verwandtschaft.
Übrigens seien die Deutschen von langsamer methodischer Art,
und er würde immer noch Zeit für sie gewinnen. Die Ehrsucht seiner ,Generale sei ihm bekannt; sie werde aber eben
durch den Krieg abgewendet. Habe dieser seine Gefahren,
so der Friede nicht minder. Denn zöge er seine Armeen ins
Innere des Landes, so würden hier in Muße und Ruhe viel
zu viel ehrgeizige Interessen und waghalsige Leidenschaften
keimen, als daß er ihrer Herr zu werden vermöchte. Meint
man da nicht die Wortführer des Konvents und die Radikalen des Direktoriums zu hören? Und ist es nicht der alte
Träumer von ehemals, der jetzt wieder das Schicksal als letztes
Argument ausspielt? „Ich fühle mich", sagte er, „nach
einem Ziel hingetrieben, das ich nicht kenne. Wenn ich es

---

[1] V a n d a l, II. 183 (nach einem ungedruckten Bericht). Die Unterredung mit Caulaincourt fand im Juli 1811 statt. Man kann daher nicht
sagen, wie es geschah, daß der Gedanke, in Rußland sich die Franzosen
auf weiten Vorwärtsmärschen erschöpfen zu lassen, auf Scharnhorst zurückgehe, der ihn erst im Beginn des nächsten Jahres mit Eifer vortrug.

erreicht haben werde, wird ein Atom genügen, mich nieder-
zuwerfen. Bis dahin vermögen alle Anstrengungen der
Menschen nichts gegen mich[1]).‟

Hatte er so die Vorstellungen seiner Umgebung zum
Schweigen gebracht, so wandte er sich mit neuer Energie der
tausendfältigen Sorge für das riesige Heer zu, dem es an nichts
gebrechen sollte. Und fürwahr, bis ins kleinste Detail war
die Ausrüstung vorgesehen. Außer den Munitionsparks der
einzelnen Korps waren in Modlin, in Thorn und Pillau, in
Danzig und Magdeburg Reservelager mit vielen Millionen von
Patronen angelegt. Um ungefähr 1300 Geschütze nach Rußland zu schaffen, waren 18.000 Pferde bereitgestellt worden,
und überdies wurden aus Danzig und Magdeburg Belagerungs-
parks gegen Dünaburg und Riga dirigiert. Für die wasser-
reiche Gegend führte man zwei Brückentrains mit; außerdem hatte jedes Armeekorps seine Pontons und Werkzeuge.
Für Pferdedepots an der Weichsel und Oder hatte Preußen zu
sorgen. Die wichtigste Aufgabe lag in der Verpflegung solcher
Massen. Sie erforderte die größte Aufmerksamkeit, da, wie
Napoleon nicht müde wurde, seinen Unterfeldherren zu versichern, eine so große Menschenmenge, enge beisammen,
nicht vom Lande werde leben können. So wurden denn auf
Tausenden von Wagen den französischen Truppen Mehl und
Reis nachgeführt, zum Teil von Ochsen befördert, die man
dann zu schlachten gedachte. Mitte Januar traf der Kaiser
Anordnungen zur Anhäufung von Lebensmitteln für 40.000
Mann auf 50 Tage in Danzig und in den Oder- und Weichsel-
städten. Außerdem hatte Preußen mit Lieferungen für 20 Tage
aufzukommen. Zwei große Transporte sollten Mehl und Zwieback von Elbing zu Wasser nach Wilna bringen. Danzig,
Elbing, Warschau, Thorn, Marienburg, Bromberg, Modlin
enthielten riesige Vorräte davon. Danzig allein 300.000 Zentner
Mehl und zwei Millionen Zwiebackportionen. Wollte man nicht
auch noch die Nahrung für anderthalb Hunderttausend Pferde
der Armee mitführen, so mußte man für den Feldzug eine
Jahreszeit abwarten, die auf Wiesen und Feldern grünes
Futter bot. So spielte die Armeeadministration in die Politik
hinüber; sie hat die Eröffnung des Krieges bis zum Sommer

---

[1]) S é g u r, Histoire et Mémoires, IV. 87 ff.

verzögert[1]). Und auch das war nun erreicht, ohne daß die
Russen — wie Napoleon gefürchtet haben mochte — inzwischen
die Offensive ergriffen hätten und über die Grenze gedrungen
wären. Der „letzte Akt", wie er beschwichtigend sein russisches
Unternehmen nannte, konnte beginnen. Im letzten Augenblick
noch hatte der Zar einen Versuch gemacht, den Frieden aufrecht zu erhalten. Er hatte nämlich an seine Schwester Marie
Paulowna, die Gemahlin des Erbherzogs von Sachsen-Weimar,
geschrieben, sie möge, wenn Napoleon auf seiner Fahrt nach
Dresden Weimar passieren sollte, ihn versichern daß er, der
Zar, keinen Verbündeten und auch keinen Vertrag mit England
habe, dagegen den Frieden ernstlich wünsche. Da der Kaiser
nicht durch Thüringen gekommen war, übernahm es Paulownas
Schwiegervater, Herzog Karl August, die Sache in Dresden
anzubringen, wo es denn auch am 19. Mai zu einer Unterredung zwischen ihm und Napoleon kam. Sie blieb resultatlos.
Als der Herzog bemerkte, er vermute, daß Alexander einen
Krieg nicht wünsche, da er es unterlassen habe, das Herzogtum
Warschau bis zur Weichsel zu besetzen, wie er es noch vor
zwei Monaten gekonnt hätte, antwortete Napoleon, das glaube
er auch, auch er wolle keinen Krieg und möchte gerne weiteres
Blutvergießen vermeiden, es sei aber nicht mehr möglich, sich
jetzt noch zu verständigen. „Ich habe bereits 3—400 Millionen
ausgegeben, und es handelt sich nun darum, die Ehre einer
Großmacht zu wahren, die verletzt würde, wenn so augen-
fällige Schritte (des démarches aussi évidentes) nicht zu großen
Ergebnissen führten." Und als dann Karl August von dem
Brief des Zaren sprach und eine persönliche Begegnung mit
diesem vorschlug, hieß es zurück, das sei nun sehr schwer, denn
beide Teile wären schon zu weit gegangen (trop avancés).
Nach solcher Ablehnung war auch auf russischer Seite an ein
Einlenken nicht mehr zu denken[2]).

---

[1]) S é g u r (IV. 94) erzählt, Napoleon sei durch eine Lebensmittel-
krisis, veranlaßt durch den Mißwachs im Vorjahr, zwei Monate länger in
Frankreich zurückgehalten worden. Das ist insofern nicht ganz richtig,
als jenes mit Maret verfaßte, die ganze Politik gegen Rußland zusammenfassende Memoire vom 16. August 1811 bereits vom Juni des nächsten
Jahres als Termin für den Beginn des Krieges sprach. (Siehe oben S. 50).

[2]) Was Karl August am 20. Mai über diese Besprechung mit Napoleon
seiner Schwiegertochter berichtete, wurde, zum größten Teil wörtlich, aus dem
französischen Original ins Deutsche übersetzt, von E g l o f f s t e i n, „Karl

Am frühen Morgen des 29. Mai verließ der Kaiser Dresden
und fuhr zunächst nach Posen, wo er am 31. eintraf, um von
hier über Thorn und Danzig nach Königsberg weiterzureisen.
Er hatte auch über seinen Aufenthalt im Felde schon im
Januar eingehende Anordnungen getroffen. Zur Fahrt nach
dem Kriegsschauplatz diente ihm ein bequemer Reisewagen,
in dem er arbeitete und nächtigte und dem seine reiche
Suite teils zu Pferde, teils ebenfalls zu Wagen folgte. Kam der
Zug in einen Ort, wo das Hauptquartier aufgeschlagen wurde,
dann waren im Nu in dem ansehnlichsten Haus ein paar
Zimmer für ihn eingerichtet, deren bestes als Arbeitskabinett
zu dienen hatte, mit kleinen Tischen in den Ecken für die
Sekretäre und einem größeren in der Mitte, wo Oberst d'Albe
sofort die gewünschte Karte ausbreitete, die des Abends zehn
Wachslichter beleuchteten. Denn auch ein ganzes transpor-
tables Kabinettsarchiv und eine sorgfältig ausgewählte Land-
kartensammlung begleiteten den Kaiser. Sie waren auf der
Fahrt ebenso gut von einem Piquet Gardekavallerie bewacht
wie der Wagen, in dem er saß. Im Biwak wurde ein Rechteck
von hundert zu zweihundert Klaftern abgesteckt und mit
Schildwachen umgeben, das neben dem Zelte des Kaisers
noch sieben andere umfaßte: eins für die Großoffiziere (Duroc,
Caulaincourt), eins für die Adjutanten, eins für die Ordonnanzoffiziere, eins für die Sekretäre usw. Das Zelt Napoleons war
in zwei Salons, ein Arbeitskabinett und ein Schlafzimmer ab-
geteilt; einer der zwei Generaladjutanten vom Dienst schlief
des Nachts im zweiten, die Hälfte der Ordonnanzoffiziere im
ersten Salon. Der Adjutant hatte ein großes Portefeuille mit
den eben benötigten Karten, einen Kompaß, färbige Steck-
nadeln und Schreibrequisiten stets zur Verfügung des Kaisers
zu halten. Die Mappe war auf dem Marsche einem der beiden
Chasseurs de portefeuille anvertraut, die in der Suite mit-
ritten. War der Kaiser zu Pferd, so hielt auch schon ein Page

---

August auf dem Fürstentag in Dresden" (Deutsche Rundschau, Oktober 1906)
mitgeteilt. Sechs Jahre später erschien die Sache, ins Russische übertragen,
in einer Petersburger Revue (Voermo-Istoritscheski Sbornik, 1912) aus der
sie von C a z a l a s, ins Französische zurückübersetzt, in den Feuilles
d'histoire (Juli 1912) veröffentlicht wurde, der Egloffsteins Aufsatz nicht
kannte und daher die dort dargebotenen Proben des französischen Textes
nicht mitbenutzt hat.

das Fernrohr bereit und Schreibzeug, wenn es benötigt wurde,
und Caulaincourt, der wieder seinen Dienst als Oberststallmeister versah, die eben gebrauchte Karte, so gefaltet, daß
der Blick Napoleons sogleich auf die entscheidende Stelle
fallen konnte. Drei berittene Maîtres d'hôtel und ein Piqueur
hatten Menagekörbe vor sich auf dem Sattel, zwei Kammerdiener trugen Medikamente und chirurgische Instrumente
mit sich. Stieg der Kaiser vom Pferde, so saßen auch sofort
vier Chasseurs der Eskorte ab und umgaben ihn in entsprechender Entfernung. Sie blieben um ihn, während er die Gegend
rekognoszierte. So war das Einzelnste vorgesehen, und niemand vom „militärischen Haus" Napoleons würde sich auch
nur die kleinste Unregelmäßigkeit gestattet haben. Überall
herrschte präzise Ordnung; alles war auf den Wink des Kriegsherrn eingerichtet[1]).

Narbonne hatte aus Wilna als Antwort zurückgebracht,
was bereits vor Jahresfrist von Caulaincourt gemeldet worden
war: den Entschluß des Zaren, sich, wenn es sein müsse,
bis in die entlegenen Tiefen seines weiten Reichs zurückzuziehen und nicht eher an Frieden zu denken, als bis die
Franzosen es wieder verlassen haben würden[2]). Zugleich
blieb Alexander bei seiner Forderung, Preußen zu räumen,
und jetzt nahm Napoleon den Handschuh ohne weiteres auf.
Er hatte seine „Große Armee" in drei Gruppen zerlegt, von

---

[1]) Siehe das Reglement bei M a r g u e r o n, Campagne de Russie,
III. 536 ff. und vgl. O d e l e b e n, Napoleons Feldzug in Sachsen.

[2]) „Alexander verkündete, daß er, wenn selbst der Kaiser nach Petersburg oder Moskau gehen würde, sich verteidigen, oder vielmehr seinen Feind
erschöpfen wolle, indem er ihn vorrücken und sich mit Märschen zugrunde
richten lasse, da Napoleon die Okkupation des Landes so weit weg von allen
seinen Hilfskräften nicht lange auszuhalten vermöge." C a s t e l l a n e, Journal,
26. Mai 1812, I. 96. Vgl. V a n d a l, III. 430 nach unedierten Berichten:
„Der Zar zeigte auf der Karte auf einen Punkt im östlichen Asien und sagte:
„Ist Napoleon zum Krieg entschlossen und begünstigt das Glück die gerechte
Sache nicht, dann wird er bis hierher gehen müssen, um den Frieden zu
finden." Dazu stimmt auch ein Brief Alexanders an Richelieu, den Gouverneur Südrußlands, vom 9. April 1812, worin Dieser den Auftrag erhält,
„wenn, was Gott verhüten möge, irgend eine Katastrophe uns zwingen sollte,
so weit zurückzugehen, daß Ihre Provinzen in Gefahr gerieten", die ihm
anvertraute Gräfin Narischkin, des Kaisers Geliebte, ins Innere zu begleiten.
Der Brief bezeichnet als Zufluchtsorte Pensa, südöstlich von Moskau, oder
Saratow an der Wolga. (R o c h e c h o u a r t, Mémoires, p. 167.)

denen die eine unter seinen unmittelbaren Oberbefehl, eine
zweite unter Eugen, eine dritte unter Jérôme gestellt war. Die
Hauptarmee, zwischen Königsberg und Gumbinnen versammelt, umfaßte die Elite des Heeres: die Garden, ein starkes
Korps unter Davout, ein zweites unter Oudinot, ein drittes
unter Ney, dem zwei württembergische Divisionen unterstanden, ein viertes (das X.) unter Macdonald, dem die Preußen
unter Grawert zugeteilt waren, endlich die Kavalleriereserve
(zwei Korps) unter Murat, zusammen etwas über 250.000
Mann. Macdonald und die Preußen waren nordwärts nach
Tilsit detachiert[1]). Zur zweiten Heeresgruppe unter dem Vizekönig von Italien (bei Rastenburg) gehörten das italienische
und das bayrische Armeekorps und überdies ein französisches
Reiterkorps, im ganzen 80.000 Mann. Die dritte Armee unter
Jérôme (bei Warschau) faßte die Polen unter Poniatowski, die
Sachsen unter Reynier, die Westfalen unter Vandamme, der
den König beraten sollte und ein aus Polen, Sachsen und Westfalen gemischtes Kavalleriekorps in sich, gleichfalls an 80.000
Streiter. Das Heer war nur zur kleineren Hälfte französisch,
die größere stellten die abhängigen Völkerschaften. Im ganzen
genommen war es — wenigstens was die Franzosen betraf —
voll guten Geistes, stolz auf seinen Führer, der Kriegstaten
so freigebig zu belohnen wußte und an dessen Genie man unbedingter glaubte als je. Wenn auch einzelne Generale auf
die allzu junge Mannschaft hinwiesen, die den Beschwerden
nicht gewachsen sein werde, wenn sie auch, wie Rapp, offen
eingestanden, daß sie lieber in Paris geblieben wären: es gab
andere genug, die noch keine Lehen empfangen hatten und
keinen Herzogstitel besaßen, und wer weiß, ob so bald wieder

---

[1]) Die Angaben über die Stärke der einzelnen Armeekorps sind nicht
ganz übereinstimmend. Die Tabelle in Fézensacs Souvenirs beziffert
z. B. die Garde mit 35.800 Mann, während sie nach authentischen Quellen
47.000 zählte. Sie zerfiel in die Division der alten Garde (unter Lefebvre),
zwei Divisionen der jungen Garde (unter Mortier) und die Gardekavallerie
(unter Bessières). Die Stärke des Davoutschen Korps betrug nach den
amtlichen Quellen 69.553 Mann (Fabry, Campagne de Russie, IV. Annexe
p. 262), während Thiers, der die kaiserlichen Ständetabellen benützt
haben will, von 97.000—99.000 und Napoleon selbst im Gespräch mit Katharina von Westfalen von 100.000 spricht. (Siehe deren Tagebuch von
1812, in der „Revue historique" von 1888.) Castellanes Journal,
19. Juni 1812, nennt 80.000.

die Gelegenheit kam, beides zu erwerben[1])? Ob auch gleich in Holland und Illyrien Aufruhr über die Konskription entstanden war, Tausende französischer Militärflüchtlinge gefesselt herbeigeführt werden mußten und zwischen Preußen und Franzosen schon in den ersten Tagen ein blutiges Rencontre über einen Verpflegstrain entbrannte, so waren das doch nur untergeordnete Momente.

Ende Mai stand das Heer von Königsberg und Elbing die Weichsel aufwärts bis Nowo Alexandria hin, indes die Österreicher unter Schwarzenberg — Erzherzog Karl hatte den Befehl über das Hilfskorps abgelehnt — bei Lemberg sich sammelten und dann bei Lublin aufstellten. Diese weite Ausdehnung der alliierten Streitkräfte ließ die Russen im Unklaren, ob der Vorstoß Napoleons im Norden, bei Kowno und Grodno, oder südlich, von Warschau her, erfolgen werde. Sie mußten hier wie dort bereitstehen, um nicht überrumpelt zu werden, und teilten zu diesem Zweck ihre verfügbaren Kräfte in zwei Armeen, von denen die eine um Wilna unter dem Oberbefehlshaber Barclay de Tolly, eine andere unter Bagration — beide Generale hatten sich im Feldzug von 1807 ausgezeichnet — südlich bei Wolkowisk ihre Aufstellung nahm. Zwischen beiden, bei Grodno, standen 10.000 Kosaken unter ihrem Hejtmann Platow. Eine dritte gegen Schwarzenberg bestimmte Abteilung unter Tormassow war südlich vom Pripet in Wolhynien erst in der Bildung begriffen. Die Armee Barclays zählte nur 104.000 Mann[2]), die Bagrations 66.000; diese mußte aber, als sie nordwärts rückte, um die Fühlung mit dem Hauptheer zu gewinnen, nahe bei 30.000 Mann an Tormassow überlassen, der dadurch über Gebühr verstärkt wurde, da Österreich versichert hatte, es werde den Krieg als selbständige Macht, d. h. nicht allzu eifrig, führen und die Frankreich zu-

---

[1]) Noch aus dem verbrannten Moskau heraus schreibt einer: „Man spricht davon, nach Indien zu gehen. Wir haben ein so großes Vertrauen, daß wir über die Möglichkeit des Erfolges eines solchen Unternehmens nicht weiter nachgrübeln, nur etwa über die Anzahl der Monate, die der Marsch benötigen und wie lange dann die Briefe aus Frankreich brauchen würden. Wir sind an die Unfehlbarkeit des Kaisers, an das Gelingen seiner Pläne gewöhnt." (Castellane, Journal, 5. Oktober 1812, I. 165.)

[2]) Buturlin (Campagne de Russie) hatte sie mit 127.000 angegeben, doch ist diese Zahl nicht festzuhalten. Siehe u. A. Loewenstern, Mémoires, éd. Weil, I. Annexe III.

gesagte Streitkraft sicher nicht vermehren. Es lagen also den
450.000 Mann der ersten Aufstellung Napoleons etwa nur
180.000 Russen gegenüber, und diese getrennt, denn Alexander,
der sich das Zurückweichen ins Innere schon mit Rücksicht
auf die öffentliche Meinung nicht ohne Kampf denken durfte,
hatte einen von dem 1807 aus dem preußischen ins russische
Heer übergetretenen General Phull ausgearbeiteten Kriegsplan angenommen, wonach eine starke Armee vor dem Feinde
sich auf ein verschanztes und mit Reserven besetztes Lager
bei Drissa zurückziehen sollte, um dort den Streit zu wagen,
während ein zweiter Heerkörper ihn, wenn er dorthin nachrückte, in Flanke und Rücken zu belästigen hätte. Drissa
würde dann ungefähr dieselbe Rolle zufallen, die Wellington
mit so viel Erfolg den Torres vedras anvertraut hatte. Allerdings stand noch eine russische Armee unter Admiral Tschitsch-
schagoff — etwas über 50.000 Mann — in der Walachei, eine
zweite schwächere, 30.000, unter Steinheil in Finnland. Aber
diese beiden kamen für den Beginn der Feindseligkeiten nicht
in Betracht.

Daß er dem Feind so weit überlegen war, vermutete
Napoleon nicht. Er schätzte dessen Kräfte um vieles höher[1]).
Vielleicht war es dieser Irrtum, der ihm und seinem Heer vor
jedem anderen verhängnisvoll wurde. Denn er ließ ihn eine
ursprüngliche Absicht, den rechten Flügel der Russen zu
umfassen, um sie vom Norden nach dem Süden abzudrängen,
aufgeben und, nachdem er von ihrer geteilten Aufstellung erfahren hatte, einen Plan entwerfen, in dessen eifriger Verfolgung er seine Truppen aller Unbill aussetzte, die ihnen bei
einem methodischeren Feldzug erspart geblieben wäre. Dieser
Plan ging dahin, mit der ersten Armee — deren linker Flügel

---

[1]) In den Aufzeichnungen zweier Offiziere des großen Hauptquartieres
finden sich die Belege für solche Überschätzung. S é g u r nennt als Gesamt-
anzahl der Russen 300.000, F é z e n s a c 330.000. Dieser beziffert die
beiden Armeen Barclays und Bagrations allein mit 230.000 Mann. Die
Abteilung des Letzteren wurde immer in ihrer ursprünglichen Stärke
(66.000 Mann) festgehalten. Napoleon selbst schätzte Barclay auf 150.000,
Bagration auf 100.000 Mann. Ein Jahr später schrieb Gentz in einer Denkschrift vom 4. Juni 1813 (L u c k w a l d t, Österreich und die Anfänge des
Befreiungskriegs von 1813, S. 399): „Man wußte zu aller Zeit, daß eine
russische Armee selten in Wirklichkeit mehr als die Hälfte Streiter zählt,
als die offiziellen Listen ausweisen."

unter Macdonald bei Tilsit über den Niemen rücken und von
da mit den Preußen nordwärts operieren sollte — über Kowno
auf Wilna vorzudringen und zwischen Barclay und Bagration
durchzubrechen. Die zweite und dritte sollten der ersten zur
Rechten staffelförmig — die dritte über Grodno — folgen,
um, gleichsam einen mächtigen Keil bildend, den Riß zwischen
den feindlichen Heeresteilen zu erweitern, damit sie dann getrennt umfaßt und geschlagen werden konnten. Aber merkwürdiges Schicksal! Gerade die ungeheuren Massen, über die
Napoleon verfügte, sollten ihn in Nachteil setzen. Derselbe
General, der im Jahre 1796 mit 40.000 Mann unerhörte
Triumphe errungen hatte, sollte nun, mit der zehnfachen Kraft
bewehrt, eines weit geringeren Feindes nicht Herr zu werden
vermögen. Und so paradox es klingt, es war im Grunde nur
natürlich. Denn der Überzahl der Franzosen wagte Barclay
allein nicht, wie er sonst gerne gewollt hätte, sich zum Kampf
zu stellen, auch nicht auf die befestigte Düna gestützt. Er
suchte vielmehr retirierend weiter rückwärts den verlorenen
Zusammenschluß mit Bagration, der sich in der gleichen
Absicht zurückzog. Da nun aber die Entfernung Beider durch
die zwischendrängenden Heeressäulen der Franzosen immer
größer wurde, konnte ihre Vereinigung — wenn Bagration der
ihm drohenden Umarmung entschlüpfte — erst nach weitem
Rückmarsch bewerkstelligt werden. Und so kam es, daß sie,
fortwährend ihre Verbindung suchend, vor den Franzosen
wichen, die Schlacht nicht annahmen, die Napoleon mit fieberhafter Ungeduld herbeisehnte, den Feind durch wüstes Land
und auf verheerten Wegen hinter sich herhetzten, bis ihn seine
Vorräte nicht mehr erreichen konnten, seine Truppen vor Erschöpfung versagten und das stolze Heer so arg zusammen-
schmolz, daß es den Sieg, den es endlich mühevoll errang,
nicht mehr entscheidend auszunützen vermochte. Das war im
wesentlichsten der Gang der nächsten Ereignisse, die eine
Katastrophe vorbereiteten, wie sie die Geschichte entsetzlicher
nicht kennt.

Man wird hierbei nicht übersehen dürfen, daß Napoleon
zwar sehr lebhaft an Moskau als letztes Ziel seiner Unternehmung, aber doch wohl kaum daran dachte, dieses Ziel noch
mit diesem spät begonnenen Feldzug zu erreichen. In Paris
hatte er seinen Vertrauten verkündet, er denke nur Alexander

und die russische Macht, durch den Verlust Polens geschwächt,
hinter den Dnjepr zurückzuwerfen. In Dresden sagte er zu
Metternich, die Kampagne solle bei Minsk und Smolensk ihr
Ende erreichen; dort wolle er Halt machen, die beiden Plätze
befestigen, in Wilna sein Winterquartier nehmen, das eroberte
Litthauen organisieren und seine Armee auf Kosten Rußlands
ernähren. Sollte das dann nicht zum Frieden führen, so würde
er im nächsten Jahre bis zum Zentrum des Landes vordringen
und ebenso geduldig, wie in der ersten Kampagne, die Nachgiebigkeit des Zaren abwarten. Diese Absicht, mit der das
ganze Verpflegswesen zusammenhing, bestand noch, als
Napoleon sein Heer über die russische Grenze führte. In dem
Manifest, das er da an seine Soldaten richtete, nannte er den
Krieg, den er begann, den „zweiten polnischen Krieg",
und in Wilna versicherte er dem General Sebastiani, er werde
die Düna nicht überschreiten, denn über sie hinauszugehen,
wäre in diesem Jahr unfehlbares Verderben. Polen, das er den
Russen entreißen wollte, ward freilich in seiner größten Ausdehnung gedacht, die es im 17. Jahrhundert gehabt hatte,
als auch Smolensk noch dazu gehörte, und in dieser Stadt
gedachte er zu bleiben, wie er zu Jomini sagte, der für den
Nachschub der Verpflegsmittel sorgen sollte[1]. Man sieht, er
hatte ursprünglich durchaus nicht einen raschen Vorstoß ins
Herz von Rußland geplant, wie einzelne Militärschriftsteller
festhalten wollen, und es war gewiß gegen seine wohl und lange
überlegte Absicht, so schnell nach Moskau zu kommen. Die
verderbliche Hast der Bewegung ward ihm vom Feinde auf-
gedrungen. Doch nun zu den Ereignissen selbst.

Am frühen Morgen des 23. Juni hatte der Kaiser — in den

---

[1] Siehe Metternich, Nachgelassene Papiere, I. 125 und unten
Anhang, S. 424; Ségur, Histoire et mémoires, IV. 281; Jomini, Précis
politique et militaire des campagnes de 1812 à 1814, I. 75. Hier wird auch
von einem Tischgespräch in Wilna erzählt, wobei sich der Kaiser über seine
Absichten genau so wie in Dresden zu Metternich äußerte: „Wenn Herr
Barclay meint, ich würde ihm bis zur Wolga nachlaufen, irrt er gewaltig.
Wir werden ihm bis nach Smolensk und an die Dwina folgen, wo eine
gute Schlacht uns Kantonnements geben wird. Ich werde mit dem
Hauptquartier nach Wilna zurückkehren, um hier den Winter zu verbringen,
werde eine Truppe der Pariser Oper und des Théâtre français kommen
lassen. Im nächsten Mai wird dann das Geschäft beendigt, wenn wir nicht
noch während des Winters Frieden machen."

Überrock eines polnischen Lanzenreiters gehüllt und mit einer
schwarzen Mütze auf dem Kopf, nur von Caulaincourt, Berthier und Ney begleitet — südöstlich von Kowno den günstigsten Punkt für den Übergang über den Niemen erkundet.
Nach Mitternacht beginnt er auf drei Brücken und währt
einige Tage. Kein Feind, einige Kosaken ausgenommen, ist
zu sehen. Niemand macht den Franzosen das jenseitige Ufer
streitig. Und Napoleon hatte auf Widerstand gerechnet. Nun,
er hofft ihn vor Wilna, der großen Stadt Litthauens, zu finden.
Dahin dirigiert er seine Armee. Dort weilt Alexander. Der Zar
hatte den Polen wiederholt seine Sympathien entgegengebracht.
Jetzt will er wenigstens dem Franzosenkaiser sein Spiel erschweren. Und das scheint ihm zu gelingen. Denn von dem
Enthusiasmus der Litthauer für den „Befreier" Polens vernimmt das anrückende französische Heer nur wenig. Endlich
muß der Zar Wilna räumen, wo am 28. Juni Napoleon mit
den Seinigen einzieht. Von Widerstand war wieder kaum die
Rede. Schwache russische Posten wurden mit spielender
Leichtigkeit vertrieben. Die erwartete Schlacht blieb aus. Und
auch in der Stadt nicht die erhoffte Begeisterung, keinerlei
Opfermut, nicht die vielen Tausende von Streitern, auf die
man gerechnet hatte, nicht Geld oder sonstige Unterstützung.
Der Kaiser war voll Unmut hierüber. Es störte seine Kreise.
Denn seine Absicht war gewesen, im Herzogtum Warschau die
nationale Begeisterung aufs neue anzufachen, damit sie von
hier aus die russischen Polen erfasse und in ihnen dem Zaren
neue Feinde schaffe, bereit, mit den Waffen die Idee ihrer alten
Unabhängigkeit zu verfechten. Darum hatte er noch von Paris
und später von Dresden aus als seine Absicht verbreiten lassen,
das alte Königreich solle wieder erstehen, darum hatte er als
seinen Vertreter einen außerordentlichen Gesandten, den Abbé
de Pradt, Titularerzbischof von Mecheln, nach Warschau geschickt, damit er dort das Ministerium, dem der König von
Sachsen souveräne Vollmachten zugestanden hatte, zu
möglichst großen Opfern an Kriegskräften bewege und einem
Reichstag, der einberufen wurde, des Kaisers Schutz ankündige.
Es sollte eine „Konföderation", wie im alten Polen, gebildet
werden, die ihre Agenten und Kundmachungen nach Russisch-
Polen zu entsenden und der russischen Armee ähnliche Verlegenheiten zu bereiten hätte, „wie sie die französische in

Spanien erfährt." Die Nation sollte „in eine Art Rausch" versetzt und nur mit den österreichischen Provinzen eine Ausnahme gemacht werden, „da man einen Alliierten nicht verstimmen dürfe"[1]). Alles das sollte de Pradt geschickt ausführen, aber ohne bis ans Ende zu gehen. Denn des Kaisers Absicht war es auch jetzt nicht, das alte Polen wirklich wiederherzustellen, sondern nur die Hoffnung darauf in der Nation so sehr zu beleben, daß sie den Krieg gegen Rußland als Unabhängigkeitskampf auffaßte und mit dem Aufgebot all ihrer Kräfte führen half. Die entscheidende Stelle in der Instruktion für de Pradt lautete dementsprechend, der Kaiser werde einer Abordnung der Konföderation, die er erwarte, erwidern, daß die Wiedergeburt ihres Vaterlandes nur von ihrem Eifer, ihren Anstrengungen, ihrem Patriotismus abhänge. Dieses Verhalten möge auch dem Gesandten zur Richtschnur dienen[2]). Also: möglichste Ausnützung der nationalen Wünsche in seinem Interesse, jetzt, wie 1807, und nichts weiter. Pradt versah sein Amt schlecht, und der Kaiser sah sich in seinen Erwartungen getäuscht. Schon daß die Warschauer die 70.000 Mann, die sie stellten, kaum zur Hälfte bezahlen konnten, woraus

---

[1]) Napoleon hatte für diese Mission zunächst Talleyrand ins Auge gefaßt, der sich 1807 in Warschau beliebt gemacht und jenerzeit die russisch-französische Allianz sehr ungern gesehen hatte. Aber während der Kaiser in den letzten Jahren von dem Bündnis allmählich abgewichen war, war Talleyrand Alexanders heimlicher Bundesgenosse und Vertrauensmann geworden, der sich gelegentlich nicht scheute, den Zar um eine größere Summe zur Begleichung dringender Auslagen zu bitten. (Siehe S c h i l d e r, Alexander, II. 397 und die von C a z a l in den Feuilles d'histoire, 1910, III., 339 ff. mitgeteilten Briefe.) Ahnte Napoleon diese Beziehungen? und versuchte er den gefährlichen Mann unschädlich zu machen, indem er ihn durch den Auftrag in Polen Alexander gegenüber kompromittierte? Jedenfalls schien es ihm gut, Talleyrand aus Paris fortzubringen, während er im Osten Krieg führte. Aber der Herzog von Benevent hatte wenig Lust, sich zu exponieren, und dürfte abgelehnt haben. Daß er in seiner Geldsucht die ihm unter Diskretion angebotene Vertrauensstellung rasch zu einer Spekulation an der Wiener Börse benützte, brachte ihn aufs neue in Ungnade und verschaffte de Pradt, auf Durocs Fürwort, die Sendung. (E r n o u f, Maret, p. 378.) Möglich ist auch, daß Talleyrand, indem er die ihm aufgetragene Verschwiegenheit verletzte, geradezu die Absicht verfolgte, die unangenehme Mission loszuwerden. Die Sache ist noch nicht geklärt.

[2]) Die Instruktion für de Pradt vom 28. Mai 1812 in C o r r e s p. XXIII. 18, 734.

Frankreich neue Unkosten entstanden, ließ ihn die Herstellung
der alten polnischen Republik von einer ganz anderen Seite
betrachten, als sie die nationalen Patrioten ansahen. „Ich
kann nicht begreifen," hatte er im letzten Dezember einmal
an Davout geschrieben, „wie dieses Land beanspruchen kann,
eine Nation zu werden." Jetzt sagte er zu Alexanders Abgesandten Balascheff, dem Polizeiminister, der ihn — wohl
mehr zur Kundschaft als zu diplomatischer Unterhandlung —
in Wilna aufsuchte, um ihm zu versichern, daß der Zar zu verhandeln bereit sei, wenn der Feind sein Reich wieder verlassen
wolle, u. a.: „Glauben Sie etwa, daß mir etwas an diesen
polnischen Jakobinern gelegen sei?" Es war, wie er sich zu
Narbonne äußerte: „Die Polen dulde ich nur als disziplinierte
Macht auf dem Schlachtfeld. Wir werden ein Stückchen
Reichstag haben im Großherzogtum Warschau, weiter nichts."
Als dann dieses Stück Warschauer Reichstag wirklich eine
Deputation nach Wilna schickte und ihn bat, er möge doch
nun nur das eine Wort sprechen, daß das Königreich Polen
existiere, antwortete er ausweichend und mit dem Hinweis auf
die Integrität Österreichs, die er gewährleistet habe. So hatte
er es tatsächlich in Dresden mit Franz I. vereinbart[1]). Unter

---

[1]) Daß dem so ist, geht aus einem Schreiben des Kaisers von Österreich
an seinen Gouverneur in Galizien, den Grafen Goëß, vom 7. Juni 1812
hervor, worin es heißt: „Die Herstellung eines Königreichs Polen wird
wahrscheinlich eines der ersten Resultate des Ausbruches des Krieges zwischen
Frankreich und Rußland sein. Der französische Kaiser wird an diesem Ereignisse nur einen indirekten Anteil nehmen und dem zusammenzuberufenden
polnischen Reichstage und dem mit allen Regierungsvollmachten versehenen
Warschauischen Ministerio die Bearbeitung der ehemaligen, das Königreich
Polen konstituierenden Teile, welche nun unter russischer Botmäßigkeit
sind, überlassen. Der Deputation des Reichstages, welche die Herstellung
des Königreiches bei dem Kaiser anflehen dürfte, wird derselbe antworten,
daß dieses die Sache der Polen selbst sei, daß er ihnen aber ausdrücklich
erklären müsse, daß unter Polen nie die im Besitze Österreichs befindliche
galizische Provinz verstanden werden könne, da er selbe vermöge der Traktate
vom Monate März 1812 Österreich ausdrücklich und auf ewig garantiert
habe." Ähnlich schrieb Metternich an den Staatsrat Hudelist am 6. Juli:
„Kaiser Napoleon hat uns ganz au fait seines Planes gesetzt. Er wird dem
polnischen Reichstag erklären, daß er französisches Blut nicht für die Sache
Polens aufopfern könne, daß er aber Polen, wenn es Kraft genug habe, sich
als solches zu bilden und herzustellen, alle Unterstützung leisten werde,
von Polen aber förmlich Galizien ausscheide als neue dem österreichischen
Kaiser auf alle Zukunft garantierte Besitzung." (S. Anhang.)

diesen Umständen war es kein Wunder, wenn es den Litthauern
an Opferwilligkeit fehlte.

Das hatte übrigens noch einen besonderen Grund. Die
„Befreier" kamen nämlich wie die erbittertsten Feinde, die
„Träger der Zivilisation" wie deren geschworene Gegner, über
das Land hergefahren. Tausende von hungernden Marodeurs
strömten durch die Dörfer, beraubten die Edelsitze und hausten
in wildem Unfug. Ja selbst in Wilna wurde von der Avantgarde in den Vorstädten geplündert, was auch die enragier-
testen Polen verstimmte und dem Kaiser jenen unerwartet
kühlen Empfang bereitete. Und diese Lockerung der Disziplin,
bei Franzosen und Verbündeten, hatte wieder ihre zwiefache
Ursache. Einmal waren gleich hinter dem Niemen die Truppen,
um den Feind möglichst bald zu erreichen, in Eilmärschen vorgegangen, und zwar auf Wegen, die ein mehrtägiger Landregen
gänzlich aufgeweicht hatte, so daß das Vorwärtskommen zur
Qual wurde und Viele, namentlich die blutjungen Rekruten,
dieser Anstrengung nicht gewachsen, zurückblieben. Und dann
kamen auch die Lebensmitteltransporte nicht vorwärts. Die
Wagen blieben stecken. Die Ochsen, soweit sie überhaupt
schon heran waren, wurden, schlecht gewartet, größtenteils von
der Seuche befallen und verendeten. Desgleichen die Pferde,
deren schon in den ersten Tagen über zehntausend an dem
nassen Grünfutter zugrunde gingen, so daß die Garde allein
hundert Geschütze zurücklassen mußte. Der Transportdienst
auf den Straßen war unterbrochen. Die großen Mehlladungen
zu Schiff gelangten allerdings bis in die Wilia, fuhren aber
in dem seichten Fluß auf den Grund, und als die Fracht endlich
zu Wagen bis Wilna gebracht war, befand sich die Armee
nicht mehr dort. Bitterer Mangel trat ein, denn der Feind
zerstörte auf seinem Rückmarsch alle Mühlen, Scheunen und
Speicher. Es kam vor, daß selbst in der jungen Garde — wie
deren Führer Mortier dem Kaiser berichtete — Soldaten
Hungers starben; andere schossen sich in der Verzweiflung
vor den Kopf. Napoleon mußte zu den Juden seine Zuflucht
nehmen, die allein in solcher Lage Rat schafften. Aber mitunter waren auch diese Retter in der Not nicht da. „Es
fehlt an allem," schreibt ein Augenzeuge, „selbst an Juden."
Die falschen Rubelscheine, die der Kaiser in Paris zu
Millionen hatte anfertigen lassen, fanden wenig Ab-

nehmer[1]). So war schon auf der Strecke von Kowno bis
Wilna eine Unordnung eingerissen, die sich nicht wieder beseitigen ließ. Das Ende lag bereits im Anfang begründet.

Aber auch beim Feinde herrschte genug Verwirrung. Man
darf sich überhaupt die Haltung des russischen Hauptquartiers
nicht sehr zielbewußt denken. Wenn auch Alexander schon
im März heimlich nach Berlin berichten ließ, er werde eher
nach Kasan zurückgehen als einen seiner Unabhängigkeit verderblichen Frieden schließen[2]), so ist doch erst im Verlauf
der nächsten Wochen, gleichsam unabsichtlich, der richtige
Weg zur Vernichtung des Gegners gefunden worden. Für jetzt
konzentrierte Barclay die sechs Korps seiner Armee einige
Tagmärsche hinter Wilna, ohne daß die Franzosen es hindern
konnten, und zog dann allerdings, als ein Zusammenwirken
mit der zweiten Armee unmöglich erschien, eilends nach Drissa,
wo in der Tat ein festes Lager errichtet war. Hier wollte er
Bagration erwarten, der mit dem Kosakenschwarm Platows
über Nowogrudok und Wileika herankommen sollte. Bagration kam nicht. Er fand schon bei Nowogrudok Hindernisse, denen er auswich, und dann auch bei Minsk den Weg
von Davout verlegt, den Napoleon rasch mit einigen durch
Nachschübe verstärkten Divisionen dorthin vorgeschoben hatte,
damit er die zweite russische Armee empfange, die Jérôme
ihm von Westen her entgegentreiben sollte. Der Russe wagte
es wieder nicht, sich durchzuschlagen, in der Meinung, es
stehe die Hauptarmee des Feindes wider ihn, und wandte sich
nach Süden, um über Bobruisk und Mohilew zu Barclay zu
gelangen. Jérôme war nicht rasch genug über Grodno vor-

---

[1]) Siehe S o r e l, VII. 577. P a s q u i e r, I. 523, will wissen, daß
von den falschen Noten nur eine kleine Anzahl an Mann gebracht, auf dem
Rückzug dagegen ganze Ballen verbrannt worden seien. In der geheimen
Druckerei, die in der Vorstadt Montrouge etabliert war und unter polizei-
licher Leitung stand, waren übrigens auch — wie schon 1809 — österreichische Banknoten verfertigt worden.

[2]) D u n c k e r, Aus der Zeit Friedrichs des Großen und Friedrich
Wilhelms III, Seite 573. Knesebeck, der damals in Petersburg weilte, um
im Auftrag seines Herrn, zum Frieden zu mahnen, soll für den Fall, daß
es doch zum Kriege kam, den fortwährenden Rückzug empfohlen und damit
auf den Zar einen Eindruck gemacht haben. (Siehe T h i m m e in den
Forschungen zur brandenburgischen und preußischen Gechichte, 1904,
Seite 206.)

geeilt, um ihn festhalten zu können; Davout hinwieder, der
auch den Gegner noch immer in der alten Stärke — bei 70.000
Mann — wähnte, wartete in Minsk auf den Angriff des Königs
von Westfalen, ehe er vorstieß; und so entkam Bagration.
Napoleon, außer sich über die Saumseligkeit seines Bruders,
gab das Oberkommando über die dritte Armee an Davout,
und Jérôme kehrte gekränkt in sein Land zurück.

Zu derselben Zeit, gegen die Mitte Juli — viel zu spät,
da die Not der Verpflegung den Aufenthalt in Wilna verlängert
hatte — ließ der Kaiser Murat, Oudinot und Ney der russischen
Hauptarmee nach Drissa folgen. Dort sollten sie Barclay in
der Front festhalten, indes er selbst mit den Garden, den von
Davout befehligten Truppen und denen, die unter dem Kommando des Vizekönigs Eugen standen, ihn rechts umging und
ihm so die Verbindung mit Moskau und Petersburg zugleich
abschnitt. Aber auch diese Absicht scheiterte. Die Russen
erhielten in Drissa Nachricht, daß Bagration nicht herankommen könne, und da sie den von allem Anfang schlecht
gewählten und ebenso schlecht befestigten Platz ohne alle Besatzung gefunden hatten, gaben sie ihn nach unbedeutenden
Gefechten mit der französischen Vorhut auf und zogen ostwärts[1]). Nur das rechte Flügelkorps unter Wittgenstein blieb
zur Deckung der Straße nach Petersburg zurück, von Oudinot
und Saint-Cyr beobachtet. So war für Napoleon, der übrigens
seinen Entschluß nicht rasch genug ins Werk gesetzt hatte,
zum zweitenmal die Aussicht geschwunden, den Feind zum
Stehen zu bringen. Er ging unerbittlich zurück. Und was

---

[1]) „Weil es der Monarch so haben wollte", schrieb Barclay am 10. Juli
an einen Freund (siehe Baltische Monatschrift, 1888), was darin eine Art
Bestätigung findet, daß, als sich im Heere kritische Stimmen gegen Barclays
Rückzug erhoben, Alexander ihm den Oberbefehl, den er selbst bisher inne-
gehabt hatte, uneingeschränkt überließ und ihm bei seiner Abreise nach
Moskau vor Zeugen zurief: „Vergessen Sie nicht, daß ich nur diese Armee
habe. Halten Sie sich das stets gegenwärtig!" L o e w e n s t e r n, der dies
in seinen Memoiren (I. 208) berichtet — er diente im Generalstab Barclays —
sucht auch (I. 204) Phulls Plan dadurch zu retten, daß er geltend macht,
die Verschanzungen bei Drissa seien zur Aufnahme von 60.000 Mann Reserven bestimmt gewesen, die aber ausgeblieben wären. Doch muß auch
er zugeben, daß die ganze Anlage nur dann einen Sinn hatte, wenn der
feindliche Angriff in der Richtung auf Pskow, das ist nach Petersburg hin
erfolgte, was doch ganz unsicher war.

hatten diese mißglückten Manöver nicht schon gekostet! Je
mehr man vorwärts eilte, um so größer wurden die Opfer,
namentlich auf den Straßen, die der Gegner vorher gezogen
war. Die Maraudage nahm die größten Dimensionen an, um
so mehr als in den Tagen des Vormarsches an die Dwina die
Julisonne heiß herniederbrannte und unendlicher Staub das
Atmen erschwerte. General Saint-Cyr, der die Bayern kommandierte, erzählt, sein Korps habe im Durchschnitt täglich
ein Bataillon (800 bis 900 Mann) aus den Reihen verloren;
und so war es überall. Und was in den Reihen blieb, hatte
erst recht mit Not und Elend zu kämpfen. Von regelmäßiger
Verpflegung war seit Wochen keine Rede mehr. Bei der bloßen
Fleischnahrung — denn es fehlte vollständig an Brot und
jeglicher Hülsenfrucht — wurden die Truppen so elend, daß
sie während des Marsches zusammenbrachen. Schließlich kam
die Ruhr hinzu und raffte Tausende weg. Am schlimmsten
daran waren die Reiter, denen die Pferde, die sich nur noch
vom alten Stroh der Hüttendächer nährten, unter dem Leibe
hinstarben und mit ihren Kadavern die Straßen verpesteten. Es
waren fürchterliche Strapazen, unter denen auch Napoleon
litt. Das war nicht mehr der Mann, der sich in der Winternot
des ersten polnischen Krieges so wohl gefühlt hatte. Ein Unter-
leibsübel (Dysurie) hatte sich in den letzten Jahren geltend
gemacht. Es beschwerte ihn jetzt besonders, da ihm jeder
Ritt lästig wurde. Und dazu kam, daß seine Nerven durch die
täglichen Meldungen vom Hinschwinden der Armee und bei
der steten Jagd nach einer entscheidenden Aktion, die sich
immer nicht darbot, bis zum äußersten angespannt wurden.
Er schien die ruhige Herrschaft über sich und andere zu verlieren, die er sonst im Felde bewiesen hatte. Wie sehnte er
sich nach einer Schlacht, um der qualvollen Lage ein Ende zu
machen! „Seit wir den Niemen überschritten," schreibt der
Maler Albrecht Adam, der im Hauptquartier Eugens den
Feldzug mitmachte und sich gut unterrichtet zeigt, „beschäftigte e i n Gedanke, e i n e Hoffnung, e i n Wunsch den
Kaiser und seine ganze Armee: der Gedanke an eine große
Schlacht! Man sprach von einer Schlacht, wie von einem Fest,
freute sich auf sie und ließ den Kopf hängen, so oft man sich
in der Erwartung getäuscht sah."

Da winkte die Hoffnung wieder. Barclay zieht auf dem

rechten Ufer der Dwina nach Witebsk. Er hat Bagration
die Ordre zugesandt, über Mohilew und Orscha gleichfalls
dorthin zu kommen. Nun gab es für Napoleon zwei Möglichkeiten: entweder es gelingt ihm, auf dem linken Ufer marschierend, dem Feind einen Vorsprung abzugewinnen, hinreichend, um bei Bjeschenkowitschi über den Fluß zu gehen
und einen Stoß in die Flanke der marschierenden Russen zu
unternehmen, oder Barclay stellt sich bei Witebsk, wo er
Bagration erwartet, zur Schlacht. Das Erste traf nicht zu;
der Gegner war zu schnell vorgegangen; es blieb nur übrig,
ihm zu folgen. Aber das Zweite schien zur Tat werden zu
sollen. Am 25. Juli traf Murats Reiterei zum erstenmal auf
ernsten Widerstand. Tags darauf drückten die Franzosen die
russische Nachhut bis Witebsk zurück, und da stand am 27.
das ganze Barclaysche Heer kampfbereit. Augenzeugen schildern
die Freude der Franzosen über diesen Anblick, die Befriedigung
ihres Führers. Und der Russe war wirklich zum Streit entschlossen, obgleich er nur noch über 75.000 Mann verfügte,
denn, da er Bagration aus Süden im Anmarsch wußte, konnte
er ihn nicht ohne Unterstützung Napoleon in die Hände fallen
lassen. Es kam aber doch wieder anders. Davout war von
Minsk östlich auf Mohilew gerückt und hier Bagration zuvorgekommen. Dieser hatte dann am 23. Juli versucht, sich Bahn
zu machen, war jedoch nach einem heftigen Kampf zurückgewiesen worden und ging nun aufs neue — zum drittenmal — südwärts, um im Bogen nach Smolensk zu gelangen
und erst dort mit der ersten Armee zusammenzutreffen. Die
Nachricht hiervon erhielt Barclay in der Nacht vom 26. auf
den 27. Juli, als er bereits in Gefechtsstellung den Franzosen
gegenüberstand. Nun hatte die Schlacht, erwog er, allerdings
keinen Sinn mehr, sondern konnte ihm nur noch verderblich
werden; die Kräfte der Franzosen waren den seinigen weit
überlegen, und es war nicht unmöglich, daß, während bei
Witebsk gekämpft wurde, Davout auf Smolensk losrückte und
dort vor ihm eintraf. Freilich, wenn Napoleon angriff, mußte
er standhalten. Der Kaiser aber ließ es am 27. bei unbedeutenden Scharmützeln bewenden, einmal, um möglichst viel
Truppen heranzukommen und dem Feind ein „Austerlitz",
wie er sagte, zu liefern, dann, um seine vom Marsch ermatteten
Soldaten nicht in der Mittagsglut des überheißen Tages in den

Kampf zu schicken, vielleicht aber auch, wie man vermutet hat, weil er selbst, in seinen körperlichen und moralischen Kräften angegriffen, zu einem jähen Entschluß nicht imstande war. Sein Zaudern aber wurde ihm verhängnisvoll. Der Feind entkam. Die russische Nachhut unter Pahlen löste ihre Aufgabe, den Abmarsch zu decken, vollkommen, und am Morgen des 28. Juli war kein Russe mehr zu sehen. Ein starker Frühnebel, der erst spät am Tage sank, hatte auch Pahlens Rückzug so gründlich verschleiert, daß gar keine Spur übrig blieb, die die Richtung seiner Bewegung bekundet hätte.

Die Enttäuschung war ungeheuer. Fast ein Drittel der Großen Armee war bereits dahin, über 130.000 Mann mußten aus den Mannschaftsrollen gelöscht werden, und noch war nichts erreicht! Die Kavallerie hatte am meisten Einbußen erlitten — bei der Hauptarmee samt den Davoutschen Korps 23.000 von 62.000 Mann — und war so nahe der Erschöpfung, daß General Belliard dem Kaiser offen versicherte, noch sechs Tage Vormarsch und es gebe überhaupt keine Reiterei mehr. Zudem hatte man sich von den Flügelkorps allzu weit entfernt: von Macdonald, der die Preußen gegen Riga entsandt hatte und mit seinen Franzosen auf Jakobstadt marschierte, von Reynier, der zur Beobachtung Tormassows am Pripet zurückgelassen werden mußte, endlich von Schwarzenberg, der schon im Anmarsch auf Minsk gewesen war, um sich der Hauptarmee anzuschließen, unterwegs aber auf einen Hilferuf Reyniers umkehrte. Denn Tormassow hatte an demselben 27. Juli, an dem sich Napoleon zur Schlacht bei Witebsk rüstete, eine sächsische Abteilung von dritthalbtausend Mann gefangen genommen und heischte ernste Beachtung, die ihm der Kaiser bis dahin versagt hatte. Jetzt stellt er Reynier unter Schwarzenbergs Befehl, dem er aufträgt, den Russen zu schlagen und „mit ihm fertig zu werden". Einen ähnlichen Befehl hatte Oudinot Wittgenstein gegenüber erhalten: er soll ihn von Drissa vertreiben und nordwärts Macdonald entgegenwerfen. Aber Wittgenstein ließ sich nicht werfen, auch nicht als Saint-Cyr zur Verstärkung herankam. Mitte August steht er noch immer bei Drissa.

So lagen die Dinge, als Napoleon sich entschloß, seiner Armee endlich die Ruhe zu gönnen, deren sie so dringend bedurfte, Munition heranzuziehen und etwas Ordnung in das

völlig zerrüttete Verpflegswesen zu bringen. Zum Glück begann
bei Witebsk — das übrigens regelrecht geplündert worden
war[1]) — die Gegend fruchtbarer und bevölkerter zu werden,
das Volk selbst reinlicher und wohlhabender als die vertierten
polnischen Bauern Litthauens. Man schöpfte neuen Mut, obgleich gerade während dieser Rasttage der unerträglichen Hitze
und des schlechten Wassers wegen die Ruhr die meisten Opfer
forderte. Auch Davout ward herzu kommandiert. Es wird
von Ségur erzählt, der Kaiser habe, von der Suche nach den
entwichenen Russen zurückkehrend, seinen Degen in Erregung auf den Tisch geworfen und ausgerufen, hier wolle er
bleiben, sich sammeln und Polen organisieren, der Feldzug von
1812 sei zu Ende, was zu tun übrig bleibe, werde der nächste
besorgen. Und ähnlich hätte er sich zu Murat, der vorwärts
wollte, geäußert: das Jahr 1813 werde ihn in Moskau, 1814
in Petersburg sehen, der russische Krieg drei Jahre in Anspruch nehmen. Und so ungefähr hatte es ja auch auf seinem
ursprünglichen Programm gestanden. Nur ein Punkt fehlte
darin, allerdings der wichtigste: der Sieg oder, wie er zu Jomini
gesagt hatte, „eine gute Schlacht". Zwar stand die französische Heeresmacht zwischen Dnjepr und Dwina, in jenem
natürlichen Tor, das den Eingang zum Reich der Moskowiter
bildete, wie er es sich für den ersten Waffengang als Ziel
gesetzt hatte. Aber was er von Rußland inne hatte, war nur mit
seinen eigenen Verlusten, nicht mit denen des Feindes erkauft,
ein unsicherer und unerfreulicher Besitz. Darüber kam er
nicht hinweg. Er litt förmlich unter dem quälenden Gedanken
an seine beeinträchtigte Geltung. Und plötzlich rückte er damit
heraus: er wolle auch Witebsk nach kurzer Rast ‘verlassen
und auf der Straße nach Moskau weitergehen. Bei Smolensk
stehe der Feind; der werde diese erste eigentlich russische
Stadt nicht ohne Kampf opfern wollen wie das öde polnische
Gebiet, vollends wo seine beiden Armeen nun vereinigt seien;
dort müsse es zur Schlacht kommen. Siege man bei Smolensk,
so habe man den Schlüssel gewonnen, um beliebig nach Moskau
oder Petersburg zu ziehen. Auch könne man dort eher, durch
den Dnjepr gedeckt, eine feste Winterposition gewinnen. Aber
vor allem die Schlacht. „Es ist noch kein Blut geflossen",

---

[1]) Auch die Gardesoldaten hatten sich beteiligt, was der Kaiser scharf
tadelte. Castellane, Journal, 2. August, I. 125.

sagte er zu den widerstrebenden Generalen seiner Umgebung,
den Berthier, Duroc, Mouton, Caulaincourt, die Alle vom
Weitermarsch abrieten, „und Rußland ist zu angesehen, um
ohne Kampf nachzugeben. Alexander kann nur nach einer
großen Schlacht unterhandeln. Ich werde diese Schlacht, wenn es
sein muß, bis vor der heiligen Stadt suchen und gewinnen[1]."
    In der Tat, der Zar dachte nicht an Unterhandlung. Voll-
ends jetzt nicht, nachdem er am 18. Juli mit England ein
Abkommen getroffen hatte, das ihm für die Fortsetzung des
Krieges Vorteile verhieß, und nachdem der Sultan den Friedensvertrag ratifiziert hatte und die Moldauarmee nach Norden
ziehen konnte. Auch hiervon erfuhr Napoleon, und die Kunde
traf ihn hart. Aber ihre Wirkung war doch wieder die, daß sie
ihn in seinem Streben nach einer raschen großen Entscheidung
nur bestärkte. Nach zwei Wochen Aufenthalts brach er das
Kantonnement in Witebsk und Umgegend ab. Er wird jetzt
die gesamte im Umkreis der Stadt lagernde Armee — mit den
Truppen Davouts sind es 199.000 Mann — südlich davon zu-
sammenfassen, sie über den Dnjepr werfen und auf dem rechten
Ufer dieses Flusses und durch ihn gedeckt nach Osten rücken.
Der Feind, erfährt er, habe nach der endlichen Vereinigung
seiner Streitkräfte die Offensive ergriffen und sei, von Smolensk
her, auf der geraden Straße nach Witebsk im Anmarsch. Es
ist also nicht unmöglich, daß man, während die Vorhut ihm
entgegengestellt wird, mit der Hauptmasse unbemerkt an
Smolensk herankommt, den linken Flügel des Gegners umgeht
und ihm den Weg nach Moskau verlegt, wobei es zum Schlagen
kommen muß. Diese Operation, ähnlich der gegen Mack im
Jahre 1805 — wurde am 10. August mit der größten Präzision begonnen; die Truppen gingen bei Rasasna und Chomino
über den Dnjepr und überschritten am 14. bei Kraßnoi die
altrussische Grenze. Die Nachrichten von den Bewegungen der
Russen waren richtig gewesen. Die herrschende Stimmung in
der Armee und im Volke, die auch den Zar in ihren Bann
zwang, hatte die Verteidigung des altmoskowitischen Bodens
gefordert und der Nichtrusse Barclay sich zum Angriff entschließen müssen. Um die Verbindung mit Wittgenstein

[1] S é g u r, IV. 205 ff. Die Briefe, die der Kaiser in den letzten Tagen
aus Witebsk an Berthier und Maret schrieb, erwähnen nichts von einem
Abbruch des Vormarsches, sondern sprechen nur von einer kurzen Rast.

nicht ganz zu verlieren und nicht von rechts her, wo er die
Franzosen in großer Stärke glaubt, überflügelt zu werden,
wählt er die nordwestliche Richtung für seinen Vorstoß, Bagration hält die Mitte, und nur für alle Fälle ist linker Hand,
jenseits des Flusses, eine Division detachiert. Auf diese Division nun trifft die Avantgarde Napoleons am 14. August
und wirft sie mit großen Verlusten gegen Smolensk zurück.
Schon aber hat ein Bote Bagration verständigt, der, als er die
Gefahr erkannte, in fliegender Eile ein Korps nach der Stadt
marschieren ließ, um dort den ersten Anprall des Feindes
abzuwehren. Er selbst und Barclay, den er rasch in Kenntnis
gesetzt hat, folgen, so rasch sie können.

Am Morgen des 16. August ist die französische Vorhut
vor Smolensk angelangt und beginnt den Angriff auf dessen
Mauern. Er wird abgeschlagen, und damit ist Napoleons Vorhaben bereits gescheitert. Denn während er das Eintreffen
der Garden und der Polen abwartet und unterdes nur unzulängliche Kräfte ins Gefecht setzt, sind die zwei russischen
Armeen herangekommen und wieder im Besitz des wichtigen
Knotenpunktes und der Straße nach Moskau. Kein Geringerer
als Clausewitz hat den Kaiser getadelt, daß er auf das rechte
Dnjeprufer ging, anstatt den anrückenden Feind in der Front
anzugreifen, zu schlagen und so Smolensk zu gewinnen. Aber
das wäre — soweit Napoleon über den Feind unterrichtet war
— nur gewesen, was er eine „gewöhnliche Schlacht" zu nennen
pflegte. Der besiegte Gegner hätte sich durch Smolensk auf
seiner Operationslinie zurückgezogen. Das eben wollte er
gerne hindern. Jetzt freilich blieb nichts anderes übrig, vorausgesetzt, daß der Russe sich überhaupt zum Schlagen be-
quemte. Er tat es, aber wieder nur in der Form eines Rück-
zugsgefechtes. Barclay, der das Gros seiner Truppen im Nordosten, zu beiden Seiten der Straße, die nach Welisch führt,
aufgestellt hatte, ließ sich nicht bewegen, aus der Stadt heraus die Offensive zu ergreifen, sondern schickte vielmehr den
kampflustigen Bagration auf die Moskauer Straße, um sie zu
sichern, während er selbst Smolensk nur von ungefähr 30.000
Mann verteidigen ließ[1]). Als Napoleon sich überzeugte, daß es

---

[1]) Es war zuerst das Korps Rajewsky, das später durch Dochturoff
und Eugen von Württemberg in der angegebenen Stärke abgelöst wurde.
(Loewenstern, Mémoires, I. 220.)

dem Feinde wieder nicht um den entscheidenden Kampf zu tun sei, wollte er dessen Stellung forcieren, um ihn so mit Gewalt festzuhalten und zum Streite zu zwingen. Aber da zerschellte Sturm auf Sturm an den Mauern, so daß den älteren Offizieren die syrische Festung Akka in Erinnerung kam, und auch ein Bombardement, das den größten Teil der Stadt vernichtete, ergab kein Resultat. Und noch einen dritten Tag (18.) kämpfen die Franzosen, die nicht weniger als 10.000 Mann eingebüßt haben, vergeblich gegen die Nachhut des abziehenden Feindes, bis auch diese freiwillig den Platz räumt. Sie hat nicht vergessen, den nördlichen Stadtteil mit den Magazinen niederzubrennen. Rauchende Trümmer findet der Eroberer, aber auch hier keinen Sieg, denn das Umgehungsmanöver über Smolensk hinaus fortzusetzen, hat er jetzt, wo der Feind massiert in seiner Flanke stand, nicht mehr gewagt. Wenn er nur sofort die Moskauer Straße weitergezogen wäre! Barclay hatte, um den französischen Batterien jenseits des Dnjepr auszuweichen, einen Bogen gemacht, dessen Sehne Napoleon beherrschte, da Bagration ohne ausdrücklichen Befehl gegen Moskau fortmarschiert war. Er hätte Jenen leicht überholen und hier zur Schlacht zwingen können. Aber der Kaiser kannte diese Situation nicht; er sandte bloß Ney und Murat vorwärts, und als diese am 19. bei Walutina Gora an die Barclayschen Truppen gerieten, die sich tapfer schlugen, hielt er es auch nur für ein Nachhutgefecht und legte der Sache kein größeres Gewicht bei. Er hatte zwar Junot mit seinem Korps (etwa 13.000 Mann) auf dem linken Dnjeprufer vormarschieren lassen, damit er weiter ostwärts den Fluß überschreite. Aber der hat es, obwohl von Murat verständigt, unterlassen, gegen die Flanke des Feindes zu operieren, und so konnte Barclay mit dem Gros seiner Truppen ungehindert fortziehen.

Was nun? In Dresden hatte Napoleon zu Metternich gesagt, sein Unternehmen sei eines derjenigen, deren Erfolg von der nötigen Geduld abhänge; dem, der sie am meisten übe, werde der Sieg zufallen. Er hat arg gegen diese Überzeugung gesündigt. Ehe der Sturm auf Smolensk begann, hatte selbst Murat ihm zugeredet, er solle nun einhalten, wo es offenkundig sei, daß der Feind keine Schlacht annehmen, sondern abmarschieren wolle. Vergebens. Später, nachdem er Herr der trümmerhaften Stadt geworden war, machte seine Umgebung

aufs neue Vorstellungen. Rapp, der vom Niemen kam,
schilderte das Elend auf der langen Straße, die zahllosen Opfer
des Typhus und der Dysenterie, die Tausende von Marodeurs,
die sich, halb tot vor Entkräftung, mühselig nach einem Busch
hinschleppten, um ungesehen zu sterben, die Tausende von
Deserteurs, die, in Banden organisiert, in Schlössern und
Dörfern auf eigene Faust hausten, bis das verzweifelte Volk
sie totschlug. Und was antwortete Napoleon? Er kenne das
alles und gebe das Entsetzliche der Lage zu, aber gerade deshalb sei keine Zeit mehr zu versäumen. Nach der ersten gewonnenen Schlacht würde sich alles wieder finden. Schwarzenberg hatte am 31. Juli bei Gorodetschna über Tormassow
einen Vorteil errungen, Saint-Cyr, der Nachfolger des verwundeten Oudinot im Kommando, endlich am 18. August
Wittgenstein bei Polozk geschlagen und hinter die Drissa
zurückgedrängt, was der Hauptarmee, die starke Besatzungen
zurücklassen mußte, die Aktion nach vorwärts erleichterte.
Konnte diese an Erfolgen zurückbleiben? So war und blieb
sein nächstes Ziel der Sieg über die Hauptmacht des Feindes,
und der war nur auf dem Wege nach Osten, auf der Straße
nach Moskau zu gewinnen. Von einem Stehenbleiben in
Smolensk, von dessen 2300 Häusern nur noch etwa 400 be-
wohnbar waren, war keine Rede weiter.

Es könnte auffallen, daß der Kaiser seiner Truppen noch
so sicher war. Freilich nur derjenigen, die ihre robuste
Natur und ihr disziplinierter Charakter bei der Fahne festgehalten hatte. Sie murrten zwar, wie sie 1807 gemurrt
hatten, aber sie gingen weiter, trotz der entsetzlichen Hitze
bei Tage, trotz der mangelnden Nachtruhe, denn die Nacht-
stationen mußten zu Rationierungen in den umliegenden
Dörfern verwendet werden, trotz der düsteren Aussicht, die
Last des kommenden Tages vielleicht nicht mehr zu ertragen.
Es waren Elitetruppen, kräftig an Körper und Seele, die
161.000 Mann, die am 22. August Smolensk verließen, besonders die Soldaten Davouts[1]). Sie waren gerne dabei,
wenn es vorwärts ging, denn hinter ihnen lag das Grauen

---

[1]) In Witebsk, Orscha, Mohilew und Smolensk blieben Besatzungen,
etwa 14.000 Mann, zurück. Ebensoviel waren in den letzten Kämpfen und
auf dem Marsche von Witebsk her eingebüßt worden.

der polnischen Öde, vor ihnen Kampf und Sieg und Ehre
und Lohn, und endlich mußte man ja nach dem gepriesenen
Moskau kommen.

Freilich, hätte Napoleon genauer zugesehen, er wäre vielleicht doch am Dnjepr stehen geblieben oder nach Litthauen
zurückgegangen. Aber sein Blick war in Rußland ebenso trübe,
wie er es in Spanien gewesen war. Auch jetzt gewahrte er nur
eine Armee vor sich, die er zu schlagen hatte, und ein Kabinett,
dem er den Frieden diktieren wollte, nichts weiter. Er sah
nicht den neuen Feind, der sich ihm in dem Augenblick entgegenstellte, als er bei Krasnoi das polnische Gebiet verließ
und die altrussische Grenze überschritt, den starken nationalen
Instinkt der Russen, der sich mit ihrer Religiosität und ihrer
Barbarei zu unerhörtem Widerstand verband. Schon machte
er sich überall geltend: im Heer, dessen Kraft und Mut er mit
Fanatismus stählte, am Hof des Zaren, der sich seinem Einfluß nicht entziehen konnte, in der Bevölkerung, die, auf
einen warmen Appell Alexanders, sich zu vielen Tausenden
bewaffnete und vor dem Kreml in Moskau ihrem Herrscher
zurief: „Laß uns sterben oder siegen!" Napoleon gewahrte
nichts davon. Und doch fehlte es nicht an deutlich redenden
Anzeichen. War es denn nicht merkwürdig genug, daß kaum
mehr als ein einziges feindliches Korps zwei Tage lang einer
großen Armee widerstand, ohne auch nur einen Gefangenen
in ihre Hände fallen zu lassen? nicht merkwürdig, daß der
Gegner die durch ihre Gnadenbilder geheiligte Stadt am
Dnjepr eher in Flammen aufgehen ließ, bevor er sie dem Feinde
überantwortete?

Schon forderte der russische Chauvinismus im eigenen
Lager sein Opfer. Es war der Oberbefehlshaber Barclay selbst.
Als Livländer galt er der Armee als Fremdling; am Hofe hatte
er unter den Führern der Altrussenpartei — der beispiellos
rohe Großfürst Konstantin immer voran — seine erbittertsten
Gegner; mit Bagration war er überworfen, und die Aktionen
litten unter der Zwietracht der Feldherren. Nur der Zar hatte
ihn bisher gehalten; jetzt vermochte auch er es nicht mehr.
Daß er die Stadt der heiligen Jungfrau nicht noch energischer
verteidigt hatte, wurde ihm als unsühnbarer Frevel angerechnet,
und man brachte Alexander dahin, zu glauben, die Schlacht
bei Smolensk — energisch in Szene gesetzt — hätte wirklich

zu seinen Gunsten enden müssen[1]). Barclay, der am Ende zu
Rußlands Heil nur getan hatte, was ihm in Polozk vom Zaren
auf die Seele gebunden worden war, d. h. die Armee für späterhin geschont, ward des Oberbefehls enthoben und behielt nur
ein Teilkommando. Kutusow wurde sein Nachfolger und
zugleich Oberfeldherr auch über die von Wittgenstein und
Tormassow befehligten Heeresteile. Er war Altrusse, beliebt
bei den Soldaten, vom Zaren aber nur aus Not berufen, der
ihn nicht mochte, weil er gegen den Krieg gewesen war und
deshalb die Unterhandlungen mit der Türkei verzögert hatte,
und auch seines im Grunde unverläßlichen Charakters wegen[2]).
Wir kennen ihn von 1805 her. Jetzt war er, obgleich erst
67 Jahre alt, ein gebrechlicher Mann, der nur mit großer Anstrengung zu Pferde stieg und sich deshalb außer jeder Gefahr
halten mußte. Aber er besaß das Vertrauen der Truppen in
hohem Grade, und dieses Prestige gestattete ihm, noch weiter
zurückzugehen und erst in dem zerklüfteten Terrain bei
Borodino, wo die Kolotscha in die Moskwa fließt, die Schlacht
zu wagen. Die „heilige Heide" hieß es dort, und die Sage
ging, daß nie ein Feind darüber hinausgedrungen sei. Da
sollte der Kampf ausgefochten werden. Denn ohne Schwertstreich durfte Moskau nicht dem Gegner in die Hände fallen;
erst kürzlich hatte Alexander den Bewohnern seinen militärischen Schutz aufs bestimmteste verheißen[3]).

---

[1]) So schrieb der Zar nachträglich an den Admiral Tschitschagoff,
der die Moldauarmee nach dem Norden führte. Der Brief ist in dessen Memoiren abgedruckt. Barclay rechtfertigte seine Handlungsweise mit der
Erhaltung des Heeres für eine entscheidende Tat zu geeigneter Zeit und mit
dem Hinweis darauf, daß Napoleon nur unterhalb der Stadt über den Dnjepr
zu gehen brauchte, um ihn aus Smolensk hinauszunötigen, seine Stellung
darin also niemals haltbar gewesen wäre. Die Rechtfertigungsschrift liest
man jetzt auch bei F a b r y.

[2]) „Das Volk wollte seine Ernennung," äußerte sich Alexander zu
einem Vertrauten, „ich habe ihn ernannt, wasche aber, für meinen Teil,
meine Hände." Später soll er daran gedacht haben, Kutusow abzusetzen
und Barclay wieder zu ernennen. Siehe S c h i e m a n n, Nikolaus I. I. 84.
(nach S c h i l d e r, III.)

[3]) Er hatte ihnen sein Wort dafür verpfändet und, wie es scheint,
auch dafür, daß er selbst zur Rettung Moskaus herbeieilen werde. Vergl.
hierüber die für diese Vorgänge und Alexanders persönliches Wesen sehr
interessante „Correspondance de l'Empereur Alexandre avec la Grand-
duchesse Catherine" (Petersburg 1910), p. 83 ff.: „Eine der hauptsäch-

Am 1. September war Napoleon nach Gshazk gelangt, wo er von ernstem Widerstand hörte, auf den seine Vorhut gestoßen sei. Bald schien kein Zweifel mehr möglich: der Feind wollte schlagen. Der Kaiser sammelte seine Armee, ungefähr 135.000 Mann, während die Russen nur 127.000 ins Gefecht führen konnten, darunter 15.000 Rekruten, die man herbeigebracht hat, 7000 Kosaken, die kaum, und 10.000 Milizen, die gar nicht für den Kampf in Betracht kamen und nur im Sanitätsdienst Verwendung fanden[1]). Dagegen hatte Kutusow eine ausgewählte Position inne. Er hatte sich rittlings der Moskauer Straße hinter der Kolotscha aufgestellt und einige Erdwerke aufgeworfen. Die westlichste dieser Redouten wurde von den Franzosen am 5. September nach erbittertem Kampf, der dem Zaren fast 7000, dem Kaiser über 4000 Streiter kostete, weggenommen, wodurch der linke Flügel der Russen von der Kolotscha weg an die anderen Schanzen zurückgedrängt ward, so daß nun ihre Aufstellung beim Dorfe Borodino ein stumpfes Knie bildete. Tags darauf entwirft Napoleon seinen Plan. Er wird den Feind nicht, wie Davout gut rät, in dessen linker Flanke umgehen — die drohende Bewegung, fürchtet er, könnte ihn leicht wieder der Schlacht entfremden — sondern diesen Flügel und das Zentrum nacheinander mit starken Kräften frontal angreifen und noch weiter umbiegen, auf solche Weise die nach Westen gerichtete Linie der Russen nach Süden umwenden, sie dann über die Straße zurückwerfen und der Moskawa zujagen. Wenn Kutusow jetzt nur wirklich standhielt! Napoleon ist durch diesen Zweifel so erregt, daß er die Nacht vom 6. auf den 7. kaum schläft. Um 1 Uhr steigt er zu Pferde, um sich von dem Vorhandensein der Russen zu überzeugen und nach ihren Lagerfeuern ihre Stellung zu erkunden. Zum Überfluß war des Abends die Nachricht eingetroffen, Wellington habe am 22. Juli bei Salamanca über Marmont gesiegt. Das war nun jedenfalls zu reparieren. Auch

---

lichsten Anklagen wider Sie" — schreibt ihm seine Schwester am 18. September — „ist Ihr Wortbruch gegenüber Moskau, das Sie mit der äußersten Ungeduld erwartete."

[1]) Diese Verwendung sollte freilich ihren Vorteil haben, da sie die Kombattanten der mitunter gerne gesuchten Mühe überhob, ihre Verwundeten selbst nach den Ve bandplätzen zu schaffen. (Siehe Loewenstern, I. 273.)

seine Soldaten schlafen wenig; müssen sie doch erst von weit
her etwas Nahrung für sich und ihre Pferde holen. Aber sie
kommen alle wieder und kleiden sich in die beste Montur,
denn es geht ja nun zu dem lang ersehnten Fest. Man kann
es nicht ohne tiefe Bewegung hören, daß sich auch die Kranken
— Deutsche wie Franzosen — in die Reihen der Kämpfer
drängten.

Frühmorgens, um 5 Uhr, fiel auf dem rechten Flügel der
erste Kanonenschuß, um 6 Uhr war die Schlacht bereits im
Gang: auf dem linken Flügel, wo Eugen, gegen die Armee
Barclays vorrückend, das Dorf Borodino eroberte, und im
Zentrum, wo Davout, von Ney zur Linken und Murat zur Rechten
begleitet, gegen Bagrations befestigte Mitte vorging, dessen
linken Flügel Junot beschäftigte und Poniatowski mit den
(stark zusammengeschmolzenen) Polen zu umfassen trachtete.
Mit unendlicher Erbitterung wurde gestritten, und der Geschichtschreiber ist unsicher, ob er dem Angreifer oder dem
Verteidiger das größere Maß von Heroismus zuerkennen soll.
Jetzt erobert, waren die russischen Redouten bald wieder
verloren, um dann wieder gewonnen und wieder verloren zu
werden. Napoleons Fußvolk und Reiter, und die deutschen
Kavallerieregimenter insbesondere, leisteten das Außerordent-
lichste, und so ward man schließlich — nachdem die stark
exponierte und anfänglich zu wenig unterstützte Armee
Bagrations fast aufgerieben, ihr Feldherr zu Tode verwundet
worden war — Herr der feindlichen Stellung. Aber auch nicht
mehr. Die Russen wichen allerdings daraus, doch nur, um ein
paar tausend Schritte weiter zurück sich aufs neue zu sammeln
und neuen Widerstand zu leisten. Zu neuem Angriff aber
waren die fürchterlich heimgesuchten Divisionen Neys und
Murats nicht mehr imstande. Hier, und zwar in dem Augenblick, da der Feind sich noch nicht wieder erholt hatte, mußte
eine starke Reserve eingreifen, um ihn völlig aufzureiben.
Eine solche stand bereit; es waren 20.000 Mann der Garde;
inständig begehrten Murat und Ney ihr Vorrücken: Napoleon
versagte es. „Und wenn morgen eine zweite Schlacht stattfindet," antwortete er, „womit soll ich sie liefern?" Kaum
daß er den Befehl gab, das zurückgegangene Zentrum des
Gegners mit Kanonen zu beschießen. Man erkannte ihn nicht
wieder und schob alles auf das Fieber einer Erkältung und die

Schmerzen, an denen er tagsüber litt, insbesondere aber auf die abgespannten Nerven, die nach so viel aufreibender Erregung der neuen Aufgabe nicht mehr gewachsen waren[1]). Er hatte tatsächlich nicht auf seiner vollen Höhe gestanden und deshalb am 7. September 1812 bei Borodino nur ein Schlachtfeld, keine Schlacht gewonnen. Die Russen blieben trotz ihrer ungeheuren Verluste — 52.000 Mann an Toten und Verwundeten, während die Franzosen nur 28.000 einbüßten — die Nacht über in ihren letzten Positionen und zogen erst am nächsten Tag die Moskauer Straße weiter. Sogar dem Zaren wußte ihr Feldherr glauben zu machen, es sei keine Niederlage gewesen, was dann in Petersburg als ein Sieg der eigenen Waffen aufgefaßt und dafür ausgegeben wurde.

Napoleon hatte sich während des Kampfes nicht von seinem entfernten Standort fortbewegt, was ihn wohl auch die Zerrüttung beim Feinde im entscheidenden Moment nicht gewahr werden ließ. Es war das erstemal, daß er nicht persönlich eingriff — ganz gegen seine sonst geäußerte Überzeugung. Er litt ohne Zweifel. Aber was war seine Unpäßlichkeit gegen den vieltausendfachen Jammer zu seinen Füßen! Nun war Eylau weit überboten an schreckensvollen Szenen. Über 70.000 Menschen hatte der eine Tag getötet oder verwundet,

---

[1]) Napoleon ist fast von allen militärischen Schriftstellern verurteilt worden, weil er seine Garde nicht hergab. Nur J o m i n i findet Worte zur Entschuldigung des Kaisers und gewahrt dessen Fehler vielmehr darin, daß er den linken Flügel der Russen nicht gleich von allem Anfang an, solange er noch schwach war, mit noch größerer Energie bedrängte. Die Vermutung, die Schlacht könnte tags darauf wieder beginnen, war nicht ganz unbegründet. Barclay, der zwar durch starke Abgaben an Bagration Eugen gegenüber an der Entfaltung seiner vollen Kraft gehindert gewesen war, aber doch auch am wenigsten Terrain eingebüßt hatte, hielt die Erneuerung des Kampfes für notwendig, und selbst Kutusow hatte daran gedacht, bis er von den enormen Verlusten der Armee Kenntnis erhielt, die Napoleon unbekannt blieben. Auch ein neuerer Militärschriftsteller, F r e y t a g - L o r i n g h o v e n, Die Heerführung Napoleons, S. 399, tritt für Napoleon ein, der, angesichts der ohnehin großen Einbußen an Menschen nicht auch noch seine Kerntruppe aufbieten wollte, um sie an ein verlustreiches Gefecht in ungünstigem Waldterrain zu wenden. Die letztere Einwendung wäre aber nur dann zutreffend, wenn dieses Gefecht wieder nicht zu Flucht und Verfolgung geführt hätte. Die Schonung der Garde durch Napoleon, die uns hier zum erstenmal entgegentritt, wird sich später noch deutlicher und mit der Absicht erkennen lassen, sich für alle Fälle eine eigene Truppe mitten im eigenen Heer zu erhalten. S. unten.

und eine Verwundung bedeutete hier nur allzu häufig den
sicheren Tod[1]).   Napoleon bezeichnete die Schlacht als die
blutigste, die er erlebt, und die, in der am tüchtigsten gekämpft worden sei. Allerdings war gewonnen, daß sich ihm
Moskau erschloß. „Moskau, Moskau!" soll er am Tag darauf
wiederholt in größter Aufregung herausgestoßen haben. Aber
hinter Moskau wird eine Armee stehen, die er in ihrer Widerstandskraft kennen gelernt hat. Sie wird Verstärkungen an
sich ziehen. Aus dem Süden wird eine andere Armee heranrücken, die gegen die Türken zu siegen gewußt hatte. Seine
Flügel und mit ihnen seine Rückzugslinie werden von überlegenen feindlichen Kräften bedroht werden. Das war kein
Sieg gewesen, der den Gegner zur Nachgiebigkeit zwang. Es
wird zu neuen Kämpfen kommen, und wird denen sein Heer
noch gewachsen sein? Nur etwas über 100.000 Mann waren
ihm nach dem Gemetzel noch übrig geblieben. Drei Tage vor
der Schlacht hatte ein Ersatzkorps unter dem Marschall
Victor — 30.000 Mann — den Niemen überschritten; der
Kaiser befiehlt es nach Smolensk zur Vereinigung mit den
dortigen Reserven und zur Verstärkung der Hauptarmee
nach Moskau. Das ist aber zunächst auch alles, was er aufbieten kann. Und doch leuchtet sein Auge, als er am 14. September von einer Anhöhe herab die Riesenstadt der Moskowiter gewahrt. Sein Ziel ist erreicht.

————————

Am Morgen des 14. September marschierte Kutusow in
Moskau ein, um es am Nachmittag beim jenseitigen Tor
wieder zu verlassen. Die Bestürzung der zurückgebliebenen
Bewohner — die Vornehmen und Reichen hatten sich bereits
fortgemacht — war eine ungeheure. Auch sie hatten von einem
Sieg bei Borodino gehört, und nun retirierte der Triumphator
und gab die Stadt den Fremden preis. Eine allgemeine Flucht
begann, so daß die Armee kaum vorwärts konnte; aber was
ın der Eile gerettet wurde, war doch nur wenig. Unmittelbar
hinter den Russen zogen die Franzosen ein, Napoleon erst
am nächsten Tag. Er erwartete, wird erzählt, eine Abordnung
der Behörden. Aber niemand ließ sich blicken. Das war eine
erste Enttäuschung. Andere sollten folgen. In der Stadt

————————

[1]) Die Franzosen hatten 49 Generale eingebüßt.

war alles öde, kein Mensch auf den Straßen; wer geblieben war,
verbarg sich scheu hinter den Fensterladen. „Es kam uns
vor," erzählt Adam über den Einzug der Truppen, „als wenn
gute Schauspieler vor einem ganz leeren Hause spielen sollten."
Der Kaiser ritt in den Kreml, um dort seine Residenz zu
nehmen, und behielt die Garden in der Stadt; die anderen
Korps mußten in der Umgebung unterkommen. Tröstlich
war es, daß allem Anschein nach kein Mangel herrschte, obgleich
schon die russische Arrièregarde eifrig geplündert hatte und
ihre Nachfolger ihr darin ebensowenig nachstanden wie die
zurückgebliebenen Leibeigenen der entflohenen Herrschaften;
es gab reichlich Lebensmittel und Fourage, und man begann
in den verlassenen Wohnungen sich einzurichten, um von den
unsäglichen Leiden des Feldzugs endlich auszuruhen.

Ruhe sollte jedoch in Moskau nicht zu finden sein. Schon
vor dem Einmarsch hatte man aus der Ferne einzelne dicke
Rauchsäulen emporsteigen sehen, aber das gewöhnliche Schauspiel nicht weiter beachtet. In jeder Stadt waren beim Nahen
des Feindes Vorräte verbrannt worden. Bald indes wurde
man aufmerksam. Meldung auf Meldung lief im Kreml ein, es
brenne an verschiedenen Punkten, und nun ließ der Augen-
schein nicht mehr bezweifeln, daß man einen dem Untergang
geweihten Ort besetzt halte. Denn immer weiter verbreitete
sich, vom Nordostpassat gepeitscht, das entfesselte Element;
Löschungsversuche blieben meist fruchtlos, da es dazu am
Notwendigsten fehlte. Am Mittag des 16. September stand
die ganze Stadt im Feuer, das seine Funken schon bis in den
Hof des Kreml spie. Endlich hieß es, auch dieser sei ergriffen,
und Napoleon, der sich kaum erst staunend in der Residenz
der Zaren umgesehen hatte, mußte eilends den Palast verlassen,
um — mit seiner Eskorte mühselig durch den Wirrwarr der
Straßen sich kämpfend — das Lustschloß Petrowskoje zu
erreichen. Von dort sieht er die Metropole, deren Besitz seinem
Ehrgeiz als der höchste Triumph erschienen war, in einem
Meer von Flammen untergehen. Wenn noch etwas hinzu-
kommen konnte, den Eindruck des grausen Schauspiels auf
sein Gemüt zu verschärfen, so war es die Gewißheit, die sich
alsbald ergab, daß nicht Zufall oder Leichtsinn die Brand-
stifter waren, sondern daß der Feind selbst die Stadt geopfert hatte, um ihre Vorräte und Reichtümer nicht in die

Hände der Fremden fallen zu lassen und diesen den Aufenthalt unmöglich zu machen[1]). Napoleon ließ eine Kommission

---

[1]) Daß der Gouverneur der Stadt, Graf Rostoptschin, die Brand-
legung anordnete, bevor er die Stadt verließ, wird auch von russischen Historikern als erwiesen angesehen. Jedenfalls hat er sie wirksam vorbereitet.
Schon in Briefen aus dem August hatte er davon gesprochen, daß, wenn
Gott den Russen nicht günstig sein sollte, Moskau in Flammen aufgehen
werde, und so konnte man es auch schon Ende September und Anfang
Oktober im „Courrier de Londres" lesen. Als dann der Graf die Russen immer
näher kommen und die Hoffnung auf Erhaltung der Stadt immer mehr
schwinden sah, verdichtete sich jener Gedanke zum Entschluß. Bereits
am 11. September ließ er alle Feuerspritzen „als Staatsgut" aus der Stadt
schaffen und versicherte zwei Tage später den Generalen der Armee, Moskau
würde, sobald es von den Truppen dem Feinde schutzlos preisgegeben werde,
durch Brand zerstört werden. Am Morgen des 14. läßt er die Gefangenen
frei, gibt Befehl, die Branntweinfässer der behördlichen Vorräte in den
Straßen zu zerschlagen und verläßt die Stadt, die er von einer nahen Anhöhe seinem Sohne mit den Worten zeigt: „Grüße Moskau zum letzten Mal,
in einer halben Stunde wird es in Flammen stehen." Er selbst legt dann
Feuer an sein Schloß in der Umgebung. Wird durch all das seine Urheberschaft — die er selbst während der nächsten Jahre offen zugegeben, ein
Jahrzehnt später aber allerdings abgeleugnet hat — mehr als wahrscheinlich,
so wird sie nahezu zweifellos durch den Umstand, daß die Franzosen, als
sie den Urhebern des für sie so verderblichen Brandes nachforschten, eine
Anzahl Polizeileute unter den Schuldigen entdeckten, während man noch
in einzelnen Häusern die Treppen mit Öl getränkt und mit einer nach der
Straße führenden Lunte verbunden fand. Daß nebenbei auch der Zerstörungs-
trieb und die Raublust des entfesselten Gesindels, die Rücksichtslosigkeit
und Unvorsichtigkeit der plündernden Soldaten das ihrige beigetragen haben
mögen, ist gewiß. Auch die Stimmung des Volkes kam dazu. Manche wollten
ihre Häuser lieber verbrannt als den Franzosen überliefert wissen, und nicht
wenige der Händler zündeten selbst ihre Vorräte an, damit sie nicht dem
Feinde zugute kämen. (B o y e n, Erinnerungen, II. 231.) Das Feuer nahm
auch vom Kaufmannsviertel (Kitai Gorod) seinen Ausgang. (M é n e v a l,
Mémoires, III. 65.) Am 6. Oktober schrieb die Zarin an ihre Mutter: „Unser
Volk hat angefangen, Feuer an alle ihm teuren Gegenstände zu legen, um
sie nur nicht in die Hände des Feindes fallen zu lassen." (S c h i l d e r,
Alexander I. III. 507.) Ein von T z e n o f f, „Wer hat Moskau 1812
in Brand gesteckt? (Berlin 1900) unternommener Versuch, den durch das
Ausbleiben der Deputation geärgerten Napoleon(!) als den Urheber des
Brandes hinzustellen, bedarf wohl kaum einer ernsten Widerlegung. Eine
solche hat gleichwohl H. S c h m i d t, „Die Urheber des Brandes von Moskau,
1812" (Greifswald, 1904, 2. [Titel-]Ausgabe, 1912) unternommen und dabei
die ganze Frage ihrer Lösung um vieles näher gebracht. Daß die Kirchen
sämtlich vom Feuer verschont blieben, ist ein nicht zu übersehendes Moment
Die Franzosen würden sich nicht gescheut haben, sie in Brand zu stecken.
wohl aber die Russen.

nach der Ursache forschen und eine Anzahl ertappter Brandleger hängen; aber der Wut des Feuers war kein Einhalt mehr
zu tun. Um die Soldaten nicht um all ihre Hoffnungen zu
bringen, gab er die ursprünglich untersagte Plünderung zu.
Die Verwüstung war ungeheuer, der Gewinn gering. Die
Lebensmittel waren meist vernichtet. Dagegen hatten die
Flammen die Keller verschont, und Wein und Branntwein
wurden in Fülle angetroffen. Die Wirkung aber war nur,
daß die Unordnung zu höchst stieg, so daß man die seltenen
Bauern, die sich herbeiließen, Nahrungsmittel nach der Stadt
zu bringen, ausraubte, während man anderseits mit einigen
tausend russischen Marodeurs fraternisierte und sie laufen
ließ, als ob der Krieg vorüber wäre. Das war freilich der
sehnlichste Wunsch aller. Nicht zuletzt der des Kaisers.

Am 18. September ließ endlich der Brand etwas nach.
Gut drei Vierteile der Stadt lagen in Asche. Die Bewohner
— noch an zehntausend Menschen — irrten obdachlos und
verhungert durch die Straßen. Ein Bataillon Garde hatte
den Kreml gerettet. Napoleon kehrte dahin zurück. Er kann
es nicht glauben, daß Alexander nicht alles tun werde, um
wieder Herr seines Landes zu werden. Täglich erwartete er
die Einladung zur Friedensunterhandlung. Vergeblich. Dann
sucht er sie zu beschleunigen, indem er noch am 20. an den
Zar schrieb: Moskau sei verbrannt; der Gouverneur habe die
Stadt anzünden lassen; vierhundert Brandleger seien auf
frischer Tat ertappt und erschossen worden; das Unglück wäre
zu vermeiden gewesen, wenn Alexander ihm vor oder nach
Borodino einen kurzen Brief geschickt hätte; er würde dann
seinen Marsch nicht bis hierher fortgesetzt haben; er hoffe,
sein Schreiben werde wohlwollend aufgenommen werden[1]).
Und nun wartete er aufs neue. Bald ist der September vergangen, und der Winter steht in drohender Nähe. Die Armee
kann nur durch Streifungen, die immer weiter ausgedehnt
werden müssen, ernährt werden, denn der Brand der Stadt
hat es verhindert, dort eine geordnete Verpflegung einzurichten.
Dabei ist viel Gefahr und oft wenig Erfolg. Ein einziges
russisches Korps will binnen drei Wochen dreitausend Fran-

---

[1]) Corresp. XXIV. 19.213. Der Brief wurde durch einen in Gefangenschaft geratenen Gardeoffizier befördert.

zosen gefangen haben. Dazu kam der Landsturm der Bauern,
die ihre Habe versteckten und ihre Dörfer verteidigten. „Ihr
seid die Nation des russischen Glaubens," riefen ihnen ihre
Führer zu, „sterbet für den Glauben und den Zar. Wozu
seid ihr Rechtgläubige, wenn ihr nicht dem Zaren dienen
wollt?" Es genügte, daß Rostoptschin Napoleon als unge-
tauft denunzierte, um dessen Aufruf an die Bewohner des
Moskauer Gouvernements wirkungslos zu machen. In der
Stadt Wereja ward die französische Garnison von Parteigängern überrumpelt und festgenommen. Schon ist die große
Straße nach Smolensk unsicher geworden, Zuzüge von Lebensmitteln werden abgefangen, der regelmäßige Kuriergang ist
zeitweilig unterbrochen. Die Generale raten zum Rückzug
nach Polen, aber Napoleon kann sich noch nicht dazu entschließen, seine Niederlage vor der Welt zu bekennen, deren
Herr er in Moskau hatte werden wollen. „Denken Sie sich
Moskau genommen" — hatte er vor Beginn des Feldzugs zu
Narbonne gesagt — „den Zar versöhnt oder durch eine abhängige Regierung ersetzt, und sagen Sie mir, ob eine Armee
von Franzosen und Verbündeten nicht von Tiflis bis zum
Ganges vordringen kann, um dort durch bloße Berührung
allein schon das ganze Gebäude kaufmännischer Größe in
Indien zu Fall zu bringen? Frankreich hätte mit einem Schlag
die Unabhängigkeit des Abendlandes und die Freiheit der
Meere erobert. Alexander der Große" — das Bild des Ma-
zedoniers verließ ihn nicht — „hatte einen ebenso weiten Weg
nach dem Ganges wie ich von Moskau"[1]). Als er später in
Wilna sich von Maret trennte, warf er hin, er werde ihn bald
nach Moskau rufen, damit er dort den Frieden verhandle[2]).
So war Moskau, und immer wieder Moskau vor seinem Auge
erschienen. Wie das Bild Jerusalems ehevor die Phantasie
der Kreuzfahrer beherrscht hatte, so die seinige die heilige
Stadt der Reußen. Klingt es wirklich unglaubhaft, was man
im Kreise seiner nächsten Verwandten und Vertrauten erzählte und was Bernadotte im April 1812 dem russischen
Gesandten anvertraute: er habe vorgehabt, die Insignien seiner
Kaiserwürde, Mantel, Zepter und Krone mit auf den Weg

---

[1]) **V i l l e m a i n**, Souvenirs, p. 127.
[2]) **E r n o u f**, Maret, p. 469.

nach Rußland zu nehmen, um sich im Kreml an der Moskwa, nachdem er den Frieden diktiert, vom Heer zum „Kaiser des Abendlandes, Oberhaupt des europäischen Bundes, Verteidiger der christlichen Religion" ausrufen zu lassen? Nach Anderen hätte er tatsächlich die Zeichen seiner Macht mitgeführt, die dann auf dem Rückzug den Kosaken in die Hände gefallen seien[1]). Mit solchen hochfliegenden Plänen war es nun vorbei. Dazu war der Friede nicht gesichert, dagegen die große Armee, die ihm den Weg zur höchsten Macht der Erde bahnen sollte, eingeschrumpft und in ihrer Existenz gefährdet.

Denn Kutusow war allerdings vorerst südöstlich weitergegangen, hatte dann aber, unbemerkt von den Franzosen, deren herabgekommene Kavallerie die Fühlung mit dem Feind verlor, nach Westen umgedreht, um bei Tarutino, südlich von Moskau, eine vortreffliche, die Rückzugslinie der Franzosen bedrohende Flankenstellung einzunehmen und sich fortwährend zu verstärken. Er brachte auch seine reguläre Truppe von 60.000 auf über 80.000 Mann mit 600 Geschützen, wozu noch die Milizen und 20.000 Kosaken kamen — alle gut und vorsorglich gekleidet und verpflegt. Nur büßte er zu gleicher

---

[1]) Siehe die Mitteilung des russischen Gesandten im Sbornik, XXI. und die Erinnerungen Sudres, der die Sache von Destutt de Tracy erfahren haben will, im „Spectateur militaire", 1887, 38. Band, 478 ff. Tracy soll sie von einem Mitglied der kaiserlichen Familie anvertraut worden sein. Nach russischen Quellen, z. B. Langerons Denkwürdigkeiten (p. 98), wäre der kaiserliche Fourgon mit den Kostbarkeiten, Kaisermantel und Zepter, allen Orden und wichtigen Papieren auf dem Weg von Wilna nach Kowno von Kosaken angezündet worden. Vergl. auch die Schilderungen im „Mémorial" des Zahlmeisters Peyrusse (p. 136) und in den Heften Coignets (p. 342). Vandal (III., 588) bestreitet nun, daß jene Erzählungen auf zureichender Basis beruhen, da der Krönungsmantel heute noch im Schatz von Notre-Dame vorhanden und in den kaiserlichen Rechnungen keine Ausgabenpost für die Anfertigung neuer Insignien nachweisbar sei. Diese Einwendungen nehmen dem Gerücht noch nicht allen Grund, da es kaum die Insignien des Jahres 1804, sondern andere gewesen wären, die der Kaiser anzulegen beabsichtigte, wenn er sich einmal über den „Empereur des Français" hinaus erhob. Und daß er hieran gedacht, sich darüber geäußert, ja sogar deshalb gelegentlich verhandelt hat, ist nachweisbar. (Vergl. Beauharnais' Äußerungen zu Gräfin Edling in deren Memoiren, S. 196.) Ob er freilich jetzt, beim Zug nach dem Osten, für den Fall weltbezwingender Siege eine derartige Zeremonie — etwa in Konstantinopel — ins Auge gefaßt hatte, läßt sich durch kein bestimmteres Zeugnis sicherstellen.

Zeit einen Mann ein, dessen Tüchtigkeit unbestreitbar, der
ihm aber durch eigene Meinung unbequem geworden war:
Barclay verließ, durch Zurücksetzung gekränkt, die Armee.
Wer weiß, wie sich das Schicksal der Franzosen gestaltet
hätte, wenn seinerzeit das Oberkommando seinen Händen
anvertraut geblieben wäre? Übrigens ließen sich auch bei den
Flügelarmeen die Verhältnisse durchaus zugunsten der Russen
an. An der Dwina verstärkte sich Wittgenstein durch Truppen
vom finnländischen Korps, Rekruten und Milizen bis auf
40.000 Mann, gegen 27.000 Saint-Cyrs, der seinen Sieg bei
Polozk nicht energisch ausgenützt hatte. Im Süden hatte
sich die russische Moldauarmee unter Tschitschagoff am
20. September mit der Armee Tormassows vereinigt, 64.000
Mann, die das von Schwarzenberg kommandierte Korps,
Österreicher, Sachsen und Polen, im ganzen 41.000 Mann,
weit überboten. Und aus Petersburg noch immer keine Antwort — weder auf einen Brief aus Wilna noch auf den aus
Moskau! Napoleon ist außer sich. Er denkt einen Augenblick daran, sich sie zu holen; aber im nächsten ist das unmögliche Projekt wieder aufgegeben. Er muß sich endlich dazu
verstehen, selbst Unterhandlungen anzubieten, und schickt am
5. Oktober General Lauriston zu Kutusow. Der aber erklärt,
er habe keine Vollmacht und könne im besten Fall nur ein
Schreiben Napoleons nach Petersburg befördern. Aber würde
ein solches Antwort erhalten? Man gewann die Überzeugung,
daß auch dieser Schritt nutzlos war.

     An der Newa blieb man fest. Zwar sprach jetzt, wo die
Einnahme Moskaus die tiefste Bestürzung hervorgerufen
hatte, Rumjantzow, ebenso wie vorher, für den · Frieden,
desgleichen die Kaiserin-Mutter und Großfürst Konstantin, den
Barclay von der Armee weggeschickt hatte, sprachen der
Kriegs- und der Polizeiminister: der Zar blieb dennoch fest,
so schwer er auch die Enttäuschung ertrug, die ihm die Nachricht vom Verlust der Hauptstadt bereitete, nachdem ihm
doch kurz zuvor Kutusow Erfolge bei Borodino gemeldet
hatte. Er blieb fest, nicht weil sich sein sonst so lockerer
Charakter plötzlich in der Not der feindlichen Invasion gekräftigt hätte, nein, aus anderen Gründen. Einmal, weil er
jetzt, wo die Meinung maßgebender Petersburger Kreise ihn
für den Untergang der reichen Metropole geradezu verant-

wortlich machte, nicht auch noch durch einen demütigenden
Frieden dauernde Nachteile über das Land bringen wollte,
um so weniger, als gerade infolge jenes Verlustes die kriegerische
Stimmung mächtig anwuchs[1]). Dann war Moskau aufgegeben
worden, ohne daß eine zweite Schlacht stattgefunden hatte;
die Armee, die an der Moskwa sich sogar den Sieg zuschrieb,
mußte also doch noch in achtunggebietender Stärke vorhanden
sein, während die starken Einbußen der Franzosen zu offenkundig am Tage lagen, als daß sie nicht auch in Petersburg
hätten bekannt sein sollen. Dazu kam, daß, als Alexander in den
letzten Augusttagen in der finnischen Stadt Åbo mit Bernadotte zusammengetroffen war, Dieser ihn zur Beharrlichkeit aufgefordert, ihm seine Zustimmung zu einer Landerwerbung
auf Preußens Kosten erklärt und ihm das russische Korps,
das vertragsmäßig Norwegen erobern helfen sollte, zurückgegeben hatte. Es waren die 20.000 Mann unter Steinheil,
die nun Wittgenstein zueilten. Vor allem aber war es der
Einfluß seiner Schwester Katharina, die ihn beschwor, jeden
Gedanken an Frieden von sich zu weisen, und wohl auch der
des Freiherrn von Stein, den der Zar im Mai zu sich berufen
hatte und der sich in seiner Umgebung befand. Beide haben
sicher dem schwankenden Willen des Kaisers eine feste Stütze
geliehen[2]). Endlich hören wir auch, und er selbst hat es bestätigt, daß sich damals unter dem Eindruck des Moskauer
Unglückes in dem Schüler La Harpes ein innerer Umschwung
zur Religiosität vollzog, der sich noch mehr vertiefen sollte,

---

[1]) Siehe über die dem Kaiser abträgliche Meinung in jenen Tagen die
Memoiren der Gräfin E d l i n g (p. 75). Dazu S t e i n s Selbstbiographie
bei P e r t z , Stein VI., 2., Seite 179 und den oben zitierten Brief der Großfürstin Katharina vom 18. September, worin es heißt: „Die Unzufriedenheit
ist zu höchst gestiegen und Ihre Person wird keineswegs geschont. . . . Urteilen Sie selbst über diese Sachlage in einem Land, dessen Oberhaupt man
verachtet." Auf ihren dringenden Appell, selbst in Kasan nicht Frieden
zu machen, antwortet Alexander am 19. September: „Seien Sie überzeugt,
daß mein Entschluß weiter zu kämpfen unerschütterlicher ist als je; denn
ich würde lieber aufhören zu sein, was ich bin, anstatt mit dem Ungeheuer
zu paktieren, das das Unglück der Menschheit bildet." Correspondance
de l'Emp. Alexandre, p. 84.

[2]) Die Briefe, die später im Dezember Stein an den Zar schrieb (Hist.
Zeitschrift, 63. Bd., S. 273 ff.) kennzeichnen den Einfluß, den er auf ihn
gewonnen hatte. Über den Einfluß Katharinens siehe die vorhergehende
Anmerkung.

als der Krieg schließlich zu Rußlands Gunsten endete. Von dem ehedem leichtfertigen Fürsten Galitzyn auf die Tröstungen der Bibel hingewiesen, soll Alexander aus ihr Festigkeit und Ausdauer geschöpft haben[1]). Als die Nachricht vom Brande Moskaus eintraf, und der Bericht Rostoptschins nicht zu lügen versäumte, der Feind habe die Stadt angezündet, rief er aus: „Kein Friede mehr mit Napoleon! Er oder ich, ich oder er. Nebeneinander können wir nicht herrschen." Und an Bernadotte schrieb er: „Nach dieser Wunde sind alle andern nur noch geringfügige Schrammen. Aber wenigstens gibt sie mir Gelegenheit, Europa den stärksten Beweis meiner Beharrlichkeit zu liefern, indem ich den Kampf gegen seinen Bedrücker fortführe[2])." So blieb es beim Kriege. Und es blieb auch bei einem neuen Operationsplan, den man unter dem Eindruck von Kutusows Siegesbotschaft entworfen hatte: die Armee Wittgensteins wird, einmal mit dem finnländischen Korps vereinigt, die entgegenstehenden Franzosen zurückdrängen und dann, während das durch die Rigaer Garnison noch verstärkte finnische Korps sie im Schach hält, nach Süden operieren, um sich mit der von dort her nach Norden strebenden Armee unter Tschitschagoff im Rücken Napoleons zu verbinden. Diesen hätte ihnen Kutusow zuzutreiben. Vorher sollte Schwarzenberg von den vereinigten Kräften Tschitschagoffs und Tormassows gleichfalls nach Westen gedrückt und weiterhin durch den Zweiten allein beschäftigt und aufgehalten werden. Dieser Plan, der allerdings den Franzosenkaiser von Borodino retirierend aufgefaßt hatte, blieb jetzt unter der Voraussetzung in Kraft, daß er Moskau wieder werde verlassen und an den Rückweg denken müssen. Diese Voraussetzung wollte man durch die Verweigerung jeglicher Unterhandlung schaffen helfen.

In der Tat hatte Napoleon fünf Wochen kostbarster Zeit an die Hoffnung auf den Frieden hingeschwendet, bis es

---

[1]) Vgl. E d l i n g, a. a. O. und Alexanders Gespräch mit Bischof E y l e r t, 1813, in dessen „Charakterzügen aus dem Leben Friedrich Wilhelms III.": „Der Brand von Moskau hat meine Seele erleuchtet und das Gericht des Herrn auf den Eisfeldern hat mein Herz mit einer Glaubenswärme erfüllt, die ich bis dahin nie so gefühlt habe." Zitiert von S c h i e m a n n, Nikolaus, I. 87.

[2]) M i s c e l l a n e a n a p o l e o n i c a, IV., 692. Vgl. auch T a t i s t s c h e f f, Alexandre et Napoléon, p. 611.

endlich mit unerbittlicher Klarheit vor ihm stand, er müsse
fort von Moskau. Wer wollte zu zeichnen versuchen, was jetzt
im Geiste dieses Mannes vorging, als er das stolze Gerüst,
das er seinem Ruhme aufgerichtet, Balken um Balken zusammenbrechen sah, er mit seinem weitblickenden Auge, das
nicht nur die furchtbare Gefahr der nächsten Nähe, den tod-
bringenden Winter, wo schon im Sommer die Armee auf die
Hälfte eingeschmolzen war, sondern auch alle fernen Folgen
mit erspähte: den Aufruhr der gezwungenen Verbündeten und
eine endlose Reihe neuer Kämpfe, um im besten Falle wieder
zu erstreiten, was man vor wenig Wochen noch besessen hatte!
Vergebens suchte er den Gedanken an den Verlust seiner Geltung zurückzudrängen, vergebens vermied er es, mit ihm allein
zu bleiben. Wir hören, daß er, was er sonst nie getan, die
Mahlzeiten ungewöhnlich hinausdehnte, sich von einer zurückgebliebenen französischen Schauspielertruppe Stücke vor-
spielen ließ, sich eifrig mit einem neuen Statut des Pariser
Théatre français befaßte u. a. m. Endlich aber mußte doch
Entscheidendes geschehen. Vor allem hatte der Kaiser wieder
General zu werden. Das ganze Unglück kam ja daher, daß
er bisher zu viel Kaiser und zu wenig General gewesen war[1]).
Als solcher hatte er jetzt den Rückzug zu beschließen. Da,
mitten in den Vorbereitungen dazu, bei einer der täglichen
Revuen, traf ihn die Kunde, die Russen hätten am 18. Oktober
die Offensive ergriffen, Murat, der zur Beobachtung Kutusows
südwärts geschickt worden war, bei Minkowo überfallen und
ihn mit starkem Verlust auf der Straße gegen Moskau zurückgeworfen. Damit war die letzte Friedenshoffnung zerstört,
und unwiderruflich stand es fest: man mußte wieder kämpfen.

Seit Anfang Oktober erwog Napoleon die Frage, auf
welchem Wege er die unhaltbare Hauptstadt verlassen solle.
Er faßte drei Routen ins Auge: die auf der Straße, die man
gekommen war, dann die über Kaluga nach Smolensk, und
endlich die nordwestlich über Bjeloi nach Welikie-Luki, die
eine Petersburg bedrohende Haltung zuließ. Er hatte anfänglich nicht übel Lust, sich für das dritte Projekt zu ent-

---

[1]) „Moskau ist keine militärische, sondern eine politische Position,"
hatte er zu Daru gesagt. „Man will in mir hier immer nur den Feldherrn
sehen, während ich doch als Kaiser da bin." Ségur, V. 85.

scheiden, weil es am wenigsten die Retraite verriet, kam aber
bald davon zurück. Auch der Weg nach dem Süden hatte
seinen vollen Beifall nicht. „Jede Operation auf Kaluga",
heißt es in den Notizen, die er diktierte, „ist nur in dem Fall
vernünftig, wenn sie den Zweck hätte, sich auf Smolensk
zurückzuziehen. Ist es aber, wenn man schon auf Smolensk
zurückgeht, vernünftig, den Feind aufzusuchen und sich dem
Verlust einiger tausend Mann auf einem Marsch auszusetzen,
der doch nur den Anschein eines Rückzuges vor einer Armee
hätte, die ihr Land gut kennt, viele geheime Agenten und eine
zahlreiche leichte Kavallerie hat?" Man könnte da, entwickelte er weiter, bei einer Affaire mit dem Gegner 3000 bis
4000 Verwundete bekommen, mit denen man dann eine
rückgängige Bewegung von hundert Wegstunden ausführen
müßte, was wie eine Niederlage aussähe und dem Feind, wenn
er auch geschlagen wäre, in der öffentlichen Meinung einen
Vorteil sichern würde. Da wollte er noch lieber den Rückzug
auf dem Weg, den man gekommen war, wählen. „Man hätte
hier den Feind nicht auf dem Hals, man kennt die Straße
genau, sie ist auch um fünf Tagmärsche kürzer. Die Armee
würde für vierzehn Tage Mehl tragen und, ohne Nachzügler
zu verlieren, nach Smolensk gelangen; sie würde sich sogar
in Wjasma aufhalten können und dort Lebensmittel und Futter
finden, indem sie sich nach rechts und links ausbreitet[1])."
Diese Notizen stammen aus den ersten Oktobertagen. Bald
darauf hat sich Napoleon dennoch für den Marsch auf der
Straße von Kaluga entschieden, und vollends, als der Vorstoß
der Russen Murat aufzunehmen zwang. Wir werden aber sehen,
daß jene Erwägungen gleichwohl zur Geltung kamen.

Am 19. Oktober verließ die Hauptarmee — jetzt mit
dem in Moshaisk stationierten Korps Junots nur noch
108.000 Mann stark — Moskau in südwestlicher Richtung: die
Soldaten überladen mit Beutestücken, deren Last sie nur zu
bald ermatten ließ, Tausende von Wagen in endlosen Reihen,
befrachtet mit der geraubten Pracht der heiligen Stadt, mit
wenig nützlicher und viel unnützer Ware, mit Kranken und
Verwundeten, der Troß vermehrt durch eine Anzahl fremder
Familien, die sich vor dem Haß der Russen flüchteten, das

---

[1]) Corresp., XXIV., 19.237.

Ganze einem fahrenden Volksstamm nicht unähnlich. Der Kaiser hatte in Moskau, wo Mortier mit 8000 Mann zurück- blieb, verbreiten lassen, er wolle nach der Besiegung Kutusows zurückkehren, und wirklich erreicht, daß Dieser meinte, er käme, um ihn zu schlagen. In Wahrheit war dies nicht seine Absicht. Er dachte vielmehr, um die „Affaire" und die Tausende von Verwundeten zu vermeiden, dem linken Flügel des Feindes vorbeizugehen und auf der westlichen (neuen) Straße Kaluga vor ihm zu erreichen oder doch Juchnow zu gewinnen und über Jelnja nach Smolensk zu gelangen. Aber die Täuschung Kutusows, mit der Napoleon so sicher rechnete, daß er dem in Smolensk eingetroffenen Viktor seinen Marsch nach Kaluga anzeigte und ihn nach Jelnja dirigierte[1]), dauerte nicht lange. Bald nachdem der Kaiser, durch zwei Korps ver- deckt, mit dem Gros des Heeres westwärts auf Borowsk ab- geschwenkt war, kam die Kunde davon ins russische Haupt- quartier, und alsbald machte sich Kutusow auf den Weg nach Malo-Jaroslawetz an der Luscha, um dort dem Feind die Straße nach Kaluga zu verlegen. Vielleicht hätte Na- poleon seinen Plan ungestört ausführen können, wenn sein Heer sich rascher vorwärtsbewegt haben würde. Aber die schwere Belastung der Fußgänger, die schlechten Pferde der Reiter, die unzulängliche Bespannung der 600 Geschütze, von denen der Kaiser keins, wie ihm gut geraten worden war, zurücklassen wollte, der ungeheure Troß, den er mitschleppte, anstatt ihn auf eine andere Straße zu dirigieren, und obendrein starker Regen, der den Boden weichte, ließen kaum ein schnelleres Tempo zu. So kam es, daß die Vorhut unter Eugen am 24. Oktober nur kurz vor den Russen in Malo-Jaroslawetz eintraf, wo sich dann sofort ein erbitterter Kampf um die rasch vom Feind besetzte Höhe jenseits des Flusses entwickelte. Sie ward von den Russen verloren, wiedergewonnen, in wieder- holt wechselndem Streit, bis sie endlich, nach einem furcht- baren Blutbad, von den Italienern des Vizekönigs dauernd erobert wurde. Mehr aber war nicht erreicht. Denn Kutusow, der unterdes mit der ganzen Armee herbeigerückt war, hielt weiter südlich die Straße besetzt, und es kam jetzt darauf an, ob Napoleon hier durchbrechen wollte oder nicht.

---

[1]) 24. Oktober. Corresp., XXIV., 19.305.

Da war es nun doch zu der „Affaire" gekommen. Das Gefecht am 24. hatte den Franzosen mehr als 5000 Mann an Toten und Verwundeten gekostet. Erneuerte man es in größerer Ausdehnung am nächsten Tag, dann wurden die Verluste bei dem erprobten Widerstand der Russen gewiß sehr beträchtlich. In dem Kriegsrat, den Napoleon abhielt, war kaum eine Stimme, die Murats, dafür, die meisten entschieden dagegen. Auch der kühne Mouton, der im Mai 1809 die Situation in der Lobau gerettet hatte, riet zu möglichst schleunigem Rückmarsch bis an den Niemen, und zwar auf der großen Straße, die man gekommen war und die man genau kannte. Damit traf, wie wir sahen, des Kaisers eigene Überzeugung zusammen. Auch die Gefahr, in der er heute, am 25., bei einer Rekognoszierung geschwebt hatte, von einem dreisten Kosakenpulk gefangen zu werden, mochte Eindruck auf ihn gemacht haben. Nur die Sorge, beim Rückmarsch nach Norden den Feind, den man bisher immer v o r sich hatte, nunmehr „auf dem Halse zu haben", gab noch zu denken. Da löste Kutusow selbst die Frage, indem er am Tag darauf seine Zelte abbrach und weiter nach Süden ging, gegen die Meinung seines tüchtigen Beraters Toll und offenbar nur aus Scheu, sich mit Napoleon zu messen, ein Gefühl, das er seit Austerlitz nicht hatte los werden können. Dieser aber benützte die Freiheit, die ihm der Gegner ließ, um sogleich nach Norden umzudrehen und bei Moshaisk die große Straße zu gewinnen. Schon am 21. war Mortier aus Moskau abkommandiert worden. Er sollte vorher noch den Kreml in die Luft sprengen — eine Tat ohnmächtigen Zornes, die übrigens nur höchst unvollkommen gelang. Am 27. war er mit seinem Korps bei der Armee, die nun in Eilmärschen nach Westen zog. Sie hatte eine Woche kostbarer Zeit verloren und durfte sich wohl auch in Wjasma nicht aufhalten, wenn Kutusow sein Metier verstand[1]).

---

[1]) Die Berichte über die Haltung Napoleons in diesen Tagen sind nicht zureichend. Daß er den weichenden Russen nicht folgte — die sich später doch wieder zur Schlacht stellen konnten — hat alles in allem genommen nichts Erstaunliches. Nur daß er den allerdings kürzeren Weg von Malo-Jaroslawetz über Medynj und Juchnow nach Wjasma nicht einschlug, muß überraschen. Doch hat er sich darüber in einem Brief an Berthier für Junot vom 26. Oktober ausgesprochen: die Kälte und die Notwendigkeit,

Was nun folgt, ist eine Retraite, neben der der Marsch durch die Wüste nach dem vergeblichen Sturm auf Akka wie ein Knabenspiel erscheint. Wird, was vor wenig Wochen in der Hast des Vorwärtsdrängens die Kräfte nicht verlor, sie jetzt in der flüchtigen Eile des Rückzugs nicht verlieren? wird, was dort die Hitze verschonte, nicht jetzt die Kälte hinwegraffen? wird, was dort der Not und dem Hunger widerstand, ihnen jetzt nicht um so sicherer erliegen, als man nun nicht mehr Verfolger war, sondern selbst verfolgt ward? Allerdings, man hatte ein Ziel. Nur bis Smolensk, hieß es, müsse man tapfer marschieren. Dort stand das Korps Victors, dort fanden sich — so war es wenigstens befohlen worden, reiche Vorräte, dort, zwischen Dwina und Dnjepr, ließ sich der Winter überdauern. Und so ging denn die stark demoralisierte Armee denselben Leidensweg, den sie vor zwei Monaten gegangen war, wieder zurück, vorbei an dem entsetzlichen Schlachtfeld von Borodino, wo die Toten noch immer unbeerdigt lagen, an den Hospitälern, Höhlen des Grauens, aus denen man, was noch lebte, fortzubringen trachtete, vorbei an den verbrannten Städten und Dörfern und all den Orten traurigster Verwüstung, ein paar tausend russischer Gefangener mit sich schleppend, von denen jene, die nicht mehr vorwärts konnten, einfach erschossen wurden, damit sie dem Feinde nicht verrieten, wie herabgekommen das Heer des noch immer gefürchteten Soldatenkaisers war. Seit Anfang November begannen sich die Nachtfröste fühlbarer zu machen. Die Soldaten waren meist leicht gekleidet und litten nicht wenig. Auch vom Hunger. Denn was man aus Moskau an Lebensmitteln mit fortgenommen hatte, war bald völlig aufgebraucht, und sich

---

die Verwundeten — es waren wirklich 3000 bis 4000 — loszuwerden, hätten ihn bestimmt, nach Moshaisk zu gehen. (C o r r e s p., XXIV., 19.307.) Aber die Kälte war noch nicht eingetreten. Erst am 27. zeigte sich etwas Nachtfrost bei sonst schönem Wetter. Der Winter kam 1812 überhaupt später als gewöhnlich über Rußland. Also konnte nur das zweite Moment bestimmend gewesen sein: die Last der Verwundeten, denen Napoleon schon in seinen Entwürfen von Anfang Oktober eine entscheidende Bedeutung eingeräumt hatte. Übrigens mochten auch die schlechten Karten, über die er verfügte, und seine Unkenntnis der Wegverhältnisse mit die Schuld tragen. Vielleicht meinte er wirklich Medynj nur über Kaluga erreichen zu können, das Kutusow mit seiner Überlegenheit an Artillerie und Reiterei sicher nicht ohne eine zweite „Affaire" in seine Hände geliefert hätte.

seitwärts der Straße zu verproviantieren, wie man es früher
getan hatte, unmöglich, da die bewaffneten Bauernscharen
dies hinderten, alles, was ihnen in die Hände fiel, grausam
mordeten, und nun auch der Feind sich wieder zeigte.

Kutusow, von seiner leichten Reiterei trefflich bedient,
hatte zeitig Kunde vom Abzug Napoleons erhalten, machte
kehrt und marschierte mit der Hauptarmee über Medynj, wo
er anfänglich einen neuen Durchbruch der Franzosen vorausgesetzt hatte, und Silenki gegen Wjasma, während das Kosaken-
korps Platows hinter Davout, der die Arrièregarde befehligte,
nachdrängte. Man müsse marschieren — befiehlt nun Napoleon
— wie man in Ägypten marschiert sei, das Gepäck in der Mitte,
so daß beim Frontmachen nach allen Seiten gefeuert werden
könne. So ging es weiter in schnellem Tempo. „Der Feind
flieht,“ meldete Platow, „wie noch nie eine Armee geflohen
ist.“ Die Hast hatte ihren guten Grund. Dadurch, daß
Kutusow den kürzeren, vom Kaiser verschmähten Weg gewählt hatte, kam es, daß seine Avantgarde unter Miloradowitsch schon hinter Wjasma, am 3. November, auf die große
Straße gelangte und die französische Nachhut abschnitt. Nur
daß der Vizekönig Eugen zwei Divisionen aus Wjasma zurück-
sandte, rettete Davout. Napoleon war mit der Garde schon
weit über diese Stadt hinaus. Hätte an dem Tag Kutusow
mit seiner ganzen Armee eingegriffen, wie es seine Generale
dringend geraten hatten, er hätte dem Feind einen entscheidenden Stoß versetzt. Er tat es nicht. Von ausdauernder Energie
im Widerstand, war er höchst zaghaft im Angriff und eher
geneigt, dem Gegner „goldene Brücken zu bauen“, da dieser,
wie er meinte, im russischen Winter auch ohne sein Zutun
zugrunde gehen müsse.

Das Gefecht bei Wjasma hatte den Franzosen aufs neue
4000 Mann an Toten und Verwundeten gekostet, 3000 waren
gefangen worden, das Davoutsche Korps völlig in Auflösung,
so daß Ney die Nachhut übernehmen mußte. Am 6. November wuchs die Kälte auf acht Grad an, und ein eisiger
Nordwind brachte dichten Schnee[1]). Die Straße wurde glatt;

---

[1]) In einigen Aufzeichnungen (Bausset, Guretzky-Cornitz, Berthezène) wird der Eintritt der strengen Kälte und des Schnees auf den 4. November, in fast allen übrigen aber (Fézensac, Castellane, Gourgaud, Peyrusse, Coignet, Napoleon im 29. Bulletin) auf den 6. angesetzt. C a s t e l-

massenweise stürzten die Pferde mit ihren nur stumpf be-
schlagenen Hufen, fortan die einzige Fleischnahrung der
hungernden Soldaten; viele Geschütze blieben zurück; lange
Reihen von Munitionskarren wurden in die Luft gesprengt;
Reiterei, die ihre Rosse verlor, mußte zu Fuß weitermar-
schieren. Die Disziplin geriet gänzlich aus den Fugen. Jeder
dachte nur an sich selbst. Die Verwundeten des letzten Ge-
fechts wurden ihrem Schicksal überlassen und starben am
Wege. Desgleichen Tausende, die vor Kälte und Ermüdung
die Waffen weggeworfen und die Reihen verlassen hatten.
Man duldete sie nicht bei den Beiwachtfeuern der Nachtrast.
Sie gingen beiseite und erfroren haufenweise. So sollen auf
einem einzigen Biwakplatz in einer Nacht an 300 Mann gestorben sein. Gar mancher erwartete die Russen, um bei
ihnen zu betteln und noch ein paar Tage des Lebens zu fristen,
bis mit dem Feind seine letzte Hoffnung schwand, wenn sich
nicht vorher schon die Pike eines Kosaken des Todgeweihten
erbarmt hatte. Am größten war das Elend bei der Nachhut.
Einer der Obersten Neys berichtet aus diesen Tagen: „Das
Wenige, was wir an Lebensmitteln hatten, war aufgezehrt,
die Pferde fielen vor Hunger und Anstrengung und waren von
den Soldaten bald verschlungen. Wer sich von der Straße entfernte, um Nahrung zu suchen, geriet in Feindeshand. Da
stürzten sich nun unsere Leute auf jeden isoliert Marschierenden
und nahmen ihm seinen Vorrat mit Gewalt; ein Glück, wenn
sie ihm seine Kleider ließen. So waren wir, nachdem wir das
Land verwüstet hatten, darauf angewiesen, uns selbst gegenseitig zu vernichten[1].“

Endlich, wie ein Zeichen der Erlösung, winkten die Türme
von Smolensk den erschöpften Kriegern. Von den mehr als
hunderttausend Mann, die aus Moskau ausgezogen und zu
denen 15.000 Mann Verstärkungen gestoßen waren, antworteten kaum noch fünfzigtausend beim Appell, darunter nur

---

l a n e (Journal, I., 180) meldet am 3.: „Des Tags herrscht Sommerwärme,
die Nächte sind kalt“; F é z e n s a c (Souvenirs, p. 288) zum 5.: „Das
Wetter war schön und für die Jahreszeit ziemlich milde (assez doux) . . .
Während des Marsches am nächsten Tag schlug das Wetter plötzlich um
und wurde sehr kalt“; C a s t e l l a n e (a. a. O.) zum 6.: „Der Schnee stellt
sich zum erstenmal dauernd ein (s'établit)“.

[1] F é z e n s a c, Souvenirs, p. 290.

noch 5000 Reiter in einem elenden Zustand. Daran trug Murat
nicht wenig Schuld, der noch in der Umgebung Moskaus und
dann später auf dem Marsch die armen Leute ganz überflüssig auf die Kosaken gehetzt hatte, so daß sie ihre Pferde
einbüßten und zu Fuß verdarben. Man nannte ihn darum auch
den „Henker der Kavallerie", während von den anderen
Führern der Vizekönig, namentlich aber der „unverzagte"
Ney, im höchsten Ansehen standen. Und wer die Geschichte
dieses Feldzugs aufmerksam verfolgt, muß hier der öffentlichen
Meinung unbedingt zustimmen; namentlich Ney verrichtete
Wunder an Mut, Umsicht und Kaltblütigkeit unter den ver-
zweifeltsten Verhältnissen. Napoleon dagegen ward seine Vorliebe für die Garde, die er schon im Sommer wiederholt an den
Tag gelegt hatte, von den anderen Truppen sehr verargt. Auch
jetzt in Smolensk, wo er am 9. November eintraf und wo die
Maßregeln zur Verpflegung der Armee tief unter seiner Erwartung blieben, versah er vor allem die Garden mit Proviant
für vierzehn Tage, was die übrigen Korps, die nur eine acht-
tägige Ration bekamen, zu Ausschreitungen veranlaßte[1]). In
der ausgebrannten Stadt gewährten nur wenige Häuser Unterkunft und Schutz wider die grimmige Kälte. Die meisten
Truppen mußten wieder im Freien übernachten, und in den
Gassen häuften sich die Leichen. Und hier sollte man über-
wintern?

    Nein. Denn die Linie zwischen Dwina und Dnjepr war
bereits unhaltbar geworden. Noch auf dem Marsch hatte
Napoleon von Viktor eine Nachricht erhalten, die ihn tief be-
kümmerte. Der Marschall mit seinem frischen Korps hatte

---

[1]) S. oben S. 103. Über die Ankunft der Armee in Smolensk schreibt
der Zahlmeister Peyrusse in sein Tagebuch zum 10. November: „Alsbald waren die Magazine erbrochen, eine geregelte Verteilung unmöglich,
alles wurde geplündert. Gewalt und Autorität der Vorgesetzten hörten auf
gegenüber einer Armee, die durch den Hunger und alle Art von Elend zur
Verzweiflung gebracht war. Die Soldaten blieben Herren der Magazine.
Wein, Branntwein, Reis, Zwieback, Gemüse, alles rann durcheinander und
wurde unter die Füße getreten. Die ungeheuren Vorräte, auf solche Art
verschleudert, reichten kaum für zwei Divisionen." Wenn später Napoleon
seine Intendanten der Pflichtverletzung und Korruption zieh, so kann man
leicht auf die Vermutung kommen, er habe dies nur getan, um nicht eingestehen zu müssen, daß er, der Gebieter der Welt, zuweilen nicht Herr
seines Heeres gewesen war.

nicht in Smolensk bleiben und das Nötige zur Aufnahme der
retirierenden Armee vorbereiten können, sondern war, von
Saint-Cyr gerufen, Diesem mit ungefähr 18.000 Mann gegen
Wittgenstein zu Hilfe geeilt; beide waren dann aber Ende
Oktober bei Tschaschniki von überlegenen Kräften geschlagen
worden. Damit war der Rückmarsch des Heeres von Norden
her ernstlich bedroht und Napoleon in der größten Unruhe.
Er befiehlt Victor — und er tut es mit beweglichen Worten
— aufs neue vorzugehen und den Feind über die Dwina
zurückzuwerfen. Wenn es aber nicht gelang, den Befehl auszuführen? Und dazu traf auch noch die Botschaft ein, Tschitschagoff sei, nachdem er einen Teil seiner Armee gegen
Schwarzenberg und Reynier (Sachsen) am Bug aufgestellt
hatte, mit dem anderen im Anmarsch gegen Minsk und bereits
am 6. in Slonim eingetroffen. Wenn es nun Wittgenstein und
dem Admiral gelang, sich die Hände zu reichen? Nein, in
Smolensk war nicht zu bleiben. Der Kaiser verweilte auch
nur so lange, bis Eugen, der auf einem martervollen Umweg
über Duchowschtschina herankam, angelangt und die Armee
notdürftig restauriert war; die Nachhut wartete er nicht ab.
Schon am 14. verließ er wieder die Stadt, nachdem er angeordnet
hatte, die einzelnen Korps sollten auf Tagweite voneinander
getrennt marschieren. Warum er dies verfügte, wo doch
Kutusow während der vier Rasttage in Smolensk über Jelnja
auf gleiche Höhe herangekommen war und jeden Augenblick
wieder auf die Marschlinie der Armee vorstoßen konnte, ist
nicht aufgeklärt. Man muß vermuten, er habe entweder —
da die Reste der Kavallerie den Aufklärungsdienst nicht mehr
zu leisten vermochten — den Feind noch nicht so nahe ge-
wähnt oder ihm vielleicht die Absicht zugeschrieben, den
Franzosen nicht zur linken Hand zu folgen, sondern sich über
Smolensk mit Wittgenstein zu vereinigen[1]). Durch die größeren
Distanzen zwischen den einzelnen Heeresteilen sollte in Orscha
eine geregeltere Verpflegung als in Smolensk erzielt werden.
Wie dem auch sei, in den Tagen vom 12. bis 17. November
zog die Armee aus der Stadt. Von den 35.000 Nachzüglern,
die mit ihr dort einmarschiert waren, schloß sich jetzt nur

---

[1]) In dem Schreiben an Victor vom 7. November heißt es: „In wenig
Tagen kann Ihr Nachtrab von Kosaken überschwemmt sein." (C o r r e s p.
XXIV. 19.326.)

etwa der vierte Teil der Nachhut unter Ney an. Die übrigen
waren teils vor Kälte und Hunger umgekommen, teils blieben
sie, um zu plündern, zurück. Sie wurden von den heimkehrenden Einwohnern erschlagen, in die Flammen geworfen, er-
tränkt. Die Kranken und Verwundeten hatte man in den
Hospitälern zurückgelassen. Viele von ihnen verloren das
Leben, als auf Napoleons Befehl die Türme der Stadtmauer
in die Luft flogen. Es waren Greuel ohnegleichen.

Gleich in den ersten Tagen nach dem Ausmarsch forderte
die bittere Kälte ihre Opfer, und die Armee begann sich aufs
neue aufzulösen. Und da war auch der Feind wieder, und war,
wo man ihn nicht vermutet hatte. Als Napoleon mit der Garde
bis nahe an Krasnoi gelangt war, schob sich die russische
Avantgarde hinter ihm an die Straße vor, und es bestand die
Gefahr, daß nun die einzeln nachkommenden Korps von der
17.000 Mann starken Abteilung nacheinander geschlagen
wurden, während Kutusow, seine Straße weiter ziehend, dem
Kaiser bei Krasnoi in der Front entgegentrat. Dies hintanzuhalten, blieb Napoleon, kühn und auf des Russen Zaghaftigkeit bauend, stehen, um den zunächst heranrückenden Eugen
aufzunehmen. Er hatte nur 15.000 Mann bei sich — so weit
waren auch die Garden schon herabgekommen — während
Kutusow, der bloß noch einen Tagmarsch von Krasnoi entfernt war, gut über das Dreifache verfügte, obgleich auch er
auf dem eiligen Zuge durch den tiefen Schnee der Nebenstraßen
fast die Hälfte seiner Infanterie krank oder unfähig hatte
zurücklassen müssen[1]). Napoleon hatte richtig gerechnet. Der
Russe vermied es auch jetzt, wo er doch über die Zustände
beim Feind genauer unterrichtet sein mußte als bei Wjasma,
mit seiner Hauptmacht, die er nur vorzuschieben brauchte,
Napoleon festzuhalten, ihn von dem Rest seiner Armee zu
trennen und zu überwältigen. Er blieb bei seinem Zauder-

---

[1]) Die regulären russischen Truppen bewiesen in diesem Kriege nicht
die Widerstandskraft, die man bei ihnen voraussetzen sollte. Von 100.000
Mann, mit denen Kutusow die parallele Verfolgung Napoleons begann,
lagen Anfang Dezember 48.000 in den Spitälern, obgleich sie in Pelze gekleidet, gut genährt und nicht so rasch wie der Feind vorwärtsbewegt worden
waren. Mitte Dezember waren von 200.000 Mann der russischen Armee
nur noch 40.000 unter den Waffen. Am besten scheinen Polen und Deutsche
die Kälte ertragen zu haben. (B e r n h a r d i, Tolls Denkwürdigkeiten, II.,
352, 469.)

system, das er vergebens zu bemänteln suchte und das ihm im Grunde nur, wie man vernimmt, von der Furcht vor dem Genie des Kaisers diktiert war, der ihm selbst in solcher Bedrängnis noch unüberwindlich schien. Dadurch noch kühner gemacht, und um auch Davout und Ney vor der russischen Vorhut zu schützen, ergreift Napoleon am nächsten Tag sogar die Offensive, indem er annimmt, Kutusow werde angesichts eines größeren Engagements seine Avantgarde an sich, d. i. von der Straße wegziehen und so den Weg freigeben. Das Wagnis gelingt — es war am Frühmorgen des 17. November, bei einer grimmigen Kälte — und auch Davout kann noch nach Krasnoi kommen. Nun aber droht dem Kaiser die Gefahr, überflügelt zu werden, und er marschiert nach Orscha weiter, Ney seinem Schicksal überlassend, der sich nach vergeblichen Kämpfen mit 3000 Mann in der Nacht über den zugefrorenen Dnjepr stiehlt, jenseits unter die Kosaken Platows gerät und nach unsäglicher Mühsal mit kaum 900 Mann hinter Orscha auf die große Straße zurückkehrt.

Jetzt begann die Kälte nachzulassen, aber nun machten Tauwetter und mehrtägiger Regen die Straße grundlos und den Marsch für die Soldaten, die ihre Füße meist nur mit Lumpen bekleidet hatten, noch peinvoller. Von den kaum 25.000 Mann, die noch in geschlossenen Reihen übrig waren, während die „Isolierten" in viel größerer Zahl folgten, warfen aufs neue Tausende die Waffen weg, und sogar die Garde begann zu wanken. Da trat Napoleon, der an den kalten Tagen häufig zu Fuß, mit einem polnischen Pelz bekleidet, auf einen Birkenstock gestützt, vor den Truppen einhergegangen war, unter seine alten Grenadiere und sprach sie an: „Ihr seht die Desorganisation meiner Armee. Durch eine unglückliche Verblendung haben die meisten Soldaten die Gewehre von sich geworfen. Wenn auch Ihr diesem schädlichen Beispiel folgt, so bleibt uns keine Hoffnung mehr. Von Euch hängt das Heil des Heeres ab!" Es war die höchste Zeit, daß man in Orscha, wo die Hauptarmee, 18.000 Mann stark, fast ohne Kavallerie und Artillerie eintraf, durch die Vermittlung der Juden etwas Proviant erhielt und außerdem Waffen und einige Batterien vorfand, die man mit den Pferden zweier Pontonparks bespannte. Die Kähne ließ man zurück. Man glaubte sie nicht zu benötigen. War doch die Brücke bei Borissow

über die Beresina von Franzosen besetzt, und hatte man nur
erst einmal diesen Fluß hinter sich, dann, meinte man, gab
es auf dem Weg über Minsk nach Wilna kein ernstes Hindernis
mehr.

Aber es waren der Prüfungen noch lange nicht genug.
Am 22. November erhielt Napoleon die Nachricht, Admiral
Tschitschagoff habe bereits über Minsk Borissow erreicht, die
Franzosen von dort verjagt und sei nun Herr des Überganges.
Und was diese Nachricht völlig trostlos machte, war, daß auch
Victor und der wieder zur Armee zurückgekehrte Oudinot
gegen Wittgenstein nichts hatten ausrichten können und
südwärts auf die große Straße losmarschierten. Nun schien
das Schicksal des Heeres besiegelt. Im Rücken Kutusow, im
Süden und in der Front Tschitschagoff, rechter Hand Wittgenstein. Wenn die beiden Letzten an der Beresina den Franzosen
entgegentraten, so war an ein Entrinnen nicht zu denken.
Denn das Tauwetter und der Regen haben die feste Eisdecke
geschmolzen, der Fluß ging hoch, seine Ufer waren versumpft,
die Pontons in Orscha zurückgeblieben.

Es war eine Situation, um den Stärksten im Geiste zu
verwirren. Aber Napoleon, den wir auf dem Zug nach Moskau
vor der Ungewißheit seines Erfolges schwächlich und nervös
gefunden haben, ist jetzt der Gewißheit des Mißerfolgs gegenüber stark und besonnen. Seitdem er wieder General geworden war, war er es auch ganz. Auch seine körperlichen
Übel schienen geschwunden zu sein. Er befand sich so wohl
wie nur im Winterfeldzug von 1807. Dieses Moment darf hier
nicht übersehen werden. Sein Intellekt und seine Energie
zeigen in diesen Tagen höchsten Unglücks und äußerster Verlegenheit nahezu die alte Kraft. „Er war bleich" — meldet
ein Begleiter — „aber sein Antlitz war ruhig; nichts in seinen
Zügen verriet seine moralischen Leiden." Sein Blick übersieht die ganze Größe der Gefahr und erkennt die Mittel zur
Rettung, wenn es noch Rettung gibt. Vor allem müssen die
Truppen heran, die bisher gegen Wittgenstein gekämpft und
nicht entfernt wie die Hauptarmee gelitten haben. Oudinot
soll dann mit seinen 8000 Mann die Abteilung, die Tschitschagoff
über Borissow hinaus entsendet hat, zurückwerfen und sich
womöglich des Überganges wieder versichern, während Victor
mit 11.000 von Tschereja, wo er steht, südwestwärts nach der

Beresina zu marschieren und Wittgenstein solange als möglich
von dort fernzuhalten hat. Nebenbei entledigt sich Napoleon
eines großen Teils des Heertrosses, der noch immer mitgeht,
und auch die Hälfte der Wagenburg wird in Bobr geopfert,
um die Pferde für die geringe Artillerie zu erhalten, die noch
vorhanden ist. Hier vernimmt er von Oudinot, daß zwar
Borissow wiedergewonnen, die Brücke aber von den weichenden
Russen verbrannt worden sei. Noch am Tag vorher hatte er
ihm geschrieben: „Sollte der Feind sich des Brückenkopfes
bemächtigt und die Brücke verbrannt haben, so daß man
nicht übergehen könnte, so wäre das ein großes Unglück."
Nun war auch dies eine Tatsache, und Tatsache somit, daß
man angesichts zweier überlegener feindlicher Armeen, auf der
Flucht vor einer dritten, einen Fluß von hundertzwanzig
Schritt Breite mit morastigen Ufern werde überschreiten
müssen.

Hätte der Kaiser mit Gegnern zu tun gehabt, die ihm nur
halbwegs ebenbürtig waren, weder er noch seine Armee wären
entkommen. Er hätte nicht mit einem doch noch nach Tausenden zählenden Rest von Offizieren und Unteroffizieren die
Grenze erreichen, nicht neue Armeen in diese geretteten Cadres
füllen und Europa mit neuen Kriegen überziehen können,
wie er es tatsächlich getan hat. Aber Kutusow war nur darauf
bedacht, „nicht mit abgemagerten Truppen an der Grenze zu
erscheinen," und folgte überraschend langsam. Wittgenstein,
den Victor nicht mehr behinderte, denn er war, gegen des
Kaisers Befehl, schon bei Loschniza auf die große Straße herab-
gerückt, Wittgenstein ist ungenügend über die trostlosen Verhältnisse des Feindes unterrichtet, folgert aus der Abmarsch-
richtung Victors die Absicht des Kaisers, die Beresina i n
i h r e m U n t e r l a u f zu überschreiten, und nähert sich
deshalb, und wohl auch aus Scheu vor dem Imperator, nur
vorsichtig Borissow, anstatt auf die obere Beresina loszueilen.
Tschitschagoff endlich wird sich als total unfähig erweisen.
Nein, sie waren nicht danach angetan, den größten General
ihrer Zeit zu vernichten. Der Admiral, dessen Aufgabe es
nun eigentlich gewesen wäre, den Kaiser nicht durchzulassen,
ging plump in eine ihm von Oudinot gestellte Falle. Dieser
war nämlich angewiesen worden, einen passenden Ort zum
Brückenschlag zu suchen und, nachdem er ihn nördlich von

Borissow, südlich von Wjesselowo, bei Studjenka gefunden
hatte, dem am anderen Ufer stehenden Feinde durch Scheinmanöver die Meinung beizubringen, als wolle man im Süden
der Stadt übergehen. Die Täuschung ward so glücklich durchgeführt und wurde überdies durch die erwähnte Vermutung
Wittgensteins, die dieser dem Admiral mitgeteilt hatte, so
wirksam unterstützt, daß Tschitschagoff eine bereits gegenüber von Studjenka bei Brili postierte starke Abteilung von
über 3000 Mann zurücknahm und mit seiner Hauptmacht
einen Tagmarsch weit von Borissow gegen Süden zog, um das
französische Heer zu empfangen, wenn es, wie er annahm,
mit Schwarzenberg Verbindung suchend, dort über den Fluß
ging. Gegenüber von Borissow blieb nur ein schwaches Korps
unter Langeron stehen. Und das war am 25. November, an
demselben Tage, an dem Oudinot sein Korps von Borissow
nordwärts nach Studjenka führte und dort mit dem Bau
zweier Brücken begann, die — wie bedauerte man jetzt den
Abgang der Pontons! — allerdings erst am andern Nachmittag
fertig wurden[1]). Es war wieder plötzlich Frost eingetreten,
das sumpfige Gelände wurde fest, und der Fluß trieb Eis,
was die Arbeit der armen Pioniere, die bis zur Brust im Wasser
standen, gewaltig hinderte. Und das jetzt, wo jeder Augenblick kostbar war. Endlich konnte der Übergang beginnen.
Eine Anzahl Geschütze, die man auf der Höhe von Studjenka
aufgefahren hatte, beherrschten das jenseitige Ufer und hielten
die kleine russische Abteilung, die noch dort stand, vom
Strande fern. Reiterei, die hinüberschwamm, vertrieb sie. Die
Bahn war frei. Sie blieb es auch am folgenden Tag. Oudinots
Truppen, 8000 Mann, die zuerst übergingen, bemächtigten sich
des Terrains und machten sofort Front nach Süden. Ihnen
folgte in der Dunkelheit ein Korps von 4000 Reitern, das man
neu gebildet und unter das Kommando des tapferen Ney
gestellt hatte, nachdem er das seinige bis auf den letzten Mann
eingebüßt hatte. Am nächsten Tage (27.) kontrollierte Na-

---

[1]) Die von Hartmann (Militärwochenblatt, Beihefte von 1894,
S. 267) aufgenommene Mitteilung des Genieobersten Paulin, es seien d r e i
Brücken gebaut worden, widerspricht allen sonstigen Angaben. Das Mißverständnis liegt darin, daß Wjesselowo für Studjenka genommen wurde,
da dieses nicht auf den französischen Karten verzeichnet war. Man hatte
wohl drei Brücken zu bauen beabsichtigt, das Material aber reichte nicht zu.

poleon den Marsch über den Fluß, ließ eine Anzahl „Isolierter"
passieren und ging zu Mittag selbst mit den Garden — kaum
7000 Mann sind es jetzt — hinüber. Als am Nachmittag eine
größere Menge Isolierter die für Artillerie und Fuhrwerk er-
baute Brücke überschritt, brach sie — es geschah schon zum
drittenmal — und bereitete so manchem ein feuchtes Grab.
Als sie wieder hergestellt war, passierten sie die Korpsreste
Eugens und Davouts, je 1200 Mann, so daß diesseits nur noch
das Korps von Victor (11.000 Mann), dessen Arrièrgarde in
Borissow angelangt war, zurückblieb, um den nachrückenden
Wittgenstein aufzuhalten, den Abmarsch der Armee zu decken
und zugleich die Rettung möglichst vieler von den Unbewaffneten zu ermöglichen. Denn Napoleon, der jetzt, als er
seine „Große Armee" zusammenbrechen sah, sich nur noch
mit dem Gedanken beschäftigte, wie er eine neue schaffen
könne, rechnete dabei auf diese Schar der Nachzügler, unter
denen sich viele tüchtige Offiziere und Unteroffiziere befanden,
die dann Verwendung finden würden. Darum schickte er noch
in der Nacht zum 28. von jenseits eine Division zur Unterstützung Viktors herüber, der die Brücken auch an diesem
Tag noch zu halten hatte. Die ganze Armee zählte jetzt
30.000, höchstens 35.000 Mann unter den Waffen[1]). Der Haufe
der Isolierten, von denen der Haupttrupp in der Nacht vom
27. auf den 28. bei der Übergangsstelle ankam, wird nicht
weniger stark gewesen sein. Einen großen Teil dieser Armen
hielten Hunger und Kälte bei dem jenseitigen Dorfe fest.
Und auch viele vom Troß der Moskauer Flüchtlinge mit ihren
Familien blieben dort, da sie sich, trotz aller Mahnung, nicht
von ihren Wagen, die ihre Habe und ihr letztes bißchen Nahrung
enthielten, trennen wollten. Es waren Bilder unsäglichen
Jammers.

---

[1]) Die Angaben sind sehr verschieden und schwanken zwischen 22.000
(S é g u r) und 50.000 (F é z e n s a c). Die letztere Ziffer ist gewiß unrichtig.
Übrigens haben selbst Napoleon keine Tabellen mehr vorgelegen. C l a u s e-
w i t z in einem Brief aus Borissow vom 30. November an Stein spricht
von „etwa 40.000", was mit den Angaben des Geheimsekretärs F a i n
(Manuscrit de 1812) ungefähr übereinstimmt. Das Richtigste dürfte bei
C h a m b r a y stehen, der am Morgen des 26. den Bestand auf 26.700 Mann
Fußvolk und 4000 Reiter schätzt. Die Zusammenstellung bei B o g d a n o-
w i t s c h III., 271, ist fehlerhaft. Vgl. den Exkurs bei O s t e n - S a c k e n,
Der Feldzug von 1812, S. 339.

Aber so ganz ohne jede Störung durch den Feind sollte
Napoleon doch nicht entkommen. Noch am Abend des 27.
war Wittgenstein mit Platow bei Stary-Borissow auf die
Nachhut Victors, etwa 4000 Mann unter Partouneaux gestoßen,
die er von der Haupttruppe abschnitt und zur Ergebung
zwang. Dann rückte er ungehindert gegen Studjenka weiter
und hielt hier den Marschall selbst mit dem größten Teil
seiner Streitkräfte fest. Zur gleichen Zeit hatte auch Tschitschagoff, über den wahren Stand der Dinge aufgeklärt,
stärkere Abteilungen auf dem rechten Ufer nordwärts geschickt und war dann, recht sachte, selbst nachgegangen. Es
mußte also der Abmarsch der Armee, von der erst nur Eugen,
Davout und Junot über die von den Russen ehevor nicht
zerstörten Brücken über die morastige Gaina nach Sembin
weitergezogen waren, nun doch noch erkämpft werden. Die
beiden russischen Führer hatten sich über Borissow zu gemein-
samem Vorgehen verständigt, und so kam es am 28. November,
während abermals eisige Kälte herrschte, auf beiden Ufern zum
Schlagen: dort hatte sich Victor mit etwa 7000 Mann mehr
als doppelter Übermacht zu erwehren, hier mußte der Anprall von 26.000 Mann, von denen allerdings nur 15.000 ins
Gefecht kamen, mit höchstens 10.000 zurückgewiesen werden.
Und auch diese Aufgabe ward von den vielgeprüften Truppen
gelöst. Zwar wichen auf dem rechten Ufer anfänglich die vorgeschobenen Abteilungen vor dem Ansturm der russischen
Jäger zurück, und selbst die junge Garde retirierte gegen den
Fluß, aber Ney, der an Stelle des aufs neue verwundeten
Oudinot das Kommando auch über dessen Mannschaft übernahm, befeuerte seine Leute zu neuem Vorgehen, so daß sie
den Feind warfen und bei einer ewig denkwürdigen Kavallerie-
attacke aus dem Walde heraus an tausend Gefangene machten.
Dann wurde noch bis tief in die Nacht hinein gekämpft,
ohne daß die Russen nennenswerte Vorteile errangen und ohne
daß die alte Garde — es sind nur noch kaum 4000 Mann —
ins Gefecht gekommen wäre[1]).

---

[1]) Ob man, wie es geschah, Tschitschagoff, der bereits einen Steck-
brief gegen Napoleon erlassen hatte, absichtlicher Fahrlässigkeit zeihen
darf, steht doch wohl dahin. Die russischen Feldherren waren nun einmal
keine Helden, und die französische Armee mit all ihren Isolierten gewährte
aus der Entfernung immerhin den Anblick eines Heeres von 60.000 Mann.

Unterdes hatte sich drüben auch Victor, unterstützt durch die Artillerie des anderen Ufers, gegen Wittgensteins lahme Angriffe bis zum Abend gehalten und konnte die Dunkelheit benützen, um mit den Resten seines Korps über den Fluß zu gehen, nachdem er noch vorher eine große Zahl Unbewaffneter hinüberbefördert hatte. Den Übergang all der Isolierten und Flüchtlinge vermochte er aber nicht mehr zu decken. Gleich am Morgen des Schlachttages, als die russischen Geschütze zu spielen begannen, waren Tausende von Entsetzen erfaßt, auf die Brücken losgestürzt, wo ein gewaltiges, unentwirrbares Durcheinander entstand von Wagen und Karren, die den Weg versperrten, Pferden, die scheu geworden, Kranke und Verwundete unter ihre Hufe traten, Menschen, die sich mit ihren letzten Kräften um ein Restchen Dasein balgten, das Ganze bestrichen von den Kugeln der Feinde. Viele wurden bei dem Handgemenge, das auf den Brücken entstand, seitwärts ins Wasser gestoßen. Viele hatten sich in der Angst freiwillig den eisigen Wellen oder den rinnenden Schollen vertraut, andere waren von der nachdrängenden Menge in den Strom gezwungen worden: die meisten gingen zugrunde. Wenn diese Szenen an Grauen noch überboten werden konnten,

---

Tschitschagoff verfügte etwa über die Hälfte. Es ist also immerhin begreiflich, wenn auch nicht gerade rühmlich, daß er, auf den namentlich die Niederlage seines Vortrabes bei Borissow Eindruck gemacht hatte, als er Wittgenstein noch nicht in der Nähe, Kutusow aber in der Ferne wußte, nicht sofort auf den Übergangsplatz eilte, sondern sich — wie Jomini erzählt — zuvor angesichts der genannten Stadt aufhielt, um erst noch über eine rasch gebaute Schiffbrücke Verstärkungen heranzuziehen. Hat sich doch auch Wittgenstein aus Gründen derselben Vorsicht von dem Kanonendonner bei Studjenka am 26. nicht dahin locken lassen, sondern war erst auf dem Umweg über Borissow langsamer an die Beresina vorgerückt, als für einen vollen Erfolg nötig gewesen wäre. Er hat später sein Verhalten mit der Unpassierbarkeit des direkten Weges nach Wjesselowo oder Bytschi zu rechtfertigen gesucht, dem aber die noch erhaltenen Meldungen seiner Untergenerale widersprechen. (Siehe K r a h m e r im Beiheft zum Militärwochenblatt von 1894, S. 241.) Einer dieser Generale, Graf Berg, dem er einen aussichtsvollen Bajonnettangriff am 28. untersagte, „da doch nichts mehr zu erreichen sei“, erklärt seine Zaghaftigkeit durch die Anwesenheit Napoleons: „und diesen fürchtete man wie den Löwen, dem sich kein Tier zu nahen wagt.“ (Historische Zeitschrift 62, 192.) Die Rolle, die Kutusow spielte, der seine Armee zwei Tagmärsche weit zurückhielt, spottet allerdings jeder Beurteilung. So scheiterte der Petersburger Operationsplan an denen, die ihn auszuführen hatten.

so war es am nächsten Frühmorgen, als die letzten Bewaffneten
sich mit dem Bajonett ihren Weg über die hölzernen Pfade
gebahnt hatten und diese dann in Brand gesteckt wurden.
Da stürmten die Zurückgebliebenen, Männer, Weiber und
Kinder, die während der Nacht von ihren Feuerstellen nicht
wegzubringen gewesen waren, unter wildem Gebrüll der Kolonne
nach in die Flammen, bis die Balken brachen und ihre verzweifelte Last in die Fluten abwarfen. Doch wurden ihrer
noch fünftausend die Gefangenen der Russen. Als Tschitschagoff nach dem Abmarsch Napoleons an den Übergangsort
kam, fand er — so erzählt er selbst — den Boden bedeckt mit
Gemordeten und Erfrorenen in allen Stellungen, die Bauern-
hütten von Studjenka vollgepreßt mit Kadavern, im Flusse
grausige Knäuel von ertrunkenen Soldaten, Frauen und
Kindern, die über die Oberfläche hervorragten, und zwischendurch Reiter, Statuen gleich, starr und tot auf ihren von Eis
umschlossenen Rossen. An 24.000 Leichen hat der Gouverneur
von Minsk hier verbrennen lassen. Es waren die, die man auf
dem Schlachtfeld und an den Ufern aufgelesen hatte. In der
Beresina aber will man noch nach zehn Jahren Inselchen und
Hügel wahrgenommen haben, gebildet von den Opfern jener
Tage und mit Vergißmeinnicht bewachsen, wie zum mahnenden
Gedächtnis an das gräßlichste Schauspiel des Jahrhunderts.

Nach dem verlustreichen, aber immerhin ruhmvollen
Waffengang am 28. November, der die Pläne des Feindes
zunichte machte — es war wie das letzte Aufflackern eines
dem Tode verfallenen Organismus — brach Napoleons militärische Kraft allerdings zusammen. Er hatte nun keine
Armee mehr, er hatte nur noch ein Gefolge, das unter dem
Zwang einer fürchterlichen Kälte sich selbst entwaffnete und
halb, mitunter wohl auch ganz wahnsinnig vor Hunger, mit
erfrorenen Gliedmaßen und vom Typhus befallen, auf der Straße
über Sembin und Molodetschno gegen Wilna strebte. Am
3. Dezember, als das Thermometer auf 16 Grad unter Null
zeigte, hatten nur etwa 9000 Mann noch ihre Gewehre; bald
aber auch diese nicht mehr, als am 6. die Kälte auf 24, am 8.
auf 27 Grad stieg. Jede neue Nacht forderte viele Hunderte
von Opfern. Napoleon war sich schon am Tag nach der Schlacht

an der Beresina klar geworden, daß mit diesen Truppen nichts
mehr zu tun sei. „Bei solcher Lage der Dinge" — schrieb er
an Maret nach Wilna — „ist es möglich, daß ich meine Anwesenheit in Paris für Frankreich, für das Reich, selbst für
die Armee notwendig erachte." Damit war es bei ihm beschlossen. Und aus guten Gründen. Denn noch vor Smolensk
hat er aus der Hauptstadt Frankreichs eine Nachricht erhalten, die ihm nicht wenig zu denken gab. Ein republikanisch
gesinnter General, jener Malet, der schon 1808 in ein Komplott gegen das Regiment des Kaisers verwickelt gewesen und
seitdem in einem Pariser Gefängnis, dann in einer Maison de
santé unter Aufsicht gehalten worden war, hatte hier mit ein
paar royalistischen Vertrauten den Plan gefaßt, Napoleon tot
zu sagen, eine Ordre des Senats, die ihm das Kommando der
Stadt übertrug, und ein Senatskonsult zu fälschen, das eine
provisorische Regierung von gemäßigten Republikanern und
Konstitutionellen, Moreau und Carnot an der Spitze, einsetzte.
Hierauf gestützt, wollte man die Munizipalgarde und die in
Paris garnisonierende Nationalgarde gewinnen, sich der Behörden bemächtigen und so das Empire stürzen. Seit zwei
Wochen war vom Kaiser keine Kunde eingetroffen. Die Bevölkerung hatte anfänglich den Zug nach Rußland als den
letzten entscheidenden Schritt zur Begründung eines dauernden
Friedens gutgeheißen, war dann aber durch das immer weitere
Vordringen stutzig gemacht, durch den Brand von Moskau
schließlich aus allen Illusionen gerissen worden und sah fortan
in Betrübnis nur neue endlose Kämpfe voraus. Auf diese
Stimmung rechnete Malet, als er am Frühmorgen des 23. Oktober ans Werk ging. Ein Regiment Nationalgarden, die alt-
gediente Munizipalgarde ‚zwei Generale, die er aus dem Gefängnis abholte und von denen einer ehemals Moreaus Generalstabschef gewesen war, Alle hielten seine Vorspiegelungen für
wahr und gehorchten ihm. Sie halfen ihm, Savary, den
Polizeiminister, und Pasquier, den Polizeipräfekten, festnehmen, und der Seinepräfekt Frochot war so überzeugt von
der Sache, daß er bereits im Stadthause den Saal für die
Sitzungen der provisorischen Regierung instand setzen ließ.
Erst auf der Kommandantur wurde Malet durch die Geistes-
gegenwart zweier Offiziere mit seinem Begleiter ergriffen,
gebunden, und den untenstehenden Truppen verkündet, daß

der Kaiser lebe. „Vive l'Empereur!" scholl es zurück, und
der Putsch war zu Ende. Malet und seine von ihm getäuschten
Anhänger wurden kurz nachher kriegsrechtlich erschossen.

Das war die Nachricht, die Napoleon am 6. November
auf dem Marsch empfing. Was ihm an ihr auffiel und auch
für die Geschichte merkwürdig bleibt, ist der Umstand, daß
von all denen, die so leicht an den Tod des Kaisers glaubten,
keiner sich der Dynastie erinnerte, sondern jeder eine
Änderung im Staatsregiment als etwas nunmehr Selbstver-
ständliches hinnahm. „Wie?" rief er in seiner Enttäuschung
aus, „an meine Frau, an meinen Sohn, an die Institutionen
des Kaiserreichs, an das alles hat man also gar nicht gedacht!"
Und damit nicht genug. Wenn derlei bis zu einem gewissen
Grad gelingen konnte, solange man die Armee nur in der
Ferne wußte, was konnte nicht erst gewagt werden, wenn man
erfuhr, daß sie gar nicht mehr existierte? Und ihr Schicksal
ließ sich doch nicht verheimlichen. War es nicht auffallend,
daß er seit Smolensk keinen Kurier mehr erhalten hatte?
Nein, nein, er mußte fort, mußte in Paris gleichzeitig mit der
Nachricht vom Scheitern der Expedition und vom Verderben
der Hunderttausende, die er mit sich geführt hatte, eintreffen,
um dem Eindruck mit der dominierenden Gewalt seiner
Persönlichkeit zu begegnen. Er hatte noch an der Beresina
seine Schuldigkeit als General getan. Nun, wo die Armee sich
auflöste, blieb für den Feldherrn nichts anderes mehr zu tun
übrig als ihr Hilfe zu schaffen, was auch nur aus der Ferne
möglich war. Die Besorgnis über die Haltung der Deutschen
kam noch dazu. Und so wird er denn, sobald die Kolonne
nur einmal bei Molodetschno die Wilnaer Heerstraße erreicht
hat, sie verlassen und nach Hause eilen.

Am 5. Dezember — man war unter Arrièregefechten mit
der nachrückenden leichten Reiterei des Feindes, der Tausende
von wehrlosen Gefangenen in die Hände fielen, nach Smorgonj
gelangt — versammelte er seine Marschälle um sich und teilte
ihnen seinen Entschluß mit. Murat solle die Armee hinter den
Niemen führen, Berthier ihm zur Seite bleiben. Vor Wilna
werde man bayerische Truppen unter Wrede und eine frische
Division finden. Für die Reste des Heeres, wie für Frankreich,
sei seine Anwesenheit in Paris unerläßlich. Von dort aus allein
könne er Österreicher und Preußen im Zaum halten. Sie

würden sich's überlegen, ihm den Krieg zu erklären, sobald sie ihn an der Spitze der französischen Nation — er war in diesem Augenblick ganz Franzose — und einer neuen Armee gewahrten. Vorher hatte er ihnen das letzte Bulletin, aus Molodetschno den 3. Dezember datiert, von Eugen vorlesen lassen; es war das 29. des Feldzuges und enthielt, wenn auch nicht das unumwundene Eingeständnis, so doch Andeutungen vom Untergang der Großen Armee. Volle Wahrheit war darin nicht zu lesen, und dem Kenner all des Jammers muß es fast wie ein verabscheuungswürdiger Scherz mit dem Unglück erscheinen, wenn es u. a. heißt: „Menschen, die die Natur nicht hinreichend gestählt hat, um über alle Wandlungen des Schicksals und des Glücks erhaben zu sein, verloren ihren Frohsinn und ihre gute Laune und träumten von nichts als von Unglück und Niederlagen; diejenigen jedoch, die sie allem überlegen schuf, bewahrten Heiterkeit und Haltung und erblickten einen neuen Ruhm in den Schwierigkeiten, die sie zu überwinden hatten." Auch wie die Hunderttausende zugrunde gingen, stand nicht in dem Bulletin. Alles hatte die böse russische Kälte getan. Vor dem 6. November sei das Heer noch stolz und stattlich und siegreich gewesen, bis das fürchterliche Klima des Nordens es verdarb und verzehrte. Daß er selbst, und nur er selbst das Verderben herbeigeführt hatte, verriet der kaiserliche Autor mit keinem Wort. Von seinem unausgesetzten Vorwärtsstürmen über Wilna, Witebsk und Smolensk hinaus in der heißen Zeit des russischen Sommers, der dem Heer viel mehr Leute gekostet hatte als der Winter, davon war nichts zu lesen. Und wenn es schon die Kälte gewesen sein mußte, daß e r sie mit seinem trotzigen Ausharren in der verbrannten Hauptstadt heraufbeschworen hatte, davon ward nichts mitgeteilt. Vor allem mußte die Welt Eines wissen: daß er lebte und sich wohl befand. „Die Gesundheit Seiner Majestät ist niemals eine bessere gewesen", schloß das Bulletin. Dann nahm er Abschied von den Generalen und fuhr des Nachts mit Caulaincourt, als dessen Sekretär Rayneval er gelten wollte, mit Duroc, Lefebvre und Mouton von dannen[1]).

---

[1]) Hier — wie es geschehen ist — von Desertion zu sprechen, ist ebenso unrichtig und weit unrichtiger noch als dort, wo Bonaparte das ägyptische Expeditionsheer verließ. Er war Souverän und konnte seine Armee befehligen oder nicht, wie es ihm gutdünkte, und folglich auch das Kommando

Am 6. trifft er mit Maret vor Wilna, am 10. mit de Pradt in einer Vorstadt Warschaus, am 14. mit dem König von Sachsen in Dresden zusammen, wo er noch vor sieben Monaten im vollen Glanz seiner Macht die Huldigung der halben Welt entgegen-genommen hatte; unerkannt erreicht er die französische Grenze und am 18. Dezember vor Mitternacht Paris, wo tags vorher sein Bulletin angelangt war.

Die Fahrt war keine gefahrlose gewesen. Der kühne russische Parteigänger Sesslawin hatte mit seinen Kosaken bereits den französischen Haufen überholt, und es galt, an seinen Feuern unbemerkt vorbeizukommen. Und das bei der enormen Kälte. Von den hundert polnischen Lanzenreitern, die zur Eskorte dienten, verlor die Hälfte in einer Nacht die Pferde und mit ihnen das Leben. Auch das des Kaisers soll zweimal von Attentaten bedroht gewesen sein: das erstemal noch auf russischem Boden in Oschmjany, wo ihm die kombi-nierte Division Loison begegnete und ein französischer Major einigen deutschen Hauptleuten den Gedanken nahelegte, ihm das Schicksal Wallensteins zu bereiten; das zweitemal in Glogau. Die Angaben über die erstere Absicht sind sehr be-stimmte und lassen nicht zweifeln, daß sie besprochen wurde. Doch ist sie keinesfalls zum ernsten Vorsatz gediehen, und Napoleon entkam. Sein Stern sollte noch nicht verschwinden. Aber schon neigte er sich zum Horizont. Blutrot, wie das Gestirn des Tages vor seinem Untergang, wird er noch einmal Europa in die Farben von Mord und Feuer tauchen, ehe er im Ozean des Westens versinkt.

---

abgeben, wann er wollte. Und der herabgekommenen Truppe Rettung zu verschaffen, vermochte er viel eher, wenn er ihr vorauseilte, als wenn er blieb. Auch den eigentümlichen Schluß des 29. Bulletins hat man oft als zynisch gerügt. Er war hervorgerufen durch einige Bemerkungen in Briefen seines vertrauten Korrespondenten, des Staatsrates Fiévée, der gelegentlich des Maletschen Putsches an den Armeebulletins tadelte, daß darin niemals zu lesen sei, ob der Kaiser lebe, „was man doch vor allem darin suche". In einem vorhergegangenen Brief vom 23. Oktober hatte es geheißen: „Die Anwesenheit des Kaisers in Paris würde, wenn er ohne Gefahr für die Armee abkommen könnte, sehr viel Gutes stiften." Napoleon pflegte diesem Rat-geber ein seltenes Zutrauen zu schenken. (M o t d e F i é v é e, Corres-pondance et relations avec Bonaparte, III.)

Drittes Kapitel.

Leipzig.

Das war ein schmerzliches Erwachen aus dem Traum von einer unbegrenzten Herrschaft über Staaten und Völker, den Napoleon geträumt, als er nach Moskau ging! Seine hohe Geltung, die er sich mit einer langen Reihe genialer Kriegstaten erkämpft hatte, war erschüttert. Denn wenn er auch im letzten Feldzug nicht besiegt worden war, so war er doch geflohen, sei es nun vor dem Mangel, vor der Kälte, vor dem sicheren Verderben, gleichviel, er war geflohen und der Eindruck nicht auszutilgen, den dieses unerhörte Ereignis in der Welt hervorrief. Die „Große Armee", deren tüchtigste Elemente bei Austerlitz und Friedland gesiegt hatten, existierte nur noch in kaum nennenswerten Resten. Und wir wissen, was ihm die Armee war. „Seine Nation" nannte sie einmal mit einem treffenden Wort Graf Jaucourt, der Freund Talleyrands. Allerdings stand noch ein Heer seinem Willen zu Diensten, aber es war an Größe dem verlorenen nicht zu vergleichen und lag überdies gegen Engländer und Spanier zu Felde; allerdings hatte er noch Alliierte, aber sie waren Alliierte seines Glücks und seiner Stärke gewesen, und es war doch die Frage, ob sie auch seiner Schwäche verbunden bleiben würden.

Vergegenwärtigen wir uns noch einmal die Beweggründe, die ihn zu seinem Zug nach dem Osten veranlaßt hatten, so war es nicht nur die Ausdehnung seiner kontinentalen Macht über Rußland gewesen, die er erstrebte, sondern vor allem die völlige Absperrung Europas gegen England, das, dadurch in seinen wesentlichsten Interessen getroffen, einen Frieden nachsuchen, sein Heer aus Spanien ziehen und der Weltpolitik des Eroberers den Ozean eröffnen sollte. Vielleicht wäre dieses Ziel erreicht worden, wenn Napoleon nach seinem ursprünglichen Plan bei Smolensk Halt gemacht und Litthauen befreit hätte. Er hätte seine Armee gesammelt, durch Nachschübe ergänzt, ein geordnetes Verpflegswesen eingerichtet und in imponierender Stärke gegen die beiden russischen Hauptstädte eine drohende Position eingenommen, die auch auf die großen Weltverhältnisse nicht ohne Rückwirkung geblieben

wäre. Denn gerade als er den Niemen überschritt, fand er
in seinem Kriege gegen England einen Helfer. Das waren die
nordamerikanischen Vereinsstaaten, die im Juni 1812 an
Großbritannien den Krieg erklärten. Schon seit zwei Jahren
hatte Napoleon hieran gearbeitet, indem er ihnen Ausnahmen
von den Dekreten von Berlin und Mailand versprach, wenn
sie nicht mehr mit England und dessen Kolonien verkehren
oder in London die Aufhebung der Edikte von 1807 erreichen
wollten. Er wußte gut, daß die Engländer sich hierzu nicht,
oder doch nicht im wesentlichen, verstehen würden. Sie lehnten
auch das Ansinnen ab und benahmen sich überdies durchaus
feindselig, suchten auf allen amerikanischen Fahrzeugen nach
britischen Matrosen, um sie für ihre Marine zu pressen, und
erregten der Regierung von Washington auf dem nordamerikanischen Kontinent Feinde. So kam es dann 1812 zum offenen
Kampf, der in der ersten Zeit den Briten einige Verluste
zur See eintrug. Diese neue Verwicklung, zusammen mit den
stets sich verschlimmernden Finanzzuständen des Inselreichs
und einer drohenden Haltung Napoleons in Rußland, wäre
vielleicht geeignet gewesen, den Gedanken eines allgemeinen
Friedens in London zu unterstützen, namentlich da auch auf
der Iberischen Halbinsel das Jahr nicht eben mit großen Erfolgen für England zu Ende ging. Denn trotz dem Sieg, den
Wellington bei Salamanca davongetragen und der ihm den
Oberbefehl über alle antifranzösischen Streitkräfte einge-
bracht hatte — Cadix wurde dadurch die feindliche Belagerung
los — war er durch die Fehler und die Selbstsucht der Spanier
schließlich doch wieder zum Rückzug an die portugiesische
Grenze gezwungen worden. Aber als in London Kunde auf
Kunde aus Rußland eintraf vom Zusammenschmelzen der
Großen Armee, von dem entscheidungslosen Morden bei
Borodino, vom Brande Moskaus, von der Retraite und ihren
Schrecken: da war selbstverständlich von Vergleich und
Frieden mit Napoleon nicht mehr die Rede. Vielmehr gewann
jetzt die Kriegstendenz, kaum bestritten, die Oberhand. Schon
während des Sommers war Großbritannien mit Rußland zu
einem friedlichen Abkommen gelangt und hatte auch zur
gleichen Zeit durch seinen Einfluß einen Vertrag Alexanders I.
mit der spanischen Regentschaft zustande gebracht (18. und
20. Juli 1812), so daß, als das Schicksal des Feldzuges noch

gar nicht entschieden war, bereits die Grundlage zu einer neuen
Koalition bestand, die sich nicht so sehr gegen Frankreich
selbst, als gegen das ihm von Napoleon erkämpfte und in
dessen ehrgeiziger Persönlichkeit repräsentierte Übergewicht
richtete. Es ergab sich nun die für ˅die fernere Entwicklung der
Dinge entscheidende Frage: ob nicht auch die im Bannkreis
der napoleonischen Macht stehenden Völker, angesichts der
starken Einbuße, die diese Macht erlitten hat, mit oder trotz
dem Willen ihrer Regierungen sich der allgemeinen Bewegung
anschließen werden?

Die genaue Tragweite der Ereignisse in Rußland scheint
Napoleon nicht sogleich erkannt zu haben. Nach seiner Abreise von der Armee hatte er noch gehofft, diese werde sich
in Wilna nähren und ordnen, die entgegenkommende Division
ihr den notwendigen Halt gewähren, Murat, unterstützt von
Macdonald mit den Preußen einerseits und von Schwarzenberg
mit Reynier anderseits, hinter dem Niemen sich behaupten
können. Als er Warschau passierte, versicherte er der dortigen
Regierung, er habe noch 120.000 Mann. An ein Aufgeben
seiner vorherrschenden Stellung in Europa dachte er nicht.
Er dachte selbst dann nicht daran, als er endlich vernehmen
mußte, daß die Überbleibsel der Hauptarmee sich auch in
Wilna nicht hatten halten können, sondern, die anlangenden
frischen Truppen in ihre Unordnung fortreißend, unter un-
säglichem Jammer und stündlichen Verlusten über den Niemen
zurück nach Königsberg gebracht werden mußten, wo die
alte Garde nur noch 4—500 Bewaffnete, die Gardekavallerie
600 Reiter, meist ohne Pferde, zählte, während der Rest aus
einer chaotischen Masse von etwa 40.000 Mann, darunter
einige tausend Offiziere und Unteroffiziere, bestand, von denen
sich jedoch später kaum die Hälfte als dienstfähig erwies.
500.000 Mann waren verloren, etwa 100.000 davon in feindliche Gefangenschaft geraten, einige Tausend lagen in den
Lazaretten, alles übrige war tot[1]). Das war viel Unglück.

---

[1]) Im März erzählten die russischen Generale dem österreichischen
Abgesandten Lebzeltern, man habe in den Gouvernements von Minsk,
Smolensk und Moskau 142.000, in der Umgebung von Wilna 46.570 fran-
zösische Leichen verbrannt. (Lebzelterns Bericht vom 10. März zitiert von
L u c k w a l d t, Österreich und die Anfänge des Befreiungskrieges, S. 146.)
Und wie elend war, was lebte! Am 21. Dezember schreibt Lefebvre aus

Aber doch nicht so viel, um allen Mut zu verlieren. Napoleon
hatte ja noch die beiden Flügelarmeen mit 66.000 Mann,
dann Nachschübe, die noch nicht an die russische Grenze
gelangt waren, etwa 20.000, ferner die Besatzungen der Festungen im Osten, 17.000, und außerdem besaß er in jenen
Geretteten immerhin ein wertvolles Material für die Ausbildung einer neuen Armee. Und eine neue Armee will er
ins Feld und im Frühling den Russen gegenüberstellen. Sogleich nach seiner Ankunft in Paris werden umfassende Anstalten zu Rüstungen ins Werk gerichtet, die er sich auf der
Rückfahrt reiflich überlegt haben mag, und schon wenig
Wochen später wird er es einem der deutschen Diplomaten
recht unhöflich ins Gesicht sagen: der Löwe sei noch nicht
so tot, daß man ihm einen Fußtritt geben könne.

Das Wichtigste war freilich, daß sein Regiment in Frankreich noch fest genug stand und das französische Volk ihm
den Gefolgsdienst nicht weigerte. Allerdings, die Behörden und
die Korporationen — die insgeheim Winke erhalten hatten —
ließen es auch jetzt an devoten Huldigungen und Versicherungen unwandelbarer Treue nicht fehlen. In den Antworten,
die der Kaiser darauf erteilte, hören wir ihn auf das Maletsche
Unternehmen hinweisen und auf die Haltung der Regierungs-
organe. „Furchtsame und feige Soldaten", sagte er der Deputation des Senats, „können einer Nation ihre Unabhängigkeit
kosten, zaghafte Beamte aber vernichten die Herrschaft der
Gesetze, die Rechte des Thrones und die gesellschaftliche
Ordnung. Der schönste Tod würde der des Soldaten auf dem
Feld der Ehre sein, wenn der des Beamten, der fällt, indem

Insterburg an Berthier, von der alten Garde könnten nur noch fünfhundert,
bei großer Kälte kein Einziger schießen. „Der ganze Rest (etwa achthundert)
ist durch Frost beschädigt, und die Glieder der Leute sind derartig brandig
geworden, daß sie sämtlich umkommen werden, wenn nicht rasch Hilfe
geschafft wird. Man hat heute 200 der am meisten kranken Leute auf Schlit-
ten nach Danzig gebracht, damit bei ihnen so schnell als möglich eine Am-
putation an Fingern und Zehen erfolgen könne." (R o u s s e t, La grande
armée de 1813, p. 60.) In C l é m e n t s „Campagne de 1813" (Par. 1904)
p. 20 wird erzählt, Murat habe am 12. Dezember bei Kowno, in Übereinstimmung mit den Marschällen, die Unmöglichkeit erkannt, die Armee zu
sammeln. „Trotz der Energie Neys und Gérards hatten sich die Deutschen
aufgelöst." Und die Franzosen etwa nicht? Auf welche Sorte Leser rechnet
diese Sorte Geschichtschreibung?

er seinen Monarchen, den Thron und die Gesetze verteidigt, nicht noch ruhmreicher wäre." In der Erwiderung auf die Ansprache des Staatsrats erhob er sich zu einem Ausfall gegen die doktrinären Naturrechtsmenschen, denen er auch jetzt wieder die Schuld an der Unsicherheit der öffentlichen Institutionen beimaß. „In der Tat," sagte er, „wer hat das Prinzip der Empörung zur Pflicht erklärt? wer dem Volk geschmeichelt, indem er ihm eine Souveränität zuerkannte, die es auszuüben nicht fähig war? wer zerstörte die Achtung und Heiligkeit der Gesetze, indem er sie nicht von den geheiligten Grundsätzen der Gerechtigkeit, von der Natur der Dinge und des bürgerlichen Rechtes, sondern lediglich von dem Willen einer Versammlung von Männern abhängig machte, denen es an allem Verständnis des Zivil- und Strafrechts, der Verwaltung, der militärischen und politischen Gesetze fehlte? Ist man berufen, einen Staat zu regenerieren, so gilt es geradezu entgegengesetzten Prinzipien zu folgen. Die Geschichte schildert das menschliche Herz; in ihr muß man nach den Vorzügen und Nachteilen der verschiedenen Gesetzgebungen forschen"[1]). Welche Absicht verfolgte wohl Napoleon mit diesen Auslassungen? Gewiß nur die, wieder einmal recht deutlich darauf hinzuweisen, wie er es gewesen war, der seinerzeit den Staat aus der Verwirrung errettete, in die ihn jener Geist der Empörung gestürzt hatte. Dieser habe sich nun neuestens wieder geäußert, und ohne Zweifel würde ihm der Staat anheimfallen, wenn man den Kaiser jetzt im Stich ließe, anstatt ihn mit allen Kräften zu unterstützen, ihn sowie den Erben seines Thrones und seiner Grundsätze.

Es kam nun darauf an, ob sich das Volk von Frankreich mit der gleichen Überzeugung durchdringen ließ. Denn dies war nötig, wenn es Napoleon gelingen sollte, mit einem neuen Heer seine alte Stellung wieder zu erkämpfen.

Bei seiner Heimkehr stand ihm an Rekrutenmaterial nur die Aushebung von 1813 — die 120.000 Mann derjenigen von 1812 war in Nachschüben während des Feldzuges zum größten Teil aufgebraucht worden — zu Gebote, etwa 140.000 Mann, von denen die Mehrzahl im Dezember bei den Depots einrückte und von den bereitstehenden Cadres aufgenommen

---

[1]) Corresp., XXIV., 19.389, 19.390.

wurde. Binnen einigen Monaten sollten sie hinreichend exer-
ziert sein, um zur Verwendung zu gelangen. Von gedienten
Soldaten kamen außer den Cadres und den zur Ausbildung der
Rekruten unentbehrlichen Depotbeständen nur vier Regimenter Marineartillerie, 3000 berittene Gendarmen, zwei
Bataillone Pariser Munizipalgarde und einige Reserve-
kompagnien in Betracht. Diese Streitkräfte konnten dem
Kaiser in seiner Lage und mit seiner Absicht auf neuen Kampf
und Sieg keineswegs genügen. Er bedurfte weiterer und weit
größerer Machtmittel. Da waren allerdings die Kohorten der
Nationalgarde, bei 80.000 Mann stark; aber sie waren nicht
nach auswärts zu verwenden und hatten nur teils invalide,
teils pensionierte oder verabschiedete Offiziere zu Führern.
Hier mußte nachgeholfen werden. Zunächst soll der Senat
einen Beschluß fassen, daß die Kohorten, gleich der Linie, in
auswärtigen Kriegen zu dienen hätten, und dann muß von
der „Großen Armee" — wenn einmal das Chaos der „Isolierten"
entwirrt war — an Generalen, Stabs-, Ober- und Unteroffizieren herbeigesandt werden, was nur irgend noch tauglich
erschien. Beides wurde erreicht. Man brachte es dahin, daß
aus der Nationalgarde selbst, auf Bestellung natürlich, vereinzelte Bitten um den Vorzug einliefen, gegen den Feind geführt zu werden, worauf dann am 11. Januar 1813 der gewünschte Senatsbeschluß erfolgte. Dieser eröffnete außerdem
noch die Aussicht auf weitere 250.000 Mann, d. i. 100.000 aus
den vier letzten Altersklassen, die von der Aushebung bisher
nicht betroffen worden waren, und 150.000 Mann der Konskription von 1814, die der Kaiser übrigens erst im Frühling
zu den Waffen rufen wollte. Damit war das Menschenmaterial
für die neue Armee beschafft, und wenn man nun auch noch
aus Spanien Cadres und einzelne größere Truppenkörper —
im ganzen 40.000 Mann — entnahm, so konnte immerhin
ein achtunggebietendes Heer im Felde stehen. Napoleon wird
sich aber auch damit noch nicht zufrieden geben, sondern
im April vom Senate nochmals 180.000 Mann, Nationalgarden
und Rekruten, heischen, um dann — Desertion, Untauglichkeit,
Krankheit berücksichtigt — eine Truppenmenge von ungefähr 600.000 Mann für den Feldzug von 1813 zur Verfügung
zu haben. Dem empfindlichen Pferdemangel trachtete er
durch Aufkäufe in Frankreich, Hannover und Braunschweig,

in Holstein, ja selbst in Mecklenburg, abzuhelfen. Außerdem wurde Korporationen und reichen Privatleuten der Gedanke nahegelegt, sie könnten sich durch freiwillige Stellung ausgerüsteter Reiter dem Kaiser besonders empfehlen, und den Präfekten aufgetragen, aus den vornehmen und reichen Familien junge Leute für diesen „freiwilligen" Dienst zu bezeichnen und auszuheben. Napoleon wollte auf solche Art die Vermögenden durch eine Steuer treffen und sie zugleich mit dem ihm anvertrauten Schicksal ihrer Söhne an sich fesseln. Diese „Ehrengarden" (Gardes d'honneur), 10.000 Mann ungefähr, würden nach einem Dienstjahr Leutnantsrang erhalten und zu einer Art Leibgarde (Garde du corps) verwendet werden, an die Napoleon lange schon gedacht hatte, ohne daß er bisher — aus Rücksicht auf die Kaisergarde — gewagt hätte, die Idee auszuführen[1]).

Es war die alte rastlose Tätigkeit, die Napoleon im Januar 1813 entfaltete, die alte Kenntnis seiner Hilfsmittel bis ins Kleinste, von einem namenlosen Gedächtnis bereitgehalten. Man hört nicht auf zu staunen, wenn man diesen einzelnen Mann, dem jetzt nicht, wie sonst, die sorgfältig gearbeiteten Tabellen der Truppenbestände vorlagen, unter Verhältnissen, die jedem anderen die Übersicht getrübt und die Ruhe geraubt hätten, umgeben von Dienern, die nur im Untergeordneten Helfer waren, mit unermüdlicher Emsigkeit an dem Neubau seiner Macht arbeiten sieht, und man bedauert tief, daß dieses große Genie der Administration, das ehedem dem Staate Ordnung und Stärke zu verleihen gewußt hatte, jetzt sich nur noch darin erschöpfte, ihm seine Kräfte zu entziehen.

Für diese neuen Opfer war es aber nicht genug, die Zustimmung des Senats erreicht zu haben. Man mußte auch den guten Willen der Bevölkerung gewinnen oder doch ihren Widerwillen besiegen, und das war keine leichte Aufgabe. Es

---

[1]) Siehe P a s q u i e r, Mémoires, II., 59 f. u. 89 und M o l l i e n, Mémoires, III., 246 ff. Dieser erzählt, daß der Gedanke des Kaisers durch die Präfekten nicht in seinem Sinn zur Ausführung gelangte und daß der Zwang der Maßregel ihm zahlreiche unerbittliche Feinde gemacht habe. Bei Pasquier heißt es: „Keine Maßnahme hat, wie diese, Napoleon unversöhnliche Feinde geschaffen und den brennenden Wunsch nach seinem Fall erzeugt."

gab wieder Refraktäre und Deserteure in Fülle. Die Stimmung
in der Hauptstadt und in den Departements war keine freundliche. Bei einem Ritt in der Vorstadt Saint-Antoine bekam der
Kaiser beleidigende Zurufe zu hören. Der Volkswitz spottete
über den Tuileriengärtner, dessen Granatbäume (grenadiers)
und Lorbeersträucher erfroren seien. Aus der Provence
meldete man revolutionäre, aus den Departements des Westens
royalistische Umtriebe, aus Belgien offenen Widerstand gegen
die Aushebungen. Dabei blieb es aber auch. Am Ende half
hier der Patriotismus der Franzosen. Nicht nur Napoleon,
auch Frankreich hatte durch das Unglück des letzten Jahres
dem Ausland gegenüber seine imponierende Position, das
entscheidende Übergewicht eingebüßt. Mochte man nun auch
noch so sehr den ewigen Kriegszustand und seine Konsequenzen beklagen, ein schwaches Frankreich wollte man
dennoch nicht. Und schon begannen die Folgen des Macht-
verlustes sich offen zu äußern.

Zunächst in Preußen, das man nur durch eine bedrohliche
Übermacht gezwungen hatte, sich an die Seite seines Be-
drängers zu stellen. Dort erblickte das Volk in dem Verderben
des großen Heeres, dem die eigenen Krieger entgangen waren,
eine Art Gottesgericht und den Wink, das Joch der erniedrigenden Bundesgenossenschaft nunmehr abzuwerfen.

> „Mit Mann und Roß und Wagen,
> So hat sie Gott geschlagen",

sang ihm ein Dichter vor. Die Bedrückung durch die durchmarschierenden Truppen hatte den Zorn gegen die Fremden
entflammt und einen unendlichen Haß erzeugt, der nach tät-
lichem Ausdruck rang. Danach ermesse man die Stimmung,
die in dem preußischen Korps herrschte, das gezwungen war,
dem Volksfeind zu dienen. Es hatte sich vor Riga allerdings
gut gehalten. Als aber später der russische Kommandant der
Festung, Paulucci, vom Zaren autorisiert, den General von
Yorck, der statt des erkrankten Grawert den Befehl führte,
zum Übertritt zu bewegen suchte und einen Brief vorwies,
worin Alexander sich feierlich verpflichtete, die Waffen nicht
niederzulegen, ehe Preußen wieder in seine Machtstellung vor
1806 eingesetzt sei; als sichere Nachrichten von der Auflösung der „Großen Armee" und der Verfolgung der Russen

eintrafen; als dann, im Dezember, auf dem Rückmarsch
Macdonalds nach Süden, die Abteilung Yorcks eine russische
Division vor sich fand, die sich zwischen sie und die voraus
marschierenden Franzosen eingeschoben hatte und deren
Kommandant Diebitsch in einer Unterredung das Versprechen
des Zaren bestätigte: da schloß der preußische General am
30. Dezember 1812 bei Tauroggen eine Konvention ab,
derzufolge das Korps auf einem abgegrenzten preußischen
Terrain zwischen Memel und Tilsit und dem Kurischen Haff
neutralisiert wurde und sich verpflichtete, selbst wenn der
König den Vertrag verwerfen und den Zurückzug zur französischen Armee befehlen sollte, zwei Monate lang nicht gegen
Rußland zu fechten[1]). Das war eine entscheidende Tat, weil
sie zeigte, daß selbst ein Mann von eiserner Pflichttreue
und konservativster Gesinnung, der den Scharnhorst und
Stein als Reformatoren durchaus abgeneigt war, dem allgemeinen Zug der Volksstimmung Herrschaft über sich einräumen mußte. „Mit oder ohne König" hatten die Blücher
und Bülow 1809 zugunsten Österreichs agieren wollen; jetzt
weigerten sich sogar die Yorck, gegen die Russen zu fechten,
und es konnte scheinen, als sollte die nationale Gesinnung
selbst über die monarchische den Sieg davontragen. Jedenfalls war die Tat von Tauroggen auf das ganze übrige Deutschland von unbeschreiblich ermutigender Wirkung. „Die,
deren Erinnerung in jene Zeit zurückreicht," schreibt Ranke,
„werden sich entsinnen, daß die Nachricht davon auch dem
weit Entfernten wie ein Blitzstrahl erschien, der den Gesichts-
kreis durchzuckte und veränderte. Noch unter dem fran-
sösischen Drucke fühlte man allenthalben die ungewohnten
Pulsschläge des nationalen Bewußtseins"[2]).

Auch der Eindruck, den die Nachricht auf Napoleon
machte, war tief und nachhaltig. Durch die Lehre über die
Aktionskraft der Nationen, die er in Rußland erhalten hatte
und stündlich noch in Spanien erhielt, war sein Blick endlich
auch hiefür geschärft worden, so daß er sich über die moralische
Tragweite des Ereignisses nicht täuschte, das daneben — und

---

[1]) Siehe die von Yorck und Diebitsch in der Poscherunschen Mühle
unterzeichnete Konvention u. a. im Anhang zu B l u m e n t h a l, Die
Konvention von Tauroggen, S. 55.

[2]) Sämtliche Werke, 48, 256.

das war ihm in erster Linie fatal — auch noch eine strategische
Bedeutung hatte. Denn nun, nach dem Abfall des alliierten
Korps, war an ein Verweilen der inzwischen etwas verstärkten
Armeereste in Königsberg nicht mehr zu denken, wohin die
Russen vordrangen und wo sich die feindliche Stimmung im
Volke offen kundgab[1]). Murat hatte ebensowenig wie Napoleon
selbst vermutet, daß die Russen ihre Offensivbewegung über
den Niemen hinaus fortsetzen würden; nun aber, als Wittgenstein und Tschitschagoff, und allen voran Platow mit seinen
Kosaken, westwärts vorrückten, als Macdonalds Truppen anfingen, in Unordnung zu geraten und ein preußisches Reservekorps unter Bülow sich jeder Mitwirkung entzog, da entschied
sich der König von Neapel dafür, das ganze Korps Macdonalds,
der nach Paris fuhr, nach Danzig zu werfen und mit den Resten
der Armee bis nach Posen zurückzugehen, wo er am 17. Januar
eigenmächtig den Oberbefehl an den Vizekönig Eugen abgab
und nach Hause reiste. Ehe noch Napoleon hiervon erfuhr,
hatte er bereits die Nachricht von der Tauroggener Konvention
in Paris zur Geltung gebracht. „Sogleich, nachdem ich den
Verrat Yorcks erfahren hatte," schreibt er am 9. Januar an
Berthier, „hab' ich mich entschlossen, der Nation eine Mitteilung zu machen, die morgen erfolgen wird, und außerordentliche Aushebungen zu veranstalten." Die Antwort war
der erwähnte Senatsbeschluß vom 11., der nirgends auf nachhaltigen Widerstand traf, so daß Maret immerhin die Gesandten
im Ausland verständigen konnte, es sei die Absicht des französischen Volkes, „nicht bloß seinen Verlusten entsprechend
zu rüsten, sondern auch sein Ansehen, seinen Ruhm und seine
Ruhe gegen alle Vorkommnisse sicherzustellen." Dem preußischen Gesandten Krusemarck in Paris versicherte der Kaiser,
die Franzosen würden ihm unbedingt folgen, und nötigenfalls
werde er selbst die Frauen bewaffnen.

Aber wenn das Opfer der neuen Blutsteuer ohne Widerstand dargebracht werden sollte, dann mußten auch Ansehen
und Ruhm des Heerführers ungeschmälert gelten. Darum

---

[1]) Siehe die Erzählung vom Auflauf der preußischen Rekruten, am
3. Januar, „die schon früher (d. i. noch vor der Konvention) ihre Meinung,
daß es gegen die Franzosen gehe, laut geäußert hatten", bei T y s z k a,
Erinnerungen von 1812—1815, zitiert von M a x S c h u l z e, Königsberg und Ostpreußen Anfang 1813, S. 39.

wurde jetzt, wo es nur anzubringen war, versichert, daß der Kaiser überall die Russen geschlagen, daß eben nur die böse Kälte das Heer zerstört habe, das eigentlich erst unter Murats Führung zugrunde gegangen sei. Es ist uns ein Gespräch zwischen Napoleon und einem seiner höheren Beamten, dem Grafen Molé, aus dem Februar 1813 bekannt geworden, das deutlich zeigt, wie Jener sich beurteilt zu sehen wünschte. Bei dieser Gelegenheit sagte er: „Ich habe niemanden, den ich im Krieg an meine Stelle setzen kann, und ich wäre sehr glücklich, wenn ich meine Kriege durch meine Generale führen könnte. Aber sie sind nicht daran gewöhnt, und es ist auch keiner unter ihnen, der den anderen zu befehlen vermöchte. Der König von Neapel ist dazu unfähig; er hat mir meine Armee verloren, denn als ich sie verließ, hatte ich noch eine, und jetzt hab' ich keine mehr. Nach meiner Abreise verlor der König den Kopf, er wußte nicht zu imponieren, die Undisziplin stieg aufs höchste, in Wilna plünderten die Truppen Vorräte im Wert von zwölf Millionen, und der Soldat war zu nichts mehr zu gebrauchen[1]."

Ein anderes Mittel, die Abneigung des Volkes gegen seine neuen Rüstungen zu besiegen, gewahrte Napoleon in der Beilegung seines Streites mit dem Papst. Damit gedachte er die Masse gläubiger Katholiken, die seine Gewaltmaßregeln wider

---

[1] Revue de la Révolution française, X. 131 (1887). Napoleon fuhr noch fort: „Auch ich bedurfte übrigens einer langen Übung in der Selbstbeherrschung, um von einem solchen Schauspiel nicht erschreckt zu werden: am Abend vorher war ich der Weltbesieger, kommandierte die schönste Armee moderner Zeiten, und am Tag darauf war nichts mehr davon vorhanden!" Molé bemerkt dazu: „Als er diese Worte sprach, sah ich auf dem Antlitz und in den Augen des Kaisers die einzige Spur einer Gemütsbewegung, die ich je an ihm bemerkt habe." Wie stark aber dennoch seine Gewalt über sich auch jetzt noch war, erfahren wir namentlich aus den Erinnerungen des Schatzmeisters M o l l i e n, den er am Morgen nach seiner Ankunft zu sich beschied. Dieser erzählt, der Kaiser sei jetzt, während er früher, als er von seinen Siegen heimkehrte, ernst und düster geschlossen hatte, heiter und gelassen gewesen, wie selten, habe sich vorerst eingehend nach der erkrankten Frau des Ministers erkundigt und dann ruhig und höchst sachlich von Geschäften gesprochen. (Mémoires, III., 169.) Vergl. Bd. II. S. 224f. Schwarzenberg fand dann im April zwar seine Haltung etwas weniger sicher, seine Sprache weniger schneidend als ehedem, ihn selbst nachdenklicher, sonst aber vollendet liebenswürdig. (O n c k e n, Österreich und Preußen im Befreiungskriege, II., 618 f.)

Pius VII. ihm abwendig gemacht hatten, wiederzugewinnen.
Mußten nicht auch sie in dem Untergang des Heeres einen
Wink des Himmels erblicken, der dem mit dem Kirchenbann
belasteten Führer seine Gunst verweigerte? Onkel Fesch, der
Kardinal, besaß den Mut, dies geradezu herauszusagen. Da
mußte Rat werden. Der Papst hatte, wie wir wissen, 1811 in
Savona das vom Nationalkonzil erlassene Dekret über die
Einkleidung neuernannter Bischöfe nur unter gewissen Vorbehalten angenommen; er hatte das Konzil nicht anerkannt
und den Metropoliten außerhalb des Kirchenstaates die
Institution, wenn die päpstliche Bestätigung ausblieb, bloß
in der Weise zugestanden, daß sie sie im Namen des Kirchenoberhauptes erteilten, während der Kaiser wünschte, daß in
solchen Fällen die Einkleidung im Namen des Imperators erfolgen sollte. Hierauf einzugehen, wehrte sich Pius, der bereits
unter seiner Reue litt, worauf Napoleon — er mochte von der
Absicht der Engländer erfahren haben, an der Riviera zu landen
und sich des Papstes zu bemächtigen — befahl, ihn von Savona
weg nach Fontainebleau zu bringen, wo nun im Winter nach
dem russischen Feldzug unter dem Beistand ergebener Prälaten
aufs neue Unterhandlungen begannen, die der Kaiser selbst
zu Ende führte. Alle Register seiner diplomatischen Kunst
und Künste zog er seinem Gefangenen gegenüber auf. Einmal
stellte er Forderungen ohne Ernst und nur in der Absicht
sie für anderes, das ihm wichtiger war, fallen zu lassen: z. B.
daß zwei Drittel der Kardinäle von den katholischen Fürsten
zu ernennen wären, daß jeder Papst, bevor er das Pontifikat
anträte, geloben sollte, nichts zu verfügen, was den vier
gallikanischen Artikeln entgegen wäre, und auch von der
Krönung der Kaiserin und des Königs von Rom soll die Rede
gewesen sein (s. unten). Ein andermal warf er dem hl. Vater
seine Unkenntnis in kirchlichen Angelegenheiten vor, nahm
ihn wohl auch im Eifer bei einem der Knöpfe seiner Soutane
und schüttelte ihn, was dann zu dem müßigen Gerede Anlaß
gab, er habe den Stellvertreter Christi mißhandelt. Wieder
ein andermal in den fünf Tagen, die er mit dem Papst verbrachte, entrollte er vor ihm ein glänzendes Zukunftsbild von
der Ausdehnung und Machtstellung, zu der er der Kirche verhelfen würde — die Rekatholisierung Deutschlands obenan —
wenn Pius sich seinen Wünschen fügen, der weltlichen Herr-

schaft entsagen, das Konzilsdekret schlichtweg annehmen und seine Residenz in Paris aufschlagen wollte. Aber zu dem Letzteren war der Papst nicht zu bewegen; er wählte Avignon, das allerdings in dem Übereinkommen, das man schließlich niederschrieb, nicht besonders genannt wurde und wo es bloß hieß: „Seine Heiligkeit wird die päpstliche Gewalt in Frankreich und im Königreich Italien in derselben Art und Form wie seine Vorgänger ausüben." Und wie Napoleon hier nachgab, so bestand er auch nicht auf der ausdrücklichen Artikulierung des Verzichtes auf das Erbe des hl. Petrus. Er ging freilich aus dem Inhalt des Vertrags von selbst hervor. Am 25. Januar 1813 ward das neue „Konkordat", wie es Napoleon nannte, von Pius und von ihm unterzeichnet. Tatsächlich war es nur eine vorläufige Vereinbarung, „die einem endgültigen Abkommen zur Grundlage dienen sollte" („comme devant servir de base à un arrangement définitif"). Das Konzilsdekret über die Institution der Bischöfe fand darin als Artikel IV Wort für Wort Aufnahme, doch wurde dem Papst das Ernennungsrecht für zehn französische oder italienische und auch für die sechs römischen Bischofssitze zugestanden. Für seine „ihm entfremdeten Ländereien" wird er mit zwei Millionen Franken jährlicher Rente schadlos gehalten. Der Kaiser begnadigt die widerstrebenden Prälaten[1]). Damit hatte Napoleon freilich nicht alles erreicht, was er wünschte: eine Stellung als kirchliches Oberhaupt, etwa wie sie der Zar in seinem Lande einnahm, nur noch größer, allgemeiner, wie es der Name der Kirche besagte, und unbegrenzt, wie ihre Mission war, hatte er nicht erlangt. Aber der Vorteil, den er zunächst angestrebt, war doch gewonnen: er hatte seinen Frieden mit dem Papst gemacht, und das konnte die Welt nicht rasch genug erfahren. Zeitungsartikel und Kirchenglocken tönten es hinaus, und allerorten sang man Te deum laudamus. Wenn auch Pius, von Bedenken und Reue gefoltert und von seinen alten Räten, die nun wieder Zutritt zu ihm erhielten, über Napoleons politische Situation aufgeklärt, zwei Monate später seine Zusage widerrief, so hatte doch mittlerweile die Kunde vom Versöhnungswerk zu Fontainebleau

---

[1]) Siehe den Text in der Corresp., XXIV., 19.511, bei Champeaux, Le droit civil ecclésiastique français, p. 454 und a. a. O.

ihre Wirkung tun können und die militärischen Rüstungen
waren dann zum guten Teil beendet.

Außer den Gläubigen hatte aber der Kaiser auch jene
zu gewinnen, die den irdischen Gütern mehr Beachtung
schenkten als den ewigen. Das war nun freilich sehr schwierig,
denn wenn er, wie wir sahen, den russischen Feldzug mit der
Erwartung unternommen hatte, er werde, wie die Kriege
von 1805, 1807 und 1809, materiellen Gewinn und Ordnung
in den Haushalt des Staates bringen, so war die Enttäuschung
eine ungeheure[1]). Zum Überfluß war auf dem Rückzug auch
die Kriegskasse mit zehn Millionen in Gold den Feinden —
es sollen übrigens auch Freunde darunter gewesen sein — in
die Hände gefallen. Und die neuen Rüstungen erforderten
neue außerordentliche Ausgaben. Man hatte für 1813 mit
einem Defizit von beinahe 150 Millionen Franken zu rechnen,
und die Abgänge der beiden vorhergehenden Jahre, über
80 Millionen, waren auch noch nicht gedeckt[2]). Mollien, der
mit unverhohlenem Bangen der Politik des Kaisers folgte,
riet zur Erhöhung der direkten Steuern als dem kleineren
Übel. Aber Napoleon wies jetzt mehr als je diesen Gedanken
ab. Er scheute sich, das persönliche Eigentum des Einzelnen
zu treffen und sich damit Unzufriedene zu schaffen. Ein Kriegszuschlag und die Herabsetzung der Beamtengehalte um ein
Fünftel halfen wenig. Und da die Quelle des Kredits dem besiegten Eroberer aus erklärlichen Gründen verschlossen blieb,
und auch die Kirchengüter Italiens und des Rheinlandes zum
großen Teil bereits verkauft waren, ersann er etwas Anderes.
Er wird sich — Maret soll ihn darauf gebracht haben — an
das Gemeingut halten. Einige Tausend Gemeinden besaßen
Gründe und Güter, die nicht öffentlichen Zwecken dienten,
sondern verpachtet waren, im Verkaufswert von 370 Millionen
Franken. Der Pachtschilling war gering, er betrug etwa neun

---

[1]) Noch aus Witebsk hatte er seinem Schatzminister, der im Rechnungs-
abschluß der ersten sechs Monate einen Abgang von 40 Millionen Franken
auswies, tröstend mitgeteilt, daß er für Kurland bereits zwei Millionen Rubel
Kontributionen ausgeschrieben, in den Kassen eine Million konfisziert und
Salzvorräte von fünfzehn bis zwanzig Millionen Wert erbeutet habe, die
nach Kurland verkäuflich seien. (C o r r e s p., XXIV., 19.082; M o l l i e n,
III., 154.)

[2]) Nach T h i e r s, XV., 220, sind die Ziffern folgende: Abgang von
1811: 46, von 1812: 37, für 1813: 149, in Summe: 232 Millionen.

Millionen. Neun Millionen Zinsen ergaben aber schon 135 Millionen 5%iger Rente, die damals mit 75 gehandelt wurde. Garantierte man den Gemeinden ihre neun Millionen jährlicher Revenuen durch eine Einschreibung von 140 Millionen in das große Buch der Staatsschuld, so hatte man, wenn man die Güter von Staats wegen verkaufte, die 230 Millionen für das Erfordernis, und der Ausfall war gedeckt. Für den Verkauf hatte die Amortisationskasse[1]) zu sorgen, die für die Zwischenzeit amortisierbare 5 %ige Anweisungen emittierte, mit denen der Minister die Staatsgläubiger, Lieferanten u. dgl. bezahlte, was bei der Sicherheit der Verzinsung leicht möglich war. Napoleon selbst kaufte 71 Millionen davon aus seinem Tuilerienschatz, um die Geltung des Papiers zu erhöhen. Mollien wehrte sich lange gegen diese Gewaltmaßregel, die den Gemeinden nicht bloß ihr Gut abnahm, sondern sie auch für alle Zukunft auf die genannte geringfügige Summe der Einkünfte fixierte, während naturgemäß ihre Ausgaben wuchsen und dann nur durch erhöhte Umlagen, die ja doch schließlich den Einzelnen trafen, zu bestreiten waren. Es konnte also nur für den Moment scheinen, als wäre der Einzelne mit seiner Habe durch die neuen Anstrengungen des Staates nicht ins Mitleid gezogen. Aber Napoleon galt lediglich der Moment. Der große Begründer der Staatsordnung und Volkswohlfahrt von ehedem ist kaum wiederzuerkennen in diesem Virtuosen des Augenblicks. Rücksichtslos strebt er auch jetzt nur — wie im verflossenen Sommer — nach dem entscheidenden Siege, der ihm Europa zu Füßen legen soll. Dann will auch er wieder Ordnung und Wohlfahrt stiften, aber allerdings erst dann.

Als der neue Finanzplan durchberaten war, gelangte er, wie die Verfassung vorschrieb, vor den Gesetzgebenden Körper. Vor dem russischen Feldzug hatte man dieses Zugeständnis nicht mehr gemacht; das Finanzgesetz für 1812 war gegeben worden, ohne die bestellten Legislatoren zu befragen. Ja, Napoleon schien die feste Absicht gehabt zu haben, nach seinen Siegen über Rußland den Gesetzgebenden Körper ganz aufzulösen, von dem er in Dresden zu Metternich sagte, er habe ihn geknebelt und diskreditiert und brauche nun nur

---

[1]) Siehe Band I., S. 283.

noch den Schlüssel des Beratungssaales zu sich zu stecken.
Er hatte damals ein neues Programm im Sinn. „Frankreich",
sagte er, „eignet sich weniger für die Form der Volksvertretung als viele andere Länder. Im Tribunat trieb man nur
Revolution; ich habe Ordnung geschafft, hab' es aufgelöst . . .
Übrigens will ich gar nicht die absolute Gewalt, will mehr als
bloße Formen. Ich will etwas, was ganz und gar nur der
Ordnung und dem Gemeinwohl dient. Ich werde den Senat
und den Staatsrat neu organisieren. Der Erste soll das Oberhaus, der Zweite die Deputiertenkammer ersetzen. Ich werde
fortfahren, alle Senatoren zu ernennen, dagegen ein Drittel
des Staatsrates durch Wahlen aus dreifachen Listen hervorgehen lassen, die anderen zwei Drittel wähle ich selbst. Da
wird dann das Budget gemacht, werden die Gesetze durchberaten. So werd' ich eine wirkliche Volksvertretung haben,
denn sie wird nur aus erfahrenen Geschäftsleuten bestehen;
kein Geschwätz der Ideologen, kein falsches Rauschgold
mehr. Dann wird Frankreich auch unter einem untätigen
Fürsten — denn es werden solche kommen — gut regiert
werden, und die Art, wie man Fürsten zu erziehen pflegt,
wird vollkommen ausreichen[1]." Die Rede sollte der bestimmten Absicht dienen, Metternich und mit ihm der ganzen
Welt klarzumachen, daß sein Werk, das Empire, nicht bloß
auf zwei Augen stehe, wie er vor einigen Jahren in einem Augenblick der Offenheit einem Österreicher gesagt hatte[2]). Er werde
schon dafür sorgen, daß es beständig bleibe, auch unter den
Kaisern seiner Dynastie, denen Geist und Tatkraft nicht in
dem hohen Maß wie ihm innewohnten. Gut. Daß er aber dabei
das Heil allein von den Bureaukraten erwartete, ließ auch
seinen Geist nicht grenzenlos erscheinen, der es nicht zu fassen
vermochte, wie nur aus einem Zusammenwirken von Theorie
und Praxis, nur dort, wo der Gedanke die Tat zu lenken
und umgekehrt das Werk die Idee zu berichtigen vermag,
ein gesundes Staatsleben sich entfaltet, während er mit der beabsichtigten Alleingeltung der praktischen Machtfaktoren in

---

[1] M e t t e r n i c h , Nachgelassene Papiere, I., 123.
[2] Es war 1809 in Schönbrunn gewesen, wo er zu Bubna sprach: „All
das kann dauern so lang ich lebe. Frankreich kann jenseits des Rheins nicht
Krieg führen. Bonaparte konnte es; mit mir ist das zu Ende." (G e n t z ,
Tagebücher, I., 198.)

ein ebenso unfruchtbares Extrem verfiel wie die linkischen Rechtstheoretiker, die ihm in Frankreichs Regierung voraufgegangen waren. War denn, was er als Grundlagen des modernen Staates erkannte und mit seinen Heeren, seinen Beamten und Gesetzbüchern in der Welt verbreitete, nicht auch einmal der Traum solcher Ideologen gewesen, die er so bitter haßte? Er mochte nun noch so geringschätzig über sie urteilen, ohne sie und die Frucht ihres Denkens wäre sein Name vielleicht gar nicht auf die Nachwelt gekommen.

Aber diese Pläne des Imperators aus der Zeit seines höchsten Glanzes waren seitdem durch die Ereignisse unausführbar geworden. Er sperrte jetzt den Saal des Gesetzgebenden Körpers nicht ab, sondern eröffnete vielmehr selbst am 14. Februar 1813 dessen Sitzungen mit einer Rede, von der er wünschte, daß sie als eine Mitteilung an die Nation aufgefaßt und verbreitet würde. Dieser letzte Rest von Volksrepräsentanz war ihm jetzt ein ganz willkommenes Mittel der Verständigung. Er verwies auf den Minister des Innern, der den Beweis führen werde, daß zu keiner Zeit in Frankreich Handel und Gewerbe in solcher Blüte gestanden hätten wie zur Stunde, auf den Finanzminister, der Maßregeln empfehlen werde, die den großen Bedürfnissen Rechnung tragen sollen, ohne „seinen Völkern" neue Lasten aufzubürden. Er schilderte den Verlauf des russischen Krieges in der bekannten Weise, nur daß hier zum ersten Male der „v o r z e i t i g eingetretenen Winterkälte" Erwähnung geschah, die sich dann jahrzehntelang als ein wesentlicher Bestandteil der Napoleonlegende in der Geschichte zu erhalten gewußt hat. Außerdem sprach er vom Frieden mit dem Papst, von den Engländern, die Spanien wieder hatten räumen müssen, wo die „französische Dynastie" herrsche und auch weiterhin herrschen werde. Von der Haltung seiner Verbündeten sei er befriedigt, er werde keinen aufgeben und die Integrität ihrer Staaten aufrecht erhalten. Damit war gesagt: er will Polen, den Rheinbund und Italien, kurz die ganze Machtsphäre des verflossenen Jahres ungeschmälert festhalten und sichern. „Ich werde niemals", hieß es wieder wie so oft schon, „einen anderen als einen ehrenvollen Frieden schließen, der den Interessen und der Größe meines Reiches entspricht: denn ein schlechter Friede würde uns alles verlieren heißen, auch die Hoffnung, und alles wäre

in Frage gestellt, selbst die Wohlfahrt unserer Enkel[1]." So
war nichts in seinem System geändert, just als ob nicht eben
erst ein unglücklicher Krieg seine Kräfte um eine erprobte
Armee von über 400.000 Mann gemindert hätte. Aber die
Welt hatte ihn ja daran gewöhnt, Außerordentliches zu wollen,
und für ihn war es schon des Opfers genug, daß er seine Absichten auf die Beherrschung des Erdkreises verschieben mußte,
da die Kontinentalsperre nun nicht mehr durchzuführen war,
England seinen Seehandel nach den Küsten des Baltischen
Meeres, nach Cadix und der Levante ungehindert weiterbetrieb,
und das indische Projekt in entlegenen Fernen verschwand.
Er mußte erst wieder kämpfen und siegen, unerhört siegen,
um den Faden dort anzuknüpfen, wo er abgerissen war.

Wenn nun Napoleon von den Franzosen nochmals die
Ausrüstung zu einem neuen Waffengang erlangte, so entstand
daneben die Frage: ob er wohl auch noch weiterhin über die
Streitkräfte all seiner Verbündeten werde verfügen können
wie im letzten Feldzug?

Am 18. Januar 1813 hatte er an die Fürsten des Rheinbundes geschrieben und sie zur Stellung neuer Kontingente
aufgefordert. Um ihnen Mut zu machen, behauptete er, die
Russen hätten sich schlecht geschlagen und nur die Kosaken
sich in ihrer Art, den Krieg zu führen, tüchtig gezeigt. Die

---

[1] C o r r e s p. XXIV., 19.581. Bald nachher, am 25. Februar, erstattete
Minister Montalivet in der Tat den versprochenen Rapport. Wir kennen diese
Exposés von früher her als Mittel der imperialistischen Regierung, die
öffentliche Meinung zu gewinnen. Als solche waren sie dann meist schön
gefärbt. Vollends jetzt, wo sich der Kaiser in einer Zwangslage befand,
wie nie zuvor, wo er flüchtig und ohne Armee heimgekehrt war, während
er sonst immer als Sieger auftrat. Wenn nun in dem Bericht u. a. gesagt
wird, daß der mittlere Ertrag der Bodenkultur unter dem Kaiserreich um
ein Zehntel gewachsen sei und auf fünf Milliarden Franken geschätzt werde,
daß die Wertsteigerung durch Verarbeitung der Rohprodukte 1300 Millionen
betrage, daß die Handelsbilanz eine Aktivpost von 126 Millionen gegen
75 im Jahre 1789 aufweise, daß die neue Rübenzuckerindustrie Ware für
90 Millionen Franken erzeuge, so kann man diese Ziffern heute noch nicht
genau genug prüfen. Sollte aber Montalivets Behauptung, das Empire verfüge bereits über eine Million Soldaten und 100.000 Matrosen, als Maßstab
angenommen werden, so waren auch seine sonstigen Darlegungen gar sehr
übertrieben.

Große Armee in Deutschland, mit dem Korps von Schwarzenberg, betrage noch immer 200.000 Mann, (!) die er bis zum
März durch die Nationalgarden, neue Aushebungen und
Zuzüge aus Italien auf eine Höhe bringen werde, die ihn jede
weitere Hilfe von seiten „seiner Völker" entraten lassen
könnte, wenn nicht — Yorck mit 20.000 Preußen abgefallen
wäre. Dadurch sei die Armee genötigt worden (man merke
wohl: eine Armee von 200.000 Mann), sich vor den Russen
(die so schlecht fochten) hinter die Weichsel zurückzuziehen,
und so sei der Krieg in die Nähe Deutschlands gerückt. Zwar
wäre er mit allen Kräften bereit, die Grenzen des Rheinbundes zu verteidigen, aber die Bundesstaaten müßten doch
auch die Notwendigkeit empfinden, sich dabei entsprechend zu
betätigen[1]).

Auf diesen Appell lautete die Antwort durchaus befriedigend, wenn auch die Beteiligung an den Rüstungen, je nach
der Entfernung von Frankreich, eine geringere wurde und die
Stimmung in den Bevölkerungen allenthalben erbittert genug
klang. Der Herzog von Mecklenburg-Schwerin war der einzige
der Rheinbundfürsten, der offen von Napoleon abfiel. Alle
anderen blieben treu. Am gefügigsten zeigte sich, weit gefügiger als des Kaisers eigener Bruder Jérôme, der Großherzog
von Frankfurt, der sofort eifrigst zwei Bataillone zu rüsten
begann, um Napoleon „Gelegenheit zu neuem Ruhm zu geben".
Eine drückende Akzise lieferte ihm die nötigen Geldmittel.
Üble Stimmung in Hanau, wo man sich, wie in Frankfurt,
an Yorcks Tat erfreut hatte, wurde mit Entwaffnung der
Bürger und Wegführung einiger der Renitenten nach Mainz
bestraft. Der König von Württemberg, dessen Armeekorps
von 14.000 Mann auf 173 Offiziere und 143 Bewaffnete zu-
sammengeschwunden war, bezeugte zwar dem französischen
Gesandten seine Ungnade und meinte, die Rheinbundsakte
verpflichte die Mitglieder nur so lange, als Napoleon sich
tatsächlich als „Protektor" zu bewähren imstande sei. Aber
als die Rüstungen in Frankreich diesem Argument den Boden
entzogen, eilte er zu versichern, daß er sogleich, nachdem ihm

---

[1]) S. C o r r e s p., XXIV., 19.462 und den etwas erweiterten Brief an
den König von Württemberg bei S c h l o ß b e r g e r, Politische und militärische Korrespondenz König Friedrichs I. und Napoleons, S. 258 ff.

das 29. Bulletin bekannt geworden sei, sich damit beschäftigt
habe, sein Bundeskontingent wiederherzustellen. Jérôme von
Westfalen klagte dem Bruder aufs neue seines Staates Geld-
not — für sich selbst hatte er 19 Millionen in Frankreich
angelegt — verstand sich jedoch auf Napoleons kategorische
Zurechtweisung dazu, neben den 20.000 Mann seines Pflicht-
teils noch Magdeburg mit Lebensmitteln für 15.000 zu versehen. Da kein Geld vorhanden war, wurde schlechtweg
requiriert. Bayern, das nicht weniger als 28.000 Mann verloren
hatte, mußte ein ganz neues Heer schaffen, was nur möglich
wurde, wenn man im Jahre 1813 mehrmals konskribierte.
Solche Opfer erschienen in München zu hoch, und man überlegte einen Augenblick, ob man sich nicht neutral halten
sollte, ließ sich aber schließlich doch auch von den gewaltigen
Rüstungen Napoleons einschüchtern und gab zunächst eine
Division ab. Der Rest des Kontingents wurde in einem Lager
bei München unter Wrede gesammelt, der in der Erinnerung
an seinerzeit in Paris von Napoleon und jüngsthin von dessen
Marschällen erfahrene üble Behandlung zur antifranzösischen
Partei des Kronprinzen Ludwig abgeschwenkt war. Noch mehr
als der bayrische Hof geriet der sächsische ins Schwanken,
da er Polen in die Hände der Russen geraten und bald auch
sein Land von einer russischen Invasion bedroht sah. Seine
Politik wird ganz von der Haltung seiner beiden deutschen
Nachbarn abhängen, von Österreich und Preußen[1]).

Und damit ist die Hauptfrage berührt: ob die beiden
deutschen Großmächte die Allianz mit Frankreich aufrecht

[1]) Über das Vertrauen der Rheinbundfürsten, insbesondere der süddeutschen, zu Österreich für den Fall, daß das Schicksal weiterhin sich für
französische oder russische Erfolge entschied, vgl. L u c k w a l d t, Österreich
und die Anfänge des Befreiungskrieges von 1813, S. 207 ff. Die Furcht vor
der russischen Vorherrschaft in Europa war übrigens an den kleinen deutschen
Höfen nicht geringer, eher größer, als der Widerwille gegen den französischen Druck. S a i n t - A i g n a n, der Vertreter Frankreichs an den sächsischen Herzogshöfen, schreibt gelegentlich über Karl August von Weimar:
„Er liebt nicht die Russen", und von der Herzogin, im Januar 1813, sie habe
sich geäußert: „Ich wünsche wahrhaftig nicht, daß ganz Europa Napoleon
zu Füßen liege und daß er Rußland niederwerfe; aber ich wünsche auch die
Russen nicht als Beherrscher Deutschlands." F i s c h e r, Goethe und
Napoleon, S. 197. Und Karl August war der Schwiegervater einer russischen
Großfürstin.

erhalten werden oder nicht? Von ihrer Beantwortung hing in der nächsten Zeit alles ab.

Früher noch als an den Rheinbund hatte sich Napoleon an die Höfe von Wien und Berlin mit dem Ansinnen gewendet, ihre Kontingente zu verstärken. Darauf erfolgte der Abfall Yorcks. War das zugleich die Antwort Friedrich Wilhelms III.? Napoleon, mißtrauisch wie immer, hatte dies vermutet, gab aber dann doch den Versicherungen des preußischen Gesandten und des Fürsten Hatzfeld, der, um zu beschwichtigen, nach Paris gesandt worden war, Raum, daß der König dem Schritte fernstehe. Diese Versicherungen entsprachen nicht völlig der Wahrheit. Zwar hatte man am preußischen Hofe während des Feldzuges nur französische Siege für möglich, ein Scheitern der Expedition für ausgeschlossen gehalten und sich darauf eingerichtet. War doch die Abneigung gegen das, was man die „russische Präponderanz" nannte, in Berlin fast ebenso groß wie die Lust, das französische Joch los zu werden. Denn das im Jahre 1807 verlorene Stück Polen nahm jetzt wahrscheinlich Rußland für sich in Anspruch. Und gerade an Polen hatte Hardenberg in der letzten Zeit eifrig gedacht, ja sogar gemeint, Napoleon könnte Friedrich Wilhelm dieses Königreich verleihen, was dann einen starken Wall gegen Osten abgäbe. Aber das alles setzte französische Siege und den Niederbruch Rußlands voraus. Wie wenn nun doch das Gegenteil eintrat? Es ist das historische Verdienst des Flügeladjutanten Ludwig von Wrangel, dem König die notwendige Vorsorge auch für diesen, aller Welt unmöglich scheinenden Fall nahegelegt und erwirkt zu haben, daß er im August heimlich, ohne Vorwissen Hardenbergs, mit dem mündlichen Auftrag zu dem preußischen Hilfskorps gesandt wurde: dessen Befehlshaber solle sich, wenn die Franzosen über die russische Grenze zurückgedrängt und von den Feinden verfolgt würden, von Jenen zu trennen suchen, nach Graudenz zurückgehen und den Eintritt in diese Festung beiden streitenden Teilen verwehren[1]. Nun, wo das

[1] S. T h i m m e, König Friedrich Wilhelm III., sein Anteil an der Konvention von Tauroggen und an der Reform von 1807—1812 (Forschungen zur brandenburgischen und preußischen Geschichte, XVIII, 1905), wo die entsprechende Stelle aus Wrangels Tagebuch mitgeteilt und ihre Wahrhaftigkeit durch eine sorgsame Kritik erhärtet ist. Was die Angaben des Tagebuchs wesentlich unterstützt, ist eine spätere Eingabe Wrangels

Unglaubliche Ereignis geworden war, hat Yorck zwar nicht
sein Korps nach Graudenz zurückgeführt, was durch den
Voranmarsch Macdonalds und die Wahrscheinlichkeit, wenn
man weiter ging, die Artillerie und den Train einzubüßen,
unmöglich gemacht wurde, er hat auch nicht, was dem König
vorteilhafter geschienen hätte, da man dann aufs neue hätte
rüsten dürfen, kapituliert, aber er hat doch jene Instruktion
aus dem August in ihrem wesentlichsten Teil erfüllt, d. i.
Preußens Korps für eine selbständigere Aktion wehrhaft
erhalten. Freilich appellierte eine Neutralitätskonvention —
und das war ja wohl auch die Absicht der Russen, als sie
sie vorschlugen — an den politischen Entschluß des Königs,
und der war jetzt, umgeben von Franzosen, nicht leicht zu
fassen. Friedrich Wilhelm war am ehesten geneigt, sich mit
Österreich, wo ebenfalls keine russenfreundliche Tendenz vor-
waltete, über eine Mittelstellung zu verständigen, und ein
Vertrauter des Königs, Knesebeck, begab sich deshalb nach
Wien. Da traf Mitte Januar auf weiten Wegen der Antrag
des Zaren ein, man möge sich von Frankreich trennen und
ihm anschließen, er wolle Preußen wieder in den Besitz seiner
verlorenen Provinzen in Deutschland bringen oder für anderweitigen Ersatz, etwa durch Sachsen, sorgen; würde jedoch der
König bei seinem Bunde mit Napoleon beharren, so müßte er
sich als berechtigt ansehen, zu einer künftigen Teilung des
preußischen Landes mitzuwirken[1]).

Das war keine leere Drohung. In Alexanders Abmachungen mit Bernadotte zu Åbo war von der Annexion
Ostpreußens bis zur Weichsel die Rede gewesen, die der Kron-

---

an den Kronprinzen aus dem Jahre 1838, mit der er, um sich zu empfehlen,
auf jenen Dienst vor sechsundzwanzig Jahren hinweist, dessen Tatsächlich-
keit leicht durch den König, der noch lebte, zu konstatieren war. (Siehe
T h i m m e im XIII. Band der Forschungen zur brandenburgischen und
preußischen Geschichte, S. 251 f.) Thimmes Mitteilungen und Folgerungen
sind seither nicht ohne Widerspruch, insbesondere auch von L e h m a n n
(Major von Wrangel, der angebliche Urheber der Konvention von Tauroggen,
Preuß. Jahrbücher, Bd. 131) geblieben, der aber das Tatsächliche und damit
die Möglichkeit einer Wirkung bis in den Dezember nicht zu bestreiten vermag.

[1]) Boyen, mit dem Alexander im November in diesem Sinn gesprochen
hatte, brachte seine Worte auf Umwegen an den König. Siehe seinen Bericht
in den Erinnerungen II., 526 (dazu M e i n e c k e, Boyen, I., 251 ff.) Alexanders
Beglaubigungsschreiben steht bei B a i l l e u, Briefwechsel, S. 240

prinz von Schweden gleichsam zum Dank für das versprochene
Norwegen zugestand. Und jetzt noch hielt eine starke Partei
in der Umgebung des Zaren daran fest, man solle auf die Bedingung der Weichselgrenze hin Frieden mit Napoleon machen.
Diese Partei — Kutusow, die meisten Generale und Rumjantzow
gehörten zu ihr — drang aber nicht durch. Alexander gab
vielmehr einer anderen Auffassung Raum, die ein junger
Diplomat, Nesselrode, mit Glück vertrat. Rußland tue ein
langer und sicherer Friede not, meinte der; ein solcher sei nur
zu gewinnen, wenn durch entscheidende Siege über Frankreich
dessen Übergewicht endgültig zerstört und das alte Gleichgewicht der Mächte wieder hergestellt würde. Zu solchem
Unternehmen sei Rußland allein nicht imstande und bedürfe
der Unterstützung der Mittelmächte. Dann wäre es möglich,
der Herrschaft Napoleons so viel Land als möglich zu entziehen, Frankreich in seine natürlichen Grenzen zurückzudrängen[1]). Diese Ansicht begegnete sich mit der, die Stein in
einer Denkschrift vom 17. November dem Zaren vorgetragen
hatte: daß Rußland sich nicht weiter auf die Verteidigung
beschränken, sondern den Krieg noch im Winter, verstärkt durch Österreich und Preußen, in Deutschland fortsetzen
solle, damit Alexander der Wohltäter und Pazifikator Europas
werde, wie er der Retter seines Reichs geworden sei.[2]) Im
Sinne dieser Erwägungen erfolgte dann noch im Dezember
der Befehl an Kutusow, die Landesgrenze zu überschreiten,
erfolgten Eröffnungen an Preußen und Österreich. In der an
den Berliner Hof verzichtete zwar der Zar auf das ostpreußische
Land, tat es aber nicht auf die Erwerbung des Herzogtums
Warschau, in dessen Gebiet er eben einrückte. Der Grund war,
daß er nun wieder, wie im Jahre 1811, eifrig das Projekt eines
einigen Polens unter seiner Herrschaft, d. i. in Personalunion
mit Rußland, erwog. Nur die Rücksicht auf die öffentliche
Meinung daheim, die den Polen abträglich sei, und die andere
auf Österreich und Preußen, die nichts davon erfahren dürften,
weil sie sich sonst sofort Napoleon in die Arme würfen, hinderten ihn, damit schon jetzt hervorzutreten, schreibt er am
13. Januar 1813 an Czartoryski. Diese Politik mußte aber

---

[1]) Sbornik, XXXI. 298 f.
[2]) Pertz, Steins Leben III., 212 ff.; Lehmann, Stein, III., 198 f.

notwendig eine Verständigung mit Friedrich Wilhelm III.
erschweren, und es kam nun ganz besonders darauf an, ob
Knesebeck in Wien fand, was er suchte: die Bereitwilligkeit
zu einer gemeinsamen bewaffneten Vermittlung, um einerseits
die Schwächung Frankreichs auszunützen und anderseits einem
drohenden Übergewicht Rußlands vorzubeugen.

Nirgend war man mehr erstaunt über den Ausgang des
russischen Feldzugs als am Hofe Franz I. Noch im Oktober
hatte Metternich, der es nach Abschluß der französisch-
preußischen Allianz passend gefunden hatte, Hardenberg
näherzutreten, diesem vertraulich geschrieben, er halte nach
der Art, wie die Russen den Krieg führten, die europäische
Existenz ihres Staates für verloren, und da man auch in England die Notwendigkeit des Friedens fühle, beabsichtige er eine
allgemeine Pazifikation in Anregung zu bringen. Das war in
der Tat sein Vorhaben, womit er der Gefahr eines Separatfriedens zwischen Rußland und Frankreich begegnen wollte.
Er trat aber doch erst dann ernstlich mit seiner Absicht hervor, als nach dem Einlangen der Berichte vom Rückzug
der Großen Armee, auch er Napoleons Unternehmen für
gescheitert halten mußte und sich für Österreich die Aussicht
eröffnete, aus der bisherigen Untertänigkeit zu einer würdigeren
unabhängigen Stellung emporzukommen. Dazu sollte die Rolle
des Friedensstifters dienen. Um sie nun aber mit Anstand
spielen zu können, meinte der Minister die geringen Kräfte
des verarmten Donaustaates möglichst schonen zu müssen, was
übrigens schon während des ganzen Feldzugs sein Bestreben
gewesen war. Denn schon im April 1812 hatte er dem
russischen Botschafter Stackelberg in Wien den ostensiblen
Teil des Allianzvertrags mit Frankreich unter der Versicherung
mitgeteilt, Österreich werde sein Hilfskorps gewiß nicht über
30.000 Mann erhöhen, sonst aber nur zu seiner Verteidigung
rüsten, worauf Rußland, dem die Sicherheit von der österreichischen Grenze her ebenso willkommen war, wie den
Österreichern die von der russischen, mit der Bereitwilligkeit
geantwortet hatte, im Fall seines Sieges den Interessen des
Wiener Hofes nicht entgegenhandeln zu wollen. So war es
zu einer Art ungeschriebener Konvention zwischen den zwei
erklärten Feinden gekommen, und die politischen Beziehungen
unter ihnen wurden nur äußerlich abgebrochen. An ein

Einverständnis, das seine Spitze gegen Napoleon kehrte, ist
dabei nicht entfernt und um so weniger zu denken, als man
in Wien doch noch lieber die Oberherrschaft Frankreichs
ertrug, die man mit der Lebensdauer des genialen Kaisers
für zeitlich begrenzt hielt, als daß man einer anhaltenden
russischen Vorherrschaft in Europa die Bahn ebnete, die Galizien, das Napoleon ausdrücklich garantiert hatte sicher auch
in ihren politischen Kalkül zog. Immerhin gewann Österreich
durch dieses Verhalten die Möglichkeit sich zu stärken und im
Osten ein Reservekorps von 30—40.000 Mann aufzustellen,
ohne von russischer Seite gestört zu werden. Den Krieg
gegen Rußland hat es darum keineswegs, wie gesagt worden ist,
als bloßen Scheinkrieg geführt sondern eben nur wie eine
Macht, die ihr bißchen Streitkraft zu Rate hält, weil sie unbedingt muß. Wenn jetzt aber, nach dem Feldzug, Napoleon
von seinem Schwiegervater forderte, er solle sein Hilfskorps,
das mit den Sachsen und einer französischen Division unter
Reynier nach Warschau zurückgegangen war, verdoppeln,
damit es die Russen beschäftige während er neue Armeen aus-
hob, so war dies so gänzlich den Wiener Absichten entgegen,
daß keine zustimmende Antwort erfolgen konnte. Nur durfte
auch die Ablehnung nicht schroff und ohne weiteres ausgesprochen werden um nicht Mißtrauen zu erwecken. Was war
zu tun?

Metternich, der bisher geheimen Sendboten Rußlands kein
Gehör gewährt hatte und sicher war — und nicht er allein —
Napoleon werde bald ein neues Heer befehligen, fand eine
Auskunft darin, daß er jetzt seine Pazifikationsidee erst recht
vornahm und durch einen besonderen Abgesandten, den General
Bubna, in Paris versichern ließ, nur ein allgemeiner Friede
auf breiter Basis könne die Wunden der letzten Kampagne
heilen und die neue französische Dynastie befestigen. Zugleich ließ er in London zum Frieden raten. Der Franzosenkaiser lehnte die unbewaffnete österreichische Intervention
nicht ab, aber seine Eröffnungen an Bubna gewährten ihr wenig
Aussicht auf Erfolg: Spanien werde im Besitz seiner Familie
bleiben, nur seine Truppen sollten es räumen, und auch nur
dann, wenn die Briten Sizilien verlassen wollten, Murat behalte
Neapel, keines der durch Senatsbeschlüsse mit Frankreich
vereinigten Länder (Piemont, Rom, Toskana, Holland, Wallis,

das Hansagebiet, Oldenburg, Parma, Elba, Lauenburg) werde
er aufgeben, vom Herzogtum Warschau nicht ein Dorf. Dagegen könnten allerdings — meinte er gewinnend — in Illyrien
mit Dalmatien, in Korfu, kurz in Ländern, die nicht verfassungsmäßig dem Empire einverleibt seien, Kompensationsobjekte
gefunden werden. Nach Rußland hin mochte Österreich geltend
machen, daß er bereit wäre, die Integrität von Russisch-Polen
zuzugestehen und die Verpflichtungen der Tilsiter Allianz —
Abschließung gegen England — fallen zu lassen. Da er aber
die österreichische Bemühung, namentlich bei den Briten,
für aussichtslos halte, so sei es doch vor allem wünschenswert,
daß Franz I. sein Hilfskorps verdoppele; er wolle für Subsidien
sorgen. Er lebte eben ganz in der Erneuerung des Krieges.
Für den wollte er der Mitwirkung der Donaumacht sicher
sein. Da störte es ihn, daß ihm aus Wien berichtet wurde,
es sei Metternich, als er vom Zusammenbruch der Großen
Armee hörte, dem Gesandten Otto gegenüber das Wort ent-
schlüpft, Österreich würde, wenn es nur sein System änderte,
fünfzig Millionen Seelen — Deutschland und Italien — zum
Gefolge haben. Dem mußte entgegengearbeitet werden. Etwa
indem man die dynastische Verbindung zu höherer politischer
Geltung brachte? Napoleon denkt daran und läßt Anfang
Januar Denkschriften darüber ausarbeiten, ob nicht Marie
Luise und ihr Sohn zu krönen wären und ob man nicht Jener
unter Umständen die Regentschaft übertragen sollte. Maret
schreibt es an Otto nach Wien die Krönung der Kaiserin werde
wahrscheinlich im Laufe des Februar vor sich gehen, Franz I.
möge nur seiner Tochter die Aufrechterhaltung der Allianz
feierlich gewährleisten[1]). Aber in Wien legte man auf diese
Dinge wenig Wert. Kaum hatte man dort die Sicherheit, daß es
Napoleon nur darum zu tun war sich seine verlorene Geltung
wieder zu erkämpfen, so richtete Metternich all sein Trachten
bloß noch dahin, den Lärm der Waffen von Österreich fernzuhalten und sich unterdes für alle Fälle zu rüsten: er lehnte
die Forderung Napoleons auf Verdoppelung des Hilfskorps ab
und verschanzte sich zunächst hinter seiner Rolle als Friedens-
prediger; er vermied es aber sorgfältig, als Friedensvermittler
mit bestimmten Bedingungen, die er hätte verteidigen müssen,

---

[1]) S o r e l, VII., 45.

aufzutreten, wozu man finanziell und militärisch noch lange
nicht in der Lage war. Er ermutigte zwar Hardenberg zur
offenen Parteinahme für Rußland weil dadurch der Krieg
bestimmt im Norden blieb und der Zar und Napoleon voraussichtlich zu größerer Mäßigung bewogen wurden, unterließ
es aber, sich für den Heimfall des Herzogtums Warschau an
Preußen bei Rußland zu exponieren. Daran scheiterte die
Mission Knesebecks. Sie hatte nur den einen Erfolg, daß der
Kaiser dem Abgesandten sein Wort gab, die in Mähren und
Schlesien zu sammelnde Truppenmacht würde niemals gegen
Preußen gebraucht werden. Was jetzt und noch später ein
weiteres Hervortreten Österreichs erschwerte, war auch hier,
neben den reduzierten Kriegskräften und der Schwierigkeit,
ein mit schönen Hoffnungen dekoriertes System plötzlich zu
verabschieden, der Umstand, daß man der Politik des Zaren
mit sehr wenig Vertrauen begegnete. Ein Schreiben Alexanders I. vom 29. Dezember 1812, das Franz I. aufforderte, die
alten habsburgischen Provinzen, d. i. namentlich Tirol und
Italien, zu besetzen, man wolle alle Kräfte aufbieten, Österreich wieder dazu zu verhelfen, wurde nicht zustimmend
beantwortet, denn Metternich sah genau, wie es dem Nachbar
dabei nur darum zu tun war, die österreichischen Truppen aus
ihrer störenden Flankenstellung in entferntere Gegenden zu
verlegen und den Wiener Hof durch eine rasche Tat Napoleon
gegenüber unwiderruflich zu kompromittieren. Und bald wird
man auch für Alexanders erneuerte Absicht auf Polen un-
widerlegliche Beweise in Händen halten. Nur um jede Kollision
zu vermeiden, ließ Franz das Hilfskorps nicht, wie es der Vizekönig Eugen verlangte, von Warschau nach Kalisch gehen,
wo es mit den nachrückenden Russen handgemein werden
mußte, sondern Schwarzenberg einen Waffenstillstand auf
unbestimmte Zeit mit vierzehntägiger Kündigung abschließen
(30. Januar 1813) und die Truppen nach Krakau zurückziehen, „um sie für den kommenden Feldzug zu schonen",
wie in Paris versichert wurde[1]). Das war noch nicht der Abfall
von Napoleon, wohl aber der erste Schritt dazu. So nannte es
der Franzosenkaiser selbst[2]). Der erkannte sofort alle Nach-

---

[1]) Der Vertrag bei M a r t e n s, Recueil des traités conclus par la Russie,
III., 89.

[2])Als ihm General Bubna in Paris den Befehl des Kaisers Franz an

teile dieser Maßregel, die Eugen, der sich seines Stützpunktes rechter Hand beraubt sah, in der Tat nötigte, von der Weichsel zur Oder zurückzuweichen. Die Russen gewannen freie Bahn vorwärtszugehen, und schlugen am 13. Februar bei Kalisch, das nunmehr vereinzelte Korps Reynier, das sich, arg zugerichtet, nach Glogau flüchtete.

Ihr Vorrücken drückte aber wieder auf ihre Verhandlungen mit Preußen und mußte sie zu einem Abschluß bringen. Friedrich Wilhelm III. war durch die exklusiv österreichische Politik, die Metternich verfolgte, empfindlich berührt. Er war noch immer derselbe, als den wir ihn in den Krisen von 1809 und 1811 kennen lernten; auch jetzt noch lebte er der (nicht eben grundlosen) Überzeugung, daß Napoleon nur durch ein Zusammengehen von Rußland, Preußen und Österreich zu besiegen sei, und nicht ohne Widerstreben entschloß er sich deshalb zu Separatunterhandlungen mit Alexander. Aber er entschloß sich dazu. Er hatte wohl Yorck desavouiert, ihn in einer öffentlichen Kundgebung als seiner Stelle entsetzt und dem Kriegsgericht verfallen erklärt — dann aber doch nichts davon ausgeführt, sondern vielmehr insgeheim durch denselben Boten, der dem General seine Absetzung ankündigen sollte, dem Zaren ein Bündnis in Aussicht stellen lassen, wenn er ihn durch rasches Vorrücken an die Weichsel gegen Napoleon schützen und seine polnischen Pläne einschränken, d. h. ihm Danzig und den ehemals preußischen Teil des Herzogtums Warschau überlassen wolle. Als Alexander hierauf beruhigend antwortete — er hatte freilich kurz vorher jenen Brief an Czartoryski geschrieben! — begab sich der König von Potsdam nach Breslau, um aus der Nähe der Franzosen, die Berlin besetzt hielten, fortzukommen (22. Januar 1813). Dem Franzosenkaiser hatte man vorsichtig bereits durch den nach Paris gesandten Fürsten Hatzfeld von der Absicht des Hofes, nach Schlesien zu gehen, Nachricht gegeben; natürlich sollte es nur geschehen sein, um den heranrückenden Russen auszu-

Schwarzenberg vorlas, ließ er sich die Stelle wiederholen und sagte dann: „Das ist ein schlechtes Spiel (une mauvaise pièce), durchaus gegen die Allianz, das ist der erste Schritt zum Abfall (le premier pas vers la défection)." Siehe den Brief von Gentz an Kolowrat vom 20. Februar 1813 in meinem Aufsatz „Österreich am Vorabend der Befreiungskriege". Österreichische Rundschau, 1913, Heft 5.

weichen oder, wie Hardenberg in seinem Tagebuch die Ausrede stilisiert: „um nicht zwischen Russen und Franzosen
kompromittiert zu sein". Auch hatte Hatzfeld darauf vorzubereiten, daß man in Verhandlungen mit Rußland die
Neutralität jenes Teiles von Schlesien zu erreichen hoffe,
der im Bündnisvertrag mit Frankreich als für fremde Truppen
unpassierbar erklärt worden war, „was ganz und gar den
Willensmeinungen des Kaisers Napoleon entsprechen dürfte"[1]).
Es entsprach ihnen natürlich ganz und gar nicht; aber ehe
noch der mißbilligende Bescheid eingelangt war, hatte man,
dem französischen Machtbereich entronnen, den diplomatischen
Verkehr mit Rußland bereits eingeleitet. Dabei hielt man
übrigens Napoleon immer noch den Weg offen, auf den man
ihn noch von Berlin aus hingewiesen hatte, sich durch Bezahlung einer infolge der letzten großen Armeelieferungen
aufgelaufenen Schuld von 90 Millionen Franken oder durch
feste Versprechungen eines Territorialgewinnes die Verbindung mit Preußen zu sichern. Napoleon tat weder dies
noch jenes; er begnügte sich, dem preußischen Gesandten ganz
obenhin von Teilen des Herzogtums Warschau und des Königreichs Westfalen zu sprechen, ohne sich im geringsten zu binden,
wies den Schuldanspruch an seinen Minister, der weiter kein
Wort darüber verlor, und versicherte, Requisitionen in Preußen
verboten zu haben, während er zu derselben Zeit Eugen und die
Kommandanten der Oderfestungen dazu geradezu aufforderte.
Natürlich erleichterte er Alexander damit seine Werbung. An
dem Tag, da der betreffende Bericht des Gesandten aus Paris
in Breslau eintraf, bewog der bereits für Rußland gestimmte
Hardenberg den König, eine Rüstungskommission einzu-
setzen, zu der Scharnhorst beigezogen wurde (28. Januar).
Am 12. Februar wurden dann die Linientruppen in Schlesien
und Pommern mobil gemacht, um gegen einen möglichen
Überfall durch die Franzosen, etwa von Berlin her, wo eine
Division unter Grenier stationierte, gesichert zu sein, und
Knesebeck, den man von Wien abberufen hatte, ward zu
Alexander gesandt, um über einen Bundesvertrag zu unter-
handeln. Freilich war des Königs Absicht dabei zunächst nur,

---

[1]) Siehe den Brief des Königs an Hatzfeld vom 8. Januar 1813 bei
O n c k e n, Die Sendung des Fürsten Hatzfeld nach Paris, Deutsche Revue,
1899, II., 49.

durch den Rückhalt an Rußland gesichert, Napoleon einen
Waffenstillstand vorzuschlagen, der die französischen Truppen
links von der Elbe, die russischen rechts von der Weichsel
halten und die Einleitung zu einem Frieden, etwa auf der
Basis von Lunéville oder Amiens, bilden sollte. Einen Ver-
nichtungskrieg gegen Napoleon zu führen, war vorerst durchaus nicht sein Wille.

Das war aber der Wille seines Volkes. Und wenn dieses
auch im Jahre 1809 noch nicht stark genug gewesen war, den
König mit sich fortzureißen, jetzt sollte es gelingen. In Denk-
schriften, Petitionen und Adressen, in Zuschriften ergebener
Generale ward es dem Monarchen nahegelegt, daß jeder Preuße
den Krieg gegen Frankreich, dessen Druck man so tief und
schmerzlich empfunden habe, als einen heiligen ansehe. Und
wie ernst es der Bevölkerung damit war, sah man, als die
Rüstungskommission — nachdem sie am 1. Februar die
Krümper und Reservisten einberufen hatte — am 3. die
Wohlhabenden und Intelligenten aufforderte, als freiwillige
Jäger ins Heer einzutreten, und einige Tage nachher (9.)
für das Alter vom 17. bis zum 24. Jahre jede Ausnahme von
der Dienstpflicht für die Dauer des Krieges aufhob und damit
allgemeine Wehrpflicht verkündete[1]). Da zogen sie in hellen
Scharen herbei, von Begeisterung und Kampfeslust durch-
glüht, und griffen gierig nach den Waffen, die man ihnen reichte,
während Andere, die nicht mitfochten, fast ihre letzte Habe
opferten, nur um die Franzosen zu bekämpfen — gewiß zu
keinem anderen Zweck, der König mochte beschließen, was
er wollte. Es war ein revolutionärer Drang im preußischen
Volk, wie damals, als vor vier Jahren Friedrich Wilhelm
zauderte, nur noch stärker[2]). Dazu kam, daß man sich nicht

---

[1]) Die Freiwilligen, die sich selbst zu bekleiden oder, wenn sie sich zur
Reiterei meldeten, mit Pferden zu versehen hatten, wurden in eigenen besonders uniformierten Detachements den Infanteriebataillonen und Kaval-
lerieregimentern zugeteilt.

[2]) Siehe Band II, S. 282. Man vergleiche mit den dort zitierten Worten
des preußischen Ministers die des englischen Agenten Ompteda in einem
Schreiben vom 20. Februar 1813: „Der König, der das Unglück hat, nicht
an die Kräfte des patriotischen Eifers zu glauben, ist nicht mehr imstande,
des Enthusiasmus Herr zu werden, der sich aller Geister bemächtigt und
in wahrhaft ehrenwerter Weise zutage tritt. Weigert sich der König, die
ihm von seinen Untertanen dargebotenen Mittel im Sinne der Nation zu

bloß als Preußen, sondern voraus als Deutsche fühlte und sich,
wie die Österreicher im Jahre 1809, als „Nation konstituierte",
während der König und seine nächsten Vertrauten — Ancillon, Knesebeck u. a. — auf dem Boden des territorialen
Partikularismus verharrten. Diese deutschnationale Bewegung
im Volke kam aber dem Zaren insofern zu statten, als sie auf
den Besitz polnischen Landes unendlich viel weniger Gewicht
legte als die Berliner Regierungspolitik, und Alexander brauchte
sie nur wirksam zu unterstützen, um für seine heimlichen
Pläne auf Warschau Raum zu bekommen. Er hatte deshalb
Stein mit Vollmacht nach Königsberg gesandt, damit er dort
die Landstände einberufe und sie zu Geldgaben und Rüstungen
vermöge, denselben Stein, der als Haupt der nationalen Partei
galt, die über die Grenzen der deutschen Staaten hinweg nur ein
einiges Deutschland erblickte. „Ich habe nur ein Vaterland,"
hatte er im Dezember 1812 geschrieben, „das heißt Deutschland; mir sind die Dynastien in diesem Augenblicke großer Entwicklung vollkommen gleichgültig." In Königsberg erreichte
er seinen Zweck vollauf. Der Landtag genehmigte mit Freuden
Yorcks Forderung der Komplettierung seines Korps und ein
von Clausewitz entworfenes Landwehrgesetz, im ganzen die
Stellung von ungefähr 40.000 Mann, und öffnete die ostpreußischen Seehäfen — alles ganz unabhängig vom Hofe und so,
als ob der König dieses Landes bereits endgültig die russische
Partei ergriffen hätte.

Das war aber doch noch lange nicht der Fall. Vielmehr
gerieten die Unterhandlungen zwischen Knesebeck und
Alexander in Kalisch ins Stocken, weil der Preuße, hart-
näckiger als seine Instruktion es vorschrieb, die Rückgabe der
früheren Besitzungen Preußens in Polen vertrat, wovon der
Zar nichts wissen wollte. Erst als Dieser, auf den Vorschlag
Steins, über den unbequemen Unterhändler hinweg in Breslau
selbst einen Vertrag vorlegen ließ, kam es dort unter dem
zwingenden Eindruck der immer wachsenden Bewegung in
Volk und Armee am 27. Februar zum Abschluß. Am nächsten
Tag wurde das Abkommen auch in Kalisch unterzeichnet.

---

gebrauchen, oder zaudert er auch nur, sich den Bemühungen Rußlands um
die Wiederherstellung der preußischen Monarchie anzuschließen, so halte
ich die Revolution für unausbleiblich und die Armee dürfte das Signal geben."
(O m p t e d a , Nachlaß, III, 25.)

Man verbündete sich zu Schutz und Trutz zum Zweck der
Befreiung Europas und zunächst der Restauration Preußens
in seiner Macht vor 1806. Dazu wird der Zar 150.000, der König
80.000 Mann, wenn möglich auch mehr stellen. Rußland
garantiert seinem Alliierten den Besitz Altpreußens, Friedrich
Wilhelm gibt seine ehemalige polnische Provinz (Herzogtum
Warschau) auf und begnügt sich mit einem Landstrich, der
Ostpreußen mit Schlesien verbindet. Beide Mächte werden
dahin trachten, Österreich für ihre Sache zu gewinnen, und
Rußland wird Preußens Bemühungen um englische Subsidien
unterstützen. Zur Herstellung der alten Macht des Hohenzollernstaates bestimmt ein geheimer Artikel Eroberungen in Norddeutschland — Hannover um Englands willen ausgenommen
— und zwar solche, die das Gebiet der preußischen Krone
zugleich abrunden sollen, womit deutlich auf Sachsen hingewiesen war. Im Artikel III verpflichtete sich der König,
seine Streitkräfte durch das Aufgebot einer Landwehr zu
vermehren, und am 17. März 1813 erschien das entsprechende
Edikt, begleitet von einem markigen Aufruf „An mein Volk"
zum Befreiungskrieg von dem so lang erduldeten Drucke
fremder Willkür. Und dem von Hippel verfaßten Appell an
das Volk ging noch ein zweiter „An mein Kriegsheer" zur
Seite, und mit beiden zugleich wurde das vom 10. März datierte
Dekret veröffentlicht, das in dem „eisernen Kreuz" die einzige
Offizieren und Soldaten gleich zugängliche Kriegsdekoration
schuf. An demselben Tage kündigte Hardenberg dem französischen Gesandten Saint-Marsan die Allianz, und am 27.
überreichte Krusemarck in Paris dem Minister Maret Preußens
Kriegserklärung.

So hatte in Breslau die Nationalpartei über die Territorial-
partei den Sieg davongetragen, und bald kam die nationale
Tendenz der russisch-preußischen Verbindung in einem zweiten
Übereinkommen vom 19. März 1813 zum Ausdruck. In einer
Proklamation an alle Deutschen des Rheinbundes wollte man
die Befreiung Deutschlands vom herrschenden Einfluß Frankreichs als Zweck hinstellen, zu dem Alle mitzuwirken hätten;
jeder Fürst, der nicht innerhalb einer bestimmten Frist dem
Aufruf entsprochen haben würde, sollte mit dem Verlust seiner
Staaten bedroht werden. Wenig Tage darauf ward der ver-
einbarte Aufruf Kutusows, des Befehlshabers der alliierten

Armeen, „An die Deutschen" veröffentlicht, worin im Namen
der beiden Monarchen die Drohung gegen jene Fürsten noch
deutlicher ausgedrückt war, „welche der deutschen Sache ab-
trünnig sein und bleiben wollen"; sie seien „reif zur Vernichtung durch die Kraft der öffentlichen Meinung und durch
die Macht gerechter Waffen". In einem dritten Abkommen vom
4. April einigte man sich über eine Zentralverwaltungs-
kommission von vier Bevollmächtigten Preußens und Rußlands. Stein war, von russischer Seite, dabei und bald die
leitende Kraft der neuen Behörde, die in den besetzten Gebieten Norddeutschlands, mit Ausnahme der hannoverischen
und ehedem preußischen Provinzen, die Administration auszuüben, zu requirieren, eine Landwehr auszuheben hatte[1]).
Dabei war es vor allem auf Sachsen abgesehen, wohin sich der
Vizekönig von der Oder weg über Berlin begeben hatte, um
es aber noch im März, auf besonderen Befehl Napoleons, vor
den Russen zu räumen und eine feste Stellung bei Magdeburg
zu beziehen. Alexander hatte sich, um von Warschau abzulenken, zu Knesebeck, wie schon früher zu Boyen, geäußert,
zu Preußens Vergrößerung wäre eben Sachsen, anstatt des polnischen Gebietes, besonders geeignet, was auf Friedrich Wilhelm
genug Eindruck machte, um auf die warschauische Provinz
weniger Gewicht als bisher zu legen, obwohl dort viel preußisches
Kapital investiert worden war. König Friedrich August
war vor den heranrückenden Kosaken mit zwei Reiterregi-
mentern fort nach Plauen und dann nach Regensburg gezogen,
und sein Minister Senfft meinte den Staat am besten aus der
Affaire ziehen zu können, wenn er die sächsischen Truppen in
Torgau sowohl den Franzosen als den Verbündeten vorenthielt
und heimlich ein Bündnis mit Österreich verabredete, das die
Integrität des „erbländischen" Besitzes und für Warschau,
wenn es abgetreten werden mußte, eine Entschädigung zugestand, wogegen Sachsen auch seinerseits den österreichischen
Besitzstand garantierte und die Friedenswerbung des Kaisers
Franz mit den Waffen unterstützen wollte (20. April 1813)[2]).

---

[1]) Siehe die Breslau-Kalischer Verträge bei M a r t e n s, VII., 62 ff.
und darüber L e h m a n n, Stein, III., 264 ff.

[2]) S. B i t t n e r, Chronologisches Verzeichnis der österr. Staatsverträge, II. u. 1561 nach dem Wiener Original. Über die Verhandlungen
in Wien s. B o n n e f o n s, Un Allié de Napoléon, p. 405 ff.

Die Alliierten mochten nun einen Aufstand des sächsischen
Volkes, oder doch des Militärs, und dessen Vereinigung mit
Preußen erhofft haben; doch eine solche Bewegung blieb aus,
wenn man auch in Dresden, erbittert über die von dem retirierenden Davout angeordnete Sprengung der steinernen
Brücke, den beiden Monarchen zujubelte, als sie am 23. April
in die Stadt einzogen.

Scheiterte hier noch der Appell an das Nationalgefühl,
so kam es dafür an anderen Orten zu Erhebungen, die schon
der Nähe der Franzosen wegen ohne nachhaltige Wirkung
bleiben mußten: vorerst im Großherzogtum Berg, dann
in Hamburg, wo Mitte März ein Kosakenstreifkorps erschien
und mit Begeisterung empfangen wurde, in Oldenburg und
an den Strandorten, wo übereilte Gewalttat gegen französische Zöllner und Gendarmen später zu argen Repressalien
führte, als die Russen wieder umkehren mußten und eine
französische Mobilkolonne an ihrer Stelle erschien. Hätte
der Preußenkönig rascher als er es tat, etwa zwei Monate
früher, da alle Welt unter dem frischen Eindruck der Katastrophe des großen Heeres stand und Napoleon noch kein
zweites zur Hand hatte, das System gewechselt und die nationale Partei ergriffen, er hätte damit unter den westdeutschen
Völkerschaften reichen Anhang gewinnen und der Aufruf
an die Nation allenthalben ein Echo finden können[1]). So aber
hatte man viel Zeit an die fruchtlose Verhandlung mit Österreich verloren und auch später noch gesäumt, bis Napoleon
eine neue Armee aus der Erde gestampft und seine Vasallen
jenseits des Rheins aufs neue an sich gefesselt hatte. Da war
dann jene Wirkung nicht mehr zu erzielen. Die Verbündeten
waren, wenn sie siegen wollten, nur an sich selbst und allenfalls an die Geldhilfe auswärtiger Mächte gewiesen.

Der Breslauer Vertrag vom 27. Februar sollte außer Österreich auch England und Schweden mitgeteilt werden. Diese

---

[1]) Am 29. Januar noch sagte Fürst Hatzfeld in Paris zu Napoleon:
„Alles ist vorbereitet und organisiert; Deutschland kommt mir vor wie ein
zum Anzünden fertiges Feuerwerk, das ein einziger Funke in Brand stecken
kann; wenn Preußen sich rührt, wenn es den Pfad der Volkserhebung be-
schreitet, so folgt ihm das Ganze nach." Und der Kaiser fiel ihm bei.
(O n c k e n, a. a. O. S. 347 ff.)

beiden Staaten wurden nun durch Rußland, das seit einem
Jahr mit ihnen verbündet war, in ein näheres Verhältnis zueinander gebracht: England garantierte dem Kronprinzen
Karl Johann die künftige Erwerbung Norwegens und versprach
ihm sogar die Insel Guadeloupe und entsprechende Subsidien,
wenn er mit 30.000 Mann in den Festlandskrieg gegen Frankreich eintreten wollte. Napoleon, der dergleichen vorausgesehen
haben mochte, hatte Ende Februar 1813 durch einen geheimen
Boten noch einen Versuch gemacht, sich Bernadotte zu ver-
söhnen. Da er aber wieder nicht Norwegen, sondern nur
Pommern und unbestimmte Ländereien zwischen Elbe und Oder
— die bekannte Teilung Preußens — anbot, scheiterte auch
jetzt die Unterhandlung. Am 3. März wurde der schwedisch-
britische Vertrag abgeschlossen, und am 23. schickte der Kronprinz einen groben Absagebrief an seinen früheren Souverän.
Diesem blieb Dänemark dafür treu. Notgedrungen. Friedrich VI. hätte sich Rußland und England angeschlossen, wenn
die Verhandlungen mit diesen Mächten etwas anderes für ihn
ergeben hätten als die sichere Aussicht auf den Verlust Norwegens ohne jede Entschädigung. Natürlich trat nun auch
Preußen, das bisher im Krieg mit England gestanden hatte, zu
dieser Macht in ein Verhältnis, das für Friedrich Wilhelm III.
späterhin, gegen dessen Verzicht auf Hannover, Hildesheim,
Ostfriesland und ein Stück von Münster, Lauenburg und
Subsidien ergab. Um diesen Monarchen gewiß beim Kriege und
damit Rußland bei der Offensive festzuhalten, verzichtete man
in London auf das Projekt, zwischen Schelde und Elbe ein
welfisches „Königtum Austrasien" zu gründen, wie man vorgehabt hatte. Der Plan Pitts wurde wieder lebendig: im
Kampfe gegen die französische Übermacht das Gleichgewicht
der Staaten herzustellen und mit ihm dem britischen Export
die alten abhängigen Märkte wiederzugewinnen. Man holte
die alte Karte Europas wieder hervor, die er aufzurollen befohlen hatte, denn sie sollte aufs neue zur Geltung
kommen.

Das war nun gewiß nicht die Stimmung, die Metternich an der Themse voraussetzte, als er dort durch Wessenberg seine guten Dienste für einen allgemeinen Frieden anbieten ließ, worin England Napoleon durch überseeische
Abtretungen dazu bringen sollte, sich auf dem Kontinent ein-

zuschränken und Ruhe zu halten[1]). Das Londoner Kabinett
ging hierauf nicht ein. Die Stelle in Napoleons Thronrede,
daß nirgends der Besitzstand des Empire in Frage gestellt
werden dürfe, verbürge allein schon die Aussichtslosigkeit
des Schrittes, sagte man. Es war wie vor Jahresfrist, und
die Mission des Wiener Diplomaten scheiterte. Sie scheiterte
nicht zum wenigsten auch an der öffentlichen Stimmung
des britischen Volkes, die es gewaltig übelnahm, daß in Wien
ein Komplott zur Insurrektion Tirols und der anderen der
Monarchie entfremdeten Alpenländer, an deren Spitze Erzherzog Johann als „König von Rhätien" treten sollte und für
das der britische Agent King bereits einiges Geld ausgegeben
hatte, unterdrückt wurde. So offen äußerte sich die Abneigung
gegen Metternichs hinzögernde Politik, daß der Prinzregent
dessen Abgesandten gar nicht öffentlich zu empfangen wagte.
So wie sich aber England den Friedensmahnungen Österreichs
versagte, so verschloß man sich in Wien dem Drängen Rußlands
und ging über jenen Waffenstillstand aus dem Januar zunächst
nicht hinaus. Und man glaubte für seine Zurückhaltung guten
Grund zu haben. Staatsrat Anstett, der ihn mit Schwarzenberg
verhandelt hatte, hatte damals versichert, sein Herr denke
weder an einen Wechsel in der mit Österreich verwandten
Dynastie Frankreichs, noch daran, Polen zu restaurieren.
Und nun hatte man, just nachdem die Waffenruhe abgeschlossen
war, Kenntnis von jenem Briefwechsel zwischen Alexander und
Czartoryski erlangt, der den Plan des Zaren enthüllte, Polen
bei günstiger Gelegenheit in seinen alten Grenzen wiederherzustellen und mit dem Russenreich unter seinem Zepter zu vereinigen. Was Wunder, daß man, aus Sorge für Galizien, das
dadurch gefährdet erschien, und jeden neuen Machtzuwachs
Rußlands fürchtend, sich scheute, einen solchen durch seine
Kräfte zu fördern[2])? Nun erfuhr man auch noch, daß Ende

---

[1]) Gentz macht in dem oben schon zitierten Brief an Graf Kolowrat
vom 20. Februar geltend, daß bei der Sendung von Wessenberg nach London,
ebenso wie bei der des Hofrats von Lebzeltern zu Alexander mit dem gleichen
Auftrag, „Friede nur der ostensible, hingegen der wirkliche Zweck war,
uns mit Rußland und England in direkte Verhältnisse zu setzen". Österreichische Rundschau 1913, a. a. O.

[2]) Seit dem Jahre 1813, schrieb später einmal Metternich an Hardenberg, sei es seine vornehmlichste Sorge gewesen, es könnte ihm nicht gelingen zu verhindern, daß eine ungeheure Machtvergrößerung Rußlands

März Czartoryski in Kalisch aufgetaucht und von da nach
Warschau gereist war. Da beantwortete man denn die kriegerischen Mahnungen Alexanders mit nichtssagenden Redensarten und schloß sich ihm nicht an.

Diese Momente wirkten dann wieder auf die Haltung
Napoleon gegenüber zurück. Wenn Österreich seine Friedens-
stifterrolle festhalten wollte — und das wollte es schon der
eigenen Unabhängigkeit wegen und um von der französischen
Allianz loszukommen — so mußte man jetzt, nachdem man in
England kein Gehör gefunden hatte, dem Franzosenkaiser Ein-
schränkungen nahelegen, ohne ihn zunächst dafür entschädigen
zu können. Es war kaum anzunehmen, daß er darauf einging.
Denn daß er nicht vor der bloßen kriegerischen Attitüde Rußlands und Preußens klein beigeben würde, wußte Metternich
nur zu gut. Vielleicht aber erwies er sich Vorschlägen seines
Verbündeten zugänglicher, wenn dieser selbst bestimmter auftrat. Und das durfte man jetzt, wo die Gefahr, der man in
Österreich bisher so sorgsam ausgewichen war, d. i. den Gefürchteten isoliert auf sich zu ziehen, durch das preußisch-
russische Bündnis in weitere Ferne rückte, während der
bevorstehende Kampf die Kräfte gerade der Mächte band,
deren Übergewicht — Rußlands und Frankreichs in Europa,
Preußens in Norddeutschland — man in gleichem Maß perhorreszierte. Kurz, man sah in Wien ein, daß man das System
um eine „Nuance" ändern, die Haltung des unbewaffneten
Intervenienten mit der des bewaffneten Vermittlers vertauschen
müsse, wenn man weiterhin seinen Propositionen den gehörigen
Nachdruck geben wolle. Um darin stark zu sein, begann
Metternich jenes Band mit Sachsen zu knüpfen, versuchte
er, Murat, der, von Napoleons Ungnade bedroht, sich ihm
näherte, Bayern, ja man sagte sogar — was unrichtig ist —
Jérôme für seine Partei der neutralen Mediation zu gewinnen.
Diese Wandlung vollzog sich, nachdem Napoleon durch einen
neuen Gesandten an Stelle Ottos, den Grafen Narbonne, in
Wien aufs neue die Teilung Preußens und den Gewinn Schlesiens
hatte anbieten lassen, wenn sein Schwiegervater mit 100.000
Mann an seiner Seite weiter kämpfen wollte. Metternich lehnte

das notwendige Ergebnis der Zertrümmerung des französischen Kolosses
würde. (B a i l l e u, Art. „Metternich" in der Allg. d. Biographie.)

ab, indem er sich auf einen Satz in der von dem Botschafter
überreichten Note stützte, der die Donaumacht aufforderte, eine
schärfer ausgeprägte Haltung anzunehmen und, wenn es nicht
zu den von ihr geforderten Unterhandlungen kommen sollte,
als Hauptmacht (partie principale) in den Kampf einzutreten[1].
Damit, meinte der Minister, räume Napoleon selbst Österreich
eine andere Rolle als die einer bloßen Hilfsmacht ein, wie sie der
Vertrag von 1812 ihm zugewiesen, und spreche einer b e w a f f-
n e t e n Vermittlung das Wort, die er sich bisher verbeten hatte.
Man gab sich, als wäre man durch ihn gleichsam zur Unabhängigkeit autorisiert, denn man könne doch nicht, meinte
Franz I. in einem Brief an seinen Schwiegersohn, „in erster
und zweiter Linie zugleich stehen[2]“. So erklärte man sich
denn am 11. April nach der einen und der anderen Seite als
bewaffneter Vermittler und kam damit auch in etwas der
Stimmung in den maßgebenden Zirkeln der Hauptstadt entgegen, die sich an dem kriegerischen Entschluß Preußens
erwärmt hatte und gegen den Minister drohend Front machte;
sie ließ sich nicht mehr übersehen, selbst wenn man es gewollt
hätte. Und als dann Narbonne verlangte, es solle wenigstens
das Hilfskorps den im Januar mit Rußland geschlossenen
Waffenstillstand kündigen, antwortete Metternich nur, die
Russen selbst hätten ihn bereits gekündigt, verschwieg aber
weislich, daß dies auf Österreichs Wunsch und nach Abschluß einer geheimen Konvention vom 29. März geschehen sei,
wonach sich das Korps vor überlegenen Kräften völlig nach
Galizien und von da nach Böhmen ziehen konnte, wo ein neues
Heer zu Zwecken der Mediation des Kontinentalfriedens
gerüstet wurde[3]. Ob es in Aktion trat? Das hing davon ab,
ob Napoleon „vernünftig“ wurde, wie Franz I. es Narbonne
gegenüber nannte, d. h. ob er auf sein drückendes Übergewicht

---

[1] Die französische Verbalnote vom 7. April 1813 bei L u c k w a l d t,
S. 377 ff.

[2] Natürlich war das nur eines der diplomatischen Auskunftsmittel,
die Metternich mit großem Geschick handhabte. Im Januar erst hatte er
zu Humboldt, dem Vertreter Preußens, gesagt, ein Staat könne ganz gut
neutral bleiben und dennoch einer der kriegführenden Mächte ein Hilfskorps stellen. (G e b h a r d t, W. v. Humboldt als Staatsmann, I., 412.)

[3] Der Vertrag ist bei B i g n o n, XI.. 443 und bei O n c k e n, Österreich und Preußen, II., 204 mit dem richtigen Datum (29.) abgedruckt, in
früheren Sammelwerken mit einem unrichtigen (19.).

in Europa verzichtete. Die Lage war, wie sie Talleyrand in Paris dem Fürsten Schwarzenberg, der dorthin geschickt worden war, um Napoleon zu sondieren, mit den Worten zeichnete: „Der Augenblick ist da, wo der Kaiser Napoleon König von Frankreich werden muß". Der scharfsichtige Mann wußte genau, daß er damit einen unlösbaren Widerspruch ausdrückte.

———

Es war ursprünglich Napoleons Absicht gewesen, erst im Mai die Offensive zu ergreifen. Noch Mitte März spricht er in Briefen an Eugen davon, und daß er dann nicht bloß mit der von Diesem befehligten Elbe-Armee, sondern auch mit einer zweiten, in Mainz und Würzburg gesammelten Main-Armee im Norden Magdeburgs, den Gegner täuschend, die Elbe überschreiten und in Gewaltmärschen über Stettin nach Danzig rücken wolle, wo Rapp mit etwa 30.000 Mann, darunter die ehedem Macdonaldschen Truppen, des Entsatzes harrte. Er meinte für diese Bewegung bis zu jener Zeit 300.000 Mann zur Verfügung zu haben, um sich in den Besitz der unteren Weichsel zu setzen. Dann mußten die Russen zurück, Preußen fiel in seine Hände, und wir sahen bereits, wie er in seinen Anerbietungen an Österreich den Staat der Hohenzollern aufteilte. Es war eine große Konzeption, wenn auch noch lange kein Kriegsplan. Bald — nach ein paar Wochen schon — ward sie fallengelassen. Die Allianz der nordischen Mächte mit ihren insurrektionellen Tendenzen, der drohende Verlust Sachsens, namentlich aber Österreichs immer deutlicher zutage tretende Unverläßlichkeit änderten das Vorhaben. Napoleon kam zu der Überzeugung, daß er je eher je besser das Gewebe der Diplomatie mit seines Schwertes Schärfe zerschneiden müsse, um die Schwankenden durch das Machtwort des Siegers und das Gut des Besiegten wieder an seine Seite zu bringen. Darum entschloß er sich, den Krieg früher als er vorhatte zu beginnen und dabei einen Weg zu gehen, der möglichst rasch zu Schlachten und Siegen führte. Gespräche mit dem nunmehr in Paris erschienenen Fürsten Schwarzenberg hatten für ihn höchstens den einen greifbaren Zweck, einen Waffenstillstand mit den Verbündeten vermittelt zu sehen, der diese hinter die Elbe zurückschob. Als Österreich diesen Dienst weigerte und Auseinandersetzungen über Friedensgrundlagen wünschte, entzog er sich einer solchen Diskussion. Am 15. April 1813 verließ er St. Cloud und war am 17. in Mainz[1]).

Was er hier und bald darauf in Erfurt, wo er sein Hauptquartier aufschlug, von den Zurüstungen zu sehen bekam und was er an Truppen Revue passieren ließ, konnte ihn nicht eben mit großer Zuversicht erfüllen. Zwölf Armeekorps sollte — außer der Garde — sein neues Heer umfassen. Davon waren aber vorerst nur sieben zu seiner Verfügung, und von diesen stand das erste unter Davout (jetzt 20.000 Mann) im Hannoverschen, um die untere Elbe zu dominieren, und kam für die Offensive nicht in Betracht. Zwei andere mit einem Kavalleriekorps, einer Gardeabteilung und zwei selbständigen Divisionen (60.000 Mann) hatte Eugen an der unteren Saale versammelt, von wo er 48.000 Mann Napoleon nach Merseburg entgegenführen wird, der mit der Main-Armee (etwa 105.000 Mann) von Erfurt nach Weißenfels herankommt; ein italienisches Korps mit der württembergischen Division (27.000 Mann) ist unter Bertrand über Nürnberg und Koburg nach Jena und Kamberg im Anmarsch[2]). Es waren demnach

---

[1]) In einem Brief vom 3. Mai an Graf Kolowrat schreibt Gentz: „Nachdem zwischen unserem Hofe und den Alliierten ein wechselseitiges enges Vertrauen gestiftet und durch eine Reihe sehr geschickter Operationen unser Bund mit Frankreich aufgelöst worden, trat endlich der Zeitpunkt ein, wo wir unser politisches System und unsere künftige Stellung gegen Frankreich aussprechen mußten. Das war eigentlich der Zweck der Sendung des Fürsten Schwarzenberg nach Paris. Dieser Zweck wurde aber nicht vollständig erreicht. Napoleon, gleich als wollte er um jeden Preis einer verhaßten und gefürchteten Aufklärung entgehen, verließ plötzlich Paris, ohne dem Fürsten zur Vollziehung seiner Kommission die Zeit zu lassen." (Österr. Rundschau, 1913, a. a. O.)

[2]) Eingehende Forschungen über die französische Armee des Jahres 1813 hat O s t e n - S a c k e n in den „Jahrbüchern für die deutsche Armee und Marine", 1888, dann jüngst mit einzelnen Richtigstellungen nach neuen Quellen in seinem Werk „Militärisch-politische Geschichte des Befreiungskrieges von 1813", II (1904), p. 206, mitgeteilt. Dazu vergleiche man in L a n r e z a c, La manoeuvre de Lützen (1904), p. 116, den Stand am 25. April nach den Tabellen im Pariser Kriegsarchiv, die allerdings mitunter zu hohe Ziffern aufweisen. Auch die Angaben bei T h i e r s sind zu hoch, die C a m i l l e R o u s s e t s dagegen zu niedrig gegriffen. Die Ziffern in den älteren deutschen Quellenschriften von C l a u s e w i t z, O d e l e b e n, M ü f f l i n g u. a. sind sämtlich irrig.

nur wenig über 200.000 statt der 300.000 Krieger, mit denen
er noch vor einem Monat gerechnet hatte, und da der Feldzug
früher als ursprünglich vorgesehen war begann, ließ auch deren
Ausrüstung viel zu wünschen übrig. Vor allem fehlte es an
Kavallerie. Die ganze Armee — das Korps Davouts abgerechnet — hatte nicht mehr als 10.000 Reiter, mit denen gespart
werden mußte. Ein Teil der Infanterie hatte die Waffen zu
spät bekommen und sich erst auf dem Marsch einüben können.
Die besten Geschütze waren in Rußland verloren gegangen oder
standen jenseits der Pyrenäen; man mußte die zurückgestellten
älteren schwerbeweglichen Kanonen hervorholen. Überdies
war die Bespannung unzureichend und die Korps hatten nur
die Hälfte ihrer Artilleriereserve erhalten. Aber auch sonst
fehlte es allerorten: voraus an Offizieren, und soviel man deren
auch aus Spanien heranzog, sie genügten nicht. Insbesondere
schlecht bestellt war es um den Generalstab. Die Korps von
Marmont und Oudinot hatten gar keinen. Dazu Mangel an
Sanitätspersonal und eine elende Administration. So war es
ein ungenügend gerüstetes Heer, zum großen Teil aus jungen
Rekruten des Jahrganges 1813 bestehend, das jetzt den Riesen-
kampf um die Weltherrschaft erneuern sollte. Welcher Unterschied gegen das Vorjahr! Napoleon fühlte wohl, daß er das
volle Gewicht seiner genialen Persönlichkeit hinzulegen mußte,
wenn er siegen wollte. „Ich werde", sagte er, „diesen Krieg
als General Bonaparte und nicht als Kaiser führen"[1]).

Einen Vorteil hatte er übrigens außerdem noch auf seiner
Seite: er war den Gegnern an Zahl der Truppen doch weit
überlegen. Der frühe Losbruch traf die Alliierten mitten
in ihren Rüstungen. Erst Ende Mai, schrieb Scharnhorst am
2. April, werde die preußische Armee etwas leisten können.

---

[1]) L a n r e z a c, p. 24 ff., verficht die These, es habe sich bei den
Truppen des Jahres 1813 nicht nur um blutjunges, völlig ungeübtes Volk,
sondern der Mehrzahl nach um bereits ausgebildete Mannschaft gehandelt,
da die 150.000 Mann Franzosen, die man früheren Jahrgängen entnahm,
über zwanzig Jahre alt waren und „mindestens ein Jahr gedient hatten".
Die letztere Behauptung wäre allerdings erst zu beweisen. Richtig ist jedoch,
daß die jungen Leute vom Jahrgang 1813 bereits im Dezember 1812 eingerückt waren und bis April nicht ohne Exerzitien geblieben sein werden;
das waren 70.000 Franzosen im Alter von durchschnittlich neunzehn Jahren.
Über den allzu jugendlichen Eindruck, den späterhin die meisten Truppen
auf Augenzeugen machten, gibt es viele, nicht gut anfechtbare Mitteilungen.

vorher habe man viel vom Glück zu erwarten. Von den Russen
war nach den Einbußen des letzten Feldzugs und nach der
Einschließung der von Franzosen noch immer besetzten
Festungen an der Weichsel und an der Oder nur wenig für
den offenen Kampf übrig geblieben, kaum über 50.000 Mann,
die mit den Preußen noch nicht 100.000 (87.000 und 9000
Kosaken) ausmachten und in drei Armeen unter Wittgenstein
Blücher und Tormassow (statt des erkrankten Kutusow,
der noch Ende April starb) eingeteilt waren. Nur Kavallerie
hatten die Alliierten mehr als das Doppelte, ein Vorzug, der
auf den Gang der Kriegsereignisse nicht ohne Einfluß sein
sollte. Die Gelegenheit, die Truppen Eugens zu' schlagen, ehe
die Mainarmee herankam, war durch allerlei Zögerung versäumt worden. Wittgenstein war nur imstande gewesen, den
Vizekönig, als er Anfang April auf Napoleons Befehl offensiv
in der Richtung auf Berlin über die Elbe rückte, am 5. mit
weniger Truppen als der Feind hatte, in einem Gefecht bei
Möckern (nächst Magdeburg), siegreich zu werfen und
über die Elbe zurückzudrängen. Als jetzt Napoleon auf
Leipzig vorrückte, vereinigten sich die Heeresteile der Verbündeten an der Elster und der Pleiße, und Wittgenstein, dem
der Oberbefehl übertragen worden war, beschloß, am 2. Mai
von Pegau aus in die rechte Flanke des von Weißenfels heranmarschierenden Gegners vorzustoßen.

Einer solchen raschen Offensive versah sich der Franzosenkaiser keineswegs, wenn er auch am 1. Mai von der Konzentration der Feinde bei Zwenkau und Pegau Kunde erhalten
hatte. Er hatte das Neysche Korps mit fünf Divisionen von
Lützen südwärts gegen Kaja und Groß-Görschen hin zur
Deckung aufgestellt und Marmont befohlen, sich mit dem
sechsten Korps von Rippach aus geradewegs gegen Pegau zu
wenden. So seiner Flanke versichert, dachte er noch Zeit
genug übrig zu haben, um sich in einer umfassenden Bewegung
Leipzigs zu bemächtigen und von dorther auf des Gegners
rechten Flügel zu fallen. Doch die Verbündeten kamen ihm
zuvor. Er war eben am Morgen des 2. Mai von seinen Garden
weg, die bei Lützen standen, gegen Leipzig geritten, wo eine
feindliche Abteilung unter Kleist seinem Vortrab Widerstand
leistete, als ihn plötzlich heftiger Kanonendonner im Rücken
belehrte, daß Neys Divisionen bereits von überlegenen Kräften

attackiert wurden. Sofort entschloß er sich, die im Marsch begriffenen Truppen halten, Eugen mit zwei Korps von Markranstädt südwärts gegen des Feindes rechten Flügel, Marmont zur Rechten Neys operieren zu lassen und Diesen selbst durch die Garde als Reserve von Lützen her zu unterstützen. Mittlerweile konnte Bertrand rechts von Marmont des Feindes linken Flügel bedrohen, indes ein drittes Korps der Eugenschen Armee unter Lauriston sich mit einer Division Leipzigs bemächtigte und die anderen zur Unterstützung bereit hielt. Das alles war im Flug erdacht und angeordnet worden. Es handelte sich nur darum, ob Neys Rekruten dem Angriff so lange standhielten, bis die anderen Truppen in die Schlachtlinie eintreten konnten. Und was man kaum zu hoffen gewagt, geschah. Die jungen, ungeübten, überdies schlecht verpflegten Mannschaften, die dem Ruf des Kaisers nur mißmutig und widerwillig gefolgt waren, schlugen sich jetzt mit der größten Hartnäckigkeit gegen die Bravour der Preußen und waren erst am Nachmittag, nach langen blutigen Kämpfen, aus den von ihnen besetzten Dörfern — Groß- und Klein-Görschen, Rahna und Kaja — vertrieben und in Unordnung gebracht. Unterdessen hatte aber Marmont in das Gefecht eingreifen, Bertrand sich in seiner drohenden Haltung zeigen können, und als vollends Napoleon im Zentrum die Garde vorschickte, um Kaja und die anderen Ortschaften wieder zu erobern, und ein Korps des Vizekönigs unter Macdonald die rechte Flanke des Feindes angriff und ihn zu überflügeln Anstalt machte, da mußte Dieser der Übermacht weichen, und die Schlacht bei Lützen oder Groß-Görschen war von den Franzosen gewonnen. Napoleon hatte sich an diesem Tage mehr als je exponiert, um die neuen Truppen zu befeuern. Zum Lohn bekam er auch von den jüngsten seiner Soldaten, ja selbst von Verwundeten und Verstümmelten, das enthusiastische Vive l'Empereur! seiner alten Krieger zu hören.

Freilich, ein so vollkommener Sieg, wie er sich ihn mit der Umarmung des Feindes über Leipzig gedacht haben mochte, war nicht errungen, und es war auch nicht unbedingte Notwendigkeit gewesen, daß die Verbündeten sofort des Nachts über die Elster und dann weiter bis an die Elbe zurückgingen. Sie hätten vielleicht trotz ihrer Minderzahl — sie hatten nur etwa 70.000 Mann gegen etwa 120.000 Napoleons in der Schlacht

gehabt — bei besserer Führung den großen Schlachtenkaiser
besiegen können, namentlich, wenn der Zar, der gleich dem
Preußenkönig beim Kampf anwesend war, nicht seine Garden
geschont und 9000 Mann des Korps Miloradowitsch aus reiner
Etiketterücksicht unbeschäftigt gelassen hätte. Tatsache
war, daß Napoleon größere Einbußen erlitten hatte als seine
Gegner: über 20.000 Mann waren tot oder verwundet, und
darunter sehr viel Offiziere, die er schwer entbehrte. Fast
kein Gefangener, kein Geschütz war erbeutet worden. Der
Mangel an Reiterei und die doch zu geringe Spannkraft der
jungen Infanterie ließen eine wirksame Ausnutzung des Sieges
nicht zu. Daß der verwundete Blücher noch in dunkler Nacht
neun Schwadronen gegen die Franzosen in Rahna anreiten
ließ, raubte diesen die Ruhe und machte sie am folgenden
Morgen zur Verfolgung untüchtig. Die Vorhutgefechte der
nächsten Tage waren ohne Belang. Gleichwohl war der Sieg bei
Groß-Görschen nicht ganz ohne Einfluß auf die politischen Verhältnisse: er brachte Sachsen wieder an Napoleons Seite. Der
Kaiser zog am 8. Mai in die Altstadt Dresden ein und ließ von hier
aus den in Prag weilenden König auffordern, sich als Feind
oder Freund zu erklären, worauf Friedrich August, trotz seinem
Abkommen mit Österreich, das Zweite wählte und Napoleon
seine Garde-Kavallerie und die gesamte Garnison von Torgau
zur Verfügung stellte. Ney brach mit seinem Korps nach dieser
Festung auf, um die Sachsen aufzunehmen und zugleich,
nachdem er zwei andere Korps an sich gezogen hatte, durch
das Überschreiten der Elbe die Verbündeten von dem jenseitigen
Dresden fortzunötigen. Am 11. Mai ist denn auch die Neu-
stadt von ihnen geräumt worden, und erst hinter der Spree
wird das preußisch-russische Heer von neuem Posto fassen.

Die wichtigste Frage aber hat der unvollkommene Sieg
bei Lützen nicht, wie Napoleon gehofft haben mochte, entschieden: Österreich kehrte nicht zu ihm zurück, wenn es auch
auf der eingeschlagenen Bahn, die zu den Verbündeten führte,
einen Augenblick innehielt und in ein nicht unbedenkliches
Schwanken geriet. Ende April hatte man in Wien den Alliierten bereits ziemlich nahe gestanden. Man sandte ihnen dann
— freilich über die Tragweite der Ereignisse vom 2. Mai noch
nicht genügend unterrichtet, die anfänglich als Sieg der Preußen
und Russen ausgegeben worden waren — am 7. Mai Stadion,

den Minister des Kriegsjahres 1809, in ihr Hauptquartier, um dort die Donaumacht nunmehr als „bewaffneten Vermittler" anzukündigen und Bedingungen mitzuteilen, für deren Durchführung der Wiener Hof sich mit allen Kräften einsetzen wollte. Das Minimum war: Auflösung des Herzogtums Warschau, Verzicht Napoleons auf die 1810 annektierten überrheinischen Departements (Oldenburg, Hansestädte), Verzicht auf das Protektorat über den Rheinbund, Wiederherstellung Preußens und Abtretung Illyriens und Dalmatiens an Österreich, das auch eine neue Grenze gegen Bayern erhalten sollte. Neue Erfolge des Feindes im Felde würden diese Bedingungen allerdings ermäßigen, die politische Haltung Österreichs jedoch nicht ändern, die Metternich in Depeschen vom 29. April den alliierten Monarchen dahin definiert hatte, daß längstens bis 24. Mai 125.000 Mann gerüstet sein würden, von denen 60.000 die Bestimmung hätten, sich in Böhmen dem Fortschreiten der Franzosen entgegenzustellen. Freilich, als in Wien genauere Kunde über den Tag bei Groß-Görschen eintraf und das französische Heer fast an die österreichische Grenze heranrückte, wollte Kaiser Franz von so weitgehenden Zumutungen an seinen Schwiegersohn nichts mehr wissen. Mit Mühe setzte es Schwarzenberg, der zum Befehlshaber der Armee in Böhmen ernannt worden war — oder vielmehr dessen Generalstabschef Radetzky — durch, daß in den Rüstungen nicht innegehalten wurde. Dagegen erhielt Bubna, der, wie Stadion zu den Verbündeten, als Agent der vermittelnden Macht zu Napoleon gesandt worden war, Instruktionen nachgeschickt, die weit hinter jenem Minimum zurückblieben, für das man sich Rußland und Preußen gegenüber verpflichten wollte. Nur die Auflösung des Herzogtums Warschau, die Abtretung Illyriens an Österreich und die Verzichtleistung auf die rechtsrheinischen Departements, wenigstens auf Hamburg und Lübeck, sollte Bubna zur Bedingung machen. Von einem Verzicht auf den Rheinbund sollte er ebensowenig im Tone strikter Forderung reden wie von der österreichischen Grenze gegen Bayern. Aber Napoleon, der durch Narbonne von dem weitgehenden Entgegenkommen unterrichtet war, das man in Wien noch kurz vorher den Verbündeten bezeugt hatte, empfing den Sendboten mit dem größten Mißtrauen, namentlich als Bubna ihm das Programm Österreichs folgendermaßen mundgerecht zu machen suchte: ein allgemeiner Friede sei nur durch Abtretungen des Empire möglich, wofür England Ersatz zu leisten hätte; da nun dieses sich derzeit dessen weigere, so müsse der Imperator den Anfang machen; dann werde das durch den Kontinentalfrieden isolierte Inselreich auch seinerseits nachgiebig werden. Mußte diese letzte Bemerkung Napoleon nicht wie eine hohle Phrase in die Ohren klingen, ihm, der seit Jahren gerade diese Isolierung Englands mit allen Mitteln vergeblich betrieben hatte? Er gewann die Überzeugung, daß Österreich seinen Gegnern doch bereits weit näher stand als ihm, und ergriff sofort seine Maßregeln. Dem Kaiser Franz schrieb er (am 17. Mai): er wünsche zwar den Frieden mehr als irgend einer, sei bereit, einen Kongreß zu beschicken, auf dem selbst die Vertreter der spanischen Insurgenten Platz finden könnten, und auch dem von Bubna vorgebrachten Gedanken eines Waffenstillstandes während der Unterhandlungen sei er geneigt, nur in Englands Augen lächerlich wolle er nicht werden, lieber an der Spitze aller hochherzigen Franzosen sterben[1]). Zugleich wies er den Vizekönig, der nach Italien gereist war, an, bis längstens Ende Juni eine neue Armee zu sammeln, die 60.000 bis 80.000 Österreicher im Süden festhalten könnte, wovon die Kunde eifrig nach Wien zu verbreiten wäre, um dort einzuschüchtern. Marie Luise, der er in seiner Abwesenheit die Regentschaft übertragen hatte, mußte dem Vater in ihren Briefen nahelegen, daß, wenn er sich abwenden sollte, ihr Gatte, der eine Million Streiter unter den Waffen habe, alle seine Kräfte gegen Österreich wenden würde. Als wirksamsten Trumpf aber spielte er Bubna gegenüber die Drohung aus, er werde sich mit Alexander vergleichen und i h m Warschau überliefern. Und die Drohung war nicht ohne reelle Grundlage. Da er immer mehrere Sehnen auf seinem Bogen hatte, so machte er wirklich den Versuch, sich ohne Österreichs aufdringliche Vermittlung, die ihm Opfer zumutete, mit dem geschlagenen Zaren zu verständigen. Caulaincourt sollte mit dem Antrag auf Kongreß und Waffenstillstand zu den feindlichen Vorposten gehen, sich die Erlaubnis zu einer Besprechung mit

---

[1]) Corresp, XXV n. 20018 und 20019.

Alexander I. verschaffen und ihm die Gelegenheit eröffnen, „sich glänzend für die dumme Diversion Österreichs in Rußland zu rächen", wie es in der Instruktion heißt. Und was hatte der Herzog von Vicenza zu bieten? Zunächst Polen. Das Großherzogtum Warschau und die Republik Danzig sollten, zwar nicht an Rußland, wohl aber an Preußen kommen, einen Strich ausgenommen, der den Herzog von Oldenburg entschädigen würde. Friedrich Wilhelm hätte dafür sein Land westlich der Oder, d. i. die Mark Brandenburg mit Berlin, und von Schlesien jenen Teil abzutreten, den eine von Glogau nach der böhmischen Grenze gezogene Linie markiert. Auf diese Weise fiele Preußen, das seine Hauptstadt fortan in Warschau, Königsberg oder Danzig hätte, unbedingt in die Machtsphäre Rußlands. (Brandenburg war für den König von Westfalen, das Krossener Land offenbar für Sachsen bestimmt.) Auf die Tilsiter Abmachung gegen England wolle Napoleon nicht wieder zurückkommen, da es sich um die Anbahnung eines allgemeinen Friedens handle und der Zar schon selbst ein System werde finden müssen, um seiner Flagge in der Zukunft Achtung zu verschaffen[1]). Mit diesen Zugeständnissen hoffte Napoleon die Koalition zu sprengen. Polen aufgegeben, die Kontinentalsperre fallen gelassen, mußte das nicht Rußland genügen? Waren dies nicht die wesentlichsten Punkte des Zwistes von 1812? Vor sechs Jahren hatte er, was er jetzt bezweckte, durch den glänzenden Sieg bei Friedland erreicht. Auch jetzt soll ihm ein zweites Friedland bei Alexander Gehör verschaffen. Sein Abgesandter harrte noch vergebens der erbetenen Audienz, als bereits wieder die eisernen Würfel rollten.

Napoleon hatte Ney mit seinen Korps in der Richtung auf Berlin vorrücken lassen, um die um ihre Hauptstadt besorgten Preußen von den Russen zu trennen. Das war nicht gelungen, die Verbündeten blieben beisammen, und Wittgenstein war sogar entschlossen, bei Bautzen eine zweite Schlacht

---

[1]) Nur ein Teil dieser Instruktion hat in die Korrespondenz Napoleons Aufnahme gefunden. Die eigentlichen Präliminar-Vorschläge sind von L e f e b v r e (Histoire des Cabinets de l'Europe, V., 331) mitgeteilt worden, während das Fallenlassen des Punktes der Kontinentalsperre nur bei J o m i n i (Précis politique et militaire des campagnes de 1812 à 1814, I., 261) erwähnt wird, der gleichfalls wörtlich zitiert.

zu wagen. Als der Kaiser darüber Sicherheit gewonnen hatte,
erteilte er am 18. Mai — an demselben Tag, an dem Caulaincourt offiziell als Kommissar für die Unterhandlungen über den
Waffenstillstand abgefertigt wurde — Befehl an Ney, den er
bei Luckau wußte, eilends mit der Direktion auf Drehsa,
nordöstlich von Bautzen, heranzurücken und Wittgenstein in
den Rücken zu fallen; dann eilte er selbst von Dresden über
Hartha in die Nähe der genannten Stadt. Der Feind war durch
neue Truppen, die Barclay und der preußische General Kleist
herbeiführten, verstärkt und in einem vorzüglichen Terrain,
das im Siebenjährigen Krieg zu Ansehen gelangt war, verschanzt, um Napoleon zu empfangen, der gleichfalls Verstärkungen (eine Division Junge Garde, zwei Marschdivisionen
Kavallerie u. a.) erhalten hatte, wenn er von Westen herankam. Als man nun aber im Hauptquartier der Verbündeten
vernahm, daß auch von Norden her feindliche Kräfte im Anmarsch seien, sandte Alexander, anstatt Napoleon sofort mit
Übermacht anzugreifen, Barclay und Yorck Ney entgegen,
wodurch es am 19. Mai bei Weißig und Königswartha zu
Gefechten kam, die den Franzosen nicht mehr Schaden
brachten als den Verbündeten und nur das Ergebnis hatten,
daß man über die Kräfte, die von daher drohten, orientiert
war. Nunmehr schlug der Franzosenkaiser am 20. Mai selber
los, um die Alliierten von Ney abzulenken und Diesem den
Vormarsch zu erleichtern. Mit vier Korps und der Garde
griff er am Mittag von Westen her an, überschritt die Spree
an mehreren Orten und warf des Feindes Vorhut aus Bautzen
hinaus. Am Abend ist es ihm gelungen, jenseits festen Fuß
zu fassen, und unterdes ist auch Ney bereits mit zwei Korps
(etwa 25.000 Mann) bei Klix an den Fluß herangekommen,
während zwei andere mit der Reservekavallerie noch bei
Hoyerswerda und dahinter stehen. Die einbrechende Dunkelheit — so hatte Napoleon kalkuliert, als er den Kampf erst
um Mittag begann — ließ es nicht mehr zu dem von Wittgenstein geplanten Gegenangriff kommen und behielt dem folgenden Tag die Entscheidung vor, die voraussichtlich nicht
zum Vorteil der Verbündeten fallen wird, weil sie nunmehr
weitaus in der Minderzahl sind.

    Der Kaiser hat den Plan, Ney gegen Barclay, der die
Rechte des Feindes bildet und an den sich Blücher im Zentrum

anschließt, vorstoßen und die gegnerische Rückzugslinie
gewinnen zu lassen, während er selbst die Russen in der Front
durch seine persönliche Anwesenheit und durch die Entwicklung starker Kräfte gegen deren linken Flügel über seine
wahre Absicht täuschen wird. Er arbeitet bis zum frühen
Morgen und läßt alsbald die Aktion rechts, wo Oudinot kommandiert, beginnen, um Ney das Zeichen zum Vorrücken zu
geben; erst dann legt er sich für ein paar Stunden auf dem
Schlachtfeld zur Ruhe. Hätte Alexander seinen großen Widersacher so ruhig schlafen sehen, er hätte wohl kaum, die Einwendung Wittgensteins nicht achtend, an d i e s e r Stelle die
Entscheidung gesucht, wie er es tat, indem er Ney gegenüber
den schwachen Barclay (12.000 Mann) ohne Verstärkung ließ.
Dieser ist denn auch schon nach wenig Stunden weit hinter
Gleina zurückgeworfen und dadurch Blüchers Flanke ernstlich gefährdet. Anstatt nun aber — wie ihm Jomini geraten
haben will — seinen Weg im Rücken Blüchers, der seine
exponierte Stellung festhielt, dreist fortzusetzen, handelte
Ney zum erstenmal bedächtig. Er konnte ja auch freilich nicht
vermuten, daß der Feind seinen rechten Flügel so unver-
antwortlich schwach besetzen werde, und wollte Reyniers
Ankunft mit dem 7. Korps abwarten. Erst als dieser bei Klix
erschien, rückte er aufs neue vor, nun aber nicht mehr — denn
der günstige Moment war verpaßt — geradeaus auf Hochkirch,
sondern rechts, in schwierigem Gelände, auf Blücher los,
den der endlich über die wahre Lage der Dinge aufgeklärte
Zar mit seiner Garde unterstützt hat und der ihn bereits mit
seinen Geschützen bedient. Er hätte immerhin noch eins
seiner Korps zur Linken die umfassende Bewegung fortsetzen
lassen können, aber auch das scheute er sich nunmehr zu
wagen und zog all seine verfügbaren Kräfte an sich. Dadurch blieb die Görlitzer Straße offen, und Blücher und die
Masse der Verbündeten, die in der Front von Napoleon ernsthaft angegriffen worden waren, können sich noch rechtzeitig
aus der Schlinge ziehen. Sie haben die Schlacht, wie verdient,
verloren, aber ihr Heer haben sie gerettet, das der Vernichtung
preisgegeben war, wenn der kühnste Marschall des Kaiserreiches an diesem Tage seinem Ruf nicht untreu wurde. Umsonst, daß Napoleon dem Feinde nachdrängt. Es fehlt ihm hier,
wie bei Lützen, an der nötigen Reiterei, und seine Kolonnen

sind vom Kampf ermattet. Als er Tags darauf, am 22. Mai,
selbst zur Avantgarde vorreitet, um sie zu rascher Tat gegen die
hartnäckig widerstrebende Nachhut der Russen anzufeuern,
verliert er drei tüchtige Generale seiner Suite und darunter
seinen vertrauten Duroc, den er aufrichtig betrauert.

War das die Schlacht, mit der Napoleon dem Zaren seine
Vorschläge aufzwingen wollte? Gewiß nicht. Von den etwa
170.000 Mann, über die er an den beiden Tagen verfügte,
hatte er, da ihm die starke Frontstellung des Feindes nur an
den beiden Flügeln zu operieren erlaubte, bloß 90.000 ins
Gefecht gebracht. Seine Verluste, bei 25.000 Mann, waren
mehr als doppelt so groß wie die der Verbündeten. Und wieder
keine Beute, keine Gefangenen, keine Fahnen, kein Geschütz.
Und der politische Erfolg entsprach dem militärischen. Caulaincourt erhielt von Alexander I. nicht die Erlaubnis zu einer
Besprechung, sondern nur den Bescheid, man habe die österreichische Vermittlung akzeptiert und werde nur durch diese
Macht Anträge entgegennehmen. Bloß den Gedanken eines
Waffenstillstandes hielten die Verbündeten fest und ließen
durch Stadion an Berthier schreiben, daß sie geneigt seien,
über diesen Gegenstand bei den Vorposten unterhandeln zu
lassen. Es kam nun darauf an, ob es Napoleon damit
Ernst war.

Der war unterdes, immer fechtend, hinter dem Feinde
hergezogen. Nur das Korps Oudinots hatte er in Bautzen zurückgelassen, um es dann über Hoyerswerda in der Richtung
gegen Berlin zu entsenden, das Bülow mit einem Korps deckte.
Die Verbündeten hatten sich schließlich von Liegnitz und
Jauer rechts ab gegen Schweidnitz gewendet und Breslau
preisgegeben. Sie waren nicht einig über die Fortsetzung des
Krieges. Barclay, der Wittgenstein im Oberbefehl ablöste, war
dafür, mit seinen in Unordnung geratenen Russen nach Polen
zurückzugehen, um sie dort zu reorganisieren und mit Munition
zu versehen, die bereits zu fehlen begann; solle er in Schlesien
bleiben, so bedürfe er sechs Wochen Ruhe. Dieses Moment
— neben der Rücksicht auf Österreich, das den Waffenstillstand angeregt hatte und dessen Rüstungen noch nicht beendet
waren, wofür man jetzt die Mitte Juni als Termin nannte —
wurde im Lager der Alliierten entscheidend, da Friedrich
Wilhelm III. nur mit der größten Besorgnis einer Trennung

der beiden Armeen entgegensah. Hätte Napoleon von dieser
kritischen Situation seiner Gegner Kenntnis gehabt, er hätte
kaum getan, was er später selbst, und Andere mit ihm, als
den größten Fehler seines Lebens bezeichnet hat[1]). Er wußte
nichts davon, und so ließ er sich zum Waffenstillstand herbei.
Freilich hatte auch er seine besonderen Gründe dazu. In einem
Brief an den Kriegsminister Clarke vom 2. Juni gab er zwei
davon an: den Mangel an Kavallerie, der ihn verhindere,
entscheidend zu schlagen, und die feindliche Haltung Österreichs. Das waren aber nicht alle. Auch in seiner Armee gab
es der Unordnung nur zu viel. Die großen Verluste an Offizieren
in den beiden Schlachten machten sich empfindlich geltend.
Die junge Infanterie, schwer beweglich in der Schlacht, versagte auf dem anstrengenden Marsch; die meisten Korps hatten
ein Drittel, das dritte unter Ney, über die Hälfte des Bestandes
in den Spitälern. Infolge der durch die schlechte Administration verursachten Not desertierten Tausende oder zerstreuten sich in zügelloser Maraudage, um für sich selbst zu
sorgen. So war das Heer trotz den Nachschüben bald auf
120.000 Mann eingeschrumpft[2]). Dazu kam, daß feindliche Partei-
gängerkorps in dessen Rücken manchen Schaden taten, Zuzüge abschnitten, zwei Artillerieparks eroberten u. dgl. m. Es
schien Napoleon allzu kühn, auf solche Verhältnisse die Hoffnung eines dritten Sieges zu bauen, den man doch wieder
ebensowenig würde ausnützen können wie die beiden ersten,
und der mit seinen neuen Verlusten nur dem zaudernden Österreich ein neues Übergewicht verschaffen mußte. Und noch Eins.
Die Nachrichten aus Paris häuften sich, die von dem sehnlichsten
Verlangen der Bevölkerung nach Frieden sprachen. Sogar die
Männer, deren erprobte Gefügigkeit den Kaiser nur selten
unangenehme Wahrheit hören ließ, die Maret und Savary,
wurden eindringlich mit ihren Bitten um Beschluß der Feindseligkeiten, und er glaubte der öffentlichen Stimmung Frankreichs für den Augenblick Rechnung tragen zu müssen[3]).

---

[1]) J o m i n i, Vie de Napoléon, IV., 314; D e r s e l b e, Précis I., 281.
[2]) L e f e b v r e (V., 348), der sich aus den Akten des Pariser Kriegs-
archives zu unterrichten wußte, nennt diese Ziffer vor Abschluß des Waffenstillstandes.
[3]) S. E r n o u f, Maret, p. 534 und in der C o r r e s p. XXV., 2.116,
den zurechtweisenden Brief an Savary: „Der Ton Ihrer Korrespondenz

So ward am 4. Juni — die Armee war unterdes nach Breslau
vorgedrungen, Oudinot stand an der Schwarzen Elster Bülow
gegenüber, Davouts Truppen hatten Hamburg besetzt — zu
Pläswitz bei Striegau[1]) der Waffenstillstandsvertrag unterzeichnet. Die Franzosen ziehen sich hinter die Katzbach
zurück, die Verbündeten hinter eine Linie, die von der
böhmischen Grenze über Landeshut, Striegau, Canth östlich
von Breslau an die Oder führt. Von der Mündung der Katzbach nördlich rahmt die Oder, dann die sächsische Landesgrenze, endlich die Elbe bis zur Nordsee das französische Heer-
gebiet ein. Der Krieg hat bis zum 20. Juli zu ruhen[2]).

————

Wenn es Napoleons Absicht gewesen war, mit raschem
Losschlagen der Diplomatie ihr Spiel zu verderben und insbesondere das Gespinst Metternichs zu zerreißen, so war ihm
das durch den Frühjahrs-Feldzug nicht gelungen — weder gelungen, die Allianz Rußlands mit Preußen zu trennen, noch
Österreich an seine Seite, etwa wie Sachsen, zurückzubringen.
Vielmehr hatte er durch die beabsichtigte Sonderunterhandlung mit dem Zaren Diesem nur das Mittel zu einer Pression
auf den Wiener Hof an die Hand gegeben, das alsbald in Anwendung gebracht wurde. In Wien war man nach dem Eintreffen der Kunde von der zweiten verlorenen Schlacht,
namentlich aber nach dem wiederholten Erscheinen Caulaincourts bei den Vorposten der Verbündeten, in nicht geringe
Angst geraten. Man fürchtete, Rußland könnte, wie 1805 und
1807, die Partie aufgeben. Da mußte man wenigstens durch
einen äußerlichen Akt den Alliierten entgegenkommen und sie
bei der Sache festhalten. Darum begab sich Franz I. mit
seinem Minister in den ersten Junitagen nach Schloß Gitschin
in Böhmen, um ihnen näher zu sein. Dort traf, von Alexander
gesandt, Graf Nesselrode ein, mit der Aufgabe, den förmlichen
Beitritt der Donaumacht zu betreiben. Was er fand, war

————

gefällt mir nicht. Sie langweilen mich mit Ihrem ewigen Friedensbedürfnis."

[1]) Über den Ort vergl. K o i s c h w i t z, „Poischwitz oder Pläswitz",
in den Forsch. zur brandenb. u. preuß. Gesch., XVII., 246 ff. S. auch C o r -
r e s p, XXV., 20.084.

[2]) D e C l e r c q, II.

zunächst eine große Abneigung des Kaisers Franz, mit seinen
noch immer ungerüsteten Kräften in den Krieg einzutreten,
solange nicht die Unmöglichkeit erwiesen sei, durch Unterhandlungen zum Frieden zu gelangen. Aber er erreichte doch,
daß Metternich sechs Bedingungen nannte, die er für den
Frieden nötig erklärte und von denen man die ersten vier,
wenn sie Napoleon ablehnte, mit den Waffen gegen ihn geltend
machen wollte: 1. die Auflösung des Herzogtums Warschau;
2. die daraus und aus der Rückgabe Danzigs erfolgende Vergrößerung Preußens, denn ein starkes Preußen erschien jetzt,
unter den veränderten Verhältnissen, dem österreichischen
Minister notwendig, um mit ihm im Verein einem Übergreifen
sowohl der französischen als der russischen Macht vorzubeugen; 3. Rückfall der illyrischen Territorien an Österreich, das man aus denselben Gründen kräftigen mußte;
4. Unabhängigkeit der Hansestädte; 5. Auflösung des Rheinbundes; 6. Wiederherstellung Preußens „möglichst" wie vor
1806. Da war mit den ersten vier Bedingungen allerdings
nicht das gesagt, was Österreich früher durch Stadion als sein
„Minimum" in Vorschlag gebracht hatte, aber doch etwas
mehr, als Bubna Napoleon gegenüber hatte geltend machen
sollen. Freilich hatten sich die Verbündeten am 16. Mai zu
Wurschen über ein viel weiter gehendes Programm geeinigt,
d. i. außer den oben erwähnten Punkten noch über die Trennung Hollands von Frankreich, die Wiederherstellung der
Bourbons in Spanien, Österreichs auf dem Stand vor 1805, den
Rückzug der Franzosen über den Rhein und die Befreiung
Italiens. Aber die nunmehr erlangte Sicherheit der Mitwirkung
Österreichs, die Metternich dem Kaiser Alexander auf dem
böhmischen Schloß Opočno persönlich verbürgt haben will,
ließ sie bereit finden, ohne erst die Wurschener Artikel zur
Kenntnis des Gegners zu bringen, der sie sicher nur in Frankreich als Agitationsmittel für neue Rüstungen in Wirksamkeit
gesetzt hätte, schon auf die österreichischen Bedingungen
hin über einen Frieden mit Frankreich zu unterhandeln. Denn
daß Napoleon, der Sieger, selbst d a r a u f nicht eingehen
würde, schien so gut wie ausgemacht. Dieser Friede sollte
dann allerdings nur ein Präliminarfriede sein, dem später
erst die Verhandlung über die definitive Pazifikation zu
folgen hätte und die dann nicht ohne Englands Beiziehung

und Zustimmung zustande kommen durfte. (Dazu mußten sich Preußen und Rußland verpflichten, als sie Mitte Juni Subsidientraktate mit der Londoner Regierung abschlossen, die ihnen das zur Fortführung des Krieges nötige Geld lieferte.) So kam es denn am 27. Juni 1813 zu Reichenbach, im Hauptquartier der Verbündeten, zur Unterzeichnung eines geheimen Vertrags zwischen Österreich, Preußen und Rußland, der schon in Opočno formuliert worden war und die vier unumgänglichen Artikel des Wiener Hofes neben dem feierlichen Versprechen Franz' I. enthielt, sofort an Frankreich den Krieg zu erklären, wenn Napoleon sie bis zum 20. Juli nicht angenommen haben würde. Dann allerdings sollte der Krieg von den drei Mächten nicht mehr um jenen bescheidenen Preis, sondern für das ganze umfassende Programm vom 16. Mai geführt, d. i. Frankreich in seine natürlichen Grenzen zurückgezwungen werden. Die beiden alliierten Mächte verpflichteten sich ihrerseits, keiner von Napoleon etwa beabsichtigten Sonderunterhandlung Raum zu gestatten[1]). So hatte der Wiener Hof die Zustimmung der Mächte zu Friedensunterhandlungen unter Österreichs Vermittlung erlangt. Es galt nun noch, die Napoleons zu gewinnen.

Dieser, der durch die Reise Metternichs zu Alexander unruhig gemacht und durch Bubnas Eröffnungen nicht befriedigt worden war, lud den Minister Österreichs zu sich nach Dresden ein. Metternich folgte dem Ruf, nachdem er vorher mit Nesselrode ins reine gekommen war, und stand am 26. im Palais Marcolini vor dem Imperator. In einer neunstündigen Unterredung, in der, nach Metternichs Bericht, „die

---

[1]) Der entscheidende Artikel I. lautet: „Nachdem S. M. der Kaiser von Österreich die Höfe von Rußland und Preußen eingeladen hat, unter seiner Vermittlung in Verhandlungen mit Frankreich über einen vorläufigen Frieden einzutreten, der einem allgemeinen als Grundlage dienen könnte, und nachdem er die Bedingungen fetgestellt hat, die er (d. h. er allein) zur Wiederherstellung eines Zustandes des Gleichgewichtes und dauernder Ruhe in Europa für notwendig hält, verpflichtet er sich, an Frankreich den Krieg zu erklären und seine Waffen mit denen Rußlands und Preußens zu vereinigen, wenn Frankreich diese Bedingungen bis zum 20. Juli dieses Jahres nicht angenommen hat." Unter die unerläßlichen, Österreich zum Krieg verpflichtenden Forderungen wurde nun auch die Räumung der Weichsel- und Oderfestungen durch die Franzosen aufgenommen. Das von Napoleon freigegebene Herzogtum Warschau sollte zwischen den Alliierten aufgeteilt werden, Danzig jedenfalls Preußen zufallen. (M a r t e n s, VI.)

abwechselndste Freundlichkeit mit den heftigsten Ausbrüchen
sich mischte" — ging doch Napoleon so weit, seine zweite
Heirat als Dummheit zu bezeichnen und Metternich der Käuflichkeit zu beschuldigen — versuchte Jener, Österreich, wenn
schon nicht zur Parteinahme für ihn zu bestimmen, so doch
wenigstens auf den Stand der bewaffneten Neutralität zu
fixieren, während dessen Minister beharrlich auf dem der
bewaffneten Vermittlung stehen blieb. Diese Beharrlichkeit
reizte den Kaiser so sehr, daß er im Zorn seinen Hut in eine
Ecke warf, wie er das in solcher Erregung nicht allzu selten
tat. Noch vor einem Jahr hätte sich Österreichs Minister
beeilt, ihn aufzuheben; jetzt unterließ er es. Die Unterredung
ist zu einer welthistorischen Berühmtheit gelangt, weil man
in ihr die entscheidende Wendung für die Politik des Donaustaates und für das Schicksal Napoleons zu sehen glaubte.
Dies ist nicht richtig. Der Wiener Hof folgte vielmehr schon
seit einiger Zeit seinem Wunsch nach Unabhängigkeit, und
ein Einhalten in dieser Bewegung war kaum mehr denkbar,
so daß der Franzosenkaiser mit einer Äußerung, die er in jener
Zeit über Metternich tat: „Er glaubte alle Welt zu lenken,
und alle Welt lenkt ihn", hier nicht das Richtige traf. Auch
das Wort, das er dem Minister am Schluß jener Besprechung
vertraulich sagte: „Ihr werdet mir ja doch nicht den Krieg
machen", sollte nicht in Erfüllung gehen.

Die Entrevue in Dresden endete damit, daß der Kaiser
Österreich entgegenkam, indem er nicht nur den Allianzvertrag
von 1812 für aufgehoben erklärte, sondern auch die bewaffnete
Vermittlung Franz' I. annahm. Man könnte sich über diesen
Entschluß Napoleons wundern, fände man nicht die Erklärung
dafür in einer am 30. Juni von Maret und dem österreichischen
Minister unterzeichneten Konvention, des Inhalts, daß im
Interesse der auf einem Kongreß zu Prag stattfindenden
Friedensunterhandlungen der Waffenstillstand bis 10. August
zu währen und Österreich die Verbündeten für diese Verlängerung zu gewinnen habe. Schon in der ersten großen Unter-
redung vom 26. Juni hatte sie Metternich als Preis für die
Annahme seiner Mediation angeboten, ein Beweis, daß es
ihm damals noch mit dem Frieden recht Ernst war[1]). Und

---

[1]) Die Frage, ob Napoleon oder Metternich in Dresden die Verlängerung
vorgeschlagen habe, war von jeher kontrovers. Nach dem authentischen

auch Napoleon war es keineswegs um Krieg auf alle Fälle zu
tun. Auch er wäre vielleicht bereit gewesen, Frieden zu
schließen, wenn auch am liebsten einen allgemeinen, der allen

Bericht, den der Minister Franz' I. 1820 über die große Besprechung verfaßt
hat (H e l f e r t, M. Luise, S. 363 ff., und M e t t e r n i c h, Nachgelassene
Papiere, I., S. 150 ff.), erscheint das Zweite wahrscheinlicher. Denn darin
verzeichnet Metternich folgende Antwort, die er Napoleon auf dessen Begehr
nach Österreichs Neutralität gegeben haben will: „Kaiser Franz hat den
Mächten seine Vermittlung, nicht seine Neutralität, angeboten. Rußland
und Preußen haben sie angenommen; an Ihnen ist es heute, sich zu entscheiden. Entweder Sie nehmen an, d a n n w o l l e n w i r e i n e n
Z e i t r a u m f ü r d i e D a u e r d e r U n t e r h a n d l u n g e n f e s t-
s t e l l e n; oder Sie lehnen ab, dann wird sich mein Herr unabhängig er-
achten in seinen Entschlüssen und in seinem Benehmen", d. h. wenn Napoleon die Vermittlung annimmt, proponiert Österreich — von einer voraus-
gehenden Forderung Napoleons ist nicht die Rede — eine nicht an die Bestimmungen des Waffenstillstandsvertrages gebundene Frist für deren
Dauer. Neuerdings hat L u c k w a l d t, S. 325, die Frage untersucht,
ohne sich zu entscheiden. Eine von ihm beigebrachte Stelle in einem Schreiben Bubnas vom 2. Juli: „Ich tat mein Möglichstes, um die Gründe zu erhärten, die den Kaiser (Napoleon) bestimmt hatten, so sehr auf der Verlängerung des Waffenstillstandes zu bestehen", hält er mit Recht nicht für
ausschlaggebend. Vergl. auch S o r e l, VIII., 148, der sogar meint,
es sei nicht leicht gewesen, von Napoleon die Verlängerung zu erreichen.
Das geht doch wohl zu weit. Denn der von Sorel dabei zitierte Brief Metternichs an seinen Vater aus dem September 1813: „Ich habe durch einen verwegenen Streich, durch die Verlängerung des Waffenstillstandes um 20 Tage,
mein Ziel erreicht", beweist doch nur, daß der Minister, indem er die Verlängerung vorschlug, von der er wußte, daß sie Napoleon paßte, alles andere
durchsetzte: Auflösung der Allianz, Annahme der Vermittlung. Die Verlängerung kam den österreichischen Rüstungen zugute, aber doch noch
weit mehr den französischen. Wenn also Metternich ein solches Angebot
dafür machte, daß Napoleon auf seine Vermittlung einging, so mußte es ihm
doch recht sehr um sein Friedensgeschäft zu tun gewesen sein, das eine feindliche Invasion fernhielt. Er selbst erklärte in den ersten Julitagen dem
Grafen Hardenberg, Kaiser Franz sei überzeugt, daß die ganze Last des
Krieges auf Österreich fallen, daß daraus für die Monarchie die größten
Unglücksfälle hervorgehen würden, und wolle, um das zu vermeiden, auf
jede Gebietserweiterung verzichten. (O n c k e n, Österreich und Preußen im
Befreiungskriege, II., 399.) Bald darauf schrieb er an Wessenberg: „Der
Kaiser wird das Unmögliche versuchen, um einen Frieden herbeizuführen."
(L u c k w a l d t, S. 336.) In der Tat war Franz I. sogar nötigenfalls bereit,
die Forderungen wegen Illyriens und der Hansestädte aus seinen Bedingungen zu streichen, und Metternich unterstützte ihn darin, ohne alle Rücksicht auf die Reichenbacher Abmachung. W e r t h e i m e r, Der Herzog
von Reichstadt, S. 62, hat an der Hand einiger Briefe des Ministers an Stadion
aufs neue die Auffassung geltend gemacht, Metternich sei stets für den Krieg

Feindseligkeiten mit einem Mal ein Ende machte und das
französische Volk beruhigte. Um einen bloßen Kontinentalfrieden, der den Krieg mit England fortbestehen und die
französischen Kolonien in britischen Händen ließ, war es ihm
weit weniger und wohl nur unter zweierlei Umständen zu tun:
entweder nach vernichtenden Schlägen im Felde, die das Übergewicht des Empire für lange sicherten, oder in einer besonderen Abkunft mit Rußland, ähnlich jener zu Tilsit. Nun,
um vernichtende Schläge zu führen, bedurfte er ausgedehnter
Rüstungen und dazu eines entsprechenden Zeitraums, den er
in der Instruktion für Caulaincourt vom 26. Mai mit drei
Monaten berechnet hatte. Davon war der Waffenstillstandsvertrag vom 4. Juni weit entfernt geblieben. Jetzt ließ sich
ein wertvolles Plus gewinnen, und sofort griff der Kaiser zu.
Zugleich aber hoffte er auf dem Kongreß Gelegenheit zu finden,
sich mit dem Zarenreich besonders zu verständigen. Er wird
deshalb nicht nur den am österreichischen Hof beglaubigten
Narbonne, sondern auch Caulaincourt nach Prag entsenden.
Allerdings nicht sogleich. Er hält den Marschall zurück, bis
am 26. Juli, nach großem Sträuben der verbündeten Monarchen
und schweren, aber gerechten Vorwürfen gegen Metternich,
den Reichenbacher Vertrag nicht geachtet zu haben, zu Neumarkt die Verlängerung des Waffenstillstands von den militärischen Unterhändlern unterzeichnet worden war. Wollte er vielleicht in Prag nicht unter dem frischen Eindruck der Nachricht auftreten, daß Wellington am 21. Juni bei Vittoria, weit

---

und nur Kaiser Franz bis zuletzt aufrichtig für den Frieden gestimmt gewesen.
Aber bloß nach Zuschriften an Stadion, den beredten Wortführer der Kriegspartei, darf man Metternich nicht beurteilen; an Bubna, der ebenso offen
seine Neigung für den Frieden kund tat, schrieb er anders, und an beide zu
verschiedenen Zeiten, unter verschiedenen Umständen, verschieden. Selbst
an Stadion aber einmal: ,,Trachten Sie sie (Russen und Preußen) zur Raison
und dahin zu bringen, daß sie mehr vom Frieden als vom Krieg erwarten,
den sie nicht zu führen wissen.'' (Zit. v. W e r t h e i m e r a. a. O. Anm. 3.)
Für die Friedensabsicht Metternichs in diesem Zeitpunkt gibt auch G e n t z
in seinen von mir veröffentlichten Briefen an Wessenberg (S. 78 ff.) ein
gültiges Zeugnis ab. ,,Er allein (sc. Metternich)' schreibt er am 5. Juli, ,,und
sein Souverän, geht bona fide zu Werke ... Den Frieden selbst will, außer
ihm, eigentlich niemand ... Für uns ist die wichtigste Frage wohl nur diese:
Wird Napoleon bei der Unterhandlung so viel einräumen, daß wir uns mit
Ehren zurückziehen können?'' Das war die Stimmung. Die Konvention
vom 30. Juni in N e u m a n n, II., 365, C l e r c q, II., 385, und sonst.

nördlich vom Ebro, die Franzosen total geschlagen und in die
Flucht gejagt habe, daß nur wenig feste Plätze ihnen noch
jenseits der Pyrenäen geblieben seien, nach deren Fall Frankreich unmittelbar Gefahr drohe? Fürwahr, der Gedanke lag
ihm nahe genug, im Osten die Hände mit Ehren frei zu bekommen, und so erhielt denn Caulaincourt die Instruktion
mit auf den Weg, ,,mit Rußland einen für diese Macht glänzenden Frieden zu schließen"[1]).

In der Hauptstadt Böhmens gelangte Caulaincourt bald
zur Überzeugung, daß hier diesem Wunsche seines Herrn
keine Erfüllung winke. Anstett, der Vertreter Rußlands, war
ein entschiedener Napoleonhasser und außerdem mit Metternich übereingekommen, die Verhandlungen in der Art wie
auf dem Teschner Kongreß von 1779 zu führen, d. h. sich nicht
in Konferenzen zu besprechen, sondern nur schriftlich, jede
Partei für sich, mit der vermittelnden Macht zu verkehren.
Metternich hatte diese Form gewählt, um jede Möglichkeit
einer Verständigung hinter seinem Rücken auszuschließen, und
die Verbündeten waren darauf eingegangen, damit sich Österreich um so sicherer Frankreich gegenüber kompromittiere,
das diesen Verhandlungsmodus verwarf. Unter solchen Umständen fand Caulaincourt nichts zu tun, und Napoleon mußte
die Idee eines Separatabkommens mit dem Zaren aufgeben.
Er lebte fortan nur noch in dem Gedanken, mit den Waffen
zu erzwingen, was man ihm sonst nicht gewähren wollte, sei
es, daß in diesem Kampfe Österreich neutral blieb, wie er
noch immer hoffte, sei es, daß er seine Rüstungen derart betrieb,
um allenfalls auch allen drei Gegnern überlegen zu werden.

---

[1]) E r n o u f, Maret, S. 574. Daß noch vor kurzem Napoleon einem
allgemeinen Frieden nicht abgeneigt gewesen war, bestätigt Metternich in
einem Brief vom 28. Juni aus Dresden an Kaiser Franz, ,,überzeugt, daß
die Frage des allgemeinen Friedens weit leichter durchzufechten wäre als
jene eines bloß kontinentalen Friedens". (O n c k e n, II., 395.) Maret übergab ihm damals sogar einen darauf bezüglichen Entwurf. (F a i n, II., 145.)
Die Beteuerung Napoleons auf St. Helena, in Dresden den allgemeinen
Frieden gewollt zu haben, ist durch M o n t h o l o n s ,,Erzählungen von
St. Helena", S. 107, bekannt geworden. Wenig Wochen später aber war er
schon nicht mehr dafür gestimmt und machte einer österreichischen Sen-
dung nach London Schwierigkeiten. Er rechnete da nur noch mit einem
Kontinentalfrieden in s e i n e m Sinn, d. h. mit Rußland allein auf Kosten
Preußens und ohne Rücksicht auf Österreich.

Die Nachricht, Alexander und Friedrich Wilhelm hätten auf dem schlesischen Schloß Trachenberg mit Bernadotte über einen Kriegsplan beraten, schien ja ohnehin jeden weiteren Gedanken an Frieden auszuschließen. Er verließ vor Ende Juli heimlich Dresden, um in Mainz mit der Kaiserin-Regentin und den Ministern zusammenzutreffen, ihre Berichte entgegenzunehmen, ihnen Weisungen für die Zeit des nächsten Feldzugs zu erteilen und die Divisionen zweier neuer Korps zu inspizieren. Dann kehrte er am 4. August wieder nach Sachsen zurück. Nur noch fünf Tage hielten den Schluß des Kongresses auf, und noch war man in Prag über die Formalitäten nicht hinaus. Natürlich. Denn jetzt lag niemandem mehr etwas am Frieden. Die Verbündeten hatten ihn von der Vermittlung Österreichs nie erwartet, sondern waren auf sie nur eingegangen, um der Donaumacht eine „Brücke von jenseits nach diesseits" zu bauen, und Metternich selbst war inzwischen ganz kriegerisch geworden, einmal unter dem Eindruck der Zögerung Napoleons, dann unter dem der Ereignisse in Spanien, namentlich aber, als Bernadotte, auf den man in Wien große Stücke hielt, sich in Trachenberg zur Führung einer aus seinen Schweden, aus Preußen und Russen zu bildenden Nordarmee bereit erklärt hatte und der mit ihm vereinbarte Kriegsplan in Reichenbach im Sinne eines von österreichischer Seite gemachten Vorschlags modifiziert worden war (s. unten)[1]. Er hatte jetzt nur noch den einen Wunsch, seinen zaghaften Herrn von der Unmöglichkeit eines Ausgleichs mit Napoleon zu überzeugen, was ihm endlich auch gelang. Kaiser Franz, dem nun eine achtunggebietende Streitkraft zur Verfügung stand, lehnte den Gedanken nicht mehr ab, sie zu gebrauchen. Sollte man die großen Opfer wirklich bloß für die Herstellung eines Zustandes aufgewendet haben, den man vor vier Jahren unerträglich gefunden hatte? eines Friedens, der ja doch keine Dauer versprach? Stadion, der seit Beginn seiner Mission bei den Verbündeten nicht müde geworden war, Österreichs Beziehung zu ihnen enger zu

---

[1] Am 19. Juli trägt Oberst Latour die österreichischen Propositionen nach Reichenbach, wo sie gebilligt werden, und am 22. rät Metternich seinem Kaiser, „alle Zügel schießen zu lassen", und schickt eine scharfe Note über die Säumnisse auf dem Kongreß an Maret, die dann die Sendung Caulaincourts beschleunigt hat. (L u c k w a l d t, S. 348, 359 f.)

knüpfen, und sich im Sinne seiner Instruktionen, ja, über sie
hinaus, ohne Rücksicht auf die Schwankungen an seinem
Hof, auf eigene Faust betätigt hatte[1]), Stadion schreibt jetzt
bewegliche Briefe: sein Herr möge sich nicht bei den minimalen
Forderungen begnügen, sondern den Moment benützen, wo
man mit 400.000 Streitern in der Front und in den Flanken
eines Feindes stehe, dem man gleich bei Beginn der Feindseligkeiten in den Rücken fallen könne; jetzt sei es, wo man sich
volle Unabhängigkeit und gesicherte Grenzen zu erkämpfen
habe, der Reichenbacher Vertrag verpflichte nicht, den Casus
belli nur auf die vier Punkte des Minimums einzuschränken.
Alles das verfehlte nicht, Eindruck auf den Monarchen zu
machen, dem bereits die „unvernünftige" Hinterhältigkeit
Napoleons dem Kongreß gegenüber jede Hoffnung auf Frieden
geraubt hatte. Fouché, der in jenen Tagen als neuernannter
Gouverneur von Illyrien durch Prag gekommen war — ein
alter Vertrauensmann Österreichs — hatte hier viel von der
prekären Lage des Franzosenkaisers und der schwierigen
Stimmung seines Volkes erzählt. Die Bevölkerung Österreichs
selbst — die Wiens ausgenommen, wo man neue Niederlagen
und eine dritte Okkupation besorgte — war schließlich in
eine Gärung geraten, mit der Minister und Monarch rechnen
mußten. Broglie, der Sekretär Narbonnes, berichtet in seinen
Erinnerungen: „Wir konnten in Prag nicht mehr über die
Straße gehen, ohne insultiert zu werden."

Was aber das Wesentlichste war: Napoleon gewann endlich die Überzeugung, daß er sich in Österreichs Haltung
geirrt hatte, als er in Dresden zu Metternich vertrauens-
selige Worte sprach. Die Berichte Caulaincourts, namentlich
aber die Tabellen über die sehr namhaften österreichischen
Rüstungen, die sich die Franzosen in Prag zu verschaffen
wußten, ließen ihn das Moment einer Kriegserklärung von
dieser Seite ernster in Erwägung ziehen, als er bisher getan
hatte. Er sah sich plötzlich einer Koalition gegenüber, wie sie
gewaltiger noch nie wider ihn gestanden, und von Mächten,
die er bisher in ihren Interessen unvereinbar geglaubt hatte.

---

[1]) Am 17. Mai, als man in der Hofburg das Minimum herabminderte,
schrieb er aus Görlitz an seine Frau: „Allem Anschein nach spiele ich für
meine Person in diesem Augenblick ein gewagtes Spiel. Vielleicht erzähl'
ich Dir das einmal." (Handschriftlich.)

Er machte noch einen letzten Versuch, sie zu stören. Kaum nach Dresden zurückgekehrt, beauftragte er Caulaincourt, heimlich bei Metternich anzuklopfen: „Wie Österreich den Frieden verstehe und ob es, wenn Napoleon seine Bedingungen annehme, mit ihm gemeinschaftliche Sache machen oder neutral bleiben wolle?" Doch dazu war es nun zu spät[1]). Metternich übergab zur Antwort in einem Ultimatum nicht nur die vier unerläßlichen Artikel, für die Österreich zu kämpfen sich verpflichtet hatte, sondern alle sechs Punkte, für die es diplomatisch eintreten wollte, d. h. er verlangte auch die Auflösung des Rheinbundes und die Wiederherstellung des alten Preußens, ja, darüber hinaus, auch noch die wechselseitige Garantie des Besitzstandes aller Staaten — und alles das, damit Napoleon ja nicht nachgab; die Erklärung hierauf sollte, ja oder nein, längstens bis zur Mitternacht des 10. August in Prag eintreffen. Es mögen immerhin unangenehme Stunden gewesen sein, die er seit dem Abgang dieses Ultimatums am 8. verlebte. Wie, wenn Napoleon kurzweg und noch rechtzeitig erklärte, daß er darauf einging? Welche Verlegenheit für Österreich! Denn dann mußte man sich mit einer Ausflucht helfen, die man sich für alle Fälle offen hielt. Nicht vergebens heißt es in der Einleitung zu dem Ultimatum, die der Minister Caulaincourt bekanntgab, Österreich seien „aus vorläufigen Erklärungen" die Bedingungen bekannt, unter denen die Verbündeten zu friedlichen Abmachungen „geneigt schienen" und die Franz I. als die einzigen ansehe, die wirklich einen allgemeinen Frieden herbeiführen könnten[2]). Danach war mit dem Ultimatum zwar deutlich gesagt, daß Österreich, wenn Napoleon die Bedingungen nicht annahm, zu den Verbündeten abschwenken, aber nicht, daß es, wenn er zustimmte, Rußland und Preußen daraufhin zum Frieden zwingen würde. Doch Metternichs Rechnung war sicher, und er konnte immerhin an Stadion schreiben, die Art der Fragestellung lasse keine Möglichkeit für ein Ja Napoleons zu. Der Sieger von Lützen und Bautzen konnte ein Programm

[1]) Am 9. August schrieb Caulaincourt an Maret: „Da man nie zur Zeit nachgeben will, verdirbt und verliert man alles." (Zit. von S o r e l, VIII, 173.)

[2]) T h i e r s, XVI., 217; O n c k e n, Österreich und Preußen, II., 450; L u c k w a l d t, S. 368; S o r e l, VIII., 171.

nicht annehmen, das ihm das Verfügungsrecht über seine
deutschen Truppen bestritt und ihn die Weichsel- und Oderfestungen räumen hieß. „Will man von mir," hatte er damals
in Dresden zu dem Minister gesagt, „daß ich mich entehre?
Niemals! Eure auf dem Thron geborenen Souveräne können
sich zwanzigmal schlagen lassen und dennoch jedesmal in ihre
Hauptstadt zurückkehren. Ich aber bin nur ein Sohn des
Glücks; ich würde aufgehört haben zu regieren an dem Tag,
wo ich aufgehört hätte, Achtung zu gebieten." Er ist jetzt
empört über Österreichs Zumutungen, die er in seinen Briefen
an Jérôme und Cambacérès bis zur Bedrohung von Venedig
übertreibt, und nur um auch seinerseits einen Schritt zu tun,
bietet er die Auflösung des Herzogtums Warschau gegen eine
Entschädigung des Königs von Sachsen, Danzig als Freistaat
mit geschleiften Festungswerken, Illyrien und Dalmatien
ohne Triest. Das bekam Bubna noch am Abend des 9. in
Dresden zu hören und berichtete es sofort nach Prag. Die
offizielle Antwort Napoleons aber, der sich die Stunde nicht
hatte vorschreiben lassen wollen und darauf rechnete, daß
man durch Bubna orientiert war, traf erst am 11. ein, als
Narbonne bereits seine Pässe erhalten hatte und der Kongreß
zu Ende war. Am 12. erklärte Franz I. an Frankreich den
Krieg. Ein neues entsetzliches Ringen begann[1]).

Es kann hier nicht daran gedacht werden, genauer die
Kämpfe zu schildern, in denen sich die Völker und Staaten
Europas, ihres wechselseitigen Zwistes vergessend, gemeinsam

---

[1]) Napoleon hat übrigens das diplomatische Spiel nicht so rasch verloren gegeben. Die Feindseligkeiten konnten erst nach einer Woche Aufkündigungsfrist beginnen. Er benützte sie, um auf Österreichs Ultimatum
nahezu einzugehen; gewiß nur, um das Odium des Angreifers auf andere
Schultern zu laden. Aber er erreichte damit nichts mehr. Am 16. August —
Alexander war nach Prag gekommen und Metternich hatte ihm die Entscheidung anheimgestellt — erhielt sein Bevollmächtigter in das nahe Königsaal ablehnenden Bescheid. Im Jahre 1814 sagte der entthronte Kaiser
zu dem österreichischen General Koller: „Was den Prager Kongreß betrifft,
so gestehe ich, daß ich mich in Euch getäuscht habe; ich habe Euch für das
gehalten, als was ich Euch bei früheren Gelegenheiten kennen gelernt hatte,
und Ihr hattet Euch inzwischen zu Eurem Vorteil verändert." (H e l f e r t,
Napoleons Fahrt von Fontainebleau nach Elba, S. 18.)

der drückenden Übermacht des imperialistischen Frankreichs erwehrten. Nur die wesentlichsten Momente, und diese nur in übersichtlicher Weise, dürfen zur Sprache kommen.

Napoleon hatte die Zeit des Waffenstillstandes mit allen Kräften ausgenützt. Auf über 442.000 Mann wird die Heeresmacht angegeben, die er jetzt seinen Feinden entgegenstellte, auf 700.000, was er an Soldaten überhaupt, die gegen Wellington fechtenden Truppen abgerechnet, besaß, wovon über 60.000 Mann die Festungen besetzt hielten. An Pferden, deren Mangel er vor Wochen so bitter beklagte, hatte er nun Überfluß, wenn auch keineswegs an geschulter Reiterei. An Artillerie fehlte es nicht. Und waren es auch nur die Jüngsten der kampffähigen Jugend Frankreichs und der rheinbündischen Länder, die er herbeizog, so sahen wir doch bei Lützen und Bautzen diese Jünglinge trotz wetterfesten Männern fechten. Sie werden auch jetzt ihre Schuldigkeit tun und würden es sogar mit Lust und Eifer, wenn nicht Ebbe in der Kriegskasse eingetreten und etwas mehr Ehrgefühl in die Seelen der Verwaltungsbeamten eingekehrt wäre. Aber die Gelder fehlten für den Sold, und die Korruption war beispiellos, so daß die jungen Krieger außerordentlich vom Hunger litten, der viele Tausende in die Spitäler schaffte. Er wird mit eine der Hauptursachen sein, wenn Napoleon in dem großen Ringen unterliegt[1]). Woran es überdies der Armee noch immer mangelte, das war an Offizieren und Unteroffizieren; das Letztere wohl deshalb, weil der Kaiser die tüchtigsten Elemente in seine Garde zog, die jetzt bis auf 58.000 Mann angewachsen war und mit jener Sorgfalt berücksichtigt und bevorzugt wurde, die wir bereits kennen; es sah fast aus, als ob sich der innerlich an kein Volk gebundene Imperator mit diesem Heer im Heere eine persönliche Armee zu schaffen gedächte. Außerdem gab es jetzt noch vierzehn Armeekorps, von denen jedoch zwei — die Bayern am Inn unter Wrede und die Danziger Besatzung

---

[1]) Die Listen weisen nicht weniger als 90.000 Kranke auf, die unter den 442.000 Mann der Feldarmee in Deutschland nicht erscheinen. Sie gingen an Mangel durch Wartung und Nahrung zum größten Teil zugrunde. Die Korruption erstreckte sich bis in die nächste Umgebung des Monarchen. Ein Augenzeuge erzählt, wie der Zahlmeister Peyrusse von 4000 Franken, die der Kaiser für ein Denkmal Durocs bei Reichenbach ausgesetzt hatte, 1000 Franken in die Tasche steckte mit dem Bemerken, das sei so Brauch. (Odcleben, Napoleons Feldzug in Sachsen, S. 255.)

— nicht in Betracht kamen und in die 442.000 Mann auch nicht
eingerechnet sind. Von der unter Davout an der Niederelbe
stehenden Heeresabteilung war ein Korps unter Vandamme
(das 1.) abgezweigt und nach Dresden dirigiert worden. Ein
zweites (das 14.) wurde aus Franken herbeigezogen und unter
Saint-Cyr gestellt. Poniatowski hatte 8000 Polen durch
Österreich, entwaffnet, herbeigeführt, von denen er ein Korps
von 7500 Mann (das 8.) unter seinem Befehl hielt. Und neben
all dem gab es noch fünf Reservekavalleriekorps unter Murat,
der endlich seiner politischen Schwankungen ledig geworden
und wieder zum Kaiser zurückgekehrt war. Dieser gedachte
ihn offenbar durch ein hervorragendes Kommando an sich
zu fesseln. Die Kriegsmacht war zum größten Teil zwischen
Dresden als Hauptstützpunkt und Liegnitz postiert, und zwar
standen vier Korps — das 3. (Ney), das 5. (Lauriston), das
6. (Marmont), das 11. (Macdonald) samt einem Kavalleriekorps — als „Bober-Armee", 130.000 Mann stark, unter
Ney an der Katzbach und am Bober mit der Front nach Osten.
Mit der Front gegen Süden standen bei Dresden Saint-Cyr
und ein Kavalleriekorps, bei Bautzen Vandamme mit einem
solchen, bei Görlitz die Garden, das 2. Korps (Victor) und ein
Kavalleriekorps, bei Zittau Poniatowski: es war die Hauptmacht, etwa 180.000 Mann, unter des Kaisers eigenem Kommando. Außerdem waren drei Korps: das 12. (Oudinot), das
4. (Bertrand), das 7. (Reynier) und ein Kavalleriekorps, etwa
70.000 Mann, als „Armée de Berlin" nordwärts detachiert; sie
standen unter Oudinot bei Luckau, Kalau und Kottbus.
Davouts Korps, das 13., blieb mit 38.000 Mann in Hamburg
stationiert, und Girard vereinigte in Magdeburg und Wittenberg ein Zwischenkorps von zwei Divisionen, 15.000 Mann.

Auch die Verbündeten hatten während der letzten Monate
gewaltig gerüstet. Alexander I. hatte das Ergänzungssystem
geordnet, so daß aus allen Teilen des russischen Reiches
Truppen herankommen konnten, bis Mitte August die russische
Feldarmee 184.000 Mann betrug, abgesehen von den großen
Reserven in Polen. Von Preußen war, dank der Kampfbe-
geisterung des Volkes und der stahlharten Energie der Kriegsleitung, Unerhörtes geleistet worden: bis auf über 160.000
Mann hatte man die Feldarmee (auf 100.000 die Landwehr)
gebracht. „Wir haben nun eine Armee," schrieb Gneisenau

schon am 11. Juli an Stein, „wie Preußen nie, selbst in seiner glänzendsten Periode nicht hatte." Namentlich aber hatte Österreich alle denkbaren Anstrengungen gemacht und in Böhmen, ohne die Garnisonen, 127.000 Mann auf die Beine gestellt. Überdies standen in Innerösterreich 37.000 Mann, um Eugen, im Donautal 30.000, um die Bayern abzuwehren; in Tirol unterstützte man die Insurrektion. So hatte sich Franz I., der zu Beginn des Jahres über nur etwa 80.000 Mann mobiler Kombattanten verfügte, mit der höchsten Quote eingestellt. Allmählich wird er eine Gesamtarmee von nahezu 600.000 Mann (mit Reserven, Landwehren, Freiwilligen) und Irregulären zusammenbringen, die der Sache der Verbündeten Nachdruck und Rückhalt zu sichern vermag[1]). Die Geldmittel lieferte England, mit dem man sogleich nach der Auflösung des Prager Kongresses — am 18. August — eine Subsidienkonvention abgeschlossen hatte, die der Wiener Regierung zunächst eine halbe Million Pfund eintrug[2]). Über den Plan, wie man all die Kriegskräfte — mit den 23.000 Schweden Bernadottes, 9000 Mann englisch-deutscher Truppen und einem mecklenburgischen Kontingent waren es über 500.000 Mann — gegen den gefürchteten Cäsar verwenden wollte, war schon im Juni zu Gitschin, als Franz I. seine Mitwirkung nur erst in mögliche Aussicht stellte, eine vorläufige Übereinkunft entstanden, die dann in den Besprechungen zu Trachenberg mit dem Kronprinzen von Schweden erweitert und noch im Juli durch die Annahme österreichischer Zusatzvorschläge in Reichenbach zum Abschluß gebracht wurde (s. oben). Nach diesen allgemein als „Trachenberger Kriegsplan" bezeichneten Verabredungen sollten drei Armeen aufgestellt werden. Die Hauptarmee lag, aus Rücksicht auf das umworbene Österreich, das eine neue Invasion von Norden und eine Okkupation Wiens besorgte, in Böhmen; sie ward durch starken Zuzug verbündeter Truppen aus Schlesien auf die entsprechende Höhe gebracht

---

[1]) Siehe die umfängliche jüngst erschienene Arbeit des Obersten W l a s c h ü t z „Österreichs entscheidendes Machtaufgebot 1813" (Wien 1913) nach den Tabellen des Wiener Kriegsarchivs.

[2]) In dem Vertrag ist die Aufstellung von 5000 Mann an der Save, die Aushebung von 6 Bataillonen „Grenzer" und die Unterstützung der Tiroler Insurrektion vorgesehen. S. Pribram, Österr. Staatsverträge, England, II. 530.

und zählte am Ende des Waffenstillstandes über 250.000 Mann;
sie stand — wie das Ganze der verbündeten Heereskräfte —
unter dem Kommando des Fürsten Schwarzenberg, der Radetzky
als Generalstabschef zur Seite, aber auch die drei Monarchen
mit ihren besonderen militärischen Beratern auf dem Halse
hatte, was keine geringe diplomatische Kunst erforderte[1]).
Dann gab es eine Nordarmee unter Bernadotte, die aus zwei
preußischen Korps (Bülow und Tauentzien), einem russischen
(Winzingerode), den Schweden, im ganzen aus 127.000 Mann
bestand; ein gegen Davout hin detachiertes Observationskorps kam für den sächsischen Kriegsschauplatz nicht in
Betracht. Der Armee in Schlesien blieben nach dem Abmarsch von 125.000 Mann nach Böhmen noch etwa 104.000
— ein preußisches Korps unter Yorck und drei russische —
unter dem Kommando Blüchers, den Gneisenau beriet. Der
wesentlichste, von Radetzky herrührende Grundsatz der
Kriegführung, den man vor allen befolgen wollte, war der,
daß, wenn der Feind in seiner Hauptmacht einer der Armeen
entgegentrat, diese zurückweichen sollte, indes die beiden
anderen vorwärtsgingen und losschlugen, das heißt, man
wollte dem großen Schlachtenkaiser, der doch wohl die Hauptmacht befehligen würde, die Gelegenheit zu einem entscheidenden Schlag so lange nehmen, bis die drei verbündeten
Armeen, verstärkt durch das Reserveheer, das Rußland in
Polen sammeln ließ, mit Übermacht und in einer sonst den
Erfolg verbürgenden Kooperation selbst einen Schlag wagen
konnten.

Von diesem Plan hatte Napoleon keine Kenntnis erhalten. Erst spät erfuhr er von dem Marsch russischer und
preußischer Truppen nach Böhmen. Die Absicht, die man

---

[1]) Die Schwierigkeit der Leitung dieses Heerkörpers, der aus 127.000
Österreichern, 82.000 Russen und 45.000 Preußen zusammengesetzt war,
lag vornehmlich darin, daß Schwarzenberg für jede Verwendung nicht-
österreichischer Truppen vorerst die Zustimmung des betreffenden Mon-
archen einholen mußte, wobei sich namentlich mit Kaiser Alexander manche
Differenz ergab. (Vgl. Schwarzenberg an Kaiser Franz im Anhang.) Daß der
Fürst mit dem Oberbefehl über das Ganze betraut war, wird u. a. durch die
Eifersucht des Zaren bezeugt, der, wie er sich späterhin äußerte, an das
Oberkommando für sich gedacht hatte. Vgl. unten S. 218 die Ermächtigung
Blüchers durch das Hauptquartier, selbständig vorzugehen.

ihm anfangs im feindlichen Lager zuschrieb, er wolle auf Wien losgehen, hat er nie gefaßt. Er dachte sogar, wozu auch seine Generale rieten, daran, Dresden aufzugeben und hinter der Saale eine starke Stellung zu nehmen, um von da aus die einzeln vorrückenden Armeen der Verbündeten zu schlagen, gab aber auf ein hingeworfenes Wort Marets, Friedrich II. habe in ebenso vorgerückter Position den vereinigten Russen und Österreichern mit Erfolg widerstanden, die sehr richtige Absicht auf und blieb jenseits der Elbe[1]). Er will jetzt Davout von Hamburg her und Oudinot, nordwärts zusammenwirkend, gegen Berlin die Offensive ergreifen lassen, was er sich erfolgreich denkt, da er die feindliche Nordarmee weit unterschätzt und hier die Schwäche des feindlichen Aufmarsches vermutet. Zur Verbindung der beiden hatte eine der Divisionen unter Girard von Magdeburg ostwärts zu ziehen. Nach der Einnahme der preußischen Hauptstadt sollten sofort Küstrin und Stettin entsetzt und so der linke Flügel der ganzen Aufstellung nach Osten vorgerückt werden. Unterdes wollte der Kaiser diese Unternehmung durch eine wirksame Diversion gegen die beiden anderen Armeen sichern, den Feinden den Angriff überlassend. Woher der nun kommen würde, war ihm nicht klar. Für alle Fälle nahm er bei Görlitz mit der Garde und einigen Korps eine abwartende Stellung ein, in der Vermutung, daß die vereinigten Russen und Österreicher aus Böhmen über Zittau vorbrechen könnten. Dresden hat er durch Erdwerke und Pallisaden gegen einen Handstreich zu schützen gesucht und Saint-Cyr für diesen Fall die Verteidigung übertragen, in die er übrigens nach wenig Tagen selbst einzugreifen imstande war.

Die Offensive des Feindes über Zittau erfolgte nicht. Dagegen hat Blücher schon vor dem 16. August, auf des Zaren Wunsch, die Feindseligkeiten begonnen und die vier französischen Korps unter Ney, die ihm bei Liegnitz unmittelbar gegenüberstanden, hinter den Bober zurückgedrängt. Napoleon will das wieder gutmachen und Blücher aufs Haupt schlagen. Aber Dieser merkte alsbald — schon an der veränderten Haltung der französischen Truppen, wenn nicht an dem „Vive l'Empereur", das herüberschallte — die Anwesenheit des

---

[1]) P a s q u i e r, Mémoires, II., 82.

feindlichen Kriegsherrn und damit die Absicht eines entscheidenden Vorstoßes, und tat, wie verabredet war: er wich
kämpfend hinter die Katzbach zurück. Daß dies willkürlich
geschah, merkte der Kaiser anfänglich nicht und drängte
eifrig nach, bis er es am 22. inne wurde, „daß die Führer kein
ernstes Engagement wollten". Darauf rückte er wieder in
seine Stellung Görlitz-Zittau zurück, wo ihn unversehens die
Bitte Saint-Cyrs um Beistand ereilte, denn Dresden sei durch
den Anmarsch eines feindlichen Heeres vom Erzgebirg her aufs
ernstlichste gefährdet.

So winkte die Entscheidung an ganz anderer Stelle, als
Napoleon vermutete, aber sie winkte dort, wo er sie vor allem
gewünscht hatte. In einem Brief an Maret aus diesen Tagen
heißt es: „Da ohne Schlacht keine Entscheidung erfolgen kann,
so kann uns nichts Glücklicheres begegnen, als daß der Feind
nach Dresden marschiert, weil es dann zu einer Schlacht
kommen muß[1]." Er läßt Macdonald mit drei Korps Blüchern
gegenüber stehen und nimmt Ney und das sechste Korps
am 23. mit sich nach Westen, wohin er auch die Garden und
die Korps von Vandamme und Victor dirigiert, die zum
Empfang der Verbündeten nördlich von Zittau bereit gestanden
hatten. Nach dreitägigen beispiellosen Eilmärschen gelangen
die Truppen in die Nähe Dresdens, indes der Kaiser den kühnen
Plan gefaßt hat, die Elbe unterhalb des Feindes, der bereits
nahe an die Stadt herangekommen schien — Wittgenstein
hatte am 22. das Lager bei Pirna genommen — zu überschreiten,
ihn zwischen sich und Saint-Cyr zu bringen, von seiner Rückzugslinie abzuschneiden und auf Prag loszugehen. Aber er
muß den kühnen Gedanken alsbald wieder fallen lassen. Saint-
Cyr ist zu schwach, um so lange Widerstand zu leisten, bis die
große Umgehung ausgeführt war; man muß daher den sicheren
Weg wählen und dem Gegner von Dresden aus entgegentreten.
Nur Vandamme wird mit 40.000 Mann nach Pirna und Königstein geschickt, während Napoleon selbst am Vormittag des
26. August in der Stadt anlangte, gefolgt von den Garden,
die in den drei Tagen bei strömendem Regen, querfeldein, da
die Straße, wie zumeist, für die Artillerie und den Train reserviert blieb, über neunzehn Kilometer von Löwenberg her

---

[1] C o r r e s p., XXVI., 20.437 (22. August).

zurückgelegt haben. Die Korps von Marmont und Victor sind noch unterwegs.

Die Verbündeten waren unterdes tatsächlich nahe an Dresden herangerückt. Sie hatten ehevor, in einem Kriegsrat zu Melnik, den Entschluß gefaßt, mit dem Gros der „böhmischen Armee" nach Leipzig hin, auf Napoleons Verbindungen, vorzugehen — ein Gedanke, den schon während des Waffenstillstandes Stadion aus dem Hauptquartier der Verbündeten heraus als leicht ausführbar bezeichnet hatte[1]) — dann aber, jenseits der Grenze rechts abschwenkend, die gefährliche Absicht aufgegeben und sich mit dem ganzen Heer Dresden zugewendet, in der Absicht, Napoleon, den man im Vorrücken wider Bernadotte vermutete, von diesem ab- und auf sich zu ziehen. Da vernahm man, daß der Kaiser in Schlesien gegen Blücher zu Felde liege und allenfalls vorhabe, von dorther in Böhmen einzubrechen. Nun war die Lockung, sich der wichtigen Stadt mit ihren reichen Depots und Reserven zu bemächtigen, groß genug, und so will man denn am 25. August von den Höhen im Süden eine Rekognoszierung vornehmen, „ob ein coup de main etwa gelingen könnte". Es kommt aber nicht dazu, da im Hauptquartier die Meinung vorwaltet, es wäre vorteilhafter, noch weiterhin „zu manövrieren, bis des Gegners Pläne besser aufgeklärt seien". Dies war namentlich die Ansicht Kaiser Alexanders, der sich von seinen militärischen Ratgebern — Moreau, der alte Feind Napoleons, hatte sich zu solchen Diensten eingefunden — dazu bestimmen ließ, obgleich ein Handstreich an diesem Tag, der von Schwarzenberg dringend empfohlen worden war, oder doch mindestens am Morgen des 26. Erfolg gehabt hätte[2]). Freilich entsprach

---

[1]) S. oben S. 194.

[2]) Über die Einleitung des Manövers von Dresden bieten die jüngst erschienenen Briefe des Feldmarschalls Schwarzenberg an seine Frau einige wichtige Aufklärungen. Wir erfahren z. B. aus einem Schreiben v. 20. August, daß der Oberfeldherr schon an diesem Tag den Marsch am 22. über die Grenze und rechts an die Elbe ins Auge gefaßt hatte. („Wir wollen am 22. die Grenze überschritten haben und dann rasch gegen die Elbe rechts umschwenken, dringt er indessen in Böhmen ein, so müssen wir im folgen.") Am 23. hieß es dann aus Saida: „Ich eile in forcierten Märschen an die Elbe, dort wird es zur Schlacht kommen. Morgen denke ich mein Hauptquartier in Dippoldiswalde zu nehmen und, wenn ich nicht daran verhindert werde, übermorgen Dresden etwa (!) anzugreifen ... Auf den Fall, wo Napoleon

es weit mehr den verabredeten strategischen Grundsätzen, ohne große Opfer die Hauptmacht des Feindes von den kleineren Armeen weg auf sich zu locken und diese dadurch zu siegreichem Vordringen ihrerseits zu befähigen, d. h. der Hauptarmee und der schließlichen Entscheidung näher zu bringen. Darum betonte auch Schwarzenberg in einem Befehl für den nächsten Tag, den 26., den „demonstrativen" Charakter der weiteren Vorrückung, die den rechten Flügel — die Russen unter Wittgenstein — allenfalls bis in die Pirnaer Vorstadt, das an ihn sich schließende preußische Korps unter Kleist in den Großen Garten, ein Korps Österreicher im Zentrum und linkshin „ohne nutzlosen Menschenverlust" in die Dörfer und Vororte im Süden und Westen der unterdes kräftig beschossenen Stadt führen soll. Die Beschießung und der Angriff des linken Flügels werden, wieder nicht nach der Meinung Schwarzenbergs, erst auf den Nachmittag des 26. festgesetzt. An diesem Tag aber — der Kampf gegen Saint-Cyr war bereits im Gange, da man nun doch die ernste Absicht hat, ich mit einem Teil der Armee Dresdens zu bemächtigen[1]) — vernimmt man vom Herannahen starker feindlicher Massen von Osten, und insbesondere vom Königstein her, und schließlich auch von der Anwesenheit Napoleons in der Stadt: eine völlig veränderte Lage, die, dem Kriegsplan gemäß, aus der Offensive in die Verteidigung, ja zum Rückzug überzugehen gebot. Die Gründe sind noch nicht aufgeklärt, aus denen es doch nicht zur Unterbrechung des Kampfes, vielmehr, wie ursprünglich bestimmt worden war, zu dessen verstärkter Aufnahme auf dem linken Flügel kam[2]). Nach vier Uhr Nach-

---

sich mit dem Ganzen (über Gabel) nach Böhmen ziehen wollte, bleibt uns nur übrig, ihm mit der ganzen Armee, sowohl mit unserer als der Blücherschen, nachzugehen und uns zu rächen." Am 5. September endlich: „Unter uns gesagt, Dresden griff man nicht an, als ich es befahl, sondern am folgenden Tage ... Wenn man bei Dresden mir Folge geleistet hätte, so wäre damals schon unsere Bewegung gekrönt worden."

[1]) Am 26. August schreibt Metternich aus Brüx an Hudelist in Wien: „Ich bin heute aus dem Hauptquartier zu Reichstätt bei Dippoldiswalde, vier Stunden von Dresden, eingelangt. Wie ich letzteren Ort verließ, brachen eben 30.000 Mann auf, um eine große Reconnaissance zu machen. Heute im Tag sollte Dresden angegriffen und mit Sturm emportiert werden. 60.000 Mann, worunter 20.000 Österreicher, sind zu dem Unternehmen bestimmt, zu welchem alle Chancen vorhanden sind." S. Anhang.

[2]) In einem späteren Bericht Schwarzenbergs an den Kaiser Franz

mittag begann ein Hagel von Geschossen auf die Stadt nieder-
zuprasseln, um die dann der Kampf allgemein wurde.

In der Zwischenzeit waren jedoch, jedes einzelne von
Napoleon durch ermutigende Worte angefeuert, die Regimenter
der Garden über die Elbe und in die bedrohten Positionen
gerückt. Sie wehren die ohne einheitliche Leitung und nirgends mit überlegenen Kräften unternommenen Stöße ab,
so daß die Truppen der Verbündeten, da sie ohne zureichende
Sturmmittel sind und ohne Sukkurs bleiben, keine Erfolge
erringen können; sie verbluten sich nutzlos an der Umwallung
der Vorstädte. Dann geht, nach 5 Uhr, Napoleon seinerseits
zum Angriff über und drängt links die Russen hinter Striesen,
rechts die Österreicher gegen Löbtau und Cotta, im Zentrum
Preußen und Österreicher gegen Strehla und die Räcknitzer
Höhen hin zurück. Der Tag hat günstig für die Franzosen
geendet, ohne die Korps von Marmont und Victor, die erst
während der Nacht anlangen und das Heer wesentlich verstärken.

Am nächsten Morgen ergreift der Kaiser sofort die Offensive, als er die Streitkraft der Verbündeten, nur in höhere
Positionen gerückt, noch vorfand. Es war freilich von Schwarzenberg der sofortige Rückmarsch empfohlen worden, da
Dresden nun doch nicht mehr einfach wegzunehmen, der
Zweck der „Demonstration" erfüllt sei, die Truppe, der es an
Nahrungsmitteln fehle, bei dem unaufhörlichen Regenwetter
schwer zu leiden habe und der nach Pirna detachierte Prinz
von Württemberg sich gegen Vandamme nicht werde halten
können; aber die Monarchen, insbesondere Friedrich Wilhelm,
waren für die Fortsetzung des Kampfes in guten Stellungen
gewesen, wenn der Kaiser die Schlacht erneuere. Er tat es.
Napoleon beschäftigt des Gegners rechten Flügel und dessen
Zentrum, indes Victor mit seinen Kolonnen gegen die Linke vor-
dringt und sie zwischen Roßtal und Döltzschen durchbricht, so
daß Murat mit dem äußersten linken Flügel leichtes Spiel hat.
Er bedroht ihn mit seinen Reiterkorps in der Front und läßt ihn
gleichzeitig durch zwei Divisionen von Westen her umgehen

<hr>

(vom 28.) heißt es, man mußte den begonnenen Kampf um Dresden fort-
setzen, weil der Feind den linken (österreichischen) Flügel mit starken
Kräften zu bedrohen begann. Zitat von Glaise, Feldzug v. Dresden,
S. 224.

Eine österreichische Division (bei 9000 Mann) wird samt ihrem Kommandanten gefangen genommen, der Rest auf der Freiberger Straße weit zurückgeworfen. Der Umstand, daß die Verbündeten ihre Kavallerie ungenützt im Zentrum stehen ließen und keinen Vorstoß unternahmen, neben dem, daß ein Korps Österreicher unter Klenau von Tharandt nicht mehr zu rechter Zeit herankommen konnte, förderte hier den Teilsieg der Franzosen. Im Rücken bedroht — denn Barclay hatte den Befehl des Zaren, die Franzosen von der pirnaischen Straße fernzuhalten, unausgeführt gelassen und die Straße aufgegeben — auf der Linken empfindlich geschlagen, ziehen sich endlich die Alliierten in der Nacht zurück[1]). Sie haben in den zwei Tagen über 10.000 Mann an Toten und Verwundeten und über 15.000 an Gefangenen eingebüßt, während ihr Gegner in seiner geschützten Stellung weit geringere Verluste und einen Erfolg zu verzeichnen hat. Wenn er ihn mit Umsicht ausnützt, kann die Hauptmacht seiner Feinde eine Katastrophe ereilen, die kein Sieg ihrer anderen Armeen aufzuwiegen vermag.

Er hat es nicht getan. Schon deshalb nicht, weil er am 27. abends noch keineswegs gewiß war, ob die Gegner, deren Hauptkräfte, namentlich im Zentrum und auf dem rechten Flügel, nur wenig beschäftigt gewesen waren, die Schlacht nicht noch einmal, und nun mit voller Macht, wagen würden. Seine Befehle, die er des Abends erteilte, lassen keinen Zweifel übrig, daß er noch einen dritten Kampftag erwartete. Und in der Tat soll im Hauptquartier der Verbündeten noch bis tief in die Nacht hinein der Plan diskutiert worden sein, sich auf die Höhen von Dippoldiswalde zurückzuziehen und dort mit der ganzen Armee das Gefecht zu erneuern, bis endlich Schwarzenberg die mangelhafte Ausrüstung der Österreicher, namentlich mit Artilleriemunition, und die Not an Verpflegung

---

[1]) Über das Verhalten Barclays schrieb Metternich am 31. August an Hudelist: „Nach beispiellosen Fatiguen und einer in ihrem Entstehen vortrefflich geleiteten Operation, welche aber durch die ebenso beispiellose Ineptie des Generals Barclay de Tolly scheiterte und äußerst kompromittierende Folgen für uns hätte haben können, hat die Gesamtarmee ihren Rückzug aus Sachsen am 27. abends begonnen." S. Anhang S. 427 und 434. Barclay berief sich darauf, daß ihm sein Souverän für gewisse Fälle Entschlußfreiheit gewährt habe. S. auch T h i e l e n, Erinnerungen, S. 114.

geltend machte und den Rückzug anordnete. Als Napoleon am nächsten Morgen in die Kampflinie des vorhergehenden Tages vorritt, sah er die feindlichen Kolonnen auf den Wegen nach Maxen und Dippoldiswalde in den Bergtälern verschwinden. Da Vandamme mit seinen 40.000 Mann über die große von Barclay preisgegebene und nur in einem Teile noch von Eugen von Württemberg festgehaltene Pirnaer Straße, die über Peterswalde nach Teplitz führt, verfügte, war es des Kaisers Überzeugung, daß die Verbündeten diese Stadt auf dem kürzeren Weg über Altenberg zu gewinnen trachten würden. Er läßt ihnen hier Saint-Cyr und Marmont, auf der Straße über Rabenau Victor folgen, während Murat über Freyberg nach Frauenstein marschieren und ihnen von dorther Flanke und Rücken bedrohen soll. An Vandamme, den Mortier bei Pirna abgelöst hat, schickt er am 28. ein Schreiben, daß der Gegner die Richtung auf Altenberg einzuschlagen scheine und er ihm auf seinen Verbindungen mit Teplitz zuvorkommen und namentlich seinem Troß manchen Schaden tun könne[1]). Er selbst hält

---

[1]) Dieser Brief Berthiers an Vandamme, den P e l e t, Des principales opérations de la campagne de 1813 im „Spectateur militaire" von 1823 mitteilt, wird von allen Geschichtschreibern, auch den militärischen, mit Ausnahme A s t e r s, mit dem ganz sinnlosen Schreibfehler „Annaberg" für das einzig mögliche „Altenberg" wiedergegeben. Weder der Wortlaut dieses Briefes noch Napoleons Schreiben an Murat vom folgenden Tag mit dem Satz: „toute l'armée se retire par Altenberg sur Toeplitz" lassen einen Zweifel übrig. Man hat allerdings in jüngster Zeit den Versuch gemacht, Napoleons schwer erklärliches Verhalten in diesen Tagen damit zu rechtfertigen, daß er am 28. August den Feind wirklich im Abmarsch in der Richtung „auf Annaberg" vermutet und deshalb Vandamme, den er nun nicht für gefährdet hielt, weiter nicht unterstützt habe, bis er erst am Nachmittag des 29. aus einem Bericht Marmonts „zu seiner Überraschung" den Abmarsch der Verbündeten „über Altenberg nach Teplitz" erfuhr. (Jahrbücher für die deutsche Armee und Marine, 1902, in Ausführung der von O s t e n - S a c k e n gelegentlich ausgesprochenen Ansicht: die einzig zur Erklärung mögliche Annahme sei die, daß Napoleon den Feind im Rückzug über Freiberg vermutet und nicht geahnt habe, welchen Ersatz er hätte gewinnen können, aber auch nicht, in welcher Gefahr sein General schwebte.) Aber die Argumente, die hiefür angeführt werden, reichen doch nicht aus, um auf eine Anzahl von Fragen präzise Antwort zu geben. Z. B.: Was sollte das verbündete Heer in der Gegend von Annaberg? Wollte es nicht wieder zurück nach Böhmen, wo die Materialdepots und die Reserven lagen? Und die österreichische Artillerie hatte nur die halbe Chargierung auf den Weg mitgenommen. Und wenn das Ziel schon in jener Richtung lag, warum nennt Napoleon nicht das nähere Marienberg, von wo die Straße über Sebastians-

den Feind, von dem er noch soeben die Erneuerung der Schlacht
erwartet hatte, keineswegs für überwunden; es scheint ihm
aber nach seinem Kriegsplan offenbar schon ein großer Erfolg,
den Anprall der Hauptarmee siegreich zurückgewiesen zu haben.
Hätte er von der Niedergeschlagenheit im anderen Lager, von
der schlechten Stimmung der Österreicher, von der üblen
Ordnung auf dem Rückzug, dem Ineinandermarschieren der
Kolonnen, so daß 36.000 Preußen unter Kleist, um überhaupt

---

berg nach Böhmen führte und das ihm geläufiger ist, da es sich wiederholt
in seiner Korrespondenz findet? War es logisch, den Feind im Rückzug
nach Westen zu vermuten, wo doch gerade dessen l i n k e r Flügel am 27.
umgangen und geschlagen worden war, während Zentrum und Rechte nahezu
intakt blieben? Wie konnte übrigens der Kaiser bei dieser Vermutung am
28. an Vandamme schreiben lassen: „Ich denke, daß sie v o r d e m F e i n d
auf der Verbindung von Tetschen (!), Aussig (!) und Teplitz ankommen und
so seine Equipage, Bagage usw., schließlich alles, w a s h i n t e r e i n e r
A r m e e m a r s c h i e r t, nehmen können?" Konnte Vandamme wirklich
auf der Linie Tetschen-Aussig die Bagage hinter einer Armee wegnehmen,
die von Dresden nach Annaberg zog? Wie konnte der Kaiser am 29. morgens
an Murat schreiben: „Vandamme meldet, daß der Schrecken in der ganzen
russischen Armee herrsche", wenn die Russen auf Annaberg, Vandamme
gegen Aussig marschierten? Und wenn er in demselben Befehl seinen Schwager anwies, von Freiberg südöstlich auf Frauenstein einzuschwenken,
„um den Feind in Flanken und Rücken zu kommen," ist es da nicht nur natürlich, daß er sich Murat im Vormarsch über Hermsdorf dachte, der ihn in
der Tat in Flanke und Rücken der über A l t e n b e r g marschierenden Kolonnen
führte? Und wenn wirklich Marmonts Meldung vom 29., „der Feind marschiert über Altenberg", Napoleon „überraschte", mußte sich diese Überraschung nicht sofort in neuen Ordres, wenigstens was Vandamme betraf,
ausdrücken? Wir finden nichts dergleichen. Erst am 30. läßt er an Mortier
schreiben, er solle Vandamme, „wenn er dessen bedarf," mit drei Divisionen
Garde unterstützen. Nein, was Marmont am 29. meldet, ist nur die Bestätigung dessen, was Napoleon am 28. vermutet („il paraît") hat: daß der Feind
auf Altenberg zu marschiere. „Zwar habe gestern", heißt es in dem Postskript zum Brief an Murat vom 29., „nach Marmonts Meldung eine Train-
kolonne von Dippoldiswalde die Straße nach Frauenstein eingeschlagen,
sie wird aber bei Hermsdorf die Altenberger Straße wiedergewonnen haben",
womit gleichsam die Ansicht vom Vortag bekräftigt wird. Aus diesen, aus
Napoleons Briefen (C o r r e s p., XXVI.) geholten Gründen kann ich meine
Meinung nicht aufgeben, daß es im Brief Berthiers an Vandamme vom
28. August nicht „Annaberg", sondern „Altenberg" zu heißen habe, ungefähr wie in der Note vom 30. (C o r r e s p. XXVI., 20.492) „Rumburg"
und nicht „Naumburg" zu lesen ist. Trotz diesen Einwendungen haben
auch neuestens noch Militärschriftsteller an „Annaberg" festgehalten, was
in ihren Darstellungen (z. B. bei F r i e d e r i c h, Die Befreiungskriege, II.,
S. 86) zu artigen Verwirrungen geführt hat.

nur vorwärts zu kommen, von Fürstenwalde ostwärts über
das Gebirge auf die Peterswalder Straße ausweichen mußten,
auf die Gefahr, zwischen Vandamme und einem nachrückenden
Franzosenkorps zermalmt zu werden, hätte er von alledem
auch nur eine Ahnung haben können, er hätte wohl kaum eine
Sekunde geschwankt, seinen Sieg durch einen raschen Schlag
zu vollenden[1]).

Dazu kam aber noch Anderes. Der Kaiser war in den
letzten Tagen von einem Unfall, der die Armee Oudinots betroffen hatte, benachrichtigt worden; sie war von Bülow bei
Groß-Beeren am 23. August geschlagen und zum Rückzug
auf Wittenberg genötigt worden. Und daran nicht genug,
traf eben jetzt, als er die verfolgenden Korps aussandte, die
Kunde von einem Siege Blüchers über Macdonald bei Wahlstatt an der Katzbach am 26. ein, der die Ostarmee der Franzosen mit einem Verlust von bei 20.000 Mann in die Lausitz
zurückwarf. Durfte er unter diesen Umständen noch nach
Böhmen ziehen? Er überlegte die Frage und beantwortete sie
in einer Reihe von Notizen, die gegen diese Absicht sprachen.
Es war ja sein ursprünglicher Hauptplan, im Süden defensiv
zu bleiben und nur im Norden offensiv vorzugehen. Darum
hatte er die Affaire bei Dresden lediglich als Sieg in der
Defensive aufgefaßt[2]) und seinem Angriffsprojekt auf Berlin
und die Oderfestungen, deren Besatzungen sich nach seiner
Berechnung nur bis in den Oktober halten konnten, sein Haupt-
augenmerk zugewendet. H i e r glaubt er persönlich mit

---

[1]) Ein Unwohlsein, das Napoleon am 28. mittags befiel, als er auf der
Straße nach Pirna gefrühstückt hatte, soll ihn in seinem Vormarsch gehindert
und nach Dresden zurückgeführt haben. Nun, das Unwohlsein mag auf
Wahrheit beruhen; aber es muß ein rasch vorübergehendes gewesen sein,
denn man sah ihn „sehr heiter und lustig" nach Dresden zurückfahren, wo
ihn dann ein Bote, der von der Katzbach kam „bei vollster Gesundheit"
antraf. Er selbst hat zwei Tage später, als er von Vandammes Mißgeschick
erfuhr, Daru gegenüber jenes Übelsein als Grund seiner Rückkehr von
Pirna angegeben, da er sich für vergiftet gehalten habe. (S. P a s q u i e r)
Mémoires, II., 86.) Auch im Jahre 1815 hat er einigen Generalen seine Haltung
nach den Dresdener Kämpfen mit diesem geringfügigen Zufall erklärt.

[2]) Das erhellt auch aus der Fassung, in der er Fouché seinen Erfolg
mitteilt: „Meine A v a n t g a r d e verfolgt lebhaft den Nachtrab des
Feindes, der an die böhmischen Berge gedrängt ist (!), während eines meiner
Korps die feindliche Armee auf ihrer Rechten überflügelt, was noch größere
Erfolge verspricht." (B r o t o n n e, Lettres inédites, p. 498, 30. August 1813.,

stärkeren Kräften eingreifen zu müssen, während er Dresden
bloß in besseren Verteidigungsstand setzt. Und nun war es
der Politiker in ihm, der sich zu dem Strategen gesellte und
ihn beirrte: „Ich kann damit erreichen, daß sich die Russen
von den Österreichern trennen, denn ich kann Österreich gegenüber meine besondere Rücksicht geltend machen, den Krieg
nicht nach Böhmen getragen zu haben." Und in der Tat
ging auch heimlich eine Botschaft an Metternich[1]). Binnen der
nächsten zwei Wochen will er — Macdonald werde sich gegen
Blücher schon behaupten — Berlin genommen, Stettin ver-
proviantiert, die Werke der Preußen zerstört und die Landwehr, die er weit unterschätzt, desorganisiert haben. Die Verfolgung nach Böhmen unterbleibt.

Es muß den Kriegskundigen überlassen werden, die strategische Seite dieses Planes zu prüfen. Sie haben ihn bisher
zumeist verurteilt. Vielleicht mit Unrecht. Denn wenn Napoleon, um die Entscheidung zu suchen, sich nur vor die Wahl
gestellt sah, entweder in Böhmen gegen Prag vorzugehen
oder das alte Projekt gegen Norden zu verfolgen, so war dieses
aus Gründen, die er selbst entwickelt, entschieden vorzuziehen[2]).

---

[1]) In einem Brief vom 29. August an Berthier, der den Adjutanten
Galbois zu Murat geschickt hatte, heißt es: „Ich sehe nicht ein, warum Sie
dem König von Neapel meinen Verkehr (communications) mit den Österreichern zur Kenntnis bringen wollen." L e c e s t r e, II. n. 1084.

[2]) „Ich bin nicht mehr in der Lage, vor dem Feind nach Prag zu gelangen," heißt es in den Notizen vom 30. August, „es ist eine befestigte
Stadt; ich würde sie nicht einnehmen; Böhmen könnte sich erheben, und
ich wäre in einer schlimmen Lage . . ., während vielleicht die schlesische
Armee meine Boberarmee angriffe; auch könnten sich dann die Armeen
von Oudinot und Davout nur defensiv verhalten, und ich verlöre Mitte
Oktober 9000 Mann in Stettin. Ich würde zwar die Elbelinie von Prag bis
ans Meer besetzt halten, aber sie ist viel zu lang. Würde sie auf einem Punkte
durchstoßen, so stünde das Gebiet der 32. Division (an der unteren Elbe)
offen, was mich nach dem schwächsten Teil meiner Staaten zurückrufen
müßte . . . Die Russen, die die Anwesenheit meiner Armee von 60.000 Mann
bei Stettin nicht unberücksichtigt lassen könnten, brauchten nichts für sich
und für Polen zu fürchten . . . Da ich mich am Ende meiner Linie befände,
so würde ich mich nicht an die bedrohten Punkte begeben können. Ich
würde meine Plätze an der Oder verlieren und mich nicht auf dem Weg
nach Danzig befinden. Wenn ich im Gegenteil auf Berlin marschiere, habe
ich sofort einen großen Erfolg, bin in der Mitte, kann in fünf Tagen an den
entferntesten Punkten meiner Linie sein, entsetze Stettin und Küstrin, ge-
winne Aussicht, die Russen von den Österreichern zu trennen, habe keine

Aber es sollte aus beiden nichts werden. Es war Vandamme nicht gelungen, vor dem Feind auf der Pirna-Teplitzer Straße in Böhmen einzutreffen und, wie Napoleon hoffen mochte, die Kolonnen der Verbündeten bei ihrem Abstieg ins Tal einzeln zu überfallen. Schon am 28. hatte der Herzog von Württemberg mit seinem Korps Russen sich und den Garden unter Ostermann den Durchmarsch auf diesem Weg erkämpft und ihn am nächsten Tag ungemein tapfer in blutigen Rückzugsgefechten gesichert, so daß Vandamme, als er am 29. die Höhe herabmarschierte, bei Priesten an diesen Truppen einen kräftigen Widerstand fand, der sich stündlich durch die von der Altenberger Straße herbeikommandierten Regimenter vermehrte. In der Hoffnung, bald durch Saint-Cyr und Marmont auch seinerseits unterstützt zu werden, blieb er gleichwohl bei Kulm stehen, wo sich am 30. das Gefecht zur Schlacht entfaltete. Marmont und Saint-Cyr kamen aber nicht; sie waren von der Peterswalder Straße weg gegen die Altenberger hindirigiert worden und standen weit entfernt. Dagegen war Kleist sein mutiger Zug gelungen, der ihn unangefochten bei Nollendorf in den Rücken Vandammes brachte. Durch das Eingreifen österreichischer Dragoner ist er imstande, dem Anprall des nunmehr zurückstrebenden Feindes zu widerstehen, dessen Korps darauf zersprengt wird. Bei 10.000 Mann müssen sich ergeben; der Rest sucht sein Heil in der Flucht über die Berge. Der Führer selbst, der sich mit Bravour und Umsicht gegen die Übermacht gewehrt hat, gerät in Gefangenschaft[1]).

Am Frühmorgen des 31. erfährt Napoleon die Unglücksbotschaft. Des Tags vorher war ein trostloser Bericht von Macdonald eingetroffen. Kein Zweifel, der Eindruck, den sein Erfolg bei Dresden hervorgebracht hatte, war durch die Mißerfolge von Groß-Beeren, an der Katzbach und bei Kulm ver-

---

Verpflegsschwierigkeiten, denn die Kartoffeln, die Hilfsquellen Berlins, die Kanäle usw. werden mich ernähren." (C o r r e s p., XXVI., 20.492.)

[1]) Napoleon hatte kaum von dem Mißgeschick Vandammes gehört so lud er auch schon Diesem die Schuld daran auf, damit sie nur ja nicht auf ihn falle. Er ging dabei so weit, zu lügen „der General sei gegen seinen Befehl nach Böhmen eingedrungen. „Ich habe ihm" — schreibt er am 1. September an Saint-Cyr — „ausdrücklich befohlen, sich auf den Höhen zu verschanzen, sein Korps dort kampieren zu lassen und nach Böhmen nur ver-

wischt. Die Hoffnung auf eine Trennung der Verbündeten
mußte aufgegeben werden, denn ihr Sieg hielt sie sicher aneinander fest. Es war, um in trübe Stimmung zu geraten.
„Sehen Sie," sagte er zu Maret, „so ist der Krieg. Am Morgen
Sieger, am Abend besiegt. Vom Triumph zum Fall ist oft nur
ein Schritt." Eins war ihm aber klar: er bedurfte dringend
eines neuen Triumphes. Wir wissen, daß er ihn in einem Zug
gegen Berlin suchte. Er hält den Gedanken fest, nachdem er
sich überzeugt hat, daß die Verbündeten nicht sofort wieder
nach Sachsen vorstoßen würden, und schickt Ney voraus,
damit er von Oudinot den Befehl über dessen Truppen übernehme und die Offensive mit einem Marsch von Wittenberg
nach Baruth einleite. Dann sichert er Dresden durch die
Korps von Saint-Cyr, Victor und Mouton (der die Reste der
Vandammeschen Regimenter gesammelt hat) und bildet
aus den Garden, den Truppen Marmonts und einem Kavalleriekorps eine Reservearmee, die er, wenn Macdonald sich bei
Görlitz hält, nach Norden führen will. Aber Macdonald kann
sich nicht halten. Er mußte bis nach Bautzen zurück und
meldet nun von dort in beweglichen Worten, daß die 60 bis
70.000 Mann, über die er noch verfüge, großenteils weder
Waffen noch Munition hätten und sich bei einem neuen Mißerfolg unfehlbar auflösen würden. Darauf darf es der Kaiser
nicht ankommen lassen. Er eilt mit den Reserven seinem bedrängten Marschall zu Hilfe. Er will sie als Verstärkung einsetzen, um den heftig vordringenden Blücher rasch zu schlagen,
und dann sofort „in großer Eile" auf Berlin marschieren. Gut.
Wie aber, wenn es gar nicht zur Schlacht kam? wenn Blücher,

---

einzelte Streifkorps zu entsenden, um den Feind zu beunruhigen und Nachrichten zu sammeln." (L e c e s t r e, II. n. 1058.) Und doch hat es in jenem
Befehl an Vandamme vom 28. (siehe oben) geheißen, der Kaiser erwarte,
daß er noch vor dem Feind auf der Linie Tetschen-Aussig-Teplitz ankommen
werde, und in jenem Schreiben an Murat vom 29.: „General Vandamme,
der gestern in Nollendorf war, dürfte heute, von der Peterswalder Seite, in
Böhmen eingedrungen sein."(C o r r e s p., XXVI., 20.491.) Am Tag darauf
wurde dem König von Württemberg geschrieben: „Vandamme rückt auf
Teplitz los und unterdes folgen vier Armeekorps dem Feinde, der gestern
in Altenberg war." (C o r r e s p., XXVI., 20.495) usw. Es ist wie 1798 nach
Abukir, wie 1805 nach Trafalgar: der eigene Fehler wird dem Opfer auf-
gehalst. Und sie fehlen alle, wenn er ihnen fehlt. So sucht er den Glauben
an seine Unbezwingbarkeit in der Öffentlichkeit aufrecht zu erhalten.

dessen urkräftiges Ungestüm durch die geistige Überlegenheit
seines Generalstäblers Gneisenau gelenkt und gemäßigt ward,
aufs neue, wie schon im August einmal, Napoleons Anwesenheit
erfahrend, zurückwich und ihn hinter sich her in das aus-
gesogene Land lockte? Das geschah wirklich. Blücher ging
von Hochkirch fechtend zurück nach Görlitz. Diesmal aber
merkte Napoleon die Absicht sofort und ließ von der „Verfolgung" ab. Er muß nun ohne, wie er gehofft hatte, die
schlesische Armee geschlagen zu haben, gegen Bernadotte
ziehen. Hierzu sind auch schon die Ordres ausgegeben, als
von Dresden her die Nachricht von einer neuen Offensive der
böhmischen Armee an ihn gelangt. Er wäre übrigens für
diesmal im Norden zu spät gekommen, wo Bernadotte, dank
der ausdauernden Energie Bülows und dem rechtzeitigen Eingreifen der schwedischen und russischen Artillerie, am 6. September bei Dennewitz so entscheidend über Ney gesiegt hatte,
daß Dieser, von Schweden und Russen eifrig verfolgt, bis
Torgau und weit darüber hinaus flüchten mußte. „Ihre linke
Flanke ist offen," schreibt der geschlagene Marschall am Tage
darauf an den Kaiser, „nehmen Sie sich in Acht. Ich glaube
es ist Zeit, die Elbe zu verlassen und an die Saale zurückzugehen[1]."

Ehe ihn dieses Schreiben fand, am 6. September, war
Napoleon in Dresden angelangt und gewahrte bei einer Rekognoszierung die Höhen der Gebirgsstraßen nach Böhmen
in feindlichen Händen. Die Alliierten hatten nämlich, durch
ihren Sieg bei Kulm und die Erfolge der bei den anderen Armeen
völlig aufgerichtet, auf die erste Kunde von dem neuen Vormarsch des Kaisers gegen Blücher eine Diversion zu des Letzteren
Gunsten begonnen. Eine Abteilung von 60.000 Österreichern
sollte auf das rechte Ufer der Elbe hinübergehen und bei Rumburg in die Flanke des avancierenden Feindes fallen, während

---

[1] Von den übrigen Heeresteilen, die gegen die Nordarmee der Verbündeten zu operieren hatten, war Girards Division, als sie von der Affaire
bei Groß Beeren hörte, umgekehrt und auf dem Rückzug nach Magdeburg
bei Hagelberg am 27. August zersprengt worden. Davout dagegen, dessen
Korps über die Hälfte aus Holländern und Niederdeutschen, also aus den
unzuverlässigsten Elementen bestand, hatte nur einen schwachen Offensiv-
versuch wagen können, der ebenfalls schon nach der Niederlage Oudinots
aufgegeben wurde.

der Rest der Hauptarmee die bei Dresden zurückgebliebenen französischen Streitkräfte festhielt[1]). Davon hatte wohl Napoleon kaum Kenntnis, als er zurückeilte, um die Feinde über das Erzgebirge zurückzuwerfen und unter Umständen einen Vorstoß nach Böhmen zu wagen. Das Erste gelingt, das Zweite unterbleibt; es unterbleibt, einmal, weil die Niederlage Neys den Durchbruch der Elbelinie befürchten ließ, für welchen Fall der Kaiser in der Nähe sein will, und dann des ungünstigen Terrains am Geiersberg wegen, von dessen Höhe die Artillerie nicht zu Tal geschafft werden kann. Überdies waren die nach Osten detachierten Truppen, sobald man von Napoleons Anwesenheit in Dresden Kenntnis erhalten hatte, bis auf eine Division sofort zurückbefohlen worden und nun — es war der 10. September — stand die ganze Armee bereit, ihn zu empfangen. Napoleon hat sich selbst von diesen Schwierigkeiten überzeugt und gibt, da große Erfolge hier, mit den steilen Defileen im Rücken, nicht zu holen sind, das Unternehmen auf. Die Nachricht von der Niederlage Neys wirkte mit[2]). Am 12. September ist er wieder in Dresden, von wo er jetzt alle Depots und die gesamte Kriegsverwaltung weg nach Torgau dirigiert. Als militärischen Stützpunkt hält er, zu seinem Nachteil, die Stadt noch immer fest. Als bald darauf die Verbündeten aufs neue über das Gebirge rücken, um einen Zug Schwarzenbergs, der nordwestwärts in der Richtung auf Leipzig vorgehen will, zu maskieren, hindert er diese Absicht, indem er wieder bis gegen Kulm vorbricht. Zu einem erfolg-

---

[1]) „Morgen rücke ich mit meinem (?) Teile der Armee gegen Rumburg, um Blücher zu unterstützen, wenn sich Napoleon, wie es scheint, mit ganzer Macht auf ihn werfen sollte." Schwarzenberg an seine Frau, 5. September. „Heute also will ich mit 60.000 Mann über die Elbe setzen, um meine Operation zu Blüchers Unterstützung zu beginnen." Ebenda, 6. September.

[2]) Am 11. September schreibt er an Murat: „Wäre es möglich gewesen, Geschütze das Gebirge hinunterzubringen, so hätte ich die feindliche Armee in der Flanke angegriffen und wir hätten große Erfolge errungen, aber alle Anstrengungen waren vergeblich." Er setzt jedoch hinzu: „Die der Berliner Armee zugestoßenen Ereignisse verhindern mich, hinüber zu gehen." (C o r r e s p., XXVI., 20.540.) Man hat ihm mit Recht den Vorwurf gemacht, von Blücher zu früh abgelassen zu haben, um nach Dresden zurückzukehren. Hätte er die schlesische Armee weit zurückgestoßen, so würde er sich rechtshin auf die durch Böhmen heranmarschierenden Österreicher haben werfen können, und wer weiß, welchen Gang dann die Dinge nahmen.

reichen Angriff erscheint ihm aber auch jetzt wieder die feindliche Stellung — der Linksabmarsch war unterblieben — zu
stark, da er selbst durch die Schwierigkeit der Verpflegung
seines Heeres genötigt ist, zwei Korps nordwärts zu entsenden,
um die Zufuhr auf der Elbe zu decken. Ein Gefecht am 17.
bei Kulm, das mit Verlusten der Franzosen endet, wird nicht
zur Schlacht erweitert. Napoleon muß sich Schwarzenberg
gegenüber mit dem „System des Hin und Her" begnügen,
„um die Gelegenheit abzuwarten", wie er am 18. September
an Saint-Cyr schreibt. Auch hier wünscht er sehnlich angegriffen zu werden, doch vergebens. Die Feinde weichen dem
obersten Heerführer aus und schlagen seine Generale.

Er darf jedoch nicht lange untätig bleiben, da sich der
Kreis der gegnerischen Kräfte um ihn her immer mehr ver-
engt und er die Masse seiner Truppen auf dem eingeschränkten
Raum nur unter täglich wachsender Mühseligkeit ernähren
kann. Nachrichten von Ney, der auf das linke Ufer der Elbe
zurückgegangen war, melden, daß die Armee Bernadottes den
Übergang über diesen Fluß plane und in der Nähe von Dessau
Anstalten dazu treffe, und daß vom Heere Blüchers eine Abteilung nordwestwärts heranziehe, was ihn fürchten lasse, von
Torgau und Dresden abgeschnitten zu werden. Bei solcher
Gefahr, überflügelt zu werden, befiehlt Napoleon, nach einem
rekognoszierenden Vorstoß gegen Osten — es ist der dritte —,
den Rückmarsch auf das linke Ufer der Elbe und gibt das
rechte auf.

Seitdem er den entscheidenden Moment nach der Dresdner
Schlacht versäumt hatte, war sein Wille machtlos, er selbst
nur ein Spielball seiner Gegner geworden, bald hierhin, bald
dorthin geworfen, so daß ihn der Volkswitz, seiner wiederholten Fahrten nach Bautzen wegen, den „Bautzner Boten"
nannte, bis schließlich seine vorgeschobene Position ganz unhaltbar wurde. Und dazu im Heer die unerquicklichsten Zustände! Mißmut und Verdrossenheit, wohin man horchte!
Voraus bei den höheren Offizieren. Selbst Fernerstehende
mußten aufmerksam werden. „Es scheint mir," schreibt der
württembergische General Franquemont an seinen König am
10. September, „die französischen Generale und Offiziere sind
des Krieges überdrüssig, und die Soldaten kann bloß die Gegenwart des Kaisers beleben." In der Tat, wo sein Auge nicht

auf ihnen ruhte, warfen sie ihre Pflicht ab, wie eine drückende
Last, entledigten sich häufig ihrer Waffen und verließen die
Kolonnen oder stahlen sich unter die Leichtverwundeten,
indem sie sich selbst verstümmelten. Kaum ein Monat war
seit dem Wiederbeginn des Feldzugs verflossen, und schon
waren über 60.000 Mann und fast 300 Geschütze in des Feindes
Hände geraten, über 40.000 Kranke und Verwundete lagen in
den Lazaretten von Dresden, Leipzig und Torgau, und Haufen
von Hunderten, ja Tausenden Unbewaffneter zogen nach
Westen. Was diese aus den Reihen trieb, war die entsetzliche
Not, die einriß, als die gepeinigten schlesischen und sächsischen
Landschaften ihre letzte Kartoffel hergegeben hatten und die
Zufuhr auf der Elbe durch das Zurückweichen Neys fast unmöglich geworden war. „Herr Graf Daru," schreibt der Kaiser
selbst am 23. September an den Direktor der Armeeverwaltung,
„die Armee wird nicht mehr ernährt. Es wär' eine Illusion,
die Sache anders anzusehen." Aber er kann nicht helfen.
Und doch gewahrt er bei weitem nicht den ganzen Jammer,
den ihm pflichtvergessene Augendienerei ebenso sorgsam zu
verbergen sucht, als sie ihn nur zu oft über die Wahrheit wider-
wärtiger Ereignisse zu täuschen weiß[1]). Unter solchen Umständen war es kein Wunder, daß von den 400.000 Mann, die
der Kaiser Mitte August in Sachsen zur Verfügung hatte,
Ende September kaum 250.000 beim Appell antworteten. Und
diesen gebrach es an Ausrüstungsgegenständen, an Kleidung,
an Schuhen und bald auch an Munition, da die Transporte
aus dem Westen immer häufiger von feindlichen Parteigängern
abgefangen wurden, deren Bekämpfung einen unverhältnis-
mäßigen Aufwand an Kavallerie erforderte, woran die reguläre
Armee dann Mangel litt. Während die Alliierten sich um ein
Heer von über 50.000 Mann russisch-polnischer Reserven, das
Bennigsen heranbrachte, verstärkten, kam nur Augereau mit
13.000 von Würzburg auf Leipzig heran. Zwar wurde am
27. September in Paris die Aushebung von 160.000 Konskri-

---

[1]) Besonders Bertrand, ein devoter Günstling ohne viel Talent und
Verdienst, bekannt durch seinen Ehrenwortsbruch vom Jahre 1805 im
Krieg gegen Österreich, suchte mit derlei Nachrichten sich angenehm zu
machen. Seine Berichte nach der Schlacht bei Groß-Beeren mögen Napoleon
veranlaßt haben, die Nordarmee nicht sofort zu verstärken, was dann den
zweiten Sieg der Preußen erleichtert hat.

bierten von 1815 und 120.000 der sieben letzten Altersklassen
gefordert, aber wenn auch der Senat sofort sein Dekret aus-
fertigte, so konnten die neuen Rekruten doch nicht mehr für
die nächste, offenbar sehr kritische Zeit in Betracht kommen.

In dieser ernsten Lage der letzten Septembertage, da sich
„sein Schachspiel verwirrte", wie der Kaiser zu Marmont sagte,
hat er es wieder mit der Politik versucht. ˙Wir kennen einen
Brief an Franz I., den er am 25. durch den Adjutanten Flahault
als Parlamentär dem österreichischen General Bubna überbringen ließ, der mit seiner Division zum Blücherschen Heer
detachiert blieb. Darin ward die geplante Übergabe der polnischen Festung Zamosc zum Vorwand genommen, um von
Frieden zu sprechen. Der Abgesandte hatte die mündliche
Instruktion, zu versichern, daß es seinem Herrn jetzt ganz
besonders um dessen Abschluß zu tun und er bereit sei, für
Österreich und Preußen große Opfer zu bringen, „wenn man
ihn nur hören wolle". Aber Franz I. hatte, unter dem Eindruck der Nachricht vom Sieg der Nordarmee, am 9. September zu Teplitz seine bisherige Waffenbrüderschaft in ein
festes Bündnis mit Rußland und Preußen umgewandelt und
stand nun vertragsmäßig zu diesen. Gemeinsam wollte man
die Wiederherstellung Österreichs und Preußens wie 1805, die
Auflösung des Rheinbundes, die Rückgabe aller deutschen
Staaten am rechten Rheinufer und die Herstellung Hannovers
und Braunschweigs mit je 150.000 Mann erkämpfen. Kein
Teil sollte einen Separatfrieden mit Frankreich schließen
dürfen. Über die Zukunft des Herzogtums Warschau wollte
man sich in Freundschaft verständigen.[1]) Am 3. Oktober wird
Österreich auch mit England einen Allianztraktat abschließen,
und fünf Tage später werden Unterhandlungen, die es in Ried
mit Bayern pflegen läßt, zu einem förmlichen Anschluß dieses
Staates an die Koalition geführt haben[2]). So versagt sich die

---

[1]) Siehe den Teplitzer Vertrag zwischen Österreich und Rußland bei
M a r t e n s, III., 117. Dazu N e u m a n n, Recueil, II., 372.

[2]) Der Vertrag mit England brachte auch eine Erhöhung der am
18. August zugestandenen Subsidien um weitere 500.000 Pfund. Sonst sind
die Bedingungen die der anderen Verträge vom 9. September. Mitgeteilt
samt den bei N e u m a n n, Recueil des traités conclus par l'Autriche, II., 379,
n i c h t gedruckten Geheimartikeln von P ř i b r a m, a. a. O. II. 544. S o r e l,
VIII., 162, scheint, gleich O n c k e n, II., 462, den von B i a n c h i, Storia

Politik dem Kaiser der Franzosen, und alles hängt nur noch
von seiner Feldherrnkunst ab. Sie wird den Abgang an verbündeten Kräften, die mangelnde Begeisterung seiner Truppen,
das Defizit an Mut und Selbstverleugnung in seinem Heere
wettzumachen haben. Wird sie dieser Aufgabe gewachsen sein?

Napoleon hat sich noch im September entschlossen,
Blücher in sicherer Stellung hinter der Elbe zwischen Königstein und Meißen zu erwarten. „In dieser Position werd' ich",
schreibt er am 23. an Murat, „den Feind mit den Augen verfolgen und, wenn er sich auf irgend eine Angriffsoperation ein-
läßt, mich auf ihn stürzen, so daß er eine Schlacht nicht vermeiden kann." Aber er wartete vergebens. Mehr als eine
Woche verging, und der Angriff Blüchers erfolgte nicht. Was
war der Grund? Blücher, der vom großen Hauptquartier
ermächtigt worden war, nach eigenem Ermessen zu handeln,
war am 26. mit seinem Heer von Bautzen über Kamenz in
der Richtung auf Wartenburg abmarschiert, wo dann Yorck
am 3. Oktober gegen Bertrand den Übergang über die Elbe
erkämpfte, während Macdonald durch Anstalten bei Mühlberg

---

della diplomazia europea in Italia, I., 333, erwähnten Geheimtraktat zwischen
England und Österreich vom 27. Juli 1813, der dem Wiener Hof Rechte
über Italien eingeräumt haben soll, nicht zu verwerfen. Er hat nicht existiert.
Subsidienverhandlungen in Reichenbach zwischen dem österreichischen
(nicht „englischen") General Nugent und Cathcart haben zu keiner Konvention geführt, da Metternich eine solche damals noch für zu „kompro-
mittierend" hielt, wie er in einem Vortrag an den Kaiser vom 19. August
sagte. Erst nach Schluß des Prager Kongresses ist es dazu gekommen. (Siehe
oben S. 199.) Übrigens trägt die von Bianchi mitgeteilte Protestnote Metternichs an Castlereagh vom 26. Mai 1814, die sich auf den Geheimvertrag
bezieht, alle Merkmale der Unechtheit an sich: Kaiser Franz erscheint schon
am 27. Juli 1813 als Mitglied der Koalition, der Kaiser von Rußland wird
als „König von Polen" angeführt; auch verrät sich die italienische Mache
in Wendungen wie „au nome" (statt „nom"), „de la parte" (statt „part"),
„participer à V. Exc." (statt: faire part") u. dgl.; das bourbonische Haus
wird für den Entgang von Parma und Toscana auf die „Aufteilung der deutschen
Staaten" („partage des Etats d'Allemagne") verwiesen. Echte Briefe
Metternichs vom 26. Mai 1814 an Castlereagh sind durchaus im Sinn der
freundschaftlichsten Beziehung, die damals zwischen Österreich und England bestand, gehalten. (W. St. A.) Natürlich irrt auch W e l s c h i n g e r
schwer, wenn er in seinem Buch „Le pape et l'empereur", p. 409, sich auf
dieses Dokument stützt, worin Kaiser Franz seine Rechte auf den Kirchenstaat als „König von Rom, erblicher Kaiser und Haupt des Deutschen
Reiches (Chef du corps germanique)" geltend macht.

die Meinung beigebracht ward, man wolle hier über den Fluß
setzen. Unterdes war die russische Reservearmee unter Bennigsen durch Schlesien und Böhmen bis Teplitz gelangt, und
die Hauptarmee hatte nun, Bennigsen zurücklassend, die längst
geplante Offensive in der Richtung auf Leipzig ergriffen, um
— es war der Melniker Plan vom August — des Feindes Verbindungen zu bedrohen und ihn westwärts zu nötigen. Bernadotte ging am 4. und 5. Oktober bei Dessau gleichfalls über die
Elbe. Von alledem erfährt Napoleon erst recht spät. Noch am
4. Oktober fragt er bei Macdonald an, wo die Blücherschen
Korps stehen. Als er endlich die Wahrheit vernimmt, ist er
höchlich überrascht; derlei große Unternehmung hat er dem
Feinde nicht zugetraut. Nun wo es offenbar war, daß die
Gegner sich in seinem Rücken vereinigen wollen, ließ sich die
Elbelinie nicht länger halten, und seines Bleibens konnte in
Dresden nicht mehr sein. Er faßte den Plan, zwei Armeen
zu bilden: die eine unter Murat, drei Korps (das 2., 5. und 8.)
und die entsprechende Kavallerie stark, wird er zwischen das
Schwarzenbergsche Heer und Leipzig stellen mit der Aufgabe,
sich durchaus defensiv zu verhalten und nur allmählich vor
überlegenen Kräften des Feindes auf diese Stadt zurückzuweichen; die zweite will er selbst rasch über Meißen und
Wurzen zu Ney führen, sich mit diesem vereinigt zwischen
Leipzig und die schlesische Armee schieben, diese schlagen und
werfen, und dann sich mit Murat wider das gegnerische Hauptheer wenden. „Halten Sie die Österreicher soviel als möglich
zurück," schreibt er am 7. Oktober an Murat, „damit ich
Blücher und die Schweden vor ihrer Ankunft bei Schwarzenberg schlagen kann[1]." Von diesem Plane kam er später nur
in dem Punkt zurück, daß er Dresden von zwei Korps unter
Saint-Cyr besetzt ließ. War es in der Absicht, von der
Schwarzenbergschen Armee mehr in Böhmen festzuhalten? oder
wollte der Protektor des Rheinbundes die Residenz des getreuen Bundesfürsten nicht in Feindeshand fallen lassen und
damit sein Prestige schädigen? Gleichviel, er hatte später in
der großen Entscheidungsschlacht den Abgang der 30.000
Mann bitter zu beklagen.

Vom Herannahen Napoleons erhielten nun aber wieder

---

[1] Corresp., XXVI., 20.718.

Blücher und Bernadotte, die am 7. Oktober zusammen-
gekommen waren und die Offensive auf Leipzig beschlossen
hatten, lange keine Nachricht. Sie vermuteten ihn an dem
genannten Tage noch in Dresden. Da warf die plötzliche Kunde
von dem Anrücken des entfernt Geglaubten ihre Absicht um.
Bernadotte, der bisher mit Rücksicht auf seine persönlichen
Interessen in seinem neuen Vaterland, die durch eine entscheidende Niederlage gefährdet waren, den Krieg sehr
zurückhaltend geführt und sein schwedisches Korps mit ängstlicher Vorsicht vor Verlust bewahrt hatte, sprach sofort von
Rückzug über die Elbe, den er auch Blüchern empfehlen wollte,
erklärte sich aber schließlich doch bereit, diesseits zu bleiben
und von Aken-Radegast westwärts hinter die Saale zu gehen,
eine Bewegung, zu der auch Blücher sich entschloß. Dieses
Manöver hatte zur Folge, daß Napoleon, der ganz sicher auf
eine Schlacht gerechnet hatte, sich doch wieder nur einem
ausweichenden Feind gegenübersah. Er ist deshalb in der
denkbar schlechtesten Stimmung während der vier Tage, die
er vom 11. bis 14. Oktober auf dem Schloß zu Düben zubringt.
Daß sich Blücher nicht fassen ließ, gibt ihm hier den Plan ein,
gegen die rückwärtigen Verbindungen der schlesischen und
der Nordarmee, das ist bei Wittenberg und Dessau, zu operieren, sie dadurch zurückzunötigen, zu schlagen und über die
Elbe zu drängen, dann selbst auf dem rechten Ufer strom-
aufwärts nach Dresden zu rücken, die dortige Besatzung mit
sich zu nehmen und wider die Hauptarmee loszugehen, um
schließlich doch noch „Berlin einen Besuch abzustatten". Von
dem Marsche Blüchers zur Saale hin, wo Dieser von Halle aus
Fühlung mit der Hauptarmee suchen will, weiß er zunächst
nichts. Er hatte ihn anfangs in Düben vermutet, gehofft,
ihn da zu treffen und zu einer Aktion zu zwingen. Das war
nun Täuschung gewesen, und ein Vormarsch in dieser
Richtung ein vergebliches Manöver. Blücher war längst nicht
mehr in Düben, und nun läßt Napoleon wirklich an die
Elbe vorstoßen. Und da das Korps Tauenziens, das Bernadotte, ehe er nach Cönnern aufbrach, am Fluß zurückgelassen
hat, auf das rechte Ufer genötigt wird, von wo es weiter
nordwärts eilt, wiegt er sich einen ganzen Tag (12.) in der
falschen Vorstellung, Bernadotte sei mit allen Truppen wieder
hinüber. Über Blücher hat er erst am Morgen dieses Tages

annähernd Richtiges erfahren; nur vermutet er ihn noch nicht bei Halle. Und da scheint es ihm allerdings, da Schwarzenberg immer gewisser sich Leipzig nähert, das Nötigste, Diesen im Südosten der Stadt, noch ehe er sich mit Blücher im Westen vereinigen kann, total zu schlagen. Aber ist es nicht schon zu spät? Hat er nicht zu lange in Düben verweilt und auf gute Kundschaft gehorcht, ehe er handelte? Wer, wie Odeleben, ihn dort sah, „auf Nachrichten von der Elbe harrend, auf einem Sofa seines Zimmers, ganz geschäftslos vor einem großen Tisch sitzen, auf dem ein Bogen weißes Papier lag, das er mit großen Frakturzügen erfüllte", wer ihn so sah, den tätigsten Mann der Welt, der konnte leicht, wie Marmont, von ihm sagen: „Man erkennt Napoleon während dieses Feldzugs nicht wieder!" Und doch war er nicht untätig in diesen Tagen; nur war es eine Tätigkeit ins Ungewisse, bis ihm klar ward, was er am Morgen des 13. an Ney schreibt: daß er nach Leipzig zurück muß, „wo unzweifelhaft eine große Schlacht stattfinden wird[1]." Auf sie kam nun freilich alles an. Denn wie die Dinge lagen, konnte wohl kein Manöver mehr das Zusammenwirken der feindlichen Armeen aufhalten. Strategisch war Napoleon bereits besiegt, und nur als letztes Mittel blieb ihm die Entscheidungsschlacht, die er jetzt gegen eine gewaltige Übermacht — kaum 200.000 Mann gegenüber mehr als 300.000 — wagen mußte. „Wir nahen dem großen Tag des Weltgerichts", hatte Metternich schon am 8. an einen Vertrauten geschrieben[2]).

So schlimm freilich sah der Kaiser seine Lage nicht an, als er am 14. Düben verließ und gegen Leipzig fuhr. Er hatte nun zwar bestimmte Kunde, daß Bernadotte nicht jenseits der Elbe stand, aber er glaubte fürs erste doch gegen Norden und Westen sicher zu sein und bei der Aktion, die er schon für den kommenden Tag ins Auge faßte, nur mit Schwarzen-

---

[1]) C o r r e s p., XXVI., 20.789.

[2]) An Hudelist. (W. St. A.) „Die gefährlichsten Momente für das Ganze sind vorüber, die entscheidendsten aber beginnen", schreibt Schwarzenberg am 10. Oktober an seine Frau (Briefe, S. 344) und weiterhin: er habe Napoleon genötigt, alle seine Streitkräfte bei Leipzig zu sammeln, während er die seinigen bei Altenburg vereinige, „um den Feind entweder bei Leipzig nach Umständen anzugreifen oder ihn von dort abzuziehen". In seiner Disposition vom 14. sagt er dann: „Die Vorteile unserer gegenwärtigen Stellung erlauben uns, an die Vernichtung der feindlichen Armee zu denken." Nur daß er sie in der Defensive suchte.

berg zu tun zu haben. Und hätte er nicht so lange gesäumt,
hätte er das nutzlose Manöver über die Elbe früher abgebrochen,
so wär' es auch wirklich so gekommen. Denn von dem feindlichen Haupttheer war noch keineswegs alles Murat gegenüber
angelangt. Bennigsen mit seinen Reserven und ein Korps, das
Dresden beobachtet hatte und nun herankommandiert worden
war, standen am 15. noch zwei Tagereisen weit entfernt. Bernadotte, der sich fortwährend im Rücken bedroht glaubte und mit
seinen 60.000 Mann „zum Schutze Berlins" zurückmarschieren
wollte, hatte nur durch das einstimmige Votum seines Kriegsrates und die Drohung, die englischen Subsidien einzubüßen,
davon abgebracht werden können. Er war nicht in Verbindung
mit Blücher vorgegangen und blieb aus übertriebener Furcht
für seine linke Flanke am 15. einige Meilen vor Halle stehen.
Deshalb hat auch Blücher nur vorsichtig zu avancieren und
an diesem Tage von Halle bloß nach Schkeuditz zu gelangen
vermocht. Überdies war Schwarzenberg im Süden von Leipzig
zu einer durch die Flüsse Elster und Pleiße und das Leipziger
Ratsholz zerlegten Aufstellung gelangt, und wenn Napoleons
Heer nur um einen Tag früher ankam, so stand es mit überlegenen Kräften — er hatte über 180.000 Mann zur Verfügung
— gegen einen schlecht situierten Feind und konnte ihn werfen[1]).

---

[1]) Es war ursprünglich Schwarzenbergs Plan gewesen, mit seinem
linken Flügel in der Defensive noch weiter nach Westen, etwa bis auf das
Schlachtfeld vom 2. Mai, vorzugehen, um Napoleon möglichst nach rückwärts zu ziehen und ihm den Rückweg völlig zu verlegen, in der Meinung,
daß er dann diesen Rückweg sich werde erzwingen wollen, wobei es der
kooperierenden Übermacht der Alliierten gelingen müßte, ihn bis zur Vernichtung zu schlagen. Dieser am 14. Oktober entworfene Defensivplan,
der das ungünstige Terrain dem angreifenden Feinde zuschob, wurde auf
Intervention des russischen Hauptquartiers am selben Tage noch durch
einen anderen ersetzt, der die weitere Umfassung unterließ und schon jetzt
vom Süden aus die Offensive gegen Leipzig ins Auge faßte, wobei die Terrain-
schwierigkeiten zwischen Elster und Pleiße allerdings mehr die Verbündeten
als Napoleon behinderten und überdies das Tor im Westen offen blieb.
Vgl. darüber die gründliche Untersuchung K e r c h n a w e s, „Kavallerieverwendung, Aufklärung und Armeeführung bei der Hauptarmee in der
entscheidenden Attacke vor Leipzig" (1904), die der ehedem so streng verurteilten Strategie Schwarzenbergs gerechter wird, und dazu neuestens
das Werk des österreichischen Kriegsarchivs „Befreiungskriege 1813 und
1814", 5. Band. Übrigens hat bereits seit einigen Jahren in der historischen
Literatur ein Umschwung in der Beurteilung des bescheidenen, selbstlosen,
nicht allzu kühnen, aber auch nicht mutlosen, nicht genialen, aber auch

Aber die Garden und die Reiterdivisionen können erst am
15. zu Murat stoßen, der tags zuvor (14.) in einem Gefecht
bei Liebertwolkwitz mit der feindlichen Avantgarde unter
Wittgenstein die Linie zwischen der Pleiße und dem genannten
Ort behauptet hat. Macdonald wird erst am nächsten Tag
(16.) auf dem linken Flügel einrücken, Marmont vielleicht nördlich der Parthe bleiben müssen, denn Blücher war nun doch
näher herangekommen; Ney ist noch mit drei Divisionen
und einem Kavalleriekorps bei Düben zurück. Der Kaiser sieht
sich daher genötigt, die Schlacht um einen Tag zu verschieben.
Wenn es nur überhaupt dazu kommt und die Verbündeten
ihn nicht wieder bloß mit ihren aufreibenden Erschöpfungs-
manövern narren. Er steht allerdings an der wichtigsten Stelle,
im Süden der Stadt, der Hauptarmee des Feindes mit starken
Kräften und auf einem für ihn günstigen Terrain gegenüber,
aber die Situation im Norden ist kritischer, als er meint, und
hätte es noch mehr werden können, wenn sich Bernadotte entschlossen hätte, seine Truppen gleichfalls heranzuführen.

Für den 16. Oktober war nun Napoleons Plan der folgende. Er will mit den Truppen, die bisher unter Murats
Kommando gestanden hatten, die Hauptmacht des Feindes
auf der Linie Markkleeberg—Liebertwolkwitz angreifen und
beschäftigen, indes zwei Armeekorps unter Macdonald und
Augereau und die nötige Kavallerie in dessen rechte Flanke
fallen. Hier von einer Umgehung bedroht, werden die Gegner
ihr Zentrum schwächen müssen, das dann ein entscheidender
Stoß durchbricht, für den nebst den Garden die Divisionen
des Neyschen Armeeteils, insbesondere die des Marmontschen

keineswegs unfähigen Generals stattgefunden. Vgl. D e l b r ü c k in der
zweiten und dritten Auflage seines „Gneisenau", K a u l f u ß, Die Strategie
Schwarzenbergs am 13. bis 15. Oktober 1813 (1902), A n d e r s, Schwarzenbergs Disposition für den 14. Oktober 1813 (1908), A. S c h u l t e, die
Schlacht bei Leipzig (1913) und die Charakteristik bei F r i e d e r i c h,
Der Herbstfeldzug 1813, I., 141 u. a. Friederich hat sich übrigens sehr
bestimmt gegen den Schwarzenbergschen Defensivplan und für den durch
Tolls Einfluß auf den Zar bewirkten Umschwung zur Offensive ausgesprochen. Darin ist er jüngst durch K. U l m a n n, „Wie es zur Schlacht
bei Leipzig gekommen ist" (Histor. Vierteljahrschrift, 1913, II.) wesentlich
unterstützt worden. Sehr hartnäckig scheint übrigens Schwarzenberg nicht
widerstanden zu haben, wohl in der Annahme, Napoleon könnte am Ende
seinen Weg nordwärts über Magdeburg nehmen.

Korps, bestimmt sind, die Napoleon herzukommandiert. Dieser
Entwurf wird dadurch unausführbar werden, daß Macdonald
spät, Marmont gar nicht auf dem südlichen Schauplatz erscheint, so daß der Kaiser gleich im Beginn der Schlacht den
Vorteil des Angriffs einbüßt. Vor neun Uhr Vormittag beginnen die Verbündeten den Kampf um die Ortschaften Markkleeberg, Wachau und Liebertwolkwitz, der sich mit der größten
Hartnäckigkeit zwei Stunden lang fortsetzt. Erst da zeigt
sich die Tête Macdonalds, und nun überzeugt sich auch Napoleon, daß er bisher in der Front, die er durch Augereau
verstärkte, mit weit geringeren feindlichen Kräften zu tun
gehabt hatte, als er vermutete, und beschließt jetzt, seinerseits
die Offensive zu ergreifen. Und hätte er dieses Vorhaben sofort
ausgeführt, nicht einen Erfolg Macdonalds abgewartet, der sich
erst um Mittag der wichtigen Position auf dem Kolmberg bemächtigt, und kostbare Stunden mit dem vergeblichen Harren
auf Marmont hingebracht, er würde kaum nachhaltigen Widerstand gefunden, vielleicht die Schlacht gewonnen haben. So
aber geht er erst gegen zwei Uhr zum Angriff über. Er will
das Zentrum des Gegners zwischen Wachau und Markkleeberg
von dem Korps Viktors mit Sukkurs von Oudinot und Poniatowski ermüden, dann durch 100 Geschütze erschüttern
und von einer mächtigen Reiterattake durchbrechen lassen,
während Macdonald dessen rechten Flügel über Seiffertshayn
umgeht. Dann wird das Gros des Feindes westwärts in die
Flüsse geworfen und von seinen Nachschüben getrennt. So
die Absicht. In der Tat beginnt nun — es ist drei Uhr —
eine scharfe Kanonade, der eine Kavalleriecharge folgt, die im
feindlichen Zentrum wirklich bis über Güldengossa hinausgelangt. Aber all das ist jetzt zu spät. Denn während der
versäumten Zeit sind von Alexander die russisch-preußischen
Garden und von Schwarzenberg die österreichischen Kavallerie-
Reserven von jenseits der Pleiße auf das Wachauer Schlachtfeld beordert worden. Sie bringen die feindliche Infanterie
zum Stehen, gebieten dem Ansturm der französischen Reiterdivisionen Halt und leisten den nachrückenden Kolonnen hartnäckig Widerstand, während österreichische Infanterie unter
Bianchi die Gegner aus Markkleeberg hinauswirft und dem
rechten Flügel Napoleons gegenüber namhafte Vorteile erringt.
Unter diesen Umständen nützt es wenig, daß Victor, von Oudinot

mit der jungen Garde verstärkt, bis Auenhayn vorgedrungen ist
und Macdonald den rechten Flügel der Verbündeten bis Groß-
Pößna umgebogen hat, auch nichts, daß schlechtüberlegte
Angriffe des österreichischen Korps Merveldt in der rechten
Flanke auf Connewitz und Dölitz erfolglos blieben. Gerade
der Angriff auf Dölitz hat vielleicht, im Zusammenhang mit
Bianchis Fortschritten, einen letzten Ansturm der alten
Garde auf das Zentrum hintangehalten, indem er sie auf sich
zog. Dadurch ist zwar hier ein weiteres Vorgehen der Österreicher unmöglich gemacht, aber auch keinerlei Entscheidung
erreicht worden. Ein Sieg ist somit von Napoleon nicht errungen. Nur ein unbedeutendes Stück Schlachtfeld wurde
gewonnen, obgleich die Kräfte auf französischer Seite überwogen hatten, da von der an Zahl überlegenen verbündeten
Armee ein großer Teil nicht in den Kampf gelangte. Aber
gerade ein entscheidender Sieg mit Flucht und Auflösung
des Feindes hätte müssen errungen werden, wenn seine Sache
nicht gänzlich scheitern sollte. Denn Marmont war unterdes
bei Möckern durch das Yorcksche Korps — während Blüchers
Gros gegen eine irrig von Düben her vermutete Offensive
parat blieb — angegriffen und nach hartnäckigster Gegenwehr,
und erst als Blücher schließlich eingriff und alle seine
Reserven daransetzte, von Möckern und Widderitsch bis
hinter Gohlis und Eutritzsch an die Parthe zurückgedrängt
worden. Ein Glück dabei, daß der Österreicher Gyulai
im Westen Leipzigs durch einen Angriff auf Lindenau Neysche
Truppen beschäftigte, die dann bei Möckern fehlten. Und
so ist, trotz dem Terrainerfolg bei Wachau, der Tag für
Napoleon verloren, da der nächste schon des Gegners Kräfte
vermehren, Bernadotte und Bennigsen heranführen wird und
er nicht mehr gegen eine der Armeen, sondern gegen alle drei
wird fechten müssen.

Obgleich ihn eine Rekognoszierung am Morgen des
17. Oktober seine üble Situation erkennen läßt, ist er doch
noch nicht gewillt, den Kampfplatz zu räumen. Einmal war
ein Korps (Reynier) noch immer zurück, und ebenso Maret mit
den Kanzleien; deren Eintreffen mußte abgewartet werden.
Dann: hieß es nicht eine Niederlage eingestehen, wenn man
sofort zur Retraite blies? Und wir wissen, wie ängstlich Napoleon gerade über dem Schein wachte. Endlich waren die

Truppen, die sich tags zuvor so trefflich geschlagen hatten,
so sehr ermattet, daß sie den Abmarsch, der gewiß nicht ohne
ernste Kämpfe abging, nicht sogleich antreten konnten. Wollte
man zurück, dann brauchte man Zeit und mußte sie erst gewinnen. Der Kaiser ließ den bei der Affaire von Dölitz gefangenen
Merveldt vor sich kommen, gab ihm gegen Parole seinen Degen
zurück und sandte ihn am Nachmittag mit Anträgen, die zunächst
einen Waffenstillstand bezweckten, an Kaiser Franz ins Hauptquartier der Verbündeten. „Warum", sagte er u. a. zu dem
Österreicher, „nimmt man meinen Vorschlag, zu unterhandeln,
nicht an? Ihr seht doch, daß England den Frieden nicht
will[1]). Ich werde mich, wenn man will, hinter die Saale
zurückziehen, Russen und Preußen gehen hinter die Elbe, Ihr
nach Böhmen, und das arme Sachsen soll neutral bleiben."
Er ließ auch durchblicken, was er von seiner europäischen
Stellung aufzugeben bereit wäre: Hannover an England, die
deutsche Nordseeküste, vom Rheinbund Alles, was freiwillig
von ihm abfiel, dann Polen, Spanien und Holland, doch
dieses nur, wenn seine Unabhängigkeit gegen Großbritannien gesichert werde. Italien aber sollte nicht mehr in seine
alten Verhältnisse, das ist unter die Vorherrschaft Österreichs,
zurückkehren; es würde nur unter einem einzigen Herrscher
vereinigt dem System von Europa entsprechen[2]). Mit dieser
Klausel benahm er freilich der Sendung Merveldts alle Aussicht auf Erfolg. Denn gerade um die Vorherrschaft in Italien
hatte Österreich zehn Jahre lang gefochten, und ein Austerlitz
hatte dazu gehört, ihm den Verzicht darauf abzuringen. Man
einigte sich denn auch rasch im Hauptquartier, vorläufig den
Antrag unbeantwortet zu lassen. Den Wiederbeginn des
Kampfes hatte man, der erwarteten Verstärkungen wegen,
die auf etwa 100.000 Mann beziffert wurden, auf den nächsten

---

[1]) Dieser Vorwurf bezieht sich auf jenen Annäherungsversuch, den
Napoleon am 25. September gemacht hatte, als er seinen Adjutanten Flahault als Parlamentär mit einem Brief an Kaiser Franz zu den österreichischen
Vorposten schickte. Er erhielt damals zur Antwort, daß an einen Teilfrieden
nicht mehr zu denken sei, daß man aber seine Eröffnungen nach England
geschickt habe. (O n c k e n, Aus den letzten Monaten des Jahres 1813.
Hist. Taschenbuch, 1883, S. 12.) S. Anhang.

[2]) Siehe B u r g h e r s h, Memoiren (deutsch), S. 200 ff., S b o r n i k,
XXXI., 336, T o l l, III., 523, u. a. a. O. Ein Originalbericht fehlt im Wiener
Staatsarchiv.

Vormittag verschoben. Ein Angriff von der Blücherschen Armee her, der die Franzosen hinter Gohlis und die Parthe drückte, ward bald wieder abgebrochen.

Während Napoleon auf Merveldts Rückkehr wartete, traf er schon am Abend des 17. die ersten Dispositionen für einen Rückzug nach Westen, indem er Bertrand, der am 16. Lindenau gegen Gyulai gehalten hatte, anweisen ließ, die Lützener Straße bis Weißenfels freizumachen und dort den Flußübergang zu sichern; zwei Divisionen der jungen Garde sollten ihn in Lindenau ersetzen, die Trains folgen. Das war aber zunächst auch alles, und dem Geschichtschreiber fehlen die Behelfe, sich und anderen zu erklären, warum der Kaiser nicht schon bei Einbruch der Nacht, wo Reynier eingerückt, die Armee ausgeruht und der gute Ruf des Feldherrn nicht mehr in Gefahr war, mit aller Energie den allgemeinen Rückzug durch Leipzig betrieben hatte. Hoffte er wirklich auf ein Ergebnis der Sendung Merveldts? Wohl kaum. Die Sendung war ja so spät erfolgt, daß der General seine Botschaft erst am 18. früh bestellen konnte. Scheute er die Verwirrung des nächtlichen Marsches durch die Stadt und über die einzige Brücke? Denn andere hatte man zu bauen unterlassen. Oder dachte er nur für den schlimmsten Fall sich den Weg offen zu halten? „Der 17. verlief ruhig," erzählt Marmont in seinen Memoiren, „der Feind wartete seine Verstärkungen ab. Was uns betraf, so waren wir damit beschäftigt, die Ordnung unter unseren Truppen wiederherzustellen. Doch hätten wir von dem Augenblick an unseren Rückzug beginnen oder doch die Mittel vorbereiten müssen, um ihn bei einbrechender Nacht zu bewerkstelligen. Aber eine gewisse Sorglosigkeit Napoleons, die man unmöglich erklären und nur schwer bezeichnen kann, machte das Maß unserer Leiden voll." Wir Spätere haben mehr den Eindruck eines Mannes, der das Kriegsglück, das seine Genialität so oft zu meistern verstanden hat, noch einmal herausfordern will. Nach Mitternacht hatte der Kaiser das Heer etwas näher an Leipzig herangezogen, um seine Kräfte für die Defensivschlacht zu konzentrieren, die ihm entweder den Sieg bringen oder doch die Möglichkeit bieten soll, den allerdings sehr schwierigen Durchzug durch Leipzig zu erstreiten. Für den zweiten Fall will er die ganze Armee des Feindes im Osten beschäftigen, ihn bei jeder Dorfschaft aufhalten, um so einem seiner Korps nach

dem andern den ungestörten Abmarsch im Westen zu sichern.
So kann der Kampf am 18. Oktober immerhin als eine
Art Rückzugsgefecht aufgefaßt werden, allerdings das groß-
artigste, das die Geschichte kennt[1]). Der Kaiser hat nach
dem Eintreffen Reyniers und dem Abgang Bertrands noch
gegen 160.000 Mann und 600 Geschütze; die Verbündeten verfügen über nahezu 300.000 Mann und über die doppelte Anzahl Kanonen, da auch Bernadotte endlich herangekommen
ist und, nachdem ihm Blücher hochherzig 30.000 seiner Leute
abgetreten hat, am Kampfe teilnehmen wird[2]). Freilich wird
weitaus nicht alles von dieser Übermacht in den Kampf rücken,
schon weil der Kronprinz seine Schweden, der Zar seine Garden
schonen will und der Preußenkönig die seinigen nicht minder.
Vierzigtausend Russen haben an dem Tag müßig gestanden.

Die französische Armee war am 18. in einer Linie aufgestellt, die sich von Connewitz die Pleiße aufwärts bis Dölitz
zog, von da über Probsthaida, Dösen nach Zuckelhausen und
Holzhausen vorsprang, dann nordwärts bis Schönfeld und die
Parthe entlang nach der Halleschen Vorstadt und bis Gohlis
lief. Napoleon selbst nahm bei einer Tabaksmühle an der Col-
ditzer Straße nächst Stötteritz seinen Standplatz. Die Ver-

---

[1]) „Leipzig konnte in der Tat als ein Brückenkopf angesehen werden,
den man leicht einen ganzen Tag hindurch verteidigen kann, wenn man die
Vorstädte und die alte Mauer, ähnlich wie in Dresden, vorteilhaft zu benützen verstand", heißt es bei J o m i n i , Précis politique et militaire des
campagnes de 1812 à 1814; II., 186. Doch weiß auch er sich die Säumnis
Napoleons am Abend des 17. nur mit der Rücksicht auf die Sendung Merveldts zu erklären.

[2]) Über die Haltung Bernadottes, die den Gegenstand verschieden-
artiger Auffassung in der Geschichtschreibung bildet, orientiert wohl ein
von dem französischen Emigranten Rochechouart aufgezeichnetes Gespräch
zur Genüge. Rochechouart, der jetzt in russischen Diensten stand und im
Auftrag des Zaren den Kronprinzen zu eiligem Vorschreiten zu bewegen hatte,
bekam von Diesem u. a. folgendes zu hören: „Außer dem sehr natürlichen
Widerstreben, französisches Blut zu vergießen, leitet mich auch die Rücksicht auf meinen Ruf. Mein Schicksal hängt an einer Schlacht; verlier' ich sie,
so leiht mir niemand in Europa einen roten Heller. Mit Napoleon allein wäre
die Sache einfach; er ist ein Spitzbube, den man töten muß, denn solang
er lebt, bleibt er die Geißel der Welt. Man braucht keinen Kaiser mehr,
der Titel ist nicht französisch; Frankreich braucht einen König, allerdings
einen, der zugleich Soldat ist. Das Geschlecht der Bourbons ist verbraucht
und wird nicht mehr an die Oberfläche emportauchen. Wer taugt da wohl
den Franzosen besser als ich?" (R o c h e c h o u a r t, Souvenirs, p. 251.)

bündeten begannen um 8 Uhr anzugreifen. Sie erreichten in
harten und verlustreichen Kämpfen — Schwarzenberg rief sogar Gyulai herbei — daß die Österreicher links Dölitz, Dösen
und Lößnig, die Russen im Zentrum Zuckelhausen und Holzhausen eroberten, Bernadotte, der recht spät bei Taucha mit
50.000 Mann über die Parthe gegangen war und erst am
Nachmittag von dorther in Fühlung mit Bennigsen avancierte,
den Feind bis an die Dörfer Anger, Crottendorf, Volkmarsdorf
zurückwarf, während Blüchersche Truppen von Pfaffendorf
und dem Rosenthal abgewiesen wurden. Die Dunkelheit machte
dem blutigen Wüten ein Ende. Ein überwältigender Sieg, wie
er der Übermacht entsprochen haben würde, ist, wie man sieht,
von den Alliierten nicht errungen worden. Denn Connewitz,
Probsthaida und Stötteritz sind im Besitz der Franzosen geblieben. Aber die Gefahr, die diesen am linken Flügel droht,
wo eine sächsische Division und eine württembergische Kaval-
leriebrigade zum Feind übergegangen waren und wo weitere
Fortschritte der preußischen und russischen Kolonnen der Nordarmee ihre Schlachtlinie zu durchbrechen vermochten — bei
etwas mehr Energie der Führung auch wohl schon durchbrochen
hätten — zwingt Napoleon schließlich, diese Positionen aufzugeben und damit seine Niederlage einzugestehen. Am Nachmittag
hat er den Rückmarsch dreier Reiterkorps angeordnet, bei
einbrechender Nacht fuhr der große Artilleriepark durch die
Stadt, und da diktierte der Kaiser Berthier auch die Ordre für
den allgemeinen Rückzug. Kurz vorher war er vor Ermüdung
eingeschlafen. „Man hatte ihm", erzählt Odeleben, „einen hölzernen Schemel gebracht, auf dem er, erschöpft von den Anstrengungen der letzten Tage, in Schlummer sank. Seine Hände
ruhten, nachlässig gefaltet, im Schoß; er glich in diesen Augenblicken jedem anderen, unter der Bürde des Mißgeschicks er-
liegenden Menschenkinde. Die Generale standen düster und
verstummt um das Feuer, und die zurückziehenden Truppen
marschierten in einiger Entfernung vorüber." Dann begab sich
Napoleon nach Leipzig, wo er im Hôtel de Prusse mit Berthier
arbeitend die Nacht verbrachte.

Erst spät nach Mitternacht zogen auch die tapferen Verteidiger von Probsthaida und Stötteritz in die Vorstädte
hinein. Nur eine Nachhut von drei Korps unter Macdonald
sollte zurückbleiben und den Feind bis um nächsten Mittag

von den Mauern fernhalten. Erfolgte dann der allgemeine
Sturm, so war es ihre Aufgabe, Leipzig womöglich noch bis
Mitternacht zu verteidigen. Aber es sollte anders kommen.
In der Nacht und am Morgen des 19. war die Verwirrung in
der Stadt, in die alles bei drei Toren hereinströmte, was doch
nur bei einem einzigen wieder hinaus konnte, ganz ungeheuer.
Am Vormittag gelang es Napoleon selbst nur mit Mühe, sich
durch das Chaos durchzuringen und Lindenau zu erreichen,
während um den Besitz der inneren Stadt bereits heftig gekämpft wurde. Da täuschte das unvermutete Vordringen
einiger russischer Jägerabteilungen vom Rosenthal her den an
der hohen Elsterbrücke postierten Geniekorporal derart über
die Lage, daß er die Brücke vorzeitig sprengte und dadurch
die Korps der Arrieregarde völlig preisgab[1]). Es blieb diesen
Truppen nur übrig, sich zu ergeben. Ihre Führer suchten
zu entkommen. Hier war es, wo sich Macdonald mit dem
Pferd durch den Fluß schwimmend rettete, während Poniatowski, der edelste unter den Marschällen des Kaiserreichs und
mit einer der tapfersten, in den Fluten versank; die anderen,
Lauriston und Reynier wurden gefangen; sie waren beide verwundet. Verwundet waren auch Ney, Macdonald, Marmont,
Latour-Maubourg, Sebastiani u. A. Fünf Divisionsgenerale lagen
tot. Über 60.000 Mann, darunter 25.000 Gefangene, hatten Napoleon die beiden Tage vom 18. und 19. Oktober gekostet. Etwas
viel für ein Arrieregefecht[2]). Und nicht genug daran. Mit
dem Rückzug nach dem Rhein, der jetzt unerläßlich geworden
war, wurden auch die Besatzungen der Elbe-, Oder- und
Weichselfestungen aufgegeben, d. i. nahezu anderthalb hundert
tausend Mann. Und noch ein Opfer forderte der Krieg: die
Majestät Friedrich Augusts von Sachsen, dem Napoleon vor
seinem Abgang vorgegaukelt hatte, er verlasse die Stadt nur,

---

[1]) So wird die Sache von Macdonald (Souvenirs, p. 218) dargestellt, der überdies erzählt, ein Genieoffizier habe seinem Vorgesetzten
am 18. Vorschläge gemacht, die Passage noch während der Schlacht vorzubereiten, jedoch zur Antwort erhalten, dazu sei Zeit, bis der Kaiser es
anordne. Die Ordre sei ausgeblieben. Man war es eben gewohnt, daß der
Kaiser an alles dachte.

[2]) Die Verluste beider Teile bei Leipzig schätzt Gneisenau auf „sicherlich
100.000 Tote und Verwundete". (Delbrück, Gneisenau, I., 410.)
Die Verbündeten allein hatten seit dem 14. Oktober über 50.000 Mann
eingebüßt. (Friederich, III, 226.)

um im offenen Feld zu manövrieren, und werde sie in zwei bis drei Tagen wieder entsetzen[1]). Der König ging als Gefangener nach Berlin, und Stein ward, als Vorsitzender eines „provisorischen Zentral-Administrations-Departements", Chef der Verwaltung des Landes im Namen zwar der drei verbündeten Monarchen, aber zugleich unter der Aufsicht eines Diplomatenrates, dem Hardenberg präsidierte[2]).

Als Napoleon bei Weißenfels etwas Ordnung in das retirierende Heer zu bringen trachtete, hatte er noch etwa 120.000 Mann um sich, die sich anfangs in leidlicher Ordnung und von der feindlichen Avantgarde unter Yorck und dem Österreicher Gyulai wenig belästigt, fortbewegten. Aber sobald man hinter die Saale und dem nachrückenden Feind aus den Augen gelangt war, bröckelten von dieser Masse mit jedem Tag Tausende ab. Ein Teil davon warf die Waffen fort und desertierte, Andere zogen als marodierende Banden von „Fricoteurs" hinterher, Andere blieben entkräftet zurück. In den Kolonnen begann der Hungertyphus zu wüten, fortan der treue Begleiter der Armee. Erst in Erfurt, wo die wenig eifrige Verfolgung der Gegner dem Heer eine zweitägige Ruhe gönnte, konnte es sich etwas restaurieren und sammeln[3]). Doch schon jenseits des Thüringerwaldes, den der Kaiser bei Eisenach umging, um über Fulda und Hanau nach Frankfurt und Mainz zu gelangen, waren es wieder nur noch kaum mehr als 60.000 Mann, die in Reih' und Glied marschierten. Sie waren bei Kösen mit den Österreichern in ein verlustreiches Gefecht geraten und mußten sich auch jetzt die Rückkehr an den Rhein erst noch erkämpfen, als ihnen am 30. Oktober Wrede bei Hanau mit einem bayrisch-österreichischen Korps von 30.000 Mann, das er in Eile vom Inn herangeführt hatte, in den Weg trat. Bis nahe an Fulda war Blücher hinter

---

[1]) König Friedrich August selbst hatte sich zu mehreren Personen (dem Russen Toll, dem Preußen Natzmer) über Napoleons Vorspiegelung geäußert. (A s t e r, Die Gefechte und Schlachten bei Leipzig, II., 307.)

[2]) Daß diese Behörde sich wesentlich von der Administrationskommission des Frühjahrs unterschied und namentlich von den verbündeten Regierungen weit abhängiger war als jene, zeigt L e h m a n n, Stein, III., 322.

[3]) Hier ließ Napoleon Ansprachen an die Truppen halten, die den Erfolg hatten, daß viele sich wieder bewaffnen ließen und in die Reihen traten. G r u n w a l d, Die Feldzüge Napoleons. Nach Aufzeichnungen jüdischer Teilnehmer. S. 121.

Napoleon marschiert. Blieb er auf diesem Weg, so konnte das
französische Heer, wenn nur Wrede aushielt, in die ärgste Lage
geraten. Aber im Hauptquartier der Monarchen hatte man die
Ansicht gewonnen, der Feind werde nicht über Fulda und
Hanau, sondern über Alsfeld und Gießen nach dem Rhein
streben, hatte demgemäß Blücher auf diese Straße verwiesen
und auch Wrede dementsprechend instruiert. Dieser glaubte
daher am 30., es nicht mit der ganzen feindlichen Armee zu
tun zu bekommen, und griff herzhaft an; seinen Irrtum erkennend, hielt er gleichwohl aus politischen Gründen — „Wir
sind zu neue Freunde, um nicht unseren guten Willen mit
Ernst zu betätigen", sagte er — am Kampfe fest. An diesem
Tage standen übrigens auch Napoleon nicht mehr als etwa
17.000 Mann, darunter die Garden, unmittelbar zur Verfügung;
der Rest der Bewaffneten folgte ziemlich weit zurück.
Er wollte diese vorerst abwarten, ließ sich aber — widerwillig — von Macdonald bestimmen, dennoch anzugreifen.
Es geschah mit Erfolg. Dem Artilleriegeneral Drouot gelingt es,
eine größere Anzahl Geschütze in des Feindes linke Flanke zu
bringen, und Wrede verliert nach hartnäckigem Widerstand
die Schlacht. Der Weg nach Mainz war frei.

Am 2. November langte Napoleon dort an, um erst nach
mehreren Tagen Aufenthalts nach Paris weiter zu reisen.
Von der halben Million bewaffneter Männer, die in diesen
Jahren, seinem Wink gehorchend, den Rhein überschritten
hatten, kehrten kaum über 90.000 zurück, viele ohne Wehr
und mit dem Gift einer tödlichen Krankheit im Blut, das in
der Rheinstadt sofort in fürchterlicher Stärke wüten und dem
„Typhus de Mayence" ein trauriges Andenken sichern sollte.
„Die Menschenmasse," erzählt ein Augenzeuge, „die alle Häuser
und Straßen anfüllte, war unbeschreiblich; hier sah man die
Soldaten noch mit halbem Leben, von aller Hilfe verlassen,
vom Hunger gepeinigt, unter dem freien Himmel, bei Kälte
und Regen auf harten Steinen liegen und auf den Tod mit
Sehnsucht harren. Zu Hunderten starben sie täglich und lagen
oft mehrere Tage unbegraben auf den Straßen[1]." Man sah es,
und auch der Kaiser sah, wenn er aus den Fenstern seines
Palastes über den Schloßplatz hinblickte, wie die zweite seiner

---

[1] B o c k e n h e i m e r, Mainz in den Jahren 1813 und 1814, S. 57.

großen Armeen verdarb. Was er wohl dabei empfinden mochte! Bevor der Feldzug begann, hatte er in Paris dem Grafen Molé versichert: „Glauben Sie nur nicht, daß ich nicht auch, wie die anderen, ein fühlend Herz habe; ich bin sogar ein ganz guter Mensch. Aber seit meiner frühesten Kindheit hab' ich mich gewöhnt, diese Saite zum Schweigen zu bringen, und nun bleibt sie stumm." Anders äußerte er sich in der Unterredung mit Metternich zu Dresden. Dort hatte Dieser ihn gefragt: „Werden Sie, wenn die ohnehin vorweggenommene Generation Franzosen, die Sie unter die Fahnen gerufen haben, verschwunden sein wird, werden Sie dann noch an die nächste appellieren?" und Napoleon, durch die ungelegene Frage erregt, geantwortet: „Sie sind nicht Soldat und wissen nicht, was in einer Soldatenseele vorgeht. Ich bin im Feldlager groß geworden, und ein Mann wie ich schert sich den Teufel um das Leben einer Million Menschen." Beinahe soviel hatten ihm seine beiden letzten Feldzüge gekostet. Und wenn er jetzt in Mainz für Kranke und Verwundete Sorge trug, so geschah es auch nicht sowohl, um sie aus Menschlichkeit zu retten, sondern vielmehr um sie später wieder verwenden zu können. Denn all seine Tätigkeit beherrschte der eine Gedanke, den er kürzlich in Erfurt aussprach: „Bis zum Mai werd' ich eine Armee von 250.000 Streitern am Rhein haben."

Viertes Kapitel.

Elba.

So war nun ein zweites Kriegsjahr mit ungeheuren Verlusten für Napoleon zu Ende gegangen. Der nationale Widerstand der Russen hatte ihn auf einem Leidensweg ohnegleichen aus dem Zarenland hinausgenötigt, der nationale Aufschwung der Deutschen zwang ihn über den Rhein zurück. Die Politik der Fürsten und ihrer Kabinette verschwand völlig neben dem elementaren Drang des Völkerwillens nach Unabhängigkeit von fremder Willkür. Vergeblich war das Zögern Friedrich Wilhelms III., das zaudernde Wägen und Messen seiner Diplomaten gewesen: er mußte in den Krieg gegen

den Alliierten des Vorjahres. Vergebens hatte Metternich für
seinen Herrn eine besondere, durch Bündnisse gestärkte
neutrale Stellung ausgesonnen: Franz I. mußte sie aufgeben
und gegen den Eidam das Schwert ziehen. Umsonst, daß
Friedrich August von Sachsen seine Treue gegen den Schöpfer
seiner Königskrone betätigte: seine Regimenter entfremdeten
sich ihm und überließen ihn seinem Schicksal. Und ebenso
waren westfälische Truppen, württembergische Reiter, baden-
sisches Fußvolk lange schon zum Feind übergegangen, ehe
Jérôme in der letzten Oktoberwoche sein Land verließ, König
Friedrich I. und Großherzog Karl sich den Verbündeten anschlossen. Bald stand der ganze Rheinbund gegen seinen
Protektor. Und wie bei den Deutschen, so gewannen auch bei
den anderen heerpflichtigen Völkerschaften des Kaiserreichs
die Nationalparteien die Oberhand. So bei den Italienern, auf
die der „Misogallo" Alfieris nicht ohne Wirkung geblieben
war. Murat mit den Neapolitanern hatte sich noch vor der
Hanauer Schlacht, unter dem Vorwand, die Lage seines Königreichs erheische seine Rückkehr, von Napoleon getrennt. Seine
Gedanken gingen, wie schon ein paar Jahre zuvor, nach
anderen Dingen: er will sich die Krone Neapels retten, ja,
wenn es ging, auch die des ganzen Italien hinzugewinnen —
vorausgesetzt, daß sich hier nicht die Donaumacht in ihre alten
Rechte setzte. Denn schon Ende Oktober 1813 hatten die
Österreicher unter Hiller die Truppen des Vizekönigs Eugen bis
hinter die Etsch zurückgedrängt und Triest samt den dalmatinischen Festungen in ihre Hände bekommen. Die Holländer
empörten sich Mitte November in Amsterdam offen wider
Napoleon und erklärten sich für das angestammte Haus
Oranien. Und während all dies geschah, hatte auch der spanische Nationalkrieg unter Führung und Teilnahme der Engländer wieder neue Erfolge über die Franzosen ergeben. Im
September war die Seefestung San Sebastian, im Oktober
Pampeluna in Wellingtons Hände gefallen und dadurch der
Weg nach Bayonne völlig frei geworden, den der Brite, nachdem er von Napoleons Mißerfolgen gehört hatte, alsbald einschlug und unter fortwährenden Kämpfen mit Soult fortsetzte. Zugleich wich Suchet, um nicht seine Verbindungen
mit Frankreich zu verlieren, aus Catalonien über die Pyrenäen
zurück.

So erwehrten sich die Völker des schwer lastenden Übergewichts, und die eigenste Schöpfung Napoleons, das internationale Empire, brach unter dem tatkräftigen Widerwillen der Nationen zusammen. Nun kam für sein Schicksal nur noch in Frage, ob denn nicht jetzt endlich auch die Nation, deren Land und Kraft er zum Stützpunkt seiner Weltherrschaft gemacht hatte, seines Regiments überdrüssig wurde, das in ruhelosem Drang ohne Grenzen ihr Blut und Gut vergeudete? Jetzt konnte er nicht, wie vor Jahresfrist, die widrigen Elemente der Natur als seine Bezwinger und als die Vernichter der zweiten gewaltigen Armee anklagen, die ihm in der Hoffnung auf Sieg und Frieden überantwortet worden war, und was er als die eigentliche Grundlage seiner Macht ansah, seine persönliche Geltung, war tief erschüttert. Wird er noch ein drittes Mal die Mittel zu einem neuen Feldzug erhalten?

Allerdings hatte ihm der Senat, noch ehe auf der Leipziger Ebene der entscheidende Schlag fiel, mit gewohnter Devotion, wie erwähnt, 280.000 Mann zugestanden. Aber wie wenig war das, um gegen Europa zu kriegen. Gewiß, auch der Konvent hatte seinerzeit gegen den ganzen Erdteil den Kampf aufgenommen, aber damals mit frischen Kräften, die der Enthusiasmus neuerrungener Freiheit beseelte. Seitdem waren zwanzig Jahre fast ununterbrochenen Streitens verflossen, die Nation hatte ihre bürgerliche Freiheit wieder eingebüßt, und ihre Begeisterung für den Mann, der ihr Ordnung und Ruhm verschafft hatte, war geschwunden, seitdem seine Glorie sich verdüsterte und an die Stelle erträumter Ruhe und friedlichen Genießens nur immer neue Fehden mit immer größeren Opfern traten. Denn die Zeit war lange vorbei, wo der Kaiser als Sieger dem französischen Volk Provinz auf Provinz zu Füßen legen und versichern konnte, daß all diese Lorbeeren dem Lande so gut wie nichts kosteten. Im letzten Jahre hatte er die klaffenden Lücken des Staatsbudgets nur noch durch einen dreisten Griff in das Nationalvermögen stopfen können und den Verkauf der Gemeindegüter angeordnet. Nun stellte sich heraus, daß dieses Experiment einen sehr geringen Erfolg gehabt hatte und daß nur ein kleiner Bruchteil der Werte in Geld umgesetzt werden konnte. So fehlte es dem Staat eben jetzt, da er sich in der bedrängtesten Lage befand, an den nötigen materiellen Mitteln. Wo waren

sie zu finden, wenn — die Folge der hohen Blutsteuer — die
Äcker brach lagen, die Industrie feierte, der Handel stockte?
Etwa in der Erhöhung der Zölle? Aber der Import war geringfügig. Oder in der Vermehrung der Grundsteuer (um 30 %),
der Türen- und Fenstersteuer, der Patentensteuer, der Salz-
steuer und der indirekten Steuern? So beschloß der Senat
am 11. November. Aber das Erträgnis wird nicht hinreichen.
Man wird im Januar 1814 die Grundsteuer statt um 30 %
um die Hälfte erhöhen müssen, und ebenso die anderen im
gleichen Maß, und gleichwohl vergeblich. Das Steuer-
erträgnis wird in diesem Jahr einen Ausfall von 50 % aufweisen. Die Rente ist bis auf 50 gefallen, die Aktien der französischen Bank, die ehedem 1400 Franken und mehr gegolten
hatten, werden nun mit wenig über 700 gehandelt. Niemand
kauft, denn niemand hat Geld flüssig. Die Weinbauern behalten ihr Gewächs in den Kellern; die Magazine der Fabriken
sind überfüllt. Napoleon wird, wenn er rüsten will, fürs erste
nur seinen Tuilerienschatz zur Verfügung haben, von dessen
Millionen die nächsten Wochen den größten Teil verschlingen
werden[1]).

Und wie an Geld, so fehlte es nun auch schon an Leuten
für den Krieg. Zwar die Konskription vom Oktober ging
noch leidlich von statten. Der Feind stand ja an der Grenze,
und der Patriotismus forderte sein Recht. Man hatte, um das
Vaterland zu verteidigen, doch keinen anderen General, dem
man sich in gleichem Maße anvertrauen konnte, wie dem
genialen Kaiser. Darum blieb vorerst die Masse des französischen Volkes — die Polizeinoten beweisen es — gut imperia-
listisch. Nur in den dem englisch-bourbonischen Einfluß aus-
gesetzten Provinzen: Flandern, Artois, Normandie und
Bretagne und den südlichen: Guyenne, Gascogne, Provence

---

[1]) Die Angaben über den Schatz in dieser Zeit schwanken. Napoleon
selbst gibt ihn im Gespräch mit dem Frankfurter Bankier Simon Moritz
Bethmann mit 80 Millionen in barem an (s. meinen „Kongreß von Châtillon",
S. 2), seinem Schatzminister Mollien aber schreibt er am 17. November:
„Ich habe nur 30 Millionen im Kronschatz." Er wünscht jedoch, daß verbreitet werde, es seien mehr als 200 Millionen darin. Der Minister nimmt
den vom Kaiser angegebenen Barvorrat als richtig an, rechnet aber noch
eine Summe von ungefähr 150 Millionen in Wertpapieren dazu, die freilich
in der kritischen Zeit schwer zu Geld zu machen waren. (Mollien, Mémoires, III., 345 ff.)

war die Bevölkerung gleichgültig gegen die Invasion oder
doch dem Kaiserreich abgeneigt. „Die Bevölkerung", schreibt
Barante, damals Präfekt in Nantes, „begann sich zu rühren,
und ihre Unzufriedenheit kam in dem Maß zum Ausdruck,
in dem die kaiserliche Regierung die mächtige Autorität ihrer
Siege einbüßte[1]." In den übrigen Landesteilen lieferte der
Bauer resigniert seinen letzten Sohn ab, und erst als ein zweites
Senatsgesetz vom 15. November 1813 anordnete, aus den
Altersklassen von 1803 bis 1814, die schon gedient hatten,
aufs neue 300.000 Mann auszuheben, das ist auf die Familien-
stützen und Ehemänner zu greifen, ergaben sich unüber-
windliche Schwierigkeiten. Die Einberufenen stellten sich
nicht oder entflohen in die Wälder, und zu Beginn des neuen
Jahres war, allen Strafgesetzen zum Trotz, von den 300.000
Mann nicht viel mehr als der fünfte Teil rekrutiert. Und
ebenso schlimm stand es um die Errichtung einer neuen
Nationalgarde, wie sie der Senat — was bewilligte dieser Senat
nicht alles! — am 17. Dezember in 450 Kohorten anbefahl.
Der Bauer wußte vom letzten Feldzug her, daß der Kaiser,
wenn er Soldaten brauchte, zwischen Miliz und Linie keinen
Unterschied machte. Er war bereit, seinen Hof zu verteidigen,
aber nicht, ihn mit Weib und Kind im Stich zu lassen und
zur Armee zu gehen. Keine 20.000 Mann brachte man in den
Depots zusammen. Und selbst für diese geringen Ergebnisse
der neuen Aushebung fehlte es noch an Armaturgegenständen,
Uniformen und Waffen.

Fürwahr, das waren üble Aussichten für die Fortsetzung
des Kriegs gegen das verbündete Europa, wenn auch die
Stimmung des französischen Volkes den Kaiser noch nicht
fallen ließ, die liberale Agitation gegen ihn in den tieferen
Schichten noch keinen Boden fand und die Bourbons mit
ihrem Anhang hochmütiger Aristokraten der alten Abneigung
noch immer sicher, vielen ganz unbekannt waren. Wenn
man nur nicht nach zwei Seiten — gegen Süden und Osten
— zugleich hätte Front machen müssen und die Truppen
Soults und Suchets für den Krieg gegen die Alliierten hätte
verwenden können. Daran dachte Napoleon wohl, und deshalb
entschloß er sich, den gefangenen Ferdinand VII. von Spanien

---

[1] Souvenirs, II., 11.

freizulassen, ihm sein Land zurückzugeben und mit ihm
Frieden zu schließen. Am 8. Dezember kam in Valençay der
Vertrag zustande. Anstatt nun aber den König sogleich heimzuschicken, was nach Wellingtons Zeugnis das einzige Mittel
gewesen wäre, den Engländern den Krieg unmöglich zu
machen, ließ sich Napoleon durch eine Intrige Talleyrands,
der jetzt mit allen Geheimmitteln der Politik des Kaisers
Stellung zu untergraben suchte, bestimmen, vorerst den Vertrag der Regentschaft in Madrid vorzulegen. Diese verweigerte
— Talleyrand war dessen sicher gewesen — die Annahme,
da ein Beschluß der Cortes festgesetzt hatte, man wolle mit
Frankreich keinerlei Vertrag schließen, solange dem König
nicht seine volle Freiheit zurückgegeben sei, und die Unterhandlungen zogen sich bis in den Januar hin. Die Armeen
des Südens konnten nicht frei werden.

Und wie den König von Spanien, so wird der Kaiser
auch daran denken müssen, seinen zweiten Gefangenen freizugeben: den Papst. Durch den Zusammenbruch des Empire
ward ja auch seinen kirchenherrlichen Absichten der Boden
entzogen. Wieviel hatte er sich nicht von seiner Gewalt über
den heiligen Vater versprochen! „Von diesem Augenblick" —
sagte er später — „würde ich den Papst wieder erhoben,
ihn mit Pomp und Huldigungen umgeben, ein Idol aus ihm
gemacht haben; nie hätte er seine weltlichen Besitztümer ver-
missen sollen. Ich hätte dann meine kirchlichen Sessionen gehalten wie meine legislativen. Meine Konzilien wären die
Repräsentation der Christenheit, die Päpste deren Präsidenten
gewesen; ich hätte sie eröffnet und geschlossen, ihre Dekrete
gebilligt und verkündigt, wie Konstantin und Karl der Große
getan. Wie fruchtbar an großen Ergebnissen wäre dies geworden! Der päpstliche Einfluß auf Spanien, Italien, den
Rheinbund, Polen hätte die Bundesverhältnisse des großen
Reiches enger geschlossen, und der, den das Haupt der Christenheit auf die Gläubigen in England und Irland, Rußland und
Preußen, Österreich, Böhmen und Ungarn ausübt, wäre das
Erbteil von Frankreich geworden." Aber das große Reich
war nun im Wanken und sein Einfluß auf die Nachbarländer
zunichte. Es war auf seine nationalen Grenzen zurückgewiesen, und sein Monarch konnte nicht mehr daran denken,
das internationale Universalsystem des Papsttums weiterhin

damit zu verknüpfen. Gleich zu Beginn des letzten Krieges
hatte Pius VII. das Konkordat von Fontainebleau widerrufen und später, als der Kongreß zu Prag tagte und Franz I.
sich von Napoleon trennte, die apostolische Majestät Österreichs als Anwalt angerufen. Jetzt will ihn der Franzosenkaiser freigeben, doch auch nur gegen einen Vertrag. Der
Papst aber weist jede Unterhandlung aufs entschiedenste
zurück, denn nicht in Paris, nur in Rom könne eine solche
geführt werden. Darauf hält ihn Napoleon noch weiter fest,
was seine politische Stellung nicht bessert, sondern eher
mehr verwickeln muß.

Es blieb ihm zu deren Festigung überhaupt nur noch
zweierlei übrig: entweder mit seinen reduzierten Kräften den
mehrfach überlegenen Feind zu schlagen, oder mit ihm, ehe er
über den Rhein ging, Frieden zu schließen, den Frieden, den
das französische Volk seit so vielen Jahren vergeblich und jetzt,
nach all den Verlusten, mit doppelt heißen Wünschen ersehnte.
Aber war denn der Friede zu erlangen? Werden die Mächte,
die soeben siegreich bis an den Rhein vorgedrungen sind, dort
Halt machen und von Vergleich hören wollen? Und wenn sie
wollen, unter welchen Bedingungen? Die Antwort erfuhr
Napoleon, als um die Mitte November 1813 ein französischer
Diplomat, der Baron von Saint-Aignan, ein Schwager Caulaincourts, aus Frankfurt, dem Hauptquartier der verbündeten
Monarchen, in Paris anlangte. Saint-Aignan hatte bisher die
französische Regierung an den Höfen zu Gotha und Weimar,
nicht immer zur Zufriedenheit Napoleons, vertreten, war nach
der Schlacht bei Leipzig in dieser Stadt gefangen und von
den Verbündeten nach Frankfurt mitgenommen worden, wo
man ihm eine ähnliche Rolle zudachte, wie sie Napoleon
jüngst Mervcldt hatte spielen lassen. Metternich eröffnete
ihm nämlich im Beisein und unter formeller Zustimmung
Nesselrodes, der auch für den abwesenden Hardenberg gut-
sagte, und des englischen Bevollmächtigten im österreichischen
Hauptquartier, Lord Aberdeens, daß die Mächte geneigt
seien, Frieden zu schließen, England bereit wäre, die meisten
französischen Kolonien zurückzugeben, wenn Napoleon die
natürlichen Grenzen Frankreichs, das ist den Rhein, die Alpen
und die Pyrenäen, als Friedensbasis annehmen und einen
Kongreß zum Zweck einer allgemeinen Pazifikation beschicken

wollte. Allerdings war diesem Anerbieten die einschränkende
Klausel beigefügt, daß der Fortgang des Kriegs durch die
diplomatische Verhandlung nicht unterbrochen werden sollte.
Aber es war doch der Friede, der da in Aussicht stand, und wer
es ehrlich mit dem Kaiser meinte, mußte ihm raten, sofort
anzunehmen. Denn es war so, wie es in Saint-Aignans Bericht
hieß, „daß Napoleon der Menschheit viel Übel, Frankreich viel
Gefahren ersparen könne, wenn er die Unterhandlungen auch
nicht um einen Tag hinausschiebe". Das Anerbieten selbst
war die Antwort auf seinen Vorschlag vor der Entscheidung bei
Leipzig, und man wählte deshalb eine ähnliche Form der
Mitteilung[1]). Was die Verbündeten veranlaßte, einzuhalten

---

[1]) Damals, nach der Unterredung Napoleons mit Merveldt, hatte
Metternich an den leitenden Staatsrat Hudelist in Wien geschrieben: „Wir
werden am Rhein antworten." (19. Oktober 1813, Kongreß von Châtillon,
S. 8.) Der Bericht Saint-Aignans über seine Unterredungen mit Metternich
und die Konferenz in Frankfurt ist später, verstümmelt, im „M o n i t e u r"
vom 20. Januar 1814 und in F a i n, Manuscrit de 1814, vollständiger von
B i g n o n, Hist. de France, XIII., 24 ff., und H a u s s o n v i l l e, Souvenirs
et mélanges, p. 119 ff., mitgeteilt worden. Die von den Diplomaten niedergeschriebene Note mit den Vorschlägen der Verbündeten wurde vielfach
gedruckt: im S b o r n i k, XXXI., 341, in d'A n g e b e r g, Congrès de
Vienne, I., 76, bei F a i n u. a. m. S o r e l, VIII., 200 ff., vertritt die Anschauung, es sei Metternich mit dem Frankfurter Anerbieten der natürlichen
Grenzen nicht Ernst, sondern nur darum zu tun gewesen, sich der französischen Volksstimmung gegen Napoleon zu versichern, um dann mehr zu
verlangen und entweder den gedemütigten Schwiegersohn unter den Einfluß
Österreichs zu bringen oder diesen Einfluß, wenn Napoleon sich etwa zur
Abdankung gezwungen sah, auf Marie Luise und ihren Sohn auszuüben.
Auch wenn Napoleon sofort angenommen hätte, meint Sorel, wäre es doch
nicht zum Frieden auf der Basis der natürlichen Grenzen gekommen. Dagegen wäre einzuwenden, 1. daß damals Metternich und Aberdeen, ja sogar
Stadion in einer Denkschrift, die Zurückdrängung Frankreichs hinter den
Rhein und die Alpen als eine große Sache angesehen haben, bei der man
sich begnügen könne; 2. daß Metternich noch am 28. November, also n a c h
dem Eintreffen einer unzureichenden Antwort Napoleons (am 24.) die
„natürlichen Grenzen" in den Entwurf eines Manifestes an die Franzosen
aufgenommen hat, und überdies die Versicherung, die Verbündeten würden
selbst nach Siegen auf französischem Boden nicht mehr als diese verlangen —
Dinge, die dann allerdings weggeblieben sind. (Aberdeens Bericht vom
28. November bei O n c k e n, Hist. Taschenbuch, 6. F., II., 38); 3. daß
Kaiser Alexander, der, ehe Stein ankam, unter Metternichs Einfluß stand,
noch am 6. Dezember, n a c h d e m das Manifest bereits veröffentlicht
war, einem Sendboten nach England die Instruktion mitgab, der Friede
sei auf der Basis der „natürlichen Grenzen" mit Frankreich zu schließen

und diesen Frieden anzubieten, ist einmal darin zu suchen,
daß das Kriegsziel der Teplitzer Traktate mit der Ankunft
am Rhein erreicht war, und dann in dem Grundsatz der
österreichischen Politik, Frankreich nicht allzusehr einzuschränken, um in ihm immer noch ein gewisses Gegengewicht
gegen Rußlands drohende Übermacht in Geltung zu erhalten.
Diese Übermacht hatte sich ohnehin bereits beim Abschluß
jener Allianzverträge vom 9. September fühlbar gemacht,
wo der das Herzogtum Warschau betreffende Artikel des
Reichenbacher Vertrages — die drei Mächte werden das
polnische Land unter sich aufteilen — wesentlich abgeändert
worden war, so daß er nun hieß: sie werden sich über dessen
künftiges Schicksal gütlich vergleichen, was den gänzlichen
Anfall an Rußland nicht ausschloß, wenn für Preußen und
Österreich anderweitige Entschädigung gefunden wurde. Wir
wissen, wie sehr Metternich diesen erheblichen Machtzuwachs
des nordischen Nachbars fürchtete, und es war gewiß, daß Eroberungen jenseits des Rheins derlei Entschädigungsobjekte
herbeischafften. Darum sollte jetzt Friede werden, und zwar
unter Bedingungen, die dem französischen Volke ehrenvoll
genug erschienen, so daß sie Napoleon nicht kurzerhand abweisen konnte. Unterstützte man vollends den Antrag durch
den Einmarsch in Frankreich, so zeigte man damit den Franzosen den vollen Ernst der Situation und gewann ihre Unterstützung in einer Pression auf den Imperator, dessen kriegerische Zurüstungen man zu gleicher Zeit hemmte und einschränkte. Dafür gelang es nun Metternich, schon auf dem
Marsch nach dem Rhein, sowohl Lord Aberdeen als auch den
Zar zu gewinnen, der damals noch von einer Fortsetzung des
Krieges in Feindesland nicht sehr erbaut war, weil er damit
den Verlust seines eben erst erworbenen dominierenden Ansehens befürchten mochte[1]). So kam es zur Mission Saint-

---

(M a r t e n s, XI., 198.) Es kam dann freilich anders, aber nicht auf die
Anregung Metternichs hin, und es steht auch keineswegs fest, daß, bei der
Kriegsunlust der Monarchen im November, Napoleons sofortiges Zugreifen
nicht zu abschließenden Verhandlungen im Sinne der Frankfurter Anträge
geführt hatte. Gingen doch die Heere erst zu Ende des Jahres über den
Rhein.

[1]) Alexander äußerte sich in Frankfurt wiederholt zu Labouchère:
,,Man muß mich nicht für so verrückt halten, daß ich den Krieg auf das

Aignans. Metternich selbst äußerte freilich als seine Meinung,
der Schritt werde ohne Erfolg bleiben, und er schrieb es auch
in einem Privatbrief an Caulaincourt, den er dem Unterhändler mitgab. War das ein indirekter Wink für Napoleon,
rasch zuzugreifen? Alles hing davon ab, ob er es tat.

Er kannte seine Lage ganz genau. Das große Projekt
der Kontinentalsperre war in Rußland gescheitert, der Rheinbund war jetzt in Deutschland seinem „Protektorat" entrissen
worden. „Ja," hatte er sich in Frankfurt während einer kurzen
Rast im Hause Simon Moritz Bethmanns, des Bankiers, vernehmen lassen, „mit dem Rheinbund ist's vorbei, ich will
auch nichts mehr davon wissen; im Grunde war es doch nur
ein schlechter politischer Kalkül, ihn ins Leben zu rufen.
Auch das Kontinentalsystem war eine Chimäre; ich werde
nicht mehr darauf zurückkommen[1]." So trennte er sich, mit
erzwungenem Gleichmut, von den Ideen, die mehrere Jahre
hindurch sein ganzes Sinnen beschäftigt und Hunderttausenden
das Leben gekostet hatten. Kurz nachher sagte er zu seinem
Bruder Joseph: „Meine Situation erlaubt mir nicht mehr, an
irgend eine fremde Herrschaft zu denken, und ich werde mich
glücklich schätzen, wenn ich das Territorium des alten Frankreichs durch den Frieden erhalten kann. Alles um mich herum
droht den Einsturz. Meine Armeen sind vernichtet und die
Verluste, die sie erlitten, lassen sich nur mit äußerster
Schwierigkeit wieder gutmachen. Holland geht uns unwieder-
bringlich verloren; Italien ist schwankend; das Benehmen des
Königs von Neapel beunruhigt mich. Die Nachschübe für
den Vizekönig, deren Dieser dringend bedarf, langen nicht an,
die Österreicher bedrängen ihn, und die Italiener, die er befehligt, zaudern. Belgien und die Rheinprovinzen geben
Zeichen von Unzufriedenheit. Die spanische Grenze ist in der
Gewalt des Feindes. Wie sollte man in einer solchen Krisis
an auswärtige Throne denken? wie Frankreich, das sich kaum
verteidigen kann, Opfer für eine andere Sache als die seiner
Erhaltung zumuten, wo man doch im höchsten Falle nur

---

andere Rheinufer tragen werde. Ich werde nicht in den Fehler verfallen,
der meinem Feinde so schlecht bekommen ist, und in Paris das Schicksal
suchen, das er in Moskau erfuhr." (P a s q u i e r, Mémoires, II., 111.) Auch
die russischen Generale waren damals gegen jeden Vormarsch.

[1] F o u r n i e r, Kongreß von Châtillon, S. 2.

auf solche rechnen kann, die zum Schutz des eigenen Gebietes unerläßlich sind[1])?" Und dennoch hat Napoleon den
Friedensantrag der Feinde nicht schlechtweg angenommen, in
einem Schreiben vom 16. November die angebotene Friedensbasis gar nicht erwähnt und nur Mannheim als Kongreßort
vorgeschlagen. Galt es ihm, etwas mehr Zeit für seine
Rüstungen zu gewinnen, damit er bei den Unterhandlungen
nicht wehrlos dem Diktat der Feinde gehorchen mußte? Oder
wollte er den Frieden jetzt gar nicht, und war es ihm, wenn
er sich überhaupt auf Verhandlungen einließ, nur um den
Schein zu tun, damit die öffentliche Meinung, die so sehnsüchtig nach dem Ende des endlosen Streites rief, sich be-
ruhige? In der ersten Ministerratssitzung, der er nach seiner
Rückkunft präsidierte, sagte er zu seinen Räten, die auf das
Ruhebedürfnis des Landes und dessen schlechte materielle
Verhältnisse hinwiesen: „Sie sprechen zu viel von Frieden.
Wollen Sie denn von der Höhe herabsteigen, auf die ich
Frankreich emporgebracht habe? Wollen Sie wieder eine
simple Monarchie werden, anstatt ein stolzes Reich zu sein?
Und das wird eintreten, wenn Sie Holland verlieren. Sie
brauchen die Strommündungen und die Barriere gegen Norden.
Bevor ich sie herausgebe, steche ich die Dämme durch."
Und als er ihnen darlegte, wie nur der Abfall seiner Verbündeten,
namentlich Bayerns, seine Niederlagen herbeigeführt habe,
flammte plötzlich sein Auge auf und er rief: „München muß
brennen! Und es w i r d brennen!" Das klang nicht gerade
friedlich[2]). Freilich, er für seine Person mußte den Frieden
unter den gegebenen Umständen als ein schweres Mißgeschick
empfinden. „Seiner Geltung des stets siegreichen Eroberers
entkleidet," erzählt der Polizeipräfekt Pasquier, „umgeben
von seinen Kapitänen, die er nicht mehr mit Reichtümern der
unterworfenen Völker beschenken konnte, einer Nation gegen-

---

[1]) M i o t v o n M e l i t o, Mémoires, III., 309. Man darf freilich
nicht außer acht lassen, daß diese Worte des Kaisers nur das Präludium
bildeten zu der Forderung, Joseph solle auf das spanische Königtum verzichten, und deshalb vielleicht düsterer lauteten, als Napoleon selbst seine
Lage erschien. Immerhin aber entsprachen sie ganz den tatsächlichen
Verhältnissen.

[2]) Nach den Anmerkungen zweier Anwesenden: M o l é's in der Revue
de la Révolution, 1888, und P a s q u i e r s im II. Bande seiner Memoiren,
S. 99. Siehe oben Band II, S. 59.

über, die alles für ihn getan hatte und nun gerechterweise von
ihm Rechenschaft forderte für das in wahnsinnigen Unternehmungen vergeudete Gut und Blut, war ihm der Gedanke
an Frieden zur Pein, ihm, dessen Stolz nicht die kleinste Ver-
minderung seines Besitzes zu ertragen vermochte[1])." Und
noch Eins mochte er überlegen. Saint-Aignan hatte mit seinen
Friedensgrundlagen, die ihm in Frankfurt mit auf den Weg
gegeben worden waren, zugleich auch die Ankündigung mitgebracht, die Verbündeten würden keinen Waffenstillstand
schließen und die Feindseligkeiten nicht unterbrechen. So
hatte auch er in den Zeiten seiner Siege wiederholt gehandelt
und dann, je nach seinen Erfolgen — man denke nur z. B. an
die Verhandlungen in Lunéville oder nach Jena — die Friedensbedingungen gesteigert. Seine Feinde brauchten ihm nur das
abgeguckt zu haben, um während ihres Vordringens in Frankreich ihren Tarif zu erhöhen. Was nützte es ihm da, sich von
vornherein zu binden? Er wollte sich nicht täuschen lassen.

Metternich benützte die aufschiebende Antwort des
Kaisers und den Umstand, daß sie mit der Nachricht von
der Bewilligung der 300.000 Konskribierten durch den Senat
zusammenfiel, um sie in einem Manifest der Monarchen an das
französische Volk zu verwerten. „Die verbündeten Mächte",
hieß es darin, „befinden sich im Kriege nicht gegen Frankreich,
sondern gegen jenes laut verkündete Übergewicht, das der
Kaiser Napoleon außerhalb der Grenzen seines Reiches zum
Unglück Europas und Frankreichs zu lange ausgeübt hat. Der
Sieg hat die alliierten Heere an den Rhein geführt. Der erste
Gebrauch, den Ihre kaiserlichen und königlichen Majestäten
davon gemacht haben, hat darin bestanden, daß sie Seiner
Majestät dem Kaiser der Franzosen den Frieden angeboten
haben." Über dessen Bedingungen hieß es aber nun allerdings
nicht mehr: Rhein, Pyrenäen und Alpen, wie ein erster Metter-
nichscher Entwurf noch enthalten hatte. Kurz zuvor, Mitte
November, war der Abfall der Holländer erfolgt, und da die
Engländer längst mit sich im Reinen waren, ihnen die weggenommenen Kolonien nicht mehr zurückzugeben, suchten sie
nach einer Entschädigung auf dem Kontinent für sie und
fanden sie in Belgien. So kam es, daß das britische Kabinett

---

[1]) Mémoires, II., 110.

Lord Aberdeen desavouierte und schon jetzt nicht mehr von der Rheinlinie, sondern von den „alten" Grenzen Frankreichs als Friedensbedingung sprach. So weit wollten freilich weder Metternich noch Alexander gehen, schon um in Frankreich nicht die friedfertige Stimmung zu verscheuchen; aber noch weniger wollte man es sich mit England verderben. Und so hieß es jetzt nur ganz allgemein: „Die verbündeten Souveräne wünschen, daß Frankreich groß, stark und glücklich sei", und: „Die Mächte verbürgen dem französischen Reich eine Ausdehnung seines Gebietes, wie es sie unter seinen Königen nie gekannt hat." So appellierten die Kabinette des alten legitimen Europas — und dies ist ein neues Zeugnis dafür, wie sehr sie in diesem Augenblick von einer volkstümlichen Strömung getragen waren — vom Monarchen an den Souverän, vom Kaiser an das Volk, vom Herrscher eines internationalen Empire an die französische Nation. In dieser Unterscheidung zwischen Fürst und Volk, dieser Berufung an die höhere Instanz des Zweiten, lag das Gewicht des sonst recht schwächlich klingenden Aufrufs, und die Wirkung konnte nicht ausbleiben. Napoleon wurde sie aus den Berichten der Präfekten gewahr, die ihn veranlaßten, Senatoren und Staatsräte in die Provinz zu schicken, um die Stimmung zu beleben und der kaiserlichen Regierung freundlicher zu gestalten. Diese Sendboten erhielten außerordentliche Vollmachten. Sie konnten, wenn es ihnen nötig schien, das Standrecht erklären, den Widerwillen bestrafen und die Massen gegen den eindringenden Feind bewaffnen. Denn Napoleon durfte in seiner Lage selbst den Appell an die alte revolutionäre Kampfesfreude nicht verschmähen, und so ward jetzt auch die lange verpönte Marseillaise wieder von den Drehorgeln durch die Straßen geleiert. Es half wenig. Am deutlichsten zeigte sich dem Kaiser, wie schließlich die Franzosen selbst zwischen ihm und sich zu unterscheiden begannen, als am 19. Dezember 1813 der Gesetzgebende Körper zusammentrat.

Bis zu diesem Tage hatte Napoleon dessen Eröffnung hinausgeschoben, um den Mitgliedern nicht ganz ohne Beweis für seine Friedensliebe gegenüberzutreten. Erst nachdem er der öffentlichen Meinung, die in Maret einen Gegner des Friedens erblickte, diesen Minister geopfert, d. h. ihm die Leitung der auswärtigen Angelegenheiten abgenommen und

sie Caulaincourt übertragen hatte, den man als Repräsentanten der Pazifikationsidee ansah, nachdem er dann durch
Diesen am 2. Dezember an Metternich hatte schreiben lassen,
wie er nun auch die angebotenen Friedensgrundlagen annehme,
worauf der österreichische Minister erwiderte, daß der Eröffnung des Kongresses nichts im Wege stehe und England
sofort benachrichtigt werde, damit es einen Vertreter sende:
erst da glaubte Napoleon Material genug zu besitzen, um sich,
wie er es in früheren Jahren so oft getan hatte, als friedfertigen
Mann hinzustellen. Diese Korrespondenz — nur diese, nicht
aber die Eröffnungen Saint-Aignans und die aufschiebende
erste Antwort darauf — wurde den Deputierten vorgelegt,
obwohl der Kaiser in seiner Thronrede, mit der er die Mitglieder des Gesetzgebenden Körpers zugleich mit denen des
Senats und des Staatsrates ansprach, versicherte, es würden
a l l e Originalakten, die sich im Portefeuille des Auswärtigen
Ministeriums vorfinden, mitgeteilt werden. Der Schluß seiner
Botschaft, die an die Nationalehre appellierte, enthielt die
übliche Forderung neuer Opfer: 160.000 Mann Nationalgarden, denn „die Nationen unterhandeln nur dann mit
Sicherheit, wenn sie all ihre Kräfte entfalten". Der Senat,
der erst kürzlich durch ein Dutzend sicherer Männer vermehrt
worden war, beantwortete die Thronrede mit einer submissen
Adresse: Der Kaiser möge mit einem letzten Kraftaufwand
einen seiner und der Nation würdigen Frieden erkämpfen.
Die Deputierten aber, von denen man insbesondere die Zustimmung zu den erhöhten Steuern begehrte, verstanden die
Sache anders. Es waren durchaus besonnene, zum großen
Teil wenig bedeutende Männer, jeder über vierzig Jahre alt,
an ihre Rolle, nur als parlamentarische Dekoration zu dienen,
seit Jahren gewöhnt, und es mußte viel Unzufriedenheit im
Volke geben, wenn auch sie nicht mehr Ordre parierten. Und
das war der Fall. Ein von dem Bordelaisen Lainé vorgetragener
Kommissionsbericht sprach es mit mutiger Deutlichkeit aus:
„Alle Mittel des Widerstandes würden nur dann wirksam sein,
wenn die Franzosen überzeugt wären, daß es der Regierung
wirklich nur um den Ruhm des Friedens zu tun sei und daß
ihr Blut nur für die Verteidigung des Vaterlandes und
schützender Gesetze vergossen werden solle." Die letzte Andeutung wollte sagen, daß die Franzosen nicht mehr für eine

Regierung der Willkür zu kämpfen gesonnen wären. Darum sollte der Kaiser gebeten werden, „für die volle und anhaltende Ausführung der Gesetze zu sorgen, die den Franzosen die Rechte der Freiheit und der Sicherheit des Eigentums, der Nation die ungeschmälerte Ausübung ihrer politischen Rechte gewährleisten." Der Bericht wurde mit einem Sturm von Beifall im Plenum begrüßt und mit großer Majorität — 223 gegen 31 Stimmen — angenommen. Mit Mühe suchten die Regierungsvertreter den wenig gefügigen Wortlaut abzuändern. Es blieb noch so viel davon übrig, daß der Kaiser im Zorn den Druck verbot, den Gesetzgebenden Körper unter einem Vorwand schloß und den Mitgliedern am 1. Januar 1814 in öffentlicher Audienz mit großer Heftigkeit den Vorwurf machte, sie hätten ihn entehren wollen, ihm mehr Schaden zugefügt als zehn verlorene Schlachten, denn man wasche seine Wäsche nicht vor fremden Leuten; damit hätten sie nur den Feind herbeigerufen, für dessen Vertreibung sie vorzukehren hatten, kurz, sie seien „faktiös" und er würde sie überwachen lassen. Die Mitglieder der Adreßkommission, darunter der Dichter Renouard, wurden dann durch die Polizei aus Paris abgeschafft; die Einhebung der neuen Steuern ward durch eine Verordnung verfügt[1]).

Die Schließung des Gesetzgebenden Körpers machte namentlich in den Provinzstädten viel böses Blut, und es will scheinen, als habe nur der jetzt ins Land dringende Krieg mit seinen Heimsuchungen und Gewaltsamkeiten Napoleon und seinem Regiment die Rettung aus einer inneren Krise gebracht, die sich eben vorbereitete. Für das französische Volk war er nun, in der Zeit der Not, nicht sowohl Herr mehr als Feldherr, allerdings der tüchtigste von allen und gewiß der eifrigste, denn er kämpfte um seinen Thron. Es wird uns nicht überraschen, noch einmal allen Wundern seiner Genialität zu begegnen.

Die Verbündeten wollten — wie Metternich es Saint-Aignan mit auf den Weg gegeben hatte — den Krieg nicht unterbrechen. Und in der ersten Novemberwoche waren sie

[1]) P a s q u i e r , Mémoires, II., 129, Madame de C h a s t e n a y, Mémoires, II., 250.

auch über dessen unmittelbare Fortsetzung einig geworden, trotz
dem Einspruch der russischen Generale und einzelner altmodischer
Militärs vom Schlage des Österreichers Duka, der eine verschanzte
Aufstellung auf dem rechten Ufer des Rheins und erst im
Frühjahr die Eröffnung der Feindseligkeiten wünschte und
Kaiser Franz einmal dahin brachte, Radetzky, der sofort angreifen wollte, mit standrechtlicher Behandlung zu bedrohen.
Nur über den Operationsplan blieben die Meinungen noch eine
Zeit lang geteilt. Gneisenau hatte für die schlesische Armee
die Offensive durch Belgien vorgeschlagen, während die
Hauptarmee den Rhein zwischen Straßburg und Mainz zu
überschreiten hätte. Schwarzenberg dagegen vertrat die Ansicht, die Hauptarmee solle durch die Schweiz, die zur Sache
der Verbündeten zu bekehren und keinesfalls in der Flanke
zu lassen sei, nach Frankreich einmarschieren und das von
der alten Strategie geschätzte Plateau von Langres zu gewinnen suchen; dadurch würde man, war seine Meinung, den
durch Oberitalien vordringenden Österreichern die Hand
reichen und auch Wellington näher sein; die Blüchersche
Armee hätte bei Bonn und Köln über den Rhein zu gehen,
um der Armee Bernadottes die Eroberung Hollands zu erleichtern; die süddeutschen Truppen Wredes sollten am
Mittelrhein Stellung nehmen und ein Korps unter Bülow
ihre Verbindung mit der schlesischen Armee vermitteln. Man
einigte sich schließlich auf folgende Grundsätze: die des Trachen-
berg-Reichenbacher Abkommens haben sich bewährt und
sollen auch weiterhin gelten; die Hauptarmee marschiert
links ab und trachtet ins Innere Frankreichs einzudringen;
Blücher geht zu ihrer Rechten über den Rhein und beschäftigt
den Feind so lange, bis die Hauptarmee dessen Verbindungen
erreicht hat; die Eroberung Hollands fällt der Nordarmee zu.
Es war ein methodischer Plan, der viel Zeit beanspruchte und
mehr auf den Gewinn einer Stellung als auf den taktischen
Sieg über den Feind hinzielte. Doch war der eine Satz von un-
bestreitbarer Richtigkeit, mit dem Radetzky ihn verfocht:
„Das ganze mittägliche Frankreich, in welchem sich jetzt kein
Soldat befindet, wird durch diesen Schritt in seinen Organisa-
tionen gehemmt, und der Kaiser Napoleon verliert einen
bedeutenden Teil seiner Mittel." Alexander stimmte zögernd zu.
Friedrich Wilhelm aber, der später nach Frankfurt kam,

war gar nicht für die Invasion, und alles, was ihr entgegen war, schloß sich ihm an. Franz I. schwankte unschlüssig zwischen den Vorträgen Dukas und Schwarzenbergs. Da man aber nach dem Manifest an die Franzosen verpflichtet war, die militärischen Maßregeln bis zum Abschluß des Friedens nicht einzustellen, so sah man sich endlich doch genötigt, vorwärts zu gehen.

In den ersten Dezembertagen wurden in aller Heimlichkeit die Befehle an die einzelnen Korps der Hauptarmee erteilt, am 13. des Monats bei Basel über den Rhein zu rücken. Aber noch sollte es dazu nicht kommen. Der Zar, von seinem ehemaligen Lehrer, Laharpe, dem Waadtländer, — nach Anderen von seiner Schwester Marie — beeinflußt, hatte einer Schweizer Abordnung mit seinem Wort die Neutralität ihres Landes verbürgt und daraufhin plötzlich erklärt, er würde den Marsch durch die Schweiz als Kriegsfall ansehen. Die beiden anderen Monarchen gaben ihm nach, und auch Metternich versprach den Schweizern, ihr Gebiet zu schonen. Als dann jedoch bekannt wurde, daß aus der „neutralen" Schweiz Hunderte von Rekruten nach Frankreich zogen und aus der Gefangenschaft entflohene Offiziere der verbündeten Armee dort festgenommen und an Napoleon ausgeliefert wurden, da bestanden Schwarzenberg und Radetzky so fest auf der Besetzung des Landes, daß auch Metternich ihnen beifiel und durch heimliche Mittel dahin trachtete, die Okkupation ohne Blutvergießen, d. i. ohne Widerstand der Schweizer Truppen, in Vollzug zu setzen. Sie erfolgte am 21. Dezember, und schon am 28. war die Hauptarmee — 200.000 Mann — im Besitz der wichtigsten Juraübergänge nach Frankreich[1]). Drei Tage später, in der Neujahrsnacht, ging auch Blücher mit 60.000 Mann bei Caub über den Rhein. Von der Nordarmee hatte Bülow mit 30.000 Mann schon am 23. November die holländische Grenze überschritten. Wrede belagerte Hüningen.

---

[1]) Schwarzenberg schreibt am 21. Dezember 1813 an Metternich über den Schweizer General Wattenwyl: „Es scheint, daß dieser General den Protest nur deshalb an mich gerichtet, um sich dessen seinerzeit zu seiner Rechtfertigung zu bedienen." Metternich an Hudelist: „Alles geht gut. Wenn wir Geld hätten, hätten wir auch eine Schweizer Armee." Ganz ohne Aufwendung von Geld scheint die Sache nicht abgegangen zu sein. Siehe meinen Kongreß von Châtillon, S. 41.

Als die Verbündeten dieserart vorrückten, war es, wie
erwähnt, ihre vorzüglichste Absicht, durch den Einbruch in
Frankreich des Kaisers Rüstungen zu hintertreiben und ihn,
also unfähig zu nachhaltigem Widerstande, dem Frieden ge-
neigter zu machen[1]). Ihn vernichten, beseitigen, das wollte
man noch keineswegs. Und in der Tat, es ward erreicht, daß,
indem die beiden Armeen in der ersten Januarhälfte in Frankreich vordrangen, mehr als der dritte Teil dieses Landes den
Rüstungen entzogen wurde, während das neue Heer Napoleons
noch in den ersten Stadien der Heranbildung sich befand.
Was von dem alten unter Macdonald, Marmont und Victor
am Rhein zurückgeblieben war, und was Ney und Mortier
bei Nancy und Langres sammelten, betrug nicht viel über
50.000 Mann, denn mindestens ebensoviel waren im Monat
Dezember am Typhus gestorben[2]). Diese Streitkräfte, die sich
während des Januars 1814, der Übermacht weichend, in der
Direktion auf Vitry an der Marne zurückzogen, konnten nur
unzulänglich durch die Garden und einige Tausend Reserven
vermehrt werden. Die Aushebungen ergaben, wie wir sahen,
wenig neue Mannschaft, und der Versuch einer Levée en masse
scheiterte vollständig; das betreffende Dekret vom 3. Januar
blieb ohne Wirkung.

Napoleon war, ehe er an den Rhein gelangte, der Meinung
gewesen, die Feinde würden erst im nächsten Frühling den
Krieg fortsetzen. Als er dann gewahr wurde, daß er sich darin
geirrt hatte, vermutete er, sie würden mit ihrer Hauptmacht
über den Niederrhein vorbrechen, und hatte auch schon seine

---

[1]) S. den wichtigen Brief Schwarzenbergs an seine Gattin vom 26. Februar 1814: „Die ganze Winterbewegung war darauf berechnet, den französischen Kaiser zu überraschen, in allen seinen Vorbereitungen zu hindern
und auf diese Art einen vorteilhaften Frieden gleichsam ihm abzudringen."
(Briefe des Feldmarschalls an seine Frau. Herausgegeben von Novák, S. 378.)
„Die militärischen Operationen — schreibt Gentz am 19. Dezember aus
Freiburg an den Fürsten der Walachei, nachdem er von den Unterhand-
lungen gesprochen hatte — „werden nichtsdestoweniger mit größerem
Nachdruck fortgesetzt werden, weil man auf diese Weise die Reorganisation
der Armee im Innern Frankreichs zu verhindern und dadurch die friedliche
Stimmung Napoleons um so mehr zu befestigen hofft." M e t t e r n i c h -
K l i n k o w s t r ö m, Österreichs Teilnahme an den Befreiungskriegen,
S. 146.

[2]) Für die Stärke der Korps gibt H o u s s a y e, „1814", S. 59, die
amtlichen Ziffern. Vgl. auch W e i l, La campagne de 1814, p. 11.

Garden nach Belgien dirigiert, bis er Ende Dezember zu seiner Überraschung vom Durchmarsch durch die Schweiz erfuhr, auf deren Neutralität er mit Sicherheit gerechnet hatte. Nun kommandierte er die Garden eilends zurück und faßte den Plan, die Alliierten bis in die Nähe der Hauptstadt herankommen zu lassen, wo er seine neue Armee unterdes aufgestellt und ausgebildet haben würde. Hier wollte er dann alle Streitkräfte versammeln und die Entscheidung in einer Schlacht suchen. Diesen Plan mußte er aber, um den Gegnern nicht allzu viel französisches Terrain mit seinen Hilfsquellen zu überantworten, aufgeben und beschloß nun, schon zwischen Seine und Marne, wenn auch anfänglich nur mit den Resten der alten Armee, zu kämpfen. Seine Absicht hierbei war, den getrennt anmarschierenden Feind noch vor seiner Vereinigung zu schlagen und sich — aus politischen wie aus strategischen Gründen — zunächst gegen Blücher zu wenden, der auf St. Dizier losging, während die Hauptarmee über Montbéliard gegen Langres langsam heranzog. Diese Langsamkeit hatte verschiedene Gründe. Einmal war es immerhin etwas Neues, solche Massen zu bewegen, sie zu verpflegen usw. Dann aber lagen in der Politik hemmende Momente.

Die Besetzung der Schweiz durch die Österreicher war schließlich nicht nur gegen den Willen, sondern auch ohne Vorwissen des Kaisers von Rußland erfolgt, der sich nun den Schweizern gegenüber kompromittiert sah und nur schwer beruhigt werden konnte. Die Folge war, daß er sich dem Einfluß Metternichs, dem er sich seit den Leipziger Tagen tatsächlich hingegeben hatte, entzog und sein Vertrauen wieder Stein zuwandte, der jetzt im Hauptquartier anlangte. Dieser und Pozzo di Borgo wußten ihn von dem Standpunkte, den er, von Metternich beredet, in Frankfurt eingenommen hatte, zu entfernen und davon zu überzeugen, daß der Krieg mit möglichster Energie bis Paris zu führen und als dessen Hauptziel der Sturz Napoleons, des Protektors der Polen, anzustreben sei[1]). Damit gelangte Alexander wieder zu der Anschauung,

---

[1]) Auch Czartoryski, der in Kalisch in Ungnade gefallen war — der mißtrauische Zar beschuldigte ihn, er habe die Korrespondenz über Polen absichtlich in Österreichs Hände gelangen lassen — fand sich ein. Er versöhnte sich mit Alexander, worauf dessen Absichten auf Polen aufs neue

die er im Sommer 1812 mit den Worten „Er oder ich" ausgedrückt hatte. Damals hatte er auch schon einen Ersatzmann
für den Imperator ins Auge gefaßt: Bernadotte sollte es sein,
dem er in Åbo für seine Teilnahme am Krieg nicht nur auf
Norwegen für Schweden, sondern, unter Umständen, auch auf
die Krone Frankreichs Aussichten eröffnet hatte. Man darf es
wohl im Zusammenhang mit dieser Hoffnung denken, daß jetzt
der Kronprinz die Invasion nicht mitmachte, sondern sich mit
einem Teil der Nordarmee gegen Dänemark wandte und es
im Kieler Frieden vom 14. Januar 1814 zur Abtretung Norwegens zwang, um sich damit auch das Nest in Schweden
warm zu halten. Dadurch hatte er sich freilich den Verbündeten Rußlands nicht gerade empfohlen; insbesondere
die Österreicher waren schlecht auf ihn zu sprechen. Und als
nun gar, Mitte Januar, Metternich davon erfuhr, daß er Rußlands Kandidat für den französischen Thron sei, weil Alexander auf diese Weise einen gefährlichen Nachbar im Norden
loszuwerden und in Frankreich einen dankbaren Freund zu
gewinnen hoffte, da erschien ihm und seinem Herrn das Vor-
wärtsdrängen des Zaren nach Paris in einem so eigentümlichen
Lichte, daß sie den Entschluß faßten, solche Pläne nicht auch
noch, am wenigsten durch das Blut österreichischer Soldaten,
zu fördern. Schwarzenberg, dem schon am 8. Januar die
Weisung erteilt worden war, „klug" vorwärts zu gehen, erhielt
jetzt — er hatte sich eben, am 18., des Plateaus von Langres
bemächtigt — den Auftrag, ganz stille zu stehen. Es war auch
gerade der englische Minister Castlereagh im Hauptquartier
eingetroffen und Caulaincourt nach Lunéville herangekommen,
und es stand, außer Alexanders Ehrgeiz, nach Paris zu gelangen, nichts weiter der Eröffnung von Friedensunterhandlungen im Wege.

Denn Metternich gelang es, sich mit den beiden anderen
verbündeten Mächten zu verständigen. Bei England genügte
es, beiläufig das Wort fallen zu lassen, nach der Vergrößerung
Rußlands könnte Österreich auch daran denken, Belgien zu-
rückzuverlangen, worauf Castlereagh nichts dagegen hatte, daß
Napoleon auf dem Throne blieb, solange das französische Volk

---

lebendig wurden. Aus Czartoryskis Tagebuch in der Biblioteka Warszawska,
1909.

seine Herrschaft ertragen mochte. Diese innere Frage zu entscheiden, entziehe sich, meinte er, dem Einfluß der Mächte, die
sich gegen Rückfälle des Kaisers in sein Eroberertum durch
eine Schutzkonvention untereinander sichern könnten. Nur
wünschte der Engländer aus den bekannten Gründen die Beschränkung Frankreichs auf seine Grenzen vom Jahre 1792.
Metternich, der den Rückhalt an Großbritannien gegenüber
Rußland benötigte, gab dies zu und damit sein Frankfurter
Programm (der natürlichen Grenzen) definitiv auf. Nur den
Schein suchte er noch zu retten, indem er — um dem Manifest
gerecht zu werden — eine wechselseitige Ausgleichung diesseits und jenseits der alten Grenzen zu Frankreichs Gunsten
in die Friedensbasis aufnehmen ließ. Auch Hardenberg war
bald durch Metternichs Zugeständnis gewonnen worden,
Österreich werde nicht widerstreben, wenn Preußen Sachsen
annektiere; nur müßte es den polnischen Plänen des Zaren
Widerstand bieten. So war Alexander isoliert, und als Österreich auch noch mit seinem Austritt aus der Koalition drohte,
gab er zu, daß mit N a p o l e o n über den Frieden verhandelt
werde. Freilich wollte er dabei noch über die „alten" Grenzen
hinausgehen und Frankreich das Elsaß abnehmen, um Österreich damit für Galizien zu entschädigen, wenn er sich ganz
Polens bemächtigte, was Metternich natürlich ablehnte, da
ein solcher Tausch zwar für den Rivalen einen sicheren Machtzuwachs, für Österreich aber nur eine Quelle politischer Verlegenheiten bedeutet hätte. Bloß das eine gestand er, von
Alexander gedrängt, zu, daß der Krieg während der Verhandlungen weiter gehen solle.

Nach diesen Pourparlers einigte man sich auf einer
Ministerkonferenz zu Langres, Ende Januar, dahin, daß Bevollmächtigte der vier verbündeten Mächte mit Caulaincourt
in Châtillon zusammentreten und den Frieden mit Napoleon
auf der Grundlage der alten Grenzen verabreden sollten. In
ihrer gemeinsamen Instruktion war jetzt freilich nicht mehr'
wie im Frankfurter Manifest, vom „Empire français", sondern
nur noch schlechtweg von Frankreich die Rede, und die Bezeichnung „Chef du gouvernement" ließ sogar auf alle Fälle
die Frage der regierenden Dynastie offen. Für die Einschränkung des ursprünglichen Anerbietens auf die Grenzen von
1792 machte man den Abfall Hollands, das weite, vom Gegner

ungehinderte Vordringen in Frankreich und endlich den Bei-
tritt Murats zur Koalition geltend, der am 11. Januar 1814
in der Form eines Vertrags mit Österreich erfolgt war. Dieses
hatte darin dem König, gegen dessen Verpflichtung, die
Koalition in Italien mit 30.000 Mann zu unterstützen, seine
Herrschaft über Neapel garantiert und überdies für eine
Gebietsvergrößerung von 400.000 Seelen auf Kosten des
Kirchenstaates Sorge zu tragen versprochen[1]). Metternich
hätte allzugern gleich jetzt, in Langres, auch die noch offenen
Fragen über das künftige Verhältnis der europäischen Mächte
zueinander — vor allem die polnische — geordnet gesehen,
was, nachdem er die Minister Preußens und Englands für sich
gewonnen hatte, Alexanders Plänen entgegen möglich gewesen wäre, aber der Zar wich jeder Erörterung dieser Dinge
aus und reiste schließlich aus Langres ab. Zuerst, meinte er,
müsse der Krieg beendet sein. Und der nahm jetzt eben erst
seinen Anfang.

Am 25. Januar fuhr Napoleon von Paris weg und traf
am 26. morgens in Châlons ein. Blücher war an diesem Tag
von St. Dizier nach Brienne unterwegs, in der eigenmächtig
gefaßten Absicht, der Hauptarmee näherzukommen, vor ihr
her gegen Paris zu marschieren und sie dadurch zu einer
offensiven Aktion zu bestimmen. So war es durch Steins Vermittlung zwischen Alexander und dem Hauptquartier der
schlesischen Armee heimlich vereinbart worden. Blücher verfügte, nachdem er das Korps Yorcks gegen die Mosel entsandt
und dasjenige Langerons bis auf eine Division zur Beobachtung
von Mainz zurückgelassen hatte, über nicht mehr als 27.000
Mann. Napoleon schätzte ihn auf noch weniger und beschloß,
ihm entgegenzugehen, obwohl auch er nicht mehr als 40.000
Mann besaß und nur 30.000 in den Kampf schicken konnte.
Er vermutete Blücher noch in St. Dizier, wo er jedoch am
27. nur dessen Nachhut fand, und eilte nun, Marmont zurücklassend, hinter ihm her nach Brienne. Hier kam es dann am
29. zu einem Gefecht, das Blücher, der im Begriffe stand,
westwärts weiterzugehen, nötigte, südlich nach Trannes auszuweichen. Der Kaiser folgte bis in die Nähe dieses Ortes,
immer in der Hoffnung, Blücher noch, bevor Schwarzen-

---

[1]) N e u m a n n, Recueil, II., 403.

berg herankam, aufs Haupt zu schlagen. Diese Hoffnung
wurde freilich getäuscht; denn gerade auf diese Vereinigung
war die Bewegung Blüchers nach links berechnet gewesen,
wo Schwarzenberg von Langres bis gegen Bar-sur-Aube vorgerückt, hier jedoch, dem Drängen des Zaren entgegen, stehengeblieben war, da er Napoleon zur rechten Hand, bei Châlons
und Vitry, wußte. Als er von Blüchers Heranmarsch und
dessen Schicksal bei Brienne erfuhr, entschloß er sich nach
manchem Weh und Ach über diejenigen, die nicht eilig genug
nach Paris gelangen konnten, und mit Vorwürfen gegen Metternich, der den Frieden noch immer nicht zustande gebracht
habe, Blücher zu unterstützen, und schickte ihm zwei Korps
zu, die dessen Kräfte auf 60.000 Mann, durchgängig Russen
und Österreicher, hoben, während Napoleon nur über 40.000
verfügte. Und auch das Korps Wredes eilte von Joinville
herbei, so daß man dem gefürchteten Franzosenkaiser mit
mehr als der doppelten Überzahl gegenübertreten konnte. So
war, was Dieser zu hindern gemeint hatte, geschehen, und
schon die Hartnäckigkeit, mit der Blücher bei Trannes standhielt, ließ ihn über die Nähe der feindlichen Hauptarmee nicht
mehr im Zweifel. Ihr waren seine Kräfte nicht gewachsen.
Konnte es doch auch sein, daß Schwarzenberg, während
ihn Blücher hier festhielt, im Süden gegen Troyes vorging,
um auf seine Verbindungen zu fallen. Darum verzichtete
er nicht nur auf jeden Angriff, sondern hatte auch am 1. Februar
bereits den Befehl zum Abmarsch nach Westen gegeben,
als Blücher bei La Rothière die Offensive ergriff. Den ganzen
Nachmittag erwehrten sich die französischen Truppen der
Übermacht, bis gegen Abend ihre Linie auf dem linken Flügel
bei Chaumesnil durch das Eingreifen Wredes durchbrochen
ward und die von Napoleon selbst ins Feuer geführten Reserven
den Schaden nicht mehr gutmachen konnten. La Rothière
ging verloren, und mit dem Dorfe die Schlacht.

. Der Sieg der Verbündeten war ein glänzender, und er
wäre vielleicht endgültig gewesen, wenn ihn eine energische
Verfolgung ausgebeutet hätte. Aber diese unterblieb. Die
Alliierten hielten Napoleon eines Widerstandes nicht mehr
fähig. Blücher, der den Oberbefehl in der Schlacht geführt
hatte, schrieb noch am Abend, es sei durch sie „gleichsam
Alles entschieden worden", man werde in acht Tagen in Paris

sein, und unterließ es, rasch hinter dem Besiegten herzueilen
und ihm nicht zu gestatten, daß er Ordnung in seine völlig
verwirrten Truppen brachte. Schließlich verlor man alle
Fühlung mit dem Feind. Trotzdem empfand Napoleon das
ganze Gewicht des Schlages, den er erfahren hatte. Wenn
er auch ungefährdet bis Troyes gelangen konnte, wo er mit
einer in solcher Lage beispiellosen Energie sofort am Zusam-
menraffen all seiner Kräfte arbeitete, um dem Gegner den
Zugang nach Paris zu wehren, so schien es ihm doch sehr
rätlich, jetzt in den Verhandlungen einen Ausweg zu suchen.
Nur war es zweifelhaft — so schreibt er am 4. Februar an
seinen Minister des Äußern — ob die Verbündeten überhaupt
noch verhandeln wollten[1]). Maret, der sich in diesen unglücklichen Tagen bei ihm in Troyes einfand und die Geschäfte des
Staatssekretariats übernahm, erzählt in seinen Memoiren,
er habe sich dort zur äußersten Nachgiebigkeit entschlossen und
Caulaincourt, der unter den gänzlich veränderten Verhältnissen
einen bestimmten Auftrag für den am 5. Februar beginnenden
Kongreß begehrte, völlig freie Hand gelassen. „Der Herzog von
Bassano" — heißt es in den Aufzeichnungen — „reichte den
Brief (Caulaincourts) Napoleon und beschwor ihn, nachzu-
geben. Der Kaiser schien zunächst kaum auf ihn zu hören,
dann wies er auf eine Stelle in dem Buche Montesquieus, das
er zerstreut durchblätterte. „Lesen Sie," sagte er, „lesen Sie
laut." Da stand: „Ich wüßte nichts Hochherzigeres als den
Entschluß eines Monarchen unserer Tage, sich eher unter den
Trümmern seines Thrones zu begraben, als Vorschläge anzunehmen, die ein König nicht hören darf." „Ich aber", rief
Maret, „weiß etwas noch Hochherzigeres: wenn Sie Ihren
Ruhm zum Opfer brächten und damit den Abgrund ausfüllten,
der sonst Frankreich mit Ihnen verschlingen wird." „Gut
denn, Ihr Herren, macht Frieden; Caulaincourt soll ihn abschließen, soll alles unterzeichnen, was ihn herbeiführen kann;
ich will die Schande ertragen. Aber verlangt nur nicht von mir,
daß ich meine Erniedrigung selbst diktiere." Da schrieb dann

---

[1]) Vielleicht um sie dazu williger zu machen, hieß es in der Zuschrift,
es sei gar keine Schlacht gewesen, der Feind habe mit seiner ganzen Macht
nur mit 15.000 Franzosen zu tun gehabt, die den Tag über das Schlachtfeld
behaupteten, nur einige Kanonen verloren usw. Das sollte Caulaincourt
betonen. Corresp., XXVII., 21.178.

Maret an den Minister, der Kaiser gebe ihm Carte blanche, um die Verhandlungen zu einem glücklichen Ende zu führen, die Hauptstadt zu retten und eine Schlacht zu vermeiden, in der die letzten Hoffnungen der Nation ins Spiel kommen würden[1]). Als Caulaincourt, erschreckt von der Zumutung einer so großen Verantwortung, am 6. Februar um bestimmtere Weisung bat, wie weit er gehen könne, brachte Maret den Kaiser, der am 7. nach Nogent zurückgegangen war, endlich dahin, daß er noch in der Nacht wirklich „seine Erniedrigung diktierte". „Es wurde nun festgesetzt" — wird weiter von Maret erzählt — „daß man selbst Belgien und das linke Rheinufer für den Frieden dahingeben müsse, und zwar wurden die Instruktionen in dem Sinn abgefaßt, daß der Bevollmächtigte zuerst Belgien, dann, wenn unerläßlich, das linke Rheinufer anbieten solle. Italien, Piemont, Genua, ja selbst die Kolonien sollten vor allem geopfert werden." Am nächsten Morgen wollte Napoleon die neue Ordre unterzeichnen. Da waren aber noch vor Tagesanbruch Meldungen eingetroffen, die alles wieder umwarfen, und als Maret mit dem Schriftstück im Kabinett erschien, fand er seinen Herrn in vollem Eifer über seine Karten gebeugt. „Es handelt sich jetzt um ganz andere Dinge", ward ihm zugerufen. „Ich bin soeben daran, Blücher zu schlagen." Und damit war von der Unterschrift nicht weiter die Rede. Talleyrand hatte Recht: er konnte nicht König von Frankreich werden, der Kaiser Napoleon[2]).

Man machte es ihm aber auch nicht gerade leicht. Denn der Sieg bei La Rothière hatte bei den Verbündeten — auch bei Metternich — den zweifelnden Gedanken wachgerufen,

---

[1]) Über die Reihenfolge der Briefe an Caulaincourt gegen H o u s s a y e's Annahme, „1814", S. 93, s. meinen Kongreß v. Châtillon, S. 85.

[2]) Wenn auch die Mitteilung Marets (bei E r n o u f, p. 621) richtig ist, so ist doch nicht zu übersehen, daß Napoleon Blüchers Bewegungen schon seit mehreren Tagen verfolgte und am 7. Februar abends, nachdem er Marmont mit 20.000 Mann nach Sézanne entsandt hatte, an Joseph schrieb: „Ich habe noch keine Nachricht vom Herzog von Ragusa, aber ich werde mich mit aller Gewalt auf die Verbindungslinie des Feindes Meaux-Châlons werfen. In Paris soll man mit den vierzigstündigen Gebeten und dem ewigen Misereresingen endlich aufhören; alle diese Affenpossen (singeries) könnten uns schließlich Furcht vor dem Tode beibringen. Sagt man doch schon lange, daß Ärzte und Priester das Sterben verbittern. In solcher Lage der Dinge muß man Zuversicht zeigen und kühne Maßregeln ergreifen." C o r r e s p., XXVII., 21.205.

ob denn wohl nach diesem neuen Mißerfolg Napoleon über-
haupt noch im eigenen Volke politischen Rückhalt genug besitze, um als Garant für den Frieden aufgefaßt zu werden.
Wenn man erwog, daß die Einwohnerschaft die fremden
Truppen nicht unfreundlich empfangen hatte, daß die Verbündeten überall nur den Ruf nach Frieden hörten, so daß
Metternich am 9. Februar nach Wien schreiben konnte: „Die
allgemeine Stimme ist: Napoleon weg!", so war ein solches
Raisonnement immerhin gestattet. Der Zar hatte, seiner in
Langres gegebenen Zusage uneingedenk, seinen Bevollmächtigten in Châtillon von vornherein angewiesen, die Verhandlungen auf jede Art hinauszudehnen. Aber auch die Friedens-
freunde im Hauptquartier meinten, vorerst den Eindruck der
letzten Ereignisse auf die Franzosen abwarten zu sollen, bevor
man sich Caulaincourt gegenüber binde[1]). Als Dieser dann in
einer der ersten, mit lauter Förmlichkeiten ausgefüllten Sitzungen die offene Frage tat, ob denn die Mächte, wenn er ihre
Vorschläge alle annähme, den Frieden auch wirklich unterzeichnen würden und der Krieg damit beendet wäre, erhielt er nur die verlegene Antwort, man könne ihm darauf
jetzt nicht Bescheid sagen, wolle aber die Sache in Erwägung
ziehen. So waren die Verhandlungen ins Stocken geraten,
bis sie der Zar am 9. Februar durch eine Ordre an seinen Gesandten, den Konferenzen fernzubleiben, bis er neue Instruktionen erhalte, völlig zum Stillstand brachte. An dem Tag
schrieb Hardenberg in sein Tagebuch: „Der Kaiser Alexander
will die Verhandlungen hinausziehen, unterdessen nach Paris
gehen und dort den Frieden machen." Nur, daß der Weg nach
Paris doch noch viel weiter war, als man ihn sich in jenen
Tagen dachte.

Namentlich die Meinung, die man nach dem Siege bei
La Rothière im großen Hauptquartier hegte, man werde nun
dort ohne weitere Kämpfe — Napoleon dachte man sich im
Rückzug nach der Loire — einziehen, sollte sich recht bald
als irrig erweisen[2]). Bereits am 8. Februar erhielt Schwarzen-

---

[1]) Schwarzenberg dachte bereits an eine Regentschaft (Briefe an seine
Gattin, S. 372).

[2]) Nur Knesebeck hatte diese Meinung nicht geteilt, Alexander jedoch
bereits Blücher angewiesen, nicht vor ihm in der Hauptstadt einzurücken;
selbst Schwarzenberg schrieb am 5. Februar nach Hause, Blücher

berg sichere Kunde, daß der Franzosenkaiser seine zwar geschlagenen, aber nicht zersprengten Korps bei Nogent sammle,
Verstärkungen aus Spanien heranziehe und zu einer neuen
Schlacht keineswegs außerstande sei. In der Tat waren in
jener Zeit 15.000 Mann von der Südarmee beim französischen
Heer eingerückt. Und nun sah man sich vor die Wahrscheinlichkeit neuer Blutopfer gestellt, was bei den Monarchen
in Troyes die Frage aufs neue zur Erörterung brachte, ob
man nicht doch die Konferenzen in Châtillon wieder aufnehmen und den Frieden mit Napoleon rasch abschließen
solle. Dies um so mehr, als sich Caulaincourt in einem Brief
an Metternich vom 9. gegen Gewährung eines Waffenstillstandes zu Verhandlungen auf der Basis der alten Grenzen
bereit erklärt hatte. Auch war, wider Erwarten, die französische Nation nicht gegen den Kaiser aufgetreten, vielmehr
erfuhr man, daß die große Masse des Volkes die Ausschreitungen
der fremden Truppen mit feindseliger Gesinnung zu erwidern
begann. Dazu kam, daß diese Truppen durch Krankheit
bereits schwere Einbußen erlitten hatten[1]). Wie sollte das
werden, wenn am Ende in jener Entscheidungsschlacht der
geniale Imperator die Übermacht zum Weichen brachte? So
hatte sich sorglose Zuversicht rasch in kleinmütige Bedenklichkeit gewandelt, für die man die unterschiedlichsten Gründe
aufrief. Es ließe sich, meinte Hardenberg, mit Napoleon
ganz gut Frieden und vorher auch ein Waffenstillstand
schließen, wenn man durch die Einräumung fester Plätze hinreichende Bürgschaft erhielte. Sollte man, fragte Metternich,
bloß um zu erfahren, ob der Kaiser vom französischen Volke
mehr oder weniger Unterstützung zu gewärtigen habe, das
Schicksal eines neuen erbitterten Kampfes versuchen? Die
Verbündeten, sagte Castlereagh, seien in Frankreich nur eingerückt, um den Frieden zu erobern, den sie am Rhein nicht
schließen zu können glaubten, nicht aber, um einen Thronwechsel zu vollziehen. Sie hätten sich deshalb auch an das
gegenwärtige Haupt des Staates gewendet und es zu Unterhandlungen eingeladen. Jetzt sei man darin engagiert, und

---

werde in wenig Tagen vor Paris stehen. (Kongreß von Châtillon, S. 87
und 108.)

[1]) In der Hauptarmee allein will man Mitte Februar 50.000 Kranke
gezählt haben.

da sich seither keine nationale Bewegung gegen dieses Staatsoberhaupt kundgegeben habe, dürfe man nicht einen sachlichen Konflikt zu einem persönlichen gestalten, was auch gar
nicht in den Wirkungskreis der Alliierten falle. Nur Alexander I. widersetzte sich auch jetzt wieder, und sein Minister
Nesselrode mußte — gegen seine eigenste Überzeugung —
fordern, daß der Waffenstillstand abgelehnt und der Vormarsch nach Paris, selbst auf die Gefahr neuer Kämpfe, fortgesetzt werde. Dort solle man einer aus Mitgliedern der offiziellen Körperschaften gewählten Versammlung die Thron-
frage unterbreiten. Spreche sie sich für Napoleon aus, dann
könne man immer noch mit Diesem Frieden machen. Selbst
das eifrige Zureden seines Freundes Friedrich Wilhelm vermochte diese Anschauung des Zaren nicht zu erschüttern,
der jetzt zwar nicht mehr mit Bernadotte, wohl aber, auf das
Zureden Steins und Pozzos, mit den Bourbons rechnete, in
denen er, wenn er sie auf den Thron brachte, ergebene Freunde,
in dem jungen Herzog von Berry vielleicht einen Gemahl für
seine Schwester Anna zu gewinnen gedachte. Damit war
eine neue Krisis unter den Verbündeten ausgebrochen, die nur
durch die Ereignisse im Felde beigelegt wurde. Denn erst
als Alexander erfuhr, Napoleon habe die Offensive ergriffen
und gegen Blücher nennenswerte Erfolge errungen, kühlte
sich sein Kriegseifer, der gerade auf Blücher die größten
Hoffnungen setzte, merklich ab, und er gab zu, daß man mit
Caulaincourt über einen Präliminarfrieden auf der Basis
der alten Grenzen weiter verhandle. Komme es unterdes in
Paris zu einer spontanen Bewegung gegen den Kaiser, so
würde man Ludwig XVIII. begünstigen. Als die Verbündeten sich Mitte Februar hierüber einigten, war ihnen das
letzte Ergebnis des Waffenganges zwischen Napoleon und
Blücher noch gar nicht bekannt; es stellte sich bald als unerwartet nachteilig für die Koalition heraus, ganz danach angetan, das politische Bild wesentlich zu verschieben.

Kurz nach La Rothière hatten sich die beiden Armeen
der Koalition, schon der Verpflegung wegen, wieder getrennt,
um in parallelen Märschen die Richtung auf Paris zu nehmen;
Schwarzenberg hielt die Straße nach Troyes und Fontainebleau, und Blücher zog mit den Korps Sacken und Olssuwiew
— etwa 40.000 Mann — zunächst nordwärts, um dann über

Fère Champenoise nach Westen zu gehen. Er sollte Yorck, der von Châlons her hinter Macdonald über Epernay die Marne entlang marschierte, und Verstärkungen, die unter Kleist und Kapzéwitsch aus Deutschland nachrückten, an sich ziehen. Das setzte langsame Bewegung voraus, wie denn auch Schwarzenberg nur bedächtig vorwärts ging. Da faßte aber ganz plötzlich Blücher den Plan, mit seinen zwei russischen Korps nordwestwärts über Montmirail voreilend, Macdonald an der Marne den Weg zu verlegen, ihn von Paris abzuschneiden und zwischen sich und Yorck zu erdrücken. Er wartete jetzt jene Verstärkungen nicht erst ab, und hatte so seine Armee in drei weitgetrennte Kolonnen verteilt. Napoleon, der Macdonald in Gefahr sah, entschied sich, noch an jenem 8. Februar, mit etwa 30.000 Mann (Ney, Marmont und der Garde) eine Diversion zu dessen Gunsten zu unternehmen, und eilte von Nogent, nachdem er dort Oudinot und Victor etwa ebenso stark zur Beobachtung Schwarzenbergs zurückgelassen hatte, über Sézanne nach Norden auf Champaubert los, um „die tüchtigste Armee der Verbündeten", wie er Blüchers Streitmacht nannte, anzugreifen. In Champaubert befand sich am 10. Februar das Korps Olssuwiews im Marsche, während Sacken bereits nach Montmirail vorausgegangen war; der Rat Gneisenaus, die Korps beizeiten zurückzunehmen, war von Blücher abgelehnt worden. So wird an diesem Tage Olssuwiew nahezu vernichtet, und Napoleon stürmt, Marmont zurücklassend, Sacken nach, der ihn bei Montmirail — Front gegen Osten — empfängt. Hier läßt am Vormittag des 11. der Kaiser hinter der Schutzwand seiner trefflich bedienten Artillerie, die dem Gegner den Durchbruch verwehrt, seine Truppen herankommen, schwächt absichtlich den eigenen linken Flügel, um Sackens Angriff dorthin zu leiten, während er dessen Linke mit überlegenen Kräften bedrängt. Dadurch hat er die Vereinigung mit Yorck, der von Château-Thierry heranrückt, unmöglich gemacht; Yorck wird zurückgedrängt und Sacken inzwischen total geschlagen. Beide ziehen hierauf nach großen Verlusten, während die der Franzosen gering sind, nach Château-Thierry, wohin sie der Kaiser am 12. verfolgt und wo ihnen, zu seinem Bedauern, Macdonald nicht den Weg verlegt. Diesen schickt er dann mit Verstärkungen nach Montereau an die Seine. Er selbst wendet sich aber noch nicht sogleich gegen Schwarzen-

berg, denn er hat vernommen, daß Blücher mit den Korps von
Kleist und Kapzéwitsch selbst nun auf Montmirail vorrückt,
wohin Marmont vor ihm zurückweicht. Er hält deshalb in
seiner Verfolgung der in den letzten Tagen geschlagenen
Gegner inne und wendet sich rasch von Château-Thierry
südwärts, um auch der dritten Kolonne das Schicksal der beiden
ersten zu bereiten. Bei Vauchamps treffen am Mittag des
14. Februar die Franzosen auf die feindliche Vorhut und
werfen sie, worauf Blücher sofort den Rückzug beschließt.
Dieser geht aber nur unter fortwährenden verlustreichen
Kämpfen vor sich, namentlich als Napoleon ein Kavalleriekorps unter Grouchy im weiten Bogen dem weichenden Feinde
bei Etoges zuvorkommen läßt. Hier gelingt zwar der Durchbruch den tapferen, in bester Ordnung retirierenden Truppen,
jedoch nur unter den größten Opfern. Bis Châlons ziehen sie
sich dann zurück, wo sich auch Yorck und Sacken mit den
Resten ihrer Streitkräfte wieder einfinden werden. 16.000
Mann waren verloren.

Man hat diese rasch aufeinander folgenden Aktionen
Napoleons bei Champaubert, Montmirail und Vauchamps mit
schlecht verpflegten Truppen auf grundlosem Terrain mit
den ersten Siegen des jungen Feldherrn verglichen, und in der
Tat, es ist dasselbe Feuer, dieselbe kühne Energie, dieselbe
(jetzt durch eine reiche Erfahrung geläuterte) Kraft des
Geistes. Aber wird das alles zureichen, um einen so ungleichen
Kampf zu einem erträglichen Ende zu führen? Und wenn der
General das Seinige tat, wird auch der Kaiser ihm nicht wieder,
wie so oft in den letzten zwei Jahren, das Werk stören? Napoleon durfte nach dem dritten Sieg, den er binnen fünf Tagen
errungen hatte, nicht mehr daran denken, der schlesischen
Armee weiter zu folgen. Es war höchste Zeit, sich gegen
Schwarzenberg zu wenden, der in der Absicht nach Westen
weitergegangen war, den Kaiser auf sich und von Blücher
abzulenken[1]). So blieb nur Marmont Blücher gegenüber stehen,

---

[1]) Man wird heute nicht mehr, wie es ehedem geschehen ist, die selbst-
verschuldeten Niederlagen Blüchers dem Oberfeldherrn zur Last legen,
weil dieser ihm nicht rechtzeitig zu Hilfe gekommen sei. Abgesehen davon,
daß Blüchers Meldungen den ganzen Umfang seiner Unfälle nicht entfernt
erkennen ließen, glaubte man im Hauptquartier, wo man nicht gerade auf
große Schlachten erpicht war, Jener werde sich — etwa wie seinerzeit in

um sich bei dessen nächster Offensive über Montmirail langsam zurückzuziehen und die Verbindung mit Napoleon wieder zu gewinnen. Dieser vermutete die feindliche Hauptarmee schon weit jenseits der Seine über Montereau hinaus und begab sich mit den Truppen Neys, Gérards und den Garden in unglaublicher Eile nach Guignes am Yères, wo er auch Macdonald, Oudinot und Victor vorfand und, bis auf Marmont, seine ganze

---

Schlesien — vor Napoleon rechtzeitig zurückziehen können und überdies durch Schwarzenbergs Vorwärtsbewegung am sichersten von ihm befreit werden. Diese Bewegung ist in diesen Tagen auch niemals zum Stillstand gekommen, und wenn man von einem Befehl des Kaisers Franz vom 13. hat wissen wollen, der den Generalissimus anwies, nicht über die Seine zu gehen, so ist ein solcher Befehl allerdings erlassen worden, aber erst am 16., als man in Troyes bereits wußte, daß Blücher wieder in Sicherheit und Napoleon gegen die Hauptarmee im Anmarsch war. (Siehe hierüber meinen „Kongreß von Châtillon", S. 145.) Über die Auffassung der Sache in der Umgebung Friedrich Wilhelms III. vergleiche man die Notiz im Tagebuche seines Sohnes Wilhelm, des späteren Kaisers, zum 20. Februar: „Gneisenau schob alles auf die zu große Bravour der Truppen . . . Die Hauptarmee ging in verschiedenen Kolonnen und Wegen ruhig vorwärts, an keine Konzentration denkend, da man Napoleon hinlänglich mit Blücher beschäftigt glaubte, dem man durch den ununterbrochenen Marsch der Schwarzenbergischen Armee Luft zu machen hoffte." (D e c h e n d, Das Treffen bei Bar-sur-Aube, Beihefte zum Mil.-Wochenblatt 1897, S. 127.) Neuestens sind auch die Briefe Schwarzenbergs an seine Gattin — von denen in Thielens Erinnerungen nur Bruchstücke mitgeteilt wurden — über diesen Punkt nachzulesen. Darin heißt es am 11. Februar: „Meinen alten Blücher zieht es mit solcher Macht gegen den Palais royal, daß er schon wieder anfängt, wie unsinnig vorzurennen, ohne zu bedenken, daß der Feind vor ihm sehr schwach ist, in seiner Flanke jedoch die Armee steht; es wäre ein Wunder, wenn dieses Zerstückeln ihm nicht abermal einen Unfall bereiten sollte." Am 13.: „Dieses Mal ist Blüchers Fehler leider bitter bestraft worden . . . (Niederlagen Olssuwiews und Sackens). Blücher selbst steht mit Kleist und Kapziéwitsch bei Vertus. Ich habe ihm geraten, sich wieder zu sammeln, indessen ich alles anwende, um des Feindes Aufmerksamkeit auf mich zu ziehen." Am 20. (Niederlage Blüchers): „Um den Feind zu zwingen, Blücher zu verlassen, mußte ich von hier (Troyes) aus vordringen; ich ließ Nogent und Bray nehmen, die Brücken herstellen, zwei Korps in der Richtung noch gegen Provins und Nangis vorrücken mit dem Befehl, bei Annäherung eines bedeutenden feindlichen Korps sich wieder zurückzuziehen, da meine Absicht nur dahinging, des Feindes Aufmerksamkeit von Blücher abzulenken. Zugleich poussierte ich aber ein Streifkommando bis Fontainebleau und Melun, woraus der Feind verjagt wurde . . . Da ich nun meine Absicht erreicht hatte, nämlich Napoleon zu zwingen, Blücher Zeit zu lassen, seine zerstreuten Korps zu sammeln, so befahl ich allen meinen Korps, sich bei Troyes zu versammeln, welches heute vollendet ist."

Armee am 16. Februar versammelte. Vielleicht —sei ne Hoffnungen sind durch die letzten Erfolge ins Maßlose gestiegen —
gelingt mit dem zweiten, weitaus mächtigeren Gegner, was mit
dem ersten so trefflich gelungen war; vielleicht lassen sich auch
die Kolonnen Schwarzenbergs nacheinander schlagen. Und
fast will es den Anschein gewinnen. Am 17. von Guignes
gegen Nangis vordringend, trifft Napoleon bei Mormant auf
die Avantgarde des feindlichen rechten Flügels unter Wittgenstein, der eigenmächtig von Nogent über Provins nach
Paris strebt, und vernichtet sie; und hätte noch am selben
Tage, wie ihm befohlen war, Victor bei Montereau über die
Seine vorstoßen können, immer möglich, daß dann das österreichische Korps Bianchis, das am 15. bis Fontainebleau vorgerückt war und nun eilends zurückbefohlen ward, abgeschnitten wurde wie Sacken bei Montmirail. Dieser Vorstoß konnte aber erst am 18. von Napoleon selbst unternommen werden, nachdem Schwarzenberg Zeit gefunden hatte,
all seine Kräfte hinter die Seine und Yonne zurückzuziehen[1]).

Der Oberfeldherr der Alliierten, schon durch das Schicksal
Blüchers tief verstimmt, geriet, als er Napoleons so überaus raschen Heranmarsch gegen die Seine erfuhr, während er
ihn, durch die schlechten Wege aufgehalten, noch weit entfernt
vermutete, in helle Verzweiflung. „Um nicht im Einzelnen
geschlagen zu werden," schreibt er aus Bray an Metternich,
der mit seinem Kaiser in Troyes zurückgeblieben war, „werde
ich mich darauf beschränken, die Brücken von Bray und Nogent
hartnäckig (sérieusement) zu verteidigen, und meine Streitkräfte hinter der Seine und Yonne vereinigen." Er ist außer
sich, daß Alexander damals den von Caulaincourt begehrten
Waffenstillstand verworfen hatte, den er selbst nun dringend
zu benötigen glaubte. Er will das Versäumnis wieder gutmachen und läßt sich in Bray vom Zaren und von König
Friedrich Wilhelm autorisieren, noch am 17. in ihrem Beisein
einen Brief an Berthier zu schreiben, worin er selbst die Waffenruhe anregt, da die Bevollmächtigten in Châtillon Auftrag erhalten hätten, die Präliminarien nach dem Antrag Caulaincourts abzuschließen, und dies am 16. hätten tun sollen. Das

---

[1]) Vgl. hierüber Schwarzenbergs Brief vom 20. an seine Gattin in
der Novákschen Sammlung, S. 376.

Letztere war jedoch nur eine Finte und wurde von Napoleon sofort als solche erkannt. Er gewahrte des Gegners schlecht verdeckte Verlegenheit und richtete sich hoch auf. „Nach den letzten Nachrichten" — schreibt er am 18. an Joseph — „ist bei den Verbündeten alles anders geworden. Der Kaiser von Rußland, der noch vor wenig Tagen die Verhandlungen abgebrochen hatte, weil er Frankreich noch schlechtere Bedingungen als die „alten Grenzen" stellen wollte[1]), wünscht sie wieder anzuknüpfen, und ich hoffe, daß ich doch noch einen Frieden auf der Basis von Frankfurt erlangen werde, das Minimum, worauf ich mit Ehren paktieren kann. Hätte ich (vor den letzten Operationen) einen Frieden mit den alten Grenzen unterzeichnet, so würde ich zwei Jahre später wieder zu den Waffen gegriffen und der Nation gesagt haben, das sei kein Friede gewesen, sondern eine Kapitulation. Nach dem neuen Stande der Dinge könnte ich dies nicht mehr sagen, da das Glück zu mir zurückgekehrt ist und ich wieder Herr meiner Bedingungen geworden bin[2])." Ähnlich hatte er schon nach dem Siege von Montmirail durch Bassano an Caulaincourt schreiben lassen: „Es gibt keinen vernünftigen Frieden außer dem auf der Basis von Frankfurt, jeder andere wäre nur ein Waffenstillstand[3])". Danach ward am 17. Caulaincourts unbedingte Vollmacht beschränkt, und so kam es, daß, während vor zehn Tagen die Verbündeten in Châtillon die Verhandlungen hinausgezogen und Caulaincourt zur Verzweiflung gebracht hatten, jetzt Dieser temporisierte, indem er den gegnerischen Friedensentwurf eingehend prüfen zu wollen erklärte und ihn an Napoleon sandte. Eugen erhielt Ordre, sich in Italien zu behaupten.

Napoleon hatte Recht, es war „alles anders geworden".

---

[1]) Alexander hatte sein Projekt, Österreich für Galizien mit dem Elsaß zu entschädigen (siehe oben), in Troyes noch nicht völlig aufgegeben. Erst gegen Ende Februar erklärte er, daß er nur Westgalizien beanspruche, das nicht mehr zu Österreich gehöre. (Kongreß von Châtillon, S. 303.) Damit stimmt allerdings, was Schwarzenberg seiner Frau am 11. Februar mitteilt, nicht ganz überein: „Kaiser Alexander will nicht mehr (als die alten Grenzen, auf deren Basis Caulaincourt zu verhandeln bereit gewesen wäre), aber er besteht darauf, bis Paris vorzudringen; ich fürchte, wir werden diese Reise mit viel Menschenblut bezahlen."

[2]) Correspondance, XXVII., 21.293.

[3]) Houssaye, „1814", p. 103.

Unter dem Druck seiner Siege über Blücher hatte sich Alexander den Forderungen der drei anderen Mächte gefügt, die
Verhandlungen in Châtillon waren wieder aufgenommen
worden, und Schwarzenberg, der auf seinen Waffenstillstands-
antrag keine Antwort erhalten, dagegen am 18. bei Montereau,
wo ein württembergisches Korps besiegt worden war, eine
Schlappe erlitten hatte, weicht bis Troyes zurück. Der Oberfeldherr glaubt damit weniger dem Sieger als dem Frieden
das Feld geräumt zu haben, und wenn er Blücher, der sich
rasch wieder erholt hatte, von Châlons herberuft, so ist es
nur für den äußersten Fall. Er habe, schreibt er am 20. Februar
an seine Frau, Blücher eingeladen, nach Arcis zu kommen,
wo er bereits mit 50 bis 60.000 Mann angelangt sei. „Morgen
ziehe ich ihn nach Méry, und so will ich denn, auf des Allmäch-
tigen Beistand hoffend, eine Schlacht annehmen. Auf diese
Art müssen nun Ströme von Blut fließen, um jenen Frieden
zu erkämpfen, den man uns vor wenigen Tagen aufdringen
wollte, und dem in den Augen des Leichtsinns nichts mangelte,
als daß er nicht in Paris unterzeichnet war." Er wird aber die
Schlacht, obgleich die Verbündeten sicher über 150.000, der
kühn gegen Troyes heranrückende Napoleon aber nur über
70.000 Mann verfügen, doch nicht wagen, auch schon deshalb
nicht, weil erst vor kurzem von dem nach Süden detachierten
General Bubna die Nachricht gekommen war, Augereau habe
bei Lyon 30.000 Mann zusammengebracht, mit denen er auf
Basel operiere, was die Entsendung von 15.000 Mann zu
Bubnas Verstärkung notwendig machte. Auch daß Wellington längst die Winterquartiere bezogen und damit seinen
Gegnern die Möglichkeit gegeben hatte, Truppen nach dem
nördlichen Schauplatz abzusenden, spielte mit. Diese Sorge
von Süden her läßt von da ab Schwarzenberg nicht mehr los.
Und dazu kam eine Erwägung, die er in folgende Worte faßt:
„Eine Hauptschlacht gegen einen Feind liefern, der, durch
einzelne vorteilhafte Gefechte aufgereizt, für seine Existenz
ficht, und zwar in Mitten seines Landes, wo alle Landleute sich
bewaffnen, eine Hauptstadt hinter sich, die ihm alle Hilfsmittel nachschiebt, dies ist ein Unternehmen, zu dem nur die
unbedingte Notwendigkeit berechtigen kann." Dagegen seien
die Transportmittel der Alliierten von den eigenen Nachzüglern
geplündert worden, und es wäre unmöglich, Magazine für eine

so bedeutende Truppenmasse nachzuschaffen. Der „Rückzug
von Troyes bis über den Rhein", nach einer unglücklichen
Schlacht, würde, wie er fürchtete, „die ganze Armee auflösen[1]". Aus all diesen Umständen erklärt sich der Oberfeldherr gegen die Schlacht und erhofft schleunigen Abschluß
der Verhandlungen in Châtillon. Er ist am 23. Februar
nach Bar-sur-Aube zurückgegangen und denkt sogar, bis
auf das gepriesene Plateau von Langres zu weichen[2]). Seine
Friedenshoffnungen sollten sich aber nicht erfüllen. Als
am 17. in Châtillon die Mächte als Bedingungen des Präliminar-
friedens die Grenzen von 1792 und als Garantie nicht nur
die Räumung aller außerhalb Frankreichs besetzten Festungen,
sondern auch die der französischen: Belfort, Besançon und
Hüningen, verlangten und Caulaincourt davon Meldung
machte, erhielt er von Napoleon zur Antwort: „Ich bin so erregt
über dieses Projekt, daß ich mich schon durch die Proposition
entehrt glaube." Er selbst werde sein Ultimatum stellen.
Es blieb aus. Der Feldzug absorbierte ihn völlig. Denn soeben
war wieder eine entscheidende Wendung eingetreten.

Ein Kriegsrat, der am 25. in Bar gehalten wurde, faßte,
nachdem er den vom Zaren und dem König befürworteten
Gedanken, die russischen und preußischen Garden unter
Blüchers Kommando zu stellen, ebenso wie den, eine Schlacht
zu wagen, abgelehnt hatte, den Beschluß, die Hauptmacht
solle sich hinter der Marne bis Langres und Chaumont zurückziehen, um sich mit 47.000 Mann österreichischer Reserven
zu vereinigen und Fühlung mit Bubna und Bianchi gegen
Dijon hin zu gewinnen, Blücher aber, nach einem Rechtsabmarsch nach Châlons, zu dem er sich von den Monarchen auf
den Rat des Obersten Grolman die Erlaubnis erbeten hatte,
dort seine Armee durch die Aufnahme der Korps von Winzingerode und Bülow, die bisher unter Bernadotte gestanden
hatten, auf etwa 100.000 Mann bringen und den Feind

---

[1]) Schwarzenberg an seine Frau, 26. Februar 1814. Nach einem Bericht
Castlereaghs an den Premierminister Lord Liverpool vom 26. Februar 1814
hätte Schwarzenberg im Kriegsrat vom 25. auch noch auf die 50.000 Kranken
im Heere hingewiesen. (Londoner Archiv.)

[2]) Napoleon hat die Situation ganz richtig erkannt, als er am 23. an
Joseph schrieb: „Sie scheinen eine Hauptschlacht und ihre Folgen zu fürchten." (Corresp., XXVII., 21.356.)

an seinem linken Flügel und im Rücken bedrohen. Dieser
Plan war namentlich von Castlereagh befürwortet und dann
einstimmig angenommen worden. Des Engländers Meinung
war, der Kronprinz von Schweden hätte sich mit seinen übrigen
entfernteren Armeeteilen ganz besonders um die vollständige
Gewinnung der Niederlande — insbesondere Antwerpens —
zu bemühen[1]).

Das war ein folgenreicher Entschluß. Denn wer weiß,
was geschehen wäre, wenn auch Blücher sich der Rückwärtsbewegung angeschlossen hätte. Die Stimmung im Lande war
unter dem schweren Druck der Invasion immer erbitterter
geworden, so daß, namentlich seitdem Napoleon durch seine
letzten Siege wieder hoch in Geltung gekommen war, überall
das Landvolk sich der fremden Bedränger zu erwehren
suchte[2]). Der Enthusiasmus für den Besieger der feindlichen
Eindringlinge wuchs mit jedem Tage, und wenn es dem Kaiser
im Januar nicht gelungen war, den Landsturm aufzuregen,
so konnte es ihm, wenigstens in der östlichen Hälfte Frankreichs, im März nicht ganz unmöglich sein[3]). Nun, Blüchers
Abmarsch nach vorwärts ließ derlei nicht zu und zog Napoleon,
dem um die Hauptstadt bangte, von Schwarzenberg ab. Denn
die schlesische Armee war nun sozusagen zur Hauptarmee geworden, während diese ungefähr die Rolle übernahm, die jener
im Herbstfeldzug zugefallen war. So schrieb es Friedrich Wilhelm
an Blücher. Und da es jetzt auch noch eine eigene Südarmee
gab, so bildeten sich — von Bernadottes Operation im Norden
abgesehen — durch diese Dreiteilung der verbündeten Kräfte

---

[1]) Castlereaghs Bericht an Liverpool vom 26. Februar (Lond. Archiv).

[2]) Man darf, seitdem durch H o u s s a y e, „1814", authentische Daten
hierüber gesammelt sind, Napoleon in seinen Briefen nicht mehr der Übertreibung zeihen, wenn er von den Ausschreitungen der fremden Truppen
spricht. Schreibt doch selbst der Generalquartiermeister der Blücherschen
Armee an Gneisenau: „Die Offiziere wagten es kaum mehr, den Soldaten
etwas zu sagen", und Schwarzenberg meinte: „Um mit diesen Völkern auf
einer so großen Linie die Exzesse zu verhindern, müßte man eine Armee
im Rücken der Operierenden aufstellen." Übrigens waren auch die Franzosen keineswegs schuldlos.

[3]) Siehe das Dekret vom 5. März 1814 im „Moniteur", das jeden Maire
mit dem Tode bedroht, der „anstatt den patriotischen Aufschwung des Volkes
anzuregen, ihn unterdrückt oder den Bürgern von einer legitimen Verteidigung abrät."

ähnliche Verhältnisse heraus, wie sie im letzten Oktober zum Zusammenbruch des französischen Heeres geführt hatten. Für Österreich lag darin, daß Preußen und Russen den offensiven Kampf allein auf sich nahmen, der Vorteil, seine durch Krankheiten und Abgaben geschwächten Truppen mehr geschont zu sehen.

Schwarzenberg war nur zu sehr geneigt, mit ihnen noch weiter nach Osten zurückzugehen, in der festen Meinung, daß er noch immer Napoleon selbst hinter sich habe, über dessen Stärke ihm übertriebene Berichte zugegangen waren und dessen persönliche Gegenwart als ein Heer für sich gelten konnte, das die Gegner oft von kühner Offensive abhielt[1]). Er ist auch tatsächlich mit der Avantgarde bereits weit über La Rothière hinausgelangt, als er inne ward, daß ihm nur zwei Armeekorps unter Oudinot und Macdonald folgten; da gibt er den Rückzug auf, schlägt die Franzosen am 27. Februar bei Bar-sur-Aube und drängt sie bis an die Seine zurück. Damit war allerdings Napoleons Plan gestört, der gehofft hatte, es werde den Marmont und Mortier, die er gegen Blücher zurückgelassen hatte, gelungen sein, Diesen in der Front aufzuhalten, indes er hinter ihm nachdrängt und ihn so zwischen zwei Feuer bringt — und all das, ehe Schwarzenberg seine Abwesenheit merkt.

Nun spielten sich die Ereignisse ganz und gar nicht mehr nach seinen Wünschen ab. Zwar haben sich am 28. Marmont und Mortier östlich von Meaux auf dem rechten Ufer der Marne mit Erfolg Blüchern in den Weg gelegt und dessen Vorhut geworfen, aber Napoleon ist durch späten Aufbruch und grundlose Wege abgehalten worden, sich schon an diesem Tag am Kampfe zu beteiligen; die schlesische Armee kann nordwärts nach Soissons ausweichen, wo eben jetzt die beiden Korps von Bülow und Winzingerode angelangt sind und den wichtigen Platz zur Übergabe gezwungen haben. So ist Blücher nicht nur dem ihm von Napoleon zugedachten Schicksal entgangen, er hat auch wirklich — Bülow und Winzingerode waren ja nun seinem Befehl unterstellt — seine Stärke auf 100.000 Mann gebracht. Und da überdies die Hauptarmee wieder

---

[1]) „Ich habe 50.000 Mann", sagte der Kaiser einmal zu dem General Poltaratzky, „und ich, macht 150.000."

avanciert war, so gestaltete sich plötzlich des Kaisers Lage
überaus schwierig. Wendete er sich von der Marne zurück
zu Schwarzenberg — und er dachte daran — so warf Blücher
Marmont und Mortier über den Haufen und besetzte Paris.
Diese schwere Sorge will er los sein, und so hält er sich zunächst an diesen Feind. Er hofft ihn, dessen Kräfte er unterschätzt, mit den 55.000 Mann, über die er verfügt, weit nach
Norden zurückzuschlagen, um dann, während Macdonald
Schwarzenberg an der Seine festhält, über Reims, Châlons,
Saint-Dizier und Joinville in die Flanke und den Rücken der
Hauptarmee zu operieren. Augereau hätte von Süden her
diese Bewegung durch einen Vorstoß über Besançon zu unterstützen. Die kaum blockierten Festungen in den Ardennen
und an der Mosel könnten mit ihren Besatzungen das kaiserliche Heer verstärken, und flammt dann zugleich auch der
Volkskrieg auf, so war es möglich, die Feinde zum Rückzug
an den Rhein zu nötigen[1]). Ein überkühner Plan, der den
Kaiser nicht mehr loslassen wird, obgleich er gleich in seiner
ersten Voraussetzung an der hartnäckigen Tapferkeit der
Blücherschen Armee scheitern sollte.

Napoleon ist nordostwärts nach Berry vorgegangen, um
sich der Straße von Reims zu versichern. Von da rückt er
gegen Blücher vor, der sich, einem Rate Bülows folgend,
defensiv verhält. Bei Craonne wird am 7. März ein vorge-
schobenes russisches Korps mit großen Opfern zurückgedrängt,
und zwei Tage später kommt es bei Laon, wo Blücher in starker
Position bereit steht, zur Schlacht. Napoleon hat die Straße
von Soissons gewonnen, während er Marmont von Berry auf
der Reimser Straße vorschickt, so daß die Armee in zwei
Teilen auf Laon vorrückt, die sich jedoch vor dieser Stadt nur
schwer verständigen können, da dort sumpfiges Gelände die
beiden Wege scheidet und überdies starke Kosakenpatrouillen
den Kurierdienst erschweren. So kann am 9. Napoleon, der
sich der nächstliegenden Dörfer Sémilly und Ardon bemächtigt und wieder bemächtigt, den Tag über nicht erfahren,
daß Marmont, statt am Morgen, erst nach Mittag vor Laon
erschienen ist und erst am Abend das Dorf Athies erobern
konnte, aus dem ihn dann, als er nach Einbruch der Dunkel-

---

[1]) Corresp., XXVII., 21.426, 21.448, u. a. a. O.

heit die blutige Arbeit beendet glaubte, die Preußen wieder
vertrieben, so daß seine Truppen in wilder Flucht auf der Straße,
die sie gekommen waren, bis Corbény zurückeilen. Glücklicherweise beeinträchtigte das Eingreifen von ein paar Tausend
Mann, die unter Fabvier ausgesandt worden waren, um die
Verbindung mit Napoleon zu suchen, und nun umkehrten,
eine nachhaltige Verfolgung. Von all dem hat der Kaiser erst
um Mitternacht erfahren, da auch sein rechter Flügel aus
Ardon wieder verdrängt und die Kommunikation mit Marmont dadurch noch schwieriger geworden war. Er war außer
sich über das Vorgehen seines Generals, der sich „wie ein Leutnant" benommen habe. Freilich konnte er nicht ahnen, daß
der Herzog von Ragusa seit dem Fall von Soissons und der
Verstärkung Blüchers die Sache seines Herrn verloren gab
und eben nur noch das Nötigste tat, und auch dies nicht immer.
Napoleon merkte davon nichts, er sah nur, daß er einen in
Unordnung gebrachten wichtigen Teil seiner Armee vor einer
vernichtenden Verfolgung zu bewahren hatte. Deshalb bleibt
er kühn der mehr als doppelten Übermacht gegenüber noch
am 10. in Schlachtordnung stehen und erreicht es, da Blücher
den Kampf nicht erneuert, wirklich, daß Marmont sich gesammelt zurückziehen kann. Dann erst wendet auch er sich
nach Soissons, doch nur, um schon am zweitnächsten Tag von
hier, gleichsam unter den Augen des siegreichen Gegners,
nach Reims hinüberzueilen und ein detachiertes Russenkorps,
das die Stadt mittlerweile besetzt hatte, daraus zu vertreiben,
was am Abend des 14. März gelingt. Dann gönnt er sich und
seinen abgehetzten Truppen ein paar Ruhetage.

Im Hauptquartier der Verbündeten war man unterdessen,
zwar nicht militärisch, wohl aber politisch zu einem neuen
Entschluß gelangt. Daß Caulaincourt die Anerbietungen vom
17. Februar nicht angenommen und Napoleon selbst in einem
Brief an Kaiser Franz vom 21. das Frankfurter Programm
als sein und Frankreichs Ultimatum bezeichnet hatte, machte
einen solchen nötig. Castlereagh, der schließlich wissen wollte,
wofür England sein Geld ausgab, tat sein möglichstes hierzu.
Am 28. Februar, in der vierten Sitzung des Kongresses zu
Châtillon, wurde dem Abgesandten Napoleons bedeutet, er
habe bis längstens 10. März Gegenvorschläge zu machen, die
jedoch keinesfalls von seinen Propositionen vom 9. Februar

(die alten Grenzen) wesentlich abweichen dürften. Waffenstillstandsunterhandlungen, zu denen es endlich doch gekommen
war, wurden jetzt, nachdem seit dem 27. die Verhältnisse sich
gebessert hatten, von den Verbündeten abgebrochen. Und
da man nun auch sicher war, daß der Krieg fortging, durch den
allein Napoleon zum Frieden gezwungen werden konnte,
schlossen die vier Großmächte England, Österreich, Preußen
und Rußland am 9. März zu Chaumont einen Vertrag ab, der
das britische Reich verpflichtete, das Jahr hindurch fünf
Millionen Pfund an die drei Kontinentalmächte zu zahlen,
die ihren in Châtillon vorgelegten Entwurf, d. i. Rückkehr
Frankreichs in seine Grenzen von 1792 und volle Unabhängigkeit Hollands, Italiens, Spaniens, der Schweiz und Deutschlands, mit den Waffen durchzusetzen sich verbindlich machten,
auch wenn die Anstrengungen hierzu zwanzig Jahre währen
sollten. Jede dieser Mächte wollte sich mit 150.000 Mann
beteiligen, wozu sich übrigens auch England bereit erklärte.
Der „defensive Allianzvertrag", wie man ihn nannte, wurde
auf den 1. März zurückdatiert. Er erhielt erst durch den Sieg
bei Laon volle Geltung. Denn Schwarzenberg war zwar nach
seinem Erfolg bei Bar-sur-Aube bis nach Troyes vorgegangen,
dort aber seit dem 4. März unbeweglich stehen geblieben,
obgleich der Zar in ihn drang, nach rechts hin Blücher zu unterstützen. Man würde, erklärte der Fürst dem Monarchen, jedenfalls zu spät kommen und dann allein eine Hauptschlacht
riskieren; unterdes hätte man die Verbindung mit der Südarmee eingebüßt und müßte, auch wenn man die Schlacht
gewänne, doch wieder an die Seine zurück, um die Operationen
gegen Paris fortzusetzen. Schwarzenberg glaubte dabei ganz
im Sinne der ursprünglich angenommenen Kriegsgrundsätze
zu handeln, ähnlich wie er im Februar getan und wie es zur
gleichen Zeit (5. März) General Boyen Gneisenau mit den
Worten empfohlen hatte: „Unsere eigentliche Aufgabe ist,
durch gleichzeitige Bewegungen und gut gewählte Stellungen
den Feind einzuengen; selbst der augenblickliche Schimmer
einer kühnen Waffentat muß dieser größeren Ansicht untergeordnet werden"[1]. Alexander aber ließ die Argumente des

---

[1] Meinecke, Boyen, I., 367.

Oberfeldherrn nicht gelten, und als Dieser Operationsentwürfe
vorlegte, mit denen er vorerst den Ausgang des Kampfes
zwischen Napoleon und dem an Kräften überlegenen Blücher
abwarten wollte, kam es in Chaumont zu einer erregten Szene,
wobei der Zar Metternich geradezu fragte, ob Kaiser Franz
etwa seinem General befohlen habe, sich nicht zu schlagen
und an den Rhein zurückzugehen, und Friedrich Wilhelm
sich sogar zum Vorwurf des Verrats verstieg, da man Blücher
opfern wolle[1]). Erst als Schwarzenberg sich gegen jene Vorwürfe verwahrt hatte und endlich Nachrichten von der Schlacht
am 9. März und ihrem günstigen Ausgang eingetroffen waren,
glich sich der häusliche Zwist aus, und schon in den nächsten
Tagen wird auch die Hauptarmee kräftiger in die Aktion treten.
    Freilich, auf dem Kongreß in Châtillon gestalteten sich

---

[1]) Diese Anschauung ist dann auch in die Geschichtschreibung übergegangen, scheinbar unterstützt von einer Denkschrift Radetzkys aus dem
N o v e m b e r 1813 (!), worin Dieser der Preußen erwähnte, „denen beim
einstigen Frieden, so wie sie sich jetzt zeigen, die wenigsten Truppen zu
wünschen sind." Diese Stelle reicht aber doch nicht aus, um dem Oberfeldherrn vier Monate später die absichtliche Preisgebung einer ganzen Armee
zur Last zu legen, und in neueren Werken findet sich auch jene Auffassung
nicht mehr vor. Schwarzenbergs stete Furcht vor dem Verhungern, seine
Angst vor der Levée en masse, die er schon in nächster Nähe organisiert
sieht, seine Besorgnis, die österreichischen Korps im Süden nicht unterstützen
zu können, reichen, im Zusammenhang mit den aus dem Feldzug von 1813
herübergenommenen Grundsätzen, zur Erklärung seiner Haltung vollkommen aus. Nimmt man endlich noch hinzu, daß er von Metternich darin
bestärkt wurde, „das Heil nicht in der Schlacht, sondern in der militärischen
Attitüde zu sehen", so bedarf es gewiß keines weiter reichenden Verdachtes.
Siehe M e t t e r n i c h - K l i n k o w s t r ö m, Österreichs Teilnahme usw.,
S. 814 ff., den ostensiblen Brief Metternichs an Stadion vom 13. März in
meinem „Kongreß von Châtillon", S. 344, und Schwarzenbergs Schreiben
an seine Frau am 9., 12. und 14. März: „So können wir nicht bleiben, denn
bald wird im strengsten Sinn hier nichts mehr zu finden sein . . . Für Genf
ist mir bang. Ich habe Bianchi befohlen, seine Offensive im Saonetal mit
dem größten Nachdruck zu führen; nur auf diese Art kann Bubna gerettet
werden . . . Vom 9. (Laon) habe ich noch keine Nachrichten: ich gestehe
aber, daß ich zittere. Wenn Blücher geschlagen wird, der zwar sehr gute und
zahlreichere Truppen hat als Napoleon, so entsteht die Frage, ob es klug ist,
mit dieser Armee eine Schlacht zu wagen. Wird diese Armee auch geschlagen,
welcher Triumph für Napoleon! . . . Mir ist so bang für Blücher; das wird mich
die ganze Nacht durch quälen . . . (Blücher siegt bei Laon, Bianchi erringt
einen Erfolg). Das ist alles vortrefflich, aber der Hunger macht mir in dieser
armen und ausgepreßten Champagne im wahren Verstande Todesängsten."
(Nowaksche Sammlung, S. 382 f.)

nunmehr die Dinge immer hoffnungsloser. Zwar hatte Metternich Brief auf Brief an Caulaincourt geschrieben, auf daß
er seinen Herrn zu größerer Nachgiebigkeit bestimme, denn
das russische Projekt, den Herzog von Berry auf den französischen Thron zu bringen, machte ihm auch jetzt noch den
Frieden mit Napoleon wünschenswert; zwar hatte der delegierte Minister des Kaisers in seiner unerquicklichen Doppel-
stellung als Bevollmächtigter Frankreichs und Napoleons
Diesem gegenüber mit Vorstellungen nicht gespart, die ihn
überzeugen sollten, daß, wenn man nicht ein Gegenprojekt
vorlege, das von den Frankfurter Grundlagen abweiche, alles
verloren sei; zwar mahnte Joseph, der als Generalstatthalter
der Kaiserin zur Seite geblieben war, man müsse, angesichts
der Stimmung in Paris, den Frieden haben, er sei gut oder
schlecht, und wenn er auch schlecht wäre, so würde den
Kaiser nicht die Schuld treffen, da ihn alle Volkskreise
wünschen: aber alles fand an Napoleons heroischem Eigen-
sinn einen unüberwindlichen Widerstand. Höchstens zur
Abtretung von Wesel, Kehl und Castel wollte er sich verstehen, im übrigen sollte sein Unterhändler die Verhandlungen weiterspinnen. Als dann der Verfallstermin des
10. März herankam, war Caulaincourt genötigt, aus den unterschiedlichen Weisungen, die er erhalten hatte, selbst einen
Vertragsentwurf auszuarbeiten und vorzulegen, der weit
von den Forderungen der Mächte abwich[1]). Da darnach
nicht nur die „natürlichen Grenzen" festgehalten waren, sondern auch auf das Königreich Italien bloß zugunsten des Vizekönigs Eugen verzichtet wurde, während Elba und Lucca in
französischen Händen blieben, konnte auch Metternich den
Kongreß nicht mehr retten. Er löste sich am 19. März auf.

Und wenn der österreichische Minister selbst dann noch
gehofft hatte, zu einem befriedigenden Ende zu gelangen, so
ward er jetzt binnen wenig Tagen anderer Meinung. Einmal,
weil auch Preußen und England Napoleon definitiv aufgegeben
und den Emissären der Bourbons, wenn auch nicht ihre
Initiative zugesagt, so doch ihr Entgegenkommen in Aussicht gestellt hatten, dann weil Hardenberg, wenn Metternich

---

[1]) Gedruckt bei F a i n , p. 388, bei D'A n g e b e r g , Congrès de
Vienne, I., 130 ff. u. a. a. O. Ein Auszug findet sich in meinem „Kongreß
von Châtillon", S. 218.

Napoleon fallen ließe, sich zu Bemühungen bei Alexander in der polnischen Frage anheischig machte, und endlich weil am 20. März ein Brief Marets an Caulaincourt vom Vortag aufgefangen wurde, worin der Minister die Weisung erhielt, wenn er auch noch Mainz, Antwerpen und Alessandria abtreten müßte, dies nur in vagen Ausdrücken zu tun, da Napoleon selbst nach der Ratifikation des Vertrages sich bloß von militärischen Rücksichten leiten lassen, d. h. je nach Umständen das Abkommen brechen werde[1]). Da es auf solche Art klar geworden war, daß der Franzosenkaiser durchaus nicht „vernünftig" werden wollte, war auch der Minister Österreichs — schon um nicht isoliert zu bleiben — bereit, ihn aufzugeben, und es handelte sich nun nur noch darum, ihn möglichst rasch im Feld zu besiegen.

Napoleons unnachgiebige Haltung könnte unbegreiflich erscheinen, wenn es sich hier nur um seine persönliche Herrschaft über Frankreich und nicht um ein großes Prinzip handelte, das er vertrat und dem im Lager der Verbündeten ein anderes sich entgegenstellte. Es war für den Repräsentanten der allerwärts ausgreifenden, die Grenzen zwischen Staaten und Ständen nicht achtenden, weltbürgerlichen Revolution schlechthin unmöglich, sich in das Gleichgewichtssystem der vorrevolutionären Zeit einzufügen, und nur durchaus logisch, daß er einen Frieden auf der Basis des alten bourbonischen Territorialstaates als eine bloße Kapitulation ansah. Da nun aber die Idee der Revolution und ihre unumgängliche Konsequenz der Schrankenlosigkeit längst nur noch in diesem einzigen Menschenwillen ihre Verkörperung fand, während das französische Volk bereits notgedrungen in die nationale Bahn eingelenkt hatte, war ein Konflikt entstanden, der endlich zur Lösung kommen mußte. Als man in der Hauptstadt, wo nach den Februarsiegen die alte Zuversicht eingekehrt war, im März bloß von einem Rückzug Macdonalds und von der Niederlage Soults hörte, den Wellington bei Orthez am 27. Februar geschlagen hatte, und gar nichts von Napoleon, fiel die Rente wieder auf 51, und man schied sich innerlich von dem, der den

---

[1]) Siehe meine Abhandlung „Der Brief Marets an Caulaincourt vom 19. März 1814" in der Histor. Vierteljahrschrift, 1900, wo ich die von Houssaye und den älteren französischen Historikern bezweifelte Echtheit des Schreibens feststellen konnte.

ersehnten Frieden weder sich noch anderen abzuringen vermochte.

Napoleon aber sann in Reims nur darauf, dem Krieg
noch eine günstige Chance abzugewinnen. Er überlegte, ob er
sich nicht mit Macdonald vereinigt der Hauptarmee in den
Weg legen sollte, um ihr dort den Zugang zur Hauptstadt
streitig zu machen, kam dann aber auf jenen weitaus kühneren
Plan zurück, dessen Grundzüge er schon vor der Schlacht bei
Laon entworfen hatte, und will ihn nun jenem ersten Mißerfolg zum Trotz ausführen. Zunächst aber wird er eine
„Diversion" unternehmen, von der er sich „unberechenbare
Erfolge" verspricht. Er wird Macdonald in der Front Schwarzenbergs stehen lassen, den er fast mit der ganzen Armee
jenseits der Seine über Nogent hinaus vermutet, und selbst
mit etwa 22.000 Mann in dessen Rücken auf Méry oder Troyes
operieren. Mortier und Marmont bleiben unterdes in und
bei Reims gegen Blücher zurück, um ihm den Weg nach Paris
zu wehren. Noch am 17. bricht der Kaiser nach Süden auf
und ist am 19. bei Plancy, während eine Abteilung auf Arcis
a. d. Aube marschiert, wohin Schwarzenberg vorgegangen war,
um zur Unterstützung Blüchers, wenn dieser nochmals angegriffen werden sollte, einzugreifen. Als hier die Nachricht
eintrifft, Napoleon habe sich gegen Süden gewendet, ist Kaiser
Alexander, den die Wegnahme von Reims mutlos gemacht
hat, für einen möglichst weiten Rückzug. Schwarzenberg dagegen begnügt sich, nach Trannes zurückzugehen, wo er seine
auseinanderliegenden Streitkräfte von West und Ost her konzentrieren will, um dann aufs neue die Offensive zu ergreifen.
Die Konzentrierung war noch nicht vollendet, drei von Westen
herzukommandierte Korps unter dem Kronprinzen von
Württemberg waren erst bis Troyes gelangt, als man im Hauptquartier der Verbündeten vernahm, Napoleon sei bereits bei
Plancy über den Fluß gegangen. Nun ließ Schwarzenberg
jene drei Korps von Troyes nach Norden abschwenken und
rückte selbst mit dem Korps Wredes und den russischen und
preußischen Garden gegen Arcis wieder vor, um den Gegner,
ehe er noch mit allen Streitkräften die Aube passiert hat,
zurück- und, wenn Blücher ihm nachgerückt war, diesem ent-
gegenzuwerfen. Damit war die Absicht Napoleons, die Linie
der Hauptarmee zu durchbrechen und ihre westliche Gruppe

zwischen sich und Macdonald zu zerdrücken, vereitelt. Er selbst aber hielt jene Konzentrationsbewegung des Gegners für dessen Rückzug nach Osten und sieht sich, als ihm am 20. die Zurücknahme der feindlichen Vortruppen von Arcis gemeldet wird, in der Meinung bestärkt, daß er einen weichenden Feind vor sich habe, den er verfolgen und möglicherweise überflügeln müsse, schon um dessen Vereinigung mit Blücher zu stören. Der Entschluß, den er dabei faßt, entspricht durchaus seinem großen Plan: er wird nach Vitry marschieren, diese Stadt, die vom Feind besetzt ist, erobern, dorthin Marmont und Mortier und die Besatzungen von Metz und Nancy heranziehen, Macdonald über Arcis nachrücken lassen und so mit einer kompakten Heeresmacht von etwa 90.000 Mann auf die rückwärtigen Verbindungen des Gegners fallen. Er selbst verläßt am Mittag des 20. März Plancy und nimmt den Weg über Arcis, um Schwarzenberg um so sicherer in der Defensive zu halten. Hier aber soll er eine bittere Enttäuschung erleben.

Schon am Vormittag hatten Bauern den über Arcis ostwärts avancierenden Franzosen das Nahen feindlicher Heeresmassen von Süden her gemeldet. Napoleon glaubt nicht daran. Er sendet einen Ordonnanzoffizier aus, der nicht weit genug vorreitet, um die feindlichen Kolonnen zu gewahren, und den Kaiser in seinem Irrtum bestärkt. Kurz darauf wird die Armee im Marsch von überlegenen Kräften angegriffen und ein Teil in wüstem Gemenge fliehend nach Arcis zurückgetrieben. Dort an der Brücke über die Aube stellt sich den Flüchtigen ein Offizier mit gezogenem Degen an der Spitze eines kleinen Infanteriekarrees in den Weg und ruft: „Wer will eher hinüber als ich?" Sie erkennen Napoleon und lassen sich von neuem gegen den Feind führen. Zu gleicher Zeit wird die Avantgarde unter Ney im Osten der Stadt von Wrede bei Torcy angegriffen. Ney hält den Ort gegen die andringende Übermacht, und auch um Arcis wird mit Todesverachtung gekämpft, so daß der Gegner keinen nennenswerten Erfolg zu erringen vermag, um so weniger, als nur Schwarzenbergs rechter Flügel am Kampfe teilgenommen hat, während das Gros noch von Troyes her im Anmarsch war. Die Beobachtung, daß bloß ein Teil der feindlichen Stärke mitgestritten hatte, verführt Napoleon, das Ganze für ein Nachhutgefecht zu halten, und

befestigt ihn nur noch mehr in der Meinung, das Gros des
Feindes sei auf dem Rückzug. Er bleibt daher dabei, in der
einmal gewählten Richtung weiter zu gehen, und avanciert
in gutem Glauben am Vormittag des 21. gegen die vermeinte
Arrieregarde des Feindes, bis rechter Hand die Korps des
Kronprinzen von Württemberg in Aktion treten und er es mit
einem Mal mit der ganzen großen Hauptarmee zu tun hat.
Nun kommandiert er freilich den Rückzug über die Aube,
und nur der Langsamkeit Schwarzenbergs — oder vielleicht
dem jetzt jeder Offensive widerstrebenden Zaren — hat er es
zu danken, daß er unter den Augen des Feindes den größten
Teil seiner Truppen fast unbehelligt auf das andere Ufer bringt.
Der Rest kann sich, als endlich der Angriff der 100.000 Mann
gegen die 30.000 erfolgt, nur noch durch heroisches Streiten den
Rückweg sichern. Die Schlacht bei Arcis war verloren.

Über vierthalbtausend Mann hat dem Kaiser sein Irrtum
über des Gegners Absicht gekostet. Aber seinen Plan hat er
trotzdem nicht aufgegeben. Nur muß er jetzt seinen Marsch
auf Vitry jenseits der Aube fortsetzen, und er tut dies so
rasch, daß man im Hauptquartier der Verbündeten bald nicht
mehr weiß, wohin er sich eigentlich gewendet hat. Macdonald,
der an der Schlacht nicht mehr hatte teilnehmen können,
marschiert ebenfalls jenseits des Flusses nach Nordosten und
kommt mit geringen Schäden seiner Nachhut davon. Bei
dieser Gelegenheit, am 23. März, wird von den Österreichern
ein Kurier aufgefangen, der dem Marschall einen Brief
Berthiers zu überbringen hatte, des Inhalts, der Kaiser stehe
zwischen Vitry und Saint-Dizier im Rücken der großen Armee
und habe seine Kavallerie bereits bis Joinville vorgeschoben.
Und zur selben Zeit läuft den Kosaken ein zweiter Bote ins
Garn, mit einem Schreiben Napoleons an die Kaiserin nach
Paris, das sie in seinen Plan einweiht, sich der Marne und den
festen Plätzen im Osten zu nähern, „um die Feinde von der
Hauptstadt abzuhalten". Diese Briefe und einige andere aus
der Residenz, die die Unfähigkeit, sie zu verteidigen, und die
dort herrschende trostlose Stimmung schildern, dazu die Kunde,
daß am 12. März die Engländer Bordeaux besetzt und die
Einwohner sich für die Bourbons erklärt haben, endlich der
Heranmarsch Blüchers über Reims auf Châlons: all das bringt
die alliierten Monarchen dazu, von der Verfolgung Napoleons,

die sie anfänglich geplant hatten, abzusehen und den gemeinsamen Zug beider Armeen auf Paris zu beschließen. Ein Manifest an die Franzosen, vom 25. März datiert, legt noch einmal all die Schuld des blutigen Unfriedens dem Kaiser und
seinem unersättlichen Ehrgeiz zur Last und klagt zugleich
das Prinzip an, das er vertritt. „Frankreich hat nur seine
eigene Regierung verantwortlich zu machen", heißt es darin,
„für all die Übel, die es erduldet. Der Friede allein kann die
Wunden schließen, die ein Geist allseitiger Eroberung, wie
ihn die Annalen der Welt nicht kennen, geschlagen hat. Dieser
Friede wird der Friede Europas sein, jeder andere ist unzulässig. Es ist endlich an der Zeit, daß die Fürsten, ohne Störung
und Einfluß von außen her, über das Wohl ihrer Völker wachen
können, daß die Nationen ihre wechselseitige Unabhängigkeit
respektieren und daß die sozialen Einrichtungen gegen tägliche
Umsturzversuche geschützt, das Eigentum gesichert, der Verkehr frei seien"[1]).

Ging das französische Volk hierauf ein, so kehrte es dem
politischen Programm der Revolution endgültig den Rücken,
und der Mann, der es bisher mit der ganzen Kraft seiner
Genialität und seines ehrsüchtigen Willens verfochten hatte,
war vernichtet.

Es ist Napoleon zum Vorwurf gemacht worden, daß er
nach dem zweiten Schlachttag von Arcis, als er von der Offen-

----

[1]) D'A n g e b e r g, Congrès de Vienne, I., 143. Es hieß nun darin
freilich von Frankreich nicht mehr, seine Grenzen sollten weiter gesteckt
sein „als je unter den Königen"; man dachte es nur noch in jenem Umfang,
„den ihm Jahrhunderte des Ruhmes und der Wohlfahrt unter seinen Königen
gesichert hatten." Die Mächte hätten sich zwar bereit erklärt, „Abänderungen
über die Grenzen vor den Revolutionskriegen hinaus" zu erörtern, darauf
sei aber erst am 15. März ein Gegenprojekt mit unannehmbaren Bedingungen
vorgelegt worden. Staatsrat Ancillon, der Erzieher der preußischen Prinzen
und einer der vertrauten Berater Friedrich Wilhelms III., hatte auch einen
Entwurf verfaßt, der es nicht verschweigen wollte, daß man seinerzeit in
Frankfurt, wenn auch nur ganz allgemein und unbestimmt, günstigere Bedingungen gestellt, sie aber, als Englands Minister die Rückgabe der französischen Kolonien an die Bedingung der alten Grenzen knüpfte, einzuschränken
sich verpflichtet gefühlt habe. Natürlich wurde dieser Entwurf als höchst
undiplomatisch abgelehnt. Es fehlte auch nur noch, daß Ancillon den Franzosen erzählt hätte, man habe Englands Wünschen deshalb Rechnung getragen, weil man sein Geld brauchte. (Siehe „Kongreß von Châtillon"
S. 237, Anmerkung.)

sivtendenz des Feindes überzeugt sein mußte, doch nach
Osten weiterzog, anstatt westwärts mit all seinen verfügbaren
Truppen der Hauptstadt zuzueilen, wo er einen tüchtigen
Vorsprung vor dem Gegner und Zeit gehabt hätte, Maßregeln
zur Verteidigung zu treffen. Aber wer möchte es leugnen,
daß nicht auch der Plan des Kaisers seine großen Vorteile,
haben konnte, wenn nicht der Zufall ihn verdarb? Napoleon
war von Vitry weiter über Saint-Dizier und dann südwärts
bis nach Doulevant gelangt, wo er den 25. März verweilte und
nach dem Feind aushorchte, von dessen Direktion er nichts
wußte. Von dort schrieb Caulaincourt, der ihn begleitete,
Briefe an Metternich, die aufs neue den Frieden anboten, und
dem Schreiber schien es jetzt, als ob es seinem Herrn damit
Ernst wäre[1]). Er wußte aber zu gleicher Zeit auch, daß es
bereits zu spät war. In der Tat ging an demselben 25. März
aus dem österreichischen Hauptquartier Graf Bombelles zum
Grafen Artois nach Vesoul, um mit ihm über die Rückkehr
der Bourbons auf den Thron von Frankreich zu verhandeln.
Dem Kaiser blieb danach nur noch sein Degen übrig. Noch
legte er ihn nicht aus der Hand.

Napoleon erfuhr in Doulevent bloß eins bestimmt: daß
ein starkes Korps in der Nähe von Saint-Dizier sich gezeigt
habe. Hatte sich der Feind geteilt und zerstreut? Dann war
er vielleicht, wie ehedem bei Champaubert und Montmirail,
zu besiegen. Er rückte sofort gegen dieses Korps und schlug
es am 26. in die Flucht. Es waren 10.000 Mann unter Winzingerode, die die Verbündeten gegen den Kaiser zurückgelassen hatten. Diesem fiel es auf, daß es nicht Soldaten
Schwarzenbergs, sondern Blüchers waren, die man gefangen
einbrachte, und er wurde nun ganz unsicher. Er will nach
Vitry zurück, um dort Gewißheit zu erlangen. Schon in Saint-
Dizier fand er sie: alle Nachrichten, die hier bei ihm eintrafen,
stimmten überein, daß die Feinde allesamt auf Paris marschierten. Seine Rechnung auf ihren Rückzug nach Osten
war also falsch gewesen. Was sollte er nun tun? Ihnen vor
der Hauptstadt zuvorzukommen war nicht mehr möglich; sie
hatten drei Tagmärsche voraus. Sich weiter ostwärts wenden,

---

[1]) An Hauterive schreibt er am 28.: „Seine Majestät scheint entschlossen, die nötigen Opfer zu bringen." (H o u s s a y e, „1814", p. 397.)

die Garnisonen an sich ziehen, den Landsturm aufrufen? Vielleicht wäre dies von Erfolg gewesen, denn im ganzen Osten waren die Bauern bereit zum Widerstand, in Banden durchzogen sie das Land und brachten Gefangene ins Hauptquartier. Macdonald war deshalb der Meinung, den Krieg im Elsaß und in Lothringen zu führen, und man hat gewiß nicht mit Unrecht vermutet, daß auch dem Kaiser dieser Gedanke mehr einleuchtete als der andere, den ihm seine Umgebung, Caulaincourt, Maret, namentlich aber Berthier und Ney, nahelegte, alles zur Rettung der Hauptstadt zu versuchen. Es waren Stunden äußerster Nervenanspannung, die er in seinem Arbeitszimmer zu Saint-Dizier eingeschlossen zubrachte, um sich für dieses oder jenes zu entscheiden. Endlich entschloß er sich doch, über Bar, Troyes, Fontainebleau nach Paris zu gehen, um dort die letzte große Schlacht zu schlagen. So erklärte er sich gegen den österreichischen Diplomaten Wessenberg, der am 28. März hier kriegsgefangen vor ihn gebracht worden war und den er in ein politisches Gespräch verwickelte, das seine Friedensabsicht dokumentieren sollte. „Ich habe verlangt,“ sagte er, „daß man Frankreich in den Grenzen belasse, in denen ich es bei meiner Thronbesteigung fand[1]). Aber ich behaupte nicht, daß ich nicht auch, gezwungen, auf ungünstigere Bedingungen hin Frieden schließen würde.“ Nur auf dem Besitz von Antwerpen müsse er bestehen, da ohne diesen Platz Frankreich es noch lange nicht zu einer Marine bringen könnte. Österreich sollte von den anderen Mächten beauftragt werden, den Frieden zu verhandeln, und er wäre sicher rasch abgeschlossen. Dann fuhr er fort: „Die Kaiserin wird von den Franzosen geliebt. Ihrer Regentschaft und der des Senats werden sie vor einer Regierung der Bourbons den Vorzug geben. Sie hat während meiner Abwesenheit in der öffentlichen Meinung sehr viel gewonnen, und ich bin der Mann dazu, das Regiment in ihre Hände zu legen.“ Wessenberg bezweifelte diesen Entschluß. „Nein, nein,“ erwiderte der Kaiser, „auch der Ehrgeiz nützt sich ab. Sie sehen, was das Genie vermag: noch vor zwei Jahren gehorchte mir die Welt, heute ist sie wider mich.“ Damit und

---

[1]) Die ersten Worte des Kaisereides lauteten nach der Verfassung von 1804: „Ich schwöre, die Integrität des Reiches zu behaupten.“

mit der Versicherung, große Opfer bringen zu wollen, entließ
er den Diplomaten zu seinem Monarchen[1]).

Als Napoleon so resigniert sprach, wenn auch freilich nur,
um an den Vater seiner Gattin um Unterstützung zu appellieren, mußte sich ihm seine militärische Lage als recht verzweifelt verraten haben. In der Tat wußte er bereits, daß
Marmont am 25. bei Fère-Champenoise geschlagen worden war
und daß die Verbündeten ihn und Mortier vor sich hertrieben.
Am Abend des 28. — die Truppen waren an diesem Tage
aufgebrochen — wurde ihm in Doulevant ein Brief des General-
postmeisters Lavalette gebracht: seine Anwesenheit in der
Hauptstadt sei unbedingt nötig und, wenn er sie nicht verlieren wolle, kein Augenblick zu versäumen. Bald darauf
muß er hören, daß die Feinde schon bei Meaux angekommen
sind. Seine Ungeduld steigert sich zum Fieber. In Troyes
angelangt, schläft er kaum. Er übergibt Berthier das Kommando und reitet, nur von den Schwadronen seiner Leibgarde
begleitet, vorwärts, bis er in Villeneuve-sur-Vannes auch diese
Eskorte verläßt, sich mit Caulaincourt in einen Wagen wirft
und in unerhörter Eile dahinrast.

Unterdessen waren die Verbündeten in die unmittelbare
Nähe der Hauptstadt gelangt, und am 29. floh Marie Luise
mit dem König von Rom nach Blois. Die Räte der Regentschaft hatten mit Recht dagegen gesprochen, aber eine aus-
drückliche Ordre Napoleons, seinen Sohn keinesfalls dem
Schicksale des Astyanax auszusetzen, forderte dessen Entfernung[2]). Das machte tiefen Eindruck in Paris, wo die Bevölkerung durch die zahlreich anlangenden Verwundeten, die

---

[1]) **A r n e t h**, Wessenberg, I., 188 ff.

[2]) Am 16. März 1814 an Joseph: „Sollten die Feinde in großer Stärke
gegen die Hauptstadt heranziehen und jeder Widerstand unmöglich sein,
dann lassen Sie die Regentin, meinen Sohn, die Großwürdenträger und
Minister, die Vorstände des Senates, die Präsidenten des Staatsrats, die
Großoffiziere der Krone und den Baron Bouillerie (Schatzmeister der außerordentlichen Domäne) mit dem Tuilerienschatz in der Richtung auf die
Loire abgehen. Verlassen Sie meinen Sohn nicht und erinnern Sie sich, daß
ich ihn lieber in der Seine als in den Händen der Feinde Frankreichs sähe.
Das Schicksal des von den Griechen gefangenen Astyanax ist mir immer
als das unglücklichste in der Geschichte erschienen." (**C o r r e s p.**, XXVII.,
21.497.) Schon am 8. Februar hatte er dem Bruder geschrieben: „Ich würde
es vorziehen, daß man meinen Sohn erwürge, als daß ich ihn als österreichischen Prinzen in Wien aufwachsen sähe." (**C o r r e s p.**, XXVII., 21.210.)

vom Lande hereinflüchtenden Bauern und durch die schrecklichen Prophezeiungen des offiziösen Preßbureaus über das
der Stadt bevorstehende Schicksal, wenn man sich nicht wehre,
in unerhörter Angst erhalten wurde. Die Rente fiel bis auf 45.
Joseph, der zurückblieb, verstand es nicht, das Vertrauen zu
heben. Seine Proklamation an die Pariser, sie sollten dem
Feinde widerstehen, da ihm der Kaiser auf dem Fuße folge,
erzeugte keine Begeisterung. Und wenn selbst, so hätte es an
Widerstandsmitteln gefehlt und an Waffen für die Bereit-
willigen. Die Befestigungen, die man angelegt hatte, waren unvollendet. Es gab kaum über 30.000 Nationalgarden in Paris.
Diese allerdings haben sich im Verein mit den Truppen Marmonts und Mortiers am 30. März in einer Schlacht vor der
Stadt heldenmütig geschlagen. Erst spät am Nachmittag, als
die Übermacht der Preußen den Montmartre erobert und
dort eine Anzahl Kanonen aufgepflanzt hatte, trat Waffenruhe ein. Von Joseph, der schon um Mittag geflohen war, ermächtigt, schloß dann Marmont am Abend eine Kapitulation
ab, die den Verbündeten die Stadt überlieferte.

Zu derselben Stunde ordnete Mortier einen seiner Generale
in südlicher Richtung ab, um für die von Paris sich zurückziehenden Kolonnen Kantonnements einzurichten. Bei der
Raststation Cour de France traf der Bote in der Dunkelheit
der Nacht auf Reisende, die den Pferdewechsel abwarteten,
und ward von deren einem angerufen. Es war der Kaiser,
der jetzt den Verlust seiner Hauptstadt erfuhr. Er geriet
außer sich über Joseph und den Kriegsminister Clarke, denen
er diesen Verlust ungerechterweise zur Last legte, wollte
sofort nach Paris weiter und ließ sich erst überzeugen, daß
es zu spät sei, als sich die Feuer von Mortiers Vortrab zeigten
und General Flahault, den er an Marmont geschickt hatte,
mit einem Brief des Marschalls wiederkam, der die Stimmung
der Pariser als durchaus unlustig zu weiterem Widerstand
kennzeichnete. Darauf begab er sich nach Fontainebleau
zurück.

Am nächsten Morgen, es war der 31. März, hielten der
Zar und Friedrich Wilhelm III. ihren Einzug in die eroberte
Stadt. Kaiser Franz von Österreich war nach der Schlacht
von Arcis von Schwarzenberg geraten worden, sich nach
Dijon unter den Schutz der Südarmee zu begeben. Dort war er

mit Metternich zurückgeblieben — wohl mit Absicht, um
nicht als Triumphator über seinen Verwandten im Vorder-
grunde zu erscheinen. Die Monarchen werden in Paris von
einer kleinen, aber unendlich rührigen Partei von Royalisten
mit Hochrufen auf Ludwig XVIII. empfangen und dadurch
vollkommen über die Stimmung der Bevölkerung getäuscht.
Dieser waren die Bourbons durchaus gleichgültig geworden.
Man dachte kaum an sie, und am wenigsten daran, sie zurück-
zurufen. Auf Ergebenheit und Sympathien konnten sie nur
im Umkreis des Faubourg Saint-Germain rechnen, wo die
Trauer über die eingebüßten Vorrechte und die bornierte Abneigung gegen alle anderen Menschenklassen mit dem alten
Hof die alte Zeit zurückzuerlangen wähnte. Vergebens hatte
Napoleon die Altadeligen Frankreichs für sich zu gewinnen
gesucht. Nur wenige unter ihnen, die mit klarem Blick den
Wandel der öffentlichen Dinge durchschauten, anerkannten
und respektierten sein Reformwerk. Alle übrigen sannen
längst auf seinen Fall. Gar mancher ließ sich gerne von
heimlichen Feinden des Kaisers gebrauchen, die seit Jahren
schon den Sturz des nimmersatten Eroberers ins Auge gefaßt
hatten. Jetzt wissen sie den fremden Souveränen ihre Stimmung als die des Volkes vorzuspiegeln, und da Talleyrand,
der ursprünglich mit der Regentschaft Marie Luisens koket-
tiert, sie dann aber fallen gelassen hatte, ihre Sache führt, ist
sie bald gewonnen. Der Zar hat in seinem Haus Quartier
genommen. Nur noch schüchtern und zweifelnd spricht Alexander da den Namen Bernadottes aus, der in Paris zu intriguieren fortfuhr[1]), um sofort von seinem Wirte zu erfahren,
daß Frankreich keinen Soldaten mehr wünsche. „Wollten
wir einen, so würden wir den behalten, den wir haben, er
ist der erste der Welt. Nach ihm würde ein anderer gewiß
nicht zehn Mann hinter sich herziehen." Es gebe nur Napoleon oder Ludwig XVIII., nichts drittes. Und der Zar stimmte
zu. In einer Erklärung, die die Verbündeten — d. h.
Alexander, ohne erst die Zustimmung des Kaisers Franz
einzuholen, die er, wie er sagte, voraussetzte — am 31. März
durch den Fürsten von Benevent an den Senat gelangen

---

[1]) „Der Kronprinz hat Skioldebrand zu Alexander geschickt; er rät
ihm zum Frieden. Seine Intrigen in Paris", schreibt Hardenberg am
31. März in sein Tagebuch. (Berl. St. A.)

ließen und die alsbald in tausend Exemplaren die Straßen-
wände bedeckte, hieß es: „daß sie nicht mehr verhandeln
werden mit Napoleon Bonaparte noch mit irgend einem Mitglied seiner Familie, daß sie aber die Konstitution anerkennen
wollen, die das französische Volk sich geben würde." Und der
Senat — derselbe Senat, der noch vor wenig Wochen seinem
Herrn und Schöpfer so sklavisch zu Diensten stand — sprach,
nachdem er am 1. April seine eigene Unentbehrlichkeit dekretiert hatte, am Tage darauf die Absetzung des Kaisers
aus und entband Nation und Armee ihres Treueides gegen
ihn. Die Nation hatte nichts dagegen einzuwenden: der Gesetzgebende Körper bestätigte das Votum des Senats, und die
hohen kaiserlichen Ämter, der Rechnungshof, der Kassationshof u. a. gingen ins andere Lager über. Es kam wie ein Gefühl der Scham über sie, daß fremdes Kriegsvolk — seit vier
Jahrhunderten war es dazu nicht gekommen — in Paris
herrschte, und sie grollten dem, der dieses Schicksal heraufbeschworen hatte. Wird sich aber auch die Armee, dieses treue
Werkzeug, dem Künstler des Krieges und der Schlachten aus
den Händen winden lassen[1]?

Noch in Cour de France hatte Napoleon Caulaincourt zu
Alexander gesandt und ihn mit aller Vollmacht zum Frieden,
wie ihn die Verbündeten in Châtillon gewünscht, hatten, ausgestattet. Jetzt kehrte Jener nach Fontainebleau zurück, und was er
als des Feindes Antwort mitbrachte, waren im Grunde nur
Napoleons eigene Worte: der Friede mit ihm wäre nur ein
Waffenstillstand, und selbst für die Anerkennung des Sohnes
sei der Vater ein Hindernis. Doch benahm Alexander, was die
Regentschaft betraf, dem Boten nicht alle Hoffnung; nur
müsse der Kaiser vorerst abdanken. Dieser dachte nicht daran.
Man hatte ihn besiegt, aber keineswegs überwunden. Er hatte
noch Truppen. Da standen Marmonts 12.000 Mann bei Corbeil
und Essonnes, dahinter Mortier mit 8000; am 1. April war
die Tête der bei Arcis geschlagenen Armee angelangt, am 2.
die Garden, während der Rest noch von Troyes her auf dem
Marsche war. In Kürze konnte er hier nahe an 60.000 Mann
zusammenbringen und brauchte nur die 100.000 Mann, die

---

[1] „Wenn die Armee nicht wankt, so kann der Krieg noch lange währen",
schreibt Schwarzenberg am 3. April 1814. (Novaksche Briefausgabe,
S. 389.)

seine Persönlichkeit nach seinem eigenen Ausspruch und den
Erfahrungen dieses Feldzuges dem Feinde galt, hinzuzurech-
nen, um zu dem Schluß zu kommen, daß man die Flinte noch
keineswegs ins Korn zu werfen brauche. Und außerdem stand
Maison mit einer Abteilung im Norden, Augereau, der allerdings Lyon in verdächtiger Eile aufgegeben hatte, im Süden,
Soult und Suchet gegen Engländer und Spanier. Und von den
Soldaten und Offizieren, wenn auch mancherlei Unzufriedenheit unter ihnen herrschen mochte, waren doch noch die allermeisten für ihn gestimmt. Bei einer Revue am 3. April hatten
die Garden seine Anrede mit dem stürmischen Rufe „Nach
Paris!" beantwortet[1]). Anders freilich die Führer. Zwar gab es
auch unter ihnen feurige Partisane des Kaisers für alle Fälle,
wie Mortier, Drouot u. a. Aber die meisten von denen, die an
zweithöchster Stelle kommandierten, die Marschälle, Herzoge,
Fürsten und Grafen, reichverdient und reichdotiert, hatten
schon im Jahr zuvor den Krieg nur verdrossen fortgeführt,
kein Ende absehend und sich doch so sehr nach ruhigem Genießen der Früchte ihrer tapferen Arbeit sehnend. Jetzt noch
weiterzukämpfen, erschien ihnen völlig aussichtslos. Und wenn
man siegte, mit welchen Opfern! Und gab es dann Frieden?
Wie leicht war, was folgte, der Bürgerkrieg. Zwar die
Rückkehr der Bourbons war ihnen verhaßt, aber es gab noch
einen anderen Weg. Daß Caulaincourt die Idee einer Abdankung des Kaisers zugunsten seines Sohnes aus Paris zurückgebracht und Napoleon mit seiner Umgebung darüber gesprochen hatte, erfuhren die Marschälle, wie sie von dem Absetzungsdekret des Senats und der Erklärung der Verbündeten
erfahren hatten, und sahen hierin das einzige Mittel, das herrschende System und mit ihm ihre Stellen und ihre Geltung zu
retten, ohne sich neuen Mühen und Unruhen auszusetzen. Am
4. April, nach der Parade, faßten sie sich ein Herz. Ney,
Lefebvre, Oudinot und Macdonald traten als Abgesandte der
übrigen vor den Kaiser, bei dem sich auch Berthier neben

---

[1]) Daß auch bei den Alliierten der Kampf noch keineswegs als beendet
galt, lehren Schwarzenbergs Privatbriefe. Am 1. April schreibt er: „Morgen
oder übermorgen haben wir einen heißen Kampf zu bestehen" und am 3.:
„Meine Stellung ist vorteilhaft, und ich bin gefaßt, morgen oder übermorgen
eine Schlacht anzunehmen, die entscheiden muß." Vergl. auch die letzte Anmerkung auf S. 285.

Caulaincourt und Maret befand, und trugen ihm vor, daß jetzt, wo der Senat wider ihn entschieden habe und der Friede versäumt worden sei, nur seine Abdankung übrig bleibe. Die wollten sie zugunsten seines Sohnes und der Kaiserin als Regentin; die Bourbons wollten sie nicht. Darauf soll Napoleon dem Senat das Recht bestritten haben, ihm die Herrschaft zu nehmen, soll ihnen die schlechte Aufstellung der Feinde gezeigt, seine Streitkräfte aufgezählt, seinen Angriffsplan entwickelt haben: alles umsonst, er mußte nachgeben, und unterschrieb das verlangte Dokument. Es lautete: „Nachdem die verbündeten Mächte den Kaiser Napoleon als das einzige Hindernis der Herstellung des Friedens in Europa bezeichnet haben, erklärt Kaiser Napoleon, treu seinem Eide, daß er bereit sei, vom Thron herabzusteigen, aus Frankreich zu ziehen und selbst das Leben zu lassen für des Vaterlandes Wohl, das untrennbar ist von den Rechten seines Sohnes, der Regentschaft der Kaiserin und den Gesetzen des Kaiserreiches[1]).“

Als Napoleon sich hierzu entschloß, lag ihm wohl der Gedanke nicht fern, die Verbündeten könnten diese bedingte Abdankung ablehnen. Er wünschte es geradezu, denn dann konnte er diejenigen, die ihn dazu gedrängt hatten, überzeugen, daß ihnen nur noch Ludwig XVIII. in Aussicht stehe, und da würden sie ihm ihre Unterstützung nicht mehr versagen. Es war nur eine Folge dieses Ideenganges, wenn er nicht Caulaincourt allein mit seiner Erklärung nach Paris sandte, sondern

---

[1]) Es ist nicht ohne Interesse, auch den ersten Entwurf dieser Abdankungsurkunde zu kennen, den der Kaiser selbst unterschrieb und aus dem er dann gewisse Stellen strich. Er hatte folgenden Wortlaut: „Nachdem die verbündeten Mächte den Kaiser Napoleon als das einzige Hindernis der Herstellung des Friedens in Europa bezeichnet haben, und der Kaiser gewiß nicht, ohne seinen Eid zu brechen, irgend eines der Departements dahingeben kann, die bei seiner Thronbesteigung mit Frankreich vereinigt waren, erklärt Kaiser Napoleon, daß er bereit sei, vom Throne herabzusteigen, aus Frankreich zu ziehen und selbst das Leben zu lassen für das Wohl des Vaterlandes und um die Rechte seines Sohnes, des Königs, der Regentschaft der Kaiserin und der Gesetze und Institutionen aufrecht zu erhalten, die bis zum definitiven Friedensschluß und solange die fremden Heere auf unserem Gebiete stehen, keine Veränderung erfahren sollen.“ (Corresp., XXVII., 21.555.) S. S. 281, Anmerkung.

ihm auch Ney und Macdonald zur Seite gab, damit sie selbst
als Sendboten der Armee für ihre Sache einständen. Als solche
empfing sie Alexander am Abend des 4. April. Er schien
fast wankend werden zu wollen, namentlich als Macdonald
ihm versicherte, die Armee könne nur mit Abscheu der Wiederkehr des Königtums entgegensehen, da es ihren Taten fern
und ihrem Ruhme fremd geblieben sei. Lehne man dieses Opfer
des Mannes ab, dem sie so lange treu angehangen habe, so
würde sie möglicherweise wieder zu ihm zurückkehren. Sie sei
keineswegs so sehr erschüttert, wie man annehme. Aber diese
Worte sollten noch in derselben Nacht eine eklatante Widerlegung erfahren. Marmont hatte sich schon zur Zeit, als er
von der Verteidigung der Hauptstadt abstehen mußte, von
Talleyrand gewinnen lassen. „Armee und Volk" — schrieb
er am 3. April an Schwarzenberg — „sind durch das Senatsdekret von ihren Treueiden gegen Napoleon entbunden. Ich
bin bereit, eine Annäherung von Volk und Armee herbeiführen
zu helfen, die die Möglichkeit eines Bürgerkriegs und neues
Blutvergießen hintanhalten soll." Darauf ward zwischen ihm
und einem Abgesandten der provisorischen Regierung, die sich
in Paris gebildet hatte, vereinbart, daß sein Korps in der
Nacht vom 4. auf den 5. sich von Essonnes weg nach Versailles,
d. h. in den Bereich der feindlichen Linien begeben werde.
Als dann die Abgesandten Napoleons sein Lager passierten
und ihm von ihrer Mission erzählten, mochte ihn sein eigen-
mächtiger Schritt gereuen und er begab sich mit ihnen nach
Paris, seinem Untergeneral Souham, den er eingeweiht hatte,
auftragend, nichts weiteres vor seiner Rückkehr zu unternehmen. Souham aber, der Verrat fürchtete oder vielleicht auch
Marmonts wahre Intentionen genauer kannte, marschierte
dennoch im Dunkel der Nacht mit 12.000 Mann, denen man
vorgespiegelt hatte, es gehe gegen den Feind, mitten zwischen
die österreichischen Divisionen hinein. Als der Morgen anbrach, sahen die Tapferen zähneknirschend das Werk ihrer
Führer. Alsbald war dem Zaren davon Mitteilung gemacht
worden, der jetzt das Hauptargument der Sendlinge leichter
Hand zu widerlegen imstande war und den Gedanken an die
Regentschaft, den auch Österreich nicht hege, von sich wies.
Man erwarte Napoleons bedingungslose Abdankung. Nun
gaben auch Ney und Macdonald die Sache des Kaiserreichs

verloren. Auf dem Rückweg schlossen sie mit Schwarzenberg
eine Waffenruhe ohne Vorwissen Napoleons[1]).

Dieser hatte inzwischen vom Abfall Marmonts gehört und,
da nun seine Stellung nördlich von der Loire ganz unhaltbar
geworden war, noch am 5. April den Befehl zum Marsch auf
Pithiviers und Orléans erteilt. Zugleich soll er auch davon
gesprochen haben, sich nach Italien zu werfen, mit Eugen zu
vereinigen, dort die nationale Idee durch ein Heer und seinen
Genius zu unterstützen, um an Stelle Frankreichs, das ihn fallen
ließ, eine neue Basis für seine heimatlose Politik zu gewinnen.
Aber die französischen Soldaten hatten noch eine Heimat,
und daran mußten solche Pläne scheitern. Darum ist auch
nur sein Befehl, über die Loire zu gehen, verbürgt. Die zurückgekehrten Marschälle weigern sich nun ganz offen, ihm
Folge zu leisten, und erklären am 6. April, daß man bloß noch
über schwache Trümmer der Armee verfüge, daß diese zerniert
seien und daß, wenn man auch hinter die Loire entkäme, nur der
Bürgerkrieg daraus entstehen würde. Sie raten dem Kaiser,

---

[1]) S o r e l, VIII., 330, hält auch noch für diese Zeit seine Meinung fest,
Österreich sei es nur um die Regentschaft zu tun gewesen. (Siehe oben S. 240.)
Das ist um so erstaunlicher, als er dafür einen von mir, „Kongreß von Châtillon", S. 356, mitgeteilten Brief Metternichs an Hudelist vom 9. Februar (!)
1814 anführt, worin es heißt: „Die Frage der Bourbons, welche mit jedem
Tage an Kraft wächst, ist noch sehr problematisch. Die allgemeine Stimme
Frankreichs ist: Napoleon weg! Das leichtsinnige Volk hat aber noch nicht
gedacht, wen man an Napoleons Stelle setzen könne. Eine Regentschaft
ist in der jetzigen greulichen Spannung kaum mehr denkbar." Sie war es
natürlich in den ersten Apriltagen noch weniger. In meinem Aufsatz „Marie
Luise und der Sturz Napoleons" (D. Rundschau, September 1902), der auch
französisch in der „Revue historique", 1903, erschien, habe ich (S. 396) eine
Anzahl authentischer Briefstellen zitiert, die jeden Zweifel ausschließen.
So schreibt Metternich am 7. April 1814 an den Staatsrat Hudelist nach
Wien: „Der Kaiser von Österreich wird derjenige sein, der die Bourbons
einsetzt", am 13. April an seinen Kaiser: „Das Publikum läßt sich's nicht
nehmen, daß E. M. mit der Regierungsveränderung keineswegs einverstanden
sind, und Kaiser Napoleon hat unter der Hand verbreiten lassen, daß Österreich sicher keine Gelegenheit versäumen werde, die napoleonische Dynastie
wieder auf den Thron zu bringen", und am 21. April an Hudelist: „Da wir
die Kaiserin und den Prinzen wegführen, so bleibt die Partei der Regentschaft ohne eigentlichen Anhaltspunkt." Bedarf es danach noch einer Bestätigung, so liefert sie M a c d o n a l d, der in seinen Souvenirs, p. 272,
von einer Begegnung der Marschälle am 4. April mit Schwarzenberg erzählt
und wie der Fürst zu ihrer großen Überraschung sich dem Gedanken der
Regentschaft ernstlich widersetzt habe.

nunmehr bedingungslos abzudanken Napoleon zögerte wieder,
schrieb aber dann doch, von seinen Kapitänen im Stich gelassen, eine neue Abdankungsurkunde nieder, in der er „für
sich und seine Erben auf die Throne von Frankreich und
Italien" verzichtete[1]).

Mit dieser neuen Erklärung begaben sich die Unterhändler
— Caulaincourt und die beiden Marschälle — nochmals nach
Paris, um dort auf solcher Grundlage mit den Verbündeten
einen Vertrag abzuschließen, der Napoleon den Kaisertitel,
die souveräne Herrschaft über Elba, eine Revenue von zwei
Millionen Franken und vierhundert Mann seiner Garden als
Schutzwache, der Kaiserin Marie Luise das italienische Herzogtum Parma, der Mutter und den Brüdern Pensionen zusicherte[2]).
Elba war von Alexander gegen den mahnenden Einspruch
Talleyrands und Metternichs zugestanden worden. Selbst
Kaiser Franz fand die Nähe des entthronten Cäsars etwas
beunruhigend, und Hardenberg machte dem Zaren Vorwürfe[3]). Und so ging es nicht ohne Widerrede ab, ehe dem
einstigen Diktator des Weltteils dieser geringe Brocken hin-
geworfen ward, mehr ein Hohn auf den Begriff der Souveränität als ein Beweis, wie eng man ihn zu fassen vermochte.
Am 11. April ward die Urkunde des Vertrags von Fontainebleau in Paris von Ney, Caulaincourt, Macdonald und den
vier Ministern der verbündeten Mächte unterzeichnet. Bald
darauf, am 12., setzte auch Napoleon seinen Namen darunter
und machte damit seinen Verzicht perfekt. Mit welchen
Empfindungen! War es Resignation ohne Hoffnung, was
ihn erfüllte? Oder fand sein energischer Geist noch einen Vorbehalt, den er seinem Schicksal entgegensetzte? Fühlte er
sich überwunden oder nur geschlagen — hier im Leben wie

---

[1]) S. auch H o u s s a y e , „1814", p. 635. Houssaye ist übrigens über
die Vorgänge dieser Tage — und er erklärt es selbst — nicht genügend unterrichtet. Seither sind in P a s q u i e r s und M a c d o n a l d s Memoiren,
von denen der Erste der provisorischen Regierung, der Zweite der militärischen Mission angehörte, neue Quellen veröffentlicht worden, die, einander
ergänzend und teilweise berichtigend, mehr Licht verbreiten.

[2]) D e C l e r c q , II., 402.

[3]) „Ich erlaubte mir, dem Kaiser Alexander Vorwürfe wegen der Konvention mit Napoleon zu machen. Er berief sich auf das Christentum, das
den Feinden zu vergeben gebiete." (Tagebuch Hardenbergs zum 11. April,
Berl. St. A.)

dort im Felde? Einige Tage vor dem Abschluß des Traktats
hatte er Caulaincourt beauftragt, die Abdankung zu widerrufen
und die Verhandlungen abzubrechen, weil ein treuer General,
Allix, von einem österreichischen Kurier vernommen haben
wollte, Kaiser Franz werde seine Tochter nicht vom Throne
stoßen lassen. Die Sache hatte sich sofort als irrig herausgestellt und die Konferenz ihren Fortgang genommen. Und
noch ein zweites Mal, als die Urkunde bereits unterzeichnet
war, erging ein ähnlicher Befehl an den Unterhändler; da war
es aber zu spät. Nun stand er vor der vollendeten Tatsache.
Seine Herrschaft hatte unwiderruflich ein Ende. Die Rechnung
auf Österreich hatte sich als falsch erwiesen. Als er vor einigen
Tagen an Marie Luise, die sich in Blois befand, einen Boten mit
einem Briefe sandte, des Inhalts, seine Stunde habe geschlagen,
er wolle sie nicht in sein Unglück verflechten, sie solle sich ganz
in die Arme ihres Vaters werfen, da nahm die charakterschwache
Frau den Wink wörtlich, wollte nur noch Rat von Kaiser Franz
annehmen und weigerte sich schließlich, nach Fontainebleau
zu gehen, wohin sie des Zaren Generaladjutant, Graf Schuwa-
low, geleiten sollte[1]). Einzelne aus Napoleons Umgebung,
die sich von seiner Autorität zu urteilsloser Hingebung hatten
bestimmen lassen, mochten sich ihren Herrn nicht denken,
wie er jetzt noch weiterlebte. Maret hielt ihn zum Selbstmord entschlossen und räumte seine Pistolen beiseite. Männer
freilich, die nicht unmittelbar im Banne seiner Persönlichkeit standen und ihn nicht über alle Kritik erhaben glaubten,
wie Metternich, Fouché u. a., muteten ihm einen derartigen
Schritt nicht zu. Und so bestimmt die Nachricht auch auf-
tritt, der Kaiser habe in der Nacht vom 12. zum 13. April
Gift genommen, der unbefangene Geschichtschreiber wird
sich doch nur sehr schwer entschließen können, darauf einzugehen. So gar unendlich wenig stimmt sie zu dem ganzen
Wesen dieses Mannes, der noch auf St. Helena seine Rolle in der
Welt nicht als beendet ansehen wird, daß man viel eher als
an Gift geneigt ist an einen jener Krankheitszufälle zu denken,
mit denen sich vielleicht schon jetzt sein kommendes tödliches

---

[1]) Siehe hierüber „Maria Luise und der Sturz Napoleons", a. a. O.
und W e r t h e i m e r, „Der Herzog von Reichstadt", S. 104, nach denselben Quellen, gegen M a s s o n s gegenteilige Ansicht in dessen „Marie
Louise", p. 578 f. S. auch „Neue Freie Presse" Nr. 14.497 und 14.588 von 1905.

Leiden ankündigte, wie damals nach der Dresdner Schlacht in
Pirna, oder anzunehmen, daß er die ungeheure Aufregung der
Nerven durch ein Narkotikum zu dämpfen suchte, das ihm übel
bekam. Jedenfalls war Napoleons Unwohlsein am folgenden
Tage behoben und er in der nächsten Zeit voll neuen Mutes,
voll Zuversicht, voll Hoffnung, und nur um Eins besorgt:
um sein Leben[1]).

---

[1]) F a i n, der Sekretär Napoleons, hat nach dem Tode des Kaisers in
seinem „Manuscrit de 1814" zuerst von dem Selbstmordversuch gesprochen;
ihm folgend, erzählt P a s q u i e r den Vorfall in seinen Memoiren, II., 525;
ausführlicher ist in S é g u r s Histoire et Mémoires (VII., 196 ff.) davon
gehandelt. Ségur will sogar von dem Leibchirurgen Iwan direkt Mitteilung
gehabt haben, der, „nachdem er das Leben seines Herrn außer Gefahr gesetzt hatte, nicht mehr dafür verantwortlich sein wollte," eine Verdächti-
gung befürchtend „den Kopf verlor" und davonlief. Aber in Ségurs Darstellung
fehlt es nicht an Widersprüchen. Auch weicht hiervon Fains Mitteilung, das
vermutete Gift betreffend, ab. Einen Tag zuvor noch hatte Napoleon Bausset,
der einen Brief Marie Luisens überbrachte, erzählt, wie ihn der Tod auf dem
Schlachtfeld von Arcis an der Aube gemieden habe, und hinzugefügt: „Ein
Tod, den ich nur durch einen Akt der Verzweiflung finden könnte, wäre eine
Feigheit. Der Selbstmord entspricht weder meinen Grundsätzen noch dem
Range, den ich in der Welt einnahm." Demselben Boten erschien er „erfüllt
von einer Sorglosigkeit, die sich hinter dem Namen Philosophie verbarg,
und von einem eigentümlichen Vertrauen in das Schicksal, das alles regelt
und dem sich niemand entziehen kann." (H é r i s s o n, Cabinet noir, p. 299.)
M a c d o n a l d, der den unterzeichneten Vertrag aus Paris brachte, spricht
(Souvenirs, p. 29) nur von einem Unwohlsein, das den Kaiser, den er „ruhig
und heiter" fand, später hinderte, am Diner teilzunehmen. Am nächsten Morgen
habe er sein Antlitz allerdings wesentlich verändert, ihn selbst wie aus
Träumen erwachend gefunden. Von einem Selbstmordversuch erwähnt er
nichts. Napoleon selbst sagte später zu dem österreichischen General Koller,
der ihn nach Elba zu begleiten hatte, noch vor seiner Abreise: „Man will
mich tadeln, daß ich meinen Fall überleben konnte. Mit Unrecht. Ich sehe
nichts Großes darin, sein Leben zu enden, wie einer, der sein Geld im Spiel
verlor." (H e l f e r t, Napoleon I. Fahrt von Fontainebleau nach Elba, S. 81.)
So spricht doch kaum, wer eine Woche zuvor sich töten wollte. M é n e v a l
in seinen Erinnerungen (III., 297) will nach mündlichen Mitteilungen Caulaincourts und des Obersten Montesquiou wissen, Iwan habe tags vorher
einen Teil jenes Opiumpräparats, das Napoleon seit dem russischen Feldzuge — nach Ségur seit dem spanischen — bei sich trug, weggeschüttet; mit
dem Rest habe sich der Kaiser vergiften wollen. Aber nach dieser Darstellung
hätte Napoleon selbst dabei zugesehen, wie sein Chirurgus die Dosis des
Pulvers — doch wohl bis zur Unschädlichkeit — verminderte, und konnte
daher auf eine sichere Wirkung nicht mehr rechnen. Die Dosis mochte jedoch
noch immer stark genug sein, um ernste Beschwerden hervorzurufen, woraus
sich Iwans Verzweiflung leichter erklären ließe als sonst. T h i e r s sucht

Schon vor der Abdankung hatte der Palast von Fontainebleau viele seiner militärischen Gäste verloren; bald wurde es
öde um den gestürzten Kaiser. Auch Berthier nahm Urlaub,
um nicht wiederzukehren. Nur wenige Getreue blieben, bis
Napoleon am 20. April in Begleitung von Kommissaren der
verbündeten Mächte — halb Wache und halb Bedeckung —
die Stätte verließ, von der er so oft Europa seinen Willen verkündet hatte. Bevor er in den Wagen stieg, nahm er von der
alten Garde Abschied. Er dankte ihr für den edlen Eifer,
den sie stets bewiesen hatte. Obgleich ein Teil der Armee ihn
verraten und verlassen habe, hätte er mit der übrigen den
Krieg doch noch zwei bis drei Jahre hinter der Loire oder auf
seine Festungen gestützt weiterführen können. Aber der Bürgerkrieg würde den Boden Frankreichs durchwühlt haben, und
seitdem ihm dies klar geworden sei, habe er alle seine persönlichen Rechte und Interessen dem Glück und dem Ruhm
des Vaterlandes geopfert. Sie sollten — ermahnte er — auf
dem Wege der Pflicht und der Ehre fortschreiten und treu
dem Souverän dienen, den sich die Nation erwählt habe.
Er hätte seine Existenz enden können, aber er wolle weiter-
leben, um zu schreiben und der Nachwelt die Großtaten seiner
Krieger zu verkünden[1]). Dann küßte er den General Petit,

---

das Vorkommnis in der Nacht vom 11. auf den 12., was sicher unrichtig ist.
M a r e t s (Ernouf, p. 641) eigene Notizen berichten nur, daß der Kaiser
mit ihm an jenem Tag über den Selbstmord viel gesprochen, ihn aber verurteilt habe. Die lebendigste Schilderung der Vorgänge in jener Nacht entwirft Charlotte v. S o r r (Napoléon et le Duc de Vicence, II., 213), doch sind
diese Denkwürdigkeiten durchaus nicht über allen Zweifel erhaben. Ebensowenig Napoleons Erzählung davon auf St. Helena in G o u r g a u d s
Journal. Nur authentische Aufzeichnungen Caulaincourts könnten die
Sache entscheiden. Über Napoleons Besorgnis für sein Leben in der nächsten
Zeit finden sich bestimmte Zeugnisse bei H e l f e r t a. a. O. S. 82 und
C a m p b e l l, Napoleon at Fontainebleau, S. 199. Doch läßt es sich immerhin denken, daß er vor dem Gedanken zurückschreckte, unter den Händen
empörter Untertanen enden zu sollen. Nichts war entschuldbarer als solche
Furcht. Den Alliierten wäre gewiß ein Selbstmordversuch nicht ganz un-
bekannt geblieben. Schwarzenberg ist voll Verwunderung darüber, daß
Napoleon nach solchem Sturze weiter leben mochte. (Brief vom 17. April
an seine Frau.)

[1]) Der Text der Anrede ist in offizieller Redaktion von F a i n, Manuscrit de 1814, mitgeteilt worden und so in die C o r r e s p o n d a n c e,
XXVII., 21.561, übergegangen. Die oben zitierten t a t s ä c h l i c h gesprochenen Worte sind von den Kommissaren Koller (Österreich), Truchseß-

der die Garden kommandierte, küßte ihre Fahne, rief seinen
„alten Brummbären" noch einen letzten Gruß zu und fuhr
von dannen. „Man hörte nur seufzen in allen Reihen," schreibt
Coignet in sein Heft, „und ich kann sagen, daß auch ich Tränen
vergoß, als ich meinen teuren Kaiser abreisen sah."

Am 4. Mai 1814 warf der „Undaunted" im Hafen von
Portoferrajo Anker, und der entthronte Imperator stieg ans
Land. Er hatte kaum einer Deputation der Einwohner seines
Miniaturreiches erklärt, daß er ihnen die Fürsorge eines Vaters
widmen wolle, als er auch schon zu Pferde stieg, um die Befestigungen der Insel zu besichtigen. Er schien damit nicht
eben unzufrieden, hielt aber doch manche Verbesserung für
notwendig und gab auch in der Tat schon in der nächsten Zeit
Ordre, das Eiland Pianosa im Süden mit zwei Batterien auszurüsten. „Es ist ein Gefängnis, was man mir da zuerkennt,"
hatte er im April zu Caulaincourt gesagt, „aber ich habe
dessen Schlüssel in Händen. Man soll mich dort nicht kriegen.
Ich kann mich sechs Monate lang verteidigen und schließlich
in die Luft sprengen[1]." Noch kurz vorher hatte er sich nicht
sicher genug gefühlt. Seine Fahrt durch den Süden Frankreichs hatte ihm einen tiefen Eindruck gemacht, der ihn noch
lange nicht zu völliger Ruhe kommen ließ. Das war auch, trotz
der Begleitung der fremdländischen Kommissare, eine Reise
voll Gefahr gewesen, so ingrimmig hatte sich das Volk der
Provence gegen ihn erklärt. Nur daß er seinen Platz im Wagen
tauschte, eine österreichische Uniform anzog und die weiße
Kokarde der Bourbons aufsteckte, vermochte die Wut seiner
bisherigen Untertanen von ihm abzulenken. Mehr als einmal
an diesen Tagen gewahrte seine Umgebung Tränen des Klein-
muts in seinen Augen und alle Zeichen der Furcht in seinen
Worten und Mienen. Royalistische Agenten hätten das Volk
wider ihn erregt, hatte man ihm gemeldet; und daß die provisorische Regierung dabei die Hand im Spiele hatte, ließ
er sich nicht nehmen. Erst auf der englischen Korvette, die

Waldburg (Preußen), Campbell (England) ihren Berichten beigelegt und
später gedruckt worden. H e l f e r t, Napoleons I. Fahrt von Fontainebleau
nach Elba, S. 67.
　　[1] F o u r n i e r, „Kongreß von Châtillon", S. 238.

ihn von Fréjus — demselben Fréjus, wo er, von Ägypten
kommend, einst gelandet war — an Korsika vorüber nach
Elba trug, hatte er wieder ein Gefühl der Sicherheit und mit
ihm auch sofort den hohen Ton des Regenten wiedergefunden,
der ihm in diesen angstvollen Tagen abhanden gekommen war.
Es war ihm dann ganz recht, daß der britische Bevollmächtigte Campbell, mehr Bürge als Wächter, in Portoferrajo blieb,
wo nach drei Wochen auch die 400 Grenadiere der alten Garde
anlangten, die er sich im Vertrag von Fontainebleau ausbe-
dungen hatte. Diese, mit einer Anzahl polnischer Lanzenreiter,
die sich den Garden angeschlossen hatten, einem Teil der französischen Garnison, die in seinen Dienst trat, und der einheimischen Wehrkraft bildeten zusammen immerhin eine
kleine Armee von über tausend Mann, für die der Kaiser —
wir wissen, er hatte diesen Titel zu Recht behalten — nun
mit demselben umsichtigen Eifer sorgte, den er ehedem an
die riesigen Völkerheere seiner Weltkriege gewendet hatte.

Doch absorbierte dies und die Bemühung um seine kleine
Flottille — er erwarb zu einer ihm zugestandenen Korvette noch
zwei weitere Fahrzeuge — nicht seine ganze Tätigkeit. Der
ruhelose Mann, der jeden Augenblick beschäftigt sein mußte,
vertiefte sich in das kleinste Detail seiner kleinen Regierung.
Er hatte auch hier seinen Staatsrat, in den er neben den Generalen Drouot und Bertrand ein Dutzend Einwohner berief.
Die Beschlüsse des Conseils galten zunächst der Erhöhung des Er-
trags der Eisengruben von Rio und der Salinen; beides wurde
erreicht. Dann wurden neue Straßen gebaut, Maulbeerbäume
daran gepflanzt, sanitätspolizeiliche Anordnungen getroffen
u. a. m. Aber auch sein eigenes Haus verwaltete Napoleon bis
ins Einzelne, so daß er z. B. viel besser als sein Hofmarschall
wußte, wie viel Matratzen, Laken, Bettstellen u. dgl. er besaß.
In Geldsachen war er von der peinlichsten Genauigkeit. Nicht
ohne Grund. Die vier Millionen Franken, die er vom Tuilerienschatz für sich gerettet hat, werden nicht lange vorhalten, und
Ludwig XVIII. bezahlte die vertragsmäßig bedungenen zwei
Millionen Rente nicht. Wer will es ihm da verargen, daß er die
Steuern seines Ländchens ohne Nachsicht eintrieb? Mußte er
doch sogar seinen geliebten Grenadieren ihr Stückchen Brot
beschneiden. Das Wort, das er im Jahre 1812 auf der Rückfahrt aus Rußland in Warschau zu de Pradt geäußert hatte:

vom Erhabenen zum Lächerlichen sei nur ein Schritt, war
damals nicht zutreffend; jetzt hätte es viel eher gepaßt. Auch
der Souverän von Elba hatte seine Hofhaltung mit derselben
Etikette, wie sie in Paris Gesetz gewesen war. Aber welcher
Kontrast! Zwar gab es auch in Portoferrajo, in einem Gebäude
von wenig Ansehnlichkeit, das erst durch Ausbau instand
gesetzt wurde, allsonntäglich Empfang und Cercle — aber wo
waren die stolzen Namen, die ehedem nach einem Blick aus
den Augen des Mächtigen gegeizt hatten? Er mußte sich mit
den Bürgern der kleinen Stadt und deren Ehehälften begnügen,
unter denen Campbell eine Frau gewahrte, die ihm kurz zuvor
seine Uniform ausgebessert hatte. Zwar gab es auch hier einen
Obersthofmarschall, General Bertrand, der mit Frau und
Kindern mitgegangen war — aber wie klein und kleinlich
umgrenzt war sein Ressort! Von der großen Schar der
Kämmerer von ehemals war kein einziger da; die vier Herren,
die man jetzt so nannte, waren Einheimische. Ein Arzt außerdem, ein Apotheker, Peyrusse als Schatzmeister, zwei Adjutanten, von denen der eine die Dienste eines Palastpräfekten,
der andere die eines Stallmeisters versah, und der Sekretär
Rathéry bildeten den ganzen Hofstaat. Auch hier war das
Arbeitskabinett eingerichtet wie in Paris, und Rathéry saß
an seinem Schreibtisch, wie dort Méneval und Fain gesessen
hatten; auch hier diktierte Napoleon mit gewohnter Hast
Dekrete und Billets in reicher Anzahl — aber wie sehr
war, was sie enthielten, von dem verschieden, was dort die
welthistorische Bedeutung seiner Briefe ausgemacht hatte!
„Schelten Sie den Gärtner dafür aus,“ beginnt ein langes
Schreiben an Bertrand, „daß er drei Gehilfen aufgenommen
hat für einen Garten so groß wie eine Hand.“ „Sie verlangen“,
heißt es ein andermal, „fünfzehnhundert Franken mehr für
Kleidung der Hofleute; das kann ich Ihnen nicht bewilligen ...
Nehmen sie dem Portier die Epauletten, sie stehen ihm nicht
gut.“ All das hätte er dem Adressaten natürlich sehr leicht
kurzer Hand mündlich mitteilen können; aber das hätte
jeder reiche Eigentümer getan, während er doch Souverän
war und den Apparat des Regierens nicht missen konnte
noch wollte[1]).

---

[1]) Pélissier, Le Registre de l'île d'Elbe, hat aus einer in Car-
cassonne erhaltenen authentischen Abschrift nach den Kopien Rathérys

Er war auf Elba ein Frühaufsteher geworden. Schon um vier Uhr erhob er sich von seinem Feldbett, in dem er schlief, und bald darauf sah man ihn promenierend in seinem Garten. Dann besuchte er den Hafen, die Kaserne oder arbeitete in seinem Kabinett, des Abends fuhr er nach Porto Longone, wohin ihn seine Mutter, die hier bei ihm lebte, begleitete. Als die Sommerhitze den Aufenthalt in Portoferrajo unangenehm machte, zog sich Napoleon auf die Höhe von Marciana zurück, wo er mit seiner Begleitung in Zelten wohnte. Das war ein herrlicher von alten Kastanienbäumen beschatteter Punkt, von dem aus der Blick weit über das Meer schweifen konnte, nach dem korsischen Bastia hinüber und nach dem toskanischen Livorno, ein Lugaus ganz nach seinem Herzen. Hier empfing er den Besuch der Gräfin Walewska, derselben, die er im Jahre 1807 in Polen kennen gelernt, mit der er seitdem intime Beziehungen unterhalten und die er in Fontainebleau nach Elba eingeladen hatte. Sie kam mit einem Knaben, seinem Sohne[1]). Das tiefe Geheimnis, mit dem der Besuch umgeben wurde, ließ die öffentliche Meinung in ihr die Kaiserin vermuten. Diese freilich kam nicht. Ihr Vater hatte sie bewogen, nach Österreich zurückzukehren, und sie ließ sich's gleichmütig gefallen. Im Sommer gebrauchte sie eine Badekur in Aix in Savoyen, zu der ihr Napoleon selbst geraten hatte, da er sie erst später, erholt und gekräftigt nach den ausgestandenen Mühsalen, wiederzusehen gedachte. Doch auch dann kam sie nicht, was ihn zu harten Vorwürfen veranlaßte, die wenig Eindruck machten. Die Politik hinderte den Verkehr der beiden Gatten, und Marie Luisens Neigung wird, nicht lange nachher, ganz andere Wege wandeln[2]). Sieben Jahre

---

an 200 Briefe Napoleons herausgegeben, die zum größten Teil über derartige untergeordnete Dinge in der hergebrachten Form handeln.

[1]) Graf Alex. Florian Walewski, unter Napoleon III. Minister des Äußern, war am 4. Mai 1810 geboren worden. Er war nicht der einzige uneheliche Sohn des Kaisers. Von anderen kennen wir nachweislich: einen Grafen Léon, geb. 1806, dessen Mutter, Frau Revel, dem Hofstaat der Prinzessin Karoline zugeteilt war, ferner einen sicheren Devienne, geb. 1802 zu Lyon, endlich den Sohn der Beschließerin auf St. Helena, die später einen Mr. Gordon heiratete. Gordon-Bonaparte starb 1886 in San Francisco als Uhrmacher. (Siehe hierüber die Zeitschrift „Le Curieux" Nr. 8 von 1884 und Nr. 40 von 1887.)

[2]) Am 8. September 1814 schrieb sie ihrer intimen Freundin, der Her-

später, nach dem Tode Napoleons, schrieb sie einmal an eine
Freundin: sie habe für ihn niemals eine lebhaftere Empfindung
gehegt, doch hätte sie ihm, der ihr stets Aufmerksamkeit erwiesen habe, gerne noch manches glückliche Jahr gegönnt,
„vorausgesetzt, daß er recht weit von mir wegblieb[1])". Napoleon hat sich auf Elba zu trösten gesucht, obgleich er oft
genug des kleinen Königs von Rom gedachte und Briefe seiner
Gemahlin, wenn auch vielleicht nur aus politischen Gründen,
schmerzlich vermißte. Nach dem kurzen Aufenthalt der
Walewska kam Pauline Borghese, die — man will in ihren eigenen vertrauten Briefen den Beweis dafür gefunden haben —
dem entthronten Cäsar hier gleichfalls mehr als eine Schwester
gewesen sein soll[2]). Von den anderen Geschwistern kam niemand.

   Nicht daß der Kaiser ohne alle Verbindung mit seinen
Verwandten gewesen wäre. Wenigstens wollte die Geheimpolizei von Livorno, besonders der französische Konsul Mariotti daselbst und dessen Agenten auf der Insel, von einem
sehr regen Verkehr, namentlich mit Murat, erfahren haben,
der, unsicher, ob die verbündeten Mächte Europas ihm auch
den Preis seines Abfalls von Napoleon, seine Herrschaft über
Neapel, nicht streitig machen würden, aufs neue zu dem
Schwager in heimliche Beziehung trat. Was unter ihnen verhandelt wurde, wenn überhaupt verhandelt wurde, läßt sich

---

zogin von Montebello, aus Aix, der Kaiser habe ihr Botschaft auf Botschaft
gesandt, sie möge ihr Söhnchen in Wien lassen und zu ihm nach Elba kommen,
worauf sie ihm freimütig geantwortet habe, daß sie jetzt nicht kommen
könne. „Ich will Ihnen aber mein heiligstes Ehrenwort geben, daß ich weder
für jetzt noch irgendwann nach Elba gehen werde. Sie, liebe Freundin,
wissen ja besser als irgendwer, daß ich keine Lust dazu habe." G a c h o t,
M. Louise intime, II., 95.

   [1]) „Correspondance de M. Louise", p. 226. Vgl. dazu ihre Äußerungen
in meinem Buch „Die Geheimpolizei auf dem Wiener Kongreß", p. 439 f.

   [2]) Siehe den P e l l e t schen Aufsatz in der „Révolution française"
von 1904 an der Hand Beugnotscher Papiere, und oben Bd. II, S. 5
die Note. Man entschließt sich schwer, so krassen Dingen rückhaltlos Glauben
entgegenzubringen. Auch hat F. M a s s o n in seiner Abhandlung „L'inceste
de Napoléon et Pauline à l'île d'Elbe" in der „Revue des Études Napoléoniennes", Janv. 1913 Briefe der Fürstin veröffentlicht, die die Anschul-
digung zwar nicht widerlegen, aber doch unwahrscheinlich machen. Ein
geheimer Agent der Bourbons meldet übrigens im Januar 1815, daß eine
schöne Griechin, Madame Théologo, deren Mann einen Posten als Dolmetsch
erhalten hatte, die intime Neigung Napoleons genoß. (F i r m i n - D i d o t,
Royauté ou Empire, p. 197.)

im Einzelnen um so schwerer feststellen, als die Mitteilungen
wohl nur durch vertraute Boten mündlich besorgt worden sein
dürften. War es die Absicht, einen Plan zur Insurgierung
Italiens, wie er Napoleon im Juni 1814 von einer Anzahl Verschwörer zugeschickt wurde, zu unterstützen? Oder war es die
andere, in Frankreich wieder emporzukommen? Allzu offen
dürfte sich Napoleon dem abtrünnigen Murat nicht gegeben
haben, für den übrigens, außerhalb Neapels, die Stimmung
in Italien keineswegs sehr günstig war. Dagegen empfing der
Kaiser im Herbste viele Italiener in Portoferrajo, die ihm aus
ihrem Mißvergnügen mit der wiedergekehrten österreichischen
Herrschaft und aus den Hoffnungen, die sie auf ihn setzten,
kein Hehl machten. Immer möglich, daß er sich ihnen nicht
ganz versagte. Sollte etwa die Erinnerung an seine Erlebnisse
in der Provence seine Rechnung auf einen neuen Umschwung
in Frankreich etwas beirrt und seine Blicke nach anderer
Richtung gewendet haben?[1]) Aber gewiß trat dieses Moment,
wenn es je mehr als ein flüchtiger Gedanke war, sogleich wieder
völlig in den Hintergrund, als ihm geheime Nachrichten und
die Blätter keinen Zweifel mehr ließen, daß sich im französischen Volk ein Wechsel der Gesinnung vollzog, der ihm nur
förderlich sein konnte.

In der Tat, das Regiment Ludwigs XVIII. erfreute sich
bald einer immer mehr zunehmenden Abneigung. Am 30. Mai
hatte der König seinen Frieden mit den Mächten — darunter
mit England, das die meisten der eroberten Kolonien heraus-
gab — gemacht, und wenig Tage später auch mit der Revolution eine Art Vergleich geschlossen, indem er Frankreich

---

[1]) Diese Ansicht vertritt L i v i in seinem „Napoleone all' isola d'Elba".
Ob er freilich gut tut, eine von dem anonymen Verfasser der Broschüre
„La vérité sur les Cent-Jours", S. 218, mitgeteilte Rede Napoleons für völlig
authentisch zu halten, ist zu bezweifeln. Denn wenn darin der Kaiser von
einem einigen italienischen Nationalreich mit Rom als Hauptstadt spricht,
so mußte er völlig vergessen haben, was er im Dezember des Vorjahres zu
La Besnardière über Murat gesagt hatte, der denselben Plan verfolgte:
„Sieht denn dieser Unsinnige nicht ein, daß nur meine außerordentliche Übermacht in Europa die Anwesenheit des Papstes in Rom verhindern konnte?
Es ist das Interesse und der Wunsch Europas, daß er dahin zurückl ehre."
(P a l l a i n - B a i l l e u, Talleyrands Briefwechsel mit König Ludwig XVIII.
S. 163.) Überdies zerstörte ein Plan auf ganz Italien für immer jede halbwegs
mögliche Beziehung zu Österreich, welche Beziehung doch bei einer Wieder-
kehr nach Frankreich geltend gemacht werden sollte.

eine Verfassung, die Charte, verlieh. Diese Konstitution war, trotz unterschiedlichen Fehlern und Mängeln, immerhin ein wertvolles Zugeständnis und ließ der Teilnahme des Volkes an der Gesetzgebung jedenfalls mehr Raum, als Napoleon ihr je gestattet hatte. Auch war der König ein besonnener Mann, der den neuen Verhältnissen viel guten Willen entgegenbrachte, nur alt, sehr schwerfällig und kränklich und nicht imstande, all die reaktionären Elemente in seiner Umgebung und außerhalb im Zaum zu halten, die seinen Pakt mit dem Aufruhr höchlich mißbilligten. Da war vor allem sein eigener Bruder, der Graf von Artois, jetzt das Haupt einer ultraroyalistischen Partei von Emigranten, die nach den alten Zuständen zurückstrebte, die Regierung kompromittierte und ihr die Masse der Bevölkerung völlig abgeneigt machte. Denn von großen Sympathien für die Bourbons, von denen Wellington richtig sagte, sei seien dem Lande so fremd geworden, als ob sie es nie regiert hätten, kann man überhaupt nicht sprechen. Schon daß sie unter dem Schutz der Fremden den Thron bestiegen, diskreditierte sie. Eine Karikatur hatte Ludwig XVIII. gezeigt, wie er hinter einem Kosaken zu Pferde sitzend über die Leichen französischer Krieger hinweggaloppiert. Es war unklug von dem Monarchen, seinem Freunde, dem Prinzregenten Georg von England, immer und immer wieder seine Dankbarkeit für die bewiesene Protektion zu bezeigen, sowie es anderseits nicht klug war, sich durch ein veraltetes Zeremoniell von den eigenen Untertanen völlig abzuschließen. Und dazu kam vieles andere. Schon daß die neue Verfassung sich als ein königliches Geschenk darstellte, verletzte den Grundsatz der Volkssouveränität, der bei der eitlen Nation tiefe Wurzeln geschlagen hatte. Nun war darin verbürgt, daß den neuen Besitzern von Nationalgütern ihr Eigen unangetastet bleiben solle, und dennoch sprach einer der Minister in der zweiten Kammer die Hoffnung auf Rückerstattung an die „rechtmäßigen" Eigentümer, d. i. an die heimgekehrten Emigranten aus. Diese machten jetzt die Opfer ihrer Treue geltend und ließen sich — da sie zur Beamtentätigkeit meist nicht zu brauchen waren — durch Pairssitze, Sinekuren und Pensionen belohnen, genug, um die gesamte arbeitende Staatsdienerschaft zu verärgern und das frühere Regime zurückwünschen zu lassen. Das Geld zu diesen

reichen Dotationen verschaffte sich der Hof, indem er die
„außerordentliche Domäne" Napoleons willkürlich zur Zivilliste schlug und das feierliche Versprechen, die indirekten
Steuern abzuschaffen, widerrief, was selbst in der Vendée
und der Provence zu Aufläufen Anlaß gab. Und trotz solchen
Benefizien blieb das Streben der Heimgekehrten doch immer
auf die Wiedererlangung ihrer alten Güter gerichtet, worin
sie von dem sinnesverwandten Klerus wesentlich unterstützt
wurden. Dieser mißbrauchte sogar nicht selten die Beichte,
um Sterbende durch Skrupel an der Rechtmäßigkeit ihres
Besitzes zur Restitution zu bewegen. Begünstigt durch eine
frömmelnde Hofpartei brachte er es außerdem noch zu ganz
anderen Erfolgen. Das unter Napoleon schließlich eingegangene
Amt eines Großalmoseniers wurde mit seinem ehemaligen
Wirkungskreis wieder hergestellt und beirrte den des Kultus-
ministers; eine polizeiliche Verordnung gebot Sonn- und
Feiertagsheiligung bei Strafe, trotz der in der Charte verbürgten Kultusfreiheit und trotzdem daß das französische
Volk längst nur noch die durch das Konkordat von 1801 angeord-
neten Festtage einhielt; die Straßenprozessionen wurden wieder
eingeführt; ja, es ereignete sich, daß einer beliebten Schauspielerin des Pariser Théâtre français das kirchliche Begräbnis
verweigert wurde, was dann freilich einen öffentlichen Tumult
hervorrief.

Machte man mit solchen Übergriffen die bürgerliche
Bevölkerung unzufrieden, so verschärfte es diese Stimmung
noch, als die Regierung — aus Dankbarkeit — freie Getreide-
ausfuhr nach England dekretierte, was in den Städten die
Lebensmittelpreise hob und überdies die arme Küstenbevölke-
rung, die ihren Verdienst am Schmuggel schwinden sah, in
Verzweiflung brachte. Daneben beging man der Armee gegenüber Akte einer geradezu beispiellosen Unvernunft. Nicht nur
daß der alte Adel, die Prinzen obenan, über die neue Nobilität
der Marschälle und Generale spöttelte, man verfeindete sich das
ganze Heer. Dieses war nach der Heimkehr der kriegsgefangenen Besatzungen aus dem Osten und der spanischen und
italienischen Armee nicht unbeträchtlich an Zahl und zu groß
für friedliche Zeiten. Man ließ starke Reduktionen eintreten,
verkürzte die Löhnung der alten Garde und setzte Tausende
von Offizieren auf Halbsold. Dagegen wäre nun nicht allzuviel

einzuwenden gewesen, wenn nicht dafür ebensoviele Royalisten
zu Offizieren ernannt, aus Emigranten und Adeligen eine neue
königliche Garde — 6000 Mann mit Offiziersrang — errichtet
und reich dotiert und eine adelige Militärschule gegründet
worden wären, was nicht nur große Kosten verursachte, sondern auch die Wiederkehr der alten Ungleichheit in der
Offizierskarriere befürchten ließ. Als man vollends die Er-
ziehungshäuser für die Waisen der Ehrenlegionäre aufhob,
erzeugte dies eine ungeheure Entrüstung, selbst in unbe-
teiligten Kreisen. Was Wunder, daß unter solchen Umständen das Heer völlig bonapartistisch gesinnt war und
daß sich, namentlich unter einigen jüngeren Generalen, eine
Verschwörung bildete, die, wenn sie gleich ohne Folgen blieb,
doch bekannt genug wurde, um den Verbannten von Elba
über die Stimmung im Lande zu orientieren? Was Wunder
auch, daß dessen Kredit von Tag zu Tag aufnahm? „Die
Franzosen", sagt ein Zeitgenosse, Fleury de Chaboulon,
„von Natur geneigt, Meinung und Empfindung zu wechseln,
gingen von ihrer früheren Voreingenommenheit gegen Napoleon zu Ausbrüchen der Begeisterung über; sie verglichen den
Zustand der Unordnung und Erniedrigung, in den Frankreich
unter dem König verfallen war, mit dem Aufschwung, der
Kraft, der Verwaltungseinheit unter Napoleon, und Napoleon,
den sie vorher als den Urheber aller Übel angeklagt hatten,
erschien ihnen nur noch als großer Mann, als Held im Unglück." Gewiß, niemand hatte Lust, ihn herbeizurufen; aber
man begann ihn zu entschuldigen und haßte seine Nachfolger.

Es fehlte nicht an Einsichtigen, die die Gefahr erkannten,
die ein solcher Umschwung der Gesinnung in sich barg. Einer
der klügsten, Talleyrand, war jenerzeit nicht in Paris, sondern
weilte als Bevollmächtigter Ludwigs XVIII. beim großen Kongreß in Wien, wo entschieden werden sollte, was an politischen
Fragen der Völkerkrieg noch ungelöst gelassen hatte. Sein
scharfes Auge sah auf Elba den Funken glimmen, der den in
Frankreich sich aufhäufenden Zündstoff zu neuem völkerver-
heerenden Brande entflammen konnte, und er gedachte, ihn
auszutreten. Sein nächster Gedanke war, Napoleon heimlich
entführen zu lassen. Mariotti, ein Vertrauter in Livorno,
der das Amt eines Konsuls versah, erklärte dies für sehr
schwierig und nur, wenn man einen der Kapitäne von des

Kaisers Schiffen gewänne, für möglich. Man soll dies versucht, aber Napoleons Wachsamkeit die Absicht getäuscht haben[1]). Auch der Chouan Bruslart, der einmal in früheren Jahren dem Kaiser den Tod geschworen hatte, war offenbar nur in der Absicht zum Präfekten von Korsika ernannt worden, um von dort aus eine Entführung, wenn nicht noch mehr, zu unternehmen, was gleichfalls mißglückte[2]). Talleyrand wandte sich in der Sache an die Kongreßmächte und schlug ihnen — im Oktober 1814 — vor, den Verbannten nach den Azoren, „fünfhundert Lieues vom Festlande," zu versetzen, eine Idee, die Ludwig XVIII. „exzellent" fand[3]). Aber die Mächte haben vorläufig wichtigeres zu tun: Rußland sorgt sich nur darum, wie es seine polnische Beute ungeteilt in Sicherheit bringen könne, Preußen will Sachsen ebenso vollständig für sich gewinnen, und mit solcher Bestimmtheit verfechten beide ihre Absichten, daß darüber ein allgemeiner Konflikt droht. Frankreich, das die europäische Koalition sprengen, sein Ansehen wiedergewinnen und zugleich das verwandte Sachsen — Ludwigs XVIII. Mutter war eine sächsische Prinzessin gewesen — vor Schaden bewahren will, England, das einem Übergewicht Rußlands entgegenarbeitet, und Öster-

---

[1]) Siehe J u n g, Mémoires de Lucien Bonaparte, III., 222, und P e l l e t, Napoleon à l'île d'Elbe, S. 62. Wenn aber Jung von Entlassung des Kapitäns Taillade spricht, so steht dem die mehrfach verbürgte Meldung entgegen, wonach Taillade im Dienste blieb und später auf der Fahrt nach Frankreich die Brigg des Kaisers führte.

[2]) Siehe die Belege bei H o u s s a y e „1815", I., 172.

[3]) Noch am 4. Dezember schreibt der Minister an den König, man müsse eilen, sich des Mannes von Elba und Murats zu entledigen, es sei auch schon Castlereagh dafür gewonnen, nur Metternich noch dagegen. Zu förmlichen ernsten Verhandlungen über den französischen Entführungsplan unter den Großmächten ist es auf dem Kongreß nicht gekommen, und auch schon Castlereagh dafür gewonnen, nur Metternich noch dagegen. (P a l l a i n - B a i l l e u, S. 151.) Zu förmlichen ernsten Verhandlungen über den französischen Entführungsplan unter den Großmächten ist es auf dem Kongreß nicht gekommen, und auch Talleyrands Eifer kühlte sich zuweilen merklich ab, wenn Murats Chancen auf dem Kongreß stiegen, denn dieser hatte dem geldgierigen Diplomaten Aussicht auf den günstigen Verkauf seines Fürstentums Benevent eröffnet. In solchen Momenten konnte er sogar, wenn z. B. Pozzo di Borgo ihn aufforderte, dem Kongreß die Verhaftung Napoleons nahezulegen, antworten: „Sprechen Sie doch davon nicht, das ist ein toter Mann." (M. L e h m a n n, Tagebuch des Freiherrn vom Stein, Histor. Zeitschrift, N. F., XXIV., 446.)

reich, dem die Machtvergrößerung seiner beiden Nachbarn ein
Dorn im Auge ist, verbünden sich am 3. Januar 1815 für alle
Fälle. Ist dieses Abkommen auch zunächst geheim geblieben,
so war die Spannung der Mächte doch zu offenkundig, als daß
Napoleon auf Elba von ihr nicht ebenso unterrichtet worden
wäre wie von der heimlichen Absicht, ihn aus Europa zu entfernen. Diese war ihm schon Anfang Dezember bekannt
geworden, und er hatte sich bereits auf eine Belagerung eingerichtet, die Schutzwerke ausbessern und seine Kanoniere
übungsweise Bomben werfen lassen. Am liebsten hätte er
wohl sogleich Elba verlassen. Aber damals wäre das eine grundlose Vermessenheit gewesen. Später lieferte, neben den Verwicklungen auf dem Kongreß, die Wandlung in Frankreich
dem Gedanken eine Basis. Nur die passende Gelegenheit
mußte sich noch finden. In der Unterredung mit Fleury de
Chaboulon, der als geheimer Bote Marets in der zweiten Februarwoche nach Portoferrajo kam, bezeichnete er den 1. April als
wahrscheinlichen Termin für seine Abreise nach dem Festland.
Bis dahin, meinte er, würden die Fürsten den Kongreß, wahrscheinlich im Unmut, verlassen haben und, einmal daheim
angelangt, keine Lust mehr verspüren, sich aufs neue in den
Krieg zu stürzen. Nur solange sie noch beisammen seien, wäre
zu besorgen, daß sie aus dem Widerstand gegen ihn eine Art
Ehrensache machten. Soviel empfand er doch, daß man, was
er nun vorhatte: Friedensbruch, Treubruch und Verleitung zu
diesem, nicht mit Gewissensruhe mitansehen werde.

Und doch hat er sich schon kurz darauf, noch im Februar,
entschlossen, seinen Plan ins Werk zu richten. Was ihn so bald
dazu vermochte, ist nicht aufgeklärt. Hatte er von dem vorläufigen Vergleich der Mächte in der sächsischen und polnischen
Frage am 8. Februar gehört, von der Abreise Castlereaghs
und von den Zurüstungen der Souveräne, den Kongreß zu verlassen, und hielt er nun den richtigen Zeitpunkt für gekommen?
Oder hatte er von dem Ausgleich keine Kenntnis und wünschte
die herrschende Uneinigkeit noch rasch für sich zu benützen?
Oder brachten ihn die Schilderungen Fleurys von dem hohen
Grad der allgemeinen Unzufriedenheit in Frankreich auf den
Gedanken, der bourbonischen Regierung keine Zeit zu be-
ruhigenden Maßregeln zu lassen? Machte es ihn unruhig,
daß immer mehr von seinen alten Grenadieren, der wenig

befriedigenden Existenz auf der Insel überdrüssig, um ihren
Abschied baten? War der erste April im Gespräch mit Fleury,
den er nicht nach Frankreich zurückkehren ließ, sondern
nach Neapel schickte, nur in der Absicht als Termin bezeichnet,
um auch diesem Sendboten seinen Entschluß nicht zu verraten und das Geheimnis zu wahren? In Paris hat er später
erklärt: „Ich wählte den Augenblick, wo der Kongreß beendet
sein durfte und die Nächte noch lang genug waren, um meine
Flucht zu verbergen[1]." Mag sein. Jedenfalls wissen wir,
daß er seine alten Krieger wiederholt mit den Worten zu
beschwichtigen trachtete: „Ein wenig Geduld, meine Freunde,
wir werden zusammen fortgehen", daß er schon am 16. Februar
Drouot beauftragte, die Schiffe für den 25. in Stand zu setzen,
bis er am 24.—der britische Bevollmächtigte, Campbell, der
England zugleich auch am toskanischen Hof vertrat, hatte
sich eben nach dem Festland begeben — seinen Truppen
Befehl erteilte, sich zur Abfahrt bereit zu machen, indes er
die Insel mit der Küstensperre belegte, so daß keine Nachricht hinausdringen konnte[2]). Auf Elba freilich blieb diese
Absicht nicht verborgen. Am 24. abends noch empfing er
Deputationen der Behörden, die ihm ihr Bedauern über
sein Scheiden ausdrückten. Am 26., einem Sonntag, schifften
sich 1100 Mann mit einigen Kanonen auf sieben Fahrzeugen
ein, und bei eingetretener Dunkelheit ging Napoleon selbst
auf dem „Inconstant" an Bord, nachdem er von Mutter und
Schwester Abschied genommen hatte. Beide hatten sein
Vorhaben gebilligt, einzelne seiner Höflinge, wie Bertrand,
es mit Enthusiasmus begrüßt, desgleichen die Truppen; nur
der ehrliche Drouot machte aus seinen Bedenken kein Hehl.
Aber wer hätte den tollkühnen Spieler, der jetzt, gedrängt
und gelockt, seinen letzten verzweifelten Wurf wagte, zurückzuhalten vermocht?

Auf der Fahrt begegnete man einem französischen Kreuzer,
der nach Livorno steuerte, um sich dort dem Konsul Mariotti
zur Verfügung zu stellen. Seine Bestimmung war, Elba im
Auge zu behalten. Er kam zu spät. Wenn hinterher Mariotti
diese Säumnis beklagte und meinte, er würde mit dem Schiff

---

[1] T h i e r s, XIX., 199. Einen anderen Beweggrund s. u. S. 321.
[2] F i r m i n - D i d o t, p. 261. Vergl. auch H o u s s a y e, „1815",
I., 177.

Napoleons Entweichen gehindert haben, so ist dies doch eine
arge Übertreibung. Viel richtiger antwortete Castlereagh
im britischen Parlament auf den Vorwurf, er habe den Kaiser
entwischen lassen, indem er daran erinnerte, daß Dieser sich
nicht als Gefangener auf Elba befand und daß jeder Zwang
den mit ihm geschlossenen Vertrag verletzt hätte — abgesehen davon, daß eine Überwachung gar nicht tunlich gewesen wäre, da die ganze englische Marine nicht hinreichen
würde, das Entkommen eines Menschen von der Insel unmöglich zu machen[1]).

Am 1. März warf die Flottille im Golf von Jouan zwischen
Cannes und Antibes Anker, und General Cambronne schiffte
die Garden aus. Bald stand Napoleon wieder auf französischem
Boden. Noch an Bord hatte er sich über die Expedition zu
seiner Umgebung geäußert: er rechne auf die Überraschung
der Bevölkerung, auf die öffentliche Meinung, den Widerwillen
gegen die Alliierten, die Liebe seiner Soldaten, kurz auf alle
napoleonischen Elemente Frankreichs — vor allem aber auf
die Verblüffung, die eine so große Neuheit (une grande
nouveauté) hervorbringen müsse, und auf die Ratlosigkeit der
Geister unter dem Eindruck einer so unerwarteten und verwegenen Tat. Aber er mußte doch auch noch mit Anderem
rechnen. Er weiß, daß nicht überall in Frankreich die öffentliche

---

[1]) Hansard, Parliamentary debates, XXX., 426. Pellet, Napoléon à l'Ile d'Elbe, S. 84, scheint von dem geheimen Einverständnis Camp-
bells, ja Englands, völlig überzeugt zu sein, und das war ja auch damals
eine vielverbreitete Meinung. Einige Tage vor der Abfahrt Napoleons hatte
der geheime Agent Mariottis an Diesen berichtet: „Die von den Engländern
begünstigte Abreise Seiner Majestät wird nächstens stattfinden." Aber
wer möchte daraufhin die Richtigkeit der Meldung annehmen? Man vergleiche damit, was Napoleon zu dem Sendling Marets sagte: „Sie werden
doch nicht glauben, daß die Polizei alles weiß? Die Polizei erfindet viel
mehr, als sie entdeckt. Die meinige war gewiß ebensoviel wert wie die dieser
Leute, und doch wußte sie gar oft nur, was sie nach ein oder zwei Wochen
durch Zufall, Unklugheit oder Verrat erfuhr." Tatsache ist, daß er sein
Unternehmen als von Großbritannien begünstigt hinstellte, so wie er sich
auf gute Beziehungen zu Österreich berief — beides in der Absicht, irrezu-
führen. Für die wirkliche Haltung Englands bleibt die intime Beziehung
des Hofes zu Ludwig XVIII. und die Politik Castlereaghs maßgebend, die
in dem Bourbon die sicherste Garantie dafür erblickte, daß die gegenüber-
liegenden Niederlande, die der Wiener Kongreß durch Belgien vergrößert
hatte, nicht wieder in Frankreichs Hände fielen.

Meinung sich von der neuen Regierung abgekehrt hat und daß, wenn er sich z. B. jetzt von Cannes auf der großen Straße fortbewegte, die über Aix und Avignon nach Norden führt, sein waghalsiges Unternehmen an dem überlegenen Widerstand der unerschütterlich royalistischen Bevölkerung der Provence scheitern würde. Er wird deshalb die Mühsal nicht scheuen dürfen, die einen Marsch über die noch verschneiten Pfade der Seealpen begleitet, wird die mitgebrachten Kanonen zurücklassen müssen und über Grasse und Sisteron das Dauphiné zu erreichen streben, wo das Landvolk, den Priestern und Emigranten durchaus abgeneigt, seinen größtenteils aus Nationalgütern erstandenen Grundbesitz ungestört zu behalten wünscht. Und in der Tat erwies sich die Einwohnerschaft der Bergtäler auf dem Wege nach Gap und darüber hinaus zumeist freundlich und unterstützte die abgehetzten Soldaten nach Möglichkeit. Aber die Hauptfrage für Napoleon war doch die, ob die Truppen, die man auf dem Wege antreffen wird, zu ihm übergehen, wie er hoffte, oder ihrem Fahneneid, den sie Ludwig XVIII. geleistet hatten, treu bleiben werden, wozu er selbst sie bei seinem Scheiden im vorigen Jahr ermahnt hatte[1]). Wenn das letztere geschah, war er verloren.

Von Sisteron weg marschierte man in drei Abteilungen: ein kleiner Vortrab von hundert Mann unter Cambronne voraus, dann das Gros unter dem Kaiser und der Nachtrab mit der Kasse. Bei La Mure traf man auf die Quartiermacher eines entgegenkommenden Bataillons, das sich schwierig zeigte, und Cambronne blieb stehen, um Napoleons Befehle abzuwarten. Dieser entschloß sich, selbst an die Truppe heranzutreten, die bei Laffray in guter Position stand. Er ließ das Bataillon durch Parlamentäre von seiner Anwesenheit unterrichten und ging ihm dann an der Spitze seiner Avantgarde entgegen. Der kritische Augenblick war gekommen, da die Offiziere bereit schienen, ihrer Pflicht mehr Gehör zu geben als ihren Sympathien. Die Entscheidung fiel, indem die Truppen den Befehl, auf die Ankömmlinge zu feuern, nicht befolgten. Und als nun Napoleon auf Pistolenschußweite an sie

---

[1]) Siehe oben S. 293. Der Satz lautete: „Dienet treu dem Souverän, den die Nation erwählt hat." Die später redigierte offizielle Fassung seiner Ansprache im Schloßhof zu Fontainebleau änderte dies in: „Fahret fort, Frankreich zu dienen."

heranschritt, seinen grauen Überrock lüftete und, seine Brust
darbietend, hinüberrief: „Wer von Euch wird auf seinen
Kaiser schießen wollen?" da nahmen die Soldaten ihre Mützen
ab, steckten sie auf ihre Bajonette, hielten die Gewehre hoch
und riefen: „Vive l'Empereur!" Dann mischten sie sich unter
das Gefolge von Elba und marschierten begeistert hinter dem
verehrten Manne drein. Die Offiziere mußten dem revolutionären Zug ihrer Truppen folgen, und sie taten es gerne.

In Grenoble, der Hauptstadt des Dauphiné, die eine starke
Garnison beherbergte, hat unterdes Napoleon auf heimlichen
Wegen ein Manifest an die französische Armee verbreiten
lassen, das er noch auf Elba, kurz vor der Abfahrt, verfaßt
hatte. „Soldaten, wir sind nicht besiegt worden", begann es.
„Zwei Männer aus unseren Reihen (Marmont und Augereau)
haben unsere Lorbeeren, ihr Vaterland, ihren Fürsten, ihren
Wohltäter verraten. Und nun sollten jene, die wir fünfundzwanzig Jahre hindurch Europa durchreisen sahen, um uns
Feinde zu erregen, die ihr Leben damit hingebracht haben, in
fremden Armeen gegen uns zu fechten und unser schönes
Frankreich zu verwünschen, nun sollten sie beanspruchen
dürfen, den Befehl zu führen und unsere Adler anzuketten,
deren Blicke sie nie ertragen konnten?.., Euer Rang, Euer
Besitz, Euer Ruhm, Besitz, Rang und Ruhm Eurer Kinder
haben keine ärgeren Feinde als diese Fürsten, die uns die
Fremden aufgenötigt haben ... Ihre Ehrenzeichen, ihre
Belohnungen, ihre Gunst gehören nur denjenigen, die ihnen
gegen das Vaterland und gegen uns Dienste leisteten. Soldaten! kommt und reihet Euch unter die Fahnen Eures Führers.
Sein Dasein besteht ja nur in dem Euren, seine Rechte sind
nur die des Volkes und die Eurigen, sein Interesse, seine
Ehre, sein Ruhm sind Euer Interesse, Eure Ehre, Euer Ruhm.
Kommt! Dann wird der Sieg im Sturmschritt einherziehen
und der Adler mit den nationalen Farben von Kirchturm zu
Kirchturm fliegen bis hin zu Notre-Dame[1])." Dies und noch
manches mehr sagte er den Soldaten Frankreichs, und sie
lauschten mit Begeisterung. Das war dieselbe Sprache, die ihnen
so oft für ihre Siege gedankt und neuen Triumph verheißen
hatte, die Sprache des Mannes, der seine Krieger voll zu

---

[1]) Corresp., XXVIII., 21.682.

schätzen wußte, und wenn auch nur als ein Werkzeug seiner
Größe, so doch zu schätzen wußte, während der Schützling
des Engländers sie bloß als eine Last ansah, und nicht einmal
ansah. Und die Garnison ven Grenoble, das Regiment des
Obersten Labédoyère voran, ging über, wie das Bataillon bei
Laffray. Die eisenharten Männer erlagen der Verführung
dieses Einen, wie die Kinder von Hameln der Pfeife des Ratten-
fängers. Er war seines ganzen Erfolges nunmehr sicher. Daß
seine Marschälle, die Macdonald, Oudinot und andere, die ihre
Karriere hinter sich und ihre lang und tapfer erkämpfte Ruhe
lieb hatten, nicht zu ihm übertraten, war ihm begreiflich.
Andere aber, wie Massena in Marseille und der tiefverschuldete
Ney, der sich sogar vermessen hatte, den Ankömmling gefesselt
vor den König zu bringen, wurden angesichts der allgemeinen
Stimmung unter den Truppen wieder kaiserlich.

So ward das Heer sein. Vollends nachdem er ihm versichert hatte, daß er gewiß keinen Krieg machen werde. Denn
Krieg wollte die Armee nicht mehr. „Wir müssen vergessen,
daß wir die Herren der Völker gewesen sind", hatte er ihr
in jenem Aufruf gesagt. Und dasselbe, nur noch viel eindring-
licher, erklärte er jetzt auch bei jeder Gelegenheit den Bürgern
der Städte, die — namentlich die Besitzenden — trotz mancher
Sympathie für ihn und aller Abneigung gegen den Hochmut
der Aristokraten, bei seinem Erscheinen doch mit Grund den
Frieden gefährdet sahen. „Die Franzosen", hatte ihm Labédoyère mit der größten Offenheit erklärt, „werden alles für
Ew. Majestät tun, aber Ew. Majestät müssen auch für sie alles
tun: kein Ehrgeiz mehr, kein Despotismus, wir wollen frei
und glücklich sein. Darum muß man auch, Sire, das System
der Eroberung und der Gewalt abschwören, das Frankreich
und Ihnen zum Unglück gereichte." Napoleon hatte es sich
gesagt sein lassen. Als er kurz darauf die Vertreter der Behörden Grenobles empfing, scheute er sich nicht, ihnen zu gestehen: „Ja, ich habe den Krieg zu sehr geliebt; ich werde
fortan meine Nachbarn in Ruhe lassen; wir müssen vergessen,
daß wir die Herren der Welt waren." Er habe die zehn
Monate seines Exils benützt, die Vergangenheit zu überdenken;
die Kränkungen, die er erfahren habe, hätten ihn, weit entfernt, ihn zu verbittern, nur belehrt, er sehe, was Frankreich
not tue: F r i e d e u n d F r e i h e i t sei die gebieterische

Forderung der Zeit, er werde sie fortan zur Richtschnur seines
Benehmens machen. Wohl habe er die Größe geliebt und zu
sehr der hinreißenden Gewalt der Eroberung nachgegeben,
nur sei er dabei nicht der einzige Schuldige gewesen, denn
die Mächte Europas mit ihrer Unterwürfigkeit, die Behörden
— damit meinte er wohl den Senat — mit ihrer Eilfertigkeit
ihm Blut und Geld der Franzosen darzubieten, das Land
selbst mit seinem Beifall hätten zu dem Kriegseifer, der ein
allgemeiner war, beigetragen. Darum sei die Versuchung,
Frankreich zur Herrin der Nationen zu machen, entschuldbar
gewesen; man dürfe sie sich vergeben, aber nicht wieder
darauf zurückkommen[1]). Und ähnlich lauteten seine Ansprachen in Lyon, wo er am 10. März mit 7000 Mann eintraf,
vom Jubel des Volkes empfangen. Ihm gelte es jetzt, versicherte er, die Interessen und Grundsätze der Revolution
vor den Emigranten zu schützen, Frankreich seinen Ruhm
zurückzugeben, ohne es deshalb dem Krieg zu überliefern,
den er zu vermeiden hoffe, denn er nehme die mit den europäischen Mächten vereinbarten Verträge an und werde in
Frieden mit ihnen leben, es wäre denn, daß sie sich in die
französischen Dinge mischten. War ihm eine ausgedehnte
Macht damals nötig, als er weitreichende Eroberungspläne
hegte, so reiche jetzt eine weise begrenzte Gewalt hin, um einen
friedlichen und glücklichen Staat zu regieren. Man müsse
sich begnügen, die angesehenste Nation zu sein, ohne den Anspruch, die anderen zu beherrschen. Nicht was er in früheren
Jahren so oft zur Rechtfertigung seiner aggressiven Politik
vorgebracht hatte: daß er immer wieder nur durch die übrigen
Mächte aus seiner friedlichen Haltung zu Kampf und Eroberung gedrängt worden sei, machte er jetzt geltend. Das hätte
ihm in Frankreich niemand mehr geglaubt. Er mußte seinen
kriegerischen Hang nach Ruhm und Größe eingestehen, wenn
er Eindruck machen wollte. Es klang wie eine Beichte des
großen Eroberers[2]).

---

[1]) **Fleury de Chaboulon**, Mémoires de 1815, I. 179 ff.;
Thiers, XIX., 91 f.; **Berriat-S. Prix**, Napoléon à Grenoble, im
Anhang.

[2]) Angesichts dieser Eingeständnisse Napoleons vor aller Öffentlichkeit
ist die noch immer nicht ganz verklungene Meinung, er sei zu seinen Eroberungen gezwungen gewesen, und das gehorsame Dienern vor dem Ranke-

In Lyon war er schon wieder ganz Monarch[1]). Er löste die
Kammern auf und berief eine aus den früheren Wahlkollegien
zu entsendende Reichsversammlung nach Paris, der er den
karolingischen Namen „Maifeld" gab, um die Verfassung zu
ändern und zu bessern und an der Krönung der Kaiserin und
seines Sohnes teilzunehmen. Damit sollte angedeutet sein,
daß seinem Unternehmen zum mindesten von Österreich keine
Gefahr drohe, ja, daß vielmehr ein Einvernehmen zu hoffen sei
— eine grobe Täuschung, wie er selbst später einigen Vertrauten gegenüber eingestand. Ein anderes Dekret wies alle
erst 1814 zurückgekehrten Emigranten aus und konfiszierte
ihre Güter. Außerdem hob Napoleon den alten Adel auf,
ächtete Talleyrand, Marmont, Augereau, den Herzog von Dalberg u. a. als Verräter Frankreichs an die Fremden, entsetzte
alle durch Ludwig XVIII. zu Offizieren ernannten Aristokraten
ihrer Posten und löste die Königsgarde, das sogenannte „militärische Haus" des Königs, auf.

An dem bedrohten Hof zu Paris war man anfänglich
geneigt, das Unternehmen des „Mannes von Elba" als einen
dreisten Putsch anzusehen, der notwendig scheitern müsse;
man war der sicheren Meinung, er wolle sich über das Gebirge
einen Weg nach Italien suchen, um dort das Volk aufzurufen,
und verbreitete noch lange falsche Nachrichten im „Moniteur"
über seinen bevorstehenden Untergang, als Jener schon über
das Herz des Heeres gesiegt hatte. In den Kammern fand der
König zwar die Unterstützung der Liberalen, der Frondeurs
von 1800 unter Benjamin Constant und der von 1813 unter
Lainé, aber es geschah nichts, als daß man sich in großen
Worten erschöpfte. Denn alle Beschlüsse, wie z. B. der, daß
der Besitz von Nationalgütern unwiderruflich sei und jeder
Angriff darauf mit Gefängnis bestraft werde, kamen zu spät
und erweckten, weil durch die Not des Augenblicks diktiert,
kein Vertrauen. Noch am 18. März, als Napoleon schon bis
Fontainebleau gelangt war, schrieb Ludwig eigenhändig ein
Manifest an die Armee auf, in dem er auf sein für ihre Treue
verpfändetes Wort, auf den Bürgerkrieg im Lande, auf den

---

schen Wort von der „Eroberungsbestie" wohl kaum einer Beachtung
wert zu halten.

[1]) „Von Cannes bis Grenoble war ich ein Abenteurer; in dieser Stadt
wurde ich wieder ein Souverän." G o u r g a u d, Journal inédit, I., 378.

Kampf mit den Fremden, der neuerdings drohe, hinwies —
vergebens; ein Reserveheer im Süden der Hauptstadt ging
gleichfalls zu Napoleon über. Der König mußte schließlich
an seine Sicherheit denken und verließ die Hauptstadt am
nächsten Tag.

Am Abend des 20. März schritt Napoleon, auf den Arm
eines seiner Getreuesten gestützt, die Stufen zu den Tuilerien
empor. In den Straßen der Hauptstadt hatten meist militärische Elemente Besitz von dem Terrain ergriffen, das sie
nun ausschließlich für ihn und sich beanspruchten. Vor dem
Schloß jauchzte ihm die begeisterte Schar seiner Anhänger zu.
In der übrigen Bevölkerung aber war mehr Resignation als Interesse wahrzunehmen. Sie hielt sich abseits. Von dem Enthusiasmus, mit dem sie ihn 1799 oder 1806 empfangen hatte,
keine Spur. „Alles war düster," erzählt Broglie, „ruhig, in-
different, ohne zu klagen, ohne zu hoffen, doch nicht ohne
Besorgnis." Und der Kaiser selbst, der heute mit verzehn-
fachter Aufmerksamkeit auf die Stimme der Nation horchte,
empfing den gleichen Eindruck. „Sie haben mich kommen
lassen," sagte er zu Mollien, „wie sie die anderen gehen ließen."

Fünftes Kapitel.

Waterloo.

„Friede und Freiheit", so lautete jetzt die Devise Napoleons, mit der er sich den Franzosen zu empfehlen und das
Mißtrauen zu besiegen suchte, das ihm in bürgerlichen Kreisen
doch allenthalben entgegentrat. „Friede!" Wie oft hatte er
ihn bisher versprochen, wie oft ihn gebrochen! Und „Freiheit!"
wie vielfältig hatte er sie unterdrückt! Wenn er jetzt sie zu
geben und zu schützen versprach, wird man ihm glauben?
Noch am Tage seiner Ankunft in Paris versicherte er es auch
seinen Getreuen, den Maret, Cambacérès, Davout und Andern,
die sich in den Tuilerien eingefunden hatten, es handle sich
nun nicht darum, mit der Vergangenheit wieder anzufangen,
man müsse von den Fehlern der Gegner, und von den eigenen,
Vorteil ziehen; er wisse jetzt, was man zu vermeiden und was
man zu wollen habe; die Gewalt habe er nur geliebt, solange

er die Gründung eines riesigen Reiches plante, dazu war sie
ihm unumgänglich nötig; heute sei davon nicht mehr die Rede.
Und sie vertrauten seinen Worten. Maret übernahm wieder das
Staatssekretariat. Davout ließ sich zum Kriegsministerium
bereden, Cambacérès erklärte sich bereit, provisorisch die
Geschäfte des Justizministers zu führen, Gaudin und Mollien
erhielten die Portefeuilles der Finanzen und des Schatzes
wieder, Caulaincourt das des Äußern und Decrès das der
Marine. Aber das war nicht allzu schwierig gewesen, die
zu gewinnen, die immer zu ihm gehalten hatten und mehr
oder weniger ohnehin auf ihn angewiesen waren. Das Wichtigste bestand darin, der Bevölkerung Garantien zu bieten, daß
er als ein völlig anderer wiederkehrte. Und da war mit Worten
nichts getan, wenn er auch in Paris beim Empfang der obersten
Behörden noch so feierlich versicherte, was er bereits in
Grenoble und Lyon verkündet hatte: er wolle vergessen, daß
Frankreich je der Herr der Welt gewesen sei, habe auf die
Idee des Weltreichs (Grand Empire), zu dem er in fünfzehn
Jahren allerdings erst den Grund gelegt habe, verzichtet,
denke nur noch an das Glück und die Festigung des französischen Kaiserreichs (Empire francais), strebe keine Willkür
mehr an, sondern nur die Achtung der Person, den Schutz des
Eigentums, den freien Kreislauf der Gedanken; denn die
Fürsten seien bloß die ersten Bürger der Staaten. All das
genügte nicht. Taten wollte man sehen. Napoleon lieferte
auch diese. Vor allem ließ er sich — nicht ohne Widerstreben
und Mißtrauen — Fouché als Polizeiminister aufnötigen, in
dessen Vergangenheit die radikalen und liberalen Kreise eine
gewisse Bürgschaft erblickten und den jetzt selbst die Maret
und Caulaincourt als unentbehrliches Werkzeug empfahlen,
da er Fühlung nach allen Seiten und namentlich auch mit der
fremdländischen Diplomatie habe. Dann hob er die Zensur
auf, die früher ihm, dann den Bourbons arg verübelt worden
war, und ließ namentlich den Zeitungen ein größeres Maß
von Freiheit. Ihm kostete dies jetzt keine sonderliche Überwindung mehr, denn er meinte richtig, nach dem, was die
Presse seit einem Jahr wider ihn geschrieben habe, bleibe ihr
von ihm nichts mehr, doch manches über seine Feinde noch
zu sagen. Aber viel wirksamer als diese Maßnahmen war die
Gewinnung Carnots, des alten, ehrbaren, genialen Verteidigers

der Republik, für das Ministerium des Innern, und Benjamin
Constants, des Führers der Partei der konstitutionellen Monarchie, die ihm zur Zeit des Konsulats vergeblich widerstrebt
hatte, für den wieder eingerichteten Staatsrat.

Noch kurz vor dem Eintreffen des Kaisers hatte ihn
Constant im „Journal des Débats", das bereits damals eines
der führenden Tagesblätter war, aufs heftigste angegriffen, ihn
mit Attila und Tschengis Chan verglichen, und im Namen der
Freiheitsfreunde die Versicherung abgegeben, er werde sich
nie mit ihm verbinden. Jetzt ließ ihn Napoleon — wie es heißt,
auf den Rat seines Bruders Joseph, der mit der Staël, der
intimen Freundin Constants, in Verbindung stand — zu Hofe
bitten und sprach so offen und vertrauensvoll zu ihm, daß der
feindlich gesinnte Tribun gewonnen ward und es sogar über
sich nahm, dem Kaiserreich zu dienen. Die Nation, sagte er
ihm, habe nunmehr zwölf Jahre lang ausgeruht von inneren
politischen Stürmen, seit einem Jahr ruhe sie vom Kriege
aus: diese Ruhe habe ein Bedürfnis nach Betätigung in ihr
erweckt. Sie wünsche jetzt wieder eine Tribüne und Versammlungen. Das habe sie nicht immer gewollt. „Sie hat
sich mir zu Füßen geworfen, als ich zur Macht kam; Sie müssen
sich dessen entsinnen, da Sie damals Opposition versuchten.
Wo war Ihr Rückhalt, wo Ihre Kraft? Nirgends. Ich habe
mir weniger Gewalt genommen als mir gegeben ward. Heute
ist alles anders. Der Geschmack an Verfassungen, Debatten
und Reden scheint zurückgekehrt zu sein, nachdem eine
schwache, den Nationalinteressen feindliche Regierung zur
Kritik der Autorität herausgefordert hat. Aber es ist doch nur
die Minderheit, die solches will, täuschen Sie sich darüber nicht.
Das Volk, oder, wenn Sie lieber wollen, die Masse will nur mich.
Sie haben sie nicht gesehen, wie sie sich um mich drängten,
wie sie von der Höhe der Berge herabstürmten, um mich zu
rufen, zu suchen, zu grüßen. Ich bin nicht, wie man gesagt
hat, ein Soldatenkaiser, ich bin der Kaiser der Bauern und der
Plebejer Frankreichs. Deshalb sehen Sie, wie das Volk zu mir
kommt, trotz allem was geschah. Es besteht eine Gefühls-
gemeinschaft zwischen uns. Ich bin aus den Reihen des Volkes
hervorgegangen, es hört auf meine Stimme. Ich habe Mont-
morencys, Rohans, Noailles, Beauvaus, Mortemarts um mich
gehabt, aber keinerlei Sympathie hat zwischen uns geherrscht.

Sehen Sie diese Konskribierten, diese Bauernsöhne; ich habe ihnen nicht geschmeichelt, habe sie rauh behandelt, und doch scharten sie sich um mich und riefen: Es lebe der Kaiser! Sie betrachten mich als ihren Halt, ihren Retter gegen die Edelleute. Ein Wink von mir und die Adeligen werden in allen Provinzen gemordet. Ich will aber nicht der König eines Bauernkrieges sein. Darum, wenn es möglich ist, mit einer Verfassung zu regieren, gut, so sei es. Weil ich ein Weltreich wollte, hatte ich, um es zu begründen, eine unumschränkte Macht nötig gehabt. Und wen an meiner Stelle hätte nicht nach der Weltherrschaft gelüstet? Eilten nicht Souveräne und Untertanen um die Wette unter mein Zepter? In Frankreich hab' ich bei einigen unbekannten und waffenlosen Franzosen mehr Widerstand gefunden als bei all den Königen, die heute so stolz sind, daß keiner aus dem Volke ihnen gleicht. Nun bin ich kein Eroberer mehr, kann es nicht mehr sein, denn ich weiß, was möglich ist und was nicht; das Werk von fünfzehn Jahren ist zerstört; es läßt sich nicht wieder beginnen, man müßte denn weitere zwanzig Jahre und zwei Millionen Menschen opfern. Und um nur Frankreich zu regieren, ist eine Verfassung vielleicht besser. Sehen Sie nun zu, was Ihnen ausführbar scheint, und legen Sie mir Ihre Pläne vor; öffentliche Verhandlungen, unabhängige Wahlen, verantwortliche Minister, freie Presse, das alles ist mir recht. Daneben will ich den Frieden. Ich werd' ihn durch Siege erstreiten. Ich mag in Ihnen keine falschen Hoffnungen erwecken. Wenn ich auch aussprengen lasse, daß Verhandlungen mit den Mächten im Zuge seien: es gibt keine Verhandlungen. Ich sehe vielmehr einem schweren und langwierigen Krieg entgegen. Um ihn zu bestehen, muß die Nation mich unterstützen. Dafür wird sie die Freiheit fordern. Sie soll sie haben." So sprach der Kaiser zu Constant, der selbst uns die Worte überliefert hat, die ihn gefangennahmen. Die Unumwundenheit, mit der Napoleon seine Lage zeichnete, machte Eindruck auf ihn. Er erklärte sich bereit, einen Verfassungsentwurf herzustellen.

Also nicht „Frieden und Freiheit!", wie es von allen Mauerecken Frankreichs widerhallte, sondern im besten Falle „Krieg und Freiheit!" Und so war es wirklich. Niemand weniger als der Mann von Elba konnte von den europäischen

Mächten erwarten, daß sie ruhig zusehen würden, wie er, seine
eingegangenen Verträge brechend, wieder Besitz ergriff von
der Herrschaft über eine der unruhigsten Nationen der Welt,
die Europa mit einem zwanzigjährigen Kampfe beschäftigt
hatte. Sollte denn der ganze riesige Aufwand an Gut und Blut,
mit dem man endlich das alte „legitime" System des Gleichgewichts der Staaten hergestellt hat, umsonst gewesen sein,
bloß weil es einem Einzigen nicht gefiel, sich mit der Souveränität von Elba zu begnügen? Niemand hatte ihn gerufen,
keine nennenswerte Konspiration, auch im französischen Heere
nicht, seine Wiederkehr begehrt, denn ein Komplott in den
nördlichen Garnisonen hatte sich von Fouché nur für den
Gedanken einer Regentschaft für seinen Sohn gewinnen
lassen[1]). Unversehens war er erschienen, um durch „Verblüffung" zu siegen, und zur Revolte hatte es erst seiner Verführung bedurft. Und in welchen revolutionären Formen war
sie zutage getreten! In welchen revolutionären Akzenten waren
seine Aufrufe von Lyon erklungen[2])! Nein, die europäischen
Mächte konnten diesen dreisten Eingriff in das verbriefte
Recht ihrer Politik nicht dulden, sie, die es in ihrer Erklärung
vom letzten März 1814 feierlich ausgesprochen hatten, nie
und nimmer mit Bonaparte Frieden zu schließen und denen
gegenüber er in Fontainebleau gelobt hatte, für immer auf die
Herrschaft über Frankreich zu verzichten. Daß sie seinem
Unterfangen widerstehen würden, das wußte er — er hat es
ja Constant offen einbekannt — sehr gut. Er wußte daher
auch, daß er, indem er noch einmal nach der Krone Frankreichs
griff, diesem Lande aufs neue überlegene Feinde schuf und
einen neuen entsetzlichen Krieg heraufbeschwor. Und darin
lag sein unsühnbarer Frevel.

---

[1]) Daß man unter den Gegnern der Bourbons an eine Regentschaft
gedacht hatte und nicht ausschließlich an ihn, regte ihn, als er durch Fleury
davon hörte, gewaltig auf und war wohl mit einer der Beweggründe, die ihn
so früh von Elba fortscheuchten. (Vgl. Fleury de Chaboulon, I., 126.)

[2]) Am 20. Juli 1815, als alles vorüber war, schrieb Metternich an
Hudelist u. a.: „Zwischen Frankreich im Jahre 1815 und im Jahre 1814
ist der Unterschied nicht geringer als zwischen demselben Frankreich in
den Jahren 1814 und 1793. Das einzige Verdienst, welches Bonaparte um
Frankreich und um Europa hatte, war die Zügelung des Jakobinismus;
aber auch dieses Verdienst sollte ihn nicht überleben, und er hat den Jakobinismus zum Abschiede an die Welt wieder freigegeben." (W. St. A.)

Am Morgen des 6. März war die Kunde von der Abfahrt
Napoleons und seiner Truppen von Portoferrajo nach Wien
gelangt, wo der Kongreß keineswegs, wie Jener gehofft, sich
schon aufgelöst hatte, sondern Fürsten und Diplomaten noch
fast vollzählig anwesend waren. Unter dem gewaltigen Eindruck der Botschaft fanden sich zunächst die Monarchen
Rußlands und der deutschen Großmächte in dem Entschluß,
dem „Abenteurer", wie ihn Kaiser Franz nannte, mit ein-
mütiger Kraft zu begegnen, und da man anfänglich über das
Ziel seiner Fahrt im unklaren war und Talleyrand Italien als
solches für wahrscheinlich hielt, wurde dem kommandierenden
österreichischen Feldmarschall Bellegarde der Befehl erteilt,
ihn „sofort anzugreifen und aufzureiben". Castlereagh war
zwar abgereist, aber Wellington, sein Vertreter, autorisiert, im
gleichen Sinne sich zu verpflichten. Die beiden trennenden
Hauptfragen, die polnische und die sächsische, hatten bereits
in der ersten Februarwoche durch Alexanders I. notgedrungene
Mäßigung ihre Lösung gefunden. Dieser hatte, um sein Prestige
als Weltbefreier und Friedensbringer besorgt, schließlich von
Polen so viel Land an Preußen überlassen, daß es sich mit
der Hälfte von Sachsen (neben der Rheinprovinz) begnügen
konnte, womit sich auch England und Österreich, und schließlich Friedrich August selbst, einverstanden erklärten. Und
so erwies sich die Rechnung Napoleons auf die Zwietracht der
Kabinette, wenn er je darauf gerechnet hatte, als eine falsche.
Sie hatten jetzt vielmehr alle ein sie verbindendes Interesse,
sich einträchtig wider ihn zu wenden: England, das für das neue
Königreich der Niederlande, Preußen, das für seine Provinz
am Rhein besorgt war, Rußland, dessen Zar den Vorwurf, den
Korsen nach Elba gebracht zu haben, durch energische Feindseligkeit gegen ihn parieren wollte, und Österreich, dessen
Monarch nicht scheinen mochte, als verbände ihn noch irgend
etwas mit dem Sohn der Revolution, als der sich Napoleon
in seinen Lyoner Dekreten aufs neue gezeigt hatte. Am
13. März hatte der Kongreß eine Achtserklärung wider ihn
erlassen, in der man ihn „als Feind und Zerstörer der Ruhe
der Welt" der öffentlichen Ahndung preisgab, und am 25. erneuerten die vier Großmächte ihren Vertrag von Chaumont
indem sie sich verpflichteten, je 150.000 Mann — England
das Äquivalent an Geld für die Truppen, mit denen es hinter

dieser Zahl zurückbleiben würde — beizustellen und „die
Waffen nicht eher niederzulegen, bevor Bonaparte nicht völlig
außerstande gebracht ist, je wieder Unruhe zu stiften und
seine Versuche, die höchste Gewalt in Frankreich an sich zu
reißen, zu erneuern." Die anderen Staaten schlossen sich an.

So war Napoleon von dem Kontinent verfemt, den er
einst zu seinen Füßen gesehen hatte. Er tat jetzt alles mögliche,
um den ungünstigen Eindruck, den dieses Welturteil auf das
französische Volk machen mußte, abzuschwächen oder vielleicht in Wien selbst eine Milderung zu erreichen. Aber er
hatte gut die Deklaration vom 13. März als ein Machwerk der
Agenten Ludwigs XVIII. hinzustellen: die Wahrheit wurde
doch bald offenkundig, ꞇ ls die fremden Diplomaten ihre Pässe
begehrten und abreisten. Er hatte gut aller Welt zu versichern — und es war ihm gewiß Ernst damit — daß er den
Pariser Frieden vom 30. Mai 1814 respektieren werde, und (am
4. April) an alle Souveräne zu schreiben, daß es sein liebster
Gedanke sei, den Kaiserthron Frankreichs für die Befestigung
der Ruhe Europas nutzbar zu machen[1]). Wenn er nur einen
Rechtstitel auf diesen Thron hätte geltend machen können
und die Zustimmung der Nation in einer gültigeren Form, als
sie im Zuruf revoltierender Truppen oder revolutionärer
Bauernscharen zum Ausdruck kam. Aber das konnte er nicht,
und so war die Antwort nur, daß die Mächte ihre Heere, die
sie noch nicht völlig auf Friedensfuß gesetzt hatten, nach
Westen dirigierten. Es half ihm nichts, daß er schon am
21. März durch Fouché einem englischen Agenten nahelegen
ließ — und jetzt war es ihm auch damit Ernst — er sei bereit,
jeden Vorschlag Britanniens entgegenzunehmen, der einen für
beide Teile ehrenvollen Frieden verbürge: es kam keine Antwort. Es half ihm auch nichts, daß er durch heimliche Boten
Brief auf Brief an Marie Luise schickte, die sie nach Frankreich riefen, und den Kaiser Franz um die Rücksendung seiner
Gemahlin und seines Kindes bat, da er deren Krönung den
Franzosen in Aussicht gestellt habe: Kind und Gattin blieben
fort. Diese ließ es schon am 12. März 1815 durch Metternich die vornehmsten Geschäftsträger des Kongresses wissen,
daß sie den Entwürfen Napoleons durchaus fernstehe und sich

---

[1]) Corresp., XXVIII., 21.769.

unter die Obhut der Verbündeten stelle, und versicherte bald
darauf ihrem Vater in einem ebenso ostensiblen Schriftstücke,
wie sie nur seinem Schutz und seiner Leitung anheimgegeben
sein wolle[1]). Der Prinz aber wurde, seitdem ein (übrigens halt-
loses) Gerücht dem Grafen Anatole von Montesquiou die Absicht zugeschrieben hatte, ihn nach Paris zu entführen, streng
behütet. Und es half Napoleon auch nichts, daß er, um neue
Zwietracht zwischen den Höfen zu säen, den geheimen Trutz-
vertrag vom 3. Januar 1815 Alexander bekannt werden ließ,
der bereits längst davon erfahren hatte, nichts, daß er mit
Talleyrand in Verbindung treten wollte, der soeben vernahm, er sei mit Marmont, Bourrienne und zehn anderen
geächtet worden, und natürlich sich nicht finden ließ. Zwar
erwogen die Fürsten und ihre Räte in Wien, ob etwa dadurch, daß das französische Volk die Herrschaft Napoleons
duldete, ein anderes Benehmen einzuhalten wäre als das
verabredete. Aber sie entschieden in einem von allen Bevollmächtigten am 12. Mai gezeichneten Protokoll, daß dies in
ihren Entschlüssen keinen Wechsel hervorbringen könne: „Die
Mächte seien zwar nicht befugt, Frankreich eine Regierung
zu geben, aber sie würden niemals auf das Recht verzichten, zu
verhindern, daß sich unter dem Titel „Regierung" dortselbst
ein Herd von Unordnungen und Umwälzungen für die anderen
Staaten ergebe." Das Anerbieten des Kaisers, den Frieden von

---

[1]) S. Méneval, Mémoires, III., 418, meine Abhandlung „Marie Luise
und der Sturz Napoleons", S. 411, und mein Buch „Die Geheimpolizei
auf dem Wiener Kongreß", S. 439. Kürzlich wurde von Baron Méneval in
den Feuilles d'histoire 1909 ein Brief des Baron Stassart an seinen Großvater vom Jahre 1844 veröffentlicht, worin erzählt wird, Stassart sei von
Napoleon in der zweiten Hälfte des April 1815 an Kaiser Franz entsendet
worden, jedoch nur bis Linz gelangt, von wo aus er nach Wien einen Brief
schrieb, der seine Depeschen begleitete. Auf dem Rückweg, in München,
sei ihm durch Eugen Beauharnais eröffnet worden, er habe ihm mitzuteilen,
daß Metternich, wenn Napoleon zugunsten seines Sohnes abdizieren wollte,
bereit wäre, die Dynastie anzuerkennen und ihm selbst die Rückkehr nach
Elba oder sicheren Aufenthalt in Österreich zu gewährleisten. Méneval antwortete, ihm sei das Projekt Metternichs, Napoleon zur Abdankung zu
bewegen, vertraulich bekannt geworden, verwies aber selbst auf die Sendung
des österreichischen Diplomaten Ottenfels nach Basel, der dort mit
einem Vertrauensmann Fouché's die Nachfolge Napoleons zu besprechen
hatte (s. unten S. 324), mit der das Ganze wohl zusammenhängt. Daß
sich Metternich Eugens als eines Mittelsmannes bedient hätte, ist
abzuweisen.

Paris zu respektieren, wiesen sie zurück, denn sie hätten diesen
Frieden mit einer Regierung geschlossen, die für die Ruhe
des Weltteils genügende Bürgschaft bot, würden ihn aber niemals mit Bonaparte eingegangen sein, ohne weitere stärkere
Garantien zu verlangen[1]). An Fouché, der angesichts des
europäischen Widerstandes gegen Napoleon alsbald auch schon
wider ihn zu intriguieren begann und in Wien heimlich anklopfte, schrieb Metternich: „Die Mächte wollen nichts von
ihm wissen. Sie werden ihn aufs äußerste bekriegen, wollen
aber Frankreich nicht bekämpfen[2]).“ Da war es nun wieder
die Alles beherrschende Frage, ob sich die beiden auseinander-
halten ließen?

Bald war es allen Franzosen bekannt, daß des Kaisers
Vorgeben von Verhandlungen mit Österreich und anderen
Staaten nichtige Täuschung gewesen sei und daß man vor
einem neuen Kriege stehe, der nur auf seine Rechnung komme,
da er nur durch sein Erscheinen hervorgerufen ward. Der Eindruck, den diese Erkenntnis auf die Bevölkerung machte, war
ein tief verstimmender und hat — man kann es nicht anders
ansehen — über das Schicksal Napoleons endgültig entschieden.
Die Rente, die auf seine Vorspiegelungen hin etwas gestiegen
war, fiel von nahezu 80, wo sie Anfang März gestanden hatte,
auf 57 im April, was die Besitzenden und insbesondere die
Masse der kleinen Rentiers von ihm trennte. Und nicht die
Börsen der Franzosen allein verfeindete er sich, auch ihre
Herzen. Jahrzehntelang hatten sie sehnsüchtig nach dem
Frieden ausgeschaut und ihn erst erreicht, als das Kaiserreich
zusammenbrach. Nun ward es wieder aufgerichtet, und schon
drohte die blutige Not aufs neue allen Familien, deren Sorge
sich an ein vom Krieg gefährdetes Leben heftete. „Ich kann
es nicht verschweigen,“ rapportierte der Staatsrat Miot von
Melito, den Napoleon als Kommissar in die Norddepartements
geschickt hatte, „daß Sie überall in den Frauen erklärte
Feinde haben, und in Frankreich ist dieser Gegner nicht zu
verachten[3])“. Der Kaiser mußte zugeben, daß er von anderen
Sendboten das Gleiche hörte. „Aller Welt hat sich Nieder-

---

    [1]) D'A n g e b e r g, Congrès de Vienne, I., 1184 f. Auch Talleyrand,
Dalberg und Noailles unterzeichneten die Urkunde für Frankreich.

    [2]) M e t t e r n i c h, Nachgelassene Papiere, II., 516. S. oben S. 319.

    [3]) Mémoires, III., 394. S. unten S. 376.

geschlagenheit bemächtigt", schrieb ein Engländer aus Paris an Castlereagh[1]).

Bei diesem neuerlichen Wechsel in der öffentlichen Meinung fiel es nur gering ins Gewicht, daß es Napoleon gelang, bourbonische Bewegungen im Süden, wo der Herzog und die Herzogin von Angoulême Getreue um sich sammelten, mit Gewalt niederzuschlagen und Jenen zu einer Kapitulation, Diese zur Flucht zu nötigen. Frankreich war damit noch lange nicht überall den Bourbons entfremdet. Für die Bonaparte aber war es noch keineswegs ganz gewonnen. Die Vendée regte sich aufs neue, und es bedurfte immerhin eines Teils der Wehrkraft, sie im Zaum zu halten. Das hatte Carnot schon vor Wochen vorausgesehen, als er Napoleon fragte, ob er wirklich Zusicherungen von Österreich habe, und auf dessen verneinende Antwort hinzufügte: ,,Dann haben Sie noch mehr zu tun, als Sie getan haben." Daß der Minister, um auf die Volksstimmung einzuwirken, von siebenundachtzig Präfekten einundsechzig entließ, half wenig, da die Nachfolger erst nach Wochen zu etwas Einfluß gelangen konnten. Und dieser fand an den Maires, die meist aus altadeligen Familien entnommen worden waren, einen zähen, passiven Widerstand. Man entfernte sie zwar, aber ohne Erfolg, weil die liberale Strömung für die Gemeinden das Recht, ihre Vorsteher zu wählen, begehrte, und der Kaiser, der nun einmal in dieses Fahrwasser geraten war, auch hier nachgab und den Städten mit mehr als 5000 Einwohnern jenes Recht zuerkannte: die Maires sollten von den Aktivbürgern gewählt werden. (Dekret vom 30. April 1815.) Da nun aber die niederen Volksmassen, Arbeiter und Tagwerker, d. i. der begeisterte Anhang des Kaisers, dabei des Stimmrechts entbehrten, so wurden meist die früheren Bürgermeister wiedergewählt und waren nun nicht mehr zu beseitigen[2]). Das Heer freilich hielt unbedingt treu zu seinem berühmten Führer, aber doch auch nur, soweit es unter den Waffen stand. Wohl war jetzt im Lande ein reiches Menschenmaterial vorhanden: alle die feldgeübten Krieger, die aus der Gefangenschaft, von der spanischen und italienischen Armee heimgekehrt und dann von Ludwig XVIII. größten-

---

[1]) Historische Zeitschrift, 1866. cf.

[2]) Hierüber hat H o u s s a y e, ,,1815", I., 503 ff., eingehend gehandelt. Dazu vergl. M a d. C h a s t e n a y, Mémoires, II., 533.

teils verabschiedet oder beurlaubt worden waren oder sich ohne Erlaubnis ihrer Dienstpflicht entzogen hatten. Man berechnete sie auf 120.000 Mann, die das Heer, das anfangs kaum 200.000 zählte, für den Kriegsfall verstärken konnten. Werden sie nicht alle mit Begeisterung herbeieilen, wenn der Held von Austerlitz und Friedland seine Adler aufpflanzt? Sie taten's nicht, oder doch bei weitem nicht alle, obwohl ihnen in dem Einberufungsdekret versprochen worden war, daß sie sogleich, nachdem der Friede gesichert wäre, entlassen würden. Nicht mehr als 52.000 waren Anfang Juni in die Reihen getreten, und Napoleon hatte mindestens auf das Doppelte gerechnet[1]). Natürlich. Auch der härteste Kriegsmann sehnte sich endlich nach Ruhe, und nun war er eben erst ihrer Freuden froh geworden, als ihn des Kaisers Mahnung aufscheuchte. „Wir lieben den Père Violette (d. i. Napoleon)", läßt Castlereaghs Pariser Agent einzelne Soldaten zu ihren Quartiergebern sagen, „viel mehr als den Gros Papa, den wir nicht kennen (Ludwig XVIII); aber wir sind des Krieges satt, und wenn wir uns mit ganz Europa schlagen sollen, nehmen wir lieber den Gros Papa wieder." So konnte der Kaiser bald gewahren, daß er zwar einen Reichtum an Offizieren und Cadres, aber Mangel an Mannschaften habe, die Rahmen zu füllen. Eines Tages fragte er seinen Schatzmeister Peyrusse im Vertrauen, ob man denn in Paris auch überzeugt sei, daß er eine große Armee versammeln werde. „Ew. Majestät werden nicht allein stehen", antwortete Jener. „Ich fürchte fast", gab Napoleon zurück.

Der Mangel an Kriegsmannschaft rührte übrigens namentlich daher, daß Napoleon sich — immer aus Rücksicht auf die öffentliche Meinung — scheute, die verhaßte und von Ludwig XVIII. abgeschaffte Konskription wieder einzuführen. Andere Auskunftsmittel, sich Streitkräfte zu verschaffen, versagten. Da wurden z. B. fünf Fremdenregimenter errichtet, aber nur das polnische brachte es auf 800 Mann, die anderen blieben weit hinter dieser Ziffer zurück. Aus den Matrosen hoffte man fünfzig bis sechzig Bataillone zu formieren, aber es wurden höchstens fünfzehn daraus, und diese kamen notdürftig erst im Juni zustande. Freiwillige, denen der

---

[1]) S. Houssaye, „1815", II., 5, in teilweisem Widerspruch mit I., 628·

Kaiser, die mageren Staatsfinanzen schonend, kein Handgeld zahlte, fanden sich nur 15.000 bis 20.000 ein. Gewiß, es war noch das große Reservoir der Nationalgarden vorhanden, von denen Napoleon etwa 200.000 Mann im Alter zwischen zwanzig und vierzig Jahren nach einem alten revolutionären Gesetz vom Jahre 1792 mobil machen konnte. Aber er sah nur zu gut, daß die Nationalgarden in den meisten Städten jetzt durchaus demokratisch gesinnt waren und nur dann zu ihm stehen würden, wenn er ihren radikalen Wünschen entgegenkäme. Es kann daher nicht überraschen, daß er zögernd an ihre Bewaffnung schritt und sie für den offenen Krieg nicht in Rechnung brachte. Er dirigierte sie in die festen Plätze, wo sie die Linientruppen ablösten, und gestand ihnen überdies das Recht zu, Stellvertreter für sich eintreten zu lassen. Er war, wie Molé dem Lord Holland versicherte, sehr besorgt, daß die republikanische Partei die Oberhand erhalten werde, und beklagte die Unmöglichkeit, Frankreich zum Kampf gegen die Verbündeten anders zu bewegen, als indem er zu Mitteln griff, die er immer verworfen hatte; ja, er soll seiner Umgebung gestanden haben, daß er nie Elba verlassen haben würde, wenn er die Notwendigkeit geahnt hätte, in solchem Maß willfährig gegen die Demokratie zu sein[1]). All das verdüsterte ihn. „Er war sorgenvoll," schildert ihn einer seiner Räte; „das Selbstvertrauen, das früher aus seinen Reden sprach, der Ton der Autorität, der hohe Flug des Gedankens waren verschwunden; er schien bereits die Hand des Unglücks zu spüren, die sich bald schwer auf ihn legen sollte, und rechnete nicht mehr auf seinen Stern." Andere fanden ihn leidend, erschöpft, durch die häufigen heißen Bäder, wie die einen meinten, durch ein geheimes Übel, wie die anderen wußten, des Schlafes weit mehr bedürftig als sonst; er erschien allen verändert[2]). Carnot sah ihn einmal, wie er vor dem Bilde seines Sohnes Tränen vergoß, der Mann, der doch sonst sich selbst so gut zu beherrschen wußte wie andere und seelischen und körperlichen Schmerz ohne Mienenwechsel zu ertragen

[1]) Reminiszenzen von H. R. Lord H o l l a n d, S. 166 der deutschen Ausgabe.

[2]) M i o t v. M e l i t o, III., 395. Über seine Krankheit s. H o u s s a y s, „1815", I., 614. Vgl. übrigens die Mitteilung des österreichischen Generals Koller bei H e l f e r t, Napoleons Fahrt von Fontainebleau nach Elba, S. 39.

verstand. Und doch hat er die Anregung aus seiner nächsten
Umgebung, zugunsten seines Sohnes abzudanken, womit nach
den heimlichen Informationen Fouchés durch Metternich der
Krieg zu vermeiden war, weit von sich gewiesen. „Ich bin
nicht so dumm", sagte er zu Lucian, mit dem er sich — auch
ein der Öffentlichkeit dargebotenes Unterpfand seines Liberalis-
mus — versöhnt hatte und der sich schon als Regent fühlen
mochte. Und in der Tat gewährte, was der österreichische
Minister jenem geheimen Agenten, der in Basel mit einem
Boten Fouchés zusammentreffen sollte, mitgab, nicht Sicherheit genug, um daraufhin das Opfer der Persönlichkeit zu
bringen[1]). Als Napoleon hinter diese Heimlichkeiten kam,
war er nahe daran, seinen Polizeiminister verhaften zu lassen,
unterließ es aber doch, um später oft, und bis in seine letzten
Tage, seine Nachsicht dem Manne gegenüber zu bereuen, der
nur noch darauf sann, sich und seine Stellung in das folgende
Regime — sei es die Regentschaft, der Herzog Louis Philipp
von Orleans oder wieder die Bourbons — hinüber zu retten.

Blieb nun aber Napoleon an der Spitze des Staates und
wurde der Kampf unvermeidlich, dann galt es ihm vor allem,
auf eins zu achten: daß von dem geringen Ergebnis seines
Appells an die erprobte Wehrkraft Frankreichs ja nichts ins
Ausland drang, ebensowenig wie davon, daß das Volk dem
Kriegsgedanken unfreundlich gegenüberstand. Deshalb konnte
sich Napoleon nicht entschließen, einer repräsentativen Versammlung die Sorge um das Zustandekommen der neuen Verfassung anzuvertrauen, die seine freiheitlichen Versprechungen
wahrmachen sollte. Welche Debatten! und am Ende noch die
Gefahr, daß die Volksvertretung ihm in den Arm fiel und ihm
das einzige Mittel entwand, von dem er einzig sein Heil erwartete: den Sieg über den auswärtigen Feind. Nein, keine
Konstituante. Lieber eine Diktatur, meinte Maret. Aber so
gerne der Kaiser danach gegriffen hätte, er lehnte sie dennoch
ab. Er war in seinen Zusagen, öffentlichen Reden und Mani-
festen schon viel zu weit gegangen, um zurück zu können.
Er mußte ein anderes Auskunftsmittel suchen und glaubte es
darin gefunden zu haben, daß er, was er gewähren will und
bald gewähren muß, in der Form einer Novelle zu den früher

---

[1]) **Metternich**, Nachgelassene Papiere, II. 514 ff. S. oben S. 319

unter seinem Regiment erteilten Verfassungen von seinen
Räten ausarbeiten und vom „souveränen" Volk einfach
genehmigen ließ. Dazu eben sollte ihm Constant dienen, der
sich sofort an die Arbeit begab.

Am 22. April war das Werk vollendet und trat, nachdem
es einer Kommission des Staatsrates und schließlich dessen
Plenum vorgelegen hatte, unter dem Titel „Zusatzakte zu
den Verfassungen des Kaiserreiches" in die Öffentlichkeit.
Constants eigene Meinung soll gewesen sein, eine völlig neue
Konstitution zu geben, die gleichsam alle früheren Gesetz-
akte des Empire desavouiert hätte, doch dazu hatte sich
der Kaiser nicht bewegen lassen. Napoleon wollte vielmehr
sein autokratisches Gebaren von ehedem erklärend rechtfertigen, und wie er es tat, ist schon deshalb historisch interessant, weil er jetzt, was er dort im dunklen Drang seiner
Herrschsucht unternommen hatte, als ein Vorbedachtes hinzustellen und dabei seinen Weltherrschaftsplan in das Gewand
einer Staatenkonföderation zu hüllen suchte. „Wir hatten
damals den Zweck," heißt es in der Einleitung zu den neuen
Gesetzesartikeln, „ein großes europäisches Föderativsystem zu
begründen, das wir gewählt hatten als dem Zeitgeist entsprechend und den Fortschritt der Kultur begünstigend. In der Absicht, es vollständig zu machen und ihm die möglichste Ausdehnung und Festigkeit zu geben, haben wir unterdes die
Gründung mehrerer innerer Einrichtungen vertagt, die dazu bestimmt waren, die Freiheit der Staatsbürger zu verbürgen. Fortan jedoch ist unser Ziel nur das eine: die Wohlfahrt Frankreichs
durch die Sicherung der öffentlichen Freiheit zu erhöhen.
Daraus entsteht die Notwendigkeit wichtiger Änderungen in
den Konstitutionen, Senatskonsulten und anderen Urkunden,
durch welche dieses Reich regiert wird". Allerdings, es war
eine Staatenföderation, was er gewollt hatte, aber unter der
absoluten Gewalt eines Einzigen, der nach seinem Belieben einzelne Glieder dieses Bundes verschwinden ließ, wenn es ihm
so taugte: so Piemont, die italienischen Kleinstaaten, den
Kirchenstaat, Holland, die Hansestädte, Oldenburg, Hannover,
die spanischen Norddepartements, das Walliser Land, und wer
weiß, woran er sonst noch dachte[1]). Allerdings, es war eine

---

[1]) Vgl. oben S. 57 die Tagebuchnotiz der Königin Karoline, Baden
betreffend, und S. 39 das Memorandum Champagnys über Preußen.

Föderation und er selbst weit entfernt, ganz Europa etwa
in Frankreich aufgehen zu lassen; aber daß es in Napoleon I.
aufging, das war sein wahrer Zweck. Hatte er nicht schon im
Jahre 1804 den Widerstand Österreichs gegen seinen Willen
als „Rebellion" erklärt[1])? Vielleicht entsann man sich noch
seiner im „Moniteur" des Jahres 1807 veröffentlichten Mahnung an seinen Neffen, den jungen Kronprinzen von Holland,
er habe als die erste seiner künftigen Regentenpflichten stets
die gegen den Kaiser anzusehen. Und hatte er nicht, als er
Lucian zur Übernahme eines Thrones bestimmen wollte, ihm
zur Richtschnur an die Hand gegeben, „daß Soldaten, Gesetze,
Steuern, kurz alles in dem von ihm regierten Lande nur für
die Zwecke der kaiserlichen Krone da sei[2])? Hatte er nicht
vor fünf Jahren an den Vizekönig von Italien geschrieben,
er würde dieses Land sofort in Frankreich einverleiben, wenn
es sich nicht völlig seiner Zollpolitik fügte[3])? Gewiß hatte
das ehrgeizige Tun dieses Mannes mit den himmelweiten Zielen
und der beispiellosen Energie bei all dem Unheil, das es schuf,
viel Wertvolles für die Entwicklung der europäischen Welt,
viel dem „Zeitgeist Entsprechendes" und „den Fortschritt der
Kultur Begünstigendes" mit sich gebracht, und es wäre sicherlich ein arges Unrecht, das zu verkennen. Aber daß dies, wie
er nun wollte, ihm stets als idealer Zweck vorgeschwebt habe,
ist nichts weiter als hinterdrein ersonnene Schönfärberei.

Nach dieser Einleitung, die nebenbei den Zweck hatte,
auch dem Ausland in der feierlichsten Form darzutun, daß
das Kaisertum seine Erobererrolle endgültig ausgespielt haben
wolle, folgten in siebenundsechzig Artikeln die neuen Ver-
fassungsbestimmungen. Das Moment der „Freiheit" trat in
den letzten, Artikel 59 bis 66, hervor: Niemand darf seinem
gesetzlichen Richter entzogen werden, niemand verfolgt, eingekerkert oder verbannt werden, ehe das Gesetz gesprochen
hat; Kultusfreiheit und Preßfreiheit sind zugestanden, die
Zweite unter Verantwortlichkeit vor Geschworenengerichten;
aller gesetzlich erworbene Grundbesitz ist unantastbar, ·das
Petitionsrecht jedermann eingeräumt; der Belagerungszustand
kann von der Regierung bloß im Fall einer feindlichen In-

---

[1]) S. Band II., S. 14.
[2]) L u c i a n, Mémoires (ed. Jung), III., 111 und 326.
[3]) S. oben S. 21.

vasion, sonst nur durch ein Gesetz erklärt werden. Im übrigen ward die Umwandlung des früheren Gesetzgebenden Körpers in eine Repräsentantenkammer von 629 Mitgliedern verfügt, die von den Wahlkollegien der Departements und der Bezirke gewählt werden, wobei die Anzahl der Wahlmänner sich von etwa 15.000 auf 100.000 hob und das passive Wahlrecht jedem französischen Staatsbürger zukam — und die des Senates in eine Pairskammer, deren Mitglieder der Kaiser ernennt, wenn sie nicht als Prinzen des regierenden Hauses ohnehin Sitz und Stimme haben; die Pairswürde ist erblich; die großen Vorrechte, die der Senat ehedem besessen hatte, gehen auf die Pairskammer nicht über. Beide Kammern beraten öffentlich, können aber selbst die Öffentlichkeit ausschließen. Sie werden vom Kaiser einberufen und können von ihm vertagt und aufgelöst werden. Beide haben das Recht, Gesetzesvorlagen zu verlangen, zu den von der Regierung vorgelegten Entwürfen Zusatzanträge zu stellen und das Budget zu bewilligen. Im Abgeordnetenhause hat die Industrie ihre besonderen Vertreter. Die Minister sind verantwortlich, können von der Repräsentantenkammer angeklagt werden und haben dann in den Pairs ihre Richter, die in Kriminalfällen über sich selbst zu Gericht sitzen. Das Recht der Gesetzesauslegung, das früher der Staatsrat besessen hatte, fällt den Abgeordneten zu. Ein letzter Artikel schloß die Bourbons für alle Zeiten von der Regierung Frankreichs aus.

Ehe Constant seinen Entwurf dem Staatsrat überlieferte, hatte er mit Napoleon lange Diskussionen über zwei Punkte gehabt. Einmal mußte die der englischen Verfassung entlehnte Erblichkeit der Pairie in den liberalen und demokratischen Kreisen, denen man ja doch entgegenkommen wollte, sehr unangenehm auffallen. Aber da meinte der Kaiser, der auf ein aristokratisches Gegengewicht jetzt so wenig wie früher verzichten wollte, nach zwei oder drei gewonnenen Schlachten würde der altfranzösische Adel ihn wieder aufsuchen, und dann sei seiner Betätigung im öffentlichen Leben in der ersten Kammer ein geeigneterer Boden bereitet als seinerzeit im Senat. Ein Zweites war, daß nach Constants Vorschlag ein besonderer Artikel dem Staatsoberhaupt das Konfiskationsrecht absprechen sollte, wie er in die Charte Ludwigs XVIII. Aufnahme gefunden hatte. Doch da widersetzte

sich Napoleon wieder, indem er sagte, er wolle sich nicht
wehrlos den Fraktionen überliefern, und es sei nötig, daß man
die alte Kraft des Kaisers merke. „Man drängt mich da",
rief er mit flammenden Augen aus, „in eine Bahn, die nicht
die meinige ist. Man schwächt mich, man kettet mich an.
Frankreich sucht mich und findet mich nicht mehr. Es fragt,
was wohl aus dem starken Arm des Kaisers geworden sei,
aus dem Arm, dessen es zur Bezwingung Europas bedarf. Man
rede mir nicht von Güte, abstrakter Gerechtigkeit, von Gesetzen der Natur. Das erste Gesetz ist die Notwendigkeit;
die Gerechtigkeit liegt vor allem im öffentlichen Wohl. Ist
der Friede einmal geschlossen, dann wollen wir sehen. Jeder
Tag hat seine Arbeit, jedem Umstand gebührt sein besonderes
Gesetz, jeder Einzelne hat seine Natur. Ich habe nicht die
eines Engels und wiederhole: es ist notwendig, daß man den
Arm des alten Kaisers wieder gewahre[1]." Man sieht, mit
dem Herzen folgte er der Strömung des Tages nicht, der er
sich nur nicht entziehen konnte, weil sie ihm seine Herrschaft
zu verbürgen schien. Wenn aber jedem Umstand sein besonderes Gesetz gebührte (à chaque circonstance sa loi), konnten
sich nicht, etwa infolge seiner Siege, Umstände ergeben, die
ganz neue Verfassungsgesetze erforderten? Zu Cambacérès,
der ihn auf die starke liberale Strömung im Volke hinwies,
sagte er einmal vor dem Krieg in Belgien: „Noch ehe sechs
Wochen vergehen, werde ich dieses hohle Geschwätz zum
Schweigen gebracht haben." Und auf St. Helena versicherte
er wiederholt, er habe für den Fall, daß er im Felde Sieger
blieb, die Kammern beseitigen wollen[2]. So bäumte sich hier
der alte Autokrat in ihm auf, den er sonst so geschickt zum
Schweigen gebracht hatte. Um den Rest der neuen Konstitution in Sicherheit zu bringen, gaben seine Räte in dem
strittigen Punkte nach. Der Artikel blieb fort.

Das und Anderes wurde aber nach der Publikation der
Verfassung, die dem Volke Frankreichs ähnlich zur Annahme
empfohlen ward, wie ehedem die Senatsgesetze von 1802 und
1804, sehr bemerkt. Vor allem machte der Titel „Zusatzakte"
einen höchst üblen Eindruck in der Meinung der verschiedenen

---

[1] C o n s t a n t, Cent jours, p. 48 ff.
[2] C h a s t e n a y, Mémoires, II,, 497; G o u r g a u d, Journal I., 93,
II., 323.

Parteien. Also wieder nur das alte Willkürregiment — hieß es — das Verfassungen von Beamten ausarbeiten läßt, wie ein Verwaltungsdekret, und sie dann einem Plebiszit unterwirft, damit unter aller erdenkbaren Pression nur mit Ja oder Nein abgestimmt werde, ohne die Möglichkeit einer Debatte oder eines nötigen Amendements? Das ganze politische Frankreich geriet in Entrüstung hierüber, so sehr einzelne Kritiker die vielen Ähnlichkeiten mit der Verfassung Englands anerkannten[1]). Die Demokraten insbesondere bemängelten auch noch das Begnadigungsrecht, das sich der Kaiser vorbehalten hatte, sein Recht, die Kammerpräsidenten zu bestätigen u. a. m. „Man beachtete gar nicht, was an der neuen Konstitution weise und liberal war," erzählt Broglie, „genug, es war eine aufgenötigte Charte, eine neue, durchgesehene und verbesserte Ausgabe der Verfassungen des Kaiserreichs; was brauchte es mehr, um das Geschrei eines Publikums zu entfesseln, das sich wenig um den Kern der Dinge kümmert?"

So hatte die neue liberale Verfassung bei all ihren Vorzügen, als sie in die Öffentlichkeit trat, nicht den Erfolg, den sich der Kaiser und seine Mitarbeiter daran von ihr versprochen hatten. Die „Freiheit" wog in der Auffassung der verschiedenen Parteien den „Krieg" nicht auf, das Mißtrauen war zu groß. Auch als Napoleon sich doch noch herbeiließ, das Einberufungsdekret für die Wahlkollegien zur Wahl der Deputierten zu veröffentlichen, die sogleich nach der Verkündigung des Plebiszits zusammentreten sollten, vermochte er den üblen Eindruck nicht abzuschwächen. Das zeigte sich insbesondere bei der Abstimmung. Von den vierthalb Millionen, die im Jahre 1802 für das Konsulat auf Lebenszeit, 1804 für das Kaiserreich votiert hatten, fand Napoleon jetzt, die 244.000 Stimmen der Armee mit eingerechnet, nur 1,500.000 wieder. Von den stimmberechtigten Aktivbürgern — etwa fünf Millionen — hatten sich demnach, da die Verneinenden kaum

---

[1]) L. R a d i g u e t in seinem Aufsatz „L'acte additionnel de 1815" (Revue des Études Napoléoniennes, März 1912) zählt sie alle auf: die Erblichkeit der Pairswürde, zu der der Monarch ohne Einschränkung erheben kann; der Erzkanzler präsidiert den Pairs; die zweite Kammer wählt ihren Vorsitzenden selbst, den der Monarch bestätigt; die Öffentlichkeit der Beratungen der Legislative; ihre Auflösbarkeit durch den Herrscher; die Verantwortlichkeit der Minister usw.

5000 betrugen, über zwei Drittel abseits gehalten. Und auch
die Wahlen fielen wenig günstig aus. Von den 629 Abgeordneten waren nur etwa 80 ausgesprochene Bonapartisten,
die sich ihren Kaiser nicht als konstitutionellen Monarchen,
sondern als uneingeschränkten Diktator wünschten. Über
fünfhundert waren Liberale verschiedener Farbe, die zu dem
Imperator, auch wenn er sich, wie er tat, zu ihnen bekannte,
kein Zutrauen hatten und nur nach der möglichsten Beschränkung seiner Gewalt sein Regiment erträglich zu finden bereit
waren. Das waren Niederlagen, die sich nicht verbergen ließen,
man mochte das „Maifeld", das der Kaiser erst am 1. Juni
in Paris abhielt und wo das Resultat der Abstimmung über
die Verfassung verkündet wurde, mit noch so viel theatralischem
Pomp in Szene setzen.

Eine vielhundertköpfige Menge drängte sich an diesem
Tag um den Champ de Mars, wo der Hof, die Minister, die
obersten Regierungsbehörden, die hohe Geistlichkeit aus verschiedenen Städten, Tausende von Wahlmännern aus den
Departements, zahlreiche Deputierte, Nationalgarden, Linientruppen, im ganzen an 45.000 Menschen versammelt waren
und den Kaiser erwarteten, der in einem achtspännigen Galawagen, zu Pferde begleitet von vier Marschällen und einer
enormen Suite, herbeikam. Es war die letzte pomphafte
Manifestation des Empire. Nach einer feierlichen Messe
richtete der Sprecher der erschienenen Vertreter der Wahlkollegien das Wort an Napoleon: er möge von ihnen alles erwarten, was ein Held und Begründer der Ordnung nur immer
von einer treuen, tatkräftigen, in ihrem Wunsch nach Freiheit
und Unabhängigkeit unerschütterlichen Nation erwarten
könne. Das klang sehr loyal, doch stand dem gegenüber
ein Vorbehalt. „Ihren Versprechungen vertrauend," wurde gesagt, „werden unsere Abgeordneten mit reifer Überlegung und
Weisheit unsere Gesetze durchgehen und sie mit dem konstitutionellen System in Einklang setzen", d. h. man halte das
Werk der Verfassungsgebung keineswegs für beendet und das
Volk werde an der Artikulierung seiner Rechte den ihm ge-
bührenden Anteil schon noch nehmen. Zum Glück hatte man
den Redner vorher noch dazu bestimmen können, folgenden
Satz zu unterdrücken: „Wir scharen uns um Sie, weil wir
hoffen, daß Sie uns aus Ihrem Exil die Reue eines großen

Mannes mitbringen." Dagegen ward das Verhältnis zum
Ausland mit Patriotismus berührt und gefragt: „Was wollen
diese Monarchen, die sich mit einem so mächtigen Kriegs-
apparat auf uns zu bewegen? Wodurch haben wir ihren
Angriff hervorgerufen? Haben wir seit dem Frieden die Verträge verletzt? Jeder Franzose ist Soldat; der Sieg wird aufs
neue Ihre Adler begleiten, und unsere Feinde, die auf unsere
Spaltungen rechneten, werden bald beklagen, uns herausgefordert zu haben." „Wir wollen nicht," hieß es dann, auf
das von Fouché eifrig unter der Hand verbreitete Gerücht
von der Abdankung des Kaisers anspielend, „wen Sie uns
zum Oberhaupte geben wollen, und wollen, den sie als solches
nicht wünschen." Auf dies und auf anderes antwortete Napoleon, nachdem das Resultat der Volksabstimmung bekannt
gegeben war und er die Zusatzakte unterzeichnet und beschworen hatte, in sicherer Rede. Was die Fremden wollten?
Die Niederlande möchten sie vergrößern, ihnen alle festen
Plätze des französischen Nordens als Grenze zuweisen, sich
untereinander in Elsaß und Lothringen teilen. Das müsse
zurückgewiesen werden. „Dann, wenn dies geschehen, wird
ein feierliches Gesetz die verschiedenen zerstreuten Bestimmungen unserer Verfassungen im Sinne der Zusatzakte vereinigen." Indem er so selbst diese als etwas Vorübergehendes
bezeichnete, meinte Napoleon den allgemeinen Widerwillen
noch besiegen zu können. Und auch den anderen heiklen Punkt
berührte er. Er würde den fremden Königen sein Dasein gerne
opfern, gegen das sie sich so erbost zeigen, wenn er nicht sä he,
daß sie es auf das Vaterland abgesehen haben, was soviel
heißen sollte, als man irre sich, ihn allein für den Stein des
Anstoßes zu halten. Zu einem Vertrauten sagte er richtiger:
„Sie bekämpfen in mir die Revolution."

Aber all das beruhigte die Gemüter doch nicht. Anderes
verdroß geradezu. Daß er, um seine unabhängige Autorität
zu zeigen, nicht im Soldatenrock der Nationalgarde, sondern
in einem blendenden Phantasiekostüm der Majestät erschienen
war, machte einen ebenso ungünstigen Eindruck wie die Aus-
drücke „Mein Volk", „Meine Hauptstadt" in seiner Rede.
Man hatte derlei von dem Sprößling der Revolution nie gerne
gehört. Und vollends jetzt. Als dann, nach einem Te Deum,
Napoleon vom Thron herabschritt und auf einem inmitten des

Platzes gelegenen hohen Piedestal die Verteilung der Adler
vornahm, bemerkten es selbst die eifrigsten Bonapartisten, daß
auf seine den Nationalgarden zugerufene Frage, ob sie wohl
ihre Adler mit ihrem Blute zu verteidigen bereit wären, das
Echo der Begeisterung entbehrte[1]). Nur die Kaisergarden
schworen mit Leidenschaft. „Als sie vor dem Kaiser defilierten," erzählt ein Augenzeuge, „leuchtete es in ihren Blicken
wie von einem dunklen Feuer; man glaubte auf ihren Lippen
das ‚Morituri te salutant' zu lesen." So hatte das im ganzen
recht ermüdende Fest der neuen Regierung nicht nur nichts
genützt, sondern die Opposition eher noch mehr verschärft.
Nur auf einen der Zuschauer machte es den vollen und nachhaltigen Eindruck grandioser Macht und Herrlichkeit. Das
war ein siebenjähriger Knabe. Die Geschichte verzeichnet ihn
als Napoleon III.

Am deutlichsten kam die Spannung zwischen Volk und
Herrscher zutage, als am 3. Juni die Repräsentantenkammer
zusammentrat. Napoleon hatte darauf gerechnet, daß es
möglich sein werde, die Versammlung zu führen und zu beeinflussen; aber dieses Mittel versagte gleich am ersten Tag.
Denn die Deputierten, die sich beeilten, ihren Wählern ihre
Unabhängigkeit nach oben zu beweisen, wählten Lanjuinais,
einen der wenigen Opponenten im früheren Senat, der seinerzeit gegen das Empire gestimmt hatte, zum Präsidenten.
Von einer Leitung der zweiten Kammer war somit keine Rede,
und es blieb, als ein Gegengewicht dazu, nur noch die Pairskammer übrig, deren Mitglieder Napoleon jetzt ernannte. Das
waren, außer seinen drei in Paris weilenden Brüdern Joseph,
Lucian, Jérôme, dem Onkel Fesch und Eugen Beauharnais,
seine Minister, die treu gebliebenen Marschälle (Davout,
Massena, Suchet, Ney, Brune, Moncey, Soult, Lefebvre,
Grouchy, Jourdan, Mortier), eine größere Anzahl (38) Generale,
Bertrand und Drouot voran, vier Admirale, vier Erzbischöfe
und Bischöfe, mehrere ehemalige Senatoren, von den Gelehrten jedoch nur Monge, Chaptal und Lacépède, einige Vertreter des alten Adels, darunter sein Zeremonienmeister Ségur,
Staatsräte, Financiers u. a. Auch Sieyès und Roger-Ducos,

---

[1]) „Die Eide' — erzäh t Coignet — „ertönten ohne Energie, der Enthusiasmus war schwach. Das waren nicht die Rufe von Austerlitz und
Wagram. Der Kaiser bemerkte es wohl."

die Helfer vom Brumaire, fehlten nicht. Am 7. Juni eröffnete
der Kaiser die Sessionen beider Häuser mit einer Thronrede,
aus der alle Äußerungen fortfielen, die am 1. Juni unangenehm
aufgefallen waren, und die deshalb auch einen besseren Eindruck machte. Nahestehende freilich, wie Lafayette, um den
Napoleon sich gleichfalls bemüht hatte, wollten ihm die Überwindung angemerkt haben, die ihm der formelle Verzicht auf
die Autokratie kostete, als er die Worte sprach: „Ich habe
die konstitutionelle Monarchie begonnen. Die Einzelnen sind
unvermögend, das Schicksal der Nationen zu bestimmen; nur
die Institutionen können sie gewährleisten." Dem fremden
Ansturm gegenüber würden er und das Heer ihre Schuldigkeit
tun. Und doch mußte er sehen, daß er für dieses Opfer an persönlicher Gewalt wenig Vertrauen und Anerkennung fand.
Denn wenn ihm auch die Kammer der Abgeordneten am
11. in einer Adresse die Kräfte des Landes zu dessen Verteidigung zur Verfügung stellte, so hieß es doch darin, daß „selbst
der Wille des siegreichen Fürsten nicht imstande sein würde,
die Nation aus den Grenzen ihrer Verteidigung hinauszu-
ziehen," daß die Zusatzakte „fehlerhafte und unvollkommene
Bestimmungen" enthalte, die revidiert werden müßten. Und
so groß blieb das Mißtrauen in den Eroberer von ehemals,
daß selbst die getreue Mehrheit der Pairskammer auf die
neuen Institutionen Frankreichs verwies, „die Europa Bürgschaft bieten dafür, daß die französische Regierung niemals
durch die Verführung des Sieges fortgerissen werden könne."
Doch d i e s e Sorge war eitel. Der große General, der am
12. Juni 1815, bekümmerten Sinnes, wie seine Umgebung bemerkte, zur Armee abreiste, wird schon nach neun Tagen
wiederkehren, besiegt wie nie und vernichtet für immer.

Die ungünstigen äußeren und inneren Verhältnisse, unter
denen Napoleon sein neues Regiment antrat, brachten es mit
sich, daß ihm Anfang Juni nicht die Streitmittel zu Gebote
standen, auf die er ursprünglich gerechnet haben mochte. Um
ja nicht vor Europa und Frankreich als der alte Angreifer zu
erscheinen, hatte er, selbst als der Krieg bereits drohte, noch
wochenlang mit den Rüstungen gezögert und sie auch dann
noch als rein defensive gekennzeichnet, indem er z. B. Paris
und Lyon befestigen ließ. Wir wissen, daß er aus Rücksicht

auf die öffentliche Meinung, und um nicht sogleich wieder
die Opfer zu fordern, die ihn ehedem verhaßt gemacht hatten,
die Konskription von 1815 nicht verfügt hatte. Erst nach
den Wahlen wagte es der Staatsrat, die Pflichtigen des Jahres
1815, die bereits im Vorjahr zum Teil mitgekämpft hatten,
als beurlaubt einzuberufen. Die Stimmung hatte sich allerdings jetzt insofern gebessert, als die Sorge vor einer neuen
Invasion der Fremden den Patriotismus belebte. Die Einbe-
rufung fand in zahlreichen Departements, namentlich im Zentrum und im Osten des Landes, weit weniger Widerstand als
vor Jahresfrist, und um die Mitte des Juni standen an 50.000
Konskribierte bereit. Nun konnte man es auch unternehmen,
gegen die Säumigen mit Zwangsmaßregeln vorzugehen, den
Gemeinden die finanzielle Sorge für die Ausrüstung und Erhaltung der Nationalgarden aufzuerlegen, ja, von diesen 45.000
Mann als Reservedivisionen der aktiven Armee zuzuteilen, die,
Garnisonen, Depots usw. abgerechnet, 180.000 Mann zählte.
Die übrigen Nationalgarden, Freikorps, Matrosen usw. bildeten
eine Hilfstruppe von etwa gleichfalls 180.000 Bewaffneten,
die aber für den offenen Kampf nicht in Betracht kamen.
Das war wenig, um gegen ganz Europa zu fechten. Und
welchen Aufwand an Geschick und eifriger Sorge hatte es
nicht schon gekostet, diese Kräfte parat zu stellen! Die Riesen-
kämpfe der letzten Jahre hatten alles Kriegsmaterial erschöpft und das friedliche Regime Ludwigs XVIII. so gut
wie nichts darauf verwendet; mit fieberhafter Eile mußten
diese Dinge neu beschafft werden, sowie die Tausende von
Pferden für die Kavallerie und die Artillerie auf Kriegsfuß.
Zum Glück hatte man in den Staatskassen 50 Millionen
Franken vorgefunden, von Bankiers für mehr als $3^1/_2$ Millionen
Renten ein Kapital von 40 Millionen erhalten, und da auch
die Steuern nicht verweigert wurden, so konnte man immerhin
die allernötigsten Auslagen bestreiten. Der Kaiser hätte nun
noch zögern, Zeit gewinnen und sich nicht unwesentlich —
um 80.000 Mann binnen einem Monat, berechnete man — verstärken können, aber er tat es nicht, sondern ergriff, nachdem
alle Mittel der Verständigung erschöpft waren, die Offensive.
Und dies aus guten Gründen[1]).

---

[1]) Für die militärischen Rüstungen Napoleons in diesen Wochen findet
man das Nötige in H o u s s a y e, „1815", II (Waterloo), S. 1 ff., verzeichnet.

Die Verbündeten des 25. März hatten den Krieg gegen Napoleon nicht so eilig in Szene gesetzt, als er beschlossen worden war. Nur Preußen hatte rasch mobilisiert, ein am Niederrhein stehendes Korps auf den Wunsch Wellingtons nach Belgien geschoben, drei andere folgen lassen und schon in der zweiten Hälfte April ein Heer dort stehen gehabt, das sich Anfang Juni auf 120.000 Mann bezifferte und dessen Kommando wieder Blücher mit seinem treuen Gneisenau übernahm. Zu derselben Zeit hat auch Wellington eine aus Deutschen (Braunschweigern, Hannoveranern, Nassauern), Engländern und Niederländern zusammengesetzte Armee von 105.000 Mann, namentlich zum Schutze von Brüssel und Gent, gesammelt[1]), von denen übrigens 12.000 in den Festungen lagen und zu den Feldoperationen nicht herangezogen werden sollten. Beide Feldherren wünschten die Offensive, um Napoleon nicht Zeit zu Rüstungen zu lassen. Aber sie drangen in Wien nicht durch. Hier hatte man sich für einen Kriegsplan entschieden, der auf große Truppenmassen basiert war, ein möglichst sicheres, siegreiches Vorgehen bezweckte und deshalb viel Zeit erforderte, da die Russen sehr langsam nach Westen rückten, Alexander, ohne seine Streitkräfte allzusehr zu engagieren, wieder nach der leitenden Rolle des Vorjahres geizte, und die Österreicher, die diese Absicht des Zaren zu stören hofften, und auch neuerlicher Vorgänge in Italien wegen, mit der Zögerung ganz einverstanden waren. In Italien hatte nämlich Murat im Sinne seines Schwagers schon Ende März losgeschlagen und die Italiener in einer Proklamation zum Kampf um ihre Unabhängigkeit aufgerufen. Dann war er rasch bis zum Po heraufgedrungen, mußte aber, da er die nationale Unterstützung nicht fand, die er suchte, vor den Österreichern zurückweichen. Sie besiegten ihn am 2. und 3. Mai bei Tolentino, so daß ihm nur die Flucht nach Neapel und von dort nach Frankreich übrig blieb. Durch all diese Umstände veranlaßt, hatten die Mächte schließlich den Beginn der großen Kooperation gegen Frankreich, die man mit 700—900.000 Mann durchzuführen gedachte, auf den 27. Juni verschoben. Wellington erklärte sich — wohl auch aus poli-

---

[1]) Die Feldarmee Wellington zählte (nach L e t t o w - V o r b e c k, Untergang Napoleons, I., 480) rund 36.000 Deutsche, 32.000 Engländer, 25.000 Holländer.

tischen Gründen, um eine dominierende Stellung Rußlands mit
geschonten Kräften hintanzuhalten — einverstanden, und
wünschte überdies, daß die Aktion vom Oberrhein her beginne, ehe er und Blücher gemeinsam vorrückten, wie sie es
in einer Zusammenkunft zu Tirlemont am 3. Mai verabredet
hatten. Danach sollte die Offensive nach Frankreich erst am
1. Juli beginnen.

Durfte nun Napoleon den Angriff der Feinde abwarten?
warten, bis ihre Heere auf gleicher Höhe, d. i. in gleicher
Entfernung von Paris angekommen waren und konzentrisch,
die Engländer und Preußen von Nordosten, die Russen und
Österreicher von Osten und Südosten her, in Frankreich vordrangen? Seine prekäre Stellung, die Kriegsunlust der Franzosen und die Notwendigkeit eines raschen Sieges für seine
persönliche Geltung erlaubten es nicht, dem Land die Mühsal
einer Invasion aufzuladen, ohne einen Schritt getan zu haben,
der sie fernhielt und die ermutigende Wirkung eines Ein-
marsches der Gönner der Bourbons auf die royalistische Vendée
und den legitimistischen Süden störte. Da nun die Mobilisierung der Gegner nicht überall mit der gleichen Raschheit
erfolgt war, die englische und die preußische Armee bereit-
standen, während die russische und österreichische sich erst
bildeten, ergab sich die Möglichkeit, jene in einem kräftigen
Ansturm zu besiegen, ehe diese völlig heran waren. Und
welche politische Folgen konnte ein solcher Sieg nicht haben!
Sollten die Mächte die Erinnerung an ihren letzten Zwist und
das Bewußtsein der Verschiedenheit ihrer Interessen, die
kürzlich fast bis zur offenen Feindseligkeit unter ihnen geführt
hatten, so rasch und völlig wieder eingebüßt haben? Napoleon
wußte es gewiß genau, daß auch in Wien die Chancen der
Bourbons gesunken und die Verbündeten über die Zukunft
des französischen Thrones keiner einigen Ansicht waren. Unter
solchen Umständen entschloß er sich — gegen die Abmahnung
Carnots, wie es heißt — seine erste Absicht, in einem ver-
schanzten Lager vor Paris mit seiner gesamten aktiven Armee
den Feind zu erwarten, aufzugeben, nordwärts die Offensive
zu ergreifen und zunächst in Belgien zu schlagen. Freilich
hatte er nicht seine ganze Feldarmee hiefür zur Verfügung:
10.000 Mann waren in der Vendée notwendig, um den Aufstand zu dämpfen, den royalistische Agenten dort, auf dem

alten Felde ihrer Wühlereien, entzündet hatten, und außerdem mußten drei Korps unter Suchet, Rapp und Lecourbe den Osten des Landes vom Rhône bis zur Mosel, drei andere kleinere Abteilungen unter Brune, Decaen und Clausel den Süden zu decken suchen, so daß ihm nur 124.000 Mann für seinen Angriff über die belgische Grenze übrig blieben. Aber sie schienen ihm nicht ungenügend[1]). Es waren auch im ganzen tüchtige Kriegsleute, nur im Vollgefühl davon, daß sie allein dem Kaiser aufs neue zur Regierung von Frankreich verholfen hatten, von maßloser Überhebung und in ihrem Mißtrauen in die politische Gesinnung ihrer Oberoffiziere zu Undisziplin und Ausschreitung nur zu sehr geneigt. In aller Heimlichkeit — auch seinen Generalstabschef Soult nicht genügend von allen seinen Absichten im Einzelnen unterrichtend — hat sie Napoleon südlich von der Sambre, zwischen Beaumont und Philippeville, aufgestellt: 21.000 Garden, fünf Armeekorps unter Drouet d'Erlon, Reille, Vandamme, Gérard und Mouton und vier Reiterkorps einer unter Grouchy stehenden Kavalleriereserve. Am 14. ist er selbst in Beaumont, faßt mit dem nur ihm eigenen Geschick all diese Truppen hart an der Grenze Charleroi gegenüber zusammen und beginnt am Frühmorgen des 15. die Operationen.

Wellington und Blücher, denen die schmalen Kräfte des Feindes nicht unbekannt geblieben waren, hatten sich schon deshalb, und weil bisher noch alle Gerüchte von dessen Anmarsch gelogen hatten, einer so raschen Offensive nicht versehen. Beide Heere haben ihre Korps weithin zerstreut: die Engländer, weil ihr Führer „alles decken" wollte, standen in einem gedehnten Raum von Binche an der französischen Grenze westwärts bis zur Stadt Oudenarde, mit der Rückzugslinie über Brüssel, wo das Hauptquartier und eine Reservearmee lag, ans Meer, die Preußen mit Rücksicht auf ihre Verpflegung auf einer Strecke von 15 Meilen, von Binche und Charleroi ostwärts bis über Lüttich hinaus, mit Namur als Hauptquartier und der Rückzugslinie an den Rhein. Binche

---

[1]) Man hat ihm in jüngster Zeit nicht ohne Grund wieder, wie schon früher Charras tat, vorgeworfen, daß er so viel von seiner aktiven Armee nach anderer Seite detachiert und nicht lieber Rapp mit seinen 20.000 Mann nach Norden gezogen habe. (Grouard, La critique de la campagne de 1815, p. 6 und 267.)

bildete demnach den Berührungspunkt für die beiden Auf-
stellungen, und rechts davon, bei Charleroi, wo die Straßen
von Brüssel und Lüttich zusammenliefen, wollte Napoleon
durchbrechen. So wie er bei seinem ersten Feldzug in Italien
von Savona über das Gebirge zwischen Piemontesen und Österreichern durchgedrungen war, will er auch jetzt die beiden
Heere trennen und Wellington und Blücher einzeln schlagen,
wie er dort Colli und Beaulieu geschlagen und auf ihre diver-
gierenden Rückzugsstraßen zurückgeworfen hatte. Hat er
diese zwei nächsten und wichtigsten seiner Gegner besiegt,
so wird er, aus den Depots verstärkt und mit Rapp vereinigt,
gegen Russen und Österreicher ziehen. Das ist sein Plan. Am
15. Juni besetzt er Charleroi mit leichter Mühe, da die Preußen
unterlassen hatten, die Sambrelinie zu befestigen, und teilt
nun seine Armee in zwei Flügel und eine Reserve. Er schickt
Ney, dem er die Korps von Reille und d'Erlon zuweist, links
auf der Brüsseler Straße gegen Gosselies, Grouchy, dem er
Vandamme und Gérard unterstellt, rechts gegen Fleurus vor,
während er selbst sich die Garden und das Korps Moutons
vorbehält, mit denen er nach seinem Ermessen entweder hier
oder dort eingreifen will. Nachdem die preußischen Vortruppen
bei Gosselies haben weichen müssen und Neys Reiter —
vorübergehend — bis nach Quatre-Bras an die Straße Nivelles-
Namur gestreift haben, während Grouchy, dem er selbst sich
anschließt, über Gilly bis nach Fleurus vorgedrungen ist, hält
er die Überraschung der Gegner für gelungen, den Durchbruch für vollführt. Doch das war eine Täuschung. Er hätte
mit allen verfügbaren Kräften rasch auch noch über Fleurus
hinaus auf die genannte Straße vorstoßen müssen, um die
Konzentrierung der durch Überläufer in letzter Stunde ge-
warnten Preußen zu stören und sie, isoliert und noch unvorbereitet, zu schlagen. Denn Wellington, der seinen Bundesgenossen nicht für ernstlich bedroht hielt, weil er den Hauptangriff des Feindes auf sich gerichtet glaubte und in dessen
Stoß gegen die Preußen nur ein Scheinmanöver sah, unterließ
es am 15., seine Truppen linker Hand zu konzentrieren, und
gab erst am Abend, durch Boten Blüchers spät genug aufgeklärt, seiner Reservearmee Befehl, am nächsten Frühmorgen
nach Süden vorzugehen. So hätte Napoleon an diesem Tage
leicht die Preußen vereinzelt und unvorbereitet treffen und

überwältigen können. Das hat er — Verzögerungen im Anmarsch und Ermüdung der Truppen mochten daran schuld
sein — unterlassen. Aber er vermag es auch noch am folgenden
Tag, wenn er sich nur beeilt. Denn so weit war doch Blücher
überrascht worden, daß ein entfernt stehendes Korps unter
Bülow am 16. noch nicht wird mitfechten können. Auf die
Zusage Wellingtons hin, er werde — immer vorausgesetzt, daß
der Feind nicht auch seine Front angreife — mit seiner ganzen
Armee dem Verbündeten zu Hilfe kommen, bleibt der Preuße
dabei, sich Napoleon bei Sombreffe zu stellen[1]).

Wellington sollte nicht kommen. Er hatte doch zu viel
versprochen. Ob mit Absicht, um den Preußen ihren Entschluß zum Kampf nicht zu verleiden, der seine Stellung
entlasten soll und an dem er sich gewiß nach Kräften beteiligen
will, steht dahin[2]). Zum Glück kommt aber auch Napoleon
erst am Nachmittag. War es seine Überzeugung, die beiden
Gegner bereits voneinander getrennt zu haben, oder eine
physische Depression — er war gestern bei Charleroi plötzlich
vom Schlaf übermannt worden — was den Kaiser hinderte,
wie in den früheren Feldzügen, so auch jetzt, wo doch seine
ganze Existenz an seinen ersten Erfolgen im Felde hing, den

---

[1]) Die bedingte Zusage Wellingtons liest man in einem Briefe des zu
ihm als Bevollmächtigten entsandten Müffling: „Wenn der Feind nicht bei
Nivelles zugleich (d. i. zugleich mit seinem Angriff gegen Blücher) angreift,
so wird der Herzog morgen mit seiner ganzen Macht in der Gegend von
Nivelles sein, um Ew. Durchlaucht zu unterstützen, oder im Fall der Feind
Höchstdieselben bereits angegriffen hätte, nach einer zu nehmenden Abrede gerade in seine Flanke oder in seinen Rücken zu gehen." P f l u g k-
H a r t t u n g, Vorgeschichte der Schlacht bei Belle-Alliance, S. 55 u. a. a. O.
Ein Brief Gneisenaus vom 17. Mittag (L e t t o w-V o r b e c k, I., 526) er-
wähnt die von Wellington gemachte Voraussetzung nicht, sondern nur
dessen „schriftliche Zusicherung, daß, wenn der Feind uns angreifen sollte,
er in dessen Rücken ihn hinwiederum angreifen würde". Nun haben die
Franzosen zwar ihren Vorstoß nicht gegen Nivelles, wohl aber rechts davon
gegen Quatre-Bras gerichtet, das, nach dem Gefecht bei Gosselies und dem
Zurückweichen der dort kämpfenden Preußen nach Osten, in die Front der
Engländer fiel. So ist es auch von den niederländischen Offizieren des Oranien-
schen Korps, Constant und Perponcher, richtig erkannt und deshalb noch
am 15. besetzt und gehalten worden.

[2]) Wenn L e t t o w - V o r b e c k, Untergang, I., 302, von einer durch
politische Motive diktierten Absicht Wellingtons, Blücher zu täuschen,
spricht, so vermag ich eine solche aus den Quellen ebensowenig heraus-
zulesen wie des Engländers „unbedingte" Zusage.

Tag bald nach Mitternacht zu beginnen? Oder war es beides?
Kurz, Napoleon erteilt erst spät am Morgen des 16. Juni
seinen beiden Unterfeldherren seine Befehle. Ney soll bis
Quatre-Bras vorgehen und sich zum Vormarsch nach Brüssel
bereit halten, während ein Armeeteil gegen Wavre hin auf-
klärt; Grouchy hat den Feind in Sombreffe oder in Gembloux
anzugreifen und von dort zurückzutreiben, was der Kaiser
selbst über Fleurus mit der Garde unterstützen will, um sich
dann sofort mit Ney vereint gegen Brüssel und die Engländer
zu wenden. Napoleon ist so sicher, der Preußen, deren Gros
er im Rückmarsch vermutet, rasch Herr zu werden, daß er
das Korps Moutons einstweilen bei Charleroi stehen läßt, um
es später vielleicht von dort sogleich auf die Brüsseler Straße
zu dirigieren. Als er dann bei Fleurus — es war Mittag geworden — nur das Korps Zietens vor sich sieht, das am Vortag
die Sambrelinie geräumt und bei Gilly gekämpft hatte, will
er es völlig unschädlich machen und beauftragt Ney, er solle,
was er vom Feinde vor sich habe, nach Norden zurückdrängen
und dann ostwärts den Preußen in den Rücken marschieren.
Und so glaubt er noch um 2 Uhr, daß er es nur mit der
preußischen Nachhut zu tun habe, während Blücher unterdes
Zeit gehabt hat, noch zwei seiner Korps heranzuziehen und
eins bei Sombreffe, das andere bei Ligny zu Zietens Unterstützung aufzustellen. Endlich gewahrt Napoleon Blüchers
Absicht, mit starken Kräften einen Gang zu wagen. Er ist davon
nicht gerade unangenehm überrascht. Denn wenn jetzt Ney
die englische Arrièregarde — auch hier derselbe Irrtum —
zurückgeworfen hat und mit seinen Truppen von Quatre-Bras
heranrückt, so ist sicher ein entscheidender Sieg errungen, der
über den Fortgang des ganzen Feldzuges zu entscheiden vermag. Mit beweglichen Worten — „das Schicksal Frankreichs
liegt in Ihren Händen!" — bestürmt der Kaiser den Helden von
der Moskwa, sich nun weiter mit den Engländern nicht mehr
zu befassen und mit seinem Gros unverzüglich nach rechts zu
eilen. Ja, es genügt am Ende dem Kaiser, wenn nur ein einziges
Korps von dorther dem Feind in die Flanke fällt, und er befiehlt
deshalb den General Drouet d'Erlon, dessen Truppen noch
nicht ins Feuer gekommen waren, herzu. Wie mochte er jetzt
bedauern, den Tag nicht früher begonnen, Mouton, der erst
nach 4 Uhr die Ordre empfängt, nach Fleurus vorzugehen,

nicht früher schon herangezogen zu haben! Denn Ney selbst
kann nun nicht mehr an der Schlacht teilnehmen. Er hat bei
Quatre-Bras ernsten Widerstand gefunden, der durch immer
neue Truppen, die ihm Wellington in den Weg wirft, stündlich
wächst, so daß er sich am Nachmittag in die Defensive gedrängt und in ein schweres Gefecht verwickelt sieht. Von
Rechtsabmarsch ist da nicht die Rede. Aber auch von seinen
Truppen glaubt er nichts entbehren zu können und ruft,
gegen den Befehl des Kaisers, d'Erlon zurück, der, von einem
Adjutanten Napoleons avisiert, mit seinen 18.000 Mann bereits
nahe an die Preußen herangekommen war. Der macht nun
kehrt und marschiert wieder nach Quatre-Bras zurück, wo er
zu spät kommt, um Neys Mißerfolg aufhalten zu können,
während sein Eingreifen bei Ligny von vernichtender Wirkung
hätte sein können. Wenn nun Blücher hier trotzdem die
Schlacht verlor, so geschah es nicht ohne sein eigenes Ver-
schulden. Denn war schon, mit Rücksicht auf die erhoffte
Unterstützung, die Aufstellung der Preußen keine günstige —
von St. Amand über Ligny nach Sombreffe und von da nach
Tongrinne — so mußte der Kampf durchaus defensiv geführt
werden, bis der Alliierte in denselben eintrat, und mußte defensiv bleiben, wenn er nicht erschien[1]). Aber das entsprach
nicht Blüchers Temperament und nicht seiner auf Wellington
gegründeten Hoffnung. Nachdem mehrere Stunden um St.
Amand und, besonders hartnäckig, um Ligny gestritten worden
war, wobei die Preußen viel mehr Verluste erlitten als die ge-
übten alten Kämpfer Napoleons, unternahm der greise Feldmarschall mit den Reserven der Mitte einen Vorstoß auf dem
rechten Flügel. Die Franzosen parierten ihn. Da hat aber auch
schon ihr Kaiser die Schwächung des gegnerischen Zentrums
wahrgenommen. Er durchbricht es, indem er alle seine Garden
einsetzt, und wirft den Feind, dessen Reiterei versagt, in Flucht
von Ligny auf Brye zurück. Blücher ist in dem Getümmel
gegen den Schluß der Schlacht mit seinem verwundeten Pferde
gestürzt; man hält ihn für verloren, und Gneisenau muß die
Richtung des Rückzugs angeben. - Er nennt dem 1. und 2. Korps,

---

[1]) Die Preußen hatten 83.000, die Franzosen 79.000 Mann in der
Schlacht. 10.000 von diesen (Mouton) blieben zurück und nahmen am
Gefecht nicht teil, während von den Preußen hinwieder 20.000 Mann auf
ihrem linken Flügel wenig engagiert waren.

die bei Ligny gefochten hatten, Tilly, jenseits der großen Straße, als Sammelpunkt. Hier wollte er die Abteilungen ordnen und die beiden anderen Korps heranziehen: das 3. unter Thielmann, das, bei Sombreffe von überlegenen feindlichen Kräften im Schach gehalten, wenig tätig gewesen und schließlich nach Gembloux retiriert war, und das 4. unter Bülow, das man nach Ardenelle dirigiert hatte. Doch die Flüchtigen ließen sich in Tilly nicht aufhalten. Sie strömten in der Richtung gegen Wavre weiter, so daß man, nach einer Beratung im Hauptquartier, diesen Ort zur Ralliierung bestimmte. Daß man dabei an der Kooperation mit den Engländern festhielt, sollte den Feldzug entscheiden.

Napoleon sah jetzt ein, wie sehr er sich getäuscht hatte, als er die Preußen in ihrer Konzentration überrascht und auf ihrer Operationslinie zurückweichend wähnte. Durch die Schlacht des 16. war er belehrt. Nun, er hatte sie gewonnen und hatte den Feind fliehen sehen; alles war wieder gut und gewiß auch kein Zweifel mehr, daß Blücher jetzt auf seiner Rückzugslinie abmarschierte, um sich, etwa bei Namur, zu sammeln. Man meldet aus Gembloux ein starkes feindliches Korps — es war das Thielmannsche — und der auf der Straße nach Namur mit zwei Reiterdivisionen zur Verfolgung ausgeschickte General Pajol trifft auf zahlreiche Flüchtlinge, die ostwärts eilen — 5000 Versprengte zählte man — was den Kaiser in seiner Meinung vollends befestigt, er habe sich die Preußen gründlich vom Halse geschafft und könne, ohne von ihnen im geringsten belästigt zu werden oder sich sonderlich beeilen zu müssen, gegen Wellington vorrücken[1]). Er gönnt seinen braven, durch den Kampf herabgebrachten Truppen am Vormittag des 17. Ruhe und gibt erst um Mittag Grouchy Befehl, mit 33.000 Mann, d. i. den Kavalleriekorps von Pajol und Exelmans, den Infanteriekorps Vandamme und Gérard und einer Division Moutons, Blücher aufzusuchen und zu ergründen, wo er sich sammle, ob er Namur bereits geräumt habe und was er überhaupt beabsichtige. „Marschieren Sie", hieß es in der Instruktion, „mit allen Ihnen überwiesenen Leuten nach Gembloux. Klären Sie den Marsch des Feindes

---

[1]) Am Morgen des anderen Tages schreibt Soult an Ney u. a.: „Die preußische Armee ist in die Flucht geschlagen (en déroute); General Pajol verfolgt sie auf den Straßen nach Namur und Lüttich."

auf und melden Sie mir seine Bewegungen, damit ich durchschauen kann, was er tun will. Es ist wichtig, zu erfahren,
was Blücher und Wellington zu unternehmen gedenken, ob
sie beabsichtigen, ihre Armee zur Deckung von Brüssel und (!)
Lüttich zu vereinigen und eine Schlacht zu wagen." Grouchy
solle, sobald die Preußen Namur geräumt hätten, es besetzen
lassen, im übrigen aber in steter Verbindung mit dem Hauptquartier bleiben, das nach Quatre-Bras verlegt wird. Daraus
geht hervor, daß Napoleon sicher meinte, Blücher sei mit
allen seinen Truppen bis Namur zurückgegangen, könne aber
immerhin — er kannte den Alten — bald wieder im Begriffe
sein, etwa auf der großen Straße, die nach Löwen führt, gegen
die Engländer hin zu marschieren. In diesem Fall mußte
Grouchy über Gembloux hinaus auf ihn treffen und konnte
ihn beschäftigen, während Wellington besiegt wurde. All das
nahm gewiß längere Zeit in Anspruch, denn daß die auseinander-
gerissenen preußischen Truppen an einem einzigen Tag auf
dem Marsche wieder in Ordnung gebracht und versammelt
werden könnten, wie es tatsächlich der Fall gewesen ist, das
glaubte Napoleon nimmermehr. Und so kam in ihm auch gar
kein anderer Gedanke zur Geltung, selbst nicht der nächstliegende, daß die von Ligny nach Brye zurückgeworfenen
Preußen, dem wuchtigen Stoße nachgebend, in d i e s e r
Richtung weiter nordwärts retiriert seien, und am wenigsten der,
daß sie, die einen Verlust von mehr als 20.000 Mann an Toten,
Verwundeten und Vermißten zu beklagen hatten, mit dem
Aufgebot ihrer letzten Kräfte gleich vom Schlachtfeld weg zu
dem Verbündeten hingestrebt hätten, um ihn in dem ihm bevorstehenden schweren Kampf nicht untergehen zu lassen, sondern
ihm siegen zu helfen.

Als Grouchy nach Osten aufbrach, waren die anderen französischen Truppen, spät genug, auf dem Marsch nach Quatre-
Bras, um sich mit Ney zu vereinigen und Wellington zu folgen,
der auf die Nachricht vom Unfall der Preußen über Genappe
bis nach Mont Saint Jean nordwärts zurückging und sein
Hauptquartier in Waterloo nahm. Dort fanden sie ihn am
17. Juni in kampfbereiter Stellung. Daß er aber hier in Stellung war und es auch blieb und die Besorgnis Napoleons, er
könnte ihm am Ende nicht standhalten, keineswegs rechtfertigte, das hatte seinen Grund darin, daß ihm Blücher aus

Wavre, wo dessen Armee vor Mitternacht bereits wieder
leidlich geordnet stand, die Versicherung zukommen ließ, er
werde ihn, wenn es am folgenden Tag zur Schlacht kommen
sollte, zunächst mit zwei Korps — Wellington hatte nicht mehr
verlangt — dann aber auch mit seinen anderen Kräften
unterstützen. Von dieser Lage der Dinge hatte der Franzosenkaiser natürlich keine Ahnung, sonst hätte er — immer
besorgt, Wellington könnte doch wiederum aufbrechen —
seine Armee nicht in Marschkolonnen biwakieren lassen. Und
auch am nächsten Morgen kannte er die Sachlage noch nicht,
als er den Beschluß faßte, die Engländer anzugreifen und aus-
einanderzuwerfen, wie ehegestern die Preußen. Zwar war in
Berichten Grouchys, die einliefen, die Rede, daß nur eine
preußische Kolonne gegen Osten nach Perwez abmarschiert,
eine andere aber auf Wavre zu gerückt sei; aber das war nur
eine einzelne Kolonne, der der Marschall folgte, der er sicher
gewachsen war und die er beschäftigte, während man Wellington
zermalmte, oder doch jedenfalls, wie er am Abend des 17. an
den Kaiser schrieb, von den Engländern fernhielt. Und wenn
Grouchy auch am nächsten Vormittag berichten muß, daß d r e i
preußische Korps „in der Richtung auf Brüssel" marschierten
und ein viertes, „das von Lüttich kam" (Bülow ist gemeint),
sich mit ihnen vereinigt habe, die Sache mit dem Rückzug
nach Osten demnach unrichtig war, so weiß er doch „positiv"
zu melden, daß diese Masse ö s t l i c h von Wavre, an der
Löwener Straße lagere und er am Abend zwischen ihr und
Wellington massiert stehen werde. So wenig Bedrohliches gewahrte daraufhin Napoleon, daß er am 18. Juni nicht am Frühmorgen, wie er sonst pflegte, die Schlacht begann, sondern
das Einrücken der Truppen — es sind 73.000 Mann — in ihre
Stellungen erst für neun Uhr anbefahl, was sich dann, des
durch Regen aufgeweichten Bodens wegen, bis über Mittag
verzögerte. Hätte er vermuten können, daß zur gleichen Zeit
sich das Korps Bülow durch denselben Lehmboden und auf
ungebahnten Wegen heranquälte, und hinter ihm die Geschlagenen von Ligny, um ihm eine Katastrophe zu bereiten,
wie sie wohl selten rascher über einen Gewaltigen dieser Erde her-
eingebrochen ist, wie hätte er sich beeilt zu fechten und zu siegen!

Um 11 Uhr Vormittag reitet Napoleon von Caillou, wo
er genächtigt hatte, an Plancenoit vorüber auf der Brüsseler

Straße vorwärts bis zu dem Grundstück La Belle Alliance, wo
die Chaussee sich mählich in eine Mulde hinabsenkt, um etwa
2000 Schritte weiter, hinter dem Gehöft La Haye Sainte, den
Hügel hinanzusteigen, der hier querüber zieht und an dessen
nördlicher sanfter Abdachung das Dorf Mont St. Jean liegt.
Diesen Hügel hatte sich Wellington für seine Defensivstellung
ausgesucht. Und nur in der Defensive gedenkt er zu schlagen;
schon seiner geringeren Kräfte wegen, denn er hat nur 69.000
Mann und weiß nicht, daß ein Drittel der Macht seines Gegners
in der Ferne weilt. Aus übergroßer Vorsicht hatte er 19.000
Mann nach Hal detachiert, um von Westen her nicht umgangen
zu werden. In Wirklichkeit war Napoleon bloß um 4000 Mann
Kavallerie und Artillerie stärker. Allerdings sind es die besten
Truppen, die er seit langem befehligte. Sie werden — denn
es ist ja so ganz vornehmlich ihre Sache, die sie hier verfechten
— mit Hingebung kämpfen und sich den Sieg nur in der Ver-
zweiflung entreißen lassen. Der Kaiser hat sie zu gleichen
Teilen rechts und links von der Straße in drei Treffen aufgestellt: am Südrand der erwähnten Mulde, bei Belle-Alliance,
zwei Korps, und zwar links bis an die Straße Nivelles—Mont
Saint Jean dasjenige Reilles, rechts bis in die Nähe des Schlosses
Frichermont das d'Erlons — es sind die Truppen, die unter
Neys Kommando stehen; dahinter, in zweiter Linie, zwei
Kavalleriekorps (Kellermanns und Milhauds) an den Flügeln,
und in der Mitte als erste Reserve an der Chaussee zwei In-
fanterie- und zwei Reiterdivisionen des Moutonschen Korps;
endlich im dritten Treffen die Garde als zweite Reserve in der
Mitte mit ihrer Kavallerie zur rechten und linken Hand
hinter den Reiterkorps der zweiten Linie. Von einer Anhöhe
bei dem Gehöft Rossomme aus rekognosziert Napoleon seinen
Gegner. Er kann dessen Aufstellung nicht völlig überblicken,
sondern nur, was er auf der Terrainwelle, die er besetzt hält,
ins vorderste Glied gerückt hat; die anderen Linien verbirgt
die Anhöhe seinem Auge ebenso sicher, wie sie Wellington gestatten wird, seine einzelnen Reserveabteilungen gedeckt und
unbemerkt während der Aktion zu verschieben und dort ein-
zusetzen, wo der Stoß des Feindes augenblicks starken Widerstand erfordert. Darauf reitet der Kaiser die Fronten ab, um
die Truppen durch Blick und Wort zu begeistern und dem
Engländer, der das ganze französische Heer überschauen kann,

zu zeigen, was ihm droht. Er mochte wissen, daß ein Teil
der Wellingtonschen Truppen aus unzuverlässigen Leuten
bestand, wenn auch das Urteil ihres Führers übertrieben war,
der sie noch vor wenig Wochen „die schlechteste (infamous)
Armee, die je auf die Beine gestellt worden ist", nannte. Er
wußte aber auch, daß sie sich, und namentlich die Schotten,
bei Quatre-Bras überaus tapfer gehalten hatten. Dann erst,
nach Mittag, läßt er den Kampf beginnen. Wie sehr kam
dieser Zeitgewinn den Verbündeten zustatten! Napoleon will
— so läßt es sein um 11 Uhr erteilter Schlachtbefehl[1]) durchblicken — das Zentrum des Feindes forcieren, der seine Haupt-
stärke westlich von der Straße postiert hat, will auf dieser
Straße bis Mont Saint Jean vordringen, dadurch die gegnerischen Streitkräfte auseinanderwerfen, Brüssel gewinnen und
Wellington zugleich von dieser Stadt und von den Preußen
nach Westen hin wegdrängen. (Die Proklamation an die
Brüsseler hat er schon, aus Laeken (!) datiert, gedruckt bereit.)
    Um seinen Zweck zu erreichen, läßt er, noch bevor die
Aufstellung vollendet ist, seinen linken Flügel das vom Feind
besetzte Schloß Hougoumont mit Entschiedenheit angreifen,
damit sich hierher die Aufmerksamkeit Wellingtons und von
der Mitte ablenke; dann erst, um halb zwei Uhr, soll der
„Hauptangriff" erfolgen. Aber schon diese erste Berechnung
des Kaisers wird nicht zutreffen. Die Gegner haben jenes
Schloß zur Zitadelle umgewandelt und verteidigen es mit
unerhörter Kaltblütigkeit gegen immer neue Angriffe, bis
schließlich zwei Divisionen des französischen Vordertreffens
sich daran verbluten werden, ohne etwas zu erreichen. Und da
Hougoumont sich hält, ohne daß Wellington es nötig hätte,
seinen rechten Flügel auf Kosten des linken und der Mitte zu
verstärken, müssen die Franzosen ihren Hauptangriff hier gegen
ungeschwächte Kolonnen unternehmen. Doch nicht genug
daran; gerade wo sie sich dazu anschicken, erfährt der Kaiser
aus einem aufgefangenen Brief, daß er auch mit den Preußen
zu tun bekomme, daß ihm Bülow in die rechte Flanke fallen
werde, und da, wie um jeden Zweifel auszuschließen, erscheinen
auch bereits bei dem eine Meile entfernten Chapelle St. Lambert
Truppenmassen, die ein ausgeschickter Adjutant als Preußen

---

[1]) Corresp., XXVIII., 22.060.

erkennt. Da stand eine Gefahr, mit der er so ganz und gar
nicht gerechnet hatte, plötzlich in drohender Nähe; schon in
ein paar Stunden kann Bülow in die Schlacht eingreifen.
Um ihm die Flanke nicht darzubieten, muß der größte Teil
der ersten Reserve unter Mouton nordöstlich von Plancenoit
gegen ihn aufgestellt werden. Diese Kräfte — bei 10.000 Mann
— fehlen natürlich für den nachdrücklichen Stoß, der Wellington über den Haufen werfen soll. Und wenn es nur bei
Bülow allein blieb; wenn nur Grouchy die anderen Preußenkorps festhielt! Wie viel lieber, wenn er zur Stelle wäre und
Bülow bezwingen könnte. „Versäumen Sie keinen Augenblick,
sich uns wieder zu nähern und sich mit uns zu vereinigen,
um Bülow zu vernichten, den sie auf frischer Tat ertappen
werden", läßt jetzt Napoleon an ihn schreiben[1]). Aber wird
ihn die Nachricht noch erreichen? Sicher nicht vor drei oder
vier Stunden. Und wenn, wird ihn der Feind loslassen, den er
doch beschäftigen soll? Vergebliche Hoffnung. Grouchy
stand jetzt wirklich bei Wavre, wohin er viel zu spät aufgebrochen war, mit einem Preußenkorps (Thielmann) im Kampfe,
während zwei andere hinter Bülow zu Wellington unterwegs
waren und langsam zwar, doch unerbittlich vorrückten. Er
kam nicht los. Später half er sich mit einer schlechten Ausrede.

So genau aber erkannte Napoleon noch nicht, was ihm
drohte, als er beschloß, nun aufs rascheste mit dem Gegner vor
sich fertig zu werden, ehe von rechts her der erste Kanonenschuß fiel. Da gingen denn die vier Divisionen des Korps
d'Erlon in geschlossenen Kolonnen staffelweise, die zunächst
an der Straße vorauf gegen das linke Zentrum des Feindes

---

[1]) Später, auf St. Helena, hat der Kaiser in seinen Diktaten über den
Feldzug behauptet, er habe schon am Spätabend vorher, um 10 Uhr, an
Grouchy einen Befehl nach Wavre erteilt, wo er ihn vermutete: er solle vor
Tagesanbruch von dorther eine Division nach St. Lambert dirigieren und
damit seine Vereinigung mit der Armee herstellen. (C o r r e s p., XXXI.,
p. 179.) Das ist nachträglich erfunden, da der Kaiser damals noch gar nicht
wußte, daß sich Grouchy nach Wavre wenden wolle, und ihm erst um 10 Uhr
Vormittag am 18. schreiben läßt: „Der Kaiser wünscht, daß Sie ihre Bewegungen gegen Wavre hin richten." (Zit. von L e t t o w - V o r b e c k,
I., 415.) Das war die Antwort auf einen nach Mitternacht eingelangten
Bericht des Marschalls, worin ein Vorgehen nach Wavre nur unter der Bedingung in Aussicht gestellt war, „wenn sich nach der Meldung der (von
Gembloux nach Sart-à-Walhain ausgesandten) Reiterei die Hauptmasse
der Preußen auf Wavre zurückzieht". (H o u s s a y e, „1815", II., 249.)

bei La Haye Sainte, die andern rechts gegen Papelotte und La
Haye vor. Das erstere, an der Chaussee liegende Gehöft ward
erstürmt. Da es aber nicht gehalten werden konnte, und auch
der darauffolgende Angriff auf die Höhe abgeschlagen wurde,
mußten die Divisionen, von den englischen Kürassieren an-
gefallen, retirieren. Darauf versuchte Napoleon, der sich jetzt
bei Belle-Alliance aufhielt, die rechte feindliche Mitte durch
eine Kavallerieattacke im größten Maßstabe zu durchbrechen.
Das Kürassierkorps Milhauds stürzt sich auf die Position der
Engländer, aber es hat wenig Erfolg; seinen Ansturm lähmt
der aufgeweichte Boden der Niederung; und wenn es auch
auf der Höhe die feindliche Artillerie zum Schweigen bringt,
so erwarten dahinter zwanzig Karrees die französischen Reiter
und halten stand. Denn Wellington hat die Gefahr kommen
sehen und das Zentrum verstärkt, was er um so leichter tun
konnte, als der linke Flügel sich des Angriffs bereits erwehrt
hatte und rechts Hougoumont noch immer Widerstand leistete.
Noch ehe Ney, der den überstürzten Angriff kommandierte,
zur Unterstützung Infanterie nachrücken lassen konnte,
mußten die tapferen Kürassiere weichen. Eine neue, verstärkte Attacke von sechsunddreißig Schwadronen erfolgt.
Ein wahres Meer von Reitern ergießt sich in wiederholten Anstürmen über den Plan und spült in fürchterlichen Wogen
um die feindlichen Bataillone. Gar manche werden überschwemmt, manche bröckeln ab. Im rechten Zentrum sind die
Brigaden der Hannoveraner und der Deutschen Legion so
gut wie außer Gefecht gesetzt, und eine weite Lücke klafft
in der Aufstellung der Briten; und schon — um 6 Uhr —
ist auch La Haye Sainte von den Franzosen erstürmt, desgleichen Papelotte und La Haye, und immer weiter nach oben
dringen die französischen Infanteriekolonnen vor: wenn jetzt
der Kaiser, der bis in die Gefechtslinie seiner Artillerie vor-
geritten war, das unverbrauchte Fußvolk in jene Lücke schob,
so konnte der Erfolg des Tages leicht auf seiner Seite sein.
Aber Napoleon hat seine Reserven bereits verausgabt, bis auf die
alte Garde. Die wollte er noch nicht daransetzen. Und er
wollte dies nicht, weil um fünf Uhr Bülows Batterien zu
spielen begonnen und Mouton nach Plancenoit zurückgenötigt
hatten. Dieser Platz mußte um jeden Preis gehalten werden,
sonst geriet der Feind auf die Rückzugslinie und eine Kata-

strophe war die Folge. Deshalb hielt Napoleon die alte Garde in dem einzigen Moment zurück, der die Entscheidung noch zu seinen Gunsten hätte wenden können. Inzwischen gelang es Wellington mit einigen Brigaden seines linken Flügels das Zentrum wieder zu sichern, was freilich nur möglich geworden war weil bereits das preußische Korps Zietens auf die Linke zumarschiert kam. „Die Bataille ist verloren," rief General Müffling den anrückenden Verbündeten zu, denen er entgegengeeilt war, „wenn das Korps nicht im Marsch bleibt und die englische Armee sofort unterstützt." Es blieb im Marsch.

Unterdessen hatten sich die junge und ein paar Bataillone der alten Garde damit beschäftigt, Blücher, der mit den Bülowschen Truppen Plancenoit endlich erobert hatte, wieder daraus hinauszuwerfen. Das gelang um 7 Uhr abends. Nach diesem Erfolg läßt Napoleon noch einmal die ganze Linie gegen Wellington avancieren. Und jetzt nimmt er auch von den 5000 Garden, die er noch übrig hat, alles bis auf ein paar Bataillone zu einem letzten Stoß ins britische Zentrum zusammen. Es war die Tat eines Verzweifelten, denn im Grunde hatte er schon nach den mißlungenen Kavallerieattacken die Schlacht verloren und mußte sich zurückziehen, solange die Schlinge bei Plancenoit noch offen stand. Freilich war er dann besiegt, und was galt er noch, wenn er besiegt war? Darum wagte er alles, was noch den Schein von Rettung blicken ließ. Mit „Vive l'Empereur!" rückten die Triarier des Heeres, die er selbst bis La Haye Sainte begleitete, vor. Als jetzt die Kanonen Zietens ihr Feuer gegen die von den Franzosen eroberten Stützpunkte bei Smohain und Papelotte richten, wird den Kämpfern, um ihren Mut unerschüttert zu erhalten, mitgeteilt, das sei Grouchy, der ihren Angriff unterstütze. Im Sturm dringen die Garden in der Mitte bis an des Feindes letzte Linie. Doch hier, von einem sicheren Feuer dezimiert, verlieren auch sie Kraft und Haltung und gehen zurück. Und soeben ist auch das Fußvolk des Zietenschen Korps in den Kampf eingetreten, hat die längst ermatteten Franzosen aus den eroberten Ortschaften wieder vertrieben, unter denen die rasch gewonnene Überzeugung, daß man es hier mit neuen Feinden zu tun habe, eine Panik ohnegleichen erzeugt. Sie erfaßt alsbald alle Reihen, und alles retiriert ohne Ordnung. Jetzt kann die arg zusammengeschmolzene Wellingtonsche Armee sogar daran denken, die Offensive zu ergreifen, zu der ihr Führer vor ihrer Front das Zeichen gibt. Es ist acht Uhr geworden. Nur drei Karrees der Garde halten noch vor La Haye Sainte zusammen, wo der Kaiser in ihrer Mitte den Erfolg des letzten Stoßes abgewartet hatte; auch sie müssen nun, von Feinden umringt, die sie heroisch abwehren, zurück bis auf die Höhe von Belle-Alliance[1]).

Von hier aus versucht Napoleon durch seine Adjutanten die Fliehenden zum Stehen zu bringen; umsonst. Während der Sturm auf die englische Stellung mißglückte, war rechts auch noch das dritte Preußenkorps eingetroffen; und nun geht den Franzosen Plancenoit aufs neue verloren. Es war etwa halb neun. Bald ist die Straße unpassierbar, da die preußischen Kugeln sie bereits bestreichen, und so flutet westlich davon das geschlagene Heer in wilder Hast zurück. Napoleon selbst muß auf seine Sicherheit bedacht sein und reitet, da sein Wagen in Caillou nicht mehr zu erreichen ist, mit Soult, Drouot und einer kleinen Suite nach Genappe, nur noch von einer Abteilung der Garde gedeckt. Aber auch hier ist, bei der heftigen Verfolgung durch die Preußen, kein Anhalten möglich, und der Kaiser, dem sonst jeder kurze Ritt schon Schmerzen verursachte, muß bis fünf Uhr morgens im Sattel bleiben, bis er endlich in Charleroi ein Gefährt findet, das ihn nach Philippeville bringt. Erst dort kann er sich einige Stunden Ruhe gönnen. Dann erläßt er Befehle an die nicht am Feldzug beteiligt gewesenen Korps, verfaßt die Bulletins über Ligny und Mont Saint Jean, wie er die Schlacht bei Waterloo nennt, und

---

[1]) Eines der beiden Karrees löste sich dann auf. Das zweite entkam, doch wurde der General, der es kommandierte, Cambronne, verwundet und zur Ergebung gezwungen. Daß dieser die ihm in den Mund gelegten Worte: „Die Garde stirbt, doch sie ergibt sich nicht" („La garde meurt et ne se rend pas"), nicht gesprochen hat, ist längst erwiesen. Bertrand will, wie er auf St. Helena erzählte, dieselben Worte von General Michel vernommen haben. Zuverlässigere Zeugen als er legen Michel, andere den Soldaten, einen viel kürzeren und drastischeren Ausdruck in den Mund. Nach einer kürzlich von Pflugk-Harttung mitgeteilten Relation nach Angaben des Augenzeugen de Coster wäre Napoleon mit seiner Suite nicht über die Gefechtslinie seiner Artillerie vorwärts Belle-Alliance hinausgegangen, sondern hätte hier den Ausgang des letzten Angriffs abgewartet (Historisches Jahrbuch der Görres-Gesellschaft, 1907, S. 336—340). Unwahrscheinlich.

diktiert an Joseph nach Paris einen Brief, der beweist, daß
dieser Mann die Hoffnung erst mit seinem letzten Lebenshauch
aufgeben wird. Noch sei nicht alles verloren, versichert er;
gelinge es ihm nur, sämtliche disponiblen Kräfte zu vereinigen,
so habe er noch immer 150.000 Mann, ja, mit den Nationalgarden und den Depotbataillons sogar 300.000 Mann. Wenn
Grouchy nicht gefangen ist, denn er habe noch nichts von ihm
gehört, sei es ihm möglich, schon hier 50.000 Mann zu sammeln
und den Feind aufzuhalten, bis Paris und Frankreich ihre
Schuldigkeit getan haben. Der Bruder möge dafür sorgen, daß
die Kammern ihm in würdiger Weise beistehen. Er schloß
das Schreiben, indem er eigenhändig hinzufügte: „Mut,
Festigkeit[1])!"

Sechstes Kapitel.

Sankt Helena.

In Paris hatte man nach der Abreise des Kaisers zur
Armee ängstlich auf Nachrichten gewartet. Und was das
Drückende der Lage bezeichnete: man befürchtete einen Erfolg
des Kriegsfürsten fast ebensosehr wie eine Schlappe des
Heeres, das er befehligte. Nicht bloß, weil er, siegreich, wieder
der alte unumschränkte Herrscher werden und sich der Fesseln,
die er sich jetzt auferlegte, entledigen konnte, sondern weil
der Krieg damit erst recht begann und wer weiß wann endete.
Schon längst hatte man ja das schreiende Mißverhältnis
zwischen dem Ruhm der heimischen Waffen und der Notlage
der Nation erkannt. Und war nicht in den letzten Jahren
der napoleonischen Regierung auch diese Glorie recht auffallend verblaßt? Doch da ertönten am 18. Juni — just als
bei Mont Saint Jean der Donner rollte — die Kanonen vor
dem Invalidenhotel und verkündeten einen neuen ersten Sieg:
es war der bei Ligny. Also waltete doch noch immer die
alte Gunst des Kriegsgottes. Wer sich darüber freuen konnte,
freute sich. Das waren die Revolutionäre und die aufgeregten

---

[1]) Fleury de Chaboulon, II., 195, zitiert den Wortlaut des
Briefes, der ihm vom Kaiser diktiert worden war. Ich sehe keinen Grund,
seinem Zeugnis zu mißtrauen. Vergl. Houssaye, „1815", II., 434.

Arbeitermassen von Paris, weil die Anwälte der Legitimität und der Bourbons gedemütigt waren, die Bonapartisten, da ihr Abgott triumphierte, und wohl auch die urteilslose Menge derjenigen, die sich bei dem stolzen Gefühl eines französischen Sieges begnügten. Die rechnenden Köpfe freilich ließen die Staatsrente um volle vier Franken fallen. Aber schon am zweitnächsten Abend war das Bild gänzlich verändert. Dumpfe Gerüchte von einer grausigen Niederlage liefen umher, und jetzt blieben die Invaliden stumm. Am 21. schien kein Zweifel mehr möglich: das Heer war zertrümmert, der Kaiser auf der Flucht. Ja, es hieß sogar, er sei schon wieder in Paris. Wie? er hatte also die Armee verlassen, anstatt sie zu sammeln und mit ihr dem Feind den Marsch auf die Hauptstadt zu erschweren? Man geriet hierüber außer sich — doch der Rentenkurs notierte um zwei Franken höher.

In der Tat, Napoleon befand sich seit dem Morgen des 21. Juni im Elysée, wo er schon vorher gewohnt hatte. Er hatte in Laon mit den Offizieren seiner Umgebung die nächsten Maßregeln erwogen und sich für die Fahrt nach Paris entschieden. Grouchy vermutete er in Kriegsgefangenschaft und übersah erst jetzt die ganze Wirkung der unseligen Sonntagsschlacht. Sie hatte den Franzosen über 30.000 Mann gekostet[1]). Die Übrigen waren zerstoben, und nur mit Mühe ließen sich einige Tausend sammeln. Und wie leicht hätte er dies vermeiden, zum zweiten Male siegen können, wenn er ohne Zaudern nach der Affaire von Ligny die Preußen nicht aus den Augen verloren, sie ohne Rast verfolgt und sich erst dann auf die Engländer geworfen hätte, wie er im Jahre 1796 in Italien getan. Der gefährlichste Gegner war ja schon geschlagen, und der andere, der der neuen Kriegskunst ungelenk gegenüberstand und seine Kräfte schlecht zusammenhielt, völlig isoliert verloren, wenn er sich überhaupt zum Kampfe stellte und nicht nach Antwerpen zurückwich. Und dann? War es dann nicht möglich, daß die Politik den Spuren der Waffen folgte und den Mächtebund trennte, ehe er noch zu siegen verstand? „Es gibt in der Geschichte keine entscheidendere Schlacht als die von Belle-Alliance" — schrieb

---

[1]) Die Armee Wellingtons hatte 8000, die Blüchers 7000 Mann (die meisten vom Bülowschen Korps) verloren.

Gneisenau am 22. Juni an Hardenberg — „entscheidend eben-
sowohl durch die Wirkung auf dem Schlachtfeld selbst als
durch ihre moralische Wirkung. Wäre sie verloren, was würde
aus der Koalition werden mit allen ihren Kongreßerinne-
rungen[1])?" Aber nicht auf die Feinde allein, auch auf die
Franzosen mußte der Ausgang des Kampfes am 18. Juni
mächtig einwirken. So rasch hatten sie sich das Ende nicht
gedacht. Nur der schlaue und intriguante Fouché, den Napoleon
durchblickte und doch nicht zu beseitigen wagte, hatte ihm
seine Frist bis auf den Tag bestimmt, als er am 20. März zu
seinem Freunde Gaillard sagte, er werde in drei Monaten
mächtiger sein als dieser „furiose Narr", und richtig prophezeit,
als er sich zu Pasquier im Mai äußerte: „Der Kaiser wird eine
oder zwei Schlachten gewinnen, die dritte verlieren, und dann
ist unsere Zeit gekommen[2])." Napoleon sah einem Sturm im
Innern entgegen, der ihn nur zu leicht hinwegfegen konnte,
wenn er ihn nicht noch im letzten Augenblick zu beschwören
verstand. Darum war er nach Paris geeilt, und darum sitzt er
jetzt mit seinen Brüdern und Ministern zusammen, um —
aufs äußerste erschöpft und verstört — das Mittel hierzu
zu erwägen.

Er schien es gefunden zu haben. Nachdem er die Lage
der Verteidigungskräfte als eine nicht ganz hoffnungslose zu
schildern versucht hatte, kam er zu dem Schluß: er bedürfe, um
das Vaterland zu retten, einer zeitweiligen Diktatur; er
könnte sich ihrer bemächtigen, doch wäre es nützlicher und der
Nation würdiger (plus nationale), wenn sie ihm von der Kammer
übertragen würde. Aber kaum hatte er dies vorgebracht, so
mußte er von einem seiner ergebensten Anhänger, Regnauld
de Saint-Jean d'Angély, hören, daß die Kammer ihn nicht
mehr für berufen halten dürfte, das Vaterland zu retten, und
daß sie das Opfer seiner Abdankung verlangen werde. Und so
lagen allerdings die Dinge. In der Deputiertenkammer, deren
Mitglieder seit dem Morgen versammelt waren, hatte die von
Fouché heimlich vermittelte Kunde, daß man im Elysée über
ihre Auflösung diskutiere, eine Aufregung sondergleichen hervorgebracht, die Regnauld nicht hatte beschwichtigen können.

---

[1]) D e l b r ü c k, Gneisenau, II., 225.
[2]) M a d e l i n, Fouché, II., 344; P a s q u i e r, Mémoires, III., 195.

Nun riet Davout, den Gesetzgebenden Körper in eine andere
Stadt zu verlegen; Lucian sprach eifrig vom Ergreifen der
Gewalt, von Auflösung des Parlaments und von Belagerungszustand, und auch Napoleon begann sich bereits diesem Gedanken zuzuneigen: da traf die Botschaft ein, die Kammer
habe sich in Permanenz erklärt, halte jeden Versuch, sie auf-
zulösen, für Hochverrat und werde den, der ihn wage, vor
Gericht stellen; die Minister des Äußern, des Innern, des
Kriegs und der Polizei hätten allsogleich vor den Deputierten
zu erscheinen. Das war ein Staatsstreich von unten, der den
befürchteten von oben parieren sollte. Die Abgeordneten des
Volkes — Lafayette an ihrer Spitze — empörten sich gegen
Gesetz und Willen Napoleons, dem doch nach der neuesten
Verfassung das Recht zustand, die Kammern aufzulösen.
Und so mächtig war diese Strömung des Widerstandes, daß
sie auch die Pairs erfaßte, die den Beschluß der Repräsentanten
zu dem ihrigen machten. Was war da zu tun? Noch saß
Napoleon mit seinen Ministern beisammen, denen er verbot,
dem Ruf der aufrührerischen Abgeordneten zu folgen, als
man vernahm, diese seien drum und dran, den Antrag auf
Absetzung des Kaisers zu stellen, wenn die Geladenen nicht
sofort erschienen. Nun fügte sich Napoleon. Freilich erst
nachdem Davout unter dem Eindruck des Kammerbeschlusses
erklärt hatte, er könne die bewaffnete Macht für Maßregeln
gegen die Volksvertretung nicht zur Verfügung stellen. Er
selbst sandte — um den Schein zu retten, daß er nicht gezwungen handle — die Minister und Lucian als seine Bevollmächtigten zu den Abgeordneten mit einer Botschaft, in
der er mitteilte, er habe aus Caulaincourt, Carnot und Fouché
eine Kommission gebildet, um mit den Feinden Unterhandlungen anzuknüpfen und den Krieg zu beenden, sofern es mit
der Ehre und der Unabhängigkeit des Landes vereinbar sei;
er rechne auf den Patriotismus des Parlaments. Doch damit
gab sich die Kammer nicht zufrieden. Die Mächte hätten ihn
geächtet und wollten mit ihm nicht unterhandeln; seine
Kommission sei demnach unnütz; das Parlament selbst müsse
als Unterhändler auftreten. „An Napoleon allein" rief der Abgeordnete Lacoste aus, „hat Europa den Krieg erklärt. Ich
sehe nur einen einzigen Mann zwischen uns und dem Frieden.
Er gehe fort (nach anderen Berichten: „er spreche ein Wort")

und die Ruhe ist gesichert." Andere drohten mit Entthronung,
wenn er nicht abdanke. Für heute aber begnügten sich die
Deputierten, aus ihrer Mitte fünf Kommissare zu wählen, die
mit fünf Pairs und den Ministern gemeinsam die Mittel zur
Rettung des Staates zu erwägen hatten.

So verging der 21. Juni. Am nächsten Tag verschärfte
sich die Lage derart, daß nun selbst die Brüder zur Abdankung
rieten. Die Abgeordneten hatten den Beschluß ihrer Kommission, eine Abordnung der Kammer mit den Verbündeten
in Verhandlung treten zu lassen, und eine Erklärung des
Kaisers vernommen, er wolle, wenn dann wirklich seine Person
das einzige Hindernis des Friedens wäre, jedes Opfer bringen.
Aber das war nicht, was man wünschte. Wieder rief man nach
der formellen Abdankung Napoleons; wieder forderten Einzelne, daß man ihn einfach absetze, wie im verflossenen Jahr.
Endlich nahm man den Antrag des Deputierten Duchesne an,
den Kaiser im Namen des Staatswohles um seinen Rücktritt
zu ersuchen. Nur eine Stunde Frist bewilligte man noch, damit
er spontan seinen Entschluß fassen könne. Da ging dann ein
republikanisch gesinnter General, Solignac, der schon unter
dem Directoire Volksvertreter gewesen und unter dem Konsulat in Ungnade gefallen war, mit einigen Kollegen ins Elysée,
um dem Kaiser gleichsam im Vertrauen die Bitte vorzutragen,
er möge durch rasche Niederlegung seiner Würde der Aufforderung dazu zuvorkommen, und Napoleon versprach es. Als
aber die Deputierten sich entfernt hatten, tobte er und er-
eiferte sich mit verzerrten Mienen und bebender Stimme gegen
das „Gemisch von Jakobinern, Wirrköpfen und Ehrsüchtigen",
die ihm da Gewalt antun wollten. Nun gerade will er nicht
tun, was sie wünschen. Es war, als wollte er der Zeit noch die
letzten Augenblicke seiner Herrschaft abtrotzen. Da sah man
ihn im Park und darauf in seinem Arbeitskabinett mit sich
allein redend auf- und abgehen in unerhörter Bewegung.
Seine Einsicht rang offenbar mit seinem Ehrgeiz einen fürchterlichen Kampf. In der letzten Nacht noch — Lafayette gab
es später zu — hätte er die einflußreichsten Mitglieder der
Kammer verhaften lassen, diese auflösen und die Diktatur
ergreifen können. Das war nun versäumt; es hatte ihm dazu
die Entschlußkraft gefehlt. Aber war denn damit schon jeder
Schritt in dieser Richtung unmöglich geworden? Die Pariser

Garnison war nicht unbedeutend, etwa zehntausend Mann von den Depots der Garde und der Linie. Dazu kamen die revolutionären Bataillone aus den Vorstädten; „Föderierte" nannte man sie, wie ehedem. Er hatte zwar bisher nur 3000 von ihnen mit Waffen versehen, aber er konnte allenfalls auf die fünffache Anzahl rechnen. Sie würden ihm wohl, wie die Truppen, folgen, wenn es gegen das Parlament der Besitzenden ging. Freilich würde das nicht sein wie im Brumaire, und sicher nicht ohne Kampf mit den 20.000 Nationalgarden abgehen, die, aus dem Mittelstand rekrutiert, bereit standen, die Kammern zu verteidigen. Und wäre das nicht der Beginn eines Bürgerkrieges, aus dem er im besten Fall als Parteimonarch hervorginge, unterstützt und damit abhängig von Elementen, für die er sich längst das Wort „Canaille" zurechtgelegt hatte[1]. Über seinen tiefen Widerwillen dagegen kam er nicht hinweg — von allen anderen Erwägungen, die sich ihm aufdrängten, ganz abgesehen[2]. Und so entschied er sich denn für den Verzicht. Am Nachmittag des 22. Juni diktierte er seine Abdankung „zugunsten seines Sohnes Napoleons II.".

Ob die Repräsentanten von dieser Klausel Notiz nehmen werden? Vorläufig lassen sie zwar dem Kaiser durch eine Deputation ihren Dank aussprechen für das großmütige Opfer, das er gebracht hat, ernennen aber sofort Carnot, Fouché und General Grenier, die Pairs Caulaincourt und Quinette zu Mitgliedern einer provisorischen Regierung. Es war wie ein Abbild jenes fünfgliedrigen Direktoriums, das er damals beseitigt hatte, als er sich zu der Herrschaft aufschwang, die er jetzt endgültig verlor. Und auch das gleichgültige Publikum fehlte nicht, das diesen Dingen jetzt wie jenerzeit von ferne zusah, ohne just tief erregt zu werden. Ein Augenzeuge meldet: „Vollständige Ruhe herrschte in der Stadt und wurde nicht

---

[1] „Mit der Canaille hätte ich mich in Paris halten können", sagte er auf St. Helena. G o u r g a u d, Journal, II., 199.

[2] Vor Beginn des Feldzuges hatte er einmal zum Polizeipräfekten Réal gesagt: „Ich sehe sehr gut, was man hätte tun sollen, um die Massen in Bewegung zu bringen: ich hätte die rote Mütze aufsetzen und die Leidenschaften entflammen müssen. Aber die rote Mütze würde mir nicht gut stehen; ich wäre nicht mehr, was ich gewesen war, und dann: ich bin zu derlei schon zu alt." (C h a s t e n a y, Mémoires, II., 497.) Hinterher gestand er auf St. Helena: „Man muß es am Ende sagen: ich hatte dazu den Mut nicht." (G o u r g a u d, II. 283.)

einen Augenblick gestört. Von Regierung zu Regierung hin-
und hergeworfen, hatte das Volk weder Neigung für den, den
es verlor, noch für den, den es bekommen sollte. Es schlief,
in der Erwartung, daß man ihm bei seinem Erwachen sagen
werde, ob es Napoleon II. oder Ludwig XVIII. zu gehorchen
habe." Keinesfalls aber Napoleon I. Sein Regiment der
„Hundert Tage" war zu Ende.

Nur aus jenen untersten Schichten der Bevölkerung, insbesondere aus den Vorstädten, zeigten sich in den nächsten
Tagen Trupps vor dem Palais, riefen nach der Diktatur des
Kaisers und ließen ihn hoch leben. Waren es diese Kundgebungen oder war es im allgemeinen die Verlegenheit, die der nun
abgetane Imperator durch seine bloße Gegenwart der provisorischen Regierung immerhin bereitete, nachdem bekannt
geworden war, daß Grouchy seine Korps gerettet, Soult bei
Laon die Trümmer von Waterloo gesammelt hatte und daß
etwa 50.000 Mann nach Paris auf dem Wege waren, die — wenn
man von einem Teil der Offiziere absah — alle nach ihrem
Führer verlangten? Man suchte ihn zu bestimmen, daß er
sich aus der Hauptstadt entfernte. Dies gelang schließlich
Davout, der, vom Kaiser mit Vorwürfen gegen die abtrünnigen
Minister empfangen, sich kühl und förmlich seines Auftrags
entledigte. Napoleon weigerte sich nicht. Am 25. Juni vertauschte er den Pariser Palast mit dem Lustschloß von Malmaison, wo ihn die Exkönigin Hortense, die es von ihrer Mutter
geerbt hatte, empfing. Hier verbrachte er die folgenden Tage,
scheinbar in Erinnerungen versunken an die Zeit, wo er in denselben Räumen als Konsul die Pläne zu seiner Weltherrschaft
entwarf, und das Projekt seiner Niederlassung in Nordamerika
erwägend, da ihn Frankreich von sich stieß. Und nicht nur ihn
allein, sondern auch den, zu dessen Gunsten er sich der Macht
entäußert hatte. Denn war nicht schon die Einsetzung einer
provisorischen Regierung am 22., anstatt der Wahl einer
Regentschaft, ein widerstrebender Zug der Volksvertretung
gewesen? Und wenn es am Ende den Bonapartisten der zweiten
Kammer auch noch am Tag darauf gelungen war, diese dazu
zu bringen, daß sie Napoleon II. als Kaiser von Frankreich
anzuerkennen beschloß, so beschloß sie doch in einem Atem,
daß die provisorische Regierung als „eine Bürgschaft der
Freiheit und der Ruhe der Nation" nebenher bestehen

blieb[1]). Und wenn dann gleich eine aus den Kammern gewählte
Deputation ins Hauptquartier der Verbündeten entsendet
wurde, um ihnen den Frieden auf der Grundlage der Integrität Frankreichs und der Herrschaft des jungen Bonaparte
nahezulegen, so wußte Fouché, der hinterhältige Präsident
der Fünfmänner, der längst mit einem Vertrauten Ludwigs
XVIII. angeknüpft hatte, nur zu gut, daß der Sohn des
gestürzten Kaisers bei keiner der Mächte, auch bei Österreich
nicht, auf Anerkennung zählen durfte[2]). Und jene Sendboten
wußten es auch. Als sie auf den Kammerbeschluß aufmerksam gemacht wurden, antworteten sie, man möge ihn als
eine Farce betrachten, sie hätten die Hände frei und könnten
tun, was sie wollten[3]). Darum läßt Fouché auch die Regierungs-
dekrete nicht im Namen Napoleons II., sondern nur in dem
des französischen Volkes promulgieren.

Inzwischen war aber der Feind, Blüchers Preußen den
Engländern weit voran, immer näher gekommen, und Malmaison wird bald bedroht sein. Da beschließt Napoleon im
letzten Augenblick, am 29. Juni — soeben war ein französisches
Regiment mit „Vive l'Empereur!" vorübergezogen — sich
der provisorischen Regierung als einfacher General zur Verfügung zu stellen, nur um die Hauptstadt zu retten und die
getrennten Gegner zu schlagen, wie er sagen ließ. Fouché
aber gab dem Überbringer der fast naiv klingenden Botschaft
zur Antwort, Napoleon sei durchaus irriger Ansicht, wenn er
die Mitglieder des Gouvernements für so verrückt halte, auf
seinen Vorschlag einzugehen. Man könne ihm nur raten,
schleunigst abzureisen, da man für seine Sicherheit nicht mehr
einstehe. Und das war nicht unwahr. Wissen wir doch, daß
ein preußisches Detachement geradezu Befehl erhalten hatte,

---

[1]) „M o n i t e u r" vom 24. Juni 1815.

[2]) Daß Österreich nicht daran dachte, ergibt sich aus der Weisung
Metternichs an den Agenten Ottenfels aus dem April: „Österreich ist, vor
allen anderen, weit davon entfernt, sie (die Regentschaft) zu wünschen" (Nach-
gelassene Papiere, II., 515), aus dessen Weisung an Merveldt in London:
„Der Kaiser werde sie nie als eins der Ziele der Anstrengungen der Mächte
zulassen" (W e r t h e i m e r, Reichstadt, S. 184), aus Marie Luisens jeden
Gedanken daran mit tiefer Abneigung fortweisenden Briefen in jener Zeit.
(F o u r n i e r, Marie Luise und der Sturz Napoleons", S. 415.)

[3]) Metternich an Hudelist, 26. Juni 1815. (W. St. A.) „Marie Luise
und der Sturz Napoleons", S. 415 Anm.

sich seiner Person zu versichern und ihn zu erschießen. Kaum war der Bote nach Malmaison zurückgekehrt, so befahl der Kaiser die Abreise. Er war schon in Paris dazu bereit gewesen. Damals hatte sie Fouché durch allerlei Weiterungen hintertrieben, vielleicht um mit der Auslieferung Napoleons den ersehnten Waffenstillstand zu erkaufen. Wellington wenigstens wußte von solchen Anerbietungen nach Hause zu berichten. Als aber dann die Verbündeten die Waffenruhe unter jeder Bedingung ablehnten, während die heimkehrenden Truppen den Kaiser zu einem neuen Abenteuer verleiten konnten, da mahnte Fouché selbst mit allem Eifer zur Abfahrt. Napoleon zog seinen Soldatenrock aus und fuhr in bürgerlicher Kleidung mit Bertrand, Savary und dem General Becker, der von Regierungs wegen zu seinem Begleiter bestellt war, von dannen.

Die Reise ging über Tours nach der Hafenstadt Rochefort, wo zwei französische Fregatten bereit lagen, um ihn nach Amerika zu bringen, vorausgesetzt, daß es möglich war, den Engländern zu entkommen, denn die begehrten Geleitscheine hatten diese, wie begreiflich, verweigert. In Niort wurde der Kaiser von den Offizieren eines Husarenregiments erkannt, das ihn bestürmte, an seiner Spitze nach Paris zurückzukehren und das Kommando über die Armee zu übernehmen. Ob damals wirklich, wie ein Getreuer des Kaisers berichtet, Briefe mit den Generalen Clauzel und Lamarque gewechselt wurden, die in Bordeaux und in der Vendée kommandierten, um einen Militäraufstand gegen die Pariser Regierung ins Werk zu richten, läßt sich nicht weiter nachweisen. Jedenfalls wurde die unmögliche Idee sogleich wieder aufgegeben[1]). Am Tag darauf — am 3. Juli — gelangte man nach Rochefort. Hier entstand aus der Schwierigkeit, an dem blockierenden englischen Kreuzer, dem „Bellerophon", vorbeizukommen, ohne daß die Fregatten Schaden litten, eine neue Verzögerung. Bis zum 8. überlegt Napoleon täglich und umständlich im Verein mit seiner Umgebung, in der sich auch der junge General

---

[1]) M o n t h o l o n, Captivité de St. Hélène, p. 33, spricht sehr bestimmt davon. G o u r g a u d (Journal, II. 559) erwähnt nur einer Art Kriegsrat am Abend des 2. Juli: „Man ist der Meinung, nach Orléans zurückzukehren, wo sich die Armee befindet." Er erzählt aber auch, daß ihm Napoleon schon um 9 Uhr seine Instruktionen für Rochefort diktierte.

Gourgaud, der Kämmerer Graf Las Cases, der Generaladjutant Graf Montholon, General Lallemand u. a. befinden,
die Mittel, wie die Briten zu täuschen wären. Es werden ausführbare Vorschläge gemacht. Man will ihn auf kleinen Schiffen
heimlich über den Ozean bringen. Aber er lehnt dies ab.
Gegen den Vorschlag eines der Kapitäne der beiden Fregatten, den „Bellerophon" zu beschäftigen und damit dem
zweiten Segler den Weg zu öffnen, mußte sich Becker wenden,
der den Kaiser nicht ohne Mühe dahin bringt, daß er sich
am 9. nach der nahen Isle d'Aix hinüberfahren läßt und auf
der Fregatte „Saale" Quartier nimmt. Hier sucht ihn Bruder
Joseph auf, der sich in Bordeaux auf einem Amerikaner seine
heimliche Fahrt gesichert hat. Er will ihm diese Gelegenheit
angeboten haben, um hier seine Rolle weiterzuspielen. Aber
die Sache ist nicht verbürgt. Jedenfalls ging Napoleon auch
darauf nicht ein. Inzwischen war eine Nachricht aus der
Hauptstadt eingetroffen, die aller Säumnis ein jähes Ende
bereitete. Am 8. Juli, einen Tag nach dem Einzug der Preußen,
war Ludwig XVIII. unter Englands Protektion und der Zustimmung der anderen Monarchen nach Paris zurückgekehrt,
und zwei Tage später sind auch diese dort eingetroffen. Jetzt
muß jedes weitere Zaudern Napoleon verderblich werden. Er
will sich nun geradezu mit dem Kommandanten des englischen
Schiffes, Kapitän Maitland, in Verkehr setzen und von seinen
Feinden ein Asyl ansprechen. Mit diesem Gedanken hatte er
sich bereits in Paris getragen; jetzt sollte er zur Tat werden.
Als Maitland ihm sagen ließ, man werde ihn nach seinem
Wunsch nach England bringen, und als die meisten Personen
seiner Umgebung, Gourgaud voran, zurieten, entschloß er sich
das Beispiel jenes Atheners nachzuahmen, der, von seinen
Landsleuten verbannt und verurteilt, bei den Persern, die er
blutig bekämpft hatte, eine Zuflucht suchte und fand. Er habe
seine politische Laufbahn vollendet, schrieb er an den Prinzregenten nach London, er komme gleich Themistokles, um
am Herde des britischen Volkes niederzusitzen, und stelle
sich unter den Schutz seiner Gesetze. Und damit ging er am
15. Juli an Bord des feindlichen Fahrzeuges.

Hatte Napoleon vergessen, daß der Vertreter Großbritanniens nicht dahinter geblieben war, als man auf dem
Wiener Kongreß die Acht über ihn aussprach? Der Admiral,

zu dessen Kommando der „Bellerophon" gehörte, hatte lange
den strikten Befehl, sich seiner zu bemächtigen und ihn nach
Plymouth zu bringen. Worauf rechnete er also? Denn daß
er rechnete, ist wohl gewiß. Nun, seine Unterhändler hatten
aus ihrer zweiten Unterredung mit Maitland dessen Äußerung
mitgebracht, der Kaiser werde in England aufmerksam behandelt werden, denn dies sei ein Land, wo der Monarch und
seine Minister keine willkürliche Gewalt üben und wo die
Hochherzigkeit des Volkes und dessen freisinnige Meinung
noch über der Souveränität stehen. Darauf rechnete er, wenn
er sich freiwillig auslieferte. Aber sein Kalkül war falsch. Als
er den französischen Boden verließ, war er nicht der Gast,
sondern der Gefangene der Macht, die er stets aufs eifrigste
bekriegt hatte[1]).

Und wie ließ er das Land zurück, in das ihn seine un-
überwindliche Herrschsucht noch einmal geführt hatte! Im
Felde besiegt, von Feinden überschwemmt, von Parteien, die
sein Erscheinen vollends widereinander entfesselt hatte, zerrissen: das war Frankreich nach dem Tag von Waterloo. Kaum
war die Kunde von der verlorenen Schlacht nach der Provence
gelangt, so brach dort die royalistische Furie los und begann
unter den Bonapartisten, Republikanern und Protestanten von
Marseille, Nîmes, Avignon, Toulouse und Toulon eine Schläch-
terei, die den Schandtaten des jakobinischen Schreckens nichts
nachgab. Und wie der Pöbel unten, so wütete die Camarilla
oben gegen alle, die der Verführung des Korsen erlegen waren.
Eine Proskriptionsliste sammelte die Namen seiner Getreuen,
und wer nicht zu fliehen vermochte, ward hingerichtet. So
Labédoyère, der ihm vor Grenoble sein Regiment zugeführt,
so Ney, den bei Waterloo der Tod verschmäht hatte, selbst
als er ihn in Verzweiflung suchte. Und die Familie, deren
Mitglieder die Throne Europas bevölkert hatten, solange das

---

[1]) Es ist heute durch die Forschungen H o u s s a y e s („1815", III.,
398) erwiesen, daß Napoleon, wenn er nun einmal nicht sein Heil in heimlicher Flucht suchen wollte, sich noch immer für das kleinere Übel entschieden hatte, als er sich freiwillig England auslieferte. Denn bereits waren
Boten der königlichen Regierung nach Rochefort unterwegs mit dem Auftrag
an den Kommandanten der „Saale", ihn dem Engländer gefangen zu übergeben. Nur als Kuriosum sei hier erwähnt, daß er einmal auf St. Helena
meinte, er hätte besser getan, sich nach Österreich als nach England zu begeben. (G o u r g a u d, I., 579.)

allgebietende Zepter desjenigen die Welt verschüchterte, der
jetzt auf der Reede von Plymouth zum Schauspiel für englische Gaffer diente, sie war bald in alle Winde zerstoben,
heimatlos wie damals, als sie vor zweiundzwanzig Jahren aus
Ajaccio flüchten mußte.

In der Nacht vom 25. zum 26. Juli war der „Bellerophon" in See gestochen und am nächsten Morgen an die Küste
Englands gelangt, wo das Schiff unter strenger Bewachung
blieb, bis aus London die Entscheidung über das Schicksal
des Gefangenen eintraf. Dort hätte man es am liebsten gesehen, er wäre Ludwig XVIII. in die Hände gefallen und als
Rebell hingerichtet worden, wie der britische Premier Liverpool
noch am 21. Juli an Castlereagh schrieb[1]). Dem aber war
Napoleon entronnen, und man mußte sich wohl oder übel mit
seinem künftigen Los beschäftigen. Am 30. ward es ihm
verkündet. Da es sich mit den Pflichten gegen England selbst
und die Verbündeten seines Königs schlecht vertragen würde,
hieß es, wenn „General Buonaparte" Mittel und Gelegenheit
behielte, nochmals den Frieden von Europa zu stören, so sei
es notwendig, ihn in seiner persönlichen Freiheit zu beschränken. Man habe daher zu seinem künftigen Aufenthalt
die Insel St. Helena bestimmt, deren Klima gesund sei und
deren isolierte Lage es erlaube, ihn mit mehr Nachsicht zu
behandeln, als dies anderwärts die notwendigsten Vorkehrungen
zulassen würden. Man gestatte ihm drei Offiziere, einen Arzt
und zwölf Diener dahin mitzunehmen, die jedoch die Insel
ohne Erlaubnis der britischen Regierung nicht wieder verlassen dürften[2]). So das Urteil. Allzusehr mag es Napoleon
nicht überrascht haben, denn der Name St. Helena war schon
zur Zeit der Kongreßverhandlungen, wenn auch nicht offiziell,
so doch in Gesprächen genannt worden, und er mußte auf die
Entfernung von Europa um so mehr gefaßt sein, da sie ihm
schon auf Elba gedroht hatte. Wenn er also jetzt protestierte
gegen die Gewalt, die man ihm antat, wenn er sich darauf
berief, daß er ohne Zwang auf ein englisches Schiff gekommen
und daher Englands Gastfreund, nicht Englands Gefangener
sei, so konnte er damit nur Eins beabsichtigen: die öffent-

---

[1]) Wellington, Suppliamentary dispatches, XI., 47.
[2]) Montholon, Captivité, p. 60.

liche Meinung dieses Landes für sich zu stimmen und auf sie eine Wirkung auszuüben, die, wenn auch nicht sogleich, so doch vielleicht in nicht zu ferner Zeit sich geltend machte und seine Fesseln löste. Wir werden ihn forthin durchaus im Bann dieser Idee leben und handeln sehen. Freilich vergebens. Denn so einfach lagen die Dinge nicht, und nicht von England allein ward sein Geschick bestimmt. Zur selben Zeit, am 2. August 1815, wurde in Paris von Vertretern der Alliierten ein Vertrag unterzeichnet, der Napoleon als Gefangenen all der vier Mächte erklärte, die das Abkommen vom 25. März wider ihn getroffen hatten. Seine Bewachung nur und die Wahl des Ortes seiner Internierung ward England zugestanden; die übrigen Staaten behielten sich das Recht vor, Kommissare an seinen Bestimmungsort zu senden, um sich von seiner Gegenwart zu überzeugen[1]).

Am 7. August bestieg Napoleon das Linienschiff „Northumberland", das ihn nach St. Helena bringen sollte. Er hatte sich Bertrand, Montholon und Las Cases zu Begleitern erwählt, doch setzte es auch noch General Gourgaud durch, mitreisen zu dürfen. Die beiden Ersten nahmen ihre Familien mit. Außerdem begleitete der Schiffsarzt O'Meara vom „Bellerophon" den Kaiser. Der Abschied von Savary, dessen Begleitung die britische Regierung ausdrücklich verweigert hatte, und den anderen Personen der Suite wird als ein tiefbewegter geschildert. „Sie sehen, Mylord," sagte Las Cases zu dem kommandierenden Admiral, „hier weinen die Zurückbleibenden." Drei Tage später, am 10. August, hatte der „Northumberland" mit zwei Fregatten, die die Bedeckung trugen, den Kanal La Manche verlassen, und die Küste Europas verschwand vor den Blicken des Verstoßenen.

Am 15. Oktober kam die düstere Felseninsel mit ihren nahezu senkrecht gegen das Meer abfallenden Wänden in Sicht. In dem einzigen Hafen, Jamestown, legte sich der „Northumberland" vor Anker. Das für Napoleon bestimmte Landhaus zu Longwood, auf einer Hochebene mit etwas kühlerer Temperatur, war noch nicht in Stand gesetzt, und er

---

[1]) D'Angeberg, II., 1478.

bezog unterdes eine Wohnung in der nahen „Briars" benannten
Villa des Kaufmannes Balcombe, wo er mit den Hausleuten
aufs freundlichste verkehrte, mit den Kindern spielte und
sich manchen Scherz gefallen ließ. Erst im Dezember übersiedelte er nach Longwood. Dort ward in einiger Entfernung
ein Kordon gezogen, innerhalb dessen er völlig frei sich bewegen konnte; verließ er ihn, so hatte ihn ein englischer Offizier
zu begleiten[1]). Doch war ihm dies nicht gestattet, wenn Schiffe
in Sicht kamen; dann durfte auch weder er noch irgend jemand
seines Gefolges mit den Einwohnern verkehren. Alle Briefe,
die nach Longwood adressiert waren oder dort geschrieben
wurden, unterlagen der Durchsicht durch den Gouverneur.
Ein solcher war 1815 noch nicht ernannt, und der in diesen
Gewässern stationierte Admiral Cockburn vertrat einstweilen
dessen Stelle. Als Diesem Napoleon im November einen
Protest gegen die erwähnten Vorsichtsmaßregeln durch den
„Obersthofmarschall" Bertrand überreichen ließ und ihn
zurückerhielt, weil darin von einem „Kaiser" Napoleon die
Rede sei und der Admiral nur einen „General" Buonaparte
kenne, begann zwischen der Gefangenenkolonie und der
Behörde ein kleiner Krieg, der nur noch erbitterter geführt
wurde, nachdem der neue Gouverneur Hudson Lowe angekommen war und sein Amt mit mehr Pedanterie, als nötig
war, zu versehen begann. Auch er ließ den Kaisertitel nicht
gelten, da, wie er meinte, England Napoleons Imperatorwürde
niemals während seiner Regierung und nur vorübergehend
auf Elba anerkannt hätte, nach dem Bruche des betreffenden
Vertrages aber keineswegs mehr dazu verpflichtet wäre[2]).

---

[1]) In S e a t o n, „Napoleons captivity in relation to S. Hudson Lowe"
ist dieses Gebiet auf einer Karte von St. Helena verzeichnet; es umschrieb
13 engl. Meilen.

[2]) Dies war nicht ganz richtig, da das Protokoll der Châtilloner Konferenz vom 17. Februar 1814, das dem Kaiser seinen Titel gibt und dessen
„Erben und Nachfolger" gelten läßt, auch von den englischen Bevollmächtigten unterzeichnet worden war. (S. D'A n g e b e r g, Congrès de Vienne,
I., 110, und R o c h e c h o u a r t, Souvenirs, p. 309.) Die Titelfrage kam
auch einmal, Ende 1816, zwischen Napoleon und Admiral Malcolm, der
Cockburn ersetzte, zur Sprache. Als Dieser ihm vorstellte, daß man ihn doch
nicht mehr als Souverän behandeln könne, antwortete er: „Und warum
nicht? Man soll mir diese Ehren zu meinem Vergnügen in solcher Lage
lassen. Was kann das auf dieser Klippe schaden?" Auf die Frage aber:

Lowe hatte einmal Capri — nicht sehr glücklich — gegen die
Franzosen verteidigt und war in den Befreiungskriegen dem
Hauptquartier Blüchers zugeteilt gewesen. Dort mag er
allerdings wenig schmeichelhafte Urteile über den vernommen
haben, der jetzt seiner Obhut anvertraut war. Übrigens tat
er als Gouverneur seine Pflicht, wenn auch verdrossen und
verschlossen, wortkarg und seltsam, immer voll Mißtrauen
und um seine Autorität besorgt, aber ohne die Gehässigkeit,
die man ihm in Longwood zuschrieb[1]).

Hier hatte man den Kaiser in dem größten ebenerdigen
Haus, einem ehemaligen Meierhof, schlecht und recht untergebracht. Darin fand sich für ihn, neben einem wenig freundlichen Schlafzimmer samt Baderaum, ein Salon mit einem
Billard, worauf er gerne spielte, ein Speisezimmer und ein
Gemach das man, wie in vergangenen Zeiten, das „topo-
graphische Kabinett" nannte. In anstoßenden Nebengebäuden
wohnten noch die beiden Las Cases, Vater und Sohn, das
Ehepaar Montholon und General Gourgaud; Berthier mit
seiner Familie hatte ein etwas entfernteres Haus bezogen[2]). Soweit die Kräfte reichten, wurde der Schein des Hoflebens
aufrecht erhalten. Bertrand behielt seinen Titel eines Oberst-
hofmarschalls, Gourgaud bekam — wenn auch wohl nur scherz-
weise — den eines Oberststallmeisters und mit ihm die Fürsorge für die vier Wagen- und acht Reitpferde des Marstalls

---

ob man ihn demnach als Kaiser bezeichnen solle? mußte er mit Nein antworten, da er abgedankt habe; doch General sei er schon seit Ägypten nicht
mehr. Er schlug schlechtweg „Napoleon" vor, und dazu verstand sich
schließlich auch der Gouverneur. S c h l i t t e r , Die Berichte Stürmers
(d. österr. Kommissars) aus St. Helena, S. 61 u. 108.

[1]) Ich vermag auch heute dieses schon vor mehr als zwanzig Jahren
niedergeschriebene Urteil nicht zu ändern. Lord R o s e b e r r y's in
seinem Buch „The last phase" unternommener Versuch, im Sinn der alten
whigistisch-liberalen Parteitradition zugunsten des Gefangenen gegen die
Maßnahmen der torystischen Regierung und Lowes aufzutreten, hat auch
vor der unbefangenen wissenschaftlichen Kritik Englands (durch R o s e,
in „Napoleon", II., 539 ff., und in „Napoleonic studies", p. 305 ff., und durch
S e a t o n in „Napoleons captivity in relation to Sir Hudson Lowe", 1903)
nicht standzuhalten vermocht.

[2]) Zu des Kaisers persönlicher Bedienung waren Marchand, der erste
Kammerdiener, der „Mameluck" St. Denis, zwei Reitknechte und einige
Lakaien mitgenommen worden. Für den Haushalt sorgten ein Maître d'hôtel,
ein Kellermeister, ein Koch und ein Tafeldecker.

und eine Kutsche, in der Napoleon gegen Abend mit' den beiden
Frauen ausfuhr, d. h. wenn er sich überhaupt draußen sehen
ließ, was oft monatelang nicht der Fall war. Graf Montholon
überwachte das innere Hauswesen als eine Art Obersthof-
meister. Und auch dieser kleine Hof hatte seine Etikette.
Niemand trat beim Kaiser ohne Befehl ein und ohne eine
Audienz nachgesucht zu haben. Niemand durfte in seiner
Gegenwart sitzen, den er nicht dazu aufforderte, und oft stand
Bertrand stundenlang bis zur Erschöpfung. Zur Dinerstunde
erschienen die Damen in Toilette, die Herren in voller Uniform, der Kaiser selbst trug das Großkreuz der Ehrenlegion.

Anfangs hatte Napoleon den Vormittag im Bette zu-
gebracht, dann allein gefrühstückt und um 7 Uhr gespeist. Das
hatte zur Folge, daß er oft des Nachts das Bett verließ, um zu
lesen oder auch um ein Bad zu nehmen, dessen Zeitdauer er
jetzt, immer in der Annahme, daß es ihm besonders zuträglich
sei, maßlos ausdehnte. Erst später gewöhnte er sich an etwas
mehr Regelmäßigkeit, stand — von den Ärzten zu mehr Bewegung ermahnt — früh am Morgen auf und arbeitete mit
Hilfe seiner Diener und einer Anzahl gemieteter Chinesen in
seinem Garten. Ziegen und anderes Getier, das eindrang,
schoß er nieder. Da trug er gewöhnlich einen bequemen
Pflanzeranzug, den er Nachmittags mit seiner ehedem ge-
wohnten Uniform oder einem grünen Jagdanzug vertauschte.
Diese Kleider wiesen mit der Zeit Spuren ihrer Dienstleistung
auf, er legte sie aber doch nicht ab, um nicht englische Stoffe
tragen zu müssen. Seine übrige Zeit teilte er zwischen Arbeiten
an seinen Memoiren, die er meist Las Cases, Gourgaud oder
Montholon, oft viele Stunden lang, ohne zu ermüden, diktierte,
Billard- oder Schachspiel, der Lektüre der englischen Zeitungen, die er jetzt erst lesen lernte, und der neuer Bücher, die
ihm zugeschickt wurden. Des Abends, nach dem Speisen,
las er wohl auch selbst aus Voltaire oder Corneille, aus der
Odyssee oder der Bibel vor und war dann nicht eben erbaut,
wenn eine oder die andere der zuhörenden Frauen ganz re-
spektswidrig einschlief.

Weitaus fesselnder allerdings mag es für seine Umgebung
gewesen sein, wenn er über unterschiedliche ernste Lebens-
fragen, über Menschen und Dinge, seine Meinung äußerte.
Diese Meinung war nicht immer die gleiche, sie wechselte

oft je nach seiner Stimmung, aber sie war doch stets interessant. So zum Beispiel wenn er sich in Hypothesen über die
ewigen Dinge erging und die Frage nach der Herkunft der
Seele und ihrem Schicksal nach dem Tode aufwarf. Er war
dabei durchaus Materialist. „Wo ist die Seele bei einem
Säugling? Wo bei einem Verrückten?" fragte er. „Ein
Nagel in Euren Kopf getrieben, macht Euch wahnsinnig. Wo
ist da Eure Seele? Sie begleitet den Körper, sie wächst mit
dem Kind und geht mit dem Greis abwärts... Ich kann
mich nicht erinnern, was ich vor meiner Geburt war. Und was
wird aus meiner Seele nach dem Tode? Was den Körper betrifft, nun, der wird zur Steckrübe oder zur Karotte... Wer
einmal tot ist, ist gründlich tot... Was ist Elektrizität, Galvanismus, Magnetismus? Da liegt das große Geheimnis der
Natur. Der Galvanismus arbeitet in der Stille. Ich, für meinen
Teil, glaube, daß der Mensch das Produkt dieser Fludie und der
Atmosphäre sei, daß das Gehirn diese Fluide aufsauge, was das
Leben schafft, daß die Seele sich aus diesen Fluiden zusammen-
setze, die nach dem Tode in den Äther zurückkehren, von wo
sie dann durch andere Gehirne aufgesogen werden... Allerdings ist der Gedanke an einen Gott das Nächstliegende: Wer
hat das alles gemacht? Das ist der Schleier, den zu lüften
unsere Seele und unser Verständnis nicht ausreichen. Die
einfachste Idee wäre die, die Sonne anzubeten, die alles be-
fruchtet. Ich wiederhole, ich glaube, daß der Mensch das
Produkt der von der Sonne erwärmten Atmosphäre ist und
daß nach einiger Zeit diese Wirkung aufhört... Hätte ich
eine Religion zu wählen, so würde ich die Sonne verehren,
die alles belebt; sie ist der wahre Gott der Erde... Ich würde
am Ende auch an eine Religion glauben, aber nur an eine, die
vom Anfang der Welt an bestünde; doch da ist Sokrates,
Plato, Moses, Mahomet, und da glaube ich nicht mehr. All
das wurde von Menschen erfunden. Ich weiß, um religiös
zu sein, zu viel von der Geschichte und habe selbst genugsam
mit Religionen operiert.... Ich liebe diejenige Mahomets
besonders, denn sie ist weniger lächerlich als die unsrige; die
Türken nennen uns nicht umsonst Götzendiener. Auch hat
sie in zwanzig (ein andermal: in zehn) Jahren die halbe Welt
erobert, was dem Christentum erst nach drei Jahrhunderten
gelang... Ich bin nicht überzeugt, daß Jesus je gelebt habe,

und würde an die christliche Religion nur glauben, wenn sie
von jeher existiert hätte." Übrigens sei der Katholizismus
dem Anglikanismus vorzuziehen usw. Als der gläubige Gourgaud
meinte, der Kaiser werde auch noch einmal in Frömmigkeit
enden, antwortete Dieser, man werde erst fromm, wenn der
Körper schwach werde und man seinen Kopf nicht mehr in
der Gewalt habe ... Religion sei allerdings nötig, aber nur
um die Menschen gesellschaftlich zu festigen[1]). Und dann
erging er sich in zahllosen Gesprächen über Kirche und Staat
und über des Zweiten beste Einrichtung, wobei er sich von
der konstitutionellen Wendung, die er zuletzt in Frankreich
genommen hatte, mitunter recht weit entfernte, nicht, ohne
der Wahrheit näherzukommen. „Ich hatte vielleicht Unrecht, Kammern zu bilden", sagte er; „ich glaubte, es werde
mir nützen und mir Mittel verschaffen, über die ich, wenn ich
Diktator blieb, nicht verfügen konnte. Ich hatte Unrecht,
eine kostbare Zeit mit einer Konstitution zu verlieren, um
so mehr, als es von vornherein meine Absicht war, die Kammern
fortzuschicken, sobald ich mich als Sieger und außerhalb jeder
Verlegenheit (hors d'affaire) sah ... Ich folgte auch nur der
Mode, als ich mich mit einer Verfassung beschäftigte. Denn
eine beratende Versammlung ist eine schauderhafte Sache.
Die englische Verfassung taugt eben nur für England ...
Beratschlagende Körperschaften muß man nicht einführen;
die Menschen darin, auf die man rechnet, wechseln zu rasch
ihre Meinung. O, Waterloo! Waterloo! ... Alles hing von
Waterloo ab ... Ich bin der Meinung, daß für Frankreich gar
keine Verfassung taugt; das ist ein rein monarchischer Staat;
das will sagen: keine beratende Versammlung! keine gesetzgebende Körperschaft! Will man in einem Land eine Revolution anzetteln, dann braucht man nur eine repräsentierende
Körperschaft einzuberufen, und sofort bilden sich zwei Parteien,
und es entstehen Haß und Leidenschaften[2])."

    Und wie aufmerksam hörte man ihm zu, wenn er von seiner
Jugend und seinem Emporkommen erzählte. Freilich nicht
immer ganz richtig. So zum Beispiel wenn er seinem „Dis-

---

[1]) S. G o u r g a u d, Journal, I., 409, 435, 440, 451, 354; II., 22, 270,
275, 437 u. a. a. O.
[2]) E b e n d a, I. 93, 99, 103, 135, 325.

cours" über die Lyoner Preisfrage[1]) nachrühmte, er sei tatsächlich mit einem Preis im Wert von fünfzig Louis gekrönt
worden. Seine großen Erfolge in Frankreich hat er übrigens
nicht bloß seiner Persönlichkeit zugeschrieben. Als er einmal
Voltaires „Mahomet" vorlas und auf den Propheten zu sprechen
kam, sagte er, Dieser habe die Bedingungen für seine welthistorische Stellung vorgefunden, und fuhr fort: „Das ist so
wie bei mir. Auch ich fand alle Elemente für ein Kaiserreich
vor. Man hatte die Anarchie satt und wollte sie los sein. Wäre
ich nicht gekommen, so hätte wahrscheinlich ein Anderer das
Gleiche getan; Frankreich hätte immer die Welt erobert.
Ich wiederhole: ein Mensch ist nur ein Mensch. Seine Mittel
sind nichts, wenn ihn nicht Umstände und Stimmung (opinion)
begünstigen. Die Stimmung beherrscht alles[2])." Und so
sprach er, der so gerne im Reden sich gehen ließ, auch über
die Personen, die ihm gedient hatten und über die er nicht
immer sich vorteilhaft äußere, und über tausend unterschiedliche Dinge. Unter anderem auch über die Frauen im allgemeinen und die seinigen insbesondere, über die Anmut,
Schwatzhaftigkeit, Verschwendungssucht und Verlogenheit
Josephinens und über die Naivität, Verschwiegenheit und
Wahrheitsliebe Marie Luisens, von der er gelegentlich andeutete, daß sie ihm in Amsterdam das Leben gerettet habe[3]).
Und dann erzählte er nicht ohne Behagen von seinen kleinen
Abenteuern daneben, zuletzt noch in Lyon. Aber er ist den
Frauen für ihre Gunst nicht sonderlich dankbar, denn er erklärt, daß er eine etwas tiefere Neigung vielleicht nur einer
einzigen, Josephinen, in seinen jungen Jahren entgegengebracht
habe; er behauptet auch, daß man ihnen in Frankreich viel
zu viel Wichtigkeit (considération) beilege; sie dürften nie als
den Männern gleichwertig angesehen werden und seien in
Wahrheit auch nur Maschinen zur Kindererzeugung. Er fand

---

[1]) S. Band I, S. 37.
[2]) Gourgaud, II. 78.
[3]) Gourgaud, II. 196, 278: „Österreich hat mich gestürzt, jedoch
die Kaiserin hat mir in Amsterdam das Leben gerettet ... Ich war ohne
Hilfe; sie schickte mir ihren Arzt, ihre Pagen." In den Memoiren der begleitenden Personen und in M. Luisens Briefen findet man über diesen
Krankheitszufall nichts. Auch die Kleinkunst Massons (M. Louise,
p. 346 ff.) scheint hier versagt zu haben; er nimmt von der Anmerkung
Gourgauds keine Notiz.

es lächerlich, daß man einem Manne nur e i n e legitime Frau
gestatte. Ein andermal urteilt er besser über sie. Es sei gut,
sie zu Rate zu ziehen, sagte er, und wenn er noch einmal
auf den Thron kommen sollte, würde er zwei Stunden im Tag
dem Gespräch mit klugen Frauen widmen. Und daß er wieder
auf den Thron kommen werde, das schien ihm durchaus nicht
unmöglich. Er dachte noch „etwa dreißig Jahre" zu leben
und hielt „seine Karriere noch nicht für abgeschlossen[1])."
    Nicht wenig nahm die Fehde mit Lowe den Kaiser in
Anspruch. Ihm gegenüber geriet er mitunter in höchst ungerechten Zorn. Einmal drohte er ihm, dem Ersten, der
ohne seine Zustimmung über seine Schwelle treten würde, eine
Kugel vor den Kopf zu schießen, ein andermal nannte er ihn
seinen Henker, so daß der Gouverneur gar nicht mehr erschien,
sondern sich nur täglich durch den diensttuenden Offizier, der
übrigens seinen Schutzbefohlenen auch nur selten sah, über
die Anwesenheit Napoleons rapportieren ließ[2]). Napoleon
verfolgte dabei ein ganz bestimmtes System, dem die Hoffnung auf seine Erlösung zugrunde lag. Er wollte nicht fliehen
und auch nicht gewaltsam befreit werden. Die Gelegenheit
hierzu ward ihm wiederholt in Aussicht gestellt; namentlich
glaubten einige nach Amerika entkommene Getreue, von
dorther einen Überfall auf St. Helena wagen zu können. So
wollte im August 1816 ein Marineoffizier namens Fournier mit
vier Schoonern herübersegeln, um den Gefangenen zu entführen. Das lag aber keineswegs im Sinn Napoleons. Es erschien ihm seiner nicht würdig, und dann war er auch zu sehr
um seine persönliche Sicherheit besorgt. „Nicht sechs Monate",
sagte er zu Montholon, „könnte ich in Amerika sein, ohne von
den Mördern überfallen zu werden, die das im Gefolge des Grafen
von Artois nach Frankreich zurückgekehrte royalistische
Komitee gegen mich bedungen hätte. In Amerika sehe ich
nichts als Mord oder Vergessenheit, ich bleibe also lieber auf
St. Helena." „Mord oder Vergessenheit"; er fürchtete das
Eine wie das Andere. Aber damit war keinerlei Resignation
ausgesprochen, nein, er erwartete vielmehr zuversichtlich seine

---

[1]) G o u r g a u d, passim. Die Äußerungen über die Frauen, I., 390;
II., 8, 81. Vergl. damit oben S. 325.
    [2]) S. Briefe eines solchen Offiziers bei R o s e, Napoleonic studies,
p. 395 ff.

Befreiung von einem Sieg der britischen Opposition oder der
Vertreibung der Bourbons aus Frankreich. Als Lowe bald
nach seiner Ankunft sich anheischig machte, ein neues bequemeres Haus für ihn erbauen und binnen zwei Jahren herstellen
zu lassen, erwiderte er: „Ach, in zwei Jahren gibt es einen
Ministerwechsel in England oder eine neue Regierung in Frankreich, und ich bin nicht mehr hier[1].“ Dieser Überzeugung
entsprach völlig seine zwiefache Absicht: einerseits für sich
Stimmung unter den Engländern zu machen, und anderseits
das verlorene Zutrauen der Franzosen wiederzugewinnen.

Das Erste meinte er zu erreichen, wenn es ihm gelang,
den Beamten des Toryministeriums zu diskreditieren und sich
als das Opfer unerhörter Willkür hinzustellen. Darum wurde
jede der behördlichen Verordnungen in ihrer Tendenz ver-
dächtigt und in ihrer Wirkung übertrieben. Die Anordnung,
daß dem Gefangenen weitere Spazierritte nur in Begleitung
eines englischen Offiziers gestattet waren, ward mit dem Entschluß erwidert, völlig darauf zu verzichten und die für seine
Gesundheit nachteiligen Folgen davon auf das Kerbholz des
Gouverneurs zu setzen, der ihn der freien Bewegung beraube,
und der Regierung, die ihn in einem so verderblichen Klima
zugrunde gehen lasse. Als Lowe einmal die Verpflegungs-
frage — nicht allzu delikat — berührte, ließ Napoleon einen
Teil seines Silbergeschirres zerschlagen, um durch dessen
Verkauf, wie man erklärte, in den Besitz von eigenen Geld-
mitteln zu gelangen, d. h. um zu zeigen, zu welchen Opfern
der Geiz dieses Regimes ihn treibe. „Es blieb uns nichts
übrig,“ schrieb Las Cases schon am 30. November 1815 in sein
Tagebuch, „als moralische Waffen. Um von ihnen den wirksamsten Gebrauch zu machen, war es notwendig, unser Verhalten, unsere Empfindungen, selbst unsere Entbehrungen, in
ein System zu bringen: das war unerläßlich, damit ein großer
Teil der Bevölkerung Europas uns eine lebhafte Teilnahme

---

[1] Lowe gab dem französischen Kommissar Montchenu sein Ehren-
wort, daß Napoleon, der später diese Worte ableugnete, sie gesprochen habe.
Der Neubau wurde dann doch begonnen und 1820 fertiggestellt, von
Napoleon aber nicht bezogen. Bei G o u r g a u d (II., 129) findet sich eine
Stelle, wo er, 1817, dem König Ludwig XVIII. nur noch drei Jahre Lebens
prophezeit, worauf eine Krisis erfolgen werde. In England hatte er viel
Hoffnung, wie er sagte, auf die Prinzessin Charlotte gesetzt, die zu rasch
dahinstarb. (E b e n d a, I. 82.)

widmete und die Opposition in England nicht verfehlte, das
Ministerium wegen seines Benehmens gegen uns anzugreifen[1]."
Von „Entbehrungen" war natürlich nicht entfernt die Rede.
Napoleon hatte, etwa 500.000 Franken in Gold und Kredit-
briefen mitgenommen, die man vor dem Gouverneur ver-
heimlichte, der mit ungefähr 3—400.000 Franken jährlich
die Auslagen für den kaiserlichen Hofhalt (fünfundfünfzig
Personen) bestritt, was die englische Regierung etwas zu
hoch fand[2]. Man hatte auch von dem Silberservice ein
Dutzend Schüsseln und Teller für Napoleon zurückbehalten,
dem ein auf Steingut serviertes Diner Unbehagen verursachte.
Im ganzen lebte man, wie der Kaiser selbst im vertrauten
Kreise eingestand, recht gut[3]. Aber das durfte nicht nach
außen dringen; für die Außenwelt lebte man in einem mör-
derischen Klima, nährte sich kärglich, war bedrängt und
bedrückt von einem hartherzigen Diener der englischen Politik,
der den Kerkermeister nur zu wahr spielte. All das mußte
dann rasch und weithin bekannt werden. Das geschah in der
Weise, daß Napoleon „Briefe vom Kap der Guten Hoffnung"
entweder selbst diktierte oder durch Las Cases abfassen ließ,
die all die Sünden Lowes und die Leiden seiner Schutzbefohlenen
in einem langen Register darstellten. Diese Briefe gelangten
dann heimlich nach London und erschienen dort im Jahre
1817 in Übersetzung als das vorgebliche Produkt eines Engländers[4]. Da wurde die Temperatur als heiß und kalt in

[1] Forsyth, Captivity, I., 5. Las Cases hat die Stelle, die Lowe im
Original des Manuskriptes kannte, später unterdrückt. Lord Roseberry
hat ihre Existenz mit Unrecht in Zweifel gezogen. Sie befindet sich in den
Loweschen Papieren im Londoner British Museum.

[2] Die Höhe der Ziffer erklärt sich zum Teil aus den exorbitanten
Preisen auf der Insel. Über die Geldmittel des Kaisers verbreitet sich
Masson, Napoléon à Ste. Hélène, p. 314 f.

[3] „Wir sind hier ganz gut daran," sagte er, „haben eine gute Tafel,
und wenn wir uns beklagen, so ist es, weil man sich immer beklagen muß".
(Gourgaud, I., 342.) In einem Vierteljahr, vom Januar bis März 1817,
vertilgte die kleine Kolonie ein paar tausend Flaschen Wein, wobei jeder
Lakai täglich eine Flasche Kapwein erhielt. Der Verbrauch für den Tag
weist achtzig Pfund Fleisch, eine entsprechende Anzahl Hühner usw. auf.

[4] Die „Lettres from the Cap of Good Hope in reply to M. Warden,
Lettres written from Saint-Helena" (London, Picadilly, 1817) sind in Rück-
übersetzung als „Lettres du Cap de Bonne Espérance" in die Sammlung der
Werke Napoleons aufgenommen worden, die den Abschluß seiner offiziell

jähem Wechsel geschildert, obgleich Napoleon selbst einmal zu seiner Umgebung im Vertrauen geäußert hatte, wenn man schon im Exil leben müsse, sei St. Helena am Ende noch der beste Ort, die Witterung zwar einförmig und nicht gesund, aber die Temperatur doch mild und angenehm[1]). Und was den Aufenthalt — hieß es in den Kapbriefen — noch verderblicher in seinen Wirkungen mache, das sei die Beschränkung der freien Bewegung und des Verkehrs, die der neue Gouverneur dem Gefangenen auferlege, der keineswegs ein Gefangener sei, da er sich freiwillig unter Englands Schutz begeben habe, wo es doch in seiner Macht gestanden hätte, sich an die Spitze der Armee zu stellen und den Krieg weiterzuführen. „Es waren irrige Vorstellungen, die Napoleon sich von dem Einfluß eines freien, großen und hochherzigen Volkes auf dessen eigene Regierung gemacht hatte, die ihn dazu verleiteten, den Schutz der englischen Gesetze dem eines Schwiegervaters oder eines alten Freundes (Alexander I.) vorzuziehen." Das war an dieselbe Adresse gerichtet, an die sich auch die Schluß- phrase wandte, in der man den Stil Bonapartes kaum ver- kennen wird: „Das Schauspiel der Verfolgung und der Ungerech- tigkeit hat mich stets empört. Urteilen Sie, was ich empfand, als ich in so feiger Weise einen Mann quälen sah, der in sechzig Schlachten Sieger und einst der Gebieter so vieler Nationen und Könige gewesen war. Da sagte ich bei mir selbst: ‚Ich achte dich noch höher mit deiner Dornenkrone, die fremde Gewalt auf deine Stirn gedrückt hat, als mit den vielen Dia- demen, die sie ehedem geschmückt haben'."

Aber dieser Appell wird vergeblich sein. Denn schon im März 1817, als Lord Holland von der Opposition die Klagen Napoleons, wie sie durch Montholon in einer Beschwerde- schrift zusammengefaßt worden waren, vor das Oberhaus brachte, ergriff dieses die Partei des Ministeriums, und selbst hervorragende Parteigenossen Hollands stimmten gegen dessen

edierten Korrespondenz bildet (Band XXXI). Sie wenden sich an eine Lady C. und knüpfen an ein 1817 erschienenes Buch des Schiffsarztes Warden vom „Northumberland" an. Mit Lady C. ist wohl jene Lady Clavering, eine Französin, gemeint, an die Las Cases einen auf der Insel aufgelesenen Diener heimlich absenden wollte, der aber die Sache verriet und Las Cases' Arre- tierung und Trennung von Napoleon herbeiführte. (S c h l i t t e r, Stürmers Berichte, S. 49.)

[1]) L a s C a s e s, Mémorial, 1. Februar 1816.

Antrag, dem Parlament die Korrespondenz mit Lowe zur Beurteilung vorzulegen. Damit war die Sache Napoleons in England fürs erste abgetan, und die „Briefe vom Kap" blieben wirkungslos. Denn wenn auch die Whigs für ihn geltend machten, daß nur er an der Spitze Frankreichs imstande wäre, Rußland, dem aufstrebenden Rivalen Britanniens, auf dem Kontinent die Wage zu halten, so war man jetzt jeder Feindseligkeit so sehr überdrüssig, daß man diesen Grund für eine Befreiung des Gefangenen nicht zureichend fand[1]). Vielmehr verband sich das Kabinett Liverpool-Castlereagh mit den Festlandsstaaten auf dem Kongreß von Aachen zu einer Übereinkunft „in betreff der in England entstandenen und in einigen anderen Teilen Europas wiederholten Gerüchte von der Behandlung, die man jenem Manne angedeihen ließ, dessen düstere Berühmtheit noch nicht aufgehört hat, die Welt aufzuregen". Die Vertreter Rußlands, Österreichs, Preußens und Englands erklärten in einem Protokoll vom 31. November 1818: „daß die (verschärften) Instruktionen der britischen Regierung für Hudson Lowe die einmütige Zustimmung der Signatarmächte gefunden haben", und „daß aller Briefwechsel mit dem Gefangenen, jede Geldsendung oder sonstige Mitteilung, die nicht der Aufsicht des Gouverneurs unterworfen werde, als ein Angriff auf die öffentliche Sicherheit angesehen und bestraft werden müßte".

So machte der Kontinent Hand in Hand mit England, Rußland an der Seite der Briten, Napoleons Hoffnung auf eine Wendung der Dinge zu seinen Gunsten zunichte. Er selbst hatte bisher von seiner Taktik nur Nachteile gehabt. Denn durch den heimlichen Verkehr der Kolonie von Longwood mit Europa und Amerika, der Lowe nicht verborgen blieb, war dieser zur Verdoppelung seiner Vorsichtsmaßregeln veranlaßt worden, und wie er sich genötigt sah, schon im November 1816 Las Cases zu verhaften und von der Insel abzuschaffen, so

---

[1]) S. Schlitter, K. Franz I. und die Napoleoniden, S. 32. Es liegt eine auffallende Übereinstimmung darin, daß auch Napoleon in seinen Gesprächen mit Engländern, die ihn auf St. Helena mit Pässen des Gouverneurs besuchten und die er sämtlich in der gewinnendsten Weise empfing, dieses Moment zur Sprache brachte. „Rußland", sagte er z. B. im Sommer 1817 zu Lord Amherst, „ist die Macht, die jetzt am meisten zu fürchten ist. Frankreich und England sind die einzigen Staaten, in deren Interesse es liegt, sich ihren Plänen zu widersetzen." (W. Scott, Napoleon, 9. Bd. Anhang IX)

war er anderthalb Jahre später O'Meara gegenüber zu dem
gleichen Verfahren bemüßigt. Vielleicht hatten es beide auf
ihre Entfernung angelegt, um als Apostel für die Sache des
Verbannten zu wirken[1]). Unter den Beschränkungen, die sich
Napoleon in seinem kleinen Krieg mit dem Gouverneur auf-
erlegt hatte, gab es welche, die ihm geradezu schädlich wurden.
So namentlich der Mangel an Bewegung. Er wurde krank.
Da er nun nach O'Mearas Abgang die ihm von Lowe empfohlenen Ärzte verschmähte, ward durch Fesch ein Italiener,
namens Antommarchi, ein junger Chirurg von korsischer
Herkunft, nach St. Helena gesandt, der dort im September
1819 anlangte. Er war es namentlich, der Napoleon zu einer
Änderung seiner Lebensweise bewog und ihn bestimmte, im
Garten zu arbeiten, Ausflüge zu Pferde zu machen und eine
Art Waffenruhe mit dem Gouverneur zu schließen, der auch
seinerseits entgegenkam, indem er das seinem Gefangenen
zugewiesene und ohne Wache zugängliche Gebiet erweiterte.
Was hätte nun auch noch die Fehde genützt? Die öffentliche
Meinung Englands ließ sich ja doch nicht gewinnen, Napoleons
Zustand aber, den Antommarchi ebensowenig erkannte
als O'Meara und andere Ärzte, wurde inzwischen unheilbar
und verschlechterte sich trotz dem veränderten Körperregime
von Tag zu Tag. Es waren die Symptome eines vom Vater
ererbten Leidens, des Magenkrebses, die sich nun in immer
häufigeren stichartigen Schmerzen und in Übelkeiten äußerten.

In der Sylvesternacht des Jahres 1820 erzählte er zum
letzten Mal in vertraulicher Weise aus vergangenen Zeiten.
Dann nahm seine Krankheit einen raschen Verlauf. Der stets
unruhige, stets arbeitsame Mann wurde matt und müde, lag
auf seiner Bergère und fand keinen Geschmack mehr an irgend
welcher Beschäftigung, zu der er sich gleichwohl noch zwang,
indem er ab und zu diktierte und seine Papiere ordnete. Nur

---

[1]) Auch Gourgaud verließ St. Helena in den ersten Monaten des Jahres
1818 angeblich wegen eines Zwistes mit Montholon, (Schlitter, Stürmers
Berichte, S. 122, 127.) in Wahrheit aber soll er die Mission erhalten haben,
in Briefen an den Kaiser von Rußland und Marie Luise das Interesse des
Verbannten zu vertreten. Vgl. hierüber den Exkurs in Gonnards „Les
origines de la légende napoléonienne", p. 342 ff., wogegen sich Masson in
„Autour de Ste Hélène" wendet, der die Mission in Abrede stellen will.
Immerhin hatte sich Gourgaud eine gewisse Unabhängigkeit der Gesinnung
bewahrt.

mit Mühe ließ er sich bewegen, ins Freie zu gehen. Er magerte
zusehends ab, da er keine Nahrung mehr vertragen konnte.
Sein Puls, der gewöhnlich nie mehr als 60 bis 65 Schläge
gezählt hatte, wurde nun fieberhaft. Antommarchi, der es
an Sorgsamkeit mitunter fehlen ließ, genügte Napoleon nicht,
und er erbat sich einen älteren und erfahrenen Arzt der Pariser
Klinik. Bevor aber sein Wunsch den Kontinent erreichen
konnte, sollte er zu leben aufgehört haben. Am 15. April,
nachdem ein englischer Feldscher, Dr. Arnott, den der
Kaiser schließlich als Aushilfsarzt zuließ, wenigstens die
Gefährlichkeit des Zustandes erkannt hatte, diktierte er Montholon sein Testament, worin er die vier bis fünf Millionen
Franken, die vor seiner Übersiedlung nach Malmaison dem
Tuilerienschatz entnommen und bei dem Pariser Bankier Lafitte
hinterlegt worden waren, und andere Reliquien unter seine
getreuesten Anhänger verteilte. Auch tat er darin kund,
was er als seine politischen Grundsätze verbreitet wissen wollte.
Kurz darauf wurden die Brechanfälle so häufig und offenbarten
so bedenkliche Anzeichen, daß man bei dem jähen Schwinden der
Kräfte den Tod in drohendster Nähe vermuten mußte. Am
30. April verwirrte sich zeitweilig sein bis dahin klares Bewußtsein; am 3. Mai verließ es ihn ganz. In der zweitnächsten
Nacht begann der Todeskampf, und am Abend darauf, am
5. Mai 1821, zehn Minuten vor sechs Uhr, starb er[1]). Nach
der von ihm befohlenn Sektion, die den völlig zerstörten
Magen aufwies, ward der Leichnam einbalsamiert und mit der
Uniform bekleidet, die der Kaiser ehedem zu tragen pflegte;
in der Nähe von Longwood wurde er bestattet. Die Kanonen
von St. Helena grüßten den toten Feind, und Britanniens
Offiziere standen in bewegter Ehrfurcht um sein frisches Grab.

Der Geschichtschreiber Napoleons I. darf hier, nachdem
die geistdurchglühten Augen des außerordentlichen Mannes
sich für immer geschlossen haben, die Feder noch nicht fort-

----

[1]) Man verfolgt die letzten Lebensstadien des Kaisers und den Eintritt
der Katastrophe heute am besten an der Hand der Tagebuchnotizen Hudson
Lowes und der Aufzeichnungen Dr. Arnotts, die zwar schon früher einzelnen
Forschern gedient haben, aber erst in der jüngsten Zeit veröffentlicht worden
sind. Vgl. meinen Aufsatz „Der sterbende Napoleon" in „Histor. Studien
und Skizzen", III., 231 ff.

legen. Er hat noch mit einem reichen Nachlaß abzurechnen,
der sich seiner Beurteilung um so weniger entzieht, als er
geradezu eine Berufung an das Gedächtnis kommender Geschlechter bildet. Denn nur der Kampf mit dem Tode hat in
dem Verstorbenen den um seine Geltung abgelöst, und vielleicht nirgends hat er diesen mit mehr Eifer und Unermüd-
lichkeit geführt als auf dem Felseneiland im Atlantischen
Ozean. Wir wissen bereits, wie emsig er sorgte, einen Umschwung in England zu seinen Gunsten hervorrufen zu helfen;
die „Briefe vom Kap" sind in diesem Sinne abgefaßt, und
jedes Gespräch mit englischen Besuchern war darauf angelegt.
Aber wir wissen auch, daß er noch ein zweites Ziel verfolgte:
in Frankreich, und hier vor allem, sollte man den Glauben
an ihn wiedergefunden haben, wenn wieder einmal das französische Volk das Joch der Bourbons abwarf. Und in dieser
Absicht ist er rastlos tätig, seitdem er den Fuß auf den
„Northumberland" gesetzt hat. Immer wieder finden wir in
seinen Gesprächen die Sorge ausgedrückt, die Geschichte
könnte, wegen seiner letzten Niederlage, nicht genug Notiz
von ihm nehmen, und er meinte wohl auch, es wäre für seinen
Nachruhm besser gewesen, an der Moskwa, vor Dresden oder
bei Waterloo zu fallen. Da konnte er dann zuweilen ganz
offenherzig von den Fehlern seiner Politik sprechen, unter
denen er insbesondere die Expedition nach San Domingo und
die nach Spanien anführte, und wie er besser getan hätte,
den Waffenstillstand von 1813 nicht zu schließen, auf dem
Prager Kongreß nachzugeben oder die Bedingungen von
Châtillon anzunehmen[1]). Aber in seinen Schriften durfte
davon nichts stehen, die er schon auf dem Schiff und später
in Briars und Longwood, oft in eiligster Hast, als gäb' es etwas
zu versäumen, diktierte. Darin mußte vor allem sein Ansehen
als Kriegsmann untadelhaft wieder zu Ehren kommen. Deshalb wurde an dem Flecken von Waterloo geschabt und ge-
scheuert, bis in der Tat nicht mehr Napoleon es war, der die
Schlacht verloren hatte, sondern Grouchy, der, obwohl auf
der Straße gegen Wavre (!) den Preußen nachgeschickt, durch
schlechte Operationen den ganzen Erfolg von Ligny illusorisch
machte. Und daß dieser Erfolg nicht noch entscheidender

---

[1]) G o u r g a u d, I., 199, 402; II., 71, 265, 346, 506.

gewesen war, daß Blücher zwei Tage später wieder fechten
konnte, das hatte auch keineswegs Napoleon, das hatte einzig
Ney verschuldet, der am 16. trotz aller Weisung nicht eilig
genug herankam. Was Wunder, wenn unter solchen Umständen
die genialen Entwürfe des Kaisers scheiterten?[1]) So diktierte
Napoleon, und so schrieben es seine Offiziere nieder. Das war
der Lohn Grouchys, der sich in Amerika den Kopf zerbrach,
wie er seinen Herrn aus der Gefangenschaft befreien könne,
und Neys, der, kaum daß seinen Leichnam die Erde deckte,
auch von demjenigen verurteilt ward, für den er den Tod erlitten hatte[2]). Das Manuskript des „Feldzugs von 1815" gelangte ebenso heimlich wie die „Briefe vom Kap" nach Europa
und erschien dort im Jahre 1818 im Druck. Als Autor war
Gourgaud genannt, doch verriet jede Zeile den wahren Verfasser. Nun, das Werk erfüllte seinen Zweck, und so vollständig, daß noch mehrere Jahrzehnte später Historiker von
Ansehen den Vorspiegelungen des Gefangenen von St. Helena
sich blindlings überließen. Aber auch seine anderen Mißerfolge
im Felde mußten vertuscht werden. In Rußland, gegen das
der Krieg „aus einem Mißverständnis" entsprang, erzählte er

---

[1]) Man vgl. z. B. mit den heute erwiesenen Tatsachen, wie sie im vorigen
Kapitel in Kürze dargelegt wurden, folgende Stelle in Napoleons „Campagne
de 1815": „Der Marschall Grouchy ging mit der Kavallerie von Exelmans
und Pajol, dem dritten und vierten Infanteriekorps und der Division Teste
vom sechsten ab. Es war ihm empfohlen, der preußischen Armee auf den
Fersen zu bleiben und sie am Sammeln zu verhindern, und er erhielt den
bestimmten Auftrag, sich immer nur zwischen der Chaussee Charleroi-Brüssel
und dem Marschall Blücher zu halten, um fortwährend in Fühlung mit der
Armee und in der Lage zu sein, sich mit ihr zu vereinigen. Es war wahrscheinlich, daß sich der Marschall Blücher auf Wavre zurückziehen werde;
er mußte zur selben Zeit dort sein." S. oben S. 342.

[2]) Aus Anlaß der Exekutionen Neys und Labédoyères sagte Napoleon
von ihnen: „Man darf sein Wort niemals brechen; ich verachte die Verräter" — als ob er nicht selbst sie dazu verleitet hätte. Ein andermal: „Ney
hat sich entehrt. Er hätte nach Paris zurückkehren sollen, was viel nobler
gewesen wäre." Und über Labédoyère, den er übrigens nie gemocht hatte:
„Er handelte aus Fanatismus und beging Verrat, da er dem König Treue
geschworen hatte." Also war es richtig, was er selbst von sich sagte: „Ich
liebe nur diejenigen, die mir nützlich sind, und nur solange, als sie es sind!"
Dann war es wohl auch nicht unrichtig, wenn Bertrand zu Gourgaud bemerkte: „Dieser Charakter ist die Ursache, warum er keine Freunde und so
viele Feinde hat und warum wir hier auf St. Helena sitzen." (Gourgaud,
I., 77, 136, 223, 491 f.; II., 444.)

O'Meara, sei eben nur die zu frühe Kälte schuld an dem Unglück
der Armee gewesen. Er hatte eine Berechnung des Wetters
auf fünfzig Jahre nach rückwärts gemacht und gefunden, daß
die strengste Kälte nie vor dem 20. Dezember, also zwanzig
Tage später begonnen habe als 1812. Bei 18 Grad Réaumur
seien in einer Nacht 30.000 Pferde umgekommen. Man habe
die Artillerie, den Schießbedarf und die Lebensmittel nicht
mehr befördern, den Feind nicht rekognoszieren können,
worauf die Truppen in Unordnung geraten seien. Die Schlacht
an der Moskwa habe er mit 90.000 Mann gegen 250.000 Russen
gewonnen, in der brennenden Metropole sich mitten in die
Flammen gewagt, sich Haar und Brauen und die Kleider
versengt usw. All das ward willig angehört und aufge-
schrieben, um bald nachher als historische Wahrheit in die
Welt zu gehen.

Nebenher diktierte Napoleon noch unterschiedliches Andere: die Erzählung von den Anfängen seiner militärischen
Karriere, seinen Anteil an der Belagerung Toulons, an den
italienischen Kriegen, sein Unternehmen in Ägypten, den Feldzug von 1800, kurz alle seine Leistungen im Dienste der Revolution. Aber auch nur diese. Warum? Warum nicht auch
seine Großtaten bei Austerlitz und Jena, bei Friedland und in
Bayern? Schnitt etwa der Tod den Faden der Erzählung
durch? Nein, denn wir erfahren, daß er im letzten Jahre
kriegsgeschichtliche Werke zur Beurteilung der Taten Cäsars,
Turennes, Friedrichs des Großen verfaßt hat, die uns gleichfalls überliefert sind. Was konnte ihn wohl abgehalten haben,
nicht noch mehr und Größeres von sich zu berichten? Ein
einfaches Raisonnement, das ihn schon bei seinem Entweichen
von Elba geleitet hat: die Bourbons mußten durch die Revolution gestürzt werden; nun, er war der Mann der Revolution gewesen, seht, wie er für sie gestritten hat, man kann
keinen besseren finden. Darum aber auch kein Wort von der
Zeit, in der er als Selbstherrscher Frankreich regierte, und auch
nichts von den Eroberungskriegen, die seine Universalherrschaft
begründen sollten und Europa gegen ihn aufbrachten: alles
nur Freiheit und Weltfriede! das war die Tendenz. Allerdings
konnte es passieren, daß sich in die Berichte Montholons ein
Gespräch Napoleons mit einem englischen Offizier einschlich,
wo er meinte, je weniger Freiheit die Monarchen zu geben

wünschten, um so mehr müßten sie davon sprechen, denn
die eiserne Rute, mit der man die Menschen regiere, müsse
vergoldet sein. Aber derlei war selten. Im ganzen geht
durch all diese Gespräche das eine Thema hindurch: die
Bourbons wird man verjagen, denn sie repräsentieren nur ein
Königtum des Adels und der Priester, nicht des Volkes; dieses
selbst dürfe die Herrschaft nicht an sich reißen, davor bewahre
Frankreich die Erinnerung an die Schreckenszeit des Konvents und an die Jämmerlichkeit des Direktoriums; den einzigen Ausweg biete also nur die volkstümliche Monarchie.
Daß er sich diese freilich möglichst uneingeschränkt dachte,
wissen wir bereits aus seinen vertraulichen Äußerungen zu
Gourgaud. Dem antwortete er einmal auf die Bemerkung,
daß in China der Herrscher wie ein Gott verehrt werde,
so sollte es auch sein. „Bei einer monarchischen Verfassung",
sagte er zu seiner Umgebung im Sommer 1816, „kann nur
in der Herrschaft m e i n e r Dynastie eine Bürgschaft für die
wahren Interessen des Volkes liegen, weil sie die Schöpfung
des Volkes ist."

Als er so sprach, war er noch voll Hoffnung für sich
selbst. Fünf Jahre später, zwei Wochen vor seinem Tode,
äußerte er sich ähnlich, doch jetzt nur noch im Interesse
seines Kindes. „Die Bourbons," meinte er da zu Montholon,
der die Worte seinem Sohne weitergeben sollte, „die Bourbons
werden sich nicht halten. Wenn ich tot bin, wird überall,
selbst in England, eine Reaktion zu meinen Gunsten stattfinden. Mein Sohn wird nach bürgerlichen Unruhen auf den
Thron gelangen. Man verrichtet nur Großes in Frankreich,
wenn man sich auf die Massen stützt. Mein Sohn muß ein
Mann der neuen Ideen und der Sache sein, die ich überall
habe obsiegen machen; er muß überall die neuen Ideen ausführen, welche die Spuren des Feudalwesens vertilgen, die
Würde des Menschen sichern und die Keime der Glückseligkeit
entwickeln, die seit Jahrhunderten schlummern; er muß der
Allgemeinheit zuteil werden lassen, was bis jetzt das privilegierte
Besitztum von Wenigen gewesen ist; er muß Europa in unauf-
lösbare Föderativbande vereinigen und in allen bis jetzt noch
unzivilisierten Teilen der Welt die Wohltaten des Christentums
und der Zivilisation verbreiten. Das muß das Ziel aller Gedanken meines Sohnes sein, das ist die Sache, für die ich als

Märtyrer sterbe. An dem Haß, mit dem mich die Oligarchen verfolgen, möge er die Heiligkeit meiner Sache ermessen." Gut. Aber was war das mit den „unauflösbaren Föderativbanden"? War es wieder die internationale Föderation, wie er sie unter seiner Vorherrschaft erstrebt hatte? Das konnte seine Meinung jetzt nicht mehr sein, und sie war es auch nicht Die nationalen Kräfte eines ganzen Erdteils hatten Frankreich aus der Politik des „Grand Empire" in seine von seinem Volkstum umschriebenen Grenzen zurückgedrückt. Diese Kräfte heischten Anerkennung. Und darum sagte er jetzt auch: „Es gibt nationale Wünsche, die früher oder später befriedigt werden müssen; auf dieses Ziel muß man losgehen." Und wie er sich das dachte, hatte er bereits einmal Las Cases anvertraut: „Man zählt in Europa, obwohl zerstreut, dreißig Millionen Franzosen, fünfzehn Millionen Spanier, fünfzehn Millionen Italiener, dreißig Millionen Deutsche. Ich hätte aus jedem dieser Völker einen einzigen nationalen Körper (un seul et même corps de nation) machen wollen." So empfahl er — gewitzigt und belehrt durch den Sieg eines mächtigen Prinzips, dem er erlegen war — dem künftigen Beherrscher Frankreichs ein nationales System im Innern und nach Außen[1]).

Und wie seine Werke und Diktate sein Bild aus der rauhen Wirklichkeit der Tatsachen in eine ideale Sphäre erheben sollten, so suchte er dies auch mit seinem letzten Willen zu erreichen, immer im Hinblick auf die Zukunft seiner Dynastie in Frankreich und mit der gleichen Geringschätzung der Wahrheit. „Ich wünsche," heißt es da, „daß meine Asche an den Ufern der Seine ruhe, inmitten des französischen Volkes, das ich so sehr geliebt." Dann: „Ich empfehle meinem Sohne, nie zu vergessen, daß er ein geborener französischer Prinz ist, und sich niemals zum Werkzeug in den Händen der drei Herrscher gebrauchen zu lassen, die die Völker Europas bedrücken. Er darf Frankreich niemals bekämpfen, ihm auf keine Weise schaden, er muß meinen Wahlspruch annehmen: „Alles für das französische Volk." Ja, um in Frankreich gar keines der der breiten Masse des Volkes heiligen Gefühle zu verletzen — und wohl auch aus einem schließlich erwachten

---

[1]) Montholon, S. 266 ff. der deutschen Ausgabe; Las Cases, Mémorial, VII., 169—176.

Bedürfnis — hat er, der ehedem Ungläubige, Priester nach
St. Helena kommen, an seinem Sarge beten lassen und in sein
Testament geschrieben: „Ich sterbe in der apostolischen und
römischen Religion, in deren Schoß ich vor länger als fünfzig
Jahren geboren wurde[1])." Sollte es aber Franzosen geben, die
mit den Grundsätzen eines religiösen Gemütes die Hinrichtung
des Herzogs von Enghien nicht vereinbar hielten, so sollten sie
jetzt gleichfalls aus dem Testament von St. Helena erfahren,
„daß sie notwendig war für die Sicherheit, das Interesse und
die Ehre des französischen Volkes zu einer Zeit, als der Graf
von Artois nach seinem eigenen Geständnis sechzig Meuchelmörder in Paris besoldete", derselbe Graf von Artois, der
nächstens als Karl X. König von Frankreich werden wird.

Dies war die geistige Hinterlassenschaft des Kaisers,
dessen Ehrgeiz selbst am Rande des Grabes darauf bedacht
war, sich zu genügen, und zu diesem Zweck mitunter selbst
zu unerlaubten Mitteln griff. Und mit reichem Erfolg. Als
das Regiment Ludwigs XVIII. zu Ende ging und das seines
Bruders begann, dessen sich jeder tüchtige Franzose schämte,
und als dann eine neue Revolution nur zu erreichen wußte,

---

[1]) Schon einige Jahre früher hatten sich in seine Gespräche über das
Wesen der Religionen einzelne Aussprüche eingeschlichen, die Bertrand auf
die Meinung brachten, daß er im Grunde religiös sei, was freilich damals
noch nicht zutraf. So sagte er einmal, in den ersten Monaten des Jahres 1817:
„Die Vergebung der Sünden ist ein schöner Gedanke, er macht die Religion
schön und unvergänglich. Niemand kann sagen, er glaube nicht oder werde
nicht eines Tages glauben." Ein andermal meinte er: nur ein Narr könne
behaupten, daß er ohne Beichtvater sterben werde; gäbe es doch so viele
Dinge, die man nicht wissen und sich nicht erklären könne. Später äußerte
er sich zu Autonmarchi: „Nicht jeder ist Atheist, der es sein will." Im
Jahre 1820 finden wir zwar noch den Ausspruch: „Obgleich ich fühle, wie
ich jeden Tag schwächer werde, so bin ich doch noch nicht so weit herunter,
um den Trost der Religion zu bedürfen." Doch er fügte hinzu:: „Aber wer
weiß? Selbst Voltaire verlangte vor seinem Tode die Tröstungen der Religion,
und vielleicht könnte auch ich viel Trost und Erquickung in der Gesellschaft
eines Priesters finden, der fähig wäre, mir Geschmack an religiösen Gesprächen einzuflößen und mich fromm zu machen."(G o u r g a u d, I., 474;
II., 43 u. a, a. O.) In der Tat konnte einer der Geistlichen, die Fesch ihm
nach St. Helena geschickt hatte, Abbé Vignali, nach seinem Ableben Marie
Luisen nach Parma melden, ihr Gatte sei gestorben, „nachdem er sieben
Tage vor seinem Ende mit den Sterbesakramenten versehen worden war,
und mit den religiösesten Gefühlen im Herzen." (Neipperg an Metternich,
1. Oktober 1821. S. Anhang.)

daß eine Politik selbstsüchtigen Krämergeistes die der Unvernunft ablöste: da sproßte die Saat von St. Helena auf dem
von Haß und Unzufriedenheit durchpflügten Boden Frankreichs jäh empor. Die besten Dichter der Nation brachten
die junge Legende in Verse, und so mächtig waren die Gemüter
von der Erinnerung an die ruhmvolle Zeit eines größeren Herrschers erfüllt, daß auch der ernste Beruf des Historikers der
Strömung unterlag. War es nicht, als ob man sich nach Napoleons eigener Vorschrift gehalten hätte, um seine Geschichte
zu schreiben? „Ein französischer Historiker, der das Empire
schildern will," hatte er im Jahre 1816 einmal gesagt, und
seine Worte zogen durch die Welt, „wird, wenn er sonst Mut
besitzt, mir mein gut Teil Geltung zugestehen müssen. Ich
habe den Krater der Anarchie geschlossen und das Chaos
entwirrt. Ich habe die Revolution von ihrem Schmutz gereinigt,
die Völker veredelt, die Könige befestigt. Ich habe einen allgemeinen Wetteifer angeregt, jedes Verdienst belohnt, die
Grenzen des Ruhmes weit hinaus erstreckt. Das ist wohl etwas.
Und weswegen könnte man mich angreifen, wo ein Geschichtschreiber mich nicht zu verteidigen vermöchte? Etwa wegen
meiner Absichten? Da weiß er genug, um mich loszusprechen.
Oder wegen meines Despotismus? Da wird er zeigen, daß die
Diktatur notwendig war. Wird man sagen, ich hätte die Freiheit
verhindert, so wird er beweisen, daß Zügellosigkeit, Anarchie
und Unordnung noch vor der Tür standen. Wird man mich
anklagen, ich hätte zu sehr den Krieg geliebt, so wird er darlegen, daß nur immer i c h der Angegriffene war. Wird man
mich beschuldigen, daß ich die Weltherrschaft für mich gewollt, so wird er sie als das Werk der Umstände dartun und
wie es meine Feinde selbst waren, die mich Schritt für Schritt
dahin gebracht haben. Oder endlich, soll mein Ehrgeiz der Schuldige sein? Nun, er wird davon ohne Zweifel viel in mir finden,
aber vom höchsten und erhabensten, der je gewesen ist, vom
Ehrgeiz, endlich die Herrschaft der Vernunft und die freie
Ausübung aller menschlichen Fähigkeiten zu begründen und
sicherzustellen. Und da wird der Historiker nur bedauern
müssen, daß ein solcher Ehrgeiz unerfüllt geblieben ist[1]."
Das war die Parole für die Geschichtschreiber, und so

---

[1] L a s C a s e s, Mémorial, 1. Mai 1816. Correspondance, XXXII., 264.

bestimmt klang das Kommando des unsterblichen Generals, daß man ihm noch dezennienlange nach seinem Tod gehorchte. Es kam die Zeit, es war im Jahre 1840, wo seine Leiche im Triumph nach Paris gebracht und im Dom der Invaliden beigesetzt wurde, und wo ein Minister Louis Philipps in der Kammer mit den Worten an ihn erinnerte: „Er war Kaiser und König, der legitime Souverän unseres Landes; als solcher könnte er in Saint-Denis ruhen. Aber ihm gebührt mehr als die gewöhnliche Grabstätte der Könige." Ja, es kam der Augenblick, wo die Legende von St. Helena selbst den Thron von Frankreich bestieg, und erst als die Herrschaft Napoleons III. nicht zu halten vermochte, was die sorgsam gehegte bonapartistische Tradition so freigebig versprochen hatte, da gelangte endlich auch die Wissenschaft zu ihrem Recht, die auf dem Bilde des Imperators die Schatten nicht tilgen darf, wenn sie gleich in ihm der Größten einen, die je gelebt, nie verkennen wird.

Unter den Vorschriften des Gefangenen von Longwood für den, dem er den Weg zu bereiten meinte und dessen baldiges Ende er nicht ahnte, findet sich auch die folgende: „Möge mein Sohn oft die Geschichte studieren und darüber nachdenken, denn sie ist die einzig wahre Philosophie."

Aber gewiß nur dann, wenn sie selbst wahr ist.

Anhang.

I.

Literarische Anmerkungen.

Zum ersten Kapitel. Über die Verhandlungen mit dem Papste und das Konzil von 1811, an Darstellungen: H a u s s o n v i l l e, L'église romaine et le premier Empire, vol. III und IV (grundlegend), und ergänzend (nach Akten des Pariser Nationalarchivs): W e l s c h i n g e r, Le Pape et l'Empereur, 1804—1815, Par. 1905; ferner: A r t a u d, Pie VII, II; M a j o l d e L u p é, Un pape prisonnier, im „Correspondant" von 1887; H. C h o t a r d, La Pape Pie VII à Savone, 1887 (nach der Korrespondenz des Generals Berthier mit Borghese und den Memoiren Lebzelterns); D e P r a d t, Les quatre concordats (unzuverlässig; vgl. N a p o l e o n s Bemerkungen dazu in Corresp. XXX); die Memoiren T a l l e y r a n d s, II., P a c c a's, II; R a n c e - B o u r r a y, Mémoire inédit de C o n s a l v i sur le concile de 1811 (Université cathol. XIV); R i c a r d, Le concile nationale de 1811; D e r s e l b e, Correspondance diplomatique et mémoires inédits du card. Maury, II; G o s s e l i n, Vie de M. Emery; G r a n d m a i s o n, Napoléon et les cardinaux noirs; A u l a r d, Napoléon et le clergé hollandais (La Révol. fr., 1902); D u d o n, Napoléon et les congrégations (Études de la Comp. Jésus, 1901); M a d e l i n, La domination française à Rome, 1809 à 1813 (Rev. d. d. m. 1905); D e r s e l b e, La Rome de Napoléon, Par. 1906. Über Metternichs Reise nach Paris im Jahre 1810 und deren Erfolge: M e t t e r n i c h, Nachgelassene Papiere, II; B e e r, Zur Sendung Metternichs nach Paris, 1810 (Mitt. d. Inst. f. öst. Gesch. XVI); D e m e l i t s c h, Metternich I (nach Lebzelterns Nachlaß). Über die Beziehungen zu Spanien außer den Briefen Napoleons: Memoiren J o s e p h s, Miots v. Melito, Massenas, VII, Jourdans, Suchets, Thiébaults, IV, Reisets, II, Delagrave's (Par. 1902), G o n n e v i l l e's, L e j e u n e's, II, Marbots (Vorsicht!) Fririon, Journal historique de la campagne de Portugal; F o y, Histoire de la guerre de la Péninsule (dazu G i r o d d e l'A i n, Le Général Foy); Azanzas Rechtfertigungsschrift (Franz. Par. 1815); die Depeschen W e l l i n g t o n s (ed Gurwood). An Darstellungen: B a u m g a r t e n, Geschichte Spaniens, I; T h i e r s, Consulat et Empire, XII; S o r e l, VII; M a s s o n, Napoléon et sa famille, VI; M a x w e l l, Wellington; P e r t z, Die politische Bedeutung des Jahres 1810 (Abhandlung der Berliner Akademie der Wissenschaften, 1861, wo die Verhandlungen mit Azanza aus Steinschen Papieren mitgeteilt werden); L a t i n o - C o e l k o, Hist. polit. e militar de Portugal; A t k i n s o n, The composition and organisation of the British forces in the Peninsula (Engl. hist. Review, 1902); O m a n, History of the Peninsular War, Oxford 1902 ff; A n d r e w s, Massenas Lines of March in Portugal etc. (Englisch hist. Rev. 1901); B u t l e r, Wellingtons operations in the Peninsula (1808-1814)

Lond. 1904, 2 Bde.; Costa de Serda, Opérations des troupes allemandes
en Espagne de 1808 à 1813, Par. 1874. Über das Kontinentalsystem und
Napoleons Industriepolitik: Duvergier, Collection des lois, vol. XVI;
die „Correspondance" XXI; Kiesselbach, Die Kontinentalsperre in ihrer
ökon.-polit. Bedeutung, 1850; Art. „Kontinentalsperre" von Lexis in
Conrads Handwörterbuch der Staatswissenschaften; das Kapitel über die
Kontinentalsperre im 6. Bd. der von Jaurès herausgegebenen „His oire socialiste" (Par. 1905); Clément, Histoire du système protecteur en France, Par.
1854 (nicht ohne Fehler); Lumbroso, Napoleone e l'Inghilterra (mit einer
Bibliographie); Rocke, Die Kontinentalsperre und ihre Einwirkungen auf
die französische Industrie (Diss. 1894); D'Ivernois, Effet du blocus
continental sur le commerce etc. des Iles Britanniques, Lond. 1809;
Drottboom, Wirtschaftsgeographische Betrachtungen über die Wirkungen
der napoleonischen Kontinentalsperre auf Industrie und Handel, Bonn 1906;
Schmitter, Die Wirkungen der Kontinentalsperre auf Frankfurt a. M.,
Gießen 1910; P. Darmstädter, Studien zur napoleonischen Wirtschafts-
politik (Vierteljahrsschrift für Sozial- und Wirtschaftsgeschichte, 1904,
1905, namentlich für die Geschichte der Krisis von 1810 wertvolle Unter-
suchung); Ballot, Les prêts aux manufactures sous le premier Empire
(Rev. des études napol., II., 1912); Ch. Schmidt, L'Industrie dans le Grand-
Duché de Berg en 1810 (Revue d'hist. mod. 1904, nach Aufzeichnungen
Beugnots noch vor der Krisis); Derselbe, Le Grand-Duché de Berg (1905);
O. Redlich, Napoleon und die Industrie des Großh. Berg, Düsseldorf 1902;
Chapuisat, Le commerce et l'industrie de Genève pend. la domination
française, Par. 1908. Hitzigrat, Hamburg und die Kontinentalsperre
(Hamburg 1900) Fisher, Studies. Eine Übersicht über die Literatur zur
Kontinentalsperre und zur Zollpolitik Napoleons lieferte jüngst M. Dunan
in der Revue des études napoléoniennes, Jan. 1913. Mollien, Mémoires, III (für
die Finanzgeschichte Hauptquelle); D'Ivernois, Napoléon administrateur et
financier, London 1812 (Streitschrift mit statistischen Daten); Rupelle,
Les finances de la guerre, 1796 à 1815 (Annales de l'Ecole politique, 1892
die Memoiren Pasquiers, Miots, Chaptals; Rose, Napoleon and British
commerce (in Napoleonic studies, 1904); Ch. Schmidt, Les défauts de l'administration impériale, 1810 (Rev. des ét. napol., II, 1912). Über das Verhältnis zu Holland: Jorissen, Napoléon I. et le roi de Hollande, 1868;
F. Rocquain, Napoléon et le roi Louis, 1875; (Louis Bonaparte), Documents historiques et réflexions sur le gouvernement de la Hollande 1820,
vol. III (deren Authentizität Napoleon in seinem Testament leugnete, die
aber gleichwohl durch die Forschung völlig sichergestellt wurde); Du Casse,
Les rois frères de Napoléon I (Appendice); Wichers, De Regeering van
Koning Lodewijk Napoleon, 1806—1810, Utrecht 1892; Caumont la Force,
L'archichancelier Lebrun gouverneur de Hollande, 1810—1813, Par. 1907.
Über die geheimen Verhandlungen mit England außerdem auch noch:
Coquelle, Napoléon et l'Angleterre, Madelin, Fouché, II, und die Memoiren
Ouvrards (Par. 1827). Über die deutschen Nordseestaaten: Häußer,
Deutsche Geschichte, III, die „Correspondance", XXII. Bd.; Havemann,
Das Kurfürstentum Hannover unter zehnjähriger Fremdherrschaft, 1803
bis 1813; Servières, L'annexion et l'organisation des départements han-
séatiques, 1810 (La Grande Revue, 1902); Mönckeberg, Hamburg unter

dem Drucke der Franzosen, 1806—1814; Wohlwill, Die Verbindung
zwischen Elbe und Rhein durch Kanäle und Landstraßen nach den Projekten Napoleons I. (Mitteilungen des Vereins für Hamburger Geschichte
1884, 4. Heft); (Meyer), Erinnerungen an Hannover und Hamburg aus den
Jahren 1803—1813. Über die Beziehungen zu Dänemark und Schweden:
Garden, Histoire générale des Traités, vol. IX; Lefebvre, Histoire des
Cabinets de l'Europe, V; Thiers, XII; Vandal, II; Sbornik, XXI;
Swederus, Schwedens Politik und Kriege, 1808—1814 (deutsch von Frisch,
1866); A. W. Schlegel, Über das Kontinentalsystem und den Einfluß desselben auf Schweden, 1813 (Die von Lumbroso zitierte Schrift der Staël,
Le système continental et ses rapports avec la Suède, die in demselben Jahre
1813 erschien, ist mir nicht bekannt. Sie dürfte wohl mit der Schlegel'schen
identisch sein); Wetterstedts Erinnerungen (herausgegeben von Forsell
in den Schriften der Stockholmer Akademie 1886); Schinkel, Minnen ur
Sveriges nyare historia, Upsala 1880 (enthaltend Briefe des schwedischen
Gesandten aus Paris im Jahre 1810, leider in schwedischer Übersetzung);
Coquelle, Napoléon et la Suède en 1810 (Bulletin hist. du Ministère de l'instr.
publ., 1906); Derselbe, La mission d'Alquier à Stockholm (Revue d'hist.
dipl. 1909); Suremain, Mémoires, Par. 1902; Ahnfelt, La diplomatie russe
à Stockholm en 1810 (Revue historique, 1888, XXXVII); Pingaud,
Bernadotte, Napoléon et les Bourbons Hochschild, Désirée, reine de
Suède. Über Neapel: Helfert, Königin Karoline von Neapel und Sizilien, 1878 (wo auch die frühere Literatur angeführt ist); Derselbe, M.
Karolina von Österreich; Anklagen und Verteidigung, 1884; O. Browning,
Caroline of Naples in der English historical review 1887 Nr. 6 (auf Grund
der Depeschen Bentincks); Strongoli, Memoire intorno alla storia del
regno di Napoli, 1805—1813; Devernois, Mémoires; Masson, Napoléon
et sa famille, VI; Chavanon et Saint-Yves, Joach. Murat, Par. 1905;
Bonnefons, Marie Caroline, Reine des Deux-Siciles, Par. 1905 (unzulänglich).

Über die Verwicklung mit Rußland: die „Correspondance" Bd. XXI
bis XXIII und die anderen Briefsammlungen; die Depeschen Kurakins
und Tschernischeffs im Sbornik, XXI. (dazu Harnack, Zur Geschichte
und Vorgeschichte des Krieges von 1812 in der Historischen Zeitschrift 1889);
Martens, Recueil, Bd. III und VII; Großf. Nicolai Michailowitsch,
Relations diplomatiques de la Russie et de la France d'après les rapports
des ambassadeurs d'Alexandre et de Napoléon, 1898—1812, 6 Bde.,
Pet. 1905 f.; dazu: Derselbe, Alexandre I. Pet. 1912; Nesselrode,
Lettres et papiers, III (Par. 1904, Briefe an Speranski u. A.); die
Memoiren Ségurs, IV, Villemains, I, Czartoryskis, II, Oginskis, III,
Kozmians (polnisch), der Gräfin Edling, der Gräfin Choiseul-Gouffier,
der Gräfin Potocka, der Gräfin Golowin (Par. 1910), der Marquise
La Tour du Pin, II (Par. 1913); Bignons Souvenirs d'un diplomate;
Metternichs Nachgelassene Papiere; Bernhardi, Tolls Denkwürdig-
keiten; Brays Denkwürdigkeiten (1901); Mordwinows Archiv (Petersb.
1901, russisch). An Darstellungen: Vandal, III (grundlegend); Sorel, VII;
Ernouf, Maret; Tatistscheff, Alexandre et Napoléon; Schilder, Alexander I., III; Schiemann, Nikolaus I., I; Wassiltschikow, Les Razoumowsky, 4. Bd.; Bernhardi, Geschichte Rußlands, II; Wojenski,

Die Ursachen des Krieges v. 1812, Pet. 1911 (russ.); Tegnér, Gust. Mauritz Armfelt, 3. Bd.; Pingaud, Un agent secret (D'Antraigues); Rüther, Napoleon und Polen, 2. Teil; Skarbek, Geschichte des Herzogtums Warschau, Pos. 1876 (2. A. polnisch); Finkel, Das Großherzogtum Warschau (in Przewodnik naukowy, 1896); Ghika, La France et les principautés danubiennes, 1789—1815. (Annales de l'école politique, 1896). Über die russischen Rüstungen 1810 und 1811 handelt die vom russischen Generalstab u. d. T. „Der Volkskrieg von 1812" herausgegebene Geschichte des Feldzugs (Französische Ausgabe) in den ersten Bänden; über die französischen: Margueron, Campagne de Russie, I—IV; Jähns, Das französische Heer; Giehrl, Napoleon als Organisator, Berl. 1911; Liebert, Die Rüstungen Napoleons für den Feldzug 1812 (Beiheft zum Militär-Wochenblatt, 1888); Lettow-Vorbeck, Die französische Konskription unter Napoleon I. (ebenda, 1892); Leymarie, La conscription impériale (La Nouvelle Revue, 1901); Schmeisser, Die Refraktärregimenter unter Napoleon I. (Beiheft zum Militär-Wochenblatt, 1890); Derselbe, Die kroatischen, illyrischen und dalmatinischen Kontingente in der Armee des ersten Kaiserreiches (Programm 1888); Boppe, La Croatie militaire (1809—1813), Par. 1900. Über die Verhältnisse im Innern: die „Correspondance" und namentlich die Sammlung Lecestres, II; dann: Thiers, XIII; Forneron, Histoire générale des émigrés; Madelin, Fouché; Taine, Le régime moderne, I; Grouchy, Complots contre l'empereur, 1810, 1811 (Nouvelle revue rétrosp. 1898); Bosq, La conspiration Charabot, 1811—1813 (Es war eine Verschwörung, die der französische Korsar Charabot mit Barras anzettelte, um, durch Geld von Karl IV. und Godoy unterstützt, Marseille und Toulon den Engländern zu überliefern. Die Sache wurde Anfang 1812 entdeckt und Barras nach Rom geschickt. Vgl. auch Barras' Mémoiren (Bd. IV) darüber.); Morvan, Le soldat impérial, II; Barral, Histoire des sciences sous Napoléon Bonaparte, Par. 1889 (unvollkommene Lösung einer schönen Aufgabe); Welschinger, La censure sous le premier Empire; Derselbe, La direction générale de l'imprimerie et de la librairie (in der Zeitschrift „Le Livre" 1887 und 1890); Grouchy, La presse sous le premier Empire, Par. 1896; Ch. Schmidt, La Réforme de l'Université impériale en 1811 (Par. 1905); Véron, Mémoires d'un bourgeois de Paris, I; Fievée, Correspondance et relations avec Bonaparte, III (1809 bis März 1813); die Memoiren von Barante, I, Bourgoing, Pasquier, I, Mollien, III, und Savary. Über das Verhältnis zu den Rheinbundstaaten: Perthes, Politische Zustände und Personen in Deutschland zur Zeit der französischen Herrschaft, Bd. II; Winkopp, Der Rheinische Bund, Jahrg. 1810—1812; Mémoires et correspondance du Roi Jérôme; Du Casse, Les rois frères de Napoléon; Goecke, Das Königreich Westfalen; (Lehsten-Dingelstädt), Erinnerungen eines westfälischen Pagen, Berlin 1905; Charles Schmidt, Le Grand-Duché de Berg; Goecke, Das Großherzogtum Berg; Beaulieu-Marconnay, Karl v. Dalberg und seine Zeit; Darmstaedter, Das Großherzogtum Frankfurt (Frankf. 1901); (über die im Texte berührte Denkschrift Dalbergs von 1811 vgl. das Augustheft 1903 der Zeitschrift „Vom Rhein"); Bernays, Schicksale des Großherzogtums Frankfurt, 1882; Schloßberger, Politische und militärische Korrespondenz Friedrichs von Württemberg mit Kaiser Napoleon I. (1805

bis 1813) 1889; Derselbe, Briefwechsel der Königin Katharina von Westfalen, 1887; Montgelas, Denkwürdigkeiten; „La Bavière en 1812 et 1813"
(Revue contemporaine, 1869); Wohlwill, Weltbürgertum und Vaterlands-
liebe der Schwaben, 1875; Bonnefons, Un allié de Napoléon (F. August
v. Sachsen); F. v. Müller, Erinnerungen 1806—1813; Krausse, Weimar
in d. J. 1806—1813; L. Geiger, Aus Alt-Weimar. Über die Allianzen
mit Preußen und Österreich: Häusser, III; Ranke, Hardenberg (SS.
WW. 48); Duncker, Preußen während der französischen Okkupatien (aus der
Zeit Friedrichs des Großen und Friedrich Wilhelms III.), vielfach berichtigt
durch Lehmann, Scharnhorst, III;|Delbrück, Gneisenau; I, A. Stern,
Abhandlungen und Aktenstücke zur Geschichte der preußischen Reformzeit (1807—1813); Bailleu, Briefwechsel zwischen Friedrich Wilhelm III.
und Alexander I. Dazu: Thimme, Zur Geschichte Friedrich Wilhelms III.
und der Krisis von 1811; Boyens Erinnerungen (her. v. Nippold, II); Ernst,
Denkwürdigkeiten von Amalie und Heinrich von Beguelin; Ompteda,
Politischer Nachlaß; Meinecke, Boyen, I; Gebhardt, Wilh. v. Humboldt
als Staatsmann, I; Goldschmidt, Kunth; Fournier, Stein u. Gruner.
Zur Vorgeschichte der Befreiungskriege (Hist. Studien u. Skizzen, III);
Cavaignac, La formation de la Prusse contemporaine, II; Wachter,
Berichte des Grafen Beugnot über die Stimmung in Preußen (Forschungen
zur brandenburgischen und preußischen Geschichte, IX). Dazu: Martens, Re-
cueil des traités conclus par la Russie, III, VII; Bignon, Histoire de France, X;
Metternich, Nachgelassene Papiere, II; (Binder von Krieglstein),
Précis des transactions du Cabinet de Vienne de 1809 à 1816 (Steiermärk.
Geschichtsblätter, 1884); Ernouf, Maret; Oncken, Österreich und Preußen
im Befreiungskriege, II; Demelitsch, Metternich, I; Beer, Die orientalische
Politik Österreichs. Über den Aufenthalt in Dresden: Vandal, III; das
Journal Castellane; die Memoiren Baussets, II, des Grafen Senfft-
Pilsach, Ménevals, II, der Mme. Durand; das Hofjournal in der Nouv.
revue rétrospective 1900; das Tagebuch der Königin Karoline (Rev. hist.
36. Bd.); Guglia, Kaiserin Maria Ludovica; Welck, Napoleons Aufenthalt
in Dresden 1812 (Neues Archiv für sächsische Geschichte, XX); Egloff-
stein, Karl August auf dem Fürstentag in Dresden (Deutsche Rundschau,
Okt. 1906); Cazalas, Napoléon à Dresde en mai 1812 (Feuilles d'histoire,
1 juillet 1912). Über den in den beiden letzten Schriften mitgeteilten Bericht
Karl Augusts, seine Unterredung mit Napoleon betreffend, s. oben S. 79
die Anmerkung.

Zum zweiten Kapitel. Die Literatur über den russischen Feldzug ist
unübersehbar. Hier nur das Wesentlichste. Außer dem 24. Bande der
Correspondance de Napoléon kommen die Memoiren seiner Generale,
die Aufzeichnungen der feindlichen Heerführer, Mitteilungen deutscher und
französischer Offiziere, dann die amtlichen russischen Quellen in Betracht,
die kriegsgeschichtlichen Werken zugrunde gelegen haben und neuestens
veröffentlicht wurden. Von dem amtlichen französischen Material mag
viel auf dem Rückzug verloren gegangen sein.

1. Denkwürdigkeiten und Dokumente: a) französischerseits vom
Generalstab herausgegeben: Margueron, Campagne de Russie, Ière partie.
Par. 1899ff. (Sammlung aller dienstlichen, auf die Vorbereitung des Feld-
zugs bezüglichen Schriftstücke. Von dem auf sieben Bände berechneten

Werke sind bisher fünf erschienen); F a b r y, Campagne de Russie, IIème prite;
Opérations militaires. (Fortsetzung der früher genannten Sammlung für
die Zeit nach dem 24. Juni 1812; bisher fünf Bände); D e r s e l b e, Campagne
de 1812. Documents relatifs à l'aile gauche, 20 août à 4 décembre. Par. 1912;
M u r a t s Berichte nach des Kaisers Abreise im Dezember sind in ,,Souvenirs
et mémoires", 1901, veröffentlicht. Eine Nachlese der kaiserlichen ,,Corre-
spondance" durch G r o u c h y, Lettres, ordres et décrets, 1812 à 1814, non
insérés dans la Correspondance, Par. 1897, bietet für 1812 nichts Wesentliches;
A. C h u q u e t, La guerre de Russie. Notes et documents. Par. 1912; B o u-
v e r y, Rostoptchine-Kutusof. Documents authentiques relatifs à l'histoire
de la campagne de Russie depuis la bataille de Moskwa jusqu'au retour
de Napoléon. Par. 1912; C o u d r e u x, Lettres à son frère, 1804—1813. Ferner
D u C a s s e, Mémoires du Prince Eugène, die Memoiren von R a p p, S. C y r,
D u m a s, S é g u r (im 4. und 5. Bande der Histoire et Mémoires), B a u s s e t,
C o n s t a n t; G o u r g a u d, Napoléon et la Grande Armée en Russie ou examen
critique de l'ouvrage de Ségur; F a i n, Manuscrit de 1812; V i l l e m a i n;
Souvenirs contemporains I (nach Erinnerungen des Grafen Narbonne);
D a v o u t, Correspondance (ed. Mazade) III; B l o c q u e v i l l e, Le maréchal
Davout, III (Briefe desselben an seine Frau); die Erinnerungen O u d i n o t s,
M a c d o n a l d s, V a n d a m m e s, des Chirurgen B o u r g e o i s (1814); P e y-
r u s s e, Mémorial et Archives; D e r s e l b e, Lettres inédites (Rev. pol. et
lit 1894); C a s t e l l a n e, Journal, I (bis 6. Dezember Tag für Tag aufge-
zeichnet); F é z e n s a c, Souvenirs militaires; D u t h e i l l e t de L a m o t h e,
Mémoires, Par. 1899; R o y, Les Français en Russie. Souvenirs, Tours 1891;
S é r u z i e r, Mémoires (erste Ausgabe 1823); M a r b o t, Mémoires, III; L e-
j e u n e, Souvenirs d'un officier de l'Empire; P i o n des L o c h e s, Mes campagnes; G i r o d, Dix ans de mes souvenirs militaires, 1805 à 1815; B e r t h e-
z è n e, Souvenirs; R o g u e t, Mémoires (alte Garde); F a u r e, Souvenirs du
Nord (Arzt beim Korps Davouts); L e m o i n e, Souvenirs anecdotiques;
S a u v a g e, Relations de la camp. de Russie; D u v e r g e r, Mes aventures
dans la camp. de Russie; M a i l l y - N e s l e, Mon journal pendant la camp.
de Russie. Vgl. B e r t i n, La campagne de 1812 d'après des témoins oculaires,
Par. 1895 (worin Mailly-Nesle, Duverger u. A. enthalten sind). Andere in
B e a u c h a m p, Mémoires secrets et inédits, II. Bd.; A. C h u q u e t, Lettres
de 1812 (Bibliothèque de la révolution et de l'empire, II); D e n n i é e,
Itinéraire de l'Empereur Napoléon pendant la campagne . de 1812;
S c h u e r m a n s, Itinéraire; C o i g n e t (der in diesem Feldzug schon Offizier
ist), Cahiers; L é h e r, Lettre d'un capitaine de cuirassiers sur la campagne
de Russie. Par. 1885; Sergeant B o u r g o g n e, Mémoires 1812, 1813, Par.
1898 (auch deutsch); V i o n n e t, Campagnes de Russie et de Saxe. Souvenirs,
Par. 1899; Grenadier P i l s, Journal de marche 1804—1814 (éd Cisternes);
M é j a n, Lettres sur la camp. de Russie (Misc. napol. II. nahezu wertlos);
J o l l y, Souvenirs sur la camp. de Moscou (Revue hebdom. 1903); D. de
G e l d e r, Mémoires, Par. 1900; G a m i e r s, De Paris à Vilna, 1812, d'après
la corresp. d'un aide-major (Rev. d. quest. hist. 1895); (V a u d o n c o u r t),
Mémoires pour servir à l'histoire de la guerre entre la France et la Russie
en 1812, Lond. 1815; L a b a u m e, Relation circonstantiée de la campagne
de Russie en 1812 (auch deutsch); L a r r e y, Mémoires de chirurgie militaire;
C o l o m b e, Mémoires reéd. Par. 1896; P u i b u s q u e, Lettres sur la guerre

de Russie; Sérang, Les prisonniers français en Russie (éd. Puibusque, 1836). *b)* Von verbündeter Seite: v. Loßberg, Briefe in die Heimat geschrieben während des Feldzuges 1812 in Rußland, Cassel 1844 (neue Ausgabe Leipzig, 1912); Wolzogen, Memoiren des Generals von Wolzogen, Leipzig 1851; (Pönitz), Militärische Briefe eines Verstorbenen; Linsingen, Auszug aus seinem Tagebuch, 1812 (Beihefte zum Militär-Wochenblatt, 1894); v. Meerheimb, Erlebnisse eines Veteranen der großen Armee während des Feldzuges in Rußland im Jahre 1812; Martens, Vor fünfzig Jahren, Stuttg. 1862; Goethe, Aus dem Leben eines sächsischen Husaren, Leipz. 1853 (neu herausgegeben und eingeleitet von Holzhausen u. d. T.: Ein Verwandter Goethes im russ. Feldzug 1812. Berl. 1912); Tiedemann, Tagebuch und Briefwechsel, 1812 (Jahrbücher für die deutsche Armee und Marine, 24. Bd.); Funck, Erinnerungen aus dem Feldzug des sächsischen Korps 1812; Legler, Denkwürdigkeiten aus dem russischen Feldzuge; Leisnig, Erinnerungen eines sächsischen Dragoneroffiziers; Rotenhan, Denkwürdigkeiten eines württembergischen Offiziers 1812. 3 A. Münch. 1900 (reicht nur bis Moskau); v. Roos, Erinnerungen (herausgegeb. v. Holzhausen u. d. T.: Mit Napoleon in Rußland, Stuttg. 1911); Thurn-Taxis, Tagebuch eines Offiziers im Generalstab der bayrischen Armee, 1812 (Mitt. d. k. u. k. Kriegsarchivs, 1893); Tagebuch d. (bayr.) Hauptmanns Maillinger i. Feldzug 1812 (ed. Holzhausen) Münch. 1912. O. Redlich, Tagebuch des Leutnants Vossen, vornehmlich über den Krieg in Rußland 1812, Marb. 1892; Haars, Ein Braunschweiger im russischen Feldzug. Erinnerungen neu herausg. von Hänselmann, 1897; Markgraf Wilhelm von Baden, Denkwürdigkeiten, Karlsr. 1864; Graf F. W. v. Bismarck, Aufzeichnungen, 2. Aufl., Karlsr. 1850 (in württembergischen Diensten); Tagebuch Jos. Steinmüllers (herausg. von K. Wild), 1904; Röder von Bomsdorf, Mitteilungen aus dem russischen Feldzuge; Soltyk, Napoléon en Russie, 1812; Albrecht Adam, Aus dem Leben eines Schlachtenmalers (im Hauptquartier Eugens bis Moskau); Faber du Faure, Blätter aus meinem Portefeuille im Laufe des Feldzuges von 1812 in Rußland an Ort und Stelle gezeichnet. (Erste Ausg., Stuttg. 1831, franz. Par. 1896); Rüppell (westfälischer Husarenoffizier), Kriegsgefangen im Herzen Rußlands, 1812—1814; Erinnerungen. Berl. 1912. (Kurz), Denkwürdigkeiten des Feldzugs von 1812 e. württemb. Offiziers. Her. v. H. Kohl; Giesse (Westfalen), Kassel—Moskau—Küstrin, Tagebuch, Leipz. 1912; Yelin, In Rußland 1812. A. d. Tagebuch e. württemb. Offiziers, München 1912; Rudolphi (preuß.) Kriegsbriefe a. d. J. 1812 u. 1813, Berl. 1913; Furtenbach, Aufzeichnungen a. d. J. 1812 u. 1813, 2. Aufl. 1912; Baltische Erinnerungsblätter, 1812, her. v. Biennmann, Riga 1912. Vgl. Holzhausen, Die Deutschen in Rußland 1812 (Mit e. bibliograph. Anhang), Berl. 1912. *c)* Aus dem russischen Lager: Liprandi hat schon in einem „Versuch eines literarischen Katalogs über den Vaterlandskrieg' in den Schriften der russ.-histor. Gesellschaft von 1874 und 1875 über 400 russische Publikationen namhaft gemacht. Ergänzungen dazu lieferte Dubrawin in den Denkschriften der russischen Akademie von 1883. Der russische Generalstab gibt die amtlichen Kriegsakten heraus. Davon sind bisher sieben Bände in französischer Übersetzung u. d. T.: „La guerre nationale de 1812". Publication du comité scientifique du Grand Etat Major russe. Par. 1903 ff. erschienen. Dazu: Akten

Dokumente und Materialien z. polit. und allgem. Geschichte des J. 1812", ge-
sammelt u. veröffentlicht (von Wojenski) auf Befehl des Großfürsten
Michael im Sbornik, Bd. 128 (russisch); dazu: Les Relations diplo-
matiques de la Russie et de la France, 1808—1812. Petersburg, 1905—1906.
Vgl. insbesondere: Correspondance inédite de l'Empereur Alexandre et de
Bernadotte pend. l'année 1812 publ. par. X ....; Herzog Eugen von
Württemberg, Memoiren, 1862; (Helldorf), Aus dem Leben des Prinzen
Eugen von Württemberg; Journal des campagnes du Pce de Wurtemberg,
1812—1814, publ. par C. G. Fabry. Bernhardi, Denkwürdigkeiten des
Generals Toll, 1. und 2. Bd.; Tschitschagoff, Mémoires inédits, Berlin
1855; ausführlicher Par. 1862; dann in Russkaja Starina, 1886; (Dazu:
Harnack, Zur Vorgeschichte und Geschichte des Krieges von 1812, in der
Historischen Zeitschrift 61. und 62. Bd.); Mitarewsky, Erinnerungen von
1812, Mosk. 1871 (russ.); Langeron, Mémoires 1812—1814, publ. p. L.
G. Fabry, Par. 1902; Loewenstern, Mémoires éd. Weil, Par. 1903. (Eine
ältere deutsche Redaktion, in etwas kürzerer Fassung, wurde von Smitt
unter dem Titel „Denkwürdigkeiten eines Livländers", Leipzig und Heidelberg, 1858, in zwei Bänden herausgegeben.); Boris Galitzyn, Souvenirs
d'un officier russe, 1812, 1813, 1814, Petersb. 1849; Mémoires du gén.
Bennigsen, 1812 (her. v. französ. Generalstab, 1906-1908); Comtesse Edling,
Mémoires, Mosk. 1888; vgl. Bilbassow, Memoiren von Zeitgenossen über
1812 (Histor. Monographien, Bd. II, russisch); Wojenski, Der nationale Krieg
von 1812 in d. Memoiren d. Zeitgenossen, Pet. 1911 (russ.). Das „Russische
Archiv" der Jahrgänge 1863—1892 enthält, ebenso wie die „Russkaja
Starina" von 1870—1890, zahlreiche Mitteilungen von Augenzeugen, Briefe
Rostopschins, Memoiren von Zeitgenossen u. dgl. Das Jubiläumsjahr 1912
hat viel Neues hinzugefügt. Zum Wichtigsten gehört Gorjainows „Katalog
der im Petersburger Staatsarchiv und im Zentralarchiv enthaltenen Dokumente über 1812" mit Proben daraus im 2. Band; darunter: Briefe Alexanders I. an Rumjanzow und Tschitschagow, Briefe d. Letzteren und als
Curiosum der Entwurf zu einem panslawistischen Angriff auf das südslawische
Österreich in der Adria und das den Serben gegebene Versprechen des Zaren,
ein slawisches Kaiserreich proklamieren zu wollen, zu welchem Zweck Konstantinopel zu erobern wäre. (Vgl. Gorjainows Aufsatz „Documents russes
sur 1812" in der Rev. des études napol. 1912); Journal d'opérations du
Ier corps russe (Wittgenstein), veröffentl. in der Revue des ét. napol. März,
Mai und Juli 1912 v. Fabry. (Es betrifft die Zeit von Mitte August 1812
bis Mitte Januar 1813.) Die zahlreichen ungedruckten Journale russischer
Generale sind von Bogdanowitsch (s. unten) benutzt worden. Vgl. auch
Charkiewitsch, Das Jahr 1812 in den Tagebüchern, Aufzeichnungen
und Memoiren der Zeitgenossen. Wilna 1900 (russ.). Wilson, Narrative
of events during the invasion of Russia, Lond. 1860 (deutsch von Seybt,
1861) ist unverläßlich.

    II. Geschichtliche Darstellungen des Feldzuges: Chambray, Histoire
de l'expédition de Russie. 3 vols. (besonders in den späteren Auflagen grundlegend), dann die russischen Geschichtswerke von Buturlin, Michai-
lowsky-Danilewski, Smitt, sämtlich überholt durch die umfassende
Darstellung von Bogdanowitsch, Geschichte des Feldzuges im Jahre
1812, 3 Bde., 1861—1863 (deutsch von Baumgarten) nach authentischen

Quellen im russischen Archiv für Militärtopographie, jedoch ohne Benutzung der Korrespondenz Napoleons, wodurch die Darstellung bei Osten-Sacken, Der Feldzug von 1812, Berlin 1901, in manchen Punkten weitergeführt erscheint. Dazu Charkiewitsch, Der Krieg von 1812 (Vom Niemen bis Smolensk), Bukarest 1901 (russ.); Skugarewski, Das Jahr 1812, 1898. Außerdem Thiers, XIII und XIV; Schilder, Alexander I., III. Bd.; Jomini, Précis politique et militaire des campagnes de 1812 à 1814; Clausewitz' hinterlassene Werke, VII; Yorck, Napoleon als Feldherr, II; Freytag-Loringhoven, D. Heerführung Napoleons; Grandmaison, Napoléon en Russie, 1812 (Rev. d. quest. hist. 1902, nach spanischen Quellen); Labeaudorière, La campagne de Russie de 1812, Par. 1903 (eine allzu kurze und ganz unzulängliche Darstellung); besser: Ulmo, Deux études sur la campagne de 1812 (I. De Kowno à Wilna. II. La manœuvre contre Bagration), Par. Nancy 1911; Bonnal, La manœuvre de Wilna, Etude sommaire sur la stratégie d. Napoléon, sa psychologie militaire de janv. 1811 à juillet 1812. Par. 1905. George, Napoleons Invasion of Russia, Lond. 1899; Leo Tolstoi, Napoléon et la campagne de Russie (französisch von Delines, Paris 1888) ist ein ebenso geistvoller als mißlungener Versuch, dichterische Vorstellungen in die Geschichte einzuführen. S. oben die Werke v. Margueron und Fabry. Für die Verhältnisse in der französischen Armee: Morvan, Le soldat impérial, II; Martinien, Tableau par corps et par batailles des officiers tués et blessés pendant les guerres de l'Empire, Par. 1899. Speziell *a)* über die Vorbereitungen und die Anfänge des Feldzuges: De Pradt, Histoire de l'ambassade dans le Grand-Duché de Varsovie en 1812; Bignon, Souvenirs d'un diplomate; Cazalas, La mission de Narbonne à Wilna en 1812 (Feuilles d'hist. 1910); Lensky, Notice historique sur les armements qui eurent lieu en Lithuanie pendant l'occupation française en 1812; Ernouf, Maret, duc de Bassano; Comtesse Potocka, Mémoires; Zusammenstellung der diplomatischen und militärischen Maßnahmen Napoleons I. zur Einleitung des Feldzuges von 1812 (Jahrb. für die deutsche Armee und Marine, 1878); Die Verpflegung der großen Armee 1812 in Rußland (Neue militärische Blätter, 39. Bd.); die Aufzeichnungen des Militärarztes Blanc (bis Wilna) in der Revue des questions historiques, 1897; Ullmann, Studie über die Ausrüstung und das Verpflegs- und Nachschubwesen im Feldzuge Napoleons gegen Rußland, Wien 1891; Mansuy, L'administration napoléonienne en Lithuanie; Marenzi, Kritische Beiträge zum Studium des Feldzugs 1812, Wien 1896; Skugarewski, Praktische Winke für das Studium der Kriegsgeschichte von 1812 (bis Smolensk, Streffleurs Zeitschrift 1899 I); Dépréaux, La prise de Smolensk (Feuilles d'hist. juillet 1912) mit der Tendenz, die russ. Kriegführung als planloses Zaudersystem hinzustellen); besser: Baye, Smolensk, Par. 1912. *b)* über die Schlacht bei Borodino: Pelet, La Bataille de la Moskwa (Spectateur militaire 1831); Galizyn, Die Schlacht bei Borodino, Petersb. 1840; Hofmann, Die Schlacht bei Borodino, Coblenz 1846; Ditfurth, Die Schlacht bei Borodino, Marburg 1887; Roth von Schreckenstein, Die Kavallerie in der Schlacht an der Moskwa; Über die Mitwirkung der sächsischen Kürassierbrigade in der Schlacht an der Moskwa (Österr. Militär-Zeitschrift, 1824). Ein Fragment aus den Erinnerungen des Chirurgen Laflize, die in der Russkaia Starina 1891 und 1892 russisch veröffentlicht wurden, hat Cazalas unter d. T. „Souvenirs

de la Moskowa" in den Feuilles d'hist. 1912 mitgeteilt. *c)* Über den Brand
von Moskau: Histoire de la destruction de Moscou en 1812; Rostoptchine,
La vérité sur l'incendie de Moscou, Paris 1823; Alex. Ségur, Vie du Cte
Rostoptchine, Par. 1872; Rostoptschins Briefe an Woronzow u. A. im
Woronzow-Archiv, 1876, 1878; seine „Oeuvres inédites" herausg. von seiner
Tochter Lydia mit einer wichtigen Einleitung; seine Briefe an Alexander I.
in „Le Carnet", 1903. Dazu das Manuscrit de 1812 Fains, Castellanes
Journal, die Memoiren Baussets, II, des Sergeanten Bourgogne, Dumas',
III, Fézensacs, Boyens, Wolzogens, (Lecointe de Laveau), Moscou
avant et après l'incendie, Par. 1814; Idanof (russ. Kaufmann), Mouvement
de la présence des Français, Petersb. 1813; Yzarn (franz. Emigrant), Relation du séjour des Français à Moscou (éd. Gadarnel, Brüssel 1871); Mme
Fusil (franz. Schauspielerin), L'incendie de M. Par. 1817; Aufzeichnungen
des deutschen Nichtmilitärs Klee („Pilgerschaft durchs Leben"). Andere
namentlich russische Literatur verzeichnet auch H. Schmidt, Die Urheber des Brandes von Moskau 1812 (Greifsw. 1904, 2. Aufl., Riga 1912,
gründliche Untersuchung). Vgl. auch Pierre de Ségur, Rostoptchine en
1812 (Revue de Paris, 1902) und Tzenoff, Wer hat Moskau 1812 in Brand
gesteckt? (Berl. 1900, mit unhaltbaren Ergebnissen). *d)* Über den Rückmarsch und die Vorgänge an der Beresina vgl. die erwähnten Memoirenwerke, insbesondere Castellane, Bourgogne, Langeron (der das Elend,
das Kälte und Hunger unter den Franzosen erzeugt hatten, in zahlreichen
ergreifenden Bildern schildert), Fézensac, Linsingen, Löwenstern,
Tschitschagoff u. A.; dazu Rochechouart, Souvenirs sur la Révolution,
l'Empire etc.; Solignac, La Bérézina, Souvenirs d'un soldat de la Grande
armée, Limoges 1890. Von allgemeinen Geschichtswerken: Bogdanowitsch und Chambray. Von Einzelstudien: Charkiewitsch, 1812,
Beresina, Petersb. 1893 (russisches Hauptwerk), danach Krahmer, Die
Operationen der russischen und französischen Armee im Kriege 1812 von
der Schlacht bei Krasnoi bis zur Beresina (Beihefte zum Militär-Wochenblatt 1894). Vgl. ebenda: Hartmann, Der Übergang über die Beresina,
nach den im „Avenir militaire" veröffentlichten Berichten des französischen
Obersten Chapelle und des Genieobersten Paulin; Lenoir, Recherches
sur le passage de la Bérézina (Rev. du génie mil. 1894); (Ségur et Blancard),
Note relative au passage de la Bérézina (Carnet hist. 1898). Außerdem:
Mosbach, Der Übergang über die Beresina aus ungedruckten Denkwürdigkeiten des polnischen Obersten Bialkowski (Streffleurs Österr. militär.
Zeitschrift 1875); Clausewitz (der sich bei Wittgenstein befand), Über
die Schlacht an der Beresina (Brief an Stein, mitgeteilt in der Histor. Zeit-
schrift, Jahrg. 1888); Pfuel, Der Rückzug der Franzosen aus Rußland
(herausg. von Förster, Berlin 1867); Lindenau, Der Beresina-Übergang,
Berlin 1896. *e)* Über die Rückfahrt Napoleons: Ernouf, Maret; Bernhardi,
Denkwürdigkeiten Tolls; Bernays, Die Schicksale des Großherzogtums
Frankfurt und seiner Truppen; Bourgoing, Itinéraire de Napoléon de
Smorgoni à Paris; Schuermaus, Itinéraire de Napoléon; 2. Ausg. 1911;
Senfft, Mémoires. Ein gedruckter Bericht von Dunin-Wansowicz,
dem Kommandanten der Eskorte, dessen Bourgoing (p. 20) und Ernouf
(p. 467) Erwähnung tun, ist mir unbekannt geblieben. *f)* Über den Anteil
der Verbündeten: Schwarzenberg, Briefe an s. Frau, Her. v. Novak,

Wien 1913; Prokesch, Schwarzenberg; Veltzé, Schwarzenberg, Wien, 1913; Welden, Der Feldzug der Österreicher gegen Rußland im Jahre 1812, Wien 1870; Angeli, Die Teilnahme des österr. Auxiliarkorps im Feldzug Napoleons I. gegen Rußland (Mitteilungen des k. u. k. Kriegsarchivs 1884); Dittrich, Schwarzenbergs Marsch auf Wolkowysk, 1812 (Jahrb. für die d. Armee und Marine, 90. Bd.); Wiener, Die Schlacht bei Gorodeczna (Mitt. d. k. u. k. Kriegsarchivs, 1884); Droysen, Leben des Feldmarschalls Yorck; Guretzky-Cornitz, Geschichte des 1. Brandenburg. Uhlanenregiments; Seydlitz, Tagebuch des Yorckschen Korps, 2 Bde., 1823 (auch französisch); Die Teilnahme des preußischen Hilfskorps am Feldzug von 1812 (Kriegsgesch. Einzelschriften, 24. Heft, 1898); Pfister, Aus dem Lager des Rheinbundes, 1812, 1813; Exner, Der Anteil der sächsischen Armee, 1812, Leipz. 1896; Röder, Der Kriegszug Napoleons gegen Rußland, Leipz. 1848 (mit Benützung des Tagebuches des Prinzen von Hessen); (Cerrini), Die Feldzüge der Sachsen 1812 und 1813; Zeschwitz, Die Feldzüge der Sachsen 1812 und 1813; Burkersroda, Die Sachsen in Rußland; Odeleben, Sachsen und seine Krieger, 1812 und 1813, Leipzig 1829; Holtzendorff, Geschichte der königl. sächsischen leichten Infanterie; Liebenstein, Die Kriege Napoleons gegen Rußland 1812 und 1813; Minkwitz, Die Brigade Thielmann im Feldzuge von 1812; Krauß, Geschichte der bayrischen Heeresabteilung im Feldzuge gegen Rußland; Heilmann, Feldmarschall Fürst Wrede; Derselbe, Die bayrische Kavalleriedivision Preysing im Jahre 1812 (Jahrb. für die deutsche Armee und Marine, 7. Bd.); Miller, Darstellung des Feldzuges der französischen verbündeten Armee gegen die Russen im Jahre 1812 mit besonderer Rücksicht auf die Teilnahme der königl. württembergischen Truppen Bernays, Die Schicksale des Großherzogtums Frankfurt und seiner Truppen; Büdinger, Die Schweizer im Feldzug von 1812 (Histor. Zeitschrift XIX.); Maag, Die Schicksale der Schweizer Regimenter in Rußland 1812, 3. Aufl., Biel 1900; Bégos, Souvenirs des campagnes, Genf 1909; Hellmüller, Die roten Schweizer, 1812. Bern 1912. g) Über die Stimmung am Petersburger Hofe: Großf. Nikolai Michailowitsch, Correspondance d'Alexandre avec sa sœur Catherine, Pét. 1910; Schweitzer, Alexandre, Barclay et Bagration en avril 1812 (Feuilles d'hist. 1912); C^esse Edling, Mémoires; C^esse Choiseul-Gouffier, Mém. sur Alexandre, 1829; C^esse Golowine, Souvenirs; J. de Maistre, Correspondance; Pertz, Stein, III. und VI. 2; Lehmann, Stein, III; E. M. Arndt, Meine Wanderungen und Wandlungen mit dem Freiherrn v. Stein; Derselbe, Erinnerungen aus dem äußeren Leben (herausg. von Geerds); Boyen, Erinnerungen II; Fournier, Stein und Gruner in Österreich (Hist. Studien u. Skizzen, III.); Stockhorner, Über den Einfluß L. von Wolzogens auf die Kriegführung von 1812.

III. Über das Maletsche Unternehmen: Lafon, Histoire de la conjuration du général Malet, Paris 1814 (unzuverlässig); Saulnier, Eclaircissements historiques sur la conspiration du gén. M., 1834; Histoire des sociétés secrètes de l'armée et des conspirations militaires qui ont eu pour objet la destruction du gouvernement de Bonaparte, Paris 1815; Desmarest, Quinze ans de haute police; Savary, Mémoires, VI; Fiévée, Correspondance et relations avec Bonaparte, III; Fain, Manuscrit de 1813;

Pasquier, Mémoires, II; Grousset, La conjuration etc., 1869; Hamel,
Histoire des deux conspirations du général Malet, Paris 1875; Passy, Frochot
préfet de la Seine, Evreux 1867; A. Duruy, La conspiration du général
Malet (in der Revue d. d. mondes, 1879); Guillon, Les complots militaires
sous le Consulat et l'Empire, Par. 1894; Weber-Lütkow, Die Verschwörung
des Generals Malet (M. Allg. Zeitung, 1907); die Berichte Pelets de la
Lozère und Pasquiers an Savary in der „Nouv. revue rétrospect.", 1901.
Ältere Literatur verzeichnet auch Monod, Fragment des souvenirs du
Comte d'Argout (Rev. napol. 1902). Dazu George, Public opinion at
Paris, 1812 (Engl. hist. rev. 1901).

      Zum dritten Kapitel. I. Vor dem Frühjahrsfeldzug. *a)* Über die
Rüstungen Napoleons und seine darauf zielende innere Politik: außer der
Korrespondenz des Kaisers die bereits erwähnte des Staatsrates Fiévée,
III, die Memoiren Molliens, Pasquiers, Savarys; Fains Manuscrit de
1813, Thiers, XV und Lanfrey-Kalckstein, VI; Welschinger, Le
pape et l'empereur; Lumbroso, Miscell. nap., VI; dann Rousset, La
Grande Armée de 1813; Pelet, Tableau de la Grande Armée en 1813: am
eingehendsten jedoch: (Osten-Sacken), Die französische Armee im Jahre
1813, Berlin 1889. *b)* Über die Schwenkung Preußens: Bailleu, Briefwechsel Friedrich Wilhelms III. mit Alexander I.; Droysen, Yorck, I;
Eckart, Yorck und Paulucci; Natzmer, Aus dem Leben O. v. Natzmers;
Henckel-Donnersmarck, Erinnerungen aus meinem Leben; Aus den
Papieren Schöns, VI. Bd. (dessen Selbstbiographie, zu deren Kritik eine ganze
von Maurenbrecher in der allg. deutschen Biographie verzeichnete Literatur,
namentlich Lehmann, Knesebeck und Schön); Clausewitz, Hinterlassene Werke, VII; Seydlitz, Tagebuch des Yorckschen Korps; Mitteilungen aus dem Leben des Feldmarschalls Grafen Fr. Dohna; Aufzeichnungen über die Vergangenheit der Familie Dohna, Bd. IV; Denkschriften
des Ministers Canitz; Rühle, Briefwechsel Th. v. Schöns mit Pertz und
Droysen, Leipzig 1896; Boyen, Erinnerungen, II, III; Ancillons Denkschrift vom 4. Februar 1813 (mitg. v. Lehmann, Hist. Zeitschr., 68. Bd.);
(Prittwitz), Beiträge zur Geschichte'des Jahres 1813; Ompteda, Nachlaß, II.
Dann: Ranke, Hardenberg (SS. WW. Bd. 48); Duncker, Preußen während
der französischen Okkupation (Aus der Zeit Friedrichs des Großen und Friedrich
Wilhelms III.); Lehmann, Scharnhorst, II; Derselbe, Stein, III; Oncken,
Österreich und Preußen im Befreiungskriege, 2 Bde.; (Gedrängte Darstellung in desselben: „Das Zeitalter der Revolution, des Kaiserreiches
und der Befreiungskriege", II); Cavaignac, La formation de la Prusse
contemporaine; Fournier, Stein u. Gruner in Österreich (Hist. Studien
u. Skizzen, III); Stern, Abhandlungen und Aktenstücke zur Geschichte
der preußischen Reformzeit (die Berichte des französischen Gesandten in
Berlin enthaltend); Aegidi, Knesebecks Sendung in das russische Hauptquartier (Historische Zeitschrift, XVI); Pertz, Das Leben Steins, III;
Meinecke, Boyen, I; Meusel, v. d. Marwitz, Berlin 1908ff; Unger, Blücher,
2 Bde., Berl. 1907/8. Neuestens: Ussel, La défection de la Prusse (Déc.
1812 à Mars 1813), Par. 1907. Für die Verträge: Martens, Recueil des
traités conclus par la Russie, VII und III; Ernouf, Maret. *c)* Über die
Konvention von Tauroggen stehen sich zwei Auffassungen gegenüber: die
der selbständigen Handlungsweise Yorcks ohne Vorwissen und gegen die

wahrscheinliche Willensmeinung des Königs, vertreten durch Droysen (Yorck), Lehmann (Scharnhorst), Derselbe, Ein Vorspiel der Konvention von Tauroggen (Hist. Zeitschr., 64. Bd.), Derselbe, Major v. Wrangel, der angebliche Urheber der Konvention v. Tauroggen (Histor. Aufsätze u. Studien), Delbrück, Gneisenau, I, Grobbel, Die Konvention von Tauroggen (Diss.), Marb. 1892, Kriegsgeschichtliche Einzelschriften des preußischen Generalstabs, Heft 24 (Teilnahme des preußischen Hilfskorps am Feldzug gegen Rußland), Berl. 1898, Schiemann, Zur Würdigung der Konvention von Tauroggen (Hist. Zeitschr., 84. Bd.), Derselbe, Oldwig v. Natzmer über s. Mission zu Kleist, Jan. 1813 (Forschungen zur brandb.-preuß. Gesch., XXI, 1908), Wilckens, Friedrich Wilhelm III. u. d. Konvention v. Tauroggen, Berl. Diss. 1909, Voss, Die Konvention v. Tauroggen, Berl. Diss. 1910, Janson, D. Verdienst um die Konv. v. Tauroggen (Beih. z. Militärwochenbl. 1912) — und die zweite, daß Yorck nicht ohne alle Instruktion des Königs und deshalb auch nicht gegen dessen innerste Überzeugung gehandelt habe, vertreten durch Max Schultze, Zur Geschichte der Konvention von Tauroggen, 1898, Oncken, Die Sendung des Fürsten Hatzfeld nach Paris (Deutsche Revue, 1899), Blumenthal, Die Konvention von Tauroggen, Berl. 1901, namentlich aber Thimme, Zur Vorgeschichte der Konvention von Tauroggen (in den Forschungen zur brandenburgischen und preußischen Geschichte, 13. Bd., 1900), Derselbe, König Friedrich Wilhelm III, sein Anteil an der Konvention von Tauroggen und an der Reform von 1807—1812 (Ebenda 18. Bd. 1905) mit sehr guten, aus dem unedierten Tagebuch Ludwigs von Wrangel geholten Gründen und in verschiedenen anderen die historische Geltung des Tagebuchs verteidigenden Aufsätzen in den Forschungen zur brand. u. preuß. Geschichte. Vgl. auch die letzte (8.) Auflage von Dahlmann-Waitz' Quellenkunde zur deutschen Geschichte, wo die Literatur nahezu vollständig verzeichnet steht. d) Über die deutschen Aufstände und Rüstungen: Gildemeister, Finks und Bergers Ermordung, Bremen 1814; Rists Lebenserinnerungen; Wohlwill, Die Befreiung Hamburgs am 18. März 1813; Derselbe, Zur Geschichte Hamburgs im Jahre 1813 (Mitteilungen des Vereines für Hamburger Geschichte, 1888); (Holzhausen), Davout in Hamburg; Varnhagens Denkwürdigkeiten, III; Lefebvre, V. e) Über die preußischen Rüstungen insbesondere: die betreffende Partie in Häußers Deutscher Geschichte, IV; Ompteda, Nachlaß, III; Steffens, Was ich erlebte, VII; Lehmann, Borstell und der Ausbruch des Krieges von 1813 (Hist. Zeitschr., XXXVII); Meinecke, D. Zeitalter der deutschen Erhebung, 1795—1815. Bielefeld 1906; außerdem die Biographien Steins von Lehmann, Gneisenaus von Pertz-Delbrück, Jahns von Euler, Scharnhorsts von Lehmann, Blüchers von Wigger und Unger, Niebuhrs von Eyßenhardt, Bülows von Varnhagen, Grolmans von Conrady, Tettenborns von demselben, usw.; Ziehlberg, Ferdinande von Schmettau; Bräuner, Gesch. d. preuß. Landwehr, 1863; Eiseln, Gesch. d. Lützow'schen Freikorps, 1841; Koberstein, Lützows wilde verwegene Jagd in „Preuß. Bilderb.", 1887; K. v. L., Adolf Lützows Freikorps, 1884; Die Formation der Freiwilligen-Jäger-Detachements (Mil. Wochenblatt, 1845ff; (dazu Ulmann in d. Hist. Vierteljahrschr., X); Widdern, Die Streifkorps im deutschen Befreiungskrieg 1813, 2. Ausg., Berl. 1894f. f) Über die Verhältnisse in den Rheinbundstaaten:

Schloßberger, Korrespondenz König Friedrichs von Württemberg; Pfister, Aus dem Lager des Rheinbundes, 1812, 1813; Darmstaedter, Frankfurt; Beaulieu-Marconnay, Dalberg; Goecke, Westfalen; Charles Schmidt, Le Grand-Duché de Berg; Heilmann, Wrede; Montgelas' Memoiren; Senfft, Memoiren; Flathe, Geschichte Sachsens, III; Bonnefons, Un allié de Napoléon; Andr. Fischer, Goethe u. Napoleon, 2. Aufl. 1900 (Die Haltung Sachsen-Weimars). *g*) Über Österreichs Politik: Metternichs Papiere, dann: Oncken, Österreich und Preußen im Befreiungskriege, berichtigt durch Luckwaldt, Österreich und die Anfänge des Befreiungskrieges von 1813; dazu: Gebhardt, Wilh. v. Humboldt als Staatsmann, I; Criste, Der Beitritt Österreichs im Jahre 1813 (Mitt. des k. u. k. Kriegsarchivs 1894, neue Bearbeitung 1913); Ussel, L'intervention de l'Autriche, Par. 1912; Wertheimer, Die Revolutionierung Tirols 1813 (Deutsche Rundschau 1904); Ulmann, Eine Denkschrift von Gentz aus dem Juni 1813 (Neue Jahrb. für das klassische Altertum, Geschichte usw. 1904); Fournier, Gentz und Wessenberg, Briefe des Ersten an den Zweiten; Derselbe, Österreich am Vorabend der Befreiungskriege (Briefe von Gentz an Kolowrat, Österr. Rundschau 1913); dazu: Thiers, XV, XVI; Lefebvre, V; Sorel, VIII. *h*) Über die Beziehungen zu den andern Staaten und die Anfänge der neuen Koalition: Castlereaghs Korrespondenz; Alison, L. Castlereagh and Sir C. Stewart, II; Dorman, History of the British Empire, II; Hormayr, Lebensbilder aus dem Befreiungskriege; Bernhardi, Geschichte Rußlands, II; Aperçu des transactions politiques du cabinet de Russie (im Sbornik der russ. hist. Gesellschaft, XXXI); Bignon, XII; Jackson, Diaries in Bath Archives, II; Nesselrodes Autobiographie: Ernouf, Maret. *i*) Über die Episode Murat: Weil, Le Pce Eugène et Murat, I; Chavanon et Saint'-Yves, |Murat. *k*) Über Bernadotte: Pingaud. Bernadotte, Napoléon et les Bourbons; Suremain, Mémoires; Woynar. Österreichs Beziehungen zu Schweden und Dänemark, 1813, 1814 (Archiv für österreichische Geschichte, 77. Bd.); Nielsen, Bidrag til Sveriges politiske historie 1813, 1814; v. Schmidt, Schweden unter Karl XIV. Johann; Touchard-Lafosse, Hist. de Charles XIV, und das im ersten Kapitel erwähnte Werk von Swederus.

    II. Der Frühjahrsfeldzug von 1813: Von Memoiren sind nur wenige zu verwerten: die Marmonts, Macdonalds und S. Cyrs bieten nicht viel; Ségur, Thiébault und Fézensac befinden sich nicht auf dem deutschen Kriegsschauplatz; das Mémorial Peyrusse's ist hier unbedeutend; nur die Memoiren Eugens (von du Casse), die Papiere Davouts (éd. Mazade und Blocqueville), die Aufzeichnungen Chlapowskis (Ordonnanzoffizier Napoleons) a. d. Polnischen übers. v. Osten-Sacken, Berl. 1910, die beiden Werke Jominis, „Précis politique et militaire de 1812 à 1814" und „Vie politique et militaire de Napoléon", und die Erinnerungen des sächsischen Offiziers v. Odeleben, „Napoleons Feldzug in Sachsen", sind französischerseits von größerer Bedeutung. Wichtig als Quellenwerke sind: Fains Manuscrit de 1813, Norvins' Portefeuille de 1813 (s. unten), und voran die Correspondance de Napoléon I., XXV mit den Nachträgen bei Lecestre, II. Ferner: Reboul, Campagne de 1813, I. II. Par. 1910. 1911; Lanrezac, La manœuvre de Lützen, 1813. Par 1904; Foucart, Bautzen, Une bataille de deux jours,

Par. 1897; Derselbe, Bautzen, La poursuite jusqu'à l'armistice, Par. 1901;
Fabry, Journal des opérations des 3ème et 5ème corps d'armée, Par. 1902.
Von nichtfranzösischer Seite: Bernhardi, Denkwürdigkeiten des Generals
von Toll; Müffling, Aus meinem Leben (2. Ausg. 1855); Eugen v. Würt-
tembergs Memoiren, III; Wolzogen, Memoiren; Helldorff, Aus dem
Leben des Prinzen Eugen von Württemberg; (Prittwitz), Beiträge zur
Geschichte des Jahres 1813; Wilson, Private diary of 1812, 1813, 1814
(unverläßlich); die Memoiren von Boyen, III, von Löwenstern (éd. Weil),
von Langeron (éd. Fabry). Von historischen Darstellungen des Feldzuges: Schütz und Schulz, Geschichte des Feldzuges von 1813, 2 Teile;
Müffling, Zur Kriegsgeschichte der Jahre 1813 und 1814; Friccius, Geschichte des Krieges in dem Jahre 1813 und 1814; Michailowski-Dani-
lewski, Denkwürdigkeiten aus dem Krieg von 1813 (deutsch 1837); Plotho,
Der Krieg in Deutschland und Frankreich 1813 und 1814; Beitzke, Ge-
schichte der Freiheitskriege (2. Ausgabe von Goldschmidt); Charras,
Histoire de la guerre de 1813 en Allemagne (Fragment); Bogdanowitsch,
Geschichte des Krieges von 1813 (deutsch von A. S.), sind sämtlich älteren
Datums. Von neueren Werken sind zu erwähnen: Treuenfeld, Das Jahr
1813 bis zur Schlacht bei Groß-Görschen (Leipz. 1901); Osten-Sacken,
Militär.-polit. Geschichte des Befreiungskrieges im Jahre 1813, Bd. IIa.
(Der Frühjahrsfeldzug, Berl. 1904 u. 1906); Holleben u. Caemmerer
Geschichte des Frühjahrsfeldzugs 1813, 2 Bde. (Berl. 1904f); Friederich,
Die Befreiungskriege 1813—1815, Vgl. auch H. Ulmann, Die neueste
militärische Literatur über den Befreiungskrieg während des Frühjahres 1813
(Beilage zur „Allg. Zeitung", 21. Februar 1905). Speziell über die Schlacht bei
Bautzen neben Foucart: Meerheimb, Die Schlachten bei Bautzen am 20. und
21. Mai 1813 (1873); Osten-Sacken, Napoleon bei Bautzen (Beiheft z. Militär-
Wochenblatt, 1905). Im Norden: Wohlwill, Zur Gesch. Hamburgs i. J. 1813
(Mitt. d. Ver. f. Hamb. Gesch. 1888); dazu „Neue milit. Blätter", XXXI.
Über einzelne kleinere Gefechte: Militär-Wochenblatt von 1843 u. 1847.
   III. Die Zeit des Waffenstillstandes und des Prager Kongresses:
Correspondance de Napoléon, XXV, XXVI; Lecestre, II; Fain,
Manuscrit de 1813, II; Norvins, Portefeuille de 1813. 2 vols Par. 1825
(auch deutsch v. F. Knapp); Bignon, Histoire de France, XII; Thiers, XVI
(nach Metternichschen Mitteilungen), dagegen Ernouf, Maret (mit Auf-
zeichnungen dieses Ministers); Metternich, Nachgelassene Papiere, I
und II. Der 1820 niedergeschriebene Bericht über die Dresdener Unter-
redung vom 26. Juni bei Helfert, Marie Louise (im Anhang), Broglio,
Souvenirs, I; Sbornik, XXXI; Radetzky, Denkschriften milit.-polit.
Inhaltes, 1858 (dazu Wehner, Über zwei Denkschriften Radetzkys aus dem
Frühjahr 1813); Radetzkys Selbstbiographie (in Mitteilungen des k. u. k.
Kriegsarchivs, 1887); Hormayr, Lebensbilder aus dem Befreiungskriege, III;
„Briefe von u. an Gentz", III, 1 (her. v. Salzer, München u. Berlin 1913):
enthält die Briefe an Metternich, die meisten a. d. J. 1813); Gentz, Dé-
pêches inédites aux Hospodars de la Valachie (éd. Prokesch), I; Desselben
Briefe an die gleiche Adresse u. an andere in „Österreichs Teilnahme an den
Befreiungskriegen", her. v. Metternich-Klinkowström, Wien 1887;
Desselben Briefe an Pilat; Desselben Briefe an Wessenberg (s. oben);
Donath, Ein ungedrucktes Gentz-Manuskript (Deutsch-Österreich, Jahrg. I,

1913. Gegen die Denkschrift Marets vom 20. Aug. 1813); Wilh. und Karoline v. Humboldt, Briefwechsel, III, IV; De Clercq, Recueil des traités de la France, II; Martens, Recueil des traités conclus par la Russie, III. Von historischen Darstellungen: Oncken, Österreich und Preußen im Befreiungskriege, II; Ranke, Hardenberg (SS. Werke, 48ff.); Lefebvre, V; Luckwaldt, Österreich und die Anfänge des Befreiungskrieges; Criste, Österreichs Beitritt zur Koalition, Wien 1913; Bailleu, Caulaincourt négociateur de l'armistice en 1813 (in den Schriften des Haager Historikerkongresses 1899); Großf. Nikolai Michailowitsch, Alexander I.; Meerheimb, Der Waffenstillstand vom 4. Juni bis 17. August 1813 (Z. f. preuß. Gesch., X); Gebhardt, Humboldt als Staatsmann, I; Sorel, VIII (dazu Driault in der Rev. d'hist. mod. 1906). Über das Leben am Hoflager Napoleons in Dresden: Odeleben, N.s Feldzug in Sachsen; vgl. auch Schimpff, Napoleon in Sachsen (Dresden 1894).

    IV. Der Herbstfeldzug 1813. Zu den vorhin genannten Werken treten hier französischerseits die Memoiren Marmonts, Fézensacs, Ségurs, Saint-Cyrs, Macdonalds, Norvins' und Berthezènes wieder hinzu; daneben Bertin, La campagne de 1813 d'après des témoins oculaires (Par. 1896); Rogniat, Considérations sur l'art militaire, Par. 1816; Du Casse, Vandamme. Von seiten der Verbündeten: Reiches Memoiren (herausg. von Weltzien); Colomb, Aus dem Tagebuche des Rittmeisters v. Colomb 1813 und 1814 (1854, dazu Beiheft zum Militär-Wochenblatt, 1885); Blasendorff, Fünfzig Briefe Blüchers (Hist. Zeitschr., LIV); Barclays Briefe (in der Baltischen Monatsschrift von 1888); Radetzky im Feldzug 1813 (Jahrb. für die deutsche Armee und Marine 1896, 1897); Wolzogen, Memoiren; Kayserlingk, Erinnerungen a. der Kriegszeit; Nostitz, Tagebuch (Kriegsgesch. Einzelschriften, V); Briefe eines Neumärkers über seine Erlebnisse 1813—1815 (herausg. von Bardey, 1903); Granier, Schlesische Kriegstagebücher aus der Franzosenzeit (insbesondere des Landwehrmajors Doercks), Berl. 1904; Prokesch-Osten, Denkwürdigkeiten aus dem Leben des Fürsten v. Schwarzenberg (Neue Ausgabe 1861); Briefe des FM. Fürsten Schwarzenberg an seine Frau, 1799—1816, her. v. Novak, Wien 1913. Viele dieser Briefe waren bereits benützt und in ihren wesentlichen Stellen mitgeteilt worden in Thielen's Erinnerungen aus dem Kriegerleben eines 82jährigen Veteranen der österreichischen Armee, 1863; Bernhardi, Toll, III; Rochechouart's Souvenirs; Thurn u. Taxis, Tagebuoh (Mitt. d. k. u. k. Kriegsarchivs 3. F. Bd. 7.); die Memoiren von Langeron (Vorsicht!) und Löwenstein; die Suremain's. Daneben Heilmann, Fürst Wrede; Metternich-Klinkowström, Österreichs Teilnahme an den Befreiungskriegen (mit Briefen von Gentz, Metternich und Schwarzenberg). Von historischen Darstellungen vor Anderen: das zusammenfassende Hauptwerk „Befreiungskrieg 1813 u. 1814. Einzeldarstellungen der entscheidenden Kriegsereignisse". Nach d. Feldakten usw. bearbeitet in der kriegsgeschichtl. Abteilung des k. u. k. Kriegsarchivs (Bd. I: Criste, Österr. Beitritt z. Koalition; Bd. II: Wlaschütz, Österreichs Machtaufgebot, 1813; Bd. III: Glaise, Feldzug v. Dresden; Bd. IV: Ehnl, Schlacht b. Kulm; Bd. V: Hoen u. A., Feldzug von Leipzig) Wien 1913; Friederich, Der Herbstfeldzug 1813, 3 Bde. (1903—1905); Vitzthum, Die Hauptquartiere im Herbstfeldzug 1813; (Grouard), Stratégie napoléonienne.

La campagne d'automne 1813, Par. 1897. Von älteren Schriften: Pelet,
Des principales opérations de la campagne de 1813 (Spect. milit.
1826, 1828);
Londonderry, Narrative of the war of 1813 and 1814 (deutsch 1836);
Burghersh, Die Operationen der verbündeten Heere unter Schwarzenberg
und Blücher (deutsch 1844); Hofmann, Zur Geschichte des Feldzuges von
1813 (1843); Aster, Schilderung der Kriegsereignisse in und um Dresden;
Wagner, Die Tage von Dresden und Kulm; neuesten Datums: Glaise
von Horstenau, Der Feldzug v. Dresden, (s. oben); Lüdtke, Die
strategische Bedeutung der Schlacht bei Dresden (Diss. 1904), (dazu:
Dresdener Geschichtsblätter, 1905); Soldau, Die strategische Bedeutung
der Schlacht bei Dresden 1813 (gegen Lüdtke) in Beiträgen z. Kriegsgeschichte,
1908; Stein, D. strateg. Bedeutung d. Schlacht b. Dresden. Diss. Berl. 1911;
Zahn, Das Verhalten Napoleons I. nach der Schlacht von Dresden (Jahrbücher für die deutsche Armee und Marine, 1902); Bégue de Germiny,
La bataille de Dresde (Revue des quest. hist. 1901, mit dem Tagebuch d.
sächs. Generals Gersdorff u. A.); Jomini, Réplique à Lord Londonderry
sur les événements de la camp. de Dresde; Aster, Schilderung der Kriegsereignisse zwischen Peterswalde, Pirna, Königstein und Priesten und die
Schlacht bei Kulm; Helfert, Die Schlacht bei Kulm; Kleist, Von Dresden
nach Nollendorf (Beiheft zum Militär-Wochenblatt, 1889, 3); Helldorf,
Zur Geschichte der Schlacht bei Kulm; Woinovich, Kulm, Leipzig, Hanau,
Wien 1911; Pierron, Napoléon de Dresde à Leipzig; Fabry, Journal
des opérations du III. et V. corps en 1813, Par. 1902; Weil, La cavalerie
des armées alliées, 1813, Par. 1886; Pajol, Pajol en 1812—1814, Par. 1874;
Conrady, Grolman; O. Harnack, Die Ursachen der Niederlage Na-
poleons I. 1813 (Hist. Zeitschr. 39, Bd. 1902); Waas, Napoleon und der
Feldzugspläne der Verbündeten 1813 (Hist. Vierteljahrsschrift 1900). Über
die Nordarmee der Verbündeten: Geschichte der Nordarmee im Jahre 1813
(Berl. 1854); insbesondere: Quistorp, Geschichte der Nordarmee, 1813,
3 Bde., 1894; Wiehr, Napoleon und Bernadotte im Herbstfeldzug 1813;
(Bernadotte), Recueil des ordres de mouvement etc. de S. A. R. Charles
Jean, Prince royal de Suède, Stockholm 1838; Suremain, Mémoires. Zu
der Frage der Beurteilung Bernadottes vgl. man auch Pingaud, Bernadotte,
Napoléon et les Bourbons; Meinecke, Zur Beurteilung Bernadottes im
Herbstfeldzug 1813 (Forsch. zur brandenburgischen und preußischen Ge-
schichte 1894); Pflugk-Harttung, Bernadotte im Herbstfeldzug 1813
(D. Rev. 1905); H. Ulmann, Der Kronprinz v. Schweden im Befreiungs-
krieg 1813—1814 (Hist. Zeitschr. Bd. 102); Pallmann, Die Schlacht bei
Großbeeren (Progr. Berlin 1872); Quistorp, Zum Herbstfeldzug 1813
(Jahrbücher für die deutsche Armee und Marine 1904); Meinecke, Boyen, I.
Über die schlesische Armee vgl. Müffling, Zur Kriegsgeschichte von 1813
und 1814, und die Aufsätze im Militär-Wochenblatt 1844 und 1845; dazu
Freytag-Loringhoven, Aufklärung und Armeeführung bei der schle-
sischen Armee 1813, Berl. 1900; Wedelstädt, Die Schlacht an der Katz-
bach (Jahrbücher für die deutsche Armee und Marine 1893); Droysen,
Yorck; Delbrück, Gneisenau, I; Widdern, Die Streifkorps im deutschen
Befreiungskriege, II; Petersdorf, Thielmann; Mirus, Das Treffen bei
Wartenburg; Schels, Die Operationen des Korps Bubna (Österr. mil.
Zeitschrift, III. Jahrg.). Vor der Schlacht bei Leipzig: Kerchnawe,

Kavallerieverwendung, Aufklärung und Armeeführung bei der Hauptarmee in den entscheidenden Tagen vor Leipzig, Wien 1904; Bremen,
Die entscheidende. Tage vor Leipzig (Beiheft zum Militär-Wochenblatt
1889); Kaulfuss, Die Strategie Schwarzenbergs am 13., 14., 15. Oktober
1813 (Diss. 1902); Anders, Schwarzenbergs Disposition für den 14. Oktober 1813. Diss. Berlin 1908; H. Ulmann, Wie es zur Schlacht bei
Leipzig gekommen ist (Hist. Vierteljahrsschrift; 1913), Über die Schlacht
bei Leipzig: vor allem Aster, Die Schlachten bei Leipzig, 2 Bde. (2. Ausgabe 1856); Veltzé, Die Tage von Leipzig (Österr. Rundschau, 1913.
Aufzeichnungen des Schwarzenbergschen Adjutanten Böhm), außerdem
die Werke von Hofmann (1835), Naumann und Wuttke (1863). Eine
zusammenfassende Darstellung nach neuesten Ergebnissen bei Friederich
und vor allem in dem Werke „Befreiungskrieg 1813 und 1814" s. oben. Aloys
Schulte, Die Schlacht bei Leipzig (Bonn 1913) geht nicht ins Einzelne. Nach Leipzig: Kerchnawe, Von Leipzig bis Erfurt (Mitteilungen
des k. u. k. Kriegsarchivs, 3. Folge, 4. Bd., 1906); Doeberl, Bayern
und die deutsche Erhebung wider Napoleon I., München 1907; Roeder,
Histor. Beiträge z. Gesch. der Schlacht b. Hanau, 1863. Dörr, Die Schlacht
bei Hanau; Bockenheimer, Geschichte der Stadt Mainz 1813 und 1814.

   Zum vierten Kapitel. Vor Erneuerung des Krieges. a) Über die
ersten Unterhandlungen des Friedens wegen: Castlereaghs Korrespondenz; Lord Burghersh, Memoirs (Deutsche Ausgabe, 1844); Martens,
Recueil des traités conclus par la Russie, III, XI; Metternichs Nachgelassene Papiere, I, II (dazu Bailleu, „Metternichs Memoiren" in der
Histor. Zeitschrift, XLIV); Metternich-Klinkowström, Österreichs
Teilnahme etc.; Windelband, Badens Austritt a. d. Rheinbund (Ztschr.
f. d. Gesch. d. Oberrheins, N. F. XXV); Eichhorn, die Zentralverwaltung
d. Verbündeten unter d. Freih. von Stein. Deutschl. 1814; Fain, Manuscrit
de 1814; Ernouf, Maret; Bignon, Hist. de France, XIV; Angeberg,
Le Congrès de Vienne, I; Oncken, Aus den letzten Monaten des Jahres
1813 (Histor. Taschenbuch 1833); Derselbe, Das Zeitalter der Revolution,
des Kaiserreiches etc. II.; Sorel, VIII (s. oben S. 240); Fournier, Der Kongreß
von Châtillon. Die Politik im Kriege von 1814. Wien 1900; Roloff, Politik
und Kriegführung während des Feldzuges von 1814, 1891; Niels Edén,
D. schwedisch-norwegische Union u. d. Kieler Friede. (Deutsch, Leipzig,
1895.) b) Über die inneren Verhältnisse Frankreichs: Correspondance
de Napoléon, XXVI und XXVII; Lecestre, II; Brotonne, beide
Sammlungen; Buchez et Roux, Histoire parlementaire de la révo-
lution fr. XXXIX; Bulletin des lois; die Memoiren von Mollien,
Miot, Bausset, Savary (neue Ausgabe, 1900), Méneval, Pasquier
II, Barante, Broglie, der Frau v. Coigny (éd. Lamy), der
Chastenay (2. Bd.), Molé's (in der Revue de la Révolution, 1888).
Dazu: Béranger, Ma biographie; Rodriguez, Relation de ce qui
s'est passé à Paris à l'époque de la déchéance de Buonaparte (1814);
Journal d'un prisonnier anglais (in d. Revue brittanique V, VI);
Journal d'un officier anglais pendant les quatre premiers mois de
1814 (ebenda IV); Montaignac, Journal d'un français depuis le 9 mars
jusqu'au 15 avril 1814; Wehle, Vertraute Briefe über Frankreich und dessen
Hauptstadt in der ersten Hälfte des J. 1814; Véron, Mémoires d'un bourgeois

de Paris, I; Engerand, Paris et les alliés en 1814 (Nouv. Revue, 1896); Thiers, XVII; Vaulabelle, Hist. des deux restaurations; Lubis, Hist. de la restauration; Houssaye, „1814" (grundlegend für die innere Geschichte, worin auch die Literatur für die Departementalgeschichte des Jahres verzeichnet ist); dazu Chuquet, L'Alsace en 1814; Pingaud, Bernadotte, Napoléon et les Bourbons; Welschinger, Le pape et l'empereur.

II. Der Krieg in Frankreich. a) Über den Feldzug vgl. man: von französischer Seite neben d. Correspondance, XXVII: Mémoires du roi Joseph; die Memoiren von Marmont, Macdonald, Belliard, Lavalette; Fabviers Journal des opérations du 6ème corps; Bertin, La campagne de 1814 d'après des témoins oculaires (Par. 1897); Percy, Journal. An Darstellungen: Girard, La campagne de Paris en 1814; Beauchamps, Histoire des campagnes de 1814 et 1815; Vaudoncourt, Histoire des campagnes de 1814 et 1815; insbesondere: Koch, Mémoires pour servir à l'histoire de la campagne de 1814, 3 vols.; Du Casse, Le gén. Arrighi; Pajol, Pajol gén. en chef; Nollet, Oudinot; Masson, Flahault; Hauptwerk: Weil, La campagne de 1814, 4 Bde. — Von nichtfranzösischer Seite zu den im früheren Kapitel aufgeführten Quellenwerken von Bernhardi, Plotho u. A.: (Damitz), Geschichte des Feldzuges von 1814, 4 Bde.; Schels, Die Operationen der verbündeten Heere gegen Paris (Österr. milit. Zeitschrift 1845); Thielen, Der Feldzug der verbündeten Heere; Derselbe, Erinnerungen; Schwarzenbergs Briefe an s. Frau (Ausgabe von 1913); „Noch nicht veröffentlichte Briefe Metternichs an Schwarzenberg a. d. Feldzug 1814", her v. Janson (Beiheft 2, Militär-Wochenblatt, 1906); die Memoiren Eugens v. Württemberg; Boyens Erinnerungen; Müffling, Aus meinem Leben; Reiche's Memoiren; Schulz, Geschichte des Feldzuges von 1814, 2 Bde.; Nostiz, Tagebuch (Kriegsgeschichtl. Einzelschriften Heft 5 und 6); Delbrück, Gneisenau; Meinecke, Boyen; Conrady, Grolman; Heilmann, Wrede; Varnhagen, Bülow; Droysen, Yorck; Ollech, Reyher; Kleist, Kleist; Neues über Leop. v. Gerlach (D. Revue, 1900); Colomb, Blücher in Briefen; Boie, Die Stunde der Entscheidung vor Beginn der unglücklichen Kämpfe im Februar 1814 (Jahrb. für die deutsche Armee und Marine, 1878); Danilewsky, Der Feldzug in Frankreich; Bogdanowitsch, Geschichte des Feldzuges von 1814 (Deutsche Ausgabe 1866); Janson, Der Feldzug 1814 in Frankreich, 2 Bde., 1903 und 1905. (Vergl. dazu Wojnovich, Die Geschichte der Befreiungskriege in Streffleurs Z. 1905); Hiller, Geschichte des Feldzuges in Frankreich mit besonderer Berücksichtigung der württembergischen Truppen. Eine Darstellung des Krieges von österreichischer Seite wird vorbereitet. Im Einzelnen: Oncken, Gneisenau, Radetzky und der Marsch durch die Schweiz (D. Z. f. Geschichtswissenschaft, X); Roloff, Entstehung des Operationsplanes zum Winterfeldzug 1813/1814 (Militär-Zeitschr. 1894); Waas, Napoleon I. und die Feldzugspläne der Verbündeten von 1813 (Hist. Vierteljahrschrift, 1900); Sauer, Blüchers Rheinübergang bei Caub, 1892; Oechsli, Der Durchzug der Alliierten durch die Schweiz 1813, 1814. Zürich 1906 und Derselbe in s. Geschichte der Schweiz im 19. Jht., Bd. II; dazu: Ed, Guillon, Napoléon et la Suisse, 1803—1815, Par. 1910 u. Fournier, d. Kongreß v. Châtillon; Rouvier, Les premiers combats de 1814 (Par. 1895); Petzel, Die Operationen Napoleons von

La Rothière bis Bar-sur-Aube (Beih. zum Mil.-Wochenblatt, 1900); Sothen,
Das Gefecht von Etoges (Beih. zum Militär-Wochenblatt 1894); Dechend,
Das Treffen bei Bar-sur-Aube (Beih. zum Militär-Wochenblatt 1897); Der
Fall von Soissons; Das Nachtgefecht bei Laon (Kriegsgeschichtl. Einzel-
schriften, Bd. II). *b*) Über die diplomatischen Unterhandlungen während
des Krieges neben den oben angeführten Quellen: Fains Manuscrit de
1814; Sbornik XXXI; Gentz, Lettres aux hospodars de la Valachie I;
Ernouf, Maret; Metternichs Memoiren (vgl. Bailleu in der „Histor.
Zeitschrift", 1888); Nesselrode, Selbstbiographie (deutsch, 1866, unbe-
deutend); Arneth, Wessenberg, II; Oncken, Lord Castlereagh und die
Ministerkonferenz zu Langres (Hist. Taschenbuch 1855); Derselbe, Die
Krisis der letzten Friedensverhandlungen mit Napoleon I. (ebenda, 1886);
Houssaye, „1814", mit unrichtiger Auffassung der Politik der Ver-
bündeten; Sorel, VIII; insbes.: Fournier, Der Kongreß von Châtillon.
Die Politik im Kriege von 1814. (Mit urkundlichen Beiträgen aus Wiener
und Berliner Archiven). (Die Schrift von Pons de l'Hérault, Le Congrès de Châtillon, ist eine auf Fains Manuscrit basierte Anklageschrift
gegen Caulaincourt ohne historischen Wert); Trapp, Kriegführung und
Diplomatie der Verbündeten 1814; Weil, Le Pce Eugène et Murat; Chavanon et Saint-Yves, Murat; Lehmann, Stein, III; Pertz, Stein,
VI; Gebhardt, Humboldt, II; Lady Burghersh, Lettres from Germany (auch deutsch). *c*) Über den Sturz Napoleons außer den genannten
allgemeinen Werken: Die Memoiren von Bourrienne, dazu A. B.,
Bourrienne et ses erreurs, II. Bd.; Talleyrands Memoiren, II; Desselben, Lettres inédites à la Princesse de Courlande (Revue d'histoire
diplomatique, II); Vitrolles, Mémoires et relations politiques, I (über
seine Sendung teilweise unwahr); die Memoiren von Rochechouart,
Semallé, Hyde de Neuville, Moriolles, Ségur, Plancy (éd. Masson
1904); De Pradt, Récit des événements qui ont amené la restauration de la royauté; Rapetti, La défection d'Essonnes; Chateaubriand, „Mémoires d'outre-tombe" und dessen Pamphlet „Bonaparte
et les Bourbons"; die Memoiren von Joseph, Pasquier, Macdonald,
Savary, Méneval, Bausset, Fains Manuscrit de 1814, Ernouf, Maret,
Gourgaud, Journal inédit de 1815 à 1818, mit Rückblicken Napoleons.
Die „Souvenirs du Duc de Vicence" par Mme Sorr sind nicht authentisch;
es sind Artikel, die ursprünglich unter dem Titel „Napoléon et le Duc de
Vicence" in der „Nouvelle Minerve" von 1838 erschienen waren. Caulaincourt hinterließ zwar Memoiren, die jedoch von ihren jetzigen Besitzern
streng gehütet werden, vielleicht mancher verurteilenden Bemerkung
über Napoleon wegen, die sich darin finden dürfte. Von Zeitungen: Moniteur, Journal de l'Empire, Gazette de France, Journal des
Débats. Die Pamphlete wider Napoleon sind überaus zahlreich. Eine
reiche Sammlung verzeichnet mit Auszügen daraus: Germond de Lavigne, Les pamphlets de la fin de l'Empire, des Cent-Jours et de la Restauration (Par. 1879). Von Darstellungen, außer den genannten Geschichtswerken über die Restauration: Thiers, XVII, Sorel, VIII, Masson,
Marie Louise, und Derselbe, Napoléon et son fils; dagegen Fournier,
Marie Luise und der Sturz Napoleons (D. Rundschau, Sept. 1902, französisch: Revue historique, 1903); Wertheimer, Der Herzog von Reich-

stadt; Helfert, Marie Luise; Gachot, Marie Louse intime, 2 v., Paris
1911. Wehle, Vertraute Briefe über Frankreich.
III. Napoleon auf Elba. *a*) Über die Fahrt dahin: Helfert, Napoleons
Fahrt von Fontainebleau nach Elba, 1874 (nach den Berichten des österreichischen Kommissars Koller); Waldburg-Truchseß (Bevollmächtigter
Preußens), Napoleon Bonapartes Reise von Fontainebleau nach Fréjus,
Berl. 1815 (im 6. Band von Schoell, Recueil des pièces officielles); Schuwa-
low (russ. Bevollmächtigter), De Fontainebleau à Fréjus (Revue de
Paris, 1897); Campbell (Bevollmächtigter Englands), Napoleon at Fon-
tainebleau and Elba, 1869; Ussher (Kapitän des „Undaunted"), A narrative of events etc. (Neu aufgelegt in „Napoleons Last Voyages", 1895
und 1906; deutsch: „Von Fréjus nach Elba" von O. Simon, 1894);
J. Fabre, De Fontainebleau à l'île d'Elbe, 1887 (wertlos); Laborde,
Napoléon et sa garde, ou relation du voyage de Fontainebleau à l'île
d'Elbe, Par. 1840. *b*) Über den Aufenthalt auf der Insel: Correspondance,
XXVII. (Die Ergänzungswerke von Lecestre und Brotonne enthalten
nichts für diese Zeit); Pélissier, Le registre de l'île d'Elbe, Par. 1897
(mit 184 Briefen); Peyrusse (des Schatzmeisters) Mémorial; am aus-
führlichsten: Pons de l'Hérault (Direktor der Bergwerke), Souvenirs
et anecdotes de l'île d'Elbe (éd. Pélissier, Par. 1897, wenig zuverlässig);
dazu: Mémoire de Pons de l'Hérault aux puissances (éd. Pélissier, Par.
1899, ein apologetisches Pamphlet, wie es der Herausgeber richtig bezeichnet). Die Erinnerungen von Labadie, Larabit und Sellier
Vincent hat Pélissier in der Nouvelle Revue rétrosp. 1894, 1895 veröffentlicht. G. Firmin-Didot, Royauté ou Empire (Par. 1897) enthält
u. A. die Berichte der geheimen Agenten der Pariser Regierung, die neuestens
in den „Feuilles d'histoire" v. 1912ff. von Graf Beugnot herausgegeben
wurden; Fleury de Chaboulon, Mémoires de la vie privée, du retour
et du règne de Napoléon en 1815 (Lond. 1820; schildert seine Sendung im
Auftrage Marets). Über Unterredungen Napoleons mit reisenden Engländern:
Ebrington, Memorandum of two conversations, 1824 (französisch bei
Capefigue, Les Cent-Jours, Paris 1841); Vernon, Sketch of a conversation with Napoleon (in Miscellanies of the Philobiblion Society,
1863); Rose, An interview with Napoleon in Elba, in dessen Buch „Pitt
and Napoleon", Lond. 1912 (es sind die Aufzeichnungen des englischen
Majors Vivian, die bereits 1839 u. d. T. Minutes of a conversation
with Napoleon von Vivian herausgegeben wurden); anderes bei Holzhausen, Bonaparte, Byron und die Briten (Frankf. 1904). Von Darstellungen: Lancelotti, Napoleon auf Elba, Dresd. 1815; Pichot,
Napoléon à l'île d'Elbe (nach Peyrusse, Campbell u. A.); Foresi, Napoleone
all' isola d'Elba, 1884; Livi, Napoleone all' isola d'Elba, 1888; Pellet,
Napoléon à l'île d'Elbe, Par. 1888 (die beiden letzteren mit zu viel Vertrauen auf geheime Polizeinoten); Houssaye, „1815", I; Larrey,
Madame Mére; Brunschwig, Cambronne; Madelin, Fouché, II;
P. Gruyer, Napoléon, Rol(l) de l'île d'Elbe (Par. 1906, mit vielen
Illustrationen); Masson, L'inceste de Napoléon à l'île d'Elbe (Revue
des études napoléoniennes, II, 1913). Napoleon selbst diktierte auf
St. Helena die Geschichte seines Aufenthaltes u. d. T.: „L'île d'Elbe
et les Cent-Jours" (in Bd. XXXI der Correspondance; wie fast alle seine

Diktate tendenziös und unzuverlässig). *c*) Über Marie Luise in ihrem Verhältnis zu Napoleon: die oben erwähnten Schriften von Fournier und Wertheimer, Gachot, M. Louise intime; Helfert, Marie Luise und Napoleon im Sommer 1814 („Dioskuren", Jahrg. 1874). Die irrigen Angaben bei Masson, Marie Louise, und Houssaye, „1815", beruhen zum großen Teil auf einem lügenhaften Pamphlet: „Marie Luise und der Herzog von Reichstadt" (1843). *d*) Die Literatur über den Wiener Kongreß gehört nicht hierher. Doch für die Haltung Talleyrands in der Elba-Frage: Pallain, Correspondance de Talleyrand avec Louis XVIII (deutsch von Bailleu, 1881); M. Lehmann, Tagebuch des Freiherrn vom Stein während des Wiener Kongresses (Hist. Zeitschr. 1888); Blennerhasset, Talleyrand; Fournier, Zur Vorgeschichte des Wiener Kongresses (Hist. Studien und Skizzen, II), Derselbe, Die Geheimpolizei auf dem Wiener Kongreß, Wien 1913; Pasquier, Mémoires III; Lettre du Comte de Chauvigny (über ein Attentatsprojekt) in Miscellanea napol. Ser. II. *e*) Über Murat: Helfert, J. Murat, seine letzten Kämpfe und sein Ende (1878); Dufourcq, Murat et la question italienne en 1815; andere Literatur bei Chavanon et Saint-Yves, Murat; das ausführlichste, wenn auch nicht abschließende Werk ist v. Weil, Murat, La dernière année, 5 vols., Par. 1910.

IV. **Napoleons Rückkehr und Zug nach Paris.** Hierfür die Correspondance, XXVIII; die Darstellung bei Monier, Une année de la vie de l'Empereur Napoléon (1815; panegyrisch und unvollständig); Peyrusse, Mémorial; Laborde, Napoléon et sa garde; namentlich aber Fleury de Chaboulon, Mémoires. Dazu vgl. man: Napoleons Schilderung in Gourgaud, Journal inédit de 1815 à 1818, I, 379ff.; Muterse, Débarquement de l'emp. Napoléon sur la plage du golfe de Jouan (Annales de la société des lettres etc. des Alpes Maritimes, 1901); Berriat Saint-Prix, Napoléon à Grenoble; am eingehendsten: Houssaye, „1815", I; Thiers, XIX. Über die Stimmung in Frankreich: die Memoiren von Broglie, I; Pasquier, III; Barante, II; Vitrolles, II; Véron, I; B. Constant, Mémoires sur les Cent-Jours (die ersten Briefe); Hobhouse, Letters written from Paris, Lond. 1816f. (Französ. Ausgabe 1817, 1819).

Zum fünften Kapitel. I. Die Herrschaft der hundert Tage: Correspondance, XXVIII und XXXI; dazu: „Portefeuille de Buonaparte" (deutsch: „Napoleons Brieftasche" [1815] enthält bei Waterloo erbeutete Briefe von und an Napoleon). Zu den im früheren Abschnitte genannten Memoirenwerken: Molé, Memoirenfragment in der Revue de la Révolution, 1888; Carnot, Exposé de ma conduite politique; die Mémoires sur Carnot par son fils, II; Carnot, Correspondance avec Napoléon; Desselben Exposé de la situation de l'Empire im „Moniteur", 15. Juni 1815; (dazu vgl. man die Studie von Welvert in der Rev. historique, 1905); die Erinnerungen Lavalettes, Savarys, VII, Fouchés (mit der bereits. angemerkten Einschränkung), Boulay's de la Meurthe, Molliens, III, Villemains, VI, Vitrolles', II, Barras, IV, Lucians, III, Lafayettes, V, der Staël, III; dazu: Alexandre I et Mme de Staël 1814—1817 (Revue de Paris, 1897); Gautier, Mad. de Staël et Napoléon, Par. 1903. Fournier, Drei Briefe der Frau von Staël a. d. J. 1815 (Histor. Studien u. Skizzen, III); Laborde, Quarante-huit heures de garde aux

Tuileries; Barry, Cahier d'un rhétoricien en 1815; Helene Williams, Relation des événements etc.; Sismondi, Notes sur l'Empire et les Cent-Jours (Revue historique IX); Desselben Briefe an seine Mutter (Revue historique VI, unverläßlich); Desselben Examen de la Constitution (1815); Hobhouse, Letters (dazu Napoleons Bemerkungen in der Correspondance, XXXI); Davout, Correspondance, IV (éd. Mazade); Blocqueville, Le maréchal Davout, IV; Vigier, Davout (Par. 1898); Béranger Ma biographie; Lord Holland, Reminiszenzen; Picaud, Carnot (1885); F. v. Weech, Französische Zustände während der hundert Tage und der Okkupation (Hist. Zeitschr. XVI, 1866, nach Wellingtons Supplementary dispatches X). Dazu die Geschichtswerke von Houssaye, „1815", I; Thiers, XIX; Vaulabelle, II; Lubis, III; Thibaudeau, Hist. du Cons. et de l'Empire, X; Bignon, XIV; Baudouin, Anecdotes historiques du temps de la restauration. Über die Verfassungsfrage: Hélie, Les Constitutions de la France; Pölitz, Europäische Verfassungen, III; Bulletin des Lois, 1815; die Dispatches Wellingtons, XII und Castlereaghs, X; die Archives parlementaires, 2ème série; Radiguet, L'acte additionnel aux constitutions de l'Empire du 22 avril 1815, Par. 1911, mit einem Verzeichnis der einschlägigen Schriften; Derselbe, L'acte additionnel de 1815 (Rev. des ét. napol., 1912); P. Simon Elaboration de la Charte, Par. 1906; Germond de Lavigne, Les pamphl^{e}ts de la fin de l'Empire etc. Zu den im vorigen Kapitel genannten Zeitungen treten hinzu: „Le Censeur", „L'Aristarque", „L'Indépendant", „Le Patriote de 89" und „Le Nain Jaune". Die Brochürenliteratur verzeichnet Houssaye, I, 533 bis 535, 546ff. Für die Verhältnisse zum Ausland: die bereits erwähnte Korrespondenz Talleyrands mit Ludwig XVIII; Pozzo di Borgo, Correspondance; auch in Polovtsoff, Corresp. diplomatique, 1814—30. I.; Romberg et Malet, Louis XVIII et les Cent-Jours à Gand (Par. 1898, 1902); Metternich, Nachgelassene Papiere, II; d'Angeberg, Congrès de Vienne, I; Hansard, Parliamentary debates, XXX, XXXI; Sorel, VIII; Madelin Fouché, II. Die Literatur über Murat siehe zum vorigen Kapitel.

II. Der Feldzug von 1815. Hiefür kommt die Correspondance de Napoléon I. nur wenig in Betracht. Über die Rüstungen: Couderc de Saint-Chamant, Napoléon, ses dernières armées, Par. 1902; Mauduit, Les derniers jours de la Grande Armée. Des Kaisers Darstellung des Krieges, wie er sie auf St. Helena Gourgaud in die Feder diktierte, unter dessen Namen dann „La campagno de 1815' im Jahre 1818 erschien, ist die Grundlage für viele historische Darstellungen, u. A. Thiers' geworden, obgleich alsbald berichtigende Gegenschriften erschienen; unter diesen insbesondere: Grouchy, Observations sur la relation de la camp. de 1815 publiée par Gourgaud, Paris 1819. Vgl. auch Heymès, Relation de la campagne de 1815 pour servir à l'histoire du maréchal Ney (in d'Elchingen, Documents inédits sur la campagne de 1815); Janin, Campagne de Waterloo (1828); Jomini, Précis politique et militaire de la camp. de 1815 (Bruxelles 1846). Dazu: Lefol, Souvenirs; Répecaud, Napoléon à Ligny; Salle, Souvenirs (Nouvelle Revue, 1895); Gérard, Quelques documents sur la bataille de Waterloo und Desselben „Dernières observations" gegen Grouchy, worauf: Grouchy, Fragments historiques, 1829 und später „Relation succincte de la camp. de 1815", 1843. Grouchys Memoiren sind dann von seinem

Enkel (Paris 1873) mit vielen Dokumenten publiziert worden. Doch
stimmen die Texte dieser Urkunden nicht immer mit den Originalen
überein, wie denn auch alle Mitteilungen des Marschalls (und seines Nachkommen) ebenso sorgfältig geprüft werden müssen wie die Napoleons. Vgl.
auch die Memoiren von Berthezène, Lamarque, Fleury de Chaboulon, Berton's Précis historique, tagebuchartige Aufzeichnungen des
Generals Foy in Girod de l'Ain, Vie militaire du gén. Foy (Par. 1900),
Berichte Flahauts bei Masson, Le gén. Flahaut, die Pajols in Pajol, Pajol;
dazu: Baudus, Etudes sur Napoléon, Par. 1840; die Memoiren Jérômes,
Erinnerungen einzelner Offiziere, wie Petiet, Pontécoulant Le-
monnier, Larrey (Chefarzt), eines Ungenannten über die Schlacht bei
Waterloo (Nouvelle Revue rétrosp. 1896). Amtliche Berichte über die Schlacht
bei Waterloo von französischer Seite sind nicht veröffentlicht. Was die
englischen Quellen betrifft, so stehen Wellingtons Dispatches, XII und
Supplementary Dispatches X obenan. (In den letzteren sind die Berichte
der Untergenerale über die Entscheidungsschlacht mitgeteilt.) Dazu Stanhope, Notes of conversations with the duc of Wellington. Ohne alle Wellingtonschen Papiere zu kennen, hat Siborne seine streng englisch gefärbte
„History of the war in France and Belgium 1815" (deutsch, Berlin 1846,
1847) verfaßt. Später, 1891, hat sein Sohn „Waterloo Letters" herausgegeben, die als Erinnerungen von Teilnehmern an der Schlacht immerhin
einen illustrierenden Wert besitzen. Dazu Kennedy, Notes on
the battle of Waterloo, Lond. 1865; Woodberry, Journal; Mercer,
Journal of the Waterloo Campaign; Tomkinson, The Diary of a cavalry
officer; Cotton, A voice of Waterloo; Beamish, History of the Kings
German legion, Lond. 1832, 1837. Von niederländischen Quellen ist heute
das Buch von Löben-Sels, Précis de la camp. de 1815 (1846) überholt durch
de Bas, Prins Frederik der Niederlanden, 3 Bde., 1896ff. mit vielen Do-
kumenten und Desselben Campagne de 1815 aux Pays-Bas, Par. 1908.
Von preußischer Seite bot, nach den zeitgenössischen Mitteilungen von
Müffling, Geschichte des Feldzuges usw. (1817), Desselben, Aus meinem
Leben, Clausewitz, Der Feldzug von 1815 (Hinterlassene Werke, VIII),
Plotho, Der Krieg der Verbündeten gegen Frankreich, 1815 (1818), Wagner,
Pläne der Schlachten und Treffen, Hofmann, Zur Geschichte des Feld-
zuges von 1815 (2. Auflage 1849), Schulz, Geschichte der Kriege, XIV, XV,
Damitz, Geschichte des Feldzuges von 1815 (1837), zuerst Königer, Der
Krieg vom Jahre 1815 und die Verträge von Wien und Paris (Leipz. 1865),
und dann Ollech in seiner Geschichte des Feldzuges von 1815 (Berl. 1876)
eine zusammenfassende Darstellung nach archivalischen Quellen, deren
Publikation sich aber nicht immer als einwandfrei herausgestellt hat. Beide
Werke sind heute überholt durch Lettow-Vorbeck, Napoleons Untergang
1815, I (einschließlich der Schlacht bei Waterloo, Berl. 1904), und Pflugk-
Harttung, Vorgeschichte der Schlacht bei Belle-Alliance (Berl. 1903);
dazu Desselben, Verhandlungen Wellingtons und Blüchers auf der Wind
mühle bei Brye (Hist. Jahrb. 1902), und Desselben, Napoleon während
der Schlacht bei Belle-Alliance (ebenda 1907). Vgl. auch: „Zur Geschichte
des Feldzuges von 1815 in „Neue milit. Blätter", 1903. Hierbei kommen noch
in Betracht: Colomb, Blücher in Briefen aus den Feldzügen von 1814
und 1815; v. d. Marwitz, Nachlaß; Henckel v. Donnersmarck, Er-

innerungen; Nostiz, Tagebuch (Kriegsgeschichtl. Einzelschriften, VI), Memoiren des Generals Reiche (herausg. von Weltzien) u. A. Außerdem die Berichte an den König von Württemberg in Pfister, Aus dem Lager der Verbündeten. Dazu vgl. man: Delbrück, Gneisenau, II; Conrady, Grolman; Starklof, Bernhard von Sachsen-Weimar; Treuenfeld, Die Tage von Ligny und Belle-Alliance (1880, überholt); M. Lehmann, Zur Geschichte des Feldzuges von 1815 (Hist. Zeitschrift 1877); Bernhardi, Geschichte Rußlands, I. Was insbesondere die Schlacht bei Waterloo betrifft, so wurde die auf Napoleons Aufzeichnungen basierte Legende von der ausschließlichen Schuld Grouchys und Neys durch Charras, Hist. de la camp. de 1815 (1857) vernichtet, der jedoch in der Verurteilung Napoleons zu weit ging. Dazu: Quinet, Hist. de la camp. de 1815 (Par. 1862, neue Ausgabe 1877; auch deutsch). Nach der anderen Seite hat Houssaye „1815", Bd. II (Par. 1902) in einer sehr eingehenden, auf zahlreiche noch ungedruckte Quellen begründeten Darstellung sich um die Entlastung des Kaisers bemüht, jedoch in jüngster Zeit an Grouard, La critique de la camp. de 1815 (Par. 1904) einen scharfsinnigen Gegner gefunden, der sich wieder — nicht immer mit Recht —· dem Standpunkt Charras' nähert. Vgl. auch Navez, Pourquoi Napoléon a-t-il perdu la bataille de Waterloo? (Brux. 1899); Derselbe, Les Belges à Waterloo (Brux. 1900), Derselbe, Les champs de batailles historiques de la Belgique, II (Quatre-Bras, Ligny, Waterloo), und Pollio, Waterloo (franz. Ausgabe), gegen den sich, was Ligny betrifft, Grouard in einem Aufsatz „Les derniers historiens de 1815" (Rev. des ét. napol. 1913) wendet. Von englischen Darstellungen ist die unparteiischeste: Chesney, Waterloo-Lectures (deutsch 1869). Vgl. außerdem: O'Connor-Morris, The campaign of 1815 (Lond. 1900); Wood, The cavalry in the Waterloo-Campaign; Bulger, The Belgians at Waterloo (1901); Oman, The french losses in the Waterloo Campaign (English hist. rev. 1904); Derselbe, The Hundred Days in „Cambridge modern hist.", IX; Wolseley, The decline and fall of Napoleon, 1894 (ziemlich wertlos); Ropes (Amerikaner), The campaign of Waterloo (Lond. 1893); Kelly, The Battle of Wavre, Pflugk-Harttung, Aus den Tagen des 17. und 18. Juni 1815 (Hist. Vierteljahrsschrift, 1905); Bustelli, L'enigma di Ligny e di Waterloo, 3 vols, Viterbo 1897; Rose, Napoleons conception of the battle of Waterloo (in „Pitt and Napoleon", Lond. 1912). Über Cambronne und die Katastrophe der Garde: Knesebeck, Leben des Freiherrn Hugh v. Halkett; Poten, Artikel „Halkett" in der Allg. d. Biographie; Fransecky im Militär-Wochenblatt von 1876, Nr. 47.

Zum sechsten Kapitel. I. Über die letzten Tage in Frankreich: Fleury de Chaboulon, II; Sismondi; Benjamin Constant, Lettres à Mme Récamier; Desselben „Mémoires sur les Cent-Jours", II; Josephs Memoiren, X; Lucians, III; Desselben, „Vérité sur les Cent-Jours"; Pasquiers III; „Esquisse sur les Cent-Jours" (nach Aufzeichnungen Lafayettes); Savary, VIII; Hobhouse, Letters, II; Carnot, Mémoires sur Carnot, II; die Memoiren von Villemain, II, Fouché, II, Méneval, III, Thiébault, V, Lafayette, V, Barante, II, Broglie I, Doulcet Pontécoulant, III, Vitrolles, III, Gourgaud, Journal, II (Pièces annexes). Dazu: Becker, Relation de ma mission auprès de Napoléon, 1841; Metternich, Nachgelassene Papiere, II; Wellington, Supplem. dispatches, X; La Brettonière, Souvenirs du vieux Quartier latin; Peyrusse, Mémorial; „Les deux Chambres de Buonaparte"; Regnaut-Warin, Cinq mois de l'histoire de France; Lamarque, Souvenirs; Maitland, Narrative of the surrender of Buonaparte, Lond. 1826, (auch deutsch); Jourdan de la Passardière (Kommandant der Brigg „Epervier"), Relation (in Nouvelle Revue rétrospective, 1897); Maze-Sencier, Dernier séjour de l'empereur en France. Par. 1899 ; Montholon, Récits de la captivité de Ste Hélène (auch deutsch), Comtesse Montholon, Souvenirs de Ste Hélène (1815, 1816, publ. par Fleury); General Lallemands Aufzeichnungen und Briefe über die Einschiffungen in Rochefort u. d. T. „Embarquement de l'Empereur à Rochefort" (in Nouvelle Revue rétrosp. 1899). Die ausführlichste historische Darstellung findet man im 3. Band von Houssayes „1815" (La seconde abdiction — La terreur blanche, Par. 1905), wozu dem Verfasser, neben den Dokumenten der Pariser Archive, auch wichtige handschriftliche Aufzeichnungen privater Natur, insbesondere der Königin Hortense (von H. als „Mémoires de Madame X." bezeichnet), Davouts, Gaillards, Rousselins und des Kammerdieners Marchand zur Verfügung standen. Man vgl. jedoch auch: Thibaudeau, X; Thiers, XX; Madelin, Fouché, II; Silvestre, De Malmaison à Ste Hélène, Malmaison, Rochefort, Ste Hélène (nach Aufzeichnungen in Rochefort), Par. 1904; Pflugk-Harttung, Ein Beitrag zur Abreise Napoleons aus Frankreich, 6. Juli 1815. Über Wardens Briefe vom „Northumberland" s. unten. Die Kammerverhandlungen liest man im „Moniteur".

II. Über den Aufenthalt auf S. Helena. In erster Linie kommen hier die Aufzeichnungen der Begleiter Napoleons in Betracht, u. zw. Las Cases' Mémorial de Ste Hélène, Par. 1823; Montholons Récits de la captivité de Napoléon à Ste Hélène, Par. 1847, und Gourgauds Journal inédit de 1815 à 1818, Par. 1899, wovon das letzte das meiste Vertrauen verdient. Dann die „Souvenirs" der Gräfin Montholon für 1815 und 1816 (Par. 1901) und die v. Gonnard herausgegebenen Briefe Montholons an seine Frau (Paris 1895). Für die letzte Lebenszeit des Kaisers: Antommarchi, Derniers moments de Napoléon, Bruxelles, 1825, 2 vols und die unten erwähnten Aufzeichnungen Lowes und Arnotts. Auch die Berichte der Kommissare sind veröffentlicht: die des Österreichers Stürmer in Schlitter, Die Berichte des k. k. Kommissars Frh. von Stürmer aus St. Helena 1816—1818 (Wien 1886), des Franzosen Montchenu von Firmin Didot in „La captivité de Ste Hélène d'après les rapports inédits du Marquis de Montchenu", Par. 1894, und des Russen Balmain in Cte Balmain, „Le Prisonnier de Ste Hélène" (Revue bleue von 1897). Von Zeugnissen anderer auf der Insel anwesender Personen sind bekannt geworden: Mrs Abell (ehedem Betsy Balcombe), Recollections of the emperor Napoleon during the first three years of his captivity (Lond. 1844, 3. Ausgabe 1873); Leutnant Jackson, Recollections of S. Helena (in „United Service Magazine, 1843); Militärarzt Henry, Events of a military life, Lond. 1843; Glover (Sekretär des Admirals Cockburn), Tagebuch in „Napoleons last voyage", Lond. 1888, 1895; Jackson, „Notes and reminiscenses of a staff officer" (ed. Seaton, Lond. 1903); Dr. Stokoes (Schiffsarzt auf dem Admiralschiff „Conqueror"), aus zweiter Hand gesammelte, wenig verläßliche Notizen in Frémaux,

„Napoléon prisonnier" (Par. 1896, auch englisch); Lady Malcolms Tagebuch von 1816, 1817 (Lond. 1899). Die von Napoleon diktierten „Lettres du Cap de Bonne Espérance" (in Correspondance, Bd. XXXI), welche 1818 erschienen, begründeten die Märtyrerlegende, die namentlich Nahrung erhielt durch O'Meara, „Napoleon in exile or a voice from St. Helena", Lond. 1822 (in fast alle europäischen Sprachen übersetzt), nachdem schon vorher, 1816, Warden (Arzt des „Northumberland") mit seinen „Letters written on board his majestys ship the „Northumberland" and at S. Helena" (Lond. 1816) dieselbe Richtung eingeschlagen hatte und in der Quarterly Review n. XXXI und XXXII (1817) als unverläßlich widerlegt wurde. Die übrigen Diktate Napoleons zur Geschichte seiner Zeit erschienen zuerst als „Mémoires pour servir à l'histoire de France sous Napoléon, écrits à Ste Hélène par les généraux qui ont partagé sa captivité et publiés sur les manuscrits corrigés de la main de Napoléon", Par. 1823, 8 Bde., später als Anhang zu der Correspondance, Bd. 29—32. In Band 32 am Schluß sind die letztwilligen Anordnungen Napoleons mitgeteilt. Das unter dem Namen Lowe 1830 in Paris erschienene „Mémorial relatif à la captivité de Napoléon à Ste Hélène" ist apokryph. Dagegen wurden von Frémeaux in seinem Buch „Ste Hélène; les derniers jours de l'Empereur", Par. 1909, das bisher unveröffentlichte Tagebuch Lowe's über Napoleons Krankheit und Tod, und Dr. Arnott's tägliche Aufzeichnungen darüber mitgeteilt (deutsche Ausgabe u. d. T. „Der sterbende Napoleon"). Arnott hatte 1822 „An account of the last illnes... of Napoleon Bonaparte" herausgegeben. Von Unterredungen Napoleons mit englischen Offizieren: M. Wilks, Colonel Wilks and Napoleon. Two Conversations held at S. Helena in 1816. Lond. 1901. Von Darstellungen ist das grundlegende Werk: Forsyth, History of the captivity of Napoleon at S. Helena, 3 Bde., 1853 (nach den Akten der englischen Regierung). Wertvolle Ergänzungen dazu bietet Seaton, Napoleon and Sir Hudson Lowe, London 1898, und Derselbe, Napoleons captivity in relation to Sir Hudson Lowe, Lond. 1903; außerdem: Rose, Life of Napoleon im 2. Band, und Derselbe in „Napoleonic studies" (mit Briefen des englischen Majors Gorrequer von S. Helena). Beide wenden sich gegen die schlecht begründete Auffassung Lord Roseberrys in dessen „Napoleon, the Last Phase", Lond. 1900. Wertvolle Beiträge findet man auch in Walter Scotts „Life of Napoleon", IX, in Lord Hollands „Foreign Reminiscences", in Yonge, The life of L. Liverpool II, in Schlitter, Kaiser Franz und die Napoleoniden vom Sturz Napoleons bis zu dessen Tode (Wien 1888). In der letzten Zeit hat sich auch Masson dem Studium des Exils auf St. Helena zugewendet: „Autour de Ste Hélène", Par. 1909 u. 1906, und „Napoléon à Ste Hélène", Par. 1911, während P. Gonnard in einem ausführlichen Buch „Les origines de la Légende Napoléonienne", Par. 1906, ausgeführt hat, was in diesem Werk zuerst in Kürze dargestellt worden war: Napoleons Fürsorge für seine historische Geltung. Vgl. auch Gonnards Aufsätze: La légende napoléonienne et l'opinion catholique, 1840—1870 (Rev. napol. Dec. 1908) und La légende napoléonienne et la presse libérale, 1817—1820 (Rev. des ét. napol., I, 1912). Vgl. auch Rose The funeral of Napoleon and his last papers (Engl. hist. Review, 1902); Advielle, La bibliothèque de Napoléon à Ste Hélène (Par. 1896); Héreau, Napoléon à Ste Hélène, opinion d'un médecin (Par. 1829, über die Krankheit

Napoleons); Chaplin, The illness and death of Napoleon Bonaparte,
Lond. 1913; Holzhausen, Napoleons Tod im Spiegel der zeitgenössischen
Presse; Sorel, L'épopée Napoléonienne (Revue bleue, 1904). Über die
Fortexistenz der Legende bis auf unsere Tage vgl. man Fournier, Der
sterbende Napoleon (Hist. Studien u. Skizzen, III).

II.

Beilagen.

1. Briefe Napoleons an Maret[1].)

1.

Paris, le 29 janvier 1813.

M. le Duc de Bassano, je vous envoye un article traduit des journaux anglais qui paraît ministériel et qui est très remarquable[2]).

Napoléon.

2.

Goerlitz, le 21 mai 1813.

M. le Duc de Bassano, écrivez au Baron de Serra[3]) pour qu'il voye le le ministre saxon, afin de compléter d'abord le contingent du Roi, mais avant tout, pour organiser le plus promptement possible l'artillerie du corps saxon. Il faut à ce corps 36 bouches à feu, et dans ce moment il n'y en a que 12. Il faut un approvisionnement, et demi attelé, et il n'y a qu'un demi approvisionnement. Dans les bouches à feu il faut une batterie de 6 pièces de 12. C'est un objet très important et cela peut se faire très promptement. On doit veiller à ce que dans peu de jours toute cette artillerie, personnel et matériel, parte de Torgau pour joindre le corps du général Reynier. Vous ferez aisément comprendre que ce manque d'artillerie expose les hommes à une plus forte perte. Il faut également compléter la cavalerie. Outre ce qui en est revenu de Bohème, il y a plusieurs centaines de chevaux qu'on peut employer à l'armée.

Napoléon.

3.

Neumarkt, le 4 juin 1813.

M. le Duc de Bassano, je vous renvoye les dépêches qui arrivent de M. Alquier[4]).

Napoléon.

4.

Neumarkt, le 4 juin 1813,
à 4 heures du soir.

M. le Duc de Bassano, vous trouverez ci-joint la copie de l'armistice qui vient d'être signé. Il n'y a pas d'inconvénient à le faire mettre dans le

---

[1]) Die auf dem Wiener Haus-, Hof- und Staatsarchiv verwahrte Sammlung von Briefen Napoleons an seine Minister des Auswärtigen, aus der in den beiden ersten Bänden eine Anzahl unedierter Stücke veröffentlicht werden konnte, enthält nur noch aus dem Jahre 1813 mehrere Schreiben des Kaisers an Maret, sämtlich in Abschriften. Die Inedita aus dieser Reihe werden hier mitgeteilt.

[2]) Die Beilage fehlt.

[3]) Französischer Gesandter in Dresden.

[4]) Gesandter in Dänemark. Vgl. Corresp., XXV, 20,088.

journal de Dresde et dans celui de Leipsick. Envoyez-le à Alquier par un
courrier qui, en passant, le remettra au P^{ce} d'Eckmühl. Envoyez-le en
Italie par un courrier qui, en passant, le remettra à Munich. Je ne crois pas
qu'il faille, à cette occasion, envoyer un courrier extraordinaire à Vienne.
Je serai demain, le 5, à Liegnitz, et je vais, de ma personne, avec ma vieille
garde m'approcher de Dresde. Toute l'armée restera à Liegnitz et sur la
ligne. Faites écrire par les ministres du Roi de Saxe à Luckau et à Torgau.
Je suppose que l'état-major aura déjà envoyé l'armistice au général Durosnel;
si ce général ne l'avait pas encore reçu, remettez-lui en une copie pour qu'il
l'envoye à Leipsick, à Dessau et partout. Il le signifiera aux avant-postes
et aux quartiers russes.
Napoléon.

5.

Dresde, ce 6 juillet 1813.

M. le Duc de Bassano, faites connaître, par mon ministre à Würtzbourg,
que je désire que le Grand-Duc envoye à l'armée un nouveau bataillon de
1000 hommes. On pourra y incorporer les détachements composés de vieux
soldats qui avaient été laissés pour la garde des forts sur le Mein.
Napoléon.

6.

Magdebourg, le 12 juillet 1813.

M. le Duc de Bassano, mon intention est que, sur l'extraordinaire de
votre budget, un million soit mis à votre disposition pour donner des secours
aux refugiés espagnols. Il faudra nommer une commission pour la répartition
de ces secours. Je désire qu'elle soit présidée par le Comte Otto[1]), qui verra,
avec l'ambassadeur d'Espagne, comment cette commission doit être composée
et quels sont les réfugiés auxquels il est le plus urgent de donner des secours.
Napoléon.

7.

Dresde, le 18 juillet 1813.

M. le Duc de Bassano, écrivez au Baron Reinhard[2]) afin de connaître
ce qui retarde le départ des 1ères et 2des compagnies du 10ème bataillon
des équipages militaires qui s'organisent à Cassel.
Napoléon.

8.

Dresde, le 3 septembre 1813.

M. le Duc de Bassano, faites connaître à mon ministre à Cassel que
j'ai autorisé le Duc de Valmy à fournir 500 h. de cavalerie légère du dépôt
de Francfort pour le régiment de Jérôme Napoléon.
Napoléon.

9.

Dresde, le 30 septembre 1813.

M. le Duc de Bassano, faites connaître au B^{on} de S'Aignan[3]) qu'il
sonne mal à propos l'alarme sur tous mes derrières. La lettre du bailli elle-

---

[1]) Otto wurde nach seiner Abberufung von Wien Staatsminister.
[2]) Französischer Gesandter in Kassel.
[3]) Französischer Gesandter an den sächsischen Herzogshöfen.

même montre que ce n'est qu'un parti peu important qui rôde de ce côté.
Sa nouvelle de Thielemann est controuvée.

Napoléon.

Comment depuis le temps que ce ministre est
à a-t-il si peu . . . .[1]) et si peu de moyens d'être
instruit[2]).

2. Aus Briefen Metternichs an Hudelist[3]).

1.

Zur Geschichte der Dresdener Begegnung, 1812.

Dresden, den 23. May 1812.

. . . Wir haben in der größten Ausdehnung Ursache, mit unserem
Aufenthalte zufrieden zu sein. Kaiser Napoleon ist voll Coquetterie gegen
den Unsrigen. Sie gefallen sich wechselseitig, und das gute Resultat der
Zusammenkunft wird sein, daß Beide sich in Zukunft so beurteilen werden,
wie sie sind. Kaiser N. sagte mir gestern: „Vous aviez raison, votre empereur
est à cent pour cent au dessus de ce que je croyais. Il me réduit à tous moments au silence avec ses 20 ans d'expérience." Eine allerliebste Anekdote
ist die folgende: Vorgestern war unser Kaiser bei seiner Tochter. Kaiser N.
kam dazu. „Auf einmal hörte Kaiser N." — erzählte mir unser Kaiser —
„eine Thüre in einer hinteren Ecke des Zimmers krachen; er erschrack sehr
und sah so bedenklich um sich, daß ich ihn gleich fragte: „Si vous voulez,
j'irai voir ce que c'est." Wie stark ist der alte Kaiser gegen den neuen![4])
Gegen England wird ein neuer Schritt gemacht. Man raccrochirt
sich an ein Wort, welches einige Zweideutigkeit darbietet. Im ersten § der
Antwort nemlich heißt es, man müsse vorläufig wissen, „si la France enten-
dait par dynastie actuelle le roi légitime Ferdinand VII et les Cortes con-
stitués sous son autorité, ou bien le frère du régulateur de la France". Dies
scheint peremptorisch. In dem folgenden § steht: „le gouvernement agissant
au nom de Ferdinand" als contrahirender Theil vorangestellt. Vorgestern
ließ der französische Kaiser mich rufen und bat mich, die Antwort des
L. Castlereagh zu lesen. Er machte mir die Distinction und frug mich, ob
ich nicht sein Gefühl theile, daß wohl dieses „gouvernement agissant au
nom de Ferdinand" mit Fleiß genannt sei, um die Antwort zu provoziren,

---

[1]) Lücke im Manuskript.

[2]) Das Postskript von Napoleons Hand. Notiz des Kopisten: „On a
souligné ces dernières lignes parce qu'elles étaient ajoutées de la main de Napoléon".

[3]) W. St. A. Aus der umfangreichen Korrespondenz des österreichischen
Ministers mit dem in seiner Abwesenheit die Geschäfte in Wien leitenden Staatsrat sind hier nur wenige Stücke und aus ihnen auch nur dasjenige veröffentlicht,
was den Zwecken dieser Biographie unmittelbar dienen mag. Für die Zeit nach
der Schlacht bei Leipzig und während des Winterfeldzuges findet man Mitteilungen aus diesem Briefwechsel in meinem „Kongreß von Châtillon", S. 241
bis 260. Die Briefe sind eigenhändig geschriebene Originale. Sie haben die
Tendenz, die Führung der politischen Geschäfte und die des Krieges in Wien
in einem möglichst günstigen Licht erscheinen zu lassen. Dieses Moment in
Rechnung gebracht, gewähren sie immerhin manchen neuen Aufschluß.

[4]) Den Vorfall hat dann Bernstorff aus Wien etwas verändert nach
Hause berichtet. S. D e m e l i t s c h , Metternich, I, 537.

ob nemlich Frankreich mit diesem gouvernement unterhandeln wolle oder
bloß mit dem K. Joseph. Nun, sagt Napoleon, wolle er eben mit den Cortes
und der Régence in Cadiz unterhandeln; er antwortet demnach nach England, daß von Ferdinand und seiner Dynastie keine Rede sein könne, er aber
die Cortes von Cadiz zu jeder Negoziation mit England beiziehen wolle und
keinen Anstand nehmen würde, selbe als die wahren Nationalrepräsentanten
zu betrachten. Heute geht die Antwort ab. . .[1])

Unser Aufenthalt wird sich wahrscheinlich noch 5—6 Tage erstrecken.
Man hat vorläufige Nachrichten von Narbonne aus Tilsit. N. erwartet ihn
gegen den 24.—25. d. Im Allgemeinen steht N. in seinem politischen Calcül
gegen Rußland wie wir, d. h. er versteht nicht ein einziges Wort ihrer Politik!
Er glaubt nicht an Negoziationen, sondern an die b a t a i l l e s a n s
g u e r r e. Er behauptet zu wissen, daß die Russen sich auf eine Bataille
bereiten und sie anzunehmen gesonnen sind. Im letzteren Falle fällt er mit
400.000 Mann auf einen Punkt — „et qu'ils devinent ce point s'ils le peuvent",
sagte er mir gestern nach seinem Lever. „J'ai gagné ma bataille la nuit
dernière", fügte er hinzu.

Dresden, den 24. Mai 1812.

Heute ist großes Konzert. Der König von Preußen kommt morgen
früh spätestens. Ich kann mich schmeicheln, allein schuld an dieser
Herreise zu sein, da Napoleon den König entweder in Berlin, aber wahrscheinlicher in Glogau sehen wollte. Ich machte ihm Vorstellungen über die
unangenehme Lage, in welcher sich der König finden müßte, wenn er entweder gar nicht mit dem Monarchen zusammenkäme, dessen Armeen alle
seine Staaten besetzt halten, oder wenn er diesen Monarchen in seiner Hauptstadt unter einem Spalier fremder Truppen, oder endlich nur en passant in
einer ebenfalls besetzten Festung sehen würde. N. entschloß sich alsbald,
den König hierher einladen zu lassen. Mit dieser Einladung kreuzte sich
eine des Königs an unsern Kaiser und Kaiserin, sich nach Berlin zu verfügen.
Wie wenig möglich dieses letztere war, leuchtet von selbst ein. Belieben Sie
diese Umstände dem B. Humboldt zu eröffnen und ihm beizufügen, daß die
Dispositionen des Kaisers N. gegen den König und B. Hardenberg die besten
sind. Ich habe diese Frage auf zu vielen Seiten berührt, um hievon nicht
die volle Überzeugung zu haben.

Dresden, den 25. Mai 1812.

Die Abreise der beiden Kaiser ist auf den künftigen Mittwoch den 27.
oder den 28. d. festgesetzt. Der französische Kaiser geht gerade nach Posen
und Warschau. Narbonne ist noch nicht zurück. Napoleon geht ihm also
entgegen. Graf Romanzoff wird einen großen Meisterstreich machen, wenn
er nun noch den Frieden zu erhalten im Stande ist . . .

Heute ist große Jagd in Moritzburg, welcher sämtliche hohe Häupter
beiwohnen. Gestern war großes Konzert in dem Opern-Saale. Im Sitzen
behauptete der Kaiser abermals die Rechte. Die österreichische Kaiserin
saß links von der französischen und neben ihr Napoleon, welcher sich, wie

---

[1]) S. oben S. 69. Nach C o q u e l l e, Napoléon et l'Angleterre, p. 289,
wäre die Antwort nicht abgegangen.

ich es vorsah, in eine außerordentliche Coquetterie gegen unsere Monarchin setzte. Die beiden Kaiser sind vollkommen zufrieden von einander, und unser Aufenthalt wird die gedeihlichsten Folgen haben . . .

Dresden, den 26. Mai 1812.

. . . Aus Rußland nichts neues. Dieses Land liegt bereits außer Europa, denn in Europa ertönt seine Stimme nicht mehr. Wir haben hier auch nicht eine einzige Eröffnung. Welchen Augenblick Romanzoff abwartet, weiß ich nicht. Ich fürchte, sein bénéfice du temps wird außer aller Zeit fallen.

Prag, den 3. Juni 1812.

. . . Ich habe in Dresden alle Gegenstände, welche ich mir vorgesetzt hatte, beendet. Die Aufklärungen über die Militär-Verpflegung unseres mobilen Auxiliar-Korps sind ganz zu unseren Gunsten ausgefallen. Wir haben das Versprechen, daß der Sold des Korps sogar von der französischen Zentral-Kasse wenigstens verhältnismäßig gezahlt werde; nur die Anweisung selbst ist unseres Wissens noch nicht an den payeur général de l'armée ergangen, weil der französische Kaiser sich nicht mit der allgemeinen, mir vom Hofkriegsrate zugeschickten Übersicht begnügen wollte, sondern einige Details zu wissen wünschte, über welche keiner der Generäle und Offiziere, welche unsern Kaiser begleiteten, Auskunft geben konnte. S. M. haben daher befohlen, daß man das Corps mit einem einmonatlichen Sold in Conventionsgeld versehe, welcher von der österreichischen Intendanz aus der allgemeinen Kasse zu ersetzen kömmt, worüber Graf Wallis[1]) jämmerlich schreien wird . . .

Graf Romanzoff ist, wie Sie es bereits directe durch Graf Stackelberg[2]) wissen werden, vom Schlage gerührt worden. Der Kaiser Alexander hat Narbonne (welcher am Vorabende der Abreise Napoleons von Dresden aus Wilna eintraf) eröffnet, daß er Kotschubey das Portefeuille übergeben werde. Er hat ihn (Narbonne) gebeten, sich zu Romanzoff zu verfügen und sich zu überzeugen, daß Letzterer dienstunfähig sei, daß er aus seinem eigenen Munde höre, daß er nicht mehr „Gesundheitshalber" dienen wolle noch könne, damit ja Napoleon nicht glauben könne, daß eine Veränderung des politischen Systems jene des Ministeriums zur Folge hätte. Nun wird sicher Rußland so thätig als möglich um Frieden mit der Pforte arbeiten, dies um so mehr, als Narbonne zugleich die Nachricht überbrachte, daß Tschitschagoff mit den ausgedehntesten Vollmachten nach Bucurest abgeschickt worden sei; daß er dort wirklich eintraf, sehen wir aus directen Berichten . . .

Prag, s. d.[3])

Die Lage der Dinge im Allgemeinen ist dieselbe; N. scheint seiner Sache ganz gewiß zu sein und sagte unter Anderm der Kaiserin: „J'espérais vous revoir dans quinze jours, je ne vous reverrai maintenant que dans 3 mois." Beides dürfte wohl an ein Weib gesagt sein, aber in dem

---

[1]) Österreichischer Finanzminister.
[2]) Rußlands Gesandter in Wien.
[3]) Aus dem Juni, und noch vor dem 30.

Datum des 22. liegt wieder ein Beweis der Richtigkeit seines Calcüls. Am letzten Tage in Dresden sagte ich ihm: „Il est essentiel que je sache vos projets, et si vous ne me les dites pas, vous réprondrez au moins à mes calculs: je vous laisse le temps de commencer les hostilités jusqu'au 25 de juin." Er lächelte und sagte: „Vous me laissez au moins 3 jours de trop!" Er schreibt auch der Kaiserin: „Je vais faire une visite au Pce de Schwarzenberg près de Lublin." Floret, welcher in Königsberg sitzt, glaubte, man würde gegen Grodno durchbrechen. Hat er Recht oder nicht? Dieses werden die ersten Tage beweisen . . .

Carlsbad, 3. Juli 1812.

. . . Vermög der französischen Kaiserin in der Nacht von gestern zugekommenen Nachrichten ist der K. Napoleon am 24. auf das rechte Niemen-Ufer hinüber, ohne Widerstand und mehr als einige plänkelnde Cosaken, welche sich überall zurückzogen, gefunden zu haben. Er schreibt, **es würden aber nur wenige Tage ohne sehr bedeutende Ereignisse vergehen**, und war des besten Muthes, wie alle seine nahen Umgebungen.

Persebeug, d. 21. July 1812.

(Hudelist solle dem Grafen Stackelberg im Vertrauen den Inhalt des von Freiherrn v. Baum[1]) aus Warschau eingesandten Bericht mittheilen, daß der Enthusiasmus der Polen sich auf eine kleine Anzahl unruhiger Köpfe beschränke und die Stimmung in Litthauen eine vollständig andere sei als diese vorgäben, daß der Kriegsplan der Russen sich als zu fein gesponnen erwiesen habe, daß man einen Flußübergang bei Kowno nicht vorgesehen hätte, K. Alexander in Wilna überrascht worden sei, wo Napoleon Anstalten zu einem längeren Aufenthalte treffe und wohin der litthauische Landtag zusammengerufen wurde.)

Diese Nachrichten können Sie ohne Weiteres dem Grafen Stackelberg mittheilen. Für sich aber die Bemerkung behalten, welche mir Napoleon in Dresden über seinen künftigen Plan machte: „Ils sont bien sots s'ils croyent que j'en veux à Moscou. S'ils m'en faisaient cadeau, je n'en voudrais pas. J'irai à Wilna, et j'y finis la première campagne; j'en ferai un second Vienne. Qu'ils essayent de m'en chasser. J'ai la paix toute faite. Tout ce qui est en deçà de la Düna m'appartient et Dieu me garde de vouloir quelque chose au delà. Je ferai toute cette acquisition sans coup férir. S'ils ne sont pas contents de cette cession, nous songerons à la seconde campagne, et j'ignore encore où celle-là me mènera" . . .

2.
Zur Geschichte des Herbstfeldzuges 1813.

Prag, 16. August 1813.

Wir haben den letzten Termin unserer Ruhe erreicht. Morgen fangen die Hostilitäten an. Caulaincourt ist demungeachtet immer noch in unserer

---

[1]) Baum war österreichischer Kreishauptmann in Bochnia (Galizien) und von seiner Regierung nach Warschau entsendet worden.

Nähe. Er befindet sich seit gestern zu Königsaal, ein kaiserl. Schloß, welches wir ihm angewiesen haben, weil er hier nicht bleiben konnte und nicht weggehen wollte. Morgen wird sich wahrscheinlich seine Abreise bestimmen. Seine Anträge der letzten Zeit trugen für den Nichthellsehenden das Gepräge großer Nachgiebigkeit; für den Hellsehenden hingegen hauptsächlich dasjenige des bestimmten Wunsches, alles drunter und drüber zu werfen. So z. B. genüge Ihnen die Bemerkung, daß wir am 10. den Congreß aufgehoben haben, weil wir uns nicht über die Form vereinigen konnten und weil Napoleon nicht durch das Organ Österreichs negoziiren wollte; nun negoziiren wir nicht, weil Napoleon, seitdem wir aufgehört haben, Médiateurs zu sein, nur durch uns negoziiren will. Die Kanonen werden diese Anstände lösen. In Dresden herrscht seit unserer Kriegs-Erklärung eine dumpfe Verzweiflung. Napoleon hat Bubna im Sinne einer mission de dupe, wie anno 1809, hergeschickt . . .

Um 11 Nachts. Soeben ist der letzte Versuch gescheitert und Caulaincourt verläßt uns heute Nacht. Er ist über den Gang der Dinge untröstlich und hat sich vom Anfang bis zum Ende der Negoziationen als ein wahrer Biedermann betragen.

Prag, den 18. August 1813.

Vorgestern ist der General Moreau hier angekommen. Der K. Alexander stellt ihn als General-Adjutanten an und sein Einfluß kann in militärischer Hinsicht nur gut sein. Eine andere merkwürdige Erscheinung ist jene des Generals Jominy, Chefs des Generalstabs des Marschalls Ney, welcher mit allen Plänen durchgegangen und hier eingetroffen ist. Er ist ebenfalls in russischen Diensten. Er ist seit mehreren Monaten bereits in Verhandlung mit der russischen Regierung gewesen.

Unsere Operationen beginnen nun. Da Napoleon aufzupassen scheint, so werden wir wahrscheinlich die Offensive ergreifen. Heute und morgen ist das österreichische Hauptquartier in Schlan, am 20. in Laun, am 21. in Priesen bey Comotau. Nach allen Nachrichten herrscht bey den Franzosen die schrecklichste Consternation über unsere Kriegserklärung. Napoleon hat vor 8 Tagen noch à l'ordre du jour gegeben, daß es sicher zum Frieden kommen oder daß sich Österreich für ihn erklären werde . . .

Postelberg, den 22. August 1813.

. . . . Eine neue politische Scene bietet der Antrag des K. Napoleon dar, unverzüglich — während des Kriegs — einen Congreß zur Herstellung des allgemeinen Friedens zu versammeln. Er hat mir diesen Antrag durch eine offizielle Note des Herzogs von Bassano machen lassen[1]). Ich habe demselben geantwortet, daß die Mächte, stets mit den lebhaftesten Gesinnungen zu Gunsten des Friedens beseelt, sogleich Rücksprache mit ihren übrigen Alliirten über die mögliche Einleitung des großen Werkes treffen und die getroffenen Maßregeln sodann dem französischen Cabinette durch uns bekannt machen würden. . .[2])

---

[1]) S. die Note Marets vom 18. August bei F a i n, Manuscrit de 1813, p. 217, deutsch bei H o r m a y r, Lebensbilder, III, 481.
[2]) Siehe unten das Schreiben Metternichs an Maret vom 21. August 1813.

Postelberg, den 23. August 1813,
Abends 8 Uhr.

Folgendes ist die Stellung der Armeen, welche ich Sie bitte dem Hof-kriegsraths-Präsidenten mitzutheilen. Es scheint nun ausgemacht, daß K. Napoleon, ganz irregeführt über die wahre Operation der alliirten Armeen, mit seiner ganzen Haupt-Macht gegen Schlesien zu stund. Am 19. engagierte sich ein lebhaftes Gefecht mit dem Blücherschen Corps in der Gegend von Löwenberg, wo Blücher bis auf den Bober vordrang und die Franzosen alle Übergänge zerstörten. Am 20. geschah ein Angriff der Franzosen auf das Blüchersche Corps, bei welchem K. Napoleon selbst gegenwärtig war und bey welchem man die Stärke des Feindes auf beiläufig 140.000 M. schätzte. Blücher zog sich zurück, um sich keiner Vernichtung auszusetzen und die Offensive wieder ergreifen zu können, sobald der Feind sich von ihm ab-wenden würde.

Indessen ist Fürst Schwarzenberg, mit dem ganzen linken Flügel dem Klenauschen Corps und dem Centrum nach Sachsen eingedrungen, ohne feindliche Corps zu treffen. Er dehnt seinen linken Flügel bis gegen Freiberg und Dippoldiswalde aus und marschiert in der letzteren Direktion. Gestern früh um 9 Uhr hat Wittgenstein das Lager bey Pirna angegriffen und um 10 Uhr Abends mit stürmender Hand emportiert. Sein Verlust ist beiläufig nur 500 Mann. Gouvion St. Cyr, welcher sich seit Polotzk immer gegenüber Wittgenstein befindet, hat sich nach Dresden zurückgezogen. Diese Nach-richt haben wir soeben erhalten; sie wird den Fürsten Schwarzenberg wahr-scheinlich zu einem schnellen Vorrücken zum Soutien Wittgensteins be-wegen . . .

_____

Brüx, den 26. August 1813.

Ich bin heute aus dem Hauptquartier zu Reichstätt bei Dippoldis-walde, 4 Stunden von Dresden, eingelangt. Wie ich letzteren Ort verließ, brachen eben 30,000 Mann auf, um eine große Reconnaissance zu machen. Heute im Tage sollte Dresden angegriffen und mit Sturm emportiert werden. 60,000 Mann, worunter 20,000 Österreicher, sind zu dem Unternehmen bestimmt, zu welchem alle Chancen vorhanden sind. Ich bitte Sie, das letztere Projekt jedoch bis zum Eintreffen der Nachricht des Gelingens stille zu halten; mißlingt es, so muß man demselben eine andere Wendung geben. Den FM. Bellegarde[1]) können Sie jedoch in jedem Falle benach-richtigen.

Die Lage der Dinge ist die besonderste. Napoleon ist nun bestimmt ganz in der Irre gestanden und sie kann ihm theuer zu stehen kommen. Er war am 24. noch in der Laußnitz. Unser Einmarsch nach Sachsen blieb so geheim, daß N. am 19. dem König schrieb, „er solle in Dresden bleiben, bis er eine Schlacht verloren habe, und da er dem Feinde 200,000 Mann entgegenstelle, so seye für Dresden auch nicht die mindeste Gefahr". Indeß stund er in Schlesien. Ein Brief aus Dresden vom 20. sagt: „Convenez qu'il est assez extraordinaire d'être si près du théâtre de la guerre et aussi loin de tout danger que nous le sommes."

_____

[1]) Präsident des Hofkriegsrates in Wien.

Der Kronprinz von Schweden ist in voller Operation gegen die Elbe.
Zwei komplette westphälische Husaren-Regimenter sind zu uns übergegangen.
S. M. haben sich entschlossen, eine deutsche Legion zu bilden. Die west-
phälischen Überläufer haben versichert, ihre ganze Armee werde nachfolgen.

Die Bayern haben einige sehr bestimmte Schritte gegen uns gethan,
welche kaum einen Zweifel gestatten, daß, wenn Napoleon ein échec erleidet,
sie mit uns cause commune machen dürften. Indessen wollen sie neutral
sein . . .

———

Teplitz, den 27. August 1813.

Gestern um 4 Uhr Nachmittags ist ein Angriff auf Dresden geschehen,
in welchem man sich aller Avenuen und mehrerer Batterien bemeisterte.
Um sechs Uhr machte die Garnison einen sehr heftigen Ausfall auf den
Plauenschen Grund. Die daselbst aufgestellten 2 Divisionen mußten weichen.
Der commandierende Feld-Marschall ließ alsbald Cavallerie vorrücken,
welche die Ausfallenden in der Flanke packte und schrecklich zurichtete;
sie wurden in die Stadt zurückgeworfen. Man beschoß diese mit Wurf-
geschützen, und sie brannte an mehreren Orten. Heute sollte die Attaque
erneuert werden. Man scheint die Stadt coute qui coute nehmen zu wollen.
Diese Nachrichten sind offiziell aber mündlich durch einen Adjutanten
überbracht. Unser Verlust ist nicht bedeutend . . . Die französische Artillerie
soll äußerst schlecht bedient gewesen sein. Während dem Angriffe sah man
Cavallerie aus Dresden abziehen, welches vermuthen läßt, daß man die
Stadt nicht bis aufs Äußerste zu vertheidigen gedenkt. Kaiser Napoleon ist
gestern in Dresden angekommen. Blücher hat, da er den Rückzug der feindlichen Armee merkte, eine vigoureuse Offensive ergriffen. Sobald wir etwas
Schriftliches haben, werde ich es nach Wien schicken. Ich habe es noch nicht
dahin bringen können, daß in dem Hauptquartier ordentliche Bulletins
geschrieben werden, aus welchen Materialien zu Bekanntmachungen geschöpft werden. Theilen sie diese Nachricht dem Hofkriegsraths-Präsidenten
und dem B. Hager[1]) mit.

———

Culm, den 31. August 1813.
1 Uhr Frühe.

. . . Nach beispiellosen Fatiguen und einer in ihrem Entstehen
vortrefflich geleiteten Operation, welche aber durch die ebenso beispiellose Ineptie des Generalen Barclay de Tolli scheiterte und äußerst com-
promittirende Folgen für Uns hätte haben können, hat die gesamte Armee
ihren Rückzug aus Sachsen am 27. Abends begonnen. Es ist genug, die Defileen des Erzgebirges zu kennen, um sich einen Begriff der mit einem solchen
Unternehmen verknüpften Schwierigkeiten zu machen. Der Rückzug hätte
jedoch ohne eine abermalige Abgeschmacktheit des russischen Generals
keine anderweitigen Anstände erlitten; Barclay, welcher den Befehl hatte,
die Teplitzer Straße mit beyläufig 80,000 M. zu decken und zu verfolgen,
warf sich mit anderen Armeecorps in die Defileen und überließ diese so
wichtige Straße dem einzigen kleinen Corps des Generals Ostermann, aus

———

[1]) Baron Hager war Präsident der Polizeihofstelle, d. i. Polizeiminister.

russischen Garden bestehend. Napoleon benutzte den Fehler auf der Stelle, und zugleich mit unserer Armee hätte das Vandammesche Corps von bei- läufig 40.000 M. in die Ebene debouchiert, es hätte Prag vor uns gewinnen können und würde die schrecklichste Confusion in die Armee geworfen haben, hätte nicht den ganzen 29. das kleine Ostermannsche Corps Wunder der Tapferkeit gewirkt. Es hielt den so überlegenen Feind nicht nur vollkommen auf, sondern es warf ihn noch vor einbrechender Nacht in die Defileen bei Culm zurück. Das heutige Resultat[1]) liefert das (beiliegende) Extrablatt . . .

Ich begreife, daß Sie einige harte Tage ausgestanden haben müssen. Für uns hier waren es allein der gestrige und der heutige (30.) in der Furcht des Gelingens des französischen Unternehmens. Nun stehen die Sachen wieder sehr gut, da Napoleon zwischen drey Siegen in der Mitte liegt, deren Resultate sich noch nicht berechnen lassen. So viel ist sicher, daß seine Armee sich en masse sehr gut und en détail elend schlägt. Sie besteht fast aus lauter Kindern. Unter den Gefangenen ist mehr als die Hälfte nicht über 17 Jahre alt. Zu den besonderen Geschicken gehört die Verwundung Moreaus. Er hat die beyden Beine auf 10 Schritte von dem Kaiser Alexander emportiert gekriegt. Er lebt und scheint sogar davon kommen zu sollen[2]). Ich habe ihn erst heute Abend eine ganze Stunde gesprochen . . .

Von meiner Klage über Barclay de Tolly sagen Sie nichts, da i c h sei nicht verbreiten will, obgleich die ganze österreichische Armee gegen ihn aufgebracht ist. Ohne ihn wären wir in Sachsen . . .

Teplitz, 1. September 1813.

. . . Die ferneren Operationen werden nun entworfen, und ich hoffe, daß mein Einfluß auf selbe nicht schlecht sein wird. Wir werden trachten, allen großen Schlachten auszuweichen und Napoleon in seiner Zwickmühle abzunutzen, welches nun, da er mitten drinnen steckt, nicht schwer sein wird.

Teplitz, den 3. September 1813.

. . . Die Lage, in der sich der große Feldherr befindet, muß ihm neu sein. Seine Armee schlägt sich sehr gut in Massen. Wie sie getrennt sind oder es an einen Rückzug geht, wirft alles die Flinten weg. Auf drei Seiten stehen Armeen, welche ihm in jeder Rücksicht überlegen sind. Wie er sich auf die eine oder die andere Seite wendet, operieren die Armeen in seinem Rücken, und er muß entweder umkehren oder sich schlagen lassen. Wie lange er dieses Spiel in einem Lande treiben wird, wo er bereits von Pferde- fleisch lebt, ist schwer zu bestimmen. So viel ist in jedem Falle sicher, daß er große Gefahr läuft, ganz aufgerieben zu werden, und unser Krieg, welcher auf die Vermeidung sehr großer Feldschlachten gerichtet ist, ist ganz hierzu geeignet . . .

------

[1]) Der Sieg bei Kulm am 30. August.
[2]) Moreau starb in Laun am 2. September.

Teplitz, 6. September 1813.

. . . Aberdeen[1]) hat die Anerkennung Joachims[2]) und die Zession Neapels von Seiten des Königs von Sizilien in der Tasche. Wir werden mit diesen Elementen einen Sturm auf den König wagen und sind umsomehr hierzu berechtigt als diese Eröffnungen Lord Aberdeens als A n t w o r t auf frühere Eröffnungen des Königs Joachim direkt an Lord Bentinck geschehen.

———

Teplitz, den 9. September 1813.

K. Napoleon hat sich, wie ich Ihnen bereits geschrieben zu haben glaube, von Blücher wieder abgewendet, nachdem er erfahren, daß dieser General alle Brücken auf der Neiße zerstört hatte. Er schien gegen den Kronprinzen ziehen zu wollen, ist aber au dernier résultat in Dresden geblieben, wo er heute noch war. Seine Armee stirbt Hungers und verliert durch die Märsche und Contra-Märsche das Unglaubliche. Er scheint jetzt Miene zu machen, als wolle er die Elbe verlassen, welches das Vernünftigere wäre, obgleich es ihm sehr theuer zu stehen kommen wird, da alle Dispositionen so getroffen sind, daß alle drei alliirten Armeen ihm auf dem Fuße folgen. Seine Armee ist in dem übelsten Stande nach dem Zustande der Leipziger Straße zu berechnen, auf welcher mehr als 30 Tausend Marodeurs und Flüchtlinge sind. Wir haben nun mehrere Tausend Cosacken in dieser Direktion abgeschickt . . .

———

Teplitz, den 28. September 1813.

. . . Gott hat mir Kaltblütigkeit genug gegeben, das Ding politisch so weit zu führen, und nun führe ich die Sache auch noch militärisch aus. Die Lage der Armee ist die vortrefflichste. Die größte Einigkeit herrscht zwischen den Oberen. K. Alexander, welcher im Anfange etwas schnell zu Werke gehen wollte und glaubte, Napoleon müsse in 8 Tagen gefressen sein, ist nun ganz und gar mit mir und Schwarzenberg einig. Sobald die Stunde der Schlacht gekommen sein wird, werde ich der Erste sein, welcher dazu rathen wird; ich wollte aber N. ohne Gefahr für uns die Hälfte seiner Armee verlieren sehen, Bennigsen heranziehen, damit Böhmen und unsre Hauptcommunication auf der Elbe gesichert ist, und nun können wir auf den Rhein, wenn das Glück uns nur halb gut will.

Kein größerer Beweiß, wie schlecht N. seine eigene Lage bereits ansieht, kann mehr gegeben werden, als seine Schritte gegen uns. Flahault ist erst vorgestern wieder als Parlementaire mit einem Schreiben N.'s an unsern Kaiser bey Graf Bubna gewesen, in welchem derselbe ganz natürlich um Frieden b i t t e t, „parceque la continuation de la guerre ferait le malheur de la France et de l'Allemagne". Unsere Antwort ist ganz einfach: An einen Separatfrieden ist nicht mehr zu denken und für den allgemeinen

———

[1]) Lord Aberdeen war kurz zuvor als britischer Bevollmächtigter ins österreichische Hauptquartier gekommen.
[2]) Murat, den es für die Koalition zu gewinnen galt.

sind die ersten Einleitungen bereits getroffen. Wir erwarten nur die Antwort von England[1]). Nach allen Nachrichten ist die französische Armee
so gut wie aufgelößt . . .

———

Altenburg, den 15. Oktober 1813.

. . . Die Depeschen, welche uns in die Hände gefallen sind, beweisen
die äußerste Demoralisation der (französischen) Armee. N. soll wie ein Eber
schäumen. Der Armee hat man gestern durch einen Tagbefehl kund gethan,
daß Blücher und der Kronprinz wieder auf das rechte Elbeufer zurückgekehrt seien und die Armee nur mit e i n e r Armee zu thun haben werde.
Er hat zugleich versprochen, sie nach Prag zu führen. Das Ereigniß mit
Bayern suchte man auf alle Art und Weise zu verbergen . . .

———

Rötha b. Leipzig, den 19. Oktober 1813,
früh 10 Uhr.

. . . Nun werden die Schreyer doch endlich einsehen, daß unsere
Operationen sehr berechnet und g u t berechnet waren. Wenn man bedenkt,
welchen Schwierigkeiten das Zusammentreffen 4 aus allen Weltgegenden
herbeiziehender Armeen auf einem und demselben Schlachtfeld unterliegt,
und wie viel dazu gehörte, die Sachen so zu stellen, daß keine dieser Armeen
en détail geschlagen und ein Feldherr wie Napoleon zwischen Alle gedrängt
wurde, so unterliegt das Verdienst des FM. Fürsten v. Schwarzenberg wohl
keinem Zweifel.

Gen. Graf Merfeld (!), welcher am 16. durch einen Zufall ganz allein
gefangen wurde, ist gestern, auf Parole entlassen, zurück eingetroffen.
Napoleon hat mit ihm Stunden lang gesprochen und ihm aufgetragen, uns
zum Frieden einzuladen. Er war in der Stellung des geschlagenen Feldherrn
und zeigte sich bereit über sehr viel — wo nicht über alles nachzugeben.
Wir werden am Rhein antworten, wohin uns die Wredesche Armee voran-
eilt. Wrede trifft am 24. Oktober in Würzburg ein. Also nach Mainz kömmt
N. nicht mehr, und was er über Wesel nach Hause bringen wird, ist sehr
problematisch.

———

Ordruf im Thüringer Walde,
den 28. Oktober 1813.

. . . Die französische Armee löst sich ganz auf. Heute sahen die
Straßen aus wie jene zwischen Moskau und der Beresina ausgesehen haben
mögen. Hunderte sterbender Menschen lagen auf denselben. Die Desertion,
welche die französische Armee erleidet, ist ungeheuer. Es wird N. schwer
werden, einen anderen Übergang-Punkt über den Rhein zu erreichen als
Wesel. Wie er aber diesen erreichen wird, ist nicht zu bestimmen, da ein
Schwarm von Kosaken ihm alle Straßen und Brücken im Rücken zerstört
und er auf eine einzige schmale Straße eingeengt ist, auf welcher er täglich
Gefechte liefern muß . . .

———

[1]) S. oben S. 226 Anm.

3. Kaiser Franz an den König von Preußen und den Kaiser von Rußland.[1]

Gitschin, le 3 juillet 1813.

Monsieur mon frère! Je charge le Comte de Stadion de soumettre à V. M. les motifs puissans, qui m'ont engagé à proposer à V. M.[2] un article additionel à la convention du 27 juin, qui prorogerait au 10 août prochain l'époque du 20 juillet, fixée comme terme de la négociation qui va s'ouvrir à Prague entre les plénipotentiaires des puissances belligérantes sous ma médiation. Je me flatte que V. M. voudra bien partager avec moi la conviction que la faible perte de tems qui, d'un côté, résulte pour les opérations actives des armées alliées de cette prolongation, se trouve d'un autre côté très compensée par l'éloignement de tout danger imminent pour ma capitale — circonstance du plus haut intérêt — à l'ouverture de la campagne, et par un plus grand développement que je pourrai donner aux forces que je m'empresse d'activer sur plusieurs points exposés de ma monarchie, sans affaiblir l'armée principale destinée à agir de concert avec celle de V. M., au cas où mes efforts pour amener la paix seraient infructueux et n'auraient pu être couronnés de succès dans le terme indiqué. Je prie V. M. d'être bien assurée qu'il m'a fallu des considérations telles qu'Elle les trouvera exprimées dans un mémoire militaire que je charge le Comte de Stadion de Lui soumettre, et la certitude que les mesures militaires françaises se trouveront aussi prêtes le 20 juillet qu'elles le seront le 10 août et n'obtiendront aucune augmentation dans ce court laps de tems, pour avoir pu me déterminer à cette légère extension de l'article premier stipulé dans la convention de Reichenbach.

La sagesse qui caractérise V. M. ne me laisse pas lieu de douter qu'Elle appréciera la valeur de ces raisons, et peut-être trouvera-t-Elle également des avantages à ce délai en ce qu'il facilitera l'organisation ultérieure de ses propres mesures et le rassemblement des corps détachés de la grande armée aux lieux où Elle les aura destinés, surtout dès qu'il n'améliore pas la forte attitude de l'Empereur des Français.

Si V. M. devait juger utile de se faire accompagner par le Comte de Stadion dans la course qu'Elle va faire à Trachenberg, je m'estimerais heureux si la commission dont je charge ce ministre près du Prince Royal de Suède pouvait influer favorablement sur les résolutions de ce Prince. Je regarde une forte opération dirigée par lui dans un accord parfait avec Nos Armées comme du plus haut intérêt, et je crois que le faible éloignement du renouvellement des hostilités ne sera pas inutile au concert militaire et politique sur lequel il s'agira de s'entendre au plutôt avec lui.

Il est superflu sans doute que je renouvelle à V. M. plus que je ne l'ai fait l'assurance des voeux que je forme pour le prompt rétablissement d'une paix telle que nous la désirons et que l'exige le bonheur de Nos Etats,

---

[1] W. St. A., Prager Kongreßakten. Konzept. Die beiden Schreiben sind, bis auf einzelne Varianten im Eingang und Ausgang, ganz gleichlautend. Hier ist der Wortlaut mitgeteilt, wie er an Friedrich Wilhelm adressiert wurde. Vgl. L u c k w a l d t, Österreich und die Anfänge des Befreiungskrieges, S. 333.

[2] Russische Variante: „Le Comte de Metternich que j'envois conférer avec le Comte de Nesselrode développera à celui-ci les motifs puissans qui m'ont porté à proposer à V. M. J. . . ."

et de ma détermination la moins sujette à varier de défendre la justice de
Notre cause par la somme des moyens les plus imposants possibles[1]).

Unis par principes et par un commun intérêt, mais plus encore par les
sentimens d'amitié inaltérable que je voue à V. M., j'aime à croire qu'Elle
appréciera la confiance entière[2]) avec laquelle je m'adresse à Elle et qu'Elle
agréera les assurances du plus sincère attachement comme de la considération très distinguée avec laquelle je suis etc.[3])

---

4. Metternich an Maret.

Prague, le 21 Août 1813[4]).

Je m'empresse d'adresser à V. E. un office qui lui prouvera que les
Cours de Russie et de Prusse ont accueillie avec le même sentiment que
l'Empereur mon Maître la proposition de S. M. l'Empereur des Français.
Le courrier porteur de la proposition à l'Angleterre partira encore aujourdhui.
Comme c'est à cette puissance principalement à se déclarer sur le grand point
en question, nous partirons dans nos ouvertures de tout ce qu'il peut y avoir
de points de vue conciliatoires. Quel est l'endroit que V. E. jugerait le plus
propre à la réunion des négociateurs? Je désire beaucoup connaître les idées
du cabinet français sur cet objet pour tâcher de les combiner le plus possible
avec les nôtres. Je prie V. E. de bien vouloir faire passer l'incluse à M. de
Floret à Paris. Je la Lui envoye sub volanti pour qu'Elle puisse prendre
connaissance de son objet. M. de Lablanche et les autres individus attachés
à l'ambassade de France à Vienne ont à l'heure qu'il est pris la route de la
Bavière. Nous dirigerons sur la même route M. d'Aubernon. Je me flatte
que M. le Duc de Vicence aura prévenu l'Empereur Napoléon que l'Empereur
mon Maître adressera toujours au quartier général de S. M. I. ses lettres pour
son auguste fille et qu'Elle désire recevoir de ses nouvelles par la même voye.
Recevez . . .[5])

---

[1]) Russische Variante: „ . . la justice de la cause pour laquelle V. M.
déploye de si beaux et de si génereux efforts par la somme de . ."
    [2]) Russische Variante: „la confiance entière et la franchise".
    [3]) Russische Variante: „. . les assurances du plus sincère et cordial atta-
chement comme de la haute considération avec . ."
    [4]) W. St. A. Prager Kongreßakten. Eigenhändiges Konzept Metternichs
mit der Anmerkung: „Lettre particulière au Duc de Bassano. Expédiée le
3 septembre, passée aux avant-postes le 3 septembre." Das Schreiben war
bestimmt, die Note vom gleichen Tage (gedruckt bei F a i n, Manuscrit de 1813,
p. 221) zu begleiten und diejenige Marets vom 18. August (F a i n, ebenda,
p. 217) zu beantworten, mit der Dieser Verhandlungen während der Feindseligkeiten vorgeschlagen hatte. S. oben den Brief Metternichs an Hudelist
vom 22. August.
    [5]) Auf dieses Schreiben erfolgte noch den 3. September die nachstehende,
im Original erhaltene, eigenhändig geschriebene Antwort:

Dresde, le 3 septembre 1813.

Monsieur le Comte.

Je reçois en ce moment la lettre que vous m'avez fait l'honneur de m'écrire
le 21 août et l'office qui y était joint. Je ne pouvais apprendre, M. le Comte,
qu'avec beaucoup de satisfaction l'accueil fait à la proposition contenue dans
ma note du 18 du mois dernier. Quant à l'endroit le plus propre à la réunion
des négociateurs, le choix en lui-même me paraît indifférent; que ce choix

5. Schwarzenberg an K. Franz.

Hauptquartier Altenberg
am 28. August 1813[1]).

Eure kais. kön. Majestät geruhen aus der beiliegenden Beschreibung
unserer zeitherigen Bewegungen das Detail hierüber des mehreren zu erfahren[2]). Der gegenwärtige allerunterthänigste Vortrag hat den Zweck,
Allerhöchstdieselben über unsre Lage im allgemeinen und über die meinige
insbesondere aufzuklären.

Es ist nicht zu verhehlen, daß die Affairen bei Dresden, noch weit
mehr aber unser gegenwärtiger Rückzug uns einen sehr bedeutenden Verlust
bereits zugezogen haben, und ich kann leider noch nicht berechnen, wie weit
derselbe gehen dürfte. Erst hinter der Eger ist diese höchst nöthige Übersicht möglich. Ich werde mich hinter diesen Fluß bei Budin[3]) aufstellen
und alles anwenden, um die von Hunger, Nässe und Anstrengungen jeder
Art zerrüttete Armee zu sammeln und dadurch fürs Erste Böhmen[4]) zu decken.
Wir bedürfen jedoch unumgänglich notwendig Menschen, Pferde und Kanonen. Die beiden erstern, weil wir davon bedeutend verloren, letztere mehr
noch, weil wir davon überhaupt von Anbeginn des Krieges an — im Verhältnis zu den Franzosen — viel zu wenig hatten. Ich bitte und beschwöre
E. M. daher, die nöthigen Befehle dahin zu geben, daß, mit Beseitigung aller
und jeder Schwierigkeiten, die großen Kräfte aufgeboten werden, welche
Allerhöchstdieselben in der Kraft und dem guten Willen ihrer Unterthanen
besitzen.

Der Kaiser Napoleon führt den Krieg fast mehr mit Kanonen als mit
Menschen, er setzt unserer Artillerie stets fast das Doppelte entgegen. Es
ist daher unumgänglich nothwendig, daß E. M. die strengsten Befehle un-
gesäumt erlassen, daß aus den nächsten Depots 8 12pfündige, 8 6pfündige

---

tombe sur un lieu quelconque situé sur les limites réciproques, ou entre Prague
et Dresde, ou entre Prague et Würzbourg, il nous conviendra également. S. M.
a écrit à l'Empereur d'Autriche après la bataille de Dresde. Les Russes ont
arrêté le parlementaire porteur de cette lettre. S. M. l'Empereur Alexandre
a fait exprimer des regrets de cet incident. Nous avons été obligés d'envoyer
la lettre de l'Empereur à Zittau, d'où nous pensons qu'elle sera parvenue sans
obstacle. A la date de nos dernières nouvelles de France S. M. l'Impératrice
était à Cherbourg où Elle jouissait d'une bonne santé et d'un spectacle qui
l'intéressait beaucoup. S. M. l'Impératrice n'a point encore envoyé de lettres
pour son auguste père; aussitôt qu'il en parviendra, elles seront adressées au
quartier général du Pce de Schwarzenberg. Celles qui arriveront pour S. M.
l'Impératrice au quartier gén. de l'Empereur seront expédiées sur le
champ. J'ai l'honneur de vous renvoyer la lettre que vous m'avez adressée
pour M. de Floret. Je prie V. E. de permettre que je place sous ce pli ma réponse
à une lettre très obligeante qu'il m'a écrite au moment de son départ de Paris.
Veuillez agréer, M. le Comte, tous mes remercîments des soins que vous avez
bien voulu donner au retour des personnes attachées à l'ambassade de France
à Vienne et à celui de M. Aubernon. J'ai l'honneur ...

Le Duc de Bassano.

[1]) W. St. A., Kriegsakten. Konzept, von der Hand Schwarzenbergs
korrigiert. Der Sieg von Kulm dürfte die Schwierigkeiten behoben und den
Feldmarschall beruhigt haben.
[2]) Die Beilage fehlt. Ein Bruchstück findet sich im Wiener Kriegsarchiv
[3]) Ms.: Bidin.
[4]) Soll wohl heißen: Prag.

Positions- und 8 Cavallerie-Batterien ausgemustert und zur Armee gesendet werden. Fast ebenso wichtig ist die Ernennung eines Artillerie-Commandanten, der, mit dem Verdienste früherer Erfahrungen, Kraft, Thätigkeit und guten Willen verbindet. Ich schlage dazu nochmals in der Ueberzeugung der unbedingtesten Nothwendigkeit den Erzherzog Maximilian und unter ihm den FML. Reisner vor, denen wenigstens noch 10 Artillerieoffiziere zugegeben werden müßten. Unsere Feinde haben 3 bis 4mal mehr Artillerieoffiziere als wir, und alles, was wir an Artillerie auf unserem Rückzug verlieren dürften, liegt zum größten Theil an dem Mangel der möglichen Aufsicht der Offiziere.

Mein eigenes Verhältnis betreffend, bin ich E. M., dem Staate und meiner Ehre folgende Bemerkungen schuldig. S. M. der Kaiser von Rußland, für seine eigene Person mit dem besten Willen und der besten Einsicht begabt, verläßt mich weder im Hauptquartier noch selbst in den Augenblicken des Gefechtes; er erlaubt mit der höchsten Nachgiebigkeit fast jedem General in den dringendsten Augenblicken jeden Rath und jede Bemerkung, theilt sie mir dann mit und setzt mich dadurch häufig in einen Zustand von Verwirrung und von einander widersprechenden Ansichten, der an sich schon, und ganz besonders dadurch den Geschäften nachtheilig wird, daß ich öfters, aus unumstößlichen Gründen veranlaßt, zu einer Nachgiebigkeit, selbst in Hauptansichten, genöthigt bin, deren Nachtheil wir jetzt leider schon zu deutlich sehen. Der General Barclay hat durchaus weder Sinn für Gehorsam, noch für Geschäfte und ist dabei im hohen Grade eifersüchtig. Es entsteht daraus das große Unglück, daß nicht allein auf ihn und seine Truppen durchaus nie mit Bestimmtheit zu rechnen ist, sondern auch daß die Generäle Wittgenstein und Kleist meine Befehle ein- für allemal zu spät und häufig so ganz widersprechend erhalten, daß daraus bereits jetzt die allerunglücklichsten Folgen entstanden. Alles dieses, verbunden mit 1000 dabei unvermeidlichen Unannehmlichkeiten, macht es mir rein unmöglich, für die so hochwichtigen Folgen einer Unternehmung zu stehen, wo von dem Wohle und der Existenz der Monarchie die Rede ist. Ich finde mich daher in der unbedingten Nothwendigkeit, E. k. k. M. alleruntertänigst zu bitten, entweder den Kaiser von Rußland zu vermögen, daß er die Armee verläßt, den General Barclay entfernt und die Corps von Kleist, Wittgenstein und Miloradowitsch, jeden für sich, an meine unmittelbaren Befehle verweißt, oder einem andern das Commando der Armee anzuvertrauen, der mit den Talenten eines Generals die übermenschlichen physischen und moralischen Kräfte verbindet, die zur möglichen Ausführung wichtiger Operationen unter so ganz widrigen Umständen gehören.

---

6. Graf Neipperg an Metternich[1]).

Florence, le 1er Octobre 1821.

L'abbé Vignali, comme j'ai eu l'honneur d'en faire mention dan mon rapport, n'a pas voulu accepter les secours en argent que S. M. Mme l'Archi-

---

[1]) W. St. A., Parmesanische Akten. S c h l i t t e r , Die Stellung der österr. Regierung zum Testamente Napoleons I. (Archiv f. öst. Gesch., Bd. 80), S. 27, zitiert aus diesem Brief eine das Testament betreffende Stelle.

duchesse m'avait ordonné de lui faire passer pour la continuation de son voyage à Rome[1]). Cette auguste princesse, voulant pourtant faire quelque chose pour celui qui avait assisté son déffunt époux sur son lit de mort, m'ordonna de lui remettre une bague sans chiffre à peu près de la valeur de mille francs, en lui faisant promettre de n'en faire mention vis-à-vis de personne, ce qu'il fit sans difficulté. Voyant que ce prêtre était très touché des bontés de S. M., je lui fis encore diverses questions auxquelles il me répondit avec beaucoup de franchise.

Je lui dis derechef que S. M. savait parfaitement qu'il existait quelque part un testament de feu son époux mais qu'Elle igncrait où il était et son contenu, que ce qui l'étonnait qu'Elle avait été instruite que plusieurs membres de la famille Bonaparte en connaissaient les détails et ne s'en cachaient point. Sur cette assertion je vis que l'abbé Vignali se troublait assez visiblement, et il me répliqua à diverses reprises que c'était impossible, que ce ne pourrait pas être, vû que personne, excepté les exécuteurs testamentaires, le général Bertrand et le Comte de Montholon, ne pouvait en être instruite, qu'ils avaient besoin encore de quelque temps pour mettre ordre à une affaire aussi importante, que S. M. ait seulement l'extrême bonté de prendre patience, qu'Elle serait instruite exactement des dernières volontés du déffunt. Il y ajouta encore que, tant que MM de Bertrand et de Montholon seraient en Angleterre, il leur serait impossible de mettre la main à l'ouvrage, qu'à son départ de Londres le Comte de Montholon avait déjà eu la permission de rentrer en France, et que le Maréchal Suchet avait fait part au Comte de Bertrand que le Roi était trés bien disposé pour lui, et qu'infailliblement l'arrêt prononcé contre lui serait levé sous peu. L'abbé Vignali me répliqua à diverses reprises qu'il ne fallait pas s'attendre à des richesses parceque l'Empereur n'en possédait pas, qu'à Ste Hélène il recevait ses fonds de la Compagnie. (Il m'assura qu'à commencer du gén. Bertrand toute la suite était payée sur le même pied que jadis en France, et exactement jusqu'au dernier instant.)

Je le questionnai en suite sur les fragments de mémoires que le déffunt pouvait avoir laissé. Il me répondit positivement qu'il y avait plus que des fragments, et même des mémoires écrits avec suite. Je ne pus jamais obtenir de lui qu'il me dît où ils se trouvaient et par quels moyens ils avaient été soustraits à la surveillance du gouverneur de Ste Hélène et envoyés en Europe. A la demande que je lui fis, pourquoi le docteur Andromacchi (!) n'avait pas voulu signer avec les médecins anglais le rapport fait lors de l'ouverture du corps du déffunt, il me répondit que ce médecin, quoique ce fut lui qui était chargé de l'opération, n'avait point été invité par les chirurgiens anglais à signer l'acte, que d'ailleurs le docteur n'était point du même avis qu'eux, qui attribuaient la cause de la mort à une lésion de l'estomac, tandis que lui croyait qu'il était mort d'une maladie au foie, que d'ailleurs le docteur Andromacchi publierait un mémoire circonstantié sur la maladie et la mort du déffunt.

L'abbé Vignali me chargea de dire à S. M. que son époux avait reçu les sacrements sept jours avant sa mort et avait montré les sentimens les plus religieux.

---

[1]) Über den Bericht vom 29. September, auf den sich Neipperg hier beruft, vgl. S c h l i t t e r, a. a. O. S. 26.

L'abbé Vignali retourne à Rome où il m'a dit qu'il comptait reprendre ses anciennes fonctions dans une école où il avait été employé avant son départ pour Ste Hélène. Peut-être que, si le Comte Apponyi[1]) cherchait à faire sa connaissance, il pourrait en avoir des détails sur lesquels je n'ai pas cru devoir trop appuyer dans ce moment. Il a été ici chez Louis Bonaparte à sa campagne à 4 mille de Florence, et aussi chez Mad. de Possé, fille de Lucien, qui se trouve ici avec son mari[2]). Aucun de ces personnages n'a demandé à se présenter à S. M. qui en tout cas le leur aurait refusé.

Je suis persuadé, mon Prince, que le ministère anglais aurait pu se procurer plus de lumières dans toute cette affaire de la succession de Napoléon, pour peu qu'il eût donné plus de suite à ses recherches, et que le testament, à l'heure qu'il est, se trouve dans les mains de quelque individu de la famille Bonaparte, peut-être même en Amérique près de Joseph. Le mystère qu'on a répandu sur cet objet tient sans contredit à des vues politiques, et encore plus à des vues particulières d'intérêt de quelque membre de la famille du déffunt qu'il sera difficile de pénétrer.

Daignez agréer, mon Prince, l'hommage de mon très-profond respect.

Le Lieutenant Général
Comte de Neipperg,
Chevalier d'honneur de S. M.

---

[1]) Österreichs Gesandter in Rom.
[2]) Christine, die zweite Tochter Lucians, hatte 1818 den schwedischen Grafen Arvid Posse geheiratet.